香港基本法起草過程概覽

李浩然——[主編]　　　｜上冊

✿ 導讀 |

本書收集並整理了《香港特別行政區基本法》（共160條條文及3個附件，以下簡稱基本法）的起草材料和文獻資料。當中包括起草過程中已找到的官方紀錄和報告，以及經編者挑選與主題相關的會議參考資料。這些材料均能反映出當時社會各界是如何對基本法的起草工作進行思考、討論、提出意見和建議，直至最後定稿。對這些材料的系統整理，有助我們還原和瞭解今天的基本法條文，是如何一步一步的，從最開始的概念思維和提議，最後演變成為今天的最終版本。編者期望這不但是重要的歷史文獻，也對基本法的立法原意等討論提供有用的參考。

為便於使用和理解，謹對本書作以下使用介紹和說明。我們以第一條為例：

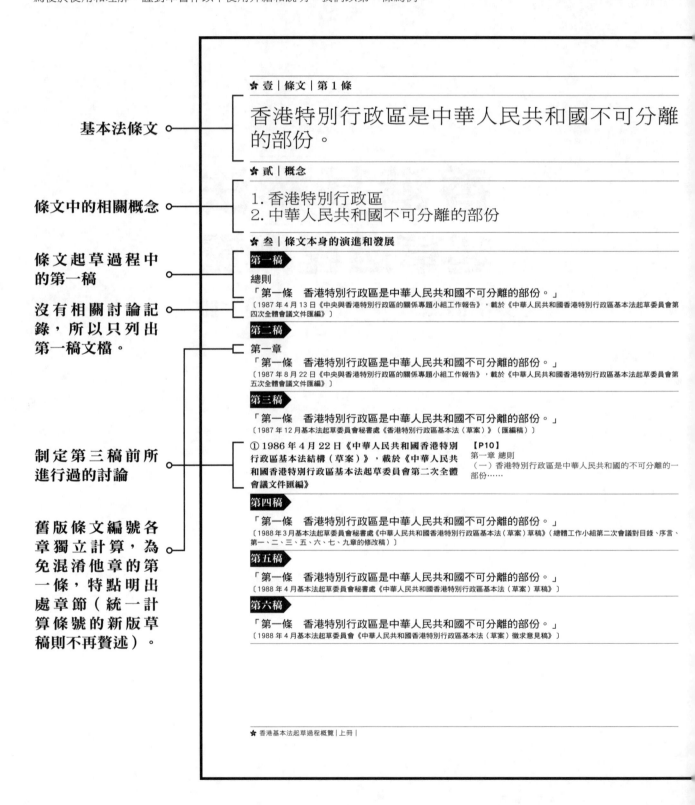

基本法條文 ○────

✿ 壹 | 條文 | 第 1 條

香港特別行政區是中華人民共和國不可分離的部份。

✿ 貳 | 概念

條文中的相關概念 ○────

1. 香港特別行政區
2. 中華人民共和國不可分離的部份

✿ 叁 | 條文本身的演進和發展

條文起草過程中的第一稿 ○────

第一稿

總則

「第一條　香港特別行政區是中華人民共和國不可分離的部份。」

〔1987 年 4 月 13 日《中央與香港特別行政區的關係專題小組工作報告》，載於《中華人民共和國香港特別行政區基本法起草委員會第四次全體會議文件匯編》〕

沒有相關討論記錄，所以只列出第一稿文檔。 ○────

第二稿

第一章

「第一條　香港特別行政區是中華人民共和國不可分離的部份。」

〔1987 年 8 月 22 日《中央與香港特別行政區的關係專題小組工作報告》，載於《中華人民共和國香港特別行政區基本法起草委員會第五次全體會議文件匯編》〕

第三稿

「第一條　香港特別行政區是中華人民共和國不可分離的部份。」

〔1987 年 12 月基本法起草委員會秘書處《香港特別行政區基本法（草案）》（匯編稿）〕

制定第三稿前所進行過的討論 ○────

① 1986 年 4 月 22 日《中華人民共和國香港特別行政區基本法結構（草案）》，載於《中華人民共和國香港特別行政區基本法起草委員會第二次全體會議文件匯編》

【P10】
第一章 總則
（一）香港特別行政區是中華人民共和國的不可分離的一部份……

舊版條文編號各章獨立計算，為免混淆他章的第一條，特點明出處章節（統一計算條號的新版草稿則不再贅述）。 ○────

第四稿

「第一條　香港特別行政區是中華人民共和國不可分離的部份。」

〔1988 年 3 月基本法起草委員會秘書處《中華人民共和國香港特別行政區基本法（草案）草稿》（總體工作小組第二次會議對目錄、序言、第一、二、三、五、六、七、九章的修改稿）〕

第五稿

「第一條　香港特別行政區是中華人民共和國不可分離的部份。」

〔1988 年 4 月基本法起草委員會秘書處《中華人民共和國香港特別行政區基本法（草案）草稿》〕

第六稿

「第一條　香港特別行政區是中華人民共和國不可分離的部份。」

〔1988 年 4 月基本法起草委員會《中華人民共和國香港特別行政區基本法（草案）徵求意見稿》〕

✿ 香港基本法起草過程概覽 | 上冊 |

「**第一條** 香港特別行政區是中華人民共和國不可分離的部份。」

〔1989 年 2 月《中華人民共和國香港特別行政區基本法（草案）》〕

① 1988 年 8 月基本法起草委員會秘書處《香港各界人士對〈香港特別行政區基本法（草案）徵求意見稿〉的意見匯集（一）》

【P1】
第一條
1.刪去本條。
2.新加「中華人民共和國政府對香港的基本方針政策是一國兩制，根據中英聯合聲明制定本法」作為第一條，現第一條改為第二條，依次類推。

※

② 1988 年 9 月基本法起草委員會秘書處《內地各界人士對〈香港特別行政區基本法（草案）徵求意見稿〉的意見匯集》

【P2】
第一條
1.前面加：「中華人民共和國是單一制國家。」
2.「部份」改為「組成部份」。
3.建議在本條最後講一下香港特別行政區的範圍。

※

③ 1988 年 10 月基本法諮詢委員會《中華人民共和國香港特別行政區基本法（草案）徵求意見稿諮詢報告第五冊──條文總報告》

【P15-17】
第一章 整體意見
1.意見
1.1 贊成意見
→ 贊成此「總則」。
→ 贊成第一條至第九條。
→ 贊成總則寫在基本法各章之前，規定了基本法的一些基本原則。
→ 為了使《中英聯合聲明》可以合法地執行，總則理應成為基本法的一部份。
1.3 其他意見
→ 總則第一條「香港特別行政區是中華人民共和國不可分離的部份」一條已足夠，其他的應讓香港人自己擬定資本主義之基本法，才是體現高度自治的基本法。

2.建議
2.1 修改
→ 把第一條和第四條併為一條。
理由：
⊙ 意思會更全面。
⊙ 可防止被人斷章取義。
2.2 增加
→ 在總則第一條之前增加兩條，即第一條改為第三條。

第一條：「本基本法根據中華人民共和國憲法第三十一條制定，適用於香港特別行政區。本法規為中華人民共和國憲法之必要補充，同樣神聖。」
第二條：「香港特別行政區，對外簡稱『中國香港』（China、Hong Kong）；對內簡稱香港（Hong Kong）。其範圍包括深圳河以南之香港島、九龍半島及新界。」
理由：使基本法之法律地位更清楚，名稱和範圍得以確定，英文拼法亦依國際慣例，免受普通話拼法影響。
→ 建議基本法（草案）徵求意見稿的總則第一至十條以如下的十二條取代。
第一條：為了維護國家的統一和領土完整，並考慮到香港的歷史和現實情況，中華人民共和國在一九九七年七月一日對香港恢復行使主權時，根據中華人民共和國憲法第三十一條的規定，設立香港特別行政區。香港特別行政區是中華人民共和國不可分離的部份。

【P19】
第一條
2.意見
→ 保留本條。
→ 第一條重複序言第一句的意義，沒有必要。
→ 「分離」兩字不理想，既然香港主權已回歸祖國，不需再寫這一詞。
→ 應在第一條開宗明義說明立法的來源和依據。
→ 這一條已確定主權，不需再在其他方面表示主權。

3.建議
3.1 修改
→ 不可分離的「部份」改為不可分離的「領土」。
理由：
⊙ 「領土」較之「部份」更明確、肯定，包含了歷史性關係。「部份」是含糊的，可以做其他花樣的解釋。
⊙ 「部份」一詞相當含糊，未能反映出「一國兩制」、「保持香港資本主義制度五十年不變」的政策。既然香港特別行政區是中國不可分離的部份，而內地實行的是社會主義制度，是不是意味着香港也要實行社會主義制度呢？政治的一部份還是經濟上的一部份呢？
→ 改為：「香港特別行政區是中華人民共和國的一部份。」
→ 改為：「香港特別行政區是中華人民共和國的部份領土。」
理由：這樣是體現主權。凡是領土都是不可分離的，如寫為不可分離的部份，便表示有可分離的部份。
→ 改為：「香港特別行政區是中華人民共和國領土不可分離的部份。」
3.2 增加
→ 「不可分離的部份」之後加入「自古以來就是中國的版圖。」
→ 加上「香港特別行政區保持原有地區的範圍。」
3.3 搬移
→ 將第一條改為第三條。
3.4 其他建議
→ 為使香港特別行政區之定義更加明確，應將現時香港（即包括香港島、九龍及新界）之地圖，列入附件，成為基本法之一部份。

條文起草過程中的第七稿

這部份同屬第 3 號文件內的另一內容，在文件的 19 頁

制定第七稿前所進行過的討論，根據前一稿的內容進行，按次序（時間順序）排列。

本書以條文序號為經，以時間順序為緯，展現基本法的演進過程。在每條條文中，第一項「條文」是現行《基本法》中該條所載的條文內容。第二項「概念」是與該條文密切相關的，或在討論過程中所涉及到的重要概念，旨在提示起草過程中的討論焦點。第三項「條文本身的演進和發展」則以時間為線索展現了該條文的立法過程。條文從第一次成文稿出現後，經過各次討論及修改過程，條文內容隨之演進，直至最後定稿。每條條文都經歷了從雛型、修改到終稿的過程。

其中，「第 X 稿」是該條在形成過程中不同時期各稿的內容（以時間先後為順序排列），條文內容下的括弧是該稿的出處（包括時間和具體檔案名稱）。帶圈的號碼是該條的各稿在形成前，相關立法人士對該條的討論、建議等。各個標題都標示了該討論文字的出處，包括時間、單位名稱和文獻名稱。標題下的具體內容包括討論內容和此段文字在文獻中的具體頁碼。

以上文所舉的第一條為例，根據以上的使用方法，讀者從「條文本身的演進和發展」可以查閱到：本條的第一稿出自「1987 年 4 月 13 日《中央與香港特別行政區的關係專題小組工作報告》，載於《中華人民共和國香港特別行政區基本法起草委員會第四次全體會議文件匯編》」，具體內容是「第一條 香港特別行政區是中華人民共和國不可分離的部份。」；第七條則出自「1989 年 2 月《中華人民共和國香港特別行政區基本法（草案）》」，具體內容是「第一條 香港特別行政區是中華人民共和國不可分離的部份。」

讀者從下列資料可以查閱到該條第七稿正式形成之前，立法者對該條內容進行的討論。根據前一稿的第一次討論，是「① 1988 年 8 月基本法起草委員會秘書處《香港各界人士對〈香港特別行政區基本法（草案）徵求意見稿〉的意見匯集（一）》」文件的第 1 頁（【P1】）中，提議：「刪去本條」，並「新加『中華人民共和國政府對香港的基本方針政策是一國兩制，根據中英聯合聲明制定本法』作為第一條，現第一條改為第二條，依次類推」。

因此，讀者在使用過程中可以方便地根據條文、時間和文件名稱查閱到所需的立法資料，並通過對這些資料的查閱形成對《基本法》起草過程的直觀印象。

大部份條文的演進過程相似，但少數條文較為特殊，特此對編輯方法和特別情況作出說明。

其中主要表現為：（1）有些條文是由若干條文草稿合併而成的；（2）有些條文是從某一條條文草稿分拆出來的；（3）有些條文的次序發生了變化。條文演進的過程以第一稿、第二稿的形式表現出來。若所載條文草稿的文件是獨立的，那麼它就是獨立一稿。每一稿按時間順序列出了成稿過程中所有官方討論、意見及建議，同時也選收入大量民間、社會各界的意見。以序言為例，其第一稿於 1987 年 4 月 13 日《中央與香港特別行政區的關係專題小組工作報告》中提出，然後按照時間順序列出了該日之前基本法起草委員會、基本法諮詢委員會、中央與香港特別行政區的關係專題小組，以及社會各界對序言的討論、意見與建議。

另外，本書以尊重起草資料的原件為原則，但出於編排與體例的考慮，對一些文件作了相應處理，特說明如下：

（一）對於存在內容缺漏、文字模糊或其他無法辨別內容的原件，本書採取的處理方法如下：（1）如果根據其他文件可以推知此文件相關部份的內容，則保留該文件檔，在相關部份留白並輔以編者按語，例如 1986 年 8 月 20 日《基本法結構專責小組初步報告》有多處內容缺漏，但《Final Report on the Structure of Basic Law》（基本

法結構專責小組最後報告，1987 年 3 月 14 日經執行委員會通過）這一份文件的內容卻完整無缺。鑒於二者是同一種報告的初版及最終版的關係，因此根據最後報告可以大約推知初步報告相關部份的內容，即使初步報告中有原件缺失，本書中仍然會保留其標題，並輔以編者按語。（2）如果根據其他文件無法推知此文件相關部份的內容，則此檔案名不再於該部份列出，以免讀者費解。例如，1987 年 10 月政治體制專題小組工作文件《第四章　香港特別行政區的政治體制（討論稿）》原件缺頁，而根據其他文件也無法得知第四節第一、二及三條的內容，故不再將該文件作為基本法第八十、八十一及八十二條的第三稿。

（二）1987 年 12 月基本法起草委員會秘書處《香港特別行政區基本法（草案）》（匯編稿）與 1987 年 12 月 12 日《香港特別行政區基本法起草委員會各專題小組擬訂的各章條文草稿匯編》雖然標題不同，表現為兩份文件，但是兩份文件的內容完全一致，且後者實為前者的基礎文件，故本書只列出《香港特別行政區基本法（草案）》（匯編稿），而不再重複列出後者。

（三）立法資料的原件原則上是列印體，但少量原件上有手寫的內容。編者通過核查後發現，這些手寫的內容或是改正語法錯誤，或是起草委員的意見和建議，後者基本上被納入其後的文件之中。因此，本書不再另行錄入手寫內容。然而，如果手寫部份包含實質內容且未被納入其後的任何文件之內，則作另例處理。

（四）如果同一份文件作為不同會議的參考、附件或者僅具有參考價值的其他文件時，本書僅列出其首次出現的時間，不再重複羅列。

本書整理的起草材料原件收集至 2010 年末，力求囊括起草過程中的全部內容。但由於材料零散，雖收集工作苛求完善，仍可能存在缺失，特此聲明和致歉。此外，截至本書出版，收集工作仍在持續進行，在此之後收集到的新材料並未包括在本書中，敬請讀者留意。

近年來，對香港基本法法條的研究和解釋可謂卷帙浩繁。學者研究角度不同，理解也各有差別。本書立足於基本法原始的起草材料，從字裡行間的立法原意出發，對基本法法律條款作出原始設想，直到最後定型的說明，做法頗為新穎。細細想來，方法雖然樸素，效用也大，但卻鮮有人為之，究其原因，不過是所耗費的時間和精力過於巨大，難符合當下很多學者「經濟實用」的論調。從這個角度而言，浩然「不計成本」地針對基本法起草材料進行深入挖掘、整理和分析，實為難得。

基本法的起草工作始於 1985 年 7 月，歷時五年方才完成。本書研究涉及的材料包括起草委員會、諮詢委員會、專家意見和其他補充材料等等，共 9,000 多頁。

浩然從歷史的角度撰文，從繁雜的起草文件中提煉精髓，對基本法由藍本一步步發展補充成為最後的版本進行了系統的整理和分析，從而挖掘香港基本法起草的原意，對今天及日後出現的基本法法條解釋可能產生的爭議有着一定的參考價值。年輕人有此治學態度和鑽研精神，實在值得褒獎。

去年是香港基本法頒佈二十周年，「一國兩制」在特區成功落實，為我國的依法治國作出了巨大貢獻，也為世界解決糾紛提供了一個新思維。本書開創了基本法研究的一個新領域和方法，為後來者提供了重要的研究基礎和參考材料，為基本法研究和基本法教育的發展作出了巨大貢獻。

本書對基本法從序言開始到附件的各章、各條文，從發展的角度進行了詳細的討論分析。對起草材料和立法原意有深入的探討。所用的材料全部是第一手資料，由此可見作者搜集資料的準確和豐富。綜觀全書，解釋詳細、結構清晰及中心明確，對香港基本法起草歷史的研究，有助於發現立法原意，對闡釋法條有着積極的作用，值得肯定。

當大多數人都在研究香港基本法在現世的適用情況時，浩然能耗時五年潛心研究其立法原意，並最終完成此作，實為難得！

本人在此向諸位讀者推薦此書，是為序。

許崇德
前《基本法》起草委員

《香港特別行政區基本法》是一部史無前例的法律文件，它的產生和實施提出了許多值得研究和需要解決的問題。

基本法有一百六十個條文，當我們將這部法律的起草歷史還原，大家看到的就是眼前這套 220 多萬字的著作——《香港基本法起草過程概覽》，一部承載很多人心血、智慧及思考的巨著。

基本法的起草歷史像一面鏡子，照亮過去，也照亮未來。在整個過程中，曾有過激烈的爭論，也有協同的默契。各界人士依靠各自不同的知識背景和在各個行業的豐富經驗，為基本法注入了自己的智慧和心血。尤其香港各個社會團體、媒體和普通民眾，都在中間扮演重要的角色，主動為基本法的起草工作撰寫各種專題報告，並將各種觀點匯集、評論，在官方徵求意見時提出這些寶貴的意見和建議。可以說，基本法的成功立法，體現了香港社會各界的共識和智慧的成果，也是所有關心香港未來的人們集體智慧的結晶。

基本法立法過程涉及的資料十分豐富，搜集和整理工作並不輕鬆。在研究過程中，編者翻閱了這些資料的每一字、每一句，將有用的資料納入每個條文的脈絡中。這並非簡單的數據整理，而是還原所有條文的演進過程，以及每個概念的來源。

編寫這套書籍的目的，不僅僅是為了回顧過去，更是為了讓基本法的立法原意在未來的應用中得到恰當的理解。我們可以看到，許多有關基本法的案件中，爭議焦點都會涉及到基本法某個條文、某個概念的解釋，因此立法原意的探尋尤為重要。對於案件當事人來說，可以在立法原意中找到支撐自己訴求的依據；對於法官來說，可以在立法原意中找到幫助自己作出判決的啓發；對於感興趣的普通讀者來說，可以看到一部法律背後蘊含着多麼深刻和豐富的內容，這裡面的探索是無窮無盡、樂趣十足的。

同時，這套書籍的意義並不局限於香港基本法，也不局限於香港。對於中國的所有法律而言，都有極大的啓發。它讓我們看到，立法解釋並不只是對立法者意圖的主觀推測、猜想，而是可以從客觀歷史出發，以文字數據為依據。這是對法律的尊重，也是對立法者的尊重。我相信，這套書籍只是一個開端，以後我們可以看到更多的探究立法原意的書籍出版，可以看到法官在更多案件中去探索和解釋立法原意，更多的學者對立法原意去進行深入研究。

浩然針對基本法的起草材料整理工作扎實，研究成果的內容涉及「一國兩制」方針的貫徹、基本法規定的各項制度的建立和健全，以及準確理解和掌握基本法等等方面的總結研究。本書對完善基本法的各項制度，推動基本法的實施，促進香港的繁榮穩定必將產生積極的作用。編者刻苦並滿懷赤子之心完成本書，其行為本身亦豐富了該書的價值和內涵。

本人非常高興向大家推薦本書。讓我們一起翻開這套書，細細品味基本法背後的起草歷史。

王振民
清華大學法學院院長、前香港基本法委員會委員

認識李浩然是差不多十年前的事，當時他是清華大學法學院王振民副院長（現在的院長）的學生。振民是差不多二十年的朋友，並曾經是香港基本法委員會的委員。我覺得浩然這個年青人很有抱負，從浸大畢業後仍不斷進修，而且是中西學並用，既學習西方國家的政治、社會學，又鑽研中國法律，先後畢業於英國倫敦大學亞洲學院，就讀於中大及清華的法學院，並屢次獲獎，與時下許多年青人拿到學位便放棄學習，汲汲於賺錢很是不同。近幾年，浩然就香港政制體制和法律問題，發表了不少的文章和報告，水平不錯。在清華大學法學院取得碩士資格後，一方面他繼續進修博士學位課程，同時他還選擇到貴州省息烽縣人民政府去當村官，爭取實際行政經驗，體會國情，真有意思。

1997 年 7 月 1 日，香港特別行政區正式成立，在憲制上掀起新的一頁。香港實行「一國兩制」、港人治港、高度自治。一個國家，實現主權的回歸，兩種制度，保留原有在香港實施的制度不變，以確保繼續繁榮穩定。回歸以來，有些人只強調香港有自己的一套制度，要好好保護原有的制度，不要讓內地的制度沖淡或入侵香港的制度，因而忽略了在新憲制下，香港的制度必須往前發展，而原有制度（特別在非自治範圍內的事）必須調較以適合香港作為中華人民共和國一個特別行政區的法律地位。法律體制也如是，以靜態的基本法為骨幹，憑動態的普通法可以好好的向前發展，既有穩定性，又有靈活性，為香港法制帶來了充滿生命力的發展前瞻。回歸後的法律制度，特別是對基本法有個摸索的過程，曾引起了不少的爭議，在維持原有制度不變的大前提下，我們的法律制度應如何發展，是個很好的課題。

過去十四、五年，是香港基本法實踐的初期，基本法條文的解釋，不時引起爭議。每當爭議出現，我們都感覺資料不足，出版的書籍太少，許多文獻又未有充份整理。這次浩然經過長期搜集有關「基本法」起草過程的資料，讓我們對理解「基本法」的制定和理念有更深的認識，也是為正確解釋「基本法」提供寶貴的資源。我謹祝該書的發行成功，並希望浩然繼續努力為法律學者、執業者和學生增添更多所需的參考書。

梁愛詩
香港特區政府首任律政司司長、香港基本法委員會副主任

《香港特別行政區基本法》對中國和香港的重要性無可置疑。它既是中國的全國性法律，也是香港的憲法。它顯現了中國對香港的承諾：就是在一國兩制的方針下，香港五十年不變，享有高度自治。它保障了香港人的自由和權利，並保留着香港人多年來努力爭取得來的成就。除了與基本法解釋和運作有關和對它感興趣的人士之外，可以說所有香港人都應對它有所認識。它不單只對香港人有直接關係，還對香港未來發展影響深遠。

基本法是花了近五年時間，耗費了不少心血和精力，集合了許多學者、專家的智慧和研究的成果。現時的版本是經過很多討論和爭議、修改和補充，才能完成的。像任何法律和憲法一樣，它都不可能十全十美，也不可能不隨着時代的轉變和需要，在解釋上和實際應用上，出現爭議和問題，但是無論根據大陸法的規範或普通法的原則來解釋和應用，我們都需要找出它的正確意思。本書就是為了幫助我們更深入了解基本法中每一條條文的作用和意思，包括立法原意而編成的。

本書作者花了很多時間和心血搜集了基本法從 1985 年開始草擬過程中的不同草稿和有關材料，經過精心整理，詳細列出每條條文的來源、概念、目的、作用和演進。對一些有爭議和困難的地方，起草者如何平息爭議，如何求同存異，如何解決困難，以及後來如何達致現時的版本，都有介紹和記載。本書不單是一本傳記，記載了草擬基本法的過程，也是一本不可多得的參考書籍，附有許多珍貴的材料，對於了解基本法很有幫助，是值得推薦的好書。

陳兆愷
香港終審法院常任法官

最初和浩然談到這本書時，經已是大約五、六年前的事了。那時他正在清華大學從事一些與香港有關的研究，當時大家在談研究的項目，我建議他對《基本法》每一條文的出處作詳盡的研究，這個構思源自 Marc Bossuyt 對《公民權利和政治權利國際公約》的研究[1]，這公約的草擬工作長達十八年，當中每一條文均曾由聯合國不同委員會作討論，十六年下來，累積了大量材料，Bossuyt 用了五年時間整理這些材料，將每一條文的誕生與經歷和在不同委員會的討論和修訂詳盡排列出來，成為一本日後對國際公約的演繹極具參考價值的著作。考慮到《基本法》日益受到法院的重視，而幾乎每一次的爭論均會涉及對《基本法》條文的立法原意的演繹，如果能將草擬《基本法》的過程整理出來，這將會是很具參考價值的文獻，亦會為日後對《基本法》作研究的學者和人士提供很大的方便。

《基本法》的草擬歷時五年，要做到有參考價值，選取的資料須局限於官方機構如基本法草擬委員會和基本法諮詢委員會。然而，中國人對檔案資料的處理遠遠不及西方的嚴謹慎密和認真。草委會和諮委會所公佈的材料非常有限，草委會的討論文件亦沒有任何有系統的保存，有關的資料零散於不同角落，故在搜集資料方面亦遇到一定的困難。幸而大部份當年的草委仍有保留個別的文獻，而這些材料亦散見於不同的圖書館。結果，浩然花了近五年的時間，終於完成了所有的整理的工作，編纂成這本厚厚的著作。

雖然這本著作具很高的參考價值，但接下來面對的是找出版社的問題，這類的參考書，市場價值不高，加上頁數眾多，大部份出版社均不願冒這風險，結果他來回奔走多趟均未能找到出版社，最後經由梁愛詩女士的穿針引線，才獲香港三聯書店的支持，令這本著作終於可以面世。

「一國兩制」是一個創新的概念，而《基本法》則賦予這概念具體的內容。《基本法》要保存香港獨特的制度，亦要兼顧中港兩地不同制度所能產生的矛盾和維護一個國家的主權，《基本法》的條文要充份平衡這各方面的要求，浩然這本書，會令我們更深入瞭解草擬過程中不同的考慮因素，亦令我們對立法原意的討論可以有更客觀的基礎，更為中國立法史與檔案編輯的工作提供新的啟迪，對從事這方面的研究的人士，這是一本不可多得的參考文獻。

陳文敏
香港大學法學院院長、名譽資深大律師

---

1. Bossuyt, Marc J, *Guide to the "Travaux Preparatoires" of the International Covenant on Civil and Political Rights* (Nijhoff, 1987).

余嘗聞，樹高千丈而資根深，堤潰百里而咎基淺。故傳世之業必厚根基，善全之制必證本源，則國治、邦安、天下平，信服者眾也。《基本法》實乃萬民所仰，然實施以來偶見演繹爭議，余每念此，不免悄然心憂。

余嘗思今人周覽起草材料或有助審度立法原意，參酌前人之慮則庶幾明辨當下得失。更念起草材料經年積累，文字雖繁，形式亦散，然辭令淵厚，議論精妙，創意深遠，輝光粲然，不可不精研也。

余資駑蹇，惟篤以恒，歷時五載，博參廣引，謹納散稿，以供賢士箴諫深切大義，切摩法治正道，孜孜以察法意之妙。此余紬基本法起草材料之所繇也。

《詩》云：「靡不有初，鮮克有終。」然余編撰此書，有始有終，實蒙師友信賴關愛。許崇德先生參與審校，王振民教授傾囊相授，陳文敏教授郵勉交流，梁愛詩女士多方聯絡，陳兆凱法官處處提點，更有清華法學院研究團隊成員：王靜、周雯妍、陳禹樟、劉靜、王一萍、王旭、汪瑋、徐樹、張駿超、單丹、範瑤、戴曦、趙力鋻的鼎力支持，及三聯書店眾多編輯人員：寧礎鋒、李宇汶、李安、李浩銘，以及本書審訂陸貽信先生和何成邦先生全力以赴，終使本書得付剞劂。

余銘感五內。敬呈書稿，是以為序。

李浩然
清華大學憲法學博士

香港自古以來就是中國的領土，一八四〇年鴉片戰爭以後被英國佔領。一九八四年十二月十九日，中英兩國政府簽署了關於香港問題的聯合聲明，確認中華人民共和國政府於一九九七年七月一日恢復對香港行使主權，從而實現了長期以來中國人民收回香港的共同願望。

為了維護國家的統一和領土完整，保持香港的繁榮和穩定，並考慮到香港的歷史和現實情況，國家決定，在對香港恢復行使主權時，根據中華人民共和國憲法第三十一條的規定，設立香港特別行政區，並按照「一個國家，兩種制度」的方針，不在香港實行社會主義的制度和政策。國家對香港的基本方針政策，已由中國政府在中英聯合聲明中予以闡明。

根據中華人民共和國憲法，全國人民代表大會特制訂中華人民共和國香港特別行政區基本法，規定香港特別行政區實行的制度，以保障國家對香港的基本方針政策的實施。

❀ 貳│概念

1. 憲法第三十一條
2. 一個國家，兩種制度
3. 不在香港實行社會主義制度和政策
4.《中英聯合聲明》
5. 全國人民代表大會制定
6. 中華人民共和國香港特別行政區基本法

第一稿

「香港，包括香港島和深圳河以南的九龍半島及附近島嶼，自古以來就是中國的領土，一八四零年鴉片戰爭以後被英國佔領。一九八四年十二月，中英兩國政府簽署了關於香港問題的聯合聲明，確認中華人民共和國政府於一九九七年七月一日恢復對香港行使主權，從而實現了長期以來全中國人民收回香港的共同願望。

為了維護國家的統一和領土完整，保持香港的繁榮與穩定，並考慮到香港的歷史和現實情況，國家決定，在對香港恢復行使主權時，根據中華人民共和國憲法第三十一條的規定，設立香港特別行政區，並按照『一個國家，兩種制度』的方針，實行不同於內地的制度和政策，五十年不變。國家的上述決定，已由我國政府在中英聯合聲明中予以闡明。

根據中華人民共和國憲法，特制定中華人民共和國香港特別行政區基本法，規定香港特別行政區實行的制度，以保障國家對香港的基本方針政策的實施。」

〔1987 年 4 月 13 日《中央與香港特別行政區的關係專題小組工作報告》，載於《中華人民共和國香港特別行政區基本法起草委員會第四次全體會議文件匯編》〕

① 1984 年 12 月 19 日《中華人民共和國政府對香港的基本方針政策的具體說明》（《中英聯合聲明》附件一）

一、中華人民共和國憲法第三十一條規定：「國家在必要時得設立特別行政區。在特別行政區內實行的制度按照具體情況由全國人民代表大會以法律規定。」據此，中華人民共和國將在一九九七年七月一日對香港恢復行使主權時，設立中華人民共和國香港特別行政區。中華人民共和國全國人民代表大會將根據中華人民共和國憲法制定並頒佈中華人民共和國香港特別行政區基本法（以下簡稱《基本法》），規定香港特別行政區成立後不實行社會主義的制度和政策，保持香港原有的資本主義制度和生活方式，五十年不變。

※

② 1986 年 2 月基本法諮詢委員會《分批研討會參考資料》

【P2】
張家敏委員：
（一）序言；

※

③ 1986 年 2 月基本法諮詢委員會《分批研討會參考資料 2》

【P1】
「唯一的堅持」
正如聯合聲明中訂明，基本法將會遵照「規定香港特別行政區成立後不實行社會主義的制度和政策，保持香港原有的資本主義制度和生活方式，五十年不變」（附件一第一節）的原則，而「唯一的堅持」在特別行政區內的實施，將會被視為排除與此形式與精神不符的一切。

【P2】
基本法可分成六個主要部份：
第一部份為序言。寫出特別行政區的憲法基礎，包括中國憲法第三十一條及「一國兩制」的原則，並按照以上所述

之「唯一的堅持」。

※

④ 1986 年 2 月基本法諮詢委員會《諮委會第一分組有關基本法結構討論小結》

一、基本法結構，根據與會者發言，大致上可以歸結為下列十二個部份：
1. 序言

二、歸納與會者的主要意見如下：
2. 關於序言和總綱
序言應簡單說明香港特別行政區產生的歷史背景、《中英聯合聲明》的簽訂以及基本法訂定的過程。
總綱應敘述基本法訂定的權力基礎，（根據中國憲法第三十一條）對「一國兩制」、「五十年不變」、「高度自治」等應有扼要的闡述，《中英聯合聲明》的要點，也應寫進總綱裡面。同時，豁免中國憲法中的若干條文的制約，也應明確規定。

※

⑤ 1986 年 2 月基本法諮詢委員會《第一批研討會總結》

（編者按：內容同上文）

※

⑥ 1986 年 2 月基本法諮詢委員會《第二批研討會總結》

六、基本法結構初擬——
1. 序言—歷史背景，介紹特別行政區的產生和權力的來源；

※

⑦ 1986 年 2 月基本法諮詢委員會《第三批研討會總結》

大部份委員提出，基本法應能體現出《中英聯合聲明》的

精神，並在基本法的序言或總綱部份寫明一些中英聯合聲明提及的大原則及重要條款。但有委員指出：在解釋法律的技術上，序言並不能幫助法庭解釋法律條文，它只能起介紹作用，本身並無法律約束力，故序言中只宜概述香港特別行政區產生的歷史背景。至於重要的、關鍵的大原則，包括中英聯合聲明的重要條文，例如：「一國兩制」的構思、成立香港特別行政區的依據及其成立後「不實行社會主義的制度，保持香港原有的資本主義制度和生活方式，五十年不變」、私有產權、保持本港自由港地位、中英文並重……等等，應寫在總綱內，因總綱才是法律的一部份，兼具指導性和約束性。

※

⑧ 1986 年 2 月基本法諮詢委員會《第五批研討會總結》

一、聯合聲明與基本法的關係——
許多委員都認為基本法中應有序言和總綱。序言應把特別行政區產生的歷史背景寫出來，但一位委員認為寫歷史不宜太長，而應客觀地把事實寫出來，好讓後人知道，從英國法律上看，序言一般無法律效力，但中國的習慣卻不一樣，序言的內容是可以幫助解釋基本法的內文。

※

⑨ 1986 年 4 月《香港各界人士對〈基本法〉結構等問題的意見匯集》（基本法起草委員會第二次會議參閱資料之一）

【P3】
方案四：
1.緒言：說明基本法在憲法上的權力來源，對香港特別行政區的權威性和「一國兩制」的意義、「四個堅持」不引伸到香港特別行政區等內容。

【P4】
方案五：
1.基本法總綱部份，要寫明特別行政區成立的背景，並說明是根據中國憲法第三十一條的規定和聯合聲明原則產生的，這是「港人治港」、「一國兩制」的法律根據。

【P6】
方案七：
1.序言：簡述香港的歷史背景。

※

⑩ 1986 年 4 月 22 日《中華人民共和國香港特別行政區基本法結構（草案）》，載於《中華人民共和國香港特別行政區基本法起草委員會第二次全體會議文件匯編》

【P10】
序言
（一）香港的區域範圍，歷史背景，中英聯合聲明的簽訂，香港問題的解決。

（二）在「一個國家，兩種制度」方針指導下設立香港特別行政區。

（三） 根據憲法第三十一條制定香港特別行政區基本法以維護國家主權和香港的繁榮與穩定。

※

⑪ 1986 年 4 月《部份起草委員對基本法結構（草案）的意見（備忘錄）》，載於《中華人民共和國香港特別行政區基本法起草委員會第二次全體會議文件匯編》

【P20】
二、關於《序言》
7.序言第三條可改為「根據憲法制定香港特別行政區基本法，以法律形式執行人大根據憲法第三十一條設立香港特別行政區的決定」。

8.關於基本法與中英聯合聲明的關係，有幾種意見：
（1）序言應寫「根據憲法第三十一條和聯合聲明的精神制定基本法」。
（2）基本法是根據《聯合聲明》制定的，序言除了提到《中英聯合聲明》外，還應提到聲明的《附件一》。
（3）《聯合聲明》是中英間的國際協議，而基本法是國內法，因此不宜說基本法是根據《聯合聲明》制定的，但其精神是一定要體現的。

9.建議序言第三條應改為「根據憲法第三十一條，按照中國政府在中英聯合聲明中載明的中華人民共和國對香港的基本方針政策和具體說明制定香港特別行政區基本法」。

※

⑫ 1986 年 8 月 20 日《基本法結構專責小組初步報告》

【P1-2】

事項	意見	原因	意見出處
1.「序言」			
1.1 第一節：「香港的區域範圍，歷史背景，中英聯合聲明的簽訂，香港問題的解決。」	（1）建議繪製一幅特別行政區的區域地圖，放在第八章或第十章內。	因「序言」本身沒有法律效力，如果將來在法律紛爭方面涉及香港特別行政區範圍時，需要一幅特別行政區的區域地圖以作參考。	專責小組五月六日會議

事項	意見	原因	意見出處
	（2）建議將「香港的區域範圍」的問題在「序言」部份略作簡單提及，而將詳細說明列於第八章或第十章內。	因繪製地圖的問題繁複，所以只需在文字上清楚地寫明疆界的範圍，或說明可參考當時政府保存的地圖。	專責小組五月六日會議
	（3）建議須清楚界定香港特別行政區的疆界。		黃宏發（立法局議員）《明報》（22/4/86）
1.2 第二節：「在『一個國家、兩種制度』方針指導下設立香港特別行政區。」	（1）建議對「兩種制度」作出說明。		專責小組五月六日會議
1.3 第三節：「根據憲法第三十一條制訂香港特別行政區基本法以維護國家主權和香港的繁榮與穩定。」			
1.4 補充	（1）建議在「序言」內寫明香港保持資本主義制度五十年不變。		專責小組五月六日會議
	（2）建議須明確寫出「序言」是否有與其他十章同樣的法律效力。	因為「香港特別行政區」的重要基石都寫在「序言」內，如有必要可引用「序言」內的條文作法據，解決法律爭議。	羅運承《信報》（1/6/86）

※

⑬《Final Report on the Structure of Basic

Law》（基本法結構專責小組最後報告，1987年3月14日經執行委員會通過）

【P1-2】

ITEMS	OPINIONS	REASONS	SOURCES
1. "Preamble".			
1.1 Section 1 "Hong Kong's territory and historical background, the signing of the Sino-British Joint Declaration and the resolution of the Hong Kong."	1. To add a map of the HKSAR in Chapter 8 or Chapter 10.	The Preamble itself has no similar legal status. If there are legal disputes relating to the territorial boundary of the HKSAR, a map of the HKSAR can be used as a reference.	Special Group Meeting on 5th August, 1986
	2. To mention the territorial boundary of the HKSAR briefly in the Preamble, leaving the details in Chapter 8 or Chapter 10.	As it is complicated to produce a map, it is only necessary to write down clearly the territorial boundary, or to express clearly that the map(s) kept by the future government can be referred to.	Special Group Meeting on 5th August, 1986
	3. To define clearly the territorial boundary of the HKSAR.		Andrew Wong (Legco Member) Ming Pao 22nd April, 1986
1.2 Section 2 "The setting up of the HKSAR under the guiding principle of one country two systems".	3. To illustrate the meaning of "two systems"		Special Group Meeting on 5th August, 1986

序言

ITEMS	OPINIONS	REASONS	SOURCES
（編者按：第1.3 項原件影印本有部份殘缺，無法辨認）……the Basic Law for the HKSAR under Article 31 of the Constitution to safeguard state sovereignty and the prosperity and stability of Hong Kong."			
1.4 Supplement	1. To specify in the Preamble that the capitalist system will remain unchanged for 50 years.		Special Group Meeting on 5th August, 1986

ITEMS	OPINIONS	REASONS	SOURCES
	2. To indicate clearly whether the Preamble has the same status as the other ten Chapters.	Since the fundamentals of the HKSAR will be defined in the Preamble, the Preamble can be used as a legal authority to resolve legal disputes.	Law Wing Sing, Hong Kong Economic Journal Daily 1st June, 1986

※

⑭ 1987 年 4 月 13 日《中央與香港特別行政區的關係專題小組工作報告》，載於《中華人民共和國香港特別行政區基本法起草委員會第四次全體會議文件匯編》

【P6-7】
序言
說明：序言是根據基本法結構（草案）草擬的。
序言對香港特別行政區的區域範圍只作了概括的描述。為了便於管理，委員們建議在全國人大頒佈基本法時，由國務院發佈香港特別行政區的行政區域圖。
關於歷史背景，委員們認為以簡短表述為宜。一方面要反映歷史真實，向全國人民有所交代；另一方面要向前看，不去糾纏歷史舊帳。
有些委員認為序言第一段關於香港的區域範圍應表述為「香港，包括香港島、九龍和『新界』」以符合聯合聲明的寫法和香港的目前情況。但有些委員認為「新界」一詞帶有殖民主義色彩，以不用為好。
關於第二段，有些委員建議將最後一句「國家的上述決定，已由我國政府在中英聯合聲明中予以闡明」，改為「我國政府根據上述決定，制訂了國家對香港的基本方針政策，並在中英聯合聲明中予以闡明。」

第二稿

「香港自古以來就是中國的領土，一八四零年鴉片戰爭以後被英國佔領。一九八四年十二月，中英兩國政府簽署了關於香港問題的聯合聲明，確認中華人民共和國政府於一九九七年七月一日恢復對香港行使主權，從而實現了長期以來全中國人民收回香港的共同願望。
為了維護國家的統一和領土完整，保持香港的繁榮與穩定，並考慮到香港的歷史和現實情況，國家決定，在對香港恢復行使主權時，根據中華人民共和國憲法第三十一條的規定，設立香港特別行政區，並按照『一個國家，兩種制度』的方針，實行不同於內地的制度和政策，五十年不變。國家對香港的基本方針政策，已由我國政府在中英聯合聲明中予以闡明。
根據中華人民共和國憲法，特制定中華人民共和國香港特別行政區基本法，規定香港特別行政區實行的制度，以保障國家對香港的基本方針政策的實施。」
〔1987 年 8 月 22 日《中央與香港特別行政區的關係專題小組工作報告》，載於《中華人民共和國香港特別行政區基本法起草委員會第五次全體會議文件匯編》〕

① 1987 年 5 月 22 日《香港基本法起草委員會第四次全體會議委員們對基本法序言、總則及第二、三、七、九章條文草案的意見匯集》

【P1-2】
一、關於序言
1. 對香港的區域範圍的表述，有的委員提出，應保留聯合聲明中的寫法，即「香港地區，包括香港島、九龍和『新

界」。有的委員認為，「新界」一詞，特別是其英文含義，帶有明顯的殖民主義色彩，不宜再用。另外，「新界」一詞並不是一個地理概念，在中國地圖上找不到這塊地方，因此以此來表明香港的區域範圍，也不合適。有的委員提出，鑒於香港許多地方是填海而成的，在表述區域範圍時要予以考慮，建議寫成「香港（包括陸地和領海範圍），自古以來就是中國的領土」。較多的委員認為，將來由國務院發佈香港特別行政區的行政區域地圖，序言可不寫香港的區域範圍，只表述為「香港（或香港地區）自古以來就是中國的領土」。但有的委員提出，不寫香港的區域範圍，牽涉到對結構（草案）的修改，需向大會作出交代。

4. 對第二段最後一句的表述，有的委員建議改為「我國政府已根據上述的決定，制訂了國家對香港的基本方針政策，並在中英聯合聲明中予以闡明」。有的委員建議改為「國家對香港的基本方針政策已在中英聯合聲明中予以闡明」；還有的委員建議在這句話後面加上「五十年不變」。

※

② 1987 年 8 月 22 日《中央與香港特別行政區的關係專題小組工作報告》，載於《中華人民共和國香港特別行政區基本法起草委員會第五次全體會議

文件匯編》

【P4-5】
一、關於序言
在基本法的序言部份，原草稿對香港特別行政區的區域範圍表述為：「香港，包括香港島和深圳河以南的九龍半島及附近島嶼」。在起草委員會第四次全體會議上，有些委員認為，應採用中英聯合聲明的寫法，即香港地區，包括香港島、九龍和「新界」。還有一些委員認為，「新界」不是一個地理名詞，並且帶有殖民主義色彩，在中英聯合聲明中是加引號的，不宜在基本法中用來表述香港的區域範圍。許多委員則認為，序言可不寫香港特別行政區的區域範圍。建議在將來全國人民代表大會頒佈基本法時，由國務院發佈香港特別行政區的行政區域圖。經過研究，本組委員一致同意採納第四次全體會議上多數委員的意見，在序言中刪去了關於香港區域範圍的表述，將第一句改為「香港自古以來就是中國的領土，一八四〇年鴉片戰爭以後被英國佔領」，並將上述建議寫入序言的說明。

【P11】
序言
說明：委員們建議，在全國人大頒佈基本法時，由國務院發佈香港特別行政區的行政區域圖。

第三稿

「香港自古以來就是中國的領土，一八四零年鴉片戰爭以後被英國佔領。一九八四年十二月十九日，中英兩國政府簽署了關於香港問題的聯合聲明，確認中華人民共和國政府於一九九七年七月一日恢復對香港行使主權，從而實現了長期以來全中國人民收回香港的共同願望。

為了維護國家的統一和領土完整，保持香港的繁榮與穩定，並考慮到香港的歷史和現實情況，國家決定，在對香港恢復行使主權時，根據中華人民共和國憲法第三十一條的規定，設立香港特別行政區，並按照『一個國家，兩種制度』的方針，實行不同於內地的制度和政策，五十年不變。國家對香港的基本方針政策，已由我國政府在中英聯合聲明中予以闡明。

根據中華人民共和國憲法，特制定中華人民共和國香港特別行政區基本法，規定香港特別行政區實行的制度，以保障國家對香港的基本方針政策的實施。」

〔1987 年 12 月基本法起草委員會秘書處《香港特別行政區基本法（草案）》（匯編稿）〕

① 1987 年 9 月 2 日《中華人民共和國香港特別行政區基本法起草委員會第五次全體會議委員們對基本法序言和第一、二、三、四、五、六、七、九章條文草稿的意見匯集》

【P1-2】
1. 有些委員提出，聯合聲明中關於國家對香港的基本方針政策不變的問題有兩種表述，一種表述是「五十年內不變」；另一種表述是「五十年不變」，建議基本法的序言確認用「五十年不變」的提法。

2. 有些委員認為，基本法不僅規定香港特別行政區實行的制度，而且也包含了國家對香港的基本方針政策的內容，因此建議將序言最後一句話改為「……，並保障對香港的基本方針政策的實施」。

3. 有的委員提出，如果經過大會討論，委員們都同意序言的說明，建議將說明中的第一句話改為「多數委員建議」或「起草委員會建議」。

4. 有的委員建議，除了由國務院發佈特別行政區區域圖之外，基本法中還應有關於香港特別行政區的區域範圍的表述，可放在第一章第一條的第二款。

5. 有的委員提出，序言第一段中「一九八四年十二月」一句後應寫上「十九日」，成為「一九八四年十二月十九日，中英兩國政府簽署了關於香港問題的聯合聲明」。有的委員則認為，若寫上「十九日」，就應明確是在北京簽署的。

6. 有的委員建議將序言第一句中「一八四零年鴉片戰爭以後被英國佔領」刪去。有的委員建議為避開「新界」一詞，把「香港」寫成「香港地區」。

7. 有的委員提出，序言第一段文字的表述，將中英兩國簽署聯合聲明與實現中國人民收回香港的願望連在一起寫，容易使看不懂歷史的人產生誤解，好像收回香港的願望是靠英國同意簽署聯合聲明才實現的。建議中央與香港特別行政區的關係專題小組適當修改這一段的表述方式，在「中英兩國政府簽署了關於香港問題的聯合聲明」之後，加上「解決了歷史上遺留的問題」一句。

②中央與特別行政區的關係專責小組《對基本法序言和第一、二、七、九章條文（一九八七年八月）草稿的意見》（1987年11月4日經執行委員會通過）

【P1】
序言
有委員認為如第一句寫得更符合聯合聲明，則會表達得更妥善，該委員同意把後半部刪去可能更好，因為該部份對基本法沒有什麼積極作用。該委員又指出香港回歸中國不僅是中國的願望。

③1987年12月基本法起草委員會秘書處《香港特別行政區基本法（草案）》（匯編稿）

【P3】
（編者按：內容同第二稿文件②說明）

第四稿

「香港自古以來就是中國的領土，一八四零年鴉片戰爭以後被英國佔領。一九八四年十二月十九日，中英兩國政府簽署了關於香港問題的聯合聲明，確認中華人民共和國政府於一九九七年七月一日恢復對香港行使主權，從而實現了長期以來全中國人民收回香港的共同願望。
為了維護國家的統一和領土完整，保持香港的繁榮與穩定，並考慮到香港的歷史和現實情況，國家決定，在對香港恢復行使主權時，根據中華人民共和國憲法第三十一條的規定，設立香港特別行政區，並按照『一個國家，兩種制度』的方針，不在香港實行社會主義的制度和政策。國家對香港的基本方針政策，已由我國政府在中英聯合聲明中予以闡明。
根據中華人民共和國憲法，全國人民代表大會特制定中華人民共和國香港特別行政區基本法，規定香港特別行政區實行的制度，以保障國家對香港的基本方針政策的實施。」
〔1988年3月基本法起草委員會秘書處《中華人民共和國香港特別行政區基本法（草案）草稿》（總體工作小組第二次會議對目錄、序言、第一、二、三、五、六、七、九章的修改稿）〕

①1987年12月《中華人民共和國香港特別行政區基本法起草委員會第六次全體會議委員們對基本法第四、五、六、十章和條文草稿匯編的意見》

【P43-44】
二、關於序言
1.有的委員提出，因基本法涉及香港的政治、經濟、文化等各方面，序言第三段第三句的「制度」兩字不恰當，建議刪去。

2.有的委員認為，「國家對香港的基本方針政策」在序言中兩次出現，應作調整，使之更加簡練。

3.許多委員認為，序言的說明可刪去，或將「委員們建議」改為「起草委員會建議」，請總體工作小組研究。

②《各專題小組的部份委員對本小組所擬條文的意見和建議匯輯（關於序言、第一、二、三、五、六、七、九章部份）》，載於1988年3月基本法起草委員會秘書處《中華人民共和國香港特別行政區基本法（草案）草稿》

【P31】
（編者按：內容同第二稿文件②說明）

③1988年4月《總體工作小組所作的條文修改舉要》，載於1988年5月《中華人民共和國香港特別行政區基本法起草委員會第七次全體會議文件匯編》

（編者按：雖然本文件的日期是1988年4月，但本文件是總體工作小組在1987年12月15日至1988年3月6日之間召開的三次會議上對各專題小組草擬的基本法原條文所作的一些調整和修改。於3月提出的草稿裡面已經將以下調整與修改納入，故將這份文件放入本稿中。）

【P14】
（一）序言
將原第二段中的「實行不同於內地的制度和政策」改為「不在香港實行社會主義的制度和政策」；將「五十年不變」移至第一章總則第四條。

④1988年4月26日《胡繩副主任委員關於總體工作小組的工作報告》，載於1988年5月《中華人民共和國香港特別行政區基本法起草委員會第七次全體會議文件匯編》

（編者按：收錄理由同上）

【P6】
（一）序言全文原來的稿子，總體工作小組認為是恰當的，只是把其中說到在香港特別行政區「實行不同於內地的制度和政策」這一句話改為「不在香港實行社會主義制度和政策」，這樣更加明確。

第五稿

「香港自古以來就是中國的領土¹，一八四零年鴉片戰爭以後被英國佔領。一九八四年十二月十九日，中英兩國政府簽署了關於香港問題的聯合聲明，確認中華人民共和國政府於一九九七年七月一日恢復對香港行使主權，從而實現了長期以來全中國人民收回香港的共同願望。

為了維護國家的統一和領土完整，保持香港的繁榮與穩定，並考慮到香港的歷史和現實情況，國家決定，在對香港恢復行使主權時，根據中華人民共和國憲法第三十一條的規定，設立香港特別行政區，並按照『一個國家，兩種制度』的方針，不在香港實行社會主義的制度和政策。國家對香港的基本方針政策，已由我國政府在中英聯合聲明中予以闡明。

根據中華人民共和國憲法，全國人民代表大會特制定中華人民共和國香港特別行政區基本法，規定香港特別行政區實行的制度，以保障國家對香港的基本方針政策的實施。」

〔1988 年 4 月基本法起草委員會秘書處《中華人民共和國香港特別行政區基本法（草案）草稿》〕

① 1988 年 4 月基本法起草委員會秘書處《中華人民共和國香港特別行政區基本法（草案）草稿》

【P46】
註 1：委員們建議，在全國人大頒佈基本法時，由國務院發佈香港特別行政區的行政區域圖。

第六稿

「香港自古以來就是中國的領土¹，一八四零年鴉片戰爭以後被英國佔領。一九八四年十二月十九日，中英兩國政府簽署了關於香港問題的聯合聲明，確認中華人民共和國政府於一九九七年七月一日恢復對香港行使主權，從而實現了長期以來全中國人民收回香港的共同願望。

為了維護國家的統一和領土完整，保持香港的繁榮與穩定，並考慮到香港的歷史和現實情況，國家決定，在對香港恢復行使主權時，根據中華人民共和國憲法第三十一條的規定，設立香港特別行政區，並按照『一個國家，兩種制度』的方針，不在香港實行社會主義的制度和政策。國家對香港的基本方針政策，已由我國政府在中英聯合聲明中予以闡明。

根據中華人民共和國憲法，全國人民代表大會特制定中華人民共和國香港特別行政區基本法，規定香港特別行政區實行的制度，以保障國家對香港的基本方針政策的實施。」

〔1988 年 4 月基本法起草委員會《中華人民共和國香港特別行政區基本法（草案）徵求意見稿》〕

① 1988 年 4 月基本法起草委員會《中華人民共和國香港特別行政區基本法（草案）徵求意見稿》

2. 序言回顧了香港問題的歷史背景和中英兩國政府談判解決香港問題的過程，並說明基本法是以法律形式規定中國政府在中英聯合聲明中所闡明的基本方針和政策。

【P6】
簡介
序言

【P51】
註 1：（編者按：內容同第五稿註 1）

第七稿

「香港自古以來就是中國的領土，一八四零年鴉片戰爭以後被英國佔領。一九八四年十二月十九日，中英兩國政府簽署了關於香港問題的聯合聲明，確認中華人民共和國政府於一九九七年七月一日恢復對香港行使主權，從而實現了長期以來全中國人民收回香港的共同願望。

為了維護國家的統一和領土完整，保持香港的繁榮與穩定，並考慮到香港的歷史和現實情況，國家決定，在對香港恢復行使主權時，根據中華人民共和國憲法第三十一條的規定，設立香港特別行政區，並按照『一個國家，兩種制度』的方針，不在香港實行社會主義的制度和政策。國家對香港的基本方針政策，已由我國政府在中英聯合聲明中予以闡明。

根據中華人民共和國憲法，全國人民代表大會特制定中華人民共和國香港特別行政區基本法，規定香港特別行政區實行的制度，以保障國家對香港的基本方針政策的實施。」

〔1989 年 2 月《中華人民共和國香港特別行政區基本法（草案）》〕

① 1988 年 5 月基本法諮詢委員會秘書處《基本法（草案）徵求意見稿初步反應報告（草稿）》

【P3】
序言
1. 有些人建議在「一九八四年十二月九日（編者按：「九日」應為「十九日」之誤），中英兩國政府簽署了關於香港問題的聯合聲明」之後，加上「聯合聲明於一九八五年五月二十七日生效」。除了補述歷史事實以外，更重要的是使第一頁二十七條條文內容更清晰，該條文提及「從一九八五年五月二十七日至一九九七年六月三十日期間」批出的土地契約。

2. 因為中國和香港奉行不同的法律體系，在過去有關基本法的討論中，便曾經出現如何處理兩種法律衝突的問題，因此建議在序言增加第四段如下：「香港特別行政區基本法是中華人民共和國的基本法律，它以法律形式規定中國政府在《中英聯合聲明》中所闡明的基本方針政策，在香港特別行政區所享有的高度自治權範圍內，具有最高法律效力。」

3. 序言第二段曾三次出現「國家」的字眼，建議最後兩個「國家」的字眼可以刪去。

※

② 1988 年 8 月基本法起草委員會秘書處《香港各界人士對〈香港特別行政區基本法（草案）徵求意見稿〉的意見匯集（一）》

【P1】
關於序言
一般憲制性文件的序言傾向於向前看，而基本法序言側重於歷史的描述；序言應肯定香港已有的成就，使外界對港人有信心；序言的法律地位應予明確。

※

③ 1988 年 9 月基本法起草委員會秘書處《內地各界人士對〈香港特別行政區基本法（草案）徵求意見稿〉的意見匯集》

【P1】
序言
1.「中國」、「我國」、「中華人民共和國」、「國家」等用語，應盡量統一。

2. 第二段「國家對香港的基本方針政策」改為「國家對香港特別行政區的基本方針政策」。

3. 刪去「不在香港實行社會主義的制度和政策」一句，因為第四條已有此規定。

4. 第二段「設立香港港特別行政區」後的表述改為「以貫徹實施『一個國家、兩種制度』的基本方針和我國政府在中英聯合聲明中闡述的基本方針和政策」。

5. 第二段「中華人民共和國憲法第三十一條」前加「一九八二年」或不寫「第三十一條」，以防止今後修憲時條文順序發生變化帶來問題。

6. 第二段「在中英聯合聲明中予以闡明」的提法不符合立

法習慣，國家對香港的基本方針政策可用概括的語言在總則裡闡明，基本法中最好不出現中英聯合聲明。

※

④ 1988 年 10 月基本法諮詢委員會《中華人民共和國香港特別行政區基本法（草案）徵求意見稿諮詢報告第五冊——條文總報告》

【P11-14】
序言
2. 意見
2.1 法律地位問題
→ 有否法律約束力，需要澄清。
→ 現時的處理方式甚妥善。它的作用為解釋基本法的背景和精神，沒有執行作用，不必寫成條文。
→ 不應寫入總則，序言是對香港問題的基本交代和基本概括，也是基本法的緣起，自然有別於各個章節，而且有些地方不屬於法，列入條文中不恰當。
→ 內容可闡述基本法各章的精神，但與基本法各章內容上的法律地位應清楚有所分別，可作基本法各章的精神指引。
→ 有必要列為基本法的一部份，確定其法定地位。
理由：
⊙ 可使序言內所提及設立香港特別行政區的方針政策和法理根據都具有法定的地位。
⊙ 所說明的方針政策，也是以後各章的大前提。
⊙ 法律不可能以有限的文字寫進無限的生活變化，因此立法志在其精神，而序言申明整個基本法之精神，所以需要有約束力。
→ 第三款中「基本法方針政策」的法律地位並不明確，例如，這規定與中國憲法第三十一條的關係如何？
2.2 序言與《中英聯合聲明》有關的問題
→ 第一款不應摒棄《中英聯合聲明》最具歷史性和關鍵性的一句，即「聯合王國政府於一九九七年七月一日將香港交還給中華人民共和國」，而以「確認中華人民共和國政府於一九九七年七月一日恢復對香港行使職權」這一句取代。
理由：
⊙ 主權國家對其領土行使主權，不應由外國來確認。
⊙ 應清楚明確英國交還香港給中國的史實。
→ 歷史遺留下來有關香港的問題以至《中英聯合聲明》的簽署應該在第二款的開首而非在結尾列明。這樣才能表明中國遵守《中英聯合聲明》的誠意，這一點是不應輕易地被撤除的。
→ 序言介紹基本法的由來時，遺漏了一個重要的歷史事實，這就是《中英聯合聲明》在一九八五年五月廿七日正式生效。香港是在《中英聯合聲明》生效之後才進入過渡期的。
建議在「一九八四年十二月九日（編者按：『九日』應為『十九日』之誤），中英兩國政府簽署了關於香港問題的聯合聲明」之後，加上「聯合聲明於一九八五年五月廿七日生效」。
理由：加上這一條除了補述歷史事實之外，更重要的是使第一百二十七條條文內容清晰。該條文提及「從一九八五年五月廿七日至一九九七年六月三十日期間」批出的土地契約，如果不說明這是始於《中英聯合聲明》生效之日，香港人恐怕不明白一九八五年五月廿七日這個日子的意義。
→ 基本法內沒有條文提及香港將由一英國殖民地過渡成為中國主權下的地方。在序言或附件中作詳述的論述，尤為重要。
2.3 特別行政區地圖問題

→ 應在頒佈基本法之同時，一起頒佈香港特別行政區地域的界線圖。

理由：地區疆界不大明確，借助地圖劃定疆界。

→ 特別行政區地圖是極重要的文件。特別行政區地圖對特別行政區與鄰近地區運作和行政上，會有很大幫助。

2.4 其他意見

→ 在簡短的句子中巧妙地寫出了全國人民的心聲。

→ 第二款「國家決定⋯⋯根據中華人民共和國憲法第三十一條的規定，設立香港特別行政區。」字面上看，香港特別行政區似已依法設立，但中國憲法第三十一條只說「國家必要時得設立特別行政區。⋯⋯」，至於措施如何落實，卻是由中國憲法第六十二條來加以規定。序言只說了「國家決定」，而沒有說明全國人民代表大會會否相應地執行職權。

→ 在序言中對香港歷史的簡略引述與事實不符，尤其在當時的中英政府派遣代表簽署條約這一點上。這些條約被承認與否是另一個問題，但這些條約已被簽署—— 這是歷史事實。建議把這一點加上，使序言能完整地引述整件歷史事實。

→ 在序言中提及在一九零零年爆發的戰爭為「鴉片戰爭」是不必要的。其實那是中英兩國因貿易而引發的戰爭。

→ 香港於一九九七年後維持資本主義制度，並不是中央人民政府的恩賜，而是港人擁有的基本權利。因此建議在序言中，明白表示因為在香港並未有出現贊成在港實行社會主義之言論傾向，故此港人在香港多年來之勞動成果及私有財產，均應受到尊重和保護，是故國家決定一九九七年後，維持香港的資本主義制度不變。

3.建議

3.1 刪除

→ 刪去「從而實現了長期以來全中國人民收回香港的共同願望」一句。

理由：這種時態詞並不科學，法制條文中不應使用此類文字。

→ 第二款中「中華人民共和國憲法第三十一條的規定」句子內的「第三十一條」五個字可以刪除。

→ 序言末段「規定香港特別行政區實行的制度，以保障國家對香港的基本方針政策的實施」中「以」字可除去。

3.2 修改

→ 開首兩句，標點修改後如下：「香港自古以來就是中國的領土。一八四零年鴉片戰爭以後，香港被英國佔領。」第一款末句改為：「從而實現了中國人民長期以來對於收回香港的共同願望。」

第二款第二句改為：「保持香港的社會穩定和經濟繁榮。」

第二款「並按照『一個國家、兩種制度』的方針，不在香港實行社會主義的制度和政策」改為「並實行『一個國家，二種制度』的方針。國家對香港的基本方針和政策，由我國政府在《中英聯合聲明》中予以闡明。」

第三款「基本方針政策」改為「基本的方針和政策」。

→ 修改或刪去序言二部份：

（1）香港自古以來就是中國的領土。

（2）香港在鴉片戰爭時被英國佔去。

理由：

⊙ 香港是否自古以來就是中國領土，並無礙於「一國兩制」的實行。

香港曾是中國領土，也沒有必然得出香港回歸中國的結論；越南亦曾是中國領土，也得不出越南必須回歸中國的結論。

⊙ 就算不曾屬於某國領土，基於人民的意願，也可加入某國成為一份子。

⊙ 如果得出「某地自古以來就屬某國領土，因此必須回歸」的結論，將引起極大的爭論。

→ 有關鴉片戰爭一段，完全漠視香港人民的歷史作用，應加修改。

→ 改為：「根據中華人民共和國憲法及《中英聯合聲明》的規定及其精神，全國人民代表大會特此規定中華人民共和國香港特別行政區基本法。」

理由：

⊙ 這容許全國人民代表大會常務委員會及特別行政區在將來修改或解釋基本法時享有最大彈性。

⊙ 可避免描述一段只涉及帝皇時代的中國及英國之間的中國歷史。

⊙ 可避免描述一件涉及香港甚至內地人民現時之期望的敏感問題。

⊙ 可避免需要澄清「一國兩制」的意思。

→ 第二款改為：「為了⋯⋯（1）並考慮到香港的歷史和現實情況，以及香港居民的意願，國家決定⋯⋯不在香港實行社會主義的制度和政策，（2）而在香港保留和發展原有的香港式的資本主義制度。國家將一如既往繼續支持和促進香港的繁榮和安定，力求促使香港成為一個比一九九七年前更度發展（編者按：「更度發展」應為「更高度發展」之誤）、更現代化、更高效率和人口平均收入更高的資本主義自由商港。」

理由：

⊙ 如不加上（1），制定基本法而不提港人的意願，此次諮詢意見便成為多餘。

⊙ 加上（2）香港保持資本主義制度，必須是高度向前發展的。整個意見稿是保守的，太多「保持」和「不變」。加上（2）之後，便有目標、有生氣、有進取、有民族氣概。

3.3 增加

→ 在「不在香港實行社會主義的制度和政策」之前，加上「授予香港特別行政區高度的自治權」字句。

→ 增加第四款：「香港特別行政區基本法是中華人民共和國的基本法律，它以法律形式規定中國政府在《中英聯合聲明》中所闡明的基本方針政策，在香港特別行政區所享有的高度自治權範圍內，具有最高法律效力。」

理由：序言應說明基本法的法律地位。

→ 序言應重寫，並加上：「如中國干涉香港民主，港人有權推翻基本法。」

→ 第一款「⋯⋯一九九七年七月一日恢復對香港行使主權⋯⋯」一句中，在「香港」之後加上「包括九龍城寨在內」八個字。

→ 第二款「不在香港實行社會主義的制度和政策」一句之前，加上「授予香港特別行政區高度的自治權」字句。

→ 第三款在「以保障國家對香港的基本方針政策的實施」一句之後，加上「建立自由、民主、平等的香港」一句。

3.4 其他建議

→ 首句「自古以來就是中國的領土」中「自古以來」的片語顯得茫無頭緒，是一句毫無時間觀念的說書式開場白，作為一部嚴肅的基本法開端不恰當。

4 待澄清問題：

→ 末句「以保障」三字的原意是否使國家對香港的基本方針政策得以確實執行？

第八稿

「香港自古以來就是中國的領土，一八四〇年鴉片戰爭以後被英國佔領，一九八四年十二月十九日，中英兩國政府簽署了關於香港問題的聯合聲明，確認中華人民共和國政府於

一九九七年七月一日恢復對香港行使主權，從而實現了長期以來中國人民收回香港的共同願望。

為了維護國家的統一和領土完整，保持香港的繁榮和穩定，並考慮到香港的歷史和現實情況，國家決定，在對香港恢復行使主權時，根據中華人民共和國憲法第三十一條的規定，設立香港特別行政區，並按照『一個國家，兩種制度』的方針，不在香港實行社會主義的制度和政策。國家對香港的基本方針政策，已由中國政府在中英聯合聲明中予以闡明。

根據中華人民共和國憲法，全國人民代表大會特制訂中華人民共和國香港特別行政區基本法，規定香港特別行政區實行的制度，以保障國家對香港的基本方針政策的實施。」

〔1990 年 2 月 16 日《中華人民共和國香港特別行政區基本法（草案）》〕

① 1989 年 11 月 30 日基本法起草委員會秘書處《內地各界人士對〈中華人民共和國香港特別行政區基本法（草案）〉的意見匯集》

【P1-2】
序言
1. 序言第二段最後一句：「國家對香港的基本方針政策，已由我國政府在中英聯合聲明中予以闡明」，為避免使用基本法時直接引證聯合聲明，建議：（1）將此句刪去，或（2）把聯合聲明的有關精神概括地表述出來。（江西、天津、陝西）

2. 為更精煉、完整地表述「一國兩制」的方針，建議將序言第二段與第三段合併，改為：「為了維護國家的統一和領土完整，保持香港的繁榮穩定，結合香港的歷史和現實，中華人民共和國決定，在對香港恢復行使主權時，根據中華人民共和國憲法第三十一條的規定，設立香港特別行政區，並制定香港特別行政區基本法。中華人民共和國鄭重宣佈：根據『一國兩制』的方針，香港特別行政區不實行社會主義的制度和政策，保持原有的資本主義制度和生活方式。這一方針五十年內不變，五十年以後是否要變，由中國人民包括香港的永久性居民來決定。」（湖北）

3. 將序言第二段與第三段合併，並刪去第三段中「規定香港特別行政區實行的制度，以保障國家對香港的基本方針政策的實施」一句。（天津）

※

② 1989 年 11 月基本法諮詢委員會《中華人民共和國香港特別行政區基本法（草案）諮詢報告第三冊——條文總報告》

【P12】
序言
2. 意見
→ 基本上是贊成草案序言的寫法，尤其是列明「不在香港實行社會主義的制度和政策」。這點是非常重要的。但是，序言中卻沒有提及「高度自治」和「港人治港」等同是重要的原則。香港特別行政區享有「高度的自治權」的條文，曾在《中英聯合聲明》中第三（二）條中列明，所以如果在草案序言中卻不提及，實在令人感到奇怪。至於「港人治港」也是中國收回香港主權時所提及的一個非常重要的原則，如果草案中隻字不提，會令人懷疑這個原則是否已被棄置，使港人脆弱的信心再受打擊。
→ 根據一些中學歷史科教科書記載：「香港自古以來就是中國的領土，一八四零年鴉片戰爭戰敗後被迫簽訂《南京條約》；香港割讓予英國。」這寫法在語句上較「被英國佔領」詳細及溫和一點。

→ 無論序言是基本法一部份與否，也應盡量簡潔、真實，不帶政治色彩。如果第一款末句的「中國人民」是包括香港人的話，那麼這句的準確程度，甚至基本法的準確程度，都是值得懷疑的。第二款提及「考慮到香港的歷史和現實情況」，但這些「現實情況」是否為人瞭解和接受，對香港特別行政區未來的繁榮是很重要的。
→ 序言沒有提供香港的歷史背景及簽署《中英聯合聲明》的前因後果，對一個可能在二十世紀出生的、有責任解釋基本法的司法人員而言，很難理解為何要在香港特別行政區實行「一國兩制」的政策。

3. 建議
3.1 刪除
→ 刪除第一款最後一句：「從而實現了長期以來中國人民收回香港的共同願望。」
→ 刪除「為了維護國家的統一和領土完整，保持香港的繁榮和穩定，並」一句。
→ 第一款末刪去「共同」二字。
→ 第三款末刪去「的實施」三字。
3.2 修改
→ 「根據《中華人民共和國憲法》第三十一條的規定……」一句改為「根據 XXXX 年制定的《中華人民共和國憲法》第三十一條的規定」。
理由：因為憲法本身不斷修改和重訂。
→ 第一款「以後被英國佔領」改為「清政府在與英國簽訂的《南京條約》中將香港劃歸英國，成為英國殖民地。」
→ 第二款改為：「考慮到香港的歷史和現實情況，為了保持香港的繁榮和穩定，國家決定，在對香港恢復行使主權的同時，根據《中華人民共和國憲法》第三十一條的規定及《中英聯合聲明》的精神，設立香港特別行政區，按照『一個國家、兩種制度』的方針，不在香港實行社會主義的制度和政策。」
→ 第二款的「國家決定」中，「國家」二字建議改為「中央人民政府」。
→ 第二款末的「不在香港實行社會主義的制度和政策」的社會主義制度是史太林式的還是亞爾巴尼亞式的？含糊不清。建議改為「社會主義生產資料公有制的制度」及後面「和政策」三字刪去。
→ 第三款的「規定」二字應改為「訂定」。
→ 第三款末「規定……」改為「構成香港特別行政區實行的制度與法律的基礎。」
→ 第三款末「規定……方針的實施」一句改為「經香港人民複決後實施。」
3.3 增加
→ 「並按照『一個國家，兩種制度』」之後加上「港人治港」。
理由：加上港人治港，對增強港人信心有很大作用，並且也符合《中英聯合聲明》的精神及中華人民共和國政府的歷次宣告。
3.4 其他
→ 關於共產黨在香港起何種作用，建議寫進基本法序言。

→ 在序言中明確規定：

一、中國共產黨直接領導中華人民共和國政府，間接領導香港政府，說明確是輔導香港政府。

二、中國共產黨允許並容忍香港資本主義金融上的投機。

三、容許香港市民發意外之財。

四、允許香港市民有言論、思想、出版、集會、罷工、罷課和抗衡香港政府的自由。

→ 《中英聯合聲明》中提及「新界」，建議在此包括地圖。

理由：地區疆界不大明確，借助地圖劃定疆界。

→ 建議將序言的法律約束力也納入基本法中。

理由：法律不可能以有限的文字寫盡無限的生活變化，故此立法志在其精神，而序言明整個基本法之精神，所以需要有約束力。

→ 序言首句的歷史描述並不準確，而且沒有提及一八四零年中英雙方簽署的條約。建議把從一八四零年中英雙方簽署條約到一九八四年中英雙方簽署《中英聯合聲明》的史實寫在序言第二段之首，以證明中國會誠懇地實踐《中英聯合聲明》內的諾言。

→ 能否清楚寫明《中華人民共和國憲法》第三十一條已被人大常委接納為授權中國立法機關根據「一國兩制」原則制定基本法的法律依據？這是非常重要，因為基本法的制定可能被視為越權行為，是基本法變成無效。

4.待澄清問題

→ 序言最後一句「以保障國家對香港的基本方針政策的實施」中的「保障」是指什麼？

→ 應清楚界定基本法的地域適用範圍。

第九稿

「香港自古以來就是中國的領土，一八四〇年鴉片戰爭以後被英國佔領，一九八四年十二月十九日，中英兩國政府簽署了關於香港問題的聯合聲明，確認中華人民共和國政府於一九九七年七月一日恢復對香港行使主權，從而實現了長期以來中國人民收回香港的共同願望。

為了維護國家的統一和領土完整，保持香港的繁榮和穩定，並考慮到香港的歷史和現實情況，國家決定，在對香港恢復行使主權時，根據中華人民共和國憲法第三十一條的規定，設立香港特別行政區，並按照『一個國家，兩種制度』的方針，不在香港實行社會主義的制度和政策。國家對香港的基本方針政策，已由中國政府在中英聯合聲明中予以闡明。

根據中華人民共和國憲法，全國人民代表大會特制訂中華人民共和國香港特別行政區基本法，規定香港特別行政區實行的制度，以保障國家對香港的基本方針政策的實施。」

〔1990年4月《中華人民共和國香港特別行政區基本法》〕

香港特別行政區是中華人民共和國不可分離的部份。

❀ 貳 | 概念

1. 香港特別行政區
2. 中華人民共和國不可分離的部份

❀ 叁 | 條文本身的演進和發展

第一稿 ▶

總則

「第一條　香港特別行政區是中華人民共和國不可分離的部份。」

〔1987 年 4 月 13 日《中央與香港特別行政區的關係專題小組工作報告》，載於《中華人民共和國香港特別行政區基本法起草委員會第四次全體會議文件匯編》〕

① 1986 年 4 月 22 日《中華人民共和國香港特別行政區基本法結構（草案）》，載於《中華人民共和國香港特別行政區基本法起草委員會第二次全體會議文件匯編》

【P10】
第一章 總則
（一）香港特別行政區是中華人民共和國的不可分離的一部份……

第二稿 ▶

第一章

「第一條　香港特別行政區是中華人民共和國不可分離的部份。」

〔1987 年 8 月 22 日《中央與香港特別行政區的關係專題小組工作報告》，載於《中華人民共和國香港特別行政區基本法起草委員會第五次全體會議文件匯編》〕

第三稿 ▶

「第一條　香港特別行政區是中華人民共和國不可分離的部份。」

〔1987 年 12 月基本法起草委員會秘書處《香港特別行政區基本法（草案）》（匯編稿）〕

第四稿 ▶

「第一條　香港特別行政區是中華人民共和國不可分離的部份。」

〔1988 年 3 月基本法起草委員會秘書處《中華人民共和國香港特別行政區基本法（草案）草稿》（總體工作小組第二次會議對目錄、序言、第一、二、三、五、六、七、九章的修改稿）〕

第五稿 ▶

「第一條　香港特別行政區是中華人民共和國不可分離的部份。」

〔1988 年 4 月基本法起草委員會秘書處《中華人民共和國香港特別行政區基本法（草案）草稿》〕

第六稿 ▶

「第一條　香港特別行政區是中華人民共和國不可分離的部份。」

〔1988 年 4 月基本法起草委員會《中華人民共和國香港特別行政區基本法（草案）徵求意見稿》〕

第七稿 ▶

「第一條　香港特別行政區是中華人民共和國不可分離的部份。」

〔1989 年 2 月《中華人民共和國香港特別行政區基本法（草案）》〕

① 1988 年 8 月基本法起草委員會秘書處《香港各　　見稿〉的意見匯集（一）》
界人士對〈香港特別行政區基本法（草案）徵求意

【P1】
第一條
1. 刪去本條。

2. 新加「中華人民共和國政府對香港的基本方針政策是一國兩制，根據《中英聯合聲明》制定本法」作為第一條，現第一條改為第二條，依次類推。

※

② 1988 年 9 月基本法起草委員會秘書處《內地各界人士對〈香港特別行政區基本法（草案）徵求意見稿〉的意見匯集》

【P2】
第一條
1. 前面加：「中華人民共和國是單一制國家。」

2.「部份」改為「組成部份」。

3. 建議在本條最後講一下香港特別行政區的範圍。

※

③ 1988 年 10 月基本法諮詢委員會《中華人民共和國香港特別行政區基本法（草案）徵求意見稿諮詢報告第五冊——條文總報告》

【P15-17】
第一章　整體意見
1. 意見
1.1 贊成意見
→ 贊成此「總則」。
→ 贊成第一條至第九條。
→ 贊成總則寫在基本法各章之前，規定了基本法的一些基本原則。
→ 為了使《中英聯合聲明》可以合法地執行，總則理應成為基本法的一部分。
1.3 其他意見
→ 總則第一條「香港特別行政區是中華人民共和國不可分離的部份」。一條已足夠，其他的應讓香港人自己擬定資本主義之基本法，才是體現高度自治的基本法。

2. 建議
2.1 修改
→ 把第一條和第四條併為一條。
理由：
⊙ 意思會更全面。
⊙ 可防止被人斷章取義。
2.2 增加
→ 在總則第一條之前增加兩條，即第一條改為第三條。

第一條：「本基本法根據中華人民共和國憲法第三十一條制定，適用於香港特別行政區。本法規為中華人民共和國憲法之必要補充，同樣神聖。」
第二條：「香港特別行政區，對外簡稱『中國香港』（China, Hong Kong）；對內簡稱香港（Hong Kong）。其範圍包括深圳河以南之香港島、九龍半島及新界。」
理由：使基本法之法律地位更清楚，名稱及範圍得以確定，英文拼法亦依國際慣例，免受普通話拼法影響。
→ 建議基本法（草案）徵求意見稿的總則第一至十條以如下的十二條取代。
第一條：為了維護國家的統一和領土完整，並考慮到香港的歷史和現實情況，中華人民共和國在一九九七年七月一日對香港恢復行使主權時，根據中華人民共和國憲法第三十一條的規定，設立香港特別行政區。香港特別行政區是中華人民共和國不可分離的部份。

【P19】
第一條
2. 意見
→ 保留本條。
→ 第一條重複序言第一句的意義，沒有必要。
→「分離」兩字不理想，既然香港主權已回歸祖國，不須再寫這一詞。
→ 應在第一條開宗明義說明立法的來源和依據。
→ 這一條已確定主權，不需再在其他方面表現主權。

3. 建議
3.1 修改
→ 不可分離的「部份」改為不可分離的「領土」。
理由：
⊙「領土」較之「部份」更明確、肯定，包含了歷史性關係。「部份」是含糊的，可以做其他花樣的解釋。
⊙「部份」一詞相當含糊，未能反映出「一國兩制」、「保持香港資本主義制度五十年不變」的政策。既然香港特別行政區是中國不可分離的部份，而內地實行的是社會主義制度，是不是意味着香港也要實行社會主義制度呢？政治的一部份還是經濟上的一部份呢？
→ 改為：「香港特別行政區是中華人民共和國的一部份。」
→ 改為：「香港特別行政區是中華人民共和國的部份領土。」
理由：這條是體現主權。凡是領土都是不可分離的，如寫為不可分離的部份，便表示有可分離的部份。
→ 改為：「香港特別行政區是中華人民共和國領土不可分離的部份。」
3.2 增加
→「不可分離的部份」之後加入「自古以來就是中國的版圖。」
→ 加上「香港特別行政區保持原有地區的範圍。」
3.3 搬移
→ 將第一條改為第三條。
3.4 其他建議
→ 為使香港特別行政區之定義更加明確，應將現時香港（即包括香港島、九龍及新界）之地圖，列入附件，成為基本法之一部份。

第八稿

「第一條　香港特別行政區是中華人民共和國不可分離的部份。」
〔1990 年 2 月 16 日《中華人民共和國香港特別行政區基本法（草案）》〕

① 1989 年 11 月 30 日基本法起草委員會秘書處《內地各界人士對〈中華人民共和國香港特別行政區基本法（草案）〉的意見匯集》

【P2】
第一條
1.「不可分離」改為「不可分割」。因「不可分離」是政治性語言。（新疆、湖北）

2.建議加上一款，即「香港特別行政區政府是中華人民共和國的地方政府，直接受中央人民政府領導。」（山東）

※

② 1989 年 11 月基本法諮詢委員會《中華人民共和國香港特別行政區基本法（草案）諮詢報告第三冊──條文總報告》

【P16】
第一條
2.建議
2.1 修改

→ 改為：「香港特別行政區（以下簡稱→ 香港）是中華人民共和國的領土。」
→ 改為：「香港特別行政區是中國不可分離的部份。」
→ 改為：「香港特別行政區，可以與中華人民共和國分離。無論政治、行政、地域、政制等，都可以與中華人民共和國分離和分開。」
→ 改為：「香港特別行政區是中華人民共和國領土的一部份。」
2.2 其他
→ 香港既是「中華人民共和國不可分離的部份」，則基本法與中國憲法自然是息息相關，故建議將中國憲法分發給市民，作為參考資料。

第九稿

「第一條　香港特別行政區是中華人民共和國不可分離的部份。」
〔1990 年 4 月《中華人民共和國香港特別行政區基本法》〕

全國人民代表大會授權香港特別行政區依照本法的規定實行高度自治，享有行政管理權、立法權、獨立的司法權和終審權。

❀ 貳│概念

1. 全國人民代表大會授權
2. 依照基本法實行高度自治
3. 行政管理權
4. 立法權
5. 獨立司法權和終審權

❀ 叁│條文本身的演進和發展

第一稿

總則

「第二條　全國人民代表大會授權香港特別行政區按照本法的規定實行高度自治。」

〔1987 年 4 月 13 日《中央與香港特別行政區的關係專題小組工作報告》，載於《中華人民共和國香港特別行政區基本法起草委員會第四次全體會議文件匯編》〕

第二稿

第一章

「第二條　全國人民代表大會授權香港特別行政區按照本法的規定實行高度自治。」

〔1987 年 8 月 22 日《中央與香港特別行政區的關係專題小組工作報告》，載於《中華人民共和國香港特別行政區基本法起草委員會第五次全體會議文件匯編》〕

① 1987 年 5 月 22 日《香港基本法起草委員會第四次全體會議委員們對基本法序言、總則及第二、三、七、九章條文草案的意見匯集》

【P3】
第二條

1. 有的委員認為，本條的表述不明確，建議改為「全國人民代表大會通過制定和頒佈本法，授權香港特別行政區實行高度自治」。

2. 有的委員認為，「高度自治」一詞太概括，建議本條改寫為「全國人民代表大會授權香港特別行政區按照本法的規定實行高度自治，享有立法權、行政管理權、獨立的司法權和終審權」。

3. 有的委員認為，基本法本身就是一部全國人民代表大會的授權法，因此建議本條可以刪去全國人民代表大會授權的提法，改為「香港特別行政區按照本法的規定實行高度自治」。

第三稿

「第二條　全國人民代表大會授權香港特別行政區按照本法的規定實行高度自治。」

〔1987 年 12 月基本法起草委員會秘書處《香港特別行政區基本法（草案）》（匯編稿）〕

① 1987 年 12 月基本法起草委員會秘書處《香港特別行政區基本法（草案）》（匯編稿）

【P5-6】
關係組委員的其他意見：
第二條

1. 有的委員建議改為：「全國人民代表大會授權香港特別行政區按照本法的規定實行高度自治。對本法實施的監督權屬於全國人民代表大會常務委員會。凡逾越本法所授之權力的行政、立法和司法行為均可由全國人民代表大會常務委員會宣佈無效」。

2. 還有的委員建議改為：「除外交和國防事務屬中央人民政府管理外，香港特別行政區享有高度的自治權」。

3. 有的委員建議在第二條之後增寫新的一條為：「香港特別行政區享有行政管理權、立法權、獨立的司法權和終審權」。

第四稿

「**第二條** 全國人民代表大會授權香港特別行政區依照本法的規定實行高度自治，享有行政管理權、立法權、獨立的司法權和終審權。」

〔1988 年 3 月基本法起草委員會秘書處《中華人民共和國香港特別行政區基本法（草案）草稿》（總體工作小組第二次會議對目錄、序言、第一、二、三、五、六、七、九章的修改稿）〕

① 《各專題小組的部份委員對本小組所擬條文的意見和建議匯輯（關於序言、第一、二、三、五、六、七、九章部份）》，載於 1988 年 3 月基本法起草委員會秘書處《中華人民共和國香港特別行政區基本法（草案）草稿》

【P31-32】
第二條
（編者按：內容同第三稿文件①）

※

② 1988 年 4 月《總體工作小組所作的條文修改舉要》，載於 1988 年 5 月《中華人民共和國香港特別行政區基本法起草委員會第七次全體會議文件匯編》

（編者按：雖然本文件的日期是 1988 年 4 月，但本文件是總體工作小組在 1987 年 12 月 15 日至 1988 年 3 月 6 日之間召開的三次會議上對各專題小組草擬的基本法原條文所作的一些調整和修改。於 3 月提出的草稿裡面已經將以下調整與修改納入，故將這份文件放入本稿中。）

【P14】
在第二條條文的最後加「享有行政管理權、立法權、獨立的司法權和終審權」。

※

③ 1988 年 4 月 26 日《胡繩副主任委員關於總體工作小組的工作報告》，載於 1988 年 5 月《中華人民共和國香港特別行政區基本法起草委員會第七次全體會議文件匯編》

（編者按：收錄理由同上）

【P6】
（二）屬於「總則」章的第二條，原來只寫「全國人民代表大會授權香港特別行政區依照本法的規定實行高度自治」，現在又加上「享有行政管理權、立法權、獨立的司法權和終審權」。這個意思雖然已分別寫在以後的條文中，但集中在總則中寫出來，看來是適當的。

第五稿

「**第二條** 全國人民代表大會授權香港特別行政區依照本法的規定實行高度自治，享有行政管理權、立法權、獨立的司法權和終審權。」

〔1988 年 4 月基本法起草委員會秘書處《中華人民共和國香港特別行政區基本法（草案）草稿》〕

① 《各專題小組的部份委員對本小組所擬條文的意見和建議匯輯》，載於 1988 年 4 月基本法起草委員會秘書處《中華人民共和國香港特別行政區基本法（草案）草稿》

【P59】
第二條
（編者按：內容同第三稿文件①，除第 3. 點被刪除外，均同前文。）

第六稿

「**第二條** 全國人民代表大會授權香港特別行政區依照本法的規定實行高度自治，享有行政管理權、立法權、獨立的司法權和終審權。」

〔1988 年 4 月基本法起草委員會《中華人民共和國香港特別行政區基本法（草案）徵求意見稿》〕

① 《各專題小組的部份委員對本小組所擬條文的意見和建議匯輯》，載於 1988 年 4 月基本法起草委員會《中華人民共和國香港特別行政區基本法（草案）徵求意見稿》

【P52】
（編者按：內容同第三稿文件①）

第七稿

「**第二條** 全國人民代表大會授權香港特別行政區依照本法的規定實行高度自治，享有行政管理權、立法權、獨立的司法權和終審權。」

〔1989 年 2 月《中華人民共和國香港特別行政區基本法（草案）》〕

① 1988 年 9 月基本法起草委員會秘書處《內地各界人士對〈香港特別行政區基本法（草案）徵求意見稿〉的意見匯集》

【P2】
1. 高度自治權是中央授予的，授權的同時要有監督，否則權力就易失控。建議按「意見和建議匯輯」中的意見加上一句：「本法的監督權屬於全國人民代表大會常務委員會，

凡逾越本法所授之權力的行政、立法和司法行為均可由全國人民代表大會常務委員會宣佈無效。」或「施行本法的監督權屬於全國人民代表大會及其常務委員會。」

2.改為：「全國人民代表大會授權香港特別行政區實行高度自治，除國防、外交屬於中央人民政府外，享有高度自治權。香港特別行政區享有行政管理權、立法權、獨立的司法權和終審權。」

※

② 《「一國兩制」與「高度自治」》，載於 1988 年 10 月基本法諮詢委員會《中華人民共和國香港特別行政區基本法（草案）徵求意見稿諮詢報告（2）——專題報告》

【P25-26】
4.「高度自治」的定義
4.1 有不少意見認為，應該根據《中英聯合聲明》內的一句話，為「高度自治」一詞下定義。《中英聯合聲明》第三條第二款列明：「香港特別行政區直轄於中華人民共和國中央人民政府。除外交和國防事務屬中央人民政府管理外，香港特別行政區享有高度的自治權。」這些意見認為，這句話的意思，就是中央人民政府對香港特別行政區的責任，只保留在國防和外交事務上的權力，其他的一切權力，都歸特別行政區政府享有。
4.2 另一個更清楚表達這個概念的，就是「剩餘權力」的講法。這意見認為，在中央與特別行政區的權力分配問題上，國防與外交的權力同時亦是體現主權的權力，應歸中央人民政府；除此以外，其他一切權力，都歸特別行政區政府。這種安排是一個最簡單與清楚的分權方法，既便於執行，也能保證特別行政區的高度自治。
4.5 有意見認為，聯合聲明雖列明香港特別行政區享有高度的自治權、獨立的行政管理權、立法、司法和終審權，但並非表示香港特別行政區有一個主權立法機關（Sovereign Legislature）。香港特別行政區政府是一個地方政府，並不享有主權。基本法的制定和頒佈都是由人大負責的，它的修改和解釋也由人大及其常委會負責。也就是說，特別行政區政府無論自治權多高，亦只是一個擁有特殊地位的附屬政權；它是特殊的，但不表示獨立和有主權。香港特別行政區的「高度自治」是在基本法規定範圍下的高度自治。因此，《中英聯合聲明》規定，除國防和外交事務屬中央人民政府管理外，香港特別行政區享有高度的自治權，只表示國防和外交是中央人民政府負責的事情，特別行政區政府完全沒有責任，其他對特別行政區內部的行政管理、立法、司法和終審權，會按照基本法的規定，實行「高度自治」。這個「高度自治」的準則，要按照基本法的規定而定，並沒有法定客觀的標準。「高度自治」的定義，只能表示香港並非「獨立」也非「自決」。以《中英聯合聲明》附件一整體的理解，「高度自治」也不能理解為中央人民政府只負責國防、外交事務，其他交由特別行政區政府負責，因為附件一也同時規定了一些中央人民政府在香港特別行政區內部運作中的角色，如特別行政區立法要交人大常委會備案，行政長官及主要官員要由中央人民政府任命等。這正反映中央人民政府對特別行政區的責任，並不止於國防和外交。

※

③ 1988 年 10 月基本法諮詢委員會《中華人民共和國香港特別行政區基本法（草案）徵求意見稿諮詢

報告第五冊——條文總報告》

【P17】
第一章　整體意見
2.建議
2.2 增加
→ 建議基本法（草案）徵求意見稿的總則第一至十條以如下的十二條取代。
第二條：香港特別行政區直轄於中華人民共和國中央人民政府。除外交和國防事務屬中央人民政府管理外，香港特別行政區享有高度的自治權。

【P20-23】
第二條
2.意見
2.1 贊成意見
→ 原條保留。
→ 港人治港很好，因為不用接受中國傳來的陋習。
→ 同意這條規定香港特別行政區可享有高度自治及港人治港這個基本方針。
→ 贊成文中建議的「高度自治」。
→ 特別行政區享有獨立的司法權和終審權的規定，是香港能夠實現高度自治的重要條件之一。
2.2 保留意見
→ 這條未能充份反映已載於《中英聯合聲明》的基本方針政策和原先列明的「高度自治範圍」。
→ 由於中國對香港沒有信心，高度自治和一國兩制是行不通的。
→ 這條雖賦予香港特別行政區行政管理權、立法權及獨立的司法權和終審權，但若將這條與第一百六十九條一併運用，便會使法院的運作癱瘓，這是不可接受的。
→ 這條提及香港的高度自治問題，說明香港享有獨立的司法和終審權，即有關香港的任何案件均應交由香港獨立的司法機關處理以達致高度自治的理想。但第十八條提到有關國防和外交事務和中央人民政府的案件香港法院無管轄權，最終是交給全國人民代表大會處理，這樣香港便不能完全地管理有關香港特別行政區的所有案件，這怎談得上享有獨立的司法權和終審權呢？
→ 這條說明香港特別行政區將依照基本法的規定進行高度自治。從這份徵求意見稿來看，自治是有的，但不能說是高度自治，因為有不少條文對高度自治有規限。
→ 根據《中英聯合聲明》的條款「除外交和國防事務屬中央人民政府管理外，香港特別行政區享有高度的自治權」。但這條卻把高度自治規限在「依本法的規定」內。
2.3 其他
→ 人大常委會應賦予香港特別行政區法院有違憲審查權、獨立的司法權和終審權。
→ 關於行政管理權、立法權、獨立的司法權和終審權應由特別行政區所管治和享有，這樣便可達到「港人治港，高度自治」的原則。
→ 如果本港終審庭不能正確的運用法律，被告的最後上訴權可能會被剝奪。
→ 所謂「高度自治」是相對的，這條所賦予的可能比內地其他地區的自治程度高，但相對於《中英聯合聲明》所承諾的自治程度為低。因此「高度自治」應是除外交和國防事務屬中央人民政府管理外，其他權力均屬香港特別行政區享有，以便能確保中央體現主權，亦能使香港人對一九九七後的統治有信心。
→ 這條提出香港實行高度自治，但對於自治權的落實，交代得含糊不清。
→ 基本法是香港未來法制的依據，在法律概念和用詞上必須清楚明確。這條既用「高度自治」一詞，卻把內容限制在行政、管理、獨立司法和終審等權上。

→ 不贊成有意見把第二條改為「除外交和國防事務屬中央人民政府管理外，香港特別行政區享有高度自治權」。
理由：基本法第二章第十二條中央與特別行政區關係已清楚指出中央人民政府負責與香港特別行政區有關的外交事務，第十三條更清楚表達了特別行政區的防務由中央人民政府管理，沒有必要在總則裡再寫一次。

3. 建議
3.1 修改
→ 改為：「全國人民代表大會授權香港特別行政區按照本法的規定實行高度自治，除國防和外交事務屬中央人民政府管理外，香港特別行政區享有高度自治權、行政管理權、立法權、獨立的司法和終審權。對本法實施的監督權屬於全國人民代表大會常務委員會，凡逾越本法所授之權力的行政、立法和司法行為均可由全國人民代表大會常務委員會宣佈無效，香港特別行政區立法機關制定的任何法律，均不得與本法相抵觸。」
→ 改為：「全國人民代表大會授權香港特別行政區按照本法的規定實行高度自治。對本法實施的監督權屬於全國人民代表大會常務委員會。凡逾越本法所授之權力的行政、立法和司法行為均可由全國人民代表大會常務委員會宣佈無效。除國防和外交事務屬中央人民政府管理外，香港特別行政區享有高度自治權。」
→ 改為：「全國人民代表大會常務委員會授權香港特別行政區照本法的規定除外交和國防事務屬中央人民政府管理外，實行高度自治，享有行政管理權、立法權、獨立的司法權和終審權。」
理由：
⊙ 第二章第十六條規定制定法律須報人大常委會備案，故人大常委會應為直轄和授權機關。
⊙ 中央人民政府負責國防和外交是《中英聯合聲明》的規定。
→ 改為：「全國人民代表大會授權香港特別行政區依照本法的規定實行高度自治。除外交和國防事務仍屬中央人民政府管理外，香港特別行政區享有行政管理權、立法權、獨立司法權和終審權。」
→ 改為：「全國人民大會授權香港特別行政區除外交和國防事務屬中央人民政府管理外，依照本法的規定實行高度自治，享有行政管理權、立法權、獨立的司法權和終審權。」
→ 改為：「全國人民代表大會授權香港特別行政區依照本法的規定除外交和國防事務屬中央人民政府管理外，香港特別行政區享有高度的自治權，其中包括享有行政管理權、立法權、獨立的司法權和終審權。」
3.2 增加
→ 英文本加上「hereby」，即「The National People's Congress hereby authorises……」；中文本加上「現」，即「全國人民代表大會現授權……。」
理由：這是為表示通過基本法即是同時授權，而不是另行具體授權。
→ 在這條文句末加上「五十年不變」。
→ 在「本法」之後加上「及由香港特別行政區自願或被硬性規定須遵守的雙邊及國際性法律義務，包括在一九八四年簽署的《中英聯合聲明》。」
→ 增加第二款：「全國人大常委會負責監察基本法的實施。全國人大常委會下設香港特別行政區基本法委員會，負責就香港特別行政區事務提供諮詢意見。」
理由：整部徵求意見稿都沒有提及監察權的問題。基本法既由全國人民代表大會制定，只能由人大或其常設機構全國人大常委會負責監察，而不能由香港的立法機構或司法機構監察基本法的實施。
3.3 其他建議
→ 贊成採用「匯輯」對此條文的第一個建議。

→ 接納「匯輯」對此條文的建議。
理由：寫得較周密。
→ 應跟「匯輯」第二條作修改。
理由：更能體現香港特別行政區的自治權。
→ 「授權」兩字，可以引用憲法內有關人大的職權加以說明。
→ 這條除了明確香港特別行政區的權力來源以外，還應該明確由全國人大常委會負責監察基本法的實施，條文的內容才夠完備。
→ 應清楚列明高度自治的內容。
理由：以釋香港人的疑慮。
→ 應明確界定中央人民政府只管理外交和國防事務；其他事務都屬於特別行政區的自治權力範圍。
→ 「高度自治」非客觀字眼，應列明何者為香港自治項目，何者為中央處理項目。

4. 待澄清問題：
→ 何謂「高度自治」？
→ 「高度自治」以什麼為準則？
→ 條文裡「授權」一詞是指全國人大透過基本法授權香港實行高度自治，還是基本法通過後，再經人大通過某些方式授權香港實行高度自治呢？
→ 改為：「全國人民代表大會授權香港特別行政區依照本法的規定除外交和國防事務屬中央人民政府管理外，香港特別行政區享有高度的自治權。香港特別行政區享有行政管理權、立法權、獨立的司法權和審終權。」
→ 改為：「全國人民代表大會授權香港特別行政區依照本法的規定實行三權分立、高度民主自治、享有獨立的行政管理權、立法權、司法和終審權。」
→ 「全國人民代表大會授權香港特別行政區依照本法的規定實行高度自治的港人民主治港。」
→ 改為：「全國人民代表大會依照本法的規定賦予香港特別行政區的自治權力，包括享有行政管理、立法權、獨立的司法權和終審權。」
理由：「高度自治」一詞不適當。
→ 改為：「全國人民代表大會授權香港特別行政區按照本法的規定實行高度自治，對本法的監督權屬於全國人民代表大會常務委員會。凡逾越本法所授之權力的行政、立法和司法行為均可由全國人民代表大會常務委員會宣佈無效，並有溯及力。」
→ 改為：「除外交及國防事務屬中央人民政府管理外，香港特別行政區享有高度的民主自治權。香港特別行政區享有行政管理權、立法權、獨立的司法和終審權。」
理由：藉此落實高度自治的範圍。
→ 改為：「除外交及國防事務外，香港特別行政區依法規定實行自治。」
→ 改為：「香港特別行政區直轄於中華人民共和國中央人民政府。除外交和國防事務屬中央人民政府管理外，香港特別行政區享有高度的自治權。
香港特別行政區享有行政管理權、立法權、獨立的司法權和終審權。現行的法律基本不變。」
→ 改為：「香港特別行政區直轄於中華人民共和國中央人民政府。除外交和國防事務屬中央人民政府管理外，香港特別行政區享有高度的自治權。」
→ 改為：「香港除了外交和國防事務屬中央人民政府管理外，享有高度自治。」
理由：這條提到香港享有高度自治，享有行政管理權、立法權、獨立的司法權和終審權，這樣把香港享有的權利列出來，恐怕有所遺漏。倒不如把香港不能做的列明出來。
→ 改為：「香港特別行政區享有行政管理權、立法權、獨立司法權和終審權。」
→ 改為：「除外交和國防屬中央人民政府管理外，香港特別行政區享有高度的自治權。香港特別行政區享有行政

管理權、立法權、獨立的司法權和終審權。」
理由：為了貫徹《中英聯合聲明》第三條第二款的原則。
→ 為符合《中英聯合聲明》的高度自治原則，應列明「除外交和國防事務屬中央人民政府管理外，香港特別行政區享有高度自治權。」
理由：
⊙ 確保中央人民政府充份體現主權，亦確立特別行政區

高度自治範圍。
⊙ 使人清楚什麼是「高度自治」。
→ 將「實行高度自治」改為「實行自治」。
理由：由自治之內容代替抽象字眼。
→ 「全國人民代表大會」是一個實體，可以授權給另一個實體。「香港特別行政區」並非一個實體，因此應改為「區政府」或「中央」授權予「地區」行文方較合理。

第八稿

「**第二條　全國人民代表大會授權香港特別行政區依照本法的規定實行高度自治，享有行政管理權、立法權、獨立的司法權和終審權。**」
〔1990年2月16日《中華人民共和國香港特別行政區基本法（草案）》〕

① 1989年11月30日基本法起草委員會秘書處《內地各界人士對〈中華人民共和國香港特別行政區基本法（草案）〉的意見匯集》

【P2-3】
第二條
1.對香港特別行政區的立法權應有適當的限制。（天津）

2.對香港特別行政區的終審權應有所限制。建議規定：「香港和國內其他省、市、自治區之間的民事、經濟案件應成立一個隸屬於最高人民法院的聯合機構作為終審法院」，同時把「香港法院無權審理屬於國家行為的案件」作為基本法的一個原則。（河南）

3.建議將本條修改為：「香港特別行政區根據全國人民代表大會授予的行政管理權、立法權、獨立的司法權和終審權，依照本法的規定實行特別自治」。（廣西）

4.建議刪去「終審權」三字，因為終審權是司法權的一個重要內容，不宜與司法權並列。（陝西）

※

② 1989年11月基本法諮詢委員會《中華人民共和國香港特別行政區基本法（草案）諮詢報告第三冊——條文總報告》

【P16-17】
第二條
2.意見
→ 「授權」一詞暗示自主權很容易被收回，應採用較清楚和肯定的字眼。

3.建議
3.1 刪除
→ 刪除「高度自治」中「高度」二字。
理由：既有「自治」，「高度」便沒有什麼意義，而且又不是法律名詞。
→ 刪除「全國人民代表大會授權」一句。
→ 刪除這條，應載入《中英聯合聲明》第三款第二項和第三項。

3.2 修改
→ 改為：「香港特別行政區在行政及立法方面實行高度自治及享有獨立的司法權和終審權。」
→ 改為：「全國人民代表大會授權香港可以立法，保障人權和國際人權法案。國內不得干擾，香港可以成立國際人權法案，國內不得干擾。絕對保障人權。」
→ 改為：「香港特別行政區依照本法的規定實行高度自治，享有獨立的行政管理權、立法權、司法權和終審權。」
→ 「實行高度自治」改為「實行自治」或「實行完全自治」。
→ 改為：「全國人民代表大會授權香港特別行政區依照本法的規定實行高度自治。除外交和國防事務屬中央人民政府管理外，香港特別行政區享有行政管理權、立法權、獨立的司法權和終審權。」
→ 改為：「除外交和國防事務屬中央人民政府管理外，香港特別行政區享有高度自治權。」
→ 改為：「全國人民代表大會授權香港特別行政區，在中央人民政府領導下，依照本法規定實行高度自治，享有行政管理權、立法權、獨立的司法權和終審權，對本法實施的監督權屬於全國人民代表大會常務委員會，凡逾越本法所授之權力的行政、立法和司法行為，均可由全國人民代表大會常務委員會宣佈無效，並有溯及力。」
3.3 增加
→ 在本條文之首加上「根據《中英聯合聲明》，」。
理由：
⊙ 對全國人民代表大會授權香港特別行政區的規定作一制約，避免一旦全國人民代表大會不授權時，香港特別行政區難以高度自治。
⊙ 能否實行高度自治也需聽從中央的領導，太冒險。
→ 句末加上「五十年不變」，以符合《中英聯合聲明》精神。
→ 在第一行「依照本法」後加上「及香港特別行政區承受或承擔的雙邊及國際（包括在《中英聯合聲明》內的）法律義務」。
理由：特別行政區法律制度的法學地位包括在中國的社會主義法律制度中，是史無前例的做法。雖然將來特別行政區的一般法律仍會採用普通法的習慣，但基本法的地位高於一般法律，而且有社會主義民法的特色。在實行民法制度的國家，雙邊及國際義務不須通過立法來實施。將來中國一旦承受某些雙邊或國際法律義務，這些義務便可在香港特別行政區實施。除非制定基本法的目的是要修改或推翻《中英聯合聲明》的規定，《中英聯合聲明》的規定應是香港法律的一部份。

第九稿

「**第二條　全國人民代表大會授權香港特別行政區依照本法的規定實行高度自治，享有行政管理權、立法權、獨立的司法權和終審權。**」
〔1990年4月《中華人民共和國香港特別行政區基本法》〕

香港特別行政區的行政機關和立法機關由香港永久性居民依照本法有關規定組成。

❀ 貳｜概念

1. 行政機關
2. 立法機關
3. 香港永久性居民

❀ 叁｜條文本身的演進和發展

第一稿

總則

「第三條　香港特別行政區的行政機關和立法機關由當地人即香港永久性居民按本法有關規定組成。」

〔1987 年 4 月 13 日《中央與香港特別行政區的關係專題小組工作報告》，載於《中華人民共和國香港特別行政區基本法起草委員會第四次全體會議文件匯編》〕

第二稿

第一章

「第三條　香港特別行政區的行政機關和立法機關由香港永久性居民按本法有關規定組成。」

〔1987 年 8 月 22 日《中央與香港特別行政區的關係專題小組工作報告》，載於《中華人民共和國香港特別行政區基本法起草委員會第五次全體會議文件匯編》〕

① 1987 年 5 月 22 日《香港基本法起草委員會第四次全體會議委員們對基本法序言、總則及第二、三、七、九章條文草案的意見匯集》

【P3-4】

第三條

1. 有的委員建議，改為「香港特別行政區的行政機關和立法機關按本法有關規定由當地人即香港永久性居民組成」。

2. 有的委員建議，刪掉「當地人即」四個字，改寫為「香港特別行政區行政機關和立法機關按本法有關規定由香港永久性居民組成」。

3. 有的委員認為，總則第三條和第八條用「行政機關」概念取代聯合聲明中「政府」一詞不妥當。基本法結構（草案）是用兩節分別規定行政長官和行政機關的，而本條用行政機關一詞就包括不了行政長官，所以不能確切地表達出行政長官和政府的組成人員都應由當地人組成的原則。

第三稿

「第三條　香港特別行政區的行政機關和立法機關由香港永久性居民按本法有關規定組成。」

〔1987 年 12 月基本法起草委員會秘書處《香港特別行政區基本法（草案）》（匯編稿）〕

第四稿

「第三條　香港特別行政區的行政機關和立法機關由香港永久性居民，依照本法有關規定組成。」

〔1988 年 3 月基本法起草委員會秘書處《中華人民共和國香港特別行政區基本法（草案）草稿》（總體工作小組第二次會議對目錄、序言、第一、二、三、五、六、七、九章的修改稿）〕

第五稿

「第三條　香港特別行政區的行政機關和立法機關由香港永久性居民依照本法有關規定組成。」

〔1988 年 4 月基本法起草委員會秘書處《中華人民共和國香港特別行政區基本法（草案）草稿》〕

「**第三條** 香港特別行政區的行政機關和立法機關由香港永久性居民依照本法有關規定組成。」

〔1988年4月基本法起草委員會《中華人民共和國香港特別行政區基本法（草案）徵求意見稿》〕

「**第三條** 香港特別行政區的行政機關和立法機關由香港永久性居民依照本法有關規定組成。」

〔1989年2月《中華人民共和國香港特別行政區基本法（草案）》〕

① 1988年9月《內地各界人士對〈香港特別行政區基本法（草案）徵求意見稿〉的意見匯集》

【P2-3】
第三條
本條只講行政機關和立法機關的組成，也應講一下司法機關的組成，以與第二條的三權相呼應。建議增寫一句：「香港的司法機關的組成，另行規定。」或「香港的司法機關按本法第四十八條第（六）項規定組成。」

※

② 1988年10月基本法諮詢委員會《中華人民共和國香港特別行政區基本法（草案）徵求意見稿諮詢報告第五冊——條文總報告》

【P17】
第一章 整體意見
2.建議
2.2 增加
→ 建議基本法（草案）徵求意見稿的總則第一至十條以如下的十二條取代。
第四條：香港特別行政區的行政機關和立法機關由香港永久性居民組成。行政長官在當地通過選舉產生，由中央人

民政府任命。主要官員由香港特別行政區行政長官提名，報中央人民政府任命。原在香港各政府部門任職的中外籍公務、警衛人員可以留用，香港特別行政區各政府部門可以聘請外籍人士擔任顧問或某些公職。

【P24】
第三條
2.意見
→ 本條只提到行政機關和立法機關的規定，對於司法機關由什麼人組成方面的限制就沒有列明。
→ 這條說明非香港永久性居民並不享有同等的權利，與第二十四條規定不同國籍、階級在法律面前一律平等有矛盾和含糊之處。
→ 香港環境特殊，「永久性居民」應指明是持有何種證件者，其國籍亦應規定。
→ 持雙重國籍者，心理上或多或少志在外而投機於內，如所謂「騎牆派」。因此一九九七年後，雙重國籍人士應不能置身於行政和立法機關，或處於影響未來香港政策之職位。

3.建議
→ 改為：「香港特別行政區的行政機關、行政首長和立法機關由香港永久性居民依照本法有關規定組成。」
→ 「香港永久性居民」可刪去「性」字，這是英文譯過來的用法。

「**第三條** 香港特別行政區的行政機關和立法機關由香港永久性居民依照本法有關規定組成。」

〔1990年2月16日《中華人民共和國香港特別行政區基本法（草案）》〕

① 1989年11月30日基本法起草委員會秘書處《內地各界人士對〈中華人民共和國香港特別行政區基本法（草案）〉的意見匯集》

【P3】
第三條
「立法機關」後應加上「司法機關」。（河北）

※

② 1989年11月基本法諮詢委員會《中華人民共

和國香港特別行政區基本法（草案）諮詢報告第三冊——條文總報告》

【P18】
第三條
2.建議增加
→ 加上「和司法機關」一句。
→ 「由香港永久性居民……」之前加上「主要」二字。
→ 加上第二款「行政機關必須由香港永久性居民中的中國公民出任。」
理由：因涉及政府或國家機密，我們不相信外籍人士會反叛其所屬國家。

「**第三條** 香港特別行政區的行政機關和立法機關由香港永久性居民依照本法有關規定組成。」

〔1990年4月《中華人民共和國香港特別行政區基本法》〕

香港特別行政區依法保障香港特別行政區居民和其他人的權利和自由。

❀ 貳│概念

1. 依法保障
2. 香港居民和其他人
3. 權利和自由

❀ 叁│條文本身的演進和發展

第一稿 ▶

第一章

「第五條　香港特別行政區依法保障香港特別行政區居民和其他人的權利和自由。」

〔1987 年 8 月 22 日《中央與香港特別行政區的關係專題小組工作報告》，載於《中華人民共和國香港特別行政區基本法起草委員會第五次全體會議文件匯編》〕

① 1987 年 8 月 22 日《中央與香港特別行政區的關係專題小組工作報告》，載於《中華人民共和國香港特別行政區基本法起草委員會第五次全體會議文件匯編》

【P5】

二、關於第一章　總則

（一）香港特別行政區基本法諮詢委員會一些委員提出，保障居民的權利和自由是一項基本的原則，應該包括在基本法總則內。本組採納了這個意見，增寫了新的第五條：「香港特別行政區依法保障香港特別行政區居民和其他人的權利和自由」，並將原第五、六、七、八條依次順延為第六、七、八、九條。

第二稿 ▶

「第五條　香港特別行政區依法保障香港特別行政區居民和其他人的權利和自由。」

〔1987 年 12 月基本法起草委員會秘書處《香港特別行政區基本法（草案）》（匯編稿）〕

① 1987 年 9 月 2 日《中華人民共和國香港特別行政區基本法起草委員會第五次全體會議委員們對基本法序言和第一、二、三、四、五、六、七、九章條文草稿的意見匯集》

【P3】

1. 第五條

中央與香港特別行政區關係專題小組的委員轉達了香港基本法諮詢委員會有些委員對「依法保障香港特別行政區居民和其他人的權利和自由」中的「依法」兩字的顧慮，擔心香港立法機關將來會不會通過立法限制香港特別行政區居民和其他人的權利和自由。有的委員認為，在這裡用「依法」兩字是可以的，不會產生「限制」的問題，因為這裡是「依法保障」而不是「依法行使」。有的委員則建議第五條的文字改為：「香港特別行政區居民和其他人的權利和自由受香港特別行政區法律保障」。

第三稿 ▶

「第五條　香港特別行政區依法保障香港特別行政區居民和其他人的權利和自由。」

〔1988 年 3 月基本法起草委員會秘書處《中華人民共和國香港特別行政區基本法（草案）草稿》（總體工作小組第二次會議對目錄、序言、第一、二、三、五、六、七、九章的修改稿）〕

第四稿 ▶

「第五條　香港特別行政區依法保障香港特別行政區居民和其他人的權利和自由。」

〔1988 年 4 月基本法起草委員會秘書處《中華人民共和國香港特別行政區基本法（草案）草稿》〕

第五稿 ▶

「第五條　香港特別行政區依法保障香港特別行政區居民和其他人的權利和自由。」

〔1988 年 4 月基本法起草委員會《中華人民共和國香港特別行政區基本法（草案）徵求意見稿》〕

「第四條　香港特別行政區依法保障香港特別行政區居民和其他人的權利和自由。」

〔1989 年 2 月基本法起草委員會秘書處《中華人民共和國香港特別行政區基本法（草案）》〕

① 1988 年 8 月基本法起草委員會秘書處《香港各界人士對〈香港特別行政區基本法（草案）徵求意見稿〉的意見匯集（一）》

【P2】
第五條
1. 本條的表述方式應為先講香港特別行政區居民和其他人享有人權，然後講立法保障這些人權。

2. 「依法」改為「以法」或改為「的法律」。

3. 權利不應只在地方法律的層面受到保護，而應在基本法的層面受保護。因此必須根據兩個國際公約，引入一個權利法案。

4. 「其他人」所指不清楚。

※

② 1988 年 9 月基本法起草委員會秘書處《內地各界人士對〈香港特別行政區基本法（草案）徵求意見稿〉的意見匯集》

【P3-4】
第五條
1. 刪去「依法」二字。

2. 「依法」改為「依本法」。

3. 「其他人」沒有詳細的定義，與第四十一條、第四十二條聯繫起來看，其他人是不能享有居民的一些權利的。

4. 將「其他人」改為「其他在港的人」。

※

③ 1988 年 10 月基本法諮詢委員會《中華人民共和國香港特別行政區基本法（草案）徵求意見稿諮詢報告第五冊──條文總報告》

【P17-18】
第一章　整體意見
2. 建議
2.2 增加
→ 建議基本法（草案）徵求意見稿的總則第一至十條以如下的十二條取代。
第五條：香港特別行政區不實行社會主義制度和政策，保持原有的資本主義制度和生活方式。香港特別行政區依法保障人身、言論、出版、集會、結社、旅行、遷徙、通訊、罷工、選擇職業和學術研究以及宗教信仰等各項權利和自由。私人財產、企業所有權、合法繼承權以及外來投資均受法律保護。

【P29-30】
第五條
2. 意見
→ 「權利」和「自由」是與生俱來的，並不是由香港特別行政區所給予的。

→ 此條文含糊不清，很難理解。
→ 「依法」一詞令人擔憂。
理由：在下列情況下會將我們的權利和自由處於立法機關的喜惡之下：
（1）保障現有的權利及其實施和效用的程度方面；
（2）制定新的法律以賦予一些市民應該享有但現時仍未或仍未充份地享有的權利方面。

建議
3.1 刪除
→ 刪去「依法」的字眼。
3.2 修改
→ 從英文本中理解，「其他人」是指在香港特別行政區內的其他人。所以提議本條改為「……特別行政區內的居民和其他人……」。
→ 本條的「其他人」定義不清晰，可按第四十二條的寫法，改為「在香港的其他人」。
→ 將「依法」改為「依本地法」。
→ 改為：「香港特別行政區依法保障香港特別行政區守法居民和其他依法居於本港的人的權利和自由。」
→ 改為：「香港的現行社會、經濟制度不變；生活方式不變。香港特別行政區依法保障人身、言論、出版、集會、結社、旅行、遷徙、通信、罷工、選擇職業和學術研究及宗教信仰等各項權利和自由。私人財產、企業所有權、合法繼承權以及外交投資均受法律保護。」
→ 改為：「香港特別行政區居民和其他人享有權利和自由。香港特別行政區須保障該等權利和自由。」
理由：基本權利和自由是天賦的。這一點是首要，故先要列明和強調。
→ 改為：「香港居民和其他人所享有的權利和自由，是天賦的權利和自由，香港特別行政區應予保障。」
3.3 增加
→ 加上：「政府」兩字，即「香港特別行政區政府依法保障……」
→ 加上：「香港特別行政區的行政或立法機關不得制定指令或法律剝奪言論、新聞及出版的自由。」
理由：
⊙ 新聞自由對香港的繁榮和穩定至為重要。香港的商界人士及政界領袖均依靠資訊的自由流通，作出合理的經濟和政治決策。
⊙ 傳媒讓市民申訴不滿，有助於制止濫用權力，也有助於測試公眾對重大事件的民意。
→ 加上：「香港特別行政區的行政機關和立法機關不得制訂任何剝奪居民和其他人的權利和自由的法律。」
→ 在「依法」二字之後加上「及香港特別行政區所有自願承擔或必須承擔的雙邊和國際法律義務，包括《公民權利和政治權利國際公約》和《經濟、社會與文化權利的國際公約》」。
3.4 其他建議
→ 在「一國兩制」的情況下，香港居民所享有的權利和自由應有一定的保障，應將《聯合國人權宣言》、《公民權利和政治權利國際公約》及《經濟、社會與文化權利的國際公約》內之基本人權自由列入基本法內以便切實執行。
→ 「依法保障」，「依法」應指《公民權利和政治權利國際公約》和《經濟、社會與文化權利的國際公約》。

4. 待澄清問題
→ 這條指的「其他人」是什麼人呢？是否包括非法入境者及其他國籍的難民呢？

「第四條 香港特別行政區依法保障香港特別行政區居民和其他人的權利和自由。」

〔1990 年 2 月 16 日《中華人民共和國香港特別行政區基本法（草案）》〕

① 1989 年 11 月 30 日基本法起草委員會秘書處《內地各界人士對〈中華人民共和國香港特別行政區基本法（草案）〉的意見匯集》

【P3】

第四條

1.「其他人」前面加「在行政區域內的」。（天津）

2.「其他人」含義不明確。（湖南）

※

② 1989 年 11 月基本法諮詢委員會《中華人民共和國香港特別行政區基本法（草案）諮詢報告第三冊——條文總報告》

【P18-19】

第四條

2. 建議

2.1 修改

→ 改為：「香港特別行政區依法保障香港特別行政區居民和其他人的權利、自由和財產。」

→ 「權利和自由」改為「人權和自由」。

2.2 增加

→ 在本條後加上：「香港特別行政區政府在本法管轄範圍內採取措施改善行政區內不同年齡、信仰及生活方式的居民的一般福利及保障他們的基本生活。」

→ 加上：「在本法權力範圍內，香港特別行政區政府採取措施，以促進香港特別行政區居民的一般福利和保障其基本生活。」

理由：總觀總則，雖有依法律保障居民權利、自由和保持原有制度、生活方式不變的條文，但缺乏促進公共福利和提供基本生活保障的內容。

→ 在「依法」後加上：「及香港特別行政區承受或承擔的雙邊及國際法律義務，包括在《公民權利和政治權利國際公約》及《經濟、社會與文化權利的國際公約》的義務。」

理由：根據《中英聯合聲明》附件一第十三項的規定，這兩條公約適用於香港的規定將繼續有效。雖然中國不是這兩條公約的簽署國，但在一九九七後中國必定在香港特別行政區實施這些雙邊條約義務。目前草案對這兩條公約所保護的權利的規定不及公約本身的完善。某些權利的遺漏，無論是有意或無意，將違反《中英聯合聲明》有關的規定。把公約的規定加入基本法，使基本法更清楚及使有關規定不受爭議。

→ 「特別行政區」應加上「政府」或「及其政府」字眼。

理由：因特別行政區是一區域，其中住有居民，只有政府才負責管理這地區及保障這地區人民。

2.3 其他

→ 「其他人」應列明為「合法在境內者」，而非法入境及難民不包括在內。

→ 本條所提到的權利應包括「私有財產權」。

→ 在這條指明參考《公民權利和政治權利國際公約》及《經濟、社會與文化權利的國際公約》。

→ 在一國兩制的情況下，香港居民所享有的權利和自由應有一定的保障，並將《聯合國人權宣言》、《公民權利和政治權利國際公約》及《經濟、社會與文化權利的國際公約》內之基本人權自由列入基本法內以便切實執行。

3. 待澄清問題

→ 「依法」是指什麼法？

「第四條 香港特別行政區依法保障香港特別行政區居民和其他人的權利和自由。」

〔1990 年 4 月《中華人民共和國香港特別行政區基本法》〕

香港特別行政區不實行社會主義制度和政策，保持原有的資本主義制度和生活方式，五十年不變。

✿ 貳│概念

1. 原資本主義制度和生活方式
2. 五十年不變
3. 不在香港實行社會主義制度和政策

✿ 叁│條文本身的演進和發展

第一稿

總則

「第四條　香港特別行政區不實行社會主義制度和政策，保持原有的資本主義制度和生活方式。」

〔1987 年 4 月 13 日《中央與香港特別行政區的關係專題小組工作報告》，載於《中華人民共和國香港特別行政區基本法起草委員會第四次全體會議文件匯編》〕

① 1986 年 4 月 22 日《中華人民共和國香港特別行政區基本法結構（草案）》，載於《中華人民共和國香港特別行政區基本法起草委員會第二次全體會議文件匯編》

【P10】

第一章　總則

（三）不實行社會主義制度和政策，保持原有的資本主義制度和生活方式五十年不變

② 1986 年 4 月《部份起草委員對基本法結構（草案）的意見（備忘錄）》，載於《中華人民共和國香港特別行政區基本法起草委員會第二次全體會議文件匯編》

【P21-22】

13. 建議將「資本主義制度」改為「資本主義經濟制度」。

14.「生活方式五十年不變」的提法值得研究，因為生活方式不可能不變，是否可改為「在五十年內港人可選擇自己喜歡的生活方式」？

※

第二稿

第一章

「第四條　香港特別行政區不實行社會主義制度和政策，保持原有的資本主義制度和生活方式。」

〔1987 年 8 月 22 日《中央與香港特別行政區的關係專題小組工作報告》，載於《中華人民共和國香港特別行政區基本法起草委員會第五次全體會議文件匯編》〕

① 1987 年 5 月 22 日《香港基本法起草委員會第四次全體會議委員們對基本法序言、總則及第二、三、七、九章條文草案的意見匯集》

【P4】

第四條

1. 有的委員建議，本條的寫法應按聯合聲明的原文，加上「五十年不變」的字樣。

2. 有的委員建議改為：「香港特別行政區不實行社會主義制度和政策，保持原有的資本主義社會、經濟制度和生活方式。」

第三稿

「第四條　香港特別行政區不實行社會主義制度和政策，保持原有的資本主義制度和生活方式。」

〔1987 年 12 月基本法起草委員會秘書處《香港特別行政區基本法（草案）》（匯編稿）〕

第四稿

「**第四條** 香港特別行政區不實行社會主義制度和政策，保持原有的資本主義制度和生活方式，五十年不變。」

〔1988 年 3 月基本法起草委員會秘書處《中華人民共和國香港特別行政區基本法（草案）草稿》（總體工作小組第二次會議對目錄、序言、第一、二、三、五、六、七、九章的修改稿）〕

① 1988 年 4 月《總體工作小組所作的條文修改舉要》，載於 1988 年 5 月《中華人民共和國香港特別行政區基本法起草委員會第七次全體會議文件匯編》

（編者按：雖然本文件的日期是 1988 年 4 月，但本文件是總體工作小組在 1987 年 12 月 15 日至 1988 年 3 月 6 日之間召開的三次會議上對各專題小組草擬的基本法原條文所作的一些調整和修改。於 3 月提出的草稿裡面已經將以下調整與修改納入，故將這份文件放入本稿中。）

【P14】
在第四條條文的最後加「五十年不變」。

第五稿

「**第四條** 香港特別行政區不實行社會主義制度和政策，保持原有的資本主義制度和生活方式，五十年不變。」

〔1988 年 4 月基本法起草委員會秘書處《中華人民共和國香港特別行政區基本法（草案）草稿》〕

第六稿

「**第四條** 香港特別行政區不實行社會主義制度和政策，保持原有的資本主義制度和生活方式，五十年不變。」

〔1988 年 4 月基本法起草委員會《中華人民共和國香港特別行政區基本法（草案）徵求意見稿》〕

第七稿

「**第五條** 香港特別行政區不實行社會主義制度和政策，保持原有的資本主義制度和生活方式，五十年不變。」

〔1989 年 2 月《中華人民共和國香港特別行政區基本法（草案）》〕

① 1988 年 8 月基本法起草委員會秘書處《香港各界人士對〈香港特別行政區基本法（草案）徵求意見稿〉的意見匯集（一）》

【P1-2】
第四條
1. 本條應併入第一條。

2.「五十年不變」不只指本條內容，「高度自治」尤其應為五十年不變。

3.「保持原有的資本主義制度」改為「保持原有的私有制資本主義制度」或「保持原有的私人資本主義制度」。

※

② 1988 年 9 月基本法起草委員會秘書處《內地各界人士對〈香港特別行政區基本法（草案）徵求意見稿〉的意見匯集》

【P3】
第四條
1. 本條是政策性語言，而不是法律語言，法律不能保證生活方式五十年不變，建議將第二句改為「保持聯合聲明中中華人民共和國對香港的政策五十年不變。」

2. 建議本條改為「香港特別行政區可以保持和實行原有的、與全國不同的社會制度、政策和生活方式，五十年不變。」或改為：

「香港特別行政區不實行社會主義制度和政策，保持資本主義制度和原有的生活方式，五十年不變。
第一款所指的資本主義制度即本法規定的政治、經濟、文化等制度。」

3.「社會主義」後加「的」。

4. 本條可同第一條合併。

※

③《基本法諮詢委員會中央與香港特別行政區的關係專責小組對基本法（草案）徵求意見稿第一、第二、第七及第九章的意見匯編》，載於 1988 年 10 月基本法諮詢委員會《中華人民共和國香港特別行政區基本法（草案）徵求意見稿諮詢報告（1）》

【P43】
3. 第四條
3.1 有委員建議將本條改成：「香港特別行政區實行資本主義制度和保持原有生活方式，五十年不變。」原因是有很多社會主義與資本主義的政策很相似，原有寫法可能引起爭論。
3.2 有委員認為，將「香港特別行政區不實行社會主義制度和政策」改為「社會主義制度下的政策」會較好。
3.3 有委員認為，應澄清條文中「社會主義」的定義，因為「社會主義」與「共產主義」、「歷史與辯證唯物主義」是不同的，但有委員指條文內的社會主義制度是難於下定義的。

3.4 有委員認為，需要清楚界定條文中的「社會主義制度和政策」，或提及「社會主義制度和政策」的定義。

※

④ 1988 年 10 月基本法諮詢委員會《中華人民共和國香港特別行政區基本法（草案）徵求意見稿諮詢報告第五冊──條文總報告》

【P24-29】
第四條
2. 意見
2.1 贊成意見
→ 贊成此條文。
→ 第四條的規定有利香港日後的繁榮安定。
→ 香港的資本主義制度和生活方式，應永遠保持，以安定人心。
2.2 保留意見
→ 「社會主義制度」和「資本主義制度」沒有明確的界定，中國現在實行的社會制度亦滲入了資本主義的成份，所以此條文的規定很難得以落實，亦難有保障。
→ 「五十年不變」政策沒有保障。擔心五十年後香港已實行共產主義。
→ 規定香港保持資本主義制度和生活方式，五十年不變是不足以穩定港人及外來投資者的信心的。
→ 懷疑中央的承諾會因執政者更替而改變。
2.3 其他
→ 五十年不變是好事，但應在主要方面，即社會的經濟結構和法制的民主精神這些方面保持不變。具體的內容上，應該有較多的彈性。例如一些英國政府制定的規章制度，不完全適合香港人，因此各種法律甚至政府結構也要經常檢討以適應客觀情況的發展。
→ 雖然特別行政區保持資本主義制度和生活方式五十年不變，但應不是一成不變，對香港政府留下的不合理制度，應加以變通及更改。
→ 「資本主義制度」沒有明確的界定，有爭論時亦沒有權威性的解釋以作準。但「社會主義制度和政策」的意思，可以參考中華人民共和國憲法。
→ 社會主義和資本主義的分別在於「財產所有權」和整個經濟運作上，因此，在總則上不應寫上一些沒有明確含意的政治經濟術語，以免引起不必要的解釋糾紛。
→ 「社會主義」和「資本主義」是學術名詞，要在現實生活中界定哪些制度和生活方式是絕對屬於「社會主義」制度或「資本主義」制度是不可能的。「五十年內不變」的承諾寫在《中英聯合聲明》中已經足夠，因為「不變」這個概念本身有很大的弱點，不應重複錯誤。
→ 對「不實行社會主義制度和政策」毫無異議，但不能把「五十年不變」理解為不容許變化和發展，更不能理解為凍結和停滯。
→ 基本法（草案）徵求意見稿中的第四條可以有以下兩個闡釋：
（1）在以後的五十年內，社會主義制度和政策不會在香港特別行政區內實施，而現行的資本主義制度和生活方式在該段時期內也不能作出任何的改變。
（2）中國在對香港行使主權後的五十年內，不會將中國現行的社會主義制度及政策強加於香港，以免影響其繼續發展資本主義經濟制度和生活方式。
應以第二個意思為準。
→ 從本條「保持……五十年不變」一句可以推斷出，基本法內「原有」和「原來」兩詞是指一九九七年七月一日之前已存在的意思。
→ 基本法適用於一九九七年後幾十年，所以在徵求意見

稿中，使用「原」字表示香港特別行政區成立前的情況是不適宜的。
→ 基本法雖然說明不實行社會主義，但若以後特別行政區對市民抽取重稅，資本主義制度亦會變質。
→ 不要共產主義。如果做不做的利益也一樣，社會很難進步。
→ 要求永遠的高度自治，不是暫時性的安撫。

3. 建議
3.1 刪除
→ 刪去這條。
理由：第十條已足夠。
→ 刪去「五十年不變」及「原有的」字眼。
理由：
⊙ 目前香港的資本主義制度並非十全十美，仍有發展餘地。
⊙ 人大有基本法修改權，如有必要改變或廢除基本法，任何時候都可以立法通過，「五十年不變」這句只顯出基本法是有時間限制的權宜之計。
→ 「社會主義制度和政策」一詞太廣泛。很多西方國家實行社會主義政策的同時保持資本主義制度。香港有條件時，或許希望提供市民多些利益。因此「和政策」應刪去。
3.2 修改
→ 「五十年不變」是不科學的提法，應該修改有關字句。
→ 第四條謂保持原有資本主義制度和生活方式不變，原意甚佳，但生活方式也好，制度也好，都是不能不變，時間會令它變化，其實，港人期望乃是社會制度與生活方式，不會被改變成社會主義方式，所以，第四條可以改為：「香港特別行政區不實行社會主義制度和政策，從一九九七年七月一日起，五十年不受任何干預，改變其資本主義制度和生活方式為社會主義制度和生活方式。」
→ 香港在五十年內不可以實行社會主義，保持原有資本主義制度和生活方式，不但違反中華人民共和國憲法第一條、剝奪香港人建立社會主義社會（或改革現行資本主義制度）的權利，而且漠視未來香港具有歷史必然性的各種發展，故此條文應刪除或改其意思為「社會制度的保持與否交由香港人民自行決定。」
→ 改為：「香港特別行政區不實行社會主義制度和政策，保持原有的資本主義制度和生活方式，五十年不變。隨後的五十年的社會制度和生活方式，由香港永久性居民以一人一票的方式，在二零三八年投票決定。」
→ 改為：「香港特別行政區自一九九七年起五十年內不實行社會主義制度和社會主義政策，而實行資本主義制度，保持資本主義生活方式。五十年後始依香港居民意願重行決定之。中央人民政府確認香港之資本主義制度對國內社會主義制度是有貢獻的。」
理由：因資本主義制度仍在發展中，故「原有」二字限死了改進，也沒有可能執行。時間起止宜明確寫下。又，兩種制度本矛盾，應用法律條文對資本主義之貢獻加以肯定。
→ 改為：「香港特別行政區不實行社會主義制度和政策，保持資本主義生活方式，從一九九七年七月起算，為期至少五十年。並且在這段時期內國家保證積極支持香港特別行政區政府不斷發展資本主義的積極因素，把香港建設成為比一九九七年更加發達、更加現代化、更加文明和人口平均收入更高的自由商港。」
→ 改為：「香港特別行政區實行何種社會制度和政策，由港人按大多數人意願民主決定。」
→ 改為：「香港特別行政區不實行任何方式的社會主義制度和政策、保持私有產權及自由交易的資本主義制度和生活方式，五十年不變。」
→ 「……保持原有的資本主義制度和生活方式，五十年不變」改為「保持原有的社會制度，生活方式和意識形態，

五十年不變。」

理由：「資本主義」四個字是馬列主義的語言，「保持原有的社會制度」較靈活，加「意識形態」，是因為香港人害怕「洗腦」和「思想改造」這類東西，只提制度和生活方式是不夠的。

→ 改為：「香港特別行政區不實行社會主義制度和政策。繼續其資本主義制度和生活方式，五十年不變。」

理由：因為「繼續其」有發展性，而「保持」則較呆板。

→ 刪去「社會主義」和「資本主義」的字句，改為「在中國內的制度和政策不會在香港特別行政區實行，而香港現行生活制度和方式維持五十年不變。」

→ 改為：「香港特別行政區五十年內不實行社會主義制度和政策，並繼續發展原有的資本主義制度和生活方式。」

理由：
⊙ 五十年不變應該是指不實行社會主義制度，並非指所有事物。
⊙ 資本主義制度不應停留不變，而應向前發展。

→ 改為：「香港特別行政區五十年內不實行社會主義制度和政策，並繼續發展原有的資本主義制度和生活方式。」

→ 改為：「五十年內繼續發展資本主義，不會實行社會主義制度。」

→ 改為：「香港特別行政區朝着自己正確的方向永遠繼續發展。」

→ 改為：「香港特別行政區不實行中國內地的制度和政策，保持人權自由、民主的制度和生活方式，五十年不變。」

→ 改為：「香港現時的制度和生活方式將保持五十年不變。」

理由：在憲法中不應寫上「社會主義」和「資本主義」的字眼。

→ 改為：「任何政治制度，包括共產主義制度和政策，以任何形式和方式，都不應在香港特別行政區實行」，以保證資本主義制度是唯一在香港實行的制度。

→ 改為：「香港特別行政區實行資本主義經濟制度。社會、經濟制度的變革由香港人民自決。中央人民政府不強行規定香港特別行政區行使某種社會、經濟制度。」

→ 「五十年不變」和「保持原有的」字義容易產生誤解，改為「香港特別行政區五十年內不實行社會主義制度和政策，保持及發展原有的資本主義制度和生活方式。」

→ 改為：「香港特別行政區不實行社會主義制度和政策，保持原有的資本主義制度和生活，從公元一九九七年七月一日起，至公元二千零四十七年七月一日止，五十年不變。」

→ 末句改為：「將繼續五十年」。

理由：任何好的制度（就算是社會主義制度）都必須改變。

→ 將「原」字改為「香港特別行政區成立前」或「一九八四年十二月十九日前」。

理由：「一九八四年十二月十九日前」，可明確表示是指《中英聯合聲明》簽署時的情況。

→ 應將「生活方式」改作「自由交易生活方式」。

理由：因這是資本主義社會自由財產買賣生活基礎。

→ 末句「五十年不變」改為「永久不變」。

→ 英文本內這條文第二個「and」表示特別行政區內五十年不實行社會主義制度和政策。但市民的理解是社會主義制度和政策永不在香港實行。因此，第二個「and」應改為分號「；」。

3.3 增加
→ 「五十年不變」這句之前建議加上一句「自一九九七年七月一日起」。這樣寫法比較確實和具體，可加強信心。

→ 「五十年不變」這句之前加上一句「由本法生效日期起」。

→ 「五十年不變」這句之前加上「最低限度」。

→ 本條前頭加上「按照一國兩制的方針，香港特別行政區不實行……」。

→ 加一句「香港特別行政區的人民，享有資本主義意識形態的自由」。

→ 「……保持原有的資本主義制度和生活方式……」，「方式」之下加入「適合當地居民意願部份」。

3.4 其他建議
→ 第四條只列出資本主義和生活方式不變，亦應該列明社會制度基本不變。

→ 應包括不實行共產主義的制度和政策。

→ 應說明五十年後此法是否仍然有效。或最少說明屆時由中央政府，或人大諮詢港人意見，決定是否延續有效期。

→ 明確寫明基本法有效至二零四七年。

理由：避免令人誤會以為基本法在一九九七年以後無限期有效。

→ 應說明五十年的日期。

→ 可在附件上列明留有修憲的餘地。因為五十年不變是一句主觀性的話，時代是會變的。

→ 「一國兩制」、「五十年不變」必須在憲法中列明。

→ 把條文完整地列入「憲法」第三十一條內。

→ 這條是政策性條文，應列入序言。

→ 在這基本法施行期限前二十年，中央人民政府必須公佈期限後有關的政策。

→ 「社會主義制度和政策」及「原有的資本主義制度和生活方式」，從法律的觀點看，沒有嚴密的定義。建議可採用突出資本主義的特點，即生產資料私有、自由競爭等。

→ 建議把「政策」和「制度」分開，保留「制度」於此條文。

理由：政、經、社保障自由權利的制度「均以本法的規定為依據，但政策則可以在五十年內不斷改善。」

4. 待澄清問題
→ 這條文將由誰人和將如何執行？

→ 五十年後，基本法是否有效？

→ 以五十年為一個限期是否適合呢？

→ 為何只保證五十年不變，而不保證永久不變？

→ 怎樣保證資本主義生活方式五十年不變？

→ 是否所有維持「資本主義」的法律及條例也是五十年不變呢？

→ 五十年不變的規定能否令社會繼續繁榮和進步？

→ 是否肯定五十年內不變，五十年之後又怎樣？

→ 「五十年不變」是否表示五十年後一定要變？

→ 基本法只能維持最多五十年，是否五十年後香港特別行政區的政策就和中國大陸的政策統一，實行社會主義制度和政策？

→ 中國現在沒說明五十年後香港採用社會主義還是資本主義，是否因為沒有能力下此決定呢？

→ 短短五十年是否足夠令香港市民習慣中國的生活方式？

→ 若中國領導層有所變動，中國對港的方針政策會否改變，有何保證？

→ 在保持五十年不變的制度下，若是香港目前有不足之處，可否有變改？例如，恢復死刑以阻嚇犯罪份子，嚴刑對付黃、毒、賭等黑社會問題。

→ 什麼叫「資本主義」？

→ 「社會主義」與「共產主義」的定義各有差別，希望能作出解釋。

→ 何謂「社會主義制度和政策」是否指憲法內的第六至第十二條？

→ 憲法第二十四條說明國家「反對資本主義的……腐朽思想」，而此條表示「保持原有的資本主義……」。是否有矛盾？

→ 憲法第二十四條與本條的矛盾能否由憲法第三十一條解決？

→ 一九九七年後香港的公眾假期是否維持不變？

「第五條　香港特別行政區不實行社會主義制度和政策，保持原有的資本主義制度和生活方式，五十年不變。」

〔1990年2月16日《中華人民共和國香港特別行政區基本法（草案）》〕

①1989年11月30日基本法起草委員會秘書處《內地各界人士對〈中華人民共和國香港特別行政區基本法（草案）〉的意見匯集》

【P3】
第五條
1.將本條放進序言中。（湖北）

2.將「不實行社會主義制度和政策」刪去，更精簡。（寧夏、陝西）

3.「五十年不變」改為「從一九九七年七月一日起五十年不變」，這樣時間界限更為清楚。（天津）

4.在「五十年不變」前加「至少」。（陝西）

5.建議將「五十年不變」刪去。（河南）

6.加一款：「香港特別行政區亦不得干預國家實行的社會主義制度和政策。」（民主黨派人士）

※

②1989年11月基本法諮詢委員會《中華人民共和國香港特別行政區基本法（草案）諮詢報告第三冊──條文總報告》

【P19-21】
第五條
2.意見
2.1 保留
→ 此條允許香港在一九九七年後保持原有的資本主義制度和生活方式，與共產黨的宗旨格格不入。
→ 大陸不要誤以為只要保存資本主義制度就可不顧資本主義賴以成功的文化背景。
→ 有什麼可保障五十年不變？可能不到五十年已有大改革或變動。
2.2 反面
→ 中共一貫作風言而無信，所謂五十年不變值得懷疑。
2.3 其他
→ 五十年不變就是有保留香港人現有的對內對外一切行動、自由、自決和個人無限私有權利的意義在內。

3.建議
3.1 刪除
→ 刪除「五十年不變」一句。
理由：「五十年不變」是一個概念的名詞，意思不是指明確的五十年，意義既然不清，便毋需存在。
→ 刪除「不實行社會主義制度和政策」一句。
3.2 修改
→ 「五十年不變」應改為「五十年或更長不變」。
→ 「保持原有的資本主義制度」改為「實行資本主義制度」。
理由：「原有」含義模糊，要釐清其所指，以便將來剷除殖民主義殘餘。
→ 修改為：「香港特別行政區不實行社會主義制度和政策，保持原有的資本主義制度和生活方式，自一九九七年七月一日起，五十年不變。五十年期滿後，由香港特別行政區永久性居民中的中國公民一人一票投票決定香港繼續維持原有的資本主義制度和生活方式抑或回歸中國，由中國政府直接治理。如投票結果是繼續維持原有的資本主義制度和生活方式，以後每隔五十年作上述同樣投票一次，以決定香港前途。」
理由：以實施一個地區自治期限來說，五十年只是一個短期，由於期限短促，令港人不能長安久居，不久便又會再出現資金及人才外流問題，若能作以上修改，則可安定人心。
→ 改為：「……在一九九七年中國收回主權之後，繼續實行資本主義制度和生活方式。這項政策將由那時起，五十年內不能變動。」
→ 「社會主義和政策」一句建議刪去「政策」兩字，後面加上「不實行一黨專政」。
→ 改為：「在中國內的制度和政策不會在香港特別行政區實行，而香港現行生活制度和方式維持五十年不變」。
理由：最好不要用「社會主義制度」和「資本主義」等敏感字眼。
→ 改為：「香港特別行政區，不實行與內地相同的社會主義制度和政策，保持原有的資本主義制度和生活方式最少五十年。到時根據實際情況和香港居民的意願決定香港以後的制度。」
→ 改為：「為了香港的繁榮安定，中央人民政府決定在今後五十年內（即公元二零三二年以前）（編者按：「二零三二年」應為「二零四七年」之誤），絕不以任何藉口，任何方式（包括武力方式及和平方式）來改變香港的資本主義社會制度性質。」
→ 改為：「香港特別行政區，不實行共產主義及社會主義制度和政策，保持原有的資本主義制度和生活方式，五十年不變。中共決不可借任何理由干預香港內政，更不阻止資本主義所有反共產主義之一切內容。即香港地區仍是原有的反共地區，可以反共產主義之一切內容。只是香港人不可以在香港以外的大陸地區反共。要劃清界線。」
→ 改為：「根據現行情況和客觀因素，香港特別行政區現不實行社會主義制度和政策，在未來五十年內保持現行的資本主義和生活方式；五十年後，可根據當時實際情況並一定要在大多數居民的意願下作出適當的修改或保持現狀。」
→ 第二句改為：「永遠保持原有的民主制度和生活方式，五十年不變。」
3.3 增加
→ 於「法」字前加上「本地」。
3.4 其他
→ 應在條文中列明香港的政治架構內不設立「××局」或「××署」等中國共產黨委員會或支部小組機構。
→ 對於本條的保持原有的資本主義制度和生活方式五十年不變，中國政府如有違反，英國或聯合國委員會有權干涉。如果修改，要經過基本法委員會的提議，及三分之二港人代表同意。

4.待澄清問題
→ 「五十年不變」是否會造成另一個過渡期？
→ 何謂「資本主義制度和生活方式」？
→ 「原有」一詞是指以下哪一個時期：
（1）一九八四年《中英聯合聲明》所簽署時期；
（2）草擬或通過基本法條文時期；

（3）一九九七年七月一日前的那段時期。

→ 應在基本法界定在香港保持五十年不變的「制度」，並以法律語言列明該「制度」包括不可分開的政治自由和經濟自由。

→ 應該在本條說明五十年後將會怎樣。當制定租借新界的條約時，沒有人能預知（或沒有人理會）九十九年後會怎樣。我們雖然不能預知五十年後會有什麼變化，但應有規定容許特別行政區政府（或人大）作決定。所以應在基本法寫明用何種方法延續這個五十年期。

→ 假設香港在一九九七年後能維持繁榮安定，是否在二零四七年後便一夜消失，可否有另一個五十年或百年不變的延續？

→ 一九九七年後的五十年內，中方如沒有真正貫徹執行《中英聯合聲明》，屆時英方提出抗議時，中方會否視為英國干涉中國的內政為由而不予理會甚至抗議？

第九稿

「第五條　香港特別行政區不實行社會主義制度和政策，保持原有的資本主義制度和生活方式，五十年不變。」

〔1990 年 4 月《中華人民共和國香港特別行政區基本法》〕

香港特別行政區依法保護私有財產權。

✿ 貳│概念

1. 依法保護
2. 私有財產權

✿ 叁│條文本身的演進和發展

第一稿

總則

「第五條　財產所有權，包括財產的取得、使用、處置和繼承的權利，以及依法徵用財產得到補償（補償相當於該財產的實際價值、可自由兌換、不無故遲延支付）的權利，均受法律保護。」

〔1987 年 4 月 13 日《中央與香港特別行政區的關係專題小組工作報告》，載於《中華人民共和國香港特別行政區基本法起草委員會第四次全體會議文件匯編》〕

① 1986 年 4 月 22 日《中華人民共和國香港特別行政區基本法結構（草案）》，載於《中華人民共和國香港特別行政區基本法起草委員會第二次會議文件匯編》

【P10】
第一章 總則
（四）保護私有財產，保護企業所有權、合法繼承權。

② 1987 年 4 月 13 日《中央與香港特別行政區的關係專題小組工作報告》，載於《中華人民共和國香港特別行政區基本法起草委員會第四次全體會議文件匯編》

【P8】
第五條
說明：有的委員建議去掉括弧中的內容。

※

第二稿

第一章

「第六條　財產所有權，包括財產的取得、使用、處置和繼承的權利，以及依法徵用財產得到補償（補償相當於該財產的實際價值、可自由兌換、不無故遲延支付）的權利，均受法律保護。」

〔1987 年 8 月 22 日《中央與香港特別行政區的關係專題小組工作報告》，載於《中華人民共和國香港特別行政區基本法起草委員會第五次全體會議文件匯編》〕

① 1987 年 5 月 22 日《香港基本法起草委員會第四次全體會議委員們對基本法序言、總則及第二、三、七、九章條文草案的意見匯集》

【P4-5】
第五條
1. 有的委員認為，本條的提法應為「香港特別行政區居民的財產所有權」。

2. 有的委員認為，財產所有權與繼承權既有聯繫，又有區別，因此建議繼承權單列一句表述。

3. 有的委員提出，「繼承」是取得所有權的一種手段，因此本條規定了「取得」，就不必規定「繼承」。

4. 有的委員建議，將「財產所有權」改為「私人所有權」。

5. 有的委員建議，在「財產的取得、使用、處置」後面加上「（包括外移）」。有的委員則不同意作這一改動，認為這有提倡和鼓勵將財產外移的意思，建議改為「財產的取得、使用、繼承和自由處置」。

第三稿

「第六條　財產所有權，包括財產的取得、使用、處置和繼承的權利，以及依法徵用財產得到補償的權利，均受法律保護。補償相當於該財產的實際價值、可自由兌換、不無故遲延支付。」

〔1987 年 12 月基本法起草委員會秘書處《香港特別行政區基本法（草案）》（匯編稿）〕

① 1987 年 9 月 2 日《中華人民共和國香港特別行政區基本法起草委員會第五次全體會議委員們對基本法序言和第一、二、三、四、五、六、七、九章條文草稿的意見匯集》

【P3-4】
2. 第六條
（1）委員們建議，為取得基本法體例的一致，在本法一開始加上「香港特別行政區的」幾個字。

（2）有的委員建議，將「以及依法徵用財產得到補償的權利」改為「以及依法徵用財產得到價值相當的補償」；有的委員建議，將此句改為「以及依法徵用財產及得到價值相當的補償」；還有的委員建議，將此句改為「以及依法徵用財產得到等值、可自由處置的及時補償」。

（3）有些委員建議去掉括弧的內容，因為這些規定太詳細，不符合基本法的體例，應由香港特別行政區制定具體的法律加以規定。有些委員說明，關係小組經過反覆討論，認為應該保留，這有助於安定投資者對香港的信心。經過討論，較多委員建議將括弧的內容改寫為本條的第二款。

第四稿

「第六條　香港特別行政區的法律保護財產所有權。」
〔1988 年 3 月基本法起草委員會秘書處《中華人民共和國香港特別行政區基本法（草案）草稿》（總體工作小組第二次會議對目錄、序言、第一、二、三、五、六、七、九章的修改稿）〕

① 1988 年 4 月《總體工作小組所作的條文修改舉要》，載於 1988 年 5 月《中華人民共和國香港特別行政區基本法起草委員會第七次全體會議文件匯編》

（編者按：雖然本文件的日期是 1988 年 4 月，但本文件是總體工作小組在 1987 年 12 月 15 日至 1988 年 3 月 6 日之間召開的三次會議上對各專題小組草擬的基本法原條文所作的一些調整和修改。於 3 月提出的草稿裡面已經將以下調整與修改納入，故將這份文件放入本稿中。）

【P14】
將第六條改為「香港特別行政區的法律保護財產所有權」。原第六條其餘部份移至第三章作為第二十六條。

※

② 1988 年 4 月 26 日《胡繩副主任委員關於總體工作小組的工作報告》，載於 1988 年 5 月《中華人民共和國香港特別行政區基本法起草委員會第七次全體會議文件匯編》

（編者按：收錄理由同上）

【P6】
（三）屬於「總則」章的第六條，原來比較長，考慮到總則應是綱領性的規定，所以把這一條改為「香港特別行政區的法律保護財產所有權」一句話。原第六條的內容移到「居民的權利和義務」章內，作為第二十六條。

第五稿

「第六條　香港特別行政區的法律保護財產所有權。」
〔1988 年 4 月基本法起草委員會秘書處《中華人民共和國香港特別行政區基本法（草案）草稿》〕

第六稿

「第六條　財產所有權，包括財產的取得、使用、處置和繼承的權利和依法徵用財產得到補償的權利，均受法律保護。徵用財產的補償相當於該財產的實際價值、可自由兌換、不得無故遲延支付。」
〔1988 年 4 月基本法起草委員會《中華人民共和國香港特別行政區基本法（草案）徵求意見稿》〕

第七稿

「第六條　香港特別行政區依法保護私有財產權。」
〔1989 年 2 月《中華人民共和國香港特別行政區基本法（草案）》〕

① 1988 年 8 月基本法起草委員會秘書處《香港各界人士對〈香港特別行政區基本法（草案）徵求意見稿〉的意見匯集（一）》

【P2-3】
第六條
1.「可自由兌換，不得遲延支付」這類口語化、商業化的規定不宜寫在基本法中，更不宜寫入總則。

2.「實際價值」前加「當時」。

3.「依法徵用」前加「政府」。

4. 建議在第六條和第七條間加一條：「在維護私有產權和不大妨礙私人和企業的生產積極性下，政府應在現有的社會政策基礎上逐漸改善低下收入市民的生活水準」。

※

② 1988 年 9 月基本法起草委員會秘書處《內地各界人士對〈香港特別行政區基本法（草案）徵求意見稿〉的意見匯集》

【P4】

第六條

1. 本條規定的財產所有權的主體是誰不明確,「自由兌換」的含義也不清楚。

2. 財產所有權,除包括取得、使用、處置外,還應包括佔有、收益。

3. 改為:「財產所有權、繼承權和依法徵用財產得到補償的權利,………」或「財產的取得、使用、處置和繼承的權利和依法徵用財產得到補償的權利,………。」

4.「依法徵用財產得到補償」的主語不明確,改為「財產依法被徵用得到補償」。

5. 只寫「財產所有權受法律保護」就夠了。

6.「無故」伸縮性太大,可改為「無充份正當理由,不得遲延支付」。

7. 在「徵用財產的補償」後加上「的貨幣」。

※

③ 1988 年 10 月基本法諮詢委員會《中華人民共和國香港特別行政區基本法(草案)徵求意見稿諮詢報告第五冊——條文總報告》

【P31-33】
第六條
2. 意見
→ 贊成設立第六條,生命財產可得到更大保證。
→ 這條文太廣泛。
→ 關於財產所有權放在總則一章內顯得不協調。
→ 反對政府強制徵用私有財產。私人之間的交易只要是合法和出於自願的,不應任憑政府干預。
→ 寫得太詳細「徵用財產的補償應相當於該財產的實際價值」一句會惹來無窮訴訟。現時很多買賣土地的訴訟,所爭議的就是這個「實際價值」的問題。
→ 「均受法律保護」一句未能表達到私有財產應受嚴格保障的精神。
→ 懷疑本條是否可行。
→ 第六條有不足之處。首先它沒有保證擁有財產的權利;其次,它認可「合法徵用」;再者在保證徵用財產的賠償會相當於該財產的實際價值時,可能會使執行者有機會避免按照實際市場價值全數地作出賠償。最後,它忽視了按照公眾的利益(例如租金的限制、商店的營業時間等)而調節財產的使用的需要,也沒有保證稅務的繳交。
若要補充本條的不足之處,便應將這條修改以致能保證下列各點:
(1)每個自然人或法人均有取得、使用和處置財產的權利。
(2)除因公眾利益所需及按法律規定的程序和國際法律的一般原則(包括合理的賠償須迅即支付)外,任何人的財產均不能被剝奪。
以上條款不應以任何形式傷害香港特別行政區政府行使下列權力:在有需要時執行法律、按照公眾利益調整財產之使用,或保證稅務、其他供款或罰款的繳交。
→ 本條在對私人財產的權利作出規定時(雖沒有用「私人」一詞),遺漏了(或至少是沒有提及)兩個重要概念:
(1)「財產」一詞除應包括實質的財產如土地、樓宇外,亦應包括抽象的財產如知識資產及人力資源;及
(2)此種權利應不單只包括擁有、取得、使用、(自願

的)處置、承繼的權利,亦應包括因此而獲得收入的權利,出讓者和承讓者以雙方同意的代價自願交換的權利、以及就本身擁有的財產,在無需取得同意的情況下,不讓他人享有上述各種權利的權利。以部份(而非全部)上述權利為特色的「居間」權利,如根據租約、信託的權利,應同樣獲得保障。
→ 從本條文的法律精神看,徵用財產及其補償同樣應受法律保護。但補償的行政細節,例如「相當於財產的實際價值」、「可自由兌換」、「不得無故遲延支付」等,不須在基本法中列明。
→ 如果這條是決定了資本主義制度的本質不變,那麼將來特別行政區政府政策的措施,只要不違反這一項,就不致輕易引起有關政策是屬於社會主義抑或資本主義的爭論。
→ 「實際價值」是絕對不可以採用的概念和名詞。
理由:因為這不是一個有客觀標準的賠償額,而是一個可以由政府隨意決定的數額,這對私有財產的保障是不足夠的。
→ 「不得無故遲延支付」的規定只適合於未來政府的行政守則。
→ 必須註明財產的取得是通過合法途徑。否則將與即將通過的毒販財產充公法案有所抵觸。

3. 建議
3.1 刪除
→ 刪去「實際」。
理由:本條文中提及「財產的實際價值」,在執行時「實際價值」一詞會引起不必要的爭議。
→ 刪去「不得無故遲延支付」。
理由:既然有法可依得到徵用財產的補償的權利,可自由兌換,應不會無故遲延支付。
→ 原文「財產的補償」略嫌細緻。
3.2 修改
→ 「財產所有權」應改為「財產私有權」。
→ 本條提到「財產所有權………受法律保護」等雖好,但若說明這些財產的擁有者是「香港居民」則更清楚。改為:「香港居民的財產所有權,包括財產的取得、使用、處置和繼承的權利和依法徵用財產得到補償的權利,均受法律保護。徵用財產的補償應相當於該財產的實際價值,可自由兌換,不得無故遲延支付。」
→ 現時,香港政府亦不時會在合法徵用財產後,給予超出該財產實際價值及不可自由兌換的賠償。(若按第六條的規定)上述的做法便變成違法,若將來的特別行政區政府繼續這做法時,便會被指責為沒有按照基本法的規定處理公款,建議此條文的第二句改為「徵用財產的賠償將不少於該財產的實際價值,而除非得到該財產的擁有人的同意,賠償須可自由兌換,不得無故遲延支付。」
→ 將「財產所有權」改為「私有財產所有權」。
理由:以別於國有財產所有權。
→ 「依法徵用財產得到補償的權利」一句的主語可改為「財產被依法徵用者可獲得補償的權利」。
→ 「實際價值」應改為「當時之市值」比較易於估計及有意義。
→ 將「實際價值」改為「市場價值」。
理由:因實際價值包含不明朗因素。
→ 改為:「香港特別行政區之私人財產,企業所有權、合法繼承權及外來投資均受法律保護。」
→ 建議把「徵用」一詞改為「移轉」(exproprication)。
→ 改為:「香港特別行政區沿用的財產所有權,包括動產與不動產等的財產的取得、使用、買賣、讓渡、租出賃入、處理方式和繼承的權利以及政府依法徵用財產所得到補償的權利,均受法律保護。徵用財產的補償應用相當於該財產的實際價值,可自由兌換,不得遲延支付或剋扣。」
→ 最後一句應改為:「徵用財產的補償價值應以雙方同意的市場價格為準,可自由兌換,不得無故遲延支付。」

3.3 增加
→ 加上:「香港特別行政區將保持自由和獨立關稅地區的地位。」
→ 在這條最末加上:「以非法騙取市民的財產,政府有沒收及追查的權利和責任。」
→ 加上:「私人財產是神聖不可侵犯」。
理由:私有財產沒有保障,便不是資本主義制度。
→ 這條開始時加上:「私人所有制、資產階級法權以及私人財產所有權,包括財產的取得、使用、處置⋯⋯⋯⋯」
理由:這條精神為保持原有資本主義制度,條文應寫得明確一點。
3.4 搬移
→ 把第六條搬到第三章。
理由:
⊙ 因為第六條的寫法可以補充第三章內沒有照顧法人的漏洞。

⊙ 本章應寫總則,這條的內容,放在第三章便可。
3.5 其他建議
→ 應對政府在什麼時候有權徵用私人財產有所說明,例如在戰爭情況下和與大多數人利益有關的情況下。
→ 基本法需列明禁止法庭有權剝奪任何大廈業主之管理權。
→ 「實際價值」應由民間獨立機構評估,較為客觀。
→ 此條需包括在第五章第五節中,因其來自《中英聯合聲明》的附件一。

4. 待澄清問題
→ 為何要在「總則」內說明「不得無故遲延支付」?
→ 「不得無故遲延支付」中的「遲」應如何理解?
→ 什麼是「財產的實際價值」?
→ 「財產所有權」一詞應予澄清,因為可以涉及多種形式之財產和多種法權。

第八稿

「第六條　香港特別行政區依法保護私有財產權。」
〔1990 年 2 月 16 日《中華人民共和國香港特別行政區基本法(草案)》〕

① 1989 年 11 月基本法諮詢委員會《中華人民共和國香港特別行政區基本法(草案)諮詢報告第三冊——條文總報告》

【P21-22】
第六條
2. 意見
→ 此條文應再修改,以便給予私有財產者更多保障。

3. 建議
3.1 刪除
→ 刪去此條因現行法律已有,不必重複。
3.2 修改
→ 改為:「香港特別行政區依法保護合法的私有財產權。」
3.3 增加
→ 建議跟現行香港和英國法律,增加一條款以保護土地不被任意沒收。
→ 建議於「保護私有財產權」之後說明五十年後也不變或註明永遠不會變或最少一百年不會改變。

理由:增加港人信心,緩和移民及資金外流問題。
→ 在該句之後加上「並保證不動產之自由買賣及可動產之港內外自由調動,不受任何限制。」
→ 建議在「依法」後加上:「及國際公法有關外國人擁有財產的一般原則」。
3.4 搬移
→ 把此條併入第四條。
3.5 其他
→ 此條提及保護私有財產權,但仍未保護財產不被充公,必須修改。
→ 香港居民的財產包括農地也應受法律保護。

4. 待澄清問題
→ 條文意思不明確。此條文可以有兩種不同的理解,究竟是以下哪一個意思?
(1)若特別行政區成立後有法律保護私有財產權,則特別行政區政府須依法保護私有財產權。
(2)在特別行政區成立後須設立法律保護私有財產權,特別行政區政府並須依法保護私有財產權。
希望在基本法裡清楚說明。

第九稿

「第六條　香港特別行政區依法保護私有財產權。」
〔1990 年 4 月《中華人民共和國香港特別行政區基本法》〕

香港特別行政區境內的土地和自然資源屬於
國家所有，由香港特別行政區政府負責管理、
使用、開發、出租或批給個人、法人或團體使
用或開發，其收入全歸香港特別行政區政府支
配。

❀ 貳｜概念

1. 土地和自然資源
2. 國家所有
3. 管理、使用、開發、出租
4. 收入全歸香港政府支配

❀ 叄｜條文本身的演進和發展

第一稿

總則

「第六條　香港特別行政區境內的土地和自然資源屬於國家所有，由香港特別行政區政府
負責管理、使用或以國家的名義批租給個人或法人團體使用，其收入全歸香港特別行政區
政府支配。」

〔1987 年 4 月 13 日《中央與香港特別行政區的關係專題小組工作報告》，載於《中華人民共和國香港特別行政區基本法起草委員會第
四次全體會議文件匯編》〕

① 1986 年 4 月 22 日《中華人民共和國香港特別
行政區基本法結構（草案）》，載於《中華人民共
和國香港特別行政區基本法起草委員會第二次會議
文件匯編》

【P11】
第一章　總則
（五）土地的所有權、管理權和使用權

（六）自然資源的所有權、管理權、使用權

※

② 1987 年 4 月 13 日《中央與香港特別行政區的
關係專題小組工作報告》，載於《中華人民共和國
香港特別行政區基本法起草委員會第四次全體會議
文件匯編》

【P8】
第六條
說明：有的委員建議將「以國家的名義」一短語改為「代
表國家」。還有的委員建議規定土地和自然資源的批租期
不能超過二零四七年。

第二稿

第一章

「第七條　香港特別行政區境內的土地和自然資源屬於國家所有，由香港特別行政區政府負
責管理、使用、出租或批給個人或法人團體使用，其收入全歸香港特別行政區政府支配。」

〔1987 年 8 月 22 日《中央與香港特別行政區的關係專題小組工作報告》，載於《中華人民共和國香港特別行政區基本法起草委員會第
五次全體會議文件匯編》〕

① 1987 年 5 月 22 日《香港基本法起草委員會第
四次全體會議委員們對基本法序言、總則及第二、
三、七、九章條文草案的意見匯集》

【P5】
第六條
1. 有的委員提出，應用「代表國家」取代「以國家的名
義」，建議本條改為「香港特別行政區境內的土地和自然

資源屬於國家所有，由香港特別行政區政府負責管理、使用或代表國家出租或以其他方法批給個人或法人團體，其收入全歸香港特別行政區政府支配」。

2. 有的委員認為，只要明確土地屬於國家所有，採用「代表國家」還是「以國家的名義」批租土地，問題都不大；如採用「代表國家」的提法，則需另外立法或在基本法中明文規定，由中央人民政府授權特別行政區政府代表國家批租土地。

第三稿

「第七條　香港特別行政區境內的土地和自然資源屬於國家所有，由香港特別行政區政府負責管理、使用、出租或批給個人或法人團體使用，其收入全歸香港特別行政區政府支配。」

〔1987 年 12 月基本法起草委員會秘書處《香港特別行政區基本法（草案）》（匯編稿）〕

第四稿

「第七條　香港特別行政區境內的土地和自然資源屬於國家所有，由香港特別行政區政府負責管理、使用、開發、出租或批給個人或法人團體使用或開發，其收入全歸香港特別行政區政府支配。」

〔1988 年 3 月基本法起草委員會秘書處《中華人民共和國香港特別行政區基本法（草案）草稿》（總體工作小組第二次會議對目錄、序言、第一、二、三、五、六、七、九章的修改稿）〕

第五稿

「第七條　香港特別行政區境內的土地和自然資源屬於國家所有，由香港特別行政區政府負責管理、使用、開發、出租或批給個人或法人團體使用或開發，其收入全歸香港特別行政區政府支配。」

〔1988 年 4 月基本法起草委員會秘書處《中華人民共和國香港特別行政區基本法（草案）草稿》〕

第六稿

「第七條　香港特別行政區境內的土地和自然資源屬於國家所有，由香港特別行政區政府負責管理、使用、開發、出租或批給個人或法人團體使用或開發，其收入全歸香港特別行政區政府支配。」

〔1988 年 4 月基本法起草委員會《中華人民共和國香港特別行政區基本法（草案）徵求意見稿》〕

第七稿

「第七條　香港特別行政區境內的土地和自然資源屬於國家所有，由香港特別行政區政府負責管理、使用、開發、出租或批給個人、法人或團體使用或開發，其收入全歸香港特別行政區政府支配。」

〔1989 年 2 月《中華人民共和國香港特別行政區基本法（草案）》〕

① 1988 年 9 月基本法起草委員會秘書處《內地各界人士對〈香港特別行政區基本法（草案）徵求意見稿〉的意見匯集》

【P4-5】
第七條
1. 改為「香港特別行政區境內的土地和自然資源屬於國家所有，土地收入由香港特別行政區政府支配。」

2. 加上「典當」。

3. 將本條移入經濟一章。

※

② 1988 年 10 月基本法諮詢委員會《中華人民共和國香港特別行政區基本法（草案）徵求意見稿諮詢報告第五冊──條文總報告》

【P34-35】
第七條
2. 意見
→ 「屬於國家所有」這一句是體現主權國應有的精神。香港是中國領土不可分割的一部份，中國恢復香港主權將香港的收入全歸香港特別行政區政府支配，不吸取香港分文，這個措施大家應不會反對。
→ 「土地和自然資源」訂明是「國家擁有」，完全否定了在資本主義制度下，土地和自然資源是可以由私人擁有的。雖然土地現在主要是以長期和短期租約的形式拍賣給私人發展，但未來政府有可能出售土地給私人發展。
→ 土地資源既為國家所有，其利益應全國人民均用。中國百廢待舉，正在需財，特別行政區政府不應獨佔財源。
→ 此條沒有說明居民的財產擁有權。

3. 建議
3.1 修改
→ 改為：「香港特別行政區政府負責管理、使用、開發、出租或批給個人或法人團體使用或開發的土地及天然資源，其收入全歸香港特別行政區政府支配。」
理由：不需要強調特別行政區境內的土地和自然資源屬於國家所有。

→ 改為：「香港特別行政區境內的土地和自然資源屬於國家所有，由香港特別行政區政府負責保護、管理、使用、開發、出租或批給個人或法人團體使用或開發，其收入全歸香港特別行政區政府支配。」
→ 第一句改為：「香港特別行政區境內的土地、水域和自然資源及未出土的文物屬於國家所有。」
理由：由於這一條指出國家所擁有的，只是特別行政區內的土地和自然資源，而沒有包括區內的水域，如有人在香港水域內發現了文物、海底沉船或提煉水中之物質據為己有，便不能說是侵犯國家的財產。
→ 「支配」二字應以較好的字眼代替。
3.2 增加
→ 應在第七條加入環境保護一項。
理由：保護環境對一個社會來說是一項非常重要的工作，有美好的環境才有美好的社會。
→ 參考中國憲法，建議這條文加上一款：「香港特別行政區依法保障自然資源的合理利用，保護珍貴的動物和植物，保護生態環境，改善生活環境質素，防治污染和其他公害。」
→ 句末加上：「以上做法，均須以不侵害居民及後代子孫享有令身心健康的環境為原則。」
→ 句末加上：「並應以不侵害居民可享有安全及健康環境權利為準則。」
理由：因土地開發若無計劃及節制，會禍及無辜公民及其子孫。
3.3 其他建議
→ 香港特別行政區每年應將總收入三成上繳中央人民政府，使中央人民政府有餘資疏濬江河。
→ 亦應註明私人擁有之產權。
→ 「……出租或批給個人或法人團體使用或開發，……」，應設法避免運用三個「或」字。而其中之「批」字乃廣東方言，不諳粵語者，不明其意。

4. 待澄清問題
→ 所謂「法人團體」是何意思？是解作法人團體、非法人團體或合法人團體呢？

第八稿

「**第七條 香港特別行政區境內的土地和自然資源屬於國家所有，由香港特別行政區政府負責管理、使用、開發、出租或批給個人、法人或團體使用或開發，其收入全歸香港特別行政區政府支配。**」
〔1990年2月16日《中華人民共和國香港特別行政區基本法（草案）》〕

① 1989年11月30日基本法起草委員會秘書處《內地各界人士對〈中華人民共和國香港特別行政區基本法（草案）〉的意見匯集》

【P4】
第七條
建議將「法人或團體」修改為「法人或其他團體」。（吉林）

※

② 1989年11月基本法諮詢委員會《中華人民共和國香港特別行政區基本法（草案）諮詢報告第三冊——條文總報告》

【P22-23】
第七條

2. 建議
2.1 刪除
→ 刪去此條。
2.2 修改
→ 改為：「特別行政區土地和資源屬香港特別行政區所有，中國政府不得干涉，也不得過問。」
→ 把「國家所有」改為「香港所有」。
2.3 增加
→ 全文後加上：「以上做法，均須以不侵害居民及其後代子孫享有令身心健康的環境為原則。」
理由：「後代子孫………權利」，因不可以直接由他們提出要求，故只能由我們代行提出要求。
→ 句號後加上：「因不能只剝削環境，而加保護。」
→ 除全文外加上：「要體現領土主權，土地所有權，每年徵收房地產稅（指土地稅），（每五年徵收地稅一次，每百或千平方米收壹港元，五十年後調整）由香港特別行政區政府稅務局收，定期上繳中央人民政府。」

第九稿

「**第七條 香港特別行政區境內的土地和自然資源屬於國家所有，由香港特別行政區政府負責管理、使用、開發、出租或批給個人、法人或團體使用或開發，其收入全歸香港特別行政區政府支配。**」
〔1990年4月《中華人民共和國香港特別行政區基本法》〕

香港原有法律，即普通法、衡平法、條例、附屬立法和習慣法，除同本法相抵觸或經香港特別行政區的立法機關作出修改者外，予以保留。

❀ 貳｜概念

1. 原有法律的保留
2. 普通法、衡平法、條例、附屬立法和習慣法
3. 不得同基本法相抵觸
4. 立法機關可作修改

❀ 叁｜條文本身的演進和發展

第一稿 ▶

總則

「第七條　香港原有法律，即普通法及衡平法、條例、附屬立法、習慣法，除與本法相抵觸或經香港特別行政區的立法機關作出修改者外，予以保留。」

〔1987 年 4 月 13 日《中央與香港特別行政區的關係專題小組工作報告》，載於《中華人民共和國香港特別行政區基本法起草委員會第四次全體會議文件匯編》〕

① 1986 年 4 月 22 日《中華人民共和國香港特別行政區基本法結構（草案）》，載於《中華人民共和國香港特別行政區基本法起草委員會第二次全體會議文件匯編》

【P11】
第一章　總則
（七）原有法律基本不變

※

② 1986 年 4 月《部份起草委員對基本法結構（草案）的意見（備忘錄）》，載於《中華人民共和國香港特別行政區基本法起草委員會第二次全體會議文件匯編》

【P22】
16. 討論稿中「法律制度基本不變」的寫法是可以的，因為現行法律事實上總是在變。

※

③ 1987 年 4 月 13 日《中央與香港特別行政區的關係專題小組工作報告》，載於《中華人民共和國香港特別行政區基本法起草委員會第四次全體會議文件匯編》

【P8】
第七條
說明：有的委員建議本條增加一款：
「香港特別行政區實行的法律為本法、按照本法第二章第五條所說明適用於香港特別行政區的全國性法律、香港特別行政區原有的法律和香港特別行政區立法機關根據本法第二章第五條制定的法律」。

第二稿 ▶

第一章

「第八條　香港原有法律，即普通法及衡平法、條例、附屬立法、習慣法，除與本法相抵觸或經香港特別行政區的立法機關作出修改者外，予以保留。」

〔1987 年 8 月 22 日《中央與香港特別行政區的關係專題小組工作報告》，載於《中華人民共和國香港特別行政區基本法起草委員會第五次全體會議文件匯編》〕

① 1987 年 5 月 22 日《香港基本法起草委員會第　四次全體會議委員們對基本法序言、總則及第二、

【P6】
第七條
1.有的委員建議，將本條最後一句「予以保留」改為「予以保留實施」或「繼續適用」。

2.有的委員建議，本條增寫第二款，即「在香港特別行政區實行的法律為《基本法》，以及上述香港原有法律和香港特別行政區立法機關制定的法律。」

3.有的委員建議，增寫第二款的內容為「香港特別行政區實行的法律為本法，香港特別行政區原有的法律和香港特別行政區立法機關根據本法第二章第七條制定的法律。」

4.有的委員認為，本條可增加以下內容：「中華人民共和國的憲法適用於香港特別行政區的部份均以明文規定。中華人民共和國其他的法律除國家行政組織、外交、國防事務的法律及明文規定者外，概不適用於香港。」

第三稿

「**第八條** 香港原有法律，即普通法及衡平法、條例、附屬立法、習慣法，除與本法相抵觸或經香港特別行政區的立法機關作出修改者外，予以保留。」
〔1987年12月基本法起草委員會秘書處《香港特別行政區基本法（草案）》（匯編稿）〕

① 1987年9月2日《中華人民共和國香港特別行政區基本法起草委員會第五次全體會議委員們對基本法序言和第一、二、三、四、五、六、七、九章條文草稿的意見匯集》

【P4】
3.第八條
有的委員提出，該條最後一句「除與本法相抵觸或經香港特別行政區的立法機關作出修改者外」，應加「撤銷」一詞，改為「除與本法相抵觸或經香港特別行政區的立法機關撤銷或作出修改者外」。

第四稿

「**第八條** 香港原有法律，即普通法及衡平法、條例、附屬立法、習慣法，除與本法相抵觸或經香港特別行政區的立法機關作出修改者外，予以保留。」
〔1988年3月基本法起草委員會秘書處《中華人民共和國香港特別行政區基本法（草案）草稿》（總體工作小組第二次會議對目錄、序言、第一、二、三、五、六、七、九章的修改稿）〕

第五稿

「**第八條** 香港原有法律，即普通法、衡平法、條例、附屬立法和習慣法，除與本法相抵觸或經香港特別行政區的立法機關作出修改者外，予以保留。」
〔1988年4月基本法起草委員會秘書處《中華人民共和國香港特別行政區基本法（草案）草稿》〕

第六稿

「**第八條** 香港原有法律，即普通法、衡平法、條例、附屬立法和習慣法，除與本法相抵觸或經香港特別行政區的立法機關作出修改者外，予以保留。」
〔1988年4月基本法起草委員會《中華人民共和國香港特別行政區基本法（草案）徵求意見稿》〕

第七稿

「**第八條** 香港原有法律，即普通法、衡平法、條例、附屬立法和習慣法，除同本法相抵觸或經香港特別行政區的立法機關作出修改者外，予以保留。」
〔1989年2月《中華人民共和國香港特別行政區基本法（草案）》〕

① 1988年8月基本法起草委員會秘書處《香港各界人士對〈香港特別行政區基本法（草案）徵求意見稿〉的意見匯集（一）》

【P3】
第八條
1.建議與第十條合併。

2.要講清九七年後香港法律的最高來源。

3.應明確由誰來審查決定原有法律是否與基本法相抵觸。

② 1988年9月基本法起草委員會秘書處《內地各界人士對〈香港特別行政區基本法（草案）徵求意見稿〉的意見匯集》

【P5】
第八條
1.對香港原有法律不必列舉，建議刪去「即普通法、衡平法、條例、附屬立法和習慣法」。

2.由誰來確定香港原有法律是否與基本法抵觸？

3.本條前加上「全國人大常委會確認的」。

4.本條與第一百七十二條對照，相同的內容出現兩次，建議在本條「除」後加上「經全國人民代表大會常務委員會

※

宣佈為」，將第一百七十二條改寫或刪去。

5.最後加：「作為香港特別行政區法律的一部份。」

※

③ 1988 年 10 月基本法諮詢委員會《中華人民共和國香港特別行政區基本法（草稿）徵求意見稿諮詢報告第五冊——條文總報告》

【P35-37】
第八條
2.意見
→ 贊成本條文。
→ 贊同保留原有法律。
→ 若要令香港保持現狀，則任何法律均不得與本法發生嚴重矛盾。
→ 這條文指出有兩種法律，在將來的香港特別行政區中不予保留：
（1）與基本法相抵觸者；
（2）經香港特別行政區的立法機關作出修改者。
問題在於第二種，如果這種法律不予保留，就沒有需要「作出修改」，如果做出了修改，說明它仍有保留的價值。所以這是自相矛盾的。
→ 有關新界原居民的條例中對男性權益的規定對婦女是一種歧視，但根據本條的規定，這種歧視仍然會繼續。

3.建議
3.1 修改
→ 改為：「香港原有法律，即普通法、衡平法、條例、附屬立法、已有判例和習慣法，除與本法相抵觸或經香港特別行政區的立法機關作出修改，以至提交香港終審法庭作出最後裁決者外，均須予以保留。」
理由：
⊙ 香港法庭判案可依已有判例。
⊙ 香港原有法律除由立法局修改者外，應由香港終審庭對有爭議法律作出裁決，不能由中央人民政府裁決。
→ 改為：「香港原有法律，即普通法、衡平法、條例、附屬立法和習慣法，除與本法相抵觸者外，予以保留。在所有予以保留的香港原有法律中，如有與本法相抵觸的條文，必須經香港特別行政區的立法機關作出修改。」
→ 改為：「香港原有法律、即普通法、衡平法、條例、附屬立法，即由香港特別行政區立法機關修改，修改後和保留者不得與本法相抵觸。」
理由：特別行政區立法機關成立後，修改香港的法律是首要事情，因為香港殖民地法律大都是抄襲英國的，而英國國情和香港的民情有所不同。
→ 改為：「香港特別行政區立法機關作出取消保留案底，恢復釋囚行使公民權由一九九七年七月一日開始實行。其他法例亦都予以適當修改。」

→ 改為：「香港原有法律、即普通法、衡平法、條例、附屬立法和習慣法，除依據本法規定程序宣佈與本法相抵觸或經香港特別行政區的立法機關作出修改者外，皆予以保留。」
→ 改為：「香港原有法律，即普通法、衡平法、條例、附屬立法和習慣法，除與本法相觸者外，均予以保留。」
理由：經香港特別行政區的立法機關作出修改的法律，未必與本法有抵觸。
→ 改為：「香港原有法律，即普通法、衡平法、條例、附屬立法和習慣法，除與本法相抵觸，或帶殖民主義氣息者，或涉及外籍人士不合理特權者，或涉及歧視中國公民者，或經香港特別行政區的立法機關作出修改者外，予以保留。」
理由：體現國家主權和實現法律面前人人平等。
→ 將「本法相抵觸」改為「抵觸本法」。
→ 將「普通法」改為「明文法」。
3.2 增加
→ 句末加上「原有法律所無之環境法，應予加進。」
→ 加上：「並按實際情況通過立法機關加以增刪或修正。」
理由：使不法行為及影響居民安全、安寧的現象逐漸減少和消失。
→ 在「本法」之後加上「及香港的國際性法律義務」。
3.3 其他建議
→ 「香港原有法律……除與本法相抵觸……，予以保留。」一句的基本精神是盡量保持現有法律不變，但是法律應該改革得更符合民主自由的，殖民主義的條例應刪去。
→ 應肯定「原有」是指一九九七年七月之前。
→ 消費者委員會是經香港法例第二百二十六條「消費者委員會」條例設立的，用以保障消費者的權益。所以，一九九七年香港特別行政區成立後，消委會的宗旨及政策應不會抵觸基本法，並可保存原來的地位，維持不變。
→ 若「習慣法」是以內地的用法和運作為根據，則建議修改此詞為「中國的習慣法」。

4.待澄清問題
→ 「相抵觸」的涵意不清楚。
→ 如何鑑定是否「與本法相抵觸」？
→ 希望明確指出「抵觸」一詞之範圍。
→ 什麼是「習慣法」？
→ 一般人不理解「衡平法」這個法律名詞，應加上註釋。
→ 「普通法」及「衡平法」所指的是香港所實行的「普通法」和「衡平法」，抑或是英國的，或是世界所有普通法國家的「普通法」和「衡平法」？
→ 何種機構負責審查香港原有法律是否與基本法相抵觸和頒佈程序詳情？
→ 「香港原有法律」是指（1）一九八四年《中英聯合聲明》草簽以前的法律？或（2）一九八八年十二月全國人民代表大會通過基本法以前的法律？或（3）一九九七年七月香港成為中國特別行政區以前的法律？
→ 「原有」一詞定義為何？

第八稿

「**第八條　香港原有法律，即普通法、衡平法、條例、附屬立法和習慣法，除同本法相抵觸或經香港特別行政區的立法機關作出修改者外，予以保留。**」
〔1990 年 2 月 16 日《中華人民共和國香港特別行政區基本法（草案）》〕

① 1989 年 11 月基本法諮詢委員會《中華人民共和國香港特別行政區基本法（草案）諮詢報告第三冊——條文總報告》

【P23-24】

第八條
2.意見
→ 香港原有關於人權，包括國際人權公約、自由，都不會跟基本法相抵觸。

3.建議

3.1 刪除
→ 刪去「除同本法相抵觸或經香港特別行政區的立法機關作出修改者外，」一句。
3.2 修改
→ 「除同本法相抵觸」改為「除與本法相抵觸」。
理由：「同」字只適用作粵語口頭語，文字則用「與」字較適合。
→ 改為：「所有法律，如與基本法相抵觸，以特別行政區法律為準，合乎一國兩制。」
→ 改為：「香港原有的法律即普通法、衡平法、條例、附屬立法和習慣法，除同本法相抵觸或帶有殖民主義氣息者，或涉及對外籍人士不合理特權者，或有歧視中國公民意向，或經香港特別行政區的立法機關作出修改者外予以保留，但在一九八五年五月二十七日《中英聯合聲明》生效後的過渡期，香港所訂有損中國主權形象的法律，一九九七年後香港特別行政區政府一概不予承認。」

3.3 增加
→ 於本條句號後加上「原有法律所無之環境法，應予加進。」
→ 句末加上「公用」二字。
→ 句末加「和依法發展。」否則以後的法律修改全部違反基本法。
→ 在「本法」之後加「及香港的國際性法律義務」。
3.4 其他
→ 要立下「原有法律」之定義，是指一九八四年《中英聯合聲明》之前。
→ 應公佈一目錄列明哪些與基本法相抵觸的法律。

4. 待澄清問題
→ 香港的原有法律，為何會與基本法有所抵觸，如有抵觸的話，就證明基本法的內容不適合香港的法律及公民。
→ 若香港法律與基本法相抵觸，則予以修改。基本法可否列明，指定在何種情況下為之抵觸及由誰決定他們是抵觸？

第九稿

「第八條　香港原有法律，即普通法、衡平法、條例、附屬立法和習慣法，除同本法相抵觸或經香港特別行政區的立法機關作出修改者外，予以保留。」
〔1990 年 4 月《中華人民共和國香港特別行政區基本法》〕

香港特別行政區的行政機關、立法機關和司法機關，除使用中文外，還可使用英文，英文也是正式語文。

❀ 貳｜概念

1. 正式語文
2. 中文
3. 英文

❀ 叁｜條文本身的演進和發展

第一稿

總則

「第八條　香港特別行政區的行政機關、立法機關和司法機關，除使用中文外，還可以使用英文。」

〔1987 年 4 月 13 日《中央與香港特別行政區的關係專題小組工作報告》，載於《中華人民共和國香港特別行政區基本法起草委員會第四次全體會議文件匯編》〕

① 1986 年 4 月 22 日《中華人民共和國香港特別行政區基本法結構（草案）》，載於《中華人民共和國香港特別行政區基本法起草委員會第二次全體會議文件匯編》

【P11】
第一章　總則
（八）語言、文字

第二稿

第一章

「第九條　香港特別行政區的行政機關、立法機關和司法機關，除使用中文外，還可以使用英文。」

〔1987 年 8 月 22 日《中央與香港特別行政區的關係專題小組工作報告》，載於《中華人民共和國香港特別行政區基本法起草委員會第五次全體會議文件匯編》〕

① 1987 年 5 月 22 日《香港基本法起草委員會第四次全體會議委員們對基本法序言、總則及第二、三、七、九章條文草案的意見匯集》

【P6】
第八條
有的委員建議，將本條規定中的「行政機關」改為「政府機關」，因為行政機關有時是指「類似行政局」的那個機構，是狹義的寫法。

② 1987 年 8 月 22 日《中央與香港特別行政區的關係專題小組工作報告》，載於《中華人民共和國香港特別行政區基本法起草委員會第五次全體會議文件匯編》

【P12】
第九條
說明：有的委員建議，用「政府機關」代替「行政機關」；但另有委員認為，這個問題應待政治體制專題小組確定「政府」或「行政機關」的含義後，再作決定。

※

第三稿

「第九條　香港特別行政區的行政機關、立法機關和司法機關，除使用中文外，還可以使用英文。」

〔1987 年 12 月基本法起草委員會秘書處《香港特別行政區基本法（草案）》（匯編稿）〕

① 1987 年 9 月 2 日《中華人民共和國香港特別行政區基本法起草委員會第五次全體會議委員們對基本法序言和第一、二、三、四、五、六、七、九章條文草稿的意見匯集》

【P4】
4. 第九條
委員們在討論「政府機關」是否可以代替「行政機關」時提出，目前基本法的初步條文中，「政府」概念的含義不一致，有的是大政府概念，有的是小政府概念，希望法律專家能全面研究這個問題。

第四稿

「第九條　香港特別行政區的行政機關、立法機關和司法機關，除使用中文外，還可使用英文。」

〔1988 年 3 月基本法起草委員會秘書處《中華人民共和國香港特別行政區基本法（草案）草稿》（總體工作小組第二次會議對目錄、序言、第一、二、三、五、六、七、九章的修改稿）〕

第五稿

「第九條　香港特別行政區的行政機關、立法機關和司法機關，除使用中文外，還可使用英文。」

〔1988 年 4 月基本法起草委員會秘書處《中華人民共和國香港特別行政區基本法（草案）草稿》〕

第六稿

「第九條　香港特別行政區的行政機關、立法機關和司法機關，除使用中文外，還可使用英文。」

〔1988 年 4 月基本法起草委員會《中華人民共和國香港特別行政區基本法（草案）徵求意見稿》〕

第七稿

「第九條　香港特別行政區的行政機關、立法機關和司法機關，除使用中文外，還可使用英文，英文也是正式語文。」

〔1989 年 2 月《中華人民共和國香港特別行政區基本法（草案）》〕

① 1988 年 8 月基本法起草委員會秘書處《香港各界人士對〈香港特別行政區基本法（草案）徵求意見稿〉的意見匯集（一）》

【P3】
第九條
1. 改為：「同時使用中、英文。」

2. 改為：「香港特別行政區應該制定明確的語言政策，包括保持目前香港粵語以及英語在各方面的社會功能五十年不變。」
「香港以中文為官方語言，英文也具法定地位，立法、行政、司法機關除使用中文外，還可使用英文。」

3. 加：「中、英文並重」。

4. 改為：「中英文均為官方語言」或「中英文均為法定語言」。

5. 當中，英文解釋上有爭論時以什麼文本為準，希望明確加以規定。

※

② 1988 年 9 月基本法起草委員會秘書處《內地各界人士對〈香港特別行政區基本法（草案）徵求意見稿〉的意見匯集》

【P5-6】

第九條
1. 香港特別行政區要以使用中文為主，中英文並重。可改為：「應該使用中文，英文具有同等效力」或「應當使用中文，同時可使用英文。」

2. 改為：「香港特別行政區行政機關、立法機關和司法機關確保使用中文，還可使用英文。」

3. 改為：「中文為主，若干年內可使用英文」。

4. 改為：「官方的語文必須使用規範體中文，在經濟、商業其他方面允許使用繁體中文，也可使用英文。」

5. 中文語法中「除……外」是指一種例外，根據現在的條文，英文就成了普遍用語，建議改為：「使用中文和英文」。

6. 本條移作總則最後一條。

※

③ 1988 年 10 月基本法諮詢委員會《中華人民共和國香港特別行政區基本法（草案）徵求意見稿諮詢報告第五冊——條文總報告》

【P37-40】
第九條
2. 意見
2.1 贊同本條文。
2.2 反對香港特別行政區司法機關除使用中文外，還可使用英文。

理由：

⊙ 香港不懂中文的人只佔少數。

⊙ 外商遇有法律糾紛，可以僱用本地律師。

⊙ 香港現在的法律雖是英文，基本法公佈後，可以有六年時間將法律翻譯為中文。

⊙ 司法人員現時雖習慣使用英文，基本法公佈後，除有六年時間外，還可再劃出一段過渡期，讓他們習慣使用中文。

2.3 英文的法定地位問題

→ 若要保持香港的現狀，就必須在基本法中列明英文將繼續是香港的法定語言。

理由：

⊙ 若英文的法定地位被摒棄或損害，香港的現狀便無法保持。

⊙ 對於那些不以中文為母語的香港本土人士不利和不公平。

→ 最好進一步肯定英文的法定地位，只有法庭上案件內有爭議時才以中文解釋為準。

→ 為保留香港作為國際商業中心之地位，應賦予英文於某方面（例如商業合約等）之合法地位。

2.4 中英文地位並重

→ 中文和英文均應有平等的官方地位。

理由：

⊙ 保持香港作為國際城市的地位。

⊙ 香港在經濟上的用語是英文，法律語言亦是英文。

⊙ 香港若要繼續成為一個經濟發達社會，不單在商業方面，而且在司法和行政方面也需要高水準的英文。

⊙ 普通法全部以英文寫成，而第八條亦規定與基本法無抵觸之原有法律，將予保留，為利便法庭運作，在法庭應接納英文為法定語言。

2.5 中文為主，英文為輔

→ 將來特別行政區政府所用語言，應該以中文為主，英文為輔。

理由：

⊙ 為體現國家主權。

⊙ 為適應香港作為國際城市特點。

⊙ 根據《中英聯合聲明》規定。

2.6 中文必須是法定語文

→ 法定語文必須規定是中文。

2.7 其他意見

→ 文字表達不夠明確，容易使人誤解在行政機關、立法機關、司法機關中，既可以使用中文，也可使用英文，甚至只使用英文。

→ 將來特別行政區各級法庭（尤其是高級法庭）只能使用英文的說法是否合理，要看將來法庭上使用語文的對象。可以預見，將來特別行政區法庭上使用語文的對象絕大多數是不識英文或英文不及中文熟悉的中國人。

→ 普通法的案例由英文寫成，翻譯的問題將來定要解決。

→ 司法人員所採用的語文以英文為主，但中文也可以在法院中逐步使用。中文作為普通法制度的法律用語是可行的。

→ 根據這條文，香港百多年來所遵行的「英文獨尊」政策便完全倒轉過來。

→ 香港的中英夾雜式語文、香港式中文和中國白話文不銜接，現時普通話訓練步伐緩慢，造成銜接的問題。

3. 建議

3.1 修改

→ 改為：「香港特別行政區的行政機關、立法機關和司法機關使用中文，為適應香港國際城市的特點，亦可中英文同時使用。」

→ 改為：「香港特別行政區的行政機關、立法機關和司法機關，可使用中文或英文。」

→ 改為：「香港特別行政區均以中、英文為法定語言。」

→ 改為：「香港特別行政區除使用中文外，也將使用英文。」

→ 改為：「中文和英文將會享有同樣地位。香港特別行政區的行政機關、立法機關和司法機關，可使用中文和英文。」

→ 改為：「香港特別行政區使用的語言以本港為依據。」

→ 改為：「香港以祖國首都語為第一法定用語，廣州話為第二法定用語，用於法政外交，英語為輔助用語，便利各國官商。文字以通用於香港的繁體漢字為法定文字。」

→ 改為：「香港特別行政區的行政機關、立法機關和司法機關，必須使用中文並以中文為準，並輔以英文。」

→ 改為：「中、英語文為香港特別行政區法定語文，廣州方言亦為法定用語。香港特別行政區的行政機關、立法機關和司法機關，應以中、英語文並重。」

理由：強調中、英語文地位和尊重廣州方言之特殊地位。

→ 改為：「香港特別行政區的行政機關、立法機關、司法機關除使用中文外，還可使用英文和日文，但以中文為主，英文和日文為輔助。」

理由：

⊙ 日文內有一半是中文，而日本在香港曾經有三年零八個月的歷史，所以要用日文。

⊙ 英國在香港也有超過一百年的歷史，所以要用英文。

→ 改為：「香港特別行政區應該制訂明確的語言政策，包括保持目前香港粵語及英語在各方面的社會功能五十年不變。香港以中文為官方語言，英文亦具其法定地位，所有行政、立法、司法機關除使用中文外，還可使用英文。」

→ 改為：「中文和英文均為香港的正式語言。一切官方文件均需以兩種文字發表，兩者具同等效力。」

→ 改為：「……還可使用英文作為第二個語言。」

→ 改為：「香港特別行政區的行政機關、立法機關和司法機關，中、英文皆可運用，兩者地位平等。」

→ 改為：「以中文為主，英文為次；教學語言以母語為主，英文為次。」

→ 改為：「香港特別行政區的行政機關、立法機關，除使用中文為法定語文外，還可使用英文，但以中文為本。」

→ 改為：「將來有關法律、契約及各種上下行文應以中文為主，英文輔之。」〔即一切政府與民間行文全採用中文，如與外國（即不同國籍）通訊可中英對照行文。〕

→ 改為：「香港特別行政區的行政機關、立法機關和司法機關，應以使用主權國和大多數居民使用的文字和語言——中文為主，但亦可以英文為輔。」

→ 改為：「香港特別行政區及其學校的語文，以中文為主，英文為輔。」

3.2 增加

→ 在句末加上「但以中文為主。」

→ 在句末加上「但以中文為法定語文。」

→ 在句末加上「於基本法若干中文本與英文本明顯地不同時，則以中文本為準。然而，若中文用句含糊時，則以英文譯句為有效。」

→ 在句末加上「中文為香港特別行政區第一語文，英文為第二語文」；或「香港特別行政區之法定語文為中文，輔助語文為英文。」

→ 在句末加上：「如有爭執以中文為主。」

→ 在句末加上：「若中、英文版本文義有差異時，則以中文版為準。」

3.3 其他建議

→ 「除使用中文外」一句的「中文」二字，應註明是「繁體字」或「簡體字」，或兩種文字同時使用，以免日後產生混淆。

→ 此條文應有一些附件，在技術上指示行政、立法和司法方面，中文與英文的地位及法律效力。

4. 待澄清問題

→ 應明確中、英文均是法定語文，還是只有中文才是法定語文。

理由：

⊙ 應該考慮香港是一個國際商業及金融中心及其接受中、英文教育的居民。

⊙ 避免與第八條有矛盾衝突。
→ 這是否意味着「及任何希望用英文的人」？

第八稿

「**第九條　香港特別行政區的行政機關、立法機關和司法機關，除使用中文外，還可使用英文，英文也是正式語文。**」
〔1990 年 2 月 16 日《中華人民共和國香港特別行政區基本法（草案）》〕

① 1989 年 11 月 30 日基本法起草委員會秘書處《內地各界人士對〈中華人民共和國香港特別行政區基本法（草案）〉的意見匯集》

【P4】
第九條
1. 將「還可使用英文」改為「也可使用英文」。（江蘇、福建）

2. 刪去「英文也是正式語文」。（湖北、江蘇、天津、內蒙古、陝西）

3. 將本條後半部份改為「以中文為主，中文為正式語文，也可使用英文」。（人民來信）

4. 建議加一款：「香港特別行政區應逐漸推廣普通話，使用標準簡化字」。（江蘇、廣東）

5. 建議「英文也是正式語文」一句改為「英文在一定期限內，為正式語文」。（北京）

※

② 1989 年 11 月基本法諮詢委員會《中華人民共和國香港特別行政區基本法（草案）諮詢報告第三冊──條文總報告》

【P24-26】
第九條
2. 意見
→ 現時不宜明確的寫下以中文或英文為依歸。假若九七年之後出現一套完整的中文法律，那麼，目前規定以中、英文都具法律效力是有問題的。
→ 「英文也是正式語文」一句是沒有意義的，因英文根本是正式語文。
→ 當中、英文解釋出現矛盾時，應申明以哪一種語文為準。
→ 應指明中文及英文都是正式語文。
→ 行政、立法、司法機關，以使用中文為主。
→ 本條宜規定中文為第一語言，英文為第二語言。為避免香港特別行政區與大陸「書不同文」的情形出現，應規定特別行政區使用之中文字體為國家標準的簡體字。
→ 由於本港法庭、法律及商務習慣沿用英文，本條應明確說明將來英文的地位。基本法亦應有英文譯本，以配合香港實際需要。但當中、英文版本有異義時，則以中文版本為準。
→ 為提高香港的國際地位及其市民的教育水平，英文應指定為正式語文，而不是「還可使用」的語文。
→ 香港今後都實行普通法，而普通法是以英文作法律語言的，特別行政區的語文問題必須照顧這事實。

3. 建議

3.1 刪除
→ 刪除此條。
理由：此事應由香港人民自己決定。
→ 刪除「英文也是正式語文」一句，若用英文必須譯成中文。
理由：廢除過去以英文為主的惡習。
3.2 修改
→ 改為：「除廣東話外，英文也是正式語文。」（如國家想兼用普通話，就應改為：「普通話、廣東話及英文都是正式語文。」）
理由：原文只說中文，並沒有指明是哪個方言。既然特別行政區將享有高度自治，應指明以香港本地方言，即廣東話，為正式語文。加上香港是個國際城市，能以中英文為正式語文是很重要的。
→ 改為：「中文和英文均為香港特別行政區的正式語文。」
→ 「除使用中文……正式語文」應改為「中文和英文同為官方正式語，有同等法律效用。」
→ 「也是正式語文」改為：「也是法定語文」。
→ 改為：「香港特別行政區的行政機關、立法機關和司法機關，應以中國和大多數居民使用的語文為主。中文為正式的官方語文，但香港作為國際城市亦可用英文為輔。」
→ 為吸引、保持和「保護外來投資」（《中英聯合聲明》第三款第五項）及「保持國際金融中心的地位，繼續開放外匯、黃金、證券、期貨等市場」（《中英聯合聲明》第三款第七項），本條「還可使用英文」的「可」字應改為「應」，規定必須使用英文。那麼在香港的外商便能理解本法的法律及司法和官方文件。
3.2 增加
→ 加上一句「英文為正式語文」。
理由：香港人習慣用英文。
→ 在段末加上「一切差漏，以中文為依據。」
→ 增加「但一切條文中均以中文解釋為準。」
→ 加上：「中文及英文句為正式法定語文，兩種語文具有相同的法律效力。特別行政區政府不得推行只重視某一正式法定語文的語文政策。」
→ 增加：「於本法若中文本與英文本明顯地不同時，則以中文本為準。然而，若中文用句含糊時則以英文譯句為有效。」
理由：雙語版本皆經基本法起草委員會通過，很多委員懂英文，相信委員會同意中文本意思已與英文譯文相同是合理的想法。
3.3 其他
→ 應說明在一九九七年後，不改用中文簡體字，以中文正楷和英文為香港正式語言。
→ 逐漸推廣普通話，統一中華民族語言，普通話應為官方語言。

4. 待澄清問題
→ 現在香港的情況是，如果中、英文本有出入，以英文為依歸，一九九七年之後，是否亦應寫明以中文為依歸呢？
→ 中文是指普通話、廣東話或是兩者皆是？
→ 本條沒有說明基本法只是中文本是有效的或中英文本同樣有效，尤其是在立法和司法機關內。

「第九條　香港特別行政區的行政機關、立法機關和司法機關，除使用中文外，還可使用英文，英文也是正式語文。」

〔1990 年 4 月《中華人民共和國香港特別行政區基本法》〕

香港特別行政區除懸掛中華人民共和國國旗和國徽外，還可使用香港特別行政區區旗和區徽。

香港特別行政區的區旗是五星花蕊的紫荊花紅旗。

香港特別行政區的區徽，中間是五星花蕊的紫荊花，周圍寫有「中華人民共和國香港特別行政區」和英文「香港」。

❀ 貳│概念

1. 懸掛國旗、國徽
2. 使用區旗、區徽

❀ 叄│條文本身的演進和發展

第一稿

「第一百六十五條　香港特別行政區除掛國旗和國徽外，可使用區旗和區徽。（待擬）
第一百六十六條　香港特別行政區的區旗。（待擬）
第一百六十七條　香港特別行政區的區徽。（待擬）」
〔1987 年 12 月基本法起草委員會秘書處《香港特別行政區基本法（草案）》（匯編稿）〕

第二稿

「第一百六十七條　香港特別行政區除懸掛國旗和國徽外，可使用區旗和區徽。（待擬）
第一百六十八條　香港特別行政區的區旗。（待擬）
第一百六十九條　香港特別行政區的區徽。（待擬）」
〔1988 年 4 月基本法起草委員會秘書處《中華人民共和國香港特別行政區基本法（草案）草稿》〕

第三稿

「第一百六十六條　香港特別行政區除懸掛國旗和國徽外，可使用區旗和區徽。（待擬）
第一百六十七條　香港特別行政區的區旗。（待擬）
第一百六十八條　香港特別行政區的區徽。（待擬）」
〔1988 年 4 月基本法起草委員會《中華人民共和國香港特別行政區基本法（草案）徵求意見稿》〕

第四稿

「第十條　香港特別行政區除懸掛中華人民共和國國旗和國徽外，還可使用香港特別行政區區旗和區徽。
香港特別行政區的區旗（待擬）。
香港特別行政區的區徽（待擬）。」
〔1989 年 2 月《中華人民共和國香港特別行政區基本法（草案）》〕

① 1988 年 9 月基本法起草委員會秘書處《內地各界人士對〈香港特別行政區基本法（草案）徵求意見稿〉的意見匯集》

【P22】
第一百六十六條
國旗、國徽的地位應更突出一些。

※

② 1988 年 10 月基本法諮詢委員會《中華人民共和國香港特別行政區基本法（草案）徵求意見稿諮詢報告第五冊——條文總報告》

【P463】
第八章　整體意見
1. 建議
→ 除區旗、區徽外，香港特別行政區更可擁有代表本區的區歌。
→ 區旗、區徽及區歌的使用範圍應詳加標明，但不應太過局限。
→ 在第八章標題「香港特別行政區的區旗、區徽」後加上「假期」（編者按：「假期」應指「法定假期」）兩字。

【P464】
第一百六十七條
2. 建議
→ 區旗應以現時的中華人民共和國國旗為主體設計。
理由：
⊙ 以表現中央人民政府擁有香港的主權。
⊙ 以表現「中國香港」的鮮明形象。
⊙ 以充份顯示中國和香港的政治關係。
→ 區旗應表現香港地區特色，並有異於國旗及國徽。
→ 區旗上，除了阿拉伯數目字外，不能有任何外國文字。
→ 區旗上，不能有表現外國或殖民地色彩的標誌。
→ 區旗不應太重中國特色。
理由：表現香港要自治自由。
→ 已公佈的區旗入選作品，紅色太多，會令那些對紅色反感人士懼怕。
→ 在五十二件入選的區旗中，大部份作品對於一國兩制、香港特色、高度自治及五十年不變的精神沒法表現出來。相反，落選作品除了能表現它的尊嚴及美觀外，並表達出

一國兩制、香港的特色、高度自治及五十年不變的精神。
→ 香港特別行政區的區旗，構圖既要尊嚴，色彩又要美觀，既代表一國兩制，亦要象徵中國社會主義和資本主義並存，表現香港的特色及高度自治，和五十年不變，缺一不可。
→ 用代替物或符象擬圖，可在未來區旗上繪上小龍和東方之珠的圖像，並用普藍或綠色托底，以示中國統一。
理由：
⊙ 體現中央人民政府對香港的政策。
⊙ 表現香港特色。
⊙ 易被人接受。
→ 區旗應用耀眼顏色。
理由：以反映香港人的勤奮和活力。
→ 要大方、得體、美觀和有代表性。
→ 區旗圖案設計徵集是嚴肅及隆重的比賽，應由國家出錢頒贈獎金或紀念品，以示重視，而不宜由一個商人負起贊助的責任。
→ 採用入選的區旗編號 7035 號。

【P465】
第一百六十八條
2. 建議
→ 區徽應以現時中華人民共和國國徽為主體設計。
理由：
⊙ 以表現中央人民政府擁有香港的主權。
⊙ 以表現「中國香港」的鮮明形象。
⊙ 以充份顯示中國和香港的政治關係。
→ 區徽應有表現香港區特色，並有異於國旗及國徽。
→ 區徽上，除了阿拉伯數目字外，不能有任何外國文字。
→ 區徽上，不能有表現外國或殖民地色彩的標誌。
→ 區徽的中國特色不應太重。
理由：以表現香港要自治自由。
→ 香港特別行政區的區徽，構圖既要有尊嚴，色彩又要美觀；既代表一國兩制，亦要象徵中國社會主義和資本主義並存，要有香港的特色及高度自治，和五十年不變，缺一不可。
→ 在五十二件入選的區徽中，大部份作品對於一國兩制、香港特色、高度自治及五十年不變的精神沒法表達出來。相反，落選作品除了能表現它的尊嚴及美觀外，並表達出一國兩制、香港的特色、高度自治及五十年不變的精神。
→ 區徽應用耀眼的顏色。
理由：以反映出香港人的勤奮和活力。
→ 採用入選的區徽作品 4742 號。

第五稿

「第十條　香港特別行政區除懸掛中華人民共和國國旗和國徽外，還可使用香港特別行政區區旗和區徽。
香港特別行政區的區旗是五星花蕊的紫荊花紅旗。
香港特別行政區的區徽，中間是五星花蕊的紫荊花，周圍寫有『中華人民共和國香港特別行政區』和英文『香港』。」
〔1990 年 2 月 16 日《中華人民共和國香港特別行政區基本法（草案）》〕

① 1989 年 11 月 30 日基本法起草委員會秘書處《內地各界人士對〈中華人民共和國香港特別行政區基本法（草案）〉的意見匯集》

【P4】
第十條
採用「除……外」的表述方式不好，建議改為：「香港特

別行政區必須懸掛中華人民共和國國旗和國徽，同時還可使用香港特別行政區區旗和區徽。」（人民來信）

※

② 1989 年 11 月基本法諮詢委員會《中華人民共和國香港特別行政區基本法（草案）諮詢報告第三冊——條文總報告》

【P26-27】
第十條
2. 意見
→ 毋須更改。

3. 建議
3.1 修改
→ 改為：「特別行政區可掛區旗，掛國旗則隨人所喜好。」
→ 「還可使用」改為「同時可懸掛」。
→ 改為：「香港特別行政區須使用中華人民共和國國歌及懸掛中華人民共和國國旗和國徽。此外，還可使用香港特別行政區的區旗和區徽。」
3.2 增加
→ 在「還可」後面加上「同時」兩字。

理由：規定不可單掛區旗區徽或國徽，而要同時懸掛，以免離心份子、港獨份子單獨用香港旗徽。
→ 加上：「任何市民及民間團體均有權懸掛任何國家、政府、世界性組織及其他機構的旗幟和徽章圖案。」
3.3 其他
→ 香港應有自己的國歌和區旗。
→ 建議抓緊早日定出區旗區徽。將來使用時，有五星旗及齒輪禾穗國徽的隆重場合，旁邊都有區旗和區徽，在一般場合則有區旗區徽即可。

4. 待澄清問題
→ 香港特別行政區的區旗和區徽是否只懸掛五十年，五十年後又如何？

第六稿

「第十條　香港特別行政區除懸掛中華人民共和國國旗和國徽外，還可使用香港特別行政區區旗和區徽。
香港特別行政區的區旗是五星花蕊的紫荊花紅旗。
香港特別行政區的區徽，中間是五星花蕊的紫荊花，周圍寫有『中華人民共和國香港特別行政區』和英文『香港』。」

〔1990 年 4 月《中華人民共和國香港特別行政區基本法》〕

根據中華人民共和國憲法第三十一條，香港特別行政區的制度和政策，包括社會、經濟制度，有關保障居民的基本權利和自由的制度，行政管理、立法和司法方面的制度，以及有關政策，均以本法的規定為依據。
香港特別行政區立法機關制定的任何法律，均不得同本法相抵觸。

❀ 貳｜概念

1. 憲法第三十一條
2. 制度和政策
3. 不得同基本法相抵觸

❀ 叁｜條文本身的演進和發展

第一稿

第一章

「第十條　根據中華人民共和國憲法第三十一條，香港特別行政區的政策和制度，包括社會、經濟制度，有關保障基本權利和自由的制度，以及行政管理、立法和司法方面的制度，均以本法的規定為依據。
香港特別行政區立法機關制定的任何法律，均不得與本法相抵觸。」
〔1987 年 8 月 22 日《中央與香港特別行政區的關係專題小組工作報告》，載於《中華人民共和國香港特別行政區基本法起草委員會第五次全體會議文件匯編》〕

第二稿

「第十條　根據中華人民共和國憲法第三十一條，香港特別行政區的政策和制度，包括社會、經濟制度，有關保障基本權利和自由的制度，以及行政管理、立法和司法方面的制度，均以本法的規定為依據。
香港特別行政區立法機關制定的任何法律，均不得與本法相抵觸。」
〔1987 年 12 月基本法起草委員會秘書處《香港特別行政區基本法（草案）》（匯編稿）〕

① 1987 年 9 月 2 日《中華人民共和國香港特別行政區基本法起草委員會第五次全體會議委員們對基本法序言和第一、二、三、四、五、六、七、九章條文草稿的意見匯集》

【P5】
5. 第十條
有些委員建議，本條第一款第一句「根據中華人民共和國憲法第三十一條」可以刪去，因為：第一，憲法第三十一條講的是，「國家在必要時得設立特別行政區」，引不出這一款內容；第二，根據憲法第三十一條制定基本法已在

序言裡講清楚了；第三，這一款沒有解決憲法適用於香港的問題。

※

② 1987 年 12 月基本法起草委員會秘書處《香港特別行政區基本法（草案）》（匯編稿）

【P6】
關係組委員的其他意見：
第十條
有的委員建議第一款最後一句改為：「均以本法的規定為

最終的依據」。並將第二款單列一條。

第三稿

「**第十條** 根據中華人民共和國憲法第三十一條，香港特別行政區的政策和制度，包括社會、經濟制度，有關保障居民的基本權利和自由的制度，以及行政管理、立法和司法方面的制度，均以本法的規定為依據。

香港特別行政區立法機關制定的任何法律，均不得與本法相抵觸。」

〔1988年3月基本法起草委員會秘書處《中華人民共和國香港特別行政區基本法（草案）草稿》（總體工作小組第二次會議對目錄、序言、第一、二、三、五、六、七、九章的修改稿）〕

① 《各專題小組的部份委員對本小組所擬條文的意見和建議匯輯（關於序言、第一、二、三、五、六、七、九章部份）》，載於1988年3月基本法起草委員會秘書處《中華人民共和國香港特別行政區基本法（草案）草稿》

【P32】
（編者按：內容同第二稿文件②）

第四稿

「**第十條** 根據中華人民共和國憲法第三十一條，香港特別行政區的政策和制度，包括社會、經濟制度，有關保障居民的基本權利和自由的制度，以及行政管理、立法和司法方面的制度，均以本法的規定為依據。

香港特別行政區立法機關制定的任何法律，均不得與本法相抵觸。」

〔1988年4月基本法起草委員會秘書處《中華人民共和國香港特別行政區基本法（草案）草稿》〕

① 《各專題小組的部份委員對本小組所擬條文的意見和建議匯輯》，載於1988年4月基本法起草委員會秘書處《中華人民共和國香港特別行政區基本法（草案）草稿》

【P59】
（編者按：內容同第二稿文件②）

第五稿

「**第十條** 根據中華人民共和國憲法第三十一條，香港特別行政區的政策和制度，包括社會、經濟制度，有關保障居民的基本權利和自由的制度，以及行政管理、立法和司法方面的制度，均以本法的規定為依據。

香港特別行政區立法機關制定的任何法律，均不得與本法相抵觸。」

〔1988年4月基本法起草委員會《中華人民共和國香港特別行政區基本法（草案）徵求意見稿》〕

① 《各專題小組的部份委員對本小組所擬條文的意見和建議匯輯》，載於1988年4月基本法起草委員會《中華人民共和國香港特別行政區基本法（草案）徵求意見稿》

【P52】
（編者按：內容同第二稿文件②）

第六稿

「**第十一條** 根據中華人民共和國憲法第三十一條，香港特別行政區的制度和政策，包括社會、經濟制度，有關保障居民的基本權利和自由的制度，行政管理、立法和司法方面的制度，以及有關政策，均以本法的規定為依據。

香港特別行政區立法機關制定的任何法律，均不得同本法相抵觸。」

〔1989年2月《中華人民共和國香港特別行政區基本法（草案）》〕

① 1988年8月基本法起草委員會秘書處《香港各界人士對〈香港特別行政區基本法（草案）徵求意見稿〉的意見匯集（一）》

【P4】
第十條
刪去「根據中華人民共和國憲法第三十一條」一句，建議

人大公佈基本法時，頒佈法令，宣佈基本法與全國憲法並無抵觸。

　　　　　　　　　　　　　　　※

② 1988年9月基本法起草委員會秘書處《內地各界人士對〈香港特別行政區基本法（草案）徵求意見稿〉的意見匯集》

第十條

1.「中華人民共和國憲法第三十一條」序言裡已出現一次，這裡不必重複。

2.「政策和制度」改為「制度和政策」。本條只列舉了制度，沒有講到政策，建議最後一個「制度」之後加「以及有關政策」。

3.將「以及行政管理、立法和司法方面的制度」改為「其他制度」。

4.第二款「法律」後加「和終審法院的判例」。

5.第二款與第一款沒有什麼關係，建議將第二款單列一條，寫為兩款：
「本法是香港特別行政區的立法依據。」
「香港特別行政區立法機關制定的任何法律，均不得與本法相抵觸。」

※

③ 1988 年 10 月基本法諮詢委員會《中華人民共和國香港特別行政區基本法（草案）徵求意見稿諮詢報告第五冊——條文總報告》

第一章　整體意見
2.建議
2.1 修改
→ 將第十條中的「根據中華人民共和國憲法第三十一條」一句刪去，並移上為第三條。原第三條改為第五條，第五至第九條順延為第六至第十條。將來全國人民代表大會公佈基本法時，建議頒佈法令，宣佈基本法的內容與全國憲法並無抵觸。
→ 第十條第一款改為第四條，並改為：「根據中華人民共和國憲法及中國政府在《中英聯合聲明》中所聲明對香港的基本方針和政策，香港特別行政區的政策和制度，包括社會、經濟制度，有關保障居民的基本權利和自由的制度，以及行政管理、立法和司法方面的制度，均以本法的規定為依據，五十年不變。」

第十條
2.意見
2.1 贊成意見
→ 建議很好。
→ 此條應理解為中國憲法第三十一條容許香港特別行政區有充份的自治。
2.2 保留意見
→ 根據基本法制定的政策和制度會對香港特別行政區政府造成束縛，亦會阻礙因適應新環境而實行的新政策。
→ 特別行政區實行的政策和制度「均以本法的規定為依歸」，可見中國並不真正實行一國兩制的方針。
→ 這條文在某程度上違反了《中英聯合聲明》讓香港特別行政區自由制定政策的允諾。
→ 全國人民代表大會常務委員會可根據憲法解釋本法，若由其闡釋本港現行法制及決定何者與本法有抵觸，甚為可慮。
2.3 其他
→ 雖然本條說明香港特別行政區基本法的憲法根據是中華人民共和國憲法第三十一條，但卻沒有清楚說明中國憲

法的其他條文是否或在何種情況下適用於香港。這種情況可能導致法律上的爭議和影響基本法的完整性。
→ 最低限度，以下的中國憲法條文不應在香港實行：第二十四條、二十五條、三十六條、四十九條及五十一條。
→ 寫得不夠詳細。
→ 條文不清楚。
→ 「均以本法的規定為依據」是非常含糊的。
理由：
⊙ 會經常產生解釋上的問題。
⊙ 會導致中央人民政府與特別行政區意見分歧。
→ 若保持香港的現狀，任何法律均不會與本法產生嚴重矛盾。

3.建議
3.1 刪除
→ 刪除第二款。
→ 刪除本條。
理由：基本法和中國憲法相抵觸。
3.2 修改
→ 第一款最後一句改為：「縱使與中華人民共和國憲法的其他條文有抵觸，將仍以本法的規定為最終的依據」。並同時刪除第二款。
→ 依以上建議，再加上：「中華人民共和國憲法中若干條文，除本法附件（附件待擬）中所列者外，不適用於香港特別行政區」。並同時刪除第二款。
理由：由於香港特別行政區的產生是基於中華人民共和國憲法第三十一條，即是中國憲法能影響未來的特別行政區的自治權，如有中國憲法不適用香港特別行政區的將如何處理呢？所以，此條應把中國憲法中適用於香港的範圍在基本法寫出來，又或在頒佈基本法時以決議形式宣佈。
→ 依上述第二項建議，但保留第二款、
→ 第一款最後一句改為：「均以本法規定為最終依據」。
→ 第一款最後一句改為：「如與中華人民共和國憲法的其他條文有差異，均以本法的規定為最後的依據。」
→ 改為：「香港特別行政區的一切事務，均以本法的規定為最終的依據。」
理由：可讓港人更清楚知道基本法的地位。
→ 「與本法相抵觸」一詞改為「抵觸本法」。
理由：基本法在體制上高於本地法律，故基本法不可能抵觸本地法律，因此，基本法與香港法律之間，沒有「相抵觸」這回事。
3.3 增加
→ 加上：「香港特別行政區政府所實施的所有政策，均須符合《中英聯合聲明》所列『一國兩制』方針，『高度自治』和『港人治港』等方針，以及不得違反本法」。
理由：用以指明政策所依據的方針。
3.4 其他建議
→ 應清楚列明中國憲法中適用於香港的部份，並說明其法律效力。
→ 基本法起草委員會必須就中國憲法在港的適用問題提出一個解決的辦法，請全國人民代表大會常務委員會確實指示哪些憲法適用於香港，然後在基本法內寫出，並應在基本法頒佈時以決議形式宣佈。
→ 在基本法頒佈時，應註明除在基本法內列明的中華人民共和國憲法條文外，其他一切都不適用於香港特別行政區。
→ 基本法必須根據中國憲法及香港市民的意見而訂定。
→ 由香港特別行政區制定的法律，毋須跟從中國的憲法。
→ 香港特別行政區可跟從中國憲法，但需賦予總則法律權力，以消除港人對中國憲法的顧慮。
→ 中、港憲法若有互相抵觸，仍以基本法為準。
→ 建議把「政策」和「制度」分開，保留「制度」於此條文。
→ 第二款的內容應單獨成為一條條文。
理由：它確立了基本法的首要地位及重要性。

→ 接納「匯輯」對這一條的補充和修改。
理由：寫法較周密。
→ 非居民（例如遊客）亦應同樣受到保障。

4.待澄清問題
→ 除第三十一條外，中國憲法的其他條文是否會適用於

香港？
→ 第十條只提列保障居民的基本權利和自由，沒有提及其他人，與第五條及第三章第四十一條有出入，需要澄清。
→ 本條並沒有對第十七條有關在香港引用的全國性法律作出規定。這些法律會否受本地法庭的司法審查？

第七稿

「**第十一條　根據中華人民共和國憲法第三十一條，香港特別行政區的制度和政策，包括社會、經濟制度，有關保障居民的基本權利和自由的制度，行政管理、立法和司法方面的制度，以及有關政策，均以本法的規定為依據。**
香港特別行政區立法機關制定的任何法律，均不得同本法相抵觸。」
〔1990年2月16日《中華人民共和國香港特別行政區基本法（草案）》〕

① 1989年11月30日基本法起草委員會秘書處《內地各界人士對〈中華人民共和國香港特別行政區基本法（草案）〉的意見匯集》

【P5】
第十一條
1.憲法第三十一條與其他條款不存在衝突。憲法第三十一條是根據「一國兩制」原則起草的，其立法原意是允許特別行政區實行資本主義制度，這在彭真關於憲法修改草案的報告中已清楚地加以說明。因此基本法的合憲性是毫無疑問的。（國家有關部門、法學界人士）

2.我國憲法的解釋權屬於全國人大常委會，一旦全國人大通過、頒佈了基本法，實際上就是對憲法第三十一條的具體實施問題作了最權威的解釋，任何機關都不能推翻。（國家有關部門、法學界人士）

※

② 1989年11月基本法諮詢委員會《中華人民共和國香港特別行政區基本法（草案）諮詢報告第三冊——條文總報告》

【P27-28】
第十一條
2.建議
2.1 刪除
→ 刪去「根據《中華人民共和國憲法》第三十一條」一句。
→ 刪去整條。
2.2 修改
→ 第一款修改為：「中國憲法其他條文不應適用於香港特別行政區」。
→ 改為：「特別行政區制定法律可以獨立，不須跟隨基本法，更不須依從基本法。」
→ 改為：「根據《中華人民共和國憲法》第三十一條，香港特別行政區保持原有的制度和政策，包括社會、經濟制度，保障居民的基本權利和自由的制度，以及有關行政管理、立法和司法方面的制度，與本法相抵觸的除外。」
2.3 增加
→ 在「香港特別行政區立法機關制定的任何法律，均不得與本法相抵觸。」後加上「中央人民政府及其有關機構與香港特別行政區之立法機關制定的任何法律，均不得同

本法相抵觸。」
→ 此條第一款後加上「若與《中華人民共和國憲法》的其他條文有抵觸，將仍以本法的規定為最終的依據。」
→ 在第一款「均以本法的規定為依據」後加上「儘管該等規定可能與《中華人民共和國憲法》的其他規定相抵觸。」
→ 第一款後加上：「並按個別情況，納入本法」（故特別行政區立法機關應可修改本法）。
→ 在第一段之後加下列一段：「《中華人民共和國憲法》內以下各條不應在香港特別行政區引用：第二十四、二十五、三十六、四十九及五十一條。」其條文與目前香港市民所享有的宗教自由有所抵觸。
→ 在第一款的「本法的規定」後加上「及香港特別行政區所承受或承擔的雙邊和國際法律義務，包括行政區本身的。」
理由：有濃厚的民法色彩的基本法已被普通法律師視為香港特別行政區的憲法。根據民法法理，普遍認為某管轄區（如香港特別行政區）所承受或承擔的雙邊及國際法律義務可不需通過該管轄區的地方法律（如基本法）而可在該管轄區有法律效力。況且，《中英聯合聲明》內的保證並沒有完全納入基本法內。將來可能因基本法某些條文不符合《中英聯合聲明》，喪失憲法效力，因而，經常引起訴訟。這是不可取的。
→ 增寫第三款：「解釋本法必要依循着普通法解釋憲法之精神及原則處理，而此條款通用於任何賦予行使解釋基本法權力之組織。」
2.4 其他
→ 必須說明是依據哪些準則來斷定某一「法律」是與基本法「相抵觸」。
理由：這對第十七條也有影響，因為它規定「任何法律不符合本法……，但不作修改」。
→ 《基本法（草案）》第十一條應進一步申明，憲法和基本法之間如有任何抵觸時，如基本法是經全國人民代表大會三分之二多數通過完成立法，則應以基本法為準。
→ 《中華人民共和國憲法》某些規定與香港的資本主義制度及生活方式是不相容的。聲明中國憲法的其他規定不適用於香港特別行政區，可幫助解除這方面的疑慮。
→ 《中華人民共和國憲法》第三十一條只規定特別行政區的設立，並沒有授權這些特別行政區的法律可不依憲法其他規定，這會使基本法成為一越權法律。因此，應修改憲法第三十一條，以授權制定基本法。

4.待澄清問題
→ 因憲法解釋權屬於中國，現在《基本法（草案）》是否和中國憲法第三十一條抵觸？

第八稿

「**第十一條　根據中華人民共和國憲法第三十一條，香港特別行政區的制度和政策，包括社**

會、經濟制度，有關保障居民的基本權利和自由的制度，行政管理、立法和司法方面的制度，以及有關政策，均以本法的規定為依據。

香港特別行政區立法機關制定的任何法律，均不得同本法相抵觸。」

〔1990 年 4 月《中華人民共和國香港特別行政區基本法》〕

香港特別行政區是中華人民共和國的一個享有高度自治權的地方行政區域，直轄於中央人民政府。

❀ 貳│概念

1. 高度自治權
2. 地方行政區域
3. 直轄於中央政府

❀ 叁│條文本身的演進和發展

第一稿

第二章

「第一條　香港特別行政區是中華人民共和國的地方行政區域。香港特別行政區直轄於中央人民政府。」

〔1986 年 11 月 11 日《中央與香港特別行政區的關係專題小組工作報告》，載於《中華人民共和國香港特別行政區基本法起草委員會第三次全體會議文件匯編》〕

① 1984 年 12 月 19 日《中英聯合聲明》

三、中華人民共和國政府聲明，中華人民共和國對香港的基本方針政策如下：
（二）香港特別行政區直轄於中華人民共和國中央人民政府。

※

② 1984 年 12 月 19 日《中華人民共和國政府對香港的基本方針政策的具體說明》（《中英聯合聲明》附件一）

一、……香港特別行政區直轄於中華人民共和國中央人民政府，並享有高度的自治權。

※

③ 1986 年 2 月基本法諮詢委員會《分批研討會參考資料》

【P1-3】
某委員（編者按：原件模糊，無法辨認名字）：中央和香港的關係，界定權力範圍，包括修改基本法的權力。
某委員（編者按：原件模糊，無法辨認名字）：（七）中央與香港特別行政區的關係。
陳坤耀委員：基本法乃特別行政區的根本大法，酷似主權國家的憲法，內容大概包括：（一）界定中央與特區政府權力範圍及相互關係；
張家敏委員：（三）中央與特區權力劃分；
吳康民委員：結構方面要明確幾點：（三）要明確香港特別行政區是中央領導下的地方政府，中央有領導權，但地方又有

高度自治權。至於中央對香港行政長官是否擁有最後否決權，也要明確規定。

※

④ 1986 年 2 月基本法諮詢委員會《分批研討會參考資料 2》

【P2】
基本法可分成六個主要部份：
第二部份為權力關係。可再細分為兩節，即 A 節為總論，論及有關中央人民政府及特別行政區政府之間的關係。B 節方面較專門地區別外交及涉及事務，另一方面則說明國防事務與內部保安的分別。緊記國防事務及外交屬中央人民政府管理。

※

⑤ 1986 年 2 月基本法諮詢委員會《諮委會第一分組有關基本法結構討論小結》

二、歸納與會者主要意見如下：
3. 關於中央和特別行政區的關係
香港特別行政區作為地方政府，應受中央政府管轄，但特別行政區政府又有高度自治權。界定中央政府有關權限及高度自治職權範圍，十分必要。同時，中央政府派駐香港政治機構與香港特別行政區政府關係，也應有所規定。

※

⑥ 1986 年 2 月基本法諮詢委員會《第一批研討會總結》

（編者按：內容同上文）

※

⑦ 1986 年 2 月基本法諮詢委員會《第二批研討會總結》

四、有關基本法的內容問題——
1.高度的自治權
→ 委員們認為聯合聲明中的高度自治要在基本法中具體寫出來。要闡明行政首長的權力範圍、特別行政區的區界。還建議稱將來的政府為「特別行政區自治政府」；要在基本法中寫明將來自治政府在人大、政協中所佔的席位。有委員還建議須寫明中央與特別行政區產生歧見時的辦法處理，及上訴權等。

※

⑧ 1986 年 2 月基本法諮詢委員會《第三批研討會總結》

2.中央與香港特別行政區政府的關係是否需以獨立章節明列出來——
有些委員認為，有些事情不一定要以一個特別章節列出來，如人權宣言及中央與香港特別行政區政府的關係等，大可具體地表現於其他條文中。在中央與香港特別行政區的關係上，有委員認為它應表現於政制、權力等各方面，例如：立法機關由選舉產生、特別行政區享有行政管理、立法、獨立的司法及終審權、行政長官在當地通過選舉或協商產生，由中央人民政府任命等條文，都能體現和貫徹出兩者的關係和權力分配，無需獨立處理。但也有委員持不同意見，他們認為，中央與香港特別行政區的關係及權力賦予等問題乃香港能否實行高度自治及五十年不變的重大關鍵，可說是一個基本條件，一定要詳列、明確以後，其他條文能寫下去。所以，結構內容中，此節應予保留。至於寫的方式，有委員提議有兩種方法：（1）除外交及國防外的所有其他「剩餘權力」交香港特別行政區政府行使；（2）將所有權力全部列出，再作分配。此兩方式仍有待研究。但肯定的是，把這些關係都列得清清楚楚，對於港人信心有保障，並可以盡量避免日後不必要的爭議。

4.基本法的詳盡程度——
有些委員還提出了一些問題，希望在基本法中，詳細闡述：
（1）中央與特別行政區關係；

※

⑨ 1986 年 2 月基本法諮詢委員會《第四批討論總結》

六、基本法的內容較為特別的提議，對將來制訂基本法有參考價值：
6.中央與地方關係受到重視，應在基本法內詳細說明，是否成為一專項？很多意見認為單獨成一專項，能具體列明「高度自治」權限、地方與中央權力有抵觸時解決辦法等等，會更令港人安心。而個別委員認為在其他項目章節中已涉及中央及地方關係。例如：駐軍調動權與行政首長關係。行政長官在當地選舉或協商產生，由中央政府任命，均能具體體現「高度自治」精神。故無須另立一專項。

※

⑩ 1986 年 2 月基本法諮詢委員會《第五批研討會總結》

五、對基本法結構的建議——
3.特別行政區政府與中央的關係。

※

⑪ 1986 年 2 月基本法諮詢委員會《第六批研討會總結》

2.……同樣理由，香港亦不應直接有代表參加人大。而應保留與中央溝通的特有渠道。但另一意見則認為，基本法應要詳細，不容許有誤解，詳細寫明，亦可以安定人心，其中應詳細說明的問題包括：
（1）中央與地方的關係，對於國防及外交事務的定義，應在基本法中界定清楚，其他如駐軍、行政首長的產生與罷免，中央在對外有關經濟關貿及稅制談判中給予特別行政區何種程度的自主權及香港如何參與人大等問題也應加以闡述；

※

⑫ 1986 年 4 月《香港各界人士對〈基本法〉結構等問題的意見匯集》（基本法起草委員會第二次會議參閱資料之一）

【P12-13】
關於《基本法》結構的方案和意見
二、意見
4.至於基本法的結構，第一、第一章應有一個總則，對「一國兩制」、「港人治港」、如何高度自治、中央與特別行政區的關係，授予哪些權力，要清楚寫明，如果有一個專責小組去處理這些問題，就最好不過。

5.……另外，中央政府與香港政府的關係是要詳細說一下的……。

8.基本法同時也要說明香港特別行政區的管轄範圍與特別行政區與中央政府的關係，使香港市民和特區工作人員能瞭解他們的地位和應有的權利和義務。

【P15】
15.就有關中港關係的問題，基本法應設一章明確界定中央與「一國兩制」下的地區的關係。有關方面必須從速成立一個專責小組負責研究兩制關係和界定「一國兩制」模式下的中央和地區的關係。

【P16-20】
關於中央與香港特別行政區關係的意見
1.在基本法中，應明確規定中央與香港特別行政區的關係。

6.中央與特別行政區權力的劃分應用一、二章的篇幅予以規定，而不是只用一、二條。還可採用消極憲法，即把中央不管的也予明確地作出規定。

8.制定基本法，首先要澄清高度自治這個概念。高度自治高到什麼程度，基本法不宜規定得太細，細了就解釋不了。

9.要明確香港特別行政區是中央領導下的地方政府，中央有領導權，但地方又有高度自治權。至於中央對香港行政

長官是否擁有最後否決權，也要明確規定。

10. 正如世界上其他享有很大自治權的地方一樣，在內部事務上必須對當地居民負責……。但是在涉及主權、外交和國防的事務上，地方自治政府是必須接受中央政府的統屬，以維護中央統屬地方的關係和國家主權的完整……。如何妥善地劃分哪些範圍由中央統屬，哪些向港人負責，應由基本法來訂明。

11. 《中英聯合聲明》中提到的「高度自治」這個名詞對於全世界來說均是一個嶄新及具創意的概念，似乎到現在還未能每人給予它一個明確的意義，而其中牽涉到的重要內容，如中央與地方關係及權力分配等問題還未能清晰界定。為了能履行聯合聲明的精神及落實高度自治這概念，這方面的有關課題必須在未來的基本法裡清楚界定，有關中央與地方關係等課題應盡早在港展開討論，及進行相配合具體行動，在草委及諮委中應設立中央與地方關係專責小組研究及搜集民意。

14. 將來的香港特別行政區政府是地方政府，屬中央政府領導，反對「干預」不能變成反對「領導」。……中央對香港的「干預」到什麼程度才算合適，在制定基本法時，要有個完整的想法。

16. 中央與地方的關係，基本法中要有明確規定，如單列一章有技術上的困難，可寫在總綱裡。

※

⑬ 1986 年 4 月 22 日《中華人民共和國香港特別行政區基本法結構（草案）》，載於《中華人民共和國香港特別行政區起草委員會第二次全體會議文件匯編》

【P11】
第二章　中央與香港特別行政區的關係
（一）香港特別行政區直轄於中央人民政府

※

⑭ 1986 年 4 月《部份起草委員對基本法結構（草案）的意見（備忘錄）》，載於《中華人民共和國香港特別行政區基本法起草委員會第二次全體會議文件匯編》

【P19】
一、關於總的結構
2. 中央與香港特別行政區的關係是基本法的核心問題，要貫穿基本法的始終，單寫一章，肯定會造成重複，也未必能夠表達清楚，例如，經濟方面的內容與第五章的重複就不好處理。

【P21】
三、關於《總則》
11. 建議將總則第一條同第二章的第一條合併。具體措辭有三種意見：
（1）改為「香港特別行政區直轄於中華人民共和國中央人民政府，並享有高度的自治權」。
（2）改為「香港特別行政區是中華人民共和國的不可分離的一部分，直轄於中央人民政府，在全國人民代表大會授權下實行高度自治」。
（3）改為「香港特別行政區是中華人民共和國的不可分離的一部份，在全國人民代表大會授權下行使高度自治權」。

【P22-23】
四、關於《中央與香港特別行政區的關係》
17. 本草案內凡寫「中央」的地方應一律改寫為「中央人民政府」。凡寫「國務院」的地方應一律改寫為「中央人民政府」。

23. 應用四角原則把香港特別行政區的自治權寫下來。

※

⑮ 1986 年 8 月 20 日《基本法結構專責小組初步報告》

【P6】
3. 第二章「中央與香港特別行政區關係」
3.1 第一節「香港特別行政區直轄於中央人民政府」

第二稿

第二章
「第一條　香港特別行政區是中華人民共和國的一個享有高度自治權的地方行政區域。香港特別行政區政府直轄於中央人民政府。」
〔1987 年 4 月 13 日《中央與香港特別行政區的關係專題小組工作報告》，載於《中華人民共和國香港特別行政區基本法起草委員會第四次全體會議文件匯編》〕

① 《Final Report on the Structure of Basic Law》（基本法結構專責小組最後報告，1987 年 3 月 14 日經執行委員會通過）

【P8】
3. Chapter 2 "Relationship between the Central Government and the SAR."
3.1 Section 1 "The HKSAR shall be under the direct authority of the Central People's Government."

第三稿

第二章
「第一條　香港特別行政區是中華人民共和國的一個享有高度自治權的地方行政區域。香港特別行政區政府直轄於中央人民政府。」
〔1987 年 8 月 22 日《中央與香港特別行政區的關係專題小組工作報告》，載於《中華人民共和國香港特別行政區基本法起草委員會第四次全體會議文件匯編》〕

五次全體會議文件匯編》〕

① 1987 年 8 月 22 日《中央與香港特別行政區的關係專題小組工作報告》，載於《中華人民共和國香港特別行政區基本法起草委員會第五次全體會議文件匯編》）

【P13】
第二章　中央與香港特別行政區的關係
第一條
說明：有的委員認為，應加「體現直轄關係的法律是全國人民代表大會和全國人民代表大會常務委員會及國務院制定的法律和法規」。

第四稿

「**第十一條　香港特別行政區是中華人民共和國的一個享有高度自治權的地方行政區域，直轄於中央人民政府。**」

〔1987 年 12 月基本法起草委員會秘書處《香港特別行政區基本法（草案）》（匯編稿）〕

① 1987 年 9 月 2 日《中華人民共和國香港特別行政區基本法起草委員會第五次全體會議委員們對基本法序言和第一、二、三、四、五、六、七、九章條文草稿的意見匯集》

【P5】
1. 第一條
（1）有的委員建議，本條第二句改為「香港特別行政區直轄於中央人民政府」；有的委員則認為，這樣改不行，因為作為特別行政區，還受轄於全國人民代表大會及常務委員會，而防務則是由中央軍委負責。

（2）有的委員提出，本條第二句「香港特別行政區政府直轄於中央人民政府」，從隸屬關係上應該是特別行政區直轄於中央人民政府，而不是特區政府直轄於中央人民政府。有的委員提出，「直轄於中央人民政府」的表述還有另外的問題，即排除了香港特別行政區同全國人大的關係。

（3）有的委員對本條的說明提出不同意見，認為直轄關係應體現在基本法裡，而不能由除基本法以外的法律規定直轄關係。有些委員提出，全國人大及其常委會、國務院制定的法律和法規的範圍很大，不僅僅是體現直轄關係的；有的委員提出，關於全國性法律適用於香港特別行政區問題現在已經解決了，本條的說明可以不加。第一小組的委員們一致建議，去掉本條的說明。

※

② **中央與特別行政區的關係專責小組《對基本法序言和第一、二、七、九章條文（一九八七年八月）草稿的意見》（1987 年 11 月 4 日經執行委員會通過）**

【P1】
第二章
第一條
有委員認為這條提到香港特別行政區政府直轄於中央人民政府，似乎是指一種行政關係，所以不符合《中英聯合聲明》第三條第二款及附件一第一節的規定，該規定的措辭是香港特別行政區直轄於中華人民共和國中央人民政府（即在特區後沒有「政府」二字），是指一種主權關係。該委員建議採用《中英聯合聲明》的寫法。

第五稿

「**第十一條　香港特別行政區是中華人民共和國的一個享有高度自治權的地方行政區域，直轄於中央人民政府。**」

〔1988 年 3 月基本法起草委員會秘書處《中華人民共和國香港特別行政區基本法（草案）草稿》（總體工作小組第二次會議對目錄、序言、第一、二、三、五、六、七、九章的修改稿）〕

第六稿

「**第十一條　香港特別行政區是中華人民共和國的一個享有高度自治權的地方行政區域，直轄於中央人民政府。**」

〔1988 年 4 月基本法起草委員會秘書處《中華人民共和國香港特別行政區基本法（草案）草稿》〕

第七稿

「**第十一條　香港特別行政區是中華人民共和國的一個享有高度自治權的地方行政區域，直轄於中央人民政府。**」

〔1988 年 4 月基本法起草委員會《中華人民共和國香港特別行政區基本法（草案）徵求意見稿》〕

第八稿

「**第十二條　香港特別行政區是中華人民共和國的一個享有高度自治權的地方行政區域，直轄於中央人民政府。**」

〔1989 年 2 月《中華人民共和國香港特別行政區基本法（草案）》〕

① 《基本法工商專業界諮委對基本法（草案）徵求意見稿第二章中央和香港特別行政區關係之意見書》

【P1】

第十一條

建議把「中央人民政府」一句修改為「國務院」。

※

② 1988 年 8 月基本法起草委員會秘書處《香港各界人士對〈香港特別行政區基本法（草案）徵求意見稿〉的意見匯集（一）》

【P4】

第十一條

1. 將「地方行政區域」改為「地方行政區」。

2. 將「地方」改為「特別」。

3. 第二條講全國人大授權特別行政區實行高度自治，本條講特別行政區直轄於中央人民政府，令人覺得權力來源不一。

※

③ 1988 年 9 月基本法起草委員會秘書處《內地各界人士對〈香港特別行政區基本法（草案）徵求意見稿〉的意見匯集》

【P7】

第十一條

有的條文用「中央人民政府」，有的用「國務院」，可將本條「直轄於中央人民政府」改為「直轄於國務院即中央人民政府」。

※

④ 《基本法諮詢委員會中央與香港特別行政區的關係專責小組對基本法（草案）徵求意見稿第一、第二、第七及第九章的意見匯編》，載於 1988 年 10 月基本法諮詢委員會《中華人民共和國香港特別行政區基本法（草案）徵求意見稿諮詢報告（1）》

【P45】

10. 第十一條

10.1 有的委員認為，「地方行政區域」一詞與《中英聯合聲明》中的「特別行政區」一詞的意思不統一，建議改用「特別行政區」，這樣才能與《中英聯合聲明》的寫法一致。

10.2 有委員認為，英文版「enjoying a high degree of autonomy」應根據《中英聯合聲明》的字眼，改為「shall enjoy a high degree of autonomy」。

10.3 有委員認為，應寫明由香港特別行政區政府負責維持社會治安，特別行政區政府不能駕馭時，可要求駐軍協助，但即使在這情況下，維持治安的責任仍屬特別行政區政府，以避免由駐軍接管的可能性。

※

⑤ 《「一國兩制」與「高度自治」》，載於 1988 年 10 月基本法諮詢委員會《中華人民共和國香港特別行政區基本法（草案）徵求意見稿諮詢報告（2）——專題報告》

【P25-26】

4.「高度自治」的定義

4.1 有不少意見認為，應該根據《中英聯合聲明》內的一句話，為「高度自治」一詞下定義。《中英聯合聲明》第三條第二款列明：「香港特別行政區直轄於中華人民共和國中央人民政府。除外交和國防事務屬中央人民政府管理外，香港特別行政區享有高度的自治權。」這些意見認為，這句話的意思，就是中央人民政府對香港特別行政區的責任，只保留在國防和外交事務上的權力，其他一切的權力，都歸特別行政區政府所有。

4.2 另一個更清楚表達這個概念的，就是「剩餘權力」的講法。這意見認為，在中央與特別行政區的權利分配問題上，國防與外交的權力同時亦是體現主權的權力，應歸中央人民政府；除此以外，其他一切權力，都歸特別行政區政府。這種安排是一個最簡單與清楚的分權方法，既便於執行，也能保證特別行政區的高度自治。

4.3「剩餘權力」的概念，在法學上來自聯邦制度下的國家與成員邦的關係。聯邦國家在未成為一主權國前，每個邦均為一主權單位。「剩餘權力」，是指這些邦同意交出一定限度的權力以成立聯邦政府之後，所有未交出來的權力仍留在邦政府的手裡。「剩餘權力」的概念，首先肯定了各單位的同等主權地位，和各單位在自決的條件下，交出某部份權力，以成立聯邦國家，故此，有意見認為，「剩餘權力」的概念不適用於中央與香港特別行政區的關係上。

4.4 很多提出以「剩餘權力」的概念來劃分中央人民政府與特別行政區權力關係的意見，本身並不認為香港特別行政區是一個獨立的主權單位，這些意見也不認為這是香港特別行政區向中央人民政府交出權力的過程，中國也不是聯邦制國家，或香港特別行政區與中國是兩個對等的邦的關係。他們提出這個分權的概念的主要理由，是認為香港特別行政區應有這樣的「高度自治」，或認為這是最清楚的權力劃分方法。（亦有意見認為，中國應以聯邦制方法以達成統一中國的目標。）

4.5 有意見認為，聯合聲明雖列明香港特別行政區享有高度的自治權、獨立的行政管理權、立法、司法和終審權，但並非表示香港特別行政區有一個主權立法機關（Sovereign Legislature）。香港特別行政區政府是一個地方政府，並不享有主權。基本法的制定和頒佈都是由人大負責的，它的修改和解釋也由人大及其常委會負責。也就是說，特別行政區政府無論自治權力多高，亦只是一個擁有特殊地位的附屬政權；它是特殊的，但不表示獨立和有主權。香港特別行政區的「高度自治」是在基本法規定範圍下的高度自治。因此，《中英聯合聲明》規定，除國防和外交事務屬中央人民政府管理外，香港特別行政區享有高度的自治權，只表示國防和外交是中央人民政府負責的事情，特別行政區政府完全沒有責任，其他對特別行政區內部的行政管理、立法、司法和終審權，會按照基本法的規定，實行「高度自治」。這個「高度自治」的準則，要按基本法的規定而定，並沒有法定客觀的標準。「高度自治」的定義，只能表示香港並非「獨立」也非「自決」。以《中英聯合聲明》附件一整體的理解，「高度自治」也不能理解為中央人民政府只負責國防、外交事務，其他交由特別行政區政府負責，因為附件一也同時規定了一些中央人民政府在香港特別行政區內部運作中的角色，如特別行政區立法要交人大常委會備案，行政長官及主要官員要由中央人民政府任命等。這正反映中央人民政府對特別行政區的責任，並不止於國防和外交。

⑥ 1988 年 10 月基本法諮詢委員會《中華人民共和國香港特別行政區基本法（草案）徵求意見稿諮詢報告第五冊——條文總報告》

【P6】
基本法（草案）徵求意見稿整體意見
1. 意見
1.7 有關「一國兩制」、「高度自治」的問題
→ 要落實「一國兩制」、「高度自治」的理想，有四點值得注意。一是建立民主政制；二是保障港人的人權與自由；三是確立自法（編者按：「自法」應為「自治」之誤）制度，司法獨立和享有終審權；四是保持經濟制度的靈活性。
→ 「高度自治」對保持香港的繁榮安定非常重要。中國政府應有信心，容許香港人無論以選舉或協商的方法統治香港。
→ 香港特別行政區實行的制度，應與大陸目前推行的社會主義制度，和「四個堅持」不同。

【P9】
2. 建議
2.2 修改
→ ……第二章及第七章可改為：「關於中央與香港特別行政區的關係和對外事務」。

【P44】
第二章　整體意見
2. 建議
2.2 修改
→ 本章題目改為：「中央人民政府和香港特別行政區的關係。」
→ 第十一、十二和十五條簡化成一條：「除外交和國防外，香港有獨立的行政、立法和司法權，中央人民政府授權香港政府依照本法自行處理部份有關的對外事務。」
理由：避免與第一章第一條重複。

【P46-48】
第十一條
2. 意見
2.1 贊成意見
→ 贊同本條指出香港特別行政區乃享有高度自治權的地方行政區域的說法。
2.2 保留意見
→ 既然說香港特別行政區享有高度自治權，但又直轄於中央人民政府，非常矛盾，混淆視聽。
2.3 有關「直轄」
→ 香港特別行政區是直轄於中央的，應接受中央人民政府領導。
→ 條文說「直轄於中央人民政府」，顯示特別行政區的地位起碼與省和直轄市相同，且冠以「特別」，表示會有特殊對待。
→ 「直轄」中央人民政府乃是特別行政區直接向中央人民政府負責，比隸屬於廣東省政府享有更大自由權。
→ 不同意使用「直轄」一詞。
理由：此表示香港特別行政區受制於中央人民政府。
→ 從其他條文看能否達到直轄的情況，表示懷疑。
→ 香港的高度自治權應來自憲法第三十一條和全國人民代表大會，而非國務院。
理由：中國最高權力機構是全國人民代表大會，香港特別行政區是全國人民代表大會設立的，理應向全國人民代

表大會負責。內地的行政機關是國務院。香港亦另有自己的行政機關，基本法內可規定國務院有權處理香港某些事務，但這個權是由全國人民代表大會而來，亦只限於全國人民代表大會所定的範圍內，若香港「直轄」於國務院，便不算是「兩制」。

3. 建議
3.1 刪除
→ 刪去「直轄於中央人民政府」。
理由：
⊙ 「直轄」與「高度自治」有衝突，這將使「特別行政區」變得與其他中國自治區沒有分別。
⊙ 香港是「特別行政區」，不適宜直轄中央人民政府，其權力應來自全國人民代表大會。
3.2 修改
→ 末段「中央人民政府」改作「國務院」。
→ 改為：「香港特別行政區是中華人民共和國的一個享有高度自治權的地方行政區域，直轄和諮詢於全國人民代表大會常務委員會。」
理由：中央人民政府等字眼籠統，若直轄權力機關太多，如包括全國人民代表大會常務委員會、國務院、顧問主任等，特別行政區將無所適從。
→ 將本條的「享有」、改作如《中英聯合聲明》中的「應享有」，否則沒有足夠的法律效力。
→ 改為：「香港特別行政區是中華人民共和國的一個享有高度自治權的地方行政區域，直轄於中央人民政府。直轄範圍包括：
（1）國防及外交事務；
（2）行政長官任命權；
（3）賦予合資格人士國籍權；
（4）中央與地方關係法的修改權；
（5）涉及中央與地方訴訟的審判權。」
→ 改為：「香港特別行政區依據基本法享有高度自治權，直轄於中央人民政府。」
理由：
⊙ 「地方行政區域」有別於「特別行政區」，解釋時會有困難。
⊙ 「地方行政區域」一詞意思不準確、容易混淆「香港地方行政」。
⊙ 表示香港直轄於全國人民代表大會。
3.3 增加
→ 在「……直轄於中央人民政府」之後加上「除外交事務和防務外，不受中央人民政府相應部門管理。」
理由：習慣的「直轄」意義是應受相應的中央部門管理的，既然不受管理，還是明文規定好。
3.4 搬移
→ 將此條「香港特別行政區可享有高度自治權」放於第二章前端作精神性或原則性的條文。
3.5 其他建議
→ 香港特別行政區是根據全國人民代表大會憲法第三十一條和第六十二條成立的，特別行政區是一國兩制的政府，如果中央人民政府直接以行政命令指揮特別行政區政府，就會妨礙到特別行政區的自治權。所以需要全國人民代表大會組織一個「基本法委員會」負責處理和調和兩制政府的行政法，並制定行政法，使中央人民政府有所遵循。
→ 中央除全國人民代表大會常務委員會或制定機關外，其他機關無權過問香港特別行政區政府事務。

4. 待澄清問題
→ 香港特別行政區既然享有高度自治權，為何寫明直轄於中央人民政府？要知道直轄就必須有一定的責任和受管轄，似乎不限於（第十二條）所述的外交事務。這矛盾怎樣解決呢？

→ 條文所指的「中央人民政府」是指國務院、全國人民代表大會常務委員會,抑或同時包括二者?

→ 何謂「高度自治」?

→ 本條所列的「直轄」、「中央人民政府」等詞需要界定。

→ 為了避免日後中央與地區的關係出現問題,首要弄清先有高度自治,還是先有主權。

→ 何謂「地方行政區域」?

第九稿

「**第十二條** 香港特別行政區是中華人民共和國的一個享有高度自治權的地方行政區域,直轄於中央人民政府。」

〔1990 年 2 月 16 日《中華人民共和國香港特別行政區基本法(草案)》〕

① 1989 年 11 月 30 日基本法起草委員會秘書處《內地各界人士對〈中華人民共和國香港特別行政區基本法(草案)〉的意見匯集》

【P6】

第十二條

1. 增寫第二款:「香港特別行政區應維護國家的統一和領土主權的完整。」(江西)

2.「直轄於中央人民政府」後加「即國務院」。(浙江)

※

② 1989 年 11 月基本法諮詢委員會《中華人民共和國香港特別行政區基本法(草案)諮詢報告第三冊──條文總報告》

【P32】

第十二條

2. 建議

2.1 刪除

→ 刪去「高度」兩字。

理由:高度不是法律名詞,特別行政區享有的自治權既已明確規定,「高度」就沒有什麼意義。

→ 刪去「中華人民共和國的」。

→ 刪去「直轄於中央人民政府。」

2.2 修改

→ 改為「香港是中華人民共和國一個享有高度自治權的地方行政區域,除外交和防衛事務外,不受轄於中央人民政府。」

2.3 增加

→ 加上:「但香港的資本主義制度不受中央人民政府干擾,不能借任何理由剝奪高度自治權。」

→ 加上:「每年向中央人民政府繳納萬分之一的總稅收。」

第十稿

「**第十二條** 香港特別行政區是中華人民共和國的一個享有高度自治權的地方行政區域,直轄於中央人民政府。」

〔1990 年 4 月《中華人民共和國香港特別行政區基本法》〕

中央人民政府負責管理與香港特別行政區有關的外交事務。

中華人民共和國外交部在香港設立機構處理外交事務。

中央人民政府授權香港特別行政區依照本法自行處理有關的對外事務。

✿ 貳│概念

1. 中央政府負責外交事務
2. 外交部在香港設立機構
3. 中央政府授權
4. 依法自行處理對外事務

✿ 叁│條文本身的演進和發展

第一稿▶

第二章

「第三條　中央人民政府負責管理與香港特別行政區有關的外交事務。

香港特別行政區政府依本法第七章及其他條款的有關規定自行處理中央人民政府授權的對外事務。

中華人民共和國外交部在香港設立機構處理外交事務。」

〔1986年11月11日《中央與香港特別行政區的關係專題小組工作報告》，載於《中華人民共和國香港特別行政區基本法起草委員會第三次全體會議文件匯編》〕

① 1984年12月19日《中英聯合聲明》

三、中華人民共和國政府聲明，中華人民共和國對香港的基本方針政策如下：
（二）……除外交和國防事務屬中央人民政府管理外，香港特別行政區享有高度的自治權。

※

② 1984年12月19日《中華人民共和國政府對香港的基本方針政策的具體說明》（《中英聯合聲明》附件一）

一、……香港特別行政區直轄於中華人民共和國中央人民政府，並享有高度的自治權。除外交和國防事務屬中央人民政府管理外，……中央人民政府授權香港特別行政區自行處理本附件第十一節所規定的各項涉外事務。

※

③ 1986年2月基本法諮詢委員會《分批研討會參

考資料2》

【P2】
基本法可分成六個主要部份：
第二部份為權力關係。可再細分為兩節，即A節為總論，論及有關中央人民政府及特別行政區政府之間的關係。B節方面較專門地區別外交及涉及事務，另一方面則說明國防事務與內部保安的分別。緊記國防事務及外交屬中央人民政府管理。

※

④ 1986年2月基本法諮詢委員會《諮委會第一分組有關基本法結構討論小結》

二、歸納與會者主要意見如下：
3. 關於中央和特別行政區的關係
香港特別行政區作為地方政府，應受中央政府管轄，但特別行政區政府又有高度自治權。界定中央政府有關權限及高度自治權限範圍，十分必要。同時，中央政府派駐香港政治機構與香港特別行政區政府關係，也應有所規定。

⑤ 1986 年 2 月基本法諮詢委員會《第一批研討會總結》

（編者按：內容同上文）

⑥ 1986 年 2 月基本法諮詢委員會《第二批研討會總結》

四、有關基本法的內容問題——
1.高度的自治權
→ 委員們認為聯合聲明中的高度自治要在基本法中具體寫出來。要闡明行政首長的權力範圍、特別行政區的區界。還建議稱將來的政府為「特別行政區自治政府」，要在基本法中寫明將來自治政府在人大、政協中所佔的席位。有委員還建議須寫明中央與特別行政區產生歧見時的辦法處理，及上訴權等。

⑦ 1986 年 2 月基本法諮詢委員會《第四批討論總結》

六、基本法的內容較為特別的提議，對將來制訂基本法有參考價值：
6.中央與地方關係受到重視，應在基本法內詳細說明，是否成為一專項？很多意見認為單獨成一專項，能具體列明「高度自治」權限、地方與中央權力有抵觸時解決辦法等等，會更令港人安心。而個別委員認為在其他項目章節中已涉及中央及地方關係。例如：駐軍調動權與行政首長關係。行政長官在當地選舉或協商產生，由中央政府任命，均能具體體現「高度自治」精神。故無須另立一專項。

⑧ 1986 年 2 月基本法諮詢委員會《第五批研討會總結》

五、對基本法結構的建議——
3.特別行政區政府與中央的關係。

⑨ 1986 年 2 月基本法諮詢委員會《第六批研討會總結》

2.……同樣理由，香港亦不應直接有代表參加人大。而應保留與中央溝通的特有渠道。但另一意見則認為，基本法應要詳細，不容許有誤解，詳細寫明，亦可以安定人心，

其中應詳細說明的問題包括：
（1）中央與地方的關係，對於國防及外交事務的定義，應在基本法中界定清楚，其他如駐軍、行政首長的產生與罷免，中央在對外有關經濟關貿及稅制談判中給予特別行政區何種程度的自主權及香港如何參與人大等問題也應加以闡述；

⑩ 1986 年 4 月《香港各界人士對〈基本法〉結構等問題的意見匯集》（基本法起草委員會第二次會議參閱資料之一）

【P17】
關於中央與香港特別行政區關係的意見
5.關於中央與地方關係，應包括：
（3）外交權及國防權是中國中央主權的體現。

⑪ 1986 年 4 月 22 日《中華人民共和國香港特別行政區基本法結構（草案）》，載於《中華人民共和國香港特別行政區基本法起草委員會第二次全體會議文件匯編》

【P11】
第二章　中央與香港特別行政區的關係
（二）外交事務由中央人民政府管理（香港特別行政區按照本法第七章及其他有關條款處理外事）

⑫ 1986 年 5 月 2 日中央和特別行政區關係專責小組第二次會議討論資料

【P2】
乙、特別行政區對外事務
1.授權香港自行處理第十一節所規定對外事務（第一節）
→ 以「中國香港」名義，在經濟、貿易、金融、航運、通訊、旅遊、文化、體育等領域，單獨地同世界各國、各地區及有關國際組織保持和發展關係，並簽訂和履行有關協定（第十一節）。

⑬ 1986 年 8 月 20 日《基本法結構專責小組初步報告》

【P6】
3.第二章「中央與香港特別行政區關係」
3.2 第二節「外交事務由中央人民政府管理（香港特別行政區按照本法第七章及其他有關條款處理外事）」

第二稿

第二章
「第三條　中央人民政府負責管理與香港特別行政區有關的外交事務。
香港特別行政區政府依本法第七章及其他條款的有關規定自行處理中央人民政府授權的對外事務。

中華人民共和國外交部在香港設立機構處理外交事務。」

〔1987 年 4 月 13 日《中央與香港特別行政區的關係專題小組工作報告》，載於《中華人民共和國香港特別行政區基本法起草委員會第四次全體會議文件匯編》〕

① 1987 年 1 月 17 日中央與特別行政區的關係專責小組之國防外交工作組《中央與特別行政區在國防與外交的協調、國防、外交、外事、駐軍討論文件（大綱）》（1987 年 1 月 19 日中央與特別行政區的關係專責小組國防與外交工作組第一次工作會議討論文件）

【P8】
II 中央與特區在外交和外事的協調
3. 中央與特區在外交、外事的協調問題
3.1 中國外交部應否在港設立聯絡處或辦事處？
→ 職權
→ 與香港政府部門的工作如何協調

※

② 1987 年 2 月 19 日中央與特別行政區關係專責小組之國防外交工作組《中央與特別行政區在國防與外交的協調、國防、外交、外事、駐軍討論文件》

【P10】
II 中央與特區在外交和外事的協調
3. 中央政府與特區政府在外交、外事的協調問題
3.1 中國外交部應否在港設立聯絡處或辦事處？
建議：
I 中央政府可在香港特別行政區設立聯絡處，就外事及外交向行政長官提意見。
II 特區可在北京設立聯絡處。這做法既可提高特區的地位，又可讓特區有高度自治。
III 不用設立特別辦事處。外交部可發出指示及直接與特區政府聯絡。
有建議聯絡處的職責應清楚界定，不得涉及聯合聲明所載的特區內部事務。此外，有關外交部與特區政府協調的安排，則應由中央政府及將來的特區政府決定。

※

③ 1987 年 3 月 10 日中央與特別行政區的關係專責小組之國防外交工作組《中央與特別行政區在國防與外交的協調、國防、外交、外事、駐軍最後報告（草稿）》（1987 年 3 月 10 日中央與特別行政區的關係專責小組第十一次續會討論文件）

【P10】
（編者按：內容同上文）

※

④《Final Report on the Structure of Basic Law》（基本法結構專責小組最後報告，1987 年 3

月 14 日經執行委員會通過）

【P8】
3. Chapter 2 "Relationship between the Central Government and the SAR"
3.2 Section 2 "Foreign Affairs shall be managed by the Central Government. (HKSAR shall dispose of those external affairs as specified in Chapter 7 and other related clauses)."

※

⑤ 1987 年 3 月 16 日中央與特別行政區關係專責小組之國防外交工作組《中央與特別行政區在國防與外交的協調、國防、外交、外事、駐軍討論文件》（1987 年 3 月 18 日中央與特別行政區關係專責小組第十一次會議第二次續會討論文件）

【P10】
（編者按：內容同第二稿文件②）

※

⑥ 1987 年 3 月 23 日中央與特別行政區關係專責小組之國防外交工作組《中央與特別行政區在國防與外交的協調、國防、外交、外事、駐軍討論文件》（1987 年 3 月 24 日中央與特別行政區關係專責小組第十二次會議討論文件）

【P10】
（編者按：內容同第二稿文件②）

※

⑦ 中央與特別行政區的關係專責小組《中央與特別行政區在國防與外交的協調、國防、外交、外事、駐軍最後報告》（1987 年 4 月 4 日經執行委員會通過）

【P10】
（編者按：本文同第二稿文件②，除下列內容外，均同前文。）
建議：
I 中央政府可在香港特別行政區設立聯絡處，就外交向行政長官提意見。
有建議聯絡處的職責應清楚界定，不得涉及聯合聲明所載的特區內部事務，亦有建議特別行政區駐北京聯絡處應有外交及外事以外其他職責範圍。此外，有關外交部與特區政府協調的安排，則應由中央政府及將來的特區政府決定。

第三稿

第二章
「第三條　中央人民政府負責管理與香港特別行政區有關的外交事務。

中央人民政府授權香港特別行政區依照本法自行處理有關的對外事務。
中華人民共和國外交部在香港設立機構處理外交事務。」
〔1987 年 8 月 22 日《中央與香港特別行政區的關係專題小組工作報告》，載於《中華人民共和國香港特別行政區基本法起草委員會第五次全體會議文件匯編》〕

① 1987 年 5 月 22 日《香港基本法起草委員會第四次全體會議委員們對基本法序言、總則及第二、三、七、九章條文草案的意見匯集》

【P7-8】
三、關於第二章　中央與香港特別行政區的關係
第三條第二款
1. 有的委員建議，改為「香港特別行政區依照本法第七章及其他條款的有關規定，自行處理中央人民政府依本法或其他方式授權的對外事務」。
2. 有的委員認為，應刪掉「中央人民政府授權」字樣，改為「香港特別行政區依本法規定自行處理有關對外

事務」。
3. 有的委員建議改為「香港特別行政區在本法第七章及其他條款的規定範圍內自行處理有關對外事務」。
4. 有的委員認為，不能去掉中央授權的內容，因為一、二兩款是有機聯繫的，建議改為「中央人民政府授權香港特別行政區依照本法自行處理有關的對外事務」。

第三款
1. 有的委員建議，改為「中華人民共和國外交部在香港設立機構處理香港特別行政區未獲授權自行處理的外交事務」。
2. 有的委員認為，不需要加香港未獲授權自行處理的內容，因為中央處理香港的外交事務的範圍是明確的。

第四稿

「第十三條　中央人民政府負責管理與香港特別行政區有關的外交事務。
中央人民政府授權香港特別行政區依照本法自行處理有關的對外事務。
中華人民共和國外交部在香港設立機構處理外交事務。」
〔1987 年 12 月基本法起草委員會秘書處《香港特別行政區基本法（草案）》（匯編稿）〕

① 1987 年 9 月 2 日《中華人民共和國香港特別行政區基本法起草委員會第五次全體會議委員們對基本法序言和第一、二、三、四、五、六、七、九章條文草稿的意見匯集》

【P6-8】
3. 第三條
（1）有的委員建議，將本條第二款改寫為「中央人民政府授權香港特別行政區自行處理本法規定範圍內的對外事務」。

（2）有的委員建議，將本條第一、二款合併為一款，改為「中央人民政府授權香港特別行政區自行處理有關的對外事務」。有的委員則認為，本條第一、二款是對中央人民政府的外交權及香港特別行政區在中央授權下處理某些外交事務的權限的表述，這是兩件不同性質的事情，不宜合併為一款。

（3）有的委員建議，將本條第三款改為：「中華人民共和國外交部在香港設立機構處理香港特別行政區未獲授權的外交事務。」

（4）有的委員提出，本條第二款「中央人民政府授權香港特別行政區依照本法自行處理有關的對外事務」，存在邏輯上的問題，基本法是全國人大通過的，既然法律已規定依照本法自行處理，為什麼還要由中央再授權？有的委員認為，有的問題如民航方面的問題不是一次授權就能解決問題的，遇到不同問題，就需要重複授權。委員們提出，這個問題的表述請中央與香港特別行政區的關係專題小組作進一步研究。

（5）有的委員提出，第四條的駐軍人員、第十一條的駐港機構及其人員都規定要遵守特別行政區法律，唯獨本條第三款的外交部駐港辦事機構沒有規定要遵守特別行政區法律，這就出現一個問題：第十一條第二款「上述機構及其人員應遵守香港特別行政區法律」是否適用於外交部的駐港機構？有的委員建議將第三款寫在第一款後面。

第五稿

「第十二條　中央人民政府負責管理與香港特別行政區有關的外交事務。
中央人民政府授權香港特別行政區依照本法自行處理有關的對外事務。
中華人民共和國外交部在香港設立機構處理外交事務。」
〔1988 年 3 月基本法起草委員會秘書處《中華人民共和國香港特別行政區基本法（草案）草稿》（總體工作小組第二次會議對目錄、序言、第一、二、三、五、六、七、九章的修改稿）〕

第六稿

「第十二條　中央人民政府負責管理與香港特別行政區有關的外交事務。
中央人民政府授權香港特別行政區依照本法自行處理有關的對外事務。
中華人民共和國外交部在香港設立機構處理外交事務。」
〔1988 年 4 月基本法起草委員會秘書處《中華人民共和國香港特別行政區基本法（草案）草稿》〕

第七稿

「第十二條　中央人民政府負責管理與香港特別行政區有關的外交事務。

中央人民政府授權香港特別行政區依照本法自行處理有關的對外事務。

中華人民共和國外交部在香港設立機構處理外交事務。」

〔1988 年 4 月基本法起草委員會《中華人民共和國香港特別行政區基本法（草案）徵求意見稿》〕

第八稿

「第十三條　中央人民政府負責管理與香港特別行政區有關的外交事務。

中華人民共和國外交部在香港設立機構處理外交事務。

中央人民政府授權香港特別行政區依照本法自行處理有關的對外事務。」

〔1989 年 2 月《中華人民共和國香港特別行政區基本法（草案）》〕

① 1988 年 8 月基本法起草委員會秘書處《香港各界人士對〈香港特別行政區基本法（草案）徵求意見稿〉的意見匯集（一）》

【P4】
第十二條
1. 第三款「外交事務」前加「中央」。

2. 第三款與第二款對調位置。

※

② 1988 年 9 月基本法起草委員會秘書處《內地各界人士對〈香港特別行政區基本法（草案）徵求意見稿〉的意見匯集》

【P7】
第十二條
1. 外交權屬於中央。要明確本條講的「香港特別行政區可依照本法處理對外事務」是哪些方面的對外事務。

2. 第二款「香港特別行政區」後加「政府」。

3. 第三款與第二款對調。

※

③《基本法諮詢委員會中央與香港特別行政區的關係專責小組對基本法（草案）徵求意見稿第一、第二、第七及第九章的意見匯編》，載於 1988 年 10 月基本法諮詢委員會《中華人民共和國香港特別行政區基本法（草案）徵求意見稿諮詢報告（1）》

【P45】
11. 第十二條
11.1 有委員指出第三款的內容會影響第二款，因此建議在第三款列明外交部在香港特別行政區設立的機構所處理的事項不包括第二項的內容。
11.2 有委員建議將第三款的「處理外交事務」，改為「處理授權或委託自行處理的外交事務」，令這款的原意更清楚。

※

④ 1988 年 10 月基本法諮詢委員會《中華人民共和

國香港特別行政區基本法（草案）徵求意見稿諮詢報告第五冊——條文總報告》

【P44】
第二章整體意見
2. 建議
2.2 修改
→ 本章題目改為「中央人民政府和香港特別行政區的關係」。
→ 第十一、十二、和十五條簡化成一條：「除外交和國防外，香港有獨立的行政、立法和司法權，中央人民政府授權香港政府依照本法自行處理部份有關的對外事務。」
理由：避免與第一章第一條重複。

【P48-49】
第十二條
2. 意見
→ 中央能管理香港的國防、外交事務，可能會侵犯居民權利，使居民受到損失。

3. 建議
3.1 修改
→ 改為：「香港特別行政區將依本法自行處理有關的對外事務。」
→ 改為：「除依照本法自行處理有關的對外事務，香港特別行政區還可實行和處理中央人民政府同意的對外事務。」
理由：此提議可顧及未來彈性處理對外的事務。
→ 本條文改為：「中央人民政府在香港設立外交辦事處以協助特別行政區政府辦理本身有關的外交事宜。」
3.2 增加
→ 加上：「上述方針政策，將在香港特別行政區實行並在五十年內不變。香港特別行政區立法機關制定的任何法律，均不得與本法相抵觸。」
3.3 搬移
→ 將末段「中華人民共和國外交部在香港設立機構處理外交事務」搬作第二段。
3.4 其他建議
→ 特別行政區政府與外國交涉，應由中華人民共和國中央人民政府負責。
→ 有關香港的外交事務，香港亦應能夠參與作出決定。
理由：香港是個貿易港，會有一定程度的外交事務。
→ 中華人民共和國外交部應在香港設立機構處理外交事務，此機構的職責應清楚界定，並且不會涉及特別行政區的內部事務和對外事務。

4. 待澄清問題
→ 為什麼外交部需要在港設立辦事處？所有特別行政區

的外交事務其實都會經行政長官呈交北京？

→ 外交部與行政長官的關係是什麼？行政長官是否要向它負責？

→ 中央人民政府會以什麼途徑授權特別行政區處理有關的對外事務？

→ 第二段所謂「有關」，究竟有什麼意思？

→ 「外交事務」與「對外事務」有何分別？

→ 中國負責本港的外交事務，但如果有外交政策在利益上令香港和中國有衝突時，中國會否損害香港利益？

→ 外交及對外事務所指為何物？是指文化、政治、經濟及一切對外交流事項？香港特別行政區政府能自行處理哪些類別的對外事務？

→ 中央人民政府與特別行政區首長在處理外交事務上如何協調？

第九稿

「**第十三條　中央人民政府負責管理與香港特別行政區有關的外交事務。**

中華人民共和國外交部在香港設立機構處理外交事務。

中央人民政府授權香港特別行政區依照本法自行處理有關的對外事務。」

〔1990 年 2 月 16 日《中華人民共和國香港特別行政區基本法（草案）》〕

① 1989 年 11 月 30 日基本法起草委員會秘書處《內地各界人士對〈中華人民共和國香港特別行政區基本法（草案）〉的意見匯集》

【P6】
第十三條

1. 第三款改為「香港特別行政區依照本法和中央人民政府的授權自行處理有關的對外事務。」（天津）

2. 對中央人民政府授權香港自行處理的對外事務應進一步明確。（江蘇）

※

② 1989 年 11 月基本法諮詢委員會《中華人民共和國香港特別行政區基本法（草案）諮詢報告第三冊——條文總報告》

【P32-33】
第十三條
2. 建議

2.1 刪除
→ 刪去第一款「管理」。
→ 刪去第二款。

2.2 修改
→ 第三款改為「香港特別行政區依照本法自行處理有關的對外事務。」

理由：「中央授權」之字眼沒有必要，因為聯合聲明及本法第七章均規定香港可以「中國香港」的名義獨立參加國際活動。

2.3 其他
→ 建議中華人民共和國外交部在香港設立固定機構，處理香港特別行政區無權處理的外交事務。
→ 外交部應該常設專家小組和香港特別行政區對外事務組一起工作，以互諒互讓精神處理對外事務。
→ 中央駐港外交成員不能參與香港行政立法事務。
→ 有關的「對外事務」需予以另外處理。有關指引可參考《中英聯合聲明》附件一第十一節。

3. 待澄清問題
→ 若中央政府遭到海外國家的斷絕邦交及經濟制裁，香港會否受到影響？
→ 「對外事務」和「外交事務」有什麼分別？

第十稿

「**第十三條　中央人民政府負責管理與香港特別行政區有關的外交事務。**

中華人民共和國外交部在香港設立機構處理外交事務。

中央人民政府授權香港特別行政區依照本法自行處理有關的對外事務。」

〔1990 年 4 月《中華人民共和國香港特別行政區基本法》〕

中央人民政府負責管理香港特別行政區的防務。

香港特別行政區政府負責維持香港特別行政區的社會治安。

中央人民政府派駐香港特別行政區負責防務的軍隊不干預香港特別行政區的地方事務。香港特別行政區政府在必要時，可向中央人民政府請求駐軍協助維持社會治安和救助災害。

駐軍人員除須遵守全國性的法律外，還須遵守香港特別行政區的法律。

駐軍費用由中央人民政府負擔。

❀ 貳 | 概念

1. 防務與社會治安
2. 駐軍不干預地方事務
3. 必要時
4. 駐軍協助維持治安和救災
5. 駐軍須遵守全國性的法律及香港法律
6. 駐軍費用

❀ 叁 | 條文本身的演進和發展

第一稿

第二章

「第四條　中央人民政府負責管理香港特別行政區的防務。

中央人民政府派駐香港特別行政區負責防務的軍隊不干預香港特別行政區的地方事務。香港特別行政區政府在必要時，可向中央人民政府請求駐軍協助維持社會治安和救助自然災害。

駐軍人員在駐地外應遵守香港特別行政區的法律。

駐軍費用由中央人民政府負擔。」

〔1986 年 11 月 11 日《中央與香港特別行政區的關係專題小組工作報告》，載於《中華人民共和國香港特別行政區基本法起草委員會第三次全體會議文件匯編》〕

① 1984 年 12 月 19 日《中英聯合聲明》

三、中華人民共和國政府聲明，中華人民共和國對香港的基本方針政策如下：

（二）香港特別行政區直轄於中華人民共和國中央人民政府。除外交和國防事務屬中央人民政府管理外，香港特別行政區享有高度的自治權。

（十一）香港特別行政區的社會治安由香港特別行政區政府負責維持。

② 1984 年 12 月 19 日《中華人民共和國政府對香港的基本方針政策的具體說明》（《中英聯合聲明》附件一）

一、……香港特別行政區直轄於中華人民共和國中央人民政府，並享有高度的自治權。除外交和國防事務屬中央人民政府管理外，……中央人民政府授權香港特別行政區自行處理本附件第十一節所規定的各項涉外事務。

十二、……中央人民政府派駐香港特別行政區負責防務的部隊不干預香港特別行政區的內部事務，駐軍軍費由中央人民政府負擔。

※

③ 1986 年 2 月基本法諮詢委員會《分批研討會參考資料》

【P1-3】

某委員（編者按：原件模糊，無法辨認名字）：中央和香港的關係，界定權力範圍，包括修改基本法的權力。
某委員（編者按：原件模糊，無法辨認名字）：（七）中央與香港特別行政區的關係。
陳坤耀委員：基本法乃特別行政區的根本大法，酷似主權國家的憲法，內容大概包括：（一）界定中央與特區政府權力範圍及相互關係；
張家敏委員：（三）中央與特區權力劃分；
吳康民委員：結構方面要明確幾點：（三）要明確香港特區是中央領導下的地方政府，中央有領導權，但地方又有高度自治權。至於中央對香港行政長官是否擁有最後否決權，也要明確規定。

※

④ 1986 年 2 月基本法諮詢委員會《分批研討會參考資料 2》

【P2】

基本法可分成六個主要部份：
第二部份為權力關係。可再細分為兩節，即 A 節為總論，論及有關中央人民政府及特別行政區政府之間的關係。B 節方面較專門地區別外交及涉及事務，另一方面則說明國防事務與內部保安的分別。緊記國防事務及外交屬中央人民政府管理。

※

⑤ 1986 年 2 月基本法諮詢委員會《諮委會第一分組有關基本法結構討論小結》

三、有關治安和防務問題，出現一些不同意見。有人認為，駐軍既然由中央統轄，防務問題便可歸入中央與地方關係的篇章中，但也有人認為，防務不僅是國防問題，有時也涉及地方治安。如有需要時，駐軍將協助維持內部治安。如何確定需要駐軍協助的形勢，如何調動駐軍協助平息動亂，均與特別行政區政府有關，需要作出明確規定，故需另立章節。

※

⑥ 1986 年 2 月基本法諮詢委員會《第一批研討會總結》

（編者按：內容同上文）

※

⑦ 1986 年 2 月基本法諮詢委員會《第三批研討會總結》

4.基本法的詳盡程度——
……有些委員還提出了一些問題，希望在基本法中，詳細闡述：
（5）駐軍：主要說明中央駐港軍隊聽命於誰及軍費負擔的問題；

※

⑧ 1986 年 2 月基本法諮詢委員會《第五批研討會總結》

四、其他項目——
1.駐軍問題：談及此問題的委員有兩方面的見解：
（1）基本上不同意有駐軍，如果一定要，最好只是象徵式的，並希望將來不要有服兵役這回事。駐軍不應干預香港內政。
（2）駐軍問題不應由我們決定，我們只能把自己的意見表達，讓中央去考慮。

五、對基本法結構的建議——
3.特別行政區政府與中央的關係。

※

⑨ 1986 年 4 月《香港各界人士對〈基本法〉結構等問題的意見匯集》（基本法起草委員會第二次會議參閱資料之一）

【P17】
關於中央與香港特別行政區關係的意見
5.關於中央與地方的關係，應包括：
（3）外交權及國防權是中國中央主權的體現。

【P72-74】
關於駐軍的意見
1.港人對駐軍很敏感，駐軍不要直轄於廣東軍區，應由中央軍委直接派駐。在港動用軍隊，要應香港行政首長的要求。

2.在基本法中應規定香港的武裝力量和半武裝力量不受任何政治力量的控制，不受任何政黨利用和影響，政治組織不能滲透到武裝力量中去。

3.駐港軍隊不干涉香港內務，「內務」一詞應界定清楚。

4.就一九九七年後中國在香港派駐軍隊的問題有如下看法：
（1）中國有權決定派軍隊駐守香港。
（2）派軍駐港，不可避免地涉及香港未來的制度（如軍隊的指揮權、司法權……等），這些制度的具體細節需要由基本法清楚確定。
（3）派駐軍隊須考慮一系列可能出現的問題，而且其形式及必要性尚可討論，理由：

甲、主權的體現→ 主權的體現包括中央政府負責香港的國防事務，但是常駐軍隊未必是保衛國防的必要條件，而實際駐軍與否，則可視當時的具體情況。

乙、對外防衛→ 在香港與中國的距離如此接近的情況下，香港的防衛工作，實無需要香港內部駐守軍隊。而當香港遇襲時，內地的軍隊可十分迅速地前來支援，同時目前英軍阻截非法移民的主要功能也可以由增加香港內部警察力量及中國的深圳邊防軍來取代。

丙、對內治安→ 以香港目前的警察力量，香港內部治安的維持，實不需要軍隊的協助，若然真的遇到極端嚴重的情況，香港政府可請求中國軍隊南下協助，也是十分快捷的事情。

（4）在考慮駐軍問題時，需要慎重處理以下可能會出現的問題：

甲、二重權力→ 若指揮權隸屬於內部的軍事系統，將會出現「二重權力」的問題，尤其當地政府與軍隊對香港的內部事務有不同看法時，更會出現尷尬的場面。

乙、軍民摩擦→ 未來駐港的軍隊若是來自內地的話，那麼由於軍人及香港市民的生活習慣及想法很可能有差別，相互間未必能於短時間內瞭解及適應，尤其鑒於香港的特殊情況——存在着多方面不同政見的人士，故軍民摩擦的機會亦相對增加。

丙、兩套司法→ 未來的駐軍會否設立軍事法庭，當軍民衝突的情況發生時，會依香港的司法制度還是軍法制度來處理？若答案是肯定的話，那麼便破壞了香港的獨立司法系統，甚至會出現兩套司法的問題。

5.軍隊只能在郊區駐紮，除特殊情況不得進入市區。
中國駐港之軍隊須受香港法律之管制，並受香港特別行政區政府指揮，建議中央授權特別行政區行政長官指揮駐港的軍隊。

※

⑩ 1986 年 4 月 22 日《中華人民共和國香港特別行政區基本法結構（草案）》，載於《中華人民共和國香港特別行政區基本法起草委員會第二次全體會議文件匯編》

【P11】
第二章　中央與香港特別行政區的關係
（三）防務和駐軍由中央負責

※

⑪ 1986 年 4 月《部份起草委員對基本法結構（草案）的意見（備忘錄）》，載於《中華人民共和國香港特別行政區基本法起草委員會第二次全體會議文件匯編》

【P22】
四、關於《中央與香港特別行政區的關係》
18.國防屬中央的權力，應在基本法中單列一章，不能因文字多少，而降低其地位。

19.治安與防務寫在一起也是可以的。因為如香港內部治安出現嚴重問題時，可能需要動用駐軍。

20.一九九七年後香港駐軍人員犯了法，是由國內軍事法庭管，還是由香港司法機構管，應寫清楚。建議增寫「駐軍個人行為受香港法律管轄」。

※

⑫ 1986 年 5 月 2 日中央和特別行政區關係專責小組第二次會議討論資料

【P2】
甲、特別行政區內務
2.國防（第一節）
a）駐軍（第十二節）
→ 調動駐軍權力
→ 駐軍所守法律

※

⑬ 1986 年 8 月 20 日《基本法結構專責小組初步報告》

【P6】
3.第二章「中央與香港特別行政區關係」
3.3 第三節「防務和駐軍由中央負責」

※

⑭ 1986 年 11 月 11 日《中央與香港特別行政區的關係專題小組工作報告》，載於《中華人民共和國香港特別行政區基本法起草委員會第三次全體會議文件匯編》

【P8】
第二章　中央與香港特別行政區的關係
第四條
說明：委員們同意，駐軍人員應遵守香港特別行政區的法律，但對在駐地內應否同樣遵守當地法律有不同意見。這個問題還涉及軍人犯法的司法管轄權問題。有待進一步研究後再討論確定。

第二稿

第二章
「第四條　中央人民政府負責管理香港特別行政區的防務。
中央人民政府派駐香港特別行政區負責防務的軍隊不干預香港特別行政區的地方事務。香港特別行政區政府在必要時，可以向中央人民政府請求駐軍協助維持社會治安和救助災害。
駐軍人員除應遵守全國性的法律外，還應遵守香港特別行政區的法律。
駐軍費用由中央人民政府負擔。」
〔1987 年 4 月 13 日《中央與香港特別行政區的關係專題小組工作報告》，載於《中華人民共和國香港特別行政區基本法起草委員會第四次全體會議文件匯編》〕

① 1987 年 1 月 17 日中央與特別行政區的關係專責小組之國防外交工作組《中央與特別行政區在國防與外交的協調、國防、外交、外事、駐軍討論文件（大綱）》（1987 年 1 月 19 日中央與特別行政區的關係專責小組國防與外交工作組第一次工作會議討論文件）

【P1-5】
I 國防與駐軍
1. 序言
→ 自香港成為英國殖民地以後，香港成為英國在遠東區一個重要的軍事基地。
→ 五零年代初期，香港的駐軍曾為聯合國部隊一部份，被派往參加韓戰。
→ 一九五八年時，英國關閉在港的海軍船塢。
→ 一九七一年時，英國決定撤出蘇彝士以東的軍事基地，英國防衛重點逐漸轉移到歐洲及北大西洋地區，但這政策並未使到在港駐軍數量減少。
→ 一九七五年時英國宣佈在港駐軍將減少百分之十五。
→ 七十年代末期，英國在港駐軍只有四營軍隊。
→ 八零年因為非法移民激增，在港駐軍增為五營。
→ 但在九七以後，中國恢復行使香港的主權，現時駐港英軍會撤出香港，中央政府和特區政府在國防的問題上應有什麼安排？駐軍與特區的治安部隊應怎樣協調？

2. 《中英聯合聲明》中所提到有關駐軍和國防的規定
2.1 聯合聲明第三款第二條：「香港特別行政區直轄於中華人民共和國中央人民政府。除外交和國防事務屬中央人民政府管理外，香港特別行政區享有高度的自治權。」
2.2 聯合聲明第三款第十一條：「香港特別行政區的社會治安由香港特別行政區政府負責維持。」
2.3 聯合聲明附件一第十二項：「……中央人民政府派駐香港特別行政區負責防務的部隊不干預香港特別行政區的內部事務，駐軍軍費由中央人民政府負擔。」
2.4 聯合聲明表明駐軍及國防等事務由中央管理，但並沒有進一步說明駐軍的管理及如何與特區負責保安的部隊配合。

3. 現時香港與英國在軍事上的協調
3.1 駐港軍隊的任務
→ 協調政府執行防衛職務，維持境內安定，以及鞏固市民對英國承擔責任聲明的信心。
→ 現時最主要的任務是堵截非法入境人士。
→ 駐港三軍由英軍總司令統領，同時在名義上港督也是香港的三軍總司令。
→ 英軍總司令除向港督提供意見外，英軍總司令亦須向倫敦英國國防參謀總長負責。
3.2 駐軍的組成
→ 英國的海陸空三軍，均有部隊駐守香港。
→ 除三軍外，本港還有一支實力雄厚的輔助部隊，由多個志願團體組成。包括皇家香港軍團（義勇軍）、皇家香港輔助空軍、民眾安全服務隊（民安隊）及醫療輔助隊。
3.2.1 正規軍隊
3.2.1.1 皇家海軍
→ 皇家海軍有五艘巡邏艦。連同增援部隊，海軍現時約有六百七十人；此外約有七十名本地招聘的文職人員。
→ 海軍的工作：
I 海軍司令負責監管範圍達九十一公里的香港海防區內的活動，並負責派遣皇家海軍部隊，在南中國海執行搜索及救援工作；
II 海軍與皇家香港警察緊密合作，緝捕來自中國的非法入境者和阻截來自越南的難民；
III 海軍亦負責在本港水域執行巡邏任務，包括進行搜索及

拯救工作；
IV 皇家海軍亦負責訓練一隊人員，以便於局勢緊張或戰爭時期，統籌一項控制計劃來保護港內的商船。該隊成員包括皇家後備海軍、美國後備海軍及加拿大後備武裝部隊的駐港人員。
3.2.1.2 陸軍
→ 陸軍是本港駐軍的主力，由陸軍司令直接指揮。
→ 包括第二十二兵團第一營、女皇直屬第六嘓喀來福槍兵團、瑪麗郡主直屬第十嘓喀來福槍兵團以及愛丁堡公爵直屬第七嘓喀來福槍兵團第一及第二營。
→ 提供支援服務的單位有女皇直屬嘓喀工兵團、女皇直屬嘓喀信號兵團、嘓喀運輸團、第六六零陸軍航空隊、香港英軍需處總部、英陸軍醫院及皇家電機工程隊第五十香港修理廠。
→ 工作：
I 協助皇家香港警察隊維持境內安定（有關香港警隊的現況，請參閱《保安、治安、廉政公署討論文件》）；
II 負責保衛邊界、堵截非法入境活動。
3.2.1.3 皇家空軍
→ 包括皇家空軍第二十八（陸空協作）中隊、皇家空軍機場組、皇家空軍憲兵組及保安組，並由各工程中隊及行政中隊支援。
→ 工作：
I 負責為香港國際機場控制範圍以外的上空，提供航空控制的諮詢服務；
II 監察飛離香港國際機場的軍事人員及貨物；
III 飛行本境內，直接支援陸軍的工作，如運載部隊、糧食及設備往偏僻地方。
IV 協助搜索非法入境者；
V 協助搜索及拯救工作，接載傷病者及滅火工作；
VI 為皇家香港警察隊提供訓練及支援服務，並協助推行若干項社會服務計劃，如將參加政府資助計劃的青少年載送到新界的營地。
3.2.2 駐軍的輔助性部隊
3.2.2.1 皇家香港軍團（義勇軍）
→ 由兼職志願隊員組成，隊員約九百五十人，華人佔百分之九十五以上；
→ 分為四個偵察中隊、一個本地護衛中隊及一個總部中隊；
→ 由英軍總司令指揮。
→ 工作：
I 義勇軍是一個輕裝備偵察團，任務是以負責保障本港內部安全為主；
II 擔任偵察工作，參與防止非法入境行動，並在發生天災時協助政府其他部門。
3.2.2.2 皇家香港輔助空軍
→ 擁有十四架飛機，八十三名常務人員及一百四十名志願人員，並包括一個工程中隊。
→ 工作：
I 進行搜索及救援行動；
II 協助撲滅林火；
III 載送工程人員以進行無線電轉播站保養及修理工作及進行高空測量、攝影及繪製地圖工作；
IV 接載官式訪港的海外人士在空中鳥瞰香港全貌。
3.2.2.3 民眾安全服務隊
→ 由志願人員組成，團員約六千二百人。
→ 工作：
I 在天災、人禍及其他緊急事故時支援正規部隊；
II 為新近抵港的難民供應膳食和管理營地；
III 參與社會服務活動；如在大型節目中協助維持公眾秩序。
3.2.2.4 醫療輔助隊
→ 隊員來自各行各業，扶助隊員有 5,835 名，常額人員63 名。
→ 工作：

Ⅰ支援醫療衛生署的應急服務及輔助消防事務處的救護車服務；
Ⅱ在醫院、診療所、美沙酮中心協助工作；
Ⅲ在郊野公園及公眾海灘提供救護及急救服務；
Ⅳ在難民收容中心當值，提供醫療服務；
Ⅴ為政府人員（特別是隸屬紀律部隊者）舉辦急救訓練課程。

3.3 駐軍的費用
→ 香港所負擔的軍費，由香港與英國政府雙方訂立的防衛經費協議所決定。
→ 現行的協議由八一年四月起生效，為期七年。根據協議，香港會負擔百分之七十五的軍費，其餘由英國政府支付。在八五至八六年度，香港政府在防務方面開支約為十六億三百萬。
→ 當英軍在九七年陸續撤出，香港所繳付的軍費會相應減少。

3.4 駐軍的管理
3.4.1 在英軍直接管轄的地方
3.4.1.1 士兵之間犯下刑事罪行
→ 下列情況下發生的刑事罪行，不會在香港法庭審訊
Ⅰ該項罪行是由於士兵執行職務犯下的；
Ⅱ屬於侵犯人身的罪行；
Ⅲ涉及英政府或與英軍有關的「個人」財物的罪行。
→ 士兵對平民犯下罪行，香港法庭擁有審判權，除非該罪行是由於士兵執行職務犯下的。
→ 平民對士兵犯下的刑事罪行，香港法院有審判權。
3.4.2 民事過失
→ 英軍人員不論是否在當值時對平民犯下民事過失，都要面對索取損害賠償的民事訴訟。
→ 此等案件會在香港法庭審理
→ 民事訴訟亦可針對英國政府

4. 中國的國防系統
4.1 憲法的規定
→ 中央軍事委員會領導全國武裝力量
→ 中共中央軍委主席向人大常委負責
4.2 中國軍隊的系統（資料有待搜集）
4.2.1 解放軍任務
4.2.1.1 防衛性任務
4.2.1.2 非防衛性任務
4.2.2 解放軍的編制（資料有待搜集）
4.2.2.1 在中央軍事委員會領導下，解放軍總部份為總參謀部、總政治部和總後勤部。
4.2.2.2 在總參謀部統領下，全國分為七大軍區：
Ⅰ北京軍區
Ⅱ瀋陽軍區
Ⅲ南京軍區
Ⅳ廣州軍區
Ⅴ濟南軍區
Ⅵ蘭州軍區
Ⅶ成都軍區

5. 主要問題
5.1 駐軍與本地負責治安的部隊的配合？
→ 駐軍在什麼時候執行職務？
→ 建議駐軍在以下情況執行職務
Ⅰ香港受外國侵略；
Ⅱ特區政府組織武力量與中央對抗；
Ⅲ在香港出現有組織性的武裝力量（如城市游擊隊）與中央對抗；
Ⅳ在香港發生大規模的動亂；
Ⅴ參與非防衛性事務，協助警察維持社會安定，如拯救傷者。
5.2 駐軍的管理──駐港中國軍隊應由哪種法律管理

→ 建議：
Ⅰ在港駐守的解放軍，在軍營外必須服從特區法律；
Ⅱ在軍營內須服從軍紀，如在軍營內的罪行涉及平民，須按特區法律處理；
Ⅲ解放軍由於執行職務而觸犯刑事罪，受害人雖是平民，軍人仍應受軍法制裁；
Ⅳ駐港的中國軍隊在進行軍事活動時，不受香港法律管制。
5.3 駐軍的調動──駐港中國軍隊應由誰負責調動？
→ 建議：
Ⅰ特區政府無權調動中國駐港軍隊，只有中共中央軍事委員會才有此權力，要符合中國本身的軍事系統。
Ⅱ中共中央軍事委員會調動駐軍時，先與特別行政區長官商量；
Ⅲ中央政府派一位負責防務的「聯絡員」駐港，如香港治安出現問題，需要軍隊協助，便由特區行政長官與「聯絡員」商量，通過此「聯絡員」報請中共中央軍委會調動駐軍；
Ⅳ對於非防衛性軍事任務，應由中港代表組成的「特區軍事委員會」負責決定一切有關任務，如解放軍在港的調動、演習和訓練等。
5.4 應否保留現時的輔助性部隊？
→ 如義勇軍、民安隊及醫療輔助隊等，應否繼續保留？
→ 在功能上有沒有需要改變之處？
→ 現行輔助性部隊中的非華籍人士，可否繼續被任用？

※

② 1987年2月19日中央與特別行政區關係專責小組之國防外交工作組《中央與特別行政區在國防與外交的協調、國防、外交、外事、駐軍討論文件》

【P1-7】
Ⅰ國防與駐軍
1. 背景資料
自從香港在十九世紀中成為英國的殖民地以後，香港一直是英國在東亞區域一個軍事基地。一九七五年，英國公佈了防衛白皮書（Defence White Paper），表示英國的駐軍將會減少百分之十五。在七六至七九年間，駐港英軍只有四營，連同華籍英兵只有大約八千人。到八零年十月，為阻遏非法移民由邊界偷渡入香港，英港雙方決定增加一營長駐的軍隊。
現時英國的海陸空三軍，均有部隊駐守香港。除三軍外，本港還有一支實力雄厚的輔助部隊，由志願人員組成，包括皇家香港軍團（義勇軍）、皇家香港輔助空軍、民眾安全服務隊（民安隊），及醫療輔助隊。

2.《中英聯合聲明》中有關駐軍和維持治安的規定
2.1《中英聯合聲明》中提到特區政府負責特區的社會治安，而中央人民政府負責外交和國防事務。原文如下：
第三款第二條：「香港特別行政區直轄於中華人民共和國中央人民政府。除外交和國防事務屬中央人民政府管理外，香港特別行政區享有高度自治權。」
第三款第十一條：「香港特別行政區的社會治安由香港特別行政區政府負責維持。」
2.2《中英聯合聲明》附件一中有關國防和社會治安的說明
附件一第一項：「……香港特別行政區直轄於中華人民共和國中央人民政府，並享有高度的自治權。除外交和國防事務屬中央政府管理外，香港特別行政區享有行政管理權、立法權、獨立的司法權和終審權。……」
附件一第十二項：「香港特別行政區的社會治安由香港特別行政區負責，中央人民政府派駐香港特別行政區負責防務的部隊不干預香港特別行政區的內部事務，駐軍軍費由中央人民政府負擔。」

<u>2.3</u> 此外，鑑於香港特別行政區成立後，中華人民共和國中央人民政府將負責特別行政區的防務。附件一第十二項已清楚列明特區的治安由特別行政區政府負責，同時說明中央人民政府派駐特別行政區政府負責防務的部隊，不干預特別行政區的內部事務，駐軍軍費由中央人民政府負擔。

<u>2.4</u> 總而言之，聯合聲明指出駐軍和國防事務是用中央管理，軍費由中央政府負責，但卻沒有進一步說明在港駐軍的管理及駐軍如何與特區的保安部隊的配合等問題。

3. 現時香港與英國在軍事上的協調

3.1 駐港軍隊的任務

駐港三軍是由英軍總司令統領。英軍總司令除了向港督提供意見外，亦須向倫敦英國國防參謀總長負責。根據《英皇制誥》所載，港督在名義上亦是本港三軍總司令。

駐港英軍協助政府執行防衛職務，維持香港境內安定，以鞏固市民對英國承擔責任的信心；雖然，近年間由外地非法入境的人數減少，三軍人員仍致力於對付企圖從水陸兩路潛入本港的非法入境人士。

3.2 駐軍的組成部份

駐軍中包括有：
五艘皇家海軍「孔雀級」巡邏艇，
一營英國本土步兵營及四營喏喀步兵營，
一團喏喀工兵團，
一團喏喀運輸團，
一隊配備八架「偵察」型直升機的陸航空中隊，
一隊配備十架「韋薛斯」式直升機的皇家空軍中隊及其他輔助部隊等。

3.2.1. 皇家海軍

皇家海軍有五艘巡邏艇，連同支援部隊，現時約有六百七十人；此外約有七十名由本地招聘的文職人員。

皇家海軍以香港島中區之添馬艦為基地，主要是在香港水域內外執行巡邏職務。海軍司令與海事處長及民航署長緊密聯絡，協助政府監管範圍達九十一公里的香港海防區內的活動；並經常派遣部隊，在南中國海執行搜索及救援工作。此外，皇家海軍更與香港海事處、皇家香港警察水警隊互相合作，緝捕來自中國的非法入境者，更對海上走私和運毒及其他非法侵犯本港水域者採取行動。

3.2.2 陸軍

陸軍是本港駐軍的主力，由陸軍司令直接指揮。

陸軍包括第二十二步兵團第一營、女皇直屬第六喏喀來福槍步兵團、瑪麗郡主直屬第十喏喀來福槍步兵團以及愛丁堡公爵直屬第七喏喀來福槍步兵團第一及第二營。

陸軍的後勤單位計有女皇直屬喏喀運輸團、第六六零陸軍航空隊、香港英軍軍需處總部、英陸軍醫院及皇家電機工程隊第五十香港修理廠。香港陸軍服務團的成員於本地招募，但均為全職正規軍人，屬英軍編制（現有華籍官兵1,263人），擔任守衛員、軍警、傳譯員、御犬員、駕駛員、廚子、文員、海員及軍需品管理員的工作，給予本港駐軍不少幫助。

陸軍的主要工作是協助皇家香港警察維持境內治安，亦需要負責保衛邊界，堵截非法入境活動。（有關香港警隊的現況，請參閱《保安、治安、廉政公署討論文件》）

3.2.3 皇家空軍

駐港皇家空軍由第二十八（陸空協作）中隊、皇家空軍機場組、皇家空軍憲兵組及保安組組成；並由各工程中隊及行政中隊提供支援。

皇家空軍執行多項任務，包括負責為香港國際機場控制範圍以外的上空，提供航空控制的諮詢服務及負責監察離開香港國際機場的軍事人員及貨物；支援陸軍，飛行本港境內，運載部隊、糧食及設備往偏僻地方；協助搜索非法入境人士。此外，亦協助皇家香港輔助空軍進行拯救及撲滅

山火工作。有需要時，皇家空軍會為皇家香港警察隊提供訓練和在社會服務方面提供援助。

3.3 輔助部隊

輔助部隊是由志願人員組成的組織，包括皇家香港軍團（義勇軍），皇家香港輔助空軍，民眾安全服務隊及醫療輔助隊。義勇軍及皇家香港輔助空軍是香港防衛部隊的一部份，並在行動時由英軍總司令負責指揮。另一方面，民安隊及醫療輔助隊的任務主要是遇有意外、天災及緊急情況時執行民眾安全義務工作及救傷。

3.3.1 皇家香港軍團（義勇軍）

義勇軍是在本地招募的兼職軍人，隊員約九百五十人，華人佔百分之九十五以上。全軍團分為四個偵察中隊、一個本地護衛隊及一個總部中隊。

軍團現時由香港政府負責管理及支付經費。其任務以負責保障本港內部安全為主；此外，還擔任偵察工作，參與防止非法入境行動，並在發生天災時協助政府其他部門。

3.3.2 皇家香港輔助空軍

該部隊擁有飛機七架，常務人員83名及志願人員140名，包括一個人手及配備充足的工程中隊。皇家香港輔助空軍的總部設在香港國際機場，為政府提供多項飛行服務，和對運送傷病者及救援的緊急召喚提供協助，例如在南中國海搜索與救援遇事船隻。在乾燥季節，前往普通消防車難以到達的地區，撲滅林火。此外，輔助空軍常以直升機載送工程人員至山頂進行無線電轉播站保養及修理工作。該部隊經常協助堵截非法入境者，及協助地政署進行高空測量、攝影及繪製地圖的工作；和接載官式訪港人士在空中鳥瞰香港全貌。

3.3.3 民眾安全服務隊

民安隊由志願人員組成。該隊的編制有隊員六千二百名。民安隊與其他的輔助部隊類似，由香港政府管理和支付經費。

民安隊的主要職責為支援正規部隊。另一項應急職責，是為新近抵港難民供應膳食和管理營地。除此之外，民安隊員也會執行多項任務，如在大型節目中協助維持公共秩序，或防止山林火災等。

3.3.4 醫療輔助隊

輔助隊隊員來自各行各業，共有志願隊員五千八百三十五人及常務人員六十三名。

醫療輔助隊的目標是支援醫務衛生署的應急服務及輔助消防處的救護車服務。隊員除在熱帶氣旋襲港期間隨時準備出動外，更派駐醫院、診療所及美沙酮治療中心協助工作。另一項工作是在九龍亞皆老街越南難民中心醫療站當值。此外，該隊的常務人員繼續為政府人員，特別是隸屬紀律部隊者，舉辦急救訓練課程。

3.4 駐軍的費用

香港所承擔的軍費，是根據香港和英國雙方政府商議的防衛經費協議，由八一年四月一日起生效，為期七年。根據協議，香港政府須承擔全部經費之百分之七十五，其餘由英國政府負擔。一九八五至八六年度間，香港政府在防務方面之支出約為十六億三百一十萬港元。

3.5 現時駐軍的刑事罪行法律責任

3.5.1 在英軍直接管轄的地方內

（1）士兵之間犯下刑事罪行

在下列情況中發生的刑事罪行，不會在香港法庭審訊：
I 該項罪行是由於士兵執行職務犯下的；
II 屬於侵犯人身的罪行，而受害者為士兵；
III 涉及英國政府或涉及屬於英軍的動產的罪行。

（2）士兵對平民犯下刑事罪行，香港法庭擁有審判權；除非該罪行是在士兵執行職務時犯的，則作別論。

（3）平民對士兵犯下的刑事罪行，在任何情況情形下香港法庭都擁有審判權。

3.5.2 民事過失

英軍人員不論是否在當值時對平民犯下民事過失，都要面對索取損害賠償的民事訴訟。在一般情況下，三軍司令會放棄這方面的管轄權，此等案件會在香港法庭審理，民事訴訟可針對英國政府（在此情形下指國防部）而索取賠償。實際上，如有關的民事訴訟是由於士兵執行職務而引起的，國防部在大多數情形下會為有關士兵提供法律援助及補償他的損失，因為英國政府作為一個僱主，應向其僱員所犯的過失負責。

4. 中國的國防系統

4.1 中國憲法第九十三條及第九十四條規定了中國的國防系統。

憲法第九十三條：中華人民共和國中央軍事委員會領導全國武裝力量。

憲法第九十四條：中央軍事委員會主席對全國人民代表大會和全國人民代表大會常務委員會負責。

4.2 人民解放軍的職責主要有兩大類，一是保衛國家，二是支援國家建設，參與重大及危險的工程建設。此外亦在非正常時期進行搶險救災的工作。

4.3 解放軍的編制

4.3.1 從垂直系統而言，在中央軍事委員會領導下，解放軍總部分為總參謀部、總政治部和總後勤部。

在編制上分為兩方面：

I 野戰軍：可在全國範圍調動的軍隊，指揮權在中央。

II 地方軍隊：駐守某省區的軍隊。

軍隊由中央軍事委員會指揮調動，由總參謀長負責指揮作戰，由國防部長負責對外宣戰。在兵種而言，有空軍、海軍、陸軍等，分別由空軍司令、海軍司令及總參謀長統領。

4.3.2 從橫的系統而言，在總參謀部統領下，全國分為七大軍區：

I 北京軍區
II 瀋陽軍區
III 南京軍區
IV 廣州軍區
V 濟南軍區
VI 蘭州軍區
VII 成都軍區

5. 問題

5.1 中國駐軍與本地負責治安的部隊，在進行搜索及拯救的配合應怎樣？或當中國在港進行軍事活動時應怎樣？

有建議認為特區應設立一個聯絡團體，其職權經中央人民政府及特區政府同意，負責在軍事支援方面的協調，以保障香港的內部安全，維持港人對特區治安的信心。

5.1.1 駐軍在什麼時候執行職務？

駐軍在什麼情況下執行職務，有以下各建議：

I 香港受外國侵略；

II 特區政府組織武裝力量與中央對抗；

III 在香港出現有組織性的武裝力量（如城市游擊隊）與中央對抗；

IV 在香港發生大規模的動亂，在特區政府要求下，協助警察維持社會安定；

V 參與非防衛性事務，如社會性服務及協助性服務。

5.1.2 另有建議認為人民解放軍在特區政府的要求下，才可協助處理香港的大規模動亂。

5.1.3 在軍事方面，特區直轄於中央軍事委員會，而不屬現有軍區的一部份。

5.1.4 對於非防衛性軍事任務，應由中港代表組成的「特區軍事委員會」負責決定一切有關任務，如解放軍在港的調動、演習和訓練等。

5.1.5 由於英國駐港軍隊會於九七年時撤出香港，是否有需要設立一個新的部隊去負責海岸警衛任務，或應否由警務署或中國海軍有關部隊負責？

有建議認為不論由哪部隊負責海岸警衛的工作，均有需要界定特區的海界。

5.2 英國軍隊撤出香港後，即會出現以下問題：香港軍事服務團（本地招募的正規士兵，亦是英國軍隊的一部份）的角色及地位應有怎樣的改變？同樣地，海軍中由本地招募的成員的角色及地位應作何改變？應否變為本地治安部隊或解放軍的一部份？這些問題應在一九九七年前獲得處理。

5.3 駐軍的管理——駐港中國軍隊應由哪種法律管理

建議：

I 在港駐守的解放軍，在軍營外必須服從特區法律；

II 在軍營內須服從軍紀，如在軍營內的罪行涉及平民，須按特區法律處理；

III 解放軍由於執行職務而觸犯刑事罪行，受害人雖是平民，軍人仍應受軍法制裁；

IV 駐港的中國軍隊在進行防衛職責，不受香港法律管制。

V 另一建議是如駐軍在軍事區域中執行職務而犯法，應由軍事法庭審判；如駐軍在非軍事區域中而非因執行職務而犯法，便應由地方法庭審判。（請參閱以下圖表）

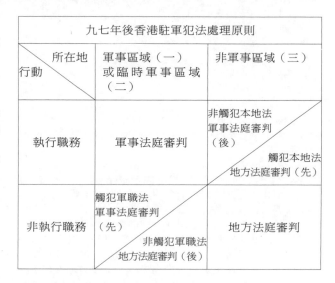

九七年後香港駐軍犯法處理原則		
所在地 \ 行動	軍事區域（一）或臨時軍事區域（二）	非軍事區域（三）
執行職務	軍事法庭審判	非觸犯本地法 軍事法庭審判（後） / 觸犯本地法 地方法庭審判（先）
非執行職務	觸犯軍職法 軍事法庭審判（先） / 非觸犯軍職法 地方法庭審判（後）	地方法庭審判

註：（一）軍事區域是界線明確和永久性的，例如軍營。
（二）臨時軍事區域是事先宣佈範圍的，通常是有期限的，例如是演習地區，或戰爭狀態時的構築陣地。
（三）非屬軍事區域或臨時軍事區域，香港居民的房屋產業在任何情況下必屬非軍事區域。

（先）、（後）是指處理案件由哪方面法庭決定審理次序。有相反意見認為軍職法只適用於軍隊人員，而本地法則處理特區人民事務。

5.4 駐軍的調動——駐港中國軍隊應由誰負責調動？

有關調動駐軍的各項意見：

I 特區政府無權調動中國駐港軍隊，只有中央軍事委員會才有此權力，要符合中國本身的軍事體系。

II 中央軍事委員會調動駐軍時，先與特別行政區長官商量；

III 中央政府派一位負責防務的「聯絡員」駐港，如香港治安出現問題，需要軍隊協助，便由特區行政長官與「聯絡員」商量，通過此「聯絡員」報請中共中央軍委會調動駐軍；

IV 有建議認為應保留義勇軍，因為他們熟悉香港情況和地理環境，對於協助警方維持治安有很大的幫助。

5.5 應否保留現時的輔助性部隊？

5.5.1 輔助部隊如義勇軍、民安隊及醫療輔助隊應否繼續存在？

5.5.2 輔助部隊應由特區行政長官或中國軍隊司令指揮？

5.5.3 輔助部隊中的非中國籍成員可否繼續被任用？

※

③1987年3月10日中央與特別行政區的關係專責小組之國防外交工作組《中央與特別行政區在國防與外交的協調、國防、外交、外事、駐軍最後報告（草稿）》（1987年3月10日中央與特別行政區的關係專責小組第十一次續會討論文件）

【P1-7】
（編者按：本文同第二稿文件②，除下列內容外，均同前文。）
Ⅰ國防與駐軍
1.背景資料
自從香港在十九世紀中成為英國的殖民地後，香港一直是英國在東亞區域中一個軍事基地。

2.《中英聯合聲明》中有關國防和維持治安的規定
2.3根據《中英聯合聲明》英方版本的註釋表示，鑒於香港特別行政區的成立，英國駐港的軍隊將會撤走，而中華人民共和國中央人民政府將負責特別行政區的防務。
（編者按：上稿的第2.4.點被刪除）

3.現時香港與英國在軍事上的協調
3.2.1.皇家海軍
皇家海軍有五艘巡邏艇，連同支援部隊，現時約有六百七十人；此外約有七十名由本地招聘的文職人員。
皇家海軍以香港島中區之添馬艦為基地，主要在香港水域內執行多種巡邏職務。
3.2.3皇家空軍
同時會飛行本港境內，運載部隊、糧食及設備往偏僻地方，以支援陸軍的工作，亦協助搜索非法入境人士。此外，亦協助皇家香港輔助空軍進行拯救及撲滅山火工作。
除了上述各項行動外，皇家空軍還為皇家香港警察隊提供訓練及協助推行社會服務計劃，例如將參加政府資助的渡假計劃的青少年載送到新界的營地。
3.3輔助部隊
另一方面，民安隊及醫療輔助隊的任務主要是遇有意外及緊急情況時執行義務，民眾安全義務工作及救傷等。以上輔助部隊是根據香港現行法例設立的。
3.3.1皇家香港軍團（義勇軍）
義勇軍是一支基本上由志願兼職的市民組成的部隊；
3.3.3民眾安全服務隊
民安隊的主要職責為救災應急服務。
3.5駐軍的法律責任
在英軍直接管轄的地方內
3.5.1刑事責任
3.5.2民事責任

4.中國的國防系統

5.問題
5.1或當中國在港進行軍事活動時特區政府如何協調？
另有論者認為毋需設立特別的聯絡團體，因為在理論上香港特別行政區的行政長官應負責特別行政區的管理，遇有需要時可由特區的行政長官向中央提出要求解放軍的協助。亦有意見認為中國駐軍和特區的治安部隊應有協調和聯絡的途徑使香港在需要時可要求協助，但具體的方式不需要現時決定，應視乎政制的發展而定。再者，有論者指出英國駐港軍隊和中國駐軍的角色並非完全相等。前者的角色由英國慣例決定，中國駐港解放軍的職責是由基本法及《中英聯合聲明》界定。特區政府負責內部治安，中國駐港軍隊將會負責國防事務，因而中國駐軍在防務以外的任務，除在特區政府提出要求下，不應執行其他有關內部治安的任務。
5.1.1駐軍在什麼時候執行職務？

Ⅳ在香港發生大規模的動亂；
Ⅴ參與非防衛性事務，協助警察維持社會安定，如拯救傷者。

※

④《Final Report on the Structure of Basic Law》（基本法結構專責小組最後報告，1987年3月14日經執行委員會通過）

【P9】
3. Chapter 2 "Relationship between the Central Government and the SAR"
3.3 Section 3 "The Central Government is responsible for affairs concerning defence and garrison."

※

⑤1987年3月16日中央與特別行政區關係專責小組之國防外交工作組《中央與特別行政區在國防與外交的協調、國防、外交、外事、駐軍討論文件》（1987年3月18日中央與特別行政區關係專責小組第十一次會議第二次續會討論文件）

【P1-7】
5. 問題
5.1 有建議認為特區應設立一個聯絡小組，其職責主要負起行政長官及駐軍首長的聯繫工作。特區政府負責內部治安，中國駐港軍隊將會負責國防事務，因而中國駐軍在防務以外的任務，除在特區政府提出要求下，不干預香港特別行政區的內部事務。
5.1.1 駐軍在什麼時候執行職務？
駐軍在什麼情況下執行職務，有以下各意見：
共識：
中國駐軍不應干預香港內部的事務和高度自治權
（1）有意見認為《中英聯合聲明》已經規限了駐軍執行職務的問題，即防衛性事務由駐軍負責，非防衛性事務則應香港特別行政區行政長官要求下出動，基本法中毋須詳細列出駐軍出動的規限。
（2）有論者指出基本法中應列明在哪些情況下執行職務。
防衛性職務，包括下列情況：
Ⅰ香港受外國侵略；
Ⅱ特區政府組織武裝力量與中央對抗；
Ⅲ在香港出現有組織性的武裝力量（如城市游擊隊）與中央對抗；
至於非防衛性事務，可應香港特別行政區長官要求協助下執行：
Ⅰ在香港發生大規模的動亂；
Ⅱ參與非防衛性事務，協助警察維持社會安定，如拯救傷者。
（3）有委員認為基於對國防、軍事事務包括的範圍及細節不清楚，所以本報告並不具體地列出中國駐軍執行職務的情況，只提出若干範圍，例如ⅠⅡⅢ，但中國駐軍的出動應符合《中英聯合聲明》的原則。
5.1.3 有建議認為不論由哪部隊負責海岸警衛的工作，均有需要界定特區的海界。另有意見指出防衛性事務如抵抗侵略應由中國軍隊負責，而保衛漁民作業、海岸警衛任務、拯救工作等應屬內部治安事務，由特區政府處理。亦有意見認為中國駐軍出動的情況，特區所屬軍區及應由哪部隊負責海岸警衛等任務，均不屬基本法層面，不應寫進基本法內。

※

⑥ 1987 年 3 月 23 日中央與特別行政區關係專責小組之國防外交工作組《中央與特別行政區在國防與外交的協調、國防、外交、外事、駐軍討論文件》（1987 年 3 月 24 日中央與特別行政區關係專責小組第十二次會議討論文件）

【P1-7】
（編者按：本文同第二稿文件⑤，除下列內容外，均同前文。）

5.2 駐港中國軍隊的法律責任
5.2.2 中國駐軍的軍營地點應由解放軍與特區政府磋商。
5.2.3 中國駐港軍隊在非執行職務時不應穿着武裝，否則會使香港居民產生混淆，不清楚軍隊是否正在執行職務。
5.2.4 在非經常時期或儀式上軍隊的調動，中國軍隊應與特區政府磋商。
5.3 駐軍的調動——駐港中國軍隊應由誰負責調動？
有關調動駐軍的各項意見：
Ⅰ特區政府無權調動中國駐港軍隊，如香港治安出現問題，需要軍隊協助，便由特區行政長官與「聯絡員」商量，通過此「聯絡員」報請中共中央軍委會調動駐軍；基本法中毋須提及軍隊的調動。

Ⅱ中央調動駐軍時，先與特別行政區長官商量；如雙方意見不一致時，則呈交一個中港雙方代表組成的中央委員會處理（在人大之下成立有中港雙方代表的中央委員會的建議曾在其他中央與特別行政區關係專責小組其他最後報告中提及）。
Ⅲ中央調動駐軍時，先與特別行政區長官商量；
Ⅳ中央調動駐軍時，先知會特別行政區行政長官。
5.4 應否保留現時的輔助性部隊？
5.4.1 輔助部隊如義勇軍、民安隊及醫療輔助隊應否繼續存在？有意見認為應保留義勇軍，因為他們熟悉香港的情況和地理環境，對於協助警方維持治安有很大幫助。
另有意見指出輔助性部隊乃根據香港現有法例而設立，如此等法例與基本法無衝突，可繼續存在。假如特區政府認為有需要修改現有法例，亦可按當時情況作出修訂。

※

⑦中央與特別行政區的關係專責小組《中央與特別行政區在國防與外交的協調、國防、外交、外事、駐軍最後報告》（1987 年 4 月 4 日經執行委員會通過）

【P1-7】
（編者按：內容同上文）

第三稿

第二章
「第四條　中央人民政府負責管理香港特別行政區的防務。
中央人民政府派駐香港特別行政區負責防務的軍隊不干預香港特別行政區的地方事務。香港特別行政區政府在必要時，可以向中央人民政府請求駐軍協助維持社會治安和救助災害。
駐軍人員除應遵守全國性的法律外，還應遵守香港特別行政區的法律。
駐軍費用由中央人民政府負擔。」
〔1987 年 8 月 22 日《中央與香港特別行政區的關係專題小組工作報告》，載於《中華人民共和國香港特別行政區基本法起草委員會第五次全體會議文件匯編》〕

① 1987 年 5 月 22 日《香港基本法起草委員會第四次全體會議委員們對基本法序言、總則及第二、三、七、九章條文草案的意見匯集》

【P8】
第四條
1. 有的委員認為，求助駐軍是件大事，應經一定的法律程序方可決定請求。有的委員認為，要視情況而定，總之不能延誤時機。

2. 有的委員認為，求助駐軍是行政權，只能由行政機關行使，不宜由立法機關決定。

3. 有的委員建議，將第三款改為「駐軍人員應遵守中華人

民共和國有關軍隊紀律的法律及香港特別行政區的法律」。

※

② 1987 年 8 月 22 日《中央與香港特別行政區的關係專題小組工作報告》，載於《中華人民共和國香港特別行政區基本法起草委員會第五次全體會議文件匯編》

【P14】
第二章 中央與香港特別行政區的關係
第四條
說明：有的委員建議，關於駐軍人員犯罪如何處理應另有法律規定。

第四稿

「第十四條　中央人民政府負責管理香港特別行政區的防務。
中央人民政府派駐香港特別行政區負責防務的軍隊不干預香港特別行政區的地方事務。香港特別行政區政府在必要時，可以向中央人民政府請求駐軍協助維持社會治安和救助災害。
駐軍人員除應遵守全國性的法律外，還應遵守香港特別行政區的法律。
駐軍費用由中央人民政府負擔。」
〔1987 年 12 月基本法起草委員會秘書處《香港特別行政區基本法（草案）》（匯編稿）〕

① 1987 年 9 月 2 日《中華人民共和國香港特別行政區基本法起草委員會第五次全體會議委員們對基本法序言和第一、二、三、四、五、六、七、九章條文草稿的意見匯集》

【P8】
4.第四條
（1）有些委員建議，將本條第二款的「中央人民政府」改為「國家」。

（2）有的委員認為，第二款中的「駐軍人員除應遵守全國性的法律」一句可刪掉，因為駐軍人員除應遵守全國性法律以外，還應遵守軍法、軍令等，所以不如不寫，只要將遵守香港特別行政區的法律表述清楚即可以了。有的委員指出，這一款的規定牽涉到駐軍人員犯罪如何處理的問題，建議不改為好。

　　　　　　　　　　　　　　　　　　※

② 1987 年 12 月基本法起草委員會秘書處《香港特別行政區基本法（草案）》（匯編稿）

【P10】
關係組委員的其他意見：
第十四條
（編者按：內容同第三稿文件②）

第五稿

「第十三條　　中央人民政府負責管理香港特別行政區的防務。
中央人民政府派駐香港特別行政區負責防務的軍隊不干預香港特別行政區的地方事務。香港特別行政區政府在必要時，可向中央人民政府請求駐軍協助維持社會治安和救助災害。
駐軍人員除應遵守全國性的法律外，還應遵守香港特別行政區的法律。
駐軍費用由中央人民政府負擔。」
〔1988 年 3 月基本法起草委員會秘書處《中華人民共和國香港特別行政區基本法（草案）草稿》（總體工作小組第二次會議對目錄、序言、第一、二、三、五、六、七、九章的修改稿）〕

① 《各專題小組的部份委員對本小組所擬條文的意見和建議匯輯（關於序言、第一、二、三、五、六、七、九章部份）》，載於 1988 年 3 月基本法起草委員會秘書處《中華人民共和國香港特別行政區基本法（草案）》（草稿）

【P32】
（編者按：內容同第三稿文件②）

第六稿

「第十三條　　中央人民政府負責管理香港特別行政區的防務。
中央人民政府派駐香港特別行政區負責防務的軍隊不干預香港特別行政區的地方事務。香港特別行政區政府在必要時，可向中央人民政府請求駐軍協助維持社會治安和救助災害。
駐軍人員除應遵守全國性的法律外，還應遵守香港特別行政區的法律。
駐軍費用由中央人民政府負擔。」
〔1988 年 4 月基本法起草委員會秘書處《中華人民共和國香港特別行政區基本法（草案）草稿》〕

① 《各專題小組的部份委員對本小組所擬條文的意見和建議匯輯》，載於 1988 年 4 月基本法起草委員會秘書處《中華人民共和國香港特別行政區基本法（草案）草稿》

【P59】
（編者按：內容同第三稿文件②）

第七稿

「第十三條　　中央人民政府負責管理香港特別行政區的防務。
中央人民政府派駐香港特別行政區負責防務的軍隊不干預香港特別行政區的地方事務。香港特別行政區政府在必要時，可向中央人民政府請求駐軍協助維持社會治安和救助災害。
駐軍人員除應遵守全國性的法律外，還應遵守香港特別行政區的法律。
駐軍費用由中央人民政府負擔。」
〔1988 年 4 月基本法起草委員會《中華人民共和國香港特別行政區基本法（草案）徵求意見稿》〕

第八稿

「第十四條　　中央人民政府負責管理香港特別行政區的防務。

香港特別行政區政府負責維持香港特別行政區的社會治安。

中央人民政府派駐香港特別行政區負責防務的軍隊不干預香港特別行政區的地方事務。香港特別行政區政府在必要時，可向中央人民政府請求駐軍協助維持社會治安和救助災害。

駐軍人員除須遵守全國性的法律外，還須遵守香港特別行政區的法律。

駐軍費用由中央人民政府負擔。」

〔1989 年 2 月《中華人民共和國香港特別行政區基本法（草案）》〕

① 《基本法工商專業界諮委對基本法（草案）徵求意見稿第二章中央和香港特別行政區關係之意見書》

【P1】
第十三條（第三段）
建議把下列句子：
「駐軍人員除應遵守全國性法律外，還應遵守香港特別行政區的法律」
修改為：「駐軍人員除應遵守全國性的法律外，還必須遵守香港特別行政區的法律」。

※

② 1988 年 5 月基本法諮詢委員會秘書處《基本法（草案）徵求意見稿初步反應報告（草稿）》

【P1】
3. 某些字眼需修改，致使語氣更肯定或緩和，如：
3.1 有委員認為第十三條「中央人民政府派駐香港特別行政區負責防務的軍隊不干預香港特別行政區的地方事務」中的「不干預」應修改為「不得干預」，這寫法令「不干預」的意思更加肯定。但有委員不同意這樣修改，因為他認為中央的地位高於特區，所以用「不得干預」的寫法是不恰當的。
3.2 有委員認為第十三條「駐軍人員除應遵守全國性的法律外，還應遵守香港特別行政區的法律」中的「應遵守」應修改為「必須遵守」，因為本條的意思是肯定的，所以用「必須」取代「應」會更準確。根據同樣理由，「中央各部門、各省、自治區、直轄市在香港設立的一切機構及其人員均應遵守香港特別行政區的法律」的「應遵守」也應修改為「必須遵守」。

※

③ 1988 年 8 月基本法起草委員會秘書處《香港各界人士對〈香港特別行政區基本法（草案）徵求意見稿〉的意見匯集（一）》

【P4-5】
第十三條
1. 希望本條明確規定香港人不必服兵役。

2. 本條須列明駐軍人數、駐軍及駐軍人員活動範圍等。

3. 駐軍人員犯罪時，由什麼法院審理，希望能明確規定。

4.「不干預」改為「絕對不可以干預」；「應遵守」改為「必須遵守」。

5. 駐軍是為香港提供服務的，因此駐軍費用香港要承擔一些。

6. 建議賦予行政長官調動軍隊的權力。

7. 建議設「防衛自願軍」維護社會治安和救助災害，費用由特別行政區負擔。

※

④ 1988 年 9 月基本法起草委員會秘書處《內地各界人士對〈香港特別行政區基本法（草案）徵求意見稿〉的意見匯集》：

【P7】
第十三條
1. 刪去第一款「管理」兩字。

2. 駐軍的義務有規定，權利卻沒有規定。

3. 第三款應加一句：「當全國性法律與香港特別行政區法律衝突時，應執行全國性法律。」

4. 憲法規定中央軍委管全國軍隊，這裡卻說中央人民政府負責防務，與憲法規定不一致。

5. 駐軍軍人犯罪問題沒解決，這方面的具體法律由誰定？

※

⑤ 《基本法諮詢委員會中央與香港特別行政區的關係專責小組對基本法（草案）徵求意見稿第一、第二、第七及第九章的意見匯編》，載於 1988 年 10 月基本法諮詢委員會《中華人民共和國香港特別行政區基本法（草案）徵求意見稿諮詢報告（1）》

【P45-46】
（編者按：除下列內容外，其餘內容與第八稿文件②第 3.1及 3.2 點同，但第 3.1 點的不同意見這裡被刪去。）
12. 第十三條
3.1 有委員認為第十三條「中央人民政府派駐香港特別行政區負責防務的軍隊不干預香港特別行政區的地方事務」中的「不干預」應修改為「不得干預」，這寫法令「不干預」的意思更加肯定。
12.2 大部份委員同意駐軍人員應遵守全國性的法律和香港特別行政區的法律。但有委員認為，第三款應寫出假如兩地法律出現矛盾時的具體解決辦法。
12.4 有委員建議把「香港特別行政區在必要時，可向中央人民政府請求駐軍協助」，改為「只有在香港特別行政區要求之下，中央人民政府才會請駐軍提供援助」，使意思更明確。

※

⑥ 1988 年 10 月基本法諮詢委員會《中華人民共和國香港特別行政區基本法（草案）徵求意見稿諮詢

【P49-54】

第十三條

2. 意見

2.1 贊成意見

→ 贊成此條。

理由：

⊙ 香港不用負擔軍費。

⊙ 駐軍不干預本港地方事務。

⊙ 可以安定人心，使企圖破壞香港安居樂業的人，不致目中無人，膽大妄為。

2.2 其他

→ 關於駐軍人員遵守全國性法律外，還應遵守香港特別行政區的法律，由於全國性法律與特別行政區法律有抵觸之處，故本條規定有不清楚的地方。

→ 此條並沒有把《中英聯合聲明》內兩處提及的社會治安由特別行政區政府負責維持的原則寫出來，意義不完確。

→ 由解放軍鎮守邊境，引起諸多不便。

→ 駐軍是「一國」的象徵，特別行政區不用負擔軍費，是「兩制」的表現。

3. 建議

→ 原條保留。

3.1 刪除

→ 刪去「應遵守全國性法律」。

理由：

⊙ 第四十二條已規定「香港居民和在香港的其他人有遵守香港特別行政區法律的義務」，既然法律面前人人平等，就不必畫蛇添足了。

⊙ 為避免中港法律會有矛盾。

→ 第一款中的「管理」一詞應刪去，以求與英文版一致。

3.2 修改

→ 「駐軍人員」改作「駐港軍員」或「駐港軍人」。

→ 二段「地方事務」改作「內部事務」。

理由：「地方事務」一詞包括對外和對內事務，必須更加清晰展示中央駐軍不能干預香港事務的範圍。

→ 二段一句改為：「香港自行設立負責防務自願軍隊，維持社會治安和救助災害。經費由香港特別行政區政府負責。」

理由：

⊙ 推行一國兩制，既有共產主義軍隊，必須有資本主義軍隊。

⊙ 由香港具中國人血統人士擔任自願軍隊，亦是中國民族軍隊統一和領土完整的表示。

⊙ 不會使香港經濟發生問題，並可免除資本家、科技及專業人才移民外流。

⊙ 減少中央人民政府軍費的支出。

⊙ 增加香港防衛能力。

⊙ 可從而引進高軍事科技產品。

⊙ 一旦內地遭受侵略時，港府亦可成為軍事供應中心。

⊙ 安定港人民心。

→ 第二款第二句改為：「香港特別行政區政府自行負責本港的社會治安，但在必要時可……」。

→ 第三款改為：「駐軍人員應遵守香港特別行政區的法律。」

→ 第三款第二句「應」字改為「須」字。

理由：基於香港人的慣用語法，「應」字沒有約束力，「須」字才有約束。

→ 將「應」為「必須要」。

→ 將「應」字改為「必須」。

→ 改為：「駐軍人員須遵守全國性的法律和香港特別行政區的法律。」

理由：以示二者並重。

→ 第二段改為：「香港特別行政區政府在必要時可指揮軍隊（駐軍）或可向中央人民政府……。」

→ 最後一句改為：「為了體現中央人民政府與特別行政區政府的行政關係，為了體現一國兩制，實行與內地不同的方法，也不實行分擔軍費的方法，而採用特別行政區政府向中央人民政府上繳百分之三的總稅收的方法。當特別行政區政府經濟出現困難的時候，可協議減費上交。」

理由：香港不是窮鄉僻壤，從長遠看，這樣才公平。

→ 改為：「駐軍人員除應遵守軍紀外，還應遵守香港特別行政區的法律。」

理由：為避免全國性的法律與特別行政區的法律有抵觸的問題。

→ 改為：「駐軍人員在香港特別行政區範圍內，應完全遵守特別行政區的法律。」

→ 改為：「駐軍人員應遵守香港特別行政區法律。」

→ 改為：「駐軍人員應遵守全國性的法律及香港特別行政區的法律。」

→ 改為：「有關駐軍人員犯罪如何處理應另有法律規定。」

→ 改為：「不干預特別行政區的立法與行政。」

理由：「不干預特別行政區的地方事務」與「協助維持社會治安和救助災害」，看似有矛盾。

→ 改為：「中央人民政府派駐香港特別行政區負責防務的軍隊不得干預香港地方事務和行政。駐軍單位的主管或個別士兵觸犯香港法律的行為應受香港法庭審判和刑罰，但應呈報全國人民代表大會常務委員會備案。香港特別行政區政府在必要時，可請求駐軍協助維持社會治安和救助災害，駐軍在執行任務時接受香港特別行政區政府諮詢和會商任務協調以及工作分配，香港特別行政區政府應呈報全國人民代表大會常務委員會備案。駐軍費用由中央人民政府負擔。駐軍人員除應遵守全國性法律外，還遵守香港的法律。」

→ 改為：「中央人民政府負責管理香港特別行政區的防務。香港特別行政區的社會治安由香港特別行政區政府負責維持。中央人民政府派駐香港特別行政區負責防務的軍隊不干預香港特別行政區的內部事務。香港特別行政區政府在必要時，可向中央人民政府請求駐軍協助維持社會治安和救助災害。」

→ 改為：「中央人民政府負責管理香港特別行政區的防務。香港特別行政區的社會治安由香港特別行政區政府負責維持。中央人民政府派駐香港特別行政區負責防務的軍隊不得干預香港特別行政區的內部事務。香港特別行政區政府在必要時，可向中央人民政府請求駐軍協助維持社會治安和救助災害。

駐軍人員除須遵守香港特別行政區的法律外，還須遵守全國性的法律。

駐軍費用由中央人民政府負擔。」

→ 依照以上建議，在第二款後再加上：「駐軍人員犯罪，應按照香港特別行政區的法律，接受審判及裁決。」

→ 改為：「香港特別行政區的社會治安由香港特別行政區政府負責，中央人民政府派駐香港特別行政區負責防務的軍隊不干預特別行政區的內部事務。香港特別行政區政府在必要時，可向中央人民政府要請求駐軍支援以協助特別行政區治安部隊最高指揮官維持社會治安及救災。駐軍人員除應遵守香港特別行政區的法律外，還應遵守全國性的法律。駐軍費用由中央人民政府負擔。」

3.3 增加

→ 加上：「駐軍防務範圍和職權，應與一九九七年前駐港英軍一樣」。

→ 加上：「如國家受侵略時，特別行政區有支援祖國的義務。」

→ 加上：「社會治安由特別行政區政府負責；駐軍應遵守特別行政區法律。」

→ 在第一款「中央人民政府負責管理香港特別行政區的

防務」後加上「香港居民無須服兵役。」
→ 加上：「駐軍官兵如犯法應受香港司法機構的審判與制裁。」
理由：避免有人借駐軍不歸香港政府管轄為名，將犯法的駐軍調回而不受香港法律制裁。
→ 加上：「如有違反香港特別行政區法律，應由香港特別行政區法院審判。」
→ 加上：「香港特別行政區社會治安由香港特別行政區政府維持。」
理由：「社會治安」與「防務」有分別，根據《中英聯合聲明》，社會治安是由特別行政區政府負責維持，而中央人民政府則負責防務，並不干預香港特別行政區的內部事務。
→ 加上：「中華人民共和國的本地居民、官員及在香港特別行政區駐軍人員觸犯香港特別行政區法律時須接受該地區的警務人員拘留，限制離境，以及接受香港特別行政區的法庭審訊，裁判及處分。」
→ 在「還應遵守特別行政區的法律」後加上「如有違反行為，特別行政區有權處理。」
→ 在第三款加上：「駐軍人員如觸犯香港特別行政區法律，須在香港特別行政區法院進行訴訟。」

3.4 其他建議

3.4.1 有關「駐軍的職務」
→ 特別行政區防務由中央人民政府的軍隊負責，治安則由特別行政區警隊負責。
理由：
⊙ 避免中央駐軍干預香港政府的運作。
⊙ 加強高度自治的精神。
→ 除非有特別任務，駐軍不要在市區出現。
→ 應由中華人民共和國軍隊駐防保護香港社會安全，惟防軍不得隨意藉詞將人民拘捕，除非有人組織軍隊，實行暴亂時，軍方通知會香港特別行政區政府，聯合行動。

3.4.2 有關「駐軍應遵守的法律」
→ 駐於香港的軍人或人員，應先遵守香港特別行政區的法律，亦可同時遵守全國性的法律。
→ 當香港法律和中央法律有所抵觸時，駐軍人員應只遵守香港法律。
→ 駐軍人員犯法應與普通居民同樣受法律制裁。
理由：否則會影響軍民關係。
→ 駐軍若觸犯法律（除國防、外交、主權等則例外），同樣須受香港當地法律處理。
理由：否則不能體現法律面前人人平等，甚至會造成社會不和諧。
→ 駐軍犯罪，應由香港法庭作最後終審。
→ 特別行政區執法機關有權逮捕、審判及制裁在特別行政區犯法的駐軍人員和駐特別行政區的內地機關人員。

3.4.3 有關「軍費」
→ 駐軍費用應由中央負責。
理由：確認中國擁有香港的主權，中央應負責香港的防務。
→ 列明香港每年因財政情況，與中國分擔軍費。
理由：
⊙ 繳軍費與在香港實施「高度自治」和「一國兩制」是無矛盾的。
⊙ 解放軍駐守香港、保護港人。
⊙ 即使到了一九九七年，很多內地人民的生活水平都不及香港，要他們負擔軍費，並不合理。
⊙ 使特別行政區的立法機關對駐軍的一般活動有發言權。
→ 由香港政府負責駐軍的福利及營地所需經費，中央負責建設軍工器材及增設新型軍需器材。
→ 一九九七年之後香港人應向中央人民政府納稅，而納稅包括支持人民解放軍的香港駐軍費用。

3.4.4 有關「特別行政區請求駐軍協助的方法」
→ 凡發生對香港安定繁榮有損害的事，當行政長官要求協助時，駐軍首長可按原則立即予以協助，如有懷疑便報

中央人民政府請示。
→ 駐軍應有中央人民政府代表，使特別行政區政府在緊急需要時，可以立刻聯繫、請求，以便第一時間趕到需要協助的場地，此問題不要列入基本法，只要特別行政區政府與中央人民政府商議便可了。
→ 請求駐軍協助之前，應按一定步驟提出要求，例如：經特別行政區政府之行政、立法兩局大多數成員通過，並得行政長官之同意。
→ 特別行政區政府要求駐軍協助之前，應該由行政局仔細分析考慮，由行政首長用書面向中國提出。且當中央駐軍香港時，所有駐軍應該受香港行政長官的管轄。
→ 當需要軍方立刻作出協助，如救災等，若每次都要向中央人民政府作請求，會令事件惡化，所以建議特別行政區應直接向軍部負責人聯絡或與國務院港澳辦公室等聯絡。

3.4.5 其他
→ 中央不必派軍駐守香港，只在必要時由特別行政區向中央請求派駐軍協助維持治安及救災。
→ 應增加警察人數，維持治安，以代替一九九七年後撤走的英軍。
→ 在香港特別行政區負責防務的軍隊只可由中央人民政府派駐，而各地方軍隊不能以任何理由擅自派遣軍隊進入香港特別行政區。
→ 應將下列有關駐軍的限制寫入基本法：
（1）駐軍人數
（2）駐軍人員不得擁有香港永久性居留權
（3）駐軍人員限期五年調離香港，另派人代表輪戍
（4）駐軍人員有特別身份證明文件
（5）駐軍及從員活動範圍
（6）駐軍的權責
→ 中央人民政府駐守香港的軍隊數目應有限制，不應多於現時英軍駐守香港的數目。
理由：
⊙ 根據過往經驗，現時英軍駐港人數是足夠的。
⊙ 若駐軍人數不受限制，會影響香港作為金融中心的形象。
→ 中央駐軍香港時，軍隊應從屬於特別行政區政府之行政長官。
→ 特別行政區中國駐軍應享有同香港居民平等生活的權利，由特別行政區供給衣、食、住。
→ 列明駐軍人員的職權、駐軍人員的法律責任、對駐軍人員的指揮權及駐軍人員與特別行政區治安部隊的協調。
→ 基本法應寫明中港兩地類似引渡罪犯的處理規定。

4. 待澄清問題

4.1 有關「駐軍要遵守的法律」
→ 駐軍什麼情況下遵守全國性法律？什麼時候遵守香港法律？
→ 若「全國性法律」與「特別行政區法律」有矛盾，比如根據中國憲法第二十八條，駐軍人員要「制裁」破壞社會主義經濟活動。中央在港的駐軍應遵守哪一項法律？
→ 若特別行政區法院能審訊中央的駐軍，則它應用哪項法律？
→ 駐軍人員觸犯香港法例，由地方法院審判還是軍事法庭審判？
→ 駐軍人員犯罪的問題怎樣處理？

4.2 有關「駐軍的費用」
→ 第四段的「費用」是否包括特別行政區「向中央人民政府請求駐軍協助維持社會治安和救助災害」的費用？
→ 香港特別行政區政府會否對駐軍徵用的土地、所需的資源徵收費用？
→ 駐軍營地是否由香港政府提供？

4.3 有關「服兵役」
→ 特別行政區居民如自願加入特別行政區的防衛工作，

中央會否給予機會？
→ 港人是否需服兵役？
→ 中國憲法第五十五條說：「依照法律服兵役和參加民兵組織是中華人民共和國公民的光榮義務」，但此條卻沒說香港人要服兵役，是否這條憲法不適用於香港？
→ 服兵役是全球很多國家都有規定的，絕不能形容為中國社會主義制度的特色，為何在香港的中華人民共和國公

民可免服兵役？
4.4 其他
→ 防衛什麼？
→ 「干預」的限度是什麼？比如駐軍對軍營外的示威可作什麼的「干預」？
→ 「必要時」未有明確界定，何種情況下才提出？又應以何種步驟提出？

第九稿

「**第十四條　中央人民政府負責管理香港特別行政區的防務。**
香港特別行政區政府負責維持香港特別行政區的社會治安。
中央人民政府派駐香港特別行政區負責防務的軍隊不干預香港特別行政區的地方事務。香港特別行政區政府在必要時，可向中央人民政府請求駐軍協助維持社會治安和救助災害。
駐軍人員除須遵守全國性的法律外，還須遵守香港特別行政區的法律。
駐軍費用由中央人民政府負擔。」
〔1990 年 2 月《中華人民共和國香港特別行政區基本法（草案）》〕

①黃麗松《對有關中央與特區關係條文的意見》（1989 年 8 月 22 日中央與香港特別行政區的關係專責小組第三次會議附件二）

經過「六四事件」後，本人認為《草案》部份中港關係的條文需要重新或再進一步考慮，仔細研究，包括下列方面：
（1）駐軍問題（第十四條）
1.解放軍應否進駐香港？

2.若解放軍進駐香港，他們與香港社會的關係是怎樣的？譬如解放軍離開軍營，在市區活動時，可否穿軍服？就這方面，香港政府又可以與解放軍怎樣訂立協議？

※

② 1989 年 8 月 15 日戴健文《致：基本法諮委會中央與特區關係專題小組秘書》（1989 年 8 月 22 日中央與香港特別行政區的關係專責小組第三次會議附件四）

本人就中央與特區關係一章有以下疑問，希望在小組會議上提出討論。
（一）第十四條：
→ 軍隊不干預特區的地方事務。究竟何謂地方事務呢？特區出現反北京政權的遊行、集會或請願行動是否屬於地方事務呢？地方事務的意義是否指在香港發生的事情呢？
→ 可向中央人民政府請求駐軍，究竟請求的程序怎樣呢？由立法局提出請求，或是由行政長官提出請求呢？如何防止濫用請求呢？
→ 軍隊應否駐守香港呢？還是駐守在深圳呢？

※

③ 1989 年 8 月 22 日《中央與香港特別行政區的關係專責小組第三次會議紀錄》

第十四條
1.關於解放軍應否進駐香港，有委員認為原則上為體現主權，解放軍應該進駐香港，而且香港乃國際城市，九七年後可能經常有外國軍隊來港訪問，必須由本地的軍部接

待。但北京近日的事變令港人對解放軍產生戒心，故折衷辦法乃解放軍不進駐香港，只在邊境地方（如深圳）駐防。而在香港只設立由三軍司令負責的軍部辦事處。平時，三軍司令及辦事處負責接待和聯絡工作，有需要時，才召集進駐邊境的解放軍協助。委員認為此方法既能體現中央主權，亦釋香港人的憂慮。再者，解放軍駐於深圳，該處生活水準較低，中央負擔亦較輕。

2.有委員認為雖然本條列出「駐軍人員除須遵守全國性的法律外，還須遵守香港特別行政區的法律。」但當二者有抵觸時，解放軍應遵守什麼法律便成很大問題，故建議應在香港法律中清楚列明駐軍要遵守的規則。

3.就上述情況，有委員建議刪去「駐軍人員須遵守全國性法律」的規定，因為適用於軍人的全國性法律應已在軍人守則中列出，而且解放軍乃駐防於香港，應只遵守香港的法律，故不應再列明他們要遵守全國性法律。

4.有委員認為駐軍必須在行政長官的請求下，才能參與維持香港的內部治安，而行政長官請求駐軍協助的權力，亦必須要由立法機關作適當的制衡。

5.有委員認為「地方事務」的意思不清楚。若特區出現反北京政權的遊行、集會或請願行動，這些是否屬於地方事務呢？地方事務的意義是否只在香港發生的事情呢？

④ 1989 年 11 月 30 日基本法起草委員會秘書處《內地各界人士對〈中華人民共和國香港特別行政區基本法（草案）〉的意見匯集》

【P6-7】
第十四條
1.一九九七年中國恢復對香港行使主權後，人民解放軍進駐香港是理所當然的。基本法（草案）對駐軍的規定，已充份考慮到香港的特殊情況，不宜再作改動。（法學界人士）

2.增加一款：「香港特別行政區政府應向中央人民政府派駐香港特別行政區負責防務的軍隊提供方便。」（國家有關部門）

※

⑤《基本法諮詢委員會中央與香港特別行政區的關係專責小組對基本法（草案）第一、第二、第七、第八、第九章、附件及附錄的意見匯編》，載於1989年11月基本法諮詢委員會《中華人民共和國香港特別行政區基本法（草案）諮詢報告第一冊》

【P53】

第十四條

1.關於解放軍應否進駐香港，有委員認為，原則上為體現主權，解放軍應該進駐香港，而且香港乃國際城市，一九九七年後可能經常有外國軍隊來港訪問，必須由本地的軍部接待。但北京近日發生的事件令港人對解放軍產生戒心，故折衷辦法乃解放軍不進駐香港，只在邊境地方（如深圳）駐防。而在香港只設立由三軍司令負責的軍部辦事處。平時，三軍司令及辦事處負責接待和聯絡工作，有需要時，才召集駐於邊境的解放軍協助。委員認為此方法既能體現中央主權，亦釋香港人的憂慮。再者，解放軍駐於深圳，該處生活水準較低，中央負擔亦較輕。

2.有委員認為，雖然本條列出「駐軍人員除須遵守全國性的法律外，還須遵守香港特別行政區的法律。」但當二者有抵觸時，解放軍應遵守什麼法律便成很大問題，故建議應在香港法律中清楚列明駐軍要遵守的規則。

3.就上述情況，有委員建議刪去「駐軍人員須遵守全國性法律」的規定，因為適用於軍人的全國性法律應已在軍人守則中列出，而且解放軍乃駐防於香港，應只遵守香港的法律，故不應再列明要他們遵守全國性法律。

4.有委員認為駐軍必須在行政長官的請求下，才能參與維持香港的內部治安，而行政長官請求駐軍協助的權力，亦必須要由立法機關作適當的制衡。

5.有委員認為「地方事務」的意思不清楚。若特別行政區出現反北京政權的遊行、集會或請願行動，這些是否屬於地方事務呢？地方事務的意義是否只在香港發生的事情呢？

※

⑥《香港特別行政區的駐軍問題》，載於1989年11月基本法諮詢委員會《中華人民共和國香港特別行政區基本法（草案）諮詢報告第二冊——專題報告》

【P27-37】

1.前言

1.1《中英聯合聲明》規定一九九七年後香港特別行政區享有行政管理權、立法權、獨立的司法權和終審權，但國防和外交事務則歸中央人民政府負責。中央人民政府負責香港國務事務的其中一個體現是派遣解放軍駐守香港。解放軍不干預香港特別行政區的地方事務，但在必要時，可應特別行政區政府的請求協助維持社會治安和救助災害。不過在《中英聯合聲明》和《基本法（草案）》中對解放軍駐守香港只列出了原則性的規定，由此而引起的其他問題，尚待討論。

1.2 本報告分作兩大部份。第一部份首先列出《中英聯合聲明》和《基本法（草案）》中有關一九九七年後解放軍駐守香港的條文；中英聯合聯絡小組的初步討論；以及現時駐港英軍和國內中國人民解放軍的背景資料，以供參考。第二部份就解放軍駐守香港的幾個討論焦點，鋪陳不

同意見及有關的參考資料，包括因六月北京事件發生後，考慮解放軍不駐守香港而代以其他安排的建議、解放軍的調派、解放軍要遵守的法律、解放軍的司法管轄權、軍費的安排和解放軍與社會的關係等。

2.《中英聯合聲明》中有關駐軍問題的條文

2.1 第三款第二條：「香港特別行政區直轄於中華人民共和國中央人民政府。除外交和國防事務屬中央人民政府管理外，香港特別行政區享有高度自治權。」

第三款第十一條：「香港特別行政區的社會治安由香港特別行政區政府負責維持。」

2.2 附件一第一項：「……香港特別行政區直轄於中華人民共和國政府中央人民政府，並享有高度的自治權。除外交和國防事務屬中央人民政府管理外，香港特別行政區享有行政管理權、立法權、獨立的司法權和終審權。……」

附件一第十二項：「香港特別行政區的社會治安由香港特別行政區負責維持，中央人民政府派駐香港特別行政區負責防務的部隊不干預香港特別行政區的內部事務，駐軍軍費由中央人民政府負擔。」

3.《基本法（草案）中有關駐軍問題的條文》

3.1 第十四條：「中央人民政府負責管理香港特別行政區的防務。

香港特別行政區政府負責維持香港特別行政區的社會治安。中央人民政府派駐香港特別行政區負責防務的軍隊不干預香港特別行政區的地方事務。香港特別行政區政府在必要時，可向中央人民政府請求駐軍協助維持社會治安和救助災害。

駐軍人員除須遵守全國性的法律外，還須遵守香港特別行政區的法律。

駐軍費用由中央人民政府負擔。」

4. 中英聯合聯絡小組的初步討論

4.1《中英聯合聲明》附件二「關於中英聯合聯絡小組」指出，該小組的職責包括（一）就《中英聯合聲明》的實施進行磋商；（二）討論與一九九七年政權順利交接有關的事宜；（三）就雙方商定的事項交換情況並進行磋商。小組自成立後，討論過不少與香港順利過渡有密切關係的事宜，其中包括一九九七年後解放軍駐守香港的問題。有關問題由於仍在磋商，暫時未有具體決定。

4.2 不過，國務院港澳辦公室一司司長、中英聯合聯絡小組中方成員鄭偉榮在一九八八年四月港澳辦公室招待記者的茶話會上就一九九七年後駐軍問題有下列談話：

4.2.1 中國駐軍香港問題在《中英聯合聲明》已有規定，但有關細節仍待討論。

4.2.2 駐港英軍現在負擔的工作包括在邊境堵截非法入境者，中英聯合聯絡小組曾討論這問題，一九九七年後這部份工作將交由特別行政區警察負責。

4.2.3 中國一九九七年後派駐軍到港，總要有駐紮的地方，但駐軍是否會在市區駐紮或者駐紮在以往英軍市區的軍營中，仍未決定。至於會否考慮撤銷英軍在市區的軍營和軍事設施，仍要待專家商討後才決定。

4.2.4 一九九七年後中國駐軍原則上會使用英軍現有的設備，但肯定不需要全部用上，因為將來駐軍的數目不會比一九九七年前英軍的數目多，至於具體要用上英軍哪些設備，則要待聯絡小組中方成員考察過現有設備才能確定。

4.2.5 將來中國駐軍基本上海陸空三軍都齊備，因為現在英方的做法也是這樣，儘管某些軍隊的人數很少。至於海軍會否進駐添馬艦，該處的有關設施會否繼續使用，總的計劃仍未定。

5. 目前駐港英軍的資料

5.1 自十九世紀中香港成為英國的殖民地後，香港一直是

英國在東亞區域中一個軍事基地。一九七五年，英國公佈了防衞白皮書（Defence White Paper），表示英國的駐軍將減少百分之十五。在一九七六至一九七九年間，港駐英軍只有四營，連同華籍英兵大約只有八千人。到一九八零年十月，為阻止非法移民由邊界偷渡進入香港，英港雙方決定增加一營長駐的軍隊，因此長期駐守香港的英軍有五個步兵營。

5.2 駐守香港的英國部隊包括英國的海陸空三軍，職責為協助政府執行防衞任務、維持香港境內安定。此外，本港還有一支實力雄厚的輔助部隊，由志願人員組成，包括皇家香港軍團（義勇軍）、皇家香港輔助空軍、民眾安全服務隊，及醫療輔助隊。

5.3 駐港三軍由英軍總司令統領。英軍總司令除了向港督提供意見外，亦須向倫敦英國國防參謀總長負責。根據《英皇制誥》所載，港督在名義上亦是本港三軍總司令。

5.4 駐港軍隊的種類

5.4.1 皇家海軍
皇家海軍有五艘巡邏艇，連同支援部隊，現時約有六百人。皇家海軍以香港島中區之添馬艦為基地，主要在香港水域內執行多種巡邏職務。海軍司令與海事處長及民航署長緊密聯絡，協助政府監管範圍達九十一公里的香港海防區內的活動，並經常派遣部隊，在南中國海執行搜索及救援工作。皇家海軍與香港海事處、皇家香港警察水警隊互相合作，緝捕來自中國的非法入境者，對走私及其他非法侵犯本港水域者採取行動。

5.4.2 陸軍
陸軍是本港駐軍的主力，由陸軍司令直接指揮。各作戰單位由第四十八喗喀步兵旅司令代表英軍總司令統領，後勤單位則由陸軍輔助部隊司令管轄。陸軍的主要任務是協助警隊維持境內安定和保衞邊界；近年的主要工作是堵截非法入境活動。此外，陸軍亦向香港政府提供後勤支援，協助運送和管理湧入本港的越南船民。
香港市民透過皇家香港軍團（義勇軍）及香港陸軍服務團，參與本港的防衞事務，發揮重要作用。皇家香港軍團（義勇軍）的成員均為本地招募的兼職軍人，而香港陸軍服務團的成員雖亦在本地招募，但均為全職正規軍人，屬英軍編制。香港陸軍服務團現有華籍官兵約一千三百人，擔任守衞員、軍警、傳譯員、御犬員、駕駛員、廚子、文員、海員及軍需品管理員的工作。該團給予本港駐軍不少幫助，在阻截非法入境者的工作上，擔當重任。

5.4.3 皇家空軍
皇家空軍總部位於新界石崗。皇家空軍第二十八（陸空協作）中隊基地設在石崗機場，由各工程中隊及行政中隊支援。支援隊伍還包括一個空中交通控制組。該組協助駐港皇家空軍司令控制石崗機場範圍的上空，亦負責為香港國際機場範圍以外的上空，提供航空控制的諮詢服務。駐守啟德的皇家空軍機場組，則負責監察飛離香港國際機場的軍事人員及貨物，以及每年處理逾二百架次在本境內飛行的皇家空軍運輸機。皇家空軍屬下憲兵及保安組，駐守新蒲崗彩虹軍需處。此外，並有皇家空軍人員擔任英軍總部聯合航空任務控制中心及三軍運輸處的工作。
皇家空軍亦經常為警隊提供訓練和支援服務，包括策略性調動人員和在緊急事件中迅速增援。此外，亦協助推行多項社會服務計劃。

5.5 輔助部隊

5.5.1 皇家香港軍團（義勇軍）
義勇軍是一支輕裝備偵察團，基本上由志願兼職的市民組成。隊員約九百五十人，華人佔百分之九十五以上。由香港政府負責管理及支付經費，但出動時則由英軍總司令指揮。軍團的任務以保障本港內部安全為主；此外，還擔任偵察工作，參與防止非法入境活動，並在發生天災時協助政府其他部門。

5.5.2 皇家香港輔助空軍
該部隊擁有飛機十架，常務人員一百二十七名及志願人員一百七十名，總部設在香港國際機場，為政府提供多項飛行服務，和對運送傷病者及救援的緊急召喚提供協助，例如在南中國海搜索與救援遇事船隻。在乾燥季節，前往普通消防車難以到達的地區，撲滅林火。此外，輔助空軍常以直升機載送工程人員至山頂進行無線電轉播站保養及修理工作。該部隊經常協助堵截非法入境者，及協助地政署進行高空測量、攝影及繪製地圖的工作。

5.5.3 民眾安全服務隊
民眾安全服務隊由志願人員組成。該隊有成人團員三千七百名，少年團員三千名。由香港政府負責管理和支付經費。民安隊的主要職責為在發生天災時負責救急扶危，及在平日協助執行一般任務。此外，自一九七五年首批越南難民抵港以來，便參與難民營的工作，為抵港難民供應膳食和管理營地。

5.5.4 醫療輔助隊
醫療輔助隊是一個志願醫療民防組織，隊員來自各行各業，共有志願隊員五千八百多人。主要工作是支援醫務衞生署的應急服務及輔助消防處的救護車服務，以及派隊員到越南難民中心醫療站當值。

6. 中國人民解放軍的資料

6.1 中國憲法第九十三條及第九十四條規定了中國的國防系統
第九十三條：「中華人民共和國中央軍事委員會領導全國武裝力量。」
第九十四條：「中央軍事委員會主席對全國人民代表大會和全國人民代表大會常務委員會負責。」

6.2 中國人民解放軍的職責主要有兩方面：一是保衞國家，二是支援國家建設。此外亦在非正常時期進行搶險救災的工作。

6.3 中國人民解放軍的組織
中國人民解放軍的最高軍事領導機構是中央軍事委員會，由主席、副主席和組員組成，主要職責是領導全國的武裝力量。中央軍委下設總參謀部。人民解放軍直接由中央軍委指揮調動，由總參謀長指揮作戰。
在總參謀部長統領下，全國分七大軍區：北京軍區、瀋陽軍區、南京軍區、廣州軍區、濟南軍區、蘭州軍區、成都軍區。香港則處於廣州軍區的東南部。就兵種而言，有空軍、海軍、陸軍等，分別由空軍司令、海軍司令及總參謀長統領。就編制而言，可分為野戰軍隊和地方軍隊兩大類：野戰軍隊是可在全國範圍內調動的軍隊，指揮權在中央；地方軍隊則是駐守某省區的軍隊。

7. 討論焦點

7.1 一九九七年後解放軍應否駐守香港
雖然《中英聯合聲明》及《基本法（草案）》已列明一九九七年香港回歸中國後，解放軍將會駐守香港，中英聯合聯絡小組亦就有關駐軍的問題開始研究，但仍有不少人提出一九九七年後解放軍應否駐守香港的問題。

7.1.1 認為解放軍應該駐守香港的意見
7.1.1.1 解放軍於一九九七年後駐守香港，是《中英聯合聲明》的規定。該份聲明乃中英兩國經過多番討論而成的協議，不容隨便更改。故此，在聲明簽署數年後提出更改解放軍駐守香港的規定，即違反《中英聯合聲明》，將引起極壞的後果。

7.1.1.2 一九九七年中國恢復對香港行使主權，香港成為中央人民政府轄下的特別行政區，是一件重要的事情，而解放軍駐守香港，是中國恢復對香港行使主權的重要體現。中國作為香港的主權國，沒理由不能在香港駐軍。

7.1.1.3《中英聯合聲明》及《基本法（草案）》都列明解放軍不會干預香港特別行政區的內部事務，特別行政區的社會治安由特別行政區政府負責，解放軍只在必要時，經

特區政府的請求下，才參與維持社會治安和救助災害。這樣的安排，可保證平時解放軍不會干預特別行政區事務，但在需要時卻可以保障特別行政區的安全，對香港非常有利，故解放軍駐守香港是重要而必須的。

7.1.1.4 一九九七年英國軍隊撤走後，唯一能保護香港不受外侵的力量，就是中國人民解放軍，若英軍撤走後，中國軍隊又不駐守，香港的防衛力量將成真空，這對香港的保安是極危險的。

7.1.1.5 解放軍駐守香港與否實際並無差別，因為大陸邊境會離香港市區很近，故有關不駐軍的意見，並不成立。

7.1.2 希望解放軍不駐守香港的意見

7.1.2.1《中英聯合聲明》列出中央人民政府會派遣解放軍駐守香港，但這僅說明解放軍「可以」駐守香港，卻不是規定他們「必須」駐守香港。若中央人民政府考慮香港人的要求後，決定不派解放軍駐守香港，絕不是違反《中英聯合聲明》的。

7.1.2.2 香港在一九九七年之後回歸中國，成為中華人民共和國轄下的特別行政區，已經是中國在香港擁有主權的最好體現，並不一定要以解放軍駐守香港的形式才能體現中國對香港的主權。

7.1.2.3 自從六月發生北京事件後，香港人對解放軍充滿戒心。因此若解放軍在一九九七年後駐守香港，將對香港人心理造成很大威脅。故為釋香港人之憂慮，解放軍最好不駐守香港。

7.1.2.4 香港是一個重要的旅遊及投資中心，是外國旅客及投資者雲集的地方，他們對於解放軍駐守香港將極不習慣，而且自從北京事件後，解放軍在外國人心中的形象不大好，若中央堅持要解放軍駐守香港，會嚴重影響香港的旅遊及投資事業。

7.1.3 駐軍問題的其他建議

7.1.3.1 解放軍駐於香港境外

7.1.3.1.1 若從解放軍保衛香港防務的角度看，他們駐守於邊境以外的地方如深圳，亦可發揮作用，因為香港面積小，由深圳調動駐軍入市區，只需數小時，而解放軍不駐於香港境內，可令香港人放心。

7.1.3.1.2 若認為解放軍駐於深圳不算駐守香港境內，可安排他們駐守新界與深圳邊界原有的「禁區」，這些「禁區」原已有英軍設防，一九九七年後改由解放軍駐守，引起的變化較少。居住在「禁區」附近的人不多，他們都見慣瞭解放軍，而其他地區的居民也不易進入「禁區」，影響範圍較少，所以可算是最好的安排。至於其他「非軍事地帶」，解放軍不得隨便進出，這樣將不會影響香港其他人的生活。

7.1.3.1.3 可考慮在香港市區內設立解放軍駐港司令部，並在離島（甚至是深圳）設解放軍的哨站。在這情況下，駐港司令部是設於香港特別行政區的一個軍方派駐機構，主要工作為聯絡及處理有關事務，以及禮儀上接待外國軍隊的訪問。而解放軍駐紮離島或邊境外，對香港市民生活的影響很少，這做法既體現了《中英聯合聲明》中央駐軍香港的決定，亦可以在必要時出動保衛香港。

7.1.3.2 香港特別行政區組織自己的防衛力量

7.1.3.2.1 為瞭解決解放軍駐守香港對居民產生的心理威脅，及保證香港有足夠的防衛力量維護社會安寧，香港可以組織自己的防衛軍隊，該軍隊形式上效忠中國，實質上則完全由特別行政區行政長官指揮及調動，並由特別行政區政府負擔軍費，這樣便能保證他們聽命於特別行政區政府。

7.1.3.2.2 建議採用「聯合駐軍」的方式。由中方派出具經驗之高級軍事幹部，在港以招募形式聘請兵員，組織一支特選部隊，直接隸屬解放軍駐港司令部，執行有關工作。這支軍隊形式上隸屬於中國人民解放軍，但兵員均是本港居民，他們瞭解香港環境及港人生活方式，可以避免由內地派解放軍到港，因中港差異帶來軍民之間的摩擦。而香港人對於由本地居民組成的軍隊將更信任。

7.1.3.2.3 就上述建議，若在香港招聘軍隊有困難，可考慮招聘英軍以外的其他軍隊，如喀喀兵。他們長期留駐香港，對香港情況熟悉，又受過軍事訓練，可以擔當此任務。

7.1.3.2.4 某些現時由英軍負責的工作，一九九七年後將會由警隊接手。比如英軍撤退後，警隊要負責邊境的防務，就此，可將有關安排擴展至其他範圍，即加強警隊及現有輔助部隊的設備及人手，重新安排工作，令他們可以替代解放軍在香港的工作，使軍隊毋須駐守本地。

7.1.3.3 循序漸進的駐軍安排

7.1.3.3.1 可以在時間上作漸進安排，即不要在接收主權時即駐守大量軍隊。首五年解放軍先在港設立駐港司令部，派出一支精悍部隊跟隨警察部隊或其他紀律部隊服役。次五年，由該支經過數年訓練的軍隊獨立執勤。第三個五年，再將這支部隊的兵員編派至其他隊伍中，成為骨幹，從而擴大整個防衛系統。這樣令駐軍與市民有一個相互熟悉、適應的漸進過程。

7.1.3.3.2 從時間方面安排，也可以在一九九七年初先在新界等地方駐守解放軍，幾年過後，解放軍再駐守九龍軍營，之後再駐守香港島的軍營，這樣就不會令香港居民覺得一九九七年時突然有大量解放軍湧到，產生心理壓力。

7.2 駐軍調派的規定

7.2.1《基本法（草案）》的規定

《基本法（草案）》第十四條對駐守特別行政區的解放軍的調派有如下規定：「香港特別行政區政府在必要時，可向中央人民政府請求駐軍協助維持社會治安和救助災害。」

7.2.2 香港現行的情況

現時英國駐港三軍由英軍總司令統領。英軍總司令除了就本港防衛事務向總督提供意見外，亦須向英國國防參謀總長負責。根據《英皇制誥》，港督在名義上亦是本港三軍總司令。

7.2.3 對駐軍的調派的意見

7.2.3.1 特別行政區對駐軍的調派

7.2.3.1.1 在必要時，行政長官可向中央人民政府請求駐軍協助，以維持社會治安和救助災害，但為了避免行政長官因此獨攬大權，破壞三權分立、互相制衡的原則，故需要立法保證，在緊急時候行政長官須公開宣佈請求中央調派駐軍維持社會治安，而行政長官向中央發出請求後，必須盡快由立法機關召開會議通過有關請求，若在一段短時間內（如三至五日），行政長官向中央請求駐軍協助的決定不被立法機關大部份成員（三分之二或以上）通過，則自動撤銷。

7.2.3.1.2 為保障請求調派駐軍的權利不會被濫用，縱使在緊急時期，仍然要由行政長官及大部份立法機關成員同意（可召開緊急的立法機關會議），才能由特別行政區政府向中央請求駐軍協助，這樣既可保障有關權力不被濫用，亦可防止行政長官向中央發出請求後，有關建議被立法機關否決時引起的混亂。

7.2.3.2 中央人民政府對駐軍的調派

當香港特別行政區政府運作正常時，只有特別行政區政府才能向中央提出調派駐軍協助的請求，但當香港由於戰爭或極大的社會動亂而進入無政府狀態，行政長官無力執行職權，立法會議亦無法召開時，中央人民政府才可發出調動解放軍協助香港的緊急安排。不過，只要香港社會再次回復正常狀態，特別行政區政府能重新運作，有關請求調動解放軍的權力便應交回特別行政區政府手中。

7.3 駐軍應遵守的法律

7.3.1《基本法（草案）》的規定

《基本法（草案）》第十四條對駐軍所要遵守的法律有如下的規定：「……駐軍人員除須遵守全國性的法律外，還須遵守香港特別行政區的法律。……」第四十二條亦列出：「香港居民和在香港的其他人有遵守香港特別行政區實行的法律的義務。」不過，第十四條並沒有指出駐軍要遵守的究竟是全國性法律，還是其中的部份法律，若是後

者，其內容如何？而且，當全國性法律與特別行政區法律有矛盾時，駐軍應依從哪種法律。這些細節，《基本法（草案）》亦沒有列明。

7.3.2 對駐軍應遵守的法律的意見

7.3.2.1 駐軍只應遵守特別行政區法律

7.3.2.1.1 由於香港的社會制度與內地不同，某些全國性法律，比如中國憲法第二十八條提及要鎮壓破壞社會主義經濟的活動，並不適用於香港。若軍人以香港所實行的經濟制度是破壞社會主義經濟制度，而認為有關人士需要鎮壓和懲辦的話，便會嚴重破壞本港的社會秩序。而解放軍駐守香港的主要工作乃保衛特別行政區，故應只遵守特別行政區的法律。

7.3.2.1.2 《基本法（草案）》附件三只列出六項全國性法律適用於香港，因此駐守香港的解放軍所要遵守的全國性法律，亦應只限於此。

7.3.2.1.3 《基本法（草案）》對駐軍要遵守的法律只訂下原則，至於具體的細節，將會以軍人守則形式列出，既然如此，則可將全國性法律中軍人要遵守的部份在軍人守則中仔細列出，而不用在《基本法（草案）》中寫出駐軍要遵守全國性法律，因為軍人要遵守的是哪部份的全國性法律並不清楚，會令香港人產生疑慮。

7.3.2.2 駐軍應遵守全國性法律

7.3.2.2.1 中國人民解放軍是一支組織嚴密、講求軍紀的隊伍，必定有一些共同須遵守的法律，其中包括適用全國的全國性法律，絕不能因為其中一部份駐守於香港特別行政區，便出現特殊，否則人民解放軍的紀律便難以保持。

7.3.2.2.2 駐港解放軍從隸屬關係上，直接受中央領導，當然亦應受全國性法律的約束。

7.3.2.2.3 香港法律不能規限駐軍各方面的活動，如內務、調派、隸屬關係，這些必須要由內地法律規限。

7.3.2.3 當兩種法律有矛盾時，駐軍應遵守特別行政區法律。一般情況下，駐港解放軍既應遵守全國性法律，也應遵守香港法律，但當兩者發生衝突時，應根據屬地法優先的原則，只遵守香港法律。因為駐港解放軍身在香港，其行為對香港的社會秩序發生影響和作用，如果某軍人觸犯為香港社會不相容的行為，勢必危害香港的社會秩序，因此，即使其行為不違背全國性法律，但仍應依香港法律承擔法律責任。

7.4 駐軍的司法管轄權

7.4.1 《基本法（草案）》只列出駐軍既要遵守全國性法律，也要遵守特別行政區的法律，但對於駐軍的司法管轄權，卻沒有列明。第四章有關司法機關的第七十九條雖然列出特別行政區法院的職權：「香港特別行政區各級法院是香港特別行政區的司法機關，行使香港特別行政區的審判權。」但未有指出對於駐守特別行政區的軍隊的司法管轄是否有特別安排。

7.4.2 香港現行的情況

香港現行的做法主要根據英國就其對海外地區（包括香港）有效的《一九六五年聯合王國部隊（殖民地法院司法權）法令》，該法令列出英國本身與殖民地法院對駐守當地的英國部隊的司法權劃分。

根據該法令的第三條第一款，任何被控破壞當地法律的皇家部隊成員，假如被控所犯的罪項是執行職務時作出，或是對皇家部隊或其家眷作出，又或是對英國公家財產作出的，當地法院都無權審理該案。法令的第四條又註明，當任何人經軍事法庭審訊過後，都不能就同樣的罪名被當地法院審訊。除上述罪項外，殖民地的當地法院都是擁有司法權的，而且根據法令第三條第二款所載，假如地方總督書面證實皇家部隊司令經已作出軍事法庭不準備處理該案的通知，當地法院仍是有權審訊該案件的；還可指出的是，法令第七條註明，皇家部隊司令發出證明某人是部隊成員，或某被控罪行是執行職務時作出的文件，將被視為足以證明該事實的證據，然而卻不排除可被更有力證據推

翻的可能；換言之，部隊司令的證明文件對當地法院並無百分之百約束力，而是容許被過問的。

7.4.3 對駐港解放軍的司法管轄權的意見

7.4.3.1 不屬於軍事範圍的司法管轄權

當駐軍人員非執行職務時，他的身份就像香港的其他人一樣，依據《基本法（草案）》第十四條及第四十二條，他們都應遵守香港特別行政區的法律，在這情況下，若他們犯了非軍事職責範圍所涉及的罪行，便應依照特別行政區的司法程序，由特別行政區法院審訊。

7.4.3.2 屬於軍事範圍的司法管轄權

7.4.3.2.1 當駐軍人員在執行職務時，他們需要遵守軍人守則，因此若涉及訴訟，則由軍事法庭依據軍人守則裁判，不由特別行政區法庭處理。

7.4.3.2.2 若駐軍人員在非執行職務時犯了罪，但只是對駐軍人員或家眷造成損害，或者破壞了駐軍的公家物品，這案件則交由駐軍法庭審訊，不由特別行政區法庭處理。

7.4.3.3 其他

若駐軍所犯的罪行牽涉多方面，觸犯罪行的處境亦很複雜，比如軍人在執行職務時嚴重觸犯特別行政區交通法例而發生意外，導致平民受傷。一方面他觸犯了特別行政區法律，但卻可能因為他在執行職務，依據軍人守則得到豁免，在這情況下，可由特別行政區法院與解放軍法庭共同處理，或經過商討後，由一方交由另一方處理。

7.5 駐軍的軍費

7.5.1 《基本法（草案）》的規定

《基本法（草案）》第十四條對駐軍軍費有如下規定：「……駐軍費用由中央人民政府負擔。」

7.5.2 香港現行的情況

香港所承擔的軍費，是根據香港和英國雙方政府商議的防衛經費協議，最新的協議在一九八八年四月一日起生效，直至一九九七年六月三十日。根據協議，香港政府須承擔全部經費的百分之七十五，其餘由英國政府負擔。

7.5.3 對駐軍軍費的意見

7.5.3.1 香港應負擔部份軍費

7.5.3.1.1 雖然《基本法（草案）》提及駐軍費用由中央人民政府負責，但由於香港生活水準高於內地，若駐軍費用全由中央負責，將造成他們很重的負擔，中央可能會為節省開支，而令駐軍生活水準降低，影響軍容及他們的工作，間接破壞香港的形象。而且駐軍的工作是保衛香港，香港負擔部份軍費亦很合理。

7.5.3.1.2 若軍費全由中央負擔，恐怕駐軍只會完全聽命於中央，若日後香港特別行政區政府與中央人民政府產生矛盾時，恐怕駐軍會全由中央控制，對香港非常不利，故香港應負擔部份軍費。

7.5.3.2 軍費應有中央人民政府負擔

7.5.3.2.1 既然《中英聯合聲明》及《基本法（草案）》已列明駐軍軍費由中央負擔，即表明中央能夠負擔和願意承擔這部份的軍費，故沒有必要更改。

7.5.3.2.2 中國人民解放軍是一支組織嚴密及講求紀律的部隊，雖然其中一部份駐守香港，但他們的組織和制度都要與內地其他部隊講求統一，若部分軍費由香港特別行政區政府負擔，恐怕會影響他們的組織，令駐守香港的軍隊的待遇與內地其他部隊不同。

7.6 駐軍與當地社會的關係

7.6.1 《基本法（草案）》的規定

《基本法（草案）》第十四條對駐軍與特別行政區社會的關係有如下規定：「……中央人民政府派駐香港特別行政區負責防務的軍隊不干預香港特別行政區的地方事務。……」這條文只列出駐軍不能干預特別行政區的地方事務，但怎樣才算積極而非干預的參與地方事務，卻沒有列出。

7.6.2 對駐軍與當地社會的關係的意見

7.6.2.1 駐軍不能介入香港社會

不贊成解放軍駐守香港的一個原因，是因為解放軍在香港境內出入和活動，對香港人以及外國遊客、投資者等產生很大的心理壓力。故解放軍要駐守香港，除了軍事及防務外，他們不能介入香港社會，比如解放軍在執行任務或在軍營以外，不得攜帶武器，以及解放軍在執行職務以外，不得穿着軍服出入市區等。

7.6.2.2 駐軍可參與香港社會服務

香港現有的防衛部隊都有參與社會服務，比如海軍為香港航海學校提供海事訓練，又為慈善團體提供服務，皇家空軍亦協助推行多項社會服務計劃，比如接載青少年前往新界營地參加政府贊助的活動，以及為香港空童軍和航空青年團成員提供飛行機會。這些服務都充份利用不同部隊的專業知識及器材，極受香港人歡迎，故應該繼續。

8. 對《基本法（草案）》第十四條的修改建議

8.1 建議一、二、三款修改為：

8.1.1「中央人民政府負責管理香港特別行政區的對外防務。

香港特別行政區政府完全負責維持香港特別行政區的社會治安。中央人民政府不在香港特別行政區駐軍。

中央人民政府只可在香港特別行政區政府的特別請求下，派軍進入香港特別行政區，以協助平息陷入大規模槍戰的民間騷亂和救助災害。」

8.1.2「香港特別行政區警隊負責管理香港特別行政區的防務，中央人民政府不派駐軍隊於香港特別行政區。香港特別行政區政府在必要時，可向中央人民政府請求軍隊協助維持社會治安和救助災害。」

8.2 建議第三、四、五款修改為：

「中央人民政府在太平時期不派軍進入香港特別行政區。當中華人民共和國與外國交戰時，中央人民政府只可在香港特別行政區政府請求下，派軍進入香港特別行政區。

臨時駐守香港特別行政區的軍隊人員，除遵守全國性的法律外，還須遵守香港特別行政區的法律。軍隊費用由中央人民政府負擔。」

8.3 建議第三款修改為：

8.3.1「中央人民政府派駐香港特別行政區的軍隊不干預香港特別行政區的地方事務。除經香港特別行政區行政長官及半數或以上的香港特別行政區立法會成員同意下否則駐軍不得進駐市區。」

8.3.2「中央人民政府派駐香港特別行政區負責防務的軍隊不干預香港特別行政區的地方事務。香港特別行政區如發生香港特別行政區不能控制的動亂或災害，香港特別行政區行政長官可依法宣佈香港特別行政區進入緊急狀態，及在必要時向中央人民政府請求駐軍協助維持社會治安和救助災害。」

8.4 建議第三款第二句修改為：

「香港特別行政區政府在必要時，可通過行政、立法會議投票決定，向中央人民政府請求駐軍協助維持社會治安。」

8.5 建議第四款修改為：

「駐軍人員除須遵守全國性的法律外，同時須遵守香港特別行政區的法律。」

8.6 建議第五款修改為：

8.6.1「中央人民政府負擔全部駐軍費用。」

8.6.2「駐軍費用由中央人民政府和香港特別行政區政府共同負擔。」

9. 結語

一九九七年後解放軍駐守香港，既是中國恢復在香港行使主權的體現，亦是保障香港防務安全的安排，《中英聯合聲明》和《基本法（草案）》已列出有關原則。不過，一九九七年前後因英軍撤退而解放軍駐守香港所引起的具體安排及過渡程序，仍待仔細研究。本報告旨在就香港各界對有關解放軍駐守的討論焦點，包括考慮解放軍不駐守香港而代以其他安排的建議、解放軍的調派、解放軍要遵守法律、解放軍的司法管轄、軍費的安排，以及解放軍與社會的安排等，鋪陳不同的意見及參考資料，以供起草委員及各界考慮。

※

⑦ 1989 年 11 月基本法諮詢委員會《中華人民共和國香港特別行政區基本法（草案）諮詢報告第三冊——條文總報告》

【P33-39】

第十四條

2. 意見

2.1 整體

→ 駐軍屬中央的權限，駐軍地點、駐軍人數等具體問題不大可能寫入基本法。如何處理這個問題需要考慮。

→ 解放軍駐軍問題應盡量低調處理，數目盡量減少，駐軍地點最好遠離市區，同時基本法應清楚界定人民解放軍和本港警隊分別擔當的任務，並詳細說明特別行政區政府在何種情況下才會要求解放軍協助維持社會治安或救災工作。《基本法（草案）》規定解放軍須遵守香港和全國性法律，在執行時可能出現衝突，故應在基本法內寫明解放軍只須遵守特別行政區的法律。

→ 本條有兩點仍然有問題：（一）駐軍費用由中央人民政府負擔，香港市民會歡迎。但如果費用太少，令到駐軍生活水平降低，影響軍容儀態，非市民所願見。在這方面，應增加富彈性之規定。（二）不可任由駐軍在市區活動，否則，必改變香港市容，影響市民感覺。

→ 駐軍在港純粹是政治問題，與主權原則無關，否則中國官員不會同意若台灣成為特別行政區，則她可保留自己的軍隊，中央不駐軍。

2.2 正面

→ 本條「香港特別行政區政府負責維持香港特別行政區的社會治安」正可回應香港特別行政區享有高度自治的大前提。

→ 本條可以保證香港特別行政區政府將來能獨立自主，實施基本法所賦予的法律與保安權力。

→ 中國人民解放軍應駐守香港。

理由：

⊙ 他們可以保護香港不受外敵入侵。

⊙ 令市民的生命財產、工商家的企業資產有保障。

⊙ 駐軍香港是主權回歸的重要象徵。

⊙ 《中英聯合聲明》規定一九九七年後中央可在港駐軍，若否定駐軍權利便等於違反聯合聲明。

⊙ 戰爭期間，時間極寶貴，軍隊駐於深圳不足以保障特別行政區。

⊙ 可對搞分裂的人有威嚇作用，不敢胡亂作為。

⊙ 可避免在出事後才派兵來香港。

2.3 反面

→ 中央人民政府不應派軍駐守香港。

理由：

⊙ 沒有外敵會入侵香港。

⊙ 一支強大有效率的警察部隊或保安隊已可代替中國軍隊在特別行政區的角色。

⊙ 《中英聯合聲明》只規定中國政府「可」派軍駐守特別行政區，並沒有規定他們「一定」要這樣做。所以，派中國人民解放軍駐守香港特別行政區是不必的。

⊙ 中國於一九九七年七月一日收回香港，香港成為中央轄下的特別行政區，這自然體現中國對港主權，不必以駐軍香港來體現主權。

⊙ 中國堅持駐軍香港，對港人信心有壞影響。

→ 縱使中國答應不在香港境內駐軍，它仍可駐軍於羅湖或深圳，這對安定香港人心無補於事。

3. 建議

3.1 刪除
→ 第一款刪去「管理」及在「防務」後加上「抵禦外來入侵」。
→ 第一款刪去「管理」及在「防務」前加上「軍事」。
→ 刪去第三款。
→ 第三款刪除「請求駐軍」。
→ 第三款刪去「維持社會治安」。
理由：維持社會治安應全權由香港特別行政區的警隊負責；這也是符合本條第二款的規定。

3.2 修改
→ 第一、二、三款改為：「中央人民政府負責管理香港特別行政區的對外防務。
香港特別行政區政府完全負責維持香港特別行政區的社會治安。中央人民政府不在香港特別行政區駐軍。
中央人民政府只可在香港特別行政區政府的特別請求下，派軍進入香港特別行政區，以協助平息陷入大規模槍戰的民間騷亂和救助災害。」
→ 第一、二、三款改為：「香港特別行政區警隊負責管理香港特別行政區的防務，中央人民政府不派駐軍隊於香港特別行政區。香港特別行政區政府在必要時，可向中央人民政府請求駐軍協助維持社會治安和救助災害。」
→ 第三、四、五款改為：「中央人民政府在太平時期不派軍進入香港特別行政區。當中華人民共和國與外國交戰時，中央人民政府只可在香港特別行政區政府請求下，派軍進入香港特別行政區。
臨時駐守香港特別行政區的軍隊人員，除遵守全國性的法律外，還須遵守香港特別行政區的法律。軍隊費用由中央人民政府負擔。」
→ 第三款改為：「中央人民政府派駐香港特別行政區的軍隊不干預香港特別行政區的地方事務。除經香港特別行政區行政長官及半數或以上的香港特別行政區立法會成員同意下，否則駐軍不得進駐市區。」
→ 第三款修改為：「中央政府派駐香港特別行政區負責防務的軍隊不干預香港特別行政區的地方事務。香港特別行政區如發生香港特別行政區政府不能控制的動亂或災害，香港特別行政區行政長官可依法宣佈香港特別行政區進入緊急狀態，及在必要時向中央人民政府請求駐軍協助維持社會治安和救助災害。」
→ 第三款第二句改為：「香港特別行政區政府在必要時，可通過行政、立法會議投票決定，向中央人民政府請求駐軍協助維持社會治安。」
理由：避免行政首長專制決定。
→ 第四款「還」改為「同時」。
→ 第三款改為：香港警察應全權負責維持公共秩序。雖然沒有界定公共秩序的範圍，但應依照本地公安條例（Cap. 245）授全權給警方。
→ 第五款改為：「中央人民政府負擔全部駐軍費用」。

3.3 增加
→ 第三款末加上「但若必要時，軍隊駐深圳區內，不入香港區域。」
→ 第三款末加上「遇有香港特別行政區政府相信發生不能控制的動亂時，可宣佈香港特別行政區進入緊急狀態，並向中央請求駐軍協助平息動亂。」
理由：「動亂」應由特別行政區政府決定並向中央請求協助。
→ 第三款末加上「若未有請求時，軍隊不可開入特別行政區，以免影響特別行政區形象」。
→ 第三款「在必要時」後加「及不受中央人民政府干預的情況下」。
理由：因為香港特別行政區政府應自行鑒別本地的情況。這規定是一額外條件，可體現第十二條所賦予的「高度自治權」。
→ 第四款末加「該等法律不應給予駐軍人員比香港特別

行政區永久性居民更優惠的待遇」。
理由：明確規定駐軍人員不會享有特權，使所有在香港生活的人，在法律面前都是平等。
→ 第四款加上「駐軍人員如觸犯特別行政區法律，須由特別行政區法院審判」。
→ 第四款「還須」後加「時刻」。
理由：使駐軍人員無論在什麼時候都要遵守香港特別行政區的法律。
→ 增加一款「中央政府不在特別行政區內徵兵。」
→ 增加一款「除非香港受到外來的武裝侵略，特別行政區的指揮權才經特別行政區政府批准暫時交給中央」。
→ 增加一款「當駐軍在非執行職務時，不得攜帶武器進入市區。非軍事活動的司法審訊，先由特別行政區法院初級調查，然後交由駐軍法庭依法處理。」

3.4 其他

3.4.1 有關駐軍的調動
→ 應保證行政長官請求人民解放軍進駐香港維持「社會治安」的權力是受制於特別行政區的立法機關。
→ 中央人民政府必須得到香港特別行政區政府同意，才可派駐在香港的軍隊協助香港特別行政區維持治安或救災。
→ 在緊急、動亂或戰爭邊緣的狀態下，香港特別行政區行政首長暨行政及立法機關有權開緊急會議，表決是否通過中央派兵來港協助。通過的人數應多於總人數的一半，或起碼由三分之二成員同意。
→ 指揮解放軍與宣佈戒嚴等都應歸由香港特別行政區政府。
→ 在港解放軍應由行政長官指揮。
→ 駐港軍隊須宣誓效忠香港特別行政區政府及中華人民共和國政府，保護特別行政區居民生命及財產安全。特別行政區行政首長為港三軍總司令。
→ 明確由特別行政區政府哪個部門向中央人民政府請求駐軍協助，並規定需要通過一定的程序。

3.4.2 有關駐軍地點
→ 軍隊應駐守於深圳
理由：
⊙ 駐守深圳的士兵亦可隨時被調動進入香港。
⊙ 可避免在香港出現信心危機，但如有需要亦可隨時調動軍隊進入香港。
→ 同意由中央人民政府負責管理香港特別行政區防務的原則，並認同中央人民政府在香港特別行政區駐軍的權利。但有鑒於香港市民近日對此問題的關注，建議在近鄰深圳而非特別行政之內駐軍。這能達到同樣的功能。
→ 駐軍責任既屬防務，軍營地點應當設在香港邊界地區。
→ 添馬艦大樓作未來中央政府駐港專責國防外交事務的代表機構地址。
理由：
⊙ 港人大多不願意解放軍駐港，但不反對軍方文職人員及禮儀性質部隊駐港。
⊙ 正是既照顧中方體現主權的要求，也兼顧香港的信心問題。
→ 根據當前現實，可考慮更靈活的駐軍形式。
一、純象徵性的駐軍：在香港市區設立中國人民解放軍駐港司令部，而在離島設解放軍的永久哨站。這形式已經能象徵中央政府派駐軍至港，體現主權。
二、中幹港兵結合式：中方派出具經驗之高級軍事幹部，在港招募兵員，用薪級制形式組織一支解放軍編制形式之特選部隊。這支部隊直接隸屬駐港司令部，執行有關勤務。這形式的好處在於幹部隸屬中國人民解放軍，但基層及兵員均是本港居民，他們瞭解香港環境及港人生活方式，可以避免由內地派出兵員，卻因觀念差異帶來軍民之間的摩擦。
三、循序漸進駐軍計劃：不要在接收主權時即進駐大量軍隊。頭五年，設立駐港司令部，派入一支精悍的基層軍隊

幹部，讓他們跟隨警察部隊或其他紀律部隊服役。第二個五年，派入一支部隊，由經過數年隨警隊服務的幹部充任骨幹，開始獨立執勤。第三個五年，再將這支執勤部隊的兵員充實到擴編的隊伍中，成為骨幹。這種形式的好處是，駐軍部隊與市民，都有一個相互熟悉、適應的漸進過程，應當可以成為受香港特別行政區市民歡迎的駐軍隊伍。

3.4.3 有關駐軍人數

→ 駐軍人數，包括文職人員，不可超過香港人口的五千分之一。駐軍長官需就駐軍實際人數和駐軍情況向行政首長每年匯報。

→ 駐軍人數最理想是一百萬人口駐軍一千。

→ 一九九七年以後，中國為體現主權回歸，駐軍香港實有其需要性，但數目不宜多。因自六四以後，市民信心動搖，若大量駐軍香港，反而令信心不穩，人心惶惶。

→ 若駐軍於香港，則它只應具象徵性作用，而不應負擔任何工作，可象徵性地以一百名非武裝解放軍進駐偏遠地方。

→ 駐軍數目要與現時相同。

3.4.4 有關軍費

→ 軍費應由香港政府負擔。

→ 香港應負擔部份軍費（如一半）。

3.4.5 有關駐軍的法律問題

→ 駐軍如在特別行政區觸犯法律，須在特別行政區受審及服刑。

→ 駐軍如徵用私人財產、傷害他人身體，必須負責賠償有關個人、法人或團體的損失。

→ 在香港特別行政區範圍內，駐軍應遵守香港特別行政區政府治下，和由香港特別行政區法院執行的法律，以及和聯合聲明精神和基本法沒有抵觸的全國性法律。

→ 任何調進香港特別行政區的部隊應跟警察一樣受公安條例的同等限制，由香港特別行政區政府豁免者除外。

理由：減少港人心理威脅，有助於港人信心的穩定，又可提供有法可依的根據。

→ 應對駐軍地點、解放軍出營的規定、個別軍人與市民發生糾紛及違法等問題明確界定，以保障港人利益。

→ 解放軍應遵守全國性法律。

理由：

⊙ 解放軍具有高度的統一性，必須遵守全國性法律。

⊙ 駐港解放軍直接受中央領導，當然亦受全國性法律約束。

⊙ 香港法律不可能限制駐軍的各方面，如內務等。

→ 一般情況下，駐港解放軍既應遵守全國性法律，也應遵守香港法律，但當兩者發生衝突時，應根據屬地法優先的原則，只遵守香港法律。

3.4.6 有關其他防衛力量

→ 除駐軍外，香港還要組織一支不穿軍裝的武裝力量。

→ 特別行政區的警務、消防及輔助部隊應保持足夠的力量處理發生在特別行政區內部的治安問題及災害。

→ 為加強香港警察在緊急時期的作用，應該組織一個本地民兵團，在行政長官及立法會批准下，協助警察部隊。

→ 特別行政區政府可聘用兩三隊僱傭兵，而人民解放軍可駐守邊界外作為支援部隊。自願軍人可組成一支部隊輔助警方。這樣做不會影響中國的主權。

→ 應慎重考慮在香港成立一支由香港人組成的獨立軍隊，直接受行政長官指揮。這軍隊可稱為「香港特別行政區軍隊」並聲明效忠中國大陸。這樣使香港人更有安全感。

→ 最理想就是讓本地的警察部隊跟人民解放軍和諧合作，就像現時皇家警察跟英軍合作一樣。

3.4.7 有關駐軍的質素

→ 駐軍香港，應以一支受特別訓練，絕對中立的部隊。主要任務是保衛香港防止外侵，嚴禁干預人民一切日常商業活動，遵守特別行政區法律，更不干涉任何中共與特別

行政區的糾紛。

→ 派駐香港的解放軍，應屬於老練的部隊，有嚴明的紀律，高於一般的教育水平，方足以維持像香港這樣一個現代化和國際化社區的信心。

→ 中國派駐香港軍隊應以海軍為主，因為香港是中國南方海防重地。

3.4.8 其他

→ 應聲明不准輸入核子武器，因為香港的未來應是清潔及沒有環境污染的。

→ 駐軍文職人員以招聘香港永久性居民的中國公民為主。

→ 駐軍人員進出香港特別行政區需根據本法第二十二條向香港特別行政區政府辦理批准手續。

理由：避免他們利用特權獲取香港居留權，亦防止貪污。

→ 特別行政區居民，無論為永久性居民或非永久性居民，均免服兵役。

→ 解放軍在執勤以外的時間應不必穿著軍服。

→ 駐軍在軍營以外不能帶備軍械。

4. 待澄清問題

→ 如何決定中央在香港的駐軍數目？

→ 中央是否有權隨時增減駐軍的數目？

→ 駐軍在香港有什麼權力？

→ 中央派駐香港的軍隊人數及地點沒有進一步明確指出，亦沒有清楚界定何種情況為暴亂。是否必先由特別行政區政府提出要求，中央才可派軍呢？指揮權又屬誰？若真有暴亂事件，事件平息後，特別行政區政府可否命令軍隊撤離呢？這些問題需要在基本法中得到界定。

→ 駐軍聽命於誰？

→ 若駐軍費用由中央負擔，當特別行政區政府與中央政府產生矛盾時，駐軍是否只會聽從中央的意旨？

→ 太平盛世時軍隊是否需要在香港駐守？什麼情況下，特別行政區政府會要求軍隊協助維持社會治安或救災？

→ 應詳細解釋何謂「社會治安」及在什麼情況下，可請求人民解放軍協助，以免混淆和濫用。

→ 駐軍在什麼情況下遵守全國性法律？什麼時候遵守香港法律？若全國性法律與特別行政區法律有矛盾，中央在港的駐軍應遵守哪一項法律？若特別行政區法院能審訊中央的駐軍，則它應用哪項法律？駐軍人員觸犯香港法例，由地方法院審判還是軍事法庭審判？駐軍人員犯罪的問題怎樣處理？

→ 「駐軍人員須遵守全國法律」是否表示全國性法律在香港實施？若是，則與第十八條是否有衝突？

→ 駐軍人員在特別行政區的行為是否屬於國家行為？如果他們違反特別行政區法律，是否不受特別行政區法院的審訊？

→ 駐軍費用由中央人民政府「負擔」一款是否包括特別行政區「向中央人民政府請求駐軍協助維持社會治安和救助災害」的費用？香港特別行政區政府會否對駐軍徵用的土地、所需的資源徵收費用？駐軍營地是否由香港政府提供？

→ 特別行政區居民如自願加入特別行政區的防衛工作，中央會否給予機會？港人是否需要服兵役？中國憲法五十五條說：「依照法律服兵役參加民兵組織是中華人民共和國公民的光榮義務」，但此條卻沒說香港人要服兵役，是否這條憲法不適用於香港？服兵役是很多國家都有的規定，絕不能形容為中國社會主義制度的特色，為何在香港的中華人民共和國公民可免兵役？

→ 防衛是什麼意思？防務與社會治安如何劃分？「干預」的限度是什麼？比如駐軍對軍營外的示威可作什麼的「干預」？「必要時」未有明確界定，何種情況下才能提出？又應以何種步驟提出？

「第十四條　中央人民政府負責管理香港特別行政區的防務。

香港特別行政區政府負責維持香港特別行政區的社會治安。

中央人民政府派駐香港特別行政區負責防務的軍隊不干預香港特別行政區的地方事務。香港特別行政區政府在必要時，可向中央人民政府請求駐軍協助維持社會治安和救助災害。

駐軍人員除須遵守全國性的法律外，還須遵守香港特別行政區的法律。

駐軍費用由中央人民政府負擔。」

〔1990 年 4 月《中華人民共和國香港特別行政區基本法》〕

中央人民政府依照本法第四章的規定任命香港特別行政區行政長官和行政機關的主要官員。

❀ 貳│概念

1. 中央政府任命香港行政長官及主要官員

❀ 叁│條文本身的演進和發展

第一稿 ▶

第二章

「第二條　香港特別行政區行政長官和行政機關的主要官員由中央人民政府任命。」

〔1986 年 11 月 11 日《中央與香港特別行政區的關係專題小組工作報告》，載於《中華人民共和國香港特別行政區基本法起草委員會第三次全體會議文件匯編》〕

① 1984 年 12 月 19 日《中英聯合聲明》

三、中華人民共和國政府聲明，中華人民共和國對香港的基本方針政策如下：
（四）香港特別行政區政府由當地人組成。行政長官在當地通過選舉或協商產生，由中央人民政府任命。主要官員由香港特別行政區行政長官提名，報中央人民政府任命。……

※

② 1984 年 12 月 19 日《中華人民共和國政府對香港的基本方針政策的具體說明》（《中英聯合聲明》附件一）

一、……香港特別行政區直轄於中華人民共和國中央人民政府，並享有高度的自治權。
……香港特別行政區政府和立法機關由當地人組成。香港特別行政區行政長官在當地通過選舉或協商產生，由中央人民政府任命。香港特別行政區政府的主要官員（相當於「司」級官員）由香港特別行政區行政長官提名，報請中央人民政府任命。……

※

③ 1986 年 2 月基本法諮詢委員會《分批研討會參考資料 2》

【P2】
基本法可分為成六個主要部份：
第二部份為權力關係。可再細分為兩節，即 A 節為總論，論及有關中央人民政府及特別行政區政府之間的關係。B 節方面較專門地區別外交及涉及事務，另一方面則說明國防事務與內部保安的分別。緊記國防事務及外交屬中央人民政府管理。

※

④ 1986 年 2 月基本法諮詢委員會《諮委會第一分組有關基本法結構討論小結》

二、歸納與會者主要意見如下：
3. 關於中央和特別行政區的關係
香港特別行政區作為地方政府，應受中央政府管轄，但特別行政區政府又有高度自治權。界定中央政府有關權限及高度自治職權範圍，十分必要。同時，中央政府派駐香港政治機構與香港特別行政區政府關係，也應有所規定。

※

⑤ 1986 年 2 月基本法諮詢委員會《第一批研討會總結》

（編者按：內容同上文）

※

⑥ 1986 年 2 月基本法諮詢委員會《第二批研討會總結》

四、有關基本法的內容問題——
1. 高度的自治權→ 委員們認為聯合聲明中的高度自治要在基本法中具體寫出來。要闡明行政首長的權力範圍、特別行政區的區界。還建議稱將來的政府為「特別行政區自治政府」，要在基本法中寫明將來自治政府在人大、政協中所佔的席位。有委員還建議須寫明中央與特別行政區產生歧見時的辦法處理，及上訴權等。

※

⑦ 1986 年 2 月基本法諮詢委員會《第四批討論總結》

六、基本法的內容較為特別的提議，對將來制訂基本法有參考價值：
6. 中央與地方關係受到重視，應在基本法內詳細說明，是否成為一專項？很多意見認為單獨成一專項，能具體列明「高度自治」權限、地方與中央權力有抵觸時解決辦法等等，會更令港人安心。而個別委員認為在其他項目章節中已涉及中央及地方關係。例如：駐軍調動權與行政首長關係。行政長官在當地選舉或協商產生，由中央政府任命，均能具體體現「高度自治」精神。故無須另立一專項。

⑧ 1986 年 2 月基本法諮詢委員會《第五批研討會總結》

五、對基本法機構的建議——
3.特別行政區政府與中央的關係

⑨ 1986 年 2 月基本法諮詢委員會《第六批研討會總結》

2.……同樣理由，香港亦不應直接有代表參加人大。而應保留與中央溝通的特有管道。但另一意見則認為，基本法應要詳細，不容許有誤解，詳細寫明，亦可以安定人心，其中應詳細說明的問題包括：
（1）中央與地方的關係，對於國防及外交事務的定義，應在基本法中界定清楚，其他如駐軍、行政首長的產生與罷免，中央在對外有關經濟關貿及稅制談判中給予特別行政區何種程度的自主權及香港如何參與人大等問題也應加以闡述；

⑩ 1986 年 4 月《香港各界人士對〈基本法〉結構等問題的意見匯集》（基本法起草委員會第二次會議參閱資料之一）

【P18】
關於中央與香港特別行政區關係的意見
9.……至於中央對香港行政長官是否擁有最後否決權，也要明確規定。

【P20-21】
21.處理中央與地方關係問題的幾個不可行的做法：
（4）互選或普選產生的行政首長、立法局議員或立法局議長，同時向選民負責及向中央負責，這也不能解決對抗性的問題。……

【P40】
關於政治體制的意見
二、有關行政長官的問題
1.行政長官的產生和罷免
（15）中央對行政長官的任命，應是實質性的，中央可以否決香港特別行政區對行政長官的提名。
（16）中央對行政長官的任命可以只是形式的，無否決權。

⑪ 1986 年 4 月 22 日《中華人民共和國香港特別行政區基本法結構（草案）》，載於《中華人民共和國香港特別行政區基本法起草委員會第二次全體會議文件匯編》

【P11】
第二章　中央與香港特別行政區的關係
（一）香港特別行政區直轄於中央人民政府

⑫ 1986 年 5 月 2 日中央和特別行政區關係專責小組第二次會議討論資料

【P2】
（一）中央管理事務
甲、特別行政區內務
1.行政長官及主要官員任命（第一節）
→ 抉擇權（形式任命，以示主權）？
→ 有權否決人選？
→ 有權免任在任人士？

⑬ 1986 年 7 月 28 日李紹基《討論文件五》（1986 年 8 月 1 日中央與特別行政區的關係專責小組第六次會議討論文件五）

（4）任命行政首長與主要官員（司級）的具體意義：
中央任命行政首長和主要官員似乎有兩種相反的意見，有人認為這種任命只是名義上的任命，象徵中央的主權。另一些人認為這可能是一種實質性的任命，中央可任意行使否決。
建議：我們認為，為實行一國兩制和香港的高度自治權，兩個提法都是不適當的。故此中央除了在特別情況下，不應否決任何特區行政首長候任人，這特別情況是候任人：
ⅰ）違反基本法；
ⅱ）行動上危害中國宗主權及藐視中央人民政府；
ⅲ）擁有外國國籍。
中央政府不應因政見和政治信仰而否決任何候任人。

⑭ 1986 年 8 月 20 日《基本法結構專責小組初步報告》

【P6】
3.第二章「中央與香港特別行政區關係」
3.1 第一節「香港特別行政區直轄於中央人民政府」

第二稿▶

第二章
「第二條　中央人民政府依照本法第四章的規定任命香港特別行政區行政長官和行政機關的主要官員。」
〔1987 年 4 月 13 日《中央與香港特別行政區的關係專題小組工作報告》，載於《中華人民共和國香港特別行政區基本法起草委員會第四次全體會議文件匯編》〕

① 1987 年 3 月 14 日《Final Report on the Structure of Basic Law》（基本法結構專責小組最後報告，1987 年 3 月 14 日經執行委員會通過）

【P8】
3. Chapter 2 "Relationship between the Central Government and the SAR"

3.1 Section 1 "The HKSAR shall be under the direct authority of the Central People's Government."

第三稿

第二章

「第二條　中央人民政府依照本法第四章的規定任命香港特別行政區行政長官和行政機關的主要官員。」

〔1987 年 8 月 22 日《中央與香港特別行政區的關係專題小組工作報告》，載於《中華人民共和國香港特別行政區基本法起草委員會第五次全體會議文件匯編》〕

第四稿

「第十二條　中央人民政府依照本法第四章的規定任命香港特別行政區行政長官和行政機關的主要官員。」

〔1987 年 12 月基本法起草委員會秘書處《香港特別行政區基本法（草案）》（匯編稿）〕

① 1987 年 9 月 2 日《中華人民共和國香港特別行政區基本法起草委員會第五次全體會議委員們對基本法序言和第一、二、三、四、五、六、七、九章條文草稿的意見匯集》

【P6】
2. 第二條
有的委員提出，本條提出的任命行政機關的主要官員是否包括草擬的條文中提到的「行政會議」，如果不包括，就漏掉了對行政會議成員的任命。

第五稿

「第十四條　中央人民政府依照本法第四章的規定任命香港特別行政區行政長官和行政機關的主要官員。」

〔1988 年 3 月基本法起草委員會秘書處《中華人民共和國香港特別行政區基本法（草案）草稿》（總體工作小組第二次會議對目錄、序言、第一、二、三、五、六、七、九章的修改稿）〕

① 1988 年 4 月《總體工作小組所作的條文修改舉要》，載於 1988 年 5 月《中華人民共和國香港特別行政區基本法起草委員會第七次全體會議文件匯編》

（編者按：雖然本文件的日期是 1988 年 4 月，但本文件是總體工作小組在 1987 年 12 月 15 日至 1988 年 3 月 6 日之間召開的三次會議上對各專題小組草擬的基本法原條文所作的一些調整和修改。於 3 月提出的草稿裡面已經將以上調整與修改納入，故將這份文件放入本稿中。）

【P14】
將原第十二條移為第十四條。

第六稿

「第十四條　中央人民政府依照本法第四章的規定任命香港特別行政區行政長官和行政機關的主要官員。」

〔1988 年 4 月基本法起草委員會秘書處《中華人民共和國香港特別行政區基本法（草案）草稿》〕

第七稿

「第十四條　中央人民政府依照本法第四章的規定任命香港特別行政區行政長官和行政機關的主要官員。」

〔1988 年 4 月基本法起草委員會《中華人民共和國香港特別行政區基本法（草案）徵求意見稿》〕

第八稿

「第十五條　中央人民政府依照本法第四章的規定任命香港特別行政區行政長官和行政機關的主要官員。」

〔1989 年 2 月《中華人民共和國香港特別行政區基本法（草案）》〕

① 1988 年 10 月基本法諮詢委員會《中華人民共和國香港特別行政區基本法（草案）徵求意見稿諮詢報告第五冊——條文總報告》

【P55】
第十四條

2. 意見
→ 希望中央人民政府會委任香港人選出的行政長官，否則有違高度自治。
→ 根據條文，任命行政長官及其他一切權力都屬全國人民代表大會，即一切由共產黨操縱，還談什麼港人治港，相信到時可能變成黨人治港。

3. 建議
3.1 修改
→ 改為：「全國人民代表大會常務委員會依照本法第四章的規定必須無條件任命香港永久性居民經選舉或協商產生的香港特別行政區行政長官和由行政長官委任的行政機關的主要官員。」
理由：
⊙ 香港政府只用向全國人民代表大會常務委員會負責。
⊙ 中央人民政府不能因不滿香港民選的行政長官而作有條件任命或拖延任命或推翻任命，使香港成無政府狀態。
3.2 其他建議
→ 香港特別行政區行政長官和行政機關的主要官員，應由香港特別行政區政府決定，再由中央人民政府任命。
→ 中央人民政府對行政長官和主要官員的任命乃止於「榮譽式」，不應對人選有實質影響。

理由：
⊙ 杜絕中央人民政府對特別行政區的影響。
⊙ 《中英聯合聲明》及徵求意見稿已清楚列明行政長官必須由港人選舉或協商產生，既已賦予港人此等政治權力，自應尊重港人意願。
→ 行政長官應有任命主要官員的權力。
理由：為達到「港人治港」與「高度自治」。

4. 待澄清問題
→ 中央人民政府委任行政長官、主要官員和顧問的程序是怎樣的？除基本法所列明外，是否還有其他條件？特別行政區建議人選和中央委任的過程會否公開？若建議被拒絕或被認為不恰當，特別行政區居民會否知曉？
→ 若中央人民政府拒絕委任建議的行政長官人選，情況會怎樣？

第九稿

「**第十五條　中央人民政府依照本法第四章的規定任命香港特別行政區行政長官和行政機關的主要官員。**」
〔1990 年 2 月 16 日《中華人民共和國香港特別行政區基本法（草案）》〕

① 1989 年 11 月基本法諮詢委員會《中華人民共和國香港特別行政區基本法（草案）諮詢報告第三冊——條文總報告》

【P40】
第十五條
2. 意見
→ 中央人民政府不得干預行政機關及政府官員的任命。
→ 中央人民政府不可否決香港特別行政區選出的行政長官。

3. 建議
3.1 刪除

→ 刪除此條。
3.2 修改
→ 改為：「中央人民政府依照本法第四章的規定任命或否決香港特別行政區行政長官和行政機關的主要官員」。
理由：避免選用不符資格和不愛國的行政長官和主要官員。
3.3 其他
→ 本條應修改以便由香港人任命行政長官和主要官員。

4. 待澄清問題
→ 「任命」一詞是否相等與英文字「endorse」的意思，只包含着象徵的意義？

第十稿

「**第十五條　中央人民政府依照本法第四章的規定任命香港特別行政區行政長官和行政機關的主要官員。**」
〔1990 年 4 月《中華人民共和國香港特別行政區基本法》〕

香港特別行政區享有行政管理權，依照本法的有關規定自行處理香港特別行政區的行政事務。

✿ 貳│概念

1. 行政管理權
2. 依法自行處理行政事務

✿ 叁│條文本身的演進和發展

第一稿▶

第二章
「第五條　香港特別行政區享有行政管理權，按本法的有關規定自行處理人事、治安、財政、稅收、金融、貨幣、工商業、貿易、海關、勞工、教育、科學、文化、社會福利、醫療衛生、交通運輸、航空、海運、郵政、通訊、房屋、出入境以及其他方面的事務。」

〔1986 年 11 月 11 日《中央與香港特別行政區的關係專題小組工作報告》，載於《中華人民共和國香港特別行政區基本法起草委員會第三次全體會議文件匯編》〕

① 1984 年 12 月 19 日《中英聯合聲明》

三、中華人民共和國政府聲明，中華人民共和國對香港的基本方針政策如下：
（三）香港特別行政區享有行政管理權、立法權、獨立的司法權和終審權。……

※

② 1984 年 12 月 19 日《中華人民共和國政府對香港的基本方針政策的具體說明》（《中英聯合聲明》附件一）

一、……香港特別行政區直轄於中華人民共和國中央人民政府，並享有高度的自治權。除外交和國防事務屬中央人民政府管理外，香港特別行政區享有行政管理權、立法權、獨立的司法權和終審權。……

※

③ 1986 年 2 月基本法諮詢委員會《分批研討會參考資料》

【P1-3】
某委員（編者按：原件模糊，無法辨認名字）：中央和香港的關係，界定權力範圍，包括修改基本法的權力。
某委員（編者按：原件模糊，無法辨認名字）：（七）中央與香港特別行政區的關係。
陳坤耀委員：基本法乃特別行政區的根本大法，酷似主權國家的憲法，內容大概包括：（一）界定中央與特區政府權力範圍及相互關係；

張家敏委員：（三）中央與特區權力劃分；
吳康民委員：結構方面要明確幾點：（三）要明確香港特區是中央領導下的地方政府，中央有領導權，但地方又有高度自治權。至於中央對香港行政長官是否擁有最後否決權，也要明確規定。

※

④ 1986 年 2 月基本法諮詢委員會《分批研討會參考資料 2》

【P2】
基本法可分成六個主要部份：
第二部份為權力關係。可再細分為兩節，即 A 節為總論，論及有關中央人民政府及特別行政區政府之間的關係。B 節方面較專門地區別外交及涉及事務，另一方面則說明國防事務與內部保安的分別。緊記國防事務及外交屬中央人民政府管理。

※

⑤ 1986 年 2 月基本法諮詢委員會《諮委會第一分組有關基本法結構討論小結》

二、歸納與會者主要意見如下：
3. 關於中央和特別行政區的關係
香港特別行政區作為地方政府，應受中央政府管轄，但特別行政區政府又有高度自治權。界定中央政府有關權限及高度自治職權範圍，十分必要。同時，中央政府派駐香港政治機構與香港特別行政區政府關係，也應有所規定。

※

⑥ 1986 年 2 月基本法諮詢委員會《第一批研討會總結》

（編者按：內容同上文）

※

⑦ 1986 年 2 月基本法諮詢委員會《第二批研討會總結》

四、有關基本法的內容問題——
1.高度的自治權→ 委員們認為聯合聲明中的高度自治要在基本法中具體表現出來。要闡明行政首長的權力範圍、特別行政區的區界。還建議稱將來的政府為「特別行政區自治政府」，要在基本法中寫明將來自治政府在人大、政協中所佔的席位。有委員還建議須寫明中央與特別行政區產生歧見時的辦法處理，及上訴權等。

※

⑧ 1986 年 2 月基本法諮詢委員會《第四批討論總結》

六、基本法的內容較為特別的提議，對將來制訂基本法有參考價值：
6.中央與地方關係受到重視，應在基本法內詳細說明，是否成為一專項？很多意見認為單獨成一專項，能具體列明「高度自治」權限、地方與中央權力有抵觸時解決辦法等等，會更令港人安心。而個別委員認為在其他項目章節中已涉及中央及地方關係。例如：駐軍調動權與行政首長關係。行政長官在當地選舉或協商產生，由中央政府任命，均能具體體現「高度自治」精神。故無須另立一專項。

※

⑨ 1986 年 2 月基本法諮詢委員會《第五批研討會總結》

五、對基本法結構的建議——

3.特別行政區政府與中央的關係。

※

⑩ 1986 年 2 月基本法諮詢委員會《第六批研討會總結》

2.……同樣理由，香港亦不應直接有代表參加人大。而應保留與中央溝通的特有渠道。但另一意見則認為，基本法應要詳細，不容許有誤解，詳細寫明，亦可以安定人心，其中應詳細說明的問題包括：
（1）中央與地方的關係，對於國防及外交事務的定義，應在基本法中界定清楚，其他如駐軍、行政首長的產生與罷免，中央在對外有關經濟關貿及稅制談判中給予特別行政區何種程度的自主權及香港如何參與人大等問題也應加以闡述；

※

⑪ 1986 年 4 月 22 日《中華人民共和國香港特別行政區基本法結構（草案）》，載於《中華人民共和國香港特別行政區基本法起草委員會第二次全體會議文件匯編》

【P11】
第二章　中央與香港特別行政區的關係
（四）香港特別行政區享有行政管理權（香港特別行政區在人事、治安、財政、稅收、金融、貨幣、郵政、工商業、貿易、關稅和教育、科學、文化、出入境以及其他方面的管理權）

※

⑫ 1986 年 8 月 20 日《基本法結構專責小組初步報告》

【P7】
（編者按：內容同上文）

第二稿

第二章

「第六條　香港特別行政區享有行政管理權，按本法的有關規定自行處理財政、金融、經濟、工商業、貿易、稅務、郵政、民航、海事、交通運輸、漁業、農業、人事、民政、勞工、教育、醫療衛生、社會福利、文化康樂、市政建設、城市規劃、房屋、房地產、治安、出入境、天文氣象、通訊、科技、體育以及其他方面的行政事務。」
〔1987 年 4 月 13 日《中央與香港特別行政區的關係專題小組工作報告》，載於《中華人民共和國香港特別行政區基本法起草委員會第四次全體會議文件匯編》〕

① 《Final Report on the Structure of Basic Law》（基本法結構專責小組最後報告，1987 年 3 月 14 日經執行委員會通過）

【P9】
3. Chapter 2 "Relationship between the Central Government and the SAR"
3.4 Section 4 "The HKSAR shall be vested with administrative power (The executive power of HKSAR in matters of personnel, security, government, finance, taxation, finance, currency, postal service, industry and commerce, trade, tariffs, education, science, culture, immigration and other fields)."

第三稿

第二章

「**第五條** 香港特別行政區享有行政管理權，按本法的有關規定自行處理財政、金融、經濟、工商業、貿易、稅務、郵政、民航、海事、交通運輸、漁業、農業、人事、民政、勞工、教育、醫療衛生、社會福利、文化康樂、市政建設、城市規劃、房屋、房地產、治安、出入境、天文氣象、通訊、科技、體育以及其他方面的行政事務。」

〔1987年8月22日《中央與香港特別行政區的關係專題小組工作報告》，載於《中華人民共和國香港特別行政區基本法起草委員會第五次全體會議文件匯編》〕

① 1987年5月22日《香港基本法起草委員會第四次全體會議委員們對基本法序言、總則及第二、三、七、九章條文草案的意見匯集》

【P13】
第六條
有些委員建議，將本條內的「經濟」一項列在「財政」的前面。

第四稿

「**第十五條** 香港特別行政區享有行政管理權，按本法的有關規定自行處理財政、金融、經濟、工商業、貿易、稅務、郵政、民航、海事、交通運輸、漁業、農業、人事、民政、勞工、教育、醫療衛生、社會福利、文化康樂、市政建設、城市規劃、房屋、房地產、治安、出入境、天文氣象、通訊、科技、體育以及其他方面的行政事務。」

〔1987年12月基本法起草委員會秘書處《香港特別行政區基本法（草案）》（匯編稿）〕

① 1987年9月2日《中華人民共和國香港特別行政區基本法起草委員會第五次全體會議委員們對基本法序言和第一、二、三、四、五、六、七、九章條文草稿的意見匯集》

【P8-9】
5. 第五條
（1）有的委員提出，在第一章總則增寫第三條（即「香港特別行政區享有行政管理權……」）的前提下，本條可以改為「香港特別行政區的行政管理權包括：自行處理財政、……」的寫法。

（2）有的委員提出，本條目前的寫法有點亂，建議將條文中所列的項目作一個大概的分類；有的委員建議採取在各個類別之間用分號的寫法，即改為：「……自行處理財政、金融、經濟、工商業、貿易、稅務；郵政、民航、海事、交通運輸；漁業、農業；人事、民政、勞工；教育、醫療衛生、社會福利、文化康樂；市政建設、城市規劃、房屋、房地產；治安、出入境；天文氣象、通訊、科技、體育以及其他方面的行政事務」。

（3）有的委員建議，將本條中的「房地產」改為「地產業」；還有的委員建議，將「房屋」改為「住房建設」或「公共住房建設」。

第五稿

「**第十五條** 香港特別行政區享有行政管理權，依照本法的有關規定自行處理財政、金融、經濟、工商業、貿易、稅務、郵政、民航、海事、交通運輸、漁業、農業、人事、民政、勞工、教育、醫療衛生、社會福利、文化康樂、市政建設、城市規劃、房屋、房地產、治安、出入境、天文氣象、通訊、科技、體育和其他方面的行政事務。」

〔1988年3月基本法起草委員會秘書處《中華人民共和國香港特別行政區基本法（草案）草稿》（總體工作小組第二次會議對目錄、序言、第一、二、三、五、六、七、九章的修改稿）〕

第六稿

「**第十五條** 香港特別行政區享有行政管理權，依照本法的有關規定自行處理財政、金融、經濟、工商業、貿易、稅務、郵政、民航、海事、交通運輸、漁業、農業、人事、民政、勞工、教育、醫療衛生、社會福利、文化康樂、市政建設、城市規劃、房屋、房地產、治安、出入境、天文氣象、通訊、科技、體育和其他方面的行政事務。」

〔1988年4月基本法起草委員會秘書處《中華人民共和國香港特別行政區基本法（草案）草稿》〕

第七稿

「**第十五條** 香港特別行政區享有行政管理權，依照本法的有關規定自行處理財政、金融、經濟、工商業、貿易、稅務、郵政、民航、海事、交通運輸、漁業、農業、人事、民政、勞工、教育、醫療衛生、社會福利、文化康樂、市政建設、城市規劃、房屋、房地產、治安、出入境、

天文氣象、通訊、科技、體育和其他方面的行政事務。」

〔1988 年 4 月基本法起草委員會《中華人民共和國香港特別行政區基本法（草案）徵求意見稿》〕

第八稿

「**第十六條** 香港特別行政區享有行政管理權，依照本法的有關規定自行處理香港特別行政區的行政事務。」

〔1989 年 2 月的《中華人民共和國香港特別行政區基本法（草案）》〕

① **《基本法工商專業界諮委對基本法（草案）徵求意見稿第二章中央和香港特別行政區關係之意見書》**

【P1】
第十五條
建議把原有條文字句改寫如下：
「香港特別行政區享有行政管理權，自行管理各方面的行政工作。」

※

② **1988 年 8 月基本法起草委員會秘書處《香港各界人士對〈香港特別行政區基本法（草案）徵求意見稿〉的意見匯集（一）》**

【P5】
第十五條
1.「教育」前加「婦女」；「教育」後加「出版、傳播、新聞」。

2.加「廣播」、「電視」、「專業」。

3.「文化康樂」中間應加頓號，然後寫「體育」。

4.只寫「享有行政管理權」。行政管理權的具體範圍寫在附件裡。

※

③ **1988 年 9 月基本法起草委員會秘書處《內地各界人士對〈香港特別行政區基本法（草案）徵求意見稿〉的意見匯集》**

【P8】
第十五條
1.加上「環境保護」、「證券」。

2.本條「房屋、房地產」與第一百二十四條「房地產業」的提法應統一。

3.本條列舉太多，這是立法所忌諱的。改為：「香港特別行政區行政機關依本法有關規定處理本行政區內的行政事務。」

4.按第十六條、第十八條的寫法，分為兩款：
「香港特別行政區享有行政管理權。
香港特別行政區行政機關依本法有關規定自行管理……事務。」

※

④ **《基本法諮詢委員會中央與香港特別行政區的關**

係專責小組對基本法（草案）徵求意見稿第一、第二、第七及第九章的意見匯編》，載於 1988 年 10 月基本法諮詢委員會《中華人民共和國香港特別行政區基本法（草案）徵求意見稿諮詢報告（1）》

【P46】
13.第十五條
13.1 有委員指出，本條的寫法很容易會有遺漏，建議寫為「香港特別行政區享有行政管理權，並依照本法的有關規定自行處理各方面的行政事務。」但有委員認為，新寫法也可能會產生問題。
13.2 有委員建議將本條改成「除國防及外交外，香港特別行政區享有行政管理權。」或在這句後再加「及其他中央授予的權力。」這樣可不致有某些方面被遺漏。
13.3 有委員認為，不需要列舉三十多種不同的事務，可將這一系列的事務簡化為「各方面行政事務」。
13.4 有委員認為，「有關」的意思不清楚。這條規定香港特別行政區自行處理一系列的事務，但須根據一定方式，即依照基本法，這等於違反「高度自治」，因為除非修改部份條文（尤其是第五章的條文），香港特別行政區如要依基本法處理上述事務，實在非常困難，例如香港特別行政區的財政預算未必能保持平衡。因此該委員建議刪去「依照本法的有關規定」。但有委員認為，很難想像一地方政府可以不依據其權力來源的法規辦事。
13.5 有委員建議將「工業與知識產權」加入此條款。

※

⑤ **1988 年 10 月基本法諮詢委員會《中華人民共和國香港特別行政區基本法（草案）徵求意見稿諮詢報告第五冊──條文總報告》**

【P56-57】
第十五條
2.意見
2.1 贊成意見
→ 本條所列的行政管理權十分充足，能保持香港現有的生活方式和自由形象。
2.2 保留意見
→ 本條違反「高度自治」。
理由：它指出特別行政區要「依照本法」才能處理一系列事務。
→ 除非修改本法，尤其是第五章的一些條文，否則特別行政區將難以執行本條所列的事務。
2.3 有關本條寫法
→ 本條盡量列出香港特別行政區會享有的行政權。但其他範圍，比如污染和青年事務可隨時加上，由於條文不能將所有事務都列出，故應否這樣寫實令人懷疑。
→ 既然特別行政區將享有高度自治權，故列出特別行政區不享有的行政權力比列出會享有的權力更容易。否則會有將屬於特別行政區的行政權力遺漏的危險。
→ 本條列出一系列行政權力，藉以限制特別行政區的行

政權，不過，《中英聯合聲明》中除國防和外交權外，對特別行政區權力沒有任何限制。

3. 建議
3.1 刪除
→ 刪去「依照本法的有關規定」。
→ 刪去「和其他方面的行政事務」。
3.2 修改
→ 改為：「香港特別行政區享有行政管理權，依照本法的規定自行處理所有行政事務。」
理由：
⊙ 現有條文過於詳細。
⊙ 有關的行政管理事務可能未能盡錄。
→ 改為：「香港特別行政區政府依照本法，除了對外交事務和防務外，享有對香港特別行政區全部行政權。」
理由：使基本法與《中英聯合聲明》相符。
→ 改為：「香港特別行政區享有行政管理權，依照本法的有關規定自行處理一切行政事務，包括財政、金融、經濟⋯⋯體育和其他方面等等。」
→ 改為：「香港特別行政區享有行政管理權。」
理由：
⊙ 現有寫法極之累贅，且不可能將特別行政區行政範圍全部列出（原條文就未有列出地方行政、環境保護、消防事務等範圍）。
⊙ 在其他章節中已列明該二十九項行政管理權，無須重複。
→ 改為：「香港特別行政區享有行政管理權，自行管理各方面的行政工作。」
→ 「行政管理權」改為「行政自治權」。
理由：更符合高度自治原則。
→ 「享有行政管理權」改為「應享有行政管理權」。
理由：原句的指述是現在式，可以僅指基本法公佈時特別行政區的地位，含意混淆。

→ 「城市規劃」改為「城鄉規劃」。
3.3 增加
→ 加上「礦業」一項。
理由：
⊙ 礦業對香港重要。
⊙ 本條所列經濟、工業、貿易以及科技等項目，均不足以反映礦業和採礦工作的重要性。
→ 加上：「貨幣」一項。
→ 加上：「環境保護」。
→ 加上：「環境及土地規劃」。
→ 在「教育」後加上：「出版、傳播」兩項。
→ 加上：「廣播」。
→ 加上：「旅遊」。
→ 加上：「和其他方面的不屬國防和外交的行政事務」。
→ 加上：「傳播及新聞」。
→ 加上：「對廣播之管理權」。
→ 加上：「藝術、演藝、出版」。
3.4 其他建議
→ 基於「高度自治」的原則，除本條所規定的行政管理權以外的行政管理權（即一般所謂的剩餘權力）的解釋或來源，應由中央及特別行政區視乎性質，經協商後作出決定。
→ 條款內「其他方面的行政事務」等字眼將來絕不能在基本法內刪除，以作保障。

4. 待澄清問題
→ 本條是否應該加上「發牌照」？此外，本條是否排除所述事項部份或全部私營化的可能？
→ 「有關」指基本法中的規定，究竟有什麼意思？
→ 是否條文內沒列出的，香港特別行政區就沒有管理權呢？所列的又是否足夠？有否遺漏？
→ 條文中所謂「其他方面的行政事務」，具體內容是什麼？
→ 「人事」一詞，含義不清，宜加說明。

第九稿

「**第十六條　香港特別行政區享有行政管理權，依照本法的有關規定自行處理香港特別行政區的行政事務。**」
〔1990 年 2 月 16 日《中華人民共和國香港特別行政區基本法（草案）》〕

① 1989 年 11 月基本法諮詢委員會《中華人民共和國香港特別行政區基本法（草案）諮詢報告第三冊——條文總報告》

【P40-41】
第十六條
2. 意見
→ 修訂後的條文比較全面，防止掛一漏萬。

3. 建議
3.1 刪除
→ 刪去「依照本法的有關規定」。

理由：字眼寫得太死，可能因解釋上不同而導致中央干預。
3.2 修改
→ 改為：「香港特別行政區政府依照本法，除了對外交事務和防務外，享有對香港特別行政區全部行政權。」
理由：這使基本法與《中英聯合聲明》更相符。
3.3 其他
→ 本條的「香港特別行政區的行政事務」應註明包括「入境政策」。因為一般「行政事務」並不包括「入境政策」，而香港特別行政區自行處理入境事務是很重要的。

4. 待澄清問題
→ 「權力」及「行政事務」所指為何？規範內容是什麼？

第十稿

「**第十六條　香港特別行政區享有行政管理權，依照本法的有關規定自行處理香港特別行政區的行政事務。**」
〔1990 年 4 月《中華人民共和國香港特別行政區基本法》〕

香港特別行政區享有立法權。

香港特別行政區的立法機關制定的法律須報全國人民代表大會常務委員會備案。備案不影響該法律的生效。

全國人民代表大會常務委員會在徵詢其所屬的香港特別行政區基本法委員會後，如認為香港特別行政區立法機關制定的任何法律不符合本法關於中央管理的事務及中央和香港特別行政區的關係的條款，可將有關法律發回，但不作修改。經全國人民代表大會常務委員會發回的法律立即失效。該法律的失效，除香港特別行政區的法律另有規定外，無溯及力。

✿ 貳│概念

1. 立法權
2. 須報全國人大常委備案
3. 基本法委員會
4. 全國人大常委可發回但不作修改
5. 發回的法律立即失效及無溯及力

✿ 叁│條文本身的演進和發展

第一稿

第二章

「第六條　香港特別行政區享有立法權。香港特別行政區的立法機關應按照本法和法定程序制定法律並須報全國人民代表大會常務委員會備案。

香港特別行政區立法機關制定的法律，凡符合本法和法定程序者，均屬有效。如果全國人民代表大會常務委員會認為香港特別行政區的任何法律不符合本法或法定程序，可將有關法律發回重議或撤銷，但不作修改。經全國人民代表大會常務委員會發回重議或撤銷的法律立即失效。該法律的失效無溯及力。」

〔1986 年 11 月 11 日《中央與香港特別行政區的關係專題小組工作報告》，載於《中華人民共和國香港特別行政區基本法起草委員會第三次全體會議文件匯編》〕

① 1984 年 12 月 19 日《中英聯合聲明》

三、中華人民共和國政府聲明，中華人民共和國對香港的基本方針政策如下：

（三）香港特別行政區享有行政管理權、立法權、獨立的司法權和終審權。

※

②1984年12月19日《中華人民共和國政府對香港的基本方針政策的具體說明》（《中英聯合聲明》附件一）

一、……香港特別行政區直轄於中華人民共和國中央人民政府，並享有高度的自治權。除外交和國防事務屬中央人民政府管理外，香港特別行政區享有行政管理權、立法權、獨立的司法權和終審權。

※

③1986年2月基本法諮詢委員會《分批研討會參考資料》

【P1-3】
某委員（編者按：原件模糊，無法辨認名字）：中央和香港的關係，界定權力範圍，包括修改基本法的權力。·
某委員（編者按：原件模糊，無法辨認名字）：（七）中央與香港特別行政區的關係。
陳坤耀委員：基本法乃特別行政區的根本大法，酷似主權國家的憲法，內容大概包括：（一）界定中央與特區政府權力範圍及相互關係；
張家敏委員：（三）中央與特區權力劃分；
吳康民委員：結構方面要明確幾點：（三）要明確香港特區是中央領導下的地方政府，中央有領導權，但地方又有高度自治權。至於中央對香港行政長官是否擁有最後否決權，也要明確規定。

※

④1986年2月基本法諮詢委員會《分批研討會參考資料2》

【P2】
基本法可分成六個主要部份：
第二部份為權力關係。可再細分為兩節，即A節為總論，論及有關中央人民政府及特別行政區政府之間的關係。B節方面較專門地區別外交及涉及事務，另一方面則說明國防事務與內部保安的分別。緊記國防事務及外交屬中央人民政府管理。

※

⑤1986年2月基本法諮詢委員會《諮委會第一分組有關基本法結構討論小結》

二、歸納與會者主要意見如下：
3.關於中央和特別行政區的關係
香港特別行政區作為地方政府，應受中央政府管轄，但特別行政區政府又有高度自治權。界定中央政府有關權限及高度自治職權範圍，十分必要。同時，中央政府派駐香港政治機構與香港特別行政區政府關係，也應有所規定。

※

⑥1986年2月基本法諮詢委員會《第一批研討會總結》

（編者按：內容同上文）

※

⑦1986年2月基本法諮詢委員會《第二批研討會總結》

四、有關基本法的內容問題——
1.高度的自治權→ 委員們認為聯合聲明中的高度自治要在基本法中具體寫出來。要闡明行政首長的權力範圍、特別行政區的區界。還建議稱將來的政府為「特別行政區自治政府」，要在基本法中寫明將來自治政府在人大、政協中所佔的席位。有委員還建議須寫明中央與特別行政區產生歧見時的辦法處理，及上訴權等。

※

⑧1986年2月基本法諮詢委員會《第四批討論總結》

六、基本法的內容較為特別的提議，對將來制訂基本法有參考價值：
6.中央與地方關係受到重視，應在基本法內詳細說明，是否成為一專項？很多意見認為單獨成一專項，能具體列明「高度自治」權限、地方與中央權力有抵觸時解決辦法等等，會更令港人安心。而個別委員認為在其他項目章節中已涉及中央及地方關係。例如：駐軍調動權與行政首長關係。行政長官在當地選舉或協商產生，由中央政府任命，均能具體體現「高度自治」精神。故無須另立一專項。

※

⑨1986年2月基本法諮詢委員會《第五批研討會總結》

五、對基本法結構的建議——
3.特別行政區政府與中央的關係。

※

⑩1986年2月基本法諮詢委員會《第六批研討會總結》

2.……同樣理由，香港亦不應直接有代表參加人大。而應保留與中央溝通的特有渠道。但另一意見則認為，基本法應要詳細，不容許有誤解，詳細寫明，亦可以安定人心，其中應詳細說明的問題包括：
（1）中央與地方的關係，對於國防及外交事務的定義，應在基本法中界定清楚，其他如駐軍、行政首長的產生與罷免，中央在對外有關經濟關貿及稅制談判中給予特別行政區何種程度的自主權及香港如何參與人大等問題也應加以闡述；

※

⑪1986年4月22日《中華人民共和國香港特別行政區基本法結構（草案）》，載於《中華人民共和國香港特別行政區基本法起草委員會第二次全體會議文件匯編》

【P11】
第二章　中央與香港特別行政區的關係
（五）香港特別行政區享有立法權

⑫ 1986 年 8 月 20 日《基本法結構專責小組初步報告》

【P7】
第二章 中央與香港特別行政區的關係
（五）香港特別行政區享有立法權

⑬ 1986 年 11 月 11 日《中央與香港特別行政區

的關係專題小組工作報告》，載於《中華人民共和國香港特別行政區基本法起草委員會第三次全體會議文件匯編》）

【P8】
第二章 中央與香港特別行政區的關係
第六條
說明：多數委員認為，香港特別行政區立法機關制定的法律是否符合基本法和法定程序，由全國人民代表大會常務委員會最後確定；但有個別委員認為應由香港法庭確定。

第二稿

第二章
「第七條　香港特別行政區享有立法權。
香港特別行政區的立法機關制定的法律須報全國人民代表大會常務委員會備案。備案不影響該法律的生效。
全國人民代表大會常務委員會如果認為香港特別行政區的任何法律不符合本法或法定程序，可將有關法律發回重議或撤銷，但不作修改。經全國人民代表大會常務委員會發回重議或撤銷的法律立即失效。該法律的失效無溯及力。」
〔1987 年 4 月 13 日《中央與香港特別行政區的關係專題小組工作報告》，載於《中華人民共和國香港特別行政區基本法起草委員會第四次全體會議文件匯編》〕

① 《Final Report on the Structure of Basic Law》（基本法結構專責小組最後報告，1987 年 3 月 14 日經執行委員會通過）

【P10】
3. Chapter 2 "Relationship between the central Government and the SAR".
3.5 Section 5 "The HKSAR shall be vested with legislative power."

② 1987 年 4 月 13 日《中央與香港特別行政區的關係專題小組工作報告》，載於《中華人民共和國香港特別行政區基本法起草委員會第四次全體會議文件匯編》

【P12-13】
第二章 中央與香港特別行政區的關係

第七條
說明：多數委員認為，香港特別行政區立法機關制定的法律是否符合基本法和法定程序，應由全國人民代表大會常務委員會最後確定；但有個別委員認為，如果全國人民代表大會常務委員會認為香港特別行政區的立法機關制定的法律有不符合本法或法定程序的可能，可將有關法律轉交香港特別行政區的終審法庭審議。若終審法庭認為有關法律不符合基本法或法定程序，而全國人民代表大會常務委員會沒有異議，則該法律立即失效，但該法律的失效無溯及力。若全國人民代表大會常務委員會不採納香港特別行政區終審法庭的意見，可將該法律再交由一特別委員會審理。（備註：該委員會直屬於全國人民代表大會之下，成員由內地和香港法律專家組成，以香港特別行政區之代表佔多數。全國人民代表大會常務委員會將採納該特別委員會的決定，不作修改。）凡經由特別委員會審理而被定為不符合基本法或法定程序的法律，在刊登於香港特別行政區之憲報後，立即失效，但該法律的失效無溯及力。
對於本條第三款中「可將有關法律發回重議或撤銷」的規定，有的委員認為有發回重議就夠了，撤銷可以不要；有的委員則認為，發回重議後如香港立法機關仍堅持原案，再予撤銷。

第三稿

第二章
「第六條　香港特別行政區享有立法權。
香港特別行政區的立法機關制定的法律須報全國人民代表大會常務委員會備案。備案不影響該法律的生效。
全國人民代表大會常務委員會在諮詢香港特別行政區基本法委員會後，如果認為香港特別行政區的任何法律不符合本法或法定程序，可將有關法律發回重議或撤銷，但不作修改。經全國人民代表大會常務委員會發回重議或撤銷的法律立即失效。該法律的失效無溯及力。」
〔1987 年 8 月 22 日《中央與香港特別行政區的關係專題小組工作報告》，載於《中華人民共和國香港特別行政區基本法起草委員會第五次全體會議文件匯編》〕

① 1987 年 5 月 22 日《香港基本法起草委員會第　四次全體會議委員們對基本法序言、總則及第二、

三、七、九章條文草案的意見匯集》

文件匯編》

【P14-15】
第七條
1.有的委員建議，將第三款改為「全國人民代表大會常務委員會，在諮詢其基本法委員會後，如果認為香港特別行政區立法機關制定的法律不符合本法或法定程序，可將該法律發回行政長官，經法定程序重議，並由行政長官頒令該法律暫停執行，該頒令無溯及力。」

2.有的委員提出，全國人大屬下的特別委員會應該由內地和香港的法律專家組成，而且香港委員要佔多數。

3.有的委員認為，發回重議已足夠取消其效力，不要再規定「撤銷」。

4.有的委員建議，先發回重議，如香港立法機關堅持原議，再予撤銷。

5.有的委員認為，發回重議或撤銷要有期限，超過限制就不能撤銷。全國人大常委可提建議，由行政長官向立法局提出修改議案。但有的委員認為，中央不能修改香港法律，正因為如此，只能發回重議或撤銷，故不能有限期。

6.有的委員建議，將其改為：如果全國人民代表大會常務委員會認為香港特別行政區立法機關制定的法律有不符合基本法或法定程序的可能，須於一年內將有關法律轉交香港特別行政區終審法庭審理。若終審法庭認為有關法律不符合基本法或法定程序，則該法律立即失效，但該法律的失效無溯及力。若具有爭論性的法律不涉及國防與外交，香港終審庭的決定是最後的。若具有爭論性的法律可能涉及中國的國防和外交，而全國人民代表大會常務委員會不採納香港特別行政區終審法庭的意見，可將該法律交由全國人大下設的一特別委員會審理。該特別委員會的決定是最終的。凡經特別委員會審理而被裁定為不符合基本法或法定程序的法律，經全國人大常委會正式通知，在刊登香港特別行政區之憲報後，立即失效。但該法律的失效無溯及力。
有的委員表示，不同意將有關法律轉交香港終審法庭審議，因為現在的香港法院也沒有審查立法機關制定的法律的權力。

※

② 1987 年 8 月 22 日《中央與香港特別行政區的關係專題小組工作報告》，載於《中華人民共和國香港特別行政區基本法起草委員會第五次全體會議

【P7】
三、關於第二章　中央與香港特別行政區的關係
（二）本組在向第三次全體會議提交的工作報告中，曾經建議在全國人民代表大會或其常務委員會之下，設立一個委員會，由內地和香港人士參加，負責就基本法的解釋和修改、香港特別行政區制定的法律是否符合基本法及法定程序，以及少數全國性法律在香港的適用等問題，向全國人民代表大會或其常務委員會提供意見。在第四次全體會議上，許多委員又一次提出在全國人大或其常委會下設立一個諮詢性質的委員會的建議。本組經過討論，暫將這個委員會定名為香港特別行政區基本法委員會，寫入有關條文。設立基本法委員會現在只是作為一項建議提出，它的成立和隸屬關係以及其職責、組成等將由全國人民代表大會決定。

【P15-16】
第二章 中央與香港特別行政區的關係
第六條
說明：本組多數委員認為，關於香港特別行政區立法機關制定的法律是否符合基本法和法定程序，應由全國人民代表大會常務委員會最後確定。委員們並建議，在全國人民代表大會常務委員會下設立一個諮詢性機構，暫定名為香港特別行政區基本法委員會，由內地和香港人士參加，負責就基本法的解釋和修改、香港特別行政區制定的法律是否符合基本法及法定程序，以及少數全國性法律在香港的適用等問題，向全國人民代表大會或其常務委員會提供意見。這個委員會的成立和隸屬關係以及其職責、組成等須待全國人民代表大會決定。
有的委員提出，如果全國人民代表大會常務委員會認為香港特別行政區的立法機關制定的法律有不符合本法或法定程序的，可將有關法律轉交香港特別行政區的終審法庭審議。若終審法庭認為有關法律不符合基本法或法定程序，而全國人民代表大會常務委員會沒有異議，則該法律立即失效，但該法律的失效無溯及力。若全國人民代表大會常務委員會不採納香港特別行政區終審法庭的意見，可將該法律再交由一特別委員會審理。（備註：該委員會直屬於全國人民代表大會之下，成員由內地和香港法律專家組成，以香港特別行政區之代表佔多數。全國人民代表大會常務委員會將採納該特別委員會的決定，不作修改。）凡經由特別委員會審理而被定為不符合基本法或法定程序的法律，在刊登於香港特別行政區之憲報後，立即失效，但該法律的失效無溯及力。
有的委員認為，本條第三款中「可將有關法律發回重議或撤銷」的規定，有「發回重議」就夠了，「撤銷」可以不要；有的委員則認為，發回重議後如香港立法機關仍堅持原案，再予撤銷。

第四稿

「第十六條　香港特別行政區享有立法權。
香港特別行政區的立法機關制定的法律須報全國人民代表大會常務委員會備案。備案不影響該法律的生效。
全國人民代表大會常務委員會在徵詢香港特別行政區基本法委員會後，如果認為香港特別行政區的任何法律不符合本法或法定程序，可將有關法律發回重議或撤銷，但不作修改。經全國人民代表大會常務委員會發回重議或撤銷的法律立即失效。該法律的失效無溯及力。」
〔1987 年 12 月基本法起草委員會秘書處《香港特別行政區基本法（草案）》（匯編稿）〕

① 1987 年 9 月 2 日《中華人民共和國香港特別行政區基本法起草委員會第五次全體會議委員們對基

本法序言和第一、二、三、四、五、六、七、九章條文草稿的意見匯集》

6.第六條

（1）有的委員提出，在總則增寫第三條的前提下，建議去掉本條第一款。

（2）多數委員認為，本條說明的第二段與本條的內容無關，而且該說明中提出的特別委員會的職權比全國人民代表大會常務委員會的職權還大，這顯然是不對的；按香港現有的法制，也沒有法庭在沒有個案的情況下判定有關法律是否違反英皇制誥或皇室訓令及不符合法定程序的做法，該說明提出的建議理由不充份。第一小組的委員們一致建議去掉本條說明的第二段。

（3）有的委員建議，在全國人大通過基本法時，盡快成立基本法委員會。

（4）有的委員提出，在全國人大常委會尚未同意成立香港特別行政區基本法委員會的情況下，條文裡就這樣寫上，這在程序上不妥。有的委員提出，基本法起草委員會裡有在全國人大常委會任職的委員，請他們將這個問題先向全國人大常委會通通氣。

（5）有的委員建議本條增加一款：「香港特別行政區立法機關制定的法律在全國的法律制度內享有地方性法規的地位」。有的委員則認為，憲法規定地方性法規不能同全國性法律相抵觸，而在兩種法律制度的情況下，香港立法機關制定的法律不大可能同全國性法律一致。因此不能視同為地方性法規。

（6）多數委員主張，關於向全國人民代表大會建議設立香港特別行政區基本法委員會的問題，可由中央與香港特別行政區的關係專題小組先就委員會的組成、隸屬關係及職責範圍等草擬一個具體設想，提交起草委員會全體會議研究討論後正式向全國人大常委會提出建議。

（7）有的委員提出，本條第二款「全國人民代表大會常務委員會在諮詢香港特別行政區基本法委員會後」一句的含義可以，但表達有問題：（a）這裡突然出現一個「香港特別行政區基本法委員會」；（b）全國人大常委會諮詢屬下的委員會，這種表達也不太好；有的委員建議，將「諮詢」改為「聽取」。有的委員提出，「說明」第二段第二行「法定程序的」後面應加「可能」兩字。

（8）有的委員仍堅持本條說明中第二段的意見。

※

② 1987 年 10 月 23 日簡福飴《〈香港特別行政區基本法委員會〉的組成、隸屬關係和職責》（1987年 10 月 28 日中央與香港特別行政區的關係專責小組第五次會議附件一）

背景資料：
在中央與香港特別行政區的關係小組於本年八月二十二日的工作報告中，涉及「香港特別行政區基本法委員會」（以下簡稱「基本法委員會」）的條文者有如下幾點：
（1）第二章的第六條的第二款：「全國人民代表大會常務委員會在諮詢『基本法委員會』後如果認為香港特別行政區的任何法律不符合基本法或法定程序，可將有關法律交回重議或撤銷，但不作修改。……」
（2）第二章的第七條第四款：「除緊急情況外，國務院

在發佈上述指令（即指令香港特別行政區公佈或立法實施凡須在香港實施的全國性法律）前，均事先徵詢『基本法委員會』和香港特別行政區政府的意見。」
（3）第九章第一條第四款：「全國人民代表大會常務委員會在對本法進行解釋前可徵詢『基本法委員會』的意見。」
（4）第九章第二條第三款：「本法的修改議案在列入全國人民代表大會的議程前，先由『基本法委員會』研究並提出意見。」
此外，在組織方面該報告第 12 頁的《說明》中對這個委員會的建議如下：
「委員們並建議，在全國人民代表大會常務委員會下設立一個諮詢性機構，暫定名為香港特別行政區基本法委員會，由內地和香港人士參加，負責就基本法的解釋和修改，香港特別行政區制定的法律是否符合基本法及法定程序，以及少數全國性法律在香港適用等問題，向全國人民代表大會或其常務委員會提出意見。這個委員會的成立和隸屬關係以及其職責，組成須待全國人民代表大會決定。」

討論要點：
1.職責
1.1 有關基本法第三章第六條的第二款（編者按：應為第二章第六條的第二款）
1.2 有關基本法第二章第七條的第四款
1.3 有關基本法第九章第一條的第四款
1.4 有關基本法第九章第二條的第三款
1.5 其他（在第一屆政府產生過程中擔當一些工作的可能性，如：作為中央政府的協商對象或作為選出第一屆行政長官的選舉團。）
2.成員
2.1 總人數
2.2 內地人士和香港人士的比例
2.3 成員的資格：是要知名人士，還是富有代表的人士，或有專業知識的（如法律）人士。
2.4 各類成員比例
3.運作方式
3.1 應否下設小組分別負責不同職責
3.2 小組應否有獨立職權，不需把組內決定交委員通過。
3.3 應否保留一些職責給委員會負責而不放到小組
3.4 其他方式
4.組成方法
4.1 所有成員均由人大常委會委任
4.2 只有國內成員由人大常委會委任，香港成員則通過幾種途徑產生（如現時之基本法諮詢委員會）。
4.3 其他方法
5.隸屬關係
5.1 隸屬人大常委會
5.2 只作為人大常委會的諮詢組織而不隸屬人大常委，也不隸屬特區政府。
6.何時組成
6.1 九七年前兩年，如需協助第一屆特區政府產生。
6.2 九七年時才產生

※

③戴耀廷《有關基本法委員會的建議》（1987 年10 月 28 日中央與香港特別行政區的關係專責小組第五次會議討論文件）

（編者按：此文件乃依香港大學法學院圖書館的歸檔順序處理出處）

基本法委員會是一個負責協調中央與特區關係的架構，而所涉及的範圍又多是複雜的法律問題。為了使中港之間能達成相協調及相配合的關係，此委員會成員必須能充份代表中央政府與特區政府。如這委員會能充份反映中港雙方的意見，它的建議將更容易被全國人大常委會全部接受。在此基礎，一個憲法慣例將能發展出來。

建議基本法委員會包括十二名成員：

（1）香港特別行政區代表六名：

a/ 布政司或類似職務的特區主要官員；

b/ 律政司或類似職務的特區主要官員；

c/ 立法機關主席（如立法機關主席由行政長官兼任，則由立法機關議員互選產生）；

d/ 立法機關首席議員（如立法機關不設首席議員，則由立法機關議員互選產生）；

e/ 首席按察司或類似職務的特區法院法官；

f/ 特區終審庭首席法官（如首席按察司兼任終審庭首席法官，則由特區最資深的法官出任）。

（2）中央代表六名

a/ 國務院港澳辦公室副主任級官員一名；

b/ 國務院外交部副部長級官員一名；

c/ 最高人民法院副院長級官員一名；

d/ 最高人民檢察院副院長級官員一名；

e/ 全國人民代表大會法律委員會主任；

f/ 全國人民代表大會常務委員會法制工作委員會主任。

※

④中央與特別行政區的關係專責小組《對基本法序言和第一、二、七、九章條文（一九八七年八月）草稿的意見》（1987年11月4日經執行委員會通過）

【P27】

第六條

1. 有委員提及本條第二款人大常委會將有關香港特別行政區法律發回重議或撤銷的程序不清楚。有委員建議應該當香港法庭在審判過程中發覺某法例是不符合基本法的，法例才需呈報人大常委會，讓人大常委會作出發回重議或撤銷的決定。其他時間，人大常委會不應主動審查香港的法例。這程序亦適用於九七年以後制訂的法例，當特區政府將新訂法例交人大常委會備案時，為節省時間，人大常委會不用每次都審閱該些法例，只有當這些法例在實際審判時出現問題，才需呈交人大常委會以作決定。

2. 就人大常委會發回重議的法律是部份失效還是全部失效的問題，委員有不同意見。

有委員認為應該只是部份失效，因為很少情況是整章法例都與基本法抵觸的，通常只是其中的某些章節抵觸基本法。若法例經呈報人大常委之後，便全章失效，則有可能部份不抵觸基本法的條文賦予市民某些權利，便會隨之喪失，縱使日後該部份條文斷定為合法，則在發出重議至再作決定的期間，該市民因着該部份條文所擁有的權利便被無端剝奪。

但亦有委員贊成當人大將某章法例發給特區政府重議時，它便應該立刻全部失效。特區政府可以只修改抵觸基本法的部份，而保留不抵觸基本法的條文，再將修訂的版本交與人大常委備案。這做法的好處是將條文是否違背基本法的決定權留給特區政府，避免人大常委會將某些香港人覺得極重要的條文定為無效。

3. 有委員認為需澄清香港特別行政區立法機關制定法律的

程序及該法律的生效程序。「備案不影響該法律生效」，以及人大常委會可將有關法律發回重議或撤銷等規定，令人懷疑未經人大常委會通過之前，該法律是否有效。

※

⑤法律專責小組《「基本法委員會」最後報告》（1987年12月5日經執行委員會通過）

【P1-3】

法律專責小組舉行了三次會議討論有關基本法委員會的問題，例如該委員會的結構、組成、職權、隸屬關係。中央與特區關係專責小組已完成一份有關基本法委員會的最後報告，因此本小組只處理該委員會在法律方面的問題。以下為經整理後的意見，將提交起草委員會參考。

（一）一般原則

1. 不得以任何方法削弱《中英聯合聲明》所規定的終審權。

2. 終審權包括對所有法律（連基本法在內）的解釋權。香港法院應有權在審判過程中解釋基本法，而就所判的案件而言，其權力應是最終的。人大的決定不應影響香港法院對該案件已作的判決。

3. 根據香港現行的普通法制度，由司法機構（而非政治機構）享有法律解釋權是個基本原則。

4. 基本法應有條文規定基本法委員會的成立。基本法委員會應是兩個制度的「聯繫」、「相交處」或「緩衝」，發揮有效而可信的作用。該委員會的職權、成員等都應在基本法中明文規定。但有委員認為該委員會的組成和職權應由人大常委決定，這些規定應由人大在頒佈基本法同時頒佈。但無論如何，基本法委員會都應該是個諮詢的題目，而有關該委員會的決定也應在頒佈基本法最後草案前公佈。如果一方面要香港市民討論並接受基本法草案中有關基本法委員會的條文，一方面又不讓他們知道該委員會確實的職權、成員資格等，對香港市民是不公平的。

5. 對法例的司法審查（即決定某一法律是否因違憲而失效，或是否抵觸法定程序），也是設有成文憲法的普通法制度所具備的特色。香港的法院曾決定宣佈某法例是否屬立法機關的越權立法，但法院是在聽過對抗的辯論後才作出裁決的。

（二）結構

1. 可分為兩種功能：

a. 政治功能，例如考慮

Ⅰ）全國性法律的實施問題

Ⅱ）修改基本法的建議

b. 法律功能，例如考慮

Ⅰ）特區法律的效力

Ⅱ）基本法的解釋

2. 法律功能應由一「法律委員會」負責，政治功能則應由另一委員會負責。即使就結構而言，「法律委員會」是基本法委員會屬下的組織，但其決定應不必受其他基本法委員會成員（即非「法律」委員會成員）審定。

3. 「法律委員會」將根據以下一般原則制定其工作程序細則：

Ⅰ）公開審訊

Ⅱ）符合自然公正定律

Ⅲ）有利害關係的當事人各獲代表

Ⅳ）任何裁決都應申述理由。

（三）成員

1. 在整個基本法委員會中，香港成員及內地成員應各佔一半。「法律委員會」的成員必須是法律專業人士。香港與內地成員各佔一半。所有問題應以大多數票決定。部份委員認為「法律委員會」的成員應盡可能由法官出任；如不

可能，則由律師出任。香港的司法成員須經特區的司法人員敘用委員會推薦，由人大委任；律師成員則經法律專業團體推薦，由人大委任。

2.有委員認為「法律委員會」的香港成員應從終審法院的法官名單中選出。其他委員則認為只要所有成員都是法律專業人士便可。

3.有委員提議「法律委員會」應包括六位法律專業人士（三位香港成員，由香港法律專業人士通過選舉產生；三位中央成員，由中央委任中國內地法律界人士出任）。

4.部份委員認為基本法委員會內的政治委員會成員應包括立法機關成員、香港人大代表及一些法律專業人士。

5.為避免利益衝突，令人覺得公平合理，「法律委員會」的成員不應參與基本法委員會就政治方面的商議，或至少應可在基本法委員會商議政治方面的問題時，有權選擇退出。

6.基本法委員會（包括法律委員會）的成員資格，不應有國籍限制。

（四）職權

1.基本法委員會屬下的政治委員會就下列問題發揮純諮詢性的功能：修改基本法或在特區實施某條全國性法律等建議。但應特別指出的，就是即使是全國性法律的實施問題，也會產生純法律方面的問題。例如建議在香港實施的法律是否違反基本法或既定的法定程序。在這類情況下，法律方面的問題應交由「法律委員會」處理。

2.「法律委員會」應按基本法規定處理有關的法律問題。在參考了委員在多次討論中的建議後，基本法委員會的功能與運作可採用以下模式：

在不違反「一般原則」1、2點的情況下

Ⅰ）a.凡不涉及國防與外交的事務，香港法院對基本法享有最終解釋權。

b.如在決定某問題是否屬國防、外交以外範圍時出現爭議，應先交由香港終審法院處理。

c.如人大常委不同意香港終審法院決定（預料該不同意見只限於兩機構對該問題是否屬香港自治範圍所持的不同見解），人大常委則有權要求將終審法院的決定交由基本法委員會處理。

d.根據指示性原則，人大得接納基本法委員會透過「法律委員會」所提交的意見。人大常委的決定對香港法院已終審的案件，並無回溯力。

e.如香港終審法院裁定某一案件不屬香港法院的管轄範圍內，則應有一機構使此類案件得以轉交適當的司法機構處理。

Ⅱ）a.特區法例應以同樣辦法處理。首先由香港法院決定某特區法例是否符合基本法及法定程序。

b.如人大常委不同意該法例有效，則可要求把終審法院的決定交由「法律委員會」處理。

c.即使香港法院沒有對某香港法例提出質疑，人大依然有權把該法例直接交由「法律委員會」決定其效力。

d.根據指示性原則，人大得接納基本法委員會透過「法律委員會」所提交的意見。但人大常委的決定對該法律宣告失效前已取得權利，並無回溯力。

e.除涉及國防與外交事務的法律外，其他法律不得由基本法委員會審查。

Ⅲ）如「法律委員會」內出現僵持情況，對過去及將來的有關案件都應以香港終審法院的解釋為準。

3.另一模式則根據下列原則：香港法院的司法管轄範圍，其類別及大小基本上與目前的相同。除受目前已有的限制外（可見於「國家行為」與「國家事實」的分別），司法管轄範圍擴及所有一般及憲制性法律。目前制度的限制已足以確保凡真正屬於國防與外交的事務，法院不會干預行政行為。但如果因不能決定是否屬於國防或外交而發生爭議，則應交由「法律委員會」確定其類別。

4.凡涉及基本法的事情，人大常委與國務院均不能在未取得基本法委員會的意見前採取行動。有委員認為「法律委員會」的意見對人大常委會應有約束力。另有委員則認為「法律委員會」僅屬諮詢性質。權宜之策是採用指示性原則—— 即根據法理，技術上人大是不受基本法委員會的意見約束的，但作為憲法慣例，人大常委得接納該委員會的意見。

5.在會議中其他委員的意見，可參閱各附件。

附件一：《基本法委員會》（吳少鵬委員）

我們主要關注的，是建議中的「基本法委員會」在法律方面的問題。

提議一：

起草委員會在中央與特區關係專題小組的報告中提及「基本法委員會」，並提出該委員會應有四種功能（見附表一）。要發揮這些功能，先要成立「基本法委員會」。但該報告卻完全沒有提及基本法委員會的成立問題。只提出基本法委員會發揮法定功能，而不以同樣方式規定其組成，實在並不妥善。

提議二：

基本法委員會應根據基本法組成，理由很簡單，因為除此以外並沒有適當的法律可規定其產生，但其他有關成員組織及運作的細節安排，則不必在基本法內列出。

提議三：

「基本法委員會」應在人大常委之下工作。其成員組織及運作的細節安排也由人大常委負責。

提議四：

1.人大常委在決定以下問題前，必須先徵詢基本法委員會的意見。

a.某香港特區法例是否符合基本法的規定及法定程序。

b.哪條全國性法律適用於香港特區？

c.修改基本法的建議。

2.在解釋基本法條文前，人大常委在程序上必須先徵詢基本法委員會的意見。中國憲法第六十七條授權人大常委解釋基本法，而這權力是沒有限制的。如人大常委在行使這種極少引用的權力前，在程序上先徵詢基本法委員會的意見，是個很好的做法。

3.由於有建議認為國務院可向人大常委提出基本法修正案，並可指令部份全國性法律適用於香港特區，基本法委員會必須就這兩方面向人大提意見。

提議五：

1.基本法委員會是人大常委與國務院的諮詢機構（advisory body）。「諮詢」（advisory）的意思就是「提出意見」。

2.基本法委員會並非權力機關，其運作應保持低調，並應屬工作委員會性質，而非意見收集機構。該委員會是非政治性的。

附表一

基本法委員會的職權：

1.基本法第二章第六條第二款：

全國人民代表大會常務委員會在諮詢香港特別行政區基本法委員會後，如果認為香港特別行政區的任何法律不符合本法或法定程序，可將有關法律發回重議或撤銷，但不作修改。經全國人民代表大會常務委員會會發回重議或撤銷的法律立即失效。該法律的失效無溯力。

2.基本法第二章第七條第四款：

除緊急情況外，國務院在發佈上述指令（即指令香港特別行政區政府公佈或立法實施全國性法律）前，均事先徵詢香港特別行政區基本法委員會和香港特別行政區政府的意見。

3.基本法第九章第一條第四款：

全國人民代表大會常務委員會在對本法進行解釋前，可徵

詢香港特別行政區基本法委員會的意見。
4.基本法第九章第二條第三款：
本法的修改議案在列入全國人民代表大會的議程前，先由香港特別行政區基本法委員會研究並提出意見。

附件二：《基本法委員會》（羅傑志委員）
一般原則
1.香港法院應對香港自治範圍內的案件有終審權。
2.終審權包括解釋所有法律的權力。
3.為了保障現存的法律制度，法律必須由法官而非由一些沒有司法經驗的政治家或其他公眾人士解釋。
有關基本法委員會的條文建議
1.法院對所有在香港自治範圍內的問題都有權處理，這不單包括解釋基本法，也包括決定某法律是否符合基本法及法定程序。
2.至於其他案件，包括香港法院管轄範圍以外的案件（即在香港自治範圍以外的案件），應由有普通法司法經驗的人士處理。在這些人士當中，最少應有半數為香港人。再者，絕對不能讓非司法人員解釋在香港實施的法律或決定這些法律是否有效。否則，現存的法律制度將遭受破壞。
3.當案件的劃分出現問題時（即要決定某案件是否在香港的管轄範圍內），該案件必須循普通法制度的方式處理；換言之，須首先由香港法院處理。若香港法院認為該案件在香港的自治範圍外，或任何一方當事人欲就該案件是否在香港自治範圍內而提出起訴時，該案件的上訴可由一個由法官組成的委員會處理，這委員會半數成員應由香港法官或有資格擔任終審庭法官者出任。
4.在沒有普通法中辯論式的訴訟制度的情況下，任何法律均不應由任何機構（委員會或法庭）進行審查。故此，不應在沒有辯論式的訴訟和抽空（in vaccuo：即孤立處理；不管事實與證據）的情況下審查任何法律。

附件三：《基本法委員會》（麥嘉霖委員）
在討論設立基本法委員會時，需認真考慮以下各點：
Ⅰ一般原則
1.香港應按聯合聲明的規定享有終審權；
2.在任何情況下，終審權不應被剝奪或削減；
3.「審判」包括以司法方式解決爭議，所以亦牽涉對所有法律（連基本法在內）的解釋。因此，香港法庭在審理案件時有權解釋基本法，而對該案件而言，其權力應是最終的。人大的任何決定對於已審結的案件均沒有影響。
Ⅱ1.建議基本法委員會應有以下兩種功能：
a）政治功能
Ⅰ）全國性法律的實施問題
Ⅱ）修改基本法的建議
b）法律功能
Ⅰ）特區法律的效力
Ⅱ）就有關國防外交的事務對基本法的解釋
2.設立基本法委員會的構想是個能顧及中國及香港意願的權宜之計：中國希望人大能對所有有關基本法的事情都有最終權力，而香港則認為既然基本法將是特區的憲法，所有有關基本法的問題都應由香港處理。若我們同意基本法委員會的構想是必要的權宜之計，我們便需考慮以下各點：
a）鑒於基本法委員會將負起的兩種不同功能，基本法委員會整體將會是一個政治組織，其屬下應設有一個法律小組，專門負責處理法律問題。
b）基本法本身應有明確條文，規定基本法委員會及其法律小組之成立，職權及成員等問題。對香港市民來說，把這些問題交給全無職權限制的人大來處理，是不可接受的。基本法委員會將在基本法中扮演一重要角色，所以必須列入基本法範圍內。
c）法律小組應盡量由法官組成（包括退休法官），否則，

可以由律師組成。香港的司法界成員將由人大按司法人員敘用委員會的推薦而委任；律師成員則由人大按法律專業團體的推薦而委任。
d）為了避免利益衝突，法律小組的成員不應參加基本法委員會的政治性討論。
e）建議法律小組應由六名成員組成：香港和中國成員各佔一半，所有問題應以大多數票決定。
f）若法律小組內發生僵持，則以香港法庭的決定作準。
g）法律小組得制定其工作程序細則。這些細則應包含下列各點：
Ⅰ）公開的聆訊；
Ⅱ）符合自然公正定律；
Ⅲ）任何裁決都應申述理由。
3.a）香港法庭將對基本法中不涉及國防外交的條文享有最終解釋權。
b）如在決定某問題是否屬國防外交以外範圍時出現爭議，應先交由香港終審法院處理。
c）如人大不同意香港終審法院的決定（預料人大只會不同意香港終審法院指某案件屬特區自治範圍內的決定），人大應有權要求把終審法院的決定轉交基本法委員會處理。
d）基於指示性原則，人大得接納基本法委員會透過法律小組所提交的意見。人大的決定不具回溯力。
e）如香港的終審法院裁定某一案件不屬特區自治範圍內，應有一機構使這類案件得以轉交中國的司法機關審理。
4.a）有關特區的法律應以同樣辦法處理。首先應由香港法庭決定某法律是否符合基本法及法定程序。
b）若人大不同意該法律有效，則應要求把特區終審法院的決定轉交法律小組處理。
c）即使香港法院沒有對某香港法律提出質疑，人大依然有權把該法律直接轉交法律小組決定其是否有效。
d）人大應同樣基於指示性原則接納基本法委員會透過法律小組所提交的意見，但人大的決定不具回溯力。
說明
若出現一些需要緊急處理的問題時，應有特快途徑，讓該等憲法性問題毋須經過所有上訴階段而能直接由終審法院處理。

附件四：《有關設立「基本法委員會」的問題》（徐是雄委員）
根據基本法起草委員會第五次全體會議文件匯編顯示，將來在基本法內以下幾條條文所涉及的問題需要一個「基本法委員會」作出處理：
第二章第六條：「全國人民代表大會常務委員會在諮詢香港特別行政區基本法委員會後，如果認為香港特別行政區的任何法律不符合本法或法定程序，可將有關法律發回重議或撤銷，但不作修改。」
第二章第七條：「除緊急情況外，國務院在發佈上述指令前，均事先徵詢香港特別行政區基本法委員會和香港特別行政區政府的意見。」
第九章第一條：「全國人民代表大會常務委員會在對本法進行解釋前，可徵詢香港特別行政區基本法委員會的意見。」
第九章第二條：「本法的修改議案在列入全國人民代表大會的議程前，先由香港特別行政區基本法委員會研究並提出意見。」
從以上的幾條條文我們可以看到在基本法內將有兩方面問題需要諮詢基本法委員會予以解決的：（一）政治方面的問題和（二）法律方面的問題。因此基本法委員會的組成必須包括能解決以上兩類問題的人士，並且還必須有香港和中央兩方面人士的參與。香港方面應有一位法官（經互選產生），一位立法機關議員（經互選產生），兩位法律界人士（經法律界人士互選產生），三位香港的人大代表

（經香港的人大代表互選產生）；而中央方面也委出相同性質的中國內地七位人士出任。在基本法之下還應設立一個法律專責小組，由另六位法律界人士出任（三位香港成員，可以全是法官，由香港法律界人士通過選舉產生；三位中央成員，由中央委任中國內地法律界人士出任）。純法律性的問題，一般由法律專責小組處理便可，基本法委員會以及屬下之法律專責小組成員產生後由人大常務委員會任命。

由於基本法委員會的組成和權限由人大常務委員會決定，故此在基本法正式公佈之時，人大常委應同時公佈有關基本法委員會的組成、權限和工作章程。故此在基本法內只要寫入以下條文便可：「有關第二章第六條、第七條以及第九章第一條、第二條所提及的基本法委員會的職權由全國人民代表大會常務委員會規定。」

這裡順便提一下有關將來香港的全國人大代表的職責問題。我認為除在基本法內所規定的職責之外，香港的全國人大代表還應在基本法委員會內負起中央與特區之間的溝通和緩衝作用。為了達致以上目的，我希望在過渡期香港的人大代表人數應予以擴大，通過廣東省多增加一些政治中立和態度持平的港人參加人大的工作和監督中央政府；而在九七年後香港的人大代表則改由香港的立法機關和大選舉團的中國籍成員提名和選舉產生。

※

⑥中央與香港特別行政區的關係專責小組《對「香港特別行政區基本法委員會」的意見》（1987年12月5日經執行委員會通過）

【P1-3】

基本法委員會的職權

1. 根據現有的基本法條文（草案），基本法委員會將有以下四項職權：

（1）「全國人民代表大會常務委員會在諮詢『基本法委員會』後如果認為香港特別行政區的任何法律不符合基本法或法定程序，可將有關法律交回重議或撤銷，但不作修改。……」（第二章的第六條的第二款）

（2）「除緊急情況外，國務院在發佈上述指令（即指令香港特別行政區公佈或立法實施凡須在香港實施的全國性法律）前，均要先徵詢『基本法委員會』和香港特別行政區政府的意見。」（第二章的第七條第四款）

（3）「全國人民代表大會常務委員會在對本法進行解釋前可徵詢『基本法委員會』的意見。」（第九章第一條第四款）

（4）「本法的修改議案在列入全國人民代表大會的議程前，先由『基本法委員會』研究並提出意見。」（第九章第二條第三款）

2. 此外，起草委員會中港關係小組十月五日於廣州會議中提及香港原有法律審核程序的方案，其中亦牽涉基本法委員會的工作，建議如下：

在人大常委會下設立一基本法委員會，由香港及內地的法律專家組成，該委員會在九七年前成立，主要工作乃審核香港原有法律，就香港法律中與基本法有抵觸的條文，向全國人大常委會報告，由人大常委會在香港特別行政區成立之時宣佈廢除。

3. 有委員建議基本法委員會參與第一屆政府的產生工作，比如可作中央政府的協商對象或組成選舉第一屆行政長官的選舉團。委員認為根據魯平及李後的意見，將來第一屆行政長官可能由委員會協商選出，為免香港將有太多不同性質的委員會，故可將此項工作交予建議中的基本法委員會執行。

4. 有委員不同意上述的建議，他們認為根據起草委員會擬出有關基本法委員會的條文，其職權多牽涉法律及政治問題，與選舉第一屆政府並不相同。再者，處理上述不同工作需要不同的組織及工作人員，比如解決法律問題的組織應有更多法律界代表，而選舉第一屆政府的選舉團組成便不同，故不應由同一組織負責這些性質不同的工作。

5. 此外，亦有委員提出選舉第一屆政府乃短期的任務，而監察基本法執行乃經常性工作，性質極不同。就此點，有委員補充說他相信修憲或解釋基本法的情況不會經常發生，故上述工作亦不能算是常務性工作。

基本法委員會的成員

1. 有委員認為基本法委員會是一個負責協調中央與特區關係的架構，所涉及的範圍又多是複雜的法律問題。為使中港之間能達成相協調及相配合的關係，此委員會成員必須能充份代表中央政府與特區政府。如這委員會能充份反映中港雙方的意見，它的建議將更容易被全國人大常委會全部接受。在此基礎，一個憲法慣例將能發展出來。

故該委員會建議基本法委員會包括十二名成員：

（編者按：內容同第四稿文件③）

2. 就上述建議，有委員認為香港的司法人員因為身份特殊，不應參加任何政治組織，而行政人員的工作為依據法律推行政策，故亦不適宜加入基本法委員會，參與解釋基本法的工作。

3. 此外，亦有委員指出若基本法委員會下屬人大常務委員會，而當中半數成員為香港政府官員，即表示本地政府官員將下屬於人大常務委員會，這可能會引起誤會。但就此點，有委員補充說基本法委員會未必隸屬於人大常務委員會。

4. 有委員建議因為基本法委員會主要處理有關法律的問題，所以多數成員應為法律界人士。但另有委員指出此委員會不單要處理法律問題，亦要考慮政治問題，而且某些法律問題可能牽涉政治立場，不能截然劃分，故委員會成員應有各界代表，不應偏重於法律界。

5. 有委員建議基本法委員會的成員約為20-30人，但具體數目未明確定出。亦有委員指出只要成員具代表性，人數不用太多，以增加工作效率。

6. 有委員認為基本法委員會中香港代表的數目應多於內地代表，這樣可使此委員會作的決定更為香港人接受和信服。

7. 但有委員認為未必由大多數香港代表所作的決定就會為香港人接受，香港人會根據作決定的原因和理由考慮接受與否，故香港代表的數目不一定要多於內地代表。

基本法委員會的組成方法

1. 有委員認為國內委員由人大常務委員會委任，而香港委員則通過不同途徑產生（如類似現時基本法諮詢委員會的產生方法），再由人大常務委員會正式委任。

基本法委員會與人大常委會的隸屬關係

1. 有委員建議基本法委員會應隸屬於人大常委會，因為這樣可以提高此委員會的地位，將令它更受重視。

2. 但亦有委員認為此委員會不應隸屬於人大常委會，以免它的工作受到干預。

基本法委員會的運作方法

1. 有委員贊成基本法委員會可下設不同小組，就某些突發性、需要短期作出回應，或者只涉及技術的問題集中研究，但其他的重要問題，如修憲及全國法律在港的適用，便由全組決定。

2. 有委員建議這些小組可以就某些問題作最後決定，不用事事由全委員會審核，以提高工作效率，而且某些問題可能涉及複雜的專業知識，應可由專家組成的小組自行決定。但有委員不同意這方式，他們認為小組的工作是向委員會提供意見，最後的決定仍要由整個委員會作出，因為這些小組不是正式機構，不應有實權，而且若

全委員會成員不超過 20-30 人，亦不會因為人數太多而影響工作效率。

基本法委員會的成立時間
1. 有委員建議此委員會在基本法公佈前半年成立，然後在過渡期間開始監察基本法在港的施行。
2. 但有委員認為此委員會應在一九九七年七月一日後才開始工作，因為只有在香港回歸中國後，基本法才在香港實行。

其他
1. 有委員建議基本法委員會的工作應該是被動的，它不應主動監察法院的工作，只有在問題發生後，才會徵詢它的意見。
2. 有委員建議基本法委員會的組成、工作等有詳細章程列出，使香港人能更清楚。
3. 有委員建議基本法委員會的成員應有固定任期。

※

⑧ 1987 年 12 月基本法起草委員會秘書處《香港特別行政區基本法（草案）》（匯編稿）

【P10】
關係組委員的其他意見：
委員們建議，在全國人民代表大會常務委員會下設立一個諮詢機構，暫定名為香港特別行政區基本法委員會，由內地和香港人士參加，負責就基本法的解釋和修改、香港特別行政區制定的法律是否符合基本法及法定程序、以及少數全國性法律在香港的適用等問題，向全國人民代表大會或其常務委員會提供意見。這個委員會的成立和隸屬關係以及其職責、組成等須待全國人民代表大會決定。

第十六條　第三款
有的委員建議改為：「全國人民代表大會常務委員會在諮詢香港特別行政區基本法委員會後，如果認為香港特別行政區的任何法律有不符合本法或法定程序的可能，可將有關法律轉交香港特別行政區的終審法庭審議。若終審法庭認為有關法律之部份或全部不符合本法或法定程序，可宣佈該法律之有關部份或全部無效，但其失效無溯及力」。
有的委員建議第十六條第三款最後一句改為：「該法律的失效除涉及刑事和憲制問題外無溯及力」。

第五稿

「第十六條　香港特別行政區享有立法權。
香港特別行政區的立法機關制定的法律須報全國人民代表大會常務委員會備案。備案不影響該法律的生效。
全國人民代表大會常務委員會在徵詢其所屬的香港特別行政區基本法委員會後，如認為香港特別行政區的任何法律不符合本法或法定程序，可將有關法律發回重議或撤銷，但不作修改。經全國人民代表大會常務委員會發回重議或撤銷的法律立即失效。該法律的失效無溯及力。」
〔1988 年 3 月基本法起草委員會秘書處《中華人民共和國香港特別行政區基本法（草案）草稿》（總體工作小組第二次會議對目錄、序言、第一、二、三、五、六、七、九章的修改稿）〕

① 匯點基本法跟進小組《評基本法中央與特區關係條文》，載於 1987 年 12 月基本法起草委員會秘書處《參閱資料──第 36 期》

【P5-6】
違憲審查的問題
根據現有的條文草稿，全國人大常委會如果認為香港特區的法律不符合基本法或法定程序，可將有關法律發回香港特區重議或者撤銷。
我們認為這個籠統的安排，可能會影響高度自治的基本原則。高度自治的意義是指特區在其自治權力範圍內能擁有獨立及最終的決策權。這是維持「一國兩制」的必要條件。因此，一些純屬於自治範圍內的事務，其處理應全由特區內現存的機制去負責，中央應盡量減少干預。若去建立另一套特區以外的機制來把某一些自治範圍事務的處理權接收過來，並不恰當，亦會動搖高度自治的基礎。
我們建議：在自治範圍內的香港法律，應由香港特區法院負責審查是否有違背基本法及法定程序。自治範圍內的香港法律的違憲審查不應由特區之外的機制去負責。在自治範圍外的香港法律交由全國人大常委會審查，這點原則上可以成立。至於某條法律是否屬於自治範圍內，這可交由全國人大屬下的基本法委員會負責界定。

※

②《各專題小組的部份委員對本小組所擬條文的意見和建議匯輯（關於序言、第一、二、三、五、六、七、九章部份）》，載於 1988 年 3 月基本法起草委員會秘書處《中華人民共和國香港特別行政區基本法（草案）草稿》

【P32-33】
（編者按：內容同第四稿文件⑧）

第六稿

「第十六條　香港特別行政區享有立法權。
香港特別行政區的立法機關制定的法律須報全國人民代表大會常務委員會備案。備案不影響該法律的生效。
全國人民代表大會常務委員會在徵詢其所屬的香港特別行政區基本法委員會[2]後，如認為

香港特別行政區的任何法律不符合本法或法定程序，可將有關法律發回重議或撤銷，但不作修改。經全國人民代表大會常務委員會發回重議或撤銷的法律立即失效。該法律的失效無溯及力。」

〔1988 年 4 月基本法起草委員會秘書處《中華人民共和國香港特別行政區基本法（草案）草稿》〕

① 1988 年 4 月基本法起草委員會秘書處《中華人民共和國香港特別行政區基本法（草案）草稿》

【P46-47】
註 2：委員們建議，在全國人民代表大會常務委員會下設立一個諮詢機構，暫定名為香港特別行政區基本法委員會，由內地和香港人士參加，負責就基本法的解釋和修改、香港特別行政區制定的法律是否符合基本法及法定程序、以及少數全國性法律在香港的適用等問題，向全國人民代表大會或其常務委員會提供意見。這個委員會的成立和隸屬關係以及其職責、組成等須待全國人民代表大會決定。

※

②《各專題小組的部份委員對本小組所擬條文的意見和建議匯輯》，載於 1988 年 4 月基本法起草委員會秘書處《中華人民共和國香港特別行政區基本法（草案）草稿》

【P60】
（編者按：內容同第四稿文件⑧）

第七稿

「**第十六條　香港特別行政區享有立法權。**
香港特別行政區的立法機關制定的法律須報全國人民代表大會常務委員會備案。備案不影響該法律的生效。
全國人民代表大會常務委員會在徵詢其所屬的香港特別行政區基本法委員會[2]後，如認為香港特別行政區的任何法律不符合本法或法定程序，可將有關法律發回重議或撤銷，但不作修改。經全國人民代表大會常務委員會發回重議或撤銷的法律立即失效。該法律的失效無溯及力。」

〔1988 年 4 月基本法起草委員會《中華人民共和國香港特別行政區基本法（草案）徵求意見稿》〕

① 1988 年 4 月基本法起草委員會《中華人民共和國香港特別行政區基本法（草案）徵求意見稿》

【P51】
註 2：中央和香港特別行政區的關係專題小組關於成立香港特別行政區基本法委員會的建議：
（一）名稱：暫定為全國人民代表大會常務委員會香港特別行政區基本法委員會。

（二）隸屬關係：是全國人民代表大會常務委員會下設的機構。

（三）任務：就下列問題進行研究並向全國人民代表大會或全國人民代表大會常務委員會提出意見。
1. 關於香港特別行政區立法機關制定的法律是否符合基本法及法定程序問題〔基本法（草案）徵求意見稿第十六條〕；
2. 關於全國性法律在香港特別行政區的適用問題（第十七條）；
3. 關於基本法的解釋問題（第一百六十九條）；
4. 關於基本法的修改問題（第一百七十條）。

（四）組成：由全國人民代表大會常務委員會任命內地和香港人士包括法律界的人士組成，名額和比例待定。

第八稿

「**第十七條　香港特別行政區享有立法權。**
香港特別行政區的立法機關制定的法律須報全國人民代表大會常務委員會備案。備案不影響該法律的生效。
全國人民代表大會常務委員會在徵詢其所屬的香港特別行政區基本法委員會後，如認為香港特別行政區立法機關制定的任何法律不符合本法關於中央管理的事務及中央和香港特別行政區的關係的條款，可將有關法律發回，但不作修改。經全國人民代表大會常務委員會發回的法律立即失效。該法律的失效，除香港特別行政區的法律另有規定外，無溯及力。」

〔1989 年 2 月《中華人民共和國香港特別行政區基本法（草案）》〕

①《基本法工商專業界諮委對基本法（草案）徵求意見稿第二章中央和香港特別行政區關係之意見書》

【P1-2】
第十六條

建議下列方法成立香港特別行政區基本法委員會：
（Ｉ）組成
（1）該委員會由二十位委員組成，其成員包括中央和香港特別行政區的代表，雙方席位比例為 50：50，並且由一位代表中央和一位代表香港特別行政區的委員為聯合召集人。

（２）規則
（ａ）提名
代表香港特別行政區的委員應由一個提名委員會提名，該提名委員會由香港特別行政區行政長官、立法機關主席和按察司組成。
（ｂ）資格
雙方面的委員大多數應是法律專家。
（ｃ）任期交錯的原則
為了有連貫性的效果，建議委員任期是基於一個交錯的原則。
（ｄ）任期
委員會委員的被選次數最多不超過兩屆，每屆任期為四年。
（ｅ）投票表決
委員會之決議，應有三分之二的票數，才可通過。

（Ⅱ）與人大常委會的關係
（１）基本法委員會應是人大常委會的一個工作組，處理一切與基本法有關的問題。
（２）該委員會按照授權，在任何有需要環境下，可委任小組委員會，而無須再交人大常委會決定。
（３）人大常委會將會採納該委員會通過的決議。

※

② 1988 年 5 月基本法諮詢委員會秘書處《基本法（草案）徵求意見稿初步反應報告（草稿）》

【P5】
中央和香港特別行政區的關係
（二）立法權
1. 由於香港特區立法機關制定的法律須報人大常委備案，如其在徵詢基本法委員會後，認為香港特區有任何法律不符合基本法或法定程序，可將有關法律發回重議或撤銷，因此該法律便失去效力，而徵求意見稿沒有對這「否決權」加以限制，因此這容許中央干預或控制特區事務。

2. 如香港特區的法律違反基本法時，人大常委會在徵詢其所屬的基本法委員會後，可將有關法律發回重議或撤銷，既然發回重議，已達撤銷目的，改為取消更好；且更應加上發回予終審庭審議，以保存香港現有法制。

3. 雖說香港特別行政區享有立法權，但這權力又被納入人大常委會的控制，即是說北京隨時可否決香港特區的立法。

4. 徵求意見稿第十六條賦予人大常委會把香港立法機關通過的法律發回重議或撤銷，這實際上是侵犯香港特別行政區的立法權，同時凌駕了香港法院的違憲審查權力，因此在自治範圍內的香港法律的違憲審查，只應由香港法院負責。

【P13】
（Ⅳ）基本法委員會
1. 對徵求意見稿中沒有列明基本法委員會的組成及有關工作程序，表示不滿，因這可能影響港人信心。

2. 有關基本法委員會的規定宜列入總則。

3. 基本法委員會是個在立法會議上次最高權力的機關，在人大常委會之下，是具諮詢任務而有決定性權力的機關，這與立法會議、人大常委會在權力上造成架床疊屋的關係，這可能產生許多問題，故有關其組成應仔細研究。

※

③《初步報告——幾個討論焦點（4 月 29 日 - 6 月

17 日）》（1988 年 7 月 16 日經執行委員會通過）

【P3】
1. 中央與香港特別行政區的關係
1.5 基本法委員會
1.5.1 討論焦點
徵求意見稿內多處提到人大常委會下設立基本法委員會，人大常委會在處理一些與香港特別行政區的問題時，得先徵求這委員會的意見，但徵求意見稿內並未就這委員會的組織、性質、運作提出詳細的資料。
1.5.2 有待解決的問題
（Ⅰ）基本法委員會的性質是什麼，與人大常委的關係怎樣？
（Ⅱ）基本法委員會的組成如何？其成員應有什麼資歷？
（Ⅲ）基本法委員會的運作程序應是怎樣的？

※

④ 1988 年 8 月基本法起草委員會秘書處《香港各界人士對〈香港特別行政區基本法（草案）徵求意見稿〉的意見匯集（一）》

【P6-7】
第十六條
1. 第一款改為：「香港特別行政區立法權屬於香港特別行政區立法機關。」

2. 本條講香港有它自己的立法權，但又受制於全國人大常委會的撤銷權。由全國人大常委會「發回重議或撤銷」，侵犯了香港特別行政區的立法權，違背了法院的司法審查權，影響了香港的高度自治，而且「不符合本法或法定程序」的規定太模糊、廣泛。建議刪去第三款，或刪去「撤銷」。

3. 第三款改為：「全國人民代表大會常務委員會在徵詢其所屬的基本法委員會的意見後，如認為香港特別行政區的任何法律不符合基本法中有關國防、外交及根據基本法屬於中央人民政府管理的其他事務的條款，可將有關法律發回重議或撤銷，但不作修改。經全國人民代表大會及其常務委員會發回重議或撤銷的法律立即失敗。但該法律的失敗無溯及力。
香港特別行政區法院在審理案件中，不得承認、執行與本法相抵觸的香港特別行政區法律，或以任何方式使上述法律具有法律效力。」

4.「任何法律」是否包括普通法和案例？如不包括，應寫清楚只可發回重議或撤銷香港特別行政區立法機關制定的法律。

5. 關於基本法委員會
（1）基本法委員會應在基本法中具體規定。
（2）基本法委員會中的香港人士，應明確是香港永久性居民，而不是外籍人士。
（3）基本法委員會的成員至少應有一半是由香港立法機關任命或提名。
（4）基本法委員會應為一司法委員會，由內地和香港兩地司法人員組成。
（5）希望基本法委員會是一個有權力的機構，建議改為「香港特別行政區法制工作委員會」。它的職責還應包括審查違憲。組成應以香港人佔多數，人大如不接納該委員會的意見，可發回重議，若該委員會仍以四分之三通過，則人大應予接受。
（6）不贊成設基本法委員會。香港制定的法律是否符合基本法及法定程序，應由香港法院決定。

※

⑤ 1988 年 8 月 3 日基本法諮詢委員會秘書處參考資料（一）《內地草委訪港小組就基本法（草案）徵求意見稿一些問題的回應輯錄（一九八八年六月四日至十七日）》

【P3-4】
2. 中央和香港特別行政區的關係
<u>2.7</u> 香港的法律
2.7.1 香港的法律，主要在基本法第八、十六、十七條說明：第十六條指香港特區有立法權；
2.7.2……至於九七年七月一日後如發現法律再有與本法有抵觸者，則再按第十六、十七條程序加以修改或撤銷，而不是九七年七月一日宣佈某法與基本法抵觸無效，以後便不能再宣佈另一法律也無效。
2.7.3 以後人大常委會如發現某些法律與基本法抵觸，是不會直接修改的，他只會告訴香港特區立法機關，由立法機關自己修改；若香港特區直接發現有抵觸者，則由立法機關自己修改。所以原有法律是保留的，但卻容許有修訂的，故不是沒有發展及變化的，只是這些發展和變化主要是由香港特區自行制定，中央是不參與修改立法的。

※

⑥ 1988 年 9 月基本法起草委員會秘書處《內地各界人士對〈香港特別行政區基本法（草案）徵求意見稿〉的意見匯集》

【P8-9】
第十六條
1.「備案不影響該法律的生效」改為：「在公佈生效之日報中央備案」。

2. 終審法院的判例如果與立法機關制定的法例具有同等法律效力，也應向全國人大常委會備案。

3. 第二款「備案不影響該法律的生效」應刪去，備案本身的涵義就是不影響法律的生效。第三款「但不作修改」也應刪去，因為「重議或撤銷」本身就意味着不能修改。

4. 在「該法律的失效無溯及力」前加一句：「除涉及憲制、刑事及違反第十七條第三款規定的全國性法律外。」

※

⑦《基本法諮詢委員會中央與香港特別行政區的關係專責小組對基本法（草案）徵求意見稿第一、第二、第七及第九章的意見匯編》，載於 1988 年 10 月基本法諮詢委員會《中華人民共和國香港特別行政區基本法（草案）徵求意見稿諮詢報告（1）》

【P46】
14. 第十六條
14.1 有委員指出，第三款「法定程序」一辭沒有明確的界定，建議取消此四字。
<u>14.2</u> 有委員認為，第三款「全國人大常委會可將有關法律發回重議或撤銷」，是表示發回給香港特別行政區立法機關重議或撤銷。英文版的字義和中文版的不同。
<u>14.3</u> 有委員建議刪去「撤銷」二字。

14.4 有委員指出，本條並沒有交代清楚，若有法律違背基本法，而人大不予發回重議時的處理細則。
14.5 有委員指出，人大發回或撤銷立法機關通過的法律，是違反了高度自治的原則。
14.6 有委員建議將第三款的「任何法律」改為「所呈交備案的法律」。
<u>14.7</u> 有委員建議將第十五條的「稅務」一項放入本條，因為稅務與立法權力的範圍，不屬行政管理權力的範圍。

※

⑧《基本法委員會》，載於 1988 年 10 月基本法諮詢委員會《中華人民共和國香港特別行政區基本法（草案）徵求意見稿諮詢報告（2）——專題報告》

【P45-49】
1. 前言
<u>1.1</u> 根據基本法（草案）徵求意見稿的條文，基本法委員會將是人大常委會屬下的一個機構，負責向人大常委會提供意見；但其性質、職權、成員等卻沒有在基本法中詳述。根據現有條文的規定，基本法委員會將負起四個重要任務：
1.1.1 第十六條—— 就特別行政區的法律是否符合基本法或法定程序向人大常委會提意見：「……全國人民代表大會常務委員會在徵詢其所屬的香港特別行政區基本法委員會後，如認為香港特別行政區的任何法律不符合本法或法定程序，可將有關法律發回重議或撤銷，但不作修改。……」

2. 基本法委員會應否在基本法中規定
<u>2.1</u> 認為基本法委員會應在基本法中規定的意見持以下論點：
2.1.1 基本法委員會的主要工作是作為中央與特別行政區之間的一道橋樑，就一些法律問題向人大或人大常委會提供意見；而這些法律包括香港立法機關制定的法律、將要在香港實施的全國性法律及基本法。此委員會既然涉及那麼重要並對香港有關鍵性影響的法律，其結構、性質、職權、成員等問題便應該明確地列於基本法中。
2.1.2 基本法（草案）徵求意見稿對基本法解釋權、修改權和全國性法律在港實施等規定是否合理，一定程度決定於基本法委員會的職權和成員的組成。換言之，倘若基本法委員會能夠充份地代表香港人的意願，而它的建議又能夠被人大或人大常委會認真地考慮和接納的話，徵求意見稿中的條文規定便可以接受；相反地，若基本法委員會並沒有真正的影響力，有意見便認為香港特別行政區應有多些主動權（例如有關解釋和修改基本法的權力等）。故此，他們認為有關基本法委員會的規定必須在基本法中得到保證。
<u>2.2</u> 認為基本法不宜對基本法委員會作出規定的意見所持之理由如下：
2.2.1 基本法委員會將是人大常委會屬下的一個機關，而基本法卻是由人大頒佈，在香港特別行政區實施的憲制性文件，所以基本法委員會的規定不適宜納入基本法中；有關其組成、職權、性質等問題最終將由人大常委會決定，所以無需以基本法規定之。
2.3 有些人士提出折衷的辦法，包括下列各項：
2.3.1 有意見主張把有關基本法委員會的規定用附件形式列入基本法中。這個做法既可以避免由地方行政區域的法律去規定中央轄下的機構的組成細節，亦可讓港人在接受基本法的同時，清楚知道基本法委員會的職權、性質和其代表性。
2.3.2 若以附件形式對基本法委員會作出規定，有待研究的問題是：

2.3.2.1 附件是否具有法律效力？

2.3.2.2 附件與基本法正文的法律效力有沒有差別？

2.3.2.3 修改附件的程序是否與修改基本法正文相同？

2.3.3 另一個折衷的辦法是由基本法起草委員會向人大常委會提出有關基本法委員會的建議，與基本法（草案）同時上報。經過人大常委會考慮後，有關基本法委員會的規定可詳列於一份獨立的法律文件中，與基本法同時頒佈。

3. 基本法委員會的性質

3.1 根據基本法（草案）徵求意見稿的規定，基本法委員會的職責是向人大或人大常委會提供意見，屬於諮詢性質；其意見供人大或人大常委會參考，並非必然為人大或人大常委會所接納。

3.2 對於基本法委員會應屬什麼性質，現時仍有許多不同建議，有意見主張基本法委員會有實質的決策權；有意見建議其性質與憲法法庭相同；亦有折衷的意見，建議人大常委會通常接納基本法委員會所提之意見，借此形成一個「慣例」。

3.2.1 屬諮詢性質—— 基本法委員會的香港成員若能有充足的代表性，而他們就有關解釋及修改基本法等問題向人大或人大常委會所提出的意見又能夠公開的話，即使這機構是屬於諮詢性質，也可以起到它應起的作用。可考慮在一九九二年通過一個基本法委員會的原則（其組成、結構等可待定），以替其樹立一個法理地位。

3.2.2 屬決策性質—— 基本法委員會應有實質的決定權，並可由人大按憲法第六十七條授予其他職權，使之成為人大常委會下的一個特別委員會，有別於一般專門委員會和工作委員會。

3.2.3 具諮詢性質但其意見會通常被接納—— 為了保障國家主權的完整性，基本法委員會的意見不能自動具法律效力，而須經過人大常委會的採用才生效；但另一方面，為了維持特別行政區的司法獨立，人大常委會應建立一個「通常採用」的慣例，對基本法委員會的建議盡量每次都接納。若所提的建議影響主權所有者的利益時，人大常委會具有最後的否定權，惟需對拒絕接受該建議提出充份的理由和根據。

3.2.4 具憲法法庭性質—— 有建議認為，基本法委員會應具有類似各國憲法法庭解釋法律的功能，凡涉及基本法的案件都交由此憲法法庭處理；憲法法庭所作的判決及其對基本法條文的解釋均屬最高的，此法庭可有一半來自特別行政區、一半來自內地的法律專家。

3.2.5 具監督性質—— 有建議認為，基本法委員會應負責對中央人民政府就基本法的實施問題進行監督。如特別行政區政府認為中央對特別行政區的行為違反了基本法，可向人大常委會提出申訴；人大常委會授權基本法委員會負責調查研究有關案件，及進行適當的調解和斡旋工作，並根據基本法委員會的建議作出裁決。

4. 基本法委員會的組成

4.1 有意見認為，基本法委員會既直轄於人大常委會，其成員應全部由人大常委會委任；至於內地與特別行政區成員的比例，亦應由人大常委會自行決定。

4.2 有意見則認為，基本法委員會既然要就有關香港的問題向人大或人大常委會提意見，其成員必須有相當大部份來自香港，熟悉香港情況，並為港人爭取權益。故有建議認為，基本法委員會的成員中，應有半數來自內地、半數來自香港。

4.3 有具體建議認為，基本法委員會應包括如下十二名成員：

香港特別行政區代表六名：特別行政區終審庭首席法官（如首席按察司兼任終審庭首席法官，則由特別行政區最資深的法官出任）、首席按察司或類似職務的特別行政區法院法官、立法機關首席議員（如立法機關不設首席議

員，則由立法機關議員互選產生）、立法機關主席（如立法機關主席由行政長官兼任，則由立法機關議員互選產生）、律政或類似職務的特別行政區主要官員及布政司或類似職務的特別行政區主要官員。

中央代表六名：全國人民代表大會常務委員會法制工作委員會主任、全國人民代表大會法律委員會主任、最高人民檢察院副檢察長級官員、最高人民法院副院長級官員、國務院外交部副部長級官員及國務院港澳辦公室副主任級官員。

4.4 另有建議認為，基本法委員會的成員可以有少於半數來自內地的司法界，其他來自特別行政區。有內地成員在這委員會中，便能反映內地對有關基本法重要問題的觀點，並且能夠使這委員會在作出結論前得到充份的考慮和辯證。內地法官的加入，可以減低人大常委會動用其「最終否決權」的可能性，但由於他們在這委員會內所佔的成員少於半數，所以便無法壟斷或操縱基本法委員會的判決。另一方面，雖然特別行政區成員佔多數席位，但鑒於人大常委會仍擁有「最終否決權」，所以他們在達成判決時，必然要有充份的法理作為依據。

4.5 有建議卻堅持基本法委員會的成員應全部由特別行政區法官組成，因為基本法委員會所處理的是法律問題，而只有來自特別行政區的成員會熟悉特別行政區的特別情況和需要。但有的意見則擔心，若所有成員都來自法律界，恐怕會妨礙特別行政區的司法獨立制度，並形成另一個權力中心，對特別行政區政府造成影響。

4.6 至於基本法委員會的成員應來自何界別，有些人鑒於此委員會主要處理有關法律問題，故建議全部成員為法律界人士。但亦有意見指出，此委員會不單處理法律問題，還要考慮政治問題，故主張此委員會成員應有各界代表，不應偏重於法律界。

5. 基本法委員會成員的產生辦法

5.1 若基本法委員會包括半數成員來自內地、半數來自香港特別行政區的話，有些人建議內地成員由人大常委會委任；而香港成員則通過類似基本法諮詢委員會的產生方法產生，再由人大常委會委任。

5.2 有建議則認為，來自香港特別行政區的成員應全部由特別行政區自行推選出來，不應由中央人民政府委任。

5.3 另一方面，亦有意見認為，基本法委員會既是直轄於人大常委會的機關，其成員應全部由中央人民政府委任。

6. 基本法委員會的結構

6.1 基本法委員會擁有政治功能，就是考慮：

6.1.1 全國性法律的實施問題；

6.1.2 修改基本法的建議。

6.2 基本法委員會擁有法律功能，就是負責：

6.2.1 違憲審查；

6.2.2 考慮基本法的解釋問題。

6.3 就結構而言，基本法委員會屬下應設立一「法律委員會」，專門負責就法律問題向人大常委會提出意見。「法律委員會」所作的決定應不受其他基本法委員會成員（即非「法律委員會」成員）審定。為避免利益衝突，及令人覺得公平合理，「法律委員會」的成員不應參與基本法委員會就政治方面的商議，或至少可在基本法委員會商議政治方面的問題時選擇退出。

7. 結語

7.1 基本法委員會實際上是中央與特別行政區之間的橋樑，亦可發揮緩衝作用，它負責就中央與特別行政區關係所產生的法律問題向人大或人大常委會提供意見。

7.2 基本法委員會的結構、組成、職責、性質等問題現時仍待決定，但一個完善的基本法委員會應該是使香港人及中央的意見都能夠充份反映的組織。倘若基本法委員會結

構完善、運作成功的話，對於一國兩制的落實將引起關鍵性的作用。

※

⑨ 1988 年 10 月基本法諮詢委員會《中華人民共和國香港特別行政區基本法（草案）徵求意見稿諮詢報告第五冊──條文總報告》

【P58-68】

第十六條

2. 意見

2.1 贊成意見

→ 贊成此條文。

理由：

⊙ 香港特別行政區立法機關制定的法律可以立即生效，這就有效地保證了香港所享有的立法權。

⊙ 基本法是由全國人大制定的，所以只有全國人大和全國人大常委會才有權判斷香港特別行政區立法機關制定的法律是否符合基本法和法定程序，而規定由人大常委會行使這種審查權，則是主權原則的體現。

⊙ 被發回重議或撤銷的法律的失效無溯及力，反過來又確保了香港特別行政區立法機關制定的法律的有效性。

2.2 保留意見

→ 此條文不可以接受。

理由：

⊙ 剝削了特別行政區的終審權。

⊙ 侵犯特別行政區的立法權。

→ 此條文不符合「高度自治」的原則。

理由：

⊙ 特別行政區不能決定某條法例是否符合基本法或法定程序。

⊙ 人大常委會可以將香港制定的法律發回重議或撤銷。

⊙ 特別行政區制定的法律須報全國人大常委會備案。

⊙ 法例撤銷後，特別行政區沒有任何上訴權力或程序。

→ 此條文違反《中英聯合聲明》。

理由：

⊙ 《中英聯合聲明》規定特別行政區有權制定除有關國防、外交以外的法律。

⊙ 雖給予特別行政區立法的權利，卻又保留人大最後撤銷法律的權利，即是奪去法院現有的審查權。

⊙ 《中英聯合聲明》沒有提及基本法委員會的設立，該委員會影響力頗大而又隸屬人大常委會。

→ 第三款有損香港之立法權。

→ 第三款提及「不合法定……程度」，涵義太空泛。

2.3 有關全國人大常委會可將香港法律發回重議或撤銷

→ 非常同意此規定。

→ 同意此規定。

理由：

⊙ 全國人大常委會是最高決策機關，有絕對否決權。

⊙ 香港是中國的一部份。

⊙ 應尊重中國政府。

→ 不同意此規定。

理由：

⊙ 按《中英聯合聲明》，香港應有高度自治權。

⊙ 中國立法機關並不十分暸解香港的景況和形勢。

⊙ 造成全國人大常委或部份會員過份干涉本港法制。

⊙ 中國政治制度沒有民主法治，人大常委實是橡皮圖章。

⊙ 防止日後中國把香港的法制改變。

⊙ 中國與香港的法律概念很不同。

⊙ 要決定香港制訂的法律是否違反基本法，必須充份暸解兩地的法律，但人大常委員不會比本港法院更暸解香港的法律。

⊙ 掌握權應在香港特別行政區的獨立立法機構。

⊙ 削減立法機關的功能和獨立性。

⊙ 香港特別行政區在此規定下完全沒有任何建議權。

⊙ 會導致香港的立法毫無意義。

⊙ 破壞香港司法平衡。

⊙ 香港人的權利不能受到保障。

⊙ 影響香港人的信心，破壞安定繁榮。

⊙ 發回重議或撤銷的法律不許作修改，則要浪費人力去重新制訂另一新法律。

⊙ 過於繁複。

→ 人大常委會可將有關法律發回重議或撤銷，但不作修改，是有問題。

理由：

⊙ 若中央在基本法訂定後撤銷第十九、二十條，而香港又不可以修改，則香港人所得到的權力便很少。

⊙ 不作修改或解釋，令特別行政區亦不知哪裡有問題。

⊙ 既然不作修改，但又要重議，即是浪費時間。

⊙ 既然全國人大常委會可以撤銷有關法律而不作修改，則特別行政區將法律重議亦無用。

→ 「該法律的失效無溯及力」有違民主及不顧人權。

→ 法律被撤回重議應失其溯及力，雖然未免對一些人不公平和殘酷，但為了確保法治精神和避免產生大變動，法律的失效無溯及力是值得。

→ 人大常委會應避免撤銷香港的法律。

理由：

⊙ 影響香港人對「一國兩制」的信心。

⊙ 人大常委會不熟悉香港實行的普通法制。

⊙ 會加重人大常委會的工作。

⊙ 拖垮香港法院的正常運作。

⊙ 人大可對香港法律作違憲審查，有違普通法原則。

⊙ 造成中港關係矛盾。

→ 全國人大常委會的撤銷程序完全單向，只經一重徵詢，就可撤銷，過於簡單，也不尊重本港立法機關。全國人大常委會非但有基本法解釋權，還有撤銷權，對基本法的操縱權過大。

→ 全國人大常委會不僅可以否決香港立法機關新的立法，甚至還可以否決香港已有的法律。這種無限絕對的否決權可使香港享有的立法權成一紙空文。

→ 全國人大常委會不是司法組織，實難知它將以什麼準則審查特別行政區法律。

→ 特別行政區是中國的一部份，中央人民政府一定要保留行使主權的權利。

→ 香港特別行政區雖然有立法權，但所立法律仍然是中國法律的一部份，全國人大作為中國最高的權力機關，香港特別行政區是應該將制定了的法律向它報告備案的。

2.4 其他

→ 不應把主權國不批准屬土所制訂的法律的權力，與違憲審查的權力混淆。

→ 違憲審查權的考慮除了是司法系統的獨立性和完整性外，亦要考慮其政治涵義。該法院掌握違憲審查權，固可強化法院的權威性，不受立法權侵害，又能防止立法機構侵犯民權。但此舉亦令法院成了無上權威，即使議會或行政長官已通過是項法律，它仍可作最後裁決，而且行政長官和議會會改選，但法官則為終身職，並有絕對否決權。但若由人大常委擁有違憲審查權，雖避免司法權超越行政、立法權，但卻令法院喪失了對立法機關的監察能力，而且人大常委可能需要經常參與香港事務，影響港人信心，亦加重人大常委的工作量。

→ 贊同建議匯輯中對第三款的第一個建議。

理由：減低人大常委會影響香港立法過程的能力。

→ 贊同建議匯輯中對第三款的第一個建議，但加上：「基本法委員會及其成員為香港特別行政區代表。」

理由：其成員不需為香港人，但應為香港特別行政區「代表」。

→ 建議匯輯中第三款的第二建議不太合適。
理由：刑事和憲制問題無公認的定義。

3. 建議
3.1 刪除
→ 刪除本條，將違憲審查權交給特別行政區法院。
理由：
⊙ 確保未來特別行政區的法律制度能繼續順利運作。
⊙ 保證落實「高度自治」。
→ 刪除條文中的兩個「撤銷」，保證港人治港原則。
→ 刪除第三款。
理由：解釋權應依《中英聯合聲明》附件一第二段。
→ 刪除第三款第三句「或撤銷」三字。
→ 刪除第三款第三句「或撤銷」三字，加上「並加以解釋」。
→ 刪除第三款第五句「或撤銷」三字。
理由：能「發回重議」即有再考慮的餘地，一旦撤銷，即成僵局。
→ 刪除「如認為香港特別行政區的任何法律不符合本法或法定程序，可將有關法律發回重議或撤銷，但不修改。」讓特別行政區有足夠的解釋權及修憲權。
→ 刪除第三款，加上以下各款：
「全國人民代表大會常務委員會在徵詢其所屬的香港特別行政區基本法委員會後，如認為香港特別行政區的任何法律不符合本法附件四之條款時，可將有關法律發回重議或撤銷，但不作修改。經全國人民代表大會常務委員會發回重議或撤銷的法律立即失效。該法律的失效，除在刑事罪名成立的案件外，無溯及力。
香港特別行政區上訴庭或終審庭在審理案件或按本法程序解釋本法時，如認為香港特別行政區的任何法律不符合本法或法定程序，可宣佈該法律為違憲。經香港特別行政區上訴庭或終審庭宣佈為違憲的法律立即失效。該法律的失效，除在刑事罪名成立的案件外，並無溯及力。香港特別行政區其他法院在審理案件時，如認為香港特別行政區的任何法律可能不符合本法或法定程序，必須在其作出終局判決前提請上訴庭對該法律是否違憲作出判決。
在下列任何組織或人士的提請下，香港特別行政區上訴庭可以審查香港特別行政區之法律是否符合本法或法定程序：
（一）香港特別行政區的行政長官；或
（二）香港特別行政區大律師公會；或
（三）香港特別行政區律師公會；或
（四）根據本法第九十六條所設立的區域組織全體之過半數；或
（五）根據香港特別行政區立法機關所訂立之法律而被賦予此種權利的組織或人士。」
以附件四形式引出對香港特別行政區立法的限制。
3.2 修改
→ 第一款改為：「香港特別行政區的立法權屬於香港特別行政區立法機關。」
理由：
⊙ 原文有「其他機關也可以享有立法權」的意思。
⊙ 符合《中英聯合聲明》附件一第二節。
→ 第一款改為：「立法權屬於香港特別行政區立法機關，但所立法律屬地方性法律，應與基本法並無抵觸或超越為原則。」
→ 第二款「備案」改為「認同」。
→ 第三款改為：「全國人民代表大會常務委員會在徵詢其所屬的香港基本法委員會後，如認為香港特別行政區的任何法律不符合本法或法定程序，可將有關法律發回重議，但撤銷與否由特別行政區之立法機關決定。發回重議的法律將立告失效，但無溯及力」。
→ 第三款改為：「全國人民代表大會常務委員會有權將香港特別行政區立法機關制定的任何不符合本法規定或法

定程序的法律發回重議或撤銷。」
→ 第三款改為：「該法律的失效，除涉及刑事和憲制問題外，無溯及力。」
→ 第三款改為：「如認為香港特別行政區與任何法律不符合本法或法定程序，可將有關法律發回香港特別行政區法院重議、修改或撤銷。」
→ 第三款第三句「任何法律」改為「任何新定法律」。其餘改為：「可將有關法律發回並提示問題所在，但不作修改，以便本港立法機關根據所提示的問題自行重議或撤銷該等被發回的法律。」
理由：
⊙ 一九九七年前所訂立之法律是基於殖民地政策下所制定的，不是基於基本法之精神下所制定，所以本港立法機關應有責任將不符合基本法或法定程序的作重議或撤銷。
⊙ 新定之法律是經立法機關所制定的，所以重議或撤銷應在本港立法機關進行。
→ 第三款改為：「全國人民代表大會常務委員會在徵詢其所屬的香港特別行政區基本法委員會後，如認為香港特別行政區的任何法律不符合本法或法定程序，可將有關法律發回重議，但不作修改，在經香港特別行政區修改後，仍不為全國人民代表大會常務委員會所接納，則全國人民代表大會常務委員會有權撤銷該法律，但香港特別行政區有權向全國人民代表大會上訴，在上訴階段，該法律暫時失效。」
→ 第三款改為：「全國人民代表大會常務委員會在徵詢香港特別行政區基本法委員會後，如果認為香港特別行政區的任何法律有不符合本法或法定程序的可能，可將有關法律轉交香港特別行政區的終審法院審議。若終審法院認為有關法律之部份或全部不符合本法或法定程序，可宣佈該法律之有關部份或全部無效，但其失效無溯及力。」
理由：
⊙ 將違憲審查權交予人大常委會，容易令人產生中央干預特別行政區立法權的印象，而且未能在《中英聯合聲明》中找到依據。
⊙ 本條例賦予人大常委會權力對香港法律作出違憲審查，與現時普通法的習慣有異。
⊙ 為確保未來特別行政區的法律制度能繼續順利運作及保證「高度自治」的落實，基本法應依照原有制度，授權香港的司法機關負起違憲審查的工作。
⊙ 香港的繁榮安定倚賴一個健全的法制，法院必須獨立、自主和有充份的權力。
⊙ 為確保司法獨立，使市民的自由不被侵犯，香港法院應可由全國人大常委會授權進行司法覆核。
→ 第三款改為：「香港特別行政區法院如認為有任何法律屬於國防及外交事務，可就該法律向全國人民代表大會提出，如全國人民代表大會常務委員會徵詢香港特別行政區基本法委員會後，認為該法律不符合法定程序及牽涉國防及外交事務，可將有關法律發回重議或撤銷。」
→ 將第三款的前數句改為：「全國人民代表大會常務委員會在徵求得到其所屬的香港特別行政區基本法委員會及立法機關及行政長官司的同意後，如認為香港特別行政區的任何法律不符合本法或法定程序，才能將有關法律發回重議或撤銷，但不作修改。」
→ 改為「立法機關制定的法律凡符合基本法和法定程序者，均屬有效。」
→ 改為：「香港特別行政區享有立法權。香港特別行政區的立法機關制定的法律須得全國人民代表大會常務委員會批准，只有經批准的法律才能在香港實行。全國人民代表大會常務委員會在徵詢其所屬的香港特別行政區基本法委員會後，如認為香港特別行政區的任何法律不符合本法或法定程序，可將有關法律發回重議。」
理由：可保證中央人民政府與香港特別行政區的互相溝通與信任。

→ 改為：「全國人民代表大會常務委員會在徵詢其所屬的香港特別行政區基本法委員會後，如認為香港特別行政區的任何法律不符合本法中任何關於國防外交或其他屬於中央人民政府管理的事務的條款，可將有關法律發回重議或撤銷，但不作修改。如有關法律在一九九七年七月一日以後制定，上述將法律發回重議或撤銷的權力，須在該法律制定後的三個月內行使。全國人民代表大會常務委員會須對將法律發回重議或撤銷的理由，作出公開說明。經全國人民代表大會常務委員會發回重議或撤銷的法律立即失效。如有關法律規定設立新的刑事罪行、增加原有刑事罪行的懲罰或以其他形式限制個人自由，則該法律的失效有溯及力；除此以外，其他法律的失效無溯及力。香港特別行政區法院在審理案件時，如認為香港特別行政區的任何法律不符合本法，可拒絕承認或執行該法律。」

理由：根據現行香港法制，香港立法機關（與英國國會不同）只享有有限的立法權，如這立法機關在立法時超越其權限，香港法院可判定有關法律為越權及無效。從這角度看，香港法院現已享有審查香港立法的合憲性的權力。例如，如有香港立法與《英皇制誥》（香港的主要憲制文件）或適用於香港的英國國會法律相抵觸，香港法院是有權利和義務去拒絕承認和執行這香港立法的。

→ 改為：「香港特別行政區享有立法權，但立法機關所制定的法律須報全國人民代表大會常務委員會備案。備案不影響該法律的生效。全國人民代表大會常務委員會在徵詢其所屬的香港基本法委員會後，如認為香港的任何法律不符合本法或法定程序，可將有關法律發回香港立法機關重議修改或撤銷，以至提交香港終審法庭作最終裁決而決定該有關法律的取捨。」

理由：
⊙ 香港特別行政區等字眼重複出現，應從略。
⊙ 法律重議並無說明保留，故應說明重議時修改該法律，但法律撤銷當然無修改必要。
⊙ 發回重議修改應說明香港立法機關，而非基本法委員會。香港立法機關重議的法律有不明朗之處，可提交香港終審法庭作最後裁決，法律涉及刑事與憲制應有溯及力則不致因法律失效而牽涉過大。

→ 改為：「全國人民代表大會常務委員會如認為香港特別行政區的任何法律不符合本法或法定程序，可將有關法律發回香港特別行政區立法機關重議，發回重議的法律暫時失效，但該法律的失效無溯及力和並不影響審訊中的案件。香港特別行政區法院在審理案件時可宣告不符合本法或法定程序的法律無效，在有必要時，香港特別行政區法院可向全國人民代表大會常務委員會尋求對基本法有關條文的解釋。當香港特別行政區立法機關以三分之二多數再次通過被發回重議的法律，或全國人民代表大會常務委員會反對香港特別行政區對法律的有效或無效的判決時，全國人民代表大會常務委員會將有關個案交其所屬的基本法委員會研究並提出報告及建議，由全國人民代表大會常務委員會作出最終判決。全國人民代表大會常務委員會的最終判決若否定香港特別行政區法院的原判決，則全國人民代表大會常務委員會的判決對香港特別行政區法院具約束力，但不影響香港特別行政區法院已作出的判決。」

理由：
⊙ 將交基本法委員會研究的程序，由原建議中的「前程序」改為現建議中的「後程序」，因基本法委員會的正常功能應為處理中港雙方就基本法問題所產生的，透過正常程序而仍未能協調的意見，而「發回重議」本身不一定代表意見分歧不能協調。此外，事前諮詢基本法委員會亦使人大常委的決定掛上了「免質疑金牌」，立法機關無從提出不同的意見。
⊙ 香港法院在審案中可行使違憲審查權的同時，賦予人大常委否決法院判決的最終權力。這一構思是為保障人大常委的最終權力不會變得名存實亡、而其判決對日後的司法行為具有約束力。然而為保障法院的司法獨立和避免破壞司法制度的權威性，故亦建議人大常委對法院的否定判決不影響已判決的案件。

→ 改為：「香港特別行政區的立法權屬於香港特別行政區立法機關。
香港特別行政區的立法機關制定的法律須報全國人民代表大會常務委員會備案。備案不影響該法律的生效。除國防及外交事務外，香港特別行政區擁有最終權。香港特別行政區法院如認為任何法律不符合本法或法定程序，可將有關法律發回重議。香港特別行政區法院如認為有任何立法會牽涉國防及外交事務，可將有關問題交由全國人民代表大會常務委員會審議，全國人民代表大會常務委員會在徵詢香港特別行政區基本法委員會後，如認為有關法律確實屬國防或外交事務，則可宣佈該法律是否有效。」

理由：
⊙ 原條文大大削弱了特別行政區最高法院的權力。
⊙ 現時本港的法院有權對立法機關所制定的法律進行司法審查，而此制度亦運作良好。

→ 改為：「香港特別行政區立法機關享有立法權。
香港特別行政區的立法機關制定的法律須報全國人民代表大會常務委員會備案。備案不影響該法律的生效。
全國人民代表大會常務委員會在徵詢其所屬的香港特別行政區基本法委員會，如認為香港特別行政區立法機關制定的法律不符合本法除第三章外所列的條款，可將有關法律發回重議或撤銷，但不作修改。經全國人民代表大會常務委員會發回重議或撤銷的法律立即失效。該法律的失效無溯及力。
香港特別行政區法院在審理案件時，如涉及香港特別行政區立法機關制定的法律有不符合本法或法定程序，可不予實施或宣告有關法律無效，惟該法律的失效無溯及力。」

→ 改為：「除國防、外交的事務外，香港特別行政區的立法權完全屬於香港特別行政區立法機關。香港特別行政區的立法機關制定的法律須報全國人民代表大會常務委員會備案。備案不影響該法律的生效。全國人民代表大會常務委員會在諮詢香港特別行政區基本法委員會後，如果認為香港特別行政區的任何法律有不符合本法或法定程序的可能，可將有關法律轉交香港特別行政區的終審法院審議。若終審法院認為有關法律之部份或全部不符合本法或法定程序，可宣佈該法律之有關部份或全部無效，但其失效無溯及力」。

3.3 增加
→ 在第一款後加上：「但所有法律及各部門之法例有危及居民權利或有破壞香港穩定繁榮者應予廢除或予以修改。」
→ 第三款的「可」字後加上「於此法生效一年內」。
→ 加上第四款：「除全國人民代表大會常務委員外，香港特別行政區律政司司長如認為香港特別行政區之任何法律有不符合本法或法定程序時，亦可將有關之法律交由香港特別行政區的終審法院審議。」
理由：為加強立法及行政之內部緩衝，除人大常委外，特別行政區之律政司司長亦應有權提出，交由法院作出違憲審查。
→ 加上：「如香港特別行政區重議後維持該法律，全國人民代表大會常務委員會應再重新審議。」
理由：本條沒有說明香港特別行政區要求覆核該法律的權利。

3.4 有關審查法律是否符合基本法或法律程序
→ 在特別行政區自治範圍內對香港法律的違憲審查權應全由香港特別行政區司法機關負責。
理由：
⊙ 能維持現有的司法體制。
⊙ 避免純內政的法律被人大常委會撤銷或發回重議，影響高度自治。

⊙ 法律的審查權應為特別行政區法院獨立擁有。
⊙ 大部份有關違憲審查的要求都可能來自法院的訴訟，由法院負責較合理和方便。
⊙ 特別行政區法院熟悉香港法律。
→ 在特別行政區自治範圍外的香港法律違憲審查則由全國人大常務委員會負責。
→ 涉及特別行政區自治範圍外有關法律，人大常委在徵詢基本法委員會後，如認為該法律違反基本法，而所作的決定與特別行政區法院不同，可將之發回重議或撤消，不作修改。此不影響之前案件的判決並在基本法附件中列明哪些條款屬於特別行政區自治範圍內或外的事務。此界定的方法透過修改附件作增刪。附件修改需諮詢特區立法機關。
→ 涉及國防、外交，即特別行政區政府內部事務以外的條文，終審庭須以人大常委會的解釋為依歸。
→ 審查特別行政區立法機關通過的法律是否符合基本法或法定程序的工作，應由特別行政區的終審法院負責。
理由：
⊙ 好讓香港人對立法機關制定的法律有更大的肯定和信心。
⊙ 若給予人大常委會對香港法律作出違憲審查的權力，則有異於現在普通法習慣。
⊙ 確保未來特別行政區的法律制度能繼續順利運作。
⊙ 保證「高度自治」的落實。
⊙ 違憲審查牽涉法律解釋問題，故最宜由香港特別行政區處理。
⊙ 中、港兩地的法律制度有很大差異，讓兩種不同制度纏結在一起，對未來特別行政區法律制度恐有不利的地方。
→ 任何香港特別行政區立法機關制訂的新法例有不符合基本法或法定程序之嫌，可將該法例交香港的終審庭去決定。假若人大常委會不接納終審庭的意見，可將法例交給一個人大常委會轄下的特別委員會研究，該委員會成員為中港兩地的法律專家，以香港代表為多數。經此特別委員會審議後，人大應聽取其意見而行。
→ 香港法院應該具有審查香港特別行政區的任何法律有否違反基本法或法定程序的權力，但若有關法律是涉及國防、外交及體現國家之統一和領土完整的法律，則無權處理；故此香港特別行政區的法律將交與全國人大常委會備案，全國人大常委會不審定該法律是否符基本法或法定程序。
理由：
⊙ 香港現時的司法制度是可以審理已訂立的法律有否違反法定程序的。
⊙ 若果香港保持高度自治權、五十年不變，則獨立而完整的司法制度應予保留。
⊙ 香港和中國兩地的法律制度不同，應由香港審理對內的法律條文。
→ 違憲審查權應歸香港特別行政區立法機關所有，而當全國人大常委會發覺有法律條文與中國憲法第三十一條有抵觸者，應知會香港特別行政區立法機關，按實際需要而修改該法律條文。
→ 考慮設立一獨立機構（如終審法院）批閱特別行政區立法機關所制定的法律，可免單由全國人大常委會作決定。
→ 如人大常委會認為，特別行政區政府任何法律不符合基本法或法定程序，應將該法交與由本港大法官組成的特設法庭審議。如法庭裁定該法律（或條文）屬自治範圍，則由本港法庭決定其有效性；如裁定不屬自治範圍，則由全國人大常委會在諮詢基本法委員會後，決定該法律是否有效。
→ 全國人大常委會與香港法院共同擁有違憲審查權。前者有權不待具體案件對法案進行審查；後者則在有具體案

件時才進行審查，全國人大常委會同時可作為司法權的監督。
→ 中國作為主權國，應有權不接受特別行政區立法機關制訂的法律，不過，決定法例是否違反基本法，則應該完全由香港終審法院負責。
3.5 有關發回重議或撤銷
→ 當某法律在發回重議或等待司法審查時，它應暫時沒有法律效力而不是立刻失去效力。
→ 若法律不符合本法或法定程序，經過重議或撤銷後，應盡量修改，不應立即失效。
→ 全國人大常委會只可將不合基本法的法律發回重議，但不能撤銷。
→ 如認為香港特別行政區的任何法律不符合本法或法定程序，全國人民代表大會常務委員會除可將有關法律發回重議或撤銷外，也應解釋撤銷的原因。如法律失效，應用原來的法律或把有關的事情暫時擱置，待新的法律生效才決定。
→ 全國人民代表大會常務委員會所發回或撤銷的香港特別行政區的議案，香港特別行政區有權上訴及申訴，再交由中央人民政府重議。
3.6 有關基本法委員會
→ 基本法委員會應以特別行政區代表佔大多數人以保證特別行政區的需要和利益得到充份的反映。
→ 基本法委員會成員產生的方法應列明任命特別行政區有代表性的組織推選代表為成員。
→ 基本法委員會的成員，應該由香港的居民作代表。
理由：本港居民較為瞭解香港的情況及瞭解香港的需要。
→ 成員應由部份諮委、草委和中港兩地法律界人士組成。
→ 由基本法委員會界定什麼屬於自治範圍內或外的法律。
→ 應把基本法委員會的職權、成員等在基本法中列明。
→ 關於基本法委員會的權力範圍、組成方法等，須先徵詢港人意見才決定，並列入基本法。基本法委員會諮詢角色無實權，不能影響人大常委所作的結論。
→ 基本法委員會成員中應不少於一半由香港之司法、立法，及專業人士出任。
理由：
⊙ 保證香港的需要和利益可以更充份有力的反映。
⊙ 可以協調在中、港因基本法所涉及法律問題上而產生糾紛。
⊙ 可以互相監察在制定的法律是否符合基本法及法定程序。
→ 基本法委員會的作用是監察、徵詢特別行政區制定的法律是否合乎基本法。審核、重議或撤銷權應交給香港的終審法庭。
3.7 其他
→ 人大常委會應賦予香港特別行政區法院有違憲審查權、獨立的司法權和終審權。
一切備案中的律例，必須清楚指出備案限期，逾期即告生效，以保障香港本身的立法權。
→ 假若全國人大常委會徵詢基本法委員會後，不接納其意見，必須向全港市民解釋和公佈其論點。
4.待澄清問題
→ 既然香港有自治權，為何香港所立的法律要經人大常委會審批？
→ 由誰決定某條法律是否違反基本法及法定程序？
→ 「備案」是指登記，抑或進行研究？
→ 應有具體說明「備案不影響該法律的生效」。
→ 「該法律的失效無溯及力」是否指當香港特別行政區的某些法律被認為不符合基本法或法定程序而被發回重議或撤銷時，在此之前按這法律判決的案件不得翻案，不得重審？
→ 第二款提到的「法定程序」是指哪一條法例或法律？
→ 將「徵詢」的過程和涵義於附件中作出詳盡解釋。

→ 應清楚界定人大常委會在什麼情況下才可將有關法律發回重議或撤銷。

→ 認為不符合基本法的法律，可否只用發回重議而不撤銷的方法？

→ 香港既有終審權，為什麼有問題的法例不先交終審法庭裁決，再轉向全國人大常委會？

→ 特別行政區基本法委員會不過是人大常委會的附屬機構，其級數與人大相距三級，地位是否高於全國人大授權的香港特別行政區的立法機關？

→ 原文並沒有清楚說明將涉及國防及外部事務的本地法律作為法律失效的原因。這裡應進一步澄清。

第九稿

「**第十七條　香港特別行政區享有立法權。**

香港特別行政區的立法機關制定的法律須報全國人民代表大會常務委員會備案。備案不影響該法律的生效。

全國人民代表大會常務委員會在徵詢其所屬的香港特別行政區基本法委員會後，如認為香港特別行政區立法機關制定的任何法律不符合本法關於中央管理的事務及中央和香港特別行政區的關係的條款，可將有關法律發回，但不作修改。經全國人民代表大會常務委員會發回的法律立即失效。該法律的失效，除香港特別行政區的法律另有規定外，無溯及力。」

〔1990 年 2 月 16 日《中華人民共和國香港特別行政區基本法（草案）》〕

① 1989 年 10 月 26 日《基本法草案：基本法工商專業界諮委建議書》

【P2-3】

1. 需要擴大基本法委員會的權力

建議：基本法草案應該制定基本法委員會的法規，並以下列方式增強委員會的地位：

（Ⅰ）全國人民代表大會常務委員會應授予基本法委員會決定權，而非僅是目前意向中的諮詢職能。

（Ⅱ）委員會須有司法權解決由基本法草案第八、十七、十八、一百五十七、一百五十八及一百五十九條所產生的問題；中央人民政府或香港特別行政區把是否是屬於中央人民政府管理的事務或中央和香港特別行政區關係的問題提交給委員會時，委員會應有司法權決定任何此類問題。

（Ⅲ）由中央人民政府及香港特別行政區派出擔任基本法委員會成員的必須是傑出的，司法上及法律上合資格的人士。

解釋：基本法的一個大缺點是，當中央人民政府及香港特別行政區在基本法的解釋的問題上有觀點的分歧時如何從司法上去解決沒有規定。基本法草案中所描述的基本法委員會的職能只是諮詢性的。真正需要的是基本法委員會能被授予決定權及此委員會應該由合資格的律師，最好是有司法經驗的律師所組成。

有關第八及第一百五十九條的問題（與基本法相抵觸的香港原有法律）應該明確地列入屬於委員會的司法管轄權範圍的一系列條文中（見上文（Ⅱ）所列）。此外，雙方政府可以對於是否屬於中央人民政府管理的事務或中央和香港特別行政區關係所引起的任何其他問題提出來，這將是很方便的。

本文附件二開列出了經修訂過的設立基本法委員會的建議，設立基本法委員會的建議在基本法草案的附件中已載明。這一建議的第 6、7 段具體列出基本法委員會將有權管轄的問題，這樣就可以避免在基本法草案的有關條款中分別提出（凡分別提出之處均相應地被刪除）。因而建議把有關建立基本法委員會的這些規定，作為一新條款寫入基本法草案中（可能的話作為第一百五十八條甲款寫入，建議文本見本文附件一）。

【P5】

5. 立法權

建議：基本法的第十七條應該修改，以便明確地澄清香港特別行政區被授予對除基本法明文規定保留給中央人民政府的事務以外的所有其他事務的立法權。

解釋：第十七條規定香港特別行政區享有立法權，但該條並未明確說明此種權力包括除國防、外交事務及附件三所列出的全國性法律以外的一切事務。應該明確地提出按照聯合聲明規定（附件一，第一部份第二段）的香港的普遍立法權，這是極為重要的，聯合聲明規定，除外交、國防事務之外，香港享有無限制的立法權。

附件一：《建議對基本法草案的修改》

第 17 條　第二段第一句行文：「除本法具體規定屬於中央人民政府、全國人民代表大會或其常務委員會管理的事務以外，香港特別行政區立法機關可根據本法就香港特別行政區政府的所有事務制訂法律。上述法律須報全國人民代表大會……」

從三段第一句中刪除「在徵詢其所屬的香港特別行政區基本法委員會後」。

附件二：《香港特別行政區基本法起草委員會有關成立全國人民代表大會常務委員會香港特別行政區基本法委員會的建議》

1. 委員會名為「全國人民代表大會常務委員會香港特別行政區基本法委員會」。

2. 委員會由全國人民代表大會授權行使在此賦予的權力及職能。

3. 基本法委員由一位主席及「四位」成員組成。主席須由全國人民代表大會常務委員會委員長及香港特別行政區終審庭首席法官共同委任。基本法委員會二位成員由全國人民代表大會常務委員會委任。另二位成員由香港特別行政區行政長官委任，委任方法與香港法院法官委任方法相同。委員會主席及成員須由傑出人士擔任，並須有司法或豐富法律經驗。常務委員會委員長及香港特別行政區終審庭首席法官經人大常務委員會及香港立法會決議授權，可以撤換基本法委員會主席。由行政長官委任的基本法委員會成員的撤換方法與撤換香港法庭法官的方法相同。基本法委員會成員與香港法庭的法官享有同樣的權利及豁免權。

4. 基本法委員會須聽取及決定中央人民政府或香港政府根據本法提交的有關本法的任何問題。

5. 基本法委員會用多數票方法作出決定，並且允許提出個人意見。基本法委員會可以為其本身程序訂立該委員會認為適當的規例。基本法委員會的規例可以規定，允許任何人或團體出席委員會作為「委員會之友」，如果這些個人或團體有充份理由應被允許出席的話。

6. 中央人民政府及香港特別行政區政府在任何時候須有權共同地或個別地向委員會提交有關是否屬於中央人民政府管理的事務或中央和香港特別行政區關係的任何問題，雙方須接受基本法委員會的決定，基本法委員會的決定並對雙方有約束力，並須接受基本法委員會的決定為有約束力者。

7. 除不得妨礙本文第（6）條所載中央人民政府或香港特別行政區政府任何一方均有權向基本法委員會提出任何問題的總的規定外，如果全國人民代表大會常務委員會或國務院在任何時候建議行使本法的第八、十七、十八、一百五十七、一百五十八或一百五十九條規定下的任何權力或職能時，全國人民代表大會常務委員會或中國國務院在採取行動之前須通知香港的行政長官，香港的行政長官可以在三十天內將問題提交給基本法委員會以按照本法作出決定，在此情況下，須在基本法委員會決定建議中的行為符合本法之後，全國人民代表大會或中國國務院方可行使上述權力或職能。

※

② 1989 年 11 月 30 日基本法起草委員會秘書處《內地各界人士對〈中華人民共和國香港特別行政區基本法（草案）〉的意見匯集》

【P7-8】
第十七條
1. 根據基本法（草案）規定，一些全國性法律要在香港適用，而且中央人民政府也可以就基本法規定的有關事務發出指令，因此特區立法機關制定的法律如與上述全國性法律和中央人民政府指令相抵觸時，全國人大常委會可以將該特區法律發回，並立即失效。（法學界人士）

2. 建議將第一款修改為「香港特別行政區立法會享有地方立法權。」（吉林）

3. 第三款的「立即失效」改為「從發回之日起失效」。（法學界人士）

4. 建議將第三款改為「香港特別行政區的立法機關制定的法律須報全國人民代表大會常務委員會備案。備案四十五天後該法律生效。」（吉林）

5. 建議刪去第十七條第二款「備案不影響該法律的生效」一句。（陝西）

※

③《基本法諮詢委員會中央與香港特別行政區的關係專責小組對基本法（草案）第一、第二、第七、第八、第九章附件及附錄的意見匯編》，載於 1989 年 11 月基本法諮詢委員會《中華人民共和國香港特別行政區基本法（草案）諮詢報告第一冊》

【P53】
第十七條
有委員指出，本條提及「中央」一詞，卻沒有說明何謂「中央」。《基本法（草案）》的其他地方卻用了「中央人民政府」一詞。大概兩個名詞所指不同，如果兩者是有不同意思，則不應採用「中央」一詞，因該詞含糊，而且沒有意思。

【P59】

附錄：關於設立基本法委員會的建議
有委員認為《基本法（草案）》建議基本法委員會：「成員十二人，由全國人民代表大會常務委員會任命內地和香港人士各六人組成，其中包括法律界人士，」並不足夠。由於基本法是重要的法律文件，故應具體列明基本法委員會內法律界人士應佔一半或以上。

※

④《基本法諮詢委員會法律專責小組對基本法（草案）一些條文的意見》，載於 1989 年 11 月基本法諮詢委員會《中華人民共和國香港特別行政區基本法（草案）諮詢報告第一冊》

【P63】
第十七條
應說明「中央管理的事務」一詞的含意。規定人大常務委員會有權因國防外交事務範圍外的理由發回法律，是違反《中英聯合聲明》。

※

⑤ 1989 年 11 月基本法諮詢委員會《中華人民共和國香港特別行政區基本法（草案）諮詢報告第三冊——條文總報告》

【P41-45】
第十七條
2. 意見
2.1 反面
→ 反對全國人大常委會不僅可以否決香港立法機關新的立法，甚至還可以否決香港已有的法律。
理由：這種絕對的否決權違反了《中英聯合聲明》內的「高度自治」。
→ 草案提到特別行政區立法局通過的法律，「除非香港特別行政區的法律另有規定外，無溯及力」。那實際是鼓勵特別行政區通過有追溯效力法案。
→ 原來意見稿中第十七條第三項規定人大常委會在徵詢其所屬特別行政區基本法委員會後，如認為香港特別行政區法律不符合基本法或法定程序，可將有關法律發回重議或撤銷。但草案第十七條第三項卻規定只能發回，而發回之法律立即失效，根本就取消重議之機會。雖然在徵詢特別行政區法律是否不符基本法的對象方面，特加入了特別行政區政府一項，但特別行政區政府是以行政長官為首，而他的任命要中央同意，對特別行政區的保障不大。理論上，人大常委會是立法又是司法機關，其徵詢對象應是特別行政區的對等機構，即議會與法院。
→ 將中央可以發回而失效的法律限於「中央管理的事務及中央和香港特別行政區的關係的條款」，對特別行政區並無保障，因為就是這類條款最易引起爭執，中央又控制基本法的解釋權，所以這種限制等於沒有。
→ 香港的法律要由全國人大常委會決定生效，對香港人並不公平，因為中國實行的是社會主義制度，內地對香港資本主義式的自由和民主會難以理解，而香港在人大常委會的代表只有少數，難以保障本地的利益。
→ 第一段指出香港特別行政區享有立法權，但第三段說出基本法委員會有很大的權力，因為人大常委會都向它徵詢有關特別行政區法律是否違背基本法的意見，兩段所表達意思前後有矛盾。
→ 人大常務委員會可以否決香港特別行政區立法機關制定的法律，與總則第二條規定特別行政區享有立法權相矛

盾，使第二條成為一句空話，有違享有獨立立法權的精神，香港立法會因香港的需要制定該法律，符合香港的原則和需要，若被否決，這對香港不公平和不切實際，應給香港有上訴和解釋權，好讓全國人民代表大會常務委員會更加瞭解和清楚香港的需要。若上訴失敗，全國人民代表大會常務委員會須向香港交代及解釋失敗原因。

→ 不同意全國人大常委會可將香港特別行政區的立法機關制定的法律發回重議或撤銷。

現在全國人大常委會只經一重徵詢就可以撤銷香港立法機關制定的法律，過於簡單，並沒有尊重香港立法機關。這種絕對的否決權可使香港享有的立法權成一紙空文。

<u>2.2 其他</u>

→ 本條和一百五十七條用「中央管理事務」、「中港關係條款」等字眼，若所指的內容與第十三和十四條相同，為何不清楚列明是國防和外交，而用這麼空泛的字眼。

3. 建議

3.1 刪除

→ 刪除第三款第一句「在徵詢其所屬的香港特別行政區基本法委員會後」。

→ 刪去第三款有關將法律發回部份的條文。

理由：建議第一百五十七條修改，寫明人大常委會「授權香港特別行政區法院在審理案件時對本法關於香港特別行政區自治範圍內的條款自行解釋」，故本條有關部份可以刪去。

→ 刪去第三款。

3.2 修改

→ 改為：「香港特別行政區享有立法權，香港特別行政區的立法機關制定的法律須報全國人民代表大會常務委員會備案，備案前該法律不能生效。

全國人民代表大會常務委員會在徵詢其所屬的香港特別行政區基本法委員會後，如認為香港特別行政區立法機關制定的任何法律不符合本法關於中央管理的事務及中央和香港特別行政區的關係的條款，可將有關法律發回重議或撤銷，但不作修改，經全國人民代表大會常務委員會發回的法律立即失效，並有溯及力。」

→ 改為：「香港特別行政區的立法權屬於香港特別行政區的立法機關，香港特別行政區的立法機關制定的法律須報全國人民代表大會常務委員會備案。備案不影響該法律的生效。全國人民代表大會常務委員會如認為香港特別行政區立法機關制訂的任何法律有不符合本法關於中央管理的事務及中央和香港特別行政區的關係的條款，可將有關法律轉交香港特別行政區的終審法院審理。若終審法院認為有關法律之部份或全部不符合本法關於中央管理的事務及中央和香港特別行政區的關係的條款，可宣佈該法律之有關部份或全部無效，但其失效無溯及力。」藉此保障香港法院繼續有違憲審查權，對立法機關產生制衡作用。

→ 第二款第二句「如認為」應改為「經雙方均認為」。

→ 第二款第一句修改為：「除本法具體規定屬於中央人民政府、全國人民代表大會或其常務委員會管理的事務以外，香港特別行政區立法機關可根據本法就香港特別行政區政府的所有事務制訂法律。上述法律須報全國人民代表大會常務委員會備案。」

→ 第三款改為：「全國人民代表大會常務委員會於收到有關法律的備案後六個月內公開徵詢其所屬的基本法委員會⋯⋯。

所有報交人大常委會備案超過一年沒有發回的法律；人大常委會必須獲得香港特別行政區立法會三分之二議員贊成，始可發回並令該有關法律失效。」

理由：防止法律朝令夕改，損害人大常委會的權威。

→ 第三款的「經全國人民代表大會⋯⋯發回的法律立即失效」應改為：「經全國人民代表大會⋯⋯發回的法律在發回三個月失效。」

→ 第三款修改為：「全國人民代表大會常務委員會在徵詢香港特別行政區基本法委員會後，如果認為香港特別行政區的任何法律有不符合本法或法定程序的可能，可將有關法律轉交香港特別行政區的終審法庭審議，若終審法庭認為有關法律之部份或全部不符合本法或法定程序，可宣佈該法律之有關部份或全部無效，但其失效無溯及力。」

理由：為確保未來特別行政區的法律制度能繼續順利運作及保證「高度自治」的落實，基本法應依照原有制度，授權香港的司法機構負責違憲審查的工作。

→ 第三款改為：「立法機關所制定之法律須由全國人民代表大會常務委員會交基本法委員會研究決定是否與本法及《中英聯合聲明》有不符合，若研究證實有不符，全國人民代表大會常務委員會可將有關法律發回，但不作修改。經全國人民代表大會常務委員會發回的法律立即失效。該法律的失效，除香港特別行政區的法律另有規定外，無溯及力。」

→ 第三款改為：「全國人民代表大會常務委員會在諮詢香港特別行政區基本法委員會後，如果認為香港特別行政區的任何法律有不符合本法或法定程序的可能，可將有關法律轉交香港特別行政區的終審法院審議，若終審法院認為有關法律之部份或全部不符合本法或法定程序，可宣佈該法律之有關部份或全部無效，但其失效無溯及力。」

理由：為確保未來特別行政區的法律制度能繼續順利運作及保證「高度自治」的落實，基本法應依照原有制度，授權香港的司法機構負起違憲審查的工作。

→ 第三款改為：「全國人民代表大會常務委員會在諮詢其所屬的香港特別行政區基本法委員會後，如認為香港特別行政區立法機關制定的任何法律不符合本法關於中央管理的事務及中央和香港特別行政區的關係的條款，可將有關法律轉交香港特別行政區的終審法庭審議。若終審法庭認為有關法律之部份或全部不符合前述有關本法之條款，可宣佈該法律之有關部份或全部無效。該法律的失效，除香港特別行政區的法律另有規定外，無溯及力。」

→ 第三款改為：「全國人民代表大會常務委員會在徵詢其所屬的香港特別行政區基本法委員會同意後，如一致認為香港特別行政區立法機關制定的任何法律不符合本法關於中央管理的事務及中央和香港特別行政區的關係的條款，可將有關法律發回，但不作修改。」

理由：因為經過徵詢不等於經過同意。必須經過一致同意後，才可將法律發回。

→ 第三款「無溯及力」一詞太深奧，改用普通一點的文字，以便廣大市民瞭解。

3.3 增加

→ 第二款增加「香港特別行政區行使立法權時不得違反本法或國家憲法。」

→ 在第三款加上：「人大常委會發回法律時，必須解釋發回法律的原因。」

→ 加上：「香港特別行政區法院在審理案件時，如涉及香港特別行政區立法機關制定的法律同本法相抵觸或不符合法定程序，可不予實施或宣佈有關法律無效，惟該法律的失效無溯及力。」

→ 增加一款「除關於中央管理的事務及中央和香港特別行政區的關係的條款外，其餘法律轉交香港特別行政區的終審法庭審議。若終審法庭認為有關法律之部份或全部不符合本法或法定程序，可宣佈該法律之有關部份或全部無效，但其失效無溯及力。」

→ 加上以下條款：「全國人民代表大會常委會授權基本法委員會全面解釋其認為有需要解釋的由香港特別行政區立法會制定的法律。基本法制定由中央人民政府管理的事務除外。如有爭議，任何一方政府可把爭議交憲法法庭仲裁。仲裁決定為最終決定對雙方有約束力。」

理由：基本法委員會大部份委員可能對資本主義概念及事務不瞭解，故應由憲法及司法專家組成的憲法法庭來仲裁

這些爭議。

→ 本條最後加上最高條款：
「除了屬於中央人民政府所管轄的外交和國防事務以外，可制定其他有關法律確保香港安定、和平，人民安居樂業。」
理由：基本法不可能涵蓋所有一九九七年後之五十年在香港發生的事務，因此，有必要賦予香港特別行政區立法會廣泛的權力，使其能以香港整體利益而制定法律。

3.4 其他

→ 本條應該修改以便明確地澄清香港特別行政區被授予除對基本法明文規定保留給中央人民政府的事務以外的所有其他事務的立法權。
理由：本條規定香港特別行政區享有立法權，但該條並未明確說明此種權力包括國防、外交事務及附件三所列出的全國性法律以外的一切事務。應該明確地提出按照聯合聲明規定的香港的普遍立法權，這是極為重要的，聯合聲明規定，除外交、國防事務之外，香港享有無限制的立法權。

→ 基本法並沒有正式授立法權予香港。如不修改此條，香港可能不能夠立法管制那些基本法保留給香港自行管理的事務，如教育、衛生、科技、體育、環境及其他基本法可能沒有提及但與管治香港有關的事務。

→ 建議在香港特別行政區設立一憲法法庭，負責檢討地方法律的憲制性，或者兼負責檢討國家訴訟程序（既然香港將會是中國一部份），而不應將這些事務交給人大常委會與基本法委員會協商處理。
理由：在普通法制度下，立法機關本身沒有權力去解釋法律的憲法制。雖然中國是實行民法，而民法制度跟普通法制度是不同的，但設立憲法法庭可協調兩個不同的法律制度，甚至社會制度。在奧地利及其他實行民法制度的歐洲國家，已建立了這樣的制度，而這制度是可以設計到符合中港關係的需要。例如憲法法庭可由來自兩地的法官、法學家及執業律師組成。如這建議被接納，應在基本法加一附件，以規定法庭的組織、其管轄權、其應考慮的種種因素及其運作（包括訴訟程序）。

→ 香港特別行政區的立法機關，制定的法律除了是修改基本法外，便無須報全國人民代表大會常務委員會備案，若要備案，就要寫的備案不會影響該法律的生效，或不會修改該法律。

→ 香港特別行政區制定的法律怎樣會不符合基本法關於中央管理的事務及中央和香港特別行政區的關係條款，要在本法具體寫出來，絕不可含糊寫出；也絕不可以與香港特別行政區的自由民主和人權有抵觸。

→ 在香港特別行政區成立一個法律改革委員會，專門研究和修改被人大常委會發回的法律或將之交回特別行政區終審法院處理。

→ 應註明香港有立法權，不須報請人大常委會「備案」，只可報請「備查」，且須訂明香港最高法院有終審權。
理由：若要報請人大常委會「備案」，則香港便不是特別行政區了。

→ 香港對人民代表大會發回的法律有上訴權利。

→ 香港特別行政區政府有權再次提出該已被發還的議案到人大預案。

→ 經人大發還的議案／法律，並不是立即失效，而是經一段時間後才失效。

→ 香港特別行政區法院有權否決人大常委會的否決議案。

→ 對於有關「中央管理的事務及中央和香港特別行政區的關係的條款」之界定，應交由基本法委員會負責。

→ 經香港立法機構三讀通過的法律即予生效，只須交人大常委備案，不應經它的批准。

→ 本條提及現行法律。如所有現行法律繼續有效（與基本法相抵觸者除外），那麼基本法很多內容便重複，所以應刪除重複部份使基本法更精確。

4. 待澄清問題

→ 本條所指「有關法律」究竟是指香港原有的法律還是九七年後立法機關所制定的法律？

→ 特別行政區立法機關制訂的任何法律全部接受違憲審查，技術上是否行？

→ 「該法律的失效，無溯及力」指什麼？

→ 如人大常委會將特別行政區制訂的法律發回，而特別行政區於修改有關法律後，仍未能獲人大常委會通過，則應如何處理？

→ 「中央管理的事務」應清楚界定。

※

⑥ 1990 年 2 月 16 日《中華人民共和國香港特別行政區基本法（草案）》

【P107】

附錄：香港特別行政區基本法起草委員會關於設立全國人民代表大會常務委員會香港特別行政區基本法委員會的建議

一、名稱：全國人民代表大會常務委員會香港特別行政區基本法委員會。

二、隸屬關係：是全國人民代表大會常務委員會下設的工作委員會。

三、任務：就有關香港特別行政區基本法第十七條、第十八條、第一百五十八條、第一百五十九條實施中的問題進行研究，並向全國人民代表大會常務委員會提供意見。

四、組成：成員十二人，由全國人民代表大會常務委員會任命內地和香港人士各六人組成，其中包括法律界人士，任期五年。香港委員須由在外國無居留權的香港特別行政區永久性居民中的中國公民擔任，由香港特別行政區行政長官、立法會主席和終審法院首席法官聯合提名，報全國人民代表大會常務委員會任命。

第十稿

「第十七條　香港特別行政區享有立法權。
香港特別行政區的立法機關制定的法律須報全國人民代表大會常務委員會備案。備案不影響該法律的生效。
全國人民代表大會常務委員會在徵詢其所屬的香港特別行政區基本法委員會後，如認為香港特別行政區立法機關制定的任何法律不符合本法關於中央管理的事務及中央和香港特別行政區的關係的條款，可將有關法律發回，但不作修改。經全國人民代表大會常務委員會發回的法律立即失效。該法律的失效，除香港特別行政區的法律另有規定外，無溯及力。」
〔1990 年 4 月《中華人民共和國香港特別行政區基本法》〕

① 《全國人民代表大會關於批准香港特別行政區基本法起草委員會關於設立全國人民代表大會常務委員會香港特別行政區基本法委員會的建議的決定》（1990 年 4 月 4 日第七屆全國人民代表大會第三次會議通過）

【P1】

第七屆全國人民代表大會第三次會議決定：

一、批准香港特別行政區基本法起草委員會關於設立全國人民代表大會常務委員會香港特別行政區基本法委員會的建議。

二、在《中華人民共和國香港特別行政區基本法》實施時，設立全國人民代表大會常務委員會香港特別行政區基本法委員會。

在香港特別行政區實行的法律為本法以及本法第八條規定的香港原有法律和香港特別行政區立法機關制定的法律。

全國性法律除列於本法附件三[1]者外，不在香港特別行政區實施。凡列於本法附件三之法律，由香港特別行政區在當地公佈或立法實施。

全國人民代表大會常務委員會在徵詢其所屬的香港特別行政區基本法委員會和香港特別行政區政府的意見後，可對列於本法附件三的法律作出增減，任何列入附件三的法律，限於有關國防、外交和其他按本法規定不屬於香港特別行政區自治範圍的法律。

全國人民代表大會常務委員會決定宣佈戰爭狀態或因香港特別行政區內發生香港特別行政區政府不能控制的危及國家統一或安全的動亂而決定香港特別行政區進入緊急狀態，中央人民政府可發佈命令將有關全國性法律在香港特別行政區實施。

註 1：附件三請參見下冊

❀ 貳 | 概念

1. 在香港實行的法律
2. 在香港公佈或立法實施的全國性法律
3. 因宣佈戰爭狀態、危及國家統一或安全的動亂及進入緊急狀態而實施的全國性法律

❀ 叁 | 條文本身的演進和發展

第一稿

第二章

「第五條　方案一：

全國人民代表大會和全國人民代表大會常務委員會制定的法律，凡須在香港特別行政區適用的，均以明文規定。

在香港特別行政區成立前制定的上述法律，凡須在香港特別行政區適用的，由全國人民代表大會常務委員會以決議予以公佈。

在香港特別行政區適用的上述法律，如有不適合香港特別行政區實際情況的，香港特別行政區行政長官可以報經全國人民代表大會常務委員會批准，變通執行或停止執行。香港特別行政區的立法機關和行政機關還可根據香港特別行政區的實際情況，為上述法律的實施制定輔助立法或實施細則。

方案二：

全國人民代表大會和全國人民代表大會常務委員會制定的法律，凡須在香港特別行政區適用者，統由國務院向香港特別行政區行政長官發出指令，按法定程序公佈或立法實施。

上述適用於香港特別行政區的法律，如有不適合香港特別行政區實際情況的，香港特別政區行政長官可以報經全國人民代表大會常務委員會或國務院批准，變通執行或停止執行。

若香港特別行政區行政長官未能按指令行事，全國人民代表大會可頒令將上述法律適用於香港特別行政區。」

〔1987年4月13日《中央與香港特別行政區的關係專題小組工作報告》，載於《中華人民共和國香港特別行政區基本法起草委員會第四次全體會議文件匯編》〕

①《中央與特別行政區的關係專責小組初步報告》（1986年5月2日中央和特別行政區關係專責小組第二次會議討論文件）

（編者按：此文件乃依香港大學法學院圖書館的歸檔順序處理出處）

7. 中國全國性法律在特區的適用性和效力問題

7.1 香港特區未來的法律主要是基本法、香港立法機關所訂立的法律及香港原有法律。中國憲法以外的其他法律在香港的效力是要小心處理的問題。

7.2 對英國來說，「英國公民（海外）護照」代表了持有人的國籍，但在中國方面把「英國公民（海外）護照」當作是一種旅行證件，兩者不同的理解可能會產生混亂的情況出現。

7.3 若特區的護照只表示持有人可在港居留，而不代表持有人的國籍，而且按照《中英聯合聲明》，「英國公民（海外）護照」的持有人並沒有在聯合王國的居留權，便和中國國籍法的條文沒有矛盾。

7.4 特區居民不應同時擁有「英國公民（海外）護照」和「特區護照」兩種旅行證件。

7.5 應在基本法中明文寫出中國憲法之外的哪些法律適用於香港，以免造成真空。不過這樣會有很大的技術問題。

7.6 中國國籍法在香港適用，可以透過下列的途徑去說明：

7.6.1 中國憲法應該要透過基本法去體現，所以在基本法中清楚界定憲法和其他全國性法律的效力；

7.6.2 在人民入境法例中處理這情況；

7.6.3 透過特區立法機關所制定的法例去處理，藉以維持特區法律的影響力，並由特區政府切實執行，而不用在基本法中解釋其適用性。

7.6.4 由人民代表大會決定哪些法例適用於香港。

7.6.5 基本法可以授權未來特區立法機關經過某些程序可以處理國籍法的問題，或應在九七年前在基本法中訂明處理的原則及說明哪個部門有權發出有關國籍的文件。

7.7 假若在基本法中註明特區居民可以擁有雙重國籍，而不用喪失其他的國籍，便使基本法凌駕於中國憲法之上。

7.8 「不承認」和「不容許」雙重國籍的分別應是在於擁有兩個護照時所受到懲罰的嚴重程度。

7.9 擁有兩個護照的居民，不等於有雙重國籍，所以不應被視為犯罪，亦不應被起訴。

7.10 香港現行的法律是准許有雙重國籍的，所以依據《中英聯合聲明》「原有社會、經濟制度不變」的話，特區居民應有權擁有兩個國籍。

7.11 假若未來的特區居民一定是中國國籍的話，現時的社會精英份子為了保留原有外國國籍便會離開香港，因為香港的精英份子和專業人士多擁有雙重國籍。為保持這批精英份子，最好的方法是依據原有法例。

※

② 1987年4月13日《中央與香港特別行政區的關係專題小組工作報告》，載於《中華人民共和國香港特別行政區基本法起草委員會第四次全體會議文件匯編》

【P11】

第二章　中央與香港特別行政區的關係

第五條

說明：有的委員認為，除了外交和國防事務外，全國人民代表大會不應為香港特別行政區立法，任何方案都不應超出這個範圍。因此建議在第一和第二方案的第一段「制定」二字和「的法律」三字之間加上「與外交或國防事務」十個字。

第二稿

第二章

「第七條　在香港特別行政區實行的法律為本法，以及本法總則第八條規定的香港原有法律

和香港特別行政區立法機關制定的法律。

全國人民代表大會和全國人民代表大會常務委員會制定的法律，除以下（一）、（二）兩項所列者外，不在香港特別行政區實施：

（一）有關國防、外交的法律；

（二）其他有關體現國家統一和領土完整並且按本法規定不屬於香港特別行政區高度自治範圍的法律。

本條前款（一）、（二）所列的法律，凡須在香港特別行政區實施的，由國務院指令香港特別行政區政府公佈或立法實施。

除緊急情況外，國務院在發佈上述指令前，均事先徵詢香港特別行政區基本法委員會和香港特別行政區政府的意見。

香港特別行政區政府如未能遵照國務院的指令行事，國務院可發佈命令將上述法律在香港特別行政區實施。」

〔1987 年 8 月 22 日《中央與香港特別行政區的關係專題小組工作報告》，載於《中華人民共和國香港特別行政區基本法起草委員會第五次全體會議文件匯編》〕

①中央與特別行政區的關係專責小組《司法管轄權與全國性法律在香港的應用最後報告》（1987 年 6 月 12 日經執行委員會通過）

【P3】

丁、全國性法律在香港的適用性

8.委員意見

（1）根據《中英聯合聲明》，將來在香港實行的法律為基本法、香港原有法律和將來香港特別行政區立法機關制定的法律，全國性法律不應在港適用，否則有違《中英聯合聲明》精神。

（2）根據《中英聯合聲明》，將來在香港實行的法律為基本法、香港原有法律和將來香港特別行政區立法機關制定的法律，按照一國兩制精神，全國性法律中，凡屬於社會主義制度的法律，不應在港適用；其他有些則可適用。

（3）凡適用於香港的全國性法律，須在基本法內寫明，作為日後的依據。

（4）有關國防、外交方面的法律，以及國籍法、人大代表選舉法等，如果人大認為適用於香港，就應在基本法內寫明。

（5）97 年後由全國人大通過的法律，由於內地與香港屬不同的法律體系，如要適用於香港，應由基本法規定須在香港立法機關通過一定的立法程序，才能付諸實行。

（6）人大應設立香港事務委員會，處理全國性法律在香港的適用問題。

（7）將來全國人大應有權就國防、外交方面替香港立法，但不能就香港內政問題替香港立法。香港立法機關不應該反對通過這些法律。

※

② 1987 年 8 月 22 日《中央與香港特別行政區的關係專題小組工作報告》，載於《中華人民共和國香港特別行政區基本法起草委員會第五次全體會議文件匯編》

【P17】

第二章　中央與香港特別行政區的關係

第七條

說明：有的委員建議，本條第三款最後一句應寫作：由國務院指令香港特別行政區自行決定實施的形式和方法。

有的委員建議，本條第二款作如下規定：全國人民代表大會和全國人民代表大會常務委員會制定的法律，除有關國防和外交者外，不在香港特別行政區實施。

有的委員認為，因香港特別行政區基本法委員會和香港特別行政區政府的工作性質各有不同，徵詢這兩個機構的事的性質也應各有不同。

有的委員認為，上述方案中「體現國家統一」應理解為凡是應該由中央管轄的事務均由中央管轄。

第三稿

「第十七條　在香港特別行政區實行的法律為本法，以及本法總則第八條規定的香港原有法律和香港特別行政區立法機關制定的法律。

全國人民代表大會和全國人民代表大會常務委員會制定的法律，除以下（一）、（二）兩項所列者外，不在香港特別行政區實施。

（一）有關國防、外交的法律；

（二）其他有關體現國家統一和領土完整並且按本法規定不屬於香港特別行政區高度自治範圍的法律。

本條前款（一）、（二）所列的法律，凡須在香港特別行政區實施的，由國務院指令香港特別行政區政府在當地公佈或立法實施。

除緊急情況外，國務院在發佈上述指令前，均事先徵詢香港特別行政區基本法委員會和香港

特別行政區政府的意見。

香港特別行政區政府如未能遵照國務院的指令行事，國務院可發佈命令將上述法律在香港特別行政區實施。」

〔1987年12月基本法起草委員會秘書處《香港特別行政區基本法（草案）》（匯編稿）〕

① 1987年9月2日《中華人民和國香港特別行政區基本法起草委員會第五次全體會議委員們對基本法序言和第一、二、三、四、五、六、七、九章條文草稿的意見匯集》

【P11-14】

三、關於第二章　中央與香港特別行政區的關係

7. 第七條

（1）有的委員提出，本條第一款規定了在香港特別行政區實施的三種法律，但基本法在香港特別行政區實施是不言而喻的，不必作此規定；香港原有法律的適用問題已在總則中作出規定，這裡不必重複，而「香港特別行政區立法機關制定的法律」，也會產生九七年以後形成的習慣法和附屬立法都不屬於立法機關制訂的法律，如要適用，就違反基本法的規定，另外，還排除了普通法的發展。有的委員提出，第七條可寫進總則。有的委員提出，本條第三款「由國務院指令香港特別行政區公佈或立法實施」這一句的措詞需要考慮：（a）法律的公佈權在誰？（b）指令政府立法實施的表述也不確切。有的委員提出，將第三款最後一句改為「由國務院指令香港特別行政區行政長官公佈或採取立法措施」，至於特別行政區政府未能遵守指令行事時怎麼辦，是法律所不能規定的，因此可將最後一款刪去；有的委員認為，如刪去最後一款，就意味着國務院的指令必須執行，否則就違反基本法。問題在違反基本法以後怎麼辦？有的委員提出，假使違反基本法，如是行政長官問題，可以撤行政長官的職，如是立法機關問題，規定行政長官可以解散立法機關。

（2）有的委員要求將本條說明第二段改為：「全國人民代表大會和全國人民代表大會常務委員會制定的法律，除有關國防和外交並且按本法規定不屬於香港特別行政區高度自治權範圍者外，不在香港特別行政區實施。

凡須在香港特別行政區實施的上述法律，均由國務院指令香港特別行政區政府實施，香港特別行政區政府得自行決定實施的形式和方法。除緊急情況外，國務院發出指令前，均事先徵詢香港特別行政區基本法委員會和香港特別行政區政府的意見。」

（3）有的委員建議，將本條第二款改寫為：「全國人民代表大會和全國人民代表大會常務委員會制定的法律，除有關國防、外交的法律與其他有關體現國家統一和領土完整以及關係到國家的體制和機構的法律以外，不在香港特別行政區實施」。

（4）有的委員提出，本條有三處提到國務院發佈關於立法方面的指令，這是否恰當值得研究，建議加上「經全國人民代表大會常務委員會授權，由國務院指令……」的字樣。

（5）有些委員建議，本條最後一款採納「說明」第一段的寫法。

（6）有的委員提出，關於須在香港特別行政區實施的全國性法律，由國務院指令香港特別行政區政府公佈或立法實施的提法，存在兩個問題：第一，全國性法律是由全國人大制定，國家主席頒佈的，凡須適用於香港特別行政區的，應由全國人大決定，而不是由國務院決定；第二，香港特別行政區政府公佈或立法實施，也有「大小政府」的問題，若指「小政府」，則無權行使這個權力。有的委員認為，決定適用於香港特別行政區的法律當然是全國人大的職權，國務院只是在全國人大決定後下指令，這個問題是明確的，但表述上恐怕要進一步推敲。

（7）有的委員提出，這一章沒提及關於國家的行政命令（如特赦令、戰爭動員令、全國戒嚴令等）必須在香港實施時應如何對待，建議增加這方面的內容。有的委員認為，法律在廣義上包涵法令、指令，這方面的內容已包括在第七條中。如果中央的行政命令要在香港實施，也應以法律形式發佈，並祇通過國務院一個口子向香港特別行政區發佈，而不要幾個部門都向香港發佈指令。

（8）有的委員認為，經修改後的第二章第七條清楚地列出了在香港特別行政區實行的法律為基本法、原有法律和立法機關制定的法律。然而接着又說全國人大和人大常委會制定的法律，有一部份要在香港特別行政區實施。這是自相矛盾的，也是與聯合聲明的規定不符。建議仿效國際條約在香港施行的方法，由中央政府徵求香港特別行政區的同意，才決定哪一條法律是適用於香港的，然後再由香港的立法機關自行立法。有關國防、外交的法律，中央政府毋須徵求香港特別行政區的同意，但最好也能透過同樣的途徑，交特別行政區立法機關實施。

※

② 中央與特別行政區的關係專責小組《對基本法序言和第一、二、七、九章條文（一九八七年八月）草稿的意見》（1987年11月4日經執行委員會通過）

【P2-3】

第七條

1. 有委員認為「國防」、「外交」、「體現國家統一」及「領土完整」的定義並不清楚，他對此感到很擔憂。他尤其擔心若大家對「國家統一」有不同的看法，將來可能產生衝突。

2. 有委員認為除牽涉及國防和外交之外其他全國性法律，比如國籍法，在港適用的情況都應該清楚列明。他建議由人大常委會下指令給香港特別行政區，由特區政府自行決定適用的情況。

3. 有委員認為本條末段的意思不清楚，是否指若特區政府未能遵照國務院的指令，則國務院可不經特區政府，而透過其他途徑指令該等法律在特區實施？若然，則會使特區政府與國務院的關係變得緊張。

4. 就第3點意見，有委員認為這只是保留人大常委會有最後的控制權，其實在整個過程中香港特別行政區法院已擁有很大的自由。

5. 有委員認為本條第五款（末段）應該與第四款的次序調換，因為第五款的討論是緊貼第三款而作的，更改之後，整段的邏輯性更強。

6. 有委員認為根據本條行文，好像不只是全國性法律才能

在港適用，而是人大常委會可在某些方面特別為香港訂立只適用於香港的法律，該委員認為此處有不清楚之點。

7. 有委員認為本條提及國務院可指令香港特別行政區實施某些法律，這種處理方法有問題，因為國務院也可能犯錯，作出違背基本法的決定。該委員認為應列明若這情況發生，香港特別行政區政府可以上訴的途徑。

8. 有委員認為解釋基本法的權力不在國務院，而在人大常委會，故應在條文中列明，必須先經「人大常委會決定或授權」，國務院才能指令香港特別行政區政府。

9. 有委員指出何謂「緊急情況」，條文中沒有清楚界定。他建議傚傚其他國家的憲法，有特別章節列出「緊急情況」的定義及處理方法，免致將來中港之間產生衝突。

10. 有委員不贊成列出所有緊急情況的例子，因為恐怕會有遺漏，他建議基本法中列明中國政府要經過特別程序才宣佈何謂「緊急情況」。就此，有委員補充說條文應更改為：除「國家宣佈為國家的」緊急情況下，國務院在發佈上述指令前……

11. 有委員認為所有非國家的緊急情況，即只是發生在香港本土的緊急情況，應由特區政府自行決定。

12. 有委員指出根據《中英聯合聲明》附件一第二節，由全國人民代表大會或其常委會制定的法律都不能直接在香港實施。《中英聯合聲明》也沒有規定國務院可發佈命令將法律在香港特別行政區實施或指令特區政府立法實施。但這似乎與附件一第一節有所矛盾，因為該節訂明中央保留所有有關外交和國防事務的權力。根據這規定，全國法律又似乎可以在香港直接實施。

13. 有委員認為如要充份瞭解「香港特別行政區政府立法實施」、「徵詢香港特別行政區政府」、「香港特別行政區未能遵照國務院的指令行事」等句子的意思，必須為「香港特別行政區政府」下一定義。

14. 有委員指出如香港特別行政區政府是在香港特別行政區代表中央人民政府的權力機關，不遵照中央指令行事是極嚴重和相等於反叛的行為。該委員認為這可歸入緊急情況一類，此外便不會有其他同樣嚴重的情況，是需要由國務院發佈命令將法律在香港特別行政區實施的。

※

③ 1987 年 12 月基本法起草委員會秘書處《香港特別行政區基本法（草案）》（匯編稿）

【P10-11】
關係組委員的其他意見：
第十七條
有的委員建議改為：「在香港特別行政區實行的法律為本法，以及本法總則第八條規定的香港原有法律和香港特別行政區立法機關制訂的法律。
全國人民代表大會和全國人民代表大會常務委員會制定的法律，除有關國防、外交並且按本法規定不屬於香港特別行政區高度自治範圍者外，不在香港特別行政區實施。
上述有關國防、外交的法律，凡須在香港特別行政區實施的，由全國人民代表大會常務委員會指令香港特別行政區立法機關立法實施。
除緊急情況外，全國人民代表大會常務委員會在發佈上述指令前，均事先徵詢香港特別行政區基本法委員會和香港特別行政區政府的意見。
香港特別行政區立法機關如未能遵照全國人民代表大會常務委員會的指令行事，全國人民代表大會常務委員會可透過香港特別行政區行政長官將上述法律在香港特別行政區公佈實施。
除上述有關國防、外交的法律外，少數有關體現國家統一和領土完整的全國性法律，即本法附件中所列者，適用於香港特別行政區。」

第四稿

「**第十七條　在香港特別行政區實行的法律為本法，以及本法第八條規定的香港原有法律和香港特別行政區立法機關制定的法律。**
全國人民代表大會和全國人民代表大會常務委員會制定的法律，除本條第三款規定者外，不在香港特別行政區實施：
全國人民代表大會和全國人民代表大會常務委員會制定的有關國防、外交的法律以及其他有關體現國家統一和領土完整並且按本法規定不屬於香港特別行政區高度自治範圍的法律，凡須在香港特別行政區實施的，由國務院指令香港特別行政區政府在當地公佈或立法實施。
除緊急情況外，國務院在發佈上述指令前，均事先徵詢香港特別行政區基本法委員會和香港特別行政區政府的意見。
香港特別行政區政府如未能遵照國務院的指令行事，國務院可發佈命令將上述法律在香港特別行政區實施。」
〔1988 年 3 月基本法起草委員會秘書處《中華人民共和國香港特別行政區基本法（草案）草稿》（總體工作小組第二次會議對目錄、序言、第一、二、三、五、六、七、九章的修改稿）〕

第五稿

「**第十七條　在香港特別行政區實行的法律為本法，以及本法第八條規定的香港原有法律和香港特別行政區立法機關制定的法律。**
全國人民代表大會和全國人民代表大會常務委員會制定的法律，除本條第三款規定者外，不在香港特別行政區實施。

全國人民代表大會和全國人民代表大會常務委員會制定的有關國防、外交的法律以及其他有關體現國家統一和領土完整並且按本法規定不屬於香港特別行政區高度自治範圍的法律，凡須在香港特別行政區實施的，由國務院指令香港特別行政區政府在當地公佈或立法實施。除緊急情況外，國務院在發佈上述指令前，均事先徵詢香港特別行政區基本法委員會和香港特別行政區政府的意見。

香港特別行政區政府如未能遵照國務院的指令行事，國務院可發佈命令將上述法律在香港特別行政區實施。」

〔1988 年 4 月基本法起草委員會秘書處《中華人民共和國香港特別行政區基本法（草案）草稿》〕

第六稿

「第十七條　在香港特別行政區實行的法律為本法，以及本法第八條規定的香港原有法律和香港特別行政區立法機關制定的法律。

全國人民代表大會和全國人民代表大會常務委員會制定的法律，除本條第三款規定者外，不在香港特別行政區實施。

全國人民代表大會和全國人民代表大會常務委員會制定的有關國防、外交的法律以及其他有關體現國家統一和領土完整並且按本法規定不屬於香港特別行政區高度自治範圍的法律，凡須在香港特別行政區實施的，由國務院指令香港特別行政區政府在當地公佈或立法實施。除緊急情況外，國務院在發佈上述指令前，均事先徵詢香港特別行政區基本法委員會和香港特別行政區政府的意見。

香港特別行政區政府如未能遵照國務院的指令行事，國務院可發佈命令將上述法律在香港特別行政區實施。」

〔1988 年 4 月基本法起草委員會《中華人民共和國香港特別行政區基本法（草案）徵求意見稿》〕

第七稿

「第十八條　在香港特別行政區實行的法律為本法以及本法第八條規定的香港原有法律和香港特別行政區立法機關制定的法律。

全國性法律除列於本法附件三者外，不在香港特別行政區實施。凡列於本法附件三之法律，由香港特別行政區在當地公佈或立法實施。

全國人民代表大會常務委員會在徵詢其所屬的香港特別行政區基本法委員會和香港特別行政區政府的意見後，可對列於本法附件三的法律作出增減，任何列入附件三的法律，限於有關國防、外交和其他按本法規定不屬於香港特別行政區自治範圍的法律。

全國人民代表大會常務委員會決定宣佈戰爭狀態或因香港特別行政區內發生香港特別行政區不能控制的動亂而決定香港特別行政區進入緊急狀態，中央人民政府可發佈命令將有關全國性法律在香港特別行政區實施。」

〔1989 年 2 月《中華人民共和國香港特別行政區基本法（草案）》〕

① 《初步報告——幾個討論焦點（4 月 29 日－ 6 月 17 日）》（1988 年 7 月 16 日經執行委員會通過）

【P2】
中央與香港特別行政區的關係
1.2 全國性法律在港引用
1.2.1 討論焦點：
（1）……對全國性法律在香港引用這問題，有指責稱這規定未有在《中英聯合聲明》中載明，故有違反《中英聯合聲明》之嫌。亦有人擔心，由於制度不同，全國性法律在香港實施會有不良影響。但除了基本法、符合基本法的原有法律及特區立法機關制定的法律外，有一些全國性的法律，不單有關國防與外交方面的法律，一些國家事務的法律如領海規定、設立首都等法律，都明顯地應在香港適用的。
（2）這問題也可以從另一角度看，就是未來特區的立法權，除了受基本法的限制外，也有另一限制，那就是不能

涉及特區以外的事務（亦即全國性的事務），雖然這些事務也可能直接影響到特區內的居民，而這些事務的範圍，也未必單涉及國防與外交的問題。有關這些事務的立法權，是在國家機構才能擁有的。故一些全國性的法律引用到香港是有需要的。
（3）故討論的焦點，是集中在應用這些法律必需的程序上。
1.2.2 有待解決的問題：
（1）目前有哪些全國性的法律是適用於將來香港特別行政區的？
（2）如何將須引用到香港的全國性法律列明？是否可採用附件方法？
（3）全國性法律在香港執行是由香港法院管轄，還是由中央政府有關方面直接管理？如香港法院有權審理涉及違反全國性法律的案件時，中央政府有關方面與香港法院在這權力和職責上的關係會是怎樣？
（4）有建議全國性法律要通過特區立法程序實施，詳細

內容有待澄清及補充。

※

② 1988 年 8 月基本法起草委員會秘書處《香港各界人士對〈香港特別行政區基本法（草案）徵求意見稿〉的意見匯集（一）》

【P8-9】
第十七條
1. 將第四、五款刪去，第三款改為：「全國人民代表大會和全國人民代表大會常務委員會，在徵詢基本法委員會的意見後，如認為有關全國性法律必須在香港實施，由特別行政區立法實施。」或「全國人民代表大會和全國人民代表大會常務委員會制定的有關國防、外交的法律以及其他有關體現國家統一、領土完整，並且按本法規定不屬於香港特別行政區高度自治範圍的法律，凡須在香港特別行政區實施的，由香港特別行政區立法機關立法實施。」

2. 由於香港特別行政區是直轄於中央人民政府的，因此第十七條內所出現的「體現國家統一和領土完整」這一句話是體現「香港特別行政區直轄於中華人民共和國中央人民政府」這一概念，因此，這種寫法不但沒有違反聯合聲明，而且也沒有限制香港的高度自治。但既然有人對第三款有疑慮，建議改寫如下：
「全國人民代表大會和全國人民代表大會常務委員會制定的有關國防、外交的法律以及其他屬於香港特別行政區直轄於中央人民政府所需要遵守的法律，凡須在香港特別行政區實施的，由國務院指令香港特別行政區政府在當地立法實施。」

3. 「指令」改為「通知」。

4. 將適用於香港的全國性法律列入基本法附件，今後如有其他法律要適用於香港，再引入附件。

5. 內地委員指出的七個應在香港適用的法律，除國籍法外，其實不是法律，而是決議或聲明。這要與法律嚴格區分。

6. 適用於香港的法律需經香港立法實施，還應規定「任何立法不可更改基本法中的立法權力及其他自治權」。

7. 第五十九條講「香港特別行政區政府」是「行政機關」，而第十七條第三款卻講有關法律可由國務院指令特區政府「立法實施」，這是行政與立法的混淆。

8. 「國家統一」和「領土完整」應刪。有關國防、外交、「國家統一」和「領土完整」的法律要列舉出來。中國憲法不適用於香港特別行政區的條款要作出規定；適用於香港的全國性法律今後的變化機制也要作出規定。

※

③ 1988 年 9 月基本法起草委員會秘書處《內地各界人士對〈香港特別行政區基本法（草案）徵求意見稿〉的意見匯集》

【P9】
第十七條
1. 第一款應放進總則。

2. 第三款「高度自治範圍的」後面加「全國性」。

3. 刪去第三款「有關體現國家統一和領土完整並且」。

4. 國務院發出的指令由誰實施，不明確。

5. 應由全國人大常委會發佈指令，否則與憲法第十八條有衝突。

6. 刪去「立法實施」幾字。

7. 刪去第五款。

8. 本條中三個法源的地位關係不清楚。國務院行政法規在港具有什麼地位，不論是否適用，都應有規定。

※

④《基本法諮詢委員會中央與香港特別行政區的關係專責小組對基本法（草案）徵求意見稿第一、第二、第七及第九章的意見匯編》，載於 1988 年 10 月基本法諮詢委員會《中華人民共和國香港特別行政區基本法（草案）徵求意見稿諮詢報告（1）》

【P47】
16. 第十七條
16.1 有委員建議將第三款的「公佈或立法實施」的「公佈或」三字刪去，使第三款和第五款的意思相近，避免混淆和重複。
16.2 有些委員指出，第三款「不屬於香港特別行政區高度自治範圍」一句含糊不清，而這概念亦沒有在《中英聯合聲明》中出現過，故建議取消這項規定，只保留「國防、外交」及有關「體現國家統一和領土完整」的法律，凡在香港特別行政區實施者，均由國務院指令香港特別行政區政府在當地公佈或立法實施。
16.3 有委員認為，基本法（草案）徵求意見稿的原文比上述的建議較好。
16.4 有委員認為，應規定國防、外交及有關體現國家統一和領土完整的法律，均不應在香港特別行政區實施。
16.5 有委員建議將適用於香港特別行政區的全國性法律（共七條）列入附件。
16.6 有委員指第三款最後一句「由國務院指令香港特別行政區在當地公佈或立法實施。」有以行政干預立法的成份，因為國務院是行政機構，不應有立法權；人大才是立法組織，可以由人大下這「指令」。
16.7 有委員認為，若在緊急時期，如中國與外國發生戰爭，則基本法所列的很多內容都會有變；緊急情況下的處理，亦不是單由本條便能列明的。
16.8 有的委員認為，「有關體現國家統一和領土完整」的字眼，在法律上的含意模糊。
16.9 有委員認為，因為國內和香港的法制截然不同，而法律用詞亦不一樣，所以只是簡單引進國內的法律而用於香港特別行政區，會產生許多實際困難，故建議將這些法律透過香港特別行政區的立法機關立法實施。
16.10 有委員認為，最後一款所指的情形（即不遵守國務院指令立法）不是一個法律問題，而是政治問題，應以政治方法解決。
16.11 有委員認為，如果規定人大制定的法律，即使不是在香港特別行政區自治範圍內的，也要在本地實施，則香港特別行政區的立法權就會受到嚴重侵損。
16.12 有委員建議將第四款的「緊急情況」改為「國家的緊急情況」，以弄清楚在何種情況下，國務院發佈指令前需要諮詢基本法委員會的意見。

16.13 有委員認為，第一、第二款已足夠，第三、第四及第五款令人心理上產生中央干預香港特別行政區的情況。
16.14 有委員恐怕中央運用第十七條要求香港居民服兵役，所以建議第三章應列明香港特別行政區的居民沒有服兵役的義務。

※

⑤ 1988 年 10 月基本法諮詢委員會《中華人民共和國香港特別行政區基本法（草案）徵求意見稿諮詢報告第五冊——條文總報告》

【P68-81】
第十七條
2. 意見
2.1 贊成意見
→ 部份全國性法律應該在香港特別行政區實施。
理由：為了體現國家主權和領土完整。
→ 本條沒有違反《中英聯合聲明》。
理由：
⊙ 本條「體現國家統一和領土完整」乃體現「香港特別行政區直轄於中華人民共和國和中央人民政府」這概念，沒有限制香港的高度自治。若不這樣寫，就會變成「高度獨立」，有違《中英聯合聲明》，亦不會被中國政府接受。
⊙ 《中英聯合聲明》規定香港將來的國防、外交事務歸中央人民政府管理，所以一些有關國防、外交的全國性法律就適用於香港，中央可透過法律執行的形式管理。再者，當涉及到國籍、領空、領海等問題時，都不能夠全由特別行政區自己來解決，必須中央人民政府的協助。
2.2 保留意見
→ 本條違反《中英聯合聲明》。
理由：《中英聯合聲明》只說國防、外交的法律不屬於特別行政區管轄，而此條文使國務院可通過指令或命令，在特別行政區實施「其他有關體現國家統一和領土完整並且按照本法規定不屬於特別行政區高度自治範圍的法律。」
→ 本條違反「高度自治」的原則。
理由：
⊙ 人大可以「體現國家統一和領土完整」為理由指令香港立法。
⊙ 「國防、外交及其他體現國家統一和領土完整的法律」意思含糊。
⊙ 此條賦予國務院額外的立法權，可在香港不得拒絕的情況下，頒佈及實施法例，威脅特別行政區的高度自治。
⊙ 內地的法律未必適合香港。
⊙ 會引起恐慌，社會的安定繁榮亦會受到影響。
⊙ 中國的法制較為原始，而且又多政治性立法，法律條文頗為簡單，和香港沿用的詳盡法例很不相同，將來法庭要解釋全國性法律會遇上很多困難。
⊙ 若人大可以指令香港立法，就算那些法律只限於香港特別行政區自治範圍，亦會嚴重影響香港的立法權。
⊙ 不僅特別行政區在有關這問題上除了會被諮詢外，沒有任何決策性的參與。
2.2.1 有關「國家統一、領土完整」
→ 香港既然不是國家，而是中國領土的一部份，在這地方自然需要維護國家的統一和防止顛覆政府的破壞行為。
→ 這些字眼太空泛，有必要參照普通法的精神詳細列出其內容。
→ 國籍法、領土領海法就不應由香港立法制定，而應由全國人大制定。如果沒有列出相應有效條文，香港可以另行制定一套國籍法規和領土領海法規的話，那麼國家就很難統一。
→ 意思抽象，可任意詮釋，是普通法和任何其他法律所無的。
→ 可引致完全與國防和外交無關的全國性法律在港施行。

2.2.2 有關「國防、外交」
→ 原則上接受香港特別行政區立法權止於自治範圍內的事務，不包括國防、外交等中央負責的事務。後者屬中央立法權內，如有關法律需應用於特別行政區，則須透過由基本法確定的程序。
→ 凡涉及國防、外交或中央行為的案件，訴訟的其中一方必然是中央人民政府，由中央人民政府自己決定案件是否屬於上述法院無權審理的範圍便很不合理。普通法的一個原則是司法和行政兩者是應該分開的，否則，司法就無獨立可言。
2.2.3 有關「由國務院指令」
→ 同意中國國務院有權指令香港立即實行「有關體現國家統一和領土完整」的法律。
理由：
⊙ 香港本是中國的。
⊙ 法律不屬於香港特別行政區高度自治範圍。
⊙ 奠定了香港特別行政區的土地是受到了國家保護的法則。
→ 不同意中國國務院有權指令香港立即實行「有關體現國家統一和領土完整」的法律。
理由：
⊙ 有損香港繁榮穩定。
⊙ 「有關體現國家統一和領土完整」的法律條文沒有明確列出。
⊙ 香港亦有高度自治權。
⊙ 香港原有的言論自由將一無所剩。
⊙ 香港和中國政制有若干不同。
⊙ 中國國務院對香港權力便太大。
⊙ 導致漠視民意及不民主。
⊙ 香港應擁有接受指令與否的決定權。
⊙ 恐怕會有大量中國居民來港定居，影響安定繁榮。
⊙ 「一國兩制」與「國家統一」基本上互相抵觸。
⊙ 國務院按憲法並無立法權。
⊙ 會導致國務院直接插手香港政務，令中央與特別行政區政府對立。
→ 根據序言，全國人大不僅制定基本法，規定香港實行的制度，還保證國家對香港基本方針政策的實施。本此，如果全國人大和全國人大常委會決定應在香港實施有關國防、外交或其他的法律，不必通過國務院。按憲法規定的國務院職權，也沒有立法的條款，只有根據法律「規定行政措施」。
如果香港特別行政區政府不依全國人大規定辦事，國務院便應「發佈決定或命令」，「規定行政措施」，使該法律能在特別行政區認真執行。但最後一款，說國務院的「指令」如果無效，便可加發「命令」，這個寫法不妥。
→ 根據中國憲法，憲法的解釋權在於全國人大常委會，基本法則是依香港的特別情況，在中國憲法第三十一條之下制定的，而再由國務院規定什麼法律適用於香港，兩者的配合極有可能出現一情況，就是國務院和全國人大常委會理解不同，到時可能會出現混亂。
2.2.4 有關「立法／司法權受損」
→ 全國性法律只要經指令方式，就可在特別行政區內公佈與實施，特別行政區的司法權和立法權就受到打擊。
→ 第三、四、五款所用字眼極具彈性，容易引致法人憂慮中央藉此條文日後對特別行政區立法權造成干預。
→ 全國人大常委會可將法律發回重議或撤銷的規定，體現了「香港直轄於中央人民政府」。
理由：香港既然隸屬中央人民政府管轄，香港任何法律都是地方性法律，自當得到中央的認可才能生效，中央若不保有最終決定權，香港豈不成為獨立的政治實體。
2.2.5 基本法與全國性法律的關係
→ 若人大通過基本法時，說明先前已制定的，在內地施行的法律不適用於香港，這合乎法理，因為是由全國人大

決定現在法律的適用範圍。但若基本法規定未來的全國性法律也都不適用於香港，那就不僅是對法律適用性的限制，而更對全國人民代表大會立法權作出約束。

→ 基本法中沒有可能逐一把這些有關的全國性法律列出，數量可能不少。

2.3 其他意見

→ 如何保障在全國性法律適用的過程中，香港的利益和市民的意願都得到考慮和照顧，是非常值得重視的要點。

→ 中國婚姻法第六條明文規定近親禁止通婚，並追溯三代，如果這條法例一九九七後引入特別行政區，便會影響未來年青人戀愛對象。

3. 建議

→ 保留原文，不用更改。

→ 應代以建議匯輯中對本條的建議。

3.1 刪除

→ 刪除本條。

理由：此條文有違反《中英聯合聲明》，推翻高度自治的承諾。

→ 只保留第一款，其餘取消。

→ 第三款所列範圍，應該刪除或進一步界定。

理由：否則很容易利用為中央干預香港事務的藉口。

→ 刪除第四款。

理由：

⊙ 中央人民政府將法律「指令」在香港實行是與《中英聯合聲明》相違背。

⊙ 中央人民政府對國防和外交事務雖有完全的管轄權，可是，凡有關國防、外交而需在特別行政區實施法例時，應透過香港立法機關立法實施。

⊙ 體現國家統一和領土完整的法律含義不清，恐怕日後中央人民政府透過「缺口」干預特別行政區內政。

→ 刪除第五款。

→ 刪除「其他有關體現國家統一和領土完整」。

理由：

⊙ 有關「體現國家統一和領土完整」的法律，當然不屬「香港特別行政區高度自治範圍」，既然本條已寫上後者，前者便無需要列出。

⊙ 含義太空泛，令港人失信心。

⊙ 對特別行政區居民來說，香港回歸中國後，已沒有「國家統一」和「領土完整」的問題，不必畫蛇添足。

→ 刪除「以及其他有關體現國家統一和領土完整並且按本法規定不屬於香港特別行政區高度自治範圍的法律。」

理由：

⊙ 這段已在「總則」列出。

⊙ 第二十二條已訂明「以法律禁止任何破壞國家統一和顛覆中央人民政府的行為」。這些法律已可管制任何破壞國家統一和領土完整的活動。

→ 刪除「緊急情況」四字。

理由：香港立法機關在緊急情況下，可以隨時召開會議及一日內三讀通過緊急法律。

→ 刪除「在當地公佈或」六字。

→ 刪除「國家統一」四字。

理由：

⊙ 「統一」一詞十分抽象及籠統，易被濫用。例如在港成立政黨，亦可被指為破壞國家統一。

⊙ 制定「國防、外交、領土完整」等法律，已足夠體現國家對香港特別行政區的主權。

→ 刪除「遵照國務院的指令行事」。

3.2 修改

→ 「國務院」改為「中央人民政府」。

→ 第一款改為：「在香港特別行政區實行的法律應為包括《總則》在內的本法⋯⋯」

→ 第二款「⋯⋯除本條第三款」改為「除本條之第三款」。

→ 第三款：「凡須」兩字改為「而必須」。

理由：「凡」字是概括全量之義，但本條所指不過是在某些條件下的一部份而已。

→ 第三款「凡須在特別行政區實施的」改為「凡與本法沒有抵觸的」。

→ 第三款「凡須在香港特別行政區實施的」改為「凡合理地適用於香港特別行政區實施的」。

→ 第三款改為：「由國務院通知香港特別行政區政府在立法會議制定議案，按有關程序通過生效。」

→ 第三款改為：「有關體現國家統一和領土完整的全國性法律。」

→ 第三款「凡須⋯⋯」以後刪去，改為：「除緊急情況外，由香港特別行政區立法機關立法實施。」

→ 第三款改為：「全國人民代表大會和全國人民代表大會常務委員會制定的有關國防、外交及有關首都、紀元、國旗、國徽、疆域、國籍、國家組織等各項全國性法律，並且按本法規定不屬於香港特別行政區高度自治範圍的法律，凡須在香港特別行政區實施的，由國務院指令香港特別行政區政府自行決定公佈或立法實施。」

理由：

⊙ 第三款所列述的七項法律是與第十五條的明確闡述互相呼應及配合。

⊙ 第三款最後一句所改寫的「自行決定公佈」是為了表彰高度自治的精神。

→ 第三款改為：「全國人民代表大會和全國人民代表大會常務委員會制定的有關國防、外交的法律，凡須在香港特別行政區實施的，由香港特別行政區立法機關在當地立法實施。國務院代表全國人民代表大會和全國人民代表大會常務委員會進行上述工作前，應先徵詢香港特別行政區基本法委員會和香港特別行政區政府的意見。」

→ 第三款「由國務院指令香港特別行政區政府在當地公佈或立法實施」改為「應在人大常委會徵詢香港特別行政區基本法委員會和香港特別行政區政府的意見後，經由香港特別行政區立法機關立法實施。」

→ 第三款改為：「全國人民代表大會和全國人民代表大會常務委員會制定的法律，除有關國防、外交並且按本法規定不屬於香港特別行政區高度自治範圍者外，不在香港特別行政區實施。」

→ 第三款改為：「全國人民代表大會和全國人民代表大會常務委員會制定有關國防及外交的法律，以及其他在附件中所列的全國性法律須在香港特別行政區實施的，由香港特別行政區政府在當地立法實施。」

→ 第三款改為：「所有有關國防、外交和領土完整的問題，均交由國務院處理，或香港特別行政區會同國務院處理。」

→ 第四款，將「徵詢」改為「徵得」及將「意見」改為「同意」。

→ 第四款，「除緊急情況外」改為「在任何情況下」。

→ 第五款改為：「香港特別行政區政府如未能遵照國務院的指令行事，而香港特別行政區立法會議中又有三分之二成員反對，則須有兩年緩衝期，然後國務院才可發佈命令將上述法律在香港特別行政區實施。」

理由：遇上此處所述情況，必然對香港特別行政區有重大而深遠的影響，如又經立法會議成員三分之二作深思熟慮而非隨便的反對，則須有兩年的緩衝期去緩和衝突。

→ 「指令」改作「通過」。

→ 第三至第五款合併修改為：「全國人民代表大會和全國人民代表大會常務委員會制定的有關國防、外交的法律以及其他有關體現國家統一和領土完整並且按本法規定不屬於香港特別行政區高度自治範圍的法律，凡須在香港特別行政區實施的，在徵詢香港特別行政區基本法委員會和香港特別行政區政府的意見後，由國務院通知香港特別行政區行政長官在當地透過立法程序實施。但

在涉及有關國防、外交和體現國家主權和領土完整的緊急情況下，國務院可發佈命令將上述法律在香港特別行政區實施。」

→ 第三款及以下幾款改為：「全國人民代表大會和全國人民代表大會常務委員會制定的有關國防、外交以及其他按本法規定不屬於香港特別行政區高度自治範圍內的法律，凡須在香港特別行政區實施的，由全國人民代表大會常務委員會徵詢香港特別行政區基本法委員會、香港特別行政區立法機關和香港特別行政區行政長官的意見後，指令國務院將上述法律在香港特別行政區實施。香港特別行政區政府立法機關可根據上述法律，自行規定行政措施、制定行政法規，發佈決定和命令。」

→ 改為：「全國人民代表大會及其常委會所制定有關國防及外交的法律，凡須在香港特別行政區實施者，由國務院與香港特別行政區政府商討，然後按實際需要在當地公佈或立法實施。」

→ 改為：「全國人民代表大會和全國人民代表大會常務委員會制定的有關國防、外交的法律以及其他屬香港特別行政區直轄於中央人民政府所需要遵守的法律，凡須在香港特別行政區實施的，由國務院指令香港特別行政區在當地立法實施。」

→ 改為：「有關國防、外交的法律，凡須在香港特別行政區實施，應在全國人大常委會徵詢香港特別行政區政府的意見後，要求香港特別行政區立法機關立法實施。除國防、外交的法律外，少數有關體現國家統一和領土完整的全國性法律若須引申到香港，應以附件形式於基本法內列明。將來有任何增減，依據本法第一百七十條的程序修改附件。」

理由：本條例使人大和人大常委會可經由國務院以行政指令形式直接為香港特別行政區立法，有違《中英聯合聲明》的規定，而強行將中國法律引入香港，會威脅港人的各項權利，引起更大的信心危機，妨礙特別行政區的高度自治。

→ 改為：「全國人民代表大會和全國人民代表大會常務委員會制定的法律，除有關國防、外交並按本法規定不屬於香港特別行政區高度自治範圍外，不在香港特別行政區實施。
上述有關國防、外交的法律，凡須在香港特別行政區實施的，由全國人大常委會要求香港特別行政區立法機關立法實施。
除緊急情況外，全國人民代表大會常務委員會作出上述要求前，均須事先徵詢香港特別行政區基本法委員會和香港特別行政區的意見。
除上述有關國防、外交的法律外，少數有關體現國家統一和領土完整的全國性法律，即本法附件所載者，適用於香港特別行政區。」

→ 改為：「在香港特別行政區實行的法律為本法，以及本法第八條規定的香港原有法律和香港特別行政區立法機關制定的法律。全國人民代表大會和全國人民代表大會常務委員會的法律，除本條第三款規定者外，不在香港特別行政區實施。全國人民代表大會和全國人民代表大會常務委員會制定的有關國防、外交的法律，凡須在香港特別行政區實施的，由國務院指令香港特別行政區政府在當地公佈或立法實施。」

理由：
⊙ 全國人大常委會指令香港立法機關制定通過法律實施，而非香港政府，以免以大壓小，而又流於行政實施之弊。
⊙ 全國人大常委會既經香港立法機關，再經香港政府才將國防、外交法律付諸實施，已經考慮周詳。

→ 改為：「在香港特別行政區實行的法律為本法，以及本法第八條規定的香港原有法律和香港特別行政區立法機關制定的法律。
全國人民代表大會和全國人民代表大會常務委員會制定的

法律，除有關國防、外交和本條第三款規定者外，不在香港特別行政區實施。
全國人民代表大會和全國人民代表大會常務委員會制定的部份有關體現國家統一和領土完整並且與本法規定屬於香港特別行政區高度自治範圍不相抵觸的全國性法律，即附件四所列者，適用於香港特別行政區。」
基本法增備一個附件四，詳細列明除國防、外交事務外在香港適用的有關體現國家統一和領土完整的全國性法律。上述附件「附件四」的修改必須依循基本法中第九章所規定的基本法修改程序。

→ 改為：「在香港特別行政區實行的法律為本法，以及本法總則第八條規定的香港原有法律和香港特別行政區立法機關制訂的法律。
全國人民代表大會和全國人民代表大會常務委員會制定的法律，除有關國防、外交並且按本法規定不屬於香港特別行政區高度自治範圍者外，不在香港特別行政區實施。
上述有關國防、外交的法律，凡須在香港特別行政區實施的，由全國人民代表大會常務委員會指令香港特別行政區立法的機關立法實施。
除緊急情況外，全國人民代表大會常務委員會在發佈上述指令前，均事先徵詢香港特別行政區基本法委員會和香港特別行政區政府的意見。
除上述有關國防、外交的法律外，少數有關體現國家統一和領土完整的全國性法律，即本法附件中所列者，適用於香港特別行政區。」

→ 上述建議再加上：「香港特別行政區立法機關如未能遵照全國人民代表大會常務委員會的指令行事，全國人民代表大會常務委員會可透過香港特別行政區行政長官將上述法律在香港特別行政區公佈實施。」

→ 改為：「在香港特別行政區實行的法律為本法，附件四所列有關體現國家統一和領土完整並按本法不屬香港特別行政區高度自治範圍的法律、依據本條第三款規定在香港特別行政區實施的法律，以及本法第八條規定的香港原有法律和香港特別行政區立法機關制訂的法律。
全國人民代表大會和全國人民代表大會常務委員會制訂的有關國防、外交的法律，凡須在香港特別行政區實施的，由全國人民代表大會常務委員會授權國務院指令香港特別行政區立法實施。香港特別行政區如未能遵照國務院的指令行事，國務院可發佈命令將上述法律在香港特別行政區實施。
除全國人民代表大會常務委員會宣佈緊急情況外，全國人民代表大會和全國人民代表大會常務委員會在制訂第三款所規定在香港特別行政區實施的法律前，或國務院在發佈上述指令前，均須事先徵詢香港特別行政區基本法委員會和香港特別行政區政府的意見。
本條第三款所規定的法律如不符合本條第三款及第四款的實施程序，均不屬在香港特別行政區實施的法律。」

→ 改為：「全國人民代表大會和全國人民代表大會常務委員會制定的有關國防、外交的法律，如有對香港特別行政區的人權和自由有損害，都不能在香港特別行政區實施。體現國家統一和領土完整的法律，國務院不應指令香港特別行政區政府在當地公佈。而香港特別行政區應制定禁止用暴力影響體現國家統一和領土完整的法律。」

→ 改為：「香港特別行政區實行的法律為本法，以及本法第八條規定的香港原有法律和香港特別行政區立法機關制定的法律。全國人民代表大會和全國人民代表大會常務委員會制定的有關國防、外交的法律以及其他有關體現國家統一和領土完整，並且按本法規定不屬於香港特別行政區高度自治範圍的法律，凡須在香港特別行政區實施的由香港特別行政區立法機關立法實施。」

→ 改為：「在香港特別行政區實行的法律為本法，以及本法總則第八條規定的香港原有法律和香港特別行政區立法機關制定的法律，除有關國防、外交並且按本法規定不

屬於香港特別行政區高度自治範圍者外，不在香港特別行政區實施。

除緊急情況外，全國人民代表大會常務委員會在作出上述要求前，均應徵詢香港特別行政區基本法委員會和香港特別行政區政府的意見。

除上述有關國防、外交的法律外，少數有關體現國家統一和領土完整的全國性法律，即本法附件中所列者，適用於香港特別行政區。」

→ 改為：「在香港特別行政區實行的法律為本法，本法附件五及附件六所列法律，本法第八條規定的香港原有法律，香港特別行政區立法機關制訂的法律及其他機關根據立法機關所制訂的法律所制訂的附屬立法。（編者按：原件如此，應為筆誤重複。）

全國人民代表大會和全國人民代表大會常務委員會制訂的法律，除附件五所列有關國防及外交的法律和附件六所列有關體現國家統一和領土完整並按本法規定不屬於香港特別行政區高度自治範圍的法律外，不在香港特別行政區實施。

附件五的修改須得全國人民代表大會常務委員會通過。除全國人民代表大會常務委員會宣佈緊急情況外，附件五的修改須事先徵詢香港特別行政區基本法委員會和香港特別行政區政府的意見。附件六的修改須經香港特別行政區立法機關全體成員三分之二多數通過，行政長官同意及全國人民代表大會常務委員會通過。」

附件五及六待擬。

→ 改為：「在香港特別行政區實行的法律為本法，以及本法第八條規定的香港原有法律和香港立法機關制定的法律。全國人民代表大會及其常務委員會制定的法律，除有關國防、外交外，凡按本法規定不屬於香港特別行政區高度自治範圍者，不在香港實施。上述有關國防、外交的法律凡須在香港實施的，由全國人大常委會指令香港立法機關通過法律實施，除緊急情況外，上述指令均須事先徵詢香港基本法委員會和香港政府的意見。香港立法機關如未能遵照全國人大常委會的指令行事，全國人大常委會可透過香港政府行政長官將立法機關解散，重組通過立法。至於本法附件中所列的有關法律屬於體現國家統一和領土完整的規定適用於香港特別行政區。」

理由：

⊙ 提及香港特別行政區的字眼太多，應從略。

⊙ 單一的香港直轄上司應為全國人大常委會，而非全國性的國務院或顧問主任之類，以免政令無所適從。

附件四的修改須經香港特別行政區立法機關全體成員三分之二多數通過，行政長官同意及全國人民代表大會常務委員會批准。附件四的修改可由國務院或全國人民代表大會常務委員會提出。

→ 上述建議再加上：「全國人民代表大會和全國人民代表大會常務委員會制定的法律，除附件五所列有關體現國家統一和領土完整並且按本法規定不屬香港特別行政區高度自治範圍的法律，及依據本條第三款規定在香港特別行政區實施的法律外，不在香港特別行政區實施。」

以及附件五的修改只由國務院提出。

3.3 增加

→ 第一款第一句末加上「包括序言」四字，即「在香港特別行政區實行的法律為本法，包括序言」。

理由：回應在序言中所提出的建議。

→ 第三款：「凡須在香港特別行政區實施時……」後加上：「應在徵詢香港特別行政區基本法委員會和香港特別行政區行政首長後，由國務院通知香港特別行政區政府透過立法程序實施。但在涉及國防、外交和體現國家統一和領土完整的緊急情況下，國務院可發佈命令將上述法律在香港特別行政區實施。」

→ 在「國家統一」前加上「在特別行政區自治範圍之外」。

→ 第四款末尾加上「……並由立法會議追認。」

→ 加上：「除上述有關國防或外交的法律外，少數有關體現國家統一和領土完整的全國性法律即本法附件中所列者，適用於香港特別行政區。」

3.4 有關「國家統一和領土完整」

→ 在基本法內清楚列明何謂「國家統一及領土完整」。

理由：這可以保障特別行政區的高度自治。

→ 「破壞國家統一」的提法比較籠統，難以界定，在中國還未完全統一而港人對統一中國的方式還沒有完全達至共識的情況下，把此條列入基本法內，不一定適當，不妨根據這原則寫成具體條文，歸入香港的刑事法例中。

→ 若有關國家統一和領土完整的法律乃違反《中英聯合聲明》的，則不應在香港施行。

→ 有關國家統一和領土完整的法律，若為全國性的，應在全國實行，而不單止在香港。

3.5 有關「國防和外交」

→ 除有關國防、外交的法律，一切全國法規不應在香港特別行政區實施，香港特別行政區的中國公民無須遵守中國內地法律。

→ 除了國防和外交以外，其他方面的解釋權、司法管轄權應歸香港，而除了有關外交及國防全國性法律外，其他全國性法律盡量避免引用至香港，以免事事上升至中央解釋、裁決，因為中央可能既不熟悉香港法院的實際運作，也沒有這麼多時間來處理香港的事務。

→ 有關國防、外交、國家統一及領土完整等法律應明確列明中央人民政府各有關部門負責。

理由：可避免職責不清的問題。

3.6 建議全國性法律列於附件

→ 把那些現有體現國家統一和領土完整，並應適用於香港的六條中國法律先列在基本法附件內，如將來有新的中國法律要適用於香港，就可修改基本法附件而把它們加進基本法內。修改附件的程序可參考意見稿第四十五條和第六十七條「由全國人大常委批准和香港特別行政區立法機關三分之二多數及行政長官通過」；然後香港特別行政區立法機關可再立法實施這些列於附件內的法律。

理由：

⊙ 可讓香港人清楚知道哪些全國性法律在特別行政區有法律的效力。

⊙ 這一些中國法律仍可適用於香港，並由於附於基本法內，可以順理成章成為香港法律一部份。

⊙ 這附件由於可以修改，所以仍能有足夠彈性去照顧將來的需要。

⊙ 由於這些中國法律是附於基本法內，而不只是由香港直接立法實施，那麼這些中國法律在適用香港後就仍可擁有足夠的權威和信服性。

⊙ 香港特別行政區可在每一條中國法律適用於香港的過程中都有權參與，這就可平復了香港特別行政區對中共的疑慮。

⊙ 對於有些需要以主權國名義或需要中央人民政府之權威去制定之法律，如國籍法和有關外交豁免及特權的法律，中央人民政府在制定有關法律後，可通過修改基本法附件，使其得以在特別行政區實施。

⊙ 全國人民代表大會、全國人民代表大會常務委員會可經由國務院以行政指令方式直接為香港立法，有違《中英聯合聲明》的規定。強行引入，會引起抗拒和信心危機，妨礙特別行政區高度自治。

→ 一些現有而需在港實施的全國性法律，應以附件形式納入基本法，以便在第二次草稿徵詢期，可讓香港市民瞭解和討論。而在定稿之後才制定的全國性法律，若要在港施行，須經香港市民和立法議員瞭解和辯論才能立法實施。

3.7 全國性法律在港實施途徑的建議

→ 全國人大常委會可就「國防、外交」及「不屬特別行

政區政府自治範圍」的事務，在徵詢「基本法委員會」及特別行政區政府意見後，交由本港立法機關立法實施。但特區任何立法機關成員，以及會受到該法案影響的本港居民，均可將該法律提交本港特設法庭，以裁定法律是否屬於「自治」範圍之內，如果屬自治範圍之內，法庭可宣佈該法不在特別行政區生效。

→ 國務院在頒令實施一些全國性的法律前，先將該法交香港行政長官及立法機關研究。在行政長官或立法機關不同意上述法律在港實施，或它們建議的改動方案不為國務院接納時，將有關問題交基本法委員會研究，並由基本法委員會向全國人大常委會提交研究報告及意見，由全國人大常委會作最終決定。全國人大常委會除有強烈理由外，均應接納基本法委員會的意見，若不接納時，亦應向香港特別行政區政府說明理由。

→ 「緊急情況」若是只在特別行政區發生，則緊急法令應由特別行政區首長頒佈，以作出最快的應變措施；若「緊急情況」是發生在中國其他地區，則緊急法令應由國務院頒令。

→ 要求將本條款中「徵詢」的過程和涵義於附件中作詳盡解釋。

→ 國家頒佈法律時，註明「本法律適用於全國（包括香港澳門）」，或「本法律適用於全國（港澳除外）」，凡適用於香港的，香港特別行政區應遵照執行，不須由香港立法機關通過。
理由：
⊙ 中國是統一的國家，為了國家的整體利益，總有全國法律或法令在港實行。
⊙ 基本法中給予特別行政區的立法權，是指香港內部事務，全國性法律就不屬於香港立法機關的權力範圍。

3.8 有關「中央指令」
→ 全國性法律在香港執行，應由中央人民政府指令特別行政區的立法機關，經立法程序，把全國性適用的法律在港施行，但屬於突發性及緊急性的，則可先行公佈實施，再由香港立法機關補辦立法程序等手續。

→ 當國務院於發佈指令時，如遇到香港特別行政區基本法委員會或香港特別行政區政府的反對意見時，人大常委會必須向全港市民解釋和公佈其反對論點。

→ 基本法需要設立一種制度、體制或架構，來審查國務院的指令，以保證這些指令是真正關於香港自治範圍外的國防、外交事務，且不超越國防、外交的需要，而同時符合港人的利益和意願。

→ 全國性法律不宜由中央以行政指令方式直接引入香港。

→ 由全國人大常委會指令立法機關立法，若特別行政區政府不遵守指令，則全國人大常委會授權予特別行政區行政長官在港公佈，然後實施。但無論如何，除情況緊急外，全國人大常委會應徵詢基本法委員會及特別行政區政府。

→ 香港特別行政區自治範圍內的法律，中央不應有權發佈指令。

→ 全國性的法律或其中一些條文，與基本法不相抵觸而又認為在香港適用的，可指令特別行政區的立法機關通過自己的立法程序，制定出相應的特別行政區法律。
理由：
⊙ 解決中國憲法在港適用問題。
⊙ 避免司法混亂。

→ 全國性法律如欲在港實施，必須獲得特別行政區之立法會議四分之三通過。

→ 由全國人大常委會依照香港立法機關立法程序向其提出法案，而非直接指令實施，對該法案立法機關只可通過或否決，而不得修改。若該法案被否決，香港立法機關必須向全國人大常委會備案解釋原因。該被否決的法律提案經被全國人大常委會修改後，再向香港立法機關提出。

→ 關於國防、外交的法律方面，可由全國人大常委會或全國人大制定，由國務院指令香港特別行政區立法實施，

如特別行政區未能遵照指令行事，國務院則可發佈命令將上述法律在香港特別行政區實施。

→ 國務院在發佈有關體現國家統一和領土完整等法律時，須得到香港的終審法庭和立法機關的大部份成員通過及贊成才可公佈或立法實施。

→ 適用於香港的法律，需依循一定程序經香港立法實施，而非只是公佈。

→ 全國人大或其常委會制定的法律若要在港實施，應由國務院指示，經香港自行制定立法程序。有關法律不適宜由國務院發佈命令在港實施。

→ 由國務院指令香港實施全國性法律，若由人大屬下的基本法委員會下令會恰當一些。

→ 有關該在香港實施的法律應由人大常委指定，國務院只為執行機構，這點應在基本法列明。

→ 最後一款所指的情形「即不照國務院指令立法」不是一個法律問題，而應以政治方法解決。

3.9 其他建議
→ 在基本法中列明在國務院提出要求時，特別行政區立法機關有權制定新法律以配合國家的政策和目標。
理由：讓特別行政區立法機關有明文規定的權力去制定新的法律以配合全國性法律。

→ 應規定任何全國性法律不可更改基本法中的立法權力及其他自治權。

→ 基本法不能去規定中國憲法和法律哪些在香港可行和適用，即所謂「子法」不能規限「母法」。如果要的話，應該是全國人大或國務院規定哪些在香港適用。

→ 應該由全國人大常委會專設一部門研究處理，哪些全國性的法律是適用於特別行政區。

→ 既然基本法委員會在涉及基本法問題，接受全國人大常委會及國務院的諮詢，它的地位和權限應該高於一般人大下設的專門委員會或工作委員會。

→ 按照人大組織法第三十七條規定，基本法委員會應有「提出」議案和「審議」的權力。

→ 應盡量避免使用「指令」、「命令」等字眼。

→ 有關「指令立法」，要清楚列明範圍。

→ 「緊急情況」於附件中詳細列明。

本條根本無數字序列。「第三款」

→ 「除本條第三款規定者外」本條根本無數字序列，「第三款」是何所指？因此建議所有條文應加數字序列。

4. 待澄清問題
4.1 有關「國防、外交以及其他體現國家統一和領土完整的法律」
→ 何謂其他有關國防、外交的法律以及其他有關體現國家統一和領土完整的法律以及何謂中央人民政府行為？

→ 何謂「體現國家統一和領土完整」？何謂按基本法規定「不屬於香港特別行政區高度自治範圍的法律」？字眼顯得廣泛及模糊不清，未能保障國務院的指令是否適當。

→ 所謂「緊急情況」是指公安、財政、外敵入侵或其他方面的緊急情況？

→ 「基本法以外的法律」是否等於「體現國家統一和領土完整並按本法規定不屬於香港特別行政區高度自治範圍的法律」？

→ 「中央人民政府的法律」是否等於「體現國家統一和領土完整並且按本法規定不屬於香港特別行政區高度自治範圍的法律」？他們又如何適用於香港？

→ 由誰決定什麼是「破壞國家統一及領土完整」？

→ 國防、外交、體現國家統一及領土完整的範圍究竟如何界定？而高度自治的範圍又是否非常容易劃清？如兵役法，究竟是否屬於有關國防的法律？

→ 除「國防、外交，體現國家統一和領土完整的法律」，可能還有一些全國性法律是與香港特別行政區有密切關係的，例如國籍法，應如何處理？

4.2 有關「全國性法律在港實施」
→ 如給予香港「高度自治」，應實行中國法律或是香港原有法律呢？
→ 此條文沒有說明哪些全國性法律可適用於香港特別行政區。
→ 當全國性法律與香港原有的法律或香港特別行政區立法機關制定的法律有矛盾，或出現不協調的情況時，如何處理？
→ 是否所有全國性法律均適用於香港？
→ 是否表示全國性法律若在港實行，則會整條適用？能否為適應特別行政區的情況，在某特定時間內將有關法律略作修改？
→ 香港特別行政區立法會議能否決定什麼法律應在或不在香港施行，以及什麼法律應在或不在中國實行？
4.3 有關「國務院指令」
→ 所謂由國務院「指令」是什麼意思？
→ 為何香港特別行政區政府要遵照國務院的指令行事？
→ 「指令」是否一定要執行？如果是的話，就無需要有最後那句：「香港特別行政區政府如未能遵照國務院的指令行事，國務院可發佈命令將上述法律在香港特別行政區實施。」如果指令可以不依，那麼國務院發佈的命令同樣也可以不依，無論是出現哪一種情況都會導致很大的憲制性危機，所以條文內一定要弄清楚這些事情。
→ 「國務院指令……」是否適當？因為中國憲法第八十條有這樣的規定：「中華人民共和國主席根據全國人民代表大會的決定和全國人民代表大會常務委員會的決定，公佈法律，任免國務院總理……」。而國務院的職權只是「根據憲法和法律，規定行政措施，制定行政法規，發佈決定

和命令」（憲法第八十九條）。
→ 「國務院在發佈指令前，均事先徵詢香港特別行政區基本法委員會和香港特別行政區政府的意見」。如該委員會及特別行政區政府均不同意發佈，國務院是否就不會發佈？在這方面國務院是否會有所約束？如委員會和特別行政區政府意見不一，又如何處理？
→ 如未有事先徵詢香港特別行政區基本法委員會和香港特別行政區政府的意見時，國務院發佈之指令是否自動失效？
→ 香港特別行政區政府如未能遵照國務院的指令行事，則該指令又如何實施？
→ 凡國務院的指令，香港特別行政區必須遵行，因此所謂徵詢意見，究竟是何作用？
4.4 有關「高度自治範圍」
→ 有什麼特別行政區施行的法律是不屬於高度自治範圍的？
→ 何謂「不屬於香港特別行政區高度自治範圍」。本法第十七條第三款與《中英聯合聲明》第三款（二）有何不同？
相異的原因又是什麼？難道第二十二條要求特別行政區主動處理有關情況仍未足夠？
→ 原文所說「並且按本法不屬於香港特別行政區高度自治範圍的法律」太含糊。因為基本法並未有說明什麼是不屬於香港特別行政區高度自治範圍的法律。
4.5 其他
→ 「人大」、「人大常委」為怎樣的機構？職務為何？
→ 若有人依據中國法律在香港被捕，香港法院能否審訊此案？誰有權解釋有關法律？香港法院是否有權解釋抑或它要向人大常委會要求權威解釋？

第八稿

「**第十八條** 在香港特別行政區實行的法律為本法以及本法第八條規定的香港原有法律和香港特別行政區立法機關制定的法律。
全國性法律除列於本法附件三者外，不在香港特別行政區實施。凡列於本法附件三之法律，由香港特別行政區在當地公佈或立法實施。
全國人民代表大會常務委員會在徵詢其所屬的香港特別行政區基本法委員會和香港特別行政區政府的意見後，可對列於本法附件三的法律作出增減，任何列入附件三的法律，限於有關國防、外交和其他按本法規定不屬於香港特別行政區自治範圍的法律。
全國人民代表大會常務委員會決定宣佈戰爭狀態或因香港特別行政區內發生香港特別行政區政府不能控制的危及國家統一或安全的動亂而決定香港特別行政區進入緊急狀態，中央人民政府可發佈命令將有關全國性法律在香港特別行政區實施。」
〔1990 年 2 月 16 日《中華人民共和國香港特別行政區基本法（草案）》〕

① 1989 年 8 月 15 日戴健文《致：基本法諮委會中央與特區關係專責小組秘書》（1989 年 8 月 22 日中央與香港特別行政區的關係專責小組第三次會議附件四）

第十八條：
「因特區內發生特區不能控制的動亂」，根據草案的內容，將來全國人大常委負責決定究竟特區的動亂是否不能控制，然後宣佈進入緊急狀態。
但人大常委在決定前，應否諮詢特區政府意見，或由特區政府提出請求，人大常委討論及通過呢？
「將有關全國性法律在特區實施」，何謂有關全國性法律呢？包括哪些法律呢？會否屆時，中國將所謂「反革命」的法例在香港實施呢？

② 黃麗松《對有關中央與特區關係條文的意見》（1989 年 8 月 22 日中央與香港特別行政區的關係專責小組第三次會議附件二）

（2）第十八條
1. 有意見認為本條列明「全國性法律除列於本法附件三外，不在香港特別行政區實施」。若附件三要加上任何其他全國性法律，則作修改基本法論。這意見是否可行？

2. 第四段提及「香港特別行政區不能控制的動亂」，何謂不能控制的動亂？應否由特區政府決定？是否進入緊急狀態亦由特區政府決定。

3. 有建議刪除第四段，這建議是否可行？

※

※

③黃永恩《對有關中央與特區關係條文的意見》（1989年8月22日中央與香港特別行政區的關係專責小組第三次會議附件三）

（一）第十八條（全國性法律在香港特區的適用性）

評議：（1）第三款規定全國人大常委可在諮詢特區後，自行增減列在附件三的全國性法律。雖然此等法律只限於國防、外交及其他按基本法規定不屬於特區自治範圍的法律，但無可否認，此等法律在特區實施，也必將影響到特區及其居民，影響可能非常深遠，例如軍法統治的頒佈等。所以我們認為單單諮詢港人是不足的，全國人大常委在香港特區頒佈任何全國性法律之前，都應必須獲得基本法委員會、特區立法會及行政長官的同意，才可確保全國性法律得到特區的支持及認受性。

（2）第四款規定全國人大常委可因為香港特區內發生特區不能控制的動亂而決定特區進入緊急狀態，中央人民政府（即國務院）可頒佈命令把有關的全國性法律在特區實施。這款存在着很多懸而未決的問題：什麼情況才算是「特區不能控制的動亂」？有什麼準則？是否由全國人大常委會決定？國務院可頒佈命令把全國性法律在香港特區實施，按字面意思似乎這些全國性法律並不限於國防、外交及自治範圍以外的法律，例如全國人大常委在宣佈特區進入緊急狀態後，國務院可頒佈戒嚴令，不許市民晚上上街或遊行，並執行有關「快捕快訴」的規定，搜捕製造「動亂」的份子。

我們認為，特區本身才可以決定特區什麼時候才進入緊急狀態（戰爭狀態），法令的頒佈必須由特區本身負責，並必須有足夠的程序監察，以防止濫權，而一些基本人權，例如生存及不受酷刑的權利，即使在緊急狀態時，也不可以被剝奪。

我們建議，把「因特區內發生特區不能控制的動亂」從第十八條刪去。然後另設一新條文，規定進入內部緊急狀態時的情況。

※

④1989年8月22日《中央與香港特別行政區的關係專責小組第三次會議紀錄》

第十八條：

1. 委員就誰決定特區發生不能控制的動亂而決定特區進入緊急狀態非常關注。大部份委員同意由於總則第二條已列明「全國人民代表大會授權香港特別行政區依照本法的規定實行高度自治，享有行政管理權、立法權、獨立的司法權和終審權」以及第十六條列明「香港特別行政區享有行政管理權，依照本法的有關規定自行處理香港特別行政區的行政事務。」，故只要特區政府仍然運作，則決定特區是否已發生「不能控制的動亂」應屬特區的行政事務，由特區政府全權負責。

若有關動亂嚴重至令特區進入無政府狀態（有委員提出國際法中對何謂「無政府狀態」有清楚界定），則才由中央政府決定。

委員認為條文現在的寫法不清楚，希望草委根據委員意見修改。

2. 有委員認為就人大常委「決定宣佈戰爭狀態」及「決定香港特別行政區進入緊急狀態」兩項，很多細節並不清楚。比如：

→ 條文列出人大「決定」及「宣佈」戰爭狀態，但只「決定」特區進入緊急狀態，後者是否不經「宣佈」的過程呢？

→ 當人大「決定」特區進入緊急狀態後，有關全國性法律是否就「立刻」在特區實施？

→ 在整個過程中，特區政府扮演什麼角色？

委員希望起草委員關注上述情況，並在修改時考慮委員以下的建議：

Ⅰ. 不能只有「決定」特區進入緊急狀態這程序，而必須加上「宣佈」的過程，並將詳情列出。

Ⅱ. 在人大常委「決定，並宣佈特區進入緊急狀態，而將全國性法律在特區實施」的過程中，特區政府應有權參與。

3. 有委員認為《國際人權公約》對何謂「緊急狀態」有清楚定義，中港雙方都要依從，不能濫用。此外，當特區政府決定特區進入緊急狀態時，必須同時要有立法機關的制衡，不容許濫權。

4. 有委員就本條第四款的寫法有如下建議：將「全國人民代表大會常務委員會決定宣佈戰爭狀態」，及「因香港特別行政區發生香港特別行政區不能控制的動亂而決定香港特別行政區進入緊急狀態」分作二段寫，因為前者是中央政府的工作，後者在可能範圍內都由特區負責，為免混淆，宜分別列明。

5. 就上述建議，有委員認為既然決定特區進入緊急狀態乃特區政府的工作，則有關情況應列於第四章「政治體制」而不是本章。故建議刪去本條四段，再將內容加插在第四章適合部份。

6. 有委員問本條列明當「香港特別行政區進入緊急狀態時，中央人民政府可發佈命令將有關全國性法律在香港特別行政區實施」，這些全國性法律是否包括授權中央調動軍隊的法律？

雖然第十四條列明軍隊只負責防務，不參與地方事務，但當香港進入緊急狀態而中央駐軍參與香港事務時，他們算是執行防務還是干預香港呢？

委員認為第十四條所列駐軍在請求下可協助特區「維持治安」和「救助災害」等字眼不清，加上本條授予中央在特區進入戰爭狀態或緊急狀態時將有關全國性法律在港實施的權力，可能引致中央濫權。

7. 有委員認為若中央要增減列於附件三的法律，不應只「徵詢」基本法委員會和特區政府的意見，而必須要得到兩者的同意，才足以保障特區的利益受照顧。

但有委員對這建議保留，因為中央可以在附件三作出增減的法律，已僅限於「有關國防、外交和其他按本法規定不屬於香港特別行政區自治範圍的法律」，很明顯上述範圍乃中央管轄事項，非特區自治範圍，若增減這些法律都要經特區同意，即是將特區地位放得高於全國。

※

⑤1989年10月26日《基本法草案：基本法工商專業界諮委建議書》

【P6】

7. 在香港施行中國全國性的法律

建議：基本法草案第十八條應該修訂，使全國人民代表大會常務委員會對於基本法附件三的法律作出增添的權力，應該限於每作出一次增添時須取得香港政府同意。

解釋：對附件三的全國性法律作出增添就意味着削弱香港的自治。聯合聲明附件一中華人民共和國政府對香港的基本方針政策的具體說明第二部份第三段確定了什麼是香港特別行政區實行的法律，而並沒有包括任何中華人民共和國的法律。由於對基本方針政策的任何背離違背聯合聲

明,所以應該在雙方商定後才能實行。

※

⑥ 1989年11月30日基本法起草委員會秘書處《內地各界人士對〈中華人民共和國香港特別行政區基本法（草案）〉的意見匯集》

【P8-9】
第十八條

1. 根據憲法,宣佈緊急狀態的權力必須在中央。第四款的規定是適宜的。行政長官與總督的職能不一樣,總督可以宣佈香港進入緊急狀態,而行政長官卻不能;何況萬一特區發生了危及國家安全和統一的動亂,而當地政府又無法加以控制,此時中央如無權採取果斷措施,局面就難以收拾了。（國家有關部門、法學界人士、民主黨派人士）

2. 建議將第四款最後一句「實施」前加「臨時」,或增寫

一句「當戰爭狀態或緊急狀態結束後,中央人民政府應立即宣佈上述有關全國性法律停止實施」。（青海、湖北）

3. 建議將第二款的「在當地公佈」改為「在當地頒佈」。（人民來信）

4. 建議將第三款的「任何列入附件三的法律,限於有關國防、外交和其他按本法規定不屬於香港特別行政區自治範圍的法律」修改為「列入附件三的法律,僅限於有關國防、外交和其他依本法規定不屬於香港特別行政區自治範圍的法律」。（人民來信）

5. 建議將第四款的「中央人民政府可發佈命令」修改為「全國人大常委會可作出決定」。（吉林）

6. 第四款關於戰爭狀態和緊急狀態下實施全國性法律的規定,應修改為「由中華人民共和國主席發佈命令將有關全國性法律在香港特別行政區實施」,使之與憲法第八十條相一致。（廣西）

第九稿

「第十八條　　在香港特別行政區實行的法律為本法以及本法第八條規定的香港原有法律和香港特別行政區立法機關制定的法律。

全國性法律除列於本法附件三者外,不在香港特別行政區實施。凡列於本法附件三之法律,由香港特別行政區在當地公佈或立法實施。

全國人民代表大會常務委員會在徵詢其所屬的香港特別行政區基本法委員會和香港特別行政區政府的意見後,可對列於本法附件三的法律作出增減,任何列入附件三的法律,限於有關國防、外交和其他按本法規定不屬於香港特別行政區自治範圍的法律。

全國人民代表大會常務委員會決定宣佈戰爭狀態或因香港特別行政區內發生香港特別行政區政府不能控制的危及國家統一或安全的動亂而決定香港特別行政區進入緊急狀態,中央人民政府可發佈命令將有關全國性法律在香港特別行政區實施。」

〔1990年4月《中華人民共和國香港特別行政區基本法》〕

香港特別行政區享有獨立的司法權和終審權。香港特別行政區法院除繼續保持香港原有法律制度和原則對法院審判權所作的限制外，對香港特別行政區所有的案件均有審判權。

香港特別行政區法院對國防、外交等國家行為無管轄權。香港特別行政區法院在審理案件中遇有涉及國防、外交等國家行為的事實問題，應取得行政長官就該等問題發出的證明文件，上述文件對法院有約束力。行政長官在發出證明文件前，須取得中央人民政府的證明書。

❀ 貳｜概念

1. 獨立司法權和終審權
2. 法院對國防、外交等國家行為無管轄權
3. 行政長官就國家行為發出的證明文件

❀ 叁｜條文本身的演進和發展

第一稿

第二章

「第七條　香港特別行政區享有獨立的司法權和終審權。」

〔1986 年 11 月 11 日《中央與香港特別行政區的關係專題小組工作報告》，載於《中華人民共和國香港特別行政區基本法起草委員會第三次全體會議文件匯編》〕

① 1986 年 8 月 20 日《基本法結構專責小組初步報告》

【P7】

事項	意見	原因	意見出處
3. 第二章「中央與香港特別行政區關係」			

事項	意見	原因	意見出處
3.6 第六節「香港特別行政區享有獨立的司法權和終審權」	（1）建議將來香港特別行政區能傚做美國，設立憲法法庭，把基本法的解釋交由法官處理。建議把以上內容寫在這節或第九章第二項「對基本法的解釋」內。	因這節提及的「終審權」只指刑事和民事案件的終審制度。	專責小組五月六日會議

第二稿

第二章

「第八條　香港特別行政區享有獨立的司法權和終審權。」

〔1987 年 4 月 13 日《中央與香港特別行政區的關係專題小組工作報告》，載於《中華人民共和國香港特別行政區基本法起草委員會第四次全體會議文件匯編》〕

① 《Final Report on the Structure of Basic　Law》（基本法結構專責小組最後報告，1987 年 3

月 14 日經執行委員會通過）

【P10】

ITEMS	OPINIONS	REASONS	SOURCES
3. Chapter 2 "Relationship between the Central Government and the SAR"			

ITEMS	OPINIONS	REASONS	SOURCES
3.6 Section 6 "The HKSAR shall be vested with independent judicial power, including the final adjudication".	1. To set up a HKSAR Constitutional court, as the case in the U.S.A., leaving the interpretation of the Basic Law to the judges. This provision can be incorporated here or in Section 2 of Chapter 9, "the interpretation of the Basic Law".	The "final adjudication" mentioned here only refers to civil and criminal cases.	Special Group Meeting on 6th May, 1986

第三稿

第二章

「第八條　香港特別行政區享有獨立的司法權和終審權。」

〔1987 年 8 月 22 日《中央與香港特別行政區的關係專題小組工作報告》，載於《中華人民共和國香港特別行政區基本法起草委員會第五次全體會議文件匯編》〕

①《香港法庭的司法管轄權與及有關重大國家利益的問題》（1987 年 5 月 8 日中央與特別行政區的關係專責小組與法律專責小組第三次聯組會議討論文件）

（編者按：此文件乃依香港大學法學院圖書館的歸檔順序處理出處）

1.

1.1《中英聯合聲明》第三節第三分段提到「香港特別行政區享有……獨立的司法權和終審權。現行的法律基本不變。」

1.2 附件一第三段有提到「香港特別行政區成立後，除因香港特別行政區法院享有終審權而產生的變化外，原在香港實行的司法體制予以保留。」

「……法院獨立進行審判，不受任何干涉。……」

「香港特別行政區的終審權屬於香港特別行政區終審法院。終審法院可根據需要邀請其他普通法適用地區的法官參加審判。」

1.3 附件一第二段有提到「香港特別行政區成立後，香港原有法律（即普通法及衡平法、條例、附屬立法、習慣法）除與《基本法》相抵觸或香港特別行政區的立法機關作出修改者外，予以保留。」

1.4 附件一第一段有提到「……香港特別行政區的主要官員（相當於「司」級官員）由香港特別行政區行政長官提名，報請中央人民政府任命。……」

2. 基本法結構（草案）內可能提及的司法解釋有：

2.1 第四章第四節第二段「司法機關的職權」，第四段「獨立審判」。

2.2 第九章第二段「對基本法的解釋」。

3. 此討論文件要探討的問題是特區法庭有沒有權力審判這一類案件，這些案件在審判的過程中，既需要解釋基本法，而又與重大國家的利益有關的。

3.1 這個問題有二種含意：

3.1.1 第一種含意是：特區法庭有沒有權審判與重大國家利益有關的案件（國防和外交的事情除外），至於審判期間是否需要解釋基本法的條文，則是另外一個問題。

3.1.2 第二種含意是：香港法庭有沒有權審判一類的案件，這一類案件與重大國家利益未知是否有關，但在審判過程中，法庭可能需要解釋與重大國家利益有關的基本法條文。

4. 重大國家利益的定義是什麼？

5. 如果特區法庭沒有權審判與重大國家利益有關的案件（國防和外交的事情除外），或香港法庭在審判的過程中，沒有權解釋與重大國家利益有關的基本法條文，那麼對香港特別行政區法庭的獨立司法權、終審權、司法體制（因享有終審權而產生的變化除外）、原有法律（與基本法相抵觸或香港特別行政區的立法機關作出修改者除外）有沒有影響？

6.

6.1 特區法院根據需要邀請其他普通法適用地區的法官參加審判時是否亦成為特區法院不可審判有關重大國家利益的案件（國防和外交的事情除外），或香港法庭在審判的過程中，沒有權解釋與重大國家利益有關的基本法條文的合理理由。

6.2 除上述理由外有否其他理由可支持特區法院不可審判與重大國家利益有關的案件（國防和外交的事情除外），或香港法庭在審判的過程中，沒有權解釋與重大國家利益有關的基本法條文。

7.

7.1《中英聯合聲明》有沒有足夠的條文保障重大國家利益？

7.2 基本法草案中是否有足夠的條文，說明適合提出國家重大利益的事情？

8.特區法院對重大國家利益有關的案件無管轄權的提議是否對國家有利？

※

② 1987 年 5 月 22 日《香港基本法起草委員會第四次全體會議委員們對基本法序言、總則及第二、三、七、九章條文草案的意見匯集》

【P15-16】
三、關於第二章　中央與香港特別行政區的關係
第八條
有的委員建議，刪去本條，將內容併入總則第二條。有的委員則認為應保持現狀，待基本法整體寫出後再考慮是否調整。

※

③中央與特別行政區的關係專責小組《司法管轄權與全國性法律在香港的應用最後報告》（1987 年 6 月 12 日經執行委員會通過）

【P1-3】
丙　特區法院和終審法院的司法管轄範圍
4.委員意見
（1）《中英聯合聲明》規定將來香港特別行政區的國防和外交事務由中央人民政府管理，因此，凡涉及國防、外交的案件，特區法院和終審法院無權審判。
（2）香港特別行政區法院和終審法院應有權審判國防與外交以外的所有案件，並解釋與案件有關的基本法條文。
（3）既然《中英聯合聲明》規定香港特別行政區有獨立的司法權和終審權，香港的法院和終審法院，有權審所有案件，包括涉及外交、國防的案件。
（4）應在香港設一個香港基本法法庭，負責解釋與外交、國防及基本法的有關問題，由此基本法法庭判斷案件是否可以由香港特別行政法院和終審法院作審判。法庭的成員，應該有一半是香港的法官，一半可以是來自中國的法官。

5.有關香港法院是否可以審判涉及國家重大利益的案件的問題，應首先清晰界定何謂「國家重大利益」。因為國家重大利益可以有兩重意思：
（1）相對於香港特別行政區利益的國家利益；
（2）相對於涉及中國（包括香港特別行政區在內）對外利益的國家利益，如外交、國防。
前者的範圍很廣，在財政、商業方面，中國有許多機構在香港進行貿易商業活動，如果特區法院沒有權審判與重大國家利益有關的案件（國防和外交的事情除外），或香港法院在審判的過程中，沒有權解釋與重大國家利益有關的基本法條文，那麼對香港特區法庭的獨立司法權、終審權、司法體制（因享有終審權而產生的變化除外）、原有法律（與基本法相抵觸或香港特別行政區的立法機關作出修改者除外）會造成嚴重影響，中國的機構可利用此規定在香港進行非法活動，對香港的繁榮不利。

6.委員意見
（1）《中英聯合聲明》裡並沒有任何涉及「國家重大利益」的規定，除了外交與國防事務屬國家重大利益外，很難具體說明清楚。所以基本法不應該規定香港法院不能審判涉及國家重大利益的案件，否則則有違《中英聯合聲明》的精神；以及削弱特區法院的司法權力。
（2）《中英聯合聲明》裡並沒有任何涉及「國家重大利益」的規定，除了外交與國防事務屬國家重大利益外，很難具體說明清楚，所以基本法應有較為明確的闡述和界定。顧名思義「國家的重大利益」指的是關乎國家整體的利益，香港特別行政區是實行資本主義制度，它的法院，從全國範圍來看，只屬特區地方性的法院，是無權審理「國家重大利益」的案件的。
（3）《中英聯合聲明》裡並沒有任何涉及「國家重大利益」的規定，而「國家重大利益」這字眼的意思含糊不清，如果在基本法裡提及，亦容易引起混亂，所以基本法不應該規定香港法院不能審判涉及國家重大利益的案件。
（4）除國防外交事務外，其他所有事務如在特區的基本法及立法機關的管轄範圍內，特區法院應有終審權。

7.存在問題
如果特區法院不能審判涉及國家重大利益的案件，即使基本法對國家重大利益作出了清楚的界定，將來由誰解釋一個案件是否屬國家重大利益的案件？由中央解釋的結果，可能與由香港解釋的結果有矛盾。

第四稿

「**第十八條　香港特別行政區享有獨立的司法權和終審權。**」
〔1987 年 12 月基本法起草委員會秘書處《香港特別行政區基本法（草案）》（匯編稿）〕

第五稿

「**第十八條　香港特別行政區享有獨立的司法權和終審權。**
香港特別行政區法院除繼續保持香港原有法律原則對法院審判權所作的限制外，對其管轄範圍內的案件均有審判權。
香港特別行政區法院對屬於中央人民政府管理的國防、外交事務和中央人民政府的行政行為的案件無管轄權。香港特別行政區法院在審理案件中，如遇有涉及國防、外交和中央人民政府的行政行為的事實問題，應徵詢行政長官的意見。行政長官就該等問題發出的證明文件對法院有約束力。
行政長官在發出上述證明文件前，須取得全國人民代表大會常務委員會或國務院的證明書。」
〔1988 年 3 月基本法起草委員會秘書處《中華人民共和國香港特別行政區基本法（草案）草稿》（總體工作小組第二次會議對目錄、序言、第一、二、三、五、六、七、九章的修改稿）〕

第六稿

「第十八條　香港特別行政區享有獨立的司法權和終審權。

香港特別行政區法院除繼續保持香港原有法律原則對法院審判權所作的限制外，對所有的案件均有審判權。

香港特別行政區法院對屬於中央人民政府管理的國防、外交事務和中央人民政府的行政行為的案件無管轄權。香港特別行政區法院在審理案件中，如遇有涉及國防、外交和中央人民政府的行政行為的問題，應徵詢行政長官的意見。行政長官就該等問題發出的證明文件對法院有約束力。

行政長官在發出上述證明文件前，須取得全國人民代表大會常務委員會或國務院的證明書。」

〔1988 年 4 月基本法起草委員會秘書處《中華人民共和國香港特別行政區基本法（草案）草稿》〕

第七稿

「第十八條　香港特別行政區享有獨立的司法權和終審權。

香港特別行政區法院除繼續保持香港原有法律原則對法院審判權所作的限制外，對所有的案件均有審判權。

香港特別行政區法院對屬於中央人民政府管理的國防、外交事務和中央人民政府的行政行為的案件無管轄權。香港特別行政區法院在審理案件中，如遇有涉及國防、外交和中央人民政府的行政行為的問題，應徵詢行政長官的意見。行政長官就該等問題發出的證明文件對法院有約束力。

行政長官在發出上述證明文件前，須取得全國人民代表大會常務委員會或國務院的證明書。」

〔1988 年 4 月基本法起草委員會《中華人民共和國香港特別行政區基本法（草案）徵求意見稿》〕

第八稿

「第十九條　香港特別行政區享有獨立的司法權和終審權。

香港特別行政區法院除繼續保持香港原有法律制度和原則對法院審判權所作的限制外，對香港特別行政區所有的案件均有審判權。

香港特別行政區法院對屬於國家行為的案件無管轄權。香港特別行政區法院在審理案件中遇有涉及國家事實的問題，應取得行政長官就該等問題發出的證明文件，上述文件對法院有約束力。

行政長官在發出證明文件前，須取得中央人民政府的證明書。」

〔1989 年 2 月《中華人民共和國香港特別行政區基本法（草案）》〕

① 《初步報告——幾個討論焦點（4 月 29 日－6 月 17 日）》（1988 年 7 月 16 日經執行委員會通過）

【P2-3】
1. 中央與香港特別行政區的關係
1.3 司法管轄權
1.3.1 討論焦點：
徵求意見稿第十八條規定香港特區法院對屬於中央政府管理的國防、外交事務和中央人民政府的行政行為的案件無管轄權。根據此規定，香港法院在一九九七年之後的司法管轄範圍會與其目前的情況是否有所改變呢？現在香港法院可審理英國政府的行政行為，但目前的制度下所有案件的終審權都在英國，不在香港，故不致造成地區憲制與宗主國利益不一致的情況。但在一九九七年後，香港會設立終審法院，香港的司法制度與其主權國的司法制度分離，這是問題的核心。香港法庭作為一個國家內的一個地方法庭，並擁有最終審判的權力，是否適宜審核國家中央政府的行政行為，這是一國兩制下特區司法制度的一大問題。
1.3.2 有待解決和澄清的問題：

（i）在現行的制度下，香港法院在司法管轄的範圍上有什麼的限制？
（ii）在九七年後，香港法院作為一享有終審權的地區法院，其司法管轄範圍又會受到怎樣的影響？
（iii）何謂中央政府行政行為？由誰決定某一件案是否涉及中央政府行政行為？
（iv）國營企業、金融經濟單位的一些商業行為，是否屬於中央政府行政行為？

※

② 1988 年 8 月基本法起草委員會秘書處《香港各界人士對〈香港特別行政區基本法（草案）徵求意見稿〉的意見匯集（一）》

【P10-11】
第十八條
1. 保留一、二款，其餘刪。或保留第一款，其餘刪。

2.「中央人民政府行政行為」應刪，如不刪，則應在本條中對其範圍作出詳細規定。建議將第三款改為：「香港特別行政區法院對有關中央人民政府負責的國防、外交事務的問題無管轄權。香港特別行政區法院在審理案件的過程中，如涉及國防、外交事務的問題，應徵詢行政長官的意見。行政長官對該等問題簽署的證明書對法院有約束力。」

3.「行政行為」太模糊、太廣泛。法院無法解釋。如果能明確講，中央行政行為就是九七年前的皇室特權概念，就不會有問題。

4.「行政行為」的概念其實包括兩方面內容即「國家行為」和「國家事實」，根據普通法學，法院對「國家行為」的「適合性」和「合法性」沒有審裁權。而涉及「國家行為」的一切「事實」，由行政機關證明，法院不能有異議。因此此款沒有違反聯合聲明和高度自治原則，因為這一種約束在普通法內早已有之。現在的爭論是：是否應該把這種存在於普通法內的傳統論點（doctrine）明確地寫在本法內。這純粹是技術性問題。

5.建議第三款「應徵詢行政長官的意見」前加「在作出終局判決前」。

※

③ 1988 年 9 月基本法起草委員會秘書處《內地各界人士對〈香港特別行政區基本法（草案）徵求意見稿〉的意見匯集》

【P9-10】
第十八條
1.「行政行為」的涵義不清。第二款的「外」字前加上「以及受中央人民政府管理的國防、外交事務和中央人民政府的行政行為的案件無管轄權。」

2.終審權不等於監督權，香港享有終審權，並非剝奪了中央的監督權。

3.終審權表明案件由香港法院審理，不上訴到最高人民法院，而對涉及國防、外交等案件，最高人民法院應有司法監督權，即如果香港法院的判決違反基本法，最高人民法院可要求香港終審法院重審。

4.第三款說明法院只能按行政長官的意見辦案，行政長官不應有此特權，其證明文件只起證據的作用。

5.司法管轄權的範圍應劃清，今後涉及內地和香港的案件會越來越多，發生衝突時由誰管轄，適用什麼法律，應作出原則規定。

※

④ 1988 年 10 月基本法諮詢委員會《中華人民共和國香港特別行政區基本法（草案）徵求意見稿諮詢報告第五冊——條文總報告》

【P81-90】
第十八條
2.意見
2.1 贊成意見

→ 贊同本條文。
→ 贊同建議匯輯中的方案一。
→ 贊同建議匯輯中的方案二。
→ 本條三、四款的規定及解決方法，是參照普通法的原則而制定的。
→ 此條文並沒有違反《中英聯合聲明》。
理由：行政行為包括「國家行為」和「國家事實」，而根據普通法，涉及「國家行為」的一切「事實」都由行政機關證實，法院不能有異議。
→ 此條寫明香港特別行政區擁有終審權，法院獨立進行審判，不受任何干涉，故行政干預司法終審的情況是不存在的。
2.2 保留意見
→ 這一條對香港市民很危險，影響他們的權利和自由。
理由：只要有關行為屬國防、外交或中央人民政府行政行為，法院無權管。
→ 此條使特別行政區法院的權威會受損害。
理由：
⊙ 中央可能會以此為理由，指特別行政區法院所作的決定違反基本法。
⊙ 特別行政區法院對屬於中央人民政府行政行為的案件無管轄權，故亦不能審判中央干預香港內政但涉及政府行政行為的案件。
⊙ 此條破壞了政府行為亦可在法院與訟的法則。
⊙ 法院對涉及國防、外交和中央人民政府行政行為的案件，須透過行政長官尋求人大的證明，將會拖慢法院的審訊效率。
⊙ 現行的法治原則是法院可根據法律原則決定它對一件案或問題是否有審判或管轄權，而非由行政機關決定。
⊙ 現有香港法律中沒有任何規定法院對關於國防、外交事務或中央人民政府的行政行為案件無管轄權的一般原則。
→ 此條文違反《中英聯合聲明》。
理由：
⊙ 此條對司法管轄權的限制比現時香港法律對法院管轄權的限制大得多。
⊙ 「中央人民政府的行政行為」明顯是香港法律原有限制以外的範圍。
⊙ 《中英聯合聲明》規定特別行政區法院有獨立的司法權，但此條文使特別行政區法院對中央派駐在特別行政區的人員及駐軍無管轄權，限制了其司法範圍。
⊙ 嚴重威脅香港法院的獨立性和終審權。
2.3 有關「國防、外交事務和中央人民政府的行政行為」
→ 就「中央人民政府的行政行為」徵求意見稿內並沒有說明其範圍及影響。
→ 「中央人民政府的行政行為」一詞概念混淆，會被濫用或誤解。
→ 必須考慮中央人民政府行政行為在特別行政區如何受到有效監察，以保證其不能侵犯「港人治港」和「高度自治」的原則。
→ 香港法院無權，亦從未審訊過有關英國國防、外交和內閣行為的案件，基本法的規定只是有備無患。
→ 按照香港現行的司法制度，法院對國防、外交和中央人民政府純屬政治性的行政行為的案件是不受理的。因此，既然規定「保持香港原有法律原則對法院審判權所作的限制」，就已經包含了「香港特別行政區對屬於中央人民政府管理的國防、外交事務和中央人民政府的行政行為的案件無管轄權」的意思了，沒有重複的必要。
→ 根據《中英聯合聲明》，特別行政區無權管轄中央人民政府的行政行為，但是，為了擴大香港終審法院處理案件的範圍，應由人大常委會提出證明文件，作為判案依據，如果連人大常委下達證明文件亦反對，則是取消終審法院可以審判涉及國防、外交和中央人民政府行政行為的

案件。

→ 「中央人民政府行政行為」由人大常委會解釋，故香港法院沒有足夠權力保障居民的自由。

→ 香港特別行政區無權管轄有關國防和外交事務，已足夠保障中國在港推行重要的對外政策，以及體現中國的主權。

→ 同意一九九七年後香港無權獨立審理涉及國防、外交和中央人民政府行政行為的案件。

理由：

⊙ 此事涉及國家利益，應由中央審理。

⊙ 香港回歸中國後，應該由中國行使國防等權力。

→ 香港雖無權獨立審理有關案件，但應能參與審理。

→ 不同意一九九七年後香港無權獨立審理涉及國防、外交和中央人民政府行政行為的案件。

理由：

⊙ 香港一定要爭取高度自治。

⊙ 特別行政區應有保衛自己的權力。

⊙ 應有權與中國政府一同審理。

⊙ 這樣令犯罪者可在中央官員保護下逃脫法網。

⊙ 這令香港權力受限制。

⊙ 這樣令某些人即使在香港胡作胡為，特別行政區也管不了。

⊙ 香港人有權理香港事。

⊙ 內地官員不能深入瞭解香港人和沒有代表性。

2.4 有關行政長官介入司法程序的問題

→ 本條提及法院在處理有關國防、外交等問題時，會引進行政長官的介入，使行政干預司法，破壞司法獨立的原則和普通法的精神。

→ 完整的司法權應包括管轄權、解釋法律權，但法院對涉及國防、外交和中央人民政府的行政行為的案件，須透過行政長官尋求人大的證明，將會拖慢法院的審訊效率，亦削減司法的獨立性。

→ 行政長官就有關案件發出證明文件前，須得人大常委會或國務院的證明書，間接造成國務院侵犯香港特別行政區司法之獨立。

→ 行政長官發出證明文件前，須取得人大常委會或國務院的證明書，意味着行政長官並無獨立發出證明文件的權利，只能轉達人大常委會或國務院的意見。

3. 建議

→ 原條保留，不用更改。

3.1 刪除

→ 刪除此條文。

理由：違背《中英聯合聲明》提及香港法院對所有案件有審判權。

→ 刪去「有關中央人民政府的行政行為」。

理由：

⊙ 違反《中英聯合聲明》。

⊙ 中央人民政府可依此破壞一國兩制原則或資本主義制度。

⊙ 意思含糊。

⊙ 中央人民政府可能藉此不受香港法院約束。

⊙ 現有司法制度對「國家行為」與「國家事實」已無管轄權。

⊙ 避免把法院審判權的限制進一步擴大。

⊙ 「香港原有法律原則對法院審判權所作的限制」實已包括國家行為的案件。

⊙ 影響香港司法獨立。

→ 刪去第三款。

理由：

⊙ 第二款已講明現時的司法制度對某些中央的行為不予管理。

⊙ 「中央人民政府的行政行為」含義廣泛。

→ 刪去第三款第一句。

理由：

⊙ 第三款第二句所述的已是原則及程序，已包含第一句的內容。

⊙ 否則會違背司法獨立。

→ 刪去第三款「行政長官就該等問題發出的證明文件對法院有約束力」。

→ 刪去第四款。

→ 刪去第三、四款。

理由：

⊙ 應由香港法院決定案件是否涉及中央事務或地區事務，而非由基本法制定。

⊙ 第二款「原有法律原則對法庭審判權所作的限制」已足夠限制香港法院審判國防和外交事務的案件。

⊙ 「中央人民政府的行政行為」內容極為廣泛，加上有關全國性問題、國防、外交等範圍的憲法解釋權屬「人大常委」，再加上「中央人民政府」對「保密文件」、「軍事秘密」一些範圍的理解與香港法院和市民極之不同，誤用和濫用本條文便可能出現。

⊙ 將嚴重影響現行的司法制度，而且對於法庭的權力、公正，及效率造成不良的影響，因為現時制度並不涉及英國的國家行為。

⊙ 以保障人民有權就各種事宜，包括國防和外交事務，對當地政府和中央人民政府提出訴訟。

⊙ 應堅持香港特別行政區擁有獨立的司法權，包括終審權。

⊙ 違反《中英聯合聲明》。

→ 刪去第三、四款改為：「香港特別行政區法院在審理案件時，如案件涉及國防、外交和中央人民政府的行政行為，須徵詢全國人民代表大會常務委員會的意見。」

理由：這樣寫應該較符合「一國兩制」的精神。

3.2 修改

→ 第一款「享有」改為「應享有」。

→ 第三款「案件」改為「論點」。

→ 第三款「中央人民政府的行政行為」改作「國家行為」。

理由：前者太空泛，後者更合理和明確。

→ 改為：「香港特別行政區法院對中央人民政府行政行為的案件有彈劾及管理權」。

→ 第三款改為：「香港特別行政區法院在審理案件中，如遇有涉及國防、外交及與中央人民政府的行政行為問題，應徵詢行政長官的意見，按照第十七條處理。」

→ 第三款「應徵詢行政長官的意見」改為「徵詢中國最高人民法院」。

理由：若徵詢行政長官的意見，則已違反特別行政區的「獨立的司法權」。

→ 第三款改為：「香港特別行政區法院在審理案件中，如遇有涉及國防、外交和中央人民政府行政行為問題，應經由（或通過）行政長官取得全國人民代表大會常務委員會或國務院的證明文件，該證明文件對法院有約束力。」

理由：

⊙ 原文過於繁複。

⊙ 行政長官僅負轉達文件之責，不必擔當重複指示的角色。

→ 第二、三、四款改為：「香港特別行政區法院對香港特別行政區所有案件均有審判權。」

→ 第三和四款改為：「香港特別行政區法院對屬於中央人民政府管理的有關國防和外交事務的案件，無管轄權。」

→ 第四款「全國人民代表大會常務委員會或國務院」改為「中央人民政府」。

→ 改為：「香港特別行政區法院對屬於中央人民政府管理的國防、外交事務的案件無管轄權。香港特別行政法

院在審理案件中，如遇涉及國防、外交的問題，應徵詢行政長官的意見。行政長官就該問題所發出的證明文件對法院有約束力。」

→ 改為：「在香港發生的有關國防和外交事務的案件中央人民法院有權加以審理。」

→ 改為：「香港特別行政區享有獨立的司法權和終審權。香港特別行政區法院，除繼續保持香港原有法律制度原則對法院審判權所作的限制外，對香港特別行政區的所有案件有審判權。」

理由：第三款削減香港特別行政區法院對有關國防、外交和中央政府行為案件的審判權，明顯地改變了本港目前的司法制度。「中央人民政府的行政行為」一詞亦易被人濫用或誤解。至於削減香港的司法管轄權，亦會使香港未來的司法機關失去足夠權力去執行基本法內各項保障人權自由的條文，事實上，香港原有法制中，已有若干條文（如「國家行為」、「國家事實」等等）對有關國防、外交的司法權作出限制，為保障法院能有效地運作，除原有法律條文外，毋須再作限制。

→ 改為：「香港特別行政區法院對屬於中央人民政府管理的國防、外交事務的案件無管轄權，香港特別行政區法院在審理案件中，可決定有關案件是否涉及國防、外交範圍。」

→ 改為：「香港特別行政區享有獨立的司法權和終審權。香港特別行政區法院，除繼續保持香港原有法律制度和原則對法院審判權所作的限制外，對香港特別行政區的所有案件有審判權，有關特別行政區法院審理涉及中華人民共和國的機構及權力機關或其人員的案件，以及有關該等機構及權力機關或其人員作出賠償的規定，由特別行政區法院予以訂明。」

→ 改為：「香港特別行政區享有獨立的司法權和終審權，香港特別行政區法院除繼續保持香港原有法律制度和原則對法院審判權所作的限制外，對香港特別行政區的所有案件有審判權。香港特別行政區法院審理案件中，凡涉及外交、國防的問題時，均根據普通法之原則及判例，徵詢行政長官的意見，行政長官就該等問題發出的證明文件對法院有約束力。

行政長官在發出上述證明文件前，須取得全國人民代表大會常務委員會和國務院的證明文件。有關特別行政區法院審理涉及中華人民共和國的機構及權力機關或其人員（包括第二章第十三條及第二十一條所提及者）的案件，以及有關該等機構及權力機關人員作出賠償的規定，由特別行政區的法律予以訂明。」

→ 改為：「香港特別行政區享有獨立的司法權和終審權。香港特別行政區法院，除繼續保持香港原有法律制度和原則對法院審判權所作的限制外，對香港特別行政區的所有案件有審判權。特別是以假定無罪被審。」

→ 改為：「香港特別行政享有獨立的司法權和終審權。香港特別行政區法院繼續保持香港原有法律原則，對所有的案件均有審判權，在審判案件時，有撥交中央人民政府的決定權，中國政府可向香港法院上訴，要求將案件撥交中央審理，但決定權則在香港的法院上。」

→ 改為：「香港特別行政區享有獨立的司法權和終審權。香港特別行政區法院除繼續保持香港原有制度和原則對法院審判權所作的限制外，對香港特別行政區的所有案件有審判權。除本條第三款所規定外，香港特別行政區法院對香港特別行政區的所有案件有終審權。

凡屬於國防、外交和附件四所列的法律的案件，其終審權歸中央司法部門。」

→ 改為：「香港特別行政區享有獨立的司法權和終審權。」

→ 改為：「香港特別行政區法院，除下列（1）至（4）項外，對原有香港法院有權審判的案件均繼續有權審判：
（1）中央與香港特別行政區的關係；
（2）中央行政行為『包括國防、外交』的有效性；

（3）香港特別行政區政府按本法規定執行有關國防、外交的中央指令時的行政行為的有效性；
（4）香港特別行政區政府按本法規定在中央授權下自行處理有關對外事務的行政行為，按香港原有法律屬『國家行為』者的有效性及屬『國家事實』者的內容。

香港特別行政區法院在審理案件中，凡涉及上述（1）至（4）類問題時，應徵詢行政長官的意見，行政長官就該等問題發出的證明文件對法院有約束力。

行政長官在發出上述證明文件前，須取得全國人民代表大會常務委員會或國務院之證明書。」

理由：上述（1）至（4）類問題不適宜由地方政權下享有終審權的法院審判。

→ 改為：「香港特別行政區享有獨立的司法權和終審權。香港特別行政區法院除繼續保持香港原有法律制度和原則對法院審判權所作的限制外，對香港所有的案件均有審判權。香港特別行政區法院對屬於中央人民政府管理的國防和外交問題與涉及中央人民政府的行政行為問題案件；如中央與香港的關係案件，香港政府按本法執行有關國防、外交的中央指令的問題案件，香港政府按本法規定，在中央授權下自行處理有關對外事務的問題，而按香港原有法律屬『國家行為』及屬『國家事實』的案件，均根據普通法的原則及判例，香港特別行政區法院在審理案件中，應徵詢行政長官的意見。行政長官就該等問題向立法機關取得而發出的證明文件對法院有約束力。立法機關在發出上述證明文件予行政長官之前須取得全國人大常委會的證明書。香港法院審理涉及中央政府權力機關及所有機關或其人員（包括第二章第十三條及第二十一條所提及者）的案件，以及有關該等權力機關及所有機關或其人員作出賠償的規定，均由香港的法律予以訂明。」

理由：
⊙ 有關中央政府的國防、外交以及行政行為的案件，法庭應徵詢香港行政長官的意見及向立法機關取得來自人大常委會所簽發的證明書，而非向行政長官取得來自國務院的證明書，以免行政長官受中央人民政府的支配和指揮。
⊙ 中央人民政府的權力機關和所有機構或其人員在港犯法應受香港法律審判，以示公平及民主，而受委屈時亦應有法律明文規定作賠償，則香港才算是高度自治。

→ 改為：「香港特別行政區享有獨立的司法權和終審權。香港特別行政區法院除繼續保持香港原有法律原則對法院審判權所作的限制外，對所有的案件（包括涉及中央人民政府及其他地方行政機構的案件）均有審判權。

香港特別行政區法院在審理案件中，如遇有涉及國防、外交和中央人民政府的行政行為的問題，應徵詢行政長官的意見。行政長官就該等問題發出的證明文件對法院有約束力。

行政長官在發出上述證明文件前，須取得全國人民代表大會常務委員會或國務院的證明書。」

3.3 增加
→ 第二款結尾加上：「有關顛覆罪及叛國罪除外。」
→ 第二款結尾加上「包括涉及中央人民政府及其所屬各部門、各省、自治區、直轄市及其他地方行政機構的案件」。
→ 第三款「外交事務和中央人民政府行政行為的案件」後加上「除與香港特別行政區有關之案件由香港特別行政區法院審理外」。
→ 加上：「香港特別行政區法院對所有區內的案件均有審判權，包括外地來港如過境、遊埠，或公幹等人士。」
→ 在「如遇有涉及國防、外交和中央人民政府行政行為的問題」後加上「在作出終局判決之前」。
3.4 有關「中央人民政府的行政行為」
→ 以附件形式訂明哪些是「中央人民政府的行政行為」。
理由：
⊙ 否則特別行政區的司法獨立權會大受打擊。

⊙ 優良的法律制度應該不單保障政府，也應保障個人。
⊙ 此語易被濫用或誤解。
→ 「中央人民政府的行政行為」應明確界定或刪除。
理由：此語易被濫用或誤解。
→ 「國防」、「外交」、「中央人民政府的行政行為」的具體意思應清楚列出。
理由：中央官員在港活動日益繁多。
→ 應有法律訂明有關中央人民政府的行政行為案件的審理。
→ 應以法律規定當個人權利與中央人民政府的國防、外交權有衝突時怎處理。
理由：以保障司法機關的獨立地位和尊嚴。
→ 所有關於中央人民政府行政行為的案件，中央應完全信任香港法院，由它作出裁判。
→ 凡在香港地區範圍內產生的中央人民政府的行政行為，由特別行政區法院全權審核。
理由：
⊙ 符合高度自治原則。
⊙ 避免官僚作風在香港蔓延。
→ 有關審理中央人民政府的國防、外交和行政行為的案件，法庭應徵詢香港行政長官的意見及向立法機關取得來自人大常委會簽發的證明書。
理由：
⊙ 為免行政長官受中央人民政府的支配和指揮，不應由他向國務院取證明書。
⊙ 行政長官不應干涉法院的判決，以保持司法獨立。
→ 凡涉及中央人民政府行政行為的案件，先交由中央處理，後由香港法院宣佈。
→ 涉及國防、外交、中央人民政府行政行為的案件，應由終審庭決定是否應交予人大處理。
→ 香港特別行政區法院應能決定案件中哪些屬國防、外交和中央人民政府的行政行為，直接發往中央審判，而不須徵詢行政長官的意見。
→ 將來的基本法委員會負責研究何謂中央人民政府行政行為，向中央人民政府和人大常委會提出建議，最後由人大常委會決定。
→ 金融經濟單位的商業行為，在一般正常情況下，不屬於中央人民政府行政行為。
→ 中資機構的行動不應列入中央人民政府行政行為之中。
理由：否則他們就變成「土皇帝」，不受特別行政區法律約束。
→ 中央人民政府行政行為應指《中英聯合聲明》中所包括的任命香港行政長官和主要官員的權力、國防和外交權力，以及參照普通法所擁有的國家事實和國家行為的權力。
→ 中央人民政府行政行為應作出如下解釋：
「中央人民政府的行政行為，乃指國務院所作出的行政決定，頒佈的行政命令，或者制定的行政法規，又或是國務院執行法律時所採取有法律效用的措施。」
→ 「行政行為」應限於「英國國家行為規定」之內，比如：獲得外國領土、宣戰。在此情況，行政長官在取得人大常委會的證明書後發出的證明文件，對法院有約束力。
→ 將「中央人民政府的行政行為」規限在「國防、外交事務的行政行為」內。
3.5 有關「審判權」和「終審權」
→ 香港法院終審權應屬中國政府。
理由：
⊙ 現在的法官全都由英國人訓練，而百分之九十都是白人，由他們終審香港案件，將會對香港非常不利。
⊙ 特別行政區作為地方政府而享有終審權，國際上沒有先例。
→ 香港法院應該有所有案件的審判權。
理由：香港實行的是普通法制度。
→ 為保障獨立司法管轄權，應取消對法院審判權的額外規範。

→ 除了國防和外交，所有案件的終審權都由香港負責。
→ 特別行政區法院對隸屬中央人民政府的機構、掌管階層，以及其僱員有管轄權。
→ 中央派出人員如果觸犯香港法律，經行政長官請示中央批准後，香港法院應有權審理。
→ 副總理以上的中央領導人可免由香港法院審理，但香港法院應保留對他們的控訴權。
→ 應由特別行政區法律訂明，有關法院審理涉及中華人民共和國機構和人員案件，以及作出賠償的規定。
→ 行政長官應無權干涉法院的判決。
理由：保持司法獨立。
→ 照現行司法程序，行政機關的檢察部門在案件未交法院審理前，已有權力決定該案是否涉及本條訂明的「無管轄權」的範圍。如案件已交法院審理，行政機關不應干預。
→ 在判別一件案件是否涉及國防、外交和中央人民政府行政行為的問題，特別行政區法院應有初步的審判權，如案件被判涉及這三個範圍，特別行政區法院對此案件便沒有進一步的審轄權，須呈交中央人民政府處理。後者擁有最終審轄權。
→ 人大常委會應賦予香港特別行政區法院有違憲審查權、獨立的司法權和終審權。
→ 在基本法內應詳細列出香港特別行政區享有獨立的「司法權」和「終審權」的範圍和限制。
3.6 其他建議
→ 中央人民政府可設機構負責因司法程序處理失當申請重審的案件。

4. 待澄清問題
4.1 有關「國防、外交事務和中央人民政府的行政行為」
→ 詞義含糊，有待解釋。
→ 中央人民政府是指全國人民代表大會或其下的常務委員會、國務院，抑或中央人民政府的任何官員？
→ 如果香港特別行政區居民涉嫌在中國其他地方犯了與國防、外交事務有關或無關的罪行後，返回香港，中央人民政府或香港政府會怎樣處理？該等疑犯將會在香港特別行政區抑或涉嫌犯罪的地方審訊？如果中國居民涉嫌在香港特別行政區犯了與國防、外交事務有關或無關的罪行後，返回原居地，中央人民政府又會怎麼處理？該等疑犯將會在原居地抑或香港審訊？
→ 如果中央人民政府人員在特別行政區內犯了刑事案，港府人員將他逮捕之後，能否對中央人民政府提出起訴？
→ 若與案人士指案件有關國防、外交事務或中央人民政府的行政行為，應如何處理？
→ 在訴訟有關「國防、外交和中央人民政府的行政行為」的案件時，市民是否有上訴權利？
→ 中央干預香港，甚至控制香港，屬不屬行政行為？
→ 按中國憲法，中央人民政府即國務院。其職權共有十八項，按理行使職權的行動便是「行政行為」。那「行政行為」便包羅萬有。因為除了第九、十項是管理外交、國防事務外，其他如經濟、教科文、衛生、體育都在十八項之內。如果該些職權與香港特別行政區自行處理的行政事務有矛盾，並且形成案件的話，究竟香港特別行政區的法院有無管轄權呢？
→ 第十三條提出：「（駐軍）還應遵守香港特別行政區的法律」與本條提及特別行政區法院對有關國防事務無管轄權是否矛盾？駐軍在什麼情況下會與國防無關？這是否特別授權駐軍，而實際上並不需要遵守特別行政區的法律？
→ 在什麼情況下可取得人大常委員會或國務院的證明書？
4.2 有關「審判權」和「終審權」
→ 「除繼續保持香港原有法律原則對法院審判權所作的限制外」中的「原有法律原則」須清楚列出，以免將來產生爭論。

→ 究竟是「獨立的司法權和終審權」還是「獨立的司法權和獨立的終審權」？終審權是否獨立，直接影響高度自治原則能否體現，必須清楚說明。

→ 應列明中央人民政府對司法權和終審權的施行方法及其定義，以及案件審理後會作的懲罰程度。

第九稿

「**第十九條** 香港特別行政區享有獨立的司法權和終審權。

香港特別行政區法院除繼續保持香港原有法律制度和原則對法院審判權所作的限制外，對香港特別行政區所有的案件均有審判權。

香港特別行政區法院對國防、外交等國家行為無管轄權。香港特別行政區法院在審理案件中遇有涉及國防、外交等國家行為的事實問題，應取得行政長官就該等問題發出的證明文件，上述文件對法院有約束力。行政長官在發出證明文件前，須取得中央人民政府的證明書。」

〔1990 年 2 月 16 日《中華人民共和國香港特別行政區基本法（草案）》〕

① 1989 年 9 月 20 日《中央與香港特別行政區的關係專責小組第四次會議紀錄》

第十九條
1. 有委員建議刪去第三、四款（編者按：「第三、四款」應為「第二、三款」之誤），原因如下：
（1）第二段：「香港特別行政區法院除繼續保持香港原有法律制度和原則對法院審判權所作的限制外，對香港特別行政區所有的案件均有審判權。」已經充份規定了香港特別行政區法院管轄權的範圍。
根據香港原有的法律制度和原則，法院從來不受理有關國防、外交，和中央或地方政府政治性行為的案件。但若該些行為損及公民的人身自由或財產時，法院就可以處理審判有關的「人身自由令」，或對公民財物損失補償等案。假如說法院連對上述案件的管轄權也沒有，就違背了現行原有的法律制度和原則，並且產生矛盾。
（2）第三段提及「國家行為」，此乃普通法的概念，但基本法將是中華人民共和國法律的一部份，而中國法律中並無「國家行為」的觀念，則日後審訊若涉及「國家行為」時，對依據何種法律原則去理解「國家行為」將成問題。
（3）此外，第三段第一句：「香港特別行政區法院對屬於國家行為的案件無管轄權。」涵義混淆，不能清楚指出究竟是特區法院對整件牽涉國家行為的案件無管轄權，抑或只對案中涉及國家行為的部份無管轄權呢？

2. 有委員提出若草委不同意刪去第三、四段，可以考慮下列折衷辦法：
（1）刪去第三段第一句，避免在基本法中出現「國家行為」這含糊的字眼。
（2）將第三段第一句改為：「香港特別行政區法院對屬於『普通法中』的國家行為的案件無管轄權。」清楚列明本條所指的是普通法中的「國家行為」，避免混亂。
（3）將第三段第一句改為：「香港特別行政區法院對國家行為無管轄權。」刪去「的案件」，清楚指出特區法院無權管轄的只是案件中屬於「國家行為」的部份，而不是整件案件。

※

② 1989 年 10 月 26 日《基本法草案：基本法工商專業界諮委建議書》

【P7】
8.「國家行為」及「國家事實」
建議：第十九條應該重寫，以明確指出該條提及的「國家行為」的意向是指現存香港法律中的普通法的原則。「國家事實」的提法應該澄清，以便明確所指的是按照現存香港法律應由政府確定的那些事實。

解釋：目前的草案並不明確，因而「國家行為」的提法可能被解釋為指所有的行政行為，而不是普通法的國家行為的狹義的概念；普通法對國家行為的狹義的概念是指法院管轄權以外的事務，諸如侵略外國領土或封鎖一外國港口。英國法律中並沒有「國家事實」這一詞，但相信這一詞的意思是按照目前程序規定法院需要政府發給證明文件證明的事實，例如，一外國政府是否得到承認，或某一人是否一外交官。「國家行為」及「國家事實」的意義需要澄清。

※

③ 1989 年 11 月 30 日基本法起草委員會秘書處《內地各界人士對〈中華人民共和國香港特別行政區基本法（草案）〉的意見匯集》

【P9-10】
第十九條
1. 目前的規定原則上是可以的，但對什麼是「國家行為」、什麼是「國家事實」等概念不好理解，有必要界定清楚。（法學界人士）

2. 第三、四款除保留「香港特別行政區法院對屬於國家行為的案件無管轄權」一句外，其餘均可刪去。（法學界人士）

3. 香港特別行政區法院的終審權應不排除最高人民法院的最高審判監督權，否則，如香港法院對涉及整個國家利益的案件作出錯誤判決，就無法補救。建議就終審權不排除最高審判監督權作出明確的規定。（國家有關部門、法學界人士）

4. 第二款規定「香港特別行政區所有的案件」是指發生在香港特別行政區的案件，還是指與香港特別行政區居民、機關、團體、法人有關的案件？應予明確。（廣西）

※

④《基本法諮詢委員會中央與香港特別行政區的關係專責小組對基本法（草案）第一、第二、第七、第八、第九章、附件及附錄的意見匯編》，載於 1989 年 11 月基本法諮詢委員會《中華人民共和國香港特別行政區基本法（草案）諮詢報告第一冊》

第十九條
（編者按：本文同第九稿文件①，除下列內容外，均同前文。）
3.有委員反對刪去第三、四款，理由是最好講清權限，免生枝節。

※

⑤ 1989 年 11 月基本法諮詢委員會《中華人民共和國香港特別行政區基本法（草案）諮詢報告第三冊——條文總報告》

【P53-56】
第十九條
2.意見
2.1 整體
→ 本條寫「國家行為」，十七條又說「關於中央管理的事務」，歸根結底，其實又是「中央人民政府的行政行為」。
→ 任何涉及中央機構的案件，特別行政區法院均可能會因是屬於「國家行為」而無管轄權。
2.2 正面
→ 香港不一定要有終審權。
→ 贊成香港特別行政區法院只對屬於國家行為的案件無管轄權。
2.3 反面
→ 本條中提及「香港法院在審理案件中遇有涉及國家事實的問題，應取得行政長官就該等問題發出的證明文件，上述文件對法院有約束力。」這意味着法院在審理這等案件時受到行政干擾，則司法獨立必受影響。
→ 行政長官在發出證明文件前，要取得中央人民政府的證明，但中央人民政府的辦事效率相當慢，可能影響特別行政區的工作。
→ 終審權在全國人大手中，乃違背《中英聯合聲明》。

3.建議
3.1 刪除
→ 刪去第一款「香港特別行政區享有獨立的司法權和終審權」及第三款「行政長官在發出證明文件前，須取得中央人民政府的證明書。」
理由：這二款前後相互矛盾。
→ 刪除第三款第一句「香港特別行政區法院對屬於國家行為的案件無管轄權」。
理由：第二句已列出原則及程序，亦包含第一句的意見。
→ 刪除第二及第三款。
理由：根據英國法律，國家本身的或太平時期的行政及軍事行為，不是國家行為，因此「國家行為」應指明是限於那些「戰亂時期在行政區外」作出的行為。
→ 刪去第三和第四款的「國家行為」和「國家事實」。
理由：若本條只想保持原有法律制度，則第一和二款已很清楚和足夠，如果不刪去這些多餘字眼，反而會引起解釋上的問題。
→ 刪除第三和四款，只保留第三款的：「香港特別行政區法院對屬於國家行為的案件無管轄權。」
→ 刪去本條第三、四款。
理由：
⊙ 第一、二款已清楚界定香港法院的管轄權，不必再解釋有關程序的運作。
⊙ 第二款已界定了香港法院的原有法律制度和原則的限制繼續有效，亦即表示對凡涉及國家行為與國家事實的案件是沒有審判權的。

⊙ 這兩款說凡屬國家行為的案件香港法院無審判權，日後全國人大常委會如不時列出一張何謂國家行為的清單，這就嚴重影響香港的司法制度。
⊙ 若全國人大常委會列出「國家行為」的含義，對於本港目前由法院判斷及以普通法處理這類案件的做法會有影響。
3.2 修改
→ 將「原」字改為「特區成立前」或「一九八四年十二月十九日前」。
理由：基本法是一九九七年後幾十年都使用的法律，不僅於一九九七年後幾年使用。所以在草案中用「原」字表示香港特別行政區成立前的情況是很不適宜的。修改後在時間概念上是較明確的。
→ 本條改為：「香港特別行政區享有獨立的司法權和終審權，香港特別行政區法院，除繼續保持香港原有法律制度和原則對法院審判權所作的限制外，對香港特別行政區的所有案件有審判權。」
理由：本條第三款削減香港特別行政區法院對有關國防、外交和中央政府行政行為案件的審判權，明顯地改變了本港目前的司法制度，「國家行為」及「國家事實」一詞易被濫用或誤解，為保障法院能有效運作，除原有法制條文外，無須再作限制。
→ 第三款改為：「香港特別行政區法院在審理案件中遇有涉及國防、外交的事實，應取得行政長官就該等問題發出的證明文件，上述文件對法院有約束力。」
→ 第三款改為：「香港特別行政區法院對其已判作屬於國家行為的案件無管轄權。香港特別行政區法院在審理案件中遇有此類已判作是涉及國家事實的問題，應取得行政長官就該等問題發出的證明文件，上述文件對法院有約束力。」
→ 第三款改為：「香港特別行政區法院對屬於國家行為的案件應交由中國之最高人民法院審理。但一切懷疑為屬國家行為之案件，必須經香港特別行政區的終審法院法官解釋為屬國家行為案件，才交中國最高人民法院審理。」
→ 第三及四款修改為：「香港特別行政區法院須按照香港法律對國家行為的規定正式承認中央人民政府的行為。香港特別行政區法院應該向行政長官取得證明文件，證明根據香港法律須由中央人民政府審理的國家事實的問題。行政長官在發出證明文件證明屬於國家事實的任何問題之前，須取得中央人民政府的證明書。」
→ 第三款「中央人民政府」的證明書應明確為「全國人民代表大會常務委員會」的證明書。
3.3 增加
→ 應加上「案件涉及中央政府時，證明書由人大法律委員會或最高法院發出。」並應有更適當字眼來代替「約束力」，因約束力範圍彈性很大。
→ 加上：「特別行政區法院在審理案件時可參考其他普通法法系、法院的判例。」
3.4 其他
3.4.1 有關國家行為
→ 由中央成立法律委員會，來裁定何謂國家行為的案件，而該法律委員會必須至少有半數由香港法律界人士擔任。
→ 香港特別行政區法院對屬於國家行為的案件應有管轄權。
理由：這樣人權才得以保障及保證審判會公平，而且符合《中英聯合聲明》內提及香港有獨立的司法權和終審權的意見。
→ 「國家行為」應明確界定或刪除。
香港特別行政區法院對屬於國家行為的案件有管轄權，這樣人權才得以保障及在公平下審判，而且符合《中英聯合聲明》內獨立的司法權和終審權。
→ 「國家行為」一詞含糊不清，令人難以理解。在《中英聯合聲明》中，「香港特別行政區除國防、外交之外能享有高度自治」，而國家行為是否代表國防及事務並不清

楚的。建議將「國家行為」下一個定義，有關定義需要合符《中英聯合聲明》中的原則。

→ 在香港特別行政區法院在審理案件中遇有涉及國家事實的問題時，行政長官就該等問題發出證明文件前，除可向中央人民政府取得證書外，也可向立法會取得同樣之證書，兩者權力相同。

→ 同意「香港特別行政區享有獨立的司法和終審權」。但建議「國家行為」一詞的定義，應在此條文中詳細解釋，並應採用普通法憲法「國家行為」的定義。

→ 本條應該重寫，以明確指出「國家行為」的意向是指現存香港法律中的普通法的原則。「國家事實」的提法應該澄清，以便明確所指的是按照現存香港法律應由政府確定的那些事實。

理由：目前的草案並不明確，因而「國家行為」的提法可能被解釋為指所有行政行為，而不是普通法的國家行為的狹義的概念，普通法對國家行為的狹義的概念是指法院管轄權以外的事務，諸如侵略外國領土或封鎖一外國港口。英國法律中並沒有「國家事實」這一詞，但相信這一詞的意思是指按照目前程序規定法院需要政府發給證明文件證明的事實，例如，一外國政府是否得到承認，或某一人是否一外交官。「國家行為」及「國家事實」的意義需要澄清。

→ 就「國家行為」的解釋，除必須跟隨在港施行已久之普通法外，只有由國際知名法律人士組成的憲法法庭才可有解釋權，決定某行為是否屬於「國家行為」。行政長官及中央人民政府絕不應就「國家行為」問題上擁有解釋權。

→ 香港特別行政區對國家行為有管轄權，法院審理涉及國家事實的問題，不須行政長官取得任何證明文件，任何事件只須法院自行決定。

→ 有關司法管轄權方面，唯一的解決辦法，是按照香港現在有多少司法管轄權而界定，只除去公認不適用的部份。

3.4.2 其他

→ 重大案件的終審權留在香港，本港法律從沒有「反革命」一罪，將來也不應該有。

→ 香港特別行政區法院對有關國家行為的案件無管轄權。該等案件以行政長官的決定為終局。

→ 有需要設立一個在特別行政區有終審權的獨立司法組織。

理由：獨立司法制度被國際貿易國家視為搞國際貿易及財務活動的重要考慮。

4. 待澄清問題

→ 什麼叫「國家行為」，在英國法律裡，這也是頗為含糊的名詞。

→ 甚至叫「司法管轄權」？

→ 因「國家行為」引起的賠償問題，就算特別行政區法院不能審查，它會否負責賠償呢？

→ 假如香港特別行政區的終審法院錯誤地把一件案裁定為「不涉及國家行為」，此案又屬於香港特別行政區法院管轄範圍內的，而中央政府卻認為此案屬於「國內行為」的話，在香港特別行政區享有獨立的司法權和終審權的原則下，這種情況如何處理？

第十稿

「**第十九條** 香港特別行政區享有獨立的司法權和終審權。

香港特別行政區法院除繼續保持香港原有法律制度和原則對法院審判權所作的限制外，對香港特別行政區所有的案件均有審判權。

香港特別行政區法院對國防、外交等國家行為無管轄權。香港特別行政區法院在審理案件中遇有涉及國防、外交等國家行為的事實問題，應取得行政長官就該等問題發出的證明文件，上述文件對法院有約束力。行政長官在發出證明文件前，須取得中央人民政府的證明書。」

〔1990 年 4 月《中華人民共和國香港特別行政區基本法》〕

香港特別行政區可享有全國人民代表大會和全國人民代表大會常務委員會及中央人民政府授予的其他權力。

✿ 貳 | 概念

1. 中央政府授予香港其他權力

✿ 叁 | 條文本身的演進和發展

第一稿

第二章

「第八條　香港特別行政區可享有全國人民代表大會或國務院授予的其他職權。」

〔1986 年 11 月 11 日《中央與香港特別行政區的關係專題小組工作報告》，載於《中華人民共和國香港特別行政區基本法起草委員會第三次全體會議文件匯編》〕

① 《中央與特別行政區的關係專責小組初步報告》
（1986 年 5 月 2 日中央和特別行政區關係專責小組第二次會議討論文件）

（編者按：此文乃依香港大學法學院圖書館的歸檔順序處理出處）

4. 剩餘權力

4.1 根據聯合聲明附件一第一節中的「除外交和國防事務屬中央人民政府管理外，香港特別行政區享有行政管理權、立法權、獨立的司法權和終審權」，提出三個層次和範圍的分權方法：

（1）涉及主權和國家整體利益的事務，如外交和國防權力，由中央政府擁有；

（2）涉及特區內部事務和涉外事務的權力，由特區政府擁有；

（3）除上述兩個範圍之外的「灰色地帶」，稱之為「剩餘權力範圍」，或者「未界定權力」，比如香港的租界時期。

這些權力的產生可能由於法律規定不充份，也可能由於特區成立後五十年內的形勢轉變。

4.2 「剩餘權力」分兩種，一種是涉及主權的，應屬中央；另一種是不涉及主權的，應劃歸地方所有。

4.3 中央政府和特區政府的權力，劃分得越清楚越好，現在劃分清楚，將來少糾紛。

4.4 香港不是聯邦部份，故剩餘權力理應屬中央，即如香港現時的剩餘權屬英女皇一樣。

4.5 特別行政區的高度自治權是中央授予的，因此不存在「剩餘權力」問題，如一定要寫，則「剩餘權力」應歸中央。

4.6 《基本法結構（草案）》第二章已把中央與特別行政區的權力劃分清楚了，如果在這以外還有其他未訂明誰屬的權力，自然歸中央政府所有而不歸特區政府。因此，基本法可以不提「剩餘權力」問題。

4.7 自治法對中央政府沒有約束力，在法理上並不限制中央政府向自治政府發出指令的權力，即是說，沒有真正的權力劃分，只有管理功能上的劃分，自治政府在行政上負責管理自治事務，但並非是決定這些事務的唯一權力機構。中央政府對於自治法（如基本法）所列明的自治事務，仍保留向自治政府發出指示的權力。

4.8 如果列明中央政府無權干預「灰色地帶」，將引起嚴重的政治後果。

4.9 「剩餘權力」指除了在憲法中明文交給政府的權力外，所有「剩餘」下來的「權力」都是屬於人民的，這是民主、人權的重要觀念。

4.10 香港實行高度自治，中央應把除外交、國防以外的剩餘權力交給香港，香港特別行政區則可依基本法作唯一的法律去管理特別行政區的事務。

4.11 如果把所有權力一一在基本法內列出，未免過於瑣碎，而且將來發生怎樣的變化，目前亦難估計，且日後還會有新的權力產生，為免掛一漏萬，基本法只需列明中央的權力範圍，而剩餘權力則由地方掌管，以體現特別行政區享有高度自治權。

4.12 法律上有一個原則，那是權力不列明給地方便歸中央管理，為免將來中央頒佈臨時訓令或指示，使港人無所適從，權力的界定應該用法律的方式，盡在基本法的四角內列出，以免因權力不清，而把兩種社會制度漸漸混淆。

4.13 在基本法中，應規定特區政府有全權處理基本法所列明的有關自治事務的範圍，在這個範圍內，中央政府無權干涉。基本法在對特別行政區政府作出授權的同時，必須對中央政府管理特區自治事務的權力，作出明確的限制。

4.14 權力可歸中央可歸特區的，應交給特區。

4.15 結構草案第二章有這樣的一條：「全國人民代表大會和國務院授予香港特別行政區的其他職權。」這就等於說明，將來的特區政府還可享有基本法內未明文規定的某些「灰色地帶」範圍的權力，但須由中央政府授予，而不是自動享有。

4.16 可引用公司法的原則：「地方擁有行使已確立的權力範圍內引起的其他權力」，但要留意這句話可能引起解釋上的問題。

4.17 如果基本法的條文十分詳盡地把特區政府有權自行管理的事務一一列明，那麼剩餘權屬中央或特區這問題的重要性，便相應減低。

4.18 凡有涉及「灰色地帶」權力範圍的問題，都應由中

央政府及特區政府按事件的性質，共同協商，比如在人大設立香港基本法小組，或在其法制委員會下設小組，有內地及本港人大參加，共同商定解決權力分配的問題。

4.19 可透過香港的人大代表向中央建議權力分配的問題。

4.20 基本法內應列明中港權力分配的問題，而不是交給人大屬下的委員會決定，然後再撥給特區政府。

4.21 由人大屬下的委員會處理中港的剩餘權力，很可能會造成特區政府以上一個太上皇。

※

② 1986 年 5 月 2 日《中央與特別行政區的關係專責小組第二次會議總結》

一、權力分配應以《中英聯合聲明》為基礎：
有委員認為《中英聯合聲明》附件一第一節已清楚指出，除外交和國防事務屬中央人民政府管理外，香港特別行政區享有行政管理權、立法權、獨立的司法權和終審權。除外還有各項涉外事務（附件一第十一節），另結構草案的第二章第七節及總則也有說明。這就是權力的劃分，希望將來的基本法把它具體化，並一一列出來。

二、有關「剩餘權力」的問題：
有幾位委員認為：如果把所有權力一一在基本法內列出，未免過於瑣碎，而且將來發生怎樣的變化，目前亦難估計，日後還會有新的權力產生，為免掛一漏萬，建議基本法只需列明中央的權力範圍，而剩餘權力則由地方掌管，以體現特別行政區享有高度自治權。
有委員認為「剩餘權力」分兩種，一種是涉及主權的，毫無疑問是屬中央；另一種是不涉及主權的，則應劃歸地方負責。
有委員卻反對。他認為按中國的法制，香港不是聯邦部份，故剩餘權力理應屬中央，即如香港現時的剩餘權力屬英女皇一樣。並建議為着解決日後產生的權力問題，可設立特別委員會處理。
有委員認為，除《中英聯合聲明》附件一所提以外，再也找不到什麼剩餘權力。至於未產生的權力，我們不能擁有。我們只能預算還有什麼權力可以爭取。
有委員認為，中央對特別行政區的權力不可能放很多，所以要把剩餘權力歸地方負責，可能是枉然。

三、建議用「未界定權力」字眼代替「剩餘權力」，並設立渠道處理未界定權力：
有委員不贊同用「剩餘權力」的字眼，他認為剩餘是未知的、抽象的東西，倒不如用「未界定權力」更恰當。至於對未界定權力的處理，日後可設立由中央及地方代表組成的委員會負責。

四、界定權力不應用行政方式而應用法律方式：
有委員不同意把法理的觀念行政化，並不同意設立委員會處理日後的「剩餘權力」或「未界定權力」，因為這是要把權力交由中央決定，然後再撥給地方，是放棄自己應有權利的做法，他希望把權力範圍在基本法內列出來。權力劃分得越清楚越好，將來的糾紛也越少。
有委員認為，法律上有一個原則，那就是權力不列明給地方便歸中央管，為免將來中央頒佈一些臨時訓令或指示，使港人無所適從，權力的界定應該用法律的方式，盡在基本法的四角內列出，以免因權力不清，而把兩種社會制度漸漸混淆。

五、借用公司法的一句以代替「剩餘權力」的含義：
有委員不同意剩餘權力的觀念，他認為應該先看看《中英聯合聲明》賦予我們什麼權力，特別行政區還需要什麼

權，然後才向中央爭取。建議可借助公司法中的一句：地方擁有行使已確立的權力範圍內引起的其他權力，這樣會更為有效。不過有委員擔心這句借用公司法的法律語言也需要解釋，那麼問題就搞得更複雜了。

※

③ 1986 年 5 月 27 日張栢枝《剩餘權力討論文件》（1986 年 6 月 6 日中央與特別行政區關係專責小組第三次會議討論文件二）

1. 基本法結構（草案）意見備忘錄
24. 關於「剩餘權力」問題，有幾種意見：
（1）香港實行高度自治，中央應把除外交、國防以外的剩餘權力交給香港，但要用恰當的寫法寫進基本法。
（2）現在香港雖然不是英聯邦成員之一，但也有剩餘權力，例如特赦。「剩餘權力」由誰行使，應有所規定。
（3）「剩餘權力」一定要清楚分明。中央的權力是國防與外交，香港特別行政區則可依基本法作為唯一的法律去管理特別行政區的事務，以達到高度自治的目的。
（4）關於剩餘權力問題，我們與聯邦制國家不同，特別行政區的高度自治權是中央授予的，因此不存在「剩餘權力」問題，如一定要寫，則「剩餘權力」應歸中央。
（5）第二章已把中央與特別行政區的權力劃分清楚了，基本法可以不提「剩餘權力」問題。
25. 建議在第二章內增加「未界定權力的劃分」。

2. 「剩餘權力」的因由
2.1 主要是由中英協議所引申出來的一個權力範圍。中英協議第一款說：「除外交和國防事務屬中央人民政府管理外，香港特別行政區享有高度的自治權。」
2.2 根據附件一第一節中的「除外交和國防事務屬中央人民政府管理外，香港特別行政區享有行政管理權、立法權、獨立的司法權和終審權」，提出三個層次和範圍的分權方法：
（1）涉及主權和國家整體利益的事務，如外交和國防權力，由中央政府擁有；
（2）涉及特區內部事務和涉外事務的權力，由特區政府擁有；
（3）除上述兩個範圍之外的「灰色地帶」，稱之為「剩餘權力範圍」，全歸特區政府所有。

3. 多方面對剩餘權力的意見
3.1 「剩餘權力」這觀念更重要的是存在於政府與人民之間，即除了在憲法中交給政府的權力，所有「剩餘」下來的「權力」都是屬於人民的，這是民主、人權的重要觀念。
3.2 「剩餘權力」備忘錄如果要寫上：「除了憲法基本法明列中央的權力（如外交國防）範圍外，其餘所有權力歸特別行政區」是最好。不然，最少要有下列精神：「權力可歸中央可歸特別行政區的，歸特別行政區。」
3.3 中央政府與地方自治政府之間的權力分配和劃分：根據憲法或自治法，自治政府對於憲法或自治法所指定的自治事務，有全權管理，有全權制定有關政策和法律；在這些自治事務的範圍內，中央政府無權干預，無權就關於這些事務的政策，向自治政府發出任何指示和命令。
3.4 自治的主要特徵，就是自治政府有全權決定關於自治事務的政策，中央無權就這些事務，發出行政命令或指示或進行立法。
3.5 自治法對中央政府沒有約束力，沒有在法理上限制了中央政府就任何問題向自治政府發出指令的無限權力，亦即是說，沒有真正的權力劃分，只有管理功能上的劃分，即自治區政府在行政功能上負責管理自治事務，但並非決定關於這些事務的政策的唯一權力機關。

3.6 自治政府雖然得到中央授權管理自治事務，及就着這些事務自行制定政策，但自治政府並不是全權管理這些事務的，並不是管理這些事務或制定有關政策的唯一權力機關；中央政府對於自治法（如基本法）所列明的自治事務，仍保留向自治政府發出指示或命令的權力。

3.7 中央政府和特區政府的權力，劃分得越清楚越好，現在劃分清楚，將來少糾紛。其次，為了保障「高度自治」，特區政府所擁有的權力，當然是越多越好。

3.8 單一制國家自治地方的自治權，並不是地方本來就享有，而是中央政府賦予的。

3.9 如果特區政府只是在行政管理功能上享有高度自治權，而中央政府仍保留向特區政府發出指示或命令的權力，那就很難保證自治。

3.10 在國家主權範圍和特區自治權範圍之間，的確存有所謂的「灰色地帶」，這個「灰色地帶」如果列明中央政府無權干預，將引起嚴重的政治後果。

3.11 中英協議很清楚地規定：「香港特別行政區直轄於中華人民共和國中央人民政府。」因此，特區政府的一切權力，包括它所可以享有的高度自治權和「灰色地帶」中應該屬於特區政府的權力範圍，都是由全國人大和中央政府授予的。

3.12 結構草案第二章有這樣的一條：「全國人民代表大會和國務院授予香港特別行政區的其他職權。」這就等於說明，將來的特區政府還可享有基本法內未及明文規定的某些「灰色地帶」範圍的權力，但須由中央政府授予，而不是自動享有。

3.13 如果基本法的條文十分詳盡地把特區政府有權自行管理的事務一一列明，那麼剩餘權力屬中央或特區這問題的實際重要性，便相應減低。

4. 對「剩餘權力」的解決辦法

4.1 剩餘權力盡歸特別行政區政府所有。

4.2 凡有涉及「灰色地帶」權力範圍的問題，都應由中央政府及特區政府按事件的性質，共同協商，解決在該事件處理上的權力分配問題。

在涉及具體問題時，由中央政府與特區政府共同協商解決，然後再通過法律程序授權。

4.3 如果基本法的具體內容，的確足以保證聯合聲明所描述的高度自治權，那麼即使沒有提到「剩餘權力」，也是可以接受的。

4.4 基本法在對特別行政區政府作出授權的同時，必須對中央政府管理特區自治事務的權力，作出明確的限制。

同意有限制中央政府權力的提法，即在基本法中，明文規定特區政府有全權處理基本法所列明的有關自治事務範圍，在這個範圍內，中央政府無權干涉。

4.5 中央政府已將能列明的並且應該給予特區政府的權力都給了，如果在這以外還有其他未訂明誰屬的權力，自然歸中央政府所有而不歸特區政府。

引自：
《香港應該擁有「剩餘權力」》　　羅運承
《剩餘權力和高度自治》　　　　　陳弘毅
《剩餘權力和高度自治權》　　　　辛維思

※

④ 1986 年 6 月 6 日《中央與特別行政區的關係專責小組第三次會議紀要》

2. 剩餘權力（或未界定權力）

（1）有委員認為《中英聯合聲明》訂明，香港特別行政區是一個享有高度自治的行政區，但沒有說，是除國防及外交外的全權的自治行政區，或者是一個獨立自主的行政區，這表示在高度自治的行政區內仍有一定的限制和範圍，因此，剩餘權力應由國家保留。還有委員認為，以目前香港的情況，若剩餘權力歸英國的話，則九七年以後，剩餘權力就應由國家擁有。但有委員指出，現時香港根本沒有所謂剩餘權力，一切權力都歸英國所有。

（2）不少委員認為，所謂剩餘權力其實是除國防和外交以外，將來特別行政區政府成立以後，可能還需要的，而在現在草擬基本法的時候，大家仍未想到的權力。這些權力將會涉及中央與特別行政區的權力如何劃分。儘管在基本法草擬期間，大家希望盡量界定及爭取更多未界定權力，但仍可能有遺留或未能預測的情況出現。故有委員建議在基本法上寫上：「特別行政區除獲得已界定權力外，為執行已界定權力而需要的權力也當作特別行政區政府擁有。」

（3）有委員認為，當特別行政區政府不能確定本身有沒有權去執行某些政策，或不知道某種權力究竟屬誰的時候，可以提上法院，由法院作判決。但有委員指出，此乃處理行政上的剩餘權力（Administrative Residual Power）的方法，而現時所談論者應為憲法方面的剩餘權力（Constitutional Resiudal Power），故這方法似乎不大適用。

（4）頗多委員贊同，在人大中組織一個包括香港人在內的機構，作為一渠道以界定一些未界定權力，應該屬於中央還是地方。還有委員認為，若將來真的發現有什麼權力遺留了，要加進基本法的，也大可以透過香港在人大的代表反映，作出修改建議。

（5）有委員認為，剩餘權力的問題與基本法的解釋權有非常直接關係。即使我們現在在基本法上訂明，哪些是外交和國防等屬於中央的權力，而特別行政區擁有其他一切剩餘權力，但如果香港特別行政區並不同時擁有對基本法的解釋權的話，則日後負責此項工作的機關，即中央的機關，也有可能把一些事情解釋為國防與外交事務，把一些權力收歸中央。因此剩餘權力的問題不單只是劃出一條界線，指出餘下來的權力究竟屬於中央還是地方的問題，而應同時與基本法解釋權一併考慮。

※

⑤ 1986 年 8 月 20 日《基本法結構專責小組初步報告》

【P8-12】

3. 第二章　中央與香港特別行政區關係

3.7 第七節　全國人民代表大會和國務院授予香港特別行政區的其他職權

意見	原因	意見出處
（1）a. 建議將第一節至第六節沒有提到的其他職權，由全國人民代表大會和國務院授予香港特別行政區行使。	藉此解決剩餘權力的問題。	專責小組五月六日會議

意見	原因	意見出處
b.認為以上的方法並沒有解決剩餘權力的問題。		專責小組五月六日會議
（2）認為可以在基本法中明確寫出，除了國防外交之外，香港特別行政區可按基本法為唯一依歸處理其他事務。	此舉可避開剩餘權力的字眼，因為中國是單一國家，與聯邦國家不同，所以中國與香港特別行政區之間，在國際法律上，不存在剩餘權力的問題。另一方面，這辦法卻實際解決了剩餘權力的問題，而且具有約束力，務使「一國兩制」得以成功施行，因為「一國兩制」是沒有前例可援的，所以在特殊的情況下，便應採用特殊的處理方法。	翁松燃（香港中文大學政治行政系主任）《明報晚報》（23/4/86）
（3）建議用「列舉主義」，將所應有的權力在一方加以列舉，餘下則歸別一方所享有。這一列舉的方法可適用於行政權、立法權、司法權三方面。凡列歸中央者，餘下歸地方；或凡列歸地方者，餘下為中央的權力，亦可以混合行之，視情況而定。	剩餘權力是劃分權力界限的觀念，這觀念是適用於中國與香港特別行政區的關係上。《中英聯合聲明》已經落實了剩餘權力理論的元素，這體現於：「香港特別行政區直轄於中華人民共和國和中央人民政府。除外交和國防事務屬中央人民政府管理外，香港特別行政區享有高度的自治權」。（第三款第二節）	王岸然《信報》（29/4/86）
（4）建議在這章內加上「緊急權力」一項。		專責小組五月六日會議
（5）建議說明中國除擁有外交、國防的權力外，還會保留什麼權力，並說明由中央授予特別行政區哪些未有清楚劃分的權力。	因為基本法必須澄清高度自治的觀念。	高家裕（基本法諮詢委員）《大公報》（25/4/86）
（6）建議說明某些適用於內地的東西，譬如「四個堅持」不可施諸香港特別行政區。「四個堅持」是：1 堅持社會主義道路；2 堅持人民民主專政；3 堅持中國共產黨的領導；4 堅持馬克思列寧主義、毛澤東思想。	因為內地與香港特別行政區所實行的社會制度不同。	高家裕（基本法諮詢委員）《大公報》（25/4/86）
（7）建議在這章內說明由全國人民代表大會常務委員會設立專責小組，負責解決基本法涉及中央與地方關係的問題。	這小組可免令中央和地方直接對抗、並可以協商解決中央和地方之間的問題，以及各種灰色地帶的問題。因為用「三個層次和範圍的分析方法」來處理中央與地方關係，是有問題存在的。這方法是：1 涉及主權和國家整體權益的國家事務應由中央負責；2 內政事務和涉外事務由特區政府全權負責；3 除以上兩個範圍之外，剩下的稱之為「剩餘權力範圍」，全歸香港特別行政區享有。問題在於第二和第三層次。由於在基本法內，有些權力是很難分清應屬中央還是地方，如果要將中央的權力和地方的權力分清界線，中央和地方便會出現對抗的局面。	徐是雄（基本法諮詢委員）《明報》（22/4/86）

意見	原因	意見出處	意見	原因	意見出處
（8）指出所謂「享有高度的自治權」，即是說香港特別行政區在「高度自治」這範圍內可爭取最大限度的權力，而不能爭取離開「高度自治」範圍之外的權力，或任何沒有限制的權力，或任何不受中央規限的權力。「剩餘權力」所意味的是香港特別行政區可以擁有部份無限制的自治權，這便超出了「高度自治」的規限，也違反了聯合聲明的規定。		徐是雄（基本法諮詢委員）《明報》（22/4/86）	（10）建議肯定和強調以權力劃分為自治基礎的自治概念，要求在基本法的內容中，澄清這個概念，明文規定香港特別行政區政府有全權管理基本法所指定的自治事務及制定有關政策和法律，在這些事務的範圍內，中央政府無權對特區政府發出行政指令。如果基本法依照聯合聲明的條文來草擬，其具體內容是足以保證聯合聲明所描述的高度自治權，剩餘權力便不是個關鍵性的問題。	自治的主要特徵，就是自治政府有全權決定關於自治事務的政策，中央無權就這些事務，發出行政命令、指示或進行立法。如果中央政府對自治有另一套的理解，對於自治法（基本法）所列明的自治事務，仍保留向自治政府發出指示或命令的權力，所謂自治或基本法便只是中央對自治地方的授權行為，自治法對中央政府沒有約束力，沒有在法理上限制中央政府就任何問題向自治政府發出指令的無限權力，即是說沒有真正的權力劃分，只有管理功能上的劃分。自治區政府不應只是在行政功能上負責管理自治事務，還應是決定關於這些事務的政策的唯一權力機關。	陳弘毅（香港大學法律學院講師）《百姓》119 期（1/5/86）《明報》（6/5/86）
（9）建議設立一個特別的架構，負責仲裁由權力劃分而產生的中央與地方政府之間的矛盾和紛爭。這協調機構針對執行問題，不同於「解釋權」是針對條文作一般性解釋。	因為在執行基本法時，有可能因一方故意違反基本法，或雙方對基本法有不同解釋，或出現一個在基本法裡面並未作出規定的問題，引起爭議或糾紛。雖然第九章第二節是「對基本法的解釋」，將來會規定誰擁有解釋權，不過並非一定要運用到這「最後裁決」，而可以特設一機構作調解。	陳弘毅（香港大學法律學院講師）《明報》（5/5/86）	（11）建議在基本中確定特別行政區可全權處理基本法所列明的有關自治事務，對此，中央政府不得發號施令，不得干預。同時還應在全國人民代表大會屬下設立政府，隨時就「灰色地帶」權力如何分配問題，共商解決辦法。	香港人之所以提出「剩餘權力」的問題，不只希望擁有更多的自治權力，更加希望實實在在地享有這些權力。因此，單有「授予其他職權」的規定，尚不足以消弭港人之疑慮。	《香港之頁》史學：〈初解兩大難題的基本法結構草案〉
			（12）認為「剩餘權力」的名詞不恰當，可用「詳細列明中央與特區政府的權力劃分」代之。		劉迺強（基本法諮詢委員）《天天日報》（28/4/86）

第二章

「第九條　香港特別行政區可以享有全國人民代表大會或國務院授予的其他權力。」

〔1987 年 4 月 13 日《中央與香港特別行政區的關係專題小組工作報告》，載於《中華人民共和國香港特別行政區基本法起草委員會第四次全體會議文件匯編》〕

① 1986 年 11 月 26 日中央與特別行政區的關係專責小組之剩餘權力工作組《剩餘權力討論文件（草稿）》（1986 年 12 月 1 日中央與特別行政區的關係專責小組剩餘權力工作組第一次工作會議附件一）

【P1-4】

1. 源起

1.1「剩餘權力」的討論始於太平山學會，在一篇題為《中央與香港的未來關係》的文章中（見四月六日《文匯報》），太平山學會從三個層面去討論中港關係，從而帶出「剩餘權力」這概念，以及處理「剩餘權力」的方法。該會認為中港之間的權力應劃分為下列三個範圍：
（甲）中央負責涉及國家整體權益的事務，包括外交、國防以至特區基本法的制訂事務。
（乙）特區政府負責特區內改革事務和中央聯合聲明所規定的涉外權力。
（丙）中港共同處理兩地非政治性的雙邊關係事務，比如雙方的經濟貿易、社會文化交流、司法互助、兩地間的交通運輸和人口遷移。
1.2 在此劃分權力的方法下，當具體草擬基本法時，該會認為可以用下列方法以法律形式去界定中港之間的權力：
1.2.1 在基本法內將上述（甲）（乙）（丙）三方面的權力都全部清楚列明。並同時在基本法內指出若日後發生不屬於任何一個範圍內的事務，則由中港雙方協商處理。該會不贊同此種方法。
1.2.2 詳細列出（甲）（乙）（丙）其中兩種範圍的權力，而餘下的範圍就是「剩餘權力」範圍。可以有兩種不同方式劃分「剩餘權力」：
1.2.2.1 詳細列明（乙）香港特別行政區行使的特區事務範圍和（丙）中港雙方共管的「雙邊事務範圍」。其他就是「剩餘權力」，由中央政府享有。該會不贊成此種方法。
1.2.2.2 詳細列明（甲）中央政府行使的「國家事務範圍」和（丙）中港雙方共管的「雙邊事務範圍」，其他就是「剩餘權力」，由香港特區享有。該會贊成此種方法。
1.3 太平山學會建議在中央與特別行政區的權力劃分問題上，列明中央政府行使及中港雙方共管的權力，而所有餘下的權力都是「剩餘權力」，由特區政府擁有。該會建議這種安排的理由是：
1.3.1 符合一國兩制的精神。
1.3.2 就算中央政府容許特區擁有上述的「剩餘權力」，也不會損害國家的主權和利益。
1.3.3 特區政府可以靈活處理中港雙方事先未能預測的特殊事務。
1.3.4 可以提高香港人的信心，也貫徹中央容許香港高度自治的承諾。
1.4 太平山學會引出這論點後，亦有其他人士以不同的劃分方法、角度去討論這問題。

2.「剩餘權力」、「灰色地帶」和「未界定權力」的關係

2.1「剩餘權力」問題的產生，是在處理中央與特別行政區相互的關係提出的問題。中央與特區關係中的一個重要問題，就是中央應有什麼權力、地方政府應有什麼權力。在權力劃分的方法上，有很多不同的意見，而「剩餘權力」這個觀念，也在不同的情況下被引申出來，但對「剩餘權力」的定義，則未有一個統一的定義。

2.2 在如何劃分中央政府與特區政府權力的問題上，產生了兩個與「剩餘權力」相關的概念，就是「灰色地帶」和「未界定權力」。
2.2.1「灰色地帶」是指在中央權力範圍和特區高度自治範圍之間的地帶，存在着一些事務在性質上不能或不適宜「黑白分明」的清楚界定應由哪一方面處理。這範圍內的權力就統稱為「灰色地帶」。這個方法是基於《中英聯合聲明》中附件一規定：「除外交及國防事務屬中央人民政府管理外，香港特別行政區享有行政管理權、立法權、獨立的司法權和終審權。」進而認為中央權限包括「國防及外交事務」，而特區的權限包括「行政管理權、立法權、獨立的司法權和終審權」。在這兩種權限之間的權力，便是「灰色地帶」。「灰色地帶」內的權力應歸誰管理，則有不同的意見。
2.2.2「未界定權力」是指隨着時間的改變，將來可能出現一些在起草基本法時未能照顧到的情況，一些未能在目前就劃分清楚的權力問題，這些未出現的權力，都統稱為「未界定權力」，這些權力由何方行使，亦有不同的意見。
2.2.2.1 綜觀以上三者的含意，可以發現「剩餘權力」的討論核心問題是中央和特區之間，除了已寫清楚的權力外，其他的權力應由誰行使的問題。這些「其他的」權力包括以下的內容：
（1）在中央和特區之間劃分清楚的權力範圍以外的權力；（剩餘權力）
（2）在中央和特區之間不可以劃分的權力範圍；（灰色地帶）
（3）未來因着情況的改變而需要再加以劃分的權力範圍。（未界定權力）
2.2.3 中央和特區之間，除已寫清楚的權力以外的「其他權力」應由誰行使的問題上，主要有三種不同的意見：
（1）其他的權力應由特區行使；
（2）其他的權力應由中央行使；
（3）中央和特區共同協商後再決定由誰行使這些權力。
2.2.4 總的來說，「剩餘權力」的問題，就是如何劃分中央與特區間的權力，未劃清楚的、未能夠劃清楚的權力，應怎樣處理。

3. 共識

3.1 中央與特區之間的權力，能夠寫清楚的，應該寫清楚。
3.2 中港關係應該制度化，而且不論兩者的關係如何，均要以法律形式，使香港能切實遵行「一國兩制」的精神。

4. 反對「剩餘權力」的意見

4.1 對中央與特區之間存在「剩餘權力」的這分析，有原則上的相反意見。這論點認為「剩餘權力」的劃分只在聯邦制國家中才出現。在這些國家中，邦或州原先都各自擁有主權，當他們聯合起來組成聯邦時，各邦或州將其自有權力的一部份通過立憲的過程，交給聯邦政府，由聯邦政府行使。但憲法卻有明文規定，邦或州除所交出的權力外，其他所有餘下的權力，都各自保留，而這部份餘下權力，就稱「剩餘權力」。而「剩餘權力」是歸原本權力的擁有者──邦、州政府的，因此，「剩餘權力」這概念可以成立的前提就是聯邦國家中的邦或州都是擁有主權的實體，而聯邦政府所擁有的權力，都是各邦或州授予的。下列圖表可大約介紹聯邦國家的授權方式。

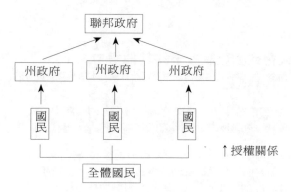

4.2 中國中央政府與香港的關係卻不是聯邦國家的關係。中國是一個單一制的國家，全國只有一個最高的權力中心，就是中央政府，雖然九七年後香港會是一個高度自治的特別行政區，但它在成立之前或之後都不擁有獨立的主權。特區的主權屬於中國。聯合聲明內亦列明（第一章）香港的主權，不是先由英國交回香港，再由香港交付適當的部份給予中國。聯合聲明內亦寫清楚，未來特區行使的高度自治，是中央政府給予的。故此，中央對香港的權力是絕對的、全面的。它通過基本法將一些權力，交託給特別行政區政府，未交託給特區政府的權力自然保留在中央政府手上。下圖大約描繪出中港之間的權力關係。

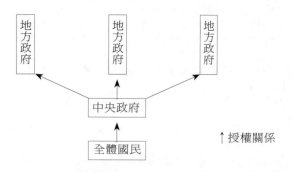

4.3 根據這個分析，中港之間不存在着「剩餘權力」的問題，因為特區政府本身不擁有任何主權，因此也無權向中央政府提出關於「剩餘權力」的要求。
4.4 同樣道理，如果要在基本法中列明香港擁有「剩餘權力」，也是不合法理的，因為基本法是中央授權地方之法，而不是地方授權中央之法。
4.5 在一國兩制，高度自治的原則下，香港享有的自治權力，比聯邦國家的州或邦還高，香港未來享有的自治權如終審權、出入境簽證權、獨立金融貨幣制度等，都不是一般聯邦制國家中的州或邦可以享有的。
4.6 從另一角度來看，提出特區政府要享有「剩餘權力」的人，卻不能清楚說明所謂「剩餘權力」的具體內容是什麼。中央政府在不知其中的內容是什麼的情況下，是不可能將這類權力授給特區的，否則，就不啻將一張未寫銀碼的支票遞給特區。這是不負責任的做法。

5. 中港共同處理「剩餘權力」範圍
5.1 有建議認為中央與地方權力劃分的問題上，避免涉及一些未界定權力範圍的問題，處理方法應由中央政府及特區政府按事件的性質，共同協商，比如在人大以下設立香港基本法小組，或在其法制委員會下設小組，小組應有內地及本港人大代表參加，共同商定未界定權力的處理方法再由人大或人大常委決定。這樣一方面不會否定中國的主權，一方面也保障了香港人有表達意願的機會。

6. 結語

6.1 這份文件說明「剩餘權力」的討論源起，並介紹了「灰色地帶」和「未界定權力」這兩個和「剩餘權力」有關的概念，指出了討論「剩餘權力」的核心是指在中央和特區之間那些可以劃分而不適宜加以劃分的權力範圍，那些不可以劃分的權力範圍及將來因環境的轉變而可能需要加以劃分的範圍，這三類範圍內的權力，應歸屬中央還是特區政府的問題。
6.2 正反的意見
6.2.1 一些提出「剩餘權力」的言論認為在中央與地方的權力劃分的問題上，提議先劃清楚中央及中央與地方共同行使的權力，其他未劃清楚的權力，包括特區行使的，都叫「剩餘權力」，由特區行使。
6.2.2 相反的意見認為中央與特區並無權力劃分的問題存在，更沒有「剩餘權力」歸哪一方的問題存在，目前有關這方面的問題，只是中央授予特區何種權力及如何將這內容寫清楚，並使雙方的關係制度化。

※

② 1987 年 1 月 17 日中央與特別行政區的關係專責小組之剩餘權力工作組《剩餘權力最後報告》（1987 年 1 月 22 日中央與特別行政區的關係專責小組第九次會議審閱文件一）

【P1-5】
（編者按：本文同第二稿文件①，除下列內容外，均同前文。）
1. 源起
（編者按：上稿第 1.2.2, 1.3-1.4 點內容被刪除，下列項目內容有所修改。）
1.3《基本法結構（草案）》第二章第四節提及「其他方面的管理權」及第七節提及「其他職權」，顯示中港權力劃分後仍有未具體的內容，與「剩餘權力」這問題是否雷同。

2.「剩餘權力」、「灰色地帶」和「未界定權力」的關係
（編者按：上稿第 2.2.3 及 2.2.4 點內容被刪除，下列項目內容有所修改。）
2.2.2.1 綜觀以上三者的含意，可以發現「剩餘權力」的討論核心問題包括以下的內容：
（1）在中央和特區之間不可以清楚劃分的權力範圍；（剩餘權力）
（2）在中央和特區之間不可以清楚劃分的權力範圍；（灰色地帶）
（3）未來因着情況的改變而需要再加以劃分的權力範圍。（未界定權力）
2.3 有意見認為「剩餘權力」、「未界定權力」和「灰色地帶」等名詞各有不同的背景，使用時很可能引起誤解，因此在實際討論中港關係時，應使用一個更明確的字眼：如「其他權力」。

3. 共識
（編者按：上稿第 3-3.2 點內容被刪除。）

4. 贊成「剩餘權力」的意見
贊成「剩餘權力」由特區政府擁有的理由是：
4.1 符合一國兩制的精神，可以有其獨特的處理或解決方法。
4.2 就算中央政府容許特區擁有上述的「剩餘權力」，也不會損害國家的主權和利益。
4.3 特區政府可以靈活處理中港雙方事先未能預測的特殊事務。
4.4 可以提高香港人的信心，也貫徹中央容許香港高度自治的承諾。

5. 處理「其他權力」的建議

所謂「其他權力」，包括上文提到的「剩餘權力」、「灰色地帶」和「未界定權力」。

5.1 剩餘權力應由特區行使；（參考上文 3 及 4）

5.1.1 剩餘權力應由特區行使，較為符合高度自治的原則。

5.2 剩餘權力屬於中央；

5.3 至於「灰色地帶」和「未界定權力」，在中央和特區共同協商後再決定由誰行使，比如在人大以下設立香港基本法小組，或在其法制委員會下設小組，小組應有內地及本港人大代表參加，共同商定處理方法，再由人大或人大常委決定。

5.4

5.4.1 中央在不違反主權的原則下，應將所有其他權力授予香港特區；

5.4.2 只有當中央政府認為特區行使這些權力產生問題時，才在人民代表大會之下成立一個由中央與特區代表組成的聯合委員會協商解決。

6. 共識

6.1 中央與特區之間的權力劃分，能夠越清楚越好。

6.2 中港關係應該制度化。

6.2.1 不論兩者的關係如何，均要以法律條文寫出，使雙方能切實遵行「一國兩制」的精神。

6.2.2 其他權力的劃分如出現問題，應要以有港人參與的委員會方式解決。

第三稿

第二章

「**第九條　香港特別行政區可以享有全國人民代表大會和全國人民代表大會常務委員會及國務院授予的其他權力。**」

〔1987 年 8 月 22 日《中央與香港特別行政區的關係專題小組工作報告》，載於《中華人民共和國香港特別行政區基本法起草委員會第五次全體會議文件匯編》〕

① 1987 年 5 月 22 日《香港基本法起草委員會第四次全體會議委員們對基本法序言、總則及第二、三、七、九章條文草案的意見匯集》

【P16】

三、關於第二章　中央與香港特別行政區的關係

第九條

1. 有的委員建議，改為「全國人民代表大會或國務院可以授予香港特別行政區享有的其他權力」。有的委員提出，在全國人大後應加「及它的常務委員會」字樣，因為人大常委會也有授權的資格。但有的委員認為，全國人大和國務院的權力應由憲法規定，基本法不能規定。

2. 有的委員建議，改為「除以上規定的權力外，香港特別行政區可以享有全國人民代表大會或國務院授予的其他權力。」

3. 有的委員提出，除全國人大、國務院外還有什麼機關可以授權予香港的？有的委員問，國家主席是否可授予行政長官某些權力？

4. 有的委員建議刪去此條，但有的委員認為作此規定有好處，可以結束剩餘權力的爭論。

第四稿

「**第十九條　香港特別行政區可以享有全國人民代表大會和全國人民代表大會常務委員會及國務院授予的其他權力。**」

〔1987 年 12 月基本法起草委員會秘書處《香港特別行政區基本法（草案）》（匯編稿）〕

第五稿

「**第十九條　香港特別行政區可享有全國人民代表大會和全國人民代表大會常務委員會及國務院授予的其他權力。**」

〔1988 年 3 月基本法起草委員會秘書處《中華人民共和國香港特別行政區基本法（草案）草稿》（總體工作小組第二次會議對目錄、序言、第一、二、三、五、六、七、九章的修改稿）〕

第六稿

「**第十九條　香港特別行政區可享有全國人民代表大會和全國人民代表大會常務委員會及國務院授予的其他權力。**」

〔1988 年 4 月基本法起草委員會秘書處《中華人民共和國香港特別行政區基本法（草案）草稿》〕

第七稿

「**第十九條　香港特別行政區可享有全國人民代表大會和全國人民代表大會常務委員會及國務院授予的其他權力。**」

〔1988 年 4 月基本法起草委員會《中華人民共和國香港特別行政區基本法（草案）徵求意見稿》〕

第八稿

「**第二十條　香港特別行政區可享有全國人民代表大會和全國人民代表大會常務委員會及中央人民政府授予的其他權力。**」

① 1988 年 10 月基本法諮詢委員會《中華人民共和國香港特別行政區基本法（草案）徵求意見稿諮詢報告第五冊——條文總報告》

【P90-91】

第十九條

2. 意見

2.1 保留意見

→ 本條無須列出。

→ 國務院屬全國性的中央行政機關，不宜支配特別行政區。

→ 本條違反《中英聯合聲明》。

理由：本條提及特別行政區「可享有全國人民代表大會和全國人民代表大會常務委員會及國務院授予的其他權力」，即是說特別行政區政府除了本法賦予的權力，以及依據本條所享有的額外權力外，不論在行政、立法或司法上，都沒有任何剩餘權力。不過，《中英聯合聲明》提及特別行政區除國防和外交事務外，「享有高度的自治權」，以及「享有行政管理權、立法權、獨立的司法權和終審權」，不論它是否剩餘權力。

2.2 其他

→ 根據內地有關法律，在地方政府的職權原則規定後，補寫的一款通常是「辦理上級國家行政機關交辦的其他事項。」但香港特別行政區則享有「全國人民代表大會和全國人民代表大會常務委員會及國務院授予的其他職權」，顯示香港特別行政區的地位與別不同。

3. 建議

3.1 修改

→ 「全國人民代表大會和全國人民代表大會常務委員會及國務院」應改為「中央人民政府」。

理由：香港特別行政區是直轄於中央人民政府的。（見第十一條）

→ 改為：「除基本法規定的全國人民代表大會和全國人民代表大會常務委員會可以在香港行使權力外，其他權力由香港特別行政區政府擁有。」

→ 改為：「香港特別行政區政府可享有全國人民代表大會和全國人民代表大會常務委員會及國務院授予的其他權力。」

→ 改為：「香港特別行政區享有全國人民代表大會和全國人民代表大會常務委員會及國務院授予除國防、外交事務外的其他權力。」

→ 改為：「香港特別行政區政府應擁有本法未有述及的其他權力。」

理由：香港特別行政區政府應享有剩餘權力。

→ 改為：「除本法（有關條款）規定外，香港特別行政區可享有其他一切權力。」

理由：現有寫法有違「剩餘權力」的原則。

3.2 其他建議

→ 香港直轄的中央權力機關不能超過一個，以免無所適從。

4. 待澄清問題

→ 本條所列的「其他權力」是指什麼？

第九稿

「**第二十條** 香港特別行政區可享有全國人民代表大會和全國人民代表大會常務委員會及中央人民政府授予的其他權力。」

① 1989 年 11 月 30 日基本法起草委員會秘書處《內地各界人士對〈中華人民共和國香港特別行政區基本法（草案）〉的意見匯集》

【P10】

第二十條

建議將此條刪去。聯合聲明中明確規定香港享有的權力已全部寫進基本法了，現在特區的權力已太大，不應再授予其他權力。（天津）

※

② 1989 年 11 月基本法諮詢委員會《中華人民共和國香港特別行政區基本法（草案）諮詢報告第三冊——條文總報告》

【P56-57】

第二十條

2. 建議

2.1 刪除

→ 刪除本條。

理由：

⊙ 它是「一國兩制」準則之外的另一個制度。

⊙ 基本法已另有規定特別行政區除國防和外交事務外，可自行處理其他事務，不需要再獲授予其他權力。

2.2 修改

→ 改為：「在香港特別行政區政府同意下，香港特別行政區才可接受來自全國人民代表大會和全國人民代表大會常務委員會及中央人民政府授予的其他權力。」

2.3 增加

→ 加入「香港特別行政區政府有權抵制對基本法的一切干擾或蔑視」。

2.4 其他

→ 修改本條以使沒有在基本法清楚規定的權力，為香港特別行政區享有。

理由：基本法不能將所有關於香港特別行政區的事務包括在內。除那些權力已清楚規定屬中央政府外，剩餘的權力應屬香港特別行政區政府，否則有損香港特別行政區的正常運作。

3. 待澄清問題

→ 「其他權力」所指的是什麼？

第十稿

「**第二十條** 香港特別行政區可享有全國人民代表大會和全國人民代表大會常務委員會及中央人民政府授予的其他權力。」

香港特別行政區居民中的中國公民依法參與國家事務的管理。
根據全國人民代表大會確定的名額和代表產生辦法,由香港特別行政區居民中的中國公民在香港選出香港特別行政區的全國人民代表大會代表,參加最高國家權力機關的工作。

❀ 貳│概念

1. 香港居民中的中國公民
2. 依法參與國家事務的管理
3. 全國人大代表名額和產生辦法

❀ 叁│條文本身的演進和發展

第一稿

第二章
「第九條　香港特別行政區的中國公民得依照法律參與國家事務的管理。
根據全國人民代表大會常務委員會確定的名額和代表產生辦法,在香港選出香港特別行政區的全國人民代表大會代表。」
〔1986 年 11 月 11 日《中央與香港特別行政區的關係專題小組工作報告》,載於《中華人民共和國香港特別行政區基本法起草委員會第三次全體會議文件匯編》〕

①《中央與特別行政區的關係專責小組初步報告》
(1986 年 5 月 2 日中央和特別行政區關係專責小組第二次會議討論文件)

(編者按:此文件乃依香港大學法學院圖書館的歸檔順序處理出處)

8. 特區居民參與全國性組織及全國性事務
8.1 香港不適宜有地方的人大代表大會,因為地方人大代表可能造成雙重權力。但應有全國人大代表,作為對全國事務的參與。
8.2 香港特區應派代表參加全國性的科學技術、文化藝術、體育等群眾性的組織。
8.3 特區參與全國性組織的名額方面:
8.3.1 參照中國幾個大城市如北京、上海的人大名額,若以人口為基礎,特區約有六十個席位;
8.3.2 香港人大代表中應最少一半成員是來自立法機關和行政機關。
8.4 參與全國性組織的香港特區代表的產生方法:
8.4.1 香港代表參加不同的組織,可以有不同的選舉方法。
8.4.2 香港人大代表的名額和產生方法,應按照國內的法律和制度,如按憲法 59 條的規定。
8.4.3 基本法中只要明文規定特區公民有權參加國內的全國性組織,而不必訂明參加辦法的細則。
8.4.4 行政和立法機關的成員應為當然的人大代表,外籍

成員及自願放棄人大席位的成員則為例外,而持有「中華民國護照」者則要小心處理。
8.4.5 如行政立法機關的成員人數超越人大名額的數目,便可在行政立法機關中互選產生人大代表,但立法機關的主席及行政長官無須經過選舉而成為當然人大代表。
8.4.6 若立法機關由選舉團產生,可以同時選出人大代表。或不論立法機關代表由任何途徑產生,可按同樣方法去選出人大代表。
8.4.7 人大代表可由人大常委和香港特區商議決定。特別在名額方面,應經過中央和特區的協商之後,再由國內的法律寫出。
8.4.8 香港應推薦若干人選,參加全國人民政治協商會議,對全國性事務提出建議和參加協商。
8.4.9 香港應推薦人選參加國務院屬下的華僑事務委員會和民族事務委員會,對香港眾多華僑事務及香港少數入籍的外籍人士權益作出建議。
8.4.10 選舉人大代表的原則是選出最適當的人選去代表香港的利益。
8.5 關於行政立法機關的成員應否兼任人大代表:
8.5.1 行政立法機關成員兼任全國性組織如人大或政協等,可以有溝通兩地的作用。但有建議指出香港代表應該只參加人大,而不擔任常務委員。
8.5.2 若人大代表職位不是由行政、立法機關的成員兼任,容易造成第三個權力中心。但人大代表的職權,可以透過選舉、罷免和質詢的程序加以限制。
8.5.3 特區政府架構和立法機關的成員應和全國性組織的

成員要絕對地分開。因為他們一方面代表地方的利益，一方面代表中央，在時間和所代表利益的層面上可能會有衝突。為避免矛盾的情況出現，香港的人大代表可在當選中央政府的職位後辭去原有香港的職位。

8.5.4 立法機關主席應只主持會議，有獨立的地位，不應兼任人大代表。

※

② 1986 年 8 月 1 日《中央與特別行政區關係專責小組第六次會議紀要》

3. 香港特別行政區居民參加全國性組織

3.1 假設各市的人大代表名額是以人口比例計算，香港特區應約有六十個席位。

3.2 委員認為香港不應有自己人大代表機構，但應有全國人大代表。另一提議是行政機關及立法機關成員成為當然的人大代表；如兩機構總人數超過六十人，人大代表可透過立法機關和行政機關成員互選產生，但立法機關的主席及行政長官無須經過選舉而成為當然人大代表。不過，如何適當地處理持「中華民國」護照者及外籍人士是個重要的技術問題，此外，亦有委員提議人大代表由人大常委和香港特區政府商議決定。

3.3 有委員提出若立法機關由選舉團產生，可以同時產生人大代表。其他委員提出人大代表不限於由選舉團產生，只要和立法機關成員同一途徑產生即可。

3.4 有委員認為產生的途徑不重要，最重要的原則是選出最適合的人代表香港。

3.5 有委員提出立法機關主席只主持會議，應該有獨立的地位，不應兼任人大代表。

3.6 有委員認為中國人大代表的產生和名額，應該按照國內的法律產生。基本法只要明文規定特區可以參與，而不必訂明參加辦法，而在推選的過程中可以有協商性質。

3.7 有委員指出如行政立法機關的成員加入全國性組織如人大或政協等，可以有溝通兩地的作用。有委員不同意上述見解，認為他們一方面代表地方的利益，一方面代表中央，在時間和所代表利益方面很可能有互相衝突的情況出現。

3.8 至於人大代表由非行政立法機關成員擔任，有委員指出這方法容易造成第三個權力中心。亦有委員認為香港人大代表的職權可以透過選舉、罷免和質詢的程序加以限制。

※

③ 1986 年 11 月 11 日《中央與香港特別行政區的關係專題小組工作報告》，載於《中華人民共和國香港特別行政區基本法起草委員會第三次全體會議文件匯編》

【P9-10】

第二章 中央與香港特別行政區的關係

第九條

說明：委員們認為，在我國，公民參與國家事務的管理是公民的一項重要的政治權利，香港特別行政區的中國公民同各省、自治區、直轄市的公民一樣享有此項權利。由於此項權利的享有以具有公民身份為前提，因此在香港特別行政區享有參與國家管理權利的人，應以中國公民為限。目前香港的全國人大代表是由廣東省人大選舉產生，這是在尚未對香港恢復行使主權的情況下的一種權宜辦法。一九九七年以後，香港特別行政區的全國人大代表應在香港由香港的中國公民選出，具體的選舉辦法由全國人大常委會規定。

第二稿

第二章

「**第十條** 香港特別行政區的中國公民可以依照法律參與國家事務的管理。

根據全國人民代表大會常務委員會確定的名額和代表產生辦法，應由香港的中國公民在香港選出香港特別行政區的全國人民代表大會代表。」

〔1987 年 4 月 13 日《中央與香港特別行政區的關係專題小組工作報告》，載於《中華人民共和國香港特別行政區基本法起草委員會第四次全體會議文件匯編》〕

第三稿

第二章

「**第十條** 香港特別行政區居民中的中國公民可以依照法律參與國家事務的管理。

根據全國人民代表大會常務委員會確定的名額和代表產生辦法，由香港居民中的中國公民在香港選出香港特別行政區的全國人民代表大會代表。」

〔1987 年 8 月 22 日《中央與香港特別行政區的關係專題小組工作報告》，載於《中華人民共和國香港特別行政區基本法起草委員會第五次全體會議文件匯編》〕

① 1987 年 5 月 22 日《香港基本法起草委員會第四次全體會議委員們對基本法序言、總則及第二、三、七、九章條文草案的意見匯集》

【P16-17】

三、關於第二章 中央與香港特別行政區的關係

第十條

1. 有的委員建議，改為「具有香港特別行政區永久居民身份的中國公民可以依照法律參與國家事務管理。根據全國人民代表大會常務委員會確定的名額和代表產生辦法，由具有香港特別行政區永久居民身份的中國公民選出同等身份的中國公民為香港特別行政區的全國人民代表大會代表。」

2. 有的委員建議，將第二款改為「香港特別行政區的全國人民代表大會代表必須為具有永久居民身份的中國公民。根據全國人民代表大會常務委員會確定的名額和代表產生辦法，由香港具有永久居民身份的中國公民在香港選出。」這樣可避免具有永久居民身份的非中國公民和不具有永久居民身份的中國公民享有選舉權和被選舉權。

3. 有的委員提出，全國人大代表名額不是由全國人大常委會而是由全國人大決定的，建議對此作相應修改。

4. 有的委員提出，全國人大代表的候選人應有在香港居住七年以上的永久居民身份的限制，但對選舉人不應作此規定，臨時居民中的中國居民也可有選舉權。

5. 有的委員建議，將第二款中「應由香港的中國公民」一句的「應」字刪去。

※

② 1987 年 8 月 22 日《中央與香港特別行政區的關係專題小組工作報告》，載於《中華人民共和國香港特別行政區基本法起草委員會第五次全體會議

文件匯編》

【P17-18】
第二章　中央與香港特別行政區的關係
第十條
說明：有些委員建議，本條改為「具有香港特別行政區永久居民身份的中國公民可以依照法律參與國家事務管理。根據全國人民代表大會常務委員會確定的名額和代表產生辦法，由具有香港特別行政區永久居民身份的中國公民選出同等身份的中國公民為香港特別行政區的全國人民代表大會代表」。

但有些委員認為，本法不能剝奪任何中國公民的基本公民權。

第四稿

「第二十條　香港特別行政區居民中的中國公民可以依照法律參與國家事務的管理。根據全國人民代表大會常務委員會確定的名額和代表產生辦法，由香港居民中的中國公民在香港選出香港特別行政區的全國人民代表大會代表。」
〔1987 年 12 月基本法起草委員會秘書處《香港特別行政區基本法（草案）（匯編稿）》〕

① 1987 年 9 月 2 日《中華人民共和國香港特別行政區基本法起草委員會第五次全體會議委員們對基本法序言和第一、二、三、四、五、六、七、九章條文草稿的意見匯集》

【P15-16】
三、關於第二章　中央與香港特別行政區的關係
8. 第十條
（1）有的委員表示同意第三組在討論本條時提出的一個意見，即「基本法不應剝奪香港非永久性居民作為中國公民參與國家管理的權力，但在被選舉權的資格方面可以加以限制」，亦即當選人大代表的資格應當與投票權區分開來。

（2）有的委員建議，將本條第一款中的「依照法律」四個字改為「依照憲法」。

（3）有的委員提出，香港特別行政區的全國人大代表必須由永久性居民中的中國公民選出。有些委員認為，香港特別行政區選舉立法機關成員或區議會成員要求具有永久性居民的身份，這是港人治港的體現，是恰當的；但選全國人大代表，是公民參與國家管理的問題，凡是中國公民都應有選舉權和被選舉權。

（4）有的委員提出，全國人大代表的名額和產生辦法，是由全國人民代表大會確定的，不必在基本法中具體規定，建議將本條第二款改為「香港特別行政區的全國人民代表大會代表的名額和代表產生辦法，由全國人民代表大會確定」。

（5）有的委員提出，本條第一款「中國公民」的概念不夠明確，是指國籍，還是也包括具有選舉權和被選舉權的範圍，應對此有一個明確規定。有的委員認為，「中國公民」的概念同國籍是一致的，這在《中英聯合聲明》中方備忘錄中已經載明。大部份委員認為，這一條主要是規定香港居民中的中國公民參與國家事務的管理和如何選出參加全國人民代表大會的香港人大代表問題。基本法不應剝奪香港非永久性居民作為中國公民參與國家管理的權力，但在被選舉權的資格方面可以加以限制。

※

②中央與香港特別行政區的關係專責小組《對香港特別行政區全國人大代表問題的意見》（1987 年 11 月 4 日經執行委員會通過）

【P1-2】
香港特別行政區全國人大代表產生的原則
1. 有委員認為，香港居民百分之九十以上是中國籍人士，因此應該有代表進入人大代表會參與管理國家事務。但因為香港是特別行政區，故本地選舉人大代表的方法應不用與大陸其他省市看齊。
2. 國內地方人大代表會是地方的最高權力機關，可以任命地方的長官，但香港的制度不同，故有委員不贊成將來在港設有「香港全國人民代表大會」，因為恐怕它會變成第二個權力中心。而且香港的全國人大代表只會代表香港參與管理全國事務，不會影響香港內政。
3. 有委員認為將來香港很多政治機構都會舉行選舉，比如立法局、區議會等，若香港人大代表亦以選舉形式產生，可能令到選舉次數不勝其煩，故希望人大代表若以選舉產生，其方法應該仔細考慮，免引起市民太多麻煩。
4. 有委員認為若現有的人大代表選舉方法並不完全適合香港情況，應建議人大代表會在未來十年內，仔細考慮香港和澳門的情況，訂立一套適合香港的人大代表選舉法。

香港特別行政區全國人大代表產生的辦法
甲）由香港立法局議員中的中國公民身份議員互選產生。
1. 有委員認為國內的地方人大代表的權力來自當地的最高權力架構，故此香港的人大代表亦應該從香港的立法局中產生，使他們能代表香港最高權力架構的意見，而且這樣可使本地全國人大代表與立法機構有更緊密的聯繫。
2. 有委員認為因為將來的立法議員會由多途徑選出，故若由立法機關中選出人大代表，亦保障能反映各類意見。
3. 有委員認為不應要求香港人大代表要兼顧本地各階層利益，本地不同階層的利益應由立法局成員代表。而香港的人大代表的主要工作是代表香港整個地區的利益。另有委員認為他們的主要工作是立足於香港，放眼看整個中國的利益。
4. 有委員不贊成由立法局議員中的具中國公民身份議員互選產生，因為雖然他們是中國公民，但選舉他們的人卻未必全是中國公民，故這樣可能會違反人大的組織法。而且這方法未能包括香港各階層的代表，因為如解放軍及婦女界未必就有代表在香港立法局。但委員同意立法局議員可以個人身份參加競選。

5. 有委員不贊成經立法機關選人大代表，因為太轉折，直選是更好的方法。

6. 有委員不贊成由立法局成員中選出人大代表，因為他覺得兩者是有明確分工的，立法議員主要負責香港事務，人大代表就參與管理全國問題。而且香港實行資本主義制度，國內卻奉行社會主義。委員認為很難選出一些能充份瞭解兩種制度的代表，故應該由不同的人負責兩項工作。

乙）由香港中國公民直接選舉產生
1. 有委員贊成應由分區直接選舉產生香港的全國人大代表，因為將來的立法局也可能會有分區直接選舉，而且這方法可保障能照顧不同階層的利益。
2. 有委員認為長遠而言，本地的全國人大代表應全部由直接選舉產生，因為中國的縣、市已全部用直選產生人大代表，沒理由香港不能進行直接選舉。
3. 有委員認為這樣可增加公眾對人大代表的工作的關注。
4. 有委員認為香港的全國人大代表不應全部由選舉方法選出。

丙）大選舉團
1. 有委員認為應由香港特別行政區政府依各階層及界別劃定選舉團，然後由選舉團自行選出自己階層或界別的代表。委員認為單只從立法局中選出人大代表，不能保證各界的意見都被反映。
2. 有委員不贊成大選舉團的形式，因為選舉團成員的代表性不足，而且若如某些建議所提，此選舉團可同時選出行政長官及立法局成員，它的權力將會過大。
3. 若中國有份參與選舉團的組成，則可能在香港引起內部不和。

丁）其他產生方法
1. 有委員贊成應以混合方式產生人大代表。即包括：
a. 由香港立法局議員中的中國公民身份議員互選產生。
b. 由香港中國公民直接選舉產生。
c. 由香港各界組成大選舉團選舉產生。
以及其他在立法局中不具代表的團體的成員共同組成。
2. 有建議小部份人大代表應由主要官員出任。

香港全國人大代表的角色
1. 有委員認為雖然人大代表的主要工作乃參與管理國家事務，但何謂國家或特區事務，有時可能界限不清，比如關於香港特別行政區基本法的解釋權，便可能牽涉香港及國家的利益衝突，在此情況下，特區的人大代表便可能處身兩難的境況。

2. 有委員認為將來香港人大代表的角色有三方面：第一是代表香港特別行政區參與管理全國事務，以貫徹一國的精神。第二項是在全國人大代表會上向其他代表反映香港人民的意見。第三項是將全國人大代表會的意見及決定向香港人報告。

3. 有委員認為將來的人大代表應該兼顧特區及全國的利益，所謂兼顧，即是當特區利益等於全國利益時，人大代表應該極力爭取；但如果地方利益與國家利益有矛盾時，地方利益應要服從於國家利益。

4. 有委員認為若不是所提及的原則被確認，他將對香港全國人民代表產生的任何方法都持保留態度。不過，另一委員卻指出若香港的全國人大代表只以地方的利益為重，他將會非常質疑他們作代表的資格。

香港特別行政區全國人大代表與立法局的關係。
1. 香港人大代表的工作是代表香港參與管理全國事務，而立法局議員的主要工作乃負責香港內政，兩者有明確分工。但由於人大代表熟悉中國情況，他們亦是溝通中港關係的重要橋樑，故他們可作立法局的顧問。

※

③ 1987 年 12 月基本法起草委員會秘書處《香港特別行政區基本法（草案）》（匯編稿）

【P11】
關係組委員的其他意見：
第二十條
有的委員建議改為：「具有香港特別行政區永久性居民身份的中國公民可以依照法律參與國家事務管理。根據全國人民代表大會常務委員會確定的名額和代表產生辦法，由具有香港特別行政區永久性居民身份的中國公民選出同等身份的中國公民為香港特別行政區的全國人民代表大會代表。
香港特別行政區的全國人民代表大會代表不得干預香港特別行政區根據本法自行管理的事務。」

第五稿

「第二十條　香港特別行政區居民中的中國公民可依法參與國家事務的管理。
根據全國人民代表大會常務委員會確定的名額和代表產生辦法，由香港居民中的中國公民在香港選出香港特別行政區的全國人民代表大會代表，參加最高國家權力機關的工作。」
〔1988 年 3 月基本法起草委員會秘書處《中華人民共和國香港特別行政區基本法（草案）草稿》（總體工作小組第二次會議對目錄、序言、第一、二、三、五、六、七、九章的修改稿）〕

第六稿

「第二十條　香港特別行政區居民中的中國公民可依法參與國家事務的管理。
根據全國人民代表大會常務委員會確定的名額和代表產生辦法，由香港居民中的中國公民在香港選出香港特別行政區的全國人民代表大會代表，參加最高國家權力機關的工作。」
〔1988 年 4 月基本法起草委員會秘書處《中華人民共和國香港特別行政區基本法（草案）草稿》〕

第七稿

「第二十條　香港特別行政區居民中的中國公民可依法參與國家事務的管理。
根據全國人民代表大會常務委員會確定的名額和代表產生辦法，由香港居民中的中國公民在香港選出香港特別行政區的全國人民代表大會代表，參加最高國家權力機關的工作。」
〔1988 年 4 月基本法起草委員會《中華人民共和國香港特別行政區基本法（草案）徵求意見稿》〕

「**第二十一條　香港特別行政區居民中的中國公民依法參與國家事務的管理。**
根據全國人民代表大會確定的名額和代表產生辦法，由香港居民中的中國公民在香港選出香港特別行政區的全國人民代表大會代表，參加最高國家權力機關的工作。」
〔1989 年 2 月《中華人民共和國香港特別行政區基本法（草案）》〕

① 1988 年 8 月基本法起草委員會秘書處《香港各界人士對〈香港特別行政區基本法（草案）徵求意見稿〉的意見匯集（一）》

【P11】
第二十條
1. 香港人大代表與特區政府的關係要加以明確。

2. 將「依法參加國家事務的管理」改為「可依法參加全國性事務的管理」。

3. 改為「依法參與香港地方政權外的地方管理」。

4. 應規定「香港人大代表由選舉產生，並且應由立法會議成員擔任。」

5. 香港人大代表的產生辦法應同內地有區別。

6. 第二款改為：「香港特別行政區的全國人民代表大會代表須為香港永久性居民中的中國公民，根據全國人民代表大會常務委員會確定的名額和產生辦法，由香港永久性居民中的中國公民在香港選出，參加最高國家權力機關的工作。」

7. 加：「華裔香港居民可被邀請參與協商國家事務。」

※

② 1988 年 9 月基本法起草委員會秘書處《內地各界人士對〈香港特別行政區基本法（草案）徵求意見稿〉的意見匯集》

【P10】
第二十條
1. 第一款「可依法」改為「依照法律規定」。

2. 第二款「香港居民」改為「香港永久性居民」。

3. 第二款「由香港居民中的中國公民」改為「由香港的中國公民」。

※

③ 1988 年 10 月基本法諮詢委員會《中華人民共和國香港特別行政區基本法（草案）徵求意見稿諮詢報告第五冊──條文總報告》

【P92-95】
第二十條
2. 意見
2.1 贊成意見
→ 香港特別行政區應有人大代表參與管理國家事務。
理由：
⊙ 協助中港進行談判、對話，使能更有效地處理兩地事務。

⊙ 協助中港溝通，避免中港雙軌立法，不利國家統一。
⊙ 香港是中國的特別行政區，自然有這權利。
2.2 人大代表的身份
→ 同意香港的人大代表無須是香港特別行政區的永久性居民（居港七年以上）。
理由：
⊙ 香港是中國的一部份
⊙ 只要是香港人就可以了。
→ 不同意香港的人大代表無須是香港特別行政區的永久性居民（居港七年以上）。
理由：
⊙ 香港一定要爭取高度自治。
⊙ 否則沒有代表性。
⊙ 不是香港永久性居民，對香港情況不瞭解。
⊙ 若人大代表全無港人，沒人會為香港特別行政區辯說。
⊙ 可能引致中央派人來統治特別行政區。
⊙ 香港特別行政區的行政長官、立法機關、行政機關及各主要官員都需要具備「香港永久性居民」此條件。
2.3 人大代表的選舉
→ 香港沒有選舉人大代表的自主權。
理由：香港人大代表的產生是根據全國人民代表大會常務委員會確定的名額和代表產生辦法。
→ 內地在港人士的選舉權和被選舉權應有限制。
理由：
⊙ 只有特別行政區居民中具中國公民身份的人才參加選舉，內地常駐香港的各類工作人員便不可以。
⊙ 一九九七年後從內地移居香港的人，未取得永久性居民身份證時，便不能參加選舉。但他們離開大陸，亦喪失當地戶籍和選舉權。
2.4 香港人大代表與特別行政區政制架構的關係
→ 香港人大代表會變成香港的第二權力中心。
理由：人大代表與特別行政區政制架構成員隸屬互不相涉的制度，但若雙方出現分歧時，全國人大代表可向中央提出有關香港事務的意見，但特別行政區政制架構成員卻不可以。
→ 香港人大代表不會出現「次權力中心」的情況。
理由：
⊙ 香港的人大代表選舉方法與特別行政與立法機關成員選出方法全然不同，也互不相干；
⊙ 香港的人大代表只出席全國人大，不管理特別行政區事務。
→ 香港人大代表與行政立法架構的代表性是並行的，兩者互不相涉，不利香港政治穩定。

3. 建議
→ 保留原條，以附件形式規定香港居民中的中國公民資格。
3.1 刪除
→ 刪除本條。
理由：
⊙ 它是關於「一國兩制」準則下的另一個制度。
⊙ 既然一九九七年七月一日後香港作為中國領土，香港的中國公民根據憲法必然享有參政權。
3.2 修改
→ 「居民」改為「永久居民」。
→ 「依法」改為「依國家法律」。
→ 「國家事務」改為「全國性事務」。

理由:說明特別行政區居民有參與中央人民政府事務的權利。
→ 第一款的「香港特別行政區居民中的中國公民」和第二款的「香港居民中的中國公民」改為「持有香港特別行政區永久性居民身份證的中國公民」。
→ 第一款改為:「香港特別行政區永久性居民中的中國公民可依法參與國家事務的管理。」
→ 第二款「確定的名額和代表產生辦法」改為「另行規定的職權、名額和代表產生辦法即本法附件五所列者」。
對附件五內容的建議:
（1）香港特別行政區人大代表的產生辦法及其任期:香港特別行政區的全國人民代表大會按香港劃分區域直接選舉產生。其任期與中國其他地區的人大代表相等。
（2）香港特別行政區人大代表職權範圍:香港特別行政區的人大代表可參與國家事務的管理,但不干預香港的行政管理事務和不設辦事機構。
→ 改為:「香港特別行政區的永久性居民中的中國公民可依香港區人大代表產生辦法參與國家事務處理。」
理由:如此可避免一些剛到港居留的人士參與。
→ 改為:「具有香港特別行政區永久性居民身份證的中國公民可以依照法律參與國家事務管理。根據全國人民代表大會常務委員會確定的名額和代表產生辦法,由具有香港特別行政區永久性居民身份的中國公民選出同等身份的中國公民為香港特別行政區的全國人民代表大會代表。香港特別行政區的全國人民代表大會代表不得干預香港特別行政區根據本法自行管理的事務。」
→ 改為:「具有香港特別行政區永久性居民身份的中國公民,可以依照法律參與國家事務管理,根據全國人民代表大會常務委員會確定的名額和代表產生辦法,由具有香港特別行政區永久性居民身份的中國公民選出同等身份的中國公民為香港特別行政區的全國人民代表大會代表。」
→ 第二段改為:「根據全國人民代表大會常務委員會確定的名額和代表產生辦法,由擁有香港居留權的香港居民中的中國公民在香港選出擁有香港永久性居民身份的香港特別行政區的全國人民代表大會代表,參加最高國家權力機關的工作。」
理由:內地中國公民如果有選舉和被選舉權是有問題的。一則他們在港生活不長久,不瞭解香港情況;二則會被香港市民懷疑中國干預香港。

3.3 增加
→ 加上:「香港特別行政區立法機關成員有資格被選為全國人民代表大會之代表。」
→ 加上:「香港特別行政區的全國人民代表大會代表不得干預香港特別行政區根據本法自行管理的事務。」
理由:以保障特別行政區高度自治。
→ 第一款末加上:「及參加義務兵役、保衛國家的義務。」
→ 在第二款加入明確全國人民代表大會代表的選舉及被選舉的資格的內容。
→ 加上:「應遵守全國性法律」。

3.4 搬移
→ 有關本港中國公民參與國家事務的規定,與「中央和香港特別行政區關係」無關,故列入「居民的基本權力和義務」一章較為合適。

3.5 有關香港的人大代表的產生
→ 由選舉產生。
→ 由香港人選出。
→ 應盡量經直接選舉產生,不然就經混合選舉產生。

理由:否則不能真正代表香港人。
→ 不應以委任方式選出。
→ 不應以「自動轉賬」方式產生。
理由:不符合「選出」的規定。
→ 應由立法會議成員擔任。
理由:
⊙ 他們與特別行政區政制有聯繫。
⊙ 他們由香港政制架構選出,權力來自港人,會完全聽命於港人。
⊙ 避免香港的人大代表變成第二個權力中心。
⊙ 避免雙軌立法,擴大矛盾的可能。
→ 不贊成立法會議成員擔任人大代表。
理由:
⊙ 使部份人大代表由間接方式選出,而其他人大代表則由直選選出。
⊙ 身兼兩職人士,在中央與特別行政區出現矛盾時,角色就會很尷尬。
⊙ 該些委員不時要回內地視察及開會,時間和精神可能難以兼顧。
→ 香港特別行政區的人大代表中,立法會議代表佔30%,政府部門代表佔20%,基本法委員會代表佔10%,區議會代表佔15%,各界代表佔25%。這些代表由互選和直選產生。
→ 香港的人大代表由十分之一立法機關議員提名,提交予中央自行決定。
→ 應有附件列明香港的人大代表的產生方法。
理由:中國現在實行的人大代表選舉方法含糊不清,若在香港實行,會引起爭論。
→ 應明確說明香港特別行政區的人大代表的名額和產生辦法由法律規定。
→ 香港的人大代表在特別行政區政制中,地位重要。有關代表名額和產生辦法的法律草案,應連同基本法修訂稿一併公佈。
→ 基本法不應規定香港人大代表的選舉法。
理由:此乃全國人大的事情,非基本法範圍內的事務。

3.6 其他建議
→ 香港不應設立人大機構。
理由:人大代表可能變成另一權力中心。
→ 清楚列明香港人大代表和政協委員的職權範圍。
理由:避免出現第二權力中心。
→ 明確規定人大代表與特別行政區行政和立法機關的關係。

4. 待澄清問題
→ 何謂「中國公民」?
→ 中國公民如何參與國家事務的管理?
→ 可以依法參與國家事務管理的是永久性居民還是非永久性居民?
→ 人大代表怎樣選出?
→ 香港特別行政區的人民代表的參與資格、選舉規定、人民代表的權力職責;以及人民代表大會與香港立法機關、行政機關的關係究竟怎樣?
→ 究竟是由本地自行訂定選舉方法,還是按照一九八六年中國修訂憲法時所作的「關於修改（中華人民共和國全國人民代表大會和地方各級人民代表大會選舉法）的決定」辦理?

第九稿

「**第二十一條　香港特別行政區居民中的中國公民依法參與國家事務的管理。**
根據全國人民代表大會確定的名額和代表產生辦法,由香港特別行政區居民中的中國公民在香港選出香港特別行政區的全國人民代表大會代表,參加最高國家權力機關的工作。」
〔1990年2月16日《中華人民共和國香港特別行政區基本法（草案）》〕

①1989年11月30日基本法起草委員會秘書處《內地各界人士對〈中華人民共和國香港特別行政區基本法（草案）〉的意見匯集》

【P10】

第二十一條

建議將本條第一款修改為「香港特別行政區中的中國公民依法可參與國家事務的管理。」（吉林）

※

②1989年11月基本法諮詢委員會《中華人民共和國香港特別行政區基本法（草案）諮詢報告第三冊——條文總報告》

【P57-58】

第二十一條

2.意見

2.1 整體

→ 《基本法（草案）》無提及香港地區的全國人大代表和全國政協代表的職能是什麼？與香港特別行政區立法會的關係如何？在香港特別行政區政治架構中佔何等地位？只在本條規定香港選出的全國人大代表會「參加最高國家權力機關工作」，以及參加修改基本法。

基本法的修改是很少發生的，平時，香港區的全國人大代表和全國政協委員不需要參與香港事務，完全脫離香港特別行政區政治架構。若他們不參與香港事務，又有什麼資格代表香港參加全國最高權力機關工作？若他們參與香港的事，則又變成重疊的政協機構，而且也不合法，因為香港特別行政區的政治架構中並無他們的地位，故他們的角色非常尷尬。

→ 本條中「居民」一詞應包括永久性和非永久性居民。但非永久性居民不應有選舉和被選舉權，似乎與本條的規定不符。

3.建議

3.1 刪除

→ 刪除「參加最高國家權力機關的工作」。

3.2 修改

→ 「香港居民」改作「香港的永久性居民」。

→ 改為：「具有香港特別行政區永久性居民身份的中國公民，可以依照法律參與國家事務管理，根據全國人民代表大會常務委員會確定的名額，由具有香港特別行政區永久性居民身份的中國公民通過普選產生香港特別行政區的全國人民代表大會代表。香港特別行政區的全國人民代表大會代表不得干預香港特別行政區根據本法規定自行管理的事務。」

→ 第二款改為：「根據全國人民代表大會確定的名額和代表產生辦法，由香港居民中的中國公民在香港以一人一票之直選方式選出（選民需滿二十一週歲）香港特別行政區的全國人民代表大會代表，參加最高國家權力機關的工作。」

3.3 增加

→ 「香港特別行政區的全國人民代表大會代表不得干預香港特別行政區根據本法自行管理的事務。」

3.4 其他

→ 港區人大代表須由香港居民以一人一票普選產生，或由立法機關成員互選；各參選人須在香港居住滿二十年以上。

理由：這樣他們才能代表港人意見。

→ 特別行政區人大代表應由特別行政區自行決定產生辦法，名額可由人大決定。

理由：在解釋和修改本法的權力上，人大代表的決定權比特別行政區的立法、行政機關，甚至行政首長的權力更大，故人大代表的產生方法、人選等均應交由特別行政區決定。

→ 港區人大代表經選舉產生，而又在立法會佔有一定的比例。

理由：基本法的修改權需經香港特別行政區人大代表、立法機關成員和行政長官三方面同意才能提交出席全國人民代表大會的港區代表提出，故港區人大代表是很重要的。若港區人大代表與立法會成員完全沒有關係，這便會有危險存在，或可能有次權力中心的情況出現。

→ 人大代表的產生方法應與香港立法會成員的產生方法（除國籍外）盡量一致。

→ 條文中的「依法」應是指香港特別行政區的法律。

4.待澄清問題

→ 一九九七年後香港地區全國人大代表的角色如何？對於中央人民政府而言，是由行政長官抑或香港地區全國人大代表來代表特別行政區？

→ 本條的「依法」，如指的法律是中國法律，草案其他條文中的「依法」豈不是可指中國法律或香港特別行政區的法律，這與第十八條有抵觸，因此，在什麼情形下依什麼法律便會出現解釋上的問題。

→ 「國家事務」的定義是什麼？

→ 香港代表的名額及選舉方法、程序為何？會否向人民交代？

第十稿

「第二十一條　香港特別行政區居民中的中國公民依法參與國家事務的管理。

根據全國人民代表大會確定的名額和代表產生辦法，由香港特別行政區居民中的中國公民在香港選出香港特別行政區的全國人民代表大會代表，參加最高國家權力機關的工作。」

〔1990年4月《中華人民共和國香港特別行政區基本法》〕

中央人民政府所屬各部門、各省、自治區、直轄市均不得干預香港特別行政區根據本法自行管理的事務。

中央各部門、各省、自治區、直轄市如需在香港特別行政區設立機構，須徵得香港特別行政區政府同意並經中央人民政府批准。

中央各部門、各省、自治區、直轄市在香港特別行政區設立的一切機構及其人員均須遵守香港特別行政區的法律。

中國其他地區的人進入香港特別行政區須辦理批准手續，其中進入香港特別行政區定居的人數由中央人民政府主管部門徵求香港特別行政區政府的意見後確定。

香港特別行政區可在北京設立辦事機構。

✿ 貳｜概念

1. 內地各級政府及部門不得干預香港依法自行管理的事務
2. 內地各級政府及部門在香港設立機構及人員的有關規定
3. 內地人進入香港須辦理批准手續
4. 香港可在北京設立辦事機構

✿ 叁｜條文本身的演進和發展

第一稿

第二章

「第十條　中央人民政府所屬各部門、各省、自治區、直轄市均不得干預香港特別行政區的地方事務。

中央各部門、各省、自治區、直轄市在香港設立機構須徵得香港特別行政區政府的同意和中央人民政府的批准。上述機構應遵守香港特別行政區的法律。

中國其他地區的人進入香港特別行政區需辦理批准手續。

香港特別行政區可在北京設立辦事機構。」

〔1986 年 11 月 11 日《中央與香港特別行政區的關係專題小組工作報告》，載於《中華人民共和國香港特別行政區基本法起草委員會第三次全體會議文件匯編》〕

① 1984 年 12 月 19 日《中華人民共和國政府對香港的基本方針政策的具體說明》（《中英聯合聲明》附件一）

一、……香港特別行政區直轄於中華人民共和國中央人民政府，並享有高度的自治權。

十四、對中國其他地區的人進入香港特別行政區將按現在實行的辦法管理。

※

② 1986 年 2 月基本法諮詢委員會《分批研討會參考資料》

【P1-3】
某委員（編者按：原件模糊，無法辨認名字）：中央和香港的關係，界定權力範圍，包括修改基本法的權力。
某委員（編者按：原件模糊，無法辨認名字）：（七）中央與香港特別行政區的關係。
陳坤耀委員：基本法乃特別行政區的根本大法，酷似主權國家的憲法，內容大概包括：（一）界定中央與特區政府權力範圍及相互關係；
張家敏委員：（三）中央與特區權力劃分；
吳康民委員：結構方面要明確幾點：（三）要明確香港特區是中央領導下的地方政府，中央有領導權，但地方又有高度自治權。至於中央對香港行政長官是否擁有最後否決權，也要明確規定。

※

③ 1986 年 2 月基本法諮詢委員會《分批研討會參考資料 2》

【P2】
基本法可分成六個主要部份：
第二部份為權力關係。可再細分為兩節，即 A 節為總論，論及有關中央人民政府及特別行政區政府之間的關係。B 節方面較專門地區別外交及涉外事務，另一方面則說明國防事務與內部保安的分別。緊記國防事務及外交屬中央人民政府管理。

※

④ 1986 年 2 月基本法諮詢委員會《諮委會第一分組有關基本法結構討論小結》

二、歸納與會者主要意見如下：
3.關於中央和特別行政區的關係
香港特別行政區作為地方政府，應受中央政府管轄，但特別行政區政府又有高度自治權。界定中央政府有關權限及高度自治職權範圍，十分必要。同時，中央政府派駐香港政治機構與香港特別行政區政府關係，也應有所規定。

※

⑤ 1986 年 2 月基本法諮詢委員會《第一批研討會總結》

（編者按：內容同上文）

※

⑥ 1986 年 2 月基本法諮詢委員會《第二批研討會總結》

四、有關基本法的內容問題——
1.高度的自治權→ 委員們認為聯合聲明中的高度自治要在基本法中具體寫出來。要闡明行政首長的權力範圍、特別行政區的區界。還建議稱將來的政府為「特別行政區自治政府」，要在基本法中寫明將來自治政府在人大、政協中所佔的席位。有委員還建議須寫明中央與特別行政區產生歧見時的辦法處理，及上訴權等。

※

⑦ 1986 年 2 月基本法諮詢委員會《第四批討論總結》

六、基本法的內容較為特別的提議，對將來制訂基本法有參考價值：
6.中央與地方關係受到重視，應在基本法內詳細說明，是否成為一專項？很多意見認為單獨成一專項，能具體列明「高度自治」權限、地方與中央權力有抵觸時解決辦法等等，會更令港人安心。而個別委員認為在其他項目章節中已涉及中央及地方關係。例如：駐軍調動權與行政首長關係。行政長官在當地選舉或協商產生，由中央政府任命，均能具體體現「高度自治」精神。故無須另立一專項。

※

⑧ 1986 年 2 月基本法諮詢委員會《第五批研討會總結》

五、對基本法結構的建議——
3.特別行政區政府與中央的關係。

※

⑨ 1986 年 2 月基本法諮詢委員會《第六批研討會總結》

2.……同樣理由，香港亦不應直接有代表參加人大。而應保留與中央溝通的特有渠道。但另一意見則認為，基本法應要詳細，不容許有誤解，詳細寫明，亦可以安定人心，其中應詳細說明的問題包括：
（1）中央與地方的關係，對於國防及外交事務的定義，應在基本法中界定清楚，其他如駐軍、行政首長的產生與罷免，中央在對外有關經濟關貿及稅制談判中給予特別行政區何種程度的自主權及香港如何參與人大等問題也應加以闡述；

※

⑩ 1986 年 4 月《香港各界人士對〈基本法〉結構等問題的意見匯集》（基本法起草委員會第二次會議參閱資料之一）

【P20】
20.中央設在香港特別行政區的機構，如招商局、新華社、各國營企業結構，與當地政府的關係及在職權上的運作，在基本法中應有清楚表明。

※

⑪ 1986 年 4 月 22 日《中華人民共和國香港特別

行政區基本法結構（草案）》，載於《中華人民共和國香港特別行政區基本法起草委員會第二次全體會議文件匯編》

【P12】
第二章　中央與香港特別行政區的關係
（九）中央所屬各部門、各省、自治區、直轄市同香港特別行政區的關係（但不得干預特別行政區的內部事務）

※

⑫ 1986 年 4 月《部份起草委員對基本法結構（草案）的意見（備忘錄）》，載於《中華人民共和國香港特別行政區基本法起草委員會第二次全體會議文件匯編》

【P23】
21.將第九條分寫為兩條，即：
（九）中央所屬各部門、各省、自治區、直轄市同香港特別行政區的關係。
（十）中央所屬各部門、各省、自治區、直轄市不干預香港特別行政區的內部事務。

22.第九條應改為「國務院其他各部門對香港特別行政區的機構沒有領導或指導關係」。

※

⑬《中央與特別行政區的關係專責小組初步報告》（1986 年 5 月 2 日中央和特別行政區關係專責小組第二次會議討論文件）

（編者按：此文件乃依香港大學法學院圖書館的歸檔順序處理出處）

5.特區與國內機構的關係
5.1 中央關於特區事務的最高授權機構是人大，國務院是具體指導香港工作的機關。當特別行政區不滿國務院的處理方法時，可向人大提出投訴。

5.2 國務院可設立香港特別行政區辦公室（或港澳特別行政區辦公室），作為辦事機構。亦可在香港設立特派員公署，作為處理有關香港事務的聯絡機構，中國各省市不能直接與香港聯絡，而必須透過此機構。由於廣東與香港關係密切，故可在廣東設一類似粵港聯絡委員會的機構，協商解決兩地的問題。香港特別行政區如與其他省市和中央部門有關於職權的劃分和糾紛，也應由國務院作出決定。
5.3 國務院特派員公署，主要負責聯絡事務，並溝通中央與地方對有關問題的看法和意見。但涉及香港的重要決定，應由北京中央人民政府，即國務院作出。
5.4 內地在港設立的機構：包括有駐軍的軍區機構、國務院、外交部和經濟單位的派出機構，以及各省市派出的貿易機構等，一律不得干預香港內部事務。
5.5 新華社香港分社，恢復作為專掌新聞工作的機構。其他有關工作，則移交國務院特派專員公署處理。

※

⑭ 1986 年 8 月 20 日《基本法結構專責小組初步報告》

（編者按：原文缺，不作推斷。）

※

⑮ 1986 年 11 月 11 日《中央與香港特別行政區的關係專題小組工作報告》，載於《中華人民共和國香港特別行政區基本法起草委員會第三次全體會議文件匯編》

【P10-11】
第二章　中央與香港特別行政區的關係
第十條
說明：香港特別行政區政府直轄於中央人民政府，中央人民政府所屬各部門、各省、自治區、直轄市均不得干預香港特別行政區的地方事務。本條第一款作出明文規定，以確保香港特別行政區的高度自治權不受干涉。
本條第二款的規定，是為了防止中央各部門、各省、自治區、直轄市在香港濫設機構和派到香港的人員不遵守香港特別行政區的法律。

第二稿▶

第二章
「第十一條　中央人民政府所屬各部門、各省、自治區、直轄市均不得干預香港特別行政區的地方事務。
中央各部門、各省、自治區、直轄市在香港設立機構須徵得香港特別行政區政府的同意和中央人民政府的批准。上述機構及其人員應遵守香港特別行政區的法律。
中國其他地區的人進入香港特別行政區需辦理批准手續。
香港特別行政區可以在北京設立辦事機構。」
〔1987 年 4 月 13 日《中央與香港特別行政區的關係專題小組工作報告》，載於《中華人民共和國香港特別行政區基本法起草委員會第四次全體會議文件匯編》〕

① 1987 年 1 月 19 日中央與特別行政區的關係專責小組之特區與各省區關係工作組《特區與各省區關係討論文件（草稿）》（1987 年 1 月 22 日中央與特別行政區的關係專責小組第九次會議審閱文件三）

【P1-4】

2.香港與各省區現有的關係
2.1 經濟方面：
2.1.1 就企業的種類而言，各省區政府在香港設立的種類可包括進出口貿易、旅遊、航運、金融、工業投資及建築，業務漸趨多元化。
2.1.2 就資金的來源而言，有由各省區政府獨資經營的，也有由各省區政府與香港廠家合資的。

2.1.3 各省區政府如果要在香港設立企業，必須由各省區的經濟貿易部門向國務院屬下的對外經濟貿易部申請。對外貿易經濟部會因應該項投資的性質以及當時的經濟環境而考慮批准與否。如果申請經批准了，各省市貿易部便會派人員到港成立公司。而在港所辦的註冊手續是完全依據本地慣行的外國公司註冊規例。香港政府對中國大陸的投資沒有額外的規限。

2.1.4 另一方面，香港的資金如果要到各省區投資，就要依據中國大陸的「涉外經濟法規」，所有商業活動都可直接由香港商人與各省區政府洽商，不用經英國駐華大使。

2.2 文化方面

2.2.1 各省區文化團體到港的交流活動包括：
（1）大陸表演者到港演出；
（2）大陸表演家到港與香港表演家合演；
（3）大陸學人到港講學。這些交流活動又可分為牟利及不牟利兩種。

2.2.2 各省區文化團體到港作交流演出前，都由本地的聯絡團體發出邀請信。該邀請信可以直接發向該表演團體，或經新華通訊社香港分社轉達。內地的表演團體收到邀請後，會通知所屬的單位及國務院文化部。經國務院文化部批准後，香港的聯絡單位便會再次發出證明文件給有關的表演團體，協助他們向中國外交部申請簽證。

2.3 出入境方面

2.3.1 大陸人士

2.3.1.1 工作及經商

2.3.1.1.1 大陸人士來港工作可申請護照或公務護照，視乎到港的性質及時間長短而定。如入境原因與公務有關，名額方面便沒有限制，但必須提交聘請、僱用單位或者僱主的聘用、僱用證明。來港人士必須向英國駐北京大使館申請簽證，由香港移民局審查。

2.3.1.1.2 至於來港作訪問，例如考察、視察業務、經濟洽談及舉辦展覽等，除廣東及福建地區外，均要遵照上述手續。廣東及福建兩省人士，由該省外事辦公室集中送到中國外交部駐香港簽證辦事處處理，再交由人民入境事務處審查批准發出。

2.3.1.1.3 各省區在港設立機構時需經中央批准，長駐香港的工作人員的編制由中央規定，其他臨時性人員可由各省區政府自行規定。工作人員所持護照按來港目的而定，中央或地方有一定的審批手續。

2.3.1.1.4 來港工作人士必須遵照香港的勞工法例，與其他就業人士受到一視同仁的對待。

2.3.1.2 旅遊

由1980年開始，內地公民可以有組織地來港旅遊。他們可以參加由廣東旅遊（香港）公司舉辦的「香港遊」旅行團，但以廣東居民為多，為期十至十四天。「香港遊」旅客每天約有180人。內地公民因私事前往香港，須向戶口所在地的市、縣公安機關出入境管理部門提出申請，並提交旅行所需外匯費用證明，由公安機關發出往來港澳通行證，持證人應在規定時間內前往並按期返回。

2.3.1.3 求學

內地中國公民在港自費留學亦屬辦理「私事」，申請人須向公安機構申請，並提交學校入學許可證件和必需的經濟保證證明，申請人經批准出境後，會收到由公安機構出入境管理部門發出的中華人民共和國護照，以及出境登記卡。此外，申請人辦妥前往香港的簽證後，應在出境前辦理戶口手續。

2.3.1.4 探親

內地居民具備下列條件之一，可以申請短期前往香港：
（a）有在香港定居的近親屬；
（b）直系親屬或近親屬是台灣同胞，必須由內地親人去香港會親；
（c）歸國華僑的直系親屬、兄弟姊妹和僑眷的直系親屬不能回內地探親，必須由內地居民去香港會面。

探親者需向各省區公安廳提交申請及證明文件，由公安機關發給「往來港澳通行證」，一般限期為二至三個月。香港方面原則上無特定的入境條件及名額限制，但中國政府會主動控制人數，避免太多人湧至香港。目前入境人數每日約一百七十五人，由羅湖入境，簽證到期前必須回國。

2.3.1.5 大陸人士移居香港

內地居民亦可因私人理由要求定居香港。香港方面沒有入境名額限制，但中國政府為維護及保持香港和澳門的經濟繁榮和安定，實行定額審批的辦法。現時發出之前往港澳通行證為每日一百七十五人。有意移居者須向所在地公安局申請，再由國務院公安部統籌。公安局將根據本人意願及與在港親屬關係審批，香港方面由英駐華大使館及移民局處理。

2.3.2 香港人士

2.3.2.1 定居國外的中國公民短期回國，要按照戶口管理規定，辦理暫住登記。

2.3.2.2 港澳同胞要進入大陸境必要向在港中國旅行社申請回鄉證，申請時須查驗居住身份及填寫申請表。港澳同胞回鄉證由廣東省公安廳簽發，入境條件沒有特殊限制。不經常來往內地的港澳同胞，可申請領取入出境通行證，申領辦法與申領港澳同胞回鄉證相同。該等人士如果要返回香港，必須要在出發前向人民入境事務處申請並取得回港證。（短期內可能取消回港證，只用永久居民身份證便可）。

2.3.2.3 香港外籍人士出入大陸境須使用其國籍的護照，並向中國外交部駐港簽證處申請入境簽證。

2.3.2.4 中國籍人士移居內地，如回鄉定居，應當事先向擬居住的市、縣公安局申請，獲准後註有回鄉定居簽註的港澳同胞回鄉證，至定居地辦理常住戶口手續。

2.3.2.5 外籍人士如需移居大陸，必須透過中國駐當地辦事處申請，得中國外交部批准後，方可在內地永久居住。

3. 現時負責香港與各省區事務的機構：

3.1 新華通訊社香港分社既是一個新聞機構，也是中國國務院屬下的一個駐港機構，在某方面承辦國務院交辦的事務。就有關香港與各省區的事務，香港新華社主要負責提供資料及聯絡的工作，比如香港投資者希望到大陸設立企業，可以向香港新華社詢問有關的資料；或者香港的文化機構想邀請大陸的表演團體到港，也可要求香港新華社協助聯絡及安排。

3.2 英國駐北京大使館是英國駐中國的官方機構，負責兩地有關的外交事務。就香港與各省區的事務，英國駐北京大使館主要負責簽證的事項。當各省區的機構經國務院屬下有關組織批准到港後，各省區的機構便會向英國駐北京大使館申請簽證。英國駐北京大使館接受了這些申請後，便會移交香港的移民局辦理。辦理完畢後，簽證會再經英國駐北京大使館交給各省區有關機構。

3.3 中國「國務院港澳辦公室」主要負責有關香港及澳門政策的釐定，並促進中央政府與港、澳兩地的聯絡，港澳辦公室只在重要的雙邊活動才參與實際的行政工作，而主要的工作在釐定政策。

4. 聯合聲明內提及特區與各省區關係的條文：

4.1 附件一第十四節：「對中國其他地區的人進入香港特區將按現在實行的辦法管理。」

4.2 附件一第一節：「香港特別行政區直轄於中華人民共和國中央人民政府。」

5. 九七年後特區與各省區關係的討論

5.1 香港現時與各省區的關係包括經濟、文化及出入境等方面。九七年後，這種關係是否會有所改變？有意見認為九七年後，特區與各省區的直接關係應一般限於貿易和經濟方面，至於特區與各省區在經濟貿易以外的有關爭議與交涉，文化學術方面的交往，需通過中央政府有關處理香

港工作部門。

5.2 九七年後，處理特區與各省區關係的機構將會與現在不同。因為香港的主權移交回中國後，英國駐北京大使館（其職責可參考 3.2）便不能再代替香港處理香港的事務，包括簽證；英國領事館一向行使的有關香港的職權是代表英國政府行使的，九七年以後取代這機構應屬：

（1）香港的機構；或

（2）中央的機構；或

（3）共同的機構。

有建議指出有關簽證的事務，特區政府及中央政府均應有部門負責。而其他的一般事務，可以由中港雙方常設代表去處理；或是國務院訂下若干守則，由特區政府及各省區切實遵行。現在，新華社香港分社既是新聞機構，亦是中國官方在港的代表機構，處理不少有關香港與各省區的事項。九七年後，新華社香港分社是否應該繼續現在的角色，即既是新聞機構，亦代表中國官方處理在港的事情。抑或改為只處理新聞事務，而中央政府與特區的各項關係就由正式的機構負責。中央在國防及外交事務上，都必須有駐港機構辦理有關這兩方面的事務，除此以外，國務院是否須要在港設立辦事處，以協調特區與各省區的關係呢？這點仍待詳細考慮。

5.3 經濟貿易關係是香港與各省區關係重要的一環，九七年後，各省區經濟機構在特區的運作及地位，是否要有任何改變？有意見認為各省區原設於香港的經濟機構，例如廣東的粵海，福建的華閩，上海的上海實業等，可以繼續存在。擬新設的公方經濟機構，須按香港的法律程序，獲得香港政府有關部門批准，並遵守香港法律。另一意見則認為這些公司是根據香港的公司法成立，香港法例而言是與其他的公司一樣，不應有特別的權利，故在九七年後，無須特別處理。

5.4 大陸人士出入特區境的情況：

聯合聲明提及「中國其他地區的人進入香港特區將按照現在實行的辦法管理。」

（1）九七年後大陸人士應透過特區內哪機構辦理移居特區的手續？（參閱背景資料 2.3.1.5）

（2）九七年後大陸人士應透過特區內哪機構辦理在特區短暫停留（包括工作、旅遊、升學、探親等）的手續？名額如何決定？（參閱背景資料 2.3.1.1 至 2.3.1.4）有意見指出具體名額可由特區政府按當時情況而決定。

5.5 香港與廣東省的關係

廣東省因與香港毗連，關係密切。香港現時的食水及糧食都大部份由廣東省輸入。預計九七年後，兩地關係更加密切。因此，為了使兩地的溝通更加方便，有建議未來特區與廣東省可設立特別的聯絡處，就經濟等問題進行直接接觸，不需要事事經中央屬下的機構。而非法入境、罪犯引渡、邊境事件、捕漁海域等聯絡調處工作，可通過適當途徑由廣東省與香港協商解決，如雙方對有關事件經商議而未能獲得解決者，則報請國務院處理。（不過，上述聯絡處的組成，職權範圍以及向誰負責，現在仍未有詳細討論。）

5.6 基本法對特區與各省區的約束力：

基本法將是九七年後香港使用的基本大法，基本法將來不單只在特區有約束力，中國各省區處理與特區有關的事務時，都應遵守基本法。

※

② 1987 年 1 月 26 日中央與特別行政區的關係專責小組之特區與各省區關係工作組《特區與各省區關係討論文件（草稿）》（1987 年 2 月 9 日中央與特別行政區的關係專責小組第九次會議續會討論文件）

【P1-5】

（編者按：本文同第二稿文件①，除下列內容外，均同前文。）

2. 香港與各省區現有的關係

2.1 經濟方面：

2.1.1 就企業的種類而言，各省區直轄市的企業單位在香港設立的種類可包括進出口貿易、旅遊、航運、金融、工業投資及建築，業務漸趨多元化。

2.1.2 就資金的來源而言，有由各省區直轄市的企業單位獨資經營的，也有由各省區政府與香港廠家合資的。

2.1.3 內地資金如果要在香港建立企業，必須由各省區直轄市的經濟貿易部門向國務院屬下的對外經濟貿易部申請。對外貿易經濟部會因應該項投資的性質以及當時的經濟環境而考慮批准與否。如果申請經批准了，各省市貿易部便會派人員到港成立公司。而在港所辦的註冊手續是完全依據本地慣行的外國公司註冊規例。香港政府對中國大陸的投資沒有額外的規限。

2.2 文化方面

2.2.2 內地的表演團體收到邀請後，會通知所屬的單位及國務院文化部。經國務院文化部批准後，香港的聯絡單位便會再次發出證明文件給有關的表演團體，協助他們向中國外交部或有關部門申請護照以向英國駐華大使館和香港人民入境事務處申請來港簽證。

2.3 出入境方面

2.3.1 大陸人士

2.3.1.1 工作及經商

2.3.1.1.1 大陸人士來港工作可申請護照或公務護照（到港進行商業活動的，多申請「護照」，到港參與其他工作的，多申請「公務護照」），視乎到港的性質而定。來港人士必須向英國駐北京大使館申請簽證，由香港移民局審查。申請前必須提交聘請、僱用單位或者僱主的聘用、僱用證明。

2.3.1.2 旅遊

由 1980 年開始，內地公民可以有組織地來港旅遊。他們可以參加由廣東旅遊（香港）公司及中國旅行社香港有限公司舉辦的「香港遊」旅行團，但以廣東居民為多，為期八至十天。

2.3.1.3 求學

內地中國公民在港留學須向公安機構申請，並提交學校入學許可證件和必需的經濟保證證明，申請人經批准出境後，會收到由公安機構出入境管理部門發出的中華人民共和國護照，以及出境登記卡。〔以上為載於中華人民共和國公民出境入境管理法的實施細節，適用於中國公民以自費方式到任何地方留學之用，惟到目前為止，仍沒有大陸學生是以此安排到港留學的，所有在港的內地學生現時都是以自費公派方式到港留學，屬於學術交流性質，因此安排方式類似大陸學人到港講學和合作研究所有之安排（參考 2.2.2）。〕

※

③ 1987 年 2 月 16 日中央與特別行政區的關係專責小組之特區與各省區關係工作組《特區與各省區關係討論文件（草稿）》（1987 年 2 月 19 日中央與特別行政區的關係專責小組第十次會議附件一）

【P1-5】

（編者按：本文同第二稿文件②，除下列內容外，均同前文。）

2. 香港與各省區現有的關係

2.3 出入境方面

2.3.1 大陸人士〔以下有關大陸人士出入境的資料乃輯錄自（1）中華人民共和國公民出入境管理法實施細

則（一九八六年十二月三日國務院批准）；（2）中國公民因私事往來香港地區或澳門地區的暫行管理辦法（一九八六年十二月三日國務院批准）〕

2.3.1.1 工作及經商
2.3.1.1.1 大陸人士來港工作可申請護照或公務護照（到港進行商業活動的，多申請「護照」，到港參與其他工作的，多申請「公務護照」），視乎到港的性質而定。來港人士必須向英國駐北京大使館申請簽證，由香港人民入境事務處審查和批准。申請前必須提交聘請、僱用單位或者僱主的聘用、僱用證明。

2.3.1.3 求學
〔以上為載於中華人民共和國公民出境入境管理法的實施細節，適用於中國公民以自費方式到任何地方留學之用，惟到目前為止，仍沒有大陸學生是以此安排到港留學的，所有在港的內地學生現時都是以公派方式到港留學，屬於學術交流性質，因此安排方式類似大陸學人到港講學和合作研究所有之安排（參考2.2.2）。〕

2.3.1.4 探親
根據香港政府的統計，86年全年持「往來港澳通行證」入境的人士共655,590人，但每天卻沒有固定的限額，由羅湖入境，簽證到期前必須回國。

2.3.1.5 大陸人士移居香港
公安局將根據本人意願及與在港親屬關係審批，香港方面由人民入境事務處處理。

2.3.2 香港人士
（編者按：上稿的第2.3.2.1點被刪除）

※

④ 1987年2月23日中央與特別行政區的關係專責小組之特區與各省區關係工作組《特區與各省區關係最後報告》（1987年2月23日中央與特別行政區的關係專責小組第十次會議續會討論文件）

【P1-5】
（編者按：本文同第二稿文件③，除下列內容外，均同前文。）

2. 香港與各省區現有的關係
2.2 文化方面
2.2.1 各省區文化藝術體育團體到港的交流活動包括（1）大陸文化藝術人員到港參與活動及交流；（2）大陸學人到港講學和合作研究。這些交流活動又可分為牟利及不牟利兩種。

5. 處理香港特區與各省區關係的原則
5.1 共識
（1）基本法對特區與各省區的約束力：
基本法將是九七年後香港使用的基本大法。基本法為全國人民代表大會通過的法律，在全國有效；而不單只在香港特區有約束力。中國各省區處理與特區有關的事務時，都應遵守基本法。內地各省、區人士來港均須遵守基本法。
（2）大陸人士出入香港特區境的情況：
聯合聲明附件一第十四節提到「對中國其他地區的人進入香港特別行政區將按現行的辦法管理。」
特區與各省區出入境的管制，應按照現時實行的方法處理，至於具體的名額及入境手續，應由中央政府與特別行政區政府按當時的情況以協商方式解決。
（3）特區與各省區的其他關係：
香港特別行政區直轄於中央人民政府，香港特區的地位至少不低於省區直轄市，故特區的地位與其他省市對等。特區與其他省區的關係應以雙邊關係協商解決。如有特區與內地省區產生矛盾或紛爭，應透過雙方認可的第三者進行

仲裁或調解。
5.2 其他意見
（1）有關第三點共識提到的第三者，有委員認為即由國務院負責，另有委員建議成立一個專門機構負責。
（2）香港與廣東省的關係：
廣東省因與香港毗連，關係密切。香港現時的食水及糧食都大部份由廣東省輸入。預計九七年後，兩地關係更加密切。有委員建議為了使兩地的溝通更加方便，未來特區與廣東省可設立特別的聯絡處，就經濟等問題進行直接接觸，不需要事事經中央屬下的機構。而非法入境、邊境事件、捕魚海域等聯絡調處工作，可通過適當途徑由廣東省與香港協商解決，如雙方對有關事件經商議而未能獲得解決者，則報請國務院處理。
另有委員認為香港特區與廣東省的雙邊關係，可根據共識第三原則協商解決，不用設立聯絡處或以其他的途徑處理。
（3）有意見指出九七年後，處理特區與各省區關係的機構將會與現在不同，因為香港的主權移交回中國後，英國駐北京大使館（其職責可參考3.2）便不能代替香港處理香港的事務，包括簽證；英國領事館一向行使的有關香港的職權是代表英國政府行使的，九七年以後取代這機構應屬：
1）香港的機構；或
2）中央的機構；或
3）共同的機構。
有建議指出有關簽證的事務，特區政府及中央政府均應有部門負責。而其他的一般事務，可以由中港雙方常設代表去處理；或是國務院訂下若干守則，由特區政府及各省區切實遵行。
另有意見指出有關特區與各省關係的中央機構的問題，應屬中央與香港特區的範疇，不應在特區與各省區關係的層面上討論。
（4）有委員以現時香港與其他各省區的關係為例說明第三點共識，指出各省區原設於香港的經濟機構，例如廣東的粵海，福建的華閩，上海的上海實業等，可以繼續存在。擬新設的國內經濟機構，按香港的公司法組織。在香港法例而言所有這些機構是與其他的公司一樣，不應有特別的權利，故在九七年後，無須特別處理。

※

⑤ 1987年2月26日中央與特別行政區的關係專責小組之特區與各省區關係工作組《特區與各省區關係最後報告》（1987年3月3日中央與特別行政區的關係專責小組第十一次會議附件二）

【P1-5】
（編者按：本文同第二稿文件④，除下列內容外，均同前文。）

2. 香港與各省區現有的關係

5. 處理香港特區與各省區關係的原則
5.1 共識
（1）基本法對香港特區與各省區的約束力：
基本法將是九七年後香港使用的基本大法。基本法為全國人民代表大會通過的法律，適用於香港特別行政區，並在全國有效，內地各省、區人士來港均應遵守基本法。
5.2 其他意見
（1）有關第三點共識提到的第三者，有委員認為即由國務院負責，另有委員建議成立一個專門機構負責。有委員認為香港特別行政區與內地各省區產生矛盾或糾紛，如涉及中央的職權範圍內，最終應由中央決定。至於調解的程序，有委員認為應寫在基本法內，將更有利於香港；但亦有委員覺得不應寫在基本法內，以保留伸縮性。

⑥中央與特別行政區的關係專責小組之特區與各省區關係工作組《特區與各省區關係最後報告》（1987年3月14日經執行委員會通過）

【P1-5】
（編者按：內容同上文）

⑦《Final Report on the Structure of Basic Law》（基本法結構專責小組最後報告，1987年3月14日經執行委員會通過）

【P16】
3. Chapter 2 "Relationship between the Central Government and the SAR".
3.9 Section 9 "The relationship between all the departments of the Central Government as well as provincial, autonomous region and municipal governments and the HKSAR (but there shall not be interference in the internal affairs of the HKSAR)."

第三稿

第二章
「第十一條　中央人民政府所屬各部門、各省、自治區、直轄市均不得干預香港特別行政區根據本法自行管理的事務。
中央各部門、各省、自治區、直轄市在香港特別行政區設立機構須徵得香港特別行政區政府同意和中央人民政府的批准。上述機構及其人員應遵守香港特別行政區的法律。
中國其他地區的人進入香港特別行政區需辦理批准手續。
香港特別行政區可以在北京設立辦事機構。」
〔1987年8月22日《中央與香港特別行政區的關係專題小組工作報告》，載於《中華人民共和國香港特別行政區基本法起草委員會第五次全體會議文件匯編》〕

① 1987年5月22日《香港基本法起草委員會第四次全體會議委員們對基本法序言、總則及第二、三、七、九章條文草案的意見匯集》

【P17-18】
第十一條
1. 有的委員建議，將第一款的「地方事務」改為「根據本法自行管理的事務」，因為將來香港不僅管地方事務，而且管中央授權的一些對外事務。

2. 有的委員建議，將第二款的「……在香港設立機構」改為「在香港設立官方代表機構」，因為連外國人在香港設商業機構都不受限制，內地來港設類似機構反而須批准，這不恰當。

3. 有的委員建議，將第三款內地人進入香港「需辦批准手續」改為「需經香港特別行政區政府的批准」，因為這是香港事務應由香港政府決定。

4. 有的委員建議，將第三款改為須得內地和特別行政區政府雙方的批准，但有的委員認為不合適，以保留現在的寫法為宜。

5. 有的委員認為，香港在北京設機構應不成問題，建議刪去此款。

第四稿

「第二十一條　中央人民政府所屬各部門、各省、自治區、直轄市均不得干預香港特別行政區根據本法自行管理的事務。
中央各部門、各省、自治區、直轄市如需在香港設立機構，須徵得香港特別行政區政府的同意和中央人民政府的批准。
中央各部門、各省、自治區、直轄市在香港設立的一切機構及其人員均應遵守香港特別行政區的法律。
中國其他地區的人進入香港特別行政區需辦理批准手續。
香港特別行政區可以在北京設立辦事機構。」
〔1987年12月基本法起草委員會秘書處《香港特別行政區基本法（草案）》（匯編稿）〕

① 1987年9月2日基本法起草委員會第五次全體會議《委員們對基本法序言和第一、二、三、四、五、六、七、九章條文草稿的意見匯集》

【P16-18】
9. 第十一條
（1）有的委員認為，將來特別行政區不僅只在北京設立辦事機構，基本法不必為此作出規定，建議刪去第四款。有的委員則認為，北京是首都，區別於其他城市，在北京設立辦事機構也反映了中央與特別行政區的關係，建議保留第四款。有的委員提出，本條第三款屬於出入境問題，建議不必寫入此條。

（2）有的委員建議，將本條第三款「中國其他地區的人」改為「香港特別行政區以外的人」；有些委員則認為還有

台灣和澳門的問題，因此認為不改為宜。

（3）有的委員提出，中國其他地區的人進入香港特別行政區，必須經特別行政區政府的批准；有的委員提出，《中英聯合聲明》載明：「對中國其他地區的人進入香港特別行政區將按現在實行的辦法管理」，而現行的辦法，只要憑內地公安部門發的通行證即可進入香港，不需港英批准。

（4）有的委員提出，對於目前持單程通行證由內地去香港的這部份人，將來應由中央人民政府與香港特別行政區政府雙方就數額問題商定，不能由內地單方面決定；對於目前持護照由內地去香港的人，將來進入香港，須獲得香港特別行政區政府的批准，或者需持有香港特別行政區政府發給的工作許可證之類的證件。有些委員認為，按照

《中英聯合聲明》，將來內地中國人進入香港須按照現行的辦法，即主要要靠中央來控制。如果將批准權完全交給特別行政區，則特別行政區實際上是無法控制的。當然，今後在具體實行時可與特別行政區協商。

（5）有些委員建議，第十一條第三款參照《中英聯合聲明》附件一第十四節的寫法，改為「按原來實行的辦法管理」。

（6）有的委員認為，本條第三款的條文不夠明確，沒有明確規定中國其他地區的人進入香港特別行政區由哪個部門批准和應有怎樣的批准手續。建議將此一款單獨列為一條，具體規定中國其他地區的人進入香港特別行政區仍按目前的批准辦法或根據將來與特別行政區達成的協議辦理批准手續。

第五稿

「**第二十一條**　中央人民政府所屬各部門、各省、自治區、直轄市均不得干預香港特別行政區根據本法自行管理的事務。

中央各部門、各省、自治區、直轄市如需在香港設立機構，須徵得香港特別行政區政府同意並經中央人民政府批准。

中央各部門、各省、自治區、直轄市在香港設立的一切機構及其人員均應遵守香港特別行政區的法律。

中國其他地區的人進入香港特別行政區需辦理批准手續。

香港特別行政區可在北京設立辦事機構。」

〔1988年3月基本法起草委員會秘書處《中華人民共和國香港特別行政區基本法（草案）草稿》（總體工作小組第二次會議對目錄、序言、第一、二、三、五、六、七、九章的修改稿）〕

第六稿

「**第二十一條**　中央人民政府所屬各部門、各省、自治區、直轄市均不得干預香港特別行政區根據本法自行管理的事務。

中央各部門、各省、自治區、直轄市如需在香港設立機構，須徵得香港特別行政區政府同意並經中央人民政府批准。

中央各部門、各省、自治區、直轄市在香港設立的一切機構及其人員均應遵守香港特別行政區的法律。

中國其他地區的人進入香港特別行政區需辦理批准手續。

香港特別行政區可在北京設立辦事機構。」

〔1988年4月基本法起草委員會秘書處《中華人民共和國香港特別行政區基本法（草案）草稿》〕

第七稿

「**第二十一條**　中央人民政府所屬各部門、各省、自治區、直轄市均不得干預香港特別行政區根據本法自行管理的事務。

中央各部門、各省、自治區、直轄市如需在香港設立機構，須徵得香港特別行政區政府同意並經中央人民政府批准。

中央各部門、各省、自治區、直轄市在香港設立的一切機構及其人員均應遵守香港特別行政區的法律。

中國其他地區的人進入香港特別行政區需辦理批准手續。

香港特別行政區可在北京設立辦事機構。」

〔1988年4月基本法起草委員會《中華人民共和國香港特別行政區基本法（草案）徵求意見稿》〕

第八稿

「**第二十二條**　中央人民政府所屬各部門、各省、自治區、直轄市均不得干預香港特別行政區根據本法自行管理的事務。

中央各部門、各省、自治區、直轄市如需在香港設立機構，須徵得香港特別行政區政府同意並經中央人民政府批准。

中央各部門、各省、自治區、直轄市在香港設立的一切機構及其人員均須遵守香港特別行政區的法律。

中國其他地區的人進入香港特別行政區須辦理批准手續。

香港特別行政區可在北京設立辦事機構。」

〔1989 年 2 月《中華人民共和國香港特別行政區基本法（草案）》〕

① 1988 年 8 月基本法起草委員會秘書處《香港各界人士對〈香港特別行政區基本法（草案）徵求意見稿〉的意見匯集（一）》

【P12】

第二十一條

1. 第二、三款「中央」改為「中央人民政府所屬」。

2. 本條未能回答中央人民政府各部門、各省、自治區、直轄市與行政長官的關係，以及他們發生糾紛時如何處理的問題。

3. 本條所提的「中央各部門、各省、自治區和直轄市」具體含義需澄清，譬如它們是否包括華潤集團？

4. 希望確認「……須辦理批准手續」是指須經香港特別行政區政府批准，或指須經國內和香港兩方面批准。

※

② 1988 年 9 月基本法起草委員會秘書處《內地各界人士對〈香港特別行政區基本法（草案）徵求意見稿〉的意見匯集》

【P10】

第二十一條

1. 第二款「須徵得」改為「須事先徵得」。

2.「中國其他地區的人」建議改為「中國其他地區的居民」。

3. 第四款中的「批准」不能是香港單方面的。

※

③《基本法諮詢委員會中央與香港特別行政區的關係專責小組對基本法（草案）徵求意見稿第一、第二、第七及第九章的意見匯編》，載於 1988 年 10 月基本法諮詢委員會《中華人民共和國香港特別行政區基本法（草案）徵求意見稿諮詢報告（1）》

【P48-49】

19. 第二十一條

19.1 有委員認為，本條寫出中央人民政府所屬各部門、各省、自治區、直轄市均不得干預香港特別行政區自行管理的事務，並不表示中央人民政府不得干預。

19.2 有委員建議刪去「根據本法」字眼。

19.3 有委員認為，應弄清楚這條所指香港特別行政區自行管理的事務，是否等於第十五條所規定的事務。本條用「自行管理」，而第十五條則用「自行處理」，如有分別，應指出兩者的分別何在。

19.4 第一款第一句，有委員建議改成「中央人民政府及所屬各部門……」，表明亦包括中央人民政府在內。

※

④ 1988 年 10 月基本法諮詢委員會《中華人民共和國香港特別行政區基本法（草案）徵求意見稿諮詢報告第五冊—— 條文總報告》

【96-99】

第二十一條

2. 意見

2.1 贊成意見

→ 贊同中央人民政府各部門不得干預香港特別行政區根據本法自行管理的事務。

2.2 保留意見

→ 這條暗示直轄市下的政府可干預特別行政區。

→ 本條訂明特別行政區不受中央及省、區、市的干預，但沒有說不受中央人民政府的干預。

2.3 其他

→ 中央除了各部門機關外，尚有多個不同類型之委員會，如中央軍事委員會。本條沒有清楚限制該等組織不得干預特別行政區自行管理的事務。

→ 基本法雖然規定特別行政區免受其他軍政單位干擾，但卻不能阻止黨組織的介入、干預甚至支配。

→ 根據內地有關法律，中央人民政府所屬部門都有權對任何省、自治區和直轄市作出不同程度和範疇的干預。但本法的規定，切斷彼此這種領導與被領導的關係。

→ 本條只作原則性的規定，故寫作「不得干預香港特別行政區根據本法自行管理的事務」，這種留有餘地的彈性規定，是考慮到中央各部門，包括國防、外交部有責任管理香港有關的事務。

→ 這條寫得太含糊。可寫明內地到港工作人員是由特別行政區政府還是由中央批准，及人數方面的規限，以防在港造成人口過剩之問題。

→ 在港設立機構要經中央同意並不合理。

3. 建議

3.1 刪除

→ 刪除此條文。

→ 「香港特別行政區可在北京設立辦事機構」列入基本法內意義不大，建議刪去。

→ 刪去第一款「根據本法」字句。

理由：如此可使此條文更能清楚展示不容許內地各部門、省、直轄市對特別行政區的干預。

3.2 修改

→ 第一段改為：「中央人民政府及其所屬各部門、各省、自治區、直轄市或其他特別行政區不得干預香港特別行政區根據基本法自行管理的事務，」

理由：既然香港特別行政區的高度自治由全國人民代表大會常務委員會所授予，中央人民政府應該遵守全國人民代表大會常務委員會所頒佈的基本法，以確保一國兩制，高度自治原則。

→ 第一段改為：「各省、自治區、直轄市均不得干預香港特別行政區事務，中央人民政府應根據本法處理香港特別行政區事務。」

理由：令意思更明確。

→ 第二段改為「中央各部門、各省、自治區、直轄市如需在香港設立機構，須徵得香港特別行政區政府批准，並經中央人民政府同意。」

→ 第二段應是先經中央人民政府批准，再取得特別行政區政府同意，以表明國家地位和體現主權。

→ 第三段「應」字改作「須」字，
理由：「應」字沒有約束力，「須」字才有。

→ 第四段「批准」改為「中央人民政府和香港特別行政區批准」。

→ 第四段改為：「中國其他地區的人進入香港須經國務院或香港特別行政區批准。」
理由：只有這樣才可有秩序地管制合法入境人士。

→ 第四段改為：「中國其他地區的人民，如想進入香港特別行政區，必須經雙方政府批准及辦理有關手續。」

→ 第四段改為：「中國其他地方的人進入香港特別行政區須得香港特別行政區政府批准。」
理由：批准權明確一些，讓香港能對進入及居留此地之人數有所控制。

→ 第四段改為：「中國其他地區的人進入香港特別行政區需辦理批准手續，而人數總額應先徵詢香港特別行政區政府。」
理由：保留現行的制度。

→ 第五段改為：「香港特別行政區可在北京、各省、自治區、直轄市設立辦事機構。」

3.3 增加

→ 加上：「凡觸犯香港特別行政區法律之內地駐港機關和內地人士均須受本港司法機關審理，如該等人潛逃出外，中央有義務負責將之盡快引渡回港審理，不得藉內地法規有異而加以推搪。」
理由：
⊙ 內地人治精神太重，易使人逃避法網。
⊙ 可避免內地人士利用社會主義法制和資本主義法制之矛盾而取巧，達到真正尊重「一國兩制」的目的。

→ 加上：「中國共產黨各級黨委不得干預香港特別行政區根據本法自行管理的事務。」

→ 第一段加上：「全國人民代表大會常務委員會、國務院、中央人民政府本身」。
理由：確保中央人民政府本身（如國務院）不能干預香港特別行政區事務，從而保障「一國兩制」和「高度自治」。

→ 第一段「直轄市」後加「等」字。
理由：以確保所有單位不得干預香港特別行政區的事務。

→ 第一段結尾加上：「但不得有損國家利益與聲譽。」

→ 第一段最後加上：「並且嚴加限制。」

→ 第三段末加上：「除有關國防、外交和國家行為的案件外，所有案件都由香港法院審訊。」

→ 第四段：「批准」兩字前加上「入境」兩字，以求順暢。

→ 第四段加上：「中國其他地區的人每年居留在香港特別行政區的最高總額應獲得中央和香港特別行政區雙方同意，並且不得高出現存的水平。」

→ 第五段：「香港特別行政區」後加上「政府」兩字，及在「北京」後加上「及其他省市」。

→ 「香港特別行政區可在北京設立辦事機構」後加上：「亦可在各省、自治區、直轄市設立商務機構，但須經該

省、自治區、直轄市政府同意並經由中央人民政府批准。」
理由：
⊙ 香港可以主動、靈活處理有關事務，避免受到不必要的麻煩或干擾。
⊙ 特別行政區可根據需要在各省設立辦事機構。
⊙ 既可協調中央人民政府與地方政府的關係，亦符合商務機構的需要。

3.4 其他建議

→ 中國政府應授權香港有關方面，對駐港機構和人員的違法行為，予以干涉，由香港有關方面提供資料，交中國當局處理。

→ 有關中華人民共和國的機構及權力機關或其人員的案件訴訟，應由特別行政區的法律予以訂明。

→ 應說明如有關機構人員犯法，應由特別行政區政府依特別行政區法律處理，與特別行政區其他人無異。

→ 關於駐港機構的人員數額，應由本港規定，如不限額，會加重本港壓力。

→ 中國政府要嚴格管制內地人員進出香港。

→ 基本法應規定要抑制內地「官僚資本」不斷向本港擴張。

→ 條文中「一切機構」太過空泛，應限制於工商業和貿易機構，不包括學術、文化、宗教等其他機構，否則雖然規定要徵得特別行政區政府同意，但未來港人政府就會很難做。

→ 各省、市不應在港設立商業代辦機構（如貿易公司等）以免壟斷香港與各省市的貿易。

4.待澄清問題

→ 若有關機構人員不遵守特別行政區法律會如何處理？

→ 本條提到中央人民政府各部門「均不得干預香港特別行政區根據本法自行管理的事務。」那麼其他的「不根據本法」和「非自行管理」的事務，又是否可以干預？

→ 第五段為何只提香港特別行政區可在「北京」設立辦事機構？

→ 在香港設立的機構是指什麼機構？這些機構有什麼功用？又中央人民政府的批准標準是什麼？

→ 在北京設立辦事機構，是什麼形式的辦事機構？此機構是屬於中央或香港特別行政區呢？能否獨立處理事務？又應向誰負責？

→ 內地省市是否必要在香港設立行政性質的機構？如要設立，雖說須經中央批准，但一旦中央「不准」或香港「不同意」，是否會造成該省與香港特別行政區關係的不愉快？

→ 中央人民政府所屬的各部門、各省、自治區、直轄市與特別行政區行政長官的關係如何？

→ 哪些是中央部門、各省、自治區和直轄市？

→ 「其他地區」是否包括台灣？

→ 中國收回香港後，會否放寬中國移民來港的政策（包括公幹或永久居留）？這樣對香港的人口增長有何保障？而中國對海外移民進入香港又有何法律保障？

→ 本條提及特別行政區可依法管理的事務是否與第十五條的一樣，但一條用「處理」，另一條用「管理」，分別何在？

第九稿

「第二十二條　中央人民政府所屬各部門、各省、自治區、直轄市均不得干預香港特別行政區根據本法自行管理的事務。

中央各部門、各省、自治區、直轄市如需在香港特別行政區設立機構，須徵得香港特別行政區政府同意並經中央人民政府批准。

中央各部門、各省、自治區、直轄市在香港特別行政區設立的一切機構及其人員均須遵守香

港特別行政區的法律。

中國其他地區的人進入香港特別行政區須辦理批准手續，其中進入香港特別行政區定居的人數由中央人民政府主管部門徵求香港特別行政區政府的意見後確定。

香港特別行政區可在北京設立辦事機構。」

〔1990 年 2 月 16 日《中華人民共和國香港特別行政區基本法（草案）》〕

① 1989 年 9 月 20 日《中央與香港特別行政區的關係專責小組第四次會議記錄》

第二十二條
1. 有委員就第四段：「中國其他地區的人進入香港特別行政區須辦理批准手續。」提出應考慮究竟是由中方單獨辦理批准手續，抑或特區政府亦有權參與。

※

② 1989 年 10 月 26 日《基本法草案：基本法工商專業界諮委建議書》

【P7】
9. 行政自治
建議：基本法草案第二十二條應該修改以明確中央人民政府本身不能干預香港特別行政區自行管理的事務。

解釋：第二十二條目前的寫法是中央人民政府所屬的部門、各省、自治區、直轄市均不得干預，但是並沒有明確中央人民政府本身能否干預。

附件一：建議對基本法草案的修改
第 22 條：本條開始的行文是：「中央人民政府及其所屬部門……」

※

③ 1989 年 11 月 30 日基本法起草委員會秘書處《內地各界人士對〈中華人民共和國香港特別行政區基本法（草案）〉的意見匯集》

【P10-11】
第二十二條
1. 第一款「根據本法自行管理的事務」改為「根據中央人民政府授權香港特別行政區自行管理的事務」。（湖北）

2. 第一、二、三款「直轄市」後均須加「及其他地方行政區域」。（寧夏）

3. 第三款之後增寫一款：「香港特別行政區在內地設立的一切機構及進入內地的人員應遵守內地的法律並服從管理。」（遼寧、福建）

4. 第四款「其他地區的人」應改為「其他地區的公民」。（江西）

※

④《基本法諮詢委員會中央與香港特別行政區的關係專責小組對基本法（草案）第一、第二、第七、第八、第九章、附件及附錄的意見匯編》，載於 1989 年 11 月基本法諮詢委員會《中華人民共和國香港特別行政區基本法（草案）諮詢報告第一冊》

【P56】
第二十二條
1. 有委員就第四款：「中國其他地區的人進入香港特別行政區須辦理批准手續。」提出應考慮究竟是由中方單獨辦理批准手續，抑或特別行政區政府亦有權參與。

2. 有委員建議第四款修改如下：「中國其他地區的人進入香港特別行政區須向中國有關部門及香港特別行政區人民入境事務處辦理批准手續。」

※

⑤《基本法諮詢委員會法律專責小組對基本法（草案）一些條文的意見》，載於 1989 年 11 月基本法諮詢委員會《中華人民共和國香港特別行政區基本法（草案）諮詢報告第一冊》

【P64】
（6）第二十二條
除中央人民政府各部門外，國務院也不得干預香港特別行政區的內部事務。

※

⑥ 1989 年 11 月基本法諮詢委員會《中華人民共和國香港特別行政區基本法（草案）諮詢報告第三冊——條文總報告》

【P59-61】
第二十二條
2. 意見
→ 應註明領取入境批准的程序和所需時間。如果程序複雜和時間冗長，外籍人士或非境內人士會望而卻步。這會對香港特別行政區的自由港形象有影響。
→ 沒有寫清楚中共中央及中共中央各部門能否干預香港事務，中共領導人既是黨的領導，又是政府的領導人，屆時就可以「黨領導」的身份干預香港。
→ 沒有明言誰有權批准中國其他地區的人進入香港特別行政區，以及特別行政區是否有權對他們實施入境、逗留及離境限制。假如香港不能對中國其他地區人士實施入境管制，即是一九九七年後香港發生勞工短缺現象，特別行政區政府縱使不願輸入勞工，亦不能拒絕他們。而且只要他們踏足香港，特別行政區政府對他們也將無可奈何，因為《基本法（草案）》並不賦予特別行政區遣返他們的權力。
→ 對於中國各地的人進入香港特別行政區的手續，比如如何批准等有關規定過於簡單、籠統。
→ 若中央人民政府有權干預特別行政區自行管理的事務，則違背「高度自治」的原則。

3. 建議
3.1 刪除
→ 刪去「根據本法」等字眼。
理由：第十六條列明特別行政區享有行政管理權，依照本

法的有關規定自行處理香港特別行政區的行政事務。但本
條的意思好像是當特別行政區「根據本法」自行管理有關
事務時，中央及各部門不能干預，但若特別行政區「不根
據本法」管理有關事務，則中央及各部門就可干預。

3.2 修改
→ 第四款改為：「中國其他地區的人進入香港特別行政
區須向香港特別行政區政府辦理批准手續。」
理由：香港必須管制所有出入境的渠道，方便政府對社會
建設作計劃，同時避免非法貪污。

→ 第四款改為：「中國其他地區的人進入香港特別行政
區須辦理經過中國有關方面和香港特別行政區政府的批准
手續。」
理由：如果只單方面由中國批准就可進入香港，那勢必
造成合法入境人數大量增加。這將嚴重危害到整個香港
社會。

→ 第四款改為：「除因國家公務，中國其他地區的人進
入香港特別行政區，須徵得香港特別行政區政府和中央人
民政府批准。」
理由：這規定可確保中國人來港須先取得特別行政區政府
和中央人民政府同意，防止盲流湧進，擾亂香港。

→ 第四款改為：「中國其他地區的人進入香港特別行政
區需辦理批准手續，而人數總額應先徵詢香港特別行政區
政府。」
理由：保留現行的制度。

→ 第四、五款改為：「國內各地居民進入香港特別行政
區須事先辦理手續，取得香港特別行政區的批准，其辦法
以法律規定之。
香港特別行政區視乎需要可在北京或其他省市設立辦事
機構。」
理由：
⊙ 香港特別行政區是中國的一部份，故用「國內」字眼。
⊙ 「其他」二字相對於什麼，沒有明白指出，給人以「有
些地方的人進入香港無須批准」的錯覺。並且依照原文字
面，湖南人要來香港只需當地政府批准就行了，當然與本
條原意不符。
⊙ 鑑於長期以來本港非法移民問題嚴重，香港特別行政
區政府極應專門制訂有關法律，規範內地居民進出本港。
故加上「事先」二字及「取得香港特別行政區的批准」。
⊙ 第五款的修改，旨在增強香港特別行政區在外地設立
辦事機構的主動性與選擇權。

3.3 增加
→ 在「直轄市」後加上「各級地方政府」。
→ 第三款加「香港特別行政區政府有權根據香港特別行
政區法律監督、管制和約束他們在香港的一切活動。」
理由：使廉政公署可以管制他們的貪污活動。
→ 第三款加上：「中央各部門、各省、自治區、直轄市
的駐港人員如觸犯特別行政區法律，須在特別行政區受審
及服刑。」
→ 第三款後加「中央各部門、各省、自治區、直轄市在
港設立的一切機構及其人員均受到特別行政區法律的約
束，其機構及其人員在特別行政區範圍內若觸犯本港法
律，一律須服從特別行政區法院的裁決，其機構和人員與
外商所簽訂的一切經濟合同及糾紛，也必須按本港法律及

服從本港法院之裁決。」
→ 第四款在「辦理批准手續」前加上「依入境條例」。
→ 第四款在「辦理批准手續」後加上「否則即捕即解回
原居地」。
→ 最後一款在「北京」以後加上：「廣州、深圳、上海」
三地。

3.4 其他
→ 中國其他地區的人進入香港特別行政區首先須徵得特
別行政區政府同意，然後中央人民政府才作出批准。
→ 中國其他地區的人進入香港特別行政區先由中央人民
政府批准，然後才由特別行政區政府決定。中央人民政府
有權批准中國其他地區的人進入香港特別行政區，而特別
行政區政府亦有權不批准這些人進入特別行政區。
→ 九七年後由國內單程和雙程抵港的人數限制在目前的
水平。
理由：免使九七年後的特別行政區政府增加住屋、醫療、
交通等負擔。
→ 對中國大陸人民合法來港永久定居的措施作出檢討，
以防「港人治港」的港人其實是中國大陸人民。
→ 九七年後切勿輸入外地或中國的勞工。
理由：
⊙ 影響香港勞工的生活水平。
⊙ 輸入的勞工可能不肯返回原處。
→ 非法進入特別行政區者應由其原屬地區政府無條件
收回。
→ 內地公安局如需要在香港執行任務，應轉交由香港的
執法機關執行。

4. 待澄清問題
→ 第十三條訂明「外交部在香港設立機構處理外交事
務」，而第二十二條則列明「中央各部門⋯⋯如需在香港
設立機構，須徵得香港特別行政區政府同意」，希望知道
第二十二條所寫的「中央各部門」是否包括外交部。
→ 如果內地來港人士不遵守香港特別行政區的法律，特
別行政區政府將可怎麼辦？
→ 按照「一個中國」的原則，台灣亦為中國省份之一，
憲法中亦有提及，那麼台灣省是否包括在「各省」之中？
→ 對進入香港特別行政區的入境批准應由什麼人或機構
予以發給是不清楚的。
→ 香港特別行政區居民進入中國其他地區又作何處理。

※

⑦ 1989 年 12 月 11 至 12 日《中央與香港特別行
政區關係專題小組第十五次會議紀要》，載於 1990
年 2 月《中華人民共和國香港特別行政區基本法起
草委員會第九次全體會議文件匯編》

【P10】
三、第二十二條第四款後加一句「其中進入香港特別行政
區定居的人數，由中央人民政府主管部門徵求香港特別行政
區政府意見後確定。」

第十稿

「**第二十二條** 中央人民政府所屬各部門、各省、自治區、直轄市均不得干預香港特別行政
區根據本法自行管理的事務。
中央各部門、各省、自治區、直轄市如需在香港特別行政區設立機構，須徵得香港特別行政
區政府同意並經中央人民政府批准。
中央各部門、各省、自治區、直轄市在香港特別行政區設立的一切機構及其人員均須遵守香
港特別行政區的法律。

中國其他地區的人進入香港特別行政區須辦理批准手續，其中進入香港特別行政區定居的人數由中央人民政府主管部門徵求香港特別行政區政府的意見後確定。

香港特別行政區可在北京設立辦事機構。」

〔1990 年 4 月《中華人民共和國香港特別行政區基本法》〕

香港特別行政區應自行立法禁止任何叛國、分裂國家、煽動叛亂、顛覆中央人民政府及竊取國家機密的行為，禁止外國的政治性組織或團體在香港特別行政區進行政治活動，禁止香港特別行政區的政治性組織或團體與外國的政治性組織或團體建立聯繫。

❀ 貳│概念

1. 自行立法禁止、叛國、分裂國家、煽動叛亂、顛覆中央政府及竊取國家機密
2. 禁止外國政治性組織在香港進行政治活動
3. 禁止香港政治性組織與外國政治性組織聯繫

❀ 叁│條文本身的演進和發展

第一稿

第二章

「第十二條　香港特別行政區應以法律禁止任何導致國家分裂和顛覆中央人民政府的活動。」
〔1987 年 4 月 13 日《中央與香港特別行政區的關係專題小組工作報告》，載於《中華人民共和國香港特別行政區基本法起草委員會第四次全體會議文件匯編》〕

① 1987 年 4 月 13 日《中央與香港特別行政區的關係專題小組工作報告》，載於《中華人民共和國香港特別行政區基本法起草委員會第四次全體會議文件匯編》

【P14】

第二章　中央與香港特別行政區的關係
第十二條
說明：委員們考慮到香港現行的《刑事罪條例》中關於禁止危害英國皇室和背叛英國一類的規定，在一九九七年後肯定不能繼續沿用。香港特別行政區作為中華人民共和國的一部份，有義務維護國家的統一和安全，屆時應該有相應的法律來代替，因此認為有必要對此作出原則的規定。有些委員認為，應將「國家分裂」改為「國家領土分裂」。

第二稿

第二章

「第十二條　香港特別行政區應以法律禁止任何破壞國家統一和顛覆中央人民政府的行為。」
〔1987 年 8 月 22 日《中央與香港特別行政區的關係專題小組工作報告》，載於《中華人民共和國香港特別行政區基本法起草委員會第五次全體會議文件匯編》〕

① 1987 年 5 月 22 日《香港基本法起草委員會第四次全體會議委員們對基本法序言、總則、第一及第二、三、七、九章條文草案的意見匯集》
【P18-19】
第十二條
1. 有的委員建議，將「顛覆中央人民政府的活動」改為「顛覆中央人民政府的有組織的活動和暴力活動」。
2. 有的委員建議，改為「香港特別行政區應以法律禁止任何破壞國家統一和顛覆中央人民政府的行為」。

3. 有的委員建議，將「導致國家分裂」改為「導致國家領土分裂」；有的委員建議，改為「導致國家主權分裂」，即不能分裂國家政權，搞兩個中國。

※

② 1987 年 8 月 22 日《中央與香港特別行政區的關係專題小組工作報告》，載於基本法起草委員會秘書處《基本法起草委員會第五次全體會議文件匯編》

說明：有的委員建議，在「破壞國家統一……」前加上「導致」兩字。

第三稿

「**第二十二條　香港特別行政區應以法律禁止任何破壞國家統一和顛覆中央人民政府的行為。**」
〔1987年12月基本法起草委員會秘書處《香港特別行政區基本法（草案）》（匯編稿）〕

① **1987年9月2日《中華人民共和國香港特別行政區基本法起草委員會第五次全體會議委員們對基本法序言和第一、二、三、四、五、六、七、九章條文草稿的意見匯集》**

【P18】
三、關於第二章　中央與香港特別行政區的關係
10.第十二條
部份委員建議去掉本條的說明，條文不作修改。

第四稿

「**第二十二條　香港特別行政區應以法律禁止任何破壞國家統一和顛覆中央人民政府的行為。**」
〔1988年3月基本法起草委員會秘書處《中華人民共和國香港特別行政區基本法（草案）草稿》（總體工作小組第二次會議對目錄、序言、第一、二、三、五、六、七、九章的修改稿）〕

第五稿

「**第二十二條　香港特別行政區應以法律禁止任何破壞國家統一和顛覆中央人民政府的行為。**」
〔1988年4月基本法起草委員會秘書處《中華人民共和國香港特別行政區基本法（草案）草稿》〕

第六稿

「**第二十二條　香港特別行政區應以法律禁止任何破壞國家統一和顛覆中央人民政府的行為。**」
〔1988年4月基本法起草委員會《中華人民共和國香港特別行政區基本法（草案）徵求意見稿》〕

第七稿

「**第二十三條　香港特別行政區應自行立法禁止任何叛國、分裂國家、煽動叛亂及竊取國家機密的行為。**」[1]
〔1989年2月《中華人民共和國香港特別行政區基本法（草案）》〕

① **《基本法工商專業界諮委對基本法（草案）徵求意見稿第二章中央和香港特別行政區關係之意見書》**

【P3】
第二十二條
建議刪去此條，理由是：（1）香港現時已有差不多相同的法律，故無須在基本法內重述；（2）第三章第四十二條已包括此條文的含義。

　　　　　　　　　　※

② **1988年8月基本法起草委員會秘書處《香港各界人士對〈香港特別行政區基本法（草案）徵求意見稿〉的意見匯集（一）》**

【P12-13】
第二十二條

1.僅從本條表面來看，沒有什麼問題，但如果與第十六、十七、十八、一百六十九條聯繫起來看，就會有問題。

2.本條應刪，因為含義模糊，對香港市民構成威脅。

3.將「行為」改為「實際行動」。

4.本條刪去，在第四十二條按憲法第五十四條的寫法，加上「香港特別行政區居民有維護祖國安全、榮譽和利益的義務」。

5.「國家統一」應刪去，同時澄清什麼行為構成顛覆中央人民政府。

　　　　　　　　　　※

③ **1988年9月基本法起草委員會秘書處《內地各界人士對〈香港特別行政區基本法（草案）徵求意見稿〉的意見匯集》**

【P10】
第二十二條
1.刪去「應以法律」

2.本條應移入總則

　　　　　　　　　　※

④ **1988年10月基本法諮詢委員會《中華人民共和國香港特別行政區基本法（草案）徵求意見稿諮詢報告第五冊——條文總報告》**

註1：本條條文在表決時得三十五票，差兩票未獲得三分之二多數通過。

第二十二條

2. 意見

2.1 贊成此條文，認為可以接受。

→ 此條文旨在防止一切因破壞和顛覆而引起的動亂，其實只會有利於保持香港的穩定和繁榮。

→ 很多嚴峻的法例都只是在逼不得已的情況下才會引用，香港現時亦有類似第二十二條的嚴刑峻法，目的只在起阻嚇作用，所以這條文是可以接受的。

→ 此條文字眼方面可作修改，但基本精神不應改變。

→ 中央人民政府是有權禁止任何破壞國家統一和顛覆中央人民政府的行為。

→ 不需加減或刪改，以免野心份子乘機搞分裂。

2.2 對港人自由的影響

→ 此條文會剝奪香港人的權利和自由。

→ 會剝削香港法律對香港市民的保障。

→ 法律所禁止的行為應不能影響香港的新聞和言論自由。

→ 此條文賦予中央人民政府無限大的權力，嚴重影響香港的言論和新聞自由。

→ 此條文會為香港帶來類似「反革命罪」的法律，剝奪港人的權利和自由。

→ 第二十六條已列出特別行政區居民可享有的各項自由，故不應以此條文限制這些自由。

2.3 與《中英聯合聲明》的關係

違反《中英聯合聲明》

理由：

⊙ 《中英聯合聲明》規定特別行政區將保持其資本主義制度及生活方式，五十年不變，但資本主義制度基本上都是反共產、會破壞國家統一和顛覆中央人民政府的。

⊙ 《中英聯合聲明》沒有提及「禁止任何破壞國家統一和顛覆中央人民政府的行為」。若香港日後按此條文制定的叛亂罪條例不符合中央人民政府要求，則北京便可引用第十七條在港實施大陸的一套制度，此乃有違《中英聯合聲明》規定香港享有高度自治和立法權的精神。

2.4 保留意見

→ 有保留。

理由：「國家統一和顛覆中央人民政府的行為」範圍太廣，無邊無際。

因為很不容易給予一個準則來界定什麼是「顛覆中央人民政府的行為」，容易出現混亂。

2.5 其他

→ 此條文當中許多用詞頗為含糊，在解釋與執行上難保不會危害港人的人權和自由。從現實考慮，香港實在沒有顛覆中央人民政府的力量與可能性，而且在基本法第十六、十七和一百六十九條均已作出若干保留。

→ 此條文的規定含義過於空泛，容易被人濫用。例如掌權者對政見不同的人士可加上「破壞統一」和「顛覆中央人民政府」的罪名。

→ 條文沒有說明誰人制定有關法律、犯罪者的處理程序、對新聞工作者的制限，條文採用「應以法律」而非「可以法律」，這都是不合理的。

→ 條文沒有寫明，在裁決事情是否「破壞國家統一及領土完整」時，以內地抑或是香港的法制為基礎。

→ 此條文提及特別行政區政府「應以法律禁止……」，但該法律現時並未出現，一九九七年後由誰制定此等法律？此條文含義深遠，而且影響極大。

→ 此條文原指是「反革命」罪，現在被「升級」為「叛國」罪。

→ 「顛覆」與「叛國」不同，所有民主國家都沒有法律禁止顛覆國家的行為。

→ 當政府再不能代表人民的利益時，人民要把它推翻是天公地道之事。

此條文表明了中央人民政府極度不信任特別行政區和港

人，亦是其沒有自信心的表現，這條文是「處處設防」的典型例子。

→ 此條文的唯一作用是促使港人移民。

→ 此條文的真正意義只是保護統治者本身不受反對。

→ 此條文會令台灣人不寒而慄，故本身就有着「破壞統一」的功能。

→ 此條文的政治性強，令敏感的港人難以接受。

→ 此條文過於苛刻，令人擔憂。

3. 建議

3.1 整體性建議

應該列明何謂「破壞國家統一和顛覆中央人民政府的行為」。

理由：

⊙ 以避免日後特別行政區居民的言論等自由受到限制。

⊙ 內容含糊空泛，容易被將來政府濫用。

用較積極的語法改寫此條文，可參考中國憲法第五十四條。

→ 應用正面及積極的寫法，標明「香港人有義務維持國家統一」以代替此條文。此舉不但可達到保護國家之目的，亦能減除港人在這方面的恐懼。

→ 在決定非自治範圍的事務時，必須有一適當的分界標準及一個應用該標準去執行劃分權力的機構。

→ 應列明由特別行政區立法會議界定哪些是破壞國家統一和領土完整的行為。

→ 可寫明有關「破壞國家統一和顛覆中央人民政府」的案件將在港審判，並以兩個國際公約為原則，以免港人擔心。

→ 為防止國際犯罪份子及恐怖份子鬧事，一支強大的特警部隊是需要的。自治就是履行國家統一的基礎。

→ 應列明自由言論、集會、抗議及請願行為不會被列為「破壞國家統一和顛覆中央人民政府」的行為。

→ 應以本港的法律為本，勿滲入社會主義。

3.2 刪除

→ 刪除此條文。

理由：

⊙ 如果政府令人民滿意的話，根本沒有人會做出顛覆政府的行為。

⊙ 香港完全沒有獨立的條件，所以沒有可能顛覆中央人民政府，此條文只令人產生恐懼，沒有實際必要。

⊙ 人民有權評論中央人民政府和談論國家統一的問題。

⊙ 此條文範圍太廣，其實應改為「破壞公眾治安」，但現行法例已有此條，故無須特別聲明。

⊙ 此條文含義廣泛，將來會成為特別行政區政府強迫市民對中央效忠的武器。

⊙ 此條文用詞含糊，在解釋和執行上難保不會危害港人的權利和自由。

⊙ 根據第十七條，人大常委會可制定任何有關「國家統一」的法律，由國務院指令香港政府公佈實施。故此，此條文極易被濫用，影響特別行政區的自治及居民權利。

→ 若不清楚說明何謂「破壞國家統一及領土完整」，則建議刪除此條文。

→ 若有其他法律保障，此條文可考慮刪除。

3.3 修改

→ 改為：「香港的中國公民，有維護祖國的安全、榮譽和利益的義務，不得有危害祖國安全、榮譽和利益的行為」。並將此條文加入第四十二條中。

→ 改為：「香港特別行政區應以法律條文規定有事實根據和法律證據的有關禁止破壞國家統一和顛覆中央人民政府的行為。」

理由：破壞國家統一和顛覆中央人民政府的行為屬反革命，為保障人權及人命，必須以法律明文規定提供事實和證據，才不致無辜者受誣陷。

→ 改為：「香港特別行政區應以法律禁止任何從事香港獨立活動的行為。」

→ 改為：「香港特別行政區除以法律規定外，居民得享有原來應得的自由。」
→ 改為：「香港特別行政區應以法律禁止任何推翻中央人民政府的行為。」
→ 改為：「香港特別行政區應以法律禁止任何叛國行為。」
→ 改為：「香港特別行政區應以法律維護國家統一及支持中央人民政府。」
→ 改為：「香港特別行政區應以法律禁止任何用暴力破壞國家統一和顛覆中央人民政府的行為。」
→ 建議用「叛國」來代替「顛覆中央人民政府」。
→ 將「顛覆中央人民政府的行為」改為「顛覆國家的行為」。
→ 「國家統一」應改為「國家領土統一」。

3.4 增加
→ 在「……破壞國家統一」和「顛覆中央人民政府……」之間加上「危害國家安全和」。
理由：有些行為雖未構成顛覆政府，但是危害國家安全。
→ 此條文最後應加上附註：「但所有善意及有建設性之批評和行為，則備受歡迎。」
理由：加上附註後，可令港人覺得比較民主，對香港較有歸屬感和責任感。
→ 應說明此條文不能與第三十八條所規定之國際公約有所抵觸。

3.5 調動
→ 此條文應與第四十二條合併，無需以單獨的條文出現，引起反感。
→ 把此條文納入第十七條內。
理由：只有中央人民政府才能決定哪些行為屬「破壞國家統一和顛覆中央人民政府」的行為。

4. 待澄清問題
→ 何謂「破壞國家統一和顛覆中央人民政府的行為」？
→ 遊行、罷工等算否「破壞國家統一和顛覆中央人民政府的行為」呢？
→ 批評中央人民政府的言論算不算是「顛覆中央人民政府」的行為？
→ 「與台灣人通婚或離婚」，算不算是破壞「國家統一」和顛覆「中央人民政府」的行為？
→ 何謂「破壞」國家統一？對政府的批評並不一定等於煽動人民推翻政府。現在的條文是否意味着連對政府健康性的批評也不可以？
→ 此條文是否授權香港特別行政區裁定什麼行為屬於破壞國家統一和顛覆中央人民政府的行為？
→ 此條文中的「法律」是指特別行政區政府的法律或中央人民政府的法律？

第八稿

「**第二十三條　香港特別行政區應自行立法禁止任何叛國、分裂國家、煽動叛亂、顛覆中央人民政府及竊取國家機密的行為，禁止外國的政治性組織或團體在香港特別行政區進行政治活動，禁止香港特別行政區的政治性組織或團體與外國的政治性組織或團體建立聯繫。」**
〔1990 年 2 月 16 日《中華人民共和國香港特別行政區基本法（草案）》〕

① 1989 年 8 月 15 日戴健文《致：基本法諮委會中央與特區關係專責小組秘書》（1989 年 8 月 22 日中央與香港特別行政區的關係專責小組第三次會議附件四）

第二十三條
立法禁止任何叛國、分裂國家、煽動叛亂及竊取國家機密的行為。究竟將來特區自行立法時，所考慮的原則是否應與中國看齊呢？換句話說，如吾爾開希在港發表言論，應否被列為叛國行為呢？

※

② 1989 年 8 月 22 日《中央與香港特別行政區的關係專責小組第三次會議紀錄》

第二十三條
1. 有委員建議本條「叛亂」改為「叛國」，因為叛亂範圍很廣泛，而本條的目的乃禁止破壞涉及國家的行為，故應將所有要禁止的活動規限為與「國家」有關。

2. 有委員認為本條列明「香港特別行政區應自行立法禁止任何叛國、分裂國家、煽動叛亂及竊取國家機密的行為。」根據理解，特區可自行處理的行為應屬特區自治範圍內的事務，但「叛國、分裂國家」等行為，中央亦可理解為中央管理的事務。若九七年後中央認為特區自行訂立的法律不足以禁止叛國等行為，引致中央利益受損及破壞國家統一，則可能有下列情況出現：
→ 中央根據基本法第十七條，認為「香港特別行政區立法機關制定的任何法律不符合本法關於中央管理的事務及中央和香港特別行政區的關係的條款，」而將法律發回重議。

→ 中央根據基本法第十八條，以叛國等行為乃「有關國防、外交和其他按本法規定不屬於香港特別行政區自治範圍的法律。」而將其他有關全國性法律加列入附件三，以在特區實行。
→ 委員認為上述情況令人擔憂，故有下列建議。
ⅰ 若中央要對本法附件三的法律作出增減，不應如現在第十八條的推定，只「徵詢」基本法委員會和特區政府的意見，而必須要同時得到兩者的同意。
ⅱ 若中央要增減列入附件三的法律，則當修改基本法論，即要依據第一百五十八條的規定。

※

③ 1989 年 9 月 20 日《中央與香港特別行政區的關係專責小組第四次會議紀錄》

第二十三條
1. 有委員指出中國對何謂叛國、分裂國家等罪行的理解和處理與香港很不同，恐怕日後中港會就有關字眼的解釋產生矛盾，令致本條雖列明特區可「自行立法禁止」有關活動，將來亦會因中國不同意特區政府的處理方法，而將內地的標準加諸香港，則本條的保障形同虛設。
2. 對上述看法，有委員有不同意見，他認為特區政府根據第二十三條所訂立的法律將依據第十七條的規定，先交人大常委會備案，若中央政府不同意特區的做法，會將法律發回重議。故將來在香港施行的禁止叛國、分裂國家的法律，將必定是同時為中、港雙方同意的。

3. 就此，有委員便認為香港居民若在香港境內觸犯有關叛國等罪行，必定要依照香港法律審判及定罪，不應依照國內的法律。若他在中國境內觸犯有關罪行，則依照中國法律處理。委員大致同意此做法，但建議基本法中應清楚寫

明，令香港人安心。

4. 有委員提及中國刑法指出若中國公民犯了叛國或反革命罪，縱使他在國外，中國刑法亦有效。該委員擔心若有香港居民在香港進行某些活動，該等行為根據香港法律不算犯法，但依據中國刑法則算犯法，若該名香港居民到達外國，會否仍然受香港法律保障，抑或要依據中國刑法而受罰？

※

④ 1989 年 11 月 30 日基本法起草委員會秘書處《內地各界人士對〈中華人民共和國香港特別行政區基本法（草案）〉的意見匯集》

【P11】
第二十三條
1. 建議增加「禁止顛覆中央人民政府」的內容。（民主派人士、法學界人士、福建、廣東）

2. 建議增寫一款：「禁止敵視、破壞、攻擊中國內地其他地區的社會主義制度」，並增寫保證本條實施的處罰措施。（河南）

※

⑤《基本法諮詢委員會中央與香港特別行政區的關係專責小組對基本法（草案）第一、第二、第七、第八、第九章、附件及附錄的意見匯編》，載於 1989 年 11 月基本法諮詢委員會《中華人民共和國香港特別行政區基本法（草案）諮詢報告第一冊》

【P56-57】
第二十三條
（編者按：本文是第八稿文件②及③的綜合版，除下列內容外，均同前文。）

6. 該委員擔心若有香港居民在外國期間進行某些活動，該些活動根據香港法律不算犯法，但依中國法律卻是違法。在這情況下，該香港居民的行為會依據香港法律的準則，抑或會因為他是中國公民，而依從中國的法律。委員認為這方面不清楚，令人擔憂。

※

⑥《國家安全法及緊急法例》，載於 1989 年 11 月基本法諮詢委員會《中華人民共和國香港特別行政區基本法（草案）諮詢報告第二冊——專題報告》

【P20】
2. 主權的問題
2.4《基本法（草案）》所列的有關法例
第二十三條：「應自行立法禁止任何叛國、分裂國家、煽動叛亂及竊取國家機密的行為。」
2.5 對《基本法（草案）》有關條文的意見和建議
2.5.1 此條文沒有界定何謂「叛國、分裂國家、煽動叛亂及竊取國家機密的行為」；由誰界定這些行為；及有關這方面的言論、刊物、藝術創作等會否被列入禁制的範圍。
2.5.2 由於民主國家與共產國家對「叛國」、「分裂國家」、「煽動叛亂」及「竊取國家機密」這些名詞的概念和理解很不相同，有些意見認為，基本法的解釋權不在特別行政區，將來第二十三條會嚴重影響特別行政區的新聞和言論

自由。
2.5.3 必須明確界定「叛國」等概念，並清楚在基本法中列明。
2.5.4 一九九七年後港人是否觸犯此條文所列的內容，應以本港的法律標準作決定，而不應採取內地的標準。

※

⑦ 1989 年 11 月基本法諮詢委員會《中華人民共和國香港特別行政區基本法（草案）諮詢報告第三冊——條文總報告》

【P61-63】
第二十三條
2. 意見
2.1 正面
→ 本條已有足夠制衡力量防止香港干預內地政府。
→ 贊成本條基本精神，但反對使用「煽動叛亂及竊取國家機密」的字眼，此字眼彈性很大，私下發表對政府不同意見也可被指成為煽動叛亂，更何況公開演說及發表文章。而國家機密的涵義也不清楚。加進此二項，即剝奪本條所給予香港居民的所有權利。更何況香港無基本法的解釋權，所以應取消，或以更適當、具體的字眼來代替。
2.2 反面
→ 本條列明香港特別行政區應自行立法禁止任何叛國、分裂國家、煽動叛亂及竊取國家機密的行為。但中央一九八八年九月五日通過（一九八九年五月一日實施）的保守國家秘密法第八條列出了六項秘密：
（1）國家事務的重大決策中的秘密事項；
（2）國防建設和武裝力量活動中的秘密事項；
（3）外交和外事活動中的秘密事項以及對外承擔保密義務的事項；
（4）國民經濟和社會發展中的秘密事項；
（5）科學技術中的秘密事項；
（6）維護國家安全活動和追查刑事犯罪中的秘密事項；
以上是無所不包，且第七項又規定：「其他經國家保密工作部門確定應當保守的國家秘密事項」。在這種規定下，特別行政區人民的言論、新聞自由（草案第二十七條）將受到嚴格限制。
→ 香港現時享有高度的言論自由，但對什麼是分裂國家、煽動叛亂等名詞認識不深，因此很容易犯錯也不知曉。另外，若香港市民犯了上述行為，卻由一批對香港情況不熟悉的內地官員審判的話，就更令人們對九七年後的生活感到不安。

3. 建議
3.1 刪除
→ 刪除此條。
理由：
⊙ 將會強烈影響本港一貫以來的新聞及言論自由，且亦不符合「一國兩制」之基本方針。
⊙「叛國、分裂國家、煽動叛亂及竊取國家機密」並無任何定義，十分容易被濫用。
⊙ 本條文許多用詞頗為含糊，在解釋與執行上難保不會危害港人的人權和自由，從現實考慮，香港實在沒有顛覆中央人民政府的力量及可能性。
→ 刪去「應自行立法」五字，應依從基本法來立法，保證五十年不變。
→ 刪去「分裂國家」及「煽動叛亂」這些字眼
理由：
⊙「分裂國家」及「叛亂」屬於「叛國」的範圍內，故不用重寫。
⊙「煽動」一詞相等於普通法之「incitement」，此刑事

罪行在普通法內已經存在。為避免重新解釋這些字眼在法律上的意義，故可刪去。
→ 刪除「煽動叛亂」。
理由：煽動叛亂是傾向叛國的行為，本條已載明禁止叛國，故可刪去。
→ 刪去「竊取國家機密」字眼，除非能清楚界定。

3.2 修改
→ 改為：「香港特別行政區自行立法禁止任何叛國、分裂國家、危害地區安全、煽動叛亂及竊取國家和地區機密的行為。」
→ 改為：「香港特別行政區應自行立法禁止任何破壞或足以影響和鄰近地區保持和諧關係的行為。」
→ 改為：「香港特別行政區應自行立法禁止任何損害國家及人民整體利益的行為。」
→ 改為：「香港特別行政區應自行立法，禁止任何破壞國家統一和顛覆中央人民政府、叛國、煽動叛亂及竊取國家機密的行為。」
理由：顛覆和叛國不同，勾結外國勢力企圖推翻中央和社會主義制度，否定共產黨領導就是顛覆，投靠外國做賣國賊就是叛國，故必須並列。
→ 把「應」改為「須」。
理由：「應」字可能會被認為是可做可不做，「須」字意義更清楚。

3.3 增加
加上：「……自行立法命令香港人尊重國內社會主義制度，不得任意攻擊等，以防一小撮破壞份子濫用言論等自由。」

3.4 其他
香港特別行政區政府在自行立法禁止「叛國、分裂國家、煽動叛亂」的行為時，下述兩項行為不應禁止：
（1）該行為體現和符合了特定區域裡大多數人們的意志和利益，或；

（2）該行為得到自由民主國家或自由民主人士的廣泛認同。
→ 此條款應參照自由民主的國家來立法，而不應自行立法。
理由：
⊙ 「叛國、分裂國家、煽動叛亂的行為」的概念過於籠統，況且，自由民主和共產專制國家對這些概念的解釋有很大差別。
⊙ 此條款的解釋權又在中國人大常委會手中，故須對「叛國、分裂國家、煽動叛亂的行為」的概念具體規範或沿用現行的法例。否則，此條款將大大侵犯公民的言論和人身自由。
→ 九七年後，香港人有否觸犯本條內容，應以本港法律為依據，而不是依從北京政府的意見或中國的法律。
→ 有關叛國、分裂國家、煽動叛亂及竊取國家機密的行為應以香港施行已久的普通法為基礎，由特別行政區法院予以獨立的司法解釋及審理。
→ 此條中之「自行」立法規定十分重要，但必須清楚說明「黨」與「國」的分別。
理由：「分裂黨」和「反對中共」不等於「分裂國家」。

4. 待澄清問題
→ 應詳細列明什麼程度才是「叛國、分裂國家、煽動叛亂及竊取國家機密的行為」。
→ 本條列明是由特別行政區法院立法，那麼是否亦由特別行政區法院審理？
→ 本條有關「叛國、分裂國家、煽動叛亂及竊取國家機密的行為」等字眼，因應香港的環境，本地立法機關所制定的相應法例和執法所應用的尺度應否和國內的完全一樣呢？基本法委員會又有沒有權力處理這問題呢？
→ 若某些人做了某些被指為叛國或分裂國家的行為，當他進入中國境內，會否被捕呢？又或者會否被引渡返內地受審呢？

第九稿

「第二十三條　香港特別行政區應自行立法禁止任何叛國、分裂國家、煽動叛亂、顛覆中央人民政府及竊取國家機密的行為，禁止外國的政治性組織或團體在香港特別行政區進行政治活動，禁止香港特別行政區的政治性組織或團體與外國的政治性組織或團體建立聯繫。」
〔1990 年 4 月《中華人民共和國香港特別行政區基本法》〕

香港特別行政區居民，簡稱香港居民，包括永久性居民和非永久性居民。

香港特別行政區永久性居民為：

（一）在香港特別行政區成立以前或以後在香港出生的中國公民；

（二）在香港特別行政區成立以前或以後在香港通常居住連續七年以上的中國公民；

（三）第（一）、（二）兩項所列居民在香港以外所生的中國籍子女；

（四）在香港特別行政區成立以前或以後持有效旅行證件進入香港、在香港通常居住連續七年以上並以香港為永久居住地的非中國籍的人；

（五）在香港特別行政區成立以前或以後第（四）項所列居民在香港所生的未滿二十一周歲的子女；

（六）第（一）至（五）項所列居民以外在香港特別行政區成立以前只在香港有居留權的人。

以上居民在香港特別行政區享有居留權和有資格依照香港特別行政區法律取得載明其居留權的永久性居民身份證。

香港特別行政區非永久性居民為：有資格依照香港特別行政區法律取得香港居民身份證，但沒有居留權的人。

1. 香港居民
2. 香港永久性居民
3. 香港非永久性居民
4. 在香港出生的中國公民
5. 通常居住連續七年以上的中國公民
6. 香港永久性居民在香港以外所生的中國籍子女
7. 通常居住連續七年以上並以香港為永久居住地的非中國籍人士及其子女
8. 居留權
9. 香港永久性居民身份證（有居留權）
10. 香港居民身份證（無居留權）

❀ 叁│條文本身的演進和發展

第一稿

第三章

「第一條　香港居民包括永久性居民和臨時性居民。

香港永久性居民為：

（一）在香港特別行政區成立以前或者以後在香港出生的中國公民；

（二）在香港特別行政區成立以前或者以後在香港通常居住連續滿七年的中國公民；

（三）第（一）、（二）兩項所列居民在香港以外所生的中國籍子女；

（四）在香港特別行政區成立以前或者以後在香港通常居住連續滿七年並以香港為永久居住地的非中國籍的人；

（五）在香港特別行政區成立以前或者以後第（四）項所列居民在香港所生的未滿二十一歲的子女；

（六）在香港特別行政區成立前只在香港有居留權的非中國籍的人。

香港臨時性居民為：在香港特別行政區成立以前或者以後，在香港居住已滿一年、未滿七年的人。」

〔1986 年 11 月 12 日《香港特別行政區基本法起草委員會香港居民的基本權利和義務專題小組的工作報告》，載於《中華人民共和國香港特別行政區基本法起草委員會第三次全體會議文件匯編》〕

① 1986 年 2 月基本法諮詢委員會《第二批研討會總結》

六、基本法結構初擬
3. 居民的權力和義務：
公民與居民（區民）的分別（或港人的定義），……

※

② 1986 年 2 月基本法諮詢委員會《第五批研討會總結》

其他項目
8. 中國移民：應有嚴格的限制

※

③ 1986 年 2 月基本法諮詢委員會《第六批研討會總結》

其中應詳細說明的問題包括：
3. 居民的定義……

※

④ 1986 年 4 月《香港各界人士對〈基本法〉結構等問題的意見匯集》（基本法起草委員會第二次會議參閱資料之一）

【P4-5】
關於《基本法》結構的方案和意見
一、方案
（方案四）12. 居民之權利及自由：包括「港人」與永久居留

權的定義，可持之護照及旅遊證件、出入自由等。

（方案五）3.有關公民的權利和義務部份，要界定香港特別行政區公民的定義，……

【P9-10】
（方案八）7.特別行政區公民的權利和義務。
（2）與中國一般公民的分別。

（方案九）2.香港特別行政區之公民、居民之定義及居留權、公民權之取得與放棄。

※

⑤ 1986 年 4 月 4 日居民及其他人的權利自由福利與義務專責小組第一次會議討論文件

（編者按：此文件乃依香港大學法學院圖書館的歸檔順序處理出處）

定義本身
a、香港居民： 出生、居住。
b、中國人： 公職上需要來香港、移民、短期旅遊。
c、新界原居民（傳統上的權利問題）。
d、非華裔居民。
e、外國僑民。

※

⑥ 1986 年 4 月 22 日《中華人民共和國香港特別行政區基本法結構（草案）》，載於《中華人民共和國香港特別行政區基本法起草委員會第二次全體會議文件匯編》

【P12】
第三章　香港居民的基本權利和義務
（一）香港居民的定義

※

⑦ 1986 年 4 月《部份起草委員對基本法結構（草案）的意見（備忘錄）》，載於《中華人民共和國香港特別行政區基本法起草委員會第二次全體會議文件匯編》

【P25】
五、關於《香港居民的基本權利和義務》
37.香港居民與香港公民的概念不同，享受的權利和承擔的義務也不同，基本法應分別作出明確的規定。

※

⑧ 1986 年 4 月 22 日《居民及其他人的權利自由福利與義務第二次會議總結（第一分組）》

【P1】
（1）部份委員指出，《中英聯合聲明》內或日常討論中出現過「居民」、「市民」、「公民」、「當地人」等多種字眼，概念不清楚，容易產生混淆，故希望能準確訂明。有委員建議，既然最新發表的基本法結構（草案）內採用「香港居民」一詞，我們便應把討論集中於「如何定義香港居民」，並盡量避免使用其他字眼。

（3）關於香港居民的定義，不少委員認為《中英聯合聲明》附件一第十四節第一段已有清楚說明，並大可作為討論的依據或出發點。有委員認為，按《中英聯合聲明》，可將在港居住的人分成兩類：
1.永久性居民，即持有香港特別行政區永久性居民身份證者，為香港居民；
2.其他合法居留者，即非永久性居民；
而永久性居民項下，再按特殊情況細分出新界原居民、非華裔居民……等項目。
針對不同權利，亦可以對永久性居民附加上其他條件，作為他獲得此等權利的資格。但亦有委員認為《中英聯合聲明》中的說明仍有未完全之處，例如國籍問題。

※

⑨ 1986 年 4 月 22 日《居民及其他人的權利自由福利與義務第二次會議總結（第二分組）》

1.公民與居民：
公民與居民是有分別的。公民是相對於國家，牽涉主權問題。有委員提出，既然香港不是國家，而只是一個地區，若一個國家的公民可獲簽發該國護照的話，則持有香港特別行政區旅行證件者便是香港公民。但其他普遍意見認為，由於公民定義與國家主權有關，香港特別行政區只屬於中國的一部份，因此不應有所謂「香港公民」，而只有「香港居民」和「中國公民」，故建議不要談公民部份，並把討論集中於居民定義。

3.居民定義：
首先，有委員提出，居民的定義根本只是一個概念，人們並不因這樣的一個名詞而令致他們有或沒有某一種權利和義務，因此在現階段，大家實無必要花太多時間給各類居民都下一個很確切的定義。其實居民只得一類，那就是「在香港居住的人士」，所以，大家應先談這些最基本的、對任何人都適用的權利和義務，然後在討論某些特別的權利和義務時，才逐一定出條件並由法例加以管制，把某一項權利和義務規限於某一類人。總之，任何人只要符合所定條件，便可以享受這些權利或執行這些義務，那時候，各類居民的定義便會自自然然的走出來。
另一方面，也有委員持不同意見，認為將居民定義為「在香港居住的人士」未免太廣泛，或許居民的定義在目前來說，不很重要，但對 97 年後的香港特別行政區則具深遠意義，故此必須清楚界定，以免其他任何人很容易也可以變成香港居民。同時，雖然不少委員都同意上述由權利義務走到定義的討論步驟，但如果定義太抽象的話，討論便有困難，所以，最少應有一些共識，例如以香港現行制度為基礎。最後，各委員基本上都贊同以《中英聯合聲明》附件一第十四節為根據，建議將香港居民分為三類：
（1）擁有香港永久居權居民，即按聯合聲明附件一第十四節規定，可獲永久性居民身份證者，他們可享有選舉及被選舉權，但非華裔者不能被選為行政長官及立法機關官員，或擔任司級官員；
（2）外國居港僑民；
（3）臨時居民，包括過境旅客及居港未足七年者。
後兩類則沒有選舉及被選舉權。

※

⑩ 1986 年 5 月 27 日居民及其他人的權利自由福利與義務第三次會議討論資料

葉劉淑儀女士講解之事項建議：

1.香港現時有多少類居民？以什麼作為分類標準？他們持有什麼證件？各類居民的權益有什麼分別？是否可以用一簡易表格列明以上幾點？（例如：居民類別、分定準則、所持證件……）

2.在什麼情況下會失去居民資格？

3.香港出生之人士，是否無論在香港居住多久都有居留權？（是否還有年齡限制？）

4.外地來港工作之人士（例如菲傭、英國人、澳洲人、美國人等）是否可以成為「永久居民」？需要什麼條件？

5.「英國籍」到底有多少種？持不同「英國籍」的人士的居留權及其他權益有些什麼分別？

8.越南難民在九七年前之處理。

9.何謂擅自入境者？

10.下列名詞之定義：
（1）香港本土人士
（2）非外國人
（3）華籍居民
（4）英國屬土公民
（5）英國海外公民
（6）曾通常在本港居住三年或以上

11.如何計算連續居港七年的時間？

12.現在有沒有「永久性居民」這類人？如有，如何界定？

《中英聯合聲明》附件一（十四）對永久性居民及各類人士之定義：

	國籍	出生地	（九七年前）現有證件		必須條件	（九七年後）將來證件	
1	中國	香港	黑印身份證	BDTC/BNO		永久性居民身份證	特區護照和（或）BNO
2	中國（放棄外籍）	外地	黑印身份證	BDTO/BNO	父或母是中國籍（中國公民）的香港居民	永久性居民身份證	特區護照和（或）BNO
3	現為外國籍，將來歸回中國籍	外國		外國護照	父或母是中國籍（中國公民）的香港居民	永久性居民身份證	特區護照
4	中國	香港以外	黑印身份證	CI	在港連續居住不少過七年	永久性居民身份證	特區護照
5	其他人（非中國籍）	香港	黑印身份證	外國護照	未滿21歲	永久性居民身份證	外國護照
6	其他人（非中國籍）	香港	黑印身份證	外國護照	21歲以上：1.連續居住不少過七年；2.並以香港為永久居住地	永久性居民身份證	外國護照
7	其他人（非中國籍）	外地出生	黑印身份證	外國護照	1.連續居住不少過七年；2.並以香港為永久居住地	永久性居民身份證	外國護照
8	其他人（無國籍）	任何地方	黑印身份證	BDTC/BNO/CI	特區成立前只在香港有居留權	永久性居民身份證	「特區身份證明書」和（或）BNO

※

⑪ 1986年6月18日《居民及其他人的權利自由福利與義務第四次會議紀要（第一分組）》

討論題目：居民定義
3.與會委員對下列問題達到共識：
3.1 將來的「英國公民（海外）」護照在中國而言，只是旅遊證件；
3.2 持有外國護照者，不能領取香港特別行政區護照，因為中國是不承認雙重國籍的；
3.3 中國籍是以血統為根據的。

4.委員就「永久居民」的定義和分類作了詳細的討論，大家基本同意這分類方法。

5.委員主要討論了如何解釋「以香港為永久居住地」的問題，會上意見歸納如下：
5.1 有委員認為如有人連續在港居住七年，便足以證明他以香港為永久居住地；
5.2 有委員認為如果要解釋「以香港為永久居住地」，便應將準則定得寬一些，例如容許持外國護照的人有永久居民的身份，以便讓更多人可以在港效力和作出貢獻；

5.3 有委員提出「以香港為永久居住地」即是以香港為本位，對香港有所貢獻；
5.4 有委員提出如有人希望「以香港為永久居住地」，他用發誓的方法表明意願便可；
5.5 有委員認為如有人在港連續住滿七年後離港，但欲「以香港為永久居住地」，便須跟香港保持實質的聯繫；
5.6 有委員認為這個問題只影響到少數非中國籍的人士，因而覺得沒有必要詳加分析。

※

⑫ 1986 年 6 月 18 日《居民及其他人的權利自由福利與義務第四次會議紀要（第二分組）》

討論題目：居民之定義
三、分組討論紀要
（3）由國內派來公幹之人士無論留港多久，不能自動地擁有香港之護照。

（4）有委員提出在界定「永久性居民」時留港年期與歲數的銜接問題。即在 21 歲前到港，到 21 歲時仍未住滿 7 年，是否要重新用另一標準計算，還是沿用舊的計算方法呢？

※

⑬《溫國勝委員書面意見》（1986 年 6 月 24 日居民及其他人的權利自由福利與義務第五次會議附件一）

第三章　香港居民的基本權利和義務
居民定義
1.基本法要載明，制訂香港永久居民、外籍香港居民或居住在香港的其他人明確其身份。

※

⑭ 1986 年 6 月 24 日《居民及其他人的權利自由福利與義務第五次會議紀要（第二分組）》

【P2】
討論題目：居民權利
四、分組討論紀要：
（2）「居民」的定義
大部份委員認為凡經合法途徑來港居住者，便是「居民」。

※

⑮ 1986 年 8 月 20 日《基本法結構專責小組初步報告》

【P13】

意見	意見出處
（1）建議須清楚說明港人（包括香港特別行政區居民及香港中國公民）的定義。	黃宏發（立法局議員），《明報》（22/4/86）

※

⑯ 1986 年 11 月 12 日《香港特別行政區基本法起草委員會香港居民的基本權利和義務專題小組的工作報告》，載於《中華人民共和國香港特別行政區基本法起草委員會第三次全體會議文件匯編》

【P22】
第三章　香港居民的基本權利和義務（討論稿）
第一條
說明：《中英聯合聲明》附件一第十四節規定香港永久性居民分為上述六種人（編者按：即本條文第一稿所列）。此外，有的委員提出，對第（一）、（二）、（四）項中居民的配偶是否應為香港永久性居民，值得進一步研究。

第二稿

第三章
「第一條　香港居民包括永久性居民和臨時性居民。
香港永久性居民即享有永久居留權的人為：
（一）在香港特別行政區成立以前或者以後在香港出生的中國公民；
（二）在香港特別行政區成立以前或者以後在香港通常居住連續滿七年的中國公民；
（三）第（一）、（二）兩項所列居民在香港以外所生的中國籍子女；
（四）在香港特別行政區成立以前或者以後在香港通常居住連續滿七年並以香港為永久居住地的非中國籍的人；
（五）在香港特別行政區成立以前或者以後第（四）項所列居民在香港所生的未滿二十一歲的子女；
（六）在香港特別行政區成立前只在香港有居留權的人；
香港臨時性居民為：依照香港特別行政區法律享有居留權者但不是永久性居民的人。」
〔1987 年 3 月 2 日《第三章　香港特別行政區居民的基本權利和義務（討論稿）》（1987 年 3 月 9 日居民及其他人的權利自由福利與義務專責小組第十四次會議討論文件）〕

① 1986 年 11 月 11 日居民權利、自由與義務專責小組之居民定義工作組《居民定義──出入境、居留、遞解離境、選舉權及被選舉權討論文件》（1986 年 12 月 8 日居民及其他人的權利自由福利與義務第

七次會議討論文件）

【P1-3】
1.引言

1.3 在《中英聯合聲明》內對未來特別行政區的所謂「永久居民」[1]或享有「居留權」的人士列出了一套規定，其中一些概念或條款與香港現行法例是不同的。

2.《中英聯合聲明》的規定
2.2《中英聯合聲明》附件一則提到「居民」（inhabitants），但同樣也沒有訂明其定義。原文如下：附件一第十三節：「香港特別行政區政府依法保障香港特別行政區居民及其他人的權利和自由。」
2.3《中英聯合聲明》附件一第十四節規定：「在香港特別行政區有居留權並有資格按香港特別行政區的法律獲得香港特別行政區政府簽發的載明此項權利的永久居民身份證者為：
2.3.1 在香港特別行政區成立以前或以後在當地出生或通常居住連續滿七年以上的中國公民及其在香港以外所生的中國籍子女；
2.3.2 在香港特別行政區成立以前或以後在當地通常居住連續七年以上並以香港為永久居住地的其他人及其在香港特別行政區成立以前或以後在當地出生的未滿二十一歲的子女。
2.3.3 在香港特別行政區成立以前只在香港有居留權的其他人。」
2.4《中英聯合聲明》內對有居留權的人士的劃分，國籍是分類的一個因素，這三類人的國籍身份不同，故其取得居留權的條件也不同。例如中國籍的人士可以保持在香港的居留權，而不需要居留香港或以香港為永久居住地。第三類人士，因為他們在香港以外，並沒有其他地方的居留權利，故也不受任何限制，可以保持其居留權（這些人士多為長年世代居港的印度、巴基斯坦、葡萄牙裔人士），但持有非中國籍的其他國籍人士，要保持在港的居留權，就得要以香港為永久居住地。他們在香港出生的外國籍子女，在超過 21 歲後，也得要滿足曾在香港通常居住連續七年以上並以香港為永久居住地的條件，才可以保持在香港的居留權。
2.5 基本來說，香港特別行政區的居留權，是視乎當事人的國籍來分列條件的，他們分別為中國籍人士、外國籍人士及無國籍人士。三類的條件，各不相同。
2.6《中英聯合聲明》對有居留權人士的劃分，在一些情況之下，需有居港事實的要求。

3. 目前有關情況
3.1 香港現行的人民入境條例
3.1.1 香港現行的人民入境條例是沒有上述《中英聯合聲明》附件一第十四節中提及的「居留權」的字眼及「永久居民身份證」[2]這種文件的，而且更沒有「當地人」的定義。目前的香港法例只對幾類人士作出定義，並賦予他們某些權利。以下是一些與此問題有關的現行法例簡介：
根據香港人民入境條例，享有入境權、不受條件限制而在港有居留自由的人士，基本上可分為三大類：
（一）香港本土人士，即在港出生的，和在香港歸化入英籍的人士以及其配偶和子女；
（二）有純粹或部份中國人血統，並通常在港連續居住不少於七年的「華籍」[3]居民；
（三）通常在港連續居住不少於七年的英國公民及聯合王國本土人士。
3.1.2 這個法例的政策基礎有三方面。除了第一類人士因為土生土長或歸化的關係而獲得上述權利外，第三類人士享有此等權利的基礎是源於香港的殖民地身份的。英國作為宗主國，英國人自然有權進出香港；而這個法例當中的第二類「華籍」人士的規定則是以血統而非國籍為本位的。凡有華人血統者，不論其華人血統成份多少，及其國籍為何，皆可以在居港七年後，享受自由進出及不受限制在港居留的權利。這是中國自清朝以來，以血統為本，處理國籍問題的一貫做法[4]，而在清政府與英國簽訂的有關

香港的不平等條約中，也規定了中國人可進出香港[5]。
3.1.3 其他國籍的非華裔人士對入境、居留並沒有什麼權利的，但他們可以因為長期在港居留，而得到入境免簽證的方便。根據一般做法，他們要居港連續九年以上，方能取得免簽證進入香港的優待。這種免簽證入境的優待，與入境權及不受居留條件限制而在港居留的自由不同，這是一種行政上的安排，並非法律規定，而且該等人士在離港超過一年後，這種優待便會自動喪失。華籍及英籍人士則沒有此限制。換句話說，在港連續居住滿七年的華籍或英籍人士即使離港數年以後再重返香港，依然能保有上述兩項權利，但非華籍的其他國籍人士就算在港連續居住超過九年，倘離港一年以上，則其所獲之優待便一概被取消，而居港之年期亦要從頭累積。

【P6-7】
4. 共識
4.2 香港目前的人民入境條例是沒有所謂「永久居民」與「居留權」定義的。簡單來說，它只規定了哪些人有出入境和不受限制在港居留的權利。為了維持香港作為一個國際金融工商貿易中心，保持開放的政策，委員一致認為，未來的出入境及居留條例應保持與目前法例一樣，即在未來特別行政區內，凡循合法途徑入境，而又在香港合法連續居住七年以上的人士，而其中的非中國籍人士亦以香港為永久居住地者，均可獲得出入境不受限制、自由在港工作、及不受限制居留的權利，從而鼓勵更多不同背景人士在港發展，安居樂業。

5. 主要問題
5.1「以香港為永久居住地」的定義
聯合聲明附件一第十四節規定，非中國籍的人士如欲取得在香港的居留權即永久居民身份證，除要在港居住連續七年以上外，還須「以香港為永久居住地」。究竟如何才算是「以香港為永久居住地」呢？聯合聲明並無進一步說明。對於這點有兩種意見：
5.1.1 有一意見認為，為保持香港作為一開放的國際城市，這個要求的標準應盡量訂得低一點，以方便各國人士留港居住和工作。建議的解決方法為：
5.1.1.1 無須替這條件下任何定義，即這條件並無特別作用。
5.1.1.2 當事人可簽署一聲明，聲明自己以香港為永久居住地。此聲明並無約束力，若他日簽署人改變主意，也不會受到任何懲罰。
5.1.2 另一意見則認為，聯合聲明內這個要求是有具體意義的。它保證了外國籍的永久居民對香港起碼有一定的歸屬感。對這條件的定義，可參考各國對新移民的居留要求來制定。
建議的解決方法有：
5.1.2.1 規定在一定時間內，連續在港居留一段時間，如三年內在港居住連續三個月，或五年內在港居住連續一年，等等；
5.1.2.2 規定此類人士在離港超過一年後，便自動喪失永久居民的身份。（與香港政府目前處理非華裔的中英以外國籍的人士的行政做法相同）
5.1.2.3 規定此類人士如在連續居港七年後離港，而欲以香港為永久居住地外，則需與香港保持實質聯繫，以滿足「以香港為永久居住地」的要求，其實質聯繫可包括：
I 財產物業
II 親屬。
5.1.3 有意見認為，無論這條件的具體內容如何，此類人士取得在港居留權時，不須放棄其外國國籍或在他地的居留權。

註 1：聲明內並無「永久居民」一詞，附件一第十四節內所用的句子為「在香港特別行政區有居留權並有資格按香港特別行政區的法律獲得香港特

行政區政府簽發的載明此項權利的永久性居民身份證者為⋯⋯」。在本文件談及的「永久居民」即指按此章節所規定的資格而取得「永久居民身份證」的人士。

註2：據聞，香港政府計劃在87年開始發出一種「永久性居民身份證」，以有別於普通身份證，但對取得這個證件的資格，仍未有詳細公佈。

註3：這個「華籍」是根據香港政府的正式譯本而來的。其本意並未有國籍的意思。「華籍」是指有純粹或部份華裔血統的人士，成份的多少並無規定，只要當事人能證明其祖先有一位是華人，就可以符合這個要求了。

註4：中國的國籍法，一向是以血統為標準的；凡有中國人血統的，就是中國籍，並承認雙重國籍。但中華人民共和國在1980年通過的國籍法，則不承認雙重國籍，凡定居外國的中國公民在外國取得外國國籍的，即自動喪失中國籍。

註5：見拓展香港界地專條及香港英新租界合同（1899），新界與大陸的邊界，直至49年是完全開放的，中國人往來並無限制。

※

② 1986年12月8日《居民及其他人的權利自由福利與義務專責小組第七次會議紀要》

討論紀要

3. 討論以「香港為永久居住地」的意義：

3.1 規定此類人士只須於七年內，在港居留不少於某個數目的日子，但不須規定他們在港連續居留滿該數目的日子。

3.2 參考英國或其他實行普通法國家處理有關永久居住地個案的做法。這些國家是根據當事人的實際情況來處理個別案件的，故沒有準則可循。

※

③ 1987年1月6日《居民及其他人權利自由福利義務專責小組第九次會議紀要》

2. 委員提出是否讓以下人士成為永久性居民：

2.1 九七年以後無國籍永久性居民在外地所生的子女；

2.2 永久性居民在外地的配偶。

※

④ 1987年1月13日居民及其他人的權利自由福利與義務專責小組之居民定義工作組《居民定義—— 出入境、居留、遞解離境、選舉權及被選舉權最後報告（草稿）》（1987年1月20日居民及其他人的權利自由福利與義務專責小組第十一次會議討論文件）

【P7】

（編者按：本文同第二稿文件①，除了在第5.1.1點有關方便各國人士留港居住和工作的問題，以及第5.1.2點外國籍永久居民的定義之下各增加一個子項目之外，內容均同前文。新增意見如下：）

5.1.1.3 參考英國或其他實行普通法國家處理有關永久居住地個案的做法。這些國家是根據當事人的實際情況來處理個別案件的，故沒有固定準則可循。

5.1.2.4 規定此類人士只須於七年內，在港居留不少於某個數目的日子，但不須規定他們在港連續居留滿該數目的日子。

※

⑤居民及其他人的權利自由福利與義務專責小組《居民定義、出入境權、居留權、豁免遞解離境權、選舉權及被選舉權最後報告》（1987年2月14日經執行委員會通過）

【P2】

（編者按：本文同第二稿文件④，除下列第13點即前文的第2.6點有所修改外，其餘內容均同前文。）

13.《中英聯合聲明》對各類有居留權人士的要求，有須在港居留和不須在港居留之分。

※

⑥ 1987年2月基本法起草委員會秘書處《香港報刊有關〈基本法〉的言論摘錄》

【P55-62】

香港現時的入境法例與選舉法例，是互不關連的。但草委專題小組在廈門會議上的討論，卻把香港目前的入境法與選舉法，混為一談。

這個入境法中有關華裔人士的規定，是以血統而非國籍為本位的，也就是說，除了英國本土人士基於所屬國家為宗主國，因而可以通過居港七年，取得自由進出及居留香港的權利外，凡有華人血統的人士，不論其華人血統的成份佔多少，及其國籍如何，皆可享受同樣的權利。但中國國籍法已於八一年作出修訂，不再承認雙重國籍，限制了血統的因素。但香港的入境法卻並未因此作出相應的修改，不過，香港政府保持這個過時的定義，也避免了中國目前因分裂而造成的兩個政權與兩種國籍法的尷尬情況。九七年後，這種情況自然不能保持。

一九八四年選舉法對選民資格的要求，除了年齡的規限，及須持有身份證外，就只有「在香港通常居住連續七年以上」一條，然而，這個「七年」與入境法中的「七年」是不同的。前者是指在登記日期前的七年內通常居港的時間，而後者乃指在過去任何時期內，通常居住滿七年。舉例來說，一個在港通常居住了七年的華裔人士或英國本土人士，即使離開了香港十年，甚至二十年後，仍可以回港，繼續享有自由進出及居留香港的權利，但倘若他要投票，便必須在港再住滿七年以後，才有資格。

根據八四年的選舉法，候選人必須在被提名日期前十年內，通常居住在香港，才可以參加競選各種公職，因此，只在香港居住七年便有候選人資格，也與目前法例不符。

根據以上分析，草委會專題小組廈門會議的結論，很明顯的與香港現時的出入境法和選舉法，有很大的出入。廈門會議單純地把居留權與政治權利混在一個「永久居民」的定義內，既與目前香港的做法不符，而且也是不智的。

「保持不變」是中國對收回香港主權後對香港政策的基本原則，但「不變」是要在收回主權這大原則之下的。也就是說，一些與殖民地政策有直接關係的法例與做法，是必須要變的。入境法、居留權和一些與居民的國籍有關的法例，完全是基於殖民地宗主國的利益與國度來制定的，因此在主權轉移後，就一定要變。

（冼銘倫：《政治權利不同於居留權》，《文匯報》一九八六年九月四日。）

香港現時並無「永久居民」和「居留權」這兩個法律名詞。根據政府官員的解釋，雖然法例中不存在「居留權」這個字眼，但它可以界定為香港的本土人士，因為只有這三百多萬的本土人士，才有不被遞解出境的權利，這些人就是擁有在香港居留權的人士，或可以稱為「永久居民」。再者，香港現時有關人們居港連續七年以上的權利，只是自由出入境而不受限制的權利，與該等人士的政治權利無關。同時，這個「七年」的要求，也只適用於華裔與英籍人士，其他國籍人士則要居港連續九年，方能取得免簽證

進出香港的優待。

永久居民的政治權利，應參考香港現時的做法，即以選舉條例另行規定之。而目前的選舉法可以基本不變，即選民必須在登記前七年內，通常在香港居住；候選人則必須在被提名前十年內，通常在港居住。

（冼銘倫：《永久居民與永久居留地》，《文匯報》一九八六年九月八日。）

應該清楚界定居民與永久居留權的分別，永久居留權是指在香港住滿七年已取得的權利，而居民的定義應是公民享有種種權利與義務，包括選舉權及有權買賣土地等，如果居民離港已有相當時日，例如移民，其在港擁有的權利應當消失，但仍有永久居留權，當他返港長居時必須申請才重新享有一個香港居民的權利和義務。

（基本法起草委員會委員鄺廣傑，《成報》一九八六年七月二十六日。）

下述三類人可歸納為「當地人」（同時也是「中國公民」和「香港居民」。）
（１）香港出生的中國公民；
（２）在港住滿七年的中國公民；
（３）上述兩類人在外地所生子女；
下述三類人也可列為「香港居民」但不算「當地人」：
（４）一九九七年前或後在港住滿七年以上的非中國籍人士並以香港為永久居住地者；
（５）第四類人士在一九九七年前後在香港出生的未滿二十一歲子女；
（６）一九九七年前在港住滿七年以上有居留權者。
上述六類人士以外者，才屬「其他人」之列。

（基本法起草委員會委員李福善，《明報》一九八六年八月二日。）

將來持「永久居民」身份證者，不論國籍均應可參與香港事務，包括任立法局議員，惟外籍人士不能任行政首長和主要官員。
目前不少對香港有貢獻的人才，都是持外籍護照的，將來也不應把他們拒之於香港事務門外。不應以「國籍」作為界定永久居民的因素。
對於「居民」、「永久居民」、「當地人」和「其他人」這些名詞的定義，一些諮委認為，「當地人」可以等同於「永久居民」，而「居民」與「永久性居民」是否可合而

為一呢？換言之，在上述名詞中，可否只劃分為「居民」和「其他人」兩類。

（基本法草委會與諮委會屬下的居民權利義務小組座談會，《明報》一九八六年七月三十一日。）

根據香港目前的原有英國法律，是承認雙重國籍的。但中國的國籍法，則是不承認雙重國籍的，而且認為所有香港中國同胞，都是中國公民。

至於中國的國籍法，也是國家的基本法律之一。一個國家是不應該有兩套不同的國籍法的，因此，中國的國籍法也應該在香港特別行政區實行。但實行的方法，應是通過基本法的引用，才在香港生效。這可以保持香港法律制度的完整性，而減少不必要的混亂，也是符合聯合聲明的規定的。現時的基本法結構草案，卻沒有特別提及「國籍」一項，這是需要注意的。

解決難題的另一個可能方案，要參考聯合聲明附例的中方備忘錄，特別是它也「考慮到香港的歷史背景和現實情況」，而提及到的「旅行證件」的概念。筆者在聯合聲明未簽署之前，便已經撰文分析過中國國籍法的「不承認雙重國籍」的原則，與「承認」和「容忍」的分別。其實在國籍法來說，持有外國國籍的主要後果，也只不過代表持有人可以在某種情況下要求受到該國領事保護的權利。但是英國的一貫政策，是不會在持有人擁有雙重國籍的情況下，向持有人的所屬國要求在其屬土內提供外交保護其所屬人的。這就是「屬土優越權」和「屬人優越權」的原則。在中方備忘錄中，也赫然寫明了這中國公民，不得在中國屬土內，「因其持有英國旅行證件而享受英國的領事保護的權利」。換言之，中英雙方在這方面的立場，卻是殊途同歸的。

居民的權利，其實可以分為「主動」或「被動」兩種。被動的權利，是指擁有人不受他人侵犯的權利，例如人身自由的權利等。主動的權利，是指擁有人可以要求他人做某些事的權利，例如接受教育、福利的權利。基本法對被動權利的處置較為容易，但至於主動權利的行使，卻極端依賴社會適當制度的存在，方能有效。

基本法上所要列明的主動權利，也應有輕重之分，不應漫無節制，只求美觀，不求實際而不顧後果地一概列入基本法內。不然會令社會負荷過重，入不敷出，是有害無益的。

（鄒燦基：《論草擬基本法居民權利及義務》，《明報》一九八六年八月十一日。）

第三稿

第三章

「第一條　香港特別行政區居民包括永久性居民和臨時性居民。

香港永久性居民為：在香港特別行政區有居留權並依照法律獲有永久性居民身份證的以下居民。
（一）在香港特別行政區成立以前或者以後在香港出生的中國公民；
（二）在香港特別行政區成立以前或者以後在香港通常居住連續滿七年的中國公民；
（三）第（一）、（二）兩項所列居民在香港以外所生的中國籍子女；
（四）在香港特別行政區成立以前或者以後在香港通常居住連續滿七年並以香港為永久居住地的非中國籍的人；
（五）在香港特別行政區成立以前或者以後第（四）項所列居民在香港所生的未滿二十一歲的子女；
（六）在香港特別行政區成立前只在香港有居留權的人。

香港臨時性居民為：依照法律獲有香港居民身份證，但不是香港永久性居民的人。」

〔1987年4月13日《香港特別行政區基本法起草委員會香港居民的基本權利和義務專題小組的工作報告》，載於《中華人民共和國香港特別行政區基本法起草委員會第四次全體會議文件匯編》〕

① 1987年3月9日《居民及其他人權利自由福利　　與義務專責小組第十四次會議紀要（修訂）》

【P1-2】

2. 有關由起草委員就《基本法結構（草案）》第三章「香港特別行政區居民的基本權利和義務」草擬的討論稿，與會者與李福善草委的交流概要如下：

2.2 第一條

2.2.1 有委員認為根據《中英聯合聲明》附件一第十四節的規定，「居留權」是沒有「永久」和「暫時」之分，故建議將永久性居民界定為持有永久性居民身份證，在港有「居留權」的人，即是第一條列出的六類人士；在此六類人士以外，可在港合法居留的人士，可稱為「其他人」，他們在港的居留是受到限制。

2.2.2 有委員認為由於《中英聯合聲明》附件一第十四節稱兩類中國籍以外而在港有居留權的人士為「其他人」，如採用「其他人」來形容在港沒有居留權的人士，可能會引起混淆。

2.2.3 有委員問及中國籍人士和中國公民的定義，李福善草委認為中國籍人士是等同於中國公民。

2.2.4 有委員問及草委如何理解「以香港為永久居住地」，李草委認為草委不須對此作進一步解釋，這工作應交由日後的立法機關負責。

2.2.5 有委員問及如何釐定「居留權」，李草委認為由於香港法律沒有「居留權」的定義，目前草委就這字眼的討論只能說是「紙上談兵」，沒有明確的界定。

※

② 《Final Report on the Structure of Basic Law》（基本法結構專責小組最後報告，1987 年 3 月 14 日經執行委員會通過）

【P17】

ITEMS	OPINIONS	SOURCES
4. Chapter 3 "The Fundamental Rights and Duties of Hong Kong Inhabitants".		

ITEMS	OPINIONS	SOURCES
4.1 Section 1 "The definition of Hong Kong inhabitants".	1. To clarify the definition of Hong Kong people (including the inhabitants of the HKSAR and Chinese National living in Hong Kong).	Andrew Wong (Legco Member) *Ming Pao* 22nd April, 1986

※

③ 1987 年 4 月 13 日《香港特別行政區基本法起草委員會香港居民的基本權利和義務專題小組的工作報告》，載於《中華人民共和國香港特別行政區基本法起草委員會第四次全體會議文件匯編》

【P24】

第三章　香港特別行政區居民的基本權利和義務（修改稿）
第一條
說明：

1.「討論稿」第二款「香港永久性居民為：」後加上了「在香港特別行政區有居留權並依照法律獲有永久性居民身份證的以下居民」。這樣含義更明確。

2. 刪去了「討論稿」第二款（六）「非中國籍的」幾個字。因「只在香港有居留權的人」即能表達原意。

3. 臨時性居民和「其他人」的劃分，據瞭解，按照香港現行法律，不是看是否連續住滿一年，而是以是否獲有香港居民身份證為標準。只要獲有香港居民身份證，即可承認為香港居民。因此，將「討論稿」第三款改為「香港臨時性居民為：依照法律獲有香港居民身份證，但不是香港永久性居民的人」。

4. 考慮到香港對移民的承受能力，對某些委員提出的居民的配偶問題，以不作規定為好。聯合聲明也沒有規定。

第四稿

第三章

「第一條　香港特別行政區居民包括永久性居民和非永久性居民。
（對第二、三款的修改，有兩種方案）
方案之一：
香港永久性居民為：
（一）在香港特別行政區成立以前或者以後在香港出生的中國公民；
（二）在香港特別行政區成立以前或者以後在香港通常居住連續滿七年的中國公民；
（三）第（一）、（二）兩項所列居民在香港以外所生的中國籍子女；
（四）在香港特別行政區成立以前或者以後在香港通常居住連續滿七年並以香港為永久居住地的非中國籍的人；
（五）在香港特別行政區成立以前或者以後第（四）項所列居民在香港所生的未滿二十一周歲的子女；
（六）在香港特別行政區成立前只在香港有居留權的人。
以上居民在香港特別行政區享有居留權和有資格依照香港特別行政區法律獲得永久性居民身份證。
香港非永久性居民為以上六種人士以外的人；在香港特別行政區可以居住，但沒有資格依照

香港特別行政區法律獲有永久性居民身份證。

方案之二：
香港永久性居民為：在香港特別行政區有居留權並有資格依照香港特別行政區法律獲有永久性居民身份證的以下居民：
（一）在香港特別行政區成立以前或者以後在香港出生的中國公民；
（二）在香港特別行政區成立以前或者以後在香港通常居住連續滿七年的中國公民；
（三）第（一）、（二）兩項所列居民在香港以外所生的中國籍子女；
（四）在香港特別行政區成立以前或者以後在香港通常居住連續滿七年並以香港為永久居住地的非中國籍的人；
（五）在香港特別行政區成立以前或者以後第（四）項所列居民在香港所生的未滿二十一周歲的子女；
（六）在香港特別行政區成立前只在香港有居留權的人。
香港非永久性居民為：有資格依照香港特別行政區法律獲有香港居民身份證，但沒有居留權的人。」

〔1987年8月22日《香港特別行政區居民的基本權利和義務專題小組的工作報告》，載於《中華人民共和國香港特別行政區基本法起草委員會第五次全體會議文件匯編》〕

① 1987 年 5 月 11 日《居民及其他人的權利自由福利與義務專責小組第十八次會議紀要》

會議紀要
1. 李福善草委向諮委說明草委香港居民的基本權利與義務專題小組就其討論稿的最近討論情況，概要如下：
1.1 第一條
1.1.1 李福善：有關外籍人士的遞解離境問題，可由有關的移民條例處理。
1.1.2 諮委：何謂中國公民？
李福善：這應由中國方面，依中國國籍法來規定。草委可向中國的法律專家請教有關中國國籍法的問題。有意見認為對香港特別行政區的中國公民而言，用「中國公民」不及「香港特別行政區中國公民」恰當。

※

② 1987 年 5 月 22 日《香港基本法起草委員會第四次全體會議委員們對基本法序言、總則及第二、三、七、九章條文草案的意見匯集》

【P19-21】
第一條
1. 關於香港居民，應分為「永久性居民」和「非永久性居民」，許多外籍人士在港居住多年，也沒有居留權，稱這些人為「非永久性居民」，比稱他們為「臨時性居民」更恰當。

2. 關於「永久性居民」的定義，建議以「居留權」作為劃分標準，應將享有居留權與領取居民身份證的資格分開來寫。因為在香港，一個人是否享有居留權與是否持有永久性居民身份證是兩回事。按香港現行做法，在香港有居留權的人，都發給永久性居民身份證，但是，十一歲以下有居留權的人，在港無需領取永久性居民身份證，也同樣是香港永久性居民。

3. 如果僅以居留權作為劃分是否屬於香港永久性居民的標準也不全面，擁有居留權的人只不過可以自行決定在香港居住或進出香港，但享有選舉權，還須在港住滿十年。

4. 擁有居留權的香港居民，在沒有申請永久性身份證時，是否會被遞解出境，在永久性居民的定義中也沒有規定清楚。

5. 建議將「在香港特別行政區成立以前或者以後在香港出生的中國公民」中的「中國公民」改為「中國籍的人」。

6. 在本條中應說明非中國籍人士可以加入中國國籍的問題。

7. 有的委員建議，對第一條的有關內容作如下修改。
「香港特別行政區居民包括永久居民和非永久（性）居民。
香港永久性居民為在香港特別行政區有居留權者：
（一至四項不改動）
（五）在香港特別行政區成立以前或者以後第（四）項所列的非中國籍人士在香港所生的未滿二十一歲的子女；
（六）除以上第（一）至（五）項所列人士外，在香港特別行政區成立前只在香港有永久居留權的人。
上述人士，有資格按香港特別行政區的法律獲得香港特別行政區政府簽發載明此項權利的永久性身份證。
香港非永久（性）居民為：依照法律獲有香港居民身份證而沒有居留權的人。」

※

③ 1987 年 5 月 31 日陳文敏《評香港居民的基本權利和義務專題小組報告書》（1987 年 6 月 22 日居民及其他人的權利自由福利與義務專責小組第十八次會議第四次續會附件四）

第六，第三章基本上是保障香港居民的權利和自由。「香港居民」的概念卻並不包括法人，在香港的法律下，註冊有限公司及一些法定團體是享有獨立的法律地位，它們可以擁有財產，可以提出法律訴訟，可以獲法律諮詢，法人是資本主義社會裡很重要的一環，為什麼第三章會完全忽視對法人的法律保障？

筆者對《第三章：香港特別行政區居民的基本權利和義務》的建議
第三條

任何成年的香港永久性居民，都依照法律享有選舉和被選舉權。成年年歲由香港特別行政區法律規定。
這一條內，香港永久性居民的定義為⋯⋯

※

④ 1987 年 6 月 1 日林邦莊《香港居民基本權利及義務報告（第二部份）第三章草稿》（1987 年 6 月 22 日居民及其他人的權利自由福利與義務專責小組第十八次會議第四次續會附件一）

第一條
（四）需界定何謂「非中國籍的人」。

※

⑤ 1987 年 6 月 5 日麥海華、歐成威、夏其龍《對香港特別行政區基本法起草委員會香港居民的基本權利和義務專題小組於第四次全體大會工作報告的建議》（1987 年 6 月 22 日居民及其他人的權利自由福利與義務專責小組第十八次會議第四次續會附件三）

第一條
香港特別行政區居民包括永久性居民和臨時性居民。
香港永久性居民為：
（一）在香港特別行政區成立以前或者以後在香港出生的中國公民；
（二）在香港特別行政區成立以前或者以後在香港通常居住連續滿七年的中國公民；
（三）第（一）、（二）兩項所列居民在香港以外所生的中國籍子女；
（四）在香港特別行政區成立以前或者以後在香港通常居住連續七年並以香港為永久居住地的非中國籍的人；
（五）在香港特別行政區成立以前或者以後第（四）項所列居民在香港所生的未滿二十一歲的子女；
（六）在香港特別行政區成立前只在香港有居留權的人。
香港特別行政區永久性居民在香港特別行政區有居留權並依照法律獲有永久性居民身份證。
香港臨時性居民為：依照法律獲有香港居民身份證，但不是香港永久性居民的人。

※

⑥ 1987 年 6 月 19 日《有關基本法第三章草稿（87 年 4 月 30 日稿）的意見》（1987 年 6 月 22 日居民及其他人的權利自由福利與義務專責小組第十八次會議第四次續會的討論文件）

（編者按：原件中並無標題所言的 87 年 4 月 30 日稿）

【P1】
第一條：
1. 需界定何謂「非中國籍的人」。（林邦莊委員）

2. 修改為：香港特別行政區居民包括永久性居民和臨時性居民。
香港永久性居民為：
（一）在香港特別行政區成立以前或者以後在香港出生的

中國公民；
（二）在香港特別行政區成立以前或者以後在香港通常居住連續滿七年的中國公民；
（三）第（一）、（二）兩項所列居民在香港以外所生的中國籍子女；
（四）在香港特別行政區成立以前或者以後在香港通常居住連續七年並以香港為永久居住地的非中國籍的人；
（五）在香港特別行政區成立以前或者以後第（四）項所列居民在香港所生的未滿二十一歲的子女；
（六）在香港特別行政區成立前只在香港有居留權的人。
香港特別行政區永久性居民在香港特別行政區有居留權並依照法律獲有永久性居民身份證。
香港臨時性居民為：依照法律獲有香港居民身份證，但不是香港永久性居民的人。〔麥海華、歐成威、夏其龍委員建議（即附件三）的第一條〕
（說明：將「香港永久性居民為：⋯⋯」這句移往六類人士之後，說明「香港永久性居民」不等同於獲永久性居民身份證的人士，因為例如有一些永久性居民，會因未達獲取身份證的年齡，而不是持證人。）

3. 應保留草稿的第二句：「香港永久性居民為：在香港特別行政區有居留權並依照法律獲有永久性居民身份證的以下居民。」因為這一句比較合乎《中英聯合聲明》附件一第十四段第一句的原意。以上建議會將聯合聲明中「在香港特別行政區有居留權」的概念取消了。（徐是雄委員）

4. 將草稿的第二句修改為：「香港永久性居民為：在香港特別行政區有居留權並依照法律有權獲有永久性居民身份證的以下居民」。

5. 補充：在第一條後加上一條：香港特別行政區保障香港特別行政區居民之權利和自由。（林邦莊委員）

※

⑦ 1987 年 7 月 24 日《有關基本法第三章草稿（87 年 4 月 30 日稿）的意見》

（編者按：內容同上文）

※

⑧居民及其他人的權利自由福利與義務專責小組《香港居民的基本權利與義務最後報告之二》（1987 年 8 月 8 日經執行委員會通過）

（編者按：內容同上文）

※

⑨ 1987 年 8 月 22 日《香港特別行政區居民的基本權利和義務專題小組的工作報告》，載於《中華人民共和國香港特別行政區基本法起草委員會第五次全體會議文件匯編》

【P29】
第三章　香港特別行政區居民的基本權利和義務（一九八七年八月修改稿）
第一條
說明：
1. 將「臨時性居民」改為「非永久性居民」。

2.委員們一致認為，劃分香港居民和其他人的標準，是看有沒有資格獲有香港居民身份證。香港的十一歲以下的居民，依照香港特別行政區法律，有資格獲得永久性居民身份證（如為永久性居民），或香港居民身份證（如為非永久性居民），但他們無需領取這些身份證。至於「其他人」，他們依照香港特別行政區法律，是沒有資格獲有以上的身份證的。

3.本條關於永久性居民的兩個方案，內容一致，只是表述上有區別。前者先列出《聯合聲明》中附件一（十四）中的六種人，然後明確他們有居留權和有資格獲有永久性居民身份證。後者是按《聯合聲明》的表述來寫，而且與下一款「非永久性居民」的寫法，保持體例上的一致。

第五稿

「**第二十三條　香港特別行政區居民包括永久性居民和非永久性居民。**
香港特別行政區永久性居民為：
（一）在香港特別行政區成立以前或者以後在香港出生的中國公民；
（二）在香港特別行政區成立以前或者以後在香港通常居住連續七年以上的中國公民；
（三）第（一）、（二）兩項所列居民在香港以外所生的中國籍子女；
（四）在香港特別行政區成立以前或者以後在香港通常居住連續七年以上並以香港為永久居住地的非中國籍的人；
（五）在香港特別行政區成立以前或者以後第（四）項所列居民在香港所生的未滿二十一周歲的子女；
（六）第（一）至（五）項所列居民以外在香港特別行政區成立前只在香港有居留權的人。
以上居民在香港特別行政區享有居留權和有資格依照香港特別行政區法律獲得載明其居留權的永久性居民身份證。
香港特別行政區非永久性居民為：有資格依照香港特別行政區法律獲得香港居民身份證，但沒有居留權的人。」
〔1987 年 12 月基本法起草委員會秘書處《香港特別行政區基本法（草案）》（匯編稿）〕

① 1987 年 9 月 2 日《中華人民共和國香港特別行政區基本法起草委員會第五次全體會議委員們對基本法序言和第一、二、三、四、五、六、七、九章條文草稿的意見匯集》

【P18-20】
四、關於第三章
2.第一條
（1）有的委員建議，關於永久性居民的定義宜採用方案一的表述方法；關於非永久性居民的定義則採用方案二的表述方法。

（2）有些委員認為第二、三款的第一方案的表述較好。

（3）有的委員提出，兩個方案的第二款第（六）項都應加上「以上第（一）至（五）項所列人士以外」。

（4）有的委員建議，兩個方案的第二款第（四）項是否能取消「永久居住地」中的「永久」和「地」，因為目前香港移民局不允許在香港居住滿七年以上的美籍及其他外籍人士領取永久性居民身份證，引起了不少外籍人士對一九九七年後能否長期在港工作和居住有擔心，希望對此認真考慮。有的委員則認為該項條文不宜改動，因為按《中英聯合聲明》的規定，將來外籍人士住滿七年以上只需作一簡單的聲明即可成為永久性居民。

（5）有的委員建議，把方案一第二款最後一段改為：「以上居民在香港特別行政區享有居留權和有資格依照香港特別行政區法律獲得載明其居留權的永久性居民身份證」。「凡持有香港特別行政區永久性居民身份證者，其旅行證件可載明此事實，以證明持證人在香港特別行政區有居留權」。

（6）有的委員提出，本條第二款只談到永久性居民的資格、範圍，沒有談到喪失資格的問題，實際上，在某種情況下如離開香港多年就會喪失其永久性居民的資格。

（7）有的委員表示，不使用「非永久性居民」這一香港法律中現在沒有的概念。部份委員則認為「非永久性居民」的概念不能省去，它不同於永久性居民，在香港有資格領取居民身份證但不享有居留權。目前，香港實際上也存在這兩種居民：一種持黑印身份證，一種持綠印身份證。另一方面，它也不同於「其他人」。

（8）有的委員提出，「非永久性居民」的概念含糊，建議改為「其他合法居留者」。並提出將本條第三款改為「香港特別行政區的其他合法居留者可在香港特別行政區居住，並有權獲得載明持有人有返回香港特別行政區的權利的旅行證件。」

（9）有些委員提出本條中的「居留權」的定義不清，不好理解，建議交香港特別行政區居民的基本權利和義務專題小組進一步研究，將其定義寫在該條文中。

※

②香港居民的基本權利與義務專責小組《對基本法第三章條文草稿（一九八七年八月）的意見》（1987 年 11 月 4 日經執行委員會通過）

【P2】
關於第一條
意見：
1.有意見認為方案一比較合適，因為方案一先列舉哪六類人士為香港永久性居民。

2.有意見認為方案一對香港非永久性居民的定義不明確，因為這樣寫法會包括所有六種人士以外的人，例如非法入境者，所以建議將「香港非永久性居民為以上六種人士以外的人」改為「香港非永久性居民為以上六種人士以外的居民」。

3.有建議將方案二對香港永久性居民的定義作以下的修改：「香港永久性居民為：在香港特別行政區有居留權並有資格依照香港特別行政區法律獲有永久性居民身份證的以下六種居民」。

4.有意見認為方案二有關香港非永久性居民的定義不能包括十一歲以下的人。

5.有委員指出基本法無須對身份證應否戴明居留權作出規定，因為為基本法不用這般詳細。

6.有委員認為條文中提到的「居留權」的定義不太清楚。

第六稿

「**第二十三條** 香港特別行政區居民，簡稱香港居民，包括永久性居民和非永久性居民。
香港特別行政區永久性居民為：
（一）在香港特別行政區成立以前或以後在香港出生的中國公民；
（二）在香港特別行政區成立以前或以後在香港通常居住連續七年以上的中國公民；
（三）第（一）、（二）兩項所列居民在香港以外所生的中國籍子女。
（四）在香港特別行政區成立以前或以後在香港通常居住連續七年以上並以香港為永久居住地的非中國籍的人；
（五）在香港特別行政區成立以前或以後第（四）項所列居民在香港所生的未滿二十一周歲的子女；
（六）第（一）至（五）項所列居民以外在香港特別行政區成立以前只在香港有居留權的人。
以上居民在香港特別行政區享有居留權和有資格依照香港特別行政區法律獲得載明其居留權的永久性居民身份證。
香港特別行政區非永久性居民為：有資格依照香港特別行政區法律獲得香港居民身份證，但沒有居留權的人。」

〔1988年3月基本法起草委員會秘書處《中華人民共和國香港特別行政區基本法（草案）草稿》（總體工作小組第二次會議對目錄、序言、第一、二、三、五、六、七、九章的修改稿）〕

① 1987年12月《中華人民共和國香港特別行政區基本法起草委員會第六次全體會議委員們對基本法第四、五、六、十章和條文草稿匯編的意見》

【P48-49】
五、關於第三章
3.關於中國公民問題
（1）有的委員提出，中國公民如持有外國護照，對其參政是否應在限制之列，是個困難而敏感的問題。有的委員認為，按照國際法準則，一個人在同一時間、同一地點只能使用一種國籍身份，所以對雙重國籍問題不必過份擔心。

（2）有的委員提議，在對「中國公民」下定義時，比照中華人民共和國國籍法，適當放寬一些，以利於吸收更多的人為香港服務。

（4）有的委員認為從政策上考慮，基本目標應是：不管持什麼護照，只要本人不反對，就可全部算是中國人。

※

② 1988年4月《總體工作小組所作的條文修改舉要》，載於1988年5月《中華人民共和國香港特別行政區基本法起草委員會第七次全體會議文件匯編》

（編者按：雖然本文件的日期是1988年4月，但本文件是總體工作小組在1987年12月15日至1988年3月6日之間召開的三次會議上對各專題小組草擬的基本法原條文所作的一些調整和修改。於3月提出的草稿裡面已經將以下調整與修改納入，故將這份文件放入本稿中。）

【P15】
（四）第三章 居民的基本權利和義務
在第二十三條「香港特別行政區居民」後加「簡稱香港居民」。

第七稿

「**第二十三條** 香港特別行政區居民，簡稱香港居民，包括永久性居民和非永久性居民。
香港特別行政區永久性居民為：
（一）在香港特別行政區成立以前或以後在香港出生的中國公民；
（二）在香港特別行政區成立以前或以後在香港通常居住連續七年以上的中國公民；
（三）第（一）、（二）兩項所列居民在香港以外所生的中國籍子女。
（四）在香港特別行政區成立以前或以後在香港通常居住連續七年以上並以香港為永久居住

地的非中國籍的人；

（五）在香港特別行政區成立以前或以後第（四）項所列居民在香港所生的未滿二十一周歲的子女；

（六）第（一）至（五）項所列居民以外在香港特別行政區成立以前只在香港有居留權的人。以上居民在香港特別行政區享有居留權和有資格依照香港特別行政區法律取得載明其居留權的永久性居民身份證。

香港特別行政區非永久性居民為：有資格依照香港特別行政區法律取得香港居民身份證，但沒有居留權的人。」

〔1988年4月基本法起草委員會秘書處《中華人民共和國香港特別行政區基本法（草案）草稿》〕

第八稿

「**第二十三條** 香港特別行政區居民，簡稱香港居民，包括永久性居民和非永久性居民。

香港特別行政區永久性居民為：

（一）在香港特別行政區成立以前或以後在香港出生的中國公民；

（二）在香港特別行政區成立以前或以後在香港通常居住連續七年以上的中國公民；

（三）第（一）、（二）兩項所列居民在香港以外所生的中國籍子女。

（四）在香港特別行政區成立以前或以後在香港通常居住連續七年以上並以香港為永久居住地的非中國籍的人；

（五）在香港特別行政區成立以前或以後第（四）項所列居民在香港所生的未滿二十一周歲的子女；

（六）第（一）至（五）項所列居民以外在香港特別行政區成立以前只在香港有居留權的人。以上居民在香港特別行政區享有居留權和有資格依照香港特別行政區法律取得載明其居留權的永久性居民身份證。

香港特別行政區非永久性居民為：有資格依照香港特別行政區法律取得香港居民身份證，但沒有居留權的人。」

〔1988年4月基本法起草委員會《中華人民共和國香港特別行政區基本法（草案）徵求意見稿》〕

第九稿

「**第二十四條** 香港特別行政區居民，簡稱香港居民，包括永久性居民和非永久性居民。

香港特別行政區永久性居民為：

（一）在香港特別行政區成立以前或以後在香港出生的中國公民；

（二）在香港特別行政區成立以前或以後在香港通常居住連續七年以上的中國公民；

（三）第（一）、（二）兩項所列居民在香港以外所生的中國籍子女；

（四）在香港特別行政區成立以前或以後在香港通常居住連續七年以上並以香港為永久居住地的非中國籍的人；

（五）在香港特別行政區成立以前或以後第（四）項所列居民在香港所生的未滿二十一周歲的子女；

（六）第（一）至（五）項所列居民以外在香港特別行政區成立以前只在香港有居留權的人。以上居民在香港特別行政區享有居留權和有資格依照香港特別行政區法律取得載明其居留權的永久性居民身份證。

香港特別行政區非永久性居民為：有資格依照香港特別行政區法律取得香港居民身份證，但沒有居留權的人。」

〔1989年2月《中華人民共和國香港特別行政區基本法（草案）》〕

① **《基本法工商專業界諮委對基本法（草案）徵求意見稿第三章居民的基本權利和義務之意見書》**

【P1】
第二十三條
1.建議在此條文內所述的「中國公民」一詞，應只適用於那

些持中國國籍的人士，而不適用於那些持外國護照的人士。

2.非中國種族的少數人士若出生於香港，應受到保障，使他們有權申請中國國籍。

3.在此條文內增加一段：「中央人民政府派駐香港特別行

政區負責防務的軍隊，其在香港駐守的期間，不應算作成為香港永久性居民身份資格之用。」

※

② 1988 年 5 月基本法諮詢委員會秘書處《基本法（草案）徵求意見稿初步反應報告（草稿）》

【P14-15】
居民定義
1. 有意見提出第二十三條有關永久性居民的定義（一）、（二）項所指的人士應是基本法頒佈之時仍在世者。
2. 居民的定義很不清楚，「中國公民」與「中國籍公民」兩詞應有解釋。
3. 應明確香港人民與香港居民概念，清楚界定哪些人有選舉、被選舉權。

居民的基本權利——國籍
1. 持有外國護照的香港中國人，其權利未受保障，其地位也遭歧視。
2. 基本法無明確規定移民後是否保留香港永久居民身份。
3. 中國在 1997 年後確定香港市民的國籍應尊重自願原則。

※

③《與內地草委交流的重點——居民及其他人的權利自由福利與義務組》，載於 1988 年 6 月 3 日《基本法諮詢委員會秘書處通訊 73》

1. 國籍問題
1.1 有委員認為「中國公民」的定義應從寬，使持有外國護照的華裔居民也有被選舉權，以遏止人才外流的問題。（第二十三條）

2. 永久性居民的定義
2.1 有委員提出根據第二十三條第五款，屬第四款非中國籍人士的子女在未滿二十一周歲前為永久性居民，但在他們滿二十一周歲後，不再是永久性居民，這規定有矛盾之嫌。〔第二十三條（五）〕

※

④ 1988 年 8 月基本法起草委員會秘書處《香港各界人士對〈香港特別行政區基本法（草案）徵求意見稿〉的意見匯集（一）》

【P13-14】
第二十三條
1.「七年」改為「十年」。

2. 如何判斷「以香港為永久居住地」？

3.「中國公民」與「中國籍的人」的區別是什麼？

4.「永久性」和「非永久性」的「性」可去掉。

5.「在香港的其他人」同「……香港居民以外的其他人」應在用詞上統一起來，並在本條下個定義。

6. 第四款太開放，外國人成為永久性居民太容易了。

7.「中國公民」的定義應加寬，使持有外國護照的華裔居民也有被選舉權。

8. 專業人士中許多人已取得或正在取得外國國籍，希望對這些人持寬容的態度，給一個過渡時期，讓他們考慮是否取得中國國籍。

9. 為保持國際性城市的地位應該鼓勵拿外國護照的人繼續在香港工作。不要把國籍問題看成種族問題。

10. 華僑拿外國護照，在香港只算永久性居民，不算中國公民，這不公平，在規定居留權時應盡量避開國籍問題。

11. 第（四）項「以前或以後」後加上「的任何時候」，便於吸引加入外國籍的人回香港工作、生活。

12. 這一章可否只講權利，不提永久性居民和非永久性居民的定義？

※

⑤ 1988 年 8 月 3 日基本法諮詢委員會秘書處參考資料（一）《內地草委訪港小組就基本法（草案）徵求意見稿一些問題的回應輯錄（一九八八年六月四日至十七日）》

【P8-9】
3. 居民的基本權利與義務
3.9 有關「通常居住連續二十年」的規定
現在香港選舉法例已對此有規定，就是以香港為自己的居留地，在二十年內若因求學、任職等出外居住一段時間，甚至是三、四年也可算是在港通常居住連續二十年，只要不是到外國領取、獲取居留權便可以，因為這些明顯是與「以香港為居留地」之條件有抵觸的。
3.10 有關「以香港為永久居留地」的意思
只要是個人願意永遠居住在香港，就算是以香港為永久居留地。
3.11 居民的定義及國籍問題
3.11.1 第二十三條居民定義是有兩個依據的：一是香港現在的法律制度；二是《中英聯合聲明》的附件一第十四款。
3.11.2 永久性居民與非永久性居民的區別就是有沒有居留權，所謂居留權就是不能被遞解出境；但無論是永久性居民或非永久性居民均有香港身份證；至於其他人則無身份證，因而其他人也不能取得護照。
3.11.3 第三章主要是指香港居民，而第四十一條及第四十二條的「其他人」並非指內地的人，而是一兩天過境的也是其他人。至於定義則是模糊的，但他們基本上是可享有香港居民的權利和自由的。
3.11.4 而第二十三條中有「中國公民」和「中國籍的人」兩種說法，主要是因為依據《中英聯合聲明》的說法。
3.11.5 國籍法的規定主要是採取屬地主義與血統主義相結合的。所謂屬地主義就是指在中國出生和生長的就是中國人。香港是中國領土，雖然被英國佔領，中國是不承認的，中國仍看香港為其領土，因此在港出生的仍是中國人。另外一個就是血統主義：父母、祖先是中國人，就是中國人。所以即使在中國領土內出生，但父母雙方不是中國人，就不算中國人，但將來若想加入中國國籍，是可申請的，需要申請的原因是以表自願加入為中國籍，經一定程序批准便可加入中國籍了。
3.11.6 香港大約有二百多萬是英國屬土公民，而在一九八四年十二月十九日中華人民共和國外交部註了一個

備忘錄，內容說：「根據中華人民共和國國籍法，所有香港中國同胞，不論是否持有英國屬土公民護照，都是中國公民。」就是說所有香港中國同胞，不論是否持有英國屬土公民護照，都是中國公民。

3.11.7 所以備忘錄主要是解決香港屬土公民的問題。「中國同胞」顯然是一個血統的概念。如果說所有的香港中國公民，不論他持有什麼護照都是中國公民，這是不行的，以後中國公民是中國公民，以前在英國統治下，不能說這些人已有中國國籍。但是從中國政府對中英舊條約的立場，實際上是不承認香港領土主權歸了英國，所以在這情況下，部份中國同胞限於英國佔了香港，他們處於英國人的統治下，英國用英國的法律給當地的中國人「屬土公民」的身份，就是英皇陛下的親民，這是中國不承認的。英國給香港人的屬土公民身份是不合法的，一九九七年後，不管你是否拿英國護照的屬土公民，都是中國公民，這是第一層意思。

3.11.8 第二層意思是中國接受拿屬土公民護照的香港人，以屬土公民護照為旅行證件離開中國、香港到另一個國家，中國是不理的。蘇聯曾在新疆領事館給當地居民發了一些俄國護照，這是不行的，因為新疆的人是中國公民，不可隨便發給他們的。但香港的情況則例外，因為香港與海外的聯繫比較多，另外，中國是社會主義國家，其他國家在某種情況下對中國是有敵意的，香港人拿中國護照到南朝鮮去是不行的，到印度尼西亞也是不方便的，去臺灣便更加不好了，所以在這情況下就得變通一下，屬土公民護照便可以用。

3.11.9 將來亦可在香港發一個中國香港護照，如果去日本，拿着原來的英國屬土公民護照是更方便，這也是可以的。甚至到了日本或另一國家出了事，你到英國領事館尋求協助，中國也是不理的。但是若你到香港或到了中國內地，被警察抓着，你是不可說自己是英國公民，有英國護照。至於香港人除了拿英國屬土公民護照外，還拿着美國、加拿大，或別的護照，這問題則沒有在備忘錄中提及。

3.11.10 關於雙重國籍的問題，中華人民共和國是不承認的。國籍法第九條規定凡是雙重國籍，即中國公民持有外國國籍，便自動喪失了中國國籍了。然而有提議修改國籍法為承認雙重國籍，讓這些持雙重國籍的人一九九七年後回港，把他們當作中國公民對待。這是很複雜的問題，因為這牽涉到兩個國家的關係，及不可能把拿有其他護照的中國人都當為中國公民。其歷史背景是新中國成立後，有一些國家，特別是東南亞，中國華僑特別多，這就產生那些國家對中國僑民有所不放心。有見及此，中國便採取了不承認雙重國籍的政策，鼓勵僑民加入所在國家，遵守當地的法律，發展當地的經濟文化。另外若一個持美國護照的中國血統人士，我們把他當為中國公民，若他當了行政長官，他應該效忠香港特區還是效忠美國呢？

3.11.11 第二十三條第一、二項是說永久性居民在香港以外所生的中國籍子女，包括香港永久性居民在內地所生的子女，或在外地所生的子女，若他沒有加入外國國籍，他便是香港永久性居民。假如他沒有住在香港或沒有住滿七年和不在港出生的，亦屬香港永久性居民，但這類永久性居民在外地所生的下一代子女就不能再被承認為香港永久性居民，這是不能傳代的。而第五項是第四項非中國籍居民在香港出生未滿二十一周歲的子女，就是非中國籍的居民。

3.11.12 另一問題是香港居民的中國公民的配偶，是否可算為永久性居民，這個問題比較複雜，沒有寫入基本法內。因為若香港永久性居民到內地找配偶結了婚，便帶他／她回港，當作香港永久性居民，那香港人口便會大大增加。這是有別於第二十三條第一、二項香港永久性居民在香港以外所生的中國籍子女的處理的，因為子女是需撫養的，所以可將他當為香港永久性居民，而過了二十一歲後已成年，故有權選擇其他國籍。

3.11.13 但第二十三條談到的是永久性居民的問題。而永久性居民中的非中國公民是可享有所有永久性居民享有的權利的，包括選舉和被選舉權，只是行政長官的被選權及出任一些主要職位和主要官員的權利不同而矣。

※

⑥ 1988 年 9 月基本法起草委員會秘書處《內地各界人士對〈香港特別行政區基本法（草案）徵求意見稿〉的意見匯集》

【P11】
第二十三條
「居留權」應加以解釋。因這裡說的與通常所說的「居留權」含義不一樣，後者指要求政治避難的居住、停留權。

※

⑦ 1988 年 9 月 8 日《草委與諮委居民組交流會會議紀要》

【P1-2】
1. 整體意見
1.2 有諮委建議將「居民」一詞的定義抽出第三章而放在一以專說明各種詞彙定義的新章節中。

2. 有關條文的討論
2.1 第二十三條
2.1.1 有諮委詢問第三及五項中所列的居民兩字，是單指「父」、或單指「母」，或是「父與母」？
2.1.2 有草委回應指出只要其中一方父或母是中國籍便可。
2.1.3 有諮委詢問是否意味着在九七年以後，香港的「未足十八歲內地非法入境者」可享有在港永久居留權。
2.1.4 有草委回應指出對此情況認識不太清楚，但會將此問題帶回專責小組中討論。

※

⑧《基本法諮詢委員會居民的基本權利與義務專責小組對基本法（草案）徵求意見稿第三章的意見匯編》，載於 1988 年 10 月基本法諮詢委員會《中華人民共和國香港特別行政區基本法（草案）徵求意見稿諮詢報告（1）》

【P89-90】
2. 第二十三條：永久性居民的問題
2.1 第（一）、（二）項
2.1.1 有委員則認為居民的定義很不清楚。
2.2 第（三）項
2.2.1 有委員認為，第（一）、（二）項所指的人士應是在基本法頒佈之時仍在世者。
2.2.2 有委員認為，這裡「居民」兩字的定義含糊，因為可能是單指「父」或單指「母」，或是「父與母」，所以應作一明確的定義。
2.2.3 有委員認為，如在一九九七年後容許所有「香港以外所生的中國籍子女」能享有香港特別行政區居留權，這會使香港居民回內地嫁／娶內地居民所生的子女大量湧入香港，成為一嚴重問題。
2.2.4 有委員建議將「在香港以外所生的中國籍子女」改為「中國籍子女，包括海外華人在外地所生的子女」。

2.3 第（四）項
2.3.1 有委員建議在香港特別行政區成立以前或以後，在香港通常居住連續七年以上並以香港為永久居住地的非中國籍人士需經一定程序，以證明其以香港為永久居住地，例如「宣誓」，才能成為香港特別行政區永久性居民，如此才能對香港特別行政區政府負責。

2.4 第（五）項
2.4.1 有委員建議此項應以具體的法律語言補充，以免出現年齡銜接的問題。（如某人生於香港但又曾離港一段時期，至十五歲才返港，則其因父母關係取得永久性居民身份，但至二十一歲時卻未住滿七年，而又變為非永久性居民，情況便會十分矛盾。）

3. 第二十三條：中國公民的定義
3.1 有委員認為，「中國公民」的定義不太清楚，條文中出現「中國公民」和「中國籍」兩詞，如果意思相同，便應統一起來；否則應清楚解釋兩者不同的定義。

4. 第二十三條：居留權的定義
4.1 有委員建議應增加一項條文，以列明曾是香港永久性居民者，在一九九七年後，都有香港特別行政區永久性居民的居留權。
4.2 有委員認為，在第（六）項中應詳細說明「在香港特別行政區成立以前」外籍人士之居留權。

5. 第二十三條：國籍問題
5.1 有委員認為，國籍問題的界定要有原則性，不宜從寬，

理由有二：
（1）若將來立法機關屬諮詢性機構，則可容許成員有非中國籍人士；但若為決策性機構，則不應寬限。
（2）由於香港的特殊情況，故前十年首兩屆的立法機關可有一定寬限，但應於註釋中指明，只適用於首兩屆，因不能以香港的特殊情況而放棄原則。
5.2 有委員認為，選舉權與被選舉權應跟公民權掛鈎，故首兩屆容許非中國籍人士參與決策機構的規定，必須列明於附件或以聲明的形式加以確定，以免特別行政區政府被指剝奪公民的政治權利。

6. 第二十三條：雙重國籍問題
6.1 有委員指出，現在大部份的管理階層均持有外國護照，所以國籍問題須在基本法中明確解決，如本條（四）：「在香港特別行政區成立以前或以後在香港通常居住連續七年以上並以香港為永久居住地的非中國籍的人；」如何界定「永久居住地」等問題。
6.2 有委員認為，雙重國籍問題的歷史久遠，中國公民也有在東南亞國家定居，如中國承認雙重國籍，定必影響深遠。
6.3 有委員認為，中國國籍法在香港特別行政區執行時應具彈性，一九九七年後可讓香港居民，在不放棄外國國籍的情形下，能夠成為中國公民。

7. 第二十三條：其他人
7.1 有委員認為，「其他人」的定義不明確。
7.2 有委員建議把永久性及非永久性居民的「性」字刪去。

第十稿

「第二十四條　香港特別行政區居民，簡稱香港居民，包括永久性居民和非永久性居民。
香港特別行政區永久性居民為：
（一）在香港特別行政區成立以前或以後在香港出生的中國公民；
（二）在香港特別行政區成立以前或以後在香港通常居住連續七年以上的中國公民；
（三）第（一）、（二）兩項所列居民在香港以外所生的中國籍子女；
（四）在香港特別行政區成立以前或以後持有效旅行證件進入香港、在香港通常居住連續七年以上並以香港為永久居住地的非中國籍的人；
（五）在香港特別行政區成立以前或以後第（四）項所列居民在香港所生的未滿二十一周歲的子女；
（六）第（一）至（五）項所列居民以外在香港特別行政區成立以前只在香港有居留權的人。
以上居民在香港特別行政區享有居留權和有資格依照香港特別行政區法律取得載明其居留權的永久性居民身份證。
香港特別行政區非永久性居民為：有資格依照香港特別行政區法律取得香港居民身份證，但沒有居留權的人。」
〔1990 年 2 月 16 日《中華人民共和國香港特別行政區基本法（草案）》〕

① 1989 年 3 月 21 日《居民專責小組會議第二次諮詢期第二次會議紀要》

5 有關「永久居住地」
5.1「通常居住」的定義
5.1.1 有些委員認為，「通常居住」一詞的定義不清。由於現時香港的法律不一定會直接應用到一九九七年後，故有澄清的必要。
5.2 有委員認為，若「以香港為永久居住地」的確認手續是一項聲明，便需清楚此項聲明會帶來何種後果和影響。
5.3 有委員認為，越南船民及其子女一九九七年後的身份問題應需釐清。
5.4 有委員認為，對於在條文中未有定義的名詞，例如「通

常居住」、「永久居住地」等，應在該條中加入解釋。這些解釋作為基本法的正文，便可和其他正文有同樣效力。
5.5 有委員建議，應與草委就此問題作交流、澄清。

※

② 1989 年 8 月 25 日《居民專責小組第二次諮詢期第三次會議紀要》

2. 關於第三章條文的討論
2.1 第二十四條——
（i）有委員提出本條仍有很多技術性問題，漏洞頗多，例如何謂「通常居住」？如何計算香港居民通常居港的年

期？中國籍人士的定義是什麼？

（ii）有委員提出本條有關的國籍與政治權的問題應在基本法加以明確說明，因為非永久性居民與永久性居民只在居留權上有分別，在政治權上沒有分別，而永久性居民可包括外國籍人士，這安排與目前不同。目前香港人在英國沒有政治權，不過在中國則有參政機會，如香港的中國同胞可以成為政協或人大代表。

（iii）有委員建議應在基本法附件中詳明本條有關的名詞概念的意思。

※

③ 1989 年 9 月 12 日《基本法諮詢委員會居民的基本權利與義務專責小組對基本法（草案）第三章的意見匯編》（1989 年 9 月 21 日居民專責小組與草委會對口小組在港草委交流會議附件一）

第二十四條
建議：
（1）有委員認為，如「以香港為永久居住地」的確認手續是一聲明，便需要清楚此聲明會帶來的後果和影響。
（2）有委員認為，應在條文中對「通常居住」、「永久居住地」等作出解釋。
理由：在條文中作出解釋，可使其與基本法的正文有同樣的效力。
（3）有委員建議在基本法附件中詳明本條有關的名詞概念的意思。
（4）有委員提出與本條有關的國籍與政治權的問題應在基本法加以明確說明。
理由：由於永久性居民可包括外國籍人士，而非永久性居民與永久性居民只在居留權上有分別，在政治權上沒有分別，這安排與目前不同。目前香港人在英國沒有政治權，不過在中國則有參政機會，如香港的中國同胞可以成為政協或人大代表。

問題：
（1）有委員提出，何謂「通常居住」？如何計算香港居民通常居港的年期？
（2）有委員提出，何謂「以香港為永久居住地」？
（3）有委員提出，何謂「中國公民」和「中國籍」？
（4）有委員提出，為何第（五）項提及的子女成為永久性居民的年齡定於「二十一歲」以下？
（5）有委員提出，越南船（難）民及其子女在一九九七年後的身份是什麼？

※

④《基本法諮詢委員會居民的基本權利與義務專責小組對基本法（草案）第三章的意見匯編》（1989 年 10 月 5 日居民專責小組第二次諮詢期第四次會議附件一）

第二十四條
（編者按：內容同上文）

※

⑤《居民專責小組就基本法（草案）第三章討論的會議紀要》（1989 年 10 月 5 日居民專責小組第二次諮詢期第四次會議紀要附件，同年 10 月 7 日經執

行委員會通過）

（編者按：本文同第十稿文件④，除下列內容外，均同前文。）
意見：
（1）有委員認為，如「以香港為永久居住地」的確認手續是一聲明，便需要清楚此聲明會帶來的後果和影響，例如是否需要放棄原來的外國國籍，或會否令外國藉此不給予有關人士外國國籍等。另有委員認為既然本條第（四）項已說明外籍人士都可成為永久性居民，所以不應有這憂慮。
（3）有委員認為本條仍未界定「中國公民」的意思。根據中國法律，是不准有雙重國籍的，但本條還沒有說明持有外國護照的人士在香港是否會被視為中國公民。如果不能算是中國公民，數目龐大的外國護照持有者（其中很多是專業或管理階層人士）便會被當作非本土人士，但其實他們大部份都是只住在香港的。這些世世代代都在香港出生的人便會遭排擠，而取而代之的卻是在香港居住只有七年的人和他們的家屬。

建議：
（3）有委員建議將本條第（三）及（五）項的「所列居民」明確說明為「父或母」或「父與母」。

※

⑥《基本法諮詢委員會居民的基本權利與義務專責小組對基本法（草案）第三章的意見匯編》，載於 1989 年 11 月基本法諮詢委員會《中華人民共和國香港特別行政區基本法（草案）諮詢報告第一冊》

【P80-81】
（編者按：內容同上文）

※

⑦ 1989 年 11 月基本法諮詢委員會《中華人民共和國香港特別行政區基本法（草案）徵求意見稿諮詢報告第三冊——條文總報告》

【P71-74】
第二十四條
2. 意見
2.1 保留
→ 本條對永久性居民身份所作的規定帶歧視性，不具任何積極作用，反而會引起不安。
→ 本條內的「通常……連續」的意思含糊。
→ 本條規定有些永久性居民需具「中國公民」的資格，這資格會令部份香港居民參與政治活動受到限制。
→ 香港永久性居民的界定必須清楚，因為香港特別行政區的選舉權屬於香港永久性居民。
→ 如「居住」是指持合法證件進入香港，並獲得香港政府的居留權，《基本法（草案）》的規定，便不會出現問題。但如「居住」不僅指合法居留的意思，滯港越南難民和船民的問題便難以解決。
→ 在香港持印度護照或英國屬土公民護照的印裔人士，對他們在一九九七年後在香港的居留權沒有在基本法中清楚規定表示關注。

3. 建議
3.1 刪除

→ 將第（四）項的「以香港為永久居住地」的條件刪去。
理由：由於本條沒有具體列明什麼情況和行為是符合「以香港為永久居住地」這條件，而且本條又沒限制防止政府行使無限度的酌情權，故申請人是否符合資格全視乎有關公務員的主觀判斷和任意決定。
→ 將第（五）項的「在香港特別行政區成立以前或以後」刪去。

3.2 增加
→ 在第一款後加上：「非永久性居民為：受聘來香港工作人士、專業人員，及來香港投資建設及經營工、商業者及其家屬。」
→ 在第（三）項的「香港」後加上「及中華人民共和國」。
理由：為保持現今的政策。
→ 在（一）至（五）項的分號後加上「或」字。
理由：凡符合（一）至（六）項要求的便可成永久性居民。
→ 加上第（七）項：「香港地小人多，嚴防人潮（盲流）湧入，凡竄入者，不論年齡、性別，即捕即解，不得在港居留。」
理由：人潮可影響香港一切之正常運作，並危害其固有的國際金融地位。
→ 在第三款的「永久性居民身份證」後加上「和有效的旅行證件」。
理由：為使《基本法（草案）》第三十一條規定的出入境自由得以體現，本條需對取得有效旅行證件的權利予以規定，這也符合《中英聯合聲明》的承諾。

3.3 修改
→ 將第一款改為：「香港特別行政區居民，以後稱為香港居民，除特別說明外，包括永久居民、非永久居民和所有其他合法居留於香港人士。」
→ 將第（三）項的「中國籍子女」改為「華裔子女」或「中國血統子女」。
→ 在（三）項註明父母須均屬本條第（一）或（二）類人士。
→ 將第（三）及（五）項的「所生……子女」改為「婚生……子女」。
理由：藉此杜絕非婚生子女也可以成為永久性居民的問題。
→ 應明確指出中第（三）及（五）項的「所列居民」是「父和母」，或是「父或母」。
理由：如是「父或母」，很多現時不享有居留權的人在一九九七年後便可享有。
→ 將第（四）項修改，以使凡非中國籍人士，只需在一九九七年前或後在香港出生，不論種族，都可成為香港永久性居民。在一九九七年前已享有永久性居民身份者，不論種族，在一九九七年後繼續享有。
→ 將第（四）項的「中國籍的人」改為「中國籍人士」。
→ 將第（四）項的「通常居住」改為「通常合法居住」。
→ 將第三、四款的「有資格」改為「有權」。
理由：此修改可保障有關人士取得身份證，因為這是他們的權利。

3.4 其他
→ 對第（四）至（六）類人士成為香港特別行政區的永久性居民增加限制。
理由：以限制香港人口的過速增長。
→ 應規定凡在香港居住十年者才能成為香港特別行政區的永久性居民。
→ 凡在香港出生的人士，其子女即使在外地，也可以成為香港特別行政區的永久性居民。
→ 旅居英國，不論國籍，凡具中國血統（即《中英聯合聲明》備忘錄中所提及的「中國同胞」）者，及其在外地所生的子女，無分國籍，均可成為香港特別行政區的永久性居民。
理由：這不單符合《中英聯合聲明》的規定，也對吸引人才返回香港投資建設，起鼓勵和帶領作用。

→ 香港居民在外地（外國或中國其他地方）的妻室應可申請到香港居留。
理由：公民應享有家人團聚這基本權利。
→ 香港居民在內地的父母、兄弟姊妹、子女皆可無限制地到港定居。
→ 香港居民在內地所生的子女，也須循國內途徑申請來港，並需在香港居留滿七年才可領永久性居民身份證。
→ 香港居民的親屬可在一年中多次進出香港，並可居留半年，在港工作。
→ 內地、澳門、台灣的華人可自由進出香港，在港工作及定居。
→ 凡持有外國護照或具非中國血統者，都不能成為香港特別行政區永久性居民。
→ 永久性居民的資格不應有種族限制。
→ 外籍人士申請為永久性居民的程序必須簡單，並應在一九九七年前進行。
→ 基本法應有政策規定如何處理越南難民的問題。
→ 對「通常居住」作一限制性解釋，使其範圍限於那些持合法入境證件，而又獲得香港特別行政區政府給予居留權者。
理由：以解決越南船（難）民的問題。
→ 應明確規定越南船民和其子女在香港特別行政區沒有居留權。
→ 外地輸入之勞工在香港特別行政區沒有居留權。
→ 基本法應清楚註明「中國籍」人士和「中國公民」的定義。
理由：兩者的分別含糊。
→ 應明確指出香港特別行政區的永久性居民中的中國公民跟非中國公民的分別。
→ 本條應清楚說明香港特別行政區的永久性居民與非永久性居民的分別。
→ 在本條指出香港特別行政區永久性居民是信奉資本主義，反對共產主義的。中國政府在五十年內不得干預香港特別行政區的資本主義。

4. 待澄清問題
→ 香港居民持英國國民（海外）護照（B.N.O.）證件者，究竟在一九九七年之後是否仍可享有香港特別行政區永久性居民的權利？
→ 香港特別行政區的永久性居民一旦擁有外國國籍後，是否即喪失永久居留權，還是在自動放棄後才喪失？
→ 香港特別行政區的居民能否擁有雙重國籍？
→ 放棄了香港居留權者，一旦返回香港，是否需重新在香港特別行政區居留七年後方可恢復原有身份？
→ 第（四）及（五）類的永久性居民若離開香港特別行政區一段時間後，會否因此喪失永久居留權？他們是否需重新在香港特別行政區住滿七年再經申請才能重獲永久居留權？
→ 第（五）類人士一旦到二十一歲，是否便喪失了永久居留權而需重新申請？
→ 第（六）類人士是指哪些人？
→ 香港特別行政區的永久性居民在外地或中國的妻子或丈夫是否需要申請成為香港特別行政區的永久性居民？
→ 香港特別行政區的永久性居民在外地所生的子女是否需要申請成為香港永久性居民？
→ 香港特別行政區的居民在外地或中國的妻子能否申請來香港居留？
→ 一九九七年之後，內地人士是否會大批進入香港特別行政區？他們是否會受基本法的條文管轄？究竟是由中國政府先批准，抑或由香港特別行政區政府先批准？
→ 目前內地幹部到香港工作的數以萬計，若他們一旦在香港住滿七年，豈不是自動成為香港特別行政區的永久性居民？

→ 香港特別行政區有什麼辦法阻止由內地來港的非法入境者？

→ 越南難民是否屬於「取得香港居民身份證，但沒有居住權」的人？

→ 一九九七年前的移民法例在一九九七年後是否仍然有效？

第十一稿

「**第二十四條** 香港特別行政區居民，簡稱香港居民，包括永久性居民和非永久性居民。

香港特別行政區永久性居民為：

（一）在香港特別行政區成立以前或以後在香港出生的中國公民；

（二）在香港特別行政區成立以前或以後在香港通常居住連續七年以上的中國公民；

（三）第（一）、（二）兩項所列居民在香港以外所生的中國籍子女；

（四）在香港特別行政區成立以前或以後持有效旅行證件進入香港、在香港通常居住連續七年以上並以香港為永久居住地的非中國籍的人；

（五）在香港特別行政區成立以前或以後第（四）項所列居民在香港所生的未滿二十一周歲的子女；

（六）第（一）至（五）項所列居民以外在香港特別行政區成立以前只在香港有居留權的人。

以上居民在香港特別行政區享有居留權和有資格依照香港特別行政區法律取得載明其居留權的永久性居民身份證。

香港特別行政區非永久性居民為：有資格依照香港特別行政區法律取得香港居民身份證，但沒有居留權的人。」

〔1990 年 4 月《中華人民共和國香港特別行政區基本法》〕

香港居民在法律面前一律平等。

1. 在法律面前一律平等

第一稿

第三章

「第二條　香港居民，不分國籍、種族、民族、性別、職業、宗教信仰、教育程度、財產狀況，在法律面前一律平等。」

〔1986 年 11 月 12 日《香港特別行政區基本法起草委員會香港居民的基本權利和義務專題小組的工作報告》，載於《中華人民共和國香港特別行政區基本法起草委員會第三次全體會議文件匯編》〕

① 1986 年 4 月 22 日《居民及其他人的權利自由福利與義務第二次會議總結（第一分組）》

【P1】

（2）對於不同類別之香港居民，其權利與義務應否有所分別，各委員的意見頗為一致。正如《中英聯合聲明》附件一第十三節指出：「香港特別行政區依法保障香港特別行政區居民和其他人的權利和自由」，因此，就一般在港居住的人而言，在一些基本或涉及人身的權利和自由方面，是不應有任何分別的；但另一方面，在某些問題上，這個分別是肯定存在的，例如《中英聯合聲明》附件一第一節「香港特別行政區政府和立法機構由當地人組成」；又第四節「香港特別行政區政府可任用原香港公務人員中的或持有香港特別行政區永久性居民身份證的英籍和其他外籍人士擔任政府部門的各級公務人員，各主要政府部門的正職和某些主要政府部門的副職除外。」由此可見，分別是顯然存在的。

※

② 1986 年 4 月 22 日《居民及其他人的權利自由福利與義務第二次會議總結（第二分組）》

2. 不同類別之居民，其權利與義務應否有分別？

各委員基本上一致認為，不同類別之居民，其權利與義務應有不同；特別在政治權利方面，但要注意一點，任何人，包括過境旅客，都應同等地享有基本的人權和自由，即基本法機構（草案）第三章（三）至（十三）節所列各項。

※

③ 1986 年 11 月 12 日《香港特別行政區基本法起草委員會香港居民的基本權利和義務專題小組的工作報告》，載於《中華人民共和國香港特別行政區基本法起草委員會第三次全體會議文件匯編》

【P22】

第三章　香港居民的基本權利和義務（討論稿）

第二條

說明：本條內容，在基本法結構（草案）中沒有提出，但在世界各國法律中，大都有公民受法律保障，在法律面前一律平等的規定。在徵求香港各界人士的意見中，也有不少人提出在基本法中應作出這一原則性的規定。

第二稿

第三章

「第二條　香港居民，不分國籍、種族、民族、性別、職業、宗教信仰、教育程度、財產狀況，在法律面前一律平等。」

〔1987 年 3 月 2 日《第三章 香港特別行政區居民的基本權利和義務（討論稿）》（1987 年 3 月 9 日居民及其他人的權利自由福利與義務專責小組第十四次會議討論文件）〕

第三稿

第三章

「第二條　香港居民，不分國籍、種族、民族、性別、職業、宗教信仰、教育程度、財產狀況，在法律面前一律平等。」

〔1987 年 4 月 13 日《香港特別行政區基本法起草委員會香港居民的基本權利和義務專題小組的工作報告》，載於《中華人民共和國香港特別行政區基本法起草委員會第四次全體會議文件匯編》〕

① 1987 年 3 月 9 日《居民及其他人權利自由福利與義務專責小組第十四次會議紀要（修訂）》

【P2】
2. 有關由起草委員就《基本法結構（草案）》第三章「香港特別行政區居民的基本權利和義務」草擬的討論稿，與會者與李福善草委的交流概要如下：
2.3 第二條
2.3.1 有委員建議將「香港居民」改為「所有在港的人」，以及在「財產狀況」後加上「政治背景」。

※

② 1987 年 4 月 13 日《香港特別行政區基本法起草委員會香港居民的基本權利和義務專題小組的工作報告》，載於《中華人民共和國香港特別行政區基本法起草委員會第四次全體會議文件匯編》

【P25】
第三章　香港特別行政區居民的基本權利和義務（修改稿）
第二條
說明：為了強調香港居民在法律面前一律平等，仍宜保留「不分國籍、種族、民族、性別、職業、宗教信仰、教育程度、財產狀況」的表述。至於「不分國籍」的提法是可以的，因為這裡講的是法律面前一律平等，並不妨礙法律有另外特殊的規定。但有些起草委員和諮詢委員認為不宜保留以上表述。

第四稿

第三章
「第二條　香港居民，不分國籍、種族、民族、性別、職業、宗教、信仰、教育程度、財產狀況，在法律面前一律平等。」
〔1987 年 8 月 22 日《香港特別行政區居民的基本權利和義務專題小組的工作報告》，載於《中華人民共和國香港特別行政區基本法起草委員會第五次全體會議文件匯編》〕

① 1987 年 5 月 22 日《香港基本法起草委員會第四次全體會議委員們對基本法序言、總則及第二、三、七、九章條文草案的意見匯集》

【P21】
第二條
1. 建議在本條中加上「政治信仰」。

2. 將「成年的香港永久居民，都依照法律享有選舉權和被選舉權。」的內容加進第二條。

3. 有的委員建議，改寫成「香港居民，不分種族、膚色、性別、語言、宗教、政見或其他主張、民族本源，或社會階級、財產、出生或其他身份等等，在法律面前一律平等」並作為第四條。

※

② 1987 年 5 月 31 日陳文敏《評香港居民的基本權利和義務專題小組報告書》（1987 年 6 月 22 日居民及其他人的權利自由福利與義務專責小組第十八次會議第四次續會附件四）

筆者對《第三章：香港特別行政區居民的基本權利和義務》的建議
第一條
任何人，不分國籍、種族、民族、性別、語言、職業、宗教或政治信仰、教育程度、財產狀況或社會成份，在法律面前一律平等。

※

③ 1987 年 6 月 1 日林邦莊《香港居民基本權利及義務報告（第二部份）第三章草稿》（1987 年 6 月 22 日居民及其他人的權利自由福利與義務專責小組第十八次會議第四次續會附件一）

第二條
重寫為：「香港特別行政區居民，不分國籍、種族、民族、性別、語言、職業，宗教信仰、政治或思想上的信仰、教育程度、財產狀況或社會地位，在法律面前一律平等。」
應在前面增加一條：「香港特別行政區政府保障香港特別行政區居民之權利和自由。」

※

④ 1987 年 6 月 5 日麥海華、歐成威、夏其龍《對香港特別行政區基本法起草委員會香港居民的基本權利和義務專題小組於第四次全體大會工作報告的建議》（1987 年 6 月 22 日居民及其他人的權利自由福利與義務專責小組第十八次會議第四次續會附件三）

第三條
香港特別行政區居民，不分國籍、種族、民族、性別、語言、職業、宗教或政治信仰、教育程度、財產狀況或社會成份，在法律面前一律平等。

※

⑤ 1987 年 6 月 19 日《有關基本法第三章草稿（87 年 4 月 30 日稿）的意見》（1987 年 6 月 22 日居民及其他人的權利自由福利與義務專責小組第十八次會議第四次續會討論文件）

（編者按：原件中並無標題所言的 87 年 4 月 30 日稿）

【P2】
第二條：
1. 修改為：香港特別行政區居民，不分國籍、種族、民族、性別、語言、職業、宗教信仰、政治思想上的信仰、教育程序、財產狀況或社會地位，在法律面前一律平等，並不會基於上述因素而受歧視。（林邦莊委員）
（說明：「語言」、「政治或思想上的信仰」、「社會地

位」以及「免受歧視」是補充意見。）

2.修改為：香港特別行政區居民，不分國籍、種族、民族、性別、語言、職業、宗教、信仰、教育程度、財產狀況或社會地位，在法律面前一律平等。（麥海華委員等建議的第三條）
（說明：「語言」、「社會地位」，以及將「宗教」與「信仰」分開是補充意見。）

3.加入「語言」的因素是多餘的，因為《中英聯合聲明》對於這一個問題已作出明確的規定：「香港特別行政區的政府機關和法院，除用中文外，還可使用英文。」將來基本法中只需有類似這一條的規定便可解決問題。（徐是雄委員）

※

⑥ 1987 年 7 月 24 日《有關基本法第三章草稿（87 年 4 月 30 日稿）的意見》

【P2】
（編者按：內容同上文）

※

⑦居民及其他人的權利自由福利與義務專責小組《香港居民的基本權利與義務最後報告之二》（1987 年 8 月 8 日經執行委員會通過）

【P2-3】
第二條
（編者按：本文同第四稿文件⑤，除下列內容外，均同前文。）
4.不同意建議 1 和 2 加入「語言」這因素在此條文中，因為這會構成執行上的困難，所以不宜將之列在基本法內。

※

⑧ 1987 年 8 月 22 日《香港特別行政區居民的基本權利和義務專題小組的工作報告》，載於《中華人民共和國香港特別行政區基本法起草委員會第五次全體會議文件匯編》

【P29】
第三章　香港特別行政區居民的基本權利和義務（一九八七年八月修改稿）
第二條
說明：把原條文中的「宗教信仰」改寫為「宗教、信仰」，其中的「信仰」包括了「政治信仰」。

第五稿

「**第二十四條　香港居民，不分國籍、種族、民族、語言、性別、職業、宗教信仰、政見、教育程度、財產狀況，在法律面前一律平等。**」
〔1987 年 12 月基本法起草委員會秘書處《香港特別行政區基本法（草案）》（匯編稿）〕

① 1987 年 9 月 2 日《中華人民共和國香港特別行政區基本法起草委員會第五次全體會議委員們對基本法序言和第一、二、三、四、五、六、七、九章條文草稿的意見匯集》

【P20-21】
第二條
1.有的委員提出，本條應參照聯合國公約的寫法，改為「香港居民，無分種族、膚色、性別、語言、宗教、政見或其他主張、民族本源或社會階級、財產、出生或其他身份等等，在法律面前一律平等」。理由是該公約適用於香港，這樣也便於法庭審理有關案件時有判例可循。有的委員認為不一定要抄公約的寫法，公約中有的內容，如「語言」可予吸收，公約中沒有包含的內容，如「國籍」卻有必要寫上。至於公約中的「膚色」，與本條中的「種族」其實是同一意思。

2.對本條中的「宗教、信仰」，有的委員認為宗教與信仰是兩回事，從事宗教活動的人，不一定都信仰宗教，而表示同意分列。有的委員則認為信仰與宗教不是並列關係。在外國憲法中，「宗教信仰」通常是不能分解的。
不少委員指出，政見、政治觀點不是一種信仰，本條的說明中「政治信仰」的提法不科學。

3.有的委員轉達了基本法諮委會部份委員的建議，在本條中加上「社會地位」及「不受歧視」的表述，成為「香港居民，不分……社會地位，在法律面前一律平等，不受歧視」。有的委員認為「不受歧視」可以不寫。

※

②香港居民的基本權利與義務專責小組《對基本法第三章條文草稿（一九八七年八月）的意見》（1987 年 11 月 4 日經執行委員會通過）

【P2】
關於第二條
1.有委員提出無須依照聯合國公約的內容撰寫本條。

2.有建議將條文中的「信仰」修改為「政見及主張」，因為「信仰」有很重的宗教意味。

3.有委員認為須在這條加進「語言」一項，保障任何人在法律面前的權利不會因為他的語言而受歧視。

※

③ 1987 年 12 月基本法起草委員會秘書處《香港特別行政區基本法（草案）》（匯編稿）

【P13】
第二十四條
說明：有的委員建議，本條可改寫成：「香港居民在法律面前一律平等。不因國籍、種族、民族、語言、性別、職業、宗教信仰、政見、教育程度、財產狀況而受歧視。」

第六稿

「**第二十四條** 香港居民，不分國籍、種族、民族、語言、性別、職業、宗教信仰、政見、教育程度、財產狀況，在法律面前一律平等。」

〔1988年3月基本法起草委員會秘書處《中華人民共和國香港特別行政區基本法（草案）草稿》（總體工作小組第二次會議對目錄、序言、第一、二、三、五、六、七、九章的修改稿）〕

① 《各專題小組的部份委員對本小組所擬條文的意見和建議匯輯（關於序言、第一、二、三、五、六、七、九章部份）》，載於1988年3月基本法起草委員會秘書處《中華人民共和國香港特別行政區基本法（草案）草稿》

【P35】
第二十四條
（編者按：內容同第五稿文件③）

第七稿

「**第二十四條** 香港居民，不分國籍、種族、民族、語言、性別、職業、宗教信仰、政見、教育程度、財產狀況，在法律面前一律平等。」

〔1988年4月基本法起草委員會秘書處《中華人民共和國香港特別行政區基本法（草案）草稿》〕

① 《各專題小組的部份委員對本小組所擬條文的意見和建議匯輯》，載於1988年4月基本法起草委員會秘書處《中華人民共和國香港特別行政區基本法（草案）草稿》

【P63】
第二十四條
（編者按：內容同第五稿文件③）

第八稿

「**第二十四條** 香港居民，不分國籍、種族、民族、語言、性別、職業、宗教信仰、政見、教育程度、財產狀況，在法律面前一律平等。」

〔1988年4月基本法起草委員會《中華人民共和國香港特別行政區基本法（草案）徵求意見稿》〕

① 《各專題小組的部份委員對本小組所擬條文的意見和建議匯輯》，載於1988年4月基本法起草委員會《中華人民共和國香港特別行政區基本法（草案）徵求意見稿》

【P54】
第二十四條
（編者按：內容同第五稿文件③）

第九稿

「**第二十五條** 香港居民在法律面前一律平等。」
〔1989年2月《中華人民共和國香港特別行政區基本法（草案）》〕

① 1988年5月基本法諮詢委員會秘書處《基本法（草案）徵求意見稿初步反應報告（草稿）》

【P16】
居民的基本權利──民權
1.
1.1 第二十四條把香港居民享有的平等權利問題，交由法院定奪。但在現實生活中，平等問題往往不能單由法院處理。
1.2「財產狀況」宜譯作「economic status」；而非「property status」。

※

② 《與內地草委交流的重點 ── 居民及其他人的權利自由福利與義務組》，載於1988年6月3日《基本法諮詢委員會秘書處通訊73》

【P6】
3. 保障民權的原則
3.3 有委員指出應在第二十四條加上「不受歧視」的原則（第二十四條）。

7. 寫法
7.1 有委員指出第二十四條寫上香港居民「不分國籍」在法律面前一律平等是不正確的。因為基本法已規定在某些權利上，如政治權利，非中國公民是享受不到的（第二十四條）。

※

③ 1988年8月基本法起草委員會秘書處《香港各界人士對〈香港特別行政區基本法（草案）徵求意見稿〉的意見匯集（一）》

【P14-15】
第二十四條
1. 建議按中葡聯合聲明的寫法：「香港特別行政區居民和其他人在法律面前人人平等，不因國籍、血統、性別、種族、語言、宗教、政治或思想信仰、文化程度、經濟狀況或社會條件而受到歧視」。

2. 改為：「香港居民在法律面前一律平等，並應享有受法

律平等保障的權利，不會因國籍、種族、民族、社會出身、語言、性別、職業、宗教及政治思想、教育程度、出生地點、財產及婚姻狀況而受到歧視」。

3. 加「出身」。

4. 香港居民「不分國籍」在法律面前人人平等是不正確的，因為基本法已規定某些權利（如政治權利）非中國公民是享受不到的。

5. 本條是引述國際公約，但引得不完整，不確切。建議不要包羅萬象，否則反而會有漏洞，如「意識形態」就沒包括上。因此，建議改為：「香港居民在法律面前一律平等」。

※

④ 1988 年 9 月基本法起草委員會秘書處《內地各界人士對〈香港特別行政區基本法（草案）徵求意見稿〉的意見匯集》

【P11】
第二十四條
1. 改為：「香港居民在法律面前不分國籍、……一律平等。」

2. 改為：「香港居民不因國籍、……而受歧視，並享有受法律平等保護的權利。」

※

⑤《基本法諮詢委員會居民的基本權利與義務專責小組對基本法（草案）徵求意見稿第三章的意見匯編》，載於 1988 年 10 月基本法諮詢委員會《中華人民共和國香港特別行政區基本法（草案）徵求意見稿諮詢報告（1）》

【P90】
8. 第二十四條
8.1 有委員認為，這條條文把香港居民享有的平等權利的問題，交由法院定奪，在實際執行中必會出現困難，因為在現實生活中，平等問題往往不能單由法院處理。
8.2 有委員認為，英文版中的「property status」錯誤地從國際公約引述過來，在英文文法上沒有含意，建議可用「property and other status」。而有委員認為，「財產狀況」應宜譯作「economic status」，而非「property status」。
8.3 有委員認為，應加上「不受歧視」的原則，因為凡有牽涉國籍問題必會帶來「歧視」，這會影響居民的生活和就業。

※

⑥ 1988 年 10 月基本法諮詢委員會《中華人民共和國香港特別行政區基本法（草案）徵求意見稿諮詢報告第五冊——條文總報告》

【P122-126】
第二十四條
2. 意見

2.1 贊同意見
→ 贊同本條規定。
2.2 反對意見
→ 反對本條規定。
理由：
⊙ 本條沒有明確指出居民享有不受歧視、受法律平等保障的權利。
⊙ 本條並沒有明確指出居民不受政府機關歧視的權利。
⊙ 本條並沒有對因居民的社會出身所受到的歧視作出禁止。
⊙ 本條並沒有對因居民的出生地點所受到的歧視作出禁止。
⊙ 本條並沒有對因居民的婚姻狀況所受到的歧視作出禁止。
⊙ 本條並沒有對因居民的思想信仰所受到的歧視作出禁止。
⊙ 本條並沒有明確指出不同階級的人在法律前獲同等保障及權力。
⊙ 本條並沒有明確指出不同出身的人在法律前獲同等保障及權力。
⊙ 本條沒有列出居民有生存的權利。
⊙ 本條沒有列出居民有不受酷刑、殘忍及不人道，或侮辱性的待遇和懲罰的權利。
⊙ 只提及「法律面前人人平等」並不足以保障在人道立場方面的平等。
⊙ 「法律面前一律平等」一詞不明確。
⊙ 本條文替種族歧視提供了憲法上的根據，至少在公務員架構中如是。
2.3 保留意見
→ 本條與第四十八條（十二）項有矛盾。
理由：行政長官有權赦免或減輕刑事罪犯的刑罰，如行政長官是基於政治或經濟原因行使此權力，這便有違本條規定「人人在法律面前平等」的規定。
→ 與第一百條互相抵觸，因此並非人人平等。
→ 本條含有共產意識，沒有「私有財產」一項，會產生有很多問題。
→ 如居民不能在基本法面前平等，本條便不能予以執行。
2.4 其他意見
→ 本條所涉及的是一個基本原則。
→ 本條文是不可能將所有條件盡列。
→ 把本條文的內容應用在私人活動方面，可能會對於許多純粹經濟性或合約性的關係有深遠的影響。
→ 其實，如何引用本條文在很大程度上是依靠司法人員的想像力，將來本條文可能會成為第三章中影響力最大的一條。

3. 建議：
3.1 改寫
→ 「人人在法律面前一律平等，並且可不受歧視地享受法律的保障。一個人不應因為其種族、膚色、性別、語言、宗教、政見或其他主張、民族本源或社會階級、財產、出生或其他身份的原因而受到歧視。」
→ 「凡屬永久性居民，不因其種族、膚色、性別、語言、宗教、政見及其他主張、民族本源等理由而受歧視，不受無理限制，均應有權利及機會：
（1）直接或經由自由選擇之代表參與政事；
（2）在真正、定期之選舉中投票及被選選舉權必須普及而平等，選舉應以無記名投票行之，以保證選舉意志之自由表現；
（3）以一般平等之條件，服務公職。」
理由：為符合《公民權利和政治權利國際公約》的規定。
→ 「香港居民，不分國籍、種族、民族、語言、性別、職業、宗教信仰、政見、教育程度、財政狀況等都享有平等的對待、尊重，並且以人民福利為依歸。」

→「香港居民在法律面前一律平等，不因國籍、種族、民族、語言、性別、職業、宗教信仰、政見、教育程度、財產狀況喪失其獲得平等法律對待的權利。」

→「香港居民享有受法律平等保障的權利，在法律面前一律平等，不因國籍、種族、民族、語言、性別、職業、宗教信仰、政見、教育程度、財產狀況而受歧視。」

→「香港居民，不分國籍、種族、語言、性別、職業、宗教信仰、政見、教育程度、財產狀況，在法律面前一律平等。同樣地，人人均受到同等的法律保護而不應受歧視。」

→「香港居民，不分國籍、種族、語言、性別、宗教信仰、政見、教育程度、財產狀況，在法律面前一律平等，不會得到特別的歧視或優待，並享有受法律平等保障的權利。」

→「香港居民在法律面前一律平等，並享有受法律平等保障的權利，不因國籍、種族、性別、語言、職業、宗教、政治或思想、信仰、教育程度、財產狀況或社會出身而受到歧視。」

→「香港特別行政區居民及其他人在法律面前一律平等，並不因其國籍、血系、種族、民族本源、語言、性別、職業、宗教信仰及行為、政治見解及信仰、教育水平、經濟狀況及社會地位而受到歧視。」

→「香港居民在法律面前一律平等，並享有受法律平等保障的權利，不因國籍、種族、民族、性別、語言、職業、宗教、政治或思想信仰、教育程度、財產狀況或社會出身而受到歧視。」

理由：「在法律面前人人平等」是一肯定性的精神，不應因任何原因而受到限制。因此，「國籍、種族、民族、民族（編者按：原文如此，應為「性別」之誤）、語言……」等因素的列舉，均只可視為對上述肯定性語句的一種補充，而這種補充，卻又不可能窮盡所有的因素。故建議將之寫在「法律面前人人平等」之後，可避免成為上述語句成立的先決條件，以致在前羅列的各項因素以外的情況，便可不受「法律面前人人平等」的保障。

→「香港居民，在法律面前受一律平等對待及受法律平等保護。」

理由：國籍、種族……財產等需要平等的元素既不能盡列，恐防有漏，不如不載，因為不載於其中也已有原文的含意。香港居民不但須在法律面前受平等對待，而且法律本身的訂定也需要平等地保護每一個人。

3.2 修改

→ 將「政見」與「宗教信仰」的位置互調。

理由：

⊙ 因前所列各點均由兩字寫成，後列各點由四字寫成，此修改可在寫法上統一。

⊙ 以表示對「政見」受法律保護這點尊重起見。

→ 將「政見」改為「政治立場」。

→ 將「政見」改為「政治見解」。

理由：因前所列的一點及後所列的各點由四字寫成，為統一起見而作此修改。

→ 將「財產狀況」改為「經濟狀況」。

理由：「經濟狀況」的規定較為清楚。

→ 將「在法律面前一律平等」改為「受法律平等保護。」

理由：「在法律面前一律平等」並不代表法律本身是平等的，只是指處理的方法是一律平等，而法律本身是仍可以有歧視性的。

→ 將「在法律面前一律平等」改為「受法律平等保障和不受歧視」。

理由：原文「在法律面前」是指在執行法律時，並不包括法律本身必須保障每個人得平等看待，和不受歧視。

→ 將「在法律面前人人平等」改為「有受法律平等保護的權利。」

3.3 增加

→ 在「法律面前一律平等」的字句後，加上：「並受到法律的平等保障及不受歧視。」

→ 加上：「在政治上一律平等。」

理由：只寫上「在法律面前一律平等」是不足夠的，目前寫法對中國持不同政見的特別行政區居民，是不能提供足夠保障。

→ 加上：「不得故意對某些種族、民族、語言、性別、職業、性與感情傾向、宗教信仰、教育程度、財產狀況等人士鼓吹仇恨與歧視」。

→ 加上：「香港居民，不因國籍、種族、民族、語言、出生、性別、婚姻狀況、性愛選擇、職業、宗教信仰、政見、教育程度、財產狀況而受歧視。」

→ 加上：「香港居民並享有受法律平等保障的權利並保障香港特別行政區居民不會因種族、性別、國籍等到理由受到歧視。」

理由：法律應平等地保障每一個屬同一類別的人。

→ 加上：「居民可享有受法律平等保障的權利，不論其國籍、種族、語言、性別、職業、宗教信仰、政見、教育程度、財產狀況、階級及背景。」

→ 在最後加上：「香港居民並享有安全及健康環境的權利，並享有為其後代提出上述要求的權利。」

→ 在最後加上：「除本法另有規定外，所有香港居民，不分國籍、種族、民族、語言、性別、職業、宗教信仰、政見、教育程度、財產狀況、社會背景或其他分別，均平等地享有本法第三章所規定的權利和自由。」

→ 在最後加上：「不會因背景不同而受到歧視。」

→ 在句末加上：「不受歧視」的字樣。

3.4 其他建議

→ 除在法律面前人人平等外，在社會生活上也不應受到歧視。

理由：每人皆有尊嚴，有生存的權利，並獲平等對待。

→ 本條應包括「不受歧視」這規定。

→ 增加以下免受歧視的項目：

（1）不分傷殘及健全。

（2）健康狀況。

（3）不因性與感情的傾向（例如同性戀）而受到迫害或歧視。

（4）性愛選擇。

（5）家庭背景。

（6）生存權。

（7）在審判前假定無罪。

（8）國籍。

（9）思想。

（10）政治信仰。

（11）所屬黨員或黨員身份。

理由：

⊙ 香港暫時沒有正式的政黨，因此列明不分國籍、種族、政見等在法律面前一律平等，只會使防（編者按：「只會使防」原文如此，應為「為防止」之誤）共產黨員享有較優越地位。

⊙「政見」不能涵括這建議。

（12）道德觀念。

理由：因有很多信仰不屬「宗教」或「政治」的範疇。

（13）出生情況。

理由：

⊙ 以保障將來人工受孕、借腹產子所生的嬰兒的權利。

⊙ 以體現法律面前平等的原則。

⊙ 以將任何因私生的原因而予以歧視的行為定為不合法。

（14）婚姻情況。

理由：以避免有法律訂定因「婚姻狀況」而使稅率（編者按：「稅率」原文如此，應刪去）受到歧視。

（15）社會地位。

（16）社會出身。

理由：

⊙「社會出身」在國際公約和《中葡聯合聲明》都有包括。

⊙ 這規定可排除「黑五類」這種在文革時盛行的概念的影響。
→ 為「政見」一詞附上註解：「不論是否反對共產黨、馬克思主義。」
→ 「法律」一詞應註明是「保障人權的法律。」
理由：以避免誤解。
→ 須加強本條規定的保障。
→ 任何人不論國籍，不分種族，若在香港犯法必須受香港法律制裁。
→ 應通過法律推展社會上機會平等。
理由：
⊙ 這與「法律面前人人平等」不同。
⊙ 以保障傷殘人士要求。
→ 法律的制定需公正和平等，任何人士在法律面前，均一律平等。
→ 在所有基本法的條文之上，應加上一個基礎原則，就是每一個生活在香港特別行政區政府的人，都應受到個人尊重，任何人士都不應因性別、年齡、種族、語言、職業、宗教信仰、政治思想、身體傷殘、言論或行為而受到歧視或使其公民權利受到損害。
（以上基礎原則在任何情況下都不可修改。）
→ 參考中國憲法第三十三條，無需在本條逐項列出免受歧視的項目。
→ 修改此條，使不同思想和不同政治信仰者，在法律面前，取得平等地位。
→ 建議考慮以《聯合國人身保護國際公約》為依歸。
理由：以免所列的各種權利及自由有所遺漏。
（另有意見認為這點在第三十八條會有提及。）
→ 本條的寫法應參考《公民權利和政治權利國際公約》第二十七條的規定：
「凡有種族、宗教或語言少數團體之國家，屬於此類少數團體之人，與團體中其他份子共同享有其固有文化、信奉

躬行其固有宗教或使用其固有語言之權利，不得剝奪之。」
理由：以保證居民有免遭拘留為良心犯的權利。

4. 待澄清問題：
→ 此條只適用於政府的活動抑或是為了調整一般居民的私人關係而訂定的呢？
→ 何謂「居民在法律面前一律平等」？
→ 條文中的「法律面前一律平等」是指執行法律時每人都得到平等對待，還是法律本身平等地對待每一個人？
→ 「受法律平等保護」與「在法律面前一律平等」有什麼分別？
→ 本條所指之「法律」為何？
→ 本條是否適用於教育團體及專業團體？

※

⑦ 1989 年 1 月 9 日《香港居民的基本權利和義務專題小組對條文修改情況的報告》，載於 1989 年 1 月《中華人民共和國香港特別行政區基本法起草委員會第八次全體會議文件匯編》

【P18-19】
1. 第二十五條
徵求意見稿原為：「香港居民，不分國籍、種族、民族、語言、性別、職業、宗教信仰、政見、教育程度、財產狀況，在法律面前一律平等。」有些意見認為：「不分國籍……」的規定，很難全面列舉。因此，這次修改將「不分國籍……」刪去，規定為「香港居民在法律面前一律平等。」這樣，既簡明扼要，又能全面概括。還有的意見建議加上「不受歧視」，因「在法律面前一律平等」已包含「不受歧視」的意思，故未加。

第十稿

「第二十五條　香港居民在法律面前一律平等。」
〔1990 年 2 月 16 日《中華人民共和國香港特別行政區基本法（草案）》〕

① 1989 年 3 月 21 日《居民專責小組會議第二次諮詢期第二次會議紀要》

【P3】
6. 有關第二十五條
6.1 有關詳細或概括的寫法
6.1.1 有委員認為，在此條文中刪去「民族、性別……」等，不及徵求意見稿將之保留。
6.1.2 有委員認為，不詳細列出各種分類的原因是該種分類是不能窮盡的。現行寫法的意思是在任何情況下人人都是平等的。
6.2 有關歧視的意見
有委員認為，平等不等於不受歧視，故此條文仍有漏洞。
6.3 有委員認為，在此條文的意義下，法律以外的平等未能得到保證；而法律本身的平等亦屬存疑。
6.4 委員同意應就此問題與草委交流。

※

② 1989 年 8 月 25 日《居民專責小組第二次諮詢期第三次會議紀要》

【P3】
第二十五條

有委員建議在本條加上「在法律面前有平等的保障及不受歧視」。

※

③ 1989 年 9 月 12 日《基本法諮詢委員會居民的基本權利與義務專責小組對基本法（草案）第三章的意見匯編》（1989 年 9 月 21 日居民專責小組與草委會對口小組在港草委交流會議附件一）

第二十五條
意見：
（1）有委員認為，在本條刪去「不分國籍、種族、民族、語言、性別、職業、宗教信仰、政見、教育程度、財產狀況」這些規定，不及徵求意見稿將之保留。
（2）有委員認為，目前寫法的意思是在任何情況下人人都是平等的。

理由：不詳細列出各種分類是因為這些分類是不能窮盡的。
（3）有委員認為，平等不等於不受歧視。
（4）有委員認為，在此條文的意義下，法律以外的平等未能得到保證；而法律本身的平等亦屬疑問。
（5）有委員認為，本條未能保障香港居民在法律之外

免受歧視。由於香港是一國際城市，香港如有歧視性的法律，會對香港構成嚴重影響。

建議：
（1）有委員建議在本條加上「在法律面前有平等的保障及不受歧視。」

※

④《基本法諮詢委員會居民的基本權利與義務專責小組對基本法（草案）第三章的意見匯編》（1989年10月5日居民專責小組第二次諮詢期第四次會議附件一）

第二十五條
（編者按：內容同上文）

※

⑤《居民專責小組就基本法（草案）第三章討論的會議紀要》（1989年10月5日居民專責小組第二次諮詢期第四次會議紀要附件，同年10月7日經執行委員會通過）

【P2】
第二十五條
（編者按：本文同第十稿文件④，除下列內容外，均同前文。）
建議
（1）有委員建議本條改為「香港居民在法律面前有平等的保障及不受歧視」。
理由：中葡聯合聲明也對「不受歧視」有所規定。

（2）有委員建議本條應保留原在徵求意見稿的規定：「不分國籍、種族、民族、語言、性別、職業、宗教信仰、政見、教育程度、財產狀況」。

※

⑥《基本法諮詢委員會居民的基本權利與義務專責小組對基本法（草案）第三章的意見匯編》，載於1989年11月基本法諮詢委員會《中華人民共和國香港特別行政區基本法（草案）諮詢報告第一冊》

【P81】
第二十五條
（編者按：內容同上文）

※

⑦1989年11月基本法諮詢委員會《中華人民共和國香港特別行政區基本法（草案）諮詢報告第三冊——條文總報告》

【P74-75】
第二十五條
2. 意見
2.1 正面
→ 同意將原來的「不分國籍、種族、民族、語言、性別、職業、宗教信仰、政見、教育程度、財產狀況」的規定刪去，因這可避免有居民因其他在本條沒有列出的原因而受歧視。
2.2 保留
→ 平等的意義不單指法律而言，而應有更廣泛的標準，因為法律的本質可以是不平等的，在這情況下，法律面前的平等，只是程序上的平等，意義不大。
→ 本條內容不夠充份，未能給予少數種族人士，或不同思想信仰人士免受歧視的保障。
→ 本條規定未能保障香港居民在法律之外免受歧視。
2.3 其他
→ 受法律平等保障的原則（不受歧視的原則）有兩方面，一是消極的，另一是積極的。消極的一面是務求避免因不相干、任意或無理而產生的歧視情形。積極的一面是設法達至平等保障每個人，甚至採取措施保障被剝奪經濟、社會或文化權利者，或給予少數人士特別權利，以使他們可保留其語言、文化和宗教活動。
→ 由於香港是一國際城市，如有歧視性的法律，香港會受到嚴重影響。

3. 建議
3.1 刪除
→ 將本條刪去。
理由：在法律面前一律平等是執法過程的畸形現象。
3.2 修改
→ 將本條改為：「香港居民和非永久性居民，在法律面前一律平等，均受法律保障和約束」。
理由：藉此穩定香港人的信心。
→ 將本條改為：「香港居民在法律面前一律平等，受法律平等保障，無所歧視。香港居民不分國籍、種族、語言、性別、職業、宗教信仰、政見、出生背景、教育程度、財產狀況或其他身份一律享受本章所確定的權利和自由及承擔本章所確認的義務。」
3.3 增加
→ 加上：「法律應禁止任何歧視並保證所有的人得到平等的和有效的保護，以免受基於種族、膚色、性別、語言、宗教、政治或其他見解、國籍或社會出身、財產、出生或其他身份等任何理由的歧視」。
理由：將以上《公民權利和政治權利國際公約》第二十六條的規定加上，可免本條與第三十九條有所衝突。
→ 加上：「並享有受法律平等保障的權利。」
→ 加上：「一律受平等保障，不受歧視。」
→ 加上：以法律給予平等保障為基礎，訂立不受歧視的原則。
理由：在法律面前平等與受法律平等保障是不同的。兩者的分別在所有重要的人權宣言都予以承認，例如《公民權利和政治權利國際公約》第二十六條規定：「所有的人在法律前平等，並有權受法律的平等保障，無所歧視。在這方面，法律應禁止任何歧視並保證所有的人得到平等的和有效的保護，以免受基於種族、膚色、性別、語言、宗教、政法或其他見解、國籍或社會出身、財產、出生或其他身份等任何理由的歧視。」本條的修改可參考以上規定。
3.4 其他
→ 本條應直接指出，不論世系、種族、籍貫、家庭出身、階級出身、黨派、語言、宗教、政治觀點、性別、社會地位、財產狀況等，居民都在法律前一律平等。
理由：法律不能因上述因素而影響其平等性。
→ 本條應保障少數種族人士及不同思想信仰人士免受歧視。
理由：如有此保障，有關的申訴便有所依據。
→ 本條應註明「法律」是「香港特別行政區的法律」。

「第二十五條　香港居民在法律面前一律平等。」

〔1990 年 4 月《中華人民共和國香港特別行政區基本法》〕

香港特別行政區永久性居民依法享有選舉權和被選舉權。

❀ 貳｜概念

1. 香港永久性居民
2. 選舉權
3. 被選舉權

❀ 叁｜條文本身的演進和發展

第一稿

第三章

「第三條　年滿二十一周歲的香港永久性居民，都依照法律規定有選舉權和被選舉權。」

〔1986 年 11 月 12 日《香港特別行政區基本法起草委員會香港居民的基本權利和義務專題小組的工作報告》，載於《中華人民共和國香港特別行政區基本法起草委員會第三次全體會議文件匯編》〕

① 1986 年 4 月《香港各界人士對〈基本法〉結構等問題的意見匯集》（基本法起草委員會第二次會議參閱資料之一）

【P5】
關於《基本法》結構的方案和意見
一、方案
（方案五）3. 有關公民的權利和義務部份，要界定香港特別行政區公民的定義，規定公民擁有的基本人權，例如有出版、遷徙、旅行通訊、集會、結社、罷工、投票、宗教信仰的自由和權利，使之得到法律的保障……

※

② 1986 年 4 月 22 日《中華人民共和國香港特別行政區基本法結構（草案）》，載於《中華人民共和國香港特別行政區基本法起草委員會第二次全體會議文件匯編》

【P12】
第三章　香港居民的基本權利和義務
（二）選舉權和被選舉權

※

③ 1986 年 4 月《部份起草委員對基本法結構（草案）的意見（備忘錄）》，載於《中華人民共和國香港特別行政區基本法起草委員會第二次全體會議文件匯編》

【P24-25】
五、關於《香港居民的基本權利和義務》
30.……將來香港永久性居民中的中國公民，他們在內地有沒有選舉權和被選舉權？

38. 第三條至第十條可歸納為一條，即「（三）政府不得侵犯的基本權利和自由，包括聯合聲明附件一中所列明的各種權利和自由以及其他由普通法保障的權利和自由。」

※

④ 1986 年 4 月 22 日《居民及其他人的權利自由福利與義務第二次會議總結（第一分組）》

【P2】
（4）在政治權利之分別方面，除以香港特別行政區永久身份證及在港居住年期（一般為七年）去判斷資格外，一些委員還提出以所持護照或國籍來決定某人是否有選舉和被選舉權，及能否出任行政長官、司級官員或某些主要政府部門的副職。然而這一方法亦可能產生一些技術性困難，例如可能有人無護照，而有些人則可能有雙重國籍，故此問題仍有待討論。此外，還有委員提議，以「中國人」為準則，這就非常富爭論性了，因為要判斷一個人是否中國人是很難有客觀標準的，故委員普遍認為應採用客觀的界定準則而非主觀界定。也有委員提議，既然《中英聯合聲明》規定，將來在香港特別行政區實行的法律為基本法及香港原有法律，所以香港現行法律中有關選舉權及被選舉權等說明，如非與基本法相抵觸，應是有效的，這起碼可以作為一個參考指標。

※

⑤ 1986 年 4 月 22 日《居民及其他人的權利自由福利與義務第二次會議總結（第二分組）》

5. 對持外國護照人士的處理
有委員提出，近年來一部份香港人，尤以專業人士居多，受 97 年問題影響，為保險計而入籍其他國家，但其實，這些人的根都是在香港的，那麼，我們應否讓他們擁有像其他香港居民一般的權利，包括選舉和被選舉權呢？這種積極的做法可把他們留下來，繼續為香港未來作出貢獻。

否則，人才便可能大量流失，這對香港的安定繁榮是甚為不利的。但問題是，這些人是持有正式外國護照的外國公民，擁有該國的政治權利；如果同樣地，我們也賦予他們居民的定義，使他們在港也有選舉和被選舉權，這種情況似乎不多見，因為很少國家的公民定義可以讓其公民同時於兩地方內執行及享受某些權利，而且，中國也不允許有雙重國籍的情況存在。因此，這個問題必須小心處理。

※

⑥ 1986 年 11 月 12 日《香港特別行政區基本法起

草委員會香港居民的基本權利和義務專題小組的工作報告》，載於《中華人民共和國香港特別行政區基本法起草委員會第三次全體會議文件匯編》

【P22】
第三章　香港居民的基本權利和義務（討論稿）
第三條
說明：將選民的年齡規定為二十一歲，據調查瞭解，是比較符合香港實際情況的。

第二稿

第三章

「**第三條　年滿二十一周歲的香港永久性居民，都依照法律享有選舉權和被選舉權。**」

〔1987 年 3 月 2 日《第三章　香港特別行政區居民的基本權利和義務（討論稿）》（1987 年 3 月 9 日居民及其他人的權利自由福利與義務專責小組第十四次會議討論文件〕

① 1986 年 11 月 11 日居民權利、自由與義務專責小組之居民定義工作組《居民定義—— 出入境、居留、遞解離境、選舉權及被選舉權討論文件》（1986 年 12 月 8 日居民及其他人的權利自由福利與義務第七次會議討論文件）

【P5-8】
3. 目前有關情況
3.3 選舉權及被選舉權的政治權利
3.3.1 香港人選舉權及被選舉權是另由選舉法規定的，與上列的出入境法及遞解離境法例，完全無關。香港原有的選舉法，原先是為市政局選舉而設的，為配合 1985 年的區議會及市政局選舉，此法例已於 1984 年作出修訂[8]。目前立法局的選舉法例，是在 1985 年 4 月通過的[9]，法例主要是界定了選舉團及功能團體，以選出代表加入立法局，並規定了候選人的具體資格，其中有關其投票人與候選人的居港年期規定，則引用 84 年的選舉法條例，並沒有另一套定義。此選舉法對選民居港的要求，除本土人士外，其他人士在登記為選民前的七年，要「在香港通常居住」。要注意的是這個「七年」與人民入境條例所規定的「七年」是有不同的意義的。除本土人士外，前者是指在登記日期前的七年通常在香港居住的時間，而後者乃指在過去任何時間內，通常居住香港滿七年。
3.3.2 對候選人的規定，根據 1984 年的選舉法，候選人必須在被提名日期前十年內通常居住在香港，才可以參加競選各種公職[10]。
3.3.3 此外，雖然選舉條例內並無國籍的規限，但在立法局的組成中，以往曾有一不成文規定——受委任為立法局議員者必須為英籍人士。但這個做法在近年來已沒有執行。現時立法局及行政局內，也有非英國籍的人士出任。

5. 主要問題
5.2 「當地人」是否等同於持有「永久居民身份證」的人士？或非中國籍的永久居民，是否有選舉權及被選舉權？
5.2.1 聯合聲明訂明，未來特別行政區政府由當地人組成。所謂「當地人」是否就是指附件一第十四節中所列明的，「在香港特別行政區有居留權並有資格按香港特別行政區的法律獲得香港特別行政區政府簽發的載明此項權利的永久居民身份證」的三類人士呢？若從另一個角度去探討，可以把這個問題看成：永久居民除擁有居留權外，是否還擁有政治權利，即參與組成特別行政區政府的權利呢？
5.2.2 有些意見認為，聯合聲明內「當地人」一詞並無特別含意，旨在指出未來特別行政區政府不會由外來人士組

成而已。至於誰為「當地人」及如何組成政府，則可參考目前的做法，另行以法律規定。當然，組成政府的「當地人」必須要在港有居留權，並持有永久居民身份證，這是一個起碼的條件，但不一定是足夠的條件。
5.2.3 根據目前法例的形式，出入境和居留權利與政治權利是分別由不同的法例規定的，且兩者內容不同，沒有一定的關係。
5.2.4 另一種意見則認為，這些人既然是香港的永久居民，就應該享有各種政治權利，不應有某類居民受到歧視，所以，「當地人」也就應等同於「永久居民」，他們擁有各種政治權利。
5.2.5 這個爭論，亦可以從另一種形式表現出來。就是立法機關成員的國籍問題。因為永久居民中，必定有非中國籍人士，如果永久居民即等同「當地人」，而未來的特區政府，是由「當地人」組成的話，則永久居民，連同非中國籍人士在內都應有選舉權及被選舉權，亦即非中國籍人士，亦可以參加立法機關。在小組的討論會上，委員們對這個問題的見解有着原則性的分歧。
5.2.5.1 一些委員認為，參與立法機關的權利應只限於持中國籍的永久居民。這個論點的主要考慮，是認為持有外國國籍的人士，缺乏對香港的歸屬感，在處理某些與外國有關的公眾事務時，更可能產生雙重效忠的問題。在一些特別行政區內發生而與國家安全有關的問題上，亦會因為其外國國籍而做成尷尬的情況。所以，除非這些人士放棄他的外國國籍，而獲批准入中國籍，否則，不應容許他們參與未來特別行政區的立法機關。
5.2.5.2 相反，另一意見卻認為，香港是一個國際商港，應盡量容許不同背景的人士，積極參與管治這個地方的事務，況且很多已取得外國國籍的人士仍然以香港為家，故應該讓他們在立法機關的選舉中，有投票和參選權，增加他們的歸屬感。
5.2.6 聯合聲明內有關的條款
《中英聯合聲明》對立法機關的投票及候選人資格與國籍，並無明確規定，但對未來特別行政區政府的主要政府部門（相當於「司」級部門，包括員警部門）的正職和某些主要政府部門的副職則規定，英籍和其他外籍人士不能擔任。（聯合聲明附件一第四節）

註 8：選舉規定條例（香港法例第 367 章）
註 9：立法局（選舉規定）條例（香港法例第 381 章）
註 10：據悉，港府最近完成地方行政檢討，建議修訂選民及候選人資格，其中有關居港年期的規定將修訂如下：
（1）選民必須在登記前的十年內積累七年居港的時間；
（2）候選人必須被提名前的十五年內積累十年居港的時間。

※

② 1986 年 12 月 23 日《居民及其他人的權利自由福利與義務專責小組第八次會議紀要》

4. 討論有關非中國籍的永久居民是否有選舉權和被選舉權的問題，以下各點是委員對此問題提出的新意見：

4.1 非中國籍的永久居民可以成為立法機關的成員，理由是立法機關就好像「中國的區議會」，只管理地方事務，所以有外籍人士被選入立法機關是不會影響中國在香港體現主權的。（建議將這點加進討論文件 5.2.5.2）

4.2 非中國籍的永久居民只能有選舉權，但沒有被選舉權，因為如有外籍人士成為立法機關成員，會涉及主權問題；再者，如中國籍人士和非中國籍人士享有相同的政治權利，便是對中國籍人士的政治歧視。（建議將這點加進討論文件 5.2.5.1）

4.3 有選舉權的人士應該有被選舉權。（建議將這點加進討論文件成為 5.2.5.3）

※

③ 1987 年 1 月 13 日居民及其他人的權利自由福利與義務專責小組之居民定義工作組《居民定義——出入境、居留、遞解離境、選舉權及被選舉權最後報告（草稿）》（1987 年 1 月 20 日《居民及其他人的權利自由福利與義務專責小組第十一次會議討論文件》）

【P7-9】

（編者按：本文同第二稿文件①，除下列內容外，均同前文。）

5. 主要問題

5.2 「當地人」是否等同於附件一第十四節中所列明的，「在香港特別行政區有居留權並有資格按香港特別行政區的法律獲得香港特別行政區政府簽發的載明此項權利的永久居民身份證」的三類人士呢？或永久居民除擁有居留權外，是否還擁有政治權利，即參與組成特別行政區政府的權利呢？

5.2.1 根據目前法例的形式，出入境和居留權利與政治權利是分別由不同的法例規定的，且兩者內容不同，沒有一定的關係。

5.2.2 聯合聲明內有關的條款

《中英聯合聲明》對立法機關的投票及候選人資格與國籍，並無明確規定，但對未來特別行政區政府的主要政府部門（相當於「司」級部門，包括員警部門）的正職和某些主要政府部門的副職則規定，英籍和其他外籍人士不能擔任。（聯合聲明附件一第四節）

5.2.3 有些意見認為，聯合聲明內「當地人」一詞並無特別含意，旨在指出未來特別行政區政府不會由外來人士組成而已。至於誰為「當地人」及如何組成政府，則可參考目前的做法，另行以法律規定。當然，組成政府的「當地人」必須要在港有居留權，並持有永久性居民身份證，這是一個起碼的條件，但不一定是足夠的條件。

5.2.4 另一種意見則認為，這些人既然是香港的永久居民，就應該享有各種政治權利，不應有某類居民受到歧視，所以，「當地人」也就應等同於「永久性居民」，他們擁有各種政治權利。

5.2.5 這個爭論，亦可以從另一種形式表現出來。就是立法機關成員的國籍問題。因為永久性居民中，必定有非中國籍人士，如果永久性居民即等同於「當地人」，而未來的特區政府，是由「當地人」組成的話，則永久性居民，連同非中國籍人士在內都應有選舉權及被選舉權，亦即非

中國籍人士，亦可以參加立法機關。對這個問題的見解，有如下存在原則性分歧的意見：

5.2.5.1 認為參與立法機關的權利（選舉立法機關成員和成為候選人）應只限於持中國籍的永久居民的意見有：持有外國國籍的人士，缺乏對香港的歸屬感，在處理某些與外國有關的公眾事務時，更可能產生雙重效忠的問題。在一些特別行政區內發生而與國家安全有關的問題上，亦會因為其外國國籍而做成尷尬的情況。所以，除非這些人士放棄他的外國國籍，而獲批准入中國籍，否則，不應容許他們參與未來特別行政區的立法機關。

5.2.5.2 認為選舉權和被選舉權受不同國籍限制的意見有：非中國籍的永久性居民只能有選舉權，但沒有被選舉權，因為如有外籍人士成為立法機關成員，會涉及主權問題；再者，如中國籍人士和非中國籍人士享有相同的政治權利，便是對中國籍人士政治歧視。

5.2.5.3 認為中國籍和非中國籍人士也可以參加立法機關的意見有：

5.2.5.3.1 香港是一個國際商港，應盡量容許不同背景的人士，積極參與管治這個地方的事務，況且很多已取得外國國籍的人士仍然以香港為家，故應該讓他們在立法機關的選舉中，有投票和參選權，增加他們的歸屬感。

5.2.5.3.2 非中國籍的永久性居民可以成為立法機關的成員，理由是立法機關就好像「中國的區議會」，只管理地方事務，所以有外籍人士被選入立法機關是不會影響中國在香港體現主權的。

5.2.6 其他意見有：

5.2.6.1 規定在香港特區以外有居留權的人士，在港沒有選舉權或被選舉權。

5.2.6.2 有選舉權的人士應該有被選舉權。

5.2.6.3 沒有立法實權的純諮詢性質立法機關（類似目前香港的「立法局」）的產生，可不受國籍所限，但它不能擁有相等於地方人民代表大會的政治地位和權力；而擁有立法實權的立法機關的產生，卻必須受國籍所限，因為它其實就是地方人民代表大會；再加上政治權利屬公民權利，與國籍、效忠、國家義務有關，與一般市民、市民的權利有別。再者，基於有自尊心的民族本質，外籍人士與本國公民不能享有同等的政治權利。

※

④居民及其他人的權利自由福利與義務專責小組《居民定義、出入境權、居留權、豁免遞解離境權、選舉權及被選舉權最後報告》（1987 年 2 月 14 日經執行委員會通過）

（編者按：內容同上文）

※

⑤ 1987 年 2 月基本法起草委員會秘書處《香港報刊有關〈基本法〉的言論摘錄》

【P66】

《中英聯合聲明》規定一九九七年後由當地人組成特區政府及立法機關，當地人應界定為擁有永久居留權的中國籍香港居民。一九九七年後不應存在目前委任及選出非英籍人士為立法局議員的情況。

一九九七年後被選舉權及選舉權應該分作兩個不同層次，而上層政府包括立法機關及行政首長等的被選資格，應該只限於中國籍及擁有永久居留權的香港人。

任何一個國家的政府，均應由擁有當地國籍的人士組成。一九九七年後只有中國國籍人士而具有香港居留權者，才

能夠代表特區居民出任人大代表，以及被選為立法機關的成員及執行主要行政職務。至於一九九七年後無香港居留權的人士，應該完全無任何選舉或被選舉的權利。（黃宏發，《新報》一九八六年八月十八日。）

第三稿

第三章

「**第三條　年滿二十一周歲的香港永久性居民，都依照法律享有選舉權和被選舉權。**」
〔1987 年 4 月 13 日《香港特別行政區基本法起草委員會香港居民的基本權利和義務專題小組的工作報告》，載於《中華人民共和國香港特別行政區基本法起草委員會第四次全體會議文件匯編》〕

① 1987 年 3 月 9 日《居民及其他人權利自由福利與義務專責小組第十四次會議紀要（修訂）》

【P2】
2. 有關由起草委員就《基本法結構（草案）》第三章「香港特別行政區居民的基本權利和義務」草擬的討論稿，與會者與李福善草委的交流概要如下：
2.4 第四條（編者按：原件有誤，「第四條」應為「第三條」）
2.4.1 有委員反對持外國國籍的人士有被選舉的權利。
2.4.2 有委員反映諮詢委員在以往的討論中已提及將選舉和被選舉的資格分開釐定。
2.4.3 有委員贊成任何人士依法都可享有選舉權和被選舉權。
2.4.4 有委員建議將「二十一周歲」改寫為「法定年齡」，藉此增加此條文的靈活性，避免因選舉和被選舉年齡的改變而需修改條文。

※

② 1987 年 4 月 13 日《香港特別行政區基本法起草委員會香港居民的基本權利和義務專題小組的工作報告》，載於《中華人民共和國香港特別行政區基本法起草委員會第四次全體會議文件匯編》

【P25】
第三章　香港特別行政區居民的基本權利和義務（修改稿）
第三條
說明：基本法仍以規定選民的年齡為好。並且，將選民年齡規定為二十一周歲，是比較符合香港實際情況的，也符合聯合聲明的規定。因此，仍宜保留二十一周歲的規定。此外，將「討論稿」中的「規定有」三字改為「享有」。

第四稿

第三章

「**第三條　年滿二十一周歲的香港永久性居民，都依照法律享有選舉權和被選舉權。**」
〔1987 年 8 月 22 日《香港特別行政區居民的基本權利和義務專題小組的工作報告》，載於《中華人民共和國香港特別行政區基本法起草委員會第五次全體會議文件匯編》〕

① 1987 年 5 月 22 日《香港基本法起草委員會第四次全體會議委員們對基本法序言、總則及第二、三、七、九章條文草案的意見匯集》

【P21-23】
第三條
1. 需要考慮合法年齡與選民年齡的關係，目前港英政府準備將合法年齡改為十八歲，對選民年齡的規定可能有影響。

2. 建議將本條改為「香港永久性居民依據選舉法的規定享有選舉權和被選舉權」，不要把選民年齡定死。

3. 建議將本條中的「年滿二十一周歲」改為「達到法定年齡」。

4. 建議將選民年齡規定為十八歲。這樣既可與中國憲法，也可與在香港選全國人大代表的選民年齡銜接起來。

5. 有的委員要求，刪去本條「依照法律」四個字，其理由是：（1）基本法是憲法性的法律，如用一個一般的法來限制基本法，這樣就等於把一般的法凌駕於基本法之上；（2）居民的基本權利其他各條都沒有用「依照法律」來限制，所以本條連同第四條中的「依照法律」都應刪去。但有的委員則認為，本條的「依照法律」不宜刪去。

6. 有的委員認為，本條用「香港永久性居民」的概念不合適，考慮到香港居民身份的特殊性，建議使用一個新概念，即「中華人民共和國香港特別行政區公民」。

7. 有的委員表示，原則上不同意本條規定。因為選舉權是一項政治權利，只有公民才享有政治權，不考慮國籍問題是不行的。現在許多香港人在談民主，但如果允許不是中國籍的人也享有政治上的選舉權和被選舉權，這就不是民主，而是滲透。此外，本條規定的選舉權和被選舉權也沒有說明是否政治職位的選舉，這就會使人引起各種猜想。

※

② 1987 年 5 月 31 日陳文敏《評香港居民的基本權利和義務專題小組報告書》（1987 年 6 月 22 日居民及其他人的權利自由福利與義務專責小組第十八次會議第四次續會附件四）

就以第三條為例，這一條指出凡年滿二十一周歲的香港永久性居民均依法享有選舉和被選舉權。報告書的說明指出，將選民年齡規定為二十一周歲，是據調查瞭解後比較符合香港的實際情況。根據什麼「調查」，什麼人的「瞭解」呢？選民年齡是目前政制檢討的其中一個項目，專題小組在去年十一月已下結論，是否來得武斷一點？而且，即使二十一歲是較適合香港目前的實際情況，這是否仍然符合香港二十年或三十年後的「實際情況」？屆時若社會大眾均認為選舉年齡須要降低至十八歲時，是否意味着要修改基本法才可達到這個目的？基本法又應否是一份隨隨便便可以修改的文件？個人建議，基本

法只須註明成年的香港永久性居民均依法享有選舉權和被選舉權，具體的成年年歲則由香港法律規定。

筆者對《第三章：香港特別行政區居民的基本權利和義務》的建議
第三條
任何成年的香港永久性居民，都依照法律享有選舉和被選舉權。成年年歲由香港特別行政區法律規定。
這一條內，香港永久性居民的定義為⋯⋯

※

③1987年6月1日林邦莊《香港居民基本權利及義務報告（第二部份）第三章草稿》（1987年6月22日居民及其他人的權利自由福利與義務專責小組第十八次會議第四次續會附件一）

第三條
重寫為：「香港特別行政區永久性居民凡年滿特區法律所規定的合法年齡者，都依照法律享有選舉權和被選權。」

※

④1987年6月4日羅傑志《對基本法第五章草稿（87年4月30日稿）的意見——供1987年6月16日會議討論》（1987年6月22日居民及其他人的權利自由福利與義務專責小組第十八次會議第四次續會附件二）

（編者按：標題「第五章」應為「第三章」之誤；另原件中並無標題所言的87年4月30日稿。）

第三條
（甲）毋須把投票年齡限於21歲，本地法律可以確定投票年齡。這樣便可避免將來因投票年齡降低而要修改基本法。

（乙）「依照法律」（含限制之意）在這條文中並沒有造成在其他條文的問題，但如果選舉和被選權有任何限制的話，這些限制都應清楚列明。此外，亦應進一步規定除非其自由已根據基本法被剝奪，否則個別人士的選舉權及被選舉權不得被剝奪。

※

⑤1987年6月5日麥海華、歐成威、夏其龍《對香港特別行政區基本法起草委員會香港居民的基本權利和義務專題小組於第四次全體大會工作報告的建議》（1987年6月22日居民及其他人的權利自由福利與義務專責小組第十八次會議第四次續會附件三）

第四條
任何成年的香港特別行政區居民，都依照法律享有選舉和被選舉權，成年年歲由香港特別行政區法律規定。

※

⑥1987年6月19日《有關基本法第三章草稿（87年4月30日稿）的意見》（1987年6月22日居民及其他人的權利自由福利與義務專責小組第十八

次會議第四次續會討論文件）

（編者按：原件中並無標題所言的87年4月30日稿）

【P2】
第三條：
1.修改為：香港特別行政區永久性居民凡年滿特區法律所規定的合法年齡者，都依照法律享有選舉權和被選權。（林邦莊委員）
（說明：將「年滿二十一周歲」改為「年滿特區法律所規定的合法年齡。」）

2.修改為：任何成年的香港特別行政區居民，都依照法律享有選舉權和被選舉權；成年年歲由香港特別行政區法律規定。（麥海華委員等建議的第四條）
（說明：將「永久性居民」改為「居民」，即包括「永久性居民」及「臨時性居民」；將「年滿二十一周歲」改為「成年」及「成年年歲由香港特別行政區法律規定。」）

3.無須把投票年齡限於21歲，本地法律可以確定投票年齡。這樣便可避免將來因投票年齡降低而要修改基本法。（羅傑志委員）

4.「依照法律」（含限制之意）在這條文中並沒有造成在其他條文的問題，但如果選舉和被選舉權有任何限制的話，這些限制都應清楚列明。此外，亦應進一步規定除非其自由已根據基本法被剝奪，否則個別人士的選舉權及被選舉權不得被剝奪。（羅傑志委員）

※

⑦1987年7月24日《有關基本法第三章草稿（87年4月30日稿）的意見》

【P2】
（編者按：內容同上文）

※

⑧居民及其他人的權利自由福利與義務專責小組《香港居民的基本權利與義務最後報告之二》（1987年8月8日經執行委員會通過）

【P3】
第三條
（編者按：本文同第四稿文件⑦，除下列內容外，均同前文。）
不同意見：
3.建議修改為：任何成年的香港特別行政區居民，都依照法律相應地享有選舉權和被選舉權：成年年歲由香港特別行政區法律規定。
（說明：「永久性居民」的權利與「臨時性居民」的權利應予以區分。）

※

⑨1987年8月22日《香港特別行政區居民的基本權利和義務專題小組的工作報告》，載於《中華人民共和國香港特別行政區基本法起草委員會第五次全體會議文件匯編》

【P30】
第三章　香港特別行政區居民的基本權利和義務

（一九八七年八月修改稿）
第三條
說明：
1. 經再次研究，選民年齡還是規定二十一周歲為好。

2. 本條對選民享有的選舉權和被選舉權作了一般性規定，但這並不排除法律有一些特殊的規定，如當選行政長官的法定年齡及享有被選舉權的法定居住年限，需按法律的專門規定，因此，本條中的「依照法律」仍宜保留。

3. 依據《中華人民共和國憲法》和《國籍法》的規定，「中華人民共和國香港特別行政區公民」的概念不宜採用。

4. 有的委員表示，不具有中國國籍的香港永久性居民不能享有選舉權和被選舉權，經再次研究，本條與《聯合聲明》中「香港特別行政區政府和立法機關由當地人組成」的規定是一致的。

第五稿

「**第二十五條　年滿二十一周歲的香港特別行政區永久性居民，都依照法律享有選舉權和被選舉權。**」
〔1987 年 12 月基本法起草委員會秘書處《香港特別行政區基本法（草案）》（匯編稿）〕

① 1987 年 9 月 2 日《中華人民共和國香港特別行政區基本法起草委員會第五次全體會議委員們對基本法序言和第一、二、三、四、五、六、七、九章條文草稿的意見匯集》

【P22】
第三條
1. 有的委員提出，根據憲法，中國公民的選民年齡為十八歲，香港也在就此問題進行諮詢，建議暫時不作結論，條文中不提年齡。

2. 有的委員轉達了部份基本法諮委的意見，提出不應規定「年滿二十一周歲」，只表述為「符合法定年齡」即可，因為將來香港的具體的法定年齡可能要改變。

3. 部份委員認為，還是應在基本法中明確規定選民年齡為二十一周歲。

4. 有的委員提出，我國憲法和其他國家的法律都表述為「公民的權利和義務」，而不是「居民的權利和義務」。「居民」一詞不是準確的法律術語。不少委員同意將此問題交該專題小組進一步研究確定。

5. 有的委員轉達部份基本法諮委的意見，對本條說明中第三點裡的概念稍作改變就可採用，即「中華人民共和國公民（香港特別行政區）」。

※

② 香港居民的基本權利與義務專責小組《對基本法第三章條文草稿（一九八七年八月）的意見》（1987 年 11 月 4 日經執行委員會通過）

【P2-3】
關於第三條
意見：
1. 有建議將「年滿二十一周歲」改為「任何符合法定年齡」，因為這寫法較有彈性，免日後因修改選舉年齡而須修改基本法的程序。

2. 有委員指出如只需要是年滿二十一周歲的香港永久性居民，便可選舉和被選，是否不能保證特區的行政長官一定是中國籍公民。

3. 有委員認為選民年齡應定為二十一歲，因為目前香港都是以這為標準。如民眾的公民意識在日後有所提高，有需要降低選舉年齡時，可再行修改。基本法雖然不能隨意修改，但不至於永遠不能修改。

4. 有委員指出條文中的「依照法律」會對參選人的資格有所限制，所以無須擔心行政長官會否由非中國籍人士出任。另有委員補充：政制專題小組對行政長官的資格已有規定。

5. 有建議將條文中的「依照法律」修改為「依照本法」或「除本法限制外」，因為在基本法中的權利不應由低於基本法的其他法律規定。

6. 有意見認為儘管條文中有「依照法律」的規定，特區的立法機關也不能胡作妄為，將居民的基本權利與自由剝奪。

7. 有意見認為如將第十五條有關保障居民權利和自由的基本原則放在第一條之後，可解決「依照法律」會引起的問題。

※

③ 1987 年 12 月基本法起草委員會秘書處《香港特別行政區基本法（草案）》（匯編稿）

【P13】
第二十五條
說明：有些委員提議本條改寫為：「香港特別行政區永久性居民都依照法律享有選舉權和被選舉權。」

第六稿

「**第二十五條　年滿二十一周歲的香港特別行政區永久性居民，都依法享有選舉權和被選舉權。**」
〔1988 年 3 月基本法起草委員會秘書處《中華人民共和國香港特別行政區基本法（草案）草稿》（總體工作小組第二次會議對目錄、序言、第一、二、三、五、六、七、九章的修改稿）〕

①《各專題小組的部份委員對本小組所擬條文的意見和建議匯輯（關於序言、第一、二、三、五、六、

七、九章部份）》，載於 1988 年 3 月基本法起草委員會秘書處《中華人民共和國香港特別行政區基本法（草案）草稿》

【P35-36】
第二十五條
（編者按：內容同第五稿文件③）

第七稿

「第二十五條　年滿二十一周歲的香港特別行政區永久性居民，均依法享有選舉權和被選舉權。」
〔1988 年 4 月基本法起草委員會秘書處《中華人民共和國香港特別行政區基本法（草案）草稿》〕

① 《各專題小組的部份委員對本小組所擬條文的意見和建議匯輯》，載於 1988 年 4 月基本法起草委員會秘書處《中華人民共和國香港特別行政區基本法（草案）草稿》

【P63】
第二十五條
（編者按：內容同第五稿文件③）

第八稿

「第二十五條　年滿二十一周歲的香港特別行政區永久性居民，均依法享有選舉權和被選舉權。」
〔1988 年 4 月基本法起草委員會《中華人民共和國香港特別行政區基本法（草案）徵求意見稿》〕

① 《各專題小組的部份委員對本小組所擬條文的意見和建議匯輯》，載於 1988 年 4 月基本法起草委員會《中華人民共和國香港特別行政區基本法（草案）徵求意見稿》

【P54】
第二十五條
（編者按：內容同第五稿文件③）

第九稿

「第二十六條　香港特別行政區永久性居民依法享有選舉權和被選舉權。」
〔1989 年 2 月《中華人民共和國香港特別行政區基本法（草案）》〕

① 《與內地草委交流的重點—— 居民及其他人的權利自由福利與義務組》，載於 1988 年 6 月 3 日《基本法諮詢委員會秘書處通訊 73》

【P6】
4. 選舉年齡
4.1 有委員認為不應在基本法內寫上選舉年齡，因這寫法缺乏彈性（第二十五條）。

※

② 1988 年 8 月基本法起草委員會秘書處《香港各界人士對〈香港特別行政區基本法（草案）徵求意見稿〉的意見匯集（一）》

【P15】
第二十五條
1. 香港目前對 18 周歲或 21 周歲有爭議，建議將享有選舉權和被選舉權的年齡交由當時的政府決定。

2. 建議將「21 周歲」改為「18 周歲」。

3. 既然永久性居民都有被選舉權，那麼不是中國公民的永久性居民為什麼不能當選為行政長官？

※

③ 1988 年 8 月 3 日基本法諮詢委員會秘書處參考

資料（一）《內地草委訪港小組就基本法（草案）徵求意見稿一些問題的回應輯錄（一九八八年六月四日至十七日）》

【P7】
3. 居民的基本權利與義務
3.4 選舉年齡
就選舉年齡的意見共有四個：（1）規定為二十一歲；（2）規定為十八歲；（3）只寫規定法定年齡；（4）不作規定。希望對此收集意見。

※

④ 1988 年 9 月基本法起草委員會秘書處《內地各界人士對〈香港特別行政區基本法（草案）徵求意見稿〉的意見匯集》

【P11-12】
第二十五條
1. 選舉年齡應規定為十八周歲；或不作具體規定，改為「香港特別行政區永久性居民依法享有選舉權和被選舉權。」

2. 不能籠統講永久性居民「享有選舉權和被選舉權」，如選舉全國人大代表，就只有中國公民享有選舉權和被選舉權；另外，行政長官的候選人也只能是中國公民。

3. 最後加：「依法被剝奪權利者除外。」

4.將「依法」刪去。

※

⑤ 1988 年 9 月 8 日《草委與諮委居民組交流會會議紀要》

【P1-2】
1.整體意見
1.3 有諮委建議將「政治權利」的解釋放在政治體制的章節中。

2.有關條文的討論
2.2 第二十五條
2.2.1 有諮委建議將投票年齡改為法定年齡以「不少於十八歲」，如將來要將投票年齡由現時二十一歲降為十八歲時，便只需透過將來特區政府的立法機關作出修改便可。

※

⑥《基本法諮詢委員會居民的基本權利與義務專責小組對基本法（草案）徵求意見稿第三章的意見匯編》，載於 1988 年 10 月基本法諮詢委員會《中華人民共和國香港特別行政區基本法（草案）徵求意見稿諮詢報告（1）》

【P91】
9.第二十五條
9.1 有委員認為，不應在基本法寫上選舉年齡，因為這寫法缺乏彈性。
9.2 有委員建議將投票年齡改為「不少於十八歲」，如將來把投票年齡由現時二十一歲降為十八歲時，則只需透過將來特別行政區政府的立法機關作出修改便可。

※

⑦ 1988 年 10 月基本法諮詢委員會《中華人民共和國香港特別行政區基本法（草案）徵求意見稿諮詢報告第五冊——條文總報告》

【P127-131】
第二十五條
2.意見
2.1 贊同意見
→ 贊同本條規定。
理由：
⊙ 二十一歲者思想比較成熟。
⊙ 二十一歲者對香港有一定認識。
⊙ 二十一歲者有一定公民意識。
⊙ 二十一歲者對政界人士有深入認識，而會作出合理選擇。
⊙ 每人都應有選舉權。
⊙ 只有永久性居民才有選舉權，是符合香港現行的規定。
⊙ 投票及被選權年齡是需要落實一個固定歲數，這樣做法可避免了因時常修改而引起混淆不清。
2.2 保留意見
→ 選舉年齡的界限應與人民的政治、公民意識有關。
→ 本條的表述不明確，會引起解釋上的問題。
→ 本條沒有列明有關的選舉權和被選舉權適用於那些選舉。

2.3 反對意見
→ 反對本條規定。
理由：
⊙ 享有選舉權和被選舉權者無需要為永久性居民。
⊙ 不應在一份憲法性文件上把選民年齡作硬性規定。
⊙ 年齡的界定需視乎當時社會的情況。
⊙ 現時本港之法定年齡已決定降為十八歲，反映出一定之社會趨勢。
⊙ 香港的法定年齡為十八歲，假如日後需要對投票年齡作出改變，就會觸及修改基本法的大問題。
⊙ 選舉權的年齡漸趨下降是世界趨勢，現時在很多國家，十八歲青年人便有選舉權和被選舉權。
⊙ 在香港，除政治權利外，十八歲青年人已擁有一般成年人法律上的權利，如簽訂合約等。
⊙ 中國的選民年齡亦是十八歲。
⊙ 在基本法內規定選舉年齡為二十一歲，是限制了未來發展的彈性，有礙政制運作。
⊙ 「年滿二十一周歲」與「憲法」第二章第三十四條「滿十八周歲」不符，無必要在基本法中開違憲之惡例。
⊙ 在香港有很多未滿二十一歲的人士也有政治意識。
⊙ 隨着香港人教育水平的逐漸提高，公民教育的普及和選舉經驗的增加，二十一歲的年限亦會降低。
⊙ 青年人的公民意識知識及智能的發展將會隨着社會進步而有所改變。
⊙ 本條文沒有列明所指的選舉是香港特別行政區區域的選舉抑或是立法機關的選舉。
2.4 其他意見
→ 第二十條，有關選舉香港特別行政區的全國人民代表大會代表，存在一些問題。第二十五條所列的年齡規限應該適用於第二十條，但全國人民代表大會的組織法及選舉法將適用於香港特別行政區。根據全國人民代表大會及地方各級全國人民代表大會的選舉法第三條，可以行使選舉權的年齡是十八歲。這可能會引致適用於特別行政區的全國性法律與基本法有所衝突；而基本法本身並沒有提供解決的方法。
→ 反對將選舉年齡降至十八歲。
理由：
⊙ 十八歲是求學階段，思想未成熟，經驗不夠，很少人在這時候有好的判斷力。
⊙ 這年歲仍然意志不堅定，易受別人影響。
⊙ 現階段太多香港青年缺乏公民意識。
⊙ 對政治認識不深。

3.建議
3.1 刪除
→ 將「依法」兩字刪去。
3.2 不將選舉年齡在基本法中作具體規定。
理由：
⊙ 不規定選舉年齡，容許香港特別行政區政府隨着社會情況透過立法作出具體規定。
⊙ 具體規定缺乏彈性，今日後的改變面對困難。
⊙ 年齡並非享有選舉權和被選權的最重要標準。
⊙ 正在推行的公民教育會慢慢培養年青人的公民意識。
⊙ 以免和第四十四條及第七十條有關候選人年齡的規定衝突，亦免和全國人民代表大會代表選舉法衝突。
3.2.1 有關的改寫建議為：
→ 「香港特別行政區永久性居民都依照法律享有選舉權和被選權。」
→ 「香港特別行政區永久性居民凡滿法律規定的年齡者，均依法享有選舉權和被選舉權。」
→ 「香港特別行政區永久性居民，依法享有選舉和被選舉權。有關選民和候選人的資格和規定，由香港特別行政區選舉法規定之。」
→ 「香港特別行政區永久性居民均依法享有選舉權及被

選權，其年齡限制由立法機關立法規定。」
→「香港特別行政區永久性居民，只要是自願，都能依照法律享有選舉權和被選舉權。」
→「香港特別行政區永久性居民，不論其職業，均依法享有選舉權和被選權。」
→「香港之永久居民，不論國籍，均應享有投票及被選權。」
→「所有成年的香港特別行政區永久性居民，均依法享有選舉權和被選舉權。」
→「根據選舉法，所有合乎資格的居民，均有選舉權及被選舉權。」
→「年滿二十一歲的香港特別行政區永久性中國籍居民，均依法享有選舉權和被選權。年滿二十一歲的香港特別行政區永久性非中國籍居民，均依法享有選舉權和非規定由中國籍公民擔任的職位的被選舉權。」
→「香港特別行政區永久性居民，除不能擔任香港行政長官和行政機關主要官員外，可在特別行政區政府內擔任任何公務員或官職。又香港特別行政區永久性居民除不能對特別行政區政府的行政會議及立法會議有選舉和被選權利，對市政會議及各項區域性會議皆有選舉及被選權。」
理由：以確保只有中國籍人士可出任行政長官、行政機關成員、主要官員、立法機關成員等職位。
3.3 將選舉年齡降至十八歲。
理由：
⊙ 可加強青年對社會事務的參與、積極性和權利。
⊙ 根據現行法律，十八歲已為成人，不少中學生即使有心關心香港事，但礙於年齡限制而無權參與選舉事務，以致有心無力。
⊙ 世界的趨勢將投票權定在十八歲。
⊙ 大部份國家的投票年齡也是十八歲。
⊙ 中國憲法也規定選民年齡在十八歲。
⊙ 本港的教育普及、資訊發達、公民教育逐漸發展，相信十八歲的青年是有足夠能力行使此項公民權責的。
⊙ 在「一國兩制」和「高度自治」的政策下，青年人的政治意識逐步提高。
⊙ 年齡和成熟程度沒有必然關係。
⊙ 維持二十一歲為法定年齡，在長遠來說欠缺穩定性。
3.3.1 有關的改寫建議為：
→「年滿十八周歲的香港特別行政區永久性居民，均依法享有選舉權與被選舉權。」
→「香港特別行政區十八歲或以上居民都依照法律享有選舉權和被選權。」
3.4 只有中國籍人士才可享有選舉權和被選舉權。
理由：歐美各國選舉權亦只給予自己國家的公民。
3.4.1 有關的改寫建議為：
→「凡依法在香港定居的中國公民，不論居住時間長短，都享有同等的政治權利，享有選舉和被選舉權。」
理由：根據中國憲法，凡屆滿選舉年齡的中國公民都有選舉權。因此，在港的中國公民不應因居留年限的長短而在政治權利上有所不同。如永久性居民（住滿七年者），包括非中國籍人士享有選舉權和被選舉權；而非永久性居民（未住滿七年者），即使是中國公民，也不能享有，這樣的安排對中國人是一種恥辱。
→「中國香港籍的公民，才有選舉權等政治權利。」
→「凡滿二十一周歲的中國籍香港永久性居民享有選舉權和被選舉權。」
3.5 十八歲人士只可享有選舉權。
理由：十八歲多是中學程度，能夠分辨是非黑白，應擁有選舉權。但十八歲知識有限，沒有執行政治的能力，不應有被選舉權。
3.5.1 有關的改寫建議為：
→「年滿十八周歲的香港特別行政區的永久性居民享有投票的權利，但沒有被選舉權。」

3.6 增加
→ 加上：「香港中國公民依法有權擔任香港特別行政區行政長官及行政機關主要成員，並可享有特別行政區政府行政機關和立法機關的選舉和被選舉權。」
3.7 其他建議
→ 居民有普及而平等之選舉及被選舉權，通過定期之選舉，選擇其代表參與政事。
→ 所有成年人均應有權選舉立法機關成員及行政長官。居民的意願應該從定期及真正的選舉中表現出來；只有透過這樣的選舉，一個政府才能在真正有威信和信心的基礎上發展。
→ 對於公民的投票權利，應作出明確保障，以避免政府可以隨便和容易侵害公民這項基本的政治權利。
→「在香港特別行政區成立以前或以後在香港通常居住連續七年以上」的非永久性居民應該享有選舉權。
理由：這會使非永久性居民對特別行政區更有歸屬感，並會有助於香港繼續保持為一國際性都市。
→ 居民的選舉和被選舉年齡應與當時法律規定的合法年齡劃一。
→ 應寫上具體選舉年齡。
→ 將選舉年齡定在二十八歲（編者按：此處疑為筆誤，因未見其他文件有「二十八歲」一說。）
→ 如二十一歲以下之人士欲參選，須得有父母書面同意。
→ 選舉權與被選舉權所受到的限制較之其他權利應是更少「不受無理限制」，而不是更多的。
→ 選舉年齡應定於小學畢業年齡以上。
→ 合格選民必須除滿足第二十五條外，並有中三（或等同）或以上學歷。
→ 在香港通常居住滿二十一年者，可參與選舉及有權出任公職。
→ 被選者一定要有大學學生資格，或在社會工作二十年，而有成就的人士。
→ 被選者需滿二十五歲或以上。
→ 被選者需滿三十歲或以上，有多年工作經驗的穩重人士，並需居港滿十年。
→ 被選者應要有合法居民三名提名，贊助人三名，才能成為合法被選人。
→ 被選人士應向全港居民負責，謀求福利。
→ 被選者應身家清白，而無犯過刑事罪案，即如坐牢六個月，及罰款一萬元，如犯過此刑罰者，即不得提名競選。
→ 被選者不論其思想，及立場如何，應可參選，惟要遵守基本法法律，及擁護中華人民共和國。
→ 曾犯有罪行被判超過三個月之監禁，尚未服刑或有案底，或經香港法律規定，被證實為心理不健全，或被裁定瘋癲者，均喪失選舉權和罷免權。
→ 任何人包括釋囚均有選舉權和被選舉權。
→ 凡符合本條規定者均有權被選為及選舉行政長官和立法會議成員。
→ 香港政制中任何職位，包括行政長官和立法機關之主席位，均不得以任何理由，包括種族、膚色、宗教、信仰、性別、智力、職業、學歷或階級等來限制任何公民參選和投票。
→ 應寫明哪些永久性居民不能享有選舉權和被選舉權。

4. 待澄清問題
→ 此規定與第三十九條有什麼關係？
→ 現時基本法有關選民年齡的規定是否與中國憲法第三十四條不銜接呢？這個不銜接是否必要呢？
→ 根據第四章第四十四條，香港的行政長官必須由「香港特別行政區永久性居民中之中國公民擔任」，但從附件一中，卻可見五個考慮方案中有選舉行政長官的建議。那麼，永久性居民中的第四、五、六項的居民，皆不可能獲得行政長官的被選舉權，這是否和第廿五條的內容有所衝

突的呢？倘若沒有的話，又是否意味着行政長官一定不會由選舉產生呢？還是這幾類人士的被選權只是限於立法機關中的直接選舉呢？

→「依法」一詞所指的「法」會否是將來的一些法令所衍生或是按全國人民代表大會常務委員會的理解所產生的法律？

→ 條文中的「依法享有」所指的法律是由誰定？

→「依法享有」是否指可以用法律剝奪香港永久性居民的選舉權和被選舉權？這些法律有沒有限制呢？

→ 選舉年齡是否適宜列寫在基本法內？

→ 為何選舉年齡的規定不能交特別行政區政府自行決定？

→ 以二十一歲作為香港永久性居民能夠行使投票權和被選權的界線，是否可以肯定於一九九七年後的五十年內長久適用？

→ 二十一周歲是否適當的法定選舉年齡？

※

⑧ 1989 年 1 月 9 日《香港居民的基本權利和義務專題小組對條文修改情況的報告》，載於 1989 年 1 月《中華人民共和國香港特別行政區基本法起草委員會第八次全體會議文件匯編》

【P19】
2. 第二十六條
徵求意見稿原為：「年滿二十一周歲的香港特別行政區永久性居民，均依法享有選舉權和被選舉權。」在徵求意見稿中，有三種不同意見。第一種意見認為，仍宜保留 21 周歲。第二種意見主張，將二十一周歲改為十八周歲。第三種意見建議選舉的年齡在基本法中不作具體規定，由將來香港特別行政區的立法機關用法律加以規定。我們採納了第三種意見，將本條修改為：「香港特別行政區永久性居民依法享有選舉權和被選舉權。」作這樣的規定，比較靈活。

第十稿

「第二十六條　香港特別行政區永久性居民依法享有選舉權和被選舉權。」
〔1990 年 2 月 16 日《中華人民共和國香港特別行政區基本法（草案）》〕

① 1989 年 3 月 21 日《居民專責小組會議第二次諮詢期第二次會議紀要》

7. 第二十六條
有委員認為，主要官員的出任有國籍限制，和第二十六條所言的所有人皆有被選舉權矛盾。

※

② 1989 年 9 月 12 日《基本法諮詢委員會居民的基本權利與義務專責小組對基本法（草案）第三章的意見匯編》（1989 年 9 月 21 日居民專責小組與草委會對口小組在港草委交流會議附件一）

第二十六條
意見：
（1）有委員認為，主要官員的出任有國籍限制，和第二十六條所言的所有人皆有被選舉權矛盾。

※

③《基本法諮詢委員會居民的基本權利與義務專責小組對基本法（草案）第三章的意見匯編》（1989 年 10 月 5 日居民專責小組第二次諮詢期第四次會議附件一）

第二十六條
（編者按：內容同上文）

※

④《居民專責小組就基本法（草案）第三章討論的會議紀要》（1989 年 10 月 5 日居民專責小組第二次諮詢期第四次會議紀要附件，同年 10 月 7 日經執行委員會通過）

【P2】
第二十六條
建議：
1. 有委員建議在本條末加上註釋：「（除本法另有規定外）」。
理由：基本法（草案）中另有條文規定行政長官、立法會主席等的出任有國籍限制，而本條的「依法」應指香港特別行政區的法律，但基本法應高於其他法律，因此在本條需註明基本法就選舉權和被選舉的資格有另外規定。

※

⑤《基本法諮詢委員會居民的基本權利與義務專責小組對基本法（草案）第三章的意見匯編》，載於 1989 年 11 月基本法諮詢委員會《中華人民共和國香港特別行政區基本法（草案）諮詢報告第一冊》

【P81】
第二十六條
（編者按：內容同上文）

※

⑥ 1989 年 11 月基本法諮詢委員會《中華人民共和國香港特別行政區基本法（草案）諮詢報告第三冊——條文總報告》

【P76-77】
第二十六條
2. 意見
→ 支持本條規定，因為讓外籍人士參與香港特別行政區的民主選舉活動是《中英聯合聲明》的規定，這是保持香港國際地位所必須的。

3. 建議
3.1 刪除

→ 將「依法」二字刪去。

理由：選舉權和被選舉權是《公民權利和政治權利國際公約》認可的基本權利，不應受法律限制。

3.2 增加

→ 加上第二款：「除本法另有規定外，香港特別行政區永久性居民有平等權利及機會任職特別行政區政府，此權利不受無理限制。」

理由：《公民權利和政治權利國際公約》第二十五條（丙）項對公民參加本國公務，享有平等對待，是有所規定的，這應在此提及。然而在這前提下，香港居民也應該遵守基本法對此所作的其他限制。

3.3 其他

→ 基本法應規定選舉權和被選舉權的限制。

理由：以防止立法會對這些權利加以不合理限制。

→ 選舉權和被選舉權由香港特別行政區永久性居民中的中國公民享有，永久性居民中的外籍人士，其享有的選舉權和被選舉權可依法規定。

理由：選舉權和被選舉權作為政治參與的體現，屬於公民權利，而公民的定義是有國籍前提的，所以不能將選舉權和被選舉權作永久性居民的權利處理。容許外籍的永久性居民參與選舉，不等於就要將這混同於公民權利。基本法把公民權利寫清楚後，仍可另外讓外籍居民有參與選舉的機會。

→ 在香港特別行政區有居留權的中國公民才可有被選舉權，非中國籍居民只享有選舉權。

理由：每個國家的民主權利都是為本身國民而設的，非國民是不能行使的。由於香港是國際大都市，有兼容的氣量，讓非中國籍居民享有選舉權是可接受的。

→ 基本法應註明香港特別行政區永久性居民中的中國公民依法享有選舉權和被選舉權。外籍永久居民可依法參加功能局選舉。

→ 基本法應註明只有香港特別行政區永久性居民中的中國公民才能登記為普選制度中的選民和候選人。

→ 擁有外國國籍的人士不應享有選舉權和被選舉權。

→ 在香港出生而年滿十八歲者，或非在香港出生並在一九八五年之前在香港居住至今沒有中斷而有憑據者，便可成為選民。

→ 選舉年齡應維持目前的二十一歲。

→ 選舉年齡應提高至三十歲或以上。

理由：達這年齡的人士具有責任感、思想成熟，可提高選舉政治的素質。

→ 居住香港連續十年才可有被選舉權。

→ 在一九九七年後才在香港特別行政區居住者，必須住滿十年才有參政的權利。

理由：在香港需住滿不少於十年才能對香港社會有充份的瞭解。

→ 無犯罪記錄者才可成為選民。

→ 基本法應對選民的資格有以下的規定：

（1）年滿二十一歲或以上的香港永久性居民（具認可大學學位或相等專業資格者年滿二十歲便可；而無職業或產業者須年滿三十歲）；及

（2）有固定職業（無固定職業者則須擁有物業）；及

（3）有固定地址

→ 任何香港居民都有競選立法會議員的權利。

→ 投票凡是應以不記名或同等自由方式進行。

4. 待澄清問題

→ 中國將選舉年齡規定在十八歲，如香港特別行政區將之規定在二十一歲，將來是否需要統一？

第十一稿

「第二十六條　香港特別行政區永久性居民依法享有選舉權和被選舉權。」

〔1990 年 4 月《中華人民共和國香港特別行政區基本法》〕

香港居民享有言論、新聞、出版的自由，結社、集會、遊行、示威的自由，組織和參加工會、罷工的權利和自由。

☙ 貳｜概念

1. 香港居民享有的自由
2. 言論、新聞、出版自由
3. 結社、集會、遊行、示威自由
4. 組織和參加工會、罷工的權利和自由

☙ 叁｜條文本身的演進和發展

第一稿

第三章
「第四條　香港居民在法律規定的前提下，有：
（一）言論、新聞、出版的自由；
（二）結社、組織和參加工會、罷工的自由；
（三）集會、遊行的自由。」
〔1986 年 11 月 12 日《香港特別行政區基本法起草委員會香港居民的基本權利和義務專題小組的工作報告》，載於《中華人民共和國香港特別行政區基本法起草委員會第三次全體會議文件匯編》〕

① 1986 年 4 月《香港各界人士對〈基本法〉結構等問題的意見匯集》（基本法起草委員會第二次會議參閱資料之一）

【P5】
關於《基本法》結構的方案和意見
一、方案
（方案五）3.有關公民的權利和義務部份，要界定香港特別行政區公民的定義，規定公民擁有的基本人權，例如有出版、遷徙、旅行通訊、集會、結社、罷工、投票、宗教信仰的自由和權利，使之得到法律的保障……

※

② 1986 年 4 月 22 日《中華人民共和國香港特別行政區基本法結構（草案）》，載於《中華人民共和國香港特別行政區基本法起草委員會第二次全體會議文件匯編》

【P12】
第三章　香港居民的基本權利和義務
（三）言論、出版、集會、結社、組織和參加工會的自由、罷工、遊行自由

※

③ 1986 年 4 月《部份起草委員對基本法結構（草案）的意見（備忘錄）》，載於《中華人民共和國香港特別行政區基本法起草委員會第二次全體會議文件匯編》

【P25】
五、關於《香港居民的基本權利和義務》
38.第三條至第十條可歸納為一條，即「（三）政府不得侵犯的基本權利和自由，包括聯合聲明附件一中所列明的各種權利和自由以及其他由普通法保障的權利和自由。」

※

④ 1986 年 11 月 12 日《香港特別行政區基本法起草委員會香港居民的基本權利和義務專題小組的工作報告》，載於《中華人民共和國香港特別行政區基本法起草委員會第三次全體會議文件匯編》

【P23】
第三章　香港居民的基本權利和義務（討論稿）
第四條
說明：基本法結構（草案）第三章（三）載明了本條的內容。參照調查徵集的意見，加上了新聞自由，並根據內容的性質，分為三項。由於香港現行法律對這些自由都作了規定，因此這裡只作了原則性的規定。

第三章
「第四條　香港居民依照法律享有：
（一）言論、新聞、出版的自由；
（二）結社、組織和參加工會、罷工的自由；
（三）集會、遊行的自由。」

〔1987年3月2日《第三章 香港特別行政區居民的基本權利和義務（討論稿）》（1987年3月9日居民及其他人的權利自由福利與義務專責小組第十四次會議討論文件）〕

① 1986年11月11日居民權利、自由與義務專責小組之居民定義工作組《居民定義——出入境、居留、遞解離境、選舉權及被選舉權討論文件》（1986年12月8日居民及其他人的權利自由福利與義務第七次會議討論文件）

【P6】
4. 共識
4.1 在居民及其他人的權利自由福利與義務專責小組的討論中，委員都一致同意，香港特別行政區的各種居民，無論是臨時性的或永久性的，也不論其國籍為何，其個人的基本人權和自由，包括原有法律所規定的人身、言論、出版、集會、結社、組織和參加工會、通信、旅行、遷徙、罷工、遊行、選擇職業、學術和信仰自由，住宅不受侵犯，婚姻自由以及自願生育的權利，均應受到法律保護。

※

② 1987年1月13日居民及其他人的權利自由福利與義務專責小組之居民定義工作組《居民定義——出入境、居留、遞解離境、選舉權及被選舉權最後報告（草稿）》（1987年1月20日居民及其他人的權利自由福利與義務專責小組第十一次會議討論文件）

【P6】
（編者按：內容同上文）

※

③ 居民及其他人的權利自由福利與義務專責小組《居民定義、出入境權、居留權、豁免遞解離境權、選舉權及被選舉權最後報告》（1987年2月14日經執行委員會通過）

【P6】
（編者按：內容同上文）

※

④ 1987年2月27日文教及居民專責小組之新聞自由工作組《新聞自由初步報告》（1987年3月5日文化教育科技宗教及居民及其他人的權利自由福利與義務專責小組聯合會議討論文件）

【P1-10】
2.《中英聯合聲明》的有關部份

2.1 聯合聲明第三項第三節：現行的法律基本不變
2.2 聯合聲明第三項第五節：香港的現行社會、經濟制度不變，生活方式不變。香港特別行政區依法保障人身、言論、出版……等各項權利和自由。
2.3 聯合聲明附件一第二節：在香港特別行政區實行的法律為《基本法》，以及香港原有法律，香港特別行政區立法機關制定的法律。
2.4 聯合聲明附件一第三節：法院依照香港特別行政區的法律審判案件，其他普通法適用地區的司法判例可作參考。
2.5 聯合聲明附件一第十三節：香港特別行政區政府保持香港原有法律中所規定的權利和自由，包括人身、言論、出版……的權利。《公民權利和政治權利國際公約》適用於香港的規定將繼續有效。

3. 新聞在現代社會上的功能
在現代社會中，資訊的自由流通是十分重要的，所有商業活動，都有賴於迅速和自由地擁有資訊才可以參與競爭，而新聞業在這方面就提供了非常重要的服務予大眾。此外，為了使其成員積極地、明智地參與地區或國家的事務，市民必須對日常的事務有足夠的認識，才能使他們在選舉時可以作出公平的決定，並使他們對管治者有適當的警覺性。因此，現代的社會要求對事情有清楚及準確的報道，包括事情發生的背景與原因，給市民作為討論及批評的資料。而現代社會所必須的，便是具有足夠的不同類型的報紙，以便市民得以接觸到各個不同的觀點，清楚而準確的明瞭事情的真相。
此外，基於新聞業能產生輿論壓力，影響政府的人事和政策，新聞業可以說是繼行政、立法和司法三權之外，而成為第四種制衡的力量，監察政府工作及促進社會發展。

4. 目前新聞業的情況
4.1 現時香港註冊的報章有68份（中文51份、英文14份、雙語1份、日文2份）；雜誌有516份（中文317份、英文130份、雙語68份、三語1份）；電台2間；電視台2間。從這些數字可以看到，香港的傳播事業十分蓬勃。綜合而言，其特性有四點：
4.1.1 出版時，除需繳交保證金一萬元外，基本上沒有限制。
4.1.2 商業活動，自負盈虧：
香港眾多傳媒中，除了香港電台是政府擁有外，都是私人企業，屬商業活動的一種，大部份新聞機構需要自負盈虧，故此都十分重視公眾對其接受的程度。
4.1.3 不同政治觀點：
香港新聞業之間，存在着相當明顯相異的政治觀點，這些代表各種政治力量、觀點的刊物，都可以自由出版。
4.1.4 遵守法律：
香港的報刊雜誌及電子傳媒，都必須遵守法律。根據政府檔案顯示，1985年香港雜誌被政府檢控的有46宗，報章被政府警告的有5宗，全都是觸犯第150條《不良刊物條例》，因為圖片或文字帶有淫褻性而受到檢控或警告。
此外，個人或公司在1985年以誹謗為由入稟法院控告報章雜誌的約有60宗。

4.2 在處理電子媒介的問題上，就有着更嚴格的規例：
由於電視台的頻道有限，而且可說是免費提供服務的，儘管將來或會有有線電視出現，觀眾要付錢才可以收看節目，可是卻無減其強制性，仍然是一扭開關，電子媒介所持的觀點便自然入侵每一個家庭，故此其影響力十分龐大，加上電視台頻道通常是被視為公眾財產，所以通常國家都會對電子傳媒的擁有者予以一定限制，（例如其國籍必須是本國國籍等）並不單純視之為普通商業活動。香港亦不例外：目前法例規定，所有獲發電視牌照的公司，其大多數積極參與管理公司事務的董事必須是經常在香港居住的英國國民，以防止這強而有力的傳媒被濫用。

4.3 現時執行此類條例的機構有：
（1）法庭（2）警務處（3）影視及娛樂事務管理處（4）報刊註冊處（5）海關

5. 目前法例對新聞出版業的限制及其理由

5.1 與新聞自由有關的幾條主要法例內容、與新聞有關的條例內容	主要的政府權力
5.1.1 第 268 條附件 印刷品（管制）規例〔Printed Documents（Control）Regulations〕 （1）所有印刷文件（包括書、單紙、報紙等） 必須印上承印人的姓名及詳細地址。 除了兩類印刷品之外： a. 純粹用作商業、專業或社會目的的印刷品，而該等印刷品完全沒有政治內容。社團、俱樂部、工會等組織的內部刊物並不算是用作社會目的。 b. 在香港以外印刷的文件。 （2）承印、出版或幫助發行觸犯上述條例者屬犯法。 （3）如果沒有合法理由，擁有沒有印刷商姓名地址的印刷品，也屬犯法。	港督有權免除任何印刷品受此條例限制。
5.1.2 第 268 條附件 報刊登記及發行規例（Newspapers Registration and Distribution Regulations） （1）所有報章必須註冊，呈交擁有人、印刷商、出版人或編輯的有關資料。註冊費 $100，另每年年費 $100。 （2）所有報章必須經領有註冊處牌照的發行人發行。發行牌照年費 $100。 （3）註冊官可以拒絕或取消任何人的發行牌照，如果： a. 該發行人代一張已被法庭中出版的報章辦發行工作；（編者按：根據下一個版本，即 1987 年 3 月 6 日《新聞自由最後報告》，此處應為「被法庭終止出版」） b. 如果註冊官認為在公眾安全及秩序的前提下是有需要或有利的。（發行人可向港督會同行政局提出上訴） （4）新聞通訊社所發出的公報，如得到註冊官滿意，認為該公報只發給已註冊的本地報章，不會向外發售，可免註冊。	港督有權免除任何印刷品受此條例限制。

5.1.3 第 52 條
電視條例（Television Ordinance）
（1）港督會同行政局可以制訂條例釐訂下列電視節目的標準：
a. 廣告：含有政治或宗教內容的節目。
b. 含有政治宗教內容的節目。
（2）為配合誹謗法，電視中的說話或其他，將視為與刊物的文字等同。
（3）電視台持牌人必須應影視及娛樂事務管理處之要求，提供任何準備播放節目的資料，包括劇本、讀稿。
（4）影視及娛樂事務管理處可禁止播放任何節目、任何部份或任何類型內容。如影視處認為對香港秩序及安定有影響，可以口頭上禁播。（持牌人有權上訴）

（1）港督有權在任何時間撤銷電視台的牌照，如果：
a. 持牌人在一個月限期內無法交出指定的專利費或罰款；
b. 持牌電視台進行清盤等；
c. 如果他認為香港的安全有此需要。

5.1.4 第 52 條附件
電視（節目標準）規例〔Television（Standards of Programmes Regulations〕
（1）電視節目中有關下列內容，應有合理比例：
a. 完全屬英國或英聯邦來源的內容；
b. 完全是香港來源的資料。
（2）影視及娛樂事務管理處可以不時指定他認為合理的內容比例。
（3）電視節目不可包括那些可能會：
a. 破壞社會良好規矩及品味；
b. 誤導或導致恐慌；
c. 鼓勵或引導犯罪、破壞或不遵守社會規則；
d. 破壞法律或社會建制的威信，包括任何宗教；
e. 為外國政治組織的利益服務的節目。
（4）電視台的國際及本地新聞報道，應該：
a. 公平的；
b. 正確的；
c. 其來源及供應需得影視及娛樂專員認可。

此規例屬《電視條件》附件。

5.1.5 第 150 條
管制色情及不雅物品條例（Control of obscene and Indecent Articles Ordinance）
（1）成立「色情及不雅物品審裁處」裁定法庭及裁判司所交來的物品及決定公眾地方所展示的事物是否不雅。
（2）審裁處成員必須由一位主審裁判司及兩位或多位審裁員組成，審裁員由首席按察司委任。
（3）審裁處將物品評定為三類：
a. 非色情及非不雅類，不予限制；
b. 不雅類，需要包裝及附加警告語句後才能出售，但不能售與 18 歲以下的人士；
c. 色情類，禁止發行及出售。

5.2 限制理由：
美國大法官 Justice Holmes 說過：「儘管美國憲法修正案規定政府不得通過任何法律以壓制言論自由，但自由從來

都不是絕對的。」像其他權利一樣，關於言論、出版自由的權利是有限制的。就是說，它的自由行使意味着要有一個有組織的社會的存在，一種公共秩序的存在。沒有這種秩序，自由就會被濫用，甚或會喪失殆盡。所以要行使新聞自由的同時，要考慮下列的因素：

5.2.1 個人權益——為了保障個人名譽及利益，尊重隱私權，通常法律都會規定凡涉及私生活的言論，都不能以語言文字或出版物加以發表。不過，假如被揭露私生活的人物是知名人士或公眾人物（Public Figure），則被告（即被控告刊登或播放是項消息的傳媒），只要證明它是不含惡意（Absence of Malice）的真實報道，便不會犯誹謗罪。因為公眾人物屬大眾關注的對象，他們的一舉一動都會惹起大眾的注意，而且不能排除公眾人物故意洩露私隱以宣傳自己的成份，所以只要是沒有惡意的真實報道，是不算犯法的。

5.2.2 社會秩序——各國立法機關通常都會立例維持社會秩序，最常見的是對有關鼓吹暴力、煽動非法行為及渲染色情的限制。

5.2.3 司法公正——為了保證所有人都可以得到公平的看待，法院會在審訊前，審訊時和審訊後，對新聞報道或評論有關案件時有一定的限制。

a. 審訊前——基於任何人在未被定罪前都是清白的大前提，法律會規定報章雜誌在報道時，不可肯定疑犯是犯了罪，亦要避免使用「兇徒」，「強盜」等字眼，以免被告本來是無辜的，在得到法庭公平裁定無罪後，卻受到社會歧視。

b. 審訊時——在審訊時，所有報章都只能詳盡將法庭內的審訊過程報道出來，不可擅加意見，否則便會有被檢控的可能。

c. 審訊後——有時為了保障訴訟人的權益，法官如果下令不准媒介報道訴訟人的姓名、地址等，傳播媒介在任何時間揭露訴訟人的身份都屬藐視法庭，會受檢控。

因此，在考慮新聞自由時，要同時考慮上述二類有可能與之交錯衝突的自由，才能切合社會的需要。

6. 新聞自由的界限

那麼，到底新聞自由的界限在哪裡呢？

有學者認為：言論介乎思想與行動兩者之間。思想是屬於精神範疇，是絕對的，不可侵犯的，政府不能干涉人的信仰，或以任何方式干涉精神自由。任何一個人的行動，都應以不損害他人的自由為限，超過這限度就要受到限制了。

至於目前有關新聞自由的界限，有三種說法：

6.1 防患未然的傾向論——立法機關有責任確認什麼類型的言論應被視為非法，例如在報章雜誌中，惡意鼓吹種族歧視的論調，勢必引起暴力抵制。故此立法機關如事先立例禁制，並沒有違反新聞自由的精神。

6.2 立即而明顯的危機——美國大法官 Justice Holmes 在 Schenerk vs U.S. 案中寫道：「如使用文字的環境和性質，都會引起立即而明顯的危機，則國會有權制止引起實際禍害的言論。」這說明新聞自由不是絕對的權利。可是在加以限制時，要有適當的條件。即是說諸如暴亂、破壞、教唆等言論已具備行動的性質，會引起直接危險時，才可依法予以檢控。

6.3 不加限制的絕對論——凡屬文字或照片，幾乎絕對不能受壓制或禁止，因為美國憲法第一條修正案規定言論自由不受侵犯。只有在為了避免有直接和嚴重禍害時，才可例外處理。

7. 解決矛盾衝突的方法

7.1 法庭——所有自由權利都是在法律規定的範圍內行使並享有的。每一個公民都應享有通過報刊或用其他途徑發表意見的權利。但這公民權利只有在公民遵守法定手續的

條件下，才能實際存在。因此為了公平地保障每一個人，國家通常在憲法中賦予高度的自由，再在附帶法例中加以限制，以防止有濫用自由侵犯他人權利的情況出現。所以當出現矛盾衝突時，大家可以透過法律途徑以尋求公平的裁判，解決爭端。

7.2 自律——新聞界在保障社會利益和他人權利等方面，必須自律。自律，在消極方面，是不違反法律；積極方面，則是正確報道，公正評論，發揮新聞的正當功能。

8. 具體問題：

8.1 基本法如何保障新聞自由？

8.1.1 討論基本法如何保障新聞自由時，瞭解新聞自由的本質是很重要的，綜合目前聯合國新聞自由會議的《新聞自由公約》、《世界人權宣言》及國際新聞學會文告的意見，新聞自由的內涵有；

a. 經營大眾傳播業（包括廣播電台與電視台的電子媒介和報紙、雜誌等印刷媒介）的自由；

b. 採訪消息自由；

c. 傳遞消息自由；

d. 發表意見的自由；

e. 接受消息與意見的自由。

根據《中英聯合聲明》及基本法起草委員會第二次全體大會通過的《基本法結構（草案）》，並無特別提及新聞自由的部份。有些起草委員認為「言論自由」及「出版自由」已經可以包括了「新聞自由」，可是觀乎上述的五種自由，言論自由及出版自由似乎未可一一包括，故此香港新聞業普遍認為應在基本法內列明有新聞自由，才可以確保有新聞自由。

8.1.2 可是在究竟基本法應只寫上大原則還是詳細逐點逐項把新聞自由的部份列出這問題上，仍然存在着爭論：

8.1.2.1 許多新聞業人士都認為基本法是地方憲法性文件，不可能寫得太具體，而且逐點逐項的列出什麼是新聞自由，反而會限制了新聞自由，因為沒有列出的，香港的新聞業就喪失權利去擁有了。所以他們贊成只需寫上大原則，並且強烈反對有新聞法的設立。

8.1.2.2 有人認為新聞自由是很重要的，故此基本法應仿效美國憲法的有關做法，就是寫明香港特別行政區的立法機關不可通過任何限制新聞自由的法例。這樣，可以使新聞自由得到最大保障。

8.1.2.3 亦有人認為上述的概念在實際推行時需加以適量修訂，例如美國亦是在憲法上直接保障新聞自由，可是另一方面，卻在維護公民權益時，在法律上對新聞自由予以適當限制，故此認為基本法應具有兩項精神：

a. 新聞自由應在基本法予以明文保障；

b. 容許立法機關在一定條件下，必要時對新聞自由作合理合法的限制。

8.1.2.4 有人認為《中英聯合聲明》保證香港現行制度九七後五十年不變，故此基本法應寫明香港保存目前享有的新聞自由，並對所有新聞業一視同仁。

8.1.2.5 有些提法雖然都屬原則性，可是就比較具體，他們認為基本法要列明：

a. 市民有知的權利。

b. 香港所習慣的是資本主義的新聞自由，一切解釋須以資本主義社會慣例及判例為準。

c. 所有新聞傳播機構及新聞記者，應享有採訪、報道、發佈及傳遞新聞的自由；政府及政府官員不得在事前檢查或阻止。

d. 政府為了保障新聞的自由和獨立，不得以財力津貼或利誘私營新聞事業。

e. 報刊在出版前無須申領執照，亦無須繳納保證金。

f. 任何人不會因報道、討論、批判有關學術、思想、文化、政治等問題而獲罪。

g. 進出口刊物的自由。

h. 進出口新聞傳播業機器用品的自由。

8.1.3 有些新聞業人士則認為儘管基本法本身未必可以寫得太詳盡,可是原則性的寫法太抽象,很容易讓有意箝制新聞自由者製造方便,例如最近東南亞有些地區的政府,為了禁止發表壞消息或批評,便利用國家利益、國家安全這些字眼來迫使報紙停刊,或把記者驅逐出境;根本所謂「國家機密」,若不加以闡釋,可以令一些似乎無關痛癢的法例(一些存在於自由國家如英國已有多年的法例),成為了限制新聞自由的工具。目前仍有一些國家,未經正式許可而發表天氣預測,即可被判監禁。實行社會主義的中國,在辭義、解釋及習慣認識上,與香港所享有的資本主義形式都有不同。故此有需要清楚說明香港特別行政區享有什麼的新聞自由,讓新聞業清楚明白他們擁有的權利是什麼,保證新聞業在運作時有更大及更具體的保障。所以他們認為或許可以用新聞法或其他方法,將香港新聞業現時享有的各種權利,甚或希望可以擁有的權利列出來,因為畢竟法律的基本精神在於保障而非限制,只需強調香港特別行政區擁有司法獨立便可以了。

8.2 新聞自由有否底線?

關於新聞自由應否有底線這問題,香港新聞業一致認為在基本法內不應有列出任何底線限制新聞自由,因為儘管新聞業人士不享有比普通居民的權利為多,亦不應比之為少。而且在基本法內列有底線只會箝制新聞自由,使新聞工作者有無形的壓力,不能盡新聞專業的職責及發揮其主要功能。香港新聞業承認新聞自由不是絕對的自由,可是它只有在侵犯到其他自由時才需由法院予以仲裁,透過法制及獨立的司法架構,足可限制濫用新聞自由情況的發生。

第三稿

第三章

「**第四條 香港居民依照法律享有:**
(一)言論、新聞、出版的自由;
(二)結社、組織和參加工會、罷工的自由;
(三)集會、遊行的自由。」

〔1987 年 4 月 13 日《香港特別行政區基本法起草委員會香港居民的基本權利和義務專題小組的工作報告》,載於《中華人民共和國香港特別行政區基本法起草委員會第四次全體會議文件匯編》〕

① 1987 年 3 月 6 日文教及居民專責小組之新聞自由工作組《新聞自由最後報告》(1987 年 3 月 10 日文化教育科技宗教專責小組及居民及其他人的權利自由福利與義務專責小組聯合會議(續會)討論文件)

(編者按:原件缺頁,內容同第二稿文件④。)

※

② 1987 年 3 月 9 日《居民及其他人權利自由福利與義務專責小組第十四次會議紀要(修訂)》

【P2】

2. 有關由起草委員就《基本法結構(草案)》第三章「香港特別行政區居民的基本權利和義務」草擬的討論稿,與會者與李福善草委的交流概要如下:

2.5 第四條

2.5.1 有委員建議參考《中英聯合聲明》附件一第十三節的規定,將這條文改寫為:「香港特別行政區政府依法保障香港特別行政區居民和其他人的權利和自由。《公民權利和政治權利國際公約》和《經濟、社會與文化權利的國際公約》在香港特別行政區成立前適用於香港的規定將繼

※

⑤ 1987 年 2 月基本法起草委員會秘書處《香港報刊有關《基本法》的言論摘錄》

【P62-63】

目前基本法結構草案第五章是以香港居民的基本權利義務為題,但這章所保障的權利,很多也同樣適用於非香港居民,如言論、人身、集會、通信自由,故這一章不宜只局限於香港的居民,作為一個國際城市,保障任何旅行人士在港的基本權利更加重要,故此這一章的標題應該刪去香港居民這個字,而關於香港居民的定義則安排在一些香港居民所獨有的權利之前,比目前放在本章的第一條會來得更恰當。

(香港大學法律系講師陳文敏:《基本法與市民的權利和自由》,《明報》一九八六年七月九日。)

部份新聞界人士認為,香港現時的新聞自由有法律作規定,將來也應注意將行政措施與法律程序兩個方面區分清楚。他們指出,將來本港的傳播界是否有觸犯法律。應由法院去審定,而不能由行政機關或行政首長說了算。

部份教育界人士認為,關於內地派來香港公幹的人員在港住滿七年後,是否可享有選舉及被選舉權的問題,基本法內應作明確澄清。

(部份新聞、出版界人士座談會,《大公報》一九八六年八月六日。)

續在香港特別行政區執行。為執行上述兩項公約,香港特別行政區政府保持香港原有法律中所規定的權利和自由,包括人身、言論、出版、集會、結社、組織和參加工會、通信、旅行、遷徙、罷工、遊行、選擇職業、學術研究和信仰自由、住宅不受侵犯、婚姻自由以及自願生育的權利」。由於這建議修改的條文已將第五條至第十六條的大部份內容包括其中,所以若採納此修改,第五條至第十六條需作相應修改。

2.5.2 有委員提及「財產所有權包括財產的取得、使用、處置和承繼的權利,以及依法徵用財產得到補償的權利」是否會在這章列明;李草委認為如草委中央與特區的關係專題小組將這點寫在總則內,第三章便不會將之包括。

※

③ 文教及居民專責小組《新聞自由最後報告》(1987 年 3 月 14 日經執行委員會通過)

【P1-10】

(編者按:內容同第二稿文件④)

※

④ 1987 年 4 月 13 日《香港特別行政區居民的基

本權利和義務專題小組的工作報告》，載於《中華人民共和國香港特別行政區基本法起草委員會第四次全體會議文件匯編》

第三章　香港特別行政區居民的基本權利和義務（修改稿）
第四條
說明：將「討論稿」中「在法律規定的前提下」改為「依照法律享有」。

第四稿

第三章
「第四條　香港居民依照法律享有：
（一）言論、新聞、出版的自由；
（二）結社、組織和參加工會、罷工的自由；
（三）集會、遊行的自由。」
〔1987 年 8 月 22 日《香港特別行政區居民的基本權利和義務專題小組的工作報告》，載於《中華人民共和國香港特別行政區基本法起草委員會第五次全體會議文件匯編》〕

① 1987 年 5 月 22 日《香港基本法起草委員會第四次全體會議委員們對基本法序言、總則及第二、三、七、九章條文草案的意見匯集》

【P23】
第四條
1. 建議刪去「依照法律」。法律對行使權利和自由的合理和合法的限制應以另外一獨立條款去處理。

2. 在本條加上「傳播的自由」和「組織和參加地方性政黨或政治團體之權利」的內容。

※

② 1987 年 5 月 31 日陳文敏《評香港居民的基本權利和義務專題小組報告書》（1987 年 6 月 22 日居民及其他人的權利自由福利與義務專責小組第十八次會議第四次續會附件四）

第三章第四條指出，「香港居民依照法律享有言論、新聞和出版的自由」；第十五條再規定，「香港居民享有的權利和自由，除依法律規定外不得限制」。換言之，任何對言論自由的限制，只要是由法律規定，依照法定程序訂立的，不論該法律多苛刻和不合理也不會違反基本法。近年來侵犯基本權利和自由的行為大多以法律形式予以合法化，如《罪行條例》以遊蕩罪奪去公民保持緘默的權利，《公安（修訂）條例》以虛假新聞限制新聞自由的權利，《社團條例》賦與社團註冊官極大的權力限制社團的活動等，第三章對立法機關的權力卻完全沒有限制，司法機關沒法以基本法所保障的人權標準來衡量立法機關所訂立的法律，這大大削弱了基本法對民權的保障。司法審查是近代保障民權的特色，專題小組卻完全沒有考慮這方面的問題是令人感到遺憾的。

筆者對《第三章：香港特別行政區居民的基本權利和義務》的建議
第四條
任何人享有
（一）言論、新聞、出版的自由；
（二）結社、組織和參加工會、罷工的自由；
（三）集會、遊行的自由。

※

③ 1987 年 6 月 4 日羅傑志《對基本法第五章草稿（87 年 4 月 30 日稿）的意見—— 供 1987 年 6 月 16 日會議討論》（1987 年 6 月 22 日居民及其他人的權利自由福利與義務專責小組第十八次會議第四次續會附件二）

（編者按：標題「第五章」應為「第三章」之誤；另原件中並無標題所言的 87 年 4 月 30 日稿。）

第四條
「依照法律」這說法意義含糊。如第四條是指那些指定的權利都由本地的法例規定，「依照法律」的說法則不適當，因為基本法本身應列明這些權利和自由，而不是由其他法律列明。如第四條是指那些指定的權利和自由可由本地法例或其他法律剝奪或修改，「依照法律」的說法也不適當，因為除因特定理由外，香港的立法機關應不能剝奪或修改這些權利和自由。普遍認可的特定理由是（請參考經濟、社會及文化權利國際公約第十九條）：
（1）牽涉他人的權利和聲譽；
（2）為維護國家安全、社會秩序、公眾健康或道德。
基本法應清楚列明：除因上述理由外，任何法律如剝奪第四條所列的權利和自由，均屬無效。

※

④ 1987 年 6 月 5 日麥海華、歐成威、夏其龍《對香港特別行政區基本法起草委員會香港居民的基本權利和義務專題小組於第四次全體大會工作報告的建議》（1987 年 6 月 22 日居民及其他人的權利自由福利與義務專責小組第十八次會議第四次續會附件三）

第十條
香港特別行政區居民享有
（一）言論、新聞、出版的自由；
（二）結社、組織和參加工會、罷工的自由；
（三）集會、遊行的自由。

※

⑤ 1987 年 6 月 19 日《有關基本法第三章草稿（87 年 4 月 30 日稿）的意見》（1987 年 6 月 22 日居民及其他人的權利自由福利與義務專責小組第十八

次會議第四次續會討論文件）

（編者按：原件中並無標題所言的 87 年 4 月 30 日稿）

【P2-3】
第四條：
1. 修改為：香港特別行政區居民享有
（一）言論、新聞、出版的自由；
（二）結社、組織和參加工會、罷工的自由；
（三）集會、遊行的自由。（麥海華委員等建議的第十條）
（說明：將草稿上的「依照法律」刪去，以保障以上權利不會根據法律而被剝奪。）

2. 如依以上寫法會否鼓勵無政府狀態？（徐是雄委員）

3.「依照法律」這說法意義含糊。如第四條是指那些指定的權利都由本地的法例規定，「依照法律」的說法則不適當，因為基本法本身應列明這些權利和自由，而不是由其他法律列明。如第四條是指那些指定的權利和自由可由本地法例或其他法律剝奪或修改，「依照法律」的說法也不適當，因為除因特定理由外，香港的立法機關應不能剝奪或修改這些權利和自由。普遍認可的特定理由是（請參考經濟、社會及文化權利國際公約第十九條）：
（1）牽涉他人的權利和聲譽；
（2）為維護國家安全、社會秩序、公眾健康或道德。
基本法應清楚列明：除因上述理由外，任何法律如剝奪第四條所列的權利和自由，均屬無效。（羅傑志委員）

※

⑥ 1987 年 7 月 24 日《有關基本法第三章草稿（87 年 4 月 30 日稿）的意見》

第五稿

「第二十六條　香港居民享有：
（一）言論、新聞、出版的自由；
（二）結社、組織和參加工會、罷工的自由；
（三）集會、遊行的自由。」
〔1987 年 12 月基本法起草委員會秘書處《香港特別行政區基本法（草案）》（匯編稿）〕

① 1987 年 9 月 2 日《中華人民共和國香港特別行政區基本法起草委員會第五次全體會議委員們對基本法序言和第一、二、三、四、五、六、七、九章條文草稿的意見匯集》

【P22-23】
第四條
1. 有些委員提出，本條中「依照法律」四個字應刪去。因為本章第十五條已對權利和自由作了必要的限制。有的委員認為，「依照法律享有」的表述，可能成為有關當局以立法形式箝制言論、新聞、出版等自由的根據。

2. 有些委員認為，「依照法律」一詞必須保留，因任何自由都不可能是絕對的，罷工、遊行等自由都需要有具體的法律規定。

3. 有些委員指出，本條的「依照法律」一語應與本章第十五條第二款銜接起來。依照法律所作的限制以該款規定為限，並建議將第十五條第二款單列為一條。

※

【P2】
（編者按：內容同上文）

※

⑦居民及其他人的權利自由福利與義務專責小組《香港居民的基本權利與義務最後報告之二》（1987 年 8 月 8 日經執行委員會通過）

【P4】
（編者按：內容同上文）

※

⑧ 1987 年 8 月 22 日《香港特別行政區居民的基本權利和義務專題小組的工作報告》，載於《中華人民共和國香港特別行政區基本法起草委員會第五次全體會議文件匯編》

【P30】
第三章　香港特別行政區居民的基本權利和義務
（一九八七年八月修改稿）
第四條
說明：在小組的討論中，對本條的修改還提出了以下兩種方案：
方案一：將「香港居民依照法律享有」改為「香港居民享有」；
方案二：將「香港居民依照法律享有」改寫為「香港特別行政區依法保障香港居民享有」

②香港居民的基本權利與義務專責小組《對基本法第三章條文草稿（一九八七年八月）的意見》（1987 年 11 月 4 日經執行委員會通過）

【P3】
關於第四條
意見：
1. 有委員認為如將第十五條第二款放在第一條後，便可藉此制衡立法機關，解決「依照法律」一詞所引起的問題。

2. 有委員贊成在這條寫上「依照法律」一詞，因為國有國法，家有家規，世界上是沒有無限制的自由。「自由」是對法律、紀律而言。

※

③ 1987 年 12 月基本法起草委員會秘書處《香港特別行政區基本法（草案）》（匯編稿）

【P13】

第二十六條
說明：有些委員主張仍保留「香港居民依照法律享有：」

的表述。

第六稿

「第二十七條　香港居民享有：
（一）言論、新聞、出版的自由；
（二）結社、組織和參加工會、罷工的自由；
（三）集會、遊行的自由。」
〔1988年3月基本法起草委員會秘書處《中華人民共和國香港特別行政區基本法（草案）草稿》（總體工作小組第二次會議對目錄、序言、第一、二、三、五、六、七、九章的修改稿）〕

① 《各專題小組的部份委員對本小組所擬條文的意見和建議匯輯（關於序言、第一、二、三、五、六、七、九章部份）》，載於 1988 年 3 月基本法起草委員會秘書處《中華人民共和國香港特別行政區基本法（草案）草稿》

【P36】
第二十七條
（編者按：內容同第五稿文件③）

第七稿

「第二十七條　香港居民享有：
（一）言論、新聞、出版的自由；
（二）結社、組織和參加工會、罷工的自由；
（三）集會、遊行的自由。」
〔1988 年 4 月基本法起草委員會秘書處《中華人民共和國香港特別行政區基本法（草案）草稿》〕

① 《各專題小組的部份委員對本小組所擬條文的意見和建議匯輯》，載於 1988 年 4 月基本法起草委員會秘書處《中華人民共和國香港特別行政區基本法（草案）草稿》

【P63】
第二十七條
（編者按：內容同第五稿文件③）

第八稿

「第二十六條　香港居民享有言論、新聞、出版的自由，結社、組織和參加工會、罷工的自由，集會、遊行的自由。」
〔1988 年 4 月基本法起草委員會《中華人民共和國香港特別行政區基本法（草案）徵求意見稿》〕

① 《各專題小組的部份委員對本小組所擬條文的意見和建議匯輯》，載於 1988 年 4 月基本法起草委員會《中華人民共和國香港特別行政區基本法（草案）徵求意見稿》

【P54】
第二十六條
（編者按：內容同第五稿文件③）

第九稿

「第二十七條　香港居民享有言論、新聞、出版的自由，結社、集會、遊行、示威的自由，組織和參加工會、罷工的權利和自由。」
〔1989 年 2 月《中華人民共和國香港特別行政區基本法（草案）》〕

① 《與內地草委交流的重點——居民及其他人的權利自由福利與義務組》，載於 1988 年 6 月 3 日《基本法諮詢委員會秘書處通訊 73》

【P6】
5. 其他權利
5.1 有委員指出從基本法列出的結社自由不能明確知道香港居民是否享有組織政黨的自由（第二十六條）。

※

② 1988 年 8 月基本法起草委員會秘書處《香港各

界人士對〈香港特別行政區基本法（草案）徵求意見稿〉的意見匯集（一）》

【P15-16】
第二十六條
1. 本條「新聞自由」的含義不清楚，要寫明什麼是新聞自由。

2. 將政府不得干預新聞自由寫進總則，即「香港特別行政區不能制訂限制新聞自由的法律」，或按美國憲法修正案的寫法。

3. 本條沒有「依法」，而第五條有「依法」兩字，須統一

起來。

4. 在《中英聯合聲明》中也有類似條文，但與現第二十六條表述不同，應根據《中英聯合聲明》加進「權利」。

5.「遊行」後加「示威」。將「結社」搬到「集會」前。

6. 加「組織政黨的自由」、「集體談判的權利」、「廣播和影視的自由」、「旅行自由」。

7. 在「集會」後加「請願、示威」。

8. 增寫工會的權利：（1）享有法律保障、調處勞資關係、勞資協商和談判的權利；（2）如取得多數工會的同意，可提出修改或增訂有關勞工立法和政策。

※

③ 1988 年 8 月 3 日基本法諮詢委員會秘書處參考資料（一）《內地草委訪港小組就基本法（草案）徵求意見稿一些問題的回應輯錄（一九八八年六月四日至十七日）》

【P7】
3. 居民的基本權利與義務
3.6 新聞自由
3.6.1 不將「新聞」這詞寫入第十五條並不是代表這權歸入中央，而是因為第十五條是寫政府的權，若要絕對的新聞自由，政府應沒有權管，沒有有關的政策，或設一個部門來管新聞應如何傳播。因這其實是約束了新聞自由，所以新聞自由應是屬民間的權利，故應寫入居民權利一章內。
3.6.2 新聞自由的限制止於第三十九條所規定的條件。
3.6.3 言論自由，無論是在香港或西方國家，也是在於任何言論均不屬犯罪，然而行動則另議，將來香港如何處理這方面則要由將來香港特區政府自己決定，中央不加干預。

※

④ 1988 年 9 月 8 日《草委與諮委居民組交流會會議紀要》

【P2】
2. 有關條文的討論
2.3 第二十六條
2.3.1 有諮委建議加入「集體談判的自由」的字眼。

※

⑤《基本法諮詢委員會居民的基本權利與義務專責小組對基本法（草案）徵求意見稿第三章的意見匯編》，載於 1988 年 10 月基本法諮詢委員會《中華人民共和國香港特別行政區基本法（草案）徵求意見稿諮詢報告（1）》

【P91】
10. 第二十六條
10.1 有委員建議將「罷工的自由」改寫為：「罷工的權利和自由」及將「……，集會、遊行的自由」改為「……，

集會、請願、示威、遊行的自由」，因現今港人享有此等自由。
10.2 有委員建議加入「集體談判的自由」的字眼。
10.3 有委員指出，基本法列出的「結社自由」，根據此點，仍不能明確知道香港居民是否有「組織政黨的自由」。
10.4 有委員指出，此章應列明私人財產所有權，並提議加上：「禁止以任何方法非法剝奪、佔用或佔據居民財產。」

【P95】
24. 其他條文
24.1 有委員建議第二十六條至第二十九條中「香港居民」一詞後加上「及其他人」。
24.2 有委員指出，基本法第二十六條與第三十一條與中華人民共和國憲法的第二十四、二十五、三十六、四十九、五十一條有衝突。

※

⑥ 1988 年 10 月基本法諮詢委員會《中華人民共和國香港特別行政區基本法（草案）徵求意見稿諮詢報告第五冊——條文總報告》

【P132-137】
第二十六條
2. 意見：
2.1 贊同意見
→ 贊同本條規定。
理由：
⊙ 本條文可以保障香港人；
⊙ 本條文所寫的新聞自由已足夠；
⊙ 贊同現行憲法，不必加上「依照法律」一語。
2.2 保留意見
→ 本條的寫法空泛。
→ 「自由」一詞含意不清楚。
→ 本條沒有說明居民享有的自由到何限度。
→ 對集會、遊行、罷工的自由沒有清楚說明。
→ 根據目前香港勞工組織情況，結社、集會、遊行不只是自由，而應該是權利。
→ 本條文所列的組織和參加工會、罷工的自由，只不過將香港原有的勞工權利加以肯定而已，對香港工會一直爭取的立法承認工會之代表性及工會應享有集體談判權等則未有涉及。
→ 本條規定對新聞自由的保障是不夠的。
→ 本條保障的言論、新聞、出版自由，背後的重要意義是保護個人表達意見的權利。但要自由表達個人意見的一個重要基礎，是有「索取及接受資料及意見」的權利，本條對此未有包括。
→ 香港居民並非真正享有言論自由。
理由：居民可隨時被控訴誹謗，例如新聞報道如不正確亦可能被控。
→ 本條沒有說明是否有不分國界接受各種消息的權利。
→ 缺少居民獲取資訊的權利。
→ 本條仍未盡錄各社會政治自由。
→ 本條列明香港居民享有之各種自由，但沒有明確指出香港居民將可以選舉代表進入立法機關。
→ 由於本條受制於第三十九條的原則內，立法機關是可以制訂任何法例，縮減本條所列的權利和自由。
→ 本條所列的自由和權利其實是有底線，就是不影響國家安全、社會秩序、社會公安等。故此，本條所列的權利和自由其實是受中央人民政府的限制和束縛。
→ 由於有第十七條的規定，本條所承諾的自由是有牽制的。
→ 根據本條文，香港居民享有這麼多的自由，一旦實行

會使社會很混亂。

→ 組織和參加政黨的自由並沒有包括在內，這些對香港將來的政制都是非常重要。

→ 居民有結社自由、有組織和參加政黨的自由是太放縱居民，會造成政治上的混亂。

→ 居民享有遊行的自由時，可能會影響社會的秩序。

2.3 其他意見

→ 新聞自由是最基本的自由之一，沒有這種自由，許多權利及自由便會變成空談。若沒有新聞自由作為工具，言論自由、表達的自由也會因此受制。

→ 新聞自由並不只是關乎新聞界的利益，而是與社會整體的利益有關。

→ 本條寫明香港居民享有言論、新聞、出版、結社、集會、罷工及遊行自由，這當然包括宗教及政治信仰在這方面的權利。

→ 有關享有組織和參加工會、罷工的自由方面，是涉及如何落實這些權利的問題。

→ 罷工的自由是不可剝奪的。

→ 如政黨不能與香港特別行政區以外的地區或國家的政黨有任何從屬的關係，這是有問題的。

理由：現今政治已趨國際化。

→ 本條規定香港居民將享有新聞及言論自由，但第二十二條卻禁止破壞國家統一和顛覆中央人民政府的行為，這顯得前後矛盾。

→ 與中國憲法第二章第四十一條比較，本條沒有包括公民有權批評國家機關和國家工作人員，這權利不應是在本條的範圍內。

理由：中國憲法對言論自由及上述權利有不同的規定。

→ 共產主義式的自由與香港式的自由和民主的自由是不同的。

3. 建議

3.1 改寫

→ 「香港居民享有：

（1）言論自由的權利，此種權利，包括新聞、出版的自由，尋求或接受任何資料或意見的自由；

（2）結社、組織和參加工會、組織和參加政黨的權利；

（3）罷工自由的權利和集體談判的權利；

（4）集會、遊行自由的權利。」

→ 「香港居民享有言論、新聞、出版的自由，所有資料來源及報道內容，中央人民政府決不干涉和過問。」

→ 「香港居民有言論、新聞、出版的自由，結社、組織、遊行和參加工會、罷工、集會及在適當的法律下得到應有的自由。」

→ 「香港居民享有言論、新聞、出版的權利和自由，結社、組織和參加工會、罷工的權利和自由，集會、遊行的權利和自由。」

→ 「香港居民的言論、新聞、出版的自由，結社、組織和參加工會、罷工的自由，集會、遊行的自由，不得以法律、行政措施或任何形式限制之。」

理由：這寫法並不會導致濫用自由。根據美國的經驗，國會仍通過了不少法律約束人們自由，而法院也不會判作違憲。

→ 「香港居民依法享有言論、新聞、出版的自由，結社、組織和參加工會、集會、遊行的自由，包括組織不同政見團體，甚至政黨。」

→ 「香港居民享有言論、新聞、資訊、出版、結社、組織和參加政黨、組織和參加工會、罷工、集會、示威遊行等各項權利和自由。」

3.2 修改

→ 將「自由」一詞改為「權利」。

理由：

⊙ 「自由」一詞恐被人濫用。

⊙ 「權利」一詞可表明出當市民在擁有某一方面的權利的同時，便應盡義務去遵行應守的法律。

⊙ 與《中英聯合聲明》第三款（五）的寫法接近。

3.3 增加

→ 在「言論」前加上「思想」。

→ 在「香港居民享有言論」後加上「和發表任何不同政見」。

→ 在「自由」後加上「權利」二字。

→ 在最後加上：「但以不損害國家利益和聲譽為原則。」

→ 加上：「香港特別行政區政府不得立例妨礙香港言論、新聞、出版的自由。」

→ 加上：「香港特別行政區的新聞事業單位，享有獨立自主權，擁有採訪、編輯、出版、發行和廣播的自由。」

理由：

⊙ 保存各新聞機構一向擁有的經營自主權。

⊙ 保證香港新聞機構在一九九七年後的獨立地位。

→ 加上：「香港居民享有組織和參加政黨的自由。任何政黨均不能與香港特別行政區以外的地區或國家的政黨有任何從屬的關係。政黨的政綱及活動均不應違反本法及香港特別行政區的法律。」

→ 加上：「香港市民擁有組織及參加政黨，公開傳播政治思想的權利與自由。」

理由：「公開」字眼尤其重要。

→ 加上：「可以公開發表不同政見及批評黨政、領導人的錯誤。」

→ 加上：「香港居民依照法律享有」的字眼。

理由：

⊙ 保證有關權利能在一九九七年確實得到保障。

⊙ 可規定自由的範圍。

→ 加上：參加國際組織的自由。

→ 加上：發表自由的權利，包括以語言、文字或出版物、藝術或自己選擇之其他方式，不分國界，尋求、接受及傳播各種消息及思想之自由。

→ 加上：資料訊息傳達的自由。

理由：香港是一個國際城市，很多居民尤其專業人士參加了形形色色的國際組織，基本法應對此項權利加以保障。

→ 加上：資訊的自由。

→ 加上：享有接受消息的自由。

→ 加上：新聞界有資訊權。

理由：如沒有此項保障，有關方面可沿用《保密法》箝制資訊流通。

→ 加上：示威的自由。

理由：中國憲法第三十五條也列明公民有示威的權利，香港特別行政區作為中國不可分離的一部份，應同樣擁有以上的權利。

→ 加上：請願的自由。

→ 加上：組織和參加政黨的自由。

理由：

⊙ 原文沒有明確列明結社自由是否包括組織和參加政黨的自由，日後可能引起爭議。

⊙ 上述的自由乃民主社會居民所可以擁有的基本權利。

⊙ 使居民知道香港確實的需要和實施時是否可行。

⊙ 基於香港特別行政區之發展趨勢，政黨組織似乎有其產生之潛力。

⊙ 中國可容納政黨的存在。

⊙ 在世界各個有選舉的地方，差不多都有政黨的存在，這是自然而健康的現象。

⊙ 世界社會政治文明進步、經濟發達、人民物質和精神生活高的國家都是多政黨的國家，如英、美、法；反之，經濟、政治落後的都是一黨專政的國家，尤其是共產黨國家。政治開放是社會文明進步的表現，也是時代發展的趨勢，香港應跟隨時代前進。

⊙ 一黨專政國家阻礙社會發展和進步，因為這政黨可能

會有錯失，但卻不會接受其他人的批評或阻止。
→ 加上：組織和參加政黨的自由和權利。
→ 加上：隱私的自由。
→ 加上：宗教活動自由。
→ 加上：不被迫害的權利。
→ 加上：諮詢權。
→ 加上：被法律認可的權利。
→ 加上：工人有集體談判的權利。
→ 加上：工人有參加工會的自由和權利。
→ 加上：工人有罷工的自由和權利。
→ 加上：其他社會經濟文化權利。

3.4 其他建議
3.4.1 關於結社自由的建議
→ 對「結社自由」做清楚的界定。
→ 結社自由應包括：
（1）人人有自由結社的權利，包括為保障其本身利益而組織及加入工會之權利。
（2）除依法律之規定，且為民主社會維護國家安全或公共安寧、為防止動亂或罪行、維持衛生或風化，或保障他人權利自由所必要者外，不得限制此種權利之行使。
（3）本條不應禁止對軍警人員行使此種權利，並加以合法限制。
→ 在香港特別行政區的政黨應是獨立的，不屬於香港特別行政區外任何組織。
→ 香港居民享有組織和參加政黨的自由，政黨的政綱及活動均不應違反基本法及香港特別行政區的法律。
→ 不應排斥政黨的產生。
→ 所述的結社與政黨的關係應具體說明。
→ 對於原有社會團體或新設的社會團體，一經辦理法人登記，即享有民事權利和承擔民事義務。
理由：如能作出此類原則性的引導，相信可消解許多社會團體組織的疑慮。
→ 自由組織的形式應該清楚列明，比如黑社會組織不能任由發展，應加以限制。
→ 基本法應規定「共濟會」（Freemasonry）可在一九九七年後在香港繼續存在。
3.4.2 關於言論自由的建議
→ 基本法應確保言論及思想自由。
→ 言論自由應包括：
（1）人人有發表自由之權利，此種權利包括保持意見不受干預及以語言、文字或出版物、藝術或自己選擇的其他方式，不分國界，尋求、接受及傳播各種消息及思想之自由。
（2）此種權利之行使，附有責任及義務，故得予以某種限制。此種限制需以法律規定，且以一個民主社會作為保障國家安全、防止動亂及罪行、保障衛生及風化，或其他人的名譽和權利、為防止秘密訊息的洩漏，或保持司法機關的威信及公正無私所必要者為限。
→ 本條雖規定居民享有言論和新聞自由，但必須規定這些言論是真實的。
→ 本條應規定言論自由不受中國憲法的有關規定限制。
理由：本條的規定與中國憲法第二十四、二十五、三十六、四十九、五十一條相抵觸。
→ 本條須列明界限，就言論和出版的自由而言，應採取公開反駁或訴諸法庭的做法，而不應運用權力，在未經法庭決定前即宣佈禁止。
→ 報章、電視、雜誌等傳媒有言論自由。
→ 香港居民應有公開批評、諷刺別人之自由和權利。
→ 香港特別行政區應設自由公開論壇，如海德公園。
3.4.3 關於新聞自由的建議
→ 新聞自由必須由一個層次更高的條款予以保證，正如美國憲法明文規定立法機關不得制定任何法律剝奪新聞自由。

→ 參照美國的模式，必須確立司法作為獨立的一院，不從屬於行政及立法兩院。
理由：
⊙ 以發揮制止權力濫用和公平地解釋法律的作用。
⊙ 倘沒有這種保障，新聞自由只不過是出於當權者一時容忍所給予的優惠，一旦有權勢者受到威脅，就會變成空洞的承諾。倘若新聞事業受到約束，不能取得可靠的消息，各種決策及其產生的後果，將難以經受事實的驗證，也難以為公眾所接受。這只會危及香港特別行政區的繁榮與穩定。
→ 要保障新聞自由便需要有一個完善的政治制度作基本的保障。在這政治制度下，行政首長的權力是受有代表性的立法機關制衡，而司法則獨立，不受干預。
3.4.4 關於集會自由的建議
→ 和平集會自由應包括：
（1）人人有和平集會之權利。
（2）除依法律之規定，且為民主社會維護國家安全或公共安寧、為防止動亂或罪行、維持衛生或風化，或保障他人權利自由所必要者外，不得限制此種權利之行使。
（3）本條不應禁止對軍警人員行使此種權利，並加以合法限制。
3.4.5 其他
→ 應列明本條所有的自由並非無產階級的自由。
理由：中國對「自由」是具有階級性的概念。其憲法雖列明人民享有的言論自由和宗教信仰自由，但卻不能兌現，因這些自由是屬於無產階級的。

4. 待澄清問題
→ 本條所列之各種自由會不會跟第二十二條所指的「破壞國家統一和顛覆中央人民政府的行為」有抵觸？其最終的解釋權如屬中央人民政府的話，豈不任由其說？
→ 「言論自由」是否能涉及政治、新聞、宗教等？
→ 本條說明香港人有言論自由，但一九九七年後香港直接由中央人民政府管轄，香港人能否直斥中央人民政府或高官呢？
→ 本條的規定是否容許作家在報章、電台節目主持或嘉賓，發表對中央人民政府或特別行政區政府的有建設性或有益的批評？
→ 結社自由是否包括參加和組織政黨的自由？
→ 本條說明香港人有結社自由，目前的非法集會是否在日後被視為犯法呢？
→ 「權利」和「自由」有沒有分別？
→ 「享有」和「有」有沒有分別？
→ 非永久性居民是否可享有這些自由？

※

⑥ **1989 年 1 月 9 日《香港居民的基本權利和義務專題小組對條文修改情況的報告》，載於 1989 年 1 月《中華人民共和國香港特別行政區基本法起草委員會第八次全體會議文件匯編》**

【P19-20】
3. 第二十七條
徵求意見稿原為：香港居民享有言論、新聞、出版的自由，結社、組織和參加工會、罷工的自由，集會、遊行的自由。」根據提出的意見，作了如下的修改：（1）將集會、遊行的自由，移至結社的後面，並加上了示威的自由。
（2）在組織和參加工會、罷工的自由中加上「權利」二字。這樣，修改後的條文為「香港居民享有言論、新聞、出版的自由，結社、集會、遊行、示威的自由，組織和參加工會、罷工的權利和自由」。

「**第二十七條　香港居民享有言論、新聞、出版的自由，結社、集會、遊行、示威的自由，組織和參加工會、罷工的權利和自由。**」

〔1990 年 2 月 16 日《中華人民共和國香港特別行政區基本法（草案）》〕

① **1989 年 5 月 18 日草案諮詢期討論文件（二）《集體談判》**

【P1-6】

II 集體談判的定義

就勞資關係而言，集體談判涉及討論薪金、假期及其他工作條件的程序，也有釐訂這些僱傭條件及標準的意義。談判雙方分別是勞方代表（一群僱員或職工會，其代表性需獲僱主承認），及資方代表（僱主或商會）。談判的結果是由雙方訂立集體協約，規定雙方所同意的條件，此協約對雙方的行為，有一定的約束力。此方式與制定個別僱傭合約的程序有明顯的區別。

III 集體談判的內容

集體談判的基本內容是工資及工作條件，如工時、休息日及附帶福利等。隨着社會的發展，集體談判的內容已擴展到制定一些有關機構運作的規例，如解僱程序、賞懲制度、升遷制度及處理勞資糾紛的程序，甚至包括一切與員工有關的機構政策。

集體談判的結果會以協約形式確定。協約可分為兩類，一類是關於僱傭條件的具體內容協約，另一類是程序協約。具體內容協約包括一切談判結果，將雙方同意的工資、工時和福利等在協約內列明。程序協約則列明認可的工會、工會與資方的雙方權利、談判程序、處理勞資糾紛的守則。因此程序協約可說是執行集體談判的藍圖。

IV 集體談判的制度

集體談判的制度主要有兩種方式，可分為「自願性」或「法律性」傳統。前者以行於英國見著，而後者則源自美國。所謂自願式集體談判，即是說談判是由勞資雙方自願提出和進行，集體協約屬君子協定，在法律上沒有約束力。在美國發展的「法律」傳統始於 1935 年的韋納法（Wagner Act），賦予國家勞工關係委員會（National Labour Relations Board）劃定談判單位的權力，任何工會可事前向該委員會索取證明，成為談判單位的談判代理人。在這形式下的談判過程，更有規定雙方需以「有誠意」的態度進行談判，否則不滿的一方可尋求法律途徑解決問題。在協約方面，若勞資任何一方有所違反，均作違反合約處理，受損一方可向法庭申訴。有些國家，例如英國、美國，集體談判牽涉到第三方的參與，這一方往往是由政府扮演，而角色分別有以下三種：

（1）鼓勵勞資雙方探討他們之間的分歧，並幫助他們擬出各自解決建議；

（2）向勞資雙方提出建議以解決他們之間的分歧；

（3）為勞資雙方決定問題解決方法。

集體談判可以在行業、企業、工廠，甚至企業內個別部門的層面上進行。

V 集體談判的作用

正面作用：

（1）為避免或解決勞資糾紛提供一有規律的方法；

（2）在集體談判下，工人集體地委託工會作為其談判代理人，而協約的共同規則一律地應用於所有僱員，這樣可增進僱員的討價力量及基層聯繫；

（3）作為代議式工業民主的協調性架構；

（4）保障勞工在經濟衰退時能有一起碼標準的僱傭條件；

（5）提供勞資對話的機會，減少對立的情況。

負面作用：

（1）勞資雙方之間的利益制衡是集體談判所要解決的問題，雙方在談判過程中需通過利益對立才可找出有組織性的協調方法。這強調局部性和相對性利益的過程會令勞資兩極化；

（2）集體談判強調團體行動，這會擴大個別的矛盾問題。

VI 集體談判在香港的情況

根據勞工處紀錄，在香港達成的廣泛性集體協約，到一九八八年六月底為止，共約八十八份，涉及約十二萬僱員，佔全部勞動人口大概 4.4%，這比例在國際標準而言是偏低的。在集體協約的形式方面，一般只提及最低工資標準、（但這標準在市場上並非普遍採用）個別的僱傭條件，例如假期、服務獎金等。與其他工業國家比較，這些協約都不夠詳盡。在香港集體協約是沒有法律約束力的，在一般情況下只是一種君子協定，即是說無論勞資雙方遵守協約與否，都不會觸犯法律。

香港的集體談判可分為行業性和公司性兩種。行業性的集體協約主要存在於一些傳統技術性工業，包括棉紡業、印刷業、傢俬業等。這些行業的商會和工會每年都一起商討工資及服務條件。公司性質的集體談判以香港大東電報局、國泰航空公司及兩巴等為典範。以香港大東電報局為例，該公司承認職工會代表僱員與資方進行集體談判，雙方簽署的協約內容不但包括工資、花紅、假期、晉升及其他僱傭條件，更列出申訴程序及有關罷工與公司「關廠」（Lockout）的條例。該公司的協約也訂明如果勞資雙方未能經集體談判在指定時間解決工資問題，可以遵照勞資關係條例，由勞工處安排調解會議尋求解決方法。

在香港勞資雙方以其他方式進行談判比採用集體談判為普遍，這些方式包括：

（1）個別僱員與僱主談判；

（2）非正式的勞資協商（以工作小組形式進行）；

（3）因工潮而帶來臨時性質的談判商討。

這些模式所談判的事項，通常只涉及工資或終止僱傭契約的補償等糾紛，這多元化的談判形式並沒有制度化下來。在香港這些非正式而又類似集體談判的模式，比西方制度化的集體談判更為常見。

在國際勞工公約中提及集體談判的第八十四項條約：參加社團之權利（非主權地區）（No.84: Right of Association [Non-metropolitan Territories] Convention）和第九十八項條約：工會組織及集體談判的權利（No.98: Right to Organise and Collective Bargaining Convention）都是不經修改而適用於香港的。第八十四條保障職工會有權簽訂集體協約，與僱主或其聯會進行協商，及在官方調停下，與僱主解決其雙方的分歧及糾紛。在香港，僱主和僱員組織社團的權利，一般是受一九七一年職工會條例（Trade Unions Ordinance 1971）及職工會登記規則（Trade Union Registration Regulations 1971）所管制。該條例大體上賦予已經登記的職工會若干權利，某些組織活動受法律保障。

在合法的原則下，所有職工會或僱主聯會，皆享有集體談判及擬定協約的自由，同時勞工處也在不同企業推行自願性的勞資協商制度。第九十八項條約規定僱員在受僱時，不會因參加工會組織及活動而受到歧視，例如以僱員不參加工會或退出工會作為聘用條件。另一方面，職工會及僱主聯會也可享有免受對方干擾的權利，而該公約亦特別強調職工會與僱主，或僱主聯會之間進行自願協商，或談判之重要性。

由於香港缺乏適當的法律規定，目前有很多工會是不被資方所承認的，即是說資方不承認工會是勞方的代表，可與它就僱傭條件進行談判。縱使有些工會的地位被資方予以承認，而資方也願意與工會進行「集體談判」，但由於香港並沒有制度化的集體談判程序，所以即使資方作出沒有「誠意」的談判，勞方也沒有申訴的途徑，也即是說勞方的「集體談判」權因缺乏相輔相成的法律規定，在很多情況下形同虛設。

另外，香港政府經常制訂一些勞工法例，使勞資雙方都以此作為標準，這些標準是經過勞工顧問委員會（Labour Advisory Board）協商下達成的。該委員會的成員包括六位僱主代表（五位由香港主要商會提名，政府委任；一位以私人身份委任）及六位僱員代表（五位由註冊工會選出，一位以私人身份委任），主席為勞工處處長。換言之，勞資雙方在政府的協助下，透過協商制定一些僱傭條件的標準。

VII 集體談判在香港的發展

在香港以集體談判制定僱傭條件並不普遍，勞資雙方在制定工作條件所取的方式是多元化的，而工價一般依賴市場調節。社會人士就在香港推行制度化的集體談判未有一致意見，現分別將支持、反對及保留意見綜合如下：

支持意見：
（1）自由市場調節不能保障勞工
依賴自由市場的調節決定僱傭條件，使勞工在經濟衰退時得不到保障，例如工人個別競爭就業機會會壓低工價；立法推行及確認集體談判則可加強工人的議價能力，在與資方享有平等地位的基礎上，共議勞資雙方都能接受的工作條件。
（2）勞工法例的不足
香港政府雖制定不少勞工法例保障勞工的利益和福利，但法例保障仍有很多缺陷，以使勞工不能得到足夠保障。另外，香港僱傭條例雖然是最低的勞工保障標準，但勞工實力不足，又缺乏集體談判制度，不能向資方爭取理想的待遇和工作條件，而資方在只遵守勞工法例的情況下，勞工法例便變為制定僱傭條件的最高標準。
（3）加強勞方地位
由於勞方的社會地位不及資方，在勞資協商中，勞方往往處於不利的地位。集體談判有助提升勞工的社會地位，使勞工獲得更多的尊重和保障，藉此令社會趨向公義。另外，很多工會的地位不被資方所承認，勞方因此不能與資方在平等的位置上進行集體談判。因此，集體談判有助提高工會的地位，令資方承認工會為勞方的談判代理人。
（4）集體談判有助工作效率
集體談判提供訊息交換的渠道，加強勞資雙方的互相瞭解，減少不必要的衝突，更能使勞工在有機會參與機構管理的情況下，令勞工對所屬行業或企業更有歸屬感；另外，工會有化解工人間糾紛的作用，分擔管方的工作，這對勞資雙方也有裨益。
（5）集體談判有助社會穩定
在集體談判的制度未能確立的情況下，勞資糾紛容易變成對抗性的工業行動，成為香港社會長期潛在的危機，有礙社會的穩定發展。
（6）香港宜發展制度化的集體談判
→ 香港適宜在行業層面推行集體談判，因個別行業可就其獨特情況及需要，透過集體談判訂立其僱傭條件。目前香港政府需採積極態度，提升勞工的地位，立法推行集體談判，因勞資雙方現時的力量懸殊，如靠自願形式進行集體談判，勞方只會處於不利的位置。
→ 香港可立法推行融合自願性和法律性的集體談判制度，政府立法時應保留集體談判的自願性質，同時加入必須的約束性。當集體談判發展至成熟階段時，政府可減少中央立法的干預。

反對意見：
（1）目前制度運作有效
香港長期有兩位數字的經濟增長，香港勞工的平均收入在亞洲佔第二位，僅次於日本，勞工全面就業，勞工就業自由度大，可在多勞多得的原則下得到更多回報。這可顯示目前制度有效。
（2）勞工處的調停功能有效
勞工處在勞資雙方有利益衝突時扮演着調停者的角色，讓雙方能達致協議。勞工處更積極鼓勵勞資雙方建立溝通渠道，及提供有助解決問題的建議。這避免將勞資關係的問題訴諸法律方式解決。
（3）強大工會不利勞資關係
香港工會的政治性明顯，如工會的勢力過於龐大，如像英國，工會間的競爭或抗衡會影響生產力，對勞資關係也有不良影響。
（4）香港宜保留目前模式
工會的功能在其代表性，只要勞工有參加工會自由，勞工便可透過其所屬工會與資方協商勞資關係的問題，這是目前香港採用的有效方式。
只要香港勞工能繼續享有組織工會、參加工會、罷工等權利，工會向政府就制訂勞工法例提供意見，以保障勞工權利，勞工處繼續扮演調停者角色，勞資協商繼續運作，在這情況下，香港是不需要依賴更多的中央立法來對勞資關係加以規定。目前香港是不需要在這方面引進急劇的改變，例如跟從美式的集體談判；而且在香港投資的國際性企業對美式的做法也不熟悉。

保留意見：（在香港推行集體談判所要考慮的問題）
（1）運作困難
香港工運的特色是很多元化，及代表性低，以工會作為勞方談判代理人是有困難的。香港勞工參加工會的意識薄弱，不能支持及穩定集體談判制度化的風氣。
（2）集體談判的缺點
集體談判強調局部性利益，因此難以解決對立性的利益問題。
（3）官方干預集體談判的影響
集體談判強調自願原則，自然發展，因此談判結果得到勞資雙方接受。如官方干預而引入談判程序條件，這與集體談判的自願性質有所違背，減低談判結果的接受程度。
（4）其他協商方式
中央立法──統一性強，協調性重，不會使勞資雙方的矛盾尖銳化；缺點在缺乏彈性，不能照顧不同行業的需要。
勞資協商──可補救中央立法之不足，在工業和企業層面進行的勞資協商比中央立法有較大彈性。
工場評議會──可解決集體談判不能解決的對立性的利益問題。
（5）香港的發展模式有待探索
要考慮香港的本身情況及條件，不能完全套用英式或美式的集體談判方式。目前勞工市場運作依自由經濟原則，加上有政府立法和勞工顧問委員會，這架構運作良好，可繼續發展。另外，集體談判不能完全代替多元化的勞資協商模式，反之可研究繼續發展經中央商討後立法這一有效的做法，或探索適合香港的新模式。

VIII 在基本法寫上集體談判權

就基本法應否寫上集體談判權的問題，意見不一，現分別將支持、反對及保留意見綜合如下：
支持者對基本法（草案）有關條文作如下修改：
第二十七條
「香港居民享有言論、新聞出版的自由，結社、集會、遊行、示威的自由，組織和參加工會、集體談判、罷工的權利和自由。」
第一百四十六條
「香港特別行政區根據經濟發展，社會需要或勞資協商，

自行制定發展及改進有關勞工的法律和政策，工會享有認可權及集體談判權，可自行與資方制定集體協議。」
支持理由：
→ 組織和參加工會、罷工和集體談判的權利是國際認可的三項基本權利，而前兩項已載於基本法（草案）第二十七條，但集體談判則未有列入。
→ 基本法不宜把集體談判權寫得太詳細，至於執行集體談判的日期和談判的水平和內容等具體規定，宜交由香港特別行政區政府立法處理。
→ 在基本法中寫上集體談判權，可誘發香港政府在一九九七年前考慮訂立有關法例。
反對意見：
→ 香港不需要引進制度化的集體談判這樣重大改變。
→ 如香港人希望利用制定基本法的機會來鞏固本身或所屬階層、團體等的利益，這不但會導致利益衝突，還違背維持現狀的原則。
保留意見：
→ 在基本法中寫上香港居民享有集體談判權未必能使香港居民享有制度化的集體談判，反之沒有規定也不是說香港居民不能享有這種權利。

※

② 1989 年 8 月 25 日《居民專責小組第二次諮詢期第三次會議紀要》

2. 關於第三章條文的討論
<u>2.3</u> 第二十七條
有委員建議在本條加上「組織和參加政治團體的權利和自由」。

※

③ 1989 年 9 月 12 日《基本法諮詢委員會居民的基本權利與義務專責小組對基本法（草案）第三章的意見匯編》（1989 年 9 月 21 日居民專責小組與草委會對口小組在港草委交流會議附件一）

第二十七條
（編者按：內容同上文）

※

④《基本法諮詢委員會居民的基本權利與義務專責小組對基本法（草案）第三章的意見匯編》（1989 年 10 月 5 日居民專責小組第二次諮詢期第四次會議附件一）

第二十七條
（編者按：本文同第十稿文件②，除下列內容外，均同前文。）
（2）有委員建議在本條加上「集體談判權」。

※

⑤《居民專責小組就基本法（草案）第三章討論的會議紀要》（1989 年 10 月 5 日居民專責小組第二次諮詢期第四次會議紀要附件，同年 10 月 7 日經執行委員會通過）

【P3】
第二十七條
（編者按：本文同第十稿文件④，除下列內容外，均同前文。）
（3）有委員建議本條應規定享有言論自由的權利是不受制於中國憲法的。

※

⑥ 1989 年 11 月 30 日基本法起草委員會秘書處《內地各界人士對〈中華人民共和國香港特別行政區基本法（草案）〉的意見匯集》

【P11-12】
第二十七條
1. 建議將本條修改為：「香港居民享有言論、新聞、出版、結社、集會、遊行、示威的自由，享有組織、參加工會、集體談判和罷工的權利和自由。」（吉林）

2.「結社自由」應加限制，不能允許成立旨在推翻共產黨、社會主義制度的社團。（黑龍江）

3. 增寫一款：「香港居民在行使上述權利和自由時，不得分裂國家、攻擊或顛覆中央人民政府。」（遼寧）

※

⑦《基本法諮詢委員會居民的基本權利與義務專責小組對基本法（草案）第三章的意見匯編》，載於 1989 年 11 月基本法諮詢委員會《中華人民共和國香港特別行政區基本法（草案）諮詢報告第一冊》

【81-82】
第二十七條
（編者按：內容同第十稿文件⑤）

※

⑧ 1989 年 11 月基本法諮詢委員會《中華人民共和國香港特別行政區基本法（草案）諮詢報告第三冊──條文總報告》

【P77-81】
第二十七條
2. 意見
<u>2.1</u> 正面
→ 支持本條保障新聞和言論自由。
<u>2.2</u> 保留《公民權利和政治權利國際公約》第十九條所保障的表達意見的自由的範圍比本條為廣，前者包括尋求、接受和傳送各種消息和思想的自由，而不論國界，也不論口頭的、書寫的、印刷的、採取藝術形式的，或通過有關人士所選擇的任何其他媒介。此種權利的限制由法律規定，並以尊重他人的權利或名譽，保障國家安全或公共秩序，或公共衛生或道德為限。此外，該公約第二十條規定以法律禁止任何鼓吹民族、種族或宗教仇恨的主張，以及由此所煽動的歧視、敵視或強暴的行為或活動。由此可見，公約在保障內容和限制上都較本條仔細。
→ 在保障表達意見的自由上，本條的規定不及《公民權利和政治權利國際公約》第十九條的規定。如本章第三十九條的規定可令該公約切實在香港特別行政區施行，

本條便不用修改。
→ 工人只有參加和組織工會及罷工的權利和自由是不足夠的。

2.3 其他
→ 本條的關鍵問題並不在居民有沒有這些自由，而是這些自由的尺度和範圍是怎樣。
→ 在民主社會裡的言論自由，包括以下的特點：
（1）必須容許公民聽取不同的意見，甚至是官方認為「危險的意見」，不應由政府或個別領袖判斷什麼言論是有害而禁止公民接觸，否則就是認為民眾無知，不能自治；
（2）任何言論（包括所說的及所寫的），在經確證為構成違法行為的直接原因，並且是違法行為的組成部份後，才是非法。
→ 發表不同的政見不應被視為反革命或顛覆中國政府的行為。
→ 行使本條保障的言論自由不應被視為干預中國的事務。
→ 本條應包括居民可享有發表政見的自由，這自由包括出版事業不受干預，即使刊登批評政府的言論，只要是客觀和有建設性的，應不會構成任意干預中國內政的行為，否則一國兩制難以實現。
→ 按本條規定，香港居民可以批評共產黨或任何其他政黨，甚至包括外國政黨，但決不可能有顛覆中央政府的自由。
→ 新聞自由對香港的繁榮和穩定至為重要。香港的商界人士及政界領袖依靠通訊的自由，以作出合理的經濟和政治決策。傳播媒介提供論壇讓人申訴不滿，有助制止濫用權力，也有助於測試公眾對重大事件的意見。言論和新聞自由鼓勵負責任的政府保護個人自由，形成有啟發性的民意，發掘新的知識，並促進社會大眾的福祉。
→ 香港特別行政區能享有多少新聞自由的關鍵在於（1）中國國內的權力結構；（2）中港的權力對比；（3）香港內部的政制發展。一般來說，權力分佈越平均或分散，新聞自由會越大。然而香港特別行政區的司法是否獨立，傳媒市場能否繼續運作，傳媒是否敢於爭取權益等問題，跟一九九七年後的新聞自由都有相當密切的關係。
→ 言論自由亦是絕對的。
→《公民權利和政治權利國際公約》第二十一條對集會權利的限制是以在民主社會的需要為限。

3. 建議
3.1 刪除
→ 刪去「組織和參加工會、罷工的權利和自由。」
理由：本條規定的「結社、集會、遊行、示威的自由」已包括建議刪除的部份。

3.2 增加
→ 加上：工會的認可權。
→ 加上：工會享有集體談判的權利。
→ 加上：工人或僱員應享有與資方對等的談判地位。
→ 加上：罷免權和彈劾權。
→ 加上：組織和參加政黨的自由。
→ 加上：「香港居民有權依法組織政治團體、宣傳政見及參與政治活動。」
→ 加上第二款：「香港市民享有組織和參加政黨的自由。政黨的政綱及活動均不應違反本港及香港特別行政區的法律。任何政黨均不能與香港特別行政區以外的地區或國家的政黨有任何從屬『關係』」。
→ 加上：依法享有尋求、接受和傳送各種消息和思想的自由。
理由：以上的規定是參考《公民權利和政治權利國際公約》第二十九條第二款的規定。加上「依法」二字，是為免產生疑問。
→ 加上：取得資訊的權利和自由。
→ 加上：立法機關不得制訂法律來剝奪新聞自由，行政機關亦不得作出任何行為以致影響新聞自由。

理由：一個社會如由執法者和司法者的個人考慮，以決定那社會能否享有新聞自由，新聞自由能否成為行政、立法、司法三權以外的第四種社會制衡力量（the fourth estate），這便屬人治而非法治。儘管在人治狀態之下因為開明的人治而令社會長期享有新聞自由，但這種新聞自由是沒有法律基礎和不穩定的，故新聞自由必須建基於法律制度之上。
→ 加上：新聞資料予以保密。
→ 加上：保持緘默的自由。
→ 加上：批評政府及社會制度的權利。
→ 加上：為保障本條的基本權利，有關的諮詢和談判程序應以立法規定並予以執行。
理由：單靠在本條規定居民有言論、新聞自由等是不足夠的，還需有適當的程序和機制保證有關權利得以落實。因此，香港特別行政區需有規定讓政府與團體間有正式和非正式的諮詢途徑，以使各方面有足夠的信任和諒解，避免衝突，解決紛爭。
→ 加上：在任何環境下，包括動亂、戰爭、戒嚴等緊急情況，居民應繼續享有新聞、言論、出版自由。此等自由應不受中國大陸全國性的緊急政策所約束，例如藉戒嚴而封鎖新聞傳播、言論及出版自由等。
→ 在條文末加上：「但以上的自由必須在法律許可範圍內和不妨礙他人的自由和權利為限。」
理由：
⊙ 沒有自由是不應受法律限制的。
⊙ 為防止有破壞和顛覆國家的行為或活動。

3.3 修改
→ 將「香港居民享有……」改為「香港居民依法享有……」。
理由：加上「依法」可清楚表示居民享有本條規定的自由可到哪個程度，否則便像中國憲法那般空泛，對自由的保障形同虛設。
→ 將「言論、新聞、出版的自由，結社、集會、遊行、示威的自由」改為「言論、新聞、出版的權利和自由，結社、集會、遊行、示威的權利和自由」。
理由：藉此增加香港人對此條文的信心。
→ 將本條改為：「香港居民享有言論、新聞、出版的權利和自由，結社、集會、遊行、示威的權利和自由，組織和參加政黨的自由和權利。」
→ 將本條改為：「香港居民享有言論、新聞、出版、結社、集會、遊行、示威、組織和參加工會、罷工的權利和自由。」
→ 將本條改為：「香港居民享有言論、新聞、出版的自由，尋求、接受和傳播資訊的自由，結社、集會、遊行、示威的自由，組織和參加工會、罷工的權利和自由。」
理由：參考《公民權利和政治權利目標公約》第十九條（二）款的規定。
→ 將本條改為：「香港居民不透過傳播媒介（包括擴音器、印刷品）或標語詆毀或譴責中央人民政府或香港特別行政區政府。違者可喪失居留權。
香港居民享有言論自由（閒談）。
→ 除同本條第一款相抵觸外，香港居民享有新聞、出版的自由，遊行、示威的自由。
→ 香港居民享有結社、集會的自由，組織和參加工會、罷工的權利和自由。」
→ 將本條改為：「香港特別行政區政府需依據《公民權利和政治權利國際公約》和《經濟、社會與文化權利的國際公約》，保障在香港的新聞採訪和發表自由。」
理由：新聞自由對增進港人信心和維持香港的穩定者極為重要。

3.4 其他
→ 新聞自由必須由一層次較高的條款予以保證，如規定立法機關不得制定任何法律剝奪新聞自由。司法必須獨

立，不應從屬行政及立法機關，以發揮制止權力濫用和公平地解釋法律的作用。

理由：新聞自由對香港的繁榮和穩定至為重要。如沒有以上的保障，新聞自由只不過是出於當權者一時的容忍所給予的優惠，一旦有權勢者受到威脅，就會變成空洞的承諾。

→ 為落實本條的規定，《基本法（草案）》的其他條文應作如下的修改或予以刪除。

（1）第二十三條予以刪除；

（2）第三十條的首句改為：「香港居民享有通訊自由和通訊秘密」。規定中的「因公共安全和追查刑事犯罪的需要」應只限於特定法例規定的非常情況；

（3）第三十九條應包括：「香港居民享有的權利和自由不得予以限制，除正式宣佈緊急狀況時例外。緊急狀況是在香港特別行政區居民的生命受到直接和迫近的威脅之下，由特別行政區行政當局公佈。除非特別行政區立法機關予以延長，緊急狀況不得超逾七十二小時，而延長亦以不超逾一個月為限。任何在緊急狀況下實施的規定，如涉及侵犯居民自由，必須狹義和清晰地擬出，並且，兩份國際人權公約適用於香港的規定需成為香港特別行政區的法律一部份，通過特別行政區的立法及司法體系予以實施；

（4）第一百四十一條第四款予以刪除或規定「禁止有直接或間接發給執照的程序，以免損害言論、新聞及出版的自由」。

→ 新聞自由應包括以各種方式表達的言論自由，包括以書寫為的、印刷的和電子媒介的方式。

→ 為保障新聞自由，本條應規定新聞界的獨立性，以及新聞從業員獨立組織團體的權利應受保障。

理由：本條規定的新聞自由和言論自由可能與中國憲法的社會主義民主與民主集中制有抵觸。

→ 基本法應清楚註明傳播媒介可享有的自由的內容，包括：

（1）不限制私人辦報；

（2）允許增設和擴充私人電台及電視台，對電視節目保持目前的電檢尺度；

（3）政府電台及電視台可與私人電台和電視台在節目質素上進行競爭，但不可進行壟斷或用行政命令予以壓制；

（4）維持傳播媒介（包括所有私人報紙、雜誌、電台、電視台等）目前所享有的採訪、報導、評論等自由，在法律範圍內可以批評和抨擊政府；並不受任何干涉和報復。

→ 傳媒工具不應受政府控制或影響。

→ 謹防新聞自由被濫用為造謠工具。

→ 香港居民應享有權利批評香港政府、中國政府和任何中國政黨。

→ 本條應清楚界定言論自由，以免抵觸中國法律。

→ 只要不用武力或暴力，香港人對中國政府的批評或對國內民主運動的支持應予以容許。

→ 香港居民不會受反革命罪的指控。

→ 香港特別行政區任何有關叛國、分裂國家、煽動叛亂或竊取國家機密的法律，均不能抵觸《公民權利和政治權利國際公約》有關保護言論自由和權利的條款。

→ 本條應明確規定法律對罷工、遊行、示威自由的限制，以不影響他人的權利和自由為準。

→ 基本法應訂明以立法保證香港勞工享有全面的工會權利。

→ 本條的規定應明確地加以落實。

理由：本條規定不能防止中央政府對這些權利加以限制。

4. 待澄清問題

→ 新聞自由是否包括採訪自由？

→ 罷工的權利是否包括怠工的權利？

→ 進行罷工前是否需要申請？

第十一稿

「第二十七條　香港居民享有言論、新聞、出版的自由，結社、集會、遊行、示威的自由，組織和參加工會、罷工的權利和自由。」

〔1990 年 4 月《中華人民共和國香港特別行政區基本法》〕

香港居民的人身自由不受侵犯。
香港居民不受任意或非法逮捕、拘留、監禁。
禁止任意或非法搜查居民的身體、剝奪或限制居民的人身自由。禁止對居民施行酷刑、任意或非法剝奪居民的生命。

✿ 貳│概念

1. 香港居民人身自由不受侵犯
2. 不受非法逮捕、拘留、監禁
3. 禁止非法搜查身體、剝奪人身自由
4. 禁止施行酷刑、非法剝奪生命

✿ 叁│條文本身的演進和發展

第一稿

第三章
「第五條　香港居民的人身自由不受侵犯。
任何居民，不受非法逮捕、拘留或者監禁。禁止以任何方法非法剝奪或限制居民的人身自由，禁止非法搜查居民的身體。」
〔1986 年 11 月 12 日《香港特別行政區基本法起草委員會香港居民的基本權利和義務專題小組的工作報告》，載於《中華人民共和國香港特別行政區基本法起草委員會第三次全體會議文件匯編》〕

① 1986 年 4 月 22 日《中華人民共和國香港特別行政區基本法結構（草案）》，載於《中華人民共和國香港特別行政區基本法起草委員會第二次全體會議文件匯編》

【P12】
第三章 香港居民的基本權利和義務
（四）人身自由

※

② 1986 年 4 月《部份起草委員對基本法結構（草案）的意見（備忘錄）》，載於《中華人民共和國香港特別行政區基本法起草委員會第二次全體會議文件匯編》

【P25】
五、關於《香港居民的基本權利和義務》

38. 第三條至第十條可歸納為一條，即「（三）政府不得侵犯的基本權利和自由，包括聯合聲明附件一中所列明的各種權利和自由以及其他由普通法保障的權利和自由。」

※

③ 1986 年 11 月 12 日《香港特別行政區基本法起草委員會香港居民的基本權利和義務專題小組的工作報告》，載於《中華人民共和國香港特別行政區基本法起草委員會第三次全體會議文件匯編》

【P23】
第三章 香港居民的基本權利和義務（討論稿）
第五條
說明：許多意見認為，應對香港居民的人身自由，作出原則的明確的規定，參考這些意見作了以上規定。有的意見也希望能作一些具體規定，如拘捕後應於二十四小時內調查等，經專題小組研究，這些內容可考慮由香港特別行政區立法機關制定的法律來規定。

第二稿

第三章
「第五條　香港居民的人身自由不受侵犯。

香港居民不受非法逮捕、拘留或者監禁。禁止以任何方法非法剝奪或者限制居民的人身自由，禁止非法搜查居民的身體。」

〔1987 年 3 月 2 日《第三章　香港特別行政區居民的基本權利和義務（討論稿）》（1987 年 3 月 9 日居民及其他人的權利自由福利與義務專責小組第十四次會議討論文件）〕

① 1986 年 11 月 11 日居民權利、自由與義務專責小組之居民定義工作組《居民定義——出入境、居留、遞解離境、選舉權及被選舉權討論文件》（1986 年 12 月 8 日居民及其他人的權利自由福利與義務第七次會議討論文件）

【P6】
4. 共識
4.1 在居民及其他人的權利自由福利與義務專責小組的討論中，委員都一致同意，香港特別行政區的各種居民，無論是臨時性的或永久性的，也不論其國籍為何，其個人的基本人權和自由，包括原有法律所規定的人身、言論、出版、集會、結社、組織和參加工會、通信、旅行、遷徙、罷工、遊行、選擇職業、學術和信仰自由，住宅不受侵犯，婚姻自由以及自願生育的權利，均應受到法律保護。

※

② 1987 年 1 月 13 日居民及其他人的權利自由福利與義務專責小組之居民定義工作組《居民定義——出入境、居留、遞解離境、選舉權及被選舉權最後報告（草稿）》（1987 年 1 月 20 日居民及其他人的權利自由福利與義務專責小組第十一次會議討論文件）

【P6】
（編者按：內容同上文）

※

③居民及其他人權利自由福利義務專責小組《居民定義、出入境權、居留權、豁免遞解離境權、選舉權及被選舉權最後報告》（1987 年 2 月 14 日經執行委員會通過）

【P6】
（編者按：內容同上文）

第三稿

第三章
「第五條　香港居民的人身自由不受侵犯。
香港居民不受非法逮捕、拘留或者監禁。禁止以任何方法非法剝奪或限制居民的人身自由，禁止非法搜查居民的身體。」

〔1987 年 4 月 13 日《香港特別行政區基本法起草委員會香港居民的基本權利和義務專題小組的工作報告》，載於《中華人民共和國香港特別行政區基本法起草委員會第四次全體會議文件匯編》〕

① 1987 年 4 月 13 日《香港特別行政區基本法起草委員會香港居民的基本權利和義務專題小組的工作報告》，載於《中華人民共和國香港特別行政區基本法起草委員會第四次全體會議文件匯編》

【P26】
第三章　香港特別行政區居民的基本權利和義務（修改稿）
第五條
說明：將「討論稿」第二款「任何居民」改為「香港居民」，以和第一款保持體例上的一致。

第四稿

第三章
「第五條　香港居民的人身自由不受侵犯。
香港居民不受非法逮捕、拘留或者監禁。禁止以任何方法非法剝奪或限制居民的人身自由，禁止非法搜查居民的身體。」

〔1987 年 8 月 22 日《香港特別行政區居民的基本權利和義務專題小組的工作報告》，載於《中華人民共和國香港特別行政區基本法起草委員會第五次全體會議文件匯編》〕

① 1987 年 5 月 31 日陳文敏《評香港居民的基本權利和義務專題小組報告書》（1987 年 6 月 22 日居民及其他人的權利自由福利與義務專責小組第十八次會議第四次續會附件四）

第二，第三章亦沒有提到不受酷刑和殘忍及侮辱性的對待或懲罰的權利。《國際公約第七條和歐洲人權公約》第三條幾乎完全一樣，歐洲人權法庭在解釋第三條時便曾判決笞刑違反這一條，笞刑在香港仍被執行。國際公約第七條更禁止胚胎實驗，這個問題最近也在香港掀起討論，第三章應否包括國際公約第七條的保障，是另外一個須要深入研究的課題。

筆者對《第三章：香港特別行政區居民的基本權利和義務》的建議
第五條
任何人的人身自由不受侵犯。
任何人不受非法逮捕、拘留或監禁。禁止以任何方法任意剝奪或者限制任何人的人身自由，禁止任意搜查任何人的

身體。

第十八條
任何人享有不被任意剝奪生命的權利。

第十九條
任何人享有不受酷刑、殘忍、不人道或侮辱性的待遇或懲罰的權利。

※

② 1987 年 6 月 4 日羅傑志《對基本法第五章草稿（87 年 4 月 30 日稿）的意見——供 1987 年 6 月 16 日會議討論》（1987 年 6 月 22 日居民及其他人的權利自由福利與義務專責小組第十八次會議第四次續會附件二）

（編者按：標題「第五章」應為「第三章」之誤；另原件中並無標題所言的 87 年 4 月 30 日稿。）

第五條
（甲）基於第四條意見所述的理由，「非法」一詞在這條文中也不妥當。在什麼情況下可剝奪人身自由，是很容易列舉出來的。請參考附件一。
（乙）在任何情況下，任何人如被逮捕或拘留，都應享有以下基本權利：
i）盡早接受公開審訊
ii）在合理的時間內接受審訊或獲得釋放；
iii）在法院提出訴訟，令法院從速判決該逮捕或拘留行動是否合法，倘法院判定為不合法，便可判令將他釋放。
iv）任何被非法逮捕或拘留的受害者應有可施行的索償權利。
這些應寫進基本法內。如果沒有這些保障的話，則可把本地的法律加以修改，以剝奪市民現在所享有有關逮捕的基本權利。

附件一
除於下列情況根據法律規定外，任何人的人身自由均不得被剝奪：
（a）由於該名人士無從對刑事起訴作出答辯；或
（b）無論在特區或其他地方，執行對該名人士刑事罪行所判之刑罰或法庭指令；或
（c）執行最高法院或上訴庭就該名人士藐視法庭之行為所發出的指令；或
（d）執行法庭為使該名人士依法履行其義務而發出之指令；或
（e）執行法庭將該名人士提堂受審的指令；或
（f）基於充份理由，認為該名人士有已犯罪或即將犯罪的嫌疑；或
（g）如該名人士未滿二十一歲，則為其教育或裨益着想；或
（h）防止傳染病蔓延；或
（i）如該名人士精神不健全、吸毒、酗酒或遊蕩，或基於充份理由，認為該名人士有上述嫌疑，則為照顧或護理該名人士，或為保障社會人士着想；或
（j）防止該名人士非法進入香港特別行政區境內，或為驅逐、遞解、以其他合法方式遣送該名人士出境或進行有關之訴訟；或
（k）為執行以下合法指令而有需要剝奪該名人士的人身自由；要求該名人士留在香港特別行政區的特定範圍內，或禁止他留在該特定範圍內；或為對該名人士提出有關上述指令的起訴，有理由剝奪其人身自由；或鑑於上述指令，該名人士如要去其本來可去的香港特別行政區某地方，即會變成非法，所以為限制其到該地方去，有理由剝奪其人

身自由。

※

③ 1987 年 6 月 5 日麥海華、歐成威、夏其龍《對香港特別行政區基本法起草委員會香港居民的基本權利和義務專題小組於第四次全體大會工作報告的建議》（1987 年 6 月 22 日居民及其他人的權利自由福利與義務專責小組第十八次會議第四次續會附件三）

第五條
香港特別行政區居民享有不被任意剝奪生命的權利。

第六條
香港特別行政區居民享有不受酷刑、殘忍、不人道或侮辱性的待遇或懲罰的權利。

第七條
香港特別行政區居民的人身自由不受侵犯。
香港特別行政區居民不受非法逮捕、拘留或監禁。禁止以任何方法任意剝奪或者限制任何人的人身自由，禁止任意搜查居民的身體。

※

④ 1987 年 6 月 19 日《有關基本法第三章草稿（87 年 4 月 30 日稿）的意見》（1987 年 6 月 22 日居民及其他人的權利自由福利與義務專責小組第十八次會議第四次續會討論文件）

（編者按：原件中並無標題所言的 87 年 4 月 30 日稿）

【P3-4】
第五條：
1. 修改為：香港特別行政區居民的人身自由不受侵犯。香港特別行政區居民不受非法逮捕、拘留或監禁。禁止以任何方法任意剝奪或者限制任何人的人身自由，禁止任意搜查居民的身體。（麥海華委員等建議的第七條）
（說明：將「非法」改為「任意」。）

2. 以上意見不知是否認為香港特別行政區將來不能執行死刑？（徐是雄委員）

3. 補充：香港特別行政區居民享有不被任意剝奪生命的權利。（麥海華委員等建議的第五條）

4. 補充：香港特別行政區居民享有不受酷刑、殘忍、不人道或侮辱性的待遇或懲罰的權利。（麥海華委員等建議的第六條）

5. 基於第四條意見所述的理由，「非法」一詞在這條文中也不妥當。在什麼情況下可剝奪人身自由，是很容易列舉出來的。（羅傑志委員）

6. 在任何情況下，任何人如被逮捕或拘留，都應享有以下基本權利：
i）盡早接受公開審訊
ii）在合理的時間內接受審訊或獲得釋放；
iii）在法院提出訴訟，令法院從速判決該逮捕或拘留行動是否合法，倘法院判定為不合法，便可判令將他釋放。
iv）任何被非法逮捕或拘留的受害者應有可施行的索償

權利。

這些應寫進基本法內。如果沒有這些保障的話，則可把本地的法律加以修改，以剝奪市民現在所享有有關逮捕的基本權利。（羅傑志委員）

　　　　　　　　　　　※

⑤1987年7月24日《有關基本法第三章草稿（87年4月30日稿）的意見》

【P3-4】
（編者按：內容同上文）

　　　　　　　　　　　※

⑥居民及其他人的權利自由福利與義務專責小組《香港居民的基本權利與義務最後報告之二》（1987年8月8日經執行委員會通過）

（編者按：本文同第四稿文件④，除下列內容外，均同前文。）

【P4-5】
第五條
不同意見：
1.建議修改為：香港特別行政區居民的人身自由不受侵犯。香港特別行政區居民不受非法逮捕、拘留或監禁。禁止以任何方法任意剝奪或者限制任何人的人身自由，禁止任意搜查居民的身體。
（說明：將「非法」改為「任意」，原因是「非法」一詞可賦予立法機關權力來制定抵觸基本人權的法律。）

2.補充：香港特別行政區居民享有不被任意剝奪生命的權利。

3.意見2有將來香港不能執行死刑之意思，這顯然是有爭議性的，因此這寫法是有問題的。

4.認為建議1「任意」的意見較籠統，可隨便解釋，而原文的「非法」則有規可循。

5.建議將原文的「非法」和建議1的「任意」一併使用，寫為「非法或任意」。

第五稿

「第二十七條　香港居民的人身自由不受侵犯。
香港居民不受非法逮捕、拘留或者監禁。禁止以任何方法非法剝奪或者限制居民的人身自由。禁止非法搜查居民的身體。」
〔1987年12月基本法起草委員會秘書處《香港特別行政區基本法（草案）》（匯編稿）〕

①1987年9月2日《中華人民共和國香港特別行政區基本法起草委員會第五次全體會議委員們對基本法序言和第一、二、三、四、五、六、七、九章條文草稿的意見匯集》

【P23】
6.第五條和第六條
有些委員提出，參照聯合國公約的寫法，這兩條中所用「非法」一詞之前加上「無理或」三字；不少委員則認為，判斷有關的行為是否有理實際上是很困難的，本條不應規定雙重標準，而應以是否合法為唯一標準。

　　　　　　　　　　　※

②香港居民的基本權利與義務專責小組《對基本法第三章條文草稿（一九八七年八月）的意見》（1987年11月4日經執行委員會通過）

【P3】

關於第五條
意見：
1.有委員建議將「非法」修改為「任意」，因為「任意」並不單指「非法」，亦包括「武斷」的意思。

2.有委員認為有關居民在合法逮捕後的權利，例如知曉控罪和盡早被訊的權利，都應在本章內予以保障。

　　　　　　　　　　　※

③1987年12月基本法起草委員會秘書處《香港特別行政區基本法（草案）》（匯編稿）

【P14】
第二十八條
說明：本小組一致認為不宜在第二十七、二十八條中的「非法」之前加上「無理或」三個字，也不同意將「非法」改為「任意」。
（編者按：此條雖為匯編稿第二十八條的說明，但其內容同時提及第二十七條，故收錄之。）

第六稿

「第二十八條　香港居民的人身自由不受侵犯。
香港居民不受非法逮捕、拘留或監禁。禁止以任何方法非法剝奪或限制居民的人身自由。禁止非法搜查居民的身體。」
〔1988年3月基本法起草委員會秘書處《中華人民共和國香港特別行政區基本法（草案）草稿》（總體工作小組第二次會議對目錄、序言、第一、二、三、五、六、七、九章的修改稿）〕

①《各專題小組的部份委員對本小組所擬條文的意見和建議匯輯（關於序言、第一、二、三、五、六、七、九章部份）》，載於1988年3月基本法起草

委員會秘書處《中華人民共和國香港特別行政區基本法（草案）草稿》

第二十九條

本小組一致認為不宜在第二十七、二十八條（編者按：「第二十七、二十八條」應為「第二十八、二十九條」之誤）

中的「非法」之前加上「無理或」三個字，也不同意將「非法」改為「任意」。

（編者按：此條雖為草稿第二十九條的說明，但其內容同時提及第二十八條，故收錄之。）

第七稿

「**第二十八條　香港居民的人身自由不受侵犯。**

香港居民不受非法逮捕、拘留或監禁。禁止以任何方法非法剝奪或限制居民的人身自由。禁止非法搜查居民的身體。」

〔1988 年 4 月基本法起草委員會秘書處《中華人民共和國香港特別行政區基本法（草案）草稿》〕

第八稿

「**第二十七條　香港居民的人身自由不受侵犯。**

香港居民不受非法逮捕、拘留或監禁。禁止以任何方法非法剝奪或限制居民的人身自由。禁止非法搜查居民的身體。」

〔1988 年 4 月基本法起草委員會《中華人民共和國香港特別行政區基本法（草案）徵求意見稿》〕

第九稿

「**第二十八條　香港居民的人身自由不受侵犯。**

香港居民不受任意或非法逮捕、拘留、監禁。禁止任意或非法搜查居民的身體、剝奪或限制居民的人身自由。禁止對居民施行酷刑、任意或非法剝奪居民的生命。」

〔1989 年 2 月《中華人民共和國香港特別行政區基本法（草案）》〕

① 1988 年 5 月基本法諮詢委員會秘書處《基本法（草案）徵求意見稿初步反應報告（草稿）》

【P16-17】

居民的基本權利——民權

3. 除政治參與權利外，公民還應享有各種基本權利。這些權利必須獲得充份保障，不可隨意為當權者所剝奪。徵求意見稿第二十七和二十八條這二項條文為壓制性的法律提供了憲法依據，因此建議以「任意」（ARBIRARY）代替「非法」一詞。

5. 第二十七條只提及居民不受非法逮捕拘留或監禁，但當居民被合法拘捕後所享有的權利則沒有提及，能否像普通法般在未判罪前假定無罪，及有權接受公平及公開審訊則未有在諮詢稿中列出。

※

② 1988 年 8 月基本法起草委員會秘書處《香港各界人士對〈香港特別行政區基本法（草案）徵求意見稿〉的意見匯集（一）》

【P16】

第二十七條

1.「非法」改為「任意」，或改為「無理」。

2. 加：「不受酷刑，個人隱私權受到保護」等內容。

3. 增寫一款：「居民在被合法逮捕或拘留後，被捕者擁有公正司法程序權利，尤其應享有盡速接受司法機關公正的司法程序審判的權利、在被判罪前假定被捕者無罪的權利。」

※

③ 1988 年 9 月基本法起草委員會秘書處《內地各界人士對〈香港特別行政區基本法（草案）徵求意見稿〉的意見匯集》

【P12】

第二十七條

1. 加「無罪推定」和享有「沉默權」的內容。

2.「非法」改為「任意」。

※

④ 1988 年 9 月 8 日《草委與諮委居民組交流會會議紀要》

【P2】

2. 有關條文的討論

2.4 第二十七條

2.4.1 有些諮委認為「非法」一詞的意義含糊，及產生作用不大。

2.4.2 有諮委詢問如法律不合理，但仍合法的話，在基本法上對人權又有何保障呢？

2.4.3 有諮委建議加入「除非是根據法律授權」，任何人不可遭到逮捕、拘留或監禁。

2.4.4 有些諮委建議用「非法」代替「任意」兩字。

2.4.5 有諮委建議可加入「Bill of right」人權宣言，以規範什麼是合法及不合法。

※

⑤《基本法諮詢委員會居民的基本權利與義務專責小組對基本法（草案）徵求意見稿第三章的意見匯編》，載於 1988 年 10 月基本法諮詢委員會《中華人民共和國香港特別行政區基本法（草案）徵求意

見稿諮詢報告（1）》

【P91】
11.第二十七條
11.1 有委員建議將「非法」改為「任意」，由於一般國際公約通常用「任意」表述這類情況。而有委員認為，現在有些法律雖為合法，卻不合理，建議在基本法應加以防止這些不合理而又有違人權的法律出現。
11.2 有委員建議加入「除非是根據法律授權」，任何人不可遭到逮捕、拘留或監禁。
11.3 有委員建議可加入《民權法案》（Bill of Rights）的內容，以作為法律合法及不合法的規範和標準。
11.4 有委員認為，應在「居民的身體」一詞前加上「香港」二字。

【P95】
24.其他條文
24.1 有委員建議第二十六條至第二十九條中「香港居民」一詞後加上「及其他人」。

※

⑥ 1988 年 10 月基本法諮詢委員會《中華人民共和國香港特別行政區基本法（草案）徵求意見稿諮詢報告第五冊——條文總報告》

【P138-142】
第二十七條
2.意見
2.1 贊同意見
→ 贊同本條的規定。
→ 本條文可以保障香港人。
2.2 反對意見
→ 「非法」一詞有問題。
理由：
⊙ 本條文為壓制性的法律提供了憲法性依據。
⊙ 「非法」一詞賦予立法機關權力制定法律剝奪居民權利。
⊙ 「合法」的行為未必「合理」。
⊙ 如法律對居民自然權利有所侵犯，也屬無理。
⊙ 「非法」的概念不清，可提供法律漏洞。
⊙ 「非法」的逮捕或拘留已受具體法律的限制。
⊙ 「非法」的意思無法律根據。
→ 本條並無列明居民被合法逮捕後擁有公正的司法程序的權利。
→ 雖然第四章八十六條中列出一些有關公正的司法程序的保障，然而卻寫得相當簡單及概括，不能清楚指出居民在被捕後的權利。
→ 本條寫法空泛。
→ 本條不能提供任何保障。
→ 本條列出的自由沒有實質。
理由：居民能否享有所列自由須視乎何謂「非法」。
2.3 其他意見
→ 何謂侵犯人身自由並沒有一定的標準。
→ 英文「arbitrary」的概念較「非法」的概念可取。如只因為「arbitrary」被一般譯為「任意」而不能反映其準確的意義，以致不被採納，是不能接受的。
→ 目前的寫法是保障人權的最低標準。
理由：根據目前的寫法，若法律本身不能完全保障個人利益和安全，那麼在合法情況下侵犯個人利益和安全的行為便會出現。

3.建議
3.1 改寫
→ 「香港居民的人身自由不受侵犯，個人資料受保護。香港居民不受任意或非法逮捕，拘留或監禁。禁止以任何方法任意或非法剝奪或限制居民的人身自由。禁止任意或非法搜查居民的身體。」
→ 「香港居民的人身自由不受侵犯，個人資料受保護。香港居民不受任意逮捕、拘捕或監禁。禁止以任何方法任意剝奪或限制居民的人身自由。禁止任意搜查居民的身體。任何人在未經公平和獨立的司法機關罪之前均假定無罪。」
→ 「香港居民不受任意逮捕、拘留或監禁，禁止任意剝奪或限制居民的人身自由。禁止任意搜查居民的身體，香港居民在合法被捕或拘留後，享有盡早接受司法機關公正審判的權利，及在未經司法機關判罪之前均假定無罪論。」
→ 「香港居民的人身自由不受侵犯。香港居民不受任意逮捕、拘留或監禁。禁止任意剝奪或限制居民的人身自由。禁止任意搜查居民的身體及施加酷刑和虐待。拘留期間，居民有保持緘默及盡快接受公開和公平審訊的權利。」
3.2 修改
→ 將「非法」一詞改為「任意」。
理由：
⊙ 國際公約一般採納的寫法是「任意」。
⊙ 如一合法的權力的範圍定得太廣，而且內容空泛至不合理程度，那便是「任意」的權力。
⊙ 含意範圍比「非法」為寬。
⊙ 包含不合法、不合理和不合乎公義的原則。
⊙ 普通法承認的概念，在解釋上有很多案例可循，有法律根據和法律程序可依，因而可提供客觀的評審標準，避免不恰當或不準確的解釋。
⊙ 其解釋是由法律及合理、公平及理智的考慮予以規定的。
⊙ 以確保居民之人身自由得到充份的保障。
⊙ 發揮憲法約制立法機關的作用。
⊙ 讓法院有酌情權。
⊙ 以維持普通法的習慣，並防止政府行政人員濫用行政法規可能賦予的酌情權，造成名義上的依法，實際上侵犯人權的情形。
→ 將「非法」一詞改為「不依照基本法或現時法例」。
理由：以澄清「依法」、「非法」等詞之意義。
→ 將「非法」改為「不合理」。
→ 將「非法」改為「任意和無理地」。
→ 將第二款中「香港居民」改為「這些人」，而「居民」一詞則改為「這人」。
→ 將「香港居民的人身自由不受侵犯」改為「香港市民的人身權利與自由不受侵犯。」
3.3 增加
→ 將「非法」一詞刪去，並在條文中加上：「除非有證據顯示犯有刑事罪行。」
理由：「非法」的概念不清。
→ 加上：「任意」一詞。
理由：將「非法」和「任意」合起來使用，對人權保障有更大的作用。
→ 加上第三款：「香港居民在合法被捕或拘留後，享有盡早接受司法機關公正審判的權利。香港居民在未經司法機關判罪之前均假定無罪。」
理由：居民應該擁有公正的司法程序的權利，而在很多情況下，這些程序上的保障也成為對一個被告人最有效的保障。
→ 加上：「任何人在被合法拘捕後，享有盡早接受公平和獨立的司法機關公平審判的權利。任何人在未經公平和獨立的司法機關判罪之前均假定無罪。」
→ 加上：「（1）非依法定理由及程序，不得剝奪任何人

之自由。」

（2）執行逮捕時，應當場向被捕人宣告逮捕原因，並應隨即告知被控案由。

（3）因刑事罪名而被逮捕或拘禁之人，應迅速決定其拘禁是否合法，如屬非法，應即令釋放。

（4）任何人因逮捕或拘禁而被剝奪自由時，有權聲請法院提審，以迅速決定其拘禁是否合法，如屬非法，應即令釋放。

（5）任何人受非法逮捕或拘禁，有權要求執行損害賠償。」

→ 加上：「香港特別行政區的刑事訴訟中，任何人在被合法拘捕後，享有盡早接受公平和獨立司法機關公正審判的權利。」

→ 加上：「香港居民不受酷刑、不人道或有辱人格的待遇或處罰。在民事或刑事訴訟中，任何人均享盡快接受公開和公平審訊的權利，並在受刑事檢控時，在未經公平和獨立的司法機關審判前，假定無罪。」

→ 加上：「香港特別行政區的刑事訴訟中應保留原在香港適用的原則和當事人的權利。」

→ 加上：「香港特別行政區的刑事訴訟中應保留原在香港適用的原則和當事人的權利，任何人在被合法拘捕後，享有盡早接受公平和獨立的司法機關公正審判的權利。任何人在未經公平和獨立司法機關判罪前均假定無罪。」

→ 加上：「在法庭作出裁判後，有關方面始可向當事人進行合法拘禁。」

→ 加上：「如有人違反法庭的命令，或為履行法律規定的義務，有關方面可向當事人予以合法逮捕或拘禁。」

→ 加上：「為使疑犯可在法庭上受審，或防止當事人犯案或防止疑犯案後逃脫，有關方面可對當事人進行合法逮捕或拘禁。」

→ 加上：「為使有關的未成年者可得到教育性的監管，或使其可在法庭上受審，有關方面可依合法命令對當事人進行拘禁。」

→ 加上：「為防止傳染病的傳播，及對精神不健全者、酒徒、吸毒者或流浪者，有關方面可對當事人進行合法拘禁。」

→ 加上：「為防止有關人士不經准許進入本區，及對需予以遞解出境或引渡的人士，有關方面可對當事人進行合法逮捕或拘禁。」

→ 加上：「於逮捕、拘留或監禁情況下，香港居民必須能擁有和獲得保護自己的合法權益的保障。」

→ 加上：「不得任意施加酷刑及虐待，尤其是對孕婦而言。任何人在被合法拘捕後，享有盡早接受公平和獨立的司法機關公正審判的權利。任何人在未經公平和獨立的司法機關判罪之前均假定無罪。」

→ 加上：「任何人在未經公平和獨立的司法機關判罪之前均假定無罪。」

→ 加上：「香港居民受拘捕後，必須盡快依法進行公平和公開的審訊；在被裁定為有罪前，須視為無罪，並可保有緘默權。」

→ 加上：「香港市民不得在未經法定程序的許可被遞解離境。」

理由：基本法（草案）徵求意見稿裡沒有提及不得將香港居民解送中國大陸。即使香港的制度如何美好，如果可以隨便將港人解送中國大陸，恐怕港人享受不到實際保護。

3.4 其他建議

→ 應加入市民被合法拘捕後所享有公正的司法程序的權利，包括：

（1）接受公平司法機關審訊的權利。

（2）接受獨立司法機關審判的權利。

（3）接受公正審訊。

（4）接受獨立的司法機關裁判，司法權由本法規定。

（5）向被捕人以其通曉之語言宣告逮捕原因、被控的案由。

（6）在被判罪之前假定無罪。

（7）有詢問及傳喚證人的權利。

（8）免費傳譯服務。

（9）不得強迫被告自供或認罪。

（10）不受酷刑或其他不人道拷問的權利。

（11）非法被捕或拘留的居民應有可施行的索償權力。

（12）因刑事而被逮捕或拘禁者，應迅即解送法官或依法執行司法權力的其他官員，並應於合理的時間內審訊或釋放及候訊。釋放者得具有出席審訊的保證。

（13）有權向法院提出訴訟，讓法院判決該逮捕或拘留是否合法，如屬非法，應即令釋放。

理由：

⊙ 雖然第八十六條已保存了刑事訴訟和民事訴訟中「原在」香港適用的原則和當事人享有的權利，但對「原在」所指的時間沒有明確規定，所以如現時香港人所享有的「公正的司法程序」的權利在一九九七年之前取消了，居民便不能確保有人身自由的保障。

⊙ 現時根據普通法的假定無罪論，一個公民被捕後仍享有很多權利，諸如保持緘默的權利、知曉控罪及案情的權利，但徵求意見稿第三章內並無提及一個香港居民受到合法逮捕後的權利。

⊙ 對一個被告人最有效的保障，莫如盡早接受一個公平、公開和獨立司法機關公正審判的權利，而《公民權利和政治權利國際公約》就出了很詳盡的條文論及這方面的保障。

→ 將《公民權利和政治權利國際公約》有關接受公平審訊的權利的條文（第九、十、十四、十五條）納入基本法作參考。

理由：以保證居民享有此權利。

→ 非香港特別行政區政府公務員，不得搜查居民身體。

→ 非香港特別行政區政府公務員，不得限制居民的人身自由，或有限制居民人權的行徑。

→ 香港特別行政區政府不得傷害居民身體。

→ 在本條加上防止濫用自由的規定。

→ 應立例禁止市民在任何地方、時間吸煙。

理由：以保障他人的人身自由。

→ 本條應保障香港特別行政區政府繼續有機構專責保護環境，並允許居民協助或監察。

→ 若市民認為侵犯人身自由的準則已超過「任意」的程度，可要求法院作違憲審查，按一般的理解去處理。

→ 應列明何謂「人身自由遭受非法對待」。

→ 本條的解釋應循以往案例。

→ 香港居民有權在街上遊蕩。

→ 防止黑探勾結歹徒，傷害居民。

4. 待澄清問題

→ 「非法」一詞何解？如何界定？

→ 「非法」一詞是根據什麼法律？

→ 「非法」一詞是否能提供足夠保障呢？

→ 即使行動合法，是否能確保居民不會受到不合理的待遇？

→ 「人身自由」以何為限制及標準？

※

⑦ 1989 年 1 月 9 日《香港居民的基本權利和義務專題小組對條文修改情況的報告》，載於 1989 年 1 月《中華人民共和國香港特別行政區基本法起草委員會第八次全體會議文件匯編》

【P20】

4. 第二十八條

徵求意見稿第二款原為：「香港居民不受非法逮捕、拘留或監禁。禁止以任何方法非法剝奪或限制居民的人身自由。禁止非法搜查居民身體。」在徵求意見稿中，（1）有些意見提出，普通法中用任意的概念，比較符合香港的實際情況和需要，建議加上；（2）有的意見還建議加上

禁止對居民施行酷刑、任意或非法剝奪居民的生命。根據以上意見，這次將這一款修改為：香港居民不受任意或非法逮捕、拘留、監禁。禁止任意或非法搜查居民的身體、剝奪或限制居民的人身自由。禁止對居民施行酷刑、任意或非法剝奪居民的生命。

第十稿

「**第二十八條** 香港居民的人身自由不受侵犯。

香港居民不受任意或非法逮捕、拘留、監禁。禁止任意或非法搜查居民的身體、剝奪或限制居民的人身自由。禁止對居民施行酷刑、任意或非法剝奪居民的生命。」

〔1990 年 2 月 16 日《中華人民共和國香港特別行政區基本法（草案）》〕

① 1989 年 11 月 30 日基本法起草委員會秘書處《內地各界人士對〈中華人民共和國香港特別行政區基本法（草案）〉的意見匯集》

【P12】

第二十八條

建議將本條第一款刪去。將第三款三處「任意或」刪去。（吉林）

※

② 1989 年 11 月基本法諮詢委員會《中華人民共和國香港特別行政區基本法（草案）諮詢報告第三冊——條文總報告》

【P82-83】

第二十八條

2. 意見

2.1 正面

→ 本條規定了「禁止對居民施行酷刑、任意或非法剝奪居民的生命」，使此提高香港特別行政區居民的人權保障。

2.2 保留

→ 第二款第二句的內容重複，因為如「任意」和「非法」的行為都受到「禁止」，「任意」的行為也就是「非法」的行為。

→ 本條對其他形式的殘忍、不人道或有辱人格的待遇和懲罰沒有予以禁止。

→ 本條不能對《世界人權宣言》第三條所珍視的生命權提供足夠及堅定的保證。

→ 本條不能防止立法會通過法律對居民作出拘留。

→ 本條不能防止行政部門作出拘留的指令。

→ 本條不能防止香港人在內地的人身自由免受侵犯。

3. 建議

3.1 刪除

→ 將第二款刪去。

理由：第二款所禁止的行為是不合理的行為，根本不用規定。

3.2 修改

→ 將第一款及第二款的首句改為：「香港居民的人身自由不得侵犯。任何人不得任意或非法逮捕、拘留或監禁香港居民。」

理由：「不受」不能表達具有約束力或禁制作用的意思。

→ 將第二款改為：「香港居民不受無理或非法逮捕、拘留、監禁。禁制無理或非法搜查居民的身體。非依法定理由及程序，不得以任何方法剝奪或限制居民的人身自由。禁止對居民施行酷刑或任何殘忍、不人道或侮辱人格尊嚴的對待或刑罰。禁止無理或非法剝奪居民的生命。被剝奪自由的居民，應受合乎人道及尊重人格尊嚴的對待。」

理由：

⊙ 《公民權利和政治權利國際公約》的有關規定是採用「無理」翻譯「arbitrary」的，為求與公約一致，故用「無理」一詞。

⊙ 《公民權利和政治權利國際公約》第七條不單禁止「酷刑」，還禁止「殘忍、不人道或侮辱人格尊嚴的對待或刑罰」，本條應予以加上。

⊙ 《公民權利和政治權利國際公約》第九條（一）款規定：「除非依照法律所確定的根據和程序，任何人不得被剝奪自由。」類似的規定應在本條予以加上。

⊙ 《公民權利和政治權利國際公約》第十條（一）款規定：「所有被剝奪自由的人應給予人道及尊重其固有的人格尊嚴的待遇。」本條應予以加上。

→ 將第二款的「香港居民」改為「這些人」。

→ 將第二款的第二句改為：「禁止任何國家機構、社團組織或個人任意或非法搜查居民的身體、剝奪或限制居民的人身自由。」

→ 第二款的第二句改為：「禁止對居民任意或非法施行任何刑罰、任意或非法剝奪居民的生命。凡動議、發佈、執行或令人執行專斷命令者應受處罰。」

→ 將第二款末句的「居民」改為「這人」。

→ 將「施行酷刑」改為「用刑」二字。

理由：「酷」字的定義不明確，令人以為非「酷」之刑便可行。

→ 將本條改為：「香港居民和在香港的其他人的人身自由不容侵犯。禁止以任何方式非法剝奪或限制居民的人身自由。」

3.3 增加

→ 在第一款後加上：「香港有關人身保護令的法律程序應予保留。」

理由：保留現有制度。

→ 在第二款的「酷刑」後加上「殘忍的、不人道或侮辱性的待遇或刑罰」。

理由：

⊙ 以上的規定是參考《公民權利和政治權利國際公約》第七條的；

⊙ 以上的規定是與中國承認關於反酷刑、殘忍、不人道或侮辱人格尊嚴的公約精神一致。

→ 加上：「香港市民不得在未經法定程序的許可被遞解離境。」

3.4 其他

→ 須就「任意」一詞作解釋，否則「禁止……任意」的行為和「禁止……非法」的行為顯得重複。

理由：任何受到「禁止」的行為已是「非法」的。

→ 對「合法」與「不合法」的逮捕作進一步的闡述。

理由：立法會可通過法律賦予有關方面進行「合法」的逮捕，但「合法」的事情未必是「合理」和「必要」的。

→ 本條應規定香港居民有權對自身安全、個人財產作出自衛及保護的行為。

→ 本條應規定如香港居民的私隱受到侵犯時可向法院提

出控訴。
→ 本條應規定有關人員須持有法院發出的法令才有權執行搜查、拘留或逮捕任何香港居民。

→ 本條應規定居民之間不得行使私刑。
→ 本條的規定應明確地加以落實。
理由：本條規定不能防止中央政府對這些權利加以限制。

第十一稿

「第二十八條　香港居民的人身自由不受侵犯。

香港居民不受任意或非法逮捕、拘留、監禁。禁止任意或非法搜查居民的身體、剝奪或限制居民的人身自由。禁止對居民施行酷刑、任意或非法剝奪居民的生命。」

〔1990 年 4 月《中華人民共和國香港特別行政區基本法》〕

香港居民的住宅和其他房屋不受侵犯。禁止任意或非法搜查、侵入居民的住宅和其他房屋。

✿ 貳│概念

1. 香港居民住宅及其他房屋不受侵犯
2. 禁止非法搜查、侵入居民住宅和其他房屋

✿ 叁│條文本身的演進和發展

第一稿

第三章

「第六條　香港居民的住宅不受侵犯。禁止非法搜查或者非法侵入居民的住宅。」

〔1986 年 11 月 12 日《香港特別行政區基本法起草委員會香港居民的基本權利和義務專題小組的工作報告》，載於《中華人民共和國香港特別行政區基本法起草委員會第三次全體會議文件匯編》〕

① 1986 年 4 月 22 日《中華人民共和國香港特別行政區基本法結構（草案）》，載於《中華人民共和國香港特別行政區基本法起草委員會第二次全體會議文件匯編》

【P12】
第三章 香港居民的基本權利和義務
（五）住宅不受侵犯，通訊自由

※

② 1986 年 4 月《部份起草委員對基本法結構（草案）的意見（備忘錄）》，載於《中華人民共和國香港特別行政區基本法起草委員會第二次全體會議文件匯編》

【P25】
五、關於《香港居民的基本權利和義務》
38. 第三條至第十條可歸納為一條，即「（三）政府不得侵犯的基本權利和自由，包括聯合聲明附件一中所列明的各種權利和自由以及其他由普通法保障的權利和自由。」

第二稿

第三章

「第六條　香港居民的住宅和其他房屋不受侵犯。禁止非法搜查或者非法侵入居民的住宅和其他房屋。

〔1987 年 3 月 2 日《第三章 香港特別行政區居民的基本權利和義務（討論稿）》（1987 年 3 月 9 日居民及其他人的權利自由福利與義務專責小組第十四次會議討論文件）〕

① 1986 年 11 月 11 日居民權利、自由與義務專責小組之居民定義工作組《居民定義——出入境、居留、遞解離境、選舉權及被選舉權討論文件》（1986 年 12 月 8 日居民及其他人的權利自由福利與義務第七次會議討論文件）

【P6】
4. 共識
4.1 在居民及其他人的權利自由福利與義務專責小組的討論中，委員都一致同意，香港特別行政區的各種居民，無論是臨時性的或永久性的，也不論其國籍為何，其個人的基本人權和自由，包括原有法律所規定的人身、言論、出版、集會、結社、組織和參加工會、通信、旅行、遷徙、罷工、遊行、選擇職業、學術和信仰自由，住宅不受侵犯，婚姻自由以及自願生育的權利，均應受到法律保護。

※

② 1987 年 1 月 13 日居民及其他人的權利自由福利與義務專責小組之居民定義工作組《居民定義——出入境、居留、遞解離境、選舉權及被選舉權最後報告（草稿）》（1987 年 1 月 20 日居民及其他人的權利自由福利與義務專責小組第十一次會議討論文件）

【P6】
（編者按：內容同上文）

※

③居民及其他人的權利自由福利與義務專責小組《居民定義、出入境權、居留權、豁免遞解離境權、選舉權及被選舉權最後報告》（1987 年 2 月 14 日經

執行委員會通過）

【P6】
（編者按：內容同上文）

第三稿

第三章

「**第六條　香港居民的住宅和其他房屋不受侵犯。禁止非法搜查或者非法侵入居民的住宅和其他房屋。**」

〔1987 年 4 月 13 日《香港特別行政區基本法起草委員會香港居民的基本權利和義務專題小組的工作報告》，載於《中華人民共和國香港特別行政區基本法起草委員會第四次全體會議文件匯編》〕

① 1987 年 4 月 13 日《香港特別行政區基本法起草委員會香港居民的基本權利和義務專題小組的工作報告》，載於《中華人民共和國香港特別行政區基本法起草委員會第四次全體會議文件匯編》

【P26】
第三章 香港特別行政區居民的基本權利和義務（修改稿）

第六條
說明：在住宅後面加上了「其他房屋」，這樣可以包括辦公室和私人工廠等。世界上絕大多數國家的憲法都規定「住宅不受侵犯」。有的國家憲法規定了「住宅或其他房屋不受侵犯」。有的委員認為，在「住宅」後面，宜加上「有使用權的房產和地產」，因為房屋還包括不了土地、農田等。但有的委員說，總則對保護私有財產已有明確規定，這裡沒有必要規定「房產和地產」。

第四稿

第三章

「**第六條　香港居民的住宅和其他房屋不受侵犯。禁止非法搜查或者非法侵入居民的住宅和其他房屋。**」

〔1987 年 8 月 22 日《香港特別行政區居民的基本權利和義務專題小組的工作報告》，載於《中華人民共和國香港特別行政區基本法起草委員會第五次全體會議文件匯編》〕

① 1987 年 5 月 22 日《香港基本法起草委員會第四次全體會議委員們對基本法序言、總則及第二、三、七、九章條文草案的意見匯集》

【P23】
第六條
建議將「其他房屋」改為「其他物業」。

※

② 1987 年 5 月 31 日陳文敏《評香港居民的基本權利和義務專題小組報告書》（1987 年 6 月 22 日居民及其他人的權利自由福利與義務專責小組第十八次會議第四次續會附件四）

筆者對《第三章：香港特別行政區居民的基本權利和義務》的建議
第七條
任何人的住宅和其他房屋不受侵犯。禁止任意搜查或者侵入居民的住宅和其他房屋。

※

第六條
「非法」一詞又把這條文變為無效。只有基於某些原則，才可進入居民的住宅和其他房屋。這些普遍認可的原則已開列於附表二。這些原則比國際公約內早期的廣泛定義更明確。

附件二
（1）除徵得其本人同意外，不得搜查任何人的身體或財產，或進入其房屋。
（2）任何法律的條文或該法律授權的行為均不得與本節相抵觸或矛盾，惟該法律得作出在合理情況下所需的規定：
（a）為了國防、公安、社會秩序、公眾道德、公眾衛生、財政收入、城市及郊區設計，或發展及利用任何財產以促進公共福利；或
（b）容許為公眾用途而依法設立的法人團體，香港特別行政區政府的部門，或本地政府機關進入任何人的房屋，為合法位於該房屋而屬於該團體、部門或機關的財產或裝置進行施工；或
（c）為防止或偵查罪行；或
（d）為保障他人的權利或自由。

※

③ 1987 年 6 月 4 日羅傑志《對基本法第五章草稿（87 年 4 月 30 日稿）的意見——供 1987 年 6 月 16 日會議討論》（1987 年 6 月 22 日居民及其他人的權利自由福利與義務專責小組第十八次會議第四次續會附件二）

（編者按：標題「第五章」應為「第三章」之誤；另原件中並無標題所言的 87 年 4 月 30 日稿。）

④ 1987 年 6 月 5 日麥海華、歐成威、夏其龍《對香港特別行政區基本法起草委員會香港居民的基本權利和義務專題小組於第四次全體大會工作報告的建議》（1987 年 6 月 22 日居民及其他人的權利自由福利與義務專責小組第十八次會議第四次續會附件三）

第九條

香港特別行政區居民的住宅和其他房屋不受侵犯。禁止任意搜查或者侵入居民的住宅和其他房屋。

※

⑤1987年6月19日《有關基本法第三章草稿（87年4月30日稿）的意見》（1987年6月22日居民及其他人的權利自由福利與義務專責小組第十八次會議第四次續會討論文件）

（編者按：原件中並無本文標題所言的87年4月30日稿）

【P4】
第六條：
1.修改為：香港特別行政區居民的住宅和其他房屋不受侵犯。禁止任意搜查或者侵入居民的住宅和其他房屋。（麥海華委員等建議的第九條）
（說明：將「非法」改為「任意」。）

2.以上意見（改用「任意」）似乎比草稿（用「非法」）更含糊不清。（徐是雄委員）

3.「非法」一詞又把這條文變為無效。只有基於某些原則，才可進入居民的住宅和其他房屋。這些原則比國際公約內早期的廣泛定義更明確。（羅傑志委員）

※

⑥1987年7月24日《有關基本法第三章草稿（87年4月30日稿）的意見》

【P4】
（編者按：內容同上文）

※

⑦居民及其他人的權利自由福利與義務專責小組《香港居民的基本權利與義務最後報告之二》（1987年8月8日經執行委員會通過）

【P5】
第六條
不同意見：
1.建議修改為：香港特別行政區居民的住宅和其他房屋不受侵犯。禁止任意搜查或者侵入居民的住宅和其他房屋。
（說明：將「非法」改為「任意」。）

2.認為建議1（改用「任意」）似乎比草稿（用「非法」）更含糊不清。

3.認為建議1「任意」的意見較籠統，可隨便解釋，而原文的「非法」則有規可循。

4.「非法」一詞又把這條文變為無效。只有基於某些原則，才可進入居民的住宅和其他房屋。這些原則比國際公約內早期的廣泛定義更明確。

第五稿

「**第二十八條　香港居民的住宅和其他房屋不受侵犯。禁止非法搜查或者非法侵入居民的住宅和其他房屋。**」
〔1987年12月基本法起草委員會秘書處《香港特別行政區基本法（草案）》（匯編稿）〕

①1987年9月2日《中華人民共和國香港特別行政區基本法起草委員會第五次全體會議委員們對基本法序言和第一、二、三、四、五、六、七、九章條文草稿的意見匯集》

【P23】
6.第五條和第六條
有些委員提出，參照聯合國公約的寫法，這兩條中所用「非法」一詞之前加上「無理或」三字；不少委員則認為，判斷有關的行為是否有理實際上是很困難的，本條不應規定雙重標準，而應以是否合法為唯一標準。

※

②香港居民的基本權利與義務專責小組《對基本法第三章條文草稿（一九八七年八月）的意見》（1987年11月4日經執行委員會通過）

【P3】
關於第六條
意見：
1.有委員建議將「其他房屋」修改為「物業」，因為「物業」一詞所包括的範圍比較廣。

2.有委員認為本條的寫法有改善的必要。

※

③1987年12月基本法起草委員會秘書處《香港特別行政區基本法（草案）》（匯編稿）

【P14】
第二十八條
說明：本小組一致認為不宜在第二十七、二十八條中的「非法」之前加上「無理或」三個字，也不同意將「非法」改為「任意」。

第六稿

「**第二十九條　香港居民的住宅和其他房屋不受侵犯。禁止非法搜查或非法侵入居民的住宅和其他房屋。**」
〔1988年3月基本法起草委員會秘書處《中華人民共和國香港特別行政區基本法（草案）草稿》（總體工作小組第二次會議對目錄、序言、第一、二、三、五、六、七、九章的修改稿）〕

① 《各專題小組的部份委員對本小組所擬條文的意見和建議匯輯（關於序言、第一、二、三、五、六、七、九章部份）》，載於 1988 年 3 月基本法起草委員會秘書處《中華人民共和國香港特別行政區基本法（草案）草稿》

【P36】
第二十九條
本小組一致認為不宜在第二十七、二十八條（編者按：「二十七、二十八條」應為第「二十八、二十九條」之誤）中的「非法」之前加上「無理或」三個字，也不同意將「非法」改為「任意」。

第七稿

「第二十九條　香港居民的住宅和其他房屋不受侵犯。禁止非法搜查或非法侵入居民的住宅和其他房屋。」
〔1988 年 4 月基本法起草委員會秘書處《中華人民共和國香港特別行政區基本法（草案）草稿》〕

第八稿

「第二十八條　香港居民的住宅和其他房屋不受侵犯。禁止非法搜查或非法侵入居民的住宅和其他房屋。」
〔1988 年 4 月基本法起草委員會《中華人民共和國香港特別行政區基本法（草案）徵求意見稿》〕

第九稿

「第二十九條　香港居民的住宅和其他房屋不受侵犯。禁止任意或非法搜查、侵入居民的住宅和其他房屋。」
〔1989 年 2 月《中華人民共和國香港特別行政區基本法（草案）》〕

① 1988 年 5 月基本法諮詢委員會秘書處《基本法（草案）徵求意見稿初步反應報告（草稿）》

【P16】
居民的基本權利——民權
3.除政治參與權外，公民還應享有各種基本權利。這些權利必須獲得充分保障，不可隨意為當權者所剝奪。徵求意見稿第二十七和二十八條這二項條文為壓制性的法律提供了憲法依據，因此建議以「任意」（ARBIRARY）代替「非法」一詞。

※

② 1988 年 8 月基本法起草委員會秘書處《香港各界人士對〈香港特別行政區基本法（草案）徵求意見稿〉的意見匯集（一）》

【P17】
第二十八條
建議將「其他房屋」改為「房產」，這樣就能包括房屋、花園、小院等。

※

③ 1988 年 9 月 8 日《草委與諮委居民組交流會會議紀要》

【P2】
2.有關條文的討論
2.5 第二十八條
2.5.1 有諮委指出此條亦有如第二十七條中「非法」字眼意義含糊的問題。

※

④ 《基本法諮詢委員會居民的基本權利與義務專責小組對基本法（草案）徵求意見稿第三章的意見匯編》，載於 1988 年 10 月基本法諮詢委員會《中華人民共和國香港特別行政區基本法（草案）徵求意見稿諮詢報告（1）》

【P91】
12.第二十八條
12.1 有委員建議將「非法」兩字改為「任意」，及有委員建議將「住宅和其他房屋」一語概括寫為「房產」。

【P95】
24.其他條文
24.1 有委員建議第二十六條至第二十九條中「香港居民」一詞後加上「及其他人」。

※

⑤ 1988 年 10 月基本法諮詢委員會《中華人民共和國香港特別行政區基本法（草案）徵求意見稿諮詢報告第五冊——條文總報告》

【P143-144】
第二十八條
2.意見
2.1 贊同意見
→ 贊同本條的規定。
→ 香港居民的基本權利已在本條清楚列明，並得到保障。
2.2 反對意見
→ 「非法」一詞有問題。
理由：
⊙ 為壓制性法律提供了憲法性的依據。
⊙ 賦予立法機關權力制定法律剝奪居民權利。

⊙ 可製造法律漏洞讓有權力的人侵犯居民自由。
⊙ 含義太多。
⊙ 意思不明。
⊙ 「不合法」的事已有法律禁止。
⊙ 「合法」的事不一定「合理」。
⊙ 如所依的法律對居民基本權利是有侵犯的，也屬「無理」。
→ 本條對居民的保障不足。
→ 本條對居民不能提供任何保障。

2.3 其他意見
→ 英文「arbitrary」的概念較「非法」的概念可取。如只因為「arbitrary」被譯為「任意」而不能反映其準確的意義，以致不被採納，是不能接受的。
→ 目前的寫法是保障人權的最低標準。
理由：根據目前的憲法，若法律本身不能完全保障個人利益和安全，那麼在合法的情況下侵犯個人利益和安全的行為便會出現。

3. 建議
3.1 改寫
→ 「香港居民的住宅和其他房屋不受侵犯。禁止任意搜查或任意侵入居民的住宅和其他房屋。」
→ 「禁止任意（即不合法、不合理及不合乎公義）搜查或侵入居民的住宅或其他房屋。」
→ 「香港居民的住宅和其他房屋不受侵犯。禁止非法搜查或非法侵入居民的住宅和擁有的屋宇。」
3.2 修改
→ 將「非法」一詞改為「任意」。
理由：
⊙ 包含不合法、不合理和不合乎公義的原則。
⊙ 是普通法承認的概念。在解釋上有很多案例可循，有法律根據和法律程序可依，亦可提供客觀的評審標準和避免不恰當或不準確的解釋。
⊙ 國際公約一般採用「任意」的寫法。
⊙ 以確保居民之人身自由得到充份的保障。
⊙ 發揮憲法約制立法機關的作用。
⊙ 讓法院有酌情權。
⊙ 以維持普通法的習慣，並防止政府行政人員濫用行政法規可能賦予的酌情權，造成名義上依法，實際上侵犯人權的情形。
⊙ 如權力是壓力制性以及範圍模糊的，即使合法的，仍可是「任意」。
→ 將「非法」改為「任意和無理地」。
→ 將「非法」改為「不合理」。
→ 將「香港居民不受非法逮捕」一句改為「在香港特別行政區內的任何人士不受非法逮捕」。

3.3 刪除
→ 刪去「非法」一詞。
理由：「非法」的概念不清。
3.4 增加
→ 加上：「任意」一詞。
→ 加上第二節：「任何人在被合法拘捕後，享有盡早接受司法機關公正審判的權利，任何人在未經司法機關判罪前均假定無罪。」
→ 在開端加上：「香港特別行政區保障香港居民對貨物、無形財產和資本的合法獲取、擁有、使用和轉讓的自由。」
理由：整個「第三章」都沒有提及香港居民的私產權，這實為欲透過基本法維持香港資本主義經濟五十年不變的一極大漏洞。
→ 在開端加上：「除有法庭發出搜令外」一句。
3.5 其他建議
→ 若居民認為政府限制自由的準則已超過「任意」的程度，可要求法院作違憲審查，按一般的理解去處理。
→ 應清楚訂明若任何法例限制基本權利，該法例本身已屬不合法。
理由：以保障居民房屋免受侵犯的自由。
→ 應立例嚴禁吸煙。

4. 待澄清問題
→ 「非法」一詞能否提供足夠保障呢？
→ 「合法」的準則是怎樣？
→ 即使行動合法，是否能確保居民不會受不合理待遇？
→ 是否能夠確保警方不會非法逮捕、拘留或監禁？
→ 如果在「合法」情況下侵犯人權又如何呢？
→ 其他房屋是否指商業樓宇？

※

⑥ 1989 年 1 月 9 日《香港居民的基本權利和義務專題小組對條文修改情況的報告》，載於 1989 年 1 月《中華人民共和國香港特別行政區基本法起草委員會第八次全體會議文件匯編》

【P20】
5. 第二十九條
徵求意見稿原為：「香港居民的住宅和其他房屋不受侵犯。禁止非法搜查或非法侵入居民的住宅和其他房屋。」
根據提出的意見，加上「任意」二字。修改的條文為「香港居民的住宅和其他房屋不受侵犯。禁止任意或非法搜查、侵入居民的住宅和其他房屋。」

第十稿

「**第二十九條　香港居民的住宅和其他房屋不受侵犯。禁止任意或非法搜查、侵入居民的住宅和其他房屋。**」
〔1990 年 2 月 16 日《中華人民共和國香港特別行政區基本法（草案）》〕

① 1989 年 11 月 30 日基本法起草委員會秘書處《內地各界人士對〈中華人民共和國香港特別行政區基本法（草案）〉的意見匯集》

【P12】
第二十九條
建議刪去「任意或」三字。（吉林）

※

② 1989 年 11 月基本法諮詢委員會《中華人民共和國香港特別行政區基本法（草案）諮詢報告第三冊——條文總報告》

【P84】
第二十九條
2. 意見
2.1 正面
→ 本條對人權的保障是十分重要的。
2.2 其他

→「其他房屋」中的「其他」一詞指住宅以外的其他樓宇和物業，應予以保留。

3.建議
3.1 刪除
→ 將「其他房屋」的「其他」刪去。
3.2 增加

→ 加上：依法成立的公司和法人團體也享有本條規定的保障。
3.3 修改
→ 將本條改為：「香港居民和在香港的其他人的住宅和其他房屋不容侵犯。禁止非法搜查、侵入居民的住宅和其他房屋。」
→ 將末句的「居民」改為「這人」。

第十一稿

「第二十九條　香港居民的住宅和其他房屋不受侵犯。禁止任意或非法搜查、侵入居民的住宅和其他房屋。」

〔1990 年 4 月《中華人民共和國香港特別行政區基本法》〕

香港居民的通訊自由和通訊秘密受法律的保護。除因公共安全和追查刑事犯罪的需要，由有關機關依照法律程序對通訊進行檢查外，任何部門或個人不得以任何理由侵犯居民的通訊自由和通訊秘密。

❀ 貳│概念

1. 香港居民通訊自由和通訊秘密受法律保護
2. 公共安全和追查刑事犯罪需要例外

❀ 叁│條文本身的演進和發展

第一稿 ▶

第三章
「第七條　香港居民的通訊自由和通信秘密受法律的保護。除因公共安全和追查刑事犯罪的需要，由有關機關依照法律規定程序對通信進行檢查外，任何部門或者個人不得以任何理由侵犯居民的通訊自由和通信秘密。」

〔1986 年 11 月 12 日《香港特別行政區基本法起草委員會香港居民的基本權利和義務專題小組的工作報告》，載於《中華人民共和國香港特別行政區基本法起草委員會第三次全體會議文件匯編》〕

① 1986 年 4 月《香港各界人士對〈基本法〉結構等問題的意見匯集》（基本法起草委員會第二次會議參閱資料之一）

【P5】
關於《基本法》結構的方案和意見
一、方案
（方案五）3. 有關公民的權利和義務部份，要界定香港特別行政區公民的定義，規定公民擁有的基本人權，例如有出版、遷徙、旅行通訊、集會、結社、罷工、投票、宗教信仰的自由和權利，使之得到法律的保障⋯⋯

※

② 1986 年 4 月 22 日《中華人民共和國香港特別行政區基本法結構（草案）》，載於《中華人民共和國香港特別行政區基本法起草委員會第二次全體會議文件匯編》

【P12】
第三章　香港居民的基本權利和義務
（五）住宅不受侵犯，通訊自由

※

③ 1986 年 4 月《部份起草委員對基本法結構（草案）的意見（備忘錄）》，載於《中華人民共和國香港特別行政區基本法起草委員會第二次全體會議文件匯編》

【P25】
五、關於《香港居民的基本權利和義務》
38. 第三條至第十條可歸納為一條，即「（三）政府不得侵犯居民的權利和自由，包括聯合聲明附件一中所列明的各種權利和自由以及其他由普通法保障的權利和自由。」

※

④ 1986 年 11 月 12 日《香港特別行政區基本法起草委員會香港居民的基本權利和義務專題小組的工作報告》，載於《中華人民共和國香港特別行政區基本法起草委員會第三次全體會議文件匯編》

【P24】
第三章 香港居民的基本權利和義務（討論稿）
第七條
說明：基本法結構（草案）第三章（五）列舉了「住宅不受侵犯，通訊自由」。考慮到這兩種自由的性質不完全一樣，因此，分成第六、七兩條作了規定。

第三章

「第七條 香港居民的通訊自由和通信秘密受法律的保護。除因公共安全和追查刑事犯罪的需要,由有關機關依照法律程序對通信進行檢查外,任何部門或者個人不得以任何理由侵犯居民的通訊自由和通信秘密。

〔1987年3月2日《第三章 香港特別行政區居民的基本權利和義務(討論稿)》(1987年3月9日居民及其他人的權利自由福利與義務專責小組第十四次會議討論文件)〕

① 1986年11月11日居民權利、自由與義務專責小組之居民定義工作組《居民定義——出入境、居留、遞解離境、選舉權及被選舉權討論文件》(1986年12月8日居民及其他人的權利自由福利與義務第七次會議討論文件)

【P6】
4. 共識
4.1 在居民及其他人的權利自由福利與義務專責小組的討論中,委員都一致同意,香港特別行政區的各種居民,無論是臨時性的或永久性的,也不論其國籍為何,其個人的基本人權和自由,包括原有法律所規定的人身、言論、出版、集會、結社、組織和參加工會、通信、旅行、遷徙、罷工、遊行、選擇職業、學術和信仰自由,住宅不受侵犯,婚姻自由以及自願生育的權利,均應受到法律保護。

※

② 1987年1月13日居民及其他人的權利自由福利與義務專責小組之居民定義工作組《居民定義——出入境、居留、遞解離境、選舉權及被選舉權最後報告(草稿)》(1987年1月20日居民及其他人的權利自由福利與義務專責小組第十一次會議討論文件)

【P6】
(編者按:內容同上文)

※

③居民及其他人的權利自由福利與義務專責小組《居民定義、出入境權、居留權、豁免遞解離境權、選舉權及被選舉權最後報告》(1987年2月14日經執行委員會通過)

【P6】
(編者按:內容同上文)

第三章

「第七條 香港居民的通訊自由和通信秘密受法律的保護。除因公共安全和追查刑事犯罪的需要,由有關機關依照法律程序對通信進行檢查外,任何部門或者個人不得以任何理由侵犯居民的通訊自由和通信秘密。」

〔1987年4月13日《香港特別行政區基本法起草委員會香港居民的基本權利和義務專題小組的工作報告》,載於《中華人民共和國香港特別行政區基本法起草委員會第四次全體會議文件匯編》〕

① 1987年3月9日《居民及其他人權利自由福利與義務專責小組第十四次會議紀要(修訂)》

【P2】
2. 有關由起草委員就《基本法結構(草案)》第三章「香港特別行政區居民的基本權利和義務」草擬的討論稿,與會者與李福善草委的交流概要如下:
2.6 第七條
2.6.1 有委員認為如果「任何部門」是指政府部門,便有需要在「任何部門或者個人」後加上「團體」,以保障居民的通訊自由和通信秘密不會受任何政府或私人侵犯。李草委指出「任何部門」已包括任何政府及私人部門的意思。

※

② 1987年4月13日《香港特別行政區基本法起草委員會香港居民的基本權利和義務專題小組的工作報告》,載於《中華人民共和國香港特別行政區基本法起草委員會第四次全體會議文件匯編》

【P26】
第三章 香港特別行政區居民的基本權利和義務(修改稿)
第七條
說明:
1. 根據一般理解,「通訊」比「通信」範圍廣,不僅包括通信,而且包括電話、電報等。依照香港現行法律,通信是自由的,無須申請。但並不是所有的通訊都是如此,如不能私設電台,設立電台要事先申請,得到批准才行。因此,仍以規定「通訊自由」為宜。

2. 「有關機關」不宜改為「法定機關」,改為「法定機關」也與後面的「依照法律程序」在語意上重複。

第三章

「第七條 香港居民的通訊自由和通訊秘密受法律的保護。除因公共安全和追查刑事犯罪的

需要，由有關機關依照法律程序對通訊進行檢查外，任何部門或個人不得以任何理由侵犯居民的通訊自由和通訊秘密。」

〔1987 年 8 月 22 日《香港特別行政區居民的基本權利和義務專題小組的工作報告》，載於《中華人民共和國香港特別行政區基本法起草委員會第五次全體會議文件匯編》〕

① 1987 年 5 月 22 日《香港基本法起草委員會第四次全體會議委員們對基本法序言、總則及第二、三、七、九章條文草案的意見匯集》

【P23-24】
第七條
1.「通訊自由」和「通信秘密」是一回事，可刪去後者。將「追查刑事犯罪」改為「法庭處理案件」。

2.將「通信」改為「通訊」，目前香港私人可用無線報話機直接與世界各地通訊，這是通訊自由不能包括的。

3.本條可以分別從私人通訊和公共通訊兩個方面作出規定。

4.建議只保留「香港居民的通訊自由和通信秘密受法律的保護」一句，其餘刪去。因為其他各條都沒有規定權利的限制。

5.本條中「有關機關」的規定，彈性太大，實際上並不是什麼機關都有權對通信進行檢查。

※

② 1987 年 5 月 31 日陳文敏《評香港居民的基本權利和義務專題小組報告書》（1987 年 6 月 22 日居民及其他人的權利自由福利與義務專責小組第十八次會議第四次續會附件四）

第四，國際公約第十七條保障個人隱私權及通訊自由，第三章第七條卻只保障通訊自由。專題小組十一月的報告書於說明中指出，「通訊」比「通信」的範圍更廣，不但包括書信，而且包括電話、電報等，而依據香港的法律，「通信」是自由的，但有些「通訊」卻需要事先申請，故此「通訊自由」會較為適宜。這個解釋，顯示了專題小組對憲法的人權保障和香港的法律一知半解，若依據專題小組的解釋，在香港集會是需要事先申請的。結社是需要事先註冊的，組織工會是需要事先登記，土地物業權的轉移也是需登記才有效的。那麼，這些權利也是不應該包括在第三章內！一般而言，憲法的保障並不排除行政方面的要求如註冊或登記，但這些行政手續必須不會使憲法保障的權利無法行使，如天文數字般的註冊費用，這些行政法規甚或對基本權利的限制，只要用適當的憲法條款是可以使之有效的。再者，通訊自由在一定程度上包括了個人隱私權的，如不容別人在沒有合理的理由下偷聽電話。目前第三章在這方面的保障是難以令人滿意的。

筆者對《第三章：香港特別行政區居民的基本權利和義務》的建議
第八條
任何人的通訊自由和通訊秘密受法律的保護。除因公共安全和追查刑事犯罪的需要，由法定機關依照法律程序對通訊進行檢查外，任何部門或個人不得以任何理由侵犯居民的通訊自由和通訊秘密。任何人有隱私的自由。

※

③ 1987 年 6 月 1 日林邦莊《香港居民基本權利及義務報告（第二部份）第三章草稿》（1987 年 6 月 22 日居民及其他人的權利自由福利與義務專責小組第十八次會議第四次續會附件一）

第七條
重寫為：「香港特別行政區居民的通訊自由和通信及通訊秘密受法律的保護。除因公共安全和追查刑事犯罪的需要，由有關機關依照法律程序對通信進行檢查或對通訊進行監察外，任何部門或個人不得以任何理由侵犯居民的通訊自由和通信及通訊秘密。」

※

④ 1987 年 6 月 5 日麥海華、歐成威、夏其龍《對香港特別行政區基本法起草委員會香港居民的基本權利和義務專題小組於第四次全體大會工作報告的建議》（1987 年 6 月 22 日居民及其他人的權利自由福利與義務專責小組第十八次會議第四次續會附件三）

第十一條
香港特別行政區居民的通訊自由和通訊秘密受法律的保護。除因公共安全和追查刑事犯罪的需要，由法定機關依照法律程序對通訊進行檢查外，任何部門或個人不得以任何理由侵犯居民的通訊自由和通訊秘密。香港特別行政區居民有隱私的自由。

※

⑤ 1987 年 6 月 19 日《有關基本法第三章草稿（87 年 4 月 30 日稿）的意見》（1987 年 6 月 22 日居民及其他人的權利自由福利與義務專責小組第十八次會議第四次續會討論文件）

（編者按：原件中並無標題所言的 87 年 4 月 30 日稿）

【P4】
第七條
1. 修改為：香港特別行政區居民的通訊自由和通信及通訊秘密受法律的保護。除因公共安全和追查刑事犯罪的需要，由有關機關依照法律程序對通信進行檢查或對通訊進行監察外，任何部門或個人不得以任何理由侵犯居民的通訊自由和通信及通訊秘密。（林邦莊委員）
（說明：加上「通訊」受保護）

2. 修改為：香港特別行政區居民的通訊自由和通訊秘密受法律的保護。除因公共安全和追查刑事犯罪的需要，由法定機關依照法律程序對通訊進行檢查外，任何部門或個人不得以任何理由侵犯居民的通信自由和通訊秘密。香港特別行政區居民有隱私的自由。
（麥海華委員等建議的第十一條）
（說明：將「通信」改為「通訊」；將「有關機關」改為「法定機關」；加上「香港特別行政區居民有隱私的自由。」）

※

⑥ 1987 年 7 月 24 日《有關基本法第三章草稿（87 年 4 月 30 日稿）的意見》

【P4】
（編者按：內容同上文）

※

⑦ 居民及其他人的權利自由福利與義務專責小組《香港居民的基本權利與義務最後報告之二》（1987 年 8 月 8 日經執行委員會通過）

【P6】
第七條
（編者按：本文同第四稿文件⑤，除下列內容外，均同前文。）
不同意見：
2. 建議修改為：香港特別行政區居民的通訊自由和通訊秘密受法律的保護。除因公共安全和追查刑事犯罪的需要，由法定機關依照法律程序對通訊進行檢查外，任何部門或

個人不得以任何理由侵犯居民的通訊自由和通訊秘密。香港特別行政區居民有隱私的自由。
（說明：將「通信」改為「通訊」，因為「通訊」比「通信」範圍廣，不僅包括通信，而且包括電話、電視等。將「有關機關」改為「法定機關」；加上「香港特別行政區居民有隱私的自由。」）

3. 基本上支持意見 2 的精神，但認為保障「通訊」自由在執行上有技術上困難，因為「通訊」的範圍太廣。

※

⑧ 1987 年 8 月 22 日《香港特別行政區居民的基本權利和義務專題小組的工作報告》，載於《中華人民共和國香港特別行政區基本法起草委員會第五次全體會議文件匯編》

【P31】
第三章　香港特別行政區居民的基本權利和義務（一九八七年八月修改稿）
第七條
說明：將「通信」改為「通訊」，這樣範圍更廣些。

第五稿

「**第二十九條**　香港居民的通訊自由和通訊秘密受法律的保護。除因公共安全和追查刑事犯罪的需要，由有關機關依照法律程序對通訊進行檢查外，任何部門或個人不得以任何理由侵犯居民的通訊自由和通訊秘密。」
〔1987 年 12 月基本法起草委員會秘書處《香港特別行政區基本法（草案）》（匯編稿）〕

① 1987 年 9 月 2 日《中華人民共和國香港特別行政區基本法起草委員會第五次全體會議委員們對基本法序言和第一、二、三、四、五、六、七、九章條文草稿的意見匯集》

【P23】
7. 第七條
有的委員提出，本條有第一句就可以了，以後的幾句可以不要。也有的委員提出，本條中採用的「除……外」的表述是前後其他條文所沒有的，建議刪去以便與其他條文的寫法協調起來。

※

② 香港居民的基本權利與義務專責小組《對基本法第三章條文草稿（一九八七年八月）的意見》（1987 年 11 月 4 日經執行委員會通過）

【P3】
關於第七條
意見：有委員贊成在本條寫上「除因公共安全和追查刑事犯罪的需要，由有關機關依照法律程序對通訊進行檢查外，任何部門或個人不得以任何理由侵犯居民的通訊自由和通訊秘密。」

※

③ 1987 年 12 月基本法起草委員會秘書處《香港特別行政區基本法（草案）》（匯編稿）

【P14】
第二十九條
說明：有的委員提出，刪去「除因公共安全和追查刑事犯罪的需要，……通訊秘密。」這一句，經小組研究結果，予以保留。

第六稿

「**第三十條**　香港居民的通訊自由和通訊秘密受法律的保護。除因公共安全和追查刑事犯罪的需要，由有關機關依照法律程序對通訊進行檢查外，任何部門或個人不得以任何理由侵犯居民的通訊自由和通訊秘密。」
〔1988 年 3 月基本法起草委員會秘書處《中華人民共和國香港特別行政區基本法（草案）草稿》（總體工作小組第二次會議對目錄、序言、第一、二、三、五、六、七、九章的修改稿）〕

① 《各專題小組的部份委員對本小組所擬條文的意見和建議匯輯（關於序言、第一、二、三、五、六、七、九章部份）》，載於 1988 年 3 月基本法起草

委員會秘書處《中華人民共和國香港特別行政區基本法（草案）草稿》

【P36】
第三十條

（編者按：內容同第五稿文件③）

第七稿

「**第三十條** 香港居民的通訊自由和通訊秘密受法律的保護。除因公共安全和追查刑事犯罪的需要，由有關機關依照法律程序對通訊進行檢查外，任何部門或個人不得以任何理由侵犯居民的通訊自由和通訊秘密。」

〔1988 年 4 月基本法起草委員會秘書處《中華人民共和國香港特別行政區基本法（草案）草稿》〕

① **《各專題小組的部份委員對本小組所擬條文的意見和建議匯輯》，載於 1988 年 4 月基本法起草委員會秘書處《中華人民共和國香港特別行政區基本法（草案）草稿》**

【P63】
第三十條
（編者按：內容同第五稿文件③）

第八稿

「**第二十九條** 香港居民的通訊自由和通訊秘密受法律的保護。除因公共安全和追查刑事犯罪的需要，由有關機關依照法律程序對通訊進行檢查外，任何部門或個人不得以任何理由侵犯居民的通訊自由和通訊秘密。」

〔1988 年 4 月基本法起草委員會《中華人民共和國香港特別行政區基本法（草案）徵求意見稿》〕

① **《各專題小組的部份委員對本小組所擬條文的意見和建議匯輯》，載於 1988 年 4 月基本法起草委員會《中華人民共和國香港特別行政區基本法（草案）徵求意見稿》**

【P54】
第二十九條
（編者按：內容同第五稿文件③）

第九稿

「**第三十條** 香港居民的通訊自由和通訊秘密受法律的保護。除因公共安全和追查刑事犯罪的需要，由有關機關依照法律程序對通訊進行檢查外，任何部門或個人不得以任何理由侵犯居民的通訊自由和通訊秘密。」

〔1989 年 2 月《中華人民共和國香港特別行政區基本法（草案）》〕

① **1988 年 8 月基本法起草委員會秘書處《香港各界人士對〈香港特別行政區基本法（草案）徵求意見稿〉的意見匯集（一）》**

【P17】
第二十九條
1.「有關機關」、「任何部門」，包括了公、私機構和部門，建議改為「任何政府部門」或「有關法定機構」。

2. 這一條應表達為絕對的自由。

※

② **《基本法諮詢委員會居民的基本權利與義務專責小組對基本法（草案）徵求意見稿第三章的意見匯編》，載於 1988 年 10 月基本法諮詢委員會《中華人民共和國香港特別行政區基本法（草案）徵求意見稿諮詢報告（1）》**

【P91】
13. 第二十九條
13.1 有委員認為，本條只規定「除因公共安全和追查刑事犯罪的需要」是不足夠的，建議說明這些原因需達到怎樣的嚴重程度才會構成這需要，否則香港居民在這方面的自由不能得到足夠的保障。
13.2 有委員認為，條文中「有關機關」應列明為「檢察機關」或「公安機關」，因為現在是由警察執行偵查工作的。另有委員認為，「任何部門」的意思過於廣泛，應改為「公營、私營部門」或「任何政府及私人機構」。
13.3 有委員認為，如果「中國國家通訊安全法」在香港實施，便會危害香港居民的通訊自由。
13.4 有委員認為，私隱權應是絕對的自由，無須註明「受法律的保護」，也不應由司法機關控制。

【P95】
24. 其他條文
24.1 有委員建議第二十六條至第二十九條中「香港居民」一詞後加上「及其他人」。

※

③ **1988 年 10 月基本法諮詢委員會《中華人民共和國香港特別行政區基本法（草案）徵求意見稿諮詢報告第五冊──條文總報告》**

【P145-147】
第二十九條
2. 意見
2.1 贊同意見
→ 贊同本條的規定。

理由：「除因公共安全……通訊秘密」這規定是必須的。

2.2 保留意見
→ 對「隱私權」沒有予以保障。
→ 「有關機構」沒有明確定義，對居民的權利有所影響。
→ 本條所列的限制比兩個國際公約為多。
→ 「因公共安全和追查刑事犯罪的需要」一句的範圍太廣。
→ 關於「除因公共安全……通訊秘密」一段，即使有這種需要存在，亦不應將之硬性規定於憲法性文件之中。

2.3 反對意見
→ 反對本條的規定。
理由：
⊙ 本條的「因公共安全和追查刑事犯罪的需要」、「依照法律程序」等規定可作為立法機關剝奪通訊自由的法律依據。
⊙ 根據本條規定，政府人員是主觀地決定是否需要干預任何人之間的私人通訊，因此他們在此方面所授予的權力，是毫無限制的。
⊙ 通訊的自由和通訊秘密的保護應是絕對的，不應依法享有。

2.4 其他意見
→ 本條在限制自由的程度上比第三十九條的還要緊。
→ 根據英國的案例，普通法並不承認個人的隱私權；雖然在英國已有新的法例保障隱私的權利，但香港並不受英國任何法例的限制，除非香港將該法例引入，成為本港的法例，否則香港的法庭仍不會承認「隱私權」。
→ 「有關機構」一般是指警察部門甚至是廉政公署。但如根據中國憲法第四十條的解釋，則是指中國政府的公安機關和檢察機關。

3. 建議
3.1 刪除
→ 刪去「公共安全」一詞。
理由：「公共安全」所包含的範圍頗為廣闊，這在很大程度上要依賴基本法解釋者的詮釋，個人在這方面所獲得的法律保障便會因此而減少。
→ 刪去：「除因公共安全和追查刑事犯罪的需要，……和通訊自由和通訊秘密。」

3.2 改寫
→ 「每人都有其個人的家庭生活、住宅和通信受尊重的權利。
除依法律規定，且為民主社會維護國家安全或公共安全，防止騷亂或罪行，維護健康或風化，或維護他人的權利和自由者所必須外，不得限制此權利的行使。」
→ 「香港居民的通訊自由和通訊秘密受法律的保護。除抵觸任何法律外，則由有關依照法律程序的通訊進行檢查外，任何部門或個人不得以任何理由侵犯居民的通訊自由和通訊秘密。」
→ 「香港居民的通訊自由和通訊隱私權受法律的保護。除因公共安全和追查刑事犯罪的需要，由法定機構依照法律程序對通訊進行檢視外，任何部門或個人不得以任何理由侵犯居民的通訊自由和通訊私隱權。」
→ 「香港居民的通訊自由和通訊秘密受到法律的保護。除因香港社會內部治安和追查刑事犯罪外，由香港特別行政區的治安機關，包括警務處、廉政專員公署或者檢察機關依照香港特別行政區法律規定的程序對通訊進行檢查外，任何組織或部門或個人不得以任何理由侵犯居民的通訊自由和通訊秘密。」
理由：原文寫法中的「部門」並不等於「組織」，因「部門」之外還有「組織」。

3.3 修改
→ 將第一句改為：「香港居民享有通訊自由和通訊秘密。」
理由：
⊙ 此種寫法與第二十六條一致。
⊙ 更清楚地確定通訊自由和通訊秘密受法律保護。
→ 將末句改寫為：「除依由立法會議通過的法律而制定的合法法律程序外，有關機關不能對通訊進行檢查。」
→ 將「有關機關」改為「執法機關」。
→ 將「有關機關」改為「法定機關」。
→ 將「刑事犯罪」改為「嚴重刑事」（Felony）。
→ 將「受法律保護」改為「有受法律保護的權利」。
理由：通訊自由不是被動的權利，居民可要求政府立法保護。
→ 將「通訊秘密」改為「通訊秘密權利」。

3.4 增加
→ 加上：「香港居民有隱私的權利。」
→ 在「通訊自由」前加上：「保密的」三字。
理由：以確保市民的通訊自由免受政府侵犯。

3.5 其他建議
→ 本條的例外情況，需由特定的法例規定。
→ 應對第二句予以澄清，說明只有香港特別行政區的機關可依照法律程序執行條文中的規定。
→ 有關機關在對通訊進行檢查時，必須根據條文所述的「法律程序」，在訂出法律程序後便必須嚴謹執行，好讓香港居民的通訊自由和通訊秘密能夠真正的受到法律的保護。
→ 應對「法律程序」予以界定。
→ 民間通信是私人秘密，政府依法查閱須加蓋印章，並註明調查理由。調查官不得公開或洩漏信中內容，否則被查者有權反控其越權。
→ 本條應包括保障個人的私隱。
→ 應界定「公共安全」的含義。
→ 應具體訂明哪些屬於「有關機關」。
→ 應對「任何部門或個人」予以界定。
→ 應列明執行人員不得隨意把居民個人之通訊秘密公開或轉讓。
→ 應予以證明居民的通訊秘密自由在何種情況下予以限制。
→ 所有限制通訊自由和通訊秘密的情況都要狹義地界定。
→ 按第二十七及二十八條的表述方式，規定「禁止進行非法檢查」，而在法律中規定，如有需要按個別情況作出檢查。
→ 任何香港人都有權利跟任何國家或地區的人士溝通。

4. 待澄清問題
→ 本條文能否確保居民的通訊秘密？
→ 如香港現行沒有法例保障通訊秘密的權利，本條規定如何執行？
→ 如香港現行有法例保障通訊秘密的權利，又如何防止日後特別行政區政府根據第三十九條所載的國家安全的規定，將此項法例降級或廢除？
→ 本條是否表示目前居民的私隱受侵犯的程度會在日後得以減低？
→ 何謂「公共安全……的需要」？
→ 「有關機關」所指是什麼？
→ 「受法律的保護」這保障是否足夠？如果原先沒有有關的法律存在，香港居民是否有權要求立法會議一定要立法保護？

第十稿

「**第三十條** 香港居民的通訊自由和通訊秘密受法律的保護。除因公共安全和追查刑事犯罪

的需要，由有關機關依照法律程序對通訊進行檢查外，任何部門或個人不得以任何理由侵犯居民的通訊自由和通訊秘密。」

〔1990年2月16日《中華人民共和國香港特別行政區基本法（草案）》〕

① 1989年8月25日《居民專責小組第二次諮詢期第三次會議紀要》

2.關於第三章條文的討論
2.4 第三十條
有委員認為不應該將「任何部門」改為「任何政府部門」，否則這會令非政府部門不受此條限制，但事實上有不少非政府部門與侵犯居民通訊自由的活動有關。

※

② 1989年9月12日《基本法諮詢委員會居民的基本權利與義務專責小組對基本法（草案）第三章的意見匯編》（1989年9月21日居民專責小組與草委會對口小組在港草委交流會議附件一）

第三十條
（編者按：內容同上文）

※

③《基本法諮詢委員會居民的基本權利與義務專責小組對基本法（草案）第三章的意見匯編》（1989年10月5日居民專責小組第二次諮詢期第四次會議附件一）

第三十條
（編者按：內容同上文）

※

④《居民專責小組就基本法（草案）第三章討論的會議紀要》（1989年10月5日居民專責小組第二次諮詢期第四次會議紀要附件，同年10月7日經執行委員會通過）

【P3】
第三十條
建議：
（1）有委員建議將「任何部門」改為「任何政府部門」。另有委員認為不應該將「任何部門」改為「任何政府部門」，否則這會令非政府部門不受此條限制，但事實上有不少非政府部門與侵犯居民通訊自由的活動有關。

※

⑤ 1989年11月30日基本法起草委員會秘書處《內地各界人士對〈中華人民共和國香港特別行政區基本法（草案）〉的意見匯集》

【P12】
第三十條
「公共安全」前加「國家安全」。（國家有關部門）

※

⑥《基本法諮詢委員會居民的基本權利與義務專責小組對基本法（草案）第三章的意見匯編》，載於1989年11月《中華人民共和國香港特別行政區基本法（草案）諮詢報告第一冊》

【P82】
第三十條
（編者按：內容同第十稿文件④）

※

⑦ 1989年11月基本法諮詢委員會《中華人民共和國香港特別行政區基本法（草案）諮詢報告第三冊——條文總報告》

【P84-85】
第三十條
2.意見
→ 由於基本法的解釋權在人大常委會，故其對「公共安全的需要」的理解可作為濫用權力的途徑。
→ 「因公共安全和追查刑事犯罪的需要」應只限於由特定法例規定的非常情況。

3.建議
3.1 刪除
→ 刪去：「因公共安全和追查刑事犯罪的需要」。
→ 刪去：「公共安全」。
理由：為免有濫用情況而引致侵犯人權。
→ 刪去：「除因公共安全和追查刑事犯罪的需要，由有關機關依照法律程序對通訊進行檢查外」。
3.2 增加
→ 在「香港居民」後加上「和在香港的其他人」。
→ 加上：依法成立的公司和法人團體也享有本條規定的保障。
→ 在「有關機關」前加上：「香港特別行政區政府」。
→ 在「任何部門」後加上：「包括中央人民政府」。
→ 在「通訊自由」和「通訊秘密」前加上「合法」二字。
3.3 修改
→ 將第一句改為：「香港居民享有通訊自由和通訊秘密。」
理由：為使與第二十七條一致。
3.4 其他
→ 本條應對檢查通訊的法律程序有所規定。
→ 本條應規定設一監察機關以防止居民的通訊自由被無理剝奪。
→ 本條應具體訂明哪些是屬於「有關機關」。
理由：以免日後任何政府部門均可審查居民的通訊。
→ 本條應具體說明「公共安全和追查刑事犯罪的需要」的意思。
→ 所有限制都不能違反香港居民的自由和人權。

4.待澄清問題
→ 什麼是「公共安全的需要」？
→ 「有關機關」是指中央的或香港特別行政區的機關？
→ 「法律程序」是否已包括由法庭批准並簽發證明文件的程序？

「第三十條　香港居民的通訊自由和通訊秘密受法律的保護。除因公共安全和追查刑事犯罪的需要，由有關機關依照法律程序對通訊進行檢查外，任何部門或個人不得以任何理由侵犯居民的通訊自由和通訊秘密。」

〔1990 年 4 月《中華人民共和國香港特別行政區基本法》〕

香港居民有在香港特別行政區境內遷徙的自由，有移居其他國家和地區的自由。香港居民有旅行和出入境的自由。有效旅行證件的持有人，除非受到法律制止，可自由離開香港特別行政區，無需特別批准。

❀ 貳│概念

1. 香港居民的自由
2. 境內遷徙自由
3. 移居其他國家和地區自由
4. 旅行和出入境自由

❀ 叄│條文本身的演進和發展

第一稿

第三章

「第八條　香港居民有在香港境內遷徙居住地點的自由，有移居其他國家和地區的自由，有旅行和出入境的自由。香港特別行政區政府依照法律規定，簽發旅行證件以保證居民實現上述自由。」

〔1986 年 11 月 12 日《香港特別行政區基本法起草委員會香港居民的基本權利和義務專題小組的工作報告》，載於《中華人民共和國香港特別行政區基本法起草委員會第三次全體會議文件匯編》〕

① 1986 年 4 月《香港各界人士對〈基本法〉結構等問題的意見匯集》（基本法起草委員會第二次會議參閱資料之一）

【P2】
關於《基本法》結構的方案和意見
一、方案
（方案三）2. 市民的基本權利和義務，特別要寫明市民能自由遷徙。

【P4-5】
（方案四）12. 居民之權利及自由：包括「港人」與永久居留權的定義，可持之護照及旅遊證件、出入自由等。

（方案五）3. 有關公民的權利和義務部份，要界定香港特別行政區公民的定義，規定公民擁有的基本人權，例如有出版、遷徙、旅行通訊、集會、結社、罷工、投票、宗教信仰的自由和權利，使之得到法律的保障……

※

② 1986 年 4 月 22 日《中華人民共和國香港特別行政區基本法結構（草案）》，載於《中華人民共和國香港特別行政區基本法起草委員會第二次全體會議文件匯編》

【P12】
第三章 香港居民的基本權利和義務
（六）遷徙和出入國境自由

※

③ 1986 年 4 月《部份起草委員對基本法結構（草案）的意見（備忘錄）》，載於《中華人民共和國香港特別行政區基本法起草委員會第二次全體會議文件匯編》

【P25】
五、關於《香港居民的基本權利和義務》
38. 第三條至第十條可歸納為一條，即「（三）政府不得侵犯的基本權利和自由，包括聯合聲明附件一中所列明的各種權利和自由以及其他由普通法保障的權利和自由。」

※

④ 1986 年 11 月 12 日《香港特別行政區基本法起草委員會香港居民的基本權利和義務專題小組的工作報告》，載於《中華人民共和國香港特別行政區基本法起草委員會第三次全體會議文件匯編》

和出入國境自由」。由於《中英聯合聲明》附件一第
十三節中還列舉了旅行自由，故增寫了這一自由，將「出
入國境」改為「出入境」，意義更為廣泛些，除出入國
境外，還包括出入香港。

第二稿

第三章

「第八條　香港居民有在香港特別行政區內遷徙居住地點的自由，有移居其他國家和地區的
自由，有旅行和出入境的自由。

〔1987 年 3 月 2 日《第三章 香港特別行政區居民的基本權利和義務（討論稿）》（1987 年 3 月 9 日居民及其他人的權利自由福利與義
務專責小組第十四次會議討論文件）〕

① 1986 年 11 月 11 日居民權利、自由與義務專責
小組之居民定義工作組《居民定義—— 出入境、居
留、遞解離境、選舉權及被選舉權討論文件》（1986
年 12 月 8 日居民及其他人的權利自由福利與義務第
七次會議討論文件）

【P6】
4. 共識
4.1 在居民及其他人的權利自由福利與義務專責小組的討
論中，委員都一致同意，香港特別行政區的各種居民，無
論是臨時性的或永久性的，也不論其國籍為何，其個人的
基本人權和自由，包括原有法律所規定的人身、言論、出
版、集會、結社、組織和參加工會、通信、旅行、遷徙、
罷工、遊行、選擇職業、學術和信仰自由，住宅不受侵犯，
婚姻自由，以及自願生育的權利，均應受到法律保護。

　　　　　　　　　　　　※

② 1987 年 1 月 13 日居民及其他人的權利自由福

利與義務專責小組之居民定義工作組《居民定義——
出入境、居留、遞解離境、選舉權及被選舉權最後
報告（草稿）》（1987 年 1 月 20 日居民及其他人
的權利自由福利與義務專責小組第十一次會議討論
文件）

【P6】
（編者按：內容同上文）

　　　　　　　　　　　　※

③居民及其他人的權利自由福利與義務專責小組《居
民定義、出入境權、居留權、豁免遞解離境權、選
舉權及被選舉權最後報告》（1987 年 2 月 14 日經
執行委員會通過）

【P6】
（編者按：內容同上文）

第三稿

第三章

「第八條　香港居民有在香港特別行政區境內遷徙的自由，有移居其他國家和地區的自由，
持有有效旅行證件的香港居民有旅行和出入境的自由。」

〔1987 年 4 月 13 日《香港特別行政區基本法起草委員會香港居民的基本權利和義務專題小組的工作報告》，載於《中華人民共和國香
港特別行政區基本法起草委員會第四次全體會議文件匯編》〕

① 1987 年 4 月 13 日《香港特別行政區基本法起
草委員會香港居民的基本權利和義務專題小組的工
作報告》，載於《中華人民共和國香港特別行政區
基本法起草委員會第四次全體會議文件匯編》

【P27】
第三章　香港特別行政區居民的基本權利和義務（修
改稿）
第八條
說明：
1.「出入境」比「出入國境」廣泛，包括出入香港。因此，

仍保留「出入境」的提法。

2. 由於「討論稿」中「遷徙居住地點的自由」有語病，改
為「香港居民有在香港特別行政區境內遷徙的自由」。

3. 考慮到在香港居住未滿一年的居民，可以自由地離開香
港，但必須在依法獲得有效旅行證件後方可自由返回香港
這一實際情況，因而本條文最後一句，改寫為「持有有效
旅行證件的香港居民有旅行和出入境的自由」。

4.「討論稿」中「香港特別行政區政府依照法律規定，簽
發旅行證件以保證居民實現上述自由」一句，鑒於基本法
第七章第五條對此已作了規定，故刪去。

第四稿

第三章

「第八條　香港居民有在香港特別行政區境內遷徙的自由，有移居其他國家和地區的自由，
持有有效旅行證件的香港居民有旅行和出入境的自由。」

〔1987 年 8 月 22 日《香港特別行政區居民的基本權利和義務專題小組的工作報告》，載於《中華人民共和國香港特別行政區基本法起

① 1987 年 5 月 31 日陳文敏《評香港居民的基本權利和義務專題小組報告書》（1987 年 6 月 22 日居民及其他人的權利自由福利與義務專責小組第十八次會議第四次續會附件四）

筆者對《第三章：香港特別行政區居民的基本權利和義務》的建議
第九條
任何人有在香港特別行政區境內遷徙的自由。持有有效旅行證件的人有旅行及出入境的自由，有移居其他國家和地區的自由。

※

② 1987 年 6 月 4 日羅傑志《對基本法第五章草稿（87 年 4 月 30 日稿）的意見—— 供 1987 年 6 月 16 日會議討論》（1987 年 6 月 22 日居民及其他人的權利自由福利與義務專責小組第十八次會議第四次續會附件二）

（編者按：標題「第五章」應為「第三章」之誤；另原件中並無標題所言的 87 年 4 月 30 日稿。）

第八條
本條應列明如符合第五條的規定，這自由不受合法逮捕侵犯。

※

③ 1987 年 6 月 5 日麥海華、歐成威、夏其龍《對香港特別行政區基本法起草委員會香港居民的基本權利和義務專題小組於第四次全體大會工作報告的建議》（1987 年 6 月 22 日居民及其他人的權利自由福利與義務專責小組第十八次會議第四次續會附件三）

第十二條
香港特別行政區居民有在香港特別行政區境內遷徙的自由，持有有效旅行證件的人有旅行及出入境的自由，有移居其他國家和地區的自由。

※

④ 1987 年 6 月 19 日《有關基本法第三章草稿（87 年 4 月 30 日稿）的意見》（1987 年 6 月 22 日居民及其他人的權利自由福利與義務專責小組第十八次會議第四次續會的討論文件）

（編者按：原件中並無標題所言的 87 年 4 月 30 日稿）

【P4-5】
第八條
1.修改為：香港特別行政區居民有在香港特別行政區境內遷徙的自由。持有有效旅行證件的人有旅行及出入境的自由，有移居其他國家和地區的自由。
（麥海華委員等建議的第十二條）
（說明：持有有效旅行證件的人可有「旅行及出入境」及「移居其他國家和地區」的自由。）

2.本條應列明如符合第五條的規定，這自由不受合法逮捕侵犯。（羅傑志委員）

※

⑤ 1987 年 7 月 24 日《有關基本法第三章草稿（87 年 4 月 30 日稿）的意見》

【P4-5】
（編者按：內容同上文）

※

⑥居民及其他人的權利自由福利與義務專責小組《香港居民的基本權利與義務最後報告之二》（1987 年 8 月 8 日經執行委員會通過）

【P6】
第八條
不同意見：
1.建議修改為：香港特別行政區居民有在香港特別行政區境內遷徙的自由。持有有效旅行證件的人有旅行及出入境的自由，有移居其他國家和地區的自由。
（說明：持有有效旅行證件的人可有「旅行及出入境」及「移居其他國家和地區」的自由。）

2.本條應列明如符合第五條的規定，這自由不受合法逮捕侵犯。

3.認為基本法應訂明香港特別行政區居民，除非受到法律制止，均有領取出入境證件的當然權利。

4.基本上支持意見 3 的精神，但基本法不須有這樣細節的訂明。

5.如基本法已訂明香港特別行政區居民有旅行及出入境的自由，便無須有意見 3 的訂明。

6.意見 3 的「除非受法律制止」的說法不適當，因為意見中提及的權利可由立法機關制定的法律而被剝奪。

第五稿 ▶

「**第三十條** 香港居民有在香港特別行政區境內遷徙的自由，有移居其他國家和地區的自由。持有有效旅行證件的香港居民有旅行和出入境的自由，除非受到法律限制，可自由離開香港特別行政區，無需特別批准。」
〔1987 年 12 月基本法起草委員會秘書處《香港特別行政區基本法（草案）》（匯編稿）〕

① 1987 年 9 月 2 日《中華人民共和國香港特別行 　政區基本法起草委員會第五次全體會議委員們對基

本法序言和第一、二、三、四、五、六、七、九章
條文草案的意見匯集》

※

【P24】
8.第八條

（1）有的委員提出，本條最後一句「持有有效旅行證件
的香港居民有旅行和出入境的自由」，沒有明確是否前往
各國和各地區均為有效，建議加上「香港特別行政區政府
在中央政府授權下簽發給香港特別行政區居民的護照與其
他旅行證件是前往各國和各地區有效的」一句。

（2）有的委員提出，本條後半句應參照《中英聯合聲明》
的寫法，即「有效旅行證件持有人，除非受到法律制止，
可自由離開香港特別行政區，無需特別批准」。

②香港居民的基本權利與義務專責小組《對基本法
第三章條文草稿（一九八七年八月）的意見》（1987
年11月4日經執行委員會通過）

【P4】
關於第八條
意見：有委員建議參照《中英聯合聲明》附件一第十四
節的寫法，將最後一句修改為：「有效旅行證件持有人，
除非受到法律制止，可自由離開香港特別行政區，無需
特別批准。」

第六稿

「**第三十一條**　香港居民有在香港特別行政區境內遷徙的自由，有移居其他國家和地區的自
由。持有有效旅行證件的香港居民有旅行和出入境的自由，除非受到法律限制，可自由離開
香港特別行政區，無需特別批准。」

〔1988年3月基本法起草委員會秘書處《中華人民共和國香港特別行政區基本法（草案）草稿》（總體工作小組第二次會議對目錄、序言、
第一、二、三、五、六、七、九章的修改稿）〕

第七稿

「**第三十一條**　香港居民有在香港特別行政區境內遷徙的自由，有移居其他國家和地區的自
由。持有有效旅行證件的香港居民有旅行和出入境的自由，除非受到法律限制，可自由離開
香港特別行政區，無需特別批准。」

〔1988年4月基本法起草委員會秘書處《中華人民共和國香港特別行政區基本法（草案）草稿》〕

第八稿

「**第三十條**　香港居民有在香港特別行政區境內遷徙的自由，有移居其他國家和地區的自
由。持有有效旅行證件的香港居民有旅行和出入境的自由，除非受到法律限制，可自由離開
香港特別行政區，無需特別批准。」

〔1988年4月基本法起草委員會《中華人民共和國香港特別行政區基本法（草案）徵求意見稿》〕

第九稿

「**第三十一條**　香港居民有在香港特別行政區境內遷徙的自由，有移居其他國家和地區的自
由。香港居民有旅行和出入境的自由，持有有效旅行證件的香港居民，除非受到法律限制，
可自由離開香港特別行政區，無需特別批准。」

〔1989年2月《中華人民共和國香港特別行政區基本法（草案）》〕

① 1988年5月基本法諮詢委員會秘書處《基本法
（草案）徵求意見稿初步反應報告（草稿）》

※

【P18】
居民——出入境自由
1.
1.1 徵求意見稿中，無任何條文提及何人有權申請有效的
旅行證件，而條文亦只列出香港居民只能申請永久性居民
身份證，並沒有提到有效旅行證件的申請。若有法律限制
旅行證件的領取，便可限制居民的旅行和出入境自由。在
外國公民是自動有權取得。
1.2 另有人認為，上述言論不確，基本法第一百六十二條
已有足夠授權香港特別行政區政府發出護照，第八條則指
出香港原有法律包括普通法除抵觸基本法外一概可予保
留，在草案中沒有任何條文是限制居民的出入境自由，因
此目前的出入境法律可以延續。

② 1988年8月基本法起草委員會秘書處《香港各
界人士對〈香港特別行政區基本法（草案）徵求意
見稿〉的意見匯集（一）》

【P17】
第三十條

1.關於出入境的自由，應先講居民享有出入境自由，然後
再講出入境在手續上應持有有效旅行證件。

2.本條用「境內」，第四十一條用「區內」，文字要統一。

3.加：「有獲得旅行證件的自由」。並規定如何獲得有效
旅行證件。

4. 刪「除非受到法律限制」、「持有旅行證件」等字。

5.「出入境自由」應改為「出入國境的自由」。

※

③ 1988 年 9 月基本法起草委員會秘書處《內地各界人士對〈香港特別行政區基本法（草案）徵求意見稿〉的意見匯集》

【P12】
第三十條
1. 將「有移居其他國家和地區的自由」改為「移居的自由」。

2.「無需特別批准」改為「無需批准」。

※

④ 1988 年 9 月 8 日《草委與諮委居民組交流會會議紀要》

【P2】
2. 有關條文的討論
2.6 第三十條
2.6.1 有諮委建議在「除非受到法律限制」的「除非」後加入「因特殊理由而」等字眼。
2.6.2 有諮委建議將條文改寫為「港人除非受法律限制，否則便可擁有有效旅行證件及出入境自由」。
2.6.3 有諮委認為只需有居留權，便可有旅遊及出入境的自由。
2.6.4 有些諮委建議將條文中的「持有有效旅行證件」的字眼刪去，加上「在除非受到法律限制」後加上「有獲得或可以獲得有效旅行證件的權利」。

※

⑤《基本法諮詢委員會居民的基本權利與義務專責小組對基本法（草案）徵求意見稿第三章的意見匯編》，載於 1988 年 10 月基本法諮詢委員會《中華人民共和國香港特別行政區基本法（草案）徵求意見稿諮詢報告（1）》

【P92】
14. 第三十條
14.1 有委員建議將「除非受到法律限制」改寫為「除非因特殊理由受到法律限制」。
14.2 有委員建議將條文改寫為「港人除非受法律限制，否則便可擁有有效旅行證件及出入境自由」。
14.3 有委員認為，只需有居留權，便可有旅遊及出入境的自由。
14.4 有委員建議將「持有有效旅行證件的香港居民有旅行和出入境的自由，除非受到法律限制，可自由離開香港特別行政區，無需特別批准。」改寫為「除非受到法律限制，香港居民有獲得或可以獲得有效旅行證件的權利，可自由離開……。」

※

⑥ 1988 年 10 月基本法諮詢委員會《中華人民共和

國香港特別行政區基本法（草案）徵求意見稿諮詢報告第五冊──條文總報告》

【P148-152】
第三十條
2. 意見
2.1 贊同意見
→ 贊同本條文。
理由：
⊙ 此條文很合理和正確。
⊙ 贊同持有有效旅行證件的香港居民有旅行和出入境的自由。
2.2 反對意見
→ 反對本條文。
理由：
⊙ 本條列明：「持有有效旅行證件的香港居民有旅行和出入境的自由」，但沒有確保香港居民可獲得此有效證件的權利。
⊙ 依法領取及擁有旅行證件應該是當然的權利，不應存在由行政部門任意批准或不批准的問題。
⊙ 一般國家的公民有權申請旅行證件，現將居留權和申請旅行證件兩事分開，對香港居民的出入境自由有影響。
⊙ 沒有列明香港特別行政區政府簽發旅行證件的原則。
⊙ 永久性居民應可以隨時自由離開香港，不會被政府阻止及不用向政府申請。
⊙ 居民所享有的旅行自由要視乎他是否擁有有效的旅遊證件，這是本末倒置的，因為所有居民都應有權獲得有效的旅遊證件。
⊙ 香港特別行政區政府可透過發出旅行證件，限制居民的出入境自由。
⊙ 必須持有有效旅行證件本身已是法律的限制，故不用寫上「除非受到法律限制」。
⊙ 本條已列明出入境自由會受到「法律限制」，這個限制已足夠，故並不須再加上「持有有效旅行證件」這個限制。
⊙ 第三十九條已定出了香港居民權利可受限制的規定，本條「除非受到法律限制」的寫法顯得多餘。
⊙ 在任何國家國民返回自己的國家是應有的權利。
⊙ 根據國際人權法律，任何人不分其是否持有護照，或其他旅遊證件，都有返回其居住地的權利，而在其行使或試圖行使此權利時，不應對其有任何制裁、懲罰或報復行為。
⊙ 香港居民返回香港的權利是不應視乎是否持有有效旅行證件的，這是基本人權，否則有關人士便會成為無國籍人士。
⊙「香港居民有在香港特別行政區境內遷徙的自由」是多餘及不協調的規定，因為本條主要保障進出境自由，與境內自由遷徙無關，而且香港地方這麼小，這規定顯得不必要。
⊙ 本條以「遷徙自由」形容移居其他國家和地區的自由，而不是一般人理解為出外旅遊的自由。
⊙ 本條未有提及移居外地或旅遊人數的限制。
⊙ 本條並未詳列在何種情況下禁止香港居民自由出入境。
⊙ 本條有間接鼓勵港人移民的作用。
2.3 其他意見
→ 條文中的「有效旅行證件」相信是指英國國民（海外）護照或身份證明書（有效期超越一九九七年者）。如外國不承認這類文件，而中國有關方面又拒絕或延遲簽發護照予有關人士出境，便有影響香港居民的旅遊或出入境自由。
→ 按照本條寫法，可將本條理解為：持有有效旅遊證件〔不一定包括英國國民（海外）護照〕的香港居民，有旅行和出入境的自由，但不一定可到中國主權以外的地區或

國家,而且需得特別行政區政府的批准。
理由:
⊙ 基本法沒有保證英國國民(海外)護照是否被中國承認為旅行證件。
⊙ 本條沒有說明「國家」和「地區」是指哪些。
⊙ 本條在說明居民有旅行和出入境自由時,沒有註明「無需特別批准」。
→ 按照本條寫法,可將本條理解為:香港居民沒有自由離開及返回香港特別行政區,只有自由離開香港特別行政區,而該自由是無需特別批准,除非受到法律限制。
理由:有關規定只寫上:「可自由離開香港特別行政區」。如「出入境自由」已包括這項自由,在這裡無需再重複「可自由離開」的寫法。
→ 按照本條寫法,可將本條理解為:離開香港往其他地區或國家的香港居民,需得有關政府批准才可返回香港特別行政區。
→ 香港居民的出入境自由如得以保障,有助本港的貿易、文化的交流,促進中外合作。

3. 建議
3.1 香港居民應有獲得有效旅行證件的權利,以下為有關的修改建議:
3.1.1 刪除
→ 刪去:「除非受到法律限制」一句。
→ 刪去:「持有有效旅行證件」和「除非受到法律限制」等字句。
理由:香港特別行政區政府當然有權對出入本地的人士作出合理和合法的限制,這點已在第三十九條有清楚規定,故無須重複。
→ 刪去:「持有有效旅行證件」一句。
理由:
⊙ 不必將行政措施放在憲法性文件中。
⊙ 不應有這嚴格的規定。
⊙ 持有有效旅行證件方有旅行和出入境的自由,可經立法規定。
3.1.2 改寫
→ 「香港居民有在香港特別行政區境內遷徙的自由,有移居其他國家和地區的自由。香港居民有旅行和出入境的自由,除非受到法律限制,有獲得有效旅行證件的權利,和離開香港特別行政區而無需特別批准的自由。」
→ 「香港特別行政區公民有權申請及擁有出入香港的旅行證件,並可享有充份的出境和入境的自由,除非受到法律限制,無需特別申請,可自由離開香港。」
→ 「任何合法在香港特別行政區的人士,有在境內遷徙和選擇居所的自由。任何人有離開香港特別行政區的自由。除依法律規定,且為民主社會維護國家安全、公共秩序、公共衛生或風化,或其他人的權利和自由所必需外,不得限制此權利的行使。不可剝奪任何香港居民進入香港特別行政區的權利。」
理由:以此作保障和符合國際標準。
→ 「香港居民有在香港特別行政區境內遷徙的自由,有自由合法地轉移其財產往其他國家和地區,無需特別批准。持有有效旅行證件,如英國國民(海外)護照、香港身份證和身份證明書的香港居民,有自由依照其旅行證件所准許的,到其他國家和地區旅行。除非有關的香港居民觸犯刑事法律,其有自由離開香港特別行政區,無需特別批准。」
3.1.3 修改
→ 將「移居其他國家……」改為「移居和移民其他國家……」。
→ 將「可自由離開香港特別行政區」改為「可自由進出香港特別行政區」。
→ 將第二句改為:「香港居民有移居其他國家和中國境

內地區的自由」。
→ 將「除非受到法律限制」改為「除非受到香港特別行政區的法律限制」。
→ 將「出入境自由」改為「出入國境自由」。
3.1.4 增加
→ 加上:「香港永久性居民,即連續住滿七年或以上的港人在移民他國而取得該國之入籍證及旅行護照後,隨時可以返回香港定居及以最簡單的手續及最短的時間獲得香港移民局批准。」
→ 加上:「香港居民有權依法獲得香港特別行政區的旅行證件或護照。」
→ 加上:「居民享有獲得有效出入境證件的權利和自由。」
→ 加上:「香港居民有獲得有效旅行證件的權利」。
→ 加上:「香港中國公民出國旅行的有效證件為由中國政府發出的『中華人民共和國公民』護照,持證人受外國當地的中華人民共和國領事館保護。
香港永久性居民往外國旅行的有效證件為:
(1)由香港特別行政區政府發出的「身份證明書」持證人在外國受當地的中華人民共和國領事館保護;
(2)由駐港英國領事館發出的「英國國民(海外)護照」,持證人在外國受當地的英國領事館保護。
3.2 其他建議
→ 根據第二十三條,在港有居留權的人士應有無限制返回香港的權利,因此不須有「持有有效旅行證件」的限制。
→ 香港居民除享有旅行的絕對權利外,還應有取得有效旅行證件的權利。
→ 應列明凡屬香港合法居民,均有權領取有效的旅行證件。
→ 應註明持有旅行證件者(永久性居民)的權利。
→ 不應將香港居民的旅行和出入境自由與持有有效旅行證件連繫在一起。
→ 除依法律限制外,香港居民應有取得旅行證件的權利。
→ 在本條內應保障居民隨時可申請領取旅行證件之權利,除非申請者觸犯法例或有其他充份理由。
→ 有關方面只可因維護國家利益的理由拒絕簽發旅遊證件予香港居民。
→ 應註明香港居民依照法定程序有取得有效旅行證件的權利。
→ 應保障一般香港居民可向特別行政區政府或海外政府代表申請旅行證件。
→ 目前所實行的因刑事案而由法庭依法扣留旅行證件的制度可保留。
→ 應保障香港居民所申請的旅遊證件在合理時間內批出。
→ 凡申請領取旅行證件的人士應在短時間內予以批准。
→ 應說明哪類人士有權獲得有效旅行證件。
→ 應給予香港居民一具特別地位的旅行證件。
理由:不管香港居民所持的是中國護照或英國國民(海外)護照,香港居民在海外所得到的保護都是有限的;這會影響香港的安定繁榮。
→ 應列出「永久性居民」和「非永久性居民」所持之有效證件的分別。
→ 應說明什麼才是「有效旅行證件」。
→ 應明確指明簽發機構。
→ 應說明申請旅行證件的手續。
→ 應列明一九九七年之前英國政府所簽發的旅行證件即英國國民(海外)護照,是否為有效旅行證件。
→ 日後特別行政區護照的申請手續應如目前申請香港政府簽發的護照或身份證明書般簡易。
→ 應列明香港特別行政區的法律對此自由的限制。
→ 不可立法限制香港居民出入境自由的權利。
→ 除第三十九條所列舉的情況外,香港特別行政區不可以立法限制香港居民獲得旅行證件和出入境。
→ 香港居民有自由出入境,無須特別批准。

→ 應對香港居民回港的自由予以保障。
→ 僑居海外的華僑原居民可按照目前的出入境法例，自由出入。
理由：可使這些人士安心回港發展。
→ 旅遊證件須註明中國國籍法及中國香港特別行政區公民的定義。
→ 應指明移居外地和到外地旅遊的人數、資格和身份。
→ 應列明香港居民有權遷徙往內地或往內地旅行的自由。
→ 應明確寫出可到外國旅行，無須香港特別行政區批准。
→ 應列明本港移民到外地人士可否返回香港居住。
→ 凡持有香港身份證明書移民外國之香港永久性居民，無論其能取得所移國之入籍證與否，如欲返港定居應予以方便及迅速批准，或持香港身份證者，可予以批准入境（因現已在外國無機會換領新身份證）。
→ 在移居其他國家的自由後加附註：「當重回香港時需徵收『重回費』或『重入境費』。」
理由：針對一九九七年前年滿二十一歲或以上已移民他國者，以此作為移民的代價。
→ 應列明不得將香港居民解送往中國大陸。
→ 禁止外來的人入住香港。

4. 待澄清問題
→ 本條說的「法律限制」所指為何？
→ 「除非受到法律限制」中的限制是指程序上的還是實質的限制呢？此規定與第三十九條有什麼關係？
→ 條文中的「法律限制」所指的「法律」是由誰定的？
→ 關於「除非受到法律限制」，何時才不會受到法律的限制？
→ 「其他國家」是指什麼國家？
→ 「其他地區」是指什麼地區？
→ 離港的目的地是否有限制（如到台灣）？
→ 何謂「有效旅行證件」？

→ 欲移民往他國或地區的香港居民，是否需要事前獲特別行政區政府的特別允許？
→ 申請有效旅行證件，是否只要香港居民便可以？
→ 申請離港的手續是否和現在一樣簡易，還是像由內地申請到港一樣，要等數年才批准？
→ 要具備什麼資格才能得到此種「有效旅行證件」？
→ 依照條文規定，香港居民若沒有有效旅行證件是否不能回港？
→ 如失去了有效旅行證件，是否就沒有旅行和出入境的自由？
→ 持有有效旅行證件者是否獲得中國領事保護的權利？
→ 是否需要在基本法對國內同胞來港加以規定？

※

⑦ 1989 年 1 月 9 日《香港居民的基本權利和義務專題小組對條文修改情況的報告》，載於 1989 年 1 月《中華人民共和國香港特別行政區基本法起草委員會第八次全體會議文件匯編》

【P20-21】
6. 第三十一條
徵求意見稿的最後一句原為「持有有效旅行證件的香港居民有旅行和出入境的自由，除非受到法律限制，可以自由離開香港特別行政區，無需特別批准。」有的意見提出，持有有效旅行證件的香港居民有旅行和出入境的自由，表達不夠確切。因為香港居民有旅行和出入境的自由，是根據香港法律的規定，而不以是否持有有效旅行證件的前提。據此，這次把這句話修改為：「香港居民有旅行和出入境的自由，持有有效旅行證件的香港居民，除非受到法律限制，可自由離開香港特別行政區，無需特別批准。」

第十稿

「**第三十一條** 香港居民有在香港特別行政區境內遷徙的自由，有移居其他國家和地區的自由。香港居民有旅行和出入境的自由。有效旅行證件的持有人，除非受到法律制止，可自由離開香港特別行政區，無需特別批准。」
〔1990 年 2 月 16 日《中華人民共和國香港特別行政區基本法（草案）》〕

① 1989 年 8 月 25 日《居民專責小組第二次諮詢期第三次會議紀要》

2. 關於第三章條文的討論
2.5 第三十一條
（i）有委員提出「除非受到法律限制……無需特別批准」的意思不明確，因為這可指因觸犯法律所受到的限制，或由立法會通過法律對出入境自由予以限制。
（ii）有委員認為「除非受到法律限制」應該指因觸犯刑事案而受到的限制，不應是出入境程序上的法律限制。
（iii）有委員認為「除非受到法律限制」應該指因觸犯法律所受到的限制，而這些限制不應局限刑事方面，因目前香港居民也會因民事案件而受到出入境自由的限制。
（iv）有委員提出曾有建議將「除非受到法律限制」改為「除非因特殊緣故受法律限制」，或「除非有關的香港居民觸犯刑事法律，其有自由離開香港特別行政區，無需特別批准」。

※

② 1989 年 9 月 12 日《基本法諮詢委員會居民的基本權利與義務專責小組對基本法（草案）第三章

的意見匯編》（1989 年 9 月 21 日居民專責小組與草委會對口小組在港草委交流會議附件一）

第三十一條
（編者按：內容同上文）

※

③《基本法諮詢委員會居民的基本權利與義務專責小組對基本法（草案）第三章的意見匯編》（1989 年 10 月 5 日居民專責小組第二次諮詢期第四次會議附件一）

第三十一條
（編者按：本文內容同第十稿文件①，除（iv）被刪除及新增下列內容外，均同前文。）
意見：
（4）有委員認為，「除非受到法律限制」應予以保留。

建議：
（1）有委員提出，曾有建議將「除非受到法律限制」改為

「除非因特殊緣故受法律限制」，或「除非有關的香港居民觸犯刑事法律，其有自由離開香港特別行政區，無需特別批准」。但有委員認為上述修改有問題，因為立法機關仍然可對「特殊緣故」作彈性解釋，以限制居民的出入境自由。

（2）有委員建議，將「除非受到法律限制」改為「除非受到法律明確限制」（unless specifically restrained by law）。

※

④《居民專責小組就基本法（草案）第三章討論的會議紀要》（1989年10月5日居民專責小組第二次諮詢期第四次會議紀要附件，同年10月7日經行委員會通過）

【P3-4】
第三十一條
（編者按：本文同第十稿文件③，除新增下列內容外，均同前文。）
意見：
（5）有委員認為，根據本條規定，香港居民可否自由離開香港而無須特別批准，要視乎該居民是否持有有效旅行證件，這實在是本末倒置的說法，因為香港居民應有權取得有效旅行證件。加進「旅行和出入境自由」後，本條是改善了，但上述的問題卻令新加的自由不能發揮多大作用。

建議：
（3）有委員建議將「除非受到法律限制」改為「除非因個人特殊緣故而受到法律限制」。

※

⑤《基本法諮詢委員會居民的基本權利與義務專責小組對基本法（草案）第三章的意見匯編》，載於1989年11月基本法諮詢委員會《中華人民共和國香港特別行政區基本法（草案）諮詢報告第一冊》

【P82】
第三十一條
（編者按：內容同上文）

※

⑥1989年11月基本法諮詢委員會《中華人民共和國香港特別行政區基本法（草案）諮詢報告第三冊——條文總報告》

【P86-87】
第三十一條
2.意見
2.1 正面
→ 本條的規定是十分重要的。
2.2 其他
→ 出入境的自由應是絕對的。

3.建議：
3.1 刪去

→ 刪去「無需特別批准」。
3.2 增加
→ 在「遷徙」後加上「和擇居」。
→ 在本條最後加上：「香港特別行政區可與其他國家簽署居民旅行和移民的條約。」
→ 在本條最後加上：「凡離開香港特別行政區之香港居民，其本來之香港旅行證件及身份證，可自行保存，延續有效。」
理由：中國人具中國旅行證件是理所當然的。
→ 加上：「香港居民享有有效出入境證件的權利和自由。」
→ 加上：「香港居民有不被遷徙的自由。」
3.3 修改
→ 將第一句改為：「香港居民將有在香港特別行政區內遷徙的自由。香港居民有移居其他國家和中國境內地區的自由。」
→ 將第二句改為：「香港居民有旅行和出入境的自由，除非受到法律限制，有獲得有效旅行證件的權利，和離開香港特別行政區而毋須特別批准的自由。」
理由：本條沒有明確列明香港特別行政區是否有必須簽發護照或旅行證件的義務。
→ 將第二句改為：「……可自由離開或從外地進入香港特別行政區，毋須特別批准。」
理由：入境的重要性不次於離境。
→ 將第二句的「除非受到法律限制」改為「除非受到其本人所牽涉之刑事法律事件所限制」。
（有關的刑事法例不得與國際人權公約的規定有抵觸。）
→ 將第二句的「除非受到法律限制」改為「除非受到香港特別行政區法律限制」。
→ 將本條改為：「香港居民有在香港特別行政區內遷徙的自由，有旅行和移居其他國家和地區的自由。
除依據本法第三十九條作出限制外，香港居民可離開香港特別行政區，毋須特別批准。
香港居民進入香港特別行政區的權利不受無理或非法剝奪。」
理由：
⊙ 根據本條規定，被政府拒發旅行證件者，便沒有離開香港特別行政區的權利。
⊙ 根據本條規定，離開香港特別行政區的權利會被法律予以任何限制。
⊙ 根據本條規定，居民進入香港特別行政區的權利沒有充份的保障。
3.4 其他
→ 在第二十四條後加上香港永久性居民有權取得有效旅行證件，便可使本條所規定的出入境自由得以體現。
→ 香港居民，除非受法律限制，在任何情況下包括緊急狀態，應有權申請及獲得有效的旅行證件。
→ 應規定凡持有香港特別行政區或其他的有效旅行證件的香港居民，可享有旅行和出入境的自由。
→ 持有外國護照的香港人可自由進出香港。
理由：這類人士會逐漸增多。
→ 基本法應保障香港特別行政區居民有申請和獲得旅遊證件的權利，證件應在合理時間內批出。
→ 凡具中國血統的香港永久性居民，不論其持有任何國家的護照，均有權領取香港特別行政區護照。此類人士，可因應需要，選擇以何種護照入境，即以該國身份在港居住，自行決定本身應享有的權利和義務。
→ 應規定香港特別行政區政府由中央授權簽發旅行證件，不受中國外交部的間接控制。
理由：目前在中國申請護照手續複雜，而且有很多申請不是循正常途徑的。
→ 中央政府不能干預不同政見者在香港特別行政區的出入境自由。
→ 應規定香港居民可自由出入香港特別行政區到外國旅

行或居留，不用向中國政府或香港政府申請等候批准。
→ 基本法應規定香港特別行政區實行開放的入境政策。外籍人士申請工作簽證、居住簽證和永久性居民身份的手續應盡量簡化。其配偶應可在港工作。
→ 在香港居民持有的「英國屬土公民護照」，上面加上「中國裔」字樣。
理由：藉此清楚顯示持有人為中國公民。
→ 在任何情況下香港居民不會任意被強迫遣返中國。
→ 本條的規定應明確地加以落實。

4. 待澄清問題

→ 香港居民在離開香港後是否有回港而不須特別批准的自由？
→ 香港特別行政區政府是否有簽發「有效」旅行證件的權力？
→ 香港特別行政區政府是根據什麼準則簽發「有效」旅行證件？
→ 所發出的簽證或離境准許證會否由香港特別行政區政府隨時宣佈無效？
→ 香港特別行政區政府可否以無理的理由限制居民離境？
→ 持有外國護照的華人會否與其他華人一般受到本條規定的限制？

第十一稿

「第三十一條　香港居民有在香港特別行政區境內遷徙的自由，有移居其他國家和地區的自由。香港居民有旅行和出入境的自由。有效旅行證件的持有人，除非受到法律制止，可自由離開香港特別行政區，無需特別批准。」
〔1990 年 4 月《中華人民共和國香港特別行政區基本法》〕

香港居民有信仰的自由。
香港居民有宗教信仰的自由，有公開傳教和舉行、參加宗教活動的自由。

❀ 貳｜概念

1. 香港居民的自由
2. 信仰自由
3. 宗教信仰自由
4. 公開傳教自由
5. 舉行、參加宗教活動自由

❀ 叁｜條文本身的演進和發展

第一稿

第三章
「第九條　香港居民有宗教和信仰自由。」

〔1986 年 11 月 12 日《香港特別行政區基本法起草委員會香港居民的基本權利和義務專題小組的工作報告》，載於《中華人民共和國香港特別行政區基本法起草委員會第三次全體會議文件匯編》〕

① 1986 年 4 月《香港各界人士對〈基本法〉結構等問題的意見匯集》（基本法起草委員會第二次會議參閱資料之一）

【P5】
關於《基本法》結構的方案和意見
一、方案
（方案五）3. 有關公民的權利和義務部份，要界定香港特別行政區公民的定義，規定公民擁有的基本人權，例如有出版、遷徙、旅行通訊、集會、結社、罷工、投票、宗教信仰的自由和權利，使之得到法律的保障……

※

② 1986 年 4 月 22 日《中華人民共和國香港特別行政區基本法結構（草案）》，載於《中華人民共和國香港特別行政區基本法起草委員會第二次全體會議文件匯編》

【P12】
第三章　香港居民的基本權利和義務
（七）宗教和信仰自由

※

③ 1986 年 4 月《部份起草委員對基本法結構（草案）的意見（備忘錄）》，載於《中華人民共和國香港特別行政區基本法起草委員會第二次全體會議文件匯編》

【P25】
五、關於《香港居民的基本權利和義務》
38. 第三條至第十條可歸納為一條，即「（三）政府不得侵犯的基本權利和自由，包括聯合聲明附件一中所列明的各種權利和自由以及其他由普通法保障的權利和自由。」

※

④ 1986 年 11 月 12 日《香港特別行政區基本法起草委員會香港居民的基本權利和義務專題小組的工作報告》，載於《中華人民共和國香港特別行政區基本法起草委員會第三次全體會議文件匯編》

【P24】
第三章　香港居民的基本權利和義務（討論稿）
第九條
說明：基本法結構（草案）第三章（七）載明了本條的內容。關於《中英聯合聲明》附件一第十三節對宗教的有關規定，宜放在第六章（四）宗教政策中。

第二稿

第三章
「第九條　香港居民有信仰宗教和舉行、參與宗教活動的自由。香港居民有其他信仰的自由。」

〔1987 年 3 月 2 日《第三章 香港特別行政區居民的基本權利和義務（討論稿）》（1987 年 3 月 9 日居民及其他人的權利自由福利與義務專責小組第十四次會議討論文件）〕

① 1986 年 11 月 11 日居民權利、自由與義務專責小組之居民定義工作組《居民定義——出入境、居留、遞解離境、選舉權及被選舉權討論文件》（1986 年 12 月 8 日居民及其他人的權利自由福利與義務第七次會議討論文件）

【P6】
4. 共識
4.1 在居民及其他人的權利自由福利與義務專責小組的討論中，委員都一致同意，香港特別行政區的各種居民，無論是臨時性的或永久性的，也不論其國籍為何，其個人的基本人權和自由，包括原有法律所規定的人身、言論、出版、集會、結社、組織和參加工會、通信、旅行、遷徙、罷工、遊行、選擇職業、學術和信仰自由，住宅不受侵犯、婚姻自由以及自願生育的權利，均應受到法律保護。

※

② 1987 年 1 月 13 日居民及其他人的權利自由福

利與義務專責小組之居民定義工作組《居民定義——出入境、居留、遞解離境、選舉權及被選舉權最後報告（草稿）》（1987 年 1 月 20 日居民及其他人的權利自由福利與義務專責小組第十一次會議討論文件）

【P6】
（編者按：內容同上文）

※

③居民及其他人的權利自由福利與義務專責小組《居民定義、出入境權、居留權、豁免遞解離境權、選舉權及被選舉權最後報告》（1987 年 2 月 14 日經執行委員會通過）

【P6】
（編者按：內容同上文）

第三稿

第三章
「**第九條 香港居民有信仰宗教的自由，有傳教和公開舉行、參與宗教活動的自由。香港居民有其他信仰的自由。**」
〔1987 年 4 月 13 日《香港特別行政區基本法起草委員會香港居民的基本權利和義務專題小組的工作報告》，載於《中華人民共和國香港特別行政區基本法起草委員會第四次全體會議文件匯編》〕

① 1987 年 4 月 13 日《香港特別行政區基本法起草委員會香港居民的基本權利和義務專題小組的工作報告》，載於《中華人民共和國香港特別行政區基本法起草委員會第四次全體會議文件匯編》

【P27】
第三章 香港特別行政區居民的基本權利和義務（修改稿）
第九條
說明：
1. 根據本小組委員意見，對宗教自由增寫了「有傳教和公開舉行、參與宗教活動的自由」的內容。

2. 本小組有的委員建議加上「宗教團體可接受社會人士捐獻金錢財產、興辦社會慈善福利」的內容。有的委員認為，捐獻可包括在宗教活動中，本章只能對此作原則規定，不宜寫得過於具體。而且只規定宗教團體有權接受捐獻，就存在是否規定其他團體也可以接受捐獻的問題。

3. 本小組有的委員建議在本條中加上「香港居民有贊助宗教事業的自由；信仰自由不因年齡而受規限；任何人士亦可向任何年齡的人士闡釋信仰。」

4. 本小組有的委員建議加上「宗教團體可與外國宗教組織保持和發展關係」的內容。小組建議可考慮在第六章中作出規定。

第四稿

第三章
「**第九條 香港居民有信仰的自由。**
香港居民有宗教信仰的自由，有傳教和公開舉行、參與宗教活動的自由。」
〔1987 年 8 月 22 日《香港特別行政區居民的基本權利和義務專題小組的工作報告》，載於《中華人民共和國香港特別行政區基本法起草委員會第五次全體會議文件匯編》〕

① 1987 年 5 月 22 日《香港基本法起草委員會第四次全體會議委員們對基本法序言、總則及第二、三、七、九章條文草案的意見匯集》

【P24】
第九條
1. 對於本條說明四的內容，建議由「居民」和「教科文」兩個專題小組共同研究後作出規定。

2. 有的委員再次建議，在本條加上「香港居民有贊助宗教事業的自由」的內容。

3. 在本體規定「信仰自由」不合適，因為本條規定的是宗教自由，如果信仰自由是指思想自由的話，這已不是宗教問題了，建議另立一條。但有的委員說，聯合聲明及國際人權公約中都有「信仰自由」的規定，基本法還是應該規定信仰自由，不必另立一條，但可作為本條第二款。

② 1987 年 5 月 31 日陳文敏《評香港居民的基本權利和義務專題小組報告書》（1987 年 6 月 22 日居民及其他人的權利自由福利與義務專責小組第十八次會議第四次續會附件四）

筆者對《第三章：香港特別行政區居民的基本權利和義務》的建議
第十條
任何人有信仰宗教的自由，有傳教和公開舉行、參與宗教活動的自由。任何人有其他信仰包括政治信仰的自由。

※

③ 1987 年 6 月 4 日羅傑志《對基本法第五章草稿（87 年 4 月 30 日稿）的意見——供 1987 年 6 月 16 日會議討論》（1987 年 6 月 22 日居民及其他人的權利自由福利與義務專責小組第十八次會議第四次續會附件二）

（編者按：標題「第五章」應為「第三章」之誤；另原件中並無標題所言的 87 年 4 月 30 日稿。）

第九條
普遍認可的宗教自由最低標準由世界人權宣言最先提出，其後在經濟、社會及文化國際公約重申，其他多個憲法均有載明。這標準為：「（人人享有）單獨或集體、公開或私自以講授、躬行、禮拜、戒律表示其宗教或信仰的自由。」現在第九條所規定的權利並不足夠，在某方面甚至完全沒有列明講授、躬行、禮拜和戒律的權利。特別是公開傳揚宗教信仰及講授宗教信仰（尤其是向兒童講授宗教信仰）的權利，應該明確規定，因為目前這權利正抵觸中國憲法第二十四及三十六條。故此應注意一點：除非明確規定這些權利，否則，現有的草稿第九條將不足以防止這權利被中國憲法剝奪。

奉行宗教的權利包括遵守戒律及躬行的權利如下：
i）有權拒絕宣讀抵觸其宗教信仰的誓詞；
ii）如果計劃生育與其宗教信仰有抵觸，則有權拒絕實行計劃生育。請留意中國憲法第二十五及四十九條規定公民實行計劃生育。在草稿第九條的條文並不足以防止中國憲法剝奪這方面的權利；
iii）有權拒絕接受墮胎等措施。這也抵觸憲法，尤其是第二十五及四十九。草稿的第九條也不足以防止中國憲法剝奪這方面的權利；
iv）由於沒有列出有關遵守戒律及躬行宗教的條文，草稿第九條也沒有保障以下自由：成立機構去挑選、培訓、委任及調派神職人員；開辦機構；與世界各地的宗教團體互相聯繫。
v）因宗教信仰而不得參戰的人士，其權利並沒有受到保障。

※

④ 1987 年 6 月 5 日麥海華、歐成威、夏其龍《對香港特別行政區基本法起草委員會香港居民的基本權利和義務專題小組於第四次全體大會工作報告的建議》（1987 年 6 月 22 日居民及其他人的權利自由福利與義務專責小組第十八次會議第四次續會附件三）

第十三條

香港特別行政區居民有思想、信念及宗教之自由。此種權利包括保有或採奉自擇宗教或信仰之自由，及單獨或集體、公開或私自以禮拜、戒律、躬行及講授表示其宗教或信仰之自由。

※

⑤ 1987 年 6 月 19 日《有關基本法第三章草稿（87 年 4 月 30 日稿）的意見》（1987 年 6 月 22 日居民及其他人的權利自由福利與義務專責小組第十八次會議第四次續會的討論文件）

（編者按：原件中並無本文標題所言的 87 年 4 月 30 日稿）

【P5】
第九條
（編者按：本文內容同第四稿文件③，除下列內容外，均同前文。）
1. 修改為：香港特別行政區居民有思想、信念及宗教之自由。此種權利包括保有或採奉自擇宗教或信仰之自由，及單獨或集體、公開或私自以禮拜、戒律、躬行及講授表示其宗教或信仰之自由。（麥海華委員等建議的第十三條）
（說明：加上「思想」自由；及將「信仰宗教的自由」改為「信念及宗教之自由」。「此種權利包括……」這句是對草稿的補充。）

※

⑥ 1987 年 7 月 24 日《有關基本法第三章草稿（87 年 4 月 30 日稿）的意見》

【P5】
（編者按：內容同上文）

※

⑦居民及其他人的權利自由福利與義務專責小組《香港居民的基本權利與義務最後報告之二》（1987 年 8 月 8 日經執行委員會通過）

【P7-8】
第九條
（編者按：本文內容同第四稿文件③，除下列內容外，均同前文。）
不同意見：
1. 建議修改為：香港特別行政區居民有思想、信念及宗教之自由。此種權利包括保有或採奉自擇宗教或信仰之自由，及單獨或集體、公開或私自以禮拜、戒律、躬行及講授表示其宗教或信仰之自由。
（說明：加上「思想」自由；及將「信仰宗教的自由」改為「信念及宗教之自由」，因為「信仰」和「信念」在本質上有分別，而「信念」比「信仰」的範圍為廣。「此種權利包括……」這句是對草稿的補充。）

2. 由於草稿第二條採用「信仰」一詞，所以不同意建議 1 將「信仰」作改動，「信仰宗教自由」的字義比較明確，新詞「信念」概念含糊，是否包括風水、燒衣等範圍難定，難於執行，故認為不應予以修改。

3. 支持在本條文加上「思想自由」。

4. 認為總則已對這條文內容提供足夠保障。

5. 建議將原稿的「信仰宗教的自由」改為「信仰及宗教的自由」。

※

⑧ 1987 年 8 月 22 日《香港特別行政區居民的基本權利和義務專題小組的工作報告》，載於《中華人民共和國香港特別行政區基本法起草委員會第五次全體會議文件匯編》

【P31】
第三章　香港特別行政區居民的基本權利和義務（一九八七年八月修改稿）
第九條
說明：
1. 把「香港居民有其他信仰的自由」改為「香港居民有信仰的自由」，並作為第一款。

2. 把「香港居民有宗教信仰的自由，有傳教和公開舉行、參與宗教活動的自由」作為第二款，並把原來規定的「信仰宗教」改為「宗教信仰」。

第五稿

「第三十一條　香港居民有信仰的自由。
香港居民有宗教信仰的自由，有傳教和公開舉行、參與宗教活動的自由。」
〔1987 年 12 月基本法起草委員會秘書處《香港特別行政區基本法（草案）》（匯編稿）〕

① 香港居民的基本權利與義務專責小組《對基本法第三章條文草稿（一九八七年八月）的意見》（1987 年 11 月 4 日經執行委員會通過）

【P4】
關於第九條
意見：
1. 有委員認為這條的寫法並不能限制邪教活動。

2. 有委員建議參照「世界人權宣言」和國際公約的規定，將宗教自由的內容加以詳細列明及予以保障。

※

② 1987 年 12 月基本法起草委員會秘書處《香港特別行政區基本法（草案）》（匯編稿）

【P15】
第三十一條
說明：
1. 有些委員建議本條加寫第三款：「任何人士不應因宗教信仰而受歧視或致使其公民權利受虧損。」

2. 有些委員建議本條改寫為：「香港特別行政區居民有思想、信念及宗教之自由。此種權利包括保有或採奉自擇宗教或信仰之自由，及單獨或集體、公開或私自以禮拜、戒律、躬行及講授表示其宗教或信仰之自由。」

第六稿

「第三十二條　香港居民有信仰的自由。
香港居民有宗教信仰的自由，有傳教和公開舉行、參加宗教活動的自由。」
〔1988 年 3 月基本法起草委員會秘書處《中華人民共和國香港特別行政區基本法（草案）草稿》（總體工作小組第二次會議對目錄、序言、第一、二、三、五、六、七、九章的修改稿）〕

① 《各專題小組的部份委員對本小組所擬條文的意見和建議匯輯（關於序言、第一、二、三、五、六、七、九章部份）》，載於 1988 年 3 月基本法起草委員會秘書處《中華人民共和國香港特別行政區基本法（草案）草稿》

【P36】
第三十二條
（編者按：內容同第五稿文件②）

第七稿

「第三十二條　香港居民有信仰的自由。
香港居民有宗教信仰的自由，有傳教和公開舉行、參加宗教活動的自由。」
〔1988 年 4 月基本法起草委員會秘書處《中華人民共和國香港特別行政區基本法（草案）草稿》〕

① 《各專題小組的部份委員對本小組所擬條文的意見和建議匯輯》，載於 1988 年 4 月基本法起草委員會秘書處《中華人民共和國香港特別行政區基本法（草案）草稿》

【P63-64】
第三十二條
（編者按：內容同第五稿文件②）

第八稿

「第三十一條　香港居民有信仰的自由。
香港居民有宗教信仰的自由，有傳教和公開舉行、參加宗教活動的自由。」
〔1988 年 4 月基本法起草委員會《中華人民共和國香港特別行政區基本法（草案）徵求意見稿》〕

① 《各專題小組的部份委員對本小組所擬條文的意見和建議匯輯》，載於 1988 年 4 月基本法起草委員會《中華人民共和國香港特別行政區基本法（草案）徵求意見稿》

【P55】
第三十一條
（編者按：內容同第五稿文件②）

第九稿

「**第三十二條　香港居民有信仰的自由。**
香港居民有宗教信仰的自由，有公開傳教和舉行、參加宗教活動的自由。」
〔1989 年 2 月《中華人民共和國香港特別行政區基本法（草案）》〕

① 1988 年 5 月基本法諮詢委員會秘書處《基本法（草案）徵求意見稿初步反應報告（草稿）》

【P19】
居民——宗教
1. 第三十一條的中文意思和英文意思有很嚴重的分歧，根據英文條款，香港居民只有公開進行有關活動的自由。

2. 基本法中涉及中、港宗教團體間關係的「互不隸屬、互不干涉和互相尊重」原則中的「互相尊重」含糊不清。

※

② 1988 年 8 月基本法起草委員會秘書處《香港各界人士對〈香港特別行政區基本法（草案）徵求意見稿〉的意見匯集（一）》

【P18】
第三十一條
1. 建議採用《意見和建議匯輯》中的第二種意見。

2. 「有傳教……」之前加「依法」，以禁止邪教。

3. 「信仰」是否包括「政治信仰」？

※

③ 1988 年 9 月 8 日《草委與諮委居民組交流會會議紀要》

【P2】
2. 有關條文的討論
2.7 第三十一條
2.7.1 有些諮委詢問為何「政治信仰及思想的自由」並無提及。
2.7.2 有草委回應指出信仰已包括政治信仰。
2.7.3 有些諮委建議參考國際人權公約第十八條而改寫為「香港特區居民有思想信念及宗教的自由，此種權利包括持有或採奉自擇之宗教或信仰之自由，或單獨，或集體公開或私自以禮拜、戒律、躬行及講授表示其宗教及信仰之自由。」
2.7.4 有草委回應指出宗教界不願將宗教自由與思想自由合併，以好使宗教自由的內容能盡錄出來。

※

④ 《基本法諮詢委員會居民的基本權利與義務專責小組對基本法（草案）徵求意見稿第三章的意見匯編》，載於 1988 年 10 月基本法諮詢委員會《中華

人民共和國香港特別行政區基本法（草案）徵求意見稿諮詢報告（1）》

【P92】
15. 第三十一條
15.1 有委員認為，「政治信仰及思想的自由」應清楚列明在基本法中。
15.2 有委員認為，宗教無統一定義，恐怕此條會導致邪教滋長。有委員要求加上「有依法傳教的自由」。但有委員認為，第三十九條內「香港居民享有的權利和自由，除依法規定外不得限制。」已足以解決「不依法傳教」及「邪教」等問題。
15.3 有委員建議參考《國際人權宣言》（Universal Declaration of Human Rights）內有關保障宗教的條文，而加入「香港居民不應被迫作有違背其信仰的行為」。
15.4 有委員建議參考《公民權利和政治權利國際公約》第十八條，將本條文改寫為「香港特別行政區居民有思想、信念及宗教之自由；此種權利包括保有或採奉自擇宗教或信仰之自由，及單獨、或集體、公開或私自以禮拜、戒律、躬行及講授表示其宗教或信仰之自由。」
15.5 有委員認為，這條條文所寫的並不足夠，因為至少在《國際人權宣言》（Universal Declaration of Human Rights）中有關宗教自由的內容也未能包括。
15.6 有委員認為，這條的中文意思和英文意思有很嚴重的分歧，根據英文條款，香港居民只有公開進行活動的自由。

【P95】
24. 其他條文
24.2 有委員指出，基本法第二十六條與第三十一條與中華人民共和國憲法的第二十四、二十五、三十六、四十九、五十一條有衝突。

※

⑤ 1988 年 10 月基本法諮詢委員會《中華人民共和國香港特別行政區基本法（草案）徵求意見稿諮詢報告第五冊——條文總報告》

【P153-156】
第三十一條
2. 意見
2.1 贊同意見
→ 與中國憲法第三十六條相比之下，本條採用正面列明的寫法，比起用「不得」來限制某類活動來得清楚明確，也有更正面的保障作用。
→ 本條已規定「有宗教信仰的自由」，無須加上「有宣傳無神論的自由」。
2.2 保留意見
→ 本條的規定與中國憲法第二十四、二十五、三十六、

四十九、五十一條相抵觸。

→「信仰自由」可能包庇邪教的存在。

→ 只提「信仰自由」不能清楚表明居民有思想自由，包括政治和思想的範疇。

→ 條文中所保障的宗教自由未必能夠體現。

→ 如宗教界人士強烈要求，應予修改。

→ 原文寫法籠統，會產生解釋上的問題。

→ 本條未具體規定如何保持與外地教會的原有關係，例如主教或其他神職人員的任命。

→ 本條沒有包括公開傳教的權利。

→ 本條沒有包括自由組織宗教活動的權利。

→ 沒有清楚說明傳教、公開舉行宗教活動的情況，當這些活動在公眾場所舉行時，便有機會誤作是非法集會，甚至視為違法。這樣香港特別行政區居民的人身自由便被侵犯。

→ 本條對宗教自由的保障不及《世界人權宣言》。

→《公民權利和政治權利國際公約》第十八條有關信仰自由的規定比本條規定更能發揮保障作用。

→《世界人權宣言》第十八條對宗教、信仰自由的規定比本條詳細。

→ 有些地方不單禁止某些人（如回教徒、黨員等）接受其他信仰，連向這些人傳教也屬違法；若在傳教過程中，傳教者不知對方的特殊身份而「誤觸法例」，那就可能惹來無妄之災了。

→ 由於「宗教活動」一詞不是法律用語，範圍廣泛而不明確，因此有可能讓一些自稱為宗教團體的政治團體，不受任何限制地搞政治活動。

2.3 其他意見

→ 香港居民是否有信仰自由有待觀察，但可以肯定的是他們沒有「反動信仰」的自由。

→ 一九九七年後，香港在各方面包括宗教上享有的自由，都會比現時少。

→《公民權利和政治權利國際公約》第十八條比本條的規定較詳細，但這分別並不重要。

3. 建議

3.1 刪除本條，並把「信仰的自由」併入第二十六條，以免重複。

3.2 改寫

→「香港居民有政治信仰自由。香港居民有政治信仰和宣傳政治的自由，和公開舉行集會、參加政治活動及組織政黨的權利。」

→「香港居民有宗教信仰的自由，有傳教和公開舉行，參加宗教活動的自由，香港居民同時有其他信仰自由，包括政治信仰的自由。」

→「香港居民有思想和信仰的自由。
香港居民有政治信仰和思想的自由，有宗教信仰的自由，有公開宣傳思想、政治信仰的自由，有傳教和公開舉行、參加宗教活動的自由。」

→「香港特別行政區居民有思想、信念及宗教之自由。此種權利包括保有或採奉自擇宗教或信仰之自由，及單獨或集體、公開或私自以禮拜、戒律、躬行及講授表示其宗教或信仰之自由。」

→「香港特別行政區居民有思想、信念及宗教之自由。此種權利包括保有採奉自擇宗教或信仰之自由，及單獨或集體、公開或私自以禮拜、戒律、躬行及講授表示其宗教或信仰之自由。任何人士不應因宗教信仰而受歧視或致使其公民權利受虧損。」

→「香港居民有宗教信仰的自由，有公開或非公開傳教、舉行和參加宗教活動的自由。並不會因宗教信仰和宗教活動而受到歧視或被剝奪公民權利。」

→「人人有思想、信念及宗教之自由。此權利包括改變其宗教或信仰之自由，及獨自或與其他人公開或私自，以禮拜、講授、躬行及戒律，表示其宗教或信仰之自由。」

人人表示其宗教或信仰之自由，非依法律，不受限制；此項限制以在民主社會中保障公共安全、秩序、衛生、風化或他人之權利自由所必要者為限。」

→「香港居民有宗教信仰的自由，公開或私下舉行、參加宗教活動的自由，及向任何人士傳教的自由。」

→「香港特別行政區居民有思想、信念及宗教自由。」

→「香港居民有信仰的自由。」

3.3 修改

→ 第一款改為：「香港居民有信仰的自由，包括政治信仰和宗教信仰自由。」

→ 第一款改為：「香港居民有思想、政治信仰的自由。」

3.4 增加

→ 增加第三款：「任何人士不應因宗教信仰而受歧視或致使其公民權利受虧損。」

→ 在第二款末加上：「香港居民宗教信仰的內容不受限制。」

→ 在第二款末加上：「但不容許邪教的宣傳毒害人民。」

→ 加上：「香港居民有其他信仰的自由，包括政治信仰的自由。」

→ 在「香港居民……有傳教和公開舉行、參加宗教活動的自由」中「傳教」前加上「公開」。

→ 加上：「有在私人地方舉行、參加宗教活動的自由。任何人不會因宗教信仰而使其公民權利受虧損。」

→ 加上：「香港居民有不信仰的自由。」

→ 加上：「香港現有的教會可以依然維持他們與國際間的聯繫和從屬關係。」

→ 加上：「有自由選擇傳教方法、傳教對象的自由，可公開和私下舉行、參加宗教活動的自由。」

→ 加上：「有政治思想、信念、宗教信仰自由，任何人不得用行政命令強迫參加政治活動。」

→ 加上：「有公開傳教組織舉行、參加一切宗教活動的自由和權利。」

→ 將《公民權利和政治權利國際公約》第十八條有關宗教自由加入基本法：

（1）人人有思想、信念及宗教之自由。此種種權利包括保有或採奉自擇之宗教或信仰之自由，及單獨或集體、公開或私自以禮拜、戒律、躬行及講授表示其宗教或信仰之自由。

（2）任何人所享有或採奉自擇之宗教或信仰自由，不得以脅迫侵害之。

（3）人人表示其宗教或信仰之自由，非依法律，不受限制，此項限制以保障公共安全、秩序、衛生或風化或其他人之基本權利自由所必要者為限。

（4）父母或法定監護人有自由確保其子女接受符合其本人信仰之宗教及道德。

3.5 其他建議

→ 修改此條，使香港居民的思想自由和政治信仰得到肯定。

→ 應賦予信仰自由憲法性保障。

→ 應保障家庭聚會、小團體聚會的活動。

→ 列明邪教不能公開傳教和活動。

→ 列明宗教不能非法牟利。

→ 本條應規定信仰自由、宗教自由不受中國憲法有關規定所限制。

→ 其他特別是與宗教組織有關的權利，例如言論、出版、集會、結社及資訊自由，均應受到保障。雖然對宗教組織而言，尋求及獲得訊息的權利可能已包含在第一百四十九及一百五十七條中，其列明宗教組織可與外國及其他地方有關的國際性組織及教徒「保持和發展關係」，但此等權利是應該特別受到保證的。

→ 香港居民既有的信仰宗教權利與自由要維持不變，有選擇宗教信仰內容的自由，單獨或集體，公開或私下的敬拜，還有選擇敬拜方式的自由，選擇傳教的方式、場所與對象的自由，及參加宗教活動的自由，不限制與香港特別

行政區法律沒有抵觸的事務。

→ 本條文應該透過作出補充規定保障某些自由（包括獨自或集體公開或私自崇拜的自由）以澄清及闡釋信念及宗教自由的定義。

→ 本條文應該清楚列明，縱使在例外的情況下，某些表明或躬行信仰的活動需要受到限制，但信念及宗教信仰的自由是永不能受到限制的。

→ 基本法應規定任何人也有自由不作與他良心有違的事。

→ 任何宗教不能控制任何行業而不錄用非教徒，以保障信仰自由。

→ 應列明公開舉行宗教活動的定義。

4. 待澄清問題

→ 未指明一九九七年後邪教活動是否合法？

→ 「信仰自由」如何與限制邪教共存？

→ 如公開傳教有破壞治安及騷擾居民，如何處理？

→ 「宗教信仰」與「反動信仰」有何分別？

→ 傳教的地方是否被指定及限制呢？

→ 「公開」的意思是在指定地方內「公開」抑或其他地

方「公開」呢？

→ 「非公開」的宗教活動是否受保障？

※

⑥ 1989 年 1 月 9 日《香港居民的基本權利和義務專題小組對條文修改情況的報告》，載於 1989 年 1 月《中華人民共和國香港特別行政區基本法起草委員會第八次全體會議文件匯編》

【P21】

7. 第三十二條

徵求意見稿第二款原為：「香港居民有宗教信仰的自由，有傳教和公開舉行、參加宗教活動的自由」。根據香港宗教界人士提出的意見，這次修改為：「香港居民有宗教信仰的自由，有公開傳教和舉行、參加宗教活動的自由。」把「公開」二字放至傳教的前面。

第十稿

「第三十二條　香港居民有信仰的自由。

香港居民有宗教信仰的自由，有公開傳教和舉行、參加宗教活動的自由。」

〔1990 年 2 月 16 日《中華人民共和國香港特別行政區基本法（草案）》〕

① 《居民專責小組就基本法（草案）第三章討論的會議紀要》（1989 年 10 月 5 日居民專責小組第二次諮詢期第四次會議紀要附件，同年 10 月 7 日經執行委員會通過）

第三十二條

建議：

（1）有委員建議本條應規定人人有不違背良心行事的自由。

（2）有委員建議本條應至少包含《世界人權宣言》第十八條的規定：「人人有思想、信念及宗教之自由。此種種權利包括保有或採奉自擇之宗教或信仰之自由，及單獨或集體、公開或私自以禮拜、戒律、躬行及講授表示其宗教或信仰之自由」。

理由：

（i）本條有關宗教信仰自由的規定甚至不如《世界人權宣言》中的規定。以前在這方面所提的意見都不獲採納。

（ii）本條把宗教信仰自由局限於「公開傳教和舉行、參加宗教活動的自由」，但事實上宗教信仰的戒律、躬行不只限於以公開形式進行的宗教活動。

（3）有委員建議本條應規定享受信仰自由和宗教信仰自由的權利是不受制於中國憲法的。

※

② 1989 年 11 月 30 日基本法起草委員會秘書處《內地各界人士對〈中華人民共和國香港特別行政區基本法（草案）〉的意見匯集》

【P12】

第三十二條

建議將本條修改為「香港居民有信仰的自由，有公開傳教和舉行、參加宗教活動的自由。」（吉林）

※

③ 《基本法諮詢委員會居民的基本權利與義務專責小組對基本法（草案）第三章的意見匯編》，載於 1989 年 11 月基本法諮詢委員會《中華人民共和國香港特別行政區基本法（草案）諮詢報告第一冊》

【P83】

第三十二條

（編者按：內容同第十稿文件①）

※

④ 1989 年 11 月基本法諮詢委員會《中華人民共和國香港特別行政區基本法（草案）諮詢報告第三冊——條文總報告》

【P88-89】

第三十二條

2. 意見

2.1 保留

→ 本條未能對其他的信仰有具體的保障，例如政治、思想及個人良知的信仰等。

理由：本條第一句的「有信仰的自由」原可解為各種的信仰，卻由於只對宗教信仰一項有具體的陳述，使人懷疑除宗教信仰自由外，香港人在一九九七年後便沒有其他信仰的自由。

2.2 其他

→ 思想和良心的自由是不容忽視的。雖然兩者的理解是建基於宗教或信仰上的自由，但在一國兩制下，香港特別行政區和中國在意識形態上是截然迥異的，所以思想自由是實行一國兩制，穩定市民信心的主要元素。

→ 《公民權利和政治權利國際公約》第十八條只對表示自己的宗教或信仰的自由作出限制，而限制僅只受法律所規定的，以及為保障公共安全、秩序、衛生或道德，或他人的基本權利和自由所必須為限。

3. 建議

→ 將第二款的「……有公開傳教和舉行……」改為「有公開和私自傳教和進行……」。

理由：私自進行的宗教活動，根據《公民權利和政治權利國際公約》第十八條（一）款是予以保障的。

→ 將第二款的「……有公開傳教和舉行」改為「……有公開和私自傳教和舉行、進行……」。

理由：以上修改參考《公民權利和政治權利國際公約》的有關規定。

→ 將第二款改為：「香港居民有宗教信仰的自由，有公開或私自傳教和舉行、參加宗教活動的自由。」

→ 將本條改為：「人人有思想、良心與宗教自由之權；此項權力包括其改變宗教或信仰之自由，及單獨或集體，公開或私自以教義、躬行禮拜及戒律表示其宗教或信仰之自由。」

理由：

⊙ 以上規定為《世界人權宣言》的第十八條。

⊙ 由於中華人民共和國及英國均為聯合國成員之一，又曾共同簽署此世界人權宣言，故公開將這條文納入基本法內應是毫無問題。這樣會使未來香港特別行政區內有信仰的市民更為安心。

3.1 增加

→ 加上：政治信仰和思想的自由。

→ 加上：任何人士不會因其宗教、政治、意識上的信仰而受到歧視或使其公民權利受到侵犯。

→ 加上：所有宗教活動以不破壞國家統一和顛覆中央人民政府為限。

→ 加上：除對表示自己的宗教或信仰的自由可作限制外，良心和信仰自由不應受到任何限制。

3.2 修改

→ 將第二款的「……有公開傳教和舉行……」改為「……有依法公開傳教和舉行……」。

3.3 其他

→ 應將「宗教自由」的意義具體地列出。

→ 推廣宗教及與他人分享宗教信仰的機會應視為宗教活動。

→ 基本法須確保在一九九七年後香港居民享有宗教信仰自由，並可照目前情況繼續推行合法的宗教活動。

→ 本條應訂明香港居民享有的宗教自由，不受內地的宗教法規所制約。

第十一稿

「第三十二條　香港居民有信仰的自由。

香港居民有宗教信仰的自由，有公開傳教和舉行、參加宗教活動的自由。」

〔1990 年 4 月《中華人民共和國香港特別行政區基本法》〕

香港居民有選擇職業的自由。

❀ 貳│概念

1. 香港居民的自由
2. 選擇職業自由

❀ 叁│條文本身的演進和發展

第一稿

第三章

「第十條　香港居民有選擇職業的自由。」

〔1986年11月12日《香港特別行政區基本法起草委員會香港居民的基本權利和義務專題小組的工作報告》，載於《中華人民共和國香港特別行政區基本法起草委員會第三次全體會議文件匯編》〕

① 1986年4月22日《中華人民共和國香港特別行政區基本法結構（草案）》，載於《中華人民共和國香港特別行政區基本法起草委員會第二次全體會議文件匯編》

【P12】
第三章　香港居民的基本權利和義務
（八）選擇職業的自由、學術研究的自由

※

② 1986年4月《部份起草委員對基本法結構（草案）的意見（備忘錄）》，載於《中華人民共和國香港特別行政區基本法起草委員會第二次全體會議文件匯編》

【P25】
五、關於《香港居民的基本權利和義務》
38.第三條至第十條可歸納為一條，即「（三）政府不得侵犯的基本權利和自由，包括聯合聲明附件一中所列明的各種權利和自由以及其他由普通法保障的權利和自由。」

第二稿

第三章

「第十條　香港居民有選擇職業的自由。」

〔1987年3月2日《第三章　香港特別行政區居民的基本權利和義務（討論稿）》（1987年3月9日居民及其他人的權利自由福利與義務專責小組第十四次會議討論文件）〕

① 1986年11月11日居民權利、自由與義務專責小組之居民定義工作組《居民定義——出入境、居留、遞解離境、選舉權及被選舉權討論文件》（1986年12月8日居民及其他人的權利自由福利與義務第七次會議討論文件）

【P6】
4.共識
4.1 在居民及其他人的權利自由福利與義務專責小組的討論中，委員都一致同意，香港特別行政區的各種居民，無論是臨時性的或永久性的，也不論其國籍為何，其個人的基本人權和自由，包括原有法律所規定的人身、言論、出版、集會、結社、組織和參加工會、通信、旅行、遷徙、罷工、遊行、選擇職業、學術和信仰自由，住宅不受侵犯，婚姻自由以及自願生育的權利，均應受到法律保護。

※

② 1987年1月13日居民及其他人的權利自由福

利與義務專責小組之居民定義工作組《居民定義——出入境、居留、遞解離境、選舉權及被選舉權最後報告（草稿）》（1987年1月20日居民及其他人的權利自由福利與義務專責小組第十一次會議討論文件）

【P6】
（編者按：內容同上文）

※

③居民及其他人的權利自由福利與義務專責小組《居民定義、出入境權、居留權、豁免遞解離境權、選舉權及被選舉權最後報告》（1987年2月14日經執行委員會通過）

【P6】
（編者按：內容同上文）

第三章

「第十條 香港居民有選擇職業的自由。」

〔1987 年 4 月 13 日《香港特別行政區基本法起草委員會香港居民的基本權利和義務專題小組的工作報告》，載於《中華人民共和國香港特別行政區基本法起草委員會第四次全體會議文件匯編》〕

①居民專責小組《勞工政策最後報告》（1987 年 4 月 4 日經執行委員會通過）

【P4】

8. 對基本法的具體建議

8.1 在基本法內寫上有關勞工政策的原則性條文，凡適用香港的國際勞工公約應獲得承認，勞工的基本權利應依法律作出規定，建議如下：

8.1.1 《基本法結構（草案）》第三章有關香港居民的基本權利和義務上，在《公民權利和政治權利國際公約》和《經濟、社會與文化權利國際公約》後應加上《國際勞工公約》使九七前適用的公約繼續有效，因為香港現行的勞工法例，一部份是根據國際勞工公約引申而制定出來的。

8.1.2 有建議認為勞工政策的制定與香港經濟有一定的關係，故建議當與經濟政策一併考慮與討論。

8.1.3 《基本法結構（草案）》第六章有關香港特別行政區的教育、科學、技術、文化、體育和宗教上，應加有關勞工政策的條文，並寫上下列要點：

8.1.3.1 香港特別行政區政府尊重個人選擇職業的自由。

8.1.3.2 香港居民享有特別行政區法例規定的職業保障、工資保障、退休保障和社會保障。勞工的職業健康及工業安全亦應獲保障；青年勞工和婦女勞工可依法律規定獲適當的保障。

8.1.3.3 勞工有組織及加入工會及勞工團體的權利。

8.1.3.4 工會有權代表工人進行集體談判，工會可依法與外地工會進行聯繫，不同行業工會可以組織總工會。

8.1.3.5 現行的勞工法例繼續有效，香港特別行政區政府並應視社會條件及實際需要而有所改進。

8.1.3.6 未來特別行政區政府應有權在有需要時，限制香港以外的勞工輸入，以保障勞工就業權益。

8.1.3.7 勞工有罷工權。

8.2 另有建議認為寫在基本法內的條文應只是原則性條文，不可過於具體，以免有一面倒的意見或難於靈活更改。

第三章

「第十條 香港居民有選擇職業的自由。」

〔1987 年 8 月 22 日《香港特別行政區居民的基本權利和義務專題小組的工作報告》，載於《中華人民共和國香港特別行政區基本法起草委員會第五次全體會議文件匯編》〕

① 1987 年 5 月 31 日陳文敏《評香港居民的基本權利和義務專題小組報告書》（1987 年 6 月 22 日居民及其他人的權利自由福利與義務專責小組第十八次會議第四次續會附件四）

筆者對《第三章：香港特別行政區居民的基本權利和義務》的建議

第十一條

任何人有選擇職業的自由。

※

② 1987 年 6 月 5 日麥海華、歐成威、夏其龍《對香港特別行政區基本法起草委員會香港居民的基本權利和義務專題小組於第四次全體大會工作報告的建議》（1987 年 6 月 22 日居民及其他人的權利自由福利與義務專責小組第十八次會議第四次續會附件三）

第十四條

香港特別行政區居民有選擇職業的自由。

「第三十二條 香港居民有選擇職業的自由。」

〔1987 年 12 月基本法起草委員會秘書處《香港特別行政區基本法（草案）》（匯編稿）〕

「第三十三條 香港居民有選擇職業的自由。」

〔1988 年 3 月基本法起草委員會秘書處《中華人民共和國香港特別行政區基本法（草案）草稿》（總體工作小組第二次會議對目錄、序言、第一、二、三、五、六、七、九章的修改稿）〕

「第三十三條 香港居民有選擇職業的自由。」

〔1988 年 4 月基本法起草委員會秘書處《中華人民共和國香港特別行政區基本法（草案）草稿》〕

「第三十二條 香港居民有選擇職業的自由。」

〔1988 年 4 月基本法起草委員會《中華人民共和國香港特別行政區基本法（草案）徵求意見稿》〕

「第三十三條　香港居民有選擇職業的自由。」
〔1989 年 2 月《中華人民共和國香港特別行政區基本法（草案）》〕

① 1988 年 8 月基本法起草委員會秘書處《香港各界人士對〈香港特別行政區基本法（草案）徵求意見稿〉的意見匯集（一）》

【P18】
第三十二條
加：「就業保障及職業訓練的提供」。

※

② 1988 年 10 月基本法諮詢委員會《中華人民共和國香港特別行政區基本法（草案）徵求意見稿諮詢報告第五冊——條文總報告》

【P156-157】
第三十二條
2. 意見
2.1 贊同意見
→ 香港居民有選擇職業自由最為重要。
2.2 保留意見
→ 如「選擇職業」的自由是在十分有限制的條件下行使，這不可說是有選擇職業的自由。
2.3 其他意見
→ 根據「歐洲專家委員會」（European Committee of Experts）的規定，強迫任何人在不願意或沒有自由地同意的情況下工作，是有違《經濟、社會與文化權利的國際公約》的規定。對於公務人員或其他出任公職的人士，如沒有證明顯示他們拒絕，或沒有能力執行，或延誤其職責或任務，又或在故意暫停或終止其任務從而影響其工作，他們不應因此受到刑事制裁，否則有違《經濟、社會與文化權利的國際公約》的規定。

3. 建議
3.1 改寫
→ 「香港居民有選擇職業的自由，政府應提供充份就業機會、職業保障、職業安全和健康及接受職業訓練的機會。勞工的福利待遇及退休保障受法律保護。」
→ 「香港居民有選擇職業的自由。香港特別行政區並應提供充份就業機會及職業訓練。」
→ 「香港居民有選擇職業的自由，香港特別行政區並應提供充份就業保障。」
→ 「香港居民有選擇職業的自由，香港特別行政區並應推動充份就業機會。」
→ 「香港居民有選擇職業的權利和自由。」
3.2 增加
→ 加上：「香港特別行政區政府需為勞工提供充份就業機會而創造條件。」
理由：只有選擇職業自由，但卻沒有為勞工提供充份就業機會，對勞工來說是沒有意義的。
→ 加上：「小販有合法經營的自由」。
理由：徵求意見稿第十章附件一的「方案三」亦有「小販團體」，故在有關保障職業的範圍內亦應有所說明。
3.3 其他建議
→ 本條應包括以下各項保障：
（1）男女同工同酬、待遇、就業和升職機會平等；
（2）婦女不因婚姻和生育狀況而受到歧視；
（3）婦女有權獲得補助性社會服務，以保障其工作權利；
（4）有薪產假的權利；
（5）工會認可權和集體談判權；
（6）職業保障；
（7）全面性社會保障；
（8）職業安全和健康的保障。
理由：根據《消除對婦女一切形式歧視公約》、《公民權利及政治權利國際公約》、《經濟、社會與文化權利的國際公約》及《國際勞工公約》的規定，居民應擁有多項職業保障。
→ 應強調特別行政區政府有為香港居民提供充份就業的責任。
→ 不能強迫任何人做他非專長的工作，更不能因某人不做他非專長的工作而不給予公共援助。

4. 待澄清問題
→ 基本法中「職業」的定義是什麼？

「第三十三條　香港居民有選擇職業的自由。」
〔1990 年 2 月 16 日《中華人民共和國香港特別行政區基本法（草案）》〕

① 1989 年 11 月基本法諮詢委員會《中華人民共和國香港特別行政區基本法（草案）諮詢報告第三冊——條文總報告》

【P89】
第三十三條
2. 建議
2.1 增加
→ 在本條最後加上：「香港特別行政區並應提供充份就業機會。」
理由：為強調香港特別行政區政府有為香港居民提供充份就業的責任。
→ 加上：「工作的權利。」

理由：
⊙ 工作的權利作為一種人權，有兩項重要的意義。一是擇業的自由，國家不能強迫人民擔任某種工作；二是要國家提供工作的權利。
⊙ 在現代以機器為生產主力之資本主義社會，勞工沒有把握有就業機會，特別在經濟不景氣的時期，失業為常有之事。很多國家的憲法都寫明國家有責任製造就業機會，或是維持低的失業率。
→ 加上：「在工作上不受性別或種族歧視。」

3. 待澄清問題
→ 中國內地大學教授或廣州的工人能否到香港工作？
→ 本條規定的自由以什麼為標準？

「第三十三條　香港居民有選擇職業的自由。」
〔1990 年 4 月《中華人民共和國香港特別行政區基本法》〕

香港居民有進行學術研究、文學藝術創作和其他文化活動的自由。

✿ 貳│概念

1. 香港居民的自由
2. 學術研究自由
3. 文學藝術創作自由
4. 進行其他文化活動自由

✿ 叄│條文本身的演進和發展

第一稿 ▶

第三章

「第十一條　香港居民有進行學術研究、文學藝術創作和其他文化活動的自由。」

〔1986年11月12日《香港特別行政區基本法起草委員會香港居民的基本權利和義務專題小組的工作報告》，載於《中華人民共和國香港特別行政區基本法起草委員會第三次全體會議文件匯編》〕

① 1986年4月22日《中華人民共和國香港特別行政區基本法結構（草案）》，載於《中華人民共和國香港特別行政區基本法起草委員會第二次全體會議文件匯編》

【P12】
第三章　香港居民的基本權利和義務
（八）選擇職業的自由、學術研究自由

　　　　　　　　　※

② 1986年4月《部份起草委員對基本法結構（草案）的意見（備忘錄）》，載於《中華人民共和國香港特別行政區基本法起草委員會第二次全體會議文件匯編》

【P25】
五、關於《香港居民的基本權利和義務》

33. 第八條增寫「創作自由」。

38. 第三條至第十條可歸納為一條，即「（三）政府不得侵犯的基本權利和自由，包括聯合聲明附件一中所列明的各種權利和自由以及其他由普通法保障的權利和自由。」

　　　　　　　　　※

③ 1986年11月12日《香港特別行政區基本法起草委員會香港居民的基本權利和義務專題小組的工作報告》，載於《中華人民共和國香港特別行政區基本法起草委員會第三次全體會議文件匯編》

【P25】
第十一條
說明：基本法結構（草案）第三章（八）列舉了「選擇職業的自由、學術研究自由」。考慮到這兩種自由的性質不同，故分成第十、十一兩條作了規定。參考在香港調查中徵集的意見，在第十一條中增寫了文學藝術創作的自由。

第二稿 ▶

第三章

「第十一條　香港居民有進行學術研究、文學藝術創作和其他文化活動的自由。」

〔1987年3月2日《第三章　香港特別行政區居民的基本權利和義務（討論稿）》（1987年3月9日居民及其他人的權利自由福利與義務專責小組第十四次會議討論文件）〕

① 1986年11月11日居民權利、自由與義務專責小組之居民定義工作組《居民定義──出入境、居留、遞解離境、選舉權及被選舉權討論文件》（1986年12月8日居民及其他人的權利自由福利與義務第七次會議討論文件）

【P6】

4. 共識
4.1 在居民及其他人的權利自由福利與義務專責小組的討論中，委員都一致同意，香港特別行政區的各種居民，無論是臨時性的或永久性的，也不論其國籍為何，其個人的基本人權和自由，包括原有法律所規定的人身、言論、出版、集會、結社、組織和參加工會、通信、旅行、遷徙、罷工、遊行、選擇職業、學術和信仰自由，住宅不受侵犯，婚姻自由以及自願生育的權利，均應受到法律保護。

※

② 1987 年 1 月 13 日居民及其他人的權利自由福利與義務專責小組之居民定義工作組《居民定義——出入境、居留、遞解離境、選舉權及被選舉權最後報告（草稿）》（1987 年 1 月 20 日居民及其他人的權利自由福利與義務專責小組第十一次會議討論文件）

【P6】

※

③居民及其他人的權利自由福利與義務專責小組《居民定義、出入境權、居留權、豁免遞解離境權、選舉權及被選舉權最後報告》（1987 年 2 月 14 日經執行委員會通過）

【P6】
（編者按：內容同上文）

▶第三稿

第三章
「**第十一條　香港居民有進行學術研究、文學藝術創作和其他文化活動的自由。**」
〔1987 年 4 月 13 日《香港特別行政區基本法起草委員會香港居民的基本權利和義務專題小組的工作報告》，載於《中華人民共和國香港特別行政區基本法起草委員會第四次全體會議文件匯編》〕

① 1987 年 3 月 9 日《居民及其他人權利自由福利與義務專責小組第十四次會議紀要（修訂）》

2. 有關由起草委員就《基本法結構（草案）》第三章「香港特別行政區居民的基本權利和義務」草擬的討論稿，與會者與李福善草委的交流概要如下：
2.7 第十一條
2.7.1 有委員認為「學術研究」只是「學術」的其中一環，故建議將「學術研究」的自由改為「學術」自由。

▶第四稿

第三章
「**第十一條　香港居民有進行學術研究、文學藝術創作和其他文化活動的自由。**」
〔1987 年 8 月 22 日《香港特別行政區居民的基本權利和義務專題小組的工作報告》，載於《中華人民共和國香港特別行政區基本法起草委員會第五次全體會議文件匯編》〕

① 1987 年 5 月 31 日陳文敏《評香港居民的基本權利和義務專題小組報告書》（1987 年 6 月 22 日居民及其他人的權利自由福利與義務專責小組第十八次會議第四次續會附件四）

筆者對《第三章：香港特別行政區居民的基本權利和義務》的建議
第十二條
任何人有進行學術研究、文學藝術創作和其他文化活動的自由。

② 1987 年 6 月 5 日麥海華、歐成威、夏其龍《對香港特別行政區基本法起草委員會香港居民的基本權利和義務專題小組於第四次全體大會工作報告的建議》（1987 年 6 月 22 日居民及其他人的權利自由福利與義務專責小組第十八次會議第四次續會附件三）

第十五條
香港特別行政區居民有進行學術研究、文學藝術創作和其他文化活動的自由。

※

▶第五稿

「**第三十三條　香港居民有進行學術研究、文學藝術創作和其他文化活動的自由。**」
〔1987 年 12 月基本法起草委員會秘書處《香港特別行政區基本法（草案）》（匯編稿）〕

▶第六稿

「**第三十四條　香港居民有進行學術研究、文學藝術創作和其他文化活動的自由。**」
〔1988 年 3 月基本法起草委員會秘書處《中華人民共和國香港特別行政區基本法（草案）草稿》（總體工作小組第二次會議對目錄、序言、第一、二、三、五、六、七、九章的修改稿）〕

▶第七稿

「**第三十四條　香港居民有進行學術研究、文學藝術創作和其他文化活動的自由。**」
〔1988 年 4 月基本法起草委員會秘書處《中華人民共和國香港特別行政區基本法（草案）草稿》〕

▶第八稿

「**第三十三條　香港居民有進行學術研究、文學藝術創作和其他文化活動的自由。**」

第九稿

「**第三十四條　香港居民有進行學術研究、文學藝術創作和其他文化活動的自由。**」
〔1989 年 2 月《中華人民共和國香港特別行政區基本法（草案）》〕

① 1988 年 9 月基本法起草委員會秘書處《內地各界人士對〈香港特別行政區基本法（草案）徵求意見稿〉的意見匯集》

【P12】
第三十三條
「學術研究」改為「科學研究」，因為「科學研究」很重要，「學術研究」已包括在「文化活動」中。

※

② 1988 年 10 月基本法諮詢委員會《中華人民共和國香港特別行政區基本法（草案）徵求意見稿諮詢報告第五冊——條文總報告》

【P158】
第三十三條
2. 意見
2.1 贊同意見
→ 本條對文化自由已有足夠保障。

→ 贊同本條對學術研究自由有所保障。
2.2 其他意見
→ 進行學術研究的自由是表達自由（freedom of expression）的重要一環。
→ 第三十九條的規定令這自由的實行受到嚴重限制。
→ 本條規定的自由如沒有政府經濟支持是難以體現的。

3. 建議
3.1 改寫
→ 「香港居民有進行學術研究、文學藝術創作和公開舉辦及參加其他文化活動的自由。」
3.2 增加
→ 加上：「不得進行政治干預、進行政治審查。」
→ 加上：「香港居民可擁有發明專利權。」
3.3 其他建議
→ 任何香港人都有權收聽和收看任何國家或地區的任何節目。
→ 任何香港人都有權朗誦任何地區或任何國家的歌曲、詩歌、文章。

4. 待澄清問題
→ 本條是否包括技術發展？

第十稿

「**第三十四條　香港居民有進行學術研究、文學藝術創作和其他文化活動的自由。**」
〔1990 年 2 月 16 日《中華人民共和國香港特別行政區基本法（草案）》〕

① 1989 年 11 月基本法諮詢委員會《中華人民共和國香港特別行政區基本法（草案）諮詢報告第三冊——條文總報告》

【P90】
第三十四條

2. 建議
→ 各種本地和國際性的學術、藝術和文化的研究創作和交流都可自由地進行。
→ 人人應有權發表自己的主張、理論、科研、文藝作品。政府有責任資助科研。科研、文藝作品不為某一團體或政治因素服務，應視為所有市民的財富。

第十一稿

「**第三十四條　香港居民有進行學術研究、文學藝術創作和其他文化活動的自由。**」
〔1990 年 4 月《中華人民共和國香港特別行政區基本法》〕

香港居民有權得到秘密法律諮詢、向法院提起訴訟、選擇律師及時保護自己的合法權益或在法庭上為其代理和獲得司法補救。
香港居民有權對行政部門和行政人員的行為向法院提起訴訟。

✿ 貳｜概念

1. 有權得到秘密法律諮詢
2. 有權向法院提起訴訟
3. 有權選擇律師及時保護自己的合法權益
4. 有權獲得司法補救
5. 有權對行政部門和行政人員的行為向法院提起訴訟

✿ 叁｜條文本身的演進和發展

第一稿

第三章
「第十二條　香港居民有權得到秘密法律諮詢、向法院提起訴訟、選擇律師及時保護自己的合法權益或者在法庭上為其代理以及獲得司法補救。
香港居民有權對行政部門和行政人員的行為向法院申訴。」
〔1986 年 11 月 12 日《香港特別行政區基本法起草委員會香港居民的基本權利和義務專題小組的工作報告》，載於《中華人民共和國香港特別行政區基本法起草委員會第三次全體會議文件匯編》〕

① 1986 年 4 月 22 日《中華人民共和國香港特別行政區基本法結構（草案）》，載於《中華人民共和國香港特別行政區基本法起草委員會第二次全體會議文件匯編》

【P12】
第三章　香港居民的基本權利和義務
（九）有權得到秘密法律諮詢、向法院提起訴訟、選擇律師在法庭上為其代理以及獲得司法補救。居民有權依法對行政部門的行為向法院申訴。

※

② 1986 年 4 月《部份起草委員對基本法結構（草案）的意見（備忘錄）》，載於《中華人民共和國香港特別行政區基本法起草委員會第二次全體會議文件匯編》

【P25】
五、關於《香港居民的基本權利和義務》
34. 第九條「居民有權依法對行政部門的行為向法院申

訴」，建議：
（1）將行為改為「違法行為」，或「侵犯公民權利的行為」。
（2）刪去「依法」二字。

38. 第三條至第十條可歸納為一條，即「（三）政府不得侵犯的基本權利和自由，包括聯合聲明附件一中所列明的各種權利和自由以及其他由普通法保障的權利和自由。」

※

③ 1986 年 11 月 12 日《香港特別行政區基本法起草委員會香港居民的基本權利和義務專題小組的工作報告》，載於《中華人民共和國香港特別行政區基本法起草委員會第三次全體會議文件匯編》

【P25】
第三章　香港居民的基本權利和義務（討論稿）
第十二條
說明：《中英聯合聲明》附件一第十三節和基本法結構（草案）第三章（九）載明了本條的內容。此外，增寫了「選擇律師及時保護自己的合法權益」和「香港居民有權對行政人員的行為向法院申訴」的內容。

第二稿

第三章

「**第十二條** 香港居民有權得到秘密法律諮詢、向法院提起訴訟、選擇律師及時保護自己的合法權益或者在法庭上為其代理以及獲得司法補救。

香港居民有權對行政部門和行政人員的行為向法院起訴。」

〔1987 年 3 月 2 日《第三章 香港特別行政區居民的基本權利和義務（討論稿）》（1987 年 3 月 9 日居民及其他人的權利自由福利與義務專責小組第十四次會議討論文件）〕

① 1987 年 2 月基本法起草委員會秘書處《香港報刊有關〈基本法〉的言論摘錄》

【P63-64】

上訴權是一個法治制度內很重要的一項權利，它保障了市民不會因為某一法官或執權者的個人喜惡，而無其他途徑申訴冤情。

基本法上對這種制度應有適當的列明，是理所當然的。

律師行業的獨立，與保障居民的權利有莫大的關連。如果能在居民的基本權利的一章內，提及居民有權選擇律師，以及律師為當事人代理會受到合法的保護和不受他人無理干擾，那麼效果可能較為圓滿。

政黨政治，是一個複雜的題目，它有其一定的缺點，但是也有它一定的優點。

政黨適合香港與否是一回事，應否在基本法內禁止政黨的存在卻又是完全的另一回事。嚴格的說，聯合聲明內賦予香港居民言論、集會和結社的自由，這應該是包括組織正當的政黨。

「政黨」的意義，也是頗為含糊而廣泛的。現時香港有不少的政治團體、壓力團體或論證團體，它們的存在，不見得對中國或香港有任何害處。

如果中國不鼓勵香港有政黨政治，也只應從政制的設計方面間接着手，而不應在基本法內直接禁止政黨的存在。

（鄒燦基：《論草擬基本法居民權利及義務》，《明報》一九八六年八月十二日。）

第三稿

第三章

「**第十二條** 香港居民有權得到秘密法律諮詢、向法院提起訴訟、選擇律師及時保護自己的合法權益或者在法庭上為其代理以及獲得司法補救。

香港居民有權對行政部門和行政人員的行為向法院起訴。」

〔1987 年 4 月 13 日《香港特別行政區基本法起草委員會香港居民的基本權利和義務專題小組的工作報告》，載於《中華人民共和國香港特別行政區基本法起草委員會第四次全體會議文件匯編》〕

① 1987 年 3 月 9 日《居民及其他人權利自由福利與義務專責小組第十四次會議紀要（修訂）》

【P2】

2. 有關由起草委員就《基本法結構（草案）》第三章「香港特別行政區居民的基本權利和義務」草擬的討論稿，與會者與李福善草委的交流概要如下：

2.8 第十二條

2.8.1 有委員建議將「行政部門」寫為「政府的行政部門」，使意思更為明確；李草委認為香港只得一個行政部門，所以「行政部門」當然是指政府的行政部門。

※

② 1987 年 4 月 13 日《香港特別行政區基本法起草委員會香港居民的基本權利和義務專題小組的工作報告》，載於《中華人民共和國香港特別行政區基本法起草委員會第四次全體會議文件匯編》

【P28】

第三章 香港特別行政區居民的基本權利和義務（修改稿）

第十二條

說明：

1. 有的委員提出把「香港居民」改為「任何人」，考慮到「其他人」的權利在本章第十八條中作出規定，故未改。

2. 向法院應用「起訴」的提法，因此，把「討論稿」第二款的「申訴」改為「起訴」。

3. 有的委員認為，應在第二款加上「居民有權向行政機關提起申訴」，考慮本條是規定香港居民在司法方面的權利，故未加。

第四稿

第三章

「**第十二條** 香港居民有權得到秘密法律諮詢、向法院提起訴訟、選擇律師及時保護自己的合法權益或者在法庭上為其代理以及獲得司法補救。

香港居民有權對行政部門和行政人員的行為向法院起訴。」

〔1987 年 8 月 22 日《香港特別行政區居民的基本權利和義務專題小組的工作報告》，載於《中華人民共和國香港特別行政區基本法起草委員會第五次全體會議文件匯編》〕

① 1987 年 5 月 22 日《香港基本法起草委員會第四次全體會議委員們對基本法序言、總則及第二、 三、七、九章條文草案的意見匯集》

【P24】

第十二條
1. 本條中的行政部門和行政人員，是否僅限於當地的，需要研究。

2. 對行政部門行為的起訴應加限制性說明，如對行政部門的侵權或不法行為有權起訴。有的委員提出，除了行政部門的「行為」之外，「不行為」，即該做的不做，是否也能起訴？

※

② 1987 年 5 月 31 日陳文敏《評香港居民的基本權利和義務專題小組報告書》（1987 年 6 月 22 日居民及其他人的權利自由福利與義務專責小組第十八次會議第四次續會附件四）

第十二條保障香港居民對行政機關提出起訴的權利，是否包括一些未被法律承認但卻可以歸入第三章的條款的權利？這是有待澄清的問題。很多國家的憲法均是清楚列明公民對任何違憲的行為提出法律起訴的權利。

筆者對《第三章：香港特別行政區居民的基本權利和義務》的建議
第六條
任何人被合法拘捕後，享有盡早接受公平和獨立的司法機關審判的權利。任何人在未經公平和獨立的司法機關判罪之前均假定無罪。
第十三條
任何人有權得到秘密法律諮詢、向法院提出訴訟、選擇律師及時保護自己的合法權益或者在法庭上為其代理。
第十四條
任何人在本章所保障的權利和自由或其他合法權益受到侵犯時均享有司法補救的權利。
任何人有權對行政部門或行政人員的行為向法院起訴。

※

③ 1987 年 6 月 1 日林邦莊《香港居民基本權利及義務報告（第二部份）第三章草稿》（1987 年 6 月 22 日居民及其他人的權利自由福利與義務專責小組第十八次會議第四次續會附件一）

第十二條
最後一句重寫為：
香港居民有權對行政機關的行為向法院起訴。

※

④ 1987 年 6 月 5 日麥海華、歐成威、夏其龍《對香港特別行政區基本法起草委員會香港居民的基本權利和義務專題小組於第四次全體大會工作報告的建議》（1987 年 6 月 22 日居民及其他人的權利自由福利與義務專責小組第十八次會議第四次續會附件三）

第八條
香港特別行政區居民被合法拘捕後，享有盡早接受公平和獨立的司法機關審判的權利。香港特別行政區居民在未經公平和獨立的司法機關判罪之前均假定無罪。

第十六條
香港特別行政區居民有權得到秘密法律諮詢、向法院提出訴訟、選擇律師及時保護自己的權益或者在法庭上為其代理。

※

⑤ 1987 年 6 月 19 日《有關基本法第三章草稿（87 年 4 月 30 日稿）的意見》（1987 年 6 月 22 日居民及其他人的權利自由福利與義務專責小組第十八次會議第四次續會討論文件）

（編者按：原件中並無本文標題所言的 87 年 4 月 30 日稿）

【P6】
第十二條
1. 修改最後一句為：香港居民有權對行政機關的行為向法院起訴。（林邦莊委員）

2. 修改為：香港特別行政區居民有權得到秘密法律諮詢、向法院提出訴訟、選擇律師及時保護自己的權益或者在法庭上為其代理。（麥海華委員等建議的第十六條）
（說明：將草稿的「以及獲得司法補救」和最後一句刪去。）

3. 補充：香港特別行政區居民被合法拘捕後，享有盡早接受公平和獨立的司法機關審判的權利。香港特別行政區居民在未經公平和獨立的司法機關判罪之前均假定無罪。
（麥海華委員等建議的第八條）

※

⑥ 1987 年 7 月 24 日《有關基本法第三章草稿（87 年 4 月 30 日稿）的意見》

【P6】
（編者按：內容同上文）

※

⑦ 居民及其他人的權利自由福利與義務專責小組《香港居民的基本權利與義務最後報告之二》（1987 年 8 月 8 日經執行委員會通過）

【P8】
第十二條
（編者按：本文同第四稿文件⑤，除下列內容外，均同前文。）
不同意見：
2. 建議修改為：香港特別行政區居民有權得到秘密法律諮詢、向法院提出訴訟、選擇律師及時保護自己的權益或者在法庭上為其代理。
（說明：將草稿的「合法權益」改為「權益」；及將「以及獲得司法補救」和最後一句刪去，因為這些意思已包括在條文中。）

※

⑧ 1987 年 8 月 22 日《香港特別行政區居民的基本權利和義務專題小組的工作報告》，載於《中華

人民共和國香港特別行政區基本法起草委員會第五次全體會議文件匯編》

【P32】
第三章　香港特別行政區居民的基本權利和義務

（一九八七年八月修改稿）
第十二條
說明：香港居民是否有權對中央國家機關及其工作人員的行為向香港法院起訴的問題，尚待與有關專題小組研究後決定。

第五稿

「第三十四條　香港居民有權得到秘密法律諮詢、向法院提起訴訟、選擇律師及時保護自己的合法權益或者在法庭上為其代理以及獲得司法補救。
香港居民有權對行政部門和行政人員的行為向法院申訴。」
〔1987年12月基本法起草委員會秘書處《香港特別行政區基本法（草案）》（匯編稿）〕

① 1987年9月2日《中華人民共和國香港特別行政區基本法起草委員會第五次全體會議委員們對基本法序言和第一、二、三、四、五、六、七、九章條文草稿的意見匯集》

【P24-25】
9.第十二條
（1）委員們提出，本條第二款有三點需要進一步研究：
（a）行政部門和行政人員的「行為」應有一定範圍。有的委員提出，在「行為」前是否要加上「違法」，「侵權」一類的界定詞。
（b）「行政人員」是《中英聯合聲明》中原來沒有列入的，有的委員認為，「行政人員」的概念含義不明，應當刪去；
（c）「起訴」不同於「申訴」。《中英聯合聲明》用的是「申訴」一詞，本條宜沿用。

（2）有的委員提出，本條說明中提到的「中央國家機關」應改為「中央駐港機構」。

※

② 1987年12月基本法起草委員會秘書處《香港特別行政區基本法（草案）》（匯編稿）

【P15】
第三十四條
說明：
1.有些委員建議刪去「合法權益」中的「合法」二字。

2.香港居民是否有權對中央駐港機關及其工作人員的行為向香港法院起訴的問題，本組建議由有關專題小組在司法管轄問題中加以規定。

第六稿

「第三十五條　香港居民有權得到秘密法律諮詢、向法院提起訴訟、選擇律師及時保護自己的合法權益或在法庭上為其代理和獲得司法補救。
香港居民有權對行政部門和行政人員的行為向法院申訴。」
〔1988年3月基本法起草委員會秘書處《中華人民共和國香港特別行政區基本法（草案）草稿》（總體工作小組第二次會議對目錄、序言、第一、二、三、五、六、七、九章的修改稿）〕

①《各專題小組的部份委員對本小組所擬條文的意見和建議匯輯（關於序言、第一、二、三、五、六、七、九章部份）》，載於1988年3月基本法起草委員會秘書處《中華人民共和國香港特別行政區基本法（草案）草稿》

【P36】
第三十五條
（編者按：內容同第五稿文件②）

第七稿

「第三十五條　香港居民有權得到秘密法律諮詢、向法院提起訴訟、選擇律師及時保護自己的合法權益或在法庭上為其代理和獲得司法補救。
香港居民有權對行政部門和行政人員的行為向法院申訴。」
〔1988年4月基本法起草委員會秘書處《中華人民共和國香港特別行政區基本法（草案）草稿》〕

①《各專題小組的部份委員對本小組所擬條文的意見和建議匯輯》，載於1988年4月基本法起草委員會秘書處《中華人民共和國香港特別行政區基本法（草案）草稿》

【P64】
第三十五條
（編者按：內容同第五稿文件②）

第八稿

「第三十四條　香港居民有權得到秘密法律諮詢、向法院提起訴訟、選擇律師及時保護自己的合法權益或在法庭上為其代理和獲得司法補救。
香港居民有權對行政部門和行政人員的行為向法院申訴。」

〔1988 年 4 月基本法起草委員會《中華人民共和國香港特別行政區基本法（草案）徵求意見稿》〕

① 《各專題小組的部份委員對本小組所擬條文的意見和建議匯輯》，載於 1988 年 4 月基本法起草委員會《中華人民共和國香港特別行政區基本法（草案）徵求意見稿》

【P55】
第三十四條
（編者按：內容同第五稿文件②）

第九稿

「**第三十五條** 香港居民有權得到秘密法律諮詢、向法院提起訴訟、選擇律師及時保護自己的合法權益或在法庭上為其代理和獲得司法補救。
香港居民有權對行政部門和行政人員的行為向法院提起訴訟。」

〔1989 年 2 月《中華人民共和國香港特別行政區基本法（草案）》〕

① 1988 年 8 月基本法起草委員會秘書處《香港各界人士對〈香港特別行政區基本法（草案）徵求意見稿〉的意見匯集（一）》

【P18】
第三十四條
1. 應包括公正審判的權利及無罪推定的權利。

2. 「申訴」應為「訴訟」。

3. 「行政部門」前加「香港特別行政區」。

※

② 1988 年 9 月基本法起草委員會秘書處《內地各界人士對〈香港特別行政區基本法（草案）徵求意見稿〉的意見匯集》

【P12】
第三十四條
1. 「選擇律師」改為「委託律師」。

2. 「司法補救」改為「司法救濟」。

3. 第二款「行為」前加「違法」，「申訴」改為「起訴」。

※

③ 1988 年 9 月 8 日《草委與諮委居民組交流會會議紀要》

【P2-3】
2. 有關條文的討論
2.8 第三十四條
2.8.1 有諮委認為行政人員及行政部門已包括全部公務員。
2.8.2 有諮委認為凡受薪於香港政府者皆是行政人員，除了司法人員例外。
2.8.3 有諮委詢問行政人員是否代表執行人員或是哪一方面，希望草委能具體指明。
2.8.4 有草委回應指出這條條文中的行政部門及行政人員並沒有指定是政府公務員。因為在香港公務員的觀念包括的官員甚廣，而草委們認為通常只是行政部門及行政人員才容易侵犯居民的權利，並不是一般的公務員。
2.8.5 有諮委建議「香港特區居民有權對政府部門和公務人員的行為向法院申訴」。
2.8.6 有諮委認為「向法院申訴」的意義未必等於「向法

院控訴」，希望能根據一般普通法的做法而作出修改。
2.8.7 有草委回應指出「申訴」這詞是根據香港的一般做法，因為在香港的法院內也未必一定只是起訴，可能是提出指示而已。現在這個建議，仍會交回有關專題小組再研究。

※

④ 《基本法諮詢委員會居民的基本權利與義務專責小組對基本法（草案）徵求意見稿第三章的意見匯編》，載於 1988 年 10 月基本法諮詢委員會《中華人民共和國香港特別行政區基本法（草案）徵求意見稿諮詢報告（1）》

【P92】
16. 第三十四條
16.1 有委員建議改為「香港特別行政區居民有權對政府部門和公務人員的行為向法院申訴。」
16.2 有委員指出，除了司法人員外，政府各部門的人員全部都是公務員。
16.3 有委員認為，「申訴」應改為「申請訴訟」，因為在法院中只有法律訴訟。
16.4 有委員認為，「向法院申訴」的意義未必等於「向法院提出控訴」，希望能根據一般普通法的做法而作出修改。
16.5 有委員指出，現時對公務員作出刑事起訴並非在私人控制之內，很多時皆需經律政司代替起訴，如根據 16.4 的改寫，當有香港居民一定要刑事起訴某公務員時，便會出現問題。
16.6 有委員認為，應加上其他的權利，包括：「接受公平審訊，未經依法確定有罪以前，應假定無罪的權利。」
16.7 有委員認為，應有條文保障為反政府人士辯護的律師。

※

⑤ 1988 年 10 月基本法諮詢委員會《中華人民共和國香港特別行政區基本法（草案）徵求意見稿諮詢報告第五冊——條文總報告》

【P159-162】
第三十四條
2. 意見
2.1 贊同意見
→ 贊同本條規定。
2.2 保留意見
→ 本條規定不足以保障人權，並沒有包括：
（1）未經依法確定有罪以前，被假定無罪的權利。

（2）公正審判的權利。

（3）公開聆訊的權利。

（4）免受集體懲罰的權利。

（5）被告免受強迫作自我損害的供辭的權利。

（6）被告有立即受審，不得無故稽延的權利。

（7）被告有免費傳譯協助的權利。

（8）居民得到正當法律程序保障的規定。

3.建議

3.1 刪除

→ 刪去「合法」二字。

理由：在未交往法庭處理時，有時不能決定某項權益是否「合法」。故「合法權益」中的「合法」應刪去，以保障居民權益。

→ 不同意刪去「合法」二字。

理由：寫上「合法」二字，使觀念較為明確。

3.2 改寫

→ 「香港居民有權得到秘密法律諮詢、向法院提起訴訟、選擇律師及時保護自己的權利或在法庭上為其代理和獲得司法補救。香港居民有權對行政部門和行政人員的行為向法院申訴。」

→ 「在考慮到所有香港居民的公民權利和義務，或向他們控以任何刑事罪名，他們都有權在合理的時間內，在獨立、公平及由法律管轄的法庭中，受到公正和公開的審訊。未經依法確定有罪以前，任何控以刑事罪者都被假定無罪。」

3.3 修改

→ 將第一款的「秘密法律諮詢」改為「秘密和獨立的法律諮詢」。

→ 將第二款改為：「香港居民有權對特別行政區各政府部門任職之公務人員或行政人員的行為向法院提出彈劾。」

→ 將第二款改為：「香港居民有權對他人的不法行為向法院申訴，包括行政部門和行政人員以及中央駐港機構及其工作人員等的行為。」

→ 將第二款的「申訴」改為「訴訟」。

理由：「申訴」有申冤和投訴之意，一般是指居民透過立法議會和港督去投訴某些公共政策和公務人員，而在法院進行的應是法律上的訴訟。

→ 將第二款的「申訴」改為「控訴」。

理由：

⊙ 「控訴」是指訴諸法庭。「申訴」則偏向於投訴，可以由沒有獨立行政的機構處理。

⊙ 「申訴」一詞如在法律上有特別意思，宜加以說明，以免與投訴、控訴混淆；如無，則宜選用市民都已瞭解之「投訴」或「控訴」字眼。

3.4 增加

→ 加上：「香港居民有權對中央駐港機關及其工作人員的犯法行為向法院起訴。」

→ 加上：「香港居民有權在立法之前或之後提出擱置、修改或廢除的理由及有申訴的權利。」

→ 加上：「任何人受到刑事控告或因其權利義務涉及訴訟須予判定時，應有權受獨立無私之法定管轄的法庭公正地公開審問。」

→ 加上：「任何人如認為本法第三章的任何條文已被違反、正被違反或即將被違反，可向法院申訴。法院有權聆聽申訴及作出適當的命令、聲明或其他司法補救。」

→ 加上：「香港居民在本章所保障的權利和自由或其他合法權益受到侵犯時均享有司法補救的權利。」

→ 加上：「除國防外交事務外，香港居民有權對中央駐港機關及其工作人員的行為向香港法院提出起訴。」

→ 加上：「有關親屬和辯護律師應可盡快獲悉有關拘禁和被拘禁者的所在，並且他們和醫務人員應可盡快和經常

與被拘禁者接觸。」

理由：藉此保障居民免受酷刑的權利。

3.5 其他建議

→ 居民應有接受公正審訊的權利，包括：

（1）盡快以被控者通曉的語言告知其控罪原因和性質。

（2）受控告者未經依法確定有罪前假定無罪。

（3）立即受審，不得無故稽延。

（4）接受獨立無私之法庭公正及公開的審問。

（5）判決應公開宣示。

（6）法律援助的權利。

（7）不立有追溯力的刑事法律。

（8）有權親自答辯或由其選任，或透過政府的法律援助所提供的辯護人為其答辯。

（9）免費的傳譯服務。

（10）可向上訴庭上訴。

（11）不得迫被告自供或認罪。

（12）不得就同一罪名作兩次審理。

→ 第二款的規定應包括可對行政長官的決定作司法審查。

理由：

⊙ 在法律面前一律平等，以及在沒有特權或豁免權的原則下，行政長官不應享有優待。

⊙ 根據第六十條，行政長官是香港特別行政區的首長，他必須屬於第三十四條所指的「人員」。

→ 條文所指的「行政部門」及「行政人員」應指香港特別行政區的行政部門及行政人員。

→ 只得「向法院申訴」不足夠，應該有更高的上訴機關，而且不必一定按法律程序僱請律師，可按理據以書面或口頭上訴或舉報。

→ 應該讓居民有權向法院申訴那些違反人權的法律。

理由：以防範立法機關對人權有所侵犯。

→ 關於香港居民是否有權對中央駐港機關及其工作人員的行為向香港法院起訴的問題，應由有關專題小組在司法管轄問題中加以規定。

→ 應對香港居民是否有權對中央駐港機關及其工作人員的行為向香港特別行政區法院起訴予以說明。

→ 香港居民應有權對中央人民政府的行為向中央人民法院申訴。

→ 關於對中央駐港機關的起訴權，應交予香港特別行政區處理。

理由：為保證這些機關及人員不會越權或有非法行為。

4.待澄清問題

→ 被控刑事罪者有權盡快選任律師保護其法定權益，這會否令政府負起提供法律援助予所有民事訴訟？

→ 何謂「合法」權益？

→ 在何時和由誰決定有關權益是否為「合法」權益？

→ 「或在法庭上為其代理和獲得司法補救」中的「其」字是指誰？為「其」代理什麼呢？

→ 第一款的「補救」一詞是否「補償」之誤？

→ 本條所指的是享有司法補救的權利，還是有權尋求司法補救？

→ 憲法是否可以對獲得司法補救作出保證？

→ 條文中提及「行政部門」所指為何？

→ 條文中提及的「行政人員」所指為何？

→ 香港居民有權對行政部門和人員的行為向法院申訴，是否包括中央駐港機構及人員？

→ 第十三條列明，駐軍人員應遵守特別行政區的法律，及第二十一條所提的一切機構及人員受基本法約束，居民對他們是否可以提出上訴呢？

→ 所謂「行為」是否指由法院判斷的違法行為？

→ 「行為」是個人行為抑或處理公務不當的行為？

→ 第二款所指的是否包括行政部門和行政人員「按照法律」而作出侵犯居民自由的行為？假若其侵犯的權利及自

由的行為非根據某一些法例而作，而此權利並未成為香港法律的一部份，香港居民可否提出訴訟？

※

⑥ 1989 年 1 月 9 日《香港居民的基本權利和義務專題小組對條文修改情況的報告》，載於 1989 年 1 月《中華人民共和國香港特別行政區基本法起草委員會第八次全體會議文件匯編》

【P21】
8. 第三十五條
徵求意見稿第二款原為：「香港居民有權對行政部門和行政人員的行為向法院申訴。」根據香港人士的意見，這次修改為：「香港居民有權對行政部門和行政人員的行為向法院提起訴訟。」把「申訴」改為「提起訴訟」。

第十稿

「**第三十五條** 香港居民有權得到秘密法律諮詢、向法院提起訴訟、選擇律師及時保護自己的合法權益或在法庭上為其代理和獲得司法補救。
香港居民有權對行政部門和行政人員的行為向法院提起訴訟。」
〔1990 年 2 月 16 日《中華人民共和國香港特別行政區基本法（草案）》〕

① 1989 年 8 月 25 日《居民專責小組第二次諮詢期第三次會議紀要》

2. 關於第三章條文的討論
2.6 第三十五條
（ⅰ）有委員提出「行政部門」、「行政人員」的定義不明確。
（ⅱ）有委員提出應在本條加上「香港居民有權向行政事務申訴專員（Commissioner for Administrative Complaints）提出訴訟」。

※

② 1989 年 9 月 12 日《基本法諮詢委員會居民的基本權利與義務專責小組對基本法（草案）第三章的意見匯編》（1989 年 9 月 21 日居民專責小組與草委會對口小組在港草委交流會議附件一）

第三十五條
建議：
（1）有委員提出應在本條加上「香港居民有權向行政事務申訴專員（Commissioner for Administrative Complaints）提出訴訟」。

問題：
（1）有委員提出，「行政部門」、「行政人員」的定義是什麼？

※

③《基本法諮詢委員會居民的基本權利與義務專責小組對基本法（草案）第三章的意見匯編》（1989 年 10 月 5 日居民專責小組第二次諮詢期第四次會議附件一）

第三十五條
（編者按：內容同上文）

※

④《居民專責小組就基本法（草案）第三章討論的會議紀要》（1989 年 10 月 5 日居民專責小組第二次諮詢期第四次會議紀要附件，同年 10 月 7 日經執行委員會通過）

【P4】
第三十五條
（編者按：本文同第十稿文件②，除下列內容外，均同前文。）
問題：
（2）有委員提出，在《中英聯合聲明》附件一第十三節英文版有「Every person shall have the right to......obtain judicial remedies」的規定，為何在草案中「obtain」一字被刪去？刪去後會否影響《中英聯合聲明》的原意？

※

⑤《基本法諮詢委員會居民的基本權利與義務專責小組對基本法（草案）第三章的意見匯編》，載於 1989 年 11 月《中華人民共和國香港特別行政區基本法（草案）諮詢報告第一冊》

【P83】
第三十五條
（編者按：內容同上文）

※

⑥ 1989 年 11 月基本法諮詢委員會《中華人民共和國香港特別行政區基本法（草案）諮詢報告第三冊——條文總報告》

【P90-91】
第三十五條
2. 意見
2.1 正面
→ 本條規定了「香港居民有權對行政部門和行政人員的行為向法院提起訴訟」，使香港居民在司法制度下的人權保障得以提高。
2.2 保留
→ 贊成採用原來較有力的版本：「有權……向法院申訴。」但不論是採用哪個版本，香港特別行政區的立法機關如要令法院無權對行政部門指令的拘留進行審查，就一定會違反基本法。
→ 這是一條重要的規定，但當然不能保證香港特別行政區政府如決心要奪取拘留其反對者的權力，法院可以不受其牽制。

2.3 其他
→ 「司法補救」應指在法庭上洗脫罪名。
→ 「司法補救」應指為市民提供保障。

3. 建議
3.1 增加
→ 在「香港居民」後加上「和在香港的其他人」，並在第二款的「有權」後加上「依法」二字。
→ 在第二款的「行政人員」後加上「中央駐港機構及其工作人員」。
理由：以保障香港居民的公民權利以及商界免於被剝削。
→ 在條文末加上：「任何香港居民如認為其根據本章享有的權利或自由已被、正被或即將被侵犯，可向法院申訴。法院有權聆聽有關申訴及作出適當的司法補救。」
理由：
⊙ 居民應有權就行政行為提出司法審查，這權利並應加以詳細規定。
⊙ 以上修改是參考《公民權利和政治權利國際公約》第二條三款（甲）（乙）項的規定。
→ 加上：「香港居民對於任何香港特別行政區機關和其工作人員，有提出批評和建議的權利；對於任何香港特別行政區機關和其工作人員的違法失職行為，有向有關行政區機關提出申訴、控告或者檢舉的權利，但不得捏造或者歪曲事實進行誣告陷害。對於居民的申訴、控告或者檢舉，有關香港特別行政區機關必須查清事實，負責處理。任何人不得壓制和打擊報復。由於香港特別行政區機關和其工作人員侵犯香港居民權利而受到損失的人，有依照法律規定取得賠償的權利。」
→ 加上：香港居民若在香港特別行政區範圍內觸犯法律，

均會在香港特別行政區的法院接受審判，並在香港特別行政區的範圍內服刑。
→ 如「行政部門」和「行政人員」未包括警務部門和警務人員，應予以加上。
3.2 修改
→ 將「提起訴訟」改為「提出訴訟」。
→ 將本條改為：「香港居民有取得秘密法律諮詢，向法院提出訴訟及獲得司法補救之權。香港居民有權選聘律師及時保護自己的合法權益或使其在法庭上充當自己的代表。
香港居民有權對香港特別行政區政府各部門和所有公務人員及本區駐軍官兵等的行為向法院提起訴訟。」
理由：
⊙ 將第一款分為兩句較為清晰，而不失原意。
⊙ 原文第一款的「得到」及「選擇」皆嫌消極，未能賦予香港居民主動權，故分別改為「取得」及「選聘」。第一款的「代理」也不及建議的「充當自己的代表」明確。
⊙ 按原文第二款，香港居民是不能對立法及司法部門及其人員提起訴訟的。
⊙ 由於香港特別行政區難免沒有駐軍，將其官兵行為納入本條似有必要。
3.3 其他
→ 香港居民有權向在香港特別行政區內犯了法的人提出控訴，有特別豁免的人除外。

4. 待澄清問題
→ 在將來居民對那些非公營的公共服務如那些法定團體、公共服務公司等，能否向法院提出司法補救的要求？
→ 何謂「司法補救」？

第十一稿

「第三十五條　香港居民有權得到秘密法律諮詢、向法院提起訴訟、選擇律師及時保護自己的合法權益或在法庭上為其代理和獲得司法補救。
香港居民有權對行政部門和行政人員的行為向法院提起訴訟。」
〔1990 年 4 月《中華人民共和國香港特別行政區基本法》〕

香港居民有依法享受社會福利的權利。勞工的福利待遇和退休保障受法律保護。

❀ 貳│概念

1. 依法享受社會福利的權利
2. 依法保護勞工福利待遇和退休保障

❀ 叁│條文本身的演進和發展

第一稿▶

第三章

「第十三條　香港居民有享受社會福利的權利。勞工的福利待遇受法律保護。」
〔1986 年 11 月 12 日《香港特別行政區基本法起草委員會香港居民的基本權利和義務專題小組的工作報告》，載於《中華人民共和國香港特別行政區基本法起草委員會第三次全體會議文件匯編》〕

① 1986 年 4 月 22 日《中華人民共和國香港特別行政區基本法結構（草案）》，載於《中華人民共和國香港特別行政區基本法起草委員會第二次全體會議文件匯編》

【P12】
第三章 香港居民的基本權利和義務
（十）依法享受社會福利的權利。退休、離職公務員的福利待遇受保護。

※

② 1986 年 4 月《部份起草委員對基本法結構（草案）的意見（備忘錄）》，載於《中華人民共和國香港特別行政區基本法起草委員會第二次全體會議文件匯編》

【P24-25】
五、關於《香港居民的基本權利和義務》
31. 建議將勞工的權益和福利單獨列為一節。

35. 將退休、離職公務員的福利待遇問題併入第四章的公務員一節中。

38. 第三條至第十條可歸納為一條，即「（三）政府不得侵犯的基本權利和自由，包括聯合聲明附件一中所列明的各種權利和自由以及其他由普通法保障的權利和自由。」

※

③《溫國勝委員書面意見》（1986 年 6 月 24 日居民及其他人的權利自由福利與義務第五次會議附件一）

第三章 香港居民的基本權利和義務
（二）勞工
1. 香港勞工有按其職能申請外出工作的自由。

2. 香港勞工應享受國際勞工法例有薪假日和工作保障的權利。

3. 香港勞工（婦女）應享受國際婦女勞工法定有薪假日和工作保障的權利。

※

④ 1986 年 11 月 12 日《香港特別行政區基本法起草委員會香港居民的基本權利和義務專題小組的工作報告》，載於《中華人民共和國香港特別行政區基本法起草委員會第三次全體會議文件匯編》

【P26】
第三章 香港居民的基本權利和義務（討論稿）
第十三條
說明：基本法結構（草案）第三章（十）列舉了「依法享受社會福利的權利。退休、離職公務員的福利待遇受保護」。參考在香港調查中徵集的意見，增寫了「勞工的福利待遇受法律保護」。此外，建議將「退休、離職公務員的福利待遇受保護」，在第四章第六節公務員中規定。

第二稿▶

第三章

「第十三條　香港居民有享受社會福利的權利。勞工的合法權益受法律保護。」
〔1987 年 3 月 2 日《第三章　香港特別行政區居民的基本權利和義務（討論稿）》（1987 年 3 月 9 日居民及其他人的權利自由福利與義務專責小組第十四次會議討論文件）〕

① 1987 年 1 月 20 日居民專責小組之福利政策與勞工政策工作組《福利政策與勞工政策討論文件（草稿）》（1987 年 1 月 23 日福利政策與勞工政策工作組第一次會議的討論文件）

福利政策

1. 社會福利的定義及範圍：

社會福利的重點在「社會」，即透過社會內一些集體行動或措施，而使某些人的困難得解決，或使他們的生活得到滿足和快樂。一定程度上，社會福利與社會裡其他政治和經濟活動是很難分割的。

現時香港政府採取的定義則如一九七九年發表的社會福利政策白皮書：「廣義而言，可包括旨在為社會人士改善衛生、教育、就業、住屋、康樂和文娛設施的一切有關工作，但狹義而言，社會福利服務基本上分為兩大類，其一是一般稱為社會保障的現金援助計劃，而另一則是專為極須援助的某等類別人士而設的直接社會福利服務」。

而按社會福利署服務劃分，社會福利服務包括以下項目：

（1）社會保障（公共援助、老弱傷殘津貼、意外傷亡賠償）
（2）感化及為過犯服務
（3）家庭福利服務（個人及家庭個案輔導）
（4）老人服務
（5）社區發展
（6）青少年服務
（7）康復工作（傷殘、弱能、精神病）

2. 社會福利的目的及發展：

社會福利設立的根據有三：第一是需要，即市民對福利服務顯示的需求。市民對服務的需求是隨著社會財富增加而不斷提高；第二是關乎社會安定，如社會安定能同時表達人與人之間的關懷，則必能得到社會大眾的支持；第三是基於社會公平的原則，所謂社會公平，並非指一種完全平等的狀況，或剝削和欺壓等現象不再存在，而是不論貧富，社會裡每一個人都有較為均等發展的機會，基本生活也可得保障。

福利界人士對福利服務背後的精神可說是一致的，大致可歸納為：

（1）福利服務應根據人權、社會公義和助人自助的原則來推行；
（2）福利制度應尊重個人的尊嚴和自決，使每個人均可得到充份發展的機會；
（3）透過福利服務的提供，建立一個公平和關懷的社會，並讓市民積極參與，創造美好的未來。

「福利國家」代表了一個社會的演進，顯示以個人或家族為重心的社會制度，已逐漸發展成為一個以國家或政府為滿足人民需要的社會制度。

隨著社會的發展，工業化過程劇增，家庭宗族制度的解組，市民對社會福利的需求無論在量或質上已提高了很多，以前各自為政而主要負責提供社會福利服務之志願機構已不敷需求，而政府的介入則逐漸明顯。

3. 《中英聯合聲明》及《基本法結構（草案）》有關社會福利的部份：

（1）「香港的現行社會、經濟制度不變、生活方式不變」〔第三款第（五）項〕

此處說明社會制度不變、社會福利制度亦應保持現狀。而保持現狀，並非指把一切服務局限於現有水平，而是指制度不會作重大的更改。

（2）「香港特別行政區政府自行制定有關文化、教育等政策。各類院校，包括宗教社會團體所辦院校，均可保留其自主性。」（附件一第十段）。這裡雖是針對文化及教育等政策，其他社會團體及政策，如社會福利政策及團體亦應包括在內，享有其自主性。

（3）「現在適用於香港有關《公民權利和政治權利國際公約》和《經濟、社會與文化權利的國際公約》的規定，將來繼續有效。」（附件一第十三段）總的來說聯合聲明沒有直接提及特別行政區的社會福利政策或制度。但在《基本法結構（草案）》（第三章第十節）則有以下條文：

（4）「依法享受社會福利的權利」，換言之社會福利的保障是屬香港居民的基本權利義務，而基本法則應照顧到社會福利這方面。

4. 在訂定將來社會福利政策或制度時可能遇見的問題：

（1）基本法內有關社會福利政策的寫法：

基於市民逐漸重視社會福利的種種原因，社會福利的政策必然會寫在基本法內，而一般人都贊同不可寫得太詳細，因為社會福利政策是因應當時政治、社會、經濟等環境的特別需要而制訂的，若要滿足市民的要求，則必須不斷改進，加上基本法是屬於憲法性質，不能隨時更改，所以這部份應定得靈活一點，不能寫得太細緻。然而其具體的詳簡程度則難說清，以下幾方面意見是有助福利政策在基本法內的寫法：

1）社會主義與資本主義國家對社會福利的不同概念：

在一般社會主義的國家，社會福利是人民的財產，於是社會福利是人民的權利，故人人均享受社會的福利。

而在資本主義社會裡社會福利的性質大大不同，它是輔助資本主義的，福利因而成為資本主義的一部份，不是財富不可為人所擁有，故此不是人的權利。資本主義社會裡因經濟的條件有所改變而福利因時而異，甚至減少，福利這名詞沒有固定的實質，人更不能擁有無法給予定義的社會福利。因此在香港，福利的享有並不可算是權利。但另一方面香港將為中國一部份，但卻沒有像社會主義國家由政府承擔一切福利責任的情況，因此必須在香港基本法上寫上保障「香港式的社會福利制度」。

2）立法保障：

據《基本法結構（草案）》第三章第十節「依法享受社會福利的權利」，將來香港應有一套有關福利政策的法例。然而目前香港的社會福利是無法可依的，因它是依據政府政策，而非以立法保障。香港千多條條例中，只有約五、六十條與社會福利機構有關，但沒有一條直接寫上關於提供福利，只有少數條例雖然有涉及福利，但卻偏重於婚姻法或行政法兩方面。現在香港的福利，是有了政策後才產生，其政策是一個每年延續的五年計劃，由社會福利和社會服務聯合組成的五年計劃委員會，經過諮詢而由行政局通過的。立法局只是在港督的每年施政報告中作出辯論，或在財務委員會討論福利政策，因福利政策不是法例，所以立法局不能把福利法律化。若要把福利法律化，整個釐定政策的程序制度及根基便都需改變。

3）政府的角色：

將來香港特別行政區政府在福利制度中的角色可分兩方面去瞭解：與各志願機構的關係及撥款比率。從這兩方面，政府的角色是否需要在基本法中列明或立法規定呢？

4）自主性：

香港特別行政區政府應有權自行制定其福利政策。而制度亦不會跟隨或仿效中國的制度模式。雖然辦理學校或其他服務的團體可保留現有的自主性，按本身的主旨辦事，不用成為政府架構的一部份，或接受政府的控制。

5）兩條公約只是很原則性的權條文，可作基本法福利部份參考，並不屬具體條文。

6）章節：

在《基本法結構（草案）》中，社會福利政策是寫在第三章香港居民的基本權利和義務內的，但有意見認為福利政策的決策權是與教育、科學、技術、文化、體育和宗教的處理（由香港特別行政區政府自行制定的政策）有關的，故建議在《基本法結構（草案）》的第六章標題上加上「福利」，而將福利政策及制度列入第六節。

（2）社工的專業資格問題：

由於現時的社工們沒有專業資格認可，而專業資格又受教育制度及其他客觀的條件（供求等）所影響的，所以將來對社工專業資格的承認得從現在的社工制度入手。

（3）保持現狀還是改善契機：

認為要保留現有模式者並非表示服務停滯不前，而是要跟隨經濟發展和市民需求而增加，只是整個福利制度基礎不變，政策背後的理論也不變，重點是保證市民繼續享有現在的一切，發揮它們為市民提供服務的最佳效果。

另一種看法則認為九七的轉變，是改造香港社會的契機，所以認為社會福利政策應重新釐訂，服務的效能也應重新確立。因現有的社會福利制度並不理想，缺點很多，目標也不明確，政策欠缺長遠計劃，因此九七過渡正好是檢討香港福利制度的時候。

勞工政策

1.《中英聯合聲明》有關勞工部份

1.1「香港的現行社會、經濟制度不變；生活方式不變。香港特別行政區依法保障人身、言論、出版、集會、結社、旅行、遷徙、通信、罷工、選擇職業和學術研究以及宗教信仰等各項權利和自由。……」（第五款）意思即可依據九七前已有的法律，繼續保障工人在九七後的集會、結社、罷工、選擇職業等自由。

1.2「在經濟、貿易……體育等領域單獨地同世界各國、各地區及有關國際組織保持和發展關係，並簽訂和履行有關協定。對以國家為單位參加的、與香港特別行政區有關的，適當領域的國際會議，香港特別行政區政府的代表可作為中華人民共和國政府代表團的成員或以中央人民政府和上述有關國際或國際會議允許的身份參加，並以『中國香港』的名義發表意見。對不以國家為單位參加的國際組織和國際會議，香港特別行政區可以『中國香港』的名義參加」。（附件一第十一節第一段）在國際組織和會議參加的名義上，若需以國家為參加單位者，香港可以中國的代表團成員身份參加及以「中國香港」名義參加。

1.3「對中華人民共和國已經參加而香港目前也以某種形式參加的國際組織，中央人民政府將採取必要措施使香港特別行政區以適當形式繼續保持在這些組織中〕的地位。對中華人民共和國尚未參加而香港目前以某種形式參加的國際組織，中央人民政府將根據需要使香港特別行政區以適當形式繼續參加這些組織。」（附件一第十一節第二段）九七後香港可繼續參加九七前已加入的國際組織，如中國政府亦為該國際組織成員，中國會採取必要措施使香港保持在該國際組織中的地位；但在中國尚未參加之國際組織，中國則視乎需要作出適當安排，但無論如何香港是可繼續參與這些國際組織的。

2. 保障勞工的基本原則：

根據《中英聯合聲明》，香港市民應不受個人的政治、宗教、思想背景的影響，而享有選擇工作等自由及權利。根據國際勞工組織公約及建議，基本人權應包括下列幾方面：

2.1 擇業自由
2.2 職業及社會保障
2.3 工資保障
2.4 有組織及加入會社（團體）及與資方進行集體談判的權利（即包括勞動者的團結權利，集體談判；勞工可擁有參加工會自由）
2.5 有罷工權

此外，有建議將勞工福利及勞工條件仿法律予以規定及本地工會與外地工會可以自由聯繫及不同行業工會可以組織總工會。

3. 主要問題

3.1 列於基本法內

有建議在基本法內寫上有關勞工制度的原則性條文，凡適用香港的國際勞工公約應獲得承認；而香港的勞工福利保障條件應依法律作出規定，工會有權代表工人參與集體談

判等。具體的建議有：

3.1.1《基本法結構（草案）》第三章有關香港居民的基本權利和義務上，在《公民權利和政治權利國際公約》和《經濟、社會與文化權利的國際公約》後應加上《國際勞工公約》使九七前適用的公約繼續有效，因為香港現行的勞工法例，一部份是根據國際勞工公約擬定出來的。

3.1.2《基本法結構（草案）》第六章有關香港特別行政區的教育、科學、技術、文化、體育和宗教上，應加上「勞工」，及將有關勞工制度及福利條文列於這章。

3.2 工會的角色

二次大戰後香港的工會主要是為工人提供福利，給予失業救濟、開辦醫療所、工人子弟學校、識字班、供銷服務部，以及各種文娛康樂設施，在一定程度上補充了當時香港政府所提供的福利設施不足。

六十年代，香港經濟有較大發展，但工人的權益和待遇並沒有相應的提高。故在七十年代工會便在「維護工人權益、改善工人生活質素」上工作，當時以改善薪酬待遇為主。到了現在「九七」的過渡期，工會已由關心本行業、本企業的利益，擴至關心社會事務和香港前途，為工人爭取權益協助工人解決勞資糾紛、關注整體勞工福利、勞工政策和勞工法例的制訂和修改，且還致力於爭取集體談判的地位，以加強僱員與資方進行對等談判的力量。另外，工會在擴大其社會功能上還有以下的發展方向：一方面爭取直接參與社會政策的討論和制訂，把工人的意見和要求反映到政府的行政架構，另一方面則關切到民生的社會服務，及提高工人的公民意識。然而目前工會的談判地位仍未被認可，工會組織聯合會的方式亦受到若干限制，對工人透過龐大的集體行動來爭取其權益，有一定的障礙，故有建議立法保障之。

3.3 與國際組織的聯繫

香港團體參與國際性組織或會議的自由及名義已清楚地列於《中英聯合聲明》附件一第十一節第一、二段，然而若香港要以會員身份出席國際勞工會議或以中國代表團成員身份出席，均有一定的困難。

香港作為非主權國家，在英國承認了的七十七條國際勞工公約中，香港跟隨全部施行了三十條，部份僅承認了十四條公約而已。若九七後香港繼續執行現行的國際勞工公約，便會有統一主權國比非主權地區執行更少的國際勞工公約的先例，但這卻非可能。

由於聯合國屬下的一個組織，章程規定一般成員是以聯合國為單位，因此香港不能單獨以獨立會員身份參加入國際勞工組織。但有建議中國作為一個會員可以承認國際勞工公約，而有限度地選擇在其國內可以實施的地區，而非全國性地劃一執行。但這方法可能會引致國內其他地區藉以引用類似中港的安排。

另一建議認為可將適用條例寫於基本法，這樣便可使香港雖非為國際勞工組織的會員，而可使現有保障勞工福利、權益的條約繼續有效。

3.4 勞工之退休制度

目前，香港尚未有一套完備的勞工福利保障政策，尤其在退休制度方面，員工的退休金並非是每一個僱員都可享有的福利，這是因各公司或機構的福利制度而異，因法律條例並沒有規定公司必定要給予員工退休金的福利。截至八六年一月，政府才開始實施長期服務金，以保障在某一機構內服務了一定年資的僱員，但這卻不等同於退休金這特定保障（長期服務金的政策香港政府將會在短期內進行檢討）。

至於其他得不到所屬機構保障的員工便得倚賴政府提供的其他福利保障，如養老金。

九七後是否需要統一的退休福利制度呢？而政府、僱主、僱員間各自又應承擔甚麼角色呢？這都是考慮勞工退休福利問題需注意的地方。

對勞工退休福利問題，現時曾提出的幾個可能方法：（參

考教育及人力統籌科制訂的諮詢文件——在香港設立中央公積金的影響）

（1）設立中央公積金
1）由誰統籌：政府統籌；僱主各自發展；政府與僱主共同組成的委員會。
2）是否強迫性的政策
3）供款的比例：政府、僱主、僱員
4）如何運用供款及其影響
（2）促進私人公積金計劃及退休金計劃的進一步發展
1）游說
2）行政措施
3）立法（有需要時）
（3）供僱員參與的私人儲蓄及投資計劃
1）存款在持牌銀行
2）單位信託
3）人壽保險
4）儲蓄互助社
5）地產
6）股票市場
（4）逐步改善現有的社會保障制度，以應實際需要：
1）放寬可領取長期服務金的資格
2）擴大破產欠薪的保障
3）立法保障向私人公積金計劃所作的供款
4）改善公共援助計劃及特別需要津貼計劃，並檢討老人福利。

※

②1987年2月3日居民專責小組之社會福利政策及勞工政策工作組《社會福利政策與勞工政策討論文件（草稿）》（1987年2月6日居民專責小組之社會福利政策及勞工政策工作組第二次會議討論文件）

社會福利政策
1.《中英聯合聲明》及《基本法結構（草案）》有關社會福利的部份：
1.1 對於將來特別行政區的社會福利制度和政策，《中英聯合聲明》沒有直接提及，但以下條文可作為參考：
1.1.1「香港的現行社會、經濟制度不變、生活方式不變……」（第三款第（五）項）
1.1.2「香港特別行政區保持原在香港實行的教育制度。香港特別行政區政府自行制定有關文化、教育和科學技術方面的政策，包括教育體制及管理、教學語言、經費分配、考試制度、學位制度、承認學歷及技術資格等政策。各類學院，包括宗教社會團體所辦院校，均可保留其自主性……」（附件一第十段）。
1.1.3「宗教組織和教徒可同其他地方的宗教組織和教徒保持關係，宗教組織所辦學校、醫院、福利機構等均可繼續存在。……」
「《公民權利和政治權利國際公約》和《經濟、社會與文化權利的國際公約》適用於香港的規定，將繼續有效。」（附件一第十三段）
1.2 而在《基本法結構（草案）》第三章「香港居民的基本權利和義務」第十節列明：
「依法享受社會福利的權利。退休、離職公務員的福利待遇受保護。」（第三章第十節）

2.社會福利的定義和特色：
社會福利是社會服務與制度的組織化體系，旨於協助個人與團體獲得滿意的健康及生活水準；調和個人與社會關係；讓人人得以發揮其所有潛能；滿足社會的需求；增進個人、家庭及社區的福祉；達至和諧境界。

香港政府於一九七九年發表的社會福利政策白皮書，對社會福利作如下的定義：「廣義而言，可包括旨在為社會人士改善衛生、教育、就業、住屋、康樂和文娛設施的一切有關工作，但狹義而言，社會福利服務基本上分為兩大類，其一是一般稱為社會保障的現金援助計劃，而另一則是專為極須援助的某等類別人士而設的直接社會福利服務」。
社會福利服務在過去數十年的發展中，已漸趨多元化，並已建立由政府及為數眾多的志願福利機構共同提供服務的體系。近年來，社會福利的每年支出佔政費開支的百分之五左右。而社會福利服務包括以下項目：
（1）社會保障（公共援助、高齡津貼、傷殘津貼、交通意外傷亡賠償等）
（2）感化及行為過犯服務
（3）家庭服務（個人及家庭輔導服務等）
（4）老人服務
（5）社區發展
（6）青少年服務
（7）康復服務（傷殘、弱能、精神病等）
而香港的社會福利制度的特色是由政府承擔大部份福利經費，負責政策的制訂和推行，及協調各志願機構聘請專職人員提供各項福利服務。而各機構之自主性和服務的專業化均受尊重。

3.社會福利的目的及發展：
3.1 社會福利設立的根據有三個原則；第一是需要的原則，即市民對福利服務顯示的需求（無論是質或量），市民對服務的需求是隨着社會財富的增加而有所提高的；第二是社會安定的原則，提供服務以緩和社會矛盾，促進人與人之間的關懷，可使社會趨於穩定；第三是社會公平的原則，所謂社會公平，並非指一種完全平等的狀況，或剝削和欺壓等現象的消失，而是不論貧富，讓社會裡每一個人都有較為均等發展的機會，而基本生活也可得到保障。
3.2 福利界人士對福利服務背後的精神可說是一致的，大致可歸納為：
3.2.1 福利服務應根據人權、社會公義和助人自助的原則來推行；
3.2.2 福利制度應尊重個人的尊嚴和自決，使每個人均可得到充份發展的機會；
3.2.3 透過福利服務的提供，建立一個公平和相互關懷的社會，鼓勵市民積極參與，創造美好的未來。
3.3 隨着社會的發展，經濟的增長，家庭宗族制度的解組，市民對社會福利的需求無論在量或質上都會提高；因此，社會上除了倚賴各志願機構提供各項社會福利服務外，政府的介入和承擔更趨重要。

4.在訂定將來社會福利制度或政策時可能遇見的問題：
4.1 基本法內有關社會福利政策的寫法：
基於市民逐漸重視社會福利，社會福利的政策必須列入基本法內。至於有關條文的詳盡程度，一般認為不可寫得太詳細。因為社會福利政策是根據當時的政治、社會、經濟環境制訂的，若要滿足市民的要求，則必須不斷改進；加上基本法是屬於憲法性質，不能隨時更改，所以這部份應訂得靈活一點，不能寫得太細緻。然而其具體的詳簡程度則很難說清，以下幾方面的考慮有助於基本法內的寫法。
4.2 具體條文：
建議在基本法第三章香港居民的基本權利和義務內寫上「市民享有社會福利的權利」一項；並在第六章標題上加上「福利」在第六節引申，寫上有關社會福利的具體條文。
4.3 立法保障：
目前部份社會福利是有法例規定的，如保護婦孺條例、幼兒中心條例等。日後這些法例仍應有效。
4.4 政府的角色；

將來特別行政區政府在福利制度中可扮演的角色可參考現時香港政府的做法；
1）撥款資助志願機構
2）協調各項福利服務
3）制訂和執行社會福利政策
4）執行法定的福利服務，如感化、公共援助、幼兒中心條例、保護婦孺條例等。
5）提供部份直接的福利服務
4.5 自主性：
香港特別行政區政府應有權自行制定其福利政策。各志願團體可自由制定其服務模式，及保留其自主性和創新性。
4.6 兩條國際公約是原則性的條文，可作為日後社會福利發展的原則和依據。
4.7 社工的專業資格問題：
目前從事社會服務的人員都需經一定的專業訓練，惟現時的社工仍未有法定的團體對其專業資格進行審訂及認可，但現時業內有關團體正為社會福利人員籌設專業人員的註冊制度。

5. 具體條文建議：
5.1 在基本法第三章「香港居民的基本權利和義務」中列明：
「市民享有社會福利的權利」
5.2 在基本法第六章寫上
5.2.1 香港特別行政區居民有權享有社會福利及物質生活的保障。
5.2.2 現有社會福利制度應予保留。
5.2.3 沿用現有關於社會福利的政策及法案，需要時可作增刪和修訂。
5.2.4 社會福利服務得因應社會需求及在經濟條件許可下，繼續發展，並不斷提高服務水平。
5.2.5 香港特別行政區政府繼續承擔社會福利經費，並鼓勵和協調各志願福利機構從事社會福利服務。
5.2.6 促進社會工作的專業化，認可與保障社會工作從業員的專業地位；社會服務的專業組織可以「中國香港」的名義，參與國際性社會福利組織及活動，互相交流，推展社會福利工作。

※

③摘自《新婦女協進會就中英協議草案發表意見》（1987 年 2 月 6 日居民專責小組之社會福利政策及勞工政策工作組第二次會議附件二）

四、勞工保障方面
4.1 勞工擁有擇業及轉業自由
4.2 政府應加強職業保障，以堵塞現行勞工法例的漏洞。如制訂最長工時、提供職業訓練、實行保健計劃、防止不公平待遇及無理解僱、改善工作環境及安全設施等。
4.3 設立最低工資制度，並按生活物價指數，予以調整。
4.4 提供社會保障計劃，包括公積金、失業金及半失業金、退休金等制度。
4.5 勞工擁有與資方就職工利益進行集體談判的權利，並擁有罷工、組織及加入會社的權利。
4.6 一切現存香港法例中，有違反以上勞工權益的條文，應予取消修訂。

※

④吳夢珍委員的書面意見（1987 年 2 月 6 日居民專責小組之社會福利政策及勞工政策工作組第二次會議附件三）

日前報章公佈諮詢委員會將成立專責小組分別研究基本法各類問題，社會服務界同人未見有社會福利一組，甚感驚異，謹將眾人意見陳述如下。
社會福利服務無論在任何社會制度下都有存在的需要，只是提供服務的形式及方法上有分別而已。社會福利服務，狹義來說是調和社會各階層間的矛盾，使社會減少紛爭，以便於經濟的發展；廣義來說是把社會集中了的資源再分配（Redistribution），以便提高整個社會的生活質素，發展社會中個人的潛力，成為人力及財富的一種投資。資本主義社會的平等及自由價值觀，主要是強調個人發展，多勞多得，以發動人的積極性來創造財富。所以如果有一部份人因種種原因而未能取得起碼生活條件時，一方面造成社會不安，另一方面對社會繁榮起不了積極的作用。所以必要想辦法來解決這些人的困難，使他們能努力去建立安定生活，並有餘力服務社會。因此，社會福利包括社會保障（即最起碼的生活保障）、醫療設施、房屋分配、普及教育，在狹義的範圍來說也要使失業者及老弱傷殘者得到照顧。此外，一些在生活上有困擾的人（如家庭糾紛、精神不健全、吸毒、犯罪等等），亦需要社會福利服務，幫助他們解決問題。
香港政府對於社會福利由六〇年代起逐步發展，到現在有很多方面都能比上國際水平。而港府每年用於福利服務的支出，為數在數億元以上。同時，政府與志願團體合作推行各種社會服務活動，例如，設立青年中心，以培育青少年才能；舉辦託兒所，使職業婦女可以安心工作；提供老人服務，使老有所歸。政府對各種福利服務，亦訂有法例或守則，以維護工作的水平。今日香港社會的安定繁榮，福利服務實有不容忽視的貢獻。因此我們認為社會福利是社會制度一個重要環節，應該清楚列明於基本法內。並希望在專責小組分配上切勿遺漏社會福利，以保香港人未來的幸福。

※

⑤吳夢珍《社會福利》（1987 年 2 月 6 日居民專責小組之社會福利政策及勞工政策工作組第二次會議附件四）

【P1-4】
社會福利服務是任何社會制度下的一個組成部份，根據聯合國《國際人權宣言》及其他國際人權公約，均列明人需有被尊重、平等、自由、公義、和平、受保護等等的權利（見附件一）。故此，享有社會福利服務是每個公民的權利。
社會福利服務的功能是：
（1）保障公民的起碼生活條件，特別是鰥、寡、孤、獨、老、弱、傷殘者的生活；
（2）調和社會各階層間的矛盾，使社會減少紛爭，以便經濟的發展；
（3）把社會集中了的資源再分配，以便提高整個社會的生活質素，發展社會中個人的潛能，貢獻社會。
一直以來，香港政府與志願社會福利服務機構，共同提供市民社會福利服務。隨着社會經濟發展，社會福利服務更趨完善。除部份志願福利服務機構在某些服務中自負盈虧外，大部分社會服務的開支都是由政府補助，服務範圍包括家庭及兒童服務、青少年服務、復康服務、安老服務、釋囚服務、戒毒者服務、社區發展及其他特殊服務，如移民及難民服務等，而社會保障則以金錢資助老弱傷殘者，是政府給予有需要人士的直接服務，這種服務佔政府社會福利經費一大部份。
近年來，各有關方面不斷努力提高社會福利服務的質素及使參與服務人員向社會大眾負責。近幾年，社會福利服務正趨向專業化，而專業化有賴專業訓練，故此提供社會福

利服務人員需要受過一定的訓練，一些較艱深的工作則必須由接受過大專社會工作訓練的人士擔任。目前社會工作專業團體如香港社會工作人員協會，正用各種方式提高社會工作者的專業質素，使服務標準得以提高。另方面，部份服務如幼兒服務、家庭服務等更制有法律以保障案主的權益。為加強對外聯繫，提高社會福利質素，社會工作專業團體更與國際社會服務組織保持聯絡，經常參與或舉辦國際會議、研討會及考察團，以便交流服務心得，互相取長補短。

基於以上理由及目前香港社會福利服務的良好基礎，並為保持香港以後的安定繁榮，我建議在基本法結構草案中第六章「香港特別行政區的教育、科學、技術、文化、體育和宗教」一章內，新增一項名為「社會福利制度及政策」。可考慮將這一項置於第六章第四項「宗教政策」之前，而「宗教政策」則順次改為第五項。

「社會福利制度及政策」一項，需要包括以下內容：
（1）列明現有社會福利制度，應予保留；
（2）社會福利制度在經濟繁榮的條件下，得以發展，並提高服務標準；
（3）維持現時由政府與志願社會福利機構共同承擔社會福利服務的政策；
（4）社會服務的聯絡組織，如香港社會服務聯會及社會服務的專業組織，如香港社會工作人員協會在不影響中國主權情況下，得以香港特別行政區的地位參與國際組織。

除以上提出新增「社會福利制度及政策」一項外，亦可考慮另一種可行方法，即在現時基本法結構草案第六章第六項「其他社會事務」中列明以上第一至第三點內容，而第四點有關社會服務與國際組織一點，則可以在第七章「香港特別行政區的對外事務」的第二項「參加有關的國際組織、國際會議，簽訂和履行有關國際協定」中處理。

※

⑥《香港社會工作者總工會就香港居民的基本權利和義務向基本法起草委員會居民權利義務專題小組代表提交的意見書》（1987年2月6日居民專責小組之社會福利政策及勞工政策工作組第二次會議附件五）

四、社會福利制度和政策
《中英聯合聲明》附件一第十三段只提及宗教組織所辦學校、醫院、福利機構等均可繼續存在，自成體系，由政府資助，各宗教及志願團體承擔及聘請曾受社會工作專業訓練的人員提供各類服務的事宜。文中亦只提及這些機構的繼續存在而不談其社會功能的發展。

基本法結構草案第三章〈香港居民的基本權利和義務〉亦只提及依法享受社會福利的權利。目前本港除了部份福利工作如保護婦孺條例、婚姻條例、侵害人身罪條例、幼兒中心條例、感化犯人條例及公共援助等經濟援助計劃及緊急救濟計劃有法例及法定保障外，相關大部份福利服務只是社會政策而非法律。因此，單提依法享受社會福利的權利並不能概括目前各項福利服務如兒童服務、青少年服務、家庭服務、安老服務、社區發展及康復服務等。因此，我們建議在基本法結構草案第六章加入社會福利政策，確立市民福利權利的具體實施。

社會福利政策具體內容應將兩條國際公約有關社會福利及社會制度的原則具體列明，並明確政府對社會福利服務的資助，維持本港傳統及獨特性。志願機構的自主性和獨立性應予以尊重並獲得參與福利政策制定的權利。而社會服務的推行應尊重社工人員的專業訓練及專業團體的自律和自主性。社會福利政策的原則如尊重人權、促進社會公

義、鼓勵市民參與、發揮自助助人精神、建立公平和相互關愛的社區等應在基本法內予以確立。

※

⑦吳少鵬《社會福利制度》（1987年2月6日居民專責小組的社會福利政策及勞工政策工作組第二次會議附件六）

【P1-5】
九龍城區基本法諮詢辦事處在六月廿一日舉辦了一個講座，其中一個講題是同這個題目一樣。講者是社會工作者杜景綠。他們又在六月廿六日與城市理工社工系及法律系十多位講師就同一個題目研討理論根基。在七月廿九日他們與九龍城區十多位社會工作者再作進一步探討怎樣把社會福利制度適當地寫進基本法裡去。為着把他們的意見反映，我把杜先生的講詞及其後的兩個討論會紀要列在附件裡，成為獨立的意見書。我在這三次會議上亦認識了不少有關社會福利制度的問題及其理論，從而提出以下的建議，我的意見可能與諮詢期間的參與者有所不同，但他們啟發了我不少。

建議：
（i）基本法結構（草案）第三章第十節第一句「依法享受社會福利的權利」改為「有權享受行政機關所提供之社會福利」。
（ii）同一節有關這部份之內容亦應簡單地以一句道明此意思。
（iii）第六章標題加上「福利」於「宗教」之後。
（iv）「福利制度和福利政策」應加在同一章第四節之後。

建議的理由：
社會福利並不是與資本主義社會有所衝突，反之社會福利是資本主義社會不可分割的一部份，原因是：
（i）社會福利可維持一隊健康的勞工隊伍，從而生產力不會因為勞工的健康而減少。
（ii）社會福利有如社會的安全網，使到在社會上被淘汰的一小部份人不會構成社會更大的負擔。
（iii）社會福利幫助一些需要幫助的人，因而把資本主義社會道德化。
（iv）社會福利提供社會成員機會去發揮自己，將社會一部份的重擔改變成為對社會的貢獻。
換句話說，社會福利是香港穩定繁榮的一個因素。

一些社會主義國家裡，社會福利是人民的財產，於是社會福利是人民的權利，故人人均可享受社會的福利。但在資本主義社會裡，社會福利的性質大大不同，它是輔助資本主義的福利，因而成為資本主義的一部份，不是財富不可為人所擁有，因此不是人的權利。資本主義社會裡會因經濟的條件有所改變而福利因時而異，甚至減少，福利這名詞沒有固定的實質，人更不能擁有無法給予定義的社會福利。

聯合聲明沒有明確地提到特別行政區的社會福利、社會福利政策或社會福利制度。但很奇怪地在基本法結構（草案）第三章第十節卻訂下香港居民有「依法享受社會福利的權利」，這個不大對勁。
（i）正如第二段所提到，資本主義社會裡，享受福利不是一種權利，社會所提供的福利主要是使整個社會運作得更好。
（ii）香港的社會福利是無法可依，因為它是行政政策的產品。香港千多條條例，大概有五、六十條與社會福利機構有關，但沒有一條直接提供福利，只有少數條例雖然有涉及福利，但卻偏重於婚姻法或行政法的規範裡，總覽這些法例，若依法享受福利，而法律沒有列明福利，又怎依

法去享受呢？

（iii）現在沒有法例可依，有無可能把福利法律化呢？我認為不可能。現在香港的福利，是有了政策後才產生。香港的福利政策，是一個每年延續的五年計劃，由社會福利署和社會服務聯會組成的五年計劃委員會，經過諮詢而由行政局通過的。立法局方面，港督的每年施政報告都有提及，議員只可經辯論施政報告，提出問題，或在財務委員會討論福利政策，因為福利政策不是法例，所以立法局不能把福利法律化。若要把福利法律化，整個釐定政策的程序、制度及根基都會改變，我也無法想像改變到什麼樣子。

（iv）若把福利以另一種表達形式去立法又可否在權利這章節寫下呢？如香港居民「有生存的權利」，意思是說既然有權利生存，有生命危險時社會便要負上福利的責任，這點看來非常之陌生，生存和福利兩者可以無關係，生存當作福利寫下基本法是犯了邏輯上的大錯誤。

香港居民唯一有權享受的福利，就是政府所提供的福利，而決定福利的機構是行政機構，所以我提議第三章第十節亦能簡單以一句「香港居民有權利享受的機關所提供之社會福利」，這一節的第一句題目也應如此，社會福利的定義就是行政機構所提供的社會福利。

而第三段所述，福利是福利政策的產品，它是行政機關所訂，不是中央所訂，這個訂定福利政策的權，應該是特別行政區的權，這亦要列明在基本法內。唯一最適合的章節是第六章，原因是這個決策權不適合在其他章節，而又與教育、科學、技術、文化、體育和宗教的處理方法相類似。香港的福利制度與很多地方都不相同，福利的行政管理權有大部份在志願福利機構裡，而行政機構裡社會福利署也不獨自擁有行政管理權，例如社區中心是屬於政務總處。同時，政府六成之福利開支都是資助這些志願福利機構，志願福利機構的開支亦有部份由各種各類基金幫助，如公益金及馬會等。這個獨特的制度是需要在基本法內列明，其需要性源出於聯合聲明附件一第十節，「香港特別行政區政府自行制定有關文化教育等政策。各類院校，包括宗教及社會團體所辦院校，均可保留其自主性」在這一句子裡，總是找不出特區政府自行制定福利政策，志願福利機構可保留其自主性，但其用意又極其明顯地想包括這兩點呼之欲出，而又蘊藏其內，如果不是特區政府有福利決策權，志願機構保留自主性，莫非是中央？這就是要把福利制度列入基本法的需要性。

唯一最適合的章節提出福利政策的決策權及福利的保留，應是第六章，理由如第五段所提出的一樣。故此我建議這一章的題目應是「香港特別行政區的教育、科學、技術、文化、體育、宗教和福利」，而社會福利政策及制度列為第五節，或福利政策列為第五節，福利制度寫於現在的第六節「其他社會事務」。

最後一點，在諮詢期間內，曾經有社會工作者建議社工應專業化並訂定有專業資格及加以認可及保障，這一點也是合理，但社工們現在沒有認可專業資格，責任應在他們身上，基本法不宜直接干涉這一行業。

※

⑧杜景福《社會福利制度》（1987年2月6日居民專責小組的社會福利政策及勞工政策工作組第二次會議附件六）

我們要談論特別行政區的社會福利制度，首先要界定何謂社會福利。我打算引用香港政府1979年出版的社會福利政策白皮書內對社會福利一辭的解釋，即「在狹義而言，社會福利服務基本上可分為下列兩大類：其一是一般稱為社會保障的現金援助計劃，而另一則是專為極須援助的某等類別人士而設的直接社會福利服務」，我又按照社會福利署服務劃分，社會福利服務包括以下項目：

1. 社會保障（公共援助、老弱傷殘津貼、意外傷亡賠償）
2. 感化及為過犯服務
3. 家庭福利服務（個人及家庭個案輔導）
4. 老人服務
5. 社區發展
6. 青少年服務
7. 康復工作（傷殘、弱能、精神病）

正如其他國家一樣，本港的社會福利服務最初是由教會及慈善團體主辦，直至四十年代，政府才開始參與服務。

社會福利服務的提供，主要是基於社會需要，例如社會上有貧窮便有救濟工作；有老弱傷殘，便要照顧；有糾紛或犯罪趨勢，便得要有輔導服務。若我們的社會沒有這些需要，社會福利便沒有價值了。

社會福利除了基於人道、人權、慈善及互愛互助的精神而存在外，更加可以對社會產生保護和保障的作用，例如某些人士陷於困境，若得到及時輔導或幫助，使其盡快回復正常，再次參與建設社會。社會保障也可以使到某些臨時出現經濟困境的人士減少鋌而走險的機會。

隨着本港經濟的急劇發展，社會福利的需求也大增。尤以近十年為最，我們從政府政費開支可以看到，政府用於社會福利服務的開支已由1981年的八億八仟萬增至1985年的二十五億五仟餘萬元，佔政府政費開支的5.6%，（1981年則僅4.0%）。而且，服務範圍增廣、服務質素也全面提高。目前，本港的一般市民，基本上已不用過於擔憂衣、食、住、行的問題了。早期的因貧窮而引致的饑餓、營養不良等已不復見，大家都可以過着較為安定的生活。

我們在看《中英聯合聲明》時，清楚知道將來香港特別行政區的社會，經濟制度不變、生活方式不變，私人財產、企業所有權、合法繼承權等會獲得保障（第三條第五項）。換言之，香港目前之資本主義社會會維持不變，直至2047年。而在聯合聲明中，更提到維持目前港人的其他權益，包括言論、出版、集會、結社、旅行、遷徙、通信、罷工等等各項自由，外匯、黃金、證券、期貨買賣照常等，但對社會福利保障，卻未有提及。我們再看基本法結構草案，也未見到專講社會福利制度的章節，雖然後來有提議在「教育科技」一章內，將「社會福利」明確列出。（見基本法結構（草案）意見備忘錄第46條）。

而我們認為將社會福利列入教育科技一章，不如另立一章節討論，以顯示福利的重要性。我們認為將社會福利明顯列入基本法是十分需要的。甚至可以在基本法總綱內列明。

首先是因為《中英聯合聲明》強調了現行的法律制度將不變。而目前本港的社會福利制度，乃是政府政策，而非立法保障，將來的特別行政區，必須沿用目前的法律制度和保障，而行政措施則可因當時的經濟、社會情況而有所不同，故此，屆時的社會福利制度，便沒有保障了。

其次，正因為有九七問題，並強調了資本主義制度五十年不變，而資本主義的本質，乃自由的競爭和發展，往往使社會出現了不幸的少數人士，需要援助以渡過難關，或需要長期照顧，故社會福利制度不能缺少。九七年後，香港雖為中國一部份，卻沒有像社會主義國家由政府承擔一切福利責任的情況，故必須在香港基本法上用立法去保障社會福利制度的存在。

過去十多年來社會福利發展迅速，居民過着安定平穩的生活，可以專心一意地服務社會、建設社會，直接促成了香港的安定繁榮。在未來的過渡期，以至九七年後，基本法若保障了社會福利制度維持不變，也可以促成民心安定，生活有所保障。

事實上，社會福利乃是對社會的一種投資，除了可以安定社會之外，也可以實質上協助一些暫時喪失正常生活的個人及家庭回復正常，也協助團體及社區聯繫起來，建立社區精神，促進社區團結，目的使所有的社會成員發揮助人

自助的能力，提高生產及建設能力，間接也促成了經濟的發展。

在保障社會福利制度的同時，我們也希望強調志願機構在提供社會福利的重要性。目前，大約三分之二的社會福利服務乃由志願機構提供的。香港政府在 1973 年的社會福利白皮書第一次清楚界定政府與志願機構在提供社會福利的角色，政府的主要任務是維持社會的法紀和公平，即主要有感化工作，社會保障及恩恤徙置等。而志願機構則承擔大部份的其他責任，如青少年服務、老人及康復工作、社區發展、家庭服務等。志願機構的經費雖主要來自政府，以及 1968 年成立的公益金的撥款，但在提供福利服務方面，卻有特別的優點，例如志願機構比政府限制較小，能多試驗新的服務（如青年外展工作、社區發展計劃等），對資源的調動，亦比政府較富彈性。一般而言，志願機構多有歷史背景、宗教背景，地方團體背景，在吸引義務工作人員方面，比政府勝一籌，這不但可以減輕政費支出，亦可增加市民對福利服務的參與和支持。再者，經驗告訴我們，同一樣的服務，志願機構的開支比政府自行提供往往節省許多。這都是志願機構服務的存在價值，希望基本法也得以保障，以使日後的特區政府也照目前制度撥款予志願福利機構提供社會福利服務。

最後，社會福利的從業人員也應得資格認可和保障。現時，香港社會服務聯會正聯同社會工作人員協會和社工總工會制訂社工人員註冊制度，旨在保障社會福利服務從業人員的水準和質素。而目前雖仍未有註冊制度，但一般福利服務的執行人員都經過政府認可的學歷審訂，以保障服務的有效提供。故此基本法實有需要列明尊重目前及未來的社工人員的專業資格審訂，保障由本港所審訂的社工人員去執行本港的社會福利服務。

我們為強調基本法保障現行社會福利制度得以順利運作，故建議在基本法內另加一章節提出，甚至可以在總綱內列明，因為將社會福利附列在科技教育之下並不恰當，若列在居民權利項目內，也不符合事實。在香港資本主義制度下，社會福利乃政府，或政府透過志願機構所提供的義務和責任，而非像社會主義國家，社會福利乃居民之權利。故此若非在基本法總綱列明社會福利制度的保存和發展，則便需要獨立開闢一章節處理了。

※

⑨香港社會服務聯會《我們對基本法中社會福利部份的建議》（1987 年 2 月 6 日居民專責小組之社會福利政策及勞工政策工作組第二次會議附件七）

【P1】
居民應可享受社會福利的權利
中華人民共和國香港特別行政區基本法結構（草案）第三章《香港居民的基本權利和義務》第（十）節說：「依法享受社會福利的權利。」基本法結構（草案）列明香港居民可依法享受社會福利的權利，我們對此表示熱烈的支持。至於如何表達香港居民享受社會福利的權利，我們有以下建議：
「在保持香港現行社會、經濟制度和生活方式不變的原則下，香港居民的生活，應隨着整體經濟的發展和社會資源的增加，而得到相應的改善，以使他們在基本生活、住屋、醫療和個人發展方面，皆能得到（編者按：原件缺字）……合理和充足的支持和援助。此外，居民享受社會福利的權利，亦應該得到法律的保證，以實現其權利的意義。」

特別行政區中的社會福利制度
我們建議，在基本法結構（草案）第六章中，加入「社會福利政策」一項，以與其他教育、科技、文化、宗教等政策有相同地位和重要性。具體內容方面，我們有以下建議：

「香港特別行政區的社會福利政策，應遵守以下原則：第一、現在適用於香港有關《公民權利和政治權利國際公約》和《經濟、社會與文化權利的國際公約》的規定，其中有關居民生活和福利部份，應繼續有效，並作為社會福利政策制定的依據。」

※

⑩ 1987 年 2 月 7 日居民專責小組之社會福利政策與勞工政策工作組《社會福利政策與勞工政策討論文件（修正稿）》（1987 年 2 月 13 日居民專責小組之社會福利政策與勞工政策工作組第三次會議討論文件）

【P1-3】
（編者按：本文內容同第二稿文件②，除下列內容外，均同前文。）
1.《中英聯合聲明》及《基本法結構（草案）》與社會福利有關的部份
（編者按：上版本的第 1.2 點即有關《基本法結構（草案）》的內容被刪除）

2.社會福利的定義和特色
（編者按：上版本的第一段被刪除，中段相同，最後一段略作補充）
香港的社會福利制度的特色是由政府承擔大部份福利經費，負責政策的諮詢、制訂和推行，及聯同各志願機構訂定服務標準，制定專業水準，提供各項福利服務。各機構之自主性和法定地位均獲認許，而其服務的專業化亦受尊重。

4.在訂定將來社會福利制度或政策時應考慮的各點：
（編者按：上版本的第 4.2 點「具體條文」被刪除）

5.基本法的具體條文建議：
（編者按：下列項目內容有所修改）
5.2 在基本法第六章寫上
5.2.1 香港特別行政區居民應享有社會福利及基本生活的保障。
5.2.2 社會福利制度應尊重個人的尊嚴和自決，使每個人均可得到充份發展的機會。香港特別行政區政府應有權保留目前制定福利政策的自主性。各志願團體可自由制定其服務模式，及保留其自主性和創新性。
5.2.5 香港特別行政區政府繼續承擔社會福利經費，並鼓勵、推動和協調各志願福利機構提供社會福利服務。
5.2.6 認可與保障社會工作從業員的專業地位；社會服務的專業組織可以「中國香港」的名義參與國際性社會福利組織及活動，互相交流，推動社會福利工作。

※

⑪ 1987 年 2 月 13 日居民專責小組之社會福利政策與勞工政策工作組《社會福利政策與勞工政策討論文件（草稿）》

【P1-3】
（編者按：本文同第二稿文件①，除下列內容外，均同前文。）
勞工政策
1.《中英聯合聲明》有關勞工部份：
1.2「在經濟、貿易……體育等領域單獨地同世界各國、

各地區及有關國際組織保持和發展關係，並簽訂和履行有關協定。對以國家為單位參加的、與香港特別行政區有關的，適當領域的國際會議，香港特別行政區政府的代表可作為中華人民共和國政府代表團的成員或以中央人民政府和上述有關國際或國際會議允許的身份參加，並以『中國香港』的名義發表意見。對不以國家為單位參加的國際組織和國際會議，香港特別行政區可以『中國香港』的名義參加」。（附件一第十一節第一段）

1.3「對中華人民共和國已經參加而香港目前也以某種形式參加的國際組織，中央人民政府將採取必要措施使香港特別行政區以適當形式繼續保持在這些組織中的地位。對中華人民共和國尚未參加而香港目前以某種形式參加的國際組織，中央人民政府將根據需要使香港特別行政區以適當形式繼續參加這些組織。」（附件一第十一節第二段）

2.《基本法結構（草案）》第三章「香港居民的基本權利和義務」列明：
2.1「言論、出版、集會、結社、組織和參加工會的自由、罷工、遊行自由」（第三節）
2.2「選擇職業的自由、學術研究自由」（第八節）
2.3「依法享受社會福利的權利。退休、離職公務員的福利待遇受保護」（第十節）

3.保障勞工的基本原則：
3.3 未來特別行政區政府應有權在有需要時，限制特區以外的勞工輸入，以保障勞工就業權益。
3.6 有罷工權
此外，有建議將勞工福利及勞工條件擬定法律予以規定，及本地工會可繼續按現行法律與外地工會聯繫，並希望將來容許不同行業工會可以組織總工會。

4.主要問題：
4.1 列於基本法內
4.3 與國際勞工組織的聯繫
……香港作為非主權地區，至八五年止在英國承認了的七十七條國際勞工公約中，香港跟隨全部付諸實施的有三十條，經修訂後付諸實施的有十九條，但中國僅承認了十四條公約而已（見附件一、二）。若九七後香港繼續執行現行的國際勞工公約，便會有統一主權國比非主權地區執行更少的國際勞工公約的先例，故需作特別安排。
由於國際勞工組織是聯合國屬下的一個組織，章程規定其成員是以聯合國會員國為單位，因此香港不能單獨以獨立會員身份參加入國際勞工組織。但有建議認為中國作為一個會員國可以承認國際勞工公約，而有限度地選擇在其國內可以實施的地區，而非全國性地劃一執行。但這方法可能會引到國內其他地區藉以引用類似中港的安排，或引致國際勞工組織內之其他國家效法。

※

⑫《國際勞工協約在香港的通用性（截至一九八五年十二月三十一日止）》（1987年2月13日居民專責小組之社會福利政策與勞工政策工作組第三次會議附件一）

適用於香港的協約共74條：
甲、全部付諸實施（30條協約）
協約編號：
2 —— 失業
5 —— 最低年齡（工業）
7 —— 最低年齡（航海）
8 —— 失業賠償（船隻失事）
11 —— 參加社團之權利（農業）
12 —— 勞工賠償（農業）
15 —— 最低年齡（理煤及火伕工人）
16 —— 青年體格檢驗（航海）
19 —— 平等待遇（意外賠償）
22 —— 海員之合約條款
26 —— 最低工資之釐定
29 —— 強制勞動
32 —— 防止意外（船塢工人）（修訂）
42 —— 勞工賠償（職業性疾病）（修訂）
45 —— 地底工作（婦女）
50 —— 招募土生工人
58 —— 最低年齡（航海）（修訂）
64 —— 僱傭契約（土生工人）
65 —— 刑法制裁（土生工人）
74 —— 及格海員簽證
81 —— 勞工視察
84 —— 參加社團之權利（非主權地區）
97 —— 移民就業（修訂）
98 —— 職工會組織及集體談判之權利
105 —— 廢除強制勞動
108 —— 海員身份證明文件
115 —— 輻射防護
122 —— 僱傭政策
124 —— 青年體格檢驗（地底工作）
151 —— 勞資關係（公共服務）

乙、經修訂後付諸實施（19條協約）
協約編號：
3 —— 分娩保障
10 —— 最低年齡（農業）
14 —— 每周休息（工業）
17 —— 勞工賠償（意外）
59 —— 最低年齡（工業）（修訂）
63 —— 工資及工作時數統計
82 —— 社會政策（非主權地區）
86 —— 僱傭契約（土生工人）
87 —— 自由參加社團及保障組織社團之權利
90 —— 青年夜間工作（工業）（修訂）
92 —— 船員住宿設備（修訂）
101 —— 有薪假日（農業）
133 —— 船員住宿設備（附加條款）
141 —— 農村工人團體
142 —— 人力資源發展
144 —— 三方協商（國際勞工標準）
147 —— 商船（最低標準）
148 —— 工作環境（空氣染污、噪音及震盪）
150 —— 勞工行政

丙、保留決議（23條協約）
協約編號：
24 —— 疾病保險（工業）
25 —— 疾病保險（農業）
27 —— 印記重量（船隻運輸之包箱）
35 —— 年老保險（工業等）
36 —— 年老保險（農業）
37 —— 病弱保險（工業等）
38 —— 病弱保險（農業）
39 —— 遺屬保險（工業等）
40 —— 遺屬保險（農業）
44 —— 失業救濟協約
56 —— 疾病保險（航海）
68 —— 食物及伙食（船員）
69 —— 船上廚師簽證

70——社會保障（海員）
77——青年體格檢驗（工業）
89——夜間工作（婦女）（修訂）
99——最低工資之釐定（農業）
100——同工同酬
102——社會保障（最低標準）
114——漁民合約條款
120——衛生（商業及辦事處）
135——工人代表
140——有薪教育假期

丁、行將發表公佈（2 條協約）
協約編號：
23——遣送海員回原地
126——海員住宿設備（漁民）

※

⑬ 蘇莫秀嫻《國際勞工協約在香港的通用性》（1987 年 2 月 13 日居民專責小組之社會福利政策與勞工政策工作組第三次會議附件一）

香港是國際勞工組織所謂的非主權（即附屬）地區，不能成為國際勞工組織的成員，沒有直接參與該組織的全體大會或其他事務。在全體大會中，香港的代表由英國政府代表擔任。在討論有關香港的問題時，英國可邀請香港官員以顧問身份出席。

香港雖不能享有成員國身份，但作為非主權地區，香港仍可與國際勞工組織保持關係，惟所有官方聯繫都必須透過英國政府。

作為非主權地區，香港不必認可任何協約。香港就英國政府認可的協約所作的公佈，均由英國政府在與香港政府諮商後，代為發表。

截至一九八二年一月一日止，英國已認可 71 條協約，其中包括第 83 條協約——勞工標準（非主權地區）。根據該協約，不論該表上所列各條是否已由成員國認可，成員國均須代其附屬地區公佈表上各條的通用性。

作為非主權地區，香港只能就該 71 條協約及第 83 條協約表內所列而未經英國認可的協約發表公佈。但在英國認可的 71 條協約中，有 5 條因技術性問題，不適用於香港，而在第 83 條協約表中，只有 8 條能適用於香港。因此適用於香港的協約共 74 條。

截至一九八二年四月一日止，香港就國際勞工協約發表的公佈如下：

聲明	公約數目
全部付諸實施	29
經修訂後付諸實施	18
保留決議	26
行將發表公佈	1

在發表「全部付諸實施」的公佈之前，香港已透過立法或（及）行政程序，將協約的各條款賦予效力。如發表「經修訂後付諸實施」的公佈，則會就已獲接納的條款採取類似措施。如因採用新的立法或行政措施，令以前曾排除的規定得以適用，則可發表經修改的公佈。決定以上問題時，都會與勞工諮詢委員會商討，該會是一非法定諮詢組織，工人委員與僱主委員的數目相等。

勞工問題（包括有關國際勞工組織的問題）的諮詢工作，都是在勞工諮詢委員會及其實施國際勞工標準委員會的會議中進行，兩者皆由政府、勞工及僱主代表組成。如在休會期間需採取行動，則提供有關文件給委員傳閱，以徵詢其意見。

香港政府承認如要社會進步及對抗海外市場的保護主義措施，為勞工提供更多保障至為重要。因此在勞工標準方面，香港盡量令更多國際勞工協約適用，並使推出的各種法例，至少要能媲美情況最為理想的鄰近國家。在追求這些目標時，政府充份明白勞工法例並不是最終目的，而是為求達到目的的方法。所以經常都進行廣泛諮詢及審慎考慮，務求只推出一些在本地實際可行的法律。

許多發表「保留決議」公佈的協約不能適用於香港，唯一原因就是香港沒有完備的社會保障計劃，香港現行的社會保障計劃不是靠市民供款。雖然該計劃包括生活津貼；老人及傷殘人士福利；租金、教育及膳食津貼，但香港並不能藉此履行這些協約所規定的責任。

另一方面，若干國際勞工協約因種種緣故而無法執行，卻不表示忽略在這幾方面的勞工福利。香港即使能履行某些協約所規定的責任，但如該等協約未獲英國認可，則仍不能在香港付諸實施。

※

⑭《勞工界基本法聯席會議就有關基本勞工權益的問題之意見摘要》（1987 年 2 月 13 日居民專責小組之社會福利政策與勞工政策工作組第三次會議附件三）

香港的勞動人口有二百多萬，佔全港人口半數。他們的生活有保障，香港的安定繁榮才能有保證。經濟比較穩定的北歐國家（例如瑞典）的經驗證明，勞工權益受到一定的保障，勞工對社會及對其任職的工作機構的歸屬感有所增強，社會的安定就有所保證，經濟的穩定發展才有基礎。

在基本法結構（草案）中，卻沒有提及勞工政策。我們建議在第六章加入勞工政策及以下幾點，以保障勞工權益。
（1）勞工的職業及退休保障。
（2）工會應有集體談判權利。
（3）未來特區政府應有權力在有需要時，限制特區以外的勞工輸入，以保障勞工就業權益。
（4）繼續保持與國際工會的聯繫。

香港政府承認如要社會進步及對抗海外市場的保護主義措施，為勞工提供更多保障至為重要。就國際勞工公約方面，由於現時香港實施的國際勞工公約有四十九條，而中國實施的只有十四條，兩者存在一個較大的差距。而九七年後，香港主權要回歸中國，而國際勞工組織規定會員是以國家為單位，一個地區所施行的公約不會多於主權國，故將會產生重大的問題，因而對香港的勞工有重大的影響。

又由於國際勞工組織規定以國家為單位，因而香港不能以單獨的身份參加，故此我們建議在基本法結構（草案）第三章之十二條在兩個公約後，加入《國際勞工公約》，確保現有在香港已實施的國際勞工公約今後繼續有效。

同時要求九七年後，香港的代表能夠參與中國出席國際勞工組織會議的代表團成員。

※

⑮ 高贊覺《關於香港將來在國際勞工組織地位問題》（1987 年 2 月 13 日居民專責小組之社會福利政策與勞工政策工作組第三次會議附件三）

《中英聯合聲明》附件二「關於中英聯合聯絡小組」第四條載有如下條文：
四、在聯合聯絡小組成立到一九九七年七月一日的前半段時期中審議的事項包括：
（一）兩國政府為使香港特別行政區作為獨立關稅地區保

持其經濟關係，特別是為確保香港特別行政區繼續參加關稅及貿易總協定、多種纖維協定及其他國際性安排所需採取的行動；

（二）兩國政府為確保同香港有關的國際權利與義務繼續適用所需採取的行動。

香港勞工界基本法聯席會議期望中英聯合聯絡小組能夠就下列問題進行討論，商議妥善辦法，以保障香港勞工的權益。
（一）一九九七年後香港在國際勞工組織的地位問題；
由一九八六年開始，香港有一個代表團（包括政府、僱主、僱員三方代表在內）作為英國代表團的顧問列席國際勞工組織週年大會。一九九七年後香港是否可以「中國香港」名義或其他方式派遣代表團參與國際勞工組織的週年大會？
（二）現在及於過渡期間，在香港實施的國際勞工公約，一九九七年後繼續有效的問題；
（三）一九九七年後，香港將如何得以採用新的國際勞工公約的問題。
一九九七年後香港將回歸中國，請中、英兩國政府為香港參與國際勞工組織及早作出適當安排。

※

⑯ 香港工會聯合會基本法關注小組《對基本法有關「香港居民的權利和義務」的建議》（1987 年 2 月 13 日居民專責小組之社會福利政策與勞工政策工作組第三次會議附件四）

【P1-2】
香港特別行政區基本法結構（草案）（以下簡稱基本法結構草案）第三章《香港居民的基本權利和義務》，是基本法中極其重要的部份。我們認為，起草這一章節的主要目的，是要將香港居民應有的權利和義務的基本原則，通過法律的形式確定下來，使之得以合法地延續。因此，《聯合聲明》中有關香港居民的權利和義務的規定，應該在這一章節中得到充份反映，同時，香港現行有關法例的原則，也應該在這一章節中得到確認。我們認為，現時基本法結構草案第三章的十六點，基本上體現了這一精神，是可取的，但還有一些重要的原則並沒有在這一章節中提出來，因此，本會提出以下建議，希望各委員予以考慮：
（一）基本法應明確列出勞工政策的指導原則
在香港五百萬居民中，勞工階層佔了二百多萬人，他們是社會生產的原動力，為建設整個社會貢獻了力量，理應獲得適當的照顧和保障。環顧世界，不少國家和地區所制定的帶有憲法性質的法律，均明確寫上保障勞工的條文。但在《基本法結構草案》中，這一原則卻沒有明列出來，這是不足的地方。我們認為，香港各階層的利益獲得平衡的照顧是理所當然的事，因此，有關保障勞工的政策原則，應在基本法中列明。
我們建議，基本法可確定下列五項有關保障勞工的基本原則：
（1）勞工福利及勞動條件應依法律予以規定；
（2）勞動者的團結權利，集體談判權利應受保障；
（3）工會有權代表工人進行集體談判；
（4）勞工可擁有參加工會自由及罷工自由；
（5）本地工會與外地工會可以自由聯繫；不同行業工會可以組織總工會。
我們特別提出保障勞工的原則，是希望佔人口大多數的勞動者所應得的權利能夠得到保證，這樣，才能使勞動者發揮生產的積極性，有利於香港的繁榮穩定。

（二）關於國際勞工公約問題

香港現行的勞工法例，相當一部份是根據國際勞工公約制定出來的。所以，國際勞工公約對香港勞工有頗大的影響。為了保證有關的公約將來能繼續實施，並能根據這些公約來修定或增加香港的勞工法例，我們建議在基本法上寫上原則性的條文：「適用於香港的國際勞工公約應獲得承認」，使到在九七年前適用的公約繼續有效，而九七年之後適用的也應獲承認。

（三）關於《公民權利和政治權利國際公約》和《經濟、社會與文化權利的國際公約》在香港的適用性問題
兩個國際公約的內容與規限反映了民眾對各項權利和自由的需要，我們考慮到兩個國際公約的主要條款已經寫入現行香港法律和基本法結構草案內，其中包括人身自由和住宅不受侵犯等。故此，不需要再把公約全文列入基本法內，否則使基本法過於冗長。但有關條文應有較詳細文字說明，而不能過於籠統。
我們也考慮到基本法條文中若有足夠法律效力文字反映兩公約的效用性已可接納，而不必將兩公約作為附件放入基本法內。

（四）居民的定義和選舉權、被選舉權問題
根據香港是一個國際城市、自由港的特點，香港居民應包括（1）永久性居民和（2）臨時性居民（或稱非永久性居民）兩種。凡符合聯合聲明附件一第十四條所規定者，便是永久性居民，其餘居港者均是臨時性居民。
我們認為，從尊重歷史與現實出發，凡香港的永久性居民，依法可享有選舉權和被選舉權。另一方面，為了體現香港已回歸中國這一歷史特色，因此，作為行政機構的最高代表（行政長官）和立法機關的最高代表（如主席一職），可界定非中國籍的香港永久性居民不能當選。

※

⑰ 香港基督教工業委員會《勞工基本法（草擬）》（1987 年 2 月 13 日居民專責小組之社會福利政策與勞工政策工作組第三次會議附件五）

【P1-3】
一、信念
人透過勞動，具體地參與創造世界的過程，並體現豐盛的生命。這是我們基本的信念。
我們認為經濟發展固然重要，但是大多數勞工的權益以及老殘傷殘的尊嚴，更加重要。可是，創造繁榮的先驅——工人，往往生活缺乏保障，尊嚴備受損害。確保工人生活得以改善，勞工立法是先決的條件。
一份勞動基本法是保障我們維持現有勞工狀況的優點和改善不良之處。特別在香港即將進入一個歷史性轉捩的時間，我們深信有清楚的法律條文規定作為依據，一套合理和不斷進步的勞工政策，將減少勞資衝突，並使社會繁榮安定。我們將為此不斷的努力。
在勞工立法的策略上，我們認為有些需要在基本法中明確規定，例如罷工權利，已在中國的憲法上刪除。有些則在香港的勞工法律中予以改善，例如工業安全、青工及婦女保障。有些是因應香港進入新的情況而設立，例如勞資爭議的處理。

二、勞動基本法
香港市民應享有工作上的自由及權利，不因個人的政治、宗教、思想背景而受影響。根據國際勞工組織公約及建議，基本人權應包括下列幾方面：
（1）擇業自由；
（2）職業及社會保障；
（3）工資保障；

（4）有組織及加入會社（團體）及與資方進行集體談判
的權利；
（5）有罷工權。

三、勞動基本法原則
僱傭合約以及作為勞資關係基礎的其他法律規定，應該與
勞動法的條款相一致；若有任何集體協議及個人僱傭合
約，低於勞工法標準者，均屬無效。
（1）僱傭條件
1.擇業自由
職工可以自由地與僱主建立僱傭關係，並按其意願停止合
約關係，職工可以另行擇業或轉業而不受歧視。
2.職業保障
i.勞動權要受到保障，國家或有關當局有責任幫助公民得
到符合他們所具的專業知識工作。
ii.僱傭關係中的每一僱員，均有不被其僱主不公平解僱的
權利。
iii.合約內容應明確保障工作上幾方面：如工資、工時、
休息日、有薪假及解僱等。
3.工資保障
職工每月的平均收入應足以支付一家四口的衣、食、住、
行等基本需要，並按期調整以應付通貨膨脹。
（2）童工及青年勞工保障
應在最低工齡、工作條件、工時、假期、職業訓練、夜班
工作及保健方面予以保障。
（3）婦女勞工
1.保障男女同工同酬，不可因性別及婚姻狀況而受歧視，
並應享有同等的福利津貼。
2.積極提供託兒服務，以改善婦女就業機會。
3.保障婦女分娩假期及津貼。產前及產後之身體檢查亦應
包括在有薪分娩假內。同時，也保障婦女因生理上的變化
而獲得適當休息如月經假等。
（4）社會保障
透過勞資雙方供款制度，使職工或其家人在生、老、病、
死下失去工作能力的情況後，其基本生活條件得以維持。
（5）職業健康及工業安全
1.工廠有責任保證職工工作安全與衛生條件。
2.在生產的過程中，工廠必須隨着生產技術的發展，不
斷改善工作環境及安全設施，並對職工健康、安全加以保
障。
3.職工有權對於保護他們健康、生命和身體的設施或條例
進行監督。

六、勞資關係
（1）有與資方進行集體談判的權利。
涉及職工總體利益如工資、工作條件、工人福利等，均有
權以集體方式解決。
（2）勞資爭議
爭議雙方可以自願將勞資爭議權給第三者，或由第三方人
員去仲裁。

七、有組織及加入（會社）團體的權利
保障所有職工有建立工會及參加工會活動的權利，任何歧
視法令均屬無效，包括：
（1）在僱用職工時要他加入或不加入或者脫離工會的條
件。
（2）由於他是工會會員，參加工會活動或罷工而對他加
以損害或侵犯他的權利。

八、罷工權
以保障和改善職工整體利益的爭議，工人可以行使罷工
權，並可進行和平糾察。禁止任何歧視自由行使罷工權的
行為。

個人僱傭合約中規定聲明放棄罷工權或對罷工權進行任何
限制的條款，均應無效。
　　　　　　　　　　　　※

⑱香港工會教育中心《致中英聯合聯絡小組有關未
來香港與國際勞工組織地位的意見書》（1987年2
月13日居民專責小組之社會福利政策與勞工政策工
作組第三次會議附件六）

香港工會教育中心要求中英聯合聯絡小組應討論香港九七
年後在國際勞工組織之地位，及確保現已適用於香港的國
際勞工公約繼續有效，及以後如何實施新的國際勞工公約
問題。
中心主席及總幹事曾於八五年六月期間前往日內瓦訪問國
際勞工組織，並曾就上述要求與該組織之憲章顧問交換意
見。其後，香港工會教育中心為此進行多次討論，並發表
以下意見：
（一）九七年後香港與國際勞工組織的關係：
（1）仿效現時的方式，即香港代表團（勞、資、政府三
方）可隨中國代表團列席國際勞工組織週年大會。
（2）在取得中國同意下，以「中國香港」名義出席國際
勞工組織會議。
（二）現時中國只認可十四項勞工公約，香港則為四十九
項。中英聯絡小組應對此發表聲明，明確表示香港已承認
的公約繼續有效，並可自行發展，不因主權國家承認公約
多寡而受影響。
香港工會教育中心瞭解到，香港可享較大自由去處理國際
勞工公約及與國際勞工組織的關係，原因是一方面可改善
勞工權益，另一方面是抵抗外國保護主義者的攻擊。香港
及中國兩地的經濟制度不同，對勞工權益問題的處理亦不
一樣，故應考慮香港將來代表團應有「較大自主」的地位，
一如關稅貿易協議處理方法。

　　　　　　　　　　　　※

⑲港九勞工社團聯會對《中華人民共和國香港特別
行政區基本法結構（草案）》的增訂意見（1987年
2月13日居民專責小組之社會福利政策與勞工政策
工作組第三次會議附件七）

關於基本法起草委員會第二次會議通過的〔中華人民共和
國香港特別行政區基本法結構（草案）〕，本會認為該草
案對勞工權益的保障方面是不足夠的。為此，本會提出兩
項增訂意見，要求加入結構條文上。
一、第三章　香港居民的基本權利和義務
（十二）《公民權利和政治權利國際公約》和《經濟、社
會與文化權利的國際公約》適用於香港的規定將繼續有效。
要求在兩個公約後增加一條《國際勞工公約》在內。
二、第六章　香港特別行政區的教育、科學、技術、文化、
體育和宗教
（一）教育制度和教育政策
（二）科學技術政策
（三）文化政策、體育事業
（四）宗教政策
（五）專業人士的專業資格問題
（六）其他社會事務
要求在第六章加上「勞工」，在各節上加上「勞工政策」。
勞工政策應包括：就業保障、限制輸入廉價勞工、工會的
政治權利及集體談判權、香港工會與外地工會的關係。

　　　　　　　　　　　　※

⑳摘自《香港工業總會致香港特別行政區基本法諮詢委員會之呈文》（1987年2月13日居民專責小組的社會福利政策及勞工政策工作組第三次會議附件八）

……（編者按：原件缺前文）職員、財務管理以至其他事項，工業家均應有自主權利。此外，僱主應繼續保有酌情僱用及解僱員工之權利。
（e）選擇職業之自由
香港人應有選擇及轉換職業與工作之自由，使彼等之潛質與才能得以發揮。此種自由對提高勞動大軍之能力與效率益助甚大。
（f）以協商方式解決勞資糾紛
香港目前之勞資關係乃建立於勞資雙方互相信任之基礎上。本會認為，基本法應保持此種關係，而任何發生於僱主與僱員之間之糾紛或問題，應由所涉各方協商解決。

（6）簡易之地區性低稅率稅制乃香港持續成功之必要條件。現行之低稅率利得稅與薪俸稅稅制不論對本港投資者抑或海外投資者均極具吸引力，故應予維持。再者，香港特別行政區應將「財政收入全部用於自身需要，不上繳中央人民政府。」

（7）多年來，本港製造商與貿易商已為香港產品樹立一個已獲國際公認為識別香港產品品質與價值之標誌。在此方面，香港特別行政區已獲授權對在本地製造之產品簽發產地來源證。本會擬求取當局之確認，示明日後香港產品可使用「香港製造」標籤，而無須使用「中國香港製造」標籤。

（8）為鼓勵新產品與新技術之研究與發展，並藉保障在港出售之產品之知識產權以提高本港之貿易形象，應維持一套合理並獲切實執行之專利與版權制度。

（9）基本法必須明文規定香港特別行政區為一獨立關稅地區，可參與各類國際組織及國際貿易協定，並可自行……（編者按：原件缺後文）

※

㉑1987年2月16日居民專責小組之社會福利政策與勞工政策工作組《社會福利政策與勞工政策討論文件（修正稿）》（1987年2月27日居民及其他人權利自由福利義務專責小組第十三次會議討論文件）

【P1-3】
（編者按：本文同第二稿文件⑩，除下列內容外，均同前文。）
1.《中英聯合聲明》及《基本法結構（草案）》與社會福利有關的部份
（編者按：原有內容不變，只是加入新的1.1.3項，前文的1.1.3順延成1.1.4）
1.1.3「在經濟、貿易……體育等領域單獨地同世界各國、各地區及有國際組織保持和發展關係，並簽訂和履行有關協定。對以國家為單位參加的、與香港特別行政區有關的，適當領域的國際會議，香港特別行政區政府的代表可作為中華人民共和國代表團成員或以中央人民政府和上述有關國際或國際會議允許的身份參加，並以『中國香港』的名義發表意見。對不以國家為單位參加的國際組織和國際會議，香港特別行政區可以『中國香港』的名義參加」。
（附件一第十一節第一段）

2.社會福利的定義和特色：
（編者按：在羅列現時社會福利服務數目時由原本七項增加了第八項）
（8）扶幼服務

4.在訂定將來社會福利制度或政策時應考慮的各點：
4.2立法保障：
目前部份社會福利是有法例規定的，如保護婦孺條例、幼兒中心條例等。日後這些法例仍應繼續有效，視實際需要而有所修訂。
4.6目前社會工作從業員都需要一定的專業訓練。

5.基本法的具體條文建議：
5.2在基本法第六章寫上
5.2.1香港特別行政區居民應享有社會福利及基本生活的權利。

※

㉒1987年2月基本法起草委員會秘書處《香港報刊有關〈基本法〉的言論摘錄》

【P64-66】
結構草案的第三章，香港居民的基本權利和義務中，似乎並無明確包括勞工的基本權利。為何基本法結構草案中特別照顧「公務員」而忽略了二百多萬就業人士的權益？
既然《經濟、社會與文化權利的國際公約》適用於香港的規定將繼續有效，我們應該接納其中1.第七條有關人人有權享受公平與良好之工作條件；2.第九條有關人人有權享受社會保障，包括社會保險；3.第十條有關兒童及婦女在就業時所得到的保障。上述三項只是在《經濟、社會與文化權利的國際公約》中列出的一些基本權利，而結構草案中有關社會福利及勞工權益方面（第十段）卻無詳細描述。這樣難免給人有以下的懷疑：1.《經濟、社會與文化權利國際公約》中適用於香港的規定的有效性會否比《公民及政治權利國際公約》者為低？2.這是否意味着基本法不打算全面照顧勞工福利和保障？
一九八二年中華人民共和國憲法第四十二至四十五條及四十八條，分別對勞動保護及改善條件、提高勞動報酬和福利待遇、職工的工作時間和休假制度、退休人員的生活受國家和社會保障、為年老、疾病及喪失勞動力的人提供社會保險、救濟和醫療、實行男女同工同酬等各方面有清楚的列明，為何香港特別行政區基本法就會這樣「特別」，對勞工福利和權益不予界定？
希望基本法起草委員會再仔細研究勞工所應得到的福利和退休後的保障，並考慮在結構草案中包括在內。
（黎國雄：《勞工保障和福利應列入基本法結構》，《明報》一九八六年八月十五日。）

【P78-79】
基本法結構草案第三章《香港居民基本權利和義務》中，應明確列明九七年後勞工政策的指導原則。
在香港的五百多萬居民中，勞工階層佔了二百多萬人，但基本法結構草案各章節的內容中，卻沒有明確寫上保障勞工權益的原則條文。為了平衡香港各階層的利益，有關保障勞工的政策原則，應在基本法中列明。包括：
1.勞工福利及勞動條件應依法律予以規定；
2.勞動者的團結權利，集體談判權利應保障；
3.工會有權代表工人進行集體談判；
4.勞工可擁有參加工會自由及罷工自由；
5.本地工會與外地工會可以自由聯繫，不同行業工會可以組織總工會。

香港現行的勞工法例，相當部份是根據國際勞工公約制定出來的。所以，國際勞工公約對香港勞工有頗大的影響。為了保證有關的公約將來能繼續實施，並能根據這些公約來修訂或增加香港勞工條例，建議在基本法中寫上原則性條文：「適用於香港的國際勞工公約應獲得承認」。

為尊重歷史與現實，凡香港永久性居民，應依法享有選舉權和被選舉權。另一方面，為了體現香港回歸祖國這一歷史特色，作為行政機構的最高代表（如行政長官）和立法機關的最高代表（如主席一職）可界定非中國的香港永久居民不能當選。

（《香港工會聯合會基本法關注小組建議》，《大公報》一九八六年八月二十七日。）

第三稿

第三章

「第十三條　香港居民有享受社會福利的權利。勞工的福利待遇受法律保護。」

〔1987 年 4 月 13 日《香港特別行政區基本法起草委員會香港居民的基本權利和義務專題小組的工作報告》，載於《中華人民共和國香港特別行政區基本法起草委員會第四次全體會議文件匯編》〕

① 1987 年 3 月 3 日居民專責小組《社會福利政策最後報告（草稿）》（1987 年 3 月 9 日居民及其他人的權利自由福利與義務專責小組第十三次續會討論文件）

【P1】

（編者按：本文同第二稿文件㉑，除下列內容外，均同前文。）

1.《中英聯合聲明》及《基本法結構（草案）》與社會福利有關的部份：

1.2 在《基本法結構（草案）》第三章「香港居民的基本權利和義務」第十節列明：「依法享受社會福利的權利。……」

※

②居民專責小組《社會福利政策最後報告》（1987 年 3 月 14 日經執行委員會通過）

（編者按：內容同上文）

※

③ 1987 年 3 月 14 日居民專責小組之社會福利政策與勞工政策工作組《勞工政策討論文件（修訂稿）》〔1987 年 3 月 27 日居民及其他人的權利自由福利與義務專責小組第十五次會議（勞工政策）討論文件〕

【P1-4】

1.《中英聯合聲明》有關勞工部份：

1.1「香港的現行社會，經濟制度不變、生活方式不變。香港特別行政區依法保障人身、言論、出版、集會、結社、旅行、遷徙、通信、罷工、選擇職業和學術研究以及宗教信仰等各項權利和自由。……」（第五款）

1.2「在經濟、貿易……體育等領域單獨地同世界各國、各地區及有關國際組織保持和發展關係，並簽訂和履行有關協定。對以國家為單位參加的、與香港特別行政區有關的，適當領域的國際會議，香港特別行政區政府的代表可作為中華人民共和國政府代表團的成員或以中央人民政府和上述有關國際或國際會議允許的身份參加，並以『中國香港』的名義發表意見。對不以國家為單位參加的國際組織和國際會議，香港特別行政區可以『中國香港』的名義參加。」（附件一第十一節第一段）

1.3「對中華人民共和國已經參加而香港目前也以某種形式參加的國際組織，中央人民政府將採取必要措施使香港特別行政區以適當形式繼續保持在這些組織中的地位。對中華人民共和國尚未參加而香港目前以某種形式參加的國際組織，中央人民政府將根據需要使香港特別行政區以適當形式繼續參加這些組織。」（附件一第十一節第二段）

2.《基本法結構（草案）》第三章「香港居民的基本權利和義務」列明：

2.1「言論、出版、集會、結社、組織和參加工會的自由、罷工、遊行自由」（第三節）

2.2「選擇職業的自由、學術研究自由」（第八節）

2.3「依法享受社會福利的權利。退休、離職公務員的福利待遇受保護」（第十節）

3.香港現行有關勞工的法律規定：

a）僱用條例（香港法例 57 章）
香港勞工法中最主要的一項，於 1968 年通過，本來是僱主與工役條例（1902），內容包括合約的期限及中止、工資、職業介紹所、有薪分娩假期、休息日、法定假日、病假津貼、防止歧視職工會、婦女青年工時及遣散費等。

b）僱員賠償法例（282 章）
規定因工受傷工友或死亡者家屬可獲賠償，取材自現已撤銷的 1897、1906 年的英國勞工賠償法例，並參考肯亞及錫蘭同樣法例條文。肺塵埃沉着症亦可按計劃領取賠償。

c）職工會條例（332 章）
早期名稱是職工會及工業糾紛條例（1948），條文抄自英國同類法例及措施。法例強制規定工會活動，並講明已登記職工之目的不僅因其為阻遏商業而被視為不法，工會法例並保障工會因糾紛事引起之侵權行為之訴訟，及工會有權進行和平糾察。

d）勞資審裁處（25 章）
勞資審裁處的設立是處理破壞僱傭合約或僱傭條例條文所引起的金錢糾紛。勞資審裁處提供快、廉、簡的程序解決勞資糾紛。

e）工廠暨工業經營條例（59 章）
大多數抄自英國同類法例。工廠的健康、安全及福利措施，並有一連串規則指定某類行業的安全措施。

f）勞資關係條例（55 章）
法例規定勞資糾紛可經過初步及特別調解，然後交由港督會同行政局決定以下措施——自願性仲裁或成立調查委員會，或其他可行途徑。直至現時，除了初步及特別調解外，未見執行。有些條文如設立冷靜期取材自英國已取消的工業關係法例。

g）其他有關法例如
海外僱用合約條例（78 章）
少年及兒童海上僱用條例（58 章）
商務局條例（63 章）
人民入境條例（115 章）

工業訓練條例（317章）
學徒條例（47章）
破產欠薪保障條例（380章）

4.對勞工政策幾點主要的意見
4.1 依現行法例保障勞工的基本權利：
香港市民無論其政治、宗教、思想背景如何，均應依法享有下列基本權利：
4.1.1 擇業自由
4.1.2 職業及社會保障
4.1.3 工資保障（即工作後可支取薪金）
4.1.4 有組織及加入會社（團體）及與資方進行集體談判的權利（即包括勞動者的團結權利，集體談判；勞工可擁有參加工會自由）
4.1.5 有罷工權。
4.1.6 未來特別行政區政府應有權在有需要時，限制特區以外的勞工輸入，以保障勞工就業權益。
4.2 工會及勞工團體的角色
4.2.1 香港的工會及勞工團體是為工人提供福利，給予失業救濟、開辦醫療所、工人子弟學校、識字班、供銷服務部，以及各種文娛康樂設施，在一定程度上補充了香港政府所提供的福利設施不足。工會及勞工團體亦在「維護工人權益、改善工人生活質素」上工作，以改善薪酬待遇為主。至今，工會及勞工團體除爭取本行業工人的權益外，還擴至協助解決勞資糾紛、關注整體勞工福利、政策和勞工法例的制訂及修改、關心社會事務和香港前途，且還致力於爭取集體談判的權利，以加強僱員與資方進行對等談判的地位。另外，工會及勞工團體在擴大其社會功能上還有以下的發展方向：一方面爭取直接參與社會政策的討論和制訂，把工人的意見和要求反映到政府的行政架構，另一方面則關切到民生的社會服務及提高工人的公民意識，還有參與政治事務。
4.2.2 然而目前工會的談判地位仍未被一般僱主認可，不同行業的工會組織總工會的方式亦受到限制，對工人透過龐大的集體行動來爭取其權益，有一定的障礙，故有建議希望將來容許不同行業工會組織總工會，而本地工會也可繼續按現行法律與海外工會聯繫。此外，在港工作的海外僱員工會（如菲傭工會組織），在經工會登記後，應與本地工會有同樣的地位。
4.3 與國際勞工組織的聯繫
4.3.1 香港團體參與國際性組織或會議的自由及名義已清楚地列於《中英聯合聲明》（附件一第十一節第一、二段），然而若香港要以會員身份出席國際勞工組織會議，有一定的困難，因國際勞工組織是聯合國屬下的一個組織，憲章規定其成員是以聯合國會員國為單位，是以香港不能單獨以獨立會員身份參加。
4.3.2 香港作為非主權地區，根據目前勞工處提供之資料，英國承認了的七十七條國際勞工公約中，香港跟隨全部付諸實施的有二十條（編者按：正確應為二十九條），經修訂後付諸實施的另有十九條，但中國僅承認了十四條公約（見附件一、二）。若九七後香港繼續執行現行的國際勞工公約，便會有主權國比其屬下地區執行更少的國際勞工公約的先例。
4.3.3 有建議認為中國應採取適當措施來實現以下的要求：
（1）九七年香港應保持現有的國際勞工組織地位〔就是自一九八六年始，香港有一個代表團（包括政府、僱主、僱員三方面代表在內）作為為英國代表團的顧問列席國際勞工組織周年大會〕；
（2）由現在至過渡期間在香港實施的國際勞工公約，九七後應繼續有效；
（3）九七年後，香港應可單獨採取新的國際勞工公約。
4.3.4 另一建議認為可將適用條例寫於基本法，這樣便可使香港雖非為國際勞工組織的會員，而可使現有保障勞工

福利、權益的條約繼續有效。但有委員認為這方法並不能解決這問題，故不需列入基本法。
4.4 勞工之退休保障
4.4.1 目前，香港尚未有一套完備的勞工福利保障制度，尤其在退休制度方面，員工的退休金並非是每一個僱員都可享有的福利，這是因各公司或機構的福利制度而異，因法律條例並沒有規定公司必定要給予員工退休金的福利。截至八六年一月，政府才開始實施長期服務金，以保障在某一機構內服務了一定年資的僱員，但這卻不等同於退休金這特定保障（長期服務金的政策香港政府將會在短期內予以檢討）。至於其他得不到所屬機構保障的員工便得倚賴政府提供的其他福利保障，如公共援助及高齡津貼。
4.4.2 對勞工退休福利問題，現有下列四點建議：（編者按：應為「五點」之誤）
4.4.2.1 設立中央公積金：由勞資雙方供款或由勞資政府三方供款。
4.4.2.2 強迫性公積金制度：由勞資雙方供款或由僱主單方供款。
4.4.2.3 放寬可領取長期服務金的資格：由僱主單方支付。
4.4.2.4 改善公共援助計劃及特別需要津貼計劃，並檢討老人福利：由政府負責。
4.4.2.5 設立強迫性僱員儲蓄計劃：由勞工單方供款。

5.對基本法的具體建議：
在基本法內寫上有關勞工政策的原則性條文，凡適用香港的國際勞工公約應獲得承認，勞工的基本權利應依法律作出規定，建議如下：
5.1《基本法結構（草案）》第三章有關香港居民的基本權利和義務上，在《公民權利和政治權利國際公約》和《經濟、社會與文化權利的國際公約》後應加上《國際勞工公約》，使九七前適用的公約繼續有效，因為香港現行的勞工法例，一部份是根據國際勞工公約引申而制定出來的。
5.2《基本法結構（草案）》第六章有關香港特別行政區教育、科學、技術、文化、體育和宗教上，應加有關勞工政策的條文。
5.3 有建議認為勞工政策的制定與香港經濟有一定的關係，故建議當與經濟政策一併考慮與討論。
5.4 在基本法第六章第六節勞工政策寫上下列要點：
5.4.1 香港特別行政區政府尊重個人選擇職業的自由。
5.4.2 香港居民享有特別行政區法例規定的職業保障、工資保障和社會保障。勞工的職業健康及工業安全亦應獲保障；青年勞工和婦女勞工可依法律規定獲適當的保障。
5.4.3 勞工有組織及加入會社的權利。
5.4.4 工會有權代表工人進行集體談判，工會可依法與外地工會進行聯繫，不同行業工會可以組織總工會。
5.4.5 現行的勞工法例應繼續有效，香港特別行政區政府並應視社會條件及實際需要而有所改進。
5.5 但有建議認為寫在基本法內的條文應只是原則性條文，不可過於具體，以免有一面倒的意見或難於靈活更改。

※

④ 1987 年 3 月 28 日居民專責小組之社會福利政策與勞工政策工作組《勞工政策討論文件（修訂稿）》

【P1-4】
（編者按：本文同第三稿文件③，除下列內容外，均同前文。）
3.香港現行有關勞工的法律規定：
c）職工會條例（332章）
早期名稱是職工會及工業糾紛條例（1948）。法例規定工會活動範圍，並講明已登記職工會之目的不得僅因其為阻遏商業而被視為不法，工會法例並保障工會不會因糾紛事引起之侵權行為而受任何訴訟，及工會有權進行和平糾察。

e）工廠暨工業經營條例（59章）
工廠的健康、安全及福利措施，並有一連串規則制定某類行業的安全措施。

（編者按：上稿的第4點「對勞工政策幾點主要的意見」被分拆為「4.勞工的基本權利」、「5.工會及勞工團體的角色」、「6.與國際勞工組織的聯繫」與「7.勞工之退休保障」四點；上稿的第5點「對基本法的具體建議」也隨之順延為第8點。具體修改如下：）

4.勞工的基本權利：
4.1 香港市民無論其政治、宗教、思想背景如何，均應享有下列基本權利：
4.1.1 擇業自由
4.1.2 職業及社會保障
4.1.3 工資保障
4.1.4 有組織及加入工會及勞工團體並與資方進行集體談判的權利（即包括勞動者的團結權利，集體談判；勞工可擁有參加工會自由）
4.1.5 有罷工權
4.1.6 在有需要時，限制香港以外的勞工輸入，以保障勞工就業權益。
4.2 另有委員認為上述之權利應按現行法律許可之情況下賦予。

5.工會及勞工團體的角色
（編者按：即上稿的第4.2點「工會及勞工團體的角色」）

6.與國際勞工組織的聯繫
（編者按：即上稿的第4.3點「與國際勞工組織的聯繫」）

7.勞工之退休保障
（編者按：即上稿的第4.4點「勞工之退休保障」）

8.對基本法的具體建議：
8.4 在基本法第六章第六節勞工政策上寫上下列要點：
（編者按：在原有的五項要點後新增兩項）
8.4.6 未來特別行政區政府應有權在需要時，限制香港以外的勞工輸入，以保障勞工就業權益。
8.4.7 勞工有罷工權

※

⑤ 1987年3月31日居民專責小組之社會福利政策與勞工政策工作組《勞工政策討論文件（修訂稿）》（1987年4月3日居民及其他人的權利自由福利與義務專責小組第十五次會議續會討論文件）

【P1-4】
（編者按：本文同第三稿文件④，除第8點的結構和序號略作修改外，均同前文。）

※

⑥居民專責小組《勞工政策最後報告》（1987年4月4日經執行委員會通過）

【P3】
（編者按：本文同第三稿文件④，除「8.對基本法的具體建議」的序號有所調整及下列內容外，均同前文。）
7. 勞工之退休保障
7.2 對勞工退休福利問題，共有下列各點建議：
（編者按：從原有的五項建議增寫成六項）
7.2.6 非強迫性的公積金計劃：自願性的僱主僱員雙方供款計劃。

※

⑦ 1987年4月13日《香港特別行政區基本法起草委員會香港居民的基本權利和義務專題小組的工作報告》，載於《中華人民共和國香港特別行政區基本法起草委員會第四次全體會議文件匯編》

【P29】
第三章 香港特別行政區居民的基本權利和義務（修改稿）
第十三條
說明：
1. 有的委員建議，將本條勞工的「福利待遇」改為「合法權益」。考慮本條規定的是居民在社會福利方面的權利，故未改。

2. 社會福利和勞工政策已寫入第六章，退休離職公務員的福利待遇，建議以寫入第四章第六節公務員中為宜。

第四稿

第三章
「第十三條　香港居民有享受社會福利的權利。勞工的福利待遇受法律保護。」
〔1987年8月22日《香港特別行政區居民的基本權利和義務專題小組的工作報告》，載於《中華人民共和國香港特別行政區基本法起草委員會第五次全體會議文件匯編》〕

① 1987年5月22日《香港基本法起草委員會第四次全體會議委員們對基本法序言、總則及第二、三、七、九章條文草案的意見匯集》

【P25】
第十三條
1.「勞工的福利待遇」應改為「勞工的合法權益」。

2.「勞工的福利待遇受法律保護」可以刪去，因其他人的福利也是受法律保護的，卻沒有規定。

3.本條規定「香港居民有享受社會福利的權利」，這會使

香港變為福利社會，香港社會的特點是政府不負擔社會福利，如果作此規定而居民沒有享受到福利，就可以控告政府。建議只寫社會福利由香港立法規定，或改寫為「香港居民的合法福利受法律保護」。

4. 有的委員認為，香港政府還是負擔了一些社會福利的，儘管不多，比如公共援助、火災救濟等。

※

② 1987年5月31日陳文敏《評香港居民的基本權利和義務專題小組報告書》（1987年6月22日居民及其他人的權利自由福利與義務專責小組第

這一條（編者按：第十三條）保障香港居民有享受社會福利的權利。說明內似乎透露專題小組心目中所構想的是目前的社會福利制度。假若中央公積金的問題在九七年後提出，而被當時的政府所否決，市民能否根據第十三條，控告政府剝奪他們享受社會福利的權利？即使法庭願意受理這樣的案件，對法庭的判詞政府有沒有能力執行？社會福利權是隨着社會的經濟狀況不斷轉變，能否提供某類社會福利，實在牽涉到整體社會的經濟收益和資源分配的問題，對社會福利的要求，卻往往是在經濟不景氣的時候最為殷切，一個著名的學者便曾指出，「憲法內沒有保障工作或社會福利的權利，政治上可能是不智的，但法律上卻完全合理的，因為憲法基本上是一份法律文件，這份文件所保障的權利必須可以由司法機關來執行，而社會福利的權利明顯地是沒法由司法機關執行的。」

第五稿

「**第三十五條　香港居民有享受社會福利的權利，勞工的福利待遇受法律保護。**」

〔1987 年 12 月基本法起草委員會秘書處《香港特別行政區基本法（草案）》（匯編稿）〕

第六稿

「**第三十六條　香港居民有享受社會福利的權利，勞工的福利待遇受法律保護。**」

〔1988 年 3 月基本法起草委員會秘書處《中華人民共和國香港特別行政區基本法（草案）草稿》（總體工作小組第二次會議對目錄、序言、第一、二、三、五、六、七、九章的修改稿）〕

第七稿

「**第三十六條　香港居民有享受社會福利的權利，勞工的福利待遇受法律保護。**」

〔1988 年 4 月基本法起草委員會秘書處《中華人民共和國香港特別行政區基本法（草案）草稿》〕

第八稿

「**第三十五條　香港居民有享受社會福利的權利，勞工的福利待遇受法律保護。**」

〔1988 年 4 月基本法起草委員會《中華人民共和國香港特別行政區基本法（草案）徵求意見稿》〕

第九稿

「**第三十六條　香港居民有依法享受社會福利的權利。勞工的福利待遇受法律保護。**」

〔1989 年 2 月《中華人民共和國香港特別行政區基本法（草案）》〕

① 1988 年 8 月基本法起草委員會秘書處《香港各界人士對〈香港特別行政區基本法（草案）徵求意見稿〉的意見匯集（一）》

【P18-19】
第三十五條
1. 加：「工資應根據物價指數調整，由民間團體公佈物價指數。」

2. 改為：「香港居民有享受特區政府所指定的社會福利的權利。」

3. 加：「退休保障」。

4. 加：「勞工有享受職業保障、職業安全和健康及全面性社會保障的權利，並以法律保護勞工福利、待遇與權益。」

5.「社會福利的權利」改為「社會保障的權利」。

6. 社會福利不是居民的權利，建議將有關社會福利的條文寫成「享有現有的社會福利、服務」，並放進其他章。

※

② 1988 年 8 月 3 日基本法諮詢委員會秘書處參考資料（一）《內地草委訪港小組就基本法（草案）徵求意見稿一些問題的回應輯錄（一九八八年六月四日至十七日）》

【P6】
3. 居民的基本權利與義務
3.1 勞工的權利
3.1.1 在《中英聯合聲明》裡並沒有寫上勞工權利，而在一九八六年一個研討會中，一些勞工界代表提出需要將勞工福利問題寫進基本法內，結果草委會接納這建議，在基本法中增加了第三十五條，規定勞工的福利待遇受法律保護。草委是會聽取意見的，但大家都瞭解不能寫得太具體，只可寫原則性一點。
3.1.2 第一百五十六條有關香港組織與內地組織的關係中，《中英聯合聲明》裡只是指香港的宗教團體與內地宗教團體互不抵觸、互不干涉和互相尊重。而實際上現時內地的全國性團體並沒有在港設立分會，故香港有關的團體也不會作為全國性有關團體的下屬。只要內地繼續實行這樣的政策，就可減少香港人的憂慮，亦貫徹了一國兩制的原則。
3.1.3 另外有勞工界的代表認為，若將第一百五十六條、第一百五十七條連在一起看便很有問題，因為第一百五十七條指香港組織可對國際發展關係，但一百五十六條卻說內地與香港不能發展關係，這問題可待再研究。

※

③ 1988 年 9 月基本法起草委員會秘書處《內地各界人士對〈香港特別行政區基本法（草案）徵求意見稿〉的意見匯集》

【P12】

第三十五條
1. 應有保護老年人、婦女、兒童的內容。

2. 建議增加青少年保護的條款。

※

④《基本法諮詢委員會居民的基本權利與義務專責小組對基本法（草案）徵求意見稿第三章的意見匯編》，載於 1988 年 10 月基本法諮詢委員會《中華人民共和國香港特別行政區基本法（草案）徵求意見稿諮詢報告（1）》

【P93】
17. 第三十五條
17.1 有委員質疑應否將本條首句：「香港居民有享受社會福利的權利」列入此章，因這章所提及的皆為人權，而本條首句所指的乃社會資源使用的權利，條文在性質上有差異。
17.2 有委員指出，現今香港居民所享有的社會福利服務並非一種權利，而是政府根據客觀環境，經濟和社會發展情況所定出來的政策和措施，故若將此條列入居民權利，則會：
（1）使未來社會福利制度必須訂立更多有關法例，保障居民能真正享受此權利，以確保行使此項權利時具法律根據；
（2）與第一百五十三條產生矛盾，因現有制度並未將社會福利視作居民權利，若於第三十五條中指出有此權利並立法保障之，則會違反第一百五十三條的精神。
17.3 有委員認為，社會福利應包括退休制度，故要有一退休保障計劃列入此項中。
17.4 有委員認為，「勞工福利……」太空泛，對於怎樣保護勞工以及勞工福利似乎講得不夠具體，建議具體列明勞工的就業、退休等保障。

※

⑤ 1988 年 10 月基本法諮詢委員會《中華人民共和國香港特別行政區基本法（草案）徵求意見稿諮詢報告第五冊——條文總報告》

【P162-166】
第三十五條
2. 意見
2.1 贊同意見
→ 基本法的規定已超越目前港府「幫助最不能自助者」的福利政策，本條肯定社會福利是香港居民的一種權利，這是一個大突破。
→ 贊同本條規定「香港居民有享受社會福利的權利」。
→ 「福利待遇」所包括的意義可以接受。
2.2 保留意見
→ 本條並無包括職業保障與安全、全面性的社會保障制度及職業訓練。
→ 本條文對社會福利的表述，是有問題的。
→ 本條文只簡單地陳述勞工的福利待遇受法律保護，沒有明確規定勞工可享有就業、退休等保障。
→ 對「福利待遇」的範疇沒有清晰的說明，內容過於空泛和缺乏指引，不能對勞工起到實質的保障作用。
→ 本條下半段規定，「勞工的福利待遇受到法律保護」，但這並不等於說工人階級有任何的基本權利。
→ 本條文沒有提及《國際勞工公約》的地位。

→ 本條文絕對不能被視作保障傷殘人士完整權利的條款。
理由：本條只規定可獲取福利服務，但傷殘人士所要求的，是比較廣泛的社會權利，這是權利伸張的問題，而不是單屬於接受福利服務的問題。
→ 本條寫法空泛。
理由：
⊙ 如本條想保護的是社會保障的權利，包括社會保險的權利，應予以註明。
⊙ 「社會福利」可有較廣的概念，包括衣、食、住、醫療保護和必須的社會服務。根據國際法，這些權利被列為「經濟和社會」權利，有關方面可採漸進方法使之體現而不用通過司法程序予以執行。
2.3 其他意見
→ 勞工福利是不同於一般的社會福利或社會保障。現在香港公共援助式的社會福利政策，只是對不能自助者的社會保障。兩者是不同範疇的概念和意念。
→ 社會福利的權利與公民權利和政治權利不同，是不可在普通法法院予以執行的。
→ 就社會福利方面，基本法能保障的，只限於現時的設施和水平。基於日後繼續實行低稅政策和香港特別行政區每年福利開支的考慮，實難超越現時水平。
→ 保持現狀不變，以及繼續推行低稅政策，只會令香港社會福利制度，失去再分配的功能。
→ 本條明顯是政治妥協的結果。

3. 建議
3.1 改寫
→ 第二句改為：
（1）「勞工的福利待遇及消費者的權益受法律保護。」
理由：消費者權益其實是大多數居民的權益。
（2）「勞工和傷殘人士的福利待遇受法律保護。」
（3）「勞工的福利待遇和退休保障應受法律保護。」
（4）「勞工的福利、待遇、公積金、退休保障等受法律保護。」
（5）「勞工的福利待遇、社會保障包括退休、疾病、傷殘、失業、職業安全及健康等受法律保護。」
（6）「勞工有享受職業保障的權利，包括：最低工資、職業健康、安全及健全的退休保障制度等等，並以法律保護。」
（7）「勞工則同時享有職業保障、職業安全和健康、接受職業訓練及全面社會保障的權利，並以法律保障勞工福利、待遇與權益。」
（8）「勞工有享受職業保障、職業安全和健康，及全面性社會保障的權利，並以法律保護勞工福利、待遇與權益。」
（9）「勞工、教育、房屋及醫療等福利均受法律保護。」
→ 「香港居民應享有全面性社會保障、職業保障、職業安全衛生，及優先就業的權利。」
→ 「香港居民有享受社會福利和全面性社會保障的權利，勞工有享受職業保障、合理工資和待遇、男女工同酬、職業安全和健康、健全退休保障等方面的權利。」
→ 「香港居民有享受房屋、教育、醫療、社會福利、勞工、基本生活保障、其他社會服務的權利及受法律保護。」
→ 「香港居民享受房屋、教育、醫療、社會福利、基本生活保障及其他社會服務的權利。勞工的福利待遇受法律保護。」
→ 「香港居民應受到完善的社會保障，享有一個合理的生活，勞工的福利待遇受法律保護。」
→ 「香港永久性和非永久性居民有享受社會福利的權利，包括由法律所訂定的勞工福利待遇。」
3.2 修改
→ 將「香港居民有享受社會福利的權利」改為「香港居民有享受特別行政區政府所指定的社會福利的權利」。
理由：社會福利可包括醫療、教育等各方面，範圍太廣泛。
→ 將條文中的「社會福利」一詞改為「社會服務」。

理由：居民除享有福利服務外，還包括房屋、醫療、教育及勞工等的社會服務。

3.3 增加
→ 加上：「註冊職工會應獲法律保障的認可權和集體談判的權利。註冊職工會應獲法律保障改善勞資關係，促進勞資的溝通和協商。」
理由：
⊙ 基本法內所指的「勞資協商」缺乏明確指引，這是忽視了勞工和註冊職工會在勞資談判中的權利和地位，維持目前註冊職工會在勞資談判中的權利和地位、不獲法律保障的認可權和談判權的不合理、不平等狀況。這樣將使香港特別行政區政府管治下的勞資矛盾激化，由於沒有註冊職工會的調停，只會使勞資糾紛矛盾的解決，訴諸對抗和衝突。
⊙ 香港註冊職工會是勞工的合法代表。現行的「防止歧視職工會條例」，對職工會的談判權和認可權絲毫沒有保障。此種狀況只有在一九九七年後切實改變，才有可能改善勞資關係，促進勞資溝通、消弭不必要的勞資對立和衝突。
→ 加上：「全港註冊職工會如獲得三分之二的通過，可以向有關當局提出修訂勞工法例的建議或指引。」
→ 加上：「香港特別行政區政府必須研究和確立長遠、積極的工業關係政策。」
理由：現時港府的工業關係政策欠缺長遠、積極、和諧的路向。
→ 加上：「《國際勞工公約》適用於香港的有關規定，通過香港特別行政區的法律予以實施。」
理由：
⊙ 《國際勞工公約》是國際間保障勞工權益的一份相當全面而重要的文件，應可作為未來香港特別行政區制定勞工法例的一項重要依據。
⊙ 基本法內有關勞工的福利保障缺乏明確指引，使勞工權利缺乏法律保障。
→ 加上：「香港老人的一切福利要逐步增長，並由特別行政區政府撥款改善老人生活水準。」
→ 加上：「老年失業居民，應有足敷生活之養老金，或失業援助金。」

3.4 搬移
→ 將本條移往第六章。
理由：在很多國家社會，福利的權利和社會政策都是列入一稱為「指引原則」（Directive Principles）的章節內，那是對行政部提供指引的一章，只可在政治法庭中執行。

3.5 其他建議
→ 根據《國際人權宣言》和《國際勞工公約》，在基本法內應列明，勞工可享有以下權利：
（1）職業保障，包括失業援助、就業輔導。
（2）職業安全和健康保障，包括安全監督和有關的知識宣傳。
（3）接受職業訓練。
（4）全面社會保障，包括退休、疾病、傷殘等保障。
（5）工會集體談判權。
（6）合理工資。
（7）註冊職工會應享有法律保護的調停勞資關係、勞資協商、勞資談判等權利。
（8）註冊職工會如取得大多數會單位的通過，可以提出修改或增訂有關勞工法律和政策。
（9）工人有參加工會、罷工的自由和權利。
（10）工人應有集體談判的權利。
（11）全面就業。
（12）選擇職業的自由。
（13）男女同工同酬及待遇平等，男女有同等的就業及升職機會。
（14）釐定適當工作條件。

（15）與國際勞工組織發展關係。
理由：
⊙ 以符合國際間保障勞工的標準。
⊙ 大部份發展中國家，尤其是鄰近香港及經濟水平與香港相若的國家和地區，都已設立上述的進取性措施，故此香港的基本法宜列明上述規定。
→ 在附件中詳列勞工福利及勞工法例。
→ 需詳釋勞工權利及義務。
→ 「社會福利」需在法律上明文規定。
→ 應列明香港居民享有什麼社會福利。
→ 應清楚寫明居民在什麼情況下有享受社會福利的權利。
→ 基本法應保證每位居民，特別是勞動者，可享有社會保障的權利和義務。
理由：
⊙ 世界上很多國家，包括海峽兩岸和經濟發展不及香港者，都在憲法上保證每一位公民及勞動者享有社會保障的權利。
⊙ 徵求意見稿的現有條文，只能照顧到一部份人士如公務員、司法人員、法官的退休保障。
⊙ 社會保障在經濟衰退時有明顯的減震作用，有助社會安定繁榮。
→ 無須規定福利開支佔香港特別行政區政府總開支的比例。
理由：以免削弱政府利用福利政策作為穩定社會、平衡各階層利益的靈活性。
→ 應詳細提及老人福利和退休保障。
理由：香港人口老化日益嚴重，如不制訂退休保障法例，會加重日後香港特別行政區政府福利開支的負擔，而勞工的晚年生活也缺乏保障。
→ 關於領取公共援助金及高齡津貼的老人，一旦離港回鄉超過一定期限，便被停發有關款項的限制應予以取消。
→ 內地同胞退休移居香港後，有權繼續領取退休金。
→ 在內地企業出現勞資糾紛，在不影響中國憲法下以香港特別行政區法院裁決為最終。
→ 應列明「社會福利的權利」及「福利待遇」是根據香港的標準。
→ 把條文中所述的「社會福利」和「福利待遇」，應限定為「如法律所規定的」。

4.待澄清問題
→ 「社會福利」的定義為何？
→ 「法律」一詞，是否指現有的勞工法例？此法律可否詳列？
→ 本條作出保障是否包括那些已不工作的人士，例如老年人？
→ 香港居民可否因享受不到這些權利而向法院提出訴訟？
→ 現時香港是以從屬於英國的地位參與國際勞工組織的。當香港回歸中國的主權下時，這一地位怎樣處理目前仍未明確？

※

⑥ 1989 年 1 月 9 日《香港居民的基本權利和義務專題小組對條文修改情況的報告》，載於 1989 年 1 月《中華人民共和國香港特別行政區基本法起草委員會第八次全體會議文件匯編》

【P22】
9.第三十六條
徵求意見稿原為：「香港居民享有社會福利的權利，勞工的福利待遇受法律保護」。根據香港人士提出的意見，這次修

改為：「香港居民依法享有社會福利的權利，勞工的福利待遇受法律保護。」在享有社會福利前面加上「依法」二字。

第十稿

「**第三十六條　香港居民有依法享受社會福利的權利。勞工的福利待遇受法律保護。**」
〔1990 年 2 月 16 日《中華人民共和國香港特別行政區基本法（草案）》〕

① **1989 年 3 月 21 日《居民專責小組會議第二次諮詢期第二次會議紀要》**

3. 有關「退休保障」的意見
3.1 有委員認為，從其經驗所得，社會上有強烈要求在基本法中加入退休保障，作為居民權利的一部份。
3.2 此條建議寫法
3.2.1 有委員認為，應把這項保障寫在第三十六條的首句末，成為「香港居民有依法享受社會福利和退休保障的權利」，以免非受薪勞工不能享受退休保障。
3.2.2 有委員認為，這項保障若寫為「退休生活保障」則更清楚。
3.2.3 有委員認為，「退休」和勞工有關，為保障非受薪勞工，「保障」應寫成「年老生活保障」（Old Age Pension）。
3.3 有關「依法」的意見
3.3.1 有委員認為，「依法」二字讓立法機關有過大的權力去決定此條文的實質意義。該委員建議在此問題多着力，以保障此權利的實現。
3.3.2 有委員認為，寫下「依法」是沒有問題的，並認為這個寫法對政府有良性的指導意義，要政府立法保障此權利。另一方面，如果不寫下「依法」二字，而「年老生活保障」的概念較為抽象，恐怕法院裁判時會有問題。

※

② **1989 年 9 月 12 日《基本法諮詢委員會居民的基本權利與義務專責小組對基本法（草案）第三章的意見匯編》（1989 年 9 月 21 日居民專責小組與草委會對口小組在港草委交流會議附件一）**

第三十六條
意見：
（1）有委員認為，「依法」二字讓立法機關有過大的權力去決定此條文的實質意義。
（2）有委員認為，寫下「依法」是沒有問題的，並認為這個寫法對政府有良性的指導意義，要政府立法保障此權利。另一方面，如果不寫下「依法」二字，而「年老生活保障」的概念較為抽象，恐怕法院裁判時會有問題。

建議：
（1）有委員建議，應將本條的首句改為「香港居民有依法享受社會福利和退休保障的權利」。
理由：以免非受薪勞工不能享受退休保障。
（2）有委員建議，在本條加上「退休生活保障」。
理由：「退休生活保障」比「退休保障」更清楚。
（3）有委員建議，在本條加上「年老生活保障」（Old Age Pension）。
理由：為保障非受薪勞工的退休生活。

※

③ **《基本法諮詢委員會居民的基本權利與義務專責小組對基本法（草案）第三章的意見匯編》（1989 年 10 月 5 日居民專責小組第二次諮詢期第四次會議**

附件一）

第三十六條
（編者按：內容同上文）

※

④ **《居民專責小組就基本法（草案）第三章討論的會議紀要》（1989 年 10 月 5 日居民專責小組第二次諮詢期第四次會議紀要附件，同年 10 月 7 日經執行委員會通過）**

【P5】
第三十六條
（編者按：內容同上文）

※

⑤ **1989 年 11 月 30 日基本法起草委員會秘書處《內地各界人士對〈中華人民共和國香港特別行政區基本法（草案）〉的意見匯集》**

【P12-13】
第三十六條
建議在「勞工的福利待遇受法律保護」一句後增寫「禁止使用童工。婦女的合法權益受法律保護」兩句。（海南）

※

⑥ **《基本法諮詢委員會居民的基本權利與義務專責小組對基本法（草案）第三章的意見匯編》，載於 1989 年 11 月基本法諮詢委員會《中華人民共和國香港特別行政區基本法（草案）諮詢報告第一冊》**

【P83-84】
第三十六條
（編者按：內容同第十稿文件②）

※

⑦ **1989 年 11 月基本法諮詢委員會《中華人民共和國香港特別行政區基本法（草案）諮詢報告第三冊——條文總報告》**

【P92-94】
第三十六條
2. 意見
2.1 正面
→ 社會福利有一定的制度和規定，而這種制度和規定需由法律訂明，故此市民必須依照法律規定而享受社會福利。
2.2 保留

→ 日本、新加坡和台灣的退休保障皆比香港進步。

2.3 其他

→ 不贊成有人建議在基本法中加上「退休保障」的規定。

理由：

⊙ 如由香港特別行政區政府承擔這方面的開支，會加重政府和納稅人的負擔。

⊙ 如由投資者負擔，會影響投資者在香港投資，因鄰近地區如深圳、珠海等特區也不必為勞工負起退休保障責任。

⊙ 在本港現行社會制度下，退休福利屬於僱主與僱員間按個別機構情況與員工資歷而訂定的工作條件。

⊙ 雖然政府有責任支付退休公務員長俸，但本港公務員為數約十八餘萬，僅佔勞動人口的百分之六，無須將之列入基本法內。

⊙ 雖然國際勞工公約第三十五條載有強制老人保險的規定，保障受僱於工商業僱員年屆六十五歲時可取得一定利益。但本港一向沒有執行該條例，故不應猝然改變。

→ 認為在本條加上「退休保障」的意見沒有效用的，因為本條規定香港居民「依法」享有社會福利，但香港目前沒有退休保障的法例。

→ 不贊成在一九九七年後減少勞工權益。

3. 建議

3.1 刪除

→ 將「依法」二字刪去。

3.2 增加

→ 加上：退休保障權利。

理由：

⊙ 為解決香港人口老化問題所引起的社會問題，以及減輕政府的負擔。

⊙ 以社會經濟形態轉變來看，退休保障是一健全工業社會必不可少的公共政策。

⊙ 從消費形態結構轉變來看，強制性儲蓄是必要的。

⊙ 設立公積金制度有利增強香港人建設香港的歸屬感。

⊙ 中央公積金的設立對推動社會和經濟的發展，能夠發揮穩定和促進的作用。

⊙ 設立中央公積金已是社會上各階層的要求。

⊙ 中國憲法也有規定，退休人員的生活受到國家和社會的保障。

→ 加上：香港特別行政區政府要有退休保障計劃，例如實行中央公積金制度。

理由：

⊙ 設立中央公積金有助勞資雙方的合作。

⊙ 設立中央公積金，老人的生活可得以保障，又不會加重香港特別行政區政府的負擔，更不會恐怕因政府節省開支而影響社會福利的支出。

⊙ 社會上對設立中央公積金已取得實行的共識。

⊙ 設立中央公積金能增加內部凝聚力，有利應付經濟逆境。

⊙ 中央公積金的資金有助投資和建設。

→ 加上：生存的權利。

理由：

⊙ 生存的權利不單是免受無辜的殺戮，或是否廢除死刑的問題，而是政府應負起責任，創造適宜於人民生存的社會環境。

⊙ 生存的權利是二十世紀立憲的精神。

→ 加上：勞工享有不斷改進生活水平的權利。

→ 加上：勞工同工同酬，尤其男女的工資及待遇要平等。

→ 加上：勞工享有職業保障、職業安全和健康及全面社會保障的權利。

3.3 修改

→ 將首句改為：「香港居民有依法享受社會福利和老年生活保障的權利。」

理由：香港人口趨於老化，僱員的退休保障應受到特別重視。

→ 將首句改為：「任何年齡的香港居民依法享有社會福利和年老保障的權利。兒童和老年享有特別照顧。」

→ 將末句改為：「勞工有享受職業保障、職業安全和健康，接受職業訓練及全面性社會保障的權利，並以法律保護勞工福利、待遇與權益。」

理由：大部份發展中國家，特別是鄰近與香港經濟發展水平相若的國家和地區，都已設立上述的進取性措施，故此香港的基本法宜列明該等條文。

→ 將末句改為：「勞工的福利待遇和退休保障權利受法律保護。」

→ 將本條改為：「香港永久和非永久居民有享受社會福利的權利，包括不時由法律所訂定的勞工福利待遇。」

→ 將本條改為：「香港居民有依法享受社會福利，接受教育的權利，勞工福利待遇、青年成長、婦女地位受到法律的保護。」

3.4 其他

→ 香港特別行政區政府應在社會福利、勞工保障方面有所承擔，不能只着眼於經濟表現。

→ 在基本法中保證每位居民，特別是勞動者，可享有社會保障的權利和義務。

理由：

⊙ 健全的社會保障制度，有助社會安定繁榮，這也是民意所向。

⊙ 現時全世界有一百三十三個國家設立了退休保障，而其中一百零三個是發展中國家，其經濟條件較香港落後，香港是沒有理由推延建立社會保障制度的。

⊙ 很多先進及發展中國家的憲法都列明社會保障的重要性，甚至中國憲法第四十四條也對退休制度和社會保障有所規定。

4. 待澄清問題

→ 為何享受社會福利要「依法」？

第十一稿

「**第三十六條　香港居民有依法享受社會福利的權利。勞工的福利待遇和退休保障受法律保護。**」

〔1990 年 4 月《中華人民共和國香港特別行政區基本法》〕

香港居民的婚姻自由和自願生育的權利受法律保護。

❀ 貳│概念

1. 香港居民的自由
2. 婚姻自由
3. 生育自由

❀ 叁│條文本身的演進和發展

第一稿 ▶

第三章

「第十四條　香港居民的婚姻自由和自願生育的權利受法律的保護。」

〔1986 年 11 月 12 日香港特別行政區基本法起草委員會香港居民的基本權利和義務專責小組的工作報告》，載於《中華人民共和國香港特別行政區基本法起草委員會第三次全體會議文件匯編》〕

① 1986 年 4 月 22 日《中華人民共和國香港特別行政區基本法結構（草案）》，載於《中華人民共和國香港特別行政區基本法起草委員會第二次全體會議文件匯編》

【P12】
第三章 香港居民的基本權利和義務
（十一）保障婚姻自由、保障自願生育的權利

※

② 1986 年 11 月 12 日香港特別行政區基本法起草委員會香港居民的基本權利和義務專責小組的工作報告》，載於《中華人民共和國香港特別行政區基本法起草委員會第三次全體會議文件匯編》

【P26】
第三章 香港居民的基本權利和義務（討論稿）
第十四條
說明：《中英聯合聲明》附件一第十三節和基本法結構（草案）第三章（十一）載明了本條的內容。

第二稿 ▶

第三章

「第十四條　香港居民的婚姻自由和自願生育的權利受法律的保護。」

〔1987 年 3 月 2 日《第三章 香港特別行政區居民的基本權利和義務（討論稿）》（1987 年 3 月 9 日居民及其他人的權利自由福利與義務專責小組第十四次會議討論文件）〕

① 1986 年 11 月 11 日居民權利、自由與義務專責小組之居民定義工作組《居民定義——出入境、居留、遞解離境、選舉權及被選舉權討論文件》（1986 年 12 月 8 日居民及其他人的權利自由福利與義務第七次會議討論文件）

【P6】
4. 共識
4.1 在居民及其他人的權利自由福利與義務專責小組的討論中，委員都一致同意，香港特別行政區的各種居民，無論是臨時性的或永久性的，也不論其國籍為何，其個人的基本人權和自由，包括原有法律所規定的人身、言論、出版、集會、結社、組織和參加工會、通信、旅行、遷徙、罷工、遊行、選擇職業、學術和信仰自由，住宅不受侵犯，婚姻自由以及自願生育的權利，均應受到法律保護。

※

② 1987 年 1 月 13 日居民及其他人的權利自由福利與義務專責小組之居民定義工作組《居民定義——出入境、居留、遞解離境、選舉權及被選舉權最後報告（草稿）》（1987 年 1 月 20 日居民及其他人的權利自由福利與義務專責小組第十一次會議討論文件）

【P6】
（編者按：內容同上文）

※

③居民及其他人的權利自由福利與義務專責小組《居民定義、出入境權、居留權、豁免遞解離境權、選舉權及被選舉權最後報告》（1987 年 2 月 14 日經執行委員會通過）

第三稿

第三章

「第十四條　香港居民的婚姻自由和自願生育的權利受法律的保護。」

〔1987 年 4 月 13 日《香港特別行政區基本法起草委員會香港居民的基本權利和義務專題小組的工作報告》，載於《中華人民共和國香港特別行政區基本法起草委員會第四次全體會議文件匯編》〕

① 1987 年 4 月 13 日《香港特別行政區基本法起草委員會香港居民的基本權利和義務專題小組的工作報告》，載於《中華人民共和國香港特別行政區基本法起草委員會第四次全體會議文件匯編》

【P29】
第三章 香港特別行政區居民的基本權利和義務（修改稿）
第十四條
說明：「自願生育」的「自願」二字仍應保留。

第四稿

第三章

「第十四條　香港居民的婚姻自由和自願生育的權利受法律的保護。」

〔1987 年 8 月 22 日《香港特別行政區居民的基本權利和義務專題小組的工作報告》，載於《中華人民共和國香港特別行政區基本法起草委員會第五次全體會議文件匯編》〕

① 1987 年 5 月 22 日《香港基本法起草委員會第四次全體會議委員們對基本法序言、總則及第二、三、七、九章條文草案的意見匯集》

【P25】
第十四條
1. 目前香港不允許墮胎，如今後不改變就會與本條中「自願生育」發生矛盾。

2. 在十四條後應加上一條保障少數民族利益的條文：「香港居民，若屬於不同中華民族的其他民族和種族，可以繼續享有保留自己民族或種族的文化、宗教信仰、言語文字以及生活方式的自由，不受政府和其他人士的干擾。」

※

② 1987 年 5 月 31 日陳文敏《評香港居民的基本權利和義務專題小組報告書》（1987 年 6 月 22 日居民及其他人的權利自由福利與義務專責小組第十八次會議第四次續會附件四）

筆者對《第三章：香港特別行政區居民的基本權利和義務》的建議
第十六條
任何人的婚姻自由和自願生育的權利受到法律的保護。

※

③ 1987 年 6 月 4 日羅傑志《對基本法第五章草稿（87 年 4 月 30 日稿）的意見——供 1987 年 6 月 16 日會議討論》（1987 年 6 月 22 日居民及其他人的權利自由福利與義務專責小組第十八次會議第四次續會附件二）

（編者按：標題「第五章」應為「第三章」之誤；另原件中並無標題所言的 87 年 4 月 30 日稿。）

第十四條
「受法律的保護」這說法是沒有意義的。這初步的規定，需要制定進一步的法律才能生效。但基本法本身應賦予香港居民一些香港立法機關所不能剝奪的起碼權利。

※

④ 1987 年 6 月 19 日《有關基本法第三章草稿（87 年 4 月 30 日稿）的意見》（1987 年 6 月 22 日居民及其他人的權利自由福利與義務專責小組第十八次會議第四次續會討論文件）

（編者按：原件中並無標題所言的 87 年 4 月 30 日稿）

【P6】
第十四條
（編者按：內容同上文）

※

⑤ 1987 年 7 月 24 日《有關基本法第三章草稿（87 年 4 月 30 日稿）的意見》

【P5】
（編者按：內容同上文）

※

⑥居民及其他人的權利自由福利與義務專責小組《香港居民的基本權利與義務最後報告之二》（1987 年 8 月 8 日經執行委員會通過）

【P9】
第十四條
（編者按：內容同上文）

第五稿

「第三十六條　香港居民的婚姻自由和自願生育的權利受法律的保護。」

第六稿

「第三十七條　香港居民的婚姻自由和自願生育的權利受法律的保護。」

〔1988 年 3 月基本法起草委員會秘書處《中華人民共和國香港特別行政區基本法（草案）草稿》（總體工作小組第二次會議對目錄、序言、第一、二、三、五、六、七、九章的修改稿）〕

第七稿

「第三十七條　香港居民的婚姻自由和自願生育的權利受法律保護。」

〔1988 年 4 月基本法起草委員會秘書處《中華人民共和國香港特別行政區基本法（草案）草稿》〕

第八稿

「第三十六條　香港居民的婚姻自由和自願生育的權利受法律保護。」

〔1988 年 4 月基本法起草委員會《中華人民共和國香港特別行政區基本法（草案）徵求意見稿》〕

第九稿

「第三十七條　香港居民的婚姻自由和自願生育的權利受法律保護。」

〔1989 年 2 月《中華人民共和國香港特別行政區基本法（草案）》〕

① 1988 年 8 月基本法起草委員會秘書處《香港各界人士對〈香港特別行政區基本法（草案）徵求意見稿〉的意見匯集（一）》

【P19-20】
第三十六條
1. 改為：「香港居民應享有婚姻自由。香港居民建立家庭及撫育子女的權利，不論在怎樣情形下構成，都應受到法律保護。」

2. 本條把婚姻自由與自願生育的權利混為一談，把婚姻關係視作生育之先決條件，不恰當。建議改為：
「婚姻是兩個成年人之間的自由結合，禁止破壞婚姻自由。在配偶雙方同意下或任何一方的要求下，可解除婚約。家庭內配偶間享有同等地位，雙方對家庭負起同等的責任和享有同等的權利。子女可隨母親或父親的姓氏。
女性享有自願生育的權利和終止懷孕的自由。」

※

②《基本法諮詢委員會居民的基本權利與義務專責小組對基本法（草案）徵求意見稿第三章的意見匯編》，載於 1988 年 10 月基本法諮詢委員會《中華人民共和國香港特別行政區基本法（草案）徵求意見稿諮詢報告（1）》

【P93】
18. 第三十六條
18.1 有委員認為，基本法中應寫明香港特別行政區居民不應被強迫進行家庭計劃或墮胎。

※

③ 1988 年 10 月基本法諮詢委員會《中華人民共和國香港特別行政區基本法（草案）徵求意見稿諮詢報告第五冊——條文總報告》

【P166-168】

第三十六條
2. 意見
2.1 贊同意見
→ 支持「婚姻自由」和「建立家庭及撫育子女自由」的原則。
→ 贊成本條所包括的「自願生育的權利」。
理由：
⊙ 這樣可穩定人口膨脹問題。
⊙ 不會在一九九七年後引進嚴格的節育計劃。
2.2 保留意見
→ 生育自由的權利可能指一個家庭只限撫育一名子女。
→ 本條可能讓日後香港特別行政區政府通過《保護法例》將居民的適婚年齡定在二十一歲以上，藉此控制人口。
→ 強迫的節育政策，如只准養育一名子女的政策，在特別行政區實行的可能性，於本條的規定下，不可抹殺。
→ 本條沒有保證香港居民享有與家人一起生活的權利。
理由：根據基本法（草案）徵求意見稿第十七及三十九條的規定，男子可能需被徵入伍。
→ 本條未能充份保障婦女在婚姻及生育選擇方面的各種權利。
→ 把婚姻自由與自願生育的權利混為一款，把婚姻關係視作生育的先決條件是不恰當的。
→「受法律保護」實為「受法律限制」的代名詞。

3. 建議
3.1 改寫
→「香港居民應享有婚姻自由。香港居民建立家庭及撫育子女的權利，不論在怎樣情形下構成都應受到法律保護。」
→「香港居民有婚姻自由和自願生育的權利。」
理由：因婚姻自由和生育自由皆為原則性的權利，受憲法保護，故無須註明「受法律保護」。
→「香港居民享有婚姻自由和自願生育的權利。該權利受法律保障。」
→「香港居民的婚姻自由和自願生育的權利受法律保護。」
→「香港居民不分男女，均有擇偶結婚和解除婚約的自由。家庭內配偶間享有同等地位和權利，雙方對家庭負起同等的責任。女性享有自願生育的權利和終止懷孕的自由。」
理由：
⊙ 本條文未能充份保障婦女在婚姻和生育選擇方面的各

種權利。
⊙ 香港居民擁有婚姻及生育的自由，以防止將來政府因控制人口稠密而實施一家一子的制度。
→ 「婚姻是兩個成年人之間的自由結合，禁止破壞婚姻自由。在配偶雙方同意下或任何一方的要求下，可解除婚約。家庭內配偶間享有同等地位，雙方對家庭負起同等的責任和享有同等的權利，子女可隨母親或父親的姓氏。女性享有自願生育的權利和終止懷孕的自由。」
3.2 修改
→ 將「受法律保護」改為「有受法律保護的權利」。
理由：婚姻自由不是被動的權利，居民可要求政府立法保護。
3.3 增加
→ 加上：「香港永久居民有優先申請合法妻子或合法丈夫及未成年子女到港居留權利，並由當地公安機構優先處理審批。」
→ 加上：「墮胎的權利受到法律保護。」
3.4 其他建議
→ 應規定香港居民不會被迫實行家庭計劃或墮胎。

理由：
⊙ 本條對此規定的寫法含糊。
⊙ 中國憲法第四十九條有要求國民實行家庭計劃的規定。
→ 應顧及性愛選擇的權利。
→ 應賦予婦女有終止懷孕的自由。
→ 應包括婦女有結婚自由。
→ 應包括婦女有擇偶自由。
→ 應包括婦女有解除婚約的自由。
→ 應包括婦女在婚後有選擇改變或保留其國籍的權利。
→ 子女可隨母或父姓。
→ 應承認家庭為社會的自然和基本單位。
→ 應承認已達結婚年齡的男女，有結婚和成立家庭的權利。
→ 應承認婚姻非經婚嫁雙方自由完全同意，不得締結。
→ 家庭內配偶享有同等的地位和權利，並對家庭負起同等責任。
→ 應承認雙方在結婚、保持婚姻關係上，負起相同權利和責任。

第十稿

「**第三十七條　香港居民的婚姻自由和自願生育的權利受法律保護。**」
〔1990 年 2 月 16 日《中華人民共和國香港特別行政區基本法（草案）》〕

① 1989 年 8 月 25 日《居民專責小組第二次諮詢期第三次會議紀要》

2. 關於第三章條文的討論
2.7 第三十七條
有委員認為「自願生育的權利」不是法律語言。

※

② 1989 年 9 月 12 日《基本法諮詢委員會居民的基本權利與義務專責小組對基本法（草案）第三章的意見匯編》（1989 年 9 月 21 日居民專責小組與草委會對口小組在港草委交流會議附件一）

第三十七條
（編者按：內容同上文）

※

③《基本法諮詢委員會居民的基本權利與義務專責小組對基本法（草案）第三章的意見匯編》（1989 年 10 月 5 日居民專責小組第二次諮詢期第四次會議附件一）

第三十七條
（編者按：內容同上文）

※

④《居民專責小組就基本法（草案）第三章討論的會議紀要》（1989 年 10 月 5 日居民專責小組第二次諮詢期第四次會議紀要附件，同年 10 月 7 日經執行委員會通過）

【P5】
第三十七條
（編者按：內容同上文）

※

⑤《基本法諮詢委員會居民的基本權利與義務專責小組對基本法（草案）第三章的意見匯編》，載於 1989 年 11 月基本法諮詢委員會《中華人民共和國香港特別行政區基本法（草案）諮詢報告第一冊》

【P84】
第三十七條
（編者按：內容同上文）

※

⑥ 1989 年 11 月基本法諮詢委員會《中華人民共和國香港特別行政區基本法（草案）諮詢報告第三冊——條文總報告》

【P94】
第三十七條
2. 建議
2.1 增加
→ 加上：「不得強迫香港居民實行家庭計劃或墮胎。」
2.2 修改
→ 將本條改為：「香港居民有婚姻自由和自願生育的權利。」
2.3 其他
→ 香港居民應享有家庭團聚的權利。
→ 成年男女應有婚嫁和建立家庭的自由，有解除婚約的權利。

第十一稿

「**第三十七條　香港居民的婚姻自由和自願生育的權利受法律保護。**」
〔1990 年 4 月《中華人民共和國香港特別行政區基本法》〕

香港居民享有香港特別行政區法律保障的其他權利和自由。

✿ 貳 | 概念

1. 香港居民的自由
2. 法律保護的其他權利和自由

✿ 叁 | 條文本身的演進和發展

第一稿

第三章

「第十五條　香港居民享有香港特別行政區法律規定的其他權利和自由。

香港居民享有的權利和自由，除依法律規定外不得限制。」

〔1986 年 11 月 12 日《香港特別行政區基本法起草委員會香港居民的基本權利和義務專題小組的工作報告》，載於《中華人民共和國香港特別行政區基本法起草委員會第三次全體會議文件匯編》〕

① 1986 年 4 月 22 日《中華人民共和國香港特別行政區基本法結構（草案）》，載於《中華人民共和國香港特別行政區基本法起草委員會第二次全體會議文件匯編》

【P13】

第三章 香港居民的基本權利和義務

（十三）享有由普通法所保障的其他權利和自由

※

② 1986 年 11 月 12 日《香港特別行政區基本法起草委員會香港居民的基本權利和義務專題小組的工作報告》，載於《中華人民共和國香港特別行政區基本法起草委員會第三次全體會議文件匯編》

【P26-27】

第三章 香港居民的基本權利和義務（修改稿）

第十五條

說明：基本法結構（草案）第三章（十三）寫了「享有由普通法所保障的其他權利和自由」的內容，由於「普通法」的範圍窄了一些，因此，將「普通法」改為「香港特別行政區的法律」。此外，為了避免上述各條都寫進「依照法律規定」的詞句，因此增寫了本條第二款的規定。

第二稿

第三章

「第十五條　香港居民享有香港特別行政區法律保障的其他權利和自由。

香港居民享有的權利和自由，除依法律規定外不得限制。」

〔1987 年 3 月 2 日《第三章 香港特別行政區居民的基本權利和義務（討論稿）》（1987 年 3 月 9 日居民及其他人的權利自由福利與義務專責小組第十四次會議討論文件）〕

第三稿

第三章

「第十五條　香港居民享有香港特別行政區法律保障的其他權利和自由。

香港居民享有的權利和自由，除依法律規定外不得限制。」

〔1987 年 4 月 13 日《香港特別行政區基本法起草委員會香港居民的基本權利和義務專題小組的工作報告》，載於《中華人民共和國香港特別行政區基本法起草委員會第四次全體會議文件匯編》〕

① 1987 年 4 月 13 日《香港特別行政區基本法起草委員會香港居民的基本權利和義務專題小組的工作報告》，載於《中華人民共和國香港特別行政區基本法起草委員會第四次全體會議文件匯編》

【P29】

第三章 香港特別行政區居民的基本權利和義務（修改稿）

第十五條

說明：

1. 小組同意將「討論稿」第一款中的「法律規定」改為「法律保障」。

2. 第二款的表述是考慮到前面的規定還不能全面概括各種權利和自由，故作此總的一條補充性規定，因此不宜刪去。

3. 本條中「香港特別行政區法律」的範圍較廣，包括基本法、香港原有法律（包括普通法、衡平法等在內）和香港特別行政區立法機關制定的法律。

第三章

「第十五條　香港居民享有香港特別行政區法律保障的其他權利和自由。
香港居民享有的權利和自由，除依法律規定外不得限制。但此種限制需以維護國家安全、社會秩序、社會公安、公共衛生、公共道德以及保障他人的權利和自由所必要為限。」

〔1987 年 8 月 22 日《香港特別行政區居民的基本權利和義務專題小組的工作報告》，載於《中華人民共和國香港特別行政區基本法起草委員會第五次全體會議文件匯編》〕

① 1987 年 5 月 22 日《香港基本法起草委員會第四次全體會議委員們對基本法序言、總則及第二、三、七、九章條文草案的意見匯集》

【P26】
第十五條
1. 建議將第一款改寫為「本章在以上所列出的各項條文，是重新肯定香港居民所享有的基本權利和自由，並給了有法律效力的保障。香港居民不會因為本章或本法的遺漏而喪失了現時依據法律所享有的其他權利和自由」。

2. 建議將第二款改寫為：「香港特別行政區立法機關有權制訂法律，對以上所列出的權利和自由加以限制，但這些限制必須為保障公共安全、秩序、衛生和風化或其他人之基本權利自由所必要者，並且為一般自由開放和民主社會所認可為明顯合理和適當者為限。任何對本法內所載有的基本自由和權利構成限制或衝突的香港特別行政區法律，若不符合本條款所訂立之標準，均可被香港特別行政區法院宣佈無效。」

※

② 1987 年 5 月 31 日陳文敏《評香港居民的基本權利和義務專題小組報告書》（1987 年 6 月 22 日居民及其他人的權利自由福利與義務專責小組第十八次會議第四次續會附件四）

第五，第三章完全沒有保障私有財產的擁有和享用權，理由相信是因為第一章總綱已包括了這一項。但第一章所包括的條款如一國兩制、五十年不變、資本主義制度不變等等，全是一些政策性質的條文。作為一個法律工作者，這些條文的可執行程度（jusficiability）是值得懷疑的。作為一種基本權利，私有財產的擁有和享用權是應該列入第三章的。

筆者對《第三章：香港特別行政區居民的基本權利和義務》的建議
第二條
任何人都享有本章規定的權利和自由，及和特別行政區法律保障的權利和自由。
任何人享有的權利和自由，除依法規定外，並基於國家安全、維護社會秩序、保障公安、公眾健康或道德及其他人的權利和自由的理由外，不得限制。任何法律的限制，必須為民主社會所需要的。
第十五條
任何人享有擁有、使用及轉移私有財產的自由。禁止沒有合理補償下任意佔據或佔用任何人的私有財產。

※

③ 1987 年 6 月 1 日林邦莊《香港居民基本權利及義務報告（第二部份）第三章草稿》（1987 年 6 月 22 日居民及其他人的權利自由福利與義務專責小組第十八次會議第四次續會附件一）

第十五條
重寫為：本法不限制香港特別行政區採納其他權利和自由。

※

④ 1987 年 6 月 4 日羅傑志《對基本法第五章草稿（87 年 4 月 30 日稿）的意見——供 1987 年 6 月 16 日會議討論》（1987 年 6 月 22 日居民及其他人的權利自由福利與義務專責小組第十八次會議第四次續會附件二）

（編者按：標題「第五章」應為「第三章」之誤；另原件中並無標題所言的 87 年 4 月 30 日稿。）

第十五條
第二句應改為「不得限制香港居民享有的權利和自由」。如果法律的規定可以作為限制的話，這些權利和自由即完全沒有保障。

※

⑤ 1987 年 6 月 5 日麥海華、歐成威、夏其龍《對香港特別行政區基本法起草委員會香港居民的基本權利和義務專題小組於第四次全體大會工作報告的建議》（1987 年 6 月 22 日居民及其他人的權利自由福利與義務專責小組第十八次會議第四次續會附件三）

第二條
香港特別行政區永久性居民都享有本章規定的權利和自由，及特別行政區法律保障的權利和自由。
香港特別行政區居民享有的權利和自由，除了基於保障國家安全、維護社會秩序、保障公安、公眾健康或道德及其他人的權利和自由的理由而立法規定外，不得限制。任何法律的限制，必須為自由開放和民主社會所需要的。香港特別行政區的法律若有不符合上述原則而對香港居民的權利和自由構成不合理和不必要的限制，均屬無效。

第十七條
香港特別行政區居民享有擁有、使用及轉移私有財產的自由。禁止沒有合理補償下任意佔據或佔用香港特別行政區居民的私有財產。

別行政區成立前在香港原有的權利、自由及特權。

⑥ 1987 年 6 月 19 日《有關基本法第三章草稿（87 年 4 月 30 日稿）的意見》（1987 年 6 月 22 日居民及其他人的權利自由福利與義務專責小組第十八次會議第四次續會討論文件）

（編者按：原件中並無標題所言的 87 年 4 月 30 日稿）

【P6-7】
第十五條
1. 修改為：本法不限制香港特別行政區採納其他權利和自由。（林邦莊委員）

2. 修改為：香港特別行政區居民都享有本章規定的權利和自由，及特別行政區法律保障的權利和自由。
香港特別行政區居民享有的權利和自由，除了基於保障國家安全、維護社會秩序、保障公安、公眾健康或道德及其他人的權利和自由的理由而立法規定外，不得限制。任何法律的限制，必須為自由開放和民主社會所需要的。香港特別行政區的法律若有不符合上述原則而對香港居民的權利和自由構成不合理和不必要的限制，均屬無效。
（麥海華委員等建議的第二條）
（說明：保障本章規定的權利和自由不會因「依法律規定」的原則而被剝奪。）

3. 有建議認為以上的意見中的「自由開放和民主社會」是很難予以界定的；有建議將以上意見的第三句修改為：「任何法律的限制，必須依照不干預基本人權的原則。」
第二句應改為「不得限制香港居民享有的權利和自由」。如果法律的規定可以作為限制的話，這些權利和自由即完全沒有保障。

4. 補充：香港特別行政區居民享有擁有、使用及轉移私有財產的自由。禁止沒有合理補償下任意佔據或佔用香港特別行政區居民的私有財產。（麥海華委員等建議的第十七條）

5. 補充：在香港特別行政區享有的權利、自由及特權不少於香港特別行政區成立前在香港原有的權利、自由及特權。

※

⑦ 1987 年 6 月 22 日居民及其他人的權利自由福利與義務專責小組第十八次會議第四次續會附件五

第一條
在香港特別行政區享有的權利、自由及特權不少於香港特

⑧ 1987 年 7 月 24 日《有關基本法第三章草稿（87 年 4 月 30 日稿）的意見》

【P6-7】
（編者按：內容同第四稿文件⑥）

※

⑨居民及其他人的權利自由福利與義務專責小組《香港居民的基本權利與義務最後報告之二》（1987 年 8 月 8 日經執行委員會通過）

【P9-10】
第十五條
（編者按：本文同第四稿文件⑥，除下列內容外，均同前文。）
不同意見：
4. 認為建議 2. 的寫法非常含糊，因為條文中的「國家安全、社會秩序、公眾健康、道德及其他人的權利和自由」的定義不明確，若依這種寫法，會影響香港的法治精神，及不利香港的穩定。

5. 認為建議 2. 的寫法會讓中央政府有機會藉「國家安全、社會秩序」等原因限制港人的權利和自由。

※

⑩ 1987 年 8 月 22 日《香港特別行政區居民的基本權利和義務專題小組的工作報告》，載於《中華人民共和國香港特別行政區基本法起草委員會第五次全體會議文件匯編》

【P33】
第三章　香港特別行政區居民的基本權利和義務（一九八七年八月修改稿）
第十五條
說明：
1. 根據所提意見，在第二款加上了：「但此種限制需以維護國家安全、社會秩序、社會公安、公共衛生、公共道德以及保障他人的權利和自由所必要為限。」

2. 在小組討論中，有的委員提出，刪去第四條中「依照法律」四字，把本條第二款改為「香港居民在行使自由和權利時，不得侵害國家安全、社會秩序、公共衛生和他人的自由和權利」。

第五稿

「第三十七條　香港居民享有香港特別行政區法律保障的其他權利和自由。」
〔1987 年 12 月基本法起草委員會秘書處《香港特別行政區基本法（草案）》（匯編稿）〕

① 1987 年 9 月 2 日《中華人民共和國香港特別行政區基本法起草委員會第五次全體會議委員們對基本法序言和第一、二、三、四、五、六、七、九章條文草稿的意見匯集》

【P25】

10. 第十五條
有的委員提出，在本條第二款「公共道德」後加上「執行本法第二章第十二條」一句，以保證前後內容一致。

※

②香港居民的基本權利與義務專責小組《對基本法

第三章條文草稿（一九八七年八月）的意見》（1987年 11 月 4 日經執行委員會通過）

【P5】
關於第十五條
意見：有委員建議將第二款獨立為一條文，移往第一條後，藉此對「依照法律」一詞的解釋予以限制。

第六稿

「**第三十八條　香港居民享有香港特別行政區法律保障的其他權利和自由。**」
〔1988 年 3 月基本法起草委員會秘書處《中華人民共和國香港特別行政區基本法（草案）草稿》（總體工作小組第二次會議對目錄、序言、第一、二、三、五、六、七、九章的修改稿）〕

第七稿

「**第三十八條　香港居民享有香港特別行政區法律保障的其他權利和自由。**」
〔1988 年 4 月基本法起草委員會秘書處《中華人民共和國香港特別行政區基本法（草案）草稿》〕

第八稿

「**第三十七條　香港居民享有香港特別行政區法律保障的其他權利和自由。**」
〔1988 年 4 月基本法起草委員會《中華人民共和國香港特別行政區基本法（草案）徵求意見稿》〕

第九稿

「**第三十八條　香港居民享有香港特別行政區法律保障的其他權利和自由。**」
〔1989 年 2 月《中華人民共和國香港特別行政區基本法（草案）》〕

① 1988 年 8 月基本法起草委員會秘書處《香港各界人士對〈香港特別行政區基本法（草案）徵求意見稿〉的意見匯集（一）》

【P20】
第三十七條
在「法律」後加「和普通法」。

※

② 1988 年 10 月基本法諮詢委員會《中華人民共和國香港特別行政區基本法（草案）徵求意見稿諮詢報告第五冊──條文總報告》

【P168】
第三十七條
2. 意見
2.1 贊成意見
→ 除了憲法列明的權利，香港人仍有其他權利，以保留普通法的有關原則。
2.2 保留意見
→ 本條隱含的意思是：假若某些權利自由沒有法律保障就不能享有。如此寫法顯然違背資本主義的自然權利和概念與社會契約論（政府乃由各人交出部份權力組成，未有交出的權力由個別人民保有，不需待法律界定

和保障）。

3. 建議
3.1 改寫
→ 「香港居民享有香港特別行政區法律和普通法保障的其他權利和自由。」
理由：普通法為國際認識，以及普通法比成文法為多，所包括的範圍應比香港特別行政區法律（成文法）為廣。
→ 「香港居民的其他基本權利和自由，不得以法律或任何形式縮減之。」
理由：
⊙ 基本權利應由法院以普通法傳統界定。
⊙ 「縮減」的意思是可藉立法保障某權利或自由，但不能限制其行使。
3.2 其他
→ 將本條納入第五條。
→ 應納入人權法案中。
→ 將《歐洲人權公約》納入此條文。
→ 不應將憲法或法律所界定的權利予以分開，應將那些現已為香港居民享有的權利包括在本法內。
→ 將「其他權利和自由」詳細列明。

4. 待澄清問題
→ 未成為香港法律的一部份，而香港人已享有的權利，又是否受保障呢？
→ 這一條是否已可補足那些在基本法內未列的基本權利（如不受酷刑權利和生存的權利）？

第十稿

「**第三十八條　香港居民享有香港特別行政區法律保障的其他權利和自由。**」
〔1990 年 2 月 16 日《中華人民共和國香港特別行政區基本法（草案）》〕

① 1989 年 11 月基本法諮詢委員會《中華人民共和國香港特別行政區基本法（草案）諮詢報告第三冊──條文總報告》

【P94】
第三十八條

2. 意見
2.1 正面
→ 本條的規定明確具體，易於理解掌握。
2.2 保留
→ 本條用語含混，雖訂出香港居民享有法律保障的其他權利和自由，但其能否作為一穩當的憲法基礎，使環境立法系統得以持續，實屬疑問。

「第三十八條　香港居民享有香港特別行政區法律保障的其他權利和自由。」

〔1990 年 4 月《中華人民共和國香港特別行政區基本法》〕

《公民權利和政治權利國際公約》、《經濟、社會與文化權利的國際公約》和國際勞工公約適用於香港的有關規定繼續有效，通過香港特別行政區的法律予以實施。

香港居民享有的權利和自由，除依法規定外不得限制，此種限制不得與本條第一款規定抵觸。

🌺 貳│概念

1. 國際公約
2. 依法享有的權利和自由
3. 不得與國際公約的規定抵觸

🌺 叁│條文本身的演進和發展

第一稿

第三章
「第十六條　《公民權利和政治權利國際公約》和《經濟、社會和文化權利的國際公約》適用於香港的有關規定，依照香港特別行政區的法律予以實施。」
〔1986 年 11 月 12 日《香港特別行政區基本法起草委員會香港居民的基本權利和義務專題小組的工作報告》，載於《中華人民共和國香港特別行政區基本法起草委員會第三次全體會議文件匯編》〕

① 1986 年 4 月 22 日《中華人民共和國香港特別行政區基本法結構（草案）》，載於《中華人民共和國香港特別行政區基本法起草委員會第二次全體會議文件匯編》

【P13】
第三章　香港居民的基本權利和義務
（十二）《公民權利和政治權利國際公約》和《經濟、社會與文化權利的國際公約》適用於香港的規定將繼續有效

※

② 1986 年 7 月 22 日《居民及其他人的權利自由福利與義務第六次會議紀要（第一分組）》

1. 兩個國際公約與基本法
1.1 根據《中英聯合聲明》附件一第十三節：「《公民權利和政治權利國際公約》和《經濟、社會與文化權利的國際公約》適用於香港的規定繼續有效」，原則上委員都贊同把此兩公約作為基本法的一部份。
1.2 一些委員認為，此兩國際公約只有道義上的約束力，而無實際的法律效力，故現在應通過人權法案，使這兩公約成為香港法律的一部份。由於將來在特別行政區實行的

法律包括香港原有法律，因而使這兩公約在 97 年後仍可繼續保障香港居民的權利。
1.3 有委員認為，要爭取現時政府通過上述法案有一定困難，而且這是立法局的工作，與起草基本法無關。故建議應在基本法中清楚列明，例如可沿用聯合聲明中的字眼，並以附件形式把兩個公約的條文放在基本法內，這就可以確保其日後在特別行政區的法律效力。
1.4 有委員認為，雖然通過法案是現時立法局的事，但委員可以市民的身份反映上述的要求。而且，當這項法案生效後，法院由現在至 97 年間所處理的案件，更可以成為案例，有助將來執行的人權法案。
1.5 委員基本上同意，應雙管齊下，即兩個方式同時進行。這樣，此兩國際公約的執行便會獲得雙重保障。

2. 對英國現時保留的條款的處理方法：
2.1 隨着社會的發展，以往有所保留的條款，現在可能已不再有保留了，例如有關選舉權的規定。
2.2 有委員提出有關兩個公約「適用於香港的規定將繼續有效」的時間性問題。那些規定是指簽署聯合聲明時適用於香港者，抑或是指至 97 年時，適用於香港的規定呢？有委員認為，法律不是固定的，而在這十多年間仍可繼續發展，況且《中英聯合聲明》中所用的字眼只是說明了：至少現在適用於香港的規定，將來仍繼續有效，但並沒有限制加入現時還有保留的條文（如在這十多年間也變成適

用於香港者）的意思，所以那些規定應該是指至97年時，所有適用於香港的規定。此外，也有委員提議，這些有保留的條款不一定到97年後才適用於香港，而可能現在或不久將來也是會適用的，故應從現在開始，推動那些被認為是適用的條款成為法律的一部份。這樣，也可使此兩公約在97年後的執行更具連貫性。

2.3 有委員認為，最好的做法是對這些有保留的條款進行研究，如果認為它們是適合香港的話，便應爭取在起草基本法時，把這些條款一併寫進基本法內。

3. 如何監察兩個國際公約的執行

3.1 若此兩公約成為基本法的一部份時，便應由法院執行監察的任務。

3.2 有委員建議設立一監察委員會，當立法機關通過一些觸犯了兩個公約的法例時，也可向法院提出。

3.3 《經濟、社會與文化權利的國際公約》的內容不能以法律形式表達，其中包括的是一些屬於社會政策的範圍，或居民生活實況的問題，這些規定是要根據地區的經濟情況或社會、文化的環境，才能決定怎樣逐步實施。這方面就有賴立法機關的監察了。

3.4 這兩個國際公約是保障人們的基本自由和權力的，因此必須有一些方法，保障這些基本權利和自由是不會隨便被修改的。有委員提出了一些外國做法作為參考。有些國家的憲法是通過某些很複雜和難以辦到的程序，去保障這些基本權利和自由不容易被修改的，例如，這項修改必須在數次全民投票中獲得大多數人支持，方可進行。

※

③ 1986 年 7 月 22 日《居民及其他人的權利自由福利與義務第六次會議紀要（第二分組）》

1. 中國成為兩個國際公約的締約國

1.1 有委員認為，中國應考慮加入成為兩個國際公約的締約國，這樣可以保障中國公民的權利，也可以保障香港人的權利，由於中國在香港實行一國兩制，即使是中國單純為了保障香港人的權利而加入兩個國家公約，也未嘗不可。

1.2 另有委員認為，如果要求中國為了香港現在實行部份條款而加入公約，將會是本末倒置，中國不可能加入一些公約，在中國其他地方不實行，而單在香港實行。所以不能以「為了香港」成為要求中國加入兩個國際公約的理由。

2. 兩個國際公約與基本法

2.1 有委員認為，兩個國際公約只有道義上的約束力而沒有法律約束力，要使兩個國際公約內適用於香港的條文在香港具法律效力，必須在香港立法，將其基本原則寫入基本法。

2.2 有委員認為應該將兩個國際公約作為基本法的附件，使公約中適用於香港的條文成為法律依據。

2.3 有委員認為，根據《中英聯合聲明》，將來特別行政區的法律並不包括國際公約在內。要使兩個國際公約的條文在香港具有法律效力，可行的辦法是現在的香港政府立法確認公約內適用於香港的條文，這就成為將來特別行政區法律的一部份，因為《中英聯合聲明》規定保留原有法律；在1997年後，中國政府重申不執行原來英國政府有所保留的條款，特別行政區政府聲明「認准或同意」兩個國際公約適用於香港之條文繼續有效。

2.4 有委員認為，兩個國際公約的條款大部份都涉及監察問題，提及權利的，經濟社會文化權利的只有15條，公民權利政治權利的只有17條，而公約已規定實行這些條款的多寡須視乎各國本身的經濟條件而定，因此應該將這些權利的大原則列入基本法，然後再將適用於香港的條文用法律形式規定下來。

3. 適用於香港以外的條款

3.1 有委員認為，作為一個公民，應享有獲得資料的權利，如果沒有這種權利，政治權利就不能真正平等。取得資料是新聞界有效監察政府的最佳方法。

3.2 另有委員認為，增加任何一種權利，應以保障社會整體利益為依歸，當我們提出要有資訊的權利的時候，就要注意保障個人的資料不會隨便被徵用，這也是一種個人自由的權利。

3.3 有委員認為：公民及政治權利國際公約第十條第二款（B），應適用於將來特別行政區。

3.4 有委員認為：公民及政治權利國際公約第十二條應繼續予以保留，原則上內地的人隨時都可以來香港。

3.5 有委員認為：如果將來的選舉有直接選擇，也有功能團體選舉的話，則仍需保留公民及政治權利國際公約第二十五條（B）段，因為功能團體選舉不能算是普及而平等、無記名式選舉。另有委員認為，這個條款的保留與否要等基本法草案出來以後，再作考慮。

3.6 有委員認為，經濟社會文化權利國際公約第八條第一款（B）段，不應繼續保留。另有委員認為應首先瞭解過去為什麼不能實行第八條第一款（B）段的原因，再作考慮。

※

④ 1986 年 11 月 12 日《香港特別行政區基本法起草委員會香港居民的基本權利和義務專題小組的工作報告》，載於《中華人民共和國香港特別行政區基本法起草委員會第三次全體會議文件匯編》

【P27】
第三章 香港居民的基本權利和義務（討論稿）
第十六條
說明：《中英聯合聲明》附件一和基本法結構（草案）都載明了以上兩個國際公約適用於香港的規定將繼續有效。以上各條規定的基本權利和自由，已概括了兩個公約的主要內容，本條再對兩個公約和香港法律的關係作一原則性的規定，這樣就更為全面些。據調查，兩個公約在香港並不直接具有法律效力，而是依照和透過香港法律予以實施。

第二稿

第三章
「第十六條 《公民權利和政治權利國際公約》和《經濟、社會和文化權利的國際公約》適用於香港的有關規定，依照香港特別行政區的法律予以實施。」
〔1987 年 3 月 2 日《第三章 香港特別行政區居民的基本權利和義務（討論稿）》（1987 年 3 月 9 日居民及其他人的權利自由福利與義務專責小組第十四次會議討論文件）〕

① 1987 年 2 月基本法起草委員會秘書處《香港報 刊有關〈基本法〉的言論摘錄》

如何理解聯合聲明附件一第十三節關於「《公民權利和政治權利國際公約》和《經濟、社會與文化權利國際公約》適用於香港的規定將繼續有效」的規定，至少可以有三種不同的解釋：

1. 除英國保留的條款外，公約均適用於香港。
2. 除英國保留的條款外，兩份公約中只有關於權利和自由的部份適用於香港。這是最有可能的解釋。
3. 關於權利和自由這部份的條文，也不是全部適用於香港，例如《公民權利和政治權利國際公約》第十八條所提到的隱私權及第十九條所提到的知情權，在目前香港的司法制度下是不被承認的。故此公約內這部份的條文並不適用於香港。

兩份國際公約如何在港適用？由於兩份國際公約所保障的權利的性質不同，故應分開處理。《公民權利和政治權利國際公約》是關於一些可以立刻生效和由司法機關直接在個別案件中可以執行的權利。而《經濟、社會與文化權利國際公約》所列舉的權利，只能隨着社會資源的發展和經濟的成長，逐步實現。很多國家的處理辦法，是將前一個公約內列舉的權利作為基本權利，而將後一公約列舉的權利，歸納為一些指導性原則，指導政府運作，但這些條文不能由司法機關直接執行。在決定基本法內應列出哪些權利時，要同時考慮這些權利在被侵犯時是否可以通過司法機關予以保障，若不可以的話，這些權利便只是形同虛設。

《公民權利和政治權利國際公約》，目前對香港的法庭並沒有任何約束力，將它引進香港，使之成為司法體系的一部份，一般可以有三種不同的形式：

1. 成文法賦予《公民權利和政治權利國際公約》法律的地位，使這份公約享有和成文法同樣的效力。
2. 將公約賦予憲法的地位，凌駕於一般成文法之上。
3. 將國際公約重寫於民權與自由這一章內，使成為一獨立的章節。

（陳文敏：《基本法與市民的權利和自由》，《明報》一九八六年七月八日。）

現在適用香港的《公民及政治權利國際公約》和《經濟、社會、文化權利國際公約》部份條文，可採取將轉變成香港本土法律的形式，使之一九九七年後得以繼續生效。而且，其有效性及可行性都是很高的。

由於中國不是上述兩個公約的締約國，因此，可行的辦法是通過基本法作出規定，兩個國際公約適用香港的條文在港擁有最高法律效力。具體的做法是，在基本法增加一附件，列出公約中所有適用於香港的條文，同時，基本法寫明該附件的條文有最高法律效力，授權當地法院負責解釋和執行條文。如有任何市民的人權受到來自行政或立法等方面的侵犯，法院均可根據條文給予不同形式的制裁，甚至可以宣佈證實侵犯人權之法例無效。

（陳弘毅：《文匯報》一九八六年七月二十三日）

《中英聯合聲明》附件一第十三節規定「《公民權利和政治權利國際公約》和《經濟、社會與文化權利的國際公約》適用於香港的規定將繼續有效」。這條文牽涉到至少三個問題。第一，在目前來說，公約的哪些條文是適用於香港呢？第二，這些所謂適用於香港的條文有什麼具體作用或效力呢？第三，在一九九七年後，如何保證這些公約條文會繼續有效。

第一，哪些條文適用於香港？如果要找到答案，便要看英國在簽署和認許這些公約的時候所作出的聲明。根據這些聲明，英國就某些公約的條文在英國或它的屬土的適用性作出了保留。即是說保留某些條文，使它不適用於英國或它的屬土。例如《公民權利和政治權利國際公約》第二十五條b項有關選舉權的條文，就不適用於香港。又如，該公約第八條第一項b款，規定工會有權成立全國聯合會或同盟；而根據香港現行關於工會的法律，涉及不同行業的工會是無權成立工會性質的聯會的。

除了這些保留不引用的條文外，理論上所有其他的公約條文都是適用於香港的。但所謂「適用」，並不是說公約條文是香港法律的一部份，可以由香港法院在個別案件中強制執行。因為根據英國和香港現行的法律制度，國際條約並不是法律的一部份；香港法律的正式來源包括英國，香港立法機關制定的成文法和英國或香港法院訂立的判例法，但不包括英國政府與其他國家訂立的國際條約，這些國際條約不是香港法律的一部份，所以香港法院不能直接執行。

所以，嚴格來說，這兩個公約目前在香港都沒有直接的法律效力，即是說不可由法院執行。總括來說，目前這兩個國際公約在香港的適用性，只是在國際法的層面（即只是對英國政府或者英國在香港設立的政府有約束力），而不是在香港本土上法律的層面。

如果要實施聯合聲明中關於兩個國際公約在九七年之後繼續適用於香港的條文，就需要在基本法內作出適當的規定，使公約的條文在香港本土產生直接的法律效力，使這兩個公約成為基本法及本港法律的一部份。因為這兩個公約在九七年之後在國際法上將不對香港產生任何的效力，所以，如果要使這兩個公約有效力，唯一的方法就是在本港的法律中賦予這兩個條約的法律效力。

至於具體起草的方法，可以考慮把公約內那些適用於香港的條文詳列出來，作為基本法的一個附件。然後在基本法的正文內寫明，這些在附件內列出的公約條文，在香港是有最高的法律效力。當然，即使賦予了這些條文最高法律效力，也未必足以保障這些條文可以得到貫徹和執行。所以，另外一個可以考慮的方法，就是在基本法內設立一個有效的機關或制度，監督關於人權條文的實施，確保當市民的權利和自由受到威脅的時候，受害的市民可以得到適當的補救措施。

在這方面，我們可以考慮在香港特別行政區採用其他普通法地區所實行的制度，即是由法院負責監督基本法內關於人權條文的實施。這便是所謂「司法審裁制度」。當法院要執行基本法關於人權保障的條文時，它當然無可避免地要解釋這些條文。我們希望在基本法內可以說明基本法中關於人權的條文，由特別行政區法院在審理具體案件時全權解釋。因為只有特別行政區的法院才慣於運用普通法的判例和引用香港現行的關於自由、權利的概念，從而使基本法內關於人權的條文的解釋，合乎香港現行的法制或普通法的原則和精神。

（陳弘毅：《國際人權公約與香港》，《明報》一九八六年九月十八、十九日。）

基本法內應有獨立章節闡釋有關保障基本人權及自由，並以本地慣用的司法用語為翻譯的準則。

在不同的社會制度下，人權的定義和法律的闡釋都可能出現衝突及混淆現象。為避免不必要的糾纏，基本法內應有獨立章節詳細論及有關如何保障人權和自由。基本法的內容應盡量廣泛，同時具實用性。這章內容應包括：維持現有制度，特別是普通法內所有有關人權及自由的部份；保證普通法人權部份成為國際公約附錄；基本法內有關人權及自由條文應是活的，並非五十年不變；提供補救方法以防止立法及行政人員誤用人權法案。

（張健利、陳文敏，《大公報》一九八六年三月七日。）

第三稿

第三章

「第十六條　《公民權利和政治權利國際公約》和《經濟、社會與文化權利的國際公約》適用於香港的有關規定，依照香港特別行政區的法律予以實施。」

〔1987年4月13日《香港特別行政區基本法起草委員會香港居民的基本權利和義務專題小組的工作報告》，載於《中華人民共和國香港特別行政區基本法起草委員會第四次全體會議文件匯編》〕

① 1987年3月9日《居民及其他人權利自由福利與義務專責小組第十四次會議紀要（修訂）》

2. 有關由起草委員就《基本法結構（草案）》第三章「香港特別行政區居民的基本權利和義務」草擬的討論稿，與會者與李福善草委的交流概要如下：

2.9 第十六條

2.9.1 有委員建議將「國際勞工公約適用於香港的條文在港繼續適用」的意思寫進這條；李草委回答會將這個問題與其他專題小組研究。

※

② 1987年3月19日《香港居民的基本權利與義務討論文件》（1987年4月10日居民及其他人的權利自由福利與義務專責小組第十六次會議討論文件）

【P1-5】

II.《中英聯合聲明》的規定

第三款第五節：

「香港特別行政區依法保障人身、言論、出版、集會、結社、旅行、遷徙、通信、罷工、選擇職業和學術研究以及宗教信仰等各項權利和自由。私人財產、企業所有權、合法繼承權以及外來投資均受法律保護。」

附件一第十三節：

「香港特別行政區政府依法保障香港特別行政區居民和其他人的權利和自由。香港特別行政區政府保持香港原有法律中所規定的權利和自由，包括人身、言論、出版、集會、結社、組織和參加工會、通信、旅行、遷徙、罷工、遊行、選擇職業、學術研究和信仰自由、住宅不受侵犯、婚姻自由以及自願生育的權利。

任何人均有權得到秘密法律諮詢、向法院提起訴訟、選擇律師在法庭上為其代理以及獲得司法補救。任何人均有權對行政部門的行為向法院申訴。

宗教組織和教徒可同其他地方的宗教組織和教徒保持關係，宗教組織所辦學校、醫院、福利機構等均可繼續存在。香港特別行政區的宗教組織與中華人民共和國其他地區宗教組織的關係應以互不隸屬、互不干涉和互相尊重的原則為基礎。

《公民權利和政治權利國際公約》和《經濟、社會與文化權利的國際公約》適用於香港的規定將繼續有效。」

III.《基本法結構（草案）》的規定

第三章：香港居民的基本權利和義務

第一節：香港居民的定義

第二節：選舉權和被選舉權

第三節：言論、出版、集會、結社、組織和參加工會的自由、罷工、遊行自由

第四節：人身自由

第五節：住宅不受侵犯、通信自由

第六節：遷徙和出入國境自由

第七節：宗教和信仰自由

第八節：選擇職業的自由、學術研究自由

第九節：有權得到秘密法律諮詢、向法院提起訴訟，選擇律師在法庭上為其代理以及獲得司法補救。居民有權依法對行政部門的行為向法院申訴。

第十節：依法享受社會福利的權利。退休、離職公務員的

福利待遇受保護。

第十一節：保障婚姻自由，保障自願生育的權利。

第十二節：《公民權利和政治權利國際公約》和《經濟、社會與文化權利的國際公約》適用於香港的規定將繼續有效。

第十三節：享有由普通法所保障的其他權利和自由

第十四節：居住在香港的其他人的合法權益受保護

第十五節：新界原居民的合法權益受保護

第十六節：香港居民有遵守基本法和香港特別行政區一切法律的義務

IV. 目前香港保障基本人權的法例

有些基本人權已通過香港的條例及規例獲賦予法律效力。《公民權利和政治權利國際公約》第6—27條（不包括第13及20條）已部份或全條獲一定的法律保障。《經濟、社會與文化權利的國際公約》第7—15條也部份或全條獲一定的法律保障。

V. 兩個國際公約的背景和內容

1. 背景

聯合國大會在一九四八年，通過了《世界人權宣言》（Universal Declaration of Human Rights），這宣言的基本原則後來更寫成了更具體的法律條文，這就是《公民權利和政治權利國際公約》及《經濟、社會與文化權利的國際公約》。這兩個國際公約由一九七六年開始生效，但只是對簽署了公約的國家（即所謂締約國）有約束力。

聯合國大會在一九六六年通過任擇議定書。這任擇議定書在一九七六年開始生效，如簽訂議定書的國家違反《公民權利和政治權利國際公約》的任何規定，個別受害人可私自向人權委員會投訴（但該受害人必須已在其國內試盡一切解決途徑）。人權委員會向有關國家發出報告，並向聯合國大會提交周年報告。

英國有保留地簽訂兩個國際公約＊，但沒有簽訂任擇議定書。中華人民共和國則在任何方面都不是兩個公約的締約國。

＊「保留」的定義在有關條約法律的維也納公約（一九六九年五月二十三日）中已有說明：

「保留」是指國家在簽署、批准、接納、同意或加入條約時，為排除或限制該條約某些條文應用於該國時的法律效力，而作出的單方面聲明（不論其表達方式或名稱為何）。

「保留」的標的物通常是限制該國就條約須履行的責任，但亦有例外情況：「保留」只聲明條文有所變更，或企圖承擔約文規定以外的責任。如屬雙方之間的條約，「保留」則只是修正約文的建議。「保留」的合法性則是一個有關多邊條約的單獨法律問題。

（資料來源：Halsbury四版第十八冊）

2. 內容

（1）《公民權利和政治權利國際公約》

根據這公約，締約國承擔的義務就是用法律去保障人民的各項公民權利和政治權利和自由，包括生存的權利、人身自由、隱私的權利（privacy）、行動的自由、選擇居住地方的自由、離開國境的自由、思想、信仰、言論、集會、結社各方面的自由、不可被迫成為奴隸或強迫勞動、人民有自決的權利（self-determination）、少數民族享有自己文化的權利，不受無理拘留的權利、受刑事檢控時受到公平而公開的審訊及被判有罪時不受殘忍或不人道的處罰的權利、參與公共事務和選舉的權利等等。此外，還規定在法律之下，人人平等，不受歧視以及婚姻和家庭生活自由。

（2）《經濟、社會與文化權利的國際公約》

根據這公約，締約國承擔的義務就是用法律保障人民的以下權利：不受饑餓的權利，有足夠的生活水準、工作的權利、合理的工資和工作環境、組織及參加工會的權利、得到社會保障（包括社會保險）的權利、享受醫療服務和教育的權利、不受歧視、人民自決、家庭生活的保障，以及文化學術活動的權利等等。

3. 區別

《公民權利和政治權利國際公約》中的權利，是一些可以即時生效的權利，可以由法院在個別案件裡直接執行。但《經濟、社會與文化權利的國際公約》中的經濟、社會、文化的權利，通常只可以隨着社會的發展和經濟的增長，慢慢逐步實現。經濟發達的國家就需要制定更多政策，為人民提供更多權利。

VI. 兩個國際公約的法律效力和執行方法

1. 《經濟、社會與文化權利的國際公約》規定締約國要向聯合國經濟及社會理事會提交定期報告，報告締約國採取了什麼措施去實現公約規定的權利。經濟及社會理事會在審閱報告及有關資料後，可向聯合國大會提交報告和建議。

2. 《公民權利和政治權利國際公約》執行辦法有三種：

（1）締約國必須向一個人權委員會提交定期報告，報告締約國採取了什麼措施使公約規定的權利生效。人權委員會的成員由締約國共同選出。

（2）如果一個締約國同意接受這種執行方法的話，另一個締約國可以就這締約國的違反公約的行為，向人權委員會作出投訴。委員會在接到投訴後，可進行調解或斡旋，尋求解決問題的方法。但人權委員會不是一個國際法庭，不可以對違反公約的締約國，進行司法審裁。如果把這種執行《公民權利和政治權利國際公約》的方法應用於香港的情況，這就是說，如果英國政府在香港作出了違反公約的行為，公約的另一個締約國便可向人權委員會投訴。

（3）是由受違約行為影響的個人直接向人權委員會投訴，但這辦法只適用於簽署了公約的《任擇擬定書》的國家。英國沒有簽署這文件，所以這種執行辦法並不適用於英國或現時的香港。

VII. 兩個國際公約適用於香港的條文，及與《中英聯合聲明》和《基本法結構（草案）》中提及有關權利和自由的條文的比較

兩個國際公約提及的權利和自由與《中英聯合聲明》所提及的權利和自由不盡相同。例如《中英聯合聲明》提及的私人財產權，在兩個國際公約中都沒有提及。

有些權利和自由在兩個公約及《中英聯合聲明》中都有提及，但程度卻各有不同。有些權利和自由在公約中有具體而詳細的說明，但《中英聯合聲明》卻只是簡略一提而已。例如言論自由與出版自由，《中英聯合聲明》都沒有任何說明、解釋或界定。由於大多數的自由或權利都不是絕對或無限的，所以界定至為重要。如果有人毫無限制地使用他的權利，就難免會侵害整個社會的權利，例如言論自由（可招致損害索償），見於《中英聯合聲明》第三款第五項及附件一第十三節，但都沒有解釋或界定其程度。兩個公約中的規定則更為詳細。在兩個公約中，有些權利和自由是要依據法律受到規限的，而這些規限基於以下理由是必須的：

（1）尊重他人的權利或聲譽；

（2）維持治安、保障公眾衛生、社會道德或國家安全。

兩個公約清楚指出政府在什麼情況下才可以限制這些權利。兩個公約都包括可行使的獲賠償權。各種權利的範圍及限度也清楚列明，但《中英聯合聲明》卻沒有說明。《基本法結構（草案）》中有一些權利，是《中英聯合聲明》所沒有的。（詳情參閱附件C的列表）

VIII. 適用於香港的公約條文的作用和法律效力

嚴格來說，這兩個公約目前在香港都沒有直接的法律效力，即是說不可由法院去執行。如果說公約目前是「適用」於香港的，意思只是說公約在國際法上是對英國政府有約束力，即是說英國政府在國際法上是有義務就公約於英國和英國屬土的實施情況，向有關國際組織提交報告。此外，若有人指稱英國政府違反了公約，公約的其他締約國可以向人權委員會提出投訴。總括來說，目前這兩個國際公約在香港的適用性，只是在國際法的層面（即只是對英國政府或其屬土的政府有約束力）。雖然兩個公約的規定並不構成香港本地法律的一部份，但香港法律已在一定程度上包含了這些規定。當英國在一九九七年後撤出香港，而中國仍未成為這兩個公約的締約國時，這兩個公約就不會根據國際法適用於香港。

IX. 主要問題

1. 目前這兩個國際公約適用於香港，完全是由於英國是這兩個公約的締約國，而香港是英國的屬土；在九七年後，中國將在香港恢復行使主權，但中國目前仍然不是兩個國際公約的締約國，所以在九七年後，香港的情況如何？

《中英聯合聲明》附件一第十三節訂明兩個公約適用於香港的規定將繼續有效。這規定帶出了三個問題：

（1）哪幾項規定是適用於香港的？

（2）這些公約在香港有什麼具體的約束力？（參閱上文VIII.）

（3）如何保證在九七年後這些規定會如《中英聯合聲明》及《基本法結構（草案）》所載，在香港繼續有效？

各項建議方案：

（1）現行法律已反映了這些公約的部份內容，基本法可列出各種權利和自由，可對現行法律尚未符合兩個國際公約的部份作補充，無須對兩個公約作進一步的規定；

（2）把兩個公約中適用於香港的條文，以基本法附件形式列出，並賦予這附件最高的，與基本法其他部份相同的法律效力，並授權香港特別行政區法院執行這些條文；

（3）使條文成為基本法的一部份，成為香港法律的一部份，授權香港特別行政區法院在具體案件中引用這些條文，作為審查特別行政區的行政和立法行為的合法性依據；

（4）對《中英聯合聲明》和《基本法結構（草案）》第三章第二節至第十一節所列的居民權利和自由作出明確的規定，藉此體現兩個國際公約適用於香港的規定的主要內容。此外，參照兩個國際公約目前在香港的實施情況和辦法，再作一原則性的規定，說明兩個公約適用於香港的有關規定，依照和透過香港法律予以實施；及兩個公約與香港特別行政區法律的關係。

（5）在基本法內包括人權法案。

（6）要求中國成為這兩個國際公約的締約國。

2. 由於目前英國就一些公約條文在香港的適用性作了若干保留，這些保留在一九九七年後會否維持不變？

建議方法：

（1）基本法應容許在適當情況下，所有規定均適用於香港的可能性。

3. 《中英聯合聲明》沒有提及香港居民的義務。《基本法結構（草案）》只規定香港居民有遵守基本法及香港特別行政區其他法律的義務。除此以外，再沒有列明其他義務。

3.1 還有什麼需列明的義務呢？

建議：

（1）基本法不應規定還有其他義務。

（2）基本法應說明不得禁止香港人充份參與國家事務。

3.2 身份為中國公民的香港居民有什麼義務？

建議：

（1）除憲法的某幾個部份外，中華人民共和國的法律不

適用於香港，因此，同時是中國公民的香港居民不必遵守中華人民共和國有關公民義務的法律。所以，在義務方面，身份為中國公民的香港居民與其他香港居民應沒有分別。

（2）如中華人民共和國憲法所規定的某些義務適用於香港，基本法應有明文規定。

附件C：《中英聯合聲明》和《基本法結構（草案）》內有關權利自由的條文與兩個國際公約的比較

【P1-4】

《中英聯合聲明》的規定（附件一第三節）	《基本法結構（草案）》的規定（第三章）	《公民權利和政治權利的國際公約》的規定	《經濟、社會與文化權利的國際公約》的規定
1.人身自由	人身自由（第四節）	人人有權享有身體自由及人身安全。任何人不得無理予以逮捕或拘禁。非依法定理由及程序，不得剝奪任何人之自由。……（第九條）	
2.言論自由	言論自由（第三節）	人人有保持意見不受干預之權利。人人有發表自由之權利；此種權利包括以語言、文字或出版物、藝術或自己選擇之其他方式，不分國界，尋求、接受及傳播各種消息及思想之自由。……（第十九條）	
3.出版自由	出版自由（第三節）	同上	
4.集會自由	集會自由（第三節）	和平集會之權利，應予確認。……（第二十一條）	
5.結社自由	結社自由（第三節）	人人有自由結社之權利，包括為保障其本身利益而組織及加入工會之權利，……（第二十二條）	
6.組織和參加工會自由	組織和參加工會自由（第三節）	同上	人人有權為促進及保障其經濟及社會利益而組織工會及加入其自身選擇之工會……（第八條）〔聯合王國政府聲明，有關公約第八條，聯合王國必須保留權利，在涉及不同行業的工會有權成立聯會或同盟的問題上不在香港引用第一款（B）段。〕
7.通信自由	通信自由（第五節）	任何人之私生活、家庭、住宅或通信，不得無理或非法侵擾，其名譽及信用，亦不得非法破壞。……（第十七條）	
8.旅行自由	出入國境自由（第六節）	在該國土內合法居留之人，在該國領土內有遷徙往來之自由及擇居之自由。人人應有自由離去任何國家，連其本國在內。……（第十二條）（聯合王國政府在香港保留引用第十二條第四款條文）	
9.遷徙自由	遷徙自由（第六節）	同上	
10.罷工自由	罷工自由（第三節）		罷工權利，但以其行使符合國家法律為限。〔第八條（D）〕
11.遊行自由	遊行自由（第三節）		

12.選擇職業自由	選擇職業自由（第八節）		人人有工作之權利，包括人人應有機會憑本人自由選擇或接受之工作謀生之權利，並將採取適當步驟保障之。……（第六條）
13.學術研究自由	學術研究自由（第八節）		……尊重科學研究及創作活動所不可缺少之自由。……（第十五條）
14.宗教信仰自由	宗教自由，信仰自由（第七節）	人人有思想、信念及宗教自由。……（第十八條）	
15.住宅不受侵犯	住宅不受侵犯（第五節）	第十七條（同7.）	
16.婚姻自由	婚姻自由（第十一節）	……婚姻非經婚嫁雙方自由完全同意，不得締結。……（第二十三條）	……婚姻必須婚嫁雙方自由同意方得締結。……（第十條）
17.自願生育的權利	自願生育的權利（第十一節）		
18.有權得到秘密法律諮詢、向法院提起訴訟、選擇律師在法庭上為其代理以及獲得司法補救。任何人均有權對行政部門的行為向法院申訴（第九節）	有權得到秘密法律諮詢、向法院提起訴訟，選擇律師在法庭上為其代理以及獲得司法補救。居民有權依法對行政部門的行為向法院申訴（第九節）	……到庭受審，及親自答辯或由其選任辯護人答辯；未經選任辯護人者，應告以有此權利；……（第十四條）（此條文對有權得到秘密法律諮詢、向法院提起訴訟，及有權依法對行政部門的行為向法院申訴沒有聲明）	

19.私人財產、企業所有權、合法繼承權以及外來投資均受法律保護（第三款第五節）			
20.	選舉權和被選舉權（第二節）	凡屬公民，無分第二條所列之任何區別，不受無理限制，均應有權利及機會：（A）直接或經由自由選擇之代表參與政事；〔第二十五條；聯合王國政府保留在香港引用本條文之（B）和（C）段〕	
21.	依法享受社會福利的權利。退休、離職公務員的福利待遇受保護。（第十節）		人人有權享有受社會保障，包括社會保險。（第九條）
22.	享有由普通法所保障的其他權利和自由。（第十三節）		
23.	居住在香港的其他人的合法權益受保護。（第十四節）		
24.	新界原居民的合法權益受保護。（第十五節）		

③ 1987年4月13日《香港特別行政區基本法起草委員會香港居民的基本權利和義務專題小組的工作報告》，載於《中華人民共和國香港特別行政區基本法起草委員會第四次全體會議文件匯編》

【P30】
第三章 香港特別行政區居民的基本權利和義務（修改稿）
第十六條
說明：有的委員建議將「予以實施」改為「保障實施」，經研究仍以保留原來的規定為宜。

第三章

「**第十六條　《公民權利和政治權利國際公約》和《經濟、社會與文化權利的國際公約》適用於香港的有關規定，依照香港特別行政區的法律予以實施。**」

〔1987 年 8 月 22 日《香港特別行政區居民的基本權利和義務專題小組的工作報告》，載於《中華人民共和國香港特別行政區基本法起草委員會第五次全體會議文件匯編》〕

① 1987 年 4 月 14 日《香港居民的基本權利與義務報告（一稿）》（1987 年 4 月 23 日居民及其他人的權利自由福利與義務專責小組第十七次會議討論文件）

【P25】

（編者按：本文同第三稿文件②，除以下內容外，均同前文。）

IX. 主要問題

1. 目前這兩個國際公約適用於香港，完全是由於英國是這兩個公約的締約國，而香港是英國的屬土；在九七年後，中國將在香港恢復行使主權，但中國目前仍然不是兩個國際公約的締約國，所以在九七年後，香港的情況如何？《中英聯合聲明》附件一第十三節訂明兩個公約適用於香港的規定將繼續有效。這規定帶出了三個問題：

（1）哪幾項規定是適用於香港的？

（2）這些公約在香港有什麼具體的約束力？（參閱上文 VIII.）

（3）如何保證在九七年後這些規定會如《中英聯合聲明》及《基本法結構（草案）》所載，在香港繼續有效？

各項建議方案：

（1）現行法律已反映了這些公約的部份內容，基本法可列出各種權利和自由，可對現行法律尚未符合兩個國際公約的部份作補充，無須對兩個公約作進一步的規定；

（2）把兩個公約中適用於香港的條文，以基本法附件形式列出，並賦予這附件最高的，與基本法其他部份相同的法律效力，並授權香港特別行政區法院執行這些條文；

（3）兩個國際公約中適用於香港的條文，在基本法中作一原則性的規定，說明這些條文在香港特別行政區予以實行。有建議在基本法中寫上：《公民權利和政治權利國際公約》和《經濟、社會與文化權利的國際公約》中適用於香港的條文，在香港特別行政區應予以實行；

（4）使條文成為基本法的一部份（例如只列出在香港適用的條文編號，不須開列內容），成為香港法律的一部份，授權香港特別行政區法院在具體案件中引用這些條文，作為審查特別行政區的行政和立法行為的合法性依據；

（5）對《中英聯合聲明》和《基本法結構（草案）》第三章第二節至第十一節所列的居民權利和自由作出明確的規定，藉此體現兩個國際公約適用於香港的規定的主要內容。此外，參照兩個國際公約目前在香港的實施情況和辦法，再作一原則性的規定，說明兩個公約適用於香港的有關規定，依照和透過香港法律予以實施；及兩個公約與香港特別行政區法律的關係；

（6）在基本法內包括人權法案；

（7）要求中國成為這兩個國際公約的締約國。

※

② 1987 年 4 月 28 日《香港居民的基本權利與義務報告（二稿）》

【P5】

（編者按：本文同第四稿文件①，除以下內容外，均同前文。）

各項建議方案：

（2）把兩個公約中適用於香港的條文，以基本法附件的形式列出，並賦予這附件最高的，與基本法其他部份相同的法律效力，香港特別行政區法院予以引用；

（3）兩個國際公約中適用於香港的條文，在基本法中作一些原則性的規定，說明這些條文在香港特別行政區予以實行；

（4）兩個國際公約中適用於香港的條文成為基本法的一部份，例如在基本法中列出有關條文的編號，使這些條文成為香港特別行政區法律的一部份，因此，香港特別行政區法院在具體案件中引用這些條文來審查特區政府的行政和立法行為是否有合法依據；

（5）對《中英聯合聲明》和《基本法結構（草案）》第三章第二節至第十一節所列的居民權利和自由作出明確的概括性規定，從而將適用於香港的公約條文的主要內容包括其中，藉此體現兩個國際公約適用於香港的規定。此外，參照兩個國際公約目前在香港實施的情況和辦法，再作一原則性的規定，說明兩個國際公約須依照和透過特區的法律予以實施，而對兩個國際公約與特區法律的關係也需有清楚的界定；

（6）在基本法內包括一人權法案，既是在基本法中列一只寫人權的章節；

建議條文：

1）在基本法中寫上：《公民權利和政治權利國際公約》和《經濟、社會與文化權利的國際公約》中適用於香港的條文，在香港特別行政區應予以繼續實行。

2）香港特別行政區政府依法保障香港特別行政區居民和其他人的權利和自由。《公民權利和政治權利國際公約》和《經濟、社會與文化權利的國際公約》在香港特別行政區成立前適用於香港的規定將繼續在香港特別行政區執行。為執行上述兩項公約，香港特別行政區政府保持香港原有法律中所規定的權利和自由，包括人身、言論、出版、集會、結社、組織和參加工會、通信、旅行、遷徙、罷工、遊行、選擇職業、學術研究和信仰自由、住宅不受侵犯、婚姻自由以及自願生育的權〔利〕。

※

③ 1987 年 5 月 22 日《香港基本法起草委員會第四次全體會議委員們對基本法序言、總則及第二、三、七、九章條文草案的意見匯集》

【P26-27】

第十六條

1. 建議將本條改寫為：「《公民權利和政治權利國際公約》和《經濟、社會與文化權利的國際公約》適用於香港的有關規定，均被收錄成為本法的一部份，予以實施。香港特別行政區法律根據該等規定保障本章內所載有的各項基本權利和自由。」

2. 建議將修改稿第十六條的內容提到前面，作為新的第三條，並增加一款「香港特別行政區法律依據該等國際公約之有關規定保障本章內所闡述的各項權利和自由」，因

為香港現行的有關權利和自由的法律都是依據兩個國際公約的適用部份制定的，把兩個國際公約的條款放到前面，後面再寫依法享有的各項權利和自由就比較清楚了。但有的委員不同意這一修改，因為國際公約不應成為國內法的依據。

3.有的委員認為，第三章條文關於兩個國際人權公約在文字表述上與原公約有些不同，這將會給法庭審理案件帶來困難，因此，建議在表述上要與原公約保持一致。

※

④ 1987 年 5 月 31 日陳文敏《評香港居民的基本權利和義務專題小組報告書》（1987 年 6 月 22 日居民及其他人的權利自由福利與義務專責小組第十八次會議第四次續會附件四）

自基本法的草擬工作開展以後，不少學者均指出兩份國際人權書公約在香港沒有直接的法律效力，建議將這兩份公約納入香港的司法體系內，使成為香港法律或基本法的一部份。但這些建議並未為專題小組所接納。故此，現時的第三章討論稿並沒賦予這兩份公約任何法律效力。專題小組十一月的報告書便清楚指出，第三章對基本權利和自由的規定已概括了兩個公約的主要內容，故此無須再賦予公約法律的地位。但事實是否如此？

無可否認，公約內的部份內容已由香港的法律予以保障，基本法諮詢委員會在今年三月的一份討論文件中，就曾比對《公民權利和政治權利國際公約》與香港法律的關係，列出目前保障這些基本權利的法律和法律容許的例外情況。在信奉「剩餘原則」的普通法制度下，重要的是這些例外而非保障權利的法律，例如《官方保密法例》內就對言論自由有相當嚴峻的規限，可惜，諮委會並沒有對這些「例外」的法律作深入的研究。其實，香港目前仍有不少法例是頗為嚴峻的，而我們所享有的自由是因為這些嚴峻的法例並沒有被嚴格地執行而已。

即使目前的法律已完善地保障我們的自由，仍不排除以憲法形式鞏固這些自由和權利。很多國家的憲法均對人權自由作出保障和承擔，歐洲不少國家，也將《歐洲人權公約》列入國家憲法，而它們的法律亦同時對人權自由作更具體的保障。因此，純粹因為法律已對人權自由作出保障，並不能作為憲法便不需要保障這些自由的理由。

讓我們比較一下現時第三章與《公民權利和政治權利國際公約》的條文。首先，第三章並沒有提到生存的權利，國際公約第六條的規定，雖然容許死刑，但卻清楚要求簽約國廢除死刑。目前香港的法例仍容許死刑，不過自一九六六年以後就沒有再執行死刑，赦免死刑的權力屬「皇室剩餘權力」（Prerogative Power）。九七年以後，港督不會再享有這種權力，死刑便需再度執行，生存的權利便是針對死刑而立的。香港應否恢復死刑是個具爭論性的問題，也和生存的權利直接相關，可惜專題小組完全沒有面對這個問題。

第三，國際公約第十九條保障資料訊息的權利，目前香港的（編者按：原件缺了頁底的一行字，無法辨認）……何開放政府所不可或缺的一種基本公民權利，為什麼第三章對這權利卻是隻字不提？

筆者對《第三章：香港特別行政區居民的基本權利和義務》的建議
第十七條
《公民權利和政治權利國際公約》所有對權利和自由的條文為本章的一部份，在香港特別行政區的司法機關有直接法律效力。

《經濟、社會與文化權利國際公約》適用於香港的有關規定，依照香港特別行政區的法律予以實施。
《公民權利和政治權利國際公約》的條文與本章的條文有衝突時，司法機關應採納一個最能反映兩份文件的目的的解釋。若司法解釋不能解決衝突時，將以本章的條文為準。

※

⑤ 1987 年 6 月 1 日林邦莊《香港居民基本權利及義務報告（第二部份）第三章草稿》（1987 年 6 月 22 日居民及其他人的權利自由福利與義務專責小組第十八次會議第四次續會附件一）

第十六條
把在兩條公約後的文字改寫為：繼續適用於香港特別行政區，並由香港特別行政區政府予以實施。

※

⑥ 1987 年 6 月 2 日居民及其他人的權利自由福利與義務專責小組《香港居民的基本權利與義務最後報告之一》

【P4-6】
VIII. 適用於香港的公約條文的作用和法律效力：
這兩個公約目前在香港都沒有直接的法律效力，即是說不可由法院去執行。目前香港居民沒有司法補償，如他們根據這兩個公約規定所享有的權利或自由受到損害，他們無從索取損害賠償或補償。如果說公約目前是「適用」於香港的，意思只是說公約在國際法上是對英國有約束力，即是說英國在國際法上是有義務就公約於英國和英國屬土的實施情況，向有關國際組織提交報告。此外，若有人指稱英國違反了公約，公約的其他締約國可以向人權委員會提出投訴。總括來說，目前這兩個國際公約在香港的適用性，只是在國際法的層面（即只是對英國或其屬土的政府有約束力）。雖然兩個公約的規定並不構成香港本地法律的一部份，但香港法律已在一定程度上包含了這些規定。當英國在一九九七年後撤出香港，而中國仍未成為這兩個公約的締約國時，這兩個公約就不會根據國際法適用於香港。

IX. 主要問題：
1. 目前這兩個國際公約適用於香港，完全是由於英國是這兩個公約的締約國，而香港是英國的屬土；在九七年後，中國將在香港恢復行使主權，但中國目前仍然不是兩個國際公約的締約國，所以在九七年後，香港的情況如何？
《中英聯合聲明》附件一第十三節訂明兩個公約適用於香港的規定將繼續有效。這規定帶出了三個問題：
（1）哪幾項規定是適用於香港的？
（2）這些公約在香港有什麼具體的約束力？
（3）如何保證在九七年後這些規定會如《中英聯合聲明》及《基本法結構（草案）》所載，在香港繼續有效？
各項建議：
（1）現行法律已在某程度上包括了這些公約的部份內容，基本法可列出各種權利和自由，以包括兩個公約中全部或部份不受現行法律規定的權利及義務，而無須對兩個公約作進一步的規定。
（2）把兩個國際公約中適用於香港的條文，以基本法附件的形式列出，並賦予這附件最高的、與基本法其他部份相同的法律效力，香港特別行政區法院予以引用；由於修改基本法的程序會相當繁複，這對附件中的公約條文便成了保障，使之難於修改。
（3）把兩個國際公約中適用於香港的條文，在基本法中

作一原則性的規定，說明這些條文在香港特別行政區予以實行；這方法比較靈活，因為其容許在九七年後適用於香港的條文在特區生效。

（4）把兩個國際公約中適用於香港的條文成為基本法的一部份，例如在基本法中列出有關條文的編號，使這些條文成為香港特別行政區法律的一部份，因此，香港特別行政區法院在具體案件中可引用這些條文來審查特區政府的行政和立法行為是否有合法依據。

（5）對《中英聯合聲明》和《基本法結構（草案）》第三章第二節至第十一節所列的居民權利和自由作出明確的概括性規定，從而將適用於香港的公約條文的主要內容包括其中，藉以體現兩個國際公約適用於香港的規定。此外，參照兩個國際公約目前在香港實施的情況和辦法，再作一原則性的規定，說明兩個國際公約須依照和透過特區的法律予以實施，而對兩個國際公約與特區法律的關係也需有清楚的界定。

（6）在基本法內包括一人權法案，即是在基本法中列一只寫人權的章節。

（7）要求中國成為這兩個國際公約的締約國。

（8）在九七年前，香港立法機關應通過及實施法例，使兩個國際公約在港生效。隨着香港的發展，這兩項特別法例可在九七年前或以後加以修改，從而改善公約的規定或消除對規定的保留。在基本法第三章內應包括一條文規定兩個國際公約法例在特區繼續有效；特區政府須保障特區居民的權利和自由。

有意見認為如果保障居民權利自由的規定只屬於本地法例的層次，這些規定便可經常由立法機關修改，保障作用亦因此減弱。所以，把這些規定列入基本法或作為基本法的附件，實在是個更為妥善的做法。

（9）具體建議條文：

i）在基本法中寫上：《公民權利和政治權利國際公約》和《經濟、社會與文化權利的國際公約》中適用於香港的條文，在香港特別行政區應予以繼續實行。

ii）香港特別行政區政府依法保障香港特別行政區居民和其他人的權利和自由。《公民權利和政治權利國際公約》和《經濟、社會與文化權利的國際公約》在香港特別行政區成立之前適用於香港的規定將繼續在香港特別行政區執行。為執行上述兩項公約，香港特別行政區政府保持香港原有法律中所規定的權利和自由，包括人身、言論、出版、集會、結社、組織和參加工會、通信、旅行、遷徙、罷工、遊行、選擇職業、學術研究和信仰自由、住宅不受侵犯、婚姻自由以及自願生育的權利。

2.由於目前英國就一些公約條文在香港的適用性作了若干保留，這些保留在1997年後會否維持不變？

建議方法：

（1）基本法應容許在適當情況下，所有規定均適用於香港的可能性。

（2）起草委員會應本着尊重中國立法程序的原則及按照中央與特區關係的特點，對目前英國在港予以保留的條文作研究，確定其法律效能，然後交人大審議。

※

⑦ 1987年6月4日羅傑志《對基本法第五章草稿（87年4月30日稿）的意見——供1987年6月16日會議討論》（1987年6月22日居民及其他人的權利自由福利與義務專責小組第十八次會議第四次續會附件二）

（編者按：標題「第五章」應為「第三章」之誤；另原件中並無標題所言的87年4月30日稿。）

第十六條

聯合聲明列明國際公約適用於香港的規定將繼續有效。但第十六條並沒有這樣規定，而只說兩條國際公約將依照特區的法律予以實施。這是沒有意義的，即使不實施這些國際公約，也沒有任何制裁。如要符合聯合聲明的規定就得代表香港承認國際公約，使公約的規定在香港繼續有效。基本法起碼應規定任何與國際公約抵觸的特區法律均屬無效。

※

⑧ 1987年6月5日麥海華、歐成威、夏其龍《對香港特別行政區基本法起草委員會香港居民的基本權利和義務專題小組於第四次全體大會工作報告的建議》（1987年6月22日居民及其他人的權利自由福利與義務專責小組第十八次會議第四次續會附件三）

第十八條

《公民權利和政治權利國際公約》所有對權利和自由的條文為本章的一部份，享有法律效力。

《經濟、社會與文化權利國際公約》適用於香港的有關規定，依照香港特別行政區的法律予以實施。

※

⑨ 1987年6月19日《有關基本法第三章草稿（87年4月30日稿）的意見》（1987年6月22日居民及其他人的權利自由福利與義務專責小組第十八次會議第四次續會討論文件）

（編者按：原件中並無標題所言的87年4月30日稿）

【P7】

第十六條：

1.將最後的分句修改為：繼續適用於香港特別行政區，並由香港特別行政區政府予以實施。（林邦莊委員）

2.修改為：《公民權利和政治權利國際公約》所有對權利和自由的條文為本章的一部份，享有法律效力。

《經濟、社會與文化權利國際公約》適用於香港的有關規定，依照香港特別行政區的法律予以實施。（麥海華等建議的第十八條）

（說明：為賦予這兩國際公約所有對權利和自由的條文在香港特別行政區享有法律效力。）

3.聯合聲明列明國際公約適用於香港的規定將繼續有效。但第十六條並沒有這樣規定，而只說兩條國際公約將依照特區的法律予以實施。這是沒有意義的，即使不實施這些國際公約，也沒有任何制裁。如要符合聯合聲明的規定就得代表香港承認國際公約，使公約的規定在香港繼續有效。基本法起碼應規定任何與國際公約抵觸的特區法律均屬無效。（羅傑志委員）

4.修改為：《公民權利及政治權利國際公約》及《經濟、社會及文化權利國際公約》（在香港特別行政區成立前？）適用於香港的條文（即附件一所載者？）構成基本法的一部份。

※

⑩ 1987年6月22日居民及其他人的權利自由福利與義務專責小組第十八次會議第四次續會附件五

第二條
《公民權利和政治權利國際公約》及《經濟、社會及文化權利國際公約》（在香港特別行政區成立前？）適用於香港的條文（即附件一所載者？）構成基本法的一部份。

※

⑪ 1987 年 7 月 24 日《有關基本法第三章草稿（87 年 4 月 30 日稿）的意見》

【P7】
（編者按：內容同第四稿文件⑨）

※

⑫居民及其他人的權利自由福利與義務專責小組《香港居民的基本權利與義務最後報告之二》（1987 年 8 月 8 日經執行委員會通過）

【P10】
第十六條
（編者按：本文同第四稿文件⑨，除下列內容外，均同前文。）
不同意見：
3. 認為建議 2. 會令那些根據公約條文在港制定的法律失去效用，還有，那些英國予以保留的條文可能只對一個國家有效用，對香港作為一行政區可能效用不大；再加上《中英聯合聲明》已保證兩國際公約在香港適用的條文會繼續有效，所以不用賦予這些條文任何法律效力。

第五稿

「第三十八條　《公民權利和政治權利國際公約》和《經濟、社會與文化權利的國際公約》適用於香港的有關規定，通過香港特別行政區的法律予以實施。
第三十九條　香港居民享有的權利和自由，除依法律規定外不得限制。但此種限制需以維護國家安全、社會秩序、社會公安、公共衛生、公共道德以及保障他人的權利和自由所必需為限。」
〔1987 年 12 月基本法起草委員會秘書處《香港特別行政區基本法（草案）》（匯編稿）〕
〔編者按：本稿第三十九條的前身即為 1987 年 8 月 22 日《香港特別行政區居民的基本權利和義務專題小組的工作報告》，載於《中華人民共和國香港特別行政區基本法起草委員會第五次全體會議文件匯編》當中的第十五條第二款，詳細請參考本書第三十八條第四稿〕

① 1987 年 9 月 2 日《中華人民共和國香港特別行政區基本法起草委員會第五次全體會議委員們對基本法序言和第一、二、三、四、五、六、七、九章條文草稿的意見匯集》

【P25-26】
11. 第十六條
有的委員提出，本條改為「在本章引述的權利和自由，以及《公民權利和政治權利國際公約》和《經濟、社會與文化權利的國際公約》適用於香港的有關規定，依照香港特別行政區的法律在香港特別行政區繼續保留並予以實施；該等法律不得違反兩項國際公約的規定」。因為本法中有關權利和自由的有些條文是兩個公約或《中英聯合聲明》中所沒有的。但有些委員認為這個修改意見有不妥之處，因為本章引述的權利和自由是基本法規定的，不存在「保留」的問題，而且不能要求它們以「不得違反兩項國際公

約的規定」為準則，而應以基本法為準。因此，建議仍基本採用現在的寫法，只需將最末一句改為「通過……繼續予以實施」即可。

※

②香港居民的基本權利與義務專責小組《對基本法第三章條文草稿（一九八七年八月）的意見》（1987 年 11 月 4 日經執行委員會通過）

【P5】
關於第十六條
意見：有委員認為《公民權利和政治權利國際公約》在港適用的規定已經是法律化的條文，應在香港特別行政區享有法律效力；《經濟、社會與文化權利的國際公約》的規定卻是一些指引原則，所以需要依照特區的法律去施行。

第六稿

「第三十九條　《公民權利和政治權利國際公約》和《經濟、社會與文化權利的國際公約》適用於香港的有關規定，通過香港特別行政區的法律予以實施。
第四十條　香港居民享有的權利和自由，除依法律規定外不得限制。但此種限制需以維護國家安全、社會秩序、社會公安、公共衛生、公共道德以及保障他人的權利和自由所必需為限。」
〔1988 年 3 月基本法起草委員會秘書處《中華人民共和國香港特別行政區基本法（草案）草稿》（總體工作小組第二次會議對目錄、序言、第一、二、三、五、六、七、九章的修改稿）〕

① 1987 年 12 月《中華人民共和國香港特別行政區基本法起草委員會第六次全體會議委員們對基本法第四、五、六、十章和條文草稿匯編的意見》

【P48】
第二部份　討論基本法條文草稿匯編提出的意見

五、關於第三章
1. 第三十八條、三十九條
有的委員建議把這兩條合併為一條，改為：「本章所載的權利和自由，除依法律規定外，不得限制。對《公民權利和政治權利國際公約》或《經濟、社會與文化權利的國際公約》適用於香港的規定所註明的權利和自由，在香港特別行政區均要履行。對該兩個國際公約適用於香港的規定

沒有註明的權利和自由，限制須為保護國家安全、公共秩序、社會公安、公共衛生、公共道德或保障他人的權利和自由所必要。」

多數委員認為，這兩條的內容是不同的，不應合併，保留現有寫法。

第七稿

「第三十九條　《公民權利和政治權利國際公約》和《經濟、社會與文化權利的國際公約》適用於香港的有關規定，通過香港特別行政區的法律予以實施。
第四十條　香港居民享有的權利和自由，除依法規定外不得限制。但此種限制應以維護國家安全、社會秩序、社會公安、公共衛生、公共道德以及保障他人的權利和自由所必需為限。」

〔1988 年 4 月基本法起草委員會秘書處《中華人民共和國香港特別行政區基本法（草案）草稿》〕

第八稿

「第三十八條　《公民權利和政治權利國際公約》和《經濟、社會與文化權利的國際公約》適用於香港的有關規定，通過香港特別行政區的法律予以實施。
第三十九條　香港居民享有的權利和自由，除依法規定外不得限制。但此種限制應以維護國家安全、社會秩序、社會公安、公共衛生、公共道德以及保障他人的權利和自由所必需為限。」

〔1988 年 4 月基本法起草委員會《中華人民共和國香港特別行政區基本法（草案）徵求意見稿》〕

第九稿

「第三十九條　《公民權利和政治權利國際公約》、《經濟、社會與文化權利的國際公約》和國際勞工公約適用於香港的有關規定繼續有效，通過香港特別行政區的法律予以實施。香港居民享有的權利和自由，除依法規定外不得限制。此種限制不得與本條第一款規定抵觸。」

〔1989 年 2 月《中華人民共和國香港特別行政區基本法（草案）》〕

① 1988 年 5 月基本法諮詢委員會秘書處《基本法（草案）徵求意見稿初步反應報告（草稿）》

【P16】
居民的基本權利——民權
2. 第三十九條「此種限制應以維護國家安全、社會秩序、社會公安、公共衛生、公共道德以及保障他人的權利和自由所必須為限。」這句話不清楚，一則沒有說明誰界定這限制，二則沒有說明這些限制的標準。

4.《公民權利和政治權利國際公約》中一系列重要的權利和自由未有包括在徵求意見稿內。要求基本法明確保障下列權利。
4.1 生存的權利；
4.2 不受酷刑和殘忍及侮辱性的對待或懲罰的權利；
4.3 資料訊息的權利；
4.4 個人私穩權。

【P20】
居民——兩個國際公約在港適用
1. 由於中國並非這兩條合約的簽署國，亦未成為本港法律的一部份，將來港人未必受到保障。建議將該兩條合約列入本地法律內，使法庭判案時有所依據。

2. 建議把這兩條合約完全列入基本法內以保障人權，而不是空泛的將「適用於香港的有關規定」才列入。

3. 建議把《公民權利和政治權利國際公約》第三篇，六、七、九及十條寫入基本法內。即是保障天賦生存權：生命不得無理剝奪、有限制實施死刑、不得施用酷刑、人人有權享有身體自由及人身安全、不得無理逮捕或拘禁，非依

法定理由及程序，不得剝奪。

　　　　　　　　※

②《與內地草委交流的重點——居民及其他人的權利自由福利與義務組》，載於 1988 年 6 月 3 日《基本法諮詢委員會秘書處通訊 73》

【P6】
3. 保障民權的原則
3.2 有委員指出第三十九條是限制了香港居民的自由，因為自由是不應在法律限制之下享有的（第三十九條）。

6. 兩個國際公約的適用
6.1 有委員認為現在有關這問題的寫法不能提供足夠保障，建議將這兩個國際公約寫在基本法內予以實施（第三十八條）。

　　　　　　　　※

③ 1988 年 8 月基本法起草委員會秘書處《香港各界人士對〈香港特別行政區基本法（草案）徵求意見稿〉的意見匯集（一）》

【P20-21】
第三十八條
1. 兩個國際公約要寫進基本法，而不是通過香港以後的法律實施。
2. 英國政府保留「男女同工同酬」不在香港實施，希望加

男女同工同酬的內容。

3.改為：「《公民權利和政治權利國際公約》適用於香港的部份在香港有法律效力；《經濟、社會與文化權利的國際公約》通過香港特別行政區的法律在香港予以實施。」

4.加第二款：「香港特別行政區立法機關制訂的任何法律，均不得違反上述規定。」

5.希望加《國際勞工公約》。

6.在「適用於」前加「凡」；「通過」前加「必須」。

第三十九條

1.這一條文容易使將來政府立法限制新聞自由。

2.條文中的「必需」，是法院判定還是由全國人大判定？

3.居民享有與生俱來的權利和自由，這些權利和自由的限制應以維護民主與自由社會所必需為限。本條對居民享受及行使權利和自由的限制太多。建議將本條刪去。或僅保留本條第一句。

※

④ 1988 年 8 月 3 日基本法諮詢委員會秘書處參考資料（一）《內地草委訪港小組就基本法（草案）徵求意見稿一些問題的回應輯錄（一九八八年六月四日至十七日）》

【P6-7】

3.居民的基本權利與義務

3.2 國際勞工公約

3.2.1 有認為國際勞工公約很重要，應寫入基本法第三章中，因為《公民權利和政治權利國際公約》和《經濟、社會與文化權利國際公約》均是寫在第三章。

3.2.2 雖然國際勞工公約很重要，但香港的國際公約是相當多的，如果都將這些國際公約寫進去便有問題。至於將哪兩個國際公約寫入基本法是因為《中英聯合聲明》裡有這樣規定，而國際勞工公約便沒寫進去了。

3.2.3 至於《國際勞工公約》如何適用於香港，香港與國際勞工組織之關係如何等問題，會由中英聯合聯絡小組討論並找出解決方案，待國際勞工組織之批准。

3.3 《公民權利和政治權利國際公約》和《經濟、社會與文化權利國際公約》

3.3.1 有建議將兩個國際公約的條文都寫入基本法，這是有問題的，因為條文未必能照顧在變化中的香港狀況，如新界原居民等的獨特問題。

3.3.2 再者，現時兩個國際公約是通過香港的法律而適用的，不是兩個公約直接適用於香港；而且英國對兩個公約適用於香港的情況仍有保留，現時只是約十條是適用於香港的，若寫死了，便不可有所發展。事實上兩個國際公約很長，而內容已在居民基本權利和義務一章內包括了，故未必需要將兩個公約的條文寫入基本法。

3.8 有關「依法」的字眼

原來的權利自由是很寬的，但加了「依法」兩字便會有了限制，但這限制得與第三十八條和第三十九條一併來看。第三十九條規定其限制止於維護國家安全、社會秩序、社會公安、公共衛生、公共道德以及保障他人的權利和自由所必需為限。而這些是抄兩個國際公約內的規定的。因此如需加如何限制，便只可以上述幾方面「必需為限」。

※

⑤ 1988 年 9 月基本法起草委員會秘書處《內地各

界人士對〈香港特別行政區基本法（草案）徵求意見稿〉的意見匯集》

【P13】

第三十八條

1.「有關規定」後加「仍可」二字，以示連續。另一意見建議改為：「由香港特別行政區採取措施，包括立法，予以實施。」

2.國際勞工條約的適用規定應寫進本條。

第三十九條

1.改為：「香港居民享有的權利和自由除維護國家安全、……所必需者外不得加以限制。」

2.「社會公安」的表述與內地的表述不一樣。

※

⑥ 1988 年 9 月 8 日《草委與諮委居民組交流會會議紀要》

2.有關條文的討論

2.9 第三十八條

2.9.1 有些諮委認為應將兩條公約內適用於香港特別行政區的條款全皆寫進特區的法律內，具有法律效力。

2.9.2 有諮委認為作為最低的保障，應寫明任何與兩條公約條文相違的法律皆為無效。

2.9.3 有諮委認為會有人擔心兩公約內適用於香港的有關規定，可能會不被通過成為法律。

2.9.4 有諮委認為應刪去「通過香港特別行政區的法律予以實施」的字眼。

2.9.5 有諮委建議在「適用於香港的有關規定」前加上「原本」兩字。

2.9.6 有諮委建議加入「國際勞工公約」。

※

⑦《基本法諮詢委員會居民的基本權利與義務專責小組對基本法（草案）徵求意見稿第三章的意見匯編》，載於 1988 年 10 月基本法諮詢委員會《中華人民共和國香港特別行政區基本法（草案）徵求意見稿諮詢報告（1）》

【P93-94】

19.第三十八條

19.1 有委員認為，應將兩條公約內適用於香港特別行政區的條款全寫進特別行政區的法律內，使之具有法律效力。

19.2 有委員則建議在《公民權利和政治權利國際公約》和《經濟、社會與文化權利的國際公約》後加上《國際勞工公約》。

19.3 有委員認為，作為最低的保障，應寫明任何與兩條公約條文相違的法律皆為無效。

19.4 有委員認為，會有人擔心兩公約適用於香港的有關規定，可能不會被通過成為法律。有委員則建議刪去「通過香港特別行政區的法律予以實施」等字眼。

19.5 有委員建議在「適用於香港的有關規定」前加上「原本」兩字。

19.6 有委員指出，英國就國際公約在港實施是有保留的，例如普及選舉；但當日後立法機關因循序發展而引入普及選舉時，便會和現今英國在港的做法有所不同，所以希望

起草委員們能詳細研究兩條公約在港實施的規定的問題。
19.7 有委員建議於此條「適用」前加「凡」字，即改為「凡適用」。
19.8 有委員認為，這條文未能規定兩個國際公約繼續有效。《中英聯合聲明》特別規定《公民權利和政治權利國際公約》和《經濟、社會與文化權利的國際公約》適用於香港的規定將繼續有效〔見3（5）及附件一第八節〕（編者按：應為附件一第十三節）。兩個國際公約應由獲授權的有關方面通過簽約予以實施。

20. 第三十九條
20.1 有委員認為，「維護國家安全……必要為限」一詞太空泛，應參考其他國家之寫法。而有委員則建議刪去這條，因為第一款已在法律體制中體現，不用列明。第二款令第一款意思混淆。第二款指出限制自由的條件，其實任何自由都會受法律限制。
20.2 有委員認為，「此種限制應以維護國家安全……為限」，這句話不清楚，一則沒有說明誰界定這限制，二則沒有說明這些限制的標準。
20.3 有委員認為，「權利和自由」的原則應清楚界定。
20.4 有委員認為，在總則內寫上「依法保障」香港居民的權利和自由仍不能提供足夠的保障，因這寫法暗示自由會受法律限制。
20.5 有委員認為，第三十九條對權利和自由的限制，已超越兩個公約所規定的限制。《公民權利和政治權利國際公約》第四條規定只有在經當局正式宣佈緊急狀態危及本國的情況下，才可予以限制，但亦不得引起以種族、宗教等為根據的歧視；並不得限制公約第六、七、八、十五、十六、十八各條所規定的較基本的權利，如生存權、不受殘忍、不人道或侮辱待遇的權利、思想及宗教自由等。
20.6 有委員認為，第三十九條所規定限制人權的權力，雖籠統但具威脅性，以「公共衛生、公共道德」為理由限制權利和自由的權力，規定含糊，可根據中國憲法第二十四條、第二十五條、第四十九條引申成為一種威脅。
20.7 有委員建議在「香港居民」後加上「及其他人」等字眼。

※

⑧ 1988年10月基本法諮詢委員會《中華人民共和國香港特別行政區基本法（草案）徵求意見稿諮詢報告第五冊——條文總報告》

【P169-184】
第三十八條
2. 意見
2.1 贊同意見
→ 接受本條的規定。
→ 本條可補充本章對人權保障不足之處。
→ 《公民權利和政治權利國際公約》和《經濟、社會與文化權利的國際公約》只是國際上一個供參考的指導性公約，而世界許多地方包括現在的香港，也不是全部接納，只能有選擇地實施，各國、各地區情況有別，應該因地而施。
→ 兩公約經過立法程序予以實施是必要的。
理由：
⊙ 參加公約的各國都要經本身的立法程序使公約實施。
⊙ 香港目前的法律對香港居民的權利有保障。
⊙ 中國正積極參加聯合國人權領域的立法活動，香港在中國的主權下，人權可有法律保障。
2.2 保留意見
→ 對於《經濟、社會與文化權利的國際公約》的規定可

接受。
理由：
⊙ 此公約的權利並不可立刻生效，而需依照社會發展，總體的經濟情況逐漸實現。
⊙ 由於此公約不必要有法律效力。
→ 《經濟、社會與文化權利的國際公約》只屬國際願望，不宜轉作法則。
2.3 反對意見
→ 本條的規定不足以保證兩個公約在港實行。
理由：
⊙ 英國保留在港不引用某些條文，例如立法局由普及而直接之定期選舉產生，及男女同工同酬等。
⊙ 中國目前並非兩份公約的簽署國家，會否執行該兩份公約實屬疑問。
⊙ 中國不是這兩個公約的簽署國，所以中國如何解釋公約條文，或不遵守公約的原則，也不用承受國際的壓力。
⊙ 中國對這兩條公約的解釋未必如英國一樣。
⊙ 英國在保障人權上是全歐洲做得最差的國家，主要因為在引用規定上，程序欠周，因此條文中「適用於香港的有關規定」的寫法令人不滿。
⊙ 由於國際公約的一個主要目的是制衡立法機關，國際公約的地位必須凌駕於普通法律之上。
⊙ 如要透過立法機關將國際公約條文在港實施，沒有經立法機關立法的公約條文便無法在港實施。
⊙ 由立法機關自行立法確定居民的權利，並不一定意味立法機關會賦予國際公約直接的法律效力。
⊙ 如公約條文只制定為普通法律，它們是可能被廢除的。
⊙ 立法機關不應具有將兩個國際公約選擇性地實施的權力。
⊙ 《公民權利和政治權利國際公約》所保障的是公民「基本」權利，不應由立法機關決定是否通過具體法律予以實施。
⊙ 立法機關可在立法上侵犯人權，如透過修改法律。
⊙ 本條沒有說明如立法機關不通過法律實施公約的有關權利，甚至減少公約中的權利，應如何處理或補救。
⊙ 本條文不能防止立法機關通過與公約相抵觸的法律。
⊙ 用法律來落實公約內容是很困難的。
⊙ 兩份公約並不是完全適合香港。
⊙ 兩份公約並不能適用於香港，因為有很多權利是沒有法例保障。
⊙ 「適用於香港的有關規定」，似乎過分空泛。
⊙ 本條文沒有詳細列明兩個國際公約的哪些規定適用於香港。
→ 本條文未有包括《國際勞工公約》，明顯忽略勞工的利益。
→ 基本法解釋權屬人大常委會，對於它將來如何解釋兩份公約對香港的適用問題，產生疑慮。
2.4 其他意見
→ 執行兩國際公約者需成為公約的締約成員。
→ 兩個人權公約的條文是否會通過特別行政區的法律程序，要視乎將來的政府是否民主。
→ 單靠引進國際公約並不能保障民權，完善的法律制度、開放的民主政制、居民對基本權利的認識，均直接影響民權的成效。
→ 由於本條規定兩個國際公約有關規定在港適用，如有國際公約的規定與第三章的規定有所分歧，以哪規定為依歸便是問題所在。
→ 兩個公約所提的有些權利在基本法內未受到足夠的保障。包括：
（1）任何人不論社會出身或地位，在法律面前一律平等，不受歧視。
（2）生存權利受到保障。
（3）不受酷刑、不人道或有辱人格的待遇或處罰。

（4）隱私權。
（5）資料訊息權利。
（6）免受勞役的權利。
（7）普及選舉權。
（8）民事和刑事訴訟中，繼續享有目前當事人享有的所有權利，包括公平審訊及未經審判假定無罪等。
→ 將《公民權利和政治權利國際公約》包括在基本法內是重要的。
→ 從條文的措辭看，適用於香港特別行政區的公約條文可包括目前不適用者。
→ 國際公約也是普通的國際條約，將國際條約引進國家法律的例子比比皆是，將國際公約納入基本法，並不是完全沒有先例可援的。
→ 不同意將《公民權利和政治權利國際公約》納入基本法中。

3.建議
3.1 刪除
→ 將「適用於香港的有關規定」刪去。
理由：這句有保留不引用的意思，有故意誤導之嫌。
3.2 改寫
→ 「《公民權利和政治權利國際公約》適用於香港的條文，凡可以有法律效力者，均在香港特別行政區有法律效力。香港特別行政區的法律若有任何部份不符合上述有法律效力的公約條文，則該等部份無法律效力。《經濟、社會與文化權利國際公約》適用於香港的有關規定，依照香港特別行政區的法律予以實施。」
→ 「《公民權利和政治權利國際公約》除不適用於香港的條文外，在香港特別行政區均有法律效力。香港特別行政區的法律若有任何部份不符合上述有法律效力的公約條文，則該等部份無法律效力。《經濟、社會與文化權利國際公約》除不適用於香港的有關規定外，依照香港特別行政區的法律予以實施。」
→ 「《公民權利和政治權利國際公約》適用於香港的有關條文為本章的一部份，在香港特別行政區的司法機關有直接的法律效力。《經濟、社會與文化權利國際公約》適用於香港的有關條文，通過香港特別行政區的法律予以實施。」
→ 「《公民權利和政治權利國際公約》的條文與本章有衝突時，司法機關應採納一個最能反映兩份文件的目的的解釋。如司法機關未能解決衝突，則以本章的條文為準。」
→ 「《公民權利和政治權利國際公約》和《經濟、社會與文化權利的國際公約》及《國際復康總會八十年代宣言》及其他有關保障傷殘人士權利的國際公約，適用於香港的有關規定，通過香港特別行政區的法律予以實施。」
→ 「《公民權利和政治權利國際公約》的條文，凡不與本法任何條文抵觸，均成為本法的一部份，並享有與本章其他條文同等的法律效力，《經濟、社會與文化權利的國際公約》適用的部份，香港特別行政區應透過立法予以實施。」
→ 「任何香港居民均享有《公民權利和政治權利國際公約》所列舉的權利和自由，其細則在香港有直接的法律效力；此外，《經濟、社會與文化權利的國際公約》及《國際勞工公約》中適用於香港的有關規定，通過香港特別行政區法律予以實施。」
→ 「《公民權利和政治權利國際公約》第三部份的條款（即第六至第二十七條）具法律地位，並由特別行政區法院予以執行。適用於特別行政區的任何法律，在與公約內上述條文互相衝突時，均作無效。」
→ 「《經濟、社會與文化權利的國際公約》適用於香港的有關規定，由特別行政區實施，並若適合時，透過特別行政區法律予以實施。」
→ 「任何人均享有《公民權利和政治權利國際公約》所

列舉之權利及自由。此權利與自由須依循附錄一之保留條款而實施。」
→ 「任何人均享有基本法實施之前經普通法及衡平法承認之權利與自由，包括自然權利規定、法治精神、人身保護令、司法補救權利、無罪推定、剩餘權利原則等。
特別行政區政府須應允盡其資源能所及，採取種種步驟，務求以所有適當方法，尤其包括通過立法措施，逐漸使《經濟、社會與文化權利的國際公約》之各種權利完全實現。」
→ 「《公民權利和政治權利國際公約》和《經濟、社會與文化權利的國際公約》適用於香港的有關規定，通過香港特別行政區的法律予以實施，並在二者遇有衝突時，以公約條文為準。」
→ 「香港居民享有的權利和自由，只可以受到法律規定的合理限制，而此等限制必須為民主自由的社會所明顯接受。在審查任何法律是否為民主社會所必須時，須參考聯合國關於人權的文件和決議、國際間保障人權的公約及其他民主社會的判例和普通法內尊重人權的原則和傳統。」
→ 「《國際勞工公約》、《公民權利和政治權利國際公約》和《經濟、社會與文化權利的國際公約》適用於香港的有關規定，通過香港特別行政區的法律予以實施。」
→ 「《公民權利和政治權利國際公約》、《經濟、社會與文化權利的國際公約》和《國際勞工協約》適用於香港的有關規定，香港特別行政區必須以法律形式實施，並在此基礎上發展。」
→ 「《公民權利和政治權利國際公約》被賦予憲法之地位，《經濟、社會與文化權利的國際公約》及《國際勞工公約》適用於香港有關規定，通過香港特別行政區的法律予以實施。」
→ 「《公民權利和政治權利國際公約》和《經濟、社會與文化權利的國際公約》原有適用於香港的有關規定，必須通過香港特別行政區的法律予以實施。香港特別行政區立法機關制定的任何法律，均不得違反上述有關規定。」
→ 「《公民權利和政治權利國際公約》和《經濟、社會與文化權利的國際公約》在香港已經生效的條文，作為臚列於此法中，繼續生效，但該等條文不能影響本法所給予居民之其他權利與自由；本法之條文亦不能解釋為減少該等條文所保障之權利與自由。」
→ 「《公民權利和政治權利國際公約》和《經濟、社會與文化權利的國際公約》納入為基本法一部份。」
→ 「《公民權利和政治權利國際公約》和《經濟、社會與文化權利的國際公約》適用於香港的有關規定，均在香港特別行政區有法律效力，在香港特別行政區實行法律，不得抵觸上述有法律效力公約條文。特別行政區立法機關可制定必須而適當法律，具體實施上述有法律效力公約條文。」
→ 「使香港居民繼續享有這兩個公約自一九七六年以來已有的權利。」
→ 「《公民權利和政治權利國際公約》適用於香港的條文，由香港特別行政區法院予以執行。香港特別行政區的法律，在與公約內上述條文衝突時，均作無效。《經濟、社會與文化權利的國際公約》適用於香港的條文，由香港特別行政區實施，並若適合時，透過香港特別行政區法律予以實施。」
3.3 修改
→ 將「適用於香港的有關規定」改為「原有在香港實施的有關規定」。
理由：本條未有說明哪一方面有權決定該兩公約哪些規定適用於香港。
→ 將「適用於香港的有關規定」改為「的規定」。
→ 將「適用於香港的有關規定」改為「的一切規定」。
3.4 增加
→ 在條文後加上：「如有矛盾，則以公約及案例作參照

準則。」

→ 在條文後加上：「香港特別行政區的法律若與上列兩公約有抵觸的任何部份應予以取消。」

→ 加上：「在《中英聯合聲明》規定的兩份公約的條文在香港特別行政區適用。人權委員會就公約條文所作的法理上解釋，在香港特別行政區的法院有約束力。」

理由：規定所有香港特別行政區所負的國際性義務，透過香港特別行政區立法機關實施是不需要的。這基本法是大陸法制度和習慣法制度的混合體。將兩份公約和條文納入基本法至少可在名義上履行《中英聯合聲明》的規定。規定人權委員會的解釋有約束力有很多好處。首先，這對人權保障實質提供指引。第二，這對法官判斷有關申訴之合法性有幫助。第三，這可避免引致有關申訴在國際層面上處理，以令香港特別行政區政府尷尬。

→ 加上：「不得限制香港特別行政區保留、維持或修改目前條文或引進任何新的條文的權力。」

3.5 其他建議

3.5.1 關於《公民權利和政治權利國際公約》和《經濟、社會文化權利的國際公約》的建議

→ 中國政府應允許兩國際公約全部適用於香港。

→ 基本法應註明兩份公約完全適用於香港。

理由：

⊙ 英國目前對公約部份條文在港實施予以保留，在一九九七年後這些條文不應再予以保留，免去殖民地色彩。

⊙ 由於中國不是兩份公約的締約國。

→ 香港應實施兩份國際公約。

→ 將兩項國際人權公約寫入香港的司法體系內。

→ 將兩份公約納入為基本法一部份。

→ 將兩份公約納入為基本法一部份，以附件形式詳明。

→ 凡適用於香港的國際公約條文應在港有法律效力。

→ 將兩國際公約目前在香港生效的條文，成為基本法的一部份。

理由：

⊙ 使兩份國際公約對法庭發揮約束力，故須賦予其法律效力。

⊙ 由於中國政府對人權有不同概念，故須賦予兩公約憲法性地位。

⊙ 防止立法機關制定與公約相抵觸的法律。

⊙ 以避免由立法機關所制定的法律會被廢除。

⊙ 可套用有關案例，作為借鏡。

⊙ 使香港保障人權的標準更趨國際化，通過國際間的監督，很大程度防止人權被剝奪。

⊙ 該公約對公民及政治權利的保證，有助社會的健康發展，對香港的安定也有裨益。

⊙ 若有違反公約規定者，可由法庭宣佈為無效，並由有關當局作出補救。

→ 將兩份公約適用於香港的規定納入為基本法一部份，以附件形式詳明。

→ 訂出有制約性的附件，列出該兩公約對香港特別行政區適用之項目，規定香港特別行政區的第一屆立法會議立法實施。

→ 以附件列出《公民權利和政治權利國際公約》和《經濟、社會與文化權利的國際公約》適用於香港的有關規定。如有更改，可經香港立法機關、行政長官通過，由香港基本法委員會審查、整理後，經香港立法機關及行政長官同意則可建議中國人民代表大會常務委員會接受更改。

→ 將有關公約條文列在基本法附件中，並在兩份公約在港適用的情況有改變時，予以修訂。

→ 以附件形式把兩份公約全文列出。

理由：加強兩份公約對香港特別行政區的適用性。

→ 以附件形式把已實施的或將會適合香港的公約羅列出來。

理由：香港居民一般都不大清楚此兩項公約的內容，亦不瞭解哪些條文目前在本港實施，為了確保本港居民的權益，實應詳列有關條文。

→ 應在基本法內簡單解釋兩條國際公約。

理由：因港人並不熟諳其內容。

3.5.2 關於《公民權利和政治權利國際公約》的建議

→ 將《公民權利及政治權利國際公約》在港適用的規定納入為香港法律的一部份，及作適當修改，從而讓香港特別行政區法院可以審理。

理由：為免兩個國際公約的規定與第三章的規定有所衝突，及藉此採用一國際承認的模式。

→ 將《公民權利和政治權利國際公約》納入基本法中。

理由：

⊙ 如《公民權利和政治權利國際公約》被納入基本法中，享有法律地位，當居民的權利受到侵犯時，可向司法機關提出控訴，司法機關則會根據基本法作出裁決，以保障居民的權利。

⊙ 以期獲得國際間的監察。

⊙ 制衡立法機關訂立侵犯公民權利和自由的成文法律。

⊙ 該公約包括國際間廣泛接受的公民及政治權利的政治、法律及哲學觀點。

⊙ 該公約的規定比第三章的規定更為全面。

⊙ 將該公約納入基本法內，有助這些原則的國際化，以及與香港作為國際城市的情況一致。

⊙ 在未來數年內，這些原則會被其他國家和行政地區採納，作為其國內或區內的法律，如香港特別行政區的基本法將這公約納入，便可被作為援引，對促進國際間對公民及政治權利法律的統一有很重要的幫助。

→ 《公民權利和政治權利國際公約》適用於香港的有關規定應列入基本法內，尤其是以下的條文：

（1）任何人不論社會出身或地位，在法律面前一律平等，不受歧視。

（2）生存權利受到保障。

（3）不受酷刑，不人道或有辱人格的待遇或處罰。

（4）在民事和刑事的訴訟中，繼續享有目前當事人享有的所有權利，其中包括任何人均享有盡快接受公開和公平審訊的權利，並在受刑事檢控時，在未經公平及獨立的司法機關審判前，假定無罪。

→ 將《公民權利和政治權利國際公約》所承認的權利列入基本法第三章中，從而將之納入香港特別行政區的法律中，並須對適當的司法補救作出規定，以執行該公約條文。

→ 凡適用香港特別行政區的《公民權利和政治權利國際公約》的有法律效力條文，均在香港特別行政區有法律效力。

理由：

⊙ 公約條文須具憲法性地位。

⊙ 不涉及主權。

⊙ 將公約劃為本地法律不乏先例。

→ 將《公民權利和政治權利國際公約》適用於香港的條文，列在基本法附件中。

→ 將《公民權利和政治權利國際公約》列入基本法附件中。

→ 在基本法中宜有規定指引香港特別行政區政府，逐步採取立法或其他措施，使《公民權利和政治權利國際公約》所承認的權利有效。

3.5.3 關於《經濟、社會與文化權利的國際公約》的建議：

→ 此公約宜以法律形式出現。

→ 此公約條文不應有絕對的法律效力。

→ 將《經濟、社會與文化權利的國際公約》納入基本法中。

→ 《經濟、社會與文化權利的國際公約》應列為一個原則性的指示，以為未來法庭就經濟、社會及文化的問題作出解釋依據。

→ 基本法應列明《經濟、社會與文化權利的國際公約》及香港的政策目標，在可能的資源下應予以施行。

→ 《經濟、社會與文化權利的國際公約》適用於香港的規定應以香港特別行政區的法律予以實施。

理由：為免兩國際公約的規定與第三章的規定有所衝突，及藉此採用一國承認的模式。

→ 在基本法中宜有規定指引香港特別行政區政府盡量利用特別行政區的資源，採取適當方法，其中包括立法措施，逐步將《經濟、社會與文化權利的國際公約》所承認的人權保障完全體現。

3.5.4 關於兩份國際公約與香港法律的關係的建議

→ 香港特別行政區的法律不可以與《公民權利和政治權利國際公約》及《經濟、社會與文化權利的國際公約》有所抵觸。

→ 立法機關不可以通過立法對公約中權利作任何限制。

→ 如有法律與公約條文相抵觸，予以撤銷或無效。

→ 任何與本條文有抵觸的特別行政區法律均屬無效。

→ 規定法院可引用有關公約適用於香港的部份，而遇有法律與公約有衝突，則以公約為準。

→ 列明日後倘香港特別行政區的法律與中國的法律出現衝突時，以這兩份公約為準。

→ 將來香港的法律應以兩個人權公約為基礎。

→ 應規定任何抵觸《公民權利和政治權利國際公約》規定的法律，便屬無效。

理由：

⊙ 以解決將《公民權利和政治權利國際公約》納入法律一部份的技術問題。

⊙ 公約條文須具憲法性地位。

⊙ 將公約列為本地法律不乏先例。

3.5.5 關於執行兩份國際公約的建議

→ 香港法院可執行兩份公約的條文。

→ 如居民在《公民權利和政治權利國際公約》保障下的權利受到侵犯，可向法院申訴及獲得司法補救。

→ 任何立法機關制定的法律，如有違反《公民權利和政治權利國際公約》，受影響的居民可向法院提出，要求法院審議該法律與公約的條文是否相抵觸。如果法院判決該法律與公約條文有衝突，可拒絕執行有關之法律。

3.5.6 關於解釋兩份國際公約的建議

→ 公約條文的解釋應由香港特別行政區負責，不應由人大常委會負責。

→ 若要對此公約條文進行解釋時，需參考國際案例。

→ 規定香港特別行政區法院對法律不可以與兩個公約有衝突。

→ 香港法律對權利的解釋應遵照《公民權利和政治權利國際公約》的解釋，並引進到基本法中，使其對香港法庭的司法解釋權具有約束力。

3.5.7 關於加入《國際勞工公約》的建議

→ 將《國際勞工公約》適用於香港的規定，通過香港特別行政區的法律予以實施。

理由：

⊙ 香港早已參與國際勞工組織，並實施了四十八項公約（其中二十九項全部付諸實施，十九項則經修訂後實施），故此等公約在一九九七年後仍會繼續實施，故應在基本法內說明，以確定其合法性。

⊙ 《國際勞工公約》註明多項勞工的利益，包括擇業自由、男女平等、同工同酬、享有組織及參加工會和勞工團體的權利和自由、工會認可權及集體談判權及香港勞工享有充份就業的權利等。

⊙ 可根據《國際勞工公約》的精神及標準，繼續實踐及加簽保障香港勞工的協約。

⊙ 《國際勞工公約》是以國家為單位的，由政府、資方和勞方等三方代表一起，共同商議制訂的公約而制定的，而且加上《國際勞工公約》，對保持香港的勞資關係形象

有好處，有利於對外貿易談判，可以說勞、資、政府三方有利的。

⊙ 根據《中英聯合聲明》附件一第十一項：「對以國家為單位的、與香港特別行政區有關的、適當領域的國際組織和國際會議，香港特別行政區政府的代表可作為中華人民共和國政府代表團的成員或以中央人民政府和上述有關國際組織或國際會議允許的身份參加」；故此，香港在一九九七年後仍可參加國際勞工組織，並可繼續採用《國際勞工公約》作為制定香港特別行政區勞工法例的指標；所以《國際勞工公約》內適用於香港的有關規定，通過香港特別行政區的法律予以實施的安排，必須載於基本法內。

→ 將《國際勞工公約》在港實施的各項條文列於基本法內。

3.5.8 關於中國成為兩份公約成員的建議

→ 中國應加入成為兩國際公約的締約國。

理由：

⊙ 這樣中國便不會制定侵犯人權的法律。

⊙ 中國因此會對香港的人權保障承擔責任。

→ 中國可效法英國在簽署兩份公約後，對不適用於香港的公約條文，向聯合國指出並發表聲明。

→ 中國政府須在一九九七年四月一日或以前加入兩份國際公約，並簽署《任擇擬定書》，據此須向監察公約國際組織提交定期報告，這是尤其重要的。

3.5.9 關於香港成為兩份公約成員的建議

→ 香港應可成為兩份公約的締約成員。

→ 香港應自行簽署國際公約，向人權委員會交報告，直接受人權委員會的監察，並接受人權委員會的質詢。

→ 授予香港特別行政區權力以「地區」的名義成為兩份公約的成員。

理由：

⊙ 目前兩份公約除透過法律外，還依照行政及司法方法在港適用。因此，任何嘗試將目前做法寫成法律的方法是很困難的，甚至是不可能的。

⊙ 建議方法與第一百五十九條規定香港可參加對外關係的組織的安排相似。至於香港是否有需要簽署《任擇擬定書》有待研究。

→ 中國應容許香港特別行政區以「中國香港」的名義簽署兩份公約。

理由：中國已開創了先例，容許香港加入「關稅及貿易總協定」，以及談判簽訂航空運輸的協定，維持本身的船舶登記制度。同樣，中國也應容許香港特別行政區有權加入成為上述兩個國際公約的一員。

3.5.10 其他

→ 參照兩份公約，選取適用於香港特別行政區情況的條文，並訂立在基本法內。

→ 應明確規定香港特別行政區通過立法實施兩國際公約。

→ 訂明條文內所列出之兩份國際公約適用於香港特別行政區的有關規定「繼續有效」。

→ 《公民權利和政治權利國際公約》及《經濟、社會與文化權利的國際公約》適用於香港特別行政區的規定，縱使未經立法程序通過，亦應繼續有效。公約的繼續有效性，在《中英聯合聲明》已經清楚列明。

→ 未來的特別行政區是應該具有權力擴大這兩個國際公約的適用範圍。

→ 把兩個國際公約內的罷工的權利和自由、享有與香港以外地區的勞工組織聯繫和發展的權利和自由、享有不斷改進生活水平的權利、享有職業保障、職業安全和健康及全面社會保障的權利具體寫成本條的註腳。

→ 無論是否將兩份公約的條文納入基本法或香港特別行政區的法律內，基本法不能因兩份公約所載明的有關人權，只有部份為中國法律或香港特別行政區的法律所承認，或被兩者完全否定，而對有關人權加以限制或剝奪。

→ 本條的內容應納入第五條。

→ 本條的內容應納入人權法案中。

4. 待澄清問題
→ 《公民權利和政治權利國際公約》和《經濟、社會與文化權利的國際公約》是由誰決定其內容？
→ 本條規定是否有阻止目前香港政府實行兩份公約之嫌？
→ 兩份公約在港是否沒有法律效力？

【P178-184】
第三十九條
2. 意見
2.1 贊同意見
→ 本條是可接納的。
理由：
⊙ 條文的用字是參照了《公民權利和政治權利國際公約》中的措詞，「必需」二字亦給予這方面立法的一定限制。
⊙ 本條下款基本是對居民權利和自由給予保障，使自由不會被濫用。
⊙ 本條給所有「依法」進行的限制訂出一個衡量的標準，符合《公民權利和政治權利國際公約》中關於限制同樣自由的標準，可確保任何不合理的限制不會輕易成為法律，以作為限制自由的手段。
→ 本條以規限權利方式列出是十分重要的。
2.2 反對意見
→ 本條為剝奪居民權利的法律依據。
理由：
⊙ 本條寫法籠統。
⊙ 本條賦予立法機關權力剝奪居民的自由。
⊙ 本條賦予中國政府權力剝奪居民權利。
⊙ 本條賦予香港特別行政區很大空間限制居民的權利。
⊙ 本條賦予當政者權力干涉和推翻第二十三至三十八條列出的各種權利和自由。
→ 限制範圍太大太廣，恐怕「自由」只是一個永遠享受不到的空話。
→ 有些人權是絕對的，有些則不是；而限制行使不是絕對人權的理由並不是劃一的，這事實卻備受忽視。
→ 本條的寫法准許立法機關對以下權利（在本條以前所述者）加以限制：
（1）在法律面前一律平等的權利；
（2）永久性居民有選舉和被選的權利；
（3）人身自由；
（4）永久性居民有返回香港的權利；
（5）信仰自由；
（6）建立家庭的權利；
（7）有取得法庭和法律意見途徑的權利。
→ 本條所規定的限制超出兩國際公約的範圍。
理由：
⊙ 《公民權利和政治權利國際公約》第四條規定，只在緊急狀態危及有關國家的情況下（該情況經正式宣佈），有關國家才可限制公約內的權利，但仍不得引起以種族、宗教等根據的歧視。
⊙ 在任何情況下，以下的基本人權是不得限制的：
（1）生存的權利；
（2）免受酷刑、殘忍、不人道或侮辱之遭遇或懲罰；
（3）在法律面前承認為人的權利；
（4）依國內或國際法，任何行為或不行為在發生當時不為罪者，日後也不為罪；
（5）思想及宗教自由。
→ 《公民權利與政治權利國際公約》只列出四、五項自由受到維護國家安全、社會秩序等六項準則限制，本條將所有自由置於那六項準則的限制下。
→ 若有限制，便是對香港居民不公平。

理由：有違香港的自治權。
→ 本條有可能破壞維繫着資本主義制度的意識形態，危及原有的資本主義制度和生活方式。
→ 對「自由」應伸展到哪一個程度才能達至「維護國家安全、社會秩序、社會公安、公共衛生、公共道德以及保障他人的權利和自由」等都沒有清楚之界定。亦即是此條文之內容只勾畫出「限線」之存在，卻沒有交代到此「限線」內之內容。
→ 如「公共衛生及公共道德」的定義是按照中國憲法第二十四、二十五和四十九條確立，本條規定對保障人權有很大威脅性。
→ 連用三個「限」字、兩個「限制」，而涵意皆不相同，極易引致誤解或爭端，寫法亦未免粗糙。
→ 本條只是對日後立法機關制定的法律提供標準，或作出較有效的監督，但對現時施行的法律，似乎起不了太大的監察作用。
→ 如第三十八條中的「通過」是解釋為立法機關自行決定公約內哪些條文適用於香港，本條對限制立法機關權力所起的力量便削弱了。
→ 本條牽涉到基本法解釋權的問題，如全國人民代表大會常務委員會經常運用這項權力，且建基於內地的觀念，對本港人的人權自由將會有所影響。
→ 由於全國人民代表大會常務委員會對基本法有最終解釋權，即使香港特別行政區法院有權裁定本條的限制是否「必需」，其作用也會大大削減。
→ 由於香港法院對涉及其內部事務的條文沒有最後解釋權，假如全國人民代表大會常務委員會不滿意香港法院對本條的解釋，便可重新解釋，香港法院以後亦只有依循這個解釋。
→ 在法例中對「社會秩序」及「社會公安」已有一定程度的保障，不必在此加上這條諸多掣肘而意義含糊的條文。
→ 雖然第三十九條是在第三章內，但它大可被引用到任何一章的條文中去，這是十分嚴重的。
→ 本條的規定否定了第三十八條的內容。
→ 本條與第三十八條互相矛盾。
→ 本條違反了《中英聯合聲明》的規定。
理由：附件一第十三節訂明兩份國際公約適用於香港的規定將繼續有效。
2.3 其他意見
→ 在民主或政治較為發達的國家，對於基本人權有廣泛的保障，並且防止國家機關濫用權力侵犯人權。
→ 對居民的自由加以太多限制會令居民反叛。
→ 本條所採用的限制方法正是中國大陸法律基礎的特色。
→ 只要中國認為誰沒有香港特別行政區「中國公民」資格，就可以隨時「依法」剝奪誰的公民權利。

3. 建議
3.1 刪除
→ 刪除本條。
理由：
⊙ 寫法籠統，這會令居民權利受到侵犯。
⊙ 條文第一句的規定與第四十二條重複。
⊙ 條文第二句所定的限制範圍實際上包括了居民生活的基本領域。
⊙ 本條使公民行使權利時受到掣肘，而且掣肘太多。
⊙ 原有法律對個人自由及公眾利益已有適當的平衡。
⊙ 如將兩份國際公約目前在港生效的條文，列入基本法內，本條的內容已被《公民權利和政治權利國際公約》第四條所包括。
⊙ 為配合第廿二條的刪除。
→ 刪去本條後半部份，即「但此種限制……為限」一句。
理由：

⊙ 這些詞語內容空泛，進行解釋時有被濫用之慮。

⊙ 以免除人權和自由因文字上的彈性規定而受到剝奪。

⊙ 建議刪除的部份是多餘的。

⊙ 建議刪除的部份可能嚴重限制新聞自由。

⊙ 建議刪除的部份會侵犯在本條前半部所列明的權利和自由。

⊙ 建議刪除的部份為訂立法律的宗旨，與居民享有的權利和自由無關。

→ 刪去：「除依法規定外不得限制。」

3.2 改寫

→ 「香港居民的權利和自由，除依法規定，且為民主社會維護國家安全或公共安寧、公共秩序、維持公共衛生風化或保障他人權利自由所必要者外，不得限制。」

→ 「任何法例如廢除或限制本章所訂定之權利和自由，均屬無效，除非這些限制明確地證實為自由及民主社會所必須接受。」

→ 「《公民權利和政治權利國際公約》適用於香港的條文，凡可以有法律效力者均在香港特別行政區有法律效力。香港特別行政區的法律若有任何部份不符合上述有法律效力的公約條文，則該等部份無法律效力。」

→ 「香港居民享有的權利和自由，除依法律規定不得限制。對於《公民權利和政治權利國際公約》適用於香港的權利和自由，其限制須為公約有關條文所容許者。對於其他的權利和自由，限制須為保障國家安全、公共秩序、社會公安、公共衛生、公共道德或保障他們的權利和自由所必要者。」

→ 「香港居民享有權利和自由，除非因損害或妨礙他人之權利和自由外不得限制。」

→ 「香港居民的權利和自由，除依法律規定外不得限制。對《公民權利及政治權利國際公約》和《經濟、社會與文化權利的國際公約》適用於香港規定所列明權利和自由，法律規定之限制須為公約有關條文所註明者；對公約未有列明的權利和自由，法律規定之限制必須以維護國家安全、社會秩序、社會公安、公共衛生、公共道德以及保障他人權利和自由所必須為限。」

→ 「香港居民享有的權利和自由，凡屬《公民權利和政治權利國際公約》和《經濟、社會與文化權利的國際公約》所規定的，不得限制。」

理由：國際公約所規定的權利和居民的基本人權，必須賦予直接的法律效力。

→ 「香港居民享有的權利和自由不得予以限制，除正式宣佈緊急狀況時例外。緊急狀況是在香港特別行政區的居民生命受到直接和迫近的威脅之下，由特別行政區行政當局公佈。除非特別行政區立法機關予以延長，緊急狀況不得超逾七十二小時，而延長亦以不超逾一個月為限。任何在緊急狀況下實施的規定，如涉及侵犯居民自由，必須狹義和清晰地擬出，並須受法院驗證其合理性，且與官方公佈的危險性相稱。」

理由：

⊙ 香港特別行政區政府在一些情況下可能要採取例外的措施。有關規定應該更為狹義及明確。

⊙ 在任何情況下均應以最大的寬容及最少的干預作為予以運用的原則，而在運用之前需經法院驗證。

→ 「在審查任何法律是否為民主社會所必須時，需參考聯合國關於人權的文件和決議、國際間保障人權的公約、歐洲人權委員會及歐洲人權法庭的判詞、其他民主社會的判例和普通法內尊重人權的原則和傳統。」

→ 「香港居民享有的權利和自由，只可以受到法律規定的合理限制，而此等限制必須為民主自由的社會所明顯接受。」

3.3 修改

→ 將第一句內的「香港居民」一詞改為「在香港特別行政區內的人士」。

→ 將「維護」一詞改為「破壞」。

理由：此修改表示只要任何沒有「破壞」上述權益，便不會被限制。「破壞」意味着被動、負面的含意，即唯有事件真的對「國家公安、社會秩序」等權益造成傷害時，法律才會對此等權利和自由如此壓制。

→ 將「公共衛生」改為「環境健康與安全」。

3.4 增加

→ 在本條文之前加上：「香港居民享有本法所規定的權利和自由及香港特別行政區法律保障的其他權利和自由。」

理由：現行寫法產生混淆之處：到底條文所提及的「權利與自由」，是指由基本法保障的「權利與自由」，或是只是指由香港特別行政區法律保障的其他權利和自由，還是兩者也包括在內。建議寫法使意思更清楚。

→ 在最後加上：「任何限制，應為一個民主與自由社會所必須的（民主的意思不採政治性的解釋）」。

理由：

⊙ 從而令有關人權的違憲審查有實質意義。

⊙ 使本條可有彈性地應用於不同的權利而作出不同的限制。

⊙ 措辭和《公民權利和政治權利國際公約》及《歐洲人權公約》的限制條款很相似，使國際間的案例可作為解釋條文的參考根據。

⊙ 為保障香港特別行政區居民日後所獲得的權利和受到的限制，不會因主權的轉移而有變。

3.5 其他建議

→ 應對限制某些自由的行使和運用加以仔細界定，或由法院客觀決定有關限制是否為民主社會在維護有關的公共目標所需要。

→ 直接引入《公民權利和政治權利國際公約》。

理由：

⊙ 將國際條約內的保障條文完整地納入基本法內。

⊙ 使保障人權的標準更趨國際化。

→ 中國應加入成為《公民權利和政治權利國際公約》和《經濟、社會與文化權利的國際公約》的締約國。

理由：如居民的權利受侵犯便投訴有門。

→ 參考《公民權利和政治權利國際公約》第五條（二）的規定，在基本法中增加一項規定，說明不會因基本法或香港特別行政區的法律對有關權利的承認較兩份公約為少，而對有關權利予以限制。

理由：無論基本權利是由基本法、香港特別行政區法律，或是國際性法律予以保障，建議方法可保證人權得到可行的全面保障。

→ 根據《公民權利和政治權利國際公約》第四條的規定及其他有關限制個別自由的條文，重寫本條。

→ 應容許法庭參考國際法庭和其他國家的判例，從而訂立一個與國際看齊的標準。

→ 限制條款所用的措詞應盡量接近國際公約的用語。

理由：

⊙ 以能加強國際判例的影響力與約束力。

⊙ 避免有關機關要離棄豐富的國際判例而另闢新的解釋以限制人權產生的困難。

⊙ 使法庭在解釋這些空泛的條文時，亦有一國際標準可以跟從。

→ 應對可施行的限制，按其與徵求意見稿中所保證的各項權利的關係，仔細界定。

→ 採用一較為仔細的概括性規定說明如何限制自由會較適合。

理由：

⊙ 限制條款可因不同權利作出不同規定。

⊙ 使條文不會流於冗長和重複。

→ 任何要削減此等基本人權的法律都只能在兩個國際公約所列出的情況下才可制定。

→ 只要研究本條是否與兩國際公約有衝突，再加以補充便可。

→ 本條應說明「必需」的標準，而那些標準必需為民主自由社會所接受。

→ 本條對限制自由和權利的規定，除對第四十一條所指的「其他人」外，應對在香港特別行政區所有人同樣適用。

→ 本條應追認香港已承認的四十八條公約條文。

→ 本條中有關「國家安全」、「社會秩序」、「公共衛生」、「公共道德」及「保障他人的權利和自由」的規定，應有附件解釋清楚，以增市民的信心。

→ 基本法應對「權利」和「自由」作明確解釋。

→ 「國家安全」、「公共道德」等之定義及法則，一定要由香港而不是由全國性法例規定。

→ 應由獨立的司法機關衡量本條文所列出的限制。

→ 條文中所述的一系列構成對居民權利和自由的限制，應由香港特別行政區最高立法機關作最後判斷。
理由：這才能體現特別行政區高度自治的精神。

→ 應以目前在香港適用的道德準則、社會習慣和常規，以及其發展和改變情況為參考。
理由：為避免限制自由的規定有根本的改變。

→ 此條文應清楚列出居民享有的權利和自由。
理由：現時條文的寫法不夠詳盡。

→ 將來擬訂有關人權的條文時，實不應以現時的準則為出發點，而應以《公民權利和政治權利國際公約》為準則。
理由：香港現時法律對人權的保障，如公安修訂條例、警察的權力，皆未符理想，居民的權利常受到苛刻的規定。

4.待澄清問題
→ 何謂「公共健康」？
→ 何謂「公共道德」？
→ 何謂「社會公安」？
→ 何謂「國家安全」？
→ 何謂「社會秩序」？
→ 「他人的權利」的範圍是什麼？
→ 是否所有權利都應受同一標準的限制？
→ 此條所提的「依法」是依什麼法呢？
→ 「維護」一詞是否指日後的限制不會有所收緊？
→ 由於基本法的解釋權在全國人民代表大會常務委員會，香港特別行政區的立法機關能否避免制定有損人權的法律？
→ 因政治而起的示威和遊行，是否觸犯此條？
→ 此條是否觸犯二十六條提及的居民自由？

→ 什麼是「必需」的？

→ 如果身在香港特別行政區的香港居民涉嫌犯了違反國家安全、社會公安的法例，他們將會在香港特別行政區抑或中國其他地方審訊？他們有沒有選擇在香港特別行政區審訊的權利？中央人民政府若要逮捕上述疑犯，會透過香港特別行政區政府逮捕他們，還是直接派員來港逮捕他們？

※

⑨ 1989 年 1 月 9 日《香港居民的基本權利和義務專題小組對條文修改情況的報告》，載於 1989 年 1 月《中華人民共和國香港特別行政區基本法起草委員會第八次全體會議文件匯編》

【P22-23】
10.第三十九條
徵求意見稿原為（編者按：徵求意見稿三十八條）：「《公民權利和政治權利國際公約》和《經濟、社會與文化權利的國際公約》適用於香港的有關規定，通過香港特別行政區的法律予以實施」。在徵求意見中，（1）有些意見建議加上《國際勞工公約》；（2）還有的意見，建議根據《聯合聲明》附件一，加上「繼續有效」。這次修改為「《公民權利和政治權利國際公約》、《經濟、社會與文化權利的國際公約》和《國際勞工公約》適用於香港的有關規定繼續有效，通過香港特別行政區的法律予以實施」。
原徵求意見稿第三十九條為：「香港居民享有的權利和自由，除依法規定外不得限制。但此種限制應以維護國家安全、社會秩序、社會公安、公共衛生、公共道德以及保障他人的權利和自由所必需為限。」有些意見提出，「但此種限制應以維護國家安全、社會秩序、社會公安、公共衛生、公共道德以及保障他人的權利和自由所必需為限」，與兩個國際公約的規定不完全符合。根據以上意見，在這次修改中，取消了第三十九條，把本條作為第三十八條第二款，將內容修改為：「香港居民享有的權利和自由，除依法規定外不得限制。但此種限制不得與本條第一款規定相抵觸。」作這樣的修改，就能使依法對香港居民權利和自由的限制，與第三十條第一款關於兩個國際公約的規定，緊密地結合起來，有利香港特別行政區政府依法保障香港居民權利和自由。

第十稿

「**第三十九條** 《公民權利和政治權利國際公約》、《經濟、社會與文化權利的國際公約》和國際勞工公約適用於香港的有關規定繼續有效，通過香港特別行政區的法律予以實施。香港居民享有的權利和自由，除依法規定外不得限制。此種限制不得與本條第一款規定抵觸。」

〔1990 年 2 月 16 日《中華人民共和國香港特別行政區基本法（草案）》〕

① 1989 年 3 月 21 日《居民專責小組會議第二次諮詢期第二次會議紀要》

4.有關第三十九條的意見
4.1 有關「有效」和「實施」兩個字眼，以及一些實施問題
4.1.1 有委員認為，此條中「有效」和「實施」的意義並不清楚，究竟二詞的意義是否一樣，抑或可能會有「有效而不能實施」的情況，仍待解答。該委員則認為，一般來說，「有效」應解作成為法律的一部份。此外，究竟國際公約是在實施後才適用，還是有效方才適用，亦是一個未知的問題。

4.1.2 有委員認為，用以上兩個字眼，是給予雙重保障，使公約未經立法前亦可有效。
4.1.3 有些委員認為，此條的寫法是基於現時國際公約在港並沒有法律效用，只有道義上的效用，所以要透過法律才可實施。
4.1.4 有委員認為，中國沒有參與這些國際公約，恐怕會有違反這些公約的法律出現。
4.1.5 有委員認為，由香港確認這些公約，然後把它們透過立法實施是個解決上述問題的方法。
4.1.6 有委員認為香港並非宗主國，而中國未必完全接受這些國際公約，故確認並非可行之法。
4.2 有關「繼續有效」和「繼續」的問題

4.2.1 有委員認為，條文不應保留「繼續有效」一詞，原因是一些以往不適用於香港的條約是應考慮把它們列入適用範圍中。

4.2.2 有委員認為，「繼續有效」的意義是根據現行的方法有效，即是政府在國際上有道義責任，市民不能利用這些公約來挑戰政府。

4.2.3 有委員認為，「繼續」一詞不可刪去，否則會令市民失去信心，認為一九九七年後的人權水平會不能維持。

4.2.4 有委員認為，國際勞工公約至今仍未定型，所以「國際勞工公約適用於香港的有關規定繼續有效」的具體內容亦是未明的。

4.3 有關「抵觸」的意思

有些委員認為，此條第二款中「不得與本條第一款規定抵觸」的意思不明確。這是因為「第一款規定」可指「有規定繼續有效」的意思，或「通過香港特別行政區的法律予以實施」的意思。

4.4 此條建議寫法

4.4.1 有委員建議將本條第一款改為：「⋯⋯適用於香港的有關規定應通過香港特別行政區的法律予以實施。」

4.4.2 有委員認為，第二款末句應改寫為：「⋯⋯本條第一款所列公約其中適用於香港的規定抵觸」。

4.4.3 有委員認為，國際勞工公約是一專有名詞，應和其他兩個國際勞工公約一樣加上書名號，在英文方面亦應相應地以大寫表示。

4.5 對此條的探究方法

4.5.1 有些委員認為，應先與草委弄清此條的意義，然後再與專家以研討會形式討論，以找出最佳的改寫建議。

4.5.2 有委員建議，在與專家研討時，要清楚《公民權利和政治權利國際公約》和另外兩個國際公約的分別，因前者處理的是基本人權，而後者則是一些政策上的保障，在實施時，可能會有不同的情況。

※

② 1989 年 8 月 25 日《居民專責小組第二次諮詢期第三次會議紀要》

2. 關於第三章條文的討論

2.8 第三十九條

有委員認為基本法應規定即使在緊急狀態時居民的基本人權應受保障，不能剝奪，因為有些權利是絕對的，如生存的權利、免受酷刑的權利等；以及建議將《公民權利和政治權利國際公約》引用於香港，在香港直接有效，如有法律與之抵觸，均屬無效。

※

③ 1989 年 9 月 12 日《基本法諮詢委員會居民的基本權利與義務專責小組對基本法（草案）第三章的意見匯編》（1989 年 9 月 21 日居民專責小組與草委會對口小組在港草委交流會議附件一）

第三十九條

意見：

（1）有委員認為，本條採用「有效」和「實施」兩詞，是為給予雙重保障，使公約在未經立法前也可有效。

（2）有委員認為，「繼續有效」的意義是根據現行的方法有效，即是政府在國際上有道義責任，市民不能利用這些公約來挑戰政府。

（3）有委員認為，「繼續」一詞不可刪去，否則會令市民失去信心，認為一九九七年後的人權水平將不能維持。

（4）有委員認為，國際勞工公約至今仍未定型，所以「國際勞工公約適用於香港的有關規定繼續有效」的具體內容亦是未明的。

（5）有些委員認為，本條的第二款中「不得與本條第一款規定抵觸」的意思不明確。這是因為「第一款規定」可指「有關規定繼續有效」的意思，或「通過香港特別行政區的法律予以實施」的意思。

（6）有委員認為，《公民權利和政治權利國際公約》是處理基本人權，而《經濟、社會、文化權利的國際公約》和國際勞工公約是關於一些政策上的保障，三者在實施時可能會有不同的情況。

（7）有委員認為，如香港居民的人權保障全賴立法會的立法權力，等如說香港居民在這方面毫無保障可言。

（8）有些委員認為，本條的寫法是基於現時國際公約在港並沒有法律效用，只有道義上的效用，所以要透過法律才可實施。

（9）有委員認為，中國沒有參與這些國際公約，恐怕會有違反這些公約的法律出現，故本條對人權的保障是不可靠和不足夠的。

（10）有委員認為香港並非宗主國，而中國未必可完全接受這些國際公約，故由香港確認這些國際公約並非可行之法。

建議：

（1）有委員認為，基本法應規定即使在緊急狀態時居民的基本人權應受保障，不能剝奪，因為有些權利是絕對的，如生存的權利、免受酷刑的權利等；以及建議將《公民權利和政治權利國際公約》引用於香港，在香港直接有效，如有法律與之抵觸，均屬無效。

（2）有委員認為，條文不應保留「繼續有效」一詞。

理由：一些以往不適用於香港的條約是應考慮把它們列入適用範圍中。

（3）有委員建議將本條第一款改為「⋯⋯適用於香港的有關規定應通過香港特別行政區的法律予以實施。」

（4）有委員建議將第二款末句改為：「本條第一款所列公約其中適用於香港的規定抵觸」。

（5）有委員建議將第二款末句改為：「此種限制不得與三份公約（《公民權利和政治權利國際公約》、《經濟、社會與文化權利的國際公約》和國際勞工公約）適用部份相抵觸。」

（6）有委員認為，國際勞工公約是一專有名詞，應和其他兩個國際勞工公約一樣加上書名號，在英文方面亦應相應地以大寫表示。

（7）有委員建議，由香港確認這些公約，然後把它們透過立法實施。

問題：

（1）有委員提出，關於適用公約規定的實施，重點是在「繼續有效」還是「通過⋯⋯法律予以實施」？換句話，如有公約規定適用於香港，但沒有法律予以實施，這規定怎樣可以「繼續有效」？或法院可否按照公約規定，處理有關沒有法律予以實施的適用規定的訴訟？

（2）有委員提出，在第二款的「第一款規定」所指為何？

（3）有委員指出，起草委員會為何不採納將第二款改為：「任何限制不得與國際公約抵觸」的建議？

（4）有委員提出，由於國際勞工公約是會不斷改進的，將之與其他兩份完整的公約並列，會否有問題？

※

④《基本法諮詢委員會居民的基本權利與義務專責小組對基本法（草案）第三章的意見匯編》（1989 年 10 月 5 日居民專責小組第二次諮詢期第四次會議附件一）

第三十九條

（編者按：本文同第十稿文件③，除下列內容外，均同前文。）

意見：

（4）有委員認為必須保留第一款的「通過香港特別行政區的法律予以實施」的規定。

理由：

（i）國際公約也有規定凡締約成員都必須以立法實施所承認的公約內容。

（ii）「通過香港特別行政區的法律予以實施」的規定是為了發展國際公約在香港特別行政區的適用情況，使現在仍未有效的規定，在將來透過立法實施。

（5）有委員認為如「繼續有效」和「通過香港特別行政區的法律予以實施」是缺一不可的，便會使本條出現漏洞，否則將後者刪去，也不會令有效的規定沒有法律予以實施。

建議：

（6）有委員建議將本條改為：「《公民權利和政治權利國際公約》、《經濟、社會與文化權利的國際公約》和國際勞工公約適用於香港的有關規定繼續有效。

上述有效公約規定通過香港特別行政區的法律予以實施。

香港居民享有的權利和自由，除依法規定外不得限制。此種限制不得與本條第一款規定抵觸。」

理由：

（i）由於有草委解釋沒有立法的適用公約條文都是有效的，所以「通過香港特別行政區的法律予以實施」的規定可以刪除，否則，如立法機關不立法實施有效公約條文，根據目前寫法也不會「與本條第一款規定抵觸」，在這情形下，居民的權利和自由便難以得到足夠的保障。

（ii）即使刪去「通過香港特別行政區的法律予以實施」一句，也不會使本條的規定妨礙新的國際公約規定適用於香港特別行政區，因為目前的寫法根本已不能對此作出保障。

（8）有委員認為將國際公約有效的規定列入基本法的附件是最理想的做法。

理由：雖然有意見認為將國際公約寫入基本法就是盲從外國的做法，但該委員認為目前的規定已依照了外國的做法，而且，即使這樣也比條文寫得不清晰為好。

（10）有委員認為規定有效的國際公約規定必須予以立法實施是最理想的做法。

問題：

（2）有委員提出，「通過香港特別行政區的法律予以實施」是否指立法機關必須對有效的公約規定予以立法執行，而不是指立法機關會藉此限制居民享有適用於香港特別行政區的公約規定？

（5）有委員提出，由於國際勞工公約是會不斷改進的，若將之與其他兩份完整的公約並列，在「繼續有效」的規定下會否令新訂定的勞工公約不能適用於香港特別行政區？

※

⑤《居民專責小組就基本法（草案）第三章討論的會議紀要》（1989年10月5日居民專責小組第二次諮詢期第四次會議紀要附件，同年10月7日經執行委員會通過）

【P5-7】

第三十九條

（編者按：本文同第十稿文件④，除下列內容外，均同

前文。）

意見：

（6）有委員認為這條文未能規定兩個國際公約繼續有效。《中英聯合聲明》特別規定《公民權利和政治權利國際公約》和《經濟、社會與文化權利的國際公約》適用於香港的規定將繼續有效〔見3（5）及附件一第八節〕。（編者按：應為附件一第十三節）

（9）有委員認為權利和自由的限制，不得超越兩個公約所規定的。《公民及政治權利國際公約》第四條規定只有在經當局正式宣佈緊急狀態危及國土的情況下，才可予以限制，但亦不得引起以種族、宗教等為根據的歧視，並不得限制公約第六、七、八、十五、十六、十八各條所規定的較基本權利，如生存權、不受殘忍、不人道或侮辱待遇的權利、思想及宗教自由等。

建議：

（1）有委員認為，基本法應規定即使在緊急狀態時居民的基本人權應受保障，不能剝奪，因為有些權利是絕對的，如生存的權利、免受酷刑的權利等；以及建議將《公民權利和政治權利國際公約》引用於香港，在香港直接有效，如有法律與之抵觸，均屬無效。另有委員認為這樣的規定至少可作暫時的措施。

（4）有委員建議將第二款末句改為：「此種限制不得與本條第一款所列公約其中適用於香港的規定抵觸」。

※

⑥1989年11月30日基本法起草委員會秘書處《內地各界人士對〈中華人民共和國香港特別行政區基本法（草案）〉的意見匯集》

【P13】

第三十九條

兩個國際公約不能直接引進基本法，否則在執行上會產生許多問題。（法學界人士）

※

⑦《基本法諮詢委員會居民的基本權利與義務專責小組對基本法（草案）第三章的意見匯編》，載於1989年11月基本法諮詢委員會《中華人民共和國香港特別行政區基本法（草案）諮詢報告第一冊》

【P84-86】

第三十九條

（編者按：內容同第十稿文件⑤）

※

⑧1989年11月基本法諮詢委員會《中華人民共和國香港特別行政區基本法（草案）諮詢報告第三冊——條文總報告》

【P95-101】

第三十九條

2.意見

2.1 正面

→ 本條是本章含有較大意義的一條。本條的關鍵在最後一句。這句的意思似乎表示，雖然法律可對人權予以限制，但也不能過分限制人權，至於可以限制到什麼程度，

則以第一款所規定的原則為依歸。在本條的規定下，香港法律會實施國際人權公約（及勞工公約）的某一方面，從而保障了某些人權，因此任何以後制定的新法律均不能減損這些人權。由此引申，當香港法律在某方面一旦符合了國際人權公約的標準，以後便不可以倒退。如在一九九七年前訂立的人權法案是實施國際人權公約內容的，本條最後一句的規定便可進一步鞏固人權法案，即間接地禁止立法機關制訂一些新的違反人權法案的法例。

→ 刪去了「維護國家安全、社會秩序、社會公安、公共衛生、公共道德以及保障他人的權利和自由所必需為限」的規定，擴闊了香港居民所享有的自由和權利的範圍。

→ 本條的規定明確具體，易於理解掌握。

2.2 保留

→ 雖然本條的規定比徵求意見稿的規定大有改善，但目前的寫法也不可以確保香港特別行政區會採用或完整地採用這兩份公約。

→ 本條的規定不能使兩份國際人權公約立即和正面地引入香港本地法律中。這工作還是要由立法機關根據本條第一款規定進行。因此，除非本章明確規定居民享有某些權利，否則，是不會出現行政機關侵犯一項根本不存在的權利的情形。然而，由於本條第一款規定，適用的公約條款會通過香港特別行政區的法律予以實施，所以理應不會有限制權利和自由的法律與施行這些權利和自由的法律相抵觸，即是說任何限制都不得超越所允許的範圍，否則便會抵觸本條第一款所規定的公約條款。

→ 中國並非兩份國際人權公約的成員，除非中國政府在一九九七年前參加公約，否則公約目前所給予香港的國際監察保障將在一九九七年香港移交中國時終止。

→ 如果人權委員會的督導功能無法在一九九七年後的香港特別行政區繼續執行，《公民權利和政治權利國際公約》和《經濟、社會與文化權利的國際公約》的條款便不可能在香港特別行政區「繼續有效」。

→ 對於在一九九七年前實施的人權法案中的權利，如沒有在本章或兩份國際人權公約中列出，便不能享有基本法的保障。

→ 即使基本法寫上兩個國際人權公約，香港人在人權保障方面也只可處於被動狀態。

理由：中國迄今仍未締簽兩個國際人權公約。

→ 第一款似乎說出兩份人權公約和勞工公約在香港適用的程序，第二款說出內容，但兩者的意思不明確。

→ 除非第二款所指的意見是任何對香港居民的權利和自由的限制，不得與通過香港特別行政區法律予以實施的《公民權利和政治權利國際公約》、《經濟、社會與文化權利的國際公約》和國際勞工公約相抵觸，否則一些絕對的自由也會受到限制。

→ 假設本條第二款的修改是為使任何與國際公約規定相抵觸的限制不能予以施行，目前的寫法不能準確地表達這目的。

→ 刪去了「維護國家安全、社會秩序、社會公安、公共衛生、公共道德以及保障他人的權利和自由所必需為限」的規定，很明顯會令立法會有很大的操縱力。

→ 如香港居民的人權保障全賴立法會的立法權力，等如說香港居民在這方面毫無保障可言。

理由：
⊙ 立法會可不通過任何實行國際公約條文的法律。
⊙ 由立法會通過保障人權的法律也有可能被推翻。

→ 如本條規定只能約束立法會不可通過抵觸兩份人權公約的法律，也不能有效地保障人權。

理由：中央行政行為不在這約束的範圍內。

→ 本條不能解決如何引用目前不適用於香港的國際人權公約條款的問題。

→ 「適用於香港的有關規定」表示了香港在一九九七年後仍不能實施目前被英國予以保留的條文，例如有關的政治權利、男女同工同酬的權利。

→ 本條對人權的保障是不可靠和不足夠的。

理由：中國不是兩份人權公約的締約成員，如香港發生人權問題時，人權公約對香港並沒有國際的約束力，中國更可以認為那是內政問題，而英國也只可透過外交途徑提出抗議。

2.3 其他

→ 除非法律可以限制的，會受到一些限制，否則香港特別行政區可以通過舊日的法律削減本章保障的權利和自由，在這情況下，人權便不能得到有效的保障。

→ 本條能否發揮保障人權、鞏固人權法案的作用，將取決於這條文的解釋。

→ 法律條文對香港將來人權保障來說只是眾多因素之一，其他重要因素包括未來香港政界、公務界、法律界人士的質素、港人對其權利和自由的醒覺、及中國內地的政局是否邁向開明和法治。

→ 如「依法規定」的意思不明確，會使人誤以為是任何法律，並難以保障香港居民的權利和自由。

→ 享有權利和自由應以尊重他人的權利和自由為原則。

→ 本條沒有規定香港特別行政區政府執行公約的時間。

→ 本條不足以保障香港人支援中國反革命份子的任何活動，因為中國政府只會容許安分守己的人在其領土上居住，涉及叛國或分裂中國的自由不能被濫用。

3. 建議

3.1 刪除

→ 將第一款的「適用於香港的有關規定繼續有效」刪去。

理由：這些字眼暗示公約中有些規定不適用於香港。

→ 將第二款末句的「此種限制不得與本條第一款規定抵觸」刪去。

理由：為體現國際人權公約的精神。

3.2 修改

→ 將第一款的「適用於香港的有關規定」改為「的規定」。

→ 將第一款改為：「《公民權利和政治權利國際公約》、《經濟、社會與文化權利的國際公約》適用於香港的有關規定，必須透過香港特別行政區的法律予以實施。」

→ 將第一款改為：「《公民權利和政治權利國際公約》、《經濟、社會與文化權利的國際公約》和國際勞工公約在不抵觸本法其他規定的原則下當然有效，通過香港特別行政區的法律予以實施。」

理由：藉此令有關公約的精神在香港特別行政區全面體現。

→ 將第一款改為：「《公民權利和政治權利國際公約》、《經濟、社會與文化權利的國際公約》和國際勞工公約適用於香港的有關規定應通過香港特別行政區的法律予以實施。」

→ 將第二款的末句改為：「……即使依法限制，亦不得與本條上述各項國際性公約有所抵觸。」

理由：原文既不為「不得限制」作出交代，又緊接寫上「此種限制」，故嫌突然甚至矛盾，故需重組。

→ 將第二款的末句改為：「此種限制不得與《公民權利和政治權利國際公約》、《經濟、社會與文化權利的國際公約》和國際勞工公約適用部份相抵觸。」

→ 將第二款的末句改為：「此種限制不得與本條第一款規定或與香港特別行政區法律第 X 章人權法案的規定抵觸。」

理由：
⊙ 以使在一九九七年前實施的人權法案，與國際人權公約般同受本條的保護。
⊙ 實施國際人權公約的規定將會在本條體現，但對於那些不在公約內提及，只在人權法案中規定的權利，本條不能予以保障。

→ 將第二款改為：「香港居民享有的權利和自由，除依法規定不得限制。此種限制不得抵觸本條第一款所述的國際公約適用於香港的規定。」

→ 將第二款改為：「香港居民享有依法的權利和自由，以不妨礙他人的權利和自由為限。」

→ 將第二款改為：「香港居民享有的權利和自由，除依法規定外不得限制。此等限制不能與特別行政區立法機關通過的《公民權利和政治權利國際公約》、《經濟、社會與文化的國際公約》及國際勞工公約的有關規定相抵觸。」

→ 將本條改為：「《公民權利和政治權利國際公約》及《經濟、社會與文化權利的國際公約》內所有的條款應透過香港特別行政區之立法程序全部在香港引用。香港特別行政區的立法機關不得制定法例以縮減言論、資訊、新聞及宗教信仰或宗教活動等自由。」

→ 將本條改為：「《公民權利和政治權利國際公約》、《經濟、社會與文化權利的國際公約》和國際勞工公約已於香港實施者繼續有效。香港居民享有的權利和自由，除依法規定外，不得限制。此種限制不得與本條第一款規定抵觸。」

→ 將本條改為：「《公民權利和政治權利的國際公約》、《經濟、社會與文化權利的國際公約》和《國際勞工公約》適用於香港的有關規定繼續有效，通過香港特別行政區的法律予以實施。香港的居民享有的權利和自由，除依法規定外不得限制。但此種依法規定的限制應以維護國家統一和安全、社會秩序、社會公安、公共衛生、公共道德，以及保障他人的權利和自由所必需為限。」

→ 本條應修改以清楚表達以下意思：雖然香港居民的權利和自由會受到限制，但有關限制是不會逾越適用公約條款規定下的範圍，即第一款所指的公約條款。換言之，任何限制居民權利和自由的法律，不得與所述公約相抵觸，否則無效。
理由：本條的原意應如上述，只是現行寫法不能予以清楚表達。

3.3 增加
→ 在「通過香港特別行政區的法律予以實施」之前加上：「日後亦可就香港的社會轉變而適當引入以上公約的其他條文（有關穩定本港繁榮安定的條文）。」

→ 本條應包括如下的規定：
「香港居民享有的權利和自由不得予以限制，除正式宣佈緊急狀況時例外。緊急狀況是在香港特別行政區的居民生命受到直接和迫近的威脅之下，由特別行政區行政當局公佈。除非特別行政區立法機關予以延長，緊急狀況不得超逾七十二小時，而延長亦以不超逾一個月為限。任何在緊急狀況下實施的規定，如涉及侵犯居民自由，必須狹義和清晰地擬出，並須受法院驗證其合理性，且與官方公佈的危險性相稱。」

→ 應為國際勞工公約加上書名號。

3.4 其他
→ 凡與兩份國際人權公約和國際勞工公約之規定相抵觸的香港特別行政區法律，皆為無效。

→ 國際人權公約的條款不應受到基本法或香港特別行政區法律所限制。

→ 香港的法律，即使在緊急狀態時，也不能與兩份國際人權公約相抵觸。

→ 將兩份國際人權公約和國際勞工公約在香港適用的規定列於附件中。

→ 在本條規定的限制應針對本章所保證的自由逐一仔細釐定。

→ 在本條清楚列明「依法規定」是指香港特別行政區的法律。人權的限制只應針對國際人權公約內對人權的限制，而不是其他限制，否則所立的法律均屬無效。

→ 若有一些由於香港不屬於主權國家而不適用的條款，應明確列出。

→ 兩份國際人權公約適用於香港的規定應成為香港特別行政區法律的一部分，通過香港特別行政區的立法及司法系統予以實施。
理由：立法機關不應具有權力將兩份國際人權公約選擇性地實施。

→ 使在香港適用的公約條文成為基本法的一部份。
理由：這樣令到修改這些條文成為修改基本法的問題。

→ 將《公民權利和政治權利國際公約》納入基本法。

→ 基本法應直接賦予《公民權利和政治權利國際公約》法律效力，使司法機關能具體執行公約的內容。
理由：這可提供香港居民合符國際公認水平的民權保障。

→ 香港特別行政區居民應繼續受《公民權利和政治權利國際公約》的基本條款所保護。方法是：
（1）將《公民權利和政治權利國際公約》寫進香港特別行政區的法律，並可通過法庭直接執行；及
（2）香港特別行政區仍受《公民權利和政治權利國際公約》的法律制約；及
（3）香港特別行政區向人權委員會提交報告。

→ 《公民權利和政治權利國際公約》適用於香港的條文可以有法律效力者，均在香港特別行政區有法律效力。
理由：
⊙ 藉此加強香港居民在這方面的保障。
⊙ 中國不是該公約的簽約國。

→ 基本法不需賦予《經濟、社會與文化權利的國際公約》法律地位。
理由：該公約的內容及性質，均非強制性執行可達致的，必須與整體社會資源的發展以及經濟成長的速度互相配合，才可逐步實現公約內的規定。

→ 《經濟、社會與文化權利的國際公約》適用於香港的有關規定，依照香港特別行政區的法律予以實施。
理由：
⊙ 藉此加強香港居民在這方面的保障。
⊙ 中國不是這公約的簽約國。

→ 兩份國際人權公約的條文應全部適用於香港特別行政區。

→ 將兩份國際人權公約納入基本法中。
理由：
⊙ 以使公約的人權條款成為香港特別行政區基本的法律基礎的一部份，香港居民因此可向本地法院提出侵犯人權的訴訟。
⊙ 如基本法與兩份公約的內容有矛盾，當有問題出現時，採基本法還是公約作解決問題的依歸便成為問題。
⊙ 即使將公約納入基本法中會有問題，也只會是技術上的問題，不會是原則性的。

→ 基本法應納入兩份國際人權公約，並且由香港法院全權負責解釋和引用有關法律。
理由：
⊙ 有很多在公約中予以保障的權利不在基本法保障之列。
⊙ 根據基本法的規定，香港法院不能對所有案件有管轄權。
⊙ 國際公約本身的豐富案例可作參考。

→ 香港以地區身份，中國香港的名義，成為兩份國際人權公約的締約成員。
理由：
⊙ 根據《中英聯合聲明》附件一第十一節和《基本法（草案）》第一百五十一條，對中國尚未參加而香港已以某種形式參加的國際組織，中央政府將根據需要使香港以適當形式繼續參加這些組織。現在香港以其本身名義是聯合國兩個專門機關的成員，分別是「世界氣象組織」和「國際海事組織」。此外，香港也脫離了英國成為「關稅與貿易總協定」的成員。因此香港有足夠條件成為兩份國際人權公約的成員。
⊙ 以上建議是符合《基本法（草案）》第一百五十二條的精神。

→ 中國授權香港特別行政區自行簽署兩份國際人權公約。若中國同意，及國際間又接納的話，香港更可加簽「任擇

擬定書」，使港人的人權法例在國際間有所監督，加強香港居民的人權保障。

→ 中國（包括香港特別行政區）應成為兩份國際公約的締約成員。中國向人權委員會所作的定期報告，需有一部份單獨關於香港特別行政區，這部份將由香港有關部門報告在香港實施國際公約的情況。中國可效法英國在簽署兩份公約後，對不適用於香港的公約條文，向聯合國作出聲明。

→ 中國應成為兩份國際人權公約的締約國。
理由：以便此兩份公約能繼續在香港有效。

→ 基本法應規定所有目前適用於香港的監察和匯報程序應繼續有效，並由香港特別行政區自行執行。

→ 人權委員會就人權條款解釋的有關法理，在香港特別行政區法院應有約束力及很高的說服力。
理由：
⊙ 香港特別行政區所負的國際責任不須全由立法機關履行。
⊙ 基本法本身是糅合民事法和普通法制度的文件。
⊙ 將兩份國際人權公約條款納入基本法至少在表面上執行《中英聯合聲明》。
⊙ 以上建議有三個好處：（1）為實質地保障人權提供指標；（2）幫助法官決定有關申訴的法律性；（3）防止申訴程序在國際層面上處理。

→ 當香港通過了人權法案後便需對本條予以修改。

→ 與其將國際人權公約納入基本法作為參考或附件，不如將基本法中有關人權的條文予以修改，以免本條與基本法其他條文有所衝突，引起解釋的問題。

→ 香港特別行政區就人權保障的立法應以兩份國際人權公約作藍本。

→ 香港居民的自由和權利所受到的限制，應以符合民主社會精神、公共秩序及社會所需的條件為限。

→ 將國際勞工公約納入基本法內。

→ 國際勞工公約及《世界人權宣言》中有關工會的權利、集體談判權（國際勞工公約第八十七和九十八條）、公共服務員工亦享有談判權等，應在基本法中予以規定。

→ 關於新的勞工公約在香港實施的問題，建議在基本法明確指出香港政府可主動向中央政府提出在香港立法實施適用於香港的新公約，該些新公約不一定在中國實施。
理由：這符合一國兩制的原則。

→ 香港特別行政區應繼續目前的做法，派代表團出席日內瓦的週年勞工會議。

4.待澄清問題

→ 由於在「適用」二字前沒有「原」字，所以在一九九七年後在香港適用的條文較目前為多抑或為少？

→「適用於香港的有關規定繼續有效……予以實施」是否表示在一九九七年後維持現狀，有限地實施公約條文？

→ 由誰來決定國際公約中哪些部份適用於香港？如何才算「適用」？

→ 本條規定有關的國際公約適用於香港的規定繼續有效，通過香港特別行政區的法律予以實施，是指這些國際公約適用的有關規定無須經任何立法程序便可繼續有效，抑或是要經過立法程序才可生效？假如這些國際公約適用的規定沒有經立法機關立法實施是否不能繼續有效？

→ 本條第二款的「依法規定」是指什麼法律？

→ 本條第二款的「此種限制不得與本條第一款規定抵觸」的意思，是指此種限制不得與兩份國際人權公約和國際勞工公約適用於香港的有關規定抵觸，或是指與第一款由香港特別行政區通過立法實施這些國際公約的規定抵觸？

→ 香港特別行政區法庭能否指出香港的法律違反國際公約的規定？

→ 中國不是兩份國際人權公約的簽署國，在一九九七年後，如何確保這兩份國際公約的繼續有效性？

→ 如中國將來是兩份國際人權公約的成員，其簽署的條文與英國的不同時，香港應引用哪些條文？

第十一稿

「**第三十九條** 《公民權利和政治權利國際公約》、《經濟、社會與文化權利的國際公約》和國際勞工公約適用於香港的有關規定繼續有效，通過香港特別行政區的法律予以實施。香港居民享有的權利和自由，除依法規定外不得限制，此種限制不得與本條第一款規定抵觸。」

〔1990 年 4 月《中華人民共和國香港特別行政區基本法》〕

「新界」原居民的合法傳統權益受香港特別行政區的保護。

1. 「新界」原居民
2. 合法傳統權益受保護

第一稿▶

第三章
「第十七條　新界原居民的合法權益受香港特別行政區的保護。」
〔1986 年 11 月 12 日《香港特別行政區基本法起草委員會香港居民的基本權利和義務專題小組的工作報告》，載於《中華人民共和國香港特別行政區基本法起草委員會第三次全體會議文件匯編》〕

① 1986 年 4 月 22 日《中華人民共和國香港特別行政區基本法結構（草案）》，載於《中華人民共和國香港特別行政區基本法起草委員會第二次全體會議文件匯編》

【P13】
第三章　香港居民的基本權利和義務
（十五）新界原居民的合法權益受保護

　　　　　　　　　　※

② 1986 年 4 月《部份起草委員對基本法結構（草案）的意見（備忘錄）》，載於《中華人民共和國香港特別行政區基本法起草委員會第二次全體會議文件匯編》

【P24】
五、關於《香港居民的基本權利和義務》
32. 對新界原居民享有的權利和傳統道德、風俗，可以不寫，因為他們都是香港人，不宜單獨加以區分。

　　　　　　　　　　※

③ 1986 年 4 月 22 日《居民及其他人的權利自由福利與義務第二次會議總結（第二分組）》

4. 關於新界原居民問題
一些委員認為，新界原居民是香港在英國主權統治下才有意義的，英國統治一旦結束，所有居民都歸於一體，無所謂原居民之分。但儘管如此，亦有委員認為，原居民的觀念其實是一些歷史遺留下來的問題，既然我們接受「一國兩制」的構想，即我們願意在尊重歷史的原則下進行工作，所以我們一方面要從整體統一的角度去看問題，但另一方面也要從歷史發展的角度，對特殊情況予以考慮，謹慎處理，使新界原居民現時所享有的權利，在主權的過渡

中，獲得妥善安排。

　　　　　　　　　　※

④《溫國勝委員書面意見》（1986 年 6 月 24 日居民及其他人的權利自由福利與義務第五次會議附件一）

第三章　香港居民的基本權利和義務
2. 僑居海外的新界原居民包括其在外國出生的兒女，不論其離鄉多久，（是歷史遺留下來的事件）香港特別行政區政府成立後，都應在基本法載明其身份仍屬香港新界原居民。

3. 新界原居民原有的一切權益和傳統習俗，宗教信仰，合法繼承等事項應立法載明其身份加以保護。

4. 新界原居民有參與市區政制選舉和被選舉的權利。

5. 新界原居民有享受香港特別行政區基本法結構（草案）（香港居民的基本權利和義務）三節至十一節，十三節，十五節至十六節所列的各項權利和義務。

　　　　　　　　　　※

⑤ 1986 年 11 月 12 日《香港特別行政區基本法起草委員會香港居民的基本權利和義務專題小組的工作報告》，載於《中華人民共和國香港特別行政區基本法起草委員會第三次全體會議文件匯編》

【P27】
第三章　香港居民的基本權利和義務（討論稿）
第十七條
說明：基於新界的特殊情況，香港現行法律規定，新界原居民享有一些特別的合法權益。基本法結構（草案）第三章（十五）寫明了「新界原居民的合法權益受保護」。

第三章

「第十七條　新界原居民的合法權益受香港特別行政區的保護。」

〔1987年3月2日《第三章　香港特別行政區居民的基本權利和義務（討論稿）》（1987年3月9日居民及其他人的權利自由福利與義務專責小組第十四次會議討論文件）〕

① 1986年12月20日《新界原居民權益研討會——新界原居民原有之合法權益及傳統習慣》（1987年1月16日居民及其他人的權利自由福利與義務專責小組第十次會議（新界原居民）附件一）

I 背景

（1）新界原居民的定義：

概括地說是「其父系為一八九八年在香港之原有鄉村居民」，便稱為新界原居民。

曾有意見認為，居於新九龍區或非新界區的原居民，亦是「香港之原有鄉村居民」，故亦屬「新界原居民」，而應享有同等福利。而現時建屋於市區之原居民是有別於建屋於新界之原居民的，因為他們不能獲得免交差餉的權利，因此便造成市區的新界原居民的權益與居於新界的原居民不同。這類界定及權益問題有待釐清。

（2）新界原居民的歷史背景：

新界在未租予英國之前，原為廣東省新安縣（現寶安縣）轄屬地區，面積為三百六十六平方英里，佔香港總面積百分之九十一強；居民約九萬，此等居民在宋朝末期（約一二七七年）已開始在該地區定居。當時該地乃屬農村傳統習俗社會，有關民眾糾紛事件，是由地方村落族長及耆老鄉紳調解；治安工作卻由各村選出壯丁擔任更練，負起聯防作用。自清政府簽署新界租約給英國後，新界的居民亦曾多次自發地以武力槍炮抗拒英軍接管新界。其後，在英國政府管治時，對香港（本島與九龍）和新界所制訂的政策和措施，也是兩種不同的制度。在新界是以保持原居民的傳統習俗和道德風俗為目的。

英國政府對新界居民施行另一套管治政策的原因有二：其一是在香港、九龍已建立的一套城市管治方式是不適用於新界這個鄉村地區；第二是由於當地的鄉紳熟悉原來的地方管治，而居民又習於以他們為首作其代表，因此政府一直以來便將地方代表作為與居民溝通的橋樑。

（3）新界原居民的權益：

目前居住在新界的居民約一百八十八萬五千人（截至一九八六年三月的估計），其中新界原居民有四十六萬（其中僑居海外者約有廿六萬），他們除了享有與全港市民共同的權利外；有人認為應該根據中英兩國關於香港前途問題的《中英聯合聲明》第三款第（三）節中說明現行的法律基本不變的原則，在一九九七年後，新界原居民的傳統習俗和道德風俗應有保障，例如「新界鄉村屋政策」及原居民的殯葬條例，鄉村屋豁免差餉政策及鄉村屋地租金將維持不變等等。

II 新界原居民爭取的權益

（1）維持現有的權益：

1. 鄉議局及其成員的地位

甲、新界鄉議局的諮詢地位

新界鄉議局於一九二六年成立，一九五九年香港政府制訂香港法例第一零九七章鄉議局條例，承認鄉議局為香港政府諮詢新界民意的法定組織，並規定其宗旨為：

1）促進及發揚新界人民間互相合作暸解；

2）促進及發揚政府與新界人民間互相合作及暸解；

3）就有關新界社會及經濟發展事項，向政府獻議，以謀求新界人民之福利及繁榮；

4）鼓勵遵守有益新界人民及維持公眾道德之風俗及傳統習俗；

5）執行總督按時所委之工作。

至於鄉議局的成員計有：

1）新界非官守太平紳士，為當然執行委員；

2）廿七個鄉事委員會正主席為當然執行委員；副主席為當然議員；

3）特別議員廿一人，是由大埔選區（轄下七鄉）、元朗選區（轄下七鄉）及南約選區（轄下十三鄉）等，各選出七位地方賢達擔任之。

另外，在廿七個鄉管轄下有六百五十一條村落，其村民各選出村代表共九百餘人，而鄉事委員會之正、副主席是由村代表互選產生。

總的來說，新界鄉議局有一主席；兩位副主席；五十一位當然執行議員；十五位普通執行議員；三十七位當然議員及十七位特別議員，總共一百二十三人。

至七十年代中期，新界新市鎮不斷發展，市區人口遷移，新界原居民在新市鎮的發展步伐中漸變為少數，而面對這個新的人口結構，香港政府為了讓這批新居民有發言的權利，便在一九七七年設立了「地區諮詢委員會」，成為新界鄉議局以外的另一個政府諮詢架構，及至一九八一年區議會誕生，而在一九八五年四月又成立了臨時區域議局，經一年的籌備，區域市政局在一九八六年四月正式成立，並且擁有直接民選的議員，但區議會及區域議局內仍有鄉事委員會及鄉議局的主席等出任代表。

乙、新界各區鄉事委員會主席為新界各區議會當然議員

一九八一年香港政府制訂香港法例第三六六章區議會條例，基於鄉事委員會主席是村民間接選出的代表，便明文規定各區鄉事委員會主席出任有關區議會的當然議員。

丙、鄉議局正、副主席為區域市政局的當然議員

一九八五年香港政府制訂香港法例第三十九條區域市政局條例，因鄉議局的主席及兩位副主席是透過間接選舉產生的，他們不但是原居民的代表亦是為全新界的居民服務，便規定鄉議局主席及兩位副主席成為區域市政局的當然議員。

2. 原居民（男丁）有權一生人一次建一間面積不超過七百平方呎不高過廿五呎之小型屋宇（三層）。

在一八九八年之前，新界仍受中國政府管轄時，土地持有人有關土地之地契，並無限制土地使用之條款。港府在一八九八年接管之後，也是採取慎重的政策給與新界特別待遇，盡力保存新界原居民的傳統習俗。

英國政府沿用俗例的原因有二：一為保持一套村民熟悉的土地制度，以方便管治；二為在一九零零年港督卜亨利爵士曾對村民作出之承諾，就是保證村民的習俗和良好習慣不受任何干涉。然而，英國政府本欲保持的只是俗例，而非大清律例；可是，俗例本是由清朝律法引申而出的，再者，初期土地問題亦是按國家律法解決的，以後也自然地沿用，且更被視為條約的規定。

根據清代的慣例，鄉村的土地擁有者是可以在耕地或荒地上興建屋宇的，而無需官方批准的，但英國政府是不容許這情況出現的。故在一九零五年香港政府正式對政府認為擁有新界土地的人士發出「官批」，（即土地的官方契約，而這契約的假定是建立在一個政府的限制土地用途的法律基礎上）。然而政府依然承認新界人士有在其擁有地興建居所權，後來經鄉議局與港府交涉協商，於一九七二年十二月一日便施行了「新界鄉村小型屋宇政策」，規定新界原居民之男丁在其一生中，可以獲一次興建一所面積七百方呎高廿五呎的鄉村小型屋宇。

3. 新界鄉村屋宇可獲豁免差餉

根據香港政府於一九七三年制訂的香港法例第一一六章差餉條例，規定凡鄉村發展區範圍內的鄉村屋宇及鄉村發展範圍外的自住鄉村屋宇，可獲豁免差餉。同時對新界的村公所、鄉事委員會會所及祠堂、廟宇也一律予以豁免差餉。

「新界鄉村小型屋宇政策」，有被視為政府未能全面照顧村民居住環境改善的一種權宜政策，認為香港政府以低息貸款推出居者有其屋計劃以改善市區居民之居住環境，但新界鄉村居民則得不到這些照顧，且建丁屋的款項亦要自費解決。再者新界絕大部份鄉村地區，水電、交通及公共建設亦遠遠追不上市區和新市鎮地區的水平。因此豁免差餉可以說是新界鄉村居民在不公平施政下所換來的一個代價，而非特權。

其他屋宇優惠權的細節，有：

1）一層或二層高的鄉村屋，可以改建為三層，毋須補繳地價，只須繳交行政費用。豁免差餉；

2）在村莊範圍內的私家地，如符合申請條件，應批准興建鄉村屋；

3）在村莊範圍內的官地，應針對申請人的實際情況及需要，以低廉地價批予申請人，興建鄉村屋；

4）居住人口擠迫的村莊，應針對實際情況需要，將村莊範圍擴展。

4. 原居民的村落遭受搬遷時應有特惠補償：

港府為瞭解決港九市區居民的居住問題，而強迫大量徵收新界土地，以供發展工業邨、公共屋邨及居者有其屋等計劃，逼令新界村民清拆搬村，這不但破壞了他們和睦相處、守望相助的田園生活，更逼使他們改變以農牧為業的傳統習俗。而且每每使他們遭受失業痛苦。因此當局才釐訂了新界搬村的特惠補償政策，給予凡有屋地的原居民在搬村時，以一分屋地補償一間七百方呎的鄉村小型屋宇，藉以賠償他們受搬村的損失。

5. 新界原居民的土地契約和與土地有關的一切權利：

這一項在中英兩國關於香港前途問題的聯合聲明附件三「關於土地契約」的部份，已作了明確的規定：「至於舊批約地段、鄉村屋地、丁屋地和類似的農村土地，如該土地在一九八四年六月三十日的承租人，或該日以後批出的丁屋地的承租人，其父系為一八九八年在香港的原有鄉村居民，只要該土地的承租人仍為該人或其合法父系承繼人，租金將維持不變。一九九七年六月三十日以後滿期而沒有續期權利的土地契約，將按照香港特別行政區有關的土地法律及政策處理。」其實，舊契約的土地問題，也有屋地、農地、果園地、種鳳梨地、種松樹地、魚塘、蓆棚、礦業、四層棚、蠔業、碼頭、鹽田、種茶等牌照地，以及打穀場地、更寮地之分別。另外，對於已由香港英國政府批出的一九九七年六月三十日以前滿期而沒有續期權利的土地契約，也規定了可續期五十年不補地價，只是每年交納相當於土地應課差餉租值百分之三的租金。

6. 新界原居民的安葬權利：

自新界租約於一八九八年開始以來，政府一向尊重新界原居民及其家屬安葬於其村附近山邊的傳統習俗，並對此等山墳清拆時付給特惠津貼，山墳地不受年期限制。土葬或火葬，任由選擇。以山墳區為根據地之漁民的山墳，同樣獲得承認。新界原居民可根據一九七七年香港政府訂立的香港法例第一三二章公眾衛生及市政事務條例，向各區政務處領取安葬許可書將其去世的家屬葬於鄉村附近山邊而無須在公眾墳場安葬。

7. 生活習俗及文物受保護，有下列幾項：

1）尊重地方傳統習俗、廟宇、神壇、教堂、道觀，保留原有狀態；醮會、神誕，照常舉行。

2）祖嘗、廟產，慈善機構；教育機構，社會團體財產物產，只須辦理登記手續，仍由原日機構管理。

3）傳統性的組織，與居民有關者，如鄉議局、鄉事委員會、村公所等，應予保留。

4）新界邊境兩方居民，保留在習慣上可以在指定關口依照規定時間來往之優待辦法。

8. 新界原居民遺產及繼承權

新界原居民的遺產一向是依循傳統習俗由男丁承繼，一九一零年香港政府訂立之香港法例第九七章新界條例亦訂明凡處理屋字及土地案件，地方法院及最高法院有權承認及執行中國習俗及傳統權利，即在無遺囑的情形下，遺產的承繼權是屬男丁所有。該條例亦規定新界家族堂及祖等名下的物業是由司理人管理。而按照傳統習俗凡家族、堂、祖等名下的物業是只有男丁才有享受權。

（2）希望爭取的其他權益：

1. 村莊範圍內之官地應變為村莊之公用地

新界許多村莊範圍內之官地，對村莊發展影響很大。這些官地是在一九零四年三月香港政府宣佈，因未有人持契據登記，故便變為官地。

清代順治十八年（西元一六六一年），滿清政府為防範鄭成功在福建、廣東沿海進攻內陸，乃下令沿海遷界五十里，違令者捕殺。因此，新安縣沿海五十里之居民皆遷往內陸。至康熙七年（西元一六六八年）巡撫王來任上疏清廷，奏乞展界。八年（西元一六六九年）總督周有標亦上疏清廷，請先展界，許民歸業。九年（西元一六七零年）清廷免徵賦稅，勸民還鄉復業。但有些人已在內陸定居，不作遷鄉打算，田土因而大量荒置。雍正五年（公元一七二七年），清廷下令招民墾荒，於是大量移民進入新安，擇地開村定居，墾荒務農。初期是免稅使用土地，移民未有土地契據。到了英國租借新界年代，外來墾荒人士，已成本土居民，村莊亦已建立。村莊範圍內的土地，因未有契據而被宣佈為官地。現為了鄉村發展，在一九九七年後，村莊範圍內之官地應劃為該村莊之公用地，等於現在內地之自留山，自留地，由全村共同決定使用。此構想並無損害全港整體利益，而事實上，各村莊範圍內之官地，原是該村人之公地，只是缺乏原始證據，便變為官地而已。

2. 土地政策

新界地區擁有廣大的土地資源，對香港經濟及工商業發展的長遠利益，和解決港九市區人口居住問題，是很有作用的。所以新界土地發展是保障香港安定繁榮的一個重要因素。雖然在基本法結構草案第一章總則第五項已列出：「土地的所有權、管理權和使用權」一條，但對土地如何處理並無詳述，因此，在土地政策研討時應加以注意和列入。

3. 漁農業

在界定漁民的原居民上也有界定不清的問題出現。漁民在香港的歷史已有百多年，初時他們住在漁船上，後來改住在棚屋，開始時有棚牌，後期香港政府的理民府將它修改為臨時官地，有特准證，經不斷修改後，現稱為許可證。漁民原居民的定義至今已逐漸模糊，因現在遷拆棚屋，漁民上了屋邨，就再沒有棚牌。在諮詢政務署有關原居民的界定時，該部門稱由移民代表聯同鄉事會寫一份原居民移民證明書便行。這似乎很依賴與代表及與鄉事會的關係，而年青一代在老一代去世後又怎樣證明其原居民移民身份呢？或世代皆為漁民，但轉業後仍留居離島、大嶼山等地者又應如何處理？這等界定問題實有待處理。

中國憲法第一章第一條指出：「中華人民共和國是工人階級領導的，以工農聯盟為基礎的人民民主專政的社會主義國家」。香港是現代化的資本主義社會，不應以工農聯盟為基礎，但農民、漁民的社會地位和政治地位是不可忽視的。

由於新界是一個農業社會，雖然目前新界不斷發展，但新界仍擁有大量農業用地，而新界漁農業對香港的經濟和發展具有很大的作用，目前全港從事漁農業的人為數不少，因此，香港特別行政區政府應制訂關於漁農業的基本政策，並且納入基本法條文中。

農業政策的目的應維持農業現狀，為香港提供一個穩定的

肉食來源。其意義在於提供一個安定及完整的社會發展，絕大部份國家都有制定農業政策，而農業政策，特別在社會安定方面，往往比一般工業政策更重要，而中國更以農業為立國基礎，更不應用行政及立法的手段去扼殺農業（如近來香港英國政府所提出的農業廢物管制建議），而應盡量用協商方法去解決農業所帶來的其他問題，使香港成為一個穩定而獨立的行政區。

再者農牧是中國的立國行業，農牧是合法行業，而香港農業的模式，以中小型為主，在各種技術改良的成果，更適合中國，對中國未來農業發展有一定幫助，經過交流技術和市場經驗，使兩地連成一體系，更有效地分擔雙方在市場的角色。

因此，希望在政策中能包括下列幾項具體建議：

1）漁農界應列為功能團體組別。

2）香港特別行政區漁民可擁有中華人民共和國公民及香港公民的雙重身份，有中國漁民的權利，在中國領海內從事捕魚生產。

3）建議基本法結構草案第一章（五）關於「土地的所有權」中加上「土地業主之權利除得到保障外，租用耕地之農民也應得到照顧」。

4）恢復農民在租地上所建造的農舍及附有建築物的擁有權。

5）農民在租用的土地上有絕對的自由使用權。

6）徵收土地應以實際材料、設備、成本、計算賠償及予經常檢討，並予重建或轉業的安排、或協助、以維持其生計。

7）目前一切未經協商而有損農業之政策應立即停止，否則留待特別行政區政府討論。

4. 僑居海外的新界原居民的權益：

關於新界原居民的海外華僑問題，在基本法內要明確他們在特別行政區內的居留權，產業繼承權及其政治權利。對於他們的身份及權利有以下幾項的提議：

1）基於歷史原因，持英國籍護照在英國謀生的香港居民和新界原居民，希望特區政府考慮其有雙重國籍的特殊原因，作特殊處理。

2）新界原居民來英國謀生者，為數甚眾，按照英國的國籍法，凡在英國住滿十年者，即自動成為英國公民或居民，基於歷史原因，在英國工作的香港和新界居民包括其在英國出生的兒女和家屬，香港特區政府應承認他／她們為香港居民及香港新界原居民。

3）持其他國家護照或英國居民身份證（C.I.D.）和香港居民身份證（C.I.）在英國的香港或新界居民，仍未有領取或更換新身份證，特區政府應准許他／她們隨時返回香港申請領取。

4）香港來英工作諸華人中，有持英國公民護照者，有持香港英國護照者，有持英國居民身份者（即C.I.D.咖啡色簿），有持香港居民身份證者（即C.I.綠色簿），或持其他護照之原居民，特區政府都應承認他／她們為香港永久性居民，不能迫遷，不能遞解出境，九七年後豁免入境簽證。

5）香港或新界居民在外國成婚，所生下兒女，不論其帶回香港長大或在僑居國長大，希望特別行政區政府，要以其血統關係和有祖籍根據關係承認他／她們為香港永久性居民，及享有特別行政區基本法制定給香港居民應享受的一切權利和社會福利。

6）另一類建議是希望九七年後盡量方便該等外籍華裔新界原居民回鄉探親或申請長期居住，如果他們回鄉作長期居留時，最好能放棄外國籍而恢復原來中國籍，倘或因生活環境不能改變國籍，例如需要持有該國的國籍方能領取退休金、福利金或養老金等，就應喪失香港特別行政區之選舉權或被選舉權，但仍望能維持他們一八九八年父系祖先已是新界原居民的權利，獲得優先享有在香港特別行政區恢復長期居留的機會。

研討會上有人提到華人在英國自辦自資的中文識字班問

題，雖與新界原居民權益沒有直接關係，但亦希望得到關注。現時香港政府駐英聯絡處是按每一位學生每年約五鎊的津貼補助識字班之開支，而一年兩次的教材和書本是由香港政府聯絡處免費供應的，但經濟上依然有困難。無論如何這說明了華人在海外亦關心下一代對中國文化的認識。將來特別行政區會否設香港政府駐英國的代辦處協助華人這類文化推廣活動呢？這是海外華人關心到的問題。對於保障新界鄉村原居民的合法權益問題，有不少人認為新界原居民擁有很多特殊權利，又認為「新界原居民亦是香港人，不宜單獨加以區分」，又謂「九七年後，不要再分原居民或者香港居民，大家應一視同仁」。然而根據這邏輯，新界原居民要反問九七年後，香港主權和治權都歸中國，也應將香港人視為中國人，無分彼此，何以要制訂基本法保障香港資本主義制度，生活方式和基本法律不變，為何不與中國國內人民一視同仁？這便要歸根於香港有其區別於中國其他地區的特殊性，和歷史淵源。同樣的理由，新界原居民與港九市區的居民，有着不同的背景、歷史和風俗習慣。

以上列舉的都牽涉到新界原居民現有的合法權益及傳統習俗之歷史淵源。其中某些是法律明文規定，某些是香港政府為尊重中國傳統的風俗習慣，以行政處理的辦法而釐訂的各項政策。中國少數民族合法權益的保護，在《中華人民共和國憲法》中已有着明文的規定（詳見附件香港中文大學當代亞洲研究中心研究員張鑫先生撰文《中國對少數民族合法權益的保護》）。根據上述理由，故建議：在制訂香港特別行政區基本法時能夠把「新界原居民的合法權益及傳統習俗受保護」正式列入基本法中。

※

② 1987 年 1 月 16 日《居民及其他人的權利自由福利義務專責小組第十次會議紀要（新界原居民）》

1. 新界「原居民」權益在基本法上的寫法

有委員反對將新界「原居民」之權益寫於基本法內，因：

（1）無可否認，新界「原居民」現時是享有一些特別權益，這是歷史遺留下來的結果，但卻是封建的遺產，且長遠看來，香港地少，繼續去滿足「原居民」的權益是不切實際的。

（2）香港在回歸中國後，所有在港的中國人都應一視同仁，不應還有所謂新界原居民的類別。

（3）「原居民」之權益只是政策性或習慣引申出來之權，並非憲法性的，故不應由基本法去處理。

（4）結構草案第三章十三、十四節已將新界「原居民」權益包括在內，故無需特設一欄，將之突出。

另外，亦有委員贊成應將新界「原居民」之權益寫於基本法內，因：

（1）《中英聯合聲明》附件三，已對其有所規定，加上結構草案三章十五節亦有將「新界原居民的合法權益受保護」寫上，若將之取消不提，易造成敏感反應。

（2）一向享有之權被刪去，定使權利享有者產生反感，只要將來可因應社會改變，容讓政府有所修改便行。

最後，委員達致一建議：應概括地將新界「原居民」的權益寫在基本法上。建議之寫法為：「新界原居民的合法權益受尊重，並按當時法律來規定。」意思即保留新界原居民現時法律規定之權益，至於將來，可因應社會轉變有所修改，而修改權則留給將來特區政府所有。

2.「原居民」一詞九七後存在與否

從草擬法律的角度來看，不應將特權寫上，更不應將之突出，但若有「原居民」一詞，便會引致以後有人以「原居

民」之名要求各種特權。故有建議將「原居民」一詞，改為「其父系為一八九八年在香港的原有鄉村居民」，又將其有關問題，列在「土地契約」一欄來處理，以避免有人利用「原居民」一詞來要求特權。

3.《新界原居民研討會》報告之處理
委員認為《新界原居民研討會》報告中新界原居民之合法權益應受尊重，但對其他希望爭取之權益則不加支持，認為應交由將來立法機關決定。至於報告中曾提到僑居海外之新界「原居民」之權益問題，委員認為擁有外國籍之「原居民」應需特別處理，但此問題應由國籍法或其他組去處理。會議決定以這次會議的紀要作為居民專責小組對新界「原居民」權益的意見，而將《新界原居民研討會》報告作為附件，一併呈交草委會。

※

③ 1987 年 2 月基本法起草委員會秘書處《香港報刊有關〈基本法〉的言論摘錄》

【P76-78】
新界原居民所擁有的權益，是與其歷史背景、風俗習慣及民生福利有着不可分割的關係。因此，基本法對新界原居民的權益給予保障，對維持香港未來的穩定繁榮將會有一定作用。
建議起草委員會將有關新界原居民權益的文件，列入基本法的附件內，作為特別行政區政府將來立法定策時參考。

基本法內有關原居民權益的問題，應可分為大綱和細節兩方面討論，其中大綱部份可分為土地、屋宇、居留權、出入邊境自由權、安葬權等多個部份。同時還建議，將來保留原居民宗族、家庭或堂號管理嘗產的司理人制度。
新界土地發展和利用，也是保障香港安定繁榮的一個重要因素。基本法結構草案第一章中對土地如何處理未有詳細說明，因此，將來研究土地政策時，應加以注意。
（基本法起草委員會委員劉皇發，《大公報》一九八六年九月七日。）

新界原居民的定義：概括地說即是其父為一八九八年在香港原有鄉村的居民。
新界原居民（包括僑居海外者）的權利：目前居住在新界的居民約一百七十萬，而估計香港未來人口將會有三分之二在新界居住，其中新界原居民有四十六萬（僑居海者有二十六萬之眾），他們享有與全港市民共同的權利之外，應該根據中英兩國關於香港前途問題的聯合聲明附件一第四段中說明現行的法律不變的原則，在一九九七年後，新界原居民的傳統習俗和道德風俗應有保障。例如「新界鄉村屋政策」及原居民的殯葬條例、鄉村屋豁免差餉政策及鄉村屋地租金將維持不變等等。
在制訂基本法的時候，不單需要保障香港社會制度不變，而且需要對新界鄉村傳統及風俗保持不變，因為這樣不但可以穩定新界原居民及海外之新界人士對未來的信心，同時更可以促進香港的安定繁榮，且使各階層人士的利益得到公平合理的照顧和應有的保障。
（基本法諮委會委員、新界鄉議局副主席廖正亮：《保障新界原居民的權利》，《明報》一九八六年五月六日。）

第三稿

第三章
「第十七條　新界原居民的合法權益受香港特別行政區的保護。」
〔1987 年 4 月 13 日《香港特別行政區基本法起草委員會香港居民的基本權利和義務專題小組的工作報告》，載於《中華人民共和國香港特別行政區基本法起草委員會第四次全體會議文件匯編》〕

① 1987 年 3 月 4 日居民及其他人的權力自由與義務專責小組《新界原居民權益討論文件（草稿）》（1987 年 3 月 13 日居民及其他人的權力自由福利與義務專責小組第十四續會討論文件）

【P1-2】
（編者按：本文同第二稿文件②，除下列內容外，均同上文 1.，惟末段被刪除。）
2. 新界「原居民」權益在基本法上的寫法
2.2 另外，亦有贊成應將新界「原居民」之權益寫於基本法，因：
2.2.3 新界原居民的權益，是根據清代的慣例和習俗遺留下來的，1898 年後港府租借新界也是採取慎重的政策，給予新界原居民原來的各種權益和傳統習俗，還接受原居民爭取不少合情合理的和對香港繁榮安定有利的各項設施，這是歷史的淵源，不是封建遺物，更絕不是什麼特權。
2.2.4 香港主權回歸中國後，所在港居住的中國人和從香港到海外謀生的原居民，及其家屬兒女等，也同樣是中國人，由於歷史遺留下來的個別原因，如享有個人權利及祖宗遺產合法承繼權利等都應立法保護，所以新界原居民已有的基本權利應該與市區居民區別開來。
2.2.5 香港特別行政區基本法是香港特區的根本大法，香港市民想盡量爭取得到的權利，更明確地寫進基本法內，同樣道理新界原居民的基本權利和要爭取未來的各種合情合理的權益，也應該要寫進基本法內。
2.2.6 有建議，寫進基本法之寫法為「新界原居民原有的

各種權益應該受尊重，並按當時法律來規定」，意思則（編者按：「則」應為「即」之誤）保留新界原居民現時法律規定之各項權益，保持五十年不變。
2.2.7 新界原居民爭取的權益
新界原居民研討會所提議要爭取的各項權益，應該加以支持和接納。
2.3 最後，達至共識認為應概括地將新界「原居民」的權益寫在基本法上，建議之寫法為：「新界原居民的合法權益受尊重，並按當時法律來規定。」意思即保留新界原居民現時法律規定之權益，至於將來，可因應社會轉變有所修改，而修改權則保留給將來特區政府所有。

3.「原居民」一詞九七後存在與否
從草擬法律的角度來看，不應將特權寫上，更不應將之突出，但若有「原居民」一詞，便會引致以後有人以「原居民」之名要求各種特權。故有建議將「原居民」一詞，改為「其父系為 1898 年在香港的原有鄉村居民」，又將其有關問題，列在「土地契約」一欄來處理，以避免有人利用「原居民」一詞來要求特權。

4.《新界原居民研討會》報告之意見
委員認為《新界原居民研討會》報告中新界原居民之合法權益應受尊重，但對其他希望爭取之權益則不加支持，認為應交由將來立法機關決定。至於報告中曾提到僑居海外之新界「原居民」之權益問題，有認為新界原居民到海外謀生者不論持哪一國的護照回港定居後持有香港特別行政區永久居民身份證者，應享有選舉權及被選舉權。認為擁

有外國籍之「原居民」應需特別處理，但此問題應由國籍法或其他組去處理。

※

②居民及其他人的權利自由與義務專責小組《新界原居民權益最後報告》（1987年3月14日經執行委員會通過）

【P1-2】
（編者按：本文同第二稿文件②，除下列內容外，均同上文1，惟末段被刪除。）
2.「原居民」的意思：
「原居民」一詞，為「其父系為一八九八年在香港的原有鄉村居民。

3.新界「原居民」權益在基本法上的寫法
3.3最後，達至共識認為：新界原居民的合法權益受尊重，至於將來，可因應社會轉變有所修改，而修改權則為將來特區政府所有。
有委員認為應將這共識寫入基本法，亦有認為不應將之寫在基本法上。

4.《新界原居民研討會》報告之處理
委員認為《新界原居民研討會》報告中新界原居民之合法權益應受尊重，但對其他希望爭取之權益則不加支持，認為應交由將來立法機關決定。至於報告中曾提到僑居海外之新界「原居民」之權益問題，有認為新界原居民到海外

謀生者不論持哪一國的護照回港定居後持有香港特別行政區永久居民身份證者，應享有選舉權及被選舉權。認為擁有外國籍之「原居民」應需特別處理，但此問題應由國籍法或其他組去處理。

※

③1987年4月13日《香港特別行政區基本法起草委員會香港居民的基本權利和義務專題小組的工作報告》，載於《中華人民共和國香港特別行政區基本法起草委員會第四次全體會議文件匯編》

【P30】
第三章　香港特別行政區居民的基本權利和義務（修改稿）
第十七條
說明：
1.有的委員建議將本條的「合法權益」改為「合法傳統權益」，因為新界原居民即農民的傳統權益是幾百年歷史所形成的事實，有些是沒有法律規定的，例如祖、堂物業的繼承問題等，只寫「合法權益」就不完善了。

2.對「受特別行政區的保護」的規定，有的委員建議改為「受特別行政區的法律保護」，但這與前面的「合法權益」語意重複。有的委員建議改為「受特別行政區政府的保護」，但不夠全面，因為除受政府保護外，還要立法機關、司法機關的保護。因此，仍保留「受特別行政區的保護」的提法。

第四稿

第三章
「第十七條　『新界』原居民的合法傳統權益受香港特別行政區的保護。」
〔1987年8月22日《香港特別行政區居民的基本權利和義務專題小組的工作報告》，載於《中華人民共和國香港特別行政區基本法起草委員會第五次全體會議文件匯編》〕

①1987年5月22日《香港基本法起草委員會第四次全體會議委員們對基本法序言、總則及第二、三、七、九章條文草案的意見匯集》

【P27】
第十七條
1.建議改為：「新界原居民的合法權益受香港特別行政區保護，直至其情況與香港其他地方公民一致為止」，因為新界原居民之所以有些特殊權益，是由於過去它與香港的其他地區差別太大的緣故。

2.有的委員再次建議將本條中新界原居民的「合法權益」改為「合法及傳統權益」。

※

②1987年8月22日《香港特別行政區居民的基本權利和義務專題小組的工作報告》，載於《中華人民共和國香港特別行政區基本法起草委員會第五次全體會議文件匯編》

【P33】
第三章　香港特別行政區居民的基本權利和義務（一九八七年八月修改稿）
第十七條
說明：
1.按照《聯合聲明》的表述，「新界」一詞應加上引號。

2.將「合法權益」改為「合法傳統權益」。

第五稿

「第四十條　『新界』原居民的合法傳統權益受香港特別行政區的保護。」
〔1987年12月基本法起草委員會秘書處《香港特別行政區基本法（草案）》（匯編稿）〕

①1987年9月2日《中華人民共和國香港特別行政區基本法起草委員會第五次全體會議委員們對基本法序言和第一、二、三、四、五、六、七、九章條文草稿的意見匯集》

【P26】
四、關於第三章
香港特別行政區居民的權利與義務
12.第十七條
有的委員提出，本條出現「新界」一詞，可否避免使用，希望加以研究。有的委員建議，為避開「新界」一詞，可

將「『新界』原居民」改寫為「九龍以北的原居民」。有的委員建議,改寫為「一八九八年的鄉村原居民」。但有的委員表示,仍寫打上引號的「新界」為好。

※

②《「保障居民基本權利與自由的原則和具體問題」討論報告》(1987年11月4日經執行委員會通過)

【P1-2】
2. 有關保障居民基本權利與自由的具體問題
2.1「新界」原居民的權益:
有委員認為第十七條有關「新界」原居民的權益並不是居民的基本權益,故不應列入第三章,甚至不應列入基本法中。有委員認為在保障新界原居民權益的同時,其他人的權益也應得到平等保障,即是說在解決問題時,法律面前人人平等是基本原則,如新界原居民比新界非原居民在財產或有關問題的爭議上享有特權的話,這對後者便不公平。另有委員支持將第十七條作如下修改:「香港居民享

有財產所有權,包括財產的取得、擁有、使用、轉移、處置和繼承的權利,以及依法徵用財產得到合理補償的權利。合理補償指相當於該財產的實際價值,可自由兌換,不無故延遲支付。禁止在沒有合理補償下任意佔用或佔據香港居民的財產。『新界』原居民的合法傳統權益受香港特別行政區的保護。」因為這建議在保留新界原居民權益之餘,不會使其太突出。

※

③香港居民的基本權利與義務專責小組《對基本法第三章條文草稿(一九八七年八月)的意見》(1987年11月4日經執行委員會通過)

【P5】
關於第十七條
意見:有委員問及有關新界原居民的合法傳統權益受保護的權利是否居民的基本權利,是否應在這章內予以規定。

第六稿

「第四十一條 『新界』原居民的合法傳統權益受香港特別行政區的保護。」
〔1988年3月基本法起草委員會秘書處《中華人民共和國香港特別行政區基本法(草案)草稿》(總體工作小組第二次會議對目錄、序言、第一、二、三、五、六、七、九章的修改稿)〕

第七稿

「第四十一條 『新界』原居民的合法傳統權益受香港特別行政區的保護。」
〔1988年4月基本法起草委員會秘書處《中華人民共和國香港特別行政區基本法(草案)草稿》〕

第八稿

「第四十條 『新界』原居民的合法傳統權益受香港特別行政區的保護。」
〔1988年4月基本法起草委員會《中華人民共和國香港特別行政區基本法(草案)徵求意見稿》〕

第九稿

「第四十條 『新界』原居民的合法傳統權益受香港特別行政區的保護。」
〔1989年2月《中華人民共和國香港特別行政區基本法(草案)》〕

① 1988年5月基本法諮詢委員會秘書處《基本法(草案)徵求意見稿初步反應報告(草稿)》

【P21】
居民——新界原居民權益
1. 新界人士利益太受照顧。

2. 徵求意見稿第四十條列明「新界」原居民的合法傳統權益受香港特別行政區的保護」的條文對維繫民生安定,有一定意義。

※

② 1988年8月基本法起草委員會秘書處《香港各界人士對〈香港特別行政區基本法(草案)徵求意見稿〉的意見匯集(一)》

【P21-22】
第四十條
1.「新界」的界限未規定清楚,「新界」應明確為界限街以北地區。

2. 刪去這一條,因為:(1)九七年後,「新界」、九龍、香港的居民應有相同法律地位;(2)「新界」原居民的權利很大程度上是男女不平等的,要予以廢除;(3)不能將地域性團體的權力突出,在處置公共資源土地的問題上不能有某個社區享有而其他社區不享有的權利;(4)傳統權益是與人權相違背的特權;(5)有些原居民已移居海外,卻還能享有原居民的權利,這不公平。此外,合法傳統權益如何界定,原居民如何界定,也不清楚。

3. 本條規定與第二十四條不吻合。建議修改如下:「根據草案第三章所包含的其他權利,『新界』原居民所享有的合法傳統權益應受到香港特別行政區的保護。」

4. 本條可移入第六章。

5.「新界」一詞具有殖民地色彩。

※

③ 1988年8月3日基本法諮詢委員會秘書處參考資料(一)《內地草委訪港小組就基本法(草案)徵求意見稿一些問題的回應輯錄(一九八八年六月四日至十七日)》

【P7】
3. 居民的基本權利與義務

3.7 新界原居民

3.7.1 在中英談判時，在土地的問題上寫了一條有關保護新界原居民的權利，其中包括將來不增加租金、建丁屋的權利等，因此九七年後是要按照《中英聯合聲明》的規定來做。再者，基本法是要盡量保持九七年後原有制度不變，而原居民的權利也不要變，因為香港現行法律亦包括了他們的權利。

3.7.2 從法律的角度來看，既要包括一般利益，也要包括少數人利益，這並不矛盾。內地也會照顧少數民族的利益，使他們得到自治，這是有利於少數民族及人民間的團結。而新界原居民的問題是歷史遺留下來的問題，保障他們的權利是有利於香港居民的團結。

3.7.3 至於婦女界提出反對，認為丁屋是保護男性的權利，這是可以理解的。

※

④ 1988 年 9 月基本法起草委員會秘書處《內地各界人士對〈香港特別行政區基本法（草案）徵求意見稿〉的意見匯集》

【P13】
第四十條

併入土地契約一節中。因為「新界」原居民的合法權益主要是土地方面的權益。

※

⑤ 1988 年 9 月 8 日《草委與諮委居民組交流會會議紀要》

2. 有關條文的討論

2.10 第四十條

2.10.1 有些諮委建議取消此條條文。

2.10.2 有諮委認為「傳統」兩字意義含糊。

※

⑥《基本法諮詢委員會居民的基本權利與義務專責小組對基本法（草案）徵求意見稿第三章的意見匯編》，載於 1988 年 10 月基本法諮詢委員會《中華人民共和國香港特別行政區基本法（草案）徵求意見稿諮詢報告（1）》

【P94】
21. 第四十條

21.1 有委員建議取消此條條文，因為如條文所寫，新界人士利益太受照顧，而且此條條文所保護的新界原居民在一九九七年後的合法傳統權益帶有強烈歧視女性成份。

21.2 有委員認為，五十年內新界原居民仍擁有此種權利亦不合理。

21.3 有委員認為，「傳統」兩字意義含糊，有委員建議將「合法傳統權益」改為「合法和傳統習俗權益」。

21.4 有委員指出，條文應清楚寫明具體執行和保障「新界原居民」的權利的機關。

※

⑦ 1988 年 10 月基本法諮詢委員會《中華人民共和國香港特別行政區基本法（草案）徵求意見稿諮詢報告第五冊——條文總報告》

【P185-188】
第四十條

2. 意見

2.1 贊同意見

→ 正如《中英聯合聲明》強調現行法律不變，生活方式不變，新界原居民的合法傳統權益應列入基本法，以助安定民心、有益無害。

→ 將新界原居民的合法傳統權益列入基本法中，完全符合《中英聯合聲明》的精神。

→ 「新界」原居民祖輩住於「新界」，他們的合法傳統權益應受到遵重。

→ 新界原居民在喪葬上的權益，正如香港其他宗教慈善團體各有其所屬專用墳場一樣受到特別保護。

→ 新界原居民的土地、房產繼承權由男丁享有（有遺囑者例外）是數百年的傳統習俗，而且受到香港法例第九十九條章新界條例保障，地方法院或最高法院也予以執行。

→ 不需將有關權益的具體政策詳細列出。

2.2 反對意見

→ 與第二十四條有矛盾。

→ 不平等條約的殘餘應隨一九九七年而廢除。

→ 新界原居民的概念是源於一八九八年七月一日生效的《香港拓展界址專條》，應隨主權移交而消失。

→ 不平等條約的殘餘應隨一九九七年而廢除。

→ 不應突出新界原居民的利益，原居民利益是英國殖民地政策之問題，香港回歸中國後此問題便不再存在。

→ 「原居民」的概念來自土地被借用，政府對當地居民給予一些特權作補償，但在實際情況下，香港及九龍被割讓與新界被租借並無分別，但前者的居民並沒有任何特權。

→ 新界原居民的權分已隨時間增長而變得模糊。

→ 不應繼續保留新界原居民的特權。

→ 反對以憲法維護本條規定的不合理制度。

→ 對一般香港居民不公平。

→ 新界原居民享有的傳統權益有很多不為婦女享有，這是對婦女的嚴重歧視。

→ 本條規定限制了社會的進步發展。

→ 這些權益令那些男性居民游手好閒，不務正業。

→ 若將新界原居民的傳統權益予以保留，會造成一制兩政。

→ 保障新界原居民的權益是對其他居民造成剝削。

→ 對新市鎮發展之城市規劃增添限制。

→ 對於丁屋制度，假如香港其中一部份人士可以得到「特權」而有土地的運用權，這直接地減少了全港市民的土地運用權利。

→ 傳統的法律應因社會發展相應地修改，不應無限期地給予新界人一些「特權」。

→ 所有人的「合法權益」不論其「傳統」與否都應得到保護，因此條文並無意義。

→ 既然第五條已說明對所有香港居民提供保障，第六條保障財產所有權，第七條說明土地和自然資源由國家擁有，第二十四條說明香港居民在法律前一律平等這幾條已對所有居民提供保障，所以本條顯得沒有意思。

→ 這些權益純粹牽涉經濟及財產權利，在第六和一百二十八條已有所包括。

2.3 其他意見

→ 條文未註明「香港區」和「九龍區」的原居民權益是否受到同樣保障。

→ 對基本法作此規定的必要性表示懷疑。

→ 將此規定寫在基本法是基於政治考慮。

3. 建議

3.1 刪去本條。
理由：
⊙ 傳統權益是特權而不是人權。
⊙ 不應對某一類居民授以特權，尤其是有關土地使用的問題。
⊙ 有關新界原居民的傳統利益已有在原有法律中得到保障。
⊙ 新界居民的傳統權益是歧視婦女的慣例，基本法不應維護或助長這種過時和不公平的傳統。
⊙ 這些傳統權益已不合時宜。
⊙ 這些權益是封建制度的殘餘，若予以保留是倒退的做法。
⊙ 這些權益與現代中國顯得格格不入。
⊙ 這些權益應隨一九九七年而終止。
⊙ 如新界原居民的傳統權益要予以保留才會令他們留在香港作出貢獻，是不足取的。
⊙ 新界原居民對香港的發展沒有重要的貢獻，故不應享有特權。
⊙ 在一九九七年後新界原居民與其他居民已無分別。
⊙ 新界已日漸城市化，原居民已與香港居民無異。
⊙ 刪除此條文可令新界人士與其他居民得到平等的待遇。
⊙ 居民權利應基於「受法律平等保障」的原則。
⊙ 本條文會製造社會階級矛盾。
⊙ 本條文不符合香港發展的需要。
⊙ 有關新界原居民享有之傳統權益之保障已於第五章第一百二十八條具體說明，毋須在本章重複。
⊙ 本條文與中國政府一向堅持不承認三條不平等條約的有效性相違背。
⊙ 將一些人奉行的習慣寫在憲法中是不適宜的。
⊙ 新界原居民在興建丁屋上的權益會影響政府的土地收入。
⊙ 新界原居民的丁屋可免物業稅、地稅和差餉，這令政府在這方面的收入減少。
3.2 贊同保障新界原居民的權益，但對現行寫法作如下的修改：
3.2.1 改寫
→ 「界限街（現在）以北深圳河以南的原居民的合法傳統權益受香港特別行政區的保護。」
理由：中國在香港恢復主權後，在基本法裡不應有「新界」二字。
→ 「根據草案第三章所包含的其他權利，新界原居民所享有的合法傳統權益應受到香港特別行政區的保護。」
→ 「原有鄉村居民及其後裔的合法傳統權益受香港特別行政區的保護。」
理由：
⊙ 「新界」一詞定義不明晰。「新界」一詞來源於一八九八年中英兩國政府簽署的《新界拓展界址專條》，其地域是指界限街以北至深圳河以南及各大小離島。但目前香港地方行政的劃分，未有將獅子山以南至界限街一帶列作「新界」，而該地亦存在原有鄉村及原居民。
⊙ 「新界原居民」一語和第一百二十八條用語不統一。
→ 「新界原居民的合法傳統權益受香港特別行政區政府予以承認及保護。」
→ 「新界原居民所在現行新界法例下的合法傳統權益受香港特別行政區的保護。」
→ 「新界原居民的合法和傳統習俗權益受香港特別行政區的保護。」
理由：傳統與習俗有分別，原居民的鄉土習俗應加以保護。
→ 「『新界』任何鄉鎮地區未發展至香港特別行政區一般市區之水平前，原居民的傳統權益受香港特別行政區之法律保護。」
理由：目前新界原居民的傳統權益，不是由法律條文規定，而僅用行政手法實現。
→ 「新界原居民的合法傳統權益有受法律保護的權利。」
理由：依目前寫法，新界原居民有權要求香港特別行政區政府立法保護有關權利，這對其他居民是不公平的。

→ 「新界原居民的合法傳統權益受香港特別行政區別政府的法律保護。」
→ 「新界原居民的合法傳統權益受香港特別行政區政府的保護。此等權益，特別行政區可按社會發展情況依法修訂。」
→ 「新界原居民的合法權益受香港特別行政區保護。」
理由：將「傳統」二字刪去，可免去一些封建傳統意識影響，實行男女平等。
→ 「新界原居民的合理的合法傳統權益受香港特別行政區的保護。」
3.2.2 增加
→ 加上：「新界女性原居民應享有與男性原居民的平等權利，擁有財產及土地的繼承權。」
→ 在本條後加上：「在外國的新界原居民及其配偶有權回港永久居留及工作。」
理由：按第二十三條規定，取得外國護照的原居民，在港的居留權需依有關規定才可取得，但根據目前政策，他們申請回港定居或工作是沒有問題的。
3.3 反對只保障新界原居民的權益，有關的修改建議為：
→ 改寫為：「所有原居民的合法傳統權益受香港特別行政區的保護。」
理由：在一九九七年後香港的居民，包括住在「新界」、「九龍」或「香港」，應有同等的法律地位。
→ 將條文中的「新界」改為「香港」。
理由：所有原居民的合法傳統權益均應受保護，不應只局限在「新界」原居民身上。
3.4 其他建議：
→ 新界原居民的合法傳統權益應在日後以立法方式保護。
→ 新界原居民的合法傳統權益，應在沒有不公平的特權利益的原則下受保護。
→ 新界原居民的權益應要有逐步改變。
理由：由於大量居住市區的人移居新界，建議方法可防止有不公平及階級之分的現象。
→ 將新界原居民的權益視為可變的政策，而無須列入在基本法內。
→ 以附件形式列出香港及新界旅英人士及其後代的身份及權益。
→ 新界原居民的合法傳統權益應限於中國籍的香港永久性居民，移居海外者不應享有。
理由：防止造成居民本身內部的不平等。
→ 應立法規定婦女有遺產繼承權及男女一樣可享有丁屋分配權。
→ 男女平等的規定應適用於本條。
→ 應界定條文內「傳統權益」一詞的意義。
→ 將新界原居民的傳統權益及有關具體政策詳列。
→ 持有外國國籍的新界原居民，需以香港為永久居住地及居港連續七年，才可從而成為特別行政區永久性居民，但在現行做法下，已歸化為英籍的新界原居民，即使已移居英國，卻仍可在香港享有居留權，因此可考慮將他們與香港的傳統關係作為得到在港永久居留權的條件。
→ 應列明新界原居民下一代的權益，如旅居海外的僑民返港可否有居留權、入境權，可否有特別護照，或居民證件等。
→ 建議將本條的規定列入附件而非憲法內。
理由：這只屬部份人士的利益。
→ 對於土地及丁屋的繼承權應清楚列明。
→ 有關鄉議局的地位應在徵求意見稿有關「政治體制」的一章內處理。
→ 應恢復在新界各海灣捕魚為生者的新界原居民身份，並享有與原居民同等的權益。

4. 待澄清問題
→ 持有外國國籍的新界原居民是否可享有本條的權益？

→ 海外新界原居民的子女在一九九七年後可否領取特別
行政區護照？

→「受香港特別行政區的保護」與「受法律的保護」有
沒有分別？

第十稿

「第四十條　『新界』原居民的合法傳統權益受香港特別行政區的保護。」
〔1990 年 2 月 16 日《中華人民共和國香港特別行政區基本法（草案）》〕

① 1989 年 11 月基本法諮詢委員會《中華人民共和國香港特別行政區基本法（草案）諮詢報告第三冊——條文總報告》

【P101-103】
第四十條
2. 意見
2.1 正面
→ 本條應予以保留。
理由：《中英聯合聲明》強調現行法律不變，生活方式不變，而新界原居民的合法傳統權益列入基本法中，完全符合《中英聯合聲明》的精神。
2.2 保留
→ 本條會引起「傳統權益」的界定問題。
→ 新界原居民的合法傳統權益，如鄉村屋宇可獲豁免差餉，是市區和新界社會福利不公平的體現，故宜加討論。
2.3 反面
→ 尊重歷史與繼續維持新界原居民在一九九七年後作為一特殊類別，兩者沒有必然關係，反之，正是要尊重歷史，新界原居民的概念應在殖民地結束時取消。
理由：假如不承認《香港拓展界址專條》，新界原居民的概念便不存在；縱使承認該專條，這概念也應隨着該專條在一九九七年失效而自動消失。
→ 雖然《中英聯合聲明》強調現行法律不變，生活方式不變，新界原居民的合法傳統權益也不應繼續受法律予以保護。
理由：《中英聯合聲明》的精神不應理解為一九九七年前的香港社會，僵化地轉移入香港特別行政區社會。帶有封建意識和殖民地色彩的不合理制度，應逐步消除。
→ 新界原居民在一九九七年後照交舊租金以使用有關土地，至於他們的「丁屋」，除非作出租用，是豁免交差餉的。這種特殊照顧將會帶來的問題是：非新界原居民會認為這是不公平，造成社會內部的矛盾和隔閡；新界原居民坐享政府的權利，但在義務的承擔上卻比其他居民少。此外，這將是香港特別行政區政府財政上的負擔，使鄉村地區得不到積極發展，並影響香港的基本建設。
→ 過分強調鄉議局的特殊地位（作為新界原居民的其中一項合法傳統權益）並不一定為鄉議局帶來長遠的利益。
理由：由於鄉議局是鄉民選舉產生的政治團體，只代表新界鄉民，甚至是原居民的民意。面對新界的都市化和香港的民主化發展，新界鄉議局的傳統諮詢地位受到動搖。
→ 對新界鄉民建屋需要的政策考慮應建基在全面的房屋政策基礎和資源合理分配的社會政策原則，而不是由於某些人是新界原居民的特殊地位。
理由：男性新界原居民有建住「丁屋」權利是基於《香港拓展界址專條》，但這專條在一九九七年便會失效，這權利也沒有法理基礎，若此權利在一九九七年後繼續予以保護，便是對非新界原居民不合理。
→ 新界原居民安葬地的申請應與其他香港特別行政區居民一視同仁，除非這些安葬地已經在一九九七年之前得到批准。
→ 新界原居民的遺產繼承權不應予以保護。
理由：在沒有遺囑的情況下，只有男丁承繼遺產，而凡家族、堂、祖等名下的物業，只有男丁才有享受權。這制度帶有濃厚的性別歧視色彩，而且並不合理。
→ 新界原居民的習俗文物不需特別照顧。
理由：如古老的傳統、文物、習俗習慣，有其本身的社會、經濟價值，就不需要特別保護。
2.4 其他
→ 新界原居民的權利正如所有香港的其他居民一樣，都應該受到合理而平等的保護。
→ 鄉議局的傳統權力和影響力會隨着地區選舉、新市鎮的發展和人口的遷移而逐漸被削弱。

3. 建議
3.1 刪除
→ 本條應予以刪除。
理由：
⊙ 新界原居民所享有的權益是特權，對其他人來說是不合理的，與《基本法（草案）》第二十五條規定香港居民在法律面前一律平等的原則矛盾。
⊙ 新界原居民的傳統權益富殖民地色彩，應逐步消除，不應在一九九七年後予以保留。
⊙ 保留現在對新界原居民的傳統權益予以保護的制度會妨礙社會進步，因這些傳統權益已不合時宜。
⊙ 只有男性新界原居民可享有傳統權益，這是歧視婦女的表現。
3.2 增加
→ 在「香港特別行政區」後加上「有關法例」。
→ 加上：「香港漁民的合法權益受香港特別行政區的保護，享有在中國海域合法捕魚的權利。」
3.3 修改
→ 將「新界」原居民改為「凡屬一八九八年在香港原有鄉村的『原居民』」。
理由：「新界」原居民一詞與《基本法（草案）》第一百二十一條的用語不統一。
→ 將「『新界』原居民……的保護」改為「『新界』原居民……的尊重」。
理由：不應對新界原居民的特權加以保留，但基於歷史發展的現實需要，其現時擁有的權益須受到尊重。
→ 將「新界」改為「深圳河以南和現界限街以北」。
理由：「新界」含有殖民地色彩，應隨主權回歸中國而修改。
→ 改為：「新界原居民所應用於現行新界法例下的合法傳統權益受香港特別行政區的保護。」
3.4 其他
→ 香港特別行政區政府需對新界土地的徵用及運用等問題制定賠償政策，及在法例上作出土地運用的限制。
理由：香港特別行政區政府是有權因發展需要而加以限制土地運用的，《香港拓展界址專條》在一九九七年失效後，新界土地的使用權自動將要面對政府的限制。
→ 應詳細列明新界原居民所享有的合法傳統權益。

第十一稿

「第四十條　『新界』原居民的合法傳統權益受香港特別行政區的保護。」
〔1990 年 4 月《中華人民共和國香港特別行政區基本法》〕

在香港特別行政區境內的香港居民以外的其他人，依法享有本章規定的香港居民的權利和自由。

1. 依法享有的權利和自由

第一稿

第三章

「第十八條　在香港境內的香港居民以外的其他人的合法權益受香港特別行政區的保護。」

〔1986 年 11 月 12 日《香港特別行政區基本法起草委員會香港居民的基本權利和義務專題小組的工作報告》，載於《中華人民共和國香港特別行政區基本法起草委員會第三次全體會議文件匯編》〕

① 1986 年 4 月 22 日《中華人民共和國香港特別行政區基本法結構（草案）》，載於《中華人民共和國香港特別行政區基本法起草委員會第二次全體會議文件匯編》

【P13】
第三章　香港居民的基本權利和義務
（十四）居住在香港的其他人的合法權益受保護

※

② 1986 年 11 月 12 日《香港特別行政區基本法起草委員會香港居民的基本權利和義務專題小組的工作報告》，載於《中華人民共和國香港特別行政區基本法起草委員會第三次全體會議文件匯編》

【P28】
第三章　香港居民的基本權利和義務（討論稿）
第十八條
說明：中英聯合聲明附件一第十三節和基本法結構（草案）第三章（十四）載明了本條的內容。

第二稿

第三章

「第十八條　在香港特別行政區內的香港居民以外的其他人依法享有本章規定的香港居民的權利和自由。」

〔1987 年 3 月 2 日《第三章 香港特別行政區居民的基本權利和義務（討論稿）》（1987 年 3 月 9 日居民及其他人的權利自由福利與義務專責小組第十四次會議討論文件）〕

① 1986 年 11 月 11 日居民權利、自由與義務專責小組之居民定義工作組《居民定義——出入境、居留、遞解離境、選舉權及被選舉權討論文件》（1986 年 12 月 8 日居民及其他人的權利自由福利與義務第七次會議討論文件）

【P6】
4. 共識
4.1 在居民及其他人的權利自由福利與義務專責小組的討論中，委員都一致同意，香港特別行政區的各種居民，無論是臨時性的或永久性的，也不論其國籍為何，其個人的基本人權和自由，包括原有法律所規定的人身、言論、出版、集會、結社、組織和參加工會、通信、旅行、遷徙、罷工、遊行、選擇職業、學術和信仰自由，住宅不受侵犯，婚姻自由以及自願生育的權利，均應受到法律保護。

※

② 1987 年 1 月 13 日居民及其他人的權利自由福利與義務專責小組之居民定義工作組《居民定義——出入境、居留、遞解離境、選舉權及被選舉權最後報告（草稿）》（1987 年 1 月 20 日居民及其他人的權利自由福利與義務專責小組第十一次會議討論文件）

【P6】
（編者按：內容同上文）

※

③居民及其他人的權利自由福利與義務專責小組《居民定義、出入境權、居留權、豁免遞解離境權、選

第三稿

第三章

「**第十八條** 在香港特別行政區內的香港居民以外的其他人，依法享有本章規定的香港居民的權利和自由。」

〔1987 年 4 月 13 日《香港特別行政區基本法起草委員會香港居民的基本權利和義務專題小組的工作報告》，載於《中華人民共和國香港特別行政區基本法起草委員會第四次全體會議文件匯編》〕

① 1987 年 3 月 9 日《居民及其他人權利自由福利與義務專責小組第十四次會議紀要（修訂）》

2. 有關由起草委員就《基本法結構（草案）》第三章「香港特別行政區居民的基本權利和義務」草擬的討論稿，與會者與李福善草委的交流概要如下：
2.10 第十八條
2.10.1 有委員建議將這條作些文字潤飾，修改為：「在香港特別行政區的居民以外的其他人依法享有本章規定的香港居民的權利和自由。」
2.10.2 有委員建議有需要聲明除某些條文外，其他人可享有本章規定的權利和自由。

② 1987 年 4 月 13 日《香港特別行政區基本法起草委員會香港居民的基本權利和義務專題小組的工作報告》，載於《中華人民共和國香港特別行政區基本法起草委員會第四次全體會議文件匯編》

【P30-31】
第三章 香港特別行政區居民的基本權利和義務（修改稿）
第十八條
說明：根據所提意見，對保障其他人的權利作了進一步的規定，改為「依法享有本章規定的香港居民的權利和自由」。經小組逐條研究，本章規定的香港居民的權利和自由，除個別的外，其他人都可以享有。加上「依法」，是因為個別權利，如選舉權和被選舉權，其他人是無權享有的。

※

第四稿

第三章

「**第十八條** 在香港特別行政區內的香港居民以外的其他人，依法享有本章規定的香港居民的權利和自由。」

〔1987 年 8 月 22 日《香港特別行政區居民的基本權利和義務專題小組的工作報告》，載於《中華人民共和國香港特別行政區基本法起草委員會第五次全體會議文件匯編》〕

① 1987 年 5 月 22 日《香港基本法起草委員會第四次全體會議委員們對基本法序言、總則及第二、三、七、九章條文草案的意見匯集》

【P28】
第十八條
建議改為「香港居民以外的其他人，依法享有本章規定的（除了選舉權和被選舉權）香港居民的權利和自由」。

※

② 1987 年 5 月 31 日陳文敏《評香港居民的基本權利和義務專題小組報告書》（1987 年 6 月 22 日居民及其他人的權利自由福利與義務專責小組第十八次會議第四次續會附件四）

第十八條保障香港居民以外的其他人的權利和自由。「其他人」會否包括法人仍未可知。但這一條的保障只限於第三章的自由和權利，而財產的擁有和享用權卻不在這一章，這是否意味着非香港居民的財產擁有和享用權並不受到基本法的保障，還是純粹是草擬上的漏洞？

※

③ 1987 年 6 月 1 日林邦莊《香港居民基本權利及義務報告（第二部份）第三章草稿》（1987 年 6

月 22 日居民及其他人的權利自由福利與義務專責小組第十八次會議第四次續會附件一）

第十八條
重寫為：「在香港特別行政區內的香港永久性居民以外的其他人，……」

※

④ 1987 年 6 月 5 日麥海華、歐成威、夏其龍《對香港特別行政區基本法起草委員會香港居民的基本權利和義務專題小組於第四次全體大會工作報告的建議》（1987 年 6 月 22 日居民及其他人的權利自由福利與義務專責小組第十八次會議第四次續會附件三）

第二十條
香港特別行政區居民以外而在特別行政區內的其他人，除選舉和被選舉權外，依本法享有香港特別行政區居民的權利和自由。

※

⑤ 1987 年 6 月 19 日《有關基本法第三章草稿（87 年 4 月 30 日稿）的意見》（1987 年 6 月 22 日居民及其他人的權利自由福利與義務專責小組第十八

次會議第四次續會討論文件）

（編者按：原件中並無標題所言的 87 年 4 月 30 日稿）

【P7-8】
第十八條
1.修改句首為：在香港特別行政區內的香港永久性居民以外的其他人，……。（林邦莊委員）
2.修改為：香港特別行政區居民以外而在特別行政區內的其他人，除選舉和被選舉權外，依本法享有香港特別行政區居民的權利和自由。（麥海華委員等建議的第二十條）
（說明：加上「除選舉和被選舉權外」。）

其他意見：
1.須將香港特別行政區的永久性居民的權利和自由跟其他臨時性居民的權利和自由予以區分，以便日後在需要時，可限制臨時性居民的權利和自由。

※

⑥ 1987 年 7 月 24 日《有關基本法第三章草稿（87 年 4 月 30 日稿）的意見》

【P7-8】
（編者按：內容同上文）

※

⑦居民及其他人的權利自由福利與義務專責小組《香港居民的基本權利與義務最後報告之二》（1987 年 8 月 8 日經執行委員會通過）

【P11】
第十八條
（編者按：內容同第四稿文件⑤，惟其他意見被刪除。）

※

⑧ 1987 年 8 月 22 日《香港特別行政區居民的基本權利和義務專題小組的工作報告》，載於《中華人民共和國香港特別行政區基本法起草委員會第五次全體會議文件匯編》

【P34】
第三章　香港特別行政區居民的基本權利和義務（一九八七年修改稿）
第十八條
說明：有的意見建議將本條規定改為：「香港居民以外的其他人，依法享有本章規定的（除了選舉權和被選舉權）香港居民的權利和自由」，經小組研究，「其他人」除不能享受選舉權和被選舉權外，還有個別的權利，如自由進入香港，也不能享有，因此未改。

第五稿

「第四十一條　在香港特別行政區內的香港居民以外的其他人，依法享有本章規定的香港居民的權利和自由。」
〔1987 年 12 月基本法起草委員會秘書處《香港特別行政區基本法（草案）》（匯編稿）〕

① 1987 年 12 月基本法起草委員會秘書處《香港特別行政區基本法（草案）》（匯編稿）

【P16-17】
第四十一條
（編者按：內容同第四稿文件⑧）

第六稿

「第四十二條　在香港特別行政區內的香港居民以外的其他人，依法享有本章規定的香港居民的權利和自由。」
〔1988 年 3 月基本法起草委員會秘書處《中華人民共和國香港特別行政區基本法（草案）草稿》（總體工作小組第二次會議對目錄、序言、第一、二、三、五、六、七、九章的修改稿）〕

①《各專題小組的部份委員對本小組所擬條文的意見和建議匯輯（關於序言、第一、二、三、五、六、七、九章部份）》，載於 1988 年 3 月基本法起草委員會秘書處《中華人民共和國香港特別行政區基本法（草案）草稿》

【P37】
第四十二條
（編者按：內容同第四稿文件⑧）

第七稿

「第四十二條　在香港特別行政區內的香港居民以外的其他人，依法享有本章規定的香港居民的權利和自由。」
〔1988 年 4 月基本法起草委員會秘書處《中華人民共和國香港特別行政區基本法（草案）草稿》〕

①《各專題小組的部份委員對本小組所擬條文的意見和建議匯輯》，載於 1988 年 4 月基本法起草委員會秘書處《中華人民共和國香港特別行政區基本法（草案）草稿》

【P64】
第四十二條
（編者按：內容同第四稿文件⑧）

第八稿

「第四十一條　在香港特別行政區內的香港居民以外的其他人，依法享有本章規定的香港居民的權利和自由。」

〔1988 年 4 月基本法起草委員會《中華人民共和國香港特別行政區基本法（草案）徵求意見稿》〕

① 《各專題小組的部份委員對本小組所擬條文的意見和建議匯輯》，載於 1988 年 4 月基本法起草委員會《中華人民共和國香港特別行政區基本法（草案）徵求意見稿》

【P55】
第四十一條
（編者按：內容同第四稿文件⑧）

第九稿

「第四十一條　在香港特別行政區境內的香港居民以外的其他人，依法享有本章規定的香港居民的權利和自由。」

〔1989 年 2 月《中華人民共和國香港特別行政區基本法（草案）》〕

① 1988 年 8 月基本法起草委員會秘書處《香港各界人士對〈香港特別行政區基本法（草案）徵求意見稿〉的意見匯集（一）》

【P22】
第四十一、四十二條
1. 第四十一條應寫為「……其他人享有非永久性居民的權利和自由。」

2. 應在這兩條中註明「法人團體也依法享有第三章內的權利及應盡義務」。

※

② 1988 年 8 月 3 日基本法諮詢委員會秘書處參考資料（一）《內地草委訪港小組就基本法（草案）徵求意見稿一些問題的回應輯錄（一九八八年六月四日至十七日）》

【P8】
3. 居民的基本權利與義務
3.11 居民的定義及國籍問題
3.11.3 第三章主要是指香港居民，而第四十一條及第四十二條的「其他人」並非指內地的人，而是一兩天過境的也是其他人。至於其定義則是模糊的，但他們基本上是可享有香港居民的權利和自由的。

※

③ 《基本法諮詢委員會居民的基本權利與義務專責小組對基本法（草案）徵求意見稿第三章的意見匯編》，載於 1988 年 10 月基本法諮詢委員會《中華人民共和國香港特別行政區基本法（草案）徵求意見稿諮詢報告（1）》

【P94】
22. 第四十一條
22.1 有委員建議將「依法享有本章規定的香港居民的權利和自由」改寫成「得享有香港特別行政區制訂的法律所賦予之權利和自由」。
理由有二：
（1）以免在一九九七年後滯港的越南船民能享有和香港居民同等的權利和自由。現在的改寫，則可令香港政府在一九九七年後，保持現有處理難民政策的權力。

（2）「依法」兩字如是「依照基本法」的話，則條文所指的「其他人」，例如遊客，所享有的權利和自由，便較現時香港的規定為多，所以要改寫為按照特別行政區所制訂的法律，而賦予他們（其他人）在港能享有的權利和自由。
22.2 有委員認為，「依法」等字眼並無不妥，因為根據現時人民入境條例（Immigration Ordinance），已有規定滯港的難民不能享有和香港居民同等的權利和自由，所以越南船民亦不例外，故此無須修改此條文。

※

④ 1988 年 10 月基本法諮詢委員會《中華人民共和國香港特別行政區基本法（草案）徵求意見稿諮詢報告第五冊——條文總報告》

【P189-190】
第四十一條
2. 意見
2.1 贊同意見
→ 贊同本條的規定。
→ 本條是第二十四條的特別補充，因為其他人的身份特別，故這補充是必要的。
→ 香港居民以外的其他人享有的權利和自由限於本章的規定。
2.2 保留意見
→ 本條的寫法會讓立法機關剝奪非香港居民的權利。
→ 第三十九條對立法機關的限制是不適用於非香港居民的，這樣會影響香港的國際地位。
→ 如規定香港居民以外的其他人也「依法享有本章規定的香港居民的權利和自由」，香港居民跟香港居民以外的其他人所享有的權利便沒有不同。
→ 沒有任何一個社會會無條件地容許當地以外的居民享受與當地居民相同的權利和自由。
→ 如「其他人」包括暫時居留、旅遊或公幹的人，則與香港居民的權利有衝突。
2.3 其他意見
→ 對特別行政區居民以外的人士可否享有私產權，未見提及。
→ 有些基本人權無論居民與否都應享有。
→ 如其他人只不可以擁有選舉權和被選舉權，「依法享有」一詞令其他人的權利可能受到太大的限制。

3. 建議
3.1 刪除本條。
理由：
⊙ 如果「其他人」是指香港居民以外的人，實不應依法

享有第三章規定的香港居民的權利和自由。
⊙ 本條與第一章第五條「香港特別行政區依法保障香港特別行政區居民和其他人的權利和自由」內容重複。
⊙ 除因保護永久性居民的政治權利而作出適當的規定外，第三章所列的條文應該適用於特別行政區管轄範圍以內的所有人，而不應只限於特別行政區的居民。
⊙ 本條意義含糊。

3.2 改寫
→ 「香港居民以外的其他人，依法享有本章規定的（除了選舉權和被選舉權及自由進入香港外）香港居民的權利和自由。」
→ 「香港居民以外的其他人，依法享有本章規定的（除了選舉權和被選舉權外）香港居民的權利和自由。」
→ 「除特別行政區居民外，在特別行政區境內的人士在可能的情況下均應享有相等於在本章所列，屬於特別行政區居民的權利和自由。」
→ 「在香港特別行政區內香港居民以外的其他人，享有本章規定的香港居民的權利和自由，第二十五條的選舉權、第三十二條的選擇職業權及第三十五條的社會福利權除外。」
→ 「在香港特別行政區內的香港居民以外的其他人，受

到法律保障個人權利及自由。」

3.3 其他建議
→ 其他人應享有第二十四、二十六、二十七、二十八及二十九條所列明的權利，以符合第五條的規定。
→ 香港居民應享有合理工資及待遇，和男女同工同酬的權利。
→ 「其他人」不能享受選舉權和被選舉權。
→ 應註明「法人團體」也依法享有香港特別行政區的權利和義務。
→ 就條文中「依法」一詞及「其他人的權利和自由」的含義作進一步的闡釋，以便香港市民能進一步給予意見。
→ 應考慮是否讓難民享有香港居民的權利和自由。

4. 待澄清問題
→ 何謂「香港居民以外的其他人」？是否包括黑市居民、非法入境者？還是指在港的旅遊人士？
→ 「香港居民以外的其他人」是否指「香港非永久性居民」？
→ 「其他人」是否廣義地也包含了「法人團體」在內？
→ 「其他人」的權利應否比香港居民受更多的限制？

第十稿

「**第四十一條　在香港特別行政區境內的香港居民以外的其他人，依法享有本章規定的香港居民的權利和自由。**」
〔1990 年 2 月 16 日《中華人民共和國香港特別行政區基本法（草案）》〕

① 1989 年 8 月 25 日《居民專責小組第二次諮詢期第三次會議紀要》

2. 關於第三章條文的討論
2.9 第四十一條
有委員認為第三十九條已規定了兩份國際人權公約適用於香港，而國際人權公約是保障作為人的基本權利，但第四十一條卻規定香港居民以外的其他人「依法」享有第三章規定的香港居民的權利和自由，而「依法」的意思又不清楚，故本條與第三十九條可能有抵觸之嫌。

※

② 1989 年 9 月 12 日《基本法諮詢委員會居民的基本權利與義務專責小組對基本法（草案）第三章的意見匯編》（1989 年 9 月 21 日居民專責小組與草委會對口小組在港草委交流會議附件一）

第四十一條
（編者按：內容同上文）

※

③《基本法諮詢委員會居民的基本權利與義務專責小組對基本法（草案）第三章的意見匯編》（1989 年 10 月 5 日居民專責小組第二次諮詢期第四次會議附件一）

第四十一條
（編者按：內容同上文）

※

④《居民專責小組就基本法（草案）第三章討論的會議紀要》（1989 年 10 月 5 日居民專責小組第二次諮詢期第四次會議紀要附件，同年 10 月 7 日經執行委員會通過）

【P7】
第四十一條
（編者按：內容同上文）

※

⑤ 1989 年 11 月 30 日基本法起草委員會秘書處《內地各界人士對〈中華人民共和國香港特別行政區基本法（草案）〉的意見匯集》

【P13】
第四十一條
建議改為：「在香港特別行政區境內的香港居民以外的其他人，依法享有本章規定的香港居民的權利和自由，但第二十六條除外」。（法學界人士）

※

⑥《基本法諮詢委員會居民的基本權利與義務專責小組對基本法（草案）第三章的意見匯編》，載於 1989 年 11 月基本法諮詢委員會《中華人民共和國香港特別行政區基本法（草案）諮詢報告第一冊》

【P86】
第四十一條
（編者按：內容同第十稿文件①）

⑦ 1989 年 11 月基本法諮詢委員會《中華人民共和國香港特別行政區基本法（草案）諮詢報告第三冊──條文總報告》

【P103-104】
第四十一條
2. 意見
2.1 保留
→ 在本條的規定下，香港居民以外的其他人比香港居民在權利和自由的限制上享有較少的保護。「依法」二字可令在香港的其他人的權利和自由在很多情況下受到限制。如果有合理的情況需限制在香港的其他人的權利和自由，應在本條具體註明。
→ 「其他人」的意思不清楚，其應包括在香港特別行政區的有限公司、註冊團體等。
2.2 其他
→ 本條的「其他人」應指合法在香港特別行政區境內者，不包括非法入境者及難民。

3. 建議
3.1 刪除
→ 將「依法」二字刪去。

理由：任何在香港特別行政區的人士，不管任何國籍，都可享有香港居民的權利和自由，不應受到法律限制。
→ 將本條刪去。
理由：
⊙ 因《基本法（草案）》第二十四條已有規定。
⊙ 本章規定的權利和自由應同時適用於香港特別行政區的居民和非居民，除一些權利，特別是政治權利，只可由居民在特定的條件下享有外，在境內的所有人應可享有本章的保障，非居民無須另行依法享有。
3.2 增加
→ 在「權利」和「自由」前加上「合法」二字。
理由：以免出現無政府狀態。
3.3 修改
→ 將第二句改為：「及根據香港特別行政區法律成立的公司或法人團體，依法享有本章規定的香港居民的權利和自由。」
→ 將「……境內的香港居民以外的其他人，依法享有……」改為「……境內的非香港居民，依法享有……」。
3.4 其他
→ 需重寫本條。
理由：沒有任何社會會無條件地容許當地以外的居民享受與當地居民相同的權利和自由。

4. 待澄清問題
→ 為什麼在「特別行政區」後加一「境」字？

第十一稿

「**第四十一條　在香港特別行政區境內的香港居民以外的其他人，依法享有本章規定的香港居民的權利和自由。**」
〔1990 年 4 月《中華人民共和國香港特別行政區基本法》〕

香港居民和在香港的其他人有遵守香港特別行政區實行的法律的義務。

❀ 貳｜概念

1. 香港居民和其他人
2. 有義務遵守香港實行的法律

❀ 叁｜條文本身的演進和發展

第一稿

第三章

「第十九條　香港居民和在香港的其他人有遵守香港特別行政區法律的義務。」

〔1986 年 11 月 12 日《香港特別行政區基本法起草委員會香港居民的基本權利和義務專題小組的工作報告》，載於《中華人民共和國香港特別行政區基本法起草委員會第三次全體會議文件匯編》〕

① 1986 年 4 月《香港各界人士對〈基本法〉結構等問題的意見匯集》（基本法起草委員會第二次會議參閱資料之一）

【P5】
關於《基本法》結構的方案和意見
一、方案
（方案五）3.……公民的義務如必須遵守法例等，也要詳列。

※

② 1986 年 4 月 22 日《中華人民共和國香港特別行政區基本法結構（草案）》，載於《中華人民共和國香港特別行政區基本法起草委員會第二次全體會議文件匯編》

【P13】
第三章　香港居民的基本權利和義務
（十六）香港居民有遵守基本法和香港特別行政區一切法律的義務

※

③ 1986 年 4 月《部份起草委員對基本法結構（草案）的意見（備忘錄）》，載於《中華人民共和國香港特別行政區基本法起草委員會第二次全體會議文件匯編》

【P24】

五、關於《香港居民的基本權利和義務》
29. 基本法不應規定居民的義務。

30. 應寫明香港的中國公民與內地公民承擔義務的異同；香港的中國公民承擔憲法規定的哪些義務；……

※

④《溫國勝委員書面意見》（1986 年 6 月 24 日居民及其他人的權利自由福利與義務第五次會議附件一）

第三章　香港居民的基本權利和義務
6. 香港居民有和警方合作舉報撲滅黃、賭、毒罪行及向廉署提供舉報貪污行賄罪案的義務。

※

⑤ 1986 年 11 月 12 日《香港特別行政區基本法起草委員會香港居民的基本權利和義務專題小組的工作報告》，載於《中華人民共和國香港特別行政區基本法起草委員會第三次全體會議文件匯編》

【P28】
第三章　香港居民的基本權利和義務（討論稿）
第十九條
說明：基本法結構（草案）第三章（十六）載明了香港居民有遵守香港特別行政區法律的義務。此外，參考了在香港調查中徵集的意見，增寫了在香港的其他人也應履行這一義務。

第二稿

第三章

「第十九條　香港居民和在香港特別行政區內的其他人有遵守香港特別行政區法律的義務。」

〔1987 年 3 月 2 日《第三章 香港特別行政區居民的基本權利和義務（討論稿）》（1987 年 3 月 9 日居民及其他人的權利自由福利與義

① 1987 年 2 月基本法起草委員會秘書處《香港報刊有關〈基本法〉的言論摘錄》

【P67-69】

香港司法制度下一個重要的原則是只要是法律沒有禁止的，任何行為均屬合法，故此若法律沒有明言必須履行的事情，市民在法律上便沒有履行這些事情的責任，也因之故，香港市民唯一要履行的「公民義務」便是遵守法律的義務。包括：第一，是負面的義務，主要來自刑法，是界定社會上最低的行為標準，超過這些標準便得受法律的制裁，但刑法並不積極要求市民履行什麼事情。

第二，是法例中明文規定需要履行的事情，如繳付利得稅的義務，這些所謂「義務」在法例上均有規定，但在法理上這些算是義務還是特權也很難劃分。

第三，是比較積極的義務，主要來自侵權法，如一個人疏忽引致他人受傷便得負民事上的賠償責任。這些責任大部份來自不成文法，一般都要求人們要積極地避免引致他人損害。一個共通的特點是這些責任或義務均是由法律規定，雖然一個人立身於社會之中，除法律上的義務外還有很多道德上和社會上的義務，但我們的法律制度的特點是如果沒有履行這些法律以外的「義務」，將不會受到法律的制裁。如果基本法只羅列權利和自由，但沒有提供保障的方法或途徑，這些權利和自由便形同虛設，故這章內應該列明執行這些權利和自由的方法。目前的司法制度並沒有違反憲法這一項法律行動，故基本法這一章應列明違反基本法所保障的權利和自由將構成法律上起訴的行為。

（陳文敏：《基本法與市民的權利和自由》，《明報》一九八六年七月九日。）

九七年以後，居民應負的義務一項，只需列明居民應遵守基本法，原有香港法例保留部份以及特別行政區立法機關新定的法律便可以了，不宜太複雜。

此外，在基本法制定過程中，要注意保證原有普通法賦予居民的權利與自由不減少，包括現時私人產權受到保護等。

（香港大律師公會主席張健利，《大公報》一九八六年八月三日。）

基本法只要列明言論及出版自由，就已經將新聞自由包括在內。至於國務院港澳辦秘書長魯平曾說過將來香港有新聞自由，但是不能損害中國主權，他認為魯平的講法是對的；因為香港現行的法律，對於言論及出版也不是全無限制的自由，如果一個報章，說要推翻英政府，推翻皇室和現主權，香港政府也認為是違法的。

九七年後，如果有人說要推翻中國主權，要搞獨立。這樣性質的言論，就從現時英國的法律來看，是屬鼓吹推翻主權的違法行為。

至於基本法是否有必要將「言論及出版不能侵犯中國主權」列出來，李福善則認為無必要。因為，基本法只要寫明所有香港居民都有遵守法律的義務就已經足夠，只要出版言論無觸犯法律，都不應該限制其自由，事實上，這些自由已經在普通法例方面有了約束。

（李福善，《文匯報》一九八六年八月二十七日。）

第三稿

第三章

「第十九條　香港居民和在香港的其他人有遵守香港特別行政區法律的義務。」

〔1987 年 4 月 13 日《香港特別行政區基本法起草委員會香港居民的基本權利和義務專題小組的工作報告》，載於《中華人民共和國香港特別行政區基本法起草委員會第四次全體會議文件匯編》〕

① 1987 年 3 月 9 日《居民及其他人權利自由福利與義務專責小組第十四次會議紀要（修訂）》

2. 有關由起草委員就《基本法結構（草案）》第三章「香港特別行政區居民的基本權利和義務」草擬的討論稿，與會者與李福善草委的交流概要如下：

2.11 第十九條

2.11.1 有委員建議將這條文移往第二條之後，以示其重要性。

※

② 1987 年 3 月 19 日《香港居民的基本權利與義務討論文件》（1987 年 4 月 10 日居民及其他人的權利自由福利與義務專責小組第十六次會議討論文件）

【P5-6】

IX. 主要問題

3.《中英聯合聲明》沒有提及香港居民的義務。《基本法結構（草案）》只規定香港居民有遵守基本法及香港特別行政區其他法律的義務。除此以外，再沒有列明其他義務。

3.1 還有什麼需列明的義務呢？

建議：

（1）基本法不應規定還有其他義務。

（2）基本法應說明不得禁止香港人充份參與國家事務。

3.2 身份為中國公民的香港居民有什麼義務？

建議：

（1）除憲法的某幾個部份外，中華人民共和國的法律不適用於香港，因此，同時是中國公民的香港居民不必遵守中華人民共和國公民義務的法律。所以，在義務方面，身份為中國公民的香港居民與其他香港居民應沒有分別。

（2）如中華人民共和國憲法所規定的某些義務適用於香港，基本法應有明文規定。

※

③ 1987 年 4 月 13 日《香港特別行政區基本法起草委員會香港居民的基本權利和義務專題小組的工作報告》，載於《中華人民共和國香港特別行政區基本法起草委員會第四次全體會議文件匯編》

【P31】

第三章　香港特別行政區居民的基本權利和義務（修改稿）

第十九條

說明：有的委員提出，凡是在香港境內的人，都要遵守香港法律，這是否包括駐軍在內。經研究，本條是對香港居民和其他人守法的原則規定，並不影響在基本法中對駐軍的守法問題作出專門的特殊的規定。

第三章

「第十九條　香港居民和在香港的其他人有遵守香港特別行政區法律的義務。」

〔1987 年 8 月 22 日《香港特別行政區居民的基本權利和義務專題小組的工作報告》，載於《中華人民共和國香港特別行政區基本法起草委員會第五次全體會議文件匯編》〕

① 1987 年 4 月 14 日《香港居民的基本權利與義務報告（一稿）》（1987 年 4 月 23 日居民及其他人的權利自由福利與義務專責小組第十七次會議討論文件）

【P5-6】
（編者按：內容同第三稿文件②）

※

② 1987 年 4 月 28 日《香港居民的基本權利與義務報告（二稿）》

【P6】
（編者按：內容同第三稿文件②）

※

③ 1987 年 5 月 22 日《香港基本法起草委員會第四次全體會議委員們對基本法序言、總則及第二、三、七、九章條文草案的意見匯集》

【P28】
第十九條
有的委員認為，在本章的十九條條文中，有十八條規定權利，只有一條規定義務，是否合適。作為香港居民，應愛護和尊重國旗、國徽、國歌，尊重國家元首。中央的法律，能適用於香港的，大半屬於這些方面的規定，因此，這些可作為香港人的義務，列在基本法中，從而也就解決了法律適用的問題了。但有委員認為，這些義務可由香港立法機關作出專門規定，不必要寫在基本法中。

※

④ 1987 年 5 月 31 日陳文敏《評香港居民的基本權利和義務專題小組報告書》（1987 年 6 月 22 日居民及其他人的權利自由福利與義務專責小組第十八次會議第四次續會附件四）

筆者對《第三章：香港特別行政區居民的基本權利和義務》的建議
第二十條
任何人在香港特別行政區有遵守香港特別行政區法律的義務。

※

⑤ 1987 年 6 月 2 日居民及其他人的權利自由福利與義務專責小組《香港居民的基本權利與義務最後報告之一》

【P6】

（編者按：本文同第三稿文件②，除下列內容外，均同前文。）
3.1 還有什麼需列明的義務呢？
建議：
（3）在基本法規定港人須遵守的義務之前，應先研究中國法律與香港有關公民義務的法律是否配合，及審慎研究、徵詢港人意見。
3.2 身份為中國公民的香港居民有什麼義務？
建議：
（3）香港特別行政區所規定的居民義務，必須符合基本法。

※

⑥ 1987 年 6 月 4 日羅傑志《對基本法第五章草稿（87 年 4 月 30 日稿）的意見——供 1987 年 6 月 16 日會議討論》（1987 年 6 月 22 日居民及其他人的權利自由福利與義務專責小組第十八次會議第四次續會附件二）

（編者按：標題「第五章」應為「第三章」之誤；另原件中並無標題所言的 87 年 4 月 30 日稿。）

第十九條
必須清楚訂明任何觸犯特區法律的行為都依照法律處理，並不應導致個人權利遭剝奪或限制的問題。即使這條文有任何意思，也十分含糊，所以是不能接受的。如果這條文除上述列出的意思外並無其他含義，便屬多餘，可以刪去。

※

⑦ 1987 年 6 月 5 日麥海華、歐成威、夏其龍《對香港特別行政區基本法起草委員會香港居民的基本權利和義務專題小組於第四次全體大會工作報告的建議》（1987 年 6 月 22 日居民及其他人的權利自由福利與義務專責小組第十八次會議第四次續會附件三）

第十九條
香港特別行政區居民在香港特別行政區有遵守香港特別行政區法律的義務。

※

⑧ 1987 年 6 月 19 日《有關基本法第三章草稿（87 年 4 月 30 日稿）的意見》（1987 年 6 月 22 日居民及其他人的權利自由福利與義務專責小組第十八次會議第四次續會討論文件）

（編者按：原件中並無標題所言的 87 年 4 月 30 日稿）

【P8】

第十九條

1. 修改為：香港特別行政區居民在香港特別行政區有遵守香港特別行政區法律的義務。（麥海華委員等建議的第十九條）

（說明：刪去「其他人」）

2. 必須清楚訂明任何觸犯特區法律的行為都依照法律處理，並不應導致個人權利遭剝奪或限制的問題。即使這條文有任何意思，也十分含糊，所以是不能接受的。如果這條文除上述列出的意思外並無其他含義，便屬多餘，可以刪去。（羅傑志委員）

※

⑨ 1987 年 7 月 24 日《有關基本法第三章草稿（87

年 4 月 30 日稿）的意見》

【P8】

（編者按：內容同上文）

※

⑩居民及其他人的權利自由福利與義務專責小組《香港居民的基本權利與義務最後報告之二》（1987 年 8 月 8 日經執行委員會通過）

【P11】

第十九條

（編者按：內容同上文）

第五稿

「**第四十二條　香港居民和在香港的其他人有遵守香港特別行政區法律的義務。**」

〔1987 年 12 月基本法起草委員會秘書處《香港特別行政區基本法（草案）》（匯編稿）〕

① 香港居民的基本權利與義務專責小組《對基本法第三章條文草稿（一九八七年八月）的意見》（1987 年 11 月 4 日經執行委員會通過）

【P5】

關於第十九條

意見：有委員問及為何要在這條寫上居民「有遵守香港特別行政區法律的義務」一句，因為遵守法律是必然的。

第六稿

「**第四十三條　香港居民和在香港的其他人有遵守香港特別行政區法律的義務。**」

〔1988 年 3 月基本法起草委員會秘書處《中華人民共和國香港特別行政區基本法（草案）草稿》（總體工作小組第二次會議對目錄、序言、第一、二、三、五、六、七、九章的修改稿）〕

第七稿

「**第四十三條　香港居民和在香港的其他人有遵守香港特別行政區法律的義務。**」

〔1988 年 4 月基本法起草委員會秘書處《中華人民共和國香港特別行政區基本法（草案）草稿》〕

第八稿

「**第四十二條　香港居民和在香港的其他人有遵守香港特別行政區法律的義務。**」

〔1988 年 4 月基本法起草委員會《中華人民共和國香港特別行政區基本法（草案）徵求意見稿》〕

第九稿

「**第四十二條　香港居民和在香港的其他人有遵守香港特別行政區實行的法律的義務。**」

〔1989 年 2 月《中華人民共和國香港特別行政區基本法（草案）》〕

① 1988 年 5 月基本法諮詢委員會秘書處《基本法（草案）徵求意見稿初步反應報告（草稿）》

【P22】

居民──義務

1. 若兵役法通過在香港實行會令人很憂慮。

※

② 1988 年 8 月基本法起草委員會秘書處《香港各界人士對〈香港特別行政區基本法（草案）徵求意見稿〉的意見匯集（一）》

【P22】

第四十一、四十二條

2. 應在這兩條中註明「法人團體也依法享有第三章內的權利及應盡義務」。

※

③ 1988 年 8 月 3 日基本法諮詢委員會秘書處參考資料（一）《內地草委訪港小組就基本法（草案）徵求意見稿一些問題的回應輯錄（一九八八年六月四日至十七日）》

【P7-8】

3. 居民的基本權利與義務

3.5 居民的義務

香港居民的權利自由根據第十條的規定是以基本法為依據的，而第四十二條又規定香港居民只有遵守法律的義務，沒有說要服兵役，因此香港居民便沒有服兵役的義務。

3.11 居民的定義及國籍問題

3.11.3 第三章主要是指香港居民，而第四十一條及第四十二條的「其他人」並非指內地的人，而是一兩天過境的也是其他人。至於其定義則是模糊的，但他們基本上是

可享有香港居民的權利和自由的。

※

④ 1988 年 9 月基本法起草委員會秘書處《內地各界人士對〈香港特別行政區基本法（草案）徵求意見稿〉的意見匯集》

【P13】
第四十二條
加上：「香港居民有維護國家榮譽、利益、安全的義務和促進祖國繁榮穩定的義務。」現在的條文讓人覺得香港名義上是中國的一部份，而實際上特殊到可不盡義務。

※

⑤ 1988 年 9 月 8 日《草委與諮委居民組交流會會議紀要》

2. 有關條文的討論
2.11 第四十二條
2.11.1 有諮委建議在條文中加上「但無服兵役的義務」。

※

⑥《基本法諮詢委員會居民的基本權利與義務專責小組對基本法（草案）徵求意見稿第三章的意見匯編》，載於 1988 年 10 月基本法諮詢委員會《中華人民共和國香港特別行政區基本法（草案）徵求意見稿諮詢報告（1）》

【P95】
23. 第四十二條
23.1 有些委員認為，基本法缺乏有關服兵役的章節，而中國公民是有當兵的義務，及根據基本法第十七條第三款寫明「全國人民代表大會……制定的有關國防、外交的法律」可由國務院指令在香港實施，而國家是有可能為國防而要求香港居民服兵役，所以希望在第三章內加上「但無服兵役的義務」，以消除港人的憂慮。
23.2 有委員建議取消此條條文。

※

⑦ 1988 年 10 月基本法諮詢委員會《中華人民共和國香港特別行政區基本法（草案）徵求意見稿諮詢報告第五冊——條文總報告》

【P190-192】
第四十二條
2. 意見
2.1 贊同意見
→ 本條實際上包括了很多內容，其具體內容會由法例規定。
2.2 反對意見
→ 本條是本章的諷刺。
→ 本條可作為剝奪觸犯法律者權利的根據。
→ 寫上這為一般人都會接受的義務的用意含糊。
→ 香港居民不能只遵守香港法律，罔顧中國全國性法律。
2.3 保留意見

→ 訂定本條文的用意令人費解。這可能意味着凡違反本條文者便不會得到基本法所保障的其他權利。
→ 本條文本身並沒有硬性規定任何必履行的義務。
→ 「其他人」一詞似乎並不包括法人團體及軍隊成員。第三章所列的權利和義務只為香港居民。相對於香港居民，「其他人」可能是指「自然人」。這是很不合理的，因為法人團體的自由和權利是應該受到憲法保護的。
2.4 其他意見
→ 權利與義務是平衡相對的。
→ 本條所指的人應包括行政長官、立法機關和行政機關的成員。

3. 建議
3.1 改寫
→ 「香港居民有遵守祖國全國性法律及香港特別行政區法律之義務。」
→ 「香港居民和在香港的其他人有維護國家統一，擁護中央人民政府和遵守香港特別行政區法律的義務。」
→ 「香港特別行政區永久性居民中的中國公民有效忠國家民族和維護祖國統一的義務，在香港居住的其他人有遵守香港特別行政區法律的義務。」
→ 「香港居民和在香港的其他人有遵守香港特別行政區法律，包括維護國家統一法律的義務。」
3.2 增加
→ 加上：「香港的中國公民，有維護祖國的安全、榮譽和利益的義務，不得有危害祖國的安全、榮譽和利益的行為。」
理由：以解決第二十二條所引起的憂慮。
→ 加上：「凡香港永久性居民，不論其為華裔人士抑或非華裔人士，均須效忠香港政府，不得破壞及改變本港資本主義制度和生活方式。」
理由：
⊙ 這屬於居民義務。
⊙ 可確保資本主義在本港不受極左人士影響。
3.3 其他建議
→ 應註明「法人團體」也依法享有香港特別行政區的權利和義務。
→ 應規定行政長官、行政機關及立法機關的成員也有遵守法律的義務。
→ 本章應對居民所應行的義務加以說明，不可假設居民會自動遵守法律。
→ 將香港居民需遵守的全國性法律的詳目列入基本法內。
→ 既然香港是中國的一部份，香港居民便應盡中國公民的義務。
→ 應列明身為中國公民的香港居民應盡的義務。
→ 香港居民有效力國家之義務。
→ 香港居民有忠誠擁護支持中央人民政府明智決策之義務。
→ 香港居民有效忠中央人民政府的義務。
→ 香港居民有保障國家安全或公共秩序、公眾衛生或風化等義務。
→ 香港居民有尊重及不得侵擾他人權利、名譽尊嚴的義務。
→ 香港居民有負擔軍費的義務。
→ 應清楚寫明香港居民是否須服兵役。
→ 香港居民有服兵役的義務。
→ 香港居民應無須服兵役。
→ 香港居民應該有自願參軍的義務。
→ 將學習和運用普通話和簡體字列為香港居民的一項義務。

4. 待澄清問題
→ 為何要有本條的規定？
→ 為何這條要寫上這為一般人都會接受的義務？

→ 本條規定香港居民和在香港的其他人有遵守香港特別行政區法律的義務，那麼是否只有義務而沒有權利呢？

→「其他人」是否廣義地包含了「法人團體」在內？

第十稿

「第四十二條　香港居民和在香港的其他人有遵守香港特別行政區實行的法律的義務。」
〔1990年2月16日《中華人民共和國香港特別行政區基本法（草案）》〕

① 《基本法諮詢委員會居民的基本權利與義務專責小組對基本法（草案）第三章的意見匯編》（1989年10月5日居民專責小組第二次諮詢期第四次會議附件一）

第四十二條
建議：
（1）有委員建議，在本條末加上「但無服兵役的義務」。但有委員認為此項規定不用一定在本條內說明，只要在基本法如第二章有關中港關係中有此規定便可。

※

② 《居民專責小組就基本法（草案）第三章討論的會議紀要》（1989年10月5日居民專責小組第二次諮詢期第四次會議紀要附件，同年10月7日經執行委員會通過）

【P8】
第四十二條
意見：
（1）有委員認為，由於本章是關於居民的權利和義務，而本章除本條外全是關於權利的規定，故本條的存在是必要的。
（2）有委員認為，本條規定香港居民有遵守法律的義務，這規定可用來剝奪被指稱是犯法的人的合法權利。以前就本條提出的反對意見都不獲採納，但草委卻沒有解釋要有這樣規定的理由，其實每條法律都已規定對違法者的制裁。

建議：
（1）有委員建議，在本條末加上「但無服兵役的義務」。但有委員認為此項規定不用一定在本條內說明，只要在基本法如第二章有關中港關係中有此規定便可。
（2）有委員建議將本條刪去。
理由：本條是關於香港居民的基本人權，而這規定可能會用來使香港居民遵守中國法律，因為在中國憲法中，對人民的義務是有所規定的。縱使基本法沒有本條的規定，行政機關也必須遵守法律，因為在基本法中已對此作出規定。

※

③ 1989年11月30日基本法起草委員會秘書處《內地各界人士對〈中華人民共和國香港特別行政區基本法（草案）〉的意見匯集》

【P13】
第四十二條
建議增寫「香港居民中的中國公民有維護祖國統一、安全、榮譽和利益的義務。」（法學界人士）

※

④ 《基本法諮詢委員會居民的基本權利與義務專責小組對基本法（草案）第三章的意見匯編》，載於1989年11月基本法諮詢委員會《中華人民共和國香港特別行政區基本法（草案）諮詢報告第一冊》

【P86-87】
第四十二條
（編者按：內容同第十稿文件②）

※

⑤ 1989年11月基本法諮詢委員會《中華人民共和國香港特別行政區基本法（草案）諮詢報告第三冊——條文總報告》

【P104-105】
第四十二條
2. 意見
2.1 保留
→ 任何人如違反本條的規定，他們根據本章所享有的權利便不會受到保護，這是不應該的。
2.2 其他
→ 本條的「其他人」應指合法在香港特別行政區境內者，不包括非法入境者及難民。
→ 由於中國國籍法在香港特別行政區適用，香港居民便會成為中國公民，而中國憲法第三十三條對公民有這樣的規定：「凡具有中華人民共和國國籍的人都是中華人民共和國公民。中華人民共和國公民在法律面前一律平等。任何公民享有憲法規定的權利，同時必須履行憲法和法律規定的義務。」因此，香港居民（中國公民）是否需要服兵役便成疑問。

3. 建議
3.1 修改
→ 將本條改為：「香港居民和香港的其他人有義務遵守香港特別行政區的法律。」
→ 將本條改為：「在香港特別行政區的任何人士必須遵守區內實行的法律。」
→ 將本條改為：「香港居民和在香港的其他人，有遵守香港特別行政區實行的法律的義務。香港特別行政區永久性居民中的中國公民，有效忠中華人民共和國香港特別行政區政府的義務。」
3.2 增加
→ 在「在香港的其他人」前加上「任何」二字。
理由：以包括甚至非法逗留在香港的人士。
→ 加上：香港的中國公民該盡兵役的義務。
理由：
⊙ 香港的中國公民與內地的中國公民在義務上應沒有分別。
⊙ 保衛祖國、抵抗侵略是中國公民的職責。
→ 加上：香港居民不須有服兵役的義務。
理由：為落實國家領導人對香港特別行政區的方針。
→ 加上：香港居民只遵守北京中央政府和人大所通過的法律和制度，而不能強制所有人都接受中央政治局的任何通令。

理由：為把黨大於法、權大於法的封建專制思想抵制於香港特別行政區之外，否則香港的繁榮安定難以維持。
→ 加上：服役紀律部隊。
→ 加上：遵守國內的法律。
<u>3.3</u> 其他

→ 所有香港居民和在香港的其他人不須遵守內地法律。

4. 待澄清問題
→ 香港居民是否需要服兵役？

第十一稿

「第四十二條　香港居民和在香港的其他人有遵守香港特別行政區實行的法律的義務。」
〔1990 年 4 月《中華人民共和國香港特別行政區基本法》〕

香港基本法
起草過程概覽

李浩然——[主編]　　｜中冊

第四章 ▶ 政治體制

第一節 | 行政長官

第二節 | 行政機關

第三節 | 立法機關

香港特別行政區行政長官是香港特別行政區的首長，代表香港特別行政區。
香港特別行政區行政長官依照本法的規定對中央人民政府和香港特別行政區負責。

✿ 貳│概念

1. 香港特區行政長官
2. 香港特區首長
3. 行政長官對中央政府和香港特區負責

✿ 叁│條文本身的演進和發展

第一稿

第四章　第一節

「第一條　香港特別行政區行政長官是香港特別行政區的首長，依照本法規定對中央人民政府和香港特別行政區負責。」
〔1987 年 8 月 22 日《政治體制專題小組的工作報告》，載於《中華人民共和國香港特別行政區基本法起草委員會第五次全體會議文件匯編》〕

① 1986 年 2 月基本法諮詢委員會《第二批研討會總結》

六、基本法結構初擬
4. 政府的架構：首長的產生，調動軍隊的權力，行政、立法、司法、財政制度、公務員。

※

② 1986 年 2 月基本法諮詢委員會《第四批討論總結》

四、政制方面
有些委員認為中英聯合聲明內談經濟部份太多，政制太少，所以基本法要側重寫政制部份，但如果寫得太詳細，則缺乏修改餘地，而太簡單，則又會說不清主要重點。個別委員建議在基本法內只闡述政制的大原則，而具體細節則以附件形式詳述。既可達到精簡原則，另一方面易於在港人手裡修改政制附件部份，而可能不需呈中央通過。

六、基本法的內容較為特別的提議，對將來制訂基本法有參考價值
6. 中央與地方關係受到重視，應在基本法內詳細說明，是否成為一專項？……而個別委員認為在其他項目章節中已涉及中央及地方關係。例如：駐軍調動權與行政首長關係。行政長官在當地選舉或協商產生，由中央政府任命，均能具體體現「高度自治」精神。故無須另立一專項。

※

③ 1986 年 4 月 22 日《中華人民共和國香港特別行政區基本法結構（草案）》，載於《中華人民共和國香港特別行政區基本法起草委員會第二次全體會議文件匯編》

【P13】
第四章
第一節　行政長官
（一）行政長官的產生和任免
（二）行政長官的任期
（三）行政長官的職權

※

④ 1987 年 8 月 22 日《政治體制專題小組的工作報告》，載於《中華人民共和國香港特別行政區基本法起草委員會第五次全體會議文件匯編》

【P38】
第四章　香港特別行政區的政治體制（討論稿）
第一節　行政長官
第一條
說明：有的委員提出，「依照本法規定」六字可以刪去；有的委員提出，在「首長」之前加「最高」兩字；有的委員提出，在「負責」之前加「政府」兩字。

第二稿

第四章　第一節

「第一條　香港特別行政區行政長官是香港特別行政區的首長，依照本法規定對中央人民政府和香港特別行政區負責。」

〔1987 年 9 月 8 日《第四章　香港特別行政區的政治體制（討論稿）》（1987 年 9 月 22 日政制專責小組第二次會議附件一）〕

① 1987 年 9 月 2 日《中華人民共和國香港特別行政區基本法起草委員會第五次全體會議委員們對基本法序言和第一、二、三、四、五、六、七、九章條文草稿的意見匯集》

【P26-28】

五、關於第四章　香港特別行政區的政治體制
（一）第一節　行政長官
2. 第一條
（1）有的委員提出，香港特別行政區的行政長官最好不用「長官」、「首長」這類的詞，因為不太符合民主精神，可將本條中的「首長」改為「最高領導」。有些委員不贊成說明中提出的在「首長」之前加「最高」兩字。有的委員則建議將第一句改為：香港特別行政區行政首長是香港特別行政區的最高行政長官。有的委員提出，如果行政長官既是「元首」，又是「首腦」的話，建議加上「最高」兩字為好。有的委員認為，是否加「最高」兩字，一是要看行政長官是否兼任立法機關主席，二是要看立法機關與行政機關的職權如何分配。建議待上述問題明確後再研究。

（2）有的委員贊成說明中提出的在「負責」之前加「政府」兩字。有的委員則表示反對，認為行政長官不僅要對特別行政區政府負責，也要對特別行政區的人民負責，建議本條後半句改為「對中央人民政府和香港特別行政區人民負責」。

（3）有的委員提出，現在香港總督不僅是行政首長，而且高於立法局之上。聯合聲明中所說的行政長官，要不要就用「行政長官」這個名稱？還是根據其職責，給這個高度自治的特別行政區首長另起一個相應的名稱，需要慎重考慮。

② 政制專責小組《對基本法第四章部份條文草稿（一九八七年八月）的意見》（1987 年 11 月 4 日經執行委員會通過）

（編者按：本文件雖然時間晚於本稿，但其內容是起草委員會對 1987 年 8 月 22 日政制專責小組擬訂的條文的意見匯編，故放在此處。）

【P1】

II 第一節
（1）第一條
1. 有建議將之改為：「香港特別行政區行政長官是香港特別行政區政府的最高行政首長，依照本法規定對中央人民政府和香港特別行政區人民負責。」以致「首長」的意思及負責的對象更明確，不致太空泛，沒有意思。

2. 亦有認為應對「中央政府」及「香港特別行政區政府」負責。

3. 但有意見認為對「特別行政區」負責更有概括性。

4. 亦有認為應清楚寫明「對中央效忠」、「對香港特別行政區效忠」及「對香港特別行政區立法機關負責」。

5. 而有意見認為在其他條文，已反映了他向誰負責。

※

③ 1987 年 9 月 8 日《第四章　香港特別行政區的政治體制（討論稿）》（1987 年 9 月 22 日政制專責小組第二次會議附件一）

第一節　行政長官
第一條
說明：有的委員提出，「依照本法規定」六字可以刪去；有的委員提出，在「首長」之前加「最高」兩字；有的委員提出，在「負責」之前加「政府」兩字。

※

④ 1987 年 9 月 8 日《中華人民共和國香港特別行政區基本法起草委員會第五次全體會議意見匯編》（1987 年 9 月 22 日政制專責小組第二次會議附件二）

【P1】

第四章　政制
一、關於第一節　行政長官
2. 對第一條
（編者按：內容同第二稿文件①）

第三稿

第四章　第一節

「第一條　香港特別行政區行政長官是香港特別行政區的首長，依照本法規定對中央人民政府和香港特別行政區負責。」

〔1987 年 10 月《第四章　香港特別行政區的政治體制（討論稿）》（政治體制專題小組工作文件）〕

① 1987 年 9 月 23 日《政制專責小組對第四章第一節部份條文意見》（1987 年 9 月 29 日政制專責小組第三次會議附件二）

（1）整體意見
2. 中文版中「負責」一詞，英文版有譯為「responsible to」及「accountable to」，有委員認為應按中英聯合聲明的英文版譯法，就是「accountable to」，但亦有委員認為應將這問題交草委解決，以致對這詞有共通的理解。另

有委員認為「負責」一詞已具體地在第二節第五條列明。
（2）第一條
（編者按：內容同第二稿文件②，除第 2. 點被刪除外，均同前文。）

※

② 1987 年 10 月《第四章　香港特別行政區的政治體制（討論稿）》（政制體制專題小組工作文件）

第一節　行政長官

第一條
說明：有的委員提出，「依照本法規定」六字可以刪去；
有的委員提出，在「首長」之前加「最高」兩字；有的委
員提出，在「負責」之前加「政府」兩字。

草委會第五次全體大會分組討論：（材料根據草委秘書處「簡報」或「意見匯集」，下同。）
（編者按：內容同第二稿文件①）

第四稿

「**第四十三條** 香港特別行政區行政長官是香港特別行政區的首長，依照本法規定對中央人民政府和香港特別行政區負責。」
〔1987 年 12 月《香港特別行政區基本法（草案）》（匯編稿）〕

① 1987 年 12 月基本法起草委員會秘書處《香港特別行政區基本法（草案）》（匯編稿）

【P17】
第四十三條
說明：有的委員提出，「依照本法規定」六字可以刪去；
有的委員提出，在「首長」之前加「最高」兩字；有的委

員提出，在「首長」之後加「代表香港特別行政區」；有
的委員提出，在「負責」之前加「政府」兩字。
有的委員建議，本條改為：「香港特別行政區行政長官是
香港特別行政區的首長及香港特別行政區行政機關的首
長，代表香港特別行政區及領導香港特別行政區行政機
關，依照本法規定對中央人民政府、香港特別行政區及香
港特別行政區立法機關負責。」

第五稿

「**第四十四條** 香港特別行政區行政長官是香港特別行政區的首長，代表香港特別行政區。香港特別行政區行政長官依照本法規定對中央人民政府和香港特別行政區負責。」
〔1988 年 4 月基本法起草委員會秘書處《中華人民共和國香港特別行政區基本法（草案）草稿》〕

① 1987 年 12 月《中華人民共和國香港特別行政區基本法起草委員會第六次全體會議委員們對基本法第四、五、六、十章和條文草稿匯編的意見》

【P1-2】
第一部份　對基本法第四、五、六、十章條文草稿的意見
一、關於第四章　香港特別行政區的政治體制
1. 第四十三條
（1）有些委員認為，應將第四十七條第一、二款內容移
至本條，改為：「香港特別行政區行政長官是香港特別行
政區的首長，代表香港特別行政區及領導香港特別行政區
政府，依照本法規定對中央人民政府和香港特別行政區負
責」。這樣可以清楚地體現行政長官的地位。有些委員建
議改為「香港特別行政區行政長官是香港特別行政區的首
長，代表香港特別行政區依照本法規定對中央人民政府和
香港特別行政區負責」。有的委員認為，本條後半句可改
為「依照本法規定對中央人民政府負責，領導香港特別行
政區政府」。有些委員則認為，還是保留原條文為好。

（2）有的委員認為，本條是講行政長官的地位作用，但
表述得不清楚，需進一步推敲，比如：行政長官是特區的
首長是什麼意思，特區並不是一個機構；行政長官向特區
「負責」又是什麼意思，它與向中央政府「負責」相並用

是否合適。

（3）有的委員認為，「對香港特別行政區負責」的提法
不明確。

（4）有些委員認為，本條的說明可全部刪去；有的委員
仍認為「依照本法規定」一詞可刪去，把這意見保留在說
明中。

※

②《各專題小組的部份委員對本小組所擬條文的意見和建議匯輯》，載於 1988 年 4 月基本法起草委員會秘書處《中華人民共和國香港特別行政區基本法（草案）草稿》

【P64-65】
第四十四條
有的委員建議本條改為：「香港特別行政區行政長官是香
港特別行政區的首長和香港特別行政區行政機關的首長，
代表香港特別行政區和領導香港特別行政區行政機關，依
照本法規定對中央人民政府、香港特別行政區和香港特別
行政區立法機關負責。」

第六稿

「**第四十三條** 香港特別行政區行政長官是香港特別行政區的首長，代表香港特別行政區。香港特別行政區行政長官依照本法規定對中央人民政府和香港特別行政區負責。」
〔1988 年 4 月基本法起草委員會《中華人民共和國香港特別行政區基本法（草案）徵求意見稿》〕

①《各專題小組的部份委員對本小組所擬條文的意見和建議匯輯》，載於 1988 年 4 月基本法起草委員會《中華人民共和國香港特別行政區基本法（草案）徵求意見稿》

【P55】

第七稿

「**第四十三條　香港特別行政區行政長官是香港特別行政區的首長，代表香港特別行政區。香港特別行政區行政長官依照本法的規定對中央人民政府和香港特別行政區負責。**」
〔1989年2月《中華人民共和國香港特別行政區基本法（草案）》〕

① 1988年6月6日《政制專責小組1與草委交流會會議紀要》

9. 草委回應
9.5 關於第四十三及六十四條，有委員指出行政長官根據本法的規定除向中央政府負責，也需要向整個特區的市民負責；根據法治精神，行政長官不應執行違反本法的指令。

※

②《基本法諮詢委員會政制專責小組對基本法（草案）徵求意見稿第四章的意見匯編》，載於1988年10月基本法諮詢委員會《中華人民共和國香港特別行政區基本法（草案）徵求意見稿諮詢報告（1）》

【P99】
1. 整體意見
1.4 有委員認為，徵求意見稿中存在太多政策性條文。例如「行政長官向立法機關負責」的規定，並非法律的字眼，應有一些文件（如英皇制誥）將各機關的責任界限列明。

※

③ 1988年10月基本法諮詢委員會《中華人民共和國香港特別行政區基本法（草案）徵求意見稿諮詢報告第五冊——條文總報告》

【P193】
第四章　整體意見
1. 名稱
1.1 行政長官
「行政長官」的稱謂十分錯誤。
理由：世界各國的元首多以總統、總理、國家主席等為名稱。
特別行政區行政長官可稱為：
（1）「行政首長」，英文仍可沿用「Governor」。
理由：務使香港現時之國際聲譽和地位不受任何影響。
（2）「特別行政區主任」或「特別行政區區長」。
理由：
⊙「長官」一詞是來自日本的。
⊙ 中國的官職中，「長官」之稱多用於戰區，但香港特別行政區不是軍管區。
⊙「長官」有由上統下的意思。
（3）總督、主席、主任、專員、區長、首長、總理。
（4）首席政務司、區長、市長或總督。
理由：較適合中國文化傳統習慣。

【P198】
第四章
第一節　整體意見
1. 意見
1.1 名稱
→ 行政首長由選舉產生，不宜稱為「長官」。
→ 毋須將港督的名稱改為行政長官，因這稱謂太長。而

「港督」本來也是中國人慣用的名詞，不是英式用詞。
1.2 角色
→ 第四十三條及第六十條已肯定了行政長官的角色，他既是特別行政區的最高代表，也是特別行政區的最高領導人。

【P202】
2. 建議
2.2 修改
→「行政長官」應簡化為「市長」，因「行政長官」一詞較冗長，不易理解或接受。
→ 改「行政長官」為「行政首長」。

【P203】
3. 待澄清問題
→ 香港特別行政區行政首長的名稱為何？
→ 按第五十九條及第六十條的規定看來，行政長官似乎是屬於行政機關的架構之內。若然如此，第四十三條及第六十四條便有矛盾，因為前者列明行政長官須向特別行政區負責，而後者則規定行政長官須向立法會議負責。第四十三條列明行政長官是特別行政區的首長而同時又要向特別行政區負責。這是否等於行政長官要向其本身負責？

【P204-207】
第四十三條
2. 意見
→ 贊成此條文。
→ 行政長官應向市民負責。
→ 保持香港安定繁榮，令人民生活水準提高及安居樂業。假如行政長官不能辦到，人民應有權將其罷免。
→ 行政長官應向立法機關負責。
理由：
⊙ 特別行政區政府是行政機關，而行政機關的首長是行政長官。若行政機關須向立法會議負責，則行政長官也必須向立法會議負責。
⊙ 行政長官應向港人負責，而立法機關既由港人選出，行政長官也應向立法機關負責。
⊙ 立法機關代表特別行政區居民整體意願。
⊙ 香港特別行政區行政長官雖然依照本法規定對香港特別行政區負責，但條文內並未列明向哪個機關負責。為求三權分立，行政長官應向立法機關負責，以達致互相制衡。
⊙ 符合《中英聯合聲明》。
⊙ 只對特別行政區負責是不足夠及空泛的。
→ 行政長官不應向中央人民政府負責。
理由：
⊙ 否則中央人民政府可直接指揮香港特別行政區首長，而無視立法機關。
⊙ 行政長官如由港人直接選舉產生，應只向港人負責。
⊙ 行政長官只向立法會議作施政報告，並答覆議員質詢，不可能再向全國人大常委會提出報告及答覆質詢。
→ 行政長官不直接由中央委派，既給予港人高度自治，也令港人對「港人治港」的承諾更有信心。
→ 若行政長官嚴重違法，他同樣要受法律處分。行政長官的領導並不是特權階級統治。如報告中央處理，事後也要向香港居民交代。
→ 行政長官應由中央委任。

理由：
⊙ 對過渡期間安定人心有好處。
⊙ 象徵中國收回香港主權。
→ 行政長官要對中央人民政府負責，若他不能負責的話，中央人民政府可對香港特別行政區行政長官及香港特別行政區採取行動。

3. 建議
3.1 修改
3.1.1 整條
→ 改為：「香港特別行政區行政長官是香港特別行政區的首長，代表香港特別行政區。香港特別行政區行政長官依照本法規定對中央人民政府和香港特別行政區立法會議負責。」
理由：「中央人民政府」是一個實體，一個權力機關；而「香港特別行政區」則泛指香港整體。原文會使人容易誤解。行政長官對前者所負的權責是具體的，而對後者所負的權責則較空泛。
→ 改為：「香港特別行政區行政長官是香港特別行政區的首長和香港特別行政區行政機關的首長，代表香港特別行政區行政機關，依照本法規定對中央人民政府、香港特別行政區和香港特別行政區立法機關負責。」
→ 改為：「香港特別行政區行政長官是香港特別行政區的首長和香港特別行政區行政機關的首長，代表香港特別行政區和領導香港特別行政區行政機關，依照本法規定對中央人民政府、香港特別行政區和香港特別行政區立法機關負責。」
理由：香港特別行政區行政長官除向中央人民政府和特別行政區的市民負責，亦須按《中英聯合聲明》的規定向立法機關負責，這種三重負責關係應清楚列明。
→ 根據建議匯輯改為：「香港特別行政區行政長官是香港特別行政區的首長和香港特別行政區行政機關的首長，代表香港特別行政區和領導香港特別行政區行政機關，依照本法規定對中央人民政府、香港特別行政區全體市民和香港特別行政區立法機關負責。」
理由：
⊙ 這樣的寫法會較明確，可防止行政長官越權。
⊙ 可為其適度的權力提供足夠的憲法依據。
⊙ 《中英聯合聲明》附件一內說明「行政機關必須遵守法律，對立法機關負責」。而行政長官是行政機關的首長，故此，行政長官也理所當然地必須遵守法律，對立法機關負責。
⊙ 行政長官除了代表香港特別行政區外，也是管治香港特別行政區的市民代表。故此，行政長官也應向香港特別行政區的市民負責。只有三重負責的行政長官才使港人有信心。
→ 改為：「香港特別行政區行政長官是香港特別行政區的首長及其行政機關的首長，代表和領導香港特別行政區及其行政機關，依照本法規定代表中央人民政府及其全國人大常委會對香港特別行政區居民和香港特別行政區立法機關負責。」
→ 改為：「香港特別行政區行政長官是香港特別行政區的首長和香港特別行政區行政機關的首長，代表香港特別行政區和領導香港特別行政區行政機關，依照本法規定對中央人民政府、香港特別行政區居民和香港特別行政區立法機關負責。」
理由：
⊙ 香港特別行政區行政長官應向特別行政區內的居民負責。
⊙ 依照《中英聯合聲明》，行政機關須向立法機關負責。
→ 改為：「香港特別行政區行政長官負責對象以負責的範圍來劃分。屬於非自治範圍內的得向中央人民政府負責，屬於自治範圍內的得向特別行政區人民及立法會議負責。」

→ 香港特別行政區的字眼太多，可用「及其」兩字代替。
3.1.2 個別條款
→ 第一款
（1）改為：「香港特別行政區區長是香港特別行政區行政長官，代表香港特別行政區。」
（2）改為：「香港特別行政區行政長官是香港特別行政區的首長和香港特別行政區行政機關的首長，代表香港特別行政區和領導香港特別行政區行政機關」。
→ 第二款
（1）改為：「行政長官應依照基本法規定對中央人民政府和香港特別行政區居民負責。」
（2）改為：「香港特別行政區行政長官依照本法規定對中央人民政府和香港特別行政區立法會議負責。」
理由：原文只規定行政長官對特別行政區負責，意義含糊。在政制上，代表特別行政區居民整體意願的機構是立法機關，故應明確規定行政長官要對立法機關負責。
（3）改為：「香港特別行政區行政長官依照本法對中央人民政府、香港特別行政區和香港特別行政區立法機關負責。」
理由：列明行政長官要向立法機關負責是《中英聯合聲明》所規定的。
（4）將「對中央人民政府和香港特別行政區負責」改為「對香港特別行政區和香港特別行政的立法機關負責。」
（5）句末的「香港特別行政區」改為「香港特別行政區全體居民」。
理由：體現「民主」精神。
3.2 增加
→ 加上：「行政長官基本的任務就是按照以《中英聯合聲明》為基礎的基本法規定，公平地、無私地不為外界影響，並以香港的利益、繁榮及保持現有生活方式為尚的原則來管治香港。」
理由：
⊙ 縱使有無可避免的不同派系利益影響到香港的和平和繁榮。
⊙ 行政長官的公正及其性格上的優點會成為將來維持香港的生活方式不變的重要因素。
→ 加上：「領導行政機關及全體公務員。」
→ 加上：「特別行政區首長可繼續採用香港總督的名稱，也可簡稱為港督」。
理由：「總督」二字本身無殖民地色彩，按習慣簡便稱呼，無大問題。
3.3 其他建議
→ 應清楚列明特別行政區行政長官應向中央和特別行政區的哪些機關負責。
→ 應清楚寫明香港特別行政區行政長官是香港特別行政區的最高首長。

4. 待澄清問題
→ 行政長官在哪一方面向中央人民政府負責？他實際上又如何向中央人民政府負責？及他會向中央人民政府中哪個人或機關負責？
→ 「對中央人民政府負責」中「負責」一詞與《中英聯合聲明》附件一中「……對立法機關負責」的「負責」一詞，在意義上是否有分別？為什麼會有分別？其意思是什麼呢？
→ 如中央與地方出現對峙局面，而行政長官站在特別行政區一方與中央對峙，中央是否根據第二款規定要求行政長官向中央人民政府「負責」呢？又以何種形式負責？
→ 假若中央人民政府和香港特別行政區因某事產生分歧，行政長官應向誰先負責？
→ 如行政長官對中央人民政府的負責不能令後者滿意，會有什麼結果？看來，和香港特別行政區比較，行政長官是否更須向中央人民政府負責？

→ 第二款中「香港特別行政區」的意思是否指「最終向人民負責」？
→ 如行政長官須向中央人民政府負責的範圍並非第四十八條中所列，則應在本條中加以界定。

→ 對特別行政區負責指什麼？如解作對特別行政區的立法機關負責，則立法機關可採取適當行動制衡行政長官。
→ 對「特別行政區負責」比較空泛，如行政長官不對特別行政區負責，特別行政區可採取什麼行動？

第八稿

「**第四十三條　香港特別行政區行政長官是香港特別行政區的首長，代表香港特別行政區。香港特別行政區行政長官依照本法的規定對中央人民政府和香港特別行政區負責。**」
〔1990 年 2 月 16 日《中華人民共和國香港特別行政區基本法（草案）》〕

① **1989 年 11 月基本法諮詢委員會《中華人民共和國香港特別行政區基本法（草案）諮詢報告第三冊──條文總報告》**

【P119】
第四章
第一節　整體意見
1. 建議
1.1「行政長官」名稱改為：
→「主席」或「總督」。
理由：
⊙「行政長官」的稱謂不簡潔。
⊙「長官」帶有高高在上的意味。
→「總裁」。
理由：
⊙「行政長官」這個稱謂不適當。
⊙ 若認為「港督」這稱呼會令人想起殖民地時代，改稱為「總裁」會比較確切。
→「區長」或「行政首長」。
理由：「行政長官」這一名稱未能突出此職位的重要性。
→「行政領導會長」，而行政領導則稱為「行政理事會」。
理由：無地方封建色彩。更表現香港是一個超民主的社會。使行政長官在名譽上、心理上、意念上對獨裁有着戒心，就不會遺害民主，侵犯人權。

【P120-121】
第四十三條
2. 意見
2.1 正面
→贊成第二款。
2.2 反面
→ 香港特別行政區的行政長官不應向兩個機構負責。在出現利益衝突時，他須表明立場，或對某一方表示多一點支持。這會違背「一國兩制」的大原則。沒有行政長官在同時向兩個機構負責時，能奏效地履行其任務。所以，行政長官只應向香港特別行政區負責。
2.3 其他
→ 如行政長官的行為符合基本法精神，則他／她只須向港人負責。
理由：基本法已在一定程度規範了行政長官的行為，行政長官無須向中央負責。
→ 第二款的規定應以香港特別行政區先作考慮。
→ 應循另外一渠道向中央人民政府負責。
→ 在行政長官是向中央人民政府負責的情況下，他能否代表特別行政區是成疑問的。現時，港督代表女皇，並向她負責。日後，行政長官是應當向他／她所代表的香港特別行政區負責的。

3. 建議
3.1 刪除
→ 刪去第二款內「中央人民政府和」的字眼。

理由：否則與《中英聯合聲明》不符。
→ 刪去此條。
理由：根據《中英聯合聲明》，行政長官是向香港市民負責的。不明白為何行政長官可同時向中央人民政府負責。
3.2 修改
3.2.1 第一款
→ 改為：「香港特別行政區行政長官是香港特別行政區的首長，代表香港特別行政區接受中央人民政府的領導。」
→ 改為：「香港特別行政區的行政長官須依照本法向香港特別行政區人民負責。」
理由：行政長官對香港特別行政區負責，意義不夠明確。
→ 改為：「香港特別行政區長官只須對香港特別行政區負責。」
3.2.2 第二款
→「……和香港特別行政區負責」改為「……在香港特別行政區立法會負責。」
理由：
⊙ 原文對「負責」的規定流於空洞，形同虛設。
⊙ 行政長官須對可具體行動的機關（立法機構）負責。
⊙ 修改後可作為第七十二條第九項立法會彈劾行政長官的依據。
⊙ 行政長官對香港特別行政區負責的意思不夠明確。
→ 改為：「行政長官應向香港市民、行政會和立法會負責。」
理由：行政長官行事應以本港市民的意願和利益為依歸。
→「中央人民政府」改為「立法會」。
理由：根據《中英聯合聲明》，行政長官只應向立法機關負責，和遵守法律。
3.3 增加
→ 在第二款「和香港特別行政區負責」前加上「香港特別行政區立法機關」。
→ 增加一款：「香港特別行政區行政長官遵照中華人民共和國香港特別行政區的基本法規定，代表中央人民政府執行高度自治的行政管理權力，並貫徹推行香港特別行政區的安定與繁榮的既定國策，自一九九七年七月一日起五十年不變。」
3.4 其他
→行政長官不應向中央人民政府負責，而此條應當修改。
理由：《中英聯合聲明》中第三款（十二）條要求基本法規定中華人民共和國對香港的基本方針。在《中英聯合聲明》附件一（一）中，訂明了「行政機關必須遵守法律，對立法機關負責」。這是指全面又非有限的負責，並必須包括行政長官而排除對中央人民政府的負責。

4. 待澄清問題
→ 倘若中央人民政府及香港特別行政區利益互相抵觸時，行政長官將有何依據進行取捨？
→ 若中央人民政府與香港特別行政區政府有矛盾，行政長官最終是向哪個政府負責呢？
→「香港特別行政區」定義也見含糊，未能清楚界定所指為何？

「第四十三條　香港特別行政區行政長官是香港特別行政區的首長，代表香港特別行政區。香港特別行政區行政長官依照本法的規定對中央人民政府和香港特別行政區負責。」

〔1990 年 4 月《中華人民共和國香港特別行政區基本法》〕

香港特別行政區行政長官由年滿四十周歲，在香港通常居住連續滿二十年並在外國無居留權的香港特別行政區永久性居民中的中國公民擔任。

❁ 貳｜概念

1. 香港特區行政長官的資格
2. 年滿四十周歲
3. 在港居住連續滿二十年
4. 在外國無居留權
5. 香港永久性居民中的中國公民

❁ 叁｜條文本身的演進和發展

第一稿

第四章　第一節
「第二條　香港特別行政區行政長官由年滿四十周歲，在香港通常連續居住滿二十年的香港特別行政區永久性居民中的中國公民擔任。」
〔1987 年 8 月 22 日《政治體制專題小組的工作報告》，載於《中華人民共和國香港特別行政區基本法起草委員會第五次全體會議文件匯編》〕

① 1986 年 2 月基本法諮詢委員會《第二批研討會總結》

六、基本法結構初擬
4. 政府的架構：首長的產生，調動軍隊的權力，行政、立法、司法、財政制度、公務員。

※

② 1986 年 2 月基本法諮詢委員會《第四批討論總結》

四、政制方面
有些委員認為中英聯合聲明內談經濟部份太多，政制太少，所以基本法要側重寫政制部份，但如果寫得太詳細，則缺乏修改餘地，而太簡單，則又會說不清主要重點。個別委員建議在基本法內只闡述政制的大原則，而具體細節則以附件形式詳述。既可達到精簡原則，另一方面易於在港人手裡修改政制附件部份，而可能不需呈交中央通過。

六、基本法的內容較為特別的提議，對將來制訂基本法有參考價值
6. 中央與地方關係受到重視，應在基本法內詳細說明，是否成為一專項？……而個別委員認為在其他項目章節中已涉及中央及地方關係。例如：駐軍調動權與行政首長關係。行政長官在當地選舉或協商產生，由中央政府任命，均能具體體現「高度自治」精神。故無須另立一專項。

※

③ 1986 年 4 月 22 日《中華人民共和國香港特別行政區基本法結構（草案）》，載於《中華人民共和國香港特別行政區基本法起草委員會第二次全體會議文件匯編》

【P13】
第四章第一節　行政長官
（一）行政長官的產生和任免
（二）行政長官的任期
（三）行政長官的職權

※

④ 1987 年 8 月 22 日《政治體制專題小組的工作報告》，載於《中華人民共和國香港特別行政區基本法起草委員會第五次全體會議文件匯編》

【P38】
第四章　香港特別行政區的政治體制（討論稿）
第二條
說明：關於行政長官人選的年齡，有些委員認為，必須年滿四十五周歲；也有的委員認為，只須三十五周歲。關於行政長官人選在港居住年限，有些委員認為，只須連續住滿十五年。

第二稿 ▶

第四章　第一節

「第二條　香港特別行政區行政長官由年滿四十周歲，在香港通常連續居住滿二十年的香港特別行政區永久性居民中的中國公民擔任。」

〔1987年9月8日《第四章　香港特別行政區的政治體制（討論稿）》（1987年9月22日政制專責小組第二次會議附件一）〕

① 1987年9月2日《中華人民共和國香港特別行政區基本法起草委員會第五次全體會議委員們對基本法序言和第一、二、三、四、五、六、七、九章條文草稿的意見匯集》

【P28】
五、關於第四章　香港特別行政區的政治體制
3.第二條
有的委員認為，條文中規定行政長官須年滿四十歲是合適的。因為憲法規定國家主席須年滿四十五歲，特別行政區行政長官的年齡限制應比國家主席的年齡限制要略低一點。

※

② 1987年9月8日《第四章 香港特別行政區的政治體制（討論稿）》（1987年9月22日政制專責小組第二次會議附件一）

第一節　行政長官
第二條
說明：關於行政長官人選的年齡，有些委員認為，必須年滿四十五周歲；也有的委員認為，只須三十五周歲。關於行政長官人選在港居住年限，有些委員認為，只須連續住

滿十五年。

※

③ 1987年9月8日《中華人民共和國香港特別行政區基本法起草委員會第五次全體會議意見匯編》（1987年9月22日政制專責小組對第二次會議附件二）

【P1】
第四章　政制
一、關於第一節　行政長官
1.對本節總的意見
有些委員提出，行政長官的職權範圍與產生方式關係很大，現在行政長官如何產生沒有寫明，使有些條文很難討論。有的委員不同意這種意見，認為應先確定職權再考慮如何產生更為合適。有些委員介紹了政制專題小組的討論情況，說明對行政長官的產生問題已作過多次討論，只是意見比較分歧，暫不急於作出結論。

【P2】
3.關於第二條
有的委員認為，條文中規定行政長官須年滿四十歲是合適的。因為憲法規定國家主席須年滿四十五歲，特別行政區行政長官的年齡限制應比國家主席的年齡限制要略低一點。

第三稿 ▶

第四章　第一節

「第二條　香港特別行政區行政長官由年滿四十周歲，在香港通常連續居住滿二十年的香港特別行政區永久性居民中的中國公民擔任。」

〔1987年10月《第四章　香港特別行政區的政治體制（討論稿）》（政治體制專題小組工作文件）〕

① 1987年9月23日《政制專責小組對第四章第一節部份條文意見》（1987年9月29日政制專責小組第三次會議附件二）

（3）第二條
1.有意見認為「通常連續居住」所指含糊。故有建議只寫「連續居滿」。但有委員認為本港已有對這詞的判例。亦有委員建議草委應在法律上對這詞盡量釐定清楚。

2.有委員認為「行政長官由……擔任」及「主要官員由……擔任」這表達方式有問題。有建議用西式的句法，如「除非……，否則不可擔任……」。亦有建議改為「行政長官需要……」。總的來說對這條文意思沒有異議，只需字眼上的修改。

※

②《基本法諮詢委員會工商專業界諮委對未來香港特別行政區政府架構的建議》，載於1987年9月基本法諮詢委員會工商專業界諮委《未來香港特別

行政區政府結構建議》

【P17】
2.行政長官
2.2 行政長官的資格
行政長官必須由中國籍人士出任，並且必須已經在香港住滿二十一年。
有關居住年期的條件是希望保證行政長官非常熟識香港的情況和鞏固「港人治港」的原則。

※

③ 1987年10月《第四章　香港特別行政區的政治體制（討論稿）》（政治體制專題小組工作文件）

【P1】
第一節　行政長官
第二條
說明：關於行政長官人選的年齡，有些委員認為，必須年滿四十五周歲；也有的委員認為，只須三十五周歲。關於行政長官人選在港居住年限，有些委員認為，只須連續住滿十五年。

草委會第五次全體大會分組討論：
有的委員認為，條文中規定行政長官年須滿四十歲是合適的。因為憲法規定國家主席須年滿四十五歲，特別行政區行政長官的年齡限制應比國家主席的年齡限制要略低一點。

第四稿

「第四十四條　香港特別行政區行政長官由年滿四十周歲，在香港通常連續居住滿二十年的香港特別行政區永久性居民中的中國公民擔任。」
〔1987 年 12 月基本法起草委員會秘書處《香港特別行政區基本法（草案）》（匯編稿）〕

① 1987 年 11 月 11 日《政制專責小組與政制組草委交流會（十一月十日）上諮詢委員對草委的建議》（1987 年 11 月 17 日政制專責小組第七次會議附件一）

1. 對條文之意見
（1）第一節　行政長官
①第二條
有委員認為年「滿」這詞很含混，是否可依照居民組的修改，改為若干年「以上」。

　　　　　　　　　　　　※

② 政制專責小組《對基本法第四章條文草稿（一九八七年十一月）的意見（一）》（1987 年 11 月 23 日經執行委員會通過）

【P1】
（編者按：內容同上文）

第五稿

「第四十五條　香港特別行政區行政長官由年滿四十周歲，在香港通常居住連續滿二十年的香港特別行政區永久性居民中的中國公民擔任。」
〔1988 年 4 月基本法起草委員會秘書處《中華人民共和國香港特別行政區基本法（草案）草稿》〕

① 《各專題小組的部份委員對本小組所擬條文的意見和建議匯輯》，載於 1988 年 4 月基本法起草委員會秘書處《中華人民共和國香港特別行政區基本法（草案）草稿》

【P65】
第四十五條
有的委員建議將本條改為：「香港特別行政區行政長官由年滿四十周歲，在香港通常居住滿二十年，就任前連續居住十年的香港特別行政區永久性居民中的中國公民擔任。」

第六稿

「第四十四條　香港特別行政區行政長官由年滿四十周歲，在香港通常居住連續滿二十年的香港特別行政區永久性居民中的中國公民擔任。」
〔1988 年 4 月基本法起草委員會《中華人民共和國香港特別行政區基本法（草案）徵求意見稿》〕

① 《各專題小組的部份委員對本小組所擬條文的意見和建議匯輯》，載於 1988 年 4 月基本法起草委員會《中華人民共和國香港特別行政區基本法（草案）徵求意見稿》

【P55】
第四十四條
（編者按：內容同第五稿文件①）

第七稿

「第四十四條　香港特別行政區行政長官由年滿四十周歲，在香港通常居住連續滿二十年的香港特別行政區永久性居民中的中國公民擔任。」
〔1989 年 2 月《中華人民共和國香港特別行政區基本法（草案）》〕

① 1988 年 6 月 6 日《政制專責小組 1 與草委交流會會議紀要》

1. 諮委對有關行政長官條文的意見
1.1 第四十四條
1.1.1 有委員認為「年滿 40 周歲，在香港通常居住連續滿 20 年」的定義並不清楚。
1.1.2 有委員詢問「連續滿 20 年」應怎樣計算。

　　　　　　　　　　　　※

② 1988 年 8 月基本法起草委員會秘書處《香港各界人士對〈香港特別行政區基本法（草案）徵求意見稿〉的意見匯集（一）》

【P24】
第四十四條
1. 年齡限制可刪。

2. 在規定年齡下限的同時，還應規定上限。

3. 在「滿二十年」後加：「並通曉粵語及英語」。

③《基本法諮詢委員會政制專責小組對基本法（草案）徵求意見稿第四章的意見匯編》，載於1988年10月基本法諮詢委員會《中華人民共和國香港特別行政區基本法（草案）徵求意見稿諮詢報告（1）》

【P107】
3.有關條文討論
3.1 第四十四條
3.1.1 有委員認為，「年滿四十周歲，在香港通常居住連續滿二十年」的定義並不清楚，但未能清楚界定那些在港出生、二十一歲離港而三十九歲返回特別行政區的人是否可以競選行政長官。
3.1.2 有委員建議在條文內加上對行政長官的健康、精神及最高年齡的限制。

④1988年10月基本法諮詢委員會《中華人民共和國香港特別行政區基本法（草案）徵求意見稿諮詢報告第五冊──條文總報告》

【P196】
第四章　整體意見
8.政府官員的資格
→ 行政長官、行政會議成員、立法會議主席及主要官員均規定須由特別行政區永久性居民中的中國公民出任，是理想的設計。

【P207-210】
第四十四條
2.意見
2.1 整體
→ 贊成本條文。
→ 不能接受此條。
理由：剝奪了其他香港合法永久居民的政治權利。
2.2 年齡限制
2.2.1 不宜規定年齡
→ 無須註明由年滿四十周歲人士擔任。
→ 行政長官不應有年齡限制。
理由：
⊙ 行政長官無須年滿四十周歲，只要他是一個能幹和負責任的人便可。
⊙ 一個人的知識和經驗不一定與年齡成正比。
⊙ 其他條文已對行政長官的資歷加以限制，而年齡並非測量行政能力的主要因素。
⊙ 限制了香港居民對社會作出貢獻。
⊙ 年輕人應被考慮。
⊙ 行政長官年紀太大，思想可能比較守舊，會造成政府年老化。
2.2.2 上限與下限
→ 年齡的上限與下限都可不作規定。
→ 行政長官的最低年歲毋須由基本法規定，最高當選年齡則不應超過六十五周歲，如在任內達六十五周歲，則不可連任。
→ 年齡只有下限（至少滿四十周歲）而無上限不合理。
理由：掌握最高權力者的健康、體力和心態都極重要，如年齡上限不加限制，流弊易生。
→ 應放寬下限。
理由：

⊙ 社會急速發展，將來是有衝勁的年青人世界。
⊙ 限制了青年人的參與。
→ 四十周歲的規定太年輕。
理由：四十周歲才是人生的盛年，作為行政長官必須有一定的經驗，由太年青的人士擔任，似乎並不理想。
→ 下限年齡應提高至四十五周歲。
理由：
⊙ 五十周歲才算中年，四十周歲仍屬青年，在政治上談不上成熟。
⊙ 四十周歲太年青，四十五周歲才夠老練。
→ 行政長官應年滿五十周歲。
→ 行政長官的最低年齡應以四十五或五十周歲為佳。
→ 法定成年人即可參選行政長官，年齡的上限為七十周歲。
2.3 居港期
→ 「通常居住連續二十年」一詞應加以界定，否則，一個對香港近況不甚瞭解的人也有可能被選為行政長官。
→ 行政長官在就任前連續在港居住十年即可。
理由：即使在港居住了二十年，但如離港太長時間，對香港之瞭解可能已脫節。
→ 將住滿二十年的參選資格縮短，以便更多人才能參選。
→ 沒有把香港土生土長的公民放在優先之列，與「港人治港」之原則有所背離。
→ 應由在香港出生之人士擔任。
→ 行政長官在港居住時間長，不一定代表其對香港有歸屬感。
2.4 國籍
→ 特別行政區行政長官必須是中國籍的香港永久性居民，否則應先行放棄原國籍並歸化入中國籍和取得香港永久性居民資格。
→ 行政長官不可擁有雙重國籍。
→ 行政長官只須為本港永久性居民即可，不須為中國公民。
→ 行政長官只需是有才華及能為廣大市民服務者便可，雙重國籍也可接受。
2.5 其他意見
→ 行政長官應是年滿五十一周歲，連續居港不少於三十五年的中國籍香港永久性居民。
理由：
⊙ 保證他對香港有歸屬感。
⊙ 人生經驗豐富。
⊙ 瞭解香港的生活環境。
→ 各國各地合法選民的選舉權與被選舉權在年齡與居住時間等規限多是相同的，不應就個別職位作出不同的要求。
→ 除了四十周歲和香港特別行政區永久居民的規定外，便沒有其他對行政長官資格的規限；但對其他資格的規限應該有仔細擬訂。
→ 凡中國駐港機構人員或屬於中國共產黨員不可出任行政長官一職。
→ 因外出旅遊或公幹而不在香港一段時間的居港期計算應有較明確的規定。例如，十年內外出時間在一年以下者應可計算在內。

3.建議
3.1 刪除
→ 刪去「通常」一詞。
理由：由於「通常」一詞後配有「居住連續滿二十年」，因此「通常」一詞並無太大作用。
→ 刪去「連續居住二十年」中「連續」二字。
理由：限制了那些自小離開香港，在外國接受教育及行政決策訓練的人才當行政長官。
3.2 修改
→ 改為：「香港特別行政區行政長官由年滿四十周歲，

就任前在香港通常居住滿二十年的香港特別行政區永久性居民中的中國公民擔任。」
理由：行政長官作為特區首長，需要對香港事務熟悉。
→ 就以上的建議加上：「並在就任前，已連續定居於香港不少於五年」的規定。
理由：避免離港多年，不熟悉香港近況的人士回港參選。
→ 加上：「就任前連續居住十年」的規定。
理由：使特別行政區行政長官對香港情況更熟悉。
→ 加上：「且任職前須在香港通常居住連續滿十五年」的規定，並取消「在香港通常居住連續滿二十年」的規定。
→ 加上：「並沒有擁有非中國國籍」的規定。
理由：防止出現雙重效忠及政治特權的情況。
→ 在「四十周歲」後，改為「在香港通常居住滿二十年，就任前連續在香港居住十年的香港特別行政區永久性居民擔任。」
→ 改為：「……年滿法定年齡……居住連續二十一年……。」
理由：值得考慮的是質素而非年歲。
→ 將四十周歲，改為「依法規定」。
理由：四十周歲並不是重要條件。

→ 將「……永久性居民中的中國公民擔任。」改為「……永久性居民中香港出生的中國公民擔任。」
→ 將「中國公民」和「永久性居民」改為：「在香港出生的中國人」。
3.3 增加
→ 在第二句句首加「就任前」三字，即「就任前在香港通常居住連續滿二十年的香港特別行政區永久性居民中的中國公民擔任。」
理由：避免有些人士雖具備「在香港通常居住連續滿二十年」的資格，但「就任前」離開香港太久，根本對香港當時的事務並不熟悉。
→ 加上「就任前連續居住十年」的規定可以保證行政長官瞭解香港的事務。
→ 加上「……在香港通常居住連續滿二十年並通曉粵語及英語的香港特別行政區永久性居民中的中國公民擔任。」

4. 待澄清問題
→ 持有「英國國民（海外）護照」的香港人是否中國公民？能否出任特別行政區行政長官呢？
→ 「通常居住」的規定應有清楚的定義及具體規定。

第八稿

「第四十四條　香港特別行政區行政長官由年滿四十周歲，在香港通常居住連續滿二十年並在外國無居留權的香港特別行政區永久性居民中的中國公民擔任。」
〔1990 年 2 月 16 日《中華人民共和國香港特別行政區基本法（草案）》〕

① 1989 年 2 月 15 日姬鵬飛《關於提請全國人大常委會審議〈中華人民共和國香港特別行政區基本法（草案）〉及有關文件的報告》

三、關於香港特別行政區的政治體制
（三）……此外，基本法（草案）還規定，行政長官、政府主要官員、行政會議成員、立法會主席、終審法院和高等法院的首席法官都必須由香港特別行政區永久性居民中的中國公民擔任。這是體現國家主權所必需的。

※

② 1989 年 11 月基本法諮詢委員會《中華人民共和國香港特別行政區基本法（草案）諮詢報告第三冊──條文總報告》

【P122-123】
第四十四條
2. 意見
2.1 年齡限制
→ 贊成「年滿四十周歲」的規定。
理由：
⊙ 確保行政長官有一定的閱歷和經驗。
⊙ 重要的職務一般都有一定的年齡限制。
→ 反對「年滿四十周歲」的規定。
理由：
⊙ 剝奪了青年擔任行政長官的權利。
⊙ 基本法中其他條文已對行政長官的資歷加以限制，故規定年齡並不是行政能力的最佳指標。
⊙ 年齡限制只會阻礙香港居民對香港的貢獻。
⊙ 只要有足夠領導才能及符合選民資格便可被選為行政長官。
→ 行政長官必須有年齡限制，不能超過六十五歲（或七十歲以下）。
2.2「中國公民」的限制

→ 反對由「中國公民」出任的規定。
理由：剝奪非中國籍永久性居民擔任此職位的機會。
2.3 其他
→ 一九九七年後，行政長官應是：（1）香港出生；或（2）非香港出生，但在一九七五年前已在港居住，期間沒有中斷、未曾回內地居住，應具有效證據證明上述情況屬實。
→ 行政長官須在港住滿八至十年才可參選。
→ 行政長官須為香港中國人，有高尚人格、有領導才能和愛國心。
→ 行政長官候選人必須為香港永久性居民，居港十年或以上，並在香港政治架構（如市政局、立法局或行政局）任職議員達五年或以上。
→ 這種界定會摒除很多駐港的中國共產黨員出任行政長官的機會。

3. 建議
3.1 刪除
→ 刪去「年滿四十歲，」的字眼。
理由：年齡與履行行政長官職責的能力並無必然的關係。
3.2 修改
→ 第一行改為「……在香港出生及通常……」。
→ 「四十周歲」改為「三十周歲」。
→ 「四十周歲」改為「三十五周歲」，「居住連續滿二十年」改為「居住連續滿十五年」。
→ 「四十周歲」改為「四十五周歲」。
理由：四十周歲較年輕，未能把握及處理周圍的事情。
3.3 增加
→ 在「香港通常……」前加上「就任前」三字。
理由：避免有人雖具備「在香港通常居住連續滿二十年」的資格，但因「就任前」離開香港太久，而根本對香港當時的事務不熟悉。

4. 待澄清問題
→ 「連續居住滿二十年」中的二十年是指生命裡任何一個二十年，抑或特別指成年以後的連續居住期？
→ 「連續」一詞何解？什麼才算「不連續」？離開香港

第九稿

「**第四十四條　香港特別行政區行政長官由年滿四十周歲，在香港通常居住連續滿二十年並在外國無居留權的香港特別行政區永久性居民中的中國公民擔任。**」

〔1990 年 4 月《中華人民共和國香港特別行政區基本法》〕

① 1990 年 2 月 19 日姬鵬飛《關於〈中華人民共和國香港特別行政區基本法（草案）〉及有關文件的修改情況報告》

三、在有關香港特別行政區行政長官、行政會議成員、立法會主席、政府主要官員、終審法院和高等法院首席法官以及基本法委員會香港委員的資格規定的條款中加上了「在外國無居留權」的限制。

※

②姬鵬飛《關於〈中華人民共和國香港特別行政區基本法（草案）〉及其有關文件的說明》（1990 年 3 月 28 日第七屆全國人民代表大會第三次會議）

四、關於政治體制
（四）關於香港特別行政區行政長官、行政會議成員、立法會主席、政府主要官員、終審法院和高等法院首席法官以及基本法委員會香港委員的資格。草案的有關條文規定，擔任上述職務的人必須是在外國無居留權的香港特別行政區永久性居民中的中國公民。這是體現國家主權的需要，也是體現由香港當地人管理香港的原則的需要，只有這樣才能使擔任上述職務的人切實對國家、對香港特別行政區以及香港居民負起責任。

香港特別行政區行政長官在當地通過選舉或協商產生，由中央人民政府任命。

行政長官的產生辦法根據香港特別行政區的實際情況和循序漸進的原則而規定，最終達至由一個有廣泛代表性的提名委員會按民主程序提名後普選產生的目標。

行政長官產生的具體辦法由附件一《香港特別行政區行政長官的產生辦法》規定。

❀ 貳│概念

1. 香港特區行政長官的產生辦法
2. 實際情況和循序漸進的原則
3. 有廣泛代表性的提名委員會
4. 按民主程序提名
5. 普選產生

❀ 叁│條文本身的演進和發展

第一稿▶

第四章　第一節
「第三條　香港特別行政區行政長官的產生（待擬）。」
〔1987 年 8 月 22 日《政治體制專題小組的工作報告》，載於《中華人民共和國香港特別行政區基本法起草委員會第五次全體會議文件匯編》〕

① 1986 年 2 月基本法諮詢委員會《第六批研討會總結》

應詳細說明的問題包括：
（1）中央與地方的關係，對於國防及外交事務的定義，應在基本法中界定清楚，其他如駐軍、行政首長的產生與罷免，中央在對外有關經濟關貿及稅制談判中給予特別行政區何種程度的自主權及香港如何參與人大等問題也應加以闡述；

※

② 1986 年 4 月《香港各界人士對〈基本法〉結構等問題的意見匯集》（基本法起草委員會第二次會議參閱資料之一）

【P38-40】
二、有關行政長官的問題
1. 行政長官的產生和罷免
（1）行政長官可由功能團體選舉產生。

（2）行政長官由選舉團選舉產生。選舉團由在港全國人大代表、政協委員和香港立法機關議員組成，選舉行政長官。

（3）組織一個臨時性選舉委員會來選舉行政長官，其成員應有代表性，有威望。

（4）組織一個十人特別委員會，負責向中央提出三名行政長官候選人，由中央決定任命一名。委員會成員的百分之五十來自立法局，百分之五十由在港人大代表和政協委員出任。

（5）行政長官由立法機關互選產生，可使行政機關的負責性得以建立，而同時亦避免行政長官與立法機關出現矛盾的危險。

（6）由立法機關產生行政局，由行政局推選行政長官。

（7）由港人協商推薦行政長官候選人，中央批准。

（8）從高級公務員中挑選行政長官，中央任命。

（9）由顧問院協商提名，中央任命。

（10）第一屆行政長官由中英聯絡小組提名若干人，全港普選產生。

（11）行政長官和各部門負責人應採取推薦、協商、間接選舉和委任等形式，才能爭取賢能之士為香港效力。

（12）選舉香港特別行政區首長，由特別行政區功能團體、組別團體、直接選舉三種方式產生。

（13）行政長官由協商產生。協商團由行政局全體非官守議員、立法局全體議員、功能團體、社會團體組成，以協商為基礎，商討合適的人選，必要時以一人（或單位）一票的方式選出。

（14）行政長官應由選舉產生而不應協商產生，因為這樣才符合「港人民主治港」的原則。而在行政長官由選舉產生的基礎上，我們則主張由立法機關的議員互選產生，而不贊成單獨進行一次行政長官直接選舉。因為第一，香港地方小，不宜進行太多政治選舉；第二是行政長官由民選立法機關產生，既使行政長官具有民選的根源，也使行政與立法較協調，有利於香港求取繁榮穩定所需的效率。

（15）中央對行政長官的任命，應是實質性的，中央可以否決香港特別行政區對行政長官的提名。

（16）中央對行政長官的任命可以只是形式的，無否決權。

（17）行政長官代表國家主權，不是由立法機關產生，所以行政長官的罷免權應在中央。香港立法機關無此權力。

（18）立法機關百分之七十五票數通過，可罷免行政長官職位，另選人接任。

（19）行政長官違法，立法機關百分之七十五票數通過，可建議中央罷免。

※

③1986年4月15日《政制專責小組第二分組總結》

4.委員們對政制方面，立法機關產生的選舉和行政長官產生方式有以下各種意見：
（4）有委員建議行政長官應在立法機關內部選舉產生，原來是較低級的公務員，也可以通過選舉後擔任行政長官。

（5）有委員不同意行政長官由某一方面委任或協商產生，因為香港人心理上不一定會接受。

（6）有幾位委員建議以不同方式成立選舉團或選舉委員會負責選舉行政長官。

※

④1986年4月15日《政制專責小組第三分組總結》

對行政長官和司級官員產生的看法
委員們均認為中英聯合聲明對經濟方面講得較具體，但政制方面卻講得簡單。那是因為目前香港的政制尚在變革中，將來發展到何等的地步，實難以預料，故中英聯合聲明對此保留了彈性。
委員討論了中英聯合聲明附件一關於行政首長及司級官員產生的說法，委員琢磨字裡行間的含義，似感到權在香港，但又不盡在香港，很困惑，從「任命」及「報請中央人民政府任命」等字眼中使人感到中央的任命僅是循例式，如果中央不同意可以要求香港重新提名任命，中央當不會妄自指定某人任職。但是否真的這種意思？委員們希望不是猜想，並能在基本法中有清楚的闡述。

※

⑤1986年4月22日《中華人民共和國香港特別行政區基本法結構（草案）》，載於《中華人民共和國香港特別行政區基本法起草委員會第二次全體會議文件匯編》

【P13】
第一節：行政長官
（一）行政長官的產生和任免

※

⑥1986年5月13日《政制專責小組第三次會議總結（第二分組）》

三、行政長官及行政機關：
按中英聯合聲明，行政長官通過選舉或協商產生，但有委員反對用協商方法，恐怕被某些集團壟斷整個政府架構；但另有委員則認為，我們應首先對中央政府具信心，因他們也不想香港走下坡。至於具體方法，有委員建議，也可採取直接與間接選舉混合的方式選出行政長官，例如由立法局議員投票佔49%，全民投票佔51%；又或者由立法局議員、市政局議員、區議員及有代表性的界定團體等幾方面組成的選舉團選出行政長官，再經最高當局認可。此外，還有委員提出關於將來行政長官的權力應多大的問題。有些人就是怕其權力過大，然而權力被過分削弱亦會使其工作受到太多掣肘；有些委員則認為，行政長官向立法機關負責，立法機關有罷免權，例如三分之二投不信任票即要下台。

※

⑦吳夢珍《對香港特別行政區政制模式的建議》，載於1986年5月13日《政制專責小組第三次會議總結（第二分組）》

（編者按：此文件乃依香港大學法學院圖書館的歸檔順序處理出處）

【P4】
行政首長的產生
根據中英聯合聲明，行政首長必須「在當地通過選舉或協商產生，由中央人民政府任命」，簡而言之，現在港督由英國委任的方法，在九七年後必須修改。
我認為行政首長的產生需要有各方面的參與，以取得整體社會的支持。
首屆行政首長產生過程可由中英聯絡小組會同行政、立法兩局以及當時的行政首長提名若干候選人，由中央人民政府作最後決定委任。
這個模式的好處是：由於中央政府與香港特區人士共同協

商決定人選，可以避免日後中央與地方的矛盾。

而行政首長的任期亦應有限，但可以比立法議員任期稍長。

第二屆及以後各屆行政首長的產生，除了中英聯絡小組不再參與提名候選人外，仍可用以上所提方法產生。

※

⑧ 1986 年 5 月 13 日《政制專責小組第三次會議總結（第三分組）》

一、對中英聯合聲明有關政制論述的看法：
有委員認為，目前港人對政制爭論點是中英聯合聲明附件一所提的關於行政長官的產生方式，以及行政機關必須向立法機關負責的字眼。他認為，既然中英聯合聲明沒有講明行政長官由立法機關產生，則可以理解為行政長官是以另一種方法產生。但有委員不同意，他認為，中英聯合聲明對行政長官的產生過程雖然沒有交代，但不等於否定立法機關產生行政長官的可能性。

二、未來政制的構想：
有委員認為，目前輿論界對行政長官的產生有幾種建議：（1）由立法局產生；（2）由顧問院產生；（3）由直接選舉產生。其實這三者有利也有弊，可否先瞭解外國政制的情況，衡量其優劣，並從中找尋一種適合香港的政制模式。

有委員則認為，香港身處亞洲，可以討論一下亞洲一些先進國家的政制情況，以利我們設計未來的政制。

※

⑨ 1986 年 5 月 13 日《政制專責小組第三次會議總結（第四分組）》

3. 立法機關和行政長官的產生
多位委員認為兩者的產生全部用普選選舉的方式，並不適合香港。又認為短期內實行全面的直接選舉帶有一定的危險性。間接性的功能團體選舉比較好。個別委員認為將來的選舉除了應保留較有代表性的功能團體選舉，應改進目前選舉團的選舉，並加上要有一定比例的直接選舉，但直接選舉所佔比例一定要小。

有一位委員認為，既然是「一國兩制」，香港是資本主義社會，所以政制一定要做到保護資本家之利益。

多位委員認為未來的行政長官必須有一定的權力，否則很難有一個以行政為主導、高效率的政府。

行政長官的產生，如在立法機關內互選產生，有委員認為會失去行政、立法機關各自的獨立性。因此認為在選舉立法機關議員的同時，選出行政長官，這樣就可以保持行政、立法的地位相等，不會有誰附屬誰的問題。

有委員建議應組織兩個團體，一為提名委員會，根據行政長官必須具備的條件及資歷，先由其提名為候選人。二為選舉團，行政長官由選舉團選出。提名委員會和選舉團的產生，可以用功能團體選舉和部份直接選舉產生。

個別委員提出，將來諮詢委員會解散後，原有的人還可以組成選舉團，因大家都來自各團體、各階層，有一定的代表性，從中選出行政長官是方法之一。

※

⑩ 1986 年 6 月 26 日《政制專責小組第四次續會會議紀要（第二分組）》

是次會議集中討論直接選舉、功能團體選舉、選舉團選舉以及委任制度的形式。

1. 直接選舉
1.1 贊成直接選舉的意見如下：
1.1.1 若直接選舉採分區形式進行，建議將全港分為十個選區，以五十萬人為一個選區，這樣可選出政綱較溫和的人士，因為如果選區太細，多數被選者會來自草根階層。
1.1.2 以區議會選舉為例，社工和教師所佔的議席只是百分之二十，因此直接選舉不會令草根階層人士佔多數的現象產生。
1.1.3 政黨不是社會矛盾的根源。
1.1.4 有很多實行直接選舉的國家很安定和繁榮，例如日本。香港市民教育水準其實相對地提高，投票率也會提高。

1.2 反對直接選舉的意見如下：
1.2.1 分區直接選舉會產生地區性政黨，令社會引起混亂，加上香港地方小，地區性選舉可能產生只有片面性意見的人士。
1.2.2 直接選舉未必可以發掘到全面的人才，因為有不少有識之士是不會參與選舉的，縱使參加也未必獲選，所以如果立法機關的成員大多由直接選舉產生的話，便會造成立法機關由草根階層支配的不適當現象。
1.2.3 因為立法機關的職權大，如果直接選舉會造成政黨的產生，政黨之間便會出現衝突，影響社會穩定和繁榮。
1.2.4 直接選舉與民主意識有關。如果選民的民主意識不強，辨識力低，很難讓人對這種形式抱有信心。
1.2.5 有很多公民教育程度高的西方國家，在實行直接選舉後，社會的情況不見有好轉，所以香港的環境未必容許直接選舉的推行。

2. 功能團體選舉
委員大致同意功能團體選舉有很多優點，值得保留，比率由三分之一至百分之四十；但也有委員認為功能團體代表的視野不夠全面。

3. 選舉團選舉
有委員建議設立選舉團，以補直接選舉和功能團體選舉之不足。至於形式方面，委員認為有需要防止現存選舉團的流弊。

4. 委任制度
有委員認為政府需要全面的人才，委任制度可讓這類人士進入立法機關，由於他們不需向選民負責，在辦事上便少了掣肘。有委員提出特區政府可實行半委任性制度，以免違反中英聯合聲明。

※

⑪《行政長官的產生和任免》（1986 年 7 月 8 日政制專責小組第五次會議附件二）

在理論上，行政長官產生的方法有多種，現歸納如下作為討論：
（a）一人一票的全體選民普選方法
（b）由立法機關互選產生
（c）用一人一票選舉方式，但候選人需由一個「提名團」提名
（d）用「選舉團」方式（包括提名和選舉候選人）
（e）由「提名團」提名候選人名單，由「選舉團」選舉
（f）以協商方式產生

討論摘要：
（a）一人一票的方式是否符合香港社會的傳統習慣和需要？

（b）一人一票的方式是否會引起政黨組織的出現？

（c）為了要爭取大多數人的支持，候選人是否會提議不切實際的福利計劃？

（d）「提名團」及選舉團的組成問題及是否可行？它的成員可來自功能團體，立法局、市政局、區域議局和區會等機構，他們本身應不可成為候選人，以他們的經驗和資歷，是否可以提名最適當的行政長官候選人，然後由選民或「選舉團」投票選舉。

（e）由立法機關選出行政長官，是否令後者從屬於前者，而且與三權分立的原則相反？

（f）以協商方式產生行政長官是否實際及其利弊之所在？

※

⑫ 1986 年 7 月 8 日政制專責小組第五次會議參考文件一

（編者按：本文件乃委員或團體對行政長官的產生辦法的意見全文，其摘要版見第一稿文件⑰《各政制構想》）

※

⑬ 1986 年 7 月 8 日《政制專責小組第五次會議紀要（第二分組）》

5. 有委員認為行政長官不應由立法機關產生，因為這會影響立法機關成員間的關係，如有政黨出現，問題便會更嚴重。

※

⑭ 1986 年 7 月 25 日《政制專責小組第五次會議續會紀要（第一、三分組）》

【P2-3】

1. 行政長官的產生

1.1 協商或選舉產生行政長官：

委員認為根據中英聯合聲明附件一所載「香港特別行政區行政長官在當地通過選舉或協商產生」，清楚說明無論是選舉或協商，都是由當地人進行，中央不會干預或介入。

1.1.1 有委員認為不應該立即剔除協商產生的可能性，若定得太死反而是一種限制。

1.1.2 有委員認為政制改變是漸進的，在初期應容許有協商產生，再逐步發展為選舉產生，才較合理。

1.1.3 有委員反對以協商產生，但不排除在選舉過程中有協商成份。

1.2 立法機關選出行政長官：

1.2.1 有委員認為由立法機關選出行政長官可減少矛盾，且有足夠代表性。

1.2.2 有委員認為從現實經驗看，由立法機關選舉行政長官這類的方式會製造爭端及對立。

1.2.3 有委員認為由立法機關選出行政長官會導致立法機關缺乏限制行政長官的權力；而且在具體政策上，若立法機關有大量的功能團體議席，行政長官未必有足夠實力贏取議員的大多數贊成。

1.3 選舉團選行政長官：

1.3.1 有委員提議選舉團可由各級議員、功能組別、人大代表等組成，以選出行政長官，則行政長官既具代表性，又可協調各階層利益。

1.3.2 有委員認為選舉團有兩個問題：

（1）選舉團名單的決定會引起紛爭，亦容易導致中央介入。

（2）選舉團若每五年選一次（假設行政長官任期為五

年），則每五年便有一次爭端；若選舉團不解散，則容易變成另一權力中心。

1.4 一人一票選出行政長官：

委員認為一人一票選出行政長官會導致行政長官有太大權力，故此有委員提議，若要用直選方式，則要限制候選人的資格，如要是曾任或現任立法議員；或經由立法局提名等。

※

⑮ 1986 年 7 月 25 日《政制專責小組第五次續會會議紀要（第二、四分組）》

【P4-5】

本次討論主要集中在行政長官的產生方法。

1. 一人一票的全體選民普選方法：

1.1 個別委員贊成用這方法產生行政長官，藉此讓普羅大眾有機會參與，再加上由全民選舉產生的行政長官會很有代表性，從而使他更具威望，與立法機關（由選舉產生）享有同等地位；

1.2 有委員認為一人一票的直接選舉應是產生行政長官的理想辦法，但目前香港人的教育水平不高，政治意識薄弱，所以實行直接選舉是不切實際的，而且行政長官是講求實力和行政才能，而不是代表性；

1.3 個別委員認為，直接選舉有利壓力團體。

2. 由立法機關互選產生：

2.1 贊成者的意見如下：

2.1.1 行政長官可以向立法機關負責；

2.1.2 因為立法機關的成員由多種混合選舉方式產生，所以由立法機關互選產生的行政長官可照顧到各方面的利益；

2.1.3 如果行政長官得到立法機關的擁護和支持，行政機關與立法機關便不會互相對抗，影響行政效率；

2.1.4 如果立法機關的產生已能讓大眾有足夠的參與，大眾便能間接地參與行政長官的產生；

2.1.5 如果從務實的觀點出發，由立法機關互選產生行政長官是可行的；

2.1.6 如果行政長官是由立法機關互選產生，行政長官的能力便可得到瞭解。

2.2 反對者的意見如下：

2.2.1 恐怕會令立法議員為爭取出任行政長官而引起混亂的局面；

2.2.2 如果行政長官為了要爭取立法機關的支持（如希望連任），便會變成後者的從屬。

3. 用一人一票選舉方式，但候選人需由一個提名團提名：

3.1 關於提名團的產生，有委員認為提名團應有些當然成員，如人大代表、政協代表、立法議員等以防出亂子，而其他組成人員應是一些有超然地位的長者，有豐富經驗的人士，大機構的代表等；至於人數方面，有委員認為不應太多，也不應太少，具體數字沒有定論；

3.2 關於提名團的作用，有委員認為提名團可控制候選人的人數，保證候選人的質素達一定標準，以及提名一些有才幹而不會主動參選的人士；

3.3 關於提名方法，有委員提出如要具體定出候選人的資格是很困難的；另有委員提出提名方法可包括自薦方式；

3.4 贊成這方式的委員認為這方式可減低提名團的利益，出現偏私的情形，另外，這方式限制了大眾的直接參與；還有委員提出縱使提名團可以提名一些人才作為候選人，但如果這些人沒有政治抱負，也是徒然的；

3.5 有委員贊成用提名方式提名候選人，但不贊成用一人一票的選舉方式，認為用選舉團會較理想，而選舉團必然

要比提名團大，而成員須包括立法議員和大機構的代表。

4.用選舉團方式（包括提名和選舉候選人）：
4.1 個別委員贊成採用這方式，因為提名團和選舉團是很難加以分開。

5.由提名團提名候選人名單，由選舉團選舉：
5.1 有委員提出有需要把提名團和選舉團分開，因為這會比較公正。

6.以協商方式產生：
6.1 至於從協商產生行政長官的方式，有委員表示不贊成，因為恐防行政長官會因此由中央間接委任；委員對協商的人選和方法未能達到共識。

※

⑯ 1986 年 8 月 2 日《草擬政制的原則》〔1986 年 8 月 6 日政制分批研討會（第三批）討論文件一〕

【P2】
2.對選舉方式的看法：
2.1 選舉方式
2.1.1 委員認為直接選舉、間接選舉、功能團體選舉、選舉團選舉、差額選舉、協商等均是可行的方式，但應按一定比例，幾種選舉方式一起採用。
2.1.2 但有委員偏向間接選舉，而不贊成直接選舉，尤其在開始階段，因港人對選舉仍是冷感的，而另有委員認為港人對選舉的認識有限，對被選舉人的背景亦會不清楚，故直接選舉不甚適宜，而間接選舉較可以維持穩健的政府，否則便會構成突變。
2.2 選舉事務委員會
應由中國政府委任一個選舉事務委員會，處理選舉事務。
2.3 選舉團改用直接選舉
2.3.1 有委員贊成以區議員出任。
2.3.2 另有委員則認為不必是區議員出任，確使選舉範圍更開放。
2.4 反對顧問團的選舉方式
由於顧問團的選舉方式與現時的選舉法相差太大，未必適合香港。
2.5 比例代表制
參選人組成一團，成功後按票數分派議席，其好處在於不用擔心參選人藉着與該區有良好的關係因而取得較多的席位。這樣選出的議員應是受全港支持的人物。

※

⑰ 1986 年 8 月 4 日《各政制構想》（1986 年 8 月 12 日政制專責小組第六次會議討論文件一）

【P7-17】
方案（一）陳弘毅《明報》（25/1/86）
行政長官產生方式：
行政長官由行政局成員協商，互選產生，再由中央政府任命。行政局成員由立法機關互選產生。
構思原則：
（1）保留現行政制優點。
（2）目前政制需要適當地變。
（3）必須同時照顧到香港社會內部各階層的利益及中央政府的意願。
（4）政制運作要高度穩定，盡量減少不同利益的對立及表面化。避免中央與香港社會潛在矛盾的（編者按：原件不清，缺下文。）

備註：
成立一個由中央特區代表聯合組成的特別行政區委員會，進行審議由行政長官提交的有關可能違反基本法內關於中央特區權力劃分的部份。

方案（二）鄭宇碩《明報》（23/2/86、24/2/86）
行政長官產生方式：
由立法機關選舉，再由中央程序上委任。候選人必須得十位立法議員提名，以多輪投票，逐次淘汰一位候選人，直至其中一位取得過半數選票當選。
構思原則：
（1）政制改變要循序漸進。
（2）政府要穩定，有效率。
（3）政府必須受有效民主監督。

方案（三）太平山學會文件（4/86）
行政長官產生方式：
行政機關的主要官員透過立法局選舉產生，組成行政委員會，任期四年，實行集體領導，重要事務均須集體議決，及少數服從多數處理分歧。候選人必須是現任的立法機關成員或是競選連任的行政委員。行政委員在獲選後，須辭去立法機關的席位。行政委員會互選主席一人，作為名譽之行政長官。
行政長官或行政委員會主席人選每年重選，不得連任。中央政府對選出的行政長官只作榮譽或任命，不採抉擇或否決。

方案（四）民主公義協會《中報》（9/4/86）
行政長官產生方式：
由立法機關選舉產生，以淘汰公式，使最後一位候選人可以超過半數比例當選。候選人必須得到十位立法議員提名，每名議員可提名一次。獲選者任期 4 年，可以連任至多二屆，即 8 年。
構思原則：
「民主」、「公義」和「尊重人的價值」。
一切願意參與決策過程的港人都有均等機會參與。

方案（五）李華明《香港特別行政區的模式（芻議）》
行政長官產生方式：
由立法機關選舉產生，再由中央政府任命。
任期 4 年。
構思原則：
（1）保留現行政制優點。
（2）政制要適當地改變。
（3）政制不能太複雜，要顧及本港政治歷史、政治傳統及市民的政治水準。
（4）兼顧各階層利益。
（5）政制要穩定，要與中央協調及合作。

方案（六）匯點（7/86）匯點文件《對於香港特別行政區政制模式的建議》
行政長官產生方式：
行政長官由立法機關選出，報請中央人民政府正式任命，候選人必須已在港居住十年，並已登記成為選民的中國公民，但無須是立法機關成員。每位候選人需十位立法機關議員提名，每位立法機關議員只能提名一位候選人。可採用現行方法（可轉移單一選票法）。候選人必須取得絕對多數選票才能當選。任期為 4 年。
構思原則：
（1）民主
（2）政府高度穩定及有效率。
（3）有效但不過度的內部制衡。
（4）不以政黨政治為前提條件。

（5）與97年前政制盡量銜接。

方案（七）馮煒光《明報》（9/7/86）
行政長官產生方式：
由立法機關互選產生，任期與立法機關的任期一樣。
行政長官候選人以個人身份參選。

方案（八）張熾標《快報》（22/7/86）
行政長官產生方式：
候選人需十位立法局議員提名，經「大選舉團」投票，由
獲得絕大多數票的候選人當選，並由中央人民政府任命。
「大選舉團」的成員包括立法局、區域議局、市政局及區
議會的議員。

方案（九）中根《明報》
行政長官產生方式：
由立法機關提名數人為候選人；報請中央，並進行全民直
接選舉，獲選者再由中央名義上任命。

方案（十）查濟民《明報》（7/8/85）
行政長官產生方式：
成立顧問局，由顧問局向中央政府提名或協商。
1997年後初期的二、三任行政首長經顧問局協商後提名
一位顧問局以外的香港人，由中央政府同意後任命。
2010年前後，行政長官產生方式：經顧問局協商後提名
二至三名香港人，由北京同意後交香港全體選民普選，得
多數票者由中央任命。
構思原則：
（1）政制的連續性。
（2）平衡民主與傳統的關係。（香港在1985年之前並
沒有民主）。
備註：
顧問局由香港有資望人士組成。
顧問人選由行政長官提名，經中央政府批准後任命，為終
身職，人數無限制。顧問局可在1997年前設立，顧問人
選由港督向英國政府提請批准（英國政府應先取得中國政
府同意）。

方案（十一）古星輝《鏡報月刊》（12/85）
行政長官產生方式：
由「行政顧問院」以民主協商或投票方式，再由中央人民
政府任命。成立一個「行政顧問院」吸納香港工商各界有
代表性的人物參加，以資產階級為主體，同時又容許中下
層人士有其代表參與。行政顧問為數約100人，由基本
法起草委員會在香港安排物色人選，分為界定團體代表、
非界定團體代表和特邀代表。行政顧問可以提名行政長官
候選人，但需有20人以上和議，才算有效。經六個月向
各界諮詢後，以民主協商或投票產生行政長官，再由中央
人民政府任命。任期八年，不能連任三次。
構思原則：
（1）保留香港行政、經濟運作的優點及效率。
（2）維護居民自由和生活方式。
（3）行政長官應是中央政府和港人都能接受，又不能隨
便透過不信任票而罷免。

方案（十二）徐是雄諮委書面發言（19/1/86）
行政長官產生方式：
由「選舉委員會」經選舉或協商提名一位或多位行政長官
候選人，經中央政府任命一位為行政長官。首屆香港特別
行政區「選舉委員會」先由人大委任香港八位具有一定代
表的人士組成一個「選舉委員會」籌備小組，再由籌備小
組負責組成一個有110至220人的「選舉委員會」（類
似現今的諮委會）。

由第二屆開始，「選舉委員會」籌備小組的八位成員，改
由主席（即主持會議的行政長官）或在主席缺席時由首席
非官守議員提名，經議員協商提名或選舉通過，委任各階
層具代表性人士出任。這個籌備小組負責籌組第二屆「選
舉委員會」。第二屆行政長官，由立法局新選出的（1）、
（2）、（3）部份的議員用協商或選舉方式提名（可以
超過一個名額），由中央政府任命。
（編者按：該三部份的議員即12名由直接選舉選出、12
名由社會功能團體選出、22名由各階層組成的「選舉委
員會」選出）

方案（十三）薛鳳旋《大公報》（30/1/86至2/2/86）
行政長官產生方式：
行政長官由協商團產生。協商團由行政局全體非官守議
員、立法局全體議員、功能團體、社會團體組成以協商為
基礎，商討合適的人選。必要時以一人（或單位）一票的
方式選出。
構思原則：
保留現行制度優點。

方案（十四）三方學會文件（3/86）
行政長官產生方式：
由立法機關及地區議會成員組成選舉產生，再由中國中央
人民政府委任。行政長官可連任一屆。
備註：
（1）民主化
（2）立法、司法行政三權分立，互相制衡。

方案（十五）冼銘倫《明報》（28/3/86）
行政長官產生方式：
由香港各界人士與中央協商，經中央決定人選後，再由民
選的立法機關審定同意。
提名由香港人提出，協商過程不公開。
構思原則：
（1）能不變就不變。
（2）按中英聯合聲明、主權更換及社會需要而適當地變。

【P19】
方案（十七）辛維思《明報》（23/5/86至28/5/86）
行政長官產生方式：
由香港各界人士自由提名，中央組成一個包括港人在內的
遴選委員會，諮詢香港各界意見，產生一個不超過三個人
的候選人名單，交由全港市民選舉，產生一個正式候選人
（但在早期宜由立法局經全體2/3多數決定其中一人為
正式候選人），再由中央人民政府任命。
行政長官可稱「市長」，任期五年，連續任職不得超過兩
屆。
構思原則：
（1）避免行政長官、行政機關之間的分化對立。
（2）避免特別行政區政府與中央政府分化對立。

【P21】
方案（十九）吳夢珍《明報》（24/6/86）
行政長官產生方式：
首屆行政長官可由中英聯絡小組會同行政、立法兩局，以
及當時的行政首長提名若干候選人，由中央人民政府作最
後決定委任。行政長官任期有限，但可以比立法議員任期
稍長。第二屆及以後各屆行政長官的產生，除了中英聯絡
小組不再參與提名候選人外，仍可用上述方式產生。
構思原則：
（1）保留現存的優良制度。
（2）維護政局穩定。
（3）照顧社會各階層人士的利益及意願。現時各部門的

諮詢委員會可繼續保留，成員由行政長官委任。

【P23】
方案（二十）高漢釗《文匯報》（29/6/86）
行政長官產生方式：
行政長官不應由立法機關選出，更不能由直接選舉產生，只能考慮間接選舉及協商方式。
構思原則：
香港無民主基礎亦無政黨存在條件，故只能有一定限度。

※

⑱《行政長官及行政機關》〔1986年8月6日政制分批研討會（第三批）討論文件三〕

【P13-14】
1.行政長官的產生
1.1 根據中英聯合聲明附件一所載「香港特別行政區行政長官在當地通過選舉或協商產生」，清楚說明行政長官無論是由選舉或協商產生，都是由當地人進行，中央不會干預或介入。
1.2 有委員認為不應該立即剔除協商產生的可能性，因為在未有一套完善的模式之前，若定得太死反而是一種規限。
1.3 政制是漸進的，初期應可容許有協商產生，再逐步發展為選舉產生才較合理。
1.4 有委員反對以協商產生，但不排除在選舉過程中有協商成份。
1.5 一人一票選舉產生行政長官的好處是能讓普羅大眾有機會參與選舉，況且，全民選舉產生的行政長官會很有代表性，因此也更具威望，與立法機關（由選舉產生的）享有同等地位。
1.6 一人一票的直接選舉應是產生行政長官的理想辦法，但目前香港人的教育水平不高，政治意識薄弱，所以實行直接選舉是不切實際的，而且行政長官講求實力和行政才能，不是代表性。
1.7 一人一票選出行政長官會導致行政長官有太大權力，故此將來若用直選方式，候選人仍要有資格限制，如要曾經或現在是立法議員；或經由立法局提名等。
1.8 由立法機關互選產生：
1.8.1 行政長官可以向立法機關負責；
1.8.2 立法機關的成員由多種混合選舉方式產生，所以由立法機關互選產生的行政長官可照顧各方面的利益；
1.8.3 行政長官可以得到立法機關的擁護和支持，可互相協調工作，增加效率；
1.8.4 如果立法機關的產生已能讓大眾有足夠的參與，大眾便能間接地參與行政長官的選舉；
1.8.5 從務實的觀點看，由立法機關互選產生行政長官是可行的；
1.8.6 如果行政長官是立法機關互選產生的，他的辦事能力便可得到保障。
1.8.7 立法議員為爭取出任行政長官，可能產生爭執及內部對立；
1.8.8 行政長官為了要爭取立法機關的支持（如希望連任），會變成後者的從屬；
1.8.9 由立法機關選出行政長官會導致立法機關缺乏限制行政長官的權力；而且在具體政策上，若立法機關有大量的功能團體議席，行政長官未必有足夠實力贏取議員的大多數贊成。
1.9 先由提名團提名候選人，再用一人一票方式選出行政首長。
1.9.1 提名團應包括當然成員，如人大代表、政協代表、立法議員等，以防出亂子，但不能有必然成員，而其他的

組成人員應是一些有超然地位的長者，經驗豐富的人士，大機構的代表等；則選出的行政長官既具代表性，又可協調各階層利益，提名團的人數不應太多，也不應太少，具體數字沒有定論；
1.9.2 提名團可控制候選人的人數，保證候選人的質素達一定標準，以及發掘一些有才幹而不會主動參選的人士；
1.9.3 提名方法可以包括自薦；
1.9.4 有委員不贊成採用提名團的形式，他們認為不用擔心候選人的人數很多而需要提名團來控制，因為候選人要有一定的條件：如要有豐富經驗、經費和組織的支持等；
1.9.5 行政長官由提名團提名，日後便只會照顧提名團的利益，出現偏私的情形；
1.9.6 提名團這方式限制了大眾的直接參與；
1.9.7 縱使提名團可以提名一些人才作為候選人，但如果這些人沒有政治抱負，也是徒然的；
1.10 有委員贊成提名團方式提名候選人，但不贊成用一人一票的選舉方式，他認為由選舉團選舉較理想，而選舉團必然要比提名團大，成員須包括立法議員和大機構的代表。或者，提名委員會和選舉團可以用功能團體選舉和部份直接選舉方式產生。
1.11 有建議將來基本法諮詢委員會解散後，可以由原班委員組成選舉團，選出行政長官。
（編者按：本文第1.12點同第一稿文件⑭第1.3.2點）
1.13 亦有建議提名團選出行政長官的理想人選後，經立法局三分之二以上多數同意，便可呈中央任命。
1.14 首屆的行政長官可由中英聯合聯絡小組會同行政、立法兩局以及當時的行政長官提名，由中央人民政府作最後決定和委任。而以後各屆的行政長官亦可依同樣方法產生，只是中英聯合聯絡小組不再參與提名候選人。
1.15 行政長官可以用直接和間接選舉的混合方式選出。例如立法局議員投票佔49%，全民投票佔51%；又或者由立法局議員、市政局議員、區議員及有代表性的界定團體等幾方面組成的選舉團選出；再經最高當局認可。

※

⑲《行政機關與立法機關的關係》〔1986年8月6日政制分批研討會（第三批）討論文件四〕

【P18】
2.立法機關有權參與行政長官的產生
2.1 行政長官的任命，要先得立法機關通過；
2.2 行政長官由立法議員互選選出，再由行政長官自行委任內閣（司級官員），行政機關遂可透過行政長官向立法機關負責；
2.3 行政長官若由立法議員互選選出，則其本身威望會導致立法機關無力影響行政機關的運作，演變成行政領着立法走的現象；
2.4 若行政長官純粹由立法機關推選產生，這就是內閣制的做法，但香港實行內閣制會有困難；
2.5 為了達到行政機關與立法機關相互制衡的目的，行政長官與立法機關應通過不同的途徑產生，行政長官不是由立法機關產生。據中英聯合聲明的規定，行政長官在當地通過選舉或協商產生，由中央任命。第一任的行政長官由各階層人士組成的選舉委員會或顧問團選出，而第二任的行政長官則可由協商或選舉產生。立法機關可由直接選舉或間接選舉產生。

※

⑳ 1986年8月14日《草擬政制的初步討論紀要》附件

※

㉑ **1986 年 8 月 18 日《未來香港特別行政區政府架構芻議》**

【P2-3】
（2）行政長官
<u>2.2</u> 行政長官的產生方式
甲、我們相信行政長官通過協商或「一人一票」選舉方式產生，在初期均欠適當。第一，「協商」一詞語意含糊，而且不符合本港的方式。第二點是，我們相信完全直接選舉會產生黨派和對抗的政治。所以我們強調協商及「一人一票」選舉方式是不適當和不能接納的。
行政長官會擔任兩個角色，一個是禮節上的元首，另一個是行政機關的領導人。行政長官向立法機關負責，立法機關可以對行政長官加以彈劾，方式容後決定，但有關罷免的最終決定應由中央人民政府作出。在一般決策上，立法機關在立法、預算控制等方面，可以制衡行政長官。
乙、為了保證行政長官得到各界廣泛支持以及達致行政立法互相制衡的目的，我們不贊成行政長官由立法機關選出。
丙、我們建議由六百人以上組成的選舉團投票選舉產生行政長官，並容後提議訂定提名方法。選舉團人選可包括下列人士。
──立法局議員
──區議會主席
──功能團體代表
──市政局及區域市政局代表
──主要社會、工商業及宗教團體的代表

※

㉒ **《工商專業界諮委有關選舉未來特別行政區政府**

行政長官的建議》

（編者按：本文沒有標示日期，但其內容是對 1986 年 8 月 18 日《未來香港特別行政區政府架構芻議》一文的闡釋，故依此次序排列。）

【P1-4】
1. 引言
今年八月二十一日，工商專業界諮委發表了「未來香港特別行政區政府架構芻議」（編者按：「芻議」一文的原件中，日期為 8 月 16 日）。「芻議」包括「建議由六百人以上組成的選舉團投票選舉產生行政長官，並容後提議訂定提名方法……」。有關選舉團的提名過程及組成方式，本文將作進一步闡釋。

3. 行政長官
行政長官將擔當兩個角色：既是特別行政區政府禮節上的元首，亦為行政機關的領導人。
我們建議，行政長官由選舉團轄下一個「提名委員會」提名，然後經由「選舉團」選舉產生。任期為四年，任滿可再接受提名，當選可連任，但只能連任一次。
選舉方式方面，我們建議行政長官須獲得絕對多數票支持。假如首輪投票中未能產生絕對多數票，獲最高票數的兩位候選人將在次輪投票中再次競選。
<u>3.1</u> 選舉行政長官
行政長官由「選舉團」選出。「選舉團」包括立法機關成員、市政局、區域議局及區議會代表，以及香港各階層界別市民的代表，務使選舉團有廣泛代表性。「選舉團」的成員分別來自：
1）立法機關　　80 人
2）法定團體及永久性非法定團體　50 人
3）市政局、區域議局及區議會　50 人
4）社會服務、慈善及體育團體　60 人
5）專業人士　　60 人
6）勞工界　　60 人
7）工業界　　80 人
8）商界　　50 人
9）金融界　　50 人
10）宗教／教育界　30 人
11）公務員　　　30 人
共 600 人
理由
1. 比較所有其他同類建議，這個制度最能產生獨立的行政機關及立法機關。
a）具體而言，由於行政長官將由具有廣泛代表性的「選舉團」選出，而立法機關成員只佔「選舉團」總人數百分之十五以下，行政機關與立法機關，將可達到權力均衡。
b）另一方面，行政長官須向立法機關負責，故此行政機關及立法機關之間的權力，亦可收互相制衡之效。
c）「選舉團」制度有別於其他選舉方式，可減低產生對抗式政治的機會。
2. 以上建議一方面可避免黨派政治，又可經由足以代表社會各階層的「選舉團」選舉產生行政長官。
<u>3.2</u> 提名過程
「選舉團」成員互相推選約二十人，組成「提名委員會」，「提名委員會」的職責為物色及遴選三名在各方面條件都合適的行政長官候選人。「提名委員會」成員本身不得競選行政長官，擔任「提名委員」後亦不可再在「選舉團」選舉行政長官時投票。
理由
1. 我們覺得黨派對抗式政治對香港有損無益，因此建議開關有效的途徑，以物色及遴選理性候選人，即使他們不主動爭取競選，亦可提名他們候選。

2.由於「提名委員」不能候選，「提名委員會」可更客觀地物色最理想人選。

4.選舉團的組織及運作

第一個選舉團須於一九九七年七月前成立，以便選出首任香港特別行政區行政長官。「選舉團」的具體組織成份可以由下列兩個方法其中之一決定：

a）由於「選舉團」的一般規則仍有待「基本法起草委員會」訂定，因此建議在「基本法起草委員會」以下成立一個小組，工作期限直至一九九七年，以決定「選舉團」的具體組織成份。或

b）由於聯合聲明指明中英兩國政府確保一九九七年政權的順利交接，「選舉團」的具體組織成份應由中英聯合聯絡小組負責。

一九九七年後，「選舉團」每一環節的組織成份如有需要作任何修改，應由特別行政區政府負責。

※

㉓ 1986 年 11 月 8 日《香港特別行政區基本法起草委員會政治體制專題小組的工作報告》，載於《中華人民共和國香港特別行政區基本法起草委員會第三次全體會議文件匯編》

【P32-33】

三、關於行政長官的產生方式

對於這個問題小組中存在幾種不同意見：

1.有的委員主張：行政長官第一、二屆由顧問局與中央協商產生，以後各屆由顧問局提名二至三人，與中央協商後，交全體選民或選舉團選出。

2.有的委員主張：組成範圍比較廣泛的選舉團，從選舉團中產生提名團，提名團推出候選人，由選舉團選舉行政長官。

3.有的委員主張：由立法機關選舉行政長官。

4.有的委員主張：立法機關部份成員提名候選人，由全體選民一人一票選舉行政長官。

小組中還討論到，第一屆行政長官的產生有特殊性，如在英國負責香港行政管理的過渡時期內進行選舉，會有具體困難。此問題尚待進一步討論

行政長官在當地通過選舉或協商產生，由中央人民政府任命，此項任命是實質性的。對此，小組會上沒有人表示異議。

※

㉔一百九十人聯署《香港特別行政區政制方案的建議》，載於 1986 年 11 月 10 日基本法起草委員會秘書處《參閱資料—第 28 期》

【P2-3】

2.行政機關

2.2 行政長官產生方式

由立法機關成員（例如十分之一）提名，全港一人一票直接選舉產生，這建議的分析如下：

2.2.1 由立法機關成員提名而直接選舉產生行政長官，更能貫徹行政、立法機關互相制衡的原則；

2.2.2 由立法機關部份成員的提名，可以限制候選人數目及加強行政立法機關的溝通及合作，經全港一人一票直選產生，可以保證行政長官能有充份的代表性及權威，得到市民的支持和信任。

2.2.3 行政長官為建立良好的政績，將會推行對整體社會

繁榮安定、經濟發展有利之政策，以改善整體市民之生活，從而爭取更多的支持，故此，全民選舉行政長官，除可貫徹各階層參與的公平民主原則外，更可以保證整體社會的利益得被兼顧。

※

㉕雷競旋《直接選舉的若干問題》，載於 1986 年 11 月 10 日基本法起草委員會秘書處《參閱資料—第 28 期》

【P9-19】

理想與現實

長期以來對於各種社會、政治問題都似乎甚有「共識」的香港人，到了近來面對各項重大問題時，卻表現出極其紛紜的意見，在直接選舉上也不例外。目前，不但社會上明顯地存在着支持直選和反對直選兩種傾向，而且相信在不少人的個人心目中，也有着在理論上贊成直選，但在現實上又感到有所顧慮因而表現得有所保留的矛盾情況。

選舉在形式上，可以二分為直接選舉和間接選舉。前者在於體現民主精神，後者具有保守的性質（關於間接選舉的保守性質，可參見拙著《選舉制度概論》頁六二至六三及頁七四至七五）。西方國家的民主制度發展，正是從形形色色的間接選舉、對選民資格的諸多限制和選舉權的不平等漸次發展到一人一票的平等選舉權，以及人民直接選出自己的立法者（甚至執政者）的直接選舉方式。事實上，對任何一個具備政治意識的公民來說，在選舉權利上比別人矮了一截當然是難以容忍的，所以，要發動民眾爭取平等的選舉權和直接選舉總是既容易獲得廣泛支持，而又理直氣壯的事，這也是直接選舉的力量所在。目前香港立法局的五十六個席位中，官守議員的十席和由港督委任的二十二席完全沒有選舉的成份，由選舉團選出的十二席是典型的間接選舉，在功能界別的十二席中，雖然有若干直選的因素（如教育界），但由於有界別的限制，令選舉權極為不平等。這樣子的結構，很難應付直接選舉要求所提出的挑戰。只要香港願意作為一個民主社會，它就不得不朝直接選舉的方向發展。這基本上已是個不爭的事實。

從短期情況而言，香港政府在八四年十一月的代議政制白皮書中，已承認多數民意贊成「在一九八八年逐步開始，先直接選出很小部份的議員，然後按次遞增……」（第二章第二十五段）。因此，很難想像在明年的政制檢討中，可以從此一立場後退。

但是，對很多將安定問題作為首要考慮的人士來說，直接選舉卻又引起他們的焦慮。他們基本上不是反對直接選舉的內在價值和原則，而是着眼於香港社會的實際，恐怕在直選問題上會走得太快、太遠，因而在態度上有所保留。他們的顧慮主要集中在兩個方面。

首先是令社會過份政治化，出現了滾雪球的效應，難於收拾。舉行直接選舉，就是擴大政治參與的渠道，但這要與市民政治參與的要求相適應。而政治參與的要求，是由教育水平、文化背景、社會經濟條件等複雜因素所決定的。政治參與的要求大於政治參與的渠道，政府會承受很大的壓力和挑戰，相反地，政治參與的渠道大於政治參與的要求，卻又可能帶來很多引起不穩定的因素。長期以來的香港社會，與其說是個在政治上有「共識」的社會，毋寧說是個基層民眾對政治普遍冷漠的社會。因此，對舉行直接選舉的條件是否成熟，相信很多人心目中仍然存疑。此外，一旦立法局的部份議席進行直選，則直選的火種勢將蔓延，立法局的其他議席以至未來行政長官的產生方法，都會受到衝擊和影響。對着眼於安定的人士來說，這就不能不引起他們的顧慮。

其次，是直選催生政黨的問題，這其實與上述的政治化問題息息相關。根據西方政制發展的經驗，選舉是促成政黨

的制度因素，選舉權的擴大更是促成群眾政黨的因素。政黨政治的優點和短處不是我們在這裡要討論的問題，而值得注意的，是香港人普遍恐懼政黨此一事實，因此，也就出現了規限直選以阻礙政黨發展的意願。當然，在間接選舉下，政黨還是可以發展的，但困難是大得多了，壓抑直接選舉是阻止政治團體迅速強化的有效途徑。

形式與實際

那麼，在這種形勢上不能拒絕直選，主觀上又恐怕直選；基層民眾很容易被發動起來爭取直選，而社會的中上層人士（尤以工商界為甚）及中方又對直選充滿顧慮的矛盾下，我們應怎樣辦呢？下一步的發展會如何呢？

看來，一人一票選出部份立法局議員的方式是無可避免的。但一人一票的直選只是相當廣泛的框架，在其內可以做文章的地方還是多得很，因此，在直選的實際內容方面，大概會配以各種互相糅合的成份，因而對政治化和催生政黨產生一種緩衝作用。這些規限性的內容大概會包括下面數項。

首先是直選議席的數目問題。看來在明年的政制檢討中，會傾向選取「直選數目愈小愈好」此一立場。因此，相應地議席產生辦法的類型就最好有較大的多元性（Variety），類型多了，直選議員就只是其中一類，既有利於壓縮其數目，也由於類型的參差而令直選產生的議員難於突出其較為優越的法理性（Legitimacy）。如果這個估計基本正確的話，則目前立法局的四類議員（功能團體、選舉團、委任、官守）會得到保留，其中受到一定詬病的選舉團選舉方法在作若干修改後還可以繼續，然後再在此四者之上加上若干直選席位。立法局的席位總數可以稍為增加，五類議席的數目對比也可以作若干調整，其中功能界別由於處於強勢地位因而數目不會受到削減，選舉團方面因為要顧慮到區議會、市政局及區域議局的反應而不易作削減，至於委任議員和官守議員的數目就較易受到動搖，但此部份的席位變遷要視乎立法局議席總數的增幅而定。如果此估計基本上準確，則在八八年後的立法局中，直選議員與官守議員在議席數目上會敬陪末座。

第二是對直選議員候選資格的限制，這種限制除了一般性的要求（年齡、居港年期、繳交保證金等）之外，大概還會規定候選者需要得到一定數目的特定人士的聯署支持（Sponsorship）。事實上，在西方的選舉制中，對重要職位的選舉都有類似規定。例如法國就規定要成為總統候選人，要得到五百位議員的聯署支持，這些議員可以來自國會、省議會、巴黎議會、海外省或海外屬土議會，或者是各城鎮的市長；此外，聯署的五百名議員必須來自三十個或以上的省份，而來自同一省的聯署者不得超過聯署總人數的十分之一。這種規定就是希望候選人在全國有廣泛的支持而非代表個別地區利益。在香港的情況而言，類似的聯署形式大概會得到支持，這既可以對候選者的質量造成一定保障，又會對上述的政治化、政黨發展造成若干障礙（候選者在訴諸廣大的選民之前，先要央求於建制中的若干人士；候選者乞靈於政治團體的競選活動支持之前，先要確保一群有地位人士的聯署）。至於讓什麼人有資格可以進行聯署，則要注意以下各點。首先是數目要相應地適中，數目大了，上面提及的作用難於發揮，會流於濫；數目小了，則易於變成壟斷。至於理想的數目是若干，不易有客觀的標準，很大程度是視乎究竟有多少席位是經由直選產生而定。其次是有資格作聯署者應具備充份的法理地位根據，而且由於上面提到過將來的立法局大概會包括多種類型的議員，因此在聯署資格上就要提防重複。例如既然已經有功能界別選舉，就似乎不應讓廠商會、社聯這些團體或類似的個人再有聯署直選候選人的權利。（類似的爭論，大概會發生在選舉團方面，即區議會、市政局及區域議局既然已經可以選出自己的代表進入立法局，還要重複地讓這些議員擁有聯署資格嗎？筆者的看法，是這三

類議員不同於功能界別的成員，後者不具備前者的民意代表性質，但同時也要顧慮到重複性，適宜限制這三類議員只能聯署支持非議員參選，其本身則不得參選。）

有資格作聯署者最好是來自現有的政府架構中而本身又是民意代表者，以香港的情況而言，由立法局議員、市政局議員、區域議局議員和區議會議員擔任聯署的工作看來是較合邏輯，他們的總人數是四百多人，如果估計將來立法局的直選有十席至十二席，每位候選者要得到三十至五十個聯署支持才可以角逐，看來在比例上是頗為均勻相稱的，同時亦可以規定上述四層次議員的聯署要達到某種比例，以免候選者過份依賴某一方面。但此一方法也要考慮一個可能的爭論和一個技術問題。可能的爭論是在上述的有資格聯盟人士中，區議員佔了絕大多數，一些持慎重傾向的社會中上層人士可能甚有顧慮，參考最近五十七位諮委關於六百人選舉團的芻議，就明顯地看到這種擔憂。但筆者的意見是，如果在聯署資格上也剝奪區議員的權利，則顯然是過份保守了，事實上我們在現有體制中，也無法對此作出填補。技術問題是將來的多種民選立法議員（功能團體、選舉團、直選）的任期是否一致？以及行將卸任的直選議員是否適宜讓他們有資格聯署支持下一屆候選者？不過，這些都是較次要的問題，只在達到技術上的完美（Technical Nicety），大概爭論不大。

第三方面的問題涉及選區的劃分和投票的方式，情況就複雜得多。如果照顧到上述壓抑政治化和政黨發展的要求，那麼我們的選擇其實也不太多。在紛紜的現存直選形式中，不少會由於不符合上述的顧慮而不得不予以排除。首先是在名單候選的比例代表制和個人參選的多數選舉制之間，是後者較前者適宜，因為前者有突出和強化政治組織、突出和強化意識形態分歧的效果，而後者則有方法簡單、計算便捷、較能突出候選人的質素的優點。然後是在選定多數制之後，在究竟適宜進行兩輪投票抑或一輪投票的問題上，也是後者優於前者，因為兩輪投票除了增加選民的工作負擔之外，還會在第一輪和第二輪投票之間造成若干懸疑和不肯定的狀態，對於害怕謠言和特別關心信心問題的香港人來說，是並不太適合的。最後推衍下來，便是在多數制下，究竟是單人選區？抑或是多人選區？究竟是投多票？抑或是投一票的結合問題。如果是單人選區，則全港要劃分為數目較多的選區，而且從長遠效果看，有發展為兩個陣營對立的趨勢（西方國家兩黨制的發展），雖然這種趨勢很可能被其他因素所抵消。至於多人選區制，則選區的總數目會減少，而如果又同時結合選民只投一位候選者的票的話，則有助於打破兩大陣營對立的趨勢，令政治團體即使滋生的話，也會變得紛紜和具有多元性。對政黨的強化和發展就會產生一種拉後腿的作用。因此，如果我們要照顧上述的兩大顧慮的話，將來直選立法局議員的方式不妨參考日本國會議員的選舉方法（其簡介可參見上引拙著頁一○七），換言之，是將香港劃分為四至五個面積相當大的選區，每個選區選出三或兩名議員（於是總數在十至十二名之間），兩位選民只可投一位候選者的票，由得票最多的首兩位或三位候選者當選。附帶的一個小技術問題，是如果選取上述的直選辦法的話，適宜考慮將目前各層次直選的投票方法統一起來。目前區議會、市政局等的選舉中，有單人選區也有雙人選區，因而選民在投票時有投一票者亦有投兩票者，易於造成混淆，一個選民從一個選區遷往另一個選區，在投票時就有可能要稍作適應和改變。因此，如果將來立法局直選是採用多人選區、單一選票的話，則各級選區都不妨統一為單一選票，這就可以免去對選民可能造成的混淆。

總的來說，要發展代議政府，要建立民主政制，直接選舉是無可避免的趨勢。但同時要照顧到對於政治化、政黨發展的顧慮，大概只能在一人一票的直選形式之下作出相應的技術性限制，令到對社會的政治化和政治團體發展的速

度不致失去控制。這是民主和安定這兩個不同方向的考慮之間的相互讓步，也可以說是妥協。事實上，香港未來的政制發展大概還是以妥協的性格為主，所謂「共識」，只是海市蜃樓，我們經常說到而且予以肯定的「持平」，實際上也是以妥協為內容。

（載《文匯報》一九八六年九月十八、十九、二十二日）

※

㉖陳弘毅《行政長官的產生與立法機關》，載於 1986 年 11 月 10 日基本法起草委員會秘書處《參閱資料—第 28 期》

【P20】
關於香港特別行政區行政長官的產生方法，目前似乎主要有兩種不同的意見，一是由立法機關互選產生（互選又可分為直接與間接兩種，間接互選即先由立法機關互選出一個類似行政局的組織，再由這行政局互選行政長官），二是由一個具有廣泛代表性的選舉團選舉產生。

對於第二種意見，我有一個疑問。如果香港特別行政區立法機關將會是具有廣泛代表性的機構，那麼為什麼要另外設立一個「具有廣泛代表性」的選舉團，來選出行政長官？為什麼不能由本身已具有廣泛代表性的立法機關去選舉行政長官，推薦給中央任命？我認為我們不應低估特別行政區立法機關的能力，更不應把殖民主義時代的香港立法局的形象，加諸特別行政區立法機關身上。

（載《明報》一九八六年十月三日）

※

㉗ 1986 年 11 月吳康民《關於香港特別行政區政府結構的建議》

【P1-2】
1. 行政長官
1.1 行政長官需要市民的支持和信任，應由全港市民投票選舉。
1.2 行政長官須經中央人民政府任命，故候選人提名方式，宜保證當選人在中央政府的認可性。
1.3 建議由「行政長官候選人提名委員會」（見第 2 章）推出候選人三至五名，由全港市民直接選舉行政長官。

2. 顧問委員會（行政長官候選人提名委員會）
2.1 顧問委員會是行政長官及行政機關的諮詢組織。立法機關的一部份成員，亦由顧問委員會選舉產生。
2.2 顧問委員會約由一百八十人組成，由下列人士選舉產生：
（a）在任或已卸任的香港人大代表、政協委員
（b）已卸任的行政局、立法局議員
（c）已卸任的司級官員
（d）曾任基本法起草委員或諮詢委員
2.3 行政長官候選人提名委員會負責提名行政長官候選人，但委員會成員不得被提名為候選人。
2.4 行政長官候選人提名委員會由三十七人組成，包括
（a）香港全國人大代表五人
（b）香港全國政協委員三人
（c）立法機關代表十人
（d）司級官員代表三人
（e）市政局及區域市政局代表二人
（f）區議會代表三人
（g）社會團體代表十一人
各方面的代表，由該方面人士選舉產生。

※

㉘ 1987 年 1 月 16 日政制專責小組之行政機關的組成與行政長官的產生工作組及立法機關與立法機關的產生工作組《大選舉團討論文件（草稿）》（1987 年 1 月 21 日政制專責小組之立法機關工作組及行政長官、行政機關工作組第五次聯席會議討論文件）

【P1-6】
1. 引言
在各種有關行政長官及立法機關的產生方法的意見，設有一個「大選舉團」去執行這兩種職責是其中的一種意見，但這些意見對於「大選舉團」的成立方法、組成的成份及其功能，均有多種不同的想法。

2. 大選舉團的功能
在各個大選舉團的建議中，其功能均離不開下列四項：
2.1 負責提名及選舉行政長官
2.2 負責行政長官選舉過程中的提名
2.3 負責選舉部份立法機關成員
2.4 作為行政長官的顧問

3. 成立大選舉團的原則
3.1 代表性要廣泛——大選舉團的代表性，應是越廣泛越好，社會上各個大小階層，均應有機會參與。
3.2 人數要多——理由是避免「大選舉團」易干擾到拉攏和控制，數目小的選舉團，容易受部份人士以正當或不正當手段操縱。但對於訂出多少的標準，是很難訂出一個客觀的數目，原則是大選舉團的成員多一定比少好。
3.3 成員要有民眾認可的法理地位——選舉團的成員任務是代表民眾去行使最重要的政治人事選擇權。因此每位成員應當具備一定的條件，而不是隨某人或某團體的意志被選進選舉團之內，這些條件最好是早已公認的。
3.4 組成的方法要簡單清楚——大選舉團的組成方法，最好是制度化的，過程要容易使人明白，接受。

4. 大選舉團的組成部份：
在各種不同的建議中，大選舉團的組成方法，都離不開下列的各種成份：
4.1 行政局非官守議員。
4.2 立法機關成員。
4.3 區域組織成員——這可包括市政局、區域市政局、及各區區議會成員。
4.4 功能團體——根據目前法例定出或以後進一步修訂的功能界別、團體作為單位，由這些單位按名額派出代表，參加大選舉團。
4.5 社會團體——除在目前功能界別選舉訂出的界別與團體外，而有很多富有代表性的法定及永久性非法定,慈善、福利、體育等公眾團體，應被納入大選舉團的組成部份。
4.6 基本法諮詢委員會——參考目前基本法諮詢委員會的組成方法及成份，組成一個大選舉團，或作為大選舉團的一部份。
4.7 特區人大，政協的成員——雖然目前對將來特區人大代表及政治協商會議委員的產生方法仍未明朗，但估計未來特區必有這兩類國家事務的代表。既然地區性各層面的議員都被納入大選舉團的組成，這些代表香港特區出席全國性的政治機構的代表，也應成為大選舉團的部份成員。
4.8 政界、工商界元老——政府及工商界已退休的領導人物，包括行政局、立法局的退休議員及退休的高級公務員。

5. 暫時性與常設性

除一些建議大選舉團亦作為行政長官的顧問委員會外，所有其他的建議下的大選舉團都不是常設性的，在每次選舉功能完結後，即自行解散。

6.下列為對大選舉團的組成方法的一些具體建議：
6.1 查濟民（1985 年初）
（1）組成成份：「顧問局」由香港政府的顧問組成，其中包括退休的行政、立法局議員，及工商財經、法律教育各方面的專業人士，現任的行政、立法局顧問不能兼任顧問。一般而言，顧問多是本地已退休的、或年長的有名望人士。人數不限，終身職。
（2）組成方法：由港督提名，經中央政府批准。
（3）功能：「顧問局」的職權包括向中央政府提名或協商總督人選，與立法局協商後向中央政府提請修改基本法的細節，以及在顧問局成員中互選三分之一的立法局議員。此外，顧問院成員亦為港督及首席部長的顧問，但港督並不會像目前對待行政局一樣，事事與顧問商量。
（4）特點／理由：
1）顧問局本身雖然不是立法機關，但三分之一的立法議員來自顧問局，因此顧問局對立法機關有重大的影響力。
2）「顧問局」的終身制可以保持顧問的獨立性，避免港督因個人的利益而影響顧問的選取。
3）尊長的觀念無論在香港、中國甚至英國都有，比如香港很多社團，除董事局外都有顧問委員會，中國又有中共中央顧問委員會，「顧問局」這觀念所以成立，乃基於人對傳統的精神的信任，因此港督從社會上公認有成就而不再擔任日常事務的人中選擇顧問，乃相信他們的經驗及能力對社會有益。
6.2 古星輝《鏡報月刊》（1985 年 2 月）
（1）組成成份：以香港工商金融界有代表性人物為主，又容納中下層人士，組成「行政顧問院」，人數約 100 人。
（2）組成方法：由基本法起草委員會在港委員安排物色，分為界定團體代表、非界定團體代表及特邀代表。
（3）功能：「行政顧問院」可以提名行政長官候選人，但需 20 人以上和議，才算有效。選出候選人之後，候選人必須宣佈其政綱，再由行政顧問院收集各階層人士之意見，諮詢期為 6 個月，然後以民主協商或投票方式產生行政長官。此外，「行政顧問院」亦可選出百分之三十的立法局議員。
（4）特點／理由：「行政顧問院」的成員來自不同階層，可以代表不同階層的利益，亦減少階級之間的對立和隔閡。顧問院為一常設性組織，負責向行政長官提供有關施政上的意見。
6.3 陳弘毅《明報》（1986 年 1 月 25 日）
（1）組成成份：「顧問院」的成員人數不固定，但不少於 60 人，不多於 120 人。
（2）組成方法：「顧問院」由中央人民政府委託在港若干人士發起及籌組。籌組方式類似成立基本法諮詢委員會的辦法。部份成員由發起人根據各界團體的推薦而邀請參加，部份成員由發起人主動邀請。成員任期四年，可獲連任。
（3）功能：「顧問院」的主要職權是以協商或推選形式推選 20 人成為立法機關議員。被顧問院推選人士，本身可以是顧問院成員，也可以不是。此外，顧問院成員如獲行政長官邀請，可以參加政府的諮詢委員會，提供顧問服務。顧問院成員亦可被委為區議會議員。
（4）特點／理由：
1）「顧問院」成員預計多為親中人士及商界代表，他們可以選舉三分之一（即 20 位）立法局成員，即肯定親中人士及工商界的利益在立法局內將得到保障。
2）「顧問院」為常設機構。
3）「顧問院」專為產生部份立法機關成員而設，與行政長官產生無關。

6.4 薛鳳旋《大公報》（1986 年 1 月 30 日）
（1）組成成份：由行政局全體非官守議員、立法局全體議員，功能團體、社會團體組成「協商團」。
（2）組成方法：（未有列明）
（3）功能：成員以協商為基礎，商討適合的行政長官人選，必要時以一人（或單位）一票的方式選出。
（4）特點：（未有列明）
6.5 三方學會（1986 年 3 月）
（1）組成成份：「選舉團」由立法機關及地區議會成員組成。
（2）組成方法：以法例訂出上列議會議員為當然成員。
（3）功能：選舉未來行政長官，再經中央人民政府委任。
（4）特點：（未有列明）
6.6 張熾標《快報》（1986 年 7 月 22 日）
（1）組成成份：「大選舉團」成員包括立法局、區域市政局、市政局及區議會議員。
（2）組成方法：以法例規定上列議員為成員。
（3）功能：「大選舉團」根據立法局議員提交的行政長官候選人名單（每位候選人起碼得 10 位立法議員提名）投票。獲得最多票數的候選人將成為行政長官。
（4）特點／理由：「大選舉團」的選舉方法保證未來的行政長官將會受到社會各階層人士的支持。提名由立法機關執行。
6.7 工商界專業諮委（71 人）（1986 年 11 月 4 日）
（1）組成成份：行政長官由「選舉團」選出，「選舉團」成員約共 600 人，組成如下：
立法機關成員　　80 人
法定團體及永久性非法定團體　50 人
市政局、區域議局及區議會　50 人
社會服務、慈善及體育團體　60 人
專業人士　60 人
勞工界　　60 人
工業界　　80 人
商界　　　50 人
金融界　　50 人
宗教／教育界　30 人
公務界　　　30 人
（2）組成方法：由各界定團體選出代表。（具體方案尚在研究中）
（3）功能：「選舉團」的主要工作是選舉行政長官。在「選舉團」之下有一提名委員會，由 20 位選舉團成員組成，工作為物色及遴選三名在各方面條件都合適的行政長官候選人，該委員會成員不能作行政長官候選人，亦不能參與投票，只有選舉團中非提名委員會成員才能投票選出行政長官。
此外，「選舉團」亦可選出百分之二十五的立法機關成員。
（4）特點／理由：
1）「選舉團」的成員具廣泛代表性，由它選出的行政長官，將可充份代表各界別階層的利益。
2）以「選舉團」方式產生行政長官，將可避免一人一票選舉所可能會產生的黨派政治及對抗式的政治環境。
3）避免行政長官由立法機關選出所形成的行政及立法機關不獨立的情況。
4）由「選舉團」選出百分之二十五的立法機關議員，可使一些具優秀能力，但卻沒有透過功能團體及地區選舉而進入立法機關的人有問政的渠道，藉以鼓勵各界精英加入立法機關，亦代替目前的委任制。
5）這方法亦可以令立法機關能專心工作，不用在黨派政治上浪費精力。
6.8 徐是雄（1986 年 11 月 8 日）
（1）組成成份：「遴選委員會」由各界定團體推選代表組成。界定團體的名單及所推選的委員數目應與現有的「基本法諮詢委員會」的組成相同。

（2）組成方法：參考基本法諮詢委員會的方法。

（3）功能：「遴選委員會」提名三至五位行政長官候選人，經由中央政府批准後，再由全港市民普選。

（4）特點／理由：

1）「基本法諮詢委員會」的組成方法深為香港人接受，故以同樣的方式組成行政長官的「遴選委員會」相信亦會為一般港人贊同。

2）候選人要中央批准。

6.9 港人協會（1986年1月2日）

（1）組成成份：「大選舉團」的組成基於立法機關產生形式中的非直接選舉成份。其中包括功能界別代表及地域選舉團成員。功能界別代表又包括三種力量：工商金融界、基層（勞工及社會服務界）以及專業人士。

（2）組成方法：在選舉立法機關時，功能界別及地域選舉團分別選出代表進立法局。在推選行政長官時，上述團體以同樣方式在各單位內選出10名代表組成大選舉團，選舉行政長官。

港人協會對未來立法機關的組成有兩個建議，一為將目前的12功能席位擴至30位，連同目前的12個選舉團席位，即將來的大選舉團有420人。另一構想為將目前的功能席位擴至40個，目前的選舉團席位擴大至16個，即將來的選舉團共560人。（另有以普及直接選舉產生的席位，但不包括在大選舉團的產生方法內）

（3）功能：「選舉團」的主要工作是選出未來的行政長官。「選舉團」本身是一個兼具提名權及選舉權的組織，候選人必須得到百分之十的選舉團成員提名才能參與競選，若候選人本身為選舉團成員之一，則在獲得提名後，當退出選舉團，其席位為有關選舉團單位選舉代表補上。選舉團成員不能由立法機關議員出任，以貫徹行政及立法制衡的原則。「選舉團」除作內部提名外，亦應公開邀請外界提名行政長官候選人。外界乃指有資格選舉代表組成選舉團的功能組別和地區議會之外的社會團體，個人並無提名權。

「選舉團」接收到所有候選人提名後，當對候選人的資格進行審查，然後安排聆會聆聽候選人的政綱及對此作質詢，最後對候選人作不記名投票。候選人必須得到選舉團全部成員一半以上選票才作當選。

（4）特點／理由：

1）「選舉團」的基本結構為功能團體和地區議會，這些基本結構有長遠歷史並為一般人所接受，是香港最受重視的政治階梯，亦涵蓋了選舉政治中的兩大原則（功能原則和地域原則），因此由「大選舉團」選出的行政長官將會受一般人信任和接受。

2）此外，港人協會認為選舉團中代表社會上兩極利益的工商界和基層代表的席位將各百分之三十至三十五；代表專業和地方議會的席位則各不超過百分之十五至二十，因此任何階層都沒有壓倒性的優勢，故所選出的行政長官必須是能照顧各方面的利益的。

3）立法機關與行政長官由兩個不同的渠道產生，有助兩權分立的原則。

7. 贊成大選舉團的普遍理由

7.1 更照顧到香港的整體利益，因為他們無需向某一功能界別或地區的選民直接負責；其次，他們還可以起到平衡和緩衝經功能界別和直接選舉出來議員之間的矛盾和對抗。

7.2 保障社會各階層的均衡參與。

7.3 選出一些態度持平，為各界接受，且踏實做事和有全面政治才幹的人，可鼓勵各界精英加入，代表委任制。

7.4 減低社會政治過熱。

7.5 由部份上一屆立法機關議員組成其一部份大選舉團選下屆立法機關議員，並無邏輯上的錯誤。這做法更可保障連貫性、穩定性。

7.6 在有包括人大、政協成員的大選舉團，可保證親中力量的參與。

7.7 向一些無法通過功能界別及地區選舉產生，但具備特質，對政府效率有幫助的人，提供其他問政渠道，避免滄海遺珠。

7.8 保持穩定性、連貫性。

8. 反對大選舉團的理由

8.1 特區階級政治，保障一小撮人利益。

8.2 偏重工商界上層階級。

8.3 某些界別有重複代表性。

8.4 易受一小撮人控制。

8.5 包括立法機關成員的大選舉團自選立法機關部份成員不合邏輯。

8.6 產生方法未清楚。

8.7 不是真正的選舉，而是變相委任制。

8.8 政治精英主義引致民憤，製造社會不安，影響過渡。

9. 結語

「大選舉團」的建議，主要是在普及直選和在立法機關基礎上去產生行政長官的兩個方法外，再提出一個可行的方法，有一些建議也包括了產生部分立法機關成員的功能在內。但對「大選舉團」的組成方法、成份，意見參差很大。

※

㉙ 1987年2月基本法起草委員會秘書處《香港報刊有關〈基本法〉的言論摘錄》

【P89-101】

行政局由立法機關互選產生，成員十人，與立法機關議員任期相同，同時改選。

行政長官由行政局成員協商、互選產生，由中央人民政府任命。行政長官任行政局主席，主持行政局會議。在國防和外交事務方面，行政長官負責執行中央政府的決策，向中央政府負責。在香港特別行政區自治權範圍內的內部事務方面，行政局實行集體領導制，共同向立法機關負責。就基本法整體的執行及維持香港的繁榮安定方面，行政長官也向中央人民政府負責。對所有立法機關三讀通過的法律草案，行政長官保留否決權。如行政長官認為法案有可能違反基本法內關於中央、特區權力劃分的部份，應把它提交給一個由中央、特區代表聯合組成的特別行政區委員會進行審議。行政長官有權隨時解散立法機關，重新進行選舉；但在新的立法機關選出時，行政長官及整個行政局將自動解除職務，由新的立法機關重新選出行政局。此外，如中央政府根據特區立法機關的建議或自己主動罷免行政長官，行政局還重選行政長官，由中央任命。但如在中央罷免行政長官的同時，立法機關對行政局通過不信任案，立法機關便應解散，選民重選立法機關，立法機關重選行政局。

（陳弘毅：《特別行政區政制模式初探》，《明報》一九八六年一月二十七日。）

將來特別行政區的行政長官的產生，先由立法局選出一小組大概十人，代表立法局中各派，再由小組互選產生行政長官，這樣選出的長官雖然沒有大黨支持，但由於他得到小組中人的支持，將來行政長官的運作，仍可保持現時的行政效率。

（觀塘區議員、基本法諮詢委員會委員張家敏，《快報》一九八六年二月十七日。）

行政長官產生方式：

一、行政長官由立法機關選舉產生，再由中央政府任命。

二、在立法機關選舉結束後兩個月才選舉行政首長，使議員們有充裕時間互相認識。

三、行政長官任期四年。

（李華明：《香港特別行政區政制模式》，《中報》一九八六年五月八日。）

我個人認為，行政首長不應該由立法機關選出來，更不可能直接選舉產生。香港社會一向無民主基礎，若強行推銷一人一票的方式，很容易令社會出問題，這點是要承認的。既然直接選舉的可能性不高，只能剩下間接選舉或協商方式。從保守的角度看，在轉變時期不應排除協商的方式。

除行政長官外，司級官員更不可能用選舉方式產生。我認為最好能維持現時的文官制度，並從現有的文官中提名，再報中央採取聘任方式產生。

我認為，將來亦不需要現時的行政局的角色，不需要有非官守議員，將來的行政機關，只須由行政首長會同司級官員組成，需要時則交立法局立法或者撥款，並接受立法局的質詢監察即可。

（中西區區議會主席高漢釗：《香港未來的行政和立法機關》，《明報》一九八六年六月二十九日。）

選舉行政長官：凡居港滿十年並已登記成為選民均可成為候選人。為了控制候選人的數目，每位候選人需得十位立法機關議員支持，同時每位立法機關議員只能提名一位候選人。候選人必須取得絕對多數票才可當選，以確保行政長官能真正代表大部份立法機關議員的意願。選舉時實行可轉移單一選票法，是項投票方式和現時立法局功能團體選舉方法相同。立法機關選出行政長官後，報請中央人民政府正式任命。

（匯點：《香港特區政制模式建議》，《華僑日報》一九八六年七月十八日。）

由立法機關提名數人成候選人（可來自各階層或立法機關議員），然後報請中央，並進行全民直選，獲選者再由中央名義上任命。

（中根：《未來香港政制模式的建議》，《明報》一九八六年七月二十四日。）

一九九七年行政長官候選人需要十位立法局議員提名，經「大選舉團投票，由獲得絕大多數票的候選人當選，並由中央人民政府任命」。大選舉團的成員包括立法局、區域議局、市政局及區議會的議員（在一九九四年，應取消各議會的委任議員制度）。

（灣仔區議員張熾標：《香港政制發展模式的建議》，《明報》一九八六年七月二十一日。）

對於行政長官如何產生，有兩種不同意見：其一是主張組成提名團，另一則認為不需要。前者認為提名團可確保候選人素質，避免政黨有對立局面；後者擔心提名團成員不知如何產生，而其代表性也有問題，如果不用提名團，可用一人一票直接選舉、立法機關互選、選舉團和提名團合併等方式。

建議採用提名團的諮委，認為可找德高望重的社會人士、退休高官，和對香港有貢獻的人士組成。他們提名的候選人，可交由選舉團或以全民投票方式選出行政長官。

至於由立法機關互選行政長官，有諮委認為此方法有代表性，而且可使立法和行政機關關係良好，避免產生兩個權力中心。但反對者則說，如果兩個機關關係太好，會壟斷本港的政治權力。

有關選舉團的成員，有諮委認為可分三種，一是市政局、區域市政局和區議會的議員；二是功能團體代表；三是人大代表。反對者提出不知應由何人界定選舉團的成員，並

恐怕會造成混亂。

提到以協商產生行政長官問題，有些認為就算有協商，也應由本地人協商，但隨着政制漸進，經過一段時間後便應取消協商方式。

（諮委會政制專責小組，《明報》一九八六年七月二十六日。）

在一九八八年及一九九一年立法局選舉時，可以逐步使立法局的組合趨向未來的香港政制。過渡政府應在一九九四年設立，政制——如未來香港特別行政區的政制，首屆行政長官也適宜於一九九四年產生，任期橫跨一九九七年，直至二〇〇〇年。負責推選首屆「行政長官候選人」的「遴選委員會」、其「界定團體」的名單及分配比例，可以透過「中英聯絡小組」商議後產生。「遴選委員會」推選出首屆「行政長官候選人」，先經由「中英聯合聯絡小組」審批，再交由香港市民普選。

（何鍾泰、曹宏威、唐一柱：《未來香港特別行政區政制的建議》，《明報》一九八六年八月二十五日至二十七日。）

我們建議行政長官應通過選舉產生，任期四年。我們相信行政長官通過協商或「一人一票」選舉方式產生，在初期均欠適當。第一，「協商」一詞語意含糊，而且不符合本港的方式。第二點是，我們相信完全直接選舉會產生黨派和對抗政治，所以我們強調協商及「一人一票」選舉方式是不適當和不能接納的。為保證行政長官得到各界廣泛支持，以及達致行政立法互相制衡的目的，我們不贊成行政長官由立法機關選出。

我們建議由六百人以上組成的選舉團投票選舉產生行政長官，並容後提議訂定提名方法。選舉團人選可包括下列人士：立法局議員、區議會主席、功能團體代表、市政局及區域市政局代表、主要社會、工商界及宗教團體代表。

（五十七名諮委：《未來香港特別行政區政府架構芻議》，《文匯報》一九八六年八月二十五日至二十六日。）

行政長官的產生：

1. 行政長官應由選舉產生；

2. 行政長官選舉可由立法機關選舉產生或立法機關成員提名，由全民投票選舉產生。

（十七名諮委：《對政制模式的初步意見》，《文匯報》一九八六年八月二十六日。）

建議設立一個「遴選委員會」，委員會成員約六十至八十人，人選分別由「界定團體」推選出來，再經由「人大」委任。「界定團體」的名單及每個團體所推選的委員數目，大致上應該與現有的「基本法諮詢委員會」組合時所列舉的「界定團體」相同。任何關於「遴選委員會」成員組合的細節修訂應由「人大」或其委任機構擔當。各界定團體所推選出來的「遴選委員」，應該都是一些有代表性的香港永久性居民，他們應該要熟悉香港的情形及香港的需要。經驗豐富、處事嚴謹和德高望重的人士應該是「遴選委員會」的理想人選。

「遴選委員會」的任務共有四項：（一）推選出三至五名「行政長官候選人」，經中央批准後，交由全港市民普選。（二）推選出十五名能照顧香港整體利益的「立法機關」成員。（三）為「立法機關」的「分區直接選舉」，公正地制訂出各選區的範圍。（四）根據實際需要，制訂或修訂功能團體的名單及「功能團體」在立法機關議席的分配比例。

「遴選委員會」的首要任務是推選出三至五名行政長官，候選人必須是「遴選委員會」以外的人士。在推選「行政長官候選人」的過程內，最好能夠以協商方式進行，對於人選出現爭持不下的情況時，則可以投票決定。「行政長官候選人」名單經協商或投票產生後，即提交中央人民政

府批准，批准後再交由全港市民普選，得選票最多者將獲中央委任為「行政長官」，任期六年。

當四項任務全部完成後，「遴選委員會」隨即解散，下次有需要選舉行政長官時（通常是六年後），再另行組織。在下次組織「遴選委員會」前，所有現屆遴選委員不得出任「立法機關」或「行政機關」的成員。

（何鍾泰、曹宏威、唐一柱：《未來香港特別行政區政制的建議》，《明報》一九八六年八月二十五日至二十七日。）

香港特別行政區的行政長官，必須由香港有選舉權的居民，直接投票產生；並強烈反對行政長官由選舉團或選舉委員會協商選舉產生，避免過分偏袒某階層人士利益，未能真正依照市民的意願選舉行政長官，且在市民參與程度甚低的情況下，難以保證行政長官為市民所接受。

該會又認為，選舉團的產生可能會導致中國參與組織和召集，造成一種高度參與香港政制的印象。

（專上學聯會長吳蔚奇，《新報》一九八六年九月十六日。）

本港法律界團體代表提議行政長官應由選舉而非協商產生。至於行政長官的具體選舉方式，兩法律團體則有別，大律師公會建議由立法機關部份成員提名，全港每人一票直選選出；而香港律師會認為，應由立法會議員提名人選並投票選出，候選人不限於是否立法機關成員。

（法律界團體代表，《明報》一九八六年九月十七日。）

聯席會議初步認為，將來本港的行政首長通過直接選舉產生是不適當的。會議代表並認為，將來的行政機構成員不宜由立法機構產生，兩架構應各自有其權力來源。

行政首長的產生及職權小組建議行政首長有三種產生方法：第一，由各界人士組成選舉團提出名單再進行選舉；第二，組成選舉委員會，由選舉委員會提出名單，與中央協商後再進行選舉；第三，為了避免行政首長不獲中央任命的情況出現，有代表建議名單由中央提出，由選舉團選出。但代表一致認為行政首長不宜由直接選舉產生。

（工聯會基本法聯席會議及屬會基本法關注小組，《文匯報》一九八六年九月十八日。）

贊成將來採用選舉團的方式選舉產生行政長官，而採用「一人一票」普選或立法機關選舉都不大可行。選舉團本身也可以通過很民主的方法產生的。他認為，既然日後特別行政區的權力來源不可能來自香港，因此，行政長官的產生過程應在某種程度上體現中央對特別行政區的領導權及主權。

（理工學院社工系高級講師李明堃，《文匯報》一九八六年九月十八日。）

一九九七年後行政首長的產生，應由立法機關議員提名然後進行全民普選產生，才交由中央任命。

（社區團體基本法聯席會議，《文匯報》一九八六年九月二十一日。）

※

㉚ 1987 年 3 月 13 日政制專責小組之行政機關與行政長官的產生工作組《行政長官的產生討論文件（一稿）》（1987 年 3 月 19 日政制專責小組之行政機關與行政長官的產生工作組第一次會議討論文件）

【P1-14】

1. 前言

1.1 聯合聲明有關條文：

中英聯合聲明中關於行政長官的產生方法有如下的條文：「香港特別行政區行政長官在當地通過選舉或協商產生，由中央人民政府任命。」（附件一第一節），但聲明內對選舉或協商的具體內容卻沒有說明。

1.2 目前情況

就目前的情況，港督是由英國外交及聯邦事務部從其公務員（通常是外交及聯邦事務部職員）中就其資歷及經驗，揀選適合的人選，經首相同意後，再呈上女皇任命。整個揀選過程由英國政府負責，香港人在這過程中沒有任何參與。

香港各界人士討論行政長官的產生現在主要集中於討論不同的選舉及協商方法。到目前為止，就行政長官的選舉方法，有下列幾種建議：（1）由普及性的直接選舉產生；（2）由大選舉團選舉產生；（3）由立法機關選舉產生。就協商的方法，主要指中央與香港人士共同協商。本討論文件將集中討論各項產生行政長官的建議，以及它的理由／特點及贊成和反對的意見。

2. 由普及性的直接選舉產生行政長官

行政長官的產生方法之一是經普及性的直接選舉產生。所謂「普及性」，是指選民的資格除年齡及公民身份外（或「一般選民資格外」）[1]，並無任何其他限制。「直接選舉」是指由選民直接投票，在候選人名單中，以多數票決定其中一人出任行政長官。

經普及性的直接選舉產生行政長官通常包括兩項程序：提名及選舉。這兩項程序中有關選舉的部份，各方案的建議及贊成和反對的意見都基本相同，但就提名的方法，卻有不同的意見，分別是（1）由立法機關成員提名；（2）由提名團／選舉團提名；（3）由市民公開提名。以下會首先介紹「普及性的直接選舉」中的選舉形式及正反意見，然後再列舉各項提名方法和正反意見。

註 1：公民身份的定義尚在研究中（見「居民定義、出入境權、居留權、豁免遞解離境權、選舉權及被選舉權」最後報告，目前香港並無「公民」這定義的。）

2.1「普及性的直接選舉」中的選舉程序

選舉形式：全港合格的選民（除年齡及公民身份或一般選民資格外，無任何其他限制）以直接投票方式，在選舉人名單中，以多數票決定其中一人出任行政長官。

不同的意見：

贊成	反對
（1）有利安定繁榮	不利安定繁榮
（2）政黨產生是必然而又健康的發展	催化政黨對抗性政治
（3）各利益集團、社會階層公開自由競爭。	不能保障各階層代表性
（4）比例代表選舉可照顧社會上少數人士的利益	對少數人士不公平，不能保障社會上少數人士的利益。
（5）公民意識已有增長／難定準則	公民意識未成熟
（6）由於可贏取大眾支持，免除政策反覆或修改而導致之費用，故可減少公費開支。	政客政治引致公費開支增加
（7）符合平等參與原則	在分區選舉上，一人一票事實上並不平等，因為很難做到每票的效果相同。
（8）現代社會發展的最佳形式	香港社會不適宜引用西方民主方式
（9）民主化要配合經濟發展	過份、太快的民主化不利經濟發展
（10）加強政府合法性	選民未必理性

贊成	反對
（11）更有效地直接向選民負責	易造成「免費午餐」
（12）可鼓勵人民參與政治	社會政治過熱
（13）可體現高度自治	高度自治不一定要通過「普及直選」體現出來
（14）普及直選才可以建立一個能向北京說「不」的政府	由其他途徑選出的議員所組成之政府亦敢向北京說「不」
（15）無「普及直選」就無民主	「普及直選」只是民主的一種形式，沒有直選，也可以有民主。
（16）由現在至九七年尚有一段時間，各人可藉這個契機建立個人政治資本，各人的參政機會都是均等的。	因機會成本不一樣，起步時間不一樣，各階層參選機會不均等。
（17）獲選人士多為社會上的「中間」派，故其可預測性是較大的。	直接普選的不可預測性對社會安定不利

2.2「普及性的直接選舉」中的提名程序

2.2.1 由立法機關成員提名

行政長官候選人由某數量立法機關成員（例如十人或總人數的十分之一）提名，每位立法機關成員只能提名一位候選人，再經普及性的直接選舉產生。（香港基督教協進會公共政策委員會 10/86，190 人方案 10/86，中根 7/86）

不同的意見：

贊成	反對
（1）能貫徹行政、立法機關互相制衡的原則，並加強二者的溝通及合作。	立法機關成員能透過提名控制行政長官的候選人，有違三權分立的原則。
（2）立法機關成員提名，可以限制候選人的數目及質素。	立法機關成員可透過提名揀選只為他們帶來利益的行政長官候選人，且違背公平的原則。
（3）所有立法機關成員均能提名，程序不算封閉	提名程序不開放

2.2.2 由提名團／選舉團提名

行政長官候選人由特定的提名團／選舉團提名，再經普及性直接選舉產生。在這建議之下，就提名團或選舉團的組成，亦有不同的構思。

2.2.2.1 提名團由本港立法機關全體成員及同等數目之中央委任之當地人士組成，行政長官候選人須得到兩類提名成員各八分之一支持。（大學畢業同學會政制組 11/86）

不同的意見：

贊成	反對
（1）保證候選人同樣受到立法機關成員及中央政府的支持，且可加強各方面的溝通。	中央政府可參與揀選香港的行政長官候選人，有違高度自治的原則。
（2）提名者包括立法機關全體成員及中方委任之本地人士，程序不算封閉。	提名程序不開放

2.2.2.2 全港所有已登記為選民的人都可提名行政長官候選人，再由一「候選人團體」對候選人作初步遴選。「候選人團體」成員包括曾任立法機關、市政局、區域市政局、區議會之民選成員，以及現任行政官，和由功能組別選舉產生的某數量代表。最後行政長官由普及性的直接選舉產生。（基督徒弘道社 11/86）

不同的意見：

贊成	反對
（1）所有已登記的選民都可提名行政長官候選人，避免這權力只由某小撮人擁有，亦保證各階層都可透過提名程序爭取自己的利益。	提名程序完全公開，難以保證行政長官候選人的質素和數目。
（2）「候選人團體」成員的來源甚廣，包括各階層代表，可保證遴選行政長官時能兼顧各方的意見。	不保證「候選人團體」成員能代表各階層利益
（3）「候選人團體」對行政長官候選人作初步遴選，避免候選人數目太多或質素太參差。	某小撮人有額外權力初步遴選行政長官，有違公平的原則。

2.2.2.3 行政長官候選人須經 20 名合格選民提名，而每提名人只能提名一位候選人。若候選人數超過 5 人，則由一「遴選委員會」經協商或選舉產生 5 名正式候選人。「遴選委員會」人數約 150 至 200 人，由各功能團體代表組成，職責為檢查行政長官候選人的資格。待行政長官宣誓就職後，「遴選委員會」會自動解散。行政長官候選人經認可為正式候選人後，便由普及性直接選舉產生行政長官。（學友社 8/86）

不同的意見：

贊成	反對
（1）「遴選委員會」人數眾多，代表性強，故遴選時將能反映各階層利益及意見。	不保證遴選委員能反映各階層意見
（2）遴選委員對候選人作初步遴選，可保證候選人的數目及質素。	遴選的權力由小撮人擁有，有違公平原則。

2.2.2.4 設立一「行政長官候選人提名委員會」，推出行政長官候選人三至五名，再經普及性直接選舉產生行政長官。「行政長官候選人提名委員會」由 37 人組成，包括香港全國人大代表 5 人，香港全國政協委員 5 人，立法機關代表 10 人，司級官員代表 3 人，市政局及區域市政局代表 2 人，區議會代表 3 人，社會團體代表 11 人。上述各方面的代表，將由有關方面人士選舉產生。（吳康民 11/86）

不同的意見：

贊成	反對
（1）提名委員包括各階層代表，故在遴選行政長官候選人時將可反映各界別利益，均衡各階層意見。	提名委員的組合不代表他們反映各階層意見
（2）提名委員會對行政長官候選人作初步遴選，可保證候選人的數目及質素。	遴選的權力由小撮人擁有，有違公平的原則。

2.2.2.5 設立一個「遴選委員會」，成員約 60 — 80 人，人選分別由各「界定團體」推選，再經人大委任。「界定團體」的名單及每團體推選的委員數目，大約應與現有的「基本法諮詢委員會」組合的情況相同。任何有關「遴選委員會」成員組合的細節修訂，應由人大或其委任機關擔當。所有遴選委員都應該是有代表性的香港居民，熟悉香港的情況及需要，遴選委員的其中一項重要工作是推選三至五名行政長官候選人，經中央批准後，再交全港市民進行普及性直接選舉。（曹宏威、唐一柱、何鍾泰 8/86）

不同的意見：

贊成	反對
（1）「遴選委員會」中「界定團體」的組合乃依據「基本法諮詢委員會」的組合藍本，既然「基本法諮詢委員會」的組成深受港人接受，故「遴選委員會」亦會為人贊同。	「基本法諮詢委員會」中「界定團體」的組合亦有未達完善之處
（2）人大或其委任機關可修訂「遴選委員會」成員組合的細節。故選出的行政長官將會既為中央接受，又獲群眾支持的。	人大參與遴選行政長官，有違高度自治的原則。

2.2.2.6 設立一個由中央政府組織和任命的「提名委員會」，人數不宜太多，其中包括有當然成員，例如國務院港澳辦公室主任（或將來的相應職位），或香港人（是否硬性規定要有港人參與尚待考慮）。然後經全民投票（可以用兩輪多數的投票方法）產生行政長官。（雷競旋1/87）
不同的意見：

贊成	反對
（1）保證候選人的質素，並令其數目不致太多。	提名過程由小撮人擁有，有違公平的原則。
（2）「提名委員會」由中央政府組織及任命，可保證它能照顧中央的利益，防止中央及地方可能產生不協調的危機。	中央參與選舉未來的行政長官，有違高度自治的原則。
（3）「提名委員會」由中央組織，可保證委員會具有基本的共同意向及一致性，更有效地達至刻意照顧某些階層的目的。	保障香港的安定繁榮要靠全港市民的共同努力，不應該突出某一階層的功勞，故亦不應刻意照顧某階層的利益。

2.2.3 由市民公開提名：
行政首長由市民公開提名，經普及性的直接選舉產生。
（香港大學學生會基本法專責小組問卷調查11/86）
不同的意見：

贊成	反對
（1）行政長官公開提名，保證各階層人士都能透過推選過程而反映自己的利益。	提名過程完全公開，難以限制候選人的數目及保證他們的質素。

3.由大選舉團產生行政長官
在各種有關行政長官產生方法的意見中，設有一個「大選舉團」去執行這種職責是其中的一種，但這些意見對於「大選舉團」的成立方法、組成的成份及功能，均有多種不同的想法。
3.1 大選舉團的功能
在各個大選舉團的建議中，其功能均離不開下列四項：
（1）負責提名及選舉行政長官
（2）負責行政長官選舉過程中的提名
（3）負責選舉部份立法機關成員
（4）作為行政長官的顧問
3.2 成立大選舉團的原則
（1）代表性要廣泛——大選舉團的代表性，應是越廣泛越好，社會上各個大小階層，均應有機會參與。
（2）人數要多——理由是避免「大選舉團」易干擾到拉攏和控制，數目小的選舉團，容易受部份人士以正當或不正當手段操縱。但對於訂出多少的標準，是很難訂出一個客觀的數目，原則是大選舉團的成員多一定比少好。
（3）成員要有民眾認可的法理地位——選舉團的成員任務是代表民眾去行使最重要的政治人事選擇權。因此每位

成員應當具備一定的條件，而不是隨某人或某團體的意志被選進選舉團之內，這些條件最好是早已公認的。
（4）組成的方法要簡單清楚——大選舉團的組成方法，最好是制度化的，過程要容易使人明白，接受。
3.3 大選舉團的組成部份
在各種不同的建議中，大選舉團的組成方法，都離不開下列的各種成份。
（1）行政局非官守議員。
（2）立法機關成員。
（3）區域組織成員——這可包括市政局、區域市政局、及各區區議會成員。
（4）功能團體——根據目前法例定出或以後進一步修訂的功能界別、團體作為單位，由這些單位按名額派出代表，參加大選舉團。
（5）社會團體——除在目前功能界別選舉訂出的界別與團體外，而有很多富有代表性的法定及永久性非法定，慈善、福利、體育等公眾團體，應被納入大選舉團的組成部份。
（6）基本法諮詢委員會——參考目前基本法諮詢委員會的組成方法及成份，組成一個大選舉團，或作為大選舉團的一部份。
（7）特區人大、政協的成員——雖然目前對將來特區人大代表及政治協商會議委員的產生方法仍未明朗，但估計未來特區必有這兩類國家事務的代表。既然地區性各層面的議員都被納入大選舉團的組成，這些代表香港特區出席全國性的政治機構的代表，也應成為大選舉團的部份成員。
（8）政界、工商界元老——政府及工商界已退休的領導人物，包括行政局、立法局的退休議員及退休的高級公務員。
3.4 暫時性與常設性
除一些建議大選舉團亦作為行政長官的顧問委員會外，所有其他的建議下的大選舉團都不是常設性的，在每次選舉功能完結後，即自行解散。
3.5 下列為對大選舉團的組成方法的一些具體建議：
（編者按，本文第3.5點內容同第一稿文件㉘第6.1-6.9點，惟對文件㉘第6.8點作出修訂。）
3.5.8 徐是雄（1986年12月）
（1）組成成份：大選舉團人數約300-600，組成如下：
（一）由直接選舉和功能團體選舉產生的立法機關成員或代表（這些人士無被選舉權）
（二）市政局及區域市政局議員或代表
（三）區議會議員或代表
（四）各界定團體代表包括：
1. 工商界——工業、貿易、航運、航空、旅遊。
2. 金融、地產界——銀行、保險、證券、地產、建造。
3. 法律界——大律師、業務律師、法官。
4. 專業人士——學者、工程師、建築師、測量師、會計師、醫務、教育、文藝、體育、科技。
5. 傳播媒介——電視、電台、新聞、雜誌、出版。
6. 社團、基層——勞工、公務員、社工、論政、慈善、漁農、街坊組織、鄉事會、鄉議局、小販、學生。（公務員被選中後必須放棄公職）
7. 宗教界——基督教、佛教、天主教、回教、道教、孔教。
8. 外籍人士。
9. 婦女界。
（五）香港區全國人大代表或部份代表
（六）政協委員或代表。
（2）組成方法：
以上「大選舉團」的產生由人大委任香港多位具一定代表性的人士組成一個選舉籌備小組，再由籌備小組統籌組成「大選舉團」，籌備小組的成員沒有被選舉權。
（3）功能：大選舉團可以選出三分之一（22人）立法

機關成員。九七年後第一屆行政長官的產生將由「大選舉團」提名二至三位行政長官候選人，報請中央同意，然後由「大選舉團」選出。第二屆由「大選舉團」提名二至三位行政長官候選人，報請中央同意，然後作普選。

（4）特點／理由：

1）「大選舉團」成員有多過一個代表身份的，也只能投一票。

2）經「選舉團」選出來的立法機關成員，更能照顧到香港的整體利益，因為他們無需向某一功能團體或地區的選民直接負責；其次，他們還可以起到平衡和緩衝經功能團體和直接選舉出來成員之間的矛盾和對抗。

3）通過「選舉團」可以比較容易選出一些態度持平、為各界接受、肯踏踏實實做事和有全面政治才幹的人才。

4）立法機關在特別行政區政府成立約六至八年後，檢討考慮削減「大選舉團」11個議席改為直接選舉的可能性；再過六至八年檢討考慮把其餘的11個「大選舉團」議席，也改為直接選舉。再過若干年可以考慮是否把功能團體的議席也取消，改為直接選舉。由此可見，建議的大選舉團並不是一個長期的組織。

5）如果將來大選舉團被取消，行政長官將改由立法機關提名，報請中央同意，然後作普選。

3.5.9 建議由協商方式產生行政長官的方案中亦有部份贊成由特定的選舉團參與這工作，請參閱5.1.2。

<u>3.6 贊成大選舉團的理由</u>
（編者按：本文第3.6點內容同第一稿文件㉘第7.點）

<u>3.7 反對大選舉團的理由</u>
（編者按：本文第3.7點內容同第一稿文件㉘第8.點）

4. 在立法機關基礎上選出行政長官

在立法機關基礎上選出行政長官是眾多選出行政長官方法的一種。其中又包括2種形式（1）立法機關成員提名行政長官候選人，再由立法機關成員選舉；（2）立法機關成員互選組成行政委員會，再由行政委員推選一名行政長官。上述方式都有不同的理由及贊成和反對的意見，以下分別討論。

4.1 立法機關內以直接選舉產生

行政長官候選人資格不限，經某數量的立法機關成員（比如十人）提名後，便可以參加競選。選舉由立法機關成員進行，候選人必取得絕對多票數才能當選。〔匯點（7/86）、馮煒光（7/86）、鄭宇碩（2/86）、李華明〕

特點／理由

（1）行政長官由立法機關選出，保證行政長官得到立法機關一定的支持及信任，減少二者對抗的可能。

（2）大部份建議行政長官由立法機關選出的模式中，立法機關都是由混合式的選舉（包括功能團體選舉、直接選舉及地域選舉）產生，保證立法機關能照顧社會各階層利益，而經此類立法機關選出的行政長官，將必亦能代表社會各階層的利益。

（3）候選人的資格不限，可以容許社會上更多有志之士參選，而不一定要首先屬於某些團體。

4.2 立法機關內以間接選舉產生

立法機關先互選產生行政委員會，再由行政委員互選或協商推出一位行政長官，作行政委員會的主席，但所有政策都靠集體商議，實行集體領導制。〔陳弘毅（27/1/86）、太平山學會（4/86）〕

特點／理由

（1）集體領導制可避免以一位行政長官作整個政府權力中心而可能產生的不穩定。因為假如選了一位昏庸無能或與中央關係惡劣的行政長官作唯一領導人，將對社會有惡劣的影響，但在集體領導下，即使委員會內有少數能力低的委員，因為所有決定都經集體討論而作出，故影響將會減少。另一方面，如果選出的首長是極能幹的領導，在「首長領導制」下可能培養出政治強人，如果他的政治影響力

過大，可能會使中央不滿，容易破壞中港關係。

（2）集體領導制符合香港多元化的社會形態，因為香港有不同的階層，亦有不同的利益，集體領導制保證不同階層的代表能參與最高的行政決策，提供機會讓各方面溝通及協調，從而使權力及利益都能平均分配。

（3）集體領導制能培養委員間合作的精神，共同領導行政機關，這既可避免各方面因爭取最高領導權而產生磨擦及猜忌，亦有利於容納和保留政治人才，因為如果將行政權集於一人身上，很多有才幹的人將會因政見不同而被摒於領導層外，甚至被迫形成反對派。

（4）行政長官人選兩年重選一次，不可連任，以體現集體領導之特色。

（5）行政委員會各有專責部門，地位平等，重要事務均須集體議決，以少數服從多數，行政長官沒有特別的權力。行政長官除專責所屬之部門外，需額外負責召開和主持行政委員會的會議，以及對外行使禮節性和榮譽性之職務。

4.3 對在立法機關基礎上選出行政長官的不同意見

贊成	反對
（1）行政長官由立法機關選出，可保證他受到立法機關的支持和信任，卻又能互相制衡。	行政長官由立法機關選出，有違三權分立的原則。
（2）立法機關以多種形式的選舉（功能團體選舉、直選及間選）產生，保證成員有一定的代表性，而經立法機關選出的行政長官，將亦能代表各階層的意見。	立法機關成員雖然代表不同的利益，但不表示由他們選出的行政長官將一定能代表各界的利益。
（3）政黨產生必然而又健康的發展	催化政黨政治

5. 由協商產生行政長官

中英聯合聲明提及協商亦是產生行政長官的一種形式，但具體形式卻沒有詳細說明。根據本地人士提議由協商產生行政長官的方案來看，「協商」的一個主要特點是中央政府對行政長官的揀選，不論在提名、諮詢或決定的程序中都有較大的參與，以下是一些建議行政長官由協商產生的構想。

5.1 由協商產生行政長官的建議

5.1.1 行政長官候選人可由立法機關成員或各界團體提名，中央按初步名單先刪除一些中央或香港大部份人士或社會上某些階層不能接受的人選，然後進行第二輪協商，即以不定形方式與個別立法機關成員、各大工商社團、政治團體和基層組織商量，然後決定一個最能為絕大多數人接受的候選人，提交立法局通過。（冼銘倫3/86）

理由／特點

（1）這方法既包括中央協商各界人士的意見，又保證最後行政長官的人選得立法機關的同意，因此選出的行政長官將會為中、港雙方接受。

（2）整個協商過程將不公開，以免當事人尷尬或互相影響，但因為結果必經立法機關通過，故過程即使不公開，亦不違反民主原則。

（3）立法機關在行使審定權之前，不能通過法案推舉人選，以致架空了中央協商產生行政首長的職權。

（4）這方法產生的行政長官將會是個低調而又能協調各階層利益的人，這種鼓勵協作的做法，將有利於各方面的協調，對香港脆弱的政治環境有重要意義。

5.1.2 行政長官候選人由各界人士自由提名，然後由中央政府組成一個包括港人在內的遴選委員會，諮詢立法機關成員和各界社團（包括功能團體、政治團體、基層組織）的意見，產生一個不超過三人的最後候選人名單，交立法

機關討論，經三分之二全體成員通過，選任一位為正式候選人，最後由中央政府任命。此中央協商模式實施一段時間後，如果社會條件適合，可將三位的候選人名單交全港市民選舉。（辛維思 5/86）

理由／特點
（1）協商由中央主持，但特區立法機關亦有相當大的參與權，可保證未來的行政長官同樣受中央政府及立法機關的接受。
（2）未來的行政長官將可協調中央與香港的關係，以及行政機關和立法機關的合作。

5.1.3 立法機關成員互選 5 人，中國香港人大代表互選 5 人，共同組成一個公平而均衡的「十人提名小組」，提名小組以協商形式從（1）立法議員，（2）公務人員，（3）其他各界人士中推薦三位行政長官候選人，然後由北京中央政府從三人中選任一位作為特區的行政長官。如果三人均不適合，則發還提名小組再推薦。（羅桂祥 9/86）

理由／特點
（1）這方法較公平和均衡，將會獲得大眾的支持和信任。
（2）整個過程保證只有背景、資歷和能力都最好的人才能被挑選及委任。
（3）協商制度避免政黨選舉產生的混亂。
（4）特區與中央政府代表參與選出行政長官，可保證他能得到兩方面的支持。

5.1.4 建議由大選舉團產生行政長官的方案中亦有部份含協商的成份，請參閱 3.5.1，3.5.2 及 3.5.3。

5.2 由協商產生行政長官的不同意見

贊成	反對
（1）中央參與協商，保證將來的行政長官會得中央政府的接受。	中央參與協商行政長官，有違高度自治的原則。
（2）協商過程中央會諮詢香港人士的意見，可保香港人的意願受到考慮及照顧。而最後選出的行政長官，亦該為香港人贊同。	中央只會根據他們的意願而徵詢香港人的意見，不保證被徵詢者都必會為香港人爭取利益。再者，中央政府亦有權不接受他們的意見。故最後人選未必為港人接受。
（3）經過協商及遴選的過程，保證只有背景、資歷和能力都最合適的人才能被挑選和委任。	只有少數人能參加提名或協商的工作，有違公平的原則。
（4）避免政黨政治產生的對抗情況	政黨政治是必然而健康的發展，未必會引起對抗的情況。
（5）更能按能力來挑選適合的人出任行政長官，不受利益集團或壓力團體的操縱。	利益或壓力團體都會推薦他們認為能力最高的人作候選人，而且當各方面都有權發掘和推舉候選人時，更能保證選出的行政長官是最佳人選。

6.結語
就行政長官的產生方法，到現時為止，共歸納出四種方法，分別是：（1）由普及性的直接選舉產生；（2）由大選舉團選舉產生；（3）由立法機關選舉產生；及（4）由協商產生。各種方法均有不同的特點／理由以及贊成和反對的意見。

※

㉛ **1987 年 3 月 23 日政制專責小組之行政機關與行政長官的產生工作組《行政長官的產生討論文件（二稿）》（1987 年 4 月 2 日政制專責小組之行政機關與行政長官的產生工作組第二次會議討論文件）**

1.前言
1.1 聯合聲明有關條文：
中英聯合聲明中關於行政長官的產生方法有如下的條文：「香港特別行政區行政長官在當地通過選舉或協商產生，由中央人民政府任命。」（附件一第一節），但聲明內對選舉或協商的具體內容卻沒有說明。

1.2 目前情況：
港督是英國外交及聯邦事務部從其公務員中就其資歷及經驗，揀選適合的人選（近幾年，港督通常是外交及聯邦事務部職員，但在過往而言，不少港督是由富有經驗的在港工作人員中升任的），經首相同意後，再呈上女皇任命。整個揀選過程由英國政府負責，香港人在這過程中沒有任何參與。

1.3 各方建議：
香港各界人士就行政長官的產生方法主要有以下幾點（見下表）。

通過選舉	I 直接選舉	a. 普及性直接選舉無提名限制的方法（見 2.3）
		b. 普及性直接選舉有提名限制的方法（見 2.4）
	II 間接選舉	a. 大選舉團選舉（見 3.）
		b. 由立法機關選出（見 4.）
通過協商	I 可以中央政府與香港人士共同協商（見 5.）	
	II 香港人士自行協商而中央不參與其事	

下面將集中討論以上各項產生行政長官方法的建議，並列出其中理由／特點及贊成和反對意見。

直接選舉
2.由普及性的直接選舉產生行政長官
2.1 選舉形式：全港合格的選民，除一般選民資格外，無任何其他限制，以直接投票方式，在選舉人名單中，以多數票決定其中一人出任行政長官。經普及性直接選舉產生行政長官通常包括兩項程序：提名及選舉。
2.2 對普及性直接選舉的基本原則的不同的意見：

贊成	反對
（1）有利安定繁榮	不利安定繁榮
（2）政黨產生是必然而又健康的發展	催化政黨對抗性政治
（3）各利益集團、社會階層公開自由競爭。	不能保障各階層代表性
（4）比例代表選舉可照顧社會上少數人士的利益	對少數人士不公平，不能保障社會上少數人士的利益
（5）公民意識已有增長／難定準則	公民意識未成熟
（6）由於可贏取大眾支持，免除政策反覆或修改而導致之費用，故可減少公費開支。	政客政治引致公費開支增加
（7）符合平等參與原則	在分區選舉上，一人一票事實上並不平等，因為很難做到每票的效果相同。
（8）現代社會發展的最佳形式	香港社會不適宜引用西方民主方式
（9）民主化要配合經濟發展	過份、太快的民主化不利經濟發展
（10）加強政府合法性	選民未必理性
（11）更有效地直接向選民負責	易造成「免費午餐」
（12）可鼓勵人民參與政治	社會政治過熱

贊成	反對
（13）可體現高度自治	高過自治不一定要通過「普及直選」體現出來
（14）普及直選才可以建立一個能向北京說「不」的政府	由其他途徑選出的議員所組成之政府亦敢向北京說「不」
（15）無「普及直選」就無民主	「普及直選」只是民主的一種形式，沒有直選，也可以有民主。
（16）由現在至九七年尚有一段時間，各人可藉這個契機建立個人政治資本，各人的參政機會都是均等的。	因機會成本不一樣，起步時間不一樣，各階層參選機會不均等。
（17）獲選人士多為社會上的「中間」派，故其可預測性是較大的。	直接普選的不可預測性對社會安定不利

2.3 普及性直接選舉無提名限制的方法：
行政首長由市民公開提名，經普及性的直接選舉產生。
（香港大學學生會基本法專責小組問卷調查 11/86）
不同的意見：

贊成	反對
（1）行政長官公開提名，保證各階層人士都能透過推選過程而反映自己的利益。	提名過程完全公開，難以限制候選人的數目及保證他們的質素。

2.4 普及性直接選舉有提名限制的方法
（編者按，本文第 2.4 點同第一稿文件㉚第 2.2 點，惟文件㉚第 2.2.3 點被刪除。）
2.4.2.7 設一由 128 人組成的「行政長官候選人提名團」，提名三位行政長官候選人，再交全民投票選舉。提名團的組成如下：

	提名團議席數目
第一大類職業組別共佔	**32 席**
其中　商界[1]	12
工業界[2]	8
銀行界[3]	4
其他僱主	8
第二大類職業組別共佔	**32 席**
其中　醫學界（註冊醫生）	2
其他護理人員	2
教學界	4
法律界	2
社會服務界	4
工程、建築、測量及城市設計師	2
會計、核數師	2
資訊、傳媒專業人士	2
行政人員	4
其他專業人士	8
第三大類職業組別共佔	**32 席**
其中　文員	4
銷售人員	4
服務業工作人員	4
農、林、牧、漁人士	4
製造、建造、運輸工作人員	12
學生、退休人士、料理家務者及其他非從事經濟活動人士	4
立法機關成員	**16 席**
人大代表、政協委員	**16 席**
總數	**128 席**

註1：商界可界定為香港總商會及香港中華總商會成員商號的董事。
註2：工業界可界定為香港工業總會及香港中華廠商聯合會成員廠號的董事。
註3：銀行界可界定為香港銀行公會成員的董事。

（張振國、梁兆棠 3/87）
不同的意見

贊成	反對
（1）提名團的成員包括不同界別及職業的人士，可保證他們的代表性。	有限度提名，有違公平原則。
（2）行政長官最終經全民投票選出，可保證他會受大多數市民的支持。	
（3）提名團成員不能互選作行政長官候選人，以示公正。	

間接選舉
3. 由大選舉團產生行政長官
〔編者按：本文第 3. 點同第一稿文件㉘第 1.-8. 點，惟徐是雄意見（1986 年 12 年），同第一稿文件㉚第 3.5.8 點。〕

4. 在立法機關基礎上選出行政長官
（編者按：本文第 4.-6. 點同第一稿文件㉚第 4.-6. 點）

※

㉜ 1987 年 4 月 4 日政制專責小組之行政機關與行政長官的產生工作組《行政長官的產生討論文件（三稿）》（1987 年 4 月 9 日政制專責小組之行政機關與行政長官的產生工作組第三次會議討論文件）

【P1-2】
（編者按：本文同第一稿文件㉛，除下列內容外，均同前文。）
普及性直接選舉
2. 由普及性的直接選舉產生行政長官
2.1 選舉形式及程式：全港合資格的（除一般選民資格外，無任何其他限制）的選民，以直接投票方式，在選舉人名單中，以多數票決其中一人出任行政長官。經普及性直接選舉產生行政長官，這類選舉包括提名及選舉兩項程序。
2.2 對普及性直接選舉的選舉方法的基本原則的不同意見：

贊成	反對
（3）各利益集團、社會階層公開自由競爭。	不能保障各階層能自由競爭
*（4）比例代表選舉可照顧社會上少數人士的利益	對少數人士不公平，不能保障社會上少數人士的利益。
*（6）由於可贏取大眾支持，免除政策反覆或修改而導致之費用，故可減少公費開支。	政客政治引致公費開支增加
（10）加強政府合法性	政府的產生只有合法與不合法之分，它的合法性是不能以任何選舉方式來增強或削弱的。
（11）更有效地直接向選民負責	選民未必理性化，易被政治野心家所誤導，而造成類似「免費午餐」的局面。
*（14）普及直選才可以建立一個不是唯命是從及可據理力爭的政府	由其他途徑選出的議員所組成之政府亦能不唯命是從及可據理力爭

＊與行政長官選舉沒有直接關係，僅供參考。

【P8】
間接選舉
3.由大選舉團產生行政長官
3.4 暫時性與常設性
除一些建議大選舉團亦作為行政長官的顧問委員會外，所有其他的建議下的大選舉團都不是常設性的，在每次選舉功能完結後，即自行解散。

※

㉝ 1987年4月21日政制專責小組之行政機關與行政長官的產生工作組《行政長官的產生討論文件（四稿）》（1987年4月30日政制專責小組之行政機關與行政長官的產生工作組第四次會議討論文件）

【P3】
（編者按：本文同第一稿文件㉜，除下列內容外，均同前文，惟第3.6、3.7、4.3及5.2點被刪除。）
普及性直接選舉
2.由普及性的直接選舉產生行政長官
2.3 普及性直接選舉無提名限制的方法
行政長官由市民公開提名，經一人一票直接選舉產生。
（香港大學學生會基本法專責小組九七政制模式建議書2/87）
對此提名方法不同的意見：

贊成	反對
（1）行政長官公開提名，保證各階層人士都能透過推選過程而反映自己的利益。	提名過程完全公開，難以限制候選人的數目及保證他們的質素。
（2）普及性直接選舉將牽涉到相當大規模的人力及資源，這本身已限制到候選人的質素而不必要以提名程序來達到此目的。	人力及資源，不一定能限制候選人質素。
（3）如果提名受限制的話，提名的過程已是政治談判的場地，而相對上市民就失去了真正自主地選擇其行政長官的權利。	提名過程不成政治談判場地，提名可給市民更明確的計劃。

【P8-16】
間接選舉
3.由大選舉團產生行政長官
3.5 大選舉團產生行政長官的不同方案
3.5.1 查濟民方案（1985年初）
（1）組成成份：「顧問局」由香港政府的顧問組成，其中包括退休的行政、立法機關成員、工商財經、法律教育各方面的專業人士，現任的行政、立法機關成員不能兼任顧問。一般而言，顧問多是本地已退休的、或年長的有名望人士。人數不限，終身職。
（2）組成方法：由港督提名，經中央政府批准。
（3）功能：「顧問局」的職權包括向中央政府提名或協商行政長官人選，與立法機關協商後向中央政府提請修改基本法的細節，以及在顧問局成員中互選三分之一的立法機關成員。此外，顧問局成員亦為行政長官及首席部長的顧問，但行政長官並不會像目前港督對待行政局一樣，事事與顧問商量。
（4）對此方案的不同意見：

贊成	反對
（1）「顧問局」的終身制可以保持顧問的獨立性，避免行政長官因個人利益而影響顧問的選取。	顧問實行終身制，不能罷免，將會造成另一權力中心，影響行政長官的施政。

贊成	反對
（2）尊長的觀念無論在香港、中國甚至英國都有，比如香港很多社團，除董事局外都有顧問委員會。中國又有中共中央顧問委員會，「顧問局」這觀念所以成立，乃基於人對傳統的精神的信任，因此行政長官從社會上公認有成就而不再擔任日常事務的人中選擇顧問，乃相信他們的經驗及能力對社會有益。	選舉行政長官要依靠對傳統精神的信任乃極為危險的事。有必要建立更有系統的選舉方法。

3.5.2 古星輝方案（1985年12月）《鏡報月刊》
（1）組成成份：以香港工商金融界有代表性人物為主，又容納中下層人士，組成「行政顧問院」，人數約100人。
（2）組成方法：由基本法起草委員會在港委員安排物色，分為界定團體代表、非界定團體代表及特邀代表。
（3）功能：「行政顧問院」可以提名行政長官候選人，但需20人以上和議，才算有效。選出候選人之後，候選人必需宣佈其政綱，再由行政顧問院收集各階層人士之意見，諮詢期為6個月，然後以民主協商或投票方式產生行政長官。
此外，「行政顧問院」亦可選出百分之三十的立法機關成員。
（4）對此方案的不同意見：

贊成	反對
「行政顧問院」的成員來自不同階層，可以代表不同階層的利益，亦減少階級之間的對立和隔閡。	「行政顧問院」成員只來自某些特定的階級，廣泛市民的利益未能受到保障。

3.5.3 薛鳳旋方案《大公報》（1986年1月30日）
（1）組成成份：由行政局全體非官守議員、立法局全體議員、功能團體、社會團體組成「協商團」。
（2）組成方法：（未有列明）
（3）功能：成員以協商為基礎，商討適合的行政長官人選，必要時以一人（或單位）一票的方式選出。
（4）對此方案的不同意見：未有列明
3.5.4 三方學會方案（1986年3月）
（1）組成成份：「選舉團」由立法機關及地區議會成員組成。
（2）組成方法：以法例規定上列議員為當然成員。
（3）功能：選舉未來行政長官，再經中央人民政府委任。
（4）對此方案的不同意見：未有列明
3.5.5 張熾標方案《快報》（1986年7月22日）
（1）組成成份：「大選舉團」成員包括立法局、區域市政局、市政局及區議會議員。
（2）組成方法：以法例訂出上列議會議員為成員。
（3）功能：「大選舉團」根據立法機關成員提交的行政長官候選人名單（每位候選人起碼得10位立法議員提名）投票。獲得最多票數的候選人將成為行政長官。
（4）對此方案的不同意見：

贊成	反對
「大選舉團」的選舉方法保證未來的行政長官將受到社會各階層人士的支持。	「大選舉團」的組成有限制，經此選出的行政長官未必會受到社會各界人士的支持。

※

㉞ **1987 年 5 月 6 日政制專責小組之行政機關與行政長官的產生工作組《行政長官的產生討論文件（五稿）》（1987 年 6 月 30 日政制專責小組第十三次會議討論文件）**

【P1-17】
（編者按：本文同第一稿文件㉝，除下列內容外，均同前文。）

1. 前言
1.1 聯合聲明有關條文：
……此外，聯合聲明又列明「行政機關必須遵守法律，對立法機關負責」。

普及性直接選舉
2. 由普及性的直接選舉產生行政長官
2.4 普及性直接選舉有提名限制的方法
2.4.1 由立法機關成員提名
對此提名方法的不同意見：

贊成	反對
（4）有委員認為這符合行政機關向立法機關負責的原則	

2.4.2 由提名團／選舉團提名
對此提名方法的不同意見：

贊成	反對
	（3）不大符合行政機關向立法機關負責的原則

2.4.2.2（基督徒弘道社 11/86）
對此提名方法的不同意見：

贊成	反對
	（4）不大符合行政機關向立法機關負責的原則

2.4.2.3（學友社 8/86）
對此提名方法的不同意見：

贊成	反對
	（3）人數多少和代表性的強或弱不成正比例
	（4）不符合行政機關向立法機關負責的原則

2.4.2.4（吳康民 11/86）
對此提名方法的不同意見：

贊成	反對
	（3）不大符合行政機關向立法機關負責的原則

2.4.2.5（曹宏威、唐一柱、何鍾泰 8/86）
對此提名方法的不同意見：

贊成	反對
	（3）不符合行政機關向立法機關負責的原則

2.4.2.6（雷競旋 1/87）
對此提名方法的不同意見：

贊成	反對
	（4）不符合行政機關向立法機關負責的原則

2.4.2.7 設一由 128 人組成的「行政長官候選人提名團」，提名三位行政長官候選人，再交全民投票選舉。（張振國、梁兆棠 3/87）
對此提名方法的不同意見：

贊成	反對
（1）提名團的成員包括不同界別及職業的人士，可保證他們的代表性。	（1）不保證「提名團」成員能代表各階層利益（因「提名團」產生方式是不明確的）
（2）行政長官最終經全民投票選出，可保證他會受大多數市民的支持。	（2）有限度提名，有違公平原則。
（3）提名團成員不能互選作行政長官候選人，以示公正。	（3）不大符合行政機關向立法機關負責的原則

3.1 由大選舉團產生行政長官
3.1.5 大選舉團產生行政長官的不同方案
3.1.5.9 醫學界專業團體基本聯席會議（1987 年 3 月）
（1）組成成份：選舉團共 500-600 人，成員包括各功能團體，市政局及地區議會代表。
（2）組成方法：（未有列明）
（3）功能：選舉團選出一個提名團（由若干人組成，例如共 5 人），提名團提名若干行政長官候選人復交選舉團選出。
（4）對此方案的不同意見：（未有列明）
3.1.5.10 建議由協商方式產生行政長官的方案中亦有部份贊成由特定的選舉團參與這工作，請參閱 4.1.2。
3.1.6 對「大選舉團」選舉的不同意見：

贊成	反對
（1）更能照顧香港的整體利益，因為由大選舉團選出的議員無須向某一功能界別或地區的選民直接負責；其次，他們還可以起平衡和緩衝經功能界別和直接選舉出來議員之間的矛盾和對抗。	（1）容易造成特權階級政治，保障一小撮人利益。
（2）保障社會各階層的均衡參與	（2）偏重工商界上層階級的參與
（3）選出一些態度持平，為各界接受，且踏實做事和有全面政治才幹的人，可提供另一途徑讓各界精英加入，以保留現行委任制的優點	（3）某些界別有重複代表性
（4）減低社會政治過熱	（4）易受一小撮人控制
（5）在有包括人大、政協成員的大選舉團，可保證熟識中央政府運作的人士的參與。	（5）人大政協成員產生方法未清楚；且由其他方法選出代表亦有熟識中央政府運作的人。
（6）向一些無法通過功能界別及地區選舉產生，但具備特質，對政府效率有幫助的人，提供其他問政渠道，避免滄海遺珠。	（6）不是真正的選舉，是變相委任制。
（7）保持穩定性、連貫性。	（7）政治精英主義引致民憤，製造社會不安。

協商
4. 由協商產生行政長官
4.1 由協商產生行政長官的建議
4.1.3（羅桂祥 9/86）
對此方案的不同意見：

贊成	反對
	（4）不符合行政機關向立法機關負責的原則。

㉟ 1987 年 5 月 12 日郭元漢委員對《行政長官的產生討論文件》的書面意見

頁數	段數	
2	2.2	在「反對」欄內，請加：「高等教育尚未普及，選民未有足夠能力分辨候選人的好壞」
2	2.2（9）	「贊成」的一方面應改寫為：「經濟發展要配合民主化」
9	3.1.5.1（2）	「港督」應改為「歷任行政長官」
13	3.1.5.9	在「醫學界專業團體基本法聯席會議（1987 年 3 月）」之前加「香港政府華員會（1987 年 2 月）」

※

㊱ 1987 年 5 月 12 日張振國委員對《行政長官的產生討論文件》的書面意見

第 7 頁（編者按：原件文字，指委員對討論文件第 7 頁的內容有意見，下同。）

1.「資訊、傳媒專業人士」之下增加一行：文化、藝術專業人士（席位：2）

2.「其他專業人士」一項席位，則由 8 席減為 6 席。

3.「反對」之（1）「提名團產生方式是不明確的」並不確實，我們的意見書 1.1 段之有關職業分組選舉部份，對提名團產生方法有明確的描述。

4. 對（3）的提法，我們不同意亦不理解為什麼由提名團提名行政長官候選人是不符合行政機關向立法機關負責的原則。

5. 提議最後報告附錄本文提及之意見書或方案之全文。

※

㊲ 1987 年 5 月 18 日陳少感委員對《行政長官的產生討論文件》的書面意見

第一頁
1.2 不正確的句子是「但在過往而言，不少港督是由富有經驗在港工作人員升任的」，我相信並沒有這樣的例子。
1.3 還有其他可能性，例如有提名限制，以一人一票選舉或沒有提名限制但用大選舉團選舉。這個表示太簡化。

第二頁
2.2 贊成和反對的理由都沒有列出，所以看來很難明白這種分析的目的。例如為什麼有人說普及直接選舉「有利安定繁榮」？
2.3 全世界都沒有用這個方法，應有註釋說明。

第十七頁
5. 結語並沒有提及提名團，這個是很多意見的重點。

※

㊳ 錢世年委員對《行政長官的產生討論文件》的書面意見

第 2.4.2 點
行政長官應由一個比較超然的由 30 至 60 人組成的顧問委員會提名，經立法機關 2/3 通過，然後提交中央委任。顧問委員會的成員是由一些在本港有深長歷史的立法、行政、司法和工商金融、投資方面有豐富經驗的人士來擔任，而且他們應該是 60 歲以上的退休或退出政壇的人物，對行政長官的權力和地位都沒有直接或間接的利益關係，這樣方能專心一致為香港市民作出公平和合理的有價值的決定。
顧問委員的人選除第一屆應由中英聯合聯絡小組協商外，第二屆以後人選應由上一任的行政長官諮詢其顧問委員會後決定，其餘一半則由立法機關選舉。

※

㊴ 1987 年 5 月 19 日林邦莊委員對《行政長官的產生討論文件》的書面意見

1. 第 3 頁 2.4.1 段應增加以下為第（5）點：
贊成
行政長官可獲得立法機關及選民的支持。這會使立法機關及選民對行政長官更信賴和有信心，並能促使行政長官和行政機關對立法機關及選民負責，且更能照顧其意願。另一方面，這能使立法機關和人民的意見更有地位和影響力。

2. 第 11 頁 3.1.5.6 段應增加以下為第（4）點：
反對
由於香港市民不能直接在全民投票的基礎上參與選舉行政長官，所以此種選舉方式是不民主的。

3. 第 13 頁 3.1.5.8 段應增加以下為第（1）點：
反對
聯合聲明只列出「中央政府委任行政長官」的條文而並沒有規定行政長官候選人名單必須由中央政府批准或「同意」。

4. 在第 1 頁 1.2 及 1.3 段之間，應增加新一段名為：「行政長官的能力與資格」
我認為在未考慮行政長官的資格前決定選舉行政長官的方法是不理智的，我建議在 1.2 段增加一項解釋何謂「具合適的資格及經驗」，以及另一項說明「將來情況」。就這方面本人有以下建議：
行政長官應該：
a. 得到香港人、立法機關、行政機關和中央政府的信任。
b. 得到香港各階層人士的支持。
c. 得到立法機關的支持並向之負責。
d. 能領導行政機關。
e. 得到中央政府的支持及任命。

※

㊵ 1987 年 5 月 25 日政制專責小組之行政機關與行政長官的產生工作組《行政機關的組成與職權討論文件（一稿）》（1987 年 5 月 29 日政制專責小組之行政機關與行政長官的產生工作組第五次會議討論文件）

【P8-9】
3 行政長官的任命
3.1 現時港督的任命：

目前港督是由英國外交及聯邦事務部從其公務員（通常是外交及聯邦事務部職員）中就其資歷及經驗，揀選適合的人選，經首相同意後，再呈上女皇任命。整個揀選及任命過程由英國政府負責。

3.2《英皇制誥》及《皇室訓令》中有關港督任命的條文：

3.2.1《英皇制誥》中有關港督任命的條文

在香港殖民地及其屬土（以下統稱殖民地）之上，應有一港督及三軍總司令，由英皇指令所設的委員會負責委任。

3.2.2《皇室訓令》中沒有條文提及港督的任命

3.3 聯合聲明中關於行政長官任命的條文：

「香港特別行政區行政長官在當地通過選舉或協商產生，由中央人民政府任命。」（附件一第一節）

聯合聲明只提及行政長官由中央政府任命，但「任命」的詳細意思卻沒有說明。「任命」究竟是指形式上任命，或實質上任命有不同的意見。

3.4 九七年後行政長官的任命：

（1）形式上任命：

行政長官在香港經由選舉或協商產生後，中央政府為尊重香港人的意見，將只作形式上的任命，不會否決選舉或協商的決定。

贊成

→ 這表示中央政府尊重港人的意見，不會違反香港人的選擇。

→ 這將體現聯合聲明中高度自治的精神，可增加香港人的信心。

反對

→ 如果中央政府只能依據香港人的決定作任命，將不能體現中國在港擁有的主權。

→ 如果香港人選出的行政長官不為中央接受，但中央卻依然要任命，這將會令行政長官與中央政府日後的工作極不協調及不愉快。

→ 有違中英聯合聲明，聯合聲明內容應全部實質執行，不然有不喜歡的地方，就形式執行，聯合聲明就形同廢紙。

（2）實質上的任命：

行政長官雖然在香港經選舉或協商產生，但中央政府並不必然要任命他。中央政府仍保留否決的權力，故它的任命是實質的任命。

贊成

→ 這將能體現中央對香港擁有的主權。

→ 這可保證未來的行政長官必為中央政府接受，有利兩者工作上的協調及合作。

→ 這可增加行政長官的權威性。

反對

→ 如果行政長官在香港經選舉或協商產生後，中央卻不任命，將會大大打擊香港人的信心，甚至產生憲政危機。

→ 這將有違聯合聲明提及「高度自治」的原則。

※

㊶ 1987 年 6 月 2 日政制專責小組之行政長官的產生與行政機關工作組《行政機關的組成與職權討論文件（二稿）》（1987 年 6 月 8 日政制專責小組之行政長官的產生與行政機關工作組第六次會議討論文件）

【P8-9】

（編者按：內容同上文）

※

㊷ 1987 年 6 月 11 日政制專責小組之行政長官的產生與行政機關工作組《行政機關的組成與職權討

論文件（三稿）》（1987 年 7 月 10 日政制專責小組第十三次會議續會討論文件）

【P8-9】

（編者按：內容同第一稿文件㊵，除第 3.4 點（1）反對意見：「……不然有不喜歡的地方，就形式執行，聯合聲明就形同廢紙。」被刪除外，均同前文。）

※

㊸ 謝志偉委員對《行政長官的產生討論文件》的書面意見

第 1 頁，第 1.2 點

港督一職是由英國外交及聯邦事務部揀選適合的人選，經首相同意後……香港人在這過程中沒有任何參與。再加「自 1970 年以來，港督均由具外交經驗非殖民地官員升任。」

第 2 頁，第 2.2 點

於（7）的反對意見及（10）前加＊，並刪去「僅供參考」。

※

㊹ 1987 年 6 月 22 日夏文浩委員對《行政長官的產生討論文件》的書面意見

第 9 頁

改為

3.1.5.1.1 查濟民方案

3.1.5.1.2 對此方案的不同意見

3.1.5.2.1 古星輝方案

3.1.5.2.2 對此方案的不同意見

第 10 頁

改為

3.1.5.4.1 三方學會方案

3.1.5.4.2 對此方案的不同意見

3.1.5.5.1 張熾標方案

3.1.5.5.2 對此方案的不同意見

3.1.5.6.1 工商專業諮委方案

3.1.5.6.2 對此方案的不同意見

第 11 頁

改為

3.1.5.7.1 港人協會方案

3.1.5.7.2 對此方案的不同意見

第 12 頁

改為

3.1.5.8.1 徐是雄方案

3.1.5.8.2 對此方案的不同意見

第 14 頁，第 3.16 點

反對理由增加

（8）不符合行政機關向立法機關負責的原則。

※

㊺ 1987 年 6 月 30 日《「行政長官的產生」討論文件修訂意見（總表）》

頁	點	意見	委員
1	1.2	（近幾任，港督……），括號可刪去。	李啟宇
1	1.2	不正確的句字是「但在過往而言，不少港督是由富有經驗在港工作人員中升任的」我相信並沒有這樣的例子。	陳少感
1	1.2 及 1.3 段之間	應增加一新段名為： 「行政長官的質素與才能」 我認為在未考慮行政長官的資格之前，決定選舉行政長官的方法是不合理的，我建議在 1.2 段增加一項解釋何謂「具合適的資格及經驗」以及另一項說明「將來情況」。就這方面本人有以下建議： 行政長官應該： a. 得到香港人、立法機關、行政機關和中央政府的信任。 b. 得到香港各階層人士的支持。 c. 向立法機關負責並獲得其支持。 d. 能領導行政機關。 e. 是中央政府可接受及任命的。	林邦莊
1	1.3	還有其他可能性，例如有提名限制，以一人一票選舉或沒有提名限制但用大選舉團選舉。這個表示太簡法。（編者按：「簡法」應為「簡化」之誤）	陳少感
2	2.2（5）	公民意識已有增長／難定準則——此句意義不明，提議刪去「／難定準則」。	李啟宇
2	2.2（9）	「贊成」的一方面應改寫為：「經濟發展要配合民主化」。	郭元漢
2	2.2（14）	應完全刪去；此節現也不見於「立法機關的組織」一文。	簡福飴
2	2.2（17）	反對意見應改為「直接選舉並不能保證持平的中間派獲選，它的不可預測性對社會安定不利。」	簡福飴
2	2.2	在「反對」欄內，請加：「公民教育尚未普及，選民未有足夠能力分辨候選人的好壞。」	郭元漢
2	2.2	贊成和反對的理由都沒有列出，所以看來很難明白這種分析的目的。例如為什麼有人說普及直接選舉「有利安定繁榮」？	陳少感
3	2.3	全世界都沒有用這個方法，應有註釋說明。	陳少感
3	2.4.1	應增加以下為第（5）點： 贊成 行政長官可獲得立法機關及選民的支持。這會令行政長官對立法機關及選民產生信任和信心，並能促使行政長官和行政機關對立法機關及選民負責，且更能照顧其意願。另一方面，這能使立法機關和人民的意見更有地位和影響力。	林邦莊

頁	點	意見	委員
4	2.4.2.2	增加「香港民主協會」的意見 行政長官應由一個比較超然的由 30 至 60 人組成的顧問委員會提名，經立法機關 2/3 通過，然後提交中央委任。顧問委員會的成員是由一些在本港有深長歷史的立法、行政、司法和工商金融、投資方面有豐富經驗的人士來擔任，而且他們應該是 60 歲以上的退休或退出政壇的人物，對行政長官的權力和地位都沒有直接或間接的利益關係，這樣方能專心一致為香港市民作出公平和合理而有價值的決定。 顧問委員的人選除第一屆應由中英聯合聯絡小組協商外，第二屆以後人選應由上一任的行政長官諮詢其顧問委員會後決定，其餘一半則由立法機關選舉。	錢世年
7	2.4.2.7	「資訊、傳媒專業人士」之下增加一行：文化、藝術專業人士（席位：2）。	張振國
7	2.4.2.7	「其他專業人士」一項席位，則由 8 席減為 6 席。	張振國
7	2.4.2.7	「反對」之（1）「提名團產生方式是不明確的」並不確實，我們的意見書 1.1 段之有關職業分組選舉部門，對提名團產生方法有明確的描述。	張振國
7	2.4.2.7	對（3）的提法，我們不同意亦不理解為什麼由提名團提名行政長官候選人是不符合行政機關向立法機關負責的原則。	張振國
7	2.4.2.7	提議最後報告附錄本文提及之意見書或方案之全文。	張振國
9	3.1.5.1（2）	「港督」應改為「歷任行政長官」	郭元漢
11	3.1.5.6	應增加以下為第（4）點： 反對 由於香港市民不能以普及性選舉直接參與揀選行政長官，所以此種選舉方式是不民主的。	林邦莊
13	3.1.5.8	應增加以下為第（1）點： 反對 聯合聲明只列出行政長官由中央政府任命的條文，而並沒有規定行政長官候選人名單要報請中央同意。	林邦莊

頁	點	意見	委員
13	3.1.5.8 與 3.1.5.9 之間	加入「香港華員會」政制方案（1987 年 2 月） （1）組成成份：由功能團體代表、區議會主席、市政局及區域市政局代表組成約 500 — 600 人的選舉團。 （2）組成方法：（未有列明） （3）功能：由選舉團先選一個五人提名團，提名團提名候選人若干名，再交由選舉團選舉。 （4）對此方案的不同意見： 贊成 1）提名團經協商後推舉候選人，可確保候選人大致具備所需才幹，並符合中英聯合聲明「行政長官由協商或選舉產生」的規定。 2）選舉團的人選代表各方面各階層的利益。	郭元漢
16	4.1.1	第（4）節，「低調而又」這幾個字該刪去，低調在這裡不知是指產生過程屬於「低調」還是這個方法只能產生個低調的行政長官。如是後者，本人仍不能理解何謂低調，況且用這方法產生的行政長官也不一定是個低調的人。	簡福飴
16	5.	結語並沒有提及提名團，這個是很多意見的重點。	陳少感

※

㊻ 政制專責小組《行政長官的產生最後報告》（1987 年 8 月 8 日經執行委員會通過）

【P1-19】
（編者按：內容同第一稿文件㉞，除第 2.2 點（4）、（6）、（7）、（10）、（14）被刪除外，均同前文。）
1. 前言
1.2 目前情況：
一直以來港督一職是由英國外交及聯邦事務部從其公務員中就其資歷及經驗，揀選適合的人選，經首相同意後，再呈上女皇任命。整個揀選過程由英國政府負責，香港人在這過程中沒有任何參與。自 1971 年以來，港督均由具外交經驗的非殖民官員升任。

普及性直接選舉
2. 由普及性的直接選舉產生行政長官
2.2 對普及性直接選舉的選舉方法的基本原則的不同意見：

贊成	反對
（4）公民意識已有增長	公民意識未成熟，公民教育尚未普及，選民未有足夠能力分辨候選人的好壞。
（12）獲選人士多為社會上的「中間」派，故其可預測性是較大的。	直接普選並不能保證持平的中間派獲選，它的不可預測性對社會安定不利。

2.4 普及性直接選舉有提名限制的方法
2.4.1 由立法機關成員提名
對此提名方法的不同意見：

贊成	反對
（5）行政長官可獲得立法機關及選民的支持。這會令立法機關及選民對行政長官產生信任和信心，並能促使行政長官和行政機關對立法機關及選民負責，且更照顧其意願。這也能使立法機關和人民的意見更有地位和影響力。	（5）根據英國的經驗，選民的選擇與他所屬政黨的選擇不一定相同，若要先經立法機關的提名程序，則受選民接受的候選人未必一定會得到立法機關的支持及提名。

2.4.2 由提名團／選舉團提名
2.4.2.8
（編者按：本文內容同第一稿文件㊳第 2.4.2.8 點）（香港民主協會）
對此提名方法的不同意見：

贊成	反對
（1）顧問委員會的成員都是本港各界別具豐富經驗的人士，而且他們已經退休或退出政壇，與行政長官沒有利益關係，故可以作出公平合理的決定。	（1）行政長官由一個顧問團所提名；而第二屆之顧問之人選，其中一半由上一任之行政長官諮詢其顧問委員會決定。此種安排將會變成互相提名及委任的永遠壟斷局面，有違公平開放的原則。
	（2）顧問之人選均是超過六十歲之退休人士，雖然這些人可以較為超然，但因行政長官須得這些人提名，自不然要受其影響，但他們既全是六十歲以上的退休人士，則其思想模式自不免趨向於單一化及保守化，極不利行政長官之施政及香港的發展。

間接選舉
3.1 由大選舉團產生行政長官
3.1.5 大選舉團產生行政長官的不同方案
3.1.5.6 工商界及專業人士諮委方案（71 人）（1986 年 11 月 4 日）
（4）對此方案的不同意見：

贊成	反對
	（4）由於香港市民不能以普及性選舉直接參與揀選行政長官，所以此種選舉方式是不民主的（有委員補充說英國的行政長官也不是經過一人一票普及直選產生）

3.1.5.8 徐是雄（1986 年 12 月）
（4）對此方案的不同意見：有委員認為聯合聲明只列出行政長官由中央政府任命的條文，而並沒有規定行政長官候選人名單要報請中央同意。
3.1.5.9 香港政府華員會（1987 年 2 月）及醫學界專業團體基本法聯席會議（1987 年 3 月）
（4）對此方案的贊成理由：
1）提名團經協商後推舉候選人，可確保候選人大致具備所需才幹，並符合《中英聯合聲明》「行政長官由協商或選舉產生」的規定。
2）選舉團的人選代表各方面各階層的利益。（不同意見未有列明）
3.1.6 對「大選舉團」選舉的不同意見：

贊成	反對
	（8）不符合行政機關向立法機關負責的原則

協商
4. 由協商產生行政長官
4.1 由協商產生行政長官的建議
4.1.1（冼銘倫 3/86）
對此方案的不同意見：

贊成	反對
（4）（有委員認為，在這裡不知是指產生過程屬於「低調」還是這個方法只能產生個低調的行政長官。如是後者，他仍不能理解何謂低調，況且用這方法產生的行政長官也不一定是個低調的人）	

5. 行政長官的質素與才能
有委員有以下建議：
行政長官應該：
a. 得到香港人、立法機關、行政機關和中央政府的信任。
b. 得到香港各階層人士的支持。
c. 向立法機關負責並獲得其支持。
d. 能領導行政機關。

e. 是中央政府可接受及任命的。
但有委員認為這些準則太過空泛，不適宜作為資格寫在基本法上。

6. 結語
就行政長官的產生方法，到現時為止，共歸納出四種方法，分別是：
（1）由普及性的直接選舉產生，當中分別有無提名限制及有提名限制，在有提名限制中，提名者可以是立法機關成員或提名／選舉團；
（2）由大選舉團選舉產生，大選舉團的工作包括選舉及／或提名行政長官；
（3）由立法機關選舉產生，在此方式中，立法機關成員兼任提名行政長官候選人的工作；及
（4）由協商產生，就現有的建議，行政長官可由各界人士提名，交由特定的委員會進行協商。
以上各種方法均有不同的特點／理由以及贊成和反對的意見。

※

㊼政制專責小組《行政機關的組成與職權最後報告》（1987 年 8 月 8 日經執行委員會通過）

（編者按：內容同第一稿文件㊷）

第二稿

第四章　第一節
「**第三條　香港特別行政區行政長官的產生（待擬）。**」
〔1987 年 9 月 8 日《第四章　香港特別行政區的政治體制（討論稿）》（1987 年 9 月 22 日政制專責小組第二次會議附件一）〕

① 1987 年 9 月 2 日《中華人民共和國香港特別行政區基本法起草委員會第五次全體會議委員們對基本法序言和第一、二、三、四、五、六、七、九章條文草稿的意見匯集》

【P26】
五、關於第四章　香港特別行政區的政治體制
（一）第一節　行政長官
1. 對本節總的意見
有些委員提出，行政長官的職權範圍與產生方式關係很大，現在行政長官如何產生沒有寫明，使有些條文很難討論。有的委員不同意這種意見，認為應先確定職權再考慮如何產生更為合適。有些委員介紹了政制專題小組的討論情況，說明對行政長官的產生問題已作過多次討論，只是意見比較分歧，暫不急於作出結論。

【P28】

4. 第三條
有的委員認為，本條待擬的香港特別行政區行政長官的產生方式不宜包括協商，而應採取選舉的方式，並建議可通過中英聯合聯絡小組達成一個雙方認同的辦法，在一九九七年七月一日前先選出一位副總督，由該副總督出任香港特別行政區的第一任行政長官。但有些委員認為，中英聯合聲明附件一規定行政長官通過選舉或協商產生，所以，不能排除協商的方式。有的委員認為，香港特別行政區行政長官由副港督轉變而來的方案是不合適的。

※

② 1987 年 9 月 8 日《中華人民共和國香港特別行政區基本法起草委員會第五次全體會議意見匯編》（1987 年 9 月 22 日政制專責小組第二次會議附件二）

（編者按：內容同上文）

第三稿

第四章　第一節
「**第三條　香港特別行政區行政長官的產生（待擬）。**」
〔1987 年 10 月《第四章　香港特別行政區的政治體制（討論稿）》（政治體制專題小組工作文件）〕

① 1987 年 9 月 19 日政制專責小組《第一屆特區政府的產生專題研究討論稿（一）》（1987 年 10 月 6 日政制專責小組第四次會議附件一）

（編者按：詳細內容請參看本書下冊的專題研究《香港特別行政區第一屆政府和立法會產生辦法專題研究報告》）

※

② 1987 年 9 月 28 日夏文浩《有關「第一屆特區政府的產生」芻議》（1987 年 10 月 6 日政制專責小組第四次會議附件二）

（編者按：詳細內容請參看本書下冊的專題研究《香港特別行政區第一屆政府和立法會產生辦法專題研究報告》）

※

③《基本法諮詢委員會工商專業界諮委對未來香港特別行政區政府架構的建議》，載於 1987 年 9 月基本法諮詢委員會工商專業界諮委《未來香港特別行政區政府結構建議》

【P17-20】
2. 行政長官
日後香港特別行政區政府的權力將由中國中央人民政府授予，根據聯合聲明行政長官可以在香港通過選舉或協商產生，由中央人民政府任命，故此我們建議行政長官應該通過選舉產生，最低任期四年。我們相信此舉是必要的，因為香港人相信通過選舉產生的行政長官會真正代表他們的利益，從而加強信心。
2.3 行政長官的產生方式
a. 我們相信行政長官通過協商或「一人一票」選舉方式產生，均欠適當。第一，「協商」一詞語意難以明確訂定，而且港人不易接受。第二點是，我們相信完全直接選舉會產生黨派和對抗的政治。所以我們強調協商及「一人一票」選舉方式是不適當和不能接納的。
b. 為了保證行政長官得到各界廣泛支持以及達致行政立法互相制衡的目的，我們不贊成行政長官由立法機關選出。
c.（編者按：第 2.3c 點同第一稿文件㉒第 3.1 點第一段）我們建議，由選舉團轄下一個「提名委員會」提名三名在各方面都適合擔任行政長官的候選人，然後經由「選舉團」全體成員選舉產生。任期為四年，任滿可再接受提名，連選可連任，但只能連任一次。
選舉方式方面，我們建議行政長官須獲得絕對多數票支持。假如首輪投票中未能產生絕對多數票，獲最高票數的兩位候選人將在次輪投票中再次競選。
d. 至於提名過程方面，「選舉團」成員互相推選二十人，組成「提名委員會」，「提名委員會」的職責為物色及遴選三名在各方面條件都合適的行政長官候選人。「提名委員會」成員本身不得競選行政長官，擔任「提名委員」後亦不可再在「選舉團」選舉行政長官時投票。
e. 選舉團制度有如下的優點：
i)「選舉團」制度有別於其他選舉方式，可減低產生對抗式政治的機會。
ii) 這種選舉方法可經由足以代表社會各階層的「選舉團」選舉產生行政長官。
iii) 具體而言，由於行政長官將由具有廣泛代表性的「選舉團」選出，而立法機關成員只佔「選舉團」總人數百分之十五以下，行政機關與立法機關，將可達到權力均衡。
iv) 這種方法可以有效及客觀地物色及遴選理想候選人，即使他們不主動爭取競選，亦可提名他們候選。
v) 由於「提名委員」不能候選，「提名委員」可更客觀地物色最理想人選。
f. 第一個選舉團須於一九九七年七月前成立，以便選出首任香港特別行政區行政長官。「選舉團」的具體組織成份可以由下列兩個方法其中之一決定：
i) 由於「選舉團」的一般規則仍有待「基本法起草委員會」訂定，因此建議在「基本法起草委員會」以下成立一個小組，工作期限直至一九九七年，以決定「選舉團」的具體

組織成份。或
ii) 由於聯合聲明指明中英兩個政府確保一九九七年政權的順利交接，「選舉團」的具體組織成份應由中英聯合聯絡小組負責。
一九九七年後，「選舉團」每一環節的組織成份如有需要作任何修改，應由特別行政區政府負責。

※

④ 1987 年 10 月 13 日政制專責小組《第一屆特區政府的產生專題研究討論稿（二）》

（編者按：詳細內容請參看本書下冊的專題研究《香港特別行政區第一屆政府和立法會產生辦法專題研究報告》）

※

⑤ 1987 年 10 月 15 日政制專責小組《第一屆特區政府的產生專題研究討論稿（三）》（1987 年 10 月 20 日政制專責小組第五次會議續會討論文件）

（編者按：詳細內容請參看本書下冊的專題研究《香港特別行政區第一屆政府和立法會產生辦法專題研究報告》）

※

⑥ 1987 年 10 月 27 日政制專責小組《第一屆特區政府的產生專題研究報告（一）》（1987 年 11 月 3 日政制專責小組第六次會議審閱文件）

（編者按：詳細內容請參看本書下冊的專題研究《香港特別行政區第一屆政府和立法會產生辦法專題研究報告》）

※

⑦ 1987 年 10 月 28 日《第一屆特區政府產生方案歸類（第一稿）》（1987 年 11 月 3 日政制專責小組第六次會議審閱文件）

（編者按：詳細內容請參看本書下冊的專題研究《香港特別行政區第一屆政府和立法會產生辦法專題研究報告》）

※

⑧ 1987 年 10 月 30 日《行政長官的產生方法方案歸納》（1987 年 11 月 3 日政制專責小組第六次會議審閱文件）

【P1-4】
（一）由立法機關產生
1. 陳弘毅方案
行政長官由行政局成員協商、互選產生，他兼行政局主席，而行政局成員則由立法機關互選產生。
2. 鄭宇碩
行政長官由立法機關成員選舉出來。任何合資格選民都可成為行政長官候選人，但他需得到十位立法機關成員的支持，才能取得正式的提名資格，方可參選。
3. 繆熾宏方案

行政長官由立法議會（立法機關）選舉產生，候選人必須得到十位立法議會（立法機關）議員提名，方可參選。

4. 太平山學會方案
行政長官由行政委員會選出，除主理所管轄部門外，他兼任行政委員會主席。行政委員會成員由立法機關成員選舉產生，只有現任的立法機關成員或競選連任的行政委員，方可成為行政委員會候選人。

5. 李華明方案
行政長官由立法機關選舉產生。

6. 匯點
行政長官由立法機關選出。凡居港滿十年，並已登記為選民的中國公民均可成為候選人，每位候選人需得到十位立法機關議員提名支持，方可參選。

7. 馮煒光方案
行政長官由直選選舉和間接選舉混合產生的立法機關中互選產生。

8. 香港都市規劃師學會
行政長官從立法機構議員中選出，競選行政長官一職者，須獲最少 1/4 立法機構議員支持，若多於一人角逐此職，則由立法機構選舉產生。

（二）非由立法機關產生
A. 無提名限制之直選
9. 香港大學學生會
行政長官最終應由全體市民普選產生。

B. 有提名限制之直選
10. 學友社
由各界功能團體代表組織成一個「遴選委員會」（成員約 150-200 人），遴選委員會經協商或選舉產生「正式候選人」五名，行政長官以「全民投票」方式，直接選舉產生。

11. 基督教協進會公共政策委員會
行政長官候選人必須得五名立法局議員提名，由全港選民以「一人一票」方式選出。

12. 大學畢業同學會
由本港立法機關全體成員和同等數目之中央委任之當地人士組成「提名團」，行政長官候選人須得到這兩類提名成員各 1/8 支持，然後經全民選舉產生。

13. 190 方案
行政長官候選人須由立法機關成員提名，全港一人一票直接選舉產生。

14. 吳康民方案
「行政長官候選人提名委員會」由 37 人組成，包括香港人大代表、政協委員、立法機關代表、司級官員、市政局及區域市政局代表、區議會代表和社會團體代表，負責推出候選人 3-5 名，由全港市民直接選舉行政長官。

15. 38 位文教界諮委及團體負責人方案
行政長官由「行政長官候選人提名團」提名，經全民投票產生。
提名團由 128 組成，其中 96 席由職業分組選舉產生，香港人大代表和政協委員互選佔 16 席，立法機關互選佔 16 席。

C. 大選舉團
16. 三方學會
行政長官由選舉團選舉產生，而選舉團由立法機關及地區議會成員組成。

17. 張熾標方案
行政長官由立法局議員提名，然後由各級議會的議會投票決定，以間接選舉形式選出。

18. 工商界諮委（76 人方案）
行政長官由一個以 600 人組成的「選舉團」選出來。「選舉團」包括立法機關成員、市政局、區域市政局及區議會代表，以及香港各階層界別市民代表。

19. 香港基督教關注基本法委員會政制小組

行政長官可由選舉團（由立法局議員、市政局及區域議局議員、區議員組成）選出。望在特區成立後，邁向「行政首長應由一人一票選出」這個目標。

20. 港人協會
由功能團體和地區議會產生一個（420-560 人）選舉團，再由這個選舉團產生行政長官。

21. 華員會
建議先由一個 500-600 人的選舉團選出一個五人提名團，提名團提名候選人若干名，交由選舉團選舉。
選舉團包括功能團體代表，區議會主席、市政局及區域市政局代表。

22. 醫務界專業團體基本法聯席會議
先由各界人士（包括各功能團體、市政局地方區議會代表）共同組成 500-600 人之選舉團，選舉團選出一個提名團，提名團提名若干行政長官候選人，交由選舉團選出。

D. 地方協商
23. 薛鳳旋方案
行政長官由協商團協商產生。協商團由行政局全體非官守議員、立法局全體議員、功能團體、社會團體組成，以協商為基礎，商討合適的人選，必要時以一人（或單位）一票的方式選出。

24. 古星輝方案
先由起草委員會在香港的委員安排物色人選組成「行政顧問院」，「行政顧問院」可提名行政長官候選人，再由「行政顧問院」以六個月的諮詢期收集各階層人士的意見，再以民主協商或投票選出。

E. 中央協商
25. 冼銘倫方案
由香港各界人士以中央協商方式產生人選，經中央決定後，要獲得民選的立法機關同意。

26. 辛維恩方案
由中央主持協商，即由中央組成一個包括港人在內的「遴選委員會」，諮詢立法局議員和各界社團的意見，產生一個不超過三個人的最後候選人名單，交全港市民選舉。

F. 由香港提名數人，由中央選出幾個，再由香港決定
27. 中根
由立法機關提名數人成為候選人（可來自各階層或立法機關議員），然後報請中央，並進行全民直選。

28. 何鍾泰、唐一柱、曹宏威
建議設一個「遴選委員會」，成員約 60-80 人，人選分別由「界定團體」（「界定團體」的名單和每個團體所推選的委員數目，大致上應與現有的「基本法諮詢委員會」組織時所列舉的「界定團體」相同。）「遴選委員會」推選出 3-5 位「行政長官候選人」，經中央批准後，交由全港市民普選。

29. 徐是雄方案
第一屆由「大選舉團」提名 2-3 位行政長官候選人，報請中央同意，然後由「大選舉團」選出。
第二屆由「大選舉團」提名 2-3 位行政長官候選人，報請中央同意，然後作普選。
假如以後「大選舉團」被取消，各屆行政長官候選人改由立法局提名，報請中央同意然後作普選。

30. 羅桂祥方案
由立法局成員中互選五人，加上中國香港人大代表互選五人，組成一公平而均衡的「十人提名小組」，然後提名小組以（一）立法局（二）公務人員（三）其他各界人士，各推薦一名賢達，通過協商取得一致通過，然後由北京中央政府以三人中選出一位，作為香港特別行政區的長官。

（三）難以分類
31. 學聯

該團體就商界及專業人士提出的「未來香港特別行政區政府架構」作出批評，認為行政長官的產生「必須在制度上保障廣大市民能參與選擇適當人選過程」，並強烈反對由一個以非民選成份為主的選舉團投票產生行政長官。

32. 高漢釗方案

該文指出，行政長官不應由立法機關選出來，更不可能由直接選舉產生。間接選舉或協商方式則似較適合。

33. 吳夢珍方案

i）首屆行政首長：由中英聯絡小組會同行政、立法兩局以及當時的行政首長提名若干名候選人，由中央人民政府作最後決定委任。

ii）第二屆和以後各屆行政首長的產生：除了中英聯絡小組不再參與提名人選外，仍可用上述所提方式。

34. 查濟民方案

i）1997 年後初期的二、三任行政長官

經顧問局（港督提名，中央批准後任命，終身制，97 年前成立）協商後提名一位顧問局以外的香港人，由中央政府同意後任命。

ii）2010 年前後的行政長官

經顧問局協商後提名二至三名香港人，由北京同意後交由香港全體選民普選，得票多數者由中央任命。

35. 香港民主協會

由一個比較超然的「政治經濟顧問委員會」提名，經立法機關 2/3 同意，然後由中央任命。

「政治經濟顧問委員會」由一些在本港有深長歷史的立法、行政、司法、工商、金融、投資方面有豐富經驗的人士來擔任。

36. 基督教弘道社

行政長官必須從一個「候選人團體」（candidates pool）中選出，由已登記為選民的港人提名，全港選民一人一票選出。

候選人團體成員包括所有曾任或現任立法機關、市政局、區域市政局、區議會之民選成員，現任行政長官，以及指定數目由功能組別選舉之代表。

37. 陳協平方案

經國家委託組成香港各界提名行政長官委員會，負責提出若干人選報請國家任命，擔任行政長官，輔政司、財政司、律政司和司法長。

38. 張世林方案

第一任行政長官以協商辦法產生。

第二任行政長官由提名團提名，以差額選舉方法由選舉團產生。

※

⑨ 1987 年 10 月《第四章　香港特別行政區的政治體制（討論稿）》（政治體制專題小組工作文件）

【P2】

第一節　行政長官

第三條

第五次全體大會分組討論：

有的委員認為，本條待擬的香港特別行政區行政長官的產生方式不宜包括協商，而應該採取選舉的方式，並建議可通過中英聯合聯絡小組達成一個雙方認同的辦法，在一九九七年七月一日前先選出一位副總督，由該副總督出任香港特別行政區的第一任行政長官。但有些委員認為，中英聯合聲明附件一規定行政長官通過選舉或協商產生，所以，不能排除協商的方式。有的委員認為，香港特別行政區行政長官由副港督轉變而來的方案是不合適的。

關於行政長官的產生，香港諮委會所提「行政長官的產生・最後報告」中作了詳細研究，歸納如下：（各種理由及辦法請參閱該「最後報告」）

（一）通過選舉

1. 普及性直接選舉

1a. 無提名限制

1b. 有提名限制

2. 間接選舉

2a. 大選舉團（包括顧問委員會）選舉

2b. 立法機關選出

（二）通過協商

1. 由中央政府與香港人士共同協商

2. 香港人士自行協商，中央不參與協商

第四稿

「**第四十五條**　　（第一款）香港特別行政區行政長官在當地通過選舉或協商產生，由中央人民政府任命。

（第二款）行政長官的具體產生辦法有以下四種方案：

1. 由一個有廣泛代表性的大選舉團選舉產生。

2. 由立法機關成員（例如十分之一）提名，全港一人一票直接選舉產生。

3. 由功能團體選舉產生。

4. 首三屆行政長官由顧問團在當地協商產生，報中央任命；此後由顧問團提名三名候選人經中央同意後，交由選舉團選舉產生。

（第三款）前款規定的行政長官的產生辦法可根據香港特別行政區的實際情況予以變更。此項變更須經香港特別行政區立法機關全體成員三分之二多數通過，行政長官同意，並報全國人民代表大會常務委員會批准。」

〔1987 年 12 月基本法起草委員會秘書處《香港特別行政區基本法（草案）》（匯編稿）文件〕

① 1987 年 11 月 3 日《第一屆特區政府產生方案歸類（第三稿）》

（編者按：詳細內容請參看本書下冊的專題研究《香港特別行政區第一屆政府和立法會產生辦法專題研究報告》）

※

② 1987 年 11 月 11 日《功能團體選舉方法方案歸納》（1987 年 11 月 17 日政制專責小組第七次會議附件三）

【P1-10】

歸納各方案所提功能團體選舉部份，各方案基本上贊成有功能團體選舉[1]，只是內部選舉方式、組別成份、組別側

重點和選舉目的不同。

（註1：香港專上學生聯會與香港大學學生會均反對功能團體選舉）

I. 功能團體內部選舉方式
（一）沿用現時舊制
現時立法局功能團體選舉的特點：
1）直選形式——部份功能界別代表，是用一人一票的直接選舉方法選出的。
→ 功能界別中的教學界、法律界、醫學界，及工程建築、測量及都市規劃界，都是在界內的候選人中，以一人一票的直接方式，選出代表進入立法局的。
2）以機構單位作為選民——功能界別的選民，除了以上四個界別以個人為單位外，其他的五個界別，是以組織的成員為單位的。而這些機構組織的成員，包括了商業機構、社團和個人，參差不齊。這些界別的選舉方法，也是用一單位一票，選出其代表進入立法局的。有個別單位在投票前，由單位內的成員以投票方法，決定自己的單位的一票，應投給哪一位候選人。亦有些單位，是由決策機關決定的，方法不一。
贊成沿用現時舊制者基於政制改革應參考現存優良制度，立法局現時功能團體選舉經驗，港人已普遍接受，所以應予保留。
1. 太平山學會
2. 吳夢珍
3. 學友社
（二）一人一票
1. 查良鏞
功能團體內部產生是採用直接選舉。
2. 中根
功能團體內部選舉盡量一人一票，避免一會一票，如社工界不應一會一票。

II. 功能團體組別成份
各方案中提及功能團體組別成份時，大都主張增加組別。方案認為增加功能團體組別能兼容廣泛，增強代表性。
（一）沿用舊制但增加組別、增加席位
1. 太平山學會
基本上沿用現行功能團體選舉模式，但需要把其範圍擴充：一方面增設新的功能組別作為選舉團，另一方面增加現有指定功能組別所產生席位。
2. 李華明
增加席位加強功能組別的代表層面，以保障社會上不同利益的意見得到充份代表。
3. 吳夢珍
功能團體選舉基本上可沿用現在的選舉方法，但可考慮擴大功能組別的範圍，以及增加個別組別的議席。
4. 匯點
按現時及新增設的立法局功能團體選舉劃分的功能組別，產生總數接近但不多於直選議員半數的議員。按就業人數、經濟活動的重要性等標準增設更多不同功能組別（如會計界、護理界及航運界等），而個別現存的功能組別（如勞工界）亦應獲增分配議席數目。
5. 中根
立法機構一半議席按功能組別經選舉產生，並考慮將現時組別擴大，盡量兼容各組別。
6. 學友社
功能組別除現行界別外，須增加文化界、文藝界、航運界等。
7. 有人提議增設一個組別，以包括那些不屬於現有功能組別的專業團體。
（二）參考基本法諮詢委員會界別法（附表一）
1. 薛鳳旋

功能組別可按基本法諮詢委員會劃分。
2. 查良鏞
功能團體界別大致上和現在基本法諮詢委員會的成份相似。
（三）功能組別席位分配的建議
A. 側重工商金融界
有方案認為應側重工商、金融界功能組別席位。原因是（1）其他選舉方式如直選等，代表中、下階層，並不能代表該界利益；（2）工商界及專業人士對香港經濟繁榮有貢獻。側重工商、金融界保證可維持香港經濟繁榮。
1. 冼銘倫
組別應偏重工商金融界代表。
2. 香港民主協會
功能組別代表應以工商和金融界為主，在立法局代表人數24人，來自最有影響和對社會最有貢獻12種不同行業。
3. 港人協會
功能組別代表基本上代表了工商、金融、基層和專業人士三種不同力量。日後工商金融業在功能團體選舉中應佔一半或接近一半的議席，因為其他方式的選舉，並不直接代表該界別的利益。
4. 基督徒弘道社
立法機關百分之二十五由功能團體選舉，可有較大金融商界代表。
B. 其他
1. 鄭宇碩
立法機關內由功能團體選出的席位分為親中組織、工商界及專業團體。
2. 何鍾泰、唐一柱、曹宏威
功能團體名單及席位分配由「界定團體」組成的「遴選委員會」制訂。「界定團體」的名單及每個團體所推選的委員數目，大致上與現有「基本法諮詢委員會」組織時所列舉的「界定團體」相同。
3. 徐是雄
功能組別的席位，由12席增至22席，具體的議席分佈：

組成	代表	議席數目
（一）商界	香港總商會	2
	香港中華總商會	
（二）工業界	香港工業總會	2
	香港中華廠商聯合會	
（三）金融界	香港銀行公會	2
（四）勞工界	所有註冊職工會	3
（五）社會服務界	香港社會服務聯會	2
	香港社會工作人員協會	
（六）醫學界	香港醫學會	2
	香港牙醫學會	
（七）教學界	選民名冊按以下	3
（八）法律界	名單編訂：法定	3
（九）工程師	名單以及各機構	1
（十）建築師	和有關專業團體	1
（十一）會計師	的成員名單／職員名單	1

4. 38位文教界諮委及團體負責人[2]

（註2：方案提出者認為此方案不屬功能團體選舉。但由於每大類職業人數不相等，選出各組別代表時，各選民的票值不相等，與現時功能團體內部選舉相似，故仍把這方案撥入此份文件討論。）

分三大類職業組別：（1）商界、工業界、銀行界及其他僱主；（2）專業人士及行政管理人員；（3）各行業勞工界及非從事經濟活動人士。

		提名團議席數目	立法機關議席數目
第一大類職業組別共佔		32	16
其中	商界[1]	12	6
	工業界[2]	8	4
	銀行界[3]	4	2
	其他僱主	8	4
第二大類職業組別共佔		32	16
其中	醫學界（註冊醫生）	2	1
	其他護理人員	2	1
	教學界	4	2
	法律界	2	1
	社會服務界	4	2
	工程、建築、測量及城市設計師	2	1
	會計、核數師	2	1
	資訊、傳媒專業人士	2	1
	行政人員	4	2
	文化藝術界	2	1
	其他專業人士	6	3
第三大類職業組別共佔		32	16
其中	文員	4	2
	銷售人員	4	2
	服務業工作人員	4	2
	農、林、牧、漁人士	4	2
	製造、建築、運輸工作人員	12	6
	學生、退休人士、料理家務者及其他非從事經濟活動人士	4	2
立法機關成員		16	——
人大代表、政協委員		16	——
地區選舉		——	24
總數		128	72

（註1：商界可界定為香港總商會及香港中華總商會成員商號的董事。
2：工業界可界定為香港工業總會及香港中華廠商聯合會成員廠號的董事。
3：銀行界可界定為香港銀行公會成員銀行的董事。）

5. 港人協會
建議功能組別的席位由12席擴至30席，但沒進一步具體建議。
（四）團體或行業要求被列為新功能組別或被納入現有組別內
1. 專業團體或機構
社團診所醫生協會有限公司（希望被納入醫學界組別內）
香港建造商會
港九各區街坊會協進會有限公司
英國建築師與測量師學會（香港分會）
鄉議局
香港電腦學會
香港接受存款公司公會（希望被納入金融界組別內）
香港機電工程承建商協會
香港期貨交易所（希望被納入金融界組別內）
香港建築師學會
香港土地測量師學會（希望被納入工程師及有關專業組別內）
香港圖書館協會
香港獸醫公會（希望被納入醫學界組別內）
香港電機及電子立案工程師學會
英國屋宇經理學會香港分會

香港保險總會（希望被納入金融界組別內）
香港漁民團體聯席會議
香港旅遊業聯會
九龍總商會
新界總商會（希望被納入商界組別內）
香港地產建設商會
政府護理員協會
英國特許秘書及行政人員公會香港分會
英國公認會計師公會
……
在上述團體中，最多人贊成將其列為新功能組別的有鄉議局、香港會計師公會及九龍總商會。
2. 行業或界別
會計行業
廣告業
校友會
建築業
民航業
……

Ⅲ. 功能團體選舉的目的
B. 產生選舉行政長官的組織
1. 薛鳳旋
行政長官由協商團產生。協商團由行政局全體非官守議員、立法局全體議員、功能團體、社會團體組成。
2. 76人方案
行政長官由「選舉團」選出。「選舉團」由各功能團體代表組成。
3. 徐是雄
行政長官經由大選舉團產生。大選舉團包括功能團體選舉產生的立法機關代表。
4. 學友社
各界功能團體代表組成「遴選委員會」負責遴選行政長官候選人的工作。成員人數約150至200人。
5. 港人協會
由功能團體和地區議會組成420至560人的選舉團。選舉團負責提名權及選舉權。代表不能選現任立法機構成員。功能團體成員有資格被提名選舉行政首長。
6. 香港政府華員會
功能團體代表與區議會主席和市政局及區域市政局代表組成500至600人的選舉團，選舉團產生五人提名團，提名若干名候選人，交由選舉團選出行政長官。
7. 醫務界專業團體基本法聯席會議
功能團體與市局及地區議會代表，共同組成500至600人選舉團，由選舉團選出一個提名團。提名若干行政長官候選人後交選舉團選出。
8. 38位教育界諮委及團體負責人
「行政長官候選人提名團」由128人組成，96席由職業分組選舉產生。行政長官由「提名團」提名，全民投票產生。

※

③1987年11月11日《選舉團、大選舉團選舉方法方案歸納》（1987年11月17日政制專責小組第七次會議附件四）

【P1-5】
前言
本文是就各方案有關大選舉團或選舉團這類建議作出歸納的。在「立法機關」及「行政長官」兩份最後報告中，已將各有關方案詳列，現嘗試就這些方案的不同性質作出

歸納。下文所用之歸納標準主要是選舉團或大選舉團之功能，就是
（I）產生行政長官
（1）只負責提名：i）後交全民投票；ii）後交中央；iii）後交立法機關
（2）只負責選舉
（3）負責提名與選舉
（II）產生立法機關
（1）根據現行之選舉團制度
（2）其他
（III）產生行政長官與立法機關

產生行政長官
（1）大選舉團負責提名
i）後交全民投票
1）學友社——遴選委員會
行政長官候選人須經 20 名合格選民提名，而每提名人只能提名一位候選人。若候選人數超過 5 人，則由一「遴選委員會」經協商或選舉產生 5 名正式候選人。「遴選委員會」人數約 150 至 200 人，由各功能團體代表組成，職責為檢查行政長官候選人的資格。待行政長官宣誓就職後，「遴選委員會」會自動解散。行政長官候選人經認可為正式候選人後，便由普及性直接選舉產生行政長官。
2）辛維思——遴選委員會
由中央主持協商，即由中央組成一個包括港人在內的「遴選委員會」，諮詢立法局議員和各界社團的意見，產生一個不超過三個人的最後候選人名單，交全港市民選舉。
3）雷競旋——提名委員會
設立一個由中央政府組織和任命的「提名委員會」，人數不宜太多，其中包括有當然成員，例如國務院港澳辦公室主任（或將來的相應職位），或香港人（是否硬性規定要有港人參與尚待考慮）。然後經全民投票（可以用兩輪多數的投票方法）產生行政長官。
4）大學畢業同學會——提名團
本港立法機關全體成員及同等數目之中央委任之當地人士組成「提名團」，行政長官候選人須得到兩類提名團成員各 1/8 支持，然後經全民選舉產生。
5）吳康民——行政長官候選人提名委員會
設立一「行政長官候選人提名委員會」，推出行政長官候選人三至五名，再經普及性直接選舉產生行政長官。「行政長官候選人提名委員會」由 37 人組成，包括香港全國人大代表 5 人，香港全國政協委員 5 人，立法機關代表 10 人，司級官員代表 3 人，市政局及區域市政局代表 2 人，區議會代表 3 人，社會團體代表 11 人。上述各方面的代表，將由有關方面人士選舉產生。
6）38 人方案——行政長官候選人提名團
設一由 128 人組成的「行政長官候選人提名團」，提名三位行政長官候選人，再交全民投票選舉。提名團的組成如下：

		提名團議席數目
第一大類職業組別共佔		**32 席**
其中	商界[1]	12
	工業界[2]	8
	銀行界[3]	4
	其他僱主	8
第二大類職業組別共佔		**32 席**
其中	醫學界（註冊醫生）	2
	其他護理人員	2
	教學界	4
	法律界	2
	社會服務界	4
	工程、建築、測量及城市設計師	2
	會計、核數師	2
	資訊、傳媒專業人士	2
	文化、藝術專業人士	2
	行政人員	4
	其他專業人士	6
第三大類職業組別共佔		**32 席**
其中	文員	4
	銷售文員	4
	服務業工作人員	4
	農、林、牧、漁人士	4
	製造、建造、運輸工作人員	12
	學生、退休人士、料理家務者及其他非從事經濟活動人士	4
立法機關成員		**16 席**
人大代表、政協委員		**16 席**
總數		**128 席**

（註 1：商界可界定為香港總商會及香港中華總商會成員商號的董事。
2：工業界可界定為香港工業總會及香港中華廠商聯合會成員廠號的董事。
3：銀行界可界定為香港銀行公會成員的董事。）

7）基督徒弘道社——候選人團體（本身為候選人）
行政長官必須從一個「候選人團體」（candidates pool）中選出，由已登記為選民的港人提名，全港選民一人一票選出。
候選人團體成員包括所有曾任或現任立法機關、市政局、區域市政局、區議會之民選成員，現任行政長官，以及指定數目由功能組別選舉之代表。
ii）後交中央
1）羅桂祥——十人提名小組
由立法機關成員中互選五人，加上中國香港人大代表互選五人，組成一公平而平衡的「十人提名小組」，然後提名小組以（一）立法局（二）公務人員（三）其他各界人士，各推薦一名賢達，通過協商取得一致通過，然後由北京中央政府以（編者按：「以」應為「從」之誤）三人中選出一位作為香港特別行政區的長官。
2）陳協平——香港各界提名行政長官委員會
經國家委託組成「香港各界提名行政長官委員會」，負責提出若干人選報請國家任命，擔任行政長官、輔政司、財政司、律政司和司法長。
iii）後交立法機關
1）香港民主協會——顧問委員會
行政長官應由一個比較超然的由 30 人至 60 人組成的顧問委員會提名，經立法機關 2/3 通過，然後提交中央委任，顧問委員會的成員是由一些在本港有深長歷史的立法、行政、司法和工商金融、投資方面有豐富經驗的人士擔任，而且他們應該是 60 歲以上的退休或退出政壇的人物，對行政長官的權力和地位都沒有直接或間接的利益關係，這樣方能專心一致為香港市民作出公平和合理而有價值的決定。顧問委員的人選除第一屆應由中英聯合聯絡小組協商外，第二屆以後人選應由上一任的行政長官諮詢其顧問委員會決定，其餘一半則由立法機關選舉。
（2）大選舉團負責選舉
1）三方學會——選舉團
行政長官由選舉團選舉產生，而選舉團由立法機關及地區議會成員組成。
2）香港基督教關注基本法委員會政制小組——選舉團
行政長官可由選舉團（由立法局議員、市政局及區域議局議員、區議員組成）選出。望在特區成立後，邁向「行政首長應由一人一票選出」這個目標。
3）張熾標——大選舉團
行政長官參選人需要十位立法局議員提名，經「大選舉團」投票，由獲得絕大多數票的候選人當選，並由中央人

民政府任命。「大選舉團」的成員包括立法局、區域議局、市政局及區議會的議員（在 1994 年，應取消各議會的委任議員制度）。

（3）大選舉團負責提名及選舉
1）華員會——提名團、選舉團
建議先由一個 500—600 人的選舉團選出一個五人提名團，提名團提名候選人若干名，交由選舉團選舉。
選舉團包括功能團體代表，區議會主席、市政局及區域市政局代表。
2）醫務界專業團體基本法聯席會議——提名團、選舉團
先由各界人士（包括各功能團體、市政局地方區議會代表）共同組成 500—600 人之選舉團，選舉團選出一個提名團，提名團提名若干行政長官候選人，交由選舉團選出。
3）張世林——提名團、選舉團
第一任行政長官以協商辦法產生。
第二任行政長官由提名團提名，以差額選舉方法由選舉團產生。
4）古星輝——行政顧問院
先由起草委員會在香港的委員安排物色人選組成「行政顧問院」，「行政顧問院」可提名行政長官候選人，再由「行政顧問院」以六個月的諮詢期收集各階層人士的意見，再以民主協商或投票選出。
5）薛鳳旋——協商團
行政長官由協商團協商產生。協商團由行政局全體非官守議員、立法局全體議員、功能團體、社會團體組成，以協商為基礎，商討合適的人選，必要時以一人（或單位）一票的方式選出。
6）港人協會——選舉團
由功能團體和地區議會產生一個有 420—560 人的選舉團，再由這個選舉團提名及選舉產生行政長官，選舉團成員不能是現任立法機關議員，具體組成如下：
工商界　　30—35%
基層　　　30—35%
專業　　　15—20%
地方議會　15—20%

※

④ 1987 年 11 月 12 日《直接選舉方法方案歸納》（1987 年 11 月 17 日政制專責小組第七次會議附件二）

【P1-3】
前言
本文所列舉的直接選舉方法方案，就是以普及和平等的原則，用一人一票方式，由選民直接地選出行政長官以及立法機關議席的方案。
基本上，各方案有下述特徵：
1）普及和平等——大致上每位選民有相同的投票權利，而每張選票的價值亦平等；
2）直選——選民直接地決定誰人當選行政長官以及立法機關成員；
3）開放性——選民的資格無特別限制，投票過程公開。

而下文則分兩部份來介紹：
（I）行政長官產生方法
雖然所有這類方案都同意全民直接選出行政長官，而很多方案贊成應對行政長官施加提名限制，但對如何限制問題，則有如下的不同意見：
1）全由立法機關成員提名行政長官候選人；
2）部份地由立法機關成員提名行政長官候選人；
3）全由立法機關以外人士提名行政長官候選人。

負責提名行政長官候選人的組織，對行政長官的產生有着間接而又實質的影響，故此，怎樣設立這個組織是一個很重要的問題。

I.行政長官的產生方式
A.無提名限制的直接選舉
1.香港大學學生會
行政長官最終應由全體市民普選產生。
B.有提名限制的直接選舉
1.學友社
由各界功能團體代表組成一個「遴選委員會」，「遴選委員會」經協商或選舉產生「正式候選人」5 名，行政長官以「全民投票」方式，直接選舉產生。
2.基督教協進會公共政策委員會
行政長官候選人必須得 5 名立法局（立法機關）議員提名，由全港選民以「一人一票」方式選出。
3.大學畢業同學會
由本港立法機關全體成員和同等數目之中央委任之當地人士組成「提名團」，行政長官候選人須得到這兩類提名成員各 1/8 支持，然後經全民選舉產生。
4.190 方案
行政長官候選人須由立法機關成員提名，全港一人一票直接選舉產生。
5.吳康民方案
「行政長官候選人提名委員會」由 37 人組成，包括香港人大代表、政協委員、立法機關、司級官員、市政局及區域市政局代表、區議會代表和社會團體代表，負責推出候選人 3-5 名，由全港市民直接選舉行政長官。
6.38 位文教界諮委及團體負責人方案
行政長官由「行政長官候選人提名團」提名，經全民投票產生。提名團由 128 人組成，其中 96 席由職業分組選舉產生，香港人大代表和政協委員互選佔 16 席，立法機關互選佔 16 席。
7.查濟民方案（第二部份）
2010 年前後的行政長官，經顧問局協商後提名 2-3 名香港人，由北京同意後交由香港全體選民普選，得票多數者由中央任命。
8.基督教弘道社
行政長官必須從一個「候選人團體」（Candidates Pool）中選出，由已登記為選民的港人提名，全港選民一人一票選出。
候選人團體成員包括所有曾任或現任立法機關、市政局、區域市政局、區議會之民選成員，現任行政長官，以及指定數目由功能組別選舉之代表。

※

⑤ 香港民主政治促進會《香港特別行政區政制方案的建議（最後修訂稿）》，載於 1987 年 12 月基本法起草委員會秘書處《參閱資料——第 35 期》

【P2】
2.行政機關
2.2 行政長官產生方式
由十分之一立法機關成員提名，全港一人一票直接選舉產生，這建議的理由如下：
2.2.1 由立法機關部份成員提名，可加強行政與立法機關的溝通及合作；亦能貫徹行政、立法機關互相制衡的原則；並且可以限制候選人數目。
2.2.2 經全港一人一票直選產生，可以保證行政長官能有充份的代表性及權威，得到市民的支持和信任，亦可保證能兼顧整體社會的利益。

※

⑥基本法諮詢委員會工商專業界諮委《有關大選舉團的建議》，載於 1987 年 12 月基本法起草委員會秘書處《參閱資料─第 35 期》

【P15-23】
1. 引言
工商專業界諮委在「未來香港特別行政區政府結構建議」內，建議成立一個有廣泛代表性的大選舉團，選出特別行政區政府的行政長官和立法機關百分之二十五的議席。
由於大選舉團每次組成均包括由社會上各階層界別、不同組織及社團提名的代表，因此我們相信解決成立未來特別行政區政制所遇到的一些難題，大選舉團是最有成效的辦法。

2. 大選舉團制度的優點
2.1 在選舉行政長官方面
a. 我們認為由協商產生行政長官是一個比較難以接受的方法，經由有廣泛代表性的大選舉團選出的行政長官，能夠符合讓未來特區政府享有「高度自治」的精神。
b. 香港人可以經由這個均衡代表各界的大選舉團選出行政長官。
c. 立法機關成員雖然參與大選舉團，但只佔總人數的百分之十五，從而保障行政及立法的分立。
d. 大選舉團選舉有別於其他選舉方式，可減低對抗式政治和社會兩極分化產生的可能性。
e. 這種選舉方式可以在最有效及客觀情況下去物色理想候選人──即使他們不主動爭取競選，亦可使他們參選。其他選舉方式則可能吸引那些只會搞政治但缺乏行政管理才能的候選人。

3. 大選舉團的組成
3.1 大選舉團的成員包括立法機關所有成員，市政局、區域市政局及區議會代表，以及香港各階層界別和團體組織的代表。
3.2 大選舉團會有六百名成員，他們分別來自以下團體或組織：
a. 立法機關　80 人
b. 法定團體及永久性非法定團體　50 人
c. 市政局、區域市政局及區議會　50 人
d. 社會服務、慈善及體育團體　60 人
e. 專業人士　60 人
f. 勞工界　60 人
g. 工業界　80 人
h. 商界　50 人
i. 金融界　50 人
j. 宗教　10 人
k. 教育界　20 人
l. 公務員　30 人
共 600 人
3.3 以上的組成方法能均衡代表整個香港社會。
3.4 在大選舉團內的各個社團或組織可按照內部的規則自行選出其代表。
3.5 當某社團或組織的代表被選為大選舉團的成員，該成員將以個人身份投票。
3.6 同一人不能在大選舉團內同時代表多過一個組織。若有超過一個組織提名同一人作為代表時，他必須選擇代表某一個組織，而其餘組織則須另選代表。
3.7 大選舉團成員的任期應維持至選舉完成為止，此後即刻解散。

4. 成立大選舉團的時間

4.1 為符合我們所建議政制平穩過渡至一九九七年的時間表，第一個選舉團將於一九九四年成立，選出立法機關的二十位議員，即百分之二十五的議席。
4.2 由於我們認為一九九七年不適宜有任何選舉及政治活動，所以第二個大選舉團須於一九九六年成立，選出未來特區政府的行政長官。
4.3 由於行政長官和立法機關成員均為四年一任，大選舉團將每兩年召集一次，交替選出行政長官和立法機關百分之二十五的議席。
4.4 然而，由於行政長官會：
a. 辭職
b. 逝世或失去工作能力
c. 受到彈劾而引致罷免
因此，選舉行政長官的會期可能因上述特殊情況而變更。……

5. 提名程式
5.1 在選舉行政長官方面
a. 大選舉團成員互選二十人，組成「提名委員會」。
b.「提名委員會」成員本身不能成為候選人及參加投票。
c.「提名委員會」的職責為物色候選人，並接受建議和申請，以及審查候選人資格。
d. 候選人不限於大選舉團的成員。
e.「提名委員會」將提名三位在各方面都合適作為行政長官之候選人，然後交由大選舉團投票選舉。

6. 選舉方法
6.1 在選舉行政長官方面
a. 除「提名委員會」成員外，所有大選舉團成員均有投票權，以不記名投票方式進行。
b. 當選為行政長官之候選人，必須獲得出席者的絕對多數票。
c. 若在首輪投票中無人獲得絕對多數票時，則以最高票數的兩位候選人在次輪投票中再行競選。
d. 按照這個投票方法，如果大選舉團內大部份成員認為提名委員會所推薦的候選人都不適宜，他們可以棄權使無人能得到絕對多數票。在這種情況下，提名委員會需要重新提名。

7. 第一及第二屆大選舉團的成立
7.1 第一個大選舉團（其作用是在一九九四年選出百分之二十五的立法機關成員）的成立，包括界定合資格團體等細節，一概由香港政府負責。
7.2 由於第二個大選舉團須在移交日之前（一九九六年）成立，並選出首屆特區行政長官，故作如下特別安排：
a. 中央人民政府成立一個籌備委員會，負責組成第二個大選舉團。
b. 該大選舉團會根據基本法所指定的程式選出首屆特區行政長官。
c. 該大選舉團須在九七年七月一日重新召開，重選當時立法機關所有議員進入特區的立法機關（無論他們是由地區選舉、功能團體或者大選舉團選出），直至議員的個別任期屆滿為止。
7.3 在九七年七月一日之後，有關大選舉團的人數、成份或資格等各方面的修訂，皆由特別行政區政府負責。

※

⑦ 1987 年 12 月基本法起草委員會秘書處《香港特別行政區基本法（草案）》（匯編稿）

【P18-19】
第四十五條

說明：
第一款：寫成正式條文時，（第一款）、（第二款）等字樣刪去。

第二款方案 2：有的委員主張，由一個有廣泛代表性的提名團提名候選人數人，全港一人一票直接選舉產生。

第二款方案 4：部份委員贊成第一方案，有些委員贊成第二方案，有些委員贊成第三方案，有的委員贊成第四方案。

第三款：有的委員建議本條第二、三款次序調換，將第三款寫成第二款，並修改為：「香港特別行政區行政長官的產生辦法，除第一、二、三屆外，可根據香港特別行政區的實際情況予以變更。此項變更須經香港特別行政區的全國人民代表大會代表三分之二的多數通過，香港特別行政區立法機關成員三分之二的多數通過及香港特別行政區行政長官同意，並報全國人民代表大會常務委員會批准」。

第五稿

「**第四十六條　香港特別行政區行政長官在當地通過選舉或協商產生，由中央人民政府任命。**

行政長官產生的具體辦法由附件一《香港特別行政區行政長官的產生辦法》規定。

附件一規定的行政長官的產生辦法可根據香港特別行政區的實際情況和循序漸進的原則予以變更。此項變更須經香港特別行政區立法會議全體成員三分之二多數通過，行政長官同意，並報全國人民代表大會常務委員會批准。」

〔1988 年 4 月基本法起草委員會秘書處《中華人民共和國香港特別行政區基本法（草案）草稿》〕

① 1987 年 12 月《中華人民共和國香港特別行政區基本法起草委員會第六次全體會議委員們對基本法第四、五、六、十章和條文草稿匯編的意見》

【P2-4】
第一部份對基本法第四、五、六、十章條文草稿的意見
一、關於第四章　香港特別行政區的政治體制
2. 第四十五條
（1）有的委員提出，第一款規定行政長官產生可以是協商或選舉兩條途徑，但第二款只規定了選舉產生的辦法，似乎同第一款不完全適應。有的委員主張刪去第一款的「或協商」三個字；有些委員認為，目前在起草階段仍應按聯合聲明的規定寫，不宜刪去「或協商」三字。有些委員認為，可待第二款決定了採納哪一種方案之後，再對第一款的內容作相應修改。

（2）第二組多數委員認為，第一屆特區行政長官宜由協商產生，但究竟寫在本條還是寫在附則裡可由專題小組和總體工作小組再考慮。有的委員認為，最好寫成第一屆或首兩屆特區行政長官由協商產生，這樣比較靈活些。
（3）有些委員認為，第一屆政府只能是協商產生，以後可以是選舉產生。建議本條第一款改為，香港特別行政區行政長官除第一屆外在當地通過選舉產生，由中央人民政府任命。

（4）有的委員提出，第二款的各個方案必須有具體的說明，如什麼叫「有廣泛代表性的大選舉團」？這個選舉團如何產生？功能團體如何劃分？顧問團如何組成？建議明年基本法草案討論稿公佈時，將這些方案的具體設想寫進條文說明，或以其他方式表述出來，以便香港居民瞭解和表達意見。

（5）第一組多數委員認為，本條第二款的第一個方案比較符合香港的實際情況，體現廣泛的代表性，建議採納。有些委員認為，大選舉團如何組成，可以由將來的特別行政區選舉法來具體規定。也有的委員主張在基本法中加以規定，可由政制小組研究後寫上。

（6）第二組多數委員傾向於把本條第二款的第一和第四方案加以合併，作為主流方案。認為第二個方案，不利於行政與立法的相互制衡。

（7）有的委員反映，香港基本法諮詢委員會不少委員贊同方案二說明中建議的方案。

（8）有的委員建議，行政長官的產生辦法必須由一個附件或單行法來規定，附件或單行法由基本法起草委員會草擬，與基本法同時頒佈。

（9）有些委員認為，第三款文字可以作進一步修改，以體現政制民主化的逐步發展。有的委員建議把通過提名團提名，一人一票選舉產生行政長官的內容寫進第三款，但有些委員不贊成。

（10）有的委員建議第三款第一句改為：「第二款規定的行政長官的產生辦法，在不違反本條第一款的原則下，可根據香港特別行政區的實際情況予以變更。」

（11）有的委員建議本條的寫法為：
「第一屆行政長官的具體產生辦法由本法附則規定。
第四屆行政長官的產生辦法原則上有以下四種方案（同條文第二款四種方案）。
具體辦法由單行法（或附件）規定。
第二、三屆的具體產生辦法從第一屆的產生辦法循序漸進地向第四屆產生辦法發展，以單行法（或附件）規定。」

※

② 1988 年 4 月基本法起草委員會秘書處《中華人民共和國香港特別行政區基本法（草案）草稿》

【P48-52】
附件一：香港特別行政區行政長官的產生辦法
方案一：
1. 香港特別行政區行政長官在當地通過一個有廣泛代表性的選舉團選舉產生。
2. 選舉團由香港各界人士代表組成，其成員包括：立法機關的成員、各區域組織的代表、各法定團體和永久性非法定團體的代表、各類功能界別的代表（包括工商、金融、專業人士、教育、勞工、宗教、社會服務及公務員等界別），共約 600 人。
3. 在選舉團內的各個社團和組織可按內部的規定，用民主程序選出其代表。所選出的代表將以個人身份投票，一人不得兼代表多個組織，任期只維持到選舉完成即解散。

4. 選舉團設提名委員會，由選舉團成員互選 20 人組成。提名委員會負責提名行政長官候選人三名。提名委員會成員不能作為行政長官候選人，亦無權投票選舉行政長官。
5. 選舉團根據提名委員會的提名進行投票，候選人必須獲得半數票才能當選，如首輪投票無人獲得過半數票，則就得票最多的兩名候選人進行次輪投票。選舉團選舉產生的行政長官人選報請中央人民政府任命。
6. 選舉細則由香港特別行政區政府以法律規定。

方案二：
1. 香港特別行政區行政長官由不少於十分之一的立法機關成員提名，經由全港性的普及而直接的選舉產生。
2. 立法機關成員每人只可提名一人為行政長官候選人。
3. 行政長官的選舉必須為真正、定期的選舉。選舉權必須普及而平等，選舉應以無記名投票法進行，以保證選民意志的自由表現。
4. 當選的行政長官如為立法機關、行政機關或司法機關的成員，則須在當選後立即辭去其原有職務。
5. 行政長官的選舉細則由香港特別行政區的法律予以規定。

方案三：
1. 香港特別行政區行政長官由功能選舉團一人一票方式選舉產生。
2. 功能選舉團的成員不超過六百人，由香港特別行政區永久性居民並屬於對政府運作、社會服務有影響力的工商、金融、專業、勞工等團體的人士互選出代表組成，其比例為：

工商、金融團體	25%
專業團體	35%
勞工團體	10%
宗教、社會及慈善服務機構	15%
街坊組織、小販團體	15%

3. 凡符合本法第四十五條規定的資格，並得到五十名香港永久性居民提名的人，均可成為香港特別行政區行政長官的候選人。
4. 選舉團的成員不得成為提名人或候選人；提名人不得參加選舉團或當候選人；候選人不得為選舉團的成員或其他候選人的提名人。

方案四：

1. 首數屆（約二、三屆）行政長官由顧問團協商產生。顧問團由顧問 50-100 人組成，顧問人選由香港各界提名，經行政會議甄選，再由行政長官提請中央批准後任命（顧問應為政制專責顧問，有別於其他專業顧問）。
每屆顧問團必須在前一屆行政長官任期屆滿前六個月產生。但如經顧問團及中央同意該屆行政長官繼續連任，則不必產生下一屆顧問團。
2. 以後各屆由選舉團選舉產生。
選舉團由已退休的歷屆立法會議成員、行政會議成員、行政長官和曾經中央任命的主要官員等組成，須達到 250 人才能成立，以後每屆陸續增加，但最高人數不超過 500 人，如超過時以出任的先後依次退出，如有出任先後相同時，以年長者先行退出。
行政長官候選人由顧問團協商提名三人，經中央同意後，交選舉團選舉產生。

方案五：
1. 行政長官由「香港特別行政區行政長官提名委員會」經協商或協商後投票程序提名三人，全港選民一人一票普選產生。
2. 「香港特別行政區行政長官提名委員會」由香港永久性居民組成。必須具有廣泛代表性，成員包括全國人民代表大會香港地區代表、全國政治協商會議香港地區委員、立法機構及區域組織代表、各階層界別人士的代表。
3. 「行政長官提名委員會」組成的比例如下：

工商、金融團體	25%
專業團體代表	25%
勞工、基層、宗教團體代表	25%
立法機關成員	12%
區域組織成員	8%
人大代表、政協委員	5%

4. 「行政長官提名委員會」負責制定協商或投票程序，提名行政長官候選人，提名委員會的委員不得任行政長官候選人。
5. 「行政長官提名委員會」成員由各界法定團體或永久性非法定團體選舉、推舉或協商產生。提名委員會的章程由香港特別行政區制定法律規定。
6. 以一人一票普選方式選舉行政長官的選民登記、投票程序等項，由香港特別行政區以法律規定。

第六稿

「第四十五條　香港特別行政區行政長官在當地通過選舉或協商產生，由中央人民政府任命。行政長官產生的具體辦法由附件一《香港特別行政區行政長官的產生辦法》規定。
附件一規定的行政長官的產生辦法可根據香港特別行政區的實際情況和循序漸進的原則予以變更。此項變更須經香港特別行政區立法會議全體成員三分之二多數通過，行政長官同意，並報全國人民代表大會常務委員會批准。」
〔1988 年 4 月基本法起草委員會《中華人民共和國香港特別行政區基本法（草案）徵求意見稿》〕

① 1988 年 4 月基本法起草委員會《中華人民共和國香港特別行政區基本法（草案）徵求意見稿》

【P45-47】
（編者按：內容同第五稿文件②）

第七稿

「第四十五條　香港特別行政區行政長官在當地通過選舉或協商產生，由中央人民政府任命。行政長官的產生辦法根據香港特別行政區的實際情況和循序漸進的原則而規定，最終達至普選產生的目標。
行政長官產生的具體辦法由附件一《香港特別行政區行政長官的產生辦法》規定。」
〔1989 年 2 月《中華人民共和國香港特別行政區基本法（草案）》〕

① 1988 年 5 月基本法諮詢委員會秘書處《基本法

（草案）徵求意見稿初步反應報告（草稿）》

4.行政長官的產生
行政長官若由約六百人的選舉團選舉誕生,選舉團組成既難盡如人意,也有厚此薄彼的毛病,其互選的二十人委員會,更容易受到操縱,三名候選人任擇其一,又與等額選舉無別。該方案可謂弊病叢生。

※

② 1988 年 6 月 6 日《政制專責小組 1 與草委交流會會議紀要》

1.諮委對有關行政長官條文的意見
1.2 第四十五條:有委員建議應列明行政長官的薪酬,並說明其薪酬不應受薪酬級別及政府開支所影響。

※

③ 1988 年 6 月 6 日《政制專責小組(二)與內地草委交流會會議紀要》

2.行政長官
2.1 產生方法:
2.1.1 有委員建議規定「行政長官不由協商產生」,但不少委員認為這是違反中英聯合聲明的,故認為不可取消「協商」這個方法。
2.1.2 有委員指出選舉團的弊病是行政長官及政府易受利益集團的影響而導致官商勾結,且這種選舉方法會降低行政長官的權威性。有委員卻認為選舉團行之有效,如附件一的方案三大選舉團的組成比例十分恰當。
2.1.3 有委員質疑「循序漸進」的含義,會否意味民主是向社會主義的發展,因為許家屯曾謂:社會主義的民主是最廣泛的民主。
2.1.4 有委員認為「循序漸進」應以增加市民的參與程序這方面來理解,故建議在附件一加上「行政長官的產生辦法是以發展市民普及選舉為目標,並根據……」但有委員表示現在尚未決定採納哪一方案,故未必有加上此句之需要。
2.1.5 有委員指出行政長官既是由中央「任命」,便應寫明誰「罷免」。而有認為既由中央任命,是否便由中央罷免呢?有草委回應曰徵求意見稿中並無特別規定,第五十二條及第七十二條亦只是提出行政長官的辭職及對行政長官的彈劾而已。

※

④ 1988 年 6 月 6 日《政制專責小組(三)與草委交流會會議紀要》

1.行政長官
1.1 產生方法
有委員提出行政長官最後的產生方法若是選舉產生,會否取消「協商」字眼;同樣,若由「協商」產生,會否取消「選舉」字眼。(第四十五條)

10.草委回應
10.2 第四十五條
選舉或協商乃根據附件遷就之,因附件修改比較容易,但修改基本法則較麻煩,故這處列明選舉或協商乃不排除兩種方法的可能性。

※

⑤ 1988 年 8 月基本法起草委員會秘書處《香港各界人士對〈香港特別行政區基本法(草案)徵求意見稿〉的意見匯集(一)》

第四十五條
1.本條既然規定了任命,就應相應規定由中央人民政府罷免。

2.有關行政長官的產生,建議採用選舉而非協商的方法,由立法機關選舉產生,並向立法機關負責。

3.「循序漸進」的方向,必須寫明是朝一人一票發展。第三款改為「附件一規定的行政長官產生辦法,是以發展市民普及暨參與為目標,並可根據香港特別行政區的實際情況和循序漸進的原則予以變更……。」

4.行政長官產生辦法的改變,不應由「行政長官同意」。

關於附件一:行政長官的產生辦法
1.贊成「方案一」。同時認為組成選舉團的不同組別、階層的代表的比例應在附件一裡有所規定。大選舉團應加進「漁農界」。

2.贊成「方案二」。

3.由立法機關推選行政長官。

4.「方案五」比較恰當。

5.行政長官由「行政長官候選人提名團」(以下簡稱「提名團」)提名,全民投票選舉產生。
(1)提名團由 128 人組成,其中 96 席由職業分組選舉產生,三大類組別各佔 32 席(參看附錄);全國人民代表大會香港代表、全國政協香港委員互選佔 16 席;立法機關議員互選佔 16 席。
(2)提名團提出行政長官候選人三名,交全民投票選舉。但第一任行政長官不經全民投票產生。
(3)提名團成員不得成為行政長官候選人。行政長官產生後,提名團自動解散。
(4)行政長官任期四年,最多可連任一屆。

附錄:行政長官提名團席位分配方法
(編者按:內容同第四稿文件③產生行政長官的附表)
6.一九九七年應實行溫和選舉,功能界別和分區選舉均為一人一票。

7.第一屆用大選舉團,由職能和地區兩大類的人組成,按人數決定比例。第二屆以後採用方案五。

※

⑥ 1988 年 8 月 3 日基本法諮詢委員會秘書處參考資料(一)《內地草委訪港小組就基本法(草案)徵求意見稿一些問題的回應輯錄(一九八八年六月四日至十七日)》

4.政制
4.3 行政長官的任免
中央人民政府有任免行政長官之權。因為有任命權就有免

職權，這個是實際性的，不是形式性的。所以第七十二條說立法機關有對行政長官的彈劾權，但最後是需要中央決定的。中央就是中央人民政府，《中英聯合聲明》規定香港特區直轄於中央人民政府，中央人民政府就是國務院，所以行政長官的任免程序也是按國務院的法律來進行的。

※

⑦ 1988 年 9 月基本法起草委員會秘書處《內地各界人士對〈香港特別行政區基本法（草案）徵求意見稿〉的意見匯集》

【P14】
第四十五條
1. 中央人民政府如不任命在當地產生的行政長官，將如何處理？

2. 「循序漸進」不是法律語言。

【P22】
附件一
方案一比較理想，但界別比例有問題，如勞工人口多，只佔10%太少了。另外，候選人「獲得半數票」當選的規定，不夠嚴謹。

※

⑧ 1988 年 9 月 6 日《草委與政制組諮委交流會會議紀要》

【P1-3】
1. 有關專題討論
1.1 方案調和
1.1.1 有委員指出協調重要，但不能背棄民主政制原則。
1.1.2 有委員認為各方案有共通目標，即令香港民主化及市民盡量參與政治；不共通者在於各方案實施之時間性問題。
1.1.3 有委員質疑香港人所接受之協調方案內地草委會否接受，只有草委接受才可令港人有信心在互諒互讓情況下商量出「協調方案」。
1.1.4 有草委回應謂希望根據各方面聽取之意見選出一個方案。
1.1.5 有草委謂今年十一月會召開各專題小組會議，並根據走訪內地及香港所總結之意見作出討論及修改。
1.1.6 有內地草委謂明年二月起草委員會第八次全體會議將通過基本法草案，並提交人大常委會審查。
1.1.7 有委員提議將「38 人方案」及「查良鏞方案」調和成一方案。
1.1.8 有些委員大致同意「查良鏞方案」，但對行政長官的提名方案有所保留。
1.1.9 有委員建議將每一個香港市民納入一個職業組別或功能團體，既可達到「81 人方案」之目的，也可體驗「190人方案」之民主。
1.1.10 有委員指出適用於一九九七年的方案未必在九七年後五十年適用。
1.2 行政長官提名方法
1.2.1 有委員接受「查良鏞方案」有關直選的部份，但認為由一提名團以協商方式提名行政長官有違民主原則；況且，提名工作局限於一小撮人身上，限制了參與選舉人數，並不民主、公平。
1.2.2 有些委員認為提名委員會內成員之百分比有斟酌餘地。

1.2.3 有委員建議提名團可加入區議會、區域市政局及其他地區性代表。
1.2.4 有委員建議提名團由選舉產生：
10 席——選舉產生
10 席——人大代表
10 席——市政局、立法局、區議會、鄉議局、區域市政局代表
1.2.5 有委員建議設計一個包括各功能組別及各階層的提名團，促使團結及合作。
1.2.6 有委員認為提名團成員不能被提名，提名者及被提名者不應共事。
1.2.7 有委員詢問各委員對「查良鏞方案」中提名方法有否新建議。
1.2.8 有委員〔認為〕被提名的行政長官候選人應先物色所有影子內閣成員，以避免私相授受。

2. 有關條文討論
2.1 有委員建議將第四十五及六十七條更具體寫成政策性條文，放在附件作為參考。

※

⑨《基本法諮詢委員會政制專責小組對基本法（草案）徵求意見稿第四章的意見匯編》，載於 1988 年 10 月基本法諮詢委員會《中華人民共和國香港特別行政區基本法（草案）徵求意見稿諮詢報告（1）》

【P100-101】
2. 有關專題討論
2.1 行政長官
2.1.1 提名方法
（編者按：第 2.1.1 點內容同上文第 1.2 點）
2.1.2 產生方法
2.1.2.1 有委員建議規定「行政長官不由協商產生」；但不少委員認為取消「協商」等於違反《中英聯合聲明》。
2.1.2.2 有委員指出，選舉團的弊病是行政長官及政府易受利益集團的影響，而導致官商勾結，且這種選舉方法會削弱行政長官的權威性。有委員卻認為，選舉團的選舉方式行之有效，如附件一的方案三大選舉團的組成比例十分恰當。
2.1.2.3 有委員指出，「循序漸進」的含意不明確，會否意味民主是朝向社會主義的發展，因為許家屯曾謂：社會主義的民主是最廣泛的民主。
2.1.2.4 有委員認為，「循序漸進」應以增加市民的參與程度這方面來理解，故建議在第四十五條加上「行政長官的產生辦法是以發展市民普及選舉為目標」，但有的委員表示現在尚未決定採納哪一方案，故未必有加上此句之需要。
2.1.2.5 有委員指出，行政長官既是由中央人民政府「任命」，便應寫明由誰「罷免」。而有委員認為，既由中央任命，是否也意味由中央人民政府罷免。
2.1.2.6 有委員提出，行政長官最後之產生方法若是選舉產生，會否取消「協商」字眼；若由「協商」產生，會否取消「選舉」字眼。
2.1.2.7 有委員贊成間選，因民主與間選或直選並無大關係，因擁有選舉行政長官權利的人士之來源更為重要，而間選正合乎公眾利益及現行情況。

【P107】
3.2 第四十五條
3.2.1 有委員建議應列明行政長官的薪酬，並說明其薪酬不應受薪酬級別及政府開支所影響。

3.3 第四十五條及第六十七條
3.3.1 有委員建議將第四十五條及第六十七條更具體寫成政策性條文，放在附件作為參考。

※

⑩ 1988 年 10 月基本法諮詢委員會《中華人民共和國香港特別行政區基本法（草案）徵求意見稿諮詢報告第五冊——條文總報告》

【P210-213】
第四十五條
2. 意見
2.1 任命
→ 反對本條有關行政長官由中央人民政府任命的規定。
理由：
⊙ 與「港人治港」的原則不符。
⊙ 違反高度自治。
⊙ 造成中央干涉香港的行政。
⊙ 所有高級官員全由中央人民政府任命，港人無法自行選賢與能。
⊙ 中央無法知道香港官員的工作能力及情況。
→ 應更清楚列明在香港特別行政區選出行政長官後，由中華人民共和國行使任命行政長官的權力。
→ 應列明香港特別行政區行政長官的薪金和支出由香港特別行政區支付。
理由：以顯示雖然行政長官由中央人民政府任命，但仍是香港特別行政區選出來的代表。
→ 行政長官的薪金和支出水準，應參照中央人民政府水平，並由香港特別行政區自行決定。
2.2 選舉或協商
→ 協商不如直選或間選那樣民主，如要民主，就要實行選舉。
→ 基本法是日後治港的長期法則，故現時不應列明任何有關選舉行政長官方式的規定。
→ 選舉和協商是兩種不同性質的方法，只能擇其一。
→ 應規定未來行政長官不由協商產生。
→ 協商產生的行政長官難免被有影響力的利益集團所控制，有發展成為寡頭政治的危機。
→ 首數屆行政長官，可用協商方式產生。
2.3「循序漸進」和「予以變更」
→「根據香港特別行政區的實際情況和循序漸進的原則」一句在法律上是非常空泛的，難以準確界定。由於界定不明確，便需由全國人大常委會去解釋，但社會主義和資本主義對民主有不同的理解。將來特別行政區政制是否朝著社會主義民主的方向發展則成一問題。
→ 對行政長官產生方式變更的規定，應列明在一九九七年後定期作出檢討，以保證其發展。
→ 行政長官的選舉細則應由特別行政區的法律予以決定。
→ 第一屆特別行政區政府的「多數派」可按此條將特別行政區行政長官的產生方法變改，使以後的行政長官由協商產生。
→ 要改變行政長官產生的方法，應由更高權力機構或全民去決定，而不是行政長官的同意。
→ 若行政長官一人不同意，即使整個立法會議通過，變更行政長官產生辦法的議案也不能獲批准。
→ 附件一的修改不應報全國人民代表大會常務委員會「批准」，而只是「知會」。
理由：因為這是香港特別行政區的行政而已。

3. 建議
3.1 全條修改

→ 改為：「香港特別行政區行政長官由立法會議選舉產生，由中央人民政府任命。
行政長官候選人由不少於十分之一的立法會議成員提名，每成員不得提名超過一位候選人。
選舉細則由香港特別行政區的法律予以規定。」
→ 改為：「行政長官的產生辦法可根據香港特別行政區的實際情況予以變更。此項變更須經香港特別行政區立法會議全體成員三分之二多數通過，並報全國人民代表大會常務委員會批准。」
理由：行政長官產生方法的變更，實毋須經行政長官同意。新建議較合理和較合邏輯。
3.2 個別條款修改
3.2.1 第一款
→ 刪去「或協商」一詞。
理由：
⊙「協商」非現代民主方式。
⊙ 保留「協商」一詞，或許是因為基本法的草擬需忠於已簽定的《中英聯合聲明》，但附件一所有行政長官產生辦法皆涉及選舉，而其中只有提名時或會透過協商，所以協商在選舉行政長官的所佔的成份實非常之少。
→「香港特別行政區行政長官……任命」改為「香港特別行政區行政長官應由一人一票選舉產生。」
→ 改為「……通過選舉產生，但在特別行政區成立首十年內可用協商方式產生。」
理由：「協商產生」等字句乃基於政治情況才寫進基本法，大抵上言之有理，但這僅是臨時措施，並應有時間限制。
→ 改為：「行政長官在當地通過全民普選產生。」
→「由中央人民政府任命」改為「交中央人民政府備案。」
理由：根據《中英聯合聲明》，香港特別行政區應享有高度自治。
→ 改為：「……由全國人民代表大會任命。」
→ 改為：「……呈交中央人民政府任命。」
→ 在第一款末加上：「他必須是一個廉潔奉公、盡忠職守的人。」
→ 將第一及第二款合併，以作為概括及忠實地反映了中英兩國政府的願望和經驗，而且較為穩妥和靈活。
3.2.2 第二款
→ 刪去第二款。
理由：現在香港各界人士的意見分歧很大，如勉強寫進基本法，對香港社會各階層的團結有不利的影響。同時，附件一的五個方案，只能作為首屆行政長官的選舉方式，因為在將來可能會有更好的方式。
→ 改為：「選舉方法由間接選舉推行。」
3.2.3 第三款
→ 刪去「行政長官同意」
理由：
⊙ 沒有行政長官會同意其本身權力受到規限或令其繼任人的委任增加困難。
⊙ 若一議案被立法會議全體成員三分之二多數通過，則此決定已有足夠的群眾支持及理性基礎，故行政長官必須同意並接納此決議。
→ 刪去「和循序漸進的原則」。
理由：
⊙「循序漸進」乃非常主觀的形容詞，各人理解都不同。
⊙「漸進」的方向不清楚。
⊙ 預定了開始時的選舉必定是保守的。
⊙ 步伐緩慢，令人擔心。
→ 改為：「附件一規定的行政長官的產生辦法是以發展市民普及民主參與為目標，並根據香港實際情況予以變更。」
理由：現時香港各階層（工商、專業、基層）都贊成香港有民主制度，所以應清楚表明特別行政區以後的政制發展

是朝向民主方向的。
→ 依上列建議，在「予以變更」前加上：「……和循序漸進的原則……」。
理由：說明未來特別行政區的政制發展是會循序漸進地增加一般市民參與政治的權利。
→ 改為：「附件一規定的行政長官的產生辦法可根據香港特別行政區的實際情況和循序漸進的原則予以變更，目的在第三屆選舉中開始推行行政長官經普選產生的辦法。此項變更須經香港特別行政區立法會議全體成員三分之二多數通過，行政長官同意，並報全國人民代表大會常務委員會批准。」
理由：按照世界性的趨勢及香港特別行政區在政制上的發展，行政長官終會經普選產生。於此說明在第三屆才經普選產生，是基於民主步伐而定的目標及由現時到第三屆才會有較成熟的政制發展為理由，且亦為配合「循序漸進的原則」。
→ 改為：「變更議案若經行政長官否決，應由立法會議再討論，若立法會議再以全體成員三分之二多數通過，應報全國人民代表大會常務委員會批准。」
→ 改為：「若要變更是項產生辦法，須經由立法會議全體成員三分之二聯名提出新辦法，繼由全體選民一人一票普選決定是否接納，最後報請全國人民代表大會常務委員會批准。」
→ 改為：「行政長官產生辦法的變更，由立法會議全體成員三分之二多數通過，不必行政長官同意，並可直接報全國人大常委會批准。」
理由：如須經行政長官同意，行政長官可因私人利益關係予以否決，阻遲變更辦法推行。
→ 改為：「……予以變更。在第三至第五屆的選舉內實行全民普選行政長官。此項變更……」
理由：港人知識水平及參與政制改進的機會日增，用普選方法選出行政長官是大多數人認同的最終目的。
→ 「批准」改為「備案」。
理由：能使香港特別行政區發揮高度自治。
→ 在「循序漸進」後加上「向全民普選過渡」。
理由：行政長官的產生辦法應以民主為發展方向，才能按循序漸進的原則變更。
→ 第三款可移入附件一中。

4.待澄清問題
→ 若是「協商」，可和誰「協商」？
→ 既然特別行政區有高度自治權，為什麼行政長官還要中央人民政府任命？
→ 「根據……實際情況和循序漸進的原則」是否確切的法律語言及能否表達了明確的法律界限？
→ 什麼情況才算「實際情況」？
→ 「循序漸進」的定義及方向是什麼？
→ 行政長官由中央人民政府任命。但如中央人民政府不任命選舉出來的行政長官，會如何處理？
→ 中央人民政府是否一定要任命選出來的行政長官呢？
→ 由「中央人民政府任命」是否指中央人民政府有實權不任命「通過選舉或協商產生」之候任行政長官？若然，條文如何能保證由港人選舉出來的行政長官不受政治立場或壓力左右？

【P483-513】
附件一　整體意見
對行政長官產方法的原則有以下意見：
1.符合民主、公平的原則
→ 體現高度民主，透過民主選舉而產生。
→ 保障市民的民主權利。
→ 要公平合理。
→ 市民有權罷免那些不稱職的官僚，將來行政長官的權力必須掌握在民主人士手中。
→ 公開競選，以避免不必要的幕後政治交易。
→ 盡量避免受個別利益團體或政治組織的操縱。

2.行政長官的質素與代表性
→ 以挑選最適當和最理想的人選為重要前提。
→ 需有足夠的行政經驗，高度的外交手腕，高尚的人格，處事大公無私。
→ 要有足夠的決斷力及膽量。
→ 要保證行政長官得到社會各界的廣泛支持並有充份的權威性。
→ 行政長官代表多方面的利益，包括不同的階層、專業和行業。
→ 行政長官除需向其選民負責及交代外，亦需向其他非選民交代，不應忽略整體的利益。

3.照顧社會安定繁榮
→ 保持社會的穩定以利平穩過渡。
→ 照顧社會的經濟發展。

4.行政與立法的關係
→ 要使行政長官和立法會議能夠互相配合和制衡。

5.「高度自治」
→ 體現「高度自治」的精神。

附件一　方案一
2.意見
2.1 贊成意見
→ 贊成此方案。
→ 此方案較可取。
理由：
（1）行政長官的質素與代表性
⊙ 能確保候選人的質素
⊙ 能物色在各方面都適合的行政長官候選人。
⊙ 有更大機會選出精英份子。
⊙ 使行政長官更有代表性。
⊙ 行政長官能得到各階層，包括立法機關的支持，使其能更有效地領導香港特別行政區政府。
（2）保持現狀
⊙ 可維持現有情況。
⊙ 政治制度的變動幅度會較小。
⊙ 可維持資本主義制度。
⊙ 唯一保證能選出以行政為主導的政府。
⊙ 此乃傳統上產生政治人才的基本渠道，且為一般人所接受。
（3）穩定政府及平穩過渡
⊙ 唯一可保證一個穩定和有持續性領導政府的方法。
⊙ 可保障中國政府在未來十年至二十年內維持它對香港的承諾。
⊙ 能集合各界支持，減低壟斷和產生黨派的可能性。
⊙ 減低對抗性政治的可能性。
⊙ 唯一可保證香港在未來十年或二十年即使遇到危機，也能平穩過渡的方法。
⊙ 會更重視香港之商業利益和需要。
（4）循序漸進
⊙ 較適合香港的實際情況和符合循序漸進的原則。
⊙ 能採取循序漸進、按部就班的原則，適合一九九七後特別行政區初期的政制模式。
⊙ 不宜作過度之更改，應本着循序漸進方式，以保持香港之繁榮安定。
⊙ 由於普羅大眾對政治冷感，現在還不是引進立法為主導的政府的時機。

⊙ 現時一般市民的政治意識、公民教育及民主政制的進展緩慢，對於各種選舉亦無清晰概念。
⊙ 香港市民對社會事務冷淡，很難達到真正「民主化」。
⊙ 現為開始轉變時期，此方案較為適合。
（5）支持選舉團
⊙ 選舉團包括勞工、社會服務、功能界別及立法機關的成員等在內，相對立法機關的成員而言，並無忽略普及代表性的問題。
⊙ 選舉團有廣泛代表性。
⊙ 選舉團選舉產生行政長官的方法，既有代表性，又不容易被壟斷，而且香港人對功能團體選舉亦有相當經驗。
⊙ 可令行政長官不致受制於立法會議或某一團體、某一階層，因為大選舉團並非權力機關，選舉完畢後即須解散。
⊙ 沒有人能影響選舉團的公平性。
⊙ 它們代表了香港最受重視的政治階梯，亦包涵了選舉政治中的「功能原則」及「地域原則」。
（6）行政長官提名
⊙ 提名團的組成人數並不太多，較易在提出候選人時產生協商的作用。
⊙ 候選人的數目不致太大，不會令投票人無所適從，也不會削弱當選人的代表性。
（7）協調
⊙ 比較穩重，是一種協調方法。
⊙ 不會使任何一個團體或人士操縱選票。
⊙ 既不激進，也不保守。
（8）民生重於民主
⊙ 市民之民生重於選舉。
⊙ 民主鬥士、野心政客當選會危害香港的安全。
（9）行政與立法互相制衡的關係
⊙ 行政與立法互相制衡。
（10）其他
⊙ 可以節省金錢。
⊙ 反映社會各階層的意願。
⊙ 可擁有群眾支持。
⊙ 公平。
⊙ 比較合理。
⊙ 最妥善及最好的方案。
⊙ 香港社會複雜、黑社會勢力很大，一人一票選舉會造成黑社會滲入政府。
2.2 反對意見
→ 不贊成此方案。
理由：
（1）只維護某一階層利益
⊙ 工商界和專業界所佔的比率太大，別的團體只有陪襯作用，形成一小撮人掌握大多數人的命運。
⊙ 選舉團方法有欠公平，不能照顧各階層利益；反而傾向工商界利益。
⊙ 在選舉團進行投票選舉行政長官時，有財勢者亦不難在這僅得 580 人（除去了 20 名委員）的選舉團中憑藉財勢買到一半以上的票數而當選為行政長官。如此，產生出來的行政長官從人民身上剝削以彌補他在選舉時所付出的代價，最終受害者乃全港數百萬港人。
⊙ 以工商界所佔的比例為最大，不符合均衡社會各界利益的目標。
⊙ 選舉團的組成比例沒有清楚界定，因此可能會形成某專業人士比較多，而造成他們被選中的機會較多。
（2）易受一小撮人操縱
⊙ 大選舉團的人數太少（只有 600 人），極容易被控制和操縱。
⊙ 容易受一小撮利益集團控制。
⊙ 容易造成壟斷選舉和選舉被操縱的情況。
（3）違反大多數人意願

⊙ 由選舉團所選出的行政長官，未必能夠代表各選舉團中大部份人的意願。
⊙ 被列入選舉團的團體挑選其代表的方法不一定為公眾所知，也不會受公眾監察，極易為人操縱和濫用。
⊙ 選舉團聲稱為建基於共識的政府，但其實它是建基於陰謀的政府。
⊙ 選舉團迫使一些專業團體、商會、慈善、宗教、勞工和其他社會團體負責挑選行政長官，使它們超乎其正常功能範圍地政治化。這些團體有部份成員是臨時會員，那就會令選民不能有效地強制行政長官對其負責。
（4）缺乏代表性與不公平
⊙ 六百人代表六百萬人，不夠代表性。
⊙ 缺乏代表性。
⊙ 選舉團只照顧特殊組別之利益，違反政治平等參與之原則。
⊙ 因為選舉團中各成員所代表的團體人數不同，僅以票數的多寡而決定誰當行政長官會出現不公平現象，因為落敗的候選人代表的團體人數很有可能多於被選出的候選人。
⊙ 所謂大選舉團實質上以富裕及中上階層為主導的單位代表組成，其階層利益傾向不言而喻。
⊙ 違背了公平的原則，導致社會上其他階層的不滿。
⊙ 抹殺了市民的選擇權利，他們的意見是把權力集中在六百人的選舉團身上，而他們無須讓公眾知道他們會選什麼人出任行政長官。事實上，籌組選舉團時，並無行政長官候選人供他們選擇的。
（5）影響行政長官質素
⊙ 由幾百人選出的行政長官，其代表性和權威性一定很低，不會得到市民的支持。
⊙ 行政長官無法獲得全民支持，影響本港繁榮安定。
⊙ 在一個極小的範圍下選舉，很容易受到利益的交換，在這方法下選出的行政長官不一定是最理想的。
（6）對政府運作不利
⊙ 一個由各行業人士組成的選舉團或選出的行政長官面對的是各行業代表爭奪利益的局面，他們的政策亦變得受這行業利益影響而變得沒有方向及反覆不定。
⊙ 如果兩個候選人的票數都是少於一半，而進行次輪投票。但若以完成責任為宗旨，盡量選出一人為行政長官。那樣政府運作未必是有利。
（7）選舉團的產生含糊
⊙ 選舉團內什麼行業有代表和行業內哪些團體和專業有代表，根本就不可能有一個客觀標準。所以，當釐定哪些團體或人可進入選舉團，必引起社會上廣泛而極大爭論，對社會不利。
⊙ 選舉團的產生方法並無列明。
（8）令制度僵化
⊙ 大選舉團的制度一經制訂後，既得利益者必然會抗拒任何修改。這個制度必然變成一個僵化的制度，完全不能配合社會的需要和民主的發展。
（9）加劇內部衝突
⊙ 現在的地區選舉團，已相當複雜，將來那麼大的選舉團，其中必會有派系鬥爭及彼此互相傾軋的情況。
（10）行政長官的提名
⊙ 提名委員會的設想是沒有需要的。提名競選行政長官可由一個規定數目的選舉成員作出。
⊙ 大選舉團的二十人提名團，將決定了候選人的資格，所以所謂選舉，實質由 20 人預先決定選舉結果，與委任分別不大。
⊙ 提名委員會由 20 人組成，而且行政長官候選人僅限三人，易造成提名委員貪污舞弊的機會。而有才幹能力的人士，若未能先討好這些提名委員，亦難有機會被提名為行政長官候選人。
⊙ 提名委員會在提名前已操縱將來當選之行政長官權力，

選舉團更有力操縱將來當選之行政長官。

⊙ 行政長官的提名只涉及數十人，而他們並非由民主方式產生，野心政治家很容易通過人事關係，私相授受，甚至〔以〕各種形式的「買票」去爭奪政治權力，令特別行政區政府變得腐化。

⊙ 選舉和提名之局限過大。

⊙ 如行政長官的候選人只能由一個二十名成員的提名團提名，這樣的產生方法便不能成立一個廉潔政府，亦不能帶來信心。

⊙ 反對提名團方式，因為三名候選人是由不民主的提名委員會協商產生的，然後再進行一人一票，意義其實不大。

（11）漠視民主及人權

⊙ 缺乏廣泛的社會參與。

⊙ 剝奪一般市民的機會。

⊙ 違背公平參與的原則，漠視市民的平等政治權利。

⊙ 忽略市民的利益與權利。

⊙ 嚴重打擊港人的歸屬感。

⊙ 不民主及不公平。

⊙ 過於保守。

⊙ 凡是香港合法選民均應有一人一票選舉行政長官之權利。

（12）其他

⊙ 容易受到中央人民政府的干預及控制。

⊙ 削弱港人的公民意識。

⊙ 有黨派在香港出現，香港的民主根基就會更穩固。對抗性的政治是健康的，有對抗性的政治，香港才有民主。

⊙ 第（六）項規定選舉細則由香港特別行政區政府以法律規定，故方案一並無法在選舉細則訂定之前施行。而且在特別行政區立法會議未成立前，亦無從制定法律。未有行政長官，亦無人簽署及公佈法律。

2.3 其他意見

2.3.1 選舉團的優點

→ 令工商界人士繼續留在建制內，保持香港經濟繁榮。

→ 選舉團成員其廣泛代表性，包括工商、金融、專業人士、教育、勞工、宗教、社會服務及公務員等組別，所以只怪責工商界壟斷是不公平的。

2.3.2 選舉團的缺點

→ 間接地迫使競逐行政長官的候選人必須要取悅於選舉團的各組成界別，未必能杜絕「免費午餐」的存在。況且它極容易造成私相授受，「小圈子」或者感情票的出現。

→ 「選舉團」作為一種間選制度可能導致「黨派政治」之產生。

理由：

⊙ 選舉團成員的數目有限，競爭者自會千方百計通過種種途徑向這些成員爭取拉票。

⊙ 選舉團內勢力範圍的出現可能把不同組織之間的明爭暗鬥更為尖銳化。

→ 不能確保選舉團的成員免受外來的壓力。

理由：

⊙ 香港社會圈子狹小，未必有選舉團成員願得失於一個具有「組閣」能力的未來行政長官。

⊙ 參選人會向選舉團的個別成員施加壓力或進行游說，要求其幕後允諾予以支持。

→ 概念有欠周詳

理由：

⊙ 「選舉團」選舉完成便即解散，在「對選民直接負責」方面欠了一個常設的負責對象。

⊙ 此方案沒有交代「選舉團」的成員是以香港整體的利益為依歸，而不受限於界別的分野，抑或其選擇純由其代表界別指定，他本人只扮演着一個機械性的角色。

→ 有可能導致將來工商界壟斷香港政權的危機，而且更可能產生工商界直接掌政，控制香港之經濟命脈及行政大

權之局面。

理由：工商界直接佔選舉團成員三分之一，又間接控制另外百分之十至二十的選票（如法定團體、慈善團體）。

→ 由大選舉團體選出來的代表極可能是一群工商界人士的代表，他們無須向廣大的市民交代。

→ 只要控制二十人的提名委員會其中的十一人，便能決定誰可出任下屆的行政長官。

→ 提出選舉團由宗教、教育、公務員及慈善機關等各類功能界別的代表組成，即把現時非政治性團體政治化。

2.3.3 對選舉團仍有保留

→ 此方案有「來自社會各層面的精英治港」的含義，用意不差，問題是二十名提名委員會的產生是否恰當，和會否製造少數「政治貴族」，成為香港社會階層流動性的路障並形成新的封建體系等，這都有待詳細考慮。

→ 有可取之處但還不完善。

理由：

⊙ 此方案排除了中央政權的參與。

⊙ 此方案並沒有提出選舉團的界別比例。

→ 大選舉團的組成缺乏了全國人大香港區代表，使其中的代表欠缺重要的一環。

理由：一九九七年後，全國人大香港區代表仍由港人以民主方式選出，其重要性不下於立法會議議員。

2.3.4 其他

→ 第二條所提及的「永久性非法定團體」的定義須加以界定。

→ 為避免與功能團體的身份重疊，「法定團體及永久性非法定團體」不應獨立地有代表席位。

→ 第三段列明「屬民主程序選出其代表」，但並無界定何謂「民主程序」，而各個團體有不同的方式選出其代表，因此這一點比較含糊，需要清楚訂明。

→ 目前沒有排除行政長官可由立法會議議員出任的可能性，而選舉團部份成員由立法議員出任，則行政長官有雙重身份是可能的，因此，要考慮立法議員當選行政長官就要辭職的可能性。

→ 立法會議議員既是選舉團的部份成員，則選舉團在選舉立法會議成員時，應要考慮他們的雙重身份。

→ 第五點並無作用。

3. 建議

3.1 選舉團組成的原則

→ 應明確規定選舉團各類代表的名額、比率及產生方法。

→ 大選舉團的界別，還可以廣泛一些，使各階層人士有充份的代表，使各界所佔的比率分配較平均。

→ 大選舉團的組成盡可能顧及廣泛代表性，增加基層團體、勞工及草根階層的代表名額。

→ 大選舉團的概念再加入一些直選成份。

→ 大選舉團的各有關界別代表應以民主推選方式選出，以保證代表各界階層的意願，不應以分區選舉的方式來組成大選舉團。

→ 任何用以選出行政長官的選舉團，必須要有均衡及廣泛代表性的組合，這樣才可確保獲選的首長或立法會議成員不會偏袒維護某一階層的利益。

→ 應制定一些法例以擴大選舉團中各代表團體的席位。

→ 應有更多立法機關成員參與提名過程，提名行政長官候選人予大選舉團選舉。

→ 大選舉團人數可減低，而立法機關成員的比例可增加。

3.2 選舉團組成的具體建議

→ 代表社會上兩極利益的工商界和基層席位，各不能超過百分之三十至三十五。代表專業和地方議會的席位則各不超過百分之十五至二十，而成為政治上的中間勢力。任何階層都沒有壓倒性的優勢，任何候選人都必須以持平的立場，贏取選舉團的大多數支持。

→ 選舉團由香港各界人士代表組成，其成員包括：立法

機關的成員、各區域組織的代表、各法定團體和永久性非法定團體的代表、各類功能界別的代表，共約 500 人。

→ 由 500 至 800 人組成的選舉團產生行政長官。選舉團由功能團體和地區議會組成，因為它們分別代表了當今在香港最受重視的政治階梯，因而使選舉團承接了香港目前的政治基礎和傳統智慧。

→ 六百人選舉團由各界人士代表組成。

工商金融界人士 20%

專業人士 20%

勞工、基層、宗教界人士 20%

區域組織選舉 20%

行政立法機關成員 15%

人大代表及政協委員 5%

→ 由功能團體和地區議會產生一個選舉團，再由選舉團產生行政首長。

依 60-80 人組成的立法機關推算，香港有 42-56 個基本結構「功能組別和地區議會」，平均每單位產生 10 個代表，共組成一個 420-560 人的選舉團。

→ 在過渡期間，行政長官應由 600 到 1000 名本港各界人士代表所組成的選舉團選出，惟候選人數目不必限於 3 名，而且任何本港永久居民，只要獲得選舉團十分之一成員的支持即可參選，這樣會較為公平，而候選人的數目最多有 10 名。

→ 大選舉團的成員 400 至 600 人，由香港各界人士代表組成，其成員包括以下四大類：

（1）工商、金融團體代表；

（2）專業團體代表；

（3）宗教、社會及慈善服務機構代表；

（4）地區街坊組織及勞工團體代表。

在大選舉團內各個社團和組織可按內部的規定，用民主程序選出其代表。所選出的代表將以個人身份投票，一人不能兼任多個社團和組織，任期只能維持到選舉完成即結束。

大選舉團成員均可競選行政長官。但候選人須獲選舉團成員 10 人以上提名。提名人不得提名超過一個候選人。

→ 總人數為 700 名，增加基層代表人數，分別如下：工商、金融團體 150 人，專業團體 200 人，勞工團體 100 人，宗教、社會及慈善服務機構 100 人，街坊組織及小販團體 150 人。

由選舉團選出 20 人為提名委員會，再提三位候選人的辦法有點局限性。主張在 700 名選舉團中之任何 10 名代表都可以提出候選人一名。然後由 700 人採取一人一票選出。

→ 應准許政府高層官員成為一個功能團體去選舉他們的代表。

→ 由本地下列人士組成的選舉團產生行政首長。

立法局議員 60 人

香港特別行政區人大及政協 20 人

社會團體代表 12 人（街坊會 2 人、宗教界 4 人、學術界 2 人、基層勞工團體一漁、農、小販 2 人、體育界 1 人、慈善團體 1 人）

行政局非官守成員 8 人

區域性組織代表 24 人

由這個 124 人的選舉團選出一個 20 人提名委員會，由它經協商產生一至三名候選人。候選人由選舉團投票選出行政首長。

3.3 提名團與候選人數

→ 為了盡量利用人才，建議考慮提名團可互選一人為候選人。

→ 選舉團是一個兼具提名權及選舉權的組織。候選人必須得到百分之十的選舉團成員提名。若候選人本身為選舉團成員之一，則在獲得提名之後，當退出選舉團，其席位由有關選舉單位選舉代表補上。

為了公正的形象，預防遺才的可能，以及部份滿足參與的慾望，選舉團除自行提名外，亦應公開邀請外界提名，外界乃指有資格選舉代表組成選舉團的功能組別和地區議會之外的社會團體，而個人並無提名權。為了確保提名的嚴肅及效率，外界社會組織何者有提名權及如何提名，必須從長計議，並予以明文規定。

提名委員會應擴大至 40 人，以加強其代表性，其中應有 15 位為立法機關成員。

→ 除了大選舉團之 20 人提名小組可以提名行政首長候選人之外，亦可以由有志成為行政首長候選人；通過爭取大選舉團成員之一定人數支持（例如 20 人或 30 人）而得以成為候選人。

→ 候選人數目不限，最多可有 10 名，選舉團應在選出行政長官後解散。

→ 在選舉行政長官的提名過程中，立法機關應替代該有 20 名成員的提名團。每個候選人應為不少於立法機關十分之一成員所提名。

理由：以確保行政長官可得到立法機關一定的實質支持，這可避免「跛腳鴨」政府的出現。

3.4 選舉程序

→ 「選舉團內的各個社團和組織可按內部的規定，用民主程序選出其代表。」應改為「由特別行政區政府以法律規定」選舉程序。

→ 審查過程：選舉團內部提名及收集外界提名後，應審查候選人之資格是否符合基本法之有關規定。

→ 辯論過程：候選人應有機會會見選舉團陳述抱負及接受質詢。

→ 選舉以不記名投票方式進行。

→ 候選人以得到選舉團全部成員的一半以上選票視為當選。

→ 上述審查過程和辯論過程應盡可能公開，以表示公平及負責。

→ 有關投票方式需要改善，應像今年立法局功能組別選舉所採用之按選擇次序淘汰制度。

3.5 逐步發展

→ 一個像議會制的民主制度應該在一九九七年後的十年以後才考慮。

理由：

⊙ 民主政制的發展乃決定於政治參與的程度，而不是調查所得的人民意願。

⊙ 大選舉團的組成部份應決定於組別而不是個人。

⊙ 大選舉團內工商界利益應該減少。

→ 隨着時間的轉變和符合社會潮流，日後應以全民投票選出。

→ 大選舉團制應該是短期性的。

→ 一些人士接納只在最初兩屆選舉中用大選舉團，在第三屆則須轉用普選。這項建議是不能接受的。

→ 經過十年的經驗，市民應有能力透過直選選出一個領袖。

→ 由第三屆開始行政長官的產生應透過一人一票普選。在第三屆之前，香港特別行政區政府的首要工作則是要增強市民的公民意識，立法會議成員之產生逐步邁向選舉形式，應可加強市民之參與及認同。

→ 將方案一試行十年，到第三任行政長官才由全港選民一人一票產生。

理由：·這樣處理可避免特別行政區過急施行一人一票選舉行政長官而出現社會混亂和政治動盪局面。

→ 二零一七年經「普及而直接的選舉」產生行政長官。屆時行政長官候選人的提名仍可以組織一個有廣泛代表性的提名委員會，提出兩名至三名候選人，再經「普及而直接的選舉」產生行政長官。

4. 待澄清問題

→ 何為「內部規定」？

附件一　方案二
2.意見
2.1 贊成
→ 贊同此方案。
→ 此方案較可取。
理由：
（1）行政長官的質素
⊙ 確保行政長官獲得群眾的支持，使他成為港人合法的代表。
⊙ 真正具代表性。
⊙ 更具權威性。
⊙ 能讓有才幹及有社會地位之人管理新政府。
⊙ 可向全港市民負責，為港人所監察。
⊙ 令市民對政治領袖的認同感增強。
⊙ 充份體現行政長官必需的信授性。
⊙ 賦予行政長官真正的權力基礎。
⊙ 被提名的候選人大多有任職立法、行政或司法機關的經驗。
⊙ 獲得立法會議的認同和中央及香港市民的接受和承認。
⊙ 賦予行政長官合法的地位去解決各部份人士的利益衝突。
⊙ 產生一個獨立而擁有足夠權威的行政長官，保證屬下政府各部門首長和其他公務員能維持一個有效率的政府。
⊙ 有權對行政長官加以監察，從而使行政長官更有效率地領導將來的特別行政區政府。
⊙ 市民有權令不盡責的行政長官下台。
⊙ 可避免行政長官只顧及某階層利益。
（2）行政長官的提名
⊙ 行政長官候選人既由不少於十分之一立法會議成員提名，權力來源便是全港市民。
⊙ 被提名者多瞭解香港政府及政治的運作。
⊙ 是唯一能確保被提名者有廣泛代表性的方法。
⊙ 在提名的限制及選舉的權利方面，此方案較合理。
⊙ 可以作為一個有效的過濾層，免致一些對政治毫無認識的公眾人物參加競逐。
⊙ 由立法會議成員提名可簡化政制，防止混亂。
⊙ 可減低候選人數目。
⊙ 避免因提名人不受選民歡迎，影響投票結果或對行政長官不信任等問題。
⊙ 一個有八十名成員組成的立法會議應較一個只有二十名成員及由非全面方式產生的提名委員會更能代表特別行政區居民。
（3）行政與立法的關係
⊙ 令行政、立法機關有一定的溝通，貫徹互相制衡的原則。
⊙ 使行政長官和立法會議更緊密的聯繫。
⊙ 提名方式使行政長官與立法會議間接地建立起關係。
⊙ 由立法會議成員提名可保證行政長官要向立法會議負責。
⊙ 行政長官獲得不同來源的人民授權，故足以抗衡立法會議的權力。
⊙ 可保證行政長官得到立法會議一定程度的支持和信任，加強兩者之間的協作，減低立法會議日後對抗行政長官政令推行的可能性。否則，兩者關係薄弱，對政府的穩定和效率有消極的影響。
⊙ 因為行政長官的候選人只須得到十分之一的立法會議成員提名，所以不能說行政長官會受到立法會議不適當的影響。就算一個長期為立法機關的少數派認同的候選人也不會認為得到立法會議十分之一成員的支持是困難的。假如這樣的候選人被提名的話，他／她與其他由選舉團或香港特別行政區居民選舉產生的立法機關大力支持的候選人

會得到同樣的機會。
（4）符合民主公平原則
⊙ 充份代表民意。
⊙ 符合公平的原則。
⊙ 體驗民主自由和政治平等的權利。
⊙ 以保障一九九七年後能貫徹高度自治、邁向民主之原則。
⊙ 是邁向民主社會的開始。
⊙ 加速開放政府的發展。
⊙ 自由、法治之精神能得以鞏固。
⊙ 符合民主精神。
⊙ 貫徹《中英聯合聲明》中所載的「民主精神」。
⊙ 基於香港市民知識水平高、知識發達（編者按：「知識發達」懷疑是「通訊發達」之誤）、訊息傳遞快捷，這些條件有助發展民主政制。
（5）港人的參與及選舉權的保障
⊙ 人人皆享有政治參與的權利。
⊙ 保障居民自由、人權和政府運作制度化。
⊙ 只有由一人一票產生，才能代表香港人，及達到「港人治港」的要求。
⊙ 以香港社會的教育水平、通訊條件和法治精神，香港人完全有能力在選舉中作出理性的選擇，他們的民主權利不應被剝奪。
⊙ 市民通過投票，更能直接關心及參與政事。
⊙ 為着提高廣大市民之公民及民主意識，普及而直接的選舉是最佳的教育方式。透過實踐和體驗直選，可使公民及民主意識快速提高。
⊙ 透過人人可參與的選舉，令市民對這個選舉有信心，對香港有歸屬感。
⊙ 可讓更多人參與選舉。
⊙ 體現人民權利。
⊙ 可讓合乎選民資格的居民行使其選舉權利。
⊙ 可保障全港市民利益。
⊙ 是最值得港人信任及參與的方式。
⊙ 基於現時公衆對直接選舉的接觸與認識，在一九九七年後，選舉行政長官這個重要職位時，選民必能作出最明智的選擇。
（6）確保社會繁榮安定與落實「一國兩制」
⊙ 以最直接和公開的方法選舉行政長官（即通過普及和直接選舉）是香港長遠穩定和繁榮的最佳基石。
⊙ 有利維持行政的穩定性，保證將來香港的繁榮及安定。
⊙ 只有當市民感到本身意願受尊重時，才會盡力維護本港的繁榮安定。
⊙ 能確保有穩定的政治制度。
⊙ 能確保香港的安定繁榮和「一國兩制」的實行。
⊙ 真正落實「一國兩制」、「高度自治」的政策，體現《中英聯合聲明》的精神。
⊙ 有助於維繫和加強港人對未來之信心。
⊙ 加強市民對等別行政區政府的信任。
（7）政黨問題
⊙ 不會造成對抗性政治或黨派。
⊙ 反對此建議的人的真正原因和論據是恐懼政黨的產生。
（8）其他方案不可接受
⊙ 其他方案所建議的方法對市民的選舉權均有所限制。
⊙ 其他方案不夠詳盡，亦缺乏代表性。
⊙ 其他方案未有容許這種普選的方式。
⊙ 此方案較其他方案清晰明確。
⊙ 其他方案大都涉及界別的組成問題，誰來決定這些界別，和每一界別人數的多少，都是極受爭議的問題。
⊙ 涉及的人力及物力較其他方案少。
⊙ 其他方案建議的方法均會削弱行政長官的代表性和權威性。
⊙ 此方案是避免壟斷或受利益集團控制的最有效方法。

（9）反對採用選舉團方法
⊙ 其他方案的產生方法都有「選舉團」的存在。
⊙ 大選舉團選舉、功能團體選舉、顧問團協商和提名委員會協商的選舉方式，不論其提名方法和選舉方法，掌握在一小撮人手上，而把廣大市民摒諸政治門外，這是不民主的做法。
⊙ 大選舉團形成小圈子政權，行政長官未有群眾支持，不能順利執政。
⊙ 大選舉團內的工商界和專業人士於人口比例中尚為少數，卻沒有顧及香港的二百六十萬勞工。
⊙ 各種選舉團的方式違反以下兩個原則：
1）普及性：選舉團只賦予部份成年人有選舉權，經這批人所選出來的行政長官難以兼顧社會上各階層的利益。
2）公平：功能團體的代表人數各有不同。
⊙ 代表性成疑。
⊙ 既得利益者會把大選舉團縮細，形成專制獨裁統治。產生出來的行政長官也只會為其本身界別謀福利，形成不公平現象。
⊙ 現時香港政府已答應在一九九一年立法局的十個議席由直選產生，這時間距離一九九七年尚有六年，政制發展應「漸進」到普選行政長官。若還倒退到大選舉團無疑與「循序漸進」的原則有所抵觸。
⊙ 假若採用「大選舉團」形式，會形成小圈子政治，使大部份市民沒法透過監察功能保證行政長官的質素。
⊙ 其他方案未免流於繁複，多由一些含糊不清的選舉團產生。
⊙ 免卻了選舉團設立時可能產生的摩擦及舞弊。
⊙ 這樣才不會使選舉團或直接選舉妨礙了一個具廣泛基礎的選舉。
⊙ 其他方案內的選舉團、功能團體、顧問團及提名團，如果全部由全港選民經一人一票的直接選舉產生才是可以接受的。
（10）其他
⊙ 減少選舉的複雜性。
⊙ 此方案較易明白，所以為公眾較易接受。
⊙ 令政治及意見多元化。
⊙ 可產生一個平衡的政府。
⊙ 此方案應該在一九九七年開始立刻實施，絕對不應將此方案變成「理想」，變成「遠景」，甚至不定期拖延實施等。
⊙ 可避免獨裁濫權和裙帶關係之滋生。
⊙ 可防止行政干預司法和立法，有助維持三權分立的發展。
⊙ 能一次過解決選舉行政長官問題上的爭論。
⊙ 較公開及不易被控制。
⊙ 推選權絕不能被一小撮人壟斷和控制。
⊙ 可防止「小圈子人士」漁人得利。
⊙ 除非採納此方案，否則所謂「協商」只是當權者幕後安排的代名詞，其結果必然是「京人治港」而非「港人治港」。
⊙ 如非由民主產主，很易產生獨裁行政長官。
2.2 不贊同此方案
2.2.1 行政長官的提名
→ 單以立法會議提名，對民主而言實有商榷之必要。
→ 單以立法會議提名，是否有廣泛代表性是值得深入研究。
→ 行政長官提名權不應由立法會議成員控制，因需十分之一立法會議成員提名，故每一成員無可能都有權提名一人為候選人。這種提案本身已有矛盾。
2.2.2 行政與立法的關係
→ 導致立法專政，有損行政向立法負責的精義。
→ 間接形成立法會議內出現權力中心。
→ 由立法會議提名行政長官，會使立法會議的權力過份

膨脹。
→ 行政長官由立法會議成員提名，會令前者受制於後者，有違三權分立，互相制衡的精神。
→ 由於行政長官希望能再次獲選而與立法會議作出某程度上的交易及妥協，因而受到立法會議權力的影響。
→ 立法會議會成為將來權力角逐之地。
→ 十分之一立法會議成員要代表全體香港市民，實不合理。
2.2.3 普選的問題
→ 以目前及可見的將來香港公民意識水準，暫未適宜以普及直接選舉的辦法選舉行政長官。
→ 容易造成舞弊的情形。
→ 全民投票會引起工商界與草根階層的紛爭。
→ 一人一票的普選未必能確定行政長官的「合法性」。香港現在或將來也不是一個主權國家，所以行政長官之產生不能獨立於中央的運作。
→ 港人對政治有「抗拒」的心理，加上為應付生活，因此形成真正「沉默的大多數」，造成一些人可以標榜代表「大多數」而「號令天下」。
→ 香港經歷了長期的殖民地統治，全民投票會令市民無所適從，甚至會被某些人利用。
→ 普通選民由於生活環境和工作壓力，根本沒有精力和熱誠去關心選舉，故一般選民中不少是為選舉而選舉的。
→ 在香港政治環境成熟之前，不應該妄行直選，以避免產生對抗性的政黨政治。
→ 進行一人一票選舉時，由於選民數目眾多，沒有政黨不行，但當時應還未發展成健全的政黨。
→ 很難知悉被選者的潛在資格。選舉過程中，宣傳聲勢大的一方往往可以壓倒一切，容易形成勢力範圍，使選舉失去真正意義。
→ 會令將來的行政長官利用「免費午餐」爭取更多的選票。
2.2.4 其他
→ 保持香港繁榮安定，有賴各階層和衷共濟、實事求是，所以必須認真考慮社會結構及組成力量，目前以功能團體作起步是有一定基礎，且符合實際和行之有效的方法。
→ 國家的政府會盡量尊重當地人民的意願，但並不代表當地的選舉結果可以取代國家的主權。
→ 會鼓勵社會福利的增加。
→ 質量方面保證較弱。
→ 香港特別行政區政府以法律規定選舉細則，故此方案並無法在選舉細則訂定之前施行。
→ 會被那些別有用心者收買和操縱選舉。
2.3 其他意見
2.3.1 此方案的優點
→ 增加立法會議成員的權力，並對直接選舉和間接選舉作出協調。
→ 以立法會議為提名組織，不須動用額外金錢、時間、人力物力去選出一個提名委員會。
2.3.2 此方案的缺點
→ 有令政府變成官僚化的危險。
→ 假設有共識政治，則不能出現只一人被提名。
→ 通過這個程序所產生的行政長官，未必能與中央人民政府保持適當的合作關係和溝通。
2.3.3 對方案仍有保留
→ 除非立法會議成員由選舉產生，否則此方案不可接納。
→ 如果數年後立法局實行直選，依此發展，如果證明是可行的話，便可以採納這個方法產生行政長官。
→ 採取不記名投票可令選民自由選擇，但容易有舞弊的情形出現。
2.3.4 有待改進的地方
→ 方案內沒有列明投票的程序。
→ 所提及的「全港性的普及而直接選舉」沒有具體說明。

→ 不必限於立法會議成員才有資格提名。

→ 四分之一的區域組織席位不值得保留。

→ 此方案只可作為過渡性起步措施，並應逐步演變成全由直選產生的立法會議。

→ 應由各功能團體產生一定比例的代表人物，再由他們選舉出行政長官，這樣較符合香港的實際情況。

→ 隨着香港社會的政治經驗漸豐，這種混合選舉的方法最終應予廢除，即立法會議所有成員需由直接選舉產生，而行政長官則由立法會議成員互選產生。

2.3.5 行政與立法的關係

→ 行政長官候選人的提名程序，為立法會議所壟斷。立法會議權力過大，不獨行政機關要向它負責，而且更形成了間接上其實是在立法會議內產生政權，如此則失卻了行政與立法之間互相制衡，反而導致立法專政，監察者可能是間接上的執權者，這有損行政要向立法負責的意義。

→ 經附件二方案二產生的立法會議提名行政長官會變成以直選為主流，因為功能團體及選舉團選舉都帶有直選的成份。這與一直講求均衡的原則似有不同。

→ 使行政長官與立法會議妥協，恐有流弊。

→ 為了取得十分之一成員的支持，行政長官可能對立法會議的每一位成員都有所避忌。

→ 立法會議成員多數只會提名立法、行政或司法機關的成員。

3. 建議

3.1 條文刪除

→ 刪去第二項。

→ 刪去第四項。

理由：要使港人感到在推選行政長官方面有真正的決定權力。若港人知道行政長官會反映他們的意見，他們對香港的信心便會大增。

3.2 條文修改

3.2.1 行政長官提名

→ 行政長官之提名應由不少於百分之二十的立法會議成員提出，以便選出之行政長官能獲得立法會議之一定支持。

→ 香港特別行政區行政長官候選人，除了應該可由不少於十分之一的立法會議成員提名，亦可經由不少於一百名已登記之選民提名。

理由：可避免沒有支持的候選人出來競選。

→ 行政長官提名人的資格不應有太大限制，只要其為香港永久性居民便可。

→ 需市民十名提名。

→ 改為：「行政長官候選人也須同時得到不少於半數區議會各起碼一名區議員提名。」

→ 第一項加上：「可由四個區域議局聯合提名，政府機關也可提名。」

→ 提名權方面，除立法會議外，可另加一組織以擴大提名人之範圍，其中以區議會最為適合。

→ 修改為不少於某一定數目的選民聯合提名。

→ 「不少於十分之一的立法機關成員提名」改為「不少於 500 名香港中國公民提名。」

→ 把提名團的成員擴大至各級議會的每一位議員，即立法局、區域市政局、市政局及各區區議員（大數大約 600 至 700 人），而提名亦必須得到十分之一的議員提名方為有效。

理由：此舉可減輕行政長官與立法會議成員強烈掛鈎的形象，亦可使行政長官能對各級議員負責，加強行政長官的權威與代表性。

→ 候選人需獲若干數量的香港永久性居民提名，如有600 人（即萬分之一）的香港永久性居民便可提名一位候選人。

理由：通過若干數量的香港永久性居民提名的建議是基於

體現人人皆平等地享有提名行政長官的權利。只要候選人獲得若干數量的香港永久性居民的支持及提名，便可有參選的機會。這樣，可排除了行政長官的提名機會被立法會議成員壟斷的情況。

→ 所有行政長官候選人，在未被提名前，必需得到人大常委會贊同。

理由：中國政府對特別行政區主權的控制應在於行政長官提名之時，而非在選舉之後，如果中央人民政府拒絕任命剛選出來的行政長官（特別是重複地運用此種權力時），這便會大大打擊港人信心及出現權力真空。

3.2.2 行政長官候選人

→ 在第一項「香港特別行政區行政長官」之後加上「候選人」三字。

→ 候選人數名額不限。

理由：

⊙ 可避免行政長官候選人提名權由立法會議獨攬。

⊙ 可以確保每個合資格的港人都有平等的參選機會。

→ 建議應有五個候選人的席位較為適合。

→ 最多只可有三名候選人。

→ 凡提名者只提名一人，同時不得成為候選人，亦無權投票選舉其他候選人；各候選人皆可自獲得其提名者的選票。

→ 凡行政長官候選人，必須無任何刑事犯罪紀錄。

3.2.3 競選費

→ 行政長官候選人的競選費用必須由立法會議按需要定期制訂，予以嚴格限制。

3.2.4 投票規則

→ 「無記名投票」可以改用身份證號碼作為記錄，比較適合。

理由：可以防止選民雙重投票，保障一人一票的公平投票。

4. 待澄清問題

→ 候選人是否皆為立法會議成員？抑或只有不少於十分之一的立法機關成員才有權提名候選人？

附件一 方案三

2. 意見

2.1 贊成此方案。

理由：

⊙ 可避免「港黨治港」的黨派政治體制。

⊙ 可以有一個有效率的政府。

⊙ 符合港人意願。

⊙ 香港居民對公民教育未有普及認識前，不應推行一人一票選舉制度，以免影響工商事業的發展。

⊙ 直選條件未成熟時，必須按步發展、循序漸進。

2.2 不贊成此方案。

理由：

（1）過份照顧工商界

⊙ 參與選舉的人太少，工商、金融團體控制了整個選舉。

⊙ 只照顧功能團體之利益，而這些功能團體均以工商界人士為主，所產生的行政長官並不能向公眾交代。

（2）功能選舉團選舉的弊端

⊙ 功能團體的成員，可能在他們固有的行業裡有美好的業績，但無人能確保他們有能力、資歷去帶領整個香港特別行政區。

⊙ 功能團體的突變、興衰會影香港政治局面的穩定性，繼而影響廣大市民的利益。

⊙ 功能團體的數目易擴難收，若越增越多，會使整個社會走向分裂的地步。

⊙ 功能團體的代表不一定由民主方法產生，大部份人未必有機會投票，因而直接影響選舉的代表性。

⊙ 一般香港市民對參與團體的熱衷程度都偏低，採用功能團體選舉會造成只有部份人有權投票，而導致大部份人

的利益被忽略。
⊙ 功能團體或指定社會組織選派代表的弊端，就是沒法在個別利益的內部權力結構變化時提供一個和平過渡辦法。例如代表該界別的團體在社會的地位有變化時，會有行政手段的介入，又或者政府會被迫涉入團體間的利益糾紛，而增加官民之間的矛盾。
⊙ 功能代表比例中，專業團體佔百分之三十五並不合理。
⊙ 行政長官完全由間選的功能選舉團選舉出來，不夠民主。
⊙ 以選舉團產生行政長官，縱使有較民主方式產生的投票人，但亦難保證不被操縱。
⊙ 成員只有六百人易造成壟斷局面。
⊙ 容易受到一小撮利益集團控制。
（3）漠視民主與人權
⊙ 不民主和不公平。
⊙ 妨礙選舉的民主性。
⊙ 易忽略市民的利益和權利。
⊙ 漠視了香港普羅大眾的意願及參與的權利。
⊙ 缺乏廣泛的社會參與。
⊙ 缺乏代表性。
⊙ 這種選舉不會是真正的選舉，而是變相的委任。
⊙ 六百人不能取代六百萬市民的投票權。
（4）行政長官質素
⊙ 五十名香港永久性居民便可提名行政長官候選人，會令候選人數目過多，投票人無所適從，而且由於票數分散，獲選者可能沒有代表性。
⊙ 市民的參與及影響不大，所選出來的行政長官不夠民主和代表性。
（5）提案本身的弊端
⊙ 組織方法異常複雜，產生方法含糊不清。
⊙ 方案內沒有投票程序的條文。
⊙ 提案並不完整，何等人士才對政府運作及社會服務有影響力亦含糊不清，所列比例亦無法證明是公平的。
⊙ 選舉團如何產生也未定，這方案也就難以令公眾放心。
⊙ 未有列明哪些團體才有資格參加選舉。
（6）其他
⊙ 容易受到中央人民政府的干預及控制。
⊙ 此選舉團缺少了學生代表。因為學生也是社會的一份子，應有選舉的資格。
⊙ 香港存有不少的小集團和非法組織，如果不論資格，不論背景，只要有五十名香港永久性居民提名就可參加競選行政長官，社會容易出現混亂。
2.3 其他意見
2.3.1 此方案的優點
→ 功能選舉團一人一票的選舉方式可作為發展一人一票直接選舉的基礎。
2.3.2 方案的缺點
→ 此方案的提名方法過於簡單，而且可能造成候選人太多的現象。
→ 精英階層比例太多。
→ 功能團體的統一性有潛在憂慮。
理由：如功能團體在利益上有衝突，便不能同心一致選出一個代表。
→ 功能選舉團有點類似「大選舉團」，但卻完全由功能團體代表組成，由於其代表完全偏重在功能團體而不涉及其他方面，因而缺乏立法機關議員的支持，不見得比「大選舉團方案」為佳。
→ 若選舉團成員的產生是由中央推選的話，又或推選的成員多是附屬中央，那麼選舉團便是由中央管轄，大大影響選舉團的功能。

3. 建議
3.1 修改
→ 首兩屆特別行政區行政長官，應以間選產生，在第三屆以後，才推行全民普選。
→ 勞工團體佔百分之二十，工商、金融團體佔百分之二十，專業團體佔百分之三十。
→ 工商、金融團體佔百分之三十，勞工團體佔百分之十五，專業團體維持百分之二十五。
3.2 增加
→ 功能選舉團的成員比例應加入：
新界各鄉事會百分之十五及小巴行業團體百分之十五。
→ 加入大專或大學生代表。
理由：學生也是社會的一份子，應有選舉的資格。
→ 港九及新界各區街坊會均屬地區團體，應在基本法內詳列為社會服務功能組別之內。

4. 待澄清問題
→ 怎樣去界定功能選舉團的組別？

附件一　方案四
2. 意見
2.1 贊同此方案。
理由：
⊙ 行政長官由協商產生，可避免別有用心的人利用民意來和中央對抗。
⊙ 經協商選出的行政長官具代表性。
2.2 不贊同此方案。
理由：
（1）顧問團協商的弊端。
⊙ 顧問團的代表性有疑問。
⊙ 由於顧問團的成員數目太少（開始時只得 50-100 人），同時身份又局限於某類人士，缺乏代表性，難使人產生信心。
⊙ 顧問團會形成小圈子的政治運作，對建立市民對政府的認同及歸屬感和對行政長官的權威性均造成不良的影響。
⊙ 顧問團的構成和運作，基本上與大選舉團相同。但被操縱和被控制的程度比大選舉團更嚴重，可算是已達百分之一百。
⊙ 此方案提及顧問團人選須經行政會議甄選。但本法第五十四條提及，行政會議只是協助行政長官決策的機構。假若是由行政會議甄選顧問團的人選，將會出現內定承繼人之現象。
⊙ 容易受到一小撮利益集團控制。
⊙ 顧問團或選舉團完全是由行政會議中小撮人、行政長官及中央人民政府控制。提名及選舉都是那群人，這樣是會變成中央集權的制度。
⊙ 開始幾屆行政長官由顧問團協商產生，給予該團超然地位，實屬危險之舉。
⊙ 顧問團的產生辦法含糊，很可能對行政長官產生重大影響。
（2）中央干預
⊙ 容易受到中央人民政府的干預及控制。
⊙ 充份表現了中央主權的力量。
⊙ 最容易令行政長官受中央人民政府的影響。
（3）違反民主公平原則
⊙ 違背公平參與的原則，漠視市民的平等政治權利。
⊙ 缺乏廣泛的社會參與。
⊙ 此方案最欠民主成份，亦最為保守。
（4）提案本身的弊端
⊙ 組織方法異常複雜，產生方法含糊不清。
⊙ 方案內沒有投票程序的條文。
⊙ 提案內容不完整。
⊙ 「香港各界」意思含糊。
⊙ 關於第二及第三屆行政長官的產生，對誰有資格提名

顧問團的規定和建議沒有列明。

（5）其他理由

⊙ 第一屆行政長官在中央的指示下，可以決定以後每一屆的顧問團人選，再透過顧問團與中央人民政府的協商產生每一屆的行政長官。

⊙ 是最容易產生獨裁者的方案。

⊙ 以「精英政治」和「老人政治」代替民主，使草根階層無法踏足政壇。

⊙ 由一個以退休官員、立法會議成員等組成的選舉團選舉方式，是一個不合理和完全摒棄市民參與的選舉方法。

⊙ 最突出的是歷年從政人士的特權政治，並着意保留英國殖民地時代的行政局權威地位，也可說是遺留最多殖民地政治體制殘跡的方案。

⊙ 完全違背了《中英聯合聲明》中香港特別行政區「高度自治」的精神。

⊙ 其所達成的結果其實是由行政去控制立法，是目前殖民地委任體制的變相延續。

2.3 其他意見

→ 在顧問團之外另加選舉團，有重複和繁複之嫌。

→ 完全沒有說明顧問團的產生方法，相信是經委任產生的。

→ 若果選舉團只由卸任的歷屆立法會議成員、行政會議成員及行政長官等組成，難免每屆選出來的行政長官都是那幾個人或甚至連任。

→ 要經過這麼多甄別和協商才產生顧問團和選舉團，然後才產生行政長官，過程未免令人感到混亂。

→ 「協商」一詞意思含糊。

3.建議

3.1 刪除

→ 工商界的比例過多，而基層組織的定義亦未清晰，故建議減少工商界比例及刪除提名委員會，改由十分之一立法會議成員提名。

3.2 增加

→ 顧問團把外圍駐港業（主要在經濟方面有影響的）列為三至五席，一方面可滿足外籍人士的要求，另一方面可表明香港特別行政區之國際性特色。

→ 選舉團絕對不能有原政界人士，應增加名額給真正愛國的各界團體代表，這樣可增加愛國勞工和基層團體代表的比例。

3.3 其他

→ 顧問團的人選只須由各界及人民甄選，不須提交中央批准。

理由：避免顧問團受中央控制。

→ 不應准許顧問團的成員續任，因為這會產生操縱和限制了改善顧問團的機會。

4.待澄清問題

→ 何謂政制專責顧問？他們需要什麼資格？香港究竟有多少此類顧問？何故要由行政會議甄選？

→ 「選舉團由已卸任的歷屆立法會議成員、行政會議成員、行政長官和曾經中央任命的主要官員等組成」。究竟行政長官是向過往的政府負責，還是向市民負責？

→ 「如經顧問團及中央同意該屆行政長官繼續連任，則不必產生下一屆顧問團」。那麼，顧問團又怎樣向所屬界別負責？

→ 顧問團只得 50—100 人，而由各界提名及經行政會議甄選。各界是指什麼？是否全港市民一人一票選出來？這顧問團又憑什麼準則來推選行政長官？

→ 在選出行政長官後，顧問團是否立即解散？

→ 在以後各屆，行政長官候選人要由顧問團協商提名，經中央同意後，才再交選舉團選舉產生，如此，中央的權力似乎過大。若果中央不滿意某候選人，選舉團是否需要再另行推選，直至中央滿意為止？

附件一　方案五

2.意見

2.1 贊成此方案。

理由：

（1）符合民主原則

⊙ 比較民主。

⊙ 體驗民主精神。

（2）行政長官有代表性和權威性

⊙ 選出的行政長官較具代表性。

⊙ 只有透過普選產生的行政長官才會得到人民的支持，他的權威聲望也能維持。

⊙ 此方案讓一個具廣泛代表性的團體提名行政長官候選人，也讓全港市民在最後決定行政長官人選時有一定的參與。

⊙ 令行政長官獲得管治香港所必需的認受性。

（3）提名委員會的優點

⊙ 行政長官經過提名委員會甄選提名，符合三權分立的精神。而且提名委員會由各界人士組成，其成員包括各界的意見，不會產生幕後操縱的情況，甄選出的候選人也肯定得到各界的支持，再加上整體參詳甄選行政長官候選人的程序，保障重重。

⊙ 港人政治意識薄弱，由「香港特別行政區行政長官提名委員會」提名可幫助選舉順利進行，跟着由全港選民一人一票普選，亦讓大眾有參與選舉的機會。

（4）其他

⊙ 比較周到，顧及各層面。

⊙ 市民大眾透過普選的參與有助培育市民的歸屬感。

⊙ 大選舉團的方法違反《中英聯合聲明》。

2.2 不贊成此方案。

理由：

（1）不符合民主原則

⊙ 有協商成份，極不民主。

⊙ 漠視市民平等的政治權利。

⊙ 進行的一人一票普選只不過是民主的點綴。

⊙ 缺乏廣泛的社會參與。

（2）中央干預

⊙ 容易受到中央人民政府的干預及控制。

⊙ 人大代表及政協委員不應參與特別行政區的事務，這違反「高度自治」的原則。

（3）方案的缺點

⊙ 組織方法異常複雜，產生方法含糊不清。

⊙ 提名委員會的章程由香港特別行政區制定法律規定。故此必先有立法會議制定有關法律，更要由行政長官簽署公佈方能施行。但第一屆行政長官如何產生，全無交代。

2.3 有關提名委員會的組成

2.3.1 比例不平均

→ 立法機關的代表只佔百分之十二，而工商及專業團體反而各佔百分之二十五，太側重工商及專業界的利益，提名委員會容易受一小撮利益集團控制。

→ 各界別、團體應否有權參與及其比例等問題，很難有客觀準則作界定，形成外來壓力影響該委員會組成之成份。

2.3.2 有欠公平及民主

→ 由一個以不民主方式產生的提名團來甄選三位行政長官候選人的方法不可以接受。當進行普選時，市民的投票慾念可能會減低，影響投票率，從而削弱行政長官的威信。

→ 候選人的選舉只限於那些由有「代表性」的委員會所提名的三人，這並不是一個民主的制度。

→ 提名方法扼殺和排除了代表不同政見、階層、背景的人士參選的機會，而獲得提名的候選人只是一班傾向於一方面利益或受一小撮控制的人士，整個制度便完全喪失了

合法性、代表性和權威性。
→ 一些未受關注或新發展的團體、界別，很可能未能加入提名委員會，減少了公平參與的機會。
→ 提名委員會的具體成員未被界定。雖然行政長官以一人一票直選方式產生，但只要被提名的三位候選人被操縱，實行直選與否的結果也是一樣。

2.3.3 其他
→ 人力耗費太大。
→ 委員會的成員會被那些別有用心者操縱和收買。
→ 以目前及將來的公民意識水準而論，暫不適宜以一人一票的辦法選舉行政長官。
→ 委員會仍是一個半封閉和保守的模式，易被小圈子中的既得利益者操縱，這種運作模式是不會受香港市民的支持。

2.4 其他意見
2.4.1 此方案的優點
2.4.1.1 方案本身
→ 對選舉過程的民主化作出妥協，同時保留了對被提名者質素的控制。
2.4.1.2 與其他方案作出比較。
→ 較方案一、方案三、方案四明確，亦令市民有較大的參與。
→ 在選舉團與全民普選兩種模式中尋找妥協。
2.4.2 此方案的缺點
2.4.2.1 有關提名委員會
→ 產生辦法不明確，難令人放心。
→ 組成的比例有待商榷。
→ 有一人一票選舉行政長官的成份，但並沒有清楚列出提名委員會如何產生。
→ 主要由當權派組成，當權者難免會設計一些對自己有利的方案。
→ 全權決定了誰當行政長官，這與委任無異。
2.4.2.2 有關提名程序
→ 方案內沒有提及投票程序的條文。
→ 提名方式接近大選舉團，但大選舉團有偏向性，其代表性不足夠，市民可能對三位候選人都不接受；假如三個候選人都得不到市民支持，直選就反而暴露了候選人的缺點，後果更壞。
→ 規定候選人只有三名是沒有根據的。
2.4.3 其他保留意見
→ 假如提名委員會之代表比例可增減，不妨採用此方案。
→ 假若提名團是一個均衡、具廣泛代表性的組合，相信最後獲得提名團通過接納的候選人將具備擔當行政長官重責的資歷和質素，並能得到廣大市民的支持。
→ 選舉的方式並不重要，挑選和甄別候選人的步驟才是最重要，能夠通過嚴格的甄選過程而獲得提名的候選人，相信無論在品格和才幹上都必然具有優秀的質素，必能承擔重任。
→ 提名委員會是否真的有代表性，是否以民主方法產生，均是未知之數。
→ 提名委員會直接或間接影響行政長官的產生，成員應來自社會各階層，這增加選舉效率及確立三權分立的民主體制，但各代表委員的分配及其身份的界定難於處理。
→ 在代表及人大政協委員的產生方法不明的原則下而給予該等代表提名行政長官的權力，令人憂慮。

3. 建議
3.1 刪除
→ 刪去人大代表及政協委員。
理由：
⊙ 香港的人大代表及政協委員不一定是香港永久性居民。
⊙ 他們不是香港政治架構的成員。
⊙ 行政長官的提名權仍由香港人負責，以便增加港人對未來行政長官的信心。

→ 刪去立法機關及區域組織成員。
理由：避免身份重叠，因立法機關成員或區域組織成員可能已是工商界、金融界、專業團體、勞工、基層及宗教團體的代表。

3.2 修改
3.2.1 行政長官的提名程序
→ 行政長官候選人須獲各界或社團若干（等額）提名人，由政治協商議會審定接納後，方可成為行政長官候選人。提名人由下列等額的各界人士或團體出任：金融、工商業、專業、勞工、地區基層、公務員、教育、宗教等。提名人為每界別三位，共二十四人。提名人數可諮詢各界人士意見後確定。
理由：
⊙ 符合資格的選民均可參選。
⊙ 在香港各界和階層人士中選出若干真正有管治香港才幹、能力和聲望的行政長官候選人。
→ 第（5）項提出的提名委員會成員產生辦法未臻理想，建議採用「38人方案」提出的職業組別辦法。
→ 成立提名團，成員為立法會議全體成員；及香港區的人大代表和政協委員。行政首長候選人須得到上述兩類提名成員各八分之一的支持，然後經全民直接選舉，再由中央人民政府任命。
→ 由二百人組成「行政長官候選人委員會」推薦三至五名行政長官候選人。委員會在行政長官選舉前六個月由各界別選舉產生，選舉方法由各有關界別自行決定以一人一票或一會一票產生。
→ 提名委員會人數有640人，十分之一的委員同意即可提名候選人，避免委員會之大多數壟斷整個選舉。
→ 提名團應該有眼光廣闊、意見中肯的精英人士組成。提名程序結束後，該候選名單應通過一個確認的過濾程序，最後再經由選舉或協商方式產生行政長官。
→ 每名行政長官候選人，須經過不少於五名提名委員聯同提名，每名提名委員只許提名一次。候選人人數超過三名時，須由全體提名委員投票表決，得票數最多之三名成為行政長官候選人，繼由整個特別行政區合格選民一人一票選出行政長官。
→ 候選人由五位立法議成員、十位區議員及市政局成員提名，被提名者由香港市民選出，然後交由中央人民政府批准。
→ 提名委員會的成員應可選擇委員會內任何一人作為候選人。
→ 行政長官提名委員會應協商後投票提名五人。
→ 提名委員會的總人數約為一百人，由各界法定團體或永久性非法定團體以選舉產生，而人大、政協代表則可以選舉或協商產生。

3.3 增加
3.3.1 增加工商、金融及專業團體代表的比例
→ 提名委員會的組成比例改變如下：工商、金融界代表百分之三十；專業團體代表百分之三十；勞工、基層、宗教團體代表百分之三十；立法機關成員百分之二點五；區域組織成員百分之五；人大代表、政協委員百分之二點五。
理由：主體是三界代表，應佔百分之九十，平分天下，其餘百分之十由區域成員佔一半，另一半由立法機關成員和人大、政協代表平分。
3.3.2 增加基層代表的比例
→ 工商及專業界比基層人士所佔比率比其他界別多二至二倍，極不合理。建議工商及專業人士佔百分之四十，基層人士佔百分之四十。
建議將專業團體代表的比例由百分之二十五減為百分之二十，而將勞工、基層、宗教團體代表的比例，由百分之二十五增加為百分之三十。
3.3.3 增加立法機關成員的比例
→ 提名委員會的組成比例：

立法機關成員 50%
勞工、基層、宗教團體代表 15%
區域組織成員 15%
工商、金融界代表 10%
專業團體代表 10%
→ 行政長官產生的具體方法如下：由行政長官提名委員會（共 230 人）推選行政長官候選人五名，經全港居民一人一票直接普選產生。
行政長官提名委員會組成如下：
立法會議成員（不少於 15%）
區域組織（不多於 15%）
功能團體（不多於 45%）（工商界、專業團體、勞工基層各佔 15%）
人大政協香港區代表（不多於 5%）
→ 提名委員會的組成如下：
工商、金融界 20%
專業團體代表 20%
勞工、基層、宗教團體代表 20%
立法機關成員 20%
區域組織成員 15%
人大代表、政協委員 5%
→ 提名委員會的人數應增加有三分之一的名額為立法機關成員。
3.3.4 增加區域組織成員的比例
→ 將提名委員會之代表比例修改如下：
工商、金融團體 15%
專業團體 15%
勞工基層團體 25%
立法機關成員 10%
區域組織成員 30%
人大代表、政協委員 5%
→ 提名委員會比例：
工商、金融界 20%
專業團體代表 20%
勞工、基層、宗教團體代表 25%
立法機關成員 15%
區域組織成員 20%
→「行政長官提名委員會」組成的比例：
工商、金融界及專業團體代表 30%
勞工、基層、宗教及體育康樂團體代表 30%
立法機關成員 15%
區域組織成員 20%
人大代表、政協委員 5%
→ 工商、金融界代表的比例應減為少於百分之十八，將減去的比例加入區域組織成員或分區直選成員的比例中。
3.3.5 增加人大代表、政協委員的比例
→ 依照下列比例組成：
工商、金融界代表 25%
勞工、基層、宗教團體代表 25%
專業團體代表 20%
立法機關成員 12%
區域組織成員 8%
人大代表、政協委員 10%
3.3.6 加入漁農界別的代表
→「行政長官候選人推選委員會」成員包括：
工商、金融界 25%
專業團體 25%
勞工、漁農、基層、宗教團體 25%
各議會成員 20%
全國人大、政協香港代表 5%
3.4 其他建議
3.4.1 有關提名委員會

→ 提名委員會的委員可能是首長及各級議員，委員更易受控制。
→ 假如決定採用此方案，應更詳細研究提名委員會的成員比例。
→ 把「團體」改為「界」。
理由：
⊙ 如果只限於團體，則該界人士必須加入一個團體，才有選舉及被選舉權，其他不加入團體的該界人士，全被摒於局外。
⊙ 如改為界，則凡該界人士均有參與權，提名委員會之成員必須由各界選舉產生。
3.4.2 有關投票程序
→ 投票程序應以分區選舉進行，並以公正人士點票及監票，然後將各區結果合計，獲得總結果，以最高票數當選。
→ 投票應為不記名。
理由：以體現選民的自由意願。
3.4.3 與其他方案合併
→ 應以方案五為主體，並參考其他方案為副，以作補充。既可集中、西種民主形式，又能兼顧各階層之政治權利。
→ 基本法應寫明採用方案一選舉第二至三屆的行政長官，到最後才採用此方案。
4. 待澄清問題
→ 提名委員會的人數有多少？有沒有限額？
→ 提名委員會是否在行政長官選出後立即解散？
→ 所提名出來的行政長官候選人不受大多數港人接受又怎樣？

※

⑪ 1988 年 12 月 19 日《各個政制方案的演變》，載於《基本法的草擬與政制「主流方案」》

【P5-22】
（1）190 人方案

		原方案 10/86、11/87	修改
行政長官	產生	由不少於十分之一的立法機關成員提名，經由全港性的普及而直接的選舉產生。	
	發展		
	任期	四年	
立法機關	產生	普及直選 ≥ 50% 功能團體選舉 ≤ 25% 區域組織選舉 ≤ 25%	
	發展		
	任期		

＊香港專上學生聯會之方案與 190 人方案同

（2）工商專業界諮委（89 人）方案

原方案（1）8/86（2）11/86（3）6/87（4）9/87（5）12/87（6）7/88	修改（1）9/88（2）12/88

行政長官

產生	⊙ 由選舉團轄下的一個20人「提名委員會」提名3名候選人，交選舉團全體600人選舉產生。 ⊙ 選舉團的組成： a. 立法機關 80 人 b. 法定團體及永久性非法定團體 50 人 c. 市政局、區域市政局及區議會 50 人 d. 社會服務、慈善及體育團體 60 人 e. 專業人士 60 人 f. 勞工界 60 人 g. 工業界 80 人 h. 商界 50 人 i. 金融界 50 人 j. 宗教／教育界 30 人 k. 公務員 30 人	（1）⊙ 採取以下其中一種方法提名行政長官候選人： a. 在「提名委員會」20位成員以外，增加最多10位立法機關成員進入「提名委員會」 b. 將立法機關一組別從大選舉團中撤除，然後將「提名委員會」一半席位給予立法機關成員。 ⊙ 選舉團組成的修改： 將法定團體及永久性非法定團體的席位取消，再將這50個席位中20個席位分予專業人士，20個席位予勞工界，10個席位予教育界。另外，將宗教界及教育界分為兩個界別。 （2）接納主流方案，但大選舉團應互選成員組成一個提名委員會，提名行政長官的候選人。
發展		（1）九七年後以大選舉團方式選舉行政長官。九七年後當立法機關選舉的投票人數達到具資格選民數目一半時，可經由一人一票方式選舉行政長官。但當第一次出現這項「引發點」時，需由立法機關三分之二成員通過及行政長官同意才可一人一票選舉行政長官。但若第一次「引發點」出現時未獲通過，在第二次出現「引發點」時，一人一票選舉行政長官的方法將自動實施。（當一人一票選舉實施時，香港亦應實施所有選民必須依法投票的做法。） （2）在第二屆進行全民投票決定行政長官是否由普選產生。但全民投票應明確規定最少有百分之五十合資格選民參加投票，其結果方可被接納。
任期	最低四年	

立法機關

產生	直接選舉 25% （由立法局、市政局／區域市政局及區議會議員提名並由選民直接選出。） 功能團體 50% 大選舉團 25% （由提名委員會提名若干候選人，由選舉團投票選出。）	（1） ⊙ 取消立法機關內地域直選候選人的任何甄別程序。 ⊙ 以大選舉團選舉25%立法機關成員的提名方法改為：提名委員會由30人組成。行政長官及立法機關主席為當然委員。其餘28名提名委員由大選舉團互選產生。立法機關成員不應參加立法機關選舉提名委員會。 （2）

年份	1997	1999	2003	2007
立法機關總人數	55	65	65	80
地區直選	15	25	25	40
功能團體	25	25	25	25
大選舉團	15	15	15	15

發展		（1）在引進一人一票方式選舉行政長官時，應重新研究立法機關的組成及選舉方法，是否全部議席由普選產生。
任期	四年	（2）第一屆——兩年 其後——四年

（3）38 人方案

	原方案 6/87	修改 12/88
行政長官 產生	⊙ 行政長官由「行政長官候選人提名團」提名，經全民投票選舉產生。 ⊙ 提名團由128人組成，其中96人應由職業分組選舉產生。（三大類職業組別各位32席）；全國人民代表大會香港代表、全國政協香港委員互選佔16席；立法機關議員互選佔16席。 ⊙ 提名團提出行政長官候選人三名，交全民投票。	第一、二屆行政長官經由選舉委員會選舉產生。選舉委員會的成份按主流方案的規定組成，但各席位均須在各分組中經由民主選舉產生。

	發展		第二屆行政長官任內舉行全民投票，決定於第三屆或第五屆起行政長官改為經民主程序提名，由全港一人一票選舉產生。
	任期	四年	
立法機關	產生	地區選舉 1/3 職業分組 2/3（三大類職業組別平分席位）	普及直選 1/3 功能團體 2/3（三個分組的席位亦平均分配）
	發展		其後，在逐步增加分區普選比例的同時，功能組別範圍亦應擴大，並採用一人一票選舉方式，以便過渡至 38 人方案所建議的職業組別選舉。
	任期		第一屆——兩年 其後——四年

（4）香港政府華員會

		原方案 2/87	修改（1）3/12/88（2）6/12/88
行政長官	產生	由 500 至 600 人組成的選舉團產生一個 5 人提名團，再由提名團選出若干名候選人，交選舉團選出行政長官。	（1）同意主流方案。（2）選舉行政長官的程序必須民主。這包括兩個層面：a.選舉機構（推選委員會或選舉委員會）的成員盡量以民主方式產生。b.選舉機構選舉行政長官的程序必須民主。
	發展		（1）第二屆採用 89 人方案建議的引發點；或（2）第二屆進行全民投票決定第三屆行政長官是否以一人一票普選產生。如投票結果是否定者，則每兩屆進行一次全民投票。
	任期		五年
立法機關	產生	直接選舉 30% 功能團體 70%	（1）第一屆，由地區普選產生的席位只有 27%，似較偏低。長遠來說，若功能組別也實行一人一票選舉，則仍有其保留價值。（2）第一屆——地區性普選 1/3 功能團體 2/3
	發展		（1）地區性普選不早於第三屆增至 50%。
	任期		第一屆三年，其後每屆五年。

（5）香港大學畢業同學會

		原方案 10/86	修改（1）3/12/86（2）6/12/86

行政長官	產生	由本港立法機關全體成員和同等數目的中央委任之當地人士組成「提名團」，行政長官候選人須得到這兩類提名成員各 1/8 支持，然後經全民選舉產生。	（2）選舉行政長官的程序必須民主。這包括兩個層面：a.選舉機構（推選委員會或選舉委員會）的成員盡量以民主方式產生。b.選舉機構選舉行政長官的程序必須民主。
	發展		（1）第四屆才全民投票太遲（2）第二屆進行全民投票決定第三屆的行政長官是否以一人一票普選產生。如投票結果是否定者，則每兩屆進行一次全民投票。
	任期		
立法機關	產生		（1）27% 直選議席太少（2）第一屆——地區性普選 1/3 功能團體 2/3
	發展	長遠而言（廿一世紀），應朝向以直選選舉全部立法機關議席。	
	任期		

（6）香港工會聯合會

		原方案 9/88	修改（1）3/12/88（2）6/12/88
行政長官	產生	第一、二屆—— ⊙ 由 300 人的「選舉委員會」選出。 ⊙「選舉委員會」的比例：工商界、金融界代表 20% 專業界代表 20% 勞工界代表 15% 基層界別代表 10% 立法會議全體成員 20% 區議會、市政局、區域市政局代表 10% 香港區全國人大代表、政協委員代表 5% ⊙「選舉委員會」由香港特別行政區籌備委員會負責籌組。	（2）選舉行政長官的程序必須民主。這包括兩個層面：a.選舉機構（推選委員會或選舉委員會）的成員盡量以民主方式產生。b.選舉機構選舉行政長官的程序必須民主。
		第三屆—— ⊙「選舉委員會」變成「香港特別行政區行政長官候選人提名委員會」，其產生方式與前者相同。行政長官候選人須有「提名委員會」的 10 名成員提名及委員會二分之一或以上成員的支持，其中獲票數最高者（不超過 5 人）成為候選人，然後經全港選民一人一票普選產生。	（1）第三屆按全民投票結果更改。

左欄（續上表）

	發展		（1）第二屆進行全民投票決定行政長官是否以一人一票選舉產生。（2）第二屆進行全民投票決定第三屆行政長官是否以一人一票普選產生。如投票結果是否定者，則每兩屆進行一次全民投票。
	任期	五年	五年
立法機關	產生	第一屆——九七年七月一日前的最後一屆立法局議員可全部自動成為第一屆立法會議員的候選人，在「香港特別行政區籌備委員會」的主持下，經「選舉委員會」選舉產生。	（1）第一屆——贊同主流方案。惟方案中功能團體的三個界別比例應相等。勞工界的比例應獨立列明。（2）第一屆——地區性普選1/3 功能團體2/3
		第二屆——地區直選40% 功能團體45%〔15%工商界 15%專業人士 15%勞工及其他基層組織〕「選舉委員會」15%	（1）第二屆——贊同主流方案。（2）立法會內普選成員所佔的比例不遲於第三屆達到50%。
	發展		
	任期	第一屆——兩年 第二屆——五年	

（7）港九勞工社團聯會

		原方案9/88	修改（1）6/12/88（2）16/12/88
行政長官	產生	看守政府—— ⊙由200人的推選委員會協商，推選委員會的成員，比例如下：勞工、公務員、宗教、社會服務團體20% 政見、慈善、鄉事、漁農、街坊、小販團體20% 工商團體20% 專業團體20% 立法機構成員10% 區域組織成員6% 人大、政協代表4%	（1）選舉行政長官的程序必須民主。這包括兩個層面：a.選舉機構（推選委員會或選舉委員會）的成員盡量以民主方式產生。b.選舉機構選舉行政長官的程序必須民主。（2）第一屆（1997至1999年）—— ⊙同意主流方案。⊙原政界人士，人大代表佔推選委員會25%，其比例：立法局40% 人大代表10% 區議會、區域議會、市政局50%

右欄（續上表）

		第一屆（於97年7月1日至98年6月30日內產生）及其後—— ⊙由立法會推選候選人三名，經全港市民一人一票選舉產生	其後——由六百人的選舉委員會推舉，委員會的組成：工商金融界人士25% 專業人士25% 勞工、基層25% 立法會議10% 人大代表2.5% 各級區域組織議會成員12.5%
	發展		（1）第二屆進行全民投票決定第三屆的行政長官是否以一人一票普選產生。如投票結果是否定者，則每兩屆進行一次全民投票。
	任期		（2）第一屆——兩年 其後——四年
立法機關	產生	看守政府—— ⊙由推選委員會協商或選舉產生。⊙原香港立法局議員可作為候選人。第一屆及以後—— 分區直選40% 職業組別60%〔20%勞工基層團體 20%工商團體 20%專業人士〕	（1）立法會內普選成員所佔的比例不遲於第三屆達到50%。（2）第一屆——由五十七人組成，比例：地區性普選1/3 工商、金融、專業1/3 勞工、基層1/3 第二屆——由六十八人組成，比例：地區性普選44% 工商、金融、專業28% 勞工、基層28% 第三屆——由七十六人組成，比例：地區性普選50% 工商、金融、專業25% 勞工、基層25%
	發展		（2）第二屆—— ⊙進行全民投票，決定第三屆的產生方法。如投票結果是否定者，則每兩屆進行一次全民投票。⊙普選成員的比例不遲於第三屆達到50%。
	任期		第一屆——兩年 其後——四年

（8）新香港學會

		原方案	修改（1）3/12/88（2）6/12/88
行政長官	產生		（1）第一屆——主流方案內第一屆推選委員會的人數與第二屆的相差太大。第三屆——按主流方案加入所有各級民選議員。推選委員會內普選議員的比例應增至33%。（2）選舉行政長官的程序必須民主。這包括兩個層面。a.選舉機構（推選委員會或選舉委員會）的成員盡量以民主方式產生。b.選舉機構選舉行政長官的程序必須民主。

	發展	（1）第二屆進行全民投票，並應十年檢討一次。 （2）第二屆進行全民投票決定第三屆行政長官是否以一人一票普選產生。如投票的結果是否定者，則每兩屆進行一次全民投票。
	任期	
立法機關	產生	（1）按主流方案，但普及直選的比例增至 33% 及功能團體中取消宗教界作為功能組別。 （2）第一屆—— 地區性普選 1/3 功能團體 2/3
	發展	（2）立法會由普選產生的成員所佔的比例不遲於第三屆達到 50%。
	任期	

（9）香港民主協會

		原方案 10/86	修改 12/88
行政長官	產生	⊙ 由 30 人組成的「行政長官提名委員會」提名三位候選人，交立法會以三分二多數票選出行政長官。 ⊙「行政長官提名委員會」的組成比例： 立法會成員 10 人 人大委員之香港區代表 10 人 市政局、區域市政局議員 2 人 鄉議局成員 1 人 區議會議員 5 人	贊同主流方案
	發展		贊同主流方案於第四屆進行全民投票以決定行政長官是否以一人一票選舉產生。但若投票結果決定不變，應由立法會每五年至十年檢討一次，以三分二多數票決定。
	任期		四年
立法機關	產生	分區直選 25 人 一般功能的混合選舉 24 人 特殊功能的直選或間選 26 人	贊同主流方案
	發展		第三屆進行全民投票決定立法會的產生方法。但若投票結果決定不變，則由立法會每五年至十年檢討一次，以三分二多數票決定。
	任期		

（10）查濟民

		原方案 8/85	修 改（1）4/88（2）11/88
行政長官	產生	第一屆——另有規定。 第二、三屆—— ⊙ 由「顧問局」協商後提名一位非顧問的香港人，由中央政府同意後任命。 ⊙「顧問局」成員包括退休行政、立法局議員、退休工商財經人士、退休法律教育人士、退休各種專業人士和其他方面的有資望人士。	（1）第一屆——另有規定。 第二、三屆—— 由 50 至 100 人組成的「顧問團」協商產生。顧問人選由香港各界提名，經行政會議甄選，再由行政長官請中央批准後任命。 （2）第一屆—— 由港人及國內人士組成的籌備委員會籌組一個由不少於五十人的香港各界人士組成的顧問團，在當地協商產生。 第二至三屆—— 由顧問團選舉產生，報中央任命（顧問團成員不得成為候選人），任期五年，以後歷屆顧問團，由原有顧問團加上歷屆已卸任立法會議成員、行政會議成員、行政長官和曾經中央任命的主要官員等組成，最高人數不超過 200 人，如超過時以出任的先後依次退出，如有出任先後相同時，以年長者先行退出。
	發展	2010 年後—— 經「顧問局」協商後提名二至三個香港人由北京同意後交全體選民普選，得票多數者由中央任命。	（1）2010 年後—— ⊙ 候選人由「顧問團」協商提名三人，經中央同意後，交由「選舉團」（初為 250 人，可遞增至 500 人）選舉產生。 ⊙「選舉團」成員包括：歷屆立法會成員、歷屆行政會議成員、歷屆行政長官、歷屆主要官員。 （2）第四屆起—— 由顧問團提名候選人三名交全民投票。
	任期		（2）五年
立法機關	產生	由區議會或各個選區產生 1/3 功能團體 1/3 「顧問團」中互選 1/3	（1）分區直選 30% 功能團體 40% 「顧問團」推選 30% 〔10% 主要官員 20% 行政會議成員、社會人士〕 （2）第一屆—— 成員的人數和組成比例將照顧到九七年六月三十日時香港立法局的組成內容。 第二、三屆—— 由混合選舉產生，共六十人比例： 顧問團推選非顧問 30% 〔行政會議成員 1/3 社會上其他人士 2/3〕 功能團體 40% 地區直選 30%

		第四屆—— 顧問團選出 20% 〔行政會議成員 1/3〕 功能團體 45% 地區直選 35% 第七屆及其後—— 顧問團選出 10% 〔行政會議成員 1/3〕 功能團體 50% 地區直選 40%	
	發展		
	任期	（2）第一屆——兩年 其後——四年	

（11）勵進會

		原方案 9/88	修改
行政長官	產生	開始—— 按徵求意見稿附件一方案一之「大選舉團」選出，但需作如下修改： （1）減少大選舉團的人數 （2）增加立法機關成員比例 （3）「提名委員會」擴大至 40 人，其中應有 15 人為立法機關成員。	
	發展	第三至五屆——全民普選	
	任期	四年	
立法機關	產生	首屆——「推選委員會」參與九七年前之最後一屆立法局選舉，該批獲選之立法局成員可在九七年七月一日後繼續任職。 開始—— 普及直選 1/3 功能團體 1/3 大選舉團 1/3	
	發展	第三至五屆——全由普選產生	
	任期	四年	

（12）傑出青年協會

		原方案 9/88	修改
行政長官	產生	第一、二屆—— 由 500 人的選舉團選舉產生，選舉團成員包括： 立法機關成員、各區域組織代表、各法定團體及永久性非法定團體代表和各類功能界別代表。 第三屆——以普選產生。	
	發展	第三屆進行普選。	
	任期	四年	
立法機關	產生	第一屆—— 地區性直選 1/3 功能團體 1/3 選舉團 1/3	
	發展	目標為直選議席不少於 50%。	
	任期	四年	

（13）港人協會

	原方案 11/86	修改

行政長官	產生	由「選舉團」（420 — 560 人）選舉產生，其組成比例如下： 工商界 30%—35% 基層 30%—35% 專業 15%—20% 地方議會 15%—20%	
	發展		
	任期		
立法機關	產生	立法會（60 或 80 人），組成比例如下： 功能組別 50% 地區議會間接選舉 20% 直接選舉 30%	
	發展		
	任期		

※

⑫ 1989 年 1 月 3 日《全民投票的性質和功能》

【P1-6】

全民投票的類型

4. 一般所謂的全民投票，其實有幾個不同的模式，它們彼此間的差別主要是在於它們將制定法律的支配權由政府中轉移到一般選民手中的程度不同，這種轉移程度由小到大，可以分為四種基本類型的全民投票。

（1）政府控制的全民投票（Government-controlled referendums）：政府有權決定是否舉行全民投票，決定進行投票的問題的題材和措辭，決定該問題取勝所需要的贊成票的比例，及決定投票結果對政府是有約束力或絕屬諮詢性質。

（2）憲制規定的全民投票（Constitutionally required referendums）：一些國家的憲法要求政府通過的某些議案在生效前需由選民批准。這些議案主要是修憲議案，但也有其他的議案。政府有權決定是否就每一項修訂案提出進行全民投票並決定其措辭，但強制性的全民投票則決定其是否成為憲法的一部份。

（3）公眾請願的全民投票（Referendums by popular petitions）：在某些國家，一般選民有權連署請願書，要求將某一政府通過的議案交由選民處理。如果他們的請願書包含所需要的有效簽名數目，必須就該議案進行全民投票。如果大多數選民贊成撤銷該法案，不管政府是否希望保持，該法案即失去效力。

（4）公眾創制權（Popular initiatives）：在某些國家，一般選民有權連署請願書，要求將某一項不被政府通過的議案交由選民處理。如果他們的請願書包含所需要的有效簽名數目，必須就該議案進行全民投票。如果得到大多數選民贊成該議案，不管政府如何反對，該議案即成為法律。

進行全民投票的國家中，大部份只有第一類型的全民投票，各國政府只是在很少的情況下選擇進行全民投票，它們主要是因為政治上方便的理由而不是作為對法律應如何制定的一般理論的回應。第三和第四類型的全民投票（通常合稱為「直接民主」）在瑞士的聯邦和邦的層面均廣泛地應用，在美國的部份州也較多應用。

各國實行全民投票的情況

5. 從十八世紀末至 1978 年 9 月 1 日，全世界共舉行過約 540 次的全國範圍內的全民投票，其中 297 次在瑞士舉行，其他舉行全民投票較多的國家是澳洲（39 次）、法國（20 次）、丹麥（13 次）。全民投票舉行得最多地方，除瑞士外，美國西部的一些州，特別是加州，也經常

運用全民投票來進行立法或制定政治決定。

6. 為什麼瑞士或美國的一些州會廣泛地應用全民投票呢？這是因為這些地方都有由公民集會進行直接制定政府政策的歷史背景。瑞士有些邦自從十三世紀開始就有這種集會了，同樣，從十七世紀開始，新英格蘭的鎮也是通過鎮集會來決定鎮事務，西部的一些州也繼承了這樣的傳統。隨着人口在十九世紀和二十世紀的增長，上述的集會變成不可能再舉行，全民投票便成為一種在龐大人口的限制和需求下，適合直接民主原則的方法。同樣的經驗也導致這些地方建立了創制權。由於創制權剝奪了立法機關制止舉行全民投票的特權，加上選民和壓力團體的要求，創制權的使用便大量增加。在第一次世界大戰之前，全民投票作為一種政治制度的最重要的發展無疑在瑞士和美國出現。自從 1848 年特別是自 1970 年以來，瑞士人已接受每一項主要全國性的決定應成為民眾投票的問題的原則，瑞士有關全民投票的理論和實踐發展到一個其他國家沒法與匹配的高度。只有在美國的一些州（大部分在西部，特別是加州）才將直接立法作為制定政治決定過程的一個固定部份。

7. 在歐洲和舊英聯邦以外的地方舉行的全民投票大部份都是嘗試尋找對新制度和憲法的認可，或顯示對已建立的制度或憲法的接受。這些嘗試大部份是成功的。西方民主國家並不熱衷於將全民投票發掘成一個嚴肅的決定政策工具。瑞士是唯一對全民投票有偏好的國家，而其他國家則是在有憲制需要或有短期政治利益需要時，才採用全民投票的。全民投票最被濫用（原文如此）然而又是最有效的領域是用來處理領土紛爭。近年來，有關放棄部份主權，而加入某些國際組織的事件也導致一些最重要的全民投票。但各國都很少就道德範疇的問題，如決定有關墮胎、同性戀法案等，進行全民投票。意大利就離婚進行全民投票是很特殊的例子。

全國性全民投票的數目和性質

性質（百分比）

地區	數目	批准新制度或新憲法	修改憲法	批准特殊法律或政策	疆界問題	總數
歐洲（瑞士除外）	101	28	27	29	16	100
非洲及中東	54	92	0	0	8	100
亞洲	18	100	0	0	0	100
美洲	25	87	0	13	0	100
澳大利亞＊	45	0	82	18	0	100

＊澳洲、紐西蘭和附近群島的總稱

8. 絕大部份的全民投票都是諮詢性質而不是強制性質，它們並不規定必須進行改變，只不過是授權立法機關去執行。在某些情況下，政府甚至不理會或繞過全民投票的結果行事。

9. 儘管各國的歷史不同，政客和投票人對全民投票的態度不同，但舉行全民投票的原因主要如下：
（1）憲制上的需要，瑞士和澳洲的憲法規定，只有通過全民投票才可以修憲，在較小的範圍內，法國、愛爾蘭、丹麥也有類似的規定。因此，由於不時要進行憲法上的修改，這些國家便不可避免地要進行全民投票。
（2）尋求認可性。民主政府雖然是建基於選舉而取得權力，但所有政黨都有多重性質的政策，選舉的勝利並不足以證明某一特定的政策得到大眾的支持，有時也需要將政策直接訴諸人民。在 1975 年英國進行全民投票時，一個工黨議員就說：「英國需要就是否進入共同市場進行全民

投票，此乃一項結婚服務，令到大家容易融洽相處。」
（3）決策的轉移。當政府內部對某項事件分歧時，為避免處理這類事情，及避免作出相當一部份人認為是違反人民意願的決定，全民投票提供了一個迴避責任的方法。挪威和英國就加入共同市場問題進行的全民投票，比利時就利奧波德三世復位進行的全民投票，意大利就離婚進行的全民投票，都是這方面的例證。除了在瑞士和美國部份州的全民投票外，絕大部份的全民投票都是用來處理臨時事件，政府提出全民投票作為對特定的政治難題的解決方法。

有關全民投票的具體做法

10. 除了某些問題已由憲法規定必須進行全民投票外，其餘由憲法規定可以進行全民投票的問題則由政府決定是否進行。瑞士憲法規定：法律及法令在正式頒佈前可以選擇是否提出全民投票，但事實上，瑞士所通過的 1,200 多條法律及法令中，只有 85 條曾經提出來進行全民投票。

11. 部份國家在憲法裡列明將贊成票付諸實行的條件：
威瑪德國　50% 選舉人贊成
丹麥（直至 1953 年）　45% 選舉人贊成
烏拉圭　35% 選舉人贊成
岡比亞　66.66% 投票人贊成
澳洲（1924 年起實行義務性投票）　50% 投票人及大多數的省贊成
瑞士　50% 投票人及大多數的邦贊成
新西蘭（1908 年至 1914 年）　60% 投票人贊成

12. 有的國家在憲法裡規定法律正式生效前可以提出全民投票。這些國家除瑞士外，還有奧地利（從未使用）、法國、意大利、敘利亞。在意大利和瑞士，規定數目的選民可以要求舉行全民投票。其中意大利是 500,000 人，瑞士則是 50,000 人。其餘國家則由總統或立法機關決定是否進行全民投票。匈牙利（從未使用）、南斯拉夫（從未使用）和瑞典則規定可以在立法前有諮詢性的全民投票。丹麥和瑞士則有規定可以在立法過程中進行全民投票。保加利亞和蘇聯也有進行全民投票的憲法規定。

13. 資料顯示，由於投票率在正常情況下都相當高，僅略低於該國進行政治選舉的投票率，大部份國家的全民投票都沒有規定最低投票率，一般都是要求有 50% 的投票人贊成，議案便得以通過。初次搞全民投票的國家，由於人民受好奇心驅使，一般投票率均相當高。但顯然進行全民投票的目的是取得認可性。假如投票率低，無論投票結果對政府是否有約束力，其認可性也必然被質疑。除了瑞士以外，投票率不足一半選舉人的全民投票只有 16 次，佔除瑞士以外總數的 6.5%。因此，一般國家都不規定最低投票率。事實上瑞士由於舉行太多的全民投票，投票率有明顯的下降趨勢：
1880 年—1913 年　58%
1914 年—1944 年　61%
1945 年—1959 年　54%
1960 年—1969 年　42%
1970 年—1978 年　42%

14. 雖然大部份國家的全民投票不設最低投票率，但仍有部份國家列明有關全民投票有效的條件。威瑪德國就有兩次全民投票都是超過 90% 的投票人贊成，但未達到 50% 的選舉人贊成而告失敗，因為這兩次全民投票分別只有 39% 和 15% 的選舉人參加。丹麥在 1939 年就選舉年齡由 25 歲降至 23 歲的全民投票，雖然有 91.9% 的投票人贊成，但由於只有 48.9% 的投票率，致使不足憲法規定的 45% 選舉人贊成而告失敗。烏拉圭在 1946 年就修憲引進的全民投票，雖然 79.9% 的投票率，但由

於只有 42.6% 的人贊成，達不到憲法規定的 35% 選舉人贊成，修憲未能通過。岡比亞在 1965 年進行批准新憲法的全民投票，投贊成票的由於只佔 62.3%，不能通過新憲法，要到 1970 年的全民投票中，才以 70.4% 贊成通過新憲法。另外，瑞士和澳洲是實行雙重多數制的，任何全民投票必須同時取得投票人和邦省的多數，才可以被視為通過。

15. 儘管許多國家的政府並不主張進行全民投票，但所提出的全民投票大部份都獲得通過。

全國性全民投票的結果（百分比）
贊成票佔總數的百分比

地區	少於50	50-90	90-99	多於99	總數
歐洲（瑞士除外）	19	41	23	17	100
非洲及中東	0	19	31	50	100
亞洲	0	34	56	10	100
美洲	15	56	19	10	100
澳洲	61	37	2	0	100

澳洲是唯一否決多於通過的國家。瑞士進行的 297 次全民投票，政府的意向取得全國範圍大多數的有 218 次，其中包括 100 次支持政府的建議，51 次反對取消政府通過的議案和 67 次反對民眾創制。丹麥、法國、愛爾蘭、盧森堡、瑞典、烏拉圭、岡比亞和新西蘭是少數國家出現過政府在全民投票中未能取得多數支持的現象。

16. 不過，單是技術上的佔多數有時也不一定足夠。在 1950 年比利時就利奧波德三世是否復位進行全民投票，結果是 57.6% 的人贊成，於是利奧波德重返比利時執政，但他隨即發現 57.6% 的支持仍不足夠維持他在這民主社會裡作為國王而行使其權力，因為其餘超過 42% 反對者雖然只是少數，但卻有強烈的反對情緒。同樣，一般政治觀察家也認為，英國在 1975 年就進入共同市場進行的全民投票，如果不是 67.2% 的投票人贊成而僅是 51% 贊成，恐怕英國的共同市場成員資格不會維持到今天。

17. 絕大部份的全民投票採用單獨問題的方法，讓選舉人獨立作答，問題大都簡單、明瞭、直接，如法國在戴高樂總統時代進行的兩次全民投票，問題就是：你贊成或反對阿爾及利亞獨立？你贊成或反對由人民直接選舉總統？但有時也會就同一件事情提出多過一個的問題。丹麥在 1963 年進行土地改革的全民投票，法國在 1945 年進行修憲的全民投票以及愛爾蘭在 1968 年進行改革選舉的全民投票，都提出超過一個問題。

18. 除了瑞士和澳洲之外，只有愛爾蘭（1972 年）、新西蘭（1949 年及 1967 年）和意大利（1978 年）在同一天中同時就多件事情進行全民投票。但最極端的例子就是加州在同一次投票中表決四十七項不同的建議。有時全民投票的問題也會以多項選擇的形式出現，如瑞典在 1957 年就長俸計劃進行的全民投票就有三項選擇。

※

⑬ 1989 年 1 月 4 日《「主流方案」與其他政制方案的比較》，載於《基本法的草擬與政制「主流方案」》

【P1-7】

1.引言

1.1 最近起草委員會政制專題小組在廣州舉行會議，會上

小組召集人之一的查良鏞委員提出了一個政制的協調方案，但由於港人未能達成統一方案，故會議未就每個方案逐一研究，改以一九九七年後香港特別行政區每屆政府為討論基礎，討論得出的結果接近查良鏞所提出的方案，會議稱之為「主流方案」。

1.2 廣州會議召開之前，為着促進各界的對話，基本法諮詢委員會政制專責小組的工作小組作出努力，在十月十四日提出三項建議原則：
（1）行政長官最初由一個有充份代表性的機構透過選舉產生。該機構包括由普選產生的立法局、兩個市政局及區議會的成員。
（2）其後，行政長官經漸進程序（如若干年度或靈活的引發點機制），由全港市民一人一票普及直接選舉產生。
（3）立法機關最初由混合選舉產生，用漸進方式朝向有更多普選成份的選舉模式發展。

1.3 雖然工作小組提出這三項建議原則的目的，是希望讓不同方案人士在商討政制方案時，有共同的起步點，但結果卻未能因此而帶來一個獲各界接受的協調方案。

1.4 基於尋求協調的需要日見迫切，工作小組遂於十一月十二日邀請了各政制方案的倡議團體的代表舉行會議（該會議被外界稱為「武林大會」）。會上雖然未能達致一個共同接受的方案，亦未對具體政制方案問題有一致的見解，但卻取得了五點共識：
（1）這種形式的對話非常可取，希望爭取以後有機會多作商討、交換意見，不應採取對抗性、排斥性的態度，應該互相協調，尋求共識。
（2）候任特別行政區行政長官應通過選舉產生，報中央人民政府任命。
（3）特別行政區行政長官的選舉應以民主的方式進行。
（4）應採取充份民主的提名程序，提名行政長官候選人參選。
（5）最初的立法會議以混合選舉方式產生，向着充份民主的選舉方式發展。

1.5 香港各界未能達致協調方案的原因，大抵是因為各方案倡議人不能就下述問題獲得共同的見解：
（1）未來特別行政區政制的起步點為何？應以哪種選舉方式開始？
（2）政制發展的步伐緩急應如何確定？應由立法機關決定抑或以投票率決定？
（3）最終的民主政制應是怎樣的呢？行政長官應如何產生？立法機關是否全部由直選產生？

1.6 關於如何選出候任行政長官，一種意見認為由第一屆開始，即以一人一票的直接選舉方式選出候任行政長官。另一種意見則認為用間接選舉方式選出候任行政長官。贊成後一種意見的，亦有不同的見解，有的認為負責選舉行政長官的組織，最少有百分之二十五的成員由普選產生；有的則認為最少有三分之一成員由普選產生；有的更認為應有百分之七十五成員普選產生；雖然這些見解均同意最後應發展至一人一票普選成份的選舉模式發展。

1.7 可見，對於如何發展至一人一票普選產生行政長官，也有爭論，有意見認為應以固定的時間表進行（這涉及不同的時間建議，但都希望在二屆至五屆的範圍內實現由間接選舉過渡至直接選舉）；另有意見則認為應以某種靈活的機制（例如引發點，或綜合性的引發點）進行。

1.8 關於立法會議的產生辦法，出席「武林大會」的團體代表，對應以怎樣的直接選舉比例開始混合選舉的問題，有不同的意見。有意見認為直接選舉比例最低為不超過百分之二十五，另有意見認為最高為不少於百分之五十，其他的意見則介乎其間。

1.9 廣州會議召開之後，草委政制專題小組通過了主流方案，有些人抨擊其超越各方案的範圍，比「最保守的方案還要保守」；有些人則認為此方案是以各方案的內容為基礎，是「中間落墨」的協調方案。

<u>1.10</u> 究竟主流方案有沒有超越各方案的範圍？是真正中間落墨的協調方案抑或查氏一人一夜之間炮製出來，罔顧港人意願和諮詢結果的方案？本文試圖首先列出各方案的主要內容，例如行政長官由間選過渡至普選的機制及時限、立法機關的普選成份等，與主流方案的內容作一比較，然後再看主流方案是否符合在武林大會中各團體所達成的五點共識，希望藉此能對上述問題提供客觀的答案。

2. 第一屆行政長官間選機構中的普選成份
<u>2.1</u> 除 190 人方案堅持行政長官應該從第一屆開始便普選產生外，其他方案均贊成第一屆行政長官由間選產生。但在這負責間選行政長官的機構中應有多少普選的成份，則各方案有不同意見。例如有些方案建議須有 25% 普選成份，亦有方案主張要有高至 75% 的普選成份。有些方案如 38 人方案提議，第一屆行政長官候選人由提名團提名，交中央人民政府從中選定任命。另外一些方案如 89 人方案、傑出青年協會及勵進會等則建議用選舉團選出行政長官；而勞聯、工聯會等則主張以推選委員會形式舉行。（見圖二）
<u>2.2</u> 主流方案主張以選舉委員會選出行政長官，而選舉委員會中應有 25% 普選成份，其餘成員 25% 由工商、金融界；25% 由專業界；25% 由勞工、社會服務及宗教等界別分別選出。
<u>2.3</u> 將主流方案與其他方案在這問題（間選行政長官的機構中的普選成份）上作一比較，便可以看見主流方案所提出的，是落在各方案之中，並沒有超出其範圍。（見圖一及圖二）

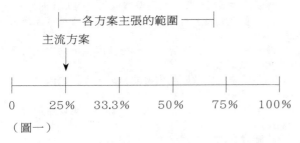

（圖一）

方案 \ 間選機構	選舉團	提名團	推選委員會	選舉委員會
38 人		✓		
89 人	✓			
大學畢業同學會		✓		
勞聯			✓	
工聯				✓
傑青	✓			
華員會	✓			
勵進會	✓			
港人協會	✓			
主流方案	✓			

（圖二）間選第一屆行政長官的機構之各種提議

3. 行政長官過渡至普選的機制及時限
<u>3.1</u> 190 人方案主張行政長官應該從第一屆開始便由普選產生。至於其他方案，則主要用一些機制，例如時間表、引發點等以決定由普選過渡至直選行政長官（圖三）。
<u>3.2</u> 38 人方案建議由第二屆開始，每一任行政長官的候

選人提名團在上一任行政長官任期的第二年內選舉產生，並提出行政長官候選人名單，然後全民投票選舉產生行政長官，由中央人民政府任命。
<u>3.3</u> 大學畢業同學會則反對以選舉團形式推選行政長官，建議成立提名團（包括立法會全體成員及香港區人大和政協代表），行政長官候選人須得到上述兩類提名成員各八分之一的支持，然後經全民直接選舉，再由中央人民政府任命。
<u>3.4</u> 工聯會建議從第三屆開始，負責選舉第一、二屆行政長官的「選舉委員會」將變為「行政長官候選人提名委員會」。行政長官候選人須有提名委員會的十名成員提名，二分之一或以上成員的支持，其中獲票數最高者（不超過五人）成為候選人，然後經全港選民一人一票普選產生，報請中央人民政府任命。
<u>3.5</u> 89 人方案則建議用引發點為機制，以決定何時採取普選形式產生行政長官。當立法機關選舉投票人數達到具資格選民數目一半時，便可改由一人一票方式選舉行政長官。但這引發點第一次出現時，仍須由立法局三分之二成員及行政長官的同意，才可推行直選下屆行政長官；倘若不獲立法局成員及行政長官的同意，則須等待引發點第二次出現。當第二次引發點出現後，一人一票選舉行政長官的方式，將自動實施。故此，在圖三中，89 人方案是位於以引發為機制，從第二屆始至無固定時限的方格中，即直選行政長官可在第一屆以後任何一屆實施（只要能出現引發點及得到立法會及行政長官同意）。
<u>3.6</u> 勵進會則主張根據香港的實際情況和循序漸進的原則予以變更，在第三屆至第五屆達到全民普選行政長官的目的。惟從間選轉為普選行政長官的決定須經立法會議三分之二成員多數通過，行政長官同意，並報全國人大常委會批准。
<u>3.7</u> 華員會及港人協會均主張一路沿用選舉團產生行政長官的方式，並沒有提出如何過渡至普選行政長官的機制，所以不列在圖三中。
<u>3.8</u> 主流方案主張用全民表決為機制，在第三屆行政長官任內舉行，以決定是否從下屆開始用普選產生行政長官。倘若全民表決的結果是否定的話，則要隔十年後再舉行一次全民表決，直至表決結果顯示港人同意以普選方式產生行政長官。

機制 \ 方案 \ 屆別	第一屆	第二屆	第三屆	第四屆	第五屆	無時限
時間表		38 人 大學畢業同學會	勵進會			
	190 人	勞聯	傑青 工聯			
引發點			89 人			
全民表決			主流方案			

（圖三）各方案建議過渡至普選行政長官的機制及時限

註：以時間表為機制的方案在圖中所示的屆別為實行普選的時間；而以引發點及全民表決為機制者，則圖中所示的屆別為引用該機制的時間，而非實行普選的時間。倘若該機制所顯示的結果是贊成實行普選的話，則在引用機制（或出現機制）的下一屆便實行普選。倘若結果是否定的話，主流方案主張當下一次引用機制的結果是肯定時，才在下一屆實行普選，而89 人方案則建議第二次機制一出現便可自動實施普選。

<u>3.9</u> 從圖三所示，各方案（除 190 人方案外）均接受從第二屆至第五屆內實行普選；89 人方案及主流方案雖沒有最後須實行普選的期限，但前者不排除在第三屆至第五屆

內可以實行普選的可能性（這全賴引發點何時出現）；而後者也沒有排除可在第四屆開始便實行普選行政長官的可能性。

3.10 故此，既然大部份方案所提議實行普選行政長官的時間範圍為第二屆至第五屆，而主流方案的建議以第四屆為起點，所以是沒有超出各方案的範圍的，只可說是傾向於保守而已。

4. 第一屆立法機關的普選成份

綜觀各個方案的主張，第一屆立法機關的普選成份從25%至不少於50%。主流方案所建議的普選成份則是27%，可見是位於方案的範圍以內（圖四）。

普選成員比例 / 方案	25%	27%	30%	33.3%	40%	≥50%
89人	✓					
工聯會				✓		
主流方案		✓				
港人協會				✓		
華員會				✓		
傑青				✓		
38人				✓		
勵進會				✓		
勞聯					✓	
大學畢業同學會					✓	
190人						✓

（圖四）第一屆立法機關的普選成份

5. 第二屆立法機關的普選成份

大部份方案均有建議立法機關普選成份逐漸增加的比例，而主流方案亦主張從第一屆的27%增加至第二屆38.5%、第三屆則有50%普選產生的立法機關成員。就第二屆而言，各方案的建議從25%至60%不等，而主流方案的建議則位於其中：38.5%（見圖五）。

普選成員比例 / 方案	25%	30%	33.3%	38.5%	40%	≥50%	60%
89人	✓						
華員會		✓					
港人協會		✓					
傑青			✓				
勵進會			✓				
38人			✓				
主流方案				✓			
工聯					✓		
勞聯					✓		
190人						✓	
大學畢業同學會							✓

（圖五）第二屆立法機關的普選成份

6. 結語

6.1 根據本文對各方案與主流方案的分析和比較看來，主流方案是融合了大部份方案的特點和精神而成的。各方案共同的特點，就是採取循序漸進的方式，朝着民主的方向逐步發展政制；而其最終精神則是為香港帶來一個真正民主開放的政治制度。主流方案的建議亦正以上述兩點的考慮為基礎。

6.2 主流方案的各項建議是按「武林大會」中所達成的幾點共識而制定的：行政長官將由選舉產生，由中央人民政府任命；選舉行政長官的方式是民主的，是由一個具有廣泛代表性的選舉委員會負責，而且將由人民決定是否從第四屆開始實行普選；行政長官候選人須得到不少於一百名選舉委員會委員的支持才可被提名，這提名程序有充份民主成份；而立法會議最初是由混合選舉產生，逐漸增加普選成員的比例，向着充份民主的選舉方式發展，最後亦交由港人自己決定是否從第五屆開始便用普選方式選出全體立法會議成員。

6.3 各方案雖然擁有共同的特點和精神，但對於邁向民主的步伐的速度，卻有緩急不一的主張。在這方面，主流方案是主張採取穩健的發展步伐，逐步的邁向民主（圖六）。

（圖六）

※

⑭《基本法工商專業界諮委對「主流方案」的意見書》，載於《基本法的草擬與政制「主流方案」》

【P2】

（1）我們接納用全面投票的方法決定第三屆或以後的政制發展，但全民投票應明確規定最少有百分之五十合資格選民參加投票，方可接納其結果。

（2）決定行政長官是否由普選產生的全民投票，應在第二屆內進行。

（3）大選舉團應互選一個提名委員會，提名行政長官的候選人。

※

⑮《38人方案對草委會政制小組的「主流方案」的修改建議》，載於《基本法的草擬與政制「主流方案」》

【P1】

A. 第一、二屆行政長官經由推選委員會選舉產生。選舉委員會的成份按「主流方案」中所規定者組成，但各席位均須在各分組中經由民主選舉產生。

C. 第二屆行政長官任內，舉行全體選民投票，決定於第三屆或第五屆起，行政長官改為經民主程序提名，由全港一人一票選舉產生。

※

⑯《香港政府華員會對主流方案的意見（摘自八八

年十一月二十六日明報）》，載於《基本法的草擬與政制「主流方案」》

【P2】

華員會副會長黃河表示，基本法草委會政制小組提出的主流方案，關於行政長官產生的方法，基本上符合了華員會的希望，即政制發展循序漸進，最重要的，是須顧及公務員架構的穩定性。

黃河昨日接受本報訪問時指出，華員會並無定下普選產生行政長官的時間表，他個人覺得主流方案首兩屆行政長官的產生方法，與華員會的原意相當接近。

他初步認為，主流方案並不會構成行政和立法機關不能協調的問題，因為產生行政長官的選舉委員會是由社會各界選出的，立法會成員也是由社會人士選出，故此行政長官雖然不是由立法機關產生，但其代表性應可獲後者確立，不會出現政府法案不獲立法機關通過的情況。

不過，他認為第三屆後才決定是否普選行政長官，時間拖得太久，而且採取全體選民投票的方式作決定亦有點架床疊屋。他個人傾向於第二屆後採取八十九人方案的引發點機制，決定是否以普選方式產生行政長官。

黃河並強調，若以普選產生行政長官，也應經過提名委員會的程序，以確保可以選出有能力的候選人，因為行政長官最重要的是其行政能力而非代表性。

※

⑰ 大學畢業同學會對「主流方案」發表的聲明，載於《基本法的草擬與政制「主流方案」》

【P1】

大學畢業同學會對基本法草委政制小組通過的「主流方案」發表以下聲明

（四）關於行政長官的產生辦法，「主流方案」提出要在第四屆始能實行普選，速度太慢。本會雖然贊成循序漸進的原則，但對這方案的保守程度，仍難以接受。

※

⑱ 《香港工會聯合會基本法關注小組對草委專題小組廣州會議修改〈基本法（草案）徵求意見稿〉的意見》，載於《基本法的草擬與政制「主流方案」》

【P1-2】

2. 在行政長官產生的時間上。本會意見是第三屆全民普選產生行政長官，而主流方案是在第三屆舉行全體選民投票，以決定第四屆行政長官是否由一人一票普選產生。我們認為，若以此方案，普選時間較本會所主張的為遲。因此，如認為需要有一個機制來決定何時普選行政長官，則全民投票是較民主的方法，而全民投票的時間應在第二屆進行為好。

※

⑲ 張家敏《對草委政制主流方案的建議》，載於《基本法的草擬與政制「主流方案」》

【P1-4】

須改變首屆行政長官產生的方法

在產生行政長官方面，主流方案強調首屆行政長官由一個只有四百人的推舉委員會以「協商，或協商後提名選舉」

產生，本人對此有強烈的保留，主要原因如下：

（一）推舉委員會人數太少，與第二屆人數相差一倍，有些草委更指出這委員會的產生有點類比諮委會，這樣麻煩就更大了，因為很多人都對諮委會的組成，主任及執委的產生過程失卻信心，認為中央的干預太大，現時推舉委員會人數較少，又是首屆選舉，實令人擔心過往不快的情況將會重演。

（二）這方法十分強調「協商」，究竟什麼是協商相信港人到現時還不完全清楚；據本人的理解，協商的特點及與民主的主要分別乃在於不以大多數決定的投票方法來議決事務，而是希望各方面的人士能互相遷就以互諒互讓精神以達到一個彼此皆可接受的建議。

據本人的經驗，這協商方式可以對一些可以數量化的事情如金錢交易或各方面皆可以讓步的問題上起良好作用，然而卻對一些非黑即白的決定卻毫無用處，選舉行政長官就是一個十分好的例子，行政長官只得一個，試問怎可以使某些候選人退出，他們的退出或讓步根本不能為他們帶來任何利益，因為退出者將完全失去作為行政長官的種種權利，這從根本上實是違反了協商的「互諒互讓」精神。再者，假若各候選人及其於選舉委員會內的支持者皆堅持不退讓時，試問又有什麼方法使他們「互諒互讓」呢？從以往例子分析，要迫使某人在這些非黑即白的協商中讓步，倚靠的不外是一個更高的權威者，以其權力迫使某方讓步，所以說穿了，協商的背後實質根本是開明、諒解及理性的「獨裁」，究竟九六年時這獨裁者的角色由誰來扮演，相信除中方政府以外根本無更適合人選，這不是更加打擊市民的信心嗎。

（三）香港各支持不同政制的方案者皆不約而同地反對協商，然而現在協商的方法再度出現，這實對市民發表對基本法的意見及協調努力產生一反面的效果。

選舉委員會中應包括所有各級議員

主流方案指出行政長官起初幾屆應由間選產生，本人首先認為間選行政長官並不一定不民主，這需視乎選舉委員會成員的產生方法及代表性，以及選舉行政長官的程序，例如美國的總統及英國的首相皆由間選產生，然而由於在選出選舉人（美國）及國會議員（英國）方面的選舉方法十分民主，所以，我們皆會視英美的政制為民主的典範。就行政長官選舉委員會來說，假若它能加入所有各級民選議員，則除了增加委員會之民主形象外，還有下列幾點具體好處：

（一）增加行政長官的權威性，使它更受市民、尤其是立法機關成員的尊重，從而有利行政機關政令的推行；

（二）增加區議員參與社會事務的積極性，現時香港推行的區議會及兩個市政局間選議員入立法局的制度將於九一年取消，客觀來說，這不能不說是對議員們參與中央事務的一次打擊，若將來能包括他們入行政長官選舉委員會，將可增加議員們的重要性，並能增加其參與社會事務的積極性；

（三）這樣的安排最大的益處是減少各區域組織內的權力鬥爭，假若每個區域組織（區議會及兩個市政局）只能選出三個代表加入選舉委員會，則必然導致區域組織內的不同派系互相競逐，務求推選代表自己勢力的人士加入選舉委員會，從過往區議會間選經驗得知，這種小圈子的選舉模式在開始時很容易出現意氣之爭、感情用事及利益交換的局面，從而影響此等組織的健康發展。

此外，當政治漸趨成熟時，隨着政黨的出現，各有意問鼎行政長官的人士則十分自然地千方百計企圖控制區域組織（正如美國總統候選人希望控制各州的選舉人一樣）。主要方法是鼓勵自己的支持者參與區域組織選舉，並設法幫助他們成為區域組織內的多數派，因為只有這樣才可保證其支持者能通過區域組織的間選加入行政長官選舉委員會中，這樣的結果將會使區議會的選舉更趨劇烈，各派皆會

為控制議會的大多數而進行十分激烈的競爭，相信這情況的出現對政治穩定並無好處。

選舉委員會中除應包括所有各級普選議員外，普選議員佔整個選舉委員會的比例應增加。在現時主流方案中，首屆行政長官的間選機構中，普選成份只佔百分之二十五，而「政制協調大會」則認為普選成份應由百分之二十五至七十五，可以說，主流方案只是踏進協調圈的最保守邊緣。此外，我們還不能忘記，主流方案的百分之二十五普選成份中還包括了香港地區的人大代表，在現時不太肯定人大代表在香港是怎樣產生的情況下，我們根本可以說主流方案根本是超出本港協調的範圍。

行政長官的普選必須是真實的普選
就選舉委員會中最後一個建議，就是其普選成份比例應像立法機關一樣隨着時間逐漸增加，例如第一屆選舉委員會的普選成份為百分之三十三時，第二屆應上升為更高的比例。
現時有報導指出，即使第四屆的行政長官經由市民普選產生，但候選人仍需得到提名委員會提名。而提名委員會的提名程序及組成卻還未清楚，假若提名委員會的組成人數太少，而候選人需經整個提名委員會先推舉出來而再經市民普選的話，則我可批評說這並非一個真正的普選，因為經提名委員會產生的候選人有可能基本是同一鼻孔出氣，市民根本缺乏了真正選擇的權利，普選行政長官也沒有實際意義了。
假若草委認為採納提名團的目的並非是控制候選人的政治取向，而只是希望不致有太多人參與競選的話，他們其實應考慮一九零人方案的建議，就是有意角逐的人只需得到十分之一的立法機關成員提名，便能自動成為行政長官候選人。然而假若草委認為一定要有提名委員會的話，本人則認為這個提名委員會的構成應和行政長官選舉委員會一樣，有較多的人數及具有充份的代表性；而在提名程序方面，有意問鼎者只需得到提名團人數的某一百分比（如百分之十或二十）提名，便得以自動成為行政長官候選人，這樣的安排一方面可以限制出來競選行政長官的人數，以避免選舉過於複雜，而另一方面亦照顧到真正普選的原則。市民有真正的選擇，而不是只有權支持經整個提名團或立法會事先認可的候選人。

第二屆行政長官任內應進行全民投票
在政制檢討方面，主流方案指出首三屆行政長官是由間選產生的，而在第三屆行政長官任內，進行全體選民投票，以決定將來的行政長官是否應由普選產生，及立法機關內普選成份是否應作較大幅的增加。本人雖然同意在過渡期間政制宜穩定，而當時的特區政府亦有很多有關交接及迫切工作進行，然而，正如絕大多數的評論指出，十五年的時間實在是太長了。故此，本人同意應在特區成立十年後，亦即第二屆行政長官的任期內進行全民投票，以決定政制發展的方向。
然而，在另一方面，本人則較傾向同意全民投票應在十年才舉行一次，這樣做不是保守，而是考慮到社會的實況，因為假若較經常的進行全民投票決定政制的發展，則一定會給當時的政府十分龐大的壓力，並會使他們不敢作較長遠的規劃；而在投資者方面，亦面臨同樣的不確定因素，相信這點對香港經濟的發展及社會建設是不利的。

※

⑳香港民主協會對基本法（草案）徵求意見稿的意見，載於《基本法的草擬與政制「主流方案」》

【P1】
（二）有關附件（一）香港特別行政區行政長官產生辦法

的修改，除第八項下段有關行政長官的產生辦法應改為「如投票決定不變應由立法會每五年至十年進行檢討，其時間及方式由立法會以三分之二多數決定。」其餘原則上合理。

※

㉑《傑出青年協會意見書（附件一、二、三的建議）》，載於《基本法的草擬與政制「主流方案」》

【P1】
附件一：香港特別行政區行政長官的產生辦法：
I 原則：
（一）以平穩過渡為原則，需要保持社會的穩定；
（二）行政長官的產生方法要盡量避免受個別利益團體或政治組織的操縱；
（三）要保證行政長官得到社會各界的廣泛支持並有充份的權威性；
（四）要使行政長官和立法會議能夠互相配合和制衡。

II 建議：
（一）行政長官通過一個有廣泛代表性的選舉團選舉產生。
（二）選舉團由香港各界人士代表組成，其成員包括：立法機關的成員、各區域組織的代表、各法定團體和永久性非法定團體的代表、各類功能界別的代表，共約五百人。
（三）在第三屆推行以普選產生行政長官的辦法。

※

㉒查濟民《對香港特別行政區政治體制方案的修改建議》，載於《基本法的草擬與政制「主流方案」》

【P1】
第一屆政府
1.在一九九七年前由中央設立包括港人及國內人士的籌備委員會，再由籌備委員會委任一個不少於五十人的香港各界人士，組織顧問團，在當地協商產生行政長官，報中央任命。任期五年。

第一屆政府以後行政長官、立法會議產生辦法如下：
一、行政長官
由顧問團選舉產生，報中央任命（顧問團成員不得成為候選人）。任期五年，以後歷屆顧問團，由原有顧問團加上歷屆已卸任立法會議成員、行政會議成員、行政長官和曾經中央任命的主要官員等組成，最高人數不超過200人，如超過時以出任的先後次次退出，如有出任先後相同時，以年長者先行退出。
第四屆起行政長官的產生，由顧問團提名候選人三名交全民投票產生後請中央任命。任期五年。

※

㉓《港九勞工社團聯會對主流方案的一些修改意見》，載於《基本法的草擬與政制「主流方案」》

【P1】
第一屆 行政長官 二年（1997至1999）
推選委員會 400人（推舉）

工商、金融界人士	100人	25%
專業人士	100人	25%

勞工、基層　　　　　　　100 人　25%
原政界人士、人大代表　　100 人　25%
（比例：立法局 40%，人大代表 10%，區議會、區域議會、市政局 50%）
原則：（一）推選委員會由特區籌委會負責籌組，全部由香港人組成。
（二）推選委員會或選舉委員會的成員，盡量以民主方式產生。
（三）選舉機構選舉行政長官的程序必須民主。
（四）首屆行政長官任期兩年，我們認為第一屆政府應為「看守政府」。但同意其後的任期為四年。

第二屆　行政長官　四年（1999 至 2003）
選舉委員會 600 人（推舉）
工商、金融界人士　　　　150 人　25%
專業人士　　　　　　　　150 人　25%
勞工、基層　　　　　　　150 人　25%
立法會議　　　　　　　　60 人　10%
人大代表　　　　　　　　15 人　2.5%
各級區域組織議會成員　　75 人　12.5%
原則：（一）選舉委員會由各界別經民主程序產生。
（二）在此階段進行一次全體選民投票，以簡單多數決定下屆意向。
（三）如果投票結果否定普選，則每兩屆進行一次全民投票。

※

㉔ **1989 年 1 月 9 日《政治體制專題小組對條文修改情況的報告》，載於 1989 年 1 月《中華人民共和國香港特別行政區基本法起草委員會第八次全體會議文件匯編》**

【P13-14】
第四十五條第二款改為第三款；第三款改為第二款，文字修改為「行政長官的產生辦法根據香港特別行政區的實際情況和循序漸進的原則而規定，最終達至普選產生的目標。」

※

㉕ **1989 年 2 月 15 日姬鵬飛《關於提請全國人大常委會審議〈中華人民共和國香港特別行政區基本法（草案）〉及有關文件的報告》**

三、關於香港特別行政區的政治體制
（二）關於行政長官和立法會的產生辦法。基本法（草案）第四十五條和第六十七條分別就此作了原則規定，具體產生辦法則由附件一和附件二列明，這兩個產生辦法遵循的共同原則是，以香港的穩定和繁榮為前提，循序漸進地發展適合於香港實際情況的民主。上述條文和附件在起草委員會通過後，香港社會各階層仍有各種不同意見，有必要進一步聽取和協調各方面的意見，然後對有關規定作出必要的修改和調整。

※

㉖ **1989 年 2 月《中華人民共和國香港特別行政區基本法（草案）》**

【P28-29】
附件一　香港特別行政區行政長官的產生辦法
一、行政長官由一個具有廣泛代表性的選舉委員會選出，由中央人民政府任命。

二、選舉委員會共 800 人，由下列各界人士組成：
工商、金融界　　　　　　　　　　200 人
專業界　　　　　　　　　　　　　200 人
勞工、社會服務、宗教等界　　　　200 人
立法會議員、區域組織議員代表、香港地區全國人大代表、香港地區全國政協委員的代表 200 人

三、各個界別的劃分，以及每個界別中何種組織可產生選舉委員的名額，由香港特別行政區以選舉法規定。
各界別法定團體根據選舉法規定的分配名額和選舉辦法，選出選舉委員會委員。
選舉委員以個人身份投票。

四、不少於一百名的選舉委員可聯合提名行政長官候選人。每名委員只可提出一名候選人。

五、選舉委員會根據提名的名單，經一人一票無記名投票選出行政長官候任人。具體選舉辦法由選舉法規定。

六、選舉委員會於中央人民政府任命行政長官後解散。

七、第一任行政長官按照《全國人民代表大會關於香港特別行政區第一屆政府和立法會產生辦法的決定》產生。
第二、第三任行政長官按本附件規定的辦法產生。
在第三任行政長官任內，立法會擬定具體辦法，通過香港特別行政區全體選民投票，以決定是否由一個有廣泛代表性的提名委員會按民主程序提名後，普選產生行政長官。投票結果報全國人民代表大會常務委員會備案。
上述全體選民投票的舉行，必須獲得立法會議員多數通過，徵得行政長官同意和全國人民代表大會常務委員會的批准方可進行。投票結果，必須有百分之三十以上的合法選民的贊成，方為有效，付諸實施。

八、如上述投票決定行政長官由普選產生，從第四任起實施；如投票決定不變，每隔十年可按第七項的規定再舉行一次全體選民投票。

九、除本附件第七、八項已有規定者外，行政長官的產生辦法如需進行其他的修改，可經立法會全體議員三分之二多數通過，行政長官同意，並報全國人民代表大會常務委員會備案。

第八稿

「**第四十五條　香港特別行政區行政長官在當地通過選舉或協商產生，由中央人民政府任命。行政長官的產生辦法根據香港特別行政區的實際情況和循序漸進的原則而規定，最終達至由一個有廣泛代表性的提名委員會按民主程序提名後普選產生的目標。行政長官產生的具體辦法由附件一《香港特別行政區行政長官的產生辦法》規定。」**
〔1990 年 2 月 16 日《中華人民共和國香港特別行政區基本法（草案）》〕

① **1989 年 4 月 26 日《十團體聯席會議對基本法　　政治體制部份的意見（摘）》**

行政長官過渡到由全民普選產生的時間表和機制
兩個原則：
1.兼顧日後的可行性，和目前的認受性。沒有目前的認受性，實際上也不存在日後的可行性。

2.把未知因素和不穩定因素減到最少限度，不希望把目前的爭議拖延到九七後，以免影響平穩過渡。
我們建議，按優先次序排列為：
A 九七年後的首十年，行政長官經由推舉委員會或選舉委員會以盡可能民主的程序選舉產生（詳見另段），第十一年（即二零零七年）起，行政長官經由全港市民普選產生。上述決定只有在第三屆立法機關（二零零三年至二零零六年）以三分之二的票數否決的情況下，方得以改變。
B 九七年後的首十年，行政長官經由推舉委員會或推舉委員會以盡可能民主的程序選舉產生（詳見另段），在二零零一至二零零六年間（第二屆）由政府進行政制檢討，決定是否於二零零七年起，行政長官由全民普選產生。如不獲通過，則必須最遲於二零一六年（第五屆）起實行。
C 九七年後的首十年，行政長官經由推舉委員會或選舉委員會以盡可能民主的程序選舉產生（詳見另段），在二零零一至二零零六年（第二屆）任內，由立法機關三分之二的票數通過決定，是否於二零零七年起，行政長官由全民普選產生，如不獲通過，則必須最遲於二零一六年（第五屆）起實行。
我們把 A 方法作為第一考慮。
任何有關政制發展的機制的設計，都只應該是作為循序漸進的發展的保障，而不應該是設置關卡和障礙。
行政長官的選舉委員會的運作和功能
＊應否設立「宗教界」
我們不贊成在兩個委員會中設立「宗教界」。
＊行政長官當選票數標準
在推選委員會或選舉委員會中經選舉當選的行政長官，必須獲得推選委員會或選舉委員會過半數的贊成票，方為有效。
＊行政長官選舉中的提名問題
目前有關的條文中，委員會內的開放的提名，已經為各類人士提供了足夠的獲提名機會。
若一旦出現「提名危機」時，選舉委員會的原有執行委員會可以承擔提名候選人的責任。
＊行政長官的聯署提名人的數目
1.應由百分之十的成員聯署提名即可（即首屆的 400 人中的 40 人，第二屆的 800 人中的 80 人），
2.應由十六分之一的成員聯署提名即可（即首屆的 400 人中的 25 人，第二屆的 800 人中的 50 人）。

※

② 1989 年 4 月 28 日《基本法工商專業界諮委於一九八九年四月廿八日呈交基本法起草委員會意見書（撮）》

（2）選舉委員會在選舉行政長官時，其成員應互選一個提名委員會，負責提名行政長官候選人，此舉可協助產生有足夠合資格的候選人參與選舉。

※

③ 1989 年 8 月 18 日《第二次諮詢期政制專責小組第四次會議會議紀要》

【P1】
1.行政長官在立法會內獲得施政上必需的支持的方法

1.1 產生上的安排
1.1.1 行政長官唯有由立法會產生，才可保證其獲得立法會完全的支持。
1.1.2 只要兩者的產生途徑不同，支持便不會是必然的。

※

④ 1989 年 8 月 29 日新香港聯盟有限公司的意見書（撮）

【P1】
行政長官部份
1.行政長官候選人由一提名委員會推舉。

2.第一、二屆行政長官由選舉委員會選舉產生，第三屆開始，可由全港合資格選民以一人一票直接選出。

※

⑤ 1989 年 9 月 22 日《第二次諮詢期政制專責小組第六次會議會議紀要》

4.行政長官的提名：
4.1 有委員認為，在量方面，支持二零零三年以直選產生行政長官的方案可能較多，但懷疑港人是否真正願意等到二零零三年才能直接選舉行政長官。
另外，有關行政長官的提名亦應多加留意。因為一個不公開的提名方法，可能破壞整個選舉。
4.2 有委員認為如沒有提名委員會，則難以控制被提名者的質與量，而且亦會構成行政上的不便，何況，美國總統和英國首相的選舉，亦有類似的提名過程，可見此制度亦非一定不民主。

※

⑥《香港工會聯合會暨八十一間屬會就基本法（草案）政制部份的修訂意見》（1989 年 10 月 27 日理事會通過）

【P2-3】
二、行政長官的產生方法
第一、二屆行政長官採取間選的辦法，而第三屆及以後的行政長官則由普選產生。具體方案如下：
1.第一及第二屆行政長官的產生
行政長官由一個有廣泛代表性的「選舉委員會」選舉產生。
選舉委員會的成員約為三百人，其組成比例大致如下：

工商界、金融界代表	20%
專業界代表	20%
勞工界代表	15%
基層界別代表	10%
立法會全體成員	20%
區議會、市政局、區域市政局代表	10%
香港區全國人大代表、政協委員的代表	5%

「選舉委員會」的職能組別代表分別由一人一票或一會一票的方式選舉產生。各區議會、市政局及區域市政局的代表以及香港區全國人大代表、政協委員的代表以互選方式選舉產生，立法會成員自動成為選舉委員會委員。
凡得到十名選舉委員會的成員提名，均可成為行政長官候選人。

候選人必須獲得半數票以上，才能當選為行政長官。如首輪投票無人獲得超過半數票支持，則採取淘汰獲票數最少的一名候選人的方式，再進行第二輪投票，直至選出獲得半數以上支持的候選人為止。選舉委員會選舉產生的行政長官人選報請中央人民政府任命。

第一屆選舉委員會由香港特別行政區籌備委員會負責籌組。籌備委員會於一九九六年內由全國人民代表大會通過成立。籌備委員由內地和不少於 50% 的香港委員組成，主任委員和委員由全國人民代表大會常務委員會委任。籌備委員會負責籌備成立香港特別行政區的有關事宜。

2. 第三屆及以後行政長官的產生方法
自第三屆開始，「選舉委員會」將變成「香港特別行政區行政長官候選人提名委員會」。此「提名委員會」的產生方式與前者相同。行政長官候選人須有「提名委員會」的十名成員提名，並得委員會二分之一或以上成員的支持，其中獲票數最高者（不超過五人）成為候選人，然後經全港選民一人一票普選產生，報請中央人民政府任命。每屆行政長官的任期均為五年。

※

⑦《基本法諮詢委員會政制專責小組對基本法（草案）第四章、附件一、附件二及附錄的意見匯編》，載於1989 年 11 月基本法諮詢委員會《中華人民共和國香港特別行政區基本法（草案）諮詢報告第一冊》

【P91-92】
1. 專題討論
1.1 行政長官和立法會的產生
1.1.1 設計政制方案時要考慮的原則
1.1.1.1 有委員認為，政制發展步伐寧穩勿亂，這是因為：
（1）要保持繁榮安定；而太多、太頻密的政制變更或檢討都會引致社會不安。
（2）原來政治制度運作良好，應在此基礎上發展。
（3）進入特別行政區紀元後，應有十五至二十年政制不變的穩定期，以便在已有基礎上發展，及學習港人治港。
1.1.1.2 有委員認為，政制的設計應照顧到港人意願。根據近日一些民意調查顯示，市民希望加快民主進程。基本法若不符合市民意願，日後則必然有爭取修改基本法的活動，削減基本法應有的穩定人心作用。
1.1.1.3 有委員認為，政制的設計應能容許各方的參與，及和衷合作；避免只有某一方面掌權，其他派別受制於前者之下。亦不能有幾派人輪流執政的情況出現，以免政策變更過於頻繁。
1.1.1.4 有委員認為，政制設計應能保護資本主義社會，不能利於社會主義制度的產生。
1.1.1.5 有委員認為，保全「一國兩制」、真正的「港人治港」是應有的原則。
1.1.2 對政制設計的具體建議
1.1.2.1 有委員建議，設計政制方案時，要參考各方案，以取長補短。
1.1.2.2 有委員認為，在參考的過程中，要留意避免斷章取義。
1.1.2.3 有委員認為，在量方面，支持二零零三年以直選產生行政長官的方案可能較多，但懷疑港人是否真正願意等到二零零三年才能直接選舉行政長官。
1.1.2.4 有委員認為，行政長官候選人的提名必須開放，以符合民主精神。
1.1.2.5 有委員認為，一個不公開的提名方法，可破壞整個選舉。
1.1.2.6 有委員認為，如沒有提名委員會，則難以控制被

提名者的質與量，而且亦會構成行政上的不便。何況，美國總統和英國首相的選舉，亦有類似的提名過程，可見此制度亦非一定不民主。
1.1.2.7 有委員建議限制行政長官候選人的提名。因為現時香港仍未有成熟的政黨出現，過於開放的提名會帶來危險。
1.1.3 對個別政制方案的討論
1.1.3.1 有關五五方案
1.1.3.1.1 有委員認為，此方案較為符合港人意願，因為
（1）當中建議的九七年立法會直選比例佔一半或以上；
（2）此方案以時間表形式明確顯示立法會所有議席、和行政長官普選的日期；
（3）建議中的行政長官最終的產生方式，是經開放式提名，然後普選。
1.1.3.1.2 有委員認為，民意不一定可以接受在二零零三年，而非在第一屆普選行政長官。
1.1.3.2 有關三十八人方案
1.1.3.2.1 有委員認為，功能團體選舉有其明顯缺點：它只容許少數人參與。而三十八人方案所倡議的職業組別選舉，則賦予所有合資格選民有投票的權利。而且，在職業組別選舉所產生的議席當中，基層佔的比例有三分之一。這個比例，較之很多其他選舉形式所容許產生的基層比例為高。功能團體有其重要性，而三十八人方案的建議可克服其缺點，可使功能團體選舉較長期保留。
1.1.3.2.2 至於行政長官的提名團，在三十八人方案的建議中，有四分之三成員是由一人一票的職業組別選舉所產生，故其組成方法亦較民主。
1.1.3.3 有關一會兩局方案
1.1.3.3.1 有委員認為，這方案的設計背離了《基本法（草案）》第六十七條：「最終達至全部議員由普選產生」的原則；亦不符合港人意願。
1.1.3.3.2 有委員認為，只要是符合港人意願，任何基本法的條文都可作適當修改。
1.1.3.3.3 有委員認為，此方案有利於長期穩定、能照顧各界利益，其建議的政制發展平穩中亦有進展。
1.1.3.3.4 有委員支持一會兩局方案及建議在其「功能組別」中加入小商販一席位。
1.1.3.4 有關四四二方案
1.1.3.4.1 有委員認為，此方案以循序漸進的步伐引入更多民主。而更民主的立法會能更有效監察行政機關。
1.1.3.4.2 有委員認為，這方案能維持資本主義制度。
1.1.3.4.3 有委員認為，這方案是各方協調的後果，所以是最能保障繁榮安定的，而這也是港人治港的第一步。
1.1.3.4.4 有委員認為，這方案關於行政長官的提名／選舉委員會的組成和提名過程寫得過於簡單，應多加討論。
1.1.3.4.5 有委員認為，這方案並非五五方案的延續，它自有其發展背景，不可混為一談。

※

⑧ 1989 年 11 月基本法諮詢委員會《中華人民共和國香港特別行政區基本法（草案）諮詢報告第三冊——條文總報告》

【P123-125】
第四十五條
2. 意見
2.1 正面
→ 行政長官應得到中國政府認同，與中國互諒互讓、互相尊重、互補長短。
→ 贊成第二款。
理由：「循序漸進」的規定符合《中英聯合聲明》、「港人治港」的方針。

2.2 反面
→ 行政長官應由選舉產生，不應由協商產生。
理由：全港市民希望有權選舉他們的首長。
→ 「最終達至普選產生」的目標不但削減了靈活性，亦不符合香港的「實際情況」；很可能是推遲直選的一個藉口。
→ 本條對「循序漸進」有含蓄的限制，就是在短期內不會採用直選。
→ 反對本條第三款有關行政長官產生的具體辦法由附件一規定。
理由：
⊙ 選舉團的產生方法不民主，容易被一小撮人控制。
⊙ 選舉委員會內工商、金融界和專業界之界定含糊，可能導致立場有偏差。
→ 行政長官應由選舉產生，不須由中央人民政府任命。
2.3 其他
→ 行政長官由中央人民政府委派及罷免。
→ 行政長官應由中央人民政府提名委任。
→ 行政長官應由地區互相提名及選出。
→ 行政長官應由全民投票產生。
→ 若中央人民政府拒絕任命選出來的候選人，這便會出現憲法危機。在此情況下，應進行重選，又或經過中央人民政府在當地協商後，再由中央人民政府任命。這樣才可體現《中英聯合聲明》的條文。
→ 行政長官一九九七年開始以一人一票的普選方法產生；而提名則主要以直接選舉產生的立法會提名，以加強行政長官候選人的代表性。
→ 第三款可保留，但附件一的辦法須重擬。
理由：附件一的行政長官產生辦法須重新擬訂，以符合港人自治精神。
→ 本條及附件一應提供機會容許半政黨政治的存在。若政黨政治不可能存在的話，半政黨政治便需要存在，以提供機會給一些政治家去組織一共同政綱，以競逐立法會議席，這對代議政制有好處。加上香港既是一個獨立的制度，又享有高度自治，那麼香港就沒有理由不可以有半政黨政治。

3. 建議
3.1 刪除
3.1.1 第一款
→ 刪去「或協商」三字。
理由：
⊙ 港人不信任「協商」的方式。
⊙ 「協商」是寡頭政治的產物，極不民主。
⊙ 附件一內的規定已抹煞「協商產生」的可能。行政長官產生的辦法已很明朗，不見得將來會採用「協商」的方法。
⊙ 協商方法並不民主。
⊙ 行政長官應由選舉產生。
⊙ 令基本法的規定更清楚、具體。
→ 刪去第一款內「由中央人民政府任命」。
3.1.2 第二款
→ 刪去「最終」二字。
理由：
⊙ 「最終」二字予人遙遙無期的感覺。
⊙ 基本法的字眼應該是肯定明確的，「最終」二字卻含糊不清。
→ 刪去「最終達至普選產生」一句。
理由：
⊙ 「最終普選」是個理論目標，不適宜列出。就可見將來，及一些民主國家制度來說，「普選」並不是最好的辦法。「最終」一句亦削減此條的靈活性，引致有關全民投票的爭議。

⊙ 行政長官的產生未必以普選為目標，應保留較大的靈活性。
⊙ 因其他修改產生辦法（包括普選），在附件一第九項已有規定。
→ 刪去第二款
理由：
⊙ 「實際情況」和「循序漸進」含義模糊。
⊙ 欠缺實行普選的誠意。
→ 刪去第二款，將第一款內「選舉或協商」改為「普選」。
　理由：只有普選產生的行政長官才具代表性及在履行職責時能不偏不倚。
→ 刪去第二款，在第一款後加上「產生的行政長官如不符合資格或不能勝任，中央人民政府有權否決。」
→ 刪去第二及第三款，並將第一款內「通過選舉或協商產生，由中央人民政府任命」改為「通過全港年滿二十一歲的永久性居民普選產生。」
3.2 修改
3.2.1 第一款
→ 改為：「香港特別行政區長官由普選產生，提請中央人民政府任命。」
→ 將「由中央人民政府任命」改為「報請中央人民政府備案」。
→ 改為：「香港特別行政區行政長官在當地通過選舉產生，由中央人民政府任命。」
→ 改為：「香港特別行政區的行政長官由不少於十分之一的立法機關成員提名，經由全民普選產生。」
→ 改為：「香港特別行政區行政長官必須在當地通過合法的選舉程序產生，務求達至長官直接向當地公民負責的目的。而中央人民政府除任命外，並無權罷免任何通過合法程序選舉產生的行政長官。」
3.2.2 第二款
→ 第二款內「最終達至普選產生的目標」改為「須達至開放及民主提名行政長官候選人，並普選產生的目標。」
→ 第二款改為：「行政長官的產生辦法依據固定時間表的進程，最終達至普選產生的目標。」
3.3 增加
→ 在第一款「任命」前加上「正式」二字。
3.4 其他
→ 行政長官產生辦法應由立法會或立法會會同法院下的一個特別小組擬出，並由立法會最後決定是否採納及通過。行政長官的最終產生方法應為普選。
→ 凡年滿四十歲，在香港連續居住二十年，加上有五百名港人贊成，便可以參加為下屆行政長官地區性普選候選人。

【P279-289】
附件一
2. 整體
2.1 行政長官以直選產生
2.1.1 贊成
→ 行政長官應以地區普選產生為最終目的。
→ 行政長官應以直選產生。
→ 一九九七年前以全民投票選舉行政長官較為妥善。
→ 由一九九七年起，行政長官必須由一人一票直接選舉產生。
理由：
⊙ 符合民主原則，也符合香港大多數人（根據民意調查）的意願。
⊙ 香港市民的教育程度和質素，是有能力去選擇最有利香港絕大部份人民利益，有利香港整體，及有質素的行政長官。
⊙ 建立政權源於人民的香港特別行政區政府。
⊙ 只有透過普選產生的行政長官，才具有足夠的合法性、代表性和權威性。

⊙ 能在制度上保證行政長官向人民負責：聽取人民意見、接受人民監督及為人民服務。

⊙ 香港的經濟、教育、資訊發展水平與法治基礎，為行使平等政治權利提供足夠的條件。

⊙ 每個人都有選擇領導人的基本權利。

→ 在一九九七年立刻進行普選，實行全民投票，以清楚明確的時間表方式輔助其進行。

→ 行政長官選舉一定要全民投票，不能由中方委任。同時要向全港市民清楚公開候選人的背景。

→ 行政長官應由直選產生，不應由大選舉團或將來立法會提名後，再交由中國委任。

→ 一九九七年後香港特別行政區首長，由香港市民一人一票選舉產生，不必經全國人大批准，但要送「人大」備案。

→ 行政長官應由直選產生，並選出一位候補行政長官，前者由中央政府任命，如中央拒絕委任，後者可補上。

→ 建議一九九七年由三級議會成員組成大選舉團，直選產生一位副行政長官。副行政長官的提名由不少於十分一立法會議員負責。副行政長官在一九九五至一九九七年間的職務，是熟悉香港的行政工作，並於一九九七年七月一日正式成為香港特別行政區的行政長官。一九九七年期滿後，新的行政長官由直選產生。

→ 可用下列兩種方式之一選出行政長官：

（一）普選選舉團方式：由全港市民選出一候選團，再由兩局全體議員選取其中兩人成為正副首長。

（二）普選候選人方式：先由兩局議員選出候選團，再由全港市民投票選舉大選舉團中產生兩位正副首長。

→ 在一九九七年前以普選方法選出第一屆香港特別行政區行政長官，否則最遲於一九九七年或至二零零五年以普選方法選出香港特別行政區行政長官。

→ 行政長官應是香港特別行政區政府的主要官員，並由香港永久性居民以全民普選選出。

理由：

⊙ 使行政長官能夠無懼地及不偏私地對各種互相競爭的利益作出適當的平衡。

⊙ 能避免不必要的政治宣傳，因為特別是香港人比較政治冷感，政治宣傳會影響到香港的安定繁榮。

→ 行政長官由普選產生，提名權交大選舉團和立法議會成員。

→ 行政長官應由一個有廣泛代表性的提名委員會，按民主程序提名，由普選產生，具體辦法由香港特別行政區立法會擬定。第一屆提名方法，由香港立法局擬定。

2.1.2 反對

→ 由人民直接投票選舉行政長官不會是一件好事，因為在這個複雜的社會裡，群眾不容易取得足夠資料去作公正的判斷。

→ 不能接受首屆或第二屆香港特別行政區行政長官由全民普選產生。

2.2 行政長官由選舉委員會產生。

2.2.1 贊成

→ 若行政長官從一個有代表性的選舉委員會選出，其成員皆來自地方選舉或立法機關選舉的知名人士，必能得各界支持。故毋須以直選來體現民主。

→ 並不贊成以普選產生行政長官，但選舉行政長官的選舉委員會應由選舉產生。

→ 行政長官由選舉委員會產生，但選舉委員會不宜由功能組別佔多數席位。

→ 選舉委員會的組成應由直選產生，由人民提名。

2.2.2 反對

→ 反對以選舉委員會選舉行政長官。

→ 不贊成由選舉委員會選舉或提名行政長官。

理由：

⊙ 容易受中國政府操縱。

⊙ 選舉權不應落在少數人手上。

2.3 其他

→ 贊成《基本法（草案）徵求意見稿》中的方案一。

理由：香港特別行政區是一個小的經濟體系，完全受外界影響，並且又面對強勁的國際性競爭。為保持繁榮安定，政府必定要穩定、負責任、有彈性及有效率，因此行政長官與立法機關間應保持穩固的聯繫。

→ 取消附件一，代之以《基本法（草案）徵求意見稿》中附件一方案二。

→ 贊成《基本法（草案）徵求意見稿》中附件一方案五。

→ 在保障一國兩制、港人治港及高度自治成功的基礎上，行政長官必須有廣泛代表性。

→ 行政長官應由議員互選，再由中方決定。

→ 行政長官應為立法會內多數黨之黨魁。

→ 大選舉團的角色應漸轉為提名兩個或以上行政長官候選人，然後公開普選。

→ 第四十五條及附件一應提供機會讓半政黨政治存在。若政黨政治不可能存在的話，半政黨政治便需要，以提供機會給一些政治家去組織一個共同政綱，以競逐立法會議席，這對代議政制有好處。加上香港既有一個獨立的制度，又享有高度自治，那麼香港就沒有理由不可以有半政黨政治。

→ 沒有註明新界原居民、華僑及其子女可參選成為行政長官。

→ 接近一九九七年，很多公務員士氣低落，如果讓他們有機會參政及成為行政首長，可加強他們及港人的信心。事實上，公務員對現行制度熟悉，若由現今的執行者成為第一、二屆香港特別行政區的首長，這樣更為合適。

→ 在現時政治氣候下，直接選出香港特別行政區行政首長，容易令「推進中國民主化」的政客勝出，但這些人不易為中央人民政府接受，可能不能獲得任命。如此，必引起香港動亂。

→ 第四屆行政長官才由全民投票產生，時間實在太長。最適當的時間是當香港人的選舉及投票意識成熟的時候。

3. 意見

3.1 正面

→ 附件一可接受。

→ 可接納由推舉產生第一、二屆行政長官。

→ 十年一次的全民投票可改為五年一次。

→ 原則上同意草案稿方案。但第三、四屆地區性普選只宜佔總數四成具體由第二屆政府作決定。功能團體代表在第一至第四屆要保持一半以上席位。

→ 行政長官由不少於 100 名之選舉委員會聯合提名三名候選人，首屆由中央人民政府選出任命。到第二、三屆，由選舉團協商推舉，由中央任命。第四屆檢討後，決定是否由提名委員會提名，普選產生行政長官。

→ 首屆的推選委員會由 800 人組成，因人數較多便可減低人為控制，以確保公正。

→ 在第二任內普選第三任行政長官，選舉委員會人數由第一屆起應為 800 人，以後各屆人數一樣。

→ 推選委員會的人數並不構成問題，行政長官的人選必為一個各方面認可的人物。

→ 首兩屆的推選／選舉委員會要各自代表其所屬界別，不能以個人身份進入這些會中，以確保其代表性。

→ 選舉團成員來自各階層，有如香港的縮影，因而有最大的代表性，能夠選出最能照顧各階層利益的人為行政長官。

→ 首屆行政長官的選舉委員會須有廣泛代表性，入選的標準要審慎制定。

→ 若要修改選舉委員會的比例，須經立法會議員全部成員三分二多數通過，行政長官同意，並報全國人民代表大會常務委員會批准。

→ 第二、三、四任行政長官均應由草案內附件之規定產生。

3.2 反面
3.2.1 反對附件方案。
理由：
⊙ 嚴重違反民主原則，使民主政制在一九九七年後難以實現。
⊙ 政制難以達至行政長官由普選產生的目標。
⊙ 起點不民主，進度太緩慢，終點又毫無保證，故不能接受。
⊙ 發展步伐過份緩慢，將市民大眾參與選舉行政長官的權利拖延至二十三年後，是不合理和不能接受的做法。
⊙ 香港人要等十五年後才有機會由普選產生行政長官，實令人失望，加上全民投票的各種規限，使普選行政長官更加渺茫。
⊙ 附件一剝奪了市民十五年的選舉權，這並不合理。
⊙ 使行政長官享有獨裁的權力，立法會只是接受諮詢的機關，情形和香港現行的殖民地政制一樣，行政長官永遠由中央政府任命。二零一二年以前固然是由中央所委任的「選舉委員會」選舉產生，即使在二零一二年以後，行政長官的候任人由港人普選產生，他仍須取得中央人民政府任命。所以決定權始終是在中央人民政府手上。
→ 此附件與第四十五條內「循序漸進」的原則不相符。
理由：
⊙ 因時間和技術性問題，首屆行政長官的產生要特別處理是必需的，但附件一中的第二及第三屆行政長官都由選舉團自行推選，即十年內毫無改進，將普選延遲至二零一二年，與第四十五條所述行政長官的產生要循序漸進的原則不相符。
⊙ 「循序漸進」的原則在於每一屆行政長官的產生方法皆比前一屆改進，漸漸邁向民主。附件一的規定卻未能達到逐漸改進的目的。
⊙ 首三屆行政長官不應採用不民主的「大選舉團」方式產生。

3.3 第二項
→ 贊成此項的規定。
→ 勞工、社會服務、宗教等界別與工商、金融界佔同一比例，並不均衡。
→ 應將勞工、社會服務（基層）、宗教等界的代表在選舉委員會的比例增加，相反將工商、金融界和專業界的比例略為減少。
→ 選舉團的產生方法不民主，容易被一小撮人控制，選舉委員會內工商、金融界和專業界之界定含混，可能導致代表性之偏差。
→ 選舉委員會內工商、金融及專業界的界定模糊，可能導致立場的偏差。
→ 選舉委員會的專業和社會服務兩個界別有重複的地方，較難清楚割分。
→ 應列明專業界所包括的團體。
→ 行政長官的提名及選舉基本上控制在一群所謂「選舉委員會」委員手上，「選舉委員會」並非由市民選出，其代表性令人懷疑。
→ 第一屆行政長官的委任方法與「高度自治」的精神不一致。其主要的弱點就是籌備委員會及選舉委員會均非民主方式產生。故建議應清楚列明這兩個委員會的產生過程。
→ 「選舉委員會」的產生並不民主，所選出的行政長官也會欠缺代表性。
→ 800 人的選舉委員會不能代表大多數人的意見和利益，這只是數字遊戲，沒有意義。
→ 800 人的選舉委員會由選舉法規定之配額組成，基本法中並未詳細交代選舉法之規定，故亦難以知悉選舉法是否合理，而 800 人亦未必能代表整個香港的六百萬人

意願。
→ 反對有關人大政協代表在推選／選舉委員會的位置。
理由：
⊙ 這些代表都並非由選舉產生，其質素並無保證。
⊙ 這些代表的見識有限，若當上了行政長官，非港人之福。
⊙ 若政協代表在國內的選舉中沒有別於一般市民的選舉權，香港地區政協代表在香港因其政協身份而在推選／選舉委員會有席位，這是令人不解的。

3.4 第三項
→ 選舉委員會的成員應可以「個人身份」投票。
理由：似乎所有企業機構均可選舉，但當選後，卻不被視為獨立的選舉委員會的成員，這一點並不明確，故建議企業機構亦應與其他社團無異，他們的代表一旦當選，便可以個人身份去當任何組織的成員。

3.5 第四項
→ 「不少於一百名的選舉委員」所規定的聯合提名人數太多。
理由：候選人的數目可能會少於八位，縮窄了投票人的選擇。
→ 反對行政長官由提名委員會推舉。
理由：
⊙ 提名委員會的產生比選舉委員會更含糊和不民主。
⊙ 提名委員會限制港人自由競選。
⊙ 提名委員會將可能成為行政、立法以外的權力中心，令權力關係顯得異常複雜，不利於公平和有效率的施政。
→ 於第一任至第二任行政長官之選舉中，立法會應有提名權，提名候選人給選舉委員會，再由大選舉團投票選出。
理由：由立法會提名候選人，可加強日後行政長官及立法會之溝通及連繫。
→ 行政長官應由十分之一立法會成員提名。
理由：香港特別行政區是一個小的經濟體系，完全受外界影響及面對強勁的國際性競爭，為保持繁榮安定，政府必定要穩定、負責任、有彈性及有效率，因此行政長官與立法機關應保持穩固的聯繫。
→ 行政長官應由立法會提名，全港普及直接選舉產生。
理由：如果行政長官由立法會以外的團體，如提名委員會提名或選舉產生，香港即會出現行政和立法機關以外的第三個權力中心，會嚴重干擾行政和立法機關的正常關係，其害處不容低估。同時，如果行政長官並非普選產生，便沒有足夠的政治威望有效地管理香港。
→ 行政長官應由全部立法會議員的四分之一提名五位候選人，再交由全港市民普選出來。
理由：使行政長官能更接近民意。

3.6 第七項
→ 贊成此項第一段的規定。
→ 「按民主程序」內「民主」的定義含糊，各有各的解釋；有必要詳細列明提名委員會的提名方法及步驟。
→ 在未知提名行政長官候選人的「提名委員會」是如何產生及組成的大前提下，市民實難以對此「提名委員會」建立信心。

3.7 第九項
→ 行政長官產生辦法如需修改，不需立法會三分二大多數通過，亦不需行政長官的同意。
理由：任何有損既有利益團體或個人的建議肯定不會被接納，這會令對社會有利的修改得不到實現。

4.建議
4.1 刪除
→ 刪去附件一。
→ 第二項「各界人士」中刪去「宗教界」。
理由：香港有很多不同宗教派別和組織，若席位不足以包

括每個組織，便容易產生紛爭，而其他界別中亦已包括各不同信仰者。

→ 刪去第二項中「香港地區全國人大代表、香港地區全國政協委員的代表」。

理由：這兩類代表名義上是選出來的，實際上是委任的。

→ 刪去第九項。

4.2 修改

4.2.1 整個附件一

→ 修改為：

「（1）不少於一百名的香港特別行政區選民可聯合提名行政長官候選人。每名選民只可提名一位候選人。

（2）行政長官候選人經香港特別行政區選民一人一票普選產生行政長官。具體選舉辦法由香港特別行政區選舉法規定。

（3）第一任行政長官按照《全國人民代表大會關於香港特別行政區第一屆政府和立法會產生辦法的決定》產生。」

→ 修改為：

「（1）第一、二屆行政長官由大選舉團選出，由中央人民政府任命。第三屆起由一人一票普選產生，由中央人民政府任命。

（2）大選舉團共800人，由下列各界人士組成：

各級議員50%

功能界別（包括工商、金融、專業、勞工、社會服務）50%

（3）各個界別的劃分，以及每個界別中何種組織可產生大選舉團成員的名額，由香港特別行政區以選舉法規定。大選舉團成員以個人身份投票。

（4）第一屆行政長官按照《全國人民代表大會關於香港特別行政區第一屆政府和立法會產生辦法的決定》產生。

（5）第三屆開始，行政長官由不少於十分之一的立法會成員提名，由全港性普及而直接的選舉產生。

（6）立法會成員每人只可提名一人為行政長官候選人。

（7）行政長官候選人不得為公務人員。

（8）行政長官的選舉必須為真正、定期的選舉。選舉權必須普及而平等，選舉應以無記名投票辦法進行，以保證選民意志的自由表現。

（9）當選的行政長官如為立法會、行政機關或司法機關的成員，則須在當選後立即辭去其原有職務。」

→ 修改為：

「（1）不少於一百名的大選舉團成員聯合提名行政長官候選人。每名成員只可提出一名候選人。

（2）大選舉團根據提名的名單，經一人一票無記名投票選出行政長官候任人。具體選舉辦法由選舉法規定。

（3）大選舉團於中央人民政府任命行政長官後解散。」

4.2.2 第一屆行政長官普選

→ 由首屆起，行政長官應由不少於十分之一立法機關成員提名，經由全港市民一人一票普選產生。及取消以協商形式或選舉委員會方式產生行政長官。

理由：加強行政長官與立法會的關係及後者對前者的支持。

→ 行政長官必須在一九九七年後（即一九九八年起）由全民投票產生，並且有三成以上選票支持及無需經中央人民政府批准，若當選者之選票達百分之七十五以上。

4.2.3 第二屆行政長官普選

→ 第二屆行政長官由普選產生。

理由：

⊙ 以符合全港居民的利益。

⊙ 公民教育已經在香港實行多年。透過學校及傳媒，港人公民及選舉意識已有一定程度上的發展。所以附件中提出最早要在二零一二年才有普選是不適合的。

⊙ 其他地方性政府都進行直選，應與之配合。

→ 香港特別行政區行政首長最遲應於第二屆由市民一人一票直選產生。

→ 第二屆由大選舉團提名及由全民普選。

→ 行政長官的普選，應提早至第二任內決定，而若未能通過，應每隔五年再舉行一次全體選民投票。

→ 應於首屆行政長官任期內（為期三年）籌備第二屆行政長官的普選。

→ 第一屆行政長官應由中央人民政府直接任命。第二屆開始，行政長官由一人一票直接選出，每一屆任期五年，可以連任。

→ 在第二屆及以後，每位立法會成員皆可提名一人為行政長官候選人，由全港市民一人一票選出。

→ 如第一任行政長官不由直接選舉產生，第（1）至（6）項的程序可予以採用。由第二任起的行政長官須經民主程序產生。

4.2.4 二零零零、二零零一、二零零二年普選行政長官

→ 一九九七年第一屆行政長官由一人一票普選產生，或經功能團體或各大社團提名，由選民一人一票產生。

→ 二零零零年第二屆行政長官由一人一票普選產生。

→ 最遲應在二零零一年普選產生行政長官。

→ 在二零零二年及以後，行政長官應由全港市民提名，經香港市民普選產生，再由中央人民政府任命。

4.2.5 二零零三或以前普選行政長官

→ 應在二零零三年或以前普選產生。

→ 由二零零三年起，行政長官可由十分之一立法成員提名，經普選產生。

→ 最遲於二零零三年由六百至八百人組成提名團，成員包括各級議員及功能團體代表，交由一人一票選舉產生。

4.2.6 二零零五年普選行政長官

→ 在一九九七年和二零零一年，均由香港特別行政區永久性居民投票選出一個具廣泛代表性的選舉委員會，負責選出行政長官。到二零零五年時，則由香港特別行政區永久性居民投票選出一個具廣泛代表性的選舉委員會，負責提名候選人，經一人一票普選產生。

→ 二零零五年及以後，行政長官由直選產生。

4.2.7 第三屆行政長官普選

→ 行政長官應於第三屆以直選產生。

→ 同意《基本法（草案）》的建議，第一、二屆由推選委員會選出，而第三屆及以後的行政長官選舉，應是全民普選。

→ 行政長官的產生，應盡可能開放和民主。第一屆行政長官可由大選舉團選出，但這個大選舉團成員必須在各自組別內以民主方式選出，絕不能為中國委任。在一九九七年後的六至八年（即第三屆起）就應要由市民以直選產生。

→ 第一、二任行政長官，由800人選舉委員會提名，由合資格選民經普選產生（行政長官資格須符合第四十四條）。第三任行政長官，可由至少二位選民提名而自由參選，經由普選產生。

→ 第三任以前行政長官依《基本法（草案）》所定的辦法選出。第三任及以後的行政長官若要由直選產生，除要由立法會議員大多數贊成外，尚要百分之五十或以上合法選民贊成及經人大常委會批准，但毋須行政長官同意，因為行政長官在這件事的決定可能不公正。

→ 第二、三任行政長官，經由廣泛代表性的選舉委員會選出，是可行的，並符合平穩過渡的原則，但其選舉委員會成員的分配，應作如下之修改：工商、金融界25%；專業界20%；勞工、社會服務、宗教等界30%；立法議會及香港區人大及政協代表25%。

第三屆開始，行政長官應由普選產生。行政長官候選人須經由提名委員會提名，提名方法及程序由當時的立法會研究及協商。被提名而經普選產生的結果須經全國人民代表大會常務委員會批准生效及備案。

→ 支持附件一第二、四、五條產生行政長官的方法，第

三屆行政長官應該由普選產生。
→ 第一任及第二任的行政長官，應由 800 人的選舉委員會選出，第三任行政長官由選舉委員會（800 人）提名，再由香港選民一人一票選出。
→ 第一及第二屆行政長官由間選產生。第三屆起由間選直選混合產生。
→ 第三屆行政長官由不少於十分之一立法會成員提名，經由普選產生。
→ 首兩屆行政長官由「推選委員會」產生，以後這委員會改為「提名委員會」，被提名的候選人交由公民普選。首屆的「推選委員會」不需具體寫明包括原香港立法局議員，只盡量要求有社會各界的廣泛代表性。
→ 第二屆和第三屆以後，選舉團選出四位行政長官候選人，由普選產生行政長官。
→ 應在第二屆行政長官任內作政制檢討。
4.2.8 第一項
→ 改為：「行政長官應是在立法會享有多數議席政黨的民選領袖。」
→ 「行政長官由一個具有廣泛代表性的選舉委員會選出」中，在「選出」之後加入「或協商產生」。
理由：符合《中英聯合聲明》的第四項中：「行政長官在當地通過選舉或協商產生」。
→ 改為：「行政長官由一個具有廣泛代表性的選舉委員會選出，由中央人民政府任命。如選出的行政長官經中央人民政府審核，發覺不是愛國者、不符合資格或不能勝任。中央人民政府有權否決」。
4.2.9 第二項
→ 「……由下列各界人士組成：」改為「由下列香港各界人士組成：」。
→ 改為：「選舉委員會的成員應該經市民提名，並經由直接選舉產生。」
→ 選舉委員會中勞工界成員應佔 200 人。
→ 社會服務界應列入專業界。
→ 宗教等界應列入原政界人士一項。
→ 建議首三屆的選舉委員會的人數為 400 人，比例與《基本法（草案）》的規定相同，其組成由香港特別行政區選舉法規定。
→ 建議選舉委員會 800 名委員，必須在附件內列舉的各個界別中，經由民主選舉方式產生。
→ 改為：「選舉委員會成員可以其個人身份或團體代表身份投票。」
理由：選舉委員會是具廣泛代表性的，所以應容許其成員以功能組別代表的身份投票，以代表其所來源組別的意見。
4.2.10 第四項
→ 改為：「不少於五十名的選舉委員可以聯合提名行政長官候選人。每名委員只可提出一名候選人，候選人不多於八人。」
→ 行政長官候選人的提名只需一百名選民推舉。
→ 行政長官候選人應由不少於十分一立法會議員提名。
理由：通過立法機關提名行政長官，能確保行政長官得到立法機關的信任和支持，享有較大的威信，從而促進行政與立法的協調關係。
→ 不少於十分之一立法會成員提名，然後經由普選產生。
→ 建議行政長官候選人須獲若干數量的香港永久性居民提名，如有 600 人（即萬分之一）的香港永久性居民便可提名一位候選人。
理由：為體現人人皆平等地享有提名行政長官的權利。
→ 主張仍應有提名委員會的設立，但提名委員會的組成應為：功能選出之立法議員、分區直選之立法議員、終審法庭之大法官及香港區之人大與政協代表各佔四分之一，分別由各組別互選擔任。這樣可以達致行政效率和互相協調的目標，而不致將行政長官的選舉，變成為激烈的政治

鬥爭場所。
→ 在選舉行政長官時，應由選舉委員會成員互選一個提名委員會，負責提名行政長官候選人。
4.2.11 第五項
→ 改為：「選舉委員會根據提名的名單，經全港一人一票普選方式選舉行政長官的選民登記，投票程序等項，由香港特別行政區以法律規定。」
4.2.12 等七項
→ 改為：「行政長官的產生辦法如需進行修改，可先由行政機關擬出具體辦法。廣泛諮詢市民意見後，經立法會全體議員三分之二多數及全國人大香港代表三分之二之多數通過，行政長官同意，並報全國人民代表大會常務委員會備案。」
4.3 增加
4.3.1 第二項
→ 在選舉委員會組成界別中的「勞工、社會服務、宗教等界別」中加上「漁農界」。
理由：漁農界在生產事業中佔有一定地位。
4.3.2 第三項
→ 加上一句「選舉法不得同基本法內的有關規定和原則相抵觸」。
→ 應註明：「香港地區全國人大代表及政協委員的代表，由香港各界人士以每二萬五千選民選舉一個代表的方式產生。」
4.3.3 第五項
→ 加上「經全體選民投票普選產生行政長官。」

5. 待澄清問題
→ 是否立法會、行政長官或全國人民代表大會常務委員會任何一方否決普選，就不用全民投票呢？
是否即使全民投票超過一半或更多贊成普選，但由於上述某一方否決，都不能實施普選？有關這方面問題，實需要再次商議。
→ 第二項
教授界、法律界屬何界別？
→ 第七項
倘若全民投票的舉行得不到立法會多數議員、行政長官或人大常委其中一方的同意，是否意味着全民投票將永遠不會舉行？

※

⑨ 1989 年 12 月 13 至 16 日《政治體制專題小組第十七次會議紀要》，載於 1990 年 2 月《中華人民共和國香港特別行政區基本法起草委員會第九次全體會議文件匯編》

【P16】
一、委員們多數同意下述條文修改意見：
1. 第四十五條第二款「最終達至普選產生的目標」，改為「最終達至經提名委員會提名，由普選產生的目標」。

【P19-20】
三、關於行政長官的產生辦法，委員們經過討論，同意作如下修改：
1. 在第三項後增寫：「選舉委員會根據選舉法的規定，選舉行政長官和部份立法會議員。選舉委員會每屆任期五年」。

2. 將第六項、第七項第二、三、四段、第八項刪去。

3. 將第九項改為「二〇〇七年以後各任行政長官的產生辦法如需修改，須經立法會全體議員三分之二（和分組計票

各二分之一多數）通過，並報全國人民代表大會常務委員會批准」。其中分組計票方式待立法會產生辦法確定後再相應地加以修改。

※

⑩ 1990 年 1 月 17 至 20 日《政治體制專題小組第十八次會議紀要》，載於 1990 年 2 月《中華人民共和國香港特別行政區基本法起草委員會第九次全體會議文件匯編》

【P25-29】
一、關於第四章政治體制的條文修改
委員們確認了第十七次會議對第四章一些條文的修改建議，經過討論還對第四章條文作出如下新的修改：
2. 第四十五條第二款上次會議建議修改為「最終達至由提名委員會提名，普選產生的目標」改為：「最終達至由一個有廣泛代表性的提名委員會按民主程序提名後普選產生的目標」。
二、關於香港特別行政區行政長官的產生辦法
在上次會議對附件一的修改意見的基礎上，委員們經過進一步討論，同意將行政長官的產生辦法修改為：

附件一　香港特別行政區行政長官的產生辦法
一、行政長官由一個具有廣泛代表性的選舉委員會根據本法選出，由中央人民政府任命。
二、選舉委員會委員共八百人，由下列各界人士組成：

工商、金融界	200 人
專業界	200 人
勞工、社會服務、宗教等界	200 人
立法會議員、區域性組織代表、香港地區全國人大代表、香港地區全國政協委員的代表	200 人

選舉委員會每屆任期五年。
三、各個界別的劃分，以及每個界別中何種組織可以產生選舉委員的名額，由香港特別行政區制定選舉法加以規定。
各界別法定團體根據選舉法規定的名額分配和選舉辦法自行選出選舉委員會委員。
選舉委員以個人身份投票。
四、不少於一百名的選舉委員可聯合提名行政長官候選人。每名委員只可提出一名候選人。
五、選舉委員會根據提名的名單，經一人一票無記名投票選出行政長官候任人。具體選舉辦法由選舉法規定。
六、第一任行政長官按照《全國人民代表大會關於香港特別行政區第一屆政府和立法會產生辦法的決定》產生。
七、二零零七年以後各任行政長官的產生辦法如需修改，須經立法會功能團體產生的議員和分區直接選舉產生的議員兩部份出席會議議員各半數通過，且獲得立法會全體議員三分之二多數票，行政長官同意，並報全國人民代表大會大常務委員會批准。
（有些委員對第七項規定的分組計票表示保留。）

※

⑪ 1990 年 2 月 16 日《中華人民共和國香港特別行政區基本法（草案）》

【P98-99】
（編者按：本文同第八稿文件⑩，除下列內容外，均同前文。）
三、各個界別的劃分，以及每個界別中何種組織可以產生選舉委員的名額，由香港特別行政區根據民主、開放的原則制定選舉法加以規定。
各界別法定團體根據選舉法規定的分配名額和選舉辦法自行選出選舉委員會委員。
選舉委員以個人身份投票。

七、二〇〇七年以後各任行政長官的產生辦法如需修改，須經立法會全體議員三分之二多數通過，行政長官同意，並報全國人民代表大會常務委員會批准。

第九稿

「第四十五條　香港特別行政區行政長官在當地通過選舉或協商產生，由中央人民政府任命。行政長官的產生辦法根據香港特別行政區的實際情況和循序漸進的原則而規定，最終達至由一個有廣泛代表性的提名委員會按民主程序提名後普選產生的目標。
行政長官產生的具體辦法由附件一《香港特別行政區行政長官的產生辦法》規定。」
〔1990 年 4 月《中華人民共和國香港特別行政區基本法》〕

①姬鵬飛《關於〈中華人民共和國香港特別行政區基本法（草案）〉及其有關文件的說明》（1990 年 3 月 28 日第七屆全國人民代表大會第三次會議）

四、關於政治體制
（二）關於行政長官的產生辦法。草案規定，行政長官在當地通過選舉或協商產生，報中央人民政府任命。行政長官的產生辦法要根據香港的實際情況和循序漸進的原則而規定，最終達到由一個有廣泛代表性的提名委員會按民主程序提名後普選的目標。據此，附件一對行政長官的產生辦法作了具體規定，在 1997 年至 2007 年的十年內由有廣泛代表性的選舉委員會選舉產生，此後如要改變選舉辦法，由立法會全體議員三分之二多數通過，行政長官同意並報全國人大常委會批准。行政長官的具體產生辦法由附件規定比較靈活，方便在必要時作出修改。

※

② 1990 年 4 月《中華人民共和國香港特別行政區基本法》

（編者按：內容同第八稿文件⑪。）

香港特別行政區行政長官任期五年，可連任一次。

✿ 貳｜概念

1. 行政長官的任期
2. 可連任一次

✿ 叁｜條文本身的演進和發展

第一稿

第四章　第一節

「第四條　香港特別行政區行政長官的任期為五年，可以連任一次。」

〔1987 年 8 月 22 日《政治體制專題小組的工作報告》，載於《中華人民共和國香港特別行政區基本法起草委員會第五次全體會議文件匯編》〕

① 1986 年 4 月 22 日《中華人民共和國香港特別行政區基本法結構（草案）》，載於《中華人民共和國香港特別行政區基本法起草委員會第二次全體會議文件匯編》

【P13】
第四章　香港特別行政區的政治體制
第一節　行政長官
（二）行政長官的任期

※

② 《行政長官和行政機關主要官員的任期》（1986 年 7 月 8 日政制專責小組第五次會議附件三）

現時行政長官通常的任期是五年，任期滿時可延長或連任，一般情況下，任期長，例如五年，是否可以增加政府的穩定性？
行政長官的任期與立法機關成員任期的關係怎樣才能增加政府的穩定性。

※

③ 1986 年 7 月 8 日《政制專責小組第五次會議紀要（第二分組）》

7. 有委員主張行政長官的任期為四年，可連任一次；立法機關的成員任期為四年。但二者改選期不是同一年。

※

④ 1986 年 7 月 8 日《政制專責小組第五次會議紀要（第三分組）》

3. 關於行政長官和行政機關主要官員的任期：

3.1 大部份委員都認為行政長官的任期應該是五年，可以連任一次。而更換行政長官的時間應該和更換立法局成員的時間不同，從而保障整個政治環境的穩定。

※

⑤ 1987 年 5 月 22 日政制專責小組之行政機關與行政長官的產生工作組《行政機關的組成與職權討論文件（一稿）》（1987 年 5 月 29 日政制專責小組之行政機關與行政長官的產生工作組第五次會議討論文件）

【P9-10】
4. 行政長官的任期：
4.1 現時港督的任期：
《英皇制誥》及《皇室訓令》中沒有明文規定港督的任期，但通常而言，港督的任期都不少於五年。
4.2 聯合聲明中關於行政長官任期的條文：
聯合聲明中沒有條文提及行政長官的任期。
4.3 九七年後行政長官任期的建議：
1）四年
2）五年
3）在行政機關由立法機關互選產生的情況下，行政長官任期該與立法機關一樣。實際日期參考立法機關任期而定。
4.4 對九七年後行政長官能否連任有下列建議：
1）連任次數不限
2）任期不超過兩屆

※

⑥ 1987 年 6 月 2 日政制專責小組之行政長官的產生與行政機關工作組《行政機關的組成與職權討論文件（二稿）》（1987 年 6 月 8 日政制專責小組之行政長官的產生與行政機關工作組第六次會議討論文件）

【P9-10】
（編者按：內容同上文）

　　　　　　※

⑦1987年8月22日《政治體制專題小組的工作報告》，載於《中華人民共和國香港特別行政區基本法起草委員會第五次全體會議文件匯編》

【P39】
第四章　香港特別行政區的政治體制（討論稿）
第一節　行政長官
第四條
說明：有的委員主張行政長官的任期為四年，可以連任兩次；有些委員主張行政長官的任期須聯繫立法機關成員的任期來考慮；有些委員主張行政長官的任期應與立法機關成員相同。

第二稿

第四章　第一節
「第四條　香港特別行政區行政長官的任期為五年，可以連任一次。」
〔1987年9月8日《第四章　香港特別行政區的政治體制（討論稿）》（1987年9月22日政制專責小組第二次會議附件一）〕

①1987年9月2日《中華人民共和國香港特別行政區基本法起草委員會第五次全體會議委員們對基本法序言和第一、二、三、四、五、六、七、九章條文草稿的意見匯集》

【P28】
五、關於第四章　香港特別行政區的政治體制
（一）第一節　行政長官
5.第四條
有的委員表示贊成行政長官的任期與立法機關成員的任期相一致（同為四年）的主張。有的委員則認為兩者的任期宜錯開。

　　　　　　※

②政制專責小組《對基本法第四章部份條文草稿（一九八七年八月）的意見》（1987年11月4日經執行委員會通過）

（編者按：本文件雖然時間晚於本稿，但其內容是起草委員會對1987年8月22日政制專責小組擬訂的條文的意見匯編，故放在此處。）

【P1-2】
II.第一節
（3）第四條
1.有委員認為任期應與其產生方法一併考慮，例如其產生是基於立法機關，便與立法機關的任期相配合。

2.有委員認為現暫建議行政長官的任期不超過五年，不可連任多於一次，以供草委參考，但寫在基本法則須明確年期。

3.有委員認為其任期不需配合立法機關，因這種掛鈎現象只於中國大陸與香港現時情況有異。

4.有委員則建議草委可考慮行政長官與立法機關的上任與落任期的交接期。

　　　　　　※

③1987年9月8日《第四章　香港特別行政區的政治體制（討論稿）》（1987年9月22日政制專責小組第二次會議附件一）

第一節　行政長官
第四條
（編者按：內容同第一稿文件⑦）

　　　　　　※

④1987年9月8日《中華人民共和國香港特別行政區基本法起草委員會第五次全體會議意見匯編》（1987年9月22日政制專責小組第二次會議附件二）

【P2】
第四章　政制
一、關於第一節　行政長官
5.關於第四條
（編者按：本文同第二稿文件①，除下列內容外，均同前文。）
關於第四條。有的委員表示，贊成說明中關於行政長官的任期須聯繫立法機關成員的任期來考慮的意見。

第三稿

第四章　第一節
「第四條　香港特別行政區行政長官的任期為五年，可以連任一次。」
〔1987年10月《第四章　香港特別行政區的政治體制（討論稿）》（政治體制專題小組工作文件）〕

①1987年9月23日《政制專責小組對第四章第一節部份條文意見》（1987年9月29日政制專責小組第三次會議附件二）

（4）第四條
（編者按：內容同第二稿文件②）

　　　　　　※

②1987年10月《第四章　香港特別行政區的政治體制（討論稿）》（政治體制專題小組工作文件）

【P3】
第一節　行政長官

第四條
（編者按：內容同第一稿文件⑦）

草委會第五次全體大會分組討論：
（編者按：內容同第二稿文件①）

第四稿

「**第四十六條　香港特別行政區行政長官的任期為五年，可以連任一次。**」
〔1987 年 12 月《香港特別行政區基本法（草案）》（匯編稿）〕

① 1987 年 12 月基本法起草委員會秘書處《香港特別行政區基本法（草案）》（匯編稿）

【P19】
第四十六條
（編者按：內容同第一稿文件⑦）

第五稿

「**第四十七條　香港特別行政區行政長官每屆任期五年，可連任一次。**」
〔1988 年 4 月基本法起草委員會秘書處《中華人民共和國香港特別行政區基本法（草案）草稿》〕

① 1987 年 12 月《中華人民共和國香港特別行政區基本法起草委員會第六次全體會議委員們對基本法第四、五、六、十章和條文草稿匯編的意見》

【P4-5】
3. 第四十六條
（1）有些委員認為，規定行政長官任期五年是適宜的，建議去掉本條的說明。

（2）有的委員建議，行政長官與立法機關任期統一起來，全部是五年；有的建議為四年。

（3）有的委員主張行政長官與立法機關任期都是四年，

但上台的時間錯開。

※

②《各專題小組的部份委員對本小組所擬條文的意見和建議匯輯》，載於 1988 年 4 月基本法起草委員會秘書處《中華人民共和國香港特別行政區基本法（草案）草稿》

【P65】
第四十七條
有些委員主張，行政長官的任期須聯繫立法機關成員的任期來考慮，任期均為四年，行政長官可連任兩次。

第六稿

「**第四十六條　香港特別行政區行政長官每屆任期五年，可連任一次。**」
〔1988 年 4 月基本法起草委員會《中華人民共和國香港特別行政區基本法（草案）徵求意見稿》〕

①《各專題小組的部份委員對本小組所擬條文的意見和建議匯輯》，載於 1988 年 4 月基本法起草委員會《中華人民共和國香港特別行政區基本法（草案）徵求意見稿》

【P55】
第四十六條
（編者按：內容同第五稿文件②）

第七稿

「**第四十六條　香港特別行政區行政長官任期五年，可連任一次。**」
〔1989 年 2 月《中華人民共和國香港特別行政區基本法（草案）》〕

① 1988 年 6 月 6 日《政制專責小組 1 與草委交流會會議紀要》

1. 諮委對有關行政長官條文的意見
1.3 第四十六條及第六十八條：有委員詢問行政長官的任期與立法會議成員的任期不同有否特別意義。

※

② 1988 年 6 月 6 日《政制專責小組（三）與草委交流會會議紀要》

1. 行政長官
1.2 任期
1.2.1 有委員指出第四十六條之任期問題，須視乎附件中

的方案而定，其任期必須與將來產生方法相配合。
1.2.2 有委員詢問第五十三條中「新一屆」是指任期重新開始，抑或繼續未完任期。

※

③ 1988 年 8 月基本法起草委員會秘書處《香港各界人士對〈香港特別行政區基本法（草案）徵求意見稿〉的意見匯集（一）》

【P25】
第四十六條
行政長官的任期應為四年，與立法機關成員任期一致。

※

④ 1988 年 9 月基本法起草委員會秘書處《內地各界人士對〈香港特別行政區基本法（草案）徵求意見稿〉的意見匯集》

【P14】
第四十六條
行政長官的任期應與立法機關成員的任期一致。第六十八條也存在同樣的問題。

※

⑤《基本法諮詢委員會政制專責小組對基本法（草案）徵求意見稿第四章的意見匯編》，載於 1988 年 10 月基本法諮詢委員會《中華人民共和國香港特別行政區基本法（草案）徵求意見稿諮詢報告（1）》

【P101】
2. 有關專題討論
2.1 行政長官
2.1.3 任期
2.1.3.1 有委員認為，應解釋行政長官任期為「五年」，而立法會議成員任期卻是「四年」的用意。
2.1.3.4 有委員指出，行政長官之任期須視乎附件中的方案而定，任期須與將來產生方法相配合。
2.1.3.5 有委員認為，第五十三條中「新一屆」的意思不明確，應界定任期是重新開始還是繼續未完的任期。

【P107】
3. 有關條文討論
3.4 第四十六條
3.4.1 有委員指出，本條的英譯本出現問題：「for no more than two terms」應修改為「for no more than two consecutive terms」。
3.5 第四十六條及第六十八條
3.5.1 有委員認為，行政長官的任期與立法會議成員的任期不同，如果沒有特別意義，應改為任期相同。

※

⑥ 1988 年 10 月基本法諮詢委員會《中華人民共和國香港特別行政區基本法（草案）徵求意見稿諮詢報告第五冊——條文總報告》

【P214-215】
第四十六條
2. 意見
2.1 任期
→ 任期應為五年。
→ 任期應為四年。
理由：
⊙ 與立法會議成員的任期配合。
⊙ 配合有關立法會議成員任期的交錯原則。
⊙ 為求行政與立法會議相互制衡，行政長官應向立法會議負責。
⊙ 行政長官每屆任期為五年實太長，並缺乏依據。
⊙ 保證了每屆立法會議成員均可參與提名行政長官。
⊙ 若接納附件一方案——關於行政長官的產生辦法，四

年較可取。
→ 任期應為三年。
→ 任期最短為一年，最長為三年。
→ 如果行政長官候選人所得的票數不足合格選民總數的 50％，任期將為一年。
→ 如果行政長官的選舉是差額選舉（兩人或以上參選），候選人若獲得超過 50％ 的合格選民選票，將獲委任為行政長官，任期為四年。
→ 如果行政長官的選舉總投票額超過合格選民總數的 50％，但參選者最高獲票額不達此數，則獲最高選票額之參選者視為當選，任期為一年。
→ 如果行政長官的選舉是差額選舉，投票總額不足合格選民的 35％，即表示尚未適合採用普選方式，選舉無效，則行政長官改由協商方式產生，任期為四年。
→ 任期須與立法會議成員的任期一併考慮。
→ 任期應與立法會議成員每屆任期相同，以保持聯繫。
→ 每屆任期與立法會議成員的任期略有差異較佳。
理由：行政長官和立法會議不必同時進行選舉，而在立法會議大選時仍有行政長官在位，這樣較能維持政府的延續性。
→ 行政長官與立法會議成員均享有四年一任之任期，每隔兩年輪次進行選舉，以避免選舉過於頻繁及政府因全面改組而造成政策的不穩定。
→ 有關任期問題的條文須視乎各附件中的方案而定。
2.2 連任
→ 可連任兩次。
理由：
⊙ 只有政績優異者才可於任滿後再獲連任。
⊙ 再賦予他服務香港社會的機會，這樣社會及全體市民可同時獲益。
⊙ 行政長官的施政應有連續性。
→ 不應連任二次。
→ 不能連任超過三次。
→ 可連任三次。
→ 可連任多次，並且當他違犯原定的政策辦事時，應交由中央人民政府處理。
→ 如獲重選或在特殊情況下獲委任，便可連任。

3. 建議
3.1 修改
→ 改為：「香港特別行政區行政長官每屆任期為四年，可連任一次。」
→ 改為：「香港特別行政區行政長官每屆任期四年，可連任兩次。」但如因行政長官辭職、被彈劾罷免或去世而產生空缺，或立法會議被解散，而上述情況在其任期之前半段時間內發生，則新任之行政長官或立法會議成員可完成餘下之任期及連任下一屆。但若上述情況在其任期之後半段時間內發生，則新任之行政長官或立法會議成員可完成餘下之任期。
→ 改為：「行政長官的任期與立法會議成員的任期一併考慮。」
→「可連任一次」應改為「最多只可連任一次。」
3.2 增加
→ 英文本應加上「No more than two consecutive terms」，中文本加上「只可連任一次。」

4. 待澄清問題
→ 如行政長官的每屆任期為五年，而立法會議成員的任期定為四年，則行政長官如何能成為立法會議的成員？

第八稿

「第四十六條　香港特別行政區行政長官任期五年，可連任一次。」

① 1989 年 11 月基本法諮詢委員會《中華人民共和國香港特別行政區基本法（草案）諮詢報告第三冊——條文總報告》

【P126-127】
第四十六條
2. 意見
→ 任期應為三年。
→ 以三年為一任，可連任至死為止。
→ 任期應為三年，不得連任。
理由：社會上的賢能者眾多，較短的任期可令各賢能者的機會較均等。
→ 以三至四年為一任，連任不超過兩屆。
→ 任期應為四年。
理由：
⊙ 與立法會議員的任期相同。
⊙ 五年太長。
⊙ 可減少很多選舉活動及不必要的政治性活動。
⊙ 可避免行政長官在其一任期內，面對兩屆不同組合的立法會議員，以確保兩者維持良好的合作關係。
⊙ 在五十年不變的情況下，較短的任期容許更多次的行政長官選舉。
→ 任期應為四年，而首屆的任期應為二年。
理由：以配合立法會的任期。
→ 以四年為一任，只可連任兩次。
→ 以四年為一任，可連任一次。
理由：給予行政長官有充份的時間履行職務。
→ 任期應為五年。
理由：
⊙ 行政長官與立法會議員的任期不同，可避免兩者同時選舉或引起政治波動，亦可保持政制發展的平穩性。
⊙ 香港的公共政策問題複雜，賦予行政長官較長的任期可確保他能推行一些更長遠，更有意義的政策。
→ 以六年為一任，可連任兩屆。
→ 第一任行政長官的任期為五年，亦應規定其後任期的

年限。
→ 應只能連任一次。但假若行政長官年青、有才幹而在第二任任期期滿時仍未滿七十五歲，可經過一定的程序（如鑒別、投票）後，容許行政長官多連任一兩次，直到七十五歲為止。
→ 只能連任兩屆。
→ 只能連任三屆。
理由：不明確規定可連任的次數等於實行中央首長的終身制，是封建專制的制度。
→ 在任期滿後，若到退休年齡，最好不要連任，一定要退休。

3. 建議
3.1 修改
→ 改為：「香港特別行政區行政長官任期三年，如想連任，必須再接受普選通過。」
→ 「可連任一次」應改為「只可連任一次。」
→ 改為：「香港特別行政區行政長官初次任期三年，可連任二次，每次為五年。」

4. 待澄清問題
行政長官任期五年，而立法機關成員任期則為四年，任期長短之差異會帶來何種優點？

※

② 1989 年 12 月 13 至 16 日《政治體制專題小組第十七次會議紀要》，載於 1990 年 2 月《中華人民共和國香港特別行政區基本法起草委員會第九次全體會議文件匯編》

【P16】
一、委員們多數同意下述條文修改意見：
2. 第四十六條改為「香港特別行政區行政長官任期五年，連續任職不超過兩任」。

第九稿

「**第四十六條　香港特別行政區行政長官任期五年，可連任一次。**」
〔1990 年 4 月《中華人民共和國香港特別行政區基本法》〕

香港特別行政區行政長官必須廉潔奉公、盡忠職守。
行政長官就任時應向香港特別行政區終審法院首席法官申報財產，記錄在案。

✿ 貳│概念

1. 行政長官的品格要求
2. 行政長官須申報財產

✿ 叁│條文本身的演進和發展

第一稿

第四章　第一節

「第七條　香港特別行政區行政長官不得利用職權為自己謀私利。」

〔1987 年 8 月 22 日《政治體制專題小組的工作報告》，載於《中華人民共和國香港特別行政區基本法起草委員會第五次全體會議文件匯編》〕

① 1986 年 4 月 22 日《中華人民共和國香港特別行政區基本法結構（草案）》，載於《中華人民共和國香港特別行政區基本法起草委員會第二次全體會議文件匯編》

【P4】
第四章　香港特別行政區的政治體制
第一節　行政長官
（三）行政長官的職權

　　　　　　　　　　　※

② 1987 年 8 月 22 日《香港特別行政區居民的基本權利和義務專題小組的工作報告》，載於《中華人民共和國香港特別行政區基本法起草委員會第五次全體會議文件匯編》

【P42】
第四章　香港特別行政區的政治體制（討論稿）
第一節　行政長官
第七條
說明：有些委員提出，行政長官要宣誓效忠於中央和香港特別行政區，遵守法律，把「不得利用職權為自己謀私利」改為「盡忠職守」。關於行政長官和主要官員退休後的職業限制問題，留待研究。

第二稿

第四章　第一節

「第七條　香港特別行政區行政長官不得利用職權為自己謀私利。」

〔1987 年 9 月 8 日《第四章 香港特別行政區的政治體制（討論稿）》（1987 年 9 月 22 日政治專責小組第二次會議附件一）〕

① 1987 年 9 月 2 日《中華人民共和國香港特別行政區基本法起草委員會第五次全體會議委員們對基本法序言和第一、二、三、四、五、六、七、九章條文草稿的意見匯集》

【P32】
五、關於第四章　香港特別行政區的政治體制
（一）第一節　行政長官
8. 第七條
有的委員認為，因為其他官員也同樣不能利用職權謀私利，所以不必單為行政長官訂這一條。有的委員認為，行政長官是最高官員，廉政機構也要向他負責，有必要訂這一條規定。部份委員認為，這一條的表述方式不合適，建議從正面來作規定，可改為行政長官必須盡忠職責，遵守法律。

　　　　　　　　　　　※

② 政制專責小組《對基本法第四章部份條文草稿（一九八七年八月）的意見》（1987 年 11 月 4 日經執行委員會通過）

（編者按：本文件雖然時間晚於本稿，但其內容是起草委員會對 1987 年 8 月 22 日政制專責小組擬訂的條文的意見匯編，故放在此處。）

【P2】

（5）第七條

1. 有委員認為「為自己謀私利」寫得不夠清楚，因可為妻子謀私利。

2. 有不少委員認為應取消此條文，因在行政長官宣誓時或對他的彈劾規定已可規定其行為了。

3. 但另有意見認為謀私利可能不算是犯法行為，而是嚴重的貪污行為，故這條文是需要的。

※

③ 1987 年 9 月 8 日《第四章　香港特別行政區的政治體制（討論稿）》（1987 年 9 月 22 日政制專責小組第二次會議附件一）

第一節　行政長官
第七條
（編者按：內容同第一稿文件②）

※

④ 1987 年 9 月 8 日《中華人民共和國香港特別行政區基本法起草委員會第五次全體會議意見匯編》（1987 年 9 月 22 日政制專責小組第二次會議附件二）

【P4】
第四章　政制
一、關於第一節　行政長官
8. 關於第七條：
有的委員認為，因為其他官員也同樣不能利用職權謀私利，所以不必單為行政長官訂這一條。有的委員認為，行政長官是最高官員，廉政機構也要向他負責，有必要訂這一條規定。部份委員認為，這一條的表述方式不合適，建議從正面來作規定。有的委員還提出，第十二條規定了行政會議的成員須宣誓效忠，行政長官也應宣誓效忠。
對第七條：
有些委員提出，本條的內容採用正面寫的方式比較積極，可改為行政長官必須盡忠職責，遵守法律。
關於第七條：
有的委員建議本條的內容應該從正面表述。

第三稿

第四章　第一節
「第七條　香港特別行政區行政長官不得利用職權為自己謀私利。」
〔1987 年 10 月《第四章　香港特別行政區的政治體制（討論稿）》（政治體制專題小組工作文件）〕

① 1987 年 9 月 23 日《政制專責小組對第四章第一節部份條文意見》（1987 年 9 月 29 日政制專責小組第三次會議附件二）

（6）第七條
（編者按：本文同第二稿文件②，除下列內容外，均同前文。）
3. 但另有意見認為謀私利不是犯法行為，而是嚴重的貪污行為，故這條文是需要的。

※

② 1987 年 10 月《第四章　香港特別行政區的政治體制（討論稿）》（政治體制專題小組工作文件）

【P8】
第一節　行政長官
第七條
（編者按：內容同第一稿文件②）

第五次大會分組討論：
（編者按：內容同第二稿文件①）

第四稿

「第四十八條　香港特別行政區行政長官必須盡忠職守。
行政長官在就任時必須向香港特別行政區終審法院首席法官申報財產，秘密記錄在案。」
〔1987 年 12 月基本法起草委員會秘書處《香港特別行政區基本法（草案）》（匯編稿）〕

① 1987 年 12 月基本法起草委員會秘書處《香港特別行政區基本法（草案）》（匯編稿）

【P23-24】
第四十八條
說明：有些委員指出，行政長官和主要官員退休後的職業限制問題，留待研究。

第五稿

「第四十八條　香港特別行政區行政長官必須廉潔奉公、盡忠職守。
行政長官就任時應向香港特別行政區終審法院首席法官申報財產，秘密記錄在案。」
〔1988 年 4 月基本法起草委員會秘書處《中華人民共和國香港特別行政區基本法（草案）草稿》〕

① 1987 年 12 月《中華人民共和國香港特別行政區基本法起草委員會第六次全體會議委員們對基本法第四、五、六、十章和條文草稿匯編的意見》

【P8】

5. 第四十八條
（1）有的委員認為，規定行政長官「盡忠職守」比較空洞，可考慮不寫。

（2）有的委員提出，規定行政長官必須「申報財產」有

無必要，是否定得太細了。

（3）有的委員提出，本條第一款與第二款不協調，建議加以調整。

（4）第一組的委員認為，本條的說明可以刪去。

※

②《各專題小組的部份委員對本小組所擬條文的意

見和建議匯輯》，載於 1988 年 4 月基本法起草委員會秘書處《中華人民共和國香港特別行政區基本法（草案）草稿》

【P65】
第四十八條
有些委員提出，行政長官和主要官員退休後的職業限制問題，留待研究。有的委員建議，本條增加「行政長官在就任時必須辭去所有受薪或有報酬的職務」的內容。

第六稿

「**第四十七條　香港特別行政區行政長官必須廉潔奉公、盡忠職守。**
行政長官就任時應向香港特別行政區終審法院首席法官申報財產，秘密記錄在案。」
〔1988 年 4 月基本法起草委員會《中華人民共和國香港特別行政區基本法（草案）徵求意見稿》〕

①《各專題小組的部份委員對本小組所擬條文的意見和建議匯輯》，載於 1988 年 4 月基本法起草委員會《中華人民共和國香港特別行政區基本法（草案）徵求意見稿》

【P96】
第四十七條
（編者按：內容同第五稿文件②）

第七稿

「**第四十七條　香港特別行政區行政長官必須廉潔奉公、盡忠職守。**
行政長官就任時應向香港特別行政區終審法院首席法官申報財產，記錄在案。」
〔1989 年 2 月《中華人民共和國香港特別行政區基本法（草案）》〕

① 1988 年 6 月 6 日《政制專責小組 1 與草委交流會會議紀要》

1. 諮委對有關行政長官條文的意見
1.4 第四十七條：
1.4.1 有委員指出「廉潔奉公」及「盡忠職守」的意義含糊。
1.4.2 有委員建議行政長官的財產須向立法機關申報。因為若照原文，行政長官只須向特區終審法院法官申報財產，秘密記錄在案，如是，則無人能監督行政長官的行為是否廉潔。

※

② 1988 年 6 月 6 日《政制專責小組（三）與草委交流會會議紀要》

8 條文
8.1 第四十七條
有委員認為「廉潔奉公、盡忠職守」並非法律語言，只是道德標準，故不應寫於憲法中。

※

③ 1988 年 8 月基本法起草委員會秘書處《香港各界人士對〈香港特別行政區基本法（草案）徵求意見稿〉的意見匯集（一）》

【P25】
第四十七條
1. 建議刪去第一款。

2. 本條規定是否表示行政長官的財產永遠保持秘密呢？若

有一天，某行政長官涉嫌貪污，立法機關調查時，行政長官如據此條要求保守其財產秘密，應如何處理呢？建議申報財產應該公開。

3. 建議將本條刪去。

※

④ 1988 年 9 月基本法起草委員會秘書處《內地各界人士對〈香港特別行政區基本法（草案）徵求意見稿〉的意見匯集》

【P14】
第四十七條
行政長官就任時應辭去所有其他受薪和有報酬職務。

※

⑤《基本法諮詢委員會政制專責小組對基本法（草案）徵求意見稿第四章的意見匯編》，載於 1988 年 10 月基本法諮詢委員會《中華人民共和國香港特別行政區基本法（草案）徵求意見稿諮詢報告（1）》

【P101】
2. 有關專題討論
2.1 行政長官
2.1.3 任期
2.1.3.2 有委員謂根據第四十七條，行政長官的財產需秘密記錄在案，卻未界定在什麼情況下才會公開其財產資料。如行政長官貪污而需要調查又可否公開其財產資料，也未有詳述。
2.1.3.3 有委員認為，調查委員會主席存有的資料不表示

不可在調查時公開；亦有委員認為不應公開，否則行政長官會失去尊嚴；另有委員認為，無須將申報財產寫在基本法中，因各級公務員（包括行政長官），均應遵守一套更詳盡的公務員或行政長官的守則。

【P107】
3. 有關條文討論
3.6 第四十七條
3.6.1 有委員認為，「廉潔奉公、盡忠職守」的意義含糊，並非法律語言，只是道德標準，故不應寫於憲法中。
3.6.2 有委員建議應參照其他國家或地區對行政長官的監察辦法而重寫此條文。因為若照原文，行政長官只須向特別行政區終審法院法官申報財產，秘密記錄在案，如是，則無人能監督行政長官的行為是否廉潔。

※

⑥ 1988 年 10 月基本法諮詢委員會《中華人民共和國香港特別行政區基本法（草案）徵求意見稿諮詢報告第五冊── 條文總報告》

【P215-218】
第四十七條
2. 意見
2.1 財產申報
→ 反對秘密記錄。
→ 應向立法會議申報財產；並公開記錄在案。
理由：
⊙否則不利民主發展。
⊙可實行全民監督。
⊙中國內地各級官員須公開財產和收入的辦法會普遍推行，若到一九九七年香港行政區長官的財產申報還要秘密記錄在案，便顯得落後。
→ 行政長官須「申報財產，秘密記錄在案」的規定使行政長官只申報其某段時間的財產狀況，而此資料不向任何人公開，並無真正的作用。
→ 行政長官應為全職受薪，出任後不得兼任私人職務。為使公眾人士能監管其操守，行政長官於就任及離任時，都應申報和公開財政狀況。
→ 香港特別行政區行政長官和首長級公務員不僅要申報財產，而且其財產應向全香港居民公開，甚至他們每年的繳稅情況也同樣要公開。
理由：加強制衡及約束。
→ 行政長官在卸任時亦應申報財產，秘密記錄在案，方便作出比較，以監察他是否廉潔奉公。
→ 應參考其他國家對行政長官財產的監察辦法，改寫此條文。
2.2 其他職務限制
→ 在任的行政長官必須卸除一切私人的商務責任。
→ 行政長官上任後應辭去其他有報酬之職務。
→ 行政長官即使任滿後，亦宜規定他在某段合理時間內（最少一年）不得擔任受薪或有報酬（甚至遞延報酬）之職務。
→ 行政長官退休後不應再接受私人機構之職務。
→ 行政長官和主要官員離職後應有職業限制。
→ 行政長官任滿後，得由政府支付長俸。
2.3 其他意見
→ 應對行政長官「廉潔奉公、盡忠職守」作具體規定。
→ 此條所列乃主觀性字眼，建議必須列出具體性限制。

3. 建議
3.1 刪除
→ 刪除本條。

→ 刪去第一款。
理由：
⊙ 「廉潔奉公」及「盡忠職守」皆非法律可量度，何況第四十三、第五十二及第五十三條有補救的作用。
⊙ 「廉潔奉公、盡忠職守」只是形容詞，界定的標準各異。
⊙ 港人是不會選一個不廉潔奉公，不盡忠職守的人作為行政長官的。
→ 刪去「秘密」二字。
理由：不少國家的行政長官的財產申報是公開的，不應引人猜疑。
3.2 修改
3.2.1 第一款
→ 改為：「香港特別行政區行政長官為香港特別行政區市民的利益而盡忠職守。」
→ 改為：「……必須效忠中華人民共和國和香港特別行政區，並要廉潔奉公、盡忠職守。」
3.2.2 第二款
→ 改為：「行政長官就任時應向香港特別行政區的法院或終審法院申報財產，並記錄在案。」
理由：
⊙ 倘若行政長官只向香港特別行政區終審法院首席法官一人申報財產，而該法官又受行政長官委任，很易造成兩人之間的非法勾結，使行政長官的財產公私不分，亦無人知曉。
⊙ 不少國家都規定行政長官的財產申報，無須秘密記錄在案，免致引人猜疑。
→ 改為：「香港特別行政區行政長官及首長級的公務員，不僅要申報財產，甚至納稅亦要向全港市民公開，以保證香港特別行政區的政府廉潔奉公。」
理由：避免為貪官污吏大開方便之門。
→ 改為：「……申報財產，公開記錄在案。」
→ 改為：「……應向全國人民代表大會常務委員會申報財產，並秘密記錄。」
→ 改為：「……申報及託管其財產，秘密記錄在案。」
理由：單純的申報不足以避免利益衝突。所有財產應託管於不涉及利益關係的一方。
→ 「行政長官在就任時應向……」的「應」字改為「必須」。
→ 末句改為：「……公開申報財產，並在任滿後覆算私產，以向特別行政區市民交代。」
理由：以具體行動證明其「廉潔」。
3.3 增加
→ 第一款句末加上：「否則由立法會議多數成員通過呈報中央人民政府罷免。」
→ 第一款句末加上：「和不與本法相抵觸外，必須以香港特別行政區利益為先。」
→ 加上第三款：「行政長官和主要官員退休後，可以自由選擇職業，但必須呈報香港特別行政區終審法院首席法官備案，受全香港特別行政區的市民監察。」
→ 加上：「行政長官和主要官員在退休後所受僱私人機構的職業，不能與就任政府公務時的性質相同。若涉及國防、外交、保安事宜，應有守秘密的責任。行政長官在就任前必須辭去所有受薪或有報酬的職務。」
理由：
⊙ 為國防、外交、保安事宜保密起見，行政長官及主要官員在退休後不能藉公務資料謀取利益。
⊙ 就任時申報財產以保證廉潔。
→ 加上：「行政長官要以身作則，遵守和執行基本法，為香港市民鞠躬盡瘁。」
→ 加上：「行政長官在就任時必須辭去所有受薪或有報酬之職務。」
理由：

⊙ 可避免任何涉及其私人利益而與其職務之衝突。
⊙ 保證行政長官一心一意為特別行政區政府服務。
→ 加上：「行政長官就任時須辭去其於政府或私人機構的所有受薪職位。」
理由：為確保行政長官的公正。
→ 加上「如發現行政長官在任或卸任時的財產與官職不相稱，要依法追究和審判。」
理由：第二款並未寫明當發現行政長官的收入與官職不相稱時，他所要面對的懲罰。
→ 加上：「如發覺收入與官職不相稱，則依法處理。」
3.4 其他建議
→ 規定行政長官在任滿之際須同樣地再次申報其財產，並交由審計署署長核查，以證明其沒有濫用職位以謀利。

4. 待澄清問題
→ 何謂「廉潔奉公」？用什麼方法將之界定？
→ 行政長官的財產是否永遠保密呢？若行政長官涉嫌貪污，立法會議成員可通過組成獨立的調查委員會調查，但行政長官若按此條規定要求其財產永遠保密，到時應如何處理？
→ 就已述的範圍中，行政長官要向誰人負責？而他又如何實行這種責任？行政長官的職責寫在基本法哪一部份？
→ 若委任後，行政長官的「廉潔奉公、盡忠職守」程度顯得未如理想或未達香港特別行政區市民的期望，會有什麼後果？
→ 若行政長官貪污，由誰監察及提出檢控？

第八稿

「**第四十七條　香港特別行政區行政長官必須廉潔奉公、盡忠職守。**
行政長官就任時應向香港特別行政區終審法院首席法官申報財產，記錄在案。」
〔1990年2月16日《中華人民共和國香港特別行政區基本法（草案）》〕

① **《基本法諮詢委員會政制專責小組就基本法（草案）第四章、附件一、附件二及附錄的意見匯編》，載於1989年11月基本法諮詢委員會《中華人民共和國香港特別行政區基本法（草案）諮詢報告第一冊》**

【P5】
2. 對條文的評論
2.1 第四十七條
有委員建議效法美國，把行政長官財產交予不受外來指示的信託基金管理。
原因是行政長官的廉潔對一個政府的穩定，是非常重要的。例如，在日本、菲律賓、韓國，行政長官的貪污，都導致政府的倒台。

※

② **1989年11月基本法諮詢委員會《中華人民共和國香港特別行政區基本法（草案）諮詢報告第三冊——條文總報告》**

【P127-128】
第四十七條
2. 意見
→ 此條應作出有關規定，以便在需要時，可根據該規定取用行政長官的財產紀錄。

3. 建議
3.1 刪除
→ 刪去此條
→ 刪去第一款。
理由：
⊙ 公務員廉潔奉公、盡忠職守是最起碼的要求，作為香港特別行政區的首長更應如此。

⊙「廉潔奉公、盡忠職守」的規定是不言而喻的，寫明反而減低這個標準的份量。
3.2 修改
3.2.1 第一款
→ 改「……廉潔奉公、盡忠職守、」為「……奉公守法、盡忠職守。」
理由：
⊙「廉潔」二字難以界定。
⊙「奉公守法」比「廉潔奉公」重要，亦較符合香港的實際情況。
3.2.2 第二款
→ 改「終審法院首席法官」為「首席按察司」。
→ 將「就任時應向」改為「就任及離職時須向」。
→ 將「申報財產」改為「申報本身及其直屬家人所擁有的財產」。
3.3 增加
→ 在第一款後加上：「效忠中華人民共和國和香港特別行政區」。
理由：中華人民共和國的地方政府首長理所當然地要效忠中華人民共和國。
→ 在第二款加上：「並將資料給予立法會主席使用。」
理由：此聲明應適用於首席法官以外的人，如立法會主席。
→ 加上：「行政長官、立法會主席和主要官員不得任私人有薪職位。」
→ 加上：「行政長官在任職時必須辭去所有有薪酬的公共或私人部門的職位。」
理由：以保證行政長官的大公無私。
3.4 其他
→ 設立一委員會監督，訂立行政長官守則：
（1）申報財產；
（2）廉潔奉公；
（3）繁榮安定香港；
（4）遵守一國兩制之國規；
（5）為國忠誠職守；
（6）爭取中央人民政府設立崇高貢獻政職人民服務獎章及名譽證。

第九稿

「**第四十七條　香港特別行政區行政長官必須廉潔奉公、盡忠職守。**
行政長官就任時應向香港特別行政區終審法院首席法官申報財產，記錄在案。」
〔1990年4月《中華人民共和國香港特別行政區基本法》〕

香港特別行政區行政長官行使下列職權：

（一）領導香港特別行政區政府；

（二）負責執行本法和依照本法適用於香港特別行政區的其他法律；

（三）簽署立法會通過的法案，公佈法律；簽署立法會通過的財政預算案，將財政預算、決算報中央人民政府備案；

（四）決定政府政策和發佈行政命令；

（五）提名並報請中央人民政府任命下列主要官員：各司司長、副司長，各局局長，廉政專員，審計署署長，警務處處長，入境事務處處長，海關關長；建議中央人民政府免除上述官員職務；

（六）依照法定程序任免各級法院法官；

（七）依照法定程序任免公職人員；

（八）執行中央人民政府就本法規定的有關事務發出的指令；

（九）代表香港特別行政區政府處理中央授權的對外事務和其他事務；

（十）批准向立法會提出有關財政收入或支出的動議；

（十一）根據安全和重大公共利益的考慮，決定政府官員或其他負責政府公務的人員是否向立法會或其屬下的委員會作證和提供證據；

（十二）赦免或減輕刑事罪犯的刑罰；

（十三）處理請願，申訴事項。

1. 行政長官的職權

第一稿

第四章　第一節
「第五條　香港特別行政區行政長官行使下列職權：
（一）代表香港特別行政區；
（二）領導香港特別行政區政府；
（三）負責執行本法及依照本法適用於香港特別行政區的其他法律；
（四）批准或不批准立法機關通過的法律，簽署並公佈法律；
（五）決定政策和發佈行政命令；
（六）提名主要官員，報請中央人民政府任命；經中央人民政府批准，聘請相當於司級和司級以上的顧問；
（七）依照法定程序任免公職人員；
（八）按本法規定任免各級法院法官；
（九）執行中央人民政府就本法規定的有關事務發出的指令；
（十）代表香港特別行政區政府處理中央授權的對外事務及其他事務；
（十一）建議或拒絕建議立法機關接受有關稅項或動用政府收入等方面的請求或動議；
（十二）批准或拒絕批准有關人士出席立法機關所轄的委員會作證和提供證據；
（十三）經中央同意可解散立法機關；
（十四）赦免或減輕刑事罪犯的刑罰。」
〔1987 年 8 月 22 日《政治體制專題小組的工作報告》，載於《中華人民共和國香港特別行政區基本法起草委員會第五次全體會議文件匯編》〕

① 1986 年 2 月基本法諮詢委員會《第六批研討會總結》

……其中應詳細說明的問題包括：
（2）行政機關與立法機關的關係；

※

② 1986 年 4 月《香港各界人士對〈基本法〉結構等問題的意見匯集》（基本法起草委員會第二次會議參閱資料之一）

【P37】
一、有關政治體制的總的意見
15. 行政局應包括行政長官和一些上層決策者，不須有非官守議員，行政局仍然是特別行政區政府日常行政的上層決策機構，但同時應對立法機關負責。

※

③ 1986 年 4 月 22 日《中華人民共和國香港特別行政區基本法結構（草案）》，載於《中華人民共和國香港特別行政區基本法起草委員會第二次全體會議文件匯編》

【P13】

第四章　香港特別行政區的政治體制
第一節　行政長官
（三）行政長官的職權

※

④《行政長官和行政機關的職權》（1986 年 7 月 8 日政制專責小組第五次會議附件一）

下列為現時行政長官（即港督）的主要職權：
（a）主持行政局的會議
（b）掌管各行政部門
（c）主持立法局的會議
（d）批准立法局所通過的法案
（e）兼任三軍總司令
（f）行政局議員的任命
（g）部份立法局議員的任命
（h）法官的任命
（i）公職人員的任命
（j）各法定委員會成員的任命
（k）有權作出決定與大多數行政局議員的意見相反
（l）解散立法局
（m）土地處理
（n）委任調查委員會
（o）赦免令
（p）對請願書作決定
（q）執行法例所附屬的立法權頒佈規例

討論摘要：
行政長官
（a）下列職權是否需要保留或取消
（i）主持立法局會議的職權
（ii）兼任三軍總司令
（iii）批准立法局所通過的法案
（iv）有權作出決定與大多數行政局議員的意見相反
（v）委任調查委員會
（vi）解散立法局

※

⑤ 1986 年 7 月 8 日《政制專責小組第五次會議紀要（第一分組）》

3. 關於行政長官的職權方面：
3.1 有委員提出，行政長官應有下列職權：
3.1.1 領導各行政部門；
3.1.2 任命法官；
3.1.3 任命公務員；
3.1.4 任命各法定委員會；
3.1.5 處理土地；
3.1.6 委任調查委員會；
3.1.7 頒佈赦免令；
3.1.8 對請願書作出決定；
3.1.9 執行法例所附屬的立法權頒佈規例；
但委員認為行政首長應無須有主持立法局會議的職權，亦不必兼任三軍總司令。再者，根據《中英聯合聲明》，立法機關成員由選舉產生，不須要由行政長官任命。至於行政長官是否有權解散立法機關，要視乎將來的政制發展及政制模式而定。
3.2 有委員提出，在現行的制度下，法例最初由行政局提議，經立法機關討論通過後，由港督批准執行。換句話說，是採用「行政主導」方式，法例的動議權乃屬於行政機關。有委員提出特別行政區應沿用「行政主導」模式，任何法律的制訂或修改，應由行政機關先提出。但有委員對此表示不同意，認為立法機關有完整的立法權，包括動議的立法權。
3.3 有委員認為特別行政區的行政長官應有權力去批准立法機關所通過的法案。但有些委員認為立法機關通過就可以，無須交行政長官，以體現立法機構有立法之權力。假如立法機關已通過的法案違反大眾利益時，行政長官可使用他的否決權，但再經立法機關以某比例通過，則成定案。這樣一方面可保證行政、立法、司法三權分立，又可以維持現行制度的優點。但亦有委員覺得行政長官的法律否決權和《中英聯合聲明》精神不符。
3.4 根據《中英聯合聲明》的原則，特別行政區政府可享有行政管理權。因此，未來的行政機關應向港人負責，並向中央政府匯報，但不表示特別行政區政府要得到中央同意才可推行法例。

※

⑥ 1986 年 7 月 8 日《政制專責小組第五次會議紀要（第二分組）》

6. 有關行政長官的職權範圍，委員的意見如下：
6.1 有委員主張行政、立法、司法三權分立，所以認為行政長官不應主持立法機關；
6.2 行政長官不會當三軍總司令；
6.3 行政長官可以代表中央政府，因為他是由中央政府任命的；

6.4 有委員認為行政長官不可以否決立法機關通過的議案；另有委員建議行政長官可否決議案，但在否決後，如立法機關再以三分之二的多數票通過議案，他的否決便會被推翻。

※

⑦ 1986 年 7 月 8 日《政制專責小組第五次會議紀要（第三分組）》

1. 關於行政長官的職權
1.1 以下各點現時行政長官（港督）的主要職權，小組委員取得一致共識，認為九七後都應該保留：
1.1.1 主持行政局的會議
1.1.2 掌管各行政部門
1.1.3 公職人員的任命
1.1.4 各法定委員會成員的任命
1.1.5 土地處理
1.1.6 委任調查委員會
1.1.7 赦免令
1.1.8 對請願書作決定
1.2 以下各點關於行政長官的職權，各小組委員有較詳細的討論：
1.2.1 主持立法局的會議
有委員認為如果行政長官兼任立法局的主持，便可能在局內產生另一個權威人士，而且行政長官的工作將會是很繁多的，所以不應再兼顧正法機關（編者按：「正法機關」應為「立法機關」之誤）的會議。
1.2.2 解散立法局：
有委員認為如果行政長官有權解散立法局，香港整個政治架構便會很不穩定，因為聯合聲明已提及未來的立法機關是由選舉產生的。但另一委員認為只要嚴格規定行政長官只在某些特殊情況下才可以解散立法局，同時要求他把決定報請人大備案，行政長官是應該有解散立法局的權的。
1.2.3 法官的任命：
有委員認為行政長官可以形式上委任司法人員，但所有決定都應該根據司法人員敘用委員會的推薦。行政長官對司法機構不應加以干預，應盡量使它獨立。
1.2.4 執行法例所附屬的立法權頒佈規例：
委員原則上認為行政長官應有這權力，但卻希望這句改為「制定法例的附則」。
1.2.5 兼任三軍總司令：
有委員認為九七年後軍權不在特區，所以行政長官沒有權兼任三軍總司令。但另一委員認為香港的行政長官可作中央與本地駐軍之間的聯絡人，因此經中央負責人的委任後，本地的行政長官便可作形式上的三軍總司令。
1.2.6 部份立法局議員的任命：
有委員提出聯合聲明已指出立法機構成員由選舉產生，因此將來的行政長官不可以委任立法局議員。
1.2.7 行政局議員的任命：
有委員認為要決定贊成或反對這項權力與否，應首先瞭解「任命」的意思，以及行政長官可以任命的議員數目。但另一委員認為行政長官應該有這個權力。
1.2.8 有權作出決定與大多數行政局議員的意見相反：
有委員認為行政長官有權不理會行政局議員的反對，而堅持自己的意見，但在這時候他需要向人大解釋，因為人大是中國的最高權力機關。

※

⑧ 1986 年 7 月 8 日《政制專責小組第五次會議紀要（第四分組）》

2.分組討論：
2.1 行政長官的職權
2.1.1 主持立法機關會議的職權
與會委員認為：為保持現有政制不變及立法與行政兩機關
的配合，行政長官應可繼續主持立法機關會議，但只限於
主持會議，而非控制會議。
但有委員懷疑行政長官的產生，是由選舉或協商產生，由
中央任命，由這樣的人選出任立法機關的主持，是否符
合聯合聲明有關立法機關成員由選舉產生的精神？若是符
合，則主張行政長官繼續出任立法機關會議的主持。
2.1.2 擔任三軍總司令
與會委員認為：依《中英聯合聲明》，外交和國防、軍隊
的指揮權理應保留給中央，未來的行政長官是不可任三軍
總司令的。至於軍隊的調動權在和平時期，有關內部治安
的軍隊調動，應要預先知會及得到行政長官的同意，或在
行政長官要求下，才可進行。但在戰爭時期或緊急時期，
則無須徵得行政長官的同意，便可調動軍隊。
2.1.3 批准立法機關所通過的法案
大部份委員認為行政長官有權批准及否決立法機關所通過
的議決案，但如果立法機關再以三分之二或四分之三票數
通過該法案，則可以推翻行政長官的否決。這亦是對行政
長官的一種制衡。但有委員憂慮這樣做會使行政長官的權
力過大。
2.1.4 委任調查委員會
與會委員認為行政長官可繼續擁有委任調查委員會之權。

※

⑨ 1986 年 8 月 14 日《草擬政制的初步討論紀要》附件

【P7】
2.行政機關的組成與行政長官的產生
2.2 行政長官
2.2.4 職權
2.2.4.1 緊急權力及其行使方法
2.2.4.2 委任法官的權力
2.2.4.3 提名司級官員
2.2.4.4 領導行政機關
2.2.4.5 特赦權及其行使方法

※

⑩ 1986 年 8 月 18 日《未來香港特別行政區政府架構芻議》

【P2】
（2）行政長官
2.1 行政長官的職權
a. 主持行政長官顧問委員會會議。
b. 掌管各行政部門。
c. 同意立法局所通過的法案。
d. 行政長官顧問委員會官守委員的任命。
e. 法官的任命。
f. 公職人員的任命，司級官員除外。
g. 各法定委員會成員的任命。
h. 批准土地處理。
i. 赦免令。
j. 對請願書作決定。
k. 管理內部治安隊伍的權力。

※

⑪ 1987 年 5 月 25 日政制專責小組之行政機關與行政長官的產生工作組《行政機關的組成與職權討論文件（一稿）》（1987 年 5 月 29 日政制專責小組之行政機關與行政長官的產生工作組第五次會議討論文件）

【P1-8】
2.行政長官的職權
2.1 現時港督的職權：
1）主持行政局會議，就各項政策諮詢行政局議員的意見。
2）港督可以不依行政局議員的建議而以自己的意見去決
定政策，但他必須就此呈報英國外交及聯邦事務部。
3）港督可以提名行政局、立法局非官守議員、按察司、
法官及各部門首長，交英國外交及聯邦事務部任命。
4）本地的高級政府公務員可由港督直接委任。
5）港督可在聆聽特別的法律委員會建議後，罷免法官。
6）港督乃立法局主席，對各項政策都有投票權。而當立
法局議員所投的正、反票數相等時，港督有最後投票權。
7）立法局內有關財政的法案只能由港督建議討論。
8）所有立法局通過的法律，必須要經港督簽署方為有效。
9）港督有特赦權，可以會同行政局減免罪犯刑罰，甚至
赦免死刑。
10）港督有權處理香港一切土地買賣事宜。
11）港督乃名義上的三軍總司令。
12）港督有權代表香港與外國簽訂有關經濟的協定。
13）港督是英國女皇在香港的代表。
14）港督定期向英國外交及聯邦事務部匯報香港的情況。
15）有遞解離境權。
2.2《英皇制誥》及《皇室訓令》中有關港督職權的條文：
（編者按：根據後文⑫的補充，以下所用羅馬數字標題皆
取自《英皇制誥》及《皇室訓令》的原標題。）
2.2.1《英皇制誥》中有關港督職權的條文
II 英皇特此委任、授權並指派上述總督兼總司令（下稱總
督）按照下列各點處理及執行其一切有關職務：英皇制誥
的要旨；任何英皇致總督的委託書的要旨；英皇、樞密院
令或其中一位主要國務大臣不時向總督發出的指令；以及
現行或以後實施的法律。
IV 總督應保管及使用殖民地的公璽，並以公璽蓋章於一
切須加蓋公璽的文件上。
V 殖民地應設有一行政局，局內成員包括英皇指令所委任
的人選，任期長短由英皇決定。總督可因充份理由暫停行
政局任何議員的職權，直至英皇表明決定為止，惟總督須
即時透過其中一位主要國務大臣通知英皇。如英皇透過其
中一位主要國務大臣批准該停職決定，總督須立即以加蓋
公璽的正式文件撤銷該議員的職權，而該議員的議席即因
此出現空缺。
VI 立法局成員應由總督根據英皇指令，或透過其中一位
重要國務大臣，憑已加蓋公璽的委任狀任命。
VII 總督在徵得立法局的意見及同意後，可為殖民地的治
安、秩序及良好管理制定法律。
X 條例草案經立法局通過後呈交總督批准時，總督須根據
英皇指令，或透過其中一位主要國務大臣，自己決定批准
該草案，或不予批准，或保留由英皇決定是否批准。
XI 凡保留由英皇決定是否批准的條例草案，一經英皇根
據樞密院令，或透過其中一位主要國務大臣予以批准，隨
即生效。總督須通知立法局或發出文告，以表示該條例草
案已獲批准；惟該通知須在草案呈交總督批准後兩年內發
出。
XII 總督及立法局在制定任何法律時，都必須符合及遵守
英皇指定中的有關規則、規例及指示。
XIII
（1）殖民地內任何由英皇處理的土地買賣及轉讓事宜，

一律可由總督以英皇名義代辦。

（2）總督可授權其他人選或機關代辦上述事宜，惟必須在香港政府憲報發出有關通告。

（3）該權力須符合總督指定的條件及限制，並可由總督更改或撤銷；惟必須在香港憲報發出有關通告。

XIV 總督有權指派及委派法官、按察司及其他委任政府官員，任期長短由英皇決定，否則即按照法例規定。

XV 若殖民地內發生任何罪行或犯法行為，或罪犯須在此地接受審判，總督可因個別情況，以英皇名義赦免其中同謀犯的罪名，藉此換取主謀犯或其中一個主謀犯的定罪資料。甚至罪犯已被法庭（國會成立的軍事法庭除外）定罪，總督仍然有權赦免或減輕其刑罰，並決定此等減免須否受條件限制。此外，總督可批准刑罰緩期執行，並決定所緩期限。一切應歸英皇所有的罰款及充公物品，均可由總督批准轄免。惟總督於減免刑罰時，不能以放逐或遞解有關罪犯出境為交換條件，除非當事人為政治罪犯，並且沒有犯上嚴重罪行。

XVI 總督可因充份理由撤銷或暫停任何政府官員的職務，或對有關官員採取紀律處分；惟於執行此等權力時，總督必須遵照條例十六（甲）項的意思，根據其中一位國務大臣的指示辦事。

XVIA

（6）若某高等法院或地方法院的法官因能力不足或行為不檢而要被撤銷職務，而總督認為事件有調查的必要，則：

（a）總督須以加蓋公璽的正式文件（此文件可由總督以同類方法更改或取消）成立一特種法庭，其中成員由一位主席及其他兩位法官組成，這兩位法官須由總督挑選，並曾經在下列其中一種法庭任職法官：（i）英聯邦境內擁有無限制司法權的法庭，（ii）可處理此等法庭提出的上訴的法庭。

（b）特種法庭會對有關事件採取調查，然後匯報總督，並建議總督應否要求透過英皇把事件移交審判委員會處理。

（c）如果特種法庭建議總督提出上述要求，則總督必須按建議行事。

（7）如果上述第（6）項的法官免職問題已移交特種法庭調查，則總督有權暫停有關法官的職務。

（8）總督有權隨時撤銷上述停職決定，使其停止生效，如果

（a）特種法庭建議總督不應要求透過英皇把事件移交審判委員會處理，或

（b）審判委員會建議英皇不應撤銷有關法官職務。

XVII

（4）若已按照本制誥中條例第十七（甲）項委任總督代理人，則不可把總督或執行總督職務的人員看作不在本地或不能履行有關職務。

XVIII 英皇特此要求及命令所有政府官員及大臣——無論是民事的或是軍事的，以及所有居於此殖民地的人士，以服從的態度，幫助及協助總督或暫時管理此地政府的人員。

XIX「總督」一詞，在英皇制誥內包括任何暫時管理本殖民地政府的人員。

2.2.2《皇室訓令》中有關港督職權的條文

I 總督有權隨時要求本殖民地任何公務員宣誓效忠英皇，宣讀誓言包括《英皇制誥》中規定的《效忠誓言》及其他相類同誓言或本地不時立例規定的誓言。總督負責安排有關人員宣誓，或委派其他公務員代為處理。

II 本殖民地的行政局成員必須包括：當時管理駐紮本地英軍的統領（下文統稱為英軍司令）；當時履行布政司、律政司、民政司及財政司等職務的人員（下文統稱為當然官守議員）；英皇不時透過英皇指令委任的人員，或總督不時根據其中一位主要國務大臣的指示或以加蓋公璽的正式文件委

任的人員。此等委任人員在下文統稱為官守或非官守議員，前者接受任命時為政府官員，而後者則非為政府官員。

III 如任何行政局議員——當然官守議員除外——親筆簽署辭職或去世；或總督以加蓋公璽的委任狀宣告任何議員無資格執行其職權；或任何議員不在本殖民地；或任何議員須代當然官守議員之職；或任何議員遭停職，或任何議席因其他理由出現空缺，則總督可臨時憑加蓋公璽的委任狀任命任何公務員暫時為官守或非官守議員，或任何非公務員暫時為非官守議員，以填補基於上述情形出現的議員空缺。

如該臨時議員之任命遭英皇駁回；或其取代的議員已復職、或經總督宣告已重新執行其職權、或已返回殖民地、或已不再代當然官守議員之職，則該臨時議員須立即停任。

IV 總督須透過其中一位主要國務大臣，從速向英皇呈報該臨時任命。而該臨時議員的任期由英皇決定，總督亦可以加蓋公璽的正式文件撤銷其任命。

VI 總督須把英皇此等指示通知行政局；或把英皇不時發出的相類指示，或其認為有利於英行政的指示告知行政局。

VII 行政局會議必須由總督召開。

VIII 總督須在可行的情況下擔任行政局會議的主席。

IX

（3）總督或行政局主席可基於會議事務的需要，邀請任何人士出席當局會議，儘管該人士並非當局議員。

X 總督於執行英皇制誥賦予其權時，必須諮詢行政局意見，除非該事項與公務員的任命、紀律處分或撤職有關；或總督認為行政局的意見或會令英行政蒙受損害；或待決事項並不重要至需要當局意見；或該事項過於緊急，總督來不及諮詢當局。若屬緊急事項，則總督必須在可行情況下從速通知行政局其採取之措施，並附以其理由。

XI 只有總督有權向行政局提出問題討論，或就該等問題諮詢當局意見；如總督拒絕提出任何議員書面要求其提出的問題，則該議員絕對有權要求把其申請書內容，連同總督的答覆，收入會議記錄中。

XII 總督於執行英皇制誥賦予其職權時，有權不接受行政局議員的建議——如其認為此舉正確。惟總督必須從速把該事件連同其不接受的原因，呈報英皇。於此等事件中，任何議員均絕對有權要求把其提出該建議或意見的原因詳載於會議記錄中。

XIII 總督可因充份理由暫停立法局任何官守或委任議員的職權，待英皇表明其決定為止，而總督須透過其中一位主要國務大臣即時通知英皇。如英皇透過其中一位主要國務大臣確認該停職決定，總督須立即以已加蓋公璽的正式文件撤銷對該官守或委任議員的任命，因此該議員的議席即出現空缺。

XIV 如任何立法局議員（不包括當然官守議員或民選議員）根據以下途徑辭去立法局職務或去世；或任何議席因其他理由出現空缺；或任何議員遭停職；或已加蓋公璽的委任狀宣告任何議員無資格執行其職權；或任何議員不在殖民地；或任何議員須代當然官守議員之職，則總督可憑已加蓋公璽的委任狀任命一立法局議員臨時議員，以填補上述議員的空缺。

該臨時議員的任期由英皇決定，如其任命遭英皇駁回；或總督撤銷其任命；或其任命由另一明確任命所取代；或其所取代的議員已復職、或經總督宣告已重新執行其職權、或已返回殖民地、或已不再代當然官守議員之職，則該臨時議員須立即停任。

如任何人士合法兼任多個當然官守議員所居的公職，總督可憑已加蓋公璽的委任狀任命任何合適人士為臨時立法局議員，惟上述公職須繼續由一人兼任，而該任命可如上述遭駁回或撤銷。總督須透過其中一位主要國務大臣，從速向英皇呈報該臨時任命。

XVII 如任何立法局委任議席基於下列任何一項理由而出

現空缺（直接地或因無資格執行該職務），則港督在不妨礙條例第十三的情況下，必須書面宣告該事項，並立即在香港政府憲報中宣佈該議員已經停任。此等理由跟民選議席依例出現空缺的一樣：

（a）該議員出任該例註明之職務或被撤銷該職務；

（b）該議員被宣判犯了該條例註明之罪行；

（c）該議員在本港或以外的地方被判該條例註明之刑罰；

（d）該議員破產或未能償還該條例註明之有關債項；

（e）該議員多次未能出席當局會議；

（f）該議員被選為當局民選議員。

XVIII 除當然官守議員外，任何立法局官守或非官守議員均可以親筆簽署之書面通知辭去職務，惟辭職一事必須經由總督或英皇透過其中一位主要國務大臣書面批准，方能生效。

XXI 總督須在可行的情況下擔任立法局會議的主席。

XXIA

（2）總督可在休會期間經香港政府憲報發出通告召開特別會議。

XXII 所有建議由立法局辯論的題目須以多數票取決。總督或主席可投一普通票，如有題目票數相同，則可再投一決定票。

XXIV 任何有可能導致或旨在動用英皇在殖民地任何收益的條例、議決事項、決議或辯題，均須由總督提出討論，除非該提議已獲總督明確批准或指示。

XXVI 除特殊情況外（見下文），總督不能以英皇名義批准下列任何一類的條例草案：

（1）凡涉及在教堂結合人士離婚之條例草案；

（2）凡涉及可能使其本人獲得土地、金錢、其他捐款或酬金的條例草案；

（3）凡涉及影響殖民地之貨幣或有關銀行紙幣之印行的條例草案；

（4）凡涉及設立、修正或更改任何銀行組織的結構、職權、或特權的條例草案；

（5）凡涉及徵收差別關稅的條例草案；

（6）凡其條文涉及與條約所規定的英皇義務不符的條例草案；

（7）凡涉及干預皇家海、陸、空部隊紀律或管制的條例草案；

（8）凡其性質特殊和重要，可導致英皇特權、或不居住於殖民地的英國人民的權利和財產、或聯合王國及其屬土的貿易和航運受到損害的條例草案；

（9）凡可導致非歐洲出生或非歐洲裔人士遭受限制或約束，而歐洲裔人士則不會遭受該等限制或約束的條例草案；

（10）凡包括曾被英皇拒絕批准或駁回的條文的條例草案。除非總督已事先透過其中一位主要國務大臣就上述草案取得英皇指令；或上述草案包括一項條款聲明在該條例草案未得到英皇表示批准之前暫不生效；或總督認為上述草案有即時生效的緊急需要，則總督有權以英皇名義批准上述草案（如該草案抵觸英國法律，或與條約所規定的英皇義務不符，則仍不得由總督以英皇名義批准）。惟總督必須從速把其批准的條例草案連同批准的原因，呈報英皇。

XXVII 如條例草案並非一項政府議案而此條例草案旨在影響及或惠及某類人士、社團、或法團，則該條例草案中必須包括一條條款，規定除對條例草案所提及的人士，或根據條例草案而提出要求之人士外，該條例草案對英皇之權利，或任何政治團體或法團或任何其他人士之權利，均無影響。如果在立法局提出此類草案，必須事前在至少連續兩期的香港政府憲報公佈，並根據當時有效的立法局會議常規發出通知。在該草案根據上述程序公佈之前，總督不得以英皇名義批准該草案。總督須將其簽署的證明文件連同該草案呈報英皇，以證明該草案已依上述程序公佈。

XXVIII 如任何條例已獲通過或保留由英皇決定，總督須

透過其中一位主要國務大臣，向英皇呈報該草案（連同其頁邊摘要）的完整本及正確副本，以取得英皇的最後批准、駁回或其他指示。該副本須加蓋公璽及由總督簽署，以證明其真確性；如有需要，還須附上解釋，以說明通過該條例或草案的原因及背景。

XXVIIIA 總督有權隨時通過公佈於香港政府憲報的命令解散立法局：除非立法局已在較早前解散，否則解散情況必須維持至民選議員大選後的第一次會議的三周年紀念的前十九天為止。

XXXI 總督在出售或轉讓屬於英皇的空地或荒地時，必須對該地進行調查，並就其認為需要的道路及公眾利益問題作出保留。沒有英皇透過其中一位英國主要大臣給予的指示，總督不可直接或間接地為自己購入上述土地。

XXXIV 若任何罪犯被本殖民地內任何法庭判處死刑，總督須請求有關主審法官呈交有關案件的書面報告，並在行政局會議中提出討論，更可專誠傳召有關法官出席該會議，並出示其紀錄。總督不可減免該罪犯的刑罰，除非他在取得行政局建議後，覺得這是權宜之計；惟在任何情形下，無論行政局議員同意或不同意其意見，總督均須以個人審慎的判斷來決定應否赦免或遲延執行該死刑；若其決定與行政局大多數意見相反，則必須於行政局會議紀錄內詳細說明其中原因。

XXXVI 未得英皇透過英皇指令或其中一位主要國務大臣發出的批准，總督不可以任何借口離開本殖民地。

XXXVII「總督」一詞在本訓令中包括任何暫時管理本殖民地政府的人士，除非此義與該文內容有所抵觸。

2.3 聯合聲明中有關行政長官職權的條文：

1）香港特別行政區政府的主要官員（相當與「司」級官員）由香港特別行政區行政長官提名，報請中央人民政府任命。（附件一第一節）

2）法官任命／罷免職權

（1）香港特別行政區法院的法官，根據當地法官和法律界及其他方面知名人士組成的獨立委員會的推薦，由行政長官予以任命。（附件一第三節）

（2）法官只有在無力履行職責或行為不檢的情況下，才能由行政長官根據終審法院首席法官任命的不少於三名當地法官組成的審議庭的建議，予以免職。（附件一第三節）

（3）主要法官（即最高一級法官）的任命和免職，還須由行政長官徵得香港特別行政區立法機關的同意並報全國人民代表大會常務委員會備案。（附件一第三節）

2.4 九七年後行政長官的職權

根據《中英聯合聲明》，九七年後行政長官將有以下各項職權：

1）提名香港特別行政區司級官員，由中央政府任命。

2）根據法律界有關委員會的建議，任命及罷免香港特別行政區法院的法官。

3）經香港特別行政區立法機關的同意並報全國人民代表大會常務委員會備案後，可任命或罷免主要法官（即最高一級法官）的職位。

除此之外，亦有建議九七年後行政長官該履行如下的職務：

4）作行政機關的主席（此機關的性質約相等於現時之行政局，但詳細結構尚待討論），領導行政機關各部門之工作。

5）作中央政府與香港特別行政區的聯絡人，定期向中央政府匯報有關香港特別行政區的事務。

6）代表香港特別行政區政府與其他國家進行除國防及外交之外，所有非政治性事務（如經濟事項）的溝通及接觸。

7）批准或廢除以「中國香港」名義同外國或國際組織締結的協定。

8）根據中央人民政府之授權，執行中央政府和外國或國際組織締結的協定中適用於香港的部份。

9）依法定程序任命各級公務員。

10）就公眾關心的事情委任調查委員會。

11）任命或罷免各法定委員會成員。

12）頒發赦免令，赦免死囚及罪犯的刑罰。

13）決定請願事項。

14）處理有關的土地事項。

15）統領香港特別行政區的警察部隊，管理內部治安。

16）會同行政機關發出戒嚴令，報中央人民政府備案。

17）執行香港特別行政區法律或基本法授權的其他事項。

18）編制及執行香港特別行政區的財政預算。

19）有遞解離境權。

20）代表香港作「人大」代表：

贊成

→ 行政長官熟悉香港的情況，將更有效地向人大反映香港人的意願。

反對

→ 人大代表應在立法機關中選出，因為所有立法機關成員都以選舉形式產生，更具代表性。

→ 如果香港的人大代表席位只有一個，則應由立法機關選出；若超出一個，則行政機關代表亦可參加。

21）與立法機關有關之職權

（1）作立法機關之主席：

贊成

→ 行政長官作立法機關之主席，可保證立法機關制定的法律將不會違反聯合聲明。

→ 如果行政長官只是主持而不控制立法機關會議，由他主持立法機關會議將有助於行政及立法機關的溝通和協調。

反對

→ 這將導致行政長官的權力過大，對社會的發展不利，也有違行政、立法互相制衡的原則。

→ 行政長官的工作將會極之繁忙，故不適宜再兼任立法機關的主席。

（2）解散立法機關：

贊成

→ 行政長官有權在緊急時解散立法機關，可保證立法機關不會做出違背聯合聲明的事情。

→ 行政長官可以解散立法機關，可視為對立法機關一種制衡力量。

反對

→ 聯合聲明提及立法機關由選舉產生，如果行政長官可以解散立法機關，將會使香港整個政治架構變得很不穩定。

→ 如果行政長官可以解散立法機關，這將賦予他過大的權力

（3）否決立法機關通過的法案：

贊成

→ 如果行政長官有權否決立法機關通過的法案，而立法局又可再以大多數票否決行政長官的決定，兩者便可以互相制衡。

→ 未來立法機關成員由選舉產生，他們可能為了討好選民而提出不合大眾利益的建議。但行政長官的工作是照顧整個社會的利益，所以他應該有權批准或否決立法機關通過的法案。

→ 立法機關通過的法案將由行政長官執行，故他應該有權批准或者否決該項決議，否則他執行時便會產生矛盾。

反對

→ 聯合聲明提到立法機關根據基本法規定依照法定程序制定法律，報請人大常委會備案便行，故行政長官便沒有權批准或否決立法機關所通過的法律。

→ 行政長官有權否定立法機關通過的法案，便有違三權分立的原則。

→ 立法機關通過的法案。

（4）批准立法機關通過的法案。

（5）行政長官每年向立法機關作施政報告。

（6）在需要時出席立法機關之會議，解答立法議員對政策的詢問。

※

⑫ 1987年6月2日政制專責小組之行政長官的產生與行政機關工作組《行政機關的組成與職權討論文件（二稿）》（1987年6月8日政制專責小組之行政長官的產生與行政機關工作組第六次會議討論文件）

【P1-8】

（編者按：本文同第一稿文件⑪，除下列內容外，均同前文。）

2. 行政長官的職權

2.2 《英皇制誥》及《皇室訓令》中有關港督職權的條文：

2.3 九七年後行政長官的職權

2.3.1 聯合聲明中有關行政長官職權的條文：

1）香港特別行政區政府的主要官員（相當與「司」級官員）由香港特別行政區行政長官提名，報請中央人民政府任命。（附件一第一節）

2）香港特別行政區法院的法官，根據當地法官和法律界及其他方面知名人士組成的獨立委員會的推薦，由行政長官予以任命。（附件一第三節）

3）法官只有在無力履行職責或行為不檢的情況下，才能由行政長官根據終審法院首席法官任命的不少於三名當地法官組成的審議庭的建議，予以免職。（附件一第三節）

4）主要法官（即最高一級法官）的任命和免職，還須由行政長官徵得香港特別行政區立法機關的同意並報全國人民代表大會常務委員會備案。（附件一第三節）

2.3.2 建議九七年後行政長官的職權：

甲、以下為爭論性不大的職權：

1）領導各部門之工作。

2）作中央政府與香港特別行政區的聯絡人，定期向中央政府匯報有關香港特別行政區的事務。

3）代表香港特別行政區政府與其他國家進行除國防及外交之外的其他事務（如經濟事項）的溝通及接觸。

4）批准、廢除及執行以「中國香港」名義同外國或國際組織締結的協定。

5）根據中央人民政府之授權，執行中央政府和外國或國際組織締結的協定中適用於香港的部份。

6）依法定程序任命各級公務員。

7）就公眾關心的事情委任調查委員會。

8）任命或罷免各法定委員會成員。

9）頒發赦免令，赦免死囚及罪犯的刑罰。

10）決定請願事項。

11）處理有關的土地事項。

12）統領香港特別行政區的警察部隊，管理內部治安。

13）會同行政機關發出戒嚴令，報中央人民政府備案。

14）執行香港特別行政區法律或基本法授權的其他事項。

15）編訂及執行香港特別行政區的財政預算。

16）有遞解離境權。

乙、以下為具爭論性的職權：

17）與立法機關有關之職權

（1）作立法機關之主席：

贊成

→ 行政長官作立法機關之主席，可產生領導作用，並確保行政主導體的政體。

→ 有助於行政及立法機關的溝通和協調。

反對

→ 這將導致行政長官的權力過大，對社會的發展不利，也有違行政、立法互相制衡的原則。

→ 行政長官的工作將會極之繁忙，故不適宜再兼任立法機關的主席。

（2）解散立法機關：

贊成

→ 行政長官有權在必要時解散立法機關，可確保行政主導體的政體。

→ 行政長官可以解散立法機關，可視為對立法機關一種制衡力量。

反對

→ 聯合聲明提及立法機關由選舉產生，如果行政長官可以解散立法機關，將會使香港整個政治架構變得很不穩定。

→ 如果行政長官可以解散立法機關，這將賦予他過大的權力。

→ 在某些情況下，這權力將有違行政機關向立法機關負責的原則。

（3）否決立法機關通過的法案：

贊成

→ 如果行政長官有權否決立法機關通過的法案，兩者便可以互相制衡。

→ 未來立法機關成員由選舉產生，他們可能為了討好選民而提出不合大眾利益的建議。但行政長官的工作是照顧整個社會的利益，所以他應該有權批准或否決立法機關通過的法案。

→ 立法機關通過的法案將由行政長官執行，故他應該有權批准或否決該項決議，否則他執行時便會產生矛盾。

反對

→ 如果行政長官有權否定立法機關通過的法案，這將賦予他過大的權力。

（4）批准立法機關通過的法案。

（5）行政長官每年向立法機關作施政報告。

（6）有需要時出席立法機關之會議，解答立法議員對政策的詢問。

（7）具有限期將法案擱置的權力。

※

⑬ **1987年8月22日《政治體制專題小組的工作報告》，載於《中華人民共和國香港特別行政區基本法起草委員會第五次全體會議文件匯編》**

【P39-41】

第四章　香港特別行政區的政治體制（討論稿）

第一節　行政長官

第五條

（一）說明：有的委員主張寫成「代表香港特別行政區政府」。

（二）說明：委員們認為，本章所提「政府」一詞的概念應有統一的理解。有些委員主張「政府」僅指行政機關；有些委員主張採用大政府的概念；多數委員同意待進一步研究後再作確定，暫時可先按大政府的概念草擬本章條文。

有些委員認為，如採用大政府概念，本項應寫成「領導香港特別行政區行政機關」。

（三）說明：有些委員主張將本項內容寫入第一條。

（四）說明：有的委員認為，行政長官對立法機關通過的法律無否決權，簽署法律只是一種形式；有的委員認為，行政長官不批准的法律，可發回重議，如立法機關再以三分之二多數通過，行政長官必須簽署，否則可解散立法機關（參見第三節第八條的說明）。

（六）說明：有的委員主張「經中央人民政府批准，聘請相當於司級和司級以上的顧問」一句可刪去；有的委員主張在「聘請」前加「依法定程序」；有的委員認為，經中央批准就是程序，不必加這五個字。

有些委員提出，主要官員和司級以上顧問的免職，應當加以規定。

（七）說明：部份委員主張不必加「依照法定程序」；有的委員提出，「依照法定程序」改為「按本法規定」。

（八）說明：部份委員主張寫成：「按法定程序任免各級法院法官」；也有些委員主張寫成：「任免各級法院法官」。

（十一）說明：有的委員主張本項權力應由立法機關主席行使。

（十二）說明：有些委員主張本項權力應屬立法機關主席；有些委員認為，「有關人士」應改為「政府官員」；有的委員認為，作證和提供證據的範圍還需要研究。

（十三）說明：有些委員主張立法機關解散後，行政長官也應辭職。

（十四）說明：此外，有些委員主張行政長官是立法機關的當然主席，並作為一項寫進本條；但也有些委員表示反對；多數委員同意這個問題留後研究。

第二稿▶

第四章　第一節

「第五條　香港特別行政區行政長官行使下列職權：

（一）代表香港特別行政區；

（二）領導香港特別行政區政府；

（三）負責執行本法及依照本法適用於香港特別行政區的其他法律；

（四）批准或不批准立法機關通過的法律，簽署並公佈法律；

（五）決定政策和發佈行政命令；

（六）提名主要官員，報請中央人民政府任命；經中央人民政府批准，聘請相當於司級和司級以上的顧問；

（七）依照法定程序任免公職人員；

（八）按本法規定任免各級法院法官；

（九）執行中央人民政府就本法規定的有關事務發出的指令；

（十）代表香港特別行政區政府處理中央授權的對外事務及其他事務；

（十一）建議或拒絕建議立法機關接受有關稅項或動用政府收入等方面的請求或動議；

（十二）批准或拒絕批准有關人士出席立法機關所轄的委員會作證和提供證據；

（十三）經中央同意可解散立法機關；

（十四）赦免或減輕刑事罪犯的刑罰。」

〔1987 年 9 月 8 日《第四章　香港特別行政區的政治體制（討論稿）》（1987 年 9 月 22 日政制專責小組第二次會議附件一）〕

① 1987 年 9 月 2 日《中華人民共和國香港特別行政區基本法起草委員會第五次全體會議委員們對基本法序言和第一、二、三、四、五、六、七、九章條文草稿的意見匯集》

【P29-31】

五、關於第四章　香港特別行政區的政治體制

6.第五條

（1）有些委員認為，本條第（一）項「代表香港特別行政區」一語並未反映出行政長官的職權，而是對行政長官的地位的說明。建議將此款移至本節第一條之後。

（2）有些委員認為，香港特別行政區的行政長官地位特殊，具有雙重身份：既是行政機關的首長，又是整個香港特別行政區的代表，其職權超過一般的行政首長。因此，不能把本條所提「政府」簡單地與資本主義國家的政府模式相類比。

（3）有的委員認為，本條第（四）項規定行政長官對立法機關通過的法律有否決權，這是不妥當的。對於行政長官在什麼情況下可以不批准立法機關通過的法律，應有限定。有的委員認為，行政長官有權簽署或拒絕簽署立法機關通過的法律，這是不必要的抄襲，也違背了分權和互相制衡的原則；即使行政長官真的有這個權力，立法機關也應該有權以三分之二多數的決議再通過被否決的法律，那時候行政長官便必須簽署，這樣才符合制衡的原則。

（4）有的委員提出，行政長官管不管錢包，對財政預算有無批准權或否決權，關係重大，本條第（四）項中的「法律」是否包括財政預算法案，需加以明確；財政預算在立法局通過後是否須經行政長官批准才能生效，若行政長官不批准又該怎麼辦，這些問題都要寫清楚，否則無法律根據。

（5）有的委員提出，本條第（五）項所提的「決定政策」似過於籠統，行政長官並非能決定所有政策，應加以限定。

（6）有的委員建議，將第（六）項中第一層意思的表述方式改為：「報請中央人民政府任免主要官員」。至於聘請顧問問題，建議加上「根據需要」一類的字樣，使條文比較靈活。

（7）有些委員提出，本條第（十一）項的表述不夠清楚，不易看懂，需文字上加工。

（8）有的委員提出，「批准」和「建議」兩詞本身就包涵了可「不批准」和「不建議」的涵義，建議將（四）、（十一）、（十二）三項條文中的「或不批准」、「或拒絕建議」、「或拒絕批准」等字樣刪去。

（9）有的委員認為，第（十二）項中的「有關人士」一詞應明確一個範圍。

（10）有的委員認為，第（十三）項中關於行政長官能否具有解散立法機關的職權，同行政長官如何產生有一定關係，需根據行政長官的產生方式來賦予他相應的權力。有的委員則認為，明確了行政長官的職權以及是否兼任立法機關主席等問題，對解決行政長官的產生問題也有幫助。

（11）有些委員表示，不贊成第（十三）項說明中提出的立法機關解散後，行政長官也應辭職的主張。認為解散立法機關已是很大的動盪，如行政長官再辭職，有可能使政府癱瘓，產生更大的動盪。有些委員則認為，行政長官可以解散立法機關而本身毋須辭職，反過來立法機關卻沒有權對行政長官投以不信任票，這種安排有違制衡原則。有的委員認為，解散立法機關須經中央同意，行政長官的這一職權已受到一定的限制，不是任意可以行使的。有的委員則認為，這等於把矛盾交給中央，容易使中央介入特別行政區內部的矛盾。

※

② 1987 年 9 月 8 日《第四章　香港特別行政區的政治體制（討論稿）》（1987 年 9 月 22 日政制專責小組第二次會議附件一）

第一節　行政長官

第五條

（編者按：內容同第一稿文件⑬）

※

③ 1987 年 9 月 8 日《中華人民共和國香港特別行政區基本法起草委員會第五次全體會議意見匯編》（1987 年 9 月 22 日政制專責小組第二次會議附件二）

【P1-3】

第四章　政制

一、關於第一節　行政長官

1.對本節總的意見

有些委員提出，行政長官的職權範圍與產生方式關係很大，現在行政長官如何產生沒有寫明，使有些條文很難討論。有的委員不同意這種意見，認為應先確定職權再考慮如何產生更為合適。有些委員介紹了政制專題小組的討論情況，說明對行政長官的產生問題已作過多次討論，只是意見比較分歧，暫不急於作出結論。

6.關於第五條

（編者按：原件模糊，缺漏文字難以辨清。）……就包涵了可「不批准」和「不建議」的涵義，建議將（四）、（十一）、（十二）三項條文中的「或不批准」、「或拒絕建議」、「或拒絕批准」等字樣刪去。

（2）有的委員提出，第（五）項中的「決定政策」一詞

概念含糊，也是香港不習慣採用的詞，請專題小組再考慮改用更好的表述方式。

（3）有的委員建議，將第（六）項中第一層意思的表述方式改為：「報請中央人民政府任命主要官員」。至於聘請顧問問題，建議加上「根據需要」一類的字樣，使條文比較靈活。

（4）有的委員認為，第（十二）項中的「有關人士」一詞應明確一個範圍。

（5）有的委員認為，第（十三）項中關於行政長官能否具有解散立法機關的職權，同行政長官如何產生有一定關係，需根據行政長官的產生方式來賦予他相應的權利。有的委員則認為，明確了行政長官的職權以及是否兼任立法機關主席等問題，對解決行政長官的產生問題也有幫助。有些委員表示，不贊成說明中提出的立法機關解散後，行政長官也應辭職的主張。認為解散立法機關已是很大的動盪，如行政長官再辭職，有可能使政府癱瘓，產生更大的動盪。有些委員則認為，如立法機關解散後，行政長官不辭職，就失去權力內部的均衡，使行政長官在行使解散立法機關的權力時沒有任何制衡。而如規定行政長官也應辭職，就會使行政長官不輕易使用解散立法機關的權力，想辦法與立法機關合作。有的委員認為，解散立法機關須經中央同意，行政長官的這一職權已受到一定的限制，不是任意可以行使的。有的委員則認為，這等於把矛盾交給中央，容易使中央介入特別行政區內部的矛盾。

對第五條：

有的委員提出，行政長官管不管錢包，對財政預算有無批准權或否決權，關係重大，本條第（四）項中的「法律」是否包括財政預算法案，需加以明確；財政預算在立法局通過後是否須經行政長官批准才能生效，若行政長官不批准又該怎麼辦，這些問題都要寫清楚，否則無法律根據。

有的委員提出，本條第（五）項所提的「決定政策」似乎過於籠統，行政長官並非能決定所有政策，應加以限定。

有的委員提出，本條第（十一項）所提的表述不夠清楚。

關於第五條：

（1）有些委員認為，本條第（一）款「代表香港特別行政區」一語並未反映出行政長官的職權，而是對行政長官的地位的說明。建議將此款移至本章第一條之後。

（2）有些委員認為，香港特別行政區的行政長官地位特殊，具有雙重身份：既是行政機關的首長，又是整個香港特別行政區的代表，其職權超過一般的行政首長。因此，不能把本條所提「政府」簡單地與資本主義國家的政府模式相類比。有的委員建議，基本法在使用「政府」一詞時，應與我國現行憲法中「政府」的概念一致，即僅指行政機關。有的委員則指出，《聯合聲明》中有幾處提到的「政府」是採用「大政府」的概念。委員們希望專題小組對此進一步研究。

（3）有的委員認為，本條第（四）款規定行政長官對立法機關通過的法律有否決權，這是不妥當的。對於行政長官在什麼情況下可以不批准立法機關通過的法律，應有限定。

第三稿

第四章　第一節

「第五條　香港特別行政區行政長官行使下列職權：

（一）代表香港特別行政區；

（二）領導香港特別行政區政府；

（三）負責執行本法及依照本法適用於香港特別行政區的其他法律；

（四）批准或不批准立法機關通過的法律，簽署並公佈法律；

（五）決定政策和發佈行政命令；

（六）提名主要官員，報請中央人民政府任命；經中央人民政府批准，聘請相當於司級和司級以上的顧問；

（七）依照法定程序任免公職人員；

（八）按本法規定任免各級法院法官；

（九）執行中央人民政府就本法規定的有關事務發出的指令；

（十）代表香港特別行政區政府處理中央授權的對外事務及其他事務；

（十一）建議或拒絕建議立法機關接受有關稅項或動用政府收入等方面的請求或動議；

（十二）批准或拒絕批准有關人士出席立法機關所轄的委員會作證和提供證據；

（十三）經中央同意可解散立法機關；

（十四）赦免或減輕刑事罪犯的刑罰。」

〔1987 年 10 月《第四章　香港特別行政區的政治體制（討論稿）》〕（政治體制專題小組工作文件）

① **《基本法諮詢委員會工商專業界諮委對未來香港特別行政區政府架構的建議》，載於 1987 年 9 月基本法諮詢委員會工商專業界諮委《未來香港特別行政區政府結構建議》**

【P17】

（編者按：本文同第一稿文件⑩，除下列內容外，均同前文。）

2.行政長官

行政長官會擔任兩個角色，一個是禮節上的元首，另一個是行政機關的領導人。行政長官向立法機關負責，立法機關可以對行政長官加以彈劾，但有關罷免的最終決定應由中央人民政府作出。在一般決策上，立法機關在立法，預算控制等方面，可以制衡行政機關。

2.1 行政長官的職權

d.行政長官顧問委員會委員的任命。

※

② 1987 年 10 月《第四章　香港特別行政區的政治體制（討論稿）》（政治體制專題小組工作文件）

【P3-7】

第一節　行政長官

第五條

（編者按：「說明」內容同第一稿文件⑬，「第五次全體大會分組討論」內容同第二稿文件①，其餘如下。）

（一）：香港有些社會人士認為，從本條內容看，香港特別行政區行政長官擔當雙重角色：特別行政區首長和特別行政區政府首長。作為後者，行政長官應向立法機關負責，因此在職權撰寫上，應分別哪些職權是源於特別行政區首長身份，哪些是源於特別行政區政府首長身份。

（六）提請注意：本節第九條如成立，則本款「提名主要官員」之下應加「及行政會議成員」七字。

（十二）資料：根據香港現行法例，批准或不批准有關人士出席立法機關所轄的委員會作證和提供證據的權力屬立法機關主席所有。〔參照立法局（權力及特權）條例第 13 段第 2 節。〕

（十三）資料：香港有些社會人士認為：行政長官解散立法機關的權力不應是前者強迫後者順從其意志的手段，而是通過重新選舉立法機關以尋求社會大眾的意向，故本項應對解散立法機關的權力作出一定限制，如立法機關解散後應在一定的時間內重組，重組後一定時間內不能再行解散。

香港工商專業界諮詢建議：行政長官的職權還應包括：各法定委員會成員的任命；批准土地處理；對請願書作決定；管理內部治安隊伍的權力。

第四稿

「第四十七條　香港特別行政區行政長官行使下列職權：

（一）代表香港特別行政區。

（二）領導香港特別行政區政府。

（三）負責執行本法及依照本法適用於香港特別行政區的其他法律。

（四）簽署立法機關通過的法案，公佈法律。

行政長官如認為立法機關通過的法案不符合香港特別行政區之整體利益，可於三個月內將法案發回重議；如立法機關以不少於全體成員三分之二的多數再次通過，行政長官必須在一個月內簽署並公佈，或運用本條（十三）項規定的權力解散立法機關。

（五）決定政府政策和發佈行政命令。

（六）提名並報請中央人民政府任命下列主要官員：各廳廳長、副廳長、各司司長、廉政專員、審計署長、警察局長、外事局長；建議中央人民政府免除上述官員職務；

根據需要並經中央人民政府批准，聘請（及終止聘請）相當於司級或司級以上的顧問。

（七）依照法定程序任免各級法院法官。

（八）依照法定程序任免公職人員。

（九）執行中央人民政府就本法規定的有關事務發出的指令。

（十）代表香港特別行政區政府處理中央授權的對外事務及其他事務。

（十一）批准任何向立法機關提出有關稅項或動用政府公款的動議。

（十二）根據安全和公共利益的考慮，決定政府官員是否向法庭或立法機關作證和提供證據。

（十三）有下列情況之一，在徵詢行政會議意見後，可解散立法機關：

1. 立法機關拒絕通過財政預算法案、撥款條例草案、或行政長官認為符合香港特別行政區利益的其他重要法案，經協商仍不能取得一致意見；

2. 立法機關制訂或修改法律草案，行政長官認為這些法案的內容不符合香港特別行政區的利益，發回重議，立法機關仍以全體成員三分之二多數通過原案，行政長官再次拒絕簽署。

行政長官在其一次任期內只能解散立法機關一次。

如立法機關拒絕批准財政預算法案或撥款條例草案，或由於立法機關已被解散而不能批准撥款時，行政長官可在選出新的立法機關之前的一段時間內批准臨時短期撥款，以維持政府開支。

（十四）依法批准將危害公安之刑事罪犯遞解出境。

（十五）赦免或減輕刑事罪犯的刑罰。

（十六）處理居民請願、申訴的事項。

（十七）在按照本法執行職務時應有的其他權力。」

〔1987 年 12 月基本法起草委員會秘書處《香港特別行政區基本法（草案）》（匯編稿）〕

① 1987 年 11 月 11 日《政制專責小組與政制組草委交流會（十一月十日）上諮詢委員對草委的建議》（1987 年 11 月 17 日政制專責小組第七次會議附件一）

1. 對條文之意見
（1）第一節　行政長官
2）第五條（十二）
有委員建議應將現時立法局通過之特權法案中的調查權給予將來之立法機關。

※

② 1987 年 12 月基本法起草委員會秘書處《香港特別行政區基本法（草案）》（匯編稿）

【P21-23】
第四十七條
（六）說明：各廳廳長，即相當於目前的布政司、財政司、律政司，暫定名為政務廳長、財政廳長、律政廳長。各司司長，即相當於目前各綜合決策科的負責官員。
有些委員認為，審計署長不是司級官員，不必報請中央政府任命，但須經立法機關同意，由行政長官任命。
有的委員認為，將來不會有政治顧問，對外事局長的職權應先予闡明。
有些委員認為，本條應大體上按聯合聲明的寫法，不必列出各種職位。

（十二）說明：有的委員建議本項改為「批准（或不批准）公職人員出席立法機關所轄的委員會就關於海、陸、空軍事宜、香港的安全、中央人民政府對香港特別行政區的管治責任等事宜作證和提供證據。」
有的委員建議，本條第（十一）、（十二）兩項刪去。

（十三）說明：有的委員主張，行政長官不能解散立法機關；如保留此項，則在立法機關的職權中加上「可對行政長官或主要官員投不信任票」的規定。
有些委員認為，本項 1. 中的「協商」必須經一定程序，建議改寫為「立法機關拒絕通過財政預算法案、撥款條例草案、或行政長官認為必要的其他重要法案，經由（九名）立法機關成員組成之特別委員會與行政機關協商，在六十天內建議解決方法，而立法機關或行政長官拒絕接受特別委員會之建議」。

（十四）說明：有的委員提出，英國在認准公民及政治權利國際盟約時，保留對其中的規定「對合法居留之外國人非經依法判定，不得驅逐出境」不在香港實施，故這條如何寫需進一步研究。有的委員同意這條暫時寫上，待繼續研究。
有的委員建議將本條改寫為：「決定將個別在香港特別行政區內合法居留的外籍人，非經依法判定，驅逐出境；並拒絕讓被驅逐者提出不服驅逐出境之理由，要求複判，或委託代表進行申訴」。

（十七）說明：有的委員主張刪去第（十七）項。

第五稿

「第四十九條　香港特別行政區行政長官行使下列職權：
（一）領導香港特別行政區政府；
（二）負責執行本法和依照本法適用於香港特別行政區的其他法律；
（三）簽署立法會議通過的法案，公佈法律；
簽署立法會議通過的財政預算、決算，報中央人民政府備案；
（四）決定政府政策和發佈行政命令；
（五）提名並報請中央人民政府任命下列主要官員：各司司長、副司長，各局局長，廉政專員，審計署署長，警務處長，外事處長[3]；建議中央人民政府免除上述官員職務；
根據需要並經中央人民政府批准，聘請相當於局級或局級以上的顧問；
（六）依照法定程序任免各級法院法官；
（七）依照法定程序任免公職人員；
（八）執行中央人民政府就本法規定的有關事務發出的指令；
（九）代表香港特別行政區政府處理中央授權的對外事務和其他事務；
（十）批准向立法會議提出有關財政收入或支出的動議；
（十一）根據安全和公共利益的考慮，決定政府官員或其他負責政府公務的人員是否向立法會議作證和提供證據；
（十二）赦免或減輕刑事罪犯的刑罰；
（十三）處理居民請願、申訴的事項。」
〔1988 年 4 月基本法起草委員會秘書處《中華人民共和國香港特別行政區基本法（草案）草稿》〕

① 1987 年 12 月《中華人民共和國香港特別行政區基本法起草委員會第六次全體會議委員們對基本法第四、五、六、十章和條文草稿匯編的意見》

【P5-7】

4. 第四十七條
（1）有的委員認為，「政府」的概念有大小之分，在具體使用時很難加以嚴格區分。有的委員認為，「政府」一詞一般而言就是指行政機關，不包括立法機關及司法機關，並無所謂大小之分，但政府對外可以代表國家。

（２）有的委員提出，若使用「小政府」的概念，則第二項可以不寫；若使用「大政府」的概念，則應把「政府」改為「行政機關」。有的委員不同意刪去，因為這項職權很重要，如何避免重複可以再考慮。

（３）有的委員主張，將第二項說明刪去，有的委員表示不贊成。

（４）有的委員認為，本條主要內容是列舉行政長官的職權，每項應規定一種權力。但目前的寫法比較混亂，有的一項規定了幾種不同的權力。如：第四項既規定行政長官簽署和公佈法律，又規定了可以對立法機關的法案發回重議。後者內容可單列一項，或寫入立法機關一節中去。第十三項一方面規定行政長官解散立法機關的條件，另一方面又規定行政長官可批准臨時短期撥款。後者內容應單列一項。

（５）有的委員認為，第四項規定行政長官的權力大了。建議刪去「或運用本條（十三）項規定的權力解散立法機關」。但有些委員認為，這一規定是恰當的，是考慮到行政長官與立法機關對抗時必須有一個解決辦法，而且行政長官也不會輕率解散立法機關，這一規定可以促使行政長官和立法機關進行協商。

（６）有的委員認為，第四項規定的「可於三個月內將法案發回重議」應改為「須於三個月內……」，以加強約束力。有的委員提出，若行政長官對法案既不發回重議，又不簽署公佈，可否規定法案可自動生效。

（７）有的委員認為，第六項列出的主要官員的名稱可考慮更簡明一些，現在的寫法似太複雜，容易把人搞亂。有的委員提出，可考慮把主要官員只分為廳、司兩級。

（８）有的委員建議，第十一項內容可去掉，在第十項之後加上新的一項為：立法機關通過的財政預算決算經行政長官簽署後生效，並以香港特別行政區的名義報中央人民政府備案。但有的委員認為第十一項不能去掉。

（９）有的委員建議，在第十二項「政府官員」後加上「和其他負責政府公務的人員」，因為許多政府工作是委託法人承擔，這些法人掌握的資料也不能公開。

（１０）有的委員認為，十二項的說明可以去掉，因為海、陸、空屬於國防，由中央人民政府負責，不存在特別行政區立法機關要求有關政府公職人員作證和提供證據。

（１１）有的委員認為，十三項中應在臨時短期撥款前加一個相應的限制詞，如：「按原財政預算的支出批准臨時短期撥款」或規定一個批准撥款數額的限制。另外該項沒有規定如果立法機關通過了財政預算，而行政長官拒絕簽

署批准後怎麼處理？請政制小組再研究。

（１２）多數委員認為，行政長官不僅可以驅逐刑事罪犯出境，還可以驅逐那些不受歡迎的人，第十四項可根據說明第二段的意思重新草擬。

（１３）有的委員提出，第十七項應改寫為「由某某機關授予的其他權力」。較多委員贊同對「其他權力」應有限制。

※

② 1988 年 4 月基本法起草委員會秘書處《中華人民共和國香港特別行政區基本法（草案）草稿》

【P47】
註 3：關於香港特別行政區行政機關各部門的名稱，暫定如下：1.政務司、財政司、律政司三個主要司仍稱為「司」，其主管分別稱為政務司司長、財政司司長、律政司司長；2.有擬定政策權力的部門稱為「局」，如金融局、工商局、交通運輸局、教育統籌局、銓敘局等；3.負責行政事務而不擬定政策的部門稱為「處」，如警務處、外事處、入境事務處等；4.其工作較有獨立性質的部門稱為「署」，如廉政公署、審計署等。

※

③《各專題小組的部份委員對本小組所擬條文的意見和建議匯輯》，載於 1988 年 4 月基本法起草委員會秘書處《中華人民共和國香港特別行政區基本法（草案）草稿》

【P65-66】
第四十九條　第（一）項
有些委員認為，如採用大政府概念，本項應寫成「領導香港特別行政區行政機關」。

第四十九條　第（十一）項
有的委員建議，本項改為「批准（或不批准）公職人員出席立法機關所轄的委員會就關於海、陸、空軍事宜、香港的安全、中央人民政府對香港特別行政區的管治責任等事宜作證和提供證據。」

第四十九條
有的委員主張本條加進一項：「在按照本法規定執行職務時所必要的而合理的其他權力」。有的委員主張寫為：「行使本法規定的其他權力」。

第六稿

「第四十八條　香港特別行政區行政長官行使下列職權：
（一）領導香港特別行政區政府；
（二）負責執行本法和依照本法適用於香港特別行政區的其他法律；
（三）簽署立法會議通過的法案，公佈法律；
簽署立法會議通過的財政預算、決算案，報中央人民政府備案；
（四）決定政府政策和發佈行政命令；
（五）提名並報請中央人民政府任命下列主要官員：各司司長、副司長，各局局長，廉政專員，審計署署長，警務處長，外事處長[3]；建議中央人民政府免除上述官員職務；

根據需要並經中央人民政府批准，聘請相當於局級或局級以上的顧問；

（六）依照法定程序任免各級法院法官；

（七）依照法定程序任免公職人員；

（八）執行中央人民政府就本法規定的有關事務發出的指令；

（九）代表香港特別行政區政府處理中央授權的對外事務和其他事務；

（十）批准向立法會議提出有關財政收入或支出的動議；

（十一）根據安全和公共利益的考慮，決定政府官員或其他負責政府公務的人員是否向立法會議作證和提供證據；

（十二）赦免或減輕刑事罪犯的刑罰；

（十三）處理請願、申訴事項。」

〔1988 年 4 月基本法起草委員會《中華人民共和國香港特別行政區基本法（草案）徵求意見稿》〕

① 1988 年 4 月基本法起草委員會《中華人民共和國香港特別行政區基本法（草案）徵求意見稿》

【P51】
註 3：（編者按：內容同第五稿文件②）

※

②《各專題小組的部份委員對本小組所擬條文的意見和建議匯輯》，載於 1988 年 4 月基本法起草委員會《中華人民共和國香港特別行政區基本法（草案）徵求意見稿》

【P56】
第四十八條　第（一）項
（編者按：內容同第五稿文件③）

第四十八條　第（十一）項
（編者按：內容同第五稿文件③）

第四十八條
（編者按：內容同第五稿文件③）

第七稿

「第四十八條　香港特別行政區行政長官行使下列職權：

（一）領導香港特別行政區政府；

（二）負責執行本法和依照本法適用於香港特別行政區的其他法律；

（三）簽署立法會通過的法案，公佈法律；
簽署立法會通過的財政預算案，將財政預算、決算報中央人民政府備案；

（四）決定政府政策和發佈行政命令；

（五）提名並報請中央人民政府任命下列主要官員：各司司長、副司長，各局局長，廉政專員，審計署長，警務處長；建議中央人民政府免除上述官員職務；

（六）依照法定程序任免各級法院法官；

（七）依照法定程序任免公職人員；

（八）執行中央人民政府就本法規定的有關事務發出的指令；

（九）代表香港特別行政區政府處理中央授權的對外事務和其他事務；

（十）批准向立法會提出有關財政收入或支出的動議；

（十一）根據安全和重大公共利益的考慮，決定政府官員或其他負責政府公務的人員是否向立法會或其屬下的委員會作證和提供證據；

（十二）赦免或減輕刑事罪犯的刑罰；

（十三）處理請願、申訴事項。」

〔1989 年 2 月《中華人民共和國香港特別行政區基本法（草案）》〕

①《基本法工商專業界諮委對基本法（草案）徵求意見稿第四章政治體制之意見書》

【P1】
第四十九和第五十條
根據這兩項條文，如行政長官拒絕簽署立法會議第二次通過的法案或立法會議拒絕通過政府提出的財政預算法案或其他重要法案，行政長官可解散立法會議；又行政長官在其一屆任期內只能解散立法會議一次。
我們建議：
（i）如立法會議拒絕通過政府提出的財政預算法案，而經協商後（請參看我們的小冊子「未來香港特別行政區政府結構建議」第二十四頁 4.3 段）仍未能達到多數通過法案，行政長官可解散立法會議；
（ii）行政長官這個權力不受其一屆任期內只能運用該權力一次的限制；

（iii）除上述財政預算案的問題外，行政長官無權因拒簽署立法會議第二次通過的法案而解散立法會議。

※

② 1988 年 6 月 6 日《政制專責小組（三）與草委交流會會議紀要》

1. 行政長官
1.3 行政長官的權力
1.3.1 有委員認為第四十八條（五）所言，僅由行政長官向中央建議免除所述官員職務，似乎過於簡單化，故建議改為「經過既定程序建議中央人民政府免除上述官員職務」。
1.3.2 第四十八條（十一）應界定何等情況和範圍內，行政長官可要求政府公務人員向立法機關作證和提供證據。
1.3.3 有委員認為根據第四十八條（十一），若行政長官可以按其所認為安全的理由或公共利益的理由，決定不讓某官員作證，則立法會議諮詢權及調查重要案件之權力會受到影響。
1.3.4 第四十八條（十二）所寫赦免或減輕刑罰的決定是由行政長官獨立作出，還是會同行政局作決定。
1.3.5 有委員認為第五十六條中「人事任免」、「紀律制裁」、「緊急情況」等應寫得具體一些，以免將來行政長官有濫用職權之可能。

8. 條文
8.2 第四十八條（九）
「中央」一詞是否應如第八款中寫明是「中央人民政府」。

9. 寫法
9.1 第四十八條（五）
寫法上不統一：「審計署署長」與「警務處長」。

※

③《基本法諮詢委員會政制專責小組對基本法（草案）徵求意見稿第四章的意見匯編》，載於 1988 年 10 月基本法諮詢委員會《中華人民共和國香港特別行政區基本法（草案）徵求意見稿諮詢報告（1）》

【P102】
2. 有關專題討論
2.1 行政長官
2.1.4 權力
2.1.4.1 有委員認為，如第四十八條（五）所述，僅由行政長官向中央建議便可免除所述官員職務，似乎過於簡單，故建議改為「經過既定程序建議中央人民政府免除上述官員職務」。
2.1.4.2 有委員認為，第四十八條（十一）應界定在何等情況和範圍內，行政長官可要求政府公務人員向立法機關作證和提供證據。
2.1.4.3 有委員認為，根據第四十八條（十一），若行政長官可以按其所認為安全和公共利益的考慮，決定不讓某官員作證，則立法會議之質詢權及調查重要案件之權力會受影響。
2.1.4.4 有委員認為，第四十八條（十二）未界定赦免或減輕刑罰的決定應由行政長官獨立作出，還是會同行政局作決定。
2.1.4.5 有委員認為，第五十六條中「人事任免」、「紀律制裁」、「緊急情況」等應寫得更具體，以免將來行政長官有濫用職權之可能。

【P107】
3. 有關條文討論
3.7 第四十八條
3.7.1 有委員建議參考意見匯輯第四十八條，或將第四章第一節第四十八條「香港特別行政區行政長官行使下列職權」改為「香港特別行政區行政長官行使的職權包括：」
3.7.2 有委員認為，第四十八條（五）主要官員的職稱未見統一，應統一「署長」與「處長」的寫法。
3.7.3 有委員認為，第四十八條（五）所提及的「顧問」（包括局級或局級以上的顧問）應只擔任顧問的角色，並無實際權力。因此，該等顧問只需由行政長官聘請，無須中央人民政府批准。
3.7.4 有委員認為，第四十八條（九）中的「中央」一詞應如第八款中寫明是「中央人民政府」。

※

④ 1988 年 10 月基本法諮詢委員會《中華人民共和國香港特別行政區基本法（草案）徵求意見稿諮詢報告第五冊——條文總報告》

【P219-229】
第四十八條
2. 意見
2.1 職權
→ 行政長官的具體職權範圍應是：
（1）掌管各行政部門，領導特別行政區政府；
（2）提名主要官員，報中央人民政府任命；
（3）任免司級以下官員；
（4）法官的任命；
（5）簽署或擱延法案；
（6）指揮治安隊伍；
（7）對外代表特別行政區政府；
（8）向立法機關提出動議；
（9）裁決根據法律而提出有關行政方面的上訴、請願或反對；
（10）執行法律，制訂和推行政策。
2.2 與《中英聯合聲明》的關係
→ 此條違反《中英聯合聲明》。
理由：
⊙《中英聯合聲明》規定行政機關向立法機關負責，但此條文賦予行政長官提名各主要官員的權力，而立法會議對主要官員卻無彈劾權。
⊙《中英聯合聲明》只規定香港特別行政區的主要官員由行政長官提名，報請中央人民政府任命，但本條卻將主要官員的範圍擴大至包括副司長、司長、廉政專員、審計署署長、警務處長、外事處長等非司級的官員，擴大了中央人民政府的控制和影響。
⊙《中英聯合聲明》沒有要求任命主要官員及顧問需經中央同意。
2.3 行政長官的權力
→ 此條所訂的行政長官權力不夠廣泛。應載明行政長官有全權執行他的職務，特別是作為行政長官的職務，然後再在此條列明詳細的規定。
→ 行政長官事事皆要先得中央批准，權力受限制，非真正的「一國兩制」。
→ 多賦予行政長官一些權力可令人更安心。
→ 某一政治團體，或政治團體聯合組織，能夠控制立法局大多數席位的機會極低，縱有可能亦難長久。故此，為保證香港團結安定，行政首長應保留提名委任或撤除任何行政機關成員的權力。
→ 行政長官的權力應受制約。
2.4 個別條款意見

2.4.1 第（一）項
→ 行政長官擁有領導特別行政區的實際行政權和決策權，但同時行政長官的權力又受到來自幾個層面的監督和制約。
2.4.2 第（二）項
→ 給予行政長官的權力過大。
2.4.3 第（四）項
→ 「行政命令」一詞的範圍必須清楚界定。
2.4.4 第（五）項
（甲）主要官員
→ 需報請中央人民政府任命的主要官員名單須局限於在《中英聯合聲明》中所列出的。
→ 審計署署長不是司級官員，不必報請中央人民政府任命，但須經立法機關同意，由行政長官任命。
→ 行政長官可直接任命各司、局、署、處各級首長，而不要再報中央人民政府任命，行政長官的權力應擴大並減少對其限制，方便工作。
→ 主要官員的任命連各局局長、處長等次一級的官員都包括在內，控制範圍太廣。
→ 主要官員應由提名委員會提名。
→ 免除主要官員職務的程序過於簡單。
→ 由行政長官任用二十五人左右，報請中央批准任命（採用「主要編制官員」或其他名稱）。在行政長官任期內，按實際情況，由行政長官安排其出任司、局、處的各級首長。有關提升、調動、降級等事宜只需報請中央備案，不必逐次批准。
理由：批准和免除任命的權力仍在中央人民政府，但可增加行政長官處理政務的決策權力和靈活性。
→ 行政長官有權提名主要官員，但需具備理由及由中央人民政府解釋其決定。
→ 行政長官有權任免主要官員，提高效率，並交由立法機關報請中央追加任命或免除。經立法機關同意才呈報中央，是避免中央干預香港官員任免。
→ 行政長官有權聘任有能之士擔任香港政府各級官員。
→ 行政長官應有權任命香港的主要官員，無須經中央人民政府批准。因主要官員是向行政長官負責而不是向中央人民政府負責。
→ 行政長官免除或聘請官員亦需中央批准其擁有的權力有限。
→ 主要官員雖然由行政長官任命，但此任命應是政治任命，主要官員需要對其政策制定和執行負起政治責任。因此，他們不應隸屬公務員系統。
→ 香港特別行政區政府之主要官員在推行、制訂政策時，應負擔政治責任，假若犯了嚴重過失，應由行政長官建議中央人民政府免除他們的職務。
理由：就行政長官行使第（五）項職權，未有說明政府中主要官員是否須負擔政治責任。若否，則會造成這些主要官員不負責的態度。
→ 此條列明的主要官員，應清楚界定何者由行政首長作「政治委任」，何者由公務員出任。
→ 需重新草擬本項以容許有行政職銜和職位的變更，例如設立行政事務申訴專員。
→ 政府部門首長的稱呼應統一。即全部稱為審計署署長、警務處處長、外事處處長或全部稱為審計署署長、警務處長、外事處長。
→ 「廉政專員」及「警務處長」絕不可被廢除。
理由：廢除了這些職務便無人維持香港的廉潔及治安。
（乙）聘用顧問
→ 贊同此項規定。
→ 聘用局級或以上的顧問，須經中央人民政府批准。
理由：顧問的聘用容易引起論政人士誤解。
→ 在一般情況下，顧問是聘請來處理行政事務的，故需立法機關或行政機關批准。

→ 顧問的身份模糊。如顧問只專責研究指定事項及提交報告予港府決定，則無須中央人民政府批准。
→ 無須經中央人民政府批准。
理由：
⊙ 在全國人大備案已足夠。
⊙ 有違「高度自治」的原則。
⊙ 顧問是向行政長官負責，而非向中央人民政府負責。
⊙ 中央人民政府的權力過大。
⊙ 中央人民政府的任免範圍應止於「各司司長」。
→ 聘請顧問應盡量本地化。
→ 獲聘任的顧問不應擁有行政權力。
2.4.5 第（六）項
→ 所謂「法定程序」應由《中英聯合聲明》附件一第三節所指的司法人員敘用委員會制定，由立法機關通過。而敘用委員會中的「知名人士」應指不少於半數的民選立法會議成員。
→ 為求司法獨立，各級法院法官應由立法機關通過任免，而非行政官。
2.4.6 第（七）項
→ 應清楚界定被政府委任加入諮詢架構的人士是公務人員或公職人員。
→ 「公職人員」與「公務人員」的區別應予以界定。
2.4.7 第（八）項
→ 為符合《中英聯合聲明》所列明的「除外交和國防事務屬中央人民政府管理外，香港特別行政區將享有高度的自治權」，由中央人民政府發出的指令應只限於國防和外交等事宜。
2.4.8 第（十）項
→ 此項賦予行政長官之權力過大。
→ 行政長官應批准立法會議提出的動議。
→ 行政長官應透過與行政機關的協商去執行此等職務，不應獨自執行。
理由：對行政長官權力的描述含糊，亦沒有太多的制衡。
2.4.9 第（十一）項
→ 「安全」兩字太空泛。
→ 此項內「安全和公共利益」等字眼含糊和意思廣泛，可引用於很多情況及易被濫用，直接令公眾利益受損。
→ 「安全」、「公共利益」兩者的界定全由行政長官決定，使立法機關處於全被動的地位，不能發揮監察的功能。
→ 應界定在何種情況和範圍內，政府公務人員須被要求向立法機關作證和提供證據。
理由：
⊙ 以免剝奪了立法機關要求政府官員作證的權力和行使調查的權力。
⊙ 以免違反行政機關無須向立法機關負責。
⊙ 以免行政長官任意使用此項職權而影響行政與立法的互相制衡。
⊙ 在行政、立法及司法互相制衡的原則下，較能防止政府機關權力濫用。
→ 行政長官只可就有關國防、外交範圍的事務，決定政府官員或其他負責政府公務的人員是否向立法會議作證和提供證據。
→ 立法機關基於安全及公共利益問題，需調查有關行政官員。並邀請其作證及提供證供時，行政長官可與立法機關先行協商。
理由：
⊙ 否則行政長官權力過大。
⊙ 否則會形成行政官員只向行政長官負責而不向立法機關負責的趨勢，引致行政長官權力過大而公眾有被蒙蔽事實真相的可能。
⊙ 行政長官應該沒有權力阻止官員向立法會議作證。
⊙ 此項權力應由立法機關負責，否則會哽塞立法會議對行政機關的監察及削減立法機關的監察功能。

⊙ 為確保立法機關的監察功能，立法機關應有權成立專責委員會，向有關官員調查及邀其作證。
⊙ 應立法規定立法會議有監督權，有權知道一切證供。
⊙ 否則會降低立法會議向行政機關提出質詢的效力。
⊙ 《中英聯合聲明》中指出，行政機關需向立法機關負責，但由於行政長官可決定行政官員是否向立法機關作證及提出證供，無疑造成了行政官員未能全面向立法機關負責的情況，有違《中英聯合聲明》的精神。
→ 會變成政府人員不公開某些施政的藉口，缺乏質詢的實際功能。
→ 政府不能以任何藉口，不讓議會知道實情，因公眾應有知情權。
→ 在司法過程中，應由司法機關決定「公眾利益」，並用內庭聆訊方式保密，令資料不會外洩。
→ 行政機關「負責」的程序非常有限。
2.4.10 第（十二）項
→ 應赦免所有保留案底者，恢復釋囚公民權，並取消一切附加刑罰。
→ 殺人放火及嚴重罪案者不得赦免。
→ 應規定赦免及減輕的程度。
→ 不同意行政長官擁有赦免或減輕刑事罪犯的刑罰之權力。
理由：此舉可能干預司法獨立及令人對司法獨立產生懷疑。
<u>2.5 其他意見</u>
→ 條文中有關「政府」一詞之定義應與其他章節統一。
→ 此條應列明行政長官應對行使所列出的職權負責。

3.建議
<u>3.1 全條</u>
→「香港特別行政區行政長官行使下列職權：
（1）代表香港特別行政區；
（2）領導香港特別行政區行政機關；
（3）負責執行基本法及依照基本法適用於香港特別行政區的其他法律；
（4）批准立法機關通過的法律並予以公佈施行或不批准；
（5）決定政策和發佈行政命令；
（6）提名主要官員，報請中央人民政府任命；
（7）依照法定程序任免公務員；
（8）按基本法規定任免各級法院法官；
（9）就公眾關心的事情委任調查委員會；
（10）任命部份政策委員會成員並有權罷免之；
（11）代表香港特別行政區政府處理中央人民政府授權的對外事務及其他事務；
（12）決定公務人員是否向立法會議和其所轄的委員會就關於海、陸、空軍事宜、香港的安全、中央人民政府對香港特別行政區以外的管治責任等事宜之通訊作證和提供證據。
（13）頒發赦免令，赦免（包括死囚）或減輕刑事罪犯的刑罰；
（14）處理市民請願及申訴事項；
（15）負責制訂財政預算；
（16）有遞解離境權；
（17）任免行政機關成員；
（18）主持行政機關會議；
（19）批准土地處理；
（20）負責管理特別行政區內部治安。」
→ 依上述建議但減去第（12）項。
→ 首句改為：「香港特別行政區行政長官應對其行使的職權負責。」
<u>3.2 個別條款修改</u>
3.2.1 第（一）項
→ 贊成採用匯輯中的建議。
理由：
⊙ 因「行政機關」比「政府」一詞更確切。

⊙ 立法機關被認為是政府的一部份，但不應放在行政長官的權力之下。
3.2.2 第（二）項
→ 改為：「負責執行在香港特別行政區實行的法律；」
→ 行政長官並非負責執行基本法，而是根據基本法及有關法律之規定，履行其職責，故應更正原文。
3.2.3. 第（三）項
→ 刪去此項。
理由：特別行政區政府只是地方行政機構，無獨立處理國防與外交事務的權力，故行政長官便有義務執行立法機關的法律。
→ 改為：「執行立法會議通過的法案，公佈法律；執行立法會議通過的財政預算、決算案，報中央人民政府備案；」
理由：「簽署」包含拒絕簽署的否決權，不符合行政長官由立法機關選出並向其負責的憲制現實，故提議用「執行」字眼取代。
→ 此項可引申為行政長官的職責只是向全國人民代表大會報告香港特別行政區立法機關所通過的法案。
3.2.4 第（四）項
→ 改為：「經立法機關批准後而決定政府政策，並發佈行政命令；」
理由：行政長官不能不經立法機關同意而決定政府政策，這等於獨裁統治。
→ 改為：「發佈行政命令，及與行政會議共同決定行政政策；」
理由：避免行政長官權力過大。
→ 在第四項前加上「於諮詢行政會議下，」
→ 應有一些如第四十九條一樣的制衡，例如由一方制定政策，一方頒佈行政命令，而另一方有否決權。
3.2.5 第（五）項
→ 刪去此項。
→ 刪去「根據需要並經中央人民政府批准，聘請相當於局級或局級以上的顧問。」
→ 刪去「審計署署長」等字。
→ 刪去「廉政專員」和「審計署署長」。
理由：廉政專員和審計署署長，以及行政申訴專員、司法人員敘用委員會及公務員敘用委員會應由行政長官在得到立法機關的同意下任命，並享有固定任期以保證他們的獨立性。
→ 改為：「提名並報請中央人民政府任命相當『司』、『局』級首長的主要官員；建議中央人民政府免除上述主要官員的職務；」
理由：廉政專員、審計署署長及警務處長等非決策性的執行職位，可透過特別行政區公務員銓敘程序委任，無須由中央人民政府任命。聘請局級或以上的顧問，如不涉及政治性任命，特別行政區政府應有足夠行政自主權自由聘任，無須加以限制。
→ 改為：「行政長官可根據需要聘請相當於局級或局級以上的顧問，無須經中央人民政府批准；」
理由：《中英聯合聲明》並無規定聘請顧問須經中央人民政府批准。
→ 第一句改為：「行政長官徵得立法機關同意，提名並報請中央人民政府備案及任命下列官員：」
→ 在此項前加上：「會同諮詢行政會議後，」
→ 改為：「……外事處長，可投訴政府有關枉情的行政申訴專員。委任或免除上述主要官員後交由立法機關報請全國人大常委會加以任命或批准免除職務。又可根據需要並經中央人民政府人大常委會批准，聘請相當於局級或以上的顧問。」
→ 各處長名稱應加上一個「處」字，如「警務處處長」、「外事處處長」等。
→ 應沿用原有主要官員的名稱。
→ 有些機構應於適當時合併，例如：可擴大廉政署的工作

範圍，包括對公務人員、經濟、商業犯罪的舉報和投訴等。

理由：以免機關重疊，有礙施政和管理。

3.2.6 第（六）項

→ 改為：「依照法定程序並經首席法官同意，任免各級法院法官；」

理由：使行政權與司法權的界限分明。

→ 改為：「依照立法機關大多數通過的有關法定程序任免各級法院法官；」

→ 在此項前加上：「若法院法官有違作為法官應有的公平判決，」

→ 在此項後加上：「依第八十七條及第八十八條所訂。」

3.2.7 第（七）項

→ 在此項前加上：「若公職人員有違作為公職人員應為香港居民工作的職份，」

3.2.8 第（八）項

→ 改為：「中央人民政府就本法規定的有關事務向特別行政區提出要求，經行政長官同意後執行；」

理由：為體現高度自治的精神。

3.2.9 第（九）項

→「中央」改為「中央人民政府」。

理由：

⊙ 原文的意思不明。

⊙ 修改後符合第四十三條的規範。

3.2.10 第（十）項：

→ 刪去此項。

理由：

⊙ 此項使立法機關不能提出有關財政收支的議案。

⊙ 妨礙立法機關提出法律草案和行使調查聽證的權力。

⊙ 賦予行政長官的權力太大。

→ 改為：「有權向立法會議提出有關財政收入或支出的動議。」

理由：文中「批准」的意思不甚明確，較難理解。

→ 在開首加上「於諮詢行政會議下」。

→ 加上：「行政長官不批准的動議，經立法機關三分之二成員再次動議，則可在立法會議討論。」

3.2.11 第（十一）項

→ 刪去此項。

理由：

⊙ 建議太瑣碎。

⊙ 切實執行立法機關對行政機關的監察。

⊙ 任何涉及香港特別行政區的內務事情，立法機關應有權要求任何人作證或提供證據。因此，第（十一）項的權力範圍應加在第七十二條，成為該條的第（十）項。

⊙ 賦予行政長官的權力太大。

⊙ 嚴重妨礙立法機關行使調查聽證政府施政的應有權力。

⊙ 政府官員被傳召向立法機關作供，如果行政長官認為有涉及國防、外交或可能損害公共利益的特殊情況時，可以向終審法庭申請豁免，而不應由行政長官決定。

→ 改為：「批准（或不批准）公職人員出席立法機關所轄的委員會就關於海、陸、空軍事宜、香港的安全、中央人民政府對香港特別行政區的管治責任等事宜作證和提供證據；」

→ 改為：「根據安全和公共利益的考慮，決定政府官員或其他負責政府公務的人員是否向立法會議就關於海、陸、空軍事宜、香港和安全、中央人民政府對香港特別行政區以外的管治責任等事宜作證和提供證據；」

理由：未有界定「作證和提供證據」的範圍，易被不負責的行政長官濫用。

→ 改為：「根據安全和公共利益的考慮，批准或不批准公職人員出席立法機關所轄的委員會就關於海、陸、空軍事宜、外交秘密、保安工作、全國人大常委會對香港特別行政區的管治責任等事宜作證和提供證據；」

→ 改為：「決定公務人員是否向立法會議和所轄的委員會

就關於海、陸、空軍事宜、香港的安全、中央人民政府對香港特別行政區以外的管治責任事宜之作證和提供證據；」

理由：以免行政長官有過大的權力，濫用「安全和公共利益」的藉口，妨礙立法會議的監察。

→ 改為：「根據安全和公共利益的考慮，政府官員或其他負責政府公務的人員可作非公開性作證；」

理由：

⊙ 原文限制及削弱立法機關的監察權。

⊙ 法律面前人人平等，官員犯法也應受審判及向法院作證。

⊙ 原文可使政府人員藉詞拒絕作證，任意作出不負責任的行為而置身事外。

⊙ 須保障司法的公正和獨立，建立香港人的信心。

→ 改為：「根據公共安全和利益的考慮，要求立法會議接受政府官員或其他負責政府公務的人員作非公開作證和提供證據；」

→ 改為：「行政長官根據安全和公共利益考慮，可要求立法會議作閉會會議，經立法會議三分之二通過即進行，有關資料應該保密；」

理由：

⊙ 不贊成行政長官有權決定政府官員或其他負責政府公務的人員是否向立法會議作證和提供證據。

⊙ 有關官員和公務員在立法會議要求下必須作證和提供證據。

→ 改為：「行政長官或三分之二立法會議成員可根據公共利益的考慮，決定政府官員或其他負責政府公務的人員是否向立法會議作證和提供證據；」

→ 首句改為：「根據國家安全的考慮」。

理由：因為「安全」及「公共利益」等字眼太籠統，改為「國家安全」更明確。

→ 首句改為：「根據公共安全的考慮」。

理由：

⊙ 不能接受行政長官可限制立法機關調查聽政的權力，使立法機關難以傳召政府官員作出調查。

⊙ 對涉及公共安全的敏感性事項，可以有特別的處理。

→ 在「根據」之後加上「特別情形下於……」。

→ 此項後加上：「惟若得立法會議成員三分二多數通過要求作證和提供證據，行政長官的否決無效；」

理由：根據安全和公共利益理由，而不公開部份證據，這是可以接受的，但由行政長官作絕對的決定則不能，故加上立法會議的否決權以作平衡。

→ 應縮窄本條範圍，只是「根據安全、國防、外交的考慮」。

理由：公共利益界定不清，範圍可大可小，特別行政區行政長官不想立法會議調查的事都可以公共利益為名，拒絕官員向立法會議作證，這嚴重影響立法機關對行政機關的監督權。

→ 遇上一些牽涉「安全和公共利益」的事件時，可利用閉門會議方式審訊，政府官員或其他有關人士可以向立法會議作證和提供證據。

理由：

⊙ 否則有損公眾利益。

⊙ 可令立法機關獲得有效途徑監察行政長官，以作制衡。

→ 在下列情況下，不批准政府官員或其他負責政府公務的人員向立法會議作證和提供證據：

（1）有關證供涉及國防或其他國家安全問題；或

（2）有關證供涉及中央人民政府的管理並且與香港特別行政區無關的問題。

〔這建議是基於「立法局（權力與特權）條例」第十四（二）條。〕

3.2.12 第（十二）項

→ 行政長官的赦免權不應局限於香港居民也應包括「刑事罪犯」。因此，如一個軍官於訪港期間襲擊一無辜的市

民，行政長官也可根據政治理由赦免其罪。行政長官雖有權赦免罪犯，但如運用得不正當，應接受公眾的批評。

3.2.13 第（十三）項
→ 改為：「接受及處理請願及解決申訴專員轉介的申訴。」
→ 行政長官應只有主持會議和解決各機關糾紛的權力。

3.3 增加
→ 增加：「行使本法規定的其他權利。」
理由：
⊙ 可增加行政長官執行職務時的靈活性。
⊙ 匯輯內「在按照……其他權力」易被曲解，也沒有評定標準。
→ 增加：「依照本法規定執行職務時其他合理的權力。」
→ 增加：「在按照本法規定執行職務時所必要而合理的其他權力。」
理由：原文雖然包涵甚廣，仍難免掛一漏萬，故增加此項。
→ 增加：「（1）定期或不定期向全國人民代表大會委員會或香港特別行政區委員會匯報，提交施政方針和工作總結的報告；（2）定期或不定期向立法機關提交施政和總結工作的報告。」
→ 增加：「主持行政機關會議。」
→ 增加：「任命部份政策委員會成員並有權豁免之。」
→ 增加：「就公眾關心的事委任調查委員會。」
→ 增加：「代表香港特別行政區。」
→ 增加：「負責制訂財政預算。」
→ 增加：「批准土地處理。」
→ 增加：「負責管理特別行政區內部治安。」
→ 增加：「調查及處理行政申訴。」
→ 增加：「對有特殊功績的公職人員，除按照規定予以升職，並報請中央人民政府。」

4. 待澄清問題
4.1 第（三）項
→ 有沒有「財政決算案」？如有，其目的是什麼？
4.2 第（五）項
→ 最後一句所指的「顧問」是什麼人？
→ 是否有需要把顧問賦予特別行政區政府內局級甚至以上的地位？
→ 為何聘請相當於局級或以上的顧問需經中央人民政府批准？
→ 讓外籍人士出任顧問一職是真正設立職位給外籍人士，還是使外籍公務員逐步撤出政府架構的一種方法？
→ 所列出主要官員資格與第一百條所列者不同，其故何在？
→ 所列的主要官員與第一百條所列的有出入，例如缺少了「海關總監」。這些未列入的主要官員是否需要提名及報請中央人民政府任命？
→ 主要官員（司級官員）的地位、職責、任期不明確。它們是常務性質的公務員還是行政長官的政策決策助手？它們與行政會議的成員有何不同？
→ 是否有需要在基本法內把這種不應擁有行政權力的臨時性職位制度化？
4.3 第（八）項
→ 規定含糊，需予澄清。
→ 應界定「有關事務」的範圍。
4.4 第（十一）項
→ 何謂「安全和公共利益的考慮」？可否舉出具體例子？
→ 為什麼要行政長官涉及司法事宜？
→ 為什麼要將政府官員或其他負責政府公務的人員特別列為一個類別去作司法的處理？

第八稿

「**第四十八條** 香港特別行政區行政長官行使下列職權：
（一）領導香港特別行政區政府；
（二）負責執行本法和依照本法適用於香港特別行政區的其他法律；
（三）簽署立法會通過的法案，公佈法律；
簽署立法會通過的財政預算案，將財政預算、決算報中央人民政府備案；
（四）決定政府政策和發佈行政命令；
（五）提名並報請中央人民政府任命下列主要官員：各司司長、副司長，各局局長，廉政專員，審計署署長，警務處處長，入境事務處處長，海關關長；建議中央人民政府免除上述官員職務；
（六）依照法定程序任免各級法院法官；
（七）依照法定程序任免公職人員；
（八）執行中央人民政府就本法規定的有關事務發出的指令；
（九）代表香港特別行政區政府處理中央授權的對外事務和其他事務；
（十）批准向立法會提出有關財政收入或支出的動議；
（十一）根據安全和重大公共利益的考慮，決定政府官員或其他負責政府公務的人員是否向立法會或其屬下的委員會作證和提供證據；
（十二）赦免或減輕刑事罪犯的刑罰；
（十三）處理請願、申訴事項。」
〔1990 年 2 月 16 日《中華人民共和國香港特別行政區基本法（草案）》〕

① **1989 年 8 月 18 日第二次諮詢期政制專責小組第四次會議附件一**

第四十八條
2. 意見

2.1 整體意見
2.1.1 第五項
→ 此項提及的主要官員的提名及任命無須報請中央人民政府。
→ 主要官員不應由中央任命，而應由行政長官任命，因

後者會更熟悉官員的適當人選。

→ 廉政專員的任免權應由行政長官會同立法會決定。

→ 具體執行政策的司級官員及局長等職只是由行政長官提名，中央任命，而沒有規定需由立法會通過，這並不恰當，若需由立法會通過，便可迫使行政機關與立法機關合作。

2.1.2 第六項
→ 本項授權行政長官任免各級法院法官，而不是某幾級法院法官，加強了行政長官的權力。

2.1.3 第十項
→ 此項規定與現時的制度或法國議會制模式不同。
目前立法局會議常規有關的動議規定是第 23 條，該條文規定「倘立法局主席或委員會主席認為某項動議或修訂動議之目的或影響，可能須耗費或支出任何部份稅收或其他公帑，除非該項動議或修訂是由當然官守議員或官守議員提出，否則該項動議須獲總督之推薦，而有關推薦之通知，須在非官守議員提出該項動議或修訂動議時提出。」但此條文只是籠統的規定而已，而目前實際的做法是徵稅方面可加可減，而支出方面則只可減少。故此條文並沒有保存現有制度，且給予行政機關太大權力。

2.1.4 第十一項
→ 贊成此項。
理由：
⊙ 行政長官透過選舉產生，理應對他信任。
⊙ 若行政長官失去此權力，可能反而令行政長官與立法會的關係更差。
→ 反對此項。
理由：
⊙ 立法會對政府官員的質詢也須行政長官決定，立法會的作用全失。
⊙ 邏輯上有問題。就質詢權而言，不應賦予行政長官比立法會議員有更重要的考慮權。
⊙ 根據目前的制度，立法局議員有權質詢主要官員，確能有效地對政府官員監察，以防後者犯重大錯誤。
→ 本項使行政長官有權以「安全」和「重大利益」為理由，有效地拒絕回答立法會提出的質詢，但完全沒有說明「安全」和「重大利益」包括什麼，也沒有提供制衡行政長官行使這項權力的方法。
→ 本項必須修改，以確保立法會能行使其職權，審核、通過各種報告、財政預算和決算，即使該審核程序或會揭露一些令政府或某些官員為難的事情。
→ 應修改本項，使行政長官在拒絕提供資料方面的權力，不會大於目前根據《立法局（權力及特權）條例》第三部（尤其是第十四、十五條）所享有的。
→ 這項拒絕透露資料的權力，可分兩部份來考慮：
（1）相等於法院授予的有關權力（因此，如有爭議，可由法院決定）；
（2）規定除獲行政長官授權外，任何人不得提供有關屬中央人民政府管理的外交及國防事務的資料，及有關其他屬中央人民政府管理的事務的資料。
→ 此項給予行政長官決定政府官員等是否出席作證的權力亦過大，「安全和重大利益的考慮」所指又不清楚，致使行政長官權力過大。

3. 建議
3.1 刪除
→ 刪去第五項中「審計署長」一詞。
理由：以表明審計署的首長是特別行政區內審計機關的首長，而不是普通一個在行政長官之下，向行政長官負責的行政部門首長。
3.2 修改
3.2.1 第五項
→ 改為：「提名並報請中央人民政府任免下列主要官員：

各司司長、副司長、各局局長、廉政專員、審計署長、警務處長。」
理由：將罷免主要官員實際權力改屬行政首長，而非在中央人民政府，與聯合聲明原意同。

3.2.2 第九項
→ 「授權」一詞改為「政府」。

3.2.3 第十項
→ 改為「批准向立法會提出有關減少收入或增加支出的動議」
理由：保留現有形式。

3.2.4 第十一項
→ 「安全和重大公共利益」等字眼改為「就有關國家安全、國防外交或敏感問題」。
理由：由行政長官決定政府官員是否向立法會作證的問題只限於國防及外交等問題。
→ 改為：「有權決定是公開作證或秘密進行」，而不能有權以籠統理由否決出庭作證。
理由：此款給予行政長官的權力過大，並與第六十四條和第七十二條（十）嚴重矛盾。

3.3 增加
3.3.1 第四項
→ 在此項前加上「於諮詢行政會議下，」。
3.3.2 第六項
→ 在此項後加上「依第八十七條及第八十八條所訂。」
3.3.3 第十項
→ 在此項前加上「於諮詢行政會議下，」。
3.3.4 第十一項
→ 在「根據」之後加上「特別情況下於」。
3.3.5 第十三項
→ 在此項前加上「於諮詢行政會議下，」。
→ 在此項後加上「行政長官在執行第（四）、（五）、（六）、（七）、（十一）、（十二）及（十三）項職能時要徵詢行政會議的意見。」
理由：具體肯定及規範行政會議之被諮詢範圍。
→ 將來的行政長官應有權在發生民眾動亂時，宣佈進入緊急狀態。

4. 待澄清問題
4.1 第四項
→ 此項賦予行政長官決定政府政策和發佈行政命令的權力，但第六十三條第一項卻容許行政機關制定並執行政策的權力。這是否指制定政策的權力屬行政機關，行政長官只作最後的決定？但行政長官與行政機關的關係似乎不應如此理解。
→ 應清楚界定特別行政區行政長官有無指揮解放軍在特別行政區活動的聯署權。

※

② 1989 年 9 月 1 日《第二次諮詢期政制專責小組第五次會議會議紀要》

1 第四十八條
1.1 第五項
1.1.1 有委員認為，此項規限了行政長官只能對中央罷免主要官員作建議，而無實際權力。他認為應改為行政長官可報請中央人民政府罷免此等官員，令任與免的程序一致。
1.1.2 有委員同意上述建議，並指出委任主要官員的是中央人民政府，故亦應由中央罷免，惟希望此項任免程序屬象徵性。
1.2 行政長官的其他職權
1.2.1 回應社會上關於行政長官可宣佈特別行政區進入緊

急狀態的建議，有委員認為不能使行政長官擁有此特權，而應將此權歸特別行政區政府。故有關條款應註明行政長官在依照香港特別行政區法律下，有權宣佈特別行政區進入緊急狀態。

1.2.2 該委員並補充，若上述意見不能反映在條文上，則以不列出有關條文為佳。

※

③《基本法諮詢委員會政制專責小組對基本法（草案）第四章、附件一、附件二及附錄的意見匯編》，載於 1989 年 11 月基本法諮詢委員會《中華人民共和國香港特別行政區基本法（草案）諮詢報告第一冊》

【P94-95】

2. 對條文的討論

2.2 第四十八條

2.2.1 第五項

2.2.1.1 有委員認為，此項規限了行政長官只能對中央罷免主要官員作建議，而無實際罷免權力。他認為應改為行政長官可報請中央人民政府罷免此等官員，令任與免的程序一致。

2.2.1.2 有委員同意上述建議，並指出委任主要官員的是中央人民政府，故亦應由中央罷免，惟希望此項任免程序屬象徵性。

2.2.2 第十一項

有委員認為，此項給予行政長官決定政府官員等是否出席作證的權力過大。「安全和重大公共利益的考慮」所指又不清楚，亦加強了行政長官權力。

※

④ 1989 年 11 月基本法諮詢委員會《中華人民共和國香港特別行政區基本法（草案）諮詢報告第三冊——條文總報告》

【P129-133】

（編者按：本文同第八稿文件①，除下列內容外，均同前文。）

第四十八條

2. 意見

2.1 整體意見

→ 行政長官權力過大，若決策失當，應可被立法局彈劾，以保持權力不過份集中。

2.2 第五項

→ 罷免一個政府主要官員不應是一件容易和隨便的事。

→ 「提名並報請中央人民政府任命」與「建議中央人民政府免除官員職務」兩者的批准權均在中央，並無任何矛盾。

2.3 第六項

→ 罷免法官程序必須依照《中英聯合聲明》。

2.5 第十一項

→ 此項賦予行政長官過大的權力。建議可由一個由立法機關成員的獨立委員會判斷哪些事才涉及「安全和重大公共利益」。若涉及上述情況者，亦可安排閉門立法會會議，故有關官員仍須出席。

→ 行政長官應接受行政機關在這些事情上的忠告。立法會亦應決定官員作證的準則。

2.6 第十二項

→ 為保持司法的獨立，行政長官不應有赦免或減輕刑事罪犯刑罰的權力，以免影響審判結果。

→ 倘目前香港總督未具此權力，則亦不必賦予香港特別行政區行政長官此項權力。

→ 行政長官無權赦免或減輕刑事罪犯的刑罰。

3. 建議

3.1 刪除

→ 刪去第五項和第八項

→ 刪去第五項「提名並報請中央人民政府」和「建議中央人民政府免除上述官員職務」，在「任命」後加上「及免除」。

→ 刪去第五項中「審計署長」一詞。

理由：以表明審計署的首長是香港特別行政區內審計機關的首長，而不是普通一個在行政長官之下，向行政長官負責的行政部門首長。

→ 刪去第八項。

→ 刪去第十一項。

理由：立法會應能就香港內部事務向政府查詢，不必事事由行政長官裁決。

→ 刪去第十二項內「赦免或」的字眼。

理由：刑事罪犯應接受一定程度的刑罰。

3.2 修改

3.2.1 第一項

→ 修改第一項以使行政長官領導香港特別行政區的行政機關。

理由：立法會應被考慮為政府的一部份，但不應將之置於行政長官的權力之下。

3.2.2 第五項

→ 改為：「提名並報請中央人民政府任免下列主要官員：各司司長、副司長、各局局長、廉政專員、審計署長、警務處長。」

理由：將罷免主要官員實際權力改屬行政首長，而非在中央人民政府，以符合《中英聯合聲明》的原意。

→ 改「建議」為「報請」。

理由：

⊙ 「報請中央人民政府任命」是行政長官提名後，中央人民政府原則上及實際上都會同意，但是「建議」一詞則顯示行政長官並無免除這些官員的實權。

⊙ 「報請」表示中央人民政府基本上接受行政長官的提名，而只是程序方面規定他要報請中央。至於「建議」方面，中央不接納行政長官建議的機會很大。

→ 改為：「提名報請中央人民政府任命下列主要官員：各司司長，副司長，各局局長，副局長，廉政專員，審計署長，副署長，警務處長，副處長，外事處長，海關總監；建議中央人民政府免除上述官員職務。

根據需要並經中央人民政府批准，聘請相當於司級或局級以上的顧問。」

理由：香港特別行政區政府的正副主要和局級以上顧問必須由中央批准和任命。

→ 政府各部門首長由行政長官會同行政會議提名，由立法會通過「應以百分之五十以上的成員通過便可」後，報交中央人民政府備案，任命生效。

→ 改為：「委派並報請中央人民政府記錄下列主要官員：各司司長，副司長，廉政專員，審計署長，警務處長；免除上述官員職務並報請中央人民政府。」

→ 「提名並報請中央人民政府任命下列主要官員。」改為「報請中央人民政府備查。」，不須任命。

→ 改為：「廉政專員及審計署長的任免應先由立法會通過。」

3.2.3 第八項

→ 改為：「表達中央人民政府就本法規定的有關重大公共利益事務發出的指令，表達後並執行這些指令。」

3.2.4 第九項

→ 「授權」一詞改為「政府」。

3.2.5 第十項
→ 改為「批准向立法會提出有關減少收入或增加支出的動議」。
理由：保留現有形式。
3.2.6 第十一項
→ 「安全和重大公共利益」等字眼改為「就有關國家安全、國防外交或敏感問題」。
理由：由行政長官決定政府官員是否向立法會作證的問題只限於國防及外交等問題。
→ 改為：「根據安全和重大公共利益的考慮，不准許政府官員或其他負責政府公務的人員向立法會或其屬下的委員會作證或提供證據時，洩漏有關香港特別行政區外交和國防事務的資料。」
理由：
⊙ 第五、六和十項授予行政長官太大權力。在其他章節內給予行政長官權力的規定則未有此說明。這需要加以修改。
⊙ 原文嚴重限制立法會召集政府官員作證的權力。
→ 改為：「根據國家安全的考慮，決定政府官員或其他負責政府公務的人員是否向立法會或其屬下的委員會作證或提供證據。」
理由：凡涉及公共利益的事情是絕不應該隱瞞公眾。
3.3 增加
3.3.1 第四項
→ 在此項前加上「於諮詢行政會議下」。
3.3.2 第五項
→ 在「各司司長」前加上「首席法官」。
3.3.3 第六項
→ 在最後加上「依第八十七條及第八十八條所訂。」。
3.3.4 第八項
→ 在「本法」後加上「第二條所」的字眼。
3.3.5 第十項
→ 在此項前加上「於諮詢行政會議下，」。
3.3.6 第十一項
→ 加上：「有權決定是公開作證或秘密進行」，不能有權以籠統理由否決出庭作證。
理由：此項給予行政長官的權力過大，並與第六十四條和第七十二條（十）嚴重矛盾。
→ 在「根據」之後加上「特別情況下於」。
3.3.7 第十三項
→ 在此項前加上「於諮詢行政會議下，」。
→ 在此項後加上「行政長官在執行第（四）、（五）、

（六）、（七）、（十一）、（十二）及（十三）項職能時要徵詢行政會議的意見。」
理由：具體肯定及規範行政會議之被諮詢範圍。
3.3.8 增加一項
→ 加上：「（十四）行使履行職務時有需要和合理的其他權力。」
理由：以防止任何疏忽的遺漏對行政長官造成障礙。
→ 加入第（十四）項、第（十五）項及附件四。
「（十四）依照本法附件四規定，行使內部緊急權力。（十五）在按照本法規定執行職務時所必要而合理的其他權力。」
→ 加上：「（十四）嚴禁有謀反或反叛國家之組織存在香港特別行政區。」
→ 加上：「（十四）這些職權按本法授予行政長官。」
→ 將來的行政長官應有權在發生民眾動亂時，宣佈進入緊急狀態。
3.4 其他
→ 對立法會有爭議而經休會協商仍不能解決的法案，行政長官有決定權。

4. 待澄清問題
4.1 第二項
→ 「其他法律」是指中國法律、原來在香港實行的法律或是其他地區的法律？
4.2 第四項
→ 此項賦予行政長官決定政府政策和發佈行政命令的權力，但第六十二條第一項卻容許行政機關制定並執行政策的權力。這是否指制定政策的權力屬行政機關，行政長官只作最後的決定？但行政長官與行政機關的關係似乎不應如此理解。
→ 應清楚界定香港特別行政區行政長官有沒有指揮解放軍在香港特別行政區活動的聯署權。
4.3 第八項
→ 此項內「有關事務」一詞未有界定。這對於行政長官必須執行中央人民政府指令，抑或是可不理會這些指令未有足夠指引。
4.4 第十三項
→ 第十三項說明行政長官有權「處理請願、申訴事項」，第七十二條第八項又說立法會有權「接受香港居民申訴並作出處理」，兩方面的職權是否有衝突或究竟有何分別？
4.5 其他
→ 行政長官有沒有權接納歸化中國籍的申請？

第九稿

「第四十八條　香港特別行政區行政長官行使下列職權：
（一）領導香港特別行政區政府；
（二）負責執行本法和依照本法適用於香港特別行政區的其他法律；
（三）簽署立法會通過的法案，公佈法律；
簽署立法會通過的財政預算案，將財政預算、決算報中央人民政府備案；
（四）決定政府政策和發佈行政命令；
（五）提名並報請中央人民政府任命下列主要官員：各司司長．副司長，各局局長，廉政專員，審計署署長，警務處處長，入境事務處處長，海關關長；建議中央人民政府免除上述官員職務；
（六）依照法定程序任免各級法院法官；
（七）依照法定程序任免公職人員；
（八）執行中央人民政府就本法規定的有關事務發出的指令；
（九）代表香港特別行政區政府處理中央授權的對外事務和其他事務；
（十）批准向立法會提出有關財政收入或支出的動議；

（十一）根據安全和重大公共利益的考慮，決定政府官員或其他負責政府公務的人員是否向立法會或其屬下的委員會作證和提供證據；

（十二）赦免或減輕刑事罪犯的刑罰；

（十三）處理請願，申訴事項。」

〔1990 年 4 月《中華人民共和國香港特別行政區基本法》〕

香港特別行政區行政長官如認為立法會通過的法案不符合香港特別行政區的整體利益，可在三個月內將法案發回立法會重議，立法會如以不少於全體議員三分之二多數再次通過原案，行政長官必須在一個月內簽署公佈或按本法第五十條的規定處理。

❀ 貳│概念

1. 行政長官發回法案
2. 立法會對法案重議的程序
3. 立法會的三分之二多數票
4. 法案的簽署與公佈

❀ 叁│條文本身的演進和發展

第一稿

「第四十七條　香港特別行政區行政長官行使下列職權：
（四）簽署立法機關通過的法案，公佈法律。
行政長官如認為立法機關通過的法案不符合香港特別行政區之整體利益，可於三個月內將法案發回重議；如立法機關以不少於全體成員三分之二的多數再次通過，行政長官必須在一個月內簽署並公佈，或運用本條（十三）項規定的權力解散立法機關。」
〔1987 年 12 月基本法起草委員會秘書處《香港特別行政區基本法（草案）》（匯編稿）〕

① 1986 年 2 月基本法諮詢委員會《第六批研討會總結》

……其中應詳細說明的問題包括：
2. 行政機關與立法機關的關係。

※

② 1986 年 4 月《香港各界人士對〈基本法〉結構等問題的意見匯集》（基本法起草委員會第二次會議參閱資料之一）

【P37】
15. 行政局應包括行政長官和一些上層決策者，不須有非官守議員，行政局仍然是特別行政區政府日常行政的上層決策機構，但同時應對立法機關負責。

※

③ 1986 年 4 月 22 日《中華人民共和國香港特別行政區基本法結構（草案）》，載於《中華人民共和國香港特別行政區基本法起草委員會第二次全體

會議文件匯編》

【P13】
第四章　香港特別行政區的政治體制
第一節　行政長官
（三）行政長官的職權

※

④《行政長官及行政機關》〔1986 年 8 月 6 日政制分批研討會（第三批）討論文件三〕

【P16】
4. 行政長官的職權
4.12 批准或否決立法機關通過的法案
4.12.1 如果行政長官有權否決立法機關通過的法案，而立法局又可以大多數否決行政長官的決定，兩者便可以互相制衡。
4.12.2 將來立法機關成員由選舉產生，他們可能為了討好部份選民而提出不合大眾利益的建議。但行政長官的工作是照顧整個社會的利益，所以他應該有權批准或否決立法機關通過的法案。
4.12.3 行政長官要執行立法機關通過的法案，因此他應

該有權否決立法機關的決議，否則他執行政策時便會產生矛盾。

4.12.4 行政長官由選舉產生，有很高的代表性，因此便應該有權批准或否決立法機關通過的法案。

4.12.5 聯合聲明提到立法機關根據基本法規定依照法定程序制定法律，報請人大常委會備案便行，因此行政長官便沒有權批准立法機關所通過的法律。

4.12.6 如果行政長官有權否定立法機關通過的法案，便有違三權分立的原則。

※

⑤ 1987 年 8 月 22 日《政治體制專題小組的工作報告》，載於《中華人民共和國香港特別行政區基本法起草委員會第五次全體會議文件匯編》

【P39-40】

第四章　香港特別行政區的政治體制（討論稿）
第一節　行政長官
第五條　香港特別行政區行政長官行使下列職權：
（四）批准或不批准立法機關通過的法律，簽署並公佈法律；
說明：有的委員認為，行政長官對立法機關通過的法律無否決權，簽署法律只是一種形式；有的委員認為，行政長官不批准的法律，可發回重議，如立法機構再以三分之二多數通過，行政長官必須簽署，否則可解散立法機關（參見第三節第八條的說明）。

※

⑥ 1987 年 9 月 2 日《中華人民共和國香港特別行政區基本法起草委員會第五次全體會議委員們對基本法序言和第一、二、三、四、五、六、七、九章條文草稿的意見匯集》

【P29-30】

五、關於第四章　香港特別行政區的政治體制
（一）第一節　行政長官
6. 第五條
（3）有的委員認為，本條第（四）項規定行政長官對立法機關通過的法律有否決權，這是不妥當的。對於行政長官在什麼情況下可以不批准立法機關通過的法律，應有限定。有的委員認為，行政長官有權簽署或拒絕簽署立法機關通過的法律，這是不必要的抄襲，也違背了分權和互相制衡的原則；即使行政長官真的有這個權力，立法機關也應該有權以三分之二多數的決議再通過被否決的法律，那時候行政長官便必須簽署，這樣才符合制衡的原則。

（4）有的委員提出，行政長官管不管錢包，對財政預算有無批准權或否決權，關係重大，本條第（四）項中的「法律」是否包括財政預算法案，需加以明確；財政預算在立法局通過後是否須經行政長官批准才能生效，若行政長官不批准又該怎麼辦，這些問題都要寫清楚，否則無法律根據。

※

⑦ 1987 年 9 月 8 日《第四章　香港特別行政區的政治體制（討論稿）》（1987 年 9 月 22 日政制專責小組第二次會議附件一）

第一節　行政長官
第五條
（編者按：內容同第一稿文件⑤）

※

⑧ 1987 年 9 月 8 日《中華人民共和國香港特別行政區基本法起草委員會第五次全體會議意見匯編》（1987 年 9 月 22 日政制專責小組第二次會議附件二）

【P3】

（編者按：本文同第一稿文件⑥，除第（3）點有所刪減外，均同前文。）
第四章　政制
一、關於第一節　行政長官
關於第五條：
（3）有的委員認為，本條第（四）款規定行政長官對立法機關通過的法律有否決權，這是不妥當的。對於行政長官在什麼情況下可以不批准立法機關通過的法律，應有限定。

※

⑨《基本法諮詢委員會工商專業界諮委對未來香港特別行政區政府架構的建議》，載於 1987 年 9 月基本法諮詢委員會工商專業界諮委《未來香港特別行政區政府結構建議》

【P20】

2. 行政長官
2.4 行政長官——否決權和簽署法案
當一項法案按照立法程序，送交行政長官，他有兩項選擇；第一項是在十天內，把法案交還立法機關，並且附上否決聲明，表明他反對該項法案；然而，如果有四分之三立法機關成員再投票通過該項法案，該項法案仍然可以成為法例。行政長官的第二項選擇是簽署法案，使其成為法例。他的贊成僅是一種形式。

否決權是行政長官和立法機關之間的一種制衡。根據我們的建議，立法機關可以自行選舉主席，成員均由選舉產生，所以行政長官的否決權可以使他反對不切實際的法案修訂（該等修訂通常在小組會議階段提出）和反對由個別成員提出與財務無關的法案。

※

⑩ 1987 年 10 月《香港特別行政區的政治體制（討論稿）》（政治體制專題小組工作文件）

【P4】

第一節　行政長官
第五條
（編者按：內容同第一稿文件⑤）

第五次全體大會分組討論：
（編者按：內容同第一稿文件⑥）

第二稿

「第五十條　香港特別行政區行政長官如認為立法會議通過的法案不符合香港特別行政區的

整體利益，可在三個月內將該法案發回立法會議重議，立法會議如以不少於全體成員三分之二多數再次通過原案，行政長官必須在一個月內簽署公佈或按本法第五十一條的規定處理。」

〔1988 年 4 月基本法起草委員會秘書處《中華人民共和國香港特別行政區基本法（草案）草稿》〕

第三稿

「第四十九條　香港特別行政區行政長官如認為立法會議通過的法案不符合香港特別行政區的整體利益，可在三個月內將該法案發回立法會議重議。立法會議如以不少於全體成員三分之二多數再次通過原案，行政長官必須在一個月內簽署公佈或按本法第五十條的規定處理。」

〔1988 年 4 月基本法起草委員會《中華人民共和國香港特別行政區基本法（草案）徵求意見稿》〕

第四稿

「第四十九條　香港特別行政區行政長官如認為立法會通過的法案不符合香港特別行政區的整體利益，可在三個月內將法案發回立法會重議，立法會如以不少於全體議員三分之二多數再次通過原案，行政長官必須在一個月內簽署公佈或按本法第五十條的規定處理。」

〔1989 年 2 月《中華人民共和國香港特別行政區基本法（草案）》〕

① 《基本法工商專業界諮委對基本法（草案）徵求意見稿第四章政治體制之意見書》

【P1】
第四十九和第五十條
根據這兩項條文，如行政長官拒絕簽署立法會議第二次通過的法案或立法會議拒絕通過政府提出的財政預算法案或其他重要法案，行政長官可解散立法會議；又行政長官在其一屆任期內只能解散立法會議一次。
我們建議：
（i）如立法會議拒絕通過政府提出的財政預算法案，而經協商後（請參看我們的小冊子「未來香港特別行政區政府結構建議」第二十四頁4.3段）仍未能達到多數通過法案，行政長官可解散立法會議；
（ii）行政長官這個權力不受其一屆任期內只能運用該權力一次的限制；
（iii）除上述財政預算案的問題外，行政長官無權因拒簽署立法會議第二次通過的法案而解散立法會議。

※

② 1988 年 6 月 6 日《政制專責小組 1 與草委交流會會議紀要》

1. 諮委對有關行政長官條文的意見
1.5 第四十九條：
有委員指出「香港特別行政區行政長官如認為立法會議通過的法案不符合香港特別行政區的整體利益，可在三個月內將該法案發回立法會議重議」而非「應在三個月內將該法案發回立法會議重議」可能會產生拖延法案重議的問題。

※

③ 1988 年 6 月 6 日《政制專責小組（三）與草委交流會會議紀要》

8. 條文
8.3 第四十九條
若立法會議所通過的法案具時間性的話，這裡指的是三個月時間似乎太長了些，因行政長官欲撤回重議時，不宜拖三個月之久。

※

④ 《基本法諮詢委員會政制專責小組對基本法（草案）徵求意見稿第四章的意見匯編》，載於 1988 年 10 月基本法諮詢委員會《中華人民共和國香港特別行政區基本法（草案）徵求意見稿諮詢報告（1）》

【P107-108】
3. 有關條文討論
3.8 第四十九條
3.8.1 有委員指出，「香港特別行政區行政長官如認為立法會議通過的法案不符合香港特別行政區的整體利益，可在三個月內將該法案發回立法會議重議」，應改為「應在三個月內將該法案發回立法會議重議」。若立法會議所通過的法案具時間性，可能會產生拖延法案重議的問題。

※

⑤ 1988 年 10 月基本法諮詢委員會《中華人民共和國香港特別行政區基本法（草案）徵求意見稿諮詢報告第五冊──條文總報告》

【P229-232】
第四十九條
2. 意見
2.1 贊成意見
→ 贊成此條。
→ 贊成以行政長官如認為立法會議通過的法案不符合香港特別行政區的整體利益可以發回重議的原則，作為行政長官對立法會議的制衡。
2.2 保留意見
→ 第四十九條及第五十條互相矛盾及無意義。
→ 未賦予立法會議足夠權力去監察和制衡行政長官及其領導的政府。
→ 授予行政長官相當於立法會議全體成員三分之一的立法權，他只需有三分之一立法會議成員聯合支持，便可否決再次通過的原案。這樣的權力過大。
→ 會引致立法機關完全受制於行政長官。
→ 未能保障香港特別行政區有一穩定的立法會議。
→ 對於法案是否符合整體利益，立法會議三分之二多數的集體智慧應較行政長官一人的決定可信。
→ 第四十九條及第五十條所提的情況，可能發生的機會

甚微。

理由：因為只有行政機關才有提案權，所以行政長官是不會不通過自己所提的法案。

→ 三個月的時間太長，因為立法會議已經通過的法案應於短時間內執行；若三個月後，行政長官才表示不同意，則會嚴重影響立法的效用。

3.建議

3.1 刪除

→ 刪除此條。

理由：若立法機關的組成妥善，而仍不能對香港特別行政區的利益作出正確的判斷，那麼實難期望行政長官能單靠自己可作出更佳的判斷。若此條文成立，行政長官可行使此權，香港特別行政區就會受制於中央人民政府。

→ 刪去「或按本法第五十條的規定處理。」

→ 刪去「不符合香港特別行政區的整體利益」等字。

3.2 修改

→ 改為：「香港特別行政區行政長官如認為立法會議通過的法案不符合香港特別行政區的整體利益，可以在一個月內將該法案否決。立法會議如以不少於出席成員三分之二多數再次通過原案，行政長官必須在一個月內簽署公佈。」

理由：

⊙ 避免把權力放重在行政長官一邊，破壞互相制衡的原則。

⊙ 賦予行政長官很大的權力，對立法機關構成威脅及造成行政主導。

⊙ 避免不必要的拖延。

⊙ 立法機關無權對行政長官投不信任票或報請中央罷免，在面對被行政長官解散的威脅下，立法機關將不敢拒絕通過行政長官認為重要的法案，也不敢堅持遭行政長官否決的法案。

⊙ 重選的新立法機關未必能凝聚大多數的力量與行政長官抗衡。

⊙ 行政長官可修改撤回的原有議案，作出輕微的讓步以避免辭職。

→ 改為：「香港特別行政區行政長官如認為立法會議通過的法案不符合香港特別行政區的整體利益，可在三個月內將該法案發回立法會議重議，立法會議如以不少於全體三分之一多數再次通過原案，行政長官必須在一個月內簽署及公佈。」

理由：本條條文對立法機關所提有關法案遭行政長官否決後，要再獲三分二多數通過才可複決，此比率太高，使立法機關很難有反對的聲音存在，喪失了立法機關對行政長官的制衡。

→ 改為：「當行政長官否決立法會議通過的法案（法案不應分重要與否，因為界定有困難），可發回立法會議。若立法會議以不少於全體成員三分之二多數再次通過，原案可成為法律。」

→ 改為：「如特別行政區行政長官在法案通過後一個月仍未簽署，而並無行使其否決權，則該法案自動生效。」

→ 改為：「香港特別行政區行政長官如認為立法會議通過的法案不符合香港特別行政區的整體利益，可在一個月內將該法案發回立法會議重議。立法會議如以不少於全體成員三分之二多數再次通過原案，行政長官必須在一個月內簽署公佈。倘若行政長官逾期仍未能處理立法會議通過的法案，則該法案自動生效。」

→ 改為：「香港特別行政區行政長官如認為立法會議通過的法案不符合香港特別行政區的整體利益，可在三個月內將該法案發回立法會議重議。立法會議如以不少於全體成員三分之二多數再次通過原案，行政長官必須在一個月內簽署公佈。」

→ 改為：「香港特別行政區行政長官如認為立法會議通

過的法案不符合香港特別行政區的整體利益，可在兩個月內將該法案發回立法會議重議。立法會議如以不少於全體成員三分之二多數再次通過原案，行政長官必須在一個月內簽署公佈。」

理由：

⊙ 在重要的議案上，三個月的期限會引致時間上的延誤，故將三個月改為兩個月。

⊙ 按第五十條，行政長官的否決權權力過大，與第四十九條上半段的行政長官和立法會議權力互相制衡的理想不符，故應刪去「或按本法第五十條的規定處理」等字眼。

→ 改為：「行政長官在立法會議以多數票再次通過原案的情況下，不得解散立法會議，並要在一個月內簽署公佈該法案。」

理由：為能確保行政長官與立法機關互相制衡。假若行政長官有權在立法會議以多數票再次通過原案的情況下行使解散立法會議的權利，這將迫使立法會議不敢堅持通過行政長官否決的議案，而失去相互制衡的作用。在法案經立法會議再次通過的情況下，行政長官應跟隨立法會議之決議，簽署該法案生效。

→ 改為：「為貫徹行政、立法機關互相制衡的原則，立法會議通過的法案，須交行政長官簽署並公佈生效，如行政長官在三個月內不簽署，則自動生效；若行政長官拒絕簽署該法案，則在兩個月內，該法案再由立法會議討論，假若該法案獲立法會議出席成員三分二之通過，則行政長官必須立即簽署並公佈生效。」

→ 將「三個月」改為「一個月」。

理由：行政長官在法例訂定時，應已對法例的精神和原則有一定程度的了解，故此一個月發回立法會議重議的時間已很足夠。

→ 將「三分之二」改為「七分之四」。

理由：在爭辯劇烈的情況下，議案可能只以很小的比例差額而通過（或否決）。故若要以三分之二以上的全體立法會議成員通過原法案後，行政長官才作進一步行動，可能令該法案永遠拖延。

→ 將「可……發回」改為「應……發回」。

3.3 其他建議

→ 充份保留着殖民地管治下行政機關的絕大權力。未來特別行政區的政府應是民主的政府，行政長官需要接受立法議會通過的所有法案。

→ 行政長官有權否決立法會議通過法案，但立法會議應可以三分之二的多數推翻行政長官的否決。

理由：在行政長官解散立法會議的威脅下，立法會議難以投票推翻行政長官屬意的法案，這破壞了立法機關的獨立立法作用。

→ 行政長官有權拒絕簽署立法機關通過的法案，但立法機關若以三分之二的大多數再行通過該法案，則行政長官必須簽署。若行政長官仍不簽署，該法案一個月後自動生效。

→ 在法案被立法會議再次通過的情況下，行政長官應跟隨立法會議的決議，簽署該法案。

理由：行政長官有權在立法會議以多數票再次通過原案的情況下，仍能行使解散立法會議的權力。這會迫使立法會議不敢堅持通過行政長官已否決的議案，失去制衡的作用。

→ 如立法會議以不少於全體成員三分之二多數再次通過行政長官已否決的法案，行政長官須即時簽署該法案，但有關財政預算的法案，應按第五十條的規定處理。

→ 如行政長官認為某法案不符合香港特別行政區的整體利益，他應表明反對此法案的原因或將法案發回立法會議重議。

4.待澄清問題

→ 如行政長官拒絕於三個月內發回法案重議，該怎麼辦？

→ 如行政長官借故離港出外訪問，讓布政司代理其職務並拒絕簽署重提法案，行政長官豈不是可避免辭職？

→ 何謂「可發回」？是否應是「應發回」？

第五稿

「**第四十九條** 香港特別行政區行政長官如認為立法會通過的法案不符合香港特別行政區的整體利益，可在三個月內將法案發回立法會重議，立法會如以不少於全體議員三分之二多數再次通過原案，行政長官必須在一個月內簽署公佈或按本法第五十條的規定處理。」

〔1990 年 2 月 16 日《中華人民共和國香港特別行政區基本法（草案）》〕

① 1989 年 8 月 18 日第二次諮詢期政制專責小組第四次會議附件一

第四十九條
2. 意見
→ 三個月內發回重議的規定彈性太大，應可參照法國的規定，改為十五天內。

※

② 1989 年 9 月 1 日《第二次諮詢期政制專責小組第五次會議會議紀要》

2. 第四十九條
2.1 有委員建議刪去第一款末：「或按本法……處理」一語。該委員為保行政長官和立法機關的穩定和合作，認為當有三分之二立法會議員再度通過某一法案，行政長官便得在一個月內簽署。此外，根據同一理由，亦不想行政長官可解散立法會，或立法會有權向行政長官投不信任票。

※

③《基本法諮詢委員會政制專責小組對基本法（草案）第四章、附件一、附件二及附錄的意見匯編》，載於 1989 年 11 月基本法諮詢委員會《中華人民共和國香港特別行政區基本法（草案）諮詢報告第一冊》

【P95】
2. 對條文的討論
2.3 第四十九條
（編者按：本文同第五稿文件②，除下列內容外，均同前文。）
2.3.2 有委員認為，應考慮在行政長官和立法會「經協商仍不能取得一致意見」的情況下，應如何給行政長官所需要的權力。

※

④ 1989 年 11 月基本法諮詢委員會《中華人民共和國香港特別行政區基本法（草案）諮詢報告第三冊——條文總報告》

【P134】
第四十九條
2. 意見
2.1 整體
→ 三個月內發回重議的規定彈性太大，應可參照法國的規定，改為十五天內。
→ 行政長官應對立法會負責；所以若遇有立法會不少於全體三分之二多數通過的議案，他必須簽署；否則他要遭到罷免。
2.2 反面
→ 此條可能拖延日後的行政效率。
理由：此條提出行政長官若認為立法會通過法案不符合香港特別行政區的整體利益，可在三個月內將法案發回立法會重議，但三個月的時間太長。

3. 建議
3.1 修改
→ 改為：「如立法會在第二次以不少於三分之二多數通過法案，行政長官必須簽署。如行政長官在一個月內未簽署，法案會自動成為香港特別行政區的法律。」
理由：條文未給予立法會足夠的制衡權力。
→ 改為：「香港特別行政區行政長官如認為立法會通過的法案不符合香港特別行政區的整體利益，可在一個月內將該法案發回立法會重議，立法會如以不少於出席成員三分之二多數再次通過原案，行政長官必須在一個月內簽署公佈。行政長官如不在規定期間內簽署公佈或發回重議，該法案即自動生效。」
3.2 增加
→ 加上第二款使行政長官可拒絕簽署違反本法的法例。
3.3 其他
→ 香港特別行政區行政長官所決定政府政策和發佈行政命令不得違反人權、自由和民主。若有違反，立法會可以三分之二多數通過這政府政策和行政命令無效。
→ 應允許立法會以三分之二多數駁回行政長官的權利，不應給予行政長官本條所載的額外的權力。

第六稿

「**第四十九條** 香港特別行政區行政長官如認為立法會通過的法案不符合香港特別行政區的整體利益，可在三個月內將法案發回立法會重議，立法會如以不少於全體議員三分之二多數再次通過原案，行政長官必須在一個月內簽署公佈或按本法第五十條的規定處理。」

〔1990 年 4 月《中華人民共和國香港特別行政區基本法》〕

香港特別行政區行政長官如拒絕簽署立法會再次通過的法案或立法會拒絕通過政府提出的財政預算案或其他重要法案，經協商仍不能取得一致意見，行政長官可解散立法會。行政長官在解散立法會前，須徵詢行政會議的意見。行政長官在其一任任期內只能解散立法會一次。

🌺 貳｜概念

1. 行政長官可解散立法會
2. 須徵詢行政會議意見

🌺 叁｜條文本身的演進和發展

第一稿 ▶

「第四十七條　香港特別行政區行政長官行使下列職權：

（十三）有下列情況之一，在徵詢行政會議意見之後，可以解散立法機關：

1. 立法機關拒絕通過財政預算法案、撥款條例草案、或行政長官認為符合香港特別行政區利益的其他重要法案，經協商仍不能取得一致意見；

2. 立法機關制訂或修改法律草案，行政長官認為這些法案的內容不符合香港特別行政區的利益，發回重議，立法機關仍以全體成員三分之二多數通過原案，行政長官再次拒絕簽署。行政長官在其一次任期內只能解散立法機關一次。」

〔1987 年 12 月基本法起草委員會秘書處《香港特別行政區基本法（草案）》（匯編稿）〕

① 1986 年 2 月基本法諮詢委員會《第六批研討會總結》

……其中應詳細說明的問題包括：
2. 行政機關與立法機關的關係。

※

② 1986 年 4 月《香港各界人士對〈基本法〉結構等問題的意見匯集》（基本法起草委員會第二次會議參閱資料之一）

【P37】
15. 行政局應包括行政長官和一些上層決策者，不須有非官守議員，行政局仍然是特別行政區政府日常行政的上層決策機構，但同時應對立法機關負責。

※

③ 1986 年 4 月 22 日《中華人民共和國香港特別行政區基本法結構（草案）》，載於《中華人民共和國香港特別行政區基本法起草委員會第二次全體會議文件匯編》

【P13】
第四章　香港特別行政區的政治體制
第一節　行政長官
（三）行政長官的職權

※

④ 1986 年 7 月 8 日《政制專責小組第五次會議紀要（第三分組）》

1. 關於行政長官的職權
1.2 以下各點關於行政長官的職權，各小組委員有較詳細的討論：
1.2.2 解散立法局：
有委員認為如果行政長官有權解散立法局，香港整個政治架構便會很不穩定，因為聯合聲明已提及未來的立法機

關是由選舉產生的。但另一委員認為只要嚴格規定的行政長官只在某些特殊情況下才可以解散立法局，同時要求他把決定報請人大備案，行政長官是應該有解散立法局的權的。

※

⑤《行政長官及行政機關》〔1986 年 8 月 6 日政制分批研討會（第三批）討論文件三〕

【P16】
4.行政長官的職權
4.11 解散立法機關
4.11.1 行政長官有權解散立法機關，但要嚴格規定他在特殊的情況下才能這樣做，並要求他把決定報請人大備案。
4.11.2 聯合聲明提到立法機關由選舉產生，如果行政長官可以解散立法機關，香港整個政治架構便會很不穩定。

※

⑥ 1986 年 8 月 14 日《草擬政制的初步討論紀要》附件

【P10】
4.行政機關與立法機關的關係
在行政機關與立法機關的關係問題上，意見的分歧很大。問題主要是環繞着未來的政制，究竟應以立法為中心，還是以行政為中心，或是行政、立法分工，相互制衡？
具體的問題如下：
4.4 行政長官是否有權解散立法機關？

※

⑦ 1987 年 8 月 22 日《政治體制專題小組的工作報告》，載於《中華人民共和國香港特別行政區基本法起草委員會第五次全體會議文件匯編》

【P41】
第四章　香港特別行政區的政治體制（討論稿）
第一節　行政長官
第五條　香港特別行政區行政長官行使下列職權：
（十三）經中央同意可解散立法機關；
說明：有的委員主張立法機關解散後，行政長官也應辭職。

※

⑧ 1987 年 9 月 2 日《中華人民共和國香港特別行政區基本法起草委員會第五次全體會議委員們對基本法序言和第一、二、三、四、五、六、七、九章條文草稿的意見匯集》

【P31】
五、關於第四章　香港特別行政區的政治體制
（一）第一節　行政長官
6.第五條
（10）有的委員認為，第（十三）項中關於行政長官能否具有解散立法機關的職權，同行政長官如何產生有一定關係，需根據行政長官的產生方式來賦予他相應的權力。有的委員則認為，明確了行政長官的職權以及是否兼任立

法機關主席等問題，對解決行政長官的產生問題也有幫助。

（11）有些委員表示，不贊成第（十三）項說明中提出的立法機關解散後，行政長官也應辭職的主張。認為解散立法機關已是很大的動盪，如行政長官再辭職，有可能使政府癱瘓，產生更大的動盪。有些委員則認為，行政長官可以解散立法機關而本身無須辭職，反過來立法機關卻沒有權對行政長官投以不信任票，這種安排有違制衡原則。有的委員認為，解散立法機關須經中央同意，行政長官的這一職權已受到一定的限制，不是任意可以行使的。有的委員則認為，這等於把矛盾交給中央，容易使中央介入特別行政區內部的矛盾。

※

⑨ 1987 年 9 月 8 日《第四章　香港特別行政區的政治體制（討論稿）》（1987 年 9 月 22 日政制專責小組第二次會議附件一）

第一節　行政長官
第五條
（編者按：內容同第一稿文件⑦）

※

⑩ 1987 年 9 月 8 日《中華人民共和國香港特別行政區基本法起草委員會第五次全體會議意見匯編》（1987 年 9 月 22 日政制專責小組第二次會議附件二）

【P2-3】
第四章　政制
一、關於第一節　行政長官
6.關於第五條
（編者按：內容同第一稿文件⑧）

※

⑪ 1987 年 10 月《第四章　香港特別行政區的政治體制（討論稿）》（政治體制專題小組工作文件）

【P6-7】
第一節　行政長官
第五條
（編者按：條文內容和「說明」內容同第一稿文件⑦，「第五次全體大會分組討論」內容同第一稿文件⑧，除下列內容外，均同前文。）
資料：香港有些社會人士認為：行政長官解散立法機關的權力不應是前者強迫後者順從其意志的手段，而是通過重新選舉立法機關以尋求社會大眾的意向，故本項應對解散立法機關的權力作出一定限制，如立法機關解散後應在一定的時間內重組，重組後一定時間內不能再行解散。

※

⑫ 1987 年 12 月基本法起草委員會秘書處《香港特別行政區基本法（草案）》（匯編稿）

【P22-23】

第四十七條

（十三）說明：有的委員主張，行政長官不能解散立法機關；如保留此項，則在立法機關的職權中加上「可對行政長官或主要官員投不信任票」的規定。

有些委員認為，本項 1 中的「協商」必須經一定程序，建議改寫為「立法機關拒絕通過財政預算法案、撥款條例草案、或行政長官認為必要的其他重要法案，經由（九名）立法機關成員組成之特別委員會與行政機關協商，在六十天內建議解決方法，而立法機關或行政長官拒絕接受特別委員會之建議」。

第二稿

「第五十一條　如行政長官拒絕簽署立法會議再次通過的法案或立法會議拒絕通過政府提出的財政預算案或其他重要法案，經協商仍不能取得一致意見，行政長官可解散立法會議。行政長官在解散立法會議前，須徵詢行政會議的意見。行政長官在其一屆任期內只能解散立法會議一次。」

〔1988 年 4 月基本法起草委員會秘書處《中華人民共和國香港特別行政區基本法（草案）草稿》〕

① 1987 年 12 月《中華人民共和國香港特別行政區基本法起草委員會第六次全體會議委員們對基本法第四、五、六、十章和條文草稿匯編的意見》

【P6】
4. 第四十七條

（5）有的委員認為，第四項規定行政長官的權力大了。建議刪去「或運用本條（十三）項規定的權力解散立法機關」。但有些委員認為，這一規定是恰當的，是考慮到行政長官與立法機關對抗時必須有一個解決辦法，而且行政長官也不會輕率解散立法機關，這一規定可以促使行政長官和立法機關進行協商。

第三稿

「第五十條　如行政長官拒絕簽署立法會議再次通過的法案或立法會議拒絕通過政府提出的財政預算案或其他重要法案，經協商仍不能取得一致意見，行政長官可解散立法會議。

行政長官在解散立法會議前，須徵詢行政會議的意見。行政長官在其一屆任期內只能解散立法會議一次。」

〔1988 年 4 月基本法起草委員會《中華人民共和國香港特別行政區基本法（草案）徵求意見稿》〕

第四稿

「第五十條　如行政長官拒絕簽署立法會再次通過的法案或立法會拒絕通過政府提出的財政預算案或其他重要法案，經協商仍不能取得一致意見，行政長官可解散立法會。

行政長官在解散立法會前，須徵詢行政會議的意見。行政長官在其一任任期內只能解散立法會一次。」

〔1989 年 2 月《中華人民共和國香港特別行政區基本法（草案）》〕

① 《基本法工商專業界諮委對基本法（草案）徵求意見稿第四章政治體制之意見書》

【P1】
第四十九和第五十條
根據這兩項條文，如行政長官拒絕簽署立法會議第二次通過的法案或立法會議拒絕通過政府提出的財政預算法案或其他重要法案，行政長官可解散立法會議；又行政長官在其一屆任期內只能解散立法會議一次。
我們建議：
（i）如立法會議拒絕通過政府提出的財政預算法案，而經協商後（請參看我們的小冊子「未來香港特別行政區政府結構建議」第二十四頁 4.3 段）仍未能達到多數通過法案，行政長官可解散立法會議；
（ii）行政長官這個權力不受其一屆任期內只能運用該權力一次的限制；
（iii）除上述財政預算的問題外，行政長官無權因拒簽署立法會議第二次通過的法案而解散立法會議。

※

② 1988 年 8 月基本法起草委員會秘書處《香港各界人士對〈香港特別行政區基本法（草案）徵求意

見稿〉的意見匯集（一）》

【P26】
第五十條
「解散一次」的限制不必要。

※

③ 《基本法諮詢委員會政制專責小組對基本法（草案）徵求意見稿第四章的意見匯編》，載於 1988 年 10 月基本法諮詢委員會《中華人民共和國香港特別行政區基本法（草案）徵求意見稿諮詢報告（1）》

【P108】
3. 有關條文討論
3.9 第五十條
3.9.1 有委員認為，應該明確規定行政長官與立法會議對有爭議的法案進行「協商」的程式及時間。

※

④ 1988 年 10 月基本法諮詢委員會《中華人民共和國香港特別行政區基本法（草案）徵求意見稿諮詢

【P232-236】

第五十條

2.意見

2.1 行政長官可否決立法會議兩度通過的任何法案，並可同時解散立法會議。

2.1.1 同意

理由：

⊙ 上述兩項乃行政長官可擁有的最大權力，行政長官應有這否決權。

⊙ 行政長官應有較大的自由去處理事務。

2.1.2 部份同意

理由：

⊙ 行政長官的權力過大。

⊙ 行政長官可否決法案但不能同時解散立法會議。

⊙ 應限制行政長官只能於財政預算不通過，並經協商後仍不能取得一致意見時，方可解散立法會議。

⊙ 不應限制行政長官在其一屆任期內只能解散立法會議一次。

⊙ 立法會議成員投不信任票後，行政長官方可解散立法會議。

⊙ 即使行政長官有權解散立法會議，也不應根據本條的規定去解散，而是當立法會議未能根據第七十二條的有關規定正確地執行其職責時，行政長官方可解散立法會議。

2.1.3 不同意

理由：

⊙ 立法會議未能制衡行政長官

（1）行政長官權力過大。

（2）立法會議失卻監察政府運作的作用。

（3）立法會議受到限制。

（4）如遭立法會議三分之二成員反對，此法案定有問題，這亦表示市民對此法案有保留。如行政長官在這情況下解散立法會議，定會引起極大的政治動盪。

（5）行政會議的意見難以達致合理的抗衡。

（6）完全破壞行政、立法兩者的制衡。

⊙ 政治妥協

（1）行政長官有權解散立法會議，立法會議成員唯恐席位不保，因而作出政治妥協，難成有效的監察制度。

（2）令立法會議成員在決策時有所顧忌。

（3）這規定會促使立法會議成員把個人或集團的利益放在整體利益之上，也可能令立法會議變成橡皮圖章。因為若立法會議拒絕通過某些法案便會被解散，為希望連任，議員便不會拒絕通過法案。

⊙ 其他

（1）容易引起政治危機。

（2）不夠民主。

（3）行政長官易出現偏私。

（4）嚴重影響立法會議的功能與運作。

（5）影響立法會議的獨立立法權。

（6）行政長官與立法機關的權力來源不同。

（7）行政長官一意孤行解散立法會議，終會引起社會不安和大眾的反感。

（8）不應賦予行政長官解散立法會議、拒絕簽署法案及基金撥款等權力。行政長官的意見與立法會議全體成員有分歧時，應考慮設置一機制以容許特別行政區居民參與最後決策。例如：全民投票。

（9）此條與第七十二條矛盾。

2.2 其他意見

→ 立法會議成員來自不同背景及政治團體，彼此的利益分歧或有衝突，實難以三分之二的大多數通過行政長官不接納的議案。

→ 違反《中英聯合聲明》。

理由：《中英聯合聲明》規定行政機關向立法機關負責，即將來的政治體系以立法為主導。但本條文賦予行政長官解散立法會議的權力，而立法會議只可彈劾卻不可罷免行政長官。立法會議變成行政長官的傀儡。

→ 以「行政長官」取代現時「總督」的權力，存有殖民主義色彩。

→ 行政長官有權解散立法會議，但須在六個月內重組立法會議。

→ 行政長官不應有解散立法會議的權力，只能在任期要求一次立法會議延期舉行會議。

3.建議

3.1 刪除

→ 刪去此條。

理由：

⊙ 此條違反立法獨立的要求。

⊙ 行政長官的權力直接威脅立法會議的存在，立法會議難以獨立地制約行政機關。

⊙ 整個制衡機制破壞不全。

⊙ 行政長官權力過大，易被濫用。

⊙ 在第四十八條內，沒有寫明行政長官有解散立法會議的權力。

⊙ 如行政長官失去立法會議及特別行政區居民的支持，理應辭職並安排一個受立法會議和人民支持的繼任人繼任。

3.1.1 刪去第五十及五十一條並改為：

「若行政長官認為有足夠理由需要解散立法會議，應首先獲得行政會議全體成員支持，然後向全港市民提出解散立法會議的議案，由全港的合法選民投票議決，若以投票的選民三分之二通過，便可解散立法會議。」

理由：

⊙ 如行政長官解散立法會議的權力過大，使立法會議容易受制於行政長官，影響三權分立的原則。

⊙ 立法會議若由市民透過選舉產生，市民應有權將它解散，以體現民主的精神。

→ 刪去第一款內「行政長官拒絕簽署立法會議再次通過的法案」等字眼。

3.2 修改

3.2.1 全條

→ 改為：「如行政長官拒絕簽署立法會議再次通過的法案或立法會議拒絕通過政府提出的財政預算法案或其他重要法案，經協商仍不能取得一致意見，行政長官可解散立法會議。行政長官亦須辭職。立法會議與行政長官皆重新選舉。」

→ 改為：「如立法會議拒絕通過政府提出的財政預算法案或其他重要法案，經協商仍不能取得一致意見，行政長官可解散立法會議。

行政長官在解散立法會議前，須徵詢行政會議的意見。行政長官在其一屆任期內只能解散立法會議一次。」

→ 改為：「如立法會議拒絕通過政府提出的財政預算法案，經協商仍不能取得一致意見，行政長官可以解散立法會議，行政長官在其一屆任期內只能解散立法會議一次。」

理由：避免把權力偏重於行政長官，破壞互相制衡的原則。

→ 改為：「如立法會議拒絕通過政府提出的財政預算法案，而經協商仍未能達到多數通過法案，行政長官可解散立法會議。

行政長官在其一屆任期內可運用該權力不只一次。

除財政預算案外，行政長官無權因拒絕簽署立法會議第二次通過的法案而解散立法會議。」

3.2.2 個別條款

（1）第一款

→ 改為：「如立法會議拒絕通過政府提出的財政預算法

案，經協商仍不能取得一致意見，行政長官可解散立法會議。」
→「一致意見」改為「行政長官與立法會議的協議」。
理由：「一致意見」可理解為立法會議全體成員的同意，這要求未免過苛。
→ 最後加上：「但之前必須向公眾交代原因。」
→ 最後加上：「行政長官亦須辭職。立法會議與行政長官須重新選舉。」
理由：令行政長官與立法會議有較均衡權力，行政長官也不會誤用或濫用「解散立法會議」的權力。況且，當行政與立法機關就某一項社會政策未能達到共識時，就應由市民（他們是行政長官與立法會議成員的權力來源）作出仲裁。
（2）第二款
→ 刪去最後一句。
→ 最後加上：「如立法會議成員認為香港特別行政區行政長官在處理立法會議通過的法案時有違香港特別行政區的整體利益，可提案彈劾或罷免行政長官，經全體立法會議成員三分之二多數通過，報請中央人民政府決定執行。」
理由：為免行政長官權力太大，以致立法會議無力制衡。立法會議成員透過選舉產生，應直接向人民交代。如行政長官有權解散立法會議，則其權力凌駕於人民權力之上。
→ 加上：「如行政長官因嚴重違法或瀆職行為而被彈劾，行政長官簽署的權力可改由行政及立法會議的三分之二人數聯合簽署代替，直至中央人民政府另有決定為止。」
<u>3.3</u> 其他建議
→ 行政長官不應擁有解散立法會議的權力。
理由：這權力危害立法會議的自主性。
→ 行政長官不可無限制地否決立法會議成員根據第七十三條的規定所提出的決案〔第七十三條第（一）至（三）項的法案除外〕。

理由：多數的民主組織都有一套以適量的大多數駁回否決案的辦法。
→ 行政長官在解散立法會議的同時也應辭職。
理由：
⊙ 達致行政與立法互相制衡。
⊙ 因行政長官已不被透過選舉產生的立法會議所信任。
→ 為貫徹行政、立法機關互相制衡的原則，得立法會議通過的法案須交行政長官簽署並公佈生效。如行政長官在三個月內不簽署，則該法案自動生效，若行政長官拒絕簽署該法案，則在兩個月內該法案再由立法會議討論。假若該法案獲出席成員三分之二通過，則行政長官必須立即簽署並公佈生效。
→ 如立法會議再次通過行政長官拒絕簽署的法案，行政長官須將該法案發回立法會議重議。如原案再以立法會議成員三分之二多數通過，則行政長官須立時簽署，並公佈成法律。
→ 除了徵詢行政會議的意見外，行政長官亦應得到行政會議三分之二的成員通過同意解散立法會議。
→ 如「經協商仍不能得一致意見」，應報中央人民政府決定。

4. 待澄清問題
→ 行政長官有權解散立法會議，但何時再重組立法會議？
→ 在立法會議解散期內，如有緊急法案要通過，應如何處理？
→ 如遇特別情況，行政長官要解散立法會議兩次，此條文會否影響行政長官解散立法會議的權力？
→「其他重要法案」的意思含糊。
→ 本條已預設了行政長官與立法會議會有分歧。這是否表示已預計了行政長官代表的中央人民政府利益與立法會議代表的香港特別行政區利益之間必有衝突？

第五稿

「**第五十條** 如行政長官拒絕簽署立法會再次通過的法案或立法會拒絕通過政府提出的財政預算案或其他重要法案，經協商仍不能取得一致意見，行政長官可解散立法會。
行政長官在解散立法會前，須徵詢行政會議的意見。行政長官在其一任任期內只能解散立法會一次。」
〔1990 年 2 月 16 日《中華人民共和國香港特別行政區基本法（草案）》〕

① **1989 年 8 月 18 日第二次諮詢期政制專責小組第四次會議附件一**

第五十條
2. 意見
<u>2.1</u> 整體
→ 將行政長官解散立法會的權力改列於第四十八條較為恰當。
<u>2.2</u> 刪除
→ 刪去「經協商仍不能取得一致意見」。

3. 待澄清問題
→ 根據此條，行政長官在其任期內只可解散立法會一次。但當立法會再次拒絕通過政府提出的財政預算案或其他重要法案時，行政長官可如何處理？行政長官會否受制於立法會，並根據第五十二條第三項的規定辭職？

※

② **1989 年 9 月 1 日《第二次諮詢期政制專責小組第五次會議會議紀要》**

3. 第五十條
<u>3.1</u> 上承對第四十九條的建議，有委員提議刪去第五十條。

※

③ **《基本法諮詢委員會政制專責小組對基本法（草案）第四章、附件一、附件二及附錄的意見匯編》，載於 1989 年 11 月基本法諮詢委員會《中華人民共和國香港特別行政區基本法（草案）諮詢報告第一冊》**

【P95】
2. 對條文的討論
<u>2.4</u> 第五十條
（編者按：本文同第五稿文件②，除下列內容外，均同前文。）
2.4.2 有委員認為，應考慮在行政長官和立法會「經協商仍不能取得一致意見」的情況下，應如何給行政長官所需要的權力。

※

④1989年11月基本法諮詢委員會《中華人民共和國香港特別行政區基本法（草案）諮詢報告第三冊——條文總報告》

【P135-136】
第五十條
2. 意見
2.1 整體
→ 將行政長官解散立法會的權力改列於第四十八條較為恰當。
2.2 反面
→ 行政長官可以解散立法機關的條文，賦予行政長官過大權力，削弱了立法機關對行政長官的監察能力。
→ 此條使行政長官的權力過大，應取消可解散立法會的權力。
理由：立法會是市民選舉出來的，不應由一個人來解散。
→ 此條規定行政長官和立法會在香港特別行政區整體利益上若有不一致意見時，行政長官可解散立法會。這與《中英聯合聲明》內附件一行政機關對立法機關的規定有矛盾。行政長官既非通過選舉向香港人負責，亦非向香港特別行政區立法會負責，《基本法（草案）》只規定行政長官向中央人民政府負責，這與《中英聯合聲明》保證香港有高度自治並不符合。
→ 此條未有載明若原來的立法會被行政長官解散，新的立法會如何產生。若香港特別行政區在一段時間內沒有立法會，會造成混亂。

3. 建議
3.1 刪除
→ 刪去此條文。
→ 刪去第一款內「經協商仍不能取得一致意見」。
→ 刪去第二款，並在第一款加上：「行政長官必須辭職，並按本法第五十三條處理。」
→ 刪去第二款內「行政長官在其一任期內只可解散立法會一次。」
理由：這種規定會令行政長官面對重大問題時畏首畏尾。

3.2 修改
3.2.1 第一款
→ 第一款「經協商……解散立法會」改為「應成立一個由政府和非政府團體組成的顧問委員會。若經協商仍不能取得一致意見，行政長官可解散立法會，顧問委員會亦於稍後解散。」
→ 改為：「行政長官有權拒絕簽署立法機關通過的法律，使其無法生效，但若立法機關以三分之二大多數再行通過該法案，則行政長官必須簽署。」
→ 改為：「如立法會拒絕通過政府提出的財政預算，經協商仍不能取得一致意見，行政長官可解散立法會。行政長官須在立法會根據本法第六十九條重行選舉產生後即時辭職。」
3.2.2 第二款
→ 改為：「行政長官在解散立法會前，須徵詢行政會議的意見，並得行政會議全體成員三分之二多數通過。」
→ 改為：「行政長官在解散立法會前，須徵詢非秘密進行的行政會議的意見，並獲多數成員通過。」
3.3 其他
→ 若行政長官堅決拒絕簽署再次通過的法案而解散立法會，在再行選舉立法會議員時必須以直選為原則。在新立法議會未成立之前，舊的立法議會必須繼續運作，直至新立法會議員上任為止。
→ 行政長官解散立法會的權力應只限於立法會拒絕通過撥款法案。當立法會拒絕通過「重要法案」時，行政長官不應有權解散立法會。
理由：條文沒有給予立法會足夠權力去制衡行政長官。
→ 若立法會大多數（不是簡單多數，但需要是不多於三分之二的多數）通過投不信任票時，行政長官必須辭職。
→ 建議若行政長官拒絕通過決案，可發回立法會，再由立法會討論研究。一年後，若立法會認為此法案須要通過，行政長官便無權阻止。

4. 待澄清問題
→ 根據此條，行政長官在其任期內只可解散立法會一次，但當立法會再次拒絕通過政府提出的財政預算案或其他重要法案時，行政長官可如何處理？行政長官會否受制於立法會，並根據第五十二條第三項的規定辭職？

第六稿

「**第五十條** 香港特別行政區行政長官如拒絕簽署立法會再次通過的法案或立法會拒絕通過政府提出的財政預算案或其他重要法案，經協商仍不能取得一致意見，行政長官可解散立法會。
行政長官在解散立法會前，須徵詢行政會議的意見。行政長官在其一任任期內只能解散立法會一次。」
〔1990年4月《中華人民共和國香港特別行政區基本法》〕

香港特別行政區立法會如拒絕批准政府提出的財政預算案，行政長官可向立法會申請臨時撥款。如果由於立法會已被解散而不能批准撥款，行政長官可在選出新的立法會前的一段時期內，按上一財政年度的開支標準，批准臨時短期撥款。

✿ 貳｜概念

1. 立法會可拒絕批准財政預算案
2. 臨時撥款的申請與批准

✿ 叁｜條文本身的演進和發展

第一稿

「第四十七條　香港特別行政區行政長官行使下列職權：
如立法機關拒絕批准財政預算法案或撥款條例草案，或由於立法機關已被解散而不能批准撥款時，行政長官可在選出新的立法機關之前的一段時期內批准臨時短期撥款，以維持政府開支。」
〔1987 年 12 月基本法起草委員會秘書處《香港特別行政區基本法（草案）》（匯編稿）〕

① 1986 年 2 月基本法諮詢委員會《第六批研討會總結》

……其中應詳細說明的問題包括：
2. 行政機關與立法機關的關係。

※

② 1986 年 4 月《香港各界人士對〈基本法〉結構等問題的意見匯集》（基本法起草委員會第二次會議參閱資料之一）

【P37】
15. 行政局應包括行政長官和一些上層決策者，不須有非官守議員，行政局仍然是特別行政區政府日常行政的上層決策機構，但同時應對立法機關負責。

※

③ 1986 年 4 月 22 日《中華人民共和國香港特別行政區基本法結構（草案）》，載於《中華人民共和國香港特別行政區基本法起草委員會第二次全體會議文件匯編》

【P13】
第四章　香港特別行政區的政治體制

第一節　行政長官
（三）行政長官的職權

※

④ 1986 年 8 月 14 日《草擬政制的初步討論紀要》附件

【P10】
4. 行政機關與立法機關的關係
在行政機關與立法機關的關係問題上，意見的分歧很大。
問題主要是環繞着未來的政制，究竟應以立法為中心，還是以行政為中心，或是行政、立法分工，相互制衡？
具體的問題如下：
4.7 有關稅收、財務收支、立法機關與行政機關如何分配權力？

※

⑤ 1987 年 12 月基本法起草委員會秘書處《香港特別行政區基本法（草案）》（匯編稿）

【P22】
第四十七條
說明：有的委員主張，行政長官不能解散立法機關；如保留此項，則在立法機關的職權中加上「可對行政長官或主要官員投不信任票」的規定。

「第五十二條　如立法會議拒絕批准政府提出的財政預算法案，或由於立法會議已被解散而不能批准撥款，行政長官可在選出新的立法會議前的一段時期內，按上一財政年度的開支標準，批准臨時短期撥款。」

〔1988 年 4 月基本法起草委員會秘書處《中華人民共和國香港特別行政區基本法（草案）草稿》〕

「第五十一條　如立法會議拒絕批准政府提出的財政預算法案，或由於立法會議已被解散而不能批准撥款，行政長官可在選出新的立法會議前的一段時期內，按上一財政年度的開支標準，批准臨時短期撥款。」

〔1988 年 4 月基本法起草委員會《中華人民共和國香港特別行政區基本法（草案）徵求意見稿》〕

「第五十一條　如果立法會拒絕批准政府提出的財政預算案，可由行政長官向立法會申請臨時撥款。如果由於立法會已被解散而不能批准撥款，行政長官可在選出新的立法會前的一段時期內，按上一財政年度的開支標準，批准臨時短期撥款。」

〔1989 年 2 月《中華人民共和國香港特別行政區基本法（草案）》〕

① 1988 年 9 月基本法起草委員會秘書處《內地各界人士對〈香港特別行政區基本法（草案）徵求意見稿〉的意見匯集》

【P14】
第五十一條
最後應加上：「新的立法機關選出後，予以追認。」

※

② 1988 年 10 月基本法諮詢委員會《中華人民共和國香港特別行政區基本法（草案）徵求意見稿諮詢報告第五冊——條文總報告》

【P236-237】
第五十一條
2. 意見
→ 撥款時，必須要有立法會議過半數或三分之二以上的成員支持方可。
→ 如立法會議不夠法定人數，以致政府財政預算不能通過，行政長官無權根據本條批准臨時短期撥款。
→ 不合邏輯，應予修改。
→ 全文保留。

3. 建議
3.1 刪除
→ 刪除此條。
→ 刪除「或由於立法會議已被解散而不能批准撥款」。
→ 刪除「在選出新的立法會議前的一段時間內」，因為經過再三討論後，原有的立法會議可能會通過該財政預算案。
3.2 修改

→ 與第五十條同時取消，並改為：「若果行政長官認為有足夠理由需要解散立法會議，首先要獲得行政會議全體成員支持，然後向全港市民提出解散立法會議的議案，由全港的合法選民投票，若果獲得投票的選民三分之二通過，便可以解散立法會議。」
理由：
⊙ 行政長官解散立法會議的權力過大，使立法會議容易受制於行政長官，影響三權分立的原則。
⊙ 立法會議若由市民選出來，則應由市民解散，如此才足以體現民主精神。
→ 改為：「如立法會議拒絕批准政府提出的財政預算案，行政長官可按上一財政年度的開支標準，批准臨時短期撥款，但被否決的財政預算案必須在三個月內重議，如能再獲不少於全體成員三分之一通過原案，行政長官必須在一個月內簽署公佈。」
理由：原文使行政長官權力過大，足以左右財政安排，因再重議財政預算案時，未必再能組織到足夠的反對票數。況且在首輪通過財政預算時，立法會議可能因對行政長官的制衡力不足，忌憚行政長官行使權力解散立法會議，故未敢輕易堅持拒絕通過財政預算案。
→ 改為：「如立法會議拒絕批准政府提出的財政預算法案，或由於立法會議已被解散而不能批准撥款，行政長官於諮詢行政會議後，可在選出新的立法會議前的一段時期內，按上一財政年度的開支標準，批准臨時短期撥款。此條文內條例只於拒絕通過預算案日期最多三個月內有效。」
→ 改為：「如立法會議拒絕批准政府提出的財政預算法案，行政長官可在三個月內將該法案發回立法會議重議。若立法會議以不少於全體成員三分之二多數再次拒絕原來的財政預算法案，行政長官不得異議。若新預算法案未能趕及再次提交立法會議時，可按上一財政年度的開支標準，批准臨時短期撥款。」
理由：就該法案是否符合整體利益而言，立法會議三分之二多數的集體智慧比行政長官一人的決定較可取信。

「第五十一條　如果立法會拒絕批准政府提出的財政預算案，可由行政長官向立法會申請臨時撥款。如果由於立法會已被解散而不能批准撥款，行政長官可在選出新的立法會前的一段時期內，按上一財政年度的開支標準，批准臨時短期撥款。」

〔1990 年 2 月 16 日《中華人民共和國香港特別行政區基本法（草案）》〕

① 1989 年 8 月 18 日第二次諮詢期政制專責小組第四次會議附件一

第五十一條
2. 意見
→ 除德國外，在其他議會制國家內，行政局並沒有這權力。

3. 建議
3.1 修改
→ 根據以下的概念改寫：在立法會不通過財政預算案時，行政長官可按照上年度財政預算的收支標準以維持政府運作，甚至可考慮通貨膨脹率，酌量調整政府的開支。
理由：
⊙ 原文對立法機關的限制太大。
⊙ 立法機關應掌握財權。
⊙ 增強立法機關討價還價的能力，讓行政與立法兩機關就爭議的問題多作商量。
3.2 增加
→ 在「按上一財政年度的開支標準」後加上：「及考慮當時政府及社會的經濟情況，」

※

② 1989 年 9 月 1 日《第二次諮詢期政制專責小組第五次會議會議紀要》

4 第五十一條
4.1 有委員建議刪去本條第二句：「如果由於⋯⋯短期撥款。」因構想中行政長官沒有解散立法會的權力，故無須列出有關此情況的條款。
4.2 有委員認為，應有規定訂明申請臨時撥款的程序。

※

③《基本法諮詢委員會政制專責小組對基本法（草案）第四章、附件一、附件二及附錄的意見匯編》，載於 1989 年 11 月基本法諮詢委員會《中華人民共和國香港特別行政區基本法（草案）諮詢報告第一冊》

【P95】
2. 對條文的討論
2.5 第五十一條
（編者按：內容同上文）

※

④ 1989 年 11 月基本法諮詢委員會《中華人民共和國香港特別行政區基本法（草案）諮詢報告第三冊——條文總報告》

【P136-137】
第五十一條
（編者按：本文同第五稿文件①，除下列內容外，均同前文。）
3. 建議
3.1 修改
→ 改「按上一財政年度的開支標準」為「暫時或臨時接受政府所提出的財政預算而申請臨時撥款，而該款項又不能超過上一財政年的開支標準」。
→ 在「財政預算案」前加上「新」字，刪去第一行「可由」二字，在第一行「向立法會申請」前加上「可」字。
3.2 增加
→ 加上：「然有關撥款必須由新一屆立法會予以追認及審查。」

※

第六稿

「**第五十一條** 香港特別行政區立法會如拒絕批准政府提出的財政預算案，行政長官可向立法會申請臨時撥款。如果由於立法會已被解散而不能批准撥款，行政長官可在選出新的立法會前的一段時期內，按上一財政年度的開支標準，批准臨時短期撥款。」
〔1990 年 4 月《中華人民共和國香港特別行政區基本法》〕

香港特別行政區行政長官如有下列情況之一者必須辭職：

（一）因嚴重疾病或其他原因無力履行職務；

（二）因兩次拒絕簽署立法會通過的法案而解散立法會，重選的立法會仍以全體議員三分之二多數通過所爭議的原案，而行政長官仍拒絕簽署；

（三）因立法會拒絕通過財政預算案或其他重要法案而解散立法會，重選的立法會繼續拒絕通過所爭議的原案。

❀ 貳│概念

1. 行政長官須辭職的情況
2. 行政長官無力履行職務
3. 重選立法會後行政長官仍拒絕簽署法案
4. 重選的立法會仍拒絕通過財政預算或法案

❀ 叁│條文本身的演進和發展

第一稿▶

「第四十九條　香港特別行政區行政長官在下列情況下必須辭職：

（一）因嚴重病患或其他原因而長期不能履行職務；或

（二）因兩次拒絕簽署立法機關通過之法案而解散立法機關，重選之立法機關仍以全體成員三分之二多數通過所爭議之原案；或

（三）因立法機關拒絕通過財政預算法案或其他重要法案而解散立法機關，重選之立法機關繼續拒絕通過所爭議之原案。」

〔1987 年 12 月基本法起草委員會秘書處《香港特別行政區基本法（草案）》（匯編稿）〕

① 1986 年 2 月基本法諮詢委員會《第六批研討會總結》

……其中應詳細說明的問題包括：
2. 行政機關與立法機關的關係。

※

② 1986 年 4 月《香港各界人士對〈基本法〉結構等問題的意見匯集》（基本法起草委員會第二次會議參閱資料之一）

【P37】
15. 行政局應包括行政長官和一些上層決策者，不須有非官守議員，行政局仍然是特別行政區政府日常行政的上層決策機構，但同時應對立法機關負責。

※

③ 1986 年 4 月 22 日《中華人民共和國香港特別行政區基本法結構（草案）》，載於《中華人民共和國香港特別行政區基本法起草委員會第二次全體會議文件匯編》

第四章　香港特別行政區的政治體制
第一節　行政長官
（三）行政長官的職權

※

④ 1987 年 12 月基本法起草委員會秘書處《香港特別行政區基本法（草案）》（匯編稿）

第四十九條
說明：有的委員認為，第（一）項應寫成「無力」履行職責；有的委員認為，應寫成「不適合」履行職責。
有的委員主張本條增寫第（四）項，即「立法機關全體成員以三分之二多數通過對行政長官的不信任票」；有的委員主張，如要這樣寫，必須是立法機關投不信任票後，行政長官可解散立法機關，如重新選出的立法機關再次投不信任票，行政長官才必須辭職。

第二稿

「第五十三條　香港特別行政區行政長官如有下列情況之一者必須辭職：
（一）因嚴重疾病或其他原因無力履行職務；
（二）因兩次拒絕簽署立法會議通過的法案而解散立法會議，重選的立法會議仍以全體成員三分之二多數通過所爭議的原案；
（三）因立法會議拒絕通過財政預算法案或其他重要法案而解散立法會議，重選的立法會議繼續拒絕通過所爭議的原案。」
〔1988 年 4 月基本法起草委員會秘書處《中華人民共和國香港特別行政區基本法（草案）草稿》〕

① 《各專題小組的部份委員對本小組所擬條文的意見和建議匯輯》，載於 1988 年 4 月基本法起草委員會秘書處《中華人民共和國香港特別行政區基本法（草案）草稿》

【P66】
第五十三條
（編者按：內容同第一稿文件④，除第一點被刪除外，均同前文。）

第三稿

「第五十二條　香港特別行政區行政長官如有下列情況之一者必須辭職：
（一）因嚴重疾病或其他原因無力履行職務；
（二）因兩次拒絕簽署立法會議通過的法案而解散立法會議，重選的立法會議仍以全體成員三分之二多數通過所爭議的原案；
（三）因立法會議拒絕通過財政預算案或其他重要法案而解散立法會議，重選的立法會議繼續拒絕通過所爭議的原案。」
〔1988 年 4 月基本法起草委員會《中華人民共和國香港特別行政區基本法（草案）徵求意見稿》〕

① 《各專題小組的部份委員對本小組所擬條文的意見和建議匯輯》，載於 1988 年 4 月基本法起草委員會《中華人民共和國香港特別行政區基本法（草案）徵求意見稿》

【P56】
第五十二條
（編者按：內容同第一稿文件④，除第一點被刪除外，均同前文。）

第四稿

「第五十二條　香港特別行政區行政長官如有下列情況之一者必須辭職：
（一）因嚴重疾病或其他原因無力履行職務；
（二）因兩次拒絕簽署立法會通過的法案而解散立法會，重選的立法會仍以全體議員三分之二多數通過所爭議的原案，而行政長官仍拒絕簽署；
（三）因立法會拒絕通過財政預算案或其他重要法案而解散立法會，重選的立法會繼續拒絕通過所爭議的原案。」
〔1989 年 2 月《中華人民共和國香港特別行政區基本法（草案）》〕

① 1988 年 6 月 6 日《政制專責小組 1 與草委交流會會議紀要》

1. 諮委對有關行政長官條文的意見
1.7 第五十二條：有委員指出要求行政長官辭職的理由太少。

② 1988 年 6 月 6 日《政制專責小組（三）與草委交流會會議紀要》

8. 條文
8.4 第五十二條
有委員詢問這條第三條所指通過議案的人數比例為何？

※

10. 草委回應
10.2 第五十二條
第三項的人數問題，按當時之立法會議規定，多數人通過
便可。

※

③ 1988 年 9 月基本法起草委員會秘書處《內地各界人士對〈香港特別行政區基本法（草案）徵求意見稿〉的意見匯集》

【P14-15】
第五十二條
1. 第（二）項的「兩次拒絕」，令人費解，不知所指的是同一任期內，還是兩次任期內。

2. 應規定對不辭職的行政長官可採取什麼措施。

3. 立法機關可以迫使行政長官辭職，這是英國式的責任內閣的做法，並不符合香港實際情況，也不利於香港的穩定發展。

※

④《基本法諮詢委員會政制專責小組對基本法（草案）徵求意見稿第四章的意見匯編》，載於 1988 年 10 月基本法諮詢委員會《中華人民共和國香港特別行政區基本法（草案）徵求意見稿諮詢報告（1）》

【P108】
3. 有關條文討論
3.10 第五十二條
3.10.1 有委員指出，要求行政長官辭職的理由太少。
3.10.2 有委員指出，第三項內通過議案的人數比例應明確規定。
3.10.3 有委員認為，第二項的情況不可能出現，因立法機關不可能以全體成員三分之二多數通過所爭議的「原案」，因為第五十條已明確界定立法機關對財政預算及其他重要法案無提案權，因此第五十二條第二項並不成立，立法機關迫使行政長官辭職也無可能。
3.10.4 有委員認為，提案權全由行政長官執掌，行政長官只需將「原案」作少許修改，第二項內「原案」二字便難以成立。

※

⑤ 1988 年 10 月基本法諮詢委員會《中華人民共和國香港特別行政區基本法（草案）徵求意見稿諮詢報告第五冊——條文總報告》

【P237-241】
第五十二條
2. 意見
2.1 第（一）項
→ 訂得合理。
→ 此項規定並不妥當。
理由：行政長官如患上嚴重的精神或身體疾病而自己無法作出辭職的決定，應由全國人大以行政長官無法履行其職務為理由，宣佈撤銷其職位。
2.2 第（二）項

→ 訂得合理，不會缺乏彈性或造成議會僵化。
理由：
⊙ 兩次拒絕簽署法案才解散立法會議，已經有足夠的彈性。倘若行政長官可以多次拒絕簽署法案，又可以反覆地解散立法會議，則其權力過大，決非民主表現。
⊙ 假如立法會議一再堅持原案，而行政長官一再拒絕簽署，才會造成僵化局面。
⊙ 所列的不但具彈性，也讓行政長官與立法會議成員有足夠時間溝通及修改自己的立場，作出某些讓步，尋求共識，以消除僵化局面。
→ 合乎互相制衡的原則，乃維持特區政治穩定的保證。
→ 不必寫入基本法。
理由：第（三）項已可涵蓋第（二）項的精神和原意。
→ 削弱了立法會議對行政長官的制衡。
2.3 第（三）項
→ 贊成此項。
→ 此項乃重要而必須的制衡手段。基本法將此權力賦予立法機關，乃香港政制的很大改進。
2.4 第（二）及第（三）項
→ 第（二）及（三）項不足以制衡長官濫用權力。立法會議既由行政長官重組，則難保重選之立法會議成員多為行政長官的支持者，故重選的立法會議繼續反對行政長官的意見而使其辭職的機會不大。
→ 第（二）及（三）項中的「原案」一詞似乎沒有包括一草案在完全沒有爭議的情況下被修改的可能性。
2.5 其他意見
→ 贊成此條文。
→ 行政長官與立法機關能互相制衡。
→ 通過財政預算是立法機關的重要活動。因財政預算與人民有直接的利益關係，立法機關也往往以通過財政預算來監督政府。從表面看，財政預算案規定的是行政開支，但實際上也是一份政府施政方針的報告。所以，立法機關議決財政預算案乃立法機關控制政府的重要手段。
→ 行政長官必須辭職的範圍過於狹窄。無論由於什麼原因，當行政長官明顯地失去立法機關及人民的支持時，應允准其自動辭職。因投「不信任票」的機制可使行政長官光榮落台，而新的行政長官也可在最少矛盾和衝突的情況下被委任。
→ 立法會議可決定行政長官已無力履行職責。
→ 應增加因道德理由而辭職一項，例如因貪污、犯法或第七十二條第（九）項所列的原因。
→ 行政長官可基於個人理由自動辭職。
→ 只要行政長官願意簽署原本所爭議的法案，便沒有辭職的必要。
→ 行政長官為要保存職位，即使法案有漏洞，亦有可能會全部通過。故行政長官便不能全面為港人服務，對市民也不公平。
→ 行政長官有權解散立法機關，但立法機關使行政長官辭職的能力卻有限。對於重要法案，立法機關都沒有提案權。除了財政預算案必須再提交立法機關外，行政長官可在重選的立法機關不再提原案，以避免被迫辭職。即使是財政預算案（或其他重要法案），他也可以將原案略加修改才提交立法機關。
→ 行政長官若與立法會議產生如本條文所列的矛盾，則市民對政府的信心受到打擊。國際分析家亦不會贊同行政長官基於本條所述的原因解散立法會議，民主進步的國家也會視行政長官為不受制衡的獨裁者。
→ 行政長官的辭職在立法會議接受後，由中央人民政府最後決定。

3. 建議
3.1 刪除
3.1.1 第（一）項

→ 刪去「或其他原因」。
3.1.2 第（二）項
→ 刪除此項。
理由：因行政長官不具解散立法會議的權力，行政長官也無須因立法機關解散而辭職。
→ 刪去「兩次」二字。
理由：否則行政長官權力太大，立法機關無制衡作用。
3.1.3 第（三）項
→ 如刪去第二款內「兩次」二字，應刪去第（三）項。
→ 刪去此項。
理由：因行政長官不具解散立法會議的權力，行政長官也無須因立法機關解散而辭職。
3.1.4 第（二）及第（三）項
→ 刪去第（二）及（三）項，代之以：「（二）在立法機關全體成員以三分之二多數通過對行政長官的不信任票，行政長官可解散立法機關。如重選的立法機關再次投不信任票，行政長官必須辭職。」
→ 刪去第（二）及（三）項，代之以：「（二）因立法會議通過對行政長官的不信任提案，或是否決對行政長官的信任提案。」
3.2 修改
3.2.1 整條
→ 改為：「香港特別行政區行政長官如有下列情況之一者必須辭職：
（1）因嚴重疾病或其他原因無力履行職務；
（2）因立法會議拒絕通過財政預算案而解散立法會議，重選的立法會議仍拒絕通過政府提出的財政預算案。」
→ 改為：「香港特別行政區長官因嚴重疾病或其他原因，喪失能力不能履行職務而又不自動辭去職務者，可由不少於四分之一立法會議成員聯合動議，組成由終審法庭首席法官擔任主席的調查委員會，進行調查。調查委員會經參考有關醫療報告和其他資料，可向立法會議提出動議，撤除行政長官職務。動議如經立法會議成員不少於三分之二多數通過，可報請全國人民代表大會常務委員會，罷免行政首長。」
理由：罷免不能履行職務而不自動辭職的行政長官。
→ 改為：「行政長官只在下列的情況下辭職：
（1）未能執行其職務；
（2）觸犯刑事罪行；
（3）重選的立法會議仍拒絕通過財政預算法案。」
理由：原文第（二）及第（三）項對行政長官辭職的規定會引起政局不穩及阻嚇立法會議成員拒絕通過行政長官屬意的法案。
3.2.2 個別項目
（1）第（一）項
→ 改為：「因任何原因無力履行職務。」
→ 「無力履行職務」改為「喪失能力不能履行職務」。
→ 句末加上：「有嚴重失職者」。
（2）第（二）項
→ 改為：「立法機關以四分之三的多數議決對行政長官投不信任票，報請中央人民政府罷免行政長官，經中央人

民政府批准罷免。」
理由：基於互相制衡的原則。
→「三分之二」改為「四分之三」。
→「三分之二」改為「七分之四」。
（3）第（三）項
→ 改為：「因立法會議拒絕通過財政預算法案而解散立法會議，重選的立法會議繼續拒絕通過政府提出的財政預算案。」
3.3 增加
→ 加上：「立法機關全體成員以三分之二多數通過對行政長官的不信任票後，行政長官可解散立法機關，而重新選出的立法機關再次投不信任票。」
→ 加上：「立法機關全體成員以三分之二多數通過對行政長官的不信任票。」
理由：行政長官與立法會議的制衡權力更平均，以達互相制衡。
→ 加上：「對立法機關的不信任票，行政長官可解散立法機關，但經過重選若再投不信任票，則行政長官應辭職。」
→ 加上：「立法機關全體成員三分之二多數通過對行政長官的不信任票，報請中央人民政府決定。如果被中央人民政府否決，行政長官可解散立法機關。但重選的立法機關若再次投不信任票，行政長官必須辭職。」
理由：根據《中英聯合聲明》規定，行政機關必須遵守法律及對立法機關負責，而第四章第一節內各項條文都未能達到互相制衡的原則，加入立法機關有權投不信任票罷免行政長官，才能起監察作用。
→ 加上：「因違法或瀆職，由立法會議全體成員三分之二多數通過後而提出彈劾案。」
→ 加上：「貪污瀆職有證據，須經立法會議成員多數通過免職。」
→ 加上：「喪失或放棄香港特別行政區永久性居民中的中國公民的資格。」
→ 加上：「在香港特別行政區區內或區外犯刑事罪行，判入獄一個月或以上，並經立法會議成員三分之二多數通過解除其職務。」
3.4 其他建議
→ 若行政長官簽署了受立法會議所爭議的原案，行政長官必須辭職。
→ 行政長官如有瀆職行為，亦須辭職。
→ 基本法應授權一些合適人選成立一個「委員會」，於必要時判定「其他原因」的定義。該「委員會」應有立法會議成員。

4. 待澄清問題
→ 由誰來決定行政長官「無力履行職務」？
→ 何謂「其他原因」？
→ 行政長官如犯法應如何處理？
→ 應如何處理行政長官造成的行政失誤？行政長官是否需要辭職？
→ 行政長官得不到中央人民政府信任時，應否辭職？或中央人民政府可否解除其職務？

第五稿

「第五十二條　香港特別行政區行政長官如有下列情況之一者必須辭職：
（一）因嚴重疾病或其他原因無力履行職務；
（二）因兩次拒絕簽署立法會通過的法案而解散立法會，重選的立法會仍以全體議員三分之二多數通過所爭議的原案，而行政長官仍拒絕簽署；
（三）因立法會拒絕通過財政預算案或其他重要法案而解散立法會，重選的立法會繼續拒絕通過所爭議的原案。」
〔1990年2月16日《中華人民共和國香港特別行政區基本法（草案）》〕

① 1989 年 8 月 18 日第二次諮詢期政制專責小組第四次會議附件一

第五十二條
2. 意見
2.1 整體
2.1.1 第（二）項
→ 此項規定並不完善，因為行政長官可以不批准重選的立法會成員再提該爭議案，而行政長官便不會因再次拒絕簽署該議案而被迫辭職了。
2.1.2 第二項
→ 只要行政長官願意簽署原本所爭議的法案，並沒有「必須辭職」的必要。
2.1.3 第三項
→ 硬性規定行政長官向立法會負責，可能會導致跛腳鴨政府的產生。
理由：此項似乎參考了英國的議會制，即首相（相對於行政長官）需要向議會負責（相對於立法會）。但參考美國的經驗，總統與議會相互獨立，憲法亦無類似此項的規定。

3. 建議
3.1 增加
→ 加上一項「因刑事犯罪、失職、決策重大錯誤而受立法會三分之二多數通過彈劾。」
→ 加上：「因涉及貪污或嚴重罪行，被判罪名成立並且放棄上訴或上訴失敗。」
理由：確保行政長官廉潔奉公。

※

② 1989 年 9 月 1 日《第二次諮詢期政制專責小組第五次會議會議紀要》

5 第五十二條
5.1 為確保行政長官和立法會的合作，有委員建議刪去此款的（二）和（三）款。

※

③《基本法諮詢委員會政制專責小組對基本法（草案）第四章、附件一、附件二及附錄的意見匯編》，載於 1989 年 11 月基本法諮詢委員會《中華人民共和國香港特別行政區基本法（草案）諮詢報告第一冊》

【P95】
（編者按：本文同第五稿文件②，除下列內容外，均同前文。）
2. 對條文的討論
2.6 第五十二條
2.6.2 有委員認為第（二）款的規定並不完善，因為行政長官可以不批准重選的立法會成員再提該議案，而行政長官便不會因再次拒絕簽署該議案而被迫辭職了。

※

④ 1989 年 11 月基本法諮詢委員會《中華人民共和國香港特別行政區基本法（草案）諮詢報告第三冊──條文總報告》

【P137-139】
第五十二條
2. 意見
2.1 整體
→ 此條把權力放重在行政長官身上，破壞了互相制衡的原則。
2.1.1 第二項
→ 只要行政長官願意簽署原本所爭議的法案，並沒有「必須辭職」的必要。
→ 若行政長官的辭職和立法會的解散的次數過於頻密，便會破壞穩定。建議立法會有三分之二多數便可不理會行政長官發回的否決案。
→ 此項規定並不完善，因為行政長官可以不批准重選的立法會成員再提該爭議案，而行政長官便不會因再次拒絕簽署該議案而被迫辭職。
2.1.2 第三項
→ 硬性規定行政長官向立法會負責，可能會導致跛腳鴨政府的產生。
理由：此項似乎參考了英國的議會制，即首相（相對於行政長官）需要向議會負責（相對於立法會）。但參考美國的經驗，總統與議會相互獨立，憲法亦無類似此項的規定。

3. 建議
3.1 刪除
→ 刪去第二項。
理由：否則會使行政長官面對重大問題時畏首畏尾。
→ 刪去第二項內「兩次」二字。
理由：意思更明確。
3.2 修改
→ 改為：「香港特別行政區行政長官如有下列情況之一者必須辭職：
（一）因嚴重疾病或其他原因無力履行職務；
（二）因立法會拒絕通過政府提出的財政預算而將之解散。」
→ 改第二及第三項為：
（一）受立法機關彈劾；
（二）受本港法院刑事起訴。
→ 用下列一項代替（二）及（三）項：「（二）因立法會以全體成員三分之二多數對行政長官投不信任票。」
理由：行政長官必須經常得到立法會的信任，這是十分重要的。否則行政長官可能受影響，在行事時與立法會所理解的香港的利益背道而馳，並違反香港的自治。
3.3 增加
→ 在第三項「因」字後加上「在經協商後」，並在「拒絕」前加上「仍」字。
→ 加上：「（四）因刑事犯罪、失職、決策重大錯誤而受立法會三分之二多數通過彈劾。」
→ 加上：「（四）因涉及貪污或嚴重罪行，被判罪名成立並且放棄上訴或上訴失敗。」
理由：確保行政長官廉潔奉公。
→ 加上：「（四）在證實直接或間接貪污、行賄、官倒、濫用公款或假公濟私。」
→ 加上：「（四）因違反第四章第四十七條規定。」
→ 加上：「（四）違反行政長官守則者，經清查證實，必須辭職，並受香港特別行政區立法制裁，嚴重者依國法處理。」
→ 加上：「（四）當立法會全體議員三分之二通過對行政長官的不信任提案。」
→ 加上：「（四）因立法會按本法第七十二條提出彈劾案。」
理由：根據《中英聯合聲明》，行政長官是對立法會負責的。所以，行政長官必須簽署立法會通過的法案。
→ 加上：「（四）有嚴重的行政失誤或其行為令政府聲

譽受損害。」
→ 加上：「（四）如果他違反基本法任何規定，和按《基本法（草案）》由第七十二條第九項被彈劾。」
理由：行政長官應全面向香港人負責。
3.4 其他
3.4.1 第一項
→ 若行政長官因嚴重疾病或其他原因無力履行職務時，他亦可能無力自動提出辭職。在此情況下，彈劾是適當的程序。
3.4.2 其他
→ 如行政長官有嚴重違法或瀆職行為而不辭職，立法會除可彈劾行政長官外，在三分之二議員支持下，可提前行政長官選舉，行政長官只可連任一次。

→ 此條應修改，以使在立法會相當（三分二）多數通過對行政長官投不信任票時，行政長官須辭職。
理由：
⊙ 行政長官應得到立法會的信任。否則他可能受到影響，做出違反立法會所理解的香港利益和與香港自治相反的事情。
⊙ 行政長官是選出來的，他必須對立法會負責。但根據本條，未有造成行政長官這種負責性。這是與《中英聯合聲明》附件一所規定：「行政機關必須遵守法律對立法機關負責」相反的。
→ 建議行政及立法兩方面都應一同辭職，由署理行政長官出任看守政府首長，直至新行政長官及立法會選出為止，期限為解散內之兩個月。

第六稿

「第五十二條　香港特別行政區行政長官如有下列情況之一者必須辭職：
（一）因嚴重疾病或其他原因無力履行職務；
（二）因兩次拒絕簽署立法會通過的法案而解散立法會，重選的立法會仍以全體議員三分之二多數通過所爭議的原案，而行政長官仍拒絕簽署；
（三）因立法會拒絕通過財政預算案或其他重要法案而解散立法會，重選的立法會繼續拒絕通過所爭議的原案。」
〔1990 年 4 月《中華人民共和國香港特別行政區基本法》〕

香港特別行政區行政長官短期不能履行職務時，由政務司長、財政司長、律政司長依次臨時代理其職務。
行政長官缺位時，應在六個月內依本法第四十五條的規定產生新的行政長官。行政長官缺位期間的職務代理，依照上款規定辦理。

✿ 貳｜概念

1. 臨時代理行政長官職務的順序
2. 行政長官出缺的處理辦法

✿ 叁｜條文本身的演進和發展

第一稿 ▶

第四章　第一節

「第六條　香港特別行政區行政長官不能履行職務時，由秘書長（布政司）代理其職務。」

〔1987 年 8 月 22 日《政治體制專題小組的工作報告》，載於《中華人民共和國香港特別行政區基本法起草委員會第五次全體會議文件匯編》〕

① 1986 年 2 月基本法諮詢委員會《第六批研討會總結》

……其中應詳細說明的問題包括：
2. 行政機關與立法機關的關係。

※

② 1986 年 4 月《香港各界人士對〈基本法〉結構等問題的意見匯集》（基本法起草委員會第二次會議參閱資料之一）

【P37】
15. 行政局應包括行政長官和一些上層決策者，不須有非官守議員，行政局仍然是特別行政區政府日常行政的上層決策機構，但同時應對立法機關負責。

※

③ 1986 年 4 月 22 日《中華人民共和國香港特別行政區基本法結構（草案）》，載於《中華人民共和國香港特別行政區基本法起草委員會第二次全體會議文件匯編》

【P13】
第四章　香港特別行政區的政治體制
第一節　行政長官

（三）行政長官的職權

※

④ 1986 年 10 月 29 日何鍾泰、唐一柱、曹宏威《未來香港特別行政區政制的建議（之三）》

第四章　行政長官不能繼續履行職務時的安排
四．一　如果因為任何事故（如死亡、重病等情況）而導致行政長官不能繼續履行其職務時，可作出下列特別的安排。
四．二　重新召回原有的「遴選委員會」成員，成員如有不在或退出者，不再另行補選。「遴選委員會」負責推選出一個「代行政長官」，代替原先的行政長官完成其任內的職務。
四．三　所選出來的「代行政長官」必須是「遴選委員會」以外的人士，推選後交由中央批准和委任。
四．四　在推選「代行政長官」期內，布政司暫代行政長官一職。
（註四）：為設立過渡政府，確保政制延續，「中英聯合聯絡小組」應作適當探討，以求得出諒解，共襄其事。
四．五　所有立法機關之成員及彼等之任期不受上述行政長官轉換的影響。

※

⑤ 1987 年 8 月 22 日《政治體制專題小組的工作報告》，載於《中華人民共和國香港特別行政區基本法起草委員會第五次全體會議文件匯編》

說明：有些委員主張，行政長官不能履行職責時，必須有一個代理其職務的人的順序名單；有的委員認為不必規定代理人選，屆時由行政長官指定；還有的委員提出設副行政長官，但多數委員表示反對。

第二稿

第四章　第一節
「**第六條　香港特別行政區行政長官不能履行職務時，由秘書長（布政司）代理其職務。**」
〔1987 年 9 月 8 日《第四章　香港特別行政區的政治體制（討論稿）》（1987 年 9 月 22 日政制專責小組第二次會議附件一）〕

①1987 年 9 月 2 日《中華人民共和國香港特別行政區基本法起草委員會第五次全體會議委員們對基本法序言和第一、二、三、四、五、六、七、九章條文草稿的意見匯集》

【P31-32】
五、關於第四章　香港特別行政區的政治體制
（一）第一節　行政長官
7. 第六條
多數委員認為，應規定在行政長官不能履行職責時代理其職權者的名單，不能由行政長官臨時指定代理人選。有的委員還提出，如行政長官在任期內死亡，如何產生新的行政長官，基本法也應有所規定。

※

②政制專責小組《對基本法第四章部份條文草稿（一九八七年八月）的意見》（1987 年 11 月 4 日經執行委員會通過）

（編者按：本文件雖然時間晚於本稿，但其內容是起草委員會對 1987 年 8 月 22 日政制專責小組擬訂的條文的意見匯編，故放在此處。）

【P2】
II. 第一節
（4）第六條
1. 有委員認為應有明文規定代理人，而不是只用小字提。

2. 有委員認為必須有一個代理人的順序名單。

※

③1987 年 9 月 8 日《第四章　香港特別行政區的政治體制（討論稿）》（1987 年 9 月 22 日政制專責小組第二次會議附件一）

第一節　行政長官
第七條
（編者按：內容同第一稿文件⑤）

※

④1987 年 9 月 8 日《中華人民共和國香港特別行政區基本法起草委員會第五次全體會議意見匯編》（1987 年 9 月 22 日政制專責小組第二次會議附件二）

【P4】
第四章　政制
一、關於第一節　行政長官
7. 對第六條
有些委員提出，行政長官的代理人選問題必須有法律上的明確規定，不能由行政長官臨時指定代理人選，因為行政長官不能履行職務的情況並非事先都能知道。
關於第六條：
多數委員認為，應規定在行政長官不能履行職責時代理其職權者的名單。有的委員還提出，如行政長官在任期內死亡，如何產生新的行政長官，基本法也應有所規定。

第三稿

第四章　第一節
「**第六條　香港特別行政區行政長官不能履行職務時，由秘書長（布政司）代理其職務。**」
〔1987 年 10 月《第四章　香港特別行政區的政治體制（討論稿）》（政治體制專題小組工作文件）〕

①1987 年 9 月 23 日《政制專責小組對第四章第一節部份條文意見》（1987 年 9 月 29 日政制專責小組第三次會議附件二）

（3）第六條
（編者按：內容同第二稿文件②）

※

②1987 年 10 月《香港特別行政區的政治體制（討論稿）》（政治體制專題小組工作文件）

【P7-8】
第一節　行政長官
第六條
（編者按：內容同第一稿文件⑤）

第五次大會分組討論：
（編者按：本文同第二稿文件④，除下列內容外，均同前文。）

多數委員認為，應規定在行政長官不能履行職責時代理其職權者的名單，不能由行政長官臨時指定代理人選。有的委員還提出，如行政長官在任期內死亡，如何產生新的行政長官，基本法也應有所規定。

第四稿

「**第五十條** 香港特別行政區行政長官短期不能履行職務時，依次由政務廳廳長、財政廳廳長、律政廳廳長臨時代理其職務。

香港特別行政區行政長官缺位時，應在六個月內選出新的行政長官。在新的行政長官選出前，依照上款規定辦理。」

〔1987 年 12 月基本法起草委員會秘書處《香港特別行政區基本法（草案）》（匯編稿）〕

第五稿

「**第五十四條** 香港特別行政區行政長官短期不能履行職務時，依次由政務司長、財政司長、律政司長臨時代理其職務。

行政長官缺位時，應在六個月內產生新的一屆行政長官。行政長官缺位期間的職務代理，依照上款規定辦理。」

〔1988 年 4 月基本法起草委員會秘書處《中華人民共和國香港特別行政區基本法（草案）草稿》〕

第六稿

「**第五十三條** 香港特別行政區行政長官短期不能履行職務時，依次由政務司長、財政司長、律政司長臨時代理其職務。

行政長官缺位時，應在六個月內產生新的一屆行政長官。行政長官缺位期間的職務代理，依照上款規定辦理。」

〔1988 年 4 月基本法起草委員會《中華人民共和國香港特別行政區基本法（草案）徵求意見稿》〕

第七稿

「**第五十三條** 香港特別行政區行政長官短期不能履行職務時，由政務司長、財政司長、律政司長依上述順序臨時代理其職務。

行政長官缺位時，應在六個月內依本法第四十五條的規定產生新的行政長官。行政長官缺位期間的職務代理，依照上款規定辦理。」

〔1989 年 2 月《中華人民共和國香港特別行政區基本法（草案）》〕

① 1988 年 6 月 6 日《政制專責小組 1 與草委交流會會議紀要》

1. 諮委對有關行政長官條文的意見
1.8 第五十三條：有委員認為第一款「香港特別行政區行政長官短期不能履行職務時，依次由政務司長、財政司長、律政司長臨時代理其職務」應改寫為「香港特別行政區行政長官暫時不能履行職務時，依次由政務司長、財政司長、律政司長臨時代理其職務」會較好。

※

② 1988 年 6 月 6 日《政制專責小組（三）與草委交流會會議紀要》

1. 行政長官
1.2 任期
1.2.2 有委員詢問第五十三條中「新一屆」是指任期重新開始，抑或繼續未完任期。

10. 草委回應
10.4 第五十三條
指新的行政長官再連任五年，跟前一屆之任期無關。

※

③ 1988 年 9 月基本法起草委員會秘書處《內地各界人士對〈香港特別行政區基本法（草案）徵求意見稿〉的意見匯集》

【P15】
第五十三條
缺位六個月應改為三個月，同立法會議一致。

※

④《基本法諮詢委員會政制專責小組對基本法（草案）徵求意見稿第四章的意見匯編》，載於 1988 年 10 月基本法諮詢委員會《中華人民共和國香港特別行政區基本法（草案）徵求意見稿諮詢報告（1）》

【P108】
（編者按：本文同第七稿文件①，除下列內容外，均同前文。）
3. 有關條文討論
3.11 第五十三條
3.11.1 有委員建議在「行政長官缺位時，應在六個月內產生新的一屆行政長官」後，詳述出缺後所產生之行政長官之任期。

※

⑤ 1988 年 10 月基本法諮詢委員會《中華人民共和國香港特別行政區基本法（草案）徵求意見稿諮詢報告第五冊——條文總報告》

【P241-242】
第五十三條

2.意見
→ 作出硬性規定的好處是，有關的司長會有充份的心理準備，同時市民亦會清楚，當行政長官短期不能履行職務時，由哪一位司長暫代其職務。
→反對此建議。
理由：
⊙ 代替行政長官履行職務的人必須由香港人選出，但此條文所列的官員全非由選舉產生。
⊙ 不應硬性規定臨時代理行政長官職務的安排。
⊙ 該等司長職權與行政長官的職權相差很遠。
⊙ 該等司長不熟悉行政長官的工作。
⊙ 該等司長的能力有限。
→ 第二款的「缺位」應有時限。
→ 如行政長官缺位時間超過六個月，便需要選出新的行政長官。
→ 如行政長官在任期餘下的時間不能履行職務，便需選出新的行政長官。

3.建議
3.1 修改
→ 改為：「當行政長官不能履行職務時，由選舉產生的立法會議主席接任。」
→ 改為：「行政長官短期不能履行職務時，依次由立法會議主席、政務司長、財政司長、律政司長臨時代理其職務。」

→ 第二款第二句改為：「應在三個月內產生新的行政長官」。行政長官缺位的情況應包括（一）行政長官根據第五十二條的規定而辭職；（二）行政長官被中央人民政府根據第七十二條第九項提出的彈劾案而免除職務；（三）行政長官在任期間身故。
→ 政府部門首長的稱呼應統一。
3.2 增加
→ 在第一句後加上「由行政長官委派其中一名司長擔任。」
→ 加上一款：「行政長官不能兼任任何政治團體的職務及從事任何政治團體的社會活動。」
→ 加上一款：「行政長官不能以私人名義購買公地。」

4 待澄清問題
→ 第二款「行政長官缺位」的具體意思應予澄清。
→ 第二款「新的一屆」是指任期重新開始，抑或繼續未完成的任期？
→「依次」一詞有以下兩個解釋：
（1）由政務司長、財政司長、律政司長每人一次輪流擔任；抑或
（2）先由政務司長擔任，當政務司長不能暫代行政長官的職務時，由財政司長擔任，而財政司長亦不能暫代行政長官職務時，才由律政司長暫代。
故應該清楚地闡釋這項安排。

第八稿

「**第五十三條** 香港特別行政區行政長官短期不能履行職務時，由政務司長、財政司長、律政司長依次臨時代理其職務。
行政長官缺位時，應在六個月內依本法第四十五條的規定產生新的行政長官。行政長官缺位期間的職務代理，依照上款規定辦理。」
〔1990 年 2 月 16 日《中華人民共和國香港特別行政區基本法（草案）》〕

① 1989 年 11 月基本法諮詢委員會《中華人民共和國香港特別行政區基本法（草案）諮詢報告第三冊——條文總報告》

【P139-140】
第五十三條
2.意見
2.1 反面
→ 由律政司代理行政長官在免職方面的職務是不適合的。應刪去本條內此職位，並以副政務司長取代。
→ 這條的問題在於缺乏任何重整與配合新環境的彈性。

3.建議
3.1 修改
3.1.1 第一款
→ 將第一款內「由政務司⋯⋯代理其職務」句改為「按行政司長、財務司長、律政司長的順序，由其中一人臨時代理其職務」。
理由：原文「上述」二字不太恰當。
3.1.2 第二款

→ 將第二款內的「六個月內」改為「三個月內」。
3.2 其他
→ 這一條列明行政長官缺位時由政務司長、財政司長、律政司長代理其職務，但並無說出如果經選舉或協商後，中央人民政府拒絕任命有關的人選，如何辦理。建議應規定中央人民政府必須於選舉或協商有了結果後的三十天或六十天作出任命。
→ 若行政長官離港或無法處理工作，由副行政長官或行政官整體暫代工作。副行政長官必須由行政長官委任。

※

② 1989 年 12 月 13 至 16 日《政治體制專題小組第十七次會議紀要》，載於 1990 年 2 月《中華人民共和國香港特別行政區基本法起草委員會第九次全體會議文件匯編》

【P16】
一、委員們多數同意下述條文修改意見：
3.第五十三條「依照上述順序」改為「依次」。

第九稿

「**第五十三條** 香港特別行政區行政長官短期不能履行職務時，由政務司長、財政司長、律政司長依次臨時代理其職務。
行政長官缺位時，應在六個月內依本法第四十五條的規定產生新的行政長官。行政長官缺位期間的職務代理，依照上款規定辦理。」
〔1990 年 4 月《中華人民共和國香港特別行政區基本法》〕

香港特別行政區行政會議是協助行政長官決策的機構。

1. 行政會議的功能
2. 協助行政長官決策的機構

第一稿

第四章　第一節
「第八條　香港特別行政區行政會議（暫定名）是協助行政長官進行決策的機構。」
〔1987 年 8 月 22 日《政治體制專題小組的工作報告》，載於《中華人民共和國香港特別行政區基本法起草委員會第五次全體會議文件匯編》〕

① 1986 年 2 月基本法諮詢委員會《第六批研討會總結》

……其中應詳細說明的問題包括：
（2）行政機關與立法機關的關係；

※

② 1986 年 4 月《香港各界人士對〈基本法〉結構等問題的意見匯集》（基本法起草委員會第二次會議參閱資料之一）

【P37】
15. 行政局應包括行政長官和一些上層決策者，不須有非官守議員，行政局仍然是特別行政區政府日常行政的上層決策機構，但同時應對立法機關負責。

※

③ 1986 年 4 月 22 日《中華人民共和國香港特別行政區基本法結構（草案）》，載於《中華人民共和國香港特別行政區基本法起草委員會第二次全體會議文件匯編》

【P13】
第四章　香港特別行政區的政治體制
第一節　行政長官
（三）行政長官的職權

※

④ 1987 年 8 月 22 日《政治體制專題小組的工作報告》，載於《中華人民共和國香港特別行政區基本法起草委員會第五次全體會議文件匯編》

【P4】
第四章　香港特別行政區的政治體制（討論稿）
第一節　行政長官
第八條
說明：有的委員建議，將行政會議的條文寫進行政機關一節中，有的委員不贊成設立行政會議。

第二稿

第四章　第一節
「第八條　香港特別行政區行政會議（暫定名）是協助行政長官進行決策的機構。」
〔1987 年 9 月 8 日《第四章　香港特別行政區的政治體制（討論稿）》（1987 年 9 月 22 日政制專責小組第二次會議附件一）〕

① 1987 年 9 月 2 日《中華人民共和國香港特別行政區基本法起草委員會第五次全體會議委員們對基本法序言和第一、二、三、四、五、六、七、九章條文草稿的意見匯集》

【P32-33】
五、關於第四章　香港特別行政區的政治體制
（一）第一節　行政長官
9. 關於行政會議問題。

（1）有的委員提出，按目前條文的設計來看，一些非行政機關的人員參加行政會議，這不符合精減和高效率的原則，故不贊成設立行政會議。如確有必要設立，其成員應限於行政長官和行政機關的主要官員，並作為單獨一節。有的委員認為，行政會議由中央政府委任，負責協助行政長官制訂政策，這構思是聯合聲明完全沒有提及的，是對殖民地制度裡的行政局架構的不必要的抄襲。多數委員則認為，設立行政會議有利於行政機關與立法機關的溝通，是有必要的。
（2）對於行政會議的性質，有的委員認為，現在香港的

行政局名義上是總督的諮詢機構，但總督發佈命令時都是會同行政局一起發佈。將來行政會議是諮詢機構還是決策機構，應當明確。

10. 第八條
（1）有的委員提出，本條沒有說清行政會議的性質、職責及與行政機關、立法機關之間的關係。
（2）有的委員認為，行政會議似應為行政機關；有的委員認為不宜作為行政機關，否則就等於實行部長制了。

※

② 1987 年 9 月 8 日《第四章　香港特別行政區的政治體制（討論稿）》（1987 年 9 月 22 日政制專責小組第二次會議附件一）

第一節　行政長官
第八條
（編者按：內容同第一稿文件④）

※

③ 1987 年 9 月 8 日《中華人民共和國香港特別行政區基本法起草委員會第五次全體會議意見匯編》（1987 年 9 月 22 日政制專責小組第二次會議附件二）

【P4-5】
第四章　政制
一、關於第一節　行政長官
9. 對第八條
有的委員提出，本條沒有說清行政會議的性質、職責及與行政機關、立法機關之間的關係。
有的委員認為，行政會議似應為行政機關；有的委員認為不宜作為行政機關，否則就等於實行部長制了。

12. 關於行政會議問題（第八至十二條）
對於行政會議的性質，有的委員認為，現在香港的行政局名義上是總督的諮詢機構，但總督發佈命令時都是會同行政局一起發佈。將來行政會議是諮詢機構，還是決策機構，應當明確。

第三稿

第四章　第一節
「第八條　香港特別行政區行政會議（暫定名）是協助行政長官進行決策的機構。」
〔1987 年 10 月《第四章　香港特別行政區的政治體制（討論稿）》（政治體制專題小組工作文件）〕

① 1987 年 10 月《香港特別行政區的政治體制（討論稿）》（政治體制專題小組工作文件）

【P9】
第一節　行政長官

第八條
（編者按：內容同第一稿文件④）

第五次大會分組討論：
（編者按：內容同第二稿文件①第 10 點第八條）

第四稿

「第五十一條　香港特別行政區行政會議（暫定名）是協助行政長官決策的機構。」
〔1987 年 12 月基本法起草委員會秘書處《香港特別行政區基本法（草案）》（匯編稿）〕

① 1987 年 12 月基本法起草委員會秘書處《香港特別行政區基本法（草案）》（匯編稿）

【P25】

第五十一條
說明：有的委員建議，將行政會議的條文寫進行政機關一節中；有的委員不贊成設立行政會議。有些委員認為，行政會議是行政長官的諮詢機構，不是行政機關的一部份。

第五稿

「第五十五條　香港特別行政區行政會議是協助行政長官決策的機構。」
〔1988 年 4 月基本法起草委員會秘書處《中華人民共和國香港特別行政區基本法（草案）草稿》〕

①《各專題小組的部份委員對本小組所擬條文的意見和建議匯輯》，載於 1988 年 4 月基本法起草委員會秘書處《中華人民共和國香港特別行政區基本法（草案）草稿》

【P66】
第五十五條
有的委員不贊成設立行政會議。

第六稿

「第五十四條　香港特別行政區行政會議是協助行政長官決策的機構。」
〔1988 年 4 月基本法起草委員會《中華人民共和國香港特別行政區基本法（草案）徵求意見稿》〕

①《各專題小組的部份委員對本小組所擬條文的意見和建議匯輯》，載於 1988 年 4 月基本法起草委員會《中華人民共和國香港特別行政區基本法（草案）徵求意見稿》

第七稿

「第五十四條　香港特別行政區行政會議是協助行政長官決策的機構。」

〔1989年2月《中華人民共和國香港特別行政區基本法（草案）》〕

① 1988年6月6日《政制專責小組（三）與草委交流會會議紀要》

3. 行政機關
3.1 行政會議是否行政機關的一部份？
3.2 行政會議成員的任命應送呈中央同意，由於行政長官在進行決策時需徵詢行政會議成員之意見，故其重要性頗大，不宜只由行政長官任命。

10. 草委回應
10.5 行政會議成員不必經中央同意，因不須事事由中央批准。
10.6 行政會議並非行政機關的一部份，只是協助行政長官決策的機構。

※

② 1988年8月基本法起草委員會秘書處《香港各界人士對〈香港特別行政區基本法（草案）徵求意見稿〉的意見匯集（一）》

【P26】
第五十四條
「行政會議」應改為「行政會」。

※

③ 1988年10月基本法諮詢委員會《中華人民共和國香港特別行政區基本法（草案）徵求意見稿諮詢報告第五冊——條文總報告》

【P243-244】
第五十四條
2. 意見
→ 不應設立行政會議。
理由：
⊙ 行政會議是一道無須透過任何選舉便可直接進入權力中心的捷徑，能左右政府的施政，但卻無須向立法會議交代和負責。
⊙ 香港特別行政區行政會議是協助行政長官決策的機構，相當於現在的行政局。過往由英國委任的總督，並非華人，而且大多數對香港情況不太熟悉，需要當地人士的協助。現行香港憲制文件規定重大事項必須諮詢行政局首席議員（又稱「首席華人代表」）。將來的特別行政區行政長官必須為在港連續住滿二十年的中國公民，對香港及華人情況有所熟悉，故無必要設立類似行政局的組織。
⊙ 政府架構應該精簡。
⊙ 設立「行政會議」是殖民地政府的政策。
⊙ 特別行政區居民能參與選舉行政長官及組織政府，在「一國兩制」、「港人治港」及「高度自治」的大原則下，無須設立「行政會議」。
⊙《中英聯合聲明》並無提及。
⊙ 不應由一群非民選的人士組成行政會議。
→ 應設立「行政會議」。

理由：
⊙ 行政會議是行政機關的一部份。
⊙ 協助行政長官執行職務。
⊙ 作為決策的權力中心。
→ 行政會議作為行政機關的一部份，應與行政長官共同承擔政治責任。
→ 行政會議為特別行政區政府的一部份，協助行政長官作出決策。
→ 行政長官一旦辭職（不論什麼理由），行政會議也須解散。
→ 行政會議須向立法機關負責。
→ 行政會議並非透過選舉產生，卻擁有極大權力及能影響行政長官的決策；但為了保留「行政局」的優點，行政會議仍可設立，惟它應只是一個諮詢機構。
→ 行政會議的成立及其作用在整個政治體制中不甚明確；也易與行政機關工作產生混淆及權責不分，造成不必要的重疊。

3. 建議
3.1 刪除
→ 刪除第五十四條、第五十五條及第五十六條，取消設置行政會議。
理由：
⊙ 行政會議既然只是一個設有實際權力的諮詢架構，類似行政長官的智囊團，故無必要特別納入基本法內。
⊙ 行政會議缺乏明確的憲制地位和權力，也缺乏對行政長官有效的制約。
⊙ 成員沒有經過任何民主程序產生而進入權力中心，卻可左右政策措施制定，而無須向任何人交代，容易導致權力濫用。
3.2 修改
→ 「香港特別行政區行政會議是協助行政長官決策的諮詢機構。」
→ 「……行政長官決策和所有可由行政長官有決定權的事務的機構。」
→ 「行政會議」改為「行政會」。
理由：「行政會議」的稱呼太一般化。
→ 「香港特別行政區行政會議是協助行政長官決策和協調行政與立法機關關係的機構。」
3.3 其他建議
→ 應修改此條文，以規定行政會議亦應透過特別行政區法律授權，成為一個處理有關行政投訴的機關。
→ 行政長官除須就第五十六條所列事項須徵詢行政會議的意見外，人事任免亦得知會行政會議。
→ 若行政長官不接納行政會議的意見，而行政會議再以超過三分二大多數通過，則行政長官得採納其意見。
理由：
⊙ 行政會議只飾演協助行政長官的角色。行政長官在作出重要決策、向立法會議提交法案、制訂附屬法規和解散立法會議前，須徵詢行政會議的意見；但只是諮詢性質，行政長官如不採納行政會議多數成員的意見時，只需將理由記錄在案，行政會議便形同虛設。
⊙ 增加行政會議對行政長官的制衡，減少行政長官濫權的機會。
→ 將第五十四條改置於第二節「行政機關」之下。
理由：

⊙ 否則行政議員變成無須向任何人負責，卻擁有很大權力，能左右政府。

⊙ 如有關條文置於「行政長官」一節，不隸屬行政機關，便不受第六十四條所限，無須向立法機關負責，不符合《中英聯合聲明》的精神。

⊙ 行政會議是行政機關的一部份，向立法機關負責，並與行政長官共同承擔政治責任。

4. 待澄清問題

→ 行政會議所扮演的角色很重要，但這行政會議不屬行政機關，是否表示其不須向立法機關負責？

→ 行政會議對行政長官的執行和決策權有很大的影響力；而行政會議的成員要由中國公民擔任而立法機關卻不受此限制，這是否意味有高低輕重之分？

→ 行政會議是否屬於行政機關，還是一個諮詢性的機構？

第八稿

「**第五十四條　香港特別行政區行政會議是協助行政長官決策的機構。**」
〔1990 年 2 月 16 日《中華人民共和國香港特別行政區基本法（草案）》〕

① 1989 年 8 月 18 日第二次諮詢期政制專責小組第四次會議附件一

第五十四條
2. 建議
2.1 修改
→ 改為「……協助行政長官決策和所有可由行政長官有決定權的事務的機構。」

※

② 1989 年 11 月基本法諮詢委員會《中華人民共和國香港特別行政區基本法（草案）諮詢報告第三冊——條文總報告》

【P140-141】
第五十四條
2. 意見
2.1 整體

→ 條文中「協助」一詞未能充份界定行政會議所擔任的角色及權限。
2.2 其他
→ 現時行政局在法理上為一諮詢機關，但實質上為最高決策機關，擔心基本法內有關行政局的諮詢地位與現時的解釋不同。

3. 建議
3.1 刪除
→ 刪去此條。
理由：雖然行政會議有其存在的價值，但其組織宜由行政長官自行決定，或另於香港特別行政區法律說明，沒有必要明確記述於基本法中。
3.2 修改
→ 改為「……協助行政長官決策和所有可由行政長官有決定權的事務的機構。」
→ 將「協助行政長官」改為「政府的首要」。
3.3 增加
→ 加上：「和對立法會負責。」
理由：必須清楚行政會議是對立法會負責的，正如行政長官的規定一樣。

第九稿

「**第五十四條　香港特別行政區行政會議是協助行政長官決策的機構。**」
〔1990 年 4 月《中華人民共和國香港特別行政區基本法》〕

香港特別行政區行政會議的成員由行政長官從行政機關的主要官員、立法會議員和社會人士中委任,其任免由行政長官決定。行政會議成員的任期應不超過委任他的行政長官的任期。

香港特別行政區行政會議成員由在外國無居留權的香港特別行政區永久性居民中的中國公民擔任。

行政長官認為必要時可邀請有關人士列席會議。

✿ 貳│概念

1. 行政會議成員的委任與任期
2. 在外國無居留權的香港永久性居民中的中國公民
3. 列席行政會議的規定

✿ 叁│條文本身的演進和發展

第一稿

第四章　第一節
「第九條　香港特別行政區行政會議的成員由行政長官從主要官員、立法機關成員和社會人士中提名,報請中央人民政府任命。
第十一條　香港特別行政區行政會議成員的任期不超過五年。」
〔1987 年 8 月 22 日《政治體制專題小組的工作報告》,載於《中華人民共和國香港特別行政區基本法起草委員會第五次全體會議文件匯編》〕

① 1986 年 2 月基本法諮詢委員會《第六批研討會總結》

……其中應詳細說明的問題包括:
（2）行政機關與立法機關的關係;

　　　　　　　　※

② 1986 年 4 月《香港各界人士對〈基本法〉結構等問題的意見匯集》（基本法起草委員會第二次會議參閱資料之一）

【P37】
15.行政局應包括行政長官和一些上層決策者,不須有非官守議員,行政局仍然是特別行政區政府日常行政的上層

決策機構,但同時應對立法機關負責。

　　　　　　　　※

③ 1986 年 4 月 22 日《中華人民共和國香港特別行政區基本法結構（草案）》,載於《中華人民共和國香港特別行政區基本法起草委員會第二次全體會議文件匯編》

【P13】
第四章　香港特別行政區的政治體制
第一節　行政長官
（三）行政長官的職權

　　　　　　　　※

④ 1987 年 8 月 22 日《政治體制專題小組的工作報告》，載於《中華人民共和國香港特別行政區基本法起草委員會第五次全體會議文件匯編》

【P42-43】
第四章　香港特別行政區的政治體制（討論稿）
第一節　行政長官
第九條
說明：有些委員主張參加行政會議的立法機關成員必須通過立法機關互選產生，社會人士也須經立法機關過半數成員的同意；有的委員主張，如果不是通過互選，則立法機

關成員不必參加行政會議。關於行政會議人數及各部份成員是否需要一個比例等問題，委員們同意暫不作規定，待進一步研究。還有的委員主張，行政會議成員不必報中央人民政府任命；有些委員認為，行政會議成員可因嚴重罪行、嚴重不當行為、嚴重失職或無力履行職責等理由被行政長官撤職。

第十一條
說明：有的委員主張不確定任期，屆時由行政長官確定；有些委員認為，行政會議成員的任期應不超過提名他的行政長官的任期。

第二稿

第四章　第一節
「第九條　香港特別行政區行政會議的成員由行政長官從主要官員、立法機關成員和社會人士中提名，報請中央人民政府任命。
第十一條　香港特別行政區行政會議成員的任期不超過五年。」
〔1987 年 9 月 8 日《第四章　香港特別行政區的政治體制（討論稿）》（1987 年 9 月 22 日政制專責小組第二次會議附件一）〕

① 1987 年 9 月 2 日《中華人民共和國香港特別行政區基本法起草委員會第五次全體會議委員們對基本法序言和第一、二、三、四、五、六、七、九章條文草稿的意見匯集》

【P33】
五、關於第四章　香港特別行政區的政治體制
（一）第一節　行政長官
11. 第九條
（1）有的委員提出，本條中「主要官員」之前應加上「行政機關的」幾個字；行政會議中各部份成員的比例應有一個規定。

（2）有的委員認為，本條「報請中央人民政府任命」的規定帶有中央控制性質。另有委員建議將該句改為「由香港特別行政區行政長官任命，報中央人民政府備案」。但有的委員認為，本條規定不存在中央控制的問題。

※

② 政制專責小組《對基本法第四章部份條文草稿（一九八七年八月）的意見》（1987 年 11 月 4 日經執行委員會通過）

（編者按：本文件雖然時間晚於本稿，但其內容是起草委員會對 1987 年 8 月 22 日政制專責小組擬訂的條文的意見匯編，故放在此處。）

【P2】
II. 第一節
（6）第十一條
1. 有認為行政會議成員應可連任一次。

2. 有認為其任期應與行政長官的一致。

3. 但有委員認為行政會議的成員與行政長官的離任期一致

是沒有問題，但上任期則不同，因為行政會議成員是在行政長官上任後才委任的。

4. 有委員認為行政會議成員的任期未必能一致，因其中成員可以是公職人員，他們的退休期是各異的。

5. 有認為行政會議成員的任期是難定的，因為他們是顧問，行政長官離任不等於他們不可以留任。

6. 有意見認為「會議」一詞用來形容類似現在的「行政局」是不適合的。而現時的行政局成員任期是沒有規定的，故將來亦應按現行的處理方法，行政長官可在任期內委任或不委任他們。

※

③ 1987 年 9 月 8 日《第四章　香港特別行政區的政治體制（討論稿）》（1987 年 9 月 22 日政制專責小組第二次會議附件一）

第一節　行政長官
第九條、第十一條
（編者按：內容同第一稿文件④）

※

④ 1987 年 9 月 8 日《中華人民共和國香港特別行政區基本法起草委員會第五次全體會議意見匯編》（1987 年 9 月 22 日政制專責小組第二次會議附件二）

【P4】
第四章　政制
一、關於第一節　行政長官
10. 關於第九條
（編者按：內容同第二稿文件①）

第三稿

第四章　第一節

「第九條　香港特別行政區行政會議的成員由行政長官從主要官員、立法機關成員和社會人士中提名，報請中央人民政府任命。

第十一條　香港特別行政區行政會議成員的任期不超過五年。」

〔1987年10月《第四章　香港特別行政區的政治體制（討論稿）》（政治體制專題小組工作文件）〕

① 1987年9月23日《政制專責小組對第四章第一節部份條文意見》（1987年9月29日政制專責小組第三次會議附件二）

（7）第十一條
（編者按：內容同第二稿文件②）

※

② 1987年10月《第四章　香港特別行政區的政治體制（討論稿）》（政治體制專題小組工作文件）

【P9-10】
第一節　行政長官

第九條
（編者按：「說明」內容同第一稿文件④，「第五次全體大會分組討論」內容同第二稿文件①，其餘如下。）
基本法諮詢委員會政制專責小組「行政機關的組成與職權・最後報告」所羅列的行政會議組成方法中，除本條文的方法外，其他方法還包括：
（一）由行政長官和主要官員組成；
（二）由立法機關成員互選產生。
香港有些社會人士提出行政會議成員由行政長官提名，但在報請中央人民政府任命前，先由立法機關批准。
香港工商專業界諮委及其他有些社會人士主張：行政會議成員不應報請中央任命。

第十一條
（編者按：內容同第一稿文件④）

第四稿

「第五十二條　香港特別行政區行政會議的成員由行政長官從行政機關的主要官員、立法機關成員和社會人士中委任，其任期或任期未滿時終止委任，由行政長官決定。行政會議成員的任期應不超過委任他的行政長官的任期。

香港特別行政區行政會議成員由香港特別行政區永久性居民中的中國公民擔任，宣誓效忠於香港特別行政區。

行政長官認為必要時可邀請有關人士列席會議。」

〔1987年12月基本法起草委員會秘書處《香港特別行政區基本法（草案）》（匯編稿）〕

① 1987年12月基本法起草委員會秘書處《香港特別行政區基本法（草案）》（匯編稿）

【P25-26】
第五十二條
說明：有些委員主張參加行政會議的立法機關成員必須通

過立法機關互選產生，社會人士也須經立法機關過半數成員的同意；有的委員主張，如果不是通過互選，則立法機關成員不必參加行政會議。
關於行政會議人數及各部份成員是否需要一個比例等問題，有的委員主張，行政會議成員全部由主要官員組成；有的委員主張，行政會議的成員不少於半數為立法機關成員。委員們同意暫不作規定，待進一步研究。

第五稿

「第五十六條　香港特別行政區行政會議的成員由行政長官從行政機關的主要官員、立法會議成員和社會人士中委任，其任期或任期未滿時終止委任，由行政長官決定。行政會議成員的任期應不超過委任他的行政長官的任期。

香港特別行政區行政會議成員由香港特別行政區永久性居民中的中國公民擔任。

行政長官認為必要時可邀請有關人士列席會議。」

〔1988年4月基本法起草委員會秘書處《中華人民共和國香港特別行政區基本法（草案）草稿》〕

① 1987年12月《中華人民共和國香港特別行政區基本法起草委員會第六次全體會議委員們對基本法第四、五、六、十章和條文草稿匯編的意見》，載於《中華人民共和國香港特別行政區基本法起草委員會第六次全體會議文件匯編》

【P9-10】
一、關於第四章　香港特別行政區的政治體制
8.第五十二條
（1）有的委員提出，目前港英官員必須宣誓效忠，是殖民地統治的產物，一九九七年後香港永久性居民、中國公

民都知道自己的責任，不必宣誓效忠，建議將本條第二款「宣誓效忠於香港特別行政區」刪去。但有的委員認為此句有必要保留。

（2）有的委員提出，規定宣誓效忠香港特別行政區，而沒有規定效忠中華人民共和國，這種規定不嚴謹。

（3）有的委員建議寫成「對香港特別行政區負責」。有的委員建議改寫成「忠誠協助行政長官，保守秘密」。

（4）有的委員提出，本條說明中有些委員主張立法機關互選產生部份行政會議成員，這樣，這些成員就得向立法機關

報告工作，就不能要求這些成員保守秘密，這與條文規定是矛盾的，也否定了行政長官的任命權，建議將此說明刪去。

※

② 《各專題小組的部份委員對本小組所擬條文的意見和建議匯輯》，載於 1988 年 4 月基本法起草委

員會秘書處《中華人民共和國香港特別行政區基本法（草案）草稿》

【P66】
第五十六條
（編者按：內容同第四稿文件①）

第六稿

「**第五十五條** 香港特別行政區行政會議的成員由行政長官從行政機關的主要官員、立法會議成員和社會人士中委任，其任期或任期未滿時終止委任，由行政長官決定。行政會議成員的任期應不超過委任他的行政長官的任期。
香港特別行政區行政會議成員由香港特別行政區永久性居民中的中國公民擔任。
行政長官認為必要時可邀請有關人士列席會議。」
〔1988 年 4 月基本法起草委員會《中華人民共和國香港特別行政區基本法（草案）徵求意見稿》〕

① 《各專題小組的部份委員對本小組所擬條文的意見和建議匯輯》，載於 1988 年 4 月基本法起草委員會《中華人民共和國香港特別行政區基本法（草案）徵求意見稿》

【P56】
第五十五條
（編者按：內容同第四稿文件①）

第七稿

「**第五十五條** 香港特別行政區行政會議的成員由行政長官從行政機關的主要官員、立法會議員和社會人士中委任，其任免由行政長官決定。行政會議成員的任期應不超過委任他的行政長官的任期。
香港特別行政區行政會議成員由香港特別行政區永久性居民中的中國公民擔任。
行政長官認為必要時可邀請有關人士列席會議。」
〔1989 年 2 月《中華人民共和國香港特別行政區基本法（草案）》〕

① 《基本法工商專業界諸委對基本法（草案）徵求意見稿第四章政治體制之意見書》

【P1-2】
第五十五條（第二段）
條文謂：「香港特別行政區行政會議成員由香港特別行政區永久性居民的中國公民擔任」。
我們建議以「永久居民」的身份，已有足夠資格擔任行政會議成員，而無必要同時是中國公民。

※

② 1988 年 6 月 6 日《政制專責小組（三）與草委交流會會議紀要》

3. 行政機關
3.2 行政會議成員的任命應送呈中央同意，由於行政長官在進行決策時需徵詢行政會議成員之意見，故其重要性頗大，不宜只由行政長官任命。

10. 草委回應
10.5 行政會議成員不必經中央同意，因不須事事由中央批准。

※

③ 1988 年 10 月基本法諮詢委員會《中華人民共和

國香港特別行政區基本法（草案）徵求意見稿諮詢報告第五冊——條文總報告》

【P245-250】
第五十五條
2. 意見
2.1 行政會議的產生
→ 行政會議成員可由行政長官委任，但行政長官必須由普選產生。
→ 行政長官委任行政會議成員的權力不宜受過多限制。
理由：讓行政會議可廣泛地延攬人才。
→ 不應由行政長官操縱行政會議成員的委任與終止委任等事項。
理由：
⊙ 行政會議成員的政治命運全操於行政長官手上。
⊙ 委任制度乃倒退之舉。
2.2 行政會議的組成
2.2.1 由立法會議成員兼任
→ 行政會議的大部份成員應同時兼任立法會議成員。
理由：
⊙ 立法與行政機關維持緊密聯繫。
⊙ 確保立法會議的建議獲順利通過。
⊙ 確保立法機關批准撥出公帑，使特別行政區政府的政策及計劃能落實執行。
→ 行政會議中的立法會議成員部份由立法會議成員互選產生。
理由：保證行政會議成員的代表性及其向立法會議負責。
→ 行政會議應有立法會議的代表。

理由：
⊙ 以作制衡。
⊙ 維繫行政與立法機關在工作上的關係。
⊙ 有利行政與立法機關的協調，增加政治運作的效率。
→ 立法會議成員加入行政會議的比例應清楚列明。
理由：
⊙ 避免行政與立法機關有太多成員的身份重複。
⊙ 避免由一小撮人壟斷政治。
→ 對立法議會成員在行政會議所佔席位的比例的意見如下：
（1）最少有四分之三。
（2）超過半數。
（3）不超過五分之一。
→ 加入行政會議的立法會議成員須辭去其立法會議成員的職務。
理由：確保行政與立法機關互相制衡。
→ 反對立法會議成員兼任行政會議成員。
理由：
⊙ 兼職過多會影響工作效率。
⊙ 權力重複。
⊙ 削弱行政、立法機關的互相制衡。
⊙ 充份體現行政、立法、司法三權分立。
⊙ 體現行政機關向立法機關負責的原則。
⊙ 公務員應只向行政機關和行政長官負責。
2.2.2 由主要官員組成
→ 行政會議應全由主要官員組成。
2.2.3 由社會人士組成
→ 可委任經立法會議過半數成員同意的社會人士擔任行政會議成員。
→ 被委任的社會人士不應超過成員人數的某一比例。
理由：
⊙ 確保行政會議的代表性。
⊙ 確保行政長官不能通過委任以操縱行政會議。
→ 社會人士的比例不應超過四分之一。
→ 應取消行政長官直接委任社會人士擔任的方法。
2.2.4 由立法會議成員及主要官員組成
→ 行政會議應由行政機關主要官員及立法會議成員組成。有關組成比例的意見如下：
（1）不少於三分之二為立法會議成員，三分之一為主要官員。
（2）三分之一為立法會議成員，三分之二為主要官員。
（3）立法會議成員與主要官員的比例大致相等。
理由：行政會議是內閣性質的機構，反對勢力不可太大，以免影響行政效率。
2.2.5 其他
→ 應只在立法會議的民選成員中進行委任。曾在一九九七年前服務行政局的成員，不應有此資格，以避免他們有代表英國利益之嫌。
→ 行政會議成員應作為香港特別行政區各局的局長，並負責政府在該等範圍所作的政策。他們應成為立法會議的一份子，以回答其他立法會議成員向他們提出的詢問。後者並可對他們投信任或不信任票。
→ 行政會議成員應只包括主要官員、經立法會議同意的立法會議成員，和經立法會議同意的社會人士。
2.3 任期
→ 「任期」如解作行政長官與行政會議成員的任期均為四年，則那些在某行政長官任期內被委任的成員的任期可能到下任行政長官任期內才終止，此舉會引起不便。
→ 「任期」如解作行政會議成員的任期在行政長官任期屆滿時同時完結，較為妥善。
→ 有關「任期」的條文，均須視乎附件中的方案而定。
2.4 國籍
→ 行政會議成員的國籍限制應予放寬。
理由：

⊙ 為了維繫信心、減少移民、保持香港的生活方式和國際商港形象。
⊙ 對在港久居並以香港為家的非中國公民或外籍華人有鼓勵作用。
→ 行政會議成員應只需為本港永久性居民，無須為中國公民。
理由：可容許永久性居民中具卓越經驗和地位的外籍人士參加行政會議。
→ 基本法列明了行政會議成員只由中國公民擔任，這與現時行政局中容許外籍人士參與的制度有出入。
→ 行政會議可能因沒有立法會議成員加入而無法組成。
理由：行政會議成員必須是中國公民，但立法會議成員卻無非中國公民的規定。
2.5 其他意見
→ 無須設立「行政會議」。
理由：
⊙ 設立「行政會議」乃殖民地政府的政策。
⊙ 行政長官應有全權委任主要官員，該等官員可就重要政策向行政長官提出意見，無須另設不受監管制約的行政會議。
⊙ 行政會議全部由行政長官委任，委任成員未通過任何民主程序便可進入權力的中心及左右行政長官的決定，似由一群沒有代表性的「政治免費午餐」人士協助制定政策。
→ 一九九七年後香港不再是殖民地，本應取消委任制度，但考慮到行政長官可自由選擇他的顧問，及令行政會議成員受到適當監察，委任制度可保留但須通過立法會議同意。
→ 據第一款所述，行政長官的更換可能會導致政府內部的「大換班」。如果連司級官員也隨行政長官的更換而「換班」，將嚴重影響政府的連續運作。
→ 違反《中英聯合聲明》。
理由：《中英聯合聲明》規定行政機關向立法機關負責，但此條卻規定行政長官可自行委任行政會議的成員及在任的立法會議成員進入行政會議。這樣行政長官便有機會控制行政會議及立法會議，造成獨裁政治。

3. 建議
3.1 刪除
3.1.1 刪除本條
理由：
⊙ 行政會議只是一個無實權的諮詢機構，或類似行政長官智囊團的機構，不必納入基本法內。
⊙ 行政會議缺乏明確的憲制地位和權力，也缺乏對行政長官有效的約束。
⊙ 如行政長官已受立法會議有效的監督，實無須依賴另一機制去制衡行政長官。
3.1.2 第一款
→ 刪去：「立法會議成員和社會人士」等字眼。
理由：
⊙ 立法會議成員不應兼任行政會議成員，避免重複之弊。
⊙ 社會人士出任行政會議的做法乃委任制度的延伸，抹殺其他人以選舉晉身權力中心的機會。
⊙ 有違民主精神。
→ 刪去「和社會人士」等字。
理由：
⊙ 免除「閉門政治」的出現。社會人士可於政府各委員會或透過立法會議成員反映其意見與要求。
⊙ 社會人士的代表性及問責性未受保證。
⊙「社會人士」一詞難以界定，因為可包括所有類別人士。
→ 刪去：「行政會議成員的任期不超過委任他的行政長官的任期。」
理由：
⊙ 限制太大。

⊙ 行政會議成員的任期應可較委任他們的行政長官的任期為長。

⊙ 限制行政會議成員任期的理由不充份。

3.1.3 第二款

→ 刪去全款。

→ 刪去「的中國公民」等字。

理由：行政會議成員不應只限中國公民出任。

3.2 修改

3.2.1 全條

→ 改為「香港特別行政區行政會議的成員由行政長官從行政機關的主要官員中委任及由立法會議成員互選出任，其成員數目、任期和工作細則由法律規定。」

理由：

⊙《中英聯合聲明》未有提及行政會議的設立及其產生方法。

⊙ 不應容許一群沒有代表性和問責性的精英和大商家參與特別行政區的施政，因此乃殖民地制度的產物。

→ 依以上建議修改，但保留原條文第三款。

→ 改為：「香港特別行政區行政會議的成員由行政長官從行政機關的主要官員中委任及由立法會議成員互選出任。立法會議互選出任的成員佔行政會議成員三分之一。行政長官也可以委任社會人士出任行政會議的成員。」

→ 改為：「香港特別行政區行政會議四分之三成員由行政長官從行政機關的主要官員中委任，其任期未滿時終止委任，由行政長官決定。行政會議成員的任期應不超過委任他的行政長官的任期。而其餘四分之一的成員由立法會議互相推選立法會議成員參加。」

理由：

⊙ 行政會議成員應以行政機關的主要官員為主。

⊙ 佔四分之一議席的立法會議成員可連繫行政及立法機關，並有監察立法會議的議決案的推行之作用。

⊙ 社會人士未能發揮適當的作用，應從原文中刪去。

→ 改為：「香港特別行政區行政會議的組織：

（1）行政長官（主席）；

（2）布政司、財政司和律政司；

（3）由行政長官委任的立法會議議員，須由立法會議成員互選產生；

（4）由行政長官委任的主要政策科官員，須先經立法會議半數通過。」

→ 改為：「香港特別行政區行政會議的成員由行政長官從行政機關的主要官員和社會人士中委任。行政會議的成員數目、任期和工作細則由法律規定。」

3.2.2 第一款

→ 「行政會議成員的任期應不超過……」一句改為「行政會議成員的任期不可超過……」

理由：「應不」一詞具伸縮性，「不可」一詞較肯定。

3.2.3 第二款

→ 「永久性居民中的中國公民」改為「永久性居民」。

理由：

⊙ 規定行政會議成員由中國公民擔任，對一些長期居住香港而不是中國公民的人或想回歸香港的外籍華人都沒有鼓勵作用。

⊙「永久居民」的身份，已足夠擔任行政會議成員，而無必要同時是中國公民。

⊙ 立法會議的成員，也沒有規定由中國公民擔任。

→ 「永久性居民中的中國公民」改為「居民」。

→ 「中國公民」改為「華裔人士」。

理由：行政機關成員全由華裔人士出任是可理解和接受的。但香港有很多華裔人士並非中國公民，原文寫上「中國公民」，欲在政治上有所作為的華裔人士便難被器用。

3.2.4 第三款

→ 「邀請有關人士列席會議」改為「傳召有關人士向行政會議提供資料及專業意見」。

3.3 增加

3.3.1 第一款

→ 加上：「參加行政會議的社會人士也須經立法會議過半數成員同意。」

理由：

⊙ 保證特別行政區政府及其政策能獲立法會議的信任和支持，有助維持高度的施政效率。

⊙ 能體現行政機關對立法會議負責的精神。

⊙ 促進行政與立法兩機關的合作和互相支持。

⊙ 使行政與立法兩機關有協作式的制衡。

3.3.2 第二款

→ 在「中國公民」前加上「達合法投票年齡並符合第二十五條的」。

3.3.3 第三款

→ 加上：「但列席者沒有表決權。」

3.4 搬移

→ 此條不應寫在第四章，應寫在別處。

理由：第四章只陳述有關行政長官的法則，不宜寫上行政會議的法則。

→ 改置於第四章第二節有關行政機關的章節內。

理由：如將此條置於行政長官一節內，行政會議便不隸屬行政機關或受第六十四條所限制，它也無須向立法會議負責，這違反《中英聯合聲明》。

3.5 其他建議

→ 行政會議的成員應全部由直選產生。

理由：過去行政局的成員均是委任的，未能反映民意。

→ 特別行政區應採用「半部長制」──先以民選議員取代立法局現有的十位官守議員，該等民選議員全部或大部份再由行政長官提名加入行政會議。

→ 行政長官不應委任現職公務員加入行政會議。

→ 應說明行政會議的產生辦法及各類成員之比例。

4 待澄清問題

4.1 任期

→ 對「任期」的規定有何用意？

→ 「任期」如解作行政會議成員的任期，是否與行政長官的任期同時完結？若行政長官在任期間辭職或離職，行政會議的成員會怎樣處理？

→ 是否意味不論行政長官的任期有多長，行政會議內的主要官員的任期也不能超過五年、十年或伸延至行政長官退休之後？

→ 行政會議的組成、結構和運作方法，急需研究及決定。

4.2 國籍

→ 由於立法會議成員沒有國籍的限制，而行政會議成員必須由中國公民擔任，這是否意味立法會議成員不能加入行政會議？

4.3 其他

→ 為什麼沒有由選舉產生的行政會議成員？

→ 照條文的規定，「行政會議」是否非公開性的秘密會議？

※

④ 1989 年 2 月 15 日姬鵬飛《關於提請全國人大常委會審議〈中華人民共和國香港特別行政區基本法（草案）〉及有關文件的報告》

此外，基本法（草案）還規定，行政長官、政府主要官員、行政會議成員、立法會主席、終審法院和高等法院的首席法官都必須由香港特別行政區永久性居民中的中國公民擔任。這是體現國家主權所必須的。

「**第五十五條** 香港特別行政區行政會議的成員由行政長官從行政機關的主要官員、立法會議員和社會人士中委任，其任免由行政長官決定。行政會議成員的任期應不超過委任他的行政長官的任期。

香港特別行政區行政會議成員由在外國無居留權的香港特別行政區永久性居民中的中國公民擔任。

行政長官認為必要時可邀請有關人士列席會議。」

〔1990 年 2 月 16 日《中華人民共和國香港特別行政區基本法（草案）》〕

① 1989 年 8 月 18 日第二次諮詢期政制專責小組第四次會議附件一

第五十五條
2. 建議
2.1 刪除
→ 第一款最後一句限制太大，應予刪除。行政會議成員的任期可超過委任他的行政長官的任期。似乎沒有有力的理由要限制任期。
2.2 修改
→ 改為「……香港特別行政區行政會議成員由香港特別行政區永久性居民擔任。行政長官認為必要時可邀請有關人士為特別事件列席會議，並就事件給予建議。」

※

② 1989 年 9 月 1 日《第二次諮詢期政制專責小組第五次會議會議紀要》

【P2】
6. 第五十五條
6.1 有委員建議刪去「社會人士」作為行政會議的組成。因恐怕會有一些具政治背景，而非來自選舉或公務員架構的人士成為行政會議成員，對行政長官作出影響。
6.2 有委員認為，「社會人士」即使不能進入行政會議，仍有其他途徑去影響行政長官的決策。兩者的後果是相若的。
6.3 有委員指出，現時不少行政會議成員都是非官員、非立法局議員的社會人士，而他們往往居於要位，能為行政長官提供寶貴的意見。
6.4 有委員認為，應保留「社會人士」，讓行政長官有多一點彈性。並認為這是對行政長官信任的表現。
6.5 有委員認為，如行政會議排拒其他社會人士的參與，便會有更多成員來自立法會，這將影響行政、立法的獨立性，加重兩者的依賴。
6.6 有委員建議，為加強行政和立法的合作，和行政長官對外諮詢和解釋的原則，行政長官提名進入行政會議的社會人士，應獲得立法會的同意。

※

③《基本法諮詢委員會政制專責小組對基本法（草案）第四章、附件一、附件二及附錄的意見匯編》，載於 1989 年 11 月基本法諮詢委員會《中華人民共和國香港特別行政區基本法（草案）諮詢報告第一冊》

【P95-96】
2. 對條文的討論
2.7 第五十五條
（編者按：內容同上文）

※

④ 1989 年 11 月基本法諮詢委員會《中華人民共和國香港特別行政區基本法（草案）諮詢報告第三冊——條文總報告》

【P141-143】
第五十五條
2. 意見
2.1 整體
→ 觀此條和第二十六條，雖然任何永久性居民皆能競選，但除非他們是中國公民，否則不能成為行政會議成員。
2.2 反面
→ 反對由「中國公民」出任的規定。
理由：剝奪了非中國籍永久性居民擔任此等職位的機會。
2.3 其他
→ 持有外國護照或外國居留權者，不能擔任行政會議成員。如在任內獲取外國護照或居留權，亦須辭職。

3. 建議
3.1 刪除
→ 刪去此條。
理由：雖然行政會議有其存在的價值，但其組織宜由行政長官自行決定，或另於香港特別行政區法律說明，故沒有必要明確記述於基本法中。
→ 刪去第一款最後一句。此條限制太大，行政會議成員的任期可超過委任他的行政長官的任期，似乎沒有有力的理由要限制任期。
→ 刪去第二款內「中國公民」一詞。
理由：
⊙ 選取行政會議成員，須以領導才能、學識、才智、從政經驗等作為準則，不能以「中國公民」作為一種資格。限制了香港特別行政區永久性居民對香港作出貢獻的機會。
⊙ 應容許永久性居民中具卓越經驗和地位的外國人參加行政會議。
→ 刪去第二款。
理由：若行政會議成員是對立法會負責和只作為顧問，其公民資格不應有限制，這樣可能會排除商業和國際圈子內的重要人士。立法會成員更不應因列席為行政會議成員而被取消資格。
3.2 修改
3.2.1 第一款
→ 改「行政會議」為「行政會」，其成員改稱「行政會議員」。
理由：「行政會議」一詞定義不符中國文化傳統中有關機構的專稱。
→ 改為：「香港特別行政區行政會議的成員由行政長官從行政機關的主要官員、立法會議員和社會人士中委任，交由立法會通過，其罷免由行政長官決定。行政會議成員的任期應不超過委任他的行政長官的任期。
香港特別行政區行政會議成員由香港特別行政區永久性居

民中的中國公民擔任。
行政長官認為必要時可邀請有關人士列席會議。」
→ 改為：「香港特別行政區行政會議成員由行政長官從行政機關的主要官員、立法會議員和社會人士中委任，其任免由行政長官決定，並在就職時依法宣誓。行政會議成員的任期應不超過委任他的行政長官的任期。」
→ 改為：「香港特別行政區行政會議的成員應由行政機關的官員、立法會議員和社會人士中互相推選產生，不應單由行政長官單獨一人委任。」
→ 第一款第一句改為：「香港特別行政區行政會議成員由行政長官從行政機關的主要官員中委任及由立法機關成員互選出任。行政會議的成員數目、任期及工作細則由法律規定。」
理由：行政會議的成員不應全由行政長官委任，以容許不同見解之人士參與行政會議。
→ 第一款第一句改為：「香港特別行政區行政會議的成員由行政長官從立法會議員中委任，其人數佔總委任人數的一半，其他從行政機關的主要官員和社會人士中委任。」
→ 改第一款內「和社會人士中委任」為「由社會人士中提名」，「行政長官的任期」改為「提名他的行政長官的任期」。
→ 將第一款內「其任免由行政長官決定」改為「交由立法會通過，其罷免由行政長官決定」。
→ 來自立法會的行政局成員應由立法會選出，應允許非中國籍的香港特別行政區永久性居民為行政會議成員。
→ 應列明「主要官員、立法會議員和社會人士」的比例，或者他們倒應該只是來自立法會。
→ 建議行政會議成員比例應為政府官員、立法機關成員及社會人士各佔議席三分之一。
理由：條文賦予行政長官的權力過大，使行政會議成員缺乏監察及制衡作用。
→ 行政會議的成員中不少於百分之五十由立法會成員擔任。
理由：加強行政、立法兩機關的關係。

→ 議員除委任外，應由協商選舉產生，才有穩定局面，並能維持經濟掛帥的社會，維持健全法制和繁榮穩定。
→ 行政會議應由三名當然官守議員和七名委任議員組成。
3.2.2 第二款
→ 修改第二款，以使無論是否中國籍公民及是否香港特別行政區的永久性居民皆可成為行政會議成員。
理由：作為一個顧問機關，行政局應由一些有良好學識、有遠見和對香港情況有經驗的人士組成。所以其成員不應過份局限於永久性居民中的中國公民。
3.2.3 第二及三款
→ 改為「……香港特別行政區行政會議成員由香港特別行政區永久性居民擔任。行政長官認為必要時可邀請有關人士為特別事件列席會議，並就事件給予建議。」
3.3 增加
3.3.1 第一款
→ 在第一款第一行「行政會議的成員」後加上「除當然官守外」，並將第二款內「中的中國公民」刪去。
→ 在第一款「其任免由行政長官決定」前加上「其中不少於百分之五十需為立法會成員」。
理由：保證行政立法的緊密合作。
→ 在第一款「其任免由行政長官決定」後加上「並在就職時依法宣誓」。

4. 待澄清問題
→ 應明確「主要官員」一詞的界定。
→ 對為何其他香港特別行政區的永久性居民不能被考慮作行政會議成員的規定並不清楚。將行政會議成員資格局限於中國公民，會造成立法會議員分為兩個派別：一為有資格被選為行政會議成員，二為一些沒有資格的。這規定亦會引致香港特別行政區中國籍的永久性居民相信他們的意見不會被全面反映，並受到歧視。這些情況是不希望有的。其中一個可能解決的方法是大多數的行政會議成員均由中國公民出任。

第九稿

「**第五十五條**　香港特別行政區行政會議的成員由行政長官從行政機關的主要官員、立法會議員和社會人士中委任，其任免由行政長官決定。行政會議成員的任期應不超過委任他的行政長官的任期。
香港特別行政區行政會議成員由在外國無居留權的香港特別行政區永久性居民中的中國公民擔任。
行政長官認為必要時可邀請有關人士列席會議。」
〔1990 年 4 月《中華人民共和國香港特別行政區基本法》〕

① 1990 年 2 月 19 日姬鵬飛《關於〈中華人民共和國香港特別行政區基本法（草案）〉及有關文件的修改情況報告》

三、在有關香港特別行政區行政長官、行政會議成員、立法會主席、政府主要官員、終審法院和高等法院首席法官以及基本法委員會香港委員的資格規定的條款中加上了「在外國無居留權」的限制。

　　　　　　　　　　　　　　※

② 姬鵬飛《關於〈中華人民共和國香港特別行政區基本法（草案）〉及其有關文件的說明》（1990 年 3 月 28 日第七屆全國人民代表大會第三次會議）

（四）關於香港特別行政區行政長官、行政會議成員、立法會主席、政府主要官員、終審法院和高等法院首席法官以及基本法委員會香港委員的資格。草案的有關條文規定，擔任上述職務的人必須是在外國無居留權的香港特別行政區永久性居民中的中國公民。這是體現國家主權的需要，也是體現由香港當地人管理香港的原則的需要，只有這樣才能使擔任上述職務的人切實對國家、對香港特別行政區以及香港居民負起責任。

香港特別行政區行政會議由行政長官主持。
行政長官在作出重要決策、向立法會提交法案、制定附屬法規和解散立法會前，須徵詢行政會議的意見，但人事任免、紀律制裁和緊急情況下採取的措施除外。
行政長官如不採納行政會議多數成員的意見，應將具體理由記錄在案。

✿ 貳│概念

1. 行政會議的進行
2. 行政會議的諮詢角色

✿ 叁│條文本身的演進和發展

第一稿

第四章　第一節
「第十條　香港特別行政區行政會議由行政長官主持。行政長官如不採納行政會議多數成員的意見，應將具體理由記錄在案，並報中央人民政府備案。」
〔1987 年 8 月 22 日《政治體制專題小組的工作報告》，載於《中華人民共和國香港特別行政區基本法起草委員會第五次全體會議文件匯編》〕

① 1986 年 2 月基本法諮詢委員會《第六批研討會總結》

……其中應詳細說明的問題包括：
（2）行政機關與立法機關的關係；

※

② 1986 年 4 月《香港各界人士對〈基本法〉結構等問題的意見匯集》（基本法起草委員會第二次會議參閱資料之一）

【P37】
15. 行政局應包括行政長官和一些上層決策者，不須有非官守議員，行政局仍然是特別行政區政府日常行政的上層決策機構，但同時應對立法機關負責。

※

③ 1986 年 4 月 22 日《中華人民共和國香港特別行政區基本法結構（草案）》，載於《中華人民共和國香港特別行政區基本法起草委員會第二次全體會議文件匯編》

【P13】
第四章　香港特別行政區的政治體制
第一節　行政長官
（三）行政長官的職權

※

④ 1987 年 8 月 22 日《政治體制專題小組的工作報告》，載於《中華人民共和國香港特別行政區基本法起草委員會第五次全體會議文件匯編》

【P43】
第四章　香港特別行政區的政治體制（討論稿）
第一節　行政長官
第十條
說明：有的委員主張刪去本條第二句；有的委員主張，只要將具體理由記錄在案就可以，不必報中央備案。

第二稿

第四章　第一節

「第十條　香港特別行政區行政會議由行政長官主持。行政長官如不採納行政會議多數成員的意見，應將具體理由記錄在案，並報中央人民政府備案。」

〔1987 年 9 月 8 日《第四章　香港特別行政區的政治體制（討論稿）》（1987 年 9 月 22 日政制專責小組第二次會議附件一）〕

① 1987 年 9 月 8 日《第四章　香港特別行政區的政治體制（討論稿）》（1987 年 9 月 22 日政制專責小組第二次會議附件一）

第一節　行政長官
第十條
（編者按：內容同第一稿文件④）

第三稿

第四章　第一節

「第十條　香港特別行政區行政會議由行政長官主持。行政長官如不採納行政會議多數成員的意見，應將具體理由記錄在案，並報中央人民政府備案。」

〔1987 年 10 月《第四章　香港特別行政區的政治體制（討論稿）》（政治體制專題小組工作文件）〕

① 1987 年 10 月《第四章　香港特別行政區的政治體制（討論稿）》（政治體制專題小組工作文件）

【P10】
第一節　行政長官
第十條
（編者按：本文同第一稿文件④，除下列內容外，均同前文。）

香港工商專業界諮委及其他社會人士提出，本條文基本上依循目前港督會同行政局的習慣，但九七年後的行政長官將由本地協商或選舉產生的當地人出任，應有社會信賴及充份瞭解社會情況，與現時英國從本土委派出任港督的官員有頗大分別，因此「並報中央人民政府備案」的規定並無必要。

第四稿

「第五十三條　香港特別行政區行政會議由行政長官主持。
行政長官在作出重要決策、向立法機關提交法案、制定附屬法規和解散立法機關前，須徵詢行政會議的意見，但人事任免、紀律制裁和緊急情況者除外。
行政長官如不採納行政會議多數成員的意見，應將具體理由記錄在案。」

〔1987 年 12 月基本法起草委員會秘書處《香港特別行政區基本法（草案）》（匯編稿）〕

第五稿

「第五十七條　香港特別行政區行政會議由行政長官主持。
行政長官在作出重要決策、向立法會議提交法案、制定附屬法規和解散立法會議前，須徵詢行政會議的意見，但人事任免、紀律制裁和緊急情況下採取的措施除外。
行政長官如不採納行政會議多數成員的意見，應將具體理由記錄在案。」

〔1988 年 4 月基本法起草委員會秘書處《中華人民共和國香港特別行政區基本法（草案）草稿》〕

第六稿

「第五十六條　香港特別行政區行政會議由行政長官主持。
行政長官在作出重要決策、向立法會議提交法案、制定附屬法規和解散立法會議前，須徵詢行政會議的意見，但人事任免、紀律制裁和緊急情況下採取的措施除外。
行政長官如不採納行政會議多數成員的意見，應將具體理由記錄在案。」

〔1988 年 4 月基本法起草委員會《中華人民共和國香港特別行政區基本法（草案）徵求意見稿》〕

第七稿

「第五十六條　香港特別行政區行政會議由行政長官主持。
行政長官在作出重要決策、向立法會提交法案、制定附屬法規和解散立法會前，須徵詢行政會議的意見，但人事任免、紀律制裁和緊急情況下採取的措施除外。
行政長官如不採納行政會議多數成員的意見，應將具體理由記錄在案。」

〔1989 年 2 月《中華人民共和國香港特別行政區基本法（草案）》〕

① 1988 年 9 月基本法起草委員會秘書處《內地各界人士對〈香港特別行政區基本法（草案）徵求意見稿〉的意見匯集》

【P15】
第五十六條
1. 有必要設行政會議，但應是工作性質的機構。

2.第二款「制訂」改為「制定」。

3.「記錄在案」意義何在？如沒有什麼特別作用，就不要規定。

※

② 1988 年 10 月基本法諮詢委員會《中華人民共和國香港特別行政區基本法（草案）徵求意見稿諮詢報告第五冊——條文總報告》

【P251-252】
第五十六條
2.意見
→ 行政會議不應由行政長官主持。
理由：以免法案被干擾。
→ 行政會議成員難與行政長官的意願相違背，故只能扮演諮詢的角色。
理由：行政長官如不採納行政會議多數成員的意見，只需將具體理由記錄在案。
→ 行政會議內的立法會議成員可在立法會議中彈劾行政長官，立法會議便可制衡行政長官。但根據條文的規定，行政會議只是行政長官的顧問團，而行政長官有權不接受其顧問團的意見。
→ 行政會議的代表性很低，其作用只是向行政長官提出意見。故此，行政長官根本不須要向行政會議的成員負責。
→ 行政會議成員雖包括立法會議成員，卻未能起溝通行政、立法兩機關的作用。
理由：
⊙ 行政會議無實權。
⊙ 參加行政會議的立法會議成員由行政長官委任，對行政長官並無牽制作用。
→ 行政會議既然只是一個沒有實際權力的諮詢架構，類似行政長官的智囊團，無須特別納於基本法內。
→ 「記錄在案」並不構成行政長官拒絕大多數行政會議成員意見的額外顧慮。如是者，行政會議的集體決策職能會被減弱，變成行政長官的幕僚性機構。
→ 行政長官如不採納行政會議的意見，只須「將具體理由記錄在案」，這會引致行政長官權力過大，且未提及解決的辦法。

3.建議
3.1 刪除
→ 刪去本條。
理由：
⊙ 原文會使行政會議的委任成員無須向任何人交代或通過任何民主選舉的程序，便可左右行政長官的決定。
⊙ 民選的立法會議已負起監察行政長官及主要官員的作用，無須設立沒代表性的行政會議。
⊙ 原文規定設立的行政會議，缺乏明確的憲制地位和權力，行政長官如不採納行政會議多數成員的意見，只須將具體理由記錄在案，使行政會議缺乏對行政長官有效的約制。但行政長官既受立法機關有效的監督，故無須依賴另一機制去制衡行政長官。而行政長官可按本身要求設立顧問性質的行政會議。
→ 刪去「解散立法會議」等字。
理由：行政長官不應具解散立法會議的權力。
→ 刪去「緊急情況下」等字。
理由：涵意廣泛，很難清楚界定，以致容易被濫用。
→ 刪去第三款。
理由：所有會議都應該有會議記錄。
3.2 修改
→ 「重要決策」一詞改為「政府決策」。
3.3 增加
→ 第三款後加上：「並交由立法會議處理。」
3.4 搬移
→ 本條內容提及行政會議的工作，應放在第二節「行政機關」內。
3.5 其他建議
→ 行政長官與行政會議之間的關係複雜，基本法應解釋它們的權責和功能。
→ 行政長官對人事任免方面的決定，須徵詢行政會議的意見。

4.待澄清問題
→ 行政會議的職權，在「協助決策」之外，是否帶有「集體領導」的含義？
→ 行政長官不採納行政會議多數成員的意見，會不會被視為不民主？
→ 不採納行政會議多數成員的意見也記錄在案，會否成為對行政長官權力的變相限制？
→ 行政長官不接納行政會議多數成員的意見，但記錄在案後又如何？

第八稿

「第五十六條　香港特別行政區行政會議由行政長官主持。
行政長官在作出重要決策、向立法會提交法案、制定附屬法規和解散立法會前，須徵詢行政會議的意見，但人事任免、紀律制裁和緊急情況下採取的措施除外。
行政長官如不採納行政會議多數成員的意見，應將具體理由記錄在案。」
〔1990 年 2 月 16 日《中華人民共和國香港特別行政區基本法（草案）》〕

① 1989 年 11 月基本法諮詢委員會《中華人民共和國香港特別行政區基本法（草案）諮詢報告第三冊——條文總報告》

【P144】
第五十六條
2.意見
→ 雖然行政會議有其存在的價值，但其組織宜由行政長官自行決定，或關於香港特別行政區法律說明，沒有必要明確記述於基本法中。
→ 「緊急情況」一詞難於定義，而香港地小，當有所謂「緊急情況」時，行政長官應可即召開緊急行政會議，徵詢各成員意見。
→ 第三款內「記錄在案」的理由應公開，而不應秘密記錄。

3.建議
3.1 刪除
→ 刪去此條。
→ 刪去「但人事任免，紀律制裁和緊急情況下採取的措施除外」。
理由：「人事任免」已詳列於第四十八條第七項。「紀律制裁」乃一般事務。

3.2 增加

→ 在第二款內加上「緊急情況下採取的措施如需長期執行，行政長官應與行政會議檢討該措施。」

理由：所有長期執行的措施應經過較周詳的研究。

3.3 搬移

→ 第一和第三款應放在第五十五條內。

3.4 其他

→ 人事任免，紀律制裁和解散立法會應由行政會議成員投票解決，以三分之二多數票通過。

→ 對於有爭議而爭議雙方票數相等的法案，行政長官有決定投票權，行政長官對通過的法案有否決權。

第九稿

「第五十六條　香港特別行政區行政會議由行政長官主持。

行政長官在作出重要決策、向立法會提交法案、制定附屬法規和解散立法會前，須徵詢行政會議的意見，但人事任免、紀律制裁和緊急情況下採取的措施除外。

行政長官如不採納行政會議多數成員的意見，應將具體理由記錄在案。」

〔1990 年 4 月《中華人民共和國香港特別行政區基本法》〕

香港特別行政區設立廉政公署，獨立工作，對行政長官負責。

1. 廉政公署的設立
2. 對行政長官負責

第一稿

第四章　第一節

「**第十三條　香港特別行政區繼續保留廉政機構，獨立向行政長官負責。**」

〔1987 年 8 月 22 日《政治體制專題小組的工作報告》，載於《中華人民共和國香港特別行政區基本法起草委員會第五次全體會議文件匯編》〕

① 1987 年 5 月 21 日政制專責小組之保安、治安、廉政公署工作組《保安、治安、廉政公署及各種投訴途徑討論文件（五稿）》（1987 年 6 月 9 日政制專責小組第十二次會議討論文件）

【P10-15】

四、廉政公署

1. 目前情況（一九八五年）：

1.1 歷史

總督特派廉政專員公署於條例（一九七四年）於一九七四年二月十五日生效，總督特派廉政專員公署（廉政公署）亦於同日正式成立。

以前，偵察和調查貪污事件的工作，均由皇家香港警務處轄下之反貪污部負責。及至百里渠爵士主持的調查委員會，於審查香港貪污情況及其他有關事宜，作出報告之後，政府在一九七三年十月十七日宣佈，將偵查貪污事件的責任由警務處移交予一個獨立機構。

1.2 體制

1.2.1 廉政公署乃依據總督特派廉政專員公署條例（一九七四〔年〕）而成立並獲得所賦權力。由於廉政專員直接向總督負責，廉政公署具有其獨立性。在執行職務方面，就政府體系而言，廉政公署乃一獨立之機構。

1.2.2 但該署的檢控通常是要得律政司的同意方可進行起訴。

1.3 經費

公署的經費是由政府每年預算案中的一個單項撥支。所有經費的申請皆由貪污問題諮詢委員會及布政司署審核，然後通過立法局財務委員會辦理。公署的賬目，是依照政府通常的程序處理，並一如其他政府部門，須送呈核數署署長審核。

1.4 廉政專員職責範圍

廉政專員直接向總督負責，其職責範圍為（根據在 1985 年時的條例）：

（甲）接受及考慮指稱貪污行為的舉報，且在可能範圍內，予以調查；

（乙）調查任何指稱或涉嫌觸犯本條例、防止賄賂條例或舞弊及非法行為條例事件，及任何指稱或涉嫌串謀觸犯防止賄賂條例事件，以及任何政府人員被指稱或涉嫌利用職權敲詐勒索之事件；

（丙）廉政專員如認為任何政府人員的行為可能引致貪污或與貪污行為有關時，須予以調查，然後向總督報告；

（丁）審查政府及公共機構的辦事慣例及工作程序，以查出可能引致貪污的行為，並設法修正可能引致貪污行為的工作方法或程序；

（戊）應任何人之請，協助及指導如何消除貪污行為；

（己）向政府公共機構的首長建議，在不妨礙該機構執行職責的情形下，更改不良慣例與程序，務求盡量減少可能引致貪污的機會；

（庚）引導市民認識貪污的禍害；

1.5 編制及組織

公署包括廉政專員辦事處和三個專責部門，即執行處、防止貪污處和社區關係處。公署內的行政工作均由行政總部負責。廉政公署編制為 1,151 個職位。在一九八五年十二月三十一日，公署在職人數為 1,109 人：其中執行處佔 679 人、防止貪污處 63 人、社區關係處 257 人及行政總部 110 人。

1.5.1 行政總部

行政總部由一名助理處長主管，負責物料供應、會計及人事總務工作。

1.5.2 執行處

（1）法定職責及調查、逮捕、搜查和檢查權。

執行處是公署的調查部門，且為三個部門中最大的一個。現有職位 705 個，佔全署編制 1,151 個職位的 60%。

執行處處長兼任副廉政專員，需向廉政專員負責，而廉政專員則只受總督管轄，及在總督指示下執行下列職責：

（甲）接受及考慮指稱貪污行為的舉報，且在可能範圍內，予以調查；

（乙）調查任何指稱或涉嫌觸犯廉政公署條例、防止賄賂條例或舞弊及非法行為條例的事件，及任何指稱或涉嫌串謀觸犯防止賄賂條例的事件，以及任何政府人員被指稱或涉嫌利用職權敲詐勒索的事件；

（丙）廉政專員如認為任何政府人員的行為是與貪污有關或可能引致貪污時，須予以調查，然後向總督報告。

處長握有廣泛的法定權力，可以授權執行處的調查員執行以下工作：限制涉嫌人士的行動；檢查銀行戶口及保險箱；限制涉嫌人士處置財產和要求提供個人經濟狀況詳情。執行處的調查員如懷疑某人曾犯上某特定的罪行，可以無

須拘令而執行拘捕。此外，還有其他權力，用以補充上述的拘捕權：包括有權搜查樓宇及檢去和扣押任何物品，若認為該物品可充〔當〕證物以指證與拘捕行動有關的罪行。搜查權力中，有若干種可以憑廉政專員或副專員所簽發之搜查令或授權書而執行，其他則需裁判司所簽發之搜查令始可執行。

涉嫌人士受調查員拘捕後，可隨即被扣留在公署辦事處內最多四十八小時，以協助進一步的查訊。

（2）起訴案件

調查結束後所作的報告書，若顯示有犯罪的證據時，需呈交律政司轄下的檢察官審核，通常由檢察官決定應否起訴。若認為有需要時，可將報告書轉呈律政司親作決定。凡屬防止賄賂條例第二部所列的罪行，除非經律政司或（條例第 10 條的罪行除外）其授權的檢察官同意，否則不得起訴。事實上，無論罪行是否屬於防止賄賂條例範圍，在考慮應否起訴時，執行處通常先與律政司轄下的檢察官商議。

（3）舉報的處理程序

舉報通常是用電話通知，或由投訴人親臨執行處的舉報中心面告或投函申述。舉報中心全年內每日廿四小時辦公。此外，投訴人亦可向社區關係處轄下的分區辦事處投訴，然後由分處把投訴轉送舉報中心。

舉報中心的職員每日把接到的投訴和舉報撮要後呈交首長級人員，以便他們於星期一至星期六每天早上舉行的會議中察閱，並對過去廿四小時內所收到的舉報，決定是否進行調查或轉送其他政府部門處理，或需要搜集更詳盡的資料。

這些程序確保公署所接到的每宗舉報，均能迅速獲處長及其高級助手們親自審查，而無疏漏之虞。

公署接獲每宗投訴或舉報後，必先向舉報人覆告收到。其後若情況許可，會盡速將處長級人員審查的結果，告知舉報人。

1.5.3 防止貪污處

（1）職責

防止貪污處的主要職責是審視政府部門及公共機構的工作慣例和程序，以便查察其中可能導致貪污的漏洞，並建議改善辦法，以減少貪污機會。防止貪污處亦會在個別機構或市民的要求下，向他們提供有關杜絕貪污的意見。

（2）防止貪污諮詢委員會

防止貪污諮詢委員會負責，審閱由防止貪污處所擬定的工作報告，並就該處所作的建議提供意見。委員會轄下的小組委員會則就防止貪污處的審查工作優先次序提供意見，並就審查工作的進度進行檢討。

（3）組織和編制

防止貪污處由一名處長掌管，另有兩名助理處長，分別領導兩審查科，每科有三個審查工作組，每組有一名組長與四至五名審查主任，在指定的職責範圍進行工作。協導工作組在一九八五年解散，其主要職責是向主管及經理人員講解防止貪污的一般原則，這些職責已移交審查工作組處理。取而代之的是一個顧問諮詢組，負責向私人機構、公共機構及政府資助機構提供有關防止貪污措施的意見。防止貪污處的行政及文書服務則由管理組負責提供。防止貪污處的在職人數共有 62 人。

（4）工作檢討

防止貪污處的主要工作類別有新事項的研究、已完成研究工作的檢討和監察，及有關防貪意見的提供。該處亦參

與多個委員會和工作小組，包括已在 31 個主要政府部門成立之防止貪污組，每組由所屬部門的署長或副署長任主席。

1.5.4 社區關係處

（1）職責

社區關係處的職責是引導市民認識貪污的禍害，並策動市民支持肅貪倡廉工作。除了上述的法定任務外，該處更致力向市民提倡培養廉潔品德及公民責任感。

（2）組織及編制

社區關係處由一名處長執掌，分兩個單位推行工作。傳播及教育科透過大眾傳播媒介和教育機構，促進市民對肅貪倡廉工作的認識。轄下的新聞組是公署的發言人，透過新聞稿、記者招待會、新聞發佈會和新聞諮詢服務，宣傳公署的活動。宣傳組則負責推行綜合宣傳計劃、製作電視宣傳節目，及擔任各種設計工作。社會教育組則以中、小學生為對象，傳播肅貪倡廉訊息及提倡公民教育。

另一方面，聯絡科負責與市民直接聯絡。這項工作是由設於總部的聯絡統籌組及位於各人口稠密地區的 11 間分處合力推行。分處則是公署人員聯絡區內市民和推行肅貪倡廉活動的地區據點。此外，分處亦接受市民舉報貪污和提供有關貪污問題的諮詢服務。

社區關係處另設一行政單位，負責統籌部門內的中央輔助服務、職員和財政事務。年底時，該處之編制為 267 個職位，在職人數為 255 人。

（3）工作

社區關係處除到各院校接觸青少年外，亦有舉辦各種聯絡活動。接觸不同界別的在職青年。該處亦常與各政府部門及公共機構保持聯絡，為新聘及在職的公務員主辦訓練講座，主持研討會及介紹反貪污法例及公署的工作。另外，該處亦聯絡工商界，解釋防止賄賂條例第九條的意義及鼓勵管理階層表明其對僱員收受利益的立場等。

2. 九七年後的情況：

2.1 廉政專員公署應保持獨立及向行政長官負責。

2.2 應設立一個常設委員會負責處理廉政公署的上訴，就是由廉政公署提出起訴而又被律政署拒絕的嚴重案件。這個委員會應由行政長官委任。

　　　　　　　　　　※

②政制專責小組《保安、治安、廉政公署及各種投訴途徑最後報告》（1987 年 6 月 12 日經執行委員會通過）

【P14】

（編者按：本文同第一稿文件①，除下列內容外，均同前文。）

四、廉政公署

2. 九七年後的情況：

2.2 應設立一個常設委員會負責處理廉政公署的上訴，就是由廉政公署提出起訴而又被律政署拒絕的嚴重案件。這個委員會應由行政長官委任。該委員會有監察廉政公署人員執行工作時犯錯的責任，並可接受市民的投訴。有委員認為這段是違反《中英聯合聲明》附件一第三節「香港特別行政區的檢察機關主管刑事檢察工作，不受任何干涉。」的規定。

第二稿

第四章　第一節

「第十三條　香港特別行政區繼續保留廉政機構，獨立向行政長官負責。」

〔1987 年 9 月 8 日《第四章　香港特別行政區的政治體制（討論稿）》（1987 年 9 月 22 日政制專責小組第二次會議附件一）〕

①政制專責小組《對基本法第四章部份條文草稿（一九八七年八月）的意見》（1987年11月4日經執行委員會通過）

（編者按：本文件雖然時間晚於本稿，但其內容是起草委員會對1987年8月22日政制專責小組擬訂的條文的意見匯編，故放在此處。）

【P2】

II. 第一節
（7）第十三條
1. 有的委員認為保留廉政機構是應該的，但廉政機構應是依法成立的一個政府機構，不須寫在基本法上，否則很多其他的機構也要寫於基本法上。

2. 但亦有委員認為應在基本法內強調這個機構的設立，因基本法是寫給世界各地看的。

3. 亦有認為既然廉政機構對香港這麼重要，便應要寫明現在的廉政機構「基本保持不變」。

第三稿

第四章　第一節
「第十三條　香港特別行政區繼續保留廉政機構，獨立向行政長官負責。」
〔1987年10月《香港特別行政區的政治體制（討論稿）》（政治體制專題小組工作文件）〕

① 1987年9月23日《政制專責小組對第四章第一節部份條文意見》（1987年9月29日政制專責小組第三次會議附件二）

【P2】
（8）第十三條
（編者按：內容同第二稿文件①）

第四稿

「第五十四條　香港特別行政區設立廉政機構，獨立工作，向行政長官負責。」
〔1987年12月基本法起草委員會秘書處《香港特別行政區基本法（草案）》（匯編稿）〕

第五稿

「第五十八條　香港特別行政區設立廉政公署，獨立工作，對行政長官負責。」
〔1988年4月基本法起草委員會秘書處《中華人民共和國香港特別行政區基本法（草案）草稿》〕

① 1987年12月《中華人民共和國香港特別行政區基本法起草委員會第六次全體會議委員們對基本法第四、五、六、十章和條文草稿匯編的意見》

【P10】
9. 第五十四、五十五條
有的委員建議，將第五十四條和第五十五條單列一節，名為「其他機構」，並可考慮把其他獨立機構也寫入這節。有的委員則認為這兩條可保留不動。

第六稿

「第五十七條　香港特別行政區設立廉政公署，獨立工作，對行政長官負責。」
〔1988年4月基本法起草委員會《中華人民共和國香港特別行政區基本法（草案）徵求意見稿》〕

第七稿

「第五十七條　香港特別行政區設立廉政公署，獨立工作，對行政長官負責。」
〔1989年2月《中華人民共和國香港特別行政區基本法（草案）》〕

① 1988年6月6日《政制專責小組（三）與草委交流會會議紀要》

8. 條文
8.6 第五十七、五十八條
贊同匯輯中的意見：「……經立法機關批准……根據法律執行職責時，不受任何人士或機關的指令或管制所限制。」理由是該兩部門本身需受一定牽制。

※

② 1988年8月基本法起草委員會秘書處《香港各界人士對〈香港特別行政區基本法（草案）徵求意見稿〉的意見匯集（一）》

【P26-27】
第五十七、五十八條
1. 贊同《意見和建議匯輯》中的條文。

2. 將「設立」改為「繼續保留」。

3. 在「獨立工作」前加「經立法機關批准」。

4. 第五十七條改為「香港特別行政區設立廉政公署，經立法機關批准，獨立工作，根據法律執行職責時，不受任何人士或機關的指令」。第五十八條按《意見和建議匯輯》的寫法。

※

③《基本法諮詢委員會政制專責小組對基本法（草案）徵求意見稿第四章的意見匯編》，載於1988

【P108-109】
3. 有關條文討論
3.13 第五十七條及第五十八條
3.13.1 有委員贊同採用「各專題小組的部份委員對本小組所擬條文的意見和建議匯輯」中的寫法：「……經香港特別行政區立法機關批准……根據法律執行職責時，不受任何人士或機關的指令或管制所限制。」
其理由是該兩部門本身需受一定牽制。

※

④ 1988 年 10 月基本法諮詢委員會《中華人民共和國香港特別行政區基本法（草案）徵求意見稿諮詢報告第五冊——條文總報告》

【P253-254】
第五十七條
2. 意見
2.1 廉政公署的重要性
→ 現有廉政公署不得取消。
→ 廉政公署的工作成績及權威形象增強港人對政府的信心。港人擔心內地一些官員自恃特權及貪污的作風會於一九九七年後影響香港。保留廉政公署，可防止貪污風氣再度蔓延。
→ 保留廉政公署的權力能遏止貪污及維持市民對政府的信心，關係到本港的整體利益。
2.2 廉政公署的問責
→ 廉政公署應該對行政長官及香港居民負責。
→ 行政長官在職務上及政治地位上皆是行政機關之首，若負責監管行政機關的廉政公署只向行政機關的首長負責，它的獨立性必成疑問。
→ 法律賦予廉政公署的權力太大，一些基本人權比如保持緘默的權利及新聞自由等已受侵犯，雖然此可打擊當時根深蒂固的嚴重貪污，但長久維持下去，則令人難以安心。
→ 隨着政制的逐步民主化，行政機關及行政長官如受更大的監察與制衡，也應間接加強對廉政公署的監察及制衡。
2.3 其他意見
→ 廉政公署的工作獨立而無須向其他人交代，等於給予行政機關一件隨時可用來壓制市民的工具。
→ 快要設立的行政事務申訴專員將專門處理有關政府部門行政方面偏差的投訴，或可將範圍擴展到涉及廉政公署的投訴事宜。
→ 廉政公署乃香港內部的組織，並不牽涉憲制或對外關

係，它的存在性、地位、權力及組織等事項應可由特別行政區政府決定，無須在基本法這關乎香港基本政策及憲制地位的文件內說明。

3. 建議
3.1 刪除
→ 刪除此條。
理由：同意一九九七年後特別行政區保留獨立的廉政及審計機構，但是有關事項屬特別行政區內部行政管理範圍，可由法律予以規定，無須寫進基本法。
3.2 修改
→ 「行政長官經香港特別行政區立法機關批准後可任命廉政公署署長或將其撤職。廉政公署署長和其轄下的審計署根據法律執行職責時，不受任何人或機關的指令或管制所限制。」
理由：廉政公署亦需受一定牽制。
→ 「香港特別行政區設立廉政公署，獨立工作，任何權勢不得干預，並對行政長官負責。」
→ 「行政長官經立法機關批准後可任命廉政公署署長。廉政公署獨立工作，不受任何人士或機構干涉。」
理由：可令廉政公署更獨立，及更自由地進行肅貪倡廉的工作。
→ 刪去「設立」二字，在「廉政公署」之後加上「將繼續其現時之任務」。
理由：廉政公署現已存在。由於現時已享有很大的權力，故應限制其職權為現時所履行的職責。
3.3 增加
→ 加上：「香港特別行政區設立廉政公署、行政申訴專員公署，以及其他合理而必要的專責公署，獨立工作，不受干預，對行政首長負責。」
→ 加上「廉政委員會」或「監察委員會」主管「廉政專員公署」。並將廉政專員公署的職權擴大至可直接調查「行政」、「司法」及其他一切工商業團體與社團。
3.4 其他建議
→ 不應寫在第四章。
理由：第四章陳述有關行政長官的法則，不應包括廉政公署。
→ 應把現時香港的廉政公署的積極運作和規定、清廉辦政的規定和對官員、公務員的要求等列入基本法內。
→ 規定將來的廉政公署只處理與貪污有關的事務。
→ 任何地區之人民或高級官員如觸犯貪污行賄事宜，及與香港特別行政區有關連者，均由本區之廉政公署調查引渡、審判和處理。而知法犯法者則加倍處分。
→ 「設立廉政公署」的規定與第七十九至九十五條（列明保持司法機關的架構及功能）的規定有矛盾。廉政公署現已成立，無須重新設立一個廉政公署或任何其他政府機關。

4. 待澄清問題
有哪些條文可以保證當一件貪污案件涉及一些中央人民政府或香港特別行政區政府的高級官員時，廉政公署仍然可獨立工作？

第八稿

「**第五十七條　香港特別行政區設立廉政公署，獨立工作，對行政長官負責。**」
〔1990 年 2 月 16 日《中華人民共和國香港特別行政區基本法（草案）》〕

① 1989 年 8 月 18 日第二次諮詢期政制專責小組第四次會議附件一

第五十七條
2. 意見

3. 建議
3.1 增加

→ 在「廉政公署」後加「及審計署」。
3.2 其他
→ 應寫明廉政公署的角色，以免日後會被利用為壓迫居民或外資機構的工具。

※

② 1989 年 9 月 1 日《第二次諮詢期政制專責小組第五次會議會議紀要》

8 第五十七條
8.1 有委員建議，廉政公署應向立法會負責。
8.2 有委員認為，廉政公署工作並非公開，其調查對象可〔涉〕及社會各界人士，加上現時對港督負責的效果亦佳，故宜保留原來做法。
8.3 有委員建議，行政長官在委任廉政專員前，應先得立法會批准。

※

③《基本法諮詢委員會政制專責小組對基本法（草案）第四章、附件一、附件二及附錄的意見匯編》，載於 1989 年 11 月基本法諮詢委員會《中華人民共和國香港特別行政區基本法（草案）諮詢報告第一冊》

【P96】
（編者按：本文同第八稿文件②，除下列內容外，均同前文。）
2. 對條文的討論
2.9 第五十七條
2.9.1 有委員認為，廉政公署是否仍應只對行政長官負責很值得商榷，因為這樣會令行政長官及廉政公署獲得很大的權力。

※

④ 1989 年 11 月基本法諮詢委員會《中華人民共和國香港特別行政區基本法（草案）諮詢報告第三冊── 條文總報告》

【P144-145】
（編者按：本文同第八稿文件①，除下列內容外，均同

前文。）
第五十七條
2. 意見
2.1 反面
→ 廉政公署應向立法會負責。
理由：否則會令行政長官權力過大。
2.2 其他
→ 廉政公署應向行政長官負責，但其規模應較現時為大。
→ 必須留意和防止廉政公署在現時和將來變為秘密警察的危險性，故有需要對有關條例作謹慎檢討。
→ 鑒於內地貪污官倒的情況存在，本港以權謀私及受賄者尚未根絕。為免兩者日後互相利用，嚴重影響社會公平，一九九七年後應加強廉政公署工作。

3. 建議
3.1 增加
→ 在「對行政長官負責」前加上「直接」。
→ 加上：「任何香港或來自中國之高級官員，均不能左右或干涉廉署任何人員之獨立工作」。香港於一九九七年前所有廉政公署條例，一律有效。
所有官員，尤其高級官員，或來自中國之官員，曾有直接或間接之貪污、行賄、倒賣、動用公款（飲宴在內）、假公濟私者，源於通令後七天內徹底自首，否則加倍處罰。所有以上罪犯，其全部財產，均予充公，並罰以同樣之罰款，及入獄十五年至三十年，此條例可追溯到一九七九年七月一日。
凡上項之接贓或運用該項財產者，除贓款充公外，亦可入獄十五至三十年。
3.2 其他
→ 應改為向立法會負責及報告，並有獨立員工招募系統。
→ 行政長官應獲得立法會批准才可任免廉政專員。

4. 待澄清問題
→ 此處所指之廉政公署被稱為獨立工作之機關，但並未說明是否現時之廉政公署之延續，還是另外新設立之機關，以致工作上的界定可能有分別。條文中應該列明。

第九稿
「第五十七條　香港特別行政區設立廉政公署，獨立工作，對行政長官負責。」
〔1990 年 4 月《中華人民共和國香港特別行政區基本法》〕

香港特別行政區設立審計署，獨立工作，對行政長官負責。

❀ 貳｜概念

1. 審計署的設立
2. 對行政長官負責

❀ 叁｜條文本身的演進和發展

第一稿

「**第五十五條** 香港特別行政區設立審計機構，獨立工作，向行政長官負責。」

〔1987年12月基本法起草委員會秘書處《香港特別行政區基本法（草案）》（匯編稿）〕

① 1987年9月2日《中華人民共和國香港特別行政區基本法起草委員會第五次全體會議委員們對基本法序言和第一、二、三、四、五、六、七、九章條文草稿的意見匯集》

【P33-34】
五、關於第四章　香港特別行政區的政治體制
（一）第一節　行政長官
12.有的委員提出，在本節增寫「審計機關」一條，包括審計機關獨立，不受行政干涉等內容，這樣，第五章有關內容可以省略。但有的委員認為，審計機關並非對行政長官負責，而是向立法機關負責的，到底寫在哪裡需考慮。

※

② 1987年9月8日《中華人民共和國香港特別行政區基本法起草委員會第五次全體會議意見匯編》（1987年9月22日政制專責小組第二次會議附件二）

【P4-5】
（編者按：本文同第一稿文件①，除下列內容外，均同前文。）
第四章　政制
一、關於第一節　行政長官
12.關於行政會議問題（第八至十二條）
關於審計機關問題，多數委員認為，審計機關應當相對獨立，建議專題小組研究草擬相應的條文。

※

③ 1987年10月《第四章　香港特別行政區的政治體制（討論稿）》（政治體制專題小組工作文件）

【P11】
第一節　行政長官
第五次全體大會分組討論
（編者按：內容同第一稿文件①）

※

④ 1987年11月11日《政制專責小組與政制組草委交流會（十一月十日）上諮詢委員對草委的建議》（1987年11月17日政制專責小組第七次會議附件一）

（編者按：原件中並無對應的條文草稿，故無法確認下文中「第一節第十五條」的內容，但從行文的意思可以判斷此意見是針對本條而發。）

1.對條文之意見
（1）第一節　行政長官
3）第十五條
有委員認為這條顯示審計署是獨立向行政長官負責的，但行政長官作為行政機關的一份子，是需向立法機關負責的，那麼審計署、行政長官與立法機關間的負責關係應是怎樣的呢？

※

⑤ 政制專責小組《對基本法第四章條文草稿（一九八七年十一月）的意見（一）》（1987年11月23日經執行委員會通過）

【P1】
對條文之意見
（1）第一節　行政長官
2.第十五條
（編者按：內容同上文）

※

⑥ 1987年12月基本法起草委員會秘書處《香港特別行政區基本法（草案）》（匯編稿）

【P26】
第五十五條
說明：有的委員建議，將本條改寫為「行政長官經香港特別行政區立法機關批准後可任命審計署署長或將其撤職。審計署署長和其轄下的審計署根據法律執行職責時，不受

任何人士或機關的指令或管制所限制」。

第二稿

「**第五十九條　香港特別行政區設立審計署，獨立工作，對行政長官負責。**」
〔1988 年 4 月基本法起草委員會秘書處《中華人民共和國香港特別行政區基本法（草案）草稿》〕

① 1987 年 12 月《中華人民共和國香港特別行政區基本法起草委員會第六次全體會議委員們對基本法第四、五、六、十章和條文草稿匯編的意見》

【P10】
9. 第五十四、五十五條
有的委員建議，將第五十四條和第五十五條單列一節，名為「其他機構」，並可考慮把其他獨立機構也寫入這節。有的委員則認為這兩條可保留不動。

10. 第五十五條
第一組多數委員認為，第五十五條後的說明可刪去。

※

②《各專題小組的部份委員對本小組所擬條文的意見和建議匯輯》，載於 1988 年 4 月基本法起草委員會秘書處《中華人民共和國香港特別行政區基本法（草案）草稿》

【P66-67】
第五十九條
（編者按：內容同第一稿文件⑥）

第三稿

「**第五十八條　香港特別行政區設立審計署，獨立工作，對行政長官負責。**」
〔1988 年 4 月基本法起草委員會《中華人民共和國香港特別行政區基本法（草案）徵求意見稿》〕

①《各專題小組的部份委員對本小組所擬條文的意見和建議匯輯》，載於 1988 年 4 月基本法起草委員會《中華人民共和國香港特別行政區基本法（草案）徵求意見稿》

【P56】
第五十八條
（編者按：內容同第一稿文件⑥）

第四稿

「**第五十八條　香港特別行政區設立審計署，獨立工作，對行政長官負責。**」
〔1989 年 2 月《中華人民共和國香港特別行政區基本法（草案）》〕

① 1988 年 6 月 6 日《政制專責小組（三）與草委交流會會議紀要》

8. 條文
8.6 第五十七條、五十八條
贊同匯輯中的意見：「……經立法機關批准……根據法律執行職責時，不受任何人士或機關的指令或管制所限制。」理由是該兩部門本身需受一定牽制。

※

② 1988 年 8 月基本法起草委員會秘書處《香港各界人士對〈香港特別行政區基本法（草案）徵求意見稿〉的意見匯集（一）》

【P26-27】
第五十七、五十八條
1. 贊同《意見和建議匯輯》中的條文。

2. 將「設立」改為「繼續保留」。

3. 在「獨立工作」前加「經立法機關批准」。

4. 第五十七條改為「香港特別行政區設立廉政公署，經立法機關批准，獨立工作，根據法律執行職責時，不受任何人士或機關的指令」。第五十八條按《意見和建議匯輯》的寫法。

※

③《基本法諮詢委員會政制專責小組對基本法（草案）徵求意見稿第四章的意見匯編》，載於 1988 年 10 月基本法諮詢委員會《中華人民共和國香港特別行政區基本法（草案）徵求意見稿諮詢報告（1）》

【P108-109】
有關條文討論
3.13 第五十七條及第五十八條
3.13.1 有委員贊同採用「各專題小組的部份委員對本小組所擬條文的意見和建議匯輯」中的寫法：「……經香港特別行政區立法機關批准……根據法律執行職責時，不受任何人士或機關的指令或管制所限制。」
其理由是該兩部門本身需受一定牽制。

※

④ 1988 年 10 月基本法諮詢委員會《中華人民共和國香港特別行政區基本法（草案）徵求意見稿諮詢報告第五冊——條文總報告》

【P255】
第五十八條
2. 意見
→ 審計委員會應先徵得立法會議的批准才可成立，並應

向立法會議負責而非向行政長官負責。
→ 此條設立審計署的規定與第七十九條至第九十五條保持司法機關的結構及功能的規定有矛盾。因為審計署現已存在，實無須重新設立審計或任何其他政府機關。
→ 可考慮給予審計署更大的職權。
→ 審計署為審核行政機關收支狀況的機關，審計署署長由行政長官任免但需經立法機關批准，以避免行政機關的干預。
→ 應規定審計署需每年向香港特別行政區立法會議提交工作年報。

3. 建議
3.1 刪除
→ 刪去此條。
理由：一九九七年後特別行政區應保留獨立的廉政及審計機構，但是該等事項屬特別行政區內部行政管理的範圍，可由法律予以規定，無須寫進基本法。

3.2 修改
→ 改為：「香港特別行政區行政長官經監察議會批准，可委派審計署署長或將其撤銷。」
→ 贊成匯輯中對第五十八條的意見，即改為：「行政長官經香港特別行政區立法會議批准後可任命審計署署長或將其撤職。審計署署長和其轄下的審計根據法律執行職責時，不受任何人士或機關的指令或管制所限制。」
理由：
⊙ 審計署也需受一定的牽制。
⊙ 修改後的條文令審計署有更高自主性，不受行政長官、行政機關成員或其他團體干預。

4. 待澄清問題
→ 審計署是什麼性質的機關？是否相等於現時的統計處？若然，何以地位較現時為高？對於其工作範圍、權力及責任等事項亦應說明。

第五稿

「第五十八條　香港特別行政區設立審計署，獨立工作，對行政長官負責。」
〔1990 年 2 月 16 日《中華人民共和國香港特別行政區基本法（草案）》〕

① 1989 年 8 月 18 日第二次諮詢期政制專責小組第四次會議附件一

第五十八條
2. 意見
2.1 反面
→ 審計署對行政長官負責是不恰當的，目前它其實是向作為立法局主席的港督負責，因此將來審計署仍應該向立法會負責。

3. 建議
3.1 修改
→ 本條應包括以下各項
（1）審計署長由行政長官任免，並需獲立法會同意；
（2）審計署不受任何人士或機關的指導或控制；
（3）審計署向立法會匯報；
（4）審計署的開支包括在每年財政預算內，由立法會審核、通過；
（5）為確保審計署長能獨立工作，不受行政機關過份影響，審計署長的薪酬不應由行政長官分別釐定，而應與同等地位官員（如高等法院法官）的薪酬掛鈎。
理由：
（1）以符合《中英聯合聲明》。
（2）為立法會提供適當的途徑審核，通過每年結算和審計署的報告。
（3）令過去做法得以延續：審計署長的報告，連同每年結算交由立法會審核、通過。
→ 改為：「香港特別行政區設立以審計署長為首的審計署。審計署長在行使權力和履行職務時不受指導或控制。審計署長由行政長官任命，並需獲立法會同意。審計署長如無力履行職務或行為不檢，可經立法會三分之二多數通過被免職。」（三分之二是引基本法草案第五十二條第二項和第七十八條第六項）
理由：要審計署長對行政長官負責，在一定程度上會削減目前核數署長在履行職務時所享有的獨立性，這便違背了《中英聯合聲明》的精神。
3.2 其他
→ 併入第五十七條。

※

② 1989 年 9 月 1 日《第二次諮詢期政制專責小組第五次會議會議紀要》

9 第五十八條
9.1 有委員認為，審計署長應向立法會主席負責，特別因為其工作是公開的。
9.2 有委員補充資料：現時的審計署長是向立法局主席負責的。

※

③《基本法諮詢委員會政制專責小組對基本法（草案）第四章、附件一、附件二及附錄的意見匯編》，載於 1989 年 11 月基本法諮詢委員會《中華人民共和國香港特別行政區基本法（草案）諮詢報告第一冊》

【P96】
2. 對條文的討論
2.10 第五十八條
2.10.1 有委員認為，審計署應向立法會主席負責，特別因為其工作是公開的。
2.10.2 有委員認為，規定審計署對行政長官負責是不恰當的，目前它其實是向作為立法局主席的港督負責，因此將來審計署仍應該向立法會負責。

※

④ 1989 年 11 月基本法諮詢委員會《中華人民共和國香港特別行政區基本法（草案）諮詢報告第三冊——條文總報告》

【P146】
第五十八條
（編者按：本文同第五稿文件①，除下列內容外，均同前文，惟前文第 3.1 點在本文改為第 3.2 點。）

3. 建議
3.1 刪除
→ 刪去此條。
3.2 修改
→ 改為：「香港特別行政區行政長官根據核數條例，提名並報請中央人民政府任命審計署署長，或將其撤職。審計署署長和其轄下的審計署根據法律執行職責時，不受任何人士或機關的指令或管制所限制。審計署署長向行政長官及立法會議負責。

3.3 其他
→ 應改為向立法會負責及報告，並有獨立員工招募系統。
→ 行政長官應獲得立法會批准才可任免審計署長。

4. 待澄清問題
→ 此處所指之審計署被稱為獨立工作之機關，但並未說明機關是否現時之審計署之延續，還是另外新設立獨立之機關，以致工作上的界定可能有分別。條文中應該列明。

第六稿

「第五十八條　香港特別行政區設立審計署，獨立工作，對行政長官負責。」
〔1990 年 4 月《中華人民共和國香港特別行政區基本法》〕

香港特別行政區政府是香港特別行政區行政機關。

❀ 貳│概念

1. 政府
2. 行政機關

❀ 叁│條文本身的演進和發展

第一稿

第四章　第二節

「第一條　香港特別行政區 ×× （名稱待定）是香港特別行政區行政機關。

香港特別行政區行政機關的首長是香港特別行政區行政長官。」

〔1987年8月22日《政治體制專題小組的工作報告》，載於《中華人民共和國香港特別行政區基本法起草委員會第五次全體會議文件匯編》〕

① 1986年2月基本法諮詢委員會《諮委會第一分組有關基本法結構討論小結》

一、基本法結構，根據與會者發言，大致上可以歸結為下列十二個部份：
5. 政制

※

② 1986年2月基本法諮詢委員會《第一批研討會總結》

一、基本法結構，根據與會者發言，大致上可以歸結為下列十二個部份：
5. 政制

※

③ 1986年2月基本法諮詢委員會《第二批研討會總結》

六、基本法結構初擬——
4. 政府的架構——首長的產生，調動軍隊的權力，行政、立法、司法、財政制度、公務員。

※

④ 1986年2月基本法諮詢委員會《第三批研討會總結》

4. 基本法的詳盡程度——
（2）政制：主要說明行政、立法、司法三權分立關係，三個機構如何產生及其權力範圍等問題；

※

⑤ 1986年2月基本法諮詢委員會《第四批研討會總結》

一、基本法的結構
3. 政制

四、政制方面
有些委員認為《中英聯合聲明》內談經濟部份太多，政制太少，所以基本法要側重寫政制部份，但如果寫得太詳細，則缺乏修改餘地，而太簡單，則又會說不清主要重點。個別委員建議在基本法內只闡述政制的大原則，而具體細節則以附件形式詳述。既可達到精簡原則，另一方面易於在港人手裡修改政制附件部份，而可能不須呈交中央通過。

※

⑥ 1986年2月基本法諮詢委員會《第五批研討會總結》

二、草擬基本法的幾點原則——
3. 基本法內的偏重面應考慮港人的關注性：
一些委員認為基本法應對港人所憂慮的問題，如中央與特別行政區的關係、香港政制問題等應詳加闡述。

五、對基本法結構的建議——
4. 政制：行政
　　　　　立法　　＞　三權分立，並寫出它的形成及運作。
　　　　　司法

※

⑦ 1986年4月22日《中華人民共和國香港特別行政區基本法結構（草案）》，載於《中華人民共和國香港特別行政區基本法起草委員會第二次全體會議文件匯編》

第四章　香港特別行政區的政治體制
第二節　行政機關
（一）行政機關的組織形式和組成人員的產生和任免

※

⑧ 1986 年 5 月 13 日《政制專責小組第三次會議總結（第四分組）》

2.將來行政、立法、司法三方面的分權和三者之間的關係
（1）將來行政權仍由行政機關繼續行使，保持原有的行政架構。至於有人擔心將來行政長官權力過大的問題，部份委員認為，只要定立一些制衡的制度，是可以防止的。例如行政長官在立法機關內受到三分之二或四分之三議員彈劾，將彈劾結果呈報中央，由中央自動罷免。

※

⑨ 1986 年 7 月 7 日《基本法諮詢委員會秘書處通訊 17》

【P2-3】
交流參觀團與內地起草委員會在 6 月 6 日分三組討論，第一組成員為邵天任、李後、許崇德、鄭偉榮、徐慶全、吳少鵬、張家敏及吳多泰。李後和邵天任分別就政制的原則性問題提了幾點意見：
（2）行政機關
……關於行政機關究竟是什麼形式的組織，是否像現有的行政局，則還沒有具體方案。

※

⑩ 1986 年 7 月 8 日《政制專責小組第五次會議紀要（第一分組）》

4.對於行政機關的討論：
4.1 有委員認為需要成立一個相類於現時行政局性質的行政機關，但委員對此問題仍未有一定結論。
4.2 大部份委員同意行政機關的職能不單包括對政策提出建議及諮詢，並可委任獨立的調查委員會去研究政府部門的事務，公共事業及處理對公眾利益有重大關係的問題，更有個別委員提出此等委員會應得到立法機關的同意。
4.3 大部份委員也表示為保持整個政治架構的平衡，立法機關也應被授予設立調查委員會或諮詢委員會的權力。
4.4 基本法條文中應表明行政機關可以在緊急情況下使用緊急權力。但緊急權力的使用只局限在某一特定時期內，如有需要繼續行使此種權力，便要得到立法機關的核准。

※

⑪ 1986 年 7 月 8 日《政制專責小組第五次會議紀要（第二分組）》

3.有關行政機關的模式，委員的意見可歸納如下：
3.1 有委員認為目前的行政局在運作上很有效率，因此建議將來的行政局應保持目前的形式，是個顧問性質的機關。成員由公務員擔任，因為這可保障行政機關的延續性和工作效率；另有委員認為這方式違反了《中英聯合聲明》，因為《中英聯合聲明》寫明了司級官員是由行政長官委任的，而這方式剝奪了行政長官的提名權；

3.2 有委員認為日後的行政機關應採內閣形式，成員由政治任命產生，以確保他們對自己的決策承擔政治責任；另有委員認為成員不應由政治任命產生，因為這會影響政府的穩定；
3.3 有委員認為行政局的成員應分別由公務員，和由政治任命產生的人士出任。

※

⑫《行政長官及行政機關》（1986 年 8 月 6 日政制分批研討會（第三批）討論文件三）

【P15】
3.行政機關
3.1 未來的行政機關性質類似現時的行政局。

※

⑬ 1986 年 8 月 6 日《政制分批研討會紀要（第三批）》

3.關於「行政機關及立法機關」：
本組委員一致認為「行政機關」一詞意義含糊，需要詳細加以解釋。有些委員認為行政機關可包括行政長官，其顧問機關及其他公職人員；另有意見認為，從功能的角度來解釋，行政機關就是重要的決策中心；從執行的角度來解釋，就是布政司以下的執行機構。委員提出，在整份初步報告中「行政機構」的意義混淆不清，實有澄清的必要。

※

⑭ 1986 年 8 月 18 日《未來香港特別行政區政府架構芻議》

【P1】
1.未來香港特別行政區政府的基本架構
基本架構植根於三個獨立的政府機關，我們相信三權分立是理想的制度，由於互相制衡而變得堅固。
我們還相信現行政制中的許多優點應盡量予以保留，理由是它們造就一個具有高度效率的政體，對香港有重大貢獻。我們提出一些改進的意見，目的在增加本地及國際人士的信心。
我們的另一指導原則是建議中的架構須與聯合聲明中有關政制規劃出的原則，完全相符。
因此，建議中的新政府架構需包括以下基本要素：
1.1 具高度效率的行政機關
我們覺得香港政府運作高度效率的特色必須維持。我們建議的行政機關，其行政長官的角色，在某些方面，與目前的港督相似，現行的公務員制度必須盡可能保持原狀，同時使它完全不受政治上的影響。

※

⑮ 1986 年 8 月 20 日《基本法結構專責小組初步報告》

（編者按：原件缺，不作推斷。）

※

⑯ 1986 年 11 月 8 日《香港特別行政區基本法起草委員會政治體制專題小組的工作報告》，載於《中

華人民共和國香港特別行政區基本法起草委員會第三次全體會議文件匯編》

【P35】
八、關於行政機關和主要官員
委員們認為可以考慮設立類似目前行政局的組織，作為協助行政長官進行決策的機構。

※

⑰ **一百九十人聯署《香港特別行政區政制方案的建議》，載於 1986 年 11 月 10 日基本法起草委員會秘書處《參閱資料—第 28 期》**

【P2】
2. 行政機關
2.1 行政機關的定義
行政機關成員包括：（a）行政長官；（b）由行政長官提名，經中央政府任命的主要官員（相當於「司」級官員）；（c）由行政長官委任的主要官員與社會人士所組成的行政局。

※

⑱ **1987 年 2 月基本法起草委員會秘書處《香港報刊有關〈基本法〉的言論摘錄》**

【P105-107】
行政機關：
四、行政長官與司級官員組成行政機關，負責特區的行政工作。
（李華明：《香港特別行政區政制模式》，《中報》一九八六年五月八日。）

有一些意見認為，「行政機關」的範疇是不包括「行政長官」的，「行政長官」是超然於「行政機關」之外的。於是根據這種邏輯，便引出如下的推論：《中英聯合聲明》雖然規定「行政機關」必須對立法機關負責，但超然於「行政機關」之外的「行政長官」，卻可以無須對立法機關負責，而只向委任他的中國中央負責。上述邏輯顯然是為了使中國中央委任的「行政長官」無須向立法機關負責製造「合理化」。
所謂「行政機關」的有機構成，無可置疑地應該包括「行政長官」、各「主要官員」（相當於「司級」官員）和其下的各級文官公務員。
（魯凡之：《有關行政機關的爭論》，《明報》一九八六年七月三十一日。）

※

⑲ **《Final Report on the Structure of Basic Law》（基本法結構專責小組最後報告，1987 年 3 月 14 日經執行委員會通過）**

【P24】
5. Chapter 4 "HKSAR political structure".
5.2 Section 2 "The executive authorities"
I. "The formation of the executive organization, and the selection, appointment and dismissal of the members".

※

⑳ **1987 年 6 月 10 日政制專責小組之行政機關與立法機關的關係工作組《行政機關與立法機關的關係討論文件》（1987 年 7 月 27 日政制專責小組第十三次會議第二次續會討論文件）**

【P1-2】
2.《中英聯合聲明》的有關規定及其引起的問題
2.3「行政機關」的定義：
2.3.1 目前情況
行政局現行的職權包括：
（1）就有關香港的各樣政策向港督提供意見。
（2）總督會同行政局對市民根據某些條例所賦予的法定權利而提出的上訴、請願及反對，作出裁決。
（3）所有重要法例在呈交立法局之前，均先由行政局考慮。
（4）行政局又負責制訂若干條例的附屬法例（規例）。
（5）行政局可就有關政策提出意見，倘需動用公帑，則必須獲得立法局財務委員會批准撥款才可實施。
2.3.2 將來情況（如無特別註明，本文對「行政機關」的理解採 2.3.2.3 的定義）
2.3.2.1「行政機關」乃指類似目前「行政局」性質的政府架構，其成員包括行政長官及其委任的成員。
2.3.2.2「行政機關」是指政府的行政部門。
2.3.2.3「行政機關」是指包括類似目前「行政局」組織在內的政府行政部門。

※

㉑ **1987 年 6 月 23 日《有關「行政機關與立法機關的關係」討論文件的書面意見》**

【P1】

段	意見	原因	委員
2.3.1	在「目前情況」後加上：「除布政司為首的政府部門外，另有港督主持的行政局，是為商討行政決策的最高架構。」	修正資料	謝志偉
2.3.1（2）	將「總督」改為「港督」	統一用語	謝志偉
2.3.1（4）	在「（規例）」後加上：「交立法局省覽，如無異議，自動生效。」	修正資料	謝志偉
2.3.2.1	（1）將第二句改為：「由行政長官及其委任的委員組成，包括官守及非官守成員在內。」	補充意見	謝志偉
	（2）將第二句的「委任」改為「提名」	修改意見	林邦莊
	（3）句子前應加「有意見認為」		郭元漢
2.3.2.2	句子前應加「另有意見認為」		郭元漢
2.3.2.3	句子前應加「亦有意見認為」		郭元漢

※

㉒ 1987 年 6 月 30 日《有關「行政機關與立法機關的關係」討論文件的書面意見》（1987 年 7 月 10 日政制專責小組第十三次會議續會討論文件）

【P1-2】

（編者按：本文同第一稿文件㉑，除下列內容外，均同前文。）

頁	段	意見	原因	委員
2	2.3.1（5）	將「功用」改為「動用」	打印錯誤	謝志偉 郭元漢

※

㉓ 政制專責小組《行政機關與立法機關的關係最後報告》（1987 年 8 月 8 日經執行委員會通過）

【P1-2】

（編者按：本文同第一稿文件⑳，除下列內容外，均同前文。）

2.《中英聯合聲明》的有關規定及其引起的問題
2.3 行政機關：
2.3.1 目前情況——除布政司為首的政府部門外，另有港督主持的行政局，是為商討行政決策的最高架構。
行政局現行的職權包括：
（4）行政局又負責制訂若干條例的附屬法例（規例），交立法局省覽，立法局議員可於二十八日省覽期內動議修改。
2.3.2.1 有意見認為「行政機關」乃指類似目前「行政局」性質的政府架構，由行政長官及其提名的成員組成，包括官守及非官守成員在內。

※

㉔ 1987 年 8 月 22 日《政治體制專題小組的工作報告》，載於《中華人民共和國香港特別行政區基本法起草委員會第五次全體會議文件匯編》

【P44】

第四章　香港特別行政區的政治體制（討論稿）
第二節　行政機關
第一條
說明：香港特別行政區行政機關的名稱，有的委員建議為「行政總署」；有些委員建議為「行政公署」；有的委員建議為「行政管理署」或「行政管理局」。
有些委員提出，行政機關應包括行政長官、行政會議和布政司署等具體的行政部門；有些委員認為，行政會議是行政長官的諮詢機構，不是行政機關的一部份；還有的委員認為，行政機關的首腦是布政司。

第二稿

第四章　第二節
「第一條　香港特別行政區××（名稱待定）是香港特別行政區行政機關。
香港特別行政區行政機關的首長是香港特別行政區行政長官。」
〔1987 年 9 月 8 日《第四章　香港特別行政區的政治體制（討論稿）》（1987 年 9 月 22 日政制專責小組第二次會議附件一）〕

① 1987 年 9 月 2 日《中華人民共和國香港特別行政區基本法起草委員會第五次全體會議委員們對基本法序言和第一、二、三、四、五、六、七、九章條文草稿的意見匯集》

【P34】

五、關於第四章　香港特別行政區的政治體制
（二）第二節　行政機關
1. 第一條
（1）有的委員提出，香港特別行政區行政機關的名稱可用「政府」一詞，國內也是這樣用的。有的委員認為，「政府」一詞在香港通常被理解為大政府的概念，政制專題小組目前暫按大政府的概念來草擬條文，究竟如何，還待以後研究確定。有些委員認為，確定特別行政區行政機關的名稱要聯繫特別行政區一系列行政機構、行政官員以及立法機關等的名稱一起考慮。有的委員建議，基本法在使用「政府」一詞時，應與我國現行憲法中「政府」的概念相一致，即僅指行政機關。有的委員則指出，《中英聯合聲明》中有幾處提到的「政府」是採用「大政府」的概念。委員們希望專題小組對此進一步研究。

（2）有的委員認為，香港特別行政區行政長官既是特別行政區的首長，又是特別行政區行政機關的首腦，應該是行政機關的一部份。

※

② 政制專責小組《對基本法第四章部份條文草稿（一九八七年八月）的意見》（1987 年 11 月 4 日經執行委員會通過）

（編者按：本文件雖然時間晚於本稿，但其內容是起草委員會對 1987 年 8 月 22 日政制專責小組擬訂的條文的意見匯編，故放在此處。）

【P1-3】

I. 整體意見
3. 有委員希望草委能清楚界定行政機關是否包括行政長官及行政會議。

II. 第二節
（1）第一條
1. 有委員認為應列明行政機關包括之範圍。其個人意見認為行政機關應包括行政長官、行政會議、主要官員及一般公務員。
2. 但有委員認為行政會議就已包括了行政長官及行政機關。

※

③ 1987 年 9 月 8 日《第四章　香港特別行政區的政治體制（討論稿）》（1987 年 9 月 22 日政制專責小組第二次會議附件一）

第二節　行政機關
第一條

（編者按：內容同第一稿文件㉔）

※

④ 1987 年 9 月 8 日《中華人民共和國香港特別行政區基本法起草委員會第五次全體會議意見匯編》（1987 年 9 月 22 日政制專責小組第二次會議附件二）

【P5】
第四章　政制

二、關於第二節　行政機關
1. 關於第一條
〔編者按：內容同第二稿文件①第（2）點〕

2. 對第一條
有的委員提出，香港特別行政區行政機關的名稱可用「政府」一詞，國內也是這樣用的。有的委員認為，「政府」一詞在香港通常被理解為大政府的概念，政制專題小組同意目前只是暫時按大政府的概念來草擬條文，但還待以後研究確定。有些委員認為，確定特別行政區行政機關的名稱要聯繫特別行政區一系列行政機構、行政官員以及立法機關等的名稱一起考慮。

第三稿

第四章　第二節
「第一條　香港特別行政區 ×× （名稱待定）是香港特別行政區行政機關。
香港特別行政區行政機關的首長是香港特別行政區行政長官。」
〔1987 年 10 月《第四章　香港特別行政區的政治體制（討論稿）》（政治體制專題小組工作文件）〕

① 1987 年 9 月 19 日政制專責小組《第一屆特區政府的產生專題研究討論稿（一）》（1987 年 10 月 6 日政制專責小組第四次會議附件一）

（編者按：詳細內容請參看本書下冊的專題研究《香港特別行政區第一屆政府和立法會產生辦法專題研究報告》）

※

② 1987 年 9 月 22 日李永達《對香港特別行政區政治體制意見》

8. 二節一條　行政機關是否包括行政長官／行政會議，未有列明，本人贊成包括這兩部份。

※

③ 1987 年 10 月 2 日《政制專責小組對第四章第二、三、五、六節部份條文意見》（1987 年 10 月 6 日政制專責小組第四次會議討論文件）

I. 第二節
（1）第一條
（編者按：內容同第二稿文件②第 II. 點）

※

④ 1987 年 10 月 13 日政制專責小組《第一屆特區政府的產生專題研究討論稿（二）》

（編者按：詳細內容請參看本書下冊的專題研究《香港特別行政區第一屆政府和立法會產生辦法專題研究報告》）

※

⑤ 1987 年 10 月 15 日政制專責小組《第一屆特區政府的產生專題研究討論稿（三）》（1987 年 10 月 20 日政制專責小組第五次會議續會討論文件）

（編者按：詳細內容請參看本書下冊的專題研究《香港特別行政區第一屆政府和立法會產生辦法專題研究報告》）

※

⑥ 1987 年 10 月 27 日政制專責小組《第一屆特區政府的產生專題研究報告（一）》（1987 年 11 月 3 日政制專責小組第六次會議審閱文件）

（編者按：詳細內容請參看本書下冊的專題研究《香港特別行政區第一屆政府和立法會產生辦法專題研究報告》）

※

⑦ 1987 年 10 月《第四章　香港特別行政區的政治體制（討論稿）》（政治體制專題小組工作文件）

【P12】
第二節　行政機關
第一條
（編者按：內容同第一稿文件㉔）

第五次全體大會分組討論：
（編者按：內容同第二稿文件①）

第四稿

「第五十六條　香港特別行政區 ××（名稱待定）是香港特別行政區行政機關。
香港特別行政區行政機關的首長是香港特別行政區行政長官。」
〔1987 年 12 月基本法起草委員會秘書處《香港特別行政區基本法（草案）》（匯編稿）〕

① 政制專責小組《第一屆特區政府的產生專題研究報告》（1987 年 11 月 4 日經執行委員會通過）

（編者按：詳細內容請參看本書下冊的專題研究《香港特別行政區第一屆政府和立法會產生辦法專題研究報告》）

② 香港民主政治促進會《香港特別行政區政制方案的建議（最後修訂稿）》，載於 1987 年 12 月基本法起草委員會秘書處《參閱資料——第 35 期》

【P1】
2. 行政機關
2.1 行政機關的定義
行政機關成員包括：（a）行政長官；（b）主要官員（相當於「司」級官員）；（c）行政局。

※

③ 1987 年 12 月基本法起草委員會秘書處《香港特別行政區基本法（草案）》（匯編稿）

【P27】
第五十六條
（編者按：內容同第一稿文件㉔說明，惟末段被刪除。）

第五稿

「第六十條　香港特別行政區政府是香港特別行政區行政機關。」
〔1988 年 4 月基本法起草委員會秘書處《中華人民共和國香港特別行政區基本法（草案）草稿》〕

① 1987 年 12 月《中華人民共和國香港特別行政區基本法起草委員會第六次全體會議委員們對基本法第四、五、六、十章和條文草稿匯編的意見》

【P10】
12. 第五十六條
有的委員提出，第七次全體會議公佈基本法（草案）草稿時，行政機關應統一用一個名稱，有的委員主張叫「政府」，第二組的委員們認為用「行政總署」較好。

※

② 1988 年 4 月 26 日《胡繩副主任委員關於總體工作小組的工作報告》，載於 1988 年 5 月《中華人民共和國香港特別行政區基本法起草委員會第七次全體會議文件匯編》

【P7】
（六）屬於「政治體制」章第二節「行政機關」的第六十條現在的條文是「香港特別行政區政府是香港特別行政區行政機關」。原來把行政機關「暫定名」為「行政總署」。總體工作小組經過討論研究後，感到把行政機關稱作行政總署或別的名稱，還不如稱為政府為好。這與《中英聯合聲明》中有關規定也是一致的。

※

③ 1988 年 4 月《總體工作小組所作的條文修改舉要》，載於 1988 年 5 月《中華人民共和國香港特別行政區基本法起草委員會第七次全體會議文件匯編》

【P17】
第六十條（政制小組最後草擬的原五十九條），將「行政總署（暫定名）」改為「政府」。

第六稿

「第五十九條　香港特別行政區政府是香港特別行政區行政機關。」
〔1988 年 4 月基本法起草委員會《中華人民共和國香港特別行政區基本法（草案）徵求意見稿》〕

第七稿

「第五十九條　香港特別行政區政府是香港特別行政區行政機關。」
〔1989 年 2 月《中華人民共和國香港特別行政區基本法（草案）》〕

① 1988 年 6 月 6 日《政制專責小組（三）與草委交流會會議紀要》

3. 行政機關
3.1 行政會議是否行政機關的一部份？
3.2 行政會議成員的任命應送呈中央同意，由於行政長官在進行決策時需諮詢行政會議成員之意見，故其重要性頗大，不宜只由行政長官任命。

※

② 1988 年 8 月 19 日基本法諮詢委員會秘書處參考資料（八）蕭蔚雲《設計香港未來政治體制的構思》

【P8】

四、行政機關的地位、組成和職權，立法機關的地位、產生和職權
什麼是行政機關？它的地位如何？基本法（草案）對此作了明確的規定。行政機關就是香港特別行政區政府，管理基本法規定的應當由它管理的各項行政事務。這樣，它的性質和法律地位就明確了。它還要對立法機關負責。

※

③《基本法諮詢委員會政制專責小組對基本法（草案）徵求意見稿第四章的意見匯編》，載於 1988 年 10 月基本法諮詢委員會《中華人民共和國香港特別行政區基本法（草案）徵求意見稿諮詢報告（1）》

【P99】
1. 整體意見

1.1 有委員指出，基本法為保證將來特別行政區的繁榮安定及政府享有高度自治的藍本；要達成上述兩個承諾，香港特別行政區政府必須是一個有權力的政府。政府享有越大的權力和自由，便越能有效地推行基本法內所規定的政策。

1.3 有委員認為，整份徵求意見稿對「政府」的定義，應該統一。假若第五十九條的定義成立，則第二章第十七條的「由國務院指令香港特別行政區政府在當地公佈或立法實施」必須修改。

1.5 有委員認為，徵求意見稿有關政治體制的第四章內，特別行政區「政府」與特別行政區「行政機關」二者常有混淆，以中文版尤甚；大政府與小政府間之概念亦不太清晰。

【P102】
2. 有關專題討論
2.2 行政機關
2.2.1 有委員認為，應界定行政會議是否行政機關的一部份。

【P109】
3. 有關條文討論
3.14 第五十九條
3.14.1 有委員認為，「政府」和「行政機關」的範疇不同，「政府」一般包括行政和立法，不能把政府等同行政機關。

　　　　　　　　　　　　※

④《香港特別行政區政治體制的一些整體問題》，載於 1988 年 10 月基本法諮詢委員會《中華人民共和國香港特別行政區基本法（草案）徵求意見稿諮詢報告（3）—— 專題報告》

【P17-18】
II 行政機關與立法機關的關係
2. 行政機關與立法機關的關係的幾個主要概念
2.3「行政機關」的定義
2.3.1 由於徵求意見稿的有關規定比《中英聯合聲明》更加詳細，關於行政機關的定義有以下的爭論：
（1）「行政機關」指府的行政部門。這是「小政府」的概念。
（2）「行政機關」除包括政府的行政部門外，也應包括行政長官。
（3）「行政機關」應指包括行政長官、類似目前「行政局」組織的「行政會議」和各政府行政部門。這是「大政府」的概念。
2.3.2 徵求意見稿對「行政機關」有如下的規定：
（1）第五十九條：「香港特別行政區政府是香港特別行政區行政機關。」

（2）第六十條：「香港特別行政區政府的首長是香港特別行政區行政長官。香港特別行政區政府設政務司、財政司、律政司和各局、處、署。香港特別行政區政府的組織由法律規定。」
（3）至於「行政會議」（即類似現時的「行政局」）則在第四章第一節「行政長官」中有所規定。
2.3.3 有意見認為，從以上幾方面的規定看來，「行政機關」是可以包括：
（1）行政長官（政府的首長）；
（2）行政會議（政府的首長的諮詢機構）；
（3）各行政部門（包括政務司、財政司、律政司和各局、處、署的主要官員）。
2.3.4 有意見認為，將「行政機關」界定為「大政府」會引起一些問題，例如：第四十八條第（二）項規定：行政長官「領導香港特別行政區政府」，那麼行政長官便變成領導自己；又若立法機關主席由行政長官兼任，行政機關向立法機關負責的關係便更混亂了。

　　　　　　　　　　　　※

⑤ 1988 年 10 月基本法諮詢委員會《中華人民共和國香港特別行政區基本法（草案）徵求意見稿諮詢報告第五冊 —— 條文總報告》

【P256-257】
第四章
第二節　整體意見
1. 意見
1.1 組成及產生
→ 第二節內應列明行政機關的產生方法及角色。
→ 第二節應包括四部份：行政長官、行政會議、主要官員及公務員系統。
2. 待澄清問題
→ 行政會議的組成和權力是怎樣的？
→ 本節有沒有明確界定行政會議的位置？
→ 行政會議是否行政機關的一部份？
→ 行政機關是否以行政長官為首，而其下設各司（政務司、財政司、律政司）及各局、處、署？若然，行政會議的地位如何？據第五十四條，特別行政區行政會議是「協助」行政長官決策的機關，換言之，它是否只是行政長官的「私人」秘書或智囊團？
→ 行政會議與行政長官的關係，應否依照目前的行政局與總督的關係形態？

第五十九條
2. 意見
→ 香港特別行政區政府不單是行政機關，也是立法機關及司法機關。
3. 建議
→ 刪除本條。

第八稿

「第五十九條　香港特別行政區政府是香港特別行政區行政機關。」
〔1990 年 2 月 16 日《中華人民共和國香港特別行政區基本法（草案）》〕

① 1989 年 11 月基本法諮詢委員會《中華人民共和國香港特別行政區基本法（草案）諮詢報告第三冊 —— 條文總報告》

【P149】

第五十九條
2. 意見
2.1 反面
→ 條文中的「香港特別行政區政府」並沒有包括行政長官和立法機關。

「第五十九條　香港特別行政區政府是香港特別行政區行政機關。」

〔1990 年 4 月《中華人民共和國香港特別行政區基本法》〕

香港特別行政區政府的首長是香港特別行政區行政長官。
香港特別行政區政府設政務司、財政司、律政司和各局、處、署。

1. 行政長官
2. 司、局、處、署的設立

第一稿 ▶

第四章　第二節
「第一條　香港特別行政區 XX（名稱待定）是香港特別行政區行政機關。
香港特別行政區行政機關的首長是香港特別行政區行政長官。」
〔1987 年 8 月 22 日《政治體制專題小組的工作報告》，載於《中華人民共和國香港特別行政區基本法起草委員會第五次全體會議文件匯編》〕

① 1986 年 2 月基本法諮詢委員會《諮委會第一分組有關基本法結構討論小結》

一、基本法結構，根據與會者發言，大致上可以歸結為下列十二個部份：
5. 政制

※

② 1986 年 2 月基本法諮詢委員會《第一批研討會總結》

一、基本法結構，根據與會者發言，大致上可以歸結為下列十二個部份：
5. 政制

※

③ 1986 年 2 月基本法諮詢委員會《第二批研討會總結》

六、基本法結構初擬——
4. 政府的架構——首長的產生，調動軍隊的權力，行政、立法、司法、財政制度、公務員。

※

④ 1986 年 2 月基本法諮詢委員會《第三批研討會總結》

4. 基本法的詳盡程度——

（2）政制：主要說明行政、立法、司法三權分立關係，三個機構如何產生及其權力範圍等問題；

※

⑤ 1986 年 2 月基本法諮詢委員會《第四批討論總結》

一、基本法的結構
3. 政制

四、政制方面
有些委員認為《中英聯合聲明》內談經濟部份太多，政制太少，所以基本法要側重寫政制部份，但如果寫得太詳細，則缺乏修改餘地，而太簡單，則又會說不清主要重點。個別委員建議在基本法內只闡述政制的大原則，而具體細節則以附件形式詳述。既可達到精簡原則，另一方面易於在港人手裡修改政制附件部份，而可能不須呈交中央通過。

※

⑥ 1986 年 2 月基本法諮詢委員會《第五批研討會總結》

二、草擬基本法的幾點原則——
3. 基本法內的偏重面應考慮港人的關注性：
一些委員認為基本法應對港人所憂慮的問題，如中央與特別行政區的關係，香港政制問題等應詳加闡述。

五、對基本法結構的建議——
4. 政制：行政
　　　　　立法　　　三權分立，並寫出它
　　　　　司法　　　的形成及運作。

⑦ 1986 年 4 月《香港各界人士對〈基本法〉結構等問題的意見匯集》（基本法起草委員會第二次會議參閱資料之一）

【P37】
15.行政局應包括行政長官和一些上層決策者，不須有非官守議員，行政局仍然是特別行政區政府日常行政的上層決策機構，但同時應對立法機關負責。

※

⑧ 1986 年 4 月 22 日《中華人民共和國香港特別行政區基本法結構（草案）》，載於《中華人民共和國香港特別行政區基本法起草委員會第二次全體會議文件匯編》

【P13】
第四章　香港特別行政區的政治體制
第二節　行政機關
（一）行政機關的組織形式和組成人員的產生和任免

※

⑨ 吳夢珍《對香港特別行政區政制模式的建議》，載於 1986 年 5 月 13 日《政制專責小組第三次會議總結（第二分組）》

（編者按：此文件乃依香港大學法學院圖書館的歸檔順序處理出處）

【P5-6】
行政機關的組成：
《中英聯合聲明》規定，香港特區政府的主要官員（即相當於司級官員）須由特區行政長官提名。
根據現時的政制，司級官員一向是執行政府政策的中心人物，負責領導政府各部門工作，扮演十分重要的功能。在未來政制中，必須維持司級官員的穩定性，不致因行政長官的轉變或政策的修改而引致大部份司級官員的更換。為保持部門首長的中立性及平穩性，最理想的方法是盡量委任高級公務員為司級官員，而相當於現時布政司的職位，更必須由文官出任。當然遇有公務員以外有識之士，適合充任司級職位者，可作例外處理。但原則上是由公務員當司級官員最為恰當。一方面因為文官制度一向被譽為有效率，普遍得到港人信心；另方面，高級公務員經過多年在政府部門工作，定能對政府運作及決策有相當經驗，所以是領導各部門工作的最佳人選。更重要一點是由公務員出任司級職位，可維持行政運作不受政治左右。
司級官員可列席立法機關的會議，向立法機關解釋及說明政府的政策，接受立法議員的質詢。
而未來行政局或稱行政議局的構成、職權基本上可與現時行政局相同。成員由行政長官委任。行政局職權乃輔助行政首長執行職務並草擬各種政策的議案。

※

⑩ 1986 年 5 月 13 日《政制專責小組第三次會議總結（第四分組）》

2.將來行政、立法、司法三方面的分權和三者之間的關係

（1）將來行政權仍由行政機關繼續行使，保持原有的行政架構。至於有人擔心將來行政長官權力過大的問題，部份委員認為，只要訂立一些制衡的制度，是可以防止的。例如行政長官在立法機關內受到三分之二或四分之三議員彈劾，將彈劾結果呈報中央，由中央自動罷免。

※

⑪ 1986 年 7 月 7 日《基本法諮詢委員會秘書處通訊 17》

【P2-3】
交流參觀團與內地起草委員會在 6 月 6 日分三組討論，第一組成員為邵天任、李後、許崇德、鄭偉榮、徐慶全、吳少鵬、張家敏和吳多泰。李後和邵天任分別就政制的原則性問題提了幾點意見：
（2）行政機關
……關於行政機關究竟是什麼形式的組織，是否像現有的行政局，則還沒有具體方案。

※

⑫ 1986 年 7 月 8 日政制專責小組第五次會議參考文件一

三方學會
一九九七年香港特別行政區第一屆行政局和立法局的結構示意圖（徐是雄）

行政局

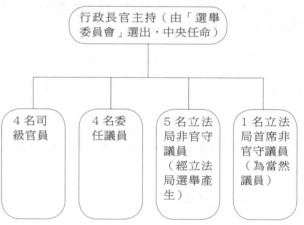

行政局除行政長官外，應包括四位司級官員（即布政司、財政司、律政司、保安司）。行政長官還可以委任 4 名人士〔可以是立法局議員（但必須是非官守議員），也可以是非立法局議員〕為議員。立法局可以通過選舉，選出 5 名立法局非官守議員進入行政局。立法局首席非官守議員為行政局當然議員。
行政局的主要官員（如行政長官、司級官員）不得和私營的商業、企業發生利益上的任何關係。必須將私人財務交代清楚，方可擔任以上職位。必須為香港公民（即不得拿外國護照）。

《一個「能夠不變就不變」的政制構想》（冼銘倫）
二、行政機關
目前的行政機關包括了港督、行政局及整個行政架構。這部份要變的範圍比較廣泛，也比較複雜。

《政制四模式與避免分化、對立的方案》（辛維思）
行政局決定政府政策

關於行政機關，筆者認為：香港特別行政區政府的最高行政決策機關可沿用「行政局」的名稱；成員沿稱「議員」，任期與立法局議員相同。行政長官為行政局主席。行政長官提名特區政府各部門的主要官員，報請中央人民政府任命；各部門的主要官員以及由行政長官委任的等數立法局議員組成行政局。

太平山學會
2. 行政機關的構成：
2.1 行政機關的主要官員（即相等於現時之司級官員）應透過選舉產生。在獲選後，這些主要官員得組成一個行政委員會，享有固定任期，並實行集體領導制。
2.5.2 行政委員會需選出主席一人，作為名譽之行政長官。此行政長官除了專責自己所屬之部門外，亦需負責召開和主持委員會之會議，對外行使禮節性和榮譽性之職務。

※

⑬ 1986 年 7 月 8 日《政制專責小組第五次會議紀要（第一分組）》

4. 對於行政機關的討論：
4.1 有委員認為需要成立一個相類於現時行政局性質的行政機關，但委員對此問題仍未有一定結論。
4.2 大部份委員同意行政機關的職能不單包括對政策提出建議及諮詢，並可委任獨立的調查委員會去研究政府部門的事務，公共事業及處理對公眾利益有重大關係的問題，更有個別委員提出此等委員會應得到立法機關的同意。
4.3 大部份委員也表示為保持整個政治架構的平衡，立法機關也應被授予設立調查委員會或諮詢委員會的權力。
4.4 基本法條文中應表明行政機關可以在緊急情況下使用緊急權力。但緊急權力的使用只局限在某一特定時期內，如有需要繼續行使此種權力，便要得到立法機關的核准。

5. 行政機關的組成人員應否包括非官守議員：
5.1 有委員認為特別行政區的行政機關應基本上由行政長官及主要官員組成，並加上其他途徑產生的非官守成員，例如各界專業人士，使到政府的決策過程更完備，可以聽取和考慮多方面意見，及提高政府在執行職務時的效率。
5.2 至於立法機關成員可否加入行政機關，主要有兩種見解。有委員認為立法機關成員出席行政機關的會議，有助監察行政機關的運作，避免權力被濫用。其他委員指出未來的特別行政區以三權分立為本，因此立法機關不應過份干預行政機關發揮其正常的行政功能。

※

⑭ 1986 年 7 月 8 日《政制專責小組第五次會議紀要（第二分組）》

3. 有關行政機關的模式，委員的意見可歸納如下：
3.1 有委員認為目前的行政局在運作上很有效率，因此建議將來的行政局應保持目前的形式，是個顧問性質的機關。成員由公務員擔任，因為這可保障行政機關的延續性和工作效率；另有委員認為這方式違反了《中英聯合聲明》，因為《中英聯合聲明》寫明了司級官員是由行政長官委任的，而這方式剝奪了行政長官的提名權；
3.2 有委員認為日後的行政機關應採內閣形式，成員由政治任命產生，以確保他們對自己的決策承擔政治責任；另有委員認為成員不應由政治任命產生，因為這會影響政府的穩定。
3.3 有委員認為行政局的成員應分別由公務員，和由政治

任命產生的人士出任。

※

⑮《行政長官及行政機關》（1986 年 8 月 6 日政制分批研討會（第三批）討論文件三）

【P15】
3. 行政機關
3.5 行政機關成員由行政長官、主要官守議員及其他專業人士組成。
3.6 行政長官可以委任立法機關成員入行政機關。
3.7 未來的行政局中是否有官守議員、非官守議員或委任議員都沒有關係，因為最後都是由行政長官負上所有責任。
3.11 行政機關採委員會制，即將立法局議員分組，列每一組負責監察一組政府部門的運作，而行政局有一部份為現職公務員，有一部份為立法局委員會主席，這樣就可以達到制衡作用。
3.12 行政機關以委員會的形式組成，作集體領導。所有委員都可以參與制定政策，而主席並沒有特別大的權力，他只是由中央政府形式上任命。這制度的好處是避免獨裁，或者選了無能者作委員，亦不會影響整個機關的運作。

※

⑯ 1986 年 8 月 6 日《政制分批研討會紀要（第三批）》

3. 關於「行政長官及行政機關」：
本組委員一致認為「行政機關」一詞意義含糊，需要詳細加以解釋。有些委員認為行政機關可包括行政長官、其顧問機關及其他公職人員；另有意見認為，從功能的角度來解釋，行政機關就是重要的決策中心；從執行的角度來解釋，就是布政司以下的執行機構。委員指出，在整份初步報告中「行政機構」的意義混淆不清，實有澄清的必要。

※

⑰ 1986 年 8 月 20 日《基本法結構專責小組初步報告》

（編者按：原文缺，不作推斷。）

※

⑱ 1986 年 10 月 29 日何鍾泰、唐一柱、曹宏威《未來香港特別行政區政制的建議（之三）》

2.6 行政機關的組成和職責
2.6.1 行政機關的成員共十七人，包括：行政長官（當然主席）；六位當然官守議員及十位委任議員。
2.6.2 六位當然官守議員包括：布政司、財政司、律政司、工商司及政務司。
2.6.3 十名委任議員由行政長官全權挑選，可以是官守議員，也可以是非官守議員，報請中央後任命。
2.6.5 任何立法機關成員不得同時兼任行政機關成員。

※

⑲《徐是雄委員的書面發言》，載於 1986 年 11 月 5 日《基本法諮詢委員會秘書處通訊 27》

行政局
（編者按：內容同第一稿文件⑫「三方學會」一項，除首句被刪除外，均同前文。）

※

⑳ 1986 年 11 月 8 日《香港特別行政區基本法起草委員會政治體制專題小組的工作報告》，載於《中華人民共和國香港特別行政區基本法起草委員會第三次全體會議文件匯編》

【P35】
八、關於行政機關和主要官員
委員們認為可以考慮設立類似目前行政局的組織，作為協助行政長官進行決策的機構。

※

㉑ 一百九十人聯署《香港特別行政區政制方案的建議》，載於 1986 年 11 月 10 日基本法起草委員會秘書處《參閱資料——第 28 期》

【P2】
2. 行政機關
2.1 行政機關的定義
行政機關成員包括：（a）行政長官；（b）由行政長官提名，經中央政府任命的主要官員（相當於「司」級官員）；（c）由行政長官委任的主要官員與社會人士所組成的行政局。

※

㉒ 1987 年 2 月基本法起草委員會秘書處《香港報刊有關〈基本法〉的言論摘錄》

【P105-107】
行政機關：
四、行政長官與司級官員組成行政機關，負責特區的行政工作。
（李華明：《香港特別行政區政制模式》，《中報》一九八六年五月八日。）

有一些意見認為，「行政機關」的範疇是不包括「行政長官」的，「行政長官」是超然於「行政機關」之外的。於是根據這種邏輯，便引出如下的推論：《中英聯合聲明》雖然規定「行政機關」必須對立法機關負責，但超然於「行政機關」之外的「行政長官」，卻可以無須對立法機關負責，而只向委任他的中國中央負責。上述邏輯顯然是為了使中國中央委任的「行政長官」無須向立法機關負責製造「合理化」。
所謂「行政機關」的有機構成，無可置疑地應該包括「行政長官」、各「主要官員」（相當於「司級」官員）和其下的各級文官公務員。
（魯凡之：《有關行政機關的爭論》，《明報》一九八六年七月三十一日。）

【P113】
行政機關的組成和職責；行政機關的成員共十七人，包括：行政長官（當然主席）；六位當然官守議員及十位委任議員。
（何鍾泰、曹宏威、唐一柱：《未來香港特別行政區政制的建議》，《明報》一九八六年八月二十五日至二十七日。）

※

㉓《Final Report on the Structure of Basic Law》（基本法結構專責小組最後報告，1987 年 3 月 14 日經執行委員會通過）

【P24】
5. Chapter 4 "HKSAR political structure".
5.2 Section 2 "The executive authorities"
I. "The formation of the executive organization, and the selection, appointment and dismissal of the members".

※

㉔ 1987 年 5 月 25 日政制專責小組之行政機關與行政長官的產生工作組《行政機關的組成與職權討論文件（一稿）》（1987 年 5 月 29 日政制專責小組之行政機關與行政長官的產生工作組第五次會議討論文件）

【P10-13】
5. 行政機關的組成：
5.1 現時行政機關的組成：
現時香港的行政機關指行政局。
香港的行政局是根據《英皇制誥》及《皇室訓令》而設立的，是港督在制定政策時的主要諮詢機構，現時香港行政局的組成如下：
港督乃行政局主席。
四位當然官守議員：布政司、英軍總司令、財政司及律政司。
二位委任官守議員。
八位委任非官守議員。
5.2《英皇制誥》及《皇室訓令》中有關行政局組成的條文
5.2.1《英皇制誥》中有關行政局的條文
V 本殖民地應設有一行政局，成員由英皇透過英皇指令委任，任期長短亦由英皇決定。總督可因充份理由暫停任何行政局議員的職權，待英皇表明決定為止，而總督需透過其中一位主要國務大臣即時通知英皇。如英皇透過其中一位主要國務大臣確認該停職決定，總督需立即加蓋公璽的正式文件撤銷該議員的任命，而該議員的議席即因此出現空缺。
5.2.2《皇室訓令》中有關行政局組成的條文
II 本殖民地的行政局成員必須包括：當時管理駐紮本地英軍的統領（下文統稱為英軍司令）履行布政司、律政司、民政司及財務司等職務的人員（下文統稱為當然官守議員）；英皇不時透過英皇指令委任的人員，或總督不時根據其中一位主要國務大臣的人員。此等委任人員在下文統稱為官守或非官守議員，前者接受任命時為政府官員，而後者則非為政府官員。
III 如任何行政局議員——當然官守議員除外——親筆簽署辭職或去世；或總督以加蓋公璽的委任狀宣告任何議員無資格執行其職權；或任何議員不在本殖民地；或任何議員需代當然官守議員之職；或任何議員遭停職；或任何議席因其他理由出現空缺，則總督可臨時憑加蓋公璽的委任狀任命任何公務員暫時為官守或非官守議員，或任何非公務員暫時為非官守議員，以填補基於上述情形出現的議員空缺。
如該臨時議員之任命遭英皇駁回；或其取代的議員已復職，或經總督宣告已重新執行其職權，或已返回殖民地，或已不再代當然官守議員之職，則該臨時議員須立即停任。
IV 總督需透過其中一位主要國務大臣，從速向英皇呈報該臨時任命。而該臨時議員的任期由英皇決定，總督亦可

以加蓋公璽的正式文件撤銷其任命。

VIII

（1）總督需在可行的情況下擔任行政局會議的主席。

（2）如港督缺席，則由以下人士擔任主席：

（a）總督指派的行政局議員；或

（b）如獲指派的議員缺席，則由出席的資深當然官守議員擔任；或

（c）如獲指派的議員缺席，又無資深當然官守議員出席，則由資深官守議員擔任。

（3）於理解上文第（2）點的（b）項及（c）項時，要注意下列各點：

（a）英軍司令不可作當局當然官守議員論；

（b）其餘當然官守議員資歷按本訓令第（11）條之排列次序而有深淺之分；

（c）當局官守議員按委任先後次序而分資歷深淺；若該等議員均由同一方式委任而有先後次序之分。

IX

（1）若除總督或主席外，出席行政局會議的議員少於四位，而其中一位議員反對討論某事項，則當局必不可討論該事項。休會討論事項不受此例所限。

（2）除非出現上述第（1）點情形，否則行政局不會因為某議員缺席而喪失討論某事項的資格；又若某人參與討論某事項，而其本無此資格，該討論仍作有效論。

（3）總督或主席可基於會議事務的需要，邀請任何人士出席行政局會議，儘管該人士並非當局議員。

5.3 聯合聲明中有關行政機關組成的條文：

聯合聲明沒有任何條文提及香港特別行政區行政機關的組成。

5.4 九七年後行政機關的組成：

就九七年後行政機關的組成，主要有兩種意見，以下分別介紹兩種意見及其贊成和反對的理由：

5.4.1 行政機關由行政長官及其委任的成員組成。

在這建議中，行政長官乃行政機關的主席，而由他委任的行政機關成員，可以是下列各類人士：

1）由行政長官提名，經中央政府任命的司級官員：如布政司、財政司或律政司等。

2）各界具代表性的人士：如在金融、公共事業及法律方面具專長的人。

3）立法機關成員

不同的意見：

贊成：

→ 保留現時行政局的大約架構，避免一下子引起重大轉變。

→ 行政機關成員由行政長官委任，可保證大家合作愉快，並能互相協調。

→ 行政長官根據社會的需要而委任適合人選作行政機關成員，可保證未來行政機關的組成是最能配合社會發展的需要。

→ 行政長官負責行政機關的最後決策，權力集中，可以增加行政效率。

→ 立法機關成員亦作行政機關成員，有助行政機關及立法機關互相溝通。

反對：

→ 所有決策權集於行政長官一人身上，容易產生獨裁統治。

→ 立法機關成員兼作行政機關成員，有違行政及立法互相制衡的原則。

5.4.2 立法機關成員互選產生行政機關，再由行政機關成員互選產生行政長官。

就這方式有兩種主要建議：

5.4.2.1 立法機關互選十位議員，組成行政機關，再由行政機關成員協商或互選產生行政長官，由中央人民政府任命。各人任期四年，與立法機關成員同時改選。

行政長官任行政機關主席，主持會議，在國防及外交事務方面，執行中央政府的決定，並就香港的安定繁榮及

基本法的執行向中央負責。

就香港特區範圍內的事務，行政機關實行集體領導。（陳弘毅，1/86。）

5.4.2.2 行政機關成員透過選舉產生，組成行政機關（行政委員會），再由成員互選產生行政長官。

行政機關成員候選人有兩類：一是由立法機關中代表功能界別的成員提名的；二是立法機關中由比例直選界別產生的成員提名的。所有候選人都必須是現任立法機關成員或競選連任的行政機關成員。

選舉由全體立法機關成員進行，選出的行政機關席位中不少於 1/3 應來自功能界別成員的提名，又不少於 1/3 來自比例直選界別成員的提名。

行政機關行集體領導制，各成員分掌不同專責部門，地位平等，凡重要事務，均需集體議決，以少數服從多數處理分歧。

行政長官除掌理所屬部門外，亦負責召開和主持行政機關之會議，並對外行使禮節性和榮譽性之職務。（太平山學會，4/86。）

不同的意見：

贊成：

→ 行政機關採集體領導制，所有事項均由成員集體討論及決定，減少權力濫用的機會。

→ 行政機關採取集體領導制，可避免以一位最高行政長官作權力中心所可能產生的極權或處事昏庸的情況。因為即使行政機關內有一、兩位能力低的職員，成員仍可透過集體討論負責的方式，使壞影響減至最低。

→ 集體領導適合香港多元化的資本主義社會，因為這制度確保不同的勢力能均衡參與，使權力分配合理而平均，有利於建立一個有高度共識的政治體系和文化。

→ 行政機關行集體領導制，可以培養夥伴協作精神，避免因爭取最高領導權而帶來磨擦及鬥爭，這種形式有利於容納及培養政治人才，若行政大權落於一行政首長身上，其他有才幹但不同政見的人會被排擠於外，甚至形成反對派。

→ 立法機關成員互選組成行政機關，可保證兩者能充份協調及合作愉快，可同時加強立法及行政機關的工作效率。

→ 立法機關成員互選產生行政機關，可保證被選出者都為大多數立法機關成員所支持，從而增加行政機關的威信。

反對：

→ 集體領導制導致行政機關權力分散，行動遲緩。

→ 行政機關由立法機關成員組成，會造成行政機關被立法機關控制的情形，有違三權分立，互相制衡的原則。

→ 集體領導制中決策人的角色不明確，會引致成員之間出現互相依賴及推諉的毛病，減低工作效率。

※

㉕ 1987 年 6 月 2 日政制專責小組之行政長官的產生與行政機關工作組《行政機關的組成與職權討論文件（二稿）》（1987 年 6 月 8 日政制專責小組之行政長官的產生與行政機關工作組第六次會議討論文件）

【P9-12】

5.行政機關的組成：

（編者按：內容同上文）

※

㉖ 1987 年 6 月 11 日政制專責小組之行政長官的產生與行政機關工作組《行政機關的組成與職權討論文件（三稿）》（1987 年 7 月 10 日政制專責小

（組第十三次會議續會討論文件）

【P11-14】
（編者按：本文同第一稿文件㉔，除下列內容外，均同前文。）
6. 行政機關的組成：
6.1 現時行政機關的組成：
現時香港對「行政機關」一詞沒有明確的界定，行政決策由港督會同行政局作出，具體執行就由司級官員及其領導下的機關負責。
香港的行政局是根據《英皇制誥》及《皇室訓令》而設立的，是港督在制定政策時的主要諮詢機構。現時香港行政局的組成如下：
十位委任非官守議員。（1987 年開始）
6.4 九七年後行政機關的組成：
定義可有三種：
1）「行政機關」乃指類似目前「行政局」性質的政府架構，其成員包括行政長官及其委任的成員。
2）「行政機關」是指政府的行政部門。
3）「行政機關」是指包括類似目前「行政局」組織在內的政府行政部門。
6.4.1 行政機關由行政長官及其委任的成員組成。
6.4.1.1 行政機關由行政長官領導，成員通過委任組成，可包括下列各類人士。
1）由行政長官提名，經中央政府任命的司級官員：如布政司、財政司或律政司等。
2）各界具代表性的人士：如在金融、公共事業及法律方面具專長的人。
3）立法機關成員。
6.4.1.2 行政機關由行政長官領導，成員由行政長官提名組成，包括下列人士：
1）當然司級官員：包括布政司、財政司、律政司等。
2）其他司級官員：如保安司、政務司等（其政策範圍無諮詢委員會者）。
3）主要政策諮詢委員會主席（如交通諮詢委員會、社會服務諮詢委員會）。
4）其他具代表性工商或專業人士。
6.4.1.3 行政機關由行政長官及主要官員組成。而類似今日行政局的機構可由行政長官顧問委員會取代。其職能也大致與現時的行政局相同，由於它主要負起行政長官的施政決策的顧問工作，而不負責掌管行政工作，故其成員不須由中央任命。
反對：
→ 界定太狹窄。
6.4.2 立法機關成員互選產生行政機關，再由行政機關成員互選產生行政長官。
就這方式有兩種主要建議：
6.4.2.2
反對：
→ 在這建議中，行政機關成員分掌不同部門，若此部門指現時司級官員負責的部門，即將來的行政機關成員具現時司級官員的角色，故由行政機關成員互選產生行政長官，則有違聯合聲明提及司級官員由行政長官提名，由中央任命之說。
6.4.3 行政機關可由上述 5.4.1 及 5.4.2 建議的機構加上公務員體系組成，以把公務員納於三權分立原則下之行政體系之內。在這建議下，決策機構仍可照 5.4.1 或 5.4.2 產生。

※

㉗ 1987 年 6 月 22 日郭元漢《「行政機關的組成與職權」討論文件修訂意見》

【P2】

頁數	段數	修訂內容
13	6.4.1	贊成理由「立法機關成員亦作……」及反對理由「立法機關成員兼作……」並不成立因提議 6.4.1.3 並沒有提到行政機關成員必須包括立法機關成員。

※

㉘ 1987 年 6 月 30 日《「行政機關的組成與職權」討論文件修訂意見（總表）》（1987 年 7 月 10 日政制專責小組第十三次會議續會討論文件）

【P2】

頁	點	修訂內容	委員
13	6.4.1	（編者按：內容同上文）	郭元漢

※

㉙ 政制專責小組《行政機關的組成與職權最後報告》（1987 年 8 月 8 日經執行委員會通過）

6. 行政機關的組成：
（編者按：內容同第一稿文件㉖）

※

㉚ 1987 年 8 月 22 日《政治體制專題小組的工作報告》，載於《中華人民共和國香港特別行政區基本法起草委員會第五次全體會議文件匯編》

【P44】
第四章　香港特別行政區的政治體制（討論稿）
第二節　行政機關
第一條
說明：香港特別行政區行政機關的名稱，有的委員建議為「行政總署」；有些委員建議為「行政公署」；有的委員建議為「行政管理署」或「行政管理局」。
有些委員提出，行政機關應包括行政長官、行政會議和布政司署等具體的行政部門；有些委員認為，行政會議是行政長官的諮詢機構，不是行政機關的一部份；還有的委員認為，行政機關的首腦是布政司。

第二稿

第四章　第二節
「第一條　香港特別行政區 xx（名稱待定）是香港特別行政區行政機關。
香港特別行政區行政機關的首長是香港特別行政區行政長官。」

① 1987 年 9 月 2 日《中華人民共和國香港特別行政區基本法起草委員會第五次全體會議委員們對基本法序言和第一、二、三、四、五、六、七、九章條文草稿的意見匯集》

【P34】
（二）第二節　行政機關
1. 第一條
（1）有的委員提出，香港特別行政區行政機關的名稱可用「政府」一詞，國內也是這樣用的。有的委員認為，「政府」一詞在香港通常被理解為大政府的概念，政制專題小組目前暫按大政府的概念來草擬條文，究竟如何，還待以後研究確定。有些委員認為，確定特別行政區行政機關的名稱要聯繫特別行政區一系列行政機構、行政官員以及立法機關等的名稱一起考慮。有的委員建議，基本法在使用「政府」一詞時，應與我國現行憲法中「政府」的概念相一致，即僅指行政機關。有的委員則指出，《中英聯合聲明》中有幾處提到的「政府」是採用「大政府」的概念。委員們希望專題小組對此進一步研究。

（2）有的委員認為，香港特別行政區行政長官既是特別行政區的首長，又是特別行政區行政機關的首腦，應該是行政機關的一部份。

※

② 政制專責小組《對基本法第四章部份條文草稿（一九八七年八月）的意見》（1987 年 11 月 4 日經執行委員會通過）

（編者按：本文件雖然時間晚於本稿，但其內容是起草委員會對 1987 年 8 月 22 日政制專責小組擬訂的條文的意見匯編，故放在此處。）

I. 整體意見
3. 有委員希望草委能清楚界定行政機關是否包括行政長官及行政會議。

II. 第二節

（1）第一條
1. 有委員認為應列明行政機關包括之範圍。其個人意見認為行政機關應包括行政長官、行政會議、主要官員及一般公務員。
2. 但有委員認為行政會議就已包括了行政長官及行政機關。

※

③ 1987 年 9 月 8 日《第四章　香港特別行政區的政治體制（討論稿）》（1987 年 9 月 22 日政制專責小組第二次會議附件一）

第二節　行政機關
第一條
（編者按：內容同第一稿文件㉚）

※

④ 1987 年 9 月 8 日《中華人民共和國香港特別行政區基本法起草委員會第五次全體會議意見匯編》（1987 年 9 月 22 日政制專責小組第二次會議附件二）

【P5】
第四章　政制
二、關於第二節　行政機關
1. 關於第一條
〔編者按：內容同第二稿文件①第（2）點〕

2. 對第一條
有的委員提出，香港特別行政區行政機關的名稱可用「政府」一詞，國內也是這樣用的。有的委員認為，「政府」一詞在香港通常被理解為大政府的概念，政制專題小組同意目前只是暫時按大政府的概念來草擬條文，但還待以後研究確定。有些委員認為，確定特別行政區行政機關的名稱要聯繫特別行政區一系列行政機構、行政官員，以及立法機關等的名稱一起考慮。

第三稿

第四章　第二節
「第一條　香港特別行政區 xx（名稱待定）是香港特別行政區行政機關。香港特別行政區行政機關的首長是香港特別行政區行政長官。」
〔1987 年 10 月《第四章　香港特別行政區的政治體制（討論稿）》（政治體制專題小組工作文件）〕

① 1987 年 9 月 19 日政制專責小組《第一屆特區政府的產生專題研究討論稿（一）》（1987 年 10 月 6 日政制專責小組第四次會議附件一）

（編者按：詳細內容請參看本書下冊的專題研究《香港特別行政區第一屆政府和立法會產生辦法專題研究報告》）

※

② 1987 年 9 月 22 日李永達《對香港特別行政區政治體制意見》

8. 二節一條　行政機關是否包括行政長官 / 行政會議，未有列明，本人贊成包括這兩部份。

※

③ 1987 年 10 月 2 日《政制專責小組對第四章第二、三、五、六節部份條文意見》（1987 年 10 月 6 日政制專責小組第四次會議討論文件）

I.第二節
（1）第一條
（編者按：內容同第二稿文件②第 II 點）

※

④ 1987 年 10 月 13 日政制專責小組《第一屆特區政府的產生專題研究討論稿（二）》

（編者按：詳細內容請參看本書下冊的專題研究《香港特別行政區第一屆政府和立法會產生辦法專題研究報告》）

※

⑤ 1987 年 10 月 15 日政制專責小組《第一屆特區政府的產生專題研究討論稿（三）》（1987 年 10 月 20 日政制專責小組第五次會議續會討論文件）

（編者按：詳細內容請參看本書下冊的專題研究《香港特別行政區第一屆政府和立法會產生辦法專題研究報告》）

※

⑥ 1987 年 10 月 27 日政制專責小組《第一屆特區政府的產生專題研究報告（一）》（1987 年 11 月 3 日政制專責小組第六次會議審閱文件）

（編者按：詳細內容請參看本書下冊的專題研究《香港特別行政區第一屆政府和立法會產生辦法專題研究報告》）

※

⑦ 1987 年 10 月《第四章　香港特別行政區的政治體制（討論稿）》（政治體制專題小組工作文件）

【P12】
第二節　行政機關
第一條
（編者按：內容同第一稿文件㉚）

第五次全體大會分組討論：
（編者按：內容同第二稿文件①）

第四稿

「第五十六條　香港特別行政區 xx（名稱待定）是香港特別行政區行政機關。
香港特別行政區行政機關的首長是香港特別行政區行政長官。
第五十八條　香港特別行政區行政機關的組成如下：
行政長官，
各廳廳長，
各司司長，
其他相當於司級的官員。
香港特別行政區行政機關的組織由法律規定。」
〔1987 年 12 月基本法起草委員會秘書處《香港特別行政區基本法（草案）》（匯編稿）〕

① 政制專責小組《第一屆特區政府的產生專題研究報告》（1987 年 11 月 4 日經執行委員會通過）

（編者按：詳細內容請參看本書下冊的專題研究《香港特別行政區第一屆政府和立法會產生辦法專題研究報告》）

※

② 1987 年 11 月 11 日《政制專責小組與政制組草委交流會（十一月十日）上諮詢委員對草委的建議》（1987 年 11 月 17 日政制專責小組第七次會議附件一）

（編者按：原件中並無對應的條文草稿，故無法確認下文中「第二節第三條」的內容，但從行文的意思可以判斷此意見是針對本條而發。）

I.對條文之意見
（2）第二節　行政機關
1.第三條
有委員認為「廳長」、「司長」等字眼太近似國內用語，恐怕會引起港人擔憂是一種與國內掛鈎的現象，甚至會變成一國一制。

③ 政制專責小組《對基本法第四章條文草稿（一九八七年十一月）的意見（一）》（1987 年 11 月 23 日經執行委員會通過）

【P1】
對條文之意見
（2）第二節　行政機關
1.第三條
有委員認為「廳」、「廳長」等字眼太近似國內用語，恐怕會引起港人擔憂是一種與國內掛鈎的現象，甚至會變成一國一制。

※

④ 香港民主政治促進會《香港特別行政區政制方案的建議（最後修訂稿）》，載於 1987 年 12 月基本法起草委員會秘書處《參閱資料——第 35 期》

【P1】
2.行政機關
2.1 行政機關的定義
行政機關成員包括：（a）行政長官；（b）主要官員（相當於「司」級官員）；（c）行政局。

【P4】

2.5 行政局
2.5.1 行政局組織
Ⅰ）行政長官（主席）；
Ⅱ）布政司、財政司和律政司；
Ⅲ）由行政長官委任的立法機關議員；
Ⅳ）由行政長官委任的主要政策科官員。

※

⑤ 1987 年 12 月基本法起草委員會秘書處《香港特別行政區基本法（草案）》（匯編稿）

【P27-28】
第五十六條
說明：香港特別行政區行政機關的名稱，有些委員建議為

「政府」；有的委員建議為「行政總署」；有些委員建議為「行政公署」；有的委員建議為「行政管理署」或「行政管理局」。

第五十八條
說明：香港特別行政區行政機關屬下各部門的機構設置由法律規定，各行政部門首長，即目前布政司屬下的各部門首長，依其主管工作性質和規模，分別稱局長（如：警察局長、外事局長等）、處長（如：海事處長、人民入境事務處長等）、署長（如：註冊總署署長、庫務署長等）。銓敘司可考慮改為人事司長。
有的委員建議，本條改寫為：「行政機關成員包括：（1）行政長官；（2）由行政長官提名，經中央政府任命的主要官員（相當於『司』級官員）；（3）由行政長官和他委任的主要官員所組成的行政局。」
有些委員對「廳長」的名稱有保留。

第五稿

「**第六十一條** 香港特別行政區政府的首長是香港特別行政區行政長官。
行政長官下設政務司、財政司、律政司和各局、處、署。
香港特別行政區政府的組織由法律規定。」
〔1988 年 4 月基本法起草委員會秘書處《中華人民共和國香港特別行政區基本法（草案）草稿》〕

① 1987 年 12 月《中華人民共和國香港特別行政區基本法起草委員會第六次全體會議委員們對基本法第四、五、六、十章和條文草稿匯編的意見》

【P10-11】
12. 第五十六條
有的委員提出，第七次全體會議公佈基本法（草案）草稿時，行政機關應統一用一個名稱，有的委員主張叫「政府」，第二組的委員們認為用「行政總署」較好。

14. 第五十八條
（1）有些委員認為，本條中「其他相當於司級的官員」一項範圍太廣，建議去掉。
（2）有些委員認為，本條的最後一款不合適，以後香港任何政府機構的變動都要由立法機關修改法律似不妥當。
（3）有的委員提出，現行香港行政機構的設置和組織不是由法律所規定的，建議將本條最後一句「由法律規定」改為「由行政長官規定」。有的委員則認為，雖然香港現在的情況是這樣，但將來特別行政區行政機構的設置還是應該由法律規定，這個問題可再研究。
（4）有的委員認為，本條整個可刪去，政府的組成不必在基本法中規定。

※

② 1988 年 4 月《總體工作小組所作的條文修改舉要》，載於 1988 年 5 月《中華人民共和國香港特別行政區基本法起草委員會第七次全體會議文件匯編》

【P17】
第六十一條，原為上一條的一部份，現單獨成一條，並把文字調整如下：
香港特別行政區政府的首長是香港特別行政區行政長官。
行政長官下設政務司、財政司、律政司和各局、處、署。
香港特別行政區政府的組織由法律規定。

※

③《各專題小組的部份委員對本小組所擬條文的意見和建議匯輯》，載於 1988 年 4 月基本法起草委員會秘書處《中華人民共和國香港特別行政區基本法（草案）草稿》

【P67】
第六十一條
（編者按：內容同第四稿文件⑤第五十八條，除首段及末段被刪除外，均同前文。）

第六稿

「**第六十條** 香港特別行政區政府的首長是香港特別行政區行政長官。
香港特別行政區政府設政務司、財政司、律政司和各局、處、署。
香港特別行政區政府的組織由法律規定。」
〔1988 年 4 月基本法起草委員會《中華人民共和國香港特別行政區基本法（草案）徵求意見稿》〕

①《各專題小組的部份委員對本小組所擬條文的意見和建議匯輯》，載於 1988 年 4 月基本法起草委員會《中華人民共和國香港特別行政區基本法（草案）徵求意見稿》

【P56】
第六十條
（編者按：內容同第五稿文件③）

「**第六十條　香港特別行政區政府的首長是香港特別行政區行政長官。**
香港特別行政區政府設政務司、財政司、律政司和各局、處、署。」
〔1989年2月《中華人民共和國香港特別行政區基本法（草案）》〕

① **1988年8月基本法起草委員會秘書處《香港各界人士對〈香港特別行政區基本法（草案）〉徵求意見稿的意見匯集（一）》**

【P27】
第六十條
贊成《意見和建議匯輯》中的方案。

※

② **1988年8月19日基本法諮詢委員會秘書處參考資料（八）蕭蔚雲《設計香港未來政治體制的構思》**

【P8】
四、行政機關的地位、組成和職權，立法機關的地位、產生和職權
香港特別行政區政府如何組成？應當設立哪些機構？基本法（草案）徵求意見稿對此也作了規定。第六十條規定行政長官是香港特別行政區政府的首長，政府中設政務司、財政司、律政司和局、處、署。這就是香港特別行政區政府的組成。為了香港的繁榮、穩定以及平穩過渡，盡可能保持類似現在以布政司為首的香港行政機關體制。不同於現在的情況是行政長官兼政府首長，布政司改名為政務司，因為布政司是清朝時候的官職名稱，辛亥革命以後就不用了；由於保留了三個大司的「司」的名稱，並區別三個大司與其他的現在的「司」的不同地位，第六十條將現在其他的「司」改稱為「局」，「局」的地位還是和現在的「司」以及聯合聲明中的「司級」相同。從香港的現實出發，基本法（草案）徵求意見稿還規定「原由行政機關設立諮詢組織的制度繼續保留」。

※

③ **《基本法諮詢委員會政制專責小組對基本法（草案）徵求意見稿第四章的意見匯編》，載於1988年10月基本法諮詢委員會《中華人民共和國香港特別行政區基本法（草案）徵求意見稿諮詢報告（1）》**

【P102】
2. 有關專題討論
2.2 行政機關
2.2.1 有委員認為，應界定行政會議是否行政機關的一部份。

【P109】
3. 有關條文討論
3.14 第五十九條
3.14.1 有委員認為，「政府」和「行政機關」的範疇不同，「政府」一般包括行政和立法，不能把政府等同行政機關。

※

④ **1988年10月基本法諮詢委員會《中華人民共和國香港特別行政區基本法（草案）徵求意見稿諮詢報告第五冊──條文總報告》**

【P256-259】
第四章
第二節　整體意見
1. 意見
1.1 組成及產生
→ 行政機關主席由行政長官兼任。
→ 行政機關由行政長官及所有司級官員組成。
→ 行政機關由行政長官以委任方式產生，行政會議由主要官員與社會人士組成。行政機關要向立法機關負責。主要官員以下的公務員負責執行政策，但不能參與政策制定。
→ 立法機關成員不應出任行政機關成員。
→ 司級以外的行政官員應尊重各部門的專才，聘請專責人士擔任。
→ 司級官員應以普選（一人一票）產生。
理由：這樣才能領導各部門作最合理、最合民意的決定。
→ 第二節內應列明行政機關的產生方法及角色。
→ 第二節應包括四部份：行政長官、行政會議、主要官員及公務員系統。
1.2 權責
→ 行政機關成員應有彈劾行政長官和辯論的自由，以達致對政府的監察作用。
→ 假若選舉制度能保證行政長官是一個受社會信賴並熟悉特別行政區事務的領袖，而他亦為政府有關事務負最後的責任，實無須在制度上受行政會議成員強力的制衡約束。
2. 待澄清問題
→ 行政機關是否以行政長官為首，而其下設各司（政務司、財政司、律政司）及各局、處、署？若然，行政會議的地位如何？據第五十四條，特別行政區行政會議是「協助」行政長官決策的機關，換言之，它是否只是行政長官的「私人」秘書或智囊團？
→ 行政會議與行政長官的關係，應否依照目前的行政局與總督的關係形態？

第六十條
2. 意見
→ 特別行政區政府的行政組織架構應可保留一定的彈性，無須作硬性規定。
→ 政府的架構應由法律規定，但值得留意的是政府的架構應該具彈性而且可以不斷調整，以配合因社會改變而產生的需要。
→ 不應在基本法內定下太繁瑣的規定。行政長官及政府機關應有足夠的自由去決定設立那些部門、局及處等。在某些情況下，可能無須同時設立一個獨立的行政部門及獨立的財政部門，一個部門可能也行。行政長官必定不能受到如此掣肘。
→ 「法律」二字應指由行政長官所提出並由特別行政區立法會議通過的「法律」，而不是特別行政區基本法。在第一屆特別行政區政府產生前，先通過一個香港政府組織的法例，然後在特別行政區立法會議組成後，才修正這個法例，使它適合特別行政區的需要。這會影響將來特別行政區的運作及涉及「順利過渡」的問題。
→ 應擴充此條文的內容，容許特別行政區設立一些如第五十七及五十八條所列，獨立於行政機關的組織。例如，將來可能需要一個處理對政府部門投訴的組織。
→ 此條文把公務員架構分為政務、財政和律政三大部門，但並沒有清楚地反映現時的政務司、財政司和律政司所擔任的角色，也沒有界定其職權及三者之間的關係。此條文應清楚列明上述各點，並以一般性措辭表明現時三者的職

責及列明其權力將會繼續分立。
3.建議
3.1 刪除
→ 刪除第二款。
理由：在基本法中列得如此詳細是不恰當的。行政長官及公務員架構應該有足夠的自由及彈性去決定是否需要設立某些局、處和署。
3.2 修改
→ 採納「匯輯」內有關此條文的建議，即改為「行政機關成員包括：（1）行政長官；（2）由行政長官提名、經中央人民政府任命的主要官員（相當於『司』級官員）；（3）由行政長官和他委任的主要官員所組成的行政局。」
→ 改為：「香港特別行政區行政機關成員包括：（1）行政長官；（2）由行政長官委任而交由立法機關報請全國人大常委會通過加任命的主要官員（相當於司級官員）；（3）由行政長官及其委任的主要官員所組成的行政局。」
理由：行政機關應列明所組成的各成份。行政對立法負責，而立法機關則向全國人大常委會負責。
→ 「處」改為「衙」。
理由：因「處」跟「署」同音，易造成混亂。
3.3 增加
→ 應加上：「香港特別行政區行政機關設立行政會議，作輔助特別行政區行政長官之工作，行政會議乃特別行政區行政組織之一。」
3.4 其他建議

→ 應明確規定行政長官下轄布政司、財政司、律政司；布政司、財政司、律政司下轄各司、署。
理由：
⊙ 行政長官與布政司、財政司、律政司和各局、處、署的關係不明確。
⊙ 處、署稱謂不統一，應趁基本法的制定加以統一。
→ 末段應明確規定適用的法律是特別行政區的法律。
→ 假如已成立行政會議，則無須依意見匯輯中的建議設立「行政局」。
4.待澄清問題
→ 「香港特別行政區的組織由法律規定」，所指的是現行的或是將來的法律？

※

⑤ 1989 年 1 月 9 日《政治體制專題小組對條文修改情況的報告》，載於 1989 年 1 月《中華人民共和國香港特別行政區基本法起草委員會第八次全體會議文件匯編》

【P14】
第六十條刪去第三款「香港特別行政區政府的組織由法律規定」，這是考慮到政府的組織常有變化，不宜以法律規定得太死。

第八稿

「第六十條　香港特別行政區政府的首長是香港特別行政區行政長官。
香港特別行政區政府設政務司、財政司、律政司和各局、處、署。」
〔1990 年 2 月 16 日《中華人民共和國香港特別行政區基本法（草案）》〕

① 1989 年 11 月基本法諮詢委員會《中華人民共和國香港特別行政區基本法（草案）諮詢報告第三冊──條文總報告》

【P147-150】
第四章
第二節　整體意見
1.意見
→ 所有政府行政部門不能有中央成員在內。
2.建議
2.1 增加
→ 基本法中應明文規定，在香港的政治架構內不設立任何中國共產黨委員會或支部小組等的機構。
理由：不大信任中國政府可以容許香港保留其原有的資本主義制度及生活方式不變。
3.待澄清問題
→ 解放軍司令進駐本港後，是否會繼續成為行政局的當然官守議員呢？其地位又是否僅次於香港特別行政區首長呢？
理由：目前英軍總司令是行政局的當然官守議員。解放軍駐港五千人，是中國領導人年前提出的數字，因此解放軍司令的地位也是很重要的。

第六十條
2.意見
2.1 整體
→ 根據此條，將來香港特別行政區政府只設三個司（政務司、財政司、律政司），即將現存的金融司、布政司、運輸司、教育司及民政司等予以取消。這與目前的制度不同。若取消其他司級職位，原本擔任該等職位的人士的工作量沒有減輕，職級及薪酬卻減降，難以安定人心。
→ 此條訂明了日後會設立的政府部門，但當中並沒有容

許重組的靈活性。為了明確起見，可以接受這個寫法，但這可能意味政府的重組會帶來基本法的修改。
2.2 反面
→ 把現行香港的司、處、署等名稱更改，違反了五十年不變的原則，嚴重改變了香港現行制度的特色。
3.建議
3.1 修改
→ 改為：「香港特別行政區行政機關應包括：（一）行政長官；（二）由行政長官提名，經中央人民政府任命的主要官員（相當於司級官員）；（三）由行政長官和其他委任的主要官員所組成的行政會議。」
4.待澄清問題
→ 建議清楚說明何謂「司」、「局」、「署」的名稱。
理由：不反對將現存香港政府的各個部門稍為更改，以便與國內的政府部門配合，但不能為此而影響現存的政府架構，造成在一九九七年後政府架構變動過大，影響運作。

※

② 1990 年 1 月 17 至 20 日《政治體制專題小組第十八次會議紀要》，載於 1990 年 2 月《中華人民共和國香港特別行政區基本法起草委員會第九次全體會議文件匯編》

【P24-25】
一、關於第四章政治體制的條文修改
委員們確認了第十七次會議對第四章一些條文的修改建議，經過討論還對第四章條文作出如下新的修改：
5.第六十一條「連續滿十五年」後加「並在外國無居留權」。

「第六十條　香港特別行政區政府的首長是香港特別行政區行政長官。

香港特別行政區政府設政務司、財政司、律政司和各局、處、署。」

〔1990 年 4 月《中華人民共和國香港特別行政區基本法》〕

香港特別行政區的主要官員由在香港通常居住連續滿十五年並在外國無居留權的香港特別行政區永久性居民中的中國公民擔任。

✿ 貳｜概念

1. 主要官員的出任條件
2. 通常居住連續滿十五年
3. 在外國無居留權的香港永久性居民的中國公民

✿ 叁｜條文本身的演進和發展

第一稿

第四章　第二節

「**第二條**　香港特別行政區行政機關各部門的主要官員由香港特別行政區行政長官提名，報請中央人民政府任命。

香港特別行政區的主要官員由在香港通常連續居住滿十五年的香港永久性居民中的中國公民擔任。」

〔1987 年 8 月 22 日《政治體制專題小組的工作報告》，載於《中華人民共和國香港特別行政區基本法起草委員會第五次全體會議文件匯編》〕

① 1984 年 12 月 19 日《中華人民共和國政府對香港的基本方針政策的具體說明》（《中英聯合聲明》附件一）

二、香港特別行政區政府和立法機關由當地人組成。……香港特別行政區政府的主要官員（相當於「司」級官員）由香港特別行政區行政長官提名，報請中央人民政府任命。

※

② 1986 年 2 月基本法諮詢委員會《分批研討會參考資料 2》

【P2】

2. 基本法可分為六個主要部份：

第三部份說明特別行政區內部的結構。此部份分為兩節，第一節處理特別行政區的政治結構，體現特別行政區政府及立法機關由當地人組成，……

※

③ 1986 年 2 月基本法諮詢委員會《諮委會第一分組有關基本法結構討論小結》

一、基本法結構，根據與會者發言，大致上可以歸結為下列十二個部份：

5. 政制

※

④ 1986 年 2 月基本法諮詢委員會《第一批研討會總結》

一、基本法結構，根據與會者發言，大致上可以歸結為下列十二個部份：

5. 政制

※

⑤ 1986 年 2 月基本法諮詢委員會《第二批研討會總結》

六、基本法結構初擬——

4. 政府的架構——首長的產生，調動軍隊的權力，行政、立法、司法、財政制度、公務員。

※

⑥ 1986 年 2 月基本法諮詢委員會《第三批研討會總結》

4. 基本法的詳盡程度——

（2）政制：主要說明行政、立法、司法三權分立關係，三個機構如何產生及其權力範圍等問題；

※

⑦ 1986 年 2 月基本法諮詢委員會《第四批討論總結》

一、基本法的結構
3.政制

四、政制方面
有些委員認為《中英聯合聲明》內談經濟部份太多，政制太少，所以基本法要側重寫政制部份，但如果寫得太詳細，則缺乏修改餘地，而太簡單，則又會說不清主要重點。個別委員建議在基本法內只闡述政制的大原則，而具體細節則以附件形式詳述。既可達到精簡原則，另一方面易於在港人手裡修改政制附件部份，而可能不須呈交中央通過。

※

⑧ 1986 年 2 月基本法諮詢委員會《第五批研討會總結》

二、草擬基本法的幾點原則──
3.基本法內的偏重面應考慮港人的關注性：
一些委員認為基本法應對港人所憂慮的問題，如中央與特別行政區的關係、香港政制問題等應詳加闡述。

五、對基本法結構的建議──
4.政制：行政
　　　　立法　　　三權分立，並寫出它
　　　　司法　　　的形成及運作。

※

⑨ 1986 年 4 月《香港各界人士對〈基本法〉結構等問題的意見匯集》（基本法起草委員會第二次會議參閱資料之一）

【P37-38】
16.將來香港特別行政區政府和立法機關，如由對社會主義具有深切信念的人士組成，或由事事聽命於北京中央政府的人士所組成，或由超級大資本家本人擔任主要職位而組成，或由直接選舉所選出的政治活動家所組成，從實際上來考慮，都不能有效抗拒「左的干預」。希望在於「由各個功能界推選對自由、法治具有深切信念的正直人士」，來組成將來的香港特別行政區政府和立法機關，來行使獨立的司法權。

※

⑩ 1986 年 4 月 15 日《政制專責小組第三分組總結》

三、對行政長官和司級官員產生的看法
委員們均認為《中英聯合聲明》對經濟方面講得較具體，但政制方面卻講得簡單。那是因為目前香港的政制尚在變革中，將來發展到何等的地步，實難以預料，故《中英聯合聲明》對此保留了彈性。
委員討論了《中英聯合聲明》附件一關於行政首長及司級官員產生的說法，委員琢磨字裡行間的含義，似感到權在香港，但又不盡在香港，很困惑。從「任命」及「報請中央人民政府任命」等字眼中，使人感到中央的任命僅是循例式，如果中央不同意，可以要求香港重新提名任命，中央當不會妄自指定某人任職。但是否真的這種意思？委員們希望不是猜想，並能在基本法中有清楚的闡述。

四、《中英聯合聲明》中若干含糊或不合時宜的字眼應當修改

1.《中英聯合聲明》中提到「當地人」，委員認為應該清楚地界定「當地人」的含義。有委員同意以七年居留期作準。有的委員則認為單靠這樣作標準是不足夠的，還要有年份限制。對選舉者與被選舉者的定義也應有所界定。
……

※

⑪ 1986 年 4 月 22 日《中華人民共和國香港特別行政區基本法結構（草案）》，載於《中華人民共和國香港特別行政區基本法起草委員會第二次全體會議文件匯編》

【P13】
第四章　香港特別行政區的政治體制
第二節　行政機關
（一）行政機關的組織形式和組成人員的產生和任免

※

⑫ 1986 年 5 月 13 日《政制專責小組第三次會議總結（第一分組）》

（三）關於行政機關司級官員的選舉：
有委員就行政機關司級官員是否應由選舉產生的建議提出幾個疑問：
1.《中英聯合聲明》中談到外籍人士可擔任除司級官員外的行政機關人員，但如果在選舉中選了外籍人士作司級官員，又如何處置？又或者是否不准許外籍人士參加此類之選舉？

※

⑬ 1986 年 6 月 7 日《公務員與基本法研討會報告》

【P6-7】
問答大綱
1.公務員與本地政治
1.6 劉兆佳先生支持公務員出任部長或司級官員，但不是說唯有他們才能擔任，只是不排除這個可能性，但劉先生預測將來如果他們做了部長或司級官員，他們就不再是公務員。即不受公務員條例保障要承受政治壓力。

5.外籍公務員的聘用
聯合聲明只提出司級職員由中國人擔任，但沒有提到公務員本地化，因此如果特別行政區政府不實行本地化，它亦沒有違反聯合聲明。

※

⑭ 1986 年 7 月 7 日《基本法諮詢委員會秘書處通訊 17》

【P2-4】
交流參觀團與內地起草委員會在 6 月 6 日分三組討論，第一組成員為邵天任、李後、許崇德、鄭偉榮、徐慶全、吳少鵬、張家敏及吳多泰。李後和邵天任分別就政制的原則性問題提了幾點意見：
（２）行政機關
……行政部門的主要官員則一定要是中國籍（BNO 持有者也是中國籍，但其他護照持有者則不是）香港公民。

第二組成員有魯平、蕭蔚雲、吳建、文世昌、馮檢基、談靈鈞和陳協平。魯平等就未來政制提出下列意見：

（4）由立法局選行政機關，行政機關的效率會受影響；立法機關的權力太大，不平衡，不合《中英聯合聲明》精神。《中英聯合聲明》是由行政長官組閣，不受立法機關的限制，司級官員向行政長官負責。

※

⑮ 1986 年 7 月 8 日政制專責小組第五次會議參考文件一

徐是雄
行政局
行政局的主要官員（如行政長官、司級官員）不得和私營的商業、企業發生利益上的任何關係。必須將私人財務交代清楚，方可擔任以上職位。必須為香港公民（即不得拿外國護照）。

《九七後香港政制模式》（民主公義協會 繆熾宏）
四、行政機關的產生
由行政首長可以提名其內閣，報請中央人民政府批准。而中央任命是一項榮譽或任命（HONORARY APPOINTMENT），行政首長可以按照當時特區的需要，設立各施政官員（相當於現時的司級部門「POLICY BRANCH」的主要負責人）。

※

⑯ 1986 年 7 月 8 日《政制專責小組第五次會議紀要（第二分組）》

3. 有關行政機關的模式，委員的意見可歸納如下：
3.1 有委員認為目前的行政局在運作上很有效率，因此建議將來的行政局應保持目前的形式，是個顧問性質的機關。成員有公務員擔任，因為這可保障行政機關的延續性和工作效率；另有委員認為這方式違反了《中英聯合聲明》，因為《中英聯合聲明》寫明了司級官員是由行政長官委任的，而這方式剝奪了行政長官的提名權；
3.2 有委員認為日後的行政機關應採內閣形式，成員由政治任命產生，以確保他們對自己的決策承擔政治責任；另有委員認為成員不應由政治任命產生，因為這會影響政府的穩定。
3.3 有委員認為行政局的成員應分別由公務員，和由政治任命產生的人士出任。

※

⑰《行政長官及行政機關》〔1986 年 8 月 6 日政制分批研討會（第三批）討論文件三〕

【P15】
3. 行政機關
3.2 未來行政長官可以委任行政機關成員，方式和現在的一樣。
3.3 行政機關採用內閣形式，成員由政治任命，以確保他們對自己的決定承擔政治責任。
3.4 行政機關改司級官員應仍是公務員，由行政長官予以委任或遷調，這樣各部門首長才會熟悉政府運作的機能及方式，便於行政。
3.10 未來的政制，必須維持司級官員的穩定性，不會因

行政長官的轉變或政策的修改而要更換大部份司級官員。最理想的方法是盡量委任高級公務員為司級官員，而相當於現時布政司的職位，更必須由文官出任。當然，如遇上適合出任司級職位的非公務員，亦可例外處理。
3.13 司級官員不應由選舉產生，否則會喪失工作的連續性，而且可能產生由「外行人」擔任重要職位的危險。

※

⑱ 1986 年 8 月 14 日《草擬政制的初步討論紀要》附件

【P7】
2. 行政機關的組成與行政長官的產生
2.2 行政長官
2.2.5 主要官員（司級以上）在行政架構中的作用
2.2.5.3 司級公務員應否參加行政機關？
2.2.5.4 司級公務員進入行政機關後，應否放棄公務員身份？
2.2.5.6 司級官員的委任資格

※

⑲ 1986 年 8 月 20 日《基本法結構專責小組初步報告》

（編者按：原件缺，不作推斷。）

※

⑳ 1986 年 10 月 29 日何鍾泰、唐一柱、曹宏威《未來香港特別行政區政制的建議（之三）》

2.4 主要官員的任免及職責
2.4.3 主要官員必須由「當地人」出任；行政長官負責提名，報請中央任命。
2.5 公務員制度
2.5.1 除主要官員外，現行的公務員制度原則上保持不變，合適的外籍人士也可以出任司級以下的公務員職位，或受聘為專責顧問。

※

㉑《徐是雄委員的書面發言》，載於 1986 年 11 月 5 日《基本法諮詢委員會秘書處通訊 27》

行政局的主要官員（如行政長官、司級官員）不得和私營的商業、企業發生利益上的任何關係。必須將私人財務交代清楚，方可擔任以上職位。必須為香港公民（即不得拿外國護照）。

※

㉒ 1986 年 11 月 8 日《香港特別行政區基本法起草委員會政治體制專題小組的工作報告》，載於《中華人民共和國香港特別行政區基本法起草委員會第三次全體會議文件匯編》

【P35】
八、關於行政機關和主要官員

行政長官可以從公務員和非公務員中提名主要官員，報中央任命。

※

㉓ 1986 年 11 月吳康民《關於香港特別行政區政府結構的建議》

【P3】

4.行政機關

4.1 由主要官員組成的行政機關，向立法機關負責，接受立法機關的監督。

4.3 現有的文官制度，予以保留。主要官員以下的公務員，負責執行政策，不參與政策的制訂。

※

㉔ 1987 年 2 月基本法起草委員會秘書處《香港報刊有關〈基本法〉的言論摘錄》

【P92】

除行政長官外，司級官員更不可能用選舉方式產生。我認為最好能維持現時的文官制度，並從現有的文官中提名，再報中央採取聘任方式產生。

（中西區區議會主席高漢釗：《香港未來的行政和立法機關》，《明報》一九八六年六月二十九日。）

【P105】

行政機關：

一、行政長官提名政府司級官員，呈報中央政府任命。

二、司級官員任期四年，與行政長官任期相同。

三、司級官員的任命是一項政治任命，意思是司級官員不屬於公務員。

（李華明：《香港特別行政區政制模式》，《中報》一九八六年五月八日。）

【P108-109】

至於各「主要官員」的產生途徑，引起的爭論也不少，我在這裡提出若干意見：

第一，種種關於行政機關「主要官員」產生途徑的方案，都必須遵守這「本子」（編者按：指《中英聯合聲明》）規定了的基本規範。

第二，行政機關「主要官員」的產生方案，與「行政長官」的產生方案緊密相聯，其中引起比較大爭論的，是這些「主要官員」與立法機關的關係，以及這些「主要官員」與「行政長官」的關係。

有意見指出，行政機關「主要官員」先由立法機關議員中互選產生，再由行政長官提名報請中國中央任命。我對這種由立法機關互選「主要官員」方案的批評，則主要集中於如下一點：只在立法機關議員中互選產生行政機關的「主要官員」，未免將「主要官員」的人選範圍限制得過狹，應該可以立法機關以外的人士出任，方可達到廣收人才之效。

有意見指出，可先由立法機關議員選舉產生一個「行政局」或「行政委員會」，再由這「行政局」或「行政委員會」選舉產生「行政長官」，然後由「行政長官」提名包括立法機關議員以外人士和部份立法機關議員去出任「主要官員」。這種方案的缺點，則是由這種程序產生的「行政長官」所提名的「主要官員」，很可能就是「行政局」或「行政委員會」的成員，從而排斥了或大大減少了立法機關議員以外人士出任「主要官員」的機會。

也有意見指出，行政機關「主要官員」可由立法機關議員

選舉產生的「行政長官」提名，但於提名後要經立法機關通過方報請中國中央任命。我個人是比較贊成這種方案的。

（魯凡之：《有關行政機關的爭論》，《明報》一九八六年七月三十一日。）

【P112-113】

主要官員的任免與職責：主要官員即現制的司級官員。這些包括：財政司、布政司、律政司、首席按察司、經濟司、金融事務司、工商司、銓敍司、教育及人力統籌司、文康市政司、地政工務司、政務司、房屋司、保安司、衛生福利司、運輸司、常務司、副財政司及副布政司。主要官員的數目及職責，原則上保持不變，負責制訂有關部門的政策，所有經行政機關通過的政策，他們也負責監督其執行。在特殊情況下，主要官員的數目需要增加或減少時，可由行政機關提出，交由立法機關通過。

主要官員必須由「當地人」出任，行政長官負責提名，報請中央任命。主要官員基本上仍然由公務員擔任，但個別合適的非公務人員也可以被考慮選用。任何非公務人員而出任主要官員者，必須獲得中央政府的認可。

立法機關成員不得同時兼任主要官員。主要官員必須遵守法律並服從行政機關的指示。行政長官有權調換任何主要官員，但調換前必須報請中央。

（何鍾泰、曹宏威、唐一柱：《未來香港特別行政區政制的建議》，《明報》一九八六年八月二十五日至二十七日。）

【P138】

行政與立法機關的職權和關係：

4.行政機關主要官員由行政長官提名，報請中央政府任命；

（十七名諮委：《對政制模式的初步意見》，《文匯報》一九八六年八月二十六日。）

※

㉕《Final Report on the Structure of Basic Law》（基本法結構專責小組最後報告，1987 年 3 月 14 日經執行委員會通過）

【P24】

5. Chapter 4 "HKSAR political structure".

5.2 Section 2 "The executive authorities".

i. "The formation of the executive organization, and the selection, appointment and dismissal of the members".

※

㉖ 1987 年 3 月香港民主民生協進會致政制專責小組的意見

第三章　香港的政治、法律與人權

2.……至於香港特別行政區的主要政府官員（相當於司級），應經由立法機關以多數票通過，再經行政長官提名報請中國中央政府任命。

※

㉗ 1987 年 5 月 25 日政制專責小組之行政機關與行政長官的產生工作組《行政機關的組成與職權討論文件（一稿）》（1987 年 5 月 29 日政制專責小組之行政機關與行政長官的產生工作組第五次會

議討論文件）

【P14-15】
7. 有關司級官員的討論
7.1 現時香港司級官員的情況
7.1.1 香港現時共有 18 位司級官員。
行政司、政務司、教育統籌司、衛生福利司、房屋司、地政工務司、文康市政司、保安司、運輸司、銓敘司、常務司分掌布政司署屬下各科的主管職位，與副布政司一樣，直接向布政司述職。
此外，經濟司、金融事務司及副財政司則直接向財政司負責。
7.1.2 香港的司級官員在政府行政決策方面有重要的影響力。在行政局中，布政司、律政司及財政司是當然官守議員，另二位官守議員亦是由港督委任的司級官員。而行政局是港督最主要的政策諮詢機構。
在立法局中，三名當然官守議員是布政司、律政司及財政司，另七名官守議員亦是港督從司級官員中委任的。
7.1.3 現時司級官員的角色中，最為人討論的就是他們既是行政者，作政府部門的主管，都又參與制定政策。
香港的司級官員都屬於公務員，而香港所有公務員都是政治中立的。但司級官員因為有機會參與行政局及立法局，就政策向港督提交意見，或進行辯論，因此亦能影響政策的制定。但司級官員雖然可以影響政策制定，卻不需要對他們的決定負上政治責任，即市民不可以因為不贊成司級官員的意見而彈劾，甚至罷免他們。
7.2 聯合聲明中有關司級官員的條文
聯合聲明附件一第一節提及：「香港特別行政區政府的主要官員（相當於『司』級官員）由香港特別行政區行政長官提名，報請中央人民政府任命。」
此節只提及司級官員的提名及任命，對於司級官員的政治地位卻沒有提及。
7.3 九七年後司級官員地位的討論
7.3.1 聯合聲明提及未來的司級官員由行政長官提名，報請中央人民政府任命。有建議這些司級官員將是未來行政機關的成員，他們將是行政長官的施政顧問，就各項政策向他提供意見。這些司級官員將專責釐定政策，不再兼負實際行政工作。
7.3.2 有建議九七年後司級官員應脫離公務員的身份，改作由政治任命，即是他將要對自己所作的政治決策負上責任。如果司級官員犯了過失，他將會受到彈劾，甚至罷免。司級官員將不再受公務員條例的保障。
7.3.3 九七年後司級官員負責的日常行政事務，有建議九七年後改由各科的行政主管負責（暫稱為事務長官）。該行政主管的身份為公務員，只負責各部門的行政事務，不參與釐定政策，因此，公務員政治中立的身份仍可保留。

※

㉘ 1987 年 6 月 2 日政制專責小組之行政長官的產生與行政機關工作組《行政機關的組成與職權討論文件（二稿）》（1987 年 6 月 8 日政制專責小組之行政長官的產生與行政機關工作組第六次會議討論文件）

【P14-15】
7. 有關司級官員的討論
（編者按：內容同上文）

※

㉙ 1987 年 6 月 10 日政制專責小組之行政機關與

立法機關的關係工作組《行政機關與立法機關的關係討論文件》（1987 年 7 月 27 日政制專責小組第十三次會議第二次續會討論文件）

【P6-8】
3. 主要問題
甲、行政機關與立法機關的關係
3.5 行政機關成員的產生
3.5.1 目前情況
行政局是根據《英皇制誥》成立的。一九八六年十二月三十一日，行政局有四位當然官守議員，即布政司、英軍司令、財政司和律政司，及十二位委任議員，其中有兩位是以個人身份獲委任的官守議員。委任議員有固定任期。
在行政局的四位當然官守議員之中，有三位（即布政司、財政司和律政司）是立法局的當然官守議員，而行政局有七名非官守議員和上述兩名以個人身份獲委任的官守議員，兼任立法局議員。雖然《英皇制誥》和《皇室訓令》對議員同時兼任行政立法兩局議員一事，並無明文規定，但委任數名資深（或前任）立法局議員為行政局議員的傳統習慣，由來已久，是維持兩局密切關係的方法。行政局的主要職責，是在政策問題上向港督提供意見，而港督很少會不接納行政局的建議。近年來行政局議員也主動提出討論事項，及要求政府提交文件，給他們研究。因此，就其職權範圍而言，行政局實際上已成為集體決策的機關。行政局次要的工作，是制訂附屬法例（法例仍須交立法局通過才有效），以及根據不同律例，考慮上訴和請願個案。
3.5.2《中英聯合聲明》的規定
《中英聯合聲明》對行政機關成員的產生，沒有任何規定，如引用「行政機關」是整個政府的理解，其成員的範圍在聯合聲明中有如下的說明：
「香港特別行政區政府由當地人組成。」
（《中英聯合聲明》第三款第四節和附件一第一節）
如行政機關的成員包括「主要官員」，聯合聲明有以下的規定：
「主要官員（相當於『司』級官員）由香港特別行政區行政長官提名，報請中央人民政府任命。」
（《中英聯合聲明》第三款第四節及附件一第一節）
3.5.3 建議
Ｉ）行政機關（採 2.3.2.1 的定義）的成員由立法機關選舉或互選產生；立法機關成員可兼任行政機關成員。
贊成理由：由於行政機關得到立法機關的支持，行政機關向立法機關負責的精神便得以體現，這能減少行政機關與立法機關的對抗性，避免憲政和信心危機，行政效率也會相應提高。
反對理由：（1）由於行政機關會被置於立法機關的控制下，行政長官和行政機關的權力會被削減，行政機關與立法機關互相制衡的目標難以達至。
（2）行政長官便不能組成一支有效率的隊伍，這隊伍應在他的領導和權力下，團結地為同一目標工作。故不應規限行政長官如何組成其隊伍。
Ⅱ）保留目前行政局的委任形式，成員包括官守議員和非官守議員；立法機關成員可兼任行政機關成員。
贊成理由：（1）由行政長官委任行政機關的成員，有助行政機關與行政長官的集體領導能力，兼任立法機關成員的行政機關成員，可幫助立法機關對行政機關的瞭解，促進彼此間的合作，達至和諧的關係，提高兩者的行政效率。
（2）委任制確保議員的不同背景保持均衡，或確保議員的一致性，以符合行政長官的管理風格，即組成一支隊伍，以執行職務。是否促進立法機關與行政機關的合作或和諧關係不是一個重要的準則，最重要的是各機關都能有效發揮本身的功能，沒有濫用權力或失職的制衡與和諧關係，通常都不能兩者兼得。如果行政長官由立法機關提名，經普選產生，他已經擁有執行其困難任務的最佳條

件。組成一支行政長官屬下的行政隊伍，則是執行這困難任務所必須的。

反對理由：由於行政機關的成員由行政長官委任，縱使立法機關成員可兼任行政機關成員，行政長官會為了行政效率而委任與他政見上一致的立法機關成員入行政機關，這樣立法機關與行政機關的制衡力量便會削減。

Ⅲ）行政機關（採 2.3.2.1 的定義）的成員由行政長官委任；行政機關成員不得兼任立法機關成員（或投票成員）。

贊成理由：由於行政機關應獨立於立法機關，立法機關的意見應避免在行政機關造成阻力及掣肘，而且這也會影響立法機關的諮詢地位。

反對理由：如行政機關與立法機關缺乏溝通瞭解的橋樑，兩者會易成對立，影響社會安定。

3.5.4 其他建議

行政機關的官守與非官守成員均以委任方式產生，並通過大選舉團團形式的選舉，全部成為立法機關成員。

※

㉚ 1987 年 6 月 11 日政制專責小組之行政長官的產生與行政機關工作組《行政機關的組成與職權討論文件（三稿）》（1987 年 7 月 10 日政制專責小組第十三次會議續會討論文件）

【P9-11】

（編者按：本文同第一稿文件㉗，除下列內容外，均同上文，惟第 7.3-7.3.3 點被刪除。）

5. 司級官員

5.1 現時香港司級官員的情況

5.1.3 現時司級官員的角色中最為人討論的就是他們既是行政者，作政府部門的主管，都又參與制定政策。

香港的司級官員都屬於公務人員，而香港所有公務人員都是政治中立的。但司級官員因為有機會參與行政局及立法局，就政策向港督提交意見，或進行辯論，因此亦能影響政策的制定。

5.3 九七年後主要官員 相當於司級職位）的地位的討論

5.3.1 主要官員（相當於司級職位）的地位的討論

贊成：

（1）保持現有的制度。

（2）由於主要官員不受選民的局部利益所影響，故制定政策時可較從整體利益着想。

（3）公務人員對政策釐定應有一定的參與，因為評估政策方案可行性的最佳人選，正是負責執行政策的人，這與決定政策根本是兩回事，故公務人員出任司級職位有一定的好處。

（4）九七年後行政長官乃由政治任命，而司級官員聽命於行政長官，故當司級官員犯錯，行政長官及行政機關都會遭罷免；因此，司級官員雖然是公務人員，亦要負上直接或間接的責任。

反對：

（1）九七年後司級官員應脫離公務人員的身份，改作由政治任命，因為根據《中英聯合聲明》，主要官員是由行政長官提名，報請中央政府任命。行政長官是在香港通過選舉或協商產生的，可見其產生過程是民主的，也因此是政治性的。這表示行政長官本身是一位政治定（編者按：第一稿文件㉛中修正為「政治家」），他的提名也是政治性的。由於政治因素不是提升公務人員的一個準則，所以公務人員不能擔任主要人員。

（2）司級官員雖然可以影響政策制定，卻不須要對他們的決定負上政治責任，即市民不可以因為不贊成司級官員的意見而彈劾，甚至罷免他們，實在是不合理的。

（3）由於聯合聲明列明行政長官的產生過程是政治性的，由行政長官提名主要官員亦屬政治性，所以 1997 年後，主要官員（相等於司級官員）將會是政治任命而非以公務人員身份受任命。政治因素並非委任或提升公務人員的條件之一。因此，當行政長官要委任一公務人員為主要官員時，該公務人員放棄其公務人員身份。

5.3.2 九七年前司級官員負責的日常行政事務，有建議九七年後改由各科的行政主管負責（暫稱為事務長官）。該行政主管的身份為公務人員，只負責各部門的行政事務，不參與釐定政策，因此，公務人員政治中立的身份仍可保留。但亦有意見認為主要官員的日常工作大部份為政策釐定，屬於行政方面的甚少。

5.3.3 現任「司級官員」除外籍者外，九七年後一律由行政長官報請中央任命為主要官員。

5.3.4 公務人員對政策釐定應有一定的參與，因為評估政策方案可行性的最佳人選，正是負責執行政策的人。

※

㉛ 1987 年 6 月 11 日政制專責小組之公務人員工作組《公務人員討論文件（六稿）》（1987 年 7 月 10 日政制專責小組第十三次會議續會討論文件）

【P4-5】

4. 有關公務人員的國籍與待遇的問題

4.2 公務人員的國籍與可擔任政府職位的關係＊

國籍	在政府部門可擔任的職務	
（為九七年後所屬國籍）	1997 年前	1997 年後
1）中國（包括現時 C.I. 及 B.N.O. 之華裔人士）	根據目前做法：1. 各級公務人員，包括司級職務。	根據《中英聯合聲明》的規定：★
2）英國籍（在香港居住的英國公民和在香港居住的聯合王國本土人士）Resident British Citizens and Resident United Kingdom Belongers	根據目前做法：1. 各級公務人員，包括司級職務。	根據《中英聯合聲明》的規定：★
3）其他國籍	根據目前做法：1. 各級公務人員，包括司級職務。	根據《中英聯合聲明》的規定：★
4）無國籍	根據目前做法：1. 各級公務人員，包括司級職務。	《中英聯合聲明》沒有具體說明此類人士可否出任各主要部門的正職和某些主要部門的副職

＊上述圖表乃取材自居民定義、出入境、豁免遞解離境權、選舉權及被選舉權最後報告的附件，詳細資料請參閱該份文件。

★原文是「香港特別行政區政府可任用原香港公務人員中的或持有香港特別行政區永久性居民身份證的英籍和其他外籍人士擔任政府部門的各級公務人員，各主要政府部門

（相當於『司級』部門，包括警察部門）的正職和某些主要政府部門的副職除外。香港特別行政區政府還可聘請英籍和其他外籍人士擔任政府部門的顧問；必要時並可從香港特別行政區以外聘請合格人員擔任政府部門的專業和技術職務。」（附件一第四節）

【P8-9】
（編者按：本文同第一稿文件㉚，除下列內容外，均同前文。）
6. 司級官員
6.3 九七年後主要官員（相當於司級職位）的地位的討論
6.3.1 主要官員（相當於司級職位）的地位的討論
反對：
（1）九七年後司級官員應脫離公務人員的身份，改作由政治任命，因為根據《中英聯合聲明》，主要官員是由行政長官提名，報請中央政府任命。行政長官是在香港通過選舉或協商產生的，可見其產生過程是民主的，也因此是政治性的。這表示行政長官本身是一位政治家，他的提名也是政治性的，由於政治因素不是提升公務人員的一個準則，所以公務人員不能擔任主要人員。

※

㉜ 1987 年 6 月 22 日郭元漢《「公務人員」討論文件修訂意見》

【P1-2】

頁	段	行數	修訂內容
8	6.3.1	1	題目應改為：「司級官員應由公務人員出任」
8	6.3.1（2）	1	「主要官員」改為「公務人員」
8	6.3.1（4）	1	「行政長官及行政機關都會遭罷免」改為：「行政長官及行政機關都會遭遇彈劾或罷免的後果」
9	6.3.1 反對（3）		此反對理由與（1）大同小異，應取消或合併。
9	6.3.2	3	「但亦有意見認為主要官員的日常工作大部份為政策釐定」改為：「但亦有意見認為現時的司級官員日常工作絕大部份已是釐定政策」
9	6.3.3	1	「委員認為」改為「有意見認為」

※

㉝ 1987 年 6 月 22 日夏文浩《行政機關與立法機關的關係討論文件》

【P2】
第 8 頁第 3.5.3 及 3.5.4 應合為一點（原因不再重複）

※

㉞ 1987 年 6 月 23 日《有關「行政機關與立法機關的關係」討論文件的書面意見》

【P3】

頁	段	意見	原因	委員
6	3.5.1	將第四行第二句的「五名非官守議員」改為「七名非官守議員」。	修正資料	謝志偉
8	3.5.4	（1）此意見的實際意思並不明朗。如何可以確保所有行政機關成員均被選為立法機關成員？		郭元漢
		（2）增加另一意見：「規定行政機關內的立法機關成員不得超過行政機關成員總數的某一個比例（例如三分之一），這樣，一方面可以保持行政和立法機關的溝通，又可確保兩者之間的獨立性。」	增加意見	郭元漢

※

㉟ 1987 年 6 月 30 日《有關「行政機關與立法機關的關係」討論文件的書面意見》（1987 年 7 月 10 日政制專責小組第十三次會議續會討論文件）

【P4-5】
（編者按：本文同第一稿文件㉞，除下列內容外，均同前文。）

頁	段	意見	原因	委員
8	3.5.3 及 3.5.4	這兩段內容皆是建議，沒有主次之分，故建議兩段合為一段。		夏文浩

※

㊱ 1987 年 6 月 30 日《「公務人員」討論文件修訂意見（總表）》（1987 年 7 月 10 日政制專責小組第十三次會議續會討論文件）

【P4】

頁	點	修訂內容	委員
8	6.1.1	改為「香港現時共有 18 名司級官員，（其中以布政司、律政司、財政司為最高職位。）直接向布政司述職的有行政司、政務司……直接向財政司負責的有經濟司……」。	謝志偉

頁	點	修訂內容	委員
8	6.1.3	於第一段末加「目前參與制定政策的司級官員屬下均有極具權力的署長級職員負責行政事項，故問題不大。」第二段改作「……但（部份）司級官員因為有機會參與行政局，故牽涉政治立場，應亦扮演一定政治角色。」餘下者刪去。	謝志偉
8	6.3.1	題目應改為「司級官員應由公務人員出任」。	郭元漢
8	6.3.1	改為「公務人員獲任命及升任為主要官員」。	林邦莊
8	6.3.1（2）	「主要官員」改為「公務人員」。	郭元漢
8	6.3.1（4）	「行政長官及行政機關都會遭罷免」改為：「行政長官及行政機關都會遭遇彈劾或罷免的後果」。	郭元漢
9	6.3.1反對（3）	此反對理由與（1）大同小異，應取消或合併。	郭元漢
9	6.3.1	反對理由第（3）點重複了第（1）點。刪去開頭部份，只留下「當行政長官要委任一公務人員為主要官員時，該公務人員應放棄其公務人員身份。」	林邦莊
9	6.3.2	「但亦有意見認為主要官員的日常工作大部份為政策釐定」改為：「但應有（編者按：根據前文㉜，此處當為「亦有」的筆誤）意見認為現時的司級官員日常工作絕大部份已是釐定政策」。	郭元漢
9	6.3.3	「委員認為」改為「有意見認為」。	郭元漢
9	6.3.3	後句改為：「九七年後一律由行政長官提名，由中央任命為主要官員。」	林邦莊
9	6.3.4	應成為 6.3.1 段的反對理由（4），並在結尾加上：「政策釐定與決策並不相同，所以應把兩者劃分清楚，因為任何決策者都應向立法機關負責，而對在政治上中立的公務人員來說，則不宜負上此責任。」	林邦莊

※

㊲ 政制專責小組《行政機關與立法機關的關係最後報告》（1987 年 8 月 8 日經執行委員會通過）

【P7-8】

（編者按：本文同第一稿文件㉙，除下列內容外，均同前文。）

3. 主要問題

甲、行政機關與立法機關的關係

3.5 行政機關成員的產生

3.5.3 建議

Ⅲ）行政機關〔採 2.3.2.1 的定義（編者按：即有意見認為「行政機關」乃指類似目前「行政局」性質的政府架構，由行政長官及其提名的成員組成，包括官守及非官守成員在內。）〕的成員由行政長官委任；行政機關成員不得兼任立法機關成員（或投票成員）。

贊成理由：由於行政機關應獨立於立法機關，立法機關的意見應避免在行政機關造成阻力及掣肘，而且這也會影響立法機關的諮詢地位。

反對理由：如行政機關與立法機關缺乏溝通瞭解的橋樑，兩者會易成對立，影響社會安定。

3.5.4 其他建議

Ⅰ）行政機關的官守與非官守成員均以委任方式產生，並通過大選舉團形式的選舉，全部成為立法機關成員。另有意見認為通過選舉，不能確保行政機關的官守與非官守成員全部成為立法機關成員。

Ⅱ）規定行政機關內的立法機關成員不得超過行政機關成員總數的某一個比例（例如三分之一），這樣，一方面可以保持行政和立法機關的溝通，又可確保兩者之間的獨立性。

※

㊳ 政制專責小組《公務人員最後報告》（1987 年 8 月 8 日經執行委員會通過）

【P4-5】

4. 有關公務員的國籍與待遇的問題

4.2 公務人員的國籍與可擔任政府職位的關係 *

國籍	在政府部門可擔任的職務	
（為九七年後所屬國籍）	1997 年前	1997 年後
1）中國（包括現時 C.I. 及 B.N.O. 之華裔人士）	根據目前做法：1. 各級公務人員，包括司級職務。▲	根據《中英聯合聲明》的規定：★
2）英國籍（在香港居住的英國公民和在香港居住的聯合王國本土人士）Resident British Citizens and Resident United Kingdom Belongers	根據目前做法：1. 各級公務人員，包括司級職務。▲	根據《中英聯合聲明》的規定：★
3）其他國籍	根據目前做法：1. 各級公務人員，包括司級職務。▲	根據《中英聯合聲明》的規定：★

※

✿ 香港基本法起草過程概覽｜中冊｜580/581

國籍	在政府部門可擔任的職務	
4）無國籍	根據目前做法：1.各級公務人員，包括司級職務。▲	《中英聯合聲明》沒有具體說明此類人士可否出任各主要部門的正職和某些主要部門的副職

*上述圖表乃取材自居民定義、出入境、豁免遞解離境權、選舉權及被選舉權最後報告的附件，詳細資料請參閱該份文件。

★原文是「香港特別行政區政府可任用原香港公務人員中的或持有香港特別行政區永久性居民身份證的英籍和其他外籍人士擔任政府部門的各級公務人員，各主要政府部門（相當於『司級』部門，包括警察部門）的正職和某些主要政府部門的副職除外。香港特別行政區政府還可聘請英籍和其他外籍人士擔任政府部門的顧問；必要時並可從香港特別行政區以外聘請合格人員擔任政府部門的專業和技術職務。」（附件一第四節）

▲1985年前，所有政務官以上職級必須由英籍人士擔任。

【P8-9】

6. 司級官員

6.1 現時香港司級官員的情況

6.1.1 香港現時共有18位司級官員。其中以布政司、律政司、財政司為最高職位。

直接向布政司述職的有行政司、政務司、教育統籌司、衛生福利司、房屋司、地政工務司、文康市政司、保安司、運輸司、銓敘司、常務司、與副布政司分掌布政司署屬下各科的主管職位，直接向布政司述職。

直接向財政司負責的有經濟司、金融事務司及副財政司。

6.1.2 香港的司級官員在政府行政決策方面有重要的影響力。在行政局中，布政司、律政司及財政司是當然官守議員，另二位官守議員亦是由港督委任的司級官員。而行政局是港督最主要的政策諮詢機構。

在立法局中，三名當然官守議員是布政司、律政司及財政司，另七名官守議員亦是港督從司級官員中委任的。

6.1.3 現時司級官員的角色中最為人討論的就是他們既是行政者，作政府部門的主管，都又參與制定政策。目前參與制定政策的司級官員屬下均有極具行政權力的署長級職員負責行政事項，故問題不大。香港的司級官員都屬於公務人員，而香港所有公務人員都是政治中立的。但部份司級官員因為有機會參與行政局，故牽涉政治立場，應亦扮演一定政治角色。

6.2 聯合聲明中有關司級官員的條文

聯合聲明附件一第一節提及：「香港特別行政區政府的主要官員（相當於『司』級官員）由香港特別行政區行政長官提名，報請中央人民政府任命。」

此節只提及司級官員的提名及任命，對於司級官員的政治地位卻沒有提及。

6.3 九七年後主要官員（相當於司級職位）的地位的討論

6.3.1 主要官員（相當於司級職位）應由公務人員出任的意見

贊成：

（1）保持現有的制度。

（2）由於公務人員不受選民的局部利益所影響，故制定政策時可較從整體利益着想。

（3）公務人員對政策釐定應有一定的參與，因為評估政策方案可行性的最佳人選，正是負責執行政策的人，這與決定政策根本是兩回事，故公務人員出任司級職位有一定的好處。

（4）97年後行政長官乃政治任命，而司級官員聽命於行政長官，故當司級官員犯錯，行政長官及行政機關都會遭彈劾或罷免的後果；因此，司級官員雖然是公務人員，亦要負上直接或間接的責任。

反對：

（1）九七年後司級官員應脫離公務人員的身份，改作由政治任命，因為根據《中英聯合聲明》，主要官員是由行政長官提名，報請中央政府任命。行政長官是在香港通過選舉或協商產生的，可見其產生過程是民主的，也因此是政治性的，這表示行政長官本身是一位政治家，他的提名也是政治性的。由於政治因素不是提升公務人員的一個準則，所以公務人員不能擔任主要人員。當行政長官要委任一公務人員為主要官員時，該公務人員應放棄其公務人員身份。

（2）司級官員雖然可以影響政策制定，卻不需要對他們的決定負上政治責任，即市民不可以因為不贊成司級官員的意見而彈劾，甚至罷免他們，實在是不合理的。

（3）公務人員對政策釐定應有一定的參與，因為評估政策方案可行性的最佳人選，正是負責執行政策的人。政策草擬與政策決定並不相同，所以應把兩者劃分清楚，因為任何決策者都應向立法機關負責，而對在政治上中立的公務人員來說，則不宜負上此責任。

6.3.2 有意見認為為執行《中英聯合聲明》及確保政府的效率，九七年前由文官帶動的政府，必須演變成為文官中立，由負責任的行政局所帶動的政體。行政局中的主要官員（相當於『司』級官員），除負責向行政長官提供意見外，還要負起指揮和監督其所屬部門的工作的職責。在這制度下，主要官員以下的文官，只擔任協助主要官員和執行政策的工作，而政策的制定則交主要官員或行政局去主持。這安排不單可使文官的豐富行政經驗得以保留，而且可令文官體系保持政治上的中立，從而使行政效率不會因政治上的轉變而受到影響。

在中立的文官制度下，將來特別行政區的公務人員（文官）的陞遷，可根據或參考九七年前的公務員條例決定。公務人員晉升的限度，最高為各部門的「事務長官」；「事務長官」的責任，是協助特別行政區的主要官員工作，只負責執行，而無須承擔政治責任。九七年前的香港政府司級官員在特別行政區政府成立後，可自動轉變為特別行政區的「事務長官」，其待遇及福利維持不變。惟現時司級官員（即九七年後的「事務長官」）所享有政策制定權，則會為由特別行政區行政長官所提名的主要官員所取代。

6.3.3 有意見認為現任「司級官員」除外籍者外，九七年後一律由行政長官提名，由中央任命為主要官員。

※

㊴1987年8月22日《政治體制專題小組的工作報告》，載於《中華人民共和國香港特別行政區基本法起草委員會第五次全體會議文件匯編》

【P44】

第四章　香港特別行政區的政治體制（討論稿）

第二節　行政機關

第二條

說明：委員們認為，主要官員一般應從公務員中挑選，但也可從公務員以外的社會人士中挑選，後者擔任主要官員期間，按合約公務員待遇，任滿後即脫離公職；主要官員工作調動及增加司級官員編制須報中央人民政府批准；主要官員包括哪些職級必須確定一個範圍。關於主要官員必須在香港通常連續住滿多少年，有些委員主張十年，有的委員主張二十年，也有的委員主張不作規定。

第四章　第二節

「第二條　香港特別行政區行政機關各部門的主要官員由香港特別行政區行政長官提名，報請中央人民政府任命。

香港特別行政區的主要官員由在香港通常連續居住滿十五年的香港永久性居民中的中國公民擔任。」

〔1987 年 9 月 8 日《第四章　香港特別行政區的政治體制（討論稿）》（1987 年 9 月 22 日政制專責小組第二次會議附件一）〕

① 1987 年 9 月 2 日《中華人民共和國香港特別行政區基本法起草委員會第五次全體會議委員們對基本法序言和第一、二、三、四、五、六、七、九章條文草稿的意見匯集》

【P35】

（二）第二節　行政機關

2. 第二條

（1）有些委員認為，本條第二款中「通常連續居住……」的含義不清楚，如香港長大的青年去國外留學數年，這段時間應否算在香港連續居住的時間，或應從其在港連續居住的時期內扣除？抑或引起其在港連續居住期的中止？建議對此應加〔以〕明確。

（2）有的委員建議，第一屆特別行政區政府的主要官員至少應由居住滿二十年的香港永久性居民擔任。

※

② 政制專責小組《對基本法第四章部份條文草稿（一九八七年八月）的意見》（1987 年 11 月 4 日經執行委員會通過）

（編者按：本文件雖然時間晚於本稿，但其內容是起草委員會對 1987 年 8 月 22 日政制專責小組擬訂的條文的意見匯編，故放在此處。）

【P1】

II. 第一節

（2）第二條

（編者按：此意見雖針對其他條文，但討論內容亦與本條相通。）

1. 有意見認為「通常連續居住」所指含糊。故有建議只寫「連續居滿」，亦有建議只寫「通常居住」。但有委員認為本港已有對這詞的判例。亦有委員建議草委應在法律上對這詞盡量釐定清楚。

2. 有委員認為「行政長官由……擔任」及「主要官員由……擔任」這表達方式有問題。有建議用西式的句法，如「除非……，否則不可擔任……」。亦有建議改為「行政長官需要……」。總的來說對這條文意思沒有異議，只需字眼上的修改。

※

③ 1987 年 9 月 8 日《第四章　香港特別行政區的政治體制（討論稿）》（1987 年 9 月 22 日政制專責小組第二次會議附件一）

第二節　行政機關

第二條

（編者按：內容同第一稿文件㊴）

※

④ 1987 年 9 月 8 日《中華人民共和國香港特別行政區基本法起草委員會第五次全體會議意見匯編》（1987 年 9 月 22 日政制專責小組第二次會議附件二）

【P5-6】

二、關於第二節　行政機關

3. 關於第二條

有的委員提出，該條第一款沒有表達清楚需報請中央人民政府任命的各部門主要官員的職級，例如各部門的副職是否算是主要官員，是否需報請中央人民政府任命？第二款的表述似乎又是指行政長官，而實際上是指第一款的規定的範圍，建議政制小組在文字上再推敲一下。

關於第二條

（編者按：內容同第二稿文件①）

第四章　第二節

「第二條　香港特別行政區行政機關各部門的主要官員由香港特別行政區行政長官提名，報請中央人民政府任命。

香港特別行政區的主要官員由在香港連續居住滿十五年的香港永久性居民中的中國公民擔任。」

〔1987 年 10 月《第四章　香港特別行政區的政治體制（討論稿）》（政治體制專題小組工作文件）〕

① 1987 年 9 月 19 日政制專責小組《第一屆特區政府的產生專題研究討論稿（一）》（1987 年 10 月 6 日政制專責小組第四次會議附件一）

（編者按：詳細內容請參看本書下冊的專題研究《香港特別行政區第一屆政府和立法會產生辦法專題研究報告》）

※

② 1987 年 9 月 23 日《政制專責小組對第四章第

一節部份條文意見》（1987 年 9 月 29 日政制專責小組第三次會議附件二）

（編者按：內容同第二稿文件②）

※

③ 1987 年 9 月 28 日夏文浩《有關「第一屆特區政府的產生」芻議》（1987 年 10 月 6 日政制專責小組第四次會議附件二）

（編者按：詳細內容請參看本書下冊的專題研究《香港特別行政區第一屆政府和立法會產生辦法專題研究報告》）

※

④《基本法諮詢委員會工商專業界諮委對未來香港特別行政區政府架構的建議》，載於 1987 年 9 月基本法諮詢委員會工商專業界諮委《未來香港特別行政區政府結構建議》

【P21】
2. 行政長官
2.5 主要官員的委任
所有主要官員（相等於司級官員）必須由行政長官提名，並由中央人民政府委任。

※

⑤ 1987 年 10 月 5 日簡福飴《有關〈第一屆特區政府的產生〉意見》（1987 年 10 月 6 日政制專責小組第四次會議附件四）

【P1-2】
所謂完全銜接就是指新舊兩制的人物除了特區長官的個人身份（九七年前他的身份不可能是「長官」）在新舊兩制轉換之中有稍大變動外，其他人員如主要官員和立法機關的成員都不會有變動。如果能達到這個理想地步的話，第一屆與第二屆政府在結構上基本就是相同的，那麼我們要考慮的也就只會是下列幾個在技術上的因素：
3. 行政長官能否在九七年前便提名一些主要官員來擔當司級官員？他要提名作為主要官員的人是否只能在九七年後才能上任？

至於只有部份政制能銜接的情況，其問題可能會變得非常複雜。部份不銜接的情況可能是以下的一種或多種因素的組合：
2. 九七年七月前的「司」級官員仍有外籍人士。

※

⑥ 1987 年 10 月 13 日政制專責小組《第一屆特區政府的產生專題研究討論稿（二）》

（編者按：詳細內容請參看本書下冊的專題研究《香港特別行政區第一屆政府和立法會產生辦法專題研究報告》）

※

⑦ 1987 年 10 月 13 日簡福飴《第一屆政府的產生》

（1987 年 10 月 20 日政制專責小組第五次會議續會附件一）

【P1-2】
（編者按：內容同第三稿文件⑤）

※

⑧ 1987 年 10 月 15 日政制專責小組《第一屆特區政府的產生專題研究討論稿（三）》（1987 年 10 月 20 日政制專責小組第五次會議續會討論文件）

（編者按：詳細內容請參看本書下冊的專題研究《香港特別行政區第一屆政府和立法會產生辦法專題研究報告》）

※

⑨ 1987 年 10 月 19 日《簡福飴委員之建議》（1987 年 10 月 20 日政制專責小組第五次會議續會附件二）

簡福飴委員之建議
I．「對第一屆政府產生之建議」方案歸類，方法如下：
（3）部份需要依賴九七年前港英政府合作，部份則不需要：
→ 行政長官：是否需要
→ 主要官員：是否需要

※

⑩ 1987 年 10 月 27 日政制專責小組《第一屆特區政府的產生專題研究報告（一）》（1987 年 11 月 3 日政制專責小組第六次會議審閱文件）

（編者按：詳細內容請參看本書下冊的專題研究《香港特別行政區第一屆政府和立法會產生辦法專題研究報告》）

※

⑪ 1987 年 10 月 28 日《第一屆特區政府產生方案歸類（第一稿）》（1987 年 11 月 3 日政制專責小組第六次會議審閱文件）

（編者按：詳細內容請參看本書下冊的專題研究《香港特別行政區第一屆政府和立法會產生辦法專題研究報告》）

※

⑫ 1987 年 10 月《第四章　香港特別行政區的政治體制（討論稿）》（政治體制專題小組工作文件）

【P12-13】
第二節　行政機關
第二條
（編者按：內容同第一稿文件㉟）

第五次全體大會分組討論：
（編者按：內容同第二稿文件④）

基本法諮詢委員會政制專責小組「行政機關的組成與職權．

最後報告」曾提出主要官員應否由公務人員出任的問題。
贊成的意見認為公務人員較能從整體利益着想，並且是評估政策方案可行性的最佳人選；
反對的意見認為行政長官提名司級官員屬政治性，司級官員應負政治責任，把政策草擬和政策決定的責任分開，可保持公務人員的中立性。
資料：諮委會「公務人員‧最後報告」：

香港現時共有十八位司級官員。其中以布政司、財政司、律政司為最高職位。
直接向布政司述職的有行政司、政務司、教育統籌司、衛生福利司、房屋司、地政工務司、文康市政司、保安司、運輸司、銓敘司、常務司，與副布政司，分掌布政司署屬下各科的主管職位，直接向布政司述職。
直接向財政司負責的有經濟司、金融事務司及副財政司。

第四稿

「**第五十七條　香港特別行政區行政機關的主要官員由香港特別行政區行政長官提名，報請中央人民政府任命。**
香港特別行政區的主要官員由在香港通常連續居住滿十五年的香港永久性居民中的中國公民擔任。」
〔1987 年 12 月基本法起草委員會秘書處《香港特別行政區基本法（草案）》（匯編稿）〕

① 1987 年 11 月 3 日《第一屆特區政府產生方案歸類（第三稿）》

（編者按：詳細內容請參看本書下冊的專題研究《香港特別行政區第一屆政府和立法會產生辦法專題研究報告》）

※

② 政制專責小組《第一屆特區政府的產生專題研究報告》（1987 年 11 月 4 日經執行委員會通過）

（編者按：詳細內容請參看本書下冊的專題研究《香港特別行政區第一屆政府和立法會產生辦法專題研究報告》）

※

③ 1987 年 12 月基本法起草委員會秘書處《香港特別行政區基本法（草案）》（匯編稿）

【P27】
第五十七條
說明：委員們認為，主要官員一般應從公務員中挑選，但也可從公務員以外的社會人士中挑選，後者擔任主要官員期間，按合約公務員待遇，任滿後即脫離公職；主要官員工作調動及增加司級官員編制需報中央人民政府批准。
關於主要官員在港居住年限問題，還有些委員主張十年，有的委員主張二十年，有的委員主張不作規定。

第五稿

「**第六十二條　香港特別行政區的主要官員由在香港通常居住連續滿十五年的香港永久性居民中的中國公民擔任[4]。」**
〔1988 年 4 月基本法起草委員會秘書處《中華人民共和國香港特別行政區基本法（草案）草稿》〕

① 1987 年 12 月《中華人民共和國香港特別行政區基本法起草委員會第六次全體會議委員們對基本法第四、五、六、十章和條文草稿匯編的意見》

【P10】
13. 第五十七條
（1）有些委員提出，本條第一款與其他條文重複，建議刪去。

（2）有的委員提出，可把這段說明中「主要官員一般應從……人士中挑選」一句列為本條文第三款。較多委員認為還是保留在說明中為好。

※

② 1988 年 4 月基本法起草委員會秘書處《中華人

民共和國香港特別行政區基本法（草案）草稿》

【P47】
註 4：（編者按：內容同第四稿文件③，除末段被刪除外，均同前文。）

※

③ 1988 年 4 月《總體工作小組所作的條文修改舉要》，載於 1988 年 5 月《中華人民共和國香港特別行政區基本法起草委員會第七次全體會議文件匯編》

【P17】
第六十二條（政制小組最後草擬的原第六十條），將「通常連續居住」改為「通常居住連續」。

第六稿

「**第六十一條　香港特別行政區的主要官員由在香港通常居住連續滿十五年的香港永久性居民中的中國公民擔任[4]。」**
〔1988 年 4 月基本法起草委員會《中華人民共和國香港特別行政區基本法（草案）徵求意見稿》〕

① 1988 年 4 月基本法起草委員會《中華人民共和
國香港特別行政區基本法（草案）徵求意見稿》

【P9】
簡介：
26. 本章第二節規定行政機關行使香港特別行政區的行政
管理權，行政機關的主要官員由在香港通常連續居住滿
十五年的香港中國公民擔任。

聯合聲明規定行政機關必須遵守法律，對立法會議負責，
本章進一步闡述行政機關對立法會議負責的範圍是：執行
立法會議通過並已生效的法律，定期向立法會議作施政報
告，答覆立法會議成員的質詢，徵稅和公共開支需經立法
會議批准。

【P51】
註 4：（編者按：內容同第四稿文件③，除末段被刪除外，
均同前文。）

第七稿

「**第六十一條 香港特別行政區的主要官員由在香港通常居住連續滿十五年的香港永久性
居民中的中國公民擔任。**」
〔1989 年 2 月《中華人民共和國香港特別行政區基本法》草案〕

① 1988 年 6 月 6 日《政制專責小組 1 與草委交流
會會議紀要》

2. 諮委對有關行政機關條文的意見
2.1 有委員建議註 4 中的「主要官員一般應從公務員中挑
選」應放回第六十一條。

※

② 1988 年 8 月基本法起草委員會秘書處《香港各
界人士對〈香港特別行政區基本法（草案）徵求意
見稿〉的意見匯集（一）》

【P27】
第六十一條
在「滿十五年」後加入「並通曉粵語及英語」。

※

③ 1988 年 8 月 19 日基本法諮詢委員會秘書處參
考資料（八）蕭蔚雲《設計香港未來政治體制的構
思》

【P9】
四、行政機關的地位、組成和職權，立法機關的地位、產
生和職權
……
還應指出，基本法（草案）徵求意見稿第六十一條規定香
港特別行政區的主要官員由在香港通常居住連續滿十五
年的香港永久性居民中的中國公民擔任。這裡充份體現了
「港人治港」的精神，排除了中央國家機關和內地各省、
自治區、直轄市的中國公民參加香港特別行政區行政機關
（也包括立法機關和司法機關）的工作，貫徹了聯合聲明
中中國對香港的基本方針政策，體現了香港特別行政區享
有高度自治權。

※

④ 1988 年 9 月基本法起草委員會秘書處《內地各
界人士對〈香港特別行政區基本法（草案）徵求意
見稿〉的意見匯集》

【P15】
第六十一條
在本條「中國公民」前加上「具有法定資格的」。

※

⑤《基本法諮詢委員會政制專責小組對基本法（草
案）徵求意見稿第四章的意見匯編》，載於 1988
年 10 月基本法諮詢委員會《中華人民共和國香港特
別行政區基本法（草案）徵求意見稿諮詢報告（1）》

【P109】
3. 有關條文討論
3.15 第六十一條
3.15.1 有委員建議把註釋 4 的內容放入第六十一條。

※

⑥ 1988 年 10 月基本法諮詢委員會《中華人民共和
國香港特別行政區基本法（草案）徵求意見稿諮詢
報告第五冊——條文總報告》

【P256】
第四章
第二節 整體意見
1. 意見
1.3 資格
→ 行政機關主要官員必須為單國籍人士及在港住滿七年
的中國公民。
理由：
⊙ 讓雙重國籍人士出任可能會發生角色衝突的問題。
⊙ 雙重國籍人士未必能有效地反映及維護香港市民的利
益。
⊙ 雙重國籍人士的誠意令市民懷疑。

【P259-261】
第六十一條
2. 意見
2.1 主要官員的資格
2.1.1 國籍
→ 行政機關主要官員應只擁有單一中國國籍。
→ 不應放寬國籍限制以遷就某小部份人士，因非中國公
民不能擔任的職位其實不多。
→ 主要官員只能由中國公民擔任的規定太死板，直接受
影響的主要官員席位雖少（約十數個），但間接影響不少
中層公務員，如他們不願放棄外國國籍，便沒有出任主要
官員的機會。
→ 暫時不應硬性規定主要官員絕對不能有雙重國籍。
理由：

⊙ 吸引移居外國的精英份子回香港。

⊙ 鞏固港人在過渡時期的信心。

→ 可設「十年寬限期」，在這十年內容許司級官員持有外國護照。

→ 任何人士，若其才能、專業知識、技能或廉正的操守，有利於香港特別行政區，則不論其國籍，均應有機會服務特別行政區政府。香港特別行政區政府選用僱員時，應該考慮其才幹而並非其國籍。

2.1.2 居港期

→ 可把「居住連續滿十五年」及「香港永久性居民的中國居民」等作為挑選主要官員的內部選擇條件，但不應列明在基本法裡。

理由：

⊙ 原文剝削了一些合法永久性居民擔任主要官員的機會。

⊙ 對挑選優秀人才不利。

→ 主要官員需在香港通常居住連續滿二十年。

理由：

⊙ 主要官員所需的居住年期不應比行政長官為短。

→ 主要官員必須居港滿十五年。

→ 主要官員可由在港工作滿十三年的香港居民擔任。

2.1.3 年齡

→ 無年齡限制。

→ 應明確規定特別行政區主要官員的挑選途徑。

2.2 其他意見

→ 主要官員的性質有別於公務員，應防止主要官員以公務員身份逃避政策失誤的懲罰。主要官員可在社會各界及公務員行列中挑選。

→ 現職公務員若要成為主要官員，必須辭去現職及脫離公務員編制。

→ 應將處理環境保護的官員列作主要官員，使其與港府擬成立的環境規劃科相配合。

→ 應用附件方式列明那些主要官員需向由全國人民大會常委會授權的中央人民政府申報及批准。界定原則應是愈少愈好，以給予香港更「高度」的自治。主要官員的任命無須中央人民政府批准，此舉有違高度自治。

→ 主要官員應有固定任期，惟被委任的屆數不限。

→ 主要官員的任期應為五年。

3. 建議

3.1 刪除

→ 刪去「中的中國公民」一詞

理由：

⊙ 不應只限中國公民出任。

⊙ 反對旨在排除已取得外國護照的中國人擔任行政長官及因而產生的責任及效忠問題。

3.2 修改

→ 將「中國公民」改為「華裔人士」。

理由：行政機關成員全由華裔人士出任是可理解和接受的，但由於香港有很多華裔人士不是中國公民，所以如果條文中寫上「中國公民」一詞，那些非中國公民的華裔人士便不能被器用。

→「……居住連續滿十五年的中國公民（香港）擔任。」改為「……連續滿十五年且擁有單一中國國籍的香港永久性中國公民擔任。」

→「香港特別行政區的主要官員由任職前在香港通常居住滿十五年的永久性居民中的中國公民擔任。」改為「香港特別行政區的主要官員由在香港通常居住連續滿十五年並通曉粵語及英語的香港永久性居民中的中國公民擔任。」

→「十五年」改為「二十年」。

→「十五年」改為「二十五年」。

理由：保證行政長官對香港有充份的瞭解。

3.3 增加

→ 加上：「主要官員的任免：

（1）主要官員由行政長官提名經立法機關通過，報請中央人民政府任命；

（2）主要官員可被立法機關彈劾。」

→ 加上：「主要官員的職權和責任：

（1）按照法律規定的準則，掌管有關官吏的事務；

（2）執行立法機關通過的法律，並推行已制定的政策；

（3）擁有草擬法案的權力，並交立法機關審理；

（4）協助行政長官制定政策；

（5）執行行政長官的行政命令；

（6）編制特別行政區的財政預算和決算。」

→ 加上：「特別行政區保持中立的文官制度：

（1）文官的定義：文官即為根據政府公務員任免程序而產生的政府官員。

（2）文官主要負責執行政策的工作，而政策的制定則交政策委員會和負有政治責任的行政長官及主要官員負責。

（3）特別行政區文官的晉升的限度，最高為各部門的『事務長官』，『事務長官』的責任，是協助特別行政區的主要官員工作，只負責執行，而無須承擔政治責任。」

4. 待澄清問題：

→「……在香港通常居住……」之「通常」一詞有何意義？

→「……通常居住連續……」之「連續」一詞是否表示期間不能離開？

→「居港連續滿十五年」的資格未有在第一百條列明，這項資格是否必須？

→「主要官員」一詞應予以界定。是否指司級及以上的官員？

→ 行政機關中的主要官員均需報請中央人民政府批准，是否表示中央人民政府可調動該等主要官員？該等主要官員是否與行政長官一樣，直接向中央人民政府負責？

※

⑦ 1989 年 2 月 15 日姬鵬飛《關於提請全國人大常委會審議〈中華人民共和國香港特別行政區基本法（草案）〉及有關文件的報告》

三、關於香港特別行政區的政治體制

此外，基本法（草案）還規定，行政長官、政府主要官員、行政會議成員、立法會主席、終審法院和高等法院的首席法官都必須由香港特別行政區永久性居民中的中國公民擔任。這是體現國家主權所必須的。

第八稿

「第六十一條　香港特別行政區的主要官員由在香港通常居住連續滿十五年並在外國無居留權的香港特別行政區永久性居民中的中國公民擔任。」

〔1990 年 2 月 16 日《中華人民共和國香港特別行政區基本法（草案）》〕

① 1989 年 11 月基本法諮詢委員會《中華人民共和國香港特別行政區基本法（草案）諮詢報告第三冊——條文總報告》

第四章
第二節　整體意見
1.意見
→　未來的主要官員雖應由公務員擔任，向行政長官負責以保持中立，但一九九七年後中央對香港有絕對的控制權，主要官員的非政治化難以實現。
→　外國籍人士不能出任香港特別行政區政府行政部門高級職位。

第六十一條
2.意見
2.1 整體
→　一九九七年後，各部高級官員的資格應為：（1）香港出生；或（2）非香港出生，但在一九七五年前已在港居住，其間沒有中斷、未曾回內地居住；並具有效證據證明上述條件。
2.2 正面
→　特別行政區行政官員必須是中國籍人士。若為外籍華裔，必須在任職前先公開放棄外國國籍。
→　最高級的公務人員應是中國公民。
2.3 反面
→　不允許持外國護照的中國人參加行政會議或出任高級公務員，實屬短見，有修改之必要。
→　「通常」一詞過於含糊，且極富彈性，也欠缺準則及人選去界定及處理「通常」情況的出現。

→　反對寫入「居住連續滿十五年」的規定。

3.建議
3.1 刪除
→　刪去此條。
理由：為容納更多有天份和才幹的人士，不應該對出任主要官員的人有國籍和居港年期的限制。
→　刪去「中國公民」的字眼。
理由：
⊙　香港有很多優秀而富有經驗的外籍人士。
⊙　剝奪了非中國籍永久性居民擔任此等職位的機會。
3.2 修改
→　「……連續滿十五年」改為「……連續滿十二年」或「……連續滿十年」。
理由：主要官員的任職只應取決於能力，無須要取決於一個太長的居港期。
→　改為：「香港特別行政區的主要官員由在香港通常居住連續滿十年的香港永久性居民擔任。」
3.3 增加
→　在「主要官員」前加上「三司」，將「通常」二字搬前至「主要官員」之後。
→　加上：「特別行政區政府的副司長、局長、廉政專員、審計署長可由非中國居民擔任。」
3.4 其他
→　「主要官員」一詞需清楚界定。
→　應加上備註，說明「主要官員」的級別。
→　行政會議的主要官員由政策科的司級官員擔任內閣成員。

第九稿

「**第六十一條　香港特別行政區的主要官員由在香港通常居住連續滿十五年並在外國無居留權的香港特別行政區永久性居民中的中國公民擔任。**」
〔1990 年 4 月《中華人民共和國香港特別行政區基本法》〕

① 1990 年 2 月 19 日姬鵬飛《關於〈中華人民共和國香港特別行政區基本法（草案）〉及有關文件的修改情況報告》

三、在有關香港特別行政區行政長官、行政會議成員、立法會主席、政府主要官員、終審法院和高等法院首席法官，以及基本法委員會香港委員的資格規定的條款中加上了「在外國無居留權」的限制。同時把入境事務處處長和海關關長列為主要官員，其資格也需受上述限制。

※

② 姬鵬飛《關於〈中華人民共和國香港特別行政區

基本法（草案）〉及其有關文件的說明》（1990 年 3 月 28 日第七屆全國人民代表大會第三次會議）

四、關於政治體制
（四）關於香港特別行政區行政長官、行政會議成員、立法會主席、政府主要官員、終審法院和高等法院首席法官，以及基本法委員會香港委員的資格。草案的有關條文規定，擔任上述職務的人必須是在外國無居留權的香港特別行政區永久性居民中的中國公民。這是體現國家主權的需要，也是體現由香港當地人管理香港的原則的需要，只有這樣才能使擔任上述職務的人切實對國家、對香港特別行政區，以及香港居民負起責任。

香港特別行政區政府行使下列職權：

（一）制定並執行政策；

（二）管理各項行政事務；

（三）辦理本法規定的中央人民政府授權的對外事務；

（四）編制並提出財政預算、決算；

（五）擬定並提出法案、議案、附屬法規；

（六）委派官員列席立法會並代表政府發言。

✿ **貳 | 概念**

1. 香港政府的職權

✿ **叁 | 條文本身的演進和發展**

第一稿

第四章　第二節

「第三條　香港特別行政區行政機關行使下列職權：

（一）向行政長官提出政策性建議；

（二）依據本法規定執行行政決策，管理行政事務；

（三）編制並提出財政預算、決算；

（四）擬定並提出法案和議案。」

〔1987 年 8 月 22 日《政治體制專題小組的工作報告》，載於《中華人民共和國香港特別行政區基本法起草委員會第五次全體會議文件匯編》〕

① 1986 年 2 月基本法諮詢委員會《諮委會第一分組有關基本法結構討論小結》

一、基本法結構，根據與會者發言，大致上可以歸結為下列十二個部份：

5. 政制

※

② 1986 年 2 月基本法諮詢委員會《第一批研討會總結》

一、基本法結構，根據與會者發言，大致上可以歸結為下列十二個部份：

5. 政制

※

③ 1986 年 2 月基本法諮詢委員會《第二批研討會總結》

六、基本法結構初擬——

4. 政府的架構——首長的產生，調動軍隊的權力，行政、立法、司法、財政制度、公務員。

※

④ 1986 年 2 月基本法諮詢委員會《第三批研討會總結》

4. 基本法的詳盡程度——

（2）政制：主要說明行政、立法、司法三權分立關係，三個機構如何產生及其權力範圍等問題；

※

⑤ 1986 年 2 月基本法諮詢委員會《第四批討論總結》

一、基本法的結構

3. 政制

四、政制方面

有些委員認為《中英聯合聲明》內談經濟部份太多，政制太少，所以基本法要側重寫政制部份，但如果寫得太詳細，則缺乏修改餘地，而太簡單，則又會說不清主要重點。個別委員建議在基本法內只闡述政制的大原則，而具體細節則以附件形式詳述。既可達到精簡原則，另一方面易於在港人手裡修改政制附件部份，而可能不須呈交中央通過。

※

⑥ 1986 年 2 月基本法諮詢委員會《第五批研討會總結》

二、草擬基本法的幾點原則——
3. 基本法內的偏重面應考慮港人的關注性：
一些委員認為基本法應對港人所憂慮的問題，如中央與特別行政區的關係，香港政制問題等應詳加闡述。

五、對基本法結構的建議——
4. 政制：行政　　　三權分立，並寫出它
　　　　　立法　　　的形成及運作。
　　　　　司法

※

⑦ 1986 年 4 月《香港各界人士對〈基本法〉結構等問題的意見匯集》（基本法起草委員會第二次會議參閱資料之一）

【P50】
2. 立法機關的性質、地位和職權
（12）政府司級官員可列席立法機關會議，向立法機關提交和說明政府的法案。

※

⑧ 1986 年 4 月 22 日《中華人民共和國香港特別行政區基本法結構（草案）》，載於《中華人民共和國香港特別行政區基本法起草委員會第二次全體會議文件匯編》

【P14】
第四章　香港特別行政區的政治體制
第二節　行政機關
（三）行政機關的職權

※

⑨ 吳夢珍《對香港特別行政區政制模式的建議》，載於 1986 年 5 月 13 日《政制專責小組第三次會議總結（第二分組）》

（編者按：此文件乃依香港大學法學院圖書館的歸檔順序處理出處）

【P6】
行政機關的組成：
而未來行政局或稱行政議局的構成，職權基本上可與現時行政局相同。成員由行政長官委任。行政局職權乃輔助行政首長執行職務並草擬各種政策的議案。

※

⑩《行政長官和行政機關的職權》（1986 年 7 月 8 日政制專責小組第五次會議附件一）

行政局是香港最高行政機關
現時行政局的主要職權：
現時的行政局是由當然官守議員，委任官守議員和非官守議員所組成，港督主持該局會議。
主要職權是向港督提供制定政策的意見，審查法案，該局批准後交立法局討論通過，並可在港督同意下頒佈法令，一般情況下，有關香港的各項重要決策，港督均須諮詢該局，但行政局討論的重大事項，俱由港督作最後決定，如港督的決定與大多數議員的意見相反，他需向女皇申述其理由。

※

⑪ 1986 年 7 月 8 日政制專責小組第五次會議參考文件一

（徐是雄）
行政、立法、政府的關係
行政局、立法局、政府的權責、運作等，應基本與現今的制度一樣即：行政局以行政、決策和訂定政策為主（但行政局提出的議案必須經立法局議員三讀，以簡單多數通過方能生效）；……；各政府部門則主要負責協助制定政策和行政管理工作。

（古星輝）
行政機關的各級官員在行政長官指導下工作，維持現時的文官制度，執行特別行政區政府的政策，同時在立法局會議時需接受立法局議員的質詢，回答所有問題。每年財政預算必須交立法局省覽和批准，公帑開支不得浪費，賬目接受立法局的監督。行政機關必須展開足夠的諮詢工作，調查研究，成立各種形式的、吸納專業人士和群眾組成的諮詢委員會，察聽民意，防止失誤和偏差。市政工作決策權力下放，由地區的民選代表參與制定規劃，培養民眾參與管理社區的能力和意識。行政機關必須開放，設立有民間人士參加的招聘委員會，定期招聘海外的專業人士，參加政府工作，提高管理水平，吸收西方先進管理經驗。

《政制四模式與避免分化、對立的方案》（辛維思）
行政局決定政府政策
……行政局決定所有重要的政府政策，政府起草的法律草案，在提交立法局審議之前，必須先得到行政局的批准。

（李華明）
（六）司級官員的職權
4. 要列席立法局會議，在會上解釋及答辯有關其部門的問題及質詢。

（陳弘毅）
就特別行政區自治權範圍內的事務，行政局行使目前港督會同行政局的職權，即作為最高行政決策機關，決定所有重要政府政策，政府起草的法律草案提交立法機關之前，必須得到行政局的批准。關於這些香港內部事務，行政局以協商形式，作出決定，實現集體領導的精神。

※

⑫ 1986 年 7 月 8 日《政制專責小組第五次會議紀要（第一分組）》

3.關於行政長官的職權方面：
3.2 有委員提出，在現行的制度下，法例最初由行政局提議，經立法機關討論通過後，由港督批准執行。換句話說，是採用「行政主導」方式，法例的動議權乃屬於行政機關。有委員提出特別行政區應沿用「行政主導」模式，任何法律的制訂或修改，應由行政機關先提出。但有委員對此表示不同意，認為立法機關有完整的立法權，包括動議的立法權。
3.4 根據《中英聯合聲明》的原則，特別行政區政府可享有行政管理權。因此，未來的行政機關應向港人負責，並向中央政府匯報，但不表示特別行政區政府要得到中央同意才可推行法例。

4.對於行政機關的討論：
4.1 有委員認為需要成立一個相類於現時行政局性質的行政機關，但委員對此問題仍未有一定結論。
4.2 大部份委員同意行政機關的職能不單包括對政策提出建議及諮詢，並可委任獨立的調查委員會去研究政府部門的事務，公共事業及處理對公眾利益有重大關係的問題，更有個別委員提出此等委員會應得到立法機關的同意。
4.4 基本法條文中應表明行政機關可以在緊急情況下使用緊急權力。但緊急權力的使用只局限在某一特定時期內，如有需要繼續行使此種權力，便要得到立法機關的核准。

※

⑬ 1986 年 8 月 4 日《各政制構想》（1986 年 8 月 12 日政制專責小組第六次會議討論文件一）

方案（一）陳弘毅《明報》（25 / 1 / 86）
行政、立法機構關係：
（3）……
政府司級官員可列席立法機關會議，協助行政局成員向立法機關解釋說明政府政策及提交立法局的法律草案，接受立法議員的質詢。
構思原則：
1）保留現行政制優點。
2）日前（編者按：「日前」應為「目前」之誤）政制需要適當地變。
3）必須同時照顧到香港社會內部各階層的利益及中央政府的意願。
4）政制運作要高度穩定，盡量減少不同利益的對立及表面化。避免中央與香港社會潛在矛盾（編者按：原件模糊，內容難以辨清）。

方案（二）鄭宇碩《明報》（23 / 2 / 86、24 / 2 / 86）
行政、立法機構關係：
（4）行政內閣成員（行政長官及重要官員）列席立法機關會議、接受立法議員質詢。
構思原則：
1）政制改變要循序漸進。
2）政府要穩定，有效率。
3）政府必須受有效民主監督。

方案（五）李華明〈香港特別行政區的模式（芻議）〉
行政、立法機構關係：
（3）司級官員列席立法局會議，解答問題及質詢。
構思原則：
1）保留現行政制優點。

2）政制要適當地改變。
3）政制不能太複雜，要顧及本港政治歷史、政治傳統及市民的政治水平。
4）兼顧各階層利益。
5）政制要穩定，要與中央協調及合作。

※

⑭《行政長官及行政機關》〔1986 年 8 月 6 日政制分批研討會（第三批）討論文件三〕

【P15】
3.行政機關
3.8 司級官員可列席立法機關的會議，向立法機關解釋和說明政府的政策，並接受立法議員的質詢。

※

⑮《行政機關與立法機關的關係》〔1986 年 8 月 6 日政制分批研討會（第三批）討論文件四〕

【P19】
5.立法機關和行政機關的相互制衡：
5.7 立法機關有權向行政機關提出質詢；行政長官或部門首長要出席立法機關會議，並答辯議員提出的質詢，答辯時要有令立法機關滿意的解釋；

※

⑯ 1986 年 8 月 20 日《基本法結構專責小組初步報告》

（編者按：原件缺，不作推斷。）

※

⑰ 1986 年 10 月 29 日何鍾泰、唐一柱、曹宏威《未來香港特別行政區政制的建議（之三）》

2.6 行政機關的組成和職責
2.6.6 所有行政機關的成員必須遵守法律，並需按照法律處理一切行政事務，制定公共行政事務的政策。
2.6.7 所有行政機關的官守議員，必須列席立法機關的會議，就其所管轄的範圍接受立法議員諮詢。
2.6.8 行政機關也可以主動提出新法例，該法例統交由立法機關的議長在立法會議時提出；行政機關所提出的法例必須符合一切立法程序，才可以成為正式法律。

※

⑱ 一百九十人聯署《香港特別行政區政制方案的建議》，載於 1986 年 11 月 10 日基本法起草委員會秘書處《參閱資料——第 28 期》

【P3】
2.行政機關
2.3 行政機關的責任和職權
行政機關行使行政權，處理特別行政區自治範圍內的公眾事務，並執行下列各項工作：
2.3.1 在國防及外交事務上執行中央人民政府所交付的政策；

2.3.2 按照法律規定的準則，掌管有關官吏的事務；
2.3.3 編制並向立法機關提出預算和決算；
2.3.4 執行法律，制訂和推行政策；
2.3.5 擁有向立法機關動議法案的權力；
2.3.6 裁決根據法律而提出有關行政方面的上訴、請願或反對。

※

⑲ 1986 年 11 月吳康民《關於香港特別行政區政府結構的建議》

【P3】
4. 行政機關
4.2 行政機關的職權包括：
（a）執行基本法，並根據基本法制訂有關的具體政策
（b）執行香港特別行政區法律
（c）向立法機關動議法案
（d）提出預算和決算

※

⑳ 1987 年 2 月基本法起草委員會秘書處《香港報刊有關〈基本法〉的言論摘錄》

【P138】
行政與立法機關的職權和關係：……5. 行政機關擁有提出財政預算案及動議法案、執行法律及制定和推行政策的權力；……
（十七名諮委：《對政制模式的初步意見》，《文匯報》一九八六年八月二十六日。）

※

㉑《Final Report on the Structure of Basic Law》（基本法結構專責小組最後報告，1987 年 3 月 14 日經執行委員會通過）

【P25】
5. Chapter 4 "HKSAR political structure".
5.2 Section 2 "The executive authorities".
III. "Powers and duties".

※

㉒ 1987 年 5 月 25 日政制專責小組之行政機關與行政長官的產生工作組《行政機關的組成與職權討論文件（一稿）》（1987 年 5 月 29 日政制專責小組之行政機關與行政長官的產生工作組第五次會議討論文件）

【P13-14】
6. 行政機關的職權：
6.1 現時行政局的職權：
1）就有關香港的各樣政策向港督提供意見。
2）總督會同行政局對市民根據某些條例所賦予的法定權利而提出的上訴、請願及反對，作出裁決。
3）所有重要法例在呈交立法局之前，均先由行政局考慮。
4）行政局又負責制訂若干條例的附屬法例（規例）。
5）行政局可就有關政策提出意見，倘需動用公帑，則必

須獲得立法局財務委員會批准撥款才可實施。
6.2《英皇制誥》及《皇室訓令》中有關行政局職權的條文：
6.2.1《英皇制誥》中沒有有關行政局職權的條文
6.2.2《皇室訓令》中有關行政局職權的條文
X 總督於執行英皇制誥賦予其職權時，必須諮詢行政局意見，除非該事項與公務員的任命、紀律處分或撤職有關；或總督認為行政局的意見或會令英行政蒙受損害；或待決事項並不重要至需要當局意見；或該事項過於緊急，總督來不及諮詢當局。若屬緊急事項，則總督必須在可行情況下從速通知行政局其採取之措施，並附上其中理由。
XI 只有總督有權向行政局提出問題討論，或就該等問題諮詢當局意見；如總督拒絕提出任何議員書面要求其提出的問題，則該議員絕對有權要求把其申請書內容，連同總督的答覆，收入會議紀錄中。
XII 總督於執行英皇制誥賦予其職權時，有權不接受行政局議員的建議——如其認為此舉正確。惟總督必須從速把該事件連同其不接受的原因，呈報英皇。於此等事件中，任何議員均絕對有權要求把其提出該建議或意見的原因詳載於會議紀錄中。
XXXIV 若任何罪犯被本殖民地內任何法庭判處死刑，總督需請求有關主審法官呈交有關案件的書面報告，並在行政局會議中提出討論，更可專誠傳召有關法官出席該會議，並出示其紀錄。總督不可減免該罪犯的刑罰，除非他在取得行政局建議後，覺得這是權宜之策；惟在任何情形下，無論行政局議員同意或不同意其意見，總督均需以個人審慎的判斷來決定應否赦免或延遲執行該死刑；若其決定與行政局大多數意見相反，則必須於行政局會議紀錄內詳細說明其中原因。
6.3 聯合聲明中有關行政機關職權的條文：
聯合聲明中沒有條文明確指出行政機關的職權，只有附件一第一節提及：「行政機關必須遵守法律，對立法機關負責。」
6.4 九七年後行政機關的職權建議：
1）策劃及釐定香港特別行政區所有政府決策。
2）執行中央人民政府所通過有關香港特別行政區的政策。
3）管理有關公務員的事務，領導及監督各政府部門的工作。
4）裁決根據法例而提出的各項上訴、請願及反對意見。
5）為實施基本法及其他法律的規定而制定政令，行使委任立法權（delegated legislation）。
6）向立法機關動議法案。
7）編制並向立法機關提出財政預算和決算。
8）所有法律草案，必須先經行政機關的批准，才能提交立法機關審議。
9）行政機關成員必須列席立法機關的會議，就其所管轄的範圍接受立法機關成員的諮詢。

※

㉓ 1987 年 6 月 2 日政制專責小組之行政長官的產生與行政機關工作組《行政機關的組成與職權討論文件（二稿）》（1987 年 6 月 8 日政制專責小組之行政長官的產生與行政機關工作組第六次會議討論文件）

【P13-14】
6. 行政機關的職權
（編者按：內容同上文）

※

㉔ 1987 年 6 月 11 日政制專責小組之行政長官的

產生與行政機關工作組《行政機關的組成與職權討論文件（三稿）》（1987 年 7 月 10 日政制專責小組第十三次會議續會討論文件）

【P14-15】
（編者按：本文同第一稿文件㉒，除下列內容外，均同前文。）
7. 行政機關的職權：
7.4 九七年後行政機關的職權建議：
8）所有法律草案，必須先經行政機關的批准，才能提交立法機關審議。（有委員認為法案可由立法機關議員提出。請參閱「立法機關」報告）

※

㉕ 政制專責小組《行政機關的組成與職權最後報告》（1987 年 8 月 8 日經執行委員會通過）

【P15-16】
（編者按：本文同第一稿文件㉔，除下列內容外，均同前文。）
7. 行政機關的職權：
7.2《英皇制誥》及《皇室訓令》中有關行政局職權的條文：
7.2.2《皇室訓令》中有關行政局職權的條文
X 總督於執行英皇制誥賦予之職權時，必須諮詢行政局意見，除非該事項與公務員的任命、紀律處分或撤職有關；或總督認為行政局的意見或會令英行政蒙受損害；或待決事項並不重要至需要當局意見；或該事項過於緊急，不及諮詢該局。若屬緊急事項，則總督必須在可行情況下從速通知行政局其採取之措施，並附上其中理由。
XI 只有總督有權向行政局提出議案，徵詢議員的意見或請議員作決定。若議員書面請求把他提出之問題列入議程而遭總督拒絕，該議員有權要求把其提議及總督之答覆載於會議紀錄中。
XII 總督於執行英皇制誥賦予之職權時，可不接受行政局議員的意見。惟總督必須從速把該事件連同其不接受的原因，呈報英皇。於此事件中，議員有權要求把其提出該意見的原因詳載於會議紀錄中。
XXXIV 若任何罪犯被本殖民地內任何法庭判處死刑，總督應指令主審法官呈交有關案件的書面報告，並在行政局會議中提出討論，更可專誠傳召有關法官出席會議，以出示其紀錄。總督不可對該罪犯實行赦免或緩刑，除非他在取得行政局建議後，覺得這是權宜之策；惟在任何情形下，無論行政局議員同意或不同意其意見，總督均需根據個人審慎的判斷，決定應否赦免罪犯或緩刑；若其決定與行政局大多數意見相反，則必須於行政局會議紀錄內詳細說明其中原因。

※

㉖ 1987 年 8 月 22 日《政治體制專題小組的工作報告》，載於《中華人民共和國香港特別行政區基本法起草委員會第五次全體會議文件匯編》

【P45】
第四章　香港特別行政區的政治體制（討論稿）
第二節　行政機關
第三條
說明：有的委員提出，如果行政機關只包括執行機構，其職權第二項就應寫成：「經行政長官同意後，依據本法規定執行行政決策，管理行政事務」；多數委員認為，第四項職權中的「法案」包括「附屬法規」。

第二稿

第四章　第二節
「第三條　香港特別行政區行政機關行使下列職權：
（一）向行政長官提出政策性建議；
（二）依據本法規定執行行政決策，管理行政事務；
（三）編制並提出財政預算、決算；
（四）擬定並提出法案和議案。」
〔1987 年 9 月 8 日《第四章　香港特別行政區的政治體制（討論稿）》（1987 年 9 月 22 日政制專責小組第二次會議附件一）〕

① 1987 年 9 月 2 日《中華人民共和國香港特別行政區基本法起草委員會第五次全體會議委員們對基本法序言和第一、二、三、四、五、六、七、九章條文草稿的意見匯集》

【P35-36】
五、關於第四章　香港特別行政區的政治體制
（二）第二節　行政機關
3. 第三條
（1）有些委員認為，本條第一款存在行政機關向自己提建議的邏輯上的矛盾，建議刪除「向行政長官」五個字。有的委員建議，本條各項的排列順序應作調整，將第（二）項移前成為第（一）項，原第（一）項移後成為第（四）項。

（2）有的委員提出，本條（三）可寫為「編制並提出財政預算（包括追加預算）、決算；執行批准的財政預算（包括追加預算）」，具體文字可再考慮。

※

② 1987 年 9 月 8 日《第四章　香港特別行政區的政治體制（討論稿）》（1987 年 9 月 22 日政制專責小組第二次會議附件一）

第二節　行政機關
第三條
（編者按：內容同第一稿文件㉖）

※

③ 1987 年 9 月 8 日《中華人民共和國香港特別行政區基本法起草委員會第五次全體會議意見匯編》（1987 年 9 月 22 日政制專責小組第二次會議附件二）

4.關於第三條
〔編者按：內容同第二稿文件①第（1）點〕

第三稿

第四章　第二節
「第三條　香港特別行政區行政機關行使下列職權：
（一）向行政長官提出政策性建議；
（二）依據本法規定執行行政決策，管理行政事務；
（三）編制並提出財政預算、決算；
（四）擬定並提出法案和議案。」
〔1987 年 10 月《第四章　香港特別行政區的政治體制（討論稿）》（政治體制專題小組工作文件）〕

① 1987 年 10 月《第四章　香港特別行政區的政治體制（討論稿）》（政治體制專題小組工作文件）

【P14】
第二節　行政機關

第三條
（編者按：內容同第一稿文件㉖）

第五次全體大會分組討論：
（編者按：內容同第二稿文件①）

第四稿

「第五十九條　香港特別行政區行政機關行使下列職權：
（一）制定並執行政府政策；
（二）管理本法第十五條所規定的各項行政事務；
（三）辦理本法第七章規定的中央人民政府所授權的對外事務；
（四）編制並提出財政預算、決算；
（五）擬定並提出法案、議案、附屬法規；
（六）在按照本法規定執行職務時必要和合理的其他權力。」
〔1987 年 12 月基本法起草委員會秘書處《中華人民共和國香港特別行政區基本法（草案）》（匯編稿）〕

① 1987 年 10 月 31 日至 11 月 2 日《基本法政制專題小組新聞發佈會意見整理》，載於 1987 年 12 月 3 日《基本法諮詢委員會秘書處通訊 62》

（1）委員們討論關於行政長官、行政機關、立法機關的職權問題時，提議加上：「依照本法執行任務的時候必要的其他權利。」這一條。這權利是有限制的，指定他不能違反基本法。

※

②香港民主政治促進會《香港特別行政區政制方案的建議（最後修訂稿）》，載於 1987 年 12 月基本法起草委員會秘書處《參閱資料──第 35 期》

【P4-5】
2.行政機關
2.5 行政局
2.5.2 行政局的權責：

2.5.2.1 行政局的主要職責是協助行政長官制定特區自治範圍內各項政策；行政局就政策內容提出意見，由行政長官決定；假若行政長官不接納行政局大多數成員的建議，這決定及其理由必須記錄在案。
2.5.2.2 財政預算須先經行政局審議，才向立法機關提出。
2.5.2.3 行政部門草擬的法例草案需先得到行政局審議，才可向立法機關屬下政策委員會提出。
2.5.2.4 就請願和上訴事項作出決定。
2.5.2.5 向行政長官建議政策委員會、主要諮詢委員會及法定機構的成員。

※

③ 1987 年 12 月基本法起草委員會秘書處《香港特別行政區基本法（草案）》（匯編稿）

【P29】
第五十九條
說明：有些委員主張刪去第（六）項。

第五稿

「第六十三條　香港特別行政區政府行使下列職權：
（一）制定並執行政策；
（二）管理本法第十五條所規定的各項行政事務；
（三）辦理本法第七章規定的中央人民政府授權的對外事務；

（四）編制並提出財政預算、決算；
（五）擬定並提出法案、議案、附屬法規。」
〔1988 年 4 月基本法起草委員會秘書處《中華人民共和國香港特別行政區基本法（草案）草稿》〕

① 1987 年 12 月《中華人民共和國香港特別行政區基本法起草委員會第六次全體會議委員們對基本法第四、五、六、十章和條文草稿匯編的意見》

【P11-12】
15. 第五十九條
（1）有的委員提出，第五項中對行政機關如何提出議案，應加以明確。

（2）有的委員提出，第六項中的「必要」和「合理」的概念不清楚，「其他權力」的提法也太廣泛，行政機關還有什麼其他權力能否列舉清楚？如不能列舉清楚，本項還需規定由什麼機關授權它行使其他權力。有的委員提出，行政長官的職權中規定有其他權力，這裡就不必規定了，建議將此項刪去。有的委員提出，這個問題應與行政長官的職權，立法機關職權中的相應條款通盤考慮。
有些委員認為，第六項內容可保留，但「必要和合理的」一詞可不要，說明也可刪去。

※

② 1988 年 4 月《總體工作小組所作的條文修改舉要》，載於 1988 年 5 月《中華人民共和國香港特別行政區基本法起草委員會第七次全體會議文件匯編》

【P17】
第六十三條（政制小組最後草擬的原第六十一條），將「行政總署」改為「政府」。

※

③《各專題小組的部份委員對本小組所擬條文的意見和建議匯輯》，載於 1988 年 4 月基本法起草委員會秘書處《中華人民共和國香港特別行政區基本法（草案）草稿》

【P67】
第六十三條
有的委員建議加第六項「在按照本法執行職務時所必要而合理的其他權力。」

第六稿

「第六十二條　香港特別行政區政府行使下列職權：
（一）制定並執行政策；
（二）管理本法第十五條所規定的各項行政事務；
（三）辦理本法規定的中央人民政府授權的對外事務；
（四）編制並提出財政預算、決算；
（五）擬定並提出法案、議案、附屬法規。」
〔1988 年 4 月基本法起草委員會《中華人民共和國香港特別行政區基本法（草案）徵求意見稿》〕

①《各專題小組的部份委員對本小組所擬條文的意見和建議匯輯》，載於 1988 年 4 月基本法起草委員會《中華人民共和國香港特別行政區基本法（草案）徵求意見稿》

【P56】
第六十二條
（編者按：內容同第五稿文件③）

第七稿

「第六十二條　香港特別行政區政府行使下列職權：
（一）制定並執行政策；
（二）管理各項行政事務；
（三）辦理本法規定的中央人民政府授權的對外事務；
（四）編制並提出財政預算、決算；
（五）擬定並提出法案、議案、附屬法規；
（六）委派官員列席立法會。」
〔1989 年 2 月《中華人民共和國香港特別行政區基本法（草案）》〕

① 1988 年 8 月 19 日基本法諮詢委員會秘書處參考資料（八）蕭蔚雲《設計香港未來政治體制的構思》

【P8】

四、行政機關的地位、組成和職權，立法機關的地位、產生和職權
第六十二條規定了香港特別行政區政府的五項職權，這就是：制定並執行政策；管理行政事務；辦理中央人民政府授權的對外事務；編制並提出財政預算、決算；擬定並提出法案、議案和附屬法規。概括地列明了政府的職權有利

於實現高度自治和提高行政工作的效率。

※

②《基本法諮詢委員會政制專責小組對基本法（草案）徵求意見稿第四章的意見匯編》，載於 1988 年 10 月基本法諮詢委員會《中華人民共和國香港特別行政區基本法（草案）徵求意見稿諮詢報告（1）》

【P109】
3. 有關條文討論
3.16 第六十二條（第五項）
3.16.1 有委員認為特別行政區政府可行使擬定並提出法案、議案、附屬法規的職權，但法案擬定後，立法機關如何提法案卻未有明確界定。
3.16.2 有委員建議政府機關人員（主要政策制定者），應可在立法機關提出議案。
3.16.3 有委員認為，據現行寫法，行政及立法的運作需採用「部長制」，即由立法機關的議員代表政府提出提案、參加辯論及投票。但如「部長制」太快建立，它對香港的衝擊實難預知。

※

③《香港特別行政區政治體制的一些整體問題》，載於 1988 年 10 月基本法諮詢委員會《中華人民共和國香港特別行政區基本法（草案）徵求意見稿諮詢報告（3）──專題報告》

【P24】
II 行政機關與立法機關的關係
4. 行政機關與立法機關的關係
4.3 主要官員出席立法會議
4.3.2.3 行政機關成員或主要官員不應同時出任立法會議成員，但可以列席方式出席立法會議，執行第六十四條的規定。這既可以避免將行政機關與立法機關的關係混淆，亦可使行政機關履行第六十四條的規定。

※

④ 1988 年 10 月基本法諮詢委員會《中華人民共和國香港特別行政區基本法（草案）徵求意見稿諮詢報告第五冊──條文總報告》

【P256】
第四章
第二節　整體意見
1. 意見
1.2 權責
→ 行政權不應太大。
→ 行政機關權力過大，應有制衡方案。
→ 行政機關成員應有彈劾行政長官和辯論的自由，以達致對政府的監察作用。

【P262-263】
第六十二條
2. 意見
2.1 第（四）項及第（五）項
→ 財政預算及決算應於每年特定的日子提出；並應訂定

財政年度。此條文比第十五條的規定更為嚴格，因為此條文列明誰處理第（四）項提及的事務。其實由誰行使這些職權應由特別行政區自行決定（這是高度自治的表現），而不應在基本法中規定。
→ 此條的用意是否要授予香港特別行政區的主要官員擬定並提出法案、議案和附屬法規的權力，而他們本身又無須是立法會議成員。若用意確是如此，則基本法中應有明文規定。

3. 建議
3.1 刪除
→ 刪去第（一）項。
理由：「制定並執行政策」不屬於行政機關之職權。
→ 刪去第（四）項及第（五）項。
3.2 修改
3.2.1 全條
→ 改為：「香港特別行政區享有行政管理權，依照本法的規定自行處理所有行政事務。」
→ 改為：「行政機關的職權範圍：
（1）執行基本法，制定有關本法的具體政策；
（2）執行特別行政區法律；
（3）向立法機關動議法案；
（4）提出預算和決算。」
3.2.2 首句
→ 將「香港特別行政區政府」改為「香港特別行政區執行政府」。
3.2.3 第（一）項
→ 改為：「執行立法會議制定的政策；」
→ 改為：「於目前法制下制定並執行政策；」
3.2.4 第（二）項
→ 改為：「管理依本法規定的各項行政事務；」
3.2.5 第（三）項
→ 改為：「擬定並提出法案和動議不影響立法會議成員個人提出的私人法案；」
→ 「中央人民政府」改為「全國人民代表大會」。
3.2.6 第（四）項
→ 改為：「編制並向立法機關提出財政預算、決算；」
3.3 增加
→ 採納「匯輯」內有關此條文的建議，即增加第（六）項：「在按照本法執行職務時所必要而合理的其他權力。」
理由：以防止因一些疏忽的遺漏而對政府的運作造成障礙。
反對理由：因其內容籠統，而且原文第（一）項至第（五）項已寫得很明確，不必再重複。
→ 加上：「行使本法規定的其他權力。」
理由：以增加行政靈活性而又不致本條被濫用。
→ 應提及「有權管轄駐軍」，以免駐軍有尾大不掉之虞。

4. 待澄清問題
→ 此條文是否與第十五條的意思相同？
→ 第（四）項中「決算」的意思何解？

※

⑤ 1989 年 1 月 9 日《政治體制專題小組對條文修改情況的報告》，載於 1989 年 1 月《中華人民共和國香港特別行政區基本法起草委員會第八次全體會議文件匯編》

【P14】
第六十二條第（五）項後加一新的第（六）項「委派官員列席立法會」，這樣便於官員能向立法會提出法案、議案、答覆質詢。

「**第六十二條** 香港特別行政區政府行使下列職權：
（一）制定並執行政策；
（二）管理各項行政事務；
（三）辦理本法規定的中央人民政府授權的對外事務；
（四）編制並提出財政預算、決算；
（五）擬定並提出法案、議案、附屬法規；
（六）委派官員列席立法會並代表政府發言。」
〔1990 年 2 月 16 日《中華人民共和國香港特別行政區基本法（草案）》〕

① 1989 年 8 月 18 日第二次諮詢期政制專責小組第四次會議附件一

第六十二條
2. 建議
2.1 修改
→ 首句「香港特別行政區政府」改為「香港特別行政區執行政府」。
2.1.1 第一項
→ 改為「於目前法制下制定並執行政策；」。
2.1.2 第四項
→ 改為：「編制並向立法會提出財政預算（第七十二條第二項）；制備並向審計署長提交決算（第五十八條）」。
理由：根據《核數條例》庫務署長制備預算，轉交核數署長核數。然後核數署長把已核的結算提交立法局主席。政府並不「提出」結算。
2.1.3 第五項
→ 改為：「擬定並提出法案和動議，不影響立法會議員個人提出的私人法案；」。
2.2 增加
2.2.1 第四項
→ 本項應規定每年把有關該財政年度的財政預算和結算提交立法會，以及每年把結算副本交審計署。
理由：要將來的政府安定和香港繼續繁榮，就不單要每年編制財政預算和交立法會審核、通過，還需編制每年決算，連同審計署長的報告交立法會審核、通過。這審核程序是財政預算過程的延續。
→ 加上：「於有關法例授權下制訂法例；」。
→ 加上：「維持社會治安。」

3. 待澄清問題
3.1 第六項
→ 此項賦予行政機關委派官員列席立法會的權力，為何此權力不屬於行政長官？

※

② 1989 年 9 月 1 日《第二次諮詢期政制專責小組第五次會議會議紀要》

10. 第六十二條
10.1 有委員認為應加上一款，規定特別行政區政府在必要時可依法向中央人民政府請求調動軍隊，到特別行政區協助維持治安和救災。因註明要「依法」，立法機關便可對軍隊調動作出制衡。

※

③《基本法諮詢委員會政制專責小組對基本法（草案）第四章、附件一、附件二及附錄的意見匯編》，載於 1989 年 11 月基本法諮詢委員會《中華人民共和國香港特別行政區基本法（草案）諮詢報告第一冊》

【P96】
2. 對條文的討論
2.11 第六十二條
（編者按：內容同上文）

※

④ 1989 年 11 月基本法諮詢委員會《中華人民共和國香港特別行政區基本法（草案）諮詢報告第三冊——條文總報告》

【P151-152】
第六十二條
2. 意見
→ 第六項的規定加強了行政與立法機關溝通的機會。

3. 建議
3.1 修改
3.1.1 首句「香港特別行政區政府」改為「香港特別行政區執行政府」。
3.1.2 第一項
→ 改為「於目前法制下制定並執行政策；」。
3.1.3 第四項
→ 改為「編制並向立法會提出財政預算（按第七十二條第二項）；制備並向審計署長提交決算（按第五十八條）」。
理由：根據目前《核數條例》庫務署長制備結算，轉交核數署長核數。然後核數署長把已核的結算提交立法局主席。政府並不「提出」結算。
3.1.4 第五項
→ 改為：「擬定並提出法案和動議，不影響立法會議員個人提出的私人法案；」。
→ 改為：「行政機關若擬提出議案，需交由立法機關提出；」。
3.2 增加
3.2.1 第四項
→ 本項應規定每年把有關該財政年度的財政預算和結算提交立法會，及每年把結算副本交審計署。
理由：要將來的政府安定和香港繼續繁榮，就不單要每年編制財政預算和交立法會審核、通過，還需編制每年決算，連同審計署長的報告交立法會審核、通過。這審核程序是財政預算過程的延續。
3.2.2 第六項
→ 在此項後加上：「（除當然官守外）」。

→ 在此項後加上：「委任官員列席立法會，代表政府提出議案。」

理由：政府官員不能同時出任立法會成員，而政府議案需由彼等列席立法會提出。

3.2.3 增加一項
→ 加上：「於有關法例授權下制訂法例；」。
→ 加上：「維持社會治安。」
→ 加上：「向立法會議員解釋及解答他們的問題。」
→ 加上：「香港特別行政區政府對立法機關負責。」
→ 加上：「其他在依法執行其職務時所需要而又合理的職權。」

理由：避免因無意的遺漏而妨礙政府的活動能力。

4. 待澄清問題
4.1 第六項
→ 此項賦予行政機關委派官員列席立法會的權力，為何此權力不屬於行政長官？

※

⑤ 1989 年 12 月 13 至 16 日《政治體制專題小組第十七次會議紀要》，載於 1990 年 2 月《中華人民共和國香港特別行政區基本法起草委員會第九次全體會議文件匯編》

【P16】
一、委員們多數同意下述條文修改意見：
4. 第六十二條第（六）項改為「委派官員列席立法會，代表政府發言」。

※

⑥ 1990 年 1 月 17 至 20 日《政治體制專題小組第十八次會議紀要》，載於 1990 年 2 月《中華人民共和國香港特別行政區基本法起草委員會第九次全體會議文件匯編》

【P24-25】
一、關於第四章政治體制的條文修改

委員們確認了第十七次會議對第四章一些條文的修改建議，經過討論還對第四章條文作出如下新的修改：
6. 第六十二條第（六）項上次會議建議修改的「委派官員列席立法會，代表政府發言」，改為「委派官員列席立法會並代表政府發言。」

第九稿

「第六十二條　香港特別行政區政府行使下列職權：
（一）制定並執行政策；
（二）管理各項行政事務；
（三）辦理本法規定的中央人民政府授權的對外事務；
（四）編制並提出財政預算、決算；
（五）擬定並提出法案、議案、附屬法規；
（六）委派官員列席立法會並代表政府發言。」

〔1990 年 4 月《中華人民共和國香港特別行政區基本法》〕

香港特別行政區律政司主管刑事檢察工作，不受任何干涉。

❀ 貳 | 概念

1. 律政司主管刑事檢察工作
2. 不受干涉

❀ 叁 | 條文本身的演進和發展

第一稿

第四章　第二節

「第四條 香港特別行政區行政機關的檢察部門獨立處理刑事檢控，不受任何干涉。」

〔1987 年 8 月 22 日《政治體制專題小組的工作報告》，載於《中華人民共和國香港特別行政區基本法起草委員會第五次全體會議文件匯編》〕

① 1984 年 12 月 19 日《中華人民共和國政府對香港的基本方針政策的具體說明》（《中英聯合聲明》附件一）

三、香港特別行政區的檢察機關主管刑事檢察工作，不受任何干涉。

※

② 1986 年 2 月基本法諮詢委員會《諮委會第一分組有關基本法結構討論小結》

一、基本法結構，根據與會者發言，大致上可以歸結為下列十二個部份：
5. 政制

※

③ 1986 年 2 月基本法諮詢委員會《第一批研討會總結》

一、基本法結構，根據與會者發言，大致上可以歸結為下列十二個部份：
5. 政制

※

④ 1986 年 2 月基本法諮詢委員會《第二批研討會總結》

六、基本法結構初擬——
4. 政府的架構——首長的產生，調動軍隊的權力，行政、立法、司法、財政制度、公務員。

※

⑤ 1986 年 2 月基本法諮詢委員會《第三批研討會總結》

4. 基本法的詳盡程度——
（2）政制：主要說明行政、立法、司法三權分立關係，三個機構如何產生及其權力範圍等問題；

※

⑥ 1986 年 2 月基本法諮詢委員會《第四批討論總結》

一、基本法的結構

3. 政制
四、政制方面
有些委員認為《中英聯合聲明》內談經濟部份太多，政制太少，所以基本法要側重寫政制部份，但如果寫得太詳細，則缺乏修改餘地，而太簡單，則又會說不清主要重點。個別委員建議在基本法內只闡述政制的大原則，而具體細節則以附件形式詳述。既可達到精簡原則，另一方面易於在港人手裡修改政制附件部份，而可能不須呈交中央通過。

※

⑦ 1986 年 2 月基本法諮詢委員會《第五批研討會總結》

二、草擬基本法的幾點原則——
3. 基本法內的偏重面應考慮港人的關注性：
一些委員認為基本法應對港人所憂慮的問題，如中央與特別行政區的關係，香港政制問題等應詳加闡述。

五、對基本法結構的建議——
4. 政制：行政
　　　　　立法　　三權分立，並寫出它
　　　　　司法　　的形成及運作。

※

⑧ 1987 年 4 月 9 日特區終審權與司法制度工作組《特區的終審權與司法制度討論文件（草稿）》（1987 年 4 月 13 日法律及政制專責小組第一次聯合會議討論文件）

【P4-5】
（丁）律政司的職責
27.《中英聯合聲明》有關規定：
3（3）……香港現行的法律基本不變。
附件一第三節：「香港特別行政區的檢察機關主管刑事檢察工作，不受任何干涉。
香港特別行政區可參照原在香港實行的辦法，作出有關當地和外來的律師在香港特別行政區工作和執業的規定。」
附件一第四節：「香港特別行政區政府可任用原香港公務人員中的或持有香港特別行政區永久居民身份證的英籍或其他外籍人士擔任政府部門的各級公務人員，各主要政府部門（相當於『司』級部門，包括警察部門）的正職和某些主要政府部門的副職除外。」

28. 現時在香港律政司的地位已在本文附件一中詳述。
雖然律政司的某些職責與司法部長相同，但兩者的職責不盡相同，兩者的角色亦有基本上的分別。

29. 將來律政司／司法部長（法律部長）的地位：
a. 刑事檢察
根據《中英聯合聲明》的規定，將來特區會有一檢察機關主管刑事檢察工作，不受任何干涉。特區應設立一個相等於檢察長的職位，擔任該職位的人士不應是立法機關的成員，亦不須向立法機關負責。擔任該職位的人士可自由履行其職務，不受任何政治力量控制。
為保持官員的地位，擔任該職位的人士需如其他政府官員一樣，以一般合理的方法履行其職務；但不須就某案件或某決定向行政機關解釋或負責。
擔任該職位的人士可按以下情況，決定是否對某刑事案件提出檢控：
ⅰ. 有表面證據的案件；
ⅱ. 有合理的定罪可能性；
ⅲ. 以上兩點應以同樣標準適用於任何人士；
ⅳ. 若檢察機關認為不對某件案件提出起訴是對公眾有利時，檢察機關有權決定不提出檢控。
ⅴ. 檢察機關的權力及其對任何案件的決定，都不應受到任何人士或機關的質詢。
b. 律政司的民事管轄權
律政司應就其對民事訴訟的處理向市民負責。應有一些明確而讓市民知曉的準則，列明律政司如何運用其決策權。
c. 法律／司法部長
法律／司法部長的職責除了包括律政司的職務外（律政司可以是他管轄權之下的一名官員），亦需負責有關入境、治安、法院行政、監獄、或警察等事務。本小組曾就法律部長問題進行討論，討論結果認為在香港的情況下如把現時由各司級官員擔任的職務合併一起，將不會導致任何好處。再者，倘若法律部長享有更大權力，現時律政司的權力將會與之混淆或重複。有人擔心法律部長權力過大。委員認為一名官員不應同時擁有有關司法、法律及治安的權力。如果將來特區同時設有法律部長及律政司的職位，兩者的職責應明確劃分，尤其是律政司的職責。委員一致認為律政司的職權不應擴及法律部長的職權範圍。

30. 基本法的內容
委員一致同意在基本法內應有條文規定特區將有一獨立檢察機關，主管刑事檢察工作，不受任何干涉，亦不應受立

法機關或行政機關的質詢；但有關此檢察機關如何行使其權力的一般原則，則應有所說明。

31. 律政司的職責應由將來特區的民事法例規劃。

※

⑨ 1987 年 5 月 20 日特區終審權與司法制度工作組《特區的終審權與司法制度討論文件（二稿）》（1987 年 5 月 30 日法律及政制專責小組第二次聯合會議續會討論文件）

【P4-5】
（丁）獨立的檢察機關的職責
26.《中英聯合聲明》有關規定：
附件一第三節：「香港特別行政區的檢察機關主管刑事檢察工作，不受任何干涉。」

27. 現時在香港律政司的地位已在本文附件一中詳述。
雖然律政司的某些職責與司法部長相同，但兩者的職責不盡相同，兩者的角色亦有基本上的分別。司法部長的職責除了包括律政司的職務外（律政司可以是他管轄權之下的一名官員），亦需負責有關入境、治安、法院行政、監獄、或警察等事務。

28. 將來的地位：
a. 刑事檢察
《中英聯合聲明》附件一第三節指出，將來特區的檢察機關主管刑事檢察工作，不受任何干涉。按現時的制度，律政司可以給予刑事檢察專員一般指示。但根據法例，律政司是掌管檢察工作的，而他運用他的權力和履行任務以令檢察工作不受任何干涉。有建議認為應保持現有制度，亦有建議指出，將來的律政司既是政治任命，故應設立一獨立的檢察機關，該機關的主管是法定的，完全獨立於律政司，不受任何干涉。
擔任該職位的人士可按以下情況，決定是否對某刑事案件提出檢控：
ⅰ. 有表面證據的案件；
ⅱ. 有合理的定罪可能性；
ⅲ. 以上兩點應以同樣標準適用於任何人士；
ⅳ. 若檢察機關認為不對某件案件提出起訴是對公眾有利時，檢察機關有權決定不提出檢控。
ⅴ. 檢察機關的權力及其對任何案件的決定，都不應受到任何人士或機關的質詢。
b. 律政司的民事管轄權
律政司應就其對與大眾利益有關的民事訴訟的處理向市民負責。應有一些明確而讓市民知曉的準則，列明律政司如何運用其決策權。
c. 司法部長
本小組曾就應否設立司法部長問題進行討論，討論結果認為在香港的情況下如把現時由各司級官員擔任的職務合併一起，將不會導致任何好處。再者，倘若司法部長享有更大權力，現時律政司的權力將會與之混淆或重複。有人擔心司法部長權力過大。委員認為一名官員不應同時擁有有關司法、法律及治安的權力。如果將來特區同時設有司法部長及律政司的職位，兩者的職責應明確劃分，尤其是律政司的職責。委員一致認為律政司的職權不應擴及司法部長的職權範圍。

29. 基本法的內容
委員一致同意在基本法內應有條文規定特區將有一獨立檢察機關，主管刑事檢察工作，不受任何干涉；但有關此檢

察機關如何行使其權力的一般原則，則應有所說明。

30.律政司的職責應由將來特區的本地的法律規劃。

※

⑩ 1987 年 6 月 3 日法律專責小組、政制專責小組《有關特區終審權、司法制度的幾個問題及獨立檢察機關的職責最後報告》

【P4】

（丁）獨立的檢察機關的職責

26.現時的地位

（編者按：內容同第一稿文件⑨第 27 點）

27.將來的地位

《中英聯合聲明》附件一第三節指出，「香港特別行政區的檢察機關主管刑事檢察工作，不受任何干涉。」按現時的制度，律政司可以給予刑事檢察專員一般指示。但根據法例，律政司是掌管檢察工作的，而他運用他的權力和履行任務以令檢察工作不受任何干涉。有建議認為應保持現有制度，亦有建議指出，將來的律政司可能是政治任命，故應設立一獨立的檢察機關，該機關的主管是法定的，完全獨立於律政司，不受任何干涉。

擔任該職位的人士可按以下情況，決定是否對某刑事案件提出檢控：

ⅰ.有表面證據的案件；

ⅱ.有合理的定罪可能性；

ⅲ.以上兩點應以同樣標準適用於任何人士；

ⅳ.若檢察機關認為不對某件案件提出起訴是對公眾有利時，檢察機關有權決定不提出檢控。

ⅴ.檢察機關的權力及其對任何案件的決定，都不應受到任何人士或機關的質詢。

28.基本法的內容

基本法內應有條文規定特區將有一獨立檢察機關，主管刑事檢察工作，不受任何干涉。

（戊）將來律政司的職責

29.律政司的職責和責任應由將來特區本地的法律規劃。

30.本小組曾就應否設立司法部長問題進行討論，討論結果認為在香港的情況下如把現時由各司級官員擔任的職務合併一起，將不會導致任何好處。再者，倘若司法部長享有更大權力，現時律政司的權力將會與之混淆或重複。有人擔心司法部長權力過大。委員認為一名官員不應同時擁有有關司法、法律及治安的權力。如果將來特區同時設有司法部長及律政司的職位，兩者的職責應明確劃分，尤其是律政司的職責。因此，律政司的職權不應擴及司法部長的職權範圍。

附件一：《香港律政司的角色》（翻譯本）

前言

1.律政司一職歷史悠久，但起源不詳。據說由於君主不能親自在其法庭中出現，故需有一名律政司作為君主的代表。此類安排始於一二五零年。律政司的正式職銜則產生於一四六一年。自此以後，律政司的權力及職責在普通法律體系下逐漸發展，世界多個國家（包括一些與普通法沒有直接關係的國家）陸續採納律政司這概念，並根據本地情況作出修訂。

香港現況

2.律政司是由外交及聯邦事務大臣與港督商議後委任的；律政司的任命並無正式的資格要求，律政司通常都是由律政署的官員擔任，但前兩任的律政司卻是署外人士。律政司是行政局及立法局的當然官守議員，亦是律政署的最高負責人。律政署包括五個部門：政策及行政科、民事檢察科、法律草擬科、刑事檢控科、律政專員（專責事務）。律政司是港督、政府及個別政府部門和機構的主要法律顧問、大律師公會的名義會長。此外，律政司還擁有與刑事訴訟有關及作為公眾利益守護者所需的廣泛權力、義務和責任。律政司在起訴香港政府的民事案件中擔任被告的角色，並在法庭上代表政府及公眾。他亦是法律改革委員會的主席及司法人員敘用委員會的成員、警察投訴委員會及廉政公署屬下之行動審查委員會的成員。

3.律政司享有提出刑事訴訟的全面權力。不少成文法均指定需徵得律政司的同意及批准。他有權提出當然的刑事起訴、接手處理由私人提出的訴訟、及撤回訴訟。他亦有權提出上訴，及把法律問題提交上訴法院處理。除此之外，他亦有權令任何人士免於公訴。

4.廣義來看，作為公眾利益的守護者，律政司擔任一正式而重要的角色── 為維持公眾的法律權利，以原告身份提出控訴。當案件涉及皇室的特權時，律政司有權干預。他擔任多個調查法庭的法律顧問，代表公眾利益。所有為維護慈善及公眾信託財產的訴訟，都必須得到律政司的參與。律政司另一個更廣泛代表公眾利益的角色，是所謂「法庭之友」── 協助法庭解決問題的人，其中主要的例子就是令法庭注意到藐視法庭的情況。

5.當律政司執行準司法及有關公眾利益的職責及任務時，不得受任何人士或團體的指示或控制，他是完全獨立的。

6.作為行政局的主要成員，律政司參與最高層的政策制定。他亦是布政司屬下法律事務政策組的主席，該小組負責就法律政策問題向政府提供意見。

7.律政司需負責多種不同的職務，但在時間許可下，他亦會就有關憲法及公眾重大利益的案件，在法庭上親自代表香港政府（或偶然代表外國政府）。

律政司在其他法律地區的地位

8.愛德華茲教授在他的權威教科書《律政司：政治及公眾利益》（*The Attorney General, Politics and the Public Interest*）中，指出「司法行政這大題目可劃分成多個相關的範圍，不同國家對這些範圍採用不同的責任分配方法。主要的範圍包括：（1）警察及執法；（2）提出及處理起訴；（3）法院（包括司法人員的任命及律師行業）；（4）在法庭或審裁處的政府及國家代表；（5）刑罰制度；（6）向政府及政府機構提供的法律諮詢；（7）法例草擬及法律改革。」愛德華茲教授繼而提出以下問題：「究竟這些多樣化的職務應該集於一身，還是由不同部門分擔？」

第二稿

第四章　第二節

「第四條　香港特別行政區行政機關的檢察部門獨立處理刑事檢控，不受任何干涉。」

〔1987 年 9 月 8 日《第四章　香港特別行政區的政治體制（討論稿）》〕（1987 年 9 月 22 日政制專責小組第二次會議附件一）〕

① 1987 年 9 月 2 日《中華人民共和國香港特別行政區基本法起草委員會第六次全體會議委員們對基本法序言和第一、二、三、四、五、六、七、九章條文草稿的意見匯集》

【P36】

五、關於第四章　香港特別行政區的政治體制

（二）第二節　行政機關
4.第四條
有的委員建議，可以考慮將「獨立處理刑事檢控」一語改寫成《中英聯合聲明》中所提的「獨立處理刑事檢察工作」。

※

② 1987 年 9 月 8 日《中華人民共和國香港特別行

【P6】
第四章　政制
二、關於第二節　行政機關
5.關於第四條
（編者按：內容同上文）

第三稿

第四章　第二節
「第四條　香港特別行政區行政機關的檢察部門獨立處理刑事檢控，不受任何干涉。」
〔1987 年 10 月《第四章　香港特別行政區的政治體制（討論稿）》（政治體制專題小組工作文件）〕

① 1987 年 10 月《第四章　香港特別行政區的政治體制（討論稿）》（政治體制專題小組工作文件）

【P14】

第二節　行政機關
第四條
第五次全體大會分組討論：
（編者按：內容同第二稿文件①）

第四稿

「第六十條　香港特別行政區行政機關的檢察部門獨立處理刑事檢控工作，不受任何干涉。」
〔1987 年 12 月基本法起草委員會秘書處《香港特別行政區基本法（草案）》（匯編稿）〕

第五稿

「第六十四條　香港特別行政區的檢察部門獨立處理刑事檢察工作，不受任何干涉。」
〔1988 年 4 月基本法起草委員會秘書處《中華人民共和國香港特別行政區基本法（草案）草稿》〕

① 1987 年 12 月《中華人民共和國香港特別行政區基本法起草委員會第六次全體會議委員們對基本法第四、五、六、十章和條文草稿匯編的意見》

【P12】
16.第六十條
（1）有的委員認為，檢察部門也得向行政長官負責。第

二組多數委員認為不一定是向行政機關負責。檢察部門應有一定的獨立性，行政長官不能作行政干預。有些委員對「檢控」一詞感到費解，建議用「檢察」一詞代替。

（2）有的委員提出，本條所說的「行政機關的檢察部門」不夠明確。有些委員提出，待將來律政機構的名稱確定後，可用其名稱取代條文中「行政機關的檢察部門」。

第六稿

「第六十三條　香港特別行政區的檢察部門獨立處理刑事檢察工作，不受任何干涉。」
〔1988 年 4 月基本法起草委員會《中華人民共和國香港特別行政區基本法（草案）徵求意見稿》〕

第七稿

「第六十三條　香港特別行政區的檢察部門獨立處理刑事檢察工作，不受任何干涉。」
〔1989 年 2 月《中華人民共和國香港特別行政區基本法（草案）》〕

① 1988 年 8 月 3 日基本法諮詢委員會秘書處參考資料（一）《內地草委訪港小組就基本法（草案）徵求意見稿一些問題的回應輯錄（一九八八年六月四日至十七日）》

【P11】
4.政制
4.7 檢察部門
4.7.1 香港現在的檢察工作是由律政司提出訴訟的，現在律政司還替政府當法律顧問、起草法律文件，但這些嚴格上不是檢察工作。檢察工作主要是提出公訴，將來也是這樣，且不會受行政機關干涉。
4.7.2 將這意思寫在行政部門一節中，是因為現在財政司、

布政司皆是港督下的行政部門。

※

② 1988 年 10 月基本法諮詢委員會《中華人民共和國香港特別行政區基本法（草案）徵求意見稿諮詢報告第五冊──條文總報告》

【P263】
第六十三條
2.建議
2.1 修改
→ 將「檢察部門」改為「律政司」。

理由：由於律政司隸屬於行政部門，責任重大，他的權力應如第四十八條第（五）項所列。

2.2 增加
→ 第二款：「檢察部門負責接受經濟犯罪案件的舉報，並負責調查處理，不受任何干涉。」或：「檢察部門負責刑事、經濟犯罪案件的舉報並負責調查處理，不受任何干涉。」
→ 「惟須受法律約束。」

2.3 其他建議

→ 可另設機構負責調查處理在香港這個資本主義社會日益增加的經濟犯罪案件。

3. 待澄清問題
→ 是否需要在「干涉」前加上「法律以外的」？
→「檢察部門工作不受任何干涉」的意思十分廣泛。此部門是否直接隸屬中央人民政府？
→「檢察部門」是何機構？是否獨立部門，專門負責刑事工作？

第八稿

「第六十三條　香港特別行政區律政司主管刑事檢察工作，不受任何干涉。」

〔1990 年 2 月 16 日《中華人民共和國香港特別行政區基本法（草案）》〕

① 1989 年 8 月 18 日第二次諮詢期政制專責小組第四次會議附件一

第六十三條
2. 建議
2.1 修改
→ 「檢察部門」改為「律政司」。
2.2 增加
→ 句末加上：「包括中央人民政府和行政長官」。

※

② 1989 年 9 月 1 日《第二次諮詢期政制專責小組第五次會議會議紀要》

11. 第六十三條
11.1 對於有市民建議改此條的「檢察部門」為「律政司」，有委員認為並不可取。因為律政司是由中央委任的主要官員，具有政治功能，應與檢察部門的功能有所區別，不宜以此代彼。

※

③ 1989 年 11 月 30 日基本法起草委員會秘書處《內地各界人士對〈中華人民共和國香港特別行政區基本法（草案）〉的意見匯集》

【P14】
第六十三條
規定過於簡單，建議對香港特別行政區檢察部門與政府的關係以及檢察部門行使職權的程序和辦法作出規定。（甘肅、廣西）

※

④《基本法諮詢委員會政制專責小組對基本法（草案）第四章、附件一、附件二及附錄的意見匯編》，載於 1989 年 11 月基本法諮詢委員會《中華人民共和國香港特別行政區基本法（草案）諮詢報告第一冊》

【P96】
2. 對條文的討論
2.12 第六十三條
（編者按：內容同第八稿文件②）

※

⑤ 1989 年 11 月基本法諮詢委員會《中華人民共和國香港特別行政區基本法（草案）諮詢報告第三冊—— 條文總報告》

【P153】
第六十三條
2. 意見
→ 基本法強調「檢察機關」的獨立性，但關於香港特別行政區法院的全部條文都找不到「獨立」或「獨立審訊」的字句，這似乎意含「檢察機關」較香港特別行政區其他行政、立法和司法機關特別。

3. 建議
3.1 修改
→ 「檢察部門」改為「律政司」。
3.2 增加
→ 句末加上：「包括中央人民政府和行政長官。」
3.3 其他
→ 現時港府的刑事檢控專員所屬部門，應脫離律政司獨立為一部門。
理由：刑事檢控專員歸屬律政司指揮，可導致公眾指責檢控工作受行政機關的干預。如果檢察機關受政治影響或基於人事關係決定採取行動與否，則公眾不會相信法治得以貫徹。

4. 待澄清問題
→ 條文只說「檢察機關」，不說「律政司」，是否暗示一九九七年之後的「檢察機關」不由律政司負責？同條所說「獨立」處理，是否指「獨立」於香港特別行政區政府，不受當地政府的「干預」，即是「檢察機關」直屬人民檢察院？
→ 中國人民檢察院的另一個職能是代表中國政府參與民事訴訟。香港的律政司現時也有這樣代表港府的職責，及只限對香港特別行政區政府提供法律專業意見。將來的律政司可否代表中國政府（不是香港特別行政區政府）參與在香港的民事訴訟？還是由「檢察機關」負責？
→ 何謂「檢察部門」？

※

⑥ 1989 年 12 月 13 至 16 日《政治體制專題小組第十七次會議紀要》，載於 1990 年 2 月《中華人民共和國香港特別行政區基本法起草委員會第九次全體會議文件匯編》

【P16】

一、委員們多數同意下述條文修改意見：

5.第六十三條改為：「香港特別行政區的檢察部門主管刑事檢察工作，不受任何干涉」。

※

⑦ 1990 年 1 月 17 至 20 日《政治體制專題小組第十八次會議紀要》，載於 1990 年 2 月《中華人民共和國香港特別行政區基本法起草委員會第九次全體會議文件匯編》

【P24-25】

一、關於第四章政治體制的條文修改

7.第六十三條上次會議建議修改的「香港特別行政區的檢察機關主管刑事檢察工作，不受任何干涉」，改為：「香港特別行政區律政司主管刑事檢察工作，不受任何干涉。」

第九稿

「第六十三條　香港特別行政區律政司主管刑事檢察工作，不受任何干涉。」

〔1990 年 4 月《中華人民共和國香港特別行政區基本法》〕

香港特別行政區政府必須遵守法律，對香港特別行政區立法會負責：執行立法會通過並已生效的法律；定期向立法會作施政報告；答覆立法會議員的質詢；徵稅和公共開支須經立法會批准。

☘ 貳│概念

1. 香港政府對立法會負責

☘ 叁│條文本身的演進和發展

▶ 第一稿 ▶

第四章　第二節

「第五條　香港特別行政區行政機關必須遵守法律，對香港特別行政區立法機關負責：執行立法機關通過並已生效的法律；定期向立法機關作施政報告；答覆立法機關成員的質詢；徵稅和公共開支經立法機關批准。」

〔1987 年 8 月 22 日《政治體制專題小組的工作報告》，載於《中華人民共和國香港特別行政區基本法起草委員會第五次全體會議文件匯編》〕

① 1984 年 12 月 19 日《中華人民共和國政府對香港的基本方針政策的具體說明》（《中英聯合聲明》附件一）

一、……行政機關必須遵守法律，對立法機關負責。

　　　　　　　　　　　※

② 1986 年 2 月基本法諮詢委員會《分批研討會參考資料》

【P1-2】
某委員（編者按：原件模糊，無法辨認名字。）：
政制，包括行政首長的產生方式，立法機關與行政機關的關係，立法機關與全國人大的關係、行政機關與國務院的關係，行政首長向市民、立法機關、中央政府負責的內容。
某委員（編者按：原件模糊，無法辨認名字。）：
（二）政治體制，說明……行政和立法機關的體制……各機關的關係。
張家敏委員：
（五）政制設置及制衡；

　　　　　　　　　　　※

③ 1986 年 2 月基本法諮詢委員會《分批研討會參考資料 2》

【P2】
基本法可分成六個主要部份：

第三部份說明特別行政區內部的結構。此部份為兩節，第一節處理特別行政區的政治結構，體現……行政機關對立法機關負責……。

　　　　　　　　　　　※

④ 1986 年 2 月基本法諮詢委員會《諮委會第一分組有關基本法結構討論小結》

一、基本法結構，根據與會者發言，大致上可以歸結為下列十二個部份：
5. 政制

二、歸納與會者主要意見如下：
有些重要名詞解釋，如「負責」，可在附件中加以說明。

　　　　　　　　　　　※

⑤ 1986 年 2 月基本法諮詢委員會《第一批研討會總結》

（編者按：內容同上文）

　　　　　　　　　　　※

⑥ 1986 年 2 月基本法諮詢委員會《第二批研討會總結》

六、基本法結構初擬──
4. 政府的架構──首長的產生，調動軍隊的權力，行政、

立法、司法、財政制度、公務員。

※

⑦ 1986 年 2 月基本法諮詢委員會《第三批研討會總結》

4. 基本法的詳盡程度——
（2）政制：主要說明行政、立法、司法三權分立關係，三個機構如何產生及其權力範圍等問題；

※

⑧ 1986 年 2 月基本法諮詢委員會《第四批討論總結》

一、基本法的結構
3. 政制

四、政制方面
有些委員認為《中英聯合聲明》內談經濟部份太多，政制太少，所以基本法要側重寫政制部份，但如果寫得太詳細，則缺乏修改餘地，而太簡單，則又會說不清主要重點。個別委員建議在基本法內只闡述政制的大原則，而具體細節則以附件形式詳述。既可達到精簡原則，另一方面易於在港人手裡修改政制附件部份，而可能不需呈交中央通過。

※

⑨ 1986 年 2 月基本法諮詢委員會《第五批研討會總結》

二、草擬基本法的幾點原則——
3. 基本法內的偏重面應考慮港人的關注性：
一些委員認為基本法應對港人所憂慮的問題，如中央與特別行政區的關係，香港政制問題等應詳加闡述。

五、對基本法結構的建議——
4. 政制：行政
　　　　立法 } 三權分立，並寫出它的形成及運作。
　　　　司法

※

⑩ 1986 年 2 月基本法諮詢委員會《第六批研討會總結》

……其中應詳細說明的問題包括：
2. 行政機關與立法機關的關係；

※

⑪ 1986 年 4 月《香港各界人士對〈基本法〉結構等問題的意見匯集》（基本法起草委員會第二次會議參閱資料之一）

【P12】
4. 至於基本法的結構……第二，寫清行政長官、行政機關、立法機關三者之間的關係如何，行政機關向立法機關負責，

後者應有權彈劾行政機關，中央要適當處理這些問題。

【P37】
15. ……行政局仍然是特別行政區政府日常行政的上層決策機構，但同時應對立法機關負責。

【P50】
（7）行政、立法、司法三權互相制衡，以立法機關為最高權力機關。行政機關向立法機關負責的原則必須予以確定。所謂負責，不僅僅是報告及諮詢，在某種情況下，立法機關應可對在政務上失職的行政長官或官員予以制裁。

（10）要保持穩定，政權運作以行政機關為主導。行政長官和行政機關是權力中心。立法機關不能擁有推翻政府的權力。所謂「負責」就是向立法機關作報告。

※

⑫ 1986 年 4 月 15 日《政制專責小組第一分組總結》

三、對「向立法機關負責」的理解
有委員認為，討論立法機關是否開放，應先論及何謂對立法機關負責（即立法機關的權限），因為，只有知道立法機關是一個怎樣的機關，才可以討論立法機關的產生方法。對這個問題有委員認為：日後的立法機關應是最高的權力機關。又有委員認為無論把權力放在立法機關抑或行政機關，應考慮以什麼形式來分配權力，是分散抑或集中，並認為將權力分散是不恰當的，因為這可能導致政府不能有效運作。

※

⑬ 1986 年 4 月 15 日《政制專責小組第二分組總結》

1. 有委員對《中英聯合聲明》上提到的一些問題和字眼，認為要明確其意思。
（2）行政與立法機關的關係方面，聯合聲明附件一中寫明，「行政機關必須遵守法律，對立法機關負責」中「負責」兩字，是否作上下級機關關係的理解。

3. 行政、立法、司法獨立，三者之間的關係要明確。在政府架構的運作方面，要互相制衡。

※

⑭ 1986 年 4 月 15 日《政制專責小組第三分組總結》

四、《中英聯合聲明》中若干含糊或不合時宜的字眼應當修改
2. 《中英聯合聲明》中提到對立法機關負責，當中「負責」二字應用更具體字眼代替，不然日後又會有爭論。

※

⑮ 1986 年 4 月 22 日《中華人民共和國香港特別行政區基本法結構（草案）》，載於《中華人民共和國香港特別行政區基本法起草委員會第二次全體會議文件匯編》

【P14】
第四章　香港特別行政區的政治體制
第二節　行政機關

（四）行政機關和立法機關的關係

※

⑯ 1986 年 5 月 13 日《政制專責小組第三次會議總結（第一分組）》

（三）關於行政機關司級官員的選舉：
有委員就行政機關司級官員是否應由選舉產生的建議提出幾個疑問：
3.《中英聯合聲明》中提到行政機關向立法機關負責，但如果行政機構的司級官員同樣由選舉產生，他們又何需要向立法機構負責？選舉的主旨，是在於得選者可以有人民的「委託」。是故如果兩個機構的「委託」有所衝突的，又如何解決？

（四）關於行政和立法權力分配的問題：
再就權力分配這問題，亦有委員提出幾個原則：（1）不要出現兩個權力中心；（2）保證立法機關有效地監察行政機關；（3）行政權力要有統一性。而最終的原則就是能兼顧民主開放和效率。

※

⑰ 吳夢珍《對香港特別行政區政制模式的建議》，載於 1986 年 5 月 13 日《政制專責小組第三次會議總結（第二分組）》

（編者按：此文件乃依香港大學法學院圖書館的歸檔順序處理出處）

【P5】
行政機關的組成：
司級官員可列席立法機關的會議，向立法機關解釋及說明政府的政策，接受立法議員的質詢。

※

⑱ 1986 年 6 月 7 日《公務員與基本法研討會報告》

【P7】
問答大綱
2. 行政或立法主導
2.2 聯合聲明提到行政架構向立法架構負責，如果依照行政主導的方式，便可能產生矛盾。劉兆佳先生認為這純粹在乎如何解釋「負責」二字。他估計未來的立法機關成員最多只能做到透過一個繁複的程序，向中央政府建議罷免最高行政長官，或者透過一個較簡單的程序，向中央政府建議罷免司級官員。

※

⑲ 1986 年 7 月 7 日《基本法諮詢委員會秘書處通訊 17》

【P2-3】
交流參觀團與內地起草委員會在 6 月 6 日分三組討論，第一組成員為邵天任、李後、許崇德、鄭偉榮、徐慶全、吳少鵬、張家敏及吳多泰。李後和邵天任分別就政制的原則性問題提了幾點意見：
（4）立法機關和行政機關的關係

對於《中英聯合聲明》中行政機關向立法機關負責這問題，其實在中英談判時，大家都有共同的理解，就是：行政機關要定期向立法機關作施政報告；行政機關要答覆立法局的質詢；立法機關有審決財政預算的權力；在行政機關的主要官員（包括行政長官）有犯罪行為時，立法機關可以彈劾他們，並報告中央，由中央處理。立法機關和行政機關的地位是平等的，互相制衡。

※

⑳ 1986 年 7 月 8 日政制專責小組第五次會議參考文件一

（三方學會）
12.……行政機關必須遵守法律，向立法機關負責。

（古星輝）
行政機關的各級官員在行政長官指導下工作，維持現時的文官制度，執行特別行政區政府的政策，同時在立法局會議時須接受立法局議員的質詢，回答所有問題。每年財政預算必須交立法局省覽和批准，公務開支不得浪費，賬目接受立法局的監督。

（李華明）
（六）司級官員的職權
4. 要列席立法局會議，在會上解釋及答辯有關其部門的問題及質詢。

※

㉑ 1986 年 7 月 8 日《政制專責小組第五次會議紀要（第二分組）》

4. 有關行政機關與立法機關的關係，委員的意見可歸納如下：
4.1 有委員認為目前的政制模式很可取，所以主張以行政主導。
4.2 有委員認為立法機關應做一些主導性的工作，但行政、立法和司法應是各自獨立的，有本身的權力範圍和作用，以不超越本身的權力範圍來達到互相制衡的目的。
4.3 有委員認為行政機關向立法機關負責是下級向上級負責的意思。

※

㉒ 1986 年 8 月 4 日《各政制構想》（1986 年 8 月 12 日政制專責小組第六次會議討論文件一）

方案（一）陳弘毅《明報》（25／1／86）
行政、立法機構關係：
（3）……
政府司級官員可列席立法機關會議，協助行政局成員向立法機關解釋說明政府政策及提交立法局的法律草案，接受立法議員的質詢。
構思原則：
（1）保留現行政制優點。
（2）目前政制需要適當地變。
（3）必須同時照顧到香港社會內部各階層的利益及中央政府的意願。
（4）政制運作要高度穩定，盡量減少不同利益的對立及表面化。避免中央與香港社會潛在矛盾。

方案（二）鄭宇碩《明報》（23／2／86、24／2／86）
行政、立法機構關係：
（1）立法機關有財政權、立法權及人事任免權。
（2）法案經立法機關通過後，需得行政長官的同意副
簽，方能成為正式法例。如行政長官拒絕副簽，立法機關
可再經三分二多數通過法案。
（3）行政長官無權解散立法議會。
（4）行政內閣成員（行政長官及重要官員）列席立法機
關會議、接受立法議員質詢。
（5）立法機關各常務委員會主席兼任有關諮詢委員會
主席。
（6）行政長官及重要官員如違法亂紀或嚴重失職，經立
法機關成員三分二多數通過彈劾案，中央人民政府就據此
免除該等官員的職務。
構思原則：
（1）政制改變要循序漸進。
（2）政府要穩定，有效率。
（3）政府必須受有效民主監督。

方案（五）李華明〈香港特別行政區的模式（芻議）〉
行政、立法機構關係：
（3）司級官員列席立法局會議，解答問題及質詢。
構思原則：
（1）保留現行政制優點。
（2）政制要適當地改變。
（3）政制不能太複雜，要顧及本港政治歷史、政治傳統
及市民的政治水平。
（4）兼顧各階層利益。
（5）政制要穩定，要與中央協調及合作。

方案（七）馮煒光《明報》（9/7/86）
行政、立法機構關係：
（1）行政長官不應擔任立法機關的主席，也不應擁有解
散立法機關的權力。
（5）行政長官有組閣權力，內閣成員即各政府部門的主
要官員。主要官員可以是立法機關議員，也可以不是，以
個人身份接受行政長官提名，由中央任命，內閣成員乃政
治任命，主要官員透過行政長官向立法機關負責。

方案（八）張熾標《快報》（22/7/86）
行政、立法機構關係：
（2）行政局受立法局監察。

方案（十三）薛鳳旋《大公報》（30/1/86至2/2/86）
行政、立法機構關係：
（1）三權分立，互相制衡。
（2）立法局通過行政部門提出的財政預算及工作報告，
質詢行政機關有關施政政策。
構思原則：
保留現行制度優點。

方案（十四）三方學會文件（3/86）
行政、立法機構關係：
行政機關向立法機關負責，立法機關監察行政機關運
作，必要時提出彈劾，並報請中國中央人民政府罷免行
政長官。

方案（十五）冼銘倫《明報》（28/3/86）
行政、立法機構關係：
分權制衡
（4）行政機關向立法負責——行政機關有向立法機關說
明、解釋及諮詢的義務。
構思原則：

（1）能不變就不變。
（2）按《中英聯合聲明》，主權更換及社會需要而適當
地變。

方案（十六）查良鏞《明報》（21/4/86至25/4/86）
行政、立法機構關係：
三權分立，互相制衡。行政長官獨立，立法機關可以對之
監察或彈劾（類似英國方式）。
構思原則：
（1）保持香港發展、避免因直接選舉帶來高稅率高福利。
（2）抗拒來自內地左派的干預（如多數議員或政治權力
由功能團體產生，便可相當有效地抗拒來自內地的無理干
預，因為北京怕他們離開）。

方案（十七）辛維思《明報》（23/5/86至28/5/86）
行政、立法機構關係：
（5）行政機關預向立法機關說明及解釋其政策。
構思原則：
（1）避免行政長官、行政機關之間的分化對立。
（2）避免特別行政區政府與中央政府分化對立。

方案（十八）香港民主協會《香港民主協會對立法機構的
組成及其職權的意見》（12/6/85）
行政、立法機構關係：
（1）行政機關與立法機關互相制衡。
（2）解散立法局及罷免行政長官的建議，應由中央人民
政府決定。
（3）行政長官適當地超然於立法局之外，使屬下的行
政機關首長和司級官員在布政司領導之下，向立法機關
負責。
（4）立法機關有權質詢和監督行政機關通過行政機關財
政預算的權力。立法機關可向行政長官建議罷免司級官員
和機關首長。
構思原則：
兼顧民主政治的原則及精英政治的實踐。

方案（十九）吳夢珍《明報》（24/6/86）
行政、立法機構關係：
擴大現有立法機關職能。行政機關在決定及執行政策過程
向立法機關負責，立法機關可對行政機關的施政進行質
詢，對財政開支有審核及決定權。
構思原則：
（1）保留現存的優良制度。
（2）維護政局穩定。
（3）照顧社會各階層人士的利益及意願。
現時各部門的諮詢委員會可繼續保留，成員由行政長官
委任。
原則上委任高級公務員為司級官員，以維持司級官員的穩
定性，不致因行政長官的轉變或政策的修改而引致大部份
司級官員的更換。司級官員可列席立法機關的會議，向立
法機關解釋及說明政府的政策，接受立法議員的質詢。

方案（二十）高漢釗《文匯報》（29/6/86）
行政、立法機構關係：
立法局有立法權及撥款權。行政機關由行政長官會同司級
官員組成，接受立法局的質詢監察。
構思原則：
香港無民主基礎亦無政黨存在條件，故只能有一定限度。

※

㉓《立法機關、立法機關的產生》〔1986年8月6
日政制分批研討會（第三批）討論文件二〕

【P4】

1. 立法機關的職權

1.1 討論立法機關職權要考慮的因素：

1.1.2 根據《中英聯合聲明》指出，行政機關必須向立法機關「負責」。「負責」一詞的意義，從中國憲法裡所提及各級人民代表大會、軍事委員會、國務院向中國人民代表大會「負責」的意思引申，應該是上下機關「負責」的關係。上級機關的職權包括有選擇和罷免下級首長的權力；下級機關同時受到上級機關的監督。

※

㉔《行政長官及行政機關》〔1986 年 8 月 6 日政制分批研討會（第三批）討論文件三〕

【P15】

3. 行政機關

3.8 司級官員可列席立法機關的會議，向立法機關解釋和說明政府的政策，並接受立法議員的質詢。

※

㉕《行政機關與立法機關的關係》〔1986 年 8 月 6 日政制分批研討會（第三批）討論文件四〕

【P18-19】

1. 行政機關對立法機關負責

1.1 根據中國憲法，「負責」是指下級受上級監察、上級有權挑選和罷免下級的首長的意思；

1.2 行政部門的首長須要向有關部門或人士交代和負責，但未必要如外國般向選舉產生的立法機關負責，所以有需要設計一些方法，使高級官員可以向大眾負責；

1.3 如果行政機關需聽命於立法機關，便只需要一個立法兼行政的機關；縱使行政機關是由立法機關選出，也沒有可能使行政機關成為立法機關的下級；

1.4 「負責」是指下級對上級的關係，雖然行政機關在名義上低於立法機關，但在實際上其行政效率不會受到影響；

1.5 只有政府是由立法機關選出，才能使行政機關向立法機關負責；

1.6 建議行政長官應超然於立法機關以外，使屬下的行政機關首長向立法機關負責，而行政長官可以發揮調和的作用。

5. 立法機關和行政機關的相互制衡：

5.6 行政機關或行政長官每年向立法機關作施政報告，各部門首長並要答辯議員的質詢；

5.7 立法機關有權向行政機關提出質詢；行政長官或部門首長要出席立法機關會議，並答辯議員提出的質詢，答辯時要有令立法機關滿意的解釋；

※

㉖ 1986 年 8 月 14 日《草擬政制的初步討論紀要》附件

【P10】

4. 行政機關與立法機關的關係

在行政機關與立法機關的關係問題上，意見的分歧很大。問題主要是環繞着未來的政制，究竟應以立法為中心，還是以行政為中心，或是行政、立法分工，相互制衡？具體的問題如下：

4.2 未來的行政機關如何向立法機關負責、解釋，及接受立法機關的質詢？

※

㉗ 1986 年 8 月 18 日《未來香港特別行政區政府架構芻議》

【P3-4】

（4）行政機關向立法機關負責

4.1 我們支持聯合聲明中提到的「行政機關必須對立法機關負責」此一大原則。

4.2 我們相信這是兩個政府機關之間一個適當的制衡方式，該方式可在如下方法達到：立法機關制衡行政機關的措施可能包括阻撓或拖延立法，例如有關政府稅收和開支的建議，此舉令到立法機關得以有效影響政策的制訂和執行。

4.3 我們相信行政長官不應擔任立法機關的主席，立法機關應該自行選舉主席，主持立法會議，決定委員會的組織及委任成員。這些委員會將獲得授權，進行監察，檢討工作，以及向各行政部門提出改善建議。

4.4 我們並不認為立法機關需擁有罷免主要官員的權力，對於任何瀆職的公務員，應繼續根據公務員條例予以處置。

4.5 立法機關可彈劾行政長官，方式容後決定。

4.6 立法局議員可提出與財政無關的個人議案。

※

㉘ 1986 年 8 月 20 日《基本法結構專責小組初步報告》

【P19】

意見	意見出處
（1）建議需界定行政機關向立法機關負責的意思。	黃宏發（立法局議員），《明報》

※

㉙ 一百九十人聯署《香港特別行政區政制方案的建議》，載於 1986 年 11 月 10 日基本法起草委員會秘書處《參閱資料——第 28 期》

【P6-7】

5. 行政機關與立法機關相互關係

行政機關需向立法機關負責，並相互制衡。此外，其關係亦需相互協調，互相溝通，以維持一有效率之政府。

5.2 行政機關要定期向立法機關提交施政報告，並接受立法機關的質詢。

※

㉚ 1986 年 11 月吳康民《關於香港特別行政區政府結構的建議》

【P3】

4. 行政機關

4.1 由主要官員組成的行政機關，向立法機關負責，接受立法機關的監督。

※

㉛ 1987 年 2 月基本法起草委員會秘書處《香港報刊有關〈基本法〉的言論摘錄》

【P81-82】
制定未來政制的基本原則：
二、將來政制中的立法機關與行政機關的組成方法及互相之關係皆與現時的有別；
3.行政機關要向立法機關負責。
（李華明：《香港特別行政區政制模式》，《中報》一九八六年五月八日。）

【P86-87】
未來政制的制定原則：
4.確保行政機關向立法機關負責；司法獨立，實行開放、法治、穩定而有效率的政府。
（十九名諮委：《對政制模式的初步意見》，《文匯報》一九八六年八月二十六日。）

【P136-138】
行政機關維持現有文官制度，制訂政府政策，起草法律草案交由立法機關通過。行政機關向立法機關負責，向立法機關提供工作報告，接受質詢及解釋政策，若得三分之二立法機關通過，可提出對行政機關首長的質詢，若行政首長犯了嚴重失職過錯，經立法機關一致通過，可報請中央，要求將之彈劾。
（中根：《未來香港政制模式的建議》，《明報》一九八六年七月二十四日。）

1.我們支持聯合聲明中提到的「行政機關必須對立法機關負責」此一大原則。
（五十七名諮委：《未來香港特別行政區政府架構芻議》，《文匯報》一九八六年八月二十五日至二十六日。）

行政與立法機關的職權和關係：……6.行政機關必須遵守法律，對立法機關負責；7.行政機關要定期向立法機關提交施政報告，並答覆立法機關的質詢；……。
（十七名諮委：《對政制模式的初步意見》，《文匯報》一九八六年八月二十六日。）

※

㉜ 1987 年 3 月香港民主民生協進會致政制專責小組的意見

第三章　香港的政治、法律與人權
3.香港行政機關必須對香港立法機關負責，香港政府的主要官員（相當於「司級」官員）必須解答立法機關的質詢……

※

㉝《Final Report on the Structure of Basic Law》（基本法結構專責小組最後報告，1987 年 3 月 14 日經執行委員會通過）

【P25】

ITEMS	OPINIONS	SOURCES
5. Chapter 4 "HKSAR political structure".		
5.2 Section 2 "The executive authorities". IV. "Relationship between the executive organization and legislature".	1. To define in what ways the executive will be accountable to the legislature.	Andrew Wong (Legco Member) Ming Pao 22nd April, 1986

※

㉞ 1987 年 6 月 10 日政制專責小組之行政機關與立法機關的關係工作組《行政機關與立法機關的關係討論文件》（1987 年 7 月 27 日政制專責小組第十三次會議第二次續會討論文件）

【P1-2】
2.《中英聯合聲明》的有關規定及其引起的問題
2.3「行政機關」的定義
2.3.1 目前情況
行政局現行的職權包括：
（1）就有關香港的各樣政策向港督提供意見。
（2）港督會同行政局對市民根據某些條例所賦予的法定權利而提出的上訴、請願及反對，作出裁決。
（3）所有重要法例在呈交立法局之前，均先由行政局考慮。
（4）行政局又負責制訂若干條例的附屬法例（規例）。
（5）行政局可就有關政策提出意見，倘需動用公帑，則必須獲得立法局財務委員會批准撥款才可實施。
2.3.2 將來情況（如無特別註明，本文對「行政機關」的理解採 2.3.2.3 的定義。）
2.3.2.1「行政機關」乃指類似目前「行政局」性質的政府架構，其成員包括行政長官及其委任的成員。
2.3.2.2「行政機關」是指政府的行政部門。
2.3.2.3「行政機關」是指包括類似目前「行政局」組織在內的政府行政部門。
2.4《中英聯合聲明》引起的問題：
由於《中英聯合聲明》對行政機關和立法機關的關係只有以下的說明：
「行政機關……對立法機關負責」，而沒有對負責一詞作出解釋，故引起不少紛紜的議論。
2.4.1「負責」的解釋
有三種不同的意見：
2.4.1.1 根據中國憲法或通俗字義的解釋，「負責」指下級和上級的關係，上級有權監察下級運作、挑選和罷免下級首長。
2.4.1.2 兩者的關係如目前香港的行政局和立法局的相似，「負責」並沒有從屬關係的含意。兩者的關係是：
（1）行政機關定期向立法機關作施政報告；
（2）行政機關須答覆立法機關的質詢；
（3）立法機關有通過財政預算的權力和審議決算的權力；
（4）立法機關的主要官員，包括行政長官在內，如果有犯罪行為，立法機關可予彈劾，報請中央處理。
2.4.1.3 牛津英文字典對「負責」（accountable 及 responsible）的定義是：
（1）accountable - bound to give account; responsible.
（2）responsible - liable to be called to account, answerable, not autocratic, morally accountable for actions capable of rational conduct, of good credit or repute, respectable, apparently trustworthy.
「負責」一詞已把關係清楚界定，因為該詞並沒有從屬（上級和下級）的含義。就立法機關與行政機關的關係而言，意指相互的義務。

2.4.3 由於立法機關和行政機關各有其職權範圍，若兩者的關係只在字義的層面上理解，即只是對「負責」一詞作抽空的解釋，這對解決兩者的關係問題是沒有幫助的。本文將就立法機關和行政機關在實質職能上的關係作一探討。

※

㉟ 1987 年 6 月 22 日夏文浩《行政機關與立法機關的關係討論文件》

【P1】
第 2 頁第 2.4.1.3 點後加上
有委員認為《中英聯合聲明》乃一法律文件，故「accountable」一詞的定義不能根據一本普通用途的牛津英文字典去解釋。

※

㊱ 1987 年 6 月 23 日《有關「行政機關與立法機關的關係」討論文件的書面意見》

【P1-2】

頁	段	意見	原因	委員
1	2.3.1	在「目前情況」後加上：「除布政司為首的政府部門外，另有港督主持的行政局，是為商討行政決策的最高架構。」	修正資料	謝志偉
1	2.3.1（2）	將「總督」改為「港督」	統一用語	謝志偉
2	2.3.1（4）	在「（規例）」後加上：「交立法局省覽，如無異議，自動生效。」	修正資料	謝志偉
2	2.3.1（5）	將「功用」改為「動用」	打印錯誤	謝志偉 郭元漢
2	2.3.2.1	（1）將第二句改為：「由行政長官及其委任的成員組成，包括官守及非官守成員在內。」（2）將第二句的「委任」改為「提名」（3）句子前應加「有意見認為」	補充意見 修改意見	謝志偉 林邦莊 郭元漢
2	2.3.2.2	句子前應加「另有意見認為」		郭元漢
2	2.3.2.3	句子前應加「亦有意見認為」		郭元漢
2	2.4.1	「有三種不同的意見」改為「有四種……」		郭元漢

頁	段	意見	原因	委員
2	2.4.1.2	將以下的句子刪去：「兩者的關係如目前香港的行政局和立法局的相似，」	這句子的意思不符下文的內容	謝志偉
2	2.4.1.4	增加以下一種意見：「行政機關向立法機關負責的意思是指行政機關日常所做事務必須根據法律或獲法律授權底下執行。」	增加意見	郭元漢

※

㊲ 1987 年 6 月 30 日《有關「行政機關與立法機關的關係」討論文件的書面意見》（1987 年 7 月 10 日政制專責小組第十三次會議續會討論文件）

【P1-2】
（編者按：本文同第一稿文件㊱，除下列內容外，均同前文。）

頁	段	意見	原因	委員
2	2.4.1.3	加上以下意見：有委員認為《中英聯合聲明》乃一法律文件，故「accountable」一詞的定義不能根據一本普通用途的牛津英文字典去解釋。		夏文浩

※

㊳政制專責小組《行政機關與立法機關的關係最後報告》（1987 年 8 月 8 日經執行委員會通過）

【P1-3】
（編者按：本文同第一稿文件�34，除下列內容外，均同前文。）
<u>2.3 行政機關：</u>
2.3.1 目前情況——除布政司為首的政府部門外，另有港督主持的行政局，是為商討行政決策的最高架構。
2.3.2.1 有意見認為「行政機關」乃指類似目前「行政局」性質的政府架構，由行政長官及其提名的成員組成，包括官守及非官守成員在內。
2.4.1.3……另有意見認為《中英聯合聲明》乃一法律文件，故「accountable」一詞的定義不能根據一本普通用途的牛津英文字典去解釋。
2.4.1.4 行政機關向立法機關負責的意思是指行政機關日常所做事務必須根據法律或獲法律授權底下執行。

※

㊴ 1987 年 8 月 22 日《政治體制專題小組的工作

報告》，載於《中華人民共和國香港特別行政區基本法起草委員會第五次全體會議文件匯編》

【P45】
第四章　香港特別行政區的政治體制（討論稿）
第二節　行政機關

第五條
說明：有些委員不同意上述條文中「負責」之後用冒號，理由是「負責」的內容比條文所說的廣泛，並建議加上「接受立法機關的監察」、「行政長官及任何主要官員可受立法機關依法規定的彈劾和投不信任票」兩項。但多數委員不同意上述意見。

第二稿

第四章　第二節

「第五條　香港特別行政區行政機關必須遵守法律，對香港特別行政區立法機關負責：執行立法機關通過並已生效的法律；定期向立法機關作施政報告；答覆立法機關成員的質詢；徵稅和公共開支經立法機關批准。」

〔1987年9月8日《第四章　香港特別行政區的政治體制（討論稿）》（1987年9月22日政制專責小組第二次會議附件一）〕

① 1987年9月2日《中華人民共和國香港特別行政區基本法起草委員會第五次全體會議委員們對基本法序言和第一、二、三、四、五、六、七、九章條文草稿的意見匯集》

【P36】
五、關於第四章　香港特別行政區的政治體制
（二）第二節　行政機關
5.第五條
（1）有些委員認為本條寫得不清楚，建議改寫成兩款，冒號前為一款，冒號後單列一款，表述兩層意思。

（2）第一組的委員一致表示不同意本條說明中所列的意見。

（3）有的委員提出，本條中「徵稅和公共開支經立法機關批准」應改為「執行經批准的財政預算」。

（4）有的委員認為，行政長官、行政會議和行政機關均須對立法機關負責，而且要在本條中寫進立法機關有權調查行政機關的決策和運作，有權透過各種委員會監察政府各個部門。

※

② 政制專責小組《對基本法第四章部份條文草稿（一九八七年八月）的意見》（1987年11月4日經執行委員會通過）

（編者按：本文件雖然時間晚於本稿，但其內容是起草委員會對1987年8月22日政制專責小組擬訂的條文的意見匯編，故放在此處。）

【P1】
I 整體意見
1.有委員認為條文顯示未來特區的立法與行政關係中，行政有較大的權力，而這些權力又未有適當監察的渠道；而立法則有較少的權力，而這些權力又不足以監察行政。

另外，條文只反映了眾多行政立法關係之其中一種。至於其他政體模式（例如以立法機關與行政有互相制衡、權力較為平衡的政治模式或以立法權力較大的另一種政治模式），在條文中難以反映。這種編排方式，會令諮委及市民大眾，不能從整體角度去比較二種或多種政治模式的優劣。

2.中文版中「負責」一詞，英文版有譯為「responsible to」及「accountable to」，有委員認為應按《中英聯合聲明》的英文版譯法，就是「accountable to」，但亦有委員認為應將這問題交草委解決，以致對這詞有共通的理解。另有委員認為「負責」一詞已具體地在第二節第五條列明。

※

③ 1987年9月8日《第四章　香港特別行政區的政治體制（討論稿）》（1987年9月22日政制專責小組第二次會議附件一）

第二節　行政機關
第五條
（編者按：內容同第一稿文件㊹）

※

④ 1987年9月8日《中華人民共和國香港特別行政區基本法起草委員會第五次全體會議意見匯編》（1987年9月22日政制專責小組第二次會議附件二）

【P6】
第四章　政制
二、關於第二節　行政機關
6.關於第五條
〔編者按：本文同第二稿文件①第（1）及（3）點，其餘如下。〕
對第五條，本組到會的委員對本條條文和說明進行了反覆認真的討論，一致表示不同意第五條說明中所列的意見。

第三稿

「第五條　香港特別行政區行政機關必須遵守法律，對香港特別行政區立法機關負責：執行立法機關通過並已生效的法律；定期向立法機關作施政報告；答覆立法機關成員的質詢；徵稅和公共開支經立法機關批准。」

①《基本法諮詢委員會工商專業界諮委對未來香港特別行政區政府架構的建議》，載於 1987 年 9 月基本法諮詢委員會工商專業界諮委《未來香港特別行政區政府結構建議》

【P24-25】

4.行政機關與立法機關的關係

一般而言，我們支持聯合聲明的原則，就是行政機關需要按照法律行事，並且應該向立法機關負責。……立法機關可以透過以下方法使行政機關向其負責。

4.1 財政控制

立法機關有財政控制權，例如討論和通過每年財政預算案，包括各項開支估計和徵稅建議。

立法機關屬下的一個專責小組，公共賬目委員會，負責審核每年賬項和核數署長的匯報，向立法機關提交報告。

4.2 質詢與辯論

立法機關的質詢和辯論，使到立法議員有機會批評公帑的使用情況。立法機關擁有批評政策的權力。

立法機關議員在專責小組調查政府事務和討論法案期間，也有機會查究行政機關如何制訂政策。

4.3 財政預算案

行政機關需要每年向立法機關呈交政府的收入和開支預算。假如大多數立法議員投票反對賦予預算案中各項建議法律效力的「撥款法案」，整份預算案會交由九位立法議員組成的特別委員會，設法和行政機關磋商，謀求折衷辦法。特別委員會必須在成立後六十天內，以大多數票形式制定各項建議，然後向立法機關提交報告。在等候撥款法案通過期間，立法機關會以特別授權形式，依照上個財政年度的開支作出同等撥款，以應短期需要。

立法機關對特別委員會的預算案報告，只能接受或拒絕，不能修訂。如果立法機關拒絕該份報告，整份報告會交還特別委員會繼續磋商，不過立法機關只能拒絕兩次。假如立法機關接受該份報告並且投票通過，預算案便需要呈交行政長官，他可以贊成或者否決。假如立法機關或行政長官堅持反對該份報告，立法機關將需要按照香港特別行政區政府基本法的特別條款解散。然而，如果新選出的立法機關仍然投票反對該份預算案，行政長官必須辭職。

這個制度是以協助解決行政和立法機關之間就預算案問題發生衝突的情況而設計。如果預算案不能通過，香港政府的運作將會停頓。這項設計，使到行政機關和立法機關可以通過特別委員會進行磋商，並使到雙方受到壓力以達成妥協。解散立法機關和行政長官辭職，均屬最後手段。但

是這項規定會使到雙方受到巨大壓力，互相讓步，減少僵持不下的機會。

額外撥款則需要採用另外一種方法處理。在撥款法案通過後，同一財政年度的額外撥款申請必須經由財務委員會批准。如果財務委員會拒絕有關申請，行政機關可以在考慮委員會意見後，再次呈交申請。

4.4 儲備金

行政機關未得立法機關許可，無權運用儲備金。

4.5 外匯基金

除了調節港幣匯率，行政機關使用外匯基金事後必須向立法機關報告及解釋。

※

② 1987 年 10 月《第四章　香港特別行政區的政治體制（討論稿）》（政治體制專題小組工作文件）

【P14-15】

第二節　行政機關

第五條

（編者按：內容同第一稿文件㊴）

第五次全體大會分組討論：

（編者按：內容同第二稿文件①）

根據基本法諮詢委員會政制專責小組「行政機關與立法機關的關係‧最後報告」，對《中英聯合聲明》「負責」一詞解釋有四種不同意見。本條文基本上根據其中一種意見寫成，其餘三種意見認為：

（1）「負責」指下級和上級的關係，上級有權監察下級運作、挑選和罷免下級首長。

（2）「負責」一詞並沒有從屬的含意，意指相互的義務。

（3）「負責」的意思是指行政機關日常所做的事務必須根據法律或在獲得法律授權下執行。

香港社會上有些人士的意見與本條文的內容基本上相近，但就立法機關對行政機關的監察提出較詳細的設想，例如：

（1）立法機關設立具有一定權力的委員會，監察政府部門的運作；

（2）立法機關設立調查委員會，並可傳召行政機關各官員及查閱政府各部門資料。

第四稿

「**第六十一條　香港特別行政區行政機關必須遵守法律，對香港特別行政區立法機關負責：執行立法機關通過並已生效的法律；定期向立法機關作施政報告；答覆立法機關成員的質詢；徵稅和公共開支須經立法機關批准。**」

〔1987 年 12 月基本法起草委員會秘書處《香港特別行政區基本法（草案）》（匯編稿）〕

① 1987 年 10 月 31 日至 11 月 2 日《基本法政制專題小組新聞發佈會意見整理》，載於 1987 年 12 月 3 日《基本法諮詢委員會秘書處通訊 62》

（2）關於行政機關向立法機關負責的問題。委員們認為行政長官屬於行政機關的一部份，所以在行政機關設立諮詢機構就可以了。原來的寫法加第二款：「香港特別行政區的立法權授予香港特別行政區立法機關。」

※

② 1987 年 12 月基本法起草委員會秘書處《香港特別行政區基本法（草案）》（匯編稿）

【P27】

第六十一條

說明：有些委員不同意上述條文中「負責」之後用冒號，理由是「負責」的內容比條文所說的廣泛。

有些委員建議，本條改為：「香港特別行政區行政機關必須遵守法律，對香港特別行政區立法機關負責。行政機關必須：（一）執行立法機關通過並已生效的法律；（二）

定期向立法機關作施政報告；（三）接受立法機關的監察；（四）答覆立法機關成員的質詢，接受並協助立法機關就專門問題進行調查；（五）徵稅及公共開支經立法機關批

准，接受立法機關對公共開支的運用情況進行監察」。但多數委員不同意上述意見。

▌第五稿▌

「**第六十五條　香港特別行政區行政機關必須遵守法律，對香港特別行政區立法會議負責：執行立法會議通過並已生效的法律；定期向立法會議作施政報告；答覆立法會議成員的質詢；徵稅和公共開支須經立法會議批准。**」
〔1988 年 4 月基本法起草委員會秘書處《中華人民共和國香港特別行政區基本法（草案）草稿》〕

① 1987 年 12 月《中華人民共和國香港特別行政區基本法起草委員會第六次全體會議委員們對基本法第四、五、六、十章和條文草稿匯編的意見》

【P12-13】
17. 第六十一條
（1）有的委員提出，本條「負責」後用冒號，這在法律文件中是否符合習慣用法，請研究。

（2）第二組多數委員認為，冒號前面的話是聯合聲明規定的，後面的則是「負責」具體範圍，不同意取掉冒號，大家傾向性的意見是保留原來的條文。

（3）有些委員認為，本章第三節已給予立法機關彈劾行政長官的職權，不必在一個冒號上小題大作。第一組多數委員贊成本條現在的寫法，建議刪去說明。

（4）有的委員認為，前面的「遵守法律」與後面的「執行立法機關通過的法律」顯得重複。提出是否可將「遵守」與「執行」放在一起。

　　　　　　　　　　　　　　　※

② 1988 年 4 月《總體工作小組所作的條文修改舉要》，載於 1988 年 5 月《中華人民共和國香港特別行政區基本法起草委員會第七次全體會議文件匯編》

【P17】
第十五條（政制小組最後草擬的原六十三條），將「行政總署」改為「行政機關」。
（編者按：「第十五條」應為「第六十五條」之誤）

　　　　　　　　　　　　　　　※

③《各專題小組的部份委員對本小組所擬條文的意見和建議匯輯》，載於 1988 年 4 月基本法起草委員會秘書處《中華人民共和國香港特別行政區基本法（草案）草稿》

【P67】
第六十五條
（編者按：內容同第四稿文件②，惟「但多數委員不同意上述意見。」一句被刪除。）

▌第六稿▌

「**第六十四條　香港特別行政區行政機關必須遵守法律，對香港特別行政區立法會議負責：執行立法會議通過並已生效的法律；定期向立法會議作施政報告；答覆立法會議成員的質詢；徵稅和公共開支須經立法會議批准。**」
〔1988 年 4 月基本法起草委員會《中華人民共和國香港特別行政區基本法（草案）徵求意見稿》〕

① 1988 年 4 月基本法起草委員會《中華人民共和國香港特別行政區基本法（草案）徵求意見稿》

【P9】
簡介
26.……聯合聲明規定行政機關必須遵守法律，對立法會議負責，本章進一步闡述行政機關對立法會議負責的範圍是：執行立法會議通過並已生效的法律，定期向立法會議作施政報告，答覆立法會議成員的質詢，徵稅和公共開支須經立法會議批准。

　　　　　　　　　　　　　　　※

②《各專題小組的部份委員對本小組所擬條文的意見和建議匯輯》，載於 1988 年 4 月基本法起草委員會《中華人民共和國香港特別行政區基本法（草案）徵求意見稿》

【P57】
第六十四條
（編者按：內容同第五稿文件③）

▌第七稿▌

「**第六十四條　香港特別行政區政府必須遵守法律，對香港特別行政區立法會負責：執行立法會通過並已生效的法律；定期向立法會作施政報告；答覆立法會議員的質詢；徵稅和公共開支須經立法會批准。**」

① **1988 年 5 月基本法諮詢委員會秘書處《基本法（草案）徵求意見稿初步反應報告（草稿）》**

【P31】

5. 行政機關與立法機關

5.4 第六十五條「香港特別行政區行政機關必須遵守法律，對香港特別行政區立法會議負責：執行立法會議通過並已生效的法律；定期向立法會議作施政報告；答覆立法會議成員的質詢；徵稅和公共開支須經立法會議批准。」的規定是不足夠者，所說負責應加接受立法機關監察，協調立法機關進行調查，現時條文中負責意義實太輕微。

※

② **1988 年 6 月 6 日《政制專責小組 1 與草委交流會會議紀要》**

9. 草委回應

9.5 關於第四十三條及六十四條，有委員指出行政長官根據本法的規定除向中央政府負責，也需向整個特區的市民負責；根據法治精神，行政長官不應執行違反本法的指令。

9.8 有委員指出第六十四條的「負責」是指整個行政機關連行政長官在內要對立法機關負責；條文中冒號後是負責的範圍。

※

③ **1988 年 6 月 6 日《政制專責小組（三）與草委交流會會議紀要》**

3. 行政機關

3.3 有委員指出若按第六十四條所指行政機關要答覆立法會議成員的質詢，則第四十八條（十一）是否有修改的必要。

8. 條文

8.7 第六十四條

8.7.1 有委員認為首句屬意願及所必須遵守之行為準則，故不必列出。

8.7.2 有委員認為可加入「協助立法機關就專門問題進行調查。」

※

④ **1988 年 8 月基本法起草委員會秘書處《香港各界人士對〈香港特別行政區基本法（草案）徵求意見稿〉的意見匯集（一）》**

【P27】

第六十四條

加：「協助立法機關就專門問題進行調查。」

※

⑤ **1988 年 8 月 3 日基本法諮詢委員會秘書處參考資料（一）《內地草委訪港小組就基本法（草案）徵求意見稿一些問題的回應輯錄（一九八八年六月四日至十七日）》**

【P10】

4. 政制

4.5 「負責」的定義

4.5.1 基本法內負責出現了許多次，是在不同情況下寫的，可能會有混淆的情況出現，故在基本法有關行政機關和立法機關的關係時，在第六十四條便寫明「負責」的內容。雖然這條只寫了四點，但兩個機關的職責已很清楚。

4.5.2 不加上「行政機關要接受立法機關監察」的原因是：只寫了監察這概念而不寫內容，兩機關間便會出現一個空洞而無實質內容的概念，在這情況下，兩機關便只會為了爭權而沒有方法配合和協調，但卻不能做到實質制衡的效果。因此只寫遵守法律或接受質詢等，其效果已與接受監察及制衡的實質內容沒有兩樣了，因此不須另加條文。

4.6 行政機關、立法機關與司法機關

4.6.2 至於行政機關向立法機關負責，「負責」的意思就已用冒號解決負責的內容，這是按中英談判時出席討論的委員瞭解，提供有關資料寫成的，這亦是制衡的一種。

※

⑥ **1988 年 8 月 19 日基本法諮詢委員會秘書處參考資料（八）蕭蔚雲《設計香港未來政治體制的構思》**

【P4】

三、行政機關對立法機關負責。基本法（草案）徵求意見稿第六十四條規定：「香港特別行政區行政機關必須遵守法律，對香港特別行政區立法會議負責：執行立法會議通過並已生效的法律；定期向立法會議作施政報告；答覆立法會議成員的質詢；徵稅和公共開支須經立法會議批准」。這裡所說的「負責」的涵義，大體類似香港現行的做法和包含的內容，根據一些參加中英談判的起草委員的說明，這就是當時所指的「負責」的涵義。由於基本法（草案）徵求意見稿第五十九條、第六十條的規定，香港特別行政區政府是香港特別行政區行政機關，政府的首長是行政長官，政府設政務司、財政司、律政司和各局、處、署。所以行政機關對立法機關負責，當然包括行政長官和他所提名並經中央人民政府任命的主要官員在內，都要對立法機關負責。

對「負責」一詞在香港存在着不同的理解和分歧，現在這樣規定是比較適當的。第一，條文完全按照《中英聯合聲明》的內容，如實地作了明文規定；第二，條文對「負責」的內容作了符合中英談判時的實際情況的規定，第三，更為重要的是這一條文正確地規定了行政機關和立法機關的分工與制約關係。政權機關的工作是複雜而繁重的，應當有明確和恰當的分工，行政機關主管行政管理工作，立法機關制定和修改法律，本條明確地體現了這種正確的分工，而且從執行法律、作施政報告、答覆質詢、徵稅與公共開支須經立法會議批准等四個方面說明了立法機關對行政機關的制約，這種制約關係也是正確的、適當的。

※

⑦ **《基本法諮詢委員會政制專責小組對基本法（草案）徵求意見稿第四章的意見匯編》，載於 1988 年 10 月基本法諮詢委員會《中華人民共和國香港特別行政區基本法（草案）徵求意見稿諮詢報告（1）》**

【P99】

1. 整體意見

1.4 有委員認為，徵求意見稿中存在太多政策性條文。例如「行政長官向立法機關負責」的規定，並非法律的字眼，

應有一些文件（如英皇制誥）將各機關的責任界限列明。
1.12 有委員認為，行政機關有太大權力，未能對立法機關負責。

【P102】
2. 有關專題討論
2.2 行政機關
2.2.3 有委員指出，若按第六十四條的規定，行政機關需答覆立法會議成員的質詢，應研究第四十八條（十一）有否修改的必要。

【P109】
3. 有關條文討論
3.17 第六十四條
3.17.1 有委員認為，首句僅表示一種意願及所必須遵守之行為準則，故不必列出。
3.17.2 有委員認為，可加入「協助立法機關就專門問題進行調查」。

※

⑧《香港特別行政區政治體制的一些整體問題》，載於 1988 年 10 月基本法諮詢委員會《中華人民共和國香港特別行政區基本法（草案）徵求意見稿諮詢報告（3）──專題報告》

【P17-20】

II 行政機關與立法機關的關係
2. 行政機關與立法機關的關係的幾個主要概念
2.1《中英聯合聲明》附件一（一）訂明：「行政機關必須遵守法律，對立法機關負責。」
2.2 基本法（草案）徵求意見稿第六十四條規定：「香港特別行政區行政機關必須遵守法律，對香港特別行政區立法會議負責：執行立法會議通過並已生效的法律；定期向立法會議作施政報告；答覆立法會議成員的質詢；徵稅和公共開支須經立法會議批准。」
2.3「行政機關」的定義
2.3.1 由於徵求意見稿的有關規定比《中英聯合聲明》更加詳細，關於行政機關的定義有以下的爭論：
（1）「行政機關」指政府的行政部門。這是「小政府」的概念。
（2）「行政機關」除包括政府的行政部門外，也應包括行政長官。
（3）「行政機關」應指包括行政長官、類似目前「行政局」組織的「行政會議」和各政府行政部門。這是「大政府」的概念。
2.3.2 徵求意見稿對「行政機關」有如下的規定：
（1）第五十九條：「香港特別行政區政府是香港特別行政區行政機關。」
（2）第六十條：「香港特別行政區政府的首長是香港特別行政區行政長官。香港特別行政區政府設政務司、財政司、律政司和各局、處、署。香港特別行政區政府的組織由法律規定。」
（3）至於「行政會議」（即類似現時的「行政局」）則在第四章第一節「行政長官」中有所規定。
2.3.3 有意見認為，從以上幾方面的規定看來，「行政機關」是可以包括：
（1）行政長官（政府的首長）；
（2）行政會議（政府的首長的諮詢機構）；
（3）各行政部門（包括政務司、財政司、律政司和各局、處、署的主要官員）。

2.3.4 有意見認為，將「行政機關」界定為「大政府」會引起一些問題，例如：第四十八條第（二）項規定：行政長官「領導香港特別行政區政府」，那麼行政長官便變成領導自己；又若立法機關主席由行政長官兼任，行政機關向立法機關負責的關係便更混亂了。
2.4「負責」的定義
2.4.1 徵求意見稿第六十四條規定：「行政機關向立法會議負責」，即：
（1）執行立法會議通過並已生效的法律；
（2）定期向立法會議作施政報告；
（3）答覆立法會議成員的質詢；
（4）徵稅和公共開支須經立法會議批准。
2.4.2 有意見認為，這幾方面的規定不足以表明「負責」的意思，因為根據中國憲法或通俗字義的解釋，「負責」是指下級和上級的關係，上級有權監察下級運作，挑選和罷免下級首長。
2.4.3 有意見認為，牛津英文字典對「負責」（accountable 及 responsible）的定義是：
（1）accountable - bound to give account; responsible.
（2）responsible - liable to be called to account, answerable, not autocratic, morally accountable for actions capable of rational conduct, of good credit or repute, respectable, apparently trustworthy.
「負責」一詞已把關係清楚界定，該詞並沒有從屬（上級和下級）或被領導的含義。就立法機關與行政機關的關係而言，意指相互的義務。但有意見認為，《中英聯合聲明》乃一法律文件，故「accountable」一詞的定義不能根據一本普通用途的牛津英文字典去解釋。
2.4.4 有意見認為，「行政機關向立法機關負責」的意思，是指行政機關日常所做的事務必須根據法律或獲法律授權底下執行。
2.5「三權分立」、「行政主導」、「立法主導」的界定
2.5.1 目前對「三權分立」、「行政主導」、「立法主導」的界定雖不一致，但仍有兩類基本的主張，一是沿用現行所謂「行政主導」的制度；二是反對沿用「行政主導」，並且應加強立法機關對行政機關的監察。
2.5.2 贊成沿用現時「行政主導」政制的意見：
2.5.2.1 行政主導的政制有利於維持政府的高效率運作。
2.5.2.2 這是當代一般資本主義國家行之有效的方法。雖然許多國家的政體都標榜「三權分立」，實際上卻是實行混合制。混合制比徹底「三權分立」制在運作上較為暢順，立法議會充份配合行政機構，無須像美國要在議會外面通過「走廊議員」來溝通行政機關與立法機關。由於在政權的運作上越來越趨向於擴大行政權，所以叫「行政主導」。而美國「三權分立」制的弊端，就是政府部門不能直接在議會提出議案，結果政府的提案只有五成獲得通過。
2.5.2.3 行政主導已演變成一種潮流，因為：
（甲）當代的資本主義社會的資本壟斷必然導致權力的集中；
（乙）行政事務範圍越來越擴大，特別是隨着西方福利國家的發展，很多事務都和福利有關，政府有大堆事務要迅速處理；
（丙）各國交往頻密，每日有很多事務要馬上作出決策；
（丁）社會分工越來越專業化，單靠議員去提法案是不合實際的，因為他們沒有專業知識；
（戊）世界訊息傳播迅速，無論發生什麼事，各國馬上知道，決策自當要快，不可誤失時機。
2.5.2.4 立法機關對行政機關的監督重點，已由決策權轉移到質詢和彈劾。這是因為人民的參政權有所擴大，參政的渠道較多，普選比較普遍。由於選舉的限制比較少，議員缺乏專門知識，使立法議會的立法功能減弱，而轉為發揮監察功能。
2.5.2.5 各國主要是通過政黨來控制政治、控制選舉、控

制政府、控制議會，並通過政黨溝通行政機關和立法機關的關係。

2.5.2.6 西方政治模式的決定，一方面與它經濟發展的程度相適應，另一方面亦與其本國的歷史傳統相聯繫。政治制度不應是從別處搬過來的，而是從本身發展出來的。美國雖然實行三權分立，但三權分立不等於三權平分，實際上仍發展擴大總統的權力，限制國會的權力。

2.5.2.7 立法機關的權力是分散和分化的，不容易產生政治重心和安定力量，但行政長官及行政機關卻可形成政治重心和安定力量，有利於權力交接的平穩過渡。因此，未來特別行政區的政制應保存現有之行政、立法、司法等法例，除了部份有殖民地色彩的法律外，其他與基本法不抵觸的法例應繼續實行。

2.5.2.8 互相制衡有防止獨裁的優點，但如過份強調制衡，則會造成對抗，事事互相牽制拖拉，以致政爭頻繁，終使政府無法有效管治。因此，三權分立、互相制衡的體制不一定適合香港這地方政體。行政與立法之間的高度溝通和協調才是最重要的。

2.5.3 反對沿用「行政主導」政制的意見

2.5.3.1 徵求意見稿中的政制並非真正的民主制度，亦非三權分立的制度，立法權及司法權均受種種限制。

2.5.3.2 行政機關與立法機關應着重互相制衡和制約，這樣做會有利於香港民主政制的形成及發展。因為兩者均為政治架構中同樣重要的機關，不應讓某一機關凌駕於另一機關之上。

2.5.3.3 「行政機關……對立法機關負責」意即以立法為主導，因此行政長官權力不應太大，否則便會變成行政主導。

2.6 對徵求意見稿規定的意見

2.6.1 徵求意見稿對行政與立法機關的權力制衡的規定已很足夠，但有關來自社會公眾對政府直接的制衡、監督的規定卻顯得不足夠。

2.6.2 立法機關並未具足夠權力對行政長官及行政機關作出制衡，致使將來政制仍維持行政主導、官僚專權的體制。

2.6.3 徵求意見稿並無明確處理行政機關和立法機關間的關係。

2.6.4 部份條文令兩機關處於僵持或對立的局面。如行政長官不同意立法會議通過的法案，可在三個月內發回重議；如果立法機關再次拒絕通過，行政長官可解散立法會議，但倘若重選的立法機關繼續拒絕通過所爭議的原案，行政長官便需辭職。這樣反覆的過程只會造成兩者關係對立及兩敗俱傷。

2.6.5 更有意見認為，徵求意見稿的規定不符合《中英聯合聲明》，因為立法機關的權力受多方限制。

2.6.6 有意見認為，徵求意見稿對兩個機關的規定，較現時兩局情況更具民主制衡作用，既可防止行政、立法機關任何一方犯錯，更可使兩機關積極地互相配合、協調。

【P23-24】

4. 行政機關與立法機關的關係

4.3 主要官員出席立法會議

4.3.1 有意見認為，徵求意見稿附件二「立法會議的產生辦法」的各個方案或第六十七條，均沒有解決將來主要官員在立法會議所扮演的角色問題。將來立法會議將由混合選舉產生，不再有委任議員，但徵求意見稿第六十四條規定行政機關需「……定期向立法會議作施政報告；答覆立法會議成員質詢……。」若將來取消了現時的「當然官守議員」，那麼由誰及怎樣去執行第六十四條的規定呢？

4.3.2 有人提出如下的建議：

4.3.2.1 在立法會議內加增一種「不投票」的立法會議成員，由行政機關的官員出任。他們只就政府的重要政策作出答辯，並執行第六十四條的規定。他們沒有投票權，不會對需要通過的法案作任何影響。其產生方法如下：

（甲）由行政長官委任；或

（乙）行政機關的主要官員互選產生。

4.3.2.2 在大選舉團產生部份立法會議成員的選舉中，加入由公務員或主要官員產生的成份。

4.3.2.3 行政機關成員或主要官員不應同時出任立法會議成員，但可以列席方式出席立法會議，執行第六十四條的規定。這既可以避免將行政機關與立法機關的關係混淆，亦可使行政機關履行第六十四條的規定。

※

⑨ 1988 年 10 月基本法諮詢委員會《中華人民共和國香港特別行政區基本法（草案）徵求意見稿諮詢報告第五冊——條文總報告》

【P256】

第四章

第二節 整體意見

1. 意見

1.1 組成及產生

→ ……行政機關要向立法機關負責。主要官員以下的公務員負責執行政策，但不能參與政策制定。

1.2 權責

→ 行政長官、行政會議及各政府部門都是特別行政區政府行政方面的決策及執行者，是行政機關的一部份，應根據《中英聯合聲明》，向立法機關負責。

→ 行政機關必須遵守法律，對立法機關負責。

→ 行政機關的官員需執行法律、作施政報告及答覆質詢徵稅及公共開支。

【P264-267】

第六十四條

2 意見

2.1 行政機關對立法會議負責

→ 行政機關須向立法會議負責，並互相制衡。此外，亦須互相協調、互相溝通，以維持政府之效率。基於上述原則，有以下兩點意見：

（1）為加強行政立法雙方的協調，可在立法會議下設立政策委員會。政策委員會成員三分之一由行政長官任命，三分之一由立法會議機關委派，另三分之一由雙方共同邀請有關專業團體代表或個人參加。委員會的主要功能是為主要官員所建議的政策進行討論及審議，委員會並可自行草擬政策進行討論。

（2）行政機關各部門在制定政策前，可先諮詢政策委員會的意見，將收集的意見整理及草擬成法律草案後，交予政策委員會審議。政策委員會對法律草案進行討論、修改，經議決的法律草案，由政策委員會向立法會議提出。

→ 行政機關對立法會議的負責範圍必須擴大，以加強立法會議對行政機關監督之權，行政機關應包括：特別行政區行政長官、行政會議及特別行政區政府其他行政部門。

→ 應列明行政機關對立法會議負責的事項原則。

→ 假如「負責」兩字後不用冒號，其定義將更含糊。

→ 如想賦予立法會議充份的問責權，就應將立法會議能監察行政機關的權力寫進基本法內。假如沒有一個代表市民的機關監察行政機關的施政，將是市民權利的重大損失。況且，效率的意思在於合理與合情，並不單指速度。

→ 不贊同條文就行政機關向立法會議負責的定義。

理由：行政機關向立法會議負責，即指行政機關內的主要官員，均須在立法會議多數成員的信任和支持下，始能繼續任職。

→ 此條文限制了行政長官只需在某程度上對立法會議負責，實有違《中英聯合聲明》。負責應是無限制或約束的，所以行政長官應完全無約束地對立法會議負責。

→ 本條在行政與立法關係的安排上，比現時的制度並沒有進步。行政長官有拒絕立法會議因公共利益問題而傳召官員作證和提供證供的權力，更顯得將來的特別行政區立法會議監察權力之薄弱。再加上一個作為行政長官顧問而又無須向立法會議負責的行政會議，只令人感到《中英聯合聲明》中的原則和精神遭到徹底破壞。

2.2 負責範圍
→ 除答覆質詢外，行政機關也要協助立法會議深入調查一些專門問題。

理由：本條文旨在說明行政機關與立法會議的關係，雖有註明行政機關要向立法會議「負責」，但「負責」的意思卻只限於四項；單此四項不足夠令立法會議對行政機關起制衡作用。

→ 應註明香港特別行政區行政機關接受立法會議的監察。

2.3 其他意見
→ 相對於第六十二及七十二條，此條顯得不必要。

→ 缺乏對政府官員在行政上和法律上犯法，應如何處理的指引。

→ 此條否定了高官有犯法的可能，若不糾正，會令法律顯得不平等。

→ 行政機關與立法會議對審計的事宜可能有不同的處理。

→ 條文中沒有提及審計的事宜。

→ 既符合《中英聯合聲明》，又能達致真正的「負責」。

→ 一個負責任的行政機關在立法會議的有效監察下，能更有效率及認真地推行任何政策，以向全港市民交代。

→ 原文「負責」定義太過狹窄、含糊。立法會議的監察作用應清楚列明，俾能作出互相制衡的作用。

→ 此條文中的「負責」只偏於報告形式之交代，未能發揮立法與行政機關互相監察及制衡之關係。

3. 建議
3.1 修改
→ 改為：「香港特別行政區行政機關必須遵守法律，對香港特別行政區立法會議負責。行政機關必須：（一）執行法律；（二）定期向立法會議作施政報告；（三）接受立法會議的監察；（四）答覆立法會議成員的質詢，接受並協助立法會議就專門問題進行調查；（五）徵稅和公共開支經立法會議批准，接受立法會議對公共開支的運作情況進行監察。」

理由：原文所列的負責範圍過於狹窄，沒有達到負責的真正意義。

→ 採納「匯輯」內有關此條文的建議。

理由：
⊙ 加強立法會議和行政機關的互相制衡作用。
⊙ 體現香港特別行政區具有高度自治的政治制度原則。

→ 改為：「香港特別行政區行政機關必須遵守法律，對香港特別行政區立法會議負責：執行立法會議通過並已生效的法律；定期向立法會議作施政報告；答覆立法會議成員的質詢；接受及協助立法會議成立之專責小組之調查；徵稅和公共開支須經立法會議批准及監察。」

理由：
⊙ 《中英聯合聲明》訂明行政機關須向立法機關負責；換言之，後者對前者有問責之權。但原文對立法會議監察行政機關方面時只論及質詢權，其他屬於立法會議監察範圍之權力則未被認可。如是者，「負責」一詞的理解甚為狹窄。
⊙ 應增加立法機關之調查權和彈劾權。當有需要時，由

立法機關組織一調查委員會負責處理有關事宜。

→ 改為：「香港特別行政區行政機關（包括行政長官和各級官員）必須遵守法律，對香港特別行政區立法會議負責，執行立法會議通過並已生效的法律，定期向立法會議作施政報告，答覆立法會議成員的質詢，徵稅和公共開支須經立法會議批准。立法會議主席由立法會議成員互選產生。」

→ 改為：「行政機關必須遵守法律，對立法會議負責，其中包括：（一）執行立法會議通過並生效之法律；（二）定期向立法會議作施政報告；（三）答覆立法會議成員的質詢；及（四）徵稅和公共開支須經立法會議批准。

→ 改為：「香港特別行政區行政機關必須遵守法律，對香港特別行政區立法會議負責：（一）執行立法會議通過並已生效的法律；（二）定期向立法會議作施政報告；（三）接受立法會議的監察；（四）答覆立法會議成員的質詢，接受並協助立法會議就專門問題進行調查；（五）徵稅和公共開支經立法會議批准，接受立法會議對公共開支的運用情況進行監察；（六）中央人民政府及全國人大常委會的追授事項和指令，須交立法會議辦理。」

理由：
⊙ 更能顯示立法會議有監察行政長官權力。
⊙ 更明確表達行政長官對立法會議負責的概念。

→ 第一句改為：「香港特別行政區行政機關必須遵守基本法律，……」

→ 第一句改為：「香港特別行政區行政機關，包括行政長官在內的各級官員，必須遵守法律，……。」

→ 第一句中的「行政機關」改為「政府」，以符合第五十九條的寫法。

→ 將「……負責：」改為「……負責；」

理由：
⊙ 冒號不必要地規範了「負責」一詞的定義。
⊙ 「負責」一詞後的各項工作，都需要行政機關履行，而且行政會議也不應單只向立法會議負責。

→ 將「……負責：」改為「……負責。」

理由：行政機關對立法機關負責的範圍訂得太狹窄。

→ 將「並已生效」改為「並有效力」。

理由：旨在照顧法律生效後因違反基本法而被撤銷效力的情況。

3.2 增加
→ 在「答覆立法會議成員的質詢」後加上「接受立法會議的調查及向其作證和提供證據」。

理由：「答覆立法會議成員的質詢」一項未夠具體，在實際運作上，立法會議很難單靠此權力成功地監察政府。

→ 在最後一句加上：「接受立法會議對公共開支的運用情況進行監察。」

→ 加上：「行政機關需接受立法會議或其負責委員會的監察，並提供資料。」

→ 加上一項：「協助立法會議就專門問題進行調查」。

→ 加上一項：「接受並協助立法會議就專門問題進行調查。」

→ 在接受立法會議監察方面加上：「甚至公共開支運用情況」。

→ 加上：「除經法院判決屬特別行政區以外的事宜，政府官員必須向立法會議作證和提供證據。」

→ 加上：「接受立法會議成立的特別調查小組進行調查有關行政錯誤的行為。」

3.3 其他建議
→ 除非列明「監察」的具體界定，否則不宜加入「匯輯」所建議的「接受立法機關的監察」一項。

→ 刪除「……對香港特別行政區立法會議負責」後的幾句。

第八稿

「**第六十四條** 香港特別行政區政府必須遵守法律，對香港特別行政區立法會負責：執行立法會通過並已生效的法律；定期向立法會作施政報告；答覆立法會議員的質詢；徵稅和公共

開支須經立法會批准。」

〔1990年2月16日《中華人民共和國香港特別行政區基本法（草案）》〕

① 1989年5月10日草案諮詢期討論文件（一）《行政機關與立法機關的關係》

【P3-4】

II 議會制

3. 這些意見指出草案的缺點（下文是以採用議會制為假設而提出的缺點——非真正的議會制）

3.7 行政機關向立法機關負責的關係

第64條規定行政機關向立法機關負責的規定並未能確實描寫現時兩機關在法理上的關係。加上第72（9）在法理上立法會通過對行政長官的不信任議案，政府不一定要請辭，然而其政治後果一定是政府倒台，後果必定嚴重。因此為要行好議會制，根據法國憲法第49條的例子，就是如果在十分之一的議員提出不信任議案時，不信任議案被通過的話，政府必定要倒台，倒台時總統亦可解散議會，待人民再作決定；若不通過的話，曾提出動議的人在同一屆中不能再提出不信任議案，而政府可在施政方針、具體政策大方向上，甚至某文件、某法案上，要求議會一字不易地接受。對此，若有十分之一不同意的議員，可以要求表決不信任議案，此時的表決則是對不信任議案的表決，若贊成不信任議案的成員超過全體成員半數，不信任議案通過；若不超過半數，不信任議案失落，政府的待表決文件亦可一字不漏的通過。將來香港亦可參考此做法。

III 行政機關與立法機關的「負責」及「制衡」關係

1 負責

1.1 負責的定義一直都很含糊及富爭議的。初期聯合聲明發表時，較多人傾向於以議會制去理解負責的定義，即將未來之立法會等同於國家的議會，也就是有代表性的組織，政府要向這個議會負責，但這理解會使兩機關有從屬的關係，政府要受議會的帶導。

1.2 草案公佈後，第64條解釋了負責的意義，這解釋並不符議會制的做法，因為議會制的傳統就是議會專制，可代表大多數人的專制，而行政機關便要向議會負責。在英國，最高權力是在國會的，但英皇地位也十分崇高，所以英國國會通過的法案也是以女皇同國會名義通過的。若以議會制去理解負責的意義，政府便要向國家最高權力，即議會負責，這樣便會使行政、立法兩機關有從屬關係。再者若以一個議會為權力中心，而議會又是從選舉產生的話，為保證議會的意見不是分散或分裂，西方的經驗便是發展政黨政治，在社會上形成一個統治集團，這集團就能透過掌握議會內多數議席而組織政府，並指導文官政府施政，因而保證行政與立法間有一比較整合的作用。因此一個穩定的政黨政治可減少選舉中的不可預見性，減少政治的波動性。至於文官制度則可某程度上有助於政策的延續性。

1.3 香港目前的制度是個獨裁的制度，這制度是由一個總督作為核心，而總督卻是受制於英國政府，並透過英國政府向英國國會負責，而非向香港本地立法機關負責。所以，目前香港並不存在行政向立法負責的問題。行政、立法權最終仍是集於總督身上，只是歷史上種種因素使這權力已經某程度上分開了，但法理上，行政局或立法局都只是總督的一個顧問機構，且還有附帶機制，就是委任制度，以保證人事上能防止兩局顧問出現與總督「對着幹」的情況。

雖然草案有規定與目前做法類似，就是立法機關有權通過撥款法案，聽取行政機關的施政報告，向行政長官提出質詢，但這並不等於負責。

1.4 一九九七年後，香港特別行政區可利用固有的傳統，加以轉化，以體現香港在政治地位上的轉變，因為九七年

後原向英國負責的總督專制制度，應改變為行政權力機關向本地負責的制度，將效忠對象由英國國會轉移向本地立法機關。但另一方面，卻可允許行政機關有較大的能動性，就是政府可有特權提出對公共有關的立法、提出財政預算案等。給予行政機關這樣大的權力的原因是行政機關最終還是要向議會負責的，並假設該政府是受議會支持的。至於行政與立法間的整合性，亦可透過政黨來維持。

1.5 然而，草案中並沒有明顯的議會制特色，反而行政與立法兩機關都是分別地產生的，由於授權是分開的，兩機關就不可能有從屬關係，因為兩者都可稱為來自民眾的信任和授權的，因此根本談不上負責。草案條文所顯示的是立法機關有監察行政機關的權力，但不等同行政機關向立法機關負責。

1.6 建議

由於兩個機關各自獨立產生，根本很難建立起負責的關係，這樣做反而會歪曲了負責的意思，故建議將草案第64條刪除，而在具體條文內列明立法會有質詢、辯論的權力，而不用提負責，因根本沒有負責的關係存在。

※

② 1989年8月18日第二次諮詢期政制專責小組第四次會議附件一

第六十四條

2. 意見

2.1 整體

→ 此條有關香港特別行政區政府對立法會負責的規定受制於第四十八條第十一項是不恰當的。

理由：第六十四條雖規定香港特別行政區政府對立法會負責，第四十八條第十一項卻容許行政長官任意決定政府官員是否向立法會作證和提供證據。

→ 政府向立法機關「負責」的定義過於狹窄。

3. 建議

3.1 修改

→ 改為：「香港特別行政區行政機關必須遵守法律，對香港特別行政區立法機關負責。香港特別行政區行政機關（一）執行立法機關通過並已生效的法律；（二）定期向立法機關作施政報告；（三）接受立法機關監察；（四）答覆立法機關成員的質詢，接受或協助立法機關就特別問題進行調查；（五）徵稅和公共開支須經立法機關批准，在公共開支方面接受立法機關監察。」

理由：建議中的條文表達得更清楚。

※

③ 1989年9月1日《第二次諮詢期政制專責小組第五次會議會議紀要》

12. 第六十四條

12.1 有委員認為此條應改為：「香港特別行政區行政機關必須遵守法律，對香港特別行政區立法機關負責。香港特別行政區行政機關（一）執行立法機關通過並已生效的法律；（二）定期向立法機關作施政報告；（三）接受立法機關監察；（四）答覆立法機關成員的質詢，接受或協助立法機關就特別問題進行調查；（五）徵稅和公共開支須經立法機關批准，在公共開支方面接受立法機關監察。」

新的條文能使行政對立法負責的範圍擴大，令互相制衡更

有效。

※

④《基本法諮詢委員會政制專責小組對基本法（草案）第四章、附件一、附件二及附錄的意見匯編》，載於 1989 年 11 月基本法諮詢委員會《中華人民共和國香港特別行政區基本法（草案）諮詢報告第一冊》

【P94】
1. 專題討論
1.2 行政立法關係
1.2.3 制衡
1.2.3.1 有委員認為，《基本法（草案）》內有關立法會與行政長官職權的分配並不公平，現有行政機關向立法機關負責的規定也不能賦予港人足夠的信心。

【P96】
（編者按：本文同第八稿文件③，除下列內容外，均同前文。）
2. 對條文的討論
2.13 第六十四條
2.13.1 有委員認為，本條中政府向立法機關「負責」的定義過於狹窄。

※

⑤《行政機關與立法機關的關係》，載於 1989 年 11 月基本法諮詢委員會《中華人民共和國香港特別行政區基本法（草案）諮詢報告第二冊——專題報告》

【P111-113】
5. 以立法與行政結合一體的模式為討論基礎的意見
5.7 行政機關向立法機關負責的關係
（編者按：內容同第八稿文件①第 II 項）

6. 以立法與行政分權而立的模式為討論基礎的意見
6.1 行政機關向立法機關負責的問題
（編者按：內容同第八稿文件①第 III 項）

※

⑥ 1989 年 11 月基本法諮詢委員會《中華人民共和國香港特別行政區基本法（草案）諮詢報告第三冊——條文總報告》

【P154】
第六十四條
2. 意見
2.1 反面
→ 此條有關香港特別行政區政府對立法會負責的規定受制於第四十八條第十一項是不恰當的。
理由：第六十四條雖規定香港特別行政區政府對立法會負責，第四十八條第十一項卻容許行政長官任意決定政府官員是否向立法會作證和提供證據。
→ 政府向立法機關「負責」的定義過於狹窄。

3. 建議
3.1 刪除
→ 刪去「對香港特別行政區立法會負責」一句。
→ 刪去「對香港特別行政區立法會負責」之後的一段文字。
理由：此條必須符合《中英聯合聲明》中的條款。
3.2 修改
→ 改為：「香港特別行政區行政機關必須遵守法律，對香港特別行政區立法機關負責。香港特別行政區行政機關（一）執行立法機關通過並已生效的法律；（二）定期向立法機關作施政報告；（三）接受立法機關監察；（四）答覆立法機關成員的質詢，接受或協助立法機關就特別問題進行調查；（五）徵稅和公共開支須經立法機關批准，在公共開支方面接受立法機關監察。」
理由：表達得更清楚。
→ 刪去（：）號，加上「並負責」。
理由：相信香港特別行政區政府不應只負責向立法會作施政報告，答覆議員的質詢，以及向立法會申請批准徵稅和公共開支。
→ 「定期向立法會作施政報告」改為「在立法會開會期間，向立法會負責解釋政策及答覆議員的質詢」。
3.3 增加
→ 加上：行政機關需要：
（1）接受及協助立法機關進行的調查；
（2）在公共開支方面受立法機關監督。
理由：立法機關有權力和義務去監督行政機關在各方面的表現，及確保公款的運用是得當的。

第九稿

「第六十四條　香港特別行政區政府必須遵守法律，對香港特別行政區立法會負責：執行立法會通過並已生效的法律；定期向立法會作施政報告；答覆立法會議員的質詢；徵稅和公共開支須經立法會批准。」
〔1990 年 4 月《中華人民共和國香港特別行政區基本法》〕

原由行政機關設立諮詢組織的制度繼續保留。

1. 原行政機關的諮詢組織制度的保留

第一稿▶

第四章　第二節
「第六條　行政機關設立諮詢組織的制度繼續保留。」
〔1987 年 8 月 22 日《政治體制專題小組的工作報告》，載於《中華人民共和國香港特別行政區基本法起草委員會第五次會議文件匯編》〕

① 1986 年 2 月基本法諮詢委員會《諮委會第一分組有關基本法結構討論小結》

一、基本法結構，根據與會者發言，大致上可以歸結為下列十二個部份：
5. 政制

※

② 1986 年 2 月基本法諮詢委員會《第一批研討會總結》

一、基本法結構，根據與會者發言，大致上可以歸結為下列十二個部份：
5. 政制

※

③ 1986 年 2 月基本法諮詢委員會《第二批研討會總結》

六、基本法結構初擬——
4. 政府的架構——首長的產生，調動軍隊的權力，行政、立法、司法、財政制度、公務員。

※

④ 1986 年 2 月基本法諮詢委員會《第三批研討會總結》

4. 基本法的詳盡程度——
（2）政制：主要說明行政、立法、司法三權分立關係，三個機構如何產生及其權力範圍等問題；

※

⑤ 1986 年 2 月基本法諮詢委員會《第四批討論總結》

一、基本法的結構
3. 政制

四、政制方面

有些委員認為《中英聯合聲明》內談經濟部份太多，政制太少，所以基本法要側重寫政制部份，但如果寫得太詳細，則缺乏修改餘地，而太簡單，則又會說不清主要重點。個別委員建議在基本法內只闡述政制的大原則，而具體細節則以附件形式詳述。既可達到精簡原則，另一方面易於在港人手裡修改政制附件部份，而可能不須呈交中央通過。

※

⑥ 1986 年 2 月基本法諮詢委員會《第五批研討會總結》

二、草擬基本法的幾點原則——
3. 基本法內的偏重面應考慮港人的關注性：
一些委員認為基本法應對港人所憂慮的問題，如中央與特別行政區的關係，香港政制問題等應詳加闡述。

五、對基本法結構的建議——
4. 政制：行政
　　　　立法　｝三權分立，並寫出它的形成及運作。
　　　　司法

※

⑦ 一百九十人聯署《香港特別行政區政制方案的建議》，載於 1986 年 11 月 10 日基本法起草委員會秘書處《參閱資料——第 28 期》

【P7】
5. 行政機關與立法機關相互關係
5.4 為加強行政立法雙方的協調，建議基本上維持現時的諮詢制度，依主要政策部門關注的事務，設立顧問委員會如交諮會、教育委員會及勞工顧問委員會等，而其他各項事務則設諮詢委員會。顧問委員會成員三分之一由行政長官任命，三分之一由立法機關委派，另三分之一由雙方共同邀請有關方面專長的團體代表或個人參加。這些委員會的主要功能，是為主要官員所建議的政策在考慮的階段時事先提供意見，並提供一機會予行政、立法機關及社會人士（與政策有關之團體及人士）接觸，互相交換資料及協調，使將來制定的政策能充份反映各方面人士的意見。由於立法機關議員在行政機關制訂政策前有參與及發表意見的機會，故相信行政機關的政策，能更容易得到立法機關的支持。

第四章　第二節

「第六條　行政機關設立諮詢組織的制度繼續保留。」

〔1987 年 9 月 8 日《第四章　香港特別行政區的政治體制（討論稿）》（1987 年 9 月 22 日政制專責小組第二次會議附件一）〕

第三稿▶

第四章　第二節

「第六條　行政機關設立諮詢組織的制度繼續保留。」

〔1987 年 10 月《第四章　香港特別行政區的政治體制（討論稿）》（政治體制專題小組工作文件）〕

第四稿▶

「第六十二條　行政長官和行政機關設立諮詢組織的制度繼續保留。」

〔1987 年 12 月基本法起草委員會秘書處《香港特別行政區基本法（草案）》（匯編稿）〕

第五稿▶

「第六十六條　香港特別行政區行政長官和行政機關設立諮詢組織的制度繼續保留。」

〔1988 年 4 月基本法起草委員會秘書處《中華人民共和國香港特別行政區基本法（草案）草稿》〕

① 1988 年 4 月基本法起草委員會秘書處《中華人民共和國香港特別行政區基本法（草案）草稿》

【P20】
第六十六條
有委員提出，這個制度尚未有，怎樣保留？（編者按：有委員以手寫的形式提出這項資料）

第六稿▶

「第六十五條　原由行政機關設立諮詢組織的制度繼續保留。」

〔1988 年 4 月基本法起草委員會《中華人民共和國香港特別行政區基本法（草案）徵求意見稿》〕

第七稿▶

「第六十五條　原由行政機關設立諮詢組織的制度繼續保留。」

〔1989 年 2 月《中華人民共和國香港特別行政區基本法（草案）》〕

① 1988 年 6 月 6 日《政制專責小組（三）與草委交流會會議紀要》

8. 條文
8.8 第六十五條
8.8.1 有委員認為可刪去此條，或寫成「行政機關得設立諮詢組織」。
8.8.2「原由」一詞最好修改或刪去。

※

② 1988 年 8 月基本法起草委員會秘書處《香港各界人士對〈香港特別行政區基本法（草案）徵求意見稿〉的意見匯集》

【P27】
第六十五條
刪去此條。或改為「行政機關得設立諮詢機構」，避免「原有的」的提法。

※

③ 1988 年 8 月 19 日基本法諮詢委員會秘書處參考資料（八）蕭蔚雲《設計香港未來政治體制的構思》

【P8】

四、行政機關的地位、組成和職權，立法機關的地位、產生和職權
……從香港的現實出發，基本法（草案）徵求意見稿還規定「原由行政機關設立諮詢組織的制度繼續保留」。

※

④《基本法諮詢委員會政制專責小組對基本法（草案）徵求意見稿第四章的意見匯編》，載於 1988 年 10 月基本法諮詢委員會《中華人民共和國香港特別行政區基本法（草案）徵求意見稿諮詢報告（1）》

【P109】
（編者按：本文同第七稿文件①，除下列內容外，均同前文。）
3. 有關條文討論
3.18 第六十五條
3.18.3 有委員認為，現行房屋委員會與將來成立的醫務管理局均是由行政機關賦予部份權力的機構。它們雖非諮詢機關，地位卻比諮詢機關重要，但它們的存在並未在第六十五條受保障，建議草委於基本法內附加條文，以決定它們的存在與否問題。

※

⑤《香港特別行政區政治體制的一些整體問題》，

載於 1988 年 10 月基本法諮詢委員會《中華人民共和國香港特別行政區基本法（草案）徵求意見稿諮詢報告（3）——專題報告》

【P7】
I 設計政治體制的原則
3. 保持現有制度的優點並加以改善
3.2 現有制度的優點和特點
3.2.3 有意見認為，應保留現時行政機關設立諮詢組織的制度。這制度的好處是，從效果上看，有助於提高行政管理效率，加強制訂政策過程的專業指導；從組織形式上看，既有就全港性的專門問題提供意見的法定組織，亦有就全港性的專門問題提供意見的非法定組織。政府通過行政局、立法局、市政局、區議會、四百多個附屬於行政機關的諮詢委員會，成為一個網絡，藉這些網絡得以進一步瞭解各項社會事務。這些諮詢機關起着上情下達、下情上達、官民溝通、調節矛盾的作用。另外，行政諮詢制度是目前本港吸納精英參與政治的成功經驗。這有民主成份，是社會進步、民主呼聲不斷高漲的結果，有利於本港民主政制的發展。有意見認為，保留行政諮詢制度，會有利於香港繼續繁榮安定，並可將移民之風緩和下來。

※

⑥ 1988 年 10 月基本法諮詢委員會《中華人民共和國香港特別行政區基本法（草案）徵求意見稿諮詢報告第五冊——條文總報告》

【P267-268】
第六十五條
2. 意見
→ 設立諮詢組織對解決問題的幫助很大，故贊成此條文。
→ 當特別行政區的居民認為有需要解散這些諮詢組織時，不應用這條文來阻止居民的意願。
→ 第六十五條只包括保留諮詢組織，但也應包括各獨立管理局，如房屋協會及醫院管理局及特別行政區政府將來成立的同類機構。
→ 這條文阻礙了行政官員的工作。諮詢組織可能很有用，但如立法機關稱職的話，它們就變得無作用。

3. 建議
3.1 刪除
→ 刪除本條。
理由：這使行政長官受到掣肘。因為諮詢組織雖然有用，但如立法機關已能妥善地履行職務，便不須要有諮詢組織。
→ 刪除第四章第五節。
3.2 修改
→ 改為：「行政機關得設立諮詢組織」。
理由：行政機關已有權設立諮詢機構，如認為諮詢機構是香港政制中的重要部份，則應作上述修改。
→ 改為：「香港特別行政區政府設立政策性諮詢機構和區域性諮詢機構，諮詢機構的組織權由法律規定。」
理由：
⊙ 目前香港政府採用的「諮詢政制」模式，就是根據一個組織完善、範圍廣泛的諮詢網，搜集意見，並制訂及改進有關政策。
⊙ 「諮詢政制」乃香港政府的特色，應以法律將它規定下來。
→ 改為：「原由行政機關設立諮詢組織的制度繼續保留及予以發展。」
理由：諮詢組織的制度十分重要，能使決策者在制訂政策時參考各有關方面意見予以協調，故應在未來政制中予以發展。
3.3 其他建議
→ 應將現時政務處的權力擴大，增加政務官員的任務，並將現時互助委員會改為居民委員會，市民的意見可通過居民委員會提交政務官員而直達政府；這樣就不需要諮詢組織的議員，也可節省政府的開支。

第八稿

「第六十五條　原由行政機關設立諮詢組織的制度繼續保留。」
〔1990 年 2 月 16 日《中華人民共和國香港特別行政區基本法（草案）》〕

① 1989 年 8 月 18 日《第二次諮詢期政制專責小組第四次會議會議紀要》

【P1-2】
1. 行政長官在立法會內獲得施政上必須的支持的方法
1.3 諮詢委員會
1.3.1 應該將行之有效非憲制性的措施變為憲制性的措施，例如將非憲制性的諮詢委員會變為憲制性的設立。
1.3.2 設立諮詢委員會是將目前的制度強化，是可行的，但其產生方法及權力等都需要再加研究。
1.3.3 建議加入設立諮詢委員會的條文，三分之一由行政長官委任，三分之一由立法會互選，三分之一由有關的專業人士出任，這類委員會可促進行政與立法的溝通。
1.3.4 不少國家也有諮詢委員會的設立，例如瑞士在政策尚未向立法局提出前，已在諮詢委員會內討論及進行協調了，而行政機關不聽取諮詢委員會意見的機會非常少。
1.3.5 但有意見認為所謂「行之有效」的措施並不清楚，而且將非憲制性的措施保留為習慣性的設立較有彈性。
1.3.6 目前的諮詢委員會只是循習慣產生的，行政長官可按己意委任，並沒有什麼規限。但若將來在憲制上規定其產生方法，其中更有由選舉產生，而權力卻沒有改變，仍是諮詢性質，這樣便會混淆了諮詢及反映民意的效能，亦可能會削弱立法機關對行政機關的監察功能。
1.3.7 諮詢委員會變為憲制性的設立並非好事，因為目前港督若不同意諮詢組織的意見是需向英國外交事務部報告的，那麼將來行政長官若不同意這些諮詢組織的意見，便要向中國報告了。
1.3.8 第六十五條「原由行政機關設立諮詢的組織制度繼續保留」的這規定太籠統，應重新具體界定，因為將來政制的權力架構已改變，不能仍然維持目前的情況。
1.3.9 有委員澄清目前立法局內的委員會是直屬於立法局的，有別於以上所提行政機關下的諮詢委員會。

※

② 1989 年 8 月 18 日第二次諮詢期政制專責小組第四次會議附件一

第六十五條
2. 意見
→ 這規定太籠統，應重新具體界定，因為將來政制的權力架構已改變，不能仍然維持目前的情況。

3. 建議
3.1 修改
→ 「設立」一詞改為「設立原則下」。

理由：原文的字眼含有只為穩定現有「諮詢組織」五十年不變的意思。

4.待澄清問題
→ 應明確界定條文中「原」字的時間性。
理由：「原」字可解釋為一九九七年六月三十日或以前的日子，未知從那時開始計算。

※

③ 1989 年 9 月 1 日《第二次諮詢期政制專責小組第五次會議會議紀要》

13.第六十五條
13.1 有委員認為此條強調「保留」，會妨礙新的諮詢組織產生。
13.2 有委員認為此條針對的是制度，而非個別機構。若現有制度至九七年沒有重大變動，則不會產生大問題。
13.3 有委員認為，「原」字應解作基本法生效的時刻。
13.4 有委員認為，在解釋此條時，應較靈活地從大原則着眼，不應逗留在小節上，才可解決當中疑問。

※

④《基本法諮詢委員會政制專責小組對基本法（草案）第四章、附件一、附件二及附錄的意見匯編》，載於 1989 年 11 月基本法諮詢委員會《中華人民共和國香港特別行政區基本法（草案）諮詢報告第一冊》

【P93-94】
（編者按：本文同第八稿文件①，除下列內容外，均同前文，惟將 1.3.8 及 1.3.9 點被刪除。）
1.專題討論
1.2 行政立法關係
1.2.3 制衡
1.2.3.1 有委員認為，《基本法（草案）》內有關立法會與行政長官職權的分配並不公平，現有行政機關向立法機關負責的規定也不能賦予港人足夠的信心。

【P97】
（編者按：本文同第八稿文件③，除下列內容外，均同前文。）
2.對條文的討論
2.14 第六十五條
2.14.1 有委員認為，此條的規定太籠統，應重新具體界定，因為將來政制的權力架構已改變，不能仍然維持目前的情況。

※

⑤ 1989 年 11 月基本法諮詢委員會《中華人民共和國香港特別行政區基本法（草案）諮詢報告第三冊──條文總報告》

【P147】

第四章
第二節　整體意見
2.建議
2.1 增加
→ 在政府架構內的每一個政策科設立諮詢委員會，除了負責諮詢外，應賦予委員會檢討及建議修訂政策的權力。諮詢委員會成員需由行政長官從社會各階層及立法機關中委任。委員會主席應由立法機關成員擔任，由行政長官諮詢立法機關後予以委任。
為求維持諮詢委員會的工作質素，立法機關成員參與委員會的數目應予以限制。同時，行政長官應盡量在各階層及界別中，委任賢能出任委員會成員，以加強委員會的代表性。
如諮詢委員會在討論制訂政策時，未能達成共識，而需要行政機關作出決定；或行政機關否決諮詢委員會的建議時，可考慮諮詢委員會主席在立法機關的公開會議中，要求行政機關對其最終決定作出公開解釋。
如這個政策制訂的程序能夠確立，便可保存行政機關在考慮多方意見後作出最後決定的權力，同時亦可確保非官方人士在制訂政策的初期能提供意見，從而令行政機關對其決定有所交代。此舉並可達致行政機關與立法機關互相制衡的作用。
根據上述的安排，此架構更可避免任何人士權力過大。建議中的諮詢委員會更具下列優點：
（1）立法機關成員可透過諮詢委員會架構，在有關法案提交立法機關通過前，瞭解法案的切實需要及背景，使立法機關通過法案的程序更為順利。
（2）由於諮詢委員會的共識建議，是集體討論的成員，無論任何人均不能隻手遮天，獨攬大權於一身。諮詢委員會更可成為代表民意的其中一個渠道。
（3）建議中的架構，在保留決策科官員決定及定期檢討政策的權力之餘，更能透過非官方人士的參與，提高制訂政策的效率。由於委員會的決定是透過諮詢後產生，其結果更具代表性。
（4）行政機關雖可保留決策權，但卻同時必須公開解釋其所與諮詢委員會建議有異的決定。此架構能令公眾瞭解行政機關否決諮詢委員會的意見的理由，讓公眾對行政機關作出評價。

【P155】
第六十五條
（編者按：本文同第八稿文件②，除下列內容外，均同前文。）

3.建議：
3.2 增加：
→ 加上：「主要諮詢組織的主席和成員，需包括行政立法兩會成員。」
理由：
⊙ 加強行政、立法兩機關的關係。
⊙ 保障政府運作的整體合作性。
→ 在「繼續保留」前加上「可以」。
理由：這只是政策及意向的聲明，在《中英聯合聲明》並沒有規定。原文將對行政機關產生不適當的限制。

第九稿

「第六十五條　原由行政機關設立諮詢組織的制度繼續保留。」
〔1990 年 4 月《中華人民共和國香港特別行政區基本法》〕

香港特別行政區立法會是香港特別行政區的立法機關。

1. 立法會是香港的立法機關

第一稿 ▶

第四章　第三節

「**第一條　香港特別行政區 XX（名稱待定）是香港特別行政區的立法機關。**」

〔1987 年 8 月 22 日《政治體制專題小組的工作報告》，載於《中華人民共和國香港特別行政區基本法起草委員會第五次全體會議文件匯編》〕

① **1986 年 2 月基本法諮詢委員會《諮委會第一分組有關基本法結構討論小結》**

一、基本法結構，根據與會者發言，大致上可以歸結為下列十二個部份：
5. 政制

※

② **1986 年 2 月基本法諮詢委員會《第一批研討會總結》**

一、基本法結構，根據與會者發言，大致上可以歸結為下列十二個部份：
5. 政制

※

③ **1986 年 2 月基本法諮詢委員會《第二批研討會總結》**

六、基本法結構初擬——
4. 政府的架構—— 首長的產生，調動軍隊的權力，行政、立法、司法、財政制度、公務員。

※

④ **1986 年 2 月基本法諮詢委員會《第三批研討會總結》**

4. 基本法的詳盡程度——
（2）政制：主要說明行政、立法、司法三權分立關係，三個機構如何產生及其權力範圍問題；

※

⑤ **1986 年 2 月基本法諮詢委員會《第四批討論總結》**

一、基本法的結構

3. 政制

四、政制方面
有些委員認為《中英聯合聲明》內談經濟部份太多，政制太少，所以基本法要側重寫政制部份，但如果寫得太詳細，則缺乏修改餘地，而太簡單，則又會說不清主要重點。個別委員建議在基本法內只闡述政制的大原則，而具體細節則以附件形式詳述。既可達到精簡原則，另一方面易於在港人手裡修改政制附件部份，而可能不須呈交中央通過。

※

⑥ **1986 年 2 月基本法諮詢委員會《第五批研討會總結》**

二、草擬基本法的幾點原則
3. 基本法內的偏重面應考慮港人的關注性：
一些委員認為基本法應對港人所憂慮的問題，如中央與特別行政區的關係、香港政制問題等應詳加闡述。

五、對基本法結構的建議——
4. 政制：行政
　　　　　立法　　三權分立，並寫出它
　　　　　司法　　的形成及運作。

※

⑦ **1986 年 4 月《香港各界人士對〈基本法〉結構等問題的意見匯集》（基本法起草委員會第二次會議參閱資料之一）**

【P37】
13. 最佳辦法莫如保留目前的立法局和行政局，不加改變，因為兩局業經時間的考驗，使香港成為今天享譽國際的興旺城市。

【P49】
（5）香港特別行政區的立法機關稱為特別行政區市議會，是特別行政區的最高地方政治權力的代表……

※

⑧ 1986 年 4 月 22 日《中華人民共和國香港特別行政區基本法結構（草案）》，載於《中華人民共和國香港特別行政區基本法起草委員會第二次全體會議文件匯編》

【P14】
第四章　香港特別行政區的政治體制
第三節　立法機關
（一）立法機關的組成和產生辦法

※

⑨ 1986 年 7 月 8 日政制專責小組第五次會議參考文件一

《政制四模式與避免分化、對立的方案》（辛維思）
立法機關職權範圍
……筆者認為香港特別行政區的立法機關可沿用「立法

局」的名稱，成員沿稱「議員」。

※

⑩ 1986 年 8 月 20 日《基本法結構專責小組初步報告》

【P20】
5.3 第三節　立法機關
（1）立法機關的組成和產生辦法

※

⑪《Final Report on the Structure of Basic Law》（基本法結構專責小組最後報告，1987 年 3 月 14 日經執行委員會通過）

【P25】
5.3 Section 3 "The Legislature"
I. "Method of composition and formation."

第二稿

第四章　第三節
「第一條　香港特別行政區 XX（名稱待定）是香港特別行政區的立法機關。」
〔1987 年 9 月 8 日《第四章　香港特別行政區的政治體制（討論稿）》（1987 年 9 月 22 日政制專責小組第二次會議附件一）〕

① 1987 年 9 月 2 日《中華人民共和國香港特別行政區基本法起草委員會第五次全體會議委員們對基本法序言和第一、二、三、四、五、六、七、九章條文草稿的意見匯集》

【P36-37】
五、關於第四章　香港特別行政區的政治體制
（三）第三節　立法機關
1. 第一條
有的委員建議，香港特別行政區立法機關名稱為「香港特別行政區立法委員會」。

※

② 1987 年 9 月 8 日《中華人民共和國香港特別行政區基本法起草委員會第五次全體會議意見匯編》（1987 年 9 月 22 日政制專責小組第二次會議附件二）

【P10】
第四章　政制
三、關於第三節　立法機關
2. 第一條
（編者按：內容同上文）

第三稿

第四章　第三節
「第一條　香港特別行政區 XX（名稱待定）是香港特別行政區的立法機關。」
〔1987 年 10 月《第四章　香港特別行政區的政治體制（討論稿）》（政治體制專題小組工作文件）〕

① 1987 年 10 月《第四章　香港特別行政區的政治體制（討論稿）》（政治體制專題小組工作文件）

【P16】
第三節　立法機關
第一條
第五次全體大會分組討論：
有的委員建議，香港特別行政區立法機關名稱為「香港特別行政區立法委員會」。
有的委員認為，這一章條文沒有寫上聯合聲明中關於「香港特別行政區的立法權屬於香港特別行政區立法機關」，而本章第一節的某些條文實際上限制了立法機關的立法權。有的委員則認為：這要看特別行政區行政長官是否兼任立法機關主席，如果他同時兼任立法機關主席，他批准簽署法律等職權的條文就沒有限制立法機關的立法權。香港現行的制度是由總督兼任立法局主席，如規定特別行政區行政長官不兼任立法機關主席，這是基本制度上的改變。有的委員認為，即使行政長官兼任立法機關主席，他個人也不能否決立法機關多數成員通過的法律。有的委員認為，行政長官一身兩任，既是特別行政區「元首」，也是行政機關「首腦」，由他簽署法律並不妨礙立法權屬於立法機關。有的委員建議，將聯合聲明中「香港特別行政區的立法權屬於香港特別行政區立法機關」一句作為第二款加入本節第一條。

第四稿

「第六十三條　香港特別行政區 XX（名稱待定）是香港特別行政區的立法機關。」

① 1987 年 12 月基本法起草委員會秘書處《香港特別行政區基本法（草案）》（匯編稿）

【P30】
第六十三條

說明：關於立法機關的名稱，委員們提出下列建議：立法委員會、立法局、立法會（英文仍稱 LEGISLATIVE COUNCIL）、立法會議、立法議會。

有些委員建議，第一條加第二款：「香港特別行政區的立法權屬於香港特別行政區立法機關。」有的委員則認為，「香港特別行政區立法權屬於香港特別行政區」。

第五稿

「**第六十七條　香港特別行政區立法會議[5]是香港特別行政區的立法機關。**」
〔1988 年 4 月基本法起草委員會秘書處《中華人民共和國香港特別行政區基本法（草案）草稿》〕

① 1987 年 12 月《中華人民共和國香港特別行政區基本法起草委員會第六次全體會議委員們對基本法第四、五、六、十章和條文草稿匯編的意見》

【P13-14】
18. 第六十三條

（1）第一組委員們建議，立法機關的名稱可採用「立法委員會」。第三組有些委員建議，立法機關的名稱為「立法會議」。有的委員主張，如沒有特別理由，仍沿用「立法局」一名。但第二組多數委員認為，雖然實行「一國兩制」，名稱不一定也非得沿用過去的不可，如沿用「立法局」一詞容易造成混亂。

（2）有的委員提出，本條說明第二段建議加一款「香港特別行政區立法權屬於香港特別行政區立法機關」。有的委員認為，立法提案權在行政機關，立法機關通過的法律必須由行政長官批准，所以，不宜作說明中的這種規定。另外，基本法現在的條文規定，立法機關通過的法律不能違反基本法和法定程序，因此我們必須考慮到程序問題，法律程序必須在基本法中有所規定，而不能由立法機關自定。

（3）第一組的委員們認為，沒有必要加「香港特別行政區的立法權屬於香港特別行政區立法機關」這一款，因為

行政機關有附屬立法權，立法機關通過的法律還須行政長官簽署、公佈。因此，建議刪去本條的說明。

※

② 1988 年 4 月基本法起草委員會秘書處《中華人民共和國香港特別行政區基本法（草案）草稿》

【P47】
註 5：委員們同意，立法會議的英文譯名仍為 LEGISLATIVE COUNCIL。

※

③《各專題小組的部份委員對本小組所擬條文的意見和建議匯輯》，載於 1988 年 4 月基本法起草委員會秘書處《中華人民共和國香港特別行政區基本法（草案）草稿》

【P67-68】
第六十七條
（編者按：內容同第四稿文件①，除首段被刪除外，均同前文。）

第六稿

「**第六十六條　香港特別行政區立法會議[5]是香港特別行政區的立法機關。**」
〔1988 年 4 月基本法起草委員會《中華人民共和國香港特別行政區基本法（草案）徵求意見稿》〕

① 1988 年 4 月基本法起草委員會《中華人民共和國香港特別行政區基本法（草案）徵求意見稿》

【P51】
註 5：（編者按：內容同第五稿文件②）

※

②《各專題小組的部份委員對本小組所擬條文的意

見和建議匯輯》，載於 1988 年 4 月基本法起草委員會《中華人民共和國香港特別行政區基本法（草案）徵求意見稿》

【P57】
第六十六條
（編者按：內容同第四稿文件①，除首段被刪除外，均同前文。）

第七稿

「**第六十六條　香港特別行政區立法會是香港特別行政區的立法機關。**」
〔1989 年 2 月《中華人民共和國香港特別行政區基本法（草案）》〕

① 1988 年 8 月基本法起草委員會秘書處《香港各界人士對〈香港特別行政區基本法（草案）徵求意見稿〉的意見匯集》

【P27】
第六十六條
立法機關名稱以「立法議會」或「立法會」為宜。

※

② 1988 年 8 月 19 日基本法諮詢委員會秘書處參考資料（八）蕭蔚雲《設計香港未來政治體制的構思》

【P9】
四、行政機關的地位、組成和職權，立法機關的地位、產生和職權
香港特別行政區的立法機關是立法會議，基本法（草案）徵求意見稿第六十六條明確地指出了這一點，說明香港特別行政區的立法會議是真正享有高度自治權的立法機關的性質和法律地位。它與香港現在的立法局不同，現在香港立法局的多數議員是委任的，其主席由總督兼任，總督參照立法局的意見及得該局同意制定法律，總督有權批准或拒絕批准法律或留待英王批准。所以香港特別行政區立法會議比現在香港立法局的權力要大得多，性質和法律地位亦不相同。現在總督及立法局制定任何法律時，都必須符合及遵守英王指令中的有關規則、規例及指示。根據《皇室訓令》規定，除特殊情況外有十類條例草案總督不能以英王名義批准。

※

③《基本法諮詢委員會政制專責小組對基本法（草案）徵求意見稿第四章的意見匯編》，載於 1988 年 10 月基本法諮詢委員會《中華人民共和國香港特別行政區基本法（草案）徵求意見稿諮詢報告（1）》

【P99】
1. 整體意見
1.6 有委員建議將「立法會議」改為「立法議會」或「立法會」，「行政會議」改為「行政會」。

※

④ 1988 年 10 月基本法諮詢委員會《中華人民共和國香港特別行政區基本法（草案）徵求意見稿諮詢報告第五冊──條文總報告》

【P272-273】

第四章
第三節　整體意見
2. 建議
2.2 其他
→ 立法會議議席應約為十二席。
→ 立法會議議席應增至一百六十人。
理由：避免人少權大之弊。
→ 立法會議議員之薪津不應比現時立法局議員高，只支交通費、出席費便可。
→ 立法機關的名稱以「立法議會」或「立法會」為宜。
理由：
⊙「立法會議」一詞欠缺機構的含意。
⊙「立法議會」更符合慣用語法。
→ 將「立法機構」、「立法會議」之名詞統一。
→ 可沿用「立法局」、「行政局」之名稱。
→ 立法會議應設上、下兩院制。
→ 只要立法會議通過的法案不抵觸基本法，全國人大常委會應予以通過，以防中央過份干預特別行政區的立法權。

第六十六條
2. 意見
→ 本條文的意思已很明確，「匯輯」中的兩項建議是不必要的，無須採納。
→ 香港特別行政區立法機關的名稱未見清晰。「立法會議」中的「會議」是指一個組織機構，但在字面上會與一個聚而議事的「會議」混淆。這是不必要的轉變，可繼續採用「立法局」這名稱。
3. 建議
3.1 修改
→「立法會議」改為「立法局」。
理由：意思更為清楚。
→「立法會議」改為「立法會」或「立法議會」
理由：「立法會議」一詞的定義不符合中國文化傳統中有關機關組織的專稱。
3.2 增加
→ 在「立法機關」後加上「政府」二字。
→ 增加第二款：「香港特別行政區的立法權屬於香港特別行政區立法機關。」
4. 待澄清問題
→ 註 5 的英文譯名是否必要？若然，其他機關為何沒有相對的譯名附設？

第八稿

「**第六十六條　香港特別行政區立法會是香港特別行政區的立法機關。**」
〔1990 年 2 月 16 日《中華人民共和國香港特別行政區基本法（草案）》〕

① 1989 年 11 月基本法諮詢委員會《中華人民共和國香港特別行政區基本法（草案）諮詢報告第三冊──條文總報告》

【P157】
第六十六條
2. 建議
2.1 增加

→ 在「香港特別行政區」後加上「的行政長官」的字眼。
理由：根據第七十五條規定：「香港特別行政區立法會通過的法案，須經行政長官簽署、公佈，方能生效。」因此，立法工作是涉及行政長官和立法會兩方面的，行政長官所進行的簽署和公佈程序，也是立法的一部份，故立法機關應包括行政長官在內。
→ 加上：「香港特別行政區立法會在制訂法律時可參考其他普通法法系的國家的法律。」

第九稿

「**第六十六條　香港特別行政區立法會是香港特別行政區的立法機關。**」
〔1990 年 4 月《中華人民共和國香港特別行政區基本法》〕

香港特別行政區立法會由在外國無居留權的香港特別行政區永久性居民中的中國公民組成。但非中國籍的香港特別行政區永久性居民和在外國有居留權的香港特別行政區永久性居民也可以當選為香港特別行政區立法會議員，其所佔比例不得超過立法會全體議員的百分之二十。

✿ 貳｜概念

1. 立法會的組成
2. 立法會由在外國無居留權的香港永久性居民的中國公民組成
3. 非中國籍和持有外國居留權立法會議員的比例

✿ 叄｜條文本身的演進和發展

第一稿

第四章　第三節

「第二條　香港特別行政區立法機關的組成和產生辦法（待擬）。」

〔1987 年 8 月 22 日《政治體制專題小組的工作報告》，載於《中華人民共和國香港特別行政區基本法起草委員會第五次全體會議文件匯編》〕

① 1984 年 12 月 19 日《中華人民共和國政府對香港的基本方針政策的具體說明》（《中英聯合聲明》附件一）

一、香港特別行政區政府和立法機關由當地人組成。

※

② 1986 年 2 月基本法諮詢委員會《分批研討會參考資料》

【P1-2】

某委員（編者按：原件模糊，無法辨認名字。）：政制，包括行政首長的產生方式，立法機關與行政機關的關係，立法機關與全國人大的關係、行政機關與國務院的關係，行政首長向市民、立法機關、中央政府負責的內容。

某委員（編者按：原件模糊，無法辨認名字。）：（二）政治體制，說明產生行政長官的方法、行政和立法機關的體制，司法機關產生的體制；地方行政機關，包括市政局、區議會的產生方式，各機關的關係。

陳坤耀委員：（三）規定立法機關產生辦法和職責範圍；

張家敏委員：（五）政制設置及制衡；

※

③ 1986 年 2 月基本法諮詢委員會《分批研討會參考資料 2》

【P2】

基本法可分成六個主要部份：

第三部份說明特別行政區內部的結構。此部分為兩節，第一節處理特別行政區的政治結構，體現特別行政區政府及立法機關由當地人組成……

※

④ 1986 年 2 月基本法諮詢委員會《諮委會第一分組有關基本法結構討論小結》

一、基本法結構，根據與會者發言，大致上可以歸結為下列十二個部份：

5. 政制

※

⑤ 1986 年 2 月基本法諮詢委員會《第一批研討會總結》

一、基本法結構，根據與會者發言，大致上可以歸結為下列十二個部份：
5. 政制

※

⑥ 1986 年 2 月基本法諮詢委員會《第二批研討會總結》

六、基本法結構初擬——
4. 政府的架構—— 首長的產生，調動軍隊的權力，行政、立法、司法、財政制度、公務員。

※

⑦ 1986 年 2 月基本法諮詢委員會《第三批研討會總結》

4. 基本法的詳盡程度——
（2）政制：主要說明行政、立法、司法三權分立關係，三個機構如何產生及其權力範圍等問題。
除對上述條文希望有較詳細說明外，部份委員也關注到基本法內一些名詞用語的定義和解釋。例如：「特別行政區政府和立法機關由當地人組成」。對「當地人」的定義就要列明，因這關係到將來那些人可行使公民的權利和義務，例如選舉與被選舉。

※

⑧ 1986 年 2 月基本法諮詢委員會《第四批討論總結》

一、基本法的結構
3. 政制

四、政制方面
有些委員認為《中英聯合聲明》內談經濟部份太多，政制太少，所以基本法要側重寫政制部份，但如果寫得太詳細，則缺乏修改餘地，而太簡單，則又會說不清主要重點。個別委員建議在基本法內只闡述政制的大原則，而具體細節則以附件形式詳述，既可達到精簡原則，另一方面易於在港人手裡修改政制附件部份，而可能不需呈交中央通過。

※

⑨ 1986 年 2 月基本法諮詢委員會《第五批研討會總結》

二、草擬基本法的幾點原則
3. 基本法內的偏重面應考慮港人的關注性：
一些委員認為基本法應對港人所憂慮的問題，如中央與特別行政區的關係，香港政制問題等應詳加闡述。

五、對基本法結構的建議——
4. 政制：行政
　　　　　立法　　｜三權分立，並寫出它
　　　　　司法　　｜的形成及運作。

⑩ 1986 年 4 月《香港各界人士對〈基本法〉結構等問題的意見匯集》（基本法起草委員會第二次會議參閱資料之一）

【P37-38】
關於政治體制的意見
一、有關政治體制的總的意見
12.《中英聯合聲明》規定，香港特別行政區立法機關由選舉產生，也就是說在一九九七年香港立法機關將不再存在任何形式的委任制，所謂先委任後互選的「顧問局」方案，實際上是屬於委任制一種，那是不符合「本子」的。

13. 最佳辦法莫如保留目前的立法局和行政局，不加改變，因為兩局業經時間的考驗，使香港成為今天享譽國際的興旺城市。

16. 將來香港特別行政區政府和立法機關，如由對社會主義具有深切信念的人士組成，或由事事聽命於北京中央政府的人士所組成，或由超級大資本家本人擔任主要職位而組成，或由直接選舉所選出的政治活動家所組成，從實際上來考慮，都不能有效抗拒「左的干預」。希望在於「由各個功能界推選對自由、法治具有深切信念的正直人士」，來組成將來的香港特別行政區政府和立法機關，來行使獨立的司法權。

【P48-49】
三、有關立法機關的問題
2. 立法機關的性質、地位和職權
（2）治港的港人相信為了避免出現「京人治港」的局面，必然是一個長期居港的「港人」。此外，為了表現實行「兩制」以及重視本港商界對繁榮的重要性，這位「港人」相信極有可能是一些長期在港營商的紳商巨賈。到時，一個擁有實權，而且權力足以制衡行政長官的立法機關，就更為重要。否則即使將來本港繼續有廉政公署存在，一個守法和廉潔的政府就不易維持。

※

⑪ 1986 年 4 月 22 日《中華人民共和國香港特別行政區基本法結構（草案）》，載於《中華人民共和國香港特別行政區基本法起草委員會第二次全體會議文件匯編》

【P14】
第四章　香港特別行政區的政治體制
第三節　立法機關
（一）立法機關的組成和產生辦法

※

⑫ 1986 年 8 月 14 日《草擬政制的初步討論紀要》附件

根據《中英聯合聲明》，立法機關將由選舉產生。與立法機關有關的主要問題如下：
3.2 立法機關的組成及產生
3.2.2 立法機關成員的候選資格

※

⑬ 1986 年 8 月 20 日《基本法結構專責小組初步報告》

【P20】
5.3 第三節　立法機關
（1）立法機關的組成和產生辦法

※

⑭ 1986 年 11 月 16 日姚偉梅、馮煒光、李紹基《「青年與基本法研討會」大會報告》

【P1】
立法機關的組成
1. 在理解聯合聲明「立法機關由選舉產生」的規定和考慮立法機關應否包括政府主要官員一問題上，參加者一致反對立法機關包括政府主要官員，但贊成主要官員可列席立法機關會議，以回答議員對各政策之質詢。

2. 有參加者提出，現時立法局的法案。大多數是由主要官員提出的，九七年後，主要官員不能在立法機關上提出法案，而由立法議員提出法案，需要有專業組織（如政黨）協助他們提議法案。

※

⑮ 1987 年 2 月 28 日政制專責小組之立法機關與立法機關的產生工作組《立法機關討論文件（草稿）》（1987 年 3 月 4 日政制專責小組之立法機關與立法機關的產生工作組第一次會議討論文件）

【P9-10】
7. 其他
7.1 立法機關成員的國籍問題：
目前的法例並沒有特別規定立法局議員的國籍，但將來立法機關成員的國籍問題卻很富爭論性。
7.1.1《中英聯合聲明》對立法機關的投票及候選人資格與國籍，並無明確規定。
7.1.2 由於永久性居民中，除中國籍居民外，還包括了中國籍以外的其他國籍人士（詳見居民定義的報告）。如果永久性居民即等同「當地人」，而未來的特區政府是由「當地人」組成的話，則永久性居民，連同中國籍以外的其他人士在內都應有選舉權及被選權，亦即持非中國籍的其他國籍人士，亦可以參加立法機關。對這問題的見解，有如下原則性的分歧意見：
7.1.3 認為參與立法機關的權利（選舉立法機關成員和成為候選人）應只限於持中國籍的永久性居民的意見有：持有外國國籍的人士，缺乏對香港的歸屬感，在處理某些與外國有關的公眾事務時，更可能產生雙重效忠的問題。具體來說，九七後立法機關成員是否需要宣誓效忠中國呢？若答案是肯定的話，非中國籍的立法機關成員便可能有問題了，因為有些國家是不容許其居民向另一個國家宣誓效忠的。在一些特別行政區內發生而與國家安全有關的問題上，亦會因為其外國國籍而造成尷尬的情況。所以，除非這些人士放棄他的外國國籍，而獲批准入中國籍，否則，不應容許他們參與未來特別行政區的立法機關。
7.1.4 認為選舉權和被選舉權受不同國籍限制的意見有：中國籍以外的其他永久性居民只能有選舉權，但沒有被選舉權，因為如有外籍人士成為立法機關成員，會涉及主權問題；再者，如中國籍人士和非中國籍人士享有相同的政治權利，便是對中國籍人士政治歧視。

7.1.5 認為中國籍和非中國籍人士也可以參加立法機關的意見有：
7.1.5.1 香港是一個國際商港，應盡量容許不同背景的人士，積極參與管治這個地方的事務，況且很多已取得非中國國籍的人士仍然以香港為家，故應該讓他們在立法機關的選舉中，有投票和參選權，增加他們的歸屬感。
7.1.5.2 中國籍以外的其他永久性居民可以成為立法機關的成員，因為立法機關是「中國的地區性議會」，只管理地方事務，所以有中國籍以外的其他人士被選入立法機關是不會影響中國在香港體現主權的。
7.1.6 其他意見有：
7.1.6.1 規定在香港特區以外有居留權的人士，在港沒有選舉權或被選舉權。
7.1.6.2 有選舉權的人士應該有被選舉權。
7.1.6.3 沒有立法實權的純諮詢性質立法機關的產生，可不受國籍所限，但它不能擁有相等於地方人民代表大會的政治地位和權力；而擁有立法實權的立法機關的產生，卻必須受國籍所限，因為它其實就是地方人民代表大會；再加上政治權利屬公民權利，與國籍、效忠、國家義務有關，與一般居民、市民的權利有別。再者，基於有自尊心的民族本質，中國籍人士與中國籍以外的其他人士不能享有同等的政治權利。

※

⑯ 1987 年 2 月基本法起草委員會秘書處《香港報刊有關〈基本法〉的言論摘錄》

【P123-124】
所有立法機關議員都必須是擁有香港永久居留權的人士，年齡不受限制，但需要在出任立法機關前十年內長期居留在香港。
（何鍾泰、曹宏威、唐一柱：《未來香港特別行政區政制的建議》，《明報》一九八六年八月二十五日至二十七日。）

※

⑰ 1987 年 3 月 10 日政制專責小組之立法機關與立法機關的產生工作組《立法機關討論文件（修訂稿）》

【P9-10】
7. 其他
（編者按：內容同第一稿文件⑮）

※

⑱《Final Report on the Structure of Basic Law》（基本法結構專責小組最後報告，1987 年 3 月 14 日經執行委員會通過）

【P25】
5.3 Section 3 "The Legislature"
I. "Method of composition and formation."

※

⑲ 1987 年 3 月 28 日政制專責小組之立法機關與立法機關的產生工作組《立法機關討論文件（三稿）》（1987 年 4 月 1 日立法機關與立法機關的

產生工作組第三次會議討論文件）

【P10-11】

7. 其他

（編者按：內容同第一稿文件⑮）

※

⑳ **1987 年 4 月 3 日政制專責小組之立法機關與立法機關的產生工作組《立法機關討論文件（四稿）》（1987 年 4 月 14 日立法機關與立法機關的產生工作組第四次會議討論文件）**

【P11-12】

7. 其他

（編者按：內容同第一稿文件⑮）

※

㉑ **1987 年 4 月 16 日政制專責小組之立法機關與立法機關的產生工作組《立法機關討論文件（五稿）》（1987 年 4 月 22 日立法機關與立法機關的產生工作組第五次會議討論文件）**

【P11-12】

7. 其他

（編者按：內容同第一稿文件⑮）

※

㉒ **1987 年 4 月 25 日政制專責小組之立法機關與立法機關的產生工作組《立法機關討論文件（六稿）》（1987 年 6 月 9 日政制專責小組第十二次會議討論文件）**

【P12-13】

8. 其他

8.1 立法機關成員的國籍問題：

自一九八五年四月始立法局議員不用向英女皇宣誓效忠，間接地表示了沒有規定議員必定屬於英籍，但亦沒有其他對國籍的特別規定，然而將來立法機關成員的國籍問題卻很富爭論性。

8.1.1 《中英聯合聲明》除了規定香港特別行政區政府由當地人組成外，對立法機關的投票及候選人資格與國籍，並無明確規定。

8.1.2 由於永久性居民中，除中國籍居民外，還包括了中國籍以外的其他國籍人士（詳見居民定義的報告）。如果永久性居民即等同「當地人」，而未來的特區政府是由「當地人」組成的話，則永久性居民，連同中國籍以外的其他人士在內都應有選舉權及被選權，亦即持非中國籍的其他國籍人士，亦可以參加立法機關。對這問題的見解，若以一九八七年的國籍法為基礎（至於國籍法應否適用於香港，則有不同意見），有如下原則性的分歧的意見：

8.1.3 認為參與立法機關的權利（選舉立法機關成員和成為候選人）應只限於持中國籍的永久性居民的意見有：持有外國國籍的人士，缺乏對香港的歸屬感，在處理某些與外國有關的公眾事務時，更可能產生雙重效忠的問題。另外，在特區重大事務決策上，外籍人士未必能將特區的命運與己身利益連在一起。再者，外籍人士一旦遷離香港，會產生補選的麻煩。具體來說，九七後立法機關成員是否需要宣誓效忠中國呢？若答案是肯定的話，非中國籍的立法機關成員便可能有問題了，因為有些國家是不容許其居民向另一個國家宣誓效忠的。在一些特別行政區內發生而與國家安全有關的問題上，亦會因為其外國國籍而造成尷尬的情況。所以，除非這些人士放棄他的外國國籍，而獲批准入中國籍，否則，不應容許他們參與未來特別行政區的立法機關。

8.1.4 認為選舉權和被選舉權受不同國籍限制的意見有：中國籍以外的其他永久性居民只能有選舉權，但沒有被選舉權，因為如有外籍人士成為立法機關成員，會涉及主權問題；再者，如中國籍人士和非中國籍人士享有相同的政治權利，便是對中國籍人士政治歧視。

8.1.5 認為中國籍和非中國籍人士也可以參加立法機關的意見有：

8.1.5.1 香港是一個國際商港，應盡量容許不同背景的人士，積極參與管治這個地方的事務，況且很多已取得非中國國籍的人士仍然以香港為家，故應該讓他們在立法機關的選舉中，有投票和參選權，增加他們的歸屬感。（有人認為沒有參政權，會被視為政治權利被削減。）

8.1.5.2 中國籍以外的其他永久性居民可以成為立法機關的成員，因為立法機關是「中國的地區性議會」，只管理地方事務，所以有中國籍以外的其他人士被選入立法機關是不會影響中國在香港體現主權的。

8.1.6 其他意見有：

8.1.6.1 規定在香港特區以外有居留權的人士，在港沒有選舉權或被選舉權。

8.1.6.2 在香港以外有居留權，但以香港為家的中國公民應有選舉權與被選舉權。

8.1.6.3 有選舉權的人士應該有被選舉權。

8.1.6.4 如立法機關只是純諮詢性質的機關而非最高權力機關，其產生可不受國籍所限，但它不能擁有相等於地方人民代表大會的政治地位和權力；但若立法機關是被視為最高權力機關，其產生則必須受國籍所限，因為它其實就是地方人民代表大會；再加上政治權利屬公民權利，與國籍、效忠、國家義務有關，與一般居民、市民的權利有別。再者，基於有自尊心的民族本質，中國籍人士與中國籍以外的其他人士不能享有同等的政治權利。

8.1.6.5 如要適當地照顧外籍人士的利益，可將他們劃成一個界別或選舉團，選出代表進入立法機關以代表其利益。

※

㉓ **1987 年 5 月 25 日《對「立法機關」討論文件建議之修改（除錯字外）》（1987 年 6 月 9 日政制專責小組第十二次會議附件一）**

9. 第 13 頁第 8.1.6.5 點：將最後分句改為「選出中國籍人士代表進入立法機關以保障其利益。」

※

㉔ **政制專責小組《立法機關最後報告》（1987 年 6 月 12 日經執行委員會通過）**

【P29-30】

9. 其他

（編者按：內容同第一稿文件㉒）

第二稿

第四章　第三節

「第二條　香港特別行政區立法機關的組成和產生辦法（待擬）。」

〔1987年9月8日《第四章　香港特別行政區的政治體制（討論稿）》（1988年9月22日政制專責小組第二次會議附件一）〕

① 1987年9月2日《中華人民共和國香港特別行政區基本法起草委員會第五次全體會議委員們對基本法序言和第一、二、三、四、五、六、七、九章條文草稿的意見匯集》

【P37】

五、關於第四章　香港特別行政區的政治體制
（三）第三節　立法機關
3. 第二條
有的委員建議，暫時按聯合聲明寫上「立法機關由選舉產生」；但多數委員認為，這不是簡單的選舉方式問題，香港目前對此分歧很大，還是待政治體制專題小組進一步研究後再寫為宜。

※

② 1987年9月8日《中華人民共和國香港特別行政區基本法起草委員會第五次全體會議意見匯編》（1987年9月22日政制專責小組第二次會議附件二）

【P10】

第四章　政制
三、關於第三節　立法機關
3. 第二條
（編者按：內容同上文）

第三稿

第四章　第三節

「第二條　香港特別行政區立法機關的組成和產生辦法（待擬）。」

〔1987年10月《第四章　香港特別行政區的政治體制（討論稿）》（政治體制專題小組工作文件）〕

① 《基本法諮詢委員會工商專業界諮委對未來香港特別行政區政府架構的建議》，載於1987年9月基本法諮詢委員會工商專業界諮委《未來香港特別行政區政府結構建議》

【P30】

7. 立法機關
7.6 居港年期
立法機關的議員必須在香港住滿十年。

※

② 1987年10月《第四章　香港特別行政區的政治體制（討論稿）》（政治體制專題小組工作文件）

【P16-17】

第三節　立法機關

關於本節第二條至第六條，草委會第五次全體大會分組討論中有如下意見：

有的委員認為，基本法中要明確行政長官、行政機關與立法機關之間的關係。有的委員建議，立法機關主席的職權應單列一條。

第二條

第五次全體大會分組討論：

（編者按：內容同第二稿文件①）

關於立法機關的產生，本小組在一九八六年十一月八日向第三次全會提出的工作報告中，列舉本小組成員的六種不同主張：

1. 立法機關應全部由功能團體選舉及間接選舉產生，暫不宜有地域性的直接選舉的部份。
2. 立法機關中50%的議員由功能團體產生；25%的議員由代表全港社會利益的選舉團產生；25%的議員經提名團提名後由地域性的直接選舉產生。
3. 立法機關全部議員由一人一票直接選舉產生。
4. 立法機關中由功能團體選出的議員應佔50%，地域性直接選舉的議員應佔50%。
5. 在立法機關中，50%的議員由地域性的直接選舉產生；25%的議員由功能團體選舉產生；25%的議員由地區性議會間接選舉產生。
6. 有的委員提出，立法機關成員由直接選舉和間接選舉產生的比例，基本法中不作明確規定；有的委員認為，其比例應作規定。

香港諮委會「立法機關‧最後報告」中，詳細介紹了諮委會成員及香港各界人士所公開提出的二十種不同建議，可歸納為四種方式：
1. 功能團體選舉（只有一種主張為零，其餘最少25%，最多70%）
2. 地域性或全港性的普及直接選舉（一種主張是零，一種為100%，其餘從25%—75%）
3. 間接選舉（20%—25%）
4. 大選舉團選舉（15%—50%）
多數是主張兩種或數種的混合，比例各有不同，提名的方式也各有不同。詳細理由請參閱「最後報告」。

資料：香港各界人士的意見，壓倒性的多數主張基本法中應有功能團體選舉及普及直接選舉的部份，但比例多少則意見不一致。工商專業界諮委主張：功能團體選出議員百分之五十，大選舉團選出四分之一，地區性直接選舉選出四分之一。最熱烈主張直選的人士，多數也不排除功能團體選舉。

第四稿

「第六十七條　香港特別行政區立法會由在外國無居留權的香港特別行政區永久性居民中的中國公民組成。但非中國籍的香港特別行政區永久性居民和在外國有居留權的香港特別行政區永久性居民也可以當選為香港特別行政區立法會議員，其所佔比例不得超過立法會全體

議員的百分之二十。」
〔1990 年 2 月 16 日《中華人民共和國香港特別行政區基本法（草案）》〕

① 香港民主政治促進會《香港特別行政區政制方案的建議（最後修訂稿）》，載於 1987 年 12 月基本法起草委員會秘書處《參閱資料—第 35 期》

【P6】
4.立法機關
4.1 立法機關的組成和產生方法
4.1.3 直接選舉
4.1.3.1 候選人資格
為體現民主原則，除基本之資格外，不應訂定其他限制候選人之資格。

※

② 1988 年 9 月基本法起草委員會秘書處《內地各界人士對〈香港特別行政區基本法（草案）徵求意見稿〉的意見匯集》

【P15】
第六十七條
（編者按：徵求意見稿第六十七條雖非直接為本條的前身，但此討論意見卻和本條有關，故收錄之。）
立法會議成員不能有外籍人士。在香港也不宜承認雙重國籍，這是原則問題。

※

③ 1988 年 10 月基本法諮詢委員會《中華人民共和國香港特別行政區基本法（草案）徵求意見稿諮詢報告第五冊——條文總報告》

【P269-272】
第四章
第三節 整體意見
1.意見
1.1 立法機關成員的資格
1.1.1 居港期
→ 應作有關規定。
→ 不少於十五年。
→ 立法會議主席的居港期應不少於十五年或二十年。
1.1.2 國籍
→ 立法機關成員應由中國籍的香港永久性居民出任，擁有外國護照人士不能成為候選人。
理由：
⊙ 假使在國籍問題放寬，特別行政區立法機關有可能由大量擁有外國國籍人士組成，變成在中國主權下但受外國國籍人士影響甚至控制的機構。那麼中國擁有和行使香港主權就只不過是字面上的規定而沒有實質保證。
⊙ 當立法會議討論一些與外國利益有衝突的政策和法例草案（如反保護主義法案）時，擁有外國國籍的人士便會出現向哪一國效忠和利益衝突的問題。
⊙ 立法會議終歸是一個國家機關，是一個特別行政區的權力機關，在特別行政區立法上及監察政府的工作上，有着肯定的地位。因此它的成員不能是非中國公民。
⊙ 由持有外國護照的香港居民出任立法機關成員：
（1）在效忠中國政府上有矛盾。
（2）在效忠香港時，易出現不顧港人利益的情況，因他們隨時可以離港。

→ 若為了廣聽言路，應規定外籍立法會議成員只有列席及發言權，但無投票表決權。
→ 不應規定立法機關成員的國籍。
1.1.3 其他
→ 立法會議成員應有如下資格：
（1） 中國籍香港永久性居民，以保證立法會議不會是聯合國會議。
（2）連續居港不少於二十年。
（3）無犯罪紀錄。
（4）無黑社會背景。
（5）無不良嗜好。
（6）個人行為符合中國社會道德標準。
→ 參選人應得到最少一百人提名。
→ 對立法機關成員的提名人要求：
（1）必須是香港合法居民。
（2）無犯罪紀錄。
（3）與黑社會無關。
（4）與被提名者無直系親屬關係。
→ 立法會議成員在職守則：
（1）一經當選便應立刻辭去原來職務（或可停職留位），安心投入工作，直至任期完結。
理由：
⊙ 保證議員不會公私不分。
⊙ 以防止其以議員之名謀取私利。
（2）就任前需公佈所有財產及家庭總收入來源。
理由：防止貪污。
（3）不應與任何私營機構有聯繫。
理由：以免影響職務上的抉擇。

2.建議
2.1 增加
→ 加上一條：「香港特別行政區立法會議成員由在香港通常居住滿十五年的香港永久性居民中的中國公民擔任。」
→ 加上一條：「香港特別行政區立法會議成員由香港特別行政區永久性居民中的中國公民擔任。」

3.待澄清問題
→ 行政會議成員及主要官員都必須是中國公民，但立法會議成員的國籍的要求卻比較寬鬆，此舉有什麼含義？立法會議成員相對於行政會議成員及主要官員的地位是否較低或不重要呢？

※

④ 1989 年 12 月 13 至 16 日《政治體制專題小組第十七次會議紀要》，載於 1990 年 2 月《中華人民共和國香港特別行政區基本法起草委員會第九次全體會議文件匯編》

【P16-18】
二、委員們對下述條文進行了討論，但尚未有一致的修改建議，決定留待下次會議解決。會議對這些條文的討論意見如下：
4.關於立法會議員的資格限制問題，有些委員提出，立法會議員的資格應有適當的限制，規定普選產生的議員必須是中國公民，而功能團體產生的議員可以是外籍人士。有的委員認為，香港特別行政區給予永久性居民中的外籍人士選舉權，是由於歷史原因的特殊安排，如果外籍人士濫用這種權利，全國人民代表大會應有權普遍或個別地收回這一權利。有的委員認為，沒有必要對立法會議員作出國

籍限制。

一、關於第四章政治體制的條文修改
8.第六十六條之後增寫一條「香港特別行政區立法會由在外國無居留權的香港特別行政區永久性居民中的中國公民組成。
非中國籍的香港特別行政區永久性居民和在外國有居留權的香港特別行政區永久性居民也可以當選為香港特別行政區立法會議員，但所佔比例不得超過立法會全體議員的百分之十五。」
有的委員主張「百分之十五」應改為「百分之二十五」。

※

⑤ 1990 年 1 月 17 至 20 日《政治體制專題小組第十八次會議紀要》，載於 1990 年 2 月《中華人民共和國香港特別行政區基本法起草委員會第九次全體會議文件匯編》

第五稿

「第六十七條　香港特別行政區立法會由在外國無居留權的香港特別行政區永久性居民中的中國公民組成。但非中國籍的香港特別行政區永久性居民和在外國有居留權的香港特別行政區永久性居民也可以當選為香港特別行政區立法會議員，其所佔比例不得超過立法會全體議員的百分之二十。」
〔1990 年 4 月《中華人民共和國香港特別行政區基本法》〕

① 1990 年 2 月 19 日姬鵬飛《關於〈中華人民共和國香港特別行政區基本法（草案）〉及有關文件的修改情況報告》

三、在有關香港特別行政區……立法會主席……以及基本法委員會香港委員的資格規定的條款中加上了「在外國無居留權」的限制。

四、限定非中國籍的永久性居民和在外國有居留權的永久性居民中的中國公民在香港特別行政區立法會中的人數不得超過議員總數的百分之二十。

※

② 姬鵬飛《關於〈中華人民共和國香港特別行政區基本法（草案）〉及其有關文件的說明》（1990 年

3 月 28 日第七屆全國人民代表大會第三次會議）

四、關於政治體制
（四）關於香港特別行政區行政長官、行政會議成員、立法會主席、政府主要官員、終審法院和高等法院首席法官以及基本法委員會香港委員的資格。草案的有關條文規定，擔任上述職務的人必須是在外國無居留權的香港特別行政區永久性居民中的中國公民。這是體現國家主權的需要，也是體現由香港當地人管理香港的原則的需要，只有這樣才能使擔任上述職務的人切實對國家、對香港特別行政區以及香港居民負起責任。也正是基於這一考慮，有關條文還規定，特別行政區立法會必須由在外國無居留權的香港特別行政區永久性居民中的中國公民組成。但照顧到香港的具體情況，允許非中國籍的香港特別行政區永久性居民和在外國有居留權的香港特別行政區永久性居民可以當選為立法會議員，但其所佔比例不得超過立法會全體議員的 20%。

香港特別行政區立法會由選舉產生。
立法會的產生辦法根據香港特別行政區的實際情況和循序漸進的原則而規定，最終達至全部議員由普選產生的目標。
立法會產生的具體辦法和法案、議案的表決程序由附件二《香港特別行政區立法會的產生辦法和表決程序》規定。

❀ 貳｜概念

1. 立法會的產生
2. 實際情況和循序漸進的原則
3. 全部立法會議員最終普選產生

❀ 叁｜條文本身的演進和發展

第一稿

第四章　第三節
「第二條　香港特別行政區立法機關的組成和產生辦法（待擬）。」
〔1987年8月22日《政治體制專題小組的工作報告》，載於《中華人民共和國香港特別行政區基本法起草委員會第五次全體會議文件匯編》〕

① 1984年12月19日《中華人民共和國政府對香港的基本方針政策的具體說明》（《中英聯合聲明》附件一）

一、……香港特別行政區立法機關由選舉產生。

※

② 1986年2月基本法諮詢委員會《分批研討會參考資料》

【P1-2】
某委員（編者按：原件模糊，無法辨認名字。）：政制，包括行政首長的產生方式，立法機關與行政機關的關係，立法機關與全國人大的關係、行政機關與國務院的關係，行政首長向市民、立法機關、中央政府負責的內容。
某委員（編者按：原件模糊，無法辨認名字。）：（二）政治體制，說明……行政和立法機關的體制……
陳坤耀委員：（三）規定立法機關產生辦法和職責範圍；
張家敏委員：（五）政制設置及制衡；

※

③ 1986年2月基本法諮詢委員會《分批研討會參

考資料2》

【P2】
基本法可分成六個主要部份：
第三部份說明特別行政區內部的結構。此部分為兩節，第一節處理……及立法機關由選舉產生的原則。

※

④ 1986年2月基本法諮詢委員會《諮委會第一分組有關基本法結構討論小結》

一、基本法結構，根據與會者發言，大致上可以歸結為下列十二個部份：
5. 政制

※

⑤ 1986年2月基本法諮詢委員會《第一批研討會總結》

一、基本法結構，根據與會者發言，大致上可以歸結為下列十二個部份：
5. 政制

※

⑥ 1986 年 2 月基本法諮詢委員會《第二批研討會總結》

六、基本法結構初擬——
4. 政府的架構—— 首長的產生、調動軍隊的權力，行政、立法、司法、財政制度、公務員。

※

⑦ 1986 年 2 月基本法諮詢委員會《第三批研討會總結》

4. 基本法的詳盡程度——
（2）政制：主要說明行政、立法、司法三權分立關係，三個機構如何產生及其權力範圍問題；

※

⑧ 1986 年 2 月基本法諮詢委員會《第四批討論總結》

四、政制方面
有些委員認為《中英聯合聲明》內談經濟部份太多，政制太少，所以基本法要側重寫政制部份，但如果寫得太詳細，則缺乏修改餘地，而太簡單，則又會說不清主要重點。個別委員建議在基本法內只闡述政制的大原則，而具體細節則以附件形式詳述。既可達到精簡原則，另一方面易於在港人手裡修改政制附件部份，而可能不須呈交中央通過。

※

⑨ 1986 年 2 月基本法諮詢委員會《第五批研討會總結》

五、對基本法結構的建議——
4. 政制：行政
　　　　　立法　　　三權分立，並寫出它
　　　　　司法　　　的形成及運作。

※

⑩ 1986 年 4 月《香港各界人士對〈基本法〉結構等問題的意見匯集》（基本法起草委員會第二次會議參閱資料之一）

【P42-48】
三、有關立法機關的問題
1. 關於立法機關選舉的意見
第一，主張直接選舉的意見
（1）支持一人一票的直接選舉方式，以維護少數派利益，亦可保將來立法機關有足夠的代表性和權威。
（2）需要一個向中國說「不」的政府，要搞一人一票的直接選舉，通過「政治民主化」達到「民主拒共」的目的。
（3）直接選舉比較有利於中下層市民參與政治，從均衡不同階層利益這一個角度出發，亦具有積極的作用。
（4）直接選舉對香港人來說是可以接受的，因為香港的公民教育水平並不低，而市民亦懂得爭取應有的權態。勞工階層在爭取勞工利益時是會兼顧勞資雙方的利益，因此直接選舉並不會損害社會的安定繁榮。直接選舉不見得一

定選出「免費午餐派」。
（5）要考慮中產階級、專業人士的願望，這些人是香港的主體，他們主張直接選舉，對此中國應採取更開放的態度，香港是獨立不了的，直接選舉是這些人信心所在，特區政府必須是個責任政府。資本家不能直接參政，他們可以找他們自己的代理人。
（6）一人一票的直接選舉是社會進步的表現，亦是大眾市民的權益。許多人不贊成直接選舉，認為目前實行直接選舉會影響香港的繁榮穩定，但從民主教育而言，直接選舉才能真正教育市民「選賢任能」，過去的市政局民選議員，其中一半十多年來都是由直接選舉產生，怎能說是對香港繁榮安定有影響？

第二，主張間接選舉的意見
（1）贊同功能團體的間接選舉，因為能為某些專業人士參與治港提供較方便的途徑及較大保障。
（2）功能團體選舉這樣的安排，如果能夠穩定資本家的信心，就值得考慮予以保留。
（3）各功能界人士互相認識或知名，深知候選人的才能品德，左派政治家要影響他們的選票頗不容易。比如，在金融界、法律界、宗教界、工程師、醫生、學者等功能界中，經由一人一票選出的議員，有極大可能是對自由、法治有深切信念的正直之士。功能界選舉大有可能選出剛正強毅、沉默木訥的代表，直接選舉則殊少可能。功能界選出的代表，必定會盡力維護自由經濟體系和目前的生活方式。因為這是他們賴以安身立命的必要條件。
（4）香港沒有民主傳統，考慮到各種具體條件，我們認為驟然施行直接選舉極不適宜。間接選舉立法局議員再加上若干比例的委任委員（即一九八五年所實施的辦法），看來好處甚多而弊害頗少，可以長期施行。推行直接選舉可能使本港迅速陷入一個有反對派系參政的局面，以致在這關鍵時刻，加上一種不穩定的因素。我們提的口號：「間接選舉、繁榮抗左。」
（5）本港未來政制或任何改革，都應該循序漸進，不宜操之過急。特別有關直接選舉問題，現實環境尚不適宜，以免影響香港的安定繁榮。
（6）西方國家搞直接選舉的都有問題，福利太多，出現財政赤字，香港搞普選，就不能保持穩定繁榮。
（7）香港的教育水準比較許多西方國家低，加上長期受殖民主義統治和教育，政治意識和公民意識都低，選民不關心政治，對候選人不瞭解，這樣搞直接選舉，選出來的人肯定不合適。
（8）直接選舉的結果，極可能會損害香港人的基本要求，破壞我們原有的生活方式，根本違反中國當局與香港人的意願，使得中共身不由主的做出許多非其本意的行動來。
（9）一人一票式的直接選舉會導致政治家向市民承諾各種的社會福利，這樣便會導致高稅率及社會動盪。
（10）不贊成「直接選舉」，並不是怕直接選舉，而是怕進行直接選舉，對香港的穩定和繁榮不利。如果搞直接選舉，中共必勝，香港的任何社會團體無法也無能力同中共爭奪選票。那麼當選人，清一色的左派人物，這樣的選舉結果，誰也不會滿意的，選出來的人最好包括左、中、右，代表性更廣泛更好。
（11）倘若由一個經由直接選舉產生的立法機關，而又可以支配行政機關的話，香港將有可能出現不穩定的現象。一向以來，香港都是一個商業社會，市民關心的只是如何賺取更多的金錢，一般政治意識、公民意識都不強，倘若推行直接選舉，會否導致香港出現過濫的「政治化現象」呢？工商界人士憂慮的是直接選舉掀起的廣泛群眾性活動，會激發群眾政治的激進性、盲目性，改變了本港政治上一向表現出的穩定性。倘若香港一旦實行直接選舉，現時由市民組成的各種團體有沒有足夠的能力資源參與大規模的競選活動呢？

（12）直接選舉一個都不能有，有一個就有一分不穩定因素，而且口子一開就會不斷擴大。寧願在初期的時候挨一些罵，也不能使將來的特別行政區有不穩定因素。

第三，主張混合制的意見
（1）行政和立法機關，可由委任、間接、直接選舉產生，使各階層人的利益都能顧及，給予一定程度的民主，可以鼓勵人民參政，以保證各方面各階層都有代表參與香港管理。
（2）立法機關同時進行直接及間接選舉，直接選舉可以讓中、下階層人士參與決策權。因為中下階層人士佔香港人口很大的比數。而間接選舉可以讓一些較為繁忙的商家或處於上層的人士有機會參政。
（3）香港要求全部民選的人不多，完全不選舉不符合聯合聲明，最好是部份選舉，部份委任或間接選舉，給予一定程度的民主可以鼓勵人民參政。全部民選很危險，容易被黑幫操縱。
（4）可以混合採用直接選舉和間接選舉。直接選舉可使勞工和專業人士參政，間接選舉可照顧到資本家的代表性。
（5）立法機關成員由直接選舉及間接選舉產生，兩種來源各佔一半。直接選舉以分區或全民投票選出。間接選舉分為兩部份，一為功能團體範圍，組別可以按基本法諮委會辦法劃分；二為社會團體，如街坊會、鄉事委員會、鄉議局、壓力團體等。
（6）實行直接選舉，比例也不能超過立法機關成員的半數。但即是一半以下的數額，已經可以起監督作用，以直接選舉進入立法機關的人士，可以透過本身的言論或傳媒產生監督作用。
（7）香港特別行政區立法機關的議席應該最終全部由直接選舉產生。而在一九九七年立法機關議席應大部份由直接選舉產生，少部份由功能團體途徑間接選舉產生，至於「選舉團」途徑的間接選舉則應廢除。「選舉團」由於人數少，通過這種形式進行的間接選舉很容易發生私人利益交換，顯然並非一種公平合理的選舉形式。
（8）香港已有功能團體的選舉，對此不能取消，只能增加。地方選舉團的選舉有不少發展餘地，應該繼續下去。還要有「特別議席」。目前，立法局就有匯豐、怡和的特別席位。將來可規定或通過功能團體界定，在香港的資本家可有特別議席，如中華總商會等。

【P51-52】
3. 立法機關的成員
（1）立法機關議席百分之四十從區議會選出，百分之四十從功能組別選出，百分之二十包括當然委員和由行政長官指定的議席。這樣做能代表社會各階層利益，從而形成一個比壓力團體所主張的一人一票制更能照顧到各方面的平衡組織。
（2）立法機關應由不同地區和不同界別的代表組成，要有足夠的資本家代表，要包括各階層人士。
（3）立法機關由六十位議員組成，二十名議員由分區性直接選舉產生，二十名議員由不同功能組別產生，二十名議員由顧問院選舉產生。
（4）立法機關成員中功能團體代表應佔百分之四十，由選舉團產生的佔百分之五十，經合法人數提名的知名人士佔百分之十。
（5）立法機關由選舉團選出百分之三十，由按社會功能劃分的選民組別選出百分之三十，直接由區域選出百分之三十，由行政長官提名，再由立法局通過選出百分之十。

4. 立法機關的結構
（1）實行兩院制。第一院由直接選舉產生，第二院可以起制衡作用，有人反對直接選舉，認為這將形成社會工作者當政的局面，設立兩院制，有利於消除這方面的恐懼。

（2）立法機關由代表議局（直接選舉產生的代表組成）和功能議局（功能團體推選、地區選舉團選出、行政長官提名中央委任的人）組成。

※

⑪ 1986 年 4 月 15 日《政制專責小組第一分組總結》

二、對選舉方式的看法：
討論中委員基本上同意採用多元化的選舉方式。並認為直接選舉、間接選舉、功能團體選舉、選舉團選舉均是可行的選舉方式，但應按一定比例，幾種選舉方式一起採用。但有委員認為：今後香港的政制可以更開放些，應擴大直接選舉的比例及範圍。因為，香港人的教育水平提高了，不應擔心因加大了直接選舉的比例會引致基層佔較多席位而日後推行極端的政策。有委員還建議可參考東、西歐的比例代表制的選舉方式。不過好些委員卻不同意將外國的政制模式生硬地搬來香港。

※

⑫ 1986 年 4 月 15 日《政制專責小組第二分組總結》

4. 委員們對政制方面，立法機關產生的選舉和行政長官產生方式有以下各種意見：
（1）有委員不贊成直接選舉，只贊成間接選舉和功能團體選舉。認為直接選舉會影響社會的穩定性。

（2）有委員認為通過分區和全港性的直接選舉、間接選舉、功能團體選舉和選舉團或選舉委員會推薦人選選舉等方法，只要作出一定合理的比例，均能照顧到社會各階層人士的利益，對社會穩定很有幫助。

（3）有委員希望各種選舉的方式，都能在88年試行一下，以便找出適合的方式、方法，有利於97年後政制的銜接。

※

⑬ 1986 年 4 月 15 日《政制專責小組第四分組總結》

一、對立法機關、行政長官產生方式的意見：
《中英聯合聲明》中並沒有明顯地指出將來的行政架構用何種方式產生，委員們認為這是因為香港的政制尚在發展，故《中英聯合聲明》對此留有餘地。

委員對立法機關產生有以下不同見解：
1. 由於人們對選舉的認識有限，對被選舉人的背景亦會不清楚，故不宜用直接選舉形式，還是用傳統的協商方式較好。
2. 雖然直接選舉的形式有不足之處，但不應全盤否定一切選舉方式，如間接選舉乃是可行的，功能團體或選舉團方式亦是可取的。
3. 建議 20% 由直接選舉，其餘 80% 由功能團體選出。

※

⑭ 1986 年 4 月 22 日《中華人民共和國香港特別行政區基本法結構（草案）》，載於《中華人民共和國香港特別行政區基本法起草委員會第二次全體會議文件匯編》

【P14】
第四章　香港特別行政區的政治體制

第三節　立法機關
（一）立法機關的組成和產生辦法

※

⑮ 1986 年 5 月 13 日《政制專責小組第三次會議總結（第二分組）》

二、立法機關：
大多委員都贊同立法機關應採取由直接選舉與間接選舉混合的方式產生，因為按照香港目前的情況，不可能推行全部直接選舉。至於兩者所佔比例，委員們則有幾種不同的建議：
（1）三、三制：選舉團佔 33%，功能團體佔 33%，直接選舉按人口分配名額選出；

（2）由功能團體（比例要小）、行政首長委任及直接選舉三部份組成。官守議員無須佔有席位，只需列席會議接受諮詢；

（3）間接選舉、功能團體選舉、直接選舉及官守議員各佔四分之一；

（4）直接選舉與間接選舉各佔一半。
與會委員一般都比較支持功能團體選舉，以保證有適量的專業人才參與立法程序。還有委員提出，應加強立法機關的功能。

※

⑯吳夢珍《對香港特別行政區政制模式的建議》，載於 1986 年 5 月 13 日《政制專責小組第三次會議總結（第二分組）》

（編者按：此文件乃依香港大學法學院圖書館的歸檔順序處理出處）

【P2-3】
立法機關的產生：
透過三種選舉方式產生：
（1）功能選舉：
一半議席按功能組別劃分經選舉產生。從去年立法局功能團體選舉的經驗，港人已普遍接受這種選舉方法，故此值得繼續保留功能選舉。基本上可沿用現在的選舉方法，但可考慮擴大功能組別的範圍，及增加個別組別的議席。因功能組織是本港社會結構的支柱，構成香港生命力的主要部份，加強功能組別的代表性可維持香港的繁榮穩定。

（2）直接選舉：
四分之一議席由直接選舉選出，可用分區選舉方法直接選舉產生。
一般來說，功能團體選舉較能代表中產階級及專業人士的利益，而直接選舉則能滿足草根階層參政的要求，保障低下階層的利益。為補足餘下四分一議席的來源，未來立法機關則需要用第三種方法產生，藉以平衡各方面勢力。

（3）間接選舉：
由現在的區議會、市政局、區域市政局及由政府委任的各種諮詢委員會的成員選舉產生。由於這些委員會及議會的成員有一部份是由政府委任產生，這種選舉方法可兼顧到一部份有才識的人而不願自動參選的亦有機會被選進立法機構。

※

⑰ 1986 年 5 月 13 日《政制專責小組第三次會議總結（第四分組）》

3.立法機關和行政長官的產生
多位委員認為兩者的產生全部用普選選舉的方式，並不適合香港。又認為短期內實行全面的直接選舉帶有一定的危險性。間接性的功能團體選舉比較好。個別委員認為將來的選舉除了應保留較有代表性的功能團體選舉，應改進目前選舉團的選舉，並加上要有一定比例的直接選舉，但直接選舉所佔比例一定要少。

※

⑱《十二個政制構想》（1986 年 6 月 10 日政制專責小組第四次會議附件二）

（三方學會）
二、立法機關
5.香港特別行政區立法機關成員，部份由功能團體及部份由分區直接選舉產生，選舉採用一人一票原則。每一選民只能選擇擁有功能團體投票權或分區投票權。
6.立法機關職權應包括：
（一）制定及通過法律；
（二）通過財政預算案；
（三）監察行政機關運作，必要時提出彈劾並報請中國中央人民政府罷免最高行政長官；
（四）選出全國人民代表大會香港代表。

（徐是雄）
進一步改組立法局的建議
立法局現在的議員總人數以及人數組成部份的比例最好基本保持不變（在一些組別內增加一兩個席位當應允許）。但每一組成部份內成員的選出方法則建議改變如下：
第（一）部份 改由直接選舉選出
第（二）部份 保持基本形式不變
第（三）部份 改由一個各階層組成的「選舉委員會」選出
第（四）部份 由行政長官提名，經（一）、（二）、（三）部份的議員選舉產生
（行政長官主持會議，為立法局主席）
下面是我對以上建議的說明：
第一部份
現今選舉團的間接選舉，看來流弊很多，譬如容易出現小圈子、小團體政治，容易產生地區間和人為的不必要摩擦和爭執，再說由於選舉時有「感情票」問題，不一定能選出最佳人選。故此這一種選舉應由直接選舉替代。方法是在每一選區內只允許區議員為立法局候選人，由每一選區（共 10 個選區）內的選民選出一名區議員加入立法局。同樣，只有市政局和區域議局的議員才能成為立法局候選人，分別由市政局和區域議局所管轄的地區內的選民選出一名市政局議員和一名區域議局議員進入立法局。
現今區域議局、市政局以及區議會的權責、工作範圍等有很多重疊和模糊不清的地方，這是應該在未來一兩年內予以檢討和澄清的。假如檢討的結果可以使市議局、區域議局和區議會之間的職權等合理化，那麼這三種機構當可繼續保留。如果檢討下來需要取消市政局和區域議局，那麼它們的工作應分別由立法局和區議會承擔，這一部份的立法局議員就應減至 10 名，從區議會議員中選出（方法在上面已講過）。
第二部份
社會功能組別的選舉形式基本可保持不變。總人數方面似

乎不須再予以增加，因為許多屬於這組別內的人士，估計很多人都有可能通過第（一）部份和第（三）部份進入立法局。假如第一部份的人選過份膨脹的話，可能會使整個立法局失去平衡和出現代表性不足等問題。

第三部份
根據聯合聲明：「香港特別行政區立法機關由選舉產生」，這就是說，立法局所有議員將由選舉產生。故此我建議這22名委任議員應改為從一個由香港各階層具代表性人士組成的「選舉委員會」互選產生，進入立法局。
（註：一些名稱如「立法局」、「行政局」、「官守」、「非官守」等，為了方便論述起見，仍然沿用，將來有更好的名稱當再作修改。）
「選舉委員會」的組成，我初步的設想是——首屆香港特別行政區「選舉委員會」的組成，先由人大委任香港8位具一定代表性的人士組成一個選舉委員會籌備小組。然後由籌備小組負責組成一個有110至220人的「選舉委員會」（類似現今的諮委）。110-220人經互選，選出22人進入立法局。「選舉委員會」經選舉或協商再另外選出一名或多名行政長官候選人，提請中央政府任命一位為行政長官。行政長官為立法局和行政局當然主席。議員和行政長官選出後，第一屆籌備小組以及「選舉委員會」便解散。
第二屆「選舉委員會」籌備小組的8位成員，改由主席（即主持會議的行政長官）或在主席缺席時由首席非官守議員提名，經議員協商或選舉通過，委任各階層具代表性的人士出席，籌備小組負責籌組第二屆「選舉委員會」。委員會成員進行互選後產生22位進入立法局。第二屆行政長官，得由新選出的（一）、（二）、（三）部份議員由協商或選舉方式提名（可以超過一個名額），由中央政府任命。議員和行政長官選出後，第二屆籌備小組以及「選舉委員會」便解散。以後各屆基本都可依照第二屆的方式籌組和選舉。

第四部份
現今立法局的10名委任官守議員，將改從司級官員中（聯合聲明規定司級官員得「由香港特別行政區行政長官提名，報請中央人民政府任命」），經行政長官提名，由第（一）、（二）、（三）部份議員用差額選舉的方法選出，進入立法局。這10名議員仍然可以稱之為「官守議員」，而從其他三個部份選出來的議員則為「非官守議員」。

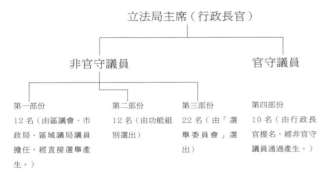

```
                立法局主席（行政長官）
                        |
        ┌───────────────┴───────────────┐
      非官守議員                        官守議員
  ┌────────┬────────┬────────┐              |
第一部份  第二部份  第三部份            第四部份
12名（由區議會、市  12名（由功能組  22名（由「選  10名（由行政
政局、區域議局議員  別選出）      舉委員會」選  官提名，經非官守
擔任，經直接選舉產              出）         議員通過產生。）
生。）
```

* 第二屆改由立法局議員用協商或選舉方式產生。立法局和行政局的行政長官為同一人。

（鄭宇碩）
直接選舉立法局議員是代議政制綠皮書發表以來爭議最大的問題。但到了一九八六年，相信政制討論的焦點會逐漸轉移到如何產生行政長官及其權力的問題，上述問題其實也是查濟民和古星輝兩個方案的重點。查濟民方案建議立法局「三分之一議員由區議會或各個選區產生」，似乎也不反對直接選舉；古星輝更建議立法機關成員百分之四十由直接選舉產生。這樣，將來香港特別行政區立法機關的議席——大概以六十席至八十席左右為適當的數目，可以有百分之五十由功能團體選舉產生，百分之五十由直接選

舉產生。當然，關於立法機關議席的分配比例，沒有什麼絕對的標準。倘若有一半的議席是由功能團體選出，則自然有較大的彈性去滿足工商界的要求，符合上面所提的折衷辦法讓親中的組織、工商界及專業團體佔立法機關內全部議席的三分之一左右。
去年九月以選舉團方式間接選出立法機關議員顯然不是一個理想的方法，但作為過渡性的措施，還是可以暫時接納的。在到一九九七年的過渡時期，隨着直接選舉產生的議席逐漸增加，間接選舉產生的議席逐漸減少。但選舉團的方式行之既久，很容易產生一些既得利益集團，反對取消間接選舉。在這樣的情形下，可以考慮把區議會、市政局及區域市政局納入功能團體範疇，酌量給予它們百分之十左右的立法機關席位。

（查濟民）
立法局
三十七、立法局除港督外由三種不同議員所組成：
（1）三分之一議員由顧問局就顧問中互選產生。
（2）三分之一議員由功能團體產生。
（3）三分之一議員由區議會或各個選區產生。

（民主公義協會　繆熾宏）
（A）九七年後的立法議會
我們提議四分三席位是由直接選舉產生，四分一由功能團體選舉產生，同時並取消選舉團。

（冼銘倫）
一、立法機關
根據聯合聲明，未來的立法機關由選舉產生。去年，立法局雖然已增加選舉產生的議席，但到九七年時，全部議席應由選舉產生，不再有官守和委任議員，這將是一個非常大的變動。至於採用何種方式進行選舉，就目前有限的經驗來看，功能團體選舉是可行而又為大多數人接受的一種方法；相反，選舉團的選舉就產生了很多問題。
功能團體議席佔多數
另一方面，區議會、市議局及區域市政局的分區直接選舉，亦算相當順利，故未來的立法局應分別由功能團體和分區直接選舉產生。
至於通過這兩種方法所產生的議員的席位比例，則按前者的安排及後者的經驗而決定。一般而言，功能團體較偏重中、上階層，而分區直接選舉則偏重中、下階層，所以為保障將來立法機關內有一平衡的代表性，功能團體選舉應佔百分之六十的議席，而安排應偏重於工商金融界代表，其餘百分之四十議席則由分區直接選舉產生。用這種方法來產生的立法機關應是一個包括社會各階層利益的機關。

（查良鏞）
直選比例不能太多
關於立法機關直接選舉的比例我沒有確定的意見，我認為不須要太多，如果社會普遍要求一定要直接選舉，便開放一部份議席。最好是市政議會權力增大，全部直接選舉。立法機關保持間接選舉。好像美國的參議院和眾議院兩院，參議院一直是間接選舉，從開國起，一百四十多年來都是間接選舉的，一直至最近六、七十年才是直接選舉。所以我覺得立法機關全部間接選舉，市政議會全部直接選舉，可能社會多數人的要求均可達到。因為社會多數的要求只是照顧福利，但對於中央政策、對外的關貿協定、香港的貿易政策、工業政策、海關徵稅等問題，普通基層群眾第一不大關心，第二不大瞭解，第三他們信任由專家們去處理，不須要直接干預這些政策問題，只要有一批主要從功能團體產生的專家來處理香港中央政府的政策就可以了，所以可以用間接選舉的方式。這些純是個人意見。
直選逼使政黨出現

查良鏞：廖瑤珠女士的觀點很多我都同意，還有一些可補充一下，如果立法機關將來全部直接選舉，有一個可能是香港成立政黨。中國國民黨是一個政黨，是否可以公開活動？中國共產黨當然也可公開活動，假如中國共產黨投入競選，其他政黨有無可能與之匹敵？

我瞭解中國政府不大贊成立法機關擁有大權，行政首長由立法機關選舉產生，而立法機關由一人一票選出。

如果大家一致要求，中國勉強同意，大家進行政黨活動，中國共產黨在沒有辦法之下也來參加，以他們的力量、金錢、人力，我看百分之八、九十的議員都會是共產黨人。可以選出的全部是港人，可以港人治港，但要實際考慮的是：要搞政黨，中共也來搞，要選舉，中共也來選，最後變成不干預也干預了，這是香港人十分不願意見到的。

廖女士提到工商界要保持發展經濟的強大功能，我非常同意。我主張立法機關以功能團體選舉為主，所謂功能團體，分析到最後，基本上都是代表資產階級利益，如律師根據資產階級法律來保護資產階級利益，保護私有財產。一般專業人士如工程師多多少少主張維持現狀，發展經濟。如果讓功能團體的代表來管理政府，實際便是由資產階級專家來管理政府，一定會照顧資本主義社會的現狀，照顧資產階級利益。工商界、金融界、銀行界等功能團體中都有很多人產生，在立法機關中會佔相當重要的比例。當然勞工界亦會有。大致上或許會和現在基本法諮詢委員會的成分相近，當然會有一些變化，實際是代表工商界利益的佔主要成份。但基層人民的福利怎樣照顧？這方面勞工界代表、福利團體代表可通過功能界選舉進入立法機關，基層代表可通過市政議會間接選舉進入立法機關。

（古星輝）
立法局的議員約六十人，百分之四十直接選舉，百分之三十由功能團體選舉，百分之三十富有專業性才能的議員由行政顧問院選舉。

（辛維思）
立法機關職權範圍
其次是有關立法機關的產生。筆者認為香港特別行政區的立法機關可沿用「立法局」的名稱，成員沿稱「議員」。立法局議員三分之二由功能團體選舉產生，三分之一由分區直接選舉產生，任期為五年，連選得連任。

（李華明）
（二）立法機關
1.立法機關的產生
1.1 大約 2/3 成員是由直接選舉產生，每十五萬人便有一席位。以六百萬人口來計算，即有四十位議員由普選產生。
1.2 另有 1/3 成員（即二十位）是由功能團體選舉產生。增加席位應加強功能組別的代表層面，以保障社會上不同利益的意見能充份代表。

（陳弘毅）
第三個方案
（一）立法機關
香港特別行政區立法機關由六十位議員組成，分別由三種選舉方法產生。二十位議員由分區性直接選舉產生；二十位議員由不同功能組別選舉產生；二十位議員由顧問院選舉產生。議員的任期四年，連選得連任。

（太平山學會）
1.立法機關的構成
1.4 產生方法：
（1）功能選舉：40% 的席位由按功能組別劃分選舉團舉行選舉產生。
（2）比例選舉：60% 的席位按參選名單以比例代表的形式舉行選舉產生。

1.5 立法機關的功能選舉：
1.5.1 基本上沿用現行功能選舉的模式，但有需要把其適用範圍擴充：一方面增設新的功能組別作為選舉團，另一方面增加現有指定功能組別所產生的席位。
1.6 比例代表制選舉
1.6.1 參選者必須組成參選團，各參選團之參選者須把名字按先後次序列在一份參選名單之內，然後把整份名單提出參選。
1.6.2 在選舉過程中，選民投票選擇的不是個別候選人，而是個別的參選名單。
1.6.3 選舉的結果是就每份參選名單所得的票數，按比例並根據排名之先後次序分配給各參選名單中之候選人。
1.6.4 選舉可以全港作為一個大選區進行，或把全港劃分為兩至三個選區進行；選民享有一人一票之權利。
1.6.5 選舉法可以規定：
（1）提交參選名單者必須首先繳付一筆保證金，若其所得票數不到某個比率，保證金便被充公。
（2）加入同一參選名單的人士無須屬於同一個組織，甚至無須屬於任何組織。
（3）參選者不能參加超過一份參選名單。

※

⑲《魯平專家小組意見匯集》（1986 年 6 月 10 日政制專責小組第四次會議附件三）

【P42-52】
（編者按：內容同第一稿文件⑩）

※

⑳ 1986 年 6 月 10 日《政制專責小組第四次會議紀要（第一分組）》

4.立法機關的組成和產生辦法
4.1 設立未來立法機關要考慮的原則：
4.1.1 要合乎公平原則；
4.1.2 香港本身的政治限制；
4.1.3 香港的社會特色及政治成熟程度；
4.1.4《中英聯合聲明》的條文。
4.2 立法機關成員的產生辦法
建議採納一個混合的立法機關，分別透過功能團體、選舉團及其他的選舉方法產生。
4.3 不同方法產生立法機關的成員所佔比例
基於立法機關是討論大眾利益的地方，當社會的民主意識不高時，直接選舉會鼓勵階層之間的政治衝突，影響社會團結安定，大部份委員因而贊成未來立法機關以間接選舉的成員為主，即由功能團體選舉出來的成員佔多數。然而功能團體的名額甚難劃分，也有其他渠道去反映專業意見，如大眾傳播媒介等，小部份委員提出應着重直接選舉。關於比例方面，有下列各個意見：
4.3.1 功能團體不少於百分之五十；
4.3.2 直接選舉成員少於三分之一；
4.3.3 三分之一直接選舉，三分之一功能團體選，三分之一由選舉團負責；
4.3.4 百分之五十是功能團體，百分之二十五是直接選舉，其餘百分之二十五由選舉團選出；
4.3.5 直接選舉及功能團體各佔一半。
4.4 關於各部門官員可否出席立法機關
部門官員可以下列角色出現：
4.4.1 代表某部門出席會議，有發言權，解釋政策，卻無投票權；

4.4.2 以功能團體代表出席；

4.4.3 不一定是功能團體代表，但可派代表出席會議表達意願，合乎公平的原則。

委員同意部門官員應列席於立法局，但不可有投票權，立法機關才可行使監察職權。另一方面，部門官員既由行政長官委任，再晉身由選舉產生的立法機關，成員的身份既重複，亦無真正的投票作用，易造成三權不能分立的局面，失去制衡作用。

※

㉑1986年6月10日《政制專責小組第四次會議紀要（第二分組）》

5. 委員對「立法機關的組成」的意見如下：

5.1 委員大致上贊成採直接選舉、間接選舉以及功能團體選舉三種混合方式。

5.2 個別委員建議間接選舉的形式是由選舉院設一個顧問局，採變相委任的方法選出百分之三十的議席，來平衡由功能團體選舉產生的百分之四十議席以及由直接選舉產生的百分之三十議席。

5.3 另有委員建議設提名委員會，可參考基本法諮詢委員會的產生辦法，為了保留一批不會主動參加競選的有識之士，以及平衡由功能團體和直接選舉產生的人士。

5.4 另有委員建議，選舉院的成員可以是來自區議會議員、市政局議員或其他團體的代表，至於直接選舉功能團體選舉以及選舉院選舉的比例按實際情況而定。

5.5 個別委員認為功能團體選舉的比例不應太重，因為有關人士對整個政府未必有廣泛的認識。

5.6 個別委員認為如果直接選舉、間接選舉以及功能團體選舉的比例是均等，立法機關能行使的罷免權和彈劾權便會很少。

5.7 個別委員提出有關行政首長報請中央政府任命，是否循例性的做法，還是實質意義。

5.8 有委員提出立法機關的主席不應由行政首長擔任，應由立法機關成員互選產生，從而令到立法機關和行政首長的關係溫和。

5.9 個別委員建議把一部份司級官員留任，藉此使行政和立法機關的關係可以融洽一點，因此雙方有共同目標便不會產生對抗的情形。

※

㉒1986年6月10日《政制專責小組第四次會議紀要（第三分組）》

4. 討論紀要：

立法局的組成和成員的產生方法：

4.1 有委員建議立法局的選舉方法應有三種：a.直接選舉；b.功能團體選舉；c.由顧問局推選他認為設立顧問局可以使香港的中上層工商界人士能置身立法局，從而保證香港的繁榮安定。他認為低下階層人士並不瞭解香港的情況，他們只對自己的利益感興趣，所以如果立法局只由低下階層組成便會很危險。

4.2 但有委員對顧問院的選舉方法保留。他懷疑究竟可以如何產生顧問院。如果它的成員是由中國委派的人推選的，那便違背了聯合聲明的精神。因為聯合聲明提到立法機關由選舉產生，以保證民主的實行，但如果所謂選舉是指透過一群委任的人去選，那就是假民主。但如果顧問院是由直接選舉產生的，那就不如直接選出立法議員。總而言之，如果產生顧問院成員的方法已有問題，它的代表性就值得懷疑。

4.3 有委員反對設立顧問院，他認為這樣會造成特權階級，不利於香港政治的民主化。

4.4 回應有委員提到如果立法局有大部份議席由低下階層人士取得，他們可能提出增加大量福利，影響社會的安定。另一委員卻指出功能團體選舉已經保障了不同界別都有代表置身立法局，可以均衡利益，因此應保留某些議席由直接選舉產生。

4.5 補充以上意見，有委員提到構思未來政制要不違背兩個原則：a.依照《中英聯合聲明》；b.大眾普遍接受。顧問院的詳情雖然大家仍未清楚，但亦可初步把它當作功能團體的一種。這種間接選舉在代表性方面是有不足，但在過渡時期，它仍可起平衡利益的作用。但長遠而言，立法機構議席應全部由直接選舉組成。

4.6 關於直接選舉和間接選舉議席的比例，委員有不同的建議。有委員認為功能團體選舉該佔大比數，比如百分之六十；而直接選舉佔百分之三十至四十。另一委員認為功能選舉和直接選舉該各佔百分之四十五，而餘下的百分之十議席就留給官守議員。此外有委員提到在過渡的初期，功能團體選舉的議席可以比直接選舉的略多一點，但當市民的政治意識逐漸提高時，直接選舉的比例便應增大，最後達至所有席位都由直接選舉產生。而功能團體的內部組成亦應不斷變化。比如增加新的議席，或者改變不同團體議席的比例，增加靈活性，以配合香港社會過渡時期的改變。

4.7 但有委員提到議席的比例是很難劃分的，因為每種比例，比如立法局議席分配的比例，都有它背後的理論基礎，而當大部份在座委員都不熟悉這些問題時，是不適合輕率分議席的六四或七三比例的。

4.8 因此有委員就提到應先訂下劃分直接選舉和間接選舉議席比例的原則，甚至將功能團體內部劃分比例的原則亦訂下。

4.9 此外，亦有委員提到要仔細釐定直接選舉的情況，比如選區的劃分和投票的資格。

4.10 大部份委員經商討後，覺得顧問院的產生有問題，故暫不贊成這制度。

4.11 委員都認為，不論實行直接或間接選舉，議員的人數比例都應有一定份量。

※

㉓1986年6月10日《政制專責小組第四次會議紀要（第四分組）》

4. 分組討論紀要：

4.3 立法機關的組成及產生

4.3.1 大部份委員認為現時香港人普遍的公民意識及教育水平（即大學生比例）都較低，若全由直接選舉產生會很危險。有個別委員認為應趨向直接選舉，但在時機未成熟前應有過渡期。

4.3.2 大部份委員認為間接選舉佔的比例應多於直接選舉的。有個別委員提議間接選舉應有百分之七十五，而直接選舉百分之二十五。有委員認為這些比例皆為探索性的提議，最終應是找出比例的準則。

4.3.3 另外，有委員認為三軍司令、財政司、布政司、律政司等要職最好是由委任產生，但聯合聲明卻指明是沒有委任的，又有委員提出委任的官員未必要在立法局或行政局內佔有議席。

※

㉔1986年6月26日《政制專責小組第四次續會會議紀要（第二分組）》

是次會議集中討論直接選舉、功能團體選舉、選舉團選舉

以及委任制度的形式。

1. 直接選舉

1.1 贊成直接選舉的意見如下：

1.1.1 若直接選舉採分區形式進行，建議將全港分為十個選區，以五十萬人為一個選區，這樣可選出政綱較溫和的人士，因為如果選區太細，多數被選者會來自草根階層。

1.1.2 以區議會選舉為例，社工和教師所佔的議席只是百分之二十，因此直接選舉不會令草根階層人士佔多數的現象產生。

1.1.3 政黨不是社會矛盾的根源。

1.1.4 有很多實行直接選舉的國家很安定和繁榮，例如日本。香港市民教育水準其實相對地提高，投票率也會提高。

1.2 反對直接選舉的意見如下：

1.2.1 分區直接選舉會產生地區性政黨，令社會引起混亂，加上香港地方小，地區性選舉可能產生只有偏面性意見的人士。

1.2.2 直接選舉未必可以發掘到全面的人才，因為有不少有識之士是不會參與選舉的，縱使參加也未必獲選，所以如果立法機關的成員大多由直接選舉產生的話，便會造成立法機關由草根階層支配的不適當現象。

1.2.3 因為立法機關的職權大，如果直接選舉會造成政黨的產生，政黨之間便會出現衝突，影響社會穩定和繁榮。

1.2.4 直接選舉與民主意識有關。如果選民的民主意識不強，辨別力低，很難讓人對這種形式抱有信心。

1.2.5 有很多公民教育程度高的西方國家，在實行直接選舉後，社會的情況不見有好轉，所以香港的環境未必容許直接選舉的推行。

2. 功能團體選舉

委員大致同意功能團體選舉有很多優點，值得保留，比率由三分之一至百分之四十；但也有委員認為功能團體代表的視野不夠全面。

3. 選舉團選舉

有委員建議設立選舉團，以補直接選舉和功能團體選舉之不足。至於形式方面，委員認為有需要防止現存選舉團的流弊。

4. 委任制度

有委員認為政府需要全面的人才，委任制度可讓這類人士進入立法機關，由於他們不須向選民負責，在辦事上便少了掣肘。有委員提出特區政府可實行半委任性制度，以免違反《中英聯合聲明》。

※

㉕ 1986 年 7 月 7 日《基本法諮詢委員會秘書處通訊 17》

【P4】

第二組成員有魯平、蕭蔚雲、吳建〔璠〕（編者按：原件缺字，此乃根據英文拼音而寫出）、文世昌、馮檢基、談靈鈞和陳協平。魯平等就未來政制提出下列意見：

（1）有關 97 年後立法機構的選舉，請香港人就直接選舉和間接選舉的種類、比例，直接選舉的選舉方法、選區的大小，提出意見。

（2）西方國家普選的結果，當選的人多是專業人士、商人，其最重要的原因是有政黨代為統籌。但香港面臨的問題是：到 97 年是否具備產生政黨的條件？擴大選區、部長制，都是政黨政治的東西，有政黨對香港是有利還是無利？

（3）香港的上層對直接選舉有顧慮，認為如果將來立法

局的選舉也像這次市政局選舉的結果一樣，他們就不能在香港立足，要調走資金。所以未來香港政制的設計要有利於香港的資本主義發展才行。

※

㉖ 1986 年 7 月 8 日政制專責小組第五次會議參考文件一

（徐是雄）
行政、立法、政府的關係
……不過，如果在一九九七年後，香港市民的民主意識和政治水平有進一步提高，立法局應可增多 10 個直接選舉席位，使立法局更具代表性。

《政制四模式與避免分化、對立的方案》（辛維思）
立法機關職權範圍
……立法局議員三分之二由功能團體選舉產生，三分之一由分區直接選舉產生，任期為五年，連選得連任。

※

㉗ 1986 年 8 月 4 日《各政制構想》（1986 年 8 月 12 日政制專責小組第六次會議討論文件一）

【P7-24】
方案（一）陳弘毅《明報》（25/1/86）
立法機關選舉方式：
立法議員議席：60
分區直接選舉：1/3
功能組別選舉：1/3
顧問院選舉：1/3
顧問院人數不固定，不少於 60 人，不多於 120 人，由中央人民政府委責籌組，用類似基本法諮詢委員會的籌組方法進行。部份成員由發起人根據各界團體推薦參加。部份由發起人主動邀請參加。顧問院任期四年，與立法機關任期相配合，如再獲邀可連任。立法機關任期四年，可以連任。
構思原則：
（1）保留現行政制優點。
（2）目前政制需要適當地變。
（3）必須同時顧到香港社會內部各階層的利益及中央政府的意願。
（4）政制運作要高度穩定，盡量減少不同利益的對立及表面化。避免中央與香港社會潛在矛盾。

方案（二）鄭宇碩《明報》（23/2/86、24/2/86）
立法機關選舉方式：
功能團體（包括區議會、市政局及區域市政局）選舉：50%
直接選舉：50%
構思原則：
（1）政制改變要循序漸進。
（2）政府要穩定，有效率。
（3）政府必須受有效民主監督。

方案（三）太平山學會文件（4/86）
立法機關選舉方式：
約 80 席，任期 4 年。
功能團體選舉：40%
按選舉名單以比例代表的形式舉行選舉產生：60%
參選者必須組成參選團，各參選團之參選者把名字按先後次序列在一份參選名單之內，然後把整份名單提出參選。選民投票選擇的不是個別候選人，而是個別參選名單。選舉的結果就是百份參選名單所得的票數，按比例並根據排

名先後之次序分配給各參選名單中之候選人。

方案（四）民主公義協會《中報》（9/4/86）
立法機關選舉方式：
功能團體選舉：1/4
直接選舉：3/4
構思原則：
「民主」、「公義」和「尊重人的價值」。
一切願意參與決策過程的港人都有均等機會參與。

方案（五）李華明《香港特別行政區的模式（芻議）》
立法機關選舉方式：
席數：60
功能團體選舉：1/3
任期4年，連選得連任。
構思原則：
（1）保留現行政制優點。
（2）政制需要適當地改變。
（3）政制不能太複雜，要顧及本港政治歷史、政治傳統及市民的政治水平。
（4）兼顧各階層利益。
（5）政制要穩定，要與中央協調及合作。

方案（六）匯點（7/86）匯點文件《對於香港特別行政區政制模式的建議》
立法機關選舉方式：
席數約為60
直接選舉：2/3
功能團體選舉：1/3
直接選舉50萬人口為選區劃分基礎，每一選區選舉4名議員，任期為4年。
構思原則：
（1）民主
（2）政府高度穩定及有效率。
（3）有效但不過度的內部制衡。
（4）不以政黨政治為前提條件。
（5）與97年前政制盡量銜接。

方案（七）馮煒光《明報》（9/7/86）
立法機關選舉方式：
直接及間接選舉混合，以直接選舉為主。

方案（八）張熾標《快報》（22/7/86）
立法機關選舉方式：
直接選舉：2/3
功能團體選舉：1/3

方案（九）中根《明報》
立法機關選舉方式：
功能團體選舉：1/2
分區直接選舉：1/2
凡已參加功能團體選舉的選民，不能重複參加。
香港可分成9-10個選區。

方案（十）查濟民《明報》（7/8/85）
立法機關選舉方式：
顧問局顧問互選：1/3
功能團體選舉：1/3
區議會或各個選區選舉：1/3
構思原則：
（1）政制的連續性。
（2）平衡民主與傳統的關係。（香港在1985年之前並沒有民主）。

備註：
顧問局由香港有資望人士組成。
顧問人選由行政長官提名，經中央政府批准後任命，為終身職，人數無限制。顧問局可在1997年前設立，顧問人選由港督向英國政府提請批准（英國政府應先取得中國政府同意）。

方案（十一）古星輝《鏡報月刊》（12/85）
立法機關選舉方式：
議員約60人
直接選舉：40%
功能團體選舉：30%
行政顧問院選舉：30%
任期4年，最多連任兩次
構思原則：
（1）保留香港行政、經濟運作的優點及效率。
（2）維護居民自由和生活方式。
（3）行政長官應是中央政府和港人都能接受，又不能隨便透過不信任票而罷免。

方案（十二）徐是雄諮委書面發言（19/1/86）
立法機關選舉方式：
按1985年立法局情況：
（1）現時12名由選舉團選出的成員改由直接選舉產生。
（2）現時12名由社會功能團體選出的保持基本形式不變。
（3）現時22名由港督委任的改為由一個各階層組成的「選舉委員會」選出。
（4）現時的10名官守議員改由行政長官提名，經（1）、（2）、（3）部份的議員選舉產生。

方案（十三）薛鳳旋《大公報》（30/1/86 — 2/2/86）
立法機關選舉方式：
分區直接選舉：1/2
間接選舉：1/2
間接選舉分為功能團體〔及社會團體〕（編者按：原件缺，推測有「及社會團體」之缺漏。）選舉，各佔一半。
功能團體選舉組別可按基本法諮詢委員會辦法劃分。社會團體包括街坊會、鄉事委員會、鄉議局及壓力團體等。
構思原則：
保留現行制度優點。

方案（十四）三方學會文件（3/86）
立法機關選舉方式：
部份由功能團體產生，部份由分區直接選舉產生。一人一票，每個選民只能選擇擁有功能團體投票權。任期四年，任期內不會解散。
備註：
（1）民主化
（2）立法、司法、行政三權分立，互相制衡。

方案（十五）冼銘倫《明報》（28/3/86）
立法機關選舉方式：
功能團體選舉：60%
分區直接選舉：40%
構思原則：
（1）能不變就不變。
（2）按《中英聯合聲明》、主權更換及社會需要而適當地變。
備註：
保留行政局作為諮詢組織，由行政長官委任立法委員不變。

方案（十六）查良鏞《明報》（21/4/86 — 25/4/86）
立法機關選舉方式：

以功能團體選舉為主，輔以部份直接選舉。在功能團體內部實行直接選舉。

方案（十七）辛維思《明報》（23/5/86 — 28/5/86）
立法機關選舉方式：
功能團體選舉：2/3
分區直接選舉：1/3
任期五年，連選得連任。
構思原則：
（1）避免行政長官、行政機關之間的分化對立。
（2）避免特別行政區政府與中央政府分化對立。

方案（十八）香港民主協會《香港民主協會對立法機構的組成及其職權的意見》（12/6/85）
立法機關選舉方式：
席數：81
（1）分區直接選舉：24 名
採用區議會的 19 選區。25 萬人口以下的選區有一位代表（14 選區）；50 萬人口以上選區有兩位代表（5 選區）。
（2）功能選民代表：24 名
把社會功能選民分為 12 種，每種功能選民選出 2 名代表。
（3）市政局、鄉議局及區域市政局各有三位代表。這 9 個名額日後可改變為由直接選舉產生。
（4）功能社團代表：24 名
選取對社會最有影響和對社會最有貢獻的 12 種不同的行業，每行業 2 名代表。
（5）為了使行政長官和立法局有充份的合作和聯絡，行政長官有權提名 9 人，經立法局的同意而成為立法局的政府代表。
構思原則：
兼顧民主政治的原則及精英政治的實踐。

方案（十九）吳夢珍《明報》（24/6/86）
立法機關選舉方式：
功能選舉：1/2
分區直接選舉：1/4
間接選舉：1/4
由現在的區議會、市政局、區域市政局及由政府委任的各種諮詢委員會的成員選舉產生。
經各種選舉產生的議員任期有限，而且分期更替。
構思原則：
（1）保留現存的優良制度。
（2）維護政局穩定。
（3）照顧社會各階層人士的利益及意願。
現時各部門的諮詢委員會可繼續保留，成員由行政長官委任。

方案（二十一）魯凡之《明報》（2/7/86）
立法機關選舉方式：
基本法已列明立法機關由直接及間接選舉產生，具體比例則無須規定。
假設起草委員會最終決定列明比例，可把第一屆立法機關直接及間接選舉列為各佔一半，或直接選舉稍佔多些。由第二屆開始，有關議席比例由屆時的選舉法例再作決定。
構思原則：
保持彈性，令直接及間接選舉具比例符合客觀實際。

方案（二十二）李柱銘《明報》（10/7/86）
立法機關選舉方式：
立法機關由直接及間接選舉產生，但不在基本法中硬性規定直接選舉及間接選舉的比例，讓政制自行漸進發展，由當時的政府因應社會需要決定。
構思原則：
由香港人自己決定他們要的是什麼，要以民意和共識為基

礎，讓香港政制透過不斷的實踐和檢討而建立。

※

㉘《立法機關、立法機關的產生》〔1986 年 8 月 6 日政制分批研討會（第三批）討論文件二〕

【P8-11】
2. 立法機關的組成和產生辦法：
2.2 立法機關組成人員的選舉
2.2.1 基本法中應該清楚寫明立法機關的選舉辦法，到立法機關成立以後，按照特別行政區的政治情況加以改善。立法機關的組成最後應是由最平等及公平的全面選舉產生。
2.2.2 混合的選舉形式，包括直接選舉和間接選舉。
假若實行代表選舉和功能團體選舉，便要訂明代表與市民的比例。由於香港特殊的情況，最理想的模式未必是一人一票的直接選舉。
2.2.3 因為香港是由多個階層、團體和界別組成的，社團的代表性比較廣泛，功能團體能照顧各方面的利益；另一方面，直接選舉能夠照顧一些基層居民參加政治活動的需求，由此提議採用混合的選舉模式，而不是只採用直選或間接選舉，其中一種方式。
2.2.4 立法機關成員應來自功能團體選舉、直接選舉及顧問院推薦。
2.2.5 特別行政區選舉的分區及執行選舉時的方法，可以由當時的立法機關決定。
2.2.6 直接選舉的含義必須清楚界定，是單指一人一票的選舉方法還是在某界別或區域範圍的選舉。直接選舉代表是以整體居民的利益為基礎，同時兼顧地區上的需要，而功能團體組別是反映社會上不同職能或界別的利益，兩者有互相配合、平衡的作用。
2.2.7 對功能團體的五點保留：
2.2.7.1 立法機關是討論大眾利益的地方，而功能團體的選舉會使立法機關成員只講求局部利益；
2.2.7.2 鼓勵階層之間的政治；
2.2.7.3 當團體的內部民主未成熟時，功能團體選舉可能只是團體首領的特權；
2.2.7.4 功能團體的席位名額很難適當的分配；
2.2.7.5 社會上不一定透過功能團體選舉出來的議員才得到專業意見。
基於以上五點，九七年立法機關的選舉應以直接選舉為多數。
2.2.8 直接選舉不一定要分區選舉，因為立法機關是處理全香港的事務，不似區議會處理分區性的問題。
2.2.9 直接選舉可以有兩種形式，一是一人一票，全港不分地區的投票方式，另一是由選舉團提名後才作一人一票的選舉。
2.2.10 直接選舉容易培養一些對政治熱衷的人才，但真正有才能的人未必會出現。
2.2.11 直接選舉可能導致立法機關的議席會受到某幾個區域的選票所控制。但直接選舉應該是充份的，而非只有象徵性意義。
2.2.12 現時的立法機關是諮詢性質，但民選成員的產生應該是總體趨向，直接選舉可以來自地域上的區議會或市政局選舉。
2.2.13 香港居民所追求的，首要是生活安定，而非一個民主社會。其他意見認為香港市民的教育水準相對其他國家是高的，投票率亦不低於任何一個地方，但地方性選舉的投票率一般是較低的。
2.2.14 功能團體和直接選舉的比例要有相對性的變化。隨着人口的增加，直接選舉的議席和功能團體的組別都要按需要增加和變化，保持靈活性。
2.2.15 功能團體選舉的優點是較為平均地代表各方面專

業人才的意見，但缺點是對於政治經濟各方面未必有廣泛的認識及傾向所屬團體的利益。

2.2.16 若九七年時大部份是直接選舉，少部份是功能團體選舉，可能會影響到工業家和投資者的信心。

2.2.17 選舉方式和民主程度有很大關係。香港因着歷史的限制，過去沒有足夠的時間去訓練和培養市民以一個整體的觀念去看問題，造成各區的選民只關心自己區內的問題。

2.2.18 功能團體選舉可以平衡由基層選出來的代表及平衡各階層和界別的利益，其他的席位應由直接選舉產生，而分區的直接選舉可解決全港性普選的技術性困難。立法機關的成員不會集中在某幾個較有選舉意識的選區。

2.3 混合選舉的比例

2.3.1 功能團體的代表應佔多數，不少於百分之五十。

2.3.2 百分之二十五直接選舉，百分之五十功能團體，百分之二十五是經區域議局或區議會等間接選舉組成。

2.3.3 立法機關席位應由三方面選出，三分之一直接選舉選出，三分之一透過功能團體間接選舉，三分之一由選舉團選出，然後每一特定時間之後作出檢討和調整。

2.3.4 現時沒有需要在基本法中列明選舉形式的百分比，因為基本法不應經常修改，只要基本法列明立法機關由直接選舉、間接選舉及功能團體選舉三方面組成，並授權立法機關在適當時候重定選舉比例。

2.3.5 立法機關的選舉由直接、間接及功能團體三方面組成，但在比例上不必平均分佈，而且在開始時，直接選舉的數目比較少，再視乎情況和選民的情緒和程度考慮作增加。

2.3.6 要保障香港的繁榮安定，功能團體選舉的成員佔大多數，比如百分之六十，而直接選舉佔百分之三十至四十。

2.3.7 混合選舉的比例可以兩種形式出現，一是明確定下各種選舉的比例，另一是定下基本原則，執行時再處理細節。

2.3.8 建議定下功能團體的最低比例。

2.3.9 基本法應定下一個比率原則，而非數字。

2.3.10 功能團體代表和直接選舉代表所佔比例應該差不多，大概各佔百分之四十五左右，另外百分之十為官守議員。

2.3.11 現時香港人普遍的公民意識及教育水平（即大學生比例）較低，若立法機關議席全由直接選舉產生會很危險。

2.3.12 香港的穩定繁榮全賴工商界、金融業的成功所致，所以立法機關成員的比例應以工商界、金融界為主，約佔百分之六十；其次是壓力團體或勞工團體，約佔百分之二十，其他地方性的議會佔百分之二十。

2.3.13 少部份的直接選舉在現時或九七年之後都是可被接受的；若大部份議席由直接選舉產生，便和現時的制度有很大出入。

2.3.14 百分之十是直接選舉產生，百分之九十是間接選舉產生。

2.3.15 基本法中可採用較動態的角度去定下比例原則防止信心問題出現，例如定下特別行政區的立法機關將會有直接選舉去保障低下階層的市民，同時有功能團體的選舉去照顧工商界及專業人士，而不用定下每種模式的確實比例。

2.3.16 立法機關如以直接選舉的代表為主，可能由草根階層人士支配立法機關的決策。

2.3.17 立法機關分區直接選舉在九七年之前應佔三分之二，亦有提出在九七年之前佔四分之三。

2.3.18 立法機關的人數大概以六十人比較恰當。百分之四十由功能團體產生，百分之三十由選舉院所設立的顧問院變相委任產生，以補充選舉成員的不足。

2.3.19 立法機關不應以直接選舉為主，直接選舉最適宜佔百分之二十到三十左右。因為立法機關統籌香港政府的大事，在職權上比較重要，要考慮社會的穩定，若太多直接選舉，不論選區大小，必然會造成政黨，政黨的出現會導致利益上的衝突，很容易造成社會的動盪不安，香港的繁榮亦受影響。

2.3.20 間接選舉應包括了區域性的組織如區議會、市政局的組織。

2.3.21 功能團體選舉佔百分之四十，直接選舉佔百分之二十五，間接選舉佔百分之二十五，而間接選舉包括主要官員在內。

2.3.22 應該擴大功能團體組別的範圍及增加個別組別的議席。

2.4 立法機關選舉的選區問題

2.4.1 立法機關選舉時採用細選區制，如將全港劃分成十九區，在技術上較容易控制。

2.4.2 有建議將全港分八區選舉，每區五十萬人投票。

2.4.3 全民投票未必會對香港構成不穩定的局面，最重要的反而是提名方面。

2.4.4 選舉初期可以依照區議會選區，但現在的劃分方法，到九七年時未必適合。

2.4.5 立法機關的選區太細時，有很多比較地區性，基層的人容易當選眼界會較窄，未必能廣泛地考慮問題，但立法機關需要多些有中央視野的人。

2.4.6 直接選舉可能會造成選舉聯盟，但不一定對香港有害，而且在一個中選區中，全港性取向的團體較易在選舉中獲勝。

2.5 關於委任成員及成立顧問院

2.5.1 委任成員包括由顧問院或選舉團所定出的立法機關成員。

2.5.2 選舉團的選舉過程可以是間接選舉和直接選舉的一種混合，是先由區域議局或市政局推舉某些候選人，再在選區內進行直接選舉。

2.5.3 顧問院的產生是很難解決的問題，所以立法機關的成員應以選舉為主。

2.5.4 設立成員提名委員會，可參考基本法諮詢委員會的產生辦法，以保留一批不會自動參選的有識之士，用以平衡功能團體或直接選舉代表。

2.5.5 選舉院的成員可以來自區議會議員、市政局議員或其他團體的代表，至於各種選舉所佔比例按實際情況而定。

2.5.6 擴充功能團體，將顧問院納入為其中一種功能團體。

2.5.7 顧問院選舉方式有兩方面的問題，一是顧問院的產生和組成，另外則是如何保證顧問院的成員有足夠的代表性。

2.5.8《中英聯合聲明》中提到立法機關成員由選舉產生，如立法機關成員是由中國委任的顧問院成員選舉產生，只是一種假民主的選舉方式。但如果立法機關的成員由直接選舉的顧問院推選，那就不如直接選出立法機關的成員。總而言之，顧問院的成員產生方式若有問題，它的代表性便有問題。

2.5.9 反對設立選舉委員會或顧問院，因為這樣做會造成特權階級，加上一般市民的心態是一切事訴諸權威，使到顧問院的成員擁有超然的社會地位，不利香港政治民主化。

2.5.10 委任制度的好處是比較全面性，而且委任成員無須向選民負責，較能全面性的考慮事物。

2.5.11 民選成員和委任成員是兩種不同的人才。在實際運作時，民選成份低的議員會變成次等成員。

2.6 官守議員方面

2.6.1 官守議員可以由間接選舉產生，由人民授權行政長官選出。

2.6.2 主要官員應可以組成自己的功能團體或工會，參加立法機關選舉。

2.6.3 官守成員的作用可以是列席會議、發言和解釋政策，不一定要代表某個功能團體。他們的長處是可從決策層面上考慮法例。

2.6.4 如果主要官員由行政長官指派，便不應讓這些官員參加立法機關，以免立法機關可以控制主要官員。

2.6.5 部門首長可以當然官守議員身份列席，對有關部門的問題發表意見，但無投票權。

2.6.6 官守成員的數目可以由立法機關自行決定，最重要

的是行政部門有合理數量的直接代表。

2.6.7 主要官員參加立法機關，是和聯合聲明的條款有抵觸，因為司級官員不是由選舉產生，而且官守議員的身份重複，會引致利益衝突的問題，同時有違三權分立、互相監察的原則。

2.6.8 保留部份議席給主要官員，可以提高政策執行時的效率及使行政和立法機關的關係可以融洽一點，因為雙方若有共同目標，便不會有對抗性的情況出現。

2.6.9 主要官員如三軍司令、財政司、布政司或律政司，必須成為立法機關的委任成員，亦可委任小部份社會特別知名人士。

※

㉙ **1986 年 8 月 6 日《政制分批研討會紀要（第三批）》附件一**

（1）低下層代表未必能佔民選議會的多數席：
從西方民主國家及本港僅有的選舉經驗看，民主選舉並不輕易使低下層代表上台，就算能選入議會，也難以佔據議席的大多數。其理由是：

（a）資本家、專業人士等社會地位較高，可以運用的資源（如財富、名望、社會關係、輿論等）較優裕，加上在政界長期經營，因而在競選中較佔優勢。觀乎英、美、德、日諸國，代表席上階層利益的政黨通常能成為執政黨。在市政局和區議會選舉中，這類人士當選的亦非少數。在港人治港將出現之時，相信他們會更有意識地，從維持其本階層利益、穩定現狀出發，利用本身優越條件參與競選，而不會輕易自動退出政治舞台。

（b）現時民眾一般不要求劇變，相反還期望一個穩定繁榮的社會局面，故肯定激進的言論和政策是不受歡迎的。民眾會願意選出強而有力的政府，以穩定政局。例如英、美兩國近年分別選出較保守的政治首長；而在民主傳統悠久的法國，右派政黨長期執政，又有在經濟嚴重衰退時才把穩定局面的希望寄托在中間傾左的社會民主黨身上。

（c）最後，當民眾均普遍要求某種社會改變時，那就不單是低下層的代表，就是中上層的代表也會提出社會改革的方案，以爭取選民的支持及解決實質問題。其結果也不保證前景變成議會的多數派。

（2）低下層候選人不會提出過份激進的政綱：
中央政府對面對的問題是全局性的，候選人不可能單只顧及本階層的利益；同時又為了爭取其他選民（如中產階級），所以相信低下層候選人不會提出太極端的政綱。而且考慮到民眾的心理（見 1b），他們也不會接受。這點在市政局、區議會選舉中候選人政綱中可證；此外，民間會議中各代表亦提出要有平衡各階層利益的有建設性的特殊政策。

（3）低下層代表上台後也不會推行極端政策：
（a）極有可能他們非佔多數議席，他們會與各階層、團體之議員共同制定盡量能照顧各方利益的政策。

（b）在制定中央政府政策時，必須考慮各方面因素，不能單從本身階層利益，和從單一觀點出發。例如在提高社會平等時要顧及資本家利益（保持經濟穩定性）。

（c）推行極端政策（如國有化、全面社會福利），估計遭受阻力極大，甚而引致社會動盪，低下階層代表不會冒險輕易推行。而且社會上存在各種利益團體（如工商、專業、工會等），他們也對中央政府起着批評、監察的作用。

（d）西方學會提出「限制性社會主義」學說（Constrained Socialism Theory）以說明上述三點。在資本制度下，任何政府的社會福利政策必然受到各種政治經濟力量的限制；就算是左翼政權，充其量只能推行中度福利措施，如

健康保險制，而非高度福利措施，如全面國有化及財富再分配計劃一個跨國研究的結果論證了這學說法國米特朗政府在推行全面福利政策受挫後，瞬即改行緊縮政策，亦是明證。

（e）最後，低下階層代表熱切關注本土問題，他們會自覺地使香港的局面穩定及逐步改善，絕不希望出現動盪，而導致中國的介入。

（4）社會經濟的平等應是任何政府致力達致的目標之一，而較為平等的社會（指財富分配和教育機會等）亦不一定導致經濟的全面崩潰：
根據一些跨國研究的結果顯示，一個國家的經濟愈發展，則社會愈是平等；但缺乏經濟發展為前提的政治民主化則不會引致社會平等。這些研究說明，社經平等是經濟成長後的必然趨勢，民主制度只起着協調平衡及促進的作用而已。當經濟有一定的發展，人民普遍知識水平提高、日漸關切本身的權利，便自然會提出社經平等的要求，從而導致政治的民主化及社會的較為平等。

※

㉚ **1986 年 8 月 14 日《草擬政制的初步討論紀要》附件**

【P8-9】
立法機關與立法機關的產生
3.2 立法機關的組成及產生
3.2.2 立法機關成員的候選資格
3.2.3 產生
3.2.3.1 全部由一人一票直接選舉產生
3.2.3.2 以多種形式選舉產生
（a）（i）完全沒有直接選舉
（ii）部份直接選舉（直接選舉的應有比例）
（b）功能團體選舉（如何擴大目前的功能團體界別？功能團體的界定？）
（c）選舉團（區議會、市政局、區域議局）間接選舉
（d）選舉院（顧問院）選舉
3.2.4 選舉方法
3.2.4.1 比例選舉制
3.2.4.2 分區選舉的分區辦法
3.2.5 立法機關的選舉資格

※

㉛ **1986 年 8 月 18 日《未來香港特別行政區政府架構芻議》**

【P5】
（5）立法機關
5.2 立法機關組織
我們建議立法機關由大約八十人組成，其成員比例如下：
甲、功能團體佔百分之五十的席位。
乙、經上述選舉團選出的議員佔百分之二十五的席位，依照一個容後決定的提名方式。
丙、由立法局、市政局／區域市政局及區議會議員提名並由選民直接選出的議員佔百分之二十五的席位。
丁、行政長官可以而主要官員則須要出席立法機關的會議，但無投票權，因為行政、立法兩者是分權而立的。
5.3 建議功能團體參選的理由
我們建議功能團體佔百分之五十的席位，理由如下：
甲、功能團體深受各界人士接納。
乙、它們可以反映各界意見。

丙、它們可以產生具備特殊專長和真知灼見的各界人才。
5.4 建議選舉團參選的理由
我們建議百分之二十五的立法議席由經選舉團選出的議員
出任，理由如下：
甲、令立法機關可以專心工作，不用在黨派政治上浪費精力。
乙、向一些無法通過功能團體及地區選舉產生，但具備特
質，對政府效率有幫助的人，提供其他問政渠道，避免滄
海遺珠。
丙、鼓勵社會各界精英加入立法機關並用以代替目前之委
任制度。
5.5 建議有直接選舉的理由
甲、香港政制應該逐漸公開化。立法機關、市政局／區域
議局及區議會成員提名某些候選人，令到具有政治經驗的
人得以找出適當的候選人。
乙、容許提名其他傑出人士，讓選民有更多選擇。
丙、令立法機關有更大代表性。

※

㉜ 1986 年 8 月 20 日《基本法結構專責小組初步
報告》

【P20】
5.3 第三節　立法機關
（1）立法機關的組成和產生辦法

※

㉝ 1986 年 11 月 8 日《香港特別行政區基本法起
草委員會政治體制專題小組的工作報告》，載於《中
華人民共和國香港特別行政區基本法起草委員會第
三次全體會議文件匯編》

【P34】
六、關於立法機關的產生
對於這一問題，委員們有幾種不同的看法：
1. 有的委員提出，立法機關應全部由功能團體選舉及間接
選舉產生，暫不宜有地域性的直接選舉的部份。

2. 有的委員提出，立法機關中 50% 的議員由功能團體選
舉產生；25% 的議員由代表全港社會利益的選舉團選舉
產生；25% 的議員經提名團提名後由地域性的直接選舉
產生。

3. 有的委員提出，立法機關全部議員由一人一票直接選舉
產生。

4. 有的委員提出，立法機關中由功能團體選出的議員應佔
50%，地域性直接選舉的議員應佔 50%。

5. 有的委員提出，在立法機關中，50% 的議員由地域
性的直接選舉產生；25% 的議員由功能團體選舉產生；
25% 的議員由地區性議會間接選舉產生。

6. 有的委員提出，立法機關成員由直接選舉和間接選舉產
生的比例，基本法中不作明確規定；有的委員認為，其比
例應作規定。

※

㉞一百九十人聯署《香港特別行政區政制方案的建
議》，載於 1986 年 11 月 10 日基本法起草委員會

【P5】
4. 立法機關
4.1 立法機關的組成和產生方式，建議如下：
4.1.1 百分之五十經由直選產生；
4.1.2 百分之二十五經由功能團體選舉產生；
4.1.3 百分之二十五由地區的議員如區議會、市政局和區
域市政局選舉產生。
（八五年立法局的選舉團選舉，曾被批評為出現一定的問
題，但由於地區性的間接選舉，將能更有效地反映地區事
務的意見，故此，同意這制度於九七年後繼續保留。為
克服地區間接選舉的問題，建議能擴大各地區選舉團的投
票人數，從而減少利益交換及感情用事的因素，使議員能
選出合適之人才。）

※

㉟雷競璇《直接選舉的若干問題》，載於 1986 年
11 月 10 日基本法起草委員會秘書處《參閱資料——
第 28 期》

【P9-19】
無論對於起草中的基本法之內有關未來立法機構的組成問
題，或者是直接選舉都是需要面對的問題，而事實上過渡
期中現行政制與未來政制的銜接性，也在很大程度上視乎
立法局直接選舉問題的發展。近來有關此問題的報道和討
論漸多，在迫在眉睫的情況下，估計在未來數月，直接選
舉的問題將成為新的爭論焦點。

理想與現實
長期以來對於各種社會、政治問題都似乎甚有「共識」的
香港人，到了近來面對各項重大問題時，卻表現出極其紛
紜的意見，在直接選舉上也不例外。目前，不但社會上明
顯地存在着支持直選和反對直選兩種傾向，而且相信在不
少人的個人心目中，也有着在理論上贊成直選，但在現實
上又感到有所顧慮因而表現得有所保留的矛盾情況。
選舉在形式上，可以二分為直接選舉和間接選舉。前者在
於體現民主精神，後者具有保守的性質（關於間接選舉的
保守性質，可參見拙著《選舉制度概論》頁六二至六三及
頁七四至七五）。西方國家的民主制度發展，正是從形形
色色的間接選舉、對選民資格的諸多限制和選舉權的不平
等漸次發展到一人一票的平等選舉權，以及人民直接選出
自己的立法者（甚至執政首）的直接選舉方式。事實上，
對任何一個具備政治意識的公民來說，在選舉權利上比別
人矮了一截當然是難以容忍的，所以，要發動民眾爭取平
等的選舉權和直接選舉總是既容易獲得廣泛支持，而又理
直氣壯的事，這也是直接選舉的力量所在。目前香港立法
局的五十六個席位中，官守議員的十席和由港督委任的
二十二席完全沒有選舉的成份，由選舉團選出的十二席是
典型的間接選舉，在功能界別的十二席中，雖然有若干直
選的因素（如教育界），但由於有界別的限制，令選舉權
極為不平等。這樣子的結構，很難應付直接選舉要求所提
出的挑戰。只要香港願意作為一個民主社會，它就不得不
朝直接選舉的方向發展。這基本上已是個不爭的事實。
從短期情況而言，香港政府在八四年十一月的代議政制白
皮書中，已承認多數民意贊成「在一九八八年逐步開始，
先直接選出很小部份的議員，然後按次遞增……」（第二
章第二十五段）。因此，很難想像在明年的政制檢討中，
可以從此一立場後退。
但是，對很多將安定問題作為首要考慮的人士來說，直接
選舉卻又引起他們的焦慮。他們基本上不是反對直接選舉
的內在價值和原則，而是着眼於香港社會的實際，恐怕在

直選問題上會走得太快、太遠，因而在態度上有所保留。他們的顧慮主要集中在兩個方面。

首先是令社會過份政治化，出現了滾雪球的效應，難於收拾。舉行直接選舉，就是擴大政治參與的渠道，但這要與市民政治參與的要求相適應。而政治參與的要求，是由教育水平、文化背景、社會經濟條件等複雜因素所決定的。政治參與的要求大於政治參與的渠道，政府會承受很大的壓力和挑戰，相反地，政治參與的渠道大於政治參與的要求，卻又可能帶來很多引起不穩定的因素。長期以來的香港社會，與其說是個在政治上有「共識」的社會，毋寧說是個基層民眾對政治普遍冷漠的社會。因此，對舉行直接選舉的條件是否成熟，相信很多人心目中仍然存疑。此外，一旦立法局的部份議席進行直選，則直選的火種勢將蔓延，立法局的其他議席以至未來行政長官的產生方法，都會受到衝擊和影響。對着眼於安定的人士來說，這就不能不引起他們的顧慮。

其次，是直選催生政黨的問題，這其實與上述的政治化問題息息相關。根據西方政制發展的經驗，選舉是促成政黨的制度因素，選舉權的擴大更是促成群眾政黨的因素。政黨政治的優點和短處不是我們在這裡要討論的問題，而值得注意的，是香港人普遍恐懼政黨此一事實，因此，也就出現了規限直選以阻礙政黨發展的意願。當然，在間接選舉下，政黨還是可以發展的，但困難是大得多了，壓抑直接選舉是阻止政治團體迅速強化的有效途徑。

形式與實際

那麼，在這種形勢上不能拒絕直選，主觀上又恐怕直選；基層民眾很容易被發動起來爭取直選，而社會的中上層人士（尤以工商界為甚）及中方又對直選充滿顧慮的矛盾下，我們應怎樣辦呢？下一步的發展會如何呢？

看來，一人一票選出部份立法局議員的方式是無可避免的。但一人一票的直選只是相當廣泛的框架，在其內可以做文章的地方還是多得很，因此，在直選的實際內容方面，大概會配以各種互相糅合的成份，因而對政治化和催生政黨產生一種緩衝作用。這些規限性的內容大概會包括下面數項。

首先是直選議席的數目問題。看來在明年的政制檢討中，會傾向選取「直選數目愈小愈好」此一立場。因此，相應地議席產生辦法的類型就最好有較大的多元性（variety），類型多了，直選議員就只是其中一類，既有利於壓縮其數目，也由於類型的參差而令直選產生的議員難於突出其較為優越的法理性（legitimacy）。如果這個估計基本正確的話，則目前立法局的四類議員（功能團體、選舉團、委任、官守）會得到保留，其中受到一定詬病的選舉團選舉方法在作若干修改後還可以繼續，然後再在此四者之上加上若干直選席位。立法局的席位總數可以稍為增加，五類議席的數目對比也可以作若干調整，其中功能界別由於處於強勢地位因而數目不會受到削減，選舉團方面因為要顧慮到區議會、市政局及區域議局的反應而不易予以削減，至於委任議員和官守議員的數目就較易受到動搖，但此部份的席位變遷要視乎立法局議席總數的增幅而定。如果此估計基本上準確，則在八八年後的立法局中，直選議員與官守議員在議席數目上會敬陪末座。

第二是對直選議員候選資格的限制，這種限制除了一般性的要求（年齡、居港年期、繳交保證金等）之外，大概還會規定候選者需要得到一定數目的特定人士的聯署支持（sponsorship）。事實上，在西方的選舉制中，對重要職位的選舉都有類似規定。例如法國就規定要成為總統候選人，要得到五百位議員的聯署支持，這些議員可以來自國會、省議會、巴黎議會、海外省或海外屬土議會，或者是各城鎮的市長；此外，聯署的五百名議員必須來自三十個或以上的省份，而來自同一省的聯署者不得超過聯署總人數的十分之一。這種規定就是希望候選人在全國有廣泛

的支持而非代表個別地區利益。在香港的情況而言，類似的聯署形式大概會得到支持，這既可以對候選者的質量造成一定保障，又會對上述的政治化、政黨發展造成若干障礙（候選者在訴諸廣大的選民之前，先要央求於建制中的若干人士；候選者乞靈於政治團體的競選活動支持之前，先要確保一群有地位人士的聯署）。至於讓什麼人有資格可以進行聯署，則要注意以下各點。首先是數目要相應地適中，數目大了，上面提及的作用難於發揮，會流於濫；數目小了，則易於變成壟斷。至於理想的數目是若干，不易有客觀的標準，很大程度是視乎究竟有多少席位是經由直選產生而定。其次是有資格作聯署者應具備充份的法理地位根據，而且由於上面提到過將來的立法局大概會包括多種類型的議員，因此在聯署資格上就要提防重複。例如既然已經有功能界別選舉，就似乎不應讓廠商會、社聯這些團體或類似的個人再有聯署直選候選人的權利。（類似的爭論，大概會發生在選舉團方面，即區議會、市政局及區域議局既然已經可以選出自己的代表進入立法局，還要重複地讓這些議員擁有聯署資格嗎？筆者的看法，是這三類議員不同於功能界別的成員，後者不具備前者的民意代表性質，但同時也要顧慮到重複性，適宜限制這三類議員只能聯署支持非議員參選，其本身則不得參選。）

有資格作聯署者最好是來自現有的政府架構中而本身又是民意代表者，以香港的情況而言，由立法局議員、市政局議員、區域議局議員和區議會議員擔任聯署的工作看來是較合邏輯，他們的總人數是四百多人，如果估計將來立法局的直選有十席至二十席，每位候選者要得到三十至五十個聯署支持才可以角逐，看來在比例上是頗為均勻相稱的，同時亦可以規定上述四層次議員的聯署要達到某種比例，以免候選者過份依賴某一方面。但此一方法也要考慮一個可能的爭論和一個技術問題。可能的爭論是在上述的有資格聯盟人士中，區議員佔了絕大多數，一些持慎重傾向的社會中上層人士可能甚有顧慮，參考最近五十七位諮委關於六百人選舉團的芻議，就明顯地看到這種擔憂。但筆者的意見，是如果在聯署資格上也剝奪區議員的權利，則顯然是過份保守了，事實上我們在現有體制中，也無法對此作出填補。技術問題是將來的多種民選立法議員（功能團體、選舉團、直選）的任期是否一致？以及行將卸任的直選議員是否適宜讓他們有資格聯署支持下一屆候選者？不過這些都是較次要的問題，只在達到技術上的完美（technical nicety），大概爭論不大。

第三方面的問題涉及選區的劃分和投票方式，情況就複雜得多。如果照顧到上述壓抑政治化和政黨發展的要求，那麼我們的選擇其實也不太多。在紛紜的現存直選形式中，不少會由於不符合上述的顧慮而不得不予以排除。首先是在名單候選的比例代表制和個人參選的多數選舉制之間，是後者較前者適宜，因為前者有突出和強化政治組織、突出和強化意識形態分歧的效果，而後者則有方法簡單、計算便捷、較能突出候選人的質素的優點。然後是在選定多數制之後，在究竟適宜進行兩輪投票抑或一輪投票的問題上，也是後者優於前者，因為兩輪投票除了增加選民的工作負擔之外，還會在第一輪和第二輪投票之間造成若干懸疑和不肯定的狀態，對於害怕謠言和特別關心信心問題的香港人來說，是並不太適合的。最後推行下來，便是在多數制下，究竟是單人選區？抑或是多人選區？究竟是投多票？抑或是投一票的結合問題。如果是單人選區，則全港要劃分為數目較多的選區，而且從長遠效果看，有發展為兩個陣營對立的趨勢（西方國家兩黨制的發展），雖然這種趨勢很可能被其他因素所抵消。至於多人選區制，則選區的總數目會減少，而如果又同時結合選民只投一位候選者的票的話，則有助於打破兩大陣營對立的趨勢，令政治團體即使滋生的話，也會變得紛紜和具有多元性。對政黨的強化和發展就會產生一種拉後腿的作用。因此，如果我們要照顧上述的兩大顧慮的話，將來直選立法局議員的方

式不妨參考日本國會議員的選舉方法（其簡介可參見上引拙著頁一〇七），換言之，是將香港劃分為四至五個面積相當大的選區，每個選區選出三或兩名議員（於是總數在十至十二名之間），兩位（編者按：「兩位」應為「每位」之誤。）選民只可投一位候選者的票，由得票最多的首兩位或三位候選者當選。附帶的一個小技術問題，是如果選取上述的直選辦法的話，適宜考慮將目前各層次直選的投票方法統一起來。目前區議會、市政局等的選舉中，有單人選區也有雙人選區，因而選民在投票時有投一票者亦有投兩票者，易於造成混淆，一個選民從一個選區遷往另一個選區，在投票時就有可能要稍作適應和改變。因此，如果將來立法局直選是採用多人選區、單一選票的話，則各級選區都不妨統一為單一選票，這就可以免去對選民可能造成的混淆。

總的來說，要發展代議政府，要建立民主政制，直接選舉是無可避免的趨勢。但同時要照顧到對於政治化、政黨發展的顧慮，大概只能在一人一票的直選形式之下作出相應的技術性限制，令到對社會的政治化和政治團體發展的速度不致失去控制。這是民主和安定這兩個不同方向的考慮之間的互相讓步，也可以說是妥協。事實上，香港未來的政制發展大概還是以妥協的性格為主，所謂「共識」，只是海市蜃樓，我們經常說到而且予以肯定的「持平」，實際上也是以妥協為內容。
（載一九八六年九月十八、十九、二十二日《文匯報》）

※

㊱辛維思《談立法機關的產生辦法》，載於1986年11月10日基本法起草委員會秘書處《參閱資料——第28期》

【P25-33】
由於中英協議規定將來香港特別行政區的立法機關由選舉產生，許多關注未來政制的團體和人士都在「選舉」二字上下功夫，提出了種種方案。除了查良鏞方案之外，其餘的都是直接選舉和間接選舉產生的立法機關成員的比例不同而已。目前大致的看法是：間接選舉對工商上層有利，直接選舉對基層有利，因此上層人士力主間接選舉的比例要佔大多數，基層、政見組織則力爭直接選舉的比例要與間接選舉的比例平分春色。這可以從月前諮委會內兩份分別代表工商界專業人士諮委和民主派政見界諮委的政制建議書中，得悉兩者的分歧。不過，又有輿論認為中方認同工商界專業人士諮委的建議，反對民主云云。

尊重中英協議
一般人看中英協議中立法機關的產生，只注意協議中提及的「由當地人士組成」和「由選舉產生」的兩點，而忽略了第三點，即附件一第十三節提到的「《公民權利和政治權利國際公約》……適用於香港的規定將繼續有效」。由於中國不是上述公約的締約國，但為使香港人享有不少於目前公約中所規定的權利，因此作出承諾，目的當然是叫香港人放心；至於不適用於香港的規定，中國有全權決定是否付諸實行。當我們討論立法機關的產生時，應充份估計第三點的影響。
在《公民權利和政治權利國際公約》中，有一條不適用於香港的規定是涉及立法機關的產生的。英國政府在認準公約時聲明：「聯合王國保留權利，在涉及須在香港設立一個經選舉產生的行政局或立法局的問題上，不引用第二十五條（B）段……。」所謂的第二十五條（B）段的公民權利是：「在真正、定期之選舉中投票及被選。選舉權必須普及而平等，選舉應以無記名投票法行之，以保證民意志之自由表現」。簡而言之，就是英國政府保留

權利，不採用普及而平等的選舉方式選舉產生香港的立法局、行政局。中國在保證公約適用於香港的規定將繼續有效的同時，也同樣保留有不採用普選方式產生立法局的權利。所以說，如果現在香港政府蓄意造成有立法局議席由普選產生的既定事實，逼中方接受，嚴格地說，這種做法是侵犯了中國的權利的。

不應造成既定事實
其實，中國在中英協議對香港未來政制所作出的民主承諾，已經逼使現時的香港政府不得不作出相應的民主改革，在八五年實行了部份立法局議席由間接選舉產生，並進一步放出聲氣說，如果民意要求八八年的立法局選舉有直接選舉，可以考慮云云。民主改革步伐，一時又何其快也，大有與中國來一個政制民主化的自由競賽之勢。前年，香港政府提出的「代議政制」綠皮書和白皮書引起的爭論，從客觀上看，由於中方指出不能在九七年後接受一個由香港政府一手造成的有關政制方面的既定事實，英方已成功地向香港人傳達了一個「中方不要民主政制」的錯誤訊息，使香港人忘記了中方在中英協議所作出的民主承諾。現在，香港政府又提出「立法局是否直接取決於民意」的「民主改革」，在中方看來，無疑又是一個造成「既定事實」的企圖。
由於現在立法局的選舉是由選舉條例規定的，要造成既定事實，就是在八八年或九一年的立法局選舉條例上加上直接選舉的部份，如果這部份條例的內容不違反《基本法》，就可以使得將來特別行政區保留這些條例。因為中英協議附件一第二節規定：「香港特別行政區成立後，香港原有法律（即普通法及衡平法、條例、附屬立法、習慣法）除與《基本法》相抵觸或香港特別行政區的立法機關作出修改者外，予以保留。」由此看來，《基本法》如何規定將來立法機關的產生辦法，是關鍵所在。
《基本法》作為將來香港特別行政區的憲制性文件，必須規定立法機關的產生辦法，而中英協議也已規定將來立法機關要由選舉產生。問題是：選舉形式有兩種，即直接選舉和間接選舉，一個憲制性文件不應該仔細到定出兩者的比例，也不可能這樣做，因為一旦寫明兩者的比例，將來要修改就等於要修改《基本法》。但如果不規定比例，現在香港政府就可以造成既定事實，要將來的特區政府承擔。如在八八年或九一年有百分之二十五的直接選舉議席，以後逐漸增多，要是中方不同意這樣的比例，或發現這樣的選舉對香港的繁榮安定沒有好處，在九七年後開倒車，就蒙上了「不要民主」的惡名。所以中方對直接選舉的事一直小心處理，看來主要是提防被人陷於不義。

改革的步伐與檢查標準
當中英雙方簽署中英協議時，香港的立法局是沒有任何由選舉產生的議席的，中國的承諾是促進香港民主政制的一個重要標記。須知政制改革的步伐是以十年、二十年甚至更長的時間為一個單位的，因為需要時間反覆證明所作出的改革是否切實可行，對整個社會、經濟、民生等方面是否有好處，這不是三五年就可以有答案的。像八五年的立法局選舉，開始有了由間接選舉產生的議席，其中由選舉團選出的議席引起了較多的非議，而由按社會功能劃分的選民組別選出的議席則較為輿論所接受，但我們不應因此就輕下判斷說，選舉團不妥，功能組別可取。道理很簡單，因為一次試驗的成敗，不足以為論據，像政制改革這樣影響重大的試驗，尤其需要十次、八次的試驗結果作為依據，才能為新的試驗提供經驗。現在就下結論說選舉團不妥，應改為由直接選舉產生議席，與其說是無知，不如說是別有用心。
在過去相當長的一段時期內，香港的立法局只有兩類議員，即官守議員和委任非官守議員，只是在八五年以後，才開始改革，變成有部份議員是由間接選舉產生。如果

說，我們現在是處於政制改革的最初的一個階段，那麼，應該還需要一段相當長的時間，香港的立法機關才能最後改革成全部成員由直接選舉產生，能夠在九七年後的五十年內完成這樣的改革，步伐已是相當快了。

香港政制改革是否得宜，就要看改革是鞏固還是削弱了香港的穩定和繁榮。現在的香港社會、經濟、民生，對八五年作出的政制改革是否能適應，還是個未知數，又要醞釀更大的改革，推行立法局直接選舉，後果實在堪虞。筆者過去曾主張九七年後可以有三分之一直接選舉議席，但現在對八五年的改革爭議很大，筆者的主張就顯得太過樂觀。比較客觀的看法應該是，從現在起到九七年，如果能完成全部議席都由間接選舉產生這樣的改革，就已經是很了不起了。因為這樣做，既能為未來香港政制的進一步改革，走向民主化提供經驗，又能促成現有立法局的產生與《基本法》的規定相銜接，對長期維持香港的穩定和繁榮也有裨益。

三個顧及面

綜上所述，筆者認為《基本法》在制定將來立法機關的產生辦法時，應同時顧及三方面：

一、具備憲制性文件的共同特點，列出原則，如候選人的定居資格、年齡資格等，但不須列明直接選舉和間接選舉的比例。

二、符合中英協議的三點精神，即「由當地人組成」、「由選舉產生」及讓中央人民政府保留權利，在涉及須在香港設立一個經選舉產生的立法機關的問題上，不引用《公民權利和政治權利國際公約》第二十五條（Ｂ）段。

三、從發展的角度考慮問題，照顧到香港特別行政區在未來的五十年中，可以因本身政治發展的需要，而改革成完全由直接選舉產生的立法機關。

上述三點何以值得注意？理由很簡單：第一點是常識，無須贅述；第二點強調全面地尊重中英協議，不要只看見「選舉」二字，看不到中央人民政府應該保有的權利；第三點則強調《基本法》不應限制香港特別行政區最終有一個由直選產生的立法機關。

兩點建議

基於上述三點，筆者建議《基本法》在規定立法機關的產生辦法時，包含兩方面的內容：

一、立法機關成員由區域組織及由功能團體選舉產生；

二、在有需要時，由全國人民代表大會授權香港特別行政區立法機關檢討立法機關的選舉，並由人大根據需要提出修改議案。

這樣規定的好處是可以保持《基本法》的靈活和有彈性。具體地說，第一屆立法機關的產生，即可以通過《基本法結構（草案）》第十章「附則」中的第一條「香港特別行政區第一屆政府的產生」內的條文加以規定，例如可以規定為：三分之一由區域組織選舉產生，三分之二由功能團體選舉產生，即全部由間接選舉產生。至於以後的選舉，由於需要適應政治的發展，也可以分成幾個步驟進行改革，例如可以每十年檢討一次，逐步增加由直接選舉產生的成員的數量，希望到了二〇四七年以後制定的香港憲制文件裡，可以有條件發展為全部的立法機關成員都由直接選舉產生。

有關檢討和修訂的過程，則可以參考目前的做法。目前香港的憲制性文件是《英皇制誥》和《皇室訓令》，立法局即根據這兩個文件的規定產生並組成。百多年來，這兩份文件也有幾次的修訂，如八五年的立法局選舉，立法局增加了民選的成員，《皇室訓令》即作出了相應的修訂，以作配合。將來特別行政區立法機關產生辦法的檢討和修訂也一樣，在人大授權立法機關檢討後，立法機關即可作出檢討報告；如需要修改有關的規定，可由人大提出修改議案。修改議案通過後，立法機關即可按新法進行選舉。

（載一九八六年十月十五日《明報》）

※

㉟ 1986 年 11 月 16 日姚偉梅、馮煒光、李紹基《「青年與基本法研討會」大會報告》

【P1-3】

立法機關的產生

1. 直接選舉

定義——基於公平參與的原則，有參加者認為直選是指無提名權限制的一人一票直接選舉，但亦有參加者顧慮候選人的質素，建議候選人應由特定團體提名，只要這些特定團體是具合法性和認可性的即可，故應有提名權之限制；但亦有參加者認為直接選舉立法機關成員是一個重要及嚴肅的過程，由全民提名，市民會慎重處理，不會出現質素太差的候選人，所以亦建議無限制權，可由全民提名。

1.1 支持直選——有四組參加者一致贊成立法機關應由直選產生；其餘十一組贊成在九七年時，有不少於二分一的立法機關成員由直選產生，原因如下：

（1）直選可確切反映出社會的取向。由直選產生的政府更具權威性和合法性，因此可以達到向人民負責、交代，並受人民監察的目的。

（2）直選容許各階層公平參與制定決策，均衡社會各階層的利益，避免令某些階層可透過「政治壟斷」來達致「經濟壟斷」，引起其他階層不滿而造成社會不穩定。

（3）直選可防止中國過份干預香港內部事務，因直選選出的議員須對市民負責，「奉旨承風」的情況自然少機會出現。

（4）至於選舉的結果，即使是全面直接選舉，所產生的議員都會是有能力、有知識的專業人士及中上層人士，同時，工商界在財力、社會聲望等方面都比其他階層人士優勝，故在一人一票的選舉遊戲規則下，也同樣佔有有利位置。因此立法機構無須要為某一階層人士保留特定席位。

（5）現時香港人的教育水平、國民收入都漸高，資訊溝通的情況亦很發達，如果政府再大力推行公民教育，定必有足夠實行直接選舉的客觀條件。

（6）直選可以維繫大部份會繼續留港的市民對實行「一國兩制」、高度自治的承諾的信心，因為如果沒有一個能真正代表市民的特區政府，高度自治的基礎是十分脆弱的。

（7）香港的政治實踐對中國的政制改革起示範作用；值得一提的是不少參加者都提出選舉本身是一項重要的公民教育，透過個人的實踐從而提高政治意識，這對推動整個社會的政治發展起積極作用，所以直選是不容忽視的。

2. 間接選舉——參加者認為間接選舉主要指「功能團體」選舉。

2.1 支持間選的原因：

（1）過渡的功用——由現在到九七年只有十餘年，考慮到從未有自治經驗的市民未必有足夠的參選意識，部份工商界人士對民主制度亦有懷疑，而中國政府對香港政制改革的步伐亦有保留，再者「一國兩制」是一個非成功不可的實驗，所以可以接受間選是作過渡期的安排，但最終應為直接選舉。

（2）功能團體選舉能保證某些擁有專業知識的人士能晉身立法機關，以確保立法機關能得到他們的意見。

（3）參加者認為功能團體選舉能為工商界人士在立法機關內設有一定席位，以穩定他們的信心。

2.2 反對間選的原因：

（1）製造政治特權階級，破壞公平原則。

（2）功能團體選舉充滿問題，例如如何公平劃分功能席位等，都是難以解決的。

2.3 其他

有參加者提出，假如以功能團體選舉作過渡期的安排，應增設更多不同功能組別（如文化藝術界及傳播界），而某些組別如勞工界應獲增分配議席。

3.發展方向——參加者認為九七後的政制是可以因應當時的情況及視乎公民意識的提高而發展，但是發展的方面應是趨向更民主、更開放。參加者並認為最終應實行全面直接選舉。

選民年齡
有九組參加者贊成將選民年齡降至十八歲，他們認為：
1.由於教育水平提高，青年已有足夠能力去選擇自己的代言人。
2.提供參與的機會可提高青年人對社會公眾事務的關心及參與政治的責任感。
3.如果現在開始實行一人一票選舉，到97年大部份立法議員都由選舉產生；經過長時期的實踐，到時已有足夠基礎培育一群對社會有一定認識及承擔的年青人。所以到九七年時，把選民年齡降至十八歲是適當的。

　　　　　　　　　　※

㊳ 1986 年 11 月吳康民《關於香港特別行政區政府結構的建議》

【P2】
立法機關
3.1 立法機關由一百名議員組成。
3.2 立法機關的議席分配如下：
（a）分區直接選舉三十名
（b）各功能組別選舉三十名
（c）顧問委員會選舉三十名
（d）各正副司級官員互選十名

　　　　　　　　　　※

㊴ 1986 年 12 月 3 日政制專責小組之立法機關工作組及行政長官、行政機關工作組《選舉方式——直接、間接、功能界別、大選舉團討論文件（草稿）》（1986 年 12 月 3 日政制專責小組行政機關的組成與行政長官工作組及立法機關的組成與立法機關的產生工作組第一次聯席會議討論文件）

【P1-7】
2.定義
2.1 直接選舉——直接選舉的意思，就是由一定規範的選民，以一人一票的方式，在一定數目的候選人名單中，以直接的多數票，決定其中一人或數人出任某些公職。
2.2 間接選舉——相對來說，間接選舉則由選民先以一人一票選出一批代表，再由這些代表根據自己的判斷，以一人一票選出一人或多人出任某些公職。
2.3 大選舉團選舉——由社會各界人士組成的有權威性、有代表性的選舉團，以直接選舉方式，選出一些人士出任某些公職。有關大選舉團的組成方法運作，另見「大選舉團」討論文件。
2.4 普及選舉——選舉人的資格即除年齡及公民身份外，並無任何其他限制。
2.5 有限選舉——除一般的選民資格外，選舉人要有特別的條件，才能參加選舉。

3.聯合聲明的有關內容

3.1 聯合聲明內規定，特別行政區的「立法機關由選舉產生」（附件一第一節），但對於用何種選舉方式，並無進一步規定。

4.目前的情況
4.1 目前立法局的 56 席議席中的產生方法，共有四種，分別為：
（1）當然官守議員——根據香港的憲制性文件皇室訓令，布政司、律政司、財政司為立法局的當然官守議員。
（2）委任——由港督決定，其中又分兩類，共二十九席
1 官守委任議員——港督通常由司級官員，選定重要的一些官員，委任其為立法局議員，任期明文規限，此類議員共佔七席。
2 非官守委任議員——港督由社會各界的知名人士中，委任一些人士，出任有一定任期的立法局議員，以此方法產生的議員，共二十二席。
（3）功能團體選舉——根據 85 年的立法局選舉條例，香港政府劃分出社會上的重要功能界別，並界定其中的選民資格，再按界別分配一定的議席，以選舉方式，產生十二席議席。
這些界別及所佔席及指定選舉人為：

界別	席位	選舉人	性質
（1）商界（1）	1	香港總商會會員	商業機構
（2）	1	中華總商會會員	商業機構
（2）工業界（1）	1	工業總會會員	商業機構
（2）	1	中華廠商會會員	商業機構
（3）金融界	1	銀行公會會員	商業機構
（4）勞工界	2	註冊工會	勞工團體
（5）社會服務界	1	社會服務會會員	社會服務團體
（6）醫學界	1	醫學會會員及其他註冊醫生	個人
（7）教學界	1	全職教師	個人
（8）法律界	1	律師會、大律師公會會員及政府律政署人員	個人
（9）工程、建築、測量及都市規劃界	1	工程師學會、建築師學會、測量師學會及都市規劃師學會會員	個人
	共十二席		

（4）選舉團——根據 1985 年的立法局選舉條例，劃定了十二個選舉單位，由這十二個單位內的成員，以一人一票的方式，選出一人，出任為立法局議員，故此，由這方法產生的成員共十二議席。該十二個選舉團包括目前香港政府的兩類地方行政及諮詢機構，一為管理文康市政的市政局（香港／九龍）和區域市政局（新界），二為分佈全香港九龍新界的十九個區議會，按他們的人口分佈集合成

十個單位（每區人口由三十餘萬到七十餘萬不等），這兩類機構的成員，部份由該選區內的選民以一人一票選出來，部份由政府委任。

全港選民

```
目前條件：
（1）二十一歲以上            功能界     立法局議員
（2）登記前的七年通常居港      別選舉  →  （12 席）

            地域分區選舉
             （普選）

      十九區區議會      市政局  區域市政局
（十個選區）

立法局議員（10 位）  立法局議員（2 位）
```

5. 目前立法局選舉方法的特點

5.1 功能界別選舉的特點：

（1）直選形式── 部份功能界別，是用一人一票的直接選舉方法選出的。

→ 功能界別中的教學界、法律界、醫學界，及工程建築、測量及都市規劃界，都是在界定的一個選舉人中，以一人一票的直接方式，選出代表進入立法局的。

（2）商業機構作為選民── 功能界別的選民，除了以上四個界別以個人為單位外，其他的五個界別，是以組織的成員為單位的。而這些機構組織的成員，包括了商業機構、社團和個人，參差不齊。這些界別的選舉方法，也是用一單位一票，直接選出其代表進入立法局的。有個別單位在投票前，由單位內的成員以投票方法，決定自己的單位的一票，應投給哪一位候選人。亦有些單位，是由當事人決定的，方法不一。

5.2 選舉團的特點：

（1）間接選舉形式── 選舉團的選舉，是以間接的形式進行的，亦即是全港的選民選出一批代表，再由這批代表選出一人參加立法局。

（2）普及性選舉── 這個選舉是普及性的，即全香港及資格的選民，都有資格投票。（即年齡 21 歲以上在登記為選民前通常居港七年的人士）

（3）重複選舉── 全港的選民，通過兩次間接選舉的形式，選舉代表進入立法局，這即是說，合法選民選出了各區的區議會議員後，再由他們選出代表進入立法局。而在另一次的選舉中，同樣的選民，又選出市政局及區域市政局的議員，再由這些議員選出代表進入立法局。

（4）選舉受委任因素影響── 在這些間接選舉中，因有委任議員的參與，故這結果也不是純由間接選舉產生。

6. 真正問題：

根據上列的情況，香港目前的立法局，是有用直接選舉的方式去選舉議員的，但這些選舉，並非用普及選舉方式，而是在一定的功能界別內進行。目前的立法局選舉，亦有普及選舉產生的議員，而且全港的選民，是通過兩次重複的普及選舉，去產生立法局議員。不過這些選舉是以間接的形式進行的，並且中間受到委任議員的參與，並非純由選民的代表決定最後的立法局人選。故此，目前討論的「直接選舉」問題，其實並非直接選舉，而是：「未來特區的立法機關，應否用普及一人一票的直接選舉方式，去選出立法機關的成員。如果用此方式，又應佔多少比例。」

7. 目前提出的立法機關選舉方式，共有四種：

（1）普及直接選舉
（2）普及間接選舉
（3）功能界別選舉
（4）大選舉團選舉

8. 贊成及反對「普及直選」的理由：

贊成	反對
（1）有利安定繁榮	不利安定繁榮
（2）政黨產生是必然而又健康的發展	催化政黨對抗性政治
（3）各利益集團、社會階層公開自由競爭	不能保障各階層代表性
（4）公民意識已有增長／難定準則	公民意識未成熟
（5）	政客政治引致公費開支增加
（6）符合平等參與原則	
（7）現代社會發展的最佳形式	香港社會不適宜引用西方民主方式
（8）民主化要配合經濟發展	過份、太快的民主化不利經濟發展
（9）加強政府合法性	
（10）直接向選民負責更有效	
（11）可鼓勵人民參與政治	社會政治過熱
（12）可體現高度自治	
（13）普及直選才可以建立一個能向北京說「不」的政府	
（14）無「普及直選」就無民主	「普及直選」只是民主的一種形式，沒有直選，也可以有民主。
（15）	因機會成本不一樣，起步時間不一樣，各階層參選機會不均等
（16）	直接普選的不可預測性對社會安定不利

有關普及直選的意見，分歧很大，建議從完全由此方式產生到完全不採取此種形式也有。

9. 贊成及反對功能界別選舉的理由：

贊成	反對
（1）保障立法機構各界代表的均衡性	不平等，有人多票，有人無資格投票。
（2）議員更有效代表各界別利益	功能界別產生議員未能照顧全局利益
（3）減低社會的政治過熱	

對功能界別選舉的形式，大家是基本上肯定的，惟對如何加以擴大，則有不同的意見。
9.1 功能界別擴大的建議

10.贊成及反對「間接選舉」的理由：

贊成	反對
（1）選舉團方式有助投票人對候選人的認識	小圈子政治，容易被操縱，易引致派系分裂，破壞區議會、市政局、區域市政局日後工作關係。
（2）減低社會政治過熱	間接方式不利向選民大眾交代
（3）使區議會、市政局、區域市政局意見，能直接反映到立法機關。	

間接選舉，有人認為應該取消，代之以普及直選方式。但亦有意見認為應該保留，惟認為應該擴大其比例的意見則沒有。

11.贊成及反對「大選舉團」選舉的理由：

贊成	反對
（1）保持穩定性、連貫性	特權階級政治，保障一小撮人利益。
（2）保障社會各階層的均衡參與	偏重工商界上層階級
（3）	某些界別有重複代表性
（4）減低社會政治過熱	
（5）	包括立法機關成員的大選舉團自選立法機關部份成員不合邏輯
（6）在有包括人大、政協成員的大選舉團，可保證親中力量的參與	

贊成用「大選舉團」的意見，所以此方法為一補救方法，以均衡其他方式所產生的漏洞，故建議多不超過 1/4—1/3 的比例。有意見完全不贊成用此方式產生部份立法機關成員。
＊有關大選舉團的產生、組成的詳細討論，另見「大選舉團」討論文件。

12.各種選舉方式產生立法機關成員比例的建議

方式／建議	普及直選	間接選舉	功能界別	大選舉團
1	100%			
2	60%			40%
3	50%			50%
4	50%	25%		25%
5	40%		60%	
6	40%		30%	30%
7	33%		33%	33%
8	25%	25%	50%	
9	25%		50%	25%
10		25%	50%	25%
11*	100%*			100%*

＊建議（11）為兩院制，一為完全由普及直選產生，一為完全由功能界別產生。

※

㊵ 1986 年 12 月 12 日政制專責小組之立法機關工作組及行政長官、行政機關工作組《選舉方式——直接、間接、功能界別、大選舉團討論文件（修訂稿）》（1986 年 12 月 17 日政制專責小組之立法機關工作組及行政長官、行政機關工作組第三次聯席會議討論文件）

【P1-7】
（編者按：本文同第一稿文件㊴，除下列內容外，均同前文。）
2.名詞解釋
2.1 選舉過程
2.1.1 直接選舉——直接選舉的意思，就是由選民，以一人一票的方式，在候選人名單中，以多數票直接決定其中一人或數人出任某些公職。
2.2 選民資格規限
2.2.1 普及選舉——選舉人的資格即除年齡及公民身份外（或「一般選民資格外」）[1]，並無任何其他限制。
2.2.2 有限選舉——除一般的選民資格外，選舉人要符合其他條件，才能參加選舉。

註1：公民身份的定義，現仍由居民定義小組研究中，目前香港並無「公民」這定義的。

2.3 選舉組別的劃分
2.3.1 區域性——選民按其居住地，分為多個選區，選舉按區舉行。
2.3.2 功能性——選民按其社會功能，劃分為各個選舉組別，選舉在各組別分別進行。
2.4 大選舉團選舉——以一定方法，在一定規範內，由社會各界人士組成的大選舉團，以選舉方式，選出一些人士出任某些公職。有關大選舉團的組成方法與運作，另見「大選舉團」討論文件。

4.1985 年以來的情況
4.1 85 年來立法局的 56 席議席中的產生方法，共有四種，分別為：
（3）功能界別選舉——根據 85 年的立法局選舉條例，香港政府劃分出社會上的重要功能界別，並界定其中的選民資格，再按界別分配一定的議席，以選舉方式，產生十二席有一定任期的議席。
這些界別及所佔席及指定選舉人為：

界別	席位	選舉人	性質
		……	
（2）	1	中華總商會會員	商業機構、個人
		……	
	共十二席		

（4）選舉團—— 根據 1985 年的立法局選舉條例，劃定了十二個選舉單位，由這十二個單位內的成員，以一人一票的方式，選出一人，出任為有一定任期的立法局議員，故此，由這方法產生的成員共十二議席。該十二個選舉團包括目前香港政府的兩類地方行政及諮詢機構，一為管理文康市政的市政局（香港／九龍）和區域市政局（新界），二為分佈全香港九龍新界的十九個區議會，按他們的人口分佈集合成十個單位（每區人口由三十餘萬到七十餘萬不等），這兩類機構的成員，部份由該屬區內的選民以一人一票選出來，部份由政府委任。

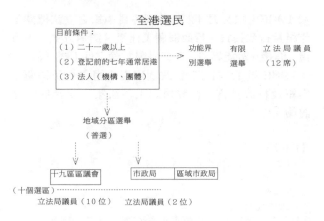

全港選民

目前條件：
（1）二十一歲以上
（2）登記前的七年通常居港
（3）法人（機構、團體）

功能界別選舉 —— 有限選舉 —— 立法局議員（12 席）

地域分區選舉
（普選）

十九區區議會（十個選區） —— 立法局議員（10 位）
市政局　區域市政局 —— 立法局議員（2 位）

5. 1985 年以來立法局選舉方法的特點

5.1 功能界別選舉的特點：

（1）直選形式—— 部份功能界別代表，是用一人一票的直接選舉方法選出的。
→ 功能界別中的教學界，法律界，醫學界，及工程建築、測量及都市規劃界，都是在界內的候選人中，以一人一票的直接方式，選出代表進入立法局的。
（2）以機構單位作為選民—— 功能界別的選民，除了以上四個界別以個人為單位外，其他的五個界別，是以組織的成員為單位的。而這些機構組織的成員，包括了商業機構、社團和個人，參差不齊。這些界別的選舉方法，也是用一單位一票，選出其代表進入立法局的。有個別單位在投票前，由單位內的成員以投票方法，決定自己的單位的一票，應投給哪一位候選人。亦有些單位，是由當事人決定的，方法不一。

5.2 選舉團的特點：

（1）選舉團以多種形式產生—— 選舉團的成員，包括由直接選舉、間接選舉產生的代表，也有由港督委任的，和法例規定的當然成員。
（2）間接選舉形式—— 選民通過選舉團產生立法局議員的選舉過程，是以間接的形式進行的，亦即是全港的選民選出一批代表，這批代表再與其他方法產生的成員組成十二個選舉團，再由這十二個選舉團選出十二人參加立法局。在這些間接選舉中，因有委任議員的參與，故選舉結果在過程中受到委任及當然成員的影響。
（3）普及性選舉—— 部份選舉團成員是以普及性的選舉產生的，即全香港及資格的選民（即年齡 21 歲以上在登

記為選民前通常居港七年的人士），都有資格投票，選出部份選舉團成員。
（4）重複代表性—— 全港的選民，通過不同的選舉，選舉代表進入立法局，這即是說，合法選民選出了各區的區議會議員後，再由他們選出代表進入立法局。而在另一個途徑的選舉中，同樣的選民，又選出市政局及區域市政局的議員，再由這些議員選出代表進入立法局。

6. 問題的焦點：

根據上列的情況，香港 85 年來的立法局，是有用直接選舉的方式去選舉議員的，但這些選舉，並非用普及選舉方式，而是在一定的功能界別內進行。85 年來的立法局選舉，亦有普及選舉產生的議員。而且全港的選民，是通過兩次重複的普及選舉，去產生立法局議員。不過這些選舉是以間接的形式進行的，並且中間受到委任議員的參與，並非純由選民的代表決定最後的立法局人選。故此，目前討論的問題就是：「未來特區的立法機關，應否用普及一人一票的直接選舉方式，去選出立法機關的成員。如果用此方式，又應佔多少比例。」

7. 對立法機關選舉方式，目前共有四種建議：（比例問題見 8）

（2）普及間接選舉（註：目前的情況仍有委任成份在內，但將來若沒有委任議員，則會變成純間接選舉。）

8. 各種選舉方式產生立法機關成員比例的建議

方式＼建議	普及直選	間接選舉	功能界別	大選舉團
1	100%			
2	75%		25%	
3	66%		33%	
4	60%		40%	
5	60%		25%	15%
6	50%		50%	
7	50%	25%	25%	
8	40%		60%	
9	40%		30%	30%
10	33%		33%	33%
11	33%		66%	
12	30%	20%	50%	
13	25%	25%	50%	
14	25%		50%	25%
15		25%	50%	25%
16	100%*		100%*	

＊建議（16）為兩院制，一為完全由普及直選產生，一為完全由功能界別產生。

8.1 建議出處：

（1）學聯
（2）民主公義協會

（3）張熾標
（4）大學畢業同學會政制組／太平山
（5）香港基督教協進會公共政策委員會
（6）190人方案／中根／薛鳳旋／香港都市規劃師學會
（7）基督徒弘道社
（8）冼銘倫
（9）古星輝
（10）陳弘毅／查濟民
（11）辛維思
（12）港人協會／何鍾泰、曹宏威、唐一柱
（13）吳夢珍
（14）七十一人方案／徐是雄
（15）其他
（16）查良鏞

12.「大選舉團」選舉
12.1 贊成及反對的理由：

贊成	反對
（4）減低社會政治過熱	易受一小撮人控制
（6）在有包括人大、政協成員的大選舉團，可保證親中力量的參與。	產生方法未清楚 不是真正的選舉，是變相委任制。

※

⑪ 1986 年 12 月 23 日政制專責小組之立法機關工作組及行政長官、行政機關工作組《選舉方式——直接、間接、功能界別、大選舉團討論文件（修訂稿）》（1987 年 1 月 7 日政制專責小組之立法機關工作組及行政長官、行政機關工作組第四次聯席會議討論文件）

【P1-9】
（編者按：本文同第一稿文件⑩，除下列內容外，均同前文。）
2. 名詞解釋
2.5 選舉形式
2.5.1 絕對大多數—— 在單席位的選舉中勝敗的決定，取決於候選人是否得到百分之五十以上的票數。〔在多席位的「一票一席」（2.6.1）選舉中，其中一個方法是得勝人必須得到「席數加一」分之一以上票數（例如選三席，便需得四分之一票數以上；選四席，便需得五分之一票數以上），才能當選。也可以用 2.7.2 列出的選擇性投票方式或其他方法。〕
2.5.2 簡單大多數—— 選舉勝敗的決定，簡單地取決於各候選人得票的多少，得票最多的一名候選人勝出，勝出的人不一定要取得百分之五十以上的選票。在多席位的選舉中，得票最多的頭幾名就當選。
2.5.3 比例代表選舉—— 在此形式的選舉中，各候選人必須參加一個組織，如政黨。投票人並非投某一候選人的票，而是投某組織的票，選舉席位的瓜分，則按各組別得票的比例分派給各參選的組織。各組織再按其候選人的排名先後，決定誰人當選。
2.6 投票形式—— 在一個選舉規範內（選區、功能界別或選舉團），如選舉的席位超過一個的話，投票形式就有下列的可能性：
2.6.1 一票一席—— 每投票人只可選一人。
2.6.2 一票多席—— 每投票人可以選幾個候選人（數目可以與席數相同，或少於席數）。

2.7 候選人的淘汰
在候選人眾多的情況下，如採用絕對大多數的選舉方式，第一次投票時可能無人能得勝，故必須有一方法，逐漸淘汰一些候選人，以致最後定出了當選者。
2.7.1 初選／複選—— 舉行多次選舉，直至有人勝出為止。每次選舉，可淘汰最少票的一名候選人，亦可以在初選中，只保留得票最多的兩名候選人在單席位選舉中（其他情況，如此類推）。
2.7.2 選擇性投票—— 投票人將自己的選擇，分列為首選、次選等次序，點票時先按首選票得票次序，淘汰最少票的候選人，再點次選票直至有候選人得票過半數勝出為止。此方法只用投票一次。

4. 1985 年以來的情況
4.1 85 年來立法局的 56 席議席中的產生方法，共有四種，分別為：
4.1.4 選舉團
4.1.4.1 區議會選舉團—— 由十九個區議會分為十個單位，市區七個，新界三個，每個單位選出一位立法局議員。市區七個選區中每個選區的區議員人數不等，其中有 4 至 6 個是市政局（有選舉產生的，亦有委任的）的當然議員，其餘議員約 1/3 是委任的，2/3 是分區普及直選的民選議員。而新界每個選區中，有 7 至 13 個是鄉事委員主席的當然議員，其餘約 1/3 是委任的，2/3 是民選的。
4.1.4.2 市政局選舉團—— 成員共有 30 位議員，其中 15 位是分區普及直選的，其餘 15 位是委任的，由他們選出一位進入立法局。
4.1.4.3 區域市政局選舉團—— 成員共有 36 人，其中 12 人是由區域市政局轄區內的 12 個選區普及直選的，另外 9 人則由轄區內 9 個區議會選派代表出任，鄉議局的主席和兩個副主席均為區域市政局的當然議員（3 人），其餘 12 名議員則由港督委任。

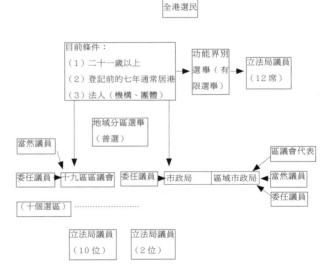

8. 各種選舉方式產生立法機關成員比例的建議

方式 \ 建議	普及直選	間接選舉	功能界別	大選舉團
10	33.3%		33.3%	33.3%
11	33.3%		66.6%	

方式＼建議	普及直選	間接選舉	功能界別	大選舉團
13	25%	25%	25%	25%
14	25%	25%	50%	
15	25%		25%	50%
16	25%		50%	25%
17		25%	50%	25%
18				100%*

＊建議（18）為兩個功能不同的議院制度，一為完全由普及直選產生，立法機關則完全由功能界別產生。

8.1 建議出處：
（6）中根／薛鳳旋／香港都市規劃師學會
（7）基督徒弘道社／190人方案
（13）徐是雄
（15）徐是雄﹢
（16）七十一人方案／徐是雄﹢
（17）嘉道理
﹢徐是雄委員的方案是分階段性的，其建議第一屆的選舉方式比例是有別於第二屆及以後的一般選舉方式比例。目前列出的是一般的選舉比例。

9.「普及直選」
9.1 對「普及直選」的不同意見：

贊成	反對
（4）比例代表選舉是可照顧到社會上少數人士的利益	對少數人士不公平，不能保障社會上少數人士的利益。
（6）由於可贏取大眾支持，免除修減之費，故可減少公費開支。	政客政治引致公費開支增加
（7）符合平等參與原則	在分區選舉上，一人一票事實上並不平等，因為很難做到每票的效果相同。
（10）加強政府合法性	選民未必理性
（11）更有效地直接向選民負責	易造成「免費午餐」
（13）可體現高度自治	高度自治不一定要通過「普及直選」體現出來
（14）普及直選才可以建立一個能向北京說「不」的政府	由其他途徑選出的議員所組成之政府亦能敢向北京說「不」
（16）由現在至九七年尚有一段時間，各人可藉這個契機建立個人政治資本，各人的參政機會都是均等的。	因機會成本不一樣，起步時間不一樣，各階層參選機會不均等。

贊成	反對
（17）獲選之人士多為社會上的「中間」派，故其可預測性是較大的。	直接普選的不可預測性對社會安定不利

9.2 有關普及直選的意見，建議從完全由此方式產生到完全不採取此種形式也有。

10. 功能界別選舉
10.1 對功能界別選舉的不同意見：

贊成	反對
（2）議員更有效代表各界別	功能界別產生議員未能照顧全局利益
（3）減低社會的政治過熱	會引起社會上對政治不公平之憤

10.2 對功能界別選舉的形式，建議從完全由此方式產生到完全不採取此種形式也有。
10.3 功能界別劃分的建議：
＊各方案（1）徐是雄 （2）港人協會

11.「間接選舉」
11.1 對間接選舉的不同意見：

贊成	反對
（3）使區議會、市政局、區域市政局意見，能直接反映到立法機關。	通過其他選舉方法亦可設立渠道增強地方行政與立法局的溝通
（4）選民在投區議員／市政／區域市政局議員時已料到其於立法局投票時的代表性	由選舉團成員選出立法局議員這職權與該成員的原有職權（區議員、市政局／區域市政局議員的職權）不一致

11.2 間接選舉，有人認為應該取消，代之以普及直選方式。但亦有意見認為應該保留。惟沒有意見認為用這方式產生的立法機關成員應該超過四分之一。

12.「大選舉團」選舉
12.1 對「大選舉」選舉的不同意見：

贊成	反對
（1）更照顧到香港的整體利益，因為他們無需向某一功能界別或地區的選民直接負責；其次，他們還可以起到平衡和緩衝經功能界別和直接選舉出來議員之間的矛盾和對抗。	特權階級政治，保障一小撮人利益。
（3）選出一些態度持平，為各界接受，且踏實做事和有全面政治才幹的人，可鼓勵各界精英加入，代表委任制。	某些界別有重複代表性

贊成	反對
（5）由部份上一屆立法機關議員組成其一部份大選舉團選下屆立法機關議員並無邏輯上的錯誤。這做法更可保障連貫性、穩定性。	包括立法機關成員的大選舉團自選立法機關部份成員不合邏輯
（6）在有包括人大、政協成員的大選舉團，可保證親中力量的參與。	產生方法未清楚
（7）向一些無法通過功能界別及地區選舉產生，但具備特質，對政府效率有幫助的人，提供其他問政渠道，避免滄海遺珠。	不是真正的選舉，是變相委任制。
（8）保持穩定性、連貫性。	政治精英主義引致民憤，製造社會不安，影響過渡。

＊有關大選舉團的產生、組成與運作的詳細討論，另見「大選舉團」討論文件。

※

㊷ 1987 年 1 月 9 日政制專責小組之立法機關工作組及行政長官、行政機關工作組《選舉方式 —— 直接、間接、功能界別、大選舉團討論文件（修訂稿）》（1987 年 1 月 21 日政制專責小組之立法機關工作組及行政長官、行政機關工作組第五次聯席會議討論文件）

【P1-10】
（編者按：本文同第一稿文件㊶，除下列內容外，均同前文。）
8.各種選舉方式產生立法機關成員比例的建議（只包括有列出比例的建議）

建議、方式	普及直選	間接選舉	功能界別	大選舉團	
3	66.6%		33.3%		
12	30%		60%		10%＊
13	30%	20%	50%		
14	25%	25%	25%	25%	
15	25%	25%	50%		
16	25%		25%	50%	
17	25%		50%	25%	
18		25%	50%	25%	
19			100%＃		

＊建議（12）81 個席數中約 10% 是由行政長官提名，

經立法機關同意。
＃ 建議（19）為兩個功能不同的議院制度，一為完全由普及直選產生，立法機關則完全由功能界別產生。

8.1 建議出處：
（1）學聯（31/8/86）
（2）民主公義協會（9/4/86）
（3）張熾標（22/7/86）/ 匯點（7/86）
（4）香港大學畢業同學會政制組（10/86）/ 太平山學會（4/86）
（5）香港基督教協進會公共政策委員會（10/86）
（6）中根（24/7/86）/ 薛鳳旋（2/86）/ 香港都市規劃師學會（5/8/86）
（7）基督徒弘道社（3/11/86）/ 190 人方案（10/86）
（8）冼銘倫（28/3/86）
（9）古星輝（12/85）
（10）陳弘毅（25/1/86）/ 查濟民（7/8/85）/ 徐是雄（8/11/86）
（11）辛維思（5/86）
（12）香港民主協會（6/86）
（13）港人協會（11/86）/ 何鍾泰、曹宏威、唐一柱（8/86）
（14）徐是雄（17/12/86）
（15）吳夢珍（24/6/86）
（16）徐是雄＋（9/1/86）
（17）七十一人方案（11/86）
（18）嘉道理（15/12/86）
（19）查良鏞（4/86）（他現時亦贊成應有直選，但沒有列明百分比）
＋ 徐是雄委員的方案是分階段性的，其建議第一屆的選舉方式比例是有別於第二屆及以後的一般選舉方式比例。目前列出的是一般的選舉比例。

10.功能界別選舉
10.1 對功能界別選舉的不同意見：

贊成	反對
（2）議員更能反映各界別的代表性	功能界別產生議員未能照顧全局利益
（4）功能界別選舉的界別劃分會隨社會的進展而需要重新劃定，這正是此選舉方式的優點，就是切合社會需要，有靈活性。而界別劃分的困難並非不可攻破的技術問題。	功能界別的劃分並沒有肯定的準則，故難以劃分。而各界別的相對代表性，更會受其時的當權者所影響而有劃分上的分別。這雖是技術上的困難，但至今仍未有人尋得答案。

10.3 對功能界別的劃分及組成具體的建議：
（1）徐是雄—— 由十二個功能界別產生的席位，增至 22 席，具體的議席分佈：

組成	代表	議席數目
（一）商界	香港總商會	2
	香港中華總商會	

組成	代表	議席數目
（二）工業界	香港工業總會	2
	香港中華廠商聯合會	
（三）金融界	香港銀行公會	2
（四）勞工界	所有註冊職工會	3
（五）社會服務界	香港社會服務聯會	2
	香港社會工作人員協會	
（六）醫學界	香港醫學會	2
	香港牙醫學會	
（七）教學界	選民名冊按以下名單編訂：法定名單以及各機構和有關專業團體的成員名單／職員名單	3
（八）法律界		3
（九）工程師		1
（十）建築師		1
（十一）會計師		1

（2）港人協會——建議由 12 個功能界別的席位擴至 30 個，但沒有進一步的具體建議。

11.「間接選舉」
11.1 對間接選舉的不同意見：

贊成	反對
（5）選舉團選舉令地域性組織選舉權威性得以確立	

※

⑬ 1987 年 1 月 16 日政制專責小組之行政機關的組成與行政長官的產生工作組及立法機關與立法機關的產生工作組《大選舉團討論文件（草稿）》（1987 年 1 月 21 日政制專責小組之立法機關工作組及行政長官、行政機關工作組第五次聯席會議討論文件）

【P1-3】
1. 引言
在各種有關行政長官及立法機關的產生方法的意見，設有一個「大選舉團」去執行這兩種職責是其中的一種意見，但這些意見對於「大選舉團」的成立方法，組成的成份及其功能，均有多種不同的想法。

2. 大選舉團的功能
在各個大選舉團的建議中，其功能均不離開下列四項：
2.3 負責選舉部份立法機關成員

3. 成立大選舉團的原則
3.1 代表性要廣泛——大選舉團的代表性，應是越廣泛越好，社會上各個大小階層，均應有機會參與。
3.2 人數要多——理由是避免「大選舉團」易干擾到拉攏和控制，數目小的選舉團，容易受部份人士以正當或不正當手段操縱。但對於訂出多少的標準，是很難訂出一個客觀的數目，原則是大選舉團的成員多一定比少好。
3.3 成員要有民眾認可的法理地位——選舉團的成員任務是代表民眾去行使最重要的政治人事選擇權。因此每位成員應當具備一定的條件，而不是隨某人或某團體的意志被選進選舉團之內，這些條件最好是早已公認的。
3.4 組成的方法要簡單清楚——大選舉團的組成方法，最好是制度化的，過程要容易使人明白，接受。

4. 大選舉團的組成部份
在各種不同的建議中，大選舉團的組成方法，都不離開下列的各種成份。
4.1 行政局非官守議員。
4.2 立法機關成員。
4.3 區域組織成員——這可包括市政局、區域市政局、及各區區議會成員。
4.4 功能團體——根據目前法例定出或以後進一步修訂的功能界別、團體作為單位，由這些單位按名額派出代表，參加大選舉團。
4.5 社會團體——除在目前功能界別選舉訂出的界別與團體外，而有很多富有代表性的法定及永久性非法定，慈善、福利、體育等公眾團體，應被納入大選舉團的組成部份。
4.6 基本法諮詢委員會——參考目前基本法諮詢委員會的組成方法及成份，組成一個大選舉團，或作為大選舉團的一部份。
4.7 特區人大、政協的成員——雖然目前對將來特區人大代表及政治協商會議委員的產生方法仍未明朗，但估計未來特區必有這兩類國家事務的代表。既然地區性各層面的議員都被納入大選舉團的組成。這些代表香港特區出席全國性的政治機構的代表，也應成為大選舉團的部份成員。
4.8 政界、工商界元老——政府及工商界已退休的領導人物。包括行政局、立法局的退休議員及退休的高級公務員。

5. 暫時性與常設性
除一些建議大選舉團亦作為行政長官的顧問委員會外，所有其他的建議下的大選舉團都不是常設性的，在每次選舉功能完結後，即自行解散。

6. 下列為對大選舉團的組成方法的一些具體建議：
6.1 查濟民（1985 年初）
（1）組成成份：「顧問局」由香港政府的顧問組成，其中包括退休的行政、立法局議員及工商財經、法律教育各方面的專業人士、現任的行政、立法局顧問不能兼任顧問。一般而言，顧問多是本地已退休的、或年長的有名望人士。人數不限，終身職。
（2）組成方法：由港督提名，經中央政府批准。
（3）功能：「顧問局」的職權包括向中央政府提名或協商總督人選，與立法局協商後向中央政府提請修改基本法的細節，以及在顧問局成員中互選三分之一的立法局議員。
此外，顧問院成員亦為港督及首席部長的顧問，但港督並不會像目前對待行政局一樣，事事與顧問商量。
（4）特點／理由：1 顧問局本身雖然不是立法機關，但三分之一的立法議員來自顧問局，因此顧問局對立法機關有重大的影響力。
2「顧問局」的終身制可以保持顧問的獨立性，避免港督因個人的利益而影響顧問的選取。
3 尊長的觀念無論在香港、中國甚至英國都有，比如香港很多社團，除董事局外都有顧問委員會，中國又有中共中

央顧問委員會，「顧問局」這觀念所以成立，乃基於人對傳統的精神的信任，因此港督從社會上公認有成就而不再擔任日常事務的人中選擇顧問，乃相信他們的經驗及能力對社會有益。

6.2 古星輝（1985 年 2 月）《鏡報月刊》

（1）組成成份：以香港工商金融界有代表性人物為主，又容納中下層人士，組成「行政顧問院」，人數約 100 人。

（2）組成方法：由基本法起草委員會在港委員安排物色，分為界定團體代表，非界定團體代表及特邀代表。

（3）功能：「行政顧問院」可以提名行政長官候選人，但需 20 人以上和議，才算有效。選出候選人之後，候選人必須宣佈其政綱，再由行政顧問院收集各階層人士之意見，諮詢期為 6 個月，然後以民主協商或投票方式產生行政長官。此外，「行政顧問院」亦可選出百分之三十的立法局議員。

（4）特點／理由：「行政顧問院」的成員來自不同階層，可以代表不同階層的利益，亦減少階級之間的對立和隔閡。

顧問院為一常設性組織，負責向行政長官提供有關施政上的意見。

6.3 陳弘毅（1986 年 1 月 25 日）《明報》

（1）組成成份：「顧問院」的成員人數不固定，但不少於 60 人，不多於 120 人。

（2）組成方法：「顧問院」由中央人民政府委託在港若干人士發起及籌組。籌組方式類似成立基本法諮詢委員會的辦法。部份成員由發起人根據各界團體的推薦而邀請參加，部份成員由發起人主動邀請。成員任期四年，可獲連任。

（3）功能：「顧問院」的主要職權是以協商或推選形式推選 20 人成為立法機關議員。被顧問院推選人士，本身可以是顧問院成員，也可以不是。此外，顧問院成員如獲行政長官邀請，可以參加政府的諮詢委員會，提供顧問服務。顧問院成員亦可被委為區議會議員。

（4）特點／理由：1 「顧問院」成員預計多為親中人士及商界代表，他們可以選舉三分之一（即 20 位）立法局成員，即肯定親中人士及工商界的利益在立法局內將得到保障。

2 「顧問院」為常設機構。

3 「顧問院」專為產生部份立法機關成員而設，與行政長官產生無關。

【P5】

6.9 港人協會（1986 年 1 月 2 日）

（1）組成成份：「大選舉團」的組成基於立法機關產生形式中的非直接選舉成份。其中包括功能界別代表及地域選舉團成員。功能界別代表又包括三種力量：工商金融界、基層（勞工及社會服務界）以及專業人士。

（2）組成方法：在選舉立法機關時，功能界別及地域選舉團分別選出代表進立法局。在推選行政長官時，上述團體以同樣方式在各單位內選出 10 名代表組成大選舉團，選舉行政長官。

港人協會對未來立法機關的組成有兩個建議，一為將目前的 12 功能席位擴至 30 位，連同目前的 12 個選舉團席位，即將來的大選舉團有 420 人。另一構想為將目前的功能席位擴至 40 個，目前的選舉團席位擴大至 16 個，即將來的選舉團共 560 人。（另有以普及直接選舉產生的席位，但不包括在大選舉團的產生方法內）

※

㊹ 1987 年 1 月 23 日政制專責小組之立法機關工作組及行政長官、行政機關工作組《立法機關的產生討論文件（修訂稿）》（1987 年 2 月 4 日政制專責小組之立法機關工作組及行政長官、行政機關

工作組第六次聯席會議討論文件）

【P1-14】

（編者按：本文同第一稿文件㊷，除下列內容外，均同前文。）

2. 名詞解釋

2.2 選民資格規限

2.2.1 普及選舉——選舉人的資格即除年齡及公民身份外（或「一般選民資格外」）[1]，並無任何其他限制。

註 1：公民身份的定義，由居民定義小組研究（見「居民定義」最後報告），目前香港並無「公民」這定義的。

4. 1985 年以來的情況

4.1 85 年來立法局的 56 席議席中的產生方法，共有四種，分別為：

4.1.2 委任——由港督決定，其中又分兩類，共二十九席

2 非官守委任議員——港督從社會各界人士中，委任一些人士，出任有一定任期的立法局議員，以此方法產生的議員，共二十二席。

5. 1985 年以來立法局選舉方法的特點

5.1 功能界別選舉的特點：

5.1.2 以機構單位作為選民——功能界別的選民，除了以上四個界別以個人為單位外，其他的五個界別，是以組織的成員為單位的。而這些機構組織的成員，包括了商業機構、社團和個人，參差不齊。這些界別的選舉方法，也是用一單位一票，選出其代表進入立法局的。有個別單位在投票前，由單位內的成員以投票方法，決定自己的單位的一票，應投給哪一位候選人。亦有些單位，是由決策機關決定的，方法不一。

10. 功能界別選舉

10.1 對功能界別選舉的不同意見：

贊成	反對
（4）功能界別選舉的界別劃分會隨社會的進展而需要重新劃定，這正是此選舉方式的優點，就是切合社會需要，有靈活性。而界別劃分的困難並非不可攻破的技術問題。	功能界別的劃分並沒有肯定的準則，故難以劃分。而各界別的席位分配，更會受其時的當權者所影響而有劃分上的分別。這雖是技術上的困難，但至今仍未有人尋得答案。

（編者按：下文同第一稿文件㊸，除下列內容外，均同前文，惟第 6.9 點被刪除。）

12. 「大選舉團」選舉

12.1 在各種有關立法機關及行政長官的產生方法的意見中，設有一個「大選舉團」去執行這兩種職責是其中的一種，但這些意見對於「大選舉團」的成立方法，組成的成份及其功能，均有多種不同的想法，此份討論文件主要列出有關用「大選舉團」選舉立法機關成員的構想。

12.6 下列為對大選舉團的組成方法的一些具體建議：

12.6.4 工商界專業諮委（71 人）（1986 年 11 月 4 日）

（1）組成成份：行政長官由「選舉團」選出，「選舉團」成員約共 600 人，組成如下：

立法機關成員	80 人
法定團體及永久性非法定團體	50 人
市政局、區域議局及區議會	50 人
社會服務、慈善及體育團體	60 人
專業人士	60 人
勞工界	60 人
工業界	80 人

商界　　　　　　　　　　　　　50人
金融界　　　　　　　　　　　　50人
宗教／教育界　　　　　　　　　30人
公務界　　　　　　　　　　　　30人
（2）組成方法：由各界定團體選出代表。（具體方法尚在研究中）
（3）功能：「選舉團」的主要工作是選舉行政長官。在「選舉團」之下有一提名委員會，由20位選舉團成員組成，工作為物色及遴選三名在各方面條件都合適的行政長官候選人，該委員會成員不能作行政長官候選人，亦不能參與投票，只有選舉團中非提名委員會成員才能投票選出行政長官。此外，「選舉團」亦可選出百分之二十五的立法機關議員。
（4）特點／理由：……4由「選舉團」選出百分之二十五的立法機關議員，可使一些具優秀能力，但卻沒有透過功能團體及地區選舉而進入立法機關的人有問政的渠道，藉以鼓勵各界精英加入立法機關，亦代替目前的委任制。
12.6.5 徐是雄（1986年12月）
（1）組成成份：大選舉團人數約300—600人，組成如下：
（一）由直接選舉和功能團體選舉產生的立法機關議員或代表〔這些人士無被選舉權〕
（二）市政局及區域市政局議員或代表
（三）區議會議員或代表
（四）各界定團體代表包括：
1.工商界──工業、貿易、航運、航空、旅遊。
2.金融、地產界──銀行、保險、證券、地產、建造。
3.法律界──大律師、業務律師、法官。
4.專業人士──學者、工程師、建築師、測量師、會計師、醫務、教育、文藝、體育、科技。
5.傳播媒介──電視、電台、新聞、雜誌、出版。
6.社團、基層──勞工、公務員、社工、論政、慈善、漁農、街坊組織。
鄉事會、鄉議局、小販、學生。〔公務員被選中後必須放棄公職〕
7.宗教界──基督教、佛教、天主教、回教、道教、孔教。
8.外籍人士。
9.婦女界。
（五）香港區全國人大代表或部份代表。
（六）政協委員或代表。
（2）組成方法：
以上「大選舉團」的產生由人大委任香港多位具一定代表性的人士組成一個選舉籌備小組，再由籌備小組統籌組成「大選舉團」，籌備小組的成員沒有被選舉權。
（3）功能：大選舉團可以選出三分之一（22人）立法機關委員。九七年後第一屆行政長官的產生將由「大選舉團」提名二至三位行政長官候選人，報請中央同意，然後由「大選舉團」選出。第二屆由「大選舉團」提名二至三位行政長官候選人，報請中央同意，然後作普選。
（4）特點／理由：
1「大選舉團」成員有多過一個代表身份的，也只能投一票。
2經「選舉團」選出來的立法機關議員，更能照顧到香港的整體利益，因為他們無須向某一功能團體或地區的選民直接負責；其次，他們還可以起到平衡和緩衝經功能團體和直接選舉選出來議員之間的矛盾和對抗。
3通過「選舉團」可以比較容易選出一些態度持平、為各界接受、肯踏踏實實做事和有全面政治才幹的人才。
4立法機關在特別行政區政府成立約六至八年後，檢討考慮削減「大選舉團」11個議席改為直接選舉的可能性；再過六至八年檢討考慮把其餘的11個「大選舉團」議席，也改為直接選舉。再過若千年可以考慮是否把功能團體的議席也取消，改為直接選舉。由此可見，建議的大選舉團並不是一個長期的組織。
12.8 贊成用「大選舉團」的意見，所以此方法為一補救方法，以均衡其他方式所產生的漏洞，故建議多不超過

1/4—1/3的比例。有意見完全不贊成用此方式產生部份立法機關成員。
12.9「大選舉團」的建議，主要是在普及直選和在立法機關基礎上去產生行政長官的兩個方法外，再提出一個可行的方法，有一些建議也包括了產生部份立法機關成員的功能在內。但對「大選舉團」的組成方法、成份、意見參差很大。

※

④ 1987年2月5日政制專責小組之立法機關工作組與行政長官、行政機關工作組《立法機關的產生討論文件（修訂稿）》（1987年2月18日政制專責小組之立法機關工作組及行政長官、行政機關工作組第七次聯席會議討論文件）

【P1-14】
（編者按：本文同第一稿文件④，除下列內容外，均同前文。）
8. 各種選舉方式產生立法機關成員比例的建議（只包括有列出比例的建議）：
8.1 建議出處：
（6）中根（24/7/86）／薛鳳旋（2/86）／香港都市規劃師學會（5/8/86）／查良鏞（8/86）
（19）當時曾有此建議，但後來該建議者撤消了此種方案（4/86）

9.「普及直選」
9.1 候選人提名：
9.1.1 選舉過程中的提名方式，有制度上的形式，也有制度以外傳統做法的影響。這些提名過程，有些是非過濾性的，有些是過濾性的，而過濾程序之目的是為保障候選人的質素、限制候選人的數目不要過大，利於向選民交代及保障候選人有一定的支持，對選舉結果有一定的影響。
9.1.2 對普及直選的提名方式有下列幾種建議：
（1）完全開放，只需一定數目的選民簽名提名便可
（2）由目前間接選舉的選舉團提名，現在的普及直選是由選舉團的成員提名，即由個別區議員提名的。
9.2 對「普及直選」的不同意見：

贊成	反對
（10）加強政府合法性	政府的產生只有合法與不合法之分，它的合法性是不能以任何選舉方式來增強或削弱的。
（11）更有效地直接向選民負責	選民未必理性，易造成「免費午餐」。

12.「大選舉團」選舉
12.1 在各種有關立法機關及行政長官的產生方法的意見中，設有一個「大選舉團」去執行這兩種職責是其中的一種，但這些意見對於「大選舉團」的成立方法，組成的成分及其功能，均有多種不同的想法，此份討論文件主要列出有關用「大選舉團」選舉立法機關成員的構想，但為保存整個構想的脈絡，故亦將非有關立法機關的部份，以括弧顯示，作為參考。
12.3 成立大選舉團的原則
12.3.3 成員要有民眾認可的法理地位──選舉團的成員任務是代表民眾去行使最重要的政治人事選擇權。因此每

位成員應當具備一定公認的條件。

<u>12.6</u> 下列為對大選舉團的組成方法的一些具體建議：

<u>12.6.5</u> 徐是雄（1986 年 12 月）

（1）組成成份：大選舉團人數約 300 — 600 人，組成如下：

（四）各界定團體代表包括：

6. 社團、基層—— 勞工、公務員、社工、論政、慈善、漁農、街坊組織。

鄉事會、鄉議局、小販、學生。

（4）特點／理由：

5. 若公務員獲選入立法機關後，則必須放棄公職。

※

㊻ 1987 年 2 月 19 日政制專責小組之立法機關工作組及行政長官、行政機關工作組《立法機關的產生討論文件（修訂稿）》（1987 年 3 月 2 日政制專責小組第七次會議討論文件）

【P1-14】

（編者按：本文同第一稿文件㊺，除下列內容外，均同前文。）

6. 問題的焦點：

根據上列的情況，香港 85 年來的立法局，是有用直接選舉的方式去選舉議員的，但這些選舉，並非用普及選舉方式，而是在一定的功能界別內進行。85 年來的立法局選舉，亦有普及選舉產生的議員，而且全港的選民，是通過兩次不同的普及選舉作為基礎，去產生立法局議員。不過這些選舉是以間接的形式進行的，並且中間受到委任議員的參與，並非純由選民的代表決定最後的立法局人選。故此，目前討論的問題就是：「未來特區的立法機關，應否用普及一人一票的直接選舉方式，去選出立法機關的成員。如果用此方式，又應佔多少比例。」

8. 各種選舉方式產生立法機關成員比例的建議（只包括有列出比例的建議）：

建議、方式	普及直選	間接選舉	功能界別	大選舉團
13	30%		70%	
15	25%	25%	25%	25%
16	25%	25%	50%	
17	25%		25%	50%
18	25%		50%	25%
19	★			
20			100%#	

★建議（19）並沒有詳盡的方案提出，但反對普及性直接選舉。

#建議（20）為兩個功能不同的議院制度，一為完全由普及直選產生，立法機關則完全由功能界別產生。

8.1 建議出處：

（13）香港政府華員會（2/87）

※

㊼ 1987 年 2 月基本法起草委員會秘書處《香港報刊有關〈基本法〉的言論摘錄》

【P114-120】

香港特別行政區立法機關由六十位議員組成，分別由三種選舉方法產生。二十位議員由分區性直接選舉產生；二十位議員由不同功能組別選舉產生；二十位議員由顧問院選舉產生。（顧問院的成員人數並不固定，但不少於六十人，不多於一百二十人，由中央人民政府委託在港人士若干人為發起人，負責籌組。籌組方式類似基本法諮詢委員會）。議員的任期四年，連選得連任。立法機關的職權與現時的立法局基本相同。立法機關的主席由立法機關互選產生，但行政局成員不可被選為主席。主席只負責主持立法機關全體會議，執行會議常規，在議員進行辯論時維持紀律；主席通常不參與辯論及行使投票權。立法機關可通過決議，建議行政長官向中央政府建議，罷免任何司級官員。立法機關可對行政局通過「不信任案」，同時通過決議，建議中央政府罷免行政長官。除非立法機關同意，否則行政長官不可罷免政府的核數署長（其職能相等於現時的核數署長）。

（陳弘毅：《特別行政區政制模式初探》，《明報》一九八六年一月二十五日。）

關於立法局的組成：一九八五年立法局的結構基本由四個部份組成：第（一）部份—— 十二名議員由選舉團選出；第（二）部份—— 十二名由按社會功能劃分的選民組別選出；第（三）部份—— 二十二名由港督委任；第（四）部份—— 十名官守議員（包括三名當然官守議員）。會議由港督主持。建議進一步改組立法局：第（一）部份改由直接選舉選出；第（二）部份保持基本形式不變；第（三）部份改由一個各階層組成的「選舉委員會」選出；第（四）部份由行政長官提名，經（一）、（二）、（三）部份的議員選舉產生。行政長官主持會議，為立法局主席。如果在一九九七年後，香港市民的民主意識和政治水平有進一步提高，立法局應可增多十個直接選舉席位，使立法局更具代表性。

（徐是雄：《對香港行政體制的建議》，《明報》一九八六年二月四日。）

立法機關的產生：

A. 大約三分之二成員是由直接選舉產生，每十五萬人便有一席位，以六百萬人口來計算，即有四十位議員由普選產生。

B. 另有三分之一成員（即二十位）是由功能團體選舉產生。增加席位應加強功能組別的代表層面，以保障社會上不同利益的意見能得到充份代表。

C. 議席共有六十位，任期四年，連選得連任。

立法機關在新一年度開始後，成員應互選一人為議長；議長負責主持會議，執行會議常規，在辯論時維持秩序；通常議長不參與辯論及行使投票權；議長沒有特別權力。

（李華明：《香港特別行政區政制模式》，《中報》一九八六年五月八日。）

基本法諮委會政制專責小組第二組召集人錢世年在會議後表示，該組將諮委們所提出有關立法機構組織的模式歸納為四方面，其中以功能團體選舉最多人贊成，而直接選舉則最少，另外兩種可行的方案是選舉團和通過選舉產生的委任制。

在會上較多爭論的問題是直接選舉和間接選舉的議席比例，大多數諮委認為功能團體適合本港需要，可代表社會各界人士。與會者又建議成立新的選舉團，以補功能團體之不足，但選舉團形式還未研究。

雖然《中英聯合聲明》沒有提及委任問題，但本港現行的

委任制切合香港情況，所以有人建議將來可委任那些參與功能團體選舉但未能被選出的人士，以及在港府部門任職的司級官員。

（諮委政制小組，《明報》一九八六年六月二十七日。）

我們贊成特別行政區立法機關採取一院制。席數：約六十席（以目前人口估計）。我們認為立法機關議員應由以下兩種方法產生：（一）直接選舉。以五十萬人口為基礎劃分選區，每選區選舉四名議員。選區區域界線可參考目前港府立法局選舉團選舉的區議會成員地區組別劃分方法。選舉制度採取相對多數選舉制。凡在本港居住滿七年，年齡滿十八歲，持有香港身份證市民均有權成為選民。居住滿十年，並已登記為選民的中國公民始得當選為議員。（二）功能團體選舉。按現時及新增設的立法局功能團體選舉劃分的功能組別，產生總數接近但不多於直接議員半數的議員。

任期：立法機關議員之任期為四年。

（匯點：《香港特區政制模式建議》，《華僑日報》一九八六年七月十七日。）

立法機關的產生：
1.功能團體選舉——一半議席按功能組別經選舉產生，並考慮將現時組別擴大，盡量兼容各組別，而選舉方法盡量一人一票，避免一會一票，如社工不應一會一票。
2.直接選舉——一半議席分區直選，凡已參與功能團體選舉的選民不能重複參加，故應有兩份選舉冊名單。分區可將十九區分成九至十個選區（其中包括香港、九龍、新界）。
3.列席成員——所有司級官員均為必然列席議員，除沒有投票權外，其餘權利和普通議員一樣。
4.立法局議長由互選產生，負責主持會議。

（中根：《未來香港政制模式的建議》，《明報》一九八六年七月二十四日。）

立法機關可能出現如下諸種方案：
第一系列四種方案，肯定立法機關為最高權力機關——（A）全部議席開放直接選舉，（B）大部份直接選舉結合小部份間接選舉，（C）小部份直接選舉結合大部份間接選舉，（D）全部間接選舉。
第二系列也是四種方案：維持傳統的「行政中心」，並不以立法機關為最高權力機關——（A）全部議席開放直接選舉，（B）大部份直接選舉結合小部份間接選舉，（C）小部份直接選舉結合大部份間接選舉，（D）全部間接選舉。
現在實際上提出了的最具民主化程度的方案，是屬於第一系列（B），即主張九七年時香港立法機關成為最高權力機關，並由大部份直接選舉結合小部份間接選舉產生。

（魯凡之：《談立法機關改革》，《中報》一九八六年七月二十九至三十日。）

【P122-128】
我們建議立法機關由大約八十人組成，其成員比例如下：
甲、功能團體佔百分之五十的席位；
乙、經上述選舉團選出的議員佔百分之二十五的席位，依照一個容後決定的提名方式；
丙、由立法局，市政局／區域市政局及區議會議員提名並由選民直接選出的議員佔百分之二十五的席位；
丁、行政長官可以而主要官員則須要出席立法機關的會議，但無投票權，因為行政、立法兩者是分權而立的。

（五十七名諮委：《未來香港特別行政區政府架構芻議》，《文匯報》一九八六年八月二十五日至二十六日。）

立法機構的產生
1.立法機關選舉方法應包括直接選舉及功能選舉方法；

2.直接選舉及功能選舉方式的比例，在最初階段不宜相差太遠，並應隨未來社會的發展而轉變。

（十七名諮委：《對政制模式的初步意見》，《文匯報》一九八六年八月二十六日。）

立法機關的成員共六十五人，包括十五名由「遴選委員會」推選出來的議員；三十名由「功能團體」推選出來的議員；二十名由區域性直接選舉產生的議員。立法機關議員的任期為三年一任，可連選連任。由「遴選委員會」推選出來的議員必須是委員會以外的人士，人選應以能照顧香港整體利益為合。他們的任期定為兩屆，目的在促使立法機關的操作有連貫性。「功能團體」名單及席位分配也由「遴選委員會」制訂，每六年（即兩屆）可再由「遴選委員會」依據當時情形而另行檢討並修訂。「遴選委員會」也負責劃分各區域性選區的範圍，每六年進行一次檢討並修訂。

所有立法機關議員都必須是擁有香港永久性居留權的人士，年齡不受限制，但需要在出任立法機關前十年內長期居留在香港，立法機關設有議長，負責主持立法機關會議事務；會議席上，議長與其他立法議員一樣擁有投票權。議長由全體立法機關成員互選產生，任期三年，可連選連任。

由「功能團體」或「區域性直接選舉」方法產生的議員，如出現空缺時，一律可以補選以作填補。由「遴選委員會」推選出來的立法機關議員，如出現空缺則不予填補。

（何鍾泰、曹宏威、唐一柱：《未來香港特別行政區政制的建議》，《明報》一九八六年八月二十五日至二十七日。）

「選舉團」的優點：
設立「選舉團」去選出部份立法機關議員的理由，最近在五十七位工商和專業界諮委提出的政制方案中已有很好的交代：「我們建議百分之二十五的立法議席由選舉團選出的議員出任，理由如下：甲、令立法機關可以專心工作，不用在黨派政治上浪費精力；乙、向一些無法通過功能團體及地區選舉產生，但具備特質，對政府特質有幫助的人，提供其他問政渠道，避免滄海遺珠；丙、鼓勵各界精英加入立法機關並用以代替目前之委任制度」。有關「選舉團」的優點，除以上幾點外，我再補充兩點，即：丁、經「選舉團」選出來的立法機關議員，更能照顧到香港的整體利益，因為他們無須向某一功能團體或地區的選民直接負責；其次，他們還可以起到平衡和緩衝經功能團體和直接選舉選出來議員之間的矛盾和對抗。戊、通過「選舉團」可以比較容易選出一些態度持平、為各界接受、肯踏踏實實做事和有全面政治才幹的人。

有一點我想指出，在五十七位工商和專業界諮委所提出的政制方案中，給予「選舉團」的議席數量似乎偏低了一些，可否增至百分之五十，而讓功能團體和直接選舉議席各佔百分之二十五，這是值得大家考慮一下的。

（徐是雄：《選舉團的優點和組成方式》，《明報》一九八六年九月一日。）

我覺得有需要再多提一個「選舉團」人選組成的方案，供大家參考：
一、立法機關議員或代表。
二、區議會議員或代表。
三、市政局及區域市政局議員或代表。
四、各界定團體代表包括：
1.工商界——工業、貿易、航運、航空、旅遊；
2.金融、地產界——銀行、保險、證券、地產、建造；
3.法律界——大律師、業務律師、法官；
4.專業人士——學者、工程師、建築師、測量師、會計師、醫務、教育、文藝、體育、科技；
5.傳播媒介——電視、電台、新聞、雜誌、出版；
6.社團、基層——勞工、公務員、社工、論政、慈善、

漁農、街坊組織、鄉事會、鄉議局、小販、學生；
7.宗教界——基督教、佛教、天主教、回教、道教；
8.外籍人士；
9.婦女界。
五、香港區全國人大代表或部份代表。
六、政協委員或代表。
以上「選舉團」仍然可以由人大委任香港多位具一定代表性的人士組成一個選舉籌備小組，再由這一個小組負責統籌組成「選舉團」。
（徐是雄：《選舉團的優點和組成方式》，《明報》一九八六年九月一日。）

關於九七年後立法機關的產生方式，大律師公會和律師公會均主張由直選及功能團體選出。律師公會代表徐慶全說，基本法不宜硬性規定二者比例，不過如果一定要有所規定，該會建議二者各佔五成。
（法律界團體代表，《明報》一九八六年九月十七日。）

建議立法機關的產生有三種途徑，包括（1）由功能組別選舉產生立法議員；（2）由選舉團選舉產生，使一些在地方有行政經驗的人士有參政的途徑；（3）由直接選舉產生，因為直接選舉最能體現民主精神，但建議直接選舉應逐步推行。至於三種方法的比例，有的建議採取三、三制，即各種方法可產生三分之一議席；亦有建議功能組別選舉方法佔百分之五十，其他兩種方法各佔百分之二十五。立法機關主席建議由互選產生，而所有本港永久居民，包括外籍人士均應有選舉及被選權。
（工聯會基本法聯席會議及屬會基本法關注小組，《文匯報》一九八六年九月十八日。）

建議立法機關的組成由三分之二的議員由直選產生，其餘由功能團體選出，而直接選舉的方法則建議約五十萬人為一個選區進行提名及普選。聯席會議也強調行政、立法、司法三權分立互相制衡。
對於立法機關與行政機關的關係，建議立法機關可以彈劾行政長官，報請中央罷免；而立法機關可彈劾司級官員，要求行政首長按情況處理，行政長官可以報請中央罷免有關的司級官員。為了符合三權分立的原則，建議行政長官不兼任立法機關主席。地方議會的組成仍建議由全民普選產生。
（社區團體基本法關注聯席會議，《文匯報》一九八六年九月二十一日。）

※

⑱ 1987年3月3日政制專責小組《立法機關的產生討論文件（修訂稿）》（1987年3月16日政制專責小組第八次會議討論文件）

【P1-14】
（編者按：本文同第一稿文件⑯，除下列內容外，均同前文。）
4.1985年的情況
4.1.3 功能界別選舉
這些界別及所佔席位及指定選舉人為：

界別	席位	選舉人	性質
……			
（5）社會服務界	1	香港社會服務聯會會員	社會服務團體
……			
	共十二席		

6.問題的焦點：
根據上列的情況，香港85年的立法局，是有用直接選舉的方式去選舉議員的，但這些選舉，並非用普及選舉方式，而是在一定的功能界別內進行。85年的立法局選舉，亦有普及選舉產生的議員。而且全港的選民，是通過兩次不同的普及選舉作為基礎，去產生立法局議員。不過這些選舉是以間接的形式進行的，並且中間受到委任議員的參與，並非純由選民的代表決定最後的立法局人選。故此，目前討論的問題就是：「未來特區的立法機關，應否用普及直接選舉方式，去選出立法機關的成員。如果用此方式，又應佔多少比例」。

8.各種選舉方式產生立法機關成員比例的建議
（只包括有列出比例的建議）：

建議、方式	普及直選	間接選舉	功能界別	大選舉團	
19 ★	0%				
20 #			100%		

★建議（19）並沒有詳盡的方案提出，但反對普及性直接選舉。
建議（20）為兩個功能不同的議院制度，一為完全由普及直選產生，立法機關則完全由功能界別產生。

※

⑲《Final Report on the Structure of Basic Law》（基本法結構專責小組最後報告，1987年3月14日經執行委員會通過）

【P25】
5.3 Section 3 "The Legislature"
I. "Method of composition and formation."

※

⑳ 1987年3月16日政制專責小組《立法機關的產生討論文件（修訂稿）》（1987年3月23日政制專責小組第八次會議續會討論文件）

【P1-14】
（編者按：本文同第一稿文件⑱，除下列內容外，均同前文。）
9.「普及直選」
9.1 候選人提名：
9.1.1 選舉過程中的提名方式，有制度上的形式，也有制度以外傳統做法的影響。這些提名過程，有些是非過濾性的，有些是過濾性的，而過濾程序之目的是為保障候選人的質素、限制候選人的數目不要過大，利於向選民交代及保障候選人有一定的支持，對選舉結果有一定的影響。但有認為由選舉團或選舉團成員提名的過濾方法會是普及直選的一大障礙。
9.1.2 對普及直選的提名方式有下列幾種建議：
（1）完全開放，只需一定數目的選民簽名提名便可。
（2）候選人由選舉團提名。
（3）候選人由選舉團的成員提名。
（4）候選人必須符合某些特定資格才可被提名，或須為選區內一定數目的資格提名人提名。

※

(51) 簡福飴《政制專責小組報告——「立法機關的產生」》（1987年3月16日政制專責小組第八次會議參考文件一）

本人僅希望在上述報告提交政制小組討論時，秘書處能一併提供我的修改建議（如下），以便小組一併考慮。
建議：在9.1.2段下再加上第（3）小節：「除上述建議外，還可考慮其他有過濾性的提名方法，如候選人必須符合某些資格才可被提名，或須為選區內一定數目的有資格提名人提名。」

※

(52) 1987年3月25日政制專責小組《立法機關的產生討論文件（修訂稿）》（1987年3月31日政制專責小組第十次會議討論文件）

【P1-14】
（編者按：本文同第一稿文件(50)，除下列內容外，均同前文。）
4. 1985年的情況
4.1 85年來立法局的56席議席中的產生方法，共有四種，分別為：
4.1.3 功能界別選舉 —— 根據85年的立法局選舉條例，香港政府劃分出社會上的重要功能界別，並界定其中的選民資格，再按界別分配一定的議席，以選舉方式，產生十二席有一定任期的議席。

9.「普及直選」
9.2 對「普及直選」的不同意見：

贊成	反對
（7）符合人權及政治平等參與原則	在分區選舉上，一人一票事實上並不平等，因為很難做到每票的效果相同
（11）更有效地直接向選民負責	選民未必理性，易被政治野心家所誤導，而造成類似「免費午餐」的局面
（14）普及直選才可以建立一個不是唯命是從及可據理力爭的政府	由其他途徑選出的議員所組成之政府亦能不唯命是從及可據理力爭
（18）由直接選舉產生的立法機關，最難保證政府內部有三權分立及權力制衡	選舉方法與三權分立及權力制衡並無直接關係，而整個政制的設計才是最根本的因素

※

(53) 1987年4月1日政制專責小組《立法機關的產生討論文件（修訂稿）》（1987年4月8日政制專責小組第十次會議續會討論文件）

【P6-15】
（編者按：原件第2至7.2點缺頁，但相關內容可以從《立法機關最後報告》中找到。其餘內容同第一稿文件(52)第7.3點之後，除下列內容外，均同前文。）
8. 各種選舉方式產生立法機關成員比例的建議（只包括有列出比例的建議）：
8.1 建議出處：
（1）學聯（31/8/86）/ 香港民主民生協進會*（3/87）
（13）香港政府華員會（2/87）/ 醫務界專業團體基本法聯席會議（3/87）
*該建議認為，立法機關的組成應經由直接選舉產生，但何時為「最終」則沒有說明。

10. 功能界別選舉
10.1 對功能界別選舉的不同意見：

贊成	反對
（1）保障立法機構各界代表的均衡性	不平等，有人多票，有人無資格投票（倘選舉人份屬超過一種功能界別，其投票權可能多於一票；但當選舉人不屬任何一種功能界別，該人則在功能界別選舉中沒有一票投票權。）
（4）功能界別選舉的界別劃分會隨社會的進展而需要重新劃定，這正是此選舉方式的優點，就是切合社會需要，有靈活性。	功能界別的劃分並沒有肯定的準則，故難以劃分。而各界別的席位分配，更會受其時的當權者所影響而有劃分上的分別。
（5）界別劃分雖有困難，但並非不能攻破的困難。	功能界別的劃分有技術上的困難，至今仍未有人尋得答案。

10.2 對功能界別選舉的形式，建議從完全由此方式產生到完全不採取此種形式也有。〔註：第8點方案（20）之建議者已取消其建議〕

11.「間接選舉」
11.1 對間接選舉的不同意見：

贊成	反對
（5）選舉團選舉令地域性組織選舉權威性得以確立	立法機關應從香港整體利益考慮問題，而不應以地域性角度考慮問題

※

(54) 林邦莊委員的書面意見

《立法機關的產生》討論文件第8頁第10.1段

贊成	反對
（4）	可能導致各功能界別的糾紛，或因代表性問題產生爭執。

贊成	反對
（5）同（1）	會造成封閉式的投票，令人對立法機關的代表性失去信心。
（6）根據基本法諮詢委員會的界別劃分	很難限制功能界別的數目，總有些界別是不能包括在內的，有人會要求按比例分配席位。

※

⑤⑤ 1987 年 4 月 9 日政制專責小組《立法機關的產生討論文件（修訂稿）》（1987 年 4 月 15 日政制專責小組第十一次會議討論文件）

【P6-15】
（編者按：原件第 2 至 7.2 點缺頁，但相關內容可以從《立法機關最後報告》中找到。其餘內容同第一稿文件⑤③，除下列內容外，均同前文。）

10. 功能界別選舉
10.1 對功能界別選舉的不同意見：

贊成	反對
（4）功能界別選舉的界別劃分會隨社會的進展而需要重新劃定，這正是此選舉方式的優點，就是切合社會需要，有靈活性。	功能界別的劃分並沒有肯定的準則，故難以劃分。而各界別的席位分配，更會受其時的當權者所影響而有劃分上的分別。亦有委員擔心這選舉方式可能導致各功能界別的糾紛，或因代表性問題產生爭執。
（5）界別劃分雖有困難，但並非不能攻破的困難。	功能界別的劃分有困難，至今仍未有人尋得答案。
（6）	功能界別的議員可能要求以其界別所代表人數作投票準則，令人對立法機關的代表性失去信心。（有委員認為根據現時香港實際的功能團體選舉情況，此項意見所述情況很難發生。）
（7）根據基本法諮詢委員會的界別劃分	很難限制功能界別的數目，總有些界別是不能包括在內的，有人會要求按比例分配席位。

10.3 對功能界別的劃分及組成具體的建議：
（3）有委員建議護士界應佔一定的席位。

※

⑤⑥ 1987 年 4 月 16 日政制專責小組《立法機關的產生最後報告》（1987 年 5 月 21 日政制專責小組第十一次會議續會討論文件）

【P1-16】
（編者按：本文同第一稿文件⑤②，除下列內容外，均同前文。）

8. 各種選舉方式產生立法機關成員比例的建議（只包括有列出比例的建議）：

建議＼方式	普及直選	間接選舉	功能界別	大選舉團	
13	30%		30%	30%	10%○
14	30%		70%		
15	30%	20%	50%		
16	25%	25%	25%	25%	
17	25%	25%	50%		
18	25%		25%	50%	
19	25%		50%	25%	
20 ★	0%				
21 #			100%		

○建議（13）100 個席數中 10% 是由各正、副司級官員互選。
★建議（20）並沒有詳盡的方案提出，但反對普及性直接選舉。
建議（21）為兩個功能不同的議院制度，一為完全由普及直選產生，立法機關則完全由功能界別產生。

8.1 建議出處：
（1）學聯（31/8/86）/ 香港民主民生協進會＊（3/87）
（13）吳康民（11/86）
（14）香港政府華員會（2/87）/ 醫務界專業團體基本法聯席會議（3/87）
＊該建議認為，立法機關的組成最終應全部由直接選舉產生，但何時為「最終」則沒有說明。

10. 功能界別選舉
10.1 對功能界別選舉的不同意見：

贊成	反對
（1）保障立法機構各界代表的均衡性	（1）不平等，有人多票，有人無資格投票（倘選舉人份屬超過一種功能界別，其投票權可能多於一票；但如選舉人不屬於任何一種功能界別，他在功能界別選舉中沒有一票投票權。）
（4）功能界別選舉的界別劃分會隨社會的進展而需要重新劃定，這正是此選舉方式的優點，就是切合社會需要，有靈活性。	（4）功能界別的劃分並沒有肯定的準則，故難以劃分。而各界別的席位分配，更會受其時的當權者所影響而有劃分上的分別。亦有委員擔心這選舉方式可能導致各功能界別的糾紛，或因代表性問題產生爭執。

贊成	反對
（5）界別劃分雖有困難，但並非不能攻破的困難。	（5）功能界別的劃分有困難，至今仍未有人尋得答案。
（6）	（6）功能界別的議員可能要求以其界別所代表人數作投票準則，令人對立法機關的代表性失去信心。（有委員認為根據現時香港實際的功能團體選舉情況，此項意見所述情況很難發生。）
（7）根據基本法諮詢委員會的界別劃分	（7）很難限制功能界別的數目，總有些界別是不能包括在內的，有人會要求按比例分配席位。

10.2 對功能界別選舉的形式，建議從完全由此方式產生到完全不採取此種形式也有。

〔註：第8點方案（20）之建議者已取消其建議〕

10.3 對功能界別的劃分及組成具體的建議建議：

（3）28人方案── 建議功能界別的席位由12席擴至48席，具體的議席分佈：

	立法機關議席數目
第一大類職業組別共佔	**16**
其中　商界（1）	6
工業界（2）	4
銀行界（3）	2
其他僱主	4
第二大類職業組別共佔	**16**
其中　醫學界（註冊醫生）	1
其他護理人員	1
教學界	2
法律界	1
社會服務界	2
工程、建築、測量及城市設計師	1
會計、核數師	1
資訊、傳媒專業人士	1
行政人員	2
其他專業人士	4
第三大類職業組別共佔	**16**
其中　文員	2
銷售人員	2
服務業工作人員	2

	立法機關議席數目
農、林、牧、漁人士	2
製造、建築、運輸工作人員	6
學生、退休人士、料理家務者及其他非從事經濟活動人士	2
總數	48

（4）有委員建議護士界應佔一定的席位。

11.「間接選舉」

11.1 對間接選舉的不同意見：

贊成	反對
（5）選舉團選舉令地域性組織選舉權威性得以確立	（5）立法機關應從香港整體利益考慮問題而不應該以地域性角度考慮問題。

12.「大選舉團」選舉

12.2 大選舉團的功能

在設立大選舉團的各項建議中，其功能除負責產生部份立法機關成員外，還有以下其中一項或以上的功能：

12.2.1 負責選舉部份立法機關成員

12.3 成立大選舉團的原則

12.3.2 人數不宜太少── 理由是避免「大選舉團」易受到拉攏和控制，數目小的選舉團，容易受部份人士以正當或不正當手段操縱。但對於訂出多少的標準，是很難訂出一個客觀的數目，原則是大選舉團的成員不宜太少。

12.3.3 成員要有認可的代表性── 選舉團的成員任務是代表民眾去行使最重要的政治人事選擇權。因此每位成員應當具備一定的條件。

12.3.4 組成的方法要明確── 大選舉團的組成方法，最好是制度化的，過程要容易使人明白、接受。

12.4 大選舉團的組成部份

12.4.5 社會團體及認可的委員會── 除在目前功能界別選舉訂出的界別與團體外，而有很多富有代表性的法定及永久性非法定慈善、福利、體育等公眾團體及認可的委員會，應被納入大選舉團的組成部份。

12.7 對「大選舉團」選舉的不同意見：

贊成	反對
（1）更能照顧香港的整體利益，因為有大選舉團選出的議員無須向某一功能界別或地區的選民直接負責；其次，他們還可以起到平衡和緩衝經功能界別和直接選舉出來議員之間的矛盾和對抗。	（1）容易造成特權階級政治，保障一小撮人利益。
（3）選出一些態度持平，為各界接受，皆踏實做事和有全面政治才幹的人，可提供另一途徑讓各界精英加入，以保留現行委任制的優點。	（3）某些界別有重複代表性。

贊成	反對
（5）由部份上一屆立法機關議員組成其一部份大選舉團選下屆立法機關議員更可保障連貫性、穩定性，並無邏輯上的錯誤。	（5）包括立法機關成員的大選舉團選舉立法機關部份成員不合邏輯。
（6）在有包括人大、政協成員的大選舉團，可保證熟悉中央政府運作的人士的參與。	（6）人大政協成員產生方法未清楚；且由其他方法選出代表亦有熟識中央政府運作的人。
（8）保持穩定性、連貫性。	（8）政治精英主義引致民憤，製造社會不安。

<u>12.8</u> 贊成用「大選舉團」選出部份立法機關成員者認為，此方法可補救用其他方式產生立法機關成員的漏洞，以達至立法機關成員組成成份的均衡；故此，大多數建議均認為用此選舉方式產生的立法機關成員比例不應超過 1/4 至 1/3。

※

㊼ 1987 年 5 月 25 日政制專責小組《立法機關的產生最後報告》

【P1-16】
（編者按：本文同第一稿文件㊻，除下列內容外，均同前文。）
6. 問題的焦點：
根據上列的情況，香港 85 年的立法局，是有用直接選舉的方式去選舉議員的，但這些選舉，並非用普及選舉方式，而是在一定的功能界別內進行。85 年的立法局選舉，亦有普及選舉產生的議員，而且全港的選民，是通過兩次不同的普及選舉作為基礎，去產生立法局議員。不過這些選舉是以間接的形式進行的，並且中間受到委任議員的參與，並非純由選民的代表決定最後的立法局人選。故此，目前討論的問題就是：「未來特區的立法機關，應否有不同選舉方式，去選出立法機關的成員。如果有的話，比例應如何分配及實施時應如何安排。
（實施及發展時間方面，我們沒有深入討論；有委員認為「發展」兩字不應寫入。）

9.「普及直選」
9.1 候選人提名：
9.1.1 選舉過程中的提名方式，有制度上的形式，也有制度以外傳統做法的影響。提名辦法，有些是非過濾性的，有些是過濾性的，而過濾程序之目的是為保障候選人有一定的質素、限制候選人的數目不要過大、利於向選民交代及保證候選人有一定的支持，對選舉結果有一定的影響。但有認為由選舉團或選舉團成員提名的過濾方法會是普及直選的一大障礙。
9.1.2 對普及直選的提名方式有下列幾種建議：
（5）候選人由選民及同等數目的選舉團成員或有一定資格的提名人提名。
9.2 對「普及直選」的不同意見：

贊成	反對
（14）普及直選才可以建立一個有威信及可據理力爭的立法機關	（14） 由其他途徑選出的議員所組成之立法機關亦可以是有威信及可據理力爭的

10. 功能界別選舉
10.3 對功能界別的劃分組成具體的建議：
（3）28 人方案—— 建議功能界別的席位由 12 席擴至 48 席，具體的議席分佈：

	立法機關議席數目
文化、藝術界	1
其他專業人士	3

12.「大選舉團」選舉
<u>12.2</u> 大選舉團的功能
在設立大選舉團的各項建議中，其功能除負責產生部份立法機關成員外，還有以下其中一項或多於一項的功能：
<u>12.2.3</u>（負責提名及選舉行政長官）
<u>12.3</u> 成立大選舉團的原則
12.3.4 組成的方法要簡單清楚—— 大選舉團的組成方法，最好是制度化的，過程要容易使人明白、接受。

第二稿

第四章　第三節
「第二條　香港特別行政區立法機關的組成和產生辦法（待擬）。」
〔1987 年 9 月 8 日《第四章　香港特別行政區的政治體制（討論稿）》（1987 年 9 月 22 日政制專責小組第二次會議附件一）〕

① 1987 年 9 月 2 日《中華人民共和國香港特別行政區基本法起草委員會第五次全體會議委員們對基本法序言和第一、二、三、四、五、六、七、九章條文草稿的意見匯集》

【P37】
五、關於第四章　香港特別行政區的政治體制
（三）第三節　立法機關
3. 第二條
有的委員建議，暫時按聯合聲明寫上「立法機關由選舉產生」；但多數委員認為，這不是簡單的選舉方式問題，香港目前對此分歧很大，還是待政治體制專題小組進一步研究後再寫為宜。

※

② 1987 年 9 月 8 日《中華人民共和國香港特別行政區基本法起草委員會第五次全體會議意見匯編》（1987 年 9 月 22 日政制專責小組第二次會議附件二）

【P10】
第四章　政制
三、關於第三節　立法機關
3. 第二條
（編者按：內容同上文）

第四章 第三節
「第二條 香港特別行政區立法機關的組成和產生辦法（待擬）。」
〔1987 年 10 月《第四章 香港特別行政區的政治體制（討論稿）》政治體制專題小組工作文件〕

①《基本法諮詢委員會工商專業界諮委對未來香港特別行政區政府架構的建議》，載於 1987 年 9 月基本法諮詢委員會工商專業界諮委《未來香港特別行政區政府結構建議》

【P28-30】
7. 立法機關
7.2 立法機關組織
我們建議立法機關由大約八十人組成，其成員比例如下：
a. 功能團體佔百分之五十的席位
b. 由地域選區直接選出的議員佔百分之二十五
c. 經選舉團選出的議員佔百分之二十五的席位
d. 行政長官可以出席立法機關的會議，而主要官員則必須出席與其有關的會議。但兩者均無投票權，因為行政、立法兩者是分權而立的。
7.3 功能團體
a. 我們建議功能團體佔百分之五十席位，理由如下：
Ⅰ 功能團體深受各界人士接納
Ⅱ 可以反映各界意見
Ⅲ 可以產生具備特殊專長和真知灼見的各界人才
7.4 直接選舉
a. 我們建議百分之二十五的議席由直接選舉產生，理由如下：
Ⅰ 香港政府應該逐漸公開化。
Ⅱ 直接選舉令立法機關具有地區代表性。
b. 提名及投票
Ⅰ 提名及投票直選的候選人除了符合年滿 21 歲，在港住滿十年的基本條件外，無須通過特別的提名或審查程序。立法機關各類別產生的成員都必須符合有關的年齡和居港期的條件。
Ⅱ 全港將劃分為十個選區，每個選區可以一人一票的原則，進行選舉。得到選票最多的兩名候選人進入立法機關。
7.5 選舉團
a. 按照產生行政首長選舉團的方法，成立一個選舉團，選出立法機關百分之二十五的議席。我們建議一套提名方法，以期達到以下的目標：
Ⅰ 保證立法機關成員的組合能夠均衡。
Ⅱ 發掘和提名一些有專門知識和對政府運作有貢獻的人才，而這些人才未能經由功能團體或地方選舉途徑得以晉身立法機關。
Ⅲ 鼓勵和提名各界傑出人士參與立法機關，以取代現行的委任制度。
Ⅳ 當立法機關對某類專長有需要時，可用此方法選出適當人士充任。
b. 提名委員會及其任務
為了選舉立法機關議員，選舉團將自行選出十八位成員，連同作為當然官守成員的行政長官和立法局主席，組成一個二十人提名委員會，發掘人選。提名委員會成員不能參選。他們的工作是物色及遴選合乎資格的候選人，交由選

舉團投票。選舉團成員如果獲得提名便需退出選舉團。

※

② 1987 年 10 月《第四章 香港特別行政區的政治體制（討論稿）》（政治體制專題小組工作文件）

【P16-17】
第三節 立法機關
第二條
第五次全體大會分組討論：
（編者按：內容同第二稿文件①）

關於立法機關的產生，本小組在一九八六年十一月八日向第三次全會提出的工作報告中，列舉本小組成員的六種不同主張：
1. 立法機關應全部由功能團體選舉及間接選舉產生，暫不宜有地域性的直接選舉的部份。
2. 立法機關中 50% 的議員由功能團體選舉產生；25% 的議員由代表全港社會利益的選舉團選舉產生；25% 的議員經提名團提名後由地域性的直接選舉產生。
3. 立法機關全部議員由一人一票直接選舉產生。
4. 立法機關中由功能團體選出的議員應佔 50%，地域性直接選舉的議員應佔 50%。
5. 在立法機關中，50% 的議員由地域性的直接選舉產生；25% 的議員由功能團體選舉產生；25% 的議員由地區性議會間接選舉產生。
6. 有的委員提出，立法機關成員由直接選舉和間接選舉產生的比例，基本法中不作明確規定；有的委員認為，其比例應作規定。

香港諮委會《立法機關‧最後報告》中，詳細介紹了諮委會成員及香港各界人士所公開提出的二十種不同建議，可歸納為四種方式：
1. 功能團體選舉（只有一種主張為零，其餘最少 25%，最多 70%）
2. 地域性或全港性的普及直接選舉（一種主張為零，一種為 100%，其餘從 25% — 75%）
3. 間接選舉（20% — 25%）
4. 大選舉團選舉（15% — 50%）
多數是主張兩種或數種的混合，比例各有不同，提名的方式也各有不同。詳細理由請參閱《最後報告》。

資料：香港各界人士的意見，壓倒性的多數主張基本法中應有功能團體選舉及普及直接選舉的部份，但比例多少則意見不一致。工商專業界諮委主張：功能團體選出議員百分之五十，大選舉團選出四分之一，地區性直接選舉選出四分之一。最熱烈主張直選的人士，多數也不排除功能團體選舉。

「第六十四條 （第一款）香港特別行政區的立法機關由選舉產生。
（第二款）立法機關具體的產生辦法有以下三種方案：
1. 功能團體選出的成員佔百分之五十；由地域性選區直接選出的成員佔百分之二十五；經大選舉團選出的成員佔百分之二十五。

2.不少於百分之五十經由普及而直接之選舉產生;不多於百分之二十五經功能團體選舉產生;不多於百分之二十五由地區的議會如區議會、市政局和區域市政局選舉產生。

3. 百分之三十的成員由顧問團推選非顧問入立法機關,其中至少三分之一為主要官員,其餘為行政會議成員及社會上其他人士;百分之四十的成員由功能團體選出;百分之三十的成員由各地區直接選出。

(第三款)前款規定的選舉辦法可根據香港特別行政區的實際情況予以變更。此項變更須經香港特別行政區立法機關全體成員的三分之二多數通過,行政長官同意並報全國人民代表大會常務委員會批准。」

〔1987 年 12 月基本法起草委員會秘書處《中華人民共和國香港特別行政區基本法(草案)》(匯編稿)〕

① 1987 年 11 月 11 日《功能團體選舉方法方案歸納》(1987 年 11 月 17 日政制專責小組第七次會議附件三)

【P1-8】
歸納各方案所提功能團體選舉部份,各方案基本上贊成有功能組別選舉[1],只是內部選舉方式、組別成份、組別側重點和選舉目的不同。

I. 功能組別內部選舉方式
(一)沿用現時舊制
現時立法局功能組別選舉的特點:
1)直選形式——部份功能組別代表,是用一人一票的直接選舉方法選出的。
→ 功能界別中的教學界,法律界,醫學界,以及工程建築、測量及都市規劃界,都是在界內的候選人中,以一人一票的直接方式,選出代表進入立法局的。
2)以機構單位作為選民 —— 功能組別的選民,除了以上四個界別以個人為單位外,其他的五個界別,是以組織的成員為單位的。而這些機構組織的成員,包括了商業機構、社團和個人,參差不齊。這些界別的選舉方法,也是用一單位一票,選出其代表進入立法局的。有個別單位在投票前,由單位內的成員以投票方法,決定自己的單位的一票,應投給哪一位候選人。亦有些單位,是由決策機關決定的,方法不一。
贊成沿用現時舊制者基於政制改革應參考現存優良制度,立法局現時功能團體選舉經驗,港人已普遍接受,所以應予保留。
1. 太平山學會
2. 吳夢珍
3. 學友社
(二)一人一票
1. 查良鏞
功能團體內部產生是採用直接選舉。
2. 中根
功能團體內部選舉盡量一人一票,避免一會一票,如社工界不應一會一票。

註 1:香港專上學生聯會與香港大學學生會均反對功能團體選舉。

II. 功能團體組別成份
各方案中提及功能團體成份時,大都主張增加組別。方案認為增加功能團體組別能兼容廣泛,增強代表性。
(一)沿用舊制但增加組別,增加席位
1. 太平山學會
基本上沿用現行功能團體選舉模式,但需要把其範圍擴充:一方面增設新的功能組別作為選舉團,另一方面增加現有指定功能組別所產生席位。
2. 李華明
增加席位加強功能組別的代表層面,以保障社會上不同利益的意見得到充份代表。

3. 吳夢珍
功能團體選舉基本上可沿用現在的選舉方法,但可考慮擴大功能組別的範圍,以及增加個別組別的議席。
4. 匯點
按現時及新增設的立法局功能組別選舉劃分的功能組別,產生總數接近但不多於直選議員半數的議員。按就業人數、經濟活動的重要性等標準增設更多不同功能組別(如會計界、護理界及航運界等),而個別現存的功能組別(如勞工界)亦應獲增分配議席數目。
5. 中根
立法機關一半議席按功能組別經選舉產生,並考慮將現時組別擴大,盡量兼容各組別。
6. 學友社
功能組別除現行界別外,須增加文化界、文藝界、航運界等。
7. 有人提議增設一個組別,以包括那些不屬於現有功能組別的專業團體。
(二)參考基本法諮詢委員會界別法(附表一)
1. 薛鳳旋
功能組別可按基本法諮詢委員會劃分。
2. 查良鏞
功能團體界別大致上和現在基本法諮詢委員會的成份相似。
(三)功能組別席位分配的建議
A. 側重工商金融界
有方案認為應側重工商、金融界功能組別席位。原因是(1)其他選舉方式如直選等,代表中、下階層,並不能代表該界利益;(2)工商界及專業人士對香港經濟繁榮有貢獻。側重工商、金融界保證可維持香港經濟繁榮。
1. 冼銘倫
組別應偏重工商金融界代表。
2. 香港民主協會
功能組別代表應以工商和金融界為主,在立法局代表人數 24 人,來自最有影響和對社會最有貢獻 12 種不同行業。
3. 港人協會
功能組別代表基本上代表了工商、金融、基層和專業人士三種不同力量。日後工商金融業在功能團體選舉中應佔一半或接近一半的議席,因為其代表方式的選舉,並不直接代表該界別的利益。
4. 基督徒弘道社
立法機關百分之二十五由功能團體選舉,可有較大金融商界代表。
B. 其他
1. 鄭宇碩
立法機關內由功能團體選出的席位分為親中組織、工商界及專業團體。
2. 何鍾泰、唐一柱、曹宏威
功能團體名單及席位分配由「界定團體」組成的「遴選委員會」制訂。「界定團體」的名單及每個團體所推選的委員數目,大致上與現有「基本法諮詢委員會」組織時所列

舉的「界定團體」相同。

3. 徐是雄

功能組別的席位，由 12 席增至 22 席，具體的議席分佈：

組成	代表	議席數目
（一）商界	香港總商會	2
	香港中華總商會	
（二）工業界	香港工業總會	2
	香港中華廠商聯合會	
（三）金融界	香港銀行公會	2
（四）勞工界	所有註冊職工會	3
（五）社會服務界	香港社會服務聯會	2
	香港社會工作人員協會	
（六）醫學界	香港醫學會	2
	香港牙醫學會	
（七）教學界	選民名冊按以下名單編訂：法定名單以及各機構和有關專業團體的成員名單／職員名單	3
（八）法律界		3
（九）工程師		1
（十）建築師		1
（十一）會計師		1

4. 38 位文教界諮委及團體負責人 [2]

分三大類職業組別（1）商界、工業界、銀行界及其他僱主；（2）專業人士及行政管理人員；（3）各行業勞工界及非從事經濟活動人士。

註 2：方案提出者認為此方案不屬功能團體選舉。但由於每大類職業人數不相等，選出各組別代表時，各選民的票值不相等，與現時功能團體內部選舉相似，故仍把這方案撥入此份文件討論。

		提名團議席數目	立法機關議席數目
第一大類職業組別共佔		**32**	**16**
其中	商界 [1]	12	6
	工業界 [2]	8	4
	銀行界 [3]	4	2
	其他僱主	8	4
第二大類職業組別共佔		**32**	**16**
其中	醫學界（註冊醫生）	2	1
	其他護理人員	2	1
	教學界	4	2
	法律界	2	1
	社會服務界	4	2
	工程、建築、測量及城市設計師	2	1
	會計、核數師	2	1
	資訊、傳媒專業人士	2	1
	行政人員	4	2
	文化藝術界	2	1
	其他專業人士	6	3
第三大類職業組別共佔		**32**	**16**
其中	文員	4	2
	銷售人員	4	2
	服務業工作人員	4	2
	農、林、牧、漁人士	4	2
	製造、建築、運輸工作人員	12	6
	學生、退休人士、料理家務者及其他非從事經濟活動人士	4	2

		提名團議席數目	立法機關議席數目
立法機關成員		16	—
人大代表、政協委員		16	—
地區選舉		—	24
總數		128	72

註 1：商界可界定為香港總商會及香港中華總商會成員商號的董事。
2：工業界可界定為香港工業總會及香港中華廠商聯合會成員廠號的董事。
3：銀行界可界定為香港銀行公會成員銀行的董事。

5. 港人協會

建議功能組別的席位由 12 席擴至 30 席，但沒進一步具體建議。

（四）團體或行業要求被列為新功能組別或被納入現有組別內

1. 專業團體或機構

社團診所醫生協會有限公司（希望被納入醫學界組別內）
香港建造商會
港九各區街坊會協進會有限公司
英國建築師與測量師學會（香港分會）
鄉議局
香港電腦學會
香港接受存款公司公會（希望被納入金融界組別內）
香港機電工程承建商協會
香港期貨交易所（希望被納入金融界組別內）
香港建築師學會
香港土地測量師學會（希望被納入工程師及有關專業組別內）
香港圖書館協會
香港獸醫公會（希望被納入醫學界組別內）
香港電機及電子立案工程師學會
英國屋宇經理學會香港分會
香港保險總會（希望被納入金融界組別內）
香港漁民團體聯席會議
香港旅遊業聯會
九龍總商會
新界總商會（希望被納入商界組別內）
香港地產建設商會
政府護理員協會
英國特許秘書及行政人員公會香港分會
英國公認會計師公會
……

在上述團體中，最多人贊成將其列為新功能組別的有鄉議局、香港會計師公會及九龍總商會。

2. 行業或界別

會計行業	行政人員
廣告業	農業
校友會	畜牧業
建築業	核數行業
民航業	廣播業

……

Ⅲ. 功能團體選舉的目的

A 產生立法機構成員

各方案中功能團體選舉目的都在於產生立法機關成員，只是所佔比例不同。

以下是各方案對功能團體選舉產生立法機構成員比例歸納：

1. 功能團體選舉佔立法機關成員 70%
1.1 香港政府華員會
1.2 38 位教育界諮委及團體負責人
2. 功能團體選舉佔立法機關成員 60%
2.1 冼銘倫

2.2 香港民主協會
3. 功能團體選舉佔立法機關成員 50%
3.1 薛鳳旋
3.2 中根
3.3 香港都市規劃師學會
3.4 查良鏞
3.5 何鍾泰、唐一柱、曹宏威
3.6 港人協會
3.7 學友社
3.8 吳夢珍
3.9 76 人方案
4. 功能團體選舉佔立法機關成員 40%
4.1 太平山學會
4.2 香港大學畢業同學會政制組
4.3 港九各區街坊會協進會
5. 功能團體選舉佔立法機關成員 33.3%
5.1 張熾標
5.2 匯點
5.3 查濟民
5.4 陳弘毅
5.5 徐是雄（8/11/86）
5.6 鄭宇碩
5.7 李華明
6. 功能團體選舉佔立法機關成員 25%
6.1 民主公義協會
6.2 香港基督教協進會公共政策委員會
6.3 190 人方案
6.4 基督徒弘道社
6.5 徐是雄（9/1/86）

※

② 1987 年 11 月 12 日《直接選舉方法方案歸納》
（1987 年 11 月 17 日政制專責小組第七次會議附
件二）

【P1】
（II）立法機關議席產生方法
大部份方案都同意部份立法機關議席由直接選舉產生，不
同的方案建議不同的比例。
關於選舉單位方面，大部份方案同意用分區性直接選舉方
式，但對於如何劃分選區的問題，則存着分歧。
另外，沒有方案提出須對立法機關議席候選人施加提名限制。

【P3-6】
II 立法機關議席的產生方式
A. 分區性直接選舉
雖然下述方案提出把全港分成若干個選區，然後交由選民
在區內直接選出議席，但對於選區的大小問題，則有不同
意見。大多數方案提議全港選區數目介乎 10—20 之間。
1. 陳弘毅方案
三分之一立法機關議席由分區性直接選舉產生。
2. 匯點
直接選舉是產生立法機關議席的主要方法。以五十萬人口
為基礎劃分選區，每選區選舉四位議員，選舉制採相對多
數選舉制。
3. 學友社
一半立法機關議席由分區直接選舉選出。可將全港劃分成
幾個大選舉區，然後以分區直接選舉投票選出。
4. 吳康民方案
由分區直接選舉百分之三十立法機關議席。
5. 38 位文教界諮委及團體負責人方案
三分之一立法機關議席（24 位）由地區選舉產生，各地

區佔 2—3 席。
6. 三方學會
部份立法機關議席由分區直接選舉產生，選舉用一人一票
原則。
7. 工商界諮委（76 人方案）
四分之一立法機關議席由地域選區直接選出，把全港劃分
成十個選區，每個選區可以一人一票原則進行選舉，得到
最多選票的 2 位候選人可進入立法機關。
8. 港人協會
百分之三十立法機關議席由直接選舉產生，把全港分為
18—24 區，實行單選區多數當選制。
9. 醫務界專業團體基本法聯席會議
百分之三十立法機關議席由地區直接選舉產生。
10. 薛鳳旋方案
一半立法機關議席由直接選舉產生，而直接選舉則以分區
式全民投票選出。
11. 冼銘倫方案
百分之四十立法機關議席由分區直接選舉產生。
12. 中根
一半立法機關議席由分區直選產生。
13. 何鍾泰、唐一柱、曹宏威
立法機關議席共 65 個，其中 20 個由區域性直接選舉產生。
14. 徐是雄方案
三分之一立法機關議席由直接選舉產生。
立法機關有 66 位成員，22 人通過分區直接選舉產生；
港島區共選 6 人，分 2 區選舉，每區選 3 人；九龍區共
選 8 人，分 4 區選舉，每區選 2 人；新界區共選 8 人，
分 4 區選舉，每區選 2 人。
15. 吳夢珍方案
四分之一立法機關議席由直接選舉產生，可用分區選舉方
法直接選舉選出。
16. 查濟民方案
三分之一立法機關議席由區議會或各個選區產生。
17. 香港民主協會
一半立法機關議席應由分區直接選舉產生。可參考區議會
劃分選區方式，每 25 萬居民為一選區，由居民直接選出
一名立法機關成員。
18. 李華明方案
大約三分之二立法機關議席由直接選舉產生，每十五萬人
便有一席位。
19. 香港都市規劃師學會
一半立法機關議席由地方選舉或直接選舉產生。

B. 比例代表制直接選舉
1. 太平山學會方案
百分之六十立法機關席位按參選名單以比例代表的形式選
舉產生。
參選者組成參選團，各參選團的參選者須把名字按先後次
序列在一名參選名單之上，然後把整份名單提出參選。選
民投票選擇的不是個別候選人，而是個別的參選名單。
選舉的結果是就每份參選名單所得的票數，按比例並根據
排名的先後次序分配給各參選名單中之候選人。
選舉可以全港作為一個大選區進行，或把全港劃分為兩至
三個選區進行，選民享有一人一票的權利。

C. 其他
1. 鄭宇碩方案
一半立法機關議席由直接選舉產生。
2. 繆熾宏方案
四分之三立法機關議席由直接選舉產生。
3. 馮煒光方案
立法機關議席由直接選舉和間接選舉混合產生。
4. 香港大學學生會

全部立法機關議席最終應由直接選舉產生。
5. 基督教協進會公共政策委員會
百分之六十立法機關議席由直接選舉產生。
6. 大學畢業同學會
長遠而言（廿一世紀）應朝向全部直接選舉立法機關議席。
7. 190 方案
一半立法機關議席由直接選舉產生。
8. 張熾標方案
九七年前設立三分之二的直接選舉立法機關議席。
9. 華員會
百分之三十立法機關議席由直接選舉產生。
10. 古星輝方案
百分之四十立法機關議席由直接選舉產生。
11. 基督徒弘道社
一半立法機關議席經由直接選舉產生，至於直接選舉的方法，則可再討論，例如：以人口普選，以地區普選。
12. 陳協平方案
百分之十八立法機關議席由直接選舉產生。
13. 港九各區街坊會協進會有限公司
百分之十立法機關議席應由合法人數提名之知名人士普選。
14. 小商販社團聯合會
強調「慎重，讓大家逐步適應才能確定立法局（立法機關）應在何時開始直接選舉。」

※

③ 政制專責小組《功能組別選舉方法方案歸納報告》（1987 年 11 月 23 日經執行委員會通過）

【P1-10】
（編者按：本文同第四稿文件①，除下列內容外，均同前文。）
I. 功能組別內部選舉方式
（二）一人一票
3. 38 位文教界諮委及團體負責人

II. 功能組別成份
（四）團體或行業要求被列為新功能組別或被納入現有組別內
C. 要求 97 年後被列為新功能組別
會計界
護理界
航運界
……

III. 功能組別選舉的目的
（一）產生立法機關成員
1. 功能組別選舉約佔立法機關成員 70%
1.2 38 位文教界諮委及團體負責人（2/3）

※

④政制專責小組《選舉團、大選舉團選舉方法方案歸納報告》（1987 年 11 月 23 日經執行委員會通過）

【P5-8】
II. 產生立法機關
（1）主要是基於現行的選舉團選舉
1 吳夢珍
25% 立法機關成員由現在的區議會、市政局、區域市政局及由政府委任的各種諮詢委員會的成員選舉產生。

2 190 人方案
25% 立法機關成員由地區的議會如區議會、市政局和區域市政局選舉產生，就是現有的選舉團選舉，但要擴大各地區選舉團的投票人數。
3 基督教協進會公共政策委員會
15% 立法機關成員由選舉團選舉產生，選舉團是按現行代議政制的選舉團方式，在港區議會、市政局和區域市政局全體成員中選出各區代表。
4 基督徒弘道社
25% 立法機關成員由地區議會，如市政局、區域市政局和區議會選舉產生。
5 港人協會
20% 立法機關成員由地區議會間接選出。
（2）其他
1 吳康民 —— 顧問委員會
30% 立法機關成員由顧問委員會選舉產生。顧問委員會由 180 人組成，具體成份如下：
a. 在任或已卸任的香港人大代表、政協委員
b. 已卸任行政、立法局代表
c. 已卸任的司級官員
d. 曾任基本法起草委員會或諮詢委員會委員
2 陳弘毅 —— 顧問院
1/3（即 20 人）立法機關成員由顧問院以協商或推選產生。被顧問院推選人士，本身可以是顧問院成員，也可以不是。顧問院的成員人數不固定，但不少於 60 人，不多於 120 人。顧問院由中央人民政府委託在港若干人士發起及籌組。籌組方式類似成立基本法諮詢委員會的辦法。部份成員由發起人根據各界團體的推薦而邀請參加，部份成員由發起人主動邀請。

III. 產生行政長官、立法機關
1 曹宏威、唐一柱、何鍾泰 —— 遴選委員會
組成：設立一個「遴選委員會」，成員約 60—80 人，人選分別由各「界定團體」推選，再經人大委任。「界定團體」的名單及每團體推選的委員數目，大約應與現有的「基本法諮詢委員會」組合的情況相同。任何有關「遴選委員會」成員組合的細節修訂，應由人大或其委任機關擔當。所有遴選委員都應該是有代表性的香港居民，熟悉香港的情況及需要。
立法機關：由遴選委員會推選出 15 名立法機關成員（必須是遴選委員會以外人士）
2 查濟民 —— 顧問局
組成：在九七年前成立，由港督提名，中央批准後任命，終身制。人數無限制，由有資望的香港人擔任，例如退休的行政立法局議員，工商財經、法律教育、各種專業人士及來自其他各個方面的有資望人士。現任的行政立法局議員不能兼任顧問，一般來說顧問多數是退休或年長者出任，但並不以此為必要條件。
立法機關：1/3 立法機關成員由顧問局就顧問中間互選產生。
3 徐是雄 —— 大選舉團
組成：由人大委任香港多位具有一定代表性的人士組成一個籌備小組（籌備小組沒有被選權），由這個小組組成一個有 300 至 600 人的大選舉團或選舉委員會。若大選舉團成員有多過一個代表身份，也只能投一票。具體成分如下：
（一）由直接選舉和功能團體選舉產生的立法機關成員或代表（這些人士無被選舉權）
（二）市政局及區域市政局議員或代表
（三）區議會議員或代表
（四）各界定團體代表包括：
a. 工商界 —— 工業、貿易、航運、航空、旅遊。
b. 金融、地產界 —— 銀行、保險、證券、地產、建造。
c. 法律界 —— 大律師、專業律師、法官。
d. 專業人士 —— 學者、工程師、建築師、測量師、會計師、

醫務、教育、文藝、體育、科技。
e.傳播媒介 —— 電視、電台、新聞、雜誌、出版。
f.社團、基層 —— 勞工、公務員、社工、論政、慈善、漁農、街坊組織。鄉事會、鄉議局、小販、學生。（公務員被選中後必須放棄公職）
g.宗教界 —— 基督教、佛教、天主教、回教、道教、孔教。
h.外籍人士。
i.婦女界。
（五）香港區全國人大代表或部份代表
（六）政協委員或代表
立法機關：1/3 立法機關成員由「大選舉團」選舉產生。
4 76 人方案 —— 選舉團、提名委員會
組成：選舉團的具體組成如下：
a.立法機關 80 人
b.法定團體及永久性非法定團體 50 人
c.市政局、區域市政局及區議會 50 人
d.社會服務、慈善及教育團體 60 人
e.專業人士 60 人
f.勞工界 60 人
g.工業界 80 人
h.商界 50 人
i.金融界 50 人
j.宗教／教育界 30 人
k.公務員 30 人
共 600 人
提名委員會則由選舉團互相推選 20 人組成，成員本身不得競選行政長官，並在選舉團選舉行政長官時不可投票。
立法機關：
由提名委員會提名若干候選人，由選舉團投票，選出 25% 立法機關成員。

※

⑤ 香港民主政治促進會《香港特別行政區政制方案的建議（最後修訂稿）》，載於 1987 年 12 月基本法起草委員會秘書處《參閱資料 —— 第 35 期》

【P1】
1.政制制訂的原則
1.1 符合《中英聯合聲明》、體現一國兩制及高度自治的原則和照顧本港未來發展；
1.2 維持香港繁榮穩定與經濟發展、照顧社會各階層的利益；
1.3 確保行政機關向立法機關負責，並互相制衡；司法獨立，實行開放、法治、穩定而有效率的政府；
1.4 促進民主開放，實行港人治港，建立向市民負責的政府。

【P5-8】
4.立法機關
4.1 立法機關的組成和產生方式
4.1.1 具體數目
社會的進步及變化，令立法局的制定法例工作日益繁重。立法局議員亦透過參與各種諮詢委員會、法定組織，及立法局內部委員的工作參與制定政府政策，這些工作，必日趨繁複。所以，將立法局議席適當地逐步擴大，實屬適當。
立法機關共有 80 議席，安排如下：
（1）直接選舉佔不少於百分之五十席位；
（2）選舉團選舉佔不多於百分之二十五席位；
（3）功能團體選舉佔不多於百分之二十五席位。
4.1.3 直接選舉
為維持立法局能照顧全港市民利益，九七年立法機關的直接選舉應最少佔立法局一半，即四十議席。

4.1.3.1 候選人資格
為體現民主原則，除基本之資格外，不應訂定其他限制候選人之資格。
4.1.3.2 選舉方法
約五十萬人為一選區，每個選區有 3 至 4 個議席，每個選民則在候選人選票揀出不多過 3 至 4 個選擇。
4.1.3.3 選區劃分的原則
（1）基本或一般上能使該地域內包含不同階層，不同職業，不同背景人士。
（2）適合在有政黨或沒有政黨情況下候選人仍有能力參與。
（3）應盡量減少經常變動，以利過渡及選民之習慣。
4.1.3.4 約五十萬人為一個選區，它有以下好處：
（1）在九七年時，全港約分為十至十二個選區，每選區約選三至四議席，這個議席數量，選民是較易處理。
（2）八八年開始有直選時，議席比較少，用五十萬人一個選區，則剛好是每選區一議席。
（3）這個方法，可從八八年沿用至九七年，而不須變動，選民較易學習和習慣。
（4）現階段已有以二十五萬人作為一選區的市政局／區域市政局選舉，而獨立候選人亦能應付自如。相信擴大至五十萬人一個選區，亦沒有大問題。
4.1.4 功能團體選舉
從實際考慮，功能組別應增至 20 議席，令更多行業代表能參與立法局工作。
4.1.4.1 除有不可解決之技術困難外，功能組別內應以一人一票選舉形式進行。
4.1.4.2 每人／每團體只可在眾多功能組別中，選擇其中一個組別。
4.1.4.3 凡參與功能組別選舉人士，不可成為直接選舉或選舉團的選民。
4.1.5 選舉團選舉
為加強立法局與地域議會組織聯繫，每一地域議會應有一名代表進入立法局。
4.1.5.1 每個區議會、市政局和區域市政局都可選一個代表進入立法局。
4.1.5.2 選舉團選舉之方法，應採用選舉次序淘汰式投票。選民在透過一次投票便可完成整個選舉過程。
4.1.5.3 候選人需得到過半數票數才可當選。
（1987 年 11 月 1 日）

※

⑥ 基本法諮詢委員會工商專業界諮委《有關大選舉團的建議》，載於 1987 年 12 月基本法起草委員會秘書處《參閱資料 —— 第 35 期》

【P15-23】
1.引言
工商專業界諮委在「未來香港特別行政區政府結構建議」內，建議成立一個有廣泛代表性的大選舉團，選出特別行政區政府的行政長官和立法機關百分之二十五的議席。
由於大選舉團每次組成均包括由社會上各階層界別、不同組織及社團提名的代表，因此我們相信解決成立未來特別行政區政制所遇到的一些難題，大選舉團是最有成效的辦法。
本文件的目的，就是詳細說明選舉團的組成方法和功能，並歡迎各界人士提出意見改進。

2.大選舉團制度的優點
2.2 在選舉立法機關百分之二十五的議席方面
a.大選舉團制度可保留現時委任制度的優點，和立法機關的整體均衡性。
b.當立法機關在特殊情況需要某類專長時，這個方法可獲得適當的候選人，即使這些候選人一般情況下不會自動參選。

c.除經由功能團體或地區選舉進入立法機關外,這種選舉方式可為社會各界傑出人士提供另外一種參與立法的途徑。

3.大選舉團的組成
3.1 大選舉團的成員包括立法機關所有成員、市政局、區域市政局及區議會代表,以及香港各階層界別和團體組織的代表。
3.2 大選舉團會有六百名成員,他們分別來自以下團體或組織:
a.立法機關 80 人
b.法定團體及永久性非法定團體 50 人
c.市政局、區域市政局及區議會 50 人
d.社會服務、慈善及體育團體 60 人
e.專業人士 60 人
f.勞工界 60 人
g.工業界 80 人
h.商界 50 人
i.金融界 50 人
j.宗教界 10 人
k.教育界 20 人
l.公務員 30 人
共 600 人
3.3 以上的組成方法能均衡代表整個香港社會。
3.4 在大選舉團內的各個社團或組織可按照內部的規則自行選出其代表。
3.5 當某社團或組織的代表被選為大選舉團的成員,該成員將以個人身份投票。
3.6 同一人不能在大選舉團內同時代表多過一個組織。若有超過一個組織提名同一人作為代表時,他必須選擇代表某一個組織,而其餘組織則須另選代表。
3.7 大選舉團成員的任期應維持至選舉完成為止,此後即刻解散。

4.成立大選舉團的時間
4.1 為符合我們所建議政制平穩過渡至一九九七年的時間表,第一個選舉團將於一九九四年成立,選出立法機關的二十位議員,即百分之二十五的議席。
4.2 由於我們認為一九九七年不適宜有任何選舉及政治活動,所以第二個大選舉團須於一九九六年成立,選出未來特區政府的行政長官。
4.3 由於行政長官和立法機關成員均為四年一任,大選舉團將每兩年召集一次,交替選出行政長官和立法機關百分之二十五的議席。
4.4 然而,由於行政長官會:
a.辭職
b.逝世或失去工作能力
c.受到彈劾而引致罷免
因此,選舉行政長官的會期可能因上述特殊情況而變更。立法機關亦會在某些情況下解散。這些難以預知的因素都會影響大選舉團的召集時間。但另一方面卻可減低大選舉團受到任何操縱的可能性。
4.5 若大選舉團選出的立法機關成員辭職或失去工作能力,我們建議無需再召集大選舉團投票選舉,而是按照上次選舉結果的記錄,由得票最多的候選人順序填補空缺。

5.提名程序
5.2 在選舉立法機關百分之二十五的議席方面
a.「提名委員會」的成員包括:
i)行政長官
ii)立法機關主席
iii)大選舉團互選十八位成員
b.「提名委員會」成員不能成為候選人及參加投票。
c.行政長官及立法機關主席之作為「提名委員會」成員是

有利於立法機關組成獲得均衡。
d.「提名委員會」應提名不少於四十名候選人,交由大選舉團投票,選出二十位立法機關成員。
e.候選人不限於大選舉團的成員。
f.若有公務員被提名為候選人,他必須首先辭退其公務員職位才能參選。

6.選舉方法
6.2 在選舉立法機關百分之二十五的議席方面
a.除大選舉團「提名委員會」成員不能投票外,其他成員均以不記名方式投票,而每票必須選出二十個候選人。
b.得到最多票數之二十名候選人便成為立法機關成員。
c.若出現同等票數的情況,有關候選人便需進行第二輪競選。
d.落選之候選人將列入候補名單,由最多票數者排起。若有當選之候選人由於某些原因拒絕或不能出任立法機關成員,或在任期間辭職時,便從這名單中選出候補人選。
6.3
a.大選舉團成員投票,不可委託他人。
b.大選舉團的選舉過程應該公開。

7. 第一及第二屆大選舉團的成立
7.1 第一個大選舉團(其作用是在一九九四年選出百分之二十五的立法機關成員)的成立,包括界定合資格團體等細節,一概由香港政府負責。
7.2 由於第二個大選舉團須在移交日之前(一九九六年)成立,並選出首屆特區行政長官,故作如下特別安排:
a.中央人民政府成立一個籌備委員會,負責組成第二個大選舉團。
b.該大選舉團會根據基本法所指定的程序選出首屆特區行政長官。
c.該大選舉團須在九七年七月一日重新召開,重選當時立法機關所有議員進入特區的立法機關(無論他們是由地區選舉、功能團體或者大選舉團選出),直至議員的個別任期屆滿為止。
7.3 在九七年七月一日之後,有關大選舉團的人數、成份或資格等各方面的修訂,皆由特別行政區政府負責。
(1987 年 12 月 4 日)

※

⑦ 1987 年 12 月基本法起草委員會秘書處《香港特別行政區基本法(草案)》(匯編稿)

【P31-32】
第六十四條
第二款
說明:多數委員主張混合選舉,其中較多委員贊成條文中的第 1 種方案,有些委員贊同第 2 種方案,有的委員贊同第 3 種方案。提出第 1、3 兩種方案的委員主張,他們方案中立法機關成員的各種產生辦法是「一攬子」辦法,即是否有地域性直接選舉,須視其他兩種選舉方式是否一併被接受為條件。
此外,有些委員建議,香港特別行政區立法機關的成員全部由功能團體選舉產生。
有的委員提出,香港特別行政區立法機關的成員全部由地域性的、一人一票的普及選舉方式產生。

第三款
說明:有的委員提出,本條第二、三款的次序應相互調換,即將現在的第三款寫成第二款,並改寫為「香港特別行政區立法機關的具體產生辦法,可根據第一屆立法機關的產生辦法,並按照香港特別行政區的實際情況,循序漸進予以改變。此項變更須經香港特別行政區的全國人民代表大

會代表三分之二的多數通過，香港特別行政區立法機關成員三分之二多數通過，及香港特別行政區行政長官同意並

報全國人民代表大會常務委員會批准」。

第五稿

「第六十八條　香港特別行政區立法會議由混合選舉產生。

立法會議的選舉方式和比例由附件二《香港特別行政區立法會議的產生辦法》規定。

附件二規定的立法會議的選舉方式和比例可根據香港特別行政區的實際情況和循序漸進的原則予以變更。此項變更須經香港特別行政區立法會議全體成員三分之二多數通過，行政長官同意，並報全國人民代表大會常務委員會批准。」

〔1988 年 4 月基本法起草委員會秘書處《中華人民共和國香港特別行政區基本法（草案）草稿》〕

① 1987 年 12 月《中華人民共和國香港特別行政區基本法起草委員會第六次全體會議委員們對基本法第四、五、六、十章和條文草稿匯編的意見》

【P14-16】

19. 第六十四條

（1）有的委員建議，本條第一款應寫立法機關由包括功能團體、地域性選區、大選舉團、顧問團混合選舉產生。第二款規定混合選舉立法機關成員的百分比。第三款說明具體選舉方法由選舉法來規定。

（2）對於立法機關的產生辦法，有的委員堅持一人一票的普選。第三組多數委員主張混合選舉，但對混合的具體辦法，大家意見不一致。有的委員認為，由功能團體推選的委員不能佔太大的比例，有的委員則認為不能排斥功能團體選舉的辦法，對功能團體選出的議員的作用不能一概而論。

（3）第一組多數委員認為，本條第二款中立法機關產生辦法所列的第三個方案有利於保證立法機關與行政長官的相互協調配合，提高政府的工作效率，建議採用，但比例可作適當調整。建議本條第二款改為：「百分之五十的成員由顧問團推選入立法機關，其中不多於三分之一為主要官員，其餘為行政會議成員及社會上其他人士，顧問團成員不得參選；百分之二十五的成員由功能團體舉出；百分之二十五的成員由各地區一人一票直接選出。」

（4）第二組多數委員認為，第一與第三方案有較多的共同之處，可合併成一個方案，作為主流意見。

（5）有的委員建議，對顧問團、大選舉團的概念要表述清楚，以便徵詢香港人意見。有些委員認為顧問團、大選舉團的組成辦法不一定寫入基本法，可另由專門法律規定。但有的委員認為還是寫入基本法為好。

（6）第一組有些委員主張刪去第二款的說明，但有的委員認為，本條關於「一攬子」辦法的說明仍需要保留。

（7）有的委員建議，通過各種方式產生立法機關成員的比例不宜在基本法中規定，宜另立選舉法加以規定。選舉法可作為基本法的「配套」法律與基本法同時頒佈。有的委員則認為，在基本法中不規定比例是不行的，但條文表述可以靈活些，如採用「不多於」、「不少於」這樣的表述方式。另外，第三款已規定比例是可以修改的。

（8）有的委員提出，第三款應規定修改原則必須是更民主而不是倒退。

（9）有的委員提出，雖然香港全國人大代表的選舉法不應寫在基本法內，但由於已起草的基本法條文涉及基本

法修改的提案權的地方提到香港的全國人大代表，所以應討論香港的人大代表產生辦法，及早使香港人接觸這個問題，讓大家明白在「一國兩制」下，民主應建立在公民的政治權上，即是先要有公民普選產生的全國人大代表，以建立「一國」的民主基礎，然後才循序漸進地引進居民一人一票直選產生立法機關成員的選舉辦法，以促進香港特別行政區內行政管理的民主參與。另外，香港人大代表應列席立法機關會議，以便向中央反映意見。第三組建議，香港人大代表的產生辦法問題，請中央與香港特別行政區關係專題小組加以研究。

※

② 1988 年 4 月基本法起草委員會秘書處《中華人民共和國香港特別行政區基本法（草案）草稿》

【P53-56】

附件二：香港特別行政區立法會議的產生辦法

方案一：

1. 香港特別行政區立法機關由 80 人組成，比例如下：功能團體選出的成員佔 50%，按地區直接選出的成員佔 25%，選舉團選出的成員佔 25%。

2. 選舉團和提名委員會的組成與《香港特別行政區行政長官的產生辦法》方案一的規定相同，提名委員會的主席由行政長官擔任。

3. 在上述三種選舉方式中，每個選民只能參加其中的一種，並只能在一種選舉方式中作為候選人。

4. 立法機關成員任期四年，每兩年改選一半。功能團體每兩年選一半席位，地區直接選舉和選舉團選舉則輪流兩年選舉一次（地區直接選舉與行政長官的選舉同一年）。

5. 地區性直接選舉 —— 全港將劃分為十個選區，每區兩席，以得票最多的兩位當選。

6. 選舉細則由香港特別行政區政府以法律規定。

方案二：

1. 香港特別行政區立法機關組成安排如下：

不少於百分之五十經由普及而直接的選舉產生；不多於百分之二十五經由功能團體選舉產生；不多於百分之二十五經由區域組織（即區議會、市政局和區域市政局或類似的機構）選舉產生。

2. 立法機關的直接選舉必須為真正、定期的選舉。選舉權必須普及而平等，選舉應以無記名投票法進行，以保證選民意志的自由表現。

3. 立法機關的選舉細則由香港特別行政區的法律予以規定。

方案三：

1. 香港特別行政區立法機關成員共 60 人。

2. 30%（即 18 人）的成員由顧問團推選非顧問擔任，其中至少三分之一（即 6 人）為主要官員，其餘（約三分之二）為行政會議成員及社會上其他人士。（顧問團產生的

立法機關成員，必須有行政會議成員和主要官員，以貫通行政和立法機關的聯繫）。

3. 40%（即 24 人）由功能團體選出。

4. 30% 由各地區直接選出。直接選舉產生的立法機關成員人數，與顧問團產生的立法機關成員人數和產生時間須約略相同，以保持平衡。（如顧問團產生辦法不被採用，則不能有地區直選）。

5. 上述 3、4 兩項的詳細選舉辦法，由法律規定。

方案四：

1. 香港特別行政區立法機關的組成：

工商界 30%

專業人士 25%

基層組織 20%

地區性普選產生 25%

2. 組成的比例分為四大類，第一、第二、第三三個大類，再分為各個界別，每個界別的劃分及所產生的立法機關成員的人數，由香港特別行政區以法律規定。

三個大類的立法機關成員均依法從各法定團體中產生。

各團體根據名額的分配，自行決定採取下列方式選出立法機關成員：（一）各會員以一人一票的直接選舉選出；（二）團體會員以每一單位一票的間接選舉選出；（三）會員大會授權理事會以間接選舉選出。

3. 地區性普選的選區劃分、選民登記、投票程序、候選人提名方式等項，由香港特別行政區以法律規定。

說明：1. 提出第 1、3 兩種方案的委員主張，他們方案中立法機關成員的各種產生辦法是「一攬子」辦法，即是否有地域性直接選舉，須視其他兩種選舉方式是否一併被接受為條件。

2. 有些委員建議，香港特別行政區立法機關的成員全部由功能團體選舉產生。功能團體選舉的辦法與附件一方案三相同。

3. 有的委員提出，香港特別行政區立法機關的成員全部由地域性的、一人一票的直接選舉方式產生。立法機關的選舉必須為真正、定期之選舉，選舉權必須普及而平等，選舉應以無記名投票法進行，以保證選民意志的自由表現。

4. 有的委員提出，一人一票的普及選舉方法應和國籍問題一起考慮，並必須研究已經移居外國（不一定已取得外國籍）的原香港永久性居民的選舉權和被選舉權。

第六稿

「**第六十七條　香港特別行政區立法會議由混合選舉產生。**

立法會議產生的具體辦法由附件二《香港特別行政區立法會議的產生辦法》規定。

附件二規定的立法會議的產生辦法可根據香港特別行政區的實際情況和循序漸進的原則予以變更。此項變更須經香港特別行政區立法會議全體成員三分之二多數通過，行政長官同意，並報全國人民代表大會常務委員會批准。」

〔1988 年 4 月基本法起草委員會《中華人民共和國香港特別行政區基本法（草案）徵求意見稿》〕

① 1988 年 4 月基本法起草委員會《中華人民共和國香港特別行政區基本法（草案）徵求意見稿》

【P10】

簡介

27. 本章第三節規定立法會議行使香港特別行政區的立法權，立法會議成員的任期為四年，立法會議主席必須由年滿四十週歲，在香港通常連續居住滿二十年的香港中國公民擔任。根據《中英聯合聲明》的規定：香港特別行政區立法機關由選舉產生。由於有關立法會議成員產生辦法的方案眾多，在草擬過程中未有一致意見，徵求意見稿有關的附件《香港特別行政區立法會議的產生辦法》臚列了四種方案，待參考香港市民的意見和建議後，再作決定。

28. 方案一主張：立法會議成員中，功能團體選出的佔 50%，地域性直接選出的佔 25%，選舉團選出的佔 25%。這個方案是配合行政長官產生辦法的方案一而提出來的，其設計的特點是使立法會議有多元化及均衡的代表性。

29. 方案二主張：立法會議成員中，普及而直接選出的不少於 50%，功能團體選出的不多於 25%，區議會、市政局和區域市政局選出的不多於 25%。這個方案是配合行政長官產生辦法的方案二而提出來的，其設計的特點是維持立法會議照顧全港市民的利益，並加強立法會議和區議會的聯繫。

30. 方案三主張：立法會議成員中，顧問團推選非顧問佔 30%，其中三分之一為主要官員，功能團體選出的佔 40%，各地區直接選出的佔 30%。這個方案是配合行政長官產生辦法的方案四而提出來的，其設計的特點是保持行政機關主要成員與立法會議的聯繫。

31. 方案四主張：立法會議成員中，工商界選出的佔 30%，專業人士選出的佔 25%，基層組織選出的佔 20%，地區性普選的佔 25%。這個方案是配合行政長官產生辦法的方案五而提出來的，其設計的特點是，從功能團體及地區性普選的觀點看，前者佔 75%，後者佔 25%；從經濟利益的觀點看，中上層人士佔 55%，基層人士佔 45%；從直接選舉與間接選舉的觀點看，直接選舉佔 50%。

32. 有關立法會議成員產生辦法的四個方案的共同特點是同意立法會議成員應由混合選舉產生，同時今後循序漸進的保持發展，不同的地方則是用什麼途徑和由各種途徑產生的成員的比例。

【P48-49】

附件二：香港特別行政區立法會議的產生辦法

（編者按：內容同第五稿文件②）

第七稿

「**第六十七條　香港特別行政區立法會由選舉產生。**

立法會的產生辦法根據香港特別行政區的實際情況和循序漸進的原則而規定，最終達至全部議員由普選產生的目標。

立法會產生的具體具體辦法由附件二《香港特別行政區立法會的產生辦法》規定。」

〔1989 年 2 月《中華人民共和國香港特別行政區基本法（草案）》〕

【P23-29】

2. 選舉

2.1 有認為行政長官與立法會議成員的產生，必須先解決權力來源的問題。若用選舉團六百人互選二十人，然後在三名提名行政長官候選人中取一，這選舉團的來源成份，各團體所組成的比例，已有紛爭，故只有方案二是可接受的。立法會議的產生方案中，亦只有「不少於百分之五十經由普及而直接的選舉產生」方案可解決權力的來源，其餘三個方案，均會製造糾纏不清局面。

2.2 在選舉方面，必須留意如何建立一個民主制，與中英協議高度自治精神相符契，換句話說，就是給予市民廣泛地參與社會，並平等的政治權利，亦即一人一票普選制度的推行。

所有立法機關的產生方法都包含有直接選舉的因素，這是因為大家都同意直接選舉是最能體現民主權利的，只不過有些人擔心直接選舉可能引起政治對抗，可能使立法機關的階層分配不平衡等等，想用種種方法來限制市民的民主權利。功能組別選舉或者所謂「大選舉團」無非是不同的限制方法。以香港社會的教育水平、通訊條件和法治精神，香港人完全有能力在選舉中作出理性選擇，因此他們的民主權利不應當被剝奪。信心問題繫於中共能否接受民主直選的方案，「徵求意見稿」內包括了民主派人士所提的方案即一人一票產生行政長官，及一半立法機關席位由直選產生，假如中共只接受保守的方案例如「大選舉團產生行政長官」，難免令人失望及喪失信心。

2.3 行政長官與立法機關成員應通過直接選舉產生，否則便是有違民主政治。在此種情形下，香港又安能獲得高度自治，又安能實現港人治港。

2.4 內容過於重視大選舉團的方案，造成局限性偏重工商界，容易被部分人士控制選舉。

2.5 一個由中國委任的六百人選舉團將會為香港選出行政長官，這樣的基本法（草案）未能給予香港人民主制度。

2.6 香港未來的行政長官和立法會議並非由普選產生，有違「港人治港」的原則。

2.7 假若我們只按社會上的利益集團的觀念出發，則政治社會裡的單位並不是每一個政治權利相同的個人，而是不同的利益群，其利益可以按階級、種族、地緣、宗教、文化、職業或是其他社會經濟成份作為割切面（cleavage）。這樣，最高的權力機構要獲致有效的社會合法性，便必須在結構上包括各主要利益群的代表，容許在權力機構內進行利益協調與談判。否則，其任何決定都無法受到有關利益群的接納。依照這個設想，則功能代表的原則便得以成立。但是，就算是這樣，仍要解決如何去界定「功能」及其在權力機關內應佔的比重等非常具紛爭性的判斷問題。不被界定的利益群又必不會接受這制度的合法性。因此，從簡單可行和避免爭辯的角度來看，普及代表原則遠比功能代表原則為優勝。

還有一點，若我們希望設計一個帶來較大社會穩定性的制度，則以地域為基礎的選舉又會比以功能或其他特定社會割切面為基礎的選舉為佳，因為地域性選舉迫使地區內不同的利益群為了達至其目的，而在既定的跨利益選舉架構內達成某種程度的妥協，例如代表工人的政治團體總不能在選區內完全漠視非工人的利益。功能代表選舉不單沒有這個優點，反而會使現時已越來越嚴重的社會分割情況更加尖銳化，政治成為追求個別利益群體而非跨群體的共識，不利於穩定。究竟我們應按哪種「合法性」原則和哲學去組織特區的立法機關呢？這是我們討論基本法草稿中有關政制條文時，所應先解答的根本問題。

2.8 「選舉團」間接選舉議席，卻由於一九九一年開始實施的立法局局部直接選舉，也以地區性選舉而不是全港性選舉的方式進行，因而便與也是分區選舉的區議會選舉等發生重疊，既有分區直接選舉產生的立法局議員，便不應再有亦以分區作基礎的區議員等組成「選舉團」以間接選舉產生立法局議員。

2.9 從整個政治制度合理發展的客觀角度來探討，則亦應承認，在一九九一年立法局設立分區選舉產生的直接選舉議席的情況下，取消區議員等「選舉團」的立法局間接選舉議席，並非沒有道理的安排 —— 不妨設想，同是以地區作基礎，直接選舉的議員需要至少以千計的選民投票才能進入立法局，但「選舉團」間接選舉的議員只需要在以十計的議員間互選便可進入立法局，這顯然並不公平（雖然區議員等在區內也大都需要千百計的選民投票才可當選，但選民投票選區議員與選立法局議員的考慮標尺是應該大不相同的），此其一；地區上既有直接選舉的議員進入立法局，為什麼還需要以「選舉團」方式間接選舉議員進入立法局呢？此其二。

事實上，根據立法局由一九八五年開始的「選舉團」間接選舉經驗，弊病之多可能比功能團體的間接選舉還要顯著。功能團體選舉的主要問題是關於何謂「功能團體」的界定不容易清晰（因此才有新界地區性的「鄉議局」也要求成為「功能團體」的事件），但「選舉團」選舉的主要問題卻是「選民」人數太少「民主派」人士（包括不少「民主派」議員）所曾經指出的。

2.10 在立法局開放直接選舉議席而又仍保留間接選舉議席的情況下，雖然功能團體間接選舉與「選舉團」間接選舉均有明顯弊病，但由區議員等組成「選舉團」的意義，卻大體上可由分區進行的直接選舉所取代（均以地區作基礎），而以職業作基礎的功能團體選舉，則仍有着存在的特殊意義；除非完全取消間接選舉，否則，先取消「選舉團」的間接選舉而繼續保留功能團體的間接選舉，直至全面實行一人一票的直接選舉為止。

2.11 希望香港人有更多民主，有更大的發言權，但若全部一人一票選舉，未必是最民主的，因為這些選舉中，基層市民及社工較易取勝，而通過選舉團及混合選舉方式，令工商及專業界有代表選出，是有利於政制更具代表性。

3. 立法機關的產生

3.1 「一九零」方案列入基本法，則對基本法的信心較大，若是以大選舉團方式選出立法機關成員，則對此仍有保留。

3.2 方案一的直選席位比率最小，若行此方法，即是抹煞平民百姓選舉其立法機關代表的真實聲音。而且在第一種方式中，亦未提到直選席位隨時間而增加，這不符合一種普遍觀念，雖然香港社會現時在政治上尚未成熟，適合推行一人一票全民選舉，但這是可以隨着時間而培養的。

功能團體選舉的概念，可被用作臨時措施，但隨着社會的政治經驗漸豐，這種選舉方式最終應予廢除，因為功能團體在定義上是不公平的，僅得部分人可以投票，而大部份人卻不可以。

選舉團的觀念更糟，因為這將奪去人民選擇其代表的權利。而且方案內並未言明這個「選舉團」的成員是怎樣挑選的。

除非這個選舉團成員是根據普選形式，經由公開選舉產生，否則此一組織絕難被視為符合聯合聲明中承諾立法機關成員將經由「選舉」產生的原則。這種形式的「選舉」，很可能變成另一種形式的委任。

任何抹煞了絕大多數人民的選舉權利的方式，均不能被視為真正的選舉，僅是一種變相的委任制度。方案三更滿是陷阱，「顧問團」是怎樣組織的，並未言明，表面看來，這個「顧問團」負責推選政府行政機關的「主要官員」進入立法機關。

任何讓特定人員「自動當選」的制度，皆不能稱為是一種

選舉制度，這實在只是一種委任制度而已，所謂「選舉」僅是一種形式。這是違反聯合聲明的。

在此方案中，經由直接選舉產生的議員佔百分之三十，較方案一略多，但由於其餘議員的選舉方式不當，故此方案難以接受。而且方案三就像方案一，未提及隨着人民政治意識和經驗加強，代議政制將來應進一步發展。

方案二提供一種包括直接選舉、功能團體選舉和區域組織選舉的混合方式，其中並無「選舉團」和「顧問團」，可算稍好一點。

方案二最好的地方，是最少有百分之五十議員經由直接選舉產生，「最少」這個字眼很重要，因為在三個方案中，這是直選議員可望逐漸增加的唯一方案，亦是唯一未對代議政制發展加以限制的方案。

既然香港和中國的最終目標是代議政制，方案二是三者中勉強可以接受的。

聯合聲明在附件一說：「行政機關必須遵守法律，對立法機關負責。」

假如行政機關有權選擇「選舉團」或「顧問團」成員，那麼行政機關便可能充份控制或最低限度影響頗大比率的議員，這不啻蔑視聯合聲明所說的「行政機關必須遵守法律，對立法機關負責」。

3.3 立法機關成員的產生，不少於百分之五十經由普及而直接選舉產生，因這已是民主的最低要求，否則便可能導致部份人士掌握議會。

3.4 假使我們認同「政治上人人平等」的觀念，則唯有透過普及代表的原則去產生立法機關，不然，它就不可能聲稱代表社會整體去行使最高權力了。因此，基於公平選擇權的直選是必須的。

※

② 1988 年 6 月 6 日《政制專責小組 1 與草委交流會會議紀要》

3. 諮委對有關立法機關條文的意見
3.1 第六十七條：有委員提到「混合選舉產生」的規定與《中英聯合聲明》不符，建議刪去「混合」一詞。

※

③ 1988 年 6 月 6 日《政制專責小組（二）與內地草委交流會會議紀要》

4. 立法機關
4.1 產生方法：
有委員提議把「混合」二字刪去，因為民主發展能至完全由普選選出立法會議成員。

※

④ 1988 年 6 月 6 日《政制專責小組（三）與草委交流會會議紀要》

4. 立法機關
4.1 選舉方法
有委員建議只寫「選舉」便足夠，不必寫明是「混合選舉」，因選舉形式可由附件另定之。（第六十七條）

※

⑤ 1988 年 8 月基本法起草委員會秘書處《香港各

界人士對〈香港特別行政區基本法（草案）徵求意見稿〉的意見匯集（一）》

【P28】
第六十七條
1. 建議改寫如下：
「立法機關的議席應主要由直接選舉及功能組別選舉產生，兩者各不少於全部議席的三分之一。另外，區議會、市政局及區域市政局可選舉不超過五分之一的議席。」

2. 立法機關成員必須由中國公民擔任。但考慮到實際情況，可在 10 年或 20 年內有雙重國籍人士。

3. 立法會議如果是諮詢性機構，由外籍人士出任議員沒問題；如果是決策性機構，就應全部由中國公民出任。

4.「循序漸進」的變更程序由立法機關三分之二多數通過即可，不須行政長官同意。

5. 立法會議產生辦法及其變更方式可寫成：「香港特別行政區立法機關組成安排如下：不少於百分之五十經由普及而直接的選舉產生，不多於百分之二十五經功能團體選舉產生，不多於百分之二十五經由區域組織（即區議會、市政局和區域市政局或相類似的機構）選舉產生。」

【P58-60】
關於附件二：立法會議的產生辦法
1. 贊成「方案一」。
2. 贊成「方案二」。
3. 功能團體佔 50%，直接選舉佔 50%。
4.「方案四」比較恰當。
5. 建議 100% 普選產生。
6. 第一屆立法機關稱為「臨時立法機關」。
7. 人大代表、政協委員中選出部份議員。
8.（1）立法機關由議員 72 名組成，其中 48 名通過職業分組選舉產生，三大類職業組別各佔 16 席（參看附錄）；另 24 名通過地區選舉產生，各地區佔 2 至 3 席。
（2）立法機關第一屆議員，由職業分組選舉者任期為兩年，由地區選舉者任期為四年，第二屆開始四年一任，連選得連任。

附錄：立法機關議席分配辦法
第一大類職業組別共佔　16
其中
商界 6
工業界 4
銀行界 2
其他僱主 4
第二大類職業組別共佔 16
其中
醫學界（註冊醫生）1
其他護理人員　1
教學界 2
法律界 1
社會服務界 2
工程、建築、測量及城市設計師 1
會計、核數師 1
資訊、傳媒專業人士 1
行政人員 2
其他專業人士 4
第三大類職業組別共佔 16
其中
文員 2

銷售人員 2
服務業工作人員 2
農、林、牧、漁人士 2
製造、建築、運輸工作人員 6
學生、退休人士、料理家務者及其他非從事經濟活動人士 2
地區選舉產生 24
總數 72

※

⑥ 1988 年 8 月 19 日基本法諮詢委員會秘書處參考資料（八）蕭蔚雲《設計香港未來政治體制的構思》

【P9】
四、行政機關的地位、組成和職權、立法機關的地位、產生和職權
……無論基本法起草委員會或諮詢委員會委員，多數都主張由直接選舉和間接選舉相結合的混合選舉方式產生立法機關，基本法（草案）徵求意見稿第六十七條第一款已規定了這一點。但是對於立法機關產生的具體辦法在香港各界長期以來存在着分歧，基本法諮詢委員會政制專責小組在它的關於立法機關的最後報告中歸納香港各界人士關於立法機關的產生和比例共有二十一種建議，根據基本法起草委員會政治體制專題小組中一些委員提出的方案並由基本法起草委員會今年四月決定公佈的有四種：（一）香港特別行政區立法機關由八十人組成，由功能團體選出 50%，按地區直接選出 25%，選舉團選出 25%；（二）立法機關由不少於 50% 普及而直接的選舉、不多於 25% 的功能團體選舉、不多於 25% 的區域組織選舉產生；（三）立法機關成員共六十人，30% 由顧問團推選非顧問、40% 由功能團體選舉、30% 由各地區直接選舉；（四）立法機關由工商界佔 30%，專業人士佔 25%，基層組織佔 20% 和地區性普選佔 25% 產生，選舉辦法由法律規定。以上四種辦法顯然存在着較大的分歧，主要的分歧在於直接選舉和間接選舉的比例的大小，選舉團或顧問團或立法機關是否參加選舉。因此，如何解決這些分歧，需要進行研究和討論，採取慎重的態度。現在基本法起草委員會把這四種辦法公佈出來，廣泛徵詢意見，通過協商再作決定，找出一種能為多數人接受的可行的辦法，是比較適宜的。為了有助於解決這些分歧，政治體制專題小組提出在立法機關產生的條文中增加一款：「附件二規定的立法會議的產生辦法可根據香港特別行政區的實際情況和循序漸進的原則予以變更。此項變更須經香港特別行政區立法會議全體成員三分之二多數通過，行政長官同意，並報全國人民代表大會常務委員會批准」（在行政長官的產生辦法中也增加了與此相同內容的一款）。

※

⑦ 1988 年 9 月基本法起草委員會秘書處《內地各界人士對〈香港特別行政區基本法（草案）徵求意見稿〉的意見匯集》

【P15】
第六十七條
立法會議成員不能有外籍人士。在香港也不宜承認雙重國籍，這是原則問題。

※

⑧ 1988 年 9 月 6 日《草委與政制組諮委交流會會議紀要》

【P3】
2.有關條文討論
2.1 有委員建議將第四十五及六十七條更具體寫成政策性條文，放在附件作為參考。

※

⑨ 1988 年 9 月 12 日基本法諮詢委員會秘書處討論文件（三）《跟進問題（2）（第三、四、五、六章）》

第四章　政治體制
發展的問題
Ⅰ）政制發展的「循序漸進」的標準為何？
Ⅱ）「循序漸進」的起點是什麼？
Ⅲ）「循序漸進」的最後目標是什麼？
Ⅳ）「循序漸進」的進度，應考慮什麼因素？
Ⅴ）有什麼機制，可以作為「循序漸進」過程中觸發下一步發展的引發點？

※

⑩《基本法諮詢委員會政制專責小組對基本法（草案）徵求意見稿第四章的意見匯編》，載於 1988 年 10 月基本法諮詢委員會《中華人民共和國香港特別行政區基本法（草案）徵求意見稿諮詢報告（1）》

【P102-104】
2.有關專題討論
2.3 立法機關
2.3.1 產生方法
2.3.1.1 有委員提議刪去「混合」二字，因為民主發展可達至完全由普選選出立法會議成員。
2.3.1.2 有委員建議只寫「選舉」便足夠，不必寫明是「混合選舉」，因選舉形式可由附件另定。
2.3.1.3 有委員不贊成「選舉團」選舉，因選舉團成員仍需透過選舉產生，倒不如直接選出立法機關成員。
2.3.1.4 有委員認為，「混合選舉」的方式較符合香港的現行情況。
2.3.1.5 有委員認為，「地域選舉」應佔大比例，「功能團體」選舉能平衡各階層利益。
2.3.1.6 有委員認為，「功能組別」選舉方式可取，但個別人士批評這方法不民主，限制了參與的人數。
2.3.1.7 有委員認為，作為一折衷方法，建議立法機關由以下成份組成：
50% → 功能組別選舉
50% → 地域直接選舉
2.3.1.8 有委員認為半數「功能組別」選舉及半數「地域直接」選舉的方法已對各方讓步：
（1）「一九零方案」容許功能組別選舉擴大至 50%；
（2）「工商專業界諮委方案」容許普及直接選舉擴大至 50%；
（3）減少政黨出現的機會。
2.4 選舉方式
2.4.1 顧問團提名方式
2.4.1.1 有委員反對任何顧問團方式，因其原意與民主開放相反。
2.4.1.2 有委員反對由一些已退休及與實際政治社會脫節的人士影響香港政治。
2.4.2 職業分組選舉
2.4.2.1 有委員認為，以「職業分組」來組成選舉團及立法會議的原意雖好，但困難不少：
（1）實踐困難；
（2）打破地域選舉的自然均衡作用；

（3）行政上存在困難；

（4）分組困難。

2.4.2.2 有委員贊成「職業分組」的精神，但技術上難以實行。

2.4.2.3 有委員認為「先定界別、後定民主」的概念可接受，但實際上可否執行便應仔細研究。

2.4.3 地區議會選舉

2.4.3.1 有委員認為，地區議會選舉應朝向普及直選的方向。

【P109】

3. 有關條文討論

3.19 第六十七條

（編者按：內容同第七稿文件②）

※

⑪《香港特別行政區政治體制的一些整體問題》，載於 1988 年 10 月基本法諮詢委員會《中華人民共和國香港特別行政區基本法（草案）徵求意見稿諮詢報告（3）——專題報告》

【P10】

I 設計政治體制的原則

4. 符合民主的原則

4.5 民主應在選舉上體現

4.5.1 有意見認為，判斷民主的標準就是人民是否有平等的選舉權利。在普選制度下，「政治上人人平等」的原則基本上受到保證，但假如間接選舉的方式也能循著平等權利、公平參與的原則去設計，也是可以接受的。

4.5.2 有意見認為，民主精神必須體現在普及平等的參與上。有局限性的參與不能稱為真正的民主。一人一票式的普選，是舉世公認體現民主的最佳方式。

4.5.3 有意見認為，在考慮香港特別行政區的政制時，不應採用一些會導致香港被一班有名譽和地位的少數人操縱選舉的方案。

【P29-39】

III 選舉制度

3. 普及直接選舉

3.1 作用

3.1.2 選舉立法機關成員

由普及直選選出的立法會議成員所佔立法機關席位的比率，歸納各方面意見，由百分之二十五到百分之百不等。

3.2 條件

3.2.1 認為香港未有條件發展全民普及直選的意見

（1）香港人公民意識不足、不團結、不齊心、自私自利，故易受野心政客利用。

（2）從過去的投票率可見一般市民對政治冷感：香港在一九八五年及一九八八年有兩次直選，一九八五年大約有七分一合資格選民投票，一九八八年則只有八分之一。

（3）普選要做得好，先要有政黨支持。有政黨未必一定是壞事，外國早有先例，但問題在於香港從未有過政黨。如香港要有健全的政黨，則必須要長時間發展，應慢慢發展一套適合自己的選舉制度，不能抄襲某一外來政體，否則對抗性的政黨政治便會出現。

（4）要保持現有資本主義制度不變及安定繁榮，便要盡量少變，即使變也不可過速。

（5）百分之百直接選舉是最理想的民主政制，但事實上並不是每一個採取一人一票選舉的國家都是成功的。而且，實行直接選舉亦要具備條件。最先決的條件是高投票率，但本港市民的公民意識不足，對政治冷淡，選舉易被少數人壟斷。低比率選出的行政長官和立法會議成員，不

僅代表性成疑問，也沒有威信可言。

（6）由於香港人的民主實踐經驗少，若在政治文化尚未成熟時便推行直選，可能會引起一些動盪或導致一些譁眾取寵的政客當權。

3.2.2 認為香港已有條件發展全民普及直選的意見

（1）經濟條件成熟：香港是一個國際金融和貿易中心，經濟發達和富裕，人民每年平均產值可媲美很多先進國家，有足夠的條件參與社會及政治事務。香港現階段的經濟基本上可以說是開始進入成熟的資本主義發展階段。香港本地的資本結構日漸國際化。在本地崛起的資本家的投資對象和活動範圍，亦不斷擴大並進入國際市場。香港經濟活動的形式是自由、開放和多元化的市場競爭。私人經濟活動在一般和正常的情況下，不受政府的干預。政府須提供有利和穩定的條件，以維繫經濟的長期發展。

（2）社會結構改變：隨着經濟的發展，香港社會的中產階級逐漸發展和龐大起來。這些中產階級除了經濟條件穩定外，一般都是有知識、有能力的專業人士。他們從事多種高度分工的專業、學術和服務行業，他們是現代資本主義的重要支柱和構成生產力重要的一環，並且為政治管理階層提供了一個龐大的人力資源。社會結構的改變，需要政治架構有相應的改變來配合。

（3）具備現代化社會的條件：香港擁有一個完善和現代化的運輸系統，對內對外的貨運、客運服務都極為方便，而港人出外旅遊和公幹亦十分頻密。香港的傳播事業和通訊系統亦十分先進和發達，現時平均每個家庭都有一部電視機以上。由於香港享有相當的新聞和出版的自由，加上香港有良好的國際資訊聯繫，港人不但熟知本地新聞，對世界各地的大事亦有相當的認識。經過七十年代的經濟起飛，香港原本的郊區，亦已發展了多個新市鎮，使新界也都市化起來。都市人口的集中加快了香港的經濟和其他發展。香港的醫療、教育、社會福利、房屋等的公共政策和建設，雖然在很多方面仍待改善，但基本上亦符合現代社會的標準。由於有以上所述的各項基本建設的配合，香港市民一般而言對世界各地的生活和社會狀況有相當的瞭解。他們自然亦會要求香港的各種制度能與世界各先進地區媲美，也有足夠的知識去作出判斷和選擇。

（4）社會文化條件：香港是一個自由開放的地方。長期以來，香港既保留了東方傳統文化的特點，亦受西方文化影響和感染，使香港發展成一個在文化上多元化的國際都市。香港雖然有多種宗教、種族，但種族、語言、宗教從未引起嚴重的衝突，並沒有構成一個社會問題。香港人的傳統道德是靠自己的辛勤努力去照顧家庭子女以至創業興家，甚少認為政府要負起照顧和養活他們的責任。所以從文化傳統上，香港人大都不會要求政府大搞「免費午餐」式的福利。此外，由於教育的普及、社會的穩定以及經濟的發達，帶來了機會和競爭，從而產生一定程度的社會流動，使不少基層人士上升至中層甚至上層階級。這亦幫助緩和及減低階級和上下層之間的矛盾對立，有利於穩定，所以有條件在這個基礎上發展民主政治。

（5）政治環境的改變：香港人雖然在五、六十年代對政治表現得十分冷漠，但從七十年代開始，形勢顯然起了變化。由於社會已趨向穩定，人民生活亦大有改善，年青一代普遍受過中等教育；加上七十年代初的學生運動逐漸發展和延續，到了八十年代出現一批對社會有理想的人士。隨着八十年代初開始政制的演進，香港整體市民的政治意識和水平逐漸提高。透過選舉的參與，市民自然會對民主提出更多的要求。區議會和市政局的權力雖然有限，但選舉的投票率亦與世界其他先進國家的地方選舉相若。相信如果立法局實行直接選舉，市民的投票率一定會比上述的高。隨着政制的逐步發展（如一九九一年開始立法局的直選）、民主化運動的蓬勃成長，香港市民對參政的要求會不斷增加，他們的民主意識和水平亦會透過參與而大大提升。香港的政治組織相信也會隨着上述的發展而日益成熟

和健全，使民主的發展更為理智、穩定和有秩序。

（6）中國因素的刺激：《中英聯合聲明》的民主精神和中國領導人對民主的承諾，促進了香港市民對政治民主化的期望和要求。香港市民瞭解到，香港得以繼續實行高度自治和一國兩制的必須條件，就是要維持繁榮與穩定。不同階層、思想和利益背景的人士便要盡力維繫一定最低程度的共識和合作，用和平、民主和有秩序的方式去推行和維繫這個有別於社會主義的制度。這也是一個對發展民主的有利因素。

（7）綜上所述，香港已具備建立一個民主制度的條件。參考外國的發展經驗，當一個社會的政治經濟條件到了一定的水平時，人民要求民主參政是勢所必然的，是勢不可擋的。唯有一個以普及參與為基礎的民主政治制度，才能順應市民的要求和加強他們的信心，只有這樣才能配合得上現代資本主義制度和社會的需要和發展。所以，要維持香港長期的繁榮和安定，實現民主化是必須的。

3.3 時間性

3.3.1 有意見認為，目前香港還未有足夠條件發展一人一票全民普選，因此暫不宜過急推行直選，而應循序漸進，逐步發展，不能操之過急，要按現實環境發展。

3.3.2 有意見認為，香港已有條件發展一人一票全民普選，加上一九九一年立法局已有部份直選議席，因此可以每屆多加一些直選議席，以便在一九九七年特別行政區的立法會議可以有起碼百分之五十的議席由直選產生。

3.4 贊成採用普及直選的意見

3.4.1 有意見認為，只有普及直選才是最民主的選舉，因為：
（1）真正的民主應包括自由及直接的選舉及參與。
（2）有局限性的參與不能稱為真正的民主。
（3）這是市民的基本人權，亦是市民作為社會一份子的公民權利。

3.4.2 有意見認為，普及直選可反映市民的取向。沒有一種制度可以確保獲選者一定完美，但正由於有爭論，所以應交由大眾去選擇，這樣人民才可透過真正的選舉，發揮真正的監察作用。因為倘若候選人做得不好，他將不獲再選。真正的普及直選，應可體現社會各階層的意志和利益。

3.4.3 有意見認為，普及直選能給予公民公平的政治參與和選擇的機會，從而使產生的人選及機構更具權威性及認受性，增加市民對政府的認同感及歸屬感，更積極參與協助政府改善決策與施政質素，使特別行政區政府更能解決各類內外問題，安定繁榮更便有保障。中央政府亦可望得到市民更廣泛而衷心的支持，共同應付不利中央政府利益、不利香港利益的情況。針對目前香港人對中國在政治上缺乏信心這一點，直選可給予市民安全感及信心，可解決人才外流的問題。

3.4.4 有意見認為，普及直選可體現市民平等的政治參與權，符合社會廣泛參與的原則。要香港前進，就不能讓少數人來決定大多數人的命運，參選的候選人均不得作自我吹噓、宣傳和拉票，只能由選舉機關作平等式公開宣傳和推薦，才可避免集團式縱操選舉。這樣可避免少數人形成利益集團，壟斷權力，以阻礙其他階層人士向上流動，以致社會形成對立，造成惡性的對抗性政治。政治上的保護主義必然會引起經濟上的保護主義，因為部份人取得政治權力後，必然把這種權力引申到經濟領域上，造成不公平競爭，這將不利於香港長遠的發展。

3.4.5 有意見認為，普及直選可選出真正有經驗、有能力的專才及各界精英。無論在民主、體現市民意志、對市民利益、獲選者及機構的認受性、公平競爭、選任賢能等各方面，地域性普及直選都較其他選舉為佳，尤其以功能或其他特定社會割切面為基礎的選舉為佳，可帶來較大社會穩定程度。因為地域性選舉能使地區內不同的利益群為了達到目的，而在既定的跨利益選舉架構內造成妥協，但功能選舉反而更會使現時已越趨嚴重的社會分割情況更加尖銳。其他形式的選舉易受北京影響，使香港人失去安全

感。有的選舉甚至是變相委任，會令權力過分集中，封閉、腐化的機會亦隨之而大增。

3.5 反對採用普及直選的意見

3.5.1 有意見認為，普及直選不等於民主。民主的意義在於尋求共識，但不排斥少數人的意見。所以代表香港的民主政制發展的立法會議應以擴大代表性為主，令各階層、各地區的代表能開懷議政，反映意見及監察政府工作，並較容易地發起所屬團體、組織、地區的選民，共同參與政事。

3.5.2 有意見認為，一人一票的選舉不是最民主的方法。理論上代議民主的可行性是建基於選民與代表的關係上。但直選的經驗是選民只有投票的義務，卻沒有或者不能實際擁有監察代表的權利。代表獲選後，向選民交代是可有可無的，民主參與的意義實際上消失了，這從區議員向選民欠缺交代可見一斑。在政治文化尚未成熟時推行直選，不但選出來的人選及機構沒有代表性及權威，更會引致投票過程為一小撮人壟斷。從過往區議會投票率之低，可見直選未必可以選出真正代表民意的人。將來的行政長官若由附件一方案二的方法選出，投票率估計只會有15%，而投票人又有選擇，選出的行政長官就不會有多大代表性。

3.5.3 有意見認為，普及直選會引起不理性的拉票活動。因為直接選舉難免導致政黨政治。政黨都有它的理想，一個高投票率選出的政黨，為着以「政績」來取悅它的選民，會不惜在沒有足夠客觀條件支持下作急激的變革，成功當然沒問題，一旦失敗，沉默的大多數便成了犧牲者。此外，為了爭取選票，各政黨會作出福利的承諾，影響社會經濟的發展。只憑宣傳鼓動來爭取選票，不免有隨聲附和的人，以致未必選出真材實料之人才。直選也容易出現競選者受人操縱的情形。香港現時這未確立起民主的觀念，估計此混亂情況更易出現。

3.5.4 有意見認為，普及直選不利整個社會的經濟發展，例如為爭取選票而大派福利的承諾，以致影響社會經濟，削弱及影響投資者的投資能力，這會使力求發展繁榮的工商界不滿。工商界的利益與整體社會的利益是息息相關的，若他們撤走資金，對整個社會是沒有好處的，而香港的繁榮是有賴政治的穩定，投資者都喜歡一個可預測的政治、經濟環境，急速改變的政治環境會導致不明朗的情況，使投資者失去信心。工商界為求保障自己也只好將資金外移，留下的人便要承受結果。因此民主的發展必須保證工商界的參與，日後政府的決策和立法，亦必須顧及和合理地反映工商界的意願，促使他們能安心投資。反之，任何排除或壓抑工商界發言權的制度應視為不利於香港整體利益，而一人一票普選辦法會打擊他們的發言權和參與權。

4. 選舉團選舉

4.2 對保留選舉團選舉制度的意見

4.2.1 有意見認為，這選舉方式已沿用多年，市民對這選舉方式已有一定經驗，這對選舉的質量有一定保障。

4.2.2 有意見認為，應保留選舉團，但需作如下修改：選舉團隨着未來立法機關成員的增多而發展為每個區議會、市政局和區域市政局均可選一個代表進入立法機關。

4.2.3 有意見認為，不應保留選舉團，因為由區議會或兩個市政局分別組成的選舉團，已出現政治小圈子的毛病。選民投票時沒意識到是由他們代表選出立法機關成員。由於這是封閉的選舉，市民難以監察他們基於什麼原則投票，而他們也沒有明確向選民交代的責任。香港已宣佈從一九九一年起不採用此方式選出立法機關成員，若一九九七年再度引入此選舉形式，將會令立法會議的選舉更為混亂。基於政制發展的連貫性，此選舉方式在一九九七年後不宜再用。分區進行的直接選舉，與「選舉團」間接選舉，在以地區作基礎的意義上是重複的。分區普及直選產生的議員更符合反映基層民意的功能及向市民

負責的原則。

5. 功能界別選舉
5.1 作用
5.1.2 選舉立法機關成員：由功能界別選舉產生立法機關成員所佔立法機關席位的比率，歸納各方面的意見，由四分之一至三分之二不等。
5.2 技術問題
5.2.1 有意見認為，目前仍未解決以什麼準則來界定哪些團體可以進入功能組別的選舉，容易出現模稜兩可、顧此失彼的情況，但如果釐定準則，又恐怕會引起社會矛盾。
5.2.2 有意見建議用「職業組別」劃分全港合資格選民，使全港市民都可通過其被劃分的職業組別去參選或投票，這樣便可解決只有部份功能界別才可參選的問題。
5.2.3 有意見認為，只根據一些隨意的標準來界定，沒有統一的劃分方法，很難產生一套為社會大眾都能接受的客觀標準，人治色彩甚濃，最後只會造成社會矛盾。
5.2.4 關於界別席位分配，有意見認為應對工商界、專業人士及勞工基層的席位分配平均一些，否則會影響選出的代表失卻代表性及權威性。但是每一個界別之下，團體數目如不與席位數目相等，會引致不必要的紛爭。
5.2.5 界別內合資格人士的界定
5.2.5.1 工業界
有意見認為，關於工業界或商業界功能團體的概念，一向都忽略其全面代表性的問題。目前香港的代議政制，只以少數工商界團體為代表，其他的工商界團體被拒於功能組別之外，其成員甚至連登記為選民的資格也無機會，對於這種界定標準，認為有失公平。故應成立「工業協會」，專門負責工業界社團參政事宜。所有工業界社團均須在工業協會登記。
5.2.5.2 商業界
有意見認為，工商團體應以已獲註冊的工業及商業團體為界定範圍，不論範圍大小，凡一向從事社會服務，均應有資格登記為所屬界別的功能組別。而其團體成員，亦應擁有選舉權和被選舉權。故建議組成「商業協會」由商業協會專責本業各社團參政事宜。所有商業社團均須在商業協會登記。
5.2.5.3 勞工界
建議勞工界組成「勞工公會」，專門負責勞工參政事宜。所有勞工工會，均應向「勞工工會」登記，均有權參加勞工參政選舉。
5.2.5.4 教育界
為使教育團體參政普及化，應組成「教育公會」，專責教育團體參政事宜。所有教育社團，應向「教育公會」登記。
5.2.5.5 文化界
建議文化界組成「文化協會」，讓所有文化社團向「文化協會」登記。由文協負責辦理全體參政事宜。
5.2.5.6 農業界
建議將鄉議局改組為「農耕、農場、農牧、漁民、園藝生產者協會」，由農協負責農業社團參政事宜，所有有關農業團體應向農協登記。
5.2.5.7 社會專業界
為提高專業界參政地位，成立「專業團體參政聯合會」，會員包括銀行公會、大律師公會等。由聯合會負責參政事宜，選舉時實行統一普及選舉一人一票制，在一九九七年後仍保持每一專業社團一位議席。
5.2.6 界別內的選舉方法
5.2.6.1 目前的功能界別選舉，有以會員個人為單位，以一人一票直接選出其界別代表的。亦有以組織的成員為單位，用一單位一票，選出代表。有個別單位在投票前，由單位內的成員以投票方法，決定自己的單位的一票，應投給哪一位候選人；亦有些單位，是由決策機關決定的，方法不一。

5.2.6.2 徵求意見稿附件二方案四有這樣的建議：「各團體根據名額的分配，自行決定採取下列方式選出立法機關成員：一、各會員以一人一票的直接選舉選出；二、團體會員以每一單位一票的間接選舉選出；三、會員大會授權理事會以間接選舉選出。」有意見認為，各團體產生代表的方法如沒有劃一的規定，而容許一些團體的成員濫用權力，定出有利少數人壟斷的規則，是不公平的。
5.3 對保留功能界別選舉的意見
5.3.1 有意見認為，功能界別選舉使各界別的利益得以體現。在立法會議內，各界別代表可利用他們的專業對有關事務提出意見，保證各界別的代表有均衡的參與。
5.3.2 有意見對功能界別選舉採有保留地贊成的態度，只接受立法機關設小比率的功能代表議席，作為對中上階層的特殊照顧。因為功能選舉是基於特權的選舉制度，是不符民主原則的，但由於香港的特殊歷史環境，在由殖民地政制過渡至民主政制期間，這種選舉是可以接納的。但這種選舉不可用來選行政長官和超過四分之一的立法機關成員，且必須規定在一九九七年後要逐漸改由直選取代。
5.3.3 有意見認為，可改為「職業組別」的選舉。其選舉方法以個人為單位，人人有份。
5.3.4 有意見反對保留功能界別選舉，因為這種選舉方式使相當大比率的人不可以參選；選舉的制度由團體支配，參加的人必須先組成團體，而各社團和組織可按內部的規定，選出代表，即沒有嚴格、明確的民主程序。若團體的內部並非以公平、開放的程序產生代表，便難保證代表向其所屬界別的全體成員負責。有的界別的投票權只屬團體會員，妨礙了一般成員參與，破壞了選舉的公平原則。
5.3.5 有意見認為，功能界別選舉產生的代表往往只側重其界別之利益，各自為政，只為討好有限的選票而棄整體利益於不顧。
5.3.6 有意見反對以功能組別作為政治選舉的基礎，因為功能組別的概念把政治選舉權與經濟及社會地位掛鈎，在制度上鞏固了有組織能力、資源豐富的中上階層及專業人士團體的利益，將社會上資源分佈不平等的現象，制度化地帶進政治範疇。經濟地位較低及缺乏組織的市民便喪失了選舉政治代表的權利。由於大部份婦女均是不受薪的家庭主婦，這種選舉對於婦女界影響更大。

6. 大選舉團選舉
6.1 作用
6.1.2 贊成大選舉團的意見認為應由大選舉團選出部份立法機關成員。
6.2 組成問題
6.2.1 大選舉團的組成問題，與功能團體組成的技術問題基本相同，請參考第 5.2 點「技術問題」。
6.2.2 有意見認為，大選舉團的選舉方法並不清晰，令人難以信服，難以產生信心。
6.2.3 有意見認為，把界定成員團體的問題留給日後的政府解決，是不負責任的表現。
6.2.4 有意見認為，目前的大選舉團建議只是一個政治理念，很多重要因素還未知道，要在這情況下作出抉擇，並不恰當。
6.3 贊成採用大選舉團的意見
6.3.1 有意見認為，大選舉團選舉切合香港的特殊環境。因為這種選舉形式可適應香港現時未有健全政黨的情況；大選舉團在組織上具備廣泛的代表性，一定程度能行使民主選舉的作用。在此選舉方式下，大選舉團的成員能夠避免感性的政治氣氛，在理性的環境中選出適當的行政長官。
6.3.2 有意見認為，透過大選舉團選舉可選到真正有能力的人，且可保證社會的精英份子控制大局。因為大選舉團的成員對社會、政府運作都有較深的瞭解，選錯的危險性相應減低。大選舉團選舉顧及中國人的傳統，因為很多有

才能的人不會在其他選舉中自行出來競選，而大選舉團則可邀請他們出來為公眾服務。所以大選舉團比功能團體更民主、更具靈活性。功能團體只能選出界別代表，而大選舉團則令這些「建制」以外的人有機會出線。

6.3.3 有意見認為，大選舉團的制度可避免黨派可能帶來的對抗性政治，尤其是未成熟的政黨政制可能導致的不利局面。香港的政制應循序漸進地發展，急劇的轉變會對香港的繁榮安定造成不良影響。

6.3.5 有意見認為，社會及工商界領袖都以其穩健及實務的處事作風見稱，若選出的政治領袖得到他們廣泛的支持，社會很可能會達至一些共識，因而產生安定，而這種安定對初期高度自治社會的繁榮很重要。工商界的利益與整體社會的利益是息息相關的，若他們撤走資金，對整個社會是沒有好處的，而香港的繁榮是有賴政治的穩定，投資者喜歡一個可預測的政治及經濟環境的。急速的政制改革會導致不明朗的情況，及使投資者失去信心。倘若工商界遷移資產，只會影響到留下來的人。因此保障工商業界的權益，也是對社會整體有利的。此選舉方法可保障工商業界有一定的參政權利，使他們更有信心。

6.4 反對採用大選舉團選舉的意見

6.4.1 有意見認為，大選舉團成員的產生方法曖昧，提名委員會的公正性和權威性亦易被懷疑，使人失去信心。大選舉團並非一人一票普選產生，其組合不能反映社會結構的特徵，缺乏代表性，亦不民主，變相剝奪市民的選舉與被選舉權。因此，大選舉團實際上是一種私相授受的做法，是變相的委任，製造特權政治、「變相貴族政治」，有違《中英聯合聲明》民主、高度自治及港人治港的原則，也違反中國憲法規定人民主權的原則。違反國家主權的原則，就有「反革命」之嫌。

6.4.2 有意見認為，大選舉團的選舉結果易受操縱。而大選舉團本身也容易受到中共的過濾與審查，成為體現及反映中共意志的「政協」，或成為中共間接限制香港自主權的「第三類組織」，並以此冷卻及淡化港人人民選舉與自主權利的要求。

6.4.3 有意見認為，大選舉團容易為小撮人壟斷，只保障小撮人利益，形成「小圈子」政治。大部份低下階層的市民的基本權利便受剝削，這是極不公平的。因為工商專業界人士只佔人口的少數，卻佔席位大多數比率。而香港有二百六十萬勞工，但卻佔小比率的席位。大選舉團員有六百人，但只要控制半數，便可直接操縱整個大選舉團，間接控制了行政長官及立法機關四分之一成員的產生。提名團只有二十人，只要控制到十一票，便可控制提名。

6.4.4 有意見認為，大選舉團由很多利益集團組成，由他們選出行政長官，對行政長官施政方針的制定有直接的影響。行政長官委任主要官員時，亦會選擇由這些集團的成員出任，財團的影響力便會影響政策的獨立性和公正性。結果可能引致官商勾結、貪污、講關係的情況出現。

6.4.5 有意見認為，大選舉團選舉會影響行政長官和立法會議成員的問責問題。因為大選舉團的權力來源僅來自為數不多的選民，而由此行政長官和立法機關成員，既非公開自由的民主選舉產生，便無須公開交代負責，而只需向為數不多的選民與界別負責和交代，因此行政長官與立法機關便易淪為背後操縱利益集團的橡皮圖章。民主政制是市民通過定期的選舉，選出他們的政治代表，及透過選舉建立議員與選民的交代關係，使市民的意願得到一定的尊重和照顧，但大選舉團卻沒有這種交代。

6.4.7 有意見認為，大選舉團選舉仍不能避免出現政黨政治。大選舉團主要由商人控制，但卻不能不讓基層人士參與，其內部也有對抗性的政黨政治。現時許多參政團體已有政黨雛形，大選舉團的提議者本身就是一個政黨。可見政黨在香港出現是無可避免的。而民主政制與多黨政治是不可分割的。

6.5 對大選舉團制度的建議

6.5.1 有意見認為，作為一個過渡性的選舉形式，是可以接受的，因為香港目前正處於蛻變階段，一切改革必須照顧到香港的特殊情況。如香港由奉行百多年的委任制度，一下子轉變到全民普選，實在過於急速。因此，在實施兩、三屆大選舉團制度後，才試行普選，使香港有一個適應期。

6.5.2 有意見認為，應擴大選舉團的代表數目，以增加選出之長官和立法機關成員有更多群眾的支持。因為大選舉團以界別為基礎，界別的甄選必須經過廣泛諮詢才由政府決定。經此程序最後所釐定出的界別肯定有廣泛的代表性，而其合法性和民主性亦無可置疑，並可消除任何一個界別或團體壟斷的可能性。十二個界別之下再分六百個席位，而每一席位是以一個團體或組織為基礎。規定每個團體的成員以一人一票的形式選派代表，選舉團在每次選出了行政長官和部份立法機關成員後，隨即解散；在下一屆的選舉時才重新再組織。政府必須定期檢討組成大選舉團的六百個組織的名單，使廣泛代表性能長期保持。

6.5.4 有意見認為，大選舉團可作明顯民主化的大改造，例如大幅度提高立法機關及各級議會成員比例（這些人是有直選及功能團體選舉基礎的），各區直接選舉「選舉人」作為大選舉團部份成員。各界別席位的分配，要在工商界、中產階級及「草根」基層間求取平衡。

7. 結語

本報告所列之選舉方法各有優點。普及直接選舉被認為是最民主或是唯一的選舉方法；選舉團選舉的優點是市民對這種選舉已有一定經驗；而功能界別選舉的好處是使各界別的利益得以體現；大選舉團選舉的優點則是穩健的發展步伐。無論哪種選舉方法或何種組合，都要切合香港的實際環境及需要，而又能照顧及平衡各方面的利益。

※

⑫ 1988 年 10 月基本法諮詢委員會《中華人民共和國香港特別行政區基本法（草案）徵求意見稿諮詢報告第五冊 —— 條文總報告》

【P270】

第四章

第三節　整體意見

1. 意見

1.2 組成

→ 立法會議的成員應着重其代表性。

→ 立法機關的成員必須來自不同階層，保證不同意見得以充份反映。

→ 將來立法機關最多只應有兩種議員的產生來源。

→ 行政長官及各政府部門的首長應可成為立法機關當然委員。

理由：議案是由政府部門提出的，若他們能成為立法機關成員，可方便立法機關運作。

→ 立法會議成員被委任為行政會議成員乃現時的做法。將來立法會議成員，可能全部由民選產生，其職權也比現時多。行政會議同意的事項，該等立法會議成員亦會同意。到呈交立法會議時，如結果有異議，該等立法會議成員便將進退兩難。

→ 立法會議應保留公務員的席位。

→ 立法會議成員不應包括官方人員。行政部門官員則可列席立法會議，以便提案、答覆質詢及辯論，但無投票權。

→ 只有官守議員適宜兼任行政與立法兩議會成員，其他議員實不宜兼任。溝通兩議會的渠道，可用其他方法代替。

→ 應有主要官員列席立法會議，以便接受質詢。他們並非議員，故不能享有決策性的投票權。

→ 一九九七年後，官守議員不再存在，屆時身兼行政機關成員的立法機關成員可負責確保立法機關的工作得以順

利而有效率地進行。
→ 每屆立法會議成員的人數，應按照普選時在特別行政區內有選舉權的居民人數而定，比例為每一萬名選民有議員一名。
→ 立法會議成員的人數按比例每十萬居民一人計。

【P273-276】
第六十七條
2. 意見
2.1 混合選舉
→ 「混合選舉」是不健全的。
→ 採用「混合選舉」，某類專業人士可能未能進入立法局，立法會議成員的知識便不能全面化。
→ 《中英聯合聲明》公佈時，大家瞭解「選舉」的意義就是直接選舉或每人有平等的選舉與被選權，其他任何解釋均會引起不信任或被騙的感覺，及有違《中英聯合聲明》。故此，香港人所接受的是立法會議由「選舉」產生，而並非由「混合選舉」產生。
→ 「選舉」其實已包括直接及間接兩種，無須規定為混合選舉，因下一世紀全世界可能都會實行直選。
→ 寫明以「混合選舉」方式產生立法機關，排除了實行百分之一百普選的可能性。
→ 贊成立法會議由混合選舉產生。
理由：混合選舉更切合現實情況。
→ 混合選舉的選舉方式不應太多，以免造成混亂。
→ 混合選舉可作為各種選舉方式的其中一種，並於附件中註明，而不必在基本法條文內作出規限。
2.2 循序漸進
→ 原文沒有明確表達「循序漸進」的方向。
→ 應列明立法會議產生的辦法須定期檢討，以提供政制發展的憲制性基礎。
→ 在法律上，「根據香港特別行政區的實際情況和循序漸進的原則予以變更。」一句是非常空泛，難以準確界定。由於界定不明確，便需由全國人大常委會解釋。但在社會主義和資本主義的制度下，對民主的理解各異，有人謂社會主義的民主是最廣泛的民主，也有人認為協商也是民主的一種。將來特別行政區政制是否朝向社會主義民主的方向發展實屬疑問。
→ 為免港人產生信心危機，不宜採用循序漸進的方法，應即時作出明確的法例。
→ 應清楚列明「循序漸進的原則」的意思及其方向，如果該句解作向民主邁進，便應在基本法中列明。
2.3 第三款
→ 立法機關應可全權決定立法會議的產生方法，正如通過其他法例一樣，故此經立法會議成員三分之二多數通過後，行政長官理應切實執行已通過之變更程序。
理由：立法會議成員以三分之二多數通過之變更程序，已顯示強烈的一致性，故無須行政長官同意。
→ 以立法會議三分之二多數通過的限制合理，但行政長官的同意和全國人大常委會的批准不必要。
→ 變更程序如經香港特別行政區立法會議三分之二多數通過及行政長官同意，只要該程序不違反《中英聯合聲明》，全國人民代表大會常務委員會便無權不批准。
→ 「行政長官同意」等字意味着行政長官可以不同意立法機關通過的變更程序。
→ 不應給予行政長官否決變更程序的權力，否則有違民主的原則。
→ 修改立法會議產生辦法的程序極為嚴格，不比修改基本法容易。
→ 不同意立法會議產生辦法的變更程序須行政長官同意。因為立法機關應有全權制定立法會議的產生方法。
2.4 其他意見
→ 未有列明立法會議的產生辦法須作定期檢討，對未來

政制的正常發展沒有保證。
→ 未有賦予特別行政區於立法會議選舉上作彈性處理的機會。
→ 「選舉」二字的解釋過份技術性，難令人信服。
→ 如民主最終目標，原文所規定的首次選舉程序便十分保守，太緩慢的步伐，令人擔心。

3. 建議
3.1 整體修改
→ 改為：「香港特別行政區立法會議由選舉產生。……和循序漸進的原則予以變更。惟第一屆立法會議成員不得少於半數由普及直接的選舉產生。而第三屆開始，全部成員皆應透過普及直接的選舉產生。」
→ 改為「香港特別行政區立法會議由選舉產生。立法會議產生的具體辦法由附件二《香港特別行政區立法會議的產生辦法》規定。
附件二規定的立法會議的產生辦法可根據香港特別行政區的實際情況和循序漸進的原則予以變更。任何變更不能減少立法會議由普及而直接選舉產生的比例。此項變更須經香港特別行政區立法會議全體成員三分之二多數通過，行政長官同意，並報全國人民代表大會常務委員會批准。」
→ 改為「香港特別行政區立法會議由選舉產生，其精神原則該以直選為依歸。」
理由：「混合選舉」等字眼抹殺了立法會議全部由直選產生的可能。
→ 改為：「香港特別行政區立法會議由全體港人民主普選產生。」
→ 第二及第三款改為：「於一九九七年，直選議員應佔不少於百分之二十五，再於香港特別行政區成立之十五年內逐漸增至百分之五十。
其他修改可在立法會議以三分之二多數委員通過和行政長官同意下制定。此等修改將呈交全國人民代表大會常務委員會通過。」
3.2 個別條款修改
3.2.1 第一款
→ 刪去「混合」一詞。
理由：
⊙ 特別行政區政府日後難以彈性處理選舉的方式。
⊙ 「混合」二字太含糊，而且「選舉」二字已包括「混合」及「單式」選舉兩種。
⊙ 「混合選舉」一詞抹殺了單獨一種選舉方式選出立法會議成員之可能性。
⊙ 「混合」選舉只是一種過渡方式，即由目前非民主的社會步向一九九七年後（或更後）的高度民主化社會。
⊙ 現時公民意識正增強，社會人士也普遍贊成直選。
⊙ 有違《中英聯合聲明》。
⊙ 規範了將來立法會議產生辦法的發展及變更；因香港將來可能達到一個各方都同意適合「全部直選」的環境。
→ 改為：「……由普及選舉產生。」
理由：「混合」二字妨礙未來民主的發展。
→ 將「混合選舉」改為「直接選舉」。
3.2.2 第二款
→ 改為：「附件二規定的立法會議的產生辦法可根據香港特別行政區的實際情況和循序漸進的原則每五年檢討一次，並予以變更。……」
理由：加上「每五年檢討一次」的規定，以提供政制發展的憲法性基礎。
→ 「循序漸進」後加上「向全民普選過渡」。
理由：應定下一個方向才能循序漸進。
3.2.3 第三款
→ 刪除第三款。
理由：
⊙ 使立法會議產生的辦法由附件二規定。

⊙ 使選舉方式有演進和發展的基礎。
→ 應刪去「行政長官同意」等字。
理由：
⊙ 沒有行政長官會同意其本身的權力受到規限或其繼任人的委任遭遇困難。
⊙ 立法會議全體成員的三分之二多數意見應足以使行政長官的否決無效。
→ 「附件二規定的立法會議的產生辦法可根據香港特別行政區的實際情況和循序漸進地朝向民主開放政治體制的大原則予以變更。此項變更須經香港特別行政區立法會議全體成員的十分之一聯名提案，全體成員三分之二通過，行政長官同意，並報全國人民代表大會常務委員會批准。」
理由：立法會議產生辦法變更的方向太含糊，將來的立法會議應朝向民主開放的方向發展。
→ 改為：「若要變更是項產生辦法，須由三分之二立法會議全體成員聯合提出新辦法，繼由全體選舉一人一票普選決定是否接納，最後報請全國人民代表大會常務委員會批准。」
→ 改為：「附件二規定的立法會議的產生辦法是以發展市民普及民主參與為目標，並根據香港特別行政區的實際情況和循序漸進的原則予以變更。……」
→ 改為：「……予以變更。在第三屆至第五屆達至全部由普選產生。此項變更……」
→ 改為：「香港特別行政區立法會議，由香港居民一人一票直接選舉產生。」
→ 最後一句「並報全國人民代表大會常務委員會批准。」
改為：「並報全國人民代表大會常務委員會備案。」
理由：若果必須由全國人大常委會批准，香港的立法權利便受到很大限制。
→ 在末加上：「變更議案若經行政長官否決，應由立法會議再作討論。立法會議再以全體成員三分之二多數通過，應報全國人民代表大會常務委員會批准。」
→ 將「根據循序漸進的原則」刪去或放於序言或附件中。
→ 將第三款移入附件二。

4.待澄清問題
→ 如條文所述，香港特別行政區立法會議成員由直接選舉及間接選舉混合產生，這是否意味着在一九九七年後特別行政區沒有全民普選？
註：有關立法會議產生辦法的意見和建議，請同時參閱本報告「附件二」部份，以及有關政制問題的諮詢專題報告。

【P514-535】
附件二整體意見
對立法會議產生方法的原則有以下意見：
→ 產生的方法和成員均應是可靠的。
→ 應以廣泛代表性為主。
→ 選舉必須普及而平等。
理由：
⊙ 民主的意義在於尋求共識自治，但不排斥少數人的意見。
⊙ 令各階層、各地區的代表能關懷議政，反映意見及監察政府的工作。
⊙ 較容易使所屬團體、組織、地區的選民，共同參與政事。
⊙ 有利於協調各階層的利益。
⊙ 保證不同的意見得以充分反映。
→ 能有效地發揮監察行政機關的功能。
→ 向市民負責。
理由：立法會議的主要功能是以大眾市民的利益為依歸，監察行政機關的決定，通過或不通過財政開支及各種法案。因此，產生立法會議成員的辦法必須令他們向大眾市民負責，保證他們在立法會議的決定是以社會整體及普羅

市民的利益為依歸。
→ 具權威性。
理由：立法會議是人民的代表，有體現主權在民的象徵意義，而且有很高的權威來行使監察行政機關的職權，因此立法會議的產生辦法必須達到以上的目的。
→ 尊重既有的狀況，循序發展。不宜罔顧現實，反覆不定，令政制發展失去連貫性和不穩定性。
→ 選舉制度應建基於民主精英制，不應由偶像人物，或只因受基層歡迎而沒有政治背景、學歷或專業才能之人士當選。

附件二方案一
2.意見
2.1 贊同此方案。
理由：
（1）對功能組別選舉部份的意見
⊙ 功能組別的選舉制度最適應香港的特殊情況。
⊙ 功能團體選舉佔百分之五十，有利於兼顧各方面的利益。
⊙ 功能團體選舉佔百分之五十，使具有專業或專門學識的人士，在將來立法會議的運作中發揮更佳的效果。
（2）對地區性直接選舉部份的意見
⊙ 直選的可信程度頗低，因候選議員可能為取得席位而收買人心。
⊙ 香港社會複雜，黑社會勢力很大，一人一票選舉會造成黑社會滲入立法會議。
⊙ 市民之民生重於選票，假若是民主鬥士、野心政客當選，是會危害香港的安定。
⊙ 地區性直選佔百分之二十五有利於抑制政黨政治。
⊙ 一人一票的分區直選成份已可補足功能組別所欠缺的地區性因素。
（3）對大選舉團選舉部份的意見
⊙ 由大選舉團選出的代表更具威信以行使職權。
（4）成員有充份代表性
⊙ 成員能充份代表各階層的利益，和具備適當的專業才幹，使立法會議能更有效地運作。
⊙ 可使獲選的立法會議成員更具廣泛的代表性和各方面的專業才幹，更適合將來特別行政區的需要。
⊙ 成員來自各階層，有均衡的代表性，不易被政治團體壟斷。
⊙ 確保將來立法會議的成員有代表性及絕對公正。
⊙ 混合了直選和間選的元素，能確保立法會議有多元化和平衡利益的代表。
（5）符合循序漸進的原則
⊙ 政治制度的變動幅度會較小。
⊙ 大多數市民都不願冒險，只求穩定和安居樂業，一切改革都應循序漸進。
⊙ 循序漸進的方法適合一九九七年後香港特別行政區初期的政制模式。
⊙ 將來特別行政區政府對各項決策如能加強諮詢，也可體現政制的民主程度，所以直接選舉應循序漸進地發展。
（6）其他
⊙ 選舉方法合理。
⊙ 有更大機會選出精英份子，經普選的代表更能有效地管治香港特別行政區。
⊙ 較有機會選出一些持平的立法會議成員，在立法會議內起中和作用。
⊙ 和其他方案比較，此方案更能使將來的立法會議代表比例和現時的立法局代表比例相似。
⊙ 一般市民現在仍未有足夠的知識水平及政治意識。
⊙ 港人因長期生活於殖民地環境中，公民意識及參選自覺性均尚待提高，若政制轉變實不宜過速。
⊙ 比較易於與一九九七年前的香港政制銜接。

⊙ 可保持香港特別行政區的安定繁榮。

2.2 不贊同此方案。

理由：

（1）對功能團體選舉部份的意見

⊙ 功能團體選舉佔的比例太高。

⊙ 功能團體選舉佔百分之五十。但按過往事例，當選者多注重其本身所屬專業團體的福利，以求交代。此種情形，並不健康。

⊙ 功能團體選舉佔百分之五十，會使立法會議被不同的功能組別利益所分割，各自為政，從而難以達成以社會整體利益為基礎的共識。

（2）對地區性直接選舉部份的意見

⊙ 以香港地方之小，地區性直接選舉可能僅選出知名度高及經常參與活動之人，不一定能選出賢能之士。

⊙ 直選產生的議員只佔百分之二十五，可算是民主的點綴，立法會議將不能發揮最大效力。

⊙ 直選的成份太少，只佔百分之二十五，立法會議沒有合法性和權威性，亦不能反映社會利益的客觀分配，因而不能對社會的利益作出合理的協調。

（3）對大選舉團選舉部份的意見

⊙ 選舉團方式易發生不公平和取巧的情況。

⊙ 選舉團制度是一種容易讓成員貪污瀆職、私相授受的方法。

⊙ 選舉團有矛盾的地方。因為選舉團的成員和功能團體的成員可能重複，有些團體變成有雙重投票權。而根據此方案，立法會議就會有百分之七十五由功能團體選舉產生。

⊙ 大選舉團若選出百分之二十五的立法會議成員，他們必然會與功能團體的保守派結合，這將使整個立法會議為既得利益集團所控制，完全不能發揮有效的民主監察功能。

⊙ 大選舉團的代表容易被操控。

⊙ 往往容易受人際關係及交情影響選舉結果，因而獲選的人士未必能適當地反映及代表民意。

⊙ 出現變相委任的情況。

⊙ 側重於工商界及專業人士作為選舉群的核心。

⊙ 容易造成小圈子利益政治的選舉模式。

⊙ 選舉模式頗類同現時中國社會主義制度下的選舉方法，並非為港人所熟悉，易使港人懷疑「一國兩制」的承諾會否切實執行。

（4）此方案較不民主

⊙ 立法會議的成員缺乏廣泛的代表性。

⊙ 立法會議沒有足夠的威望及權力。

⊙ 立法會議不能負起監察和制衡行政會議的責任。

⊙ 有違反映民意及監察行政會議的功能。

⊙ 根據此方案，行政長官和立法會議成員的任期不配合，可能對行政機關和立法會議的運作有不良影響。

2.3 其他意見

2.3.1 功能團體選舉

2.3.1.1 優點

→ 可確保各行各業各階層的利益獲得均衡的照顧。

2.3.1.2 缺點

→ 比例過高，可能引起貪污。

理由：因某些功能團體會員會因小利或內部原因引起賄賂。

→ 工商界所佔的比例最大，不符合均衡社會各界利益的目標。

→ 屬功能團體的人數在港佔的比例很小，卻可選出半數的立法會議成員；而選舉團也是來自功能團體，但可選出百分之二十五的立法會議成員；至於全港按地區直選的成員只佔百分之二十五。即人口比例極小的功能團體選出的成員佔了立法會議壓倒性大多數，少數人壟斷政治的局面更加明顯，而廣大市民則處於無權的地位。

→ 此方案過份着重功能團體，但功能團體的代表性遠不如普及直接選舉的方式。

2.3.1.3 其他

→ 功能團體的代表與選舉團的代表身份容易重疊而引起不公平。

→ 功能團體只容許小撮人參與，不符合「政治參與，人人平等」的原則。

→ 功能團體選出成員佔百分之五十，但在功能團體的界定問題上定會遇到不少困難，如各界的分配、界別的團體定義等，可能會令社會走向功能團體互爭利益的情況。

→ 以功能團體作選舉模式，賦予立法會議監察行政機關的權力太小。

→ 功能團體這個構思只是一項過渡的措施。隨着直接選舉的議席的增加，功能團體的議席可逐漸減少。而大選舉團的議席亦應如是。這種做法的唯一有效論據，是要在立法會議保留一些優良的高級或高層公務員，以回答詢問和解釋政策。

→ 功能團體的組成應清楚劃分。

→ 資本家、高等專業、中等專業、勞工四個階層在功能團體選舉中的比例應作適當分配。

2.3.2 直接選舉

→ 直選只佔百分之二十五，比例太小。

理由：

⊙ 未能表達人民的意見。

⊙ 扼殺廣大市民的參與。

⊙ 是不民主的做法。

⊙ 只算是民主的點綴，立法會議將不能發揮最大效力。

⊙ 有違開放政制的原則。

⊙ 未能發揮民主監察的功能。

→ 百分之二十五直選議席可隨日後社會發展而改變。

→ 須對全民投票的準則作漸進的修改，長遠的目標是達至一個更公平的社會及有代表性的制度。

2.3.3 選舉團

2.3.3.1 優點

→ 大選舉團能在立法會議的選舉中扮演一個提名的角色。若在開始直選的初期有大量候選人被提名，它能保證被選出的候選人均是資格良好和會得到具影響力的團體確實的支持。建議每位被提名的候選人須在大選舉團中得到一定的票數才符合資格參加競選。此項檢定的步驟可有用地預防大批的候選人被有組織的政治團體提名。

2.3.3.2 缺點

→ 可能導致一黨專政。

→ 仍有機會為小集團所操縱，雖然選舉團有六百人，由於社區網絡的密集，小集團仍有機會透過激烈的游說來操縱大選舉團。大選舉團式的組合會加劇小集團利益聯盟的需要因而加速了對抗式政黨政治的進程。

→ 其中的提名委員會由選舉團成員互選二十人組成的，由一撮人擁有提名權，大大減低選舉的開放性，有礙選出具代表性的立法會議成員。

→ 大選舉團與委任制沒有太大分別，只是維護一些在政治或經濟上的既得利益者。

→ 選舉團的成份含糊。此方案的缺點在於未能提供細則說明何種組織會符合代表的資格和在預期民主的過程中，會用何種特定的程序來選擇他們的代表。這些細節均為判斷這種政治制度是否公平和具代表性的重要因素。

→ 選舉團的產生方法只照顧到現時殖民地政策下既得利益階層的需要，這其實是對香港長遠的發展沒有客觀分析的結果。但這種過濾重重的間接選舉方式只能體現「間接自治」的政治體制，而不能貫徹《中英聯合聲明》中的「高度自治」政治體制。

→ 選舉辦法似過於複雜（選舉團的提名制度在這裡似無需要）。

2.3.3.3 其他

→ 贊成大選舉團的選舉方式，並同意以按部就班，逐漸開放的方式達到普選階段。

→ 提名委員會的主席由行政長官兼任，作為權力象徵。

3.建議
3.1 修改立法會議的組成比例
→ 立法會議的產生採用三三制，三分之一由功能團體選出，三分之一由直接選舉選出，三分之一由選舉團選出：
（1）香港特別行政區立法會議人數以徵求意見稿內各折衷的人數為取向。
（2）三分之一立法會議成員按全港人數均分為若干選區，由全港市民一人一票分區直選產生。
（3）三分之一立法會議成員由功能組別選舉產生。
（4）三分之一立法會議成員由香港各界人士組成的「政治協商議會」選舉產生。
（5）任何合資格選民只能選擇在上述一個方式參加選舉或成為候選人。
（6）政治協商議會成員由不超過六百位的香港各界人士代表組成。義務服務，任期五年。成員包括有：原立法機關、區域組織的代表，人大代表和政協委員的代表，工商和金融界的代表，專業團體的代表，勞工團體代表，宗教團體代表，社會和慈善服務機構代表，街坊團體代表，小販團體代表等。代表成員由各界別用自行決定的選舉方式產生。（建議義務性質的原因：體現各界精英有志服務社會的精神。免去增加特別行政區政府的行政負擔。）政治協商議會職能：1 促進香港各界和各階層人士的溝通、聯繫和協商；2 評議香港特別行政區政府長遠的施政方針和政策（但絕對不介入特別行政區政府具體的行政、立法、司法的事務）；3 接受和審定香港特別行政區行政長官候選人提名；4 在政治協商議會內選舉三分之一立法機關成員。
（7）選舉細則由香港特別行政區政府以法律規定。
→ 立法會議組成的比例：
選舉團選出　30%
按社會功能劃分的選民組別選出　30%
直接由區域選區選出 30%
港督或行政長官提名，再由立法會議以半數通過，和北京的中國國務院港澳辦公室批准10%
→ 立法會議組成比例：
普及直選產生　不少於50%
功能組別選舉產生　不少於30%
一個具有緩衝性的選舉團互選產生　不多於20%
（註：所謂緩衝性的選舉團是指一個成份不與功能組別選舉成份重疊，只作緩衝作用的大選舉團。其成份將視乎直選及功能組別選舉的結果而改變，以補充後兩種選舉的不足。該大選舉團的成員可由各界別內以選舉或協商產生。）
→ 立法會議組成的比例：
功能團體選舉產生　50%
直選產生 30%
兩個市政局和區議會所組成的選舉團 20%
→ 立法會議的組成比例：
功能團體選舉產生 35%
直選產生 50%
選舉團 15%
在立法會議中增設官守議員若干名（現時立法局官守議員有十名，不妨以此標準），以便回答各議員對政府施政的質詢，但是他們只是列席會議，沒有投票權。
理由：
⊙ 一個健全的政治制度，可以兼顧和並容眾多不同利益團體的意願，而各個議會的議員，行政官員都必須受市民監察。
⊙ 間接選舉和直接選舉並行是可以達至容納眾多利益的目標。
⊙ 功能團體的代表性較選舉團為佳。
3.2 功能團體選舉
→ 功能團體代表應由所屬團體成員一人一票選出。
理由：

⊙ 選民只能參加一種選舉的辦法，意義上和地區性普選差不多，可增加直接選舉的成份。
⊙ 功能團體選出的代表應佔立法會議最大的比例。
3.3 普及直選
→ 實際直選數目的比例數字可以寫入基本法，以後有所依循，並可刺激公民意識，積極參與。
→ 初期直接選舉立法會議成員的比例，以不多於四分一為宜，以後可逐步擴大，最後由全部普選產生。
→ 逐步增加由直選產生的議席。
→ 為實踐循序漸進步向高度民主的原則，當總投票率增高至某一水平時（如百分之五十以上），就應調整此方案裡直選和選舉團席次的比例，直選議員的數目應隨投票率上升而增加。
→ 必須列明此方案是否保持「五十年不變」，抑或有一個循序漸進的方式，逐漸達到百分之五十五甚至百分之七十五。
3.4 選舉團選舉
→ 明確界定選舉團選出之立法會議議員成份。
→ 擴闊選舉團的人數。
→ 選舉團可作為立法會議選舉的提名審核委員會。
理由：以確保獲提名人士有良好的資格。
→ 產生立法機關的選舉團必須有功能團體、直選和地區議會三方面代表，而功能團體其中一半成員有至少百分之五十是工商金融的界別。
3.5 其他建議
→ 辦法細節應由特別行政區政府詳細規定及制訂有關法律予以施行，並可按照實際情況作適當的改變。

附件二方案二
2.意見
2.1 贊成
→ 此方案較可取。
→ 贊同此方案。
理由：
（1）體現民主
⊙ 貫徹民主精神。
⊙ 提高民主政治之質素，保障大多數人之利益。
⊙ 順應香港居民對民主的要求和世界歷史潮流，建立一個確保社會穩定的政治制度。
⊙ 是邁向民主社會的開始。
⊙ 最接近百分之一百的直接選舉 。
⊙ 符合公平開放的原則。
（2）選舉權及參與權得以保障
⊙ 體現每個人平等的政治權利。
⊙ 以香港社會的教育水平、通訊條件和法治精神，港人完全有能力在選舉中作出理性的選擇，他們的民主權利不應被剝奪。
⊙ 給予全港的市民適當的途徑及機會參與選舉活動。
⊙ 會吸引有才幹之人士參與競選。
⊙ 有不同階層的代表參與。
（3）向市民負責，提高監察功能
⊙ 起碼半數議席由直接選舉產生，可保證議員必須向全港市民負責。
⊙ 象徵着政治領袖須向市民負責、交代，因而增強市民的政治能力感和信心。
⊙ 由普選產生的議員要向選民負責，市民利益便可得到保障。
⊙ 發揮民主監察功能。
⊙ 監察行政長官和行政機關。
（4）權力歸於港人
⊙ 立法權力能歸於港人。
⊙ 權力來源主要是廣大市民。
⊙ 能帶給全港市民更大的發言權。

（5）反映大眾意見
⊙ 有充份的代表性。
⊙ 最大可能的認受性。
⊙ 能反映大眾的意見。
⊙ 保障各階層的利益。
（6）體現「一國兩制」與「高度自治」
⊙ 體現「高度自治」的原則。
⊙ 體現「港人治港」之精神。
⊙ 其他方案均違反《中英聯合聲明》，以及「港人治港」、「高度自治」的精神。
⊙ 成功實行「一國兩制」的政策。
⊙ 體現主權。
（7）有利香港的發展
⊙ 培養香港居民的歸屬感，穩定港人的信心。
⊙ 保障各階層的利益，促進香港的繁榮和安定。
（8）有利政制的發展
⊙ 香港政制能穩健發展。
⊙ 切合香港未來發展的需要。
⊙ 雖然仍與民主普及選舉的目標有一段距離，但仍能照顧香港的政治現實需要。
⊙ 符合政制發展循序漸進的原則。
⊙ 此方案容許一九九七年後立法會議循序漸進發展至全部成員由一人一票選舉產生的可能性。
⊙ 避免將來的政府被一小部份精英分子操縱。
⊙ 有利於容納社會上不同的政治勢力。
（9）有利政治架構的發展
確保行政長官和立法機關有一定的溝通和制衡。
為行政長官的產生而鋪路。
⊙ 最符合現有的立法會議在未來發展中的轉變。
⊙ 保留了現有的區域組織及功能團體之選舉方法，不致令立法會議有太大改變。
⊙ 立法會議通過的法例和所支持的政府政策，會得市民的支持。
⊙ 可容許港人決定如何組成立法會議，即如目前的情況一樣。
⊙ 可保障司法獨立。
⊙ 以地區議會為基礎的間接選舉，能夠將重要的地方問題和觀點，帶到中央的立法機關，加強了立法機關和地區議會的聯繫。
⊙ 可將現有的選舉方法延續。
⊙ 對參與區域組織的人士必然有鼓勵作用，並可藉此培訓政治人才。
（10）較其他方案好
⊙ 較其他的方案好。
⊙ 方案一、三、四均集中於工商界及資本家的利益，對香港中產的知識份子及普羅大眾的照顧不足。
⊙ 其他方案都會造成少數人的政治，對調動廣大市民參與管治香港的積極性不利，最終對培養新一代接班人造成障礙。
⊙ 其他方案的界別分配及人數問題難以達至共識及公平。
⊙ 對大選舉團、顧問團及提名委員會的批評。
⊙ 所謂的選舉有「假民主」之嫌。
⊙ 欠缺代表性。
⊙ 會被少數派別壟斷。
⊙ 以富裕及中上階層為主導的單位代表組成，其階層利益傾向不言而喻。
⊙ 難以產生一個得到社會普遍信任及支持的政府和立法會議。
（11）選舉形式較佳
（甲）組合
⊙ 功能團體、直選和區域組織選舉三者都有重要的作用和不同的代表性。
⊙ 三方面的成員也不致太多，互相有制衡力。

⊙ 規定由三種方法產生立法會議成員，人數比例有彈性，直選的成員可隨時代的進展而增加，功能團體和區域組織選舉產生的成員則可相應減少。
⊙ 既尊重市民平等的政治權利，以一人一票的方式選出不少於百分之五十的立法會之成員；又能在尊重現實的考慮下，讓專業人士選出不多於百分之二十五的立法會議成員，和讓地區議員選出同樣比例的立法會議成員。
⊙ 按這安排，立法會議成員可經常知道其所爭取的對象的不同需要。
⊙ 提名方法較公開及不易受人控制。
（乙）直選部份
⊙ 不少於百分之五十的議席經由普及而直接的選舉產生，使間接選舉仍得保留。
⊙ 不強行全部直選，避免盲目投票。
（丙）功能團體部份
⊙ 有百分之二十五的成員由功能團體選舉產生，能保證各行業，尤其是工商界在立法會議內有代表反映他們的意見。
⊙ 有百分之二十五成員由功能團體選出，雖然這方法不太公平，但卻照顧到企業家，以吸引他們留港，對港經濟有利。
⊙ 沒有少數階層或利益團體可壟斷或操縱立法會議。
⊙ 其他方案亦可能出現團體間互換利益和內幕的情況，但在這方案下，此等情況會減至最少。
2.2 不贊同此方案。
理由：
⊙ 功能團體選舉及區域組織選舉都非善法，百分之五十由直接選舉產生的細節也欠詳。
⊙ 不贊成有不多於四分之一的立法會議成員經由區域組織選舉產生。
⊙ 全民性普選出來的領導人很難全面執行這些志在保存目前利益團體的既得利益。
⊙ 在政制開放的進程未進入成熟階段前，這方案在質量保證方面較弱。
⊙ 不同意過早採用一人一票普選或過於着重普選方式產生立法會議成員，因為這樣不符合香港社會的客觀現實，由於港人的政治意識及社會政治條件還未成熟，一九九七年後政制的發展應以循序漸進為原則，急劇的轉變，會對香港經濟上的繁榮、社會的安定有不良的影響。
⊙ 避免有人以「全區居民的授命」而和中央抗衡。
⊙ 立法會議減弱成為向其成員的需要提供服務的組織，不再具有代表性、權威性和合法性。
⊙ 議員間互相籠絡，分派鬥爭，容易造成內部分裂及貪污拉攏的惡果。
2.3 其他意見
2.3.1 對直接而普及選舉部份的意見
2.3.1.1 優點
→ 直選為最公平、最民主的方法。
→ 不少於百分之五十的直接選舉，以產生立法會議成員，實際上是最低限度，而少於這個比例的議席，已經很難組成一個具有負責態度的民意政府，因而較難對行政機關作出應有的制衡。
2.3.1.2 缺點
→ 以目前及將來香港的公民意識的情況來看，百分之五十立法會議成員由普及直接選舉產生似嫌過高。
→ 普及而直接選舉與區域組織選舉性質重疊。
2.3.2 對功能團體選舉部份的意見
2.3.2.1 優點
→ 確保所選出議員在所屬的團體內有一定聲望。
→ 雖然以功能團體作為選舉方法會帶來不少問題，但有不少於百分之五十的直接選舉已提高了立法會議的代表性；而且在現存政體中，功能團體的選舉方法已普遍地使用。
2.3.2.2 缺點

→ 功能團體選舉引起社會階級化，可能賦予小部份人士較大的政治權利。

→ 功能團體選舉產生近百分之廿五數目的議員，仍難免形成小團體政治，不能避免以選舉交換派系、團體或個人利益的情況。

2.3.3 區域組織選舉部份的意見

2.3.3.1 優點

→ 其設計的特點是維持立法會議照顧全港市民的利益，並加強立法會議和區議會的聯繫。

2.3.3.2 缺點

→ 以各級議會作為選舉方法，一方面是間接的選舉方法，另一方面這種方法將於一九九一年取消，若在一九九七年後再使用，是開倒車的做法。故應取消各級議會作為選舉的方法。

→ 區域組織選舉（與大選舉團選舉的毛病一樣）無法讓普羅大眾參與，容易受少數人操縱，造成不公平，不能代表民意。

2.3.3.3 保留

→ 對由區域組織產生不多於百分之二十五的議席有所保留。

理由：

⊙ 受少數人操縱。

⊙ 不公平、不民主。

⊙ 可以出現不少漏洞。

2.3.4 對選舉細則的意見

→ 選舉細則要由香港特別行政區的法律予以規定，即是要先有立法會議才能有法律，又更要先有行政長官才能簽署該等法律而予實施。

→ 第三點訂明有關立法會議的選舉細則，由香港特別行政區法律規定，這一點是合理的，畢竟本法只是特別行政區的憲制性文件，暫不須詳列法律的細節。

2.3.5 立法會議議席的意見

→ 每屆議員人數，應按照普選時在特別行政區內有選舉權的居民的人數而定，比例為一萬名選民應有議員一名。

→ 立法機關成員人數按比例每十萬居民一人計。

2.3.6 候選人

→ 應在香港特別行政區的法律中清楚註明產生候選人的細節。

→ 候選人不得同時參與不同組別的競選。

→ 候選人凡參與任何組別競選，必須無任何刑事犯罪紀錄。

→ 候選人的競選費用必須由前一屆立法會議按需要而制訂，並予以嚴格的限制。惟所訂限額須有三分之二或以上的票數通過。

→ 應由不少於一百位香港永久性居民便可提名一位立法會議候選人。

→ 凡提名者的選票自動由被提名者所得，所以提名者將不可投票選舉其他候選人。

2.3.7 選民

→ 凡登記為行政長官選民者，自動成為立法會議之選民，選民之條件與前者相同，即必須為香港永久性居民，年齡在二十一歲或以上。

→ 各選民只可於其中一個組別投票一次。

2.3.8 說明部份

→ 支持說明（三）所列的意見，立法會議成員全部經一人一票直接選舉產生。

理由：為了更能關注市民的意願。

3. 建議

3.1 刪除

→ 刪去第一段。

理由：原文第一段的規定缺乏彈性。

3.2 修改

3.2.1 直接普及選舉

→ 立法會議應百分之一百由一人一票產生，無須有功能團體及區域組織選舉產生的名額。

理由：

⊙ 功能團體及區域組織產生的名額有重複之嫌。

⊙ 一人一票的方法更公平。

→ 此乃過渡措施，長遠來說，立法會議應發展至全部由直選產生。

→ 這模式必須在一九九七年後繼續發展至一個完全民主的政制。

3.2.2 功能組別選舉

3.2.2.1 擴大比例

→ 由市政局、區議會等組成的區域組織和各界的功能團體各佔百分之二十五不夠平衡。功能團體的影響力應該比區域組織為大，因為他們所代表的利益團體更為廣泛，而且在香港社會中具有影響力。

→ 應擴大功能組別，使大多數居民都可以在地區普選及在功能組別中選舉。

→ 把功能組別的比率擴大。

理由：確保未來之議會運作良好。

由功能組別選出的議席，必須佔百分之五十，其中有一半或近一半留給工商金融界。

3.2.2.2 減少

→ 功能團體產生的部份應逐漸減少至全部由直選產生。

3.2.2.3 其他

→ 為穩定社會團體利益，功能團體是可以存在於混合選舉，但比率必須受到限制及制定團體內部的選舉制度。

→ 功能組別的分佈宜盡量平均，每一功能小組的代表應不多於二人。

→ 不多於一半的立法會議議席，應由功能團體選舉產生。

3.2.3 區域組織選舉

3.2.3.1 擴大區議會所佔比例

→ 在區議會、市政局、區域市政局所佔席位不多於百分之二十五中，區議會所佔的席位應佔四分之三，而市政局及區域市政局合共佔四分之一，較為清楚和恰當。

→ 區域代表所佔的百分之二十五席位不應由地方組織選出，應由區域性普選產生，而且只有區議員可成為候選人。

3.2.3.2 取消區域組織

→ 逐步取消由區域組織選舉產生而加大普及而直接選舉產生之百分比。因為立法機關以全港利益為大前提，滲入太多區域性之因素並不適宜。

→ 取消區域組織的選舉而由普選產生的不少於百分之七十的成員，由功能團體選出不多於百分之三十的成員。

→ 將區域組織兩成半的議席轉移為功能組別議席，使立法機關議席一半由直選產生，一半歸功能組別。

3.2.3.3 直選／功能團體選舉比例

→ 立法會議成員的產生最後須過渡至百分之七十五由香港居民一人一票直選產生，另外百分之二十五經功能團體選舉產生。

→ 建議立法機關選舉成份

功能團體 45%

地區普選 55%

→ 將「不多於百分之二十五由區域組織……」改為「不少於百分之六十五經由普及而直接的選舉產生，不多於百分之三十五經由功能團體一人一票選舉產生。」

理由：因為這選舉方法並不符合代議政制的既定安排及使更少的一撮人壟斷了選票，比「大選舉團」更麻煩。

→ 立法會議的直選成份越多越好，可將百分之二十五的選舉團議席改為直選，使直選成份增加至百分之七十五。

3.2.3.4 功能團體／區域組織選舉比例

→ 改為：「不多於百分之三十五由功能團體選舉產生，不多於百分之十五由區域組織選舉產生。」

→ 不多於百分之二十經由功能團體選舉產生，不多於百分之三十經由區域組織選舉產生。」

理由：基於功能團體的被選者（即功能團體成員）非由市民選出；一般市民無權成為候選人。

3.2.3.5 直選／功能團體／區域組織選舉比例

→ 立法會議由一百人組成，由直接選舉產生的成員佔百分之六十，由功能團體選舉產生的成員及由區域組織選舉產生的成員各佔百分之二十更佳。

→ 立法會議之組成比例如下：

合格選民直接一人一票選舉 50%

功能團體 40%

區域組織 10%

→ 立法會議有百分之五十議席由全港市民直接選出，選舉團佔議席百分之十五，功能團體佔百分之三十五。

→ 立法會議之組成比例如下：

地區議會 25%

功能團體 40%

地區性普選 35%

→ 立法會議產生辦法如下：設七十個議席；三分之一成員由功能團體選出；三分之一由地區直接選出；三分之一由多個選舉團選出，其中包括：兩個市政局組成的選舉團、各區議會組成的選舉團，以及各諮詢委員會及法定委員會組成的選舉團。

→ 立法機關之組成比例如下：

功能組別 50%

地區議會 20%

直接選舉 30%

理由：

⊙ 功能組別議席與另外兩類議席各佔半數，對香港內部政治較具穩定作用。

⊙ 功能組別選舉確定了社會上的重要行業、階層和專業都在立法會議有代表的機會。

⊙ 依現時情況而言，功能團體組別基本上代表了三種不同力量；工商金融佔十二分之五；基層勞工和社會的服務佔四分之一；專業人士佔三分之一。因此，功能組別選舉並不能代表工商界的利益。日後功能組別選舉可以更廣泛地容納各種重要行業和專業，但三種力量的對比，必須有適當的安排。工商金融業在功能組別選舉中佔一半或接近一半的議席是適當的，因為其他方式的選舉並不直接代表該界別的利益。

⊙ 由地區議會產生的立法會議代表，有其極重要作用，但地區性的事務與全港性的事務仍有其本質上和層次上的差別。因此由地區議會產生的議席，不宜過多。

⊙ 直接選舉的設計，對選舉的結果有一定的影響，其中最重要的是選區的大小。基本的原則是使不同的政治勢力和利益團體都有接近平等的機會，參與直接選舉。

⊙ 上述的比例可以避免少數階層或利益團體壟斷或操縱立法會議。工商金融業和基層若要推動或阻止任何立法，都必須得到中間勢力的認同和支持，這是立法會議持平運作的重要保證。

→ 立法會議議席分配：

功能組別 50%

地區議會 25%

直接選舉 25%

→ 改為：「立法機關的議席應主要由直接選舉及功能組別選舉產生，兩者均不少於全部議席的二分之一。另外區議會、市政局及區域市政局可選出不超過五分之一的議席。」

3.2.4 增加

→ 在方案二增加第四款：「立法會議成員最終應全部由普選產生。」

3.2.5 加入政府官員

→ 由地區組織選出的成員比率，應予減少，並以主要官員代之。

→ 修訂組成比例：直選的名額不少於百分之四十，功能組別百分之二十，區域組織百分之二十，政府部門百分之二十。

附件二方案三

2. 意見

2.1 贊同此方案。

理由：

⊙ 能讓有才幹及有社會地位之人管理立法會議。

⊙ 充份貫徹香港式政治所必須的階級利益平衡及政治平衡。

⊙ 比例較平均。

2.2 不贊同此方案

理由：

（1）對顧問團部份的意見

⊙ 顧問團缺乏民主代表性。

⊙ 在產生方法上不向本港市民負責，欠缺普羅大眾的廣泛參與和容易造成封閉的政治模式。

⊙ 未有說明顧問團如何產生。

⊙ 顧問團的推選方法其實是變相的委任制。

⊙ 由顧問團所推選的成員與由其他途徑選出來的成員可能在立法會議中產生不同的影響力。

⊙ 被推選的成員與直選的成員之間會形成對抗性派系。

⊙ 顧問團的權力依賴行政長官和中央政府，只會導致行政長官專制或是中央控制特別行政區政府的局面，這樣既違反民主原則，亦破壞「高度自治」的精神。

⊙ 第四點有「如顧問團產生辦法不被採用，則不能有地區直選」之規定，將顧問團之角色放在直選之上，有違政制逐步開放的基本精神。

（2）對功能團體部份的意見

⊙ 把功能團體成員所佔比例列為 40%，比直接選舉還多，毫不合理。

⊙ 主流仍是功能團體，只是比例略小而已。

⊙ 50% 的立法會議成員由功能團體選舉產生，會使立法會議被不同的功能組別的利益所分割，從而難以達成以社會整體利益為基礎的共識。

⊙ 以功能團體作選舉模式，賦予立法會議少量用以監察行政機關的權力。

（3）對立法會議加入政府官員的意見

⊙ 規定行政會議成員加入立法會議，維持現行傳統，保守性最大。

⊙ 完全沒有需要賦予主要官員在選舉立法會議時有選舉權。立法會議應監察主要官員的工作，但主要官員卻根據此方案可選擇由誰監察，是不合理的。何況主要官員在政府運作中擁有足夠的權力，假如再給予他們投票權，是不適當的，亦違反三權分立的原則。

⊙ 「以貫通行政和立法機關的聯繫」為理由，似嫌牽強，因為兩者之間有了「聯繫」，就會失去制衡。

⊙ 如經顧問團選出百分之三十的議案，會產生由政府操縱立法會議的局面，因為大部份顧問團成員是來自政府的。

⊙ 由顧問團產生的立法會議成員其中有些是政府官員，有違《中英聯合聲明》內附件——「香港特別行政區立法機關由選舉產生」之規定。

（4）民主因素

⊙ 違反民主精神。

⊙ 立法會議會變成專政的工具。

⊙ 立法會議成員人數太少，代表性不夠廣泛，尤其在精英政治下，大局容易受少數人的控制。

⊙ 由於直選的成份（只佔 30%）太少，立法會議便沒有合法性和權威性，亦不能反映社會利益的客觀分配，因而不能對社會的各方面利益作出合理的協調。

（5）其他

⊙ 經這方案產生的立法會議沒有足夠的威望及權力。

⊙ 立法會議不能負起監察和制衡行政會議的責任。

⊙ 容易受人際關係及交情影響選舉結果，因而獲選的人士未必能適當地反映民意。

⊙ 易造成小圈子政治利益及甚至有枱底交易的可能。

⊙ 以工商界及專業人士作為選舉群的核心。
⊙ 選舉模式頗類同現時中國社會主義的選舉方式，並非為港人所熟悉，容易使港人懷疑「一國兩制」的承諾會否切實執行。
⊙ 行政會議與立法會議成員不應有「雙重身份」。
⊙ 此方案不能保證在立法會議內共產黨或親共人士不會超過半數。
⊙ 假如反共人士或中立人士被選為立法會議成員，而「人大」又不予委任，這種選舉便沒有意思。
⊙ 第（五）項顯示提議人本身對此方案都有懷疑。

附件二方案四
2. 意見
2.1 贊成此方案。
理由：
⊙ 各類別的人數比例較平均。
⊙ 所產生的立法會議較有代表性。
⊙ 其辦法較民主。
⊙ 充份貫徹香港式政治所必須的階級利益平衡及政治平衡。
⊙ 行政長官經過提名委員會甄選提名，符合三權分立的精神。而提名委員會由各界人士組成，他們能包括各界的意見，不會產生幕後操縱的情況，他們選出來的候選人也會得到各界的支持，加上經過集體參詳甄選候選人的方法，將有多一重保障。
⊙ 將方案二和方案四的優點共冶一爐，使能提供一個具中庸之道的方案，更能為人接受的立法會議產生辦法。
2.2 不贊成此方案
理由：
（1）側重工商界利益
⊙ 側重於工商界及專業人士作為選舉群的核心。
⊙ 把工商界和專業人士所佔的比例分別列為 30% 和 50%，這比例太大，是很不合理的做法。
⊙ 易造成小圈子政治，甚至有可能出現暗地裡交易。
⊙ 使很多團體政治化，對沒有參加團體的人士甚不公平。
（2）無代表性
⊙ 直接選舉的比例太小，使立法會議沒有足夠的合法性和代表性，對社會多元化的利益作出合理的協調，扼殺了民主的正常發展，亦反映出贊成此方案的人士沒有誠意推行民主。
⊙ 選舉結果容易受人際關係及交情影響，獲選人士未必能適當地反映及代表選民的意願。
（3）沒有足夠權威
⊙ 立法會議沒有足夠的威望及權力。
⊙ 立法會議不能肩負起監察和制衡行政會議的責任。
（4）其他缺點
⊙ 此方案的規定不詳，亦未能界定每個界別的成員，所以是一個不完整的方案。
⊙ 組成的比例不公平，由三個大類產生成員所採用的方法亦不適當。
⊙ 選舉模式頗類同現時中國社會主義形式的選舉方法，非為港人所熟悉，使港人懷疑「一國兩制」的承諾會否切實執行。
⊙ 是變相委任制度的延續。
2.3 其他意見
2.3.1 組別界定的缺點
→ 從香港現時的情況來看，大多數基層人士還未組織起來。故此，列入「基層組織」能否涵蓋基層人士的參與，實屬疑問。
→ 專業人士及基層組織的界定甚為模糊。
→ 此方案過於繁複，「工商界」、「專業人士」、「基層組織」等組別的會員難以界定，再加上有三種產生立法會議成員的方法，使這方案更複雜。

→ 在處理成員所佔比例方面，此方案欠缺公平、客觀的準則。
→ 較着重協調分歧，但仍傾向間接選舉。
2.3.2 組成比例不平均
→ 工商及專業人士所佔比例共百分之五十五，而直選成份只佔百分之二十五，造成直選成份太少，無充份代表性，不足以體現民主，更不能發揮民主監察的功能。而工商及專業人士所佔比例過高，可能偏袒工商界利益，造成工商界壟斷立法會議及爭奪利益的局面，不但不可以均衡社會各界的利益，也會造成專政的局面。
→ 會將利益團體之間的矛盾帶進立法會議，並且將這些矛盾制度化，對社會整體的發展產生不良的影響。
3. 建議
3.1 增加直選的比例
→ 建議首先有 25% 地區性普選，以後按實際情況和循序漸進的原則加以變更。
理由：一九九一年香港立法局選舉已有部份直選議員，如基本法訂明在一九九七年香港特別行政區的立法會議沒有直選，便不能順利衔接。
→ 組成比例修改如下：

工商界	25%
專業人士	25%
基層組織	20%
地區性普選產生	30%

→ 組成比例修改如下：

工商界	20%
專業人士	20%
基層組織	20%
地區性普選	40%

→ 立法會議的產生辦法：不少於 50% 議席由普及直接選舉產生，其餘由工商界及專業人士分享。
理由：
⊙ 各界代表均有平均的參與機會。
⊙ 可有互相牽制的功能，使社會整體上有穩定的局面。
⊙ 循序漸進地增加直選議席，可邁向真正的民主。
→ 組成比例修改如下：

工商界	30%
專業人士	20%
基層組織	20%
地區性普選產生	30%

一九九七年後，選舉朝着開放及讓人民參與的方向發展。立法會議的產生方法每五年檢討一次，以適應社會的需要及貫徹開放的原則。
立法會議的選舉細則由香港特別行政區的法律予以規定。
3.2 增加基層組織成份
→ 建議立法會議的選舉：
（1）為一院議員制，議員全以選舉產生，不設委任議席，以增加其代表性及權威性。
（2）全議院設 80 議席，其組織成員包括以下四大類：
地區普選（依人口將全港分為十區）25%
基層組織（如街坊會、勞工組織、摩托車公會、洋服業工會等）25%
功能團體（如教育界、社工界、醫學界、護理藥劑界、工程界、宗教界等）25%
工商、金融界（如青年商會、聯合交易所、工業總會等）25%
理由：
⊙ 立法會議成員來自不同行業、不同階層，各代表一定程度人數或行業，或地區的利益，可緩和階級矛盾使市民各安其業，保障香港的繁榮和安定。
⊙ 建議基層組織的比例應增至百分之二十五。
3.3 增加其他組成成份
→ 立法機關組成的比例應加入：

新界各鄉事會 15%
小巴行業團體 15%
主要官員及行政會議成員 5%
3.4 其他建議
→三大類成員改由職業組別產生，因職業組別的方法更具代表性，市民的參與程度也高。同時按「三十八人方案」的辦法，確保各席位的比例均衡。

※

⑬ 1988 年 12 月 19 日《各個政制方案的演變》，載於《基本法的草擬與政制「主流方案」》

【P6-22】

（1）190 人方案

		原方案 10.86 11.87	修改
行政長官	產生	由不少於十分之一的立法機關成員提名，經由全港性的普及而直接的選舉產生。	
	發展		
	任期	四年	
立法機關	產生	普及直選　　　　≧ 50% 功能團體選舉　　≦ 25% 區域組織選舉　　≦ 25%	
	發展		
	任期		

＊香港專上學生聯會之方案與 190 人方案同

（2）工商專業界諮委（89 人）方案

		原方案 ①8.86②11.86③6.87 ④9.87⑤12.87⑥7.88	修改 ①9.88②12.88
立法機關	產生	直接選舉 25%（由立法局、市政局／區域市政局及區議會議員提名並由選民直接選出。） 功能團體 50% 大選舉團 25%（由提名委員會提名若干候選人，由選舉團投票選出。）	① ⊙ 取消立法機關內地域直接選舉候選人的任何甄別程序。 ⊙ 以大選舉團選舉 25% 立法機關成員的提名方法改為： 提名委員會由 30 人組成。行政長官及立法機關主席為當然委員。其餘 28 名提名委員由大選舉團互選產生。立法機關成員不應參加立法機關選舉提名委員會。 ②

年份	1997	1999	2003	2007
立法機關總人數	55	65	65	80
地區直選	15	25	25	40
功能團體	25	25	25	25
大選舉團	15	15	15	15

發展			①在引進一人一票方式選舉行政長官時，應重新研究立法機關的組成及選舉方法。是否全部議席由普選產生。
任期		四年	②第一屆——兩年 其後——四年

（3）38人方案

		原方案 6.87	修改 12.88
立法機關	產生	地區選舉 1/3 職業分組 2/3（三大類職業組別平分席位）	普及直選 1/3 功能團體 2/3（三個分組的席位亦平均分配）
	發展		其後，在逐步增加分區普選比例的同時，功能組別範圍亦應擴大，並採用一人一票選舉方式，以便過渡至38人方案所建議的職業組別選舉。
	任期	第一屆——兩年 其後——四年	

（4）香港政府華員會

		原方案 2.87	修改 ① 3.12.88 ② 6.12.88
立法機關	產生	直接選舉 30% 功能團體 70%	①第一屆，由地區普選產生的席位只有27%，似較偏低。長遠來說，若功能組別也實行一人一票選舉，則仍有其保留價值。②第一屆——地區性普選 1/3 功能團體 2/3
	發展		①地區性普選不早於第三屆增至 50%。
	任期		第一屆三年，其後每屆五年。

（5）香港大學畢業同學會

		原方案 10.86	修改 ① 3.12.86 ② 6.12.86
立法機關	產生		① 27% 直選議席太少 ②第一屆——地區性普選 1/3 功能團體 2/3
	發展	長遠而言（廿一世紀），應朝向以直選選舉全部立法機關議席。	
	任期		

（6）香港工會聯合會

		原方案 9.88	修改 ① 3.12.88 ② 6.12.88
立法機關	產生	第一屆——九七年七月一日前的最後一屆立法局議員可全部自動成為第一屆立法會議員的候選人，在「香港特別行政區籌備委員會」的主持下，經「選舉委員會」選舉產生。第二屆——地區直選 40% 功能團體 45%〔15% 工商界 15% 專業人士 15% 勞工及其他基層組織〕「選舉委員會」15%	①第一屆——贊同主流方案。惟方案中功能團體的三個界別比例應相等。勞工界的比例應獨立列明。②第一屆——地區性普選 1/3 功能團體 2/3 ①第二屆——贊同主流方案。
	發展		②立法會內普選成員所佔的比例不遲於第三屆達到 50%。
	任期	第一屆——兩年 第二屆——五年	

（7）港九勞工社團聯會

		原方案 9.88	修改 ① 6.12.88 ② 16.12.88
立法機關	產生	看守政府 —由推選委員會協商或選舉產生。 —原香港立法局議員可作為候選人。 第一屆及以後—— 分區直選 40% 職業組別 60%〔20% 勞工基層團體 20% 工商團體 20% 專業人士〕	①立法會內普選成員所佔的比例不遲於第三屆達到 50%。②第一屆——由五十七人組成比例：地區性普選 1/3 工商、金融、專業 1/3 勞工、基層 1/3 第二屆——由六十八人組成，比例：地區性普選 44% 工商、金融、專業 28% 勞工、基層 28% 第三屆——由七十六人組成，比例：地區性普選 50% 工商、金融、專業 25% 勞工、基層 25%
	發展		②第二屆——進行全民投票，決定第三屆的產生方法。如投票結果否定者，則每兩屆進行一次全民投票。 —普選成員的比例不遲於第三屆達到 50%。
	任期		第一屆——兩年 其後——四年

（8）新香港學會

		原方案	修改 ① 3.12.88 ② 6.12.88
立法機關	產生		①按主流方案，但普及直選的比例增至33%，及功能團體中取消宗教界作為功能組別。 ②第一屆 —— 地區性普選　1/3 功能團體　2/3
	發展		②立法會由普選產生的成員所佔的比例不遲於第三屆達到50%。
	任期		

（9）香港民主協會

		原方案 10.86	修改 12.88
立法機關	產生	分區直選25人 一般功能的混合選舉24人 特殊功能的直選或間選26人	贊同主流方案
	發展		第三屆進行全民投票決定立法會的產生方法。但若投票結果決定不變，則由立法會每五年至十年檢討一次，以三分之二多數票決定。
	任期		

（10）查濟民

		原方案 8.85	修改① 4.88 ② 11.88
立法機關	產生	由區議會或各個選區產生 1/3 功能團體 1/3 「顧問團」中互選 1/3	①分區直選30% 功能團體40% 「顧問團」推選30% （10% 主要官員 20% 行政會議成員、社會人士） ②第一屆 —— 成員的人數和組成比例將照顧到九七年六月三十日時香港立法局的組成內容。 第二、三屆 —— 由混合選舉產生，共六十人，比例： 顧問團推選非顧問30% （行政會議成員 1/3 社會上其他人士 2/3） 功能團體40% 地區直選30% 第四屆 —— 顧問團選出20% （行政會議成員 1/3） 功能團體45% 地區直選35% 第七屆及其後 —— 顧問團選出10% （行政會議成員 1/3） 功能團體50% 地區直選40%

	原方案 8.85	修改① 4.88 ② 11.88
發展		
任期		②第一屆 —— 兩年 其後 —— 四年

（11）勵進會

		原方案 9.88	修改
立法機關	產生	首屆 ——「推選委員會」參與九七年前之最後一屆立法局選舉，該批獲選之立法局成員可在九七年七月一日後繼續任職。 開始 普及直選 1/3 功能團體 1/3 大選舉團 1/3	
	發展	第三至五屆 —— 全由普選產生	
	任期	四年	

（12）傑出青年協會

		原方案 9.88	修改
立法機關	產生	第一屆 —— 地區性直選 1/3 功能團體 1/3 選舉團 1/3	
	發展	目標為直選議席不少於 50%。	
	任期	四年。	

（13）港人協會

		原方案 11.86	修改
立法會	產生	立法會（60 或 80 人），組成比例如下： 功能組別 50% 地區議會間接選舉 20% 直接選舉 30%	
	發展		
	任期		

※

⑭ 1989 年 1 月 3 日《全民投票的性質和功能》

【P1-6】
全民投票的類型
4. 一般所謂的全民投票，其實有幾個不同的模式，它們彼此間的差別主要是在於它們將制定法律的支配權由政府中轉移到一般選民手中的程度不同。這種轉移程度由小到大，可以分為四種基本類型的全民投票。
（1）政府控制的全民投票（Government-controlled referendums）：政府有全權決定是否舉行全民投票，決

定進行投票的問題的題材和措辭，決定該問題取勝所需要的贊成票的比例，及決定投票結果對政府是有約束力或純屬諮詢性質。

（2）憲制規定的全民投票（Constitutionally required referendums）：一些國家的憲法要求政府通過的某些議案在生效前需由選民批准。這些議案主要是修憲議案，但也有其他的議案。政府有權決定是否就每一項修訂案提出進行全民投票並決定其措辭，但強制性的全民投票則決定其是否成為憲法的一部份。

（3）公眾請願的全民投票（Referendums by popular petitions）：在某些國家，一般選民有權聯署請願書，要求將某一政府通過的議案交由選民處理。如果他們的請願書包含所需要的有效簽名數目，必須就該議案進行全民投票。如果大多數選民贊成撤銷該法案，不管政府是否希望保持，該法案即失去效力。

（4）公眾創制權（popular initiatives）：在某些國家，一般選民有權聯署請願書，要求將某一項不被政府通過的議案交由選民處理。如果他們的請願書包含所需要的有效簽名數目，必須就該議案進行全民投票。如果得到大多數選民贊成該議案，不管政府如何反對，該議案即成為法律。

進行全民投票的國家中，大部份只有第一類型的全民投票，各國政府只是在很少的情況下選擇進行全民投票，它們主要是因為政治上方便的理由而不是作為對法律應如何制定的一般理論的回應。第三和第四類型的全民投票（通常合稱為「直接民主」）在瑞士的聯邦和邦的層面均廣泛地應用，在美國的部份州也較多應用。

各國實行全民投票的情況

5.從十八世紀末至 1978 年 9 月 1 日，全世界共舉行過約 540 次的全國範圍的全民投票，其中 297 次在瑞士舉行，其他舉行全民投票較多的國家是澳洲（39 次）、法國（20 次）、（丹麥（13 次）。全民投票舉行得最多地方，除瑞士外，美國西部的一些州，特別是加州，也經常運用全民投票來進行立法或制定政治決定。

6.為什麼瑞士或美國的一些州會廣泛地應用全民投票呢？這是因為這些地方都有由公民集會進行直接制定政府政策的歷史背景。瑞士有些邦自從十三世紀開始就有這種集會了，同樣，從十七世紀開始，新英格蘭的鎮也是通過鎮集會來決定鎮事務，西部的一些州也繼承了這樣的傳統。隨着人口在十九世紀和二十世紀的增長，上述的集會變成不可能再舉行，全民投票便成為一種在龐大人口的限制和需求下，適合直接民主原則的方法。同樣的經驗也導致這些地方建立了創制權。由於創制權剝奪了立法機關制止舉行全民投票的特權，加上選民和壓力團體的要求，創制權的使用便大量增加。在第一次世界大戰之前，全民投票作為一種政治制度的最重要的發展無疑在瑞士和美國出現。自從 1848 年特別是 1870 年以來，瑞士人已接受每一項主要全國性的決定應成為民眾投票的問題的原則，瑞士有關全民投票的理論和實踐發展到一個其他國家沒法與之匹配的高度。只有在美國的一些州（大部份在西部，特別是加州）才將直接立法作為制定政治決定過程的一個固定部份。

7.在歐洲和舊英聯邦以外的地方舉行的全民投票大部份都是嘗試尋找對新制度和憲法的認可，或顯示對已建立的制度或憲法的接受。這些嘗試大部份是成功的。西方民主國家並不熱衷於將全民投票發掘成一個嚴肅的決定政策工具。瑞士是唯一對全民投票有偏好的國家，而其他國家則是在有憲制需要或有短期政治利益時，才採用全民投票的。全民投票最被濫用（原文如此）然而又是最有效的領域是用來處理領土紛爭。近年來，有關放棄部份主權，而

加入某些國際組織的事件也導致一些最重要的全民投票。但各國很少就道德範疇的問題，如決定有關墮胎、同性戀法案等，進行全民投票。意大利就離婚進行全民投票是很特殊的例子。

全國性全民投票的數目和性質

性質（百分比）

地區	數目	批准新制度或新憲法	修改憲法	批准特殊法律或政策	疆界問題	總數
歐洲（瑞士除外）	101	28	27	29	16	100
非洲及中東	54	92	0	0	8	100
亞洲	18	100	0	0	0	100
美洲	25	87	0	13	0	100
澳大利西亞＊	45	0	82	18	0	100

＊澳洲、紐西蘭和附近群島的總稱

8.絕大部份的全民投票都是諮詢性質而不是強制性質。它們並不規定必須進行改變，只不過是授權立法機關去執行。在某些情況下，政府甚至不理會或繞過全民投票的結果行事。

9.儘管各國的歷史不同，政客和投票人對全民投票的態度不同，但舉行全民投票的原因主要如下：

（1）憲制上的需要，瑞士和澳洲的憲法規定，只有通過全民投票才可以修憲，在較小的範圍內，法國、愛爾蘭、丹麥也有類似的規定。因此，由於不時要進行憲法上的修改，這些國家便不可避免地要進行全民投票。

（2）尋求認可性。民主政府雖然是建基於選舉而取得權力，但所有政黨都有多重性質的政策，選舉的勝利並不足以證明某一特定的政策得到大眾的支持，有時也需要將政策直接訴諸人民。在 1975 英國進行全民投票時，一個工黨議員就說：「英國需要就是否進入共同市場進行全民投票，此乃一項結婚服務，令到大家容易融洽相處。」

（3）決策的轉移。當政府內部對某項事件意見分歧時，為避免處理這類事情，及避免作出相當一部份人認為是違反人民意願的決定，全民投票提供了一個迴避責任的方法。挪威和英國就加入共同市場問題進行的全民投票，比利時就利奧波德三世復位進行的全民投票，意大利就離婚進行的全民投票，都是這方面的例證。除了在瑞士和美國部份州的全民投票外，絕大部份的全民投票都是用來處理臨時事件，政府提出全民投票作為對特定的政治難題的解決方法。

有關全民投票的具體做法

10.除了某些問題已由憲法規定必須進行全民投票外，其餘由憲法規定可以進行全民投票的問題則由政府決定是否進行。瑞士憲法規定：法律及法令在正式頒令前可以選擇是否提出全民投票，但事實上，瑞士所通過的 1,200 多條法律及法令中，只有 85 條曾經提出來進行全民投票。

11.部份國家在憲法裡列明將贊成票付諸實行的條件：
威瑪德國 50% 選舉人贊成
丹麥（直至 1953 年）45% 選舉人贊成
烏拉圭 35% 選舉人贊成
岡比亞 66.66% 投票人贊成
澳洲（1924 年起實行義務性投票）50% 投票人及大多數

的省贊成

瑞士 50% 投票人及大多數的邦贊成

新西蘭（1908 年至 1914 年）60% 投票人贊成

12. 有的國家在憲法裡規定法律正式生效前可以提出全民投票。這些國家除瑞士外，還有奧地利（從未使用），法國、意大利、敘利亞。在意大利和瑞士，規定數目的選民可以要求舉行全民投票。其中意大利是 500,000 人，瑞士則是 50,000 人。其餘國家則由總統或立法機關決定是否進行全民投票。匈牙利（從未使用）、南斯拉夫（從未使用）和瑞典則規定可以在立法前有諮詢性的全民投票。丹麥和瑞士則有規定可以在立法過程中進行全民投票。保加利亞和蘇聯也有進行全民投票的憲法規定。

13. 資料顯示，由於投票率在正常情況下都相當高，僅略低於該國進行政治選舉的投票率，大部份國家的全民投票都沒有規定最低投票率，一般都是要求有 50% 的投票人贊成，議案便得以通過。初次搞全民投票的國家，由於人民受好奇心驅使，一般投票率均相當高。但既然進行全民投票的目的是取得認可性，假如投票率低，無論投票結果對政府是否有約束力，其認可性也必然被質疑。除了瑞士以外，投票率不足一半選舉人的全民投票只有 16 次，佔除瑞士以外總數的 6.5%。因此，一般國家都不規定最低投票率。事實上瑞士由於舉行太多的全民投票，投票率有明顯的下降趨勢：

1880 年→ 1913 年　58%
1914 年→ 1944 年　61%
1945 年→ 1959 年　54%
1960 年→ 1969 年　42%
1970 年→ 1978 年　42%

14. 雖然大部份國家的全民投票不設最低投票率，但仍有部份國列明有關全民投票有效的條件。威瑪德國就有兩次全民投票都是超過 90% 的投票人贊成，但未達到 50% 的選舉人贊成而告失敗，因為這兩次全民投票分別只有 39% 和 15% 的選舉人參加。丹麥在 1939 年就選舉年齡由 25 歲降至 23 歲的全民投票，雖然有 91.9% 的投票人贊成，但由於只有 48.9% 的投票率，致使不足憲法規定的 45% 選舉人贊成而告失敗。烏拉圭在 1946 年就修憲進行的全民投票，雖然有 79.9% 的投票率，但由於只有 42.6% 的人贊成，達不到憲法規定的 35% 選舉人贊成，修憲未能通過。岡比亞在 1965 年進行批准新憲法的全民投票，投贊成票的由於只佔 62.3%，不能通過新憲法，要到 1970 年的全民投票中，才以 70.4% 贊成通過新憲法。另外，瑞士和澳洲是實行雙重多數制的，任何全民投票必須同時取得投票人和邦省的多數，才可以被視為通過。

15. 儘管許多國家的政府並不主張進行全民投票，但所提出的全民投票大部份都獲得通過。

全國性全民投票的結果（百分比）

贊成票佔總數的百分比

地區	少於 50	50—90	90—99	多於 99	總數
歐洲（瑞士除外）	19	41	23	17	100
非洲及中東	0	19	31	50	100
亞洲	0	34	56	10	100
美洲	15	56	19	10	100
澳大利西亞	61	37	2	0	100

澳洲是唯一否決多於通過的國家；瑞士進行的 297 次全民投票，政府的意向取得全國範圍大多數的有 218 次，其中包括 100 次支持政府的建議，51 次反對取消政府通過的議案和 67 次反對民眾創制。丹麥、法國、愛爾蘭、盧森堡、挪威、瑞典、烏拉圭、岡比亞和新西蘭是少數國家出現過政府在全民投票中未能取得多數支持的現象。

16. 不過，單是技術上的佔多數有時也不一定足夠。在 1950 年比利時曾就利奧波德三世是否復位進行全民投票，結果是 57.6% 的人贊成，於是利奧波德重返比利時執政，但他隨即發現 57.6% 的支持仍不足夠維持他在這民主社會裡作為國王而行使其權力，因為其餘超過 42% 反對者雖然只是少數，但卻有強烈的反對情緒。同樣，一般政治觀察家也認為，英國在 1975 年就進入共同市場進行的全民投票，如果不是 67.2% 的投票人贊成而僅是 51% 贊成，恐怕英國的共同市場成員資格不會維持到今天。

17. 絕大部份的全民投票採用單獨問題的方法，讓選舉人獨立作答，問題大都簡單、明瞭、直接，如法國在戴高樂總統時代進行的兩次全民投票，問題就是：你贊成或反對阿爾及利亞獨立？你贊成或反對由人民直接選舉總統？但有時也會就同一件事情提出多過一個的問題。丹麥在 1963 年進行土地改革的全民投票，法國在 1945 年進行修憲的全民投票以及愛爾蘭在 1968 年進行改革選舉的全民投票，都提出超過一個問題。

18. 除了瑞士和澳洲之外，只有愛爾蘭（1972 年）、新西蘭（1949 年及 1967 年）和意大利（1978 年）在同一天中同時就多件事情進行全民投票。但最極端的例子就是加州在一次投票中表決四十七項不同的建議。有時全民投票的問題也會以多項選擇的形式出現，如瑞典在 1957 年就長俸計劃進行的全民投票就有三項選擇。

※

⑮ 1989 年 1 月 4 日《「主流方案」與其他政制方案的比較》，載於《基本法的草擬與政制「主流方案」》

【P5-6】

4. 第一屆立法機關的普選成份

綜觀各個方案的主張，第一屆立法機關的普選成份從 25% 至不少於 50%。主流方案所建議的普選成份則是 27%，可見是位於方案的範圍以內（圖四）。

方案 ＼ 普選成員比例	25%	27%	30%	33.3%	40%	≥ 50%
89 人	✓					
工聯會				✓		
主流方案		✓				
港人協會			✓			
華員會			✓			
傑青					✓	

方案 \ 普選成員比例	25%	27%	30%	33.3%	40%	≧50%
38 人				✓		
勵進會				✓		
勞聯					✓	
大學畢業同學會					✓	
190 人						✓

（圖四）第一屆立法機關的普選成份

5. 第二屆立法機關的普選成份

大部份方案均有建議立法機關普選成份逐漸增加的比例，而主流方案亦主張從第一屆 27% 增加至第二屆 38.5%。第三屆則有 50% 普選產生的立法機關成員。就第二屆而言，各方案的建議從 25% 至 60% 不等，而主流方案的建議則位於其中：38.5%（見圖五）。

方案 \ 普選成員比例	25%	30%	33.3%	38.5%	40%	≧50%	60%
89 人	✓						
華員會		✓					
港人協會		✓					
傑青			✓				
勵進會			✓				
38 人			✓				
主流方案				✓			
工聯					✓		
勞聯					✓		
190 人						✓	
大學畢業同學會							✓

（圖五）第二屆立法機關的普選成份

※

⑯《基本法工商專業界諮委對「主流方案」的意見書》，載於《基本法的草擬與政制「主流方案」》

【P2-3】

為使該方案能更適合香港的實際環境，我們有下列的幾點建議：

（1）我們接納用全民投票的方法決定第三屆或以後的政制發展，但全民投票應明確規定最少有百分之五十合資格選民參加投票，方可接納其結果。

（4）我們認為該方案內立法機關地區直選成份擴展過速，香港特別行政區成立初期，無論市民或投資者均亟需一個穩定的社會環境，任何太急速的轉變，將不利於經濟發展和政府運作。因此，我們建議立法機關的組成及發展，按下列時間表進行：

年份	1997	1999	2003	2007
立法機關總人數	55	65	65	80
地區直選	15	25	25	40
功能團體	25	25	25	25
大選舉團	15	15	15	15

（5）我們認為，立法機關在 1997 年後的一段時間，應有部份議席由大選舉團選出，理由如下：

（i）保證立法機關成員的組合能夠均衡。

（ii）發掘和提名一些有專門知識和對政府運作有貢獻的人才，而這些人才未能經由功能團體或地區選舉途徑得以晉身立法機關。

（iii）鼓勵和提名各界傑出人士參與立法機關，以取代現行的委任制度。

（iv）當立法機關對某類專長有需要時，可用此方法選出適當人士充任。

（6）決定立法機關是否全部議席由普選產生的全民投票，應於第四屆內進行。

我們的宗旨一向都是以香港的穩定繁榮為大前提，而不讓香港冒不必要的風險。因此，一個穩健發展的政制是適當的，但基於香港目前有部份人士對政制所持的激烈態度，為求減少對抗局面，我們作出上述建議，希望能對協調一個大多數港人支持的政制方案，起一定的帶頭作用。

※

⑰《38 人方案對草委會政制小組的「主流方案」的修改建議》，載於《基本法的草擬與政制「主流方案」》

【P1】

D. 立法機關的混合選舉組合，於第一屆應為三分一普選，三分二為功能組別選舉，而功能組別中的三個分組的席位亦應平均分配。其後，在逐步增加分區普選比例的同時，功能組別範圍亦應擴大，並採用一人一票選舉方式，以便過渡至「三十八人方案」所建議的職業組別選舉。

※

⑱《香港政府華員會對主流方案的意見（摘自八八年十一月二十六日明報）》，載於《基本法的草擬與政制「主流方案」》

【P2】

立法機關的地區普選比例方面，主流方案提出起點為百分之廿七，較華員會的提議略低，不過他（華員會副會長黃河）個人認為第二、三屆的直選比例增加速度是可以接受的，但要到第四屆才決定將來的發展是拖得太慢，應於第三屆完結作出檢討。而且，若要貫徹循序漸進的原則，第四屆的直選比例可以擴大。

對於立法機關是否應全部由直選產生，他個人仍未有定見，因為在沒有委任情況下，全部廢除功能組別選舉可能會令某些專業人士無機會晉身立法會，若功能組別能實行一人一票選舉，功能組別是有保留價值的。

※

⑲大學畢業同學會對「主流方案」發表的聲明，載於《基本法的草擬與政制「主流方案」》

【P1】
（一）我們認為「主流方案」是一個尋求協調的嘗試，但其醞釀過程和通過程序甚有問題，結果不能達至積極的協調作用，令人失望。

（二）「主流方案」同意最終可以達至普選行政長官及全體立法會議成員，本會對此表示歡迎；此外，方案又提出以全民投票作為決定全面普選的機制，有積極意義，值得考慮。

（三）「主流方案」提出第一屆立法會成員只有百分之二十七由「地區性代表人士」組成，本會認為比例太低，將拖慢本港發展民主政制的步伐。

※

⑳《香港工會聯合會基本法關注小組對草委專題小組廣州會議修改〈基本法（草案）徵求意見稿〉的意見》，載於《基本法的草擬與政制「主流方案」》

【P1】
二、對政制
政制專題小組通過的主流方案，容納了港人在政制問題上的各種見解，體現了香港政制朝民主方向發展，及循序漸進的發展方式，有利於香港社會的穩定和經濟的發展，與本會在此問題上的意見較接近。故我們認為，該方案原則上是可以接受的，但仍存在未臻完善之處，需要進行修改。
1.在立法機關組成方式上。政制專題小組提出第一屆立法機關的產生辦法，既體現主權原則，又考慮到平穩過渡，是可取的。而由第二屆開始，立法機關透過地區直選產生的議席的比例，亦與本會的建議十分接近。但在功能界別議席的分配上，工商及金融界、專業人士界、勞工界等的比例不均衡，與本會意見不符。我們認為，此三大階層在立法機關中的議席所佔的比例應該相等，才能體現均衡性。同時，勞工作為社會上重要的一個界別，其在立法機關中所佔的議席應獨立地列明。

※

㉑張家敏《對草委政制主流方案的建議》，載於《基本法的草擬與政制「主流方案」》

【P1】
雖然總的來說，主流方案偏於保守，但平心而論，它亦有幾點較開明的地方，值得我們肯定：
（一）在功能團體選舉方面比較接受了三十八人方案的建議，就是在可能情況下，以一人一票的方式在各職業組別內選出各行業的代表，這無疑將功能團體選舉推向更民主的方向發展；
（二）同意以全民投票方式檢討未來政制，使市民有實質的參與機會；
（三）在特別行政區成立六年後的立法機關議席中，普選比例上升至百分之五十，從這個建議被不少工商界或較保守的人士多次抨擊的角度來看，草委會在某程度上實是已照顧到支持民主人士的要求。

立法機關的起步點應更開放
話雖如此，此方案仍有不少值得商榷及改進的地方。首先在立法機關方面，主流方案指出首屆立法機關普選議員只佔整個立法機關的百分之廿七，在十一月十二日「香港十個團體協調會議」（俗稱武林大會）中，各方面同意首屆的普選議席應不少於百分之二十五至不多於百分之五十，而工商諮委亦曾指出假若其他團體同意，他們會接受立法會中有百分之三十三議席由普選產生，然而，現時的主流方案的普選議席只佔百分之廿七，無疑是過份保守了。基於此，在主流方案發表後，不少中間方案的人士皆不約而同的提議，普選議席比例應增加至百分之三十三，這建議亦在十一月三十日的諮委會議中得到很多支持的回應。

【P5】
政制方案應實際及得到市民的支持
總結而言，本人的具體建議可歸納如下：
（一）立法會中普選議員比例可上升為百分之三十三，而宗教組別則予取消；

（二）確定以選舉方式產生首屆行政長官，並將首屆行政長官選舉委員會人數擴大，以加強港人於過渡期的信心；

※

㉒香港民主協會對基本法（草案）徵求意見稿的意見，載於《基本法的草擬與政制「主流方案」》

【P1】
香港民主協會對基本法草委會政制小組在十一月十九日至二十三日會議上通過基本法（草案）徵求意見稿第四章、第十章、附件一及附件二的修改有下列幾點意見：
（三）有關附件（二）香港特別行政區立法會產生辦法意見如下：
（1）第一項中的「第三、四屆」應改為「第三屆」；

（2）第三項第一句「第一至第四屆」應改為「第一至第三屆」；第二句「第四屆」應改為「第三屆」；

（3）第四項第二句中「第五屆」應改為「第四屆」，後半段應改為「如投票決定不變，每隔五至十年由立法會進行檢討，其時間及方式由立法會三分之二多數決定。」

※

㉓《傑出青年協會意見書（附件一、二、三的建議）》，載於《基本法的草擬與政制「主流方案」》

【P1】
附件二：香港特別行政區立法會議的產生辦法：
建議：
（一）立法機關組成的比例：功能團體選出的成員佔三分之一，按地區直接選出的成員佔三分之一，選舉團選出的成員佔三分之一。
（二）立法機關成員任期四年。
（三）選舉細則由香港特別行政區政府以法律規定。
（四）一九九七年後加強直接選舉的成份，目標為直選議席不少於百分之五十。

說明：
本會曾參考徵求意見稿的各項方案，最後得出上述建議。其中有關立法機關的人數，本會認為由現時立法機關的人數作基礎，視乎將來發展及實際需要而作出相應的調整最為適宜，故上述建議並沒提及立法機關的人數。

※

㉔ 查濟民《對香港特別行政區政治體制方案的修改建議》，載於《基本法的草擬與政制「主流方案」》

【P2】

第一屆政府以後行政長官、立法會議產生辦法如下：

二、立法會議

甲）第二、三屆立法會議委員由「混合選舉」產生，成員百分比如下：

1. 香港特別行政區立法機關成員共 60 人。

2. 30%（即 18 人）的成員由顧問團推選非顧問擔任，其中至少三分之一（即 6 人）為行政會議成員，其餘（約三分之二）為社會上其他人士。（顧問團產生的立法機關成員，如有行政會議成員和主要官員，可以貫通行政和立法機關的聯繫）。

3. 40%（即 24 人）由功能團體選出。

4. 30% 由各地區直接選出。

任期四年。

乙）立法會議自第四屆起改變成員百分比如下：

20% 顧問團選出（至少有 1/3 為行政會議成員）。

45% 功能團體選出。

35% 地區直選。

任期四年。

丙）立法會議自第七屆起改變成員百分比如下：

10% 顧問團選出（至少有 1/3 為行政會議成員）。

50% 功能團體選出。

40% 地區直選。

任期四年。

丁）此後成員比例不再改變。每屆任期四年。

※

㉕《港九勞工社團聯會對主流方案的一些修改意見》，載於《基本法的草擬與政制「主流方案」》

【P2】

第一屆立法會議　二年（1997 至 1999）

特區籌委會確認 57 人

地區性普選	19 人	33.3%
工商、金融、專業	19 人	33.3%
勞工、基層	19 人	33.3%

原則：（一）同意修改首屆立法會議之產生辦法，由一年改為兩年。（附以上修改之意見）

（二）成員應盡量以民主方式產生。

（三）地區性普選不能低於三分一。

第二屆立法會議　四年（1999 至 2003）

混合選舉 68 人

地區性普選	30 人	44%
工商、金融、專業	19 人	28%
勞工、基層	19 人	28%

原則：（一）地區性普選成份應要逐步增加。

（二）在此階段應進行一次全民投票，以簡單多數決定下屆意向。

（三）如果投票結果否定普選，應每兩屆再進行一次全民投票。

（四）立法會議內普選成員的比例不遲於第三屆達到50%。

第三屆立法會議　四年（2003 至 2007）

混合選舉 76 人

地區性普選	38 人	50%
工商、金融、專業	19 人	25%
勞工、基層	19 人	25%

※

㉖ 1989 年 1 月 9 日《政治體制專題小組對條文修改情況的報告》，載於 1989 年 1 月《中華人民共和國香港特別行政區基本法起草委員會第八次全體會議文件匯編》

【P14-15】

第六十七條第二款改為第三款；第三款改為第二款，文字改為「立法會的產生辦法根據香港特別行政區的實際情況和循序漸進的原則而規定，最終達至全部成員由普選產生的目標。」

※

㉗ 1989 年 2 月 15 日姬鵬飛《關於提請全國人大常委會審議〈中華人民共和國香港特別行政區基本法（草案）〉及有關文件的報告》

三、關於香港特別行政區的政治體制

（二）關於行政長官和立法會的產生辦法。基本法（草案）第四十五條和第六十七條分別就此作了原則規定，具體產生辦法則由附件一和附件二列明，這兩個產生辦法遵循的共同原則是，以香港的穩定和繁榮為前提，循序漸進地發展適合於香港實際情況的民主。上述條文和附件在起草委員會通過後，香港社會各階層仍有各種不同意見，有必要進一步聽取和協調各方面的意見，然後對有關規定作出必要的修改和調整。

※

㉘ 1989 年 2 月《中華人民共和國香港特別行政區基本法（草案）》

【P30-31】

附件二　香港特別行政區立法會的產生辦法

一、香港特別行政區第一屆至第四屆立法會組成如下：

第一屆 立法會議員共	55 人
（一）地區性代表人士	15 人
（二）工商、金融界	16 人
（三）專業界	12 人
（四）勞工、社會服務、宗教等界	12 人
第二屆 立法會議員共	65 人
（一）地區性普選代表	25 人
（二）工商、金融界	16 人
（三）專業界	12 人
（四）勞工、社會服務、宗教等界	12 人
第三、四屆 立法會議員共	80 人
（一）地區性普選代表	40 人
（二）工商、金融界	16 人
（三）專業界	12 人
（四）勞工、社會服務、宗教等界	12 人

二、上述地區性普選的選區劃分、投票辦法，各個界別及各個界別法定團體的劃分、名額分配、選舉辦法等，由香港特別行政區以選舉法規定。

每個選民只能有一個投票權。

三、第一屆立法會按照《全國人民代表大會關於香港特別行政區第一屆政府和立法會產生辦法的決定》產生。

第一至第四屆立法會按本附件的規定組成。在第四屆立法會任內，立法會擬定具體辦法，通過香港特別行政區全體選民投票，以決定立法會的議員是否全部由普選產生。投票結果報全國人民代表大會常務委員會備案。

上述全體選民投票的舉行，必須獲得立法會議員多數通過，徵得行政長官同意和全國人民代表大會常務委員會的批准方可進行。投票結束，必須有百分之三十以上的合法選民的贊成，方為有效，付諸實施。

四、如上述投票決定立法會議員全部由普選產生，從第五屆起實施；如投票決定不變，每隔十年可按第三項的規定再舉行一次全體選民投票。

五、除本附件第三、四兩項已有規定外，其他變更須經立法會全體議員三分之二多數通過，行政長官同意，並報全國人民代表大會常務委員會備案。

第八稿

「**第六十八條　香港特別行政區立法會由選舉產生。**
立法會的產生辦法根據香港特別行政區的實際情況和循序漸進的原則而規定，最終達至全部議員由普選產生的目標。
立法會產生的具體辦法和法案、議案的表決程序由附件二《香港特別行政區立法會的產生辦法和表決程序》規定。」
〔1990 年 2 月 16 日《中華人民共和國香港特別行政區基本法（草案）》〕

① 1989 年 4 月 28 日《基本法工商專業界諮委於一九八九年四月廿八日呈交基本法起草委員會意見書（撮）》

【P2】

（4）特區政府成立後，未來政制發展採用「引發點」方式決定，就是當立法會選舉投票人數達到具資格選民數目一定比數時，我們認為市民的政治參與及社會政治條件成熟，可經由一人一票方式選舉行政長官，那時立法會全部議席亦應由普選產生。

我們建議用「引發點」方式之一個重要原則就是香港政治改革的時間性，不應作硬性規定，而應根據港人政治參與的情況而定。一個民主制度是否可以成功地推行，視乎公民教育和市民的參與，若採用上述規定的全民投票或時間表，都流於生硬，產生過早或過遲改革的毛病，使香港未來政制不能根據客觀條件而作合理的發展。

我們建議的「引發點」機制包括了上述三種方法的長處而沒有它們的短處，「引發點」的方法充滿彈性，能令香港民主政制發展根據客觀情況特別是港人參與政治的興趣而定，而且讓香港下一代的人士有機會自作決定。

若採用全民投票方式，我們建議須規定最少有百分之五十合資格選民參加投票，方可接納其結果。基本法（草案）建議選民投票的舉行，必須獲得立法會議員多數通過，徵得行政長官同意和全國人民代表大會常務委員會的批准方可進行。我們認為這太多的關卡是無須要的，故建議予以刪去。

　　　　　　　　※

② 1989 年 10 月 6 日《第二次諮詢期政制專責小組第七次會議會議紀要》

3. 設計政制方案時要考慮的原則
3.1 有委員認為，政制發展步伐寧穩勿亂，這是因為：
（1）要保持繁榮安定；而太多、太頻密的政制變更或檢討都會引致社會不安。
（2）原來的政治制度運作良好，應有十五至二十年政制不變的穩定期，以便在原有基礎上發展，及學習港人治港。
3.2 有委員認為，政制的設計應照顧到港人意願。根據近日一些民意調查顯示，市民希望加快民主進程。基本法若不符合市民意願，日後則必然有爭取修改基本法的活動，削減基本法應有的穩定人心作用。
3.3 有委員認為，政制的設計應能容許各方的參與，及和

衷合作；避免只有某一方面掌權，其他派別受制於前者之下，亦不能有幾派人輪流執政的情況出現，以免政策變更過於頻繁。
3.4 有委員認為，政制設計應能保護資本主義社會，不能利於社會主義制度的產生。
3.5 有委員認為，保全「一國兩制」、「港人治港」是應有的原則。

5. 對個別政制方案的討論
5.1 有關五五方案
5.1.1 有委員認為，此方案較為符合港人意願，因為
（1）當中建議的九七年立法會直選比例佔一半或以上；
（2）此方案以時間表形式明確顯示立法會所有議席和行政長官普選的日期；
（3）建議中的行政長官最終的產生方式，是經開放式提名，然後普選。
5.1.2 有委員認為，民意不一定可以接受在二零零三年，而非在第一屆普選行政長官。
5.2 有關三十八人方案
5.2.1 有委員認為，功能團體選舉有其明顯缺點：它只容許少數人參與。而三十八人方案所倡議的職業組別選舉，則賦予所有合資格選民有投票的權利。而且，在職業組別選舉所產生的議席當中，基層佔的比例有三分之一。這個比例，較之很多其他選舉形式所容許產生的基層比例為高。功能團體有其重要性，而三十八人方案的建議可克服其缺點，可使功能團體選舉較長期保留。
5.3 有關一會兩局方案
5.3.1 有委員認為，這方案的設計背離了基本法（草案）第六十七條：「最終達至全部議員由普選產生」的原則；亦不符合港人意願。
5.3.2 有委員認為，只要是符合港人意願，任何基本法的條文都可作適當修改。
5.3.3 有委員認為，此方案有利於長期穩定，能照顧各界利益，其建議的政制發展平穩中亦有進展。
5.4 有關四四二方案
5.4.1 有委員認為，此方案以循序漸進的步伐引入更多民主。而更民主的立法會能更有效監察行政機關。
5.4.2 有委員認為，這方案能維持資本主義制度。
5.4.3 有委員認為，這方案是各方協調的後果，所以是最能有效保障繁榮安定，而也是港人治港的第一步。
5.4.4 有委員認為，這方案關於行政長官的提名／選舉委員會的組成和提名過程寫得過於簡單，應多加討論。
5.4.5 有委員認為，這方案並非五五方案的延續，它自有其發展背景，不可混為一談。

③《香港工會聯合會暨八十一間屬會就基本法（草案）政制部份的修訂意見》（1989 年 10 月 27 日理事會通過）

【P1-2】

一、立法機關的組成

1.立法機關的組成，採取「立法兩局制」。即立法會由職能局及地區局組成。每屆任期四年。（第一屆任期由一九九七至一九九九年共兩年）

2.職能局和地區局各有議席三十個。

職能局：由社會職能界別通過直選或間選產生。議席分配為：工商金融等界、專業界、勞工及其他基層界各三分之一。

地區局：第一、第二屆，分區直選佔百分之八十，地區選舉團（由市政局、區域市政局及區議會議員組成）佔百分之二十。第三屆（2003 年）全部直選產生。

3.立法會所有工作委員會由兩局以同等數目的議員組成。

4.立法議員被行政長官委任為行政會議成員時，兩局應獲同等的人數。

5.兩局有同等的權力和責任。議案須在兩局分別討論和以多數票通過。

6.如議案出現一局通過、另一局否決的情況時，按下列程序以協調精神為原則予以解決：

第一步，由兩局有關的常設工作委員會協商，提出解決方案，交兩局複決。如仍出現一局通過、另一局否決的情況時，第二步，由兩局派出同等數目的議員組成專門協調委員會協商，提出協調議案，再次交兩局複決。如還是出現一局通過、另一局否決的情況時，則第三步，由協調委員會選擇下列兩種辦法中的一種處理：一、由兩局各自召開會議，對否決意見進行審議和複決，如獲得兩局合計三分之二的多數票支持，該否決意見成立。否則，協調議案即作為通過；二、將議案擱置。

7.在議案協調過程中，對議案所作的修改，如原提案者不同意，可以將議案撤回，不付表決。

8.在第三屆立法會任期內，對立法機關的組成和運作進行檢討，以求符合當時的社會情況和市民要求。檢討結果須經立法會聯席會議三分之二通過，行政長官同意，並報全國人大常委會批准。

④《基本法諮詢委員會政制專責小組對基本法（草案）第四章、附件一、附件二及附錄的意見匯編》，載於 1989 年 11 月基本法諮詢委員會《中華人民共和國香港特別行政區基本法（草案）諮詢報告第一冊》

【P91-92】

1.專題討論

1.1 行政長官和立法會的產生

1.1.1 設計政制方案時要考慮的原則

1.1.1.1 有委員認為，政制發展步伐寧穩勿亂，這是因為：

（1）要保持繁榮安定；而太多、太頻密的政制變更或檢討都會引致社會不安。

（2）原來政治制度運作良好，應在此基礎上發展。

（3）進入特別行政區紀元後，應有十五至二十年政制不變的穩定期，以便在已有基礎上發展，及學習港人治港。

1.1.1.2 有委員認為，政制的設計應照顧到港人意願。根據近日一些民意調查顯示，市民希望加快民主進程。基本法若不符合市民意願，日後則必然有爭取修改基本法的活動，削減基本法應有的穩定人心作用。

1.1.1.3 有委員認為，政制的設計應能容許各方的參與，及和衷合作；避免只有某一方面掌權，其他派別受制於前者之下。亦不能有幾派人輪流執政的情況出現，以免政策變更過於頻繁。

1.1.1.4 有委員認為，政制設計應能保護資本主義社會，不能利於社會主義制度的產生。

1.1.1.5 有委員認為，保全「一國兩制」、真正的「港人治港」是應有的原則。

1.1.3 對個別政制方案的討論

1.1.3.1 有關五五方案

1.1.3.1.1 有委員認為，此方案較為符合港人意願，因為

（1）當中建議的九七年立法會直選比例佔一半或以上；

（2）此方案以時間表形式明確顯示立法會所有議席和行政長官普選的日期；

（3）建議中的行政長官最終的產生方式，是經開放式提名，然後普選。

1.1.3.1.2 有委員認為，民意不一定可以接受在二零零三年，而非在第一屆普選行政長官。

1.1.3.2 有關三十八人方案

1.1.3.2.1 有委員認為，功能團體選舉有其明顯缺點：它只容許少數人參與。而三十八人方案所倡議的職業組別選舉，則賦予所有合資格選民有投票的權利。而且，在職業組別選舉所產生的議席當中，基層佔的比例有三分之一。這個比例，較之很多其他選舉形式所容許產生的基層比例職業組別選舉，則賦予所有合資格選民有投票的權利。而且，在職業組別選舉所產生的議席當中，基層佔的比例有三分之一。這個比例，較之很多其他選舉形式所容許產生的基層比例為高。功能團體有其重要性，而三十八人方案的建議可克服其缺點，可使功能團體選舉較長期保留。

1.1.3.3 有關一會兩局方案

1.1.3.3.1 有委員認為，這方案的設計背離了《基本法（草案）》第六十七條：「最終達至全部議員由普選產生」的原則；亦不符合港人意願。

1.1.3.3.2 有委員認為，只要是符合港人意願，任何基本法的條文都可作適當修改。

1.1.3.3.3 有委員認為，此方案有利於長期穩定、能照顧各界利益，其建議的政制發展平穩中亦有進展。

1.1.3.3.4 有委員支持一會兩局方案及建議在其「功能組別」中加入小商販一席位。

1.1.3.4 有關四四二方案

1.1.3.4.1 有委員認為，此方案以循序漸進的步伐引入更多民主。而更民主的立法會能更有效監察行政機關。

1.1.3.4.2 有委員認為，這方案能維持資本主義制度。

1.1.3.4.3 有委員認為，這方案是各方協調的後果，所以是最能保障繁榮安定的，而這也是港人治港的第一步。

1.1.3.4.4 有委員認為，這方案關於行政長官的提名／選舉委員會的組成和提名過程寫得過於簡單，應多加討論。

1.1.3.4.5 有委員認為，這方案並非五五方案的延續，它自有其發展背景，不可混為一談。

⑤《行政長官與立法機關的產生方案》，載於 1989 年 11 月基本法諮詢委員會《中華人民共和國香港特別行政區基本法（草案）諮詢報告第二冊 —— 專題

《報告》

【P69-79】

2. 38 人方案（1987 年 7 月）

此方案由 38 位文教界人士提出，於一九八八年期間 38 人曾針對主流方案作出修改建議，但同時仍堅持原於一九八七年提出之方案。方案倡議人更於這次諮詢期內重申其方案的重點。

2.1 內容

2.2.1 立法會

方案建議立法會通過兩種以不同辦法劃分選舉組別的選舉產生，即分區選舉和功能分組選舉（前稱「職業分組選舉」）。每個選民，都有兩次投票權，即按其住區參加地區選舉，並按其職業（或社會功能）參加功能分組選舉。至於兩種選舉所佔席位的比例，則建議功能選舉佔三分之二、地區選舉佔三分之一。

2.2 設計的基本原則

2.2.1 既民主又能平衡各階層利益

有意見認為，此方案能平衡各階層利益和意見，又可循序漸進地實現政治民主化，維持香港的穩定繁榮和高效率的政府。

有意見又認為，以「一人兩票」辦法產生立法會，一方面可充份反映全港選民的意志，符合社會對發展民主的要求，同時又保證了人數不多但對社會有較大影響力的功能組別代表席位。而另一方面如果功能組別的範圍和選舉辦法維持目前立法局的一套，那麼要大幅度增加這類席位的時候，難免會引起社會上激烈的爭議，而這類席位的長期存在將被視為政制民主化的障礙，「一人兩票」這個建議，卻能提高功能組別選舉的民主程度和認受程度，但同時又保障了席位的均衡分配。

亦有意見認為，此方案所提的選舉行政長官辦法，既可以讓全體選民參與，同時又能平衡各階層的意願。

2.2.2 不預先規定將來的發展

有意見認為，此方案使香港特別行政區在一九九七年後維持長期穩定的政制，並不預先規定日後政制發展的「時間表」或最終目標，這是此方案與《基本法（草案）》的一個重要分別。

3. 中間派方案（一九八九年四月二十六日）

此方案由十團體聯席會議提出，十團體包括 38 人方案、港九勞工社團聯會、香港工會聯合會、三方學會、大學畢業同學會、香港民主協會、香港政府華員會、香港勵進會、港人協會和新香港學會。

3.1 內容

3.1.1 立法會

3.1.1.1 第一屆共有議席六十二席，其中以普選產生的佔二十席（32.26%），其餘四十二席由功能組別選舉產生：包括工商、專業和基層三個組別，各佔十四席。

3.1.1.2 第二屆共有議席七十二席，其中普選產生的佔三十席（41.7%），功能組別選舉的席數及分配不變，即四十二席。

3.1.1.3 第三屆共有議席八十四席，其中普選產生的佔四十二席（50%），功能組別選舉的席數及分配不變，即四十二席。

3.2 設計的基本原則

有意見認為此方案既符合民主原則，又能夠照顧到實際環境，有穩定社會及平均各階層利益之好處。此方案建議的起點合乎民主原則，有利於給予港人信心及高度自治、港人治港等的目標。市民的教育水平日漸提高，對政治的參與意慾亦有所增加，因此未來政制的設計既要滿足這種要求，但另一方面亦要顧及尚未完全成熟的政治經驗，此方案正好有民主成份，又能顧及香港的實際情況，在過渡期間允許以間接選舉選出部份立法會議員及行政長官，有穩

定社會之作用。加上此方案有一定的時間表及有彈性的檢討機制，最遲第五屆便以直選產生行政長官，這樣即可照顧不定的社會發展，又可把未知之因素及不穩定因素減至最低，不致把目前的爭議一直拖延至過渡期及一九九七年後，這樣可增加此方案的可行性及認受性。

4. 89 人方案（1989 年 4 月 28 日）

此方案由 89 位工商專業界諮委提出。原方案於一九八六年八月提出，其後不斷有補充及修改，而於第一次諮詢期，亦有不少意見是就此方案提出。至今次諮詢期，89 人除提出此方案，亦與其他幾個團體進行協調，並共同提出「新協調方案」。

4.1 內容

4.1.1 立法會

4.1.1.1 第一屆立法會共五十五席，其中十五席由直選產生，二十五席由功能團體產生，其餘十五席由選舉委員會產生。

4.1.1.2 第二及第三屆立法會共六十五席，直選議席增至二十五席，功能團體及選舉委員會議席不變。

4.1.1.3 第四屆立法會共八十席，直選議席增至四十席，功能團體及選舉委員會議席不變。

4.1.1.4 未來政制發展則採用「引發點」方式決定，就是當立法會選舉投票人數達到具資格選民數目的一定比數時，亦即市民的政治參與及社會政治條件成熟時，可經由一人一票方式選舉行政長官，屆時立法會全部議席亦應由普選產生。

4.1.1.5 方案亦不反對採用全民投票方式以決定未來政制發展，但須規定最少百分之五十合資格選民參加投票，方可接納其結果，無須在《基本法（草案）》內詳加的規定。

4.2 設計的基本原則

4.2.1 符合循序漸進之原則

有意見認為，此方案符合循序漸進的原則，且能提高政府運作的效率，更考慮到初期新舊政制轉接之敏感階段，增強其穩定性。

4.2.2 選舉委員會選舉

有意見認為，除直選和功能團體選舉，應保留第三種選舉，選舉委員會的選舉方法有利於發掘和提名一些具專門知識並對政府運作有貢獻的人才，而這些人才又未能經由功能團體或地區性普選途徑以晉身立法會。同時若行政長官在提名這類議員作候選人時能提出意見，可增強行政立法兩者間的聯繫。

4.2.3 提名委員會

有意見認為，由提名委員會提名行政長官候選人可協助產生有足夠資格的候選人參與選舉。

4.2.4 引發點

有意見認為，對香港政治改革的時間，不應作硬性規定，而應根據港人政治參與的情況而定，一個民主制度是否可以成功地推行，要視乎公民教育和市民的參與。若採用上述規定的全民投票或時間表，都流於生硬，產生過早或過遲改革的毛病，使香港未來政制不能根據客觀條件而作合理的發展。「引發點」機制包括了上述三種方法的長處，卻沒有它們的短處。「引發點」的方法充滿彈性，能令香港民主政制發展根據客觀情況，特別是根據港人參與政治的興趣而定，而且讓香港下一代有機會而自決定。

5. 五五方案（1989 年 5 月 24 日）

一些團體及社會人士，在年中提出了一個五五方案，此方案源自香港政府行政立法兩局的非官守議員。方案建議牽涉到一九九七年前後的政制發展。

5.1 內容

5.1.1 立法會

立法會每屆任期四年。一九九一年立法會共有六十席，其中二十席由直選產生、二十席由功能組別產生、二十席

委任及由官員出任。一九九五年仍維持六十席，其中不少於五成由直選產生，不多於五成由功能組別選出。至一九九九年將議席增至九十席，六十席由直選產生，三十席由功能組別產生。至二零零三年，九十席議席全由直選產生。

5.2 意見

5.2.1 設計的基本原則

5.2.1.1 符合民主原則
此方案較其他方案民主，因為它容許更全面的普選，亦能配合港人治港的原則。另外，此方案建議在一九九七年之立法會直選比例佔一半以上，行政長官最終經開放式提名，然後由普及選舉產生。再者，此方案是從港人利益出發，符合港人意願。亦有意見認為，此方案明確規定最終達至民主。有全民普選產生的立法會才能對行政機關起適當的制衡作用，並有協調與夥伴式的合作，有利於香港的繁榮進步。

5.2.1.2 使立法會具代表性
此方案建議立法會議員全由選舉產生，這樣才能有充份的代表性，保證將來能實踐《中英聯合聲明》所載的基本原則，即有具代表性的港人治港及達至高度自治。

5.2.1.3 發展步伐明確及穩定
此方案所提的發展步伐符合循序漸進及穩定的原則，起步適中，最終切合民主加速的設計。又有意見認為，此方案較其他方案所建議的發展步伐快，但又不至新190人方案那麼急速，發展步伐最為恰當，這可使民主化在香港出現時不會因推行過急而出現銜接上的不協調，更可免除因突然加快政制步伐，而引致中港兩地不安，或令資本家離開香港。亦有意見認為，此方案融合了各方共同接受的原則，例如最終達至普選、立法會一院制等。此方案亦提供了符合順利過渡、在最少變化下過渡至直選的發展步伐。再者，此方案相對其他方案提出了一個確定的時間表，不須將檢討時間留在往後的年份討論。固定的發展時間有利於安定繁榮，且可按需要隨時檢討，不必寫明某年作出檢討。另有意見認為，此方案更有容許將來作多方面改變之利。

5.2.1.4 切合香港的社會
有意見認為，香港在過去百多年來雖然受着殖民地式統治，市民沒有多大機會直接參與政治。但隨着時代變遷，教育水平不斷提高，政府亦積極推行代議政制，香港市民已逐漸意識到香港的前途須由每一個市民去參與及承擔，而「五五方案」正提供這機會給市民。對民主要求甚渴之人，此方案固然慢了點，但為照顧到思想較為保守的人，不失為一個可被各方接納的方案。

5.2.1.5 其他
5.2.1.5.1 此方案融合了兩院制的精神，就是一九九五年立法會可達到直選與功能組別選舉各佔一半，故可達至互相協調，不會出現對峙的局面。
5.2.1.5.2 此方案內容簡單、清晰，容易使人明白。
5.2.1.5.3 此方案符合《中英聯合聲明》。
5.2.1.5.4 一九九五年立法會成員已經有一半由功能組別產生，令立法會有足夠社會經驗的人為之服務，提高其工作效率。

5.2.2 批評意見

5.2.2.1 發展步伐過速
這方案建議的直選議席增加過速，違背了循序漸進及銜接的原則。政制的發展應考慮到各種社會現象及社會條件，但從過往市民參與選舉活動的冷淡現象可見，香港市民未有成熟的政治意識，加上香港的立法局一直沒有直選的傳統，在這情況下過急推行及擴大直選議席，是非常危險的，一則無法保證議員的質素，嚴重影響立法會的正常運作，二則使香港的政治及社會陷於一個極動盪不安的局面。因此這方案建議的發展步伐是缺乏客觀依據、不切實際，影響香港平穩過渡的。

5.2.2.2 不應硬性規定發展步伐
一個民主的政制設計應讓將來特別行政區政府自行決定其發展步伐。為穩定過渡期的政制，可考慮於第三、四屆時，讓特別行政區政府按當時社會的發展及條件自行決定。若政制的發展步伐只以現時的社會條件去估量而定立一個百年之策，這是不可能的。

5.2.2.3 方案過於保守
此方案過於保守，因為特權階層仍操政治權力，使民主步伐減慢。有意見認為，應將由功能組別產生的議席一次過完全取消，因為若以漸進方式將這些議席取消，可能會面對先取消哪些功能組別議席的困難。另有意見認為，此方案建議的直選比例偏低。亦有意見認為，應於第一屆起普選產生行政長官，不應推遲至二零零三年。

5.2.3 建議
5.2.3.1 重新考慮一九九五年後之議席分配，並以一個科學的民意調查，準確地探討市民對民主化步伐的意見。
5.2.3.2 一九九五年立法會一半議席應由普選產生。
5.2.3.3 一九九五年應檢討一九九七年後立法會的組成比例。
5.2.3.4 二零零三年的立法會議席維持六十席，不應以比例制度設太多議席，因太多議席會弄至意見紛亂，減低效率和代表性。
5.2.3.5 將一九九一年立法會直選議席增加至一半，一九九五年的立法會議席則全由直選產生。但若此方案被視為過於急進，便退而支持「五五方案」內之建議。

6. 新190人方案（1989年7月21日）
此方案由民主政制促進聯委會提出。此方案對一九九七年前之政制發展亦有建議，在此一併列出以供參考。

6.1 內容

6.1.1 立法會
一九九七年全部議席由直選產生，同時，建議一九九一年有二分之一直選議席，而一九九五年則全部議席由直選產生並過渡至一九九七年。

6.2 意見

6.2.1 設計的基本原則
一九九七年前便全部以直選產生，才是真正體現民主的制度。民主政制可以保障行政、司法和立法的分權與互相制衡，避免出現獨裁的政權，而缺少民主的政制，則使三權分立和制衡等無法實施，人權與自由的保障亦缺乏有效基礎。亦有意見認為，此方案可加速民主步伐，增強市民參與及對香港的歸屬感。又有意見認為，香港未來的政治體制是需由港人領導的，領導者必須由香港大多數人直接選舉出來。還有意見認為，近來香港發生的事，使香港人的公民意識逐漸成熟，故此方案所建議的最為理想。

6.2.2 批評意見
實行民主制度，並不等同將所有議席都由直選產生。香港是一個國際化大城市，社會是否繁榮，其中一個很重要的因素就是能否吸引外來投資及維持社會穩定。政制發展速度過快，無可避免地令整個社會出現動盪不安的局面，因此，這種政制改革是對社會發展沒有好處的。

7. 一會兩局方案（1989年8月29日）
此方案由新香港聯盟提出。

7.1 內容

7.1.1 立法會
7.1.1.1 香港特別行政區的立法機關由一地區選舉局及一功能選舉局組成。
7.1.1.2 地區選舉局與功能選舉局均以間接和直接方法選舉產生。
7.1.1.3 地區選舉局在最廣泛的選民基礎上選舉產生。第一、第二屆規定至少半數席位由分區直選產生，其他席位則來自區域組織。功能選舉局由社會上的主要功能界別選舉產生。

7.1.1.4 立法會第三屆及以後的具體組成方法可由香港特別行政區按當時的社會情況，依立法程序，就功能選舉局內的各界別團體劃分，及地區選舉局內的直接間接選舉比例，自行加以修訂，取消草案內的所有「機制」和「時間表」的限制，中央也不參與。

7.1.1.5 所有法案、法例均要分別在兩局取得多數同意後，方為有效。

7.1.1.6 為保持現有運作效率，兩局不單獨設置工作委員會。立法會所有委員會由兩局以同等數目的成員組成。

7.1.1.7 同一人不能同時兼任兩局議員。

7.1.1.8 合資格選民在每屆立法會選舉中只能投票一次。

7.1.1.9 每局可由大約三十至五十人組成。

7.1.1.10 兩局出現不一致時的解決辦法

當立法會兩局就一法案投票不一致時，可由行政長官委任兩局成員組成一協調委員會，就兩局的分歧提出解決方案，方案再交兩局投票複決。在複決前有冷靜期，期間廣泛諮詢民意。如複決結果仍有僵持，則可參考下列之解決方案：

方案（一） 在基本法內指定兩局其中一局有複決權，如該局複決時以三分二票數通過，則該法案即作為立法會的決定。

方案（二） 與方案（一）相同，惟規定複決通過法案的票數為四分之三。

方案（三） 基本法內不指定哪一局有複決權，保持兩局對等的地位，而讓兩局出現意見不一致時，贊成法案的一局有複決權。複決通過法案的票數的規定，可參考方案（一）及（二）。

方案（四） 與方案（三）相同，惟引用複決程序的決定權交行政長官，以防止濫用。

方案（五） 由兩局舉行聯席會議，共同投票複決。可規定如法案獲聯席會議過半數票贊成，則作立法會通過法案。

方案（六） 與方案（五）相同，但規定該法案須得聯席會議三分之二票數通過，方可生效。

方案（七） 草案內的有關規定已經足夠，無須另訂程序。因《基本法（草案）》對緊急狀態和有關立法機關未能通過財政預算的情況，已有適當的安排，故無須另立程序解決其他僵局的情況。立法會因內部意見不一致而未能通過法案，是民主議會運作下必然會發生的。在兩局相互都有否決權時，有利大家能在互相尊重下，尋求妥協。

方案（八） 當兩局就某一法案、議案的投票結果不一致時，如行政長官認為該法案、議案影響廣泛，可宣佈解散立法機關，並即舉行改選立法會。

方案（九） 當兩局就某一法案、議案的投票結果不一致時，如行政長官認為該法案、議案影響廣泛且情況急切，可將該法案、議案提交全港合資格選民投票決定。

方案（十） 當兩局就某一法案、議案的投票結果經兩次表決後也不一致時，如行政長官認為該法案、議案影響廣泛且情況急切，則行政長官可會同行政會，頒佈該法案為法律。

7.2 支持及反對的意見（由於對此方案提出的意見繁多，為方便對照各論點，此處不將正反意見分開，而將同類的正反意見歸於一題並列。）

7.2.1 「兩局」對均衡利益的作用

有意見認為，在要求有一個開放、公平的選舉的同時，亦應容許社會上各主要功能界別均有一定的而且均衡的代表性。這些共同的標準必須同時達到，才符合香港社會的整體利益。兩院制的目的是使各主要功能界別在立法機關中有均衡的代表性，而非簡單地要求各界別有代表而已。按現有的一院制模式，均衡的代表性的原則是難以達到的，原因是一院之內部份議席將由普選而來，由此產生的議席沒有一定的界別比例和均衡性，把這個變數放進本來有均衡性的功能議席中時，原先所設計的均衡性便徹底被破壞。再者，分別以「功能」「地區」兩局產生議員的一個很重要的原因，是這兩類來源不同的議員對衡量事情的角度會有所不同，如兩者能在合作中保持相對的獨立性，維持各自的均衡性的話，這樣的立法機關便能有效地照顧社會的整體利益了。既然這兩種議員衡量事情的角度不同，故他們就某一問題的意見的統計，也應分別計算，而整體決定則由兩者經協調後作出。

但有意見認為，議會的職責應該是維護整體社會利益。但此方案的建議令議會變成利益爭奪的場所，將階層利益和矛盾制度化。再者，此方案只賦予功能團體界別的工商界和專業人士享有特殊的政治權利，但社會其他行業的人，就只能在地區局運用部份普選的途徑來產生少數的議員。

7.2.2 「兩局」對效率的影響

有意見認為，兩局的設立將兩種不同利益階層對立起來，使不同社會階層、不同集團利益的分歧制度化。而且在兩局制之下，少了中間派協調空間，大家相持不下的可能性很高。加上此制度過於複雜，可能會浪費公務員的時間，要他們分別出席「兩局」會議，解釋條例草案、政策和解答質詢，亦會令政府制訂、通過政策時需要更長的時間，大大減低現時香港政治架構下高效率的優點。又若「兩局」議席相等時，只要在全體議員當中，取得四分之一加一票，便可否決由絕大多數人支持的議案。相反，如果把不同意見放在同一個局裡討論，比分開更理想，因為不同意見者之間可以有交往，可以互相瞭解和轉化。

有意見認為，「一會兩局制」並不會把本來已出現的矛盾加強對立，而是以一個公開的方式讓矛盾放在立法會中，在市民的監察下，藉協商而解決。此方案所強調的不是製造矛盾衝突，而是用一個對衡的制度（兩局）激勵更深層次的民主協商精神，讓妥協、容納、互相尊重等民主運作方式，得到充份發展，這才符合民主政制的目標。有人批評保留功能團體的席位就會在立法機關裡引起衝突和利益的對抗。但是，無論是否有功能團體，不同的利益總是存在的，如果不讓這些利益公開地在市民面前顯示出來，那只會迫使這些不同利益轉入其他不公開的途徑去進行爭奪。再者，「兩局制」是從兩個層面上去招納議員的。兩層面間並無一定對立的因素。另一方面，由於每一法案須同時獲得兩局通過才成為法律，這反而會加強各利益集團間的互相制衡和協調，保持和諧的局面；反觀一院制，當矛盾出現時，往往不利於解決和協調，因為任何一方面持多數票後，少數派即完全失去討價還價的能力。這是一院制最不公平的地方，因為只令一方得益的社會，等於變相獨裁。再者，無論一院制或兩院制，只要是一個由選舉產生的立法機關，便沒有一個政府夠膽保證法案一定會獲得與會者通過，除非是假選舉，所以，效率問題並不是因為把一院改為兩院（一會兩局制）而出現的。

7.2.3 循序漸進、順利過渡的原則

有意見認為，「一會兩局」制並不屬爭論已久的民主化步伐快慢問題，它提出一個新的、對香港全然陌生的政治架構。假若兩院制於一九九七年後實行，那麼一九九五年的銜接便成問題。在政權交接的時刻，試行從未實踐過的模式，並不符合《中英聯合聲明》所提的「順利過渡」。兩局制與現時一個立法局的制度產生太大改變，更可能影響公務員和紀律部隊的信心。也有意見認為，現在實行兩院制的國家的特色，是人口眾多或其國家施行聯邦制度。香港是一個僅有五、六百萬人口的小地方，實沒有必要設立一個類似兩院制的議會制度，去容納不同階層或其構成單位（州、共和國、少數民族等）的利益。

但有意見認為，過去本港雖然沒有實行過兩院制，實際上卻存在着實行兩局或兩院的潛在基因，香港已經實踐過多次的立法局功能組別選舉和地區普選並存的選舉，已具此種潛在基因。再者，香港長期作英國的殖民地，港人對西方的兩院制模式本來就不是很陌生。而且，一九八四年《中英聯合聲明》頒佈之前，立法局中的所有議席實際上都是功能界別的代表，因為一個以如此成份組成的立法局才能保障香港社會的生活穩定和經濟繁榮，故大凡把功能

界別減至少數，甚或徹底淘汰的政制方案，對香港絕無好處；反之，在政制方案中設立開明而公平的選擇方法之餘，仍能同時兼顧功能界別在立法機關中有一定而均衡的代表力量，這種構想對香港方為有利。而且不管現在的立法局如何改變，「一會兩局」制下的功能局也可以相應配合發展、尋求兩局平衡，這樣，反而可以減少銜接的困難，況且立法機構由一院增為兩院的做法，其實只是技術上的小變，除了點票分開之外，其他並無分別。

7.2.4 最終全部達至普選的目標

有意見認為，「一會兩局」有違《基本法（草案）》第六十七條「最終達至全部議員由普選產生的目標」之規定。亦有意見認為，無論其發展步伐如何，草案內已寫明各方面都同意的共識，就是最後達至一個民主開放的全面普選政治體制，此方案正違反了各方面多年來艱苦達成的共識，並將過往長期的討論作廢。

但有意見認為，《基本法（草案）》只屬於一份諮詢性質的文件，裡面的條文仍待進一步修訂。只要是符合港人意願的，任何《基本法（草案）》的條文都可作適當修改。香港既無選舉政治的傳統，也沒有健全的政黨足以代表社會上主要階層的利益，因此不能期望在短時間內，選舉政治和政黨政治可以在香港發展成熟。若生硬地套用西方的政制，而欠缺發展這種制度的條件，加上文化背景不同，可能會造成一黨獨大，徒有民主之名而無民主之實，以致政府被一些人所壟斷，使國家走向獨裁，人民喪失自由和法治。

香港目前正處於主權過渡時期，面對着各種不可避免的大小問題。普及直選就是一種不能預測結果的東西，香港無須、亦無能力承擔這樣一個風險。事實上，許多學者和公眾人士也曾公開表示過不贊成取消功能選舉的意見，認為保障功能界別參政，可有效地為特別行政區社會提供穩定、繁榮的條件。基於這個原則，便不應在基本法中訂明立法會議員最終以普選產生。功能界別的間接選舉，雖然配合社會結構作了一些限制，然而卻不能說它不民主；而且功能選舉局並不一定永遠存在，若將來各方面條件成熟，它可以轉為純粹諮詢性質的機構，而當時機成熟時，功能選舉局也可以一人一票方式產生。這種政制設計上的彈性考慮，才符合民主精神的發展。另有意見認為，功能組別在立法機關裡佔有一半的決定性，是相當危險的，而且這方案的設計明顯地保障及優待工商界的政治權利及參與政事的機會，形成社會上的特權階級，不符合每位公民享有平等選舉權的民主原則，使社會更趨於不公義。香港並不存在尖銳的社會矛盾，所以「均衡代表性」問題根本無須以特別的政制安排來解決。另一方面，立法會需要的不是專門人才而是其代表性，人才問題大可在議會以外，通過各樣諮詢和政策制定的委員會架構解決。

亦有意見認為，只有在此建議的架構下，各階層利益方可得以反映，並避免了某些階層因被忽視而造成階層矛盾對抗的現象，有利於安定繁榮。反之，單用普選方式，並不能保障下層人士必然成功地進入立法機關，事實上，西方先進國家普及選舉的結果，往往由中、上層人士壟斷大部份議席，下層人士無緣問政者大不乏人。

【P80-93】

7.2.7 其他反對意見

7.2.7.1 未有具體建議

「一會兩局」方案只是一個「空方案」。這個方案雖然規定在第一及第二屆的立法會，地區選舉局至少半數席位由分區直選產生，其他席位則來自區域組織，而功能選舉局則由社會上的主要功能界別選舉產生，但是，對於這兩局實際成員比例，則完全沒有提及。此外，方案沒有對「區域組織」作出明確規定，如區議會及兩個市政局所佔比例如何；「區域組織」成員在一九九七年後是否全部直選產生，抑或繼續保留一半委任。

也有意見認為，方案沒有說明假如兩局多次取不到一致意見，無法通過或財政預算或法案時的處理方法。

有意見認為，方案倡議人暗示兩局有同等地位，但很難瞭解怎樣達到這一點。差不多可以肯定的是，功能選舉局會審核地區選舉局的決定。對於審核權力的範圍，和在什麼情況下可以行使這項權力，則沒有說明。

7.2.7.2 給市民錯誤的期望

「一會兩局」制誇大了立法機構在整個政制中的重要性，提高了市民對政制的期望，以為它可以達至防止中央干預的目的。

7.2.7.3 不可避免政黨政治

有意見認為，「一會兩局」制絕不能解決香港所將要面對的問題，它不會令政黨政治的條件消失，反而增加了出現對立政黨的因素。工商專業議員可以在功能選舉局發展出一個以商界利益為主的資產階級政黨，而民主派人士亦可以在地區選舉局形成一個以基層利益為主的群眾黨。

7.2.7.4 不宜採用選舉團選舉，因為經近年來香港實行的經驗證明，此方式易引起小圈子政治，不能直接向選民負責及受選民監督。

7.3 其他意見

7.3.1 此方案的性質

將該方案歸納為五個性質，包括：1 行政為主導，因立法會權力有限；2 政制政權基礎主要是香港社會的經濟利益，政權基礎較窄；3 社會經濟力量可直接轉化為政治力量，而無須透過中間政治組織或領袖；4 整個政制的運作無須依靠強大的政黨或其他政治組織來推動；5 政制模式依靠政治領袖作為政制支柱。所以，這個方案對社會穩定、對政治權力和社會經濟權力的分配是有利的。但從長期看，這個方案可能引致行政部門間的衝突，因為將來的行政架構相對倚重功能界別，不同的行政部門與不同的功能部門有利益關係，這樣，不同的功能團體之間的衝突，就容易引起行政部門的衝突，故建議將現時《基本法（草案）》的方案稍加修改，使之吸納「一會兩局」制的優點而避免其缺點。但是，如果修改之後的結果是優點吸納不足，缺點避免不夠，倒不如整個接受好了。

7.4 建議

7.4.1 建議進入功能選舉局的界別有販商社團、漁民界、農業界、原居民界別、鄉事組織、街坊社團、公屋居民界。

7.4.2 兩局出現矛盾時的處理

7.4.2.1 功能選舉局應有取決權，相當於日本眾議院，這樣可減少爭持。

7.4.2.2 當僵局出現時可以依照以下步驟作出解決：

（1）由兩個局委出一個同等人數（六加六）的工作委員會來進行協商，限兩個星期內完成；

（2）假如協調不成功，由兩局進行複決；

（3）如果再出現僵局，則交由「功能選舉局」作出最終決定，但必須三分之二票數通過。

如果不能通過，那麼法案或法例便須擱置最少半年方可再提出。

把最終的決定權交給功能選舉局的好處是：（一）可以避免把這權交給行政長官，使其權力過份膨脹；（二）功能選舉局的代表性比較平衡，而地區選舉局代表的平衡性則難以預測，所以把最終決定權給予前者，將更為穩妥及更能反映香港社會整體的真正取向、要求和利益。

7.4.2.3 當兩局審議法案時出現分歧，可成立一個專門的協調委員會，由兩局派出同等數目的成員組成，對該議案進行研究和修改，再交回兩局複決，如仍不一致，才召開兩局聯席會議表決。

7.4.2.4 將兩局分為上、下議院，法案通過方法為：先由下議院以簡單多數票通過，然後再交上議院通過，若法案遭上院否決，下院可在六個月後自行通過，惟必須獲得不少於三分之二多數贊成，方可生效。法案若經修訂，須重新交上院通過。此方法之優點為：在六個月冷靜期內，在

朝在野之人均可作深入討論及協調；並可使具爭論性之方案在下議院獲大部份議員支持。

7.4.2.5 限制兩局的立法權，規定某局具法律提案權時，對方只能有審議權。

7.4.2.6 設立一民間耆英評議會，對兩局未能取得一致的議決作出評議和審核，再度表決。此評議會的成員以各界的退休人士（六十歲以上）自願申請加入，經過審議通過接納為會員。

7.4.2.7 當兩局意見不一致時，兩局議員可聯席將草案評分，如該草案獲積分達某個規定水平，即獲通過。修改立法會兩局議員的產生辦法，可報全國人民代表大會常務委員會備案。

7.4.2.8 成立一個兩局聯席特別委員會作為仲裁組織，委員會主席的任命需經兩局議員通過，主席可在兩局爭持不下時投決定性的一票。當主席不應投票時，應將立法會議解散進行重選。

7.4.3 其他建議

7.4.3.1 以此方案為基礎，保留少部份委任議席，避免一些才智之士因未能抽空參選而失去服務社會的機會。

7.4.3.2 逐漸減少功能組別，按比例增加普選席位。

7.4.3.3 如立法會實行兩局制，行政長官可同時用普選產生。

7.4.3.4 將「一會兩局」制修改為「兩院制」，初時雙方權力相等，三至五年後再行檢討，由市民決定應否減少或限制某一院的立法權力。

7.4.3.6 贊同草案中每一個選民只能有一個投票權的規定，並建議由選民自行選擇參與地區組別普選或功能組別的直接選舉。

7.4.3.7 增加地區選舉局的直選席位，其中五分之三席位由地區普選產生，五分之二席位由區域選舉團選出。

7.4.3.8 在地區選舉局內逐步實現全部由直選產生，以體現循序漸進發展民主的原則。

7.4.3.9 地區選舉局全由普選產生，稱之為「下議院」；功能選舉局改稱為「上議院」，成員包括功能團體、前任立法局議員、學者、由行政長官委任之議員及大選舉團成員。

8. 新協調方案（四四二方案——1989年10月31日）

此方案乃以89人方案為基礎的工商專業界諮委，以190人方案為基礎的民主政制促進聯委會人士，和以「十團體聯席會議」（中間派）為基礎的七個團體（即三方學會、大學畢業同學會、香港民主協會、香港政府華員會、香港勵進會、港人協會和新香港學會）聯合提出。

8.1 內容

8.1.1 立法會

8.1.1.1 第一屆（一九九七年）立法機關議席的比例，是地區普選議席佔百分之四十，功能組別議席佔百分之四十。選舉委員會產生的議席佔百分之二十。

8.1.1.2 第一屆（一九九七年起計）立法機關議員的任期保持為四年，即至二零零一年始選舉第二屆立法機關。此一建議的目的，是希望進一步保障一九九七年後初期政治環境的穩定。

8.1.1.3 第二屆（二零零一年）立法機關議席的比例，是地區普選議席佔百分之六十，功能組別議席佔百分之四十。選舉委員會的議席取消。

註：七團體認為，第二屆立法機關既成為檢討第三屆立法機關是否全部由普選產生的機制，普選和功能組別議席應各佔百分之五十，始算公允。

8.1.1.4 第三屆（二零零五年）立法機關如何組成，和是否全部由普選產生，將由第二屆的立法機關檢討決定。

註1：民促會認為，第三屆的立法機關，應訂明全部由普選產生。

註2：七團體認為，任何憲制性的決議，都必須得到三分之二的票數贊成，方可成立。若普選議席佔百分之六十，則決議須得到四分之三的贊成票。

8.1.1.5 立法機關議席最終將全部由普選產生的目標不變。

8.1.1.6 立法機關各種議席的選舉，循民主開放的程序產生。

8.2 意見

8.2.1 設計的基本原則

8.2.1.1 發展步伐適當

此方案的總原則乃是保持一九九七年後的過渡穩定，保障社會繁榮，及循序漸進地發展民主政制。方案一方面符合循序漸進原則，一方面又有最終達至普選的原則。此方案所建議的發展步伐，相對於190人方案所建議的為慢，但卻仍有堅持民主原則。從民主步伐看，此方案較「五五方案」為慢，卻較「一會兩局」和「草案稿方案」為快，故可視為「中間着墨」的方案，對香港有明顯的穩定作用。亦有意見認為，此方案較為溫和，較易為中方接受。另有意見認為，此方案建議第三屆的立法會產生方法交由第二屆立法會檢討確定，是彈性地處理了目前對全面普選的爭論。

8.2.1.2 保持現有政制的優點

此方案符合一會一局的概念，對維持現有的高效率有好處，並可保證一九九七年前及一九九七年後政制的延續性。而且也確保了現時行政、立法及司法之間的三權分立制度。更有意見認為，此方案有利於維持現有的資本主義制度。

8.2.1.3 立法會的產生方法恰當

此方案建議有四成普選議席，符合香港人對增加普選的意欲，並且有利於在將來政策制訂時，更能考慮港人意願及更符合港人的需要；至於同等比例的功能組別選舉議席則能維持香港的政治傳統，繼續發揮功能組別選舉政治上有效的社會貢獻，尤其在政黨未成型之時，此選舉方法有利於吸納各界意見。也有意見認為，此方案包括了直選、功能組別選舉和大選舉團三種產生辦法，有利於均衡社會各階層利益。更有意見認為，此政制架構由市民一人一票選出，具認可性，可以代理市民的一切事務。

另有意見認為，此方案建議的立法會組成方法對立法會及行政機關的效率有利。亦有意見認為，以選舉委員會選出部份立法會議員，可保存現在委任制度的優點，對未來立法會和政府運作的效率和穩定性起到積極的作用。另一方面，選舉委員會慢慢的淡出，使民主化能循序漸進地發展。

8.2.1.5 其他

此方案與《基本法（草案）》所列的政制方案及其基本精神相同，並符合《中英聯合聲明》中的規定，也有意見認為，此方案使立法會能更有效地監察行政機關。還有意見認為，此方案較有代表性，因為此乃三個主流派別基於團結一致的精神，盡了極大努力而達成的協調方案，是港人治港、發展一國兩制的重要步驟。又有意見認為，此方案可勉強接受，但這已是港人可接受的底線。

8.2.2 批評意見

8.2.2.1 不應保留大選舉團

在立法會內保留大選舉團選舉是變相的委任制度，官味很重，有保留特殊階級及特殊利益之嫌，而且此選舉方法易受某些階層人士控制，奠定了小撮人專權的基礎，違反民主原則。有意見認為，方案並未有對大選舉團的產生作具體說明，不知是「缺點」或是經開放式選舉產生。亦有意見認為，無須硬性規定以大選舉團方式來產生第三種組別，但可視之為研究之其中一可能性。

8.2.2.2 民主步伐不恰當

有意見認為，此方案的民主發展步伐太慢，而保留大選舉團及功能組別是民主化的一大倒退。此外，立法會的功能組別選舉比例過多，行政長官的選舉及提名程序既保守又不夠公開。反之，亦有意見認為，此方案建議的普選步伐過急，因為至二零零一年功能組別產生的議員只有四成，這類議員的作用便大為減低，並不公平。

另有意見認為，此方案雖規定立法會逐步朝向以直選比例為主導，但並沒有承諾最終全由普選產生，這與行政長官

產生的方法有出入，因行政長官到第三屆便由一人一票普選產生，故兩者並列來看，整個政制目標較含糊，再者，這亦與《基本法（草案）》第六十七條的規定不一致。

8.2.2.4 其他

第三屆立法會的議席分配比例，若直選議席多於功能團體，則有欠公平。亦有意見認為，立法會的組成比例仍有商榷之處。更有意見認為，功能組別的組成、界定、劃分、選舉方法等仍需研究。

有意見認為，政制的制訂一方面是原則，一方面是政治的過程，總離不開妥協。三主流派別能達到協調當然好，但協調後的結果中方會否接受，則成疑問，因而恐怕最終雖各有讓步，但卻輸掉了原則。

有意見認為，此方案認為在北京事件後可將民主步伐推快，卻沒有交代為何要加快，這個欠缺論據與解釋的共識會對基本法起草委員會構成壓力。但也有意見認為，即使港人有一致共識，中方接受的機會亦不大。

有意見則認為，強調「共識、協調」的概念，會把市民的意願局限於幾個方案上。

另有意見認為，此方案缺乏一個長遠的構想，對第三屆後的政制發展沒有具體建議。

8.2.3 建議

8.2.3.1 立法會的組成

8.2.3.1.1 將直選的議席比例降低。

8.2.3.1.2 列明普選的確實年份和最終取消大選舉團。

8.2.3.1.3 第二屆立法會若對下一屆立法會是否全由普選產生未有決定，則應每五年或十年再檢討一次，直至達至全民普選的目標為止。

8.2.3.1.4 第三屆立法會仍保留有選舉委員會產生的議席。

8.2.3.1.5 第三屆立法會沿用第二屆的選舉方式。

8.2.3.1.6 一九九五年保留十席官守或官委議席，而在一九九七年補選。

8.2.3.1.7 二零零一年立法會全部議席由直選產生。

8.2.3.3 選舉委員會的選舉

8.2.3.3.1 選舉委員會的組成及產生要符合民主及公開的程序，不可秘密委任。

8.2.3.3.2 選舉委員會應有充份代表性。

8.2.3.3.3 選舉委員會成員必須來自民選議員，以加強方案的民主成份。

8.2.3.3.4 選舉委員會應一半由功能組別選出，另一半由直選產生。

8.2.3.3.5 選舉委員會應由各級議員及工商、專業、勞工、功能組別代表組成，總數約為八百人。

8.2.3.3.6 選舉委員會無須有香港區的人大代表或政協代表。建議包括工商界、金融界、專業界、勞工界、社會服務界、宗教界、及各級區議員。

8.2.3.4 功能組別選舉

8.2.3.4.1 功能組別代表應包括各階層各行業人士，並由民主程序產生。

8.2.3.4.2 功能組別議席的分配，可依《基本法（草案）》的辦法，分為工商金融界、專業界、勞工、社會界（宗教界可以考慮剔除）之類，而席位盡可能平均分配。在實際情況中，則應保留彈性。

8.2.3.4.3 應考慮將市政局及區域市政局代表加入功能組別內。

8.2.3.4.4 功能組別的席位分配以現行立法局功能組別分配為基礎，並繼續吸納社會上其他功能界別人士。

8.2.4 未有具體說明之處

8.2.4.1 功能組別的界定、劃分和產生方法。

8.2.4.2 立法會內的選舉委員會與行政長官的選舉委員會是否為同一個組織。

9. 五三二方案（1989 年 10 月 16 日）

此方案由香港華人革新協會提出。

9.1 內容 —— 立法會

第一屆和第二屆立法會設六十席，其中五成來自功能界、三成來自直選、兩成來自大選舉團。至於第三屆和以後，可在第二屆立法會成立後進行檢討和修訂。

9.2 意見

9.2.1 設計的基本原則

9.2.1.1 發展步伐適合香港

政制模式和結構，應能確保促進社會和諧，並以政治穩定為重，此方案正能符合這些原則。因為政制模式若與香港的實際和發展不配合，則不能調動社會功能積極性，使社會不同階層產生消極對抗，或催生激烈政治鬥爭，使社會趨向動盪不安，經濟發展必然受礙，這絕不是香港廣大市民意願。而政制的民主發展，應以循序漸進和兼顧政府運作效率為宜。因為長期的殖民地統治，使香港社會民主意識薄弱，雖經近年來的傾力鼓吹，但選舉進展和市民的反應，卻仍然未能具備急促發展民主政制步伐的條件。所以，政制民主步伐應以循序漸進為宜，步伐急促並不穩妥，特別是剛建立特別行政區的頭幾年，更應着重社會的安定平穩和政制的連貫穩健為原則。不顧社會實際，着意營造加速政制民主步伐，並非香港社會整體之福。

9.2.1.2 能照顧社會各階層

政制模式和結構，應照顧社會各階層界別利益和促進其功能的積極作用，因為確保各階層有代表參與，才能調動社會整體的積極性，並達至公平制衡作用。保持各階層界別在政制結構中有相當的席位，共同參與社會整體事務，促進繁榮穩定是必要的，此方案既能做到均衡各階層利益，又能符合民主精神和漸進的發展步伐。

9.2.2 批評意見

此方案建議的直選議席維持十年不變，不符合漸進的民主原則。另有意見認為，此方案不為市民接受，難於獲得各方面充份的協助及不利銜接。

9.3 建議

一九九七年採用五三二方案，然後維持十年不變，至二零零七年則逐步試行「新協調方案」，再隔十年則全面檢討，視乎情況再決定以後之發展步伐及方案，這樣有利於平穩過渡。

10. 香港工會聯合會方案（1989 年 10 月 27 日）

此方案由香港工會聯合會提出。

10.1 內容

10.1.1 立法會

10.1.1.1 立法機關的組成，採取「立法兩局制」。即立法會由職能局及地區局組成。每屆任期四年。（第一屆任期由一九九七至一九九九年共兩年）

10.1.1.2 職能局和地區局各有議席三十個。

職能局：由社會職能界別通過直選或間選產生。議席分配為：工商金融等界、專業界、勞工及其他基層界各三分之一。

地區局：第一、第二屆，分區直選佔百分之八十，地區選舉團（由市政局、區域市政局及區議會議員組成）佔百分之二十。第三屆（二零零三年）全部直選產生。

10.1.1.3 立法會所有工作委員會由兩局以同等數目的議員組成。

10.1.1.4 立法議員被行政長官委任為行政會議成員時，兩局應獲同等的人數。

10.1.1.5 兩局有同等的權力和責任。議案須在兩局分別討論和以多數票通過。

10.1.1.6 如議案出現一局通過，另一局否決的情況時，按下列程序以協調精神為原則予以解決：第一步，由兩局有關的常設工作委員會協商，提出解決方案，交兩局複決。如仍出現一局通過，另一局否決的情況時；第二步，由兩局派出同等數目的議員組成專門協調委員會協商，提出協調議案，再次交兩局複決。如還是出現一局通過，另一

局否決的情況時，則第三步，由協調委員會選擇下列兩種辦法中的一種處理：一、由兩局各自召開會議，對否決意見進行審議和複決，如獲得兩局合計三分之二的多數票支持，該否決意見成立。否則，協調議案即作為通過；二、將議案擱置。

10.1.1.7 在議案協調過程中，對議案所作的修改，如原提案者不同意，可以將議案撤回，不作表決。

10.1.1.8 在第三屆立法會任期內，對立法機關的組成和運作進行檢討，以求符合當時的社會情況和市民要求。檢討結果須經立法會聯席會議三分之二通過，行政長官同意，並報全國人大常委會批准。

10.2 意見

10.2.1 設計的基本原則

10.2.1.1 融合各方案之優點

此方案融匯各方案之優點，發揮了協調各方案的作用。此方案既包含「一會兩局」的「兩局制」，又採納了近似新協調方案之議席分配。

10.2.1.2 避免了「一會兩局」制的缺點

此方案提出的三個步驟，解決了兩局僵持不下時的處理方法，且避免了加大行政長官的權力。另外，此方案建議在地區局內的直選議席較「一會兩局」制的為多，且於第三屆全部由直選產生，加快了民主步伐，「一會兩局」制及「五五方案」的構想更為周密和合理。

10.2.1.3 其他

此方案在穩定的基礎上加快了民主步伐的要求，並能考慮各階層均衡參政的原則，亦使立法機關能夠更有效地發揮行政機關的監察與制衡效能同時，亦促進了彼此間的協調。亦有意見認為，此方案符合香港實際條件，有助主權順利過渡。此外，此方案確保了勞工、基層在職能局佔三分之一的議席。

10.2.2 批評意見

此方案使行政長官權力坐大。亦有意見認為，此方案造成少數人佔有某局的半數，可控制及發揮較大的討價還價力量。

11. 其他方案

11.1 方案（一）

11.1.1 立法會

11.1.1.1 第一屆立法會議員共五十五人。其中十九人來自地區、十二人來自工商界、十二人來自專業界、十二人來自勞工等界。第二屆立法會議員共七十五人，來自地區的增至二十九人，其餘來自各界的議員人數不變。第三屆立法會共八十人，來自地區的增至四十四人，其餘來自各界的議員人數不變。

11.1.1.2 在第三屆舉行全民投票以決定是否由第四屆起以直接選舉產生立法會所有議席。

11.2 方案（二）

11.2.1 立法會

11.2.1.1 第一屆立法會議員共六十五人。其中，來自地區性普選的佔二十五人，來自工商、金融界佔十四人，來自專業界佔十二人，來自勞工、社會服務、宗教等界有十四人。

11.2.1.2 第二屆立法會議員共八十人。其中，四十人來自地區性普選，十四人來自工商、金融界，十二人來自專業界，十四人來自勞工、社會服務和宗教等界。

11.2.1.3 在第二屆進行全民投票，以決定是否由第三屆開始以普選產生立法會所有議員。如投票決定不變，每隔十年可再舉行一次全民投票。

11.3 方案（三）

11.3.1 立法會

全部議員由地區性普選（即全港選民一人一票在其區內投票）產生。

11.4 方案（四）

11.4.1 立法會

一九九七年立法會之直選及功能選舉議席各佔一半，一九九九年的直選議席增至三分之二，而二零零三年則進行全民投票以決定是否全部直選。

11.5 方案（五）

11.5.1 立法會

一九九七年以直選產生議席佔半數以上，功能選舉議席則佔半數以下。至二零零一年，則改以全部直選產生。

11.6 方案（六）

11.6.1 立法會

一九九七年立法會應有四成直選議席，四成由功能組別選舉產生，二成由大選舉團選舉產生。第二屆則有六成直選議席，四成由功能組別選舉產生。第三屆立法會議席全由普選產生。

11.7 方案（七）

11.7.1 立法會

一九九七年三分之一由直選產生。一九九九年直選議席增至一半。二零零三年按屆時情況決定直選議席應否增至全部直選。

11.8 方案（八）

11.8.1 立法會

共六十名議員，所有議員經分區普選產生。惟每位選民只能有一個投票權。

11.9 以下方案只對立法會的產生提出意見

11.9.1 立法機關 —— 兩個組別

11.9.1.1 立法機關分由兩個組別組成，一個是功能組別，另一個是地區性組別。議席六十名，兩組別各佔一半。發言及意見表達，均以香港整體社會利益為大前提。在投票通過重要法案時，均要在兩個組別分別取得多數贊成通過，方為有效。重要法案的定義為：

（1）可以法律明文規定何者為重要法案（如財政預算案），或何種性質之法案屬重要法案。

（2）立法機關主席在討論前宣佈是「重要法案」，而主席之決定，可被大多數（3／4）議員投票否決。

（3）全體議員三分二贊成應屬「重要法案」。

（4）大多數民意及輿論認為應屬重要法案時，以全體議員投票之多數為依歸而決定之。

（5）凡未有指定屬於重要法案者，皆以一般普通法案處理，經全體議員半數以上通過，即為有效。

11.9.1.2 立法會由功能組別選舉及地區直選混合產生。功能組別方面，由功能界別選出候選人（候選人資格應有所規定），而各功能界別有資格投票之從業員亦應有所規定，如從事該行業年期不少於三年等）。地區組別方面，全港應分為三個選舉區域，如港島、九龍及新界；若九龍選區人口過多，難於分配議席，亦可能九龍分為東西兩區域，如此，則全港可分為四個選舉區域。候選人由市政局、區域市政局、區議會、分區委員會、業主立案法團及互助委員會等地區性組織選出。如獲該區域選民一百名（或若干名）提名者，亦可成為候選人，在該地域進行普選。選民在每次選舉期，只可選擇在一個組別投票。

11.9.2 第一屆立法會直選議席不少於五成，其餘由地區議會及功能組別各佔一半。第二屆則全由直選產生。

11.9.3 首屆由五成普選產生議席、三成功能選舉產生議席，和二成由選舉團產生議席組成。自第二屆始，則全部由普選產生。

11.9.4 首屆有半數議席由直選產生，其餘自功能組別經間接選舉選出。第二屆的議員有百分之七十五由直選產生，百分之二十五由功能組別間選產生。自第三屆起，所有議席由直選產生。

11.9.5 第一屆立法會一半議席由直接選舉產生，一半議席由功能組別選舉產生。第二屆立法會七成議席由直選產生，三成由功能組別選舉產生。第三屆立法會則全由直選產生。

11.9.6 第一屆立法會共有六十人至九十人，其中一半以地

區性普選選出，另一半以功能團體選舉方式選出。第二屆立法會議員人數不變，其中三分之二由普選產生，其餘三分之一由功能團體選出。從第三屆起，全部由普選產生。

11.9.7 一九九七年直選佔六成，功能組別佔四成。二零零一年直選佔七成，功能組別佔三成。至二零零五年，全部由直選產生。

11.9.8 一九九五年立法會過渡至一九九七年，直選議席佔三分之二，間接／功能組別選舉／當然官守議席共佔三分之一。至一九九九年，則全部議席以普選產生。

11.9.9 一九九七年立法會共有六十個議席，三分之二由直選產生，三分之一由功能組別選舉產生。至二零零零年，九十個議席全由直選產生。

11.9.10 一九九七年立法會四分之三議席由直選產生，其餘議席由功能組別和選舉團各佔一半。至二零零零年，全部議席由直選產生。

11.9.11 一九九五年立法會以普通車過渡至一九九七年，直選議席佔百分之七十五。至一九九九年立法會全部議席由普選產生。

11.9.12 首屆共有六十位議員，其中半數以直選產生，十二人來自工商、金融界，九人來自專業界，九人來自勞工、社會服務、宗教等界別。至第二屆開始，則全部以普選產生。

11.9.13 第一屆立法會議席共六十五人：十七人由直選產生，十七人由功能組別（包括工商、專業及金融界）產生，十二人由勞工、社會服務、宗教界產生，十九人由區議會代表產生（每區一位代表）。第二屆共八十個議席：二十六人由直選產生，二十三人由功能組別產生，其他兩個組別的人數不變。第三屆立法會議席共八十五人；三十人由直選產生，二十四人由功能組別產生，其他兩個組別的人數不變。

11.9.14 第一屆立法會至少四成議席應由普選（一人一票）產生，其餘各個功能組別透過間選產生，界別的劃分應盡可能包括社會各個階層，並且廣泛諮詢市民意見。第二屆立法會的直選議席應增至百分之七十五。第三屆起全部議席由直選產生。

11.9.15 首屆以普選產生四成議席、功能選舉產生另外四成，其餘二成議席由選舉團產生。首屆立法會任期兩年。第二屆立法會以六成普選產生議席，和四成功能選舉產生議席組成，此屆及以後立法會任期為四年。第三屆立法會議席有八成由普選產生，二成由功能選舉產生。由第四屆開始，所有議席自直選產生。

11.9.16 一九九七年有四成議席來自功能選舉，四成議席來自普選，二成來自選舉團。至二零零一年，有四成來自功能選舉，六成來自普選。到二零零五年，所有議席均由普選產生。

11.9.17 一九九七年四成議席由直選產生，四成議席由功能組別產生，二成由選舉團產生。二零零三年六成由直選產生，三成由功能組別產生，一成由選舉團產生。至二零一二年，則由屆時之立法會決定。

11.9.18 第一、二屆立法會共有議席六十個，其中直選佔二十席，功能組別佔四十席。至第三屆，議席增至八十席，直選和功能組別各佔四十席。功能組別的席位分配為：勞工、社會服務及香港區全國人大代表佔十四席；工商、金融界佔十四席；專業界佔十二席。而第三屆立法會任內進行全面政制檢討，結果須由立法會三分之二多數票通過，報人大常委會備案。

11.9.19
一九九七年由直選功能組別選舉和選舉團選舉產生之議席各佔三分之一。二零零一年直選與功能組別選舉各佔一半。二零零五年全部由直選產生。

※

⑥ 1989 年 11 月基本法諮詢委員會《中華人民共

和國香港特別行政區基本法（草案）諮詢報告第三冊 ── 條文總報告》

【P156-159】
第四章
第三節　整體意見
1.意見
→ 應在基本法內規定香港特別行政區立法機關享有除屬中國權限以外的所有立法權。
→ 立法機關應擁有決策，制訂法律，任免、彈劾香港特別行政區政府重要部門首長等實質權力。

第六十七條
2.意見
2.1 整體
→ 立法會議員應是香港特別行政區的永久性居民中的中國公民，或不擁有外國護照的公民。
理由：以體現主權。
→ 立法會性質繁複的工作應由受過高深教育的永久性中國公民負責。
→ 立法會議員的職位不應由行政長官及其提名任命的各級官員兼任。
理由：防止行政長官獨攬行政與立法大權，致使立法會失去監察功能。
→ 按照實際情況和循序漸進原則，達到立法會議全部議員最終由普選產生的第六十七條，是根本性的。「最終」的日期縱可稍作推遲，但由普選產生則不可廢。
→ 香港人很長時間被褫奪了政治權利，未來政治演變確需要一個過程，而且必須能夠配合和促進經濟的發展。本條所寫「根據實際情況和循序漸進的原則」，「最終達至全部議員由普選產生的目標」，都值得寫在正式頒佈的基本法中，但是像目前草案列為條文，在執行上會難作出法律意義的界定，因此可以考慮把有關政制發展的原則和目標移到「序言」部份裡。
→ 議員除委任外，應由協商選舉產生，才有穩定局面；在經濟掛帥的社會，維持健全法制和繁榮穩定。
→ 立法會產生方法應該：（1）體現全面民主；（2）否定地區性代表選舉以防止地區性主義或山頭主義阻礙香港特別行政區之整體發展；（3）全面普選應由第三屆開始；（4）應提高中下階層在立法會的代表性。
→ 第三款可保留，但附件二的辦法須重擬。
理由：附件二的立法會產生辦法須重新擬定，以符合港人自治精神。
2.2 對第二款內立法會「最終達至全部議員由普選產生」的意見
→ 此條表達了兩重意思：
（1）立法會的產生辦法以全面普選為最終目的；
（2）全面普選是以顧及實際情況和循序漸進原則為條件的。這條是目的性和條件性的整合。單純強調普選的目的而忽視實施普選的條件，就歪曲了人們在此條上所達致的共識。
→ 「最終達致全部議員由普選產生」這句只是一個原則性的指導，中間並沒有任何時間上的規限。何時才是全部議員由普選產生，可以在首兩屆立法會運作的實踐上作觀察，有需要時可提早普選議員，有問題則仍可保留間選議席，這全視乎實際需要而定。
2.2.1 保留第二款立法會最終以普選產生的規定
理由：
⊙ 如果說「立法會成員最終由普選產生」是代表一種精神意義，便不應刪除此條。條文的用詞或需要修改，但基本精神則需維持。
⊙ 若刪去此條，則使政制發展比主流方案更趨保守，違

反了廣大市民要求政制更加民主化的精神。
⊙ 立法機關全面普選可作為一個長遠目標。
⊙ 這是社會各界人士經過數年達至的共識。
⊙ 這是建立一個具代表性、權威性的立法機關的正確方向。
2.2.2 反對保留第二款立法會須循序漸進達至普選的規定
理由：反對立法會全部議員須以循序漸進的原則達至最終以普選產生。「循序漸進」的意義，無非要用「時間表」把功能界別逐步革退。功能界別被徹底淘汰後，《中英聯合聲明》所說的「社會、經濟制度不變」、「生活方式不變」等等的目標，將難以實現。
2.3 第三款
→ 反對立法會產生的具體辦法由附件二規定。
理由：附件二第一項立法會議員組成的成份中，工商金融界及專業界兩者的界定混淆，會出現成員成份偏頗的情況。

3.建議
3.1 刪除
→ 刪去：「最終達至全部議員由普選產生的目標。」
理由：
⊙ 最終普選是個理論目標，不宜列出。
⊙ 就可見將來，及一些民主國家制度來說，「普選」並不是絕對的最好辦法。「最終……」一句削減了此條的靈活性，導致對附件一及二內的有關全民投票的爭議。
⊙ 上述目標並非全部港人的意見。
→ 刪去第二款。
理由：含義模糊，欠缺實行普選誠意。
→ 刪去第二及第三款，將第一款句末的「選舉」改為「普及直選」。
3.2 修改
→ 整條改為：「香港特別行政區立法會議由混合選舉產生。立法會的產生辦法根據香港特別行政區的實際情況和循序漸進的原則予以變更，但只限於在保留功能議席的基礎上，改變各種選舉的比例；同時此種變更，須經香港特別行政區立法會議員三分之二多數通過，行政長官同意，並報全國人民代表大會常務委員會批准。」
→ 第一款改為：「香港特別行政區立法會由普選產生。立法會議員在就職時依法宣誓。」並刪去第二款。
理由：立法會議員只有從普選產生才會具真正代表性，並在履行職責時不會偏袒某一階層或團體的利益。通過的法案亦能受廣大香港居民所接受。
→ 將第二款內「最終達至全部議員由普選產生的目標」改為「須達至公開及民主提名全部議席的候選人，和全部議員由普選產生的目標。」
理由：此乃民主政制的一項要素。
→ 第二及第三款改為：「於一九九七年，直選議員應佔不少於百分之二十五，並於香港特別行政區成立之十五年內逐漸增至百分之五十。
其他修改可在立法會三分之二多數議員通過及行政長官同意下制定。此等修改將交全國人民代表大會常務委員會通過。」
→ 取消政制發展以普選為最終目標的寫法，改為「按香港特別行政區的實際情況，最終達成適合香港的民主制度。」

※

⑦ 1989 年 12 月 5 日《綜合方案》

【P1】
立法機關
I.立法會總人數為 65 人，其組成如下：
a.功能組別 25（A 組）
b.地區組別 25（B 組）
c.選舉委員會 15（C 組）
（說明：香港特別行政區成立初期，立法會由三個組別組成，有利於平穩過渡，將來可以發展成兩個組別，取消選舉委員會。）

【P3】
III.第一屆立法會任期為 1997—1999，第二屆為 1999—2003，第三屆為 2003—2007。

	1997	1999	2003
功	25	25	25
地	25	25	25
選	15	15	15
總	65	65	65

V.第四屆以後立法會的組成，由立法會自行決定，惟有關決定，須得到立法會 2/3 多數通過及行政長官的同意。

※

⑧ 1989 年 12 月 13 至 16 日《政治體制專題小組第十七次會議紀要》，載於 1990 年 2 月《中華人民共和國香港特別行政區基本法起草委員會第九次全體會議文件匯編》

【P16-17】
二、委員們對下述條文進行了討論，但尚未有一致的修改建議，決定留待下次會議解決。會議對這些條文的討論意見如下：
3.關於第六十七條，有的委員建議刪去第二款「最終達至全部議員由普選產生的目標」。有些委員認為，立法會不一定最終全部普選，如果對香港有利，應保留部份功能團體或其他成份。有的委員認為，這句話不宜刪去，目前的規定已有很大彈性。

【P20-22】
四、關於香港特別行政區立法會的產生辦法，在小組會上有三位委員提出了三個修改方案，委員們還參考了諮詢報告中的八個方案，討論了政制設計的原則，認為第四次小組會提出的原則是正確的，政治體制要保證香港長期的穩定繁榮，為達到這個目標，政制發展要循序漸進，寧穩勿亂。政制要確保社會各階層的均衡參與。政制要建立在一國兩制的基礎之上，不能出現一個與中央對抗的立法機關。根據這些原則。委員們認為：
1.功能團體、分區直選及行政長官選舉（推選）委員會產生的議員可作為立法會組成成份。至於是否要有區域組織選舉的成份，委員們仍有不同意見，有的委員認為立法會中有區域組織選舉的成份，可以團結更多的人；有些委員認為，既然有了普選的成份，就不必採用通常用以代替普選的分區間接選舉；有些委員認為，區域組織是非地方政權性機構，其議員是管理地方事務的，讓他們互選出管理全港事務的立法會議員，不合適，這個問題留待下次會議進一步討論。

2.原則上贊同分開計票方法。至於如何分開計票，留待下次會議研究決定。

3.香港特別行政區立法會第一屆總人數為六十人，其中分

區直選佔百分之三十，即十八人。至於立法會其他成份的比例，留待下次會議研究決定。

4. 香港特別行政區成立後政治體制至少要穩定十年，委員們認為一九九七年政權轉移是巨大的變化，必須有一段時間保持政制的穩定。有的委員認為，十年穩定期內，立法會的組成不要變化；有的委員認為，十年穩定期內立法會組成可以有少許的變化，以體現循序漸進；有的委員認為，只要確定十年穩定期，並規定第一屆的組成比例，第二、三屆立法會的組成比例可以不作規定，留待特區政府自己決定。委員們同意，關於第二、三屆立法會組成是否需在第一屆的基礎上加以發展，留待下次會議討論決定。

5. 十年穩定期後立法會的組成如需進行修改，由立法會三分之二（分開計票各二分之一多數）通過，行政長官同意，並報全國人民代表大會常務委員會備案。

※

⑨ 1990 年 1 月 17 至 20 日《政治體制專題小組第十八次會議紀要》，載於 1990 年 2 月《中華人民共和國香港特別行政區基本法起草委員會第九次全體會議文件匯編》

【P26】
一、關於第四章政治體制的條文修改
9. 第六十七條第二款改為「立法會產生的具體辦法和法案、議案的表決程序由附件二《香港特別行政區立法會的產生辦法和表決程序》規定。」

【P29-34】
三、關於香港特別行政區立法會的產生辦法
1. 經過討論，小組對立法會的組成和議案、法案的表決程序分兩個問題進行了舉手表決，會議形成了一個《香港特別行政區立法會的產生辦法和表決程序》的主流方案。內容如下：
附件二　香港特別行政區立法會的產生辦法和表決程序
一、立法會的產生辦法
（一）香港特別行政區立法會議員每屆六十人，第一屆立法會按照《全國人民代表大會關於香港特別行政區第一屆政府和立法會產生辦法的決定》產生。第二屆、第三屆立法會的組成如下：
第二屆
功能團體選舉的議員 30 人
選舉委員會選舉的議員 6 人
分區直接選舉的議員 24 人
第三屆
功能團體選舉的議員 30 人
分區直接選舉的議員 30 人
（二）除第一屆立法會外，上述選舉委員會即本法附件一規定的選舉委員會。上述分區直接選舉的選區劃分、投票辦法，各個功能界別和法定團體的劃分、議員名額的分配、選舉辦法及選舉委員會選舉議員的辦法，由香港特別行政區政府提出並經立法會通過的選舉法加以規定。
二、立法會對法案、議案的表決程序
除本法另有規定外，香港特別行政區立法會對法案和議案的表決，須經功能團體選舉產生的議員和地區直接選舉、選舉委員會選舉產生的議員兩部份出席會議議員各過半數通過。政府提出的法案，如未獲得上述兩部份出席會議議員各過半數通過，經政府對該法案進行修改後再次提交立法會表決，如獲得出席會議的全體議員的過半數票，即為通過。

三、二〇〇七年以後各屆立法會的產生辦法和表決程序
二〇〇七年以後香港特別行政區各屆立法會的產生辦法和法案、議案的表決程序，如需對本附件的規定進行修改，須經立法會功能團體產生的議員和分區直接選舉產生的議員兩部份出席會議議員各過半數通過，且獲得立法會全體議員三分之二多數票，行政長官同意，並報全國人民代表大會常務委員會備案。

2. 小組對立法會的組成還有以下幾種意見：
（1）有兩位委員主張香港特別行政區立法會的組成只規定上述第一屆，第二屆和第三屆的組成不做規定。
（2）有兩位委員主張立法會的組成為：
第一屆
功能團體選舉產生的議員 22 人
選舉委員會選舉產生的議員 20 人
分區直接選舉的議員 18 人
第二屆
功能團體選舉的議員 22 人
選舉委員會選舉的議員 14 人
分區直接選舉的議員 24 人
第三屆
功能團體選舉的議員 22 人
選舉委員會選舉的議員 8 人
分區直接選舉的議員 30 人
（3）有兩位委員主張立法會的組成為：
第一屆（1997-1999）　總人數 60 人
選舉委員會選出議員 21 人
功能團體組別選出議員 21 人
區域選舉選出議員 18 人
第二屆（1999-2003）　總人數 63 人
選舉委員會選出議員 21 人
功能團體組別選出議員 21 人
區域選舉選出議員 21 人
第三屆（2003-2007）　總人數 69 人
選舉委員會選出議員 21 人
功能團體組別選出議員 24 人
區域選舉選出議員 24 人
第四屆以後立法會的組成，由行政長官提出，交由當時的立法會決定，但必須得到立法會三分之二多數通過。其他法案、議案的通過，只需立法會簡單多數通過即可。
每選區至少有兩個議席，在人口較多的區內，下屆立法會增加區域總議席時，可先考慮增加這區內的議席。

3. 小組對立法會的法案、議案表決程序還有以下幾種意見：
（1）有兩位委員主張除本法另有規定外，香港特別行政區立法會提案的表決，對政府提出的提案，須得有合法開會人數出席的會議中出席議員過半數通過。個別議員提出的提案和對政府提案提出的修正案，須經上述合法會議中出席議員過半數通過。但如有六名議員聯名，向主席提出要求分組計票，則立法會主席可決定該議案需由功能團體選舉產生的議員和地區普選產生、選舉委員會選出的議員兩部各要過半數通過。
（2）有兩位委員表示反對分組計票方法。

4. 有些委員主張附件二是基本法的一部份，其修改應由全國人民代表大會常務委員會批准。

※

⑩ 1990 年 2 月 16 日《中華人民共和國香港特別行政區基本法（草案）》

附件二：香港特別行政區立法會的產生辦法和表決程序
一、立法會的產生辦法
〔編者按：本文同第八稿文件⑨第（一）及（二）點，其餘如下。〕

二、立法會對法案、議案的表決程序
除本法另有規定外，香港特別行政區立法會對法案和議案的表決採取下列程序：
政府提出的法案，如獲得出席會議的全體議員的過半數票，即為通過。

立法會議員個人提出的議案、法案和對政府法案的修正案均須分別經功能團體選舉產生的議員和分區直接選舉、選舉委員會選舉產生的議員兩部份出席會議議員各過半數通過。

三、二〇〇七年以後立法會的產生辦法和表決程序
二〇〇七年以後香港特別行政區立法會的產生辦法和法案、議案的表決程序，如需對本附件的規定進行修改，須經立法會全體議員三分之二多數通過，行政長官同意，並報全國人民代表大會常務委員會備案。

第九稿

「第六十八條　香港特別行政區立法會由選舉產生。
立法會的產生辦法根據香港特別行政區的實際情況和循序漸進的原則而規定，最終達至全部議員由普選產生的目標。
立法會產生的具體辦法和法案、議案的表決程序由附件二《香港特別行政區立法會的產生辦法和表決程序》規定。」
〔1990 年 4 月《中華人民共和國香港特別行政區基本法》〕

① 1990 年 2 月 19 日姬鵬飛《關於〈中華人民共和國香港特別行政區基本法（草案）〉及有關文件的修改情況報告》

五、對香港特別行政區立法會的產生辦法和表決程序作了如下修改：
1.立法會由功能團體選舉、選舉委員會選舉和分區直接選舉三種成份的議員組成。分區直接選舉產生的議席在第一屆立法會總議席（共六十席）中佔百分之三十三點三，即二十席；第二屆佔百分之四十，即二十四席；第三屆佔總議席的一半，即三十席。
2.立法會對法案或議案的表決方式；議員個人提出的法案、議案和對政府法案的修正案均須分別經功能團體選舉產生的議員和分區直接選舉、選舉委員會選舉產生的議員兩部份出席會議的議員各過半數通過；政府提出的法案，則由全體出席會議的議員過半數通過。

六、原草案附件一、附件二對香港特別行政區行政長官和立法會的產生辦法所規定的修改程序是：在第三任行政長官和第四屆立法會任內，通過香港全體選民投票決定是否普選產生行政長官和立法會全部議員。全體選民投票的舉行，須得到立法會多數通過，徵得行政長官同意和全國人大常委會的批准方可進行。投票結果必須有百分之三十以上的合格選民的贊成，才能付諸實施。在反覆研究了香港各方面人士的意見後，這次大會把上述程序修改為：二〇〇七年以後香港特別行政區行政長官和立法會的產生辦法以及立法會的表決程序如需改變，須經立法會全體議員三分之二多數通過，行政長官同意，並報全國人大常委會即可實施。

② 姬鵬飛《關於〈中華人民共和國香港特別行政區基本法（草案）〉及其有關文件的說明》（1990 年 3 月 28 日第七屆全國人民代表大會第三次會議）

四、關於政治體制
（三）關於立法會的產生辦法和立法會對法案和議案的表決程序。草案規定，立法會由選舉產生，其產生辦法要根據香港的實際情況和循序漸進的原則而規定，最終達到全體議員由普選產生的目標。據此，附件二對立法會的產生辦法作了具體規定，第一、二屆立法會由功能團體選舉、選舉委員會選舉和分區直接選舉等三種方式產生的議員組成。在特別行政區成立的頭十年內，逐屆增加分區直選的議員席位，減少選舉委員會選舉的議員席位，到第三屆立法會，功能團體選舉和分區直選的議員各佔一半。這樣規定符合循序漸進地發展選舉制度的原則。附件二還規定，立法會對政府提出的法案和議員個人提出的法案、議案採取不同的表決程序。政府提出的法案獲出席會議的議員過半數票即為通過；議員個人提出的方案、議案和對政府法案的修正案須分別獲功能團體選舉的議員和分區直接選舉、選舉委員會選舉的議員兩部份出席會議的議員的各過半數票，方為通過。這樣規定，有利於兼顧各階層的利益，同時又不至於使政府的法案陷入無休止的爭論，有利於政府施政的高效率。在特別行政區成立十年以後，立法會的產生辦法和對法案、議案的表決程序如需改進，由立法會全體議員三分之二多數通過，行政長官同意並報全國人大常委會備案。立法會的具體產生辦法和對法案、議案的表決程序由附件規定，也是考慮到這樣比較靈活，方便必要時作出修改。

※

香港特別行政區立法會除第一屆任期為兩年外，每屆任期四年。

1. 立法會的任期

第一稿

第四章　第三節
「第三條　香港特別行政區立法機關成員任期為四年。」
〔1987 年 8 月 22 日《政治體制專題小組的工作報告》，載於《中華人民共和國香港特別行政區基本法起草委員會第五次全體會議文件匯編》〕

① 1986 年 2 月基本法諮詢委員會《分批研討會參考資料》

【P2】
張家敏委員：
（五）政制設置及制衡；

※

② 1986 年 2 月基本法諮詢委員會《分批研討會參考資料 2》

【P2】
2. 基本法可分成六個主要部份：
第三部份說明特別行政區內部的結構。此部分為兩節，第一節處理特別行政區的政治結構，體現特別行政區政府及立法機關由當地人組成，……

※

③ 1986 年 2 月基本法諮詢委員會《諮委會第一分組有關基本法結構討論小結》

一、基本法結構，根據與會者發言，大致上可以歸結為下列十二個部份：
5. 政制

※

④ 1986 年 2 月基本法諮詢委員會《第一批研討會總結》

一、基本法結構，根據與會者發言，大致上可以歸結為下列十二個部份：
5. 政制

※

⑤ 1986 年 2 月基本法諮詢委員會《第二批研討會總結》

六、基本法結構初擬——
4. 政府的架構——首長的產生，調動軍隊的權力，行政、立法、司法、財政制度、公務員。

※

⑥ 1986 年 2 月基本法諮詢委員會《第三批研討會總結》

4. 基本法的詳盡程度——
（2）政制：主要說明行政、立法、司法三權分立關係，三個機構如何產生及其權力範圍等問題；

※

⑦ 1986 年 2 月基本法諮詢委員會《第四批討論總結》

四、政制方面
有些委員認為《中英聯合聲明》內談經濟部份太多，政制太少，所以基本法要側重寫政制部份，但如果寫得太詳細，則缺乏修改餘地，而太簡單，則又會說不清主要重點。個別委員建議在基本法內只闡述政制的大原則，而具體細節則以附件形式詳述。既可達到精簡原則，另一方面易於在港人手裡修改政制附件部份，而可能不須呈交中央通過。

※

⑧ 1986 年 2 月基本法諮詢委員會《第五批研討會總結》

五、對基本法結構的建議——

4. 政制：行政
　　　　　立法　　三權分立，並寫出它
　　　　　司法　　的形成及運作。

※

⑨ 1986 年 4 月《香港各界人士對〈基本法〉結構等問題的意見匯集》（基本法起草委員會第二次會議參閱資料之一）

【P37】
關於政治體制的意見
一、有關政治體制的總的意見
12.《中英聯合聲明》規定，香港特別行政區立法機關由選舉產生，也就是說一九九七年香港立法機關將不再存在任何形式的委任制，所謂先委任後互選的「顧問局」方案，實際上是屬於委任制一種，那是不符合「本子」的。

13.最佳辦法莫如保留目前的立法局和行政局，不加改變，因為兩局業經時間的考驗，使香港成為今天享譽國際的興旺城市。

※

⑩ 1986 年 4 月 22 日《中華人民共和國香港特別行政區基本法結構（草案）》，載於《中華人民共和國香港特別行政區基本法起草委員會第二次全體會議文件匯編》

【P14】
第四章　香港特別行政區的政治體制
第三節　立法機關
（二）立法機關組成人員的任期

※

⑪ 吳夢珍《對香港特別行政區政制模式的建議》，載於 1986 年 5 月 13 日《政制專責小組第三次會議總結（第二分組）》

（編者按：此文件乃依香港大學法學院圖書館的歸檔順序處理出處）

【P3】
經各種選舉產生的議員任期有限而且分期更替。

※

⑫《十二個政制構想》（1986 年 6 月 10 日政制專責小組第四次會議附件二）

（三方學會）
8.立法機關成員任期為四年，除因觸犯刑法或因精神不健全而不能履行職務外，任期內不能被罷免，立法機關亦不會在任期內解散。

（鄭宇碩）
立法機關成員的任期，可以維持目前的三年。立法機關的直接選舉可與區議會選舉同時進行，免得選舉活動太頻繁，不但勞民傷財，而且容易導致選民對選舉冷漠。功能團體選舉可在直接選舉後一個月內舉行。為配合目前立法局的會期，區議會及立法機關的直接選舉適宜在九月中旬舉行，功能團體選舉在十月中旬舉行，立法機關的會期則於十月底或十一月初開始。
……立法機關成員有固定的任期，行政長官及立法機關主席俱無權解散立法機關。立法機關議席因成員去世、健康欠佳或其他理由出缺時則舉行補選。

（辛維思）
立法機關職權範圍
其次是有關立法機關的產生。筆者認為香港特別行政區的立法機關可沿用「立法局」的名稱，成員沿稱「議員」。立法局議員三分之二由功能團體選舉產生，三分之一由分區直接選舉產生，任期為五年，連選得連任。

（李華明）
（二）立法機關
1.立法機關的產生
1.3 議席共有六十位，任期四年，連選得連任。

（陳弘毅）
……議員的任期四年，連選得連任。

※

⑬ 1986 年 6 月 10 日《政制專責小組第四次會議紀要（第一分組）》

5.立法機關組成人員的任期
年期可以是三年、四年或五年。
5.1 三年一選會較頻密，但能實行《中英聯合聲明》中保持現狀的原則。
5.2 委員亦考慮到成員的更換問題，不須要在同一時間內更換所有成員。

※

⑭ 1986 年 6 月 10 日《政制專責小組第四次會議紀要（第二分組）》

6.委員對「立法機關成員任期」、「立法機關的召集和立法程序」的意見如下：
大部份委員認為在基本法內容不應對此有詳細說明，以免造成掣肘。

※

⑮ 1986 年 6 月 10 日《政制專責小組第四次會議紀要（第三分組）》

5.立法機關組成人員的任期：
有委員認為議員的任期長短沒有問題，但應該每次只換一半或三分之一議席，以保持立法機關的連續性。

※

⑯ 1986 年 6 月 10 日《政制專責小組第四次會議紀要（第四分組）》

4.分組討論紀要
4.4 任期
個別委員提議以五年為一任以配合中國的五年制任期，以便將來銜接。但委員多認為任期太短，是難以運作的。

※

⑰ 1986 年 6 月 26 日《政制專責小組第四次會議

續會紀要（第四分組）》

（1）輪換制
有委員提出立法機關的成員可採取輪換制，即將當選議員分為兩批或以上，每年只重選一批，以致每年都有一部份舊的議員留任。其優點是在運作上有延續性，缺點是可能引致某團體壟斷所有席位，因為每次只改選少數席位，故一個稍強的團體便很可能集中其資源壟斷所有議席。

（2）至於立法機構成員的任期，與會委員認〔為〕各個制度皆有其優點，現排列如下：
1. 三年制：
其優點是維持現狀，任期不變，但若採輪換制，便要將議員分為三批，一年輪換一次，選舉太頻密。
2. 四年制：
在一年熟習期後，會比三年制的有較長的時間發揮，而且亦方便於輪換制的運作，即可將議員分為兩半，兩年輪換一次。
3. 五年制：
好處為配合國內的任期制度，在與國內官員聯絡上較為方便。

（3）連任與年齡
大部份委員認為無須限制連任屆數或年齡。

※

⑱ 1986 年 7 月 8 日政制專責小組第五次會議參考文件一

（三方學會）
11. 最高行政長官任期與立法機關成員任期同為四年，……

（徐是雄）
行政、立法、政府的關係
……行政長官、議員的任期為三或四年。

《政治四模式與避免分化、對立的方案》（辛維思）
立法機關職權範圍
……立法局議員三分之二由功能團體選舉產生，三分之一由分區直接選舉產生，任期為五年，連選得連任。

※

⑲ 1986 年 7 月 8 日《政制專責小組第五次會議紀要（第二分組）》

7. 有委員主張……立法機關的成員任期為四年。

※

⑳ 1986 年 8 月 4 日《各政制構想》（1986 年 8 月 12 日政制專責小組第六次討論文件一）

【P15】
方案（十一）古星輝《鏡報月刊》（12/85）
立法機構選舉方式
任期 4 年，最多連任兩次。

【P17】
方案（十四）三方學會文件（3/86）

立法機構選舉方式
任期四年，任期內不會解散。

【P19】
方案（十七）辛維思《明報》（23/5/86 至 28/5/86）
立法機構選舉方式
任期五年，連選得連任。

※

㉑《立法機關、立法機關的產生》〔1986 年 8 月 6 日政制分批研討會（第三批）討論文件三〕

【P12】
3. 立法機關組成人員的任期
3.1 如想保留現時立法局的任期，便以三年一選為合宜，因為一個新任議員需要半年至一年的時間去熟習整個制度的運作，餘下的時間去參與發揮。
3.2 立法機關的任期長短不重要，但在替換上要有連貫性，可讓一部份的團體集中力量去爭取每一次少數的位置，加強影響力，亦要考慮到功能團體名額的分配。
3.3 四年為一任，每兩年選舉一次，每次選舉一半或三分之一。
3.4 每五年為一任，容易和中國的制度銜接，有建議每二年半選一次，每次換百分之五十；亦有提出每年選舉五分之一，整個制度較為安定，並可提高市民對選舉的興趣。
3.5 連任方面，最多可連任兩屆；或以年齡為限，到了七十歲便要退任。
3.6 不應限定連任次數。

※

㉒ 1986 年 8 月 20 日《基本法結構專責小組初步報告》

【P20】
5.3 第三節　立法機關
（2）立法機關組成人員的任期

※

㉓《Final Report on the Structure of Basic Law》（基本法結構專責小組最後報告，1987 年 3 月 14 日經執行委員會通過）

【P25】
5.3 Section 3 "The Legislature".
II. "Terms of office of the members."

※

㉔ 1987 年 4 月 25 日政制專責小組之立法機關與立法機關的產生工作組《立法機關討論文件（六稿）》（1987 年 6 月 9 日政制專責小組第十二次會議討論文件）

【P9-10】
6. 立法機關組成人員的任期
6.1 目前情況（一九八七年四月的情況）
三年制，亦是全換制的，即委員一起就任，一起卸任。
6.2 將來情況

6.2.1 輪換制或全換制

輪換制就是將當選議員分為兩批或以上，每期只重選一批，以致每期都有一部份舊的議員留任。其優點是在運作上有延續性，缺點是可能引致某團體壟斷所有席位，因每次只改選少數席位，故一個稍強的團體便很可能集中其資源壟斷所有議席。另外，若輪換的分批太多，便會導致選舉過密。全換制的優點與缺點便恰好相反。

6.2.2 任期

6.2.2.1 三年制

其優點是維持現狀，任期不變。若一個新任議員需要半年至一年時間熟習整個制度的運作，剩下的時間便可參與發揮。若採輪換制，有建議將議席分為三批，即每年重選一批；亦有建議分為兩批，即每半年重選一批。

6.2.2.2 四年制

其優點是在一年熟習期後，議員會（相對於三年制的議員）有較長的時間發揮，而且亦方便於輪換制的運作，即可將議員分為兩半，兩年輪換一次。但亦有認為兩年一次選舉也過於頻密。

6.2.2.3 五年制

好處是與中國的制度相銜接，方便與國內官員聯絡。這樣可以每兩年半一次選舉，每次換百分之五十，其優點為較

少的選舉事務。另一建議是每年選舉五分之一，其優點是輪換幅度低，較合乎安定的原則，並可提高市民對選舉的興趣，但缺點則是過於頻密的選舉，有勞民傷財之弊。

6.2.3 連任

不得連任多於兩次。

※

㉕ 政制專責小組《立法機關最後報告》（1987年6月12日經執行委員會通過）

【P26-27】

（編者按：本文同第一稿文件㉔，除下列內容外，均同前文，惟上稿第 6.2.3 點被刪除。）

7. 立法機關組成人員的任期

7.2 將來情況

7.2.3 連任

7.2.3.1 可連任多次

7.2.3.2 只可連續繼任一次，即兩屆。

7.2.3.3 只能任兩屆

第二稿

第四章　第三節

「第三條　香港特別行政區立法機關成員任期為四年。」

〔1987年9月8日《第四章　香港特別行政區的政治體制（討論稿）》（1987年9月22日政制專責小組第二次會議附件一）〕

① 1987年9月2日《中華人民共和國香港特別行政區基本法起草委員會第五次全體會議委員們對基本法序言和第一、二、三、四、五、六、七、九章條文草稿的意見匯集》

【P37】

五、關於第四章　香港特別行政區的政治體制

（三）第三節　立法機關

4. 第三條

有的委員建議，將本條改寫成「立法機關任期四年」。

※

② 1987年9月8日《中華人民共和國香港特別行政區基本法起草委員會第五次全體會議意見匯編》（1987年9月22日政制專責小組第二次會議附件二）

【P10】

第四章　政制

三、關於第三節　立法機關

4. 關於第三條

有的委員提出，行政長官的任期是五年，立法機關成員的任期是四年，是否能一致起來？

關於第三條

（編者按：內容同上文）

第三稿

第四章　第三節

「第三條　香港特別行政區立法機關成員任期為四年。」

〔1987年10月《第四章　香港特別行政區的政治體制（討論稿）》（政治體制專題小組工作文件）〕

① 《基本法諮詢委員會工商專業界諮委對未來香港特別行政區政府架構的建議》，載於1987年9月基本法諮詢委員會工商專業界諮委《未來香港特別行政區政府結構建議》

【P30-31】

7. 立法機關

7.7 任期

立法機關成員每屆任期均為四年，只限連任一次。

7.8 交錯任期

未來香港特別行政區政府的立法機關由八十位成員組成，每位任期四年。為了保證立法機關成員順利交替和政策的

延續，故此建議成員任期交錯的原則，例如每兩年有一半成員任期屆滿退出，或者是把各類選舉組別劃分為兩組，每兩年輪流進行選舉。

	佔總成員人數比率
甲組	
功能團體選出的成員	25%
選舉團選出的成員	25%
乙組	
功能團體選出的成員	25%
直選選出的成員	25%

※

② 1987 年 10 月《第四章　香港特別行政區的政治體制（討論稿）》（政治體制專題小組工作文件）

【P18】

第三節　立法機關
第三條
第五次全體大會分組討論：
（編者按：內容同第二稿文件①）

第四稿

「第六十五條　香港特別行政區立法機關成員的任期為四年。」
〔1987 年 12 月基本法起草委員會秘書處《香港特別行政區基本法（草案）》（匯編稿）〕

① 香港民主政治促進會《香港特別行政區政制方案的建議（最後修訂稿）》，載於 1987 年 12 月基本法起草委員會秘書處《參閱資料——第 35 期》

【P6】
4. 立法機關

4.1 立法機關的組成和產生方式
4.1.2 任期
4.1.2.1 立法局議員任期為四年，以便每位議員有充份時間履行他的職務。
4.1.2.2 為免立法局之延續性受過大影響，直選與選舉、功能選舉和選舉團選舉應按期交錯進行。

第五稿

「第六十九條　香港特別行政區立法會議每屆任期四年。」
〔1988 年 4 月基本法起草委員會秘書處《中華人民共和國香港特別行政區基本法（草案）草稿》〕

① 1988 年 4 月《總體工作小組所作的條文修改舉要》，載於 1988 年 5 月《中華人民共和國香港特別行政區基本法起草委員會第七次全體會議文件匯編》

【P17】
第六十九條（政制小組最後草擬的原第六十七條），將「成員的任期為」改為「每屆任期」。

第六稿

「第六十八條　香港特別行政區立法會議每屆任期四年。」
〔1988 年 4 月基本法起草委員會《中華人民共和國香港特別行政區基本法（草案）徵求意見稿》〕

第七稿

「第六十八條　香港特別行政區立法會除第一屆任期為兩年外，每屆任期四年。」
〔1989 年 2 月《中華人民共和國香港特別行政區基本法（草案）》〕

① 1988 年 6 月 6 日《政制專責小組（三）與草委交流會會議紀要》

4. 立法機關
4.2 任期
第六十八條立法會議任期四年與第四十六條行政長官任期五年之關係為何？

※

② 《基本法諮詢委員會政制專責小組對基本法（草案）徵求意見稿第四章的意見匯編》，載於 1988 年 10 月基本法諮詢委員會《中華人民共和國香港特別行政區基本法（草案）徵求意見稿諮詢報告（1）》

【P103】
2. 有關專題討論
2.3 立法機關
2.3.2 成員任期
2.3.2.1 有委員認為，第六十八條立法會議的成員任期四年與第四十六條行政長官任期五年之關係應明確界定。

※

③ 1988 年 10 月基本法諮詢委員會《中華人民共和國香港特別行政區基本法（草案）徵求意見稿諮詢報告第五冊——條文總報告》

【P270】
第四章
第三節　整體意見
1. 意見
1.3 任期
→ 應為四年。
→ 不受連任的限制。
→ 按照徵求意見稿對行政長官和立法會議所建議的任期，則每二十年兩者便會同時改選，可能出現權力真空的現象。故建議立法會議每兩年改選一半成員。

【P277】
第六十八條
2. 意見
→ 贊成每屆任期四年。
→ 立法會議成員任期應與行政長官一致。
理由：
⊙ 將來的普選可能包括行政長官、立法會議成員、區域組織成員、全國人大香港區代表，按界別選出的立法會議成員和行政長官提名委員會成員等，較長的任期可避免同一年內有過多的選舉活動。
⊙ 加強兩者的協調與合作。
⊙ 如兩者任期不同，立法會議可能仍支持上一任的行政長官，新上任的行政長官便難以得到立法會議的支持。

3.建議
3.1 修改
→ 改為：「香港特別行政區立法會議每屆任期五年。」
→ 改為：「香港特別行政區立法會議每屆任期三年。」
→ 改為：「立法會議成員最多只可連任三屆，任期滿後自動退出，不能再度參選。」
理由：
⊙ 避免部份議員終身壟斷席位，應讓別人發揮功能。
⊙ 議局有更多新血補充，使議局的發揮更盡善盡美。
⊙ 議局運作更公平。
⊙ 鼓勵更多市民參政，使議會永恆更生。
3.2 其他建議
當立法會議成員任期在一九九一年時由三年改為四年時，兩個市政局及區議會議員的任期也應改為四年。

4.待澄清問題
→ 香港大眾是否不喜歡每屆任期三年？若不然為何要四年一任？
→ 行政長官的任期為五年，而立法會議成員的任期為四年，行政長官怎能成為立法會議的成員？

※

④《傑出青年協會意見書（附件一、二、三的建議）》，載於《基本法的草擬與政制「主流方案」》

【P1】
附件二：香港特別行政區立法會議的產生辦法：
建議：
（二）立法機關成員任期四年。

⑤查濟民《對香港特別行政區政治體制方案的修改建議》，載於《基本法的草擬與政制「主流方案」》

【P1-2】
二、立法會議
甲）第二，三屆立法會議委員由「混合選舉」產生，成員百分比如下：
……
任期四年。
乙）立法會議自第四屆起改變成員百分比如下：
……
任期四年。
丙）立法會議自第七屆起改變成員百分比如下：
……
任期四年。
丁）此後成員比例不再改變。每屆任期四年。

※

⑥《港九勞工社團聯會對主流方案的一些修改意見》，載於《基本法的草擬與政制「主流方案」》

【P1-2】
第一屆 立法會議 二年（1997 至 1999）
第二屆 立法會議 四年（1999 至 2003）
第三屆 立法會議 四年（2003 至 2007）

第八稿

「**第六十九條　香港特別行政區立法會除第一屆任期為兩年外，每屆任期四年。**」
〔1990 年 2 月 16 日《中華人民共和國香港特別行政區基本法（草案）》〕

① 1989 年 11 月基本法諮詢委員會《中華人民共和國香港特別行政區基本法（草案）諮詢報告第三冊——條文總報告》

【P160】
第六十八條
2.意見
2.1 反面
→ 本條規定立法會每屆任期四年，與行政長官五年一任的任期不相符。

3.建議
3.1 修改
→ 建議第一屆任期為三年。
→ 建議立法會成員任期為三年。

4.待澄清問題

→ 本條規定立法會每屆任期為四年，這與行政長官五年一任之任期不一貫。希望能澄清兩者不同任期的理由。

※

② 1989 年 12 月 13 至 16 日《政治體制專題小組第十七次會議紀要》，載於 1990 年 2 月《中華人民共和國香港特別行政區基本法起草委員會第九次全體會議文件匯編》

【P16-17】
二、委員們對下述條文進行了討論，但尚未有一致的修改建議，決定留待下次會議解決。會議對這些條文的討論意見如下：
2.關於第四十九條、第五十條、第六十八條、第七十四條，委員們同意留待立法會產生辦法確定後再作討論。

第九稿

「**第六十九條　香港特別行政區立法會除第一屆任期為兩年外，每屆任期四年。**」
〔1990 年 4 月《中華人民共和國香港特別行政區基本法》〕

香港特別行政區立法會如經行政長官依本法規定解散，須於三個月內依本法第六十八條的規定，重行選舉產生。

✿ 貳｜概念

1. 立法會的解散
2. 立法會的重新選舉

✿ 叁｜條文本身的演進和發展

第一稿

「第六十六條　香港特別行政區立法機關如經行政長官依本法規定解散，須於六個月內依照本法第六十四條的規定，重行選舉產生。」

〔1987年12月基本法起草委員會秘書處《香港特別行政區基本法（草案）》（匯編稿）〕

① 1986年2月基本法諮詢委員會《分批研討會參考資料》

【P1-2】
某委員（編者按：原件模糊，無法辨認名字。）：……政制，包括……立法機關與行政機關的關係、……
張家敏委員：（五）政制設置及制衡；

※

② 1986年2月基本法諮詢委員會《分批研討會參考資料2》

【P2】
2.基本法可分成六個主要部份：
第三部份說明特別行政區內部的結構。此部份為兩節，第一節處理特別行政區的政治結構，體現特別行政區政府及立法機關由當地人組成，……

※

③ 1986年2月基本法諮詢委員會《諮委會第一分組有關基本法結構討論小結》

一、基本法結構，根據與會者發言，大致上可以歸結為下列十二個部份：
5.政制

※

④ 1986年2月基本法諮詢委員會《第一批研討會總結》

一、基本法結構，根據與會者發言，大致上可以歸結為下列十二個部份：
5.政制

※

⑤ 1986年2月基本法諮詢委員會《第二批研討會總結》

六、基本法結構初擬——
4.政府的架構——首長的產生、調動軍隊的權力，行政、立法、司法、財政制度、公務員。

※

⑥ 1986年2月基本法諮詢委員會《第三批研討會總結》

4.基本法的詳盡程度——
（2）政制：主要說明行政、立法、司法三權分立關係，三個機構如何產生及其權力範圍問題；

※

⑦ 1986年2月基本法諮詢委員會《第四批討論總結》

四、政制方面
有些委員認為《中英聯合聲明》內談經濟部份太多，政制太少，所以基本法要側重寫政制部份，但如果寫得太詳細，則缺乏修改餘地，而太簡單，則又會說不清主要重點。個別委員建議在基本法內只闡述政制的大原則，而具體細節則以附件形式詳述。既可達到精簡原則，另一方面易於在港人手裡修改政制附件部份，而可能不須呈交中央通過。

⑧ 1986年2月基本法諮詢委員會《第五批研討會總結》

五、對基本法結構的建議——

4. 政制：行政 ┐
　　　　立法 ├ 三權分立，並寫出它
　　　　司法 ┘ 的形成及運作。

※

⑨ 1986 年 4 月《香港各界人士對〈基本法〉結構等問題的意見匯集》（基本法起草委員會第二次會議參閱資料之一）

【P51】
2. 立法機關的性質、地位和職權
（14）行政長官有權解散立法機關，並決定大選日期。

※

⑩ 1986 年 4 月 22 日《中華人民共和國香港特別行政區基本法結構（草案）》，載於《中華人民共和國香港特別行政區基本法起草委員會第二次全體會議文件匯編》

【P14】
第四章　香港特別行政區的政治體制
第三節　立法機關
（一）立法機關的組成和產生辦法

※

⑪ 1986 年 8 月 20 日《基本法結構專責小組初步報告》

【P20】
5.3 第三節　立法機關
（1）立法機關的組成和產生辦法

※

⑫《Final Report on the Structure of Basic Law》（基本法結構專責小組最後報告，1987 年 3 月 14 日經執行委員會通過）

【P25】
5.3 Section 3 "The Legislature".
I. "Method of composition and formation."

第二稿

「第七十條　香港特別行政區立法會議如經行政長官依本法規定解散，須於三個月內依本法第六十八條的規定，重行選舉產生。」
〔1988 年 4 月基本法起草委員會秘書處《中華人民共和國香港特別行政區基本法（草案）草稿》〕

① 1987 年 12 月《中華人民共和國香港特別行政區基本法起草委員會第六次全體會議委員們對基本法第四、五、六、十章和條文草稿匯編的意見》

【P16】
20. 第六十六條

（1）有的委員提出，立法機關被解散後，新產生的立法機關成員的任期如何計算的問題應加以規定。

（2）有的委員提出，立法機關被解散後六個月內產生新立法機關，時間太長，建議加以縮短。也有的委員認為本條規定六個月是適當的。

第三稿

「第六十九條　香港特別行政區立法會議如經行政長官依本法規定解散，須於三個月內依本法第六十七條的規定，重行選舉產生。」
〔1988 年 4 月基本法起草委員會《中華人民共和國香港特別行政區基本法（草案）徵求意見稿》〕

第四稿

「第六十九條　香港特別行政區立法會如經行政長官依本法規定解散，須於三個月內依本法第六十七條的規定，重行選舉產生。」
〔1989 年 2 月《中華人民共和國香港特別行政區基本法（草案）》〕

① 1988 年 8 月基本法起草委員會秘書處《香港各界人士對〈香港特別行政區基本法（草案）徵求意見稿〉的意見匯集（一）》

【P28】
第六十九條
將「三個月」改為「二個月」。

※

② 1988 年 10 月基本法諮詢委員會《中華人民共和國香港特別行政區基本法（草案）徵求意見稿諮詢報告第五冊──條文總報告》

【P278】
第六十九條
2. 意見
→ 這條文令行政長官權力過大。
→ 三個月真空期會對立法機關就行政長官的監察和平常的立法運作，造成很大的影響。

3. 建議
3.1 刪除

→ 刪除本條。
理由：
⊙ 行政長官無權解散立法機關。
⊙ 不贊同第五十條行政長官有權解散立法機關，此條文不能成立。
3.2 修改
→ 應縮短重選期

→ 兩個月的重選期已足夠。
→ 立法會議須於解散後四至六星期內重組。
→ 立法會議被解散之同時，行政長官亦需辭職。
→ 「……立法會議如經行政長官依本法規定解散」，其解散的方法，必須按照第四章第五十及第五十一條的建議而行。

第五稿

「**第七十條　香港特別行政區立法會如經行政長官依本法規定解散，須於三個月內依本法第六十八條的規定，重行選舉產生。**」
〔1990 年 2 月 16 日《中華人民共和國香港特別行政區基本法（草案）》〕

① 1989 年 5 月 10 日草案諮詢期討論文件（一）《行政機關與立法機關的關係》

【P3】
3. 這些意見指出草案的缺點（下文是以採用議會制為假設而提出的缺點——非真正的議會制）
3.8 立法會重選限期
草案第 69 條規定在立法會被解散後三個月內重選，但法國的制度是二十至四十天內進行重選。解散了又是否完成一屆呢？抑或新選的議員繼續前一屆剩下的期限呢？議會制國家的做法是新選的任期是以新一屆計算的。

※

② 1989 年 12 月 13 至 16 日《政治體制專題小組第十七次會議紀要》，載於 1990 年 2 月《中華人民共和國香港特別行政區基本法起草委員會第九次全體會議文件匯編》

【P16-18】
二、委員們對下述條文進行了討論，但尚未有一致的修改建議，決定留待下次會議解決。會議對這些條文的討論意見如下：
1. 關於第四十四條、第五十五條第二款、第六十一條、第七十條第二款、第八十九條、第一百條，有些委員建議，行政長官、行政會議成員、主要官員、立法會主席、終審法院和高等法院的首席法官，必須由中國公民擔任的各職

級官員必須以香港為唯一居住地，即在有關條款「香港特別行政區永久性居民中的中國公民」前加「並以香港為唯一居住地的」幾個字。委員們同意應有此項規定，但如何表述仍有不同意見。有些委員建議寫成「並以香港為唯一永久居住地的」；有些委員建議寫成「只在中國享有居留權的」；有的委員建議寫成「在外國無居留權的」。

4. 關於立法會議員的資格限制問題，有些委員提出，立法會議員的資格應有適當的限制，規定普選產生的議員必須是中國公民，而功能團體產生的議員可以是外籍人士。有的委員認為，香港特別行政區給予永久性居民中的外籍人士選舉權，是由於歷史原因的特殊安排，如果外籍人士濫用這種權力，全國人民代表大會應有權普遍或個別地收回這一權利。有的委員認為，沒有必要對立法會議員作出國籍限制。

※

③ 1990 年 1 月 17 至 20 日《政治體制專題小組第十八次會議紀要》，載於 1990 年 2 月《中華人民共和國香港特別行政區基本法起草委員會第九次全體會議文件匯編》

【P26】
一、關於第四章政治體制的條文修改
11. 第七十三條「凡不涉及公共開支和政府的結構和管理運作者」改為「凡不涉及公共開支或政治體制或政府運作者」。

第六稿

「**第七十條　香港特別行政區立法會如經行政長官依本法規定解散，須於三個月內依本法第六十八條的規定，重行選舉產生。**」
〔1990 年 4 月《中華人民共和國香港特別行政區基本法》〕

香港特別行政區立法會主席由立法會議員互選產生。
香港特別行政區立法會主席由年滿四十周歲，在香港通常居住連續滿二十年並在外國無居留權的香港特別行政區永久性居民中的中國公民擔任。

❀ 貳│概念

1. 立法會主席的產生和條件
2. 年滿四十周歲
3. 通常居住連續滿二十年並無外國居留權
4. 香港永久性居民中的中國公民

❀ 叁│條文本身的演進和發展

第一稿 ▶

第四章　第三節
「第四條　香港特別行政區立法機關主席的產生（待擬）。
第五條　香港特別行政區立法機關主席的資格（待擬）。」
〔1987 年 8 月 22 日《政治體制專題小組的工作報告》，載於《中華人民共和國香港特別行政區基本法起草委員會第五次全體會議文件匯編》〕

① 1986 年 2 月基本法諮詢委員會《分批研討會參考資料》

【P2】
張家敏委員：（五）政制設置及制衡；

　　　　　　　　　※

② 1986 年 2 月基本法諮詢委員會《分批研討會參考資料 2》

【P2】
2. 基本法可分成六個主要部份：
第三部份說明特別行政區內部的結構。此部份為兩節，第一節處理特別行政區的政治結構，體現特別行政區政府及立法機關由當地人組成，……

　　　　　　　　　※

③ 1986 年 2 月基本法諮詢委員會《諮委會第一分組有關基本法結構討論小結》

一、基本法結構，根據與會者發言，大致上可以歸結為下列十二個部份：
5. 政制

　　　　　　　　　※

④ 1986 年 2 月基本法諮詢委員會《第一批研討會總結》

一、基本法結構，根據與會者發言，大致上可以歸結為下列十二個部份：
5. 政制

　　　　　　　　　※

⑤ 1986 年 2 月基本法諮詢委員會《第二批研討會總結》

六、基本法結構初擬——
4. 政府的架構——首長的產生，調動軍隊的權力，行政、立法、司法、財政制度、公務員。

　　　　　　　　　※

⑥ 1986 年 2 月基本法諮詢委員會《第三批研討會總結》

4. 基本法的詳盡程度——

（2）政制：主要說明行政、立法、司法三權分立關係，三個機構如何產生及其權力範圍等問題；

※

⑦ 1986 年 2 月基本法諮詢委員會《第四批討論總結》

四、政制方面
有些委員認為《中英聯合聲明》內談經濟部份太多，政制太少，所以基本法要側重寫政制部份，但如果寫得太詳細，則缺乏修改餘地，而太簡單，則又會說不清主要重點。個別委員建議在基本法內只闡述政制的大原則，而具體細節則以附件形式詳述。既可達到精簡原則，另一方面易於在港人手裡修改政制附件部份，而可能不須呈交中央通過。

※

⑧ 1986 年 2 月基本法諮詢委員會《第五批研討會總結》

五、對基本法結構的建議——
4.政制：行政
　　　　立法 ⟩ 三權分立，並寫出它
　　　　司法 　 的形成及運作。

※

⑨ 1986 年 4 月 22 日《中華人民共和國香港特別行政區基本法結構（草案）》，載於《中華人民共和國香港特別行政區基本法起草委員會第二次全體會議文件匯編》

【P14】
第四章　香港特別行政區的政治體制
第三節　立法機關
（一）立法機關的組成和產生辦法
（二）立法機關組成人員的任期

※

⑩ 吳夢珍《對香港特別行政區政制模式的建議》，載於 1986 年 5 月 13 日《政制專責小組第三次會議總結（第二分組）》

（編者按：此文件乃依香港大學法學院圖書館的歸檔順序處理出處）

【P3】
立法機關的議長或主席由立法機關成員互選產生，負責主持立法機關的會議。

※

⑪《十二個政制構想》（1986 年 6 月 10 日政制專責小組第四次會議附件二）

（三方學會）
7.立法機關設議長一人及秘書處，負責立法機關日常行政

工作，並設常務小組，制定各有關方面的政策及監察特別行政區政府各項工作。需要時可成立臨時委員會。

（徐是雄）
立法局主席
立法局由行政長官主持，故此行政長官為立法局當然主席。

（鄭宇碩）
立法機關的主席，由立法機關成員互選產生。

（查濟民）
卅八、港督為立法局當然主席。

（辛維思）
……立法局主席由副行政長官擔任，除非立法局的贊成票和反對票相等，無表決權；遇副行政長官缺席或行使行政長官職權時，應選舉臨時主席。

（李華明）
3.其他
3.1 立法機關在新一屆年度開始後，成員中互選一人為議長。

（陳弘毅）
第三個方案
（一）立法機關
立法機關的主席由立法機關互選產生，但行政局成員不可被選為主席。主席只負責主持立法機關全體會議，執行會議常規，在議員進行辯論時維持紀律；主席通常不參與辯論及不行使投票權。

※

⑫《魯平專家小組意見匯集》（1986 年 6 月 10 日政制專責小組第四次會議附件三）

【P51】
（13）行政長官兼任立法機關主席。

※

⑬ 1986 年 6 月 26 日《政制專責小組第四次會議續會紀要（第一分組）》

5.會議的召集和立法的程序
對於立法局會議的主席問題，有些委員認為應由行政長官擔任，或可在行政局中互選產生。但亦有委員反對以行政局的成員作為立法局主席，他們認為立法應不屬行政或立法局，可由政府成立專責部門協助立法局會務。各委員都強調將來立法局主席的身份應該是中立的，不屬行政亦不屬於立法機構；並提議設立「首席議員」，有維持紀律、要求議員出席議會討論及表決之權力（相等於「Party Whip」）。

※

⑭ 1986 年 6 月 26 日《政制專責小組第四次續會會議紀要（第二分組）》

6.會議的召集與立法的程序
有委員贊成立法機關的首長的副首長應該是互選產生，所有動議立法一定要得到主席同意，才能正式提交立法局考

慮。至於其他細節，屬於會議程序，應按具體情況而定，不應寫得太肯定。

※

⑮ 1986 年 7 月 8 日政制專責小組第五次會議參考文件一

《政制四模式與避免分化、對立的方案》（辛維思）
立法機關職權範圍
……立法局主席由副行政長官擔任，除非立法局的贊成票和反對票相等，無表決權；遇副行政長官缺席或行使行政長官職權時，應選舉臨時主席。

※

⑯ 1986 年 8 月 4 日《各政制構想》（1986 年 8 月 12 日政制專責小組第六次會議討論文件一）

【P7】
方案（一）陳弘毅《明報》（25/1/86）
行政、立法機構關係：
（3）立法機關互選產生主席，但行政局成員不可被選為主席。主席負責主持會議。
政府司級官員可列席立法機關會議，協助行政局成員向立法機關解釋說明政府政策及提交立法局的法律草案，接受立法議員的質詢。

【P14】
方案（十）查濟民《明報》（7/8/85）
行政、立法機構關係：
（1）行政長官為立法局當然主席，除負責主持會議外，有權解散及重選立法局。

【P17】
方案（十五）冼銘倫《明報》（28/3/86）
行政、立法機構關係：
（2）立法機關議長由副行政長官出任。

【P19】
方案（十七）辛維思《明報》（23/5/86 至 28/5/86）
行政、立法機構關係：
（4）立法局主席由副行政長擔任，負責主持會議。

※

⑰《立法機關、立法機關的產生》〔1986 年 8 月 6 日政制分批研討會（第三批）討論文件二〕

【P12】
5.會議的召集和立法程序
5.3 將來的行政長官不能同時為立法機關的召集人，及立法機關的主席應由互選產生，如議席數目大時，可增加副主席席位。

※

⑱ 1986 年 8 月 14 日《草擬政制的初步討論紀要》附件

根據《中英聯合聲明》，立法機關將由選舉產生。與立法

機關有關的主要問題如下：
3.1 立法機關的職權
3.1.2 如何監察行政機關的運作
3.2 立法機關的組成及產生
3.2.1 組成
3.2.1.3 立法局議長
（a）立法機關成員互選產生
（b）由行政長官擔任
（c）由一專責的副行政長官擔任

※

⑲ 1986 年 8 月 20 日《基本法結構專責小組初步報告》

【P20】
5.3 第三節　立法機關
（1）立法機關的組成和產生辦法
（2）立法機關組成人員的任期

※

⑳ 1987 年 2 月 28 日政制專責小組之立法機關與立法機關的產生工作組《立法機關討論文件（草稿）》（1987 年 3 月 4 日政制專責小組之立法機關與立法機關的產生工作組第一次會議討論文件）

【P8-9】
6.立法機關議長
6.2 議長的產生
6.2.1 目前情況：
根據《英皇制誥》，立法局主席由港督出任。如總督缺席時，則由總督指派的立法局議員出任，但如該受指派的議員缺席時，則由出席的資深官守議員擔任。
6.2.2 將來情況：
（1）對將來議長的產生，現時有三種建議：
1 立法機關議員互選
2 行政長官兼任—— 維持現狀
3 副行政長官任之
（2）處理此問題，主要考慮因素有四：
1 行政與立法兩機關之溝通與聯繫
2 三權分立、互相制衡之效
3 威信（若行政長官可兼任議長，其威信便可增加）
4 工作量
（3）三種建議的優劣：
1 立法機關議員互選
其優點是可以做到真正的三權分立，立法機關完全獨立於行政機關，可收互相制衡之效。另外，亦可減輕行政長官的繁重工作。但其缺點便是可能導致兩機關的「各自為政」，欠缺溝通，甚至互相對立。
2 行政長官兼任
若由行政長官擔任議長，其好處是行政長官作為兩機關的溝通橋樑，使兩機關有更好的聯繫，互相協調，增加政府運作的效率，亦可增加行政長官的威信。但其缺點便是不能真正的使兩機關獨立，不符三權分立之精神，而可能失去互相制衡之效，且使行政長官的工作變得更繁重。
3 副行政長官任之
其優劣點與由行政長官出任議長相似，但其相異點是可避免領導行政機關與立法機關之權集於一身，亦可減輕行政長官的工作量。

※

㉑ 1987 年 2 月基本法起草委員會秘書處《香港報刊有關〈基本法〉的言論摘錄》

【P124】
……議長由全體立法機關成員互選產生、任期三年，可連選連任。
（何鍾泰、曹宏威、唐一柱：《未來香港特別行政區政制的建議》，《明報》一九八六年八月二十五日至二十七日。）

【P132】
立法機關議員互選一名議長，負責主持立法局全體會議，執行會議常規。議長一般不參與辯論或投票，但在贊成與否決票數相持不下時，有決定性投票權。
（匯點：《香港特區政制模式建議》，《華僑日報》一九八六年七月十八日。）

※

㉒ 1987 年 3 月 10 日政制專責小組之立法機關與立法機關的產生工作組《立法機關討論文件（修訂稿）》

【P8-9】
6. 立法機關議長
（編者按：內容同第一稿文件㉑）

※

㉓ 《Final Report on the Structure of Basic Law》（基本法結構專責小組最後報告，1987 年 3 月 14 日經執行委員會通過）

5.3 Section 3 "The Legislature".
I. "Method of composition and formation."
II. "Terms of office of the members."

※

㉔ 1987 年 3 月 28 日政制專責小組之立法機關與立法機關的產生工作組《立法機關討論文件（三稿）》（1987 年 4 月 1 日立法機關與立法機關的產生工作組第三次會議討論文件）

【P9-10】
6. 立法機關議長
（編者按：內容同第一稿文件㉑）

※

㉕ 1987 年 4 月 3 日政制專責小組之立法機關與立法機關的產生工作組《立法機關討論文件（四稿）》（1987 年 4 月 14 日立法機關與立法機關的產生工作組第四次會議討論文件）

【P10-11】
6. 立法機關議長
（編者按：內容同第一稿文件㉑）

※

㉖ 1987 年 4 月 16 日政制專責小組之立法機關與立法機關的產生工作組《立法機關討論文件（五稿）》（1987 年 4 月 22 日立法機關與立法機關的產生工作組第五次會議討論文件）

【P10-11】
6. 立法機關議長
（編者按：內容同第一稿文件㉑）

※

㉗ 1987 年 4 月 25 日政制專責小組之立法機關與立法機關的產生工作組《立法機關討論文件（六稿）》（1987 年 6 月 9 日政制專責小組第十二次會議討論文件）

【P11】
（編者按：本文同第一稿文件㉑，除下列內容外，均同前文。）
7. 立法機關議長
7.2 議長的產生
7.2.2 將來情況：
（1）對將來議長的產生，現時有幾種建議：
1 立法機關成員負責
i）互選
ii）推選立法機關以外人士
iii）互選或選出立法機關以外人士
（2）處理此問題，主要考慮因素有五：
3 威信（在行政主導的體制下，若行政長官可兼任議長，可增加立法機關的威信）
5 行政機關須向立法機關負責
（3）幾種建議的優劣：
1 立法機關負責
I）互選：其優點是可以做到真正三權分立，立法機關完全獨立於行政機關，可收互相制衡之效。另外，亦可減輕行政長官的繁重工作。但其缺點是行政長官沒有親身體驗議員對政策的辯論情況。
II）推選熟悉立法機關運作及有足夠經驗的會外人士：其優點為該議長會是完全中立，並且此推選方法提供更多候選人的選擇。其缺點為難尋此類人士。
III）互選或推選會外人士：其優點為不嚴格規定用一種方式，彈性較大。
2 行政長官兼任
若由行政長官擔任議長，其好處是行政長官作為兩機關的溝通橋樑，使兩機關有更好的聯繫，互相協調，增加政府運作的效率，亦可增加行政長官的威信。但其缺點便是不能真正的使兩機關獨立，不能讓三權分立、互相制衡之精神或行政機關向立法機關負責之原則得以體現，且使行政長官的工作變得更繁重。

※

㉘ 1987 年 5 月 25 日《對「立法機關」討論文件建議之修改（除錯字外）》（1987 年 6 月 9 日政制專責小組第十二次會議附件一）

8. 第 11 頁 * 7.2.2（2）5 後	增加第 6「《中英聯合聲明》的規定——『立法機關由選舉產生』：若議長亦屬立法機關成員，而行政長官或副行政長官又未必由選舉產生，因此由行政長官或由副行政長官兼任未必適合。」
7.2.2（3）2	增加「若行政長官不是由選舉產生，則有違《中英聯合聲明》。」

7.2.2（3）3	增加「若副行政長官不是由選舉產生，則有違《中英聯合聲明》。」

＊由秘書處提供

※

㉙政制專責小組《立法機關最後報告》（1987 年 6月 12 日經執行委員會通過）

【P28】
（編者按：本文同第一稿文件㉗，除下列內容外，均同前文。）
8.立法機關議長
8.2 議長的產生
8.2.2 將來情況：
（2）處理此問題，主要考慮因素有五（編者按：依照下文，實有六項）：

6《中英聯合聲明》的規定
「立法機關由選舉產生」：若議長亦屬立法機關成員，而行政長官或副行政長官又未必由選舉產生，因此行政長官或由副行政長官兼任未必適合。
（3）幾種建議的優劣：
2 行政長官兼任
若由行政長官擔任議長，其好處是行政長官作為兩機關的溝通橋樑，使兩機關有更好的聯繫，互相協調，增加政府運作的效率，亦可增加行政長官的威信。但其缺點便是不能真正的使兩機關獨立，不能讓三權分立、互相制衡之精神或行政機關向立法機關負責之原則得以體現，且使行政長官的工作變得更繁重。若行政長官不是由選舉產生，則有違《中英聯合聲明》。
3 副行政長官任之
其優劣點與由行政長官出任議長相似，但其相異點是可避免領導行政機關與立法機關之權集於一身，亦可減輕行政長官的工作量。若副行政長官不是由選舉產生，則有違《中英聯合聲明》。

第二稿

第四章　第三節
「第四條　香港特別行政區立法機關主席的產生（待擬）。
第五條　香港特別行政區立法機關主席的資格（待擬）。」
〔1987 年 9 月 8 日《第四章　香港特別行政區的政治體制（討論稿）》（1987 年 9 月 22 日政制專責小組第二次會議附件一）〕

① 1987 年 9 月 2 日《中華人民共和國香港特別行政區基本法起草委員會第五次全體會議委員們對基本法序言和第一、二、三、四、五、六、七、九章條文草稿的意見匯集》

【P37-38】
（三）第三節　立法機關
5.第四條
（1）有些委員認為，立法機關主席可互選產生，參加行政會議，接受行政長官領導，有利於行政、立法機關之間的制衡。
（2）有些委員認為，行政長官應是行政、立法兩機關的共同領導，立法機關主席應由行政會議主席兼任，這有利於兩個機關的協調，至於制衡還有其他的辦法，如輿論就可起相當的作用。
（3）對於香港特別行政區立法機關主席的產生，政制小組的成員介紹了小組內的幾種意見，即由行政長官兼任或在立法機關互選等方式。有些委員認為「互選」較為可取。理由是如果由行政長官兼任會使行政長官權力過於集中，而互選產生的主席在立法機關裡會受到尊重，容易合作。

6.第五條
有的委員提出，立法機關主席的資格最起碼應同行政機關的主要官員一樣，如必須是香港的中國公民等。

※

② 1987 年 9 月 8 日《中華人民共和國香港特別行政區基本法起草委員會第五次全體會議意見匯編》（1987 年 9 月 22 日政制專責小組第二次會議附件二）

【P10】
三、關於第三節　立法機關
5.關於第四條
〔編者按：內容同上文第 5（3）點〕

關於第五條
（編者按：內容同上文第 6 點）

6.第四、五條
〔編者按：內容同上文第 5（1）及 5（2）點〕

第三稿

第四章　第三節
「第四條　香港特別行政區立法機關主席的產生（待擬）。」
〔1987 年 10 月《第四章　香港特別行政區的政治體制（討論稿）》（政治體制專題小組工作文件）〕

①《基本法諮詢委員會工商專業界諮委對未來香港特別行政區政府架構的建議》，載於 1987 年 9 月基本法諮詢委員會工商專業界諮委《未來香港特別行政區政府結構建議》

【P24】
4.行政機關與立法機關的關係
……我們建議行政長官不應出任立法機關主席。立法機關

應由議員互選出主席，主持會議，成立委員會及委任其中成員。

※

② 1987 年 10 月《第四章　香港特別行政區的政治體制（討論稿）》（政治體制專題小組工作文件）

【P18-20】

第三節　立法機關
第四條
第五次全體大會分組討論：
〔編者按：內容同第二稿文件①第 5.（1）及 5.（2）點〕
資料：據諮委會「立法機關・最後報告」關於立法局主席的產生：
目前情況：
根據《英皇制誥》，立法局主席由港督出任。如總督缺席時，則由總督指派的立法局議員出任，但如該受指派的議員缺席時，則由出席的資深官守議員擔任。
將來情況：
（1）對將來立法機關主席的產生，現時有幾種建議：
1 立法機關自選
i）互選
ii）推選立法機關以外人士
iii）互選或選出立法機關以外人士
2 行政長官兼任——維持現狀
3 副行政長官擔任
（2）處理此問題，主要考慮因素有五（編者按：依照下文，實有六項）：
1 行政與立法兩機關之溝通與聯繫
2 三權分立、互相制衡之效
3 威信（在行政主導的體制下，若行政長官可兼任立法機關主席，可增加立法機關的威信）
4 工作量
5 行政機關須向立法機關負責
6《中英聯合聲明》規定「立法機關由選舉產生」：若立法機關主席亦屬立法機關成員，而行政長官或副行政長官又未必由選舉產生，因此行政長官或由副行政長官兼任未必適合。
（3）幾種建議的優劣：
1 立法機關自選
I）互選：其優點是可以做到真正的三權分立，立法機關完全獨立於行政機關，可收互相制衡之效。另外，亦可減輕行政長官的繁重工作。但其缺點是行政長官沒有親身體驗議員對政策的辯論情況。
II）推選熟悉立法機關運作及有足夠經驗的會外人士：其優點為該主席可以完全中立，並且此推選方法提供更多候選人的選擇。其缺點為難尋此類人士。
III）互選或推選會外人士：其優點為不嚴格規定用一種方式，彈性較大。
2 行政長官兼任
若由行政長官擔任立法機關主席，其好處是行政長官作為兩機關的溝通橋樑，使兩機關有更好的聯繫，互相協調，

增加政府運作的效率，亦可增加行政長官的威信。但其缺點便是不能真正的使兩機關獨立，不能讓三權分立、互相制衡之精神或行政機關向立法機關負責之原則得以體現，且使行政長官的工作變得更繁重。若行政長官不是由選舉產生，則有違《中英聯合聲明》。
3 副行政長官擔任
其優劣點與由行政長官出任立法機關主席相似，但其相異點是可避免領導行政機關與立法機關之權集於一身，亦可減輕行政長官的工作量。若副行政長官不是由選舉產生，則有違《中英聯合聲明》。
關於立法機關主席的職權：
目前情況：
（1）主持立法局會議；
（2）決定會議暫停、休會及開會時間；
（3）可在休會期內召開特別會議；
（4）主持會議時負責維持會議秩序；
（5）主席在會議程序問題上所作出之決定乃屬最後決定；
（6）除原有一票外，尚可在出現票數相等之情形時另投決定性一票；
（7）立法局主席可決定各特別委員會人數，並委任委員會主席及成員；
（8）立法局主席或委員會主席有權決定是否把某項決議提付表決；
（9）可命令會外人士（進入會議廳旁聽之公眾及新聞人士）離開；
（10）對任何會議常規無規定之事項，立法局採取之進行方法及程序，可由立法局主席決定。倘主席覺得適合，可以用英國下議院之方法及程序為指引。
（11）判斷某提案是否牽涉公共開支（任何牽涉公共開支的議案均需先得港督的批准）。

第五條
第五次全體大會分組討論：
（編者按：內容同第二稿文件①第 6 點）
根據基本法諮詢委員會政制專責小組「立法機關・最後報告」，香港社會人士對立法機關成員的資格問題曾有討論。一類意見認為立法機關成員必須是持中國籍的永久性居民，以保證他們對香港的歸屬感，及防止產生雙重效忠的情況。再者，外籍人士成為立法機關成員，會涉及主權問題；中國籍人士和外籍人士享有相同的政治權利，是對前者的政治歧視。
持相反意見的人士認為香港是一個國際商港，應容許不同背景的人士參與管理這個地方的事務，有很多外籍人士以香港為家，應該讓他們參與立法機關，提高他們的歸屬感。

第四稿

「第六十七條　方案一：香港特別行政區立法機關主席由立法機關成員互選產生。
方案二：香港特別行政區立法機關主席由行政長官兼任。
第六十八條　香港特別行政區立法機關的主席由年滿四十周歲，在香港通常連續居住滿二十年的香港特別行政區永久性居民中的中國公民擔任。」
〔1987 年 12 月基本法起草委員會秘書處《香港特別行政區基本法（草案）》（匯編稿）〕

① 1987 年 12 月基本法起草委員會秘書處《香港特別行政區基本法（草案）》（匯編稿）

【P32】
第六十七條
說明：較多委員贊成方案一，有些委員贊成方案二。

第五稿

「第七十一條　方案一：香港特別行政區立法會議主席由立法會議成員互選產生。
香港特別行政區立法會議主席由年滿四十周歲，在香港通常居住連續滿二十年的香港特別行

政區永久性居民中的中國公民擔任。
方案二：香港特別行政區立法會議主席由行政長官兼任。」
〔1988 年 4 月基本法起草委員會秘書處《中華人民共和國香港特別行政區基本法（草案）草稿》〕

① 1987 年 12 月《中華人民共和國香港特別行政區基本法起草委員會第六次全體會議委員們對基本法第四、五、六、十章和條文草稿匯編的意見》

【P17】
21. 第六十七條
（1）第二組多數委員同意將方案一作為主流意見寫入基本法。

（2）第一組多數委員的意見傾向於方案二，認為由行政長官兼任立法機關主席有利於行政和立法的配合。有的委員主張兩個方案都保留。

（3）有的委員提出，如將來基本法採用方案一，立法機關主席應是行政會議的當然成員。有些委員則認為，委任立法機關成員為行政會議成員的權力應留給行政長官，不必硬性規定立法機關主席為行政會議的當然成員。

（4）有的委員認為，由行政長官兼任立法機關主席，可以促進兩者的溝通。但有的委員不同意兼任，因為行政機關要向立法機關負責，行政長官兼任立法機關主席就會有矛盾。有的委員提出，立法機關主席的產生是否有第三種辦法？如單獨選舉產生。有的委員贊成由行政會議互選一人當立法機關主席。

※

② 1988 年 4 月《總體工作小組所作的條文修改舉要》，載於 1988 年 5 月《中華人民共和國香港特別行政區基本法起草委員會第七次全體會議文件匯編》

【P18】
第七十一條（政制小組最後草擬的原第六十九條），將方案一中「通常連續居住」改為「通常居住連續」。

※

③《各專題小組的部份委員對本小組所擬條文的意見和建議匯輯》，載於 1988 年 4 月基本法起草委員會秘書處《中華人民共和國香港特別行政區基本法（草案）草稿》

【P68】
第七十一條
（編者按：內容同第四稿文件①）

第六稿

「第七十條　方案一：香港特別行政區立法會議主席由立法會議成員互選產生。
香港特別行政區立法會議主席由年滿四十周歲，在香港通常居住連續滿二十年的香港特別行政區永久性居民中的中國公民擔任。
方案二：香港特別行政區立法會議主席由行政長官兼任。」
〔1988 年 4 月基本法起草委員會《中華人民共和國香港特別行政區基本法（草案）徵求意見稿》〕

①《各專題小組的部份委員對本小組所擬條文的意見和建議匯輯》，載於 1988 年 4 月基本法起草委員會《中華人民共和國香港特別行政區基本法（草案）徵求意見稿》

【P57】
第七十條
（編者按：內容同第四稿文件①）

第七稿

「第七十條　香港特別行政區立法會主席由立法會議員互選產生。
香港特別行政區立法會主席由年滿四十周歲，在香港通常居住連續滿二十年的香港特別行政區永久性居民中的中國公民擔任。」
〔1989 年 2 月《中華人民共和國香港特別行政區基本法（草案）》〕

①《基本法工商專業界諮委對基本法（草案）徵求意見稿第四章政治體制之意見書》

【P2】
第七十條
我們建議採納方案一，因為根據我們所建議的三權分立和互相制衡的制度下，特別行政區應有一個獨立的立法議會。

※

② 1988 年 6 月 6 日《政制專責小組（三）與草委交流會會議紀要》

4. 立法機關
4.3 成員
4.3.1 第七十條
4.3.1.1 建議刪去「居住……滿二十年」。
4.3.1.2 有委員認為「連續」與「住滿」之定義不同，此條件過嚴。
4.3.1.3 有委員認為此句之「通常」二字已解決以上問題。
4.3.1.4 立法會議成員無規定為中國公民，故從邏輯上看可能出現無一立法機關成員有當立法會議主席的資格。
4.3.1.5 有委員提議改為十五年。

4.3.1.6 有委員認為立法會議成員應全由中國公民擔任，不應有雙重國籍或外籍人士。

※

③ 1988 年 8 月基本法起草委員會秘書處《香港各界人士對〈香港特別行政區基本法（草案）徵求意見稿〉的意見匯集（一）》

【P29】
第七十條
1. 年齡限制可以刪去。

2. 立法機關主席缺位怎麼辦，應作出規定。

3. 贊同方案一，建議刪「通常居住連續滿二十年」的規定，因為立法會議中可能沒有一人符合此條件。

※

④ 1988 年 9 月基本法起草委員會秘書處《內地各界人士對〈香港特別行政區基本法（草案）徵求意見稿〉的意見匯集》

【P15】
第七十條
應採用方案一。如採用方案二，就失去立法機關對行政機關的制衡作用。

※

⑤《基本法諮詢委員會政制專責小組對基本法（草案）徵求意見稿第四章的意見匯編》，載於 1988 年 10 月基本法諮詢委員會《中華人民共和國香港特別行政區基本法（草案）徵求意見稿諮詢報告（1）》

【P103】
2. 有關專題討論
2.3 立法機關
2.3.3 成員
2.3.3.1 對第七十條的意見
（1）有委員建議刪去方案一內有關居住連續滿二十年的限制。
（2）有委員認為，「連續」與「住滿」之定義不同，此條件過嚴。
（3）有委員認為，此句之「通常」二字已解決以上問題。
（4）有委員指出立法會議成員無規定為中國公民，故邏輯上可能出現無一立法機關成員有當立法會議主席的資格。
（5）有委員提議居港期改為十五年。
（6）有委員認為，立法會議成員應全由中國公民擔任，不應為雙重國籍或外籍人士。

【P109】
3. 有關條文討論
3.20 第七十條
3.20.1 有委員認為，應先將「香港特別行政區立法會議主席由年滿四十周歲……」等條件先行排列，然後才列舉「方案一」和「方案二」。

※

⑥ 1988 年 10 月基本法諮詢委員會《中華人民共和國香港特別行政區基本法（草案）徵求意見稿諮詢報告第五冊──條文總報告》

【P269】
第四章
第三節　整體意見
1. 意見
1.1 立法機關成員的資格
1.1.1 居港期
→ 立法會議主席的居港期應不少於十五年或二十年。

【P279-282】
第七十條
2. 意見
2.1 贊成方案一。
理由：
（1）行政、立法關係：
⊙ 能實踐三權分立。
⊙ 實行行政、立法互相制衡之必要條件。
⊙ 能確保行政機構向立法機關負責。
（2）行政長官和立法會議主席關係：
⊙ 可避免行政長官及立法會議主席的角色混淆或矛盾的問題。
⊙ 行政長官可致力行政工作，有更多時間督促地方的行政。
⊙ 行政長官只應出席立法會議，作出解釋和答覆質詢。
⊙ 立法會議主席的地位及處事態度可保持中立。
（3）對立法會議影響：
⊙ 主席會得到大多數議員支持。
⊙ 主席會得到議員的支持和擁護，更能公正而持平地主持立法機關的會議和事務。
⊙ 主席若由立法會議成員互選產生，確保其代表性及權威性，提高整體立法會議之效率。
⊙ 可體現立法會議的獨立性。
（4）其他理由：
⊙ 在現行香港的殖民地管治制度下，港督兼任立法局主席之情況已得不到大多數市民的贊同及支持。故將來特別行政區長官不可兼任立法會議主席。
⊙ 較適合香港。
⊙ 較為民主。
⊙ 較方案二可取。
⊙ 主席由中國公民擔任是適當的。
2.2 方案二並不適合。
理由：（1）行政、立法關係：
⊙ 破壞行政立法互相制衡的原則。
⊙ 有違《中英聯合聲明》內行政機關向立法機關負責的原則。
⊙ 違反三權分立的原則。
⊙ 立法機關應有監察行政長官或行政機關的權力。
⊙ 令政治架構失卻制衡，變成純粹行政主導。
（2）行政長官的角色：
⊙ 引來角色混淆、衝突或矛盾。
⊙ 行政長官的權力過度膨脹。他既可控制行政機關的決策，又可影響立法會議的討論和運作。
⊙ 行政長官可完全控制立法會議。
⊙ 導致獨裁者的出現。
⊙ 行政長官的部份時間用在立法會議上，不能有效處理行政工作。
⊙ 行政長官在行使解散立法會議的權力，或遇到立法會議成員對其投不信任票時，會出現身份尷尬的情況。
⊙ 以現代的科技及政治架構，行政長官不兼任立法會議主席，亦可對立法會議充份瞭解。

（3）其他：
⊙ 這樣的政治結構保留着香港現時濃厚的殖民地政權色彩，很難得到市民的贊同和支持。
⊙ 行政長官不能履行職務時，可由立法機關主席代理其職務，故方案二並不合適。
2.3 贊成方案二
理由：
⊙ 可避免太多的選舉。
⊙ 若行政長官由一人一票直選產生，為免除選舉的麻煩，贊成方案二。
⊙ 可減少對抗性政治。
⊙ 可避免行政機關與立法機關產生衝突。
⊙ 可維繫行政長官與立法機關的關係。
⊙ 可增加行政、立法的效率。
⊙ 容許行政長官行使其權力及確保政府平穩運作。
⊙ 行政長官能直接瞭解各立法會議成員的想法及更能體會問題的所在。
⊙ 主席由行政長官兼任，並無不妥。如行政長官不能兼任立法會議主席，行政長官的施政報告便只能以書面方式交給立法會議。
⊙ 方案一的規定剝奪了其他香港合法永久性居民的政治權利，故不能接受。
2.4 其他意見
2.4.1 對方案一年齡限制的意見：
→ 贊成方案一的精神，但不應有年齡限制。
理由：四十週歲並不是重要條件，但互選主席能避免一人身兼行政及立法兩機構的雙重身份。
→ 由委任或選舉產生之立法會議成員，都無年滿四十週歲及連續居住二十年的條件限制。由立法會議互選的主席，亦無必要年滿四十週歲。況且根據第二十五條，年滿二十一週歲之香港永久性居民即有被選舉權。
2.4.2 對方案一立法會議主席條件限制的意見：
→ 可能令立法會議主席難產。
理由：基本法並無規定立法會議成員必須是中國公民，所以立法會議成員可能全非中國公民而無法互選主席。
→ 對立法會議主席的年齡、居港年期及國籍的限制，會剝奪了部份議員被選舉的權利，造成議會內派系的矛盾。而且，選出來的議員不符合上述條件，互選就難以進行。
2.4.3 如方案一被接納，則：
（1）應列明「行政長官應成為立法會議成員之一」
（2）行政長官必須列席立法會議，以便答覆質詢。
2.4.4 若立法會議主席只扮演「議長」的角色，只為調節立法會議活動，則方案一較為可取。而立法機關不應旨於選出一主席作為行政長官的競侶，導致兩個掌政者互爭，造成混亂。所以若選方案一，立法會議「主席」應改為立法會議「議長」。

3. 建議
3.1 刪除
→ 刪去「在香港通常居住連續滿二十年」等字。
理由：原文對立法機關主席資格的限制過嚴。
→ 刪去「由年滿四十週歲」等字眼……
理由：
⊙ 被選的行政長官當然是無論年齡、經驗、教育等均最合適者，不應限於四十週歲。
⊙ 四十週歲不是重要的條件。
→ 刪去方案一第二款。
理由：如立法會議成員無相同的年齡及居港期限制，可能

會出現沒有人能當上立法會議主席的情況。
3.2 修改
3.2.1 整體改寫
→ 改為：「香港特別行政區立法會議主席由立法會議成員互選產生。」
→ 依上列建議加上：「香港特別行政區立法會議主席由在香港通常居住連續滿十年的香港特別行政區永久性居民擔任。」
→ 依上列建議加上：「香港特別行政區立法會議主席由香港特別行政區永久性居民中的中國公民擔任。」
理由：主席可得到議員一定的支持，有利立法會議的運作。不贊成由行政長官兼任立法會議主席，因此舉引起角色衝突，亦阻礙行政及立法機關的互相制衡。
→ 改為：「香港特別行政區立法會議主席由立法會議提名並由直選產生，此人必須年滿四十週歲，外籍港人不能擔任。」
→ 改為「香港特別行政區立法會議主席應在立法會議中推選一人擔任，如超過四分之三立法會議成員投不信任票，則該主席必須辭職。」
3.2.2 方案一
→ 第二款改為：「香港特別行政區立法會議主席必須年滿四十週歲至七十五週歲身體健康及精神健全，在香港經常居住連續滿二十年的香港特別行政區永久性居民中的中國公民擔任。」
→ 第二款中「……永久性居民中的中國公民擔任。」改為「……永久性居民中香港出生的中國公民擔任。」
→ 第二款改為：「……四十週歲，就任前在香港通常……」
→ 第二款改為：「香港特別行政區立法會議主席由香港特別行政區永久性居民中的中國公民擔任。」
理由：如立法會議主席經互選產生，必定是有才幹及有能力的人士，因此不應受年歲及居港期等因素局限。
3.2.3 方案二
→ 方案二應作修改以列明立法會議成員不能作為立法會議主席的條件及原因。立法會議主席本身不應是立法會議成員的構思比較理想。否則，該主席便可利用自己的特殊地位為自己的選區爭取利益。
3.3 增加
方案一
→ 加上一款：「立法會議主席在就任時必須辭去所有受薪或有報酬之職務。」

4. 待澄清問題
→ 立法會議主席的選舉是直接選舉還是由北京委任？
→ 立法會議成員是否必須為香港特別行政區永久性居民中的中國居民？

※

⑦ 1989 年 1 月 9 日《政治體制專題小組對條文修改情況的報告》，載於 1989 年 1 月《中華人民共和國香港特別行政區基本法起草委員會第八次全體會議文件匯編》

【P15】
第七十條刪去方案二。

第八稿

「第七十一條　香港特別行政區立法會主席由立法會議員互選產生。
香港特別行政區立法會主席由年滿四十周歲，在香港通常居住連續滿二十年並在外國無居留

權的香港特別行政區永久性居民中的中國公民擔任。」
〔1990 年 2 月 16 日《中華人民共和國香港特別行政區基本法（草案）》〕

① 1989 年 11 月基本法諮詢委員會《中華人民共和國香港特別行政區基本法（草案）諮詢報告第三冊——條文總報告》

【P156】
第四章
第三節　整體意見
1. 意見
→「立法會主席」改為「立法會議長」。

2. 建議
→ 建議立法會設副主席及臨時主席。副主席須為年滿四十週歲，在香港通常居住連續滿十五年的香港特別行政區永久性居民的中國公民，由議員互選產生。主席告假，須向副主席解釋。主席如遇本法第七十八條所述之情況，由副主席宣告其喪失資格。
倘若正副主席雙雙告假，後告假者須通知立法會秘書處，以便聯絡議員互選臨時主席。

【P161】
第七十條
2. 意見
2.1 整體
→ 排除由行政長官兼任立法會主席的方案，可確保立法會的獨立性。
→ 反對「年滿四十週歲」的規定。
理由：剝奪年青人參選的機會。

3. 建議
3.1 刪除
→ 刪去第二款內「中國公民」一詞。
理由：剝奪了非中國籍永久性居民擔任此等職位的機會。
→ 刪去第二款內「年滿四十歲」的字眼。
理由：年齡的限制與履行立法會主席的職責並無絕對的關係。
3.2 修改
3.2.1 第二款
→「年滿四十週歲」改為「年滿三十週歲」。
理由：使立法會主席更有精神留意政治的事務。
→「年滿四十週歲」改為「年滿三十五週歲」，「連續滿二十年」改為「連續滿十五年」。
→ 將「滿二十年」改為「滿十年」，並刪去「的中國公民」字眼。
3.3 增加
→ 加上：「此議長得大公無私和身為議長並無投票權利。」

4. 待澄清問題
→ 第二款內的「連續」何解？

　　　　　　　　　　　　※

② 1989 年 12 月 13 至 16 日《政治體制專題小組第十七次會議紀要》，載於 1990 年 2 月《中華人民共和國香港特別行政區基本法起草委員會第九次全體會議文件匯編》

【P18】
二、委員們對下述條文進行了討論，但尚未有一致的修改建議，決定留待下次會議解決。會議對這些條文的討論意見如下：
5. 關於第七十條，有的委員提出，當立法會主席短期不能履行職務時，由誰代理主席職務沒有規定，建議設立一位副主席。一些委員認為設立一位副主席是必要的，但要明確副主席的職權，即將第七十條第一款改為：「香港特別行政區立法會設主席、副主席各一人，由立法會議員互選產生，立法會副主席協助主席工作，立法會主席在必要時指定副主席主持會議或代理主席職務」。有些委員建議，將立法會副主席的職權寫進第七十一條。有的委員認為沒有必要設立副主席，有的委員認為立法會主席短期不能履行職務時，可以指定一位議員代行職務。」

　　　　　　　　　　　　※

③ 1990 年 1 月 17 至 20 日《政治體制專題小組第十八次會議紀要》，載於 1990 年 2 月《中華人民共和國香港特別行政區基本法起草委員會第九次全體會議文件匯編》

【P26】
一、關於第四章政治體制的條文修改
10. 第七十條第二款「連續滿二十年」後加「並在外國無居留權」。

第九稿

「第七十一條　香港特別行政區立法會主席由立法會議員互選產生。
香港特別行政區立法會主席由年滿四十周歲，在香港通常居住連續滿二十年並在外國無居留權的香港特別行政區永久性居民中的中國公民擔任。」
〔1990 年 4 月《中華人民共和國香港特別行政區基本法》〕

香港特別行政區立法會主席行使下列職權：

（一）主持會議；
（二）決定議程，政府提出的議案須優先列入議程；
（三）決定開會時間；
（四）在休會期間可召開特別會議；
（五）應行政長官的要求召開緊急會議；
（六）立法會議事規則所規定的其他職權。

✿ 貳│概念

1. 立法會主席的職權
2. 特別會議
3. 緊急會議

✿ 叄│條文本身的演進和發展

第一稿

「第六十九條 香港特別行政區立法機關主席行使下列職權：
（一）主持立法機關的會議；
（二）決定、控制議程；
（三）決定會議暫停、休會及開會時間；
（四）在休會期間可以召開特別會議；
（五）根據立法機關會議常規的規定行使的其他職權。」
〔1987 年 12 月基本法起草委員會秘書處《香港特別行政區基本法（草案）》（匯編稿）〕

① 1986 年 2 月基本法諮詢委員會《分批研討會參考資料》

【P2】
張家敏委員：（五）政制設置及制衡；

※

② 1986 年 2 月基本法諮詢委員會《分批研討會參考資料 2》

【P2】
基本法可分為六個主要部份：
第三部份說明特別行政區內部的結構。此部分為兩節，第一節處理特別行政區的政治結構，體現特別行政區政府及立法機關由當地人組成……

※

③ 1986 年 2 月基本法諮詢委員會《諮委會第一分組有關基本法結構討論小結》

一、基本法結構，根據與會者發言，大致上可以歸結為下列十二個部份：
5. 政制

※

④ 1986 年 2 月基本法諮詢委員會《第一批研討會總結》

一、基本法結構，根據與會者發言，大致上可以歸結為下列十二個部份：
5. 政制

※

⑤ 1986 年 2 月基本法諮詢委員會《第二批研討會

總結》

六、基本法結構初擬——
4.政府的架構——首長的產生，調動軍隊的權力，行政、立法、司法、財政制度、公務員。

※

⑥ 1986 年 2 月基本法諮詢委員會《第三批研討會總結》

4.基本法的詳盡程度——
（２）政制：主要說明行政、立法、司法三權分立關係，三個機構如何產生及其權力範圍等問題；

※

⑦ 1986 年 2 月基本法諮詢委員會《第四批討論總結》

四、政制方面
有些委員認為《中英聯合聲明》內談經濟部份太多，政制太少，所以基本法要側重寫政制部份，但如果寫得太詳細，則缺乏修改餘地，而太簡單，則又會說不清主要重點。個別委員建議在基本法內只闡述政制的大原則，而具體細節則以附件形式詳述。既可達到精簡原則，另一方面易於在港人手裡修改政制附件部份，而可能不須呈交中央通過。

※

⑧ 1986 年 2 月基本法諮詢委員會《第五批研討會總結》

五、對基本法結構的建議——
4.政制：行政
　　　　　立法 ⟶ 三權分立，並寫出它
　　　　　司法　　的形成及運作。

※

⑨ 1986 年 4 月 22 日《中華人民共和國香港特別行政區基本法結構（草案）》，載於《中華人民共和國香港特別行政區基本法起草委員會第二次全體會議文件匯編》

【P14】
第四章　香港特別行政區的政治體制
第三節　立法機關
（五）立法機關組成人員的職責和權利

※

⑩吳夢珍《對香港特別行政區政制模式的建議》，載於 1986 年 5 月 13 日《政制專責小組第三次會議總結（第二分組）》

（編者按：此文件乃依香港大學法學院圖書館的歸檔順序處理出處）

【P3】
立法機關的議長或主席由立法機關成員互選產生，負責主持立法機關的會議。

※

⑪《十二個政制構想》（1986 年 6 月 10 日政制專責小組第四次會議附件二）

（鄭宇碩）
……他（編者按：立法機關的主席）主要的責任是安排議程，執行議事規章及保障公平辯論。

（查濟民）
……必須說明者立法局主席不同於西敏寺式的議長，他除了安排議程、執行議事規章及保障公平辯論外，同時是中央政府的代表，他一方面要維護充份民主的立法，另一方面也有責任代表中央政府保證香港法例不越出聯合聲明的範圍。所以他不得已時要有權可以解散立法局和決定重選的權力。

（李華明）
3.其他
3.2 議長負責主持會議，執行會議常規，在進行辯論時維持秩序。
3.3 通常議長不參與辯論及行使投票權。
3.4 議長沒有特別權力。

※

⑫《立法機關、立法機關的產生》〔1986 年 8 月 6 日政制分批研討會（第三批）討論文件二〕

【P12】
5.會議的召集和立法程序
5.1 如會議集中在某個季節，其他時間休會，可以有較多的時間作準備工夫，但失去現行制度的彈性。
5.2 立法機關的召集人純粹是主持會議，各方面保持中立，亦有權將所通過的決定付諸實行，如請某主要官員答辯或提交報告；而不賦予他太大的政治權威。
5.3 將來的行政長官不能同時為立法機關的召集人，及立法機關的主席應由互選產生，如議席數目大時，可以增加副主席席位。
5.4 每項有待辯論的問題需在有關動議後由主席正式提交立法機關考慮並進行辯論。但若主席認為未經過充份討論或是未有充份準備時，有權不付諸動議，不付諸表決，發還討論。
5.5 保留現時綠皮書、白皮書的諮詢程序，三讀通過成為正式法例。
5.6 基本法定下原則，會議常規由特別行政區立法機關決定及通過。

※

⑬ 1986 年 8 月 20 日《基本法結構專責小組初步報告》

【P20】
5.3 第三節　立法機關
（5）立法機關組成人員的職責和權利

※

⑭ 1987 年 2 月 28 日政制專責小組之立法機關與立法機關的產生工作組《立法機關討論文件（草稿）》（1987 年 3 月 4 日政制專責小組之立法機關與立法機關的產生工作組第一次會議討論文件）

【P8】
6. 立法機關議長
6.1 議長的職權
6.1.1 目前情況：
（1）主持立法局會議；
（2）決定會議暫停、休會及開會時間；
（3）可在休會期內召開特別會議；
（4）主持會議時負責維持會議秩序；
（5）主席在會議程序問題上所作出之決定乃屬最後決定；
（6）除原有一票外，尚可在出現票數相等之情形時另投決定性一票；
（7）立法局主席可決定各特別委員會人數，並委任委員會主席及成員；
（8）立法局主席或委員會主席有權決定是否把某項決議提付表決；
（9）可命令會外人士（進入會議廳旁聽之公眾及新聞界人士）離開；
（10）對任何會議常規無規定之事項，立法局採取之進行方法及程序，可由立法局主席決定。倘主席覺得適合，可以用英國下議院之方法及程序為指引等。
（11）判斷某提案是否牽涉公共開支。（任何牽涉公共開支的議案均需先得港督的批准）
6.1.2 將來情況：
維持不變。

※

⑮ 1987 年 2 月基本法起草委員會秘書處《香港報刊有關〈基本法〉的言論摘錄》

【P132】
立法機關議員互選一名議長，負責主持立法局全體會議，執行會議常規。議長一般不參與辯論或投票，但在贊成與否決票數相持不下時，有決定性投票權。
（匯點：《香港特區政制模式建議》，《華僑日報》一九八六年七月十八日。）

※

⑯ 1987 年 3 月 10 日政制專責小組之立法機關與立法機關的產生工作組《立法機關討論文件（修訂稿）》

【P8】
6. 立法機關議長
（編者按：內容同第一稿文件⑭）

※

⑰《Final Report on the Structure of Basic Law》（基本法結構專責小組最後報告，1987 年 3 月 14 日經執行委員會通過）

【P25】
5.3 Section 3 "The Legislature".
V. "Terms of reference of members of the legislature."

※

⑱ 1987 年 3 月 28 日政制專責小組之立法機關與立法機關的產生工作組《立法機關討論文件（三稿）》（1987 年 4 月 1 日立法機關與立法機關的產生工作組第三次會議討論文件）

【P9】
6. 立法機關議長
（編者按：內容同第一稿文件⑭）

※

⑲ 1987 年 4 月 3 日政制專責小組之立法機關與立法機關的產生工作組《立法機關討論文件（四稿）》（1987 年 4 月 14 日立法機關與立法機關的產生工作組第四次會議討論文件）

【P9-10】
6. 立法機關議長
（編者按：內容同第一稿文件⑭）

※

⑳ 1987 年 4 月 16 日政制專責小組之立法機關與立法機關的產生工作組《立法機關討論文件（五稿）》（1987 年 4 月 22 日立法機關與立法機關的產生工作組第五次會議討論文件）

【P10】
6. 立法機關議長
（編者按：內容同第一稿文件⑭）

※

㉑ 1987 年 4 月 25 日政制專責小組之立法機關與立法機關的產生工作組《立法機關討論文件（六稿）》（1987 年 6 月 9 日政制專責小組第十二次會議討論文件）

【P10】
（編者按：本文同第一稿文件⑭，除下列內容外，均同前文。）
7. 立法機關議長
7.1 議長的職權
7.1.2 將來情況：
（1）維持不變。
（2）除 7.1.1（11）外，基本上維持不變。

※

㉒ 政制專責小組《立法機關最後報告》（1987 年 6 月 12 日經執行委員會通過）

【P27】
8. 立法機關議長
（編者按：內容同上文）

※

㉓ 1987 年 9 月 2 日《中華人民共和國香港特別行政區基本法起草委員會第五次全體會議委員們對基本法序言和第一、二、三、四、五、六、七、九章條文草稿的意見匯集》

【P37】
五、關於第四章　香港特別行政區的政治體制
（三）第三節　立法機關
2. 第二條至第六條
（2）有的委員建議，立法機關主席的職權應單列一條。

※

㉔ 1987 年 9 月 8 日《中華人民共和國香港特別行政區基本法起草委員會第五次全體會議意見匯編》（1987 年 9 月 22 日政制專責小組第二次會議附件二）

【P10】
第四章　政制
三、關於第三節　立法機關
（編者按：內容同上文）

※

㉕《基本法諮詢委員會工商專業界諮委對未來香港特別行政區政府架構的建議》，載於 1987 年 9 月基本法諮詢委員會工商專業界諮委《未來香港特別行政區政府結構建議》

【P24】
4. 行政機關與立法機關的關係
……我們建議行政長官不應出任立法機關主席。立法機關應由議員互選出主席，主持會議，成立委員會及委任其中成員。

※

㉖ 1987 年 10 月《第四章　香港特別行政區的政治體制（討論稿）》（政治體制專題小組工作文件）

【P16】
第三節　立法機關
關於本節第二條至第六條，草委會第五次全體大會分組討論中有如下意見：
（編者按：內容同第一稿文件㉓）

※

㉗ 1987 年 12 月基本法起草委員會秘書處《香港特別行政區基本法（草案）》（匯編稿）

【P33】
第六十九條
說明：有些委員提出，立法機關是否設立委員會及立法機關主席是否有權提名委員會的成員和主席，留待研究。

第二稿

「第七十二條　香港特別行政區立法會議主席行使下列職權：
（一）主持會議；
（二）決定、掌握議程；
（三）決定開會時間；
（四）在休會期間可召開特別會議；
（五）立法會議議事規則所規定的其他職權。」
〔1988 年 4 月基本法起草委員會秘書處《中華人民共和國香港特別行政區基本法（草案）草稿》〕

① 1987 年 12 月《中華人民共和國香港特別行政區基本法起草委員會第六次全體會議委員們對基本法第四、五、六、十章和條文草稿匯編的意見》

【P17-18】
22. 第六十九條
（1）第一組的委員們認為，如第六十七條採用方案二，本條的說明可刪去。

（2）有些委員提出，第二項「決定、控制議程」中的「控制」一詞可去掉。

※

② 1988 年 4 月《總體工作小組所作的條文修改舉要》，載於 1988 年 5 月《中華人民共和國香港特別行政區基本法起草委員會第七次全體會議文件匯編》

【P18】
第七十二條（政制小組最後草擬的原第七十條），將第（一）項中「立法會議的」和第（三）項中「會議暫停、休會及」去掉。

※

③《各專題小組的部份委員對本小組所擬條文的意見和建議匯輯》，載於 1988 年 4 月基本法起草委員會秘書處《中華人民共和國香港特別行政區基本法（草案）草稿》

【P68】
第七十二條第（二）項
有些委員認為應由行政長官決定議程。

「第七十一條　香港特別行政區立法會議主席行使下列職權：

（一）主持會議；

（二）決定、掌握議程；

（三）決定開會時間；

（四）在休會期間可召開特別會議；

（五）立法會議議事規則所規定的其他職權。」

〔1988 年 4 月基本法起草委員會《中華人民共和國香港特別行政區基本法（草案）徵求意見稿》〕

① 《各專題小組的部份委員對本小組所擬條文的意見和建議匯輯》，載於 1988 年 4 月基本法起草委員會《中華人民共和國香港特別行政區基本法（草案）徵求意見稿》

【P57】

第七十一條第（二）項

（編者按：內容同第二稿文件③）

「第七十一條　香港特別行政區立法會主席行使下列職權：

（一）主持會議；

（二）決定議程，政府提出的議案須優先列入議程；

（三）決定開會時間；

（四）在休會期間可召開特別會議；

（五）立法會議事規則所規定的其他職權。」

〔1989 年 2 月《中華人民共和國香港特別行政區基本法（草案）》〕

① 1988 年 10 月基本法諮詢委員會《中華人民共和國香港特別行政區基本法（草案）徵求意見稿諮詢報告第五冊——條文總報告》》

【P283-285】

第七十一條

2. 意見

2.1 整體

→ 條文規定的立法會議主席的職權過大，容易出錯，宜把權力更平均地分配。

→ 第（二）、（三）及（四）項給予立法會議主席過大的權力。事實上第（一）和第（五）項已給予立法會議主席有足夠及合理的職權。

→ 立法會議主席的工作在於令立法會議能有效率地發揮其作用，因此毋須賦予太多權力，而原文所列第（二）至第（四）項的職權，應由全體立法會議成員協議達成的。

→ 立法會議的議程、開會時間、次數、議事規則等應是全體立法會議成員共同擁有的權力，而絕非立法會議主席所獨有的。

→ 此條文賦予立法會議主席過大的權力。決定會議議事內容、會議時間及次數密度等事項都不應是立法會議主席擁有的權力，其職權應只限於主持會議常規所賦予的職權。

→ 立法會議主席的權力應純為確保會議順利進行。

理由：第四十八條第（十）項已將判斷動議是否涉及政府支出的權力賦予行政長官。

→ 條文中的第（二）及第（三）項已由第七十四條訂明的「會議常規」所規定，議程和開會時間應依常規辦理。

2.2 第（二）項

→ 贊同此項。

→ 反對行政長官決定議程。

理由：若立法會議主席由立法機關成員互選產生，而行政首長又有權決定議程，便會出現行政權干預立法權的情形。

→ 議程應由立法會議全體成員提出，經秘書綜合，由立法會議主席決定和掌握。

→ 如立法會議中有不少於五分之一成員提出動議，主席須將該動議納於議程之內，以防立法會議主席在控制議程上有過高的權力。

2.3 第（四）項

→ 在休會期間舉行特別會議乃非常時期有特別需要，為加速辦事效率，主席可擁有此權力。

理由：該等權力應由立法機關整體擁有，不應讓主席一人擁有過大權力。

→ 為避免立法會議主席偏私，立法會議成員也應有權在休會期間召開特別會議。實行時，可由十分之一成員聯名提出；因為，若有相當數量的成員有同一要求時，事情必是急逼及有社會需要性的。

2.4 第（五）項

→ 應由立法會議成員以投票方式制定立法會議議事規則所規定的其他職權。

3. 建議

3.1 刪除

→ 刪去第（二）項。

理由：議程應該由行政長官決定，「掌握議程」已包括在第（一）項內。

→ 刪去第（三）項。

理由：

⊙ 開會時間應由法律規定。

⊙ 決定立法機關的開會次數、議程、及時間，應是立法機關整體擁有的職權，而非主席的權力，主席乃按立法機關全體定下來的規則主持會議而已。

→ 刪去第（五）項。

理由：此職權在會議常規中已有說明，故不須列明。

→ 刪去第（二）、（三）項。

→ 刪去第（二）、（三）、（四）項。

理由：議程應該由立法會議全體成員提出，經秘書整理、綜合，再由主席掌握。

3.2 修改

3.2.1 整體
→ 全條改為：「香港特別行政區立法會議主席根據立法會議常規召集及主持會議，及行使會議常規所指定的職權；立法會議的常規的採納和修改須由立法會議大多數成員通過。」
→ 「立法會議主席」應改為「立法局議長」。英文本則改為「speaker of the Legislative Council」。
3.2.2 個別項目
第（一）項
→ 刪去「決定」二字。
理由：決定議程是整個立法會議的責任，不應由一人代辦。
→ 改為「主席應按立法機關全體成員定下來的規定主持會議。」
第（二）項
→ 改為「調節議程細則；」
理由：議長並不能批准議程。議程應由幾個人（包括委員）編成，議長應調節議程，為每個項目分配時間。
→ 改為「在徵詢議會者後，制定及掌握議程；」
第（三）項
→ 改為：「由與會者共同決定開會時間；」
第（四）項
→ 加上「如有十分之一議員要求，主席必須召開會議；」
3.3 增加
→ 加上：「負責執行常規及決定性投票權」。
→ 加上：「此議長得大公無私和身為議長並無投票權利。」
3.4 其他建議
→ 保留第（二）項，但應設立一個事前預備會議，成員

們可互相討論議程。
→ 第（四）項職權不應定明完全由主席負責，應透過一定數目的立法會議成員提議，便可召開特別會議。此項建議也可納入第（五）項中。
→ 第（五）項內立法會議議事規則所規定的其他職權應包括在休會期間可召開特別會議。（但最少須全體成員三分之二出席。）

4. 待澄清問題
→ 第（二）項是否旨在給與立法局主席有絕對權去否決增加議程的要求？
→ 應扼要列明第（五）項「所規定的其他職權」是指什麼職權。」

※

② 1989 年 1 月 9 日《政治體制專題小組對條文修改情況的報告》，載於 1989 年 1 月《中華人民共和國香港特別行政區基本法起草委員會第八次全體會議文件匯編》

【P15】
第七十一條第（二）項改為：「決定議程，但必須將政府提出的議案優先列入議程」。（經主任委員擴大會議研究，現改為「決定議程，政府提出的議案須優先列入議程」。）

第五稿

「第七十二條　香港特別行政區立法會主席行使下列職權：
（一）主持會議；
（二）決定議程，政府提出的議案須優先列入議程；
（三）決定開會時間；
（四）在休會期間可召開特別會議；
（五）應行政長官的要求召開緊急會議；
（六）立法會議事規則所規定的其他職權。」
〔1990 年 2 月 16 日《中華人民共和國香港特別行政區基本法（草案）》〕

① 1989 年 8 月 18 日第二次諮詢期政制專責小組第四次會議附件一

第七十一條
2. 建議
2.1 修改
→ 首句：「立法會主席」改為「立法局議長」（Speaker of the Legislative Council）。
2.1.1 第四項
→ 改為：「在休會期間或有需要時可召開特別會議；」
2.2 增加
→ 增加以下一項：「審核香港特別行政區政府的結算和審計署長提交的有關報告。」
理由：在香港特別行政區立法會審核審計署長的報告較為合宜。

※

② 1989 年 9 月 1 日《第二次諮詢期政制專責小組第五次會議會議紀要》

14. 第七十一條

14.1 有委員認為，立法會主席不應獨攬決定議程的權力。當有一定比例的議員要求時，立法會主席便應加入該項議程。
14.2 有委員認為，在一定比例議員要求下，立法會主席亦應召開會議。
14.3 有委員認為，無須過份擔心立法會主席會擁有過多權力。因立法會本身應有一套會議常規控制會議運作。
14.4 有委員認為，應把此條第五項前移，使首句變成：「香港特別行政區立法會主席根據立法會會議規則行使下列職權：」如此，其權力便有限制。

※

③ 基本法諮詢委員會《基本法諮詢委員會政制專責小組對基本法（草案）第四章、附件一、附件二及附錄的意見匯編》，載於 1989 年 11 月《中華人民共和國香港特別行政區基本法（草案）諮詢報告第一冊》

【P97】
2. 對條文的討論
2.15 第七十一條
（編者按：內容同上文）

④ 1989 年 11 月基本法諮詢委員會《中華人民共和國香港特別行政區基本法（草案）諮詢報告第三冊──條文總報告》

【P162】
第七十一條
2. 意見
→ 現有條文把過大權力交給立法會主席。

3. 建議
3.1 修改
→ 「立法會主席」改為「立法局議長」（Speaker of the Legislative Council）。
→ 改為：「香港特別行政區立法會主席行使下列職權：
（1）主持會議；
（2）立法會議事規則所規定的其他職權。」
→ 改為：「香港特別行政區立法會主席根據立法會會議

常規召集及主持會議，及行使會議常規所指定的職權；立法會會議的常規的採納和修改須由立法會大多數成員通過。」
3.1.1 第二項
→ 改為：「安排議程，政府提出的議案須優先列入議程」。
理由：草案原文含有立法會主席能否決議案的提出的意思。
3.1.2 第三項
→ 改為：「決定開會時間，並負責通知全體立法會議員」。
理由：立法會主席絕不應在其他立法會議成員不知情的情況下，擅自更改開會時間。
3.1.3 第四項
→ 改為：「在休會期間或有需要時可召開特別會議；」。
→ 改為：「在休會期間，如經立法會全體議員的四分之一聯名提出，必須召開特別會議」。
3.2 增加一項
→ 加上：「審核香港特別行政區政府的結算和審計署長提交的有關報告。」
理由：在香港特別行政區立法會審核審計署長的報告較為合宜。
→ 加上：「委任立法會各工作委員會成員及主席。」

> 第六稿

「第七十二條　香港特別行政區立法會主席行使下列職權：
（一）主持會議；
（二）決定議程，政府提出的議案須優先列入議程；
（三）決定開會時間；
（四）在休會期間可召開特別會議；
（五）應行政長官的要求召開緊急會議；
（六）立法會議事規則所規定的其他職權。」
〔1990 年 4 月《中華人民共和國香港特別行政區基本法》〕

香港特別行政區立法會行使下列職權：

（一）根據本法規定並依照法定程序制定、修改和廢除法律；

（二）根據政府的提案，審核、通過財政預算；

（三）批准稅收和公共開支；

（四）聽取行政長官的施政報告並進行辯論；

（五）對政府的工作提出質詢；

（六）就任何有關公共利益問題進行辯論；

（七）同意終審法院法官和高等法院首席法官的任免；

（八）接受香港居民申訴並作出處理；

（九）如立法會全體議員的四分之一聯合動議，指控行政長官有嚴重違法或瀆職行為而不辭職，經立法會通過進行調查，立法會可委託終審法院首席法官負責組成獨立的調查委員會，並擔任主席。調查委員會負責進行調查，並向立法會提出報告。如該調查委員會認為有足夠證據構成上述指控，立法會以全體議員三分之二多數通過，可提出彈劾案，報請中央人民政府決定；

（十）在行使上述各項職權時，如有需要，可傳召有關人士出席作證和提供證據。

❀ 貳 | 概念

1. 立法會的職權
2. 立法會對行政長官的彈劾程序

第一稿

第四章　第三節
「第六條　香港特別行政區立法機關行使下列職權：
（一）根據本法規定並依照法定程序制定和修改法律；
（二）根據行政機關的提案，審核、通過財政預算、決算；
（三）批准稅收和公共開支；
（四）聽取行政機關的施政報告；
（五）對行政機關的工作提出質詢；
（六）接受香港居民的申訴；
（七）行政長官如有嚴重違法或瀆職行為，經立法機關全體成員的三分之一聯合動議，並經四分之三多數通過，可以提出彈劾案，報請中央人民政府決定。」
〔1987 年 8 月 22 日《政治體制專題小組的工作報告》，載於《中華人民共和國香港特別行政區基本法起草委員會第五次全體會議文件匯編》〕

① 1984 年 12 月 19 日《中華人民共和國政府對香港的基本方針政策的具體說明》（《中英聯合聲明》附件一）

一、……行政機關必須遵守法律，對立法機關負責。

※

② 1986 年 2 月基本法諮詢委員會《分批研討會參考資料》

【P2】
陳坤耀委員：（三）規定立法機關產生辦法和職責範圍；
張家敏委員：（五）政制設置及制衡；

※

③ 1986 年 2 月基本法諮詢委員會《分批研討會參考資料 2》

【P2】
基本法可分成六個主要部份：
第三部份說明特別行政區內部的結構。此部分為兩節，第一節處理……行政機關對立法機關負責……

※

④ 1986 年 2 月基本法諮詢委員會《諮委會第一分組有關基本法結構討論小結》

一、基本法結構，根據與會者發言，大致上可以歸結為下列十二個部份：
5. 政制

※

⑤ 1986 年 2 月基本法諮詢委員會《第一批研討會總結》

一、基本法結構，根據與會者發言，大致上可以歸結為下列十二個部份：
5. 政制

※

⑥ 1986 年 2 月基本法諮詢委員會《第二批研討會總結》

六、基本法結構初擬——
4. 政府的架構——首長的產生，調動軍隊的權力，行政、立法、司法、財政制度、公務員。

※

⑦ 1986 年 2 月基本法諮詢委員會《第三批研討會總結》

4. 基本法的詳盡程度——
（2）政制：主要說明行政、立法、司法三權分立關係，三個機構如何產生及其權力範圍等問題；

※

⑧ 1986 年 2 月基本法諮詢委員會《第四批討論總結》

四、政制方面
有些委員認為《中英聯合聲明》內談經濟部份太多，政制太少，所以基本法要側重寫政制部份，但如果寫得太詳細，則缺乏修改餘地，而太簡單，則又會說不清主要重點。個別委員建議在基本法內只闡述政制的大原則，而具體細節則以附件形式詳述。既可達到精簡原則，另一方面易於在港人手裡修改政制附件部份，而可能不須呈交中央通過。

※

⑨ 1986 年 2 月基本法諮詢委員會《第五批研討會總結》

五、對基本法結構的建議——
4. 政制：行政　立法　司法 ⟩ 三權分立，並寫出它的形成及運作。

※

⑩ 1986年4月《香港各界人士對〈基本法〉結構等問題的意見匯集》（基本法起草委員會第二次會議參閱資料之一）

【P48-51】

三、有關立法機關的問題

2.立法機關的性質、地位和職權

（1）根據《聯合聲明》的規定，在一九九七年七月一日香港特別行政區成立時，香港立法機關便已實現全部「由選舉產生」。並且實現以立法機關為最高權力機關，因而行政機關必須對之「負責」。這樣理解是《中英聯合聲明》的真意。香港立法機關雖不擁有對行政機關及主要官員的任命權和罷免權，但卻擁有向中國中央政府提名任命和提名罷免的權，這既符合香港在中國主權下的高度自治原則，而且立法機關實質上擁有「倒閣權」，也符合行政機關對立法機關的負責，立法機關是最高權力機關的提法。

（2）治港的港人相信為了避免出現「京人治港」的局面，必然是一個長期居港的「港人」。此外，為了表現實行「兩制」以及重視本港商界對繁榮的重要性，這位「港人」相信極有可能是一些長期在港營商的紳商巨賈。到時，一個擁有實權，而且權力足以制衡行政長官的立法機關，就更為重要。否則即使將來本港繼續有廉政公署存在，一個守法和廉潔的政府就不易維持。

（3）立法機關為香港最高權力機關，擁有創製權、立法權、財政權、彈劾權、監察權、任免行政長官和主要官員的提名權。立法機關和行政機關的關係應是領導和被領導的關係，後者從屬於前者，執行前者所制定的政策。

（4）立法機關有權要求政府檢討解釋政策、回答質詢，還可以行使動議權，要求中央罷免行政長官。

（5）香港特別行政區的立法機關稱為特別行政區市議會，是特別行政區的最高地方政治權力的代表、行使如下權力：授權行政首長、政府部門制訂行政法規；選舉、罷免行政首長；委任各級法官；監督政府各項工作；通過財政預算；監督及修改基本法。

（6）立法機關掌握財權，行政機關提出的預算由立法機關批准，但如立法機關不予批准，政府仍可按照上一年度的預算開支。

（7）行政、立法、司法三權互相制衡，以立法機關為最高權力機關。行政機關向立法機關負責的原則必須予以確定。所謂負責，不僅僅是報告和諮詢，在某種情況下，立法機關應可對在政務上失職的行政長官或官員予以制裁。

（8）本港立法局議員具有代表性，又是社會上的精英，故將來特別行政區政府的行政機關由立法機關選出，市民對立法機關和行政長官也會有信心。

（9）立法機關的職權同現時立法局基本相同，即行使立法權、監察權（包括質詢權和調查權），並就不同種類的公共事務組成委員會，負責監察有關政府部門的工作。

（10）要保持穩定，政權運作以行政機關為主導。行政長官和行政機關是權力中心。立法機關不能擁有推翻政府的權力，所謂「負責」就是向立法機關作報告。

（11）將來仍應以行政為主，而不應將權力轉移到立法局。

（12）政府司級官員可列席立法機關會議，向立法機關提交和說明政府的法案。立法機關通過的法案，行政長官可以否決。但是，立法機關再以三分之二多數票通過，即算通過生效。

（13）行政長官兼任立法機關主席。重要部長，如財政、保安及律政等官員必須為立法機關議員。而立法機關議員可以出任行政司級官員。

（14）行政長官有權解散立法機關，並決定大選日期。

（15）不能由立法局選舉產生行政班子，這就變成了操縱立法局多數的政黨或政黨聯盟，可以組閣統治香港，這將鼓勵人們組織政黨奪取政權，必然引起社會兩極分化，造成不穩定局面。

※

⑪ 1986年4月15日《政制專責小組第一分組總結》

三、對「向立法機關負責」的理解

有委員認為，討論立法機關是否開放，應先論及何謂對立法機關負責（即立法機關的權限），因為，只有知道立法機關是一個怎樣的機關，才可以討論立法機關的產生方法。對這個問題有委員認為：日後的立法機關應是最高的權力機關。又有委員認為無論把權力放在立法機關抑或行政機關，應考慮以什麼形式來分配權力，是分散抑或集中，並認為將權力分散是不恰當的，因為這可能導致政府不能有效運作。

※

⑫ 1986年4月22日《中華人民共和國香港特別行政區基本法結構（草案）》，載於《中華人民共和國香港特別行政區基本法起草委員會第二次全體會議文件匯編》

【P14】

第四章　香港特別行政區的政治體制

第三節　立法機關

（三）立法機關的職權

※

⑬ 1986年5月13日《政制專責小組第三次會議總結（第一分組）》

（四）關於行政和立法權力分配的問題：

有委員認為未來立法局的權力起碼保持現在的情況，即有1.通過法律；2.批准財政預算和3.質詢的權力，但亦應有所增加，比如任命港督的權，因為這樣既顧及效率，亦增加政府的代表性，也符合《中英聯合聲明》。至於行政局的權力就是制定政策和財政預算，同時執行這些政策，這位委員基本上贊成太平山學會及陳弘毅先生的意見，認為應該由立法局中選出行政局來，然後又從中選出這一個行政首長，作集體領導，以保障不同利益。但這位委員不贊成主要官員由立法局選出，他認為這樣會影響文官的士氣。

再就權力分配這問題，亦有委員提出幾個原則：（1）不要出現兩個權力中心；（2）保證立法機關有效地監察行政機關；（3）行政權力要有統一性。而最終的原則就是能兼顧民主開放和效率。

※

⑭ 吳夢珍《對香港特別行政區政制模式的建議》，載於 1986 年 5 月 13 日《政制專責小組第三次會議總結（第二分組）》

（編者按：此文件乃依香港大學法學院圖書館的歸檔順序處理出處）

【P3-4】

立法機關的職權：

為使立法機關更有效監察行政機關，未來立法機關的職權應該比現有的職權增大，使行政機關在決定及執行政策過程中向立法機關負責。在這原則下，除保留現時立法機關對行政機關的施政進行質詢外，行政機關提出的議案必須先經由立法機關以大多數票通過，才能正式成為法案。而且要繼續保留現時立法機關對財政開支的審核及決定。

立法機關得三分二票通過，可建議中央罷免嚴重失職的行政首長，而行政首長卻無權解散立法機關。

※

⑮ 1986 年 5 月 13 日《政制專責小組第三次會議總結（第四分組）》

行政、立法、司法三方面的分權和三者之間的關係：

（２）部份委員認為，現在立法機關只有立法的諮詢權，希望將來有真正的立法權，並繼續擁有審查政府賬目、財政預算、撥款和對總督施政報告進行辯論和對官守議員提出質詢等權力。

※

⑯《十二個政制構想》（1986 年 6 月 10 日政制專責小組第四次會議附件二）

（三方學會）

6. 立法機關職權應包括：

（一）制定及通過法律；

（二）通過財政預算案；

（三）監察行政機關運作，必要時提出彈劾並報請中國中央人民政府罷免最高行政長官；

（民主公義協會　繆熾宏）

……而立法議會的權責及功用與現時香港立法局基本相同，即立法、質詢、控制財政的使用（包括公共工程及人事組成），此外，還包括了可建議罷免司級官員，對行政機關可以投下信任票，罷免行政首長，而後報請中央批准。當然，在上述重大彈劾或罷免（或否決某一項由行政機關所提出的法例、施政措施等），需要得到大多數立法議會議員通過。

（古星輝）

立法局的產生和權限

……立法局的權限是監督行政機關工作，提出質詢，收集民眾意見，審批財政預算，修訂法律。立法局之內，還設立專門小組，負責研究問題，匡正政府有關部門的工作，提出建設性意見，如對有關政府部門工作不滿，可以提出不信任投票，建議行政長官更迭人選。行政長官可以留用受彈劾的部門首長，但要作出解釋。立法局議員應該專職，領取酬金，任期四年，最多連任兩次，年齡應從

二十五歲至六十五歲。立法機關制定的法律，須符合《基本法》和法定程序，否則無效。

（辛維思）

……立法機關職權範圍

立法局的職權是行使立法權和財政權，並可就不同種類的公共事務，組成委員會，負責監察有關政府部門的工作（這類似美國國會的委員會制），接受政府部門的諮詢，審議各有關的法律草案，以及與法案內容有關的問題，進行聆訊或舉行聽證會。立法局全體三分之二以上多數通過，可建議中央人民政府罷免行政長官和司級官員，以及開除違反法紀的議員；在產生行政長官候選人時，以全體三分之二以上多數決定正式候選人。……

由於立法局議員是選舉產生的，議員在運用立法權、財政權時要向香港市民負直接責任，這可以保證立法局有效地制衡行政機關。而行政機關不由立法局機關產生，但須向立法機關說明、解釋其政策，這也是有助於促進兩個機關的合作，維持政治的和諧。

（李華明）

（二）立法機關

2. 職權

2.1 立法權——

i）制定及修改特別行政區內的法例。

ii）立法程序與現時的方式類似，由行政機構提交有關公眾事務的法案草擬，經立法機關審核通過。

iii）有 2/3 或以上的多數票，便可動議中央政府修改基本法。

iv）監察基本法的實施。

2.2 財政權——

i）審查和批准政府的財政預算。

ii）除了議決財政司提交的財政預算或建議削減開支，還可以建議通過增加個別項目的開支或增加稅收。

2.3 監察權——

i）審查及批准經濟和社會政策；並監察這些政策的執行情況。

ii）就有關公眾利益的事務向行政機關提出質詢及辯論，並有調查的權力。

2.4 彈劾權——

i）如行政長官或司級官員犯嚴重錯誤，經 2/3 以上立法機關成員通過，可對其彈劾並提請中央政府罷免其職務。

（陳弘毅）

第三個方案

（一）立法機關

立法機關的職權與現時的立法局基本相同，即行使立法權、財政權、監察權（包括質詢權和調查權）。立法機關就不同種類的公共事務，組成委員會，負責監察有關政府部門的工作，接受政府部門的諮詢，審議有關的法律草案，對法案內容有關的問題，舉行聆訊，聽取證供。

立法機關可通過決議，建議行政長官向中央政府建議罷免任何司級官員。立法機關可對行政局通過「不信任案」，同時通過決議，建議中央政府罷免行政長官。除非立法機關同意，否則行政長官不可罷免政府的核數署長（其職能相等於現時的核數署長）。

※

⑰《魯平專家小組意見匯集》（1986 年 6 月 10 日政制專責小組第四次會議附件三）

【P48-51】

2. 立法機關的性質、地位和職權

（編者按：內容同第一稿文件⑩）

※

⑱ 1986 年 6 月 10 日《政制專責小組第四次會議紀要（第一分組）》

6.立法機構組成人員的職責和權利
現階段只能從原則上或觀念上討論，或三權分立，或行政主導。另一建議是從現有的政制作討論出發點。

※

⑲ 1986 年 6 月 10 日《政制專責小組第四次會議紀要（第二分組）》

4.有關「立法機關的職權」的討論要點，歸納如下：
4.1 大部份委員認為立法機關有權制定、修定和通過法律。
4.2 大部份委員認為立法機關有權制定、通過財政預算案。
4.3 有委員認為立法機關有權監察行政機關的運作，向政府官員提出質詢，彈劾和罷免行政長官，藉以制衡行政長官的權力；有委員認為立法機關不能罷免行政長官，只能罷免部門首長，罷免行政長官的權力應歸中央人民政府，從而避免立法局和行政長官之間的不和而引起的政治、經濟不安。
4.4 個別委員認為行政長官由立法機關推選，司級官員由行政長官提名，經立法機關同意後任命。立法機關有權彈劾和罷免司級官員。
4.5 個別委員認為立法機關除監察行政機關外，還須設專門的委員會或小組來監察政府各部門的工作及提供意見。
4.6 個別委員認為根據《中英聯合聲明》，「行政機關必須向立法機關負責」，個別委員認為「負責」一詞應解作下級向上級負責的意思，即是說下級受上級監察、上級有權選舉和罷免下級機關的首長；另有委員認為香港不是國家，所以立法機關不能是最高權力機關。
4.7 個別委員建議將權力中心由行政機關轉到立法機關；有委員則認為行政主導的效率高，恐怕讓立法主導會降低辦事效率，贊成行政和立法須互相配合，讓立法先行會比較困難。
4.8 個別委員提出如果行政機關須聽命於立法機關，便只需一個立法兼行政的機關；縱使行政機關是由立法機關選出，也沒有可能使行政機關成為立法機關的下級。
4.9 個別委員建議，行政長官應適當地超然於立法機關以外，使屬下的行政機關首長向立法機關負責，讓行政長官發揮調和作用。
4.10 個別委員提出有需要研究立法機關在通過財政、法律以及執行監督和罷免權時會受到的條件限制。

※

⑳ 1986 年 6 月 10 日《政制專責小組第四次會議紀要（第四分組）》

4.分組討論紀要：
4.2 討論立法機關的職權：
4.2.1 有委員提出：為了銜接九七年後的政制，基本法的制定應盡量保留現行的制度，不應有大變動。但有委員認為：現有的制度是穩定的，但亦可嘗試跨進一步，使立法局機關有提出法案的權力。
4.2.2 有委員建議將來立法機構應有質詢及決議的權力，否則立法局只會是一個橡皮圖章而已。亦有委員提出立法機構應有制衡行政機構的作用。

4.2.3 個別委員提出當立法局投票通過某議案或政策時，在低於某個比率下，行政長官有權否決那議案，以確保某些議案不會在不成熟的基礎下通過。再者，行政長官在緊急情況下有權使用其決策權，而在事後才向立法機關解釋。總的來說，大部份委員都贊同擴大立法機關的職權範圍，委員提議應賦予立法機關有權：
a. 制定法例；
b. 通過法例；
c. 審核及通過財政預算，以制衡行政機關；
d. 質詢行政機關；
e. 辯論行政機關或行政長官的工作以便修訂其施政方針，使行政與立法互相配合；
f. 在大比例如四分之三的比數下彈劾及罷免行政長官；
g. 參與諮詢委員會公共法團的工作及參與行政機關的政策。

※

㉑ 1986 年 6 月 26 日《政制專責小組第四次會議續會紀要（第一分組）》

4.討論立法機構及其組成人員之職權
各委員對未來立法機構職權問題的建議，可歸納為以下三項：
4.1 保持原有職權：
有委員認為，假若現有之立法機構運作沒問題，將來的立法機構可以保持現有的一切職權。
4.2 除保持原有職權外，並增加其他權力：
另外一些委員則認為，將來的立法機構應有動議權、修改權及通過法律的權力。並有委員提議增加立法機構現有的財政權，即讓立法機構有權提出財政預算案。
4.3 增加立法機構的權力致之與行政機關相若：
有些委員則認為將來的立法機構應有質詢及彈劾行政長官和主要官員的權力，提請由中央政府作最後決定。除此之外，立法機構有權提出那些行政機構沒有提出的法案。
有些委員認為，假若立法機構有太大的權力，會引致行政機構及立法機構之間失去制衡；而有委員指出，《中英聯合聲明》的精神是主張行政主導的，故立法機構不應高於行政機構，況且，有委員指出，假如立法機構的動議權及動議修改權無限制的話，所有基本法中沒有訂明的法例都可透過立法機構提案及動議而成為法例。故此，委員都一致認為立法機構的職權必須要詳細小心地列明在基本法中。立法機構的功用應該是監察及提供意見給行政機構，而兩機構都應該有知情權，最終應是行政作為主導的。

※

㉒ 1986 年 6 月 26 日《政制專責小組第四次會議（續會）（第三分組）》

會議集中於討論《十二個政制構想》中「三方學會」關於立法機關職權建議的內容，並略作修改，現分述四個建議如下：
1.制定及通過法律
1.1 有委員提出現在的立法機關只能通過法律，希望將來的立法機關能兼具制定法律的權力。
1.2 亦有委員提出在香港政府的刊物中，「法例」、「法律」和「條例」等辭彙經常互用，產生混淆，希望能夠統一。

2.通過財政預算案
2.1 有委員提出未來的立法機構除了有通過財政預算案的權力外，亦應該有審議的權。

但另一委員提到香港有別於其他省份，人大處理香港問題應有例外，因此香港立法機關是有權選出本地的人大代表的。但有數位委員卻不贊同這點，覺得這樣違反了中國的制度。最後，一位委員補充說，如果香港選出的代表具廣泛的代表，則中國為了保障香港的繁榮安定，亦會考慮香港的建議的。

3. 監察行政機關運作，必要時提出彈劾並報請中國中央人民政府罷免最高行政長官。
3.1 有委員認為立法局應有權監察行政機關的運作，甚至有彈劾權，但卻不能有罷免行政首長的權，最多是報請中央人民政府「處理」。但他認為立法局可以建議「處理」的方法是罷免，但不能直接罷免行政首長。
3.2 此外，亦有委員建議刪除「中國」二字。
3.3 最後，監察行政機關運作，必要時對最高行政長官提出彈劾並報請中央人民政府處理。
3.4 也有委員提出立法機構亦應該可以審議通過決議草案。但另一委員指出這樣做有技術問題，因為不是每個議員都能明白各部門的運作。只要立法局有審議通過預算案的權，便可以控制香港的財政支出，其他組都不要先寫得太清楚。

4. 選出全國人民代表大會香港代表
4.1 有委員贊成該由立法局選出全國人民代表大會香港代表。但亦有委員認為立法機關的成員主要負責香港的事務，而人大的代表除了關注香港事務外，亦要顧存整個國家的事情，因此未必適宜從立法局中選。
4.2 此外，亦有委員提出人大香港代表不一定只從立法局選出，要視乎所佔席位的多少。如果席數多，便可依比例方式選出。即是若干席位由立法局選立，餘下的就其他機構選出。
4.3 此外，亦有委員提到根據中國憲法，立法局只可以提名人大香港代表，不能選出代表。
4.4 有委員認為立法局如要有效地起監察作用時，必要有權掌握資訊。但另一委員卻認為行政人員有行政保密權，不然，如果立法議員出賣了行政利益，社會就會很亂。
4.5 至於立法局議員的責任，有委員認為太過仔細，不適宜在基本法寫明，大致如果能依據現時的特權法案已很足夠。

5. 補充吳夢珍委員的意見：
5.1 有委員補充吳夢珍委員的附件，認為應將護士一欄列作功能團體，因為護士的工作重要，而且數量不少；另一委員亦贊成吳夢珍的附件，認為應該保留功能團體，但該擴大它的範圍。
5.2 但有委員是不贊成功能團體選舉的，認為現存的制度充滿漏洞。

※

㉓ 1986 年 6 月 26 日《政制專責小組第四次會議續會紀要（第四分組）》

（4）立法機構成員的職責
與會委員認為立法機構成員應按基本法的原則盡自己最大的努力去完成立法機構的職能，而在履行其職權時，應以大多數人之利益為依歸，不牟私利。

※

㉔ 1986 年 7 月 7 日《基本法諮詢委員會秘書處通訊 17》

【P2-3】

交流參觀團與內地起草委員會在 6 月 6 日分三組討論，第一組成員為邵天任、李後、許崇德、鄭偉榮、徐慶全、吳少鵬、張家敏及吳多泰。李後和邵天任分別就政制的原則性問題提了幾點意見：
（1）立法機關
根據《中英聯合聲明》附件一第二節，立法機關有權根據《基本法》的規定，並依照法定程序制訂法律，報中國人大常委會備案，凡符合《基本法》和法定程序者，均屬有效，反過來說，若不符合《基本法》或不合法定程序的就無效。

※

㉕ 1986 年 7 月 8 日政制專責小組第五次會議參考文件一

（徐是雄）
行政、立法、政府的關係
……立法局以立法、諮詢、監督、控制財務為主……

《政制四模式與避免分化、對立的方案》（辛維思）
立法機關職權範圍
……立法局的職權是行使立法權和財政權，並可就不同種類的公共事務，組成委員會，負責監察有關政府部門的工作（這類似美國國會的委員會制），接受政府部門的諮詢，審議各有關的法律草案，以及對法案內容有關的問題，進行聆訊或舉行聽證會。立法局全體三分之二以上多數通過，可建議中央人民政府罷免行政長官和司級官員，以及關於違反法紀的議員；在產生行政長官候選人時，以全體三分之二以上多數決定正式候選人。

※

㉖ 1986 年 7 月 8 日《政制專責小組第五次會議紀要（第二分組）》

5. 有委員認為行政長官不應由立法機關產生，因為這會影響立法機關成員間的關係，如有政黨出現，問題便會更嚴重。

8. 有委員提出立法機關的權力大致有四項：
8.1 參考功能團體的選舉方式，以絕對多數票來選出行政長官；
8.2 有立法權，但只能制定有關政策的法律，而不能制定有關財政的法律；
8.3 有監督和調查權；
8.4 有彈劾權，立法機關可以用三分之二的多數票通過彈劾議案；建議參考西德的政制模式，處理彈劾行政長官的問題；另有委員認為立法機關有權力彈劾行政機關的成員或行政長官。

※

㉗ 1986 年 7 月 25 日《政制專責小組第五次會議續會紀要（第一、三分組）》

3. 立法機關與行政機關的關係
有委員認為立法機關對行政機關應有以下權力：
3.1 質詢權——行政委員必須回答立法機關的質詢。
3.2 監察權——立法機關可以成立具有一定權力的委員會，監察政府部門的運作。行政長官和主要官員作決定時必須諮詢這些委員會的建議。

3.3 調查權——立法機關可以在調查時傳召行政長官和主要官員，要求他們提供資料。

3.4 選舉權——立法機關可以選出行政長官和主要官員。

3.5 罷免權

3.6 彈劾權

3.7 經濟控制權——成立經濟委員會，公共賬務委員會，以及只向立法機關負責的獨立核數部門。和提議撥款法案。

※

㉘ 1986 年 8 月 4 日《各政制構想》（1986 年 8 月 12 日政制專責小組第六次會議討論文件一）

【P7-23】

方案（一）陳弘毅《明報》（25/1/86）

行政、立法機構關係：

（1）立法機關職權與現行立法局相同，即行使立法權、財政權、監察權（質詢及調查權）。

（2）立法機關互選十位議員成為行政局成員，任期與立法機關相同，同時改選。

（5）立法機關可通過決議，建議行政長官向中央政府建議，罷免任何司級官員。

（6）立法機關可對行政局通過「不信任案」，同時通過決議，建議中央政府罷免行政長官。

構思原則：

（1）保留現行政制優點。

（2）目前政制需要適當地變。

（3）必須同時照顧到香港社會內部各階層的利益及中央政府的意願。

（4）政制運作要高度穩定，盡量減少不同利益的對立及表面化。避免中央與香港社會潛在矛盾……（編者按：原件模糊，缺漏文字難以辨清。）

方案（二）鄭宇碩《明報》（23/2/86、24/2/86）

行政、立法機構關係：

（1）立法機關有財政權、立法權及人事任免權。

（2）法案經立法機關通過後，須得行政長官的同意副簽，方能成為正式法例。如行政長官拒絕副簽，立法機關可再經三分之二多數通過法案。

（3）行政長官無權解散立法議會。

（4）行政內閣成員（行政長官及重要官員）列席立法機關會議、接受立法議員質詢。

（5）立法機關各常務委員會主席兼任有關諮詢委員會主席。

（6）行政長官及重要官員如違法亂紀或嚴重失職，經立法機關成員三分之二多數通過彈劾案，中央人民政府就據此免除該等官員的職務。

構思原則：

（1）政制改變要循序漸進。

（2）政府要穩定，有效率。

（3）政府必須受有效民主監督。

方案（三）太平山學會文件（4/86）

行政、立法機關關係：

（1）行政機關無權解散立法機關。

（2）行政委員會任期固定（立法機關無權以不信任案解散行政委員會）。

（3）立法機關有權以三分之二多數票對行政委員會彈劾。

方案（四）民主公義會《中報》（9/4/86）

行政、立法機構關係：

（1）立法機關有權監察、質詢、彈劾及罷免行政長官及

重要官員。立法機關有權以大多數票通過對行政機關不信任案，罷免行政長官，然後報請中央批准。

（2）立法議員可充任專責小組或諮詢委員會的主席，均通行政與立法機關。

構思原則：

「民主」、「公義」和「尊重人的價值」。

一切願意參與決策過程的港人都有均等機會參與。

方案（五）李華明《香港特別行政區的模式（芻議）》

行政、立法機構關係：

（1）立法機關有立法權、財政權、監察權及彈劾權。行政長官或司級官員犯嚴重錯誤，經三分之二以上立法機關成員通過，可以對其彈劾並請中央政府罷免其職務。

（2）行政長官不能解散立法機關。

（3）司級官員列席立法局會議，解答問題及質詢。

構思原則：

（1）保留現行政制優點。

（2）政制要適當地改變。

（3）政制不能太複雜，要顧及本港政治歷史、政治傳統及市民的政治水平。

（4）兼顧各階層利益。

（5）政制要穩定，要與中央協調及合作。

方案（六）匯點（7/86）——匯點文件《對於香港特別行政區政制模式的建議》

行政、立法機構關係：

立法機關對行政機關透過「質詢」、「調查」及「倒閣」進行監督。立法機關可以通過一項不信任案推翻原政府。此項動議至少有立法機關議員 1/4 人數簽署才能受理。同時立法機關必須先選出一名繼任行政長官人選，才可以對政府表示不信任。提案表決必須在提出之日起 48 小時內完成，通過後報請中央處理。

構思原則：

（1）民主。

（2）政府高度穩定及有效率。

（3）有效但不過度的內部制衡。

（4）不以政黨政治為前提條件。

（5）與 97 年前政制盡量銜接。

方案（七）馮煒光《明報》（9/7/86）

行政、立法機構關係：

（1）行政長官不應擔任立法機關的主席，也不應擁有解散立法機關的權力。

（2）如立法機關以 2/3 多數票通過彈劾行政長官，中央應順應情況予以罷免。

（3）立法機關擁有質詢、通過財政預算、決算，組織專門調查委員會，彈劾行政長官及主要官員，以及提倡法案的權力。

（4）對立法機關倡議的法案，行政長官有否決權。

（5）行政長官有組閣權力，內閣成員即各政府部門的主要官員。主要官員可以是立法機關議員，也可以不是，以個人身份接受行政長官提名，由中央任命，內閣成員乃政治任命，主要官員透過行政長官向立法機關負責。

方案（八）張熾標《快報》（22/7/86）

行政、立法機構關係：

（1）司級官員由行政長官提名，並須獲立法局 1/3 議員通過，才由中央人民政府任命。

（2）行政局受立法局監察。

方案（九）中根《明報》

行政、立法機構關係：

（1）保留立法局現行職權。

（2）立法局經 2/3 多數票通過可建議中央罷免一些失職的司級官員及行政長官。

（3）司級官員由行政長官任命，必須得到立法機關通過。

方案（十）查濟民《明報》（7/8/85）
行政、立法機構關係：
（1）行政長官為立法局當然主席，除負責主持會議外，有權解散及重選立法局。
（2）行政局主席改稱為首席部長，由立法局就非顧問的立法局議員中選出，徵得行政長官同意後，報請中央政府任命。行政局的各部部長及副部長由首席部長提名，經行政長官委任，報中央政府備案，副部長以下職位，由公務員擔任。由行政長官直接領導之各司主管，可列席行政局。
構思原則：
（1）政制的連續性。
（2）平衡民主與傳統的關係。（香港在 1985 年之前並沒有民主）。

方案（十一）古星輝《鏡報月刊》（12/85）
行政、立法機構關係：
（1）立法機關監督行政機關，提出質詢，收集民意，審批財政預算，修訂法律及成立專責小組對政府部門提出意見。
（2）立法機關可對各政府部門提不信任票，建議行政長官更換人選。行政長官可以留用受彈劾的部門首長，但要作出解釋。
（3）行政長官每年須向立法機關諮詢、聽取意見。
（4）行政長官在必要時可解散立法機關，但必須得到行政顧問院多數票同意，並報請中央人民政府。
構思原則：
（1）保留香港行政、經濟運作的優點及效率。
（2）維護居民自由和生活方式。
（3）行政長官應是中央政府和港人都能接受，又不能隨便透過不信任票而罷免。

方案（十三）薛鳳旋《大公報》（30/1/86 至 2/2/86）
行政、立法機構關係：
（1）三權分立，互相制衡。
（2）立法局通過行政部門提出的財政預算及工作報告，質詢行政機關有關施政政策。
構思原則：保留現行制度優點。

方案（十四）三方學會文件（3/86）
行政、立法機構關係：
行政機關向立法機關負責，立法機關監察行政機關運作，必要時提出彈劾，並報請中國中央人民政府罷免行政長官。

方案（十五）冼銘倫《明報》（28/3/86）
行政、立法機構關係：
分權制衡
（1）立法機關審定行政長官人選。
（2）立法機關議長由副行政長官出任。
（3）立法機關有權以 2/3 或 3/4 多數票通過動議，向中央建議罷免行政長官。
（4）行政機關向立法負責—— 行政機關有向立法機關說明、解釋及諮詢的義務。
構思原則：
（1）能不變就不變。
（2）按《中英聯合聲明》，主權更換及社會需要而適當地變。

方案（十六）查良鏞《明報》（21/4/86 至 25/4/86）
行政、立法機構關係：

三權分立，互相制衡。行政長官獨立，立法機關可以對之監察或彈劾（類似英國方式）。
構思原則：
（1）保持香港發展、避免因直接選舉帶來高稅率高福利。
（2）抗拒來自內地左派的干預（如多數議員或政治權力由功能團體產生，便可相當有效地抗拒來自內地的無理干預，因為北京怕他們離開）。

方案（十七）辛維思《明報》（23/5/86 至 28/5/86）
行政、立法機構關係：
（1）立法局有立法權、財政權及監察權。
（2）立法局全體會議以 2/3 以上多數通過，可建議中央人民政府罷免行政長官或司級官員。
（3）早期行政長官正式候選人由立法機關以 2/3 以上多數決定。
（4）立法局主席由副行政長擔任，負責主持會議。
（5）行政機關預向立法機關說明及解釋其政策。
構思原則：
（1）避免行政長官、行政機關之間的分化對立。
（2）避免特別行政區政府與中央政府分化對立。

方案（十八）香港民主協會《香港民主協會對立法機構的組成及其職權的意見》（12/6/85）
行政、立法機構關係：
（1）行政機關與立法機關互相制衡。
（2）解散立法局及罷免行政長官的建議，應由中央人民政府決定。
（3）行政長官適當地超然於立法機關之外，使屬下的行政機關首長和司級官員在布政司領導之下，向立法機關負責。
（4）立法機關有權質詢和監督行政機關通過行政機關財政預算的權力。立法機關可向行政長官建議罷免司級官員和機關首長。
構思原則：
兼顧民主政治的原則及精英政治的實踐。

方案（十九）吳夢珍《明報》（24/6/86）
行政、立法機構關係：
擴大現有立法機關職能。行政機關在決定及執行政策過程中向立法機關負責，立法機關可對行政機關的施政進行質詢，對財政開支有審核及決定權。
立法機關經 2/3 多數票通過，可建議中央罷免嚴重失職之行政長官，行政長官則無權解散立法機關。
構思原則：
（1）保留現存的優良制度。
（2）維護政局穩定。
（3）照顧社會各階層人士的利益及意願。
現時各部門的諮詢委員會可繼續保留，成員由行政長官委任。原則上委任高級公務員為司級官員，以維持司級官員的穩定性，不致因行政長官的轉變或政策的修改而引致大部份司級官員的更換。司級官員可列席立法機關的會議，向立法機關解釋及說明政府的政策，接受立法議員的質詢。

方案（二十）高漢釗《文匯報》（29/6/86）
行政、立法機構關係：
立法局有立法權及撥款權。行政機關由行政長官會同司級官員組成，接受立法局的諮詢監察。
構思原則：
香港無民主基礎亦無政黨存在條件，故只能有一定限度。

※

㉙《立法機關、立法機關的產生》〔1986 年 8 月 6 日政制分批研討會（第三批）討論文件二〕

1. 立法機關的職權

1.1 討論立法機關職權要考慮的因素

1.1.1 職權問題牽涉到行政機關與立法機關的關係，如是以行政為主導，或是以立法為主導，或是三權分立。

1.1.2 根據《中英聯合聲明》指出，行政機關必須向立法機關「負責」。「負責」一詞的意義，從中國憲法裡所提及各級人民代表大會、軍事委員會、國務院向中國人民代表大會「負責」的意思引申，應該是上下機關「負責」的關係。上級機關的職權包括有選擇和罷免下級首長的權力；下級機關同時受到上級機關的監督。

1.1.3 因為香港的制度和國內的情況有分別，所以特別行政區的立法機關不應是最高權力機構。

1.1.4 特別行政區的權力中心應由現時的行政機關轉移到立法機關。香港多年來以行政機關為主導，改以立法機關為主導，政府的辦事效率可能會下降；因此特別行政區的行政、立法機關要互相配合。

1.1.5 討論立法機關的職權時要考慮立法機關在執行職務上的兩個困難，即在制度上既要使立法機關制定的政策符合民意，又要令到行政機關有效率地執行政策。

1.1.6 參考其他國家的政制，很多國家是行政、立法、司法三方面獨立的，表明三者各有重要性，不應是上級和下級的關係。即使行政機關由立法機關選出來，亦很難維持上下級的關係；如果行政機關要聽命於立法機關，便只需要一個立法兼行政的機關。

1.1.7 在一國兩制下，香港只是個隸屬中國的特別行政區。研究香港的政制要兼顧如何和中國將來的政制銜接。

1.1.8 特別行政區的立法機關的職權應照着現時立法局的職權再發展和增減。既然現有以行政為主導的政制運作，令香港穩定繁榮，九七年後便不應有太大變動，立法機關扮演原有諮詢性角色。

1.1.9 行政機關和立法機關的工作範圍是完全不同的，不能將兩者的權力作大小的比較。但兩者互相監察，而非互相掣肘。

1.1.10 不同的國家採用不同的政制模式，很難界定哪一個機構應該有主導地位。基本法中要具體去列明理想的議會的功用和權力。

1.1.11 在香港的刊物中，法例、法律和條例等辭經常互用，產生混淆，建議在基本法採用統一的辭彙。

1.1.12 假若賦予立法機關太多權力，行政機關和立法機關便會失去平衡；如希望兩者的關係能保持平衡穩定，立法機關便不用在行政機關裡作出行政上或政治上的領導。

1.2 立法機關制定法律的職權

1.2.1 立法機關有權制定、修定和通過法律。

1.2.2 立法機關有權制定及通過財政預算案。

1.2.3 審核各種對外條約或協定。

1.2.4 基本上保留現有權力，但可嘗試跨進一步，使立法機關有提出法案的權力，並讓立法機關個別成員草擬法例。

1.2.5 現時的立法局沒有權力提議行政局制定法案，但特別行政區的立法機關應有權力去提議行政機關草擬和制定某草案，再由立法機關審議通過。

1.2.6 應該擴大現時立法局的權力，包括法例的提議權、決策權和最後的政策制定權。

1.2.7 立法機關除有權通過財政預算案外，亦應有權審議預算案權力；如立法機關對財政預算案有不滿意的地方，可要求行政機關重新修改計劃。

1.2.8 立法機關可以透過個別的成員或專責的委員會討論後提出法例，此等專責委員會要因應時代的需求而組成。

1.2.9 現時立法局議員在有限度的情況下，可以由非官守議員提出議案（private member's bill），但現時主要政府的政策法例是不會由非官守議員提出，而是一定先通過行政局，再由行政局交立法局考慮，立法局有權否決或修改提案。因而建議特別行政區的立法機關有完整的立法權，可以由非官守議員提出議案。

1.2.10 行政機關應保留主動提出立法的權力，只要這些法例是大眾均認為應該由行政機關提出的即可。

1.2.11 假若對立法機關的動議權及動議修改權不加限制的話，所有基本法以外所沒有寫明的條例都可透過立法機關提案及動議成為法例，並影響到行政機關的行政管理功能，所以立法機關的職權要在基本法中列明。

1.2.12 訂定立法機關的職權時要研究它在通過財政、立法、執行監督和罷免職權時會受到的條件限制。

1.2.13 立法機關成員本身可能不是專業人員或全職議員，因而很多法律或政策可能是在不成熟的理解下通過。所以當某一條法律或政策是低於某比率下通過時，行政長官應有權否定這個議決案，將決策權交行政長官，可以確保某些議決案不會在不成熟的基礎下通過。

1.3 立法機關的諮詢功能

1.3.1 立法機關應有諮詢的功能。

1.3.2 立法機關有權在人選或政策的問題上參與諮詢委員會和公法團的工作。

1.3.3 行政長官可以在緊急情況下或在時間上不容許諮詢立法機關時使用決策權，在事後向立法機關作出解釋及追認已行使的決策權。

1.4 監察行政機關的工作

1.4.1 立法機關有權監察行政機關的運作，有彈劾和罷免權，造成制衡作用。

1.4.2 監察行政機關的作用即監察各行政部門執行政策。

1.4.3 有權成立專門的委員會或小組去監察政府各部門的工作，並提出建設性的意見。

1.4.4 辯論和批評行政機關或行政長官每年或每一階段所發出的施政方針或工作報告，以便行政長官作出修訂，使行政立法可以互相配合。

1.4.5 立法機關若沒有充份的資料，便不能行使對行政機關的監察權。

1.4.6 立法機關掌握資訊的知情權很影響它的監察作用。但監察不同監管。現時立法局的知情權已很大，而行政人員也需要有行政保密權。

1.4.7 立法機關在監察行政機關時的具體權力並不重要，也不可能在基本法清楚列明。

1.4.8 行政機關要定期向立法機關提交工作報告或接受立法機關的質詢。

1.5 罷免行政機關人員

1.5.1 行政長官的彈劾由立法機關動議，由中央同意執行。

1.5.2 立法機關有權監察行政機關是合理的，但不能罷免行政長官，只能罷免部門首長。

1.5.3 主要官員應由行政長官提名，在立法機關同意下任命，因此立法機關有人事任命權；並透過一定的法定程序去彈劾在任主要官員。

1.5.4 行政長官應超然於立法機關以外，使屬下的行政機關主要官員向立法機關負責，而行政長官可以發揮調和的作用。

1.5.5 特別行政區的立法機關的權力除立法之外，還應可以任免行政長官與主要官員，和監督施政的情況。

1.5.6 為使政治制度可以維持穩定的狀態和保持制衡的原則，立法機關可以在大比例如四分之三的比數下彈劾或罷免行政長官。

1.5.7 當行政機關有嚴重的行政錯誤時，立法機關可以彈劾行政長官，但若需要通過罷免時，則需要向中央人民政府提出，由中央人民政府罷免。

1.5.8 行政長官若由中央人民政府任命，直接對他有影響的只有中央人民政府，所以只有中央人民政府才有權罷免。再者，如果立法機關成員可以在認為行政長官的措施失當時便有權提出罷免，會令行政長官很難去發揮正常的功能。

1.5.9 參照美國例子，允許行政長官在危機的時候如戰亂、

經濟不景時可以行使較大的權力和不用對特別行政區的立法機關負責；但有意見指出這種措施對香港群眾的利益沒有保障。

1.5.10 如立法機關有權報請中央人民政府去罷免一個犯法或嚴重失職的行政長官，行政長官便不應由立法機關產生，以免行政長官既由立法機關產生又由他罷免的情況出現。

1.5.11 立法機關有權監察行政機關的運作，甚至可以彈劾行政長官，但不能罷免，要報請中央人民政府「處理」。但立法機關可以向中央人民政府建議罷免作為「處理」的手法，但不能直接罷免行政首長。

1.5.12 建議在立法機關的條例中訂明若行政長官有嚴重的錯誤時需要自動辭退，這樣立法機關既有監察作用，又可以保障市民的利益。但其他意見指出在彈劾行政長官時，社會輿論所造成的壓力已很大，會使行政長官自動引咎辭職，不需要明文規定。

1.5.13 立法機關經過一定數目成員同意下可以彈劾首長或是主要官員，指行政機關在施政上作出嚴重的錯誤時才有彈劾的情況出現，但行政錯誤一定要經過清楚的界定。

1.6 選舉人大代表

1.6.1 立法機關有權選出人大代表，因為所有立法機關的成員都是以選舉的方式產生，有一定的代表性。反對的意見則指出，立法機關是專責香港的事務，而作為國家代表則要顧全整個國家的事務，造成雙重身份；將來立法機關的成員應是以香港的利益為首，是比較通才的。

1.6.2 人大代表的產生視乎香港所佔的席位數目。若只得一個席位，便應該由立法機關產生；若超過一個，則行政機關亦應有代表。

1.6.3 五分之一的香港人大代表由立法機關產生，其他人大代表則可參照行政長官的產生方式。

1.6.4 特別行政區立法機關無權選出人大代表，只能提名，因為中國的憲法定明人大代表名額及產生辦法，沒理由可以讓基本法去決定。

1.6.5 在制定或選舉香港的人大代表時，立法機關可派代表出席。

※

⑳《行政機關與立法機關的關係》〔1986 年 8 月 6 日政制分批研討會（第三批）討論文件四〕

【P18-20】

2. 立法機關有權參與行政長官的產生：

2.1 行政長官的任命，要先得立法機關通過；

2.2 行政長官由立法議員互選選出，再由行政長官自行委任內閣（司級官員），行政機關遂可透過行政長官向立法機關負責；

2.3 行政長官若由立法議員互選選出，則其本身威望會導致立法機關無力影響行政機關的運作，演變成行政領着立法走的現象；

2.4 若行政長官純粹由立法機關推選產生，這就是內閣制的做法，但香港實行內閣制會有困難；

2.5 為了達到行政機關與立法機關互相制衡的目的，行政長官與立法機關應通過不同的途徑產生，行政長官不是由立法機關產生。據《中英聯合聲明》的規定，行政長官在當地通過選舉或協商產生，由中央任命。第一任的行政長官由各階層人士組成的選舉委員會或顧問團選出，而第二任的行政長官則可由協商或選舉產生。立法機關可由直接選舉或間接選舉產生。

3. 立法機關有權參與行政長官的彈劾及監督：

3.1 行政長官在決策錯誤時，如有四分之三立法議員彈劾，則可報請中央罷免行政長官；

3.2 行政長官不應因政策錯誤而遭到彈劾；

3.3 如果當立法機關認為行政長官的政策不當時，便有權提出彈劾，這會使行政長官更難發揮正常的功能；

3.4 行政長官若遭三分之二立法議員投不信任票，可被罷免；

3.5 行政長官是最高長官，但受立法及司法機關監督；

3.6 立法機關不能罷免行政長官，只能罷免行政部門首長，罷免行政長官的權力應歸中央人民政府，從而避免立法機關和行政長官之間的不和而引起的政治、經濟不安；然而立法機關有權向中央人民政府提出罷免的建議；

3.7 建議在有關立法機關的條例中訂明：如果行政長官犯了嚴重的過失，便須自動辭職，這樣可以讓立法機關發揮監察作用，並保障市民的利益；

3.8 不應在有關立法機關的條例中說明如何彈劾行政長官，因為當議員對行政長官有所非議時，社會輿論對行政長官造成的壓力已經很大。

4. 立法機關有權監察行政機關：

4.1 將立法議員分組，每組負責監察一組行政部門的運作；

4.2 設事務委員會監察行政機關，委員會及主席可影響行政部門的運作，並提出建設性的意見，但不能控制或掌握該部門；

4.3 設委員會監察司級官員，在需要時，可增選專業人士以專業知識協助監察；

4.4 將現設的諮詢委員會轉為向立法機關負責，所有意見及資料交予立法機關而非行政機關；（立法機關控制資訊，故此在制定政策時，行政機關不得不徵求立法機關的意見；立法機關也可有效地監察行政。）

4.5 立法機關雖然可以有知情權，但行政機關的成員也應有行政保密權；

4.6 立法機關和行政機關應是平衡的，兩者應互相監督，而不是掣肘；

4.7 立法機關和行政機關的權力基本上是相對的，如果立法機關的權力大，行政機關的權力則會小，反之亦然；

4.8 不應在基本法內列明立法機關監察行政機關的具體權力。

5. 立法機關和行政機關的互相制衡：

5.1 立法機關可直接不批准行政機關做某些事情，雖然這會影響效率，但可避免出錯；

5.2 行政機關（行政局）的成員由立法議員揀出，其制定的政策要交由立法機關討論，以決定接納與否；

5.3 立法機關擁有決定權，可以不通過行政機關的決策；

5.4 目前立法機關與行政機關的制衡形式已經足夠，為了保持高效率的運作，行政機關執行既定的政策，無須受來自壓力團體、中國政府，甚至立法議員的不必要壓力；

5.5 不應把行政與立法分得太清楚，強調兩者的制衡會引致兩個權力中心彼此的爭執，導致局勢的不穩定；

5.6 行政機關或行政長官每年向立法機關作施政報告，各部門首長並要答辯議員的質詢；

5.7 立法機關有權向行政機關提出質詢；行政長官或部門首長要出席立法機關會議，並答辯議員提出的質詢，答辯時要有令立法機關滿意的解釋；

5.8 立法機關有目前的立法權力和立法動議權；

5.9 立法機關有權審核和批核財政預算及決算，如該預算案有三分之二立法議員反對，便被否決；如議員對財政預算案不滿意，可要求行政機關解釋及修改；

5.10 所有人都要遵守立法機關制定的基本法則，故此在名義上立法機關已經是最高的權力架構，但行政機關仍要有大權，否則其效率便有影響；

5.11 無論把權力放在立法機關或行政機關上，都應考慮以什麼形式來分配權力，是分散還是集中，如果將權力分散，可能導致政府不能有效運作；

5.12 立法機關有權反對行政機關所提出的法例草案，否則立法機關便變成橡皮圖章；

5.13 如果立法機關和行政機關的運作不超越本身的職權

範圍，便達到相互制衡的目的；
5.14 假若賦予立法機關太多權力，行政機關及立法機關便不能夠相互制衡；立法機關與行政機關的關係應保持平衡穩定，立法機關便不用在行政機關裡作出行政上或政治上的領導；
5.15 立法機關與行政機關應互相補充，不應互相監管；
5.16 假若立法機關的動議權及動議修改權沒有限制的話，所有基本法以外沒有說明的條例都可透過立法機關提案及動議成為法例，這可能會影響到行政機關的行政管理功能。

※

㉛ 1986 年 8 月 6 日《政制分批研討會紀要（第三批）》

與會委員對政制專責小組之初步報告有以下的補充：
2. 關於「立法機構、立法機關的產生」
1.5.7「當行政機關有嚴重的行政錯誤時，立法機關可以彈劾行政長官，……由中央人民政府罷免。」──與會委員認為，「彈劾」一詞是有闡釋的需要，因為「彈劾」可以有數個層面，應從彈劾所引致的後果去界定「彈劾」一詞的意義。亦有委員對彈劾的程序問題提出疑問，例如是否應先由立法機關批准，然後才可以彈劾行政長官？

※

㉜ 1986 年 8 月 14 日《草擬政制的初步討論紀要》附件

根據《中英聯合聲明》，立法機關將由選舉產生。與立法機關有關的主要問題如下：
3.1 立法機關的職權
3.1.1 立法機關應否有完整的立法權力（包括提出議案的權力）？
3.1.2 如何監察行政機關的運作
3.1.2.1 委員會制（監察作用）
3.1.3 立法機關的任期及更替（全數替換或半數替換）

※

㉝ 1986 年 8 月 18 日《未來香港特別行政區政府架構芻議》

【P1】
（1）未來香港特別行政區政府的基本架構
……因此，建議中的新政府架構須包括以下基本要素：
1.2 通過直接和間接選舉產生獨立的立法機關，立法機關的權力，包括對行政長官的彈劾權，立法機關的功能是維繫社會穩定，保護人權和自由，以及確保工商繁榮。

【P4】
（5）立法機關
5.1 有關立法機關的權力，建議如下：
a. 制定法律
b. 決定由行政機關提出的預算案
c. 週年辯論
d. 對預算的稅收及開支表決
e. 公開查詢各部門預算
f. 對公共事情提出質詢
g. 提出動議
h. 提出報告進行辯論
i. 財務委員會審核公共開支

j. 公務員編制小組
k. 公務建設小組
l. 根據權力與特權條例成立委員會
m. 行政立法局聯絡處職權
n. 管理政費盈餘
o. 推選立法局主席
p. 決定法定委員會成員
q. 彈劾行政長官
r. 根據《中英聯合聲明》的原則，同意主要法官的任命和免職
s. 認同國際協議
t. 立法局議員個人可提出與財政無關的個人議案

※

㉞ 1986 年 8 月 20 日《基本法結構專責小組初步報告》

【P20】
5.3 第三節　立法機關
（3）立法機關的職權

※

㉟ 1986 年 11 月 8 日《香港特別行政區基本法起草委員會政治體制專題小組的工作報告》，載於《中華人民共和國香港特別行政區基本法起草委員會第三次全體會議文件匯編》

【P35】
七、關於立法機關的職權
專題小組對立法機關職權比較一致的意見是：
1. 立法機關有權根據基本法的規定並依照法定程序制定、修改和廢除法律。

2. 根據行政機關的提案，審核、通過財政預算、決算、批准徵稅和公共開支。

3. 聽取行政機關的施政報告，立法機關的成員有權對行政部門的工作提出質詢和批評。

4. 接受香港居民的申訴。

5. 行政長官如有嚴重違法和瀆職行為，經立法機關三分之二多數通過，可以提出彈劾案，報請中央決定。
有關立法機關的其他職權，尚有待研究。

※

㊱ 一百九十人聯署《香港特別行政區政制方案的建議》，載於 1986 年 11 月 10 日基本法起草委員會秘書處《參閱資料──第 28 期》

【P5-6】
4. 立法機關
4.2 立法機關的權力
4.2.1 立法權── 立法權包括立法機關可主動提出法案、通過法律及修訂法律的權力等。
4.2.2 財政權── 包括決定由行政機關提出（編者按：推測有「提出」一詞之缺漏）的預算案、對預算的稅收及開支表決以及公開查詢各部門預算等。

4.2.3 監督權── 包括立法機關可對行政長官和主要官員提出質詢，政府對質詢必須作答。此外，立法機關有權進行有關政府部門的調查，並可要求證人出席，提供資料與證據。

4.2.4 彈劾權── 如行政長官或主要官員犯罪或嚴重失職，立法機關成員三分之二多數可通過彈劾議案，報請中央免除該等官員之職務。

4.2.5 成立專責委員會── 立法機關可成立專責的委員會，負責調查及研究公眾所關心的事務，以向立法機關全體成員或行政機關提供意見。

4.2.6 選舉立法機關議長（即主席）── 為貫徹三權分立原則，立法機關可互選一人任議長，負責主持立法機關的會議，並執行會議常規。議長一般不參與辯論和投票，但在贊成與否決票相持不下時，則有決定性投票權。

※

㊲ 1986 年 11 月 16 日姚偉梅、馮煒光、李紹基《「青年與基本法研討會」大會報告》

【P3-4】
立法機關的職權
參加者均贊成現時立法機關所有的職權九七年後都該繼續擁有，這些職權分別是：
1 通過法律；
2 通過撥款；
3 設立財政委員會研究開支；
4 審查政府賬目；
5 就公眾關心的事情質詢政府；
6 動議論辯公眾關心的事務；
7 參加周年辯論；
8 設立小組討論有關政策；
9 設立專責小組調查公眾關心的事情。

就立法機關未來的職權，參加者有下列的建議：
1.立法動議權── 有參加者贊成立法機關應有法案動議權，但亦有參加者覺得此權應同時屬於行政長官及立法機關成員，假如在立法過程中出現行政、立法機構各持己見的局面時，只要法案得 3/4 議員同意便可對通過與否作出最後決定。最後，有參加者提出如要賦予立法機關這方面的權力，需要有其他方面的配合，例如政黨的出現，否則議員有這個權力也難以運用，或者運用不當。

2.控財權── 為避免影響行政機關的運作，有參加者認為立法機關不應有控財權，使行政機關有財政上的自主權。相反，亦有參加者同意立法局有視乎社會之需要而增加某方面之開支；但為免權力被濫用，故建議就可增加開支之範圍及程度、作出限制。另有參加者認為，為了避免政府財政負擔過重，但又保障能適應社會的需要，建議賦予立法機關有權在原有的預算案內重新調配開支。

3.彈劾權── 參加者都贊成立法機關可彈劾行政長官（即使贊成行政長官由一人一票選舉產生的參加者也同意此點）及主要官員，既然立法機關是一有充份代表性的機關，賦予它此項權力，確保了政府受到有效的民主監察，體現了行政機關向立法機關負責的精神。但也有意見指出，在肯定立法機關的彈劾權的前提下，要適當處理它行使此項權力時對政府的持續性及穩定性的影響。但有參加者不同意未來立法機關有「彈劾主要官員，再報請中央罷免」的權力，因為由行政長官任命的主要官員只需向行政長官負責，立法機關的干擾會影響行政機關的運作。另一種意見認為無論行政長官是否由立法局產生，兩者地位亦應平等，立法局也應有彈劾權，以制衡行政機關。

4.知情權── 參加者均同意立法機關成員可透過不同程序去翻查不同機密程度的檔案。

5.通過行政長官提名的主要官員名單── 有參加者認為假若行政長官過份偏向中央政府，他提名的主要官員也極有可能偏向中央，故不能全面兼顧民意，立法局若有通過行政長官提名主要官員名單的權力，便可加以制衡。

6.創議權── 有參加者建議人民有創議權，只要得某人數比例，如一千人的聯名便可提交向立法局提交議案，按通過議案程序進行。北歐國家有這樣的例子。

7.行政長官的產生── 有參加者贊成市民有權選舉行政長官，甚至贊成市民有權提名行政長官的候選人；但也有提議由有代表性團體（如立法機關）負責提名行政長官的候選人。

※

㊳ 1986 年 11 月吳康民《關於香港特別行政區政府結構的建議》

【P2】
3.立法機關
3.3 立法機關職權包括：
（a）對行政機關進行監督及質詢
（b）彈劾行政長官或各級官員
（c）動議及通過法案，交行政長官簽署實施
（d）決定行政機關提出的預算案

※

㊴ 1987 年 2 月 28 日政制專責小組之立法機關與立法機關的產生工作組《立法機關討論文件（草稿）》（1987 年 3 月 4 日政制專責小組之立法機關與立法機關的產生工作組第一次會議討論文件）

【P1-8】
2.《中英聯合聲明》的規定：
附件一第二節
（3）「香港特別行政區的立法權屬於香港特別行政區立法機關。立法機關可根據《基本法》的規定並依照法定程序制定法律，報中華人民共和國全國人民代表大會常務委員會備案。立法機關制定的法律凡符合《基本法》和法定程序者，均屬有效。」

3.《英皇制誥》及《皇室訓令》有關立法機關職權的條文
甲《英皇制誥》
VII（1）總督在徵得立法局的意見及同意後，可為殖民地的治安、秩序及良好管理制定法律。
（2）在不妨礙第一節的一般性原則下，殖民地的法律可為立法局民選議員作出規定，尤其可規定以下各項：選舉組別；各組別選出的議員人數；選民、候選人及民選議員的資格；民選議員的任期。
VIII 英皇有權透過其中一位主要國務大臣駁回經上述程序制定的法律。駁回行動自殖民地總督頒佈該法律時開始生效。
IX 英皇有權在徵得樞密院的意見後，為本殖民地的太平、秩序及良好管理制定看來是必要的法律。
X 條例草案經立法局通過後呈交總督批准時，總督須根據英皇指令或透過其中一位主要國務大臣自行決定批准該草案，或不予批准，或保留由英皇決定是否批准。

XI 凡保留由英皇決定是否批准的條例草案，一經英皇根據樞密院令，或透過其中一位主要國務大臣予以批准，隨即生效。總督須通知立法局或發出文告，以表示該條例草案已獲批准；惟該通知須在草案呈交總督批准後兩年內發出。

XII 港督及立法局制定任何法律時，都必須符合及遵守英皇指令中的有關規則、規例及指示。

乙《皇室訓令》

XIII 總督可因充份理由暫停立法局任何官守或委任議員的職權，待英皇表明其決定為止，而總督須透過其中一位主要國務大臣即時通知英皇。如英皇透過其中一位主要國務大臣確認該停職決定，總督須立即以已加蓋公璽的正式文件撤銷對該官守或委任議員的任命，因此該議員的議席即出現空缺。

XIV 如任何立法局議員（不包括當然官守議員或民選議員）根據以下途徑辭去立法局職務或去世；或任何議席因其他理由出現空缺；或任何議員遭停職；或已加蓋公璽的委任狀宣告任何議員無資格執行其職權；或任何議員不在殖民地；或任何議員須代當然官守議員之職，則總督可憑已加蓋公璽的委任狀任命一立法局議員臨時議員，以填補上述議員的空缺。

該臨時議員的任期由英皇決定，如其任命遭英皇駁回；或總督撤銷其任命；或其任命由另一明確任命所取代；或其所取代的議員已復職、或經總督宣告已重新執行其職權、或已返回殖民地、或已不再代當然官守議員之職，則該臨時議員須立即停任。

如任何人士合法兼任多個當然官守議員所居的公職，總督可憑已加蓋公璽的委任狀任命任何合適人士為臨時立法局議員，惟上述公職須繼續由一人兼任，而該任命可如上所述遭駁回或撤銷。總督須透過其中一位主要國務大臣，從速向英皇呈報該臨時任命。

XIX 立法局議席出現空缺，不得構成立法局不能正常運作的理由。惟在任何情況下，出席立法局整個會議的人數不得少於二十人（包括總督或會議主席），該會議才算有效。

XXI （1）總督須在可行的情況下擔任立法局會議的主席。

（2）如總督缺席，則由以下人士擔任主席：

a. 總督指派的立法局議員；或

b. 如該受指派的議員缺席，則由出席的資深官守議員擔任。

（3）為說明以上（2）b. 的條文，立法局官守議員的資歷排列如下：

i. 最高資歷者為執行《英皇制誥》第 VI 條（1）b. 職務的人士，先後次序與該條文所排列者同；

ii. 資歷較次者為其他議員，先後次序根據其任命的先後而定。

憑同一委任狀受任命的議員，其資歷根據委任狀中的排名次序而定。

XXIA （1）立法局的會期由總督不時指定，在香港政府憲報發表通告，但上一會期的最後會議與下一會期的初次會議相距不得超逾三個月。

（2）總督可在休會期間經香港政府憲報發出通告召開特別會議。

（3）審議任何條例草案或立法局的其他事項，應不受會期結束影響，但亦可在以後的立法局會議中繼續討論。

XXII 所有建議由立法局辯論的題目須以多數票取決。總督或主席可投一普通票，如有題目票數相同，則再投一決定票。

XIII 立法局可不時制定會議常規，以規範立法局的會議程序；惟該等常規不得抵觸《英皇制誥》、《皇室訓令》或任何其他英皇指令。

XXIV 立法局議員有權建議任何題目供立法局辯論，該題目須根據會議常規辯論及處理；但如任何條例、議決事項、決議或題目的目的或影響可能動用或支付英皇在殖民地所得收入的任何部份，則建議須由總督提出；除非該建議已

獲總督明確批准或由總督指示，則作別論。

XXV 通過條例時，總督及立法局須在可行情況下遵守以下規則：

（1）所有法律都稱為「條例」，制定的措詞應為：「由香港總督在徵得立法局的意見和同意後制定。」

（2）所有條例都必須標明名稱，分成連續的多項條款或多個段落，順序編上號碼，在每條款的頁邊附上內容簡要。每年的條例都標明編號，每年由第一條開始編碼。

除保留由英皇決定的條例草案外，所有在任何一年內由立法局通過的條例，如總督表示同意，則須在該年批示，該條例的日期為總督批示的日期，而編號須照通過的年份計算。如條例草案並不由總督批示，而保留由英皇批示，該條例的日期及編號則照生效的日期和年份計算。

（3）各不同事項須分別由不同條例作出規定，不得把互不相關的事項混雜於同一條例。條例不得加插或附上任何與其名稱無關的條款。永久性條款不得作為臨時條例的一部份。

XXVI 除下文提及的情況外，總督不能以英皇名義批准下列任何一類的條例草案：

（1）凡涉及在教堂合法結合人士離婚之條例草案；

（2）凡涉及可能使其本人獲得土地、金錢、其他捐款或酬金的條例草案；

（3）凡涉及影響殖民地之貨幣或有關銀行紙幣之印行的條例草案；

（4）凡涉及設立、修正或更改任何銀行組織的結構、職權、或特權的條例草案；

（5）凡涉及徵收差別關稅的條例草案；

（6）凡其條文涉及與條約所規定的英皇義務不符的條例草案；

（7）凡涉及干預皇家海、陸、空部隊紀律或管制的條例草案；

（8）凡其性質特殊和重要，可導致英皇特權、或不居住於殖民地的英國人民的權利和財產、或聯合王國及其屬土的貿易和航運受到損害的條例草案；

（9）凡可導致非歐洲出生或非歐洲裔人士遭受限制或約束，而歐洲裔人士則不會遭受該等限制或約束的條例草案；

（10）凡包括曾被英皇拒絕批准或駁回的條文的條例草案。

除非總督已事先透過其中一位主要國務大臣就上述草案取得英皇指令；或上述草案包括一項條款聲明在該條例草案未得到英皇表示批准之前暫不生效；或總督認為上述草案有即時生效的緊急需要，則總督有權以英皇名義批准上述草案（如該草案抵觸英國法律，或與條約所規定的英皇義務不符，則仍不得由總督以英皇名義批准）。惟總督必須從速把其批准的條例草案連同批准的原因，呈報英皇。

XXVII 凡不屬於政府措施而其用意是利便個別人士，社團或法團處理事務的條例草案，內文須附有一節保障英皇、所有政治團體、法團及其他權利的規定，上述權利不包括草案提及的權利與得自草案提及的權利的其他權利。如要在立法局提出此類草案，必須事前在至少連續兩期的香港政府憲報公佈，並根據當時有效的立法局會議常規發出通知。在該草案根據上述程序公佈之前，總督不得以英皇名義批准該草案。總督須將其簽署的證明文件連同該草案呈報英皇，以證明該草案已依上述程序公佈。

XXVII（編者按：「XXVII」應為「XXVIII」之誤）如任何條例已獲通過或保留由英皇決定，總督須透過其中一位主要國務大臣，向英皇呈報該草案（連同其頁邊摘要）的完整正確副本，以取得英皇的最後批核、駁回或其他指示。該副本須加蓋公璽及由總督簽署，以證明其真確性；如有需要，還須附上解釋，以說明通過該條例或草案的原因及背景。

4. 立法機關的職權

4.1 目前情況
4.1.1 立法：
（1）條例草案的類別：
1 私人條例草案
由非官守議員提出，內容是無政府措施的。傳統上，私人條例草案的內容是限於一些不會全面影響本港的措施，例如有關設立慈善團體的草案。但在法例上，私人條例草案的內容不受任何限制，但草案若會導致政府稅收或其他公帑有任何消耗或負荷，則必須獲總督推薦，方可提出。而私人條例草案是需立法局法律顧問簽署之證明書，以證明該條例草案符合會議常規之規定及本港法例之一般形式。
2 政府條例草案
通常由官守議員提出。向立法局提交草案時，該草案的首讀程序亦自動進行。提出該條例草案的議員繼而須負責使該草案在立法局通過其後幾個階段的審議程序。在審議過程中，議員就條例草案的一般利弊、原則，及實際所用字眼，進行研審。但凡立法局主席或委員會主席認為某項動議或修訂動議之目的或影響，可能牽涉到公共財政開支，而由非官守議員提出的，就必須先獲得總督的推薦批准。
3 撥款條例草案
無論是屬私人條例草案或是政府條例草案，只要是載有香港政府本財政年度或下一財政年度全部服務開支之財政需求預算之條例草案，乃稱為撥款條例草案。載有上述財政需求詳情之預算，須與該條例草案同時提出。
（2）主要法例與附屬法例
在一項主要法例（即「條例」）制定時，通常只說明關乎法例主題的主要規定和大原則。因此，為使其產生實際效用，便必須訂立一些有法律效力的詳盡補充條款。附屬法例的目的就是制定這些補充條款。所有主要法例都由立法局通過，而附屬法例則由主要法例所授權的機構（在某一需要專門知識的特定範圍內），或總督會同行政局負責制定。但所有附屬法例必須提交立法局審議，該局並有權作出修改，而若干法例亦規定有關的附屬法例須先經立法局批准，才產生法律效力。在監察附屬法例上，立法局擔任一個重要的角色。
（3）通過條例程序：
1 首讀
當議員向立法局提交草案時，該草案的首讀程序亦自動進行。條例草案首讀時不得進行辯論，一經秘書處宣讀簡稱後，條例草案即作已首讀。
2 二讀
Ⅰ一經動議二讀條例草案後，立法局得展開二讀該條例草案之程序，並辯論該條例草案之一般優點及原則。
Ⅱ表決
對二讀條例草案之表決議題，不得提議任何修訂。若不（編者按：推測有「不」字之缺漏。）被通過，則有關條例草案不會再有任何程序。但若被通過，則該條例草案得作已提交全局委員會，但若草案是對若干人士或社團或法人團體特別有利或特別有影響者，便會將之交予特別委員會處理。
Ⅲ修訂
條例草案委員會只可討論條例草案之細節，而不得討論其原則。全局委員會、特別委員會及委員會在審議時可提出修訂。若修訂可能須耗費或須支出香港任何部份之稅收或其他公帑，對私人條例草案而言是需獲總督推薦的，但對政府條例草案而言，官守議員及當然官守議員可隨時作出通知。
3 三讀
Ⅰ特別委員會在作某條例草案報告前，須照全局委員會之方式而詳細討論該項條例草案。
Ⅱ反覆的修改及重新提交條例草案之過程。
Ⅲ待全局委員會就條例草案作出報告後，即視作立法局已着令將該條例草案進行三讀論。
Ⅳ三讀通過該條例草案前，在立法局主席允許下，可改正錯誤及疏忽之處而修改該條例草案，但不得提議作實質上之修訂。
4 秘書須把立法局通過之每一項條例草案之副本簽署證實無訛後呈交總督以待其批准。正式條例須於政府憲報上公佈。
5 依英皇制誥，正式條例須送往英倫，取得英廷的首肯。如擬更改，也可更改之，但此一限制，至今鮮有被引用。
4.1.2 審定政府的財政——撥款條例草案（政府）
（1）增加撥款的審核
政府如有新的支出，而是超過已通過的預算，必須向立法局提出申請，先經立法局屬下財務委員會通過，再由立法局批准方能支出。當然，在緊急情況下，可先作支出，然後補行手續。並在五萬元以下的開支，立法局授權布政司作決定。在政府推行新政或新法例時，需要費用者，例須先行取得立法局的首肯。只有立法局同意撥款後，始進行政策及法例細則的釐定，以及其他法定的手續。
（2）預算的審核
政府的收支計劃須經立法局三讀通過，於第二讀中，財政委員會負有審查的責任，但其權力僅在防止政府濫用公帑，故受下列限制：
1 不得對政府所列支出作增加的建議。它只能接受，不接受或作減少的建議；
2 只能討論支出，不能討論政府稅收。
4.1.3 對政府部門的監察：
（1）議員可就港督的每年施政報告作出辯論。
（2）非官守議員可就政府所負責之公共事宜，向其提出問題，要求提供該事宜之資料或請其就該事宜採取行動。
（3）但議員不得就當然官守議員或官守議員在會議中就政府所負責之公共事務發表聲明進行辯論，但主席可酌情允許議員向發表聲明之議員提出簡短問題，以闡釋該項聲明。
（4）但議員可動議就某些問題（例如引起市民關注的問題）進行辯論，但有關辯論並非一項立法程序，所以在法律上沒有約束力，但對政府的決策，當然可以起一定作用。
（5）政府於一九八五年通過了立法局（權力及特權）條例，進一步保障了議員之言論自由及獲取證供權力，致使立法局可更有效地進行監察工作。
4.1.4 接受政府政策的諮詢
（1）每當政府採取新政策或變更原有政策，都會將之交予立法局討論，諮詢意見。
（2）根據現時有關法律制定程序的規定，政府在法律上並無預先諮詢立法局議員的責任，但近年來在可能引起爭論之建議法例或遇有困難的問題，政府愈來愈傾向於先行徵詢立法局議員的意見，然後才把法例草案呈交總督會同行政局就政策方面予以批准。
4.1.5 立法局受到的制衡：
（1）港督是有權參照立法局的意見及在取得該局同意後制訂法律。因此立法權並非由立法局單方面地擁有的。
（2）英皇（即英政府行政機關）可指示港督拒絕批准法律草案。
（3）即使港督會同立法局制訂了一條法例，英皇仍有權予以撤銷。
（4）英國有權代立法局制定法律。
（5）若殖民地法例內有條文與適用於該殖民地的英國立法機關立法有所抵觸，那條條文將告無效。
（6）港督可解散立法局
（7）港督兼任立法局主席，他有權在表決時除投基本票外，亦可在贊成和反對票相等的情況下投決定票。
4.2 將來情況：
4.2.1 立法
（1）提案權
i. 保持不變

ii.將來立法機關可主動草擬及提出政府條例草案,而非只於私人條例草案或由「官守議員」提出。

（2）決策權

有建議立法機關應有政策的最後決策權,但亦有認為行政長官應有權否決立法機關的議決,而立法機關亦可以三分之二之大多數反否決。（詳見行政機關與立法機關關係討論文件）

4.2.2 預算的審核

保留現時對立法局在財政上的限制,即不能提出增加政府開支,只可提減少的建議及不能提出加稅。

4.2.3 諮詢權

保留現有的諮詢功能,可以辯論及質詢行政機關的施政。

4.2.4 監察權—— 保持不變

4.2.5 任免行政機關人員之權

（1）彈劾及提請中央罷免的意義

1 彈劾—— 只可批評施政,給予壓力。

2 提請中央罷免—— 這裡問題是中央的角色是只於行政上的程序,還是有最後決定性的權力。

（2）任免行政長官與主要官員之權

1 有權。

2 無權。以免使立法機關權力變得過大,有違三權分立之原則。

（3）可以彈劾行政長官

1 可以——

i.以大多數票彈劾行政長官,動議報請中央罷免。

ii.在行政長官犯罪或在施政上犯嚴重錯誤時立法機關才可以有這權。

2 不可以——

i.因為行政長官是由中央政府任命,直接對他有影響的只有中央人民政府有權罷免。

ii.如果立法機關成員可以在認為行政長官的措施失當時便有權提出罷免,會令行政長官很難發揮正常的功能,妨礙效率。

3 可在條例中列明若行政長官有嚴重錯誤時需要自動辭職,而立法機關的彈劾及社會的輿論造成的壓力會使行政長官自動引咎辭職。

（4）可以任免司級以上的官員

1 可以任免司級或以上的官員。

2 經行政長官提名,立法機關同意通過提名。

3 無權罷免,因這是行政長官職權的範圍。

4.2.6 任免主要法官

根據《中英聯合聲明》,主要法官（即最高一級法官）的任命和免職,須由行政長官徵得香港特別行政區立法機關的同意並報請全國人民代表大會常務委員會備案。

5.違憲審查權（參考法律組的基本法解釋及修改權工作組討論文件）

※

④ 1987 年 2 月基本法起草委員會秘書處《香港報刊有關〈基本法〉的言論摘錄》

【P128-134】

立法機關的職權:

A.立法權——

1.制定及修改特別行政區內的法例。

2.立法程序與現時的方式類似,由行政機關提交有關公眾事務的法案草擬,經立法機關審核通過。

3.有三分之二或以上的多數票,便可動議中央政府修改基本法。

4.監察基本法的實施。

B.財政權——

1.審查和批准政府的財政預算。

2.除了動議財政司提交財政預算或建議削減開支,可以建議通過增加個別項目的開支或增加稅收。

C.監察權——

1.審查及批准經濟和社會政策;並監察這些政策的執行情況。

2.就有關公眾利益的事務向行政機關提出質詢及辯論,並有調查權力。

D.彈劾權——

1.如行政長官或司級官員犯了嚴重錯誤,經三分之二以上立法機關成員通過,可對其彈劾並報請中央政府罷免其職務。

（李華明:《香港特別行政區政制模式》,《中報》一九八六年五月八日。）

政制小組第四組討論將來立法機構的權利時,認為目前立法局權力及特權法案所賦予議員的權利已可以。此外有人建議立法機構議員在任期內執行公職,可免遭民事和刑事干擾,而在辦公地點內亦免受拘控,使其能有效地履行職務。

政制小組第一組認為立法機構的職權應有四項:（一）行使立法權通過一般法律;（二）有權主動提議法案;（三）可審查和通過財政預算法案和一切賬目開支;（四）可辯論行政機關提出的施政計劃,和有權對施政上的錯誤彈劾。至於立法機構主席,應由該機構議員互選產生,該人要保持中立身份,主持會議。

政制小組第三組討論立法機構職權時的意見與第一組差不多,但指出一點,立法機關議員有必要時可對行政首長作出彈劾,然後報請中央人民政府處理。另外,行政首長的任期應固定,如果易被罷免,則對香港穩定繁榮有惡性影響。

（諮委會政制專責小組,《明報》一九八六年六月二十七日。）

立法機關應被賦予權力:

（一）選舉行政長官。（二）立法權。立法機關是特別行政區自治權範圍內的唯一立法機關。創製法律之權同屬於行政長官及立法機關議員,法律應由立法機關以普通多數通過,報中華人民共和國全國人民代表大會常務委員會備案。（三）財政權。立法機關負責批准政府提出的預算和決算。批准預算之法律不得規定新的稅收和支出。（四）監督權。立法機關對政府有下列幾種監督形式:（1）質詢權。立法機關議員可以對行政長官和政府部長提出質詢,政府對議員的質詢必須答覆。（2）調查權。立法機關有權進行有關政府行為的調查,並得為此要求證人出席,提供證言及記錄。（3）倒閣權。立法機關可以通過一項不信任案追究政府的責任。此項動議至少有立法機關議員四分之一的人數簽署方能受理。同時立法機關必須根據絕對多數議員的意見選出一名繼任行政長官人選,方可對政府表示不信任。提案的表決必須在提出之日起四十八小時內完成,通過後報請中央處理。此外,政府可就某一項政策向議會提出要求信任案。但一如上述的安排,立法機關必須根據絕對多數議員的意見選出一名繼任行政長官後,方可否決是項政府提出的信任案。（四）彈劾權。如行政機關的主要官員犯罪或嚴重失職,立法機關議員三分之二多數可通過彈劾議案,報請中央免除該等官員的職務。

立法機關議員互選一名議長,負責主持立法局全體會議,執行會議常規。議長一般不參與辯論或投票,但在贊成與否決票數相持不下時,有決定性投票權。

（匯點:《香港特區政制模式建議》,《華僑日報》一九八六年七月十八日。）

立法機關的主要任務是制訂法例,包括撥用公帑的法例;

法例可主動由立法機關的議員提出，也可以經由行政機關呈交立法機關考慮，所有法例在立法機關均須先經三讀通過，再呈行行政長官「副署」，才可以成為正式的法律。若行政長官拒絕「副署」，但證實該法例與《基本法》並無抵觸，立法機關可以再以四分之三的絕大多數票勒令行政長官副署。立法機關無權彈劾或建議行政長官的罷免。政府的主要官員需要列席立法機關，以便立法機關議員諮詢公共事務的某些詳情，但這些官員在立法機關並無投票權。所有行政機關呈交立法機關考慮的法例，一律由議長負責提出討論。

（何鍾泰、曹宏威、唐一柱：《未來香港特別行政區政制的建議》，《明報》一九八六年八月二十五日至二十七日。）

有關立法機關的權力，建議如下：
〔編者按：內容同第一稿文件㉝第（5）點〕
（五十七名諮委：《未來香港特別行政區政府架構芻議》，《文匯報》一九八六年八月二十五日至二十六日。）

至於立法局的職權則建議比目前的為大，除了包括目前制訂的法例外，並可通過諮詢、質詢及調查，監察立法機關的運作，討論亦建議如有二分之一或三分之二議員同意，立法機關有權彈劾行政長官。

（工聯會基本法聯席會議及屬會基本法關注小組，《文匯報》一九八六年九月十八日。）

※

㊶ 1987 年 3 月 10 日政制專責小組之立法機關與立法機關的產生工作組《立法機關討論文件（修訂稿）》

【P1-8】
（編者按：本文同第一稿文件㊴，除下列內容外，均同前文。）
4. 立法機關的職權
4.1 目前情況
4.1.1 立法：
（3）通過條例程序：
3 三讀
待全局委員會就條例草案作出報告後，即視作立法局已着令將該條例草案進行三讀論，可通過條例。

※

㊷《Final Report on the Structure of Basic Law》（基本法結構專責小組最後報告，1987 年 3 月 14 日經執行委員會通過）

【P25】
5.3 Section 3 "The Legislature"
Ⅲ. "Terms of Reference of the legislature."

※

㊸ 1987 年 3 月 28 日政制專責小組之立法機關與立法機關的產生工作組《立法機關討論文件（三稿）》（1987 年 4 月 1 日立法機關與立法機關的產生工作組第三次會議討論文件）

【P1-9】

（編者按：本文同第一稿文件㊶，除下列內容外，均同前文。）
3.《英皇制誥》及《皇室訓令》有關立法機關職權的條文（一九八五年版）（註：此部份譯自英文本）
甲 有關香港的《英皇制誥》
Ⅵ（1）殖民地應設有一立法局，由以下人士組成：
a. 總督
b. 3 名當然官守議員，即現任布政司、律政司及財政司；
c. 不超過 7 名由總督不時委任的現職政府官員（與當然官守議員合稱為官守議員）；
d. 不超過 22 名由總督不時委任的議員（稱為委任議員）；及
e. 24 名民選議員，即根據殖民地的有關法律具資格並獲選的議員。
（2）立法局成員由總督根據英皇的指令或透過其中一位主要國務大臣，憑已加蓋公璽的委任狀任命。官守議員及委任議員並無一定任期，根據英皇指令及英皇決定。
（3）民選議員的任期依照英皇指令及殖民地的有關法律而定。

4. 立法機關的職權
4.1 目前情況
4.1.1 立法：
（3）通過條例程序：
2 二讀
Ⅲ委員會修訂程序
若有任何修訂程序，須由全局委員會或特別委員會執行。
4.1.2 審定政府的財政——撥款條例草案（政府）
（1）撥款的審核
在政府推行新政或新法例或作出修訂時，需要費用者，例須先行取得立法局的首肯。只有立法局同意撥款後，始進行與政策有關之法例細則的釐定，以及其他法定的手續。
（2）預算的審核
政府的財政預算須經立法局三讀通過，於第二讀中，財務委員會負有審查的責任，但其權力僅在防止政府濫用公帑，故受下列限制：
1 不得對政府所列支出作增加的建議。它只能接受，不接受或作減少的建議；
2 只能討論支出，不能動議修改政府稅收。
（3）增加撥款的審核
政府如有新的支出，而是超過已通過的預算，必須向立法局提出申請，先經立法局屬下財務委員會通過，再由立法局批准方能支出。在緊急情況下，可先作支出，然後補行手續。並在五萬元以下的開支，立法局授權布政司作出決定。
4.1.4 接受政府的諮詢
（1）當政府採取新政策或變更原有政策，立法局可就此作公開辯論，或以內部或小組形式討論，提交意見，但這種討論並非必定之程序。
（2）根據現時有關法律制定程序的規定，政府（指某一部門）在法律上並無預先諮詢立法局議員的責任，但近年來在可能引起爭論之建議法例或遇有困難的問題，政府愈來愈傾向於先行徵詢立法局議員的意見，然後才把法例草案呈交總督會同行政局就政策方面予以批准，最後交立法局進行立法程序。
4.1.5 立法局受到的制衡：
（3）即使港督會同立法局制訂了一條法例，英皇仍有權予以駁回。
（4）英國國會有權制定與香港有關之法律。
（5）若香港法例內有條文與適用於該殖民地（香港）的英國立法機關立法有所抵觸，那條條文將告無效。
4.2 將來情況：
4.2.1 立法
（1）提案權

i. 保持現時情況不變
ii. 將來立法機關議員可主動草擬及提出政府條例草案，而非止於私人條例草案或由「官守議員」提出。
（2）決策權
有建議立法機關應有法案的最後決策權，但亦有認為行政長官應有權否決立法機關的議決，而立法機關亦可以三分之二或四分之三之大多數反否決。（詳見行政機關與立法機關關係討論文件）
4.2.5 任免行政機關人員之權
（1）彈劾及提請中央罷免的意義
1 彈劾—— 一般來說（參考英、美情況）是針對行政長官的犯錯（主要是在任時貪污或違法或有不當或不軌的行為等）提出起訴、審判，不等同罷免，但當他被裁定有罪後卻可導致其被去職。
2 提請中央罷免——
Ⅰ 既然行政機關人員是中央任命，故罷免與否應由中央作最後決定。
Ⅱ 由中央罷免只是形式上的做法。

5. 違憲審查權（參考法律組的基本法解釋權及修改權工作組討論文件）
5.1 什麼機關（特區法院？中國法院？或是由特區及中國成員組成的委員會／法庭？）負責對香港法例作憲法審查？
5.2 聯合聲明中的有關條文：
附件一第二節第二段：「香港特別行政區的立法權屬於香港特別行政區立法機關。立法機關可根據《基本法》的規定並依照法定程序制定法律，報中華人民共和國全國人民代表大會常務委員會備案。立法機關制定的法律凡符合《基本法》和法定程序者，均屬有效。」
5.3 中國憲法中的有關條文：
第六十七條第八節：人大常委會有權「撤銷省、自治區、直轄市國家權力機關制定的同憲法、法律和行政法規相抵觸的地方性法規和決議。」
5.4 聯合聲明規定特別行政區立法機關制訂的法律須報人民代表大會常務委員會備案，其意思僅指將來制訂的法律須向人大常委會備案，而不包含或暗示否決權。此外並有意見表示，特別行政區立法機關制訂的法律，凡與國防或外交事務無關者，人民代表大會或人大常委會無權否決。
5.5 至於如何決定特區制定的法律是否符合基本法，則有以下意見。未來特區立法機關制定的任何法例或現行的任何法例，如與基本法相違者，均由法院根據基本法宣告為無效。此乃法院司法功能之一。無論是否還有其他機構處理此問題，法院依然有此職責。
5.6 有建議指出如人大常委會認為由特區立法機關制定並向其呈報的法律是違反基本法，人大常委會可宣佈該法律為無效。提交憲法法庭的行動須在該法律呈報人大常委會後的某段時間內進行。有建議認為應以三個月為期限。特區立法機關制定的任何法律，如沒有如上述提交憲法法庭，則會在涉及其條文的司法程序中受審查。
5.7 還有其他意見：
5.7.1 如案件涉及本地法例與基本法是否相符的問題，特區法院亦應有權審理，惟此類案件的終審權應屬人大常委會所有。
5.7.2 如案件涉及本地法例與基本法是否相符的問題，特區法院無權審理。只有人大常委會才有此權力。
5.7.3 任何特區法律，如既不影響中央特區權力關係，亦不干預中央在國防與外交事務的責任，而只涉及香港內部事務，則人大常委會不會行使其權力宣佈此類法律無效。在任何情況下，人大常委會的權力只限於宣佈法律為無效的消極權力，而不能行使積極的權力，以解釋特區政府制定的法律。人大或其常委會均無駁回法律的一般權力。

※

㊹ **1987 年 4 月 3 日政制專責小組之立法機關與立法機關的產生工作組《立法機關討論文件（四稿）》（1987 年 4 月 14 日立法機關與立法機關的產生工作組第四次會議討論文件）**

【P1-9】
（編者按：本文同第一稿文件㊸，除下列內容外，均同前文。）
4. 立法機關的職權
4.2 將來情況：
4.2.1 立法
（1）提案權
i. 保持不變（以一九八七年四月為準）
ii. 將來的條例草案（包括涉及財政開支的草案在內）
1 只可由政府提出
2 只要是立法機關成員便可提出
3 政府及立法機關成員均可提出
iii. 有委員認為任何立法機關成員均可提出所有條例草案（包括涉及財政開支的草案）是不可行的。
（2）決策權
i. 立法機關應有立法的最後決策權。
ii. 行政長官應有絕對否決立法機關的議決的權力。
iii. 行政長官應有權否決立法機關的議決，但立法機關亦可以三分之二或四分之三之大多數反否決。
iv. 有委員認為若立法機關要以四分之三大多數反否決是非常困難的，這樣與行政長官擁有絕對否決權無異。
4.2.2 預算的審核
ii. 任何立法機關成員均有權修改財政預算，無論該修改是有關增加或減少政府開支。
iii. 有委員認為建議 ii 會造成很大的混亂，因為一個預算是由多個部門的開支項目整合而成，若某一部門要求增加撥款，便會引致另一部門要減少撥款，或引致加稅。
4.2.4 監察權
i. 保持不變——據一九八七年四月的情況，兩局議員辦事處是會處理對政府施政情況的申訴的，立法局議員可隨時要求索閱政府文件及要求政府解釋，但卻沒有法定權力，即政府可拒絕給予文件或解釋，但若立法局議員認為事關重大，是可引用權力及特權法案來要求文件及解釋答覆質詢的。
ii. 加上調查政府的行政運作失當的權力。
iii. 將來立法機關不需擁有調查政府施政失當的權力，應由一獨立職位，如一九八六年綠皮書提出的明政專員來處理。
iv. 立法機關應有監察政府運作的權力，而另一獨立機構，如明政專員應同時擁有這權。

※

㊺ **1987 年 4 月 16 日政制專責小組之立法機關與立法機關的產生工作組《立法機關討論文件（五稿）》（1987 年 4 月 22 日立法機關與立法機關的產生工作組第五次會議討論文件）**

【P1-10】
（編者按：本文同第一稿文件㊹，除下列內容外，均同前文。）
4. 立法機關的職權
4.2 將來情況：
4.2.4 監察權
i. 保持不變—— 據一九八七年四月的情況，除一般性對政府政策的監察外，兩局議員辦事處是會處理對政府施政情況的

申訴的，立法局議員可隨時要求索閱政府文件及要求政府解釋，但卻沒有法定權力，即政府可拒絕給予文件或解釋，但若立法局議員認為事關重大，是可由立法局通過引用權力及特權法案來要求有關部門交出文件及答覆質詢的。

ii. 加上調查政府的行政運作失當的權力，並由立法機關親自執行。

iv. 立法機關應有監察政府運作失當的權力，而由擁有同一權力的獨立機構，如明政專員來負責調查。

v. 立法機關有監察政府運作失當的權力，並應通過立法的程序設立一個機構（向立法機關負責）調查政府運作失當。

4.2.5 彈劾及任免行政長官之權

4.2.5.1 彈劾及提請中央罷免的意義

（1）彈劾—— 一般來說（參考英、美情況）是針對行政長官的犯錯（主要是在任時貪污或違法或有不當或不軌的行為等）提出起訴、審判，彈劾不等同罷免，但當他被裁定有罪卻可導致其被去職。在施政上犯嚴重錯誤時，立法機關可向行政長官投不信任票，但這不屬於彈劾。

4.2.5.2 任免行政長官之權

（1）《中英聯合聲明》的規定：

「香港特別行政區行政長官在當地通過選舉或協商產生，由中央人民政府任命。……行政機關必須遵守法律，對立法機關負責」。（附件一第一節）

（2）參與行政長官的產生

（參考「行政長官的產生」討論文件）

（3）彈劾行政長官

i. 可以。因根據《中英聯合聲明》行政機關應向立法機關負責，故當行政長官犯罪或在施政上犯嚴重錯誤時，立法機關便可以（2/3 或 3/4）大多數票彈劾行政長官，或向行政長官投不信任票，動議報請中央人民政府罷免。但亦有建議在立法機關的工作程序上作出安排，讓行政長官在犯嚴重錯誤時，合法地自動引咎辭職。

ii. 不可以。因彈劾會引致罷免，但任命及罷免權卻在中央人民政府。再者，如立法機關成員可以在認為行政長官施政失當時有權彈劾及提出罷免，會令行政長官很難發揮正常的功能，妨礙效率。且「施政失當」一詞難以界定，易引起混亂。

（4）罷免行政長官

i. 有權。因根據《中英聯合聲明》規定行政機關應向立法機關負責。

ii. 無權。以免使立法機關權力變得過大，有違三權分立之原則。再者，行政長官是由中央任命，因此立法機關是無權罷免的。

4.2.5.3 任免司級或以上的主要官員之權

（1）《中英聯合聲明》的規定：「香港特別行政區的主要官員（相當於「司級」官員）由香港特別行政區行政長官提名，報請中央人民政府任命。香港特別行政區立法機關由選舉產生。行政機關必須遵守法律，對立法機關負責。」（附件一第一節）

（2）參與司級或以上的主要官員的產生

（參考「行政機關」討論文件）

（3）彈劾司級或以上的主要官員

i. 可以

ii. 不可以

（4）罷免司級或以上的主要官員

i. 可以

ii. 不可以

※

㊻ 1987 年 4 月 25 日政制專責小組之立法機關與立法機關的產生工作組《立法機關討論文件（六稿）》（1987 年 6 月 9 日政制專責小組第十二次會議討論文件）

【P1-9】

（編者按：本文同第一稿文件㊺，除下列內容外，均同前文。）

4. 立法機關的職權

4.2 將來情況：

4.2.5 彈劾及任免行政長官之權

4.2.5.1 彈劾及提請中央罷免的意義

（1）彈劾、向行政長官投不信任票 —— 一般來說（參考英、美情況）是針對行政長官的犯錯（主要是在任時貪污或違法或有不當或不軌的行為等）提出起訴、審判，彈劾不等同罷免，但當他被裁定有罪卻可導致其被去職。在施政上犯嚴重錯誤時，立法機關可向行政長官投不信任票，但這不屬於彈劾。

4.2.6 彈劾及任免司級官員之權

（2）參與司級官員之產生

（參考「行政機關」討論文件）

（3）彈劾司級或以上的主要官員

i. 可以。因為行政機關須向立法機關負責。

ii. 不可以。因為彈劾導致罷免，而罷免權卻在中央人民政府。

（4）罷免司級或以上的主要官員

i. 可以。因為行政機關須向立法機關負責。

ii. 不可以。因為這是中央人民政府的權力。

4.2.7 主要法官的任命與免職

根據《中英聯合聲明》，主要法官（即最高一級法官）的任命和免職，須由行政長官徵得香港特別行政區立法機關的同意並報全國人民代表大會常務委員會備案。

5. 違憲審查權

5.3 委員認為香港的立法只要與基本法及在香港執行的部份憲法沒有抵觸，均屬有效。其他有抵觸的部份，便交由一個獨立的機構去審議。

※

㊼ 1987 年 5 月香港民主民生協進會對《「立法機關」討論文件》的書面意見

6. 複決權

6.1 香港特別行政區的合法登記選民，可以經一定比例的聯名動議（例如百分之十五），經全民投票，否決立法機關所通過的法律草案或法律。

6.2 這才是將人民的公意，落實於社會政策的制定之中，是港人的基本參政權之一。立法機關既由市民選出，立法權力則來自市民，市民自然有權否決所有違反市民公意的立法，這是有利一國兩制及保持香港的繁榮安定。另外，複決權可以使有固定任期的立法議員及行政首長有所顧忌，不能假借人民代表之名，公然藐視民意，作出違反人民利益的行為。

6.3 我們深知凡事有利亦可有害，為了防止選民為少數不良分子的煽動而濫用了複決權，影響到香港的安定繁榮，我們建議基本法中加入港人享有複決權之餘，亦同時建議此權作出相當的限制：

（1）對基本法本身，不能行使複決權。

（2）對涉及與中國政治或經濟利益有關的法律，不能行使複決權。

（3）對與特區財政或稅務有關的立法，不能行使複決權。

（4）對行政首長的緊急權力授權法律，不能行使複決權。

（5）複決動議與投票之間，應有不少於兩個月的冷靜期。

（6）聯名動議複決的市民，如動議在投票中失敗，需要負擔部份的行政費用。

㊽ 沈茂輝委員對《「立法機關」討論文件》的書面意見

1. 第 6 頁，第 4.1.3（2）點，取消「非官守」等字。

2. 第 7 頁，第 4.2.2（ii）點修改為「任何立法機關成員均有權提議修改財政預算，……」

3. 第 9 頁，第 5.3 點，取消「其他有抵觸的部份，便交由一個獨立的機構去審議。」等字。任何香港的法例若與基本法有抵觸，均屬無效，而其他程序均會終止。可能此句的原意是指：「任何有關香港法例是否與基本法及／或中國憲法有所抵觸的爭議，需交由一個獨立的機構審議。」

㊾ 1987 年 5 月 25 日《對「立法機關」討論文件建議之修改（除錯字外）》（1987 年 6 月 9 日政制專責小組對十二次會議附件一）

1. 第 6 頁第 4.1.3（2）點	取消「非官守」
2. 第 7 頁第 4.2.2（ii）點	修改為「任何立法機關成員均有權提議修改財政預算，……」
3. 第 7 頁第 4.2.3 點	增加「應加強其諮詢功能」
4. 第 8 頁第 4.2.5.2（3）（i）點	增加「積極不信任票」方式
5. 第 9 頁第 5.3 點	取消「其他有抵觸的部份，便交由一個獨立的機構去審議」
6. 第 9 頁第 5.3 點	取消「複決權」的概念（香港民主民生協進會）

㊿ 1987 年 6 月 10 日政制專責小組之行政機關與立法機關的關係工作組《行政機關與立法機關的關係討論文件》（1987 年 7 月 27 日政制專責小組第十三次會議第二次續會討論文件）

【P1-6】
2.《中英聯合聲明》的有關規定及其引起的問題
2.2「立法機關」
2.2.1 目前情況
立法局是根據《英皇制誥》而組成，其職權包括：
（1）立法——私人條例、政府條例、撥款條例
（2）審訂政府財政——撥款、預算、增加撥款
（3）對政府部門的監察
（4）接受政府的諮詢
（有關立法局的現有職權，請參閱「立法機關」報告）
2.2.2 將來情況
與目前香港立法局性質相似的政府架構，其職權有立法、監督政府及審定政府財政等權力。（有關立法機關職權的問題，請參閱「立法機關」報告）

3. 主要問題
甲、行政機關與立法機關的關係
3.1 立法提案權
3.1.1 目前情況

港督會同立法局是香港的立法機關。所有關於公共事務的法例草案，都是由香港政府行政部門起草，經行政局同意後，提交立法局進行立法程序，包括首讀、二讀、委員會階段及三讀法案。立法局可以通過、不通過或在修改後通過一項法例草案。法例草案在立法局三讀通過後，還須得港督批准，才能正式生效。
目前的立法局的非官守議員可以提出一些非政策性的私人法案。涉及港府政策、公共法例的提案，全部由官守議員提出。如果立法局不通過政府提出的法案，有關的政策便無法實施，然而這種行政與立法的不協調現象很少發生，而在行政局中，有大部份議員也同時是立法局議員，有助兩局之間的瞭解。
3.1.2《中英聯合聲明》的規定
在附件一第二節有如下的規定：
「香港特別行政區的立法權屬香港特別行政區立法機關。立法機關可根據《基本法》的規定並依照法定程序制定法律，報請中華人民共和國全國人民代表大會常務委員會備案。立法機關制定的法律凡符合《基本法》和法定程序者，均屬有效。」
3.1.3 建議
i）立法機關的立法權包括提出法案、通過法例及修訂法例等（但不得提出稅收或與財務支出有關的法案）；行政機關也有權力向立法機關動議法案（包括財政預算案）。法案經立法機關通過後，須得行政長官的同意副署，方能成正式的法律。
贊成理由：一個獨立的立法機關需擁有完整的立法權，即包括立法提案權。立法機關不應對稅收、財政預算案作出提案，因為由選舉產生的立法機關在面對開支的問題時，定會遭到很大壓力，因此，加稅及增加開支的權力不宜授予一個直接受選舉壓力的機構。
反對理由：如立法機關也有權提出法案，可能導致政策上的混亂，喪失行政效率。
ii）立法機關沒有立法提案權，這權力只應賦予行政機關，立法機關的立法權在於修訂、通過或否決法案。
贊成理由：這建議與現行的制度相同，而目前政府在這制度下運作效率很高。將提案權和審決分開是互相制衡的方法。
反對理由：在民意的指導下應有主動提出法案的權力，法案可能包括或不包括有關財務的問題。
3.1.4 其他建議
i）立法機關成員可提出私人動議，但其內容不能涉及財政稅收。
ii）如財政預算案最後得不到立法機關通過，立法機關須根據基本法規定而解散，然後進行選舉。
iii）由行政機關的主要官員親自在立法機關會議上提出立法動議。
iv）立法草案無須行政長官批准可正式生效，只要立法機關通過了草案，則行政長官只是形式。
3.2 財政權
3.2.1 目前情況
（1）撥款的審核
在香港政府推行新政策或新法例或作出修訂時，需要費用者，例須先行取得立法局的首肯。只有立法局同意撥款後，始進行與政策有關之法例細則的釐定，以及其他法定的手續。
（2）預算的審核
香港政府的財政預算需經立法局三讀通過，於第二讀中，財務委員會負有審查的責任，但其權力僅在防止政府濫用公帑，故受下列限制：
a. 不得對香港政府所列支出作增加的建議。它只能提出接受，不接受或削減的建議；
b. 只能討論支出，不能動議修改香港政府稅收。
（3）增加撥款的審核
香港政府如有新的支出，而是超過已通過的預算，必須向

立法局提出申請，由立法局的財務委員會通過。在緊急情況下，可先作支出，然後補行手續。在五萬元以下的開支或其他特定情況下，立法局可授權布政司作決定。

（4）公共開支的動議

凡涉及公共開支的動議，均要先得港督同意才可以提出。

3.2.2《中英聯合聲明》的規定

在附件一第五節有如下的說明：

「徵稅和公共開支經立法機關批准、公共開支向立法機關負責和公共賬目的審計等制度，予以保留。」

3.2.3 建議

保留目前制度。行政機關應是編製財政預算的機關，而立法機關便負責對預算案作出決定、對預算的稅收及開支作出表決，以及公開查詢各政府部門的預算等。由於立法機關可拒絕通過行政機關提出的財政預算案，使政府取不到撥款而難於運作，立法機關在這方面對行政機關的制衡是很具影響力的。

贊成理由：符合《中英聯合聲明》的規定。

反對理由：應保留原則，但過時或繁複的過程應予以修正及簡化。

3.2.4 其他建議

i）如立法機關不通過新年度的財政預算案，政府的開支便依照往年的預算案直至新的預算案獲通過為止。如立法機關始終不通過該預算案，則須根據基本法的規定進行解散和改選；如大部份成員獲重選而仍拒絕通過財政預算案，則行政長官須辭職。

ii）立法機關在第一次反對財政預算案之後，可作出第二次審議，如有三分之二成員仍然堅持反對該預算案，行政長官只可以決定採用往年的預算案。

3.3 立法機關的監察權

3.3.1 目前情況

港督每年均要向立法局作出施政報告，立法局議員可就港督的報告作出辯論。非官守議員可就香港政府所負責之公共事宜，提出問題，要求提供有關資料或請求有關當局就某項問題採取行動。立法局議員不得就當然官守議員或官守議員在會議中對政府所負責之公共事務所發表的聲明進行辯論。但主席可酌情允許議員向發表聲明的官守議員提出簡短補充問題，以闡釋該項聲明。議員可動議就某些問題（例如引起市民關注的問題）進行辯論，但這並非一項立法程序，所以在法律上沒有約束力，但對香港政府的決策，可以起一定的作用。香港政府於一九八五年通過了立法局（權力及特權）條例，進一步保障議員之言論自由及獲取證供資料的權力，使立法局可更有效地進行監察工作。

3.3.2《中英聯合聲明》的規定

《中英聯合聲明》對此沒有任何規定。

3.3.3 建議

i）立法機關可對行政長官及行政機關提出質詢，有關方面必須作答。此外，立法機關就各種公共事務設立委員會，監察有關政府部門的工作及接受其諮詢，並審議有關法律議案。立法機關還有權對有關政府部門進行調查，並可要求證人提供資料和證據。如經調查後，證實行政長官或行政機關成員犯罪或嚴重失職，立法機關可以絕大多數票（2/3 或以上的票數）通過彈劾議案，報請中央免除該等人員的職務。

贊成理由：擴大立法機關的監察權力，藉此加強立法機關對行政機關的控制。

反對理由：立法機關如有這般監察權力，便能控制政府，影響政府的高效率運作。

ii）保持現行制度不變。除對政府政策的一般性監察外，立法機關可隨時要求索閱政府文件及要求政府解釋，但這並沒有法定權力，即政府可拒絕給予文件或解釋，但如果立法機關認為事關重大，便可由立法機關通過引用權力及特權條例，要求有關政府部門交出文件及答覆質詢。

贊成理由：立法機關可透過質詢權和調查權的有效運用，

批評行政機關的施政不當或錯誤，體現行政與立法的互相制衡。

反對理由：立法機關不須擁有調查政府施政失當的權力，這工作應由一獨立機構，如 1986 年綠皮書提出的明政專員來處理。

3.4 接受行政機關的諮詢

3.4.1 目前情況

當香港政府採取新政策或修改政策時，會先交行政局決定，然後交立法局在制定有關法例時作公開辯論、或先在內部或小組討論，以便在立法前向香港政府提供修改意見。但這些做法不是必然的程序。根據現時有關的法律制定程序規定，香港政府（某一政府部門）在法律上並沒有預先諮詢立法局的責任。但在近年來，香港政府也會將一些法例草案或問題，先交立法局徵詢意見，然後才把法例草案呈交港督會同行政予以批准，最後交立法局進行立法程序。立法局議員在參加各種諮詢委員會時，協助制定有關政策。

3.4.2《中英聯合聲明》的規定

《中英聯合聲明》對此沒有任何規定。

3.4.3 建議

i）保留現有的制度。

贊成理由：目前的制度可維持高效率政府，而諮詢委員會可獨立地發揮效能。加上行政局在決定一些重要政策的前後，實際上都有進行諮詢。目前行政局與立法局的工作是互相補足的。

反對理由：目前的諮詢過程並非必然的程序。如港府在決策過程中有更多的參與，現行的制度則不會行得通。

ii）由行政機關（採 2.3.2.1 的定義）的非官守成員主持各主要政策的諮詢委員會，吸納立法機關的成員參與政策的制定及監察其執行。

贊成理由：由於立法機關的成員有機會參與政策的釐定及監察，行政機關便能清楚瞭解立法機關對有關政策的意見，有助政策的制定及推行。

反對理由：由行政機關成員主持各主要政策的諮詢委員會，是變相的部長制或委員會制，使行政機關成為政制的權力核心，有違行政與立法分立的原則。

iii）行政機關在制定政策後，成立以立法機關為基礎的諮詢委員會，收集市民對政策的意見。

贊成理由：如諮詢委員會以立法機關為基礎，行政機關便可以在決策前先聽取立法機關的意見。如行政機關有立法機關的成員，而他們又是諮詢委員會的成員，行政與立法之間的聯繫便可加強。

反對理由：如果諮詢委員會在立法機關的基礎上產生，它便失去了其獨立性，影響其諮詢職能。

3.4.4 其他意見

行政長官當選時會表明自己在政策上的立場，他大概會以每年度施政報告的形式向立法機關公佈他打算施行的政策，立法機關亦會就此進行辯論，並自然會成立特別委員會研究政策的各方面。立法機關成員的職責是反映民意，由什麼人士擔任這些委員會的主席則視乎行政機關如何組成。

【P14】

3.13 行政機關成員的罷免

3.13.1 目前情況

根據《英皇制誥》，立法局沒有權力彈劾或罷免政府官員或行政局議員。

3.13.2《中英聯合聲明》的規定

《中英聯合聲明》對此問題沒有任何規定。

3.13.3 建議

i）立法機關有權彈劾行政機關的成員；如行政機關成員犯嚴重錯誤，立法機關可以絕大多數票（2/3 或以上的票數）通過彈劾議案，然後建議行政長官報請中央罷免其職務。

贊成理由：可保障立法機關和行政機關的互相制衡關係。

反對理由：行政機關是由行政長官領導的，而行政機關所包括的主要官員也是由行政長官提名的，所以行政機關的成員應向行政長官負責，其罷免也應由行政長官決定。

ii）立法機關沒有權罷免行政機關的成員。

贊成理由：行政機關的成員的委任應來自行政長官，所以立法機關沒有權將其罷免。

反對理由：如立法機關不能罷免或建議罷免行政機關的成員，立法機關與行政機關的互相制衡關係便無從體現。

※

51 政制專責小組《立法機關最後報告》（1987年6月12日經執行委員會通過）

【P17-26】

（編者按：本文同第一稿文件46，除下列內容外，均同前文。）

4. 立法機關的職權
4.1 目前情況
4.1.3 對政府部門的監察
（2）議員可就政府所負責之公共事宜，向其提出問題，要求提供該事宜之資料或請其就該事宜採取行動。
4.2.5 彈劾及任免行政長官之權
4.2.5.2 任免行政長官之權
（3）彈劾行政長官
iii. 有委員認為可以積極不信任票方式彈劾行政長官，就是立法機關可以通過一項不信任案追究政府的責任。此項動議至少有立法機關議員四分之一的人數簽署才能受理。同時立法機關必須根據絕對多數議員的意見選出一名繼任行政長官人選，才可對政府表示不信任。提案的表決必須在提出之日起四十八小時內完成，通過後報請中央處理。此外，政府可就某一政策向議會提出要求信任案。但一如上述的安排，立法機關必須根據絕對多數議員的意見選出一名繼任行政長官人選後，才可否決是項政府提出的信任案。

6. 有委員建議應有複決權
6.1 香港特別行政區的合法登記選民，可以經一定比例的聯名動議（例如百分之十五），經全民投票，否決立法機關所通過的法律草案或法律。
6.2 這才是將人民的公意，落實於社會政策的制定之中，是港人的基本參政權之一，立法機關既由市民選出，立法權力則來自市民，市民自然有權否決所有違反市民公意的立法，這是有利一國兩制及保持香港的繁榮安定。另外，複決權可以使有固定任期的立法議員及行政首長有所顧忌，不能假借人民代表之名，公然藐視民意，做出違反人民利益的行為。
6.3 我們深知凡事有利亦可有害，為了防止選民為少數不良分子的煽動而濫用了複決權，影響到香港的安定繁榮，我們建議基本法中加入港人享有複決權之餘，亦同時建議此權作出相當的限制：
（1）對基本法本身，不能行使複決權。
（2）對涉及與中國政治或經濟利益有關的法律，不能行使複決權。
（3）對與特區財政或稅務有關的立法，不能行使複決權。
（4）對行政首長的緊急權力授權法律，不能行使複決權。
（5）複決動議與投票之間，應有不少於兩個月的冷靜期。
（6）聯名動議複決的市民，如動議在投票中失敗，需要負擔部份的行政費用。

※

52 1987年6月22日夏文浩《行政機關與立法機關的關係討論文件》

【P1-2】

第2.2.2 將來情況
改為：與目前香港立法局性質相似的政府架構
第2.2點的內容乃討論「立法機關」的職權，故與第2.2點標題「立法機關」的定義不符。
第3頁第3.1.3建議應把「立法機關」最後報告內有關立法提案權的建議包括在內。
第3.1.3及3.1.4皆為為立法權的建議，沒有主次之分，故建議兩點合為一點，即3.1.3建議
Ⅰ）
Ⅱ）
Ⅲ）
Ⅳ）
Ⅴ）
Ⅵ）
第4頁第3.2.3應把「立法機關」最後報告內對財政權有關的建議全部列入。
第3.2.3及3.2.4皆為對財政權的建議，它們沒有主次之分，故建議兩點合為一點，即3.2.3建議
Ⅰ）
Ⅱ）
Ⅲ）
第5頁第3.3.3點應把「立法機關」最後報告內有關立法機關的監察權之建議全部列入。

※

53 1987年6月23日《有關「行政機關與立法機關的關係」討論文件的書面意見》

【P1-6】

段	意見	原因	委員
3.1.1	（1）將第一句的「港督會同」刪去 （2）將第二段第二行中間的「行政局」改為「政府」 （3）將第二段第三行修改為：……「因為所有建議法案都先經行政局審議，而在行政局中」……	修正資料	謝志偉
3.1.3 i）的贊成理由	將第一句修改為：「一個由選舉產生的立法機關須擁有較完整的立法權」……	修改意見	謝志偉
3.1.3 i）-ii）	此兩段應合併，並將贊成及反對理由綜合。又此兩段應將不關乎「立法機關應否有權提出法案」的文字刪除，因這些文字不是這裡討論的焦點。		郭元漢
3.1.4 iii）	這意見的中心是什麼？		郭元漢

段	意見	原因	委員
3.1.4 iv）	將最後一句修改為：「則行政長官只須形式上簽署」	行文問題	謝志偉
3.2.1（1）	將第二行第一句修改為：「只有立法局接受財政承擔後，」	修正資料	謝志偉
3.2.4 ii）	為什麼財政預算案必須要三分之二成員通過？		郭元漢
3.3.3 ii）的反對理由	修改為：「現行制度對調查政府施政失當的權力不足，應設立一獨立機構，如1986年綠皮書提出的明政專員來專責處理。」	修改意見	謝志偉
3.4.1	（1）將第二行第四句改為：「，後者不是必然的程序。」	修正意見	謝志偉
	（2）將第四行最後一句改為：「先交立法局非官守議員徵詢意見，」		
3.4.3 i）的贊成理由	將第一行第二句修改為：「而諮詢委員會有非官守立法局議員積極參與，可獨立地發揮效能。」	補充意見	謝志偉
3.4.3 i）的反對理由	（1）「如港府在決策過程中有更多的參與，現行的制度則不會行得通」——意思並不明朗。	修改意見	謝志偉
	（2）將第二句修改為：「如要體現港人治港，在政府的決策過程中，港人便要有更多的參與。如不改變現行制度，便不能令港人有更多參與。」		
3.13.3 i）	最後一句的意思並不明朗。哪一方面（立法機關抑或行政長官？）有權向中央提議罷免其行政機關成員？		郭元漢
3.13.3 ii）	此段可合併在 i）內		郭元漢

※

(54) 1987年6月30日《有關「行政機關與立法機關的關係」討論文件的書面意見》（1987年7月10日政制專責小組第十三次會議續會討論文件）

【P2-8】
（編者按：內容同第一稿文件(53)，除第3.1.3i)-ii)、3.1.4iii)、3.1.4iv) 及3.2.4ii)點被刪除外，均同前文。）

※

(55) 政制專責小組《行政機關與立法機關的關係最後報告》（1987年8月8日經執行委員會通過）

【P1-15】
（編者按：本文同第一稿文件(50)，除下列內容外，均同前文。）
3. 主要問題
甲. 行政機關與立法機關的關係
3.1 立法提案權
3.1.1 目前情況
立法局是香港的立法機關。所有關於公共事務的法例草案，都是由香港政府行政部門起草，經行政局同意後，提交港督會同立法局進行立法程序，包括首讀、二讀、委員會階段及三讀法案。立法局可以通過、不通過或在修改後通過一項法例草案。法例草案在立法局三讀通過後，還須得港督批准，才能正式生效。
目前的立法局的非官守議員可以提出一些非政策性的私人法案。涉及港府政策、公共法例的提案，全部由官守議員提出。如果立法局不通過政府提出的法案，有關的政策便無法實施，然而這種行政與立法的不協調現象很少發生，因為所有建議法案都先經過行政局審議，而在行政局中，有大部份議員也同時是立法局議員，有助兩局之間的瞭解。
3.1.3 建議
i) 立法機關的立法權包括提出法案、通過法例及修訂法例等（但不得提出稅收或與財務支出有關的法案）；行政機關也有權力向立法機關動議法案（包括財政預算案）。法案經立法機關通過後，須得行政長官的同意簽署，方能成為正式的法律。
贊成理由：一個由選舉產生的立法機關需擁有完整的立法權，即包括立法提案權。立法機關不應對稅收、財政預算案作出提案，因為由選舉產生的立法機關在面對開支的問題時，定會遭到很大壓力，因此，加稅及增加開支的權力不宜授予一個直接受選舉壓力的機構。
3.1.4 其他建議
iii) 依目前情況，由行政機關的主要官員親自在立法機關會議上提出立法動議。
iv）立法草案無須行政長官批准可正式生效。
v）只要是立法機關成員便可提出條例草案（包括涉及財政開支的草案在內）。
vi）政府及立法機關成員均可提出條例草案（包括涉及財政開支的草案在內）。
3.2 財政權
3.2.3 建議
iv) 任何立法機關成員均有權提議修改財政預算，無論該修改是有關增加或減少政府開支。
3.3 立法機關的監察權
3.3.3 建議
ii) 保持現行制度不變。……
反對理由：現行制度對調查政府施政失當的權力不足，應設立一獨立機構，如1986年綠皮書提出的明政專員來處理。
3.3.4 其他建議
i) 將來立法機關不需擁有調查政府施政失當的權力，應由

一獨立職位，如一九八六年綠皮書提出的明政專員來處理。
ii) 立法機關應有監察政府運作失當的權力，而由擁有同一權力的獨立機關，如明政專員來負責調查。
iii) 立法機關有監察政府運作失當的權力，並應通過立法的程序設立一個機構（向立法機關負責）調查政府運作失當。
3.4 接受行政機關的諮詢
3.4.1 目前情況
當香港政府採取新政策或修改政策時，會先交行政局決定，然後立法局在制定有關法例時作公開辯論、或先在內部或小組討論，以便在立法前向香港政府提供修改意見。後者不是必然的程序。根據現時有關的法律制定程序規定，香港政府（某一政府部門）在法律上並沒有預先諮詢立法局的責任。但在近年來，香港政府也會將一些法例草案或問題，先交立法局非官守議員徵詢意見，然後才把法例草案呈交港督會同行政局予以批准，最後交立法局進行立法程序。立法局議員在參加各種諮詢委員會時，協助制定有關政策。
3.4.3 建議
i) 保留現有的制度。
贊成理由：目前的制度可維持高效率政府，而諮詢委員會有非官守議員積極參與，可獨立地發揮效能。加上行政局在決定一些重要政策的前後，實際上都有進行諮詢。目前行政局與立法局的工作是互相補足的。
反對理由：如要體現港人治港，在政府的決策過程中，港人便要有更多的參與。如不改變現行制度，便不能令港人有更多參與。

※

【P46-47】
第四章　香港特別行政區的政治體制（討論稿）
第三節　立法機關
第六條
（一）說明：有的委員提出，在「法定程序」後加「提出法律草案」；但有些委員不同意，認為如在基本法中規定立法機關成員可提出法律草案，則必須按現行辦法作明確的限制。

（五）說明：有的委員建議改為「對行政機關的工作加以審查和提出質詢。」

（七）說明：有的委員主張，提出動議的人數應為全體成員的四分之一，通過彈劾案的人數應為三分之二。有的委員提出，立法機關可以過半數彈劾主要官員。有的委員提出，立法機關可以三分之二多數對行政長官和任何主要官員投不信任票，但多數委員不同意。
說明：此外，有的委員建議本條加進一項：「立法機關所轄委員會在得到行政長官批准後，有權傳召有關人士出席作證和提供證據」。有的委員提出，本條應加進一項，規定立法機關可以設立常設委員會和專責委員會，但有的委員認為，這些內容宜在立法機關會議常規中規定。

第二稿

第四章　第三節
「第六條　香港特別行政區立法機關行使下列職權：
（一）根據本法規定並依照法定程序制定和修改法律；
（二）根據行政機關的提案，審核、通過財政預算、決算；
（三）批准稅收和公共開支；
（四）聽取行政機關的施政報告；
（五）對行政機關的工作提出質詢；
（六）接受香港居民的申訴；
（七）行政長官如有嚴重違法或瀆職行為，經立法機關全體成員的三分之一聯合動議，並經四分之三多數通過，可以提出彈劾案，報請中央人民政府決定。」
〔1987 年 9 月 8 日《第四章　香港特別行政區的政治體制（討論稿）》（1987 年 9 月 22 日政制專責小組第二次會議附件一）〕

① 1987 年 9 月 2 日《中華人民共和國香港特別行政區基本法起草委員會第五次全體會議委員們對基本法序言和第一、二、三、四、五、六、七、九章條文草稿的意見匯集》

【P38-41】
五、關於第四章　香港特別行政區的政治體制
（三）第三節　立法機關
7. 第六條
（1）有的委員提出，本條規定的是立法機關的權力，但第五項規定的是立法機關成員的權力。有的委員提出，第五項權力也是立法機關整體的權力，因為立法機關成員提出質詢時，其他成員可以補充。

（2）有的委員認為，本條關於立法機關職權的規定不全

面，比如行政長官任免首席法官時須經立法機關同意、立法機關三分之二多數會同行政長官和人大代表提出修改基本法議案的權力等，將來在總裝時應做些調整，使各章節能前後呼應。有的委員則認為，這類問題有一處規定清楚就可以，不必要重複講。

（3）有的委員提出，立法機關必須有權提出法律草案。由行政機關擬定並提出法律草案，在目前有官守議員的情況下是可以的，但以後立法機關成員全部由選舉產生，這種做法就行不通。有的委員認為，將來行政機關如何向立法機關提出法律草案的問題的確值得研究，但不能規定由立法機關議員提出，因為香港立法機關剛實行選舉，各種制度尚不完善；其次，立法機關成員由不同途徑產生，提出的法案會有片面性，只顧及團體或區域的利益，而忽視香港的整體利益，在這種情況下，可能導致你提出一個法案，我提出另一個法案作交易的情況。有的委員認為，根

據香港目前的做法，涉及公眾利益的法案只能由行政機關提出，至於如何由行政機關提出，可以有兩種方法：（一）香港有許多人建議，立法機關的部份成員由大選舉團選出，這些成員不排除有政府的主要官員，至少不排除有高級公務員，行政機關的法案可以由這部份議員提出；（二）立法機關的主席由誰擔任，也有兩種可能：由行政長官兼任或由其他人擔任。如果由行政長官兼任，行政機關的法案可以由行政長官提出；如果行政長官不兼任立法機關主席，他可以用公函的形式，將行政機關的法案交立法機關主席提出。有的委員提出，由行政長官兼任立法機關主席，又自己提出行政機關的法案，就比現在的做法更不民主。有的委員提出，提案權與立法程序不是一回事，法律的提案權應規定得明確些。許多國家憲法規定政府和立法機關成員都可以提出法案。對立法機關成員的法律提案權必須有限制，這種限制有兩方面：程序上的限制和內容上的限制。最後的結果是政府的提案比較多，具有優先權。有的委員建議，如要規定立法機關成員有提案權，就必須專門有一條規定行政機關、立法機關成員法律提案權的具體行使。

（4）有的委員建議，在本條（二）最後應加上「批准追加預算」，本條（三）與（二）重複，可刪去。

（5）有些委員不同意本條（五）說明中關於立法機關審查行政機關工作的意見。

（6）有的委員提出，接受香港居民的申訴必須有所限制，在第六項前面加上「依照法律規定」。但有些委員則認為不應限制。

（7）有的委員提出，本條（七）有兩個原則問題需要研究：（a）行政長官違法或瀆職是否適宜交由立法機關處理？（b）行政長官是否應被彈劾？目前香港無彈劾制度，如果在行政長官兼立法機關主席的情況下，再由立法機關彈劾是否合適？是否還可以有彈劾以外的辦法？有的委員提出，第七項通過彈劾案的法定人數為全體成員的三分之二就可以了。也有的委員認為四分之三較合適。有的委員提出，第七項的「嚴重違法」應由誰確定？是否由中央決定？有的委員提出，立法機關通過彈劾案時會確定行政長官有無嚴重違法或瀆職行為，中央決定的只是免職問題。

（8）有的委員提出，應在基本法中規定行政長官的辭職問題，可以從辭職由誰批准的角度來規定。有的委員認為無此必要，因為各國憲法對辭職問題都不作規定。

※

② 1987 年 9 月 8 日《第四章　香港特別行政區的政治體制（討論稿）》（1987 年 9 月 22 日政制專責小組第二次會議附件一）

第三節　立法機關
第六條
（編者按：內容同第一稿文件㊶）

※

③ 1987 年 9 月 8 日《中華人民共和國香港特別行政區基本法起草委員會第五次全體會議意見匯編》（1987 年 9 月 22 日政制專責小組第二次會議附件二）

【P10-11】
第四章　政制
三、關於第三節　立法機關
7. 第六條（一）
有些委員建議立法機關議員可提出議案，但要加以一定的限制，如不能提出有關財政、政策性的議案；有的委員認為「依照法定程序」已解決了上述問題，有關具體規定可寫進會議常規中。

8. 第六條（二）
有的委員建議在該款最後應加上「批准追加預算」；第六條（三）與第六條（二）重複，可刪去。

9. 第六條（五）
有些委員不同意說明中立法機關審查行政機關工作的建議。

10.〔編者按：內容同第二稿文件①第 7（2）點〕

第三稿

第四章　第三節
「第六條　香港特別行政區立法機關行使下列職權：
（一）根據本法規定並依照法定程序制定和修改法律；
（二）根據行政機關的提案，審核、通過財政預算、決算；
（三）批准稅收和公共開支；
（四）聽取行政機關的施政報告；
（五）對行政機關的工作提出質詢；
（六）接受香港居民申訴；
（七）行政長官如有嚴重違法或瀆職行為，經立法機關全體成員的三分之一聯合動議，並經四分之三多數通過，可以提出彈劾案，報請中央人民政府決定。」
〔1987 年 10 月《第四章　香港特別行政區的政治體制（討論稿）》（政治體制專題小組工作文件）〕

①《基本法諮詢委員會工商專業界諮委對未來香港特別行政區政府架構的建議》，載於 1987 年 9 月基本法諮詢委員會工商專業界諮委《未來香港特別行政區政府結構建議》

【P16】
1. 未來香港特別行政區政府的基本架構
……因此，建議中的新政府架構須包括以下基本要素：
1.2 獨立的立法機關
通過不同形式選舉產生獨立的立法機關，立法機關的權

力，包括對行政長官的彈劾權。立法機關的功能是維繫社會穩定，保護人權和自由，以及確保工商繁榮。

【P24-26】
4.行政機關與立法機關的關係
一般而言，我們支持聯合聲明的原則，就是行政機關需要按照法律行事，並且應該向立法機關負責。……立法機關可以透過以下方法使行政機關向其負責。
4.1 財政控制
立法機關有財政控制權，例如討論和通過每年財政預算案，包括各項開支估計和徵稅建議。
立法機關屬下的一個專責小組——公共賬目委員會，負責審核每年賬項和核數署長的匯報，向立法機關提交報告。
4.2 質詢與辯論
立法機關的質詢和辯論，使到立法議員有機會批評公帑的使用情況。立法機關擁有批評政策的權力。
立法機關議員在專責小組調查政府事務和討論法案期間，也有機會查究行政機關如何制訂政策。
4.3 財政預算案
行政機關需要每年向立法機關呈交政府的收入和開支預算。假如大多數立法議員投票反對賦予預算案中各項建議法律效力的「撥款法案」，整份預算案會交由九位立法議員組成的特別委員會，設法和行政機關磋商，謀求折衷辦法。特別委員會必須在成立後六十天內，以大多數票形式制訂各項建議，然後向立法機關提交報告。在等候撥款法案通過期間，立法機關會以特別授權形式，依照上個財政年度的開支作出同等撥款，以應短期需要。
立法機關對特別委員會的預算案報告，只能接受或拒絕，不能修訂。如果立法機關拒絕該份報告，整份報告會交還特別委員會繼續磋商，不過立法機關只能拒絕兩次。假如立法機關接受該份報告並且投票通過，預算案便需要呈交行政長官，他可以贊成或者否決。假如立法機關或行政長官堅持反對該份報告，立法機關將需要按照香港特別行政區政府基本法的特別條款解散。然而，如果新選出的立法機關仍然投票反對該份預算案，行政長官必須辭職。
這個制度是以協助解決行政和立法機關之間就預算案問題發生衝突的情況而設計。如果預算案不能通過，香港政府的運作將會停頓。這項設計，使到行政機關和立法機關可以通過特別委員會進行磋商，並使到雙方受到壓力以達成妥協。解散立法機關和行政長官辭職，均屬最後手段。但是這項規定會使到雙方受到巨大壓力，互相讓步，減少僵持不下的機會。
額外撥款則需要採用另外一種方法處理。在撥款法案通過後，同一財政年度的額外撥款申請必需經由財務委員會批准。如果財務委員會拒絕有關申請，行政機關可以在考慮委員會意見後，再次呈交申請。
4.4 儲備金
行政機關未得立法機關許可，無權運用儲備金。
4.5 外匯基金
除了調節港幣匯率，行政機關使用外匯基金事後必須向立法機關報告及解釋。

5.彈劾行政長官
5.1 彈劾原則
a.在三權分立的原則下，為了避免行政長官受制於立法機關，他只可因貪污及嚴重罪行而受到彈劾。行政長官在執行職務時，必須不偏不倚，為香港長遠利益着想，縱使作出不受歡迎的決策，亦無須顧慮。
b.無論彈劾的建議是出自中央人民政府或香港，只有未來香港特別行政區的立法機關才能動議彈劾程序。
5.2 彈劾程序
a.動議彈劾必須由立法機關成立的特別委員會提出。該委員會僅屬臨時性質，並非常設委員會。

b.該特別委員會至少有十二位成員，立法機關議員所佔比例不得多於百分之四十。該委員會成員可以包括其他人士，例如高等法院法官。
c.彈劾動議必須得到該委員會三分之二成員贊成才能提出。
d.立法機關是唯一有權就彈劾作出裁決的機關。聆訊應由首席按察司主持，彈劾行動需要有四分之三的議員投票贊成。
e.彈劾案確立後，立法機關只能向中央人民政府建議免除行政長官的職務和取消他出任香港特別行政區政府任何職位的資格。不過，革職建議一旦得到中央人民政府批准，當局可以按照香港特別行政區法律，對其起訴、審訊、裁決和懲罰。

【P28】
〔編者按：本文同第一稿文件㉝第（5）點，除下列內容外，均同前文。〕
7.立法機關
7.1 有關立法機關的權力，建議如下：
b.通過由行政機關提出的預算案
c.進行週年辯論
i.召開財務委員會審核公共開支
j.召開公務員編制小組
k.召開公務建設小組
m.執行相當於現時行政立法兩局辦事處的職權
n.控制政費盈餘
o.推選立法機關主席
p.參與法定委員會
r.根據《中英聯合聲明》的原則，認同主要法官的任命和免職
t.立法機關議員個人可提出不涉及公共收支的個人議案

※

② 1987 年 10 月《第四章　香港特別行政區的政治體制（討論稿）》（政治體制專題小組工作文件）

【P21-26】
第三節　立法機關
第六條
（編者按：「說明」內容同第一稿文件㊶，「第五次全體大會分組討論」內容同第二稿文件①，其餘如下。）

（一）資料：關於立法局議員的提案權，現行辦法如下：
有關香港的「皇室訓令」ⅩⅩⅣ：「立法局議員有權建議任何題目供立法局辯論，該題目須根據會議常規辯論及處理；但如任何條例、決議事項、決議或題目的目的或影響可能動用或支付英皇在殖民地所得收入的任何部份，則建議須由總督提出；除非該建議已獲總督明確批准或由總督指示，則作別論。」
ⅩⅩⅤ：「所有法律都稱為條例，可以英文或中文制定（由一九八六年七月二十四日始改為雙語立法）。制定的措辭應為：由香港總督在徵得立法局的意見和同意後制定。」
條例草案的類別：
１.私人條例草案
由非官守議員提出，內容是不涉及政府措施的。傳統上，私人條例草案的內容是限於一些不會全面影響本港的措施，例如有關設立慈善團體的草案。但在法例上，私人條例草案的內容不受任何限制，但草案若會導致政府稅收或其他公帑有任何消耗或負荷，則必須獲總督推薦，方可提出。私人條例草案提出之前先需獲得立法局法律顧問簽署之證明書，證明該條例草案符合會議常規之規定及本港法例之一般形式。
２.政府條例草案
通常由官守議員提出。向立法局提交草案時，該草案的首讀程序亦自動進行。提出該條例草案的議員繼而須負責使

該草案在立法局通過其後幾個階段的審議程序。在審議過程中，議員就條例草案的一般利弊、原則，及實際所用字眼，進行研審。但凡立法局主席或委員會主席認為某項動議或修訂動議之目的或影響，可能牽涉到公共財政開支，而由非官守議員提出的，就必須先獲得總督的推薦批准。

（三）資料：現行辦法《撥款條例草案（政府）》
（1）撥款的審核
在政府推行新政或新法例或作出修訂時，需要費用者，例須先行取得立法局的首肯。只要立法局同意撥款後，始進行政策有關之法例細則的釐定，以及其他法定的手續。
（2）預算的審核
政府的財政預算須經立法局三讀通過，於第二讀中，財務委員會負有審查的責任，但其權力僅在防止政府濫用公帑，故受下列限制：
1. 不得對政府所列支出作增加的建議。它只能接受，不接受或作減少的建議；
2. 只能討論支出，不能動議修改政府稅收。
（3）增加撥款的審核
政府如有新的支出，而是超過已通過的預算，必須向立法局提出申請，由立法局的財務委員會通過。在緊急情況下，可先作支出，然後補行手續。在五萬元以下的開支，立法局授權布政司作出決定。

（五）諮委會「立法機關‧最後報告」：現行立法局的職權中包括：
（1）議員可就港督的每年施政報告作出辯論。
（2）議員可就政府所負責之公共事宜，向其提出問題，要求提供事實之資料或請其就該事宜採取行動。
（3）但議員不得就當然官守議員或官守議員在會議中就政府所負責之公共事務發表聲明進行辯論，但主席可酌情允許議員向發表聲明之官守議員提出簡短問題，以闡釋該項聲明。
（4）議員可動議就某些問題（例如引起市民關注的問題）

進行辯論，但有關辯論並非一項立法程序，所以在法律上沒有約束力，但對政府的決策可以起一定作用。
當政府採取新政策或變更原有政策，立法局可就此作公開辯論，或以內部或小組形式討論，提交意見，但這種討論並非必定之程序。
根據現時有關法律制定程序的規定，政府（指某一部門）在法律上並無預先諮詢立法局議員的責任，但近年來在可能引起爭論之建議法例或遇有困難的問題，政府愈來愈傾向於先行徵詢立法局議員的意見，然後才把法例草案呈交總督會同行政局就政策方面予以批准，最後交立法局進行立法程序。

（六）資料：諮委會「立法機關‧最後報告」：據一九八七年四月的情況，兩局議員辦事處可處理對政府施政情況的申訴，立法局議員可隨時要求索閱政府文件及要求政府解釋，但沒有法定權力，即政府可拒絕給予文件或解釋。但若立法局議員認為事關重大，可由立法局通過引用《權力及特權法案》來要求有關部門交出文件及答覆質詢。

（七）資料：現行之《立法局（權力與特權）條例》：
第九條：（1）除第十三及第十四條另有規定外，立法局或屬下之常務委員會可命令任何人士出席立法局或該委員會作供或提出其所擁有或其所控制之任何文件、簿冊、紀錄或證件。
（2）第（1）款賦予常務委員會之權力，可由任何其他委員會行使，而該委員會乃根據立法局之決議案獲得特別授權就該決議案所指明之任何事項或問題行使此等權力者。
第十四條：（2）除獲港督許可之公職人員外，任何人均不得就有關任何海、陸、空軍事宜之函件，或任何有關香港之安全或英國政府對香港之責任等事宜之函件而——
（a）作供；或
（b）提出任何文件、簿冊、紀錄或證件，而有關上述任何文件、簿冊、紀錄或證件內容之次要證據，亦不得由立法局或屬下委員會提取或向其提出。

第四稿

「第七十條　香港特別行政區立法機關行使下列職權：
（一）根據本法規定並依照法定程序制定、廢除和修改法律；
（二）根據行政機關的提案，審核、通過財政預算、決算；
（三）批准稅收和公共開支；
（四）聽取行政機關的施政報告並進行辯論；
（五）對行政機關的工作提出質詢；
（六）就任何有關公共利益的問題進行辯論；
（七）同意終審法院法官和高等法院首席法官的任免；
（八）接受香港居民申訴並作出處理；
（九）行政長官如有嚴重違法或瀆職行為，經立法機關全體成員的四分之一聯合動議，可依法組成一獨立的調查委員會，其主席由終審法院法官擔任，負責進行調查並向立法機關提出報告。若該委員會認為有足夠證據構成上述指控，立法機關以全體成員三分之二多數通過，可以提出彈劾案，報請中央人民政府決定；
（十）在按照本法規定執行職務時應有的其他權力。」
〔1987年12月基本法起草委員會秘書處《香港特別行政區基本法（草案）》（匯編稿）〕

① 香港民主政治促進會《香港特別行政區政制方案的建議（最後修訂稿）》，載於 1987 年 12 月基本法起草委員會秘書處《參閱資料——第 35 期》

【P8-10】

4. 立法機關
4.2 立法機關的權力
4.2.1 立法權—— 包括主動提出法案，通過法律及修訂法律的權力等。立法機關成員可個別提出不涉及公共開支的法案。但如提出的法案涉及公共開支，則須事先獲行政長

官批准。

4.2.2 財政權── 包括決定由行政機關提交的預算案，對預算的稅收及開支表決以及公開查詢各部門預算等。核數署長由行政長官提名但須獲得立法機關贊同。

4.2.3 監督權── 可對行政長官和主要官員提出質詢，政府對質詢必須作答。可對政府部門進行調查及傳召證人，提供資料與證據。

4.2.4 彈劾權── 如行政長官或主要官員犯罪或嚴重失職，立法機關成員四分之一可動議在立法機關下成立審查委員會進行調查。審查委員會由特區終審庭首席法官主持。如審查委員會認為證據充份，可向立法機關動議彈劾案。彈劾案須得立法機關三分之二成員通過才可成立，並報請中央免除該官員之職務。

4.2.5 成立專責小組── 可成立專責小組，負責研究公眾所關心的事務，向立法機關全體成員或行政機關提供意見。

4.2.6 選舉立法機關議長（即主席）── 議長由成員互選產生，負責主持立法機關的會議，並執行會議常規。議長一般不參與辯論和投票，但在贊成與否決票相持不下時，則有決定性投票權。

4.2.7 按基本法的規定，同意主要法官的任命和免職。

4.2.8 認同以中國香港名義簽署的國際協議，並立法實施。

4.2.9 互選政策委員會中三分之一成員。

4.2.10 與行政長官共同行使任命政策委員會三分之一成員，並有權力罷免之。

※

② 1987 年 10 月 31 日至 11 月 2 日《基本法政制專題小組新聞發佈會意見整理》，載於 1987 年 12 月 3 日《基本法諮詢委員會秘書處通訊 62》

（1）委員們討論關於行政長官、行政機關、立法機關的職權問題時，提議加上：「依照本法執行任務的時候必要的其他權利。」這一條，這權利是有限制的，指定他不能違反基本法。

※

③ 1987 年 12 月基本法起草委員會秘書處《香港特別行政區基本法（草案）》（匯編稿）

【P33-35】
第七十條

（五）說明：有的委員建議改為「對行政機關的工作加以審查和提出質詢」。

（九）說明：有的委員提出，立法機關經全體成員的四分之一聯合動議，並經三分之二多數通過，可以提出對行政長官和任何主要官員的不信任案，報請中央人民政府罷免行政長官或有關主要官員。但多數委員不同意。

此外，有的委員建議加進一項：「立法機關及其所轄委員會，有權傳召有關人士出席作證和提供證據。但如該等人士為政府官員，則須得到行政長官批准」。

有的委員提出，本條應加進一項規定，立法機關可以設立常設委員會和專責委員會。但有的委員認為，這些內容宜在立法機關會議常規中規定。

（十）說明：有些委員主張刪去本條第（十）項。

第五稿

「第七十三條　香港特別行政區立法會議行使下列職權：

（一）根據本法規定並依照法定程序制定、廢除和修改法律；

（二）根據行政機關的提案，審核、通過財政預算、決算；

（三）批准稅收和公共開支；

（四）聽取行政長官的施政報告並進行辯論；

（五）對行政機關的工作提出質詢；

（六）就任何有關公共利益問題進行辯論；

（七）同意終審法院法官和高等法院首席法官的任免；

（八）接受香港居民申訴並作出處理；

（九）行政長官如有嚴重違法或瀆職行為，由立法會議全體成員的四分之一聯合動議，經立法會議通過，可組成獨立的調查委員會，其主席由終審法院首席法官擔任，負責進行調查並向立法會議提出報告。如該委員會認為有足夠證據構成上述指控，立法會議以全體成員三分之二多數通過，可提出彈劾案，報請中央人民政府決定。」

〔1988 年 4 月基本法起草委員會秘書處《中華人民共和國香港特別行政區基本法（草案）草稿》〕

① 1987 年 12 月《中華人民共和國香港特別行政區基本法起草委員會第六次全體會議委員們對基本法第四、五、六、十章和條文草稿匯編的意見》

【P18-19】
23. 第七十條

（1）有的委員提出，財政預算、決算已經包括了稅收和公共開支的內容，建議將本條（三）刪去；第六十一條最後一句「徵稅和公共開支須經立法機關批准」亦應刪去。有些委員則認為，本條（三）應保留，在預算案通過後，如

果需要開徵新的稅種或撥款，還是要通過立法機關批准。

（2）第一組的多數委員認為，本條（五）的說明可刪去。

（3）有的委員認為，第八項的規定「申訴」是司法上的申訴還是行政上的申訴不明確；有的委員認為，居民向立法機關申訴是習慣做法，法律中可以不做規定，建議將此項刪去。有些委員認為，此項不能刪去，將現在的做法法律化是必要的。

（4）關於本條（九），第一小組多數委員認為，條文中

規定立法機關經一定程序可對行政長官提出彈劾案是必要的，體現了立法機關對行政長官的監督作用，說明中所提的立法機關可以對行政長官和任何主要官員提出不信任案的問題可以不再考慮。關於提出彈劾案動議和通過彈劾案的人數比例問題，第一組部份委員認為，現條文中規定的比例太低，建議將提出彈劾案動議的人數比例改為百分之五十，將通過彈劾案的人數比例改為四分之三。

（5）有些委員還對本條（九）項條文提出文字修改意見，建議改為：「立法機關全體成員的百分之五十以上如認為行政長官有嚴重違法或瀆職的嫌疑，可提出聯合動議，依法組成一個獨立的調查委員會，其主席由終審法院首席法官擔任，負責進行調查並向立法機關提出報告。若該委員會認為有足夠證據構成上述指控，立法機關以全體成員四分之三多數通過，可以提出彈劾案，報請中央人民政府決定處理。」

（6）有的委員建議將第九項的說明刪去。

（7）有的委員建議，第十項可以刪去。有的委員提出，如沒有這項規定，立法機關如必須行使其他職權怎麼辦？但本項的規定應做修改，明確由誰授權行使其他權力。另外，什麼叫「應有」、「其他權力」？含義也不明確，建議加以修改。」

※

②1988 年 4 月《總體工作小組所作的條文修改舉要》，載於 1988 年 5 月《中華人民共和國香港特別行政區基本法起草委員會第七次全體會議文件匯編》

【P18】
第七十三條（政制小組最後草擬的原第七十一條），將第（二）項中「行政總署」改為「行政機關」。

將第（九）項的「經立法會議全體成員的四分之一聯合動議」改為「由立法會議全體成員的四分之一聯合動議，經立法會議通過」。將「可依法組成」改為「可組成」。

※

③《各專題小組的部份委員對本小組所擬條文的意見和建議匯輯》，載於 1988 年 4 月基本法起草委員會秘書處《中華人民共和國香港特別行政區基本法（草案）草稿》

【P68-69】
第七十三條 第（五）項
〔編者按：內容同第四稿文件③第（五）項〕

第七十三條 第（九）項
〔編者按：本文同第四稿文件③第（九）項首段，其餘如下。〕
2.有些委員認為，第（九）項規定的比例太低，文字也有些缺陷，建議將條文改寫為：「立法機關全體成員的百分之五十以上如認為行政長官有嚴重違法或瀆職的嫌疑，可提出聯合動議，依法組成一個獨立的調查委員會，其主席由終審法院首席法官擔任，負責進行調查並向立法機關提出報告。如該委員會認為有足夠證據構成上述指控，立法機關以全體成員四分之三多數通過，可提出彈劾案，報請中央人民政府決定處理。」

第七十三條
1.有的委員建議加進一項「立法機關及其所轄委員會，有權傳召有關人士出席作證和提供證據。」
2.有的委員提出，本條應加進一項規定，立法機關可設立常設委員會和專責委員會。但有的委員認為，這些內容宜在立法機關會議常規中規定。
3.有的委員建議，本條加第十項：「在按照本法執行職務時所必要而合理的其他權力。」

第六稿

「第七十二條　香港特別行政區立法會議行使下列職權：
（一）根據本法規定並依照法定程序制定、廢除和修改法律；
（二）根據行政機關的提案，審核、通過財政預算、決算；
（三）批准稅收和公共開支；
（四）聽取行政長官的施政報告並進行辯論；
（五）對行政機關的工作提出質詢；
（六）就任何有關公共利益問題進行辯論；
（七）同意終審法院法官和高等法院首席法官的任免；
（八）接受香港居民申訴並作出處理；
（九）行政長官如有嚴重違法或瀆職行為，由立法會議全體成員的四分之一聯合動議，經立法會議通過，可組成獨立的調查委員會，其主席由終審法院首席法官擔任，負責進行調查並向立法會議提出報告。如該委員會認為有足夠證據構成上述指控，立法會議以全體成員三分之二多數通過，可提出彈劾案，報請中央人民政府決定。」
〔1988 年 4 月基本法起草委員會《中華人民共和國香港特別行政區基本法（草案）》（徵求意見稿）〕

①《各專題小組的部份委員對本小組所擬條文的意見和建議匯輯》，載於 1988 年 4 月基本法起草委員會《中華人民共和國香港特別行政區基本法（草案）徵求意見稿》

【P57】
第七十二條 第（五）項
〔編者按：內容同第五稿文件③第七十三條第（五）項〕

第七十二條 第（九）項

第七稿

「第七十二條

香港特別行政區立法會行使下列職權：

（一）根據本法規定並依照法定程序制定、修改和廢除法律；

（二）根據政府的提案，審核、通過財政預算；

（三）批准稅收和公共開支；

（四）聽取行政長官的施政報告並進行辯論；

（五）對政府的工作提出質詢；

（六）就任何有關公共利益問題進行辯論；

（七）同意終審法院法官和高等法院首席法官的任免；

（八）接受香港居民申訴並作出處理；

（九）如立法會全體議員的四分之一聯合動議，指控行政長官有嚴重違法或瀆職行為而不辭職，經立法會通過進行調查，立法會可委託終審法院首席法官負責組成獨立的調查委員會，並擔任主席。調查委員會負責進行調查，並向立法會提出報告。如該調查委員會認為有足夠證據構成上述指控，立法會以全體議員三分之二多數通過，可提出彈劾案，報請中央人民政府決定；

（十）在行使上述各項職權時，如有需要，可傳召有關人士出席作證和提供證據。」

〔1989年2月《中華人民共和國香港特別行政區基本法（草案）》〕

①《基本法工商專業界諮委對基本法（草案）徵求意見稿第四章政治體制之意見書》

【P2】

第七十二條（第九項）

我們建議：

（i）上述的聯合動議由立法會議成員的三分之一，而不是四分之一，提出。

（ii）如調查委員會認為有足夠的證據構成指控，立法會議以全體成員四分之三，而不是三分之二，多數通過，可提出彈劾案，報請中央人民政府決定。

※

②1988年5月基本法諮詢委員會秘書處《基本法（草案）徵求意見稿初步反應報告（草稿）》

【P29-32】

5.行政機關與立法機關

5.1 在政治體制章節中，行政與立法機構間，應互相合作、協調和制衡，因此不能有所偏倚，可惜草案中行政長官權力過大，立法議會又權力過小，這難體現市民意志。

5.2 從現時的條文來看，草委們是偏好「行政主導」的政治制度。但憲法的目的是限制政府的權力，亦即保障及擴大人民的自由，而歷史顯示沒有一個憲政政府能沒有民主而可維持下去的。

5.3 民主不單是選舉，而且還是權力的互相制衡的一種制度，既要在行政、立法、司法等各政治結構間制衡，亦要保持個人權利與政治結構間的制衡，以防止政治權力可能被濫用。

根據徵求意見稿，行政長官和行政機關相對於立法機關的權力實在過大。行政長官有權解散立法機關、壟斷動議法案的權力，並且可以否決立法機關通過的法案（第四十九、五十和七十三條）。在如此的安排下，立法機關的立法主動權和最後決定權，都為行政長官掌握，而且還要面對被解散的威脅，極可能只淪為行政長官的「橡皮圖章」。

草稿中規定除非行政長官犯有刑事過錯，如瀆職等立法機關方面可彈劾，但失職或工作不好則不能，這就未免有違權力架構制衡原則，也顯得行政長官權力過大。

且第五十二條行政長官辭職規定，沒有因失職被彈劾條款，造成好官我自為之，不用向民眾負責。

因此建議立法機關成員可動議法案，立法機關可對行政長官及主要官員投不信任票。

5.4 第六十五條「香港特別行政區行政機關必須遵守法律，對香港特別行政區立法會議負責；執行立法會議通過並已生效的法律；定期向立法會議作施政報告；答覆立法會議成員的質詢；徵稅和公共開支須經立法會議批准。」的規定是不足夠者，所說負責應加接受立法機關監察，協調立法機關進行調查，現時條文中負責意義實太輕微。

5.5 立法會議成員提出的任何法案均可被視為與政府政策有關，行政長官固然可以很民主的態度來限制法案的提出，但當政府有這樣的權力時，單靠政府的慷慨是很不智的。故建議將第七十三條刪掉或減低其限制性。

5.6 立法會議成員不宜對公務員的升選，有任何影響力，因為這會引致公務員與立法會議成員產生恩惠施受的關係。又為免行政長官委任一些非公務員的朋友及政界同僚擔任政府高職，故建議這類委任須得到立法會議的審查及通過。

5.7 根據草稿條文，當負責決策的主要官員作出錯誤的決策，影響社會穩定時，立法會議並沒有什麼辦法加以制衡，立法會議只能寄望行政機關自行糾正這些錯誤政策，或只能寄望行政機關去追究有關官員，因為立法會議無權罷免主要官員。再加上主要官員是公務員，他們的任命是行政任命，而非政治任命，理論上無須負政治責任。因此，要切實保證立法會議對主要官員的監察，便要賦予立法會議提出不信任主要官員的權力。

由於聯合聲明附件一規定主要官員由中央人民政府任命，因此立法會議無權決定罷免，只能透過通過不信任議案，

建議中央人民政府罷免犯錯的主要官員。此外，基本法草委會亦不應因襲現時殖民地的制度而堅持主要官員是公務員的身份。主要官員既有權決策，便應對其決策負責。保留他們的公務員身份，只會使主要官員在犯錯後，因公務員身份的保障，而不怕被解僱。

故建議在基本法第四章第七十二條增寫一項，規定當主要官員犯錯時，立法會議可以三分之二大多數通過不信任議案，提請中央人民政府決定罷免該官員。

5.8 在立法會議第二次以多數票反對某法案的通過時，行政長官便需將立法會議解散，但若新選的立法會議仍拒絕通過這法案時，行政長官則必須辭職。這是一個較好的程序。

5.9 條文中對行政長官的彈劾並不容易。固然，行政長官犯錯的機會很少，但基本法中仍應寫上，在這些情況下，立法會議更容易對行政長官彈劾。第七十二條（九）本已寫得不錯，但若在立法會議三分之二成員通過認為應罷免行政長官，而可不須提請中央人民政府就更好了。

5.10 在第五十二條增寫第四項，即「立法會議全體成員以三分之二多數通過對行政長官的不信任時」，行政長官便須辭職，這樣行政長官和立法會議的制衡權力才得平均，達到互相制衡。

※

③ 1988 年 8 月基本法起草委員會秘書處《香港各界人士對〈香港特別行政區基本法（草案）徵求意見稿〉的意見匯集（一）》

【P29】
第七十二條
1. 應規定如行政長官的決定是錯誤的，可以馬上被立法會議彈劾。

2. 第（九）項「行政長官」後加「主要官員」。

3. 建議加一項：「立法機關及其所轄委員會有權傳召有關人士出席作證和提供證據。」

※

④ 1988 年 8 月 19 日基本法諮詢委員會秘書處參考資料（八）蕭蔚雲《設計香港未來政治體制的構思》

【P5】
四、立法機關有權彈劾行政長官。基本法（草案）徵求意見稿第七十二條第（九）項規定：「行政長官如有嚴重違法或瀆職行為，由立法會議全體成員的四分之一聯合動議，經立法會議通過，可組成獨立的調查委員會，其主席由終審法院首席法官擔任，負責進行調查並向立法會議提出報告。如該委員會認為有足夠證據構成上述指控，立法會議以全體成員三分之二多數通過，可提出彈劾案，報請中央人民政府決定」。行政長官具有重要的政治地位，掌握着一定的權力，其行為對特別行政區的影響甚大，因此賦予立法會議以彈劾權，對行政長官進行監督和制約。但香港現在並無此制度。

【P10】
四、行政機關的地位、組成和職權，立法機關的地位、產生和職權
根據基本法（草案）徵求意見稿第七十二條，立法會議的職權有九項，大體上可歸納五類：（一）立法權。根據基

本法的規定並依照法定程序制定、廢除和修改法律；（二）審核財政預算和公共開支權。根據行政機關的提案，審核、通過財政預算、決算，批准稅收和公共開支；（三）聽取施政報告、進行辯論和質詢權。聽取行政長官的施政報告並進行辯論，對政府的工作提出質詢，就任何有關公共利益問題進行辯論；（四）任免權。同意終審法院法官和高等法院首席法官的任免；（五）彈劾權。行政長官如有嚴重違法或瀆職行為，立法會議可依照法定程序進行彈劾。

立法會議的這些職權是根據立法會議的性質和地位、它和行政機關的相互關係、並參考香港現在的情況而訂的。立法會議是立法機關，這一性質決定了它應享有立法權。同時立法機關與行政機關應當互相制衡，行政機關應對立法機關負責，所以立法會議有權審查行政機關提出的財政預算和決算、稅收和公共開支，有權聽取行政長官的施政報告、進行辯論和質詢，有權彈劾行政長官。加上立法會議還可依法迫使行政長官辭職，所以立法機關是能夠實現對行政機關的制衡的。它的職權是比較適當的。

對於主要官員，基本法（草案）徵求意見稿沒有規定可以被彈劾。因為主要官員由行政長官提名，應對行政長官負責，他們是公務人員，還有廉政機構對他們進行監察，他們的違法、瀆職行為應按照一般的法律程序處理。

※

⑤ 1988 年 9 月基本法起草委員會秘書處《內地各界人士對〈香港特別行政區基本法（草案）徵求意見稿〉的意見匯集》

【P15-16】
第七十二條
1. 第（一）項「廢除和修改」改為「修改和廢除」。

2. 第（九）項「可組成獨立的調查委員會，其主席由終審法院首席法官擔任」改為「可組成由終審法院首席法官擔任主席的獨立的調查委員會。」

3. 第（九）項中的「指控」改為「事實」。

※

⑥《基本法諮詢委員會政制專責小組對基本法（草案）徵求意見稿第四章的意見匯編》，載於 1988 年 10 月基本法諮詢委員會《中華人民共和國香港特別行政區基本法（草案）徵求意見稿諮詢報告（1）》

【P103】
2. 專題討論
2.3 立法機關
2.3.4 提案權
2.3.4.1 有委員認為，應以立法會議成員數目（如五分之一）來考慮個別提案權，而不應如第七十三條兩個方案所述，只由行政長官限制提案或只局限某些提案的提出。

【P110】
3. 有關條文討論
3.21 第七十二條
3.21.1 第二項及第三項
3.21.1.1 有委員認為，如第二項的「財政預算」已包括稅收及公共開支，應刪去第三項。
3.21.2 第七項
3.21.2.1 有委員提議於句首加上「按法律」、「依法」或

「按程序」等字眼。
3.21.3 第九項
3.21.3.1 有委員指出「決定」二字的對象不明確，應清楚界定對象為「彈劾案」還是「罷免行政長官」。

※

⑦《香港特別行政區政治體制的一些整體問題》，載於 1988 年 10 月基本法諮詢委員會《中華人民共和國香港特別行政區基本法（草案）徵求意見稿諮詢報告（3）——專題報告》

【P20】
II 行政機關與立法機關的關係
3. 行政長官與立法機關的關係
<u>3.1 立法權</u>
3.1.1《中英聯合聲明》附件一（二）訂明：「……香港特別行政區的立法權屬於香港特別行政區立法機關。立法機關可根據《基本法》的規定並依照法定程序制定法律，報中華人民共和國全國人民代表大會常務委員會備案。立法機關制定的法律凡符合《基本法》和法定程序者，均屬有效……」
3.1.2 徵求意見稿第七十二條第（一）項則規定，立法機關有權「根據本法規定並依照法定程序制定、廢除和修改法律。」
<u>3.2 財政權</u>
3.2.1《中英聯合聲明》附件一（五）訂明：「……徵稅和公共開支經立法機關批准、公共開支向立法機關負責和公共賬目的審計等制度，予以保留。」
3.2.2 徵求意見稿第七十二條第（二）項及第（三）項規定，立法會議可「根據行政機關的提案，審核、通過財政預算、決算」及「批准稅收和公共開支」。

【22-23】
<u>3.4 彈劾行政長官</u>
3.4.1 徵求意見稿第七十二條第（九）項規定立法機關的職權為：「行政長官如有嚴重違法或瀆職行為，由立法會議全體成員的四分之一聯合動議，經立法會議通過，可組成獨立的調查委員會，其主席由終審法院首席法官擔任，負責進行調查並向立法會議提出報告。如該委員會認為有足夠證據構成上述指控，立法會議以全體成員三分之二多數通過，可提出彈劾案，報請中央人民政府決定。」
3.4.2 有意見認為，這權力不足以監察行政長官，因為：
（1）只有在行政長官有嚴重違法或瀆職行為時，立法機關才可以提出動議；
（2）要四分之一立法會議成員聯合動議；
（3）要三分之二立法會議成員多數通過；
（4）只可提出彈劾案，由中央人民政府決定，而不可投不信任票。
3.4.3 有意見認為，立法會議可以多數通過提出對行政長官的彈劾案，報請中央人民政府決定已很足夠，因為行政長官是由中央人民政府任命的，其罷免的最終決定權也應屬於中央人民政府。
3.4.4 有意見認為，由立法會議大多數提出的彈劾案，中央人民政府必會尊重。這跟由立法會議投不信任票沒有多大分別。

4. 行政機關與立法機關的關係
<u>4.1 質詢權</u>
徵求意見稿第七十二條第（五）項規定，立法機關可「對行政機關的工作提出質詢」。
4.1.2 有意見認為，其質詢權受到太大限制，因為徵求意見稿第四十八條（十一）項規定，行政長官可「根據安全和公共利益的考慮，決定政府官員或其他負責政府公務的人員是否向立法會議作證和提供證據」。那麼立法機關對行政機關的質詢權也受到行政長官的左右，而行政長官既然是行政機關的首長，就會處處維護行政機關，因此立法機關對行政機關的監察權便會失去效能。
4.1.3 有意見認為，行政長官只會根據「安全和公共利益」的理由決定政府官員或其他負責政府公務的人員是否需要向立法會議作證和提供證據的規定，是從整個社會利益出發的，是必須的，不會影響到立法會議的質詢權。
4.1.4 有意見認為，基本法沒有賦予立法機關權力去監察和質詢行政機關各個政策性部門，也沒有規定部門首長向這些委員會提供有關資料，並就任何合理質詢作適當交待。

※

⑧ 1988 年 10 月基本法諮詢委員會《中華人民共和國香港特別行政區基本法（草案）徵求意見稿諮詢報告第五冊——條文總報告》

【P270-271】
第四章
第三節　整體意見
1. 意見
<u>1.4 權力</u>
1.4.1 有違《中英聯合聲明》
→ 徵求意見稿內有很多條文對將來立法機關有所掣肘，將來立法機關難以按《中英聯合聲明》的精神成為一獨立的機關。
→《中英聯合聲明》規定「香港特別行政區的立法權屬於香港特別行政區立法機關」，但徵求意見稿條文卻不能體現這項原則。
1.4.2 立法權
→ 立法權大於行政權有好處。
→ 基本法須列明立法權由立法機關擁有。以確保特別行政區擁有立法權。
→ 立法機關應有充份和真正獨立的立法權、調查權和彈劾權，以監察行政機關，使行政機關向其負責。
1.4.3 彈劾權及監察權
→ 應列明立法機關可彈劾政府的主要官員（如財政司、布政司等）。
理由：
⊙ 達到監管作用。
⊙ 香港是一個有充份言論自由的區域。
⊙ 體現民主自由。
⊙ 確保主要官員承擔責任和接受批評。
⊙ 以平衡權力。
→ 立法機關應有權監察行政機關及有權彈劾行政機關首長及主要官員。
→ 行政長官之權力過大，他能解散立法會議。作為民意代表機關的立法會議，亦應有類似之權力。
→ 必須確保立法機關在不妨礙行政機關運作的原則下，能對行政機關作有效的監察。
→ 必須確保行政、立法互相制衡和協調，又不致對立法會議的運作效率有太大影響。
→ 立法會議應是有實質權力的立法機關。
→ 現時政府的特色是「行政主導」，故此立法局對行政局的控制權是很有限的，但將來的特別行政區政府立法會議理應代表市民並對行政機關進行監督。
→ 行政長官的權力過大。所以，立法會議亦需有相當的權力才可與行政機關起到制衡的作用。
→ 立法機關權力受削減，使之對行政長官及行政機關的制衡備受壓制。

→ 立法機關的調查權力未受保障，只擁有質詢行政權的權力，令立法機關對行政機關只有微不足道的制衡力量。
→ 根據現行的立法程序，立法局須經三讀辯論才可通過法案。沿用這制度可使特別行政區居民預知法案的內容和發表意見。但徵求意見稿規定表決法案須經出席的立法會議成員半數通過，議事規則由立法會議自行制定；法案不提出作諮詢。這令人擔心將來立法會議會採用人大的立法制，一讀通過，也不會提早公佈。

【P286-295】
第七十二條
2. 意見
2.1 整體意見
→ 立法會議行使的職權應在立法機關會議常規中規定。
→ 立法機關的權力較大也未必會激發政黨政治之形成。
理由：即使立法機關權力小，只要局部開放直選，也可激發政黨政治的形成。
→ 按照目前憲制規定，香港的立法局沒有立法權，它只是港督行使立法權的諮詢機構。而香港特別行政區立法會議將不是任何人的諮詢機構，而是應具有真正權力的立法機關，以體現民主。
→ 立法會議對政府應有下列各種監督權：
（1）質詢權：立法會議成員可以對行政長官和主要官員提出質詢，該等官員必須進行答覆。
（2）調查權：立法會議有權進行有關政府行為的調查，並要求證人出席會議提供證據及記錄。
（3）不信任權：立法會議可以通過一項不信任政府議案的動議。
→ 條文內立法會議對行政機關的監察權不足，既沒有註明立法會議對主要官員有彈劾及罷免權，對行政長官也只能提出彈劾而沒有罷免權。這限制了立法會議的監察權，造成行政與立法不能互相制衡。
→ 基本法須容許設立「部長制」，亦應將設立部長制的規定列於這概述立法機關運作的條文內，改用部長制乃重要的轉變，須獲得立法機關成員以三分之二多數通過，方可實施。
→ 立法會議的職權應包括成立常務委員會和特設委員會，以調查行政機關的工作和對特別問題進行研究。
→ 成立專責小組負責研究公眾所關心的事務。
→ 成立政策委員會，為主要官員所建議的政策進行討論及審議，該委員會可自行草擬政策及進行討論。
→ 關於立法機關之常設委員會和專責委員會，宜在會議常規中規定。

2.2 個別條款意見
2.2.1 第（一）項
→ 不反對立法會議有權制定、廢除和修改法律，但必要先獲得行政會議同意。重要事項更應先作廣泛諮詢。為方便行政，修改法律的提議應由行政會議提出。
→ 立法會議可主動提出法案、通過法律及修訂法律。立法會議可個別提出不涉及公共開支的法案；如提出的法案涉及公共開支，則須事先獲得行政長官的書面同意。
2.2.2 第（二）項
→ 立法會議既有審核預算、決算權，則行政機關應接受立法機關對公共開支運用情況進行監察，這才符合《中英聯合聲明》。
→ 行政機關和立法會議討論財政預算法案期間，行政機關應可用上一年度的開支水平作參考。
理由：使政府運作得以繼續。
→ 應賦予立法會議有修改財政預算、決算的權力。
理由：只有質詢權不足夠。
→ 對不通過決算的情況未予以規定。
→ 行政長官無權因立法局不通過財政預算而將其解散。
→ 負責批准政府提出的預算決算權，批准預算的法例不能規定新的稅收和支出數目，應使政府有足夠的獨立性去推行自己的施政方針。但立法會議可以公開查詢各部門的預算。
2.2.3 第（四）項
→ 應賦予立法會議有審查、聽證的權力。
2.2.4 第（五）項
→ 立法會議對行政機關的犯錯或政策失誤缺乏有效的制衡權力。
→ 立法機關應有審查行政機關工作的權力。
2.2.5 第（七）項
→ 這項已是立法以外的其他職權，目前香港立法局已有這項權力，且在其他國家議會也有這職權。
→ 立法機關應負責處理官員或法官的任免，報請中央人民政府追認，此乃行政對立法負責，立法機關對中央負責的原則。
→ 應先由立法機關通過同意才任免法院法官。
2.2.6 第（八）項
→ 應註明這項職權與最近設立的「明政專員」的關係。
2.2.7 第（九）項
→ 贊成此項。
理由：對行政機關能收監察之效。
→ 不接受此項規定。
理由：有關彈劾是基於一小組人（調查委員會）的調查而提出，該委員會的主席是由首席法官出任，但他並非由香港特別行政區經民主選舉產生。
→ 彈劾罷免的方法不恰當；理應以職位越高，要求越嚴格為原則。但行政長官或立法會議成員若遭解除職務，必須經立法會議一定票數通過，這等於由立法會議成員決定自己的命運，似未恰當。
→ 對行政長官監察範圍的職權的規定不清楚。
→ 可省略繁複的程序。行政長官如有嚴重違法或瀆職行為，只要有足夠證據便可提交中央，由中央人民政府作最後決策。
→ 指控及提出彈劾案程序太複雜也不合理。
→ 立法會議的彈劾權力和機會很小。
→ 立法機關無權對行政長官投不信任票或報請中央罷免行政長官，致行政長官的權力過大，喪失互相制衡作用。
→ 應擁有對行政長官投不信任票之權力，作為互相制衡的方法。
→ 立法機關除可對行政長官提出彈劾案外，亦應擁有罷免行政長官的權力。
→ 應列明立法會議也可提出對任何主要官員的不信任議案，報請中央罷免。不信任案是制衡行政長官及其他主要官員的重要武器。

2.3 彈劾權
→ 遇有行政長官及受中央委任的主要官員嚴重違法或瀆職行為時，立法會議的制衡力量並不很足夠。行政長官及此等主要官員如犯有同等過失，仍應按照對待普通公民的程序受審訊，但立法會議可酌情組成獨立調查委員會展開調查。因為按徵求意見稿所提，要彈劾行政長官並非易事。
→ 彈劾範圍應加上政策嚴重失誤，或行政錯誤。
→ 彈劾權只限於行政長官而不包括主要官員是不完善的，主要官員也可被彈劾。
理由：
⊙ 第九項並沒有提及可進行彈劾。
⊙ 有歪民主之義。
⊙ 加強對立法機關的監察權。
⊙ 不然沒法對行政機關構成監察作用。
⊙ 過去在兩局會議上各官員可質詢任何有關政策上的疑問，雖然香港目前未達全面民主階段，但是各議會成員均可彈劾其他官員或主席的失當或錯誤。
⊙ 保障權力不會被濫用。
→ 立法機關應獨自擁有彈劾權，無須成立調查委員會或

報請中央決定。

2.4 中央的角色

→ 指控行政長官應得中央指示、決定和追認辭職。

→ 立法會議彈劾行政長官，無須先徵得中央人民政府的批准，在全國人民代表大會備案較為合適。

→ 行政長官及其提名任命的任何官員，如已被提出彈劾，應報請全國人大常委會進行彈劾。

→ 中央隨時有權於行政長官的任期內將其罷免。

→ 為了維持未來香港特別行政區政府高效率的運作，對行政長官須賦予實質權力，使其具有一定的權威，但此權力應有一定的制衡。中央既有任命行政長官的權力，也應有罷免的權力。

→ 中央可在行政長官犯有嚴重違法行為並經裁定有罪，且得三分之二立法議員通過彈劾議案時才使用其罷免權力。

→ 行政長官觸犯過失之輕重標準，應由全國人民代表大會常務委員會及立法機關和司法機關全體成員作出公平釐定。

3. 建議

3.1 職權

→ 香港特別行政區立法會議行使下列職權：

（1）立法權—— 包括主動提出法案、通過法律及修訂法律的權力等。立法機關成員可個別提出不干涉及公共開支的法案。但如提出的法案涉及公共開支，則須事先獲行政長官批准。

（2）財政權—— 包括決定由行政機關提交的預算案，對預算的稅收及開支表決以及公開查詢各部門預算等。核數署長由行政長官提名但須獲立法機關贊同。

（3）監督權—— 可對行政長官和主要官員提出質詢，政府對質詢必須作答。可對政府部門進行調查及傳召證人，提供資料與證據。

（4）彈劾權—— 如行政長官或主要官員犯罪或嚴重失職，四分之一立法機關成員可動議在立法機關下成立審查委員會進行調查。審查委員會由特別行政區終審庭首席法官主持。如審查委員會認為證據充份，可向立法機關動議彈劾案。彈劾案須得立法機關三分之二成員通過才可成立，並報請中央免除該官員之職務。

（5）成立專責小組—— 可成立專責小組，負責研究公眾所關心的事務，向立法機關全體成員或行政機關提供意見。

（6）選舉立法機關議長（即主席）—— 議長由成員互選產生，負責主持立法機關的會議，並執行會議常規。議長一般不參與辯論的投票，但在贊成與否決票相持不下時，則有決定性投票權。

（7）按基本法的規定，同意主要法官的任命和免職。

（8）通過以「中國香港」名義簽署的國際協議，並立法實施。

（9）互選政策委員會中三分之一成員。

（10）與行政長官共同行使任命政策委員會三分之一成員，並有權罷免之。

（11）通過由行政長官提名的主要官員。

3.2 個別條款建議

3.2.1 第（一）項

→ 改為：「依照法定程序制定或急需時予以會議通過制定；」

理由：「依照法定程序」受到時間和程序的限制。

3.2.2 第（二）項

→ 改為：「通過財政預算、決算；」

→ 改為：「根據行政機關的議案、審核和通過財政預算，亦可按需要作出削減；」

理由：給予其削減財政預算的權力，以防政府濫用公帑，也避免政府出現入不敷支之情況。

→ 改為：「若他們認為適當時，根據政府的提案，……」

→ 加上：「修改只限於削減預算支出；」

理由：審核行政機關所提出的財政預算是非常重要的職責。立法機關不應有權強迫政府增加某方面的預算支出，否則會入不敷支；但應該有權削減政府預算，以防政府濫用公幣。

→ 加上：「立法會議可就行政機關建議的公共開支予以削減；」

理由：立法機關應有權確保政府不會入不敷出。此乃目前的做法。

3.2.3 第（三）項

→ 改為：「若他們認為適當時，批准公共開支及制定合適稅務條文；」

3.2.4 第（四）項

→ 改為：「聽取，必要時發問行政機關的施政報告及進展；」

→ 「進行辯論」之後加上「審核」。要是其施政報告遭到三分之二立法議員的反對，行政長官可對報告進行必要的修正，或以第五十條的程序辭去其職務。

3.2.5 第（五）項

→ 改為：「對行政機關的工作加以審核和提出質詢；」

理由：

⊙ 有利於立法機關對行政機關的監察。

⊙ 原文內容粗疏。

⊙ 不應對立法機關的監察職權加以任何限制。

→ 改為：「對行政機關的工作提出審查及質詢，並傳召政府官員，以不涉及特別行政區以外的事宜為限，要求作證並提出證據；」

→ 改為：「立法會議可就行政機關之工作提出質詢，並可因應事件的需要，組成調查委員會，並將調查結果向市民公佈；」

理由：賦予立法會議向行政機關提出質詢的權力過於狹窄，因資料有賴行政長官及屬下官員之合作，而立法會議處於被動，難以實行有效的監察。

→ 改為：「對行政機關的工作提出質詢。設立常務委員會和專責委員會。立法機關及其所轄委員會有權傳召有關人士出席作證和提供證據；」

→ 加上：「及有權傳召有關人士出席作證和提供證據；」

3.2.6 第（六）項

→ 加上：「並可成立調查委員會進行調查；」

3.2.7 第（七）項

→ 刪去此項。

理由：正如司法應獨立於行政，司法也應獨立於立法，以致官員可作出一個不受恐懼或喜好所影響的正確決定。所以，恐怕立法機關會誤用此項權力。

→ 改為：「通過同意終審法院法官和高等法院首席法官的任免；」

→ 本項應包括「審計署署長」。

理由：審計署署長的任命亦應得到立法會議的同意。

3.2.8 第（八）項

→ 刪去此項。

理由：

⊙ 內容與第四十八條第（十三）項的「處理請願、申訴事項」重複。

⊙ 有關居民的申訴如由立法機關處理，運作上有問題。

⊙ 超越第六十四條所規定的行政機關向立法機關負責的範圍。

→ 改為：「接受香港居民的申訴，及保證有關的行政組織會作適當處理；」

改為：「接受任何香港居民申訴，並確保政府的行政機關會正確處理該申訴；」

3.2.9 第（九）項

→ 採納「匯輯」內建議（一）。

理由：

⊙ 原文未有充份界定授予香港特別行政區立法機關的權力。

⊙ 本條應有規定說明，香港特別行政區立法機關有權為特別行政區的和平秩序和良好管理制定法律，這原則應為香港人所熟悉，而在界定立法機關的權力時也可得到清楚理解。

⊙ 更能體現《中英聯合聲明》中「行政機關必須遵守法律，對立法機關負責」的規定。

⊙ 當行政長官嚴重失職和政策嚴重失誤時，立法機關對行政長官有足夠的監察能力。

⊙ 行政長官之權力太大，立法會議應參加裁判才對。

→ 建議採納「匯輯」內建議（二）。

→ 建議採納「匯輯」內建議（二），最後一句改為：「……可提出彈劾案報請全國人大常委會決定辦理和作出接受行政首長辭職的追認。」

→ 「匯輯」內建議（二）不可接受。

理由：成員比例太高（四分之三），減低了對行政長官因違法或瀆職的行為而被彈劾的可能。

→ 改為：「行政長官（或任何主要官員）如有嚴重違法或瀆職行為、嚴重失職或政策錯誤的行為，應由立法會議全體成員的四分之一聯合動議通過。」

理由：彈劾範圍只包括嚴重違法或瀆職的行為，界限不清。原文亦未包括失職或政策錯誤，也未界定何為「瀆職行為」。縱使行政長官犯了嚴重錯誤，立法會議也只有彈劾權而沒有罷免權。只有行政長官可被彈劾，其他政府主要官員不在此限，立法會議根本未能對行政機關作有效的監察。

→ 改為：「行政長官如被懷疑有嚴重違法或瀆職行為；將成立一調查委員會，其主席由終審法院首席法官擔任，於大公無私情況下負責訂立該委員會的程序，若他們向立法會議的報告有足夠證據構成對行政長官的指控，立法會議便以全體成員多數通過，可提出彈劾案，報請中央人民政府決定，另一方面於此動議選任一獨立調查委員會由足夠多數通過時，此行政長官將被停職直至由調查委員會證明他清白或此立法會議並不通過此彈劾案或中央人民政府決定不將其罷免。」

→ 將「匯輯」方案（二）的「四分之三多數通過」改為「三分之二多數通過」。

→ 建議違法行為與瀆職行為應分別處理，如行政長官被判有嚴重違法行為，立法會議無須進一步調查，可以全體成員三分之二通過，提出彈劾案，報請中央人民政府決定。如懷疑行政長官有嚴重瀆職行為，可根據原第（九）項所擬進行調查；如指控屬實，立法會議全體成員以三分之二通過，可提出彈劾案。

→ 彈劾案由二分之一立法會議成員通過便足夠。

理由：三分之二多數這規定要求過高。

→ 彈劾案改由二分之一立法會議成員通過，然後再加上「匯輯」內的建議（一）。

→ 動議成立調查委員會調查行政長官嚴重違法和瀆職之行為，須由立法機關全體成員三分之一通過。

→ 依據以上建議，在「……瀆職之行為」後，加上：「或在執行職務時嚴重失誤」。

→ 行政長官在調查期間亦須停職。

→ 刪除：「如該……可提出彈劾案」一段。

→ 但當立法會議達四分之三大多數同意，則可提出「不信任」動議，要求行政長官請辭，而中央人民政府予以形式上同意。

→ 依據以上建議，再加上：「行政長官自動辭職而不可解散立法機關。」

→ 行政長官如犯嚴重過失，而立法議會有三分之二議員提出譴責時，行政長官必須立刻辭職。

→ 改為：「行政長官如有瀆職行為或嚴重違法，由立法會議全體成員三分之二投不信任票可提出罷免，報中央人民政府審定。」

→ 依據以上建議，並規定動議必須有至少四分之一立法

會議成員簽署，表決必須在提出日期起計算的三個工作日完成。

→ 改為：「經全體成員的四分之一聯合動議，並經全體成員的四分之三多數通過，可提出對行政長官和任何主要官員的不信任票，報請中央人民政府罷免。」

→ 改為：「行政機關沒有解散立法機關的權力，立法機關擁有對行政長官或主要官員的彈劾權，彈劾議案一經通過，可報請中央罷免」。

3.3 個別句子修改

→ 刪去「經立法會議通過」一句。

→ 刪去「行政長官如有嚴重違法或瀆職行為」內「嚴重」二字。

→ 刪去「報請中央人民政府決定」。

→ 改為：「行政長官如有嚴重違法或瀆職的嫌疑，……獨立調查委員會，負責進行調查……。」

→ 最後一句「報請中央人民政府決定」改為：

（1）行政長官在受彈劾後如不自動辭職，須解散立法會議。重選後的立法會議如仍以三分之二多數通過彈劾案，則行政長官必須辭職。彈劾案需交中央人民政府備案。

（2）行政長官必須辭職，立法會議主席報人大常委會撤回任命。

（3）報請中央人民政府罷免行政長官或有關官員。

→ 最後二句改為：

（1）「可提出罷免行政長官議案，提交予全港合法選民投票表決，若獲投票的選民三分之二或以上投票贊成，則可罷免行政長官，而新任的行政長官則按照本法所規定的方法選出。」

（2）「可提出彈劾案，交由中央人民政府罷免行政長官及有關主要官員。」

理由：行政長官及有關主要官員的違法事件，對特別行政區政府會引起非常嚴重的結果。因此，若經調查認為，證據充足，又得立法會議全體成員三分之二多數通過，可對該等官員提出彈劾案。

→ 最後三句改為：

（1）「以全體成員四分之三多數通過，可提出彈劾案，報請中央人民政府罷免。」

理由：

⊙ 三分之二的人數太少。

⊙ 既提出彈劾案，便應「罷免」而非「決定」。

⊙ 「決定」二字不尊重特別行政區人民的高度自治，也造成地方與中央的摩擦。

（2）「立法會議以全體成員三分之二多數通過彈劾案，報請中央人民政府決定。」

理由：意思更見確切。

（3）立法會議有權以全體成員三分之二多數通過彈劾案；並可提出罷免案，申報中央人民政府。」

→ 「決定」後加上「罷免」。

理由：行政長官已經立法會議全體成員三分之二多數作出彈劾，如中央不罷免，可能會出現不良後果。

→ 「決定」二字改為「罷免」。

理由：原文中央人民政府決定的意思，只在於決定罷免或不罷免，若將決定改為罷免將更切合原意。

→ 「四分之一聯合動議」改為「三分之一……」。

→ 「三分之二多數通過」改為「四分之三……」。

→ 「三分之二」改為「二分之一」

→ 「行政長官」後加上「或其他主要官員」。

理由：

⊙ 行政長官與主要官員的犯錯需加以區分，使行政長官不致成代罪羔羊，而立法機關可彈劾主要官員，更能體現互相監察之功能。

⊙ 立法會議應有更大的權力，否則無法制衡行政機關及作出監察。

⊙ 立法機關應有權彈劾任何高級行政人員。

⊙ 彈劾權只限於行政長官的做法不全面，也不公平。
⊙ 彈劾權只限於行政長官而不包括主要官員，是不完善的。許多時候犯錯的往往是官員，主要官員也應受彈劾。
⊙ 行政機關擁有廣泛的權力，資源充足，若有越權或濫權的行為，不易為人所察覺。所以立法機關必須有足夠的調查和審查的權力，才能有效地令行政機關向其負責。

3.4 增加
→ 加上：「立法會議經全體成員的三分之一動議，並經全體成員的三分之二通過，可提出對行政長官的不信任案，報請中央人民政府決定。」
→ 加上：「對行政機關的工作和行為進行調查和審查；設立專責委員會，行使立法會議指定的職權。」
→ 加上：「設立常務委員會和專責委員會。」
→ 加上：「立法機關有權傳召政府官員或任何有關人士出席作證和提供證據。」
→ 加上：「立法機關及其所轄委員會，有權傳召有關人士出席作證和提供證據。」
理由：
⊙ 更能體現《中英聯合聲明》中「行政機關必須遵守法律，對立法機關負責的原則。」
⊙ 賦予立法機關對行政長官有更大的制衡力量，使立法機關有效地進行監察和審查的工作。
→ 加上：「立法會議可傳召有關官員作證和提供證據；除國防、外交及內部保安事務，如立法會議三分之二成員同意，行政首長不得阻撓。」
→ 加上：「向行政機關問責。」
理由：以符合《中英聯合聲明》。
→ 加上：「對審計署署長的報告進行審查。」
理由：為與第五十八及六十二條第（四）項的建議一致，由香港特別行政區立法機關審查審計署署長的報告較為適合。
→ 最後加上：「中央人民政府盡快知會立法會議就該彈劾案所作決定和採取的行動。」
→ 加上：「在按照本法執行職務時所必要而合理的其他權力。」
→ 加上：「有因時因地制宜的其他權力。」
理由：為避免在立法機關的正常運作上有無心之失。
→ 加上：「辦理對中央人民政府人大常委會的關於行政首長、主要官員及各級法院法官的任免追認和通過全國人大常委會的指令事項。」
→ 加上：「立法會議有權對行政首長投不信任票，要有四分之一成員動議，三分之二成員通過。每一事件的不信任票可以由行政首長解散立法會議。同一事件的第二次不信任票由重選的立法會議四分之一成員動議，三分之二成員通過，則構成對行政長官要求辭職。」
→ 加上：「提名行政首長的權力。」
→ 加上：「可通過行政長官提名的主要官員。」
→ 加上：
「（十）同意或否決行政長官對主要官員的提名。
（十一）立法機關可對有嚴重失職的主要官員進行不信任投票，如獲出席成員的三分之二多數通過，可提出不信任案，報請中央人民政府罷免有關官員。
（十二）設立專責委員會以監察和協調行政機關各部門的工作。
（十三）成立調查或偵訊委員會，傳召行政機關成員、政府官員和社會人士作證和提供證供。
（十四）根據本法，取消立法機關成員的資格。」
→ 第（六）項後加上兩項，如下：

第（七）項：「對行政機關的工作及行為，進行調查和審查；」
第（八）項：「設立專責委員會，行使立法會議指定的職權；」
理由：旨在清楚註明立法會議應有的調查權及設立專責委員會以協助執行其職權的權力。
→ 第（九）項前加上一項：
「根據本法規定，通過對行政長官的不信任案或否決對行政長官的信任案；」

3.5 其他建議
→ 行政長官擁有「根據安全和公共利益的考慮，決定政府官員或其他負責政府公務的人員是否向立法會議出席作證（編者按：原件缺字，根據上下文，推測有『出席作證』之缺漏。）和提供證據」的權力。但目前的「權力及特權法案」立法局是擁有這傳召證據的權力的，加上《中英聯合聲明》亦承諾香港原有法律，除與基本法抵觸外，均予以保留，然而徵求意見稿有關立法機關的職權卻沒有這權力的規定。
→ 立法會議應有權就重要事情召開聆訊，傳喚政府主要官員、各行業的首領、及公眾人士作證和協助調查。
→ 立法會議全體成員以二分之一的多數，可通過傳召政府各部門官員或其他負責的政府公務人員，出席立法會議和提供證據。行政長官可根據安全和公共利益的考慮，豁免該等人士出席立法會議作證。但假若立法會議再次以三分二之的大多數通過該項決議，行政長官則不能行使其否決權。
→ 凡涉及香港特別行政區管治範圍以內的事情，如經立法會議通過，行政長官必須執行。立法會議可要求有關政府官員或其他負責的公務員向立法會議作證或提供證據。

4. 待澄清問題
4.1 第（五）、（六）項
→ 「質詢」及「辯論」後又會怎樣？會不會不了了之，又或重新審議？
4.2 第（七）項
→ 如立法會議負責「同意」終審法院法官的任免，那麼有必要澄清「同意」的涵義，避免因權力過大而影響三權分立。
4.3 第（九）項
→ 何謂「嚴重」？
→ 是否不嚴重就不處理？
→ 是否不嚴重違法就可能給予特權，免於起訴？

※

⑨ 1989年1月9日《政治體制專題小組對條文修改情況的報告》，載於1989年1月《中華人民共和國香港特別行政區基本法起草委員會第八次全體會議文件匯編》

【P15】
第七十二條第（九）項的前三行改為「如立法會全體議員的四分之一聯合動議，指控行政長官嚴重違法，或有瀆職行為，或無力履行職務而不辭職，經立法會通過進行調查，立法會可組成獨立的調查委員會」，這樣改使得法律程序上更清楚，其餘文字則未作修改。在第（九）項下新加第（十）項：「在行使上述各項職權時，如有需要，可傳召有關人士出席作證和提供證據。」考慮到這是立法會的一項職權，應當加上。

第八稿

「第七十三條　香港特別行政區立法會行使下列職權：
（一）根據本法規定並依照法定程序制定、修改和廢除法律；

（二）根據政府的提案，審核、通過財政預算；

（三）批准稅收和公共開支；

（四）聽取行政長官的施政報告並進行辯論；

（五）對政府的工作提出質詢；

（六）就任何有關公共利益問題進行辯論；

（七）同意終審法院法官和高等法院首席法官的任免；

（八）接受香港居民申訴並作出處理；

（九）如立法會全體議員的四分之一聯合動議，指控行政長官有嚴重違法或瀆職行為而不辭職，經立法會通過進行調查，立法會可委託終審法院首席法官負責組成獨立的調查委員會，並擔任主席。調查委員會負責進行調查，並向立法會提出報告。如該調查委員會認為有足夠證據構成上述指控，立法會以全體議員三分之二多數通過，可提出彈劾案，報請中央人民政府決定。

（十）在行使上述各項職權時，如有需要，可傳召有關人士出席作證和提供證據。」

〔1990 年 2 月 16 日《中華人民共和國香港特別行政區基本法（草案）》〕

① 1989 年 5 月 10 日草案諮詢期討論文件（一）《行政機關與立法機關的關係》

【P3】
II 議會制
3. 這些意見指出草案的缺點（下文是以採用議會制為假設而提出的缺點——非真正的議會制）
3.10 立法會的辯論權
草案第 72（6）項規定立法會可就任何有關公共利益問題進行辯論，這辯論權是否包括動議權呢？若包括動議權，又是否包括不信任議呢？

【P5-9】
IV 行政機關與立法機關各司其職
1.2 立法會的職權：
（1）監察權：否決權、質詢權、調查權、辯論權、彈劾權；
（2）代表權：立法會代表社會不同利益、不同意見，接受市民申訴；
（3）公共政策、財政預算及立法權：因為立法會缺乏龐大資源及研究能力的委員會制度，亦沒有工作人員配合工作，這三項權力是受到限制的（第 49 條）；
（4）行政決策權：受第 73 條的限制，因為其權力止於不涉及公共開支和政府結構和管理運作的政策上，並在提出前必須得到行政長官的書面同意。但第 49 條容許立法會以三分之二多數再次通過原案，則立法會在有三分之二的多數時，可以行使一定程度的決策權。
3. 解決僵局的辦法：
3.2 可考慮的解決辦法：
3.2.2 憲制上的安排
（1）基本法內提供的解決辦法——但這些辦法卻有缺點：
I）草案所提的方法只是在極端嚴重情況下解決行政機關與立法機關僵局和衝突的辦法，但這些方法的有效性又受到限制。例如在解散立法會的權力上，行政長官只可在其任期內解散立法會一次，因此對新選的立法會，行政長官便全無制衡的方法，而事實上迫立法會再選，對部份由功能團體選舉產生的立法並不會造成很大的威脅，因為功能團體選舉不須太大的遊說及競選工作，而且市民的心態是，反對行政長官的，他們都支持。因此解散立法會實際上對立法會並不可形成威脅，再者，行政長官解散了立法會一次後，便會變得很被動。
至於立法會對行政長官的彈劾權又是在很嚴重的情況下才可作出，並且在彈劾以後，也不一定可迫行政長官下台，因為行政長官是否下台要視乎中央政府的決定。
（3）建議增強立法會的監察權：

I）給予立法會譴責個別主要官員的權力。由於彈劾行政長官會致使政府倒台，加上政府不應是集體負責制的，故應可對個別主要官員提出譴責，至於被譴責官員是否需要辭職，則在乎行政長官的決定，這亦可減輕行政長官的責任。
II）立法會定期向行政長官或主要官員作出查問，這不同於質詢，查問（Question Time）是定期的，比質詢要次一點，質詢是非常時期用的極端方法。
III）可考慮增強立法會向行政機關索取資料的權力，然而這是原則上的問題，實際上很難在基本法內規定。

V 行政主導
2. 建議
2.1 適當加強立法機關的創製權
2.2 重視立法機關內的常設專責委員會
在立法機關內設立主要由立法會議員組成的常設專責委員會，是可行和有作用的。這既可以加強立法機關內部的政治力量，又加強不同意見人士在具體專門問題上的溝通和合作。
2.3 明確對獨立管理局等的監察
有必要對政府架構中的獨立管理局、土地開發公司和專門委員會等的地位，作出明確的界定，並應有由立法機關通過的法例對這些管理局予以監察。
2.4 立法機關應有「建議罷免行政長官」權力
目前並無條文明確規定誰有權罷免行政長官。從法理上來說，可以理解為：行政長官由中央任命，所以只有中央才有權罷免他。但是正因為如此，香港特別行政區的立法機關，就應該有權提出「建議罷免行政長官」，而不只是提出彈劾，否則就只可能由中央提出罷免，這就會有嚴重的後果。

※

② 1989 年 8 月 18 日《第二次諮詢期政制專責小組第四次會議會議紀要》

【P2】
2. 監察
2.1 立法會對行政機關的監察與政策制定的效率必定是相對的，因此在考慮加強立法會的監察權的同時，應考慮社會願意捨棄多少行政效率。
2.2 在未有政黨政治之前，為免政令不行，社會付出太多代價，應相應地避免立法會擁有過多的監察權。然而有委員認為這樣做只會為獨裁政府鋪路，因為政府的權力只會膨脹，而不會減少的。但有認為目前基本法（草案）的規定並不會產生獨裁的行政機關。

2.3 在建議加強立法會的監察權的同時，亦有建議基本法內應加入什麼具體條文，例如傚傚目前立法局以財政權來掣肘行政機關，又或者設立獨立的諮詢委員會在日常工作上進行監察。

※

③ 1989 年 8 月 18 日第二次諮詢期政制專責小組第四次會議附件一

第七十二條
2. 意見
2.1 第一項
→ 此項雖然賦予立法會制定及修改法律的權力，但立法會所擁有的職權是否足以通過環境保護法例則值得懷疑。
2.2 第九項
→ 「……立法會可委託終審法院首席法官負責組成獨立的調查委員會，並擔任主席。……」的文意不清楚。
理由：可能被誤解為：獨立調查委員會的主席由立法會擔任，而並非終審法院的首席法官。
→ 此項提及「終審法院」，可是草案第十九條有關終審權的規定卻在表決時未獲三分之二多數通過；既然第十九條未獲通過，第七十二條也不應通過。
2.3 第十項
→ 立法會傳召有關人士出席作證和提供證據的權力受制於第四十八條第（十一）項行政長官的同意，並不合理。
2.4 立法會應有權彈劾政府各主要官員。

3. 建議
3.1 刪除
3.1.1 第七項
→ 刪去此項。
理由：正如司法應獨立於行政，司法也應獨立於立法，以使法官可在不受利益左右的情況下作公正的判斷，防止立法會濫用此項權力。
3.1.2 第二項
→ 改為：「若他們認為適當時，根據政府的提案……；」
→ 改為：「根據行政機關的提案，審核、通過財政預算及決算；」
理由：香港特別行政區立法會除了有權審核、通過政府提交的預算外，更應有權審核政府的決算。
3.1.3 第三項
→ 改為：「若他們認為適當時，批准公共開支及制訂合適稅務條文；」
3.1.4 第四項
→ 改為：「聽取、必要時發問政府的施政報告及進展；」
3.1.5 第八項
→ 改為：「接受香港居民任何申訴，確使政府對事件適當地作出處理；」
3.1.6 第九項
→ 改為：「行政長官如被懷疑有嚴重違法或瀆職行為，由立法會全體成員的四分之一聯合動議，經立法會全體成員三分之二多數通過，可組成獨立的調查委員會，負責進行調查並向立法會提出報告。調查委員會的主席由終審法院首席法官擔任，於大公無私的情況下負責訂立該委員會的程序。若委員會呈交立法會的報告有足夠證據構成對行政長官的指控，立法會以全體成員多數通過，可提出彈劾案，報請中央人民政府決定。另外，此動議同時選任另一獨立調查委員會；在該委員會的多數成員通過的情況下，行政長官被停職，直至此調查委員會證明其清白、立法會不通過彈劾案或中央人民政府決定不將其罷免為止。」
→ 此項亦根據下述的概念改寫：此項彈劾案必須有立法會全體議員四分之一聯合動議、出席會議的過半數議員通過，由終審法院首席法官負責組成並擔任主席之調查委員會進行調查。若調查結果認為有足夠的證據，並由立法會全體議員三分之二同意，可提出彈劾案。
理由：
⊙ 原文的文句冗長，不通順。
⊙ 原文「立法會可委託終審法院……」內的「可」字意味着立法會可以或不可以委託終審法院首席法官負責組成獨立的調查委員會；作為憲法性條文，此項應寫得更清楚明確。
→ 立法會罷免行政長官的過程過於累贅，建議應以簡單大多數便可罷免行政長官，否則行政長官在中國的壓力下，將來行政立法很難可達至權力制衡或「負責」的關係。
3.2 增加
→ 在第二項之後加上：「審核、通過每年決算，連同審計署長的有關報告」。
理由：要將來的政府安定和香港繼續繁榮，就不單要每年編製財政預算和交立法會審核、通過，還須編製每年決算，連同審計署長的報告交立法會審核、通過。這審核程序是財政預算過程的延續。
→ 第七十二條第七項，應包括同意審計署長的任免。
理由：以表明審計署長是特別行政區內審計機關的首長，而不是普通一個在行政長官之下，向行政長官負責的行政部門首長。
3.2.1 第七項
→ 應在這項加上「審計署長」。
理由：審計署長的任命應獲香港特別行政區立法會同意。
3.2.2 第九項
→ 行政長官如有失誤，立法機關以全體議員三分之二多數通過，可罷免行政長官。
→ 如得到二分之一全體立法委員通過，立法會即可向中央人民政府提出有關之彈劾案；如得到三分之二的全體立法委員通過，立法會即可暫時終止行政長官之職務，而該等職務可由立法會選出小組暫時行使，該小組之職權在全國人民代表大會全體會議有關之決定前有效。
3.2.3 第十項
→ 「可傳召」後加：「行政首長以外」一句。
→ 亦加上在超過二分之一全體立法會議員的要求下，立法會主席必須立即召開立法會緊急會議這一條。

4. 待澄清問題
→ 72（6）規定立法會可就任何有關公共利益問題進行辯論，這辯論權是否包括動議權呢？若包括動議權，又是否包括不信任議呢？

※

④ 1989 年 9 月 1 日《第二次諮詢期政制專責小組第五次會議會議紀要》

15. 第七十二條
15.1 有委員認為，應於第（七）項中加入「主要官員」。

17. 其他
17.1 有委員認為，基本法的第五十六條第二款、六十二條第（五）項、七十二條第（一）、（二）項，和第七十三條的規定都是一些關卡，使行政長官不同意的法律草案難以提出。故第四十九條「發回重議」的情況是不會發生的。

※

⑤ 1989 年 11 月 30 日基本法起草委員會秘書處《內

地各界人士對〈中華人民共和國香港特別行政區基本法（草案）〉的意見匯集》

【P14】
第七十二條
第九項關於彈劾權的規定，建議改為「彈劾案提出後，應召集原選舉委員會複議，全體委員三分之二以上多數同意彈劾，中央人民政府應批准彈劾案」。（廣西）

※

⑥ 《基本法諮詢委員會政制專責小組對基本法（草案）第四章、附件一、附件二及附錄的意見匯編》，載於 1989 年 11 月基本法諮詢委員會《中華人民共和國香港特別行政區基本法（草案）諮詢報告第一冊》

【P93-94】
1. 專題討論
1.2.2 監察
1.2.2.1 有委員認為，行政機關應就其制定的政策及決策向立法機關負責。換句話說，如果行政機關不履行他們的承諾，理應接受立法機關的質詢及調查。
1.2.2.2 有委員認為，立法會對行政機關的監察與政策制定的效率必定是相對的，因此在考慮加強立法會的監察權的同時，應考慮社會願意捨棄多少行政效率。
1.2.2.3 有委員認為，在未有政黨政治之前，為免政令不行，社會付出太多代價，應相應地避免立法會擁有過多的監察權。然而有委員認為這樣做只會為獨裁政府鋪路，因為政府的權力只會膨脹，而不會減少。但有認為目前《基本法（草案）》的規定，並不會產生獨裁的行政機關。

【P97】
2. 對條文的討論
2.16 第七十二條
（編者按：內容同第八稿文件④第 15 點）

※

⑦ 1989 年 11 月基本法諮詢委員會《中華人民共和國香港特別行政區基本法（草案）諮詢報告第三冊——條文總報告》

【P163-167】
第七十二條
（編者按：本文同第八稿文件③，除下列內容外，均同前文。）
2. 意見
2.2 第九項
→ 立法會議員對行政長官行使的權力過大。
→ 若調查委員會認為有足夠證據構成指控，立法會三分之二議員通過彈劾，行政長官必須辭職。
→ 立法機關只可以提出彈劾案，使立法機關對行政長官的監察只限於不通過預算案和主要法案，故立法機關對行政長官的監察是不足夠的。
→ 不反對立法會可對行政長官投不信任票，《基本法（草案）》內有解散立法會的條文也可保留，以維持行政立法機關之間的制衡，但最重要是兩者必須保持合作的工作關係，希望行政長官能得到立法會支持，而不是互相對抗。
→ 立法會應可對行政長官投不信任票。
理由：
⊙ 為保日後的高度自治，行政權應受立法機關的制衡。

⊙ 依據《中英聯合聲明》，行政長官應向立法機關負責。
3. 建議
3.2 修改
3.2.1 第二項
→ 改為：「根據行政機關的提案、審核、修改和通過財政預算、決算，惟修改只限於削減預算支出。」
3.2.4 第五項
→ 改為：「對行政機關的工作加以審查和提出質詢。」
3.2.5 第七項
→ 改為：「批准終審法院法官和高等法院首席法官的任免。」
理由：原文賦予立法會的權力過於狹窄及被動，有「名存實亡」之嫌。
3.2.7 第九項
→ 改為：「如立法會全體成員的四分之一聯合動議，指控行政長官或任何主要官員嚴重違法，或有瀆職行為，或嚴重失職，或無力履行職務而不辭職，立法會可組成獨立的調查委員會，其主席由終審法院首席法官擔任，負責進行調查並向立法會提出報告。如調查委員會認為有足夠證據構成上述指控，立法會以全體議員二分之一多數通過，可提出彈劾案，報請中央人民政府罷免。」
→ 將「立法會以全體三分之二通過，可提出彈劾案」改為「立法會以全體議員半數以上通過，可提出要求罷免行政長官」。
理由：原文賦予立法會指控行政長官的嚴重違法或瀆職行為及提出彈劾案的權力，當中程序過於繁複。
→ 將「報請中央人民政府決定」改為「行政長官必須辭職，報中央人民政府備案。」
→ 最後一句改為「行政長官應辭職」。
理由：既然第六項給予立法會討論任何公共利益問題的權力，當立法會彈劾行政長官時，像其他國家的做法，行政長官應辭職。
→ 最後一句改為：「決定罷免行政長官，並由中央人民政府宣佈」。
→ 最後一句改為：「若委員會認為有足夠證據，立法會可以三分之二多數票通過彈劾之動議案，並報中央人民政府將行政長官罷免。」
→ 最後一句改為：「若委員會認為有足夠證據，立法會可以三分之二多數票彈劾行政長官，並報中央人民政府作記錄。」
→ 行政長官如有失誤，立法機關以全體議員三分之二多數通過，可罷免行政長官。
→ 如得到二分之一的全體立法會委員通過，立法會即可向中央人民政府提出有關之彈劾案；如得到三分之二的全體立法會委員通過，立法會即可暫時終止行政長官之職務，而該等職務可由立法會選出之小組暫時行使，該小組之職權在全國人民代表大會全體會議有關之決定前有效。
→ 建議當行政長官有嚴重違法或瀆職行為時，立法機關可提出罷免，然後報請中央人民政府批准。
3.3 增加
3.3.1 第二項
→ 加上「修訂」的字眼。
→ 加上規定立法會可減少由行政機關提出的公共開支。
理由：立法機關有權去確保政府不會過量地使用公眾基金。這是目前的做法。
3.3.2 第四項
→ 「聽取……行政長官」一句應加入「……並所作出的結論應作為重新制定政策時的參考。」
3.3.3 第五項
→ 加上「審查行政機關工作的權力」。
理由：立法機關的監察功能範圍不應有限制。
3.3.5 第九項

→ 在第一行「指控行政長官」後加上「主要官員」。
→ 在「提出彈劾案」後加上「或要求罷免」。
3.3.7 增加一項
→ 加上：「（十一）立法會以全體議員三分之二多數通過，可提出彈劾案，彈劾行政長官，這時行政長官就失去其行政長官的官職，在三個月或六個月內，選出另一位行政長官。在未選到新的行政長官，就由政務司長、財政司長、律政司長依上述順序臨時代理職務。
立法議員提出任何關於香港特別行政區的法律草案，都不受任何約束。
立法會通過兩次的法案，行政長官必須簽署公佈。」
→ 加上：「（十一）立法會議經全體成員的三分之一動議，並經全體成員的三分之二通過，可提出對行政長官的不信任案，報請中央人民政府決定。」
→ 加入第十一項，使立法會可以三分之二多數票通過對主要官員的不信任案，並建議中央人民政府將之罷免。
理由：確保行政機關如《中英聯合聲明》的規定，真正向立法機關負責。
→ 加上：「（十一）監察行政長官對緊急狀態權力的行使。」
→ 增加第（十一）、（十二）、（十三）、（十四）及附件四：
（十一）如立法會全體成員的四分之一聯合動議，並經出席成員的三分之二多數通過，立法會可提出對行政長官或任何主要官員的不信任案，報請中央人民政府罷免。

（十二）設立常務委員會和專責委員會。
（十三）行使本法附件四賦予立法會在內部緊急時期的權力。
（十四）在按照本法執行職務時所必要而合理的其他權力。
3.4 其他
→ 立法機關可以三分之二大多數再通過行政長官拒絕簽署的法律。
→ 立法機關可提案討論公共開支、政府政策和政府結構運作。

4. 待澄清問題
→ 在第七項中若立法會不通過任命或罷免案會如何？

※

⑧ 1989 年 12 月 13 至 16 日《政治體制專題小組第十七次會議紀要》，載於 1990 年 2 月《中華人民共和國香港特別行政區基本法起草委員會第九次全體會議文件匯編》

【P16】
一、委員們多數同意下述條文修改意見：
6. 第七十二條第（四）項後增寫一項：「應行政長官要求召開緊急會議。」

第九稿

「第七十三條　香港特別行政區立法會行使下列職權：
（一）根據本法規定並依照法定程序制定、修改和廢除法律；
（二）根據政府的提案，審核、通過財政預算；
（三）批准稅收和公共開支；
（四）聽取行政長官的施政報告並進行辯論；
（五）對政府的工作提出質詢；
（六）就任何有關公共利益問題進行辯論；
（七）同意終審法院法官和高等法院首席法官的任免；
（八）接受香港居民申訴並作出處理；
（九）如立法會全體議員的四分之一聯合動議，指控行政長官有嚴重違法或瀆職行為而不辭職，經立法會通過進行調查，立法會可委託終審法院首席法官負責組成獨立的調查委員會，並擔任主席。調查委員會負責進行調查，並向立法會提出報告。如該調查委員會認為有足夠證據構成上述指控，立法會以全體議員三分之二多數通過，可提出彈劾案，報請中央人民政府決定；
（十）在行使上述各項職權時，如有需要，可傳召有關人士出席作證和提供證據。」
〔1990 年 4 月《中華人民共和國香港特別行政區基本法》〕

香港特別行政區立法會議員根據本法規定並依照法定程序提出法律草案，凡不涉及公共開支或政治體制或政府運作者，可由立法會議員個別或聯名提出。凡涉及政府政策者，在提出前必須得到行政長官的書面同意。

✿ 貳 | 概念

1. 立法會議員依法提出法律草案

✿ 叁 | 條文本身的演進和發展

第一稿▶

「第七十一條　方案一：香港特別行政區立法機關成員可根據本法規定並依照法定程序個別或聯名提出法律草案，但下列三項在提出前必須得到行政長官之書面同意：
（一）涉及稅項及政府開支者；
（二）涉及政府政策者；
（三）涉及行政機關之結構及管理運作者。
方案二：香港特別行政區立法機關成員根據本法規定並依照法定程序提出法律草案，制訂和修改法律，凡不涉及公共開支和公共政策之法律草案，可由立法機關成員個別或聯名提出。」
〔1987 年 12 月基本法起草委員會秘書處《香港特別行政區基本法（草案）》（匯編稿）〕

① 1986 年 2 月基本法諮詢委員會《分批研討會參考資料》

【P2】
張家敏委員：（五）政制設置及制衡；

※

② 1986 年 2 月基本法諮詢委員會《分批研討會參考資料 2》

【P2】
基本法可分成六個主要部份：
第三部份說明特別行政區內部的結構。此部分為兩節，第一節處理特別行政區的政治結構，體現特別行政區政府及立法機關由當地人組成……

※

③ 1986 年 2 月基本法諮詢委員會《諮委會第一分組有關基本法結構討論小結》

一、基本法結構，根據與會者發言，大致上可以歸結為下列十二個部份：
5. 政制

※

④ 1986 年 2 月基本法諮詢委員會《第一批研討會總結》

一、基本法結構，根據與會者發言，大致上可以歸結為下列十二個部份：
5. 政制

※

⑤ 1986 年 2 月基本法諮詢委員會《第二批研討會總結》

六、基本法結構初擬——
4. 政府的架構——首長的產生，調動軍隊的權力，行政、立法、司法、財政制度、公務員。

※

⑥ 1986 年 2 月基本法諮詢委員會《第三批研討會總結》

4. 基本法的詳盡程度——
（2）政制：主要說明行政、立法、司法三權分立關係，

三個機構如何產生及其權力範圍等問題；

※

⑦ 1986 年 2 月基本法諮詢委員會《第四批討論總結》

四、政制方面
有些委員認為《中英聯合聲明》內談經濟部份太多，政制太少，所以基本法要側重寫政制部份，但如果寫得太詳細，則缺乏修改餘地，而太簡單，則又會說不清主要重點。個別委員建議在基本法內只闡述政制的大原則，而具體細節則以附件形式詳述。既可達到精簡原則，另一方面易於在港人手裡修改政制附件部份，而可能不須呈交中央通過。

※

⑧ 1986 年 2 月基本法諮詢委員會《第五批研討會總結》

五、對基本法結構的建議──
4.政制：行政
　　　　立法 ⎫　三權分立，並寫出它
　　　　司法 ⎭　的形成及運作。

※

⑨ 1986 年 4 月 22 日《中華人民共和國香港特別行政區基本法結構（草案）》，載於《中華人民共和國香港特別行政區基本法起草委員會第二次全體會議文件匯編》

【P14】
第四章　香港特別行政區的政治體制
第三節　立法機關
（五）立法機關組成人員的職責和權利

※

⑩《十二個政制構想》（1986 年 6 月 10 日政制專責小組第四次會議附件二）

（冼銘倫）
立法機關有權提法案
立法機關的職權方面，現在的立法局是行政架構的諮詢、監察機構，也有一定的立法權力，但這立法權卻不是完整的，因為目前的立法局並不能自行提出法案，而法案必須由港督提出，由立法局修訂及通過（或否決）。既然《中英聯合聲明》訂明，未來立法機關擁有立法權，則提出法案的權力便應加入未來立法機關的職權範圍內。
與此同時，現在的立法局亦不能獨自提出加稅的提案，即使對財政預算案，也只能減、不能加。這點是應該保留的。因為由選舉產生的立法機關，面對開支問題時，一定會遭受到比現在更大的壓力，所以加稅及增加開支的權力，不宜授予一個直接受選舉壓力的機構。

※

⑪《立法機關、立法機關的產生》〔1986 年 8 月 6

日政制分批研討會（第三批）討論文件二〕

【P12】
4.立法機關組成人員的職責和權利
4.1 基本法中不用詳細說明，以免造成掣肘。
4.2 組成人員的職責由立法機關的會議常規規定。
4.3 組成人員的職責有兩方面，個人方面是履行立法機關的職權，積極參與立法，並按照憲法的程序、立憲的精神為香港的穩定及繁榮去建議或考慮一些條例。在政治方面要向特別行政區政府、中央政府負責。
4.4 如個人的利益與全體的利益有衝突時，要以全體利益為首。

※

⑫ 1986 年 8 月 18 日《未來香港特別行政區政府架構芻議》

【P4】
（5）立法機關
5.1 有關立法機關的權力，建議如下：
t.立法局議員個人可提出與財政無關的個人議案

※

⑬ 1986 年 8 月 20 日《基本法結構專責小組初步報告》

【P20】
5.3 第三節　立法機關
（5）立法機關組成人員的職責和權利

※

⑭ 1986 年 11 月 8 日《香港特別行政區基本法起草委員會政治體制專題小組的工作報告》，載於《中華人民共和國香港特別行政區基本法起草委員會第三次全體會議文件匯編》

【P35】
九、關於行政機關與立法機關的關係
……此外，還提出一些需要進一步研究的問題：
3.除行政機關外，立法機關的成員是否有權提出政策性的法案？

※

⑮ 1987 年 2 月 28 日政制專責小組之立法機關與立法機關的產生工作組《立法機關討論文件（草稿）》（1987 年 3 月 4 日政制專責小組之立法機關與立法機關的產生工作組第一次會議討論文件）

【P6】
4.立法機關的職權
4.2 將來情況：
4.2.1 立法
（1）提案權
i.保持不變
ii.將來立法機關可主動草擬及提出政府條例草案，而非只於私人條例草案或由「官守議員」提出。

⑯ 1987 年 3 月 10 日政制專責小組之立法機關與立法機關的產生工作小組《立法機關討論文件（修訂稿）》

【P6】
4. 立法機關的職權
（編者按：內容同上文）

※

⑰《Final Report on the Structure of Basic Law》（基本法結構專責小組最後報告，1987 年 3 月 14 日經執行委員會通過）

【P25】
5.3 Section 3 "The Legislature".
V. "Terms of reference of members of the legislature."

※

⑱ 1987 年 3 月 28 日政制專責小組之立法機關與立法機關的產生工作組《立法機關討論文件（三稿）》（1987 年 4 月 1 日立法機關與立法機關的產生工作組第三次會議討論文件）

4. 立法機關的職權
4.2 將來情況：
4.2.1 立法
（1）提案權
i. 保持現時情況不變
ii. 將來立法機關議員可主動草擬及提出政府條例草案，而非止於私人條例草案或由「官守議員」提出。

※

⑲ 1987 年 4 月 3 日政制專責小組之立法機關與立法機關的產生工作組《立法機關討論文件（四稿）》（1987 年 4 月 14 日立法機關與立法機關的產生工作組第四次會議討論文件）

【P7】
4. 立法機關的職權
4.2 將來情況：
4.2.1 立法
（1）提案權
i. 保持不變（以一九八七年四月為準）
ii. 將來的條例草案（包括涉及財政開支的草案在內）
1 只可由政府提出
2 只要是立法機關成員便可提出
3 政府及立法機關成員均可提出
iii. 有委員認為任何立法機關成員均可提出所有條例草案（包括涉及財政開支的草案）是不可行的。

※

⑳ 1987 年 4 月 16 日政制專責小組之立法機關與立法機關的產生工作組《立法機關討論文件（五

稿）》（1987 年 4 月 22 日立法機關與立法機關的產生工作組第五次會議討論文件）

【P7】
4. 立法機關的職權
（編者按：內容同上文）

※

㉑ 1987 年 4 月 25 日政制專責小組之立法機關與立法機關的產生工作組《立法機關討論文件（六稿）》（1987 年 6 月 9 日政制專責小組第十二次會議討論文件）

【P7】
4. 立法機關的職權
（編者按：內容同上文）

※

㉒ 1987 年 6 月 10 日政制專責小組之行政機關與立法機關的關係工作組《行政機關與立法機關的關係討論文件》（1987 年 7 月 27 日政制專責小組第十三次會議第二次續會討論文件）

【P3】
3. 主要問題
甲、行政機關與立法機關的關係
3.1 立法提案權
3.1.1 目前情況
港督會同立法局是香港的立法機關。所有關於公共事務的法例草案，都是由香港政府行政部門起草，經行政局同意後，提交立法局進行立法程序，包括首讀、二讀、委員會階段及三讀法案。立法局可以通過、不通過或在修改後通過一項法例草案。法例草案在立法局三讀通過後，還須得港督批准，才能正式生效。
目前的立法局的非官守議員可以提出一些非政策性的私人法案。涉及港府政策、公共法例的提案，全部由官守議員提出。如果立法局不通過政府提出的法案，有關的政策便無法實施，然而這種行政與立法的不協調現象很少發生，因為在行政局中，有大部份議員也同時是立法局議員，有助兩局之間的瞭解。
3.1.2《中英聯合聲明》的規定
在附件一第二節有如下的規定：
「香港特別行政區的立法權屬香港特別行政區立法機關。立法機關可根據《基本法》的規定並依照法定程序制定法律，報請中華人民共和國全國人民代表大會常務委員會備案。立法機關制定的法律凡符合《基本法》和法定程序者，均屬有效。」
3.1.3 建議
i) 立法機關的立法權包括提出法案、通過法例及修訂法例等（但不得提出稅收或與財務支出有關的法案）；行政機關也有權力向立法機關動議法案（包括財政預算案）。法案經立法機關通過後，須得行政長官的同意副署，方能成正式的法律。
贊成理由：一個獨立的立法機關需擁有完整的立法權，即包括立法提案權。立法機關不應對稅收、財政預算案作出提案，因為由選舉產生的立法機關在面對開支的問題時，定會遭到很大壓力，因此，加稅及增加開支的權力不宜授予一個直接受選舉壓力的機構。
反對理由：如立法機關也有權提出法案，可能導致政策上

的混亂，喪失行政效率。

ii）立法機關沒有立法提案權，這權力只應賦予行政機關，立法機關的立法權在於修訂、通過或否決法案。

贊成理由：這建議與現行的制度相同，而目前政府在這制度下運作效率很高。將提案權和審決權分開是互相制衡的方法。

反對理由：在民意的指導下應有主動提出法案的權力，法案可能包括或不包括有關財務的問題。

3.1.4 其他建議

i）立法機關成員可提出私人動議，但其內容不能涉及財政稅收。

ii）如財政預算案最後得不到立法機關通過，立法機關須根據基本法規定而解散，然後進行選舉。

iii）由行政機關的主要官員親自在立法機關會議上提出立法動議。

iv）立法草案無須行政長官批准可正式生效，只要立法機關通過了草案，則行政長官只須形式上的簽署。

※

㉓ 政制專責小組《立法機關最後報告》（1987 年 6 月 12 日經執行委員會通過）

【P23】

4.立法機關的職權

（編者按：內容同第一稿文件⑲）

※

㉔ 1987 年 11 月 11 日《政制專責小組與政制組草委交流會（十一月十日）上諮詢委員對草委的建議》（1987 年 11 月 17 日政制專責小組第七次會議附件一）

（編者按：原件中並無對應的條文草稿，故無法確認下文中「第三節第九條」的內容，但從行文的意思可以判斷此

意見是針對本條而發。）

1.對條文之意見

（3）第三節　立法機關

1）第九條

有委員認為此條文使立法機關的提案權比現時的還少，因為現時的會議常規只限制個別委員（非官守議員）提出涉及稅項及政府開支的法案，而第九條卻加了兩項新限制，就是涉及政府政策者及涉及行政機關之結構及管理運作者。然而草委們曾提出將來立法機關的權力應相對現時立法局的權力增加，但現時卻又背道而馳。

※

㉕ 政制專責小組《對基本法第四章條文草稿（一九八七年十一月）的意見（一）》（1987 年 11 月 23 日經執行委員會通過）

【P1】

對條文之意見

（3）第三節　立法機關

1.第九條

（編者按：內容同第一稿文件㉔）

2.有委員建議基本法應列明未來立法機關繼續擁有目前權力及特權法案所規定的調查權。

※

㉖ 1987 年 12 月基本法起草委員會秘書處《香港特別行政區基本法（草案）》（匯編稿）

【P35】

第七十一條

說明：有的委員主張，凡涉及公共開支或公共政策之法律草案，必須由不少於十分之一的立法機關成員聯名提出，但不必得到行政長官之書面同意。

第二稿

「**第七十四條**　方案一：香港特別行政區立法會議成員可根據本法規定並依照法定程序個別或聯名提出法律草案，但下列三項在提出前必須得到行政長官的書面同意：

（一）涉及財政收入或支出者；

（二）涉及政府政策者；

（三）涉及政府的結構和管理運作者。

方案二：香港特別行政區立法會議成員根據本法規定並依照法定程序提出法律草案，凡不涉及公共開支和公共政策的法律草案，可由立法會議成員個別或聯名提出。」

〔1988 年 4 月基本法起草委員會秘書處《中華人民共和國香港特別行政區基本法（草案）草稿》〕

① 1987 年 12 月《中華人民共和國香港特別行政區基本法起草委員會第六次全體會議委員們對基本法第四、五、六、十章和條文草稿匯編的意見》

【P19-20】

24.第七十一條

（1）有的委員提出，方案一規定的三項法案在提出前必須得到行政長官之書面同意，這容易引起爭執，建議採用方案二。有些委員認為，這兩種方案相近，建議合併。

（2）有些委員提出，關於財政和公共開支方面的提案權

問題，可請經濟專題小組進一步討論。

（3）第二組多數委員傾向將方案二列為主流意見，不同意說明中所列方案，以便行政機關不受太多的干擾。

※

② 1988 年 4 月《總體工作小組所作的條文修改舉要》，載於 1988 年 5 月《中華人民共和國香港特別行政區基本法起草委員會第七次全體會議文件匯編》

第七十四條（政制小組最後草擬的原第七十二條），將方案一的第（一）項的「稅項及政府開支」改為「財政收入或支出」，將第（三）項「行政總署」改為「政府」；將方案二中「制訂和修改法律」去掉。

※

③《各專題小組的部份委員對本小組所擬條文的意見和建議匯輯》，載於 1988 年 4 月基本法起草委員會秘書處《中華人民共和國香港特別行政區基本法（草案）草稿》

【P69】
第七十四條
（編者按：內容同第一稿文件㉖）

第三稿

「**第七十三條　方案一**：香港特別行政區立法會議成員可根據本法規定並依照法定程序個別或聯名提出法律草案，但下列三項在提出前必須得到行政長官的書面同意：
（一）涉及財政收入或支出者；
（二）涉及政府政策者；
（三）涉及政府的結構和管理運作者。
方案二：香港特別行政區立法會議成員根據本法規定並依照法定程序提出法律草案，凡不涉及公共開支和公共政策的法律草案，可由立法會議成員個別或聯名提出。」
〔1988 年 4 月基本法起草委員會《中華人民共和國香港特別行政區基本法（草案）徵求意見稿》〕

①《各專題小組的部份委員對本小組所擬條文的意見和建議匯輯》，載於 1988 年 4 月基本法起草委員會《中華人民共和國香港特別行政區基本法（草案）徵求意見稿》

【P58】
第七十三條
（編者按：內容同第一稿文件㉖）

第四稿

「**第七十三條**　香港特別行政區立法會議員根據本法規定並依照法定程序提出法律草案，凡不涉及公共開支和政府的結構和管理運作者，可由立法會議員個別或聯名提出。凡涉及政府政策者，在提出前必須得到行政長官的書面同意。
〔1989 年 2 月《中華人民共和國香港特別行政區基本法（草案）》〕

①《基本法工商專業界諮委對基本法（草案）徵求意見稿第四章政治體制之意見書》

【P3】
第七十三條
我們建議：
（i）立法會議成員可個別或聯名提出不涉及財政支出的法律草案；
（ii）若提出的法律草案涉及財政收入或支出者，在提出前必須得到行政長官的書面同意。

※

②1988 年 5 月基本法諮詢委員會秘書處《基本法（草案）徵求意見稿初步反應報告（草稿）》

【P31】
5.行政機關與立法機關
5.5 立法會議成員提出的任何法案均可被視為與政府政策有關，行政長官固然可以很民主的態度來限制法案的提出，但當政府有這樣的權力時，單靠政府的慷慨是很不智的。故建議將第七十三條刪掉或減低其限制性。

※

③1988 年 6 月 6 日《政制專責小組 1 與草委交流會會議紀要》

3.諮委對有關立法機關條文的意見
3.2 第七十三條：方案一有所謂「政府政策」、方案二有所謂「公共政策」，有委員認為任何法律都牽涉政府政策及公共政策，建議參考現時的立法局會議常規第五十三條。

※

④1988 年 6 月 6 日《政制專責小組（二）與內地草委交流會會議紀要》

4.立法機關
4.2 提案權：
有委員認為應以立法會議成員數目（如 1/5）來考慮個別提案權，而不應如第七十三條兩個方案所言只由行政長官限制提案或只局限某些草案的提出。

※

⑤1988 年 8 月基本法起草委員會秘書處《香港各界人士對〈香港特別行政區基本法（草案）徵求意見稿〉的意見匯集（一）》

【P29】
第七十三條

1. 贊成《意見和建議匯輯》中的方案。

2.「同意」即可，不必「書面」同意。

※

⑥ 1988 年 9 月基本法起草委員會秘書處《內地各界人士對〈香港特別行政區基本法（草案）徵求意見稿〉的意見匯集》

【P16】
第七十三條
方案一比較好，「個別」應改為「單獨」。

※

⑦《基本法諮詢委員會政制專責小組對基本法（草案）徵求意見稿第四章的意見匯編》，載於 1988 年 10 月基本法諮詢委員會《中華人民共和國香港特別行政區基本法（草案）徵求意見稿諮詢報告（1）》

【P110】
3. 有關條文討論
3.22 第七十三條
3.22.1 有委員認為，任何法律皆牽涉「政府政策」及「公共政策」，建議參考現時的立法局會議常規第五十三條。
3.22.2 有委員指出，應清楚指明是向立法會議還是向行政會議提出法律草案。
3.22.3 方案一
3.22.3.1 有委員建議不必由行政長官書面同意。
3.22.4 有委員認為，立法機關有機會提的法案已受限制。如接納方案一或二，便與美國政制的運作不同。
3.22.5 有委員認為，這條違反《中英聯合聲明》，因《中英聯合聲明》說明立法權屬立法機關，但據第七十三條，立法機關對大部份的法案皆無提案權。
3.22.6 有委員認為，這條並無違反《中英聯合聲明》，因《中英聯合聲明》並無涉及立法機關的權力問題。
3.22.7 有委員認為，《中英聯合聲明》已在附件一第二節第二段內說明，抄錄如下：
「香港特別行政區的立法權屬於香港特別行政區立法機關。立法機關可根據《基本法》的規定並依照法定程序制定法律，報中華人民共和國全國人民代表大會常務委員會備案。」文內第一句已指明第七十三條違反《中英聯合聲明》。
3.22.8 有委員認為，以一般程序，應先提案、辯論、投票、由大多數立法機關成員通過，因此立法權仍屬立法機關，第七十三條亦無違反《中英聯合聲明》。

※

⑧《香港特別行政區政治體制的一些整體問題》，載於 1988 年 10 月基本法諮詢委員會《中華人民共和國香港特別行政區基本法（草案）徵求意見稿諮詢報告（3）——專題報告》

【P20-21】
II 行政機關與立法機關的關係
3. 行政長官與立法機關的關係
3.3 提案權及決定權
3.3.2 提案權
3.3.2.1 徵求意見稿第七十三條規定：「方案一：香港特別行政區立法會議成員可根據本法規定並依照法定程序個

別或聯名提出法案，但下列三項在提出前必須得到行政長官的書面同意：（一）涉及財政收入或支出者；（二）涉及政府政策者。（三）涉及政府的結構和管理運作者。
方案二：香港特別行政區立法會議成員根據本法規定並依照法定程序提出法律草案，凡不涉及公共開支和公共政策的法律草案，可由立法會議成員個別或聯名提出。」
3.2.2.2 第四十八條第（十）項又規定，香港特別行政區行政長官可「批准向立法會議提出有關財政收入或支出的動議」。
3.3.2.3 有意見認為，這些規定無疑使行政長官操縱了立法會議的提案權，因為絕大部份的法律都會涉及財政。但有意見認為，徵求意見稿的規定跟現時的情況沒有分別，而現時的做法會減少對抗的局面，有助穩定政局。

※

⑨ 1988 年 10 月基本法諮詢委員會《中華人民共和國香港特別行政區基本法（草案）徵求意見稿諮詢報告第五冊——條文總報告》

【P295-300】
第七十三條
2. 意見
2.1 贊成意見
→ 贊成方案一。
理由：
⊙ 第（一）項是絕對需要的。凡涉及政府的財政收入及支出者，作為民意代表的立法會議應沒有提案權。當行政機關提出該等草案時，立法會議只可對支出提出減少或贊成動議，絕不可提出增加之動議；否則，香港會變成一個福利地區。
⊙ 第（二）及第（三）項主要涉及行政機關的日常管轄範圍。為確保行政效率，應給予行政機關自主權，立法會議則應擔當監督者之角色。
⊙ 立法會議基本上可提出任何法律草案，但某些草案必須得到行政長官的同意。而本條所列的條件合理，不會引起行政受到干擾或影響政府運作。
→ 贊成方案二。
理由：
⊙ 保持財政規劃及政府政策不會因立法會議成員的意見而朝令夕改。
⊙ 這是現行的做法，在執行上較容易。
⊙ 這方案容許立法會議成員運用其控制權，可不受任何干預便可提出法律草案。
⊙ 方案一的第（二）及第（三）項的內容太廣泛。
2.2 反對意見
→ 反對方案一。
理由：
⊙ 局限性較大
⊙ 第（一）至第（三）項幾乎無所不包，使立法會議完全被動，也缺乏對政府政策的提案權，失卻行政、立法互相制衡的作用；為保持行政、立法互相的協調，立法會議可下設專責委員會負責提案，且可與行政機關的專責委員會互相協調。
⊙ 該三項草案本是監察行政機關的方法，但若先須徵得行政長官的同意才可提出這些草案，只會局限了立法會議的監察範圍。
⊙ 立法會議成員在提出法律草案時，須事先「得到行政長官書面同意」，顯然限制了成員的提案權。
→ 反對方案二。
理由：
⊙ 此方案完全抹殺了立法會議成員個別提出有關公共開支和公共政策的法律草案的機會。

⊙「公共開支」和「公共政策」的涵義含糊,可能被演繹為限制絕大部份草案的提案權。

⊙ 此方案與其他條文矛盾。

⊙ 政府的結構、職權及與立法會議的關係已分別於第六十、六十二及六十四條列明。

⊙ 立法會議成員所提的草案可能會改變政府的結構或政府的管理運作。如行政機關的運作受立法機關干預,這會影響政府維持穩定的政策。

⊙ 並未談及有關公共開支及公共政策之草案由什麼部門負責提出。

→ 反對方案一及二。

理由:

⊙ 立法會議的成員應有權個別或聯名提出法律草案,但有關公共開支和公共政策的草案,則應由不少於十分之一的立法會議成員聯名提出,以阻止立法會議成員輕率地提出與財政有關的草案。

⊙ 立法會議應有權提出方案一所述的三項法律草案。

⊙ 限制了立法會議於重要事務上的提案權。

⊙ 扼殺了立法會議的動議權和理財權,有違建立一個權力中心以制衡政府的原則。

⊙ 使立法會議淪為有名無實的橡皮圖章。

⊙ 方案一對立法會議成員提案的限制太大,根本沒有什麼法律草案不涉及方案一的三項草案。方案二所定下的限制也大同小異。

⊙ 兩個方案都規定凡涉及公共開支、公共政策、政府結構和管理運作等方面的法律草案,均須得到行政長官的書面同意。實際上,這意味着所有法律草案均須得到行政長官的同意,因為很少法律草案是不涉及財政、政府結構和管理運作的。

⊙ 兩個方案都扼殺了立法會議的提案權。由於法律草案必須經由行政長官同意,故此方案一限制了立法會議在提出大部份法律草案時的自由及獨立性。方案二限制了立法會議所提出法律草案的範圍,實有欠民主因素。

⊙ 應參考現行制度,即除涉及公共開支外,立法會議成員可自行提出法律草案。

2.3 其他意見

→ 本條所提有關財政開支的提案權並非由行政與立法機關共同分享,而是由行政機關獨攬。

→ 立法會議享有的提案權非常有限。

→ 提案如涉及政府政策,立法會議的動議權不應受限制。

→ 凡涉及財政收入、公共開支、政府政策及結構和管理運作者,皆不能按照法定程序在立法會議中提出,影響民生甚大。

→ 若立法會議成員不能就公共開支、公共政策、政府結構若管理運作提出議案,立法會議的權力會過份受到局限。凡事均需全體舉手通過的會議,只是共產黨國家的特徵,香港人難以接受。

→「政府政策」的範圍太廣泛。

3. 建議

3.1 刪除

3.1.1 刪去全條。

理由:此條乃殖民地的遺物。

3.1.2 方案一

→ 刪去第(二)項。

理由:

⊙ 限制太大,因為差不多所有法律草案都牽涉政府政策。

⊙ 限制立法會議有效地正面監察政府。

⊙ 刪去第(二)項而保留第(三)項。因為有關財政、政府結構和管理運作的事務,行政機關會比立法會議清楚。容許立法會議成員無故干預行政事務,會令立法會議成員有雙重角色。

3.1.3 方案二

→ 刪去此方案。

→ 刪去「和公共政策」等字眼。

3.2 修改

3.2.1 全條修改

3.2.1.1 有關所有法律草案

→ 改為:「香港特別行政區立法會議成員可以個別或聯名方式提出任何法律草案。」

→ 改為:「香港特別行政區立法會議個別成員,可根據本法規定並依照法定程序提出法律草案。」

→ 改為:「任何法律草案可以由行政長官或不少於十位立法會議的成員聯名簽署,便可提出。」

理由:立法會議提出草案的權力,不應受本條兩個方案所列出的方法限制。

3.2.1.2 有關涉及財政收支的法律草案

(甲)須得到行政長官書面同意

→ 改為:「立法會議成員可根據本法規定並依照法定程序個別或聯名提出法律草案;如涉及政府財政收入或支出,及政府結構和管理運作者,須經行政長官書面同意;如涉及政府政策,則需要立法會議成員五分之一或以上聯名提出。」

理由:

⊙ 為免立法會議議事範圍和權力受到過分限制。

⊙ 可增加市民對政府作重大政策決定之監察。

→ 改為:「(1)立法會議成員可個別或聯名提出不涉及財政支出的法律草案;

(2)若提出的法律草案涉及財政收入或支出者,在提出前必須得到行政長官的書面同意。」

→ 改為:「香港特別行政區立法會議成員根據本法規定並依照法定程序提出法律草案,凡不涉及公共開支的法律草案,可由立法會議成員個別或聯名提出。凡涉及公共開支的法律草案,必須得到行政長官的書面同意才可提出。」

→ 改為:「所有香港特別行政區立法會議成員可根據本法規定並依照法定程序,以個別或聯名提出任何動議。不過,涉及財政收入或支出及政府的結構動議,需於提出前先得行政長官書面同意。」

(乙)須得到某比率立法會議成員聯名提出

→ 贊成「匯輯」中的建議:「凡涉及公共開支或公共政策的法律草案,必須由不少於十分之一的立法機關成員聯名提出,但不必得到行政長官的書面同意。」

理由:

⊙ 可讓立法會議有名副其實的立法權。

⊙ 使草案在更審慎的情況下提出。

⊙ 保證在立法會議上提出的草案至少得到一定數量的立法會議成員支持。

⊙ 立法會議成員可享有提案權,而無須行政長官同意。

⊙ 令立法會議更有效及富彈性地運作。

⊙ 財政的動議權應由立法會議執掌。因行政機關為政府支出的經手人,為了制衡其權力,不應由行政長官決定能否動議。

→ 改為:「香港特別行政區立法會議成員可根據本法規定並依照法定程序個別或聯名提出法律草案。但凡涉及公共支出的法律草案,必須由不少於十分之一的立法會議成員聯名提出。」

理由:

⊙ 不應對立法會議成員的提案權過份限制。

⊙ 以免限制了立法機關的功能。

⊙ 立法會議成員應主動根據公眾需要提出草案,而不應做政府的橡皮圖章。

→ 改為:「香港特別行政區立法會議成員可根據本法規定並依照法定程序個別或聯名提出法律草案。但凡涉及公共支出的法律草案,必須由不少於十分之一的立法會議成員聯名提出,並以不超當年財政預算中的整體開支為準則。」

理由：
⊙ 以免對立法權造成過份掣肘。
⊙ 否則立法機關不可自行按市民需要而制訂法律。
→ 改為：「香港特別行政區立法會議成員可根據本法規定並依照法定程序個別或聯名提出法律草案。但凡涉及公共支出的法律草案，必須由不少於三分之一的立法會議成員聯名提出。」
→ 改為：「香港特別行政區立法會議成員可根據本法規定並依照法定程序個別或聯名提出法律草案，但下列兩項之法律草案，必須由不少於七分之一立法會議成員聯名提出：
（一）涉及公共開支；
（二）涉及公共政策。」
→ 改為：「香港特別行政區立法提案權同時屬於行政長官和立法會議成員，惟立法會議成員提出的提案或修正案，不得涉及規定新的稅收，或是造成減少政府財政收入、新增或加重財政支出等後果。」
理由：
⊙ 使行政長官（政府）及立法會議成員皆享有立法提案權的同時，限制立法會議成員在涉及政府財政收支方面的提案權。
⊙ 使政府有足夠的獨立性去推行自己的施政方針和政策。
⊙ 賦予政府在立法提案權上應有的主導性。
3.2.2 個別條款修改
3.2.2.1 方案一
→ 改為：「香港特別行政區……或聯名提出法律草案。除得到十分之一立法會議成員聯合提名外，下列三項……。」
理由：可避免違反《中英聯合聲明》之規定。
→ 改為：「除涉及政府的結構和管理運作事務，香港特別行政區立法會議成員可根據本法規定並依照法定程序個別或聯名提出法律草案，但下列三項在提出前必須得到行政長官的書面同意：
（一）涉及財政收入或支出者；
（二）涉及政府政策者，必須有不少於全體成員四分之一聯署，方可提出；
（三）涉及政府的結構和管理運作者。」
3.2.2.2 方案二
→ 將「……必須得到行政長官的書面同意。」改為「必須由不少於十分之一的立法會議成員聯名提議。」
→ 將「書面同意」改為「同意」。
3.2.3 其他
→ 凡涉及公共開支的草案須由一定數目（如十名）的立法會議成員聯名提出。
→ 凡涉及增加公共支出的草案，必須由不少於十分之一

的立法會議成員聯名提出，並得行政長官書面同意，以免政府支出隨時被迫增加。
→ 立法會議成員有權提出任何法律草案而無須行政長官任何形式的同意。
理由：
⊙ 不能用行政手段來制約議員的合法權利。
⊙ 行政長官有權拒絕簽署任何草案，壓制了立法會議對政府政策作提議的權力。
⊙ 行政長官權力過大。
→ 立法會議個別成員應可根據基本法規定，並依照法定程序，向立法會議提出一切法律草案。
→ 各類法律草案均應由政府列席立法會議之官員提出，由立法會議大多數決定是否接納或修改，以達互相制衡、兩權分立。
→ 立法會議應有權提出該三類法律草案；如有必要，可列出某百分比（提議：三分之二）的立法會議成員通過便可提案，但行政長官亦可提出修改的反建議並提出討論。
→ 一切法律草案都應先行諮詢有關部門或組織，再經由法律草擬部門審定，才可向立法會議提出。
理由：並非所有立法會議成員都是法律專業人員。
→ 行政長官應向立法會議提出有關行政的法律草案，並以書面提供意見及材料，使立法會議通過的法案更充實，而行政機關亦易於施行。

4. 待澄清問題
→ 方案一第（二）項「涉及政府政策者」所指為何？
→ 方案一第（三）項「涉及政府的結構和管理運作者」所指為何？

※

⑩ 1989 年 1 月 9 日《政治體制專題小組對條文修改情況的報告》，載於 1989 年 1 月《中華人民共和國香港特別行政區基本法起草委員會第八次全體會議文件匯編》

【P15-16】
第七十三條捨去方案一、方案二，修改為現在的條文：
「香港特別行政區立法會議員根據本法規定並依照法定程序提出法律草案，凡不涉及公共開支和政府的結構和管理運作者，可由立法會議員個別或聯名提出。凡涉及政府政策者，在提出前必須得到行政長官的書面同意。」

第五稿

「**第七十四條　香港特別行政區立法會議員根據本法規定並依照法定程序提出法律草案，凡不涉及公共開支或政治體制或政府運作者，可由立法會議員個別或聯名提出。凡涉及政府政策者，在提出前必須得到行政長官的書面同意。**」
〔1990 年 2 月 16 日《中華人民共和國香港特別行政區基本法（草案）》〕

① 1989 年 5 月 10 日草案諮詢期討論文件（一）《行政機關與立法機關的關係》

【P2】
3. 這些意見指出草案的缺點（下文是以採用議會制為假設而提出的缺點——非真正的議會制）
3.2 立法會的動議權
草案第 73 條規定「香港特別行政區立法會議員根據本法規定並依照法定程序提出法律草案，凡不涉及公共開支和政府的結構和管理運作者，可由立法會議員個別或聯名提出。凡涉及政府政策者，在提出前必須得到行政長官的

書面同意。」在議會制下，凡涉及財政收入及支出，或政府政策的動議，均須得到行政當局的同意，否則就會削弱施政的能力。但一切有關政府管理運作的動議，如與財政或削減稅收無關的話，只要符合一個表達形式，都應被接受，否則就會對立法會造成不必要的掣肘，使立法會失去了一個可以反映人民意願及意見的機會。

※

② 1989 年 8 月 18 日第二次諮詢期政制專責小組第四次會議附件一

第七十三條
2.意見
→ 與第七十二條第九項矛盾。
理由：立法會議員在彈劾行政長官前須組成獨立的調查委員會。這委員會的成立會涉及公共開支，但又似乎不應先徵求行政長官的同意。
→ 此條對立法提案權的限制不合理，應予以修改。
→ 在議會制下，凡涉及財政收入及支出，或政府政策的動議，均須得到行政當局的同意，否則就會削弱施政的能力。但一切有關政府管理運作的動議，如與財政或削減稅收無關的話，只要符合一個表達形式，都應被接受，否則就會對立法會造成不必要的掣肘，使立法會失去了一個可以反映人民意願及意見的機會。

3.建議
3.1 刪除
→ 刪去此條
理由：
⊙ 此條的規定是殖民地的遺物。
⊙ 凡與財政有關的草案須事先獲得行政長官的同意，否則不得提出，但很少法律是不涉及財政收入或公共開支的，這會削弱了立法機關的立法權。
3.2 修改
→ 改為：「香港特別行政區立法會議員根據本法規定並依照法定程序，可個別或聯名提出法律草案。」
理由：
⊙ 原文對立法會議員提案權的限制不合理。
⊙ 有關政府的結構和管理運作的草案，只要有利於政府運作或不牽涉基本法，議員當可提出。
→ 改為：「所有香港特別行政區立法會議員可根據本法規定並依照法定程序，以個別或聯名提出任何動議。不過，涉及財政收入或支出及政府的結構動議，需於提出前先得行政長官書面同意。」
→ 「在提出前必須……同意。」改為「須由百分之十以上議員聯名提出」。
理由：任何法律皆可被理解為涉及政府政策，故原句可使行政長官阻止任何法律產生。
→ 改為：「香港特別行政區立法會議員可根據本法規定並依照法定程序個別或聯名提出任何法律草案，但下列三項在提出前必須得到行政長官的書面同意：
（一）涉及財政收入或支出者；
（二）涉及政府政策者
（三）涉及政府的結構和管理運作者。」
3.3 其他
→ 此條應根據下述的兩個原則修改：
（1）凡涉及政府政策的草案，可由五個或十個議員聯名提出；
（2）凡涉及公共開支的法案，可由四分之一議員聯名提出。
理由：
⊙ 原文限制了立法機關所掌握的權力，立法機關其實沒有提案權。
⊙ 修改後可貫徹行政機關向立法機關負責的原則。

※

③ 1989 年 9 月 1 日《第二次諮詢期政制專責小組第五次會議會議紀要》

16.第七十三條
16.1 有委員建議改最後一句為：「凡涉及政府政策者，須由立法機關和行政機關組成的政策委員會提出。」
這個委員會的成員三分之一應為行政長官任命、三分之一為立法會推選、其餘三分之一由有關的專業人士出任。

17.其他
17.1 有委員認為，基本法的第五十六條第二款、六十二條第（五）項、七十二條第（一）、（二）項，和第七十三條的規定都是一些關卡，使行政長官不同意的法律草案難以提出。故第四十九條「發回重議」的情況是不會發生的。

※

④《基本法諮詢委員會政制專責小組對基本法（草案）第四章、附件一、附件二及附錄的意見匯編》，載於 1989 年 11 月基本法諮詢委員會《中華人民共和國香港特別行政區基本法（草案）諮詢報告第一冊》

【P94】
1.專題討論
1.2 行政立法關係
1.2.3.6（編者按：內容同上文第 17.1 點）

【P97】
2.對條文的討論
2.17 第七十三條
（編者按：內容同上文第 16.1 點）

※

⑤ 1989 年 11 月基本法諮詢委員會《中華人民共和國香港特別行政區基本法（草案）諮詢報告第三冊——條文總報告》

【P156】
第四章
第三節　整體意見
1.意見
→ 立法會議員的責任是收集民意、分析事項、發表重心及否決歪點。

【P167-170】
第七十三條
（編者按：本文同第五稿文件②，除下列內容外，均同前文。）
2.意見
2.1 反面
→ 反對就目前提出法案的制度所作的建議更改。在目前制度下，任何立法局議員都可就任何方面提出法案，涉及公共收入的開支者除外。這制度應在一九九七年後予以保留。換言之，任何法案只要不涉及公共開支，如有關政府政策、結構或管理運作的，都無須在提出前得到行政長官的同意。
→ 此條規定使立法機關喪失獨立的職權。
→ 「凡涉及政府政策者，在提出前必須得到行政長官的書面同意」這一規定會引起爭辯。由於「政府政策」一詞沒有任何界定，所以那些可能屬政府政策或被認為可能是政府政策者，在提出前也須得到行政長官的書面同意。
→ 在提出涉及政府政策的法案前必須得到行政長官的書面同意，這規定是不需要的，而且會給予行政長官太多權力。

3.建議
3.1 刪除
→ 刪去「和政府的結構和管理運作」。
理由：以保留現存制度。
→ 刪去「凡不涉及公共開支……書面同意」。
理由：立法機關有權提案，這種提案權不應受行政機關的

限制干涉。
→ 刪去「凡涉及政府政策者，在提出前必須得到行政長官的書面同意」一句。
3.2 修改
→ 改為：「香港特別行政區立法會議員根據本法規定並依照法定程序提出法律草案。但凡減少財政收入或新增財政支出的法律草案，必須由不少於十分之一的立法會成員聯名提出。」
理由：行政長官權力過大，令立法會的監察缺乏效力。
→ 改為：「香港特別行政區立法會議員根據本法規定並依照法定程序，可個別或聯名提出法律草案。」
→ 改為：「香港特別行政區立法會議員根據本法規定並依照法定程序提出法律草案，凡涉及政府政策、公共開支、政府的結構和管理運作者，在提出前必須得到行政長官的書面同意。立法會議員個別或聯名可提出私人議案。」（此句也可以改為：「其他議案可由立法會議員個別或聯名提出」。）
→ 改為：「香港特別行政區立法會議員根據本法規定並按照法定程序提出法律草案，可由立法會議員個別或聯名提出。」
→ 將「在提出前必須得到行政長官的書面同意」改為「亦可由立法會議員個別或聯名提出」。
理由：以增加立法會制衡行政長官的權力。
→ 將「在提出前必須得到行政長官的書面同意」改為「由十名立法會議員提出」。
→ 改為：「任何涉及政府公共開支、結構和運作管理，或政府政策的法案，須由十位立法會議員聯名提出，否則在提出前須得行政長官的書面同意。」
→ 將「凡不涉及公共開支……書面同意」改為「一切草案，經由十位立法會議員聯名提出，便可放入議程討論作決定。」
→ 改為：「凡涉及公共開支、政府的結構和管理運作，以及政府政策者，必須由十位立法會議員聯名提出，不必得到行政長官書面同意。」
理由：

⊙ 公共開支、政府政策等範圍相當廣闊，若有關提案均需行政長官書面同意才可提出，則使議員的提案權力受到過份限制，削弱立法對行政之制衡。
⊙ 立法會不應沒有理財的權力。
→ 改為：「由不少於十分之一的立法機關成員可聯名提出任何議案在立法機關討論。」
理由：討論公共開支、政府政策和政府結構運作是立法機關監察行政機關的方法，立法機關成員亦可聯名提出，不應受行政長官限制。
→ 將最後一句改為：「凡涉及政府政策者，在提出前必須得到行政長官的書面同意，或由立法會全體議員三分之二多數通過有關動議。」
3.3 其他
→ 不應限制議員提出的草案，應可涉及一切事務，包括政府開支、結構、和管理運作。
→ 立法會議員應可自由提出法案，無須行政長官同意。
理由：以加強立法機關對行政機關的監察及制衡，以及後者對前者的負責。

4. 待澄清問題
→ 此條文所指的「政府政策」是否等同「公共開支和政府的結構和管理運作」，這一點並不清楚，以字面上的意義來看前者包含的東西比後者更為廣泛，兩者並不相同。

※

⑥ 1990 年 1 月 17 至 20 日《政治體制專題小組第十八次會議紀要》，載於 1990 年 2 月《中華人民共和國香港特別行政區基本法起草委員會第九次全體會議文件匯編》

【P26】
一、關於第四章政治體制的條文修改
12. 第七十四條第二款刪去。

第六稿

「**第七十四條** 香港特別行政區立法會議員根據本法規定並依照法定程序提出法律草案，凡不涉及公共開支或政治體制或政府運作者，可由立法會議員個別或聯名提出。凡涉及政府政策者，在提出前必須得到行政長官的書面同意。」
〔1990 年 4 月《中華人民共和國香港特別行政區基本法》〕

香港特別行政區立法會舉行會議的法定人數為不少於全體議員的二分之一。
立法會議事規則由立法會自行制定，但不得與本法相抵觸。

1. 立法會會議的法定人數
2. 立法會在不抵觸《基本法》下自行制定議事規則

第一稿

第四章　第三節
「第七條　香港特別行政區立法機關舉行會議的法定人數為不少於全體成員的二分之一。
除本法另有規定者外，香港特別行政區立法機關對法案和議案的表決，須經出席會議的過半數成員通過。
立法機關的工作程序由法律規定。」
〔1987 年 8 月 22 日《政治體制專題小組的工作報告》，載於《中華人民共和國香港特別行政區基本法起草委員會第五次全體會議文件匯編》〕

① 1986 年 2 月基本法諮詢委員會《分批研討會參考資料》

【P2】
張家敏委員：（五）政制設置及制衡；

※

② 1986 年 2 月基本法諮詢委員會《分批研討會參考資料 2》

【P2】
2. 基本法可分成六個主要部份：
第三部份說明特別行政區內部的結構。此部分為兩節，第一節處理特別行政區的政治結構，體現特別行政區政府及立法機關由當地人組成，……

※

③ 1986 年 2 月基本法諮詢委員會《諮委會第一分組有關基本法結構討論小結》

一、基本法結構，根據與會者發言，大致上可以歸結為下列十二個部份：
5. 政制

※

④ 1986 年 2 月基本法諮詢委員會《第一批研討會

總結》

一、基本法結構，根據與會者發言，大致上可以歸結為下列十二個部份：
5. 政制

※

⑤ 1986 年 2 月基本法諮詢委員會《第二批研討會總結》

六、基本法結構初擬——
4. 政府的架構—— 首長的產生，調動軍隊的權力，行政、立法、司法、財政制度、公務員。

※

⑥ 1986 年 2 月基本法諮詢委員會《第三批研討會總結》

4. 基本法的詳盡程度——
（2）政制：主要說明行政、立法、司法三權分立關係，三個機構如何產生及其權力範圍等問題；

※

⑦ 1986 年 2 月基本法諮詢委員會《第四批討論總結》

四、政制方面

有些委員認為《中英聯合聲明》內談經濟部份太多，政制太少，所以基本法要側重寫政制部份，但如果寫得太詳細，則缺乏修改餘地，而太簡單，則又會說不清主要重點。個別委員建議在基本法內只闡述政制的大原則，而具體細節則以附件形式詳述。既可達到精簡原則，另一方面易於在港人手裡修改政制附件部份，而可能不須呈交中央通過。

※

⑧ 1986 年 2 月基本法諮詢委員會《第五批研討會總結》

五、對基本法結構的建議——
4.政制：行政
　　　　立法 ＞ 三權分立，並寫出它的形成及運作。
　　　　司法

※

⑨ 1986 年 4 月 22 日《中華人民共和國香港特別行政區基本法結構（草案）》，載於《中華人民共和國香港特別行政區基本法起草委員會第二次全體會議文件匯編》

【P14】
第四章　香港特別行政區的政治體制
第三節　立法機關
（四）會議的召集和立法程序

※

⑩ 1986 年 6 月 10 日《政制專責小組第四次會議紀要（第二分組）》

6.委員對「立法機關成員任期」、「立法機關的召集和立法程序」的意見如下：
大部份委員認為在基本法內容不應對此有詳細說明，以免造成掣肘。

※

⑪ 1986 年 6 月 26 日《政制專責小組第四次會議續會紀要（第四分組）》

（6）會議的召集和立法程序
與會委員認為立法機關會議的召集和立法程序，一切應依現行規例進行。

※

⑫ 1986 年 8 月 20 日《基本法結構專責小組初步報告》

【P20】
5.3 第三節　立法機關
（4）會議的召集和立法程序

※

⑬《Final Report on the Structure of Basic Law》（基本法結構專責小組最後報告，1987 年 3 月 14 日經執行委員會通過）

【P25】
5.3 Section 3 "The Legislature".
IV. "The convention of meetings and law-making procedures."

※

⑭ 1987 年 8 月 22 日《政治體制專責小組的工作報告》，載於《中華人民共和國香港特別行政區基本法起草委員會第五次全體會議文件匯編》

【P48】
第四章　香港特別行政區的政治體制（討論稿）
第三節　立法機關
第七條
說明：有些委員提出，立法機關舉行會議的人數可少於半數，如法定人數太高，不易召集會議。

第二稿

第四章　第三節
「第七條　香港特別行政區立法機關舉行會議的法定人數為不少於全體成員的二分之一。除本法另有規定者外，香港特別行政區立法機關對法案和議案的表決，須經出席會議的過半數成員通過。
立法機關的工作程序由法律規定的。」
〔1987 年 9 月 8 日《第四章　香港特別行政區的政治體制（討論稿）》（1987 年 9 月 22 日政制專責小組第二次會議附件一）〕

① 1987 年 9 月 2 日《中華人民共和國香港特別行政區基本法起草委員會第五次全體會議委員們對基本法序言和第一、二、三、四、五、六、七、九章條文草稿的意見匯集》

【P41-42】
五、關於第四章　香港特別行政區的政治體制
（三）第三節　立法機關

8.第七條
有的委員提出，按照本條的規定，只要立法機關成員的四分之一多一點贊成，就能通過法律，這不夠嚴肅，建議立法機關對法案和議案的表決，須經立法機關全體成員的過半數通過。有些委員則堅持目前的寫法。

※

②政制專責小組《對基本法第四章部份條文草稿

（一九八七年八月）的意見》（1987 年 11 月 4 日經執行委員會通過）

（編者按：本文件雖然時間晚於本稿，但其內容是起草委員會對 1987 年 8 月 22 日政制專責小組擬訂的條文的意見匯編，故放在此處。）

【P2】
Ⅲ. 第三節
（5）第七條
1. 有委員認為如規定立法機關會議要有法定人數，可能會令立法機關不能運作。如有一定數目的成員反對某議案或提案，或對該議案或提案不感興趣，他們只要不出席會議，即能令立法機關無法審議或通過該議案或提案。因此

該委員對法定人數的規定有所保留，並認為該規定只對那些不甚盡責的立法機關成員有利。

2. 但有意見認為一般的會議都是需要法定人數才能舉行。

※

③ 1987 年 9 月 8 日《第四章　香港特別行政區的政治體制（討論稿）》（1987 年 9 月 22 日政制專責小組第二次會議附件一）

第三節　立法機關
第七條
（編者按：內容同第一稿文件⑭）

第三稿

第四章　第三節
「第七條　香港特別行政區立法機關舉行會議的法定人數為不少於全體成員的二分之一。
除本法另有規定者外，香港特別行政區立法機關對法案和議案的表決，須經出席會議的過半數成員通過。
立法機關的工作程序由法律規定。」
〔1987 年 10 月《第四章　香港特別行政區的政治體制（討論稿）》（政治體制專題小組工作文件）〕

① 1987 年 10 月 2 日《政制專責小組對第四章第二、三、五、六節部份條文意見》（1987 年 10 月 6 日政制專責小組第四次會議討論文件）

Ⅱ. 第三節
第七條
（編者按：內容同第二稿文件②）

※

② 1987 年 10 月《第四章　香港特別行政區的政治體制（討論稿）》（政治體制專題小組工作文件）

【P26】
第三節　立法機關
第七條
（編者按：內容同第一稿文件⑭）

第五次全體大會分組討論：
（編者按：內容同第二稿文件①）

第四稿

「第七十二條　香港特別行政區立法機關舉行會議的法定人數為不少於全體成員的二分之一。
除本法另有規定者外，香港特別行政區立法機關對法案和議案的表決，須經出席會議的過半數成員通過。
立法機關的會議常規由立法機關自行制訂，但不得與本法相抵觸。」
〔1987 年 12 月基本法起草委員會秘書處《香港特別行政區基本法（草案）》（匯編稿）〕

① 1987 年 12 月基本法起草委員會秘書處《香港特別行政區基本法（草案）》（匯編稿）

【P36】
第七十二條
說明：有些委員提出，立法機關舉行會議的人數可少於半數或不少於三分之一，如法定人數太高，不易召集會議。

第五稿

「第七十五條　香港特別行政區立法會議舉行會議的法定人數為不少於全體成員的二分之一。
除本法另有規定外，香港特別行政區立法會議對法案和議案的表決，須經出席會議的過半數成員通過。
立法會議議事規則由立法會議自行制定，但不得與本法相抵觸。」
〔1988 年 4 月基本法起草委員會秘書處《中華人民共和國香港特別行政區基本法（草案）草稿》〕

① 1987 年 12 月《中華人民共和國香港特別行政區　　基本法起草委員會第六次全體會議委員們對基本法

第四、五、六、十章和條文草稿匯編的意見》

【P20】
25. 第七十二條
第一組多數委員贊成本條的寫法，建議刪去說明。

※

②《各專題小組的部份委員對本小組所擬條文的意見和建議匯輯》，載於 1988 年 4 月基本法起草委員會秘書處《中華人民共和國香港特別行政區基本法（草案）草稿》

【P69】
第七十五條
（編者按：內容同第四稿文件①）

第六稿

「**第七十四條　香港特別行政區立法會議舉行會議的法定人數為不少於全體成員的二分之一。**

除本法另有規定外，香港特別行政區立法會議對法案和議案的表決，須經出席會議的過半數成員通過。

立法會議議事規則由立法會議自行制定，但不得與本法相抵觸。」

〔1988 年 4 月基本法起草委員會《中華人民共和國香港特別行政區基本法（草案）徵求意見稿》〕

①《各專題小組的部份委員對本小組所擬條文的意見和建議匯輯》，載於 1988 年 4 月基本法起草委員會《中華人民共和國香港特別行政區基本法（草案）徵求意見稿》

【P58】
第七十四條
（編者按：內容同第四稿文件①）

第七稿

「**第七十四條　香港特別行政區立法會舉行會議的法定人數為不少於全體議員的二分之一。**

除本法另有規定外，香港特別行政區立法會對法案和議案的表決，須經出席會議的過半數議員通過。

立法會議事規則由立法會自行制定，但不得與本法相抵觸。」

〔1989 年 2 月《中華人民共和國香港特別行政區基本法（草案）》〕

① 1988 年 9 月基本法起草委員會秘書處《內地各界人士對〈香港特別行政區基本法（草案）徵求意見稿〉的意見匯集》

【P16】
第七十四條
本條的規定使立法會議四分之一成員以上（假如六十人的立法會議，十六人通過）就可以通過法案和議案，顯得太輕率，改為由全體成員的過半數通過較好。

※

② 1988 年 10 月基本法諮詢委員會《中華人民共和國香港特別行政區基本法（草案）徵求意見稿諮詢報告第五冊——條文總報告》

【P300-301】
第七十四條
2. 意見
→ 立法會議的法定人數應維持為全體成員的二分之一。
→ 由於立法會議意義重大，影響深遠，會議的法定人數應該超過二分之一才比較合理，而經常不出席的成員應該受到一定的紀律處分，而處分方法則由立法會議成員共議。
→ 立法會議的會議應訂明為公開進行。

3. 建議
3.1 修改

→ 第一款改為：「香港特別行政區舉行立法會議的法定人數為不少於全體成員的五分之四。」
→ 第一款改為：「香港特別行政區立法會議舉行會議的法定人數可少於半數但不少於三分之一。除本法另有規定外。」
→ 第一款改為：「立法會議舉行會議的人數可少於半數但不少於三分之一。」
理由：如法定人數太高，不易召集會議。
反對理由：
⊙ 「三分之一」作為會議的法定人數將削弱市民對立法機關工作的信心。
⊙ 會使人懷疑由少數成員所舉行的立法會議能否保障社會各階層的利益。
⊙ 可能產生不公平及代表性不足的情形。
→ 第一款改為：「香港特別行政區立法會議舉行會議的法定人數為不少於全體成員的四分之三。」
→ 改為：「香港特別行政區立法會議舉行的法定人數為不少於全體成員的四分之三。除本法另有規定外，香港特別行政區立法會議對法案和議案的表決，須經出席會議的過半數成員通過。立法會議議事規則由立法會議自行制定，但不得與本法相抵觸。」
理由：立法會議乃特別行政區的最高立法機關，其最低法定人數為二分之一委實太少。

4. 待澄清問題
→ 有沒有一些重組立法會議及使重要事務得以繼續運作的條文，以防有一半或以上的立法會議成員因時疫、天災、恐怖分子襲擊等情況而無法履行其職責。」

「**第七十五條** 香港特別行政區立法會舉行會議的法定人數為不少於全體議員的二分之一。立法會議事規則由立法會自行制定,但不得與本法相抵觸。」

〔1990年2月16日《中華人民共和國香港特別行政區基本法(草案)》〕

1989年11月基本法諮詢委員會《中華人民共和國香港特別行政區基本法(草案)諮詢報告第三冊——條文總報告》

【P170-171】

第七十四條

2. 意見

→ 要決定一個會議是否合法,法定人數便是一項主要考慮因素。一般來說,除非是一些重要的會議規定必須有超過三分之二成員出席,否則,只要在超過一半的成員出席會議,便算有法定的人數。同時,在表決時,有過半數的成員出席時,便算通過該項議案。目前有很多會議也是實行這項安排。不過各成員仍同意要求草委會研究這項問題。

→ 有可能出現通過一些法案獲得支持的議員人數只是全體議員的四分之一。

3. 建議

3.1 修改

3.1.1 第一款

→ 「……不少於全體成員的二分之一,」改為「……不少於全體成員的三分之一。」

理由:當有很多成員有意避席時,不應使會議更難召開。

3.1.2 第二款

→ 「……過半數成員通過。」改為「……半數成員通過和投票。」

理由:於某種情況下,個別議員可能會投棄權票,但提案須有過半數議員的同意票才可通過。

→ 「須經出席會議的過半數議員通過」改為「須經全體議員過半數通過」。

理由:原文容許只需稍多於全體議員的四分之一便能通過法案和議案,這樣通過的法案和議案便不能肯定受到大多數香港居民的接納。

4. 待澄清問題

→ 應明確「法定人數」是指在會議開始時,抑或整個會議過程中均需要達到。

「**第七十五條** 香港特別行政區立法會舉行會議的法定人數為不少於全體議員的二分之一。立法會議事規則由立法會自行制定,但不得與本法相抵觸。

〔1990年4月《中華人民共和國香港特別行政區基本法》〕

香港特別行政區立法會通過的法案，須經行政長官簽署、公佈，方能生效。

★ 貳│概念

1.立法會法案的生效程序

★ 叁│條文本身的演進和發展

第一稿

第四章　第三節

「第八條　香港特別行政區立法機關通過的法律，須經行政長官簽署、公佈，方能生效。」

〔1987 年 8 月 22 日《政治體制專題小組的工作報告》，載於《中華人民共和國香港特別行政區基本法起草委員會第五次全體會議文件匯編》〕

① 1986 年 2 月基本法諮詢委員會《諮委會第一分組有關基本法結構討論小結》

一、基本法結構，根據與會者發言，大致上可以歸結為下列十二個部份：
5.政制

※

② 1986 年 2 月基本法諮詢委員會《第一批研討會總結》

一、基本法結構，根據與會者發言，大致上可以歸結為下列十二個部份：
5.政制

※

③ 1986 年 2 月基本法諮詢委員會《第二批研討會總結》

六、基本法結構初擬——
4.政府的架構——首長的產生，調動軍隊的權力，行政、立法、司法、財政制度、公務員。

※

④ 1986 年 2 月基本法諮詢委員會《第三批研討會總結》

4.基本法的詳盡程度——
（2）政制：主要說明行政、立法、司法三權分立關係，三個機構如何產生及其權力範圍等問題；

※

⑤1986 年 2 月基本法諮詢委員會《第四批討論總結》

一、基本法的結構

3.政制

四、政制方面：有些委員認為《中英聯合聲明》內談經濟部份太多，政制太少，所以基本法要側重寫政制部份，但如果寫得太詳細，則缺乏修改餘地，而太簡單，則又會說不清主要重點。個別委員建議在基本法內只闡述政制的大原則，而具體細節則以附件形式詳述。既可達到精簡原則，另一方面易於在港人手裡修改政制附件部份，而可能不須呈交中央通過。

※

⑥ 1986 年 2 月基本法諮詢委員會《第五批研討會總結》

二、草擬基本法的幾點原則
3.基本法內的偏重面應考慮港人的關注性：一些委員認為基本法應對港人所憂慮的問題，如中央與特別行政區的關係，香港政制問題等應詳加闡述。

五、對基本法結構的建議——
4.政制：行政
　　　　立法　〕三權分立，並寫出它
　　　　司法　　的形成及運作。

※

⑦ 1986 年 4 月 22 日《中華人民共和國香港特別行政區基本法結構（草案）》，載於《中華人民共和國香港特別行政區基本法起草委員會第二次全體會議文件匯編》

【P14】
第四章　香港特別行政區的政治體制
第三節　立法機關
（四）會議的召集和立法程序

※

⑧ 1986 年 6 月 10 日《政制專責小組第四次會議

紀要（第二分組）》

6.委員對「立法機關成員任期」、「立法機關的召集和立法程序」的意見如下：
大部份委員認為在基本法內容不應對此有詳細說明，以免造成掣肘。

※

⑨ 1986 年 6 月 26 日《政制專責小組第四次會議續會紀要（第四分組）》

（6）會議的召集和立法程序
與會委員認為立法機關會議的召集和立法程序，一切應依現行規例進行。

※

⑩ 1986 年 8 月 4 日《各政制構想》（1986 年 8 月 12 日政制專責小組第六次會議討論文件一）

【P8】
方案（二）鄭宇碩《明報》（23 / 2 / 86、24 / 2 / 86）
行政、立法機構關係：
（2）法案經立法機關通過後，須得行政長官的同意副簽，方能成為正式法例。如行政長官拒絕副簽，立法機關可再經三分之二多數通過法案。

構思原則：
（1）政制改變要循序漸進。
（2）政府要穩定，有效率。
（3）政府必須受有效民主監督。

※

⑪ 1986 年 8 月 20 日《基本法結構專責小組初步報告》

【P20】
5.3 第三節　立法機關
（4）會議的召集和立法程序

※

⑫ 1987 年 2 月基本法起草委員會秘書處《香港報刊有關〈基本法〉的言論摘錄》

【P104-105】
……行政長官不能參與立法程序，但所有法例均需得到行政長官的「副署」，方可成為正式的法律，當行政長官懷疑某項法例可能與「基本法」有抵觸時，他可以暫緩「副署」，以待詳細研究。
（何鍾泰、曹宏威、唐一柱：《未來香港特別行區政制的建議》，《明報》一九八六年八月二十五日至二十七日。）

※

⑬《Final Report on the Structure of Basic

Law》（基本法結構專責小組最後報告，1987 年 3 月 14 日經執行委員會通過）

【P25】
5.3 Section 3 "The Legislature".
Ⅳ. "The convention of meetings and law-making procedures."

※

⑭ 1987 年 6 月 10 日政制專責小組之行政機關與立法機關的關係工作組《行政機關與立法機關的關係討論文件》（1987 年 7 月 27 日政制專責小組第十三次會議第二次續會討論文件）

【P3】
3.主要問題
甲、行政機關與立法機關的關係
3.1 立法提案權
3.1.3 建議
i)……法案經立法機關通過後，須得行政長官的同意副署，方能成正式的法律。

【P10】
3.8 議案否決權
3.8.1 目前情況
議案是經港督會同行政局同意後，由立法局的官守議員提出的。由於立法局內的官守議員、兼任行政局議員的非官守議員，以及委任的議員，共佔立法局一半以上的議席，故行政局提交的議案，很少不得立法局通過，還有，立法局的主席是港督，雖然根據《英皇制誥》，他是有權不批准立法局通過的議案，但這情形甚少發生。
3.8.2《中英聯合聲明》的規定
《中英聯合聲明》對此沒有任何規定。
3.8.3 建議
立法機關所通過的法案，須得行政長官的同意副署，方能成法律。如行政長官在一定期限內拒絕副署，法案即交回立法機關再作考慮。如果立法機關再以三分之二多數票通過該法案，該法案即成法律。
贊成理由：立法機關必須有推翻否決權的權力，因為如有三分之二或以上的立法機關成員通過某一項法案，該法案定必得到相當廣泛的支持，而行政長官也需尊重立法機關的決定。另一方面，行政長官對立法機關通過的法案行使否決的權力，是制衡立法機關的途徑之一。

※

⑮ 1987 年 8 月 22 日《政治體制專題小組的工作報告》，載於《中華人民共和國香港特別行政區基本法起草委員會第五次全體會議文件匯編》

【P48】
第四章　香港特別行政區的政治體制（討論稿）
第三節　立法機關
第八條
說明：有些委員提出，行政長官對立法機關通過的、與香港公眾利益有違的法案，可發回重議；有些委員建議，行政長官必須在一年內簽署，在半年內發回重議，超過時限不簽署，該法案就不生效；有些委員認為，超過時限不簽署，應自動生效。

第四章　第三節

「第八條　香港特別行政區立法機關通過的法律，須經行政長官簽署、公佈，方能生效。」

〔1987年9月8日《第四章　香港特別行政區的政治體制（討論稿）》（1987年9月22日政制專責小組第二次會議附件一）〕

① 1987年9月2日《中華人民共和國香港特別行政區基本法起草委員會第五次全體會議委員們對基本法序言和第一、二、三、四、五、六、七、九章條文草稿的意見匯集》

【P42-43】

五、關於第四章　香港特別行政區的政治體制
（三）第三節　立法機關
9. 第八條
（1）有的委員提出，本條與第一節第五條行政長官的職權第四項的寫法不太一致，這裡缺少「批准」一項。有的委員認為，第一節第五條第四項講的是法律的批准問題，本條講的是法律生效問題，兩者的角度不一樣。

（2）有的委員提出，如果行政長官在某種情況下不簽署立法機關已通過的財政預算案或長期擱置不簽署，會影響行政機關工作，因此，法律要明確規定「財政預算案通過後應自動生效」。有的委員認為，無論何種法案，如規定

行政長官一年內簽署，半年內發回重議，這時限太長，應縮短些。

（3）有的委員提出，若行政長官不簽署立法機關通過的法律，可參照美國國會的程序，即如果不簽署，可發回立法機關再議一次。有的委員提出，美國總統如否決國會通過的議案，若議會三分之二的多數再次通過時，總統就必須簽署。而現在的條文規定，香港立法機關沒有提案權，對行政長官不簽署的行為又無能為力，這在法理上說不通。

※

② 1987年9月8日《第四章　香港特別行政區的政治體制（討論稿）》（1987年9月22日政制專責小組第二次會議附件一）

第三節　立法機關
第八條
（編者按：內容同第一稿文件⑮）

第四章　第三節

「第八條　香港特別行政區立法機關通過的法律，須經行政長官簽署、公佈，方能生效。」

〔1987年10月《第四章　香港特別行政區的政治體制（討論稿）》（政治體制專題小組工作文件）〕

① 1987年10月《第四章　香港特別行政區的政治體制（討論稿）》（政治體制專題小組工作文件）

【P27-28】

第三節　立法機關
第八條
（編者按：內容同第一稿文件⑮）

第五次全體大會分組討論：
（編者按：內容同第二稿文件①）

資料：現行辦法，「皇室訓令」XXVI：除特殊情況外（見下文），總督不能以英皇名義批准下列任何一類的條例草案：
（1）凡涉及在教堂結合人士離婚之條例草案；
（2）凡涉及可能使總督本人獲得土地、金錢、其他捐款或酬金的條例草案；
（3）凡涉及影響香港之貨幣或有關銀行紙幣之印行的條例草案；
（4）凡涉及設立、修正或更改任何銀行組織的結構、職

權或特權的條例草案；
（5）凡涉及徵收差別關稅的條例草案；
（6）凡其條文涉及與條約所規定的英皇義務不符的條例草案；
（7）凡涉及干預皇家海、陸、空部隊紀律或管制的條例草案；
（8）凡其性質特別和重要，可導致英皇特權、或不居住於香港的英國人民的權利和財產、或聯合王國及其屬土的貿易和航運受到損害的條例草案；
（9）凡可導致非歐洲出生或非歐洲裔人士遭受限制或約束，而歐洲裔人士則不會遭受該等限制或約束的條例草案；
（10）凡包括曾被英皇拒絕批准或駁回的條文的條例草案。除非總督已事先透過其中一位主要國務大臣就上述草案取得英皇指令；或上述草案包括一項條款聲明在該條例草案未得到英皇表示批准之前暫不生效；或總督認為上述草案即時生效的緊急需要，則總督有權以英皇名義批准上述草案（如該草案抵觸英國法律，或與條約所規定的英皇義務不符，則仍不得由總督以英皇名義批准）。惟總督必須從速把其批准的條例草案連同批准的原因，呈報英皇。

「第七十三條　香港特別行政區立法機關通過的法案，須經行政長官簽署、公佈，方能生效。」

〔1987年12月基本法起草委員會秘書處《香港特別行政區基本法（草案）》（匯編稿）〕

「第七十六條　香港特別行政區立法會議通過的法案，須經行政長官簽署、公佈，方能生效。」

〔1988年4月基本法起草委員會秘書處《中華人民共和國香港特別行政區基本法（草案）草稿》〕

第六稿

「**第七十五條 香港特別行政區立法會議通過的法案，須經行政長官簽署、公佈，方能生效。**」
〔1988 年 4 月基本法起草委員會《中華人民共和國香港特別行政區基本法（草案）徵求意見稿》〕

第七稿

「**第七十五條 香港特別行政區立法會通過的法案，須經行政長官簽署、公佈，方能生效。**」
〔1989 年 2 月《香港特別行政區基本法（草案）》〕

① 1988 年 6 月 6 日《政制專責小組 1 與草委交流會會議紀要》

3. 諮委對有關立法機關條文的意見
3.3 第七十五條：有委員建議加上「除保障稅收的法例外」一句，寫成「香港特別行政區立法會議通過的法律除保障稅收的法例外，須經行政長官簽署、公佈，方能生效。」

※

②《基本法諮詢委員會政制專責小組對基本法（草案）徵求意見稿第四章的意見匯編》，載於 1988 年 10 月基本法諮詢委員會《中華人民共和國香港特別行政區基本法（草案）徵求意見稿諮詢報告（1）》

【P110-111】
3. 有關條文討論
3.23 第七十五條
（編者按：內容同上文）

4. 其他意見
4.1 有委員指出，徵求意見稿內行政會議、主要官員、主要行政官員、公務人員（Public Servant）等字眼均無清楚的定義。

※

③ 1988 年 10 月基本法諮詢委員會《中華人民共和國香港特別行政區基本法（草案）徵求意見稿諮詢報告第五冊——條文總報告》

【P301-302】
2. 意見
→ 此條的規定沒有包括現時的做法，就是按照「保護公眾賦稅條例」，為了防止避稅，港督有權在一些增加稅收的法案待立法局正式通過時，宣佈其馬上生效。

3. 建議
3.1 刪除本條
3.2 修改
→ 改為：「香港特別行政區立法會議通過的法案，須經行政長官簽署、公佈，方能生效。行政長官如在法案通過後一個月內仍未簽署，並且沒有按本法第四十九條規定發回立法會議重議，則該法案自動生效。行政機關須立即公佈該法案。」
→ 改為：「香港特別行政區立法會議的法案，須於一個月內由行政長官簽署、公佈方能生效。如行政長官拒絕簽署，則按本法第四十九條辦理。」
→ 改為：「香港特別行政區立法會議通過的法案，須經行政長官簽署、公佈，方能生效。行政長官如在法案通過後三個月仍未簽署，並且沒有按本法第四十九條行使否決權，則該法案自動生效。政府須立即公佈該法案。」
→ 改為：「香港特別行政區立法會議通過的法案，須具備同等法律效力的中英文版本並須經行政長官簽署、公佈，方能生效。」
3.3 增加
→ 加上：「行政長官若法案通過後一個月內未簽署，又無否決，則法案自動生效。」
→ 加上：「若不簽署，則該法案在一個月內生效。」

第八稿

「**第七十六條 香港特別行政區立法會通過的法案，須經行政長官簽署、公佈，方能生效。**」
〔1990 年 2 月 16 日《中華人民共和國香港特別行政區基本法（草案）》〕

① 1989 年 8 月 18 日第二次諮詢期政制專責小組第四次會議附件一

第七十五條
2. 待澄清問題
→ 「須經行政長官簽署」可以有兩種意思：一、是指行政長官擁有對法案的絕對否決權，在拒絕簽署某法案後，該法案便無效。另一種可能的意思是指在行政長官拒絕簽署某法案後，該法案須交回立法會重議。此問題有待澄清。與此有關的另一問題，就是行政長官簽署或拒絕簽署某法案應否有時間限制。目前立法機關是由總督及立法局共同組成，所以沒有通過了的法案不能生效的情況，正如英國的立法機關也是由女皇會同議會組成的，至於將來香港的具體法案通過程序亦有待澄清。

※

②《行政機關與立法機關的關係》，載於 1989 年 11 月基本法諮詢委員會《中華人民共和國香港特別行政區基本法（草案）諮詢報告第二冊——專題報告》

【P111-112】
5. 以立法與行政合一體的模式為討論基礎的意見
5.9 行政長官對通過法案的簽署
草案第七十五條規定：「香港特別行政區立法會通過的法案，須經行政長官簽署、公佈，方能生效。」「須經行政長官簽署」可以有兩種意思：一是指行政長官擁有對法案的絕對否決權，在拒絕簽署某法案後，該法案便無效；另一種可能的意思是在行政長官拒絕簽署某法案後，該法案須交回立法會重議。此問題有待澄清。與此有關的另一問題，就是行政長官簽署或拒絕簽署某法案應否有時間限

制。目前立法機關由總督及立法局共同組成，所以沒有已獲通過的法案不能生效的情況，正如英國的立法機關也是由女皇會同議會組成的。至於將來香港的具體法案通過程序則有待澄清。

2. 建議

2.1 修改

→ 改為：「行政長官可否決立法會通過之法案，但立法會可以三分之二多數票反否決。」

理由：草案給予行政長官過大權力去否決由多數人通過的法案。

3. 待澄清問題

（編者按：內容同第八稿文件①）

※

③ 1989 年 11 月基本法諮詢委員會《中華人民共和國香港特別行政區基本法（草案）諮詢報告第三冊──條文總報告》

第九稿

「**第七十六條　香港特別行政區立法會通過的法案，須經行政長官簽署、公佈，方能生效。**」

〔1990 年 4 月《中華人民共和國香港特別行政區基本法》〕

① 姬鵬飛《關於〈中華人民共和國香港特別行政區基本法（草案）〉及其有關文件的說明》（1990 年 3 月 28 日第七屆全國人民代表大會第三次會議）

二、關於中央和香港特別行政區的關係

在立法權方面，草案規定特別行政區立法機關制定的法律經行政長官簽署、公佈即生效，這些法律雖然須報全國人大常委會備案，但備案並不影響生效。

香港特別行政區立法會議員在立法會的會議上發言，不受法律追究。

1. 立法會議員發言不受法律追究

第一稿

第四章　第三節

「第九條　香港特別行政區立法機關成員在立法機關會議上的發言，不受法律追究。」

〔1987 年 8 月 22 日《政治體制專題小組的工作報告》，載於《中華人民共和國香港特別行政區基本法起草委員會第五次全體會議文件匯編》〕

① 1986 年 2 月基本法諮詢委員會《諮委會第一分組有關基本法結構討論小結》

一、基本法結構，根據與會者發言，大致上可以歸結為下列十二個部份：
5. 政制

※

② 1986 年 2 月基本法諮詢委員會《第一批研討會總結》

一、基本法結構，根據與會者發言，大致上可以歸結為下列十二個部份：
5. 政制

※

③ 1986 年 2 月基本法諮詢委員會《第二批研討會總結》

六、基本法結構初擬——
4. 政府的架構——首長的產生，調動軍隊的權力，行政、立法、司法、財政制度、公務員。

※

④ 1986 年 2 月基本法諮詢委員會《第三批研討會總結》

4. 基本法的詳盡程度——
（2）政制：主要說明行政、立法、司法三權分立關係，三個機構如何產生及其權力範圍等問題；

※

⑤ 1986 年 2 月基本法諮詢委員會《第四批討論總結》

一、基本法的結構

3. 政制

四、政制方面
有些委員認為《中英聯合聲明》內談經濟部份太多，政制太少，所以基本法要側重寫政制部份，但如果寫得太詳細，則缺乏修改餘地，而太簡單，則又會說不清主要重點。個別委員建議在基本法內只闡述政制的大原則，而具體細節則以附件形式詳述。既可達到精簡原則，另一方面易於在港人手裡修改政制附件部份，而可能不須呈交中央通過。

※

⑥ 1986 年 2 月基本法諮詢委員會《第五批研討會總結》

二、草擬基本法的幾點原則
3. 基本法內的偏重面應考慮港人的關注性：一些委員認為基本法應對港人所憂慮的問題，如中央與特別行政區的關係，香港政制問題等應詳加闡述。

五、對基本法結構的建議——
4. 政制：行政
　　　　　立法　　　三權分立，並寫出它
　　　　　司法　　　的形成及運作。

※

⑦ 1986 年 4 月 22 日《中華人民共和國香港特別行政區基本法結構（草案）》，載於《中華人民共和國香港特別行政區基本法起草委員會第二次全體會議文件匯編》

【P14】
第四章　香港特別行政區的政治體制
第三節　立法機關
（五）立法機關組成人員的職責和權利

※

⑧ 1986 年 6 月 26 日《政制專責小組第四次會議續會紀要（第四分組）》

（5）立法機構成員的權利
與會委員認為一九九七年後，立法機構成員應繼續享有一九八六年時立法局議員所享有的權利。在其任期內他們不應受到因執行公職而引致的刑事或民事的干擾。

※

⑨《立法機關、立法機關的產生》〔1986 年 8 月 6 日政制分批研討會（第三批）討論文件二〕

【P12】
4. 立法機關組成人員的職責和權利
4.1 基本法中不用詳細說明，以免造成掣肘。
4.2 組成人員的職責由立法機關的會議常規規定。
4.3 組成人員的職責有兩方面，個人方面是履行立法機關的職權，積極參與立法，並按照憲法的程序、立憲的精神為香港的穩定及繁榮去建議或考慮一些條例。在政治方面要向特別行政區政府、中央政府負責。
4.4 如個人的利益與全體的利益有衝突時，要以全體利益為首。
4.5 立法機關成員在任期間，在執行公事時，不應受到刑

事的威脅、法律的干擾或個別的批評。
4.6 在立法機關的建築物內，在任何情況下都不可以被拘捕，如要拘捕某成員時先要得到主席的批准。
4.7 立法機關成員的特權，不可少於一九八六年立法局會議常規所賦予議員的特權。

※

⑩ 1986 年 8 月 20 日《基本法結構專責小組初步報告》

【P20】
5.3 第三節　立法機關
（5）立法機關組成人員的職責和權利

※

⑪《Final Report on the Structure of Basic Law》（基本法結構專責小組最後報告，1987 年 4 月 13 日經執行委員會通過）

【P25】
5.3 Section 3 "The Legislature".
V. "Terms of reference of members of the legislature."

<hr>

第二稿

第四章　第三節
「第九條　香港特別行政區立法機關成員在立法機關會議上的發言，不受法律追究。」
〔1987 年 9 月 8 日《第四章　香港特別行政區的政治體制（討論稿）》（1987 年 9 月 22 日政制專責小組第二次會議附件一）〕

第三稿

第四章　第三節
「第九條　香港特別行政區立法機關成員在立法機關會議上的發言，不受法律追究。」
〔1987 年 10 月《第四章　香港特別行政區的政治體制（討論稿）》（政治體制專題小組工作文件）〕

第四稿

「第七十四條　香港特別行政區立法機關成員在立法機關會議上發言，不受法律追究。」
〔1987 年 12 月基本法起草委員會秘書處《香港特別行政區基本法（草案）》（匯編稿）〕

第五稿

「第七十七條　香港特別行政區立法會議成員在立法會議的會議上發言，不受法律追究。」
〔1988 年 4 月基本法起草委員會秘書處《中華人民共和國香港特別行政區基本法（草案）草稿》〕

第六稿

「第七十六條　香港特別行政區立法會議成員在立法會議的會議上發言，不受法律追究。」
〔1988 年 4 月基本法起草委員會《中華人民共和國香港特別行政區基本法（草案）徵求意見稿》〕

第七稿

「第七十六條　香港特別行政區立法會議員在立法會的會議上發言，不受法律追究。」
〔1989 年 2 月《中華人民共和國香港特別行政區基本法（草案）》〕

① 1988 年 10 月基本法諮詢委員會《中華人民共和國香港特別行政區基本法（草案）徵求意見稿諮詢報告第五冊——條文總報告》

【P302】
第七十六條

2. 意見
→ 不受法律追究的事項應包括在會議上「提交的文件」及「表決」兩項。
→ 此條文是源出於現行的「權力及特權條例」，而基本法已規定現行法律繼續有效，實無須刻意突出這條條文，否則會引起不必要的疑慮。

「第七十七條　香港特別行政區立法會議員在立法會的會議上發言，不受法律追究。」

〔1990 年 2 月 16 日《中華人民共和國香港特別行政區基本法（草案）》〕

「第七十七條　香港特別行政區立法會議員在立法會的會議上發言，不受法律追究。」

〔1990 年 4 月《中華人民共和國香港特別行政區基本法》〕

香港特別行政區立法會議員在出席會議時和赴會途中不受逮捕。

❀ 貳│概念

1.立法會議員不受逮捕的規定

❀ 叁│條文本身的演進和發展

第一稿

第四章　第三節

「第十條　香港特別行政區立法機關成員在出席會議時和赴會途中不受逮捕。」

〔1987年8月22日《政治體制專題小組的工作報告》，載於《中華人民共和國香港特別行政區基本法起草委員會第五次全體會議文件匯編》〕

① 1986年2月基本法諮詢委員會《分批研討會參考資料》

【P2】
張家敏委員：（五）政制設置及制衡；

※

② 1986年2月基本法諮詢委員會《分批研討會參考資料2》

【P2】
2.基本法可分成六個主要部份：
第三部份說明特別行政區內部的結構。此部分為兩節，第一節處理特別行政區的政治結構，體現特別行政區政府及立法機關由當地人組成，⋯⋯

※

③ 1986年2月基本法諮詢委員會《諮委會第一分組有關基本法結構討論小結》

一、基本法結構，根據與會者發言，大致上可以歸結為下列十二個部份：
5.政制

※

④ 1986年2月基本法諮詢委員會《第一批研討會總結》

一、基本法結構，根據與會者發言，大致上可以歸結為下列十二個部份：
5.政制

※

⑤ 1986年2月基本法諮詢委員會《第二批研討會總結》

六、基本法結構初擬——
4.政府的架構——首長的產生，調動軍隊的權力，行政、立法、司法、財政制度、公務員。

※

⑥ 1986年2月基本法諮詢委員會《第三批研討會總結》

4.基本法的詳盡程度——
（2）政制：主要說明行政、立法、司法三權分立關係，三個機構如何產生及其權力範圍等問題；

※

⑦ 1986年2月基本法諮詢委員會《第四批討論總結》

四、政制方面
有些委員認為《中英聯合聲明》內談經濟部份太多，政制太少，所以基本法要側重寫政制部份，但如果寫得太細，則缺乏修改餘地，而太簡單，則又會說不清主要重點。個別委員建議在基本法內只闡述政制的大原則，而具體細節則以附件形式詳述。既可達到精簡原則，另一方面易於在港人手裡修改政制附件部份，而可能不須呈交中央通過。

※

⑧ 1986年2月基本法諮詢委員會《第五批研討會總結》

五、對基本法結構的建議——
4.政制：行政
　　　　　立法 〉三權分立，並寫出它
　　　　　司法 的形成及運作。

※

⑨ 1986 年 4 月 22 日《中華人民共和國香港特別行政區基本法結構（草案）》，載於《中華人民共和國香港特別行政區基本法起草委員會第二次全體會議文件匯編》

【P14】
第四章　香港特別行政區的政治體制
第三節　立法機關
（五）立法機關組成人員的職責和權利

※

⑩ 1986 年 6 月 26 日《政制專責小組第四次會議續會紀要（第四分組）》

（5）立法機構成員的權利
與會委員認為一九九七年後，立法機構成員應繼續享有一九八六年時立法局議員所享有的權利。在其任期內他們不應受到因執行公職而引致的刑事或民事的干擾。

※

⑪《立法機關、立法機關的產生》〔1986 年 8 月 6 日政制分批研討會（第三批）討論文件二〕

【P12】
4. 立法機關組成人員的職責和權利
4.1 基本法中不用詳細說明，以免造成掣肘。
4.2 組成人員的職責由立法機關的會議常規規定。
4.3 組成人員的職責有兩方面，個人方面是履行立法機關的職權，積極參與立法，並按照憲法的程序、立憲的精神為香港的穩定及繁榮去建議或考慮一些條例。在政治方面要向特別行政區政府、中央政府負責。
4.4 如個人的利益與全體的利益有衝突時，要以全體利益為首。
4.5 立法機關成員在任期間，在執行公事時，不應受到刑

事的威脅、法律的干擾或個別的批評。
4.6 在立法機關的建築物內，在任何情況下都不可以被逮捕，如要拘捕某成員時先要得到主席的批准。
4.7 立法機關成員的特權，不可少於一九八六年立法局會議常規所賦予議員的特權。

※

⑫ 1986 年 8 月 20 日《基本法結構專責小組初步報告》

【P20】
5.3 第三節　立法機關
（5）立法機關組成人員的職責和權利

※

⑬《Final Report on the Structure of Basic Law》（基本法結構專責小組最後報告，1987 年 3 月 14 日經執行委員會通過）

5.3 Section 3 "The Legislature"
Ⅴ. "Terms of reference of members of the legislature."

※

⑭ 1987 年 8 月 22 日《政治體制專題小組的工作報告》，載於《中華人民共和國香港特別行政區基本法起草委員會第五次全體會議文件匯編》

【P48】
第四章　香港特別行政區的政治體制（討論稿）
第三節　立法機關
第十條
說明：有的委員提出，目前香港立法局議員如犯有刑事罪行，只有開會時才不受逮捕。

第二稿

第四章　第三節
「第十條　香港特別行政區立法機關成員在出席會議時和赴會中不受逮捕。」
〔1987 年 9 月 8 日《第四章　香港特別行政區的政治體制（討論稿）》（1987 年 9 月 22 日政制專責小組第二次會議附件一）〕

① 1987 年 9 月 8 日《第四章　香港特別行政區的政治體制（討論稿）》（1987 年 9 月 22 日政制專責小組第二次會議附件一）

第三節　立法機關
第十條
（編者按：內容同第一稿文件⑭）

第三稿

第四章　第三節
「第十條　香港特別行政區立法機關成員在出席會議時和赴會途中不受逮捕。」
〔1987 年 10 月《第四章　香港特別行政區的政治體制（討論稿）》（政治體制專題小組工作文件）〕

① 1987 年 10 月《第四章　香港特別行政區的政治體制（討論稿）》（政治體制專題小組工作文件）

【P28-29】
第三節　立法機關
第十條
（編者按：內容同第一稿文件⑭）

資料：現行之《立法局（權力與特權）條例》
第三條　立法局議員在立法局或其屬下委員會之會議中，均享有言論及辯論自由，而此種言論及辯論自由，不得在立法局外之任何法院或地方收到質詢。
第四條　立法局議員不得因在立法局或其屬下委員會發表言論或提交報告書，或以訴願書、條例草案、決議案、動議或其他方式提出事項而遭提出民事或刑事起訴。

第五條 任何立法局議員均不得因下列情形而被捕——
（a）在出席立法局或其屬下委員會會議途中、在會議席上或會議後歸途中，由於民事債務而被捕（所招致之債務構成刑事罪者除外）；
（b）在出席立法局或其屬下委員會會議時，由於刑事罪而被捕。
第六條 （1）在立法局會議進行時，任何人不得在會議廳範圍內送達或執行香港或其他地方法院所發有關民事訴訟之文件；此等文件亦不得透過立法局主席或任何職員送達或執行，除非文件乃與會議廳範圍內受僱之人士有關，則不在此限。
（2）除得立法局按照會議常規許可外，任何議員均無須在立法局舉行會議之日，在任何民事訴訟案中出任證人。
（3）根據陪審團條例第五條，立法局議員均豁免出任陪審員。

第四稿

「**第七十五條** 香港特別行政區立法機關成員在出席會議時和赴會途中不受逮捕。」
〔1987 年 12 月基本法起草委員會秘書處《香港特別行政區基本法（草案）》（匯編稿）〕

第五稿

「**第七十八條** 香港特別行政區立法會議成員在出席會議時和赴會途中不受逮捕。」
〔1988 年 4 月基本法起草委員會秘書處《中華人民共和國香港特別行政區基本法（草案）草稿》〕

第六稿

「**第七十七條** 香港特別行政區立法會議成員在出席會議時和赴會途中不受逮捕。」
〔1988 年 4 月基本法起草委員會《中華人民共和國香港特別行政區基本法（草案）徵求意見稿》〕

第七稿

「**第七十七條** 香港特別行政區立法會議員在出席會議時和赴會途中不受逮捕。」
〔1989 年 2 月《中華人民共和國香港特別行政區基本法（草案）》〕

① 1988 年 6 月 6 日《政制專責小組 1 與草委交流會會議紀要》

3.諮委對有關立法機關條文的意見
3.4 第七十七條：有委員建議加上「散會時不受逮捕」一句，寫成「香港特別行政區立法會議成員在出席會議時和赴會途中不受逮捕，散會時不受逮捕。」

※

② 1988 年 6 月 6 日《政制專責小組（二）與內地草委交流會會議紀要》

4.立法機關
4.3 不受逮捕權：
有委員不清楚第七十七條立法會議成員在出席會議時和赴會途中不受逮捕的原因。有草委解釋，這是要避免有人藉逮捕議員以阻止他們投票或發言等。

※

③基本法諮詢委員會《基本法諮詢委員會政制專責小組對基本法（草案）徵求意見稿第四章的意見匯編》，載於 1988 年 10 月《中華人民共和國香港特別行政區基本法（草案）徵求意見稿諮詢報告（1）》

【P103】
2.有關專題討論
2.3 立法機關

2.3.5 不受逮捕權
2.3.5.1 有委員認為，應界定第七十七條立法會議成員在出席會議時和赴會途中不受逮捕的原因。

【P110】
3. 有關條文討論
3.24 第七十七條
（編者按：內容同第七稿文件①）

※

④ 1988 年 10 月基本法諮詢委員會《中華人民共和國香港特別行政區基本法（草案）徵求意見稿諮詢報告第五冊——條文總報告》

【P303】
第七十七條
2.意見
→ 不贊同此條文。
理由：無論是行政長官或其他官員，若是有罪，就得受到適當的懲罰。因此應考慮該人犯罪的嚴重程度才作出決定。
→ 立法會議成員在赴會途中不受逮捕的規定是令人詫異的。

3.建議
→ 加上：「離會途中」的字眼。
→ 加上一定手續：當立法會議成員被逮捕或搜查時，公安部門要報立法會議解釋備案，但這種解釋不影響逮捕令或搜查令的效力，而且由立法會議負責內部質詢，不得公開辯論。
理由：可予立法會議成員較大的保護，而又不會造成特權。

第八稿

「**第七十八條** 香港特別行政區立法會議員在出席會議時和赴會途中不受逮捕。」
〔1990 年 2 月 16 日《中華人民共和國香港特別行政區基本法（草案）》〕

① 1989 年 11 月基本法諮詢委員會《中華人民共和國香港特別行政區基本法（草案）諮詢報告第三冊——條文總報告》

【P172】
第七十七條
2. 建議

2.1 增加
→ 於句末加上：「及阻攔」。
→ 在「途中」前加上「往返」。

3. 待澄清問題
→ 若有關議員曾做出十分嚴重的罪行，例如破壞國家安全或謀殺，是否仍可享有不受逮捕的權利？

第九稿

「第七十八條　香港特別行政區立法會議員在出席會議時和赴會途中不受逮捕。」
〔1990 年 4 月《中華人民共和國香港特別行政區基本法》〕

香港特別行政區立法會議員如有下列情況之一，由立法會主席宣告其喪失立法會議員的資格：

（一）因嚴重疾病或其他情況無力履行職務；

（二）未得到立法會主席的同意，連續三個月不出席會議而無合理解釋者；

（三）喪失或放棄香港特別行政區永久性居民的身份；

（四）接受政府的委任而出任公務人員；

（五）破產或經法庭裁定償還債務而不履行；

（六）在香港特別行政區區內或區外被判犯有刑事罪行，判處監禁一個月以上，並經立法會出席會議的議員三分之二通過解除其職務；

（七）行為不檢或違反誓言而經立法會出席會議的議員三分之二通過譴責。

✿ 貳 | 概念

1. 立法會議員資格的喪失
2. 立法會出席議員的三分之二多數票

✿ 叁 | 條文本身的演進和發展

▶ 第一稿

「第七十七條　香港特別行政區立法機關成員如有下列情況之一，由立法機關主席宣告其喪失立法機關成員之資格：

（一）因嚴重病患或其他情況而長期無力履行職務；

（二）未得到立法機關主席的同意，連續三個月不出席立法機關會議；

（三）喪失或放棄香港特別行政區永久性居民之身份；

（四）破產或經法庭裁定償還債務而不履行；

（五）在香港特別行政區區內或區外被判犯有刑事罪行，判處入獄一個月或以上，並經立法機關出席會議的成員三分之二通過解除其職務；

（六）行為不檢而經立法機關出席會議的成員三分之二以上通過譴責；

（七）違反誓言而經立法機關出席會議的成員三分之二通過譴責。」

① 1986 年 2 月基本法諮詢委員會《分批研討會參考資料》

【P2】
張家敏委員：（五）政制設置及制衡；

※

② 1986 年 2 月基本法諮詢委員會《分批研討會參考資料 2》

【P2】
2. 基本法可分成六個主要部份：
第三部份說明特別行政區內部的結構。此部分為兩節，第一節處理特別行政區的政治結構，體現特別行政區政府及立法機關由當地人組成，……

※

③ 1986 年 2 月基本法諮詢委員會《諮委會第一分組有關基本法結構討論小結》

一、基本法結構，根據與會者發言，大致上可以歸結為下列十二個部份：
5. 政制

※

④ 1986 年 2 月基本法諮詢委員會《第一批研討會總結》

一、基本法結構，根據與會者發言，大致上可以歸結為下列十二個部份：
5. 政制

※

⑤ 1986 年 2 月基本法諮詢委員會《第二批研討會總結》

六、基本法結構初擬——
4. 政府的架構——首長的產生，調動軍隊的權力，行政、立法、司法、財政制度、公務員。

※

⑥ 1986 年 2 月基本法諮詢委員會《第三批研討會總結》

4. 基本法的詳盡程度——
（２）政制：主要說明行政、立法、司法三權分立關係，三個機構如何產生及其權力範圍等問題；

※

⑦ 1986 年 2 月基本法諮詢委員會《第四批討論總結》

四、政制方面
有些委員認為《中英聯合聲明》內談經濟部份太多，政制

太少，所以基本法要側重寫政制部份，但如果寫得太詳細，則缺乏修改餘地，而太簡單，則又會說不清主要重點。個別委員建議在基本法內只闡述政制的大原則，而具體細節則以附件形式詳述。既可達到精簡原則，另一方面易於在港人手裡修改政制附件部份，而可能不須呈交中央通過。

※

⑧ 1986 年 2 月基本法諮詢委員會《第五批研討會總結》

五、對基本法結構的建議——
4. 政制：行政
　　　　　立法 ｝ 三權分立，並寫出它的形成及運作。
　　　　　司法

※

⑨ 1986 年 4 月 22 日《中華人民共和國香港特別行政區基本法結構（草案）》，載於《中華人民共和國香港特別行政區基本法起草委員會第二次全體會議文件匯編》

【P14】
第四章　香港特別行政區的政治體制
第三節　立法機關
（五）立法機關組成人員的職責和權利

※

⑩《十二個政制構想》（1986 年 6 月 10 日政制專責小組第四次會議附件二）

（太平山學會）
1. 立法機關的組成
1.3 任期：……但立法議員若在任內有嚴重失職，或犯嚴重罪行，或喪失工作能力，可遭免職。

※

⑪ 1986 年 8 月 20 日《基本法結構專責小組初步報告》

【P20】
5.3 第三節　立法機關
（5）立法機關組成人員的職責和權利

※

⑫《Final Report on the Structure of Basic Law》（基本法結構專責小組最後報告，1987 年 3 月 14 日經執行委員會通過）

【P25】
5.3 Section 3 "The Legislature"
V. "Terms of reference of members of the legislature."

※

⑬ 1987年9月2日《中華人民共和國香港特別行政區基本法起草委員會第五次全體會議委員們對基本法序言和第一、二、三、四、五、六、七、九章條文草稿的意見匯集》

【P43】
五、關於第四章　香港特別行政區的政治體制
（三）第三節　立法機關
11.關於第三節最後的說明
多數委員同意立法機關成員如有嚴重違法或瀆職行為，應有作適當處置的規定。也有的委員認為，說明中的「嚴重違法」應有進一步明確的規定。

　　　　　　　　　　　　※

⑭ 1987年12月基本法起草委員會秘書處《香港特別行政區基本法（草案）》（匯編稿）

【P37】
第七十七條
說明：關於立法機關成員被任命為行政機關的主要官員後，是否要辭去其立法機關成員職務，留待研究。

第二稿

「第七十九條　香港特別行政區立法會議成員如有下列情況之一，由立法會議主席宣告其喪失立法會議成員的資格[6]：
（一）因嚴重疾病或其他情況無力履行職務；
（二）未得到立法會議主席的同意，連續三個月不出席會議；
（三）喪失或放棄香港特別行政區永久性居民的身份；
（四）破產或經法庭裁定償還債務而不履行；
（五）在香港特別行政區區內或區外被判犯有刑事罪行，判處入獄一個月以上，並經立法會議出席會議的成員三分之二通過解除其職務；
（六）行為不檢或違反誓言而經立法會議出席會議的成員三分之二通過譴責。」
〔1988年4月基本法起草委員會秘書處《中華人民共和國香港特別行政區基本法（草案）草稿》〕

① 1987年12月《中華人民共和國香港特別行政區基本法起草委員會第六次全體會議委員們對基本法第四、五、六、十章和條文草稿匯編的意見》

【P20-21】
27.第七十七條
（1）有的委員提出，立法機關成員喪失資格後是否需要補選，須加以明確，如需補選，本條第二項的規定就會顯得太嚴格。如經常有人喪失資格，經常補選就太麻煩。

（2）有的委員提出，以後立法機關如分成多數派和少數派，本條第六、七項可能會被用來排擠少數派。這個問題請加以研究。有些委員認為，（六）、（七）兩項意思相近，可合併為一項。

（3）有些委員建議將本條（一）中的「嚴重病患」改為「嚴重疾病」。

（4）在討論本條「說明」部份時，一些委員主張不必辭去立法機關成員職務，這樣便於行政、立法二機關的溝通。不過，立法機關成員被任命為行政機關的主要官員後，不應再向選民負責，而應向政府負責，這一點應作為任命的一項條件。

（5）第一組多數委員認為，如第六十四條立法機關的產生辦法採用第（三）方案，立法機關成員中就會有主要官員，本條的說明可刪去。

　　　　　　　　　　　　※

② 1988年4月《總體工作小組所作的條文修改舉要》，載於1988年5月《中華人民共和國香港特別行政區基本法起草委員會第七次全體會議文件匯編》

【P18】
第七十九條（政制小組最後草擬的原第七十七條），將第（一）項中「病患」改為「疾病」，並去掉「而長期」；將第（二）項「不出席立法會議的會議」改為「不出席會議」。

　　　　　　　　　　　　※

③ 1988年4月基本法起草委員會秘書處《中華人民共和國香港特別行政區基本法（草案）草稿》

【P47】
註6：（編者按：內容同第一稿文件⑭）

第三稿

「第七十八條　香港特別行政區立法會議成員如有下列情況之一，由立法會議主席宣告其喪失立法會議成員的資格[6]：
（一）因嚴重疾病或其他情況無力履行職務；
（二）未得到立法會議主席的同意，連續三個月不出席會議；
（三）喪失或放棄香港特別行政區永久性居民的身份；
（四）破產或經法庭裁定償還債務而不履行；

（五）在香港特別行政區區內或區外被判犯有刑事罪行，判處入獄一個月以上，並經立法會議出席會議的成員三分之二通過解除其職務；

（六）行為不檢或違反誓言而經立法會議出席會議的成員三分之二通過譴責。」

〔1988 年 4 月基本法起草委員會《中華人民共和國香港特別行政區基本法（草案）徵求意見稿》〕

① 1988 年 4 月基本法起草委員會《中華人民共和國香港特別行政區基本法（草案）徵求意見稿》

【P51】
註 6：（編者按：內容同第一稿文件⑭）

第四稿

「第七十八條　香港特別行政區立法會議員如有下列情況之一，由立法會主席宣告其喪失立法會議員的資格：

（一）因嚴重疾病或其他情況無力履行職務；

（二）未得到立法會主席的同意，連續三個月不出席會議而無合理解釋者；

（三）喪失或放棄香港特別行政區永久性居民的身份；

（四）接受政府的委任而出任公務人員；

（五）破產或經法庭裁定償還債務而不履行；

（六）在香港特別行政區區內或區外被判犯有刑事罪行，判處監禁一個月以上，並經立法會出席會議的議員三分之二通過解除其職務；

（七）行為不檢或違反誓言而經立法會出席會議的議員三分之二通過譴責。」

〔1989 年 2 月《中華人民共和國香港特別行政區基本法（草案）》〕

① 1988 年 6 月 6 日《政制專責小組（二）與內地草委交流會會議紀要》

4.立法機關
4.4 喪失立法會議成員的資格：
有委員認為第七十八條（六）可導致獨裁政府的出現。因為「違反誓言」一詞空泛，「多數派」的立法會議成員可以此逐走「少數派」。

※

② 1988 年 6 月 6 日《政制專責小組（三）與草委交流會會議紀要》

4.立法機關
4.3 成員
4.3.2 第七十八條
4.3.2.1 應於此條文或附件二中列明，當立法機關成員出缺時之解決方法。
4.3.2.2 第（六）項中所言屬主觀判斷，不像第（五）項般有一客觀規定，故可能造成多數派系成員解除少數派成員職務的局面，因而建議寫得嚴密些。

※

③ 1988 年 8 月基本法起草委員會秘書處《香港各界人士對〈香港特別行政區基本法（草案）徵求意見稿〉的意見匯集（一）》

【P30】
第七十八條
1.「違反誓言」是非常空泛的詞語，這樣規定會導致「多數派」據此把「少數派」或反對的聲音壓制下去。

2.當立法機關成員出缺時，有關席位問題如何解決，應在此處或附件二或選舉法中規定。

※

④ 1988 年 9 月基本法起草委員會秘書處《內地各界人士對〈香港特別行政區基本法（草案）徵求意見稿〉的意見匯集》

【P16】
第七十八條
第三款規定也適用於行政長官。

※

⑤《基本法諮詢委員會政制專責小組對基本法（草案）徵求意見稿第四章的意見匯編》，載於 1988 年 10 月基本法諮詢委員會《中華人民共和國香港特別行政區基本法（草案）徵求意見稿諮詢報告（1）》

【P103】
2.有關專題討論
2.3 立法機關
2.3.3 成員
2.3.3.2 對第七十八條的意見
（編者按：內容同第四稿文件①及②）

※

⑥ 1988 年 10 月基本法諮詢委員會《中華人民共和國香港特別行政區基本法（草案）徵求意見稿諮詢報告第五冊——條文總報告》

【P303-306】
第七十八條
2.意見
2.1 整體意見
→ 這規定很危險，可能導致一個獨裁政府的出現。

理由：
⊙ 立法機關的「多數派」可根據此規定把「少數派」或反對的聲音壓制或驅逐出議會。
⊙ 立法會議成員是由民選產生的，若他們不稱職，選民自然不會選他們。
→ 從第（一）至第（五）項來看，立法機關對行政機關只有極小的制衡力量。
→ 有關立法機關成員喪失資格後的席位如何解決，應於此條文中列明。
2.2 個別款項意見
2.2.1 第（二）項
→ 此項的規定太過苛刻，因為該成員可能是由於重要理由而缺席的。
2.2.2 第（三）項
→ 此項的情況應由基本法規定，以保障香港特別行政區永久性居民的身份。
2.2.3 第（四）項
→ 此項不應成立。
理由：香港特別行政區立法會議成員資格不應因貧或富而被取消。
→ 立法會議成員的資格在破產後可保留及維持不變。
→ 此項惹人誤解以為貧窮比犯刑事坐牢更差，使公民教育失效，有修改必要。
2.2.4 第（五）項
→ 應有更明確的規定，以事情的輕重去判定，不應以坐牢的時間長短作規定。「刑事罪行」也應視乎事情的嚴重程度，因違反交通規例也算刑事罪。
2.2.5 第（六）項：
→ 「違反誓言」一詞非常空泛。
→ 法庭應可對「違反誓言」的會議成員採取行動。因誓言是在司法機關人員面前作出的，違反誓言可作藐視法庭罪論。
→ 「行為不檢」一詞非常空泛。
理由：
⊙ 立法會議成員很易被扣上「行為不檢」的帽子。
⊙ 如有成員行為不檢，以致被判刑事罪。第（五）項已對此作出規定，無須再由立法會議成員譴責。
→ 「行為不檢」純屬主觀意見。由選舉產生的議員，不應因其他議員的個人觀感而被撤職，應由會議常規訂出議員共同遵守的法則來處理。
→ 因「行為不檢」而引起立法會議成員被取消資格，須得法院或行政長官審核批准，以令市民信服。
→ 應界定「行為不檢」及「違反誓言」的定義，並成立專責小組負責審查，然後才交給立法會議通過譴責。

3. 建議
3.1 個別條款建議
3.1.1 第一句改為：「香港特別行政區立法會議成員如在任內有下列情況之一，由立法會議主席宣告其喪失會議成員的資格；」
3.1.2 第（一）項
→ 加上：「要立法機關出席會議的三分之二成員通過，方可解除職務。」
3.1.3 第（二）項
→ 改為：「除因生病外，未得到立法會議主席的同意，連續三個月不出席會議；」
→ 改為：「未得到立法會議主席同意，連續三個月不出席會議，並經立法會議出席會議的成員三分之二通過解除其職務；」
理由：加上由立法會議通過才解除缺席成員職務的規定，旨在限制立法會議主席的酌情權力。
→ 以「議長」代替「主席」一詞。
→ 第（二）項已為「嚴重失職」，而詳細定義則由會議

常規規定。
→ 「三個月」應改為三次。
3.1.4 第（三）項
→ 改為：「喪失或放棄香港特別行政區永久性居民或中國公民的身份；」
理由：行政長官、主要官員及立法會議皆屬體現中國對香港特別行政區主權的政權機構／職位，理應由有中國公民身份的人士出任。
→ 改為：「喪失或放棄香港特別行政區永久性居民中的『中國公民』的身份；」
理由：立法會議的成員必須為「中國公民」。
3.1.5 第（四）項
→ 改為：「經法庭裁定償還債務而不履行。」
理由：破產不影響立法會議成員執行職務。
3.1.6 第（五）項
→ 「……一個月……」改為「……三個月……」
理由：旨在減低原規定的苛刻性。
→ 改為：「在香港特別行政區區內或區外被判有刑事或商業罪行；」
→ 改為：「觸犯嚴重刑事罪行」。
→ 「三分之二」改為「二分之一」。
理由：如犯罪的立法會議成員得不到過半數成員的支持，不應讓他繼續參與制定法律，法律的尊嚴才受維護。
→ 刪去「判處入獄一個月以上」。
理由：
⊙ 凡被判處入獄者，都是罪犯，絕不能以時間長短而規限解除其職務。
⊙ 立法會議成員乃制訂法律和修改法律的人物，如犯事坐牢後，應無須由三分之二的立法會議成員通過便可解除其職務。
3.1.7 第（六）項
→ 改為：「行為不檢或違反誓言而經立法會議按第七十二條第（九）項彈劾案調查程序處理。調查委員會認為有足夠證據構成上述指控，立法會議以全體成員三分之二通過譴責。」
理由：由於「行為不檢」和「違反誓言」的含意相當空洞籠統，故為慎重起見，亦應採用彈劾提案方式。
→ 改為：「行為不檢而經立法會議的成員三分之二通過譴責；」
理由：若有證據顯示當事人曾作虛假宣誓，在法律已能給予制裁，而且違反誓言與否是難以界定。
→ 刪去此項。
3.2 增加
→ 加上：「宣告立法會議成員喪失資格前，須經過一定程序。應由立法會議主席委任專責小組調查，如表面證據成立，交由立法會議全體決定，獲三分之二通過方可免職。」
→ 加上：「立法機關成員若接受任命為行政會議議員或行政機關的主要官員後，需辭去其立法機關成員職務，反之亦然。」
理由：
⊙ 這樣可以容納更多有用的人才。
⊙ 避免兩者矛盾。
⊙ 發揮制衡行政機關的義務。
→ 加上段「當成員喪失資格後，應盡快按現行制度補選。」
3.3 其他建議
→ 將第七十八條包容於第七十一條內
理由：做法較全面
→ 為免爭議，建議在任何情況下，立法會議內設紀律小組，向立法會議作出報告，經成員三分之二或以上通過後，立法會議主席方可宣告某成員喪失資格。
→ 在動議取消某成員資格後，立法會議應成立獨立的調查委員會，由一位法官擔任主席，在完成調查並向立法會議提出報告後，如果調查報告認為有足夠證據構成有關的

指控，方可進行取消資格的投票。

4.待澄清問題
→ 當立法機關成員出缺時，有關席位的問題如何解決，應於此條文或附件二中列明，或在選舉法中列明。

→ 怎樣才算喪失或放棄香港永久性居民身份？其法定程序如何？
→ 立法會議成員之資格並無規定，而只在第七十八條規定成員喪失資格的條件，這是什麼原因？
→ 第（六）項的提案程序如何？是否另有立法？

第五稿

「**第七十九條** 香港特別行政區立法會議員如有下列情況之一，由立法會主席宣告其喪失立法會議員的資格：
（一）因嚴重疾病或其他情況無力履行職務；
（二）未得到立法會主席的同意，連續三個月不出席會議而無合理解釋者；
（三）喪失或放棄香港特別行政區永久性居民的身份；
（四）接受政府的委任而出任公務人員；
（五）破產或經法庭裁定償還債務而不履行；
（六）在香港特別行政區區內或區外被判犯有刑事罪行，判處監禁一個月以上，並經立法會出席會議的議員三分之二通過解除其職務；
（七）行為不檢或違反誓言而經立法會出席會議的議員三分之二通過譴責。」
〔1990 年 2 月 16 日《中華人民共和國香港特別行政區基本法（草案）》〕

① 1989 年 11 月基本法諮詢委員會《中華人民共和國香港特別行政區基本法（草案）諮詢報告第三冊——條文總報告》

【P172-174】
第七十八條
2.意見
2.1 第一項
→ 「其他情況」意思不明確，需重寫。
2.2 第四項
→ 政治任命的官員可兼任立法會議員。
2.3 第六項
→ 不應由其他立法會議員處理解除個別立法會議員職務的問題。
理由：
⊙ 防止其他議員對犯罪的議員作主觀的評價。
⊙ 立法會議員被判犯有刑事罪行，就應解除其立法會議員之資格。假如再加上立法會出席會議的議員三分之二通過才可解除其職務，就會容許這些議員憑主觀的喜好排除異己，故建議通過立法作有關的規定。
→ 第六項及第七項寫法未完善。

3.建議
3.1 刪除
→ 刪去第二項的「者」字。
→ 刪去第五項「破產」的規定。
理由：
⊙ 破產應規定是不合理的。如果立法會議員申請破產的僅是他經營的一個很小的有限公司（比如註冊資本一萬元港幣的有限公司），則清盤對他沒有造成太大影響，他仍可按章履行他在立法局的職責；因此，對他予以解職就是不公平的。
⊙ 破產並不是違法的行為，導致破產的原因更不只是個人的行為。
→ 刪去第六項「並經立法會……其職務」。
→ 刪去第七項「而經立法會出席議員三分之二通過譴責」。
→ 刪去第七項內「行為不檢或」的字眼。
理由：行為不檢並無明確界定。
3.2 修改
3.2.1 本條第一行

→ 「由立法會主席宣告其喪失立法會議員的資格」改為「由立法會主席要求其辭職，若議員拒絕辭職，則由立法會四分之三議員投票通過喪失立法會議員的資格」。
3.2.2 第二項
→ 改為：「……而無合理解釋者；成員得出席會議三分之二時間或不少於兩小時，以較少者為準，才可當作曾出席會議。」
3.2.3 第六項
→ 改為：「（1）在香港特別行政區區內或區外被判犯有刑事罪行，判處監禁超過六個月；或
（2）被判處監禁六個月以下，並經立法會出席會議的議員三分之二通過解除其職務；」
理由：
⊙ 被判處監禁超過六個月屬嚴重刑事罪行，應宣告其喪失立法會議員資格。
⊙ 被判處監禁六個月以下屬輕微刑事罪行，應由出席立法會議的議員考慮其犯罪的性質、動機和犯事環境及其他因素，作出公允、合理的表決。
⊙ 原文違背了第三章第四十二條有關香港居民有遵守法律義務的守則。立法會議員是香港居民，既享有被選舉權，也不應背棄遵守法律的義務；議員犯有嚴重刑事罪行，雖依法獲得刑罰，但議員的資格已受知法犯法的行為影響。
⊙ 原文「判處監禁一個月以上」的規定難以辨別所犯刑事罪行的輕重。
⊙ 與第五項相比，原文處理立法會議員資格的規定有偏差，亦降低港人對法治的信心。破產者喪失其議員資格，但被判犯有嚴重刑事罪行、判處監禁超過六個月者卻有可能保留其立法會議員的資格。
⊙ 根據第一章第八條，香港現行的選舉法將被採用為香港特別行政區的法律；涉及議員資格的事項均由高等法院依法裁定，並非由立法機關處理。但原文的規定和選舉法例不配合，亦有立法機關兼行政機關職權之嫌。
→ 改為：「……，判處監禁一個月以上，或罰款（若干）以上，並經立法會出席會議的議員三分之二通過解除其職務；」
→ 將「出席會議的」改為「全體」。
理由：原文的規定不能負責任地對香港居民作出交代。
3.3 增加
→ 加上一項：「取得外國公民身份；」
→ 加上：「如立法會主席有上列第一至七款的情況之一，須於立法會通過解除其職務後的第一次會議中依本法第

七十條的規定選出新的立法會主席。」
理由：原文並未就立法會主席本人喪失立法會議員的資格時，由誰宣告作出規定。

3.4 其他
→ 此條規定應包括中國政府或其駐港代表的人員。

4. 待澄清問題
→ 倘若將來的立法會議員採用全職受薪制，他們是否公務人員？若他們是公務人員，應如何理解第四項的規定？
→ 根據第一百零三條，行政長官、主要官員、行政會議成員、立法會成員等被列入「公務人員」一節中，是否表示立法會議員是公務人員？

第六稿

「第七十九條　香港特別行政區立法會議員如有下列情況之一，由立法會主席宣告其喪失立法會議員的資格：
（一）因嚴重疾病或其他情況無力履行職務；
（二）未得到立法會主席的同意，連續三個月不出席會議而無合理解釋者；
（三）喪失或放棄香港特別行政區永久性居民的身份；
（四）接受政府的委任而出任公務人員；
（五）破產或經法庭裁定償還債務而不履行；
（六）在香港特別行政區區內或區外被判犯有刑事罪行，判處監禁一個月以上，並經立法會出席會議的議員三分之二通過解除其職務；
（七）行為不檢或違反誓言而經立法會出席會議的議員三分之二通過譴責。」
〔1990 年 4 月《中華人民共和國香港特別行政區基本法》〕

香港基本法
起草過程概覽

李浩然——［主編］ ｜下冊

香港特別行政區各級法院是香港特別行政區的司法機關，行使香港特別行政區的審判權。

❀ 貳｜概念

1. 各級法院行使的審判權

❀ 叁｜條文本身的演進和發展

第一稿

第四章　第四節

「第一條　香港特別行政區各級法院是香港特別行政區的司法機關，行使香港特別行政區的審判權。」

〔1987 年 8 月 22 日《政治體制專題小組的工作報告》，載於《中華人民共和國香港特別行政區基本法起草委員會第五次全體會議文件匯編》〕

① 1984 年 12 月 19 日《中華人民共和國政府對香港的基本方針政策的具體說明》（《中英聯合聲明》附件一）

三、香港特別行政區的審判權屬於香港特別行政區法院。

※

② 1986 年 2 月基本法諮詢委員會《分批研討會參考資料》

【P1-2】

某委員（編者按：原件模糊，無法辨認名字。）：政治體制，說明……司法機關產生的體制……。

陳坤耀委員：

基本法乃特別行政區的根本大法，酷似主權國家的憲法，內容大概包括：

（四）規定司法機關產生辦法、職責範圍及法官任免；

※

③ 1986 年 2 月基本法諮詢委員會《分批研討會參考資料 2》

【P2】

2. 基本法應按照聯合聲明附件一第二節「在香港特別行政區實行的法律為基本法，及上述香港原有法律和香港特別行政區立法機關制定的法律」。基本法可分成六個主要部份：

第三部份說明特別行政區內部的結構，……第二節說明法律及司法制度。

※

④ 1986 年 2 月基本法諮詢委員會《第二批研討會總結》

六、基本法結構初擬——

4. 政府的架構—— ……司法……。

※

⑤ 1986 年 2 月基本法諮詢委員會《第五批研討會總結》

【P3】

五、對基本法結構的建議—— 與會委員均認為基本法起碼要包括《中英聯合聲明》附件一中的 14 項內容，可以用七個部份劃分出來：

4. 政制：行政　立法　司法 ⟩ 三權分立，並寫出它的形成及運作。

※

⑥ 1986 年 4 月《香港各界人士對〈基本法〉結構等問題的意見匯集》（基本法起草委員會第二次會議參閱資料之一）

【P1-3】

（方案一）4. 司法機關產生辦法、職責範圍及法官任免。

（方案二）4. 司法制度，包括終審權和解釋基本法的權力。

（方案四）5. 司法制度（及任命法官的方法）。

【P5】

（方案五）4. 特別行政區的政治制度，必須詳列立法、行政及司法機關的產生方法，並將它們的結構、功能、權限、運行方式、三者之間的關係等寫清楚。

※

⑦ 1986 年 4 月 22 日《中華人民共和國香港特別

行政區基本法結構（草案）》，載於《中華人民共和國香港特別行政區基本法起草委員會第二次全體會議文件匯編》

【P14】
第四章　香港特別行政區的政治體制
第四節　司法機關
（一）司法機關的組織體系
（二）司法機關的職權

※

⑧ 1986 年 8 月 20 日《基本法結構專責小組初步報告》

【P20】
5.4 第四節　司法機關
（1）司法機關的組織體系
（2）司法機關的職權

※

⑨《Final Report on the Structure of Basic Law》（基本法結構專責小組最後報告，1987 年 3 月 14 日經執行委員會通過）

【P25】
5.4 Section 4 "The Judiciary"
i. "Its organizational structure."
ii. "Terms of Reference."

第二稿

第四章　第四節
「第一條　香港特別行政區各級法院是香港特別行政區的審判機關，行使香港特別行政區的審判權。」
〔1987 年 9 月 8 日《香港特別行政區的政治體制（討論稿）》（1987 年 9 月 22 日政制專責小組第二次會議附件一）〕

① 1987 年 9 月 2 日《中華人民共和國香港特別行政區基本法起草委員會第五次全體會議委員們對基本法序言和第一、二、三、四、五、六、七、九章條文草稿的意見匯集》

【P43】
五、關於第四章　香港特別行政區的政治體制
（四）第四節　司法機關
1. 第一條
有的委員建議，本條「各級」之後應加「各類」兩字；「審判機關」應改為「司法機關」，與本節標題的提法統一起來。

第三稿

「第七十八條　香港特別行政區各級法院是香港特別行政區的司法機關，行使香港特別行政區的審判權。」
〔1987 年 12 月基本法起草委員會秘書處《香港特別行政區基本法（草案）》（匯編稿）〕

第四稿

「第八十條　香港特別行政區各級法院是香港特別行政區的司法機關，行使香港特別行政區的審判權。」
〔1988 年 4 月基本法起草委員會秘書處《中華人民共和國香港特別行政區基本法（草案）草稿》〕

第五稿

「第七十九條　香港特別行政區各級法院是香港特別行政區的司法機關，行使香港特別行政區的審判權。」
〔1988 年 4 月基本法起草委員會《中華人民共和國香港特別行政區基本法（草案）徵求意見稿》〕

第六稿

「第七十九條　香港特別行政區各級法院是香港特別行政區的司法機關，行使香港特別行政區的審判權。」
〔1989 年 2 月《中華人民共和國香港特別行政區基本法（草案）》〕

① 1988 年 11 月基本法諮詢委員會《中華人民共和國香港特別行政區基本法（草案）徵求意見稿諮詢報告第五冊——條文總報告》

【P310】
2. 建議
→ 改為：「香港特別行政區各級法院是香港特別行政區的司法機構，行使香港特別行政區的審判權、司法解釋權及違憲審查權。」

第七稿

「第八十條　香港特別行政區各級法院是香港特別行政區的司法機關，行使香港特別行政區

的審判權。」

〔1990年2月16日《中華人民共和國香港特別行政區基本法（草案）》〕

第八稿

「第八十條　香港特別行政區各級法院是香港特別行政區的司法機關，行使香港特別行政區的審判權。」

〔1990年4月《中華人民共和國香港特別行政區基本法》〕

香港特別行政區設立終審法院、高等法院、區域法院、裁判署法庭和其他專門法庭。高等法院設上訴法庭和原訟法庭。

原在香港實行的司法體制，除因設立香港特別行政區終審法院而產生變化外，予以保留。

✿ 貳│概念

1. 各級法院的設立
2. 原司法體制的保留
3. 終審法院的設立

✿ 叁│條文本身的演進和發展

第一稿

第四章　第四節

「第二條　香港特別行政區設立終審法院、高等法院、區域法院、裁判署法庭和其他專門法庭。高等法院設上訴法庭和原訟法庭。

原在香港實行的司法體制，除因設立香港特別行政區終審法院而產生變化外，予以保留。」

〔1987 年 8 月 22 日《政治體制專題小組的工作報告》，載於《中華人民共和國香港特別行政區基本法起草委員會第五次全體會議文件匯編》〕

① 1984 年 12 月 19 日《中華人民共和國政府對香港的基本方針政策的具體說明》（《中英聯合聲明》附件一）

三、香港特別行政區成立後，除因香港特別行政區法院享有終審權而產生的變化外，原在香港實行的司法體制予以保留。

※

② 1986 年 4 月 22 日《中華人民共和國香港特別行政區基本法結構（草案）》，載於《中華人民共和國香港特別行政區基本法起草委員會第二次全體會議文件匯編》

【P14】
第四章　香港特別行政區的政治體制
第四節　司法機關
（一）司法機關的組織體系

※

③ 1986 年 5 月 13 日《政制專責小組第三次會議總結（第二分組）》

四、司法：
普遍意見同意維持司法獨立，並保持原有制度。

※

④ 1986 年 8 月 20 日《基本法結構專責小組初步報告》

【P20】
5.4 第四節　司法機關
（1）司法機關的組織體系

※

⑤《Final Report on the Structure of Basic Law》（基本法結構專責小組最後報告，1987 年 3 月 14 日經執行委員會通過）

【P25】
5.4 Section 4 "The Judiciary"
i. "Its organizational structure."

第二稿

第四章　第四節

「第二條　香港特別行政區設立終審法院、高等法院、區域法院、裁判署法庭和其他專門法庭。高等法院設上訴法庭和原訟法庭。

原在香港實行的司法體制，除因設立香港特別行政區終審法院而產生變化外，予以保留。」

〔1987年9月8日《第四章　香港特別行政區的政治體制（討論稿）》（1987年9月22日政制專責小組第二次會議附件一）〕

① 1987年9月2日《中華人民共和國香港特別行政區基本法起草委員會第五次全體會議委員們對基本法序言和第一、二、三、四、五、六、七、九章條文草稿的意見匯集》

【P43-44】
五、關於第四章　香港特別行政區的政治體制
（四）第四節　司法機關
2. 第二條
有的委員建議，「區域法院」應改為「地區法院」。有的委員認為，「終審法院」應改為「終審庭」；但有的委員認為不應改，因為聯合聲明採用的是「終審法院」的概念，它有獨立的法官任免制度等。有的委員建議刪去本條第二款。但有的委員認為此款有助於穩定人心，應予保留。

※

②《法律專責小組對基本法第四章第四節「司法機關」條文草稿（一九八七年八月）的意見》（1987年11月4日經執行委員會通過）

（編者按：本文件雖然時間晚於本稿，但其內容是起草委員會對1987年8月22日政制專責小組擬訂的條文的意見匯編，故放在此處。）

【P1】
關於第二條：
有的委員擔心「其他專門法庭」意義含糊，令人不知其所指的是哪些法庭；另有委員建議編寫一些在基本法內常見的詞彙，使各名詞的定義能一目瞭然。

第三稿

「第七十九條　香港特別行政區設立終審法院、高等法院、區域法院、裁判署法庭和其他專門法庭。高等法院設上訴法庭和原訟法庭。

原在香港實行的司法體制，除因設立香港特別行政區終審法院而產生變化外，予以保留。」

〔1987年12月基本法起草委員會秘書處《香港特別行政區基本法（草案）》（匯編稿）〕

① 1987年12月《中華人民共和國香港特別行政區基本法起草委員會第六次全體會議委員們對基本法第四、五、六、十章和條文草稿匯編的意見》

【P21-22】
29. 第七十九條
（1）有的委員提出，現在的條文把各級法院的名稱寫上了，以後如果法院體制有所變動必須修改基本法，因而

建議改為「香港特別行政區設立終審法院和其他各級法院」。有些委員認為還是保留現在的寫法，以便香港人放心。

（2）有的委員建議將本條改寫為：「香港特別行政區的司法機關由香港特別行政區立法機關依法設立的法院和其他司法組織（以下簡稱法院）組成。香港特別行政區成立後，除因香港特別行政區法院享有終審權而產生變化外，原在香港實行的司法體制予以保留。」

第四稿

「第八十一條　香港特別行政區設立終審法院、高等法院、區域法院、裁判署法庭和其他專門法庭。高等法院設上訴法庭和原訟法庭。

原在香港實行的司法體制，除因設立香港特別行政區終審法院而產生變化外，予以保留。」

〔1988年4月基本法起草委員會秘書處《中華人民共和國香港特別行政區基本法（草案）草稿》〕

第五稿

「第八十條　香港特別行政區設立終審法院、高等法院、區域法院、裁判署法庭和其他專門法庭。高等法院設上訴法庭和原訟法庭。

原在香港實行的司法體制，除因設立香港特別行政區終審法院而產生變化外，予以保留。」

〔1988年4月基本法起草委員會《中華人民共和國香港特別行政區基本法（草案）徵求意見稿》〕

第六稿

「第八十條　香港特別行政區設立終審法院、高等法院、區域法院、裁判署法庭和其他專門法庭。高等法院設上訴法庭和原訟法庭。

原在香港實行的司法體制，除因設立香港特別行政區終審法院而產生變化外，予以保留。」

〔1989年2月《中華人民共和國香港特別行政區基本法（草案）》〕

① 1988年8月基本法起草委員會秘書處《香港各界人士對〈香港特別行政區基本法（草案）徵求意見稿〉的意見匯集（一）》

【P30】
第八十條
在第一款最後加：「現行司法用語維持不變。」

※

② 1988 年 10 月基本法諮詢委員會《中華人民共和國香港特別行政區基本法（草案）徵求意見稿諮詢報告第五冊——條文總報告》

【P311】
第八十條
2. 意見

→ 在香港特別行政區設立終審法院，在任何變化下，都一定不能有所保留，因為這是保持司法獨立和完整的主要關鍵和象徵。

3. 建議
→ 第二款末加上：「現行的司法用語維持不變。」
→ 終審庭應設在香港。
理由：
⊙ 達至港人治港的目的。
⊙ 如設在北京，距離太遠，延誤審判時間。
→ 終審庭監察機構應設在北京。
理由：目前本港之司法制度未能保障市民，使香港市民的命運遭受本地官員控制。

第七稿

「**第八十一條** 香港特別行政區設立終審法院、高等法院、區域法院、裁判署法庭和其他專門法庭。高等法院設上訴法庭和原訟法庭。
原在香港實行的司法體制，除因設立香港特別行政區終審法院而產生變化外，予以保留。」
〔1990 年 2 月 16 日《中華人民共和國香港特別行政區基本法（草案）》〕

① 1989 年 11 月基本法諮詢委員會《中華人民共和國香港特別行政區基本法（草案）諮詢報告第三冊——條文總報告》

【P176-177】
第八十條
2. 意見
→ 將來終審法官對每件個案應最少由五位法官聽審聆訊，申請上訴的時候有三位法官已足夠。這等法官應全部由有豐富法律經驗的人士，其中應包括其他司法體系的法官或退休法官，而他們所進行的業務應與普通法及衡平法制度有關。
→ 香港特別行政區應設立一憲法法庭，其成員來自內地及香港，以解決一些可能發生的憲法性事件，例如行政長官與中央人民政府之間的意見分歧。該憲法法庭應由全國人大通過成立，屬於一政治機構，其所作之決定應有法律效力。
→ 此條並無列明香港特別行政區的終審法院必須設於香港。但由於終審法院是香港特別行政區的重要司法機關，若將來常務委員會終審法院並非在香港設立，會出現嚴重的問題。

3. 建議

3.1 修改
→ 將第一款內「區域法院」改為「地區法院」。
→ 此條文應作修改，以使香港特別行政區的法院就是終審法院、最高法院等，而最高法院應包括上訴法院及高等法院。
理由：目前，「最高法院」包括高等法院及上訴法院，但此條文卻將「高等法院」等同目前的最高法院，並使將來的高等法院包括了「上訴法院」及「原訟法庭」。反對用「原訟法庭」來指將來等同目前的高等法院，因為目前高等法院不單聽原訟的案件，亦聽從低級法庭及裁判處等的上訴案件。另外亦反對用「高等法院」來指將來等同目前的最高法院，因為這會混淆人們以為是目前的高等法院。
3.2 增加
→ 在第二款句末加上：「以後自行發展」。
→ 在第二款句末加上：「及憲法審裁處」。
理由：應成立憲法審裁處，作為中國司法制度及香港特別行政區的制度的中間體。此審裁處的成員應包括中國的法官，所以此機構是一混合體，可視為或不視為香港特別行政區內的一個司法機構。其設立可以在內地或在香港。

4. 待澄清問題
→ 應澄清什麼是「專門法庭」？設立這些專門法庭的目的為何？
→ 第二款中的「變化」何指？

第八稿

「**第八十一條** 香港特別行政區設立終審法院、高等法院、區域法院、裁判署法庭和其他專門法庭。高等法院設上訴法庭和原訟法庭。
原在香港實行的司法體制，除因設立香港特別行政區終審法院而產生變化外，予以保留。」
〔1990 年 4 月《中華人民共和國香港特別行政區基本法》〕

香港特別行政區的終審權屬於香港特別行政區終審法院。終審法院可根據需要邀請其他普通法適用地區的法官參加審判。

✿ 貳│概念

1. 終審權屬終審法院
2. 普通法適用地區法官的參與

✿ 叁│條文本身的演進和發展

第一稿

第四章　第四節
「第三條　香港特別行政區的終審權屬於香港特別行政區終審法院。終審法院可根據需要邀請其他普通法適用地區的法官參加審判。」

〔1987 年 8 月 22 日《政治體制專題小組的工作報告》，載於《中華人民共和國香港特別行政區基本法起草委員會第五次全體會議文件匯編》〕

① 1984 年 12 月 19 日《中華人民共和國政府對香港的基本方針政策的具體說明》（《中英聯合聲明》附件一）

三、香港特別行政區的終審權屬於香港特別行政區終審法院。終審法院可根據需要邀請其他普通法適用地區的法官參加審判。

※

② 1986 年 11 月 8 日《香港特別行政區基本法起草委員會政治體制專題小組的工作報告》，載於《中華人民共和國香港特別行政區基本法起草委員會第三次全體會議文件匯編》

【P36】
十、關於司法機關和司法制度
專題小組着重討論了終審法院的設置和組成問題。有的委員主張，終審法院的法官分為兩類，一類為當地法官，一類為其他普通法適用地區的海外法官，均由行政長官徵得立法機關的同意後任命，報全國人民代表大會常務委員會備案。終審法庭由三名海外法官、二名當地法官組成。另一種意見主張，終審法院應由當地法官組成，但組織法庭時可根據需要，邀請其他普通法適用地區的法官參加審判，當地法官和海外法官的比例不作規定。有的委員主張，被邀請的海外法官可不必經過行政長官任命等手續。

※

③ 1987 年 4 月 9 日特區終審權與司法制度工作組《特區的終審權與司法制度討論文件（草稿）》（1987 年 4 月 13 日法律及政制專責小組第一次聯合會議討論文件）

【P1-2】
（甲）前言
1. 一九九七年香港主權回歸中國後，香港在「一國兩制」之下會出現新的政治局面。《中英聯合聲明》規定「除外交和國防事務屬中央人民政府管理外，香港特別行政區享有行政管理權、立法權、獨立的司法權和終審權。」（附件一第一節）。我們可以設想原在香港實行的司法制度雖予以保留，但因為香港特別行政區法院享有終審權，一定會產生某些變化。
2. 香港從未享有終審權。在現有的司法制度下，經低層法院審理的案件可上訴至高層法院。當香港最高法院上訴庭已作出判決後，案件仍可向倫敦樞密院的司法委員會繼續上訴。
3. 目前，樞密院就香港發生的案件享有終審權，但在一九九七年香港特別行政區成立後，情況則有所改變。為體現中國的主權，向樞密院上訴的權利將被廢除。香港特別行政區需在本地成立終審法院，香港的案件將由該法院作出終審。
4. 一般認為香港應在一九九七年之前（不得遲過一九九二年）設立終審法院，以確保司法制度的順利過渡。

（乙）終審法院：
5. 在《中英聯合聲明》中，有關特區司法制度及終審法院的條文如下：
i 附件一 第一節規定：「香港特別行政區享有行政管理權、立法權、獨立的司法權和終審權。」
ii 附件一 第三節規定：「香港特別行政區成立後，除因香港特別行政區法院享有終審權而產生的變化外，原有香港實行的司法體制予以保留。」
iii 「香港特別行政區的審判權屬於香港特別行政區法院。法院獨立進行審判，不受任何干涉。」
iv 「香港特別行政區的終審權屬於香港特別行政區終審法院。終審法院可根據需要邀請其他普通法適用地區的法官參加審判。」

6.法官人數

為配合其他司法管轄區的做法及確保實際可行,終審法院審理任何一宗上訴案件時,庭上應有五名法官。參加審判的法官人數應是單數,以便在法官意見不一時,也易於解決。

8.終審法院的首席法官

正按察司應擔任終審法院的首席法官,由於終審法院的法官不得兼任上訴法院法官或副按察司,正按察司只能參加終審法院的審判工作。

9.增加常設法官

預料除首席法官外,終審法院還包括兩名常設法官。常設法官的人數可繼續增加,但基本目的是希望終審法院的法理能達到最高標準。

10.邀請其他普通法適用地區的法官

i《中英聯合聲明》規定終審法院可邀請其他普通法適用地區的法官參加審判。香港特別行政區應擬定一份其他普通法適用地區的法官的名單,而且名單要經常增補。司法人員敘用委員會應負責擬定該名單選用法官。

ii 在把任何法官列入名單之前,應先徵得該法官本人同意。

iii 名單應包括大約二十名其他普通法適用地區的法官。

iv 從其他普通法適用地區邀請的法官,並不是終審法院的常設法官,因為《中英聯合聲明》所規定的邀任安排並不屬長期性質。此外,終審法院的工作量有限,實在沒有理由長期以高薪聘用外來法官,否則,邀請其他普通法適用地區法官參加審判的好處便會相應減少。

11.選用負責審訊的法官

i 正按察司與終審法院常設法官協商後,可選用及邀請法官參加審判任何一宗上訴案件。選用及邀請法官時可考慮以下因素:

a.在該段時間內,有多少名法官可參加審判工作。

b.根據該上訴案件的種類及法官的專長,選用適合審判該上訴案件的法官。

ii 應遠在審訊前好一段時間,已選定在終審法院審判該案件的法官。在一短時間內審判的多宗案件,終審法院不必每次更換法官。

iii 在九七年後的五十年內,常設法官與外聘法官的比例可靈活改變。

iv 初期的適當比例:負責審判任何一宗上訴案件的法官應包括由正按察司選任的常設法官兩名、從其他普通法適用地區邀請的法官三名。

v 有建議認為常設法官對外聘法官的比例應不時由特區的本地法例確定。

vi 有意見認為從其他普通法適用地區邀請的法官人數亦應維持不變,以鞏固各界人士對香港法律制度的信心;各界人士不但指香港居民,更包括國際上的投資者及貿易國家。因此,必須定出終審法院外聘法官對常設法官的最低比例。

vii 選任法官的方法,除了由正按察司與常設法官協商後決定外,還可以由正按察司單獨選任,或由正按察司與一委員會(類似目前司法人員敘用委員會)共同或分別選任。

12.終審法院的審訊應是臨時性質的。

13.所有案件都可向終審法院上訴,但事前必須獲得許可:應由上訴法院發出許可,或由終審法院申請許可。有關許可的申請應由不少於兩名法官審議。可獲終審法院上訴權的案件,必須涉及對一般人或公眾極為重要的事件,或涉及對一般公眾十分重要的法律要點。至於是否涉及某金額以上的糾紛即自動獲得終審法院上訴權,則意見不一。以金額為標準的做法應保留,但必須經常檢討。

※

④ 1987 年 5 月 20 日特區終審權與司法制度工作

組《特區的終審權與司法制度討論文件(二稿)》(1987 年 5 月 30 日法律及政制專責小組第二次聯合會議續會討論文件)

【P1-2】

(編者按:本文同第一稿文件③,除下列內容外,均同前文。)

(甲)前言

4.根據一般構想,一終審法院將在並應在一九九七年前在香港特區設立,以確保司法制度的順利過渡,而這問題應交由適當的部門考慮。

(乙)終審法院:

8.終審法院的首席法官

首席按察司應擔任終審法院的首席法官,由於終審法院的法官不得兼任上訴庭按察司或原訟庭按察司,首席按察司只能參加終審法院的審判工作。

9.增加常設法官

預料除首席法官外,終審法院還包括兩名常設法官。常設法官的人數可繼續增加,但基本目的是希望終審法院能達到並維持最高司法標準。

10.邀請其他普通法適用地區的法官

iv 從其他普通法適用地區邀請的法官,並不是終審法院的常設法官,因為《中英聯合聲明》並無此規定;況且,常設性的邀任會減少其他普通法適用地區法官在特區貢獻的機會。

11.選用負責審訊的法官

b.根據該法官的專長,選用適合審判該上訴案件的法官。

ii 應遠在審訊前好一段時間,選定將在終審法院審判該案件的法官。終審法院在一短時間內審判的多宗案件,不必每次更換法官。

iv 初期的適當比例:負責審判任何一宗上訴案件的法官應包括從首席按察司及常設法官中選任的法官兩名、從其他普通法適用地區邀請的法官三名。

vi 有意見認為,促進及維持一個由常設法官組成的穩固的本地司法架構是非常重要,而從其他普通法適用地區邀請的法官人數亦應維持不變,以鞏固各界人士對香港法律制度的信心;各界人士不但指香港居民,更包括國際上的投資者及貿易國家。因此,必須定出終審法院外聘法官對常設法官的最低比例。

vii 選任法官的方法,除了由首席按察司與常設法官協商後決定外,還可以由首席按察司單獨選任,但他須從司法人員敘用委員會所擬定的法官人選名單中選任。

12.終審法院的審訊庭應是非常設性的。

※

⑤政制專責小組《有關特區終審權、司法制度的幾個問題及獨立檢察機關的職責最後報告》(1987 年 6 月 12 日經執行委員會通過)

【P1-2】

(編者按:內容同上文)

※

⑥ 1987 年 8 月 22 日《政治體制專題小組的工作報告》,載於《中華人民共和國香港特別行政區基本法起草委員會第五次全體會議文件匯編》

【P49】

第三條
說明：有的委員提出，本條可參見第二章第六條的說明。

第二稿

第四章 第四節

「**第三條 香港特別行政區的終審權屬於香港特別行政區終審法院。終審法院可根據需要邀請其他普通法適用地區的法官參加審判。**」
〔1987 年 9 月 8 日《第四章 香港特別行政區的政治體制（討論稿）》（1987 年 9 月 22 日政制專責小組第二次會議附件一）〕

① **《法律專責小組對基本法第四章第四節「司法機關」條文草稿（一九八七年八月）的意見》**（1987年 11 月 4 日經執行委員會通過）

（編者按：本文件雖然時間晚於本稿，但其內容是起草委員會對 1987 年 8 月 22 日政制專責小組擬訂的條文的意見匯編，故放在此處。）

【P1】
關於第三條：
有委員建議把「終審權」的定義在此條文中作一解釋，使

其他提及特區終審權的條文都以此解釋為準。

※

② **1987 年 9 月 8 日《第四章 香港特別行政區的政治體制（討論稿）》**（**1987 年 9 月 22 日政制專責小組第二次會議附件一**）

第四節 司法機關
第三條
（編者按：內容同第一稿文件⑥）

第三稿

「**第八十條 香港特別行政區的終審權屬於香港特別行政區終審法院。終審法院可根據需要邀請其他普通法適用地區的法官參加審判。**」
〔1987 年 12 月基本法起草委員會秘書處《香港特別行政區基本法（草案）》（匯編稿）〕

① **法律專責小組《「基本法委員會」最後報告》**（1987 年 12 月 5 日經執行委員會通過）

【P1】
（一）一般原則
1.不得以任何方法削弱《中英聯合聲明》所規定的終審權。
2.終審權包括對所有法律（連基本法在內）的解釋權。香港法院應有權在審判過程中解釋基本法，而就所判的案件而言，其權力應是最終的。人大的決定不應影響香港法院對該案件已作的判決。
3.根據香港現行的普通法制度，由司法機構（而非政治機構）享有法律解釋權是個基本原則。

附件二：《基本法委員會》（羅傑志委員）
一般原則
1.香港法院應對香港自治範圍內的案件有終審權。
2.終審權包括解釋所有法律的權力。
3.為了保障現存的法律制度，法律必須由法官而非由一些

沒有司法經驗的政治家或其他公眾人士解釋。
有關基本法委員會的條文建議
1.法院對所有在香港自治範圍內的問題都有權處理，這不單包括解釋基本法，也包括決定某法律是否符合基本法及法定程序。
2.至於其他案件，包括香港法院管轄範圍以外的案件（即在香港自治範圍以外的案件），應由有普通法司法經驗的人士處理。在這些人士當中，最少應有半數為香港人。再者，絕對不能讓非司法人員解釋在香港實施的法律或決定這些法律是否有效。否則，現存的法律制度將遭受破壞。

附件三：《基本法委員會》（李嘉霖委員）
I 一般原則
1.香港應按聯合聲明的規定享有終審權；
2.在任何情況下，終審權不應被剝奪或削減；
3.「審判」包括以司法方式解決爭議，所以亦牽涉對所有法律（連基本法在內）的解釋。因此，香港法庭在審理案件時有權解釋基本法，而對該案件而言，其權力應是最終的。人大的任何決定對於已審結的案件均沒有影響。

第四稿

「**第八十二條 香港特別行政區的終審權屬於香港特別行政區終審法院。終審法院可根據需要邀請其他普通法適用地區的法官參加審判。**」
〔1988 年 4 月基本法起草委員會秘書處《中華人民共和國香港特別行政區基本法（草案）草稿》〕

① **1987 年 12 月《中華人民共和國香港特別行政區基本法起草委員會第六次全體會議委員們對基本法第四、五、六、十章和條文草稿匯編的意見》**

【P22】
30.第八十條
第一組有的委員提出，終審法院的職權應明確，建議將第一百六十八條第三款調整到本條列為第二款。但多數委員不贊成這個建議。

第五稿

「**第八十一條 香港特別行政區的終審權屬於香港特別行政區終審法院。終審法院可根據需**

要邀請其他普通法適用地區的法官參加審判。」

〔1988 年 4 月基本法起草委員會《中華人民共和國香港特別行政區基本法（草案）徵求意見稿》〕

第六稿

「第八十一條　香港特別行政區的終審權屬於香港特別行政區終審法院。終審法院可根據需
要邀請其他普通法適用地區的法官參加審判。」

〔1989 年 2 月《中華人民共和國香港特別行政區基本法（草案）》〕

① **1988 年 6 月 6 日《政制專責小組（三）與草委交流會會議紀要》**

5. 司法機關
5.1 有委員認為終審法院的首席法官應規定由中國公民擔任。

※

② **1988 年 8 月基本法起草委員會秘書處《香港各界人士對〈香港特別行政區基本法（草案）徵求意見稿〉的意見匯集（一）》**

【P30】
第八十一條
目前香港法院的法官大部份是外國人，他們九七年後可以留任。本條又規定可以邀請外國法官參加審判，今後就可能出現全部是外國人組成的法庭。

※

③ **《基本法諮詢委員會政制專責小組對基本法（草案）徵求意見稿第四章的意見匯編》，載於 1988 年 10 月基本法諮詢委員會《中華人民共和國香港特別行政區基本法（草案）徵求意見稿諮詢報告（1）》**

【P105】
（編者按：內容同第六稿文件①）
2. 有關專題討論

2.6 司法機關

※

④ **1988 年 10 月基本法諮詢委員會《中華人民共和國香港特別行政區基本法（草案）徵求意見稿諮詢報告第五冊──條文總報告》**

【P311-312】
第八十一條
2. 意見
→ 不贊同此條文。
理由：這意味着會邀請外籍法官參與，在一個主權國來說，是難以接受的。

3. 建議
→ 改為：「香港特別行政區法院獨立進行審判，不受任何干涉，但是否逾越本法規定的管轄問題，受全國人民代表大會常務委員會監督，司法人員履行審判職責的行為不受法律追究。」
→ 改為：「香港特別行政區的終審權屬於香港特別行政區終審法院。終審法院的首席法官和法官必須為香港永久性居民中的中國公民擔任。終審法院可根據需要邀請其他普通法適用地區的法官參加審判，但只能擔任諮詢或顧問職務，無終審判決權。」
理由：
⊙ 如外籍法官在中國土地上審判中國公民或其他人，有損國家主權和民族尊嚴。
⊙ 香港人中應有可擔任終審法官和其他法官的人才。

第七稿

「第八十二條　香港特別行政區的終審權屬於香港特別行政區終審法院。終審法院可根據需
要邀請其他普通法適用地區的法官參加審判。」

〔1990 年 2 月 16 日《中華人民共和國香港特別行政區基本法（草案）》〕

① **1989 年 11 月基本法諮詢委員會《中華人民共和國香港特別行政區基本法（草案）諮詢報告第三冊──條文總報告》**

【P177】
第八十一條
2. 意見
→ 終審法官一定要是中國籍的香港人。

3. 建議
3.1 修改
→ 改為：「香港特別行政區的終審權屬於香港特別行政區終審法院，終審院的首席法官和法官，必須由香港特別行政區永久性居民中的中國公民擔任，終審法庭可根據需要邀請其他普通法適用地區的法官參加審判，但僅可作為諮詢或顧問工作，無終審判決權。」
理由：不能容忍外國人在中國領土上審判中國公民。

第八稿

「第八十二條　香港特別行政區的終審權屬於香港特別行政區終審法院。終審法院可根據需
要邀請其他普通法適用地區的法官參加審判。」

〔1990 年 4 月《中華人民共和國香港特別行政區基本法》〕

① **姬鵬飛《關於〈中華人民共和國香港特別行政區　　基本法（草案）〉及其有關文件的說明》（1990 年**

3月28日第七屆全國人民代表大會第三次會議）

草案規定特別行政區法院享有獨立的司法權和終審權，作為一個地方行政區域的法院而享有終審權，這無疑是一種很特殊的例外，考慮到香港實行與內地不同的社會制度和法律體系，這樣規定是必須的。香港現行的司法制度和原則一向對有關國防、外交等國家行為無管轄權，草案保留了這一原則，而且規定特別行政區法院在審理案件中遇到涉及國防、外交等國家行為的事實問題，應取得行政長官就此發出的證明文件，上述文件對法院有約束力。行政長官在發出證明文件前，須取得中央人民政府的證明書。這就妥善解決了有關國家行為的司法管轄問題，也保證了特別行政區法院正常行使其職能。

香港特別行政區各級法院的組織和職權由法律規定。

❀ 貳｜概念

1. 各級法院的組織和職權

❀ 叁｜條文本身的演進和發展

第一稿

第四章　第四節

「第四條　香港特別行政區各級法院的職權劃分由香港特別行政區的法律規定。」

〔1987年8月22日《政治體制專題小組的工作報告》，載於《中華人民共和國香港特別行政區基本法起草委員會第五次全體會議文件匯編》〕

① 1986年4月22日《中華人民共和國香港特別行政區基本法結構（草案）》，載於《中華人民共和國香港特別行政區基本法起草委員會第二次全體會議文件匯編》

【P14】
第四章　香港特別行政區的政治體制
第四節　司法機關
（一）司法機關的組織體系
（二）司法機關的職權

　　　　　　　　※

② 1986年8月20日《基本法結構專責小組初步報告》

【P20】
5.4 第四節　司法機關
（1）司法機關的組織體系
（2）司法機關的職權

　　　　　　　　※

③《Final Report on the Structure of Basic Law》（基本法結構專責小組最後報告，1987年3月14日經執行委員會通過）

【P25】
5.4 Section 4 "The Judiciary"
i. "Its organizational structure."
ii. "Terms of Reference."

　　　　　　　　※

④ 1987年8月22日《政治體制專題小組的工作報告》，載於《中華人民共和國香港特別行政區基本法起草委員會第五次全體會議文件匯編》

【P49】
第四章　香港特別行政區的政治體制（討論稿）
第四節　司法機關
第四條
說明：有的委員提出，香港特別行政區法院的職權是由本法和其他法律規定的，此條宜在司法管轄權條文確定後再作斟酌。

第二稿

第四章　第四節

「第四條　香港特別行政區各級法院的職權劃分由香港特別行政區的法律規定。」

〔1987年9月8日《第四章　香港特別行政區的政治體制（討論稿）》(1987年9月22日政制專責小組第二次會議附件一）〕

① 1987年9月2日《中華人民共和國香港特別行政區基本法起草委員會第五次全體會議委員們對基本法序言和第一、二、三、四、五、六、七、九章條文草稿的意見匯集》

【P44】
五、關於第四章　香港特別行政區的政治體制
（四）第四節　司法機關

3. 第四條
（1）有的委員建議，本條「各級」後面也應加「各類」兩字。

（2）有的委員認為，「職權」兩字很籠統，建議改為「……法院管轄權的劃分由……」。

　　　　　　　　※

②《法律專責小組對基本法第四章第四節「司法機

關」條文草稿（一九八七年八月）的意見》（1987年11月4日經執行委員會通過）

（編者按：本文件雖然時間晚於本稿，但其內容是起草委員會對1987年8月22日政制專責小組擬訂的條文的意見匯編，故放在此處。）

【P1】
關於第四條：
有委員指出此條文並無列明哪些香港法庭有權解釋基本法，建議寫明「香港特別行政區的終審法院有權解釋基

本法」。

　　　　　　　　　　　　　　　　　※

③ 1987年9月8日《第四章　香港特別行政區的政治體制（討論稿）》（1987年9月22日政制專責小組第二次會議附件一）

第四節　司法機關
第四條
（編者按：內容同第一稿文件④）

第三稿

第四章　第四節
「第四條　香港特別行政區各級法院的職權劃分由香港特別行政區的法律規定。」
〔1987年10月《第四章 香港特別行政區的政治體制（討論稿）》（政治體制專題小組工作文件）〕

① 1987年10月《第四章　香港特別行政區的政治體制（討論稿）》（政治體制專題小組工作文件）

【P31】
第四節　司法機關

第四條
（編者按：內容同第一稿文件④）

第五次全體大會分組討論：
（編者按：內容同第二稿文件①）

第四稿

「第八十二條　香港特別行政區各級法院的職權劃分由香港特別行政區的法律規定。」
〔1987年12月基本法起草委員會秘書處《香港特別行政區基本法（草案）》（匯編稿）〕

第五稿

「第八十三條　香港特別行政區各級法院的組織和職權由法律規定。」
〔1988年4月基本法起草委員會秘書處《中華人民共和國香港特別行政區基本法（草案）草稿》〕

① 1988年4月《總體工作小組所作的條文修改舉要》，載於1988年5月《中華人民共和國香港特別行政區基本法起草委員會第七次全體會議文件匯編》

【P18】
第八十三條（政制小組最後草擬的原第八十二條），改為「香港特別行政區各級法院的組織和職權由法律規定」。

第六稿

「第八十二條　香港特別行政區各級法院的組織和職權由法律規定。」
〔1988年4月基本法起草委員會《中華人民共和國香港特別行政區基本法（草案）徵求意見稿》〕

第七稿

「第八十二條　香港特別行政區各級法院的組織和職權由法律規定。」
〔1989年2月《中華人民共和國香港特別行政區基本法（草案）》〕

① 1988年10月基本法諮詢委員會《中華人民共和國香港特別行政區基本法（草案）徵求意見稿諮詢報告第五冊——條文總報告》

【P312】
第八十二條
2. 建議
→ 應加上「……香港特別行政區的法律規定」。

第八稿

「第八十三條　香港特別行政區各級法院的組織和職權由法律規定。」
〔1990年2月16日《中華人民共和國香港特別行政區基本法（草案）》〕

第九稿

「第八十三條　香港特別行政區各級法院的組織和職權由法律規定。」
〔1990年4月《中華人民共和國香港特別行政區基本法》〕

香港特別行政區法院依照本法第十八條所規定的適用於香港特別行政區的法律審判案件，其他普通法適用地區的司法判例可作參考。

✿ 貳｜概念

1. 審判案例的適用法律
2. 可參考普通法司法判例

✿ 叁｜條文本身的演進和發展

第一稿

第四章　第四節

「第六條　香港特別行政區法院依照香港特別行政區的法律審判案件，其他普通法適用地區的司法判例可作參考。」

〔1987 年 8 月 22 日《政治體制專題小組的工作報告》，載於《中華人民共和國香港特別行政區基本法起草委員會第五次全體會議文件匯編》〕

① 1984 年 12 月 19 日《中華人民共和國政府對香港的基本方針政策的具體說明》（《中英聯合聲明》附件一）

三、……法院依照香港特別行政區的法律審判案件，其他普通法適用地區的司法判例可作參考。

※

② 1987 年 8 月 22 日《政治體制專題小組的工作報告》，載於《中華人民共和國香港特別行政區基本法起草委員會第五次全體會議文件匯編》

【P50】
第四章　香港特別行政區的政治體制（討論稿）
第四節　司法機關
第六條
說明：有的委員提出在「依照」兩字後加「適用於」三字。

第二稿

第四章　第四節

「第六條　香港特別行政區法院依照香港特別行政區的法律審判案件，其他普通法適用地區的司法判例可作參考。」

〔1987 年 9 月 8 日《第四章　香港特別行政區的政治體制（討論稿）》（1987 年 9 月 22 日政制專責小組第二次會議附件一）〕

① 1987 年 9 月 2 日香港特別行政區基本法起草委員會秘書處《中華人民共和國香港特別行政區基本法起草委員會第五次全體會議委員們對基本法序言和第一、二、三、四、五、六、七、九章條文草稿的意見匯集》

【P47】
五、關於第四章　香港特別行政區的政治體制
（四）第四節　司法機關
5. 第六條
有的委員提出，本條說其他普通法適用地區的判例可作

「參考」，這種「參考」如果不具約束力，本條可以刪去。有的委員認為，本條根據聯合聲明規定草擬，不宜刪去。

※

② 1987 年 9 月 8 日《第四章　香港特別行政區的政治體制（討論稿）》（1987 年 9 月 22 日政制專責小組第二次會議附件一）

第四節　司法機關
第六條
（編者按：內容同第一稿文件②）

第三稿

「第六條　香港特別行政區法院依照香港特別行政區的法律審判案件，其他普通法適用地區的司法判例可作參考。」

① 1987 年 10 月《第四章　香港特別行政區的政治體制（討論稿）》（政治體制專題小組工作文件）

【P33】
第四節　司法機關

第六條
（編者按：內容同第一稿文件②）

第五次全體大會分組討論：
（編者按：內容同第二稿文件①）

第四稿

「**第八十三條　香港特別行政區法院依照本法第十七條所規定的適用於香港特別行政區的法律審判案件，其他普通法適用地區的司法判例可作參考。**」
〔1987 年 12 月基本法起草委員會秘書處《香港特別行政區基本法（草案）》（匯編稿）〕

第五稿

「**第八十四條　香港特別行政區法院依照本法第十七條所規定的適用於香港特別行政區的法律審判案件，其他普通法適用地區的司法判例可作參考。**」
〔1988 年 4 月基本法起草委員會秘書處《中華人民共和國香港特別行政區基本法（草案）草稿》〕

第六稿

「**第八十三條　香港特別行政區法院依照本法第十七條所規定的適用於香港特別行政區的法律審判案件，其他普通法適用地區的司法判例可作參考。**」
〔1988 年 4 月基本法起草委員會《中華人民共和國香港特別行政區基本法（草案）徵求意見稿》〕

第七稿

「**第八十三條　香港特別行政區法院依照本法第十八條所規定的適用於香港特別行政區的法律審判案件，其他普通法適用地區的司法判例可作參考。**」
〔1989 年 2 月《中華人民共和國香港特別行政區基本法（草案）》〕

① 1988 年 10 月基本法諮詢委員會《中華人民共和國香港特別行政區基本法（草案）徵求意見稿諮詢報告第五冊——條文總報告》

【P312-313】
第八十三條
2. 意見
→「其他普通法適用地區的司法判例可作參考」一句意義含糊。此條文應清楚列明哪些普通法適用國家的司法判例在特別行政區法院具有法律效力，哪些普通法適用國家的只可用來作參考，並不具法律效力。
→ 此條文並不需要提及第十七條的規定。
→ 除國防、外交的案件外，凡屬於香港特別行政區高度自治範圍的案件，包括涉及中央人民政府與香港特別行政區有關的行政行為的問題的案件，以至中央機關及其人員涉及香港特別行政區司法範圍的案件，香港法院均應有審

判權。

3. 建議
→ 改為：「香港特別行政區法院依照本法第十七條所規定的均適用於香港特別行政區法院所審判的法律案件，包括本法第十八條所列明的屬於中央人民政府的行政行為的問題的案件和中央人民政府權力機關及所有機構或其人員（包括第二章第十三條及第二十一條所提及者）的案件，均適用於香港法院的審判範圍。」
→「……，其他普通法適用地區的司法判例可作參考。」一句改為「其他普通法適用地區的司法判例，而符合華人風俗習慣的，才可作參考。」

4. 待澄清問題
是否需要列明在一九九七年前在香港產生的判案與在此時間後產生的判例具同等效力？

第八稿

「**第八十四條　香港特別行政區法院依照本法第十八條所規定的適用於香港特別行政區的法律審判案件，其他普通法適用地區的司法判例可作參考。**」
〔1990 年 2 月 16 日《中華人民共和國香港特別行政區基本法（草案）》〕

① 1989 年 11 月基本法諮詢委員會《中華人民共和國香港特別行政區基本法（草案）諮詢報告第三冊——條文總報告》

【P178】
第八十三條
2. 建議
2.1 增加：

→ 加上一款「在解釋基本法時需擺脫文字的局限，根據立法的真正原意及精神，作出公正、合理、寬容的詮釋。」
理由：保證香港特別行政區各級法院在解釋各條文時需着重條文背後的精神，尤其顧及基本法除了法律性條文外，還有政策性及原則性的條文。
→ 在本條末加上：「根據本法的真正目的、意思和精神，並以公正、寬容和開放的態度對本法作出解釋，務求達致本法的目的。」
理由：香港特別行政區法院採用開放的態度以解釋本法的

條文是很重要的，尤其是那些條文除包括法律性問題外，還有政策和原則上的問題。加上以上的規定可確使開放的

態度得以採用。

「第八十四條　香港特別行政區法院依照本法第十八條所規定的適用於香港特別行政區的法律審判案件，其他普通法適用地區的司法判例可作參考。」

〔1990 年 4 月《中華人民共和國香港特別行政區基本法》〕

香港特別行政區法院獨立進行審判，不受任何干涉，司法人員履行審判職責的行為不受法律追究。

✿ 貳│概念

1. 獨立審判
2. 司法人員履行審判職責時不受法律追究

✿ 叁│條文本身的演進和發展

第一稿

第四章　第四節

「第十四條　香港特別行政區法院獨立進行審判，不受任何干涉。司法人員履行審判職責的行為不受法律追究。」

〔1987 年 8 月 22 日《政治體制專題小組的工作報告》，載於《中華人民共和國香港特別行政區基本法起草委員會第五次全體會議文件匯編》〕

① 1984 年 12 月 19 日《中華人民共和國政府對香港的基本方針政策的具體說明》（《中英聯合聲明》附件一）

三、……法院獨立進行審判，不受任何干涉。司法人員履行審判職責的行為不受法律追究。

※

② 1986 年 4 月 22 日《中華人民共和國香港特別行政區基本法結構（草案）》，載於《中華人民共和國香港特別行政區基本法起草委員會第二次全體會議文件匯編》

【P14】
第四章　香港特別行政區的政治體制
第四節　司法機關
（四）獨立審判

※

③ 1986 年 5 月 13 日《政制專責小組第三次會議總結（第二分組）》

四、司法：
普遍意見同意維持司法獨立，並保持原有制度。

※

④ 1986 年 8 月 20 日《基本法結構專責小組初步報告》

【P21】
5.4 第四節　司法機關
（4）獨立審判

※

⑤《Final Report on the Structure of Basic Law》（基本法結構專責小組最後報告，1987 年 3 月 14 日經執行委員會通過）

【P26】
5.4 Section 4 "The Judiciary"
iv. "Independent trial."

第二稿

第四章　第四節

「第十四條　香港特別行政區法院獨立進行審判，不受任何干涉。司法人員履行審判職責的行為不受法律追究。」

〔1987 年 9 月 8 日《第四章　香港特別行政區的政治體制（討論稿）》（1987 年 9 月 22 日政制專責小組第二次會議附件一）〕

第四章　第四節

「第十四條　香港特別行政區法院獨立進行審判，不受任何干涉。司法人員履行審判職責的行為不受法律追究。」

〔1987 年 10 月《第四章 香港特別行政區的政治體制（討論稿）》（政治體制專題小組工作文件）〕

第四稿

「第九十一條　香港特別行政區法院獨立進行審判，不受任何干涉，司法人員履行審判職責的行為不受法律追究。」

〔1987 年 12 月基本法起草委員會秘書處《香港特別行政區基本法（草案）》（匯編稿）〕

第五稿

「第八十五條　香港特別行政區法院獨立進行審判，不受任何干涉，司法人員履行審判職責的行為不受法律追究。」

〔1988 年 4 月基本法起草委員會秘書處《中華人民共和國香港特別行政區基本法（草案）草稿》〕

① 1987 年 12 月《中華人民共和國香港特別行政區基本法起草委員會第六次全體會議委員們對基本法第四、五、六、十章和條文草稿匯編的意見》

【P24】

32. 第九十一條

有的委員建議，在本條「法院獨立進行審判，不受任何干涉」後面加「但就是否逾越本法規定的管轄權問題受全國人民代表大會常務委員會監督」。

※

② 《各專題小組的部份委員對本小組所擬條文的意見和建議匯輯》，載於 1988 年 4 月基本法起草委員會秘書處《中華人民共和國香港特別行政區基本法（草案）草稿》

【P69】

第八十五條

（編者按：內容同上文）

第六稿

「第八十四條　香港特別行政區法院獨立進行審判，不受任何干涉，司法人員履行審判職責的行為不受法律追究。」

〔1988 年 4 月基本法起草委員會《中華人民共和國香港特別行政區基本法（草案）徵求意見稿》〕

① 《各專題小組的部份委員對本小組所擬條文的意見和建議匯輯》，載於 1988 年 4 月基本法起草委員會《中華人民共和國香港特別行政區基本法（草案）徵求意見稿》

【P58】

第八十四條

（編者按：內容同第五稿文件①）

第七稿

「第八十四條　香港特別行政區法院獨立進行審判，不受任何干涉，司法人員履行審判職責的行為不受法律追究。」

〔1989 年 2 月《中華人民共和國香港特別行政區基本法（草案）》〕

① 1988 年 9 月基本法起草委員會秘書處《內地各界人士對〈香港特別行政區基本法（草案）徵求意見稿〉的意見匯集》

【P16】

第八十四條

1. 海外一般是講「法官獨立進行審判」；「法院獨立進行審判」是內地的提法。

2. 「司法人員」改為「司法審判人員」。他們必須是「依法」履行職務，才能不受法律追究。

※

② 1988 年 10 月基本法諮詢委員會《中華人民共和國香港特別行政區基本法（草案）徵求意見稿諮詢報告第五冊——條文總報告》

【P313-314】

第八十四條

2. 意見

→ 贊同此條文。

→ 不贊同匯輯中的建議。

理由：由人大常委會監督特別行政區法庭的建議將嚴重影響司法獨立，況且人大常委會亦不一定要遵守「依照判例」的原則。若常委會不依照判例處理，法律的穩定性便會受損。法院逾越其管轄權的問題應該透過上訴後翻案或特別行政區法院宣佈有關判決無效以糾正，而不應透過人

大常委會的監督以糾正之。

→ 司法人員在履行審判職責時的行為不受法律追究。

（1）是對其他人不公平的。

（2）定義含糊。

（3）恐怕要全國人民代表大會解釋。

→ 在與終審法庭首席法官無關的情形下，應由他掌握以確保香港特別行政區的司法獨立及高度自治；而在涉及他本人的情況下，則由人大常委會掌握。

3. 建議

3.1 修改

→ 改為：「香港特別行政區法院獨立進行審判，不受任何干涉，但就是否逾越本法規定的管轄權問題，受全國人

大常委會香港立法機關監督。」

→ 改為：「香港特別行政區法院，包括仲裁和其他司法程序，不受任何干涉，此等司法人員履行審判職責的行為不受法律追究。」

3.2 增加

→ 加上：「但就是否逾越本法規定的管轄權問題，受全國人民代表大會常務委員會監督。」

理由：可對司法人員造成約束。

→ 在「不受任何干涉」後面加上「但就是否逾越本法規定的管轄權問題，受全國人民代表大會常務委員會監督。」

理由：這樣對司法人員有約束力。

→ 可加上：包括行政、立法會議所有成員。

第八稿

「**第八十五條　香港特別行政區法院獨立進行審判，不受任何干涉，司法人員履行審判職責的行為不受法律追究。**」

〔1990 年 2 月 16 日《中華人民共和國香港特別行政區基本法（草案）》〕

① 1989 年 11 月基本法諮詢委員會《中華人民共和國香港特別行政區基本法（草案）諮詢報告第三冊——條文總報告》

【P179】

第八十四條

2. 意見

2.1 其他

→ 本條規定香港特別行政區法院獨立進行審判，不受任何干涉。對法律作出解釋是行使審判權的重要一環。在任何憲法性法律下，法律由獨立的司法機關不受干涉以及公正地解釋是一項基本權利。憲法性權利，例如在基本法中列明的權利，其最終解釋應由最高司法機構決定。分散權力的概念進一步肯定這權力的重要性；行政機關不應干預司法機關解釋法律的工作。

3. 建議

3.1 修改

→ 改為：「香港特別行政區法院，包括仲裁和其他司法程序，不受任何干涉，此等司法人員履行審判職責的行為不受法律追究。」

→ 「……法院獨立進行審判」改為「……法官獨立進行審判」。

理由：

⊙ 根據西方的制度，獨立進行審判及不受任何干涉的應是「法官」，並非「法院」。

⊙ 原文寫成「法院獨立進行審判」，意即法院獨立於其他機關。其實，法院的審判是不可能不獨立的。

⊙ 判決權應屬於法官，不應交予那些沒有傳召證人或沒有聽聆訊的其他法院人士。

⊙ 原文可能被解作「由中國的法院獨立進行審判」，引致香港的司法制度退化。

第九稿

「**第八十五條　香港特別行政區法院獨立進行審判，不受任何干涉，司法人員履行審判職責的行為不受法律追究。**」

〔1990 年 4 月《中華人民共和國香港特別行政區基本法》〕

原在香港實行的陪審制度的原則予以保留。

✿ 貳｜概念

1. 原陪審制度原則的保留

✿ 叁｜條文本身的演進和發展

第一稿

第四章　第四節

「第十五條　原在香港實行的陪審制度的原則予以保留。」

〔1987 年 8 月 22 日《政治體制專題小組的工作報告》，載於《中華人民共和國香港特別行政區基本法起草委員會第五次全體會議文件匯編》〕

① 1984 年 12 月 19 日《中華人民共和國政府對香港的基本方針政策的具體說明》（《中英聯合聲明》附件一）

二、香港特別行政區成立後，香港原有法律（即普通法及衡平法、條例、附屬立法、習慣法）除與《基本法》相抵觸或香港特別行政區的立法機關作出修改者外，予以保留。

※

② 1986 年 4 月 22 日《中華人民共和國香港特別行政區基本法結構（草案）》，載於《中華人民共和國香港特別行政區基本法起草委員會第二次全體會議文件匯編》

【P14】

第四章　香港特別行政區的政治體制
第四節　司法機關
（五）陪審制度

※

③ 1986 年 8 月 20 日《基本法結構專責小組初步報告》

【P21】

5.4 第四節　司法機關
（5）陪審制度

※

④ 1986 年 11 月 8 日《香港特別行政區基本法起草委員會政治體制專題小組的工作報告》，載於《中華人民共和國香港特別行政區基本法起草委員會第三次全體會議文件匯編》

【P37】

十、關於司法機關和司法制度
此外，有的委員還建議，為了體現司法獨立……還應就陪審制度作出原則規定。

※

⑤《Final Report on the Structure of Basic Law》（基本法結構專責小組最後報告，1987 年 3 月 14 日經執行委員會通過）

【P26】

5.4 Section 4 "The Judiciary"
v. "The jury system."

第二稿

第四章　第四節

「第十五條　原在香港實行的陪審制度的原則予以保留。」

〔1987 年 9 月 8 日《第四章　香港特別行政區的政治體制（討論稿）》（1987 年 9 月 22 日政制專責小組第二次會議附件一）〕

第三稿

第四章　第四節

「第十五條　原在香港實行的陪審制度的原則予以保留。」

〔1987 年 10 月《第四章　香港特別行政區的政治體制（討論稿）》（政治體制專題小組工作文件）〕

第四稿

「第九十二條　原在香港實行的陪審制度的原則予以保留。」

〔1987 年 12 月基本法起草委員會秘書處《香港特別行政區基本法（草案）》（匯編稿）〕

「第八十六條 原在香港實行的陪審制度的原則予以保留。」
〔1988 年 4 月基本法起草委員會秘書處《中華人民共和國香港特別行政區基本法（草案）草稿》〕

① 1987 年 12 月《中華人民共和國香港特別行政區基本法起草委員會第六次全體會議委員們對基本法第四、五、六、十章和條文草稿匯編的意見》

【P24】

33. 第九十二條

（1）有的委員提出，本條可採用正面寫法，即香港特別行政區實行陪審制度。

（2）有的委員提出，陪審制度是刑事訴訟和民事訴訟的原則之一，有了第九十三條，本條是否有必要。

「第八十五條 原在香港實行的陪審制度的原則予以保留。」
〔1988 年 4 月基本法起草委員會《中華人民共和國香港特別行政區基本法（草案）徵求意見稿》〕

「第八十五條 原在香港實行的陪審制度的原則予以保留。」
〔1989 年 2 月《中華人民共和國香港特別行政區基本法（草案）》〕

① 1988 年 6 月 6 日《政制專責小組（三）與草委交流會會議紀要》

8. 條文

8.12 第八十五條
8.12.1「原在」字眼應更改。
8.12.2「原則」可以刪去，且此屬制度問題，不必於基本法中詳細列明。

「第八十六條 原在香港實行的陪審制度的原則予以保留。」
〔1990 年 2 月 16 日《中華人民共和國香港特別行政區基本法（草案）》〕

「第八十六條 原在香港實行的陪審制度的原則予以保留。」
〔1990 年 4 月《中華人民共和國香港特別行政區基本法》〕

香港特別行政區的刑事訴訟和民事訴訟中保留原在香港適用的原則和當事人享有的權利。

任何人在被合法拘捕後，享有盡早接受司法機關公正審判的權利，未經司法機關判罪之前均假定無罪。

❀ 貳｜概念

1. 原訴訟原則的保留
2. 訴訟人權利的保留
3. 公正審判原則
4. 無罪假定

❀ 叁｜條文本身的演進和發展

第一稿

第四章　第四節
「第十六條　香港特別行政區的刑事訴訟和民事訴訟中保留原在香港適用的原則和當事人享有的權利。」

〔1987 年 8 月 22 日《政治體制專題小組的工作報告》，載於《中華人民共和國香港特別行政區基本法起草委員會第五次全體會議文件匯編》〕

① 1986 年 4 月 22 日《中華人民共和國香港特別行政區基本法結構（草案）》，載於《中華人民共和國香港特別行政區基本法起草委員會第二次全體會議文件匯編》

【P14】
第四章　香港特別行政區的政治體制
第四節　司法機關
（六）辯護原則
（七）刑事檢控

※

② 1986 年 8 月 20 日《基本法結構專責小組初步報告》

【P21】
5.4 第四節　司法機關
（6）辯護原則
（7）刑事檢控

※

③《Final Report on the Structure of Basic Law》（基本法結構專責小組最後報告，1987 年 3

月 14 日經執行委員會通過）

【P26】
5.4 Section 4 "The Judiciary"
vi. "Principles of defence."
vii. "Criminal prosecution."

※

④ 1987 年 8 月 22 日《政治體制專題小組的工作報告》，載於《中華人民共和國香港特別行政區基本法起草委員會第五次全體會議文件匯編》

【P52】
第四章　香港特別行政區的政治體制（討論稿）
第四節　司法機關
第十六條
說明：有些委員介紹了目前香港刑事訴訟中適用的原則及被告人享有的權利，見附件。

【P56-57】
附件：第四章第四節司法機關第十六條的說明
根據一些委員的介紹，目前香港刑事訴訟中適用的原則及被告人享有的權利包括：
1. 任何人受刑事檢控或因其權利義務涉訟須予以判定時，應有權受獨立無私之法定管轄法院公開審問。

2.法院得因風化、公共秩序或國家安全關係，或於保護當事人私生活有此必要時，或因情形特殊，公開審判勢必影響司法，而在其認為絕對必要之限度內，禁止新聞界及公眾旁聽審判程序之全部或一部（份）；

3.除保護少年有此必要，或事關婚姻爭執或子女監護問題外，判決應一律公開宣示；

4.受刑事控告之人，未經依法確定有罪之前，應假定其無罪；

5.審判被控刑事罪時，被告一律平等享受下列最低限度之保障；
　（1）迅即以其通曉之語言，詳細告知被控罪名及案由；
　（2）給予充份之時間及便利，準備答辯並與其任選之辯護人聯絡；
　（3）立即受審，不得無故稽誤；
　（4）到庭受審，及親自答辯或由其選任辯護人答辯；未經選任辯護人者，應告以有這種權利；
　（5）法院認為審判有此必要時，應為其指定公設辯護人，如被告無資力酬償，得免付之；

　（6）得親自或間接詰問他做證人，並得聲請法院傳喚其證人在與他做證人同等條件下出庭作證；
　（7）如不通曉或不能使用法院所用之語言，應免費為備通譯協助之；
　（8）不得強迫被告自供或認罪。

6.少年之審判，應顧念被告年齡及宜使其重適社會生活，而酌定程序；

7.經判定犯罪者，有權聲請上級法院依法複判其有罪判決及科刑罰；

8.經終局判決判定犯罪，如後因提出新證據或因發現新證據，確實證明原判錯誤而經撤銷原判或免刑者，除經證明有關證據之未能及時披露，應由其本人全部或局部負責者外，因此判決而服刑之人應依法受損害賠償；

9.任何人依法律經終局判決判定有罪或無罪開釋者，不得就同一罪名再予審判或科刑。

第二稿

第四章　第四節
「第十六條　香港特別行政區的刑事訴訟和民事訴訟中保留原在香港適用的原則和當事人享有的權利。」
〔1987 年 9 月 8 日《第四章　香港特別行政區的政治體制（討論稿）》（1987 年 9 月 22 日政制專責小組第二次會議附件一）〕

①《法律專責小組對基本法第四章第四節「司法機關」條文草稿（一九八七年八月）的意見》（1987 年 11 月 4 日經執行委員會通過）

（編者按：本文件雖然時間晚於本稿，但其內容是起草委員會對 1987 年 8 月 22 日政制專責小組擬訂的條文的意見匯編，故放在此處。）

【P3】
關於第十六條：
有委員認為應把有關居民權利的國際公約納入基本法中，但為免基本法過於冗長，可把公約的條文列作附件。其他委員

並補充說，列明居民的權利的義務可避免日後發生衝突。

　　　　　　　　　　　　　　　※

② 1987 年 9 月 8 日《第四章　香港特別行政區的政治體制（討論稿）》（1987 年 9 月 22 日政制專責小組第二次會議附件一）

第四節　司法機關
第十六條
（編者按：內容同第一稿文件④說明）

第三稿

第四章　第四節
「第十六條　香港特別行政區的刑事訴訟和民事訴訟中保留原在香港適用的原則和當事人享有的權利。」
〔1987 年 10 月《第四章　香港特別行政區的政治體制（討論稿）》（政治體制專題小組工作文件）〕

① 1987 年 10 月《第四章　香港特別行政區的政治體制（討論稿）》（政治體制專題小組工作文件）

【P35-36】
第四節　司法機關
第十六條
（編者按：內容同第一稿文件④）

第四稿

「第九十三條　香港特別行政區的刑事訴訟和民事訴訟中保留原在香港適用的原則和當事人享有的權利。」
〔1987 年 12 月基本法起草委員會秘書處《香港特別行政區基本法（草案）》（匯編稿）〕

① 1987 年 12 月基本法起草委員會秘書處《香港特別行政區基本法（草案）（匯編稿）》

【P42】
第九十三條
說明：有的委員建議上述條文中所提到的原則和權利寫入第三章。

第五稿

「**第八十七條** 香港特別行政區的刑事訴訟和民事訴訟中保留原在香港適用的原則和當事人享有的權利。」

〔1988 年 4 月基本法起草委員會秘書處《中華人民共和國香港特別行政區基本法（草案）草稿》〕

① 1987 年 12 月《中華人民共和國香港特別行政區基本法起草委員會第六次全體會議委員們對基本法第四、五、六、十章和條文草稿匯編的意見》

【P24】
34. 第九十三條
（1）有的委員認為，本條不必要，也不明確，到底保留什麼原則和權利，並不清楚。

（2）有的委員提出，本條「說明」中的建議是考慮到香港人的擔心而提出的，不一定寫入第三章，只要能寫進基本法就行。

※

②《各專題小組的部份委員對本小組所擬條文的意見和建議匯輯》，載於 1988 年 4 月基本法起草委員會秘書處《中華人民共和國香港特別行政區基本法（草案）草稿》

【P69】
第八十七條
有的委員建議，上述條文中所提到的原則和權利寫入附件。

第六稿

「**第八十六條** 香港特別行政區的刑事訴訟和民事訴訟中保留原在香港適用的原則和當事人享有的權利。」

〔1988 年 4 月基本法起草委員會《中華人民共和國香港特別行政區基本法（草案）徵求意見稿》〕

①《各專題小組的部份委員對本小組所擬條文的意見和建議匯輯》，載於 1988 年 4 月基本法起草委員會《中華人民共和國香港特別行政區基本法（草案）徵求意見稿》

【P58】
第八十六條
（編者按：內容同第五稿文件②）

第七稿

「**第八十六條** 香港特別行政區的刑事訴訟和民事訴訟中保留原在香港適用的原則和當事人享有的權利。
任何人在被合法拘捕後，享有盡早接受司法機關公正審判的權利，未經司法機關判罪之前均假定無罪。」

〔1989 年 2 月《中華人民共和國香港特別行政區基本法（草案）》〕

① 1988 年 10 月基本法諮詢委員會《中華人民共和國香港特別行政區基本法（草案）徵求意見稿諮詢報告第五冊—— 條文總報告》

【P314-315】
第八十六條
2. 意見
→ 這裡雖保留了香港特別行政區在刑事和民事訴訟中原有適用於香港的原則和當事人享有的權利，但這仍未足以保障香港人在這方面的權利。
→ 為明確決定哪些權利及原則屬於以上抽象句子，為使這部份寫得更具體明確，應將之寫於本法中。至於寫在正文或附件中，則並非重要。

3. 建議
3.1 刪除此條。
3.2 修改
→ 改為：「香港特別行政區的刑事訴訟和民意訴訟中保留在香港的原則和當事人享有的權利。」
3.3 增加
→ 在條文原有字句後加上：「任何人在合法拘捕後，享有盡早接受公開、公平和獨立的司法機關公正審判的權利。任何人在未經公平和獨立的司法機關判罪之前，均假

定無罪。」
3.4 搬移
→ 將這一條刪去，並在第三章第四十二條後加上：「香港特別行政區的刑事訴訟中保留原在香港適用的原則和當事人的權利。任何人在被合法拘捕後，享有盡早接受公平和獨立的司法機關公正審判的權利。任何人在未經公平和獨立的司法機關判罪之前均假定無罪。」
理由：
⊙ 本條雖然保留了香港特別行政區的刑事和民事訴訟原在香港適用的原則和當事人享有的權利，但這仍然未足以保障香港居民在《公民權利和政治權利國際公約》內有關這方面的權利。
⊙ 有防止公報私仇、濫用職權和保障居民真正享有的權利。
→ 此條的內容，其實關乎到居民權利，所以應放在第三章。
→ 本條所提的「原則」和「權利」應寫入附件內。

4. 待澄清的問題：
→ 對文中的「原則」應加以註明。
→ 對文中的「享有的權利」應加以註明。

※

② 1989 年 1 月 9 日《政治體制專題小組對條文修改情況的報告》，載於 1989 年 1 月《中華人民共

和國香港特別行政區基本法起草委員會第八次全體會議文件匯編》

【P16】

第八十六條第一款之後加一款：「任何人在被合法拘捕後，享有盡早接受司法機關公正審判的權利，未經司法機關判罪之前均假定無罪。這樣修改，是考慮到以上是香港普通法的兩項原則。

第八稿

「**第八十七條** 香港特別行政區的刑事訴訟和民事訴訟中保留原在香港適用的原則和當事人享有的權利。

任何人在被合法拘捕後，享有盡早接受司法機關公正審判的權利，未經司法機關判罪之前均假定無罪。」

〔1990 年 2 月 16 日《中華人民共和國香港特別行政區基本法（草案）》〕

① 1989 年 11 月基本法諮詢委員會《中華人民共和國香港特別行政區基本法（草案）諮詢報告第三冊——條文總報告》

【P180-181】

第八十六條

2. 意見

2.1 正面

→ 支持將假定無罪的原則納入本條的規定。

→ 第二款將居民人權的保障加以改善，並確定了居民在香港特別行政區司法機關前平等的權利。

→ 贊成第二款，並要符合國際人權公約。

2.2 反面

→ 中國現時並沒有陪審團制度，這使人懷疑一九九七年之後香港能否保持其陪審團制度。

→ 本條暗示有「非法拘捕」。無辜者在非法拘捕後似乎沒有接受公正審判的權利。這規定太嚇人了。

2.3 其他

→ 香港居民在任何情形下應享有接受公正審判的權利。

理由：本條的規定是荒謬的，因為本條只規定凡被合法拘捕者才有權接受公正審判的權利，而那些被非法拘捕而被侵犯自由者，卻不能享有接受公正審判的權利。

→ 任何人被非法拘捕應有權享有本條規定的權利。

3. 建議

3.1 刪除

→ 刪去第二款內「在被合法拘捕後，享有盡早接受司法機關公正審判的權利」一句。

3.2 修改

3.2.1 第二款

→ 「任何人在被合法拘捕後，……」改為「任何人在被合法拘捕後，不許逼供、行刑和受人身傷害，……」。

→ 「公正審判的權利」內「公正」二字改為「公開」。

理由：「公正」的情況毋須規定已很明確，但審判必須明確規定是公開的審判。

→ 「未經司法機關判罪前均假定無罪」改為「在證明有罪前被捕者，應作無罪論」。

3.3 增加

→ 在第二款「盡早接受」後加上「公平和獨立的」。

理由：以確保居民在被合法拘捕後的權利。

3.4 其他

→ 建議修改條文以保障市民，以免受到誣告而成冤獄。

3.4.1 任何被拘捕或拘留的人都可享有下列的權利：

（1）獲迅速告知被捕或拘留的原因；

（2）盡快選聘律師以得到援助，並獲告知可享有此種權利；及

（3）透過人身保護令可質疑所作的拘留的有效性。

（4）如沒有合理的理由，不可被拒保釋等。

（5）盡快由法庭經法定程序決定其拘留是否合法，如屬非法，應予以釋放；及

（6）獲得可實施的賠償權利。

3.4.2 凡受控告者都可享有下列的權利：

（1）獲迅速以其懂得的語言詳細地告知對其提出的指控的性質和原因；

（2）被迅速帶見審判官，並在合理的時間內受審或被釋放等候審判；

（3）不被迫作不利於其本人的證供；

（4）由獨立以及無私的法庭進行公正和公開的聆訊時被假定無罪；

（5）被宣佈無罪後不得再被審訊；

（6）沒有合理的理由，不得被拒合理的保釋等。

（7）盡快由獨立的法庭予以公正和公開的審訊；

（8）任何判決應以民主社會的道德、利益、公共秩序或國家安全，及少年人的利益或保障牽涉在案件內的個人生命等所有關的權利為依歸；

（9）有足夠時間和設施準備為其辯護；和

（10）可親自或經由法律援助提供辯護，在辯護時可詢問或提供證人，並可使用傳譯員。

第九稿

「**第八十七條** 香港特別行政區的刑事訴訟和民事訴訟中保留原在香港適用的原則和當事人享有的權利。

任何人在被合法拘捕後，享有盡早接受司法機關公正審判的權利，未經司法機關判罪之前均假定無罪。」

〔1990 年 4 月《中華人民共和國香港特別行政區基本法》〕

香港特別行政區法院的法官，根據當地法官和法律界及其他方面知名人士組成的獨立委員會推薦，由行政長官任命。

❀ 貳 | 概念

1. 法官的推薦和任命

❀ 叁 | 條文本身的演進和發展

第一稿 ▶

第四章　第四節
「第七條　香港特別行政區法院的法官，根據當地法官和法律界及其他方面知名人士組成的獨立委員會推薦，由行政長官予以任命。」
〔1987 年 8 月 22 日《政治體制專題小組的工作報告》，載於《中華人民共和國香港特別行政區基本法起草委員會第五次全體會議文件匯編》〕

① 1984 年 12 月 19 日《中華人民共和國政府對香港的基本方針政策的具體說明》（《中英聯合聲明》附件一）

三、香港特別行政區法院的法官，根據當地法官和法律界及其他方面知名人士組成的獨立委員會的推薦，由行政長官予以任命。

※

② 1986 年 2 月基本法諮詢委員會《分批研討會參考資料》

【P2】
陳坤耀委員：
基本法乃特別行政區的根本大法，酷似主權國家的憲法，內容大概包括：
（四）規定司法機關產生辦法、職責範圍及法官任免；

※

③ 1986 年 4 月《香港各界人士對〈基本法〉結構等問題的意見匯集》（基本法起草委員會第二次會議參閱資料之一）

【P3】
（方案四）5. 司法制度（及任命法官的方法）。

※

④ 1986 年 4 月 22 日《中華人民共和國香港特別行政區基本法結構（草案）》，載於《中華人民共和國香港特別行政區基本法起草委員會第二次全體會議文件匯編》

【P14】
第四章　香港特別行政區的政治體制
第四節　司法機關
（三）法官和其他司法人員的任免

※

⑤ 1986 年 8 月 20 日《基本法結構專責小組初步報告》

【P20】
5.4 第四節　司法機關
（3）法官和其他司法人員的任免

※

⑥《Final Report on the Structure of Basic Law》（基本法結構專責小組最後報告，1987 年 3 月 14 日經執行委員會通過）

【P25】
5.4 Section 4 "The Judiciary"
iii. "The appointment and dismissal of judges and other judicial officers."

※

⑦ 1987 年 4 月 9 日特區終審權與司法制度工作組《特區的終審權與司法制度討論文件（草稿）》（1987 年 4 月 13 日法律及政制專責小組第一次聯合會議討論文件）

【P3】
（丙）司法人員敘用委員會
14.《中英聯合聲明》附件一第三節規定：「香港特別行

政區法院的法官，根據當地法官和法律界及其他方面知名人士組成的獨立委員會的推薦，由行政長官予以任命。法官應根據本人的司法才能選用，並可從其他普通法適用地區聘用。」

15. 根據現時情況，司法人員敘用委員會的功能是負責就填補司法職位空缺的事宜，向港督提供意見。此類空缺包括由上訴法院法官至裁判司的職位。

16. 司法人員敘用委員會條例規定該委員會的所有決議，均須得到成員一致贊成，否則不能通過。此項規例應予以保留。

17. 現時的司法人員敘用委員會條例應在一九九七年後繼續保留，而現時的司法人員敘用委員會應可保持基本不變。

18. 該委員會的成員包括：
a. 正按察司（為委員會主席）；
b. 律政司
c. 公務員敘用委員會主席；
d. 由港督委任不多於三名委員，其中一名可以是高等法院的法官。

19. 有委員提議大律師公會及律師公會應各提名一名成員。

20. 最理想的委員會成員數目為六名或不超過七名，現時的平衡情況不應有任何急劇變動。

21. 委員會的委員（除當然官守成員外）應有三年至四年的任期。成員不能留任。

22. 委員會所討論的內容，應高度保密。

※

⑧ 1987 年 5 月 20 日特區終審權與司法制度工作組《特區的終審權與司法制度討論文件（二稿）》（1987 年 5 月 30 日法律及政制專責小組第二次聯合會議續會討論文件）

【P3】
（編者按：本文同第一稿文件⑦，除下列內容外，均同

前文。）

（丙）司法人員的任免

14. 有關將來法官的任命的罷免，在聯合聲明附件一第三節中有以下規定：
「……法官只有在無力履行職責或行為不檢的情況下，才能由行政長官根據終審法院首席法官任命的不少於三名當地法官組成的審議庭的建議，予以免職。主要法官（即最高一級法官）的任命和免職，還須由行政長官徵得香港特別行政區立法機關的同意並報全國人民代表大會常務委員會備案。法官以外的其他司法人員的任免制度繼續保持。」

16. 司法人員敘用委員會條例第九十二條規定該委員會的所有決議，均須得到成員一致贊成，否則不能通過。此項規例應予以保留。

19. 有委員提議大律師公會應各提名一名成員。

21. 除當然官守成員外，委員會的委員應有三年至四年的任期，但不能連任。

※

⑨政制專責小組《有關特區終審權、司法制度的幾個問題及獨立檢察機關的職責最後報告》（1987 年 6 月 12 日經執行委員會通過）

【P3】
（編者按：內容同上文）

※

⑩ 1987 年 8 月 22 日《政治體制專題小組的工作報告》，載於《中華人民共和國香港特別行政區基本法起草委員會第五次全體會議文件匯編》

【P50-51】
第四章　香港特別行政區的政治體制（討論稿）
第四節　司法機關
第七條
說明：香港特別行政區法院的法官指區域法院以上的法官，其他司法人員指裁判署法庭及專門法庭的審判人員，其他在司法組織工作的人員均屬公務員。

第二稿 ▶

第四章　第四節
「第七條　香港特別行政區法院的法官，根據當地法官和法律界及其他方面知名人士組成的獨立委員會推薦，由行政長官予以任命。」
〔1987 年 9 月 8 日《第四章　香港特別行政區的政治體制（討論稿）》（1987 年 9 月 22 日政制專責小組第二次會議附件一）〕

① 《法律專責小組對基本法第四章第四節「司法機關」條文草稿（一九八七年八月）的意見》（1987 年 11 月 4 日經執行委員會通過）

（編者按：本文件雖然時間晚於本稿，但其內容是起草委員會對 1987 年 8 月 22 日政制專責小組擬訂的條文的意見匯編，故放在此處。）

【P2】
關於第七條：
有委員認為該「獨立的委員會」的成員、權力等問題均無

規定，建議用附件形式把這些問題詳述。

※

③ 1987 年 9 月 8 日《第四章　香港特別行政區的政治體制（討論稿）》（1987 年 9 月 22 日政制專責小組第二次會議附件一）

第四節　司法機關
第七條
（編者按：內容同第一稿文件⑩）

第三稿

第四章　第四節

「第七條　香港特別行政區法院的法官，根據當地法官和法律界及其他方面知名人士組成的獨立委員會推薦，由行政長官予以任命。」

〔1987年10月《第四章　香港特別行政區的政治體制（討論稿）》（政治體制專題小組工作文件）〕

① 1987年10月《第四章　香港特別行政區的政治體制（討論稿）》（政治體制專題小組工作文件）

【P33】
第四節　司法機關
第七條
（編者按：內容同第一稿文件⑩）

第四稿

「第八十四條　香港特別行政區法院的法官，根據當地法官和法律界及其他方面知名人士組成的獨立委員會推薦，由行政長官予以任命。」

〔1987年12月基本法起草委員會秘書處《香港特別行政區基本法（草案）》（匯編稿）〕

① 1987年12月基本法起草委員會秘書處《香港特別行政區基本法（草案）（匯編稿）》

【P40-41】
第八十四條
（編者按：內容同第一稿文件⑩）

第五稿

「第八十八條　香港特別行政區法院的法官⁷，根據當地法官和法律界及其他方面知名人士組成的獨立委員會推薦，由行政長官任命。」

〔1988年4月基本法起草委員會秘書處《中華人民共和國香港特別行政區基本法（草案）草稿》〕

① 1988年4月基本法起草委員會秘書處《中華人民共和國香港特別行政區基本法（草案）草稿》

【P47】
註7：（編者按：內容同第一稿文件⑩）

※

② 《各專題小組的部份委員對本小組所擬條文的意見和建議匯輯》，載於1988年4月基本法起草委員會秘書處《中華人民共和國香港特別行政區基本法（草案）草稿》

【P69-70】
第八十八條
1.有的委員提出，獨立委員會的人數不宜太多，推薦時應全體一致同意。

2.有些委員提出，司法機關的財政獨立或專門撥款，在本法中是否可以明文規定。

第六稿

「第八十七條　香港特別行政區法院的法官⁷，根據當地法官和法律界及其他方面知名人士組成的獨立委員會推薦，由行政長官任命。」

〔1988年4月基本法起草委員會《中華人民共和國香港特別行政區基本法（草案）徵求意見稿》〕

① 1988年4月基本法起草委員會《中華人民共和國香港特別行政區基本法（草案）徵求意見稿》

【P51】
註7：（編者按：內容同第一稿文件⑩）

※

② 《各專題小組的部份委員對本小組所擬條文的意見和建議匯輯》，載於1988年4月基本法起草委員會《中華人民共和國香港特別行政區基本法（草案）徵求意見稿》

【P58】
第八十七條
（編者按：內容同第五稿文件②）

第七稿

「第八十七條　香港特別行政區法院的法官，根據當地法官和法律界及其他方面知名人士組成的獨立委員會推薦，由行政長官任命。」

〔1989年2月《中華人民共和國香港特別行政區基本法（草案）》〕

① 1988年6月6日《政制專責小組（三）與草委交流會會議紀要》

8.條文
8.13 第八十七、八十八、八十九條
建議將之合併然後分為若干款。

※

② 1988 年 8 月基本法起草委員會秘書處《香港各界人士對〈香港特別行政區基本法（草案）徵求意見稿〉的意見匯集（一）》

【P30】
第八十七、八十八、八十九條
建議將此三條合併。終審法院首席法官應由中國公民擔任。

※

③《基本法諮詢委員會政制專責小組對基本法（草案）徵求意見稿第四章的意見匯集》，載於 1988 年 10 月基本法法諮詢委員會《中華人民共和國香港特別行政區基本法（草案）徵求意見稿諮詢報告（1）》

【P111】
3.有關條文討論
3.26 第八十七條、第八十八條及第八十九條
（編者按：內容同第七稿文件①）

※

④ 1988 年 10 月基本法諮詢委員會《中華人民共和國香港特別行政區基本法（草案）徵求意見稿諮詢報告第五冊——條文總報告》

【P315-316】
第八十七條
2.意見
→ 該「獨立委員會」的結構及功能應基於下列各項原則：
（1）由首席法官為主席；
（2）凡於行政及立法機關任職者，包括律政司，均不能成為此委員會之委員；
（3）此委員會所作的推薦，必須得到全體委員的同意；
（4）行政長官必須接納此委員會所作有關委任法官的建議。
→ 推薦時應在獨立委員會中得到多數票的同意，但毋須

得到全體一致同意。
→ 關於這委員會的組成方法應予明文規定，以免引起爭議（可規定由大律師公會這一類的組織按一定比例自行提名，或由這些組織通過內部選舉選出各自的代表。）成員人數應約在十至二十人左右，並規定需各成員一致通過其所提名的法官，以保證這位法官的德行素質。
→ 獨立委員會的人數不宜太多。
→ 在「一國兩制」的原則下，法官不宜有任何政治立場和政黨背景，因為司法與政治應分開。
行政長官委任法官須經立法機關通過。
理由：不受行政長官所操縱，保證司法獨立。
→ 法官任免應由立法機關報請人大常委會追認，而非行政長官報請人大常委會追認。
理由：可使行政機關對立法機關負責，而立法機關則對中央負責。
→ 司法機關的財政獨立或專門撥款，應有明文規定。
理由：確保司法機關的撥款獨立於行政機關。
→ 不宜把所有職級的經歷司都歸入公務員類別。
理由：根據「司法人員敍用委員會條例」，經歷司身兼司法、行政兩職，屬於司法職位之一。
→ 終審法院的首席法官，作為司法機關的最高級人士，應規定由中國公民擔任。

3.建議
3.1 修改
→ 改為：「香港特別行政區法院的法官，根據當地法官和法律界及其他方面知名人士組成的獨立委員會一致同意的推薦，由行政長官委任和立法機關通過，並由立法機關報請全國人民代表大會常務委員會追加任命。」
→ 改為：「香港特別行政區法院的法官，根據當地法官及首席法官和法律界及其他方面知名人士以不少於十二人組成的獨立委員會推薦，由行政長官任命。」
→ 改為：「香港特別行政區法官根據當地法官和法律界及其他知名人士組成的獨立委員會，從香港特別行政區永久性居民中的中國公民之中推薦。」
理由：
⊙ 由外籍法官在中國土地上審判中國公民或其他人，有損國家主權和民族尊嚴。
⊙ 香港人中應有可擔任終審法官和其他法官的人才。
3.2 其他建議
→ 這條文與第八十八條、第八十九條合併然後分為若干款。
理由：三條條文均有關法官的任命及罷免。

4.待澄清問題
→ 「當地法官」是什麼意思？

第八稿

「第八十八條　香港特別行政區法院的法官，根據當地法官和法律界及其他方面知名人士組成的獨立委員會推薦，由行政長官任命。」
〔1990 年 2 月 16 日《中華人民共和國香港特別行政區基本法（草案）》〕

① 1989 年 11 月基本法諮詢委員會《中華人民共和國香港特別行政區基本法（草案）諮詢報告第三冊——條文總報告》

【P181-182】
第八十七條
2.建議
2.1 刪除
→ 刪去「其他方面知名人士」。
2.2 修改

→ 改為：「香港特別行政區法院的法官及首席法官，根據當地法官和法律界及其他方面知名人士以不少於十二人組成的獨立委員會推薦，由行政長官任命。」
→ 改為：「香港特別行政區法院的法官，必須經由當地法官和法律界人士組成的獨立委員會提名，由行政長官任命。」
→ 改為：「香港特別行政區的所有法官，必須由香港特別行政區永久性居民中的中國公民擔任，根據當地華籍法官和法律界及其他方面的知名人士組成的獨立委員會推薦，由行政長官任命。」
2.3 其他
→ 行政長官必須依照香港原有的法定程序任免各級法院

法官。

3.待澄清問題：
→ 法官任期是多久？建議任期由委任至退休。

→ 對推薦委員會應詳細界定，因為司法制度是香港繁榮安定的重要一環。
→ 條文中「當地」是指中國公民抑或居港人士？
→ 法律界及其他知名人士的比例如何？
→ 獨立委員會的權力範圍又如何？

第九稿

「第八十八條　香港特別行政區法院的法官，根據當地法官和法律界及其他方面知名人士組成的獨立委員會推薦，由行政長官任命。」

〔1990 年 4 月《中華人民共和國香港特別行政區基本法》〕

香港特別行政區法院的法官只有在無力履行職責或行為不檢的情況下，行政長官才可根據終審法院首席法官任命的不少於三名當地法官組成的審議庭的建議，予以免職。

香港特別行政區終審法院的首席法官只有在無力履行職責或行為不檢的情況下，行政長官才可任命不少於五名當地法官組成的審議庭進行審議，並可根據其建議，依照本法規定的程序，予以免職。

✿ 貳｜概念

1. 法官免職的程序
2. 首席法官免職的程序

✿ 叁｜條文本身的演進和發展

第一稿

第四章　第四節

「第八條　香港特別行政區法院的法官在無力履行職責或行為不檢的情況下，行政長官可根據終審法院首席法官任命的不少於三名當地法官組成的審議庭的建議，予以免職。」

〔1987 年 8 月 22 日《政治體制專題小組的工作報告》，載於《中華人民共和國香港特別行政區基本法起草委員會第五次全體會議文件匯編》〕

① 1984 年 12 月 19 日《中華人民共和國政府對香港的基本方針政策的具體說明》（《中英聯合聲明》附件一）

三、……法官只有在無力履行職責或行為不檢的情況下，才能由行政長官根據終審法院首席法官任命的不少於三名當地法官組成的審議庭的建議，予以免職。主要法官（即最高一級法官）的任命和免職，還須由行政長官徵得香港特別行政區立法機關的同意並報全國人民代表大會常務委員會備案。法官以外的其他司法人員的任免制度繼續保持。

※

② 1986 年 4 月 22 日《中華人民共和國香港特別行政區基本法結構（草案）》，載於《中華人民共和國香港特別行政區基本法起草委員會第二次全體會議文件匯編》

【P14】

第四章　香港特別行政區的政治體制
第四節　司法機關
（三）法官和其他司法人員的任免

※

③ 1986 年 8 月 20 日《基本法結構專責小組初步報告》

【P20】

5.4 第四節　司法機關
（三）法官和其他司法人員的任免

※

④《Final Report on the Structure of Basic Law》（基本法結構專責小組最後報告，1987 年 3 月 14 日經執行委員會通過）

【P25】

5.4 Section 4 "The Judiciary"
iii. "The appointment and dismissal of judges and other judicial officers."

※

⑤ **1987 年 4 月 9 日特區終審權與司法制度工作組《特區的終審權與司法制度討論文件（草稿）》（1987 年 4 月 13 日法律及政制專責小組第一次聯合會議討論文件）**

【P1】
（乙）終審法院：
7. 法官的任命
原則上，上訴法院的法官不應同時擔任終審法院的法官，所以應指定是終審法院法官的任命，而該法院的法官不得參加上訴法院的審判工作。

【P3-4】
（丙）司法人員敘用委員會
23. 有關將來法官的任命的罷免，在聯合聲明附件一第三節中有所規定：
「香港特別行政區法院的法官，根據當地法官和法律界及其他方面知名人士組成的獨立委員會的推薦，由行政長官予以任命。法官應根據本人的司法才能選用，並可從其他普通法適用地區聘用。法官只有在無力履行職責或行為不檢的情況下，才能由行政長官根據終審法院首席法官任命的不少於三名當地法官組成的審議庭的建議，予以免職。主要法官（即最高一級法官）的任命和免職，還須由行政長官徵得香港特別行政區立法機關的同意並報全國人民代表大會常務委員會備案。法官以外的其他司法人員的任免制度繼續保持」。

24.《中英聯合聲明》中所指的「主要法官（即最高一級法官）」應被解釋為終審法院的法官。一位委員則認為「主要法官」一辭應指高等法院及以上的法官。

25.《中英聯合聲明》中有關罷免法官所提到的「行為不檢」一辭，應有明確的界定及解釋。

26. 在九七年後，立法機關對任命及罷免法官事宜，應根據簡單大多數的投票方式決定。

※

⑥ **1987 年 5 月 20 日特區終審權與司法制度工作組《特區的終審權與司法制度討論文件（二稿）》（1987 年 5 月 30 日法律及政制專責小組第二次聯合會議續會討論文件）**

【P1】、【P3-4】
（編者按：內容同上文）

※

⑦ **政制專責小組《有關特區終審權、司法制度的幾個問題及獨立檢察機關的職責最後報告》（1987 年 6 月 12 日經執行委員會通過）**

【P1】、【P3-4】
（編者按：內容同上文）

第二稿

第四章　第四節

「**第八條**　香港特別行政區法院的法官在無力履行職責或行為不檢的情況下，行政長官可根據終審法院首席法官任命的不少於三名當地法官組成的審議庭的建議，予以免職。」
〔1987 年 9 月 8 日《第四章　香港特別行政區的政治體制（討論稿）》（1987 年 9 月 22 日政制專責小組第二次會議附件一）〕

① **1987 年 9 月 2 日《中華人民共和國香港特別行政區基本法起草委員會第五次全體會議委員們對基本法序言和第一、二、三、四、五、六、七、九章條文草稿的意見匯集》**

【P47】
五、關於第四章　香港特別行政區的政治體制
（四）第四節　司法機關
6. 第八條
有的委員認為，法官免職應十分慎重，組成審議庭的三名法官應是資深法官，建議加「資深」兩字。

※

② **《法律專責小組對基本法第四章第四節「司法機關」條文草稿（一九八七年八月）的意見》（1987 年 11 月 4 日經執行委員會通過）**

（編者按：本文件雖然時間晚於本稿，但其內容是起草委員會對 1987 年 8 月 22 日政制專責小組擬訂的條文的意見匯編，故放在此處。）

【P2】
關於第八條：
委員認為「行為不檢」一辭的定義必須界定；但有委員指出這種辭句很難清楚界定，況且在「英皇制誥」中現已有採用此詞。

第三稿

第四章　第四節

「**第八條**　香港特別行政區法院的法官在無力履行職責或行為不檢的情況下，行政長官可根據終審法院首席法官任命的不少於三名當地法官組成的審議庭的建議，予以免職。」
〔1987 年 10 月《第四章　香港特別行政區的政治體制（討論稿）》（政治體制專題小組工作文件）〕

【P33】

第四節　司法機關
第八條
第五次全體大會分組討論：
（編者按：內容同第二稿文件①）

第四稿

「第八十五條　香港特別行政區法院的法官在無力履行職責或行為不檢的情況下，行政長官可根據終審法院首席法官任命的不少於三名當地法官組成的審議庭的建議，予以免職。

香港特別行政區終審法院的首席法官在無力履行職責或行為不檢的情況下，行政長官可任命不少於五名當地法官組成的審議庭進行審議，行政長官可根據其建議，依照本法規定的程序，予以免職。」

〔1987 年 12 月基本法起草委員會秘書處《香港特別行政區基本法（草案）》（匯編稿）〕

第五稿

「第八十九條　香港特別行政區法院的法官如無力履行職責或行為不檢，行政長官可根據終審法院首席法官任命的不少於三名當地法官組成的審議庭的建議，予以免職。

香港特別行政區終審法院的首席法官如無力履行職責或行為不檢，行政長官可任命不少於五名當地法官組成的審議庭進行審議，並可根據其建議，依照本法規定的程序，予以免職。」

〔1988 年 4 月基本法起草委員會秘書處《中華人民共和國香港特別行政區基本法（草案）草稿》〕

① 1988 年 4 月《總體工作小組所作的條文修改舉要》，載於 1988 年 5 月《中華人民共和國香港特別行政區基本法起草委員會第七次全體會議文件匯編》

【P19】

第八十九條（政制小組最後草擬的原第八十五條），將第一款和第二款中「在無力履行」均改為「如無力履行」，並將「的情況下」去掉。

將第二款中「行政長官可根據其建議」改為「並可根據其建議」。

第六稿

「第八十八條　香港特別行政區法院的法官如無力履行職責或行為不檢，行政長官可根據終審法院首席法官任命的不少於三名當地法官組成的審議庭的建議，予以免職。

香港特別行政區終審法院的首席法官如無力履行職責或行為不檢，行政長官可任命不少於五名當地法官組成的審議庭進行審議，並可根據其建議，依照本法規定的程序，予以免職。」

〔1988 年 4 月基本法起草委員會《中華人民共和國香港特別行政區基本法（草案）徵求意見稿》〕

第七稿

「第八十八條　香港特別行政區法院的法官如無力履行職責或行為不檢，行政長官可根據終審法院首席法官任命的不少於三名當地法官組成的審議庭的建議，予以免職。

香港特別行政區終審法院的首席法官如無力履行職責或行為不檢，行政長官可任命不少於五名當地法官組成的審議庭進行審議，並可根據其建議，依照本法規定的程序，予以免職。」

〔1989 年 2 月《中華人民共和國香港特別行政區基本法（草案）》〕

① 1988 年 6 月 6 日《政制專責小組 1 與草委交流會會議紀要》

4. 諮委對有關行政機關條文的意見
4.1 第八十八條：有委員認為法官只有在無力履行職責或行為不檢時，行政長官才可以根據程序予以免職，故第一行的「如」字應予以修改。

※

② 1988 年 8 月基本法起草委員會秘書處《香港各界人士對〈香港特別行政區基本法（草案）徵求意見稿〉的意見匯集（一）》

【P30】

第八十七、八十八、八十九條
建議將此三條合併。終審法院首席法官應由中國公民擔任。

※

③《基本法諮詢委員會法律專責小組對基本法（草案）徵求意見稿一些主要法律條文的意見匯編》，載於 1988 年 10 月基本法諮詢委員會《中華人民共和國香港特別行政區基本法（草案）徵求意見稿諮詢報告（1）》

【P111】

3. 有關條文討論

3.26 第八十七條、第八十八條及第八十九條
3.26.1 有委員建議將這等條文合併，然後分為若干項。
3.27 第八十八條
3.27.1 有委員認為，法官應「只有」在無力履行職責或行為不檢時，行政長官才可以根據程序予以免職，故第一行的「如」字應予以修改為「只有」。

※

④ 1988 年 10 月基本法諮詢委員會《中華人民共和國香港特別行政區基本法（草案）徵求意見稿諮詢報告第五冊——條文總報告》

【P317】
第八十八條
2. 意見
→ 「無力履行職責」、「行為不檢」這些字句不夠完善，

應須提出更明確的理由。

3. 建議
3.1 刪除
→ 刪去所有「終審法院首席法官」一詞。
3.2 增加
→ 加上：「此審議庭於大公無私的原則下將自行釐定本身法則及程序。」
→ 加上：「所有裁判司應可由首席法官聘任及於充份理由下予以免職。」
3.3 其他建議
→ 這條文應與第八十七條、八十九條合併然後分為若干款。
理由：三條條文均有關法官任命及罷免。
→ 終審法院的首席法官，作為司法機關的最高級人士，應規定由中國公民擔任。
→ 組織司法仲裁委員會。
理由：避免重蹈「佳寧事件」。
→ 第二十五條應適用於此。

第八稿

「**第八十九條** 香港特別行政區法院的法官只有在無力履行職責或行為不檢的情況下，行政長官才可根據終審法院首席法官任命的不少於三名當地法官組成的審議庭的建議，予以免職。香港特別行政區終審法院的首席法官只有在無力履行職責或行為不檢的情況下，行政長官才可任命不少於五名當地法官組成的審議庭進行審議，並可根據其建議，依照本法規定的程序，予以免職。」
〔1990 年 2 月 16 日《中華人民共和國香港特別行政區基本法（草案）》〕

① 1989 年 11 月基本法諮詢委員會《中華人民共和國香港特別行政區基本法（草案）諮詢報告第三冊——條文總報告》

【P182-183】
第八十八條
2. 建議
2.1 刪除
→ 刪去所有「終審法院首席法官」的字眼，並加上兩款：
「此審議庭於大公無私的原則下將自行釐訂本身法則及程序。
所有裁判司應可由首席法官聘任及於充份理由下予以免職。」
2.2 修改
→ 改為：「香港特別行政區終審法院的法官和高等法院首席法官的任命或免職，須由香港特別行政區立法會以三分之二多數決定，由立法會首席議員把這決定交給行政長官公佈。並報全國人民代表大會常務委員會備案，但不會影響立法會所決定的結果。」
→ 將第一款和第二款內「行政長官可」改為「行政長官須」。
→ 第二款內「依照本法規定的程序」改為「依照本條及第八十九條的規定」。
理由：
⊙ 有關「依照本法規定的程序」其實只涉及第八十八及

八十九條。
⊙ 修改後可免除不必要的猜測。
2.3 其他：
香港特別行政區法院的法官的免職，要由香港特別行政區終審法院首席法官任命不少於五名香港特別行政區法官組成的審議庭決定，行政長官沒有權決定法官予以免職。

3. 待澄清問題
→ 「香港特別行政區法院的法官」是否包括「終審法院的法官和高等法院的首席法官」？如果不是，基本法便沒有條文對後者的罷免作出規定。

※

② 1990 年 1 月 17 至 20 日《政治體制專題小組第十八次會議紀要》，載於 1990 年 2 月《中華人民共和國香港特別行政區基本法起草委員會第九次全體會議文件匯編》

【P26-27】
一、關於第四章政治體制的條文修改
13. 第八十八條第一款和第二款的「如無力履行職責或行為不檢，行政長官可……」改為「只有在無力履行職責或行為不檢的情況下，行政長官才可……」。

第九稿

「**第八十九條** 香港特別行政區法院的法官只有在無力履行職責或行為不檢的情況下，行政長官才可根據終審法院首席法官任命的不少於三名當地法官組成的審議庭的建議，予以免職。香港特別行政區終審法院的首席法官只有在無力履行職責或行為不檢的情況下，行政長官才可任命不少於五名當地法官組成的審議庭進行審議，並可根據其建議，依照本法規定的程序，予以免職。」
〔1990 年 4 月《中華人民共和國香港特別行政區基本法》〕

香港特別行政區終審法院和高等法院的首席法官，應由在外國無居留權的香港特別行政區永久性居民中的中國公民擔任。

除本法第八十八條和第八十九條規定的程序外，香港特別行政區終審法院的法官和高等法院首席法官的任命或免職，還須由行政長官徵得立法會同意，並報全國人民代表大會常務委員會備案。

✿ 貳│概念

1. 高級法官任命的規定
2. 無外國居留權的香港永久性居民中的中國公民
3. 高級法官任免的程序

✿ 叁│條文本身的演進和發展

第一稿

第四章　第四節

「第九條　除本節第七條和第八條規定的程序外，香港特別行政區終審法院及高等法院首席法官的任命和免職，還須由行政長官徵得香港特別行政區立法機關的同意並報全國人民代表大會常務委員會備案。」

〔1987 年 8 月 22 日《政治體制專題小組的工作報告》，載於《中華人民共和國香港特別行政區基本法起草委員會第五次全體會議文件匯編》〕

① 1984 年 12 月 19 日《中華人民共和國政府對香港的基本方針政策的具體說明》（《中英聯合聲明》附件一）

三、⋯⋯主要法官（即最高一級法官）的任命和免職，還須由行政長官徵得香港特別行政區立法機關的同意並報全國人民代表大會常務委員會備案。法官以外的其他司法人員的任免制度繼續保持。

※

② 1986 年 11 月 8 日《香港特別行政區基本法起草委員會政治體制專題小組的工作報告》，載於《中華人民共和國香港特別行政區基本法起草委員會第三次全體會議文件匯編》

【P36】

十、關於司法機關和司法制度
專題小組着重討論了終審法院的設置和組成問題。有的委

員主張，終審法院的法官分為兩類，一類為當地法官，一類為其他普通法適用地區的海外法官，均由行政長官徵得立法機關的同意後任命，報全國人民代表大會常務委員會備案。終審法庭由三名海外法官、二名當地法官組成。另一種意見主張，終審法院應當由當地法官組成，但組織法庭時可根據需要，邀請其他普通法適用地區的法官參加審判，當地法官和海外法官的比例不作規定。有的委員主張，被邀請的海外法官可不必經過行政長官任命等手續。

※

③ 政制專責小組《有關特區終審權、司法制度的幾個問題及獨立檢察機關的職責最後報告》（1987 年 6 月 12 日經執行委員會通過）

【P3-4】

（丙）司法人員的任免
23.《中英聯合聲明》中所指的「主要法官（即最高一級法官）」應被解釋為終審法院的法官。一位委員則認為「主要法官」一辭應指高等法院及以上的法官。

25. 在九七年後，立法機關對任命及罷免法官事宜，應根 據簡單大多數的投票方式決定。

第二稿

第四章　第四節

「第九條　除本節第七條和第八條規定的程序外，香港特別行政區終審法院及高等法院首席法官的任命和免職，還須由行政長官徵得香港特別行政區立法機關的同意並報全國人民代表大會常務委員會備案。」

〔1987 年 9 月 8 日《第四章　香港特別行政區的政治體制（討論稿）》（1987 年 9 月 22 日政制專責小組第二次會議附件一）〕

① 《法律專責小組對基本法第四章第四節「司法機關」條文草稿（一九八七年八月）的意見》（1987 年 11 月 4 日經執行委員會通過）

（編者按：本文件雖然時間晚於本稿，但其內容是起草委員會對 1987 年 8 月 22 日政制專責小組擬訂的條文的意見匯編，故放在此處。）

【P2】

關於第九條：
有委員問及條文所指「終審法院及高等法院首席法官」是否包括臨時性從外地邀請來港的法官。委員認為草委會及諮委會對這條條文的理解好像有點不同，建議清楚闡釋一下。此外，有委員指出高等法院其他法官及區域法院法官的任免安排在此條文中沒有提及。

第三稿

第四章　第四節

「第九條　除本節第七條和第八條規定的程序外，香港特別行政區終審法院及高等法院首席法官的任命和免職，還須由行政長官徵得香港特別行政區立法機關的同意並報全國人民代表大會常務委員會備案。」

〔1987 年 10 月《第四章　香港特別行政區的政治體制（討論稿）》（政治體制專題小組工作文件）〕

第四稿

「第八十六條　除本法第八十四條和第八十五條規定的程序外，香港特別行政區終審法院的法官及高等法院首席法官的任命和免職，還須由行政長官徵得香港特別行政區立法機關的同意，並報全國人民代表大會常務委員會備案。」

〔1987 年 12 月基本法起草委員會秘書處《香港特別行政區基本法（草案）》（匯編稿）〕

第五稿

「第九十條　除本法第八十八條和第八十九條規定的程序外，香港特別行政區終審法院的法官和高等法院首席法官的任命或免職，還須由行政長官徵得香港特別行政區立法會議同意，並報全國人民代表大會常務委員會備案。」

〔1988 年 4 月基本法起草委員會秘書處《中華人民共和國香港特別行政區基本法（草案）草稿》〕

第六稿

「第八十九條　除本法第八十七條和第八十八條規定的程序外，香港特別行政區終審法院的法官和高等法院首席法官的任命或免職，還須由行政長官徵得香港特別行政區立法會議同意，並報全國人民代表大會常務委員會備案。」

〔1988 年 4 月基本法起草委員會《中華人民共和國香港特別行政區基本法（草案）徵求意見稿》〕

第七稿

「第八十九條　香港特別行政區終審法院和高等法院的首席法官，應由香港特別行政區永久性居民中的中國公民擔任。

除本法第八十七條和第八十八條規定的程序外，香港特別行政區終審法院的法官和高等法院首席法官的任命或免職，還須由行政長官徵得香港特別行政區立法會同意，並報全國人民代表大會常務委員會備案。」

〔1989 年 2 月《中華人民共和國香港特別行政區基本法（草案）》〕

① 1988 年 8 月基本法起草委員會秘書處《香港各界人士對〈香港特別行政區基本法（草案）徵求意見稿〉的意見匯集（一）》

【P30】

第八十七、八十八、八十九條
建議將此三條合併。終審法院首席法官應由中國公民擔任。

②《基本法諮詢委員會政制專責小組對基本法（草案）徵求意見稿第四章的意見匯編》，載於 1988 年 10 月基本法諮詢委員會《中華人民共和國香港特別行政區基本法（草案）徵求意見稿諮詢報告（1）》

【P105】
2. 有關專題討論
2.6 司法機關
2.6.1 有委員認為，終審法院的首席法官應規定由中國公民擔任。

【P111】
3. 有關條文討論
3.26 第八十七條、第八十八條及第八十九條
3.26.1 有委員建議將這等條文合併，然後分為若干項。

③ 1988 年 10 月基本法諮詢委員會《中華人民共和國香港特別行政區基本法（草案）徵求意見稿諮詢報告第五冊——條文總報告》

【P318】
第八十九條
2. 意見
→ 在三權分立的原則下，無須徵求「立法會議同意」。
→ 在維持香港司法制度獨立的大前提下，終審法院的法官和高等法院首席法官的任命或免職，實無須報人大備案。
→ 不應規定行政長官可於徵得或未徵得立法會議同意下，而擁有這麼大的權力。實際上，第八十八條已有紀律審議首席法官的行為。所以，除選任首席法官一安排外，任何進一步行動均會被視為行政與立法兩機關對司法的控制，有損司法獨立。

3. 建議
3.1 修改
→ 改為：「除本法第八十七條和第八十八條規定的程序外，香港特別行政區終審法院的法官和高等法院首席法官的任期為終身制，其任命或免職，還須由行政長官徵得香港特別行政區立法會議同意，並報全國人民代表大會常務委員會備案。」
原因：加任期為終身制以保障重要法官不會隨便被行政長官或立法機關所影響，並保障三權分立的精神。
3.2 增加
→ 最後加上：「備案不影響終審法院的法官和高等法院首席法官的任免。」
3.3 其他建議
→ 這條文與第八十七條、第八十八條合併然後分為若干款。
理由：三條條文均有關法官任命罷免。
→ 終審法院的法官和高等法院首席法官，作為司法機關的最高級人士，應規定由中國公民擔任。
→ 在罷免香港特別行政區終審法院的法官和高等法院首席法官時，應得到不少於三分之二的行政會議成員贊成。
→ 若可能時，選任首席法官應由剛退任之首席法官所推薦。無論如何，終審法院和高等法院法官均需經一特別審裁處批准，並且應至少已擔任法官、大律師或律師二十年。

④ 1989 年 1 月 9 日《政治體制專題小組對條文修改情況的報告》，載於 1989 年 1 月《中華人民共和國香港特別行政區基本法起草委員會第八次全體會議文件匯編》

【P16】
第八十九條加一款，作為新的第一款：「香港特別行政區終審法院和高等法院的首席法官，應由香港特別行政區永久性居民中的中國公民擔任。」考慮到這兩個職位不低於主要官員，主要官員由香港特別行政區永久性居民中的中國公民擔任，所以這兩個職位也應當一樣。

第八稿

「**第九十條　香港特別行政區終審法院和高等法院的首席法官，應由在外國無居留權的香港特別行政區永久性居民中的中國公民擔任。**
除本法第八十八條和第八十九條規定的程序外，香港特別行政區終審法院的法官和高等法院首席法官的任命或免職，還須由行政長官徵得立法會同意，並報全國人民代表大會常務委員會備案。」
〔1990 年 2 月 16 日《中華人民共和國香港特別行政區基本法（草案）》〕

① 1989 年 11 月基本法諮詢委員會《中華人民共和國香港特別行政區基本法（草案）諮詢報告第三冊——條文總報告》

【P183-185】
第八十九條
2. 意見
2.1 整體
→ 同意在終審法院和高等法院各設一名首席法官，除非：（1）設立這兩個職位不會引起任何行政問題；（2）司法機關內的等級可清楚劃分。
如果這裡只有一個職位，第一款應改為：「香港特別行政區的首席法官應由香港特別行政區永久性居民中的中國公民擔任。」

→ 可能的話，新任首席法官應由剛退任之首席法官所推薦。無論如何，終審法院和高等法院法官的任命需經過特別審裁處的批准，該等法官亦須至少擔任法官、大律師或律師二十年以上。
→ 在一九九七年首席法官能否由香港特別行政區永久性居民的中國公民出任的問題，在近年來已引起不少關注。如果香港特別行政區將有兩個不同的首席法官職位，情況便更困難了。根據《基本法（草案）》第六十一條的規定，由通常居住香港連續十五年的永久性居民中的中國公民出任香港特別行政區的主要官員，這是可以接受的，但有關香港特別行政區司法機關人員的資格，因目前的特殊情形，應賦予更大彈性。基本法應對司法機關人員在一九九七年後數年內的國籍限制，予以不同的規定，但有關的職位最終也是由永久性居民的中國公民出任。基本法又或者可以規定如合資格的候選人願意放棄其外國國籍，

也可出任該些職位。
→ 要達至一九九七年後高等法院和終審法院的首席法官由特別行政區永久性居民中的中國公民擔任，就必須從現在開始，在許多位本地裁判司中提升較佳者為地院法官，再從本地地院法官中，選拔較佳者為高院按察司。這樣逐級競爭淘汰，才可確保將來的本地首席法官是最能幹的。要造成上述的競爭環境，應該爭取許多本地人加入法院，不能完全放手聘用外援。
→ 此條文沒有列明終審庭的首席法官和高等法院的首席法官是否由同一人出任。基本法應明確規定，由兩人分別出任兩個職位。
2.2 正面
→ 終審法院的首席法官應由香港特別行政區永久性居民中的中國公民擔任。
→ 贊成此條文的規定。因為若一個持有外國護照的中國人，被委任這些職位，但他卻不願放棄他的外國護照，那麼要改變法例來遷就這些人是不恰當的。
→ 「司法機關」一節加上此條款後，便可完整體現《中英聯合聲明》的精神。對首席法官有了這規定後，其他級別的法官便可放心聘用外籍人士。
2.3 反面
→ 反對由「中國公民」出任的規定。
理由：
⊙ 剝奪了非中國籍永久性居民擔任此等職位的機會。
⊙ 失去首席法官的獨立性和國際性。
⊙ 這新的要求是不切實際的，因為沒有適合的人選。首席法官的名望須恰如其份，這是使司法制度得以繼續運作的基本條件。首席法官所須符合的資格，遠比其他職位所需的為特別。為了這實際的原因，這規定應予以修改。如首席法官只具虛名，對司法制度和整個香港也是不堪設想的。
→ 高等法院的首席法官不一定須由香港特別行政區永久性居民中的中國公民擔任。
→ 不必硬性規定由中國公民擔任首席法官；香港特別行政區永久性居民亦可擔任。
→ 令人擔心到一九九七年時能否有合適的人選擔任首席法官。
→ 本條的規定毫無彈性可言。假設在香港特別行政區的「中國公民」中沒有合格的首席法官人選，條件較次的中國公民可能因此而被選任，而將合資格的非中國籍永久性居民排諸門外。本條需進一步開放以具更大彈性，否則香港司法制度的正常運作會在一九九七年後受嚴重影響。
→ 合資格出任這重要司法職位的人士數目便會大為減少。
→ 不應規定行政長官可於徵得或未徵得立法會的同意下，而擁有這麼大的權力。實際上，第八十條已有紀律審議首席法官的行為。所以，除選任首席法官一安排外，任何進一步行動均會被視為行政與立法兩機關對司法的控制，有損司法獨立。

3. 建議
3.1 刪除
3.1.1 第一款
→ 刪去「應由香港特別行政區⋯⋯」內的「應」字。
理由：原文的「應」字可能被理解成「應該這樣，但不一定要執行」的意思。
→ 刪去第一款內「中的中國公民」的字眼。
理由：本港司法獨立，而首席法官的工作不包含政府的行政和政策任務，所以在司法界的最高層也可任用非中國公民。
3.1.2 第二款
→ 刪去第二款。
理由：
⊙ 第八十七和第八十八條對法官和首席法官已有足夠保障，他們應於有或沒有立法會同意下皆不能由行政長官予以免職。擔心若這段保留於基本法內，行政長官或立法會對司法於個別情形下可能有不良影響。
⊙ 第八十七和第八十八條會因為八十九條之可能解釋而不成效，更有可能導致與原意相左的程序。
⊙ 法律體系應與行政和立法完全分離。
→ 刪去第二款內「並報全國人民代表大會常務委員會備案」。
3.2 修改
3.2.1 第一款
→ 改為：「香港特別行政區終審法院和高等法院的首席法官，由香港特別行政區永久性居民中的中國公民或非中國居民擔任。」
理由：為保持香港的國際性地位。
3.2.2 第二款
→ 將「立法會同意」改為「通過立法會同意」。

4. 待澄清問題
→ 「終審法院的法官」是否包括「終審法院的首席法官」？

※

② 1990 年 1 月 17 至 20 日《政治體制專題小組第十八次會議紀要》，載於 1990 年 2 月《中華人民共和國香港特別行政區基本法起草委員會第九次全體會議文件匯編》

【P27】
一、關於第四章政治體制的條文修改
14. 第八十九條第一款「應由」後加「在外國無居留權的」。

第九稿

「第九十條　香港特別行政區終審法院和高等法院的首席法官，應由在外國無居留權的香港特別行政區永久性居民中的中國公民擔任。
除本法第八十八條和第八十九條規定的程序外，香港特別行政區終審法院的法官和高等法院首席法官的任命或免職，還須由行政長官徵得立法會同意，並報全國人民代表大會常務委員會備案。」
〔1990 年 4 月《中華人民共和國香港特別行政區基本法》〕

香港特別行政區法官以外的其他司法人員原有的任免制度繼續保持。

✿ 貳│概念

1. 其他司法人員原任免制度的保留

✿ 叁│條文本身的演進和發展

第一稿

第四章　第四節

「第十條　香港特別行政區法官以外的其他司法人員原有的任免制度繼續保持。」

〔1987 年 8 月 22 日《政治體制專題小組的工作報告》，載於《中華人民共和國香港特別行政區基本法起草委員會第五次全體會議文件匯編》〕

① 1984 年 12 月 19 日《中華人民共和國政府對香港的基本方針政策的具體說明》（《中英聯合聲明》附件一）

三、⋯⋯法官以外的其他司法人員的任免制度繼續保持。

第二稿

第四章　第四節

「第十條　香港特別行政區法官以外的其他司法人員原有的任免制度繼續保持。」

〔1987 年 9 月 8 日《第四章　香港特別行政區的政治體制（討論稿）》（1987 年 9 月 22 日政制專責小組第二次會議附件一）〕

①《法律專責小組對基本法第四章第四節「司法機關」條文草稿（一九八七年八月）的意見》（1987 年 11 月 4 日經執行委員會通過）

（編者按：本文件雖然時間晚於本稿，但其內容是起草委員會對 1987 年 8 月 22 日政制專責小組擬訂的條文的意見匯編，故放在此處。）

【P2】

關於第十條：
有委員指出「原有的任免制度」一詞意義含糊，沒有清楚指出哪個時候的制度才算是「原有」的制度。有委員建議改用「在特區成立以前的制度」，但有委員表示，在基本法中有些條文所用「原有」或「現有」等詞是指九七年以前，但另一些條文用這些詞句卻是指八四年《中英聯合聲明》簽署之時，所以該委員對以上建議表示保留。此外，有委員建議清楚寫出現時司法人員的任免制度，而條文則可規定九七年後繼續保持此制度。

第三稿

第四章　第四節

「第十條　香港特別行政區法官以外的其他司法人員原有的任免制度繼續保持。」

〔1987 年 10 月《第四章 香港特別行政區的政治體制（討論稿）》（政治體制專題小組工作文件）〕

第四稿

「第八十七條　香港特別行政區法官以外的其他司法人員原有的任免制度繼續保持。」

〔1987 年 12 月基本法起草委員會秘書處《香港特別行政區基本法（草案）》（匯編稿）〕

第五稿

「第九十一條　香港特別行政區法官以外的其他司法人員原有的任免制度繼續保持。」

〔1988 年 4 月基本法起草委員會秘書處《中華人民共和國香港特別行政區基本法（草案）草稿》〕

第六稿

「第九十條　香港特別行政區法官以外的其他司法人員原有的任免制度繼續保持。」

〔1988 年 4 月基本法起草委員會《中華人民共和國香港特別行政區基本法（草案）徵求意見稿》〕

「**第九十條　香港特別行政區法官以外的其他司法人員原有的任免制度繼續保持。**」

〔1989 年 2 月《中華人民共和國香港特別行政區基本法（草案）》〕

① **1988 年 10 月基本法諮詢委員會《中華人民共和國香港特別行政區基本法（草案）徵求意見稿諮詢報告第五冊—— 條文總報告》**

【P319】

第九十條

2. 意見

香港特別行政區於一九九七年七月一日零時才成立。在此之前，香港政府仍是英國管治下的政府，原有的任免制度一定不是屬於香港特別行政區的。

「**第九十一條　香港特別行政區法官以外的其他司法人員原有的任免制度繼續保持。**」

〔1990 年 2 月 16 日《中華人民共和國香港特別行政區基本法（草案）》〕

「**第九十一條　香港特別行政區法官以外的其他司法人員原有的任免制度繼續保持。**」

〔1990 年 4 月《中華人民共和國香港特別行政區基本法》〕

香港特別行政區的法官和其他司法人員，應根據其本人的司法和專業才能選用，並可從其他普通法適用地區聘用。

✿ 貳│概念

1. 法官和其他司法人員的選用
2. 普通法適用地區法官和其他司法人員的參與

✿ 叁│條文本身的演進和發展

第一稿

第四章　第四節

「第十一條　香港特別行政區的法官和其他司法人員應根據本人的司法和專業才能選用，並可從其他普通法適用地區聘用。」

〔1987 年 8 月 22 日《政治體制專題小組的工作報告》，載於《中華人民共和國香港特別行政區基本法起草委員會第五次全體會議文件匯編》〕

① 1984 年 12 月 19 日《中華人民共和國政府對香港的基本方針政策的具體說明》（《中英聯合聲明》附件一）

三、……法官應根據本人的司法才能選用，並可從其他普通法適用地區聘用。

第二稿

第四章　第四節

「第十一條　香港特別行政區的法官和其他司法人員應根據本人的司法和專業才能選用，並可從其他普通法適用地區聘用。」

〔1987 年 9 月 8 日《第四章　香港特別行政區的政治體制（討論稿）》（1987 年 9 月 22 日政制專責小組第二次會議附件一）〕

第三稿

第四章　第四節

「第十一條　香港特別行政區的法官和其他司法人員應根據本人的司法和專業才能選用，並可從其他普通法適用地區聘用。」

〔1987 年 10 月《第四章　香港特別行政區的政治體制（討論稿）》（政治體制專題小組工作文件）〕

第四稿

「第八十八條　香港特別行政區的法官和其他司法人員，應根據本人的司法和專業才能選用，並可從其他普通法適用地區聘用。」

〔1987 年 12 月基本法起草委員會秘書處《香港特別行政區基本法（草案）》（匯編稿）〕

第五稿

「第九十二條　香港特別行政區的法官和其他司法人員，應根據本人的司法和專業才能選用，並可從其他普通法適用地區聘用。」

〔1988 年 4 月基本法起草委員會秘書處《中華人民共和國香港特別行政區基本法（草案）草稿》〕

第六稿

「第九十一條　香港特別行政區的法官和其他司法人員，應根據本人的司法和專業才能選用，並可從其他普通法適用地區聘用。」

〔1988 年 4 月基本法起草委員會《中華人民共和國香港特別行政區基本法（草案）徵求意見稿》〕

「第九十一條　香港特別行政區的法官和其他司法人員，應根據其本人的司法和專業才能選用，並可從其他普通法適用地區聘用。」
〔1989 年 2 月《中華人民共和國香港特別行政區基本法（草案）》〕

① 1988 年 10 月基本法諮詢委員會《中華人民共和國香港特別行政區基本法（草案）徵求意見稿諮詢報告第五冊── 條文總報告》

【P319】
第九十一條
2. 建議
2.1 修改

→ 改為：「香港特別行政區的法院和其他司法人員，應根據本人的司法和專業才能選用。有判決權的法官必須由香港永久性居民中的中國公民擔任，並可從其他普通法適用地區聘用擔任諮詢顧問職務的司法人員。」
→ 「應」改為「必須」，避免含糊。
→ 在「本人的司法和才能」之前加上「其」字，即「⋯其本人⋯」。
2.2 其他建議
→ 第二十五條應適用於此。

「第九十二條　香港特別行政區的法官和其他司法人員，應根據其本人的司法和專業才能選用，並可從其他普通法適用地區聘用。」
〔1990 年 2 月 16 日《中華人民共和國香港特別行政區基本法（草案）》〕

① 1989 年 11 月基本法諮詢委員會《中華人民共和國香港特別行政區基本法（草案）諮詢報告第三冊── 條文總報告》

【P186】

第九十一條
2. 建議
2.1 增加
→ 在句末加上：「但擔任法官者必須由香港特別行政區永久性居民中的中國公民擔任。」
→ 在「選用」前加上「被」字。

「第九十二條　香港特別行政區的法官和其他司法人員，應根據其本人的司法和專業才能選用，並可從其他普通法適用地區聘用。」
〔1990 年 4 月《中華人民共和國香港特別行政區基本法》〕

香港特別行政區成立前在香港任職的法官和其他司法人員均可留用,其年資予以保留,薪金、津貼、福利待遇和服務條件不低於原來的標準。

對退休或符合規定離職的法官和其他司法人員,包括香港特別行政區成立前已退休或離職者,不論其所屬國籍或居住地點,香港特別行政區政府按不低於原來的標準,向他們或其家屬支付應得的退休金、酬金、津貼和福利費。

❀ 貳│概念

1. 原法官和其他司法人員的留用
2. 退休和離職司法人員待遇不低於原標準

❀ 叁│條文本身的演進和發展

第一稿▶

第四章　第四節

「第十二條　香港特別行政區成立前在香港任職的法官和其他司法人員均可留用,其年資予以保留,薪金、津貼、福利待遇和服務條件不低於原來的標準。

第十三條　對退休或符合規定離職的法官和其他司法人員,包括香港特別行政區成立前已退休或離職者,不論其所屬國籍或居住地點,香港特別行政區政府按不低於原來的標準向他們或其家屬支付應得的退休金、酬金、津貼及福利費。」

〔1987 年 8 月 22 日《政治體制專題小組的工作報告》,載於《中華人民共和國香港特別行政區基本法起草委員會第五次全體會議文件匯編》〕

① 1984 年 12 月 19 日《中華人民共和國政府對香港的基本方針政策的具體說明》(《中英聯合聲明》附件一)

四、香港特別行政區成立後,原在香港各政府部門(包括警察部門)任職的公務人員和司法人員均可留用,繼續工作;其薪金、津貼、福利待遇和服務條件不低於原來的標準。對退休或約滿離職的人員,包括一九九七年七月一日以前退休的人員,不論其所屬國籍或居住地點,香港特別行政區政府將按不低於原來的標準向他們或其家屬支付應得的退休金、酬金、津貼及福利費。

第二稿▶

第四章　第四節

「第十二條　香港特別行政區成立前在香港任職的法官和其他司法人員均可留用,其年資予以保留,薪金、津貼、福利待遇和服務條件不低於原來的標準。

第十三條　對退休或符合規定離職的法官和其他司法人員,包括香港特別行政區成立前已退休或離職者,不論其所屬國籍或居住地點,香港特別行政區政府按不低於原來的標準向他們或其家屬支付應得的退休金、酬金、津貼及福利費。」

〔1987 年 9 月 8 日《第四章　香港特別行政區的政治體制(討論稿)》(1987 年 9 月 22 日政制專責小組第二次會議附件一)〕

① 1987 年 9 月 2 日《中華人民共和國香港特別行政區基本法起草委員會第五次全體會議委員們對基本法序言和第一、二、三、四、五、六、七、九章條文草稿的意見匯集》

【P48】
五、關於第四章　香港特別行政區的政治體制
（四）第四節　司法機關
7.第十三條
有的委員建議，將「福利費」改為「福利待遇」。

※

②《法律專責小組對基本法第四章第四節「司法機關」條文草稿（一九八七年八月）的意見》（1987

年 11 月 4 日經執行委員會通過）

（編者按：本文件雖然時間晚於本稿，但其內容是起草委員會對 1987 年 8 月 22 日政制專責小組擬訂的條文的意見匯編，故放在此處。）

【P3】
關於第十二條：
委員認為「原來的標準」一詞意義含糊，加以現時的公務員制度正在不斷地改變，而且每況愈下，假設此制度一直發展到九七年時已是一個很不合理的制度，是否仍以此為「原來的標準」？有委員認為基本法應避免採用此類含糊字句。另有委員則建議在基本法中清楚列明「原有」、「現有」等詞在哪些條文中是指九七年之前，哪些條文是指八四年之前。有委員卻認為基本法中所有此類詞句都應該指九七年以前而不應是八四年聯合聲明簽署之時。

第三稿

第四章　第四節
「第十二條　香港特別行政區成立前在香港任職的法官和其他司法人員均可留用，其年資予以保留，薪金、津貼、福利待遇和服務條件不低於原來的標準。
第十三條　對退休或符合規定離職的法官和其他司法人員，包括香港特別行政區成立前已退休或離職者，不論其所屬國籍或居住地點，香港特別行政區政府按不低於原來的標準向他們或其家屬支付應得的退休金、酬金、津貼和福利費。」
〔1987 年 10 月《第四章　香港特別行政區的政治體制（討論稿）》（政治體制專題小組工作文件）〕

① 1987 年 10 月《第四章　香港特別行政區的政治體制（討論稿）》（政治體制專題小組工作文件）

【P34】

第四節　司法機關
第十三條
第五次全體大會意見分組討論：
（編者按：內容同第二稿文件①）

第四稿

「第八十九條　香港特別行政區成立前在香港任職的法官和其他司法人員均可留用，其年資予以保留，薪金、津貼、福利待遇和服務條件不低於原來的標準。
第九十條　對退休或符合規定離職的法官和其他司法人員，包括香港特別行政區成立前已退休或離職者，不論其所屬國籍或居住地點，香港特別行政區政府按不低於原來的標準，向他們或其家屬支付應得的退休金、酬金、津貼和福利費。」
〔1987 年 12 月基本法起草委員會秘書處《香港特別行政區基本法（草案）》（匯編稿）〕

第五稿

「第九十三條　香港特別行政區成立前在香港任職的法官和其他司法人員均可留用，其年資予以保留，薪金、津貼、福利待遇和服務條件不低於原來的標準。
第九十四條　對退休或符合規定離職的法官和其他司法人員，包括香港特別行政區成立前已退休或離職者，不論其所屬國籍或居住地點，香港特別行政區政府按不低於原來的標準，向他們或其家屬支付應得的退休金、酬金、津貼和福利費。」
〔1988 年 4 月基本法起草委員會秘書處《中華人民共和國香港特別行政區基本法（草案）草稿》〕

第六稿

「第九十二條　香港特別行政區成立前在香港任職的法官和其他司法人員均可留用，其年資予以保留，薪金、津貼、福利待遇和服務條件不低於原來的標準。
第九十三條　對退休或符合規定離職的法官和其他司法人員，包括香港特別行政區成立前已退休或離職者，不論其所屬國籍或居住地點，香港特別行政區政府按不低於原來的標準，向他們或其家屬支付應得的退休金、酬金、津貼和福利費。」
〔1988 年 4 月基本法起草委員會《中華人民共和國香港特別行政區基本法（草案）徵求意見稿》〕

第七稿

「**第九十二條** 香港特別行政區成立前在香港任職的法官和其他司法人員均可留用，其年資予以保留，薪金、津貼、福利待遇和服務條件不低於原來的標準。

對退休或符合規定離職的法官和其他司法人員，包括香港特別行政區成立前已退休或離職者，不論其所屬國籍或居住地點，香港特別行政區政府按不低於原來的標準，向他們或其家屬支付應得的退休金、酬金、津貼和福利費。」

〔1989 年 2 月《中華人民共和國香港特別行政區基本法（草案）》〕

① 1988 年 10 月基本法諮詢委員會《中華人民共和國香港特別行政區基本法（草案）徵求意見稿諮詢報告第五冊——條文總報告》

【P320】
第九十二條
2. 建議
→ 「薪金、津貼、福利待遇和服務條件」應以「薪金、津貼、福利待遇、服務條件和增收」代替以容許因通貨膨脹而作出的調整。
→ 將「其他司法人員均可留用」改為「其他在司法組織工作的公務人員均可留用」。
理由：這條的「司法人員」應是指司法審判人員以外的其他公務人員。

3. 待澄清問題
→ 「不低於原來的標準」是什麼意思？

第九十三條
2. 建議
→ 刪除。
理由：因一百零一條已包括一切公務人員，雖然現行編制司法部是獨立部門、獨立薪級表，但仍是公務員一部份。

3. 待澄清問題
→ 「不低於原來的標準」是什麼意思？

※

② 1989 年 1 月 9 日《政治體制專題小組對條文修改情況的報告》，載於 1989 年 1 月《中華人民共和國香港特別行政區基本法起草委員會第八次全體會議文件匯編》

【P16】
第九十二條是原第九十二條與原第九十三條合併而成。

第八稿

「**第九十三條** 香港特別行政區成立前在香港任職的法官和其他司法人員均可留用，其年資予以保留，薪金、津貼、福利待遇和服務條件不低於原來的標準。

對退休或符合規定離職的法官和其他司法人員，包括香港特別行政區成立前已退休或離職者，不論其所屬國籍或居住地點，香港特別行政區政府按不低於原來的標準，向他們或其家屬支付應得的退休金、酬金、津貼和福利費。」

〔1990 年 2 月 16 日《中華人民共和國香港特別行政區基本法（草案）》〕

① 1989 年 11 月基本法諮詢委員會《中華人民共和國香港特別行政區基本法（草案）諮詢報告第三冊——條文總報告》

【P186】
第九十二條
2. 建議
2.1 刪除
→ 刪去此條。
理由：對有關香港特別行政區成立前的人員的承諾，已由

《中英聯合聲明》保證，不屬基本法範圍。
→ 刪去第二款內「包括香港特別行政區成立前已退休或離職者」的字眼。
理由：為免支付此等人士的費用成為將來香港特別行政區政府的負擔。
2.2 增加
→ 在第一款「其年資予以保留」後加上「除給予外籍人士的特權待遇外」，在第二款「不論其所屬國籍或居住地點」後加上「除取消給予外籍人士之特權待遇外」，並在第二款句末加上「但在香港特別行政區成立前不按規定或未屆退休年齡而退休或離職者，則不在此種待遇之列。」

第九稿

「**第九十三條** 香港特別行政區成立前在香港任職的法官和其他司法人員均可留用，其年資予以保留，薪金、津貼、福利待遇和服務條件不低於原來的標準。

對退休或符合規定離職的法官和其他司法人員，包括香港特別行政區成立前已退休或離職者，不論其所屬國籍或居住地點，香港特別行政區政府按不低於原來的標準，向他們或其家屬支付應得的退休金、酬金、津貼和福利費。」

〔1990 年 4 月《中華人民共和國香港特別行政區基本法》〕

香港特別行政區政府可參照原在香港實行的辦法，作出有關當地和外來的律師在香港特別行政區工作和執業的規定。

✿ 貳｜概念

1. 原政府律師繼續執業的規定

✿ 叁｜條文本身的演進和發展

第一稿

「第九十三條　香港特別行政區政府可參照原在香港實行的辦法，作出有關當地和外來的律師在香港特別行政區工作和執業的規定。」
〔1989 年 2 月《中華人民共和國香港特別行政區基本法（草案）》〕

① 1984 年 12 月 19 日《中華人民共和國政府對香港的基本方針政策的具體說明》（《中英聯合聲明》附件一）

三、香港特別行政區政府可參照原在香港實行的辦法，作出有關當地和外來的律師在香港特別行政區工作和執業的規定。

※

② 1989 年 1 月 9 日《政治體制專題小組對條文修改情況的報告》，載於 1989 年 1 月《中華人民共和國香港特別行政區基本法起草委員會第八次全體會議文件匯編》

【P16-17】
第九十三條是新增加的條款：「香港特別行政區政府可參照原在香港實行的辦法，作出有關當地和外來的律師在香港特別行政區工作和執業的規定。」因為《中英聯合聲明》中有此規定。

第二稿

「第九十四條　香港特別行政區政府可參照原在香港實行的辦法，作出有關當地和外來的律師在香港特別行政區工作和執業的規定。」
〔1990 年 2 月 16 日《中華人民共和國香港特別行政區基本法（草案）》〕

① 1989 年 11 月基本法諮詢委員會《中華人民共和國香港特別行政區基本法（草案）諮詢報告第三冊——條文總報告》

【P187】

第九十三條
2 建議
2.1 刪除
→ 刪去此條。
理由：此條不重要。

第三稿

「第九十四條　香港特別行政區政府可參照原在香港實行的辦法，作出有關當地和外來的律師在香港特別行政區工作和執業的規定。」
〔1990 年 4 月《中華人民共和國香港特別行政區基本法》〕

香港特別行政區可與全國其他地區的司法機關通過協商依法進行司法方面的聯繫和相互提供協助。

❀ 貳｜概念

1. 與內地司法機關的司法聯繫和相互協助

❀ 叁｜條文本身的演進和發展

第一稿

第四章　第四節

「第十七條　香港特別行政區可與全國其他地區的司法機關通過協商進行司法方面的聯繫和依法提供協作。」

〔1987 年 8 月 22 日《政治體制專題小組的工作報告》，載於《中華人民共和國香港特別行政區基本法起草委員會第五次全體會議文件匯編》〕

① 1986 年 4 月 22 日《中華人民共和國香港特別行政區基本法結構（草案）》，載於《中華人民共和國香港特別行政區基本法起草委員會第二次全體會議文件匯編》

【P14】
第四章　香港特別行政區的政治體制
第四節　司法機關
（八）同各省、自治區、直轄市在司法方面的聯繫

※

② 1986 年 8 月 20 日《基本法結構專責小組初步報告》

【P21】
5.4 第四節　司法機關
（8）同各省、自治區、直轄市在司法方面的聯繫

※

③《Final Report on the Structure of Basic Law》（基本法結構專責小組最後報告，1987 年 3 月 14 日經執行委員會通過）

【P26】
5.4 Section 4 "The Judiciary"
viii. "Judicial links with other provinces, autonomous regions and municipalities."

※

④ 1987 年 8 月 22 日《政治體制專題小組的工作報告》，載於《中華人民共和國香港特別行政區基本法起草委員會第五次全體會議文件匯編》

【P52】
第四章　香港特別行政區的政治體制（討論稿）
第四節　司法機關
第十七條
說明：有些委員主張「依法提供」四字應刪去。

第二稿

第四章　第四節

「第十七條　香港特別行政區可與全國其他地區的司法機關通過協商進行司法方面的聯繫和依法提供協作。」

〔1987 年 9 月 8 日《第四章　香港特別行政區的政治體制（討論稿）》（1987 年 9 月 22 日政制專責小組第二次會議附件一）〕

① 1987 年 9 月 2 日《中華人民共和國香港特別行政區基本法起草委員會第五次全體會議委員們對基本法序言和第一、二、三、四、五、六、七、九章條文草稿的意見匯集》

【P48-49】
五、關於第四章　香港特別行政區的政治體制
（四）第四節　司法機關
8. 第十七條
（1）有的委員建議保留「提供」兩字，刪去「依法」兩字。

（２）有的委員贊成說明中的意見，認為「依法提供」四個字沒有必要。有的委員認為，這裡所說的「依法提供」是指雙方協商都要依照各自的法律向對方提供協作，內地同香港的法律有很大區別，所以要保留「依法提供」四個字。

（３）有些委員還提出，基本法各章的條文草案中有不少「依法」的字樣，尤其是關係到權利和自由的條文，這種字樣很容易使香港人有一個印象，認為這是用來限制權利和自由的，而且「依法」兩個字也很抽象，建議認真研究這些條文，盡量少用「依法」這類詞句。

（４）有的委員建議將本條修改為：「香港特別行政區可根據香港特別行政區及全國其他地區的有關法律與中國其他地區的司法機關提供司法上的聯繫和協助」。有的委員

認為，這種表述不能解決問題，兩地的法律制度不同，結果仍然必須協商解決。有的委員認為，司法協助包括文書的送達、採證、判決的執行等，刑事方面也不是幾句話能說清楚，原條文的表述已可以。

※

② 1987 年 9 月 8 日《第四章　香港特別行政區的政治體制（討論稿）》（1987 年 9 月 22 日政制專責小組第二次會議附件一）

第四節　司法機關
第十七條
（編者按：內容同第一稿文件④）

第三稿

第四章　第四節
「第十七條　香港特別行政區可與全國其他地區的司法機關通過協商進行司法方面的聯繫和依法提供協助。」
〔1987 年 10 月《第四章　香港特別行政區的政治體制（討論稿）》（政治體制專題小組工作文件）〕

① 1987 年 10 月《第四章 香港特別行政區的政治體制（討論稿）》（政治體制專題小組工作文件）

【P36】
第四節　司法機關

第十七條
（編者按：內容同第一稿文件④）

第五次全體大會分組討論：
（編者按：內容同第二稿文件①）

第四稿

「第九十四條　香港特別行政區可與全國其他地區的司法機關通過協商依法進行司法方面的聯繫和提供協助。」
〔1987 年 12 月基本法起草委員會秘書處《香港特別行政區基本法（草案）》（匯編稿）〕

第五稿

「第九十五條　香港特別行政區可與全國其他地區的司法機關通過協商依法進行司法方面的聯繫和相互提供協助。」
〔1988 年 4 月基本法起草委員會秘書處《中華人民共和國香港特別行政區基本法（草案）草稿》〕

① 1987 年 12 月《中華人民共和國香港特別行政區基本法起草委員會第六次全體會議委員們對基本法第四、五、六、十章和條文草稿匯編的意見》

【P24-25】
35. 第九十四條
有的委員提出，本條中的「依法」不明確。有的委員認為，「依法」就是依據香港和內地法律，使兩地司法機關在採取有關行動時有法律依據。有的委員認為，「依法」可能使香港人產生依照內地法律處理兩地司法關係的疑慮。

※

② 1988 年 4 月《總體工作小組所作的條文修改舉要》，載於 1988 年 5 月《中華人民共和國香港特別行政區基本法起草委員會第七次全體會議文件匯編》

【P19】
第九十五條（政制小組最後草擬的原第九十四條），在「提供協助」之前加入「相互」。

第六稿

「第九十四條　香港特別行政區可與全國其他地區的司法機關通過協商依法進行司法方面的聯繫和相互提供協助。」
〔1988 年 4 月基本法起草委員會《中華人民共和國香港特別行政區基本法（草案）徵求意見稿》〕

第七稿

「第九十四條　香港特別行政區可與全國其他地區的司法機關通過協商依法進行司法方面的聯繫和相互提供協助。」
〔1989 年 2 月《中華人民共和國香港特別行政區基本法（草案）》〕

① 1988 年 6 月 6 日《政制專責小組 1 與草委交流會會議紀要》

5. 諮委對有關區域組織條文的意見
5.1 第九十六條
有委員建議將「或負責提供文化……」中的「或」字改為「並」字。

　　　　　　　　　　※

② 1988 年 9 月基本法起草委員會秘書處《內地各界人士對〈香港特別行政區基本法（草案）徵求意見稿〉的意見匯集》

【P16-17】
第九十四條
1. 改為：「香港特別行政區與全國其他地區的司法協助，經香港特別行政區政府與中央人民政府的主管部門協商後決定。」

2. 對於民、刑事糾紛，內地與香港應該互助，包括法律文書的送達、判決的執行、承認公證的法律效力等。基本法除規定香港與全國各地分別協商作出互助安排外，還應對互助的原則作出規定。

3. 對區際法律衝突問題，基本法也應有規定。

　　　　　　　　　　※

③ 1988 年 10 月基本法諮詢委員會《中華人民共和國香港特別行政區基本法（草案）徵求意見稿諮詢報告第五冊——條文總報告》

【P321】
第九十四條
2. 意見
→ 此條不能解決越界罪行問題。若協商為解決方法，則基本法無存在之必要。蓋依法裁判之原則經已不能成立。
→ 「相互提供協助」是否包括引渡。如包括引渡，則需滿足下列兩個情況：
（1）表面證據成立；
（2）不超越香港法律。

3. 建議
→ 列明由「香港特別行政區的司法機關」負責與其他地區作司法方面的聯繫。
→ 內地的罪犯逃來香港與香港的罪犯逃往內地，過去尚無引渡。九七後如何處理，基本法內應專條列明。

4. 待澄清問題
→ 此條是否已包括內地罪犯逃往香港或相反情況的處理？

第八稿

「**第九十五條　香港特別行政區可與全國其他地區的司法機關通過協商依法進行司法方面的聯繫和相互提供協助。**」
〔1990 年 2 月 16 日《中華人民共和國香港特別行政區基本法（草案）》〕

① 1989 年 11 月基本法諮詢委員會《中華人民共和國香港特別行政區基本法（草案）諮詢報告第三冊——條文總報告》

【P187】
第九十四條
2. 建議
2.1 增加

→ 在句末加上：「不會影響香港特別行政區法院審判的公正和香港居民的自由權」
2.2 其他
→ 香港任何中國罪犯在香港被捕後，若中央政府要求引渡審訊，應由香港法院批准引渡回國審訊。
→ 特別行政區以外公民在港犯案，若潛逃內地，應引渡回港受審。軍人和共產黨員、幹部等若在港犯案，應受本法香港特別行政區法律裁審。

第九稿

「**第九十五條　香港特別行政區可與全國其他地區的司法機關通過協商依法進行司法方面的聯繫和相互提供協助。**」
〔1990 年 4 月《中華人民共和國香港特別行政區基本法》〕

在中央人民政府協助或授權下，香港特別行政區政府可與外國就司法互助關係作出適當安排。

❀ 貳 | 概念

1. 與外國司法的互助關係

❀ 叁 | 條文本身的演進和發展

第一稿

第四章　第四節
「第十八條　在中央人民政府協助或授權下，香港特別行政區政府可與外國就司法互助關係作出適當安排。」
〔1987 年 8 月 22 日《政治體制專題小組的工作報告》，載於《中華人民共和國香港特別行政區基本法起草委員會第五次全體會議文件匯編》〕

① 1984 年 12 月 19 日《中華人民共和國政府對香港的基本方針政策的具體說明》（《中英聯合聲明》附件一）

三、中央人民政府將協助或授權香港特別行政區政府同外國就司法互助關係作出適當安排。

※

② 1986 年 4 月 22 日《中華人民共和國香港特別行政區基本法結構（草案）》，載於《中華人民共和國香港特別行政區基本法起草委員會第二次全體會議文件匯編》

【P15】
第四章　香港特別行政區的政治體制
第四節　司法機關
（九）司法互助

※

③ 1986 年 8 月 20 日《基本法結構專責小組初步報告》

【P21】
5.4 第四節　司法機關
（9）司法互助

※

④《Final Report on the Structure of Basic Law》（基本法結構專責小組最後報告，1987 年 3 月 14 日經執行委員會通過）

【P26】
5.4 Section 4 "The Judiciary"
ix. "Mutual assistance of the judiciaries."

第二稿

第四章　第四節
「第十八條　在中央人民政府協助或授權下，香港特別行政區政府可與外國就司法互助關係作出適當安排。」
〔1987 年 9 月 8 日《第四章　香港特別行政區的政治體制（討論稿）》（1987 年 9 月 22 日政制專責小組第二次會議附件一）〕

第三稿

第四章　第四節
「第十八條　在中央人民政府協助或授權下，香港特別行政區政府可與外國就司法互助關係作出適當安排。」
〔1987 年 10 月《第四章 香港特別行政區的政治體制（討論稿）》（政治體制專題小組工作文件）〕

第四稿

「第九十五條　在中央人民政府協助或授權下，香港特別行政區政府可與外國就司法互助關係

作出適當安排。」

〔1987 年 12 月基本法起草委員會秘書處《香港特別行政區基本法（草案）》（匯編稿）〕

第五稿

「第九十六條　在中央人民政府協助或授權下，香港特別行政區政府可與外國就司法互助關係作出適當安排。」

〔1988 年 4 月基本法起草委員會秘書處《中華人民共和國香港特別行政區基本法（草案）草稿》〕

第六稿

「第九十五條　在中央人民政府協助或授權下，香港特別行政區政府可與外國就司法互助關係作出適當安排。」

〔1988 年 4 月基本法起草委員會《中華人民共和國香港特別行政區基本法（草案）徵求意見稿》〕

第七稿

「第九十五條　在中央人民政府協助或授權下，香港特別行政區政府可與外國就司法互助關係作出適當安排。」

〔1989 年 2 月《中華人民共和國香港特別行政區基本法（草案）》〕

① 1988 年 9 月基本法起草委員會秘書處《內地各界人士對〈香港特別行政區基本法（草案）徵求意見稿〉的意見匯集》

【P17】
第九十五條
1.「司法互助」改為「司法協助」。

2. 目前香港同一些國家已建立司法互助關係，應明確這種關係繼續有效。

※

② 1988 年 10 月基本法諮詢委員會《中華人民共和國香港特別行政區基本法（草案）徵求意見稿諮詢報告第五冊——條文總報告》

【P321】
第九十五條
2. 意見
→ 香港特別行政區政府可與外國就司法互助關係作出研討磋商，無須徵求中央人民政府意見。
理由：香港特別行政區實行高度自治及享有獨立的司法權。

3. 建議
→ 第一句改為：「在中央人民政府贊同及協助下，香港特別行政區有需要時可⋯⋯」
→ 將「中央人民政府」改為「全國人民代表大會」

第八稿

「第九十六條　在中央人民政府協助或授權下，香港特別行政區政府可與外國就司法互助關係作出適當安排。」

〔1990 年 2 月 16 日《中華人民共和國香港特別行政區基本法（草案）》〕

① 1989 年 11 月基本法諮詢委員會《中華人民共和國香港特別行政區基本法（草案）諮詢報告第三冊——條文總報告》

【P188】
第九十五條
2. 建議
2.1 刪除

→ 刪去「在中央人民政府協助或授權下」的字眼。
理由：現時香港政府也是自行與外國就司法互助關係作出安排，而不須經英政府。
2.2 修改
→ 改為：「在中央人民政府贊同及協助下，香港特別行政區有需要時可⋯⋯」
→ 改為：「香港特別行政區政府有權與外國就司法互助關係作出安排。」

第九稿

「第九十六條　在中央人民政府協助或授權下，香港特別行政區政府可與外國就司法互助關係作出適當安排。」

〔1990 年 4 月《中華人民共和國香港特別行政區基本法》〕

香港特別行政區可設立非政權性的區域組織，接受香港特別行政區政府就有關地區管理和其他事務的諮詢，或負責提供文化、康樂、環境衛生等服務。

✿ 貳｜概念

1. 非政權性區域組織的設立

✿ 叁｜條文本身的演進和發展

第一稿

第四章　第五節
「第一條　香港特別行政區可設立非地方政權性的區域組織，接受香港特別行政區政府就有關地區管理及其他事務的諮詢，或負責提供文化、康樂、環境衛生等服務。」
〔1987 年 8 月 22 日《政治體制專題小組的工作報告》，載於《中華人民共和國香港特別行政區基本法起草委員會第五次全體會議文件匯編》〕

① 1986 年 4 月 22 日《中華人民共和國香港特別行政區基本法結構（草案）》，載於《中華人民共和國香港特別行政區基本法起草委員會第二次全體會議文件匯編》

【P15】
第四章　香港特別行政區的政治體制
第五節　區域組織
區域組織的職能和產生

※

② 1986 年 8 月 20 日《基本法結構專責小組初步報告》

【P21】
5.5 第五節「區域組織」之「區域組織的職能和產生」

※

③ 1986 年 11 月 8 日《香港特別行政區基本法起草委員會政治體制專題小組的工作報告》，載於《中華人民共和國香港特別行政區基本法起草委員會第三次全體會議文件匯編》

【P37】
十一、關於區域組織
有的委員在小組會上介紹了香港現在的區域組織情況，但因時間關係，沒有展開討論。

※

④ 1987 年 3 月 12 日政制專責小組之區域組織工作組《香港特別行政區區域組織研討會報告》（1987 年 2 月 14 日香港特別行政區區域組織研討會討論成果）

【P1-8】
I 區域組織的架構方面
1. 維持三重架構
1.1 有意見指出九七年後區域組織的架構，應該是以維持現行的三重架構為主的。這三重架構包括了最高層的立法局（立法機關），其下是市政局和區域市政局，最底層架構則指各個區議會。論者認為維持三重架構不單尊重了市政局百多年的歷史，亦保留了現行代議政制的精神，有助於諮詢民意和溝通官民。而且過去的立法局的選舉及香港突出的經濟成就，證明了三重架構的運作，得到了中外人士一致擁戴和支持。所以，在九七年之後仍有需要維持三重架構的政制。
1.2 除此之外，對於三重架構，有論者還提出一些改良的建議如下：
1.2.1 區域組織之間要加強聯繫。其中一個方法是由地區性議會互選代表進入更上層議會，例如由區議會成員互選代表進入市政局，再由區議會、市政局成員互選代表進入立法局。
1.2.2 保留三層架構、市政局及區域市政局各自獨立存在。現存第二層政府架構由市政局及區域市政局組成，兩局的獨立存在能確保現行政府架構之延續，對一九九七年政權轉移亦不會造成巨大波動。將來區域組織的發展可參考現兩局獨立運作的經驗，但兩個處理市政事務機構的發展剛起步，其運作經驗的價值仍有待證明。另外，此兩局的架構可配合因地域分隔成不同社群的需要及照顧其傳統與價值的分歧。
1.2.3 基本上維持三重政治架構，但將市政局及區域市政局合併為一個組織，原有各區區議會則保留。
論者指出現時市政局及區域市政局的工作，皆致力於公眾

健康、文化及康樂等市政服務的提供與改善。同時為兩個不同的部門分管（即市政總署及區域市政署），因此有不同的政策決定，導致工作上不協調，浪費資源，所以建議將市政局及區域市政局合併為一個統一的市政事務機構，在管理及實際運作方面更能有效地統籌、控制、分配人力及資源。此外，統一的第二層架構有助簡化香港的行政架構，使中央各部門及地區各諮詢團體更有效地與市政事務機構溝通及協調，藉以提高行政效率。況且在九七年之後，隨着新界逐漸發展，新界和市區的分別會逐漸減少，實不應再分為新界、市區等；統一市政事務機構可有助整合因地域分隔而形成不同傳統習慣及價值觀的社群；並因統一的市政事務機構的議員會來自全港各地區，地域界限造成的偏狹利益的影響將會減少；藉着打破地域的限制與隔膜，進一步培養全港市民的整體認同感。結合現存市政局及區域市政服務，可在市政事務方面有一致的決策，從而加強提供市民的市政服務。並可透過分區選舉確保不同的社群的參與及成立區域委員會照顧不同社群的需要。

1.2.4 有論者認為目前的鄉議局和區域市政局應該合併，由新界原居民及新界新居民共同組成，各佔半數，向特區政府提出新界原居民及新居民有關新界的地區行政的諮詢意見。

1.2.5 保留三重架構，但將市政局及區域市政局分散成多個市政事務組織。

香港若有多個市政事務組織，則每個組織管轄的範圍將會較小而其結構將會較簡，這有助於管理並能更接近市民，針對市民需要應可迅速反應。另外，由於市政事務組織的增多，參與管理市政事務的途徑增多，這鼓勵更多的市民參與。

1.2.6 保留三重直架架構，發展橫架架構。

有意見認為鄉議局在九七年之後應該是區域組織一個主要單位，因為市政局和區域市政局都只限於提供市政服務，對於廣大的鄉村地區，沒有基層組織去提供鄉政服務。遇有鄉村和市區相關的服務，可用聯席會議方式解決。此外，亦有論者指出基層組織應諮詢「港九各區街坊協進會」的意見，因街坊會遍佈港九各地，會員眾多，為龐大基層組織，接觸面廣，對社會的工作有實際經驗和貢獻。

2. 將現時三重政制架構改變為兩重政制架構

2.1 有論者認為如取消市政局及區域市政局，變為兩層議會制度，可以節省資源和協調市政工作，至於現時區域市政局和市政局的工作，可交由區議會監察，由有關部門執行，至於全港性的設施（例如大會堂、動植物公園、伊利沙伯體育館等），和全港性的市政問題（例如小販問題），則需交由立法局處理而由市政總署執行。

2.2 保留市政局及區域市政局，取消區議會。

但有論者對此提議有所保留，因為區議會成立雖然只有短短幾年時間，但區議會與市民的關係已日益密切，倘若當局未能提出強而有力的理由去解散區議會，即使未必會引致大規模的哄動，但也會引起無數市民和區議員的強烈反對，而且區議會將來的發展仍未明顯，如現階段建議取消，似乎是言之過早。

3. 有論者提出區域組織自上而下應有四個層次，即

3.1 街坊會、互助委員會、業主立案法團；

3.2 分區委員會；

3.3 區議會；

3.4 市政局、區域市政局。

4. 漸進式架構

第一階段先維持三重架構，第二階段將市政局及區域市政局合併，最後將區議會、市政局及區域市政局等合併為幾個地區性議會。這些新的區域組織是以港島、九龍和新界為限，可分為港島、九龍東、九龍西、新界和新界北。推行這個構思是會引致較大的改變，包括修改法例等。不過這樣做有以下明顯的好處：

（1）使昔日的市政局、區域市政局和區議會能排除重疊的諮詢和任何的摩擦。

（2）使新的組織能保留市政局和區域市政局現有的財政獨立、決策和執行權。但同時繼續擔當昔日區議會廣泛諮詢的角色。

（3）較容易得到市政局、區域市政局和區議員的接受，因為這樣的新組合是以整體的利益而產生，任何一方面不會因為本身組織的廢除而感到丟臉。

這三個階段的發展速度可視乎特區當時的實際情況而演進，毋須現時在基本法中加以硬性規定。

II 區域組織的職權

1. 諮詢權

論者多認為區域組織是中央與地區之間及政府和民間溝通的橋樑，如在社會福利、治安、公共設施和服務的提供、環境改善、文娛康樂等方面諮詢民意和向政府提供意見，反映了地區的需求和問題。而且保留了多種區域組織不同的諮詢權力。有助於比較從不同渠道諮詢的意見，更能瞭解到真正的民意。

1.1 有論者指出區域組織既屬諮詢性質，便應加強它的諮詢功能，擁有全面的諮詢權力。與會人士提出了下列方法去擴大區域組織的諮詢權力：

（1）將地區管理委員會開放予區域組織。當政府不同的部門討論到一些有關地區性的問題時，應盡可能有區域組織（例如區議會）的意見納入，並在制度上容許區域組織的主席及有關委員會的主席能夠列席，瞭解政策的運作情況。

（2）區域性的委員會通過地區的發展策略，或是發展計劃的優先序，或處理地區的一些事務時，應得到區域組織的正式通過。

（3）區域組織的成員可主動要求政府就某一特定事情向區議會諮詢，並有權向政府部門索取資料，和要求政府部門提供更加詳細的資料，方便各成員討論和諮詢。

（4）特區政府有責任在半年前或一年前知會區域組織在來年有哪些諮詢文件會向公眾公佈，由區域組織自行決定討論哪些諮詢文件，使區域組織有充份的時間諮詢民意。

（5）當區域組織的意見被諮詢以後而不被政府接納時，有關當局有責任向區域組織解釋不接納的原因。

（6）區域組織的成員要向民眾交代各自的諮詢工作；區域組織也應為各成員準備工作報告。

（7）可以考慮增加區域組織主席罷免成員的權力。

1.2 另有意見認為區域組織（尤其是基層的區域組織）不應過於強大或其力量足以造成大規模的行動，否則會對社會造成隱憂，如政府機關凡事先要徵詢區域組織的意見，便不能發揮現有的效率。也有人士覺得區議會只有幾年的歷史，未來的發展尚未明朗，因而區域組織的諮詢權力不宜增加，應維持在地區性的諮詢權力。

2. 決策權

2.1 有論者提出區域組織（尤指區議會）在處理地區事務的決策權力應該增加，如在改善環境、文娛體育和交通運輸事務上，獲得更直接的權力，使切合居民的期望。此舉不但將居民的期望和區域組織的實際權力拉近，而且在實際的工作上，可以改善居民間的聯繫；並且應可在地區上非專門性的服務和設施方面擔當積極的角色（專門性服務和設施就是那些需要專業管理的服務，例如醫院、學校、郵局等）。而且決策權應包括監察政府部門運作的權力。若區域組織沒有真正的決策權，仍然被當作為一個民意和投訴的轉播站，那麼，市民對區域組織的信心、區域組織成員的熱誠、區域組織本身的形成和未來的發展，必是受到影響。

2.2 有意見認為，當個別的區域組織有決策權時，便會造成不同的地區採用了不同的決策，造成混亂。

2.3 有論者指出不同的區域組織的性質應要加以區分。例如市政局應是以提供市政服務予全港市民的權力機構，而區議會則是諮詢組織。市政局及區域市政局在制定有關地

區事務的市政決策時，應諮詢區議會及地區團體的意見。

3.行政管理權

3.1 有論者認為區域組織如市政局、區域市政局的功能是中央性（市政）事務，因此應保留一定的行政權力。但有些有關地區性的事務，市政局及區域市政局可將部份權責下放給較底層的區域組織，增加區議會的地方管理權，使能與區議會的政策決定配合，也可以多給予區議員參與管理地區事務的機會。再者，區域組織的成員應有實權幫助該區居民解決問題；而且當政府將權力下放，可以增加區域議會合法地位及權力形象，從而獲得市民支持，亦避免了處理地區事務的政府部門互相推卸責任。

3.2 有意見認為若設立統一的市政機構，便可透過市政機構權力之增大而更有效地提供公眾健康服務及康樂服務。公眾健康服務包括：

（1）統籌及管理陸上廢物（現屬市政局及區域市政局管轄）及海上廢物（現屬海事處管轄）；

（2）着重有關環境衛生、公眾健康、食物衛生及疾病預防的教育及推廣；

（3）接管房屋委員會現行管理屋邨街市的責任；

（4）應有一有效及正式的協調方法以配合市政機構及房屋委員會在小販問題上的決策；

而康樂服務包括以下範圍：

（1）應在本港舉辦的國際性體育活動及賽事扮演主動角色，及成立一評核委員會以協調市政機構與康樂體育局的工作；

（2）負起管理郊野公園的責任；

（3）吸納康樂及體育事務處以配合康樂及體育事務的推廣。

至於其他的公眾健康服務如處理污染、控制食物衛生標準、簽發牌照、鼓勵及推動多元化的文化活動與發展等方面，現時的職權應繼續保留。

3.3 區域組織應負責市區及鄉區公共衛生、社區設施、社會福利、公民教育、公眾場所管理及所有不屬中央管理的公眾事務。在鄉村地區尤着重食水、電力及衛生醫療服務。

3.4 區域組織不應擁有超過現時之行政功能及應保持為諮詢機構。至於市政局／區域市政局將部份行政功能下放給區議會，則作別論。

但區議會如要有行政機力（編者按：「機力」疑為「權力」之誤），便需要將現時的區議會全面加以改組。

4.財政權力

4.1 有建議區域組織應有獨立的財政能力，當局亦無必要就各區議會所獲撥款，訂出用途限制。

4.2 另有意見覺得區域組織的財政應交回立法機關處理，以便整體資源能夠集中管理，避免浪費及使區域組織變成不同的權力中心。

Ⅲ 區域組織和立法機關及諮詢委員會的關係

1.有論者提議區域組織和立法機關應有密切的關係，以便市民的意見能向立法機關反映，使立法機關能充份瞭解區域的需要，所制定的政策措施符合香港市民的需求和利益。

2.有論者提出下列建議以加強區域組織和立法機關的關係：

2.1 區域組織的成員互選代表出席立法機關的議席（有具體建議認為區域組織成員數目不超過立法機關議員總數目的四分之一），使區域組織的成員可透過他們的代表向立法機關反映地區性的問題。

2.2 每一區域組織可先諮詢區內團體和居民的意見，同時統籌區內事務、行政計劃等，然後提交中央立法機關通過，再交回議會實施和執行。簡單來說，就是前者提供計劃，後者決策通過，由區域組織執行和實施地區上的事務的管理權。

2.3 凡與區域組織的工作有關的法例，可交區域組織執行。

2.4 區域組織擬訂的方案，如果超出其權力範圍，須呈交立法機關討論及通過。

3.有論者認為立法機關應處理中央全港性事務，不同地區

議會協助中央處理地區事務。立法機關屬高層，區域組織應屬中層，互有溝通渠道，但無統屬關係。

4.有意見認為立法機關中不應有由區域組織中產生的成員，因為區域組織的權力來源是各個選區內的民眾，區域組織的代表為維持下一屆可以當選，一定會不客觀地和偏私地維護自己選區的利益，傷害到整體的中央政策。

5.區域組織和各種諮詢委員會的關係

5.1 有論者認為重要的中央諮詢／決策委員會，應設立區域代表議席，由區域組織成員一人一票互選產生，數目不少於立法機關議席的三分之一。

5.2 各種諮詢委員會可透過區域組織諮詢民意。有意見認為儘管政府屬下三百多個諮詢委員會中，大部份諮詢委員會都是研究機場管理一類專門問題，但仍有部份是處理一些重要的、影響居民福利的決策問題，就如交通諮詢委員會、社會服務諮詢委員會和醫療發展諮詢委員會等。區議會與諮詢委員會的工作範圍往往有所重疊，而政府亦無明確的指引來界定兩者的關係。由於兩者的工作重疊，而相互的關係含糊不清，釐訂決策的過程亦可能會拖延押後，所以，區域組織和其他諮詢組織的關係是不容忽視的。

5.3 有意見認為分區委員會（即每一民政區屬下的分區，如人口達到大約五萬人的，就設立一個分區委員會，以便進行組織各種運動如撲滅罪行運動、清潔香港運動等，成員由政府委任）應按照地理的分佈，改為區議會屬下的委員會。另有意見指出大部份區議員是由選舉而產生，分區委員則是由當局委任而擔當同樣的角色。假如在同一問題上，兩者意見相左，便會引起問題。再者，分區委員會對於長期處於次要地位，亦會感到不滿。因此，有論者認為分區委員會不應作為正式諮詢民意的渠道之一，這些團體的意見應被視個人意見。

Ⅳ 區域組織與政府部門的關係

1.政府部門應執行區域組織的決策，例如市政總署執行市政局的決策。區域組織的秘書處亦應由區域組織統轄。即是說區域組織是指導者，政府部門是執行者，互相制衡及職權上分工。因為現時的區域組織和政府部門的工作，有不必要的重複，如區議會和政務處在民意搜集、社區建設、地區設施是否足夠、投訴等方面，政務署和區議會都是履行同一的功能，雖然形式上稍有不同。在市民眼中，區議會和政務處或其他地區委員會的工作是混淆不清的。

2.政府部門在地區設立的協調組織（例如地區管理委員會）所處理各項地區事務的決定和建議，應呈交區域組織作正式通過，如有不協調，須向區議會詳加解釋。地區管理委員會應發展為服務區議會的工作機關。而且地區管理委員會是負責地區工作，在政策上不會和中央有矛盾。如在政策上有分歧，應遵從中央的政策。

3.政府應鼓勵基層的區域組織，如街坊會作個別組合，組合後任其自由發展，不予資助；最多派出聯絡員與其聯絡。至於中層的區域組織如區議會，則供給秘書和聯絡人員，必要時提供其他服務。

4.政府可利用財權去平衡和控制區域組織的內務和政策。

5.有論者反對區域組織成員應出席政府的地區性協調組織，因為區域組織成員出席該等會議，會影響中立的文官制度。政府部門地區性會議應極力避免政治化。

Ⅴ《基本法結構（草案）》第五章第五節有關區域組織的條文建議

1.有論者認為基本法要包括下列內容：

1.1 區域組織包括區域市政局、市政局和區議會

1.2 區域組織應由選舉產生

1.3（區域）市政局負責（新界）市區的環境衛生、文娛康樂等事宜

1.4 區議會全由一人一票民選產生，職權為：

（1）就區內居民福利事宜，收集居民意見後向政府反映；

（2）監察區內政府部門工作；
（3）負責地區管理事務；
（4）互選代表出席（區域）市政局
1.5 區議會、市政局及區域市政局互選代表到立法局及有關中央諮詢／決策委員會。
2. 基本法應包括區域組織的組成、成員的任免、任期及職權範圍、區域組織與中央立行政機關及行政部門的關係。
3. 有意見認為基本法應訂明區域組織的名稱、組織體系、管轄地區、職權範圍、成員產生方法及任期、區域組織與政府部門（包括立法機關）的關係、區域組織與社會團體的關係和財政等。
4. 有論者認為基本法中要確定區域組織的架構（如三重架構）及職權範圍、目的，並列明由選舉產生，卻毋須列出應有議席的數目。
5. 基本法可列出一個漸進式的區域組織架構。（參考上文第 I 部份第 4 點）
6. 為保持靈活性，基本法中不用寫出區域組織的具體內容，只要訂明一些原則，否則過早規限區域組織的發展。

VI 其他意見
1. 與會人士提出了若干設立區域組織需要考慮的原則
1.1 香港特區的面積與區域組織的數目比例。
1.2 設立區域組織時要考慮資源分配的問題及要訂立一套公平地分配資源的標準。
1.3 基本法的條文應有靈活性，使各類型的區域組織能按特區當時的情形而繼續發展。
2. 區域組織的組成
2.1 應由一人一票民主的選舉方法產生，加強代表性及對市民的回應。
2.2 （區域）市政局成員應來自
（1）區域內議會互選的代表及
（2）一人一票民選產生的代表
2.3 區域組織的成員應完全由普通市民組成。
2.4 區域組織的成員由委任產生較適合，宜少由選舉產生，因為地區議會的運作需要由工商界及工程界各方面的人才來平衡區域組織的運作。
2.5 有論者提出如果區域組織的成員在九七年之前是全部民選產生，可以考慮以下時間表，就是民選成員和委任成員的比例在八八年是二至三比一，九一年時三至四比一，九四年時全部民選產生，便可以達到九七年時區域組織的成員均由選舉產生的目標。
2.6 有意見指出市政機構的規模應配合人口的轉變，同時認為四十五位議員是將來統一的市政機構的適當規模，其中三十位需直接選舉，另外十五位需根據其專才與經驗而加以委任或以其他方式選出。
3. 區域組織的議席
有論者提出香港特區區域組織的議席，應比現時（87 年）地方行政架構的議席為多。

※

⑤《Final Report on the Structure of Basic Law》（基本法結構專責小組最後報告，1987 年 3 月 14 日經執行委員會通過）

【P26】
5.5 Section 5 "District and regional administration".
"Functions and organization of district and regional administration".

※

⑥ 1987 年 4 月 11 日政制專責小組之區域組織工作組《區域組織工作組討論文件》（1987 年 6 月 9 日政制專責小組第十二次會議討論文件）

【P1-10】
1. 背景資料
1.1 地方行政的定義：
「地方行政是指在一般政府的架構中那些對個別地區的整體需要提供服務或行使權力以達到這些需要的部份，而這些需要是有別於香港全體市民的需要的。」〔地方行政研究委員會報告書（1966）第四段〕
1.2 地方行政的歷史簡介
1.2.1 政府在一八八三年成立「衛生局」，負責處理潔淨與衛生問題，成為專責處理市政事務的核心。「衛生局」於一九三五年改組為「市政局」，逐步負起其他市政機構執掌的職務。
1.2.2 一九二三年成立「農工商業研究總會」，一九二六年改為「鄉議局」，成為官方所承認的政府諮詢新界民意的法定組織。
1.2.3 一九四六年，政府提出「楊慕琦計劃」，提議成立市議會（Municipal Council）；市議會由選舉出來的成員組成，負責市政事務、教育、社會福利、城市規劃等事務；並且財政獨立。這計劃到一九五二年時正式取消。
1.2.4 一九六六年時港督戴麟趾爵士在財政報告時重新提出要討論地方行政問題，認為在荃灣、青山等發展中地區，要提供途徑使該區居民能夠參與地方性事務。並成立了地方行政研究委員會。
同年，市政局亦成立了臨時委員會研究地方行政問題。臨時委員會提議將市政局擴大成為一個更大的香港市議會（Hong Kong Council），及將管轄範圍推廣至全香港。而政府的地方行政研究委員會則提出成立四至九個議會，以取代市政局。
地方行政的討論由於一九六七年的動亂而中止。
1.2.5 一九六八年時成立民政處，職能與新界理民府相似。當時全港市區共成立十個民政處，負起溝通政府與大眾的工作。以下再分為七十八個分區委員會。
1.2.6 一九七二年時成立民政區委員會，主要職責是推行清潔香港運動及撲滅罪行運動。
1.2.7 一九七三年，市政局改組為獨立機構，取消所有官守議員席位。
1.2.8 一九七七年十一月，政府在新界七個區域成立地區諮詢委員會。
1.2.9 一九八二年時，政府在港九新界十八個區域成立區議會及地區管理委員會。區議會首次選舉於八二年三月舉行。
1.2.10 行政局在八四年五月八日決定成立臨時區域議局，就有關區域議局的策劃、成立及運作等事宜向港督提出建議。
1.2.11 一九八六年時正式成立區域市政局及區域市政總署。

2. 現行地方行政模式簡介
2.1 市政局
→ 一九七三年，市政局根據市政局條例改組。
→ 該局由十二名民選議員及官委非官守議員組成。
→ 並由同年開始財政獨立。該局的經費由部份徵收的差餉支付。該局的收入約百分之七十五來自差餉，其餘則來自牌費及其他收費，
→ 一九八三年，議員增至三十人。民選議員及官委非官守議員各佔一半。
→ 市政局的權力只及於市區。主要職責分為：
（1）環境公眾衛生；
（2）康樂及市容；
（3）文化服務。
→ 此外，並負責酒牌及公共娛樂場所牌照、小販牌照等

事宜。

2.2 市政總署
→ 市政總署署長是市政局的行政首長，負責管理該署各項工作，並執行局方政策和決定。

2.3 區域市政局
→ 由九位區議會代表、十二個選區代表、十二位委任代表及鄉議局主席、副主席組成。
→ 設有四個事務委員會
（1）財務施政及建設委員會
（2）環境衛生事務委員會
（3）康樂文化事務委員會
（4）酒牌局等
→ 區域市政局的管轄地區及職權範圍均詳載於區域市政局條例內。概括來說，該局負責一切與環境衛生、公眾衛生、潔淨服務、酒類牌照及文娛康樂設施有關的事宜，以及在轄區內的一切活動。
→ 區域市政局為一財政獨立的法團，在局方收入資源的範圍，有權管理一切開支。局方的收入，主要來自在轄區內徵收的各種收費、費用及差餉。

2.4 區域市政總署
負責執行區域市政局所制訂的政策，設有九個部門。

2.5 鄉議局
→ 由新界各非官守太平紳士、鄉事委員會正副主席及特別議員組成。特別議員二十一人是由大埔選區（轄下七鄉）、元朗選區（轄下七鄉）及南約選區（轄下十三鄉）之當然議員（即鄉事委員會之正副主席及新界非官守太平紳士）從其區內之村代表中或從民政署長所批准之其他人等中，每區選出七位地方賢達擔任鄉議局工作。
→ 主要工作：
就影響新界福利的事宜，向新界政務司提出意見；在新界地區內促進官民間的合作和瞭解，及維持良好的傳統、習慣和風俗。

2.6 區議會
→ 全港分為十九個區議會。
→ 由委任及民選議員組成，民選議員佔三分之二，委任議員佔三分之一。
→ 區議會主席由議員選出。
→ 主要職責是：
就區內人士福利、公共設施服務、政府計劃優先次序及區內小規模工程提供意見，並在獲政府撥款情況下負責區內小規模環境改善及文娛康樂活動。

2.7 地區管理委員會
→ 由多個政府部門的人員組成，由政務專員擔任主席。
→ 主要工作是協調各政府部門的工作，並在適當情況下進行監察，以確保各政府部門在可行範圍內，對區內居民的需要和願望，作出迅速的反應。

4.《中英聯合聲明》及《基本法結構（草案）》中有關地方行政／區域組織的規定
4.1 聯合聲明
第三項第三條：「香港特別行政區享有行政管理權……」
4.2 聯合聲明中沒有條文提及地方行政／區域組織。
4.3 在《基本法結構（草案）》第四章第五節曾提及區域組織的職權和產生，這裡所指的區域組織是與現時的地方行政組織相類似的。

5. 特區區域組織的範圍。
區域組織包括現時的市政局、區域市政局及各區的區議會。另有意見認為區域組織除以上組織外，同時包括鄉議局及其他地區性諮詢組織，如街坊會、鄉事委員會等。

6. 特區區域組織的構思有下列幾個建議：

方式\建議	市政局	區域市政局	區議會
I	合併為統一的機構		保留
II	取消	取消	保留
III	合併，重組為三至五個區域組織		
IV	保留	保留	取消
V	保留 （基本不變）		
	保留 （基本不變，但職權改進）		
VI	基本法不需要具體規定區域組織的內容		

下面就 I—VI 的方式詳細論述，每一項均依據所搜集到的意見而整理。

I 設立統一的市政機構，即合併市政局及區域市政局為一個統一市政事務機構，但保留區議會。

1. 職權範圍：
有論者指出現時市政局主要透過十三個委員會的運作而管轄以下四個範圍：
（1）公眾健康服務—— 環境衛生委員會、食物衛生委員會、酒牌局、街市及販商事務委員會；
（2）文化服務—— 文化委員會、博物館委員會及圖書館委員會；
（3）康樂服務—— 娛樂委員會及康樂委員會；
（4）行政事務—— 政務委員會、財務委員會、地區關係委員會及建設工程委員會。
若設立統一的市政機構，便可透過市政權力之增大而更有效地提供公眾健康及康樂服務。
（1）公眾健康服務包括：
i. 統籌及管理陸上廢物（現屬市政局及區域市政局管轄）及海上廢物（現屬海事處管轄）；
ii. 着重有關環境衛生、公眾健康、食物衛生及疾病預防的教育及推廣；
iii. 接管房屋委員會現行管理屋邨街市的責任；
iv. 應有一有效及正式的協調方法以配合市政機構及房屋委員會在小販問題上的決策；
（2）而康樂服務包括以下範圍：
i. 應在本港舉辦的國際性體育活動及賽事上扮演主動角色，及成立評核委員會以協調市政機構與康樂體育局的工作；
ii. 負起管理郊野公園的責任；
iii. 吸納康樂及體育事務處以配合康樂及體育事務的推廣。
至於其他的公眾健康服務如污染、控制食物衛生標準、簽發牌照、鼓勵及推動多元化的文化活動與發展等方面，現時職權繼續保留。

2. 產生方法
三分之二的議員可透過直接選舉產生，選區可約以二十萬至二十五萬市民為單位，獲選議員能向更多市民負責。另三分之一的議員，應根據其專才及專業工作經驗而擔任議員。當選取這些議員時，應考慮其知識是否直接貢獻市政機構各方面的職務，及可否平衡某些可能因直接分區選舉形成的地區性利益，如透過直接選舉議員中缺乏法律人才，其餘的席位中便要選取至少一名法律界人士使其貢獻市政服務。
選拔專才及具有專業工作經驗的議員主要可透過委任制度或功能團體選舉制度。委任制度可給予委任者權力，根據

市政機構的需要與不足而委任議會所缺乏的專才，配合市政服務工作。功能團體選舉制度能確保某些重要類別的人才得到席位，但亦能導致該類人才佔議席過多。

3.贊成者意見：

→ 有助簡化政府的行政架構。

→ 管理及實際運作方面更能有效的控制及分配人才及資源。

→ 市政法例的統一。

→ 全港性的市政機構可劃一市政標準，減少現時各地方行政組織不同的行政標準，並增加其對中央有關市政事務政策的影響力，加強提供對市民的市政服務。

→ 新界都市化後，不應有與城市不同的對待，否則會不利社會的整合。相反，統一市政事務機構可有助整合因地域分隔而形成不同傳統及價值觀念的社群，並因統一的市政事務機構的議員來自全港地區，地區界限造成的偏狹利益的影響將會減少；藉此打破地域的限制與隔膜，進一步培養全港市民的整體認同感。

→ 節省資源及經費，減少人手。

4.反對者意見：

→ 造成一個龐大的市政組織。

→ 市區與新界因地理環境不同，面對不同的市政問題。

→ 設立統一的處理市政事務機構，對地方需求的諮詢的醒覺性較弱。

→ 對地方的需求反應也較慢。

→ 如交由統一的機構處理，可交由立法局處理，而不必設立一獨立的市政機構。

→ 代表性會與立法局等量齊觀，如意見與立法局有衝突，對於立法局的地位與權威性可能有影響。

5.其他意見：

市政機構的規模應配合香港人口的轉變，但指出四十五位議員是將來統一的市政機構的適當規模。現市政局主要透過十三個委員會管理各項市政服務，假設將來市政服務有所發展而需要十四個委員會，有四十五位議員，則每位議員大約可參與四個委員會，而每個委員會大約有十二個至十四個議員的參與。過少的議員數目會增加各議員的工作負擔，容易導致效率降低；過多的議員數目則會導致市政機構運作困難。

II 廢除市政局及區域市政局，加強區議會管理市政的角色，而全港的市政政策，交由立法局制訂及由市政總署執行。

1.職權範圍：

將來的各區議會（或稱為地區議局）的職能應該包括：

（1）監察區內的市政工作、交通和環境問題。

（2）作為中央與地區之間的溝通橋樑，反映地區的要求和問題。

（3）作為民意諮詢機構。

（4）鼓勵市民積極參與關心社區事務。

2.區域組織與政府部門的關係

政府部門的代表不應該是區域組織的成員，而且沒有投票權，但在區域組織的會議上，必須有政府部門的代表列席，以解答議員的問題及執行議會的決定等。

3.區域組織與立法機關及各種諮詢委員會的關係

區域組織與立法機關應該互不相屬，但立法機關中必須有一定的席位給予由區域組織選出來的成員，以保證立法機關充份瞭解區域的需要，而屬於區域組織的議員更可將地區的問題，透過立法機關向中央反映，各種諮詢委員會可透過區域組織反映意見。

4.產生方法

區域組織的成員應該全部由普通市民所組成，由民選產生。區域組織的劃分，可參照現時的地區範圍，但每區不宜太小。

5.基本法內應包括：

（1）區域組織應如何組成。

（2）區域組織成員的任免。

（3）區域組織與中央立法行政機構及行政部門的關係。

6.反對者意見

有意見認為假若取消市政局及區域市政局，擴大區議會職權，比如某一區小販持牌事務，會出現各顯神通，沒有統一意見。再者，即使廢除市政局及區域市政局，在政府架構中仍要設立部門去處理市政事務及設立諮詢架構去徵詢民意，所以最終有關區域組織的部門在結構上和名稱上不同，而工作性質一樣，並不能真正達到精簡機構的目的。此外，取消了市政局和區域市政局後，所有的市政工作將由公務員擔任；這些公務員只向中央決策科交代，不再需要由市民選出來的區域組織成員負責。

7.其他意見

有論者提出除了廢除市政局及區域市政局外，應在區議會上設立幾個區域組織去處理跨區域的事務，協調個別區域的利益和紛爭。

III 成立三個或五個新的區域組織以代替現時的市政局、區域市政局和全部區議會。

1.贊成者意見

（1）使昔日的市政局、區域市政局和區議會能排除重疊的諮詢和任何摩擦。

（2）使新的區域組織能保留市政局和區域市政局現有的財政獨立、決策和執行權，但同時擔任昔日區議會廣泛諮詢的角色。

（3）較容易得到市政局、區域市政局和區議員的接受，因為這樣的新組合是以整體的利益而產生，任何一方不會因為本身組織的廢除而感到丟臉。

2.反對者意見

（1）區議會及區域市政局的歷史只有短短幾年，在現階段草擬基本法時，不適宜提出取消現有的架構而成立新的區域組織。

（2）現時市政局、區域市政局和所有區議會的功能並沒有重疊。

（3）若區域組織同時具有廣泛諮詢功能和行政權力，既有很大權力，如出現和立法局不同的意見，就容易出現和立法局對抗的情況。

IV 繼續保留市政局及區域市政局，取消區議會。這個建議提出三種可能性：

（1）將市政局及區域市政局合併為統一的市政事務機構；

（2）市政局及區域市政局保持不變；

（3）適量增加市政局及區域市政局的民選議員比例。

1.贊成者意見：

（1）可以精簡機構；

（2）節省開支，但仍然有足夠的渠道去諮詢和容許地方人士的參與。

2.反對者意見：

市政局和區議會既已存在多年，因此就無須取消。

V 保留現有三層架構：

1.繼續保留市政局、區域市政局和十九個區議會，不作任何職權上的改變。

2.繼續保留市政局、區域市政局和十九個區議會，但對於如何改進，有以下三種構想：

構想（甲）：

1.職權範圍：

（1）區域市政局及市政局各負責新界及市區環境衛生、文娛康樂等有關市政事宜，並繼續為一財政獨立的法團，而區域市政署和市政署將執行局方政策及決定。

（2）區議會繼續發展其在諮詢、監察政府部門及地方管理的功能

i.諮詢——除了制度上和中央諮詢/決策委員會和立法局的聯繫外，區議會仍繼續就有關區內施政的情況，提供意見。

ii.監察政府——區議會有權向政府部門索取資料，並就區內施政的情況，提供意見及批評。

iii.地區管理——為進一步加強區議會的管理角色，地區管理委員會所處理各項地區事務的決定及建議，應呈交區議會以作正式通過。如有和中央部門不協調的話，有關部門須向區議會詳加解釋。

2.產生方法
（1）區域市政局及市政局應來自區議會互選的代表及由一人一票直接民選產生的代表。
（2）區議會全部由一人一票直接民選產生，加強其代表性及對市民需要的回應性。

3.基本法內應包括：
（1）區域組織包括區域市政局、市政局和區議會。
（2）該等組織皆由民選產生。
（3）「區域」市政局負責「新界」市區的環境衛生、文娛康樂等市政事宜。
（4）區議會全部由一人一票民選產生、其職權範圍為：
i.就區內居民福利事宜，收集居民意見後向政府反映；
ii.監察區內政府部門工作；
iii.負責地區管理事務；
iv.互選代表出席「區域」市政局。
（5）區議會、市政局及區域市政局互選代表到立法局及有關諮詢／決策委員會。

構想（乙）：
1.架構
建議以現在香港政府實行的代議政制所建立的三層架構為基礎。
為使區域組織建立穩固的基礎，應發展橫架結構。因為市政局和區域市政局都只限於提供市政服務，對於廣大的鄉村地區，沒有基層組織，不能跨越鄉政服務的功能。因此需要納入鄉議局為區域組織中的主要單位。遇有鄉區和市區的事務，則採用聯席會議方式商討解決。

2.職權範圍
財政獨立、負責市區及鄉區公眾服務，包括公共衛生、社區設施、社會福利、公民教育、公眾場所管理等所有不屬於中央的公眾事務。在鄉村地區，尤須注意食水、電力供應及衛生、醫療服務。
區域組織是對地方事務擁有決策權的機構，其職能範圍應如現在的市政局和區域市政局還要廣泛。

3.區域組織與政府部門的關係
市政總署和區域市政總署為執行組織決策的機構。地區管理委員會執行區議會的決策。秘書處由區議會統轄。至於與其他政府部門的關係，將來須按其職級而定。

4.區域組織與立法機關及各種諮詢委員會的關係
立法機關通過的法例，倘與區域組織工作任務有關的，交由區域組織執行。區域組織擬訂的方案，如果超出其權力範圍，須呈交立法機關討論及通過。而且區域組織應有三位代表參加立法機關（市政局、區域市政局、鄉議局各有一名代表），在溝通上既方便亦快捷。目前各種諮詢委員會共有三百多個，隸屬中央機構體系；區域組織可以借助各種諮詢委員會的特殊功能，透過各種溝通方式，個別運用人力資源。

5.基本法內應包括
（1）名稱；
（2）組織體系；
（3）管轄地區；
（4）職權範圍；
（5）成員產生方式及任期；
（6）與政府各部門及立法機關、區議會的關係；
（7）與社會團體的關係；
（8）財政。

構想（丙）
1.架構
應自下而上有四個層次，即
（1）街坊會、互助委員會、業主立案法團；

（2）分區委員會；
（3）區議會；
（4）市政局、區域市政局。

2.職權範圍
（1）民間與政府溝通的橋樑，如在社會福利、治安、公共設施和服務的提供、環境改善、文娛康樂方面，區域組織都發揮了良好的溝通作用；
（2）諮詢和反映民意的機構；
（3）社會政治活動的培訓場，亦即給一些熱心政治事務及社區服務的市民（尤其是青年人）有學習鍛煉的機會，讓其發揮作用；
（4）協助推行政府各項運動，如清潔運動、撲滅罪行運動等；
（5）局部自治。
上述職權範圍能因組織不同而有程度深淺和側重範圍之不同。

3.區域組織與政府部門的關係
政府應鼓勵最基層區域組織作個別組合，組合後任其自由發展，不作資助，最多派出聯絡員與其聯絡。至於中層的區域組織，應供給秘書和聯絡人員，必要時再供給其他服務人員。

4.區域組織與立法機關及各種諮詢委員會的關係
區域組織與立法機關的關係主要表現在兩方面：一是區域組織向立法機關反映意見，至於接納與否，則視乎地方和中央的利益衝突程度而定；二是每區區議會各自有代表進入立法局，從而建立雙軌溝通。

5.產生辦法
成員的產生宜多委任、少選舉，因為被委任者多視被委任為一種名譽的認許，是自己工作之最高報酬，而不是以每月津貼作為衡量服務的價值，出現貪污的成份也比較少。

VI基本法中不需要具體規定區域組織的內容
1.贊成者意見
（1）基本法在九零年時將會公佈，根本不可能詳細規定九七年後區域組織的具體內容，為使未來的區域組織能順利發展，基本法應有一定的靈活性，只要寫出一些原則。
（2）根據《中英聯合聲明》，在香港實行的法律為基本法、香港原有法律（除與基本法抵觸者）和特區立法機關制定的法律。在目前各個地方性架構均由法律產生，如此等法律不抵觸基本法，應繼續有效，在適當時候由特區政府改變這些機構的職權和產生方式，所以在基本法的條文中毋須過於詳細的規定區域組織的內容。

※

⑦政制專責小組《區域組織最後報告》（1987年6月12日經執行委員會通過）

【P1-10】
（編者按：內容同上文）

※

⑧1987年8月22日《政治體制專題小組的工作報告》，載於《中華人民共和國香港特別行政區基本法起草委員會第五次全體會議文件匯編》

【P53】
第四章　香港特別行政區的政治體制（討論稿）
第五節　區域組織
第一條
說明：委員們認為，如果保留目前三層架構，則區議會仍應為地區性諮詢機構。

第四章　第五節

「第一條　香港特別行政區可設立非地方政權性的區域組織，接受香港特別行政區政府就有關地區管理及其他事務的諮詢，或負責提供文化、康樂、環境衛生等服務。」

〔1987 年 9 月 8 日《第四章　香港特別行政區的政治體制（討論稿）》（1987 年 9 月 22 日政制專責小組第二次會議附件一）〕

① 1987 年 9 月 2 日《中華人民共和國香港特別行政區基本法起草委員會第五次全體會議委員們對基本法序言和第一、二、三、四、五、六、七、九章條文草稿的意見匯集》

【P49】

五、關於第四章　香港特別行政區的政治體制
（五）第五節　區域組織
有的委員提出，現在香港的區域組織是諮詢性組織，也有一些決定政策的職權，建議將「負責提供」改為「負責管

理」。有的委員認為「提供」包括了「管理」的含義。委員們建議專題小組再作推敲。

　　　　　　　　　　　　　　※

② 1987 年 9 月 8 日《第四章　香港特別行政區的政治體制（討論稿）》（1987 年 9 月 22 日政制專責小組第二次會議附件一）

（編者按：內容同第一稿文件⑧）

第四章　第五節

「第一條　香港特別行政區可設立非地方政權性的區域組織，接受香港特別行政區就有關地區管理及其他事務的諮詢，或負責提供文化、康樂、環境衛生等服務。」

〔1987 年 10 月《第四章　香港特別行政區的政治體制（討論稿）》（政治體制專題小組工作文件）〕

① 1987 年 10 月《第四章　香港特別行政區的政治體制（討論稿）》（政治體制專題小組工作文件）

【P38】

第五節　區域組織

第一條
（編者按：內容同第一稿文件⑧）

第五次全體大會分組討論：
（編者按：內容同第二稿文件①）

「第九十六條　香港特別行政區可設立非地方政權性的區域組織，接受香港特別行政區政府就有關地區管理及其他事務的諮詢，或負責提供文化、康樂、環境衛生等服務。」

〔1987 年 12 月基本法起草委員會秘書處《香港特別行政區基本法（草案）》（匯編稿）〕

① 1987 年 12 月基本法起草委員會秘書處《香港特別行政區基本法（草案）》（匯編稿）

【P43】

第九十六條
（編者按：內容同第一稿文件⑧）

「第九十七條　香港特別行政區可設立非地方政權性的區域組織，接受香港特別行政區政府就有關地區管理和其他事務的諮詢，或負責提供文化、康樂、環境衛生等服務 [8]。」

〔1988 年 4 月基本法起草委員會秘書處《中華人民共和國香港特別行政區基本法（草案）草稿》〕

① 1988 年 4 月基本法起草委員會秘書處《中華人民共和國香港特別行政區基本法（草案）草稿》

【P47】

註 8：（編者按：內容同第一稿文件⑧）

「第九十六條　香港特別行政區可設立非地方政權性的區域組織，接受香港特別行政區政府就有關地區管理和其他事務的諮詢，或負責提供文化、康樂、環境衛生等服務 [8]。」

〔1988 年 4 月基本法起草委員會《中華人民共和國香港特別行政區基本法（草案）徵求意見稿》〕

① 1988 年 4 月基本法起草委員會《中華人民共和國香港特別行政區基本法（草案）徵求意見稿》

【P11】

簡介：
35. 本章第五節規定香港特別行政區可設立非地方政權性

的區域組織，負責有關地區管理的諮詢，提供文化、康樂、環境衛生服務。根據這個規定，香港現行的區域組織，包括市政局、區域市政局和區議會，將繼續保留，或由特別行政區政府自行決定是否需要改變。

【P51】

註 8：（編者按：內容同第一稿文件⑧）

「**第九十六條　香港特別行政區可設立非政權性的區域組織，接受香港特別行政區政府就有關地區管理和其他事務的諮詢，或負責提供文化、康樂、環境衛生等服務。**」

〔1989年2月《中華人民共和國香港特別行政區基本法（草案）》〕

① 1988年5月基本法諮詢委員會秘書處《基本法（草案）徵求意見稿初步反應報告（草稿）》

【P33】

6. 區域組織：

如果從整個香港政治制度合理發展的客觀角度來探討，便應承認，歷史悠久的市政局功能實與八十年代新興的區議會功能多方面重疊。從功能重疊的機構來看，是不合理的，有違精簡機構的政制「理性化」原則，因此長遠來說，市政局若不與區議會合併改組，便應取消，這樣看減低市政局議員的功能，也並非不合理的；至於為什麼不主張取消區議會而主張取消市政局，則因為區議會更具地區議會的型格，這是日趨複雜的香港「城市政治」（URBANPOLITIC）所必需的，而市政局在「中央」的更健全化發展，市政局的功能看來將越趨萎謝。

※

② 1988年6月6日《政制專責小組1與草委交流會會議紀要》

5. 諮委對有關區域組織條文的意見

5.1 第九十六條：有委員建議將「或負責提供文化……」中的「或」字改為「並」字。

※

③ 1988年8月基本法起草委員會秘書處《香港各界人士對〈香港特別行政區基本法（草案）徵求意見稿〉的意見匯集（一）》

【P31】

第九十六條

1. 希望保持現行區域組織的三層架構，寫明「保持現有架構及其服務範圍」。

2. 對職權要作出具體規定。

3. 「非地方政權性」要作出明確解釋。

4. 將「或」改為「並」或者「和」。

※

④ 1988年8月3日基本法諮詢委員會秘書處參考資料（一）《內地草委訪港小組就基本法（草案）徵求意見稿一些問題的回應輯錄（一九八八年六月四日至十七日）》

【P11】

4. 政制

4.9 第九十六條「非地方政權性」的意思

內地的市、區和縣，以及整個香港都算是政權，可以管理任何事務，但香港的市政局在地方上便是非政權性的，其職權便如第九十六條列出的有一定限度。

※

⑤ 1988年8月19日基本法諮詢委員會秘書處參考資料（八）蕭蔚雲《設計香港未來政治體制的構思》

【P11】

五、司法體制、區域組織、公務人員制度基本不變

兩年來政治體制專題小組多次討論過區域組織。大家認為現在的市政局、區域市政局、區議會都是非地方政權性的區域組織，基本法應當加以肯定。至於對兩個市政局和十九個區議會這兩層架構是否需要合併或進行調整，由於香港各界人士現在存有各種不同的意見，政治體制專題小組認為這個問題應當由香港特別行政區將來自己解決，現在還是維持和承認現狀，因此第九十六條寫得比較概括和靈活，其中將兩層架構及其職能都包括在內，沒有寫明是一層或兩層為好，這就給將來的特別行政區政府和居民留下自己決定問題的餘地。

※

⑥《基本法諮詢委員會政制專責小組對基本法（草案）徵求意見稿第四章的意見匯編》，載於1988年10月基本法諮詢委員會《中華人民共和國香港特別行政區基本法（草案）徵求意見稿諮詢報告（1）》

【P111】

3. 有關條文討論

3.28 第九十六條

3.28.1 有委員認為，「非地方政權性的區域組織」一句的意思不明確，因現時的區域市政局在某程度上亦具有政治權力。

3.28.2 有委員認為，這條的中文意思和英文譯意有分別。

3.28.3 有委員建議將「或負責提供文化……」中的「或」字改為「並」字。

※

⑦ 1988年10月基本法諮詢委員會《中華人民共和國香港特別行政區基本法（草案）徵求意見稿諮詢報告第五冊──條文總報告》

【P322-325】

第四章

第五節　整體意見

1. 意見

1.1 區議會

→ 區議會應予繼續保留，但組織上可以修訂，例如可考慮全部議員由民選產生。

→ 區議會應限於諮詢性質，否則會混淆行政和立法的職權。

→ 區議會應只是「非地方政權組織」。

→ 提高區議會的地位和職權，使它負責地區性的立法工作，以及監督地區政務機關的行政事宜。

1.2 市政局

→ 應取消兩個市政局。

理由：區議會由選舉產生。每區區議會自選兩人並合併成市區和新界區的兩個組織；此組織負責統籌香港的文娛康樂及衛生等事宜。

→ 如將來仍有市政局，應規限其職權範圍，只「負責提供文化、康樂、環境衛生等服務。」

→ 一九九七年後市政局和區域市政局仍會擔負一個非常重要的角色。在將來香港特別行政區的政治制度中，他們的角色亦不應受忽視。

1.3 其他意見

→ 同意本節。

→ 尚可接受本節條文。

→ 本節條文過於簡單，必須列出較具體的條文以取代。

→ 基本法不宜詳細規定區域組織的職權和組成方法。

理由：

⊙ 區域組織不是地方政權性的，主要扮演的是諮詢角色，其可塑性極大。

⊙ 香港現時的區域組織在《英皇制誥》及《皇室訓令》等憲制性文件中亦無提及，故日後也不必要在基本法內作出規定。

→ 區域組織的職權和組成方法，不由基本法規定，而由特別行政區法律規定。這意味將來市政局及區議會可能會被改變或取消。

→ 本節將市政局的功能與區議會混為一體。

→ 將來香港的政治體制應採用兩層架構的形式。

→ 應擴大將來地方行政的管轄權。

→ 區議會、市政局，及地區管理、諮詢等機構應予以保留。

→ 若由一九九一年起，立法局議員的任期由三年延長至四年，則宜將兩個市政局及各區議會議員的任期也定為四年。

→ 應將各區政務處發展成為地區性行政機關。

→ 關鍵性字眼不應用「可」字。否則，會變成：「可以」繼續保留市政局及區議會，亦「可以不」繼續保留。

→ 為易於承接行政管理工作，原有的十九個行政區，可分別設立政務處和區議會。政務處直轄於政務局。市政局和區域市政局應予合併。市政事務署執行市政局的決議案，受政務局管轄。

理由：本節條文過於簡略，使人覺得架構之中下層空洞，無組織基礎。再者，本節並未言及政務司長的職權範圍及其管轄地區；在政務司長之下，更未言及地區的行政組織。

→ 區域組織包括區議會、市政局、區域市政局。其成員都必須來自地區普選。得票最多的一人為主席。得票多的當選為議員。

→ 區域組織的候選人資格為本港中國籍居民，並持有：

1）本地大學畢業文憑；或

2）大專院校畢業文憑；或

3）海外大學專業文憑。

2. 建議

→ 第九十六及九十七條的內容重複，可合併為一條，並在第九十六條後加上：「組織由法律規定。」

→ 將此節條文與第六十五條合併，因毋須把顧問組織、行政機關、區議會和市政局分開處理。

第九十六條

2. 意見

2.1「非地方政權性的區域組織」

→ 要「非地方政權性的區域組織」負責提供文化、康樂、環境衛生等服務，這組織一定要具備行政權力，這點與條文內所載的區域組織精神相違背。

→ 此條從上文下義看，「非地方政權性的區域組織」應指現時的市政局、區域市政局和區議會。但是，因為市政局和區域市政局擁有若干決策權、管理權及一定的政治影響力，而區議會也有影響政府決策的政治力量，所以廣義

地說都是地方政權性的區域組織。

→「非地方政權性的區域組織」意義不明。

→ 條文的規定，會削減現時兩個市政局的權力及影響它們的工作效率。

2.2 寫法

→ 條文太簡單。

→ 香港的區域組織，應屬自治範圍，而且應與立法機關、行政長官和整個未來特別行政區政府的運作配合，故條文應容許有更大彈性，不必寫死在基本法中。

→ 此條文的字眼相當特殊類似指引。基本上將地區管理交給當地居民，是屬於香港特別行政區的自治範圍，與中央人民政府或基本法無關。只要是能為地區居民提供一個理想的居住環境，這些區域組織是否諮詢性、顧問性或行政性，並不重要。

2.3 其他意見：

→ 如果在一九九一年立法局議員的任期由三年改至四年，那麼，兩個市政局及區議會的成員亦應改為四年一任。

→ 中華人民共和國憲法第三條「中央和地方的國家機構職權的劃分，遵循在中央的統一領導下，充份發揮地方的主動性、積極性的原則。」的規定可運用在香港這個環境。

→ 如保留三層架構，則區議會仍應為地區性諮詢機構。

→ 不應將香港、九龍及新界分割開，而將負責政務之港九政務處及新界政務處合併，統稱為政務署。

3. 建議

3.1 刪除

→ 刪去「非地方政權性」等字眼。

理由：此句破壞了現存市政局及區域市政局的體制，但發展區議會在地區管理上的角色是重要的。

3.2 修改

→ 改為：「香港特別行政區可設立區域組織，依法接受香港特別行政區政府的諮詢，並依法提供文化、康樂、環境衛生、地區管理或其他服務。」

→ 改為：「香港特別行政區可設立區域組織及地區諮詢組織。區域組織負責提供文化、文娛康樂、環境衛生等服務。地區諮詢組織負責向香港特別行政區政府提供有關地區內居民福利及地方行政事務的意見。」

→ 改為：「香港特別行政區可設立擁有若干地方政權性的區域組織負責提供文化、康樂、環境衛生等服務。」

理由：區議會之地位及其延續性已於本章第二節第六十五條中保障了，而不宜在第五章中與一些有行政實權的區域組織相提並論。

→ 改為：「可設立區域組織和可接受所有事務的諮詢，而當香港特別行政區政府認為時機恰當時他們亦應負責提供文化、康樂、環境衛生等服務。」

理由：劃去「非地方行政性」，因為這與第九十六條下半部不符。而區議會可於適當時發展至接手這些於最初起草時所擬定職務。

3.3 增加

→ 加上「現有區域體制予以保留」一句。

→ 加上「區域組織應有適當的地方性事務決策權。」

3.4 其他建議

→ 應明確界定何謂「非地方政權性的區域組織」，以避免區議會或市政／區域市政局被列為地方政權性的區域組織，妨礙其管理地方事務的發展。

→ 此條文應改寫成針對市政府，而非區域組織，並應盡量留有彈性，讓特別行政區自行決定將來市政府應是怎樣，並且應在現有制度上有一定的發展。

→ 應將現今市政局、區域市政局等架床疊屋的機構合併為一，統稱市政局或市政署，避免浪費公帑。

4. 待澄清問題

→ 這條對於維持香港政策不變這方面有何貢獻？

→「地方政權性組織」是否單指香港特別行政區政府的行政機關及／或立法機關，或指其他？

「**第九十七條 香港特別行政區可設立非政權性的區域組織,接受香港特別行政區政府就有關地區管理和其他事務的諮詢,或負責提供文化、康樂、環境衛生等服務。**」

〔1990 年 2 月 16 日《中華人民共和國香港特別行政區基本法(草案)》〕

① 1989 年 11 月基本法諮詢委員會《《中華人民共和國香港特別行政區基本法(草案)諮詢報告第三冊──條文總報告》

【P189-190】

第四章

第五節 整體意見

1. 意見

→ 保留原有的區議會。

理由:使行政與立法兩者互相配合、互相監督。

→ 將市政架構,特別是區議會及兩個市政局在第五節內列明。

理由:條文過於簡單,令人不知道日後會否繼續現行架構,還是有別的安排。

→ 「區議會」應發展成為管理地區機構。

→ 第九十六及九十七條應是針對目前的區議會,但從字面上看,其他非正式的團體(如地區性的文康社團及藝術文化社團)亦可能受到這些條文影響。但相信這並非條文的原意,亦不應如是。

→ 基於港人治港的原則,關於區域組織的具體安排,應由港人決定。

第九十六條

2. 建議

2.1 修改

→ 改為:「香港特別行政區可設立區域組織,可接受所有事務的諮詢,而當香港特別行政區政府認為時機恰當時,他們亦應負責提供文化、康樂、環境衛生等服務。」

理由:

⊙ 劃去「非地方政權性」的字眼,因該等字眼與此條的下半部不符。

⊙ 使區議會可於適當的時候發展至接手這些最初起草時擬定的職務。

2.2 其他

→ 需列明什麼組織為政權性組織。

「**第九十七條 香港特別行政區可設立非政權性的區域組織,接受香港特別行政區政府就有關地區管理和其他事務的諮詢,或負責提供文化、康樂、環境衛生等服務。**」

〔1990 年 4 月《中華人民共和國香港特別行政區基本法》〕

區域組織的職權和組成方法由法律規定。

1. 區域組織的職權和組成

第一稿 ▶

第四章　第五節
「第二條　區域組織的具體職權及組成方法，由法律規定。」
〔1987 年 8 月 22 日《政治體制專題小組的工作報告》，載於《中華人民共和國香港特別行政區基本法起草委員會第五次全體會議文件匯編》〕

① 1986 年 4 月 22 日《中華人民共和國香港特別行政區基本法結構（草案）》，載於《中華人民共和國香港特別行政區基本法起草委員會第二次全體會議文件匯編》

【P15】
第四章　香港特別行政區的政治體制
第五節　區域組織
區域組織的職能和產生

※

② 1986 年 8 月 20 日《基本法結構專責小組初步報告》

【P21】
5.5 第五節「區域組織」之「區域組織的職能和產生」

※

③ 1986 年 11 月 8 日《香港特別行政區基本法起草委員會政治體制專題小組的工作報告》，載於《中華人民共和國香港特別行政區基本法起草委員會第三次全體會議文件匯編》

【P37】
十一、關於區域組織
有的委員在小組會上介紹了香港現在的區域組織情況，但因時間關係，沒有展開討論。

※

④《Final Report on the Structure of Basic Law》（基本法結構專責小組最後報告，1987 年 3 月 14 日經執行委員會通過）

【P26】
5.5 Section 5 "District and regional administration".
"Functions and organization of district and regional administration".

第二稿 ▶

第四章　第五節
「第二條　區域組織的具體職權及組成方法，由法律規定。」
〔1987 年 9 月 8 日《第四章　香港特別行政區的政治體制（討論稿）》（1987 年 9 月 22 日政制專責小組第二次會議附件一）〕

第三稿 ▶

第四章　第五節
「第二條　區域組織的具體職權及組成方法，由法律規定。」
〔1987 年 10 月《第四章　香港特別行政區的政治體制（討論稿）》（政治體制專題小組工作文件）〕

第四稿 ▶

「第九十七條　區域組織的具體職權及組成方法，由法律規定。」
〔1987 年 12 月基本法起草委員會秘書處《香港特別行政區基本法（草案）》（匯編稿）〕

第五稿 ▶

「第九十八條　區域組織的職權和組成方法由法律規定。」
〔1988 年 4 月基本法起草委員會秘書處《中華人民共和國香港特別行政區基本法（草案）草稿》〕

第六稿

「**第九十七條　區域組織的職權和組成方法由法律規定。**」

〔1988 年 4 月基本法起草委員會《中華人民共和國香港特別行政區基本法（草案）徵求意見稿》〕

第七稿

「**第九十七條　區域組織的職權和組成方法由法律規定。**」

〔1989 年 2 月《中華人民共和國香港特別行政區基本法（草案）》〕

① 1988 年 10 月基本法諮詢委員會《中華人民共和國香港特別行政區基本法（草案）徵求意見稿諮詢報告第五冊——條文總報告》

【P325】
第九十七條
2. 意見

→ 條文太簡單。
→ 不必一定由法律規定。

3. 待澄清問題
→ 本條文：「區域組織的職權和組成方法由法律規定」其中所指的「法律」是根據什麼法律？
→ 立法機關負責制定法律，包括區域組織的職權和組成方法的法律，但當出現問題時，是否由立法機關負責？

第八稿

「**第九十八條　區域組織的職權和組成方法由法律規定。**」

〔1990 年 2 月 16 日《中華人民共和國香港特別行政區基本法（草案）》〕

① 1989 年 11 月基本法諮詢委員會《中華人民共和國香港特別行政區基本法（草案）諮詢報告第三冊——條文總報告》

【P190】
第九十七條

2. 建議
2.1 增加
→ 建議加上一條款，規定區域組織透過選舉方式組成。

3. 待澄清問題
→ 應詳列條文中所指的為何種法律。

第九稿

「**第九十八條　區域組織的職權和組成方法由法律規定。**」

〔1990 年 4 月《中華人民共和國香港特別行政區基本法》〕

在香港特別行政區政府各部門任職的公務人員必須是香港特別行政區永久性居民。本法第一百零一條對外籍公務人員另有規定者或法律規定某一職級以下者不在此限。

公務人員必須盡忠職守，對香港特別行政區政府負責。

✿ 貳 | 概念

1. 公務員的任職規定
2. 公務員對香港政府負責

✿ 叁 | 條文本身的演進和發展

第一稿

第四章　第六節

「第一條　在香港特別行政區政府各部門任職的公務人員必須是香港特別行政區永久性居民。本節第四條規定者或法律規定某一薪級點以下者不在此限。

公務人員必須盡忠職守，對香港特別行政區政府負責。」

〔1987年8月22日《政治體制專題小組的工作報告》，載於《中華人民共和國香港特別行政區基本法起草委員會第五次全體會議文件匯編》〕

① 1984年12月19日《中華人民共和國政府對香港的基本方針政策的具體說明》（《中英聯合聲明》附件一）

一、香港特別行政區政府和立法機關由當地人組成。

※

② 1986年2月基本法諮詢委員會《第二批研討會總結》

六、基本法結構初擬——
4. 政府的架構——……公務員。

※

③ 1986年4月22日《中華人民共和國香港特別行政區基本法結構（草案）》，載於《中華人民共和國香港特別行政區基本法起草委員會第二次全體會議文件匯編》

【P15】
第四章　香港特別行政區的政治體制
第六節　公務員

※

④ 1986年5月13日《政制專責小組第三次會議總結（第一分組）》

（二）關於文官制度：
有委員認為，現時的文官制度很有效，優點有三項：（1）注重效率；（2）依法辦事；（3）政治中立。但亦有委員提到它的缺點是制衡方法不足，官員不用向市民解釋和負責。但另一位委員卻認為市民或議員的問題不一定很合理，而且事事解釋，會影響工作效率。另一委員亦贊成這意見，他以為過分鼓勵民主，就會引致人人都監視政府，從而影響效率。他覺得政府只要能容許文官公開發表意見，便可減少官民的隔膜與誤會。就這問題，有委員提出異議，他認為公開辯論政策是政治家的工作，文官不適宜這樣做。此外，就效率問題，有委員提到開放民主不一定會犧牲效率，他舉了英、美兩國的例子，說明最重要是如何分配權力。最後有委員批評現時文官的國籍會影響他們的升遷，她以為這是不合理的。

就政治和行政不分這問題，有委員認為其實是應該分開的。如果政治家專責解釋政策，而公務員只有在工作不力時才要負責，便可建立公務員的信心。但亦有委員認為民選議員只為選票做事，未必能真正明白政策的好壞。

※

⑤ 1986 年 8 月 20 日《基本法結構專責小組初步報告》

【P22】

事項	意見	出處
5.6 第六節「公務員」	（1）建議在這節內說明有關公務員的一切事宜，包括任用的程序，提前解僱、離職、退休等問題；將第三章第十節的「退休、離職公務員的福利待遇受保護」，寫在這節內。	專責小組五月六日會議

※

⑥《Final Report on the Structure of Basic Law》（基本法結構專責小組最後報告，1987 年 3 月 14 日經執行委員會通過）

【P26】

ITEMS	OPINIONS	SOURCES
5.6 Section 6「public servants」.	1. To clarify every aspects about the public servants, including the employment, resignation and retirement etc. To put Chapter 3, Section 10,「welfare benefits of retired and resigned public servants shall be protected」in this provision	Special Group Meeting on 6th May, 1986

※

⑦ 1987 年 8 月 22 日《政治體制專題小組的工作報告》，載於《中華人民共和國香港特別行政區基本法起草委員會第五次全體會議文件匯編》

【P53-54】
第四章　香港特別行政區的政治體制（討論稿）
第六節　公務員
第一條
說明：關於公務人員的定義，本小組經多次討論，尚無適當的結論。

第二稿

第四章　第六節
「第一條　在香港特別行政區政府各部門任職的公務人員必須是香港特別行政區永久性居民。本節第四條規定者或法律規定某一薪級點以下者不在此限。
公務人員必須盡忠職守，對香港特別行政區政府負責。」
〔1987 年 9 月 8 日《第四章　香港特別行政區的政治體制（討論稿）》（1987 年 9 月 22 日政制專責小組第二次會議附件一）〕

① 1987 年 9 月 2 日《中華人民共和國香港特別行政區基本法起草委員會第五次全體會議委員們對基本法序言和第一、二、三、四、五、六、七、九章條文草稿的意見匯集》

【P49-50】
（六）第六節　公務員
2. 第一條
（1）有的委員認為，本條第一款第二句的表述實際上把香港居民分成兩等：永久性居民可任高級公務員，非永久性居民只能任低級公務員，帶有歧視性質，應當換一種表述方法。有的委員建議將本條第二款改為：「公務人員必須效忠於香港特別行政區」。

（2）有的委員提出，關於公務人員的定義，困難在於《中英聯合聲明》的中文版本的意思是「Civil Service」，英文版本用的是「Public Service」。

（3）有的委員提出，第二款「公務人員必須盡忠職守」的規定應該同第一節第七條「行政長官不得利用職權為自己謀私利」的規定一致，即兩條都應將「盡忠職守」、「不得謀私利」的意思表達出來。同時應將「為自己」三字去掉。還提出，應寫上高級公務員包括行政長官，需公佈個人財產的內容。

※

②政制專責小組《對基本法第四章部份條文草稿（一九八七年八月）的意見》（1987 年 11 月 4 日經執行委員會通過）

（編者按：本文件雖然時間晚於本稿，但其內容是起草委員會對 1987 年 8 月 22 日政制專責小組擬訂的條文的意見匯編，故放在此處。）

【P3】
IV. 第六節
（1）第一條
1. 有委員認為有關公務人員必須是香港特別行政區永久性居民的規定，應該只有第四條規定者不在此限。「或法律規定某一薪級點以下者」一句應刪去，因為這會令香港的最大僱主可以從香港以外地區引進廉價勞工，開了這先例便會很危險，有損香港特別行政區本地低薪工人的利益。

2. 亦有委員認為現時香港亦有此等情況，將來亦應如是。但亦有意見認為這現象只由於是英國政府的統治，但將來則不應如此。

※

③ 1987 年 9 月 8 日《第四章　香港特別行政區的政治體制（討論稿）》（1987 年 9 月 22 日政制專責小組第二次會議附件一）

（編者按：內容同第一稿文件⑦）

第三稿

第四章　第六節

「第一條　在香港特別行政區政府各部門任職的公務人員必須是香港特別行政區永久性居民。本節第四條規定者或法律規定某一薪級點以下者不在此限。

公務人員必須盡忠職守，對香港特別行政區政府負責。」

〔1987年10月《第四章　香港特別行政區的政治體制（討論稿）》（政治體制專題小組工作文件）〕

① 1987年10月2日《政制專責小組對第四章第二、三、五、六節部份條文意見》（1987年10月6日政制專責小組第四次會議討論文件）

（編者按：內容同第二稿文件②）

※

② 1987年10月《第四章　香港特別行政區的政治體制（討論稿）》（政治體制專題小組工作文件）

【P39】
第六節　公務員
第一條
（編者按：內容同第一稿文件⑦）

第五次全體大會分組討論：
（編者按：本文同第二稿文件①，除下列內容外，均同前文。）
有的委員建議，將本節標題「公務員」改為「公務人員」，以保持同本節條文中的提法一致。

第四稿

「第九十八條　在香港特別行政區政府各部門任職的公務人員必須是香港特別行政區永久性居民。本法第一百條規定者或法律規定某一薪級點以下者不在此限。

公務人員必須盡忠職守，對香港特別行政區政府負責。」

〔1987年12月基本法起草委員會秘書處《香港特別行政區基本法（草案）》（匯編稿）〕

第五稿

「第九十九條　在香港特別行政區政府各部門任職的公務人員必須是香港特別行政區永久性居民。本法第一百零一條規定者或法律規定某一薪級點以下者不在此限。

公務人員必須盡忠職守，對香港特別行政區政府負責。」

〔1988年4月基本法起草委員會秘書處《中華人民共和國香港特別行政區基本法（草案）草稿》〕

第六稿

「第九十八條　在香港特別行政區政府各部門任職的公務人員必須是香港特別行政區永久性居民。本法第一百條規定者或法律規定某一薪級點以下者不在此限。

公務人員必須盡忠職守，對香港特別行政區政府負責。」

〔1988年4月基本法起草委員會《中華人民共和國香港特別行政區基本法（草案）徵求意見稿》〕

第七稿

「第九十八條　在香港特別行政區政府各部門任職的公務人員必須是香港特別行政區永久性居民。本法第一百條對外籍公務人員另有規定者或法律規定某一職級以下者不在此限。

公務人員必須盡忠職守，對香港特別行政區政府負責。」

〔1989年2月《中華人民共和國香港特別行政區基本法（草案）》〕

① 1988年6月6日《政制專責小組（二）與內地草委交流會會議紀要》

6. 公務人員：
有委員指出第九十八條和九十九條不協調。
草委認為九七年後的情況，應以三條一起閱讀。

※

② 1988年6月6日《政制專責小組（三）與草委交流會會議紀要》

6. 公務人員
6.1 有委員建議於第九十八條加上「廉潔奉公，盡忠職守」。

※

③《基本法諮詢委員會政制專責小組對基本法（草案）徵求意見稿第四章的意見匯編》，載於1988年10月基本法諮詢委員會《中華人民共和國香港特別行政區基本法（草案）徵求意見稿諮詢報告（1）》

【P105】
2. 有關專題討論
2.7 公務人員
2.7.1 有委員認為，如果政府開放程度太快，公務人員未必能適應。
2.7.2 有委員指出，第九十八條和第九十九條不協調。
2.7.3 有委員建議於第九十八條加上「廉潔奉公，盡忠職守」。

2.7.7 有委員認為，公務員、公務人員、公職人員間的分別應明確規定。而被政府委任，加入諮詢架構者，應界定是公務人員抑或屬公職人員。

2.7.10 有委員認為，現行香港政府及將來特區政府的架構皆需要公務人員保持效率及為政府效力。

2.7.11 有委員認為，公務員的職責及其在未來政制、行政及立法方面所扮演的角色未有明確說明。

2.7.12 有委員認為，任何方案的實施皆有賴公務員的運作。

※

④ 1988 年 10 月基本法諮詢委員會《中華人民共和國香港特別行政區基本法（草案）徵求意見稿諮詢報告第五冊── 條文總報告》

【P330-332】
第九十八條
2. 意見
→ 這條文能夠保證香港特別行政區公務人員的本地化。
→ 所有外籍人士及持外國護照的香港人均不得任公務員（包括掃街工人），只容許出任顧問。
→ 此條文列明公務人員必須是永久性居民，這比《中英聯合聲明》的規定更嚴。雖然第二十三條已列明成為特別行政區永久性居民的條件，但仍使人感到混亂，不知如何界定一個人屬於哪一類永久性居民。
→ 第二款是理所當然的事，但法律效力如何則不知，應考慮可以不寫。
→ 第二款並不需要，因為其內容已包括在第一百零二及第一百零三條中。
理由：無須要在基本法中特別列明公務員須盡忠職守和對特別行政區政府負責，因為任何人以任何身份受聘於任何機關都應該如此。
→ 公務人員應該對大眾負責。
→ 第二句與第一句有矛盾。
理由：
⊙ 第一百條第一款中規定的職務，其實是受雙重條件限制：必須為中國公民和香港永久性居民，並不能說是「不在此限」，不受「必須是香港永久性居民」的限制。
⊙ 第一百條第二款才「不在此限」。
⊙ 第九十八條第二句應改為：「本法第一百條第二款規定者不在此限。」

3. 建議
3.1 修改
→「在香港特別行政區政府各部門任職的公務員必須是香港特別行政區永久性居民，並應對香港特別行政區政府負責。本法第一百條規定者或法律規定某一薪級點以下者不在此限。」
→「在香港特別行政區政府各部門任職的公務人員必須是香港特別行政區永久性居民。本法第一百條規定者或法律規定某一職級不在此限。」
理由：同一薪級點包括不同職級，公務員按年升一薪級點，就會超逾所謂「指定薪級點」。
→ 第二款改為：「公務人員必須盡忠職守，對香港特別行政區政府負責。不得罷工或採取工業行動，以影響行政的運作。」
→ 第二款改為：「公務人員必須盡忠職守，對所屬工作單位負責、對香港特別行政區政府負責。」
→「……香港特別行政區永久性居民。……」改為「……中國公民（香港）。……」
→ 第一句末「永久性居民」應改為「永久性的中國公民」，這樣跟着的下一句才合意思。而且單說「永久性居民」其意義可有三種，一是中國公民，二是外籍居民，三亦可是無國籍的居民。
3.2 刪除
→ 刪除「盡忠職守」。香港特別行政區政府可訂定公務人員服務條例，對未能「盡忠職守」者予以紀律處分，故無須納入基本法內。
→ 這條應改至與《中英聯合聲明》配合，並將第二款刪掉。
→ 刪除「或法律規定某一薪級點以下者」。
3.3 增加
→ 第二款加上：「自動自覺保護和維護香港居民安居的責任。」
3.4 其他建議
→ 此條當中的「責任」可列在附件，或在過渡期後商議執行。
理由：「較小區域或部門的主管人員應對工作單位負責，而較大區域或部門的主管人員，則需負上分擔責任。」
→ 應訂明外籍人士亦可擔任公務人員。

4. 待澄清問題
→ 第二十四條指明香港居民在法律面前一律平等。但是，本條規定非永久居民連當公務員也不可，這是否與第二十四條有矛盾？

第八稿

「第九十九條　在香港特別行政區政府各部門任職的公務人員必須是香港特別行政區永久性居民。本法第一百零一條對外籍公務人員另有規定者或法律規定某一職級以下者不在此限。

公務人員必須盡忠職守，對香港特別行政區政府負責。」
〔1990 年 2 月 16 日《中華人民共和國香港特別行政區基本法（草案）》〕

第九稿

「第九十九條　在香港特別行政區政府各部門任職的公務人員必須是香港特別行政區永久性居民。本法第一百零一條對外籍公務人員另有規定者或法律規定某一職級以下者不在此限。

公務人員必須盡忠職守，對香港特別行政區政府負責。」
〔1990 年 4 月《中華人民共和國香港特別行政區基本法》〕

香港特別行政區成立前在香港政府各部門，包括警察部門任職的公務人員均可留用，其年資予以保留，薪金、津貼、福利待遇和服務條件不低於原來的標準。

✿ 貳｜概念

1. 原公務人員的留任
2. 公務員待遇不低於原標準

✿ 叁｜條文本身的演進和發展

第一稿

第四章　第六節

「第三條　香港特別行政區成立前在香港政府各部門（包括警察部門）任職的公務人員均可留用，其年資予以保留，薪金、津貼、福利待遇和服務條件不低於原來的標準。」

〔1987 年 8 月 22 日《政治體制專題小組的工作報告》，載於《中華人民共和國香港特別行政區基本法起草委員會第五次全體會議文件匯編》〕

① 1984 年 12 月 19 日《中華人民共和國政府對香港的基本方針政策的具體說明》（《中英聯合聲明》附件一）

四、香港特別行政區成立後，原在香港各政府部門（包括警察部門）任職的公務人員和司法人員均可留用，繼續工作；其薪金、津貼、福利待遇和服務條件不低於原來的標準。對退休或約滿離職的人員，包括一九九七年七月一日以前退休的人員，不論其所屬國籍或居住地點，香港特別行政區政府將按不低於原來的標準向他們或其家屬支付應得的退休金、酬金、津貼及福利費。

※

② 1986 年 6 月 7 日《公務員與基本法研討會報告》

【P6】

問答大綱

1. 公務員與本地政治

1.5 劉先生（編者按：劉兆佳）認為提高公務員的薪酬未必有助於他們的團結和穩定。他舉西方國家的公務員為例，指出他們的薪酬都不高，但卻能靠責任感，貢獻和承擔精神去提高士氣。再者，他指出，從現實觀點看，除非政府釐定薪酬時以彈性的方法處理，按職員的表現而不是級別去加薪，否則每次加薪都是整個級別一起加，他們的升幅是怎樣也追不及私人機構的水平。

※

③ 1987 年 6 月 11 日政制專責小組之公務人員工作組《公務人員討論文件（六稿）》（1987 年 7

月 10 日政制專責小組第十三次會議續會討論文件）

【P6-7】

4. 有關公務人員的國籍與待遇問題

4.4 聯合聲明中有關外籍公務人員福利的條款

（2）「香港原有關於公務人員的招聘、僱用、考核、紀律、培訓和管理制度（包括負責公務人員的任用、薪金、服務條件的專門機構），除有關給予外籍人員特權待遇的規定外，予以保留。」（附件一第四節）

5. 有關公務人員服務條件與職業保障的問題

5.2 公務人員的薪酬、津貼、福利及服務條件

5.2.1 委員認為為確保公務人員高質素，特別行政區政府給予公務人員的待遇時，應同私營機構的良好僱主比較；在某些方面，政府更應作出好榜樣，以留住有才能之人士出任公務人員和吸引有才能人士加入公務人員之行列。

5.2.2 有委員認為如特區政府希望保留海外招聘的公務人員所能提供的專長，便要給予他們具吸引力的薪酬、福利和津貼；本地的情況不一定適用。

5.2.3 有委員認為英籍及其他外籍人士也可成為永久性公務員。此外，還須考慮以什麼途徑留住這些不能擔任主要政府部門正職或副職的英籍和其他外籍人才。他們的薪酬、津貼、福利及服務條件不應低於他以前任職於政府部門所享有的。

※

④政制專責小組《公務人員最後報告》（1987 年 8 月 8 日經執行委員會通過）

【P7】

（編者按：本文同第一稿文件③，除下列內容外，均同上文，惟第 4. 及 4.4 點被刪除。）

5. 有關公務人員服務條件與職業保障的問題
5.2.2 如要留住或招聘具備專長的海外公務人員，政府給予他們（尤其是專業人士及專家）的薪酬、福利和津貼，則必須是具吸引力和在國際上具競爭性的；本地的情況不一定適用。這些專業人士和專家如不滿香港政府的待遇就會考慮離開。但有委員認為這些意見有違《中英聯合聲明》。亦有委員認為香港本身已有足夠人才，若向海外招聘公務人員，其待遇亦應與本地人員平等。

第二稿

第四章　第六節

「**第三條**　香港特別行政區成立前在香港政府各部門（包括警察部門）任職的公務人員均可留用，其年資予以保留，薪金、津貼、福利待遇和服務條件不低於原來的標準。」

〔1987 年 9 月 8 日《第四章　香港特別行政區的政治體制（討論稿）》（1987 年 9 月 22 日政制專責小組第二次會議附件一）〕

① 1987 年 9 月 2 日《中華人民共和國香港特別行政區基本法起草委員會第五次全體會議委員們對基本法序言和第一、二、三、四、五、六、七、九章條文草稿的意見匯集》

【P50-51】
五、關於第四章　香港特別行政區的政治體制
（六）第六節　公務員
3. 第二、三、四條。
（1）對於這三條裡所提「主要官員」、「主要政府部門」的範圍，有些委員認為應明確界定，否則會由於理解不同產生執行上的困難。有的委員提出，是否可以從各部門職能的角度來界定。有些委員提出，主要部門不必羅列在基本法裡，可否另搞一個類似「政府組織法」的具體規定。

（4）有的委員提出，第二、三、四條的表述要推敲，如第三條裡提到「均可留用」，第四條裡又提「可以任用」，前後要一致。

※

② 政制專責小組《對基本法第四章部份條文草稿（一九八七年八月）的意見》（1987 年 11 月 4 日經執行委員會通過）

（編者按：本文件雖然時間晚於本稿，但其內容是起草委員會對 1987 年 8 月 22 日政制專責小組擬訂的條文的意見匯編，故放在此處。）

【P3】
IV. 第六節
（2）第三條
1. 有委員認為「不低於原來的標準」一句雖可用於聯合聲明，但不宜用於基本法。這說法太空泛，不夠明確，在數年間便會變得毫無意義。因此該委員建議把它刪去。

2. 但有委員認為這種寫法是對公務員的一種最低保障，取消這句就更沒有保障了。

3. 亦有委員認為這是英文版本的問題，中文是指在特區成立前，即以九七年為界限，而非指八四年《中英聯合聲明》簽署時。

第三稿

第四章　第六節

「**第三條**　香港特別行政區成立前在香港政府各部門（包括警察部門）任職的公務人員均可留用，其年資予以保留，薪金、津貼、福利待遇和服務條件不低於原來的標準。」

〔1987 年 10 月《第四章　香港特別行政區的政治體制（討論稿）》（政治體制專題小組工作文件）〕

① 1987 年 10 月 2 日《政制專責小組對第四章第二、三、五、六節部份條文意見》（1987 年 10 月 6 日政制專責小組第四次會議討論文件）

（編者按：內容同第二稿文件②）

※

② 1987 年 10 月《第四章　香港特別行政區的政治體制（討論稿）》（政治體制專題小組工作文件）
【P40】
第六節　公務員
第三條
第五次全體大會分組討論：
（編按：本文同第二稿文件①，除第（4）點被刪除外，均同前文。）

第四稿

「**第九十九條**　香港特別行政區成立前在香港政府各部門（包括警察部門）任職的公務人員均可留用，其年資予以保留，薪金、津貼、福利待遇和服務條件不低於原來的標準。」

〔1987 年 12 月基本法起草委員會秘書處《香港特別行政區基本法（草案）》（匯編稿）〕

第五稿

「**第一百條**　香港特別行政區成立前在香港政府各部門，包括警察部門任職的公務人員均可留用，其年資予以保留，薪金、津貼、福利待遇和服務條件不低於原來的標準。」

〔1988 年 4 月基本法起草委員會秘書處《中華人民共和國香港特別行政區基本法（草案）草稿》〕

① 1987 年 12 月《中華人民共和國香港特別行政區基本法起草委員會第六次全體會議委員們對基本法第四、五、六、十章和條文草稿匯編的意見》

【P25】
37. 第九十九條
（1）有的委員提出，應怎樣理解公務人員的薪金及福利待遇不低於原來的標準？如果港英政府在九七年前大幅度提高公務員待遇怎麼辦？

第六稿

「第九十九條　香港特別行政區成立前在香港政府各部門，包括警察部門任職的公務人員均可留用，其年資予以保留，薪金、津貼、福利待遇和服務條件不低於原來的標準。」
〔1988 年 4 月基本法起草委員會《中華人民共和國香港特別行政區基本法（草案）徵求意見稿》〕

第七稿

「第九十九條　香港特別行政區成立前在香港政府各部門，包括警察部門任職的公務人員均可留用，其年資予以保留，薪金、津貼、福利待遇和服務條件不低於原來的標準。」
〔1989 年 2 月《中華人民共和國香港特別行政區基本法（草案）》〕

① 1988 年 6 月 6 日《政制專責小組（二）與內地草委交流會會議紀要》

6. 公務人員：
有委員指出第九十八條和九十九條不協調。
草委認為九七年後的情況，應以三條一起閱讀。

※

② 1988 年 6 月 6 日《政制專責小組（三）與草委交流會會議紀要》

6. 公務人員
6.2 建議保留所列：「其年資予以保留，薪金、津貼、福利待遇和服務條件⋯⋯」等薪酬及福利政策，以保持公務員之穩定性。（第九十九條）
6.3 有委員認為薪酬待遇等屬將來聘用的條件，屬政策性條文，故不應列入此法，或可概括為「由將來特區政府制定聘任政策」。（第九十九條）

10. 草委回應
10.12 第九十九條
列出此條有安定人心作用，故不應修改。

※

③《基本法諮詢委員會政制專責小組對基本法（草案）徵求意見稿第四章的意見匯編》，載於 1988 年 10 月基本法諮詢委員會《中華人民共和國香港特別行政區基本法（草案）徵求意見稿諮詢報告（1）》

【P105】
2. 有關專題討論
2.7 公務人員
2.7.2 有委員指出，第九十八條和九十九條不協調。
2.7.4 有委員建議保留所列：「其年資予以保留，薪金、津貼、福利待遇和服務條件⋯⋯」等薪酬及福利政策，以保持公務員之穩定性。（第九十九條）
2.7.5 有委員認為，薪酬待遇等屬將來聘用的條件，屬政策性條文，故不應列入本法，或可概括為「由將來特區政府制定聘任政策」。（第九十九條）

※

④ 1988 年 10 月基本法諮詢委員會《中華人民共和國香港特別行政區基本法（草案）徵求意見稿諮詢報告第五冊——條文總報告》

【P332-333】
第九十九條
2. 意見
→ 歡迎此條文。
理由：此條符合簽署《中英聯合聲明》時對公務員作出的保證。
→ 同意這條文，但懷疑中央人民政府是否可以五十年不變繼續推行。政府應做更多服務以增市民對政府的信心。
→「不低於原來的標準」字眼含糊。條文只強調特別行政區成立前公務員薪酬福利受保障，但卻沒有明確提到成立後的保障。
→ 為求「貧富差距，將之縮短」，官方應起帶領作用。公務員薪酬之高低應以 15：1 之比逐步予以調整。
→ 對公務人員的服務條件及退休福利，實不宜有太大改變，應作出明文規定。
→ 由於各種特殊因素與社會條件，本港公務人員與大陸各級幹部的薪酬福利有很大的差別，中國要改變縮減或取消這種差別的可能性是不容忽視的。
→ 公務員的現行薪酬及服務條件應予基本保留，而現時本地公務員與外籍公務員之間的不合理差距應予取消。
→ 政府員工以後之加薪制度不應以薪水之百分比作計算方法。（目前政府員工之加薪方法只導致貧富懸殊，直接影響員工工作情緒。）
→ 政府部門下工作之員工每一職級間之薪水差額不應超過港元五百元。（目前每一職級之薪水差額相差數千元或倍數，極不公平。）

3. 建議
3.1 修改
→ 改為：「香港特別行政區成立前在香港政府各部門的公務人員均可留用，其年資予以保留，薪金、津貼、福利待遇和服務條件不低於原來的標準。」
理由：提及警察部門任職的公務人員並無意義。
→ 改為：「香港特別行政區成立前在香港各部門任職的公務人員均予留用，其年資予以保留，而按不低於原來標準、薪金、津貼、福利待遇和服務條件亦予保留和改進。」
→「警察部門」改為「紀律部隊」或全句改為「包括任職各部門的公務人員均可留用。」
→「警察部門」改為「警隊」。
理由：

⊙ 主題是人員而非部門。
⊙ 提及警隊即向香港大眾強調將保留警隊和他們的職務而不是由人民解放軍取代。
→ 「均可留用」改為「均將留用」。
理由：「可」字會使人沒有安全感，故此作如是更改；這當然要依所委任主要官員的條件作準。
→ 改「均可留用」為「均予留用」。
理由：以示全體留用。
→ 「薪金、津貼、福利待遇和服務條件」應以「薪金、津貼、福利待遇、服務條件及增收」代替。
理由：以容許因通貨膨脹而作出的調整。
→ 「原來」一詞應以「香港為殖民地的最後一天」代替。
理由：「原來」一詞沒有表明所指為何，意義含糊，可以被解作一九九七年前的任何時間。
3.2 增加
→ 條文開首應列明：「香港特別行政區公務員架構穩定及高質素。」
→ 有關公務員薪酬、福利等的條文應加上獲得「改善」

之字眼。
理由：避免公務員近年來福利有所減少的趨勢。
3.3 其他
→ 應同時註明上述各項仍會按照生活水平的進步而作適當調整。

4. 待澄清問題
→ 「不低於原來的標準」是什麼意思？
→ 此條說明「福利待遇和服務條件不低於原來的標準。」但將來若取消公務員子女由政府津貼負責往英國讀書，是否與這條有抵觸？又或取消非外籍的香港人在英受聘為公務員回港服務而享有的返英度假旅費津貼，又是否與此條文抵觸呢？
→ 特別行政區成立後，公務人員是否仍有「不低於原來的標準」的保障？
→ 「原來」是什麼意思？
→ 為何要特別指明警察部門？

第八稿

「**第一百條** 香港特別行政區成立前在香港政府各部門，包括警察部門任職的公務人員均可留用，其年資予以保留，薪金、津貼、福利待遇和服務條件不低於原來的標準。」
〔1990 年 2 月 16 日《中華人民共和國香港特別行政區基本法（草案）》〕

① 1989 年 11 月基本法諮詢委員會《中華人民共和國香港特別行政區基本法（草案）諮詢報告第三冊——條文總報告》

【P192-193】
第九十九條
2 意見
2.1 反面
→ 不應註明「津貼、福利」等名目。
2.2 其他
→ 應縮小各級公務員薪金的差距，即高薪者減薪、低薪者加薪，使社會更繁盛。

3 建議

3.1 刪除
→ 刪去此條
理由：有關香港特別行政區成立前公務人員的承諾，已由《中英聯合聲明》保證，不屬基本法範圍。
3.2 修改
→ 「警察部門」改為「警隊」。
理由：
⊙ 此條的主題是人員而非部門。
⊙ 註明是「警隊」即向港人強調將會保留警隊及其人員的職務，而不是由人民解放軍取代警隊。
→ 「均可留用」改為「均將留用」。
理由：「可」字使人缺乏安全感。
→ 「原來標準」改為「香港特別行政區政府成立前的標準」。
理由：令意思更加明確。

第九稿

「**第一百條** 香港特別行政區成立前在香港政府各部門，包括警察部門任職的公務人員均可留用，其年資予以保留，薪金、津貼、福利待遇和服務條件不低於原來的標準。」
〔1990 年 4 月《中華人民共和國香港特別行政區基本法》〕

香港特別行政區政府可任用原香港公務人員中的或持有香港特別行政區永久性居民身份證的英籍和其他外籍人士擔任政府部門的各級公務人員，但下列各職級的官員必須由在外國無居留權的香港特別行政區永久性居民中的中國公民擔任：各司司長、副司長，各局局長，廉政專員，審計署署長，警務處處長，入境事務處處長，海關關長。

香港特別行政區政府還可聘請英籍和其他外籍人士擔任政府部門的顧問，必要時並可從香港特別行政區以外聘請合格人員擔任政府部門的專門和技術職務。上述外籍人士只能以個人身份受聘，對香港特別行政區政府負責。

❀ 貳│概念

1. 原英籍和其他外籍公務員的留任
2. 外籍公務員不得出任主要官員
3. 外籍人士可獲聘為顧問及技術職務

❀ 叁│條文本身的演進和發展

第一稿 ▶

第四章　第六節

「第四條　香港特別行政區政府可任用原香港公務人員中的或持有香港特別行政區永久性居民身份證的英籍和其他外籍人士擔任政府部門的各級公務人員，但主要政府部門（相當於『司』級部門，包括警察部門）的正職和某些主要政府部門的副職除外。

香港特別行政區政府還可聘請英籍和其他外籍人士擔任政府部門的顧問；必要時並可從香港特別行政區以外聘請合格人士擔任政府部門的專業和技術職務。上述外籍人員只能以個人身份受聘，並和其他公務人員一樣，必須盡忠職守，對香港特別行政區政府負責。」

〔1987 年 8 月 22 日《政治體制專題小組的工作報告》，載於《中華人民共和國香港特別行政區基本法起草委員會第五次全體會議文件匯編》〕

① 1984 年 12 月 19 日《中華人民共和國政府對香港的基本方針政策的具體說明》（《中英聯合聲明》附件一）

一、香港特別行政區政府和立法機關由當地人組成。

四、香港特別行政區政府可任用原香港公務人員中的或持有香港特別行政區永久性居民身份證的英籍和其他外籍人士擔任政府部門的各級公務人員，各主要政府部門（相當於「司」級部門，包括警察部門）的正職和某些主要政府部門的副職除外。香港特別行政區政府還可聘請英籍和其他外籍人士擔任政府部門的顧問；必要時並可從香港特

別行政區以外聘請合格人員擔任政府部門的專業和技術職務。上述人士只能以個人身份受聘，並和其他公務人員一樣對香港特別行政區政府負責。

※

② 1986 年 6 月 7 日《公務員與基本法研討會報告》

【P3】

楊鐵樑按察司講話大綱

1. 九七年前已經在香港工作的外籍公務員，九七年後可以繼續留任；而九七年後加入香港政府任職的外籍人士，就必須要提出香港居留權的證明。

2. 聯合聲明中沒有提及外籍公務員不能任政府首長，但估計在特別行政區政府中幾個最重要部門的最高級職務，將會留給華人擔任。不過聯合聲明中亦提到設立顧問，這些顧問可能是外國人，他們未必有實際的行政權，但職級與薪酬都非常高。此外，在某些特別的專業，比如工程或醫學界中，仍可任用外籍人士。

3. 預料九七年後香港的外籍公務員可能受到升職，或者不能擔任某些職位的限制，但他們仍會擔當重要的角色。

4. 不論聘用的條件是什麼，問題是本地和外籍公務員是否能和諧相處，如果外籍公務員工作得不愉快，他們會離開。

【P6-7】

問答大綱

1. 公務員與本地政治

1.6 劉兆佳先生支持公務員出任部長或司級官員，但不是說惟有他們才能擔任，只是不排除這個可能性，但劉先生預測將來如果他們做了部長或司級官員，他們就不再是公務員，即不受公務員條例保障要承受政治壓力。

1.7 如果司級官員不受公務員條例保障，他們就與部長沒有分別；如果他們受公務員條例保障，則可能促成介乎行政長官與司級官員之間出現部長。部長的選舉方法有兩種：（一）由立法機關產生，即部長為立法議員。（二）由行政長官委任。但關於部長的細節，聯合聲明沒有提及。

5. 外籍公務員的聘用

聯合聲明只提出司級職員由中國人擔任，但沒有提到公務員本地化，因此如果特別行政區政府不實行本地化，它亦沒有違反聯合聲明。

※

③ 1986 年 8 月 20 日《基本法結構專責小組初步報告》

【P22】

事項	意見	意見出處
5.6 第六節「公務員」	（1）建議在這節內說明有關公務員的一切事宜，包括任用的程序，提前解僱，離職、退休等問題；將第三章第十節的「退休、離職公務員的福利待遇受保護」，寫在這節內。	專責小組五月六日會議

※

④《Final Report on the Structure of Basic Law》（基本法結構專責小組最後報告，1987 年 3 月 4 日經執行委員會通過）

【P26】

ITEMS	OPINIONS	SOURCES
5.6 Section 6 "public servants".	1. To clarify every aspects about the public servants, including the employment, resignation and retirement etc. To put Chapter 3, Section 10, "welfare benefits of retired and resigned public servants shall be protected" in this provision.	Special Group Meeting on 6th May, 1986

※

⑤ 1987 年 5 月 21 日政制專責小組之保安、治安、廉政公署工作組《保安、治安、廉政公署及各種投訴途徑討論文件（五稿）》（1987 年 6 月 9 日政制專責小組第十二次會議討論文件）

【P1】

二、《中英聯合聲明》有關部份

4.「……香港特別行政區政府可任用原香港公務人員中的或持有香港特別行政區永久性居民身份證的英籍和其他外籍人士擔任政府部門的各級公務人員，各主要政府部門（相當於「司」級部門，包括警察部門）的正職和某些主要政府部門的副職除外。香港特別行政區政府還可聘請英籍和其他外籍人士擔任政府部門的顧問；必要時並可從香港特別行政區以外聘請合格人員擔任政府部門的專業和技術職務。上述人士只能以個人身份受聘。並和其他公務人員一樣對香港特別行政區政府負責。……」（附件一第四節）

【P4】

三、治安、保安

2. 警務

2.2 九七年後的情況

2.2.2 外籍警務人員的聘任與報酬

2.2.2.1 聘任方面：

i)「香港特別行政區成立後，原在香港各政府部門（包括警察部門）任職的公務人員和司法人員均可留用，繼續工作……。」

ii)「香港特別行政區政府可任用原香港公務人員中的或持有香港特別行政區永久性居民身份證的英籍和其他外籍人士擔任政府部門的各級公務人員，各主要政府部門（相當於「司」級部門，包括警察部門）的正職和某些主要政府部門的副職除外。」

iii)「香港特別行政區政府可聘請英籍和其他外籍人士擔任政府部門的顧問；必要時並可從香港特別行政區以外聘請合格人員擔任政府部門的專職和技術職務。」

iv)「上述人士只能以個人身份受聘，並和其他公務人員一樣對香港特別行政區政府負責。公務人員應根據本人的資格、經驗和才能予以任命和提升。」

※

⑥ 1987 年 6 月 11 日政制專責小組之公務人員工作組《公務人員討論文件（六稿）》（1987 年 7 月 10 日政制專責小組第十三次會議續會討論文件）

【P4-5】

4. 有關公務人員的國籍與待遇的問題

4.1 外籍公務人員的定義

（1）委員認為英籍和其他外籍公務人員的定義是指持有非中國籍護照的公務人員，如並無其他護照，只持有 1997 年 7 月 1 日前所發之英國公民（海外）護照（BNO）或身份證明書（C. I.），而持有人具中國血統的，將被視為具有中國國籍。

（2）亦有委員認為，英籍和其他外籍公務人員的定義是指不是中國公民的公務人員。

4.2 公務人員的國籍與可擔任政府職位的關係：

國籍	在政府部門可擔任的職務	
（為九七年後所屬國籍）	1997 年前	1997 年後
1）中國（包括現時 C. I. 及 B. N. O. 之華裔人士）	根據目前做法：（1）各級公務人員，包括司級職務	根據《中英聯合聲明》的規定：*
2）英國籍（在香港居住的英國公民和在香港居住的聯合王國本土人士）Resident British Citizens and Resident United Kingdom Belongers	根據目前做法：（1）各級公務人員，包括司級職務	根據《中英聯合聲明》的規定：*
3）其他國籍	根據目前做法：（1）各級公務人員，包括司級職務	根據《中英聯合聲明》的規定：*
4）無國籍	根據目前做法：（1）各級公務人員，包括司級職務	《中英聯合聲明》沒有具體說明此類人士可否出任各主要部門的正職和某些主要部門的副職。

上述圖表乃取材自居民定義、出入境、豁免遞解離境權、選舉權及被選舉權最後報告的附件，詳細資料請參閱該份文件。

* 原文是「香港特別行政區政府可任用原香港公務人員中的或持有香港特別行政區永久性居民身份證的英籍和其他外籍人士擔任政府部門的各級公務人員，各主要政府部門（相當於「司」級部門，包括警察部門）的正職和某些主要政府部門的副職除外。香港特別行政區政府還可聘請英籍和其他外籍人士擔任政府部門的顧問；必要時並可從香港特別行政區以外聘請合格人員擔任政府部門的專業和技術職務。」（附件一第四節）

4.2.1 顧問亦屬於公務員身份

贊成：

（1）聯合聲明提及「香港特別行政區政府還可聘請英籍和其他外籍人士擔任政府部門的顧問。……上述人士只能以個人身份受聘，並和其他公務人員一樣對香港特別行政區政府負責。」聲明中提及「並和其他公務人員一樣」，可見他們也屬於公務員的一部份。

反對：

（2）聯合聲明的條文並沒有足夠證據顯示顧問亦是公務員，他們可能是合約人員，只是和其他公務人員一樣向特區政府負責。

4.2.2 行政長官是否公務員，到現在仍未有定論。

【P7】

5. 有關公務人員服務條件與職業保障的問題

5.2 公務人員的薪酬、津貼、福利及服務條件

5.2.3 有委員認為英籍及其他外籍人士也可成為永久性公務員。此外，還需考慮以什麼途徑留住這些不能擔任主要政府部門正職或副職的英籍和其他外籍人才。……

※

⑦ 1987 年 6 月 30 日《「公務人員」討論文件修訂意見（總表）》（1987 年 7 月 10 日政制專責小組第十三次會議續會討論文件》

【P2-3】

頁	點	修訂內容	委員
4	4.1(1)	「英國公民（海外）護照（BNO）及身份證明書（C.I.）」改為：「英國公民（海外）護照（BNO）或身份證明書（C.I.）」。	郭元漢
5	4.2.2	「公務員」改為「公務人員」	郭元漢
5	4.2.2	末句加上「現行之港督職位不列入公務人員編制。」	謝志偉
7	5.2.3	增加一意見：「基本法應規定英籍及其他外籍人士也可成為永久性公務人員。」	林邦莊

※

⑧政制專責小組《公務人員最後報告》（1987 年 8 月 8 日經執行委員會通過）

【P4-5】

（編者按：本文同第一稿文件⑥，除下列內容外，均同前文。）

4. 有關公務人員的國籍與待遇的問題

4.2.2 行政長官是否公務員，到現在仍未有定論。現行之港督職位不列入公務員編制。

※

⑨ 1987 年 8 月 22 日《政治體制專題小組的工作報告》，載於《中華人民共和國香港特別行政區基本法起草委員會第五次全體會議文件匯編》

【P54】

第四章　香港特別行政區的政治體制（討論稿）

第六節　公務員

第四條

說明：委員們認為，主要政府部門的正職和某些主要政府部門的副職的範圍需明確規定。

第四章　第六節

「第四條　香港特別行政區政府可任用原香港公務人員中的或持有香港特別行政區永久性居民身份證的英籍和其他外籍人士擔任政府部門的各級公務人員，但主要政府部門（相當於『司』級部門，包括警察部門）的正職和某些主要政府部門的副職除外。

香港特別行政區政府還可聘請英籍和其他外籍人士擔任政府部門的顧問；必要時並可從香港特別行政區以外聘請合格人士擔任政府部門的專業和技術職務。上述外籍人員只能以個人身份受聘，並和其他公務人員一樣，必須盡忠職守，對香港特別行政區政府負責。」

〔1987年9月8日《第四章　香港特別行政區的政治體制（討論稿）》（1987年9月22日政制專責小組第二次會議附件一）〕

① 1987年9月2日《中華人民共和國香港特別行政區基本法起草委員會第五次全體會議委員們對基本法序言和第一、二、三、四、五、六、七、九章條文草稿的意見匯集》

【P50-51】
五、關於第四章　香港特別行政區的政治體制
（六）第六節　公務員
3.第二、三、四條
（1）對於這三條裡所提「主要官員」、「主要政府部門」的範圍，有些委員認為應明確界定，否則會由於理解不同產生執行上的困難。有的委員提出，是否可以從各部門職能的角度來界定。有些委員提出，主要部門不必羅列在基本法裡，可否另搞一個類似《政府組織法》的具體規定。
（2）有的委員提出，將第四條特別提到的「英籍人士」去掉，認為外籍人士已包括英籍人士。有些委員不同意這個意見，認為目前在香港的外籍人士中絕大部分是英籍人士，他們有一些經驗和貢獻，有必要特別提到。有的委員指出，特別提到「英籍人士」是體現了《中英聯合聲明》的精神，即對英國在香港的利益有所照顧。
（3）有的委員提出，應在本條裡寫上留用和聘用的外籍人士必須懂中文。有的委員認為，是否要求懂中文應從所在部門及所擔任職務的實際情況而定，如翻譯當然要懂中文。
（4）有的委員提出，第二、三、四條的表述要推敲，如第三條裡提到「均可留用」，第四條裡又提「可以任用」，前後要一致。

4.第四、六條
有的委員提出，這兩條的括號，應盡量去掉，括號中的內容直接寫入條文中。

※

② 政制專責小組《對基本法第四章部份條文草稿（一九八七年八月）的意見》（1987年11月4日經執行委員會通過）

（編者按：本文件雖然時間晚於本稿，但其內容是起草委員會對1987年8月22日政制專責小組擬訂的條文的意見匯編，故放在此處。）

【P3】
IV.第六節
（3）第四條
1.有委員建議英籍和其他外籍人士所不能擔任的職位應該一一列出，好讓英籍和其他外籍人士更清楚自己的情況，而且也保障他們所不能擔任的職位不會愈來愈多。

2.但亦有委員認為沒有政府可能有這遠見，能預見將來的事，既然我們對現時政府有信心，對將來政府亦應有信心。

3.另外，有委員認為這條文很長，不易閱讀，且易產生不同的詮釋，故建議最好能用標點符號將之點斷，或用精簡語法改寫，使之更為清楚。

4.但亦有委員擔心改寫後會異於聯合聲明的寫法，會產生不必要之憂慮。

※

③ 1987年9月8日《第四章　香港特別行政區的政治體制（討論稿）》（1987年9月22日政制專責小組第二次會議附件一）

第六節　公務員
第四條
（編者按：內容同第一稿文件⑨）

第四章　第六節

「第四條　香港特別行政區政府可任用原香港公務人員中的或持有香港特別行政區永久性居民身份證的英籍和其他外籍人士擔任政府部門的各級公務人員，但主要政府部門（相當於『司』級部門，包括警察部門）的正職和某些政府主要部門的副職除外。

香港特別行政區政府還可以聘請英籍和其他外籍人士擔任政府部門的顧問；必要時並可以從香港特別行政區以外聘請合格人士擔任政府部門的專業和技術職務。上述外籍人員只能以個人身份受聘，並和其他公務人員一樣，必須盡忠職守，對香港特別行政區政府負責。」

〔1987年10月《第四章　香港特別行政區的政治體制（討論稿）》（政治體制專題小組工作文件）〕

① 1987年10月2日《政制專責小組對第四章第二、　三、五、六節部份條文意見》（1987年10月6日

政制專責小組第四次會議討論文件）

（編者按：內容同第二稿文件②）

　　　　　　　　　　※

② 1987 年 10 月《第四章　香港特別行政區的政治
體制（討論稿）》（政治體制專題小組工作文件）

【P40】
第六節　公務員
第四條
（編者按：內容同第一稿文件⑨）
說明：委員們認為，主要政府部門的正職和某些主要政府
部門的範圍需明確規定。

第五次全體大會分組討論：
（編者按：本文同第二稿文件①，除第（1）點被刪除外，
均同前文。）

第四稿

「第一百條　香港特別行政區政府可任用原香港公務人員中的或持有香港特別行政區永久
性居民身份證的英籍和其他外籍人士擔任政府部門的各級公務人員，但下列各職級的官員除
外：各廳廳長、副廳長、各司司長以及保安司、人事司、行政司的副司長、廉政專員、審計
署長、警察局長、副局長、外事局長、副局長、人民入境事務處處長、海關總監。
香港特別行政區政府還可聘請英籍和其他外籍人士擔任政府部門的顧問；必要時並可從香港
特別行政區以外聘請合格人士擔任政府部門的專門和技術職務。上述外籍人士只能以個人身
份受聘，對香港特別行政區政府負責。」
〔1987 年 12 月基本法起草委員會秘書處《香港特別行政區基本法（草案）》（匯編稿）〕

① 1987 年 12 月基本法起草委員會秘書處《香港特
別行政區基本法（草案）》（匯編稿）

【P44-45】

第一百條
說明：有的委員提出，人事司、行政司的副司長是否可以
考慮不一定限制外籍人士擔任。
有的委員提出，人民入境事務處處長和海關總監不是司級
官員，是否需要限制，可以研究。

第五稿

「第一百零一條　香港特別行政區政府可任用原香港公務人員中的或持有香港特別行政區
永久性居民身份證的英籍和其他外籍人士擔任政府部門的各級公務人員，但下列各職級的
官員必須由香港特別行政區永久性居民中的中國公民擔任：各司司長、副司長，各局局長，
廉政專員，審計署署長，保安局、銓敘局副局長，警務處長、副處長，外事處長、副處長，
入境事務處長，海關總監。
香港特別行政區政府還可聘請英籍和其他外籍人士擔任政府部門的顧問；必要時並可從香港
特別行政區以外聘請合格人員擔任政府部門的專門和技術職務。上述外籍人士只能以個人身
份受聘，對香港特別行政區政府負責。」
〔1988 年 4 月基本法起草委員會秘書處《中華人民共和國香港特別行政區基本法（草案）草稿》〕

① 1988 年 4 月 26 日《胡繩副主任委員關於總體
工作小組的工作報告》，載於 1988 年 5 月《中華
人民共和國香港特別行政區基本法起草委員會第七
次全體會議文件匯編》

【P7】
（五）……第一百零一條也作了相應的改動，第一百零一
條中原來有「人事局」這個稱謂，基於同樣的理由改稱為
銓敘局。

　　　　　　　　　　※

② 1988 年 4 月《總體工作小組所作的條文修改舉
要》，載於 1988 年 5 月《中華人民共和國香港特別
行政區基本法起草委員會第七次全體會議文件匯編》

【P19】
第一百零一條（政制小組最後草擬的原第一百條），將本

條所列各職級官員名稱調整為：「各司司長、副司長，各
局局長，廉政專員，審計署署長，保安局、銓敘局副局長，
警務處長、副處長，外事處長、副處長，入境事務處長，
海關總監。」

　　　　　　　　　　※

③《各專題小組的部份委員對本小組所擬條文的意
見和建議匯輯》，載於 1988 年 4 月基本法起草委
員會秘書處《中華人民共和國香港特別行政區基本
法（草案）草稿》

【P70】
第一百零一條
1. 有的委員提出，銓敘局的副局長是否可考慮不一定限制
外籍人士擔任。

2. 有的委員提出，入境事務處處長和海關總監不是司級官
員，是否需要限制可研究。

第六稿

「第一百條　香港特別行政區政府可任用原香港公務人員中的或持有香港特別行政區永久性居民身份證的英籍和其他外籍人士擔任政府部門的各級公務人員，但下列各職級的官員必須由香港特別行政區永久性居民中的中國公民擔任：各司司長、副司長，各局局長，廉政專員，審計署署長，保安局副局長，銓敘局副局長，警務處長，副處長，外事處長、副處長，入境事務處長，海關總監。

香港特別行政區政府還可以聘請英籍和其他外籍人士擔任政府部門的顧問；必要時並可從香港特別行政區以外聘請合格人員擔任政府部門的專門和技術職務。上述外籍人士只能以個人身份受聘，對香港特別行政區政府負責。」

〔1988 年 4 月基本法起草委員會《中華人民共和國香港特別行政區基本法（草案）徵求意見稿》〕

① 《各專題小組的部份委員對本小組所擬條文的意見和建議匯輯》，載於 1988 年 4 月基本法起草委員會《中華人民共和國香港特別行政區基本法（草案）徵求意見稿》

【P58】

（編者按：內容同第五稿文件③）

第七稿

「第一百條　香港特別行政區政府可任用原香港公務人員中的或持有香港特別行政區永久性居民身份證的英籍和其他外籍人士擔任政府部門的各級公務人員，但下列各職級的官員必須由香港特別行政區永久性居民中的中國公民擔任：各司司長、副司長，各局局長，廉政專員，審計署署長，警務處長。

香港特別行政區政府還可聘請英籍和其他外籍人士擔任政府部門的顧問，必要時並可從香港特別行政區以外聘請合格人員擔任政府部門的專門和技術職務。上述外籍人士只能以個人身份受聘，對香港特別行政區政府負責。」

〔1989 年 2 月《中華人民共和國香港特別行政區基本法（草案）》〕

① 1988 年 8 月基本法起草委員會秘書處《香港各界人士對〈香港特別行政區基本法（草案）徵求意見稿〉的意見匯集（一）》

【P31】

第一百條

1. 建議加「教育處處長」，以表示對教育的重視。

2. 第二款加：「可以從內地聘請合格人員擔任政府部門的專門和技術職務。」

3. 在「必須由」後加：「通曉粵語及英語的」。

※

② 《基本法諮詢委員會政制專責小組對基本法（草案）徵求意見稿第四章的意見匯編》，載於 1988 年 10 月基本法諮詢委員會《中華人民共和國香港特別行政區基本法（草案）徵求意見稿諮詢報告（1）》

【P105】

2. 有關專題討論

2.7 公務人員

2.7.7 有委員認為，公務員、公務人員、公職人員間的分別應明確規定。而被政府委任，加入諮詢架構者，應界定是公務人員抑或屬公職人員。

2.7.8 有委員認為，公務員應分類為：

（一）政務式公務人員：決定政策的公務人員；

（二）事務式公務人員：永久性的公務人員。

※

③ 《基本法與國籍》，載於 1988 年 10 月基本法諮詢委員會《中華人民共和國香港特別行政區基本法（草案）徵求意見稿諮詢報告（4）——專題報告》

【P55-56】

7. 國籍與主要官員的問題

7.1 基本法（草案）徵求意見稿規定，只有永久性居民中的中國公民才可出任主要官員。現為非主要官員職級的外籍公務員，他們的晉升機會便因此受到影響，如他們現已是主要官員，一九九七年後，便要放棄其所持的國籍，並加入中國國籍，才可以繼續出任主要官員。

7.2 關於放寬主要官員的國籍限制即如政治權利的國籍限制，有關建議有兩種：

7.2.1 容許外籍人士出任主要官員；

7.2.2 中國在香港承認雙重國籍，容許持外國國籍的香港人保留其中國公民的身份，從而可出任主要官員。

7.3 關於容許外籍人士出任主要官員

7.3.1 支持意見主要有：

7.3.1.1 現行安排將會嚴重打擊現職公務員的士氣，尤其是持外國國籍並出任政務官職級的本地公務員，因為他們在未來十年的晉升機會會受障礙；這會導致人才外流的問題；

7.3.1.2 大部份持外國國籍的人士其中包括華裔人士，都是很有才幹的，對維持香港的繁榮安定很有貢獻，現行安排會限制了政府吸納入才，導致政府管治階層的水準降低。

7.3.1.3 各級主要官員既然由行政長官提名並報請中央人民政府任命，就無須在基本法中加以國籍限制。

7.3.1.4 非中國籍人士在政府部門任職，應與中國籍人士享

有同樣待遇，藉此，非中國籍人士也可為香港的繁榮出力。

7.3.1.5 香港不是一個主權地區，只是中國的地方特別行政區，直轄於中央人民政府，而中國也承諾維持香港的繁榮安定及國際金融中心的地位。在這情況下，容許中國血統的香港永久性居民出任特別行政區政府要職，未必一定有損國體，反而可以表示中國要維持香港作為國際金融中心的決心，對香港有很大裨益。

7.3.1.6 香港特別行政區的主要官員的任免，會因政治的關係而沒有太大的保障。如要求每一位有志於在主要公職上效力的香港人放棄其外國國籍，而作出終身為中國公民的選擇，這未免有點不顧現實。

7.3.1.7 如外籍人士出任立法機關成員不會產生效忠問題，他們出任主要官員也不應成問題。

7.3.2 反對意見：

7.3.2.1 限制外籍人士擔任政府公職的級別，是改變本港殖民地政制架構的必要措施，而且有利於香港中國公民人才的挖掘與培養。

7.3.2.2 在基本法裡應列明凡取得外國國籍的香港人士，均不能擔任高級職位。原因是恐怕日後他們離港後會嚴重影響特別行政區的穩健性。

7.3.2.3 外籍人士在將來擔任特別行政區政府公職，負責技術性、顧問性職務，處於中層而非決策層是可以接受的，這可讓有意為香港貢獻才智的外籍人士留港服務。

7.4 其他建議

7.4.1 應以香港居民居港的時間作為出任主要官員的條件。

7.4.2 為了維持香港的繁榮穩定，對那些按一九八五年五月二十八日規定的永久性長俸制受聘於香港政府的人士，應授予中國公民身份。在理論上，按這安排合資格當主要官員的外籍人士的人數不會很多。

※

④ **1988 年 10 月基本法諮詢委員會《中華人民共和國香港特別行政區基本法（草案）徵求意見稿諮詢報告第五冊──條文總報告》**

【P334-338】

第一百條

2.意見

2.1 有關中國公民出任主要官員的規定

→ 國籍的規定可酌情放寬，某些副司長職位尤其專業或科技方面可由其他非中國公民擔任。

理由：《中英聯合聲明》只規定司級職位須由永久性居民中的中國公民擔任。

→ 無須規定由中國公民出任這些職位。

理由：

⊙ 否則對特別行政區永久性居民中的非中國公民不公平。

⊙ 避免造成人才外流。

⊙ 外籍公務員會有較多晉升機會，便會更安心和積極工作。

⊙ 否則妨礙有才能的人擔任要職。

⊙ 雖然應體現中國之主權，但亦應以「能者居之」的方法來決定由誰出任。

⊙ 政府部門大規模私營化將會使本地人無法主管這些已私營化機構。

⊙ 本條文與第二十四條產生矛盾。因第二十四條寫明法律面前一律平等，但第一百條卻限制了外籍人士擔任高級公務人員的機會。

→ 只限於中國公民出任的職位只應為布政司、財政司和保安司。其他職位不論理論上和實際上皆應公開予英籍和華籍官員。

理由：

⊙ 此條對非中國公民可出任的職位，提出了比《中英聯合聲明》更多的限制。

⊙ 以種族優先於能力或年資的考慮，對於一個素以公正平等，不計其種族、膚色或信仰去對待其成員的行政部門而言，是令人反感的。

⊙ 擁有一大群不滿政府和士氣低落的外籍高層公務員，會使特別行政區存有內在的危險。

⊙ 這個構思只會嚴重破壞公務員的集體精神，在華籍和英籍官員之間製造分裂，最終危害政府的效率。

→ 這規定違反了《中英聯合聲明》。中國公民的任用應只限於十八個司級職位和警務處長之上。唯一可能的增添應只在那些需要在立法機關中作為司長的副司長職位。但基本法（草案）徵求意見稿則排拒所有外籍公民出任各部門的副司長，若僅僅因為他們在中國籍以外擁有另外一個國籍，而排拒受過良好教育的海外華人出任這些職位，那是愚蠢的做法。

→ 除行政長官和立法機構主席外，其他主要官員或行政機關成員無須為香港特別行政區永久性居民中的中國公民。

→ 主要官員應脫離公務員體系。

→ 若主要官員必須為中國公民，則在量才聘用和作為國際都市的原則下，有種族歧視之嫌。

→ 國籍限制應只適用於司級職位。審計署署長、入境事務處長和海關總監及一些副司長應不受此限。

→ 銓敘局副局長可由外籍人士擔任。

理由：公務員中有外籍人士，若銓敘局有外籍人士擔任副局長則更好。

→ 銓敘局的副局長不能由外籍人士擔任，正如在美國的同等職位不能由蘇聯人擔任。

→ 銓敘局的副局長、入境事務處處長和海關總監可考慮不一定限制外籍人士擔任。

理由：貫徹「港人治港」。

→ 應規定各部門首長及次首長皆為本地人士，銓敘局副局長及入境事務處處長和海關總監皆應規定由本地人擔任。

理由：

⊙ 為保證「港人治港」。

⊙ 使香港特別行政區政府抹去殖民地色彩。

→ 懲教署首長應升為司級及規定由華人擔任。

理由：

⊙ 以華人當首長，能鼓勵士氣，並易於與職員及犯人溝通。而所制訂的政策，更能符合香港這個華人社會，能貫徹現代懲教目標。

⊙ 懲教署的地位、功能及其職員所受的軍事訓練，均與警隊相同。而懲教署比之移民局和海關為更高級的部門。

→ 規定教育處長由中國公民擔任。

→ 由於中國公民的定義不明，直接影響外籍公務員出任各政府部門的主要職位。

2.2 有關「顧問」的討論

→ 無須在各行政部門的架構另設一些比部門主管更高級的「顧問」職位。

理由：嚴重影響行政部門的運作。

→ 將來特別行政區政府是否需要繼續保留這些專門技術職位及顧問並聘請外籍人士出任，應按實際需要及香港是否有適合的人才而決定。

→ 特別行政區政府有全權自行聘請屬於技術性的專業顧問，行政首長無須呈報中央人民政府批准。

2.3 其他意見

→ 此條文之機構名稱欠統一，給人混亂之感。應作更改。

→ 機構本身亦應在適當時間合併，以免機關重疊，有礙施政和管轄。例如廉政公署可處理公務員、經濟、商業犯罪的舉報和投訴。

→ 此條過於拘泥。

→ 此條應寫得更有彈性。

→ 這條規定不符「港人治港」的原則，使港人無法自行

選賢與能，因為所有高職長官全由中央任命，但中央在北京又怎能知道香港官員的工作能力及情況。

→ 有些教員也是公務員，其中也有外籍人士。

3. 建議

3.1 刪除

→ 刪除此條

3.1.1 第一款

→ 刪去第一款。

理由：屬人事政策。

→ 刪去「中國公民」一詞。

理由：行政機關成員不應只限由中國公民出任。

→ 應刪去廉政專員、審計署署長、入境事務處及海關稅監。

3.1.2 第二款

→ 刪去「英籍和其他」等字眼。

→ 應將「英籍和其他」統稱為「外籍人士」。

理由：

⊙ 無須突出「英籍」。

⊙ 應該人人平等。

⊙ 不應在中國法律中留下英國殖民地歷史的痕跡。

⊙ 一九九七年後，英籍也是外籍。《中英聯合聲明》提及「英籍和其他外籍」是對中英雙方來說的，故英籍便不是外籍，而外籍則指中英以外的第三國籍，所以當時有這說明。但一九九七年後，中國之外都是外籍，英籍也包括在內。

3.2 修改

→ 改為「香港特別行政區政府除下列各職級官員：各司……必須由香港特別行政區永久性居民中的中國公民擔任外，其他各級公務員，可任用原香港公務員中的英籍或其他外籍人士，或持有香港特別行政區永久性居民身份證的英籍或其他外籍人士擔任。」

→ 改為「香港特別行政區政府，除相當於『司』級部門的正職和某些主要部門的副職，在法律規定的職位之外，可任用持有香港特別行政區永久性居民身份證的非中國籍人士擔任政府部門的各級公務人員。」

3.2.1 第一款

→ 改為「香港特別行政區政府可任用原香港公務人員中的或持有香港特別行政區永久性居民身份證的英籍和其他外籍人士擔任政府部門的各級公務人員，惟警務處長一職須由香港特別行政區永久性居民中的中國公民擔任。」

理由：

⊙ 第六節所述的公務人員屬政府的執行人員，其角色和職務有別於屬政治任命的相當於司、局級首長的主要官員。但主要官員必須由特別行政區永久性居民中的中國公民擔任，然而各級公務人員應無分國籍種族，一律量才而用。由於《中英聯合聲明》附件一規定警察部門的正職不得由英籍或其他外籍人士擔任，故是唯一的例外。

→ 「……英籍和其他外籍人士……」改為「……中國公民（香港）中的持有英國公民（海外）旅行證件人士和香港居民擔任政府部門…」

→ 第三行第一句改為「……，但下列各職級的官員必須由通曉粵語及英語的香港特別行政區永久性居民中的中國公民擔任……。」

→ 將「中國公民」改為「華裔人士」。

理由：行政機關成員全由華裔人士擔任，是可以理解和接受的，但由於香港有很多華裔人士不是中國公民，所以如果條文中寫上「中國公民，有所作為的人士便不能被器重。」

3.2.2 第二款

→ 第一行「…還可聘請英籍和其他外籍人士擔任…」改為「…還可聘請外籍人士和內地人士擔任…」。

理由：如在本區外聘請顧問，便不應摒除有同等能力的內地人士，否則便有瞧不起自己人的民族自卑感。

→ 第一行「還可聘請英籍和其他外籍人士擔任……」改為「可聘請持有香港特別行政區永久性居民身份的人士擔任政府……」。

→ 最後一行刪去「外籍」兩字。

3.3 增加

→ 第一款加上：「原來在任的非中國籍永久性居民，若只因其為非中國公民而使他們不能擔任該等職位，應可被聘任於同級別的位置，或可獲得失去晉升的賠償。」

→ 第三行「官員」的「員」字後加上句號。「但」字改為「不過」。

→ 第一段末加上：「不過並未包括代行職級」。

→ 加入「一切聘用外籍人士不能參與香港特別行政區的政事。」

理由：防止有異心的外籍人士搞對抗政事。

→ 在第三款末加上：「及要尊重中央人民政府的指令或措施。」

→ 各司司長、副司長後，加上「終審法院法官」。

理由：他能顧及全中國和香港的利益。

→ 各處長名稱加一個「處」字：「警務處處長」、「外事處處長」、「入境事務處處長」。

3.4 其他

→ 修改此條以容許香港特別行政區政府可聘用外籍人士出任低於司長／處長／專員級的行政職位。

理由：以容許富經驗的外籍人士以其專長得以聘任。

→ 需重新草擬以容許行政職銜和職位不時的更改。例如：行政事務申訴專員。

→ 修改至與《中英聯合聲明》配合。

→ 政府部門首長的稱呼應統一。一是全部稱審計署署長、警務處處長、外事處處長，否則應稱審計署長、警務處長、外事處長。

→ 必須加以說明香港特別行政區政府將會優先聘用同等資歷的本地合格人員。

→ 「中國公民」的定義，應清楚列明，或以附件形式列出。

4. 待澄清問題

→ 入境事務處處長和海關總監不是司級官員，是否需要限制？

→ 為何行政和一般文職不能由外籍人士擔任？

→ 廉政專員和審計署署長不應由中國公民以外人士擔任，但為何其他的職位要受如此大的限制？

→ 何謂永久性居民中的「中國公民」？

→ 需清楚界定「中國公民」一詞。根據此條，究竟中國公民是否單指持有中國（香港特別行政區）護照的人，而持有英國屬土公民（海外）護照的華裔香港居民則不計算在內？

→ 首長級官員須由特別行政區永久性居民中的中國人擔任，但有些在港出生的中國人在換領身份證時，曾轉入英籍，究竟屬何國籍？可否擔任這等職位？

→ 「外籍人士」一詞未有清楚界定。如有出生於加拿大其父母是香港居民並持有加拿大護照的華裔人士，其屬於中國籍或其他國籍？

→ 第一行「原」字是什麼意思？

→ 第二款的「專門職務」，所指為何？

→ 「各局局長」是否包括保安局，銓敘局？

→ 這條未有提及保安局局長和銓敘局，是否一時疏忽遺漏了，應否補寫？

※

⑤ **1989 年 1 月 9 日《政治體制專題小組對條文修改情況的報告》，載於 1989 年 1 月《中華人民共和國香港特別行政區基本法起草委員會第八次全體**

第一百條規定的必須由香港特別行政區永久性居民中的中

國公民擔任的官員中，刪去保安局副局長、銓敘局副局長、警務處副處長、外事處長及副處長、入境事務處長、海關總署七個職位。這是因為徵求意見時有些人士和團體對政府主要部門的正職和某些副職的成員條件提出不同意見，因此做了這樣的刪減。

第八稿

「**第一百零一條　香港特別行政區政府可任用原香港公務人員中的或持有香港特別行政區永久性居民身份證的英籍和其他外籍人士擔任政府部門的各級公務人員，但下列各職級的官員必須由在外國無居留權的香港特別行政區永久性居民中的中國公民擔任：各司司長、副司長，各局局長，廉政專員，審計署署長，警務處處長，入境事務處處長，海關關長。**

香港特別行政區政府還可聘請英籍和其他外籍人士擔任政府部門的顧問，必要時並可從香港特別行政區以外聘請合格人員擔任政府部門的專門和技術職務。上述外籍人士只能以個人身份受聘，對香港特別行政區政府負責。」
〔1990年2月16日《中華人民共和國香港特別行政區基本法（草案）》〕

① 《基本法（草案）徵求意見稿與基本法（草案）對照表》，載於1989年2月基本法諮詢委員會秘書處《中華人民共和國香港特別行政區基本法（草案）參考資料》

【P39】
諮詢報告：
國籍限制應只適用於司級職位。審計署署長、入境事務處長和海關總監及一些副司長應不受此限。
銓敘局副局長可由外籍人士擔任。
銓敘局的副局長、入境事務處處長和海關總監可考慮不一定限制外籍人士擔任。

※

② 1989年11月30日基本法起草委員會秘書處《內地各界人士對〈中華人民共和國香港特別行政區基本法（草案）〉的意見匯集》

【P14-15】
第一百條
1. 建議增加「入境事務處長」和「海關總監」。（浙江）

2. 建議刪掉第二款「香港特別行政區政府還可聘請……」一句中的「還」字。（山東）

3. 應進一步擴大應由中國公民擔任的職務的範圍；同時規定行政長官可以任命一個由外籍人士組成的諮詢機構，聽取他們的意見。（民主黨派人士）

※

③ 《公務員與政治》，載於1989年11月基本法諮詢委員會《中華人民共和國香港特別行政區基本法（草案）諮詢報告第二冊——專題報告》

【P140-141】
7. 爭議問題及意見
7.3 公務員的國籍限制
7.3.1 問題：根據《基本法（草案）》第一百條，主要官員的出任受到國籍限制，即只可由中國籍人士出任。目前在政府任職高級官員的有不少是外籍人士，如在1997年

後他們繼續留任於香港特別行政區政府，他們的仕途便會因國籍問題受到影響，這已打擊到這些公務員的工作士氣。另外，對於那些持外國國籍的華人公務員，他們對自己的中國籍仍沒有清楚的瞭解，所以在他們之間也出現同樣的問題。然而，這個與國籍有關的問題，必須與中國國籍法如何在香港引用的問題一併研究。
7.3.2 意見
7.3.2.1 為穩定公務員架構，以及維持香港的國際性地位，基本法在主要官員的國籍問題上，不應加以限制。
7.3.2.2 中國國籍法在香港引用時應作適當修改，以便居住在香港的中國人士，可享有雙重國籍，即無須放棄外國國籍而仍可保留其中國籍的身份。
7.3.2.3 只容許中國籍人士出任主要官員是體現主權的做法，而且不會出現雙重效忠的問題，影響香港特別行政區政府的利益。

※

④ 1989年11月基本法諮詢委員會《中華人民共和國香港特別行政區基本法（草案）諮詢報告第三冊——條文總報告》

【P193-195】
第一百條
2. 意見
2.1 正面
→ 第一款內所提及的職位都必須由香港特別行政區永久性居民擔任。
→ 此條限制了香港永久性居民中的外籍公民，或任何移民外地並取得外國護照回港的人才，擔任政府機關的部門首長是恰當的。
理由：
⊙ 保障了香港永久性居民中的中國公民的就業權利；
⊙ 提高士氣，確保政府部長能忠誠服務香港特別行政區。
2.2 反面
2.2.1 第一款
→ 不必硬性規定各司長等由中國公民擔任。
→ 反對由「中國公民」出任此等職位的規定。
理由：剝奪了非中國籍永久性居民擔任此等職位的機會。
→ 外籍人士受限制的範圍比《中英聯合聲明》所規定的更大。
→ 牽涉的職位可能超過一百個，實際上會使外籍人士，不論其對香港的效忠程度、經驗、在香港的服務年期如何，都不能擔任所有中層管理以上的職位。

→ 外籍人士不能擔任的職位數目應減至最少。
理由：
⊙ 故意使外籍人士不能擔任為數可觀的高級公務人員職位，對香港和中國都不是有利的做法。
⊙ 如要保持安定繁榮，一九九五年至二零零五年是個困難的時期，需要謹慎使用政府所有可能的人力資源。
⊙ 否則便會違反《中英聯合聲明》。根據《中英聯合聲明》：「各主要政府部門（相當於『司』級部門，包括警察部門）的正職和某些主要政府部門的副職除外，即英籍和其他外籍人士可擔任各級公務人員。」
→ 本條仍跟《中英聯合聲明》的規定有衝突。《中英聯合聲明》只規定持有香港特別行政區永久性居民身份證的外籍人士，不可擔任各主要政府部門（相當於「司」級部門）的正職和某些主要政府部門的副職。但本條卻規定外籍人士不可擔任所有司級部門的正副職。

3 建議
3.1 修改
3.1.1 第一款
→ 改為「香港特別行政區成立前，香港公務員中持有香港特別行政區永久性居民身份證的外籍人士擔任……」
理由：
⊙ 英籍人士應包括在外籍人士中，無須將英籍人士和外籍人士分開列出。
⊙ 基本法與《中英聯合聲明》不同。《中英聯合聲明》是中英兩國的聲明，當時「其他外籍人士」是指除中英兩國外的第三者。將來香港特別行政區成立後，應對所有外籍人士一視同仁。
→ 建議將「審計署長」英文本的譯為「Auditor General」。
理由：
⊙ 因為英文本「審計署」的譯名已經與現時審計署的英文名稱不同。
⊙ 跟中央人民政府一貫譯法。
→ 建議把「審計署長」改為「審計長」（Auditor General），以反映他是主管整個香港特別行政區的審計工作的，而不是主管一個普通的行政部門。
→ 將第一款內「各司司長、副司長、各局局長、廉政專員、審計署長」改為「三司外、外事處長、入境事務處長、海關總監」，並刪去第二款內「還可聘請英籍和其他外籍人士擔任政府部門的顧問」一句，在「必要時……」一句前加上「在」字。
→ 將第一款內「各司司長……警務處長」改為「各司司

長、副司長、各局局長、副局長、廉政專員、審計署署長、副署長、警務處長、副處長、保安局長、副局長、銓敘局長、副局長、外事處長、副處長、入境事務處長、副處長、海事處長、副處長、海關總監、終審法庭首席法官以及各級法官。」
理由：這些職位都必須由中國公民擔任，以維護國家權益和民族尊嚴。
其他
→ 建議修改本條，使香港特別行政區政府可以聘請外國人出任低於司長、局長、署長及處長級的行政職位。
理由：容許外國專家為政府部門貢獻他們的知識及經驗，使這些部門的行政更有效率。
3.2 增加
3.2.1 第一款
→ 在「各司司長、副司長」後加上「終審法院法官」。
→ 在「廉政專員」之後加上「明政專員」。
→ 在句末加上：「香港特別行政區視乎每一職位的特別工作要求，可聘請非中國籍人士擔任公務員。副司長、局長、廉政專員、審計署長毋須由中國居民擔任。」
→ 在「但下列各職級」之前加上「不過」二字，並在此款末加上「惟代行職級除外」。
3.2.2. 第二款
→ 在第二款後加上「及要尊重中央政府的指令或措施。」

4.待澄清問題
→ 擁有台灣居留權的香港公務員在 1997 年後可否保留在政府架構內的職位呢？

※

⑤ 1990 年 1 月 17 至 20 日《政治體制專題小組第十八次會議紀要》，載於 1990 年 2 月《中華人民共和國香港特別行政區基本法起草委員會第九次全體會議文件匯編》

【P27】
一、關於第四章政治體制的條文修改
15.第一百條「但下列各職級的官員必須由」後加「在外國無居留權的」；「審計署長、警務處長」改為「審計署署長、警務處處長」，並在此後加「入境事務處處長、海關關長」。有的委員主張列入「副局長」，有的委員主張「入境事務處處長」和「海關關長」不應列入。

第九稿

「**第一百零一條** 香港特別行政區政府可任用原香港公務人員中的或持有香港特別行政區永久性居民身份證的英籍和其他外籍人士擔任政府部門的各級公務人員，但下列各職級的官員必須由在外國無居留權的香港特別行政區永久性居民中的中國公民擔任：各司司長、副司長，各局局長，廉政專員，審計署署長，警務處處長，入境事務處處長，海關關長。
香港特別行政區政府還可聘請英籍和其他外籍人士擔任政府部門的顧問，必要時並可從香港特別行政區以外聘請合格人員擔任政府部門的專門和技術職務。上述外籍人士只能以個人身份受聘，對香港特別行政區政府負責。」
〔1990 年 4 月《中華人民共和國香港特別行政區基本法》〕

對退休或符合規定離職的公務人員，包括香港特別行政區成立前退休或符合規定離職的公務人員，不論其所屬國籍或居住地點，香港特別行政區政府按不低於原來的標準向他們或其家屬支付應得的退休金、酬金、津貼和福利費。

✿ 貳│概念

1. 原公務員退休或離職福利不低於原標準

✿ 叁│條文本身的演進和發展

第一稿

第四章　第六節

「第五條　對退休或符合規定離職的公務人員，包括香港特別行政區成立以前退休或符合規定離職的公務人員，不論其所屬國籍或居住地點，香港特別行政區政府按不低於原來的標準向他們或其家屬支付應得的退休金、酬金、津貼及福利費。」

〔1987年8月22日《政治體制專題小組的工作報告》，載於《中華人民共和國香港特別行政區基本法起草委員會第五次全體會議文件匯編》〕

① 1984年12月19日《中華人民共和國政府對香港的基本方針政策的具體說明》（《中英聯合聲明》附件一）

四、香港特別行政區成立後，原在香港各政府部門（包括警察部門）任職的公務人員和司法人員均可留用，繼續工作；其薪金、津貼、福利待遇和服務條件不低於原來的標準。對退休或約滿離職的人員，包括一九九七年七月一日以前退休的人員，不論其所屬國籍或居住地點，香港特別行政區政府將按不低於原來的標準向他們或其家屬支付應得的退休金、酬金、津貼及福利費。

※

② 1986年4月《香港各界人士對〈基本法〉結構等問題的意見匯集》（基本法起草委員會第二次會議參閱資料之一）

【P6】

（方案七）3.政府架構：……公務員權利、退休、福利權利。

※

③ 1986年6月7日《公務員與基本法研討會報告》

【P2】

賈斯雅按察司講話大綱

2.根據現存的長俸條例第五章第一節，政府是沒有法律上責任分發長俸給公務員的。雖然香港政府鮮有這樣做，這個可能性還存在。

3.有公務員擔心將來在財政累縮的情況下，政府為了應付其他開支，而要削減公務員的長俸。雖然已知政府正尋求解決辦法，但結果怎樣現在仍未能知。

4.根據政府的聘用合約，長俸構成公務員所賺薪酬的部份，應在其任滿後支取。如政府未能支付長俸金或縮減長俸金額，此合約權利則可成為控告政府的事由。但據知長俸法例將獲修訂，能顧及新退休年齡及長俸折現部份，並可能修訂第五章第一節。

5.基本法應明確規定，不論是香港特別行政區政府的公務員，或是在一九九七年七月一日前香港政府的公務員，退休後均可獲付長俸。為保障公務員能獲付應得的長俸，曾有人建議設立一長俸基金。這計劃已獲研究，但所涉金額極龐大，因此並不可行。

從政府一般收入中撥款支付之款項不一定可獲支付。撫恤孤寡想俸（編者按：「想俸」疑為「恩俸」之誤）計劃與遺孀及子女恩俸計劃的供款是由公務員納入政府一般收入，供款中很可能還有大筆可給供款人享用的餘額，政府應參考這一點，也許可重新審議撥款備付長俸的建議。

【P7】

問答大綱

4.公務員的長俸：

4.1 基本法中應詳細解釋聯合聲明附件一第四節中所謂：「公務員退休金將由特別行政區政府按不低於原來的標準發放」中「不低於原來的標準」的意思。

4.2 基本法中應該列明九七年前退休的公務員都應有權得到長俸。

4.3 現在退休的公務員多數在四、五十年代加入政府服務，那時人數只有數萬，而且他們的薪酬不高。因此現在政府要付的長俸數目不大。但在九七年退休的公務員多數是在六零年代加入政府工作的，那時因環境的需要曾招聘了大量的公務員，而且他們的薪酬不低，因此在九七年前後，當他們漸次退休時，那筆長俸便會很龐大，根據長俸法例，政府是沒有法律上的責任分發長俸給公務員的，但如果到時政府沒有長俸發給公務員，便會產生問題，因此草擬基本法時應該仔細考慮這點。

※

④ 1987 年 6 月 11 日政制專責小組之公務人員工作組《公務人員討論文件（六稿）》（1987 年 7 月 10 日政制專責小組第十三次會議續會討論文件）

【P6-7】
5. 有關公務人員服務條件與職業保障的問題
5.1 公務人員的長俸
八六年十二月，香港政府修改了舊有的長俸計劃，公佈了一項新的公務人員的長俸建議，這建議如獲通過，將於 1987 年 7 月 1 日開始實施：
（1）公務人員退休年齡由五十五歲提高至六十歲。
（2）長俸將成為一種權利，而非優惠。
（3）在新長俸計劃的規定下，現職公務員（即 1987 年 7 月 1 日前任職者）可任意選擇新或舊的長俸計劃。
5.1.1 聯合聲明提及有關公務人員長俸的條例
聯合聲明附件一第四節：「對退休或約滿離職的人員，包括一九九七年七月一日以前退休的人員，不論其所屬國籍或居住地點，香港特別行政區政府將按不低於原來的標準向他們或其家屬支付應得的退休金、酬金、津貼及福利費。」
5.1.2 九七年後公務人員長俸發放的保證
（1）委員認為香港政府一直是從一般收入中支付長俸給公務人員，而不是設有特別的基金去支付這筆費用的。長久以來，政府在發放長俸給公務人員時，都沒有產生重大的問題。但有意見認為，這是因為現在退休的公務人員多在四、五十年代加入政府，那時公務人員人數只有數萬，而且他們的薪酬不高，所以政府現在要支付的長俸數目不大，故沒有產生大問題。
但在九七年前後退休的公務人員多是在六、七十年代加入政府工作的，那時公務人員的數目有極大的增長，故在九七年後，當他們漸次退休時，特區政府要支付的長俸數目便很龐大。雖然聯合聲明提及特區政府將會按不低於原來的標準支付公務人員的退休金，但有意見認為如果政府不事先預備這筆為數不少的支出，而將來仍然只是從一般收入中撥出來，恐怕會對政府的財政產生影響。
（2）委員認為特別行政區政府應設立公務人員退休儲備金。
（3）委員認為不論在九七年前或後退休之公務人員，領取退休金均是公務員之權利，政府不依法支付退休金時，公務人員有權依法律途徑追討。
（4）委員認為特別行政區政府應定時並合理地調整退休金以維持公務人員一定的購買力。
（5）委員認為公務人員原則上是長俸制，特殊職位可用合約制。

5.2 公務人員的薪酬、津貼、福利及服務條件
5.2.1 委員認為為確保公務人員高質素，特別行政區政府給予公務人員的待遇時，應同私營機構的良好僱主比較；在某些方面，政府更應作出好榜樣，以留住有才能之人士出任公務人員和吸引有才能人士加入公務人員之行列。
5.2.2 有委員認為如特區政府希望保留海外招聘的公務人員所能提供的專長，便要給予他們具吸引力的薪酬、福利和津貼；本地的情況不一定適用。
5.2.3 有委員認為英籍及其他外籍人士也可成為永久性公務員。此外，還須考慮以什麼途徑留住這些不能擔任主要政府部門正職或副職的英籍和其他外籍人才。他們的薪酬、津貼、福利及服務條件不應低於他以前任職於政府部門所享有的。
5.3 公務人員之招聘、任命及僱用
5.3.1 委員認為公務人員得根據本人的資格、經驗和才能予以任命和提升。
5.3.2 委員認為不應要求公務人員離職，否則應給予賠償。
5.3.3 有委員認為基本法應列明假如受僱者願意的話，他們可以繼續受僱。
5.3.4 有委員認為不必繼續以目前的方式實行本地化政策。本地化政策應有所修訂，使該政策只適用於招聘階段。
5.3.5 委員認為政黨黨籍不應成為擔任公務人員的必要條件。
5.3.6 委員認為現任公務人員在九七年而未退休者，一律自動成為特區的公務人員。
5.3.7 有委員認為除非出於自願，特別行政區公務人員不得被調往特別行政區以外的任何地方任職。

※

⑤政制專責小組《公務人員最後報告》（1987 年 8 月 8 日經執行委員會通過）

【P6-7】
（編者按：本文同第一稿文件④，除下列內容外，均同前文。）
5. 有關公務人員服務條件與職業保障的問題
5.1 公務人員的長俸
（6）目前公務人員的長俸分兩部份，一部份是一次過收取的，不用抽稅，另一部份是每月收取的，卻要抽稅，有些委員認為 97 年後，公務人員每月收取的長俸亦不用抽稅。
（7）有委員認為 97 年後的長俸稅收制度應沿用 97 年前的制度。
5.2 公務人員的薪酬、津貼、福利及服務條件
5.2.2 如要留住或招聘具備專長的海外公務人員，政府給予他們（尤其是專業人士及專家）的薪酬、福利和津貼，則必須是具吸引力和在國際上具競爭性的；本地的情況不一定適用。這些專業人士和專家如不滿香港政府的待遇就會考慮離開。但有委員認為這意見有違《中英聯合聲明》。亦有委員認為香港本身已有足夠人才，若向海外招聘公務人員，其待遇亦應與本地人員平等。
5.3 公務人員之招聘、任命及僱用
5.3.2 委員認為除因失職革退外，不應要求公務人員離開政府公職，否則應給予賠償。
5.3.3 有委員認為基本法應列明 1997 年後不論本地或外籍受僱者，假如願意的話，他們可以繼續受僱。

第二稿

第四章　第六節
「第五條　對退休或符合規定離職的公務人員，包括香港特別行政區成立以前退休或符合規

定離職的公務人員，不論其所屬國籍或居住地點，香港特別行政區政府按不低於原來的標準向他們或其家屬支付應得的退休金、酬金、津貼及福利費。」

〔1987年9月8日《第四章　香港特別行政區的政治體制（討論稿）》（1987年9月22日政制專責小組第二次會議附件一）〕

① 1987年9月2日《中華人民共和國香港特別行政區基本法起草委員會第五次全體會議委員們對基本法序言和第一、二、三、四、五、六、七、九章條文草稿的意見匯集》

【P51-52】

五、關於第四章　香港特別行政區的政治體制
（六）第六節　公務員
5. 第五條
（1）有的委員提出，「福利費」是否包括「撫恤金」？建議政制小組予以澄清。

（2）有的委員建議將「福利費」改為「福利待遇」。

第三稿

第四章　第六節
「第五條　對退休或符合規定離職的公務人員，包括香港特別行政區成立以前退休或符合規定離職的公務人員，不論其所屬國籍或居住地點，香港特別行政區政府按不低於原來的標準向他們或其家屬支付應得的退休金、酬金、津貼及福利費（包括撫恤金）。」

〔1987年10月《第四章　香港特別行政區的政治體制（討論稿）》（政治體制專題小組工作文件）〕

① 1987年10月《第四章　香港特別行政區的政治體制（討論稿）》（政治體制專題小組工作文件）

【P41】

第六節　公務員
第五條
第五次全體大會分組討論：
（編者按：內容同第二稿文件①）

第四稿

「第一百零一條　對退休或符合規定離職的公務人員，包括香港特別行政區成立以前退休或符合規定離職的公務人員，不論其所屬國籍或居住地點，香港特別行政區政府按不低於原來的標準向他們或其家屬支付應得的退休金、酬金、津貼和福利費（包括撫恤金）。」

〔1987年12月基本法起草委員會秘書處《香港特別行政區基本法（草案）》（匯編稿）〕

第五稿

「第一百零二條　對退休或符合規定離職的公務人員，包括香港特別行政區成立前退休或符合規定離職的公務人員，不論其所屬國籍或居住地點，香港特別行政區政府按不低於原來的標準向他們或其家屬支付應得的退休金、酬金、津貼和福利費。」

〔1988年4月基本法起草委員會秘書處《中華人民共和國香港特別行政區基本法（草案）草稿》〕

① 1988年4月《總體工作小組所作的條文修改舉要》，載於1988年5月《中華人民共和國香港特別行政區基本法起草委員會第七次全體會議文件匯編》

【P19】
第一百零二條（政制小組最後草擬的原第一百零一條），去掉，「（包括撫恤金）」以與《中英聯合聲明》的提法一致。

第六稿

「第一百零一條　對退休或符合規定離職的公務人員，包括香港特別行政區成立前退休或符合規定離職的公務人員，不論其所屬國籍或居住地點，香港特別行政區政府按不低於原來的標準向他們或其家屬支付應得的退休金、酬金、津貼和福利費。」

〔1988年4月基本法起草委員會《中華人民共和國香港特別行政區基本法（草案）徵求意見稿》〕

第七稿

「第一百零一條　對退休或符合規定離職的公務人員，包括香港特別行政區成立前退休或符合規定離職的公務人員，不論其所屬國籍或居住地點，香港特別行政區政府按不低於原來的標準向他們或其家屬支付應得的退休金、酬金、津貼和福利費。」

〔1989年2月《中華人民共和國香港特別行政區基本法（草案）》〕

① 1988年10月基本法諮詢委員會《中華人民共和國香港特別行政區基本法（草案）徵求意見稿諮詢報告第五冊——條文總報告》

【P338-339】
第一百零一條
2. 意見

→ 滿意此條對退休或符合規定離職的公務員所載的承諾。但必須同時說明退休金按照生活水平的進步而作適當調整。

→ 此條規定公務員可獲保障不低於原來的酬金福利，卻無列明經濟來源，恐怕現職公務員未能放心。

→ 不應將退休金支付原在外地聘任，而已往外地的退休公務員。
理由：他們無須在港納稅，所以香港人沒有義務去付錢。而這措施充滿了殖民地色彩。

→ 在一九九七年七月一日移交香港特別行政區政府前，必須備有一份清楚的公務員規例手冊。

3. 建議
3.1 修改
→ 改為：「香港特別行政區政府有責任負擔有關經費，包括公務員薪酬，一切福利及長俸」。否則會損及公務員信心，引致流失率增加。

3.2 增加
→ 在最後一句加上：「……福利費及公費醫療。」

4. 待澄清問題
→ 「不低於原來的標準」是什麼意思？
倘若退休的公務員移民外國，或海外公務員返回祖國，特別行政區政府如何保證會「按不低於原來的標準」支付退休金給他們？匯率的升降如何計算？

→ 向在來港服務以前曾在其他殖民地服務的海外公務員支付退休金的用意何在？「不論其所屬國籍或居住地點……按不低於原來的標準……」這規定將如何具體地應用於退休金的計算中？這句所指的是什麼？

第八稿

「**第一百零二條** 對退休或符合規定離職的公務人員，包括香港特別行政區成立前退休或符合規定離職的公務人員，不論其所屬國籍或居住地點，香港特別行政區政府按不低於原來的標準向他們或其家屬支付應得的退休金、酬金、津貼和福利費。」
〔1990 年 2 月 16 日《中華人民共和國香港特別行政區基本法（草案）》〕

① 1989 年 11 月基本法諮詢委員會《中華人民共和國香港特別行政區基本法（草案）諮詢報告第三冊——條文總報告》

【P195】
第一百零一條
2. 意見

→ 反對此條規定。
理由：反對將退休金支付給移居外地的退休公務員。

3. 建議
3.1 修改
→ 將「……他們或其家屬……」改為「……他們或該公務員死後其家屬……」。

第九稿

「**第一百零二條** 對退休或符合規定離職的公務人員，包括香港特別行政區成立前退休或符合規定離職的公務人員，不論其所屬國籍或居住地點，香港特別行政區政府按不低於原來的標準向他們或其家屬支付應得的退休金、酬金、津貼和福利費。」
〔1990 年 4 月《中華人民共和國香港特別行政區基本法》〕

公務人員應根據其本人的資格、經驗和才能予以任用和提升，香港原有關於公務人員的招聘、僱用、考核、紀律、培訓和管理的制度，包括負責公務人員的任用、薪金、服務條件的專門機構，除有關給予外籍人員特權待遇的規定外，予以保留。

❀ 貳│概念

1. 原公務員聘用及管理制度的保留
2. 原外籍人員的特權待遇例外

❀ 叁│條文本身的演進和發展

第一稿

第四章　第六節
「第六條　公務人員應根據本人的資格、經驗和才能予以任用和提升。香港原有關於公務人員的招聘、僱用、考核、紀律、培訓和管理的制度（包括負責公務人員的任用、薪金、服務條件的專門機構），除有關給予外籍人員特權待遇的規定外，予以保留。」
〔1987 年 8 月 22 日《政治體制專題小組的工作報告》，載於《中華人民共和國香港特別行政區基本法起草委員會第五次全體會議文件匯編》〕

① 1984 年 12 月 19 日《中華人民共和國政府對香港的基本方針政策的具體說明》（《中英聯合聲明》附件一）

四、公務人員應根據本人的資格、經驗和才能予以任命和提升。香港原有關於公務人員的招聘、僱用、考核、紀律、培訓和管理的制度（包括負責公務人員的任用、薪金、服務條件的專門機構），除有關給予外籍人員特權待遇的規定外，予以保留。

※

② 1987 年 6 月 11 日政制專責小組之公務人員工作組《公務人員討論文件（六稿）》（1987 年 7 月 10 日政制專責小組第十三次會議續會討論文件）

【P7】
5. 有關公務人員服務條件與職業保障的問題
5.3 公務人員之招聘、任命及僱用
5.3.1 委員認為公務人員得根據本人的資格、經驗和才能予以任命和提升。
5.3.2 委員認為不應要求公務人員離職，否則應給予賠償。
5.3.3 有委員認為基本法應列明假如受僱者願意的話，他們可以繼續受僱。
5.3.4 有委員認為不必繼續以目前的方式實行本地化政策。本地化政策應有所修訂，使該政策只適用於招聘階段。

5.3.5 委員認為政黨黨籍不應成為擔任公務人員的必要條件。
5.3.6 委員認為現任公務人員在九七年而未退休者，一律自動成為特區的公務人員。
5.3.7 有委員認為除非出於自願，特別行政區公務人員不得被調往特別行政區以外的任何地方任職。

※

③ 政制專責小組《公務人員最後報告》（1987 年 8 月 8 日經執行委員會通過）

【P7】
（編者按：本文同第一稿文件②，除下列內容外，均同前文。）
5.3.2 委員認為除因失職革退外，不應要求公務人員離開政府公職，否則應給予賠償。
5.3.3 有委員認為基本法應列明 1997 年後不論本地或外籍受僱者，假如願意的話，他們可以繼續受僱。

※

④ 1987 年 8 月 22 日《政治體制專題小組的工作報告》，載於《中華人民共和國香港特別行政區基本法起草委員會第五次全體會議文件匯編》

第四章　香港特別行政區的政治體制（討論稿）
第六節　公務員

第六條
說明：有的委員主張，在本條的最後，加下列一句：「對

上述制度，香港特別行政區政府可根據實際情況，為提高工作效率和公務人員的質素，依法加以發展和改進」。

第二稿

第四章　第六節

「**第六條　公務人員應根據本人的資格、經驗和才能予以任用和提升。香港原有關於公務人員的招聘、僱用、考核、紀律、培訓和管理的制度（包括負責公務人員的任用、薪金、服務條件的專門機構），除有關給予外籍人員特權待遇的規定外，予以保留。**」
〔1987 年 9 月 8 日《第四章　香港特別行政區的政治體制（討論稿）》（1987 年 9 月 22 日政制專責小組第二次會議附件一）〕

① 1987 年 9 月 2 日《中華人民共和國香港特別行政區基本法起草委員會第五次全體會議委員們對基本法序言和第一、二、三、四、五、六、七、九章條文草稿的意見匯集》

【P51】
五、關於第四章　香港特別行政區的政治體制
（六）第六節　公務員
4. 第四、六條
有的委員提出，這兩條的括號，應盡量去掉，括號中的內容直接寫入條文中

※

② 政制專責小組《對基本法第四章部份條文草稿（一九八七年八月）的意見》（1987 年 11 月 4 日經執行委員會通過）

（編者按：本文件雖然時間晚於本稿，但其內容是起草委員會對 1987 年 8 月 22 日政制專責小組擬訂的條文的意見匯編，故放在此處。）

【P3-4】
IV. 第六節
（4）第六條
1. 有委員認為「原有……制度」一詞雖可用於聯合聲明，但不宜用於基本法。在聯合聲明公佈以後，招聘制度已有改變，在數年間「原有」一詞便會全無意義。該委員希望

這條文寫得更正面，具體說明既定的制度（程序）。否則整個制度便可隨意變動，不夠確切。

2. 有委員指出將來草委是會整體地重新處理用詞的。

3. 另外，有委員建議「除有關給予外籍人員特權待遇的規定外」一句應刪去。如果需要招聘外籍專家，則有理由以特權待遇吸引人才。如果這句另有其他意思，則應清楚說明。

4. 亦有委員認為，在《中英聯合聲明》已有列明。

5. 有委員建議在這節加上一條列明公務員應是政治中立，不受立法機關及行政機關變動之影響。

6. 但有委員補充，這條文亦應對「公務員」的定義及「政治中立」的範圍界定清楚。

7. 有委員建議公務員的定義為：《中英聯合聲明》提到的，由行政長官提命，由中央委任的主要官員為公職人員，除此以外的為公務員，他們應保持政治中立。

※

③ 1987 年 9 月 8 日《第四章　香港特別行政區的政治體制（討論稿）》（1987 年 9 月 22 日政制專責小組第二次會議附件一）

第六節　公務員
第六條
（編者按：內容同第一稿文件④）

第三稿

第四章　第六節

「**第六條　公務人員應根據本人的資格、經驗和才能予以任用和提升。香港原有關於公務人員的招聘、僱用、考核、紀律、培訓和管理的制度（包括負責公務人員的任用、薪金、服務條件的專門機構），除有關給予外籍人員特權待遇的規定外，予以保留。**」
〔1987 年 10 月《第四章　香港特別行政區的政治體制（討論稿）》（政治體制專題小組工作文件）〕

① 1987 年 10 月 2 日《政制專責小組對第四章第二、三、五、六節部份條文意見》（1987 年 10 月 6 日政制專責小組第四次會議討論文件）

III. 第六節
（4）第六條
（編者按：內容同第二稿文件②）

② 1987 年 10 月《第四章　香港特別行政區的政治體制（討論稿）》（政治體制專題小組工作文件）

【P41】
第六節　公務員
第六條
（編者按：內容同第一稿文件④）

※

第四稿

「**第一百零二條　公務人員應根據本人的資格、經驗和才能予以任用和提升。香港原有關於**

公務人員的招聘、僱用、考核、紀律、培訓和管理的制度（包括負責公務人員的任用、薪金、服務條件的專門機構），除有關給予外籍人員特權待遇的規定外，予以保留。」

〔1987年12月基本法起草委員會秘書處《香港特別行政區基本法（草案）》（匯編稿）〕

① 1987年12月基本法起草委員會秘書處《香港特別行政區基本法（草案）》（匯編稿）

【P45】
第一百零二條
（編者按：內容同第一稿文件④）

第五稿

「第一百零三條　公務人員應根據本人的資格、經驗和才能予以任用和提升，香港原有關於公務人員的招聘、僱用、考核、紀律、培訓和管理的制度，包括負責公務人員的任用、薪金、服務條件的專門機構，除有關給予外籍人員特權待遇的規定外，予以保留。」

〔1988年4月基本法起草委員會秘書處《中華人民共和國香港特別行政區基本法（草案）草稿》〕

①《各專題小組的部份委員對本小組所擬條文的意見和建議匯輯》，載於1988年4月基本法起草委員會秘書處《中華人民共和國香港特別行政區基本法（草案）草稿》

【P70】
第一百零三條
（編者按：內容同第一稿文件④）

第六稿

「第一百零二條　公務人員應根據本人的資格、經驗和才能予以任用和提升，香港原有關於公務人員的招聘、僱用、考核、紀律、培訓和管理的制度，包括負責公務人員的任用、薪金、服務條件的專門機構，除有關給予外籍人員特權待遇的規定外，予以保留。」

〔1988年4月基本法起草委員會《中華人民共和國香港特別行政區基本法（草案）徵求意見稿》〕

① 1988年4月基本法起草委員會《中華人民共和國香港特別行政區基本法（草案）徵求意見稿》

【P11】
簡介
36.本章第六節規定香港特別行政區的各級公務員必須是香港特別行政區永久性居民，司級官員必須是香港中國公民，外籍人士可擔任司級以下的公務員或政府部門顧問，但以個人身份受聘。所有公務員和顧問均對香港特別行政區政府負責。本節又規定，公務員根據其資格、經驗和才能任用和提升，保留關於公務員的招聘、僱用、考核、紀律、培訓和管理制度。這些都是根據《中英聯合聲明》的規定而制定的。本節還根據聯合聲明，規定香港政府各部門任職的公務人員、警務人員均可留用，待遇不低於原來

標準。這些規定可保障維持一個公正、安定和有效率的公務員制度，香港現有十八萬公務員的服務條件（包括薪金、退休金）和福利，也得到保障。

※

②《各專題小組的部份委員對本小組所擬條文的意見和建議匯輯》，載於1988年4月基本法起草委員會《中華人民共和國香港特別行政區基本法（草案）徵求意見稿》

【P58】
第一百零二條
（編者按：內容同第一稿文件④）

第七稿

「第一百零二條　公務人員應根據其本人的資格、經驗和才能予以任用和提升，香港原有關於公務人員的招聘、僱用、考核、紀律、培訓和管理的制度，包括負責公務人員的任用、薪金、服務條件的專門機構，除有關給予外籍人員特權待遇的規定外，予以保留。」

〔1989年2月《中華人民共和國香港特別行政區基本法（草案）》〕

① 1988年8月基本法起草委員會秘書處《香港各界人士對〈香港特別行政區基本法（草案）徵求意見稿〉的意見匯集（一）》

【P31】
第一百零二條
1.在「予以保留」後加：「可根據實際情況，依法加以改進」。

2.加有關「長俸」的規定。

※

②《基本法諮詢委員會政制專責小組對基本法（草案）徵求意見稿第四章的意見匯編》，載於1988年10月基本法諮詢委員會《中華人民共和國香港特別行政區基本法（草案）徵求意見稿諮詢報告（1）》

【P105】
2.有關專題討論
2.7 公務人員
2.7.6 有委員認為，第一百零三條所述立法機關成員、法院法官並不屬於公務人員，故不應列入此條。
2.7.7 有委員認為，公務員、公務人員、公職人員間的分

別應明確規定。而被政府委任，加入諮詢架構者，應界定是公務人員抑或屬公職人員。

2.7.8 有委員認為，公務員應分類為：

（1）政務式公務人員：決定政策的公務人員；

（2）事務式公務人員：永久性的公務人員。

2.7.9 有委員認為，第一百零三條將政務式及事務式的公務員混為一體。

2.7.10 有委員認為，現行香港政府及將來特別行政區政府的架構皆需要公務人員保持效率及為政府效力。

2.7.11 有委員認為，公務員的職責及其在未來政制、行政及立法方面所扮演的角色未有明確說明。

2.7.12 有委員認為，任何方案的實施皆有賴公務員的運作。

【P111】

3. 有關條文討論

3.31 第一百零三條

3.31.1 有委員認為，應明確界定各級法院法官、審計署署長、廉政專員等官員是否「主要官員」，他們的責任應分明。

3.31.2 有委員認為，本條應自成一章節。

※

③ 1988 年 10 月基本法諮詢委員會《中華人民共和國香港特別行政區基本法（草案）徵求意見稿諮詢報告第五冊——條文總報告》

【P339-341】

第一百零二條

2. 意見

→ 此條引致一些現時公務人員聘用、解僱制度不適用於將來的特別行政區。

→ 條文所列，除有關給予外籍人員的特權和待遇的規定外，其他有關公務員的服務條件將予以保留。倘若其所指的是撤回提供給外籍僱員的宿舍和近國（編者按：「近國」應為「返國」之誤）的免費機票的話，那就未免太過瑣碎和多此一舉了。這樣做不單只會破壞容許外籍人士在一九九七年後在香港工作的原意，亦會使將來的特別行政區政府在僱用外籍人士方面難以跟私人機構競爭，因為私人機構肯定會提供這些福利給外籍僱員。

→ 此條未必可行。

理由：特權待遇在外籍公務員的僱用條件當中構成一個非常重要的因素。

第九十九條應允薪金、津貼、福利待遇和服務條件不低於原來標準。

香港政府亦曾保證一九九七年後的利益不會降低或減少。

→ 公務員中的海外僱員不應享有特權待遇。現時本地高級公務員的待遇已比西歐國家的僱員為優厚，而本港的僱用條件已對海外人士有足夠的吸引力。除非在特殊情況下，本地及海外僱員在僱用條件方面的差異不應在一九九七年後繼續。

→ 公務員職位應公開競爭。

→ 應盡早列出現有特權待遇，以便早日廢除，免引起爭議。

3. 建議

3.1 修改

→ 改為：「公務人員應根據個別職級入職的資格、經驗和才能予以任用和提升，香港原有關於公務人員的招聘、僱用、考核、紀律、培訓和管理的制度予以保留。香港特別行政區政府設立公務員敘用委員會，獨立處理包括負責公務人員的任用、紀律、薪金和服務條件的專門機構，除有關給予外籍人員特權待遇的規定外，予以保留。」

→ 改為：「香港特別行政區政府可自行根據當前執行的制度、職位條件和要求，考慮公務人員本人的資格、經驗和才能予以提升。」

→ 將「予以保留」改為「予以保留或加以改善」。

→ 改為：「香港傳統的制度……」

理由：這用語較為合適，因為香港有許多「原有」的制度。

→ 「待遇」一詞應以「僱用」代替。

理由：很多海外僱員仍不能理解第九十九條中「不低於原來的標準」及第一百零二條中「除有關外籍人員特權待遇的規定外」兩者明顯的矛盾。

→ 第一句「本人的」宜改為「本身之……」

理由：中文習慣用法。

3.2 增加

→ 在此條末句「予以保留」前加一句「除於特別情況而立法會議認可外」。

理由：在一些情況下，政府可能會需要一位非常富經驗的專業人士。有時由於這樣的專才在世上只有三數個，所以他／她實際上可自行訂下僱用條件。若社會對這類人士有充份的需要（這由立法會議決定），那麼，便須給予他特別優待以吸引他來。

→ 在「經驗和才能予以任用和提升」之後加上「不應因政治或思想信仰，財產狀況或社會出身而受到歧視及不平等的對待」。

→ 在「予以保留」後加「及可根據實際情況加以改善」。

→ 在此條文的第一個逗號後加上：「除因公務員制度的改進和改善外」。

理由：此條文只對一個停頓的制度作出規定，抑制了公務員制度和架構上健康的發展。

→ 本條文末加上：「對上述制度，香港特別行政區政府可根據實際情況，為提高工作效率和公務人員的質素，依法加以發展和改進。」

理由：對公務員的鼓勵很大。

3.3 其他

→ 把現時公務員的聘用、紀律等有關制度列入附件中，而條文內寫明根據附件，予以保留。這樣就避免了將來有需要修改基本法條文的可能。

→ 加以說明香港特別行政區以外地區的一切有關的制度均不適於香港特別行政區政府。

4. 待澄清問題

→ 「除有關給予外籍人員特權待遇的規定外」一句在《中英聯合聲明》和徵求意見稿的英文版中有不同的譯法。這句的內容需要澄清和界定，而作此更改的理由亦需要清楚解釋。

第八稿

「第一百零三條　公務人員應根據其本人的資格、經驗和才能予以任用和提升，香港原有關於公務人員的招聘、僱用、考核、紀律、培訓和管理的制度，包括負責公務人員的任用、薪金、服務條件的專門機構，除有關給予外籍人員特權待遇的規定外，予以保留。」

〔1990 年 2 月 16 日《中華人民共和國香港特別行政區基本法（草案）》〕

① 1989 年 11 月 30 日基本法起草委員會秘書處《內地各界人士對〈中華人民共和國香港特別行政區基本法（草案）〉的意見匯集》

【P15】
第一百零二條

第一句改為:「香港特別行政區政府根據公務人員的資格、經驗和才能任用和提升公務人員」。(人民來信)

※

② 1989 年 11 月基本法諮詢委員會《中華人民共和國香港特別行政區基本法(草案)諮詢報告第三冊——條文總報告》

【P196】
第一百零二條

2. 建議

2.1 修改

→ 改為:「除有關給予外籍人員特權待遇的規定外」改為「除於特別事故而經立法會認可外」。

理由:在某些情況下,政府可能需要一些經驗非常豐富的專業人士。有時,此等人才在世界可能只有幾個,他們實際上可自行制訂僱用條件。若社會對這類人士有充份的需要(這由立法會決定),便須給予他們特別優待,招攬他們回港。

2.2 增加

→ 加上:「香港原有由各級各部門公務員組成的各工會均予保留,其在法律範圍內的各項活動可以繼續。」

→ 在本條「予以保留」之後加上「,並可繼續改善」。

理由:原文的規定太不靈活,且妨礙公務員制度的健康發展。

第九稿

「第一百零三條　公務人員應根據其本人的資格、經驗和才能予以任用和提升,香港原有關於公務人員的招聘、僱用、考核、紀律、培訓和管理的制度,包括負責公務人員的任用、薪金、服務條件的專門機構,除有關給予外籍人員特權待遇的規定外,予以保留。」

〔1990 年 4 月《中華人民共和國香港特別行政區基本法》〕

香港特別行政區行政長官、主要官員、行政會議成員、立法會議員、各級法院法官和其他司法人員在就職時必須依法宣誓擁護中華人民共和國香港特別行政區基本法，效忠中華人民共和國香港特別行政區。

❀ 貳｜概念

1. 主要官員宣誓擁護基本法
2. 主要官員效忠香港特區

❀ 叄｜條文本身的演進和發展

第一稿

「第一百零四條　香港特別行政區行政長官、主要官員、行政會議成員、立法會議成員、各級法院法官和司法人員在就職時必須依法宣誓。」
〔1988 年 4 月基本法起草委員會秘書處《中華人民共和國香港特別行政區基本法（草案）草稿》〕

① 1988 年 4 月《總體工作小組所作的條文修改舉要》，載於 1988 年 5 月《中華人民共和國香港特別行政區基本法起草委員會第七次全體會議文件匯編》

第一百零四條（政制小組最後草擬的原第一百零三條），在行文上將「主要官員」提到「行政會議成員」之前。

※

② 《各專題小組的部份委員對本小組所擬條文的意見和建議匯輯》，載於 1988 年 4 月基本法起草委員會秘書處《中華人民共和國香港特別行政區基本法（草案）草稿》

【P70】
第一百零四條
有的委員建議，本條宜放入總則。多數委員主張暫作為第一百零四條，待總體工作小組通盤考慮後再作決定。

第二稿

「第一百零三條　香港特別行政區行政長官、主要官員、行政會議成員、立法會議成員、各級法院法官和司法人員在就職時必須依法宣誓。」
〔1988 年 4 月基本法起草委員會《中華人民共和國香港特別行政區基本法（草案）徵求意見稿》〕

① 《各專題小組的部份委員對本小組所擬條文的意見和建議匯輯》，載於 1988 年 4 月基本法起草委員會《中華人民共和國香港特別行政區基本法（草案）徵求意見稿》

【P58】
第一百零三條
（編者按：內容同第一稿文件②）

第三稿

「第一百零三條　香港特別行政區行政長官、主要官員、行政會議成員、立法會議員、各級法院法官和其他司法人員在就職時必須依法宣誓。」
〔1989 年 2 月《中華人民共和國香港特別行政區基本法（草案）》〕

① 1988 年 6 月 6 日《政制專責小組（三）與草委交流會會議紀要》

6. 公務人員

6.4 第一百零三條所述立法機關成員、法院法官並不屬於公務人員，故不應列入此條。

10. 草委回應
10.13 第一百零三條

原本專題小組已分別在行政長官、行政機關、立法機關幾節中列有官員宣誓一條，後來覺得如此寫法太重複累贅，故將之全納入公務人員一節中列出。

※

② 1988 年 8 月基本法起草委員會秘書處《香港各界人士對〈香港特別行政區基本法（草案）徵求意見稿〉的意見匯集（一）》

【P32】
第一百零三條
1. 應分別列入立法機關和司法機關兩節。

2. 改為：「香港特別行政區的主要公務人員、主要公職人員包括行政長官、主要官員、行政會議成員、各級法院法官和司法人員在就職時必須依法宣誓。」

3. 不應包括法院法官。

※

③《基本法諮詢委員會政制專責小組對基本法（草案）徵求意見稿第四章的意見匯編》，載於 1988 年 10 月基本法諮詢委員會《中華人民共和國香港特別行政區基本法（草案）徵求意見稿諮詢報告（1）》

【P105】
2. 有關專題討論
2.7 公務人員
2.7.6 有委員認為，第一百零三條所述立法機關成員，法院法官並不屬於公務人員，故不應列入此條。
2.7.8 有委員認為，公務員應分類為：
（一）政務式公務人員——決定政策的公務人員；
（二）事務式公務人員——永久性的公務人員。
2.7.9 有委員認為，第一百零三條將政務式及事務式的公務員混為一體。

※

④ 1988 年 10 月基本法諮詢委員會《中華人民共和國香港特別行政區基本法（草案）徵求意見稿諮詢報告第五冊——條文總報告》

【P341-342】
第一百零三條
2. 意見
→ 可能引致混淆，因部份成員（例如行政會議、立法會議）未必是公務人員。

3. 建議
3.1 刪除
→ 刪除此條。
理由：
⊙ 此條與公務員無關。
⊙ 行政長官、主要官員、立法會議成員、法官及司法人員等雖屬公職，惟不是公務員體系的一部份，故其就職宣誓事宜不宜在第六節規定，以避免混淆公務人員的定義。
⊙ 有關就職宣誓等禮儀細節事項，應否在基本法內加以規定，亦值得商榷。
→ 刪去「行政會議成員」一句。
3.2 修改
→ 改為：「香港特別行政區行政長官、主要官員、行政會議成員、立法會議成員、各級法院法官和司法人員在就職時，必須依法宣誓，其誓言內容必須包括效忠中華人民共和國和香港特別行政區，廉潔奉公，盡忠職守。」
→ 改為：「香港特別行政區行政長官、主要官員、行政會議成員、立法會議成員、法院各級人員和司法或與司法有關的仲裁員在就職時必須依法宣誓。」
3.3 增加
→ 本條文末加上：「向香港特別行政區效忠」。
3.4 搬移
→ 不應將此條列入這章節內。
建議：
⊙ 放入總則。
⊙ 分別在立法機關及司法機關兩個章節內列明。
⊙ 列入有關的章節內。
⊙ 可寫於本章的最前或最末部份（不屬於第六節）。例如加上第七節：其他事項。
理由：
⊙ 屬總則性條文。
⊙ 立法機關成員、法院法官，並不屬於公務人員。
⊙ 將來的行政長官、行政會議和立法會議的成員不一定是公務員。
→ 不贊成匯輯建議將本條放入總則，應保留原處。

4. 待澄清問題
→ 「依法宣誓」的意思含糊，應清楚列明「依法宣誓」的意思及影響。

第四稿

「**第一百零四條　香港特別行政區行政長官、主要官員、行政會議成員、立法會議員、各級法院法官和其他司法人員在就職時必須依法宣誓擁護中華人民共和國香港特別行政區基本法，效忠中華人民共和國香港特別行政區。**」
〔1990 年 2 月 16 日《中華人民共和國香港特別行政區基本法（草案）》〕

①1989 年 11 月 30 日基本法起草委員會秘書處《內地各界人士對〈中華人民共和國香港特別行政區基本法（草案）〉的意見匯集》

【P15】
第一百零三條
本條的規定不夠完整，建議對「宣誓內容」作簡明規定。
（國家有關部門）

※

② 1989 年 11 月基本法諮詢委員會《中華人民共和國香港特別行政區基本法（草案）諮詢報告第三冊——條文總報告》

【P196-197】
第一百零三條
2. 意見

→ 行政長官、立法會及行政會議的主席除了效忠香港特別行政區外，還要效忠中央人民政府。

3. 建議
3.1 刪除
→ 刪去「行政會議成員、立法會議員」的字眼。
理由：大部份行政會議成員和全體立法會議員均不是公務人員，所以有關其就職宣誓的規定應分別列在本章第一節及第三節內。
→ 刪去「行政會議成員」的字眼。
3.2 修改
→ 改為：「香港特別行政區行政長官、主要官員、行政會議成員、立法會議員、法院各級人員和司法或與司法有關的仲裁員在就職時必須依法宣誓。」
3.3 增加
→ 在句末加上：「行政長官和中國籍公民的主要官員、行政會議成員、立法會成員、各級法院法官和司法人員的誓詞，必須包括效忠中華人民共和國和香港特別行政區。」
理由：香港特別行政區作為中華人民共和國一個地方政府，其各級公務員必須效忠中華人民共和國。
3.4 搬移
→ 行政會議和立法會議員並非公務人員，應納入有關章節內。
→ 此條應獨立成一分節，並以「宣誓」作為分節的標題。
理由：此條中指明需要宣誓的部份人士（例如行政長官、行政會議、立法會成員及法院人員）並不屬於「公務人員」（Civil Servant）的範疇。

4. 待澄清問題
→ 「依法宣誓」的意思不大明確，應清楚界定。

※

③ 1989 年 12 月 13 至 16 日《政治體制專題小組第十七次會議紀要》，載於 1990 年 2 月《中華人民共和國香港特別行政區基本法起草委員會第九次全體會議文件匯編》

【P18-19】
二、委員們對下述條文進行了討論，但尚未有一致的修改建議，決定留待下次會議解決。會議對這些條文的討論意見如下：
6. 關於第一百零三條，有的委員建議，將本條最後一句「必須依法宣誓」改為「必須宣誓擁護本法，效忠中華人民共和國香港特別行政區」。有的委員認為，香港特別行政區是中華人民共和國的組成部份，在特區擔任公職的人員都應效忠國家。有的委員提出，立法會議員有外籍人士，要求他們效忠中華人民共和國，會有矛盾。有的委員認為，在一個國家的特區擔任公職，要求他效忠該國，是合情合理的。有的委員建議將本條改寫為：「香港特別行政區行政長官、主要官員、行政會議成員、立法會主席和副主席、終審法院和高等法院的首席法官在就職時必須依法宣誓：擁護香港特別行政區基本法，效忠中華人民共和國和香港特別行政區」。「立法會其他議員、各級法院的法官和其他的司法人員在就職時也必須依法宣誓」。有的委員建議將本條修改為：「香港特別行政區行政長官、主要官員、行政會議的成員在就職時必須依法宣誓，擁護基本法，效忠中華人民共和國及香港特別行政區。」「香港特別行政區立法會議員、各級法官和其他司法人員在就職時必須依法宣誓，擁護基本法，效忠香港特別行政區」。有的委員建議基本法只規定行政長官必須擁護基本法，效忠中華人民共和國和香港特別行政區，並寫進第四十七條作為第一款。第一百零三條中刪去行政長官，其餘不變。

※

④ 1990 年 1 月 17 至 20 日《政治體制專題小組第十八次會議紀要》，載於 1990 年 2 月《中華人民共和國香港特別行政區基本法起草委員會第九次全體會議文件匯編》

【P27】
一、關於第四章政治體制的條文修改
16. 第一百零三條「依法宣誓」後加「擁護中華人民共和國香港特別行政區基本法，效忠中華人民共和國香港特別行政區」。

第五稿

「第一百零四條　香港特別行政區行政長官、主要官員、行政會議成員、立法會議員、各級法院法官和其他司法人員在就職時必須依法宣誓擁護中華人民共和國香港特別行政區基本法，效忠中華人民共和國香港特別行政區。」
〔1990 年 4 月《中華人民共和國香港特別行政區基本法》〕

香港特別行政區依法保護私人和法人財產的取得、使用、處置和繼承的權利,以及依法徵用私人和法人財產時被徵用財產的所有人得到補償的權利。

徵用財產的補償應相當於該財產當時的實際價值,可自由兌換,不得無故遲延支付。

企業所有權和外來投資均受法律保護。

✿ 貳│概念

1. 依法保護私人和法人財產所有權
2. 依法徵用私人和法人財產的補償
3. 依法保護企業所有權和外來投資

✿ 叁│條文本身的演進和發展

第一稿

總則

「**第五條** 財產所有權,包括財產的取得、使用、處置和繼承的權利,以及依法徵用財產得到補償(補償相當於該財產的實際價值、可自由兌換、不無故遲延支付)的權利,均受法律保護。」

〔1987 年 4 月 13 日《中央與香港特別行政區的關係專題小組工作報告》,載於《中華人民共和國香港特別行政區基本法起草委員會第四次全體會議文件匯編》〕

① 1984 年 12 月 19 日《中英聯合聲明》

三、中華人民共和國政府聲明,中華人民共和國對香港的基本方針政策如下:

(五)香港的現行社會、經濟制度不變;生活方式不變。香港特別行政區依法保障人身、言論、出版、集會、結社、旅行、遷徙、通信、罷工、選擇職業和學術研究以及宗教信仰等各項權利和自由。私人財產、企業所有權、合法繼承權以及外來投資均受法律保護。

※

② 1986 年 4 月《香港各界人士對〈基本法〉結構等問題的意見匯集》(基本法起草委員會第二次會議參閱資料之一)

【P59】

關於財政、經濟方面的意見

一、經濟制度和政策

1. 應確保私有產權的神聖不可侵犯,基本法中應表明不適用生產資料公有制。將來國家資本的機構在香港投資及經營,也應與一般私營機構處於平等地位,公平競爭,國家資本機構不能享有特權,否則便會破壞香港現有的自由經濟制度。

2. 以法律條文寫出特別行政區原有資本主義制度、貿易和金融制度予以保留,五十年不變;肯定財產私有制度繼續運行,資金、貨物自由流通,特別行政區擁有與各地區談判和簽訂貿易協定的權利。

※

③ 1986 年 8 月 29 日《金融財務經濟專責小組工作進度報告》(1986 年 8 月 30 日基本法諮詢委員會全體委員第二次會議文件)

【P6】

(一)經濟制度、土地制度

歸納經濟制度小組各委員的意見,委員均認為香港現行的經濟制度應作最大程度的保留,並需要在基本法內包含現行經濟制度的要素,主要指下列各項:

1. 生產資料(實質與思想)私人所有權;

2.取得及轉讓生產資料所有權的權利;

3.企業和投資者作出生意和投資決定的自由;

5.繼續維持個人在經濟事務上所享有的權利和自由;

6.契約權利根據現行法律制度予以保障,糾紛亦由法律解決;

※

④ 1987 年 2 月基本法起草委員會秘書處《香港報刊有關〈基本法〉的言論摘錄》

【P144】
在財經制度方面,須使《中英聯合聲明》中的第五至第七條及附件(一)第五至第七條所列舉的資本主義制度的若干主要特質,如私人財產、企業所有權、合法繼承權等受法律保障,並詳細寫成條文,其他的如企業自由、就業自

由、自由競爭以及財政獨立、中央不向行政區繳稅(編者按:「繳稅」應為「徵稅」之誤)、外匯自由等也很重要,而且,須作說明。
(香港中文大學企業管理系高級講師饒美蛟:《「低稅率」、「工業政策」與基本法》,《明報》一九八六年七月二十五日。)

※

⑤ 1987 年 4 月 13 日《中央與香港特別行政區的關係專題小組工作報告》,載於《中華人民共和國香港特別行政區基本法起草委員會第四次全體會議文件匯編》

【P8】
二、總則
第五條
說明:有的委員建議去掉括弧中的內容

第二稿

第一章

「**第六條** 財產所有權,包括財產的取得、使用、處置和繼承的權利,以及依法徵用財產得到補償(補償相當於該財產的實際價值、可自由兌換、不無故遲延支付)的權利,均受法律保護。」
〔1987 年 8 月 22 日《中央與香港特別行政區的關係專題小組工作報告》,載於《中華人民共和國香港特別行政區基本法起草委員會第五次全體會議文件匯編》〕

① 1987 年 5 月 22 日《香港基本法起草委員會第四次全體會議委員們對基本法序言、總則及第二、三、七、九章條文草案的意見匯集》

【P4-5】
二、關於總則
第五條
1.有的委員認為,本條的提法應為「香港特別行政區居民的財產所有權」。

2.有的委員認為,財產所有權與繼承權既有聯繫,又有區別,因此建議繼承權單列一句表述。

3.有的委員提出,「繼承」是取得所有權的一種手段,因此本條規定了「取得」,就不必規定「繼承」。

4.有的委員建議,將「財產所有權」改為「私人所有權」。

5.有的委員建議,在「財產的取得、使用、處置」後面加上「(包括外移)」。有的委員則不同意作這一改動,認為這有提倡和鼓勵將財產外移的意思,建議改為「財產的取得、使用、繼承和自由處置」。

※

②金融財務經濟專責小組《財政、稅收、金融制度及經濟制度的精神最後報告》(1987 年 8 月 8 日經執行委員會通過)

【P1-2】
第五章:香港特別行政區的經濟
(2)財產所有權(包括知識、專利、版稅、設計等無形財產)的取得,使用,處置和繼承,以及依法徵用財產得到補償(補償相當於財產的實際價值,可自由兌換,不無故遲延支代)的權利,繼續受法律保護。

說明:
(3)四個專題中第一題:經濟
第 2 條基本上摘自聯合聲明附件一第六段,只加上「包括知識、專利權、版稅、設計權等無形財產」一句。
從 1986 年 4 月 22 日《基本法結構(草案)》看,或許以上三條應歸入第一章總則,而第五章香港特別行政區的經濟直接就講財政管理、稅收政策等具體問題。這可以由起草委員會去決定。我們作為諮詢委員會屬下一個工作組在於對經濟這一個題目提出認為應當在基本法中寫進去的原則。

第三稿

「**第六條** 財產所有權,包括財產的取得、使用、處置和繼承的權利,以及依法徵用財產得到補償的權利,均受法律保護。補償相當於該財產的實際價值、可自由兌換、不無故遲延支付。」
〔1987 年 12 月基本法起草委員會秘書處《香港特別行政區基本法(草案)》(匯編稿)〕

① 1987 年 9 月 2 日《中華人民共和國香港特別行政區基本法起草委員會第五次全體會議委員們對基本法序言和第一、二、三、四、五、六、七、九章條文草稿的意見匯集》

二、關於第一章　總則

2.第六條

（1）委員們建議，為取得基本法體例的一致，在本條一開始加上「香港特別行政區的」幾個字。

（2）有的委員建議，將「以及依法徵用財產得到補償的權利」改為「以及依法徵用財產得到價值相當的補償」；

有的委員建議，將此句改為「以及依法徵用財產及得到價值相當的補償」；還有的委員建議，將此句改為「以及依法徵用財產得到等值、可自由處置的及時補償」。

（3）有些委員建議去掉括弧的內容，因為這些規定太詳細，不符合基本法的體例，應由香港特別行政區制定具體的法律加以規定。有些委員說明，關係小組經過反覆討論，認為應該保留，這有助於安定投資者對香港的信心。經過討論，較多委員建議將括弧的內容改寫為本條的第二款。

第四稿

「**第二十六條　香港居民的財產所有權，包括財產的取得、使用、處置和繼承的權利和依法徵用財產得到補償的權利，均受法律保護。徵用財產的補償應相當於該財產的實際價值、可自由兌換、不得無故遲延支付。**
第一百一十六條（第三款）外來投資受法律保護。」
〔1988年3月基本法起草委員會秘書處《中華人民共和國香港特別行政區基本法（草案）草稿》（總體工作小組第二次會議對目錄、序言、第一、二、三、五、六、七、九章的修改稿）〕

① 1987年12月《中華人民共和國香港特別行政區基本法起草委員會第六次全體會議委員們對基本法第四、五、六、十章和條文草稿匯編的意見》

【P45】
三、關於總則
7. 有的委員認為，第六條用詞不準確，並同第五章的內容重複，應進一步推敲。

※

② 1988年4月26日《胡繩副主任委員關於總體工作小組的工作報告》，載於1988年5月《中華人民共和國香港特別行政區基本法起草委員會第七次全體會議文件匯編》

（編者按：雖然本文件的日期是1988年4月，但本文件是總體工作小組在1987年12月15日至1988年3月6日之間召開的三次會議上對各專題小組草擬的基本法原條文所作的一些調整和修改。於3月提出的草稿裡面已經將以下調整與修改納入，故將這份文件放入本稿中。）

【P6】
（三）屬於「總則」章的第六條，原來比較長，考慮到總則應是綱領性的規定，所以把這一條改為「香港特別行政區的法律保護財產所有權」一句話。原第六條的內容移到「居民的權利與義務」章內，作為第二十六條。

【P8】

（八）保護外來投資是一項重要的政策。在中英《聯合聲明》中，中國對香港的基本方針政策是寫了這一點的。因此屬於「經濟」章第三節「對外經濟貿易」的第一百一十八條，增寫了第三款「外來投資受法律保護」。

※

③ 1988年4月《總體工作小組所作的條文修改舉要》，載於1988年5月《中華人民共和國香港特別行政區基本法起草委員會第七次全體會議文件匯編》

（編者按：收錄理由同上）

【P14-15】
（二）第一章　總則
將第六條改為「香港特別行政區的法律保護財產所有權」。原第六條其餘部份移至第三章作為第二十六條。

（四）第三章　居民的基本權利和義務
第二十六條的條文為「香港居民的財產所有權，包括財產的取得、使用、處置和繼承的權利和依法徵用財產得到補償的權利，均受法律保護。徵用財產的補償應相當於該財產的實際價值，可自由兌換，不無故遲延支付（即總則原第六條的內容）。」

【P20】
（六）第五章　經濟
第一百一十八條（原第一百一十六條）……增加第三款「外來投資受法律保護」。

第五稿

「**第二十六條　香港居民的財產所有權，包括財產的取得、使用、處置和繼承的權利和依法徵用財產得到補償的權利，均受法律保護。徵用財產的補償相當於該財產的實際價值、可自由兌換、不得無故遲延支付。**
第一百一十八條（第三款）　外來投資受法律保護。」
〔1988年4月基本法起草委員會秘書處《中華人民共和國香港特別行政區基本法（草案）草稿》〕

第六稿

「**第六條　財產所有權，包括財產的取得、使用、處置和繼承的權利和依法徵用財產得到補**

償的權利，均受法律保護。徵用財產的補償相當於該財產的實際價值、可自由兌換、不得無故遲延支付。

第一百一十七條（第三款） 外來投資受法律保護。」

〔1988 年 4 月基本法起草委員會《中華人民共和國香港特別行政區基本法（草案）徵求意見稿》〕

第七稿

「第一百零四條　香港特別行政區依法保護私人和法人財產的取得、使用、處置和繼承的權利，以及依法徵用私人和法人財產時被徵用財產的所有人得到補償的權利。

徵用財產的補償應相當於該財產當時的實際價值，可自由兌換，不得無故遲延支付。

企業所有權和外來投資均受法律保護。」

〔1989 年 2 月《中華人民共和國香港特別行政區基本法（草案）》〕

① 1988 年 8 月基本法起草委員會秘書處《香港各界人士對〈香港特別行政區基本法（草案）徵求意見稿〉的意見匯集（一）》

【P2-3】
第六條
1.「可自由兌換，不得遲延支付」這類口語化、商業化的規定不宜寫在基本法中，更不宜寫入總則。

2.「實際價值」前加「當時」。

3.「依法徵用」前加「政府」。

4.建議在第六條和第七條間加一條：「在維護私有產權和不大妨礙私人和企業的生產積極性下，政府應在現有的社會政策基礎上逐漸改善低下收入市民的生活水準」。

【P36-37】
第一百一十七條
1.分為兩條：
「（1）香港特別行政區政府繼續實行自由貿易政策，包括貨物和資本的自由流動。
（2）香港特別行政區可同其他國家和地區建立互利的經濟關係。外來投資受法律保護。」

2.第三款改為：「外國投資與本地投資所受待遇一視同仁，不會有歧視。」

3.「外來投資受法律保護」的規定應獨立處理。可列入總則第七條。

※

② 1988 年 9 月基本法起草委員會秘書處《內地各界人士對〈香港特別行政區基本法（草案）徵求意見稿〉的意見匯集》

【P4】
第六條
1.本條規定的財產所有權的主體是誰不明確，「自由兌換」的含義也不清楚。

2.財產所有權，除包括取得、使用、處置外，還應包括佔有、收益。

3.改為：「財產所有權、繼承權和依法徵用財產得到補償的權利，……」或「財產的取得、使用、處置和繼承的權利和依法徵用財產得到補償的權利，……」。

4.「依法徵用財產得到補償」的主語不明確，改為「財產依法被徵用得到補償」。

5.只寫「財產所有權受法律保護」就夠了。

6.「無故」伸縮性太大，可改為「無充份正當理由，不得遲延支付」。

7.在「徵用財產的補償」後加上「的貨幣」。

【P19】
第一百一十七條
第三款可單列一條，規定給予外來投資與香港居民的投資同等的待遇，即所謂的「國民待遇」。

※

③ 1988 年 10 月基本法諮詢委員會《中華人民共和國香港特別行政區基本法（草案）徵求意見稿諮詢報告第五冊——條文總報告》

【P31-33】
第六條
2.意見
→ 贊成設立第六條，生命財產可得到更大保證。
→ 這條文太廣泛。
→ 關於財產所有權放在總則一章內顯得不協調。
→ 反對政府強制徵用私有財產。私人之間的交易只要是合法和出自願的，不應任憑政府干預。
→ 寫得太詳細「徵用財產的補償應相當於該財產的實際價值」一句會惹來無窮訴訟。現時很多買賣土地的訴訟，所爭議的就是這個「實際價值」的問題。
→ 「均受法律保護」一句未能表達到私有財產應受嚴格保障的精神。
→ 懷疑本條是否可行。
→ 第六條有不足之處。首先它沒有保證擁有財產的權利；其次，它認可「合法徵用」；再者在保證徵用財產的賠償會相當於該財產的實際價值時，可能會使執行者有機會避免按照實際市場價值全數地作出賠償。最後，它忽視了按照公眾的利益（例如租金的限制、商店的營業時間等）而調節財產的使用的需要，也沒有保證稅務的繳交。
若要補充本條的不足之處，便應將這條修改以致能保證下列各點：
（1）每個自然人或法人均有取得、使用和處置財產的權利。
（2）除因公眾利益所需及按法律規定的程序和國際法律的一般原則（包括合理的賠償須迅即支付）外，任何人的財產均不能被剝奪。
以上條款不應以任何形式傷害香港特別行政區政府行使下

列權力：在有需要時執行法律、按照公眾利益調整財產之使用，或保證稅務、其他供款或罰款的繳交。
→ 本條在對私人財產的權利作出規定時（雖沒有用「私人」一詞），遺漏了（或至少是沒有提及）兩個重要概念：
（1）「財產」一詞除應包括實質的財產如土地、樓宇外，亦應包括抽象的財產如知識資產及人力資源；及
（2）此種權利應不單只包括擁有、取得、使用、（自願的）處置、承繼的權利，亦應包括因此而獲得收入的權利，出讓者和承讓者以雙方同意的代價自願交換的權利、以及就本身擁有的財產，在無須取得同意的情況下，不讓他人享有上述各種權利的權利。以部份（而非全部）上述權利為特色的「居間」權利，如根據租約、信託的權利，應同樣獲得保障。
→ 從本條文的法律精神看，徵用財產及其補償同樣應受法律保護。但補償的行政細節，例如「相當於財產的實際價值」、「可自由兌換」、「不得無故遲延支付」等，不需在基本法中列明。
→ 如果這條是決定了資本主義制度的本質不變，那麼將來特別行政區政府政策的措施，只要不違反這一項，就不致輕易引起有關政策是屬於社會主義抑或資本主義的爭論。
→ 「實際價值」是絕對不可以採用的觀念和名詞。
理由：因為這不是一個有客觀標準的賠償額，而是一個可以由政府隨意決定的數額，這對私有財產的保障是不足夠的。
→ 「不得無故遲延支付」的規定只適合於未來政府的行政守則。
→ 必須註明財產的取得是通過合法途徑。否則將與即將通過的毒販財產充公法案有所抵觸。

3. 建議
3.1 刪除
→ 刪去「實際」。
理由：本條文中提及「財產的實際價值」，在執行時「實際價值」一詞會引起不必要的爭議。
→ 刪去「不得無故遲延支付」。
理由：既然有法可依得到徵用財產的補償的權利，可自由兌換，應不會無故延遲支付。
→ 原文「財產的補償」略嫌細緻。
3.2 修改
→ 「財產所有權」應改為「財產私有權」。
→ 本條提到「財產所有權……受法律保護」等雖好，但若說明這些財產的擁有者是「香港居民」則更清楚。改為：「香港居民的財產所有權，包括財產的取得、使用、處置和繼承的權利和依法徵用財產得到補償的權利，均受法律保護。徵用財產的補償應相當於該財產的實際價值，可自由兌換，不得無故遲延支付。」
→ 現時，香港政府亦不時會在合法徵用財產後，給予超出該財產實際價值及不可自由兌換的賠償。（若按第六條的規定）上述的做法便變成違法，若將來的特別行政區政府繼續這做法時，便會被指責為沒有按照基本法的規定處理公款，建議此條文的第二句改為：「徵用財產的賠償將不少於該財產的實際價值，而除非得到該財產的擁有人的同意，賠償須可自由兌換，不得無故延遲支付。」
→ 將「財產所有權」改為「私有財產所有權」。
理由：以別於國有財產所有權。
→ 「依法徵用財產得到補償的權利」一句的主語可改為「財產被依法徵用者可獲得補償的權利」。
→ 「實際價值」應改為「當時之市值」比較易於估計及有意義。
→ 將「實際價值」改為「市場價值」。
理由：因實際價值包含不明朗因素。
→ 改為：「香港特別行政區之私人財產，企業所有權、

合法繼承權及外來投資均受法律保護。」
→ 建議把「徵用」一詞改為「移轉」（exproprication）。
→ 改為：「香港特別行政區沿用的財產所有權，包括動產與不動產等的財產的取得、使用、買賣、讓渡、租出賃入、處理方式和繼承的權利以及政府依法徵用財產所得到補償的權利，均受法律保護。徵用財產的補償應用相當於該財產的實際價值，可自由兌換，不得遲延支付或尅扣。」
→ 最後一句應改為：「徵用財產的補償值應以雙方同意的市場價格為準，可自由兌換，不得無故遲延支付。」
3.3 增加
→ 加上：「香港特別行政區將保持自由和獨立關稅地區的地位。」
→ 在這條最末加上：「以非法騙取市民的財產，政府有沒收及追查的權利和責任。」
→ 加上：「私人財產是神聖不可侵犯」。
理由：私有財產沒有保障，便不是資本主義制度。
→ 這條開始時加上：「私人所有制、資產階級法權以及私人財產所有權，包括財產的取得、使用、處置……。」
理由：這條精神為保持原有資本主義制度，條文應寫得明確一點。
3.4 搬移
→ 把第六條搬到第三章。
理由：
⊙ 因為第六條的寫法可以補充第三章內沒有照顧法人的漏洞。
⊙ 本章應寫總則，這條的內容，放在第三章便可。
3.5 其他建議
→ 應對政府在什麼時候有權徵用私人財產有所說明，例如在戰爭情況下和與大多數人利益有關的情況下。
→ 基本法需列明禁止法庭有權剝奪任何大廈業主之管理權。
→ 「實際價值」應由民間獨立機構評估，較為客觀。
→ 此條需包括在第五章第五節中，因其來自《中英聯合聲明》的附件一。

4. 待澄清問題
→ 為何要在「總則」內說明「不得無故遲延支付」？
→ 「不得無故遲延支付」中的「遲」應如何理解？
→ 什麼是「財產的實際價值」？
→ 「財產所有權」一詞應予澄清，因為可以涉及多種形式之財產和多種法權。

【P344-348】
第五章　整體意見
2. 建議
2.2 修改
→ 由於香港屬小型開放經濟，對外貿易為經濟發展命脈，故可考慮重新編排第五章各節次序，將以下這一節放在首位。建議這一節的條款共七條，其中前三條是新的，內容如下：
第一條—— 香港特別行政區實行資本主義經濟制度。香港特別行政區政府自行制定經濟發展政策。
→ 第一百一十九條第二款、第一百二十條、第一百三十一條、第一百三十二條，以及由第一百三十五條至第一百四十條，均應移至第七章「對外事務」較為適宜。其餘的條文，建議修改為下列四條：
（1）香港特別行政區實行資本主義經濟制度。香港特別行政區政府自行制定經濟發展政策和貿易政策。
→香港經濟體系的基本元素應在基本法正文中訂明。其餘的可在附則中界定。
以下所列乃本港經濟在過去數十年間取得重要成就的根本因素，而前瞻未來一段日子裡，相信仍會起決定性作用。
（1）財產所有權（包括財產的取得、使用、處理和繼承

的權利和依法徵用財產得到補償的權利）不得侵犯，具體情況由法律規定、保護。
2.3 增加
→ 應加強四方面的內容：（1）私有產權得以保障，不實施公有制；（2）以市場作為分配資源；（3）保持高度競爭，反對壟斷；（4）保持個人自由和法治精神，因法治保障足夠才能令經濟活動在市場發揮最大效力。
→ 應增加條文以保障知識產權。
理由：
⊙ 以吸引海外商家及商品設計者來港。
⊙ 維持香港廠家的投資信心。現時，香港的廠家已發展至自行設計產品，但部份廠家因擔心未來特別行政區沒有有關法例，已將控股權遷往外地以獲得外國對知識產權的保障，在新產品被人抄襲時，可以獲得賠償。

3.待澄清問題
→ 在新政府成立後，市民在舊政權時所擁有的財產是否受法律承認？銀行存款是否可在新政府成立後兌換同等幣值的金錢？

【P374-376】
第一百一十七條
2.意見
2.1 贊成意見
→ 贊成以法律保護外來投資。

3.建議
3.1 刪除
→ 香港向來對來自內部之投資（即非外來投資）一律鼓勵及保護，不須在基本法中着意設計，特別眷顧某類投資。
→ 刪除：「無形財產的流動自由」、「外來投資受法律保護」等字眼。
理由：畫蛇添足，沒有實際作用。
3.2 修改
→ 改為：「香港特別行政區政府制定和實行自由對外經濟貿易制度和條例，保證貨物、無形財產和資本的出入流動自由，保護一切外來投資。」
→ 改為兩條：「香港特別行政區政府繼續實行自由貿易政策，包括貨物和資本的自由流動。香港特別行政區可同其他國家和地區建立互利的經濟關係。外來投資受法律保護。」
→ 「無形財產」改為「財產」。
→ 末款改為：「來自特別行政區以外和以內的投資受法律保護」。
→ 末款改為：「本地及外來投資受法律保護」。
→ 末款改為：「所有投資受法律保護」。

理由：
⊙ 「外來投資」意味不包括本地投資。
⊙ 「外來投資」難以界定。
⊙ 此條會鼓勵已在港註冊公司遷往外國。
⊙ 「所有投資」包括外來投資及合資經營的在內。
3.3 增加
→ 於第三款「外來投資」後加「包括外國投資」。
理由：於一國兩制下，可視外來投資為於另外一個制度下的投資。而加上這句，可保障外國投資。
3.4 搬動
→ 有關外資保護應獨立處理，可考慮寫於第六條之後。
3.5 其他建議
→ 此條應同時引證第六條以表明外來投資可得到的保護。
→ 應寫明對外來投資之保護程度。
→ 除外來投資外，香港特別行政區內部的投資均應受到法律同等保護，兩者所受的保護不應有所區別。

4.待澄清問題
→ 文中訂明可以自由流動的貨物、無形財產和資本是否包括藥物和軍械？

※

④ 1989 年 1 月 9 日《經濟專題小組關於修改第五章情況的報告》，載於 1989 年 1 月《中華人民共和國香港特別行政區基本法起草委員會第八次全體會議文件匯編》

【P24-25】
（一）徵求意見稿第一章總則第四條，正確地根據中華人民共和國對香港的基本方針政策的規定，提出「香港特別行政區不實行社會主義制度和政策，保持原有的資本主義制度和生活方式，五十年不變。」經過研究，小組全體委員認為，資本主義制度的經濟基礎乃是私有財產制。這種所有制必須受到法律的保護。因此建議：
（1）將徵求意見稿第一章原第六條，改寫為：「香港特別行政區依法保護私有財產所有權。」這樣，就在更高的層次上明確了上述的原則。

（2）考慮到邏輯方面的理由，同時建議將原第四條改為第五條，原第五條改為第四條；這樣，新草案第五、第六、第七條，就增強了相互的內在聯繫。

（3）關於如何依法保護私有財產所有權，小組建議改列為第五章經濟部份的第一條，即現在的第一百零四條第一款，同時強調「法人財產」亦同樣依法受到保護。

第八稿

「**第一百零五條　香港特別行政區依法保護私人和法人財產的取得、使用、處置和繼承的權利，以及依法徵用私人和法人財產時被徵用財產的所有人得到補償的權利。**
徵用財產的補償應相當於該財產當時的實際價值，可自由兌換，不得無故遲延支付。
企業所有權和外來投資均受法律保護。」
〔1990 年 2 月 16 日《中華人民共和國香港特別行政區基本法（草案）》〕

① 《基本法諮詢委員會經濟專責小組對基本法（草案）第五章的意見匯編》，載於 1989 年 11 月基本法諮詢委員會《中華人民共和國香港特別行政區基本法（草案）諮詢報告第一冊》

【P103】

1.專題討論
1.6 有關條文討論的問題
1.6.1 第一百零四條
1.6.1.1 有委員認為，第一款「依法保護私人和法人財產的取得、使用、處置和繼承的權利」的「依法」保護仍有不足。因為當法律的保護不足夠時，立法會根據基本法亦無責任去立法保護這些財產。建議改寫為「香港特別行

政區以法律保護私人和法人財產……」(The Hong Kong Administrative Region shall protect by law the right of individuals and legal persons……)

1.6.1.2 有委員認為，第三款「企業所有權和外來投資均受法律保護」的「外來投資」意思含糊，容易引起連外來投資在港生意上的盈虧也受法律保護的看法。建議改寫為「企業所有權和外來投資的所有權均受法律保護。」

1.6.1.3 有委員認為，第二款「實際價值」的「實際」二字意思含糊，對「價值」二字說明不多。「公平」二字太主觀，所以加進去也沒有用。參考收回官地條例（香港法例第一百二十四章）第十、十一、十二條或會有幫助，其中的規定說明政府收地後如何確定需付的賠償。因此建議《基本法（草案）》第一百零四條根據該條例的有關規定改寫為：

「徵用財產的補償應在適當兼顧所有需考慮的有關因素的情況下，相等於被徵用財產的所有人蒙受的損失。該補償應可自由兌換，不得無故遲延支付。」

※

② 《憲法經濟學與〈基本法（草案）〉中的經濟條文》，載於 1989 年 11 月基本法諮詢委員會《中華人民共和國香港特別行政區基本法（草案）諮詢報告第二冊—— 專題報告》

【P148】

4. 認為政府的財政權力應受憲法限制的意見

4.3 對《基本法（草案）》個別條文的意見

4.3.1 第一百零四條，本條把《徵求意見稿》第六條和第一百一十七條的一些部份合併起來，並刪去「香港特別行政區繼續實行自由對外經濟貿易政策。」理由如諮詢報告所述：「自由貿易在經濟好景時尚可實行，但並非永恆之方式。」這理由是錯誤的，從一個全面的經濟觀點來看，自由貿易是應盡量發揮的。

經濟的潛力，以適應不斷改變的國際狀況，不論是世界性的經濟蓬勃或衰退狀況。在經濟衰退時限制自由貿易，會令本地經濟來不及在世界經濟復甦時，隨即開始新的增長。不繼續實行自由貿易政策，長遠會對經濟繁榮和增長造成損害。

此外，在經濟循環的任何階段中，限制自由貿易即侵犯個人在世界市場自由買賣的經濟自由。無論在經濟蓬勃期或經濟衰退期，都應維持經濟自由。因此，建議把《徵求意見稿》的條文重新加進基本法。

※

③ 1989 年 11 月基本法諮詢委員會《中華人民共和國香港特別行政區基本法（草案）諮詢報告第三冊——條文總報告》

【P204-205】

第一百零四條

2. 意見

2.1 反面

→ 本條文由徵求意見稿第六條和第一百一十七條合併而成。諮詢報告指出刪去「香港特別行政區繼續實行自由對外經濟貿易政策」的理由是「『自由貿易』在經濟好景時尚可實行，但並非永恆之方式」。這理由是錯誤的。因為自由貿易盡量發揮經濟的潛力，以適應不斷改變的國際狀況，不論是世界性的經濟蓬勃或衰退狀況。在經濟衰退時限制自由貿易，就會令本地經濟來不及在世界經濟復甦時，隨即開始新的增長。不繼續實行自由貿易政策會對經濟繁榮和增長造成損害。

→ 第六條規定私有財產受法律保護。而第一百零四條規定「私人」和「法人」（如資本主義制度的有限公司和社團）有權獲得相當於其徵用財產的「實際價值」的補償。認為由獨立估價專家決定的「市場價值」比「實際價值」適當。該補償必須可以自由兌換，且應及時支付。

→ 第二款中「實際價值」一詞，在訴訟中要解釋時會有困難，所以寧可採用「市場價值」或「公平價值」，並說明確定該價值的方法，如獨立仲裁。

2.2 其他

→ 此條值得三思。香港人對「市場價值」的概念有足夠的理解，但「實際價值」一詞就需要澄清。

3. 建議

3.1 增加

→ 在第三款「外來投資」後加上：「包括存款和借貸」。
理由：不單投資應受到保護，存款和借貸也應受到保護。

3.2 修改

→ 第二款改為：「徵用財產的補償應在考慮所有有關因素後相當於該人所蒙受的損失，而賠額應可自由兌換，及不得無故遲延支付。」
理由：根據基本法第二稿的寫法，要評估財產的「實際價值」是極為困難的。

→ 第一款修改為：「香港依法保護公民合法的私有財產。」

→ 把「實際價值」改為「市場價值」。
理由：以徵用財產的實際價值所補償並不理想。較可取的辦法是跟現行一般慣例用獨立和專業的估價方法，評估徵用財產的公平市場價值作出補償。

→ 第一款改為：「香港特別行政區依法保護私人和法人財產的〔取〕得、使用、處置和繼承的權利，以及依法徵用私人和法人財產時被徵用財產的取得、使用、處置和繼承的權利，以及依法徵用私人和法人財產時被徵用財產的所有人得到補償的權利。」

→ 最後一款中所述「外來投資」應改作「所有投資」。
理由：
⊙ 外來投資與所有投資應一視同仁。
⊙ 改作「所有投資」更具概括性。

4. 待澄清的問題

→ 應澄清「實際價值」是否指「市場價值」。
→ 什麼是法人財產？

第九稿

「第一百零五條　香港特別行政區依法保護私人和法人財產的取得、使用、處置和繼承的權利，以及依法徵用私人和法人財產時被徵用財產的所有人得到補償的權利。

徵用財產的補償應相當於該財產當時的實際價值，可自由兌換，不得無故遲延支付。

企業所有權和外來投資均受法律保護。」
〔1990 年 4 月《中華人民共和國香港特別行政區基本法》〕

香港特別行政區保持財政獨立。
香港特別行政區的財政收入全部用於自身需要，不上繳中央人民政府。
中央人民政府不在香港特別行政區徵稅。

❀ 貳│概念

1. 香港政府財政獨立
2. 中央政府不在香港徵稅

❀ 叁│條文本身的演進和發展

第一稿

第五章
「第一條　香港特別行政區的財政獨立。
香港特別行政區的財政收入全部用於自身需要，不上繳中央人民政府。
第六條　中央人民政府不在香港特別行政區徵稅。」
〔1987年8月22日《經濟專題小組的工作報告》，載於《中華人民共和國香港特別行政區基本法起草委員會第五次全體會議文件匯編》〕

① 1986年4月《香港各界人士對〈基本法〉結構等問題的意見匯集》（基本法起草委員會第二次會議參閱資料之一）

【P61-62】
關於財政、經濟方面的意見
二、財政
1. 中華人民共和國中央人民政府不得對香港特別行政自治區之財政計劃和經濟措施，有任何干預和阻擾。香港特別行政自治區內財政自理，自治政府不得干預民間經濟，不得禁止民間企業活動，不得實施統制經濟政策。

2. 香港自治政府，不向中國中央人民政府繳交任何稅收。中央人民政府不得向香港自治政府發行任何公債，不得強制香港人民向中央人民政府購買公債。

5. 香港自治政府和中國中央人民政府，每年可召開一次財政經濟協商會議。

※

② 1987年2月基本法起草委員會秘書處《香港報刊有關〈基本法〉的言論摘錄》

【P139】
基本法內關於金融制度及貨幣問題應包括下列八項原則：
（五）特區政府對財政應該審慎處理；

（基本法諮委會金融財務經濟專責小組，《大公報》一九八六年五月九日。）

【P144】
在財經制度方面，需使《中英聯合聲明》中的第五至第七條及附件（一）第五至第七條所列舉的資本主義制度的若干主要特質……其他的如企業自由、就業自由、自由競爭以及財政獨立，中央不向行政區繳稅（編者按：「繳稅」應為「徵稅」之誤），外匯自由等也很重要，而且，需作說明。
（香港中文大學企業管理系高級講師饒美蛟：《「低稅率」、「工業政策」與基本法》，《明報》一九八六年七月二十五日。）

※

③ 1987年8月22日《經濟專題小組的工作報告》，載於《中華人民共和國香港特別行政區基本法起草委員會第五次全體會議文件匯編》

【P61】
第五章　香港特別行政區的經濟（草稿）
第一節　財政和稅收
第六條
說明：有的委員建議將本條文字改為「香港特別行政區不承擔向中央人民政府納稅的義務」。

第二稿

「第一百零三條　香港特別行政區的財政獨立。
香港特別行政區的財政收入全部用於自身需要，不上繳中央人民政府。
第一百零五條（第二款）中央人民政府不在香港特別行政區徵稅。」

①金融財務經濟專責小組《財政、稅收、金融制度及經濟制度的精神最後報告》（1987年8月8日經執行委員會通過）

【P1】
第五章：香港特別行政區的經濟
第一節（1）：財政管理
（1）香港特別行政區保持財政獨立，自行管理財政事務，包括支配財政資源、編制財政預算和決算。
（2）香港特別行政區的財政預算和決算應經特別行政區立法機關審定，報中央人民政府備案。
（3）香港特別行政區的財政收入全部用於自身需要，不上繳中央人民政府。
（5）香港特別行政區政府不得經營工商業，個別特殊項目必須政府承辦者應經立法機關批准。公共工程交由私人企業公開競投的原則；由政府把專利權頒給經營公用事業的私人企業，並同時保持適當控制而允許其有合理利潤的原則，應繼續保持。

第一節（2）：稅收政策
（1）中央人民政府不向香港特別行政區政府和居民徵稅。

※

②金融財務經濟專責小組《對基本法第五章「香港特別行政區的經濟」條文草稿（一九八七年八月）

的意見》（1987年11月4日經執行委員會通過）

【P1】

條文草稿	容永道建議修改稿	諮詢意見
第一條	第一條（照草稿第一條）	有委員認為應刪去第一款，以免使人誤解為特區不可向外借款。

※

③1987年12月12日《經濟專題小組的工作報告》，載於《中華人民共和國香港特別行政區基本法起草委員會第六次全體會議文件匯編》

【P6-7】
在這次專題小組會議上，大家贊同對原修改稿的某些條款，進行適當的調整、歸併和刪節，並在內容上，作了以下一些重要的修改。
（五）關於特別行政區財政預算、決算的編制、審計，及向中央人民政府備案等程序規定，已商定分別列入基本法第四章《香港特別行政區的政治體制》有關各節，因此本章就刪去了有關條款。

第三稿

「第一百零三條　香港特別行政區的財政獨立。
香港特別行政區的財政收入全部用於自身需要，不上繳中央人民政府。
第一百零五條（第二款）中央人民政府不在香港特別行政區徵稅。」
〔1988年3月基本法起草委員會秘書處《中華人民共和國香港特別行政區基本法（草案）草稿》（總體工作小組第二次會議對目錄、序言、第一、二、三、五、六、七、九章的修改稿）〕

第四稿

「第一百零五條　香港特別行政區的財政獨立。
香港特別行政區的財政收入全部用於自身需要，不上繳中央人民政府。
第一百零七條（第二款）中央人民政府不在香港特別行政區徵稅。」
〔1988年4月基本法起草委員會秘書處《中華人民共和國香港特別行政區基本法（草案）草稿》〕

第五稿

「第一百零四條　香港特別行政區的財政獨立。
香港特別行政區的財政收入全部用於自身需要，不上繳中央人民政府。
第一百零六條（第二款）中央人民政府不在香港特別行政區徵稅。」
〔1988年4月基本法起草委員會《中華人民共和國香港特別行政區基本法（草案）徵求意見稿》〕

第六稿

「第一百零五條　香港特別行政區保持財政獨立。
香港特別行政區的財政收入全部用於自身需要，不上繳中央人民政府。
中央人民政府不在香港特別行政區徵稅。」
〔1989年2月《中華人民共和國香港特別行政區基本法（草案）》〕

①《基本法工商專業界諮委對基本法（草案）徵求意見稿第五章經濟之意見》

【P1】

第一百零四條（和一百零八條）
第一百零四條謂：「香港特別行政區的財政獨立」；第一百零八條謂：「香港特別行政區的稅種、稅率和稅收寬免，由法律規定」。

中央人民政府和香港特別行政區的稅收法律將繼續其不同的制度。然而，由於上述不同稅制，遂產生雙重收稅的問題。中央人民政府與十七個國家（包括美國）定有稅收條約。

為保障香港的地位，我們建議在基本法內訂立條文，授權香港特別行政區與其他國家另訂稅收條約，而中央人民政府所訂的條約在一九九七年後五十年內不會在香港施行。

※

② 1988 年 5 月基本法諮詢委員會秘書處《基本法（草案）徵求意見稿初步反應報告（草稿）》

【P34】
經濟
財政和稅收
1.《聯合聲明》規定財政政策只有一點——「財政獨立」，這點的憲制精神實為香港實行高度自治獨立的經濟實體。《聯合聲明》對「財政獨立」的涵義毫不含糊，但徵求意見稿中的第104至107條則無論法律語言和立法精神都有問題：
「財政獨立」的憲制含義是指由香港的行政和立法機關自行制定財政政策，不是由人大轄下的草委會為港制定105及107條那麼具體而指導性的政策。草委會這樣做已令中央憲制涵蓋地方自治，對「一國兩制」的發展有害。

2.看財政稅收條文規定，實與現時港府的規範差不多，如依照而行，在政權移收時，香港在財稅方面銜接將不會有大問題。

3.其實香港特區的經濟，與政治攸關，而只有香港特區能真正自治才可有一蓬勃的經濟，才可有「財政獨立」。

※

③ 1988 年 8 月基本法起草委員會秘書處《香港各界人士對〈香港特別行政區基本法（草案）徵求意見稿〉的意見匯集（一）》

【P32-33】
第一百零四條：
1.不向中央交稅不好，哪怕象徵性交一元錢也好。這樣就可以加「在緊急情況下，中央人民政府可以提供財政，支援香港特別行政區政府。」

2.「財政獨立」與第一百零五條「量入為出」是有矛盾的。

※

④ 1988 年 9 月基本法起草委員會秘書處《內地各界人士對〈香港特別行政區基本法（草案）徵求意見稿〉的意見匯集》

【P17】
第一百零四條
中央人民政府起碼也得象徵性徵些稅，以符中央與地方的關係。

※

⑤ 1988 年 10 月基本法諮詢委員會《中華人民共和國香港特別行政區基本法（草案）徵求意見稿諮詢

報告第五冊——條文總報告》

【P348】
第五章　整體意見
2.建議
2.5 合併
→ 合併第一百零四與第一百零六兩條文。

【P351-352】
第一百零四條
2.意見
2.1 贊成意見
→ 贊成此條文。
理由：
⊙ 體現高度自治。
⊙ 財政獨立非常重要。
→ 此乃《中英聯合聲明》中的條款，必須保留。
2.2 反對意見
→ 香港難以做到完全財政獨立。
→ 此條文與第一百零五條之「量入為出」有矛盾。

3.建議
3.1 修改
→ 改為：「特別行政區之財政收入，全部由特別行政區政府自行分配使用，盈餘則作儲備，並由特別行政區政府支配。」
理由：如用「全部用於自身需要」，則易誤會為盡用全部收入，不必盈餘。
→ 改為：「香港特別行政區的財政獨立，並自行制訂財政預算及政策。」
→ 將最後一句改為：「象徵性上繳稅收萬分之一給中央人民政府。」
→ 將「全部用於自身需要」改為「全部屬於特別行政區政府」。
3.2 增加
→ 加上：「香港特別行政區財政獨立，不上繳中央人民政府。」
→ 加上：「香港特別行政區政府的決算每年由審核署署長審核。審核署署長在審核政府決算後須得把決算連同其報告交予立法機關審查。」
→ 加上：「香港特別行政區的公營企業應以不妨礙私營企業為準。」
3.3 其他建議
→ 採用特別行政區政府向中央人民政府上繳百分之三的總稅收方法，當特別行政區政府經濟出現困難的時候，可協議減免上繳。
理由：體現中央人民政府與特別行政區政府的行政關係。
→ 中國現百廢待舉，連年水旱地震，香港不應罔顧國家安危，每年應以總收入三成上繳中央人民政府。
→ 香港特別行政區應有向中央繳納賦稅之義務。
理由：
⊙ 香港既為中國的一部份，而中央人民政府對地方有防衛之責，地方亦應向中央人民政府繳納賦稅。中國從未有不向中央人民政府繳稅的地方政府。
⊙ 上繳部份稅收，及自行負責軍費，與「高度自治」和「一國兩制」並無矛盾。
→ 應說明及保證在特別行政區出現經濟不穩或有財政危機時，中央人民政府應加以支援。

4.待澄清問題
→ 條文規定特別行政區的財政獨立，但當其財政出現困難時，中央會否協助呢？
→ 香港特別行政區的財政收入全部用於自身需要，什麼

是「自身需要」？

第七稿

「**第一百零六條　香港特別行政區保持財政獨立。**

香港特別行政區的財政收入全部用於自身需要，不上繳中央人民政府。

中央人民政府不在香港特別行政區徵稅。」

〔1990 年 2 月 16 日《中華人民共和國香港特別行政區基本法（草案）》〕

① **1989 年 11 月基本法諮詢委員會《中華人民共和國香港特別行政區基本法（草案）諮詢報告第三冊——條文總報告》**

【P203】
第五章
第一節　整體報告
整體意見
1. 意見
1.2 正面意見
→ 第一百零五及一百零七條兩條條文的原文雖然太過僵硬，修改後的條文也有商榷的餘地，不過這兩條條文的精神卻十分符合民主原則。

【P205】
第一百零五條
2. 意見
2.1 整體

→ 中央必須向香港徵稅。
→ 在人人平等的原則下，應以平均中國人民之繳稅上繳中央。
→ 應註明除源於內地之收入外，中央政府不向香港之居民或公司徵稅。

3. 建議
3.1 修改
→ 將第二款內「香港特別行政區的財政收入全部用於自身需要」改為「香港特別行政區的財政收入全由特別行政區政府支配」。
理由：原來的寫法訂得太死，如對其他國家、地區、災難的援助或國際性的援助都不是「自身需要」的，卻是應該提供的。
→ 第二款第二句改為：「不須上繳中央人民政府」。
→ 「自身需要」改為「本區」。
→ 於「不上繳中央人民政府」後加上「其他各省，各級政府部門無權干涉香港特別行政區財政收支。」

第八稿

「**第一百零六條　香港特別行政區保持財政獨立。**

香港特別行政區的財政收入全部用於自身需要，不上繳中央人民政府。

中央人民政府不在香港特別行政區徵稅。」

〔1990 年 4 月《中華人民共和國香港特別行政區基本法》〕

香港特別行政區的財政預算以量入為出為原則，力求收支平衡，避免赤字，並與本地生產總值的增長率相適應。

❀ 貳｜概念

1. 財政預算原則
2. 量入為出
3. 力求收支平衡
4. 與本地生產總值的增長率相適應

❀ 叁｜條文本身的演進和發展

第一稿

第五章

「第二條 香港特別行政區的財政預算應保持收支基本平衡。

香港特別行政區財政預算收支的增長率以不超過本地生產總值的增長率為原則。」

〔1987 年 8 月 22 日《經濟專題小組的工作報告》，載於《中華人民共和國香港特別行政區基本法起草委員會第五次全體會議文件匯編》〕

① 1986 年 8 月 29 日《金融財務經濟專責小組工作進度報告》（1986 年 8 月 30 日基本法諮詢委員會全體委員第二次會議文件）

【P7】

（二）金融貨幣制度分組

委員們基本上就金融制度方面達成以下 12 點建議：

5. 行政特區政府應採取均衡預算政策以審慎理財，政府債務應予控制及在合理的短時期內償還。

※

② 1986 年 11 月 9 日《香港特別行政區基本法起草委員會經濟專題小組工作報告》，載於《中華人民共和國香港特別行政區基本法起草委員會第三次全體會議文件匯編》

【P41】

（二）關於基本法結構（草案）第五章第一節「財政管理、稅收政策」的法律條款的起草，小組意見認為：

3. 有的委員主張香港特別行政區政府的財政支出平均不應超過本地生產總值的 15%，有的委員主張不應超過 20%。

4. 小組建議，由行政機關提出預決算的現行程序，應予保留。

※

③ 1987 年 2 月基本法起草委員會秘書處《香港報刊有關〈基本法〉的言論摘錄》

【P139】

基本法內關於金融制度及貨幣問題應包括下列八項原則：

（五）特區政府對財政應該審慎處理；

（基本法諮委會金融財務經濟專責小組，《大公報》一九八六年五月九日。）

※

④ 金融財務經濟專責小組《財政、稅收、金融制度及經濟制度的精神最後報告》（1987 年 8 月 8 日經執行委員會通過）

【P1】

第五章：香港特別行政區的經濟

第一節（1）：財政管理

（4）香港特別行政區政府應審慎理財，保持平衡的預算決策，財政支出繼續與本地國民生產總值允許適當比例。

【P3】

說明：

（4）第二題：財政管理

第 4 條是小組討論中多次提出的一個重要觀點。多數委員認為「財政支出繼續與本地國民生產總值保持適當比例」這一提法比規定一個具體百分比來得妥當。

有委員認為這寫法是適宜的；但亦有委員認為這說法不宜寫進基本法，故建議取消此條，而將「審慎理財」一概念加進第 1 條。

（編者按：此處「第 1 條」即指「香港特別行政區保持財政獨立，自行管理財務事務，包括支配財政資源，編制財政預算和決算。」）

※

⑤ 1987 年 8 月 22 日《經濟專題小組的工作報告》，

載於《中華人民共和國香港特別行政區基本法起草委員會第五次全體會議文件匯編》

【P60】

第五章　香港特別行政區的經濟（草稿）
第一節　財政和稅收
第二條
說明：個別委員建議，將第二款的兩個「率」字刪去。有些委員則認為，第二款可不寫進基本法。

第二稿

「**第一百零四條　香港特別行政區政府財政預算的編制，貫徹收支基本平衡的方針。**
香港特別行政區財政預算收支的增長率，以不超過本地生產總值的增長率為原則。」
〔1987 年 12 月基本法起草委員會秘書處《香港特別行政區基本法（草案）》（匯編稿）〕

① 1987 年 9 月 2 日《中華人民共和國香港特別行政區基本法起草委員會第五次全體會議委員們對基本法序言和第一、二、三、四、五、六、七、九章條文草稿的意見匯集》

【P53-54】
六、關於第五章　香港特別行政區的經濟
（二）第一節　財政和稅收
2. 第二條
（1）多數委員認為，財政預算保持收支基本平衡和繼續實行低稅政策這兩條原則上應予肯定。有些委員認為，「基本平衡」是指三、五年的大概平衡，目前香港的經濟繁榮說明這是行之有效的辦法，可以用基本法規定下來。前幾屆港英政府也是用各種辦法做了基本平衡的。

（2）有些委員認為，財政政策不能寫在五十年不變的基本法裡，政策應結合當時的需要。將來的財政預算很難在法律中定下來。

（3）有的委員提出，本條第一款不清楚：（a）財政預算是年度預算還是一段時期內的預算？（b）怎樣才算基本平衡？出現多少赤字才算基本平衡或算不平衡？這些在基本法裡必須寫清楚。

（4）有的委員提出，本條第二款的規定在實施時會有困難，因生產總值的增長率可以高，可以低，也可以是負數，而預算收支的增長率不能是負數。

（5）有的委員認為，第二款的規定，從財政上來說是合理的，寫進基本法，就有約束力，如財政收支掌握不好，失去平衡，就會發生違反基本法的問題。有的委員建議刪去第二款。

（6）有的委員堅持本條的寫法，認為這種規定可以避免香港實行高福利。

※

②金融財務經濟專責小組《對基本法第五章「香港特別行政區的經濟」條文草稿（一九八七年八月）的意見》（1987 年 11 月 4 日經執行委員會通過）

【P1-4】

條文草稿	容永道建議修改稿	諮詢意見
第二條	說明：此條建議刪去。原因為實際執行起來恐有困難。例如怎樣才算「基本平衡」？若某年經濟情況突然變壞，不能取得預期收入，是否要立刻削減開支才算是符合此條規定？	多數委員認為「財政支出繼續與本地國民生產總值保持適當比例」比規定一個百分比來得妥當。有委員認為適宜，有委員建議取消此條，亦有委員建議將審慎理財之概念包括便可。

※

③ 1987 年 12 月 12 日《經濟專題小組的工作報告》，載於《中華人民共和國香港特別行政區基本法起草委員會第六次全體會議文件匯編》

【P6】
在這次專題小組會議上，大家贊同對原修改稿的某些條款，進行適當的調整、歸併和刪節，並在內容上，作了以下一些重要的修改。
（一）將「香港特別行政區的財政預算應保持收支基本平衡」原條款，改為「香港特別行政區政府財政預算的編制，貫徹收支基本平衡的方針」，這樣就更為明確；

※

④ 1987 年 12 月基本法起草委員會秘書處《香港特別行政區基本法（草案）》（匯編稿）

【P46】
第一百零四條
說明：有些委員認為，第二款可不寫進基本法。

第三稿

「**第一百零四條　香港特別行政區政府財政預算，以量入為出為原則。**
香港特別行政區政府財政總收入和財政總支出，在若干財政年度內，保持基本平衡。
香港特別行政區財政預算收支的增長率，在若干財政年度內，以不超過本地生產總值的增長率為原則。」
〔1988 年 3 月基本法起草委員會秘書處《中華人民共和國香港特別行政區基本法（草案）草稿》（總體工作小組第二次會議對目錄、序言、第一、二、三、五、六、七、九章的修改稿）〕

① 1987 年 12 月《中華人民共和國香港特別行政區基本法起草委員會第六次全體會議委員們對基本法第四、五、六、十章和條文草稿匯編的意見》

【P26-28】

3.第一百零四條

（1）有些委員對本條第一款提出不同意見，不同意在基本法中規定財政收支基本平衡的方針，理由是：《中英聯合聲明》規定香港特別行政區自行管理財政事務，給特別行政區政府留有很大彈性；現在這樣的規定會對特別行政區政府產生很大約束，政策性的規定，不宜寫入基本法。有的委員認為，香港政府過去採取盈餘預算，有龐大的外匯基金，保持了港元的穩定。基本法如規定收支基本平衡的方針，就會束縛了特別行政區政府的手腳不能靈活處理以後可能發生的問題。因此，以不作此規定為好。

（2）有些委員則認為，基本法規定一定時期內特別行政區財政收支基本平衡是必要的，這對保持香港的穩定繁榮和增強工商界的信心有重要意義，主張保留，但文字可作適當修改，使之具有較大的彈性。建議把本條改為三款，第一款：「香港特別行政區政府財政預算的編制，以量入為出為方針」。第二款：「在一定期間財政總收入和財政總支出保持基本平衡」。第三款：「上述一定期間的年限由特別行政區政府自行決定」。並刪去本條原第二款。

（3）有的委員建議將本條改為「香港特別行政區政府在收支基本平衡的方針下，按具體情況自行編制財政預算。」

（4）有的委員不同意寫上第二款，理由主要是香港一些經濟學家認為這種寫法在實際中行不通，特別是遇到有特殊需要或經濟衰退的情況就不好辦了。若本地生產總值出現負增長怎麼辦？還有的委員認為，如寫入基本法可能會對特別行政區的預算等帶來偏差，出現經濟增長率高時多

花錢而收入少時沒錢花的情況，因此，應從香港特別行政區財政當局的角度去看這個問題。

有的委員提出，本地生產總值的增長率究竟是上一年度的實際增長率，還是下一年度的預測增長率，需要加以明確，否則會出現問題。

（5）有些委員同意本條第二款的原則精神，但認為表述還需進一步推敲，以增加條文的彈性，避免可能引起的問題。有的委員提出，可寫成「財政預算收支的增長率應與本地生產總值保持適當的比例」，但問題在於「適當的比例」如何界定。有的委員建議，將「不超過本地生產總值的增長率」改為「與本地生產總值的增長率保持平衡」。

（6）有的委員建議，本條第一款第二句改為：「應貫徹在一段時間內保持收支平衡的總方針」。第二款改為：「香港特別行政區政府的公共開支的增長以在一段時間內不超過本地生產總值的增長率為原則。」

※

② 1988 年 4 月《總體工作小組所作的條文修改舉要》，載於 1988 年 5 月《中華人民共和國香港特別行政區基本法起草委員會第七次全體會議文件匯編》

（編者按：雖然本文件的日期是 1988 年 4 月，但本文件是總體工作小組在 1987 年 12 月 15 日至 1988 年 3 月 6 日之間召開的三次會議上對各專題小組草擬的基本法原條文所作的一些調整和修改。於 3 月提出的草稿裡面已經將以下調整與修改納入，故將這份文件放入本稿中。）

【P19】

將第一百零六條（原第一百零四條）中兩處「一定期間」都改為「若干財政年度內」。

第四稿

「第一百零六條　香港特別行政區政府財政預算，以量入為出為原則。
香港特別行政區政府財政總收入和財政總支出，在若干財政年度內，保持基本平衡。
香港特別行政區財政預算收支的增長率，在若干財政年度內，以不超過本地生產總值的增長率為原則。」
〔1988 年 4 月基本法起草委員會秘書處《中華人民共和國香港特別行政區基本法（草案）草稿》〕

第五稿

「第一百零五條　香港特別行政區政府財政預算，以量入為出為原則。
香港特別行政區政府財政總收入和財政總支出，在若干財政年度內，保持基本平衡。
香港特別行政區財政預算收支的增長率，在若干財政年度內，以不超過本地生產總值的增長率為原則。」
〔1988 年 4 月基本法起草委員會《中華人民共和國香港特別行政區基本法（草案）徵求意見稿》〕

第六稿

「第一百零六條　香港特別行政區的財政預算以量入為出為原則，力求收支平衡，避免赤字，並與本地生產總值的增長率相適應。」
〔1989 年 2 月《中華人民共和國香港特別行政區基本法（草案）》〕

①《基本法工商專業界諮委對基本法（草案）徵求意見稿第五章經濟之意見》

【P1-2】

第一百零五條
第一段謂：「香港特別行政區政府財政預算，以量入為出為原則」。
我們建議第一段是一個原則性的聲明，應予保留。

第二段謂：「香港特別行政區政府財政總收入和財政總支出，在若干年內，保持基本平衡。」

我們建議把這段文字放在附件內，因它只是解釋第一段，而且屬政策指導性。事實上，從一九四六至一九八八年，只有一個平衡的財政預算案在立法局提出，有二十一個預算案是預料有財政赤字，和二十個預算案預料有政費盈餘的：當遇上經濟不景時，政府還可能需要保持政費支出，去鼓勵經濟發展。

第三段謂：「香港特別行政區財政預算收支的增長率，在若干財政年度內，以不超過本地生產總值的增長率為原則」。

我們認為第三段太狹窄地限制將來特區政府的運作。這種限制實際上是很難依從的，所以我們建議取消這段，況且本地生產總值的數字最少遲了兩年後才發表。未來的特區政府，若在這情況下運作，將被逼對生產總值的趨勢採取保守的估計。由於經濟循環的關係，一個財政預算案若基於兩三年前的經濟增長趨勢，其後果可能會是在經濟活轉過來時，則減少政費開支，而當經濟開始後退時，則增加政費開支。這種政費增長的策略對經濟發展是有害的。它降低未來特區政府運作的伸縮性，使它不能根據社會的實際變化情況作合理的反應。

※

② 1988 年 5 月基本法諮詢委員會秘書處《基本法（草案）徵求意見稿初步反應報告（草稿）》

【P34】

經濟

財政和稅收

1……另從經濟角度來看，105 條的問題如下：政府有時候須實施赤字財政。預算平衡只為常理並非唯一真理。如社會面臨蕭條危機，政府便可能需要利用赤字財政刺激經濟，穩定局面。赤字經濟在國際學上仍存在極大爭論，不應以現時所知來為香港五十年的發展劃地為牢。憲制性文件不必寫得太具體。另 105 條之「若干財政年度」意思為何？

4. 105 條之涵義模糊──「量入為出」之意義如何？「若干財政年度」是指多少年？若意義含混，不如不寫。

5. 105 條第 3 款──對經濟提供相當的刺激性及鼓勵性，是為保障資本家而設。

6. 財政開支比例（105 條）寫得太具體。此乃政策，並非原則，不須訂明，免日後需要修改，引起不必要麻煩。

※

③ 1988 年 8 月基本法起草委員會秘書處《香港各界人士對〈香港特別行政區基本法（草案）徵求意見稿〉的意見匯集（一）》

【P33】

第一百零五條

1. 本條第三款實際上是無法執行的，而且香港政府一直也沒有這樣做。

2. 過去，香港政府還是赤字預算較多，達 21 次，當然最後結算有些盈餘，但這是結算後的統計，因此不能說是量入為出。

3. 取消這一條，或刪去第二、三款。

4. 現在規定的是財政政策的目標，不是法律條文。

5. 規定收支平衡不合理，應在總則中規定香港特別行政區政府有權選擇是否收支平衡。

6.「若干財政年度內」不是法律語言，不能寫進基本法條文。第二款應寫成「假如收支不平衡要在第二年予以糾正、平衡。」不要寫多少年。

7. 第三款的「收支增長率」改為「支出的增長率」。

※

④ 1988 年 8 月 3 日基本法諮詢委員會秘書處參考資料（一）《內地草委訪港小組就基本法（草案）徵求意見稿一些問題的回應輯錄（一九八八年六月四日至十七日）》

【P11-12】

5. 經濟

5.1 第一百零五條

5.1.1「若干財政年度內」是指在五年或十年內，有兩三年有赤字，另外兩三年有剩餘，加在一起是基本平衡了，原本的建議是由將來香港特區自己編制財政預算稅收的法律來規定，而不是財政司來解釋。但「若干財政年度」一詞或許是可寫得更確切。

5.1.2 其實這條的問題不單在於平衡的預算，更是涉及財政儲備與盈餘的問題，因為現時財政司需按一年因經濟發展、人口膨脹等因素將財政盈餘及儲備增加，這條涉及財政目標的問題，故若把「基本平衡」這條寫在基本法內，則未能顧及這個財政目標的問題。

5.1.3 這三款提到財政預算收支增長率以不超過本地生產總值的增長率為原則，但若財政司想增加的話，他可按目前拓大實行房屋委員會的方法來增加支出，因為這個會的支出不會算在政府的財政支出內的，這是由於整個委員會的管理是獨立的。政府只是補貼它的差額，而差額實際上不（編者按：原件模糊，推測有「不」字之缺漏。）引致財政支出的，那麼政府部門便可按這方法增加支出。這做法只會將財政收支拓張掩飾，不但起不了什麼作用，還會引致不良的後果。

5.1.4 若將來財政出現赤字，數字很大，時間很長，而過去的盈餘已用完了，那會怎辦？《中英聯合聲明》裡沒有對此作出規定，基本法也沒有規定，但從邏輯上推論，由於香港財政是獨立的，中央人民政府便沒有義務補足香港的財政赤字，這樣香港便只能借債了，或在香港或在國……（編者按：原件模糊，缺漏文字難以辨清。）發行債券，但當然借債的後果需慎重考慮。

5.2 第一百零五、一百零七條

有三種意見：（1）保留這兩條，但文字上要作大修改；（2）取消這兩條，因為這些都是政策，不可作為法律寫進第五章；（3）贊成地方稅應簡單，稅率也比較低，故希望將來不變。因此原則上贊同低稅率，但卻因為考慮到財政預算變質和稅收制度是要根據不同的實際情況而變化及調節的，故應比較有彈性，所以贊成這條款的實質，但不希望寫在條文中。

※

⑤ 1988 年 9 月基本法起草委員會秘書處《內地各界人士對〈香港特別行政區基本法（草案）徵求意

見稿〉的意見匯集》

【P17-18】
第一百零五條
1.「若干財政年度」太含糊，與「量入為出」實際上是矛盾的，在實際執行中後者會成為空話。

2. 財政預算、總收入和總支出的規定屬經濟政策範疇，可列為附件。

※

⑥《基本法諮詢委員會經濟專責小組對基本法（草案）徵求意見稿第五章的意見匯編》，載於 1988年 10 月基本法諮詢委員會《中華人民共和國香港特別行政區基本法（草案）徵求意見稿諮詢報告（1）》

【P118-119】
3. 有關條文的討論
3.1 第一百零五條
3.1.1 有委員認為，應刪去此條。
3.1.2 有委員認為，應將此條列入附件中。
3.1.3 有委員認為，第一款要用適當方式處理。
3.1.4 有委員認為，此條無實際作用，只是掣肘特別行政區政府；亦有委員認為，此條能保證特別行政區政府不會入不敷支。
3.1.5 有委員認為，「量入為出」的觀念陳舊過時，近代經濟學家多主張「量出為入」。
3.1.6 有委員認為，按照此條第三款的規定，一九九七年以後五十年公營部門的財政支出所佔國民生產總值的比例，不得超過一九九七至一九九八財政年度的比例。這使一九九七至一九九八年度由港英制定的財政預算顯得異常重要，無疑是將財政權交給當時的香港政府。
3.1.7 有委員指出，「若干年」、「收支平衡」等字眼含混不清，後者可同時指預算平衡和結算平衡。
3.1.8 有委員建議改寫此條為：「香港特別行政區的財政預算，由香港特別行政區政府自行制定。」
3.10 有委員建議在第一百零五條、……，加上「香港特別行政區可自行制定」等字眼。

※

⑦ 1988 年 10 月基本法諮詢委員會《中華人民共和國香港特別行政區基本法（草案）徵求意見稿諮詢報告第五冊——條文總報告》

【P344】
第五章　整體意見
2. 建議
2.1 刪除
→ 刪去條文第一百零五、……條。
理由：其中有些是明顯的，不需重覆；有些是政策性的，不宜寫入；有些經濟方針是須因時制宜，隨形勢而改變，故不宜寫入基本法內。

【P347】
2.3 增加
→ 第一百零五條是值得支持的。但這種保守政策在經濟不景之中，恐怕會犧牲社會福利，可能引起社會動盪。為此基本法可加上：「在特殊情況下，中央政府可作為特別行政區政府對外借貸的保證人。」

【P352-357】
第一百零五條
2. 意見
2.1 贊成意見
→ 贊成此條文。
理由：此為對香港居民、商人的起碼基本保障，因為掌權人無法大舉外債而為禍於民。
→ 此為香港財政之基本原則，應予保留。
→ 支持第一、二款。
理由：令財政政策有足夠之發展餘地。其基本精神更能維持本地商界的信心。
→ 同意香港特別行政區政府財政預算以量入為出為原則。
理由：
⊙ 能配合香港特別行政區將來的需要。
⊙ 不致高稅，免民窮財盡，又可免投資者卻步，更可保持香港繼續繁榮。
→ 此條對特別行政區行政、立法機關提供適當制衡。在民選政體裡，存在着實行赤字預算的傾向，因為增加徵稅較能贏得政治支持，而制衡這種政治傾向的糾正方法為以法律規定必須平衡預算。
→ 贊成收支平衡。
→ 相信香港工、商業有足夠增長率應付增長開支和平衡經濟。
→ 具有適當的靈活餘地。
理由：「在若干財政年度內」的字眼已提供足夠的靈活性。
2.2 反對意見
→ 反對此條文。
理由：
⊙ 這些政策阻礙特別行政區邁向較合理的資源分配及建立較公義的社會。
⊙ 根據此條，特別行政區政府不可以有赤字預算案，這限制了特別行政區政府架構擴展的能力，可見中央人民政府害怕未來特別行政區政府無限膨脹，威脅中央的權威。
⊙ 此條文限制了特別行政區政府發行債券和向外舉債的權力。
⊙ 此條之結果為：一些短期內沒有經濟回報的活動如社會福利等的增長，其實是完全受制於一些短期內有經濟回報的活動（如工商業等）的增長。此條文替特別行政區的長遠社會投資計劃帶來不必要的掣肘。
⊙ 行政和立法機關已提供足夠的保障令特別行政區政府會從善理財。
→ 原意雖好，卻難以實行。
→ 有違高度自治、一國兩制，特別行政區政府將失去其財政決策，這權力應完全屬於特別行政區及其立法機關。
→ 違反《中英聯合聲明》，因其訂明特別行政區政府自行支配財政資源。
→ 表面上要限制政府財政權力的經濟法權，骨子裡卻是本港工商界維護其經濟壟斷地位的經濟法權。
→ 在需要時可接受赤字預算，目的在維持社會福利、衛生、教育及基本建設的必須開支，並收刺激經濟、維持經濟平穩發展之效。
→ 此條的原則與財政獨立產生矛盾，而事實現今多數先進繁榮的國家是有財政赤字出現的。
→ 保持「基本平衡」不可以是恆久之做法，因一個政府可能需要用財政支出去刺激或抑制經濟。正如一九八三年至八四年度港府便曾以此手法應付當時之經濟衰退。
→ 即使為「在若干財政年度內」也非可取。因為政府仍然可能需要把某一年的財政預算進行調整，以平衡前幾個財政年度的結算。而這種調整未必適合當時的經濟環境。
→ 嚴格來說，只要加上一個會計上的「剩餘負數」或「剩餘正數」，任何預算也可以平衡。故在基本法上加上這一條只會鼓勵這種「取巧」式的財政會計。
→ 有意見贊成把財政基本平衡列入基本法中，並以美國

的州憲法有同樣的規定為支持理由。但基於下列原因，這個論據不能成立：

（1）有別於特別行政區，州政府的財政並非獨立；聯邦政府與州政府的稅收部份互通，聯邦政府並在州政府有需要時給予補援，並為之提供某些重要的公共服務。因此州政府其實不受制於死硬的憲法性條文。

（2）在大部份的州內，憲法訂定公民有權以全民投票決定有關稅收及財政支出（包括批准新稅項、訂定稅收及財政支出的限額等）。基本法並沒有給予特別行政區居民同樣的權利。

（3）財富的穩定和再分配由聯邦政府負責；資源分配則大部份由州政府負責，而香港特別行政區則須負起所有的財政功能。此條將限制特別行政區政府財富穩定及再分配的功能。

（4）從美國的經驗中看到憲法中經濟條文並無實效；州政府可以輕易操縱財政預算而繞過條文的限制。

→ 美國加州收支平衡的法規和稅率限制在實行中遇到困難，由此可知預算收支平衡不要絕對化，在年度限制上需留餘地。

→ 在過去歷年來，本港的財政預算案，全是赤字預算，只是在年終結算時，才出現盈餘。若根據此條，政府將是違反基本法了。

→ 要做到收支完全平衡是不可能的。平衡的意思應是指有盈餘，像目前的情況一樣。

→ 此條的訂定是因為工商界人士擔心因選舉政治而可能出現「免費午餐」而提出防範，從而確保目前的良好投資環境。但事實上，不公平地偏袒投資者的基本法條文決不能達到此目的。

→ 此條限制了社會服務的發展，但每年的社會福利及服務的開支是有實際的需要，並會隨著國民生產上升而增加，不能隨意削減或取消。

→ 現時香港正處於轉向資本技術密集的經濟轉型期，赤字預算在這段期間是必須的。

2.3 用詞意見

→ 「收支基本平衡」意思不清。

→ 「在若干財政年度內」之解釋準則不清，將會引起問題。

→ 字眼含糊，應由財經學者重寫。

3. 建議

3.1 刪除

→ 全條刪除。

理由：

⊙ 不切實際、不可行。

⊙ 純為政策性指引，非憲法性條文。

⊙ 不應在基本法中訂明，應由財政司因時制宜作出決定。

⊙ 不須此等規範，因本地政府人員有相當豐富的管財經驗，令人足以放心。

→ 刪去「保持基本平衡」、「在若干財政年度內」等字眼。

理由：

⊙ 政策性條文不應寫入具法律地位的基本法中。

⊙ 很多字眼不是法律用語。

3.2 修改

改為：「香港特別行政區自行管理財政事務，包括支配財政資源、編制財政預算和決算。香港特別行政區的預算須報中央人民政府備案。」

理由：

⊙ 條文太具體，屬於政策性條文，減低特別行政區政策的靈活性。

⊙ 原文字眼不夠明確。

⊙ 會造成爭議。

⊙ 這條條文企圖對特區政府加以限制，不符合《中英聯合聲明》。

→ 改為「香港特別行政區政府財政預算由香港特別行政

區政府自行制定」。

理由：

⊙ 現時寫法太詳細，意思不清，易引起紛爭。

⊙ 現時寫法對特別行政區之財政靈活性有太大限制。

⊙「量入為出為原則」會令特別行政區政府在某些困難時期，例如不能收取足夠稅收去發展公務工程和各項服務時，不能以赤字預算渡過經濟難關。

→ 應指明收支平衡，及其增長不可超越本地生產總值的某一個百分比即可。

→ 改為：「政府應有自由和權力因時制宜地選擇其財政政策」。

理由：

⊙ 按照「量入為出」這個原則，所有財政收入皆須加以用竭，這種做法在某些情況下未必適宜。

⊙ 收入與支出保持基本平衡實為過於約束性。

⊙「在若干財政年度內」一詞意思不明，不知所指期間為何。

→ 香港特別行政區政府財政，應以保持盈餘為原則，如果不可能，則以連續三個或四個財政年度內，只可以有一個赤字年，而出超赤字不能超過以往連續三個年度盈餘總和之百分之四十或四十五。

→ 應訂明每年財政支出只可較收入高出百分之二，下一個財政年度仍可有赤字預算。但第三年必須有足夠盈餘以填補第一年之赤字。第二年的赤字亦得在第四年填補，如此類推。

理由：刻意要財政完全平衡太具束縛性。

→ 應列明在財政出現盈餘時，應予以撥入基金，若財政出現赤字就由基金撥出作適當安排。

→ 改為：「香港特別行政區政府採取審慎的收支和稅務政策，以鼓勵個人及企業的積極性、照顧社會公平，以及促進經濟發展為目標。」

理由：這是任何一個現代資本主義制度內的政府所應遵守的原則。

→ 加上：「如有額外公共開支之需要，全國人民代表大會常委會在諮詢基本法委員會後可以核准任何超額公共收入及開支的提案。」

3.3 其他建議

→ 應另行寫入基本法的附件中。

理由：香港特別行政區的財政預算政策可能要隨時調整以適應經濟環境變化之需要，條文中的第二、三規定會嚴重束縛香港特別行政區政府運作的靈活性。

→ 既為政策，可不列入正文中，而另外安排，但不贊成刪去。其解釋權及修改權可授權予特別行政區政府。

理由：

⊙ 此為港府執行已久，並取得顯著成效的基本方針政策，並受各界廣泛支持，不容隨意否定。

⊙ 此等政策性事務的解釋及修改權應予特別行政區政府以保持靈活性。

→ 若不刪除，只可當作指引，而非法律。

→ 何謂「若干年」應由將來的立法機關從長計議。

3.4 第一款建議

→ 以「量入為出為原則」應予刪去。

理由：有些國家曾實行凱恩斯的經濟理論，在衰退時期，擴大支出，借助赤字刺激經濟增長。

3.5 第二款建議

→ 刪除第二款。

理由：

⊙ 此只為主觀願望，條文第一款已寫清楚原則了。

⊙ 政府只能量出為入——即看支出多少而增減稅項和收費。這是因為現代政府的支出大部份是固定的：如公務員薪水、社會教育支出、治安費用等。除非政府預算每年都以零點開始，否則不可能「量入為出」。

→ 第二款不須寫入基本法內，應納入一政策性條文之附

件內。

理由：此款只為解釋第一款，且屬指導性政策。

→ 究竟第二款所指的：「財政預算收支的增長率」是指財政司的估計還是實際數字？如果是後者，則根據香港過往的財政歷史及技術性規限，第二款是不切實際的，應予刪除。

→ 改為：「香港特別行政區政府總收入和財政總支出，除在經濟衰退期間，保持基本平衡」。

→ 改為：「香港特別行政區政府財政總收入和總支出，保持基本平衡，在個別財政年度，可容許有不超過財政總預算百分之五的赤字」。

3.6 第三款建議

→ 刪除第三款。

理由：

⊙ 香港現時稅收的增長率經常是大大高於經濟成長率的。基本法對稅收的限制是令特別行政區政府在基本上需要改變現有的稅收政策。

⊙ 此款所提的是否恰當，經濟學家仍在爭論，基本法不應貿然訂明。

⊙ 既有第一款的收支基本平衡，便不需要第三款了。

⊙ 本地生產總值的數字最少遲了兩年後才發表。未來的特別行政區政府，若在這情況下運作，將被迫對生產總值的趨勢採取保守的估計：由於經濟循環的關係，一個財政預算案若基於兩三年前的經濟增長趨勢，其後果可能會是在經濟活轉過來時，則減少政費開支，而當經濟開始後退時，則增加政費開支，這種政費增長的策略對經濟發展是有害的，它降低未來特別行政區政府運作的伸縮性，使它不能根據社會的實際變化情況作合理的反應。

→ 一個政府根本無法確保其預測之本地生產總值的增長率必然兌現，更遑論要確保第三款的規定了。

→ 本地生產總值未必是一個好指標；在經濟衰退時，本地生產總值可能連年負增長，那時民眾更需社會福利，如強行壓制政府開支可能帶來社會不穩。

→ 財政預算收支的增長率與生產總值的增長率是很容易在計算時加以操縱的。所以訂定此條的意義不大。

→ 不應規限特別行政區的財政預算收支增長率。

理由：影響日後特別行政區適應不同經濟情況的能力。

→ 第三款的規定將會導致政府部門的萎縮，有違維持有效率政府的願望。

→ 此條試圖把多年來歷任財政司在其財政預算案講話中所提到的理財哲學加以寫明，這是勇敢但愚蠢的做法。照現在的寫法，政府財政支出將被凍結在本地生產總值的百分之十六左右。但事實上，在過去某些時候財政支出是遠超這個百分比的。更好的寫法是只概括地訂明將跟隨以往實行的財政政策即可。

→ 改為：「本地生產總值的增長率應為過往若干（譬如五年）的本地生產總值的增長率平均數」為宜。

理由：不能以未來的增長率為標準，因為未來是很難預測，而亦易於被「人工調整」。

4. 待澄清問題

→ 「量入為出」一詞的真確意思是什麼？

→ 什麼是「基本平衡」？

→ 若出現赤字，是否要修改「基本平衡」這條文呢？

→ 「若干財政年度」之含意為何？

第七稿

「**第一百零七條　香港特別行政區的財政預算以量入為出為原則，力求收支平衡，避免赤字，並與本地生產總值的增長率相適應。**」

〔1990 年 2 月 16 日《中華人民共和國香港特別行政區基本法（草案）》〕

① 1989 年 11 月 30 日基本法起草委員會秘書處《內地各界人士對〈中華人民共和國香港特別行政區基本法（草案）〉的意見匯集》

【P15】

第一百零六條

建議刪去「力求收支平衡、避免赤字」。（民主黨派人士）

※

②《基本法諮詢委員會經濟專責小組對基本法（草案）第五章的意見匯編》，載於 1989 年 11 月基本法諮詢委員會《中華人民共和國香港特別行政區基本法（草案）諮詢報告第一冊》

【P102-103】

1. 專題討論

1.3 低稅政策與平衡預算的問題（第一百零六條及一百零七條）

1.3.1 有委員認為第一百零六條的修改雖有進步，但仍忽略了政府須作大量開支可能出現的問題。例如未來特別行政區政府策資興起（編者按：「策資興起」應為「拆資興建」之誤）新機場的費用便可能超出其收入。

另外，財政預算與本地生產總值的增長率相適應的規定亦無必要。因為往往預計增長率與實質增長率皆有出入。

原則上，政府的財政預算皆會多作一點盈餘，然後根據日後實際情況而作出調整（增加收入、減少、或延遲支出或

雙管齊下），以達至平衡；另外，政府為發展及基本工程撥出的款項日益龐大，目前政府把這些龐大的撥款當作經常支出，這做法宜在一九九七年後繼續。基於以上各種考慮，建議將一百零六條作以下修改並列入附件中：

「香港特別行政區的財政預算以量入為出（支出包括撥出的專款）為原則，其增長率與本地生產總值的增長率相符。如有例外情況，某一年度出現財政赤字，香港特別行政區以在下一年或其後盡可能短期內恢復收支平衡為目的。」

1.3.2 有委員認為基本法內寫進低稅政策及平衡預算背後所根據的經濟理論，其本身的假設實有不正確的地方：

（1）以為憲法的制訂是唯一及最佳控制政府財政權力的機會。其實在一民主社會中，即使在立憲後，仍可通過某些程序或手段對政府的財政權力作出限制，例如美國的所謂「納稅者叛變」（taxpayer revolt）便為一例證。

（2）以為政府是一個追求最大財政收入者（every government is a revenue maximizing government），並透過財政收入的增加而增強政府權力。此點不單與現時港府的做法不太吻合，而且存有過份主觀成份，未必一定要接受。

（3）以為小政府一定是好的。事實亦非如此，因為政府的大小要視乎社會發展程度而言，例如一個社會處於經濟發展初期時，小政府就不太適合。

※

③《憲法經濟學與〈基本法（草案）〉中的經濟條文》，載於 1989 年 11 月基本法諮詢委員會《中華人民共和國香港特別行政區基本法（草案）諮詢報

【P151-152】

5.不應在《基本法（草案）》內寫上限制政府財政權力條文的意見

5.2 執行上的困難

5.2.1 對政府收支增長率規限的問題，布肯南在其《徵稅的權力》一書中，指出實際執行上的困難。因為政府收支增長率這〔整〕體變數需要（一）較抽象的定義；（二）根據特定標準作專業的量度。而這兩個條件都不易為普通市民及政客所瞭解，故不應支持。

5.2.2 另一技術性的問題，例如何謂「低稅」？「自由開放」又作何解釋？這些意思含糊，無一定標準定義的經濟名詞，只會引起執行時的爭論。在基本法中寫進這些條文更會容易引致憲法的危機，一般人可以根據基本法內這些含糊的經濟條文，控告特別行政區政府違憲。

5.4 平衡預算的問題

5.4.1 布肯南雖然主張平衡預算，但他亦批評「在一個景氣周期內平衡預算原則」不可行，因為景氣周期的不可預測性及不可規律性，所引致的財政預算偏差性更大。對於「在充份就業下平衡預算」的概念，他也指出這一原則有擴大財政支出的傾向，容易被政客所濫用，特別是一般市民根本不知道政府財政收支是否遵守此原則。此一原則更沒有任何回饋渠道去更改錯誤的估計。

5.4.2 布肯南指出平衡預算可防止公營部門的不斷膨脹壓力。但他強調，平衡預算亦不規限政府總支出於某一特定水平，或定於國民所得的某一比例。平衡預算所關心的是政府要顧及收支兩方面，關於政府要使用多少資源亦由一般的政治決策釐定。

5.5 與《基本法（草案）》條文的矛盾

5.5.1 與經濟條文的矛盾

憲法經濟學所強調的平衡預算原則並不規限總支出的水平或增長率，但《基本法（草案）》第一百零六條卻要求總支出與本港生產總值的增長率相適應。憲法經濟學只沈詭（編者按：「沈詭」疑為「審計」之誤）徵稅的極限，並沒有規定必要採取低稅政策。

※

④ 1989 年 11 月基本法諮詢委員會《中華人民共和國香港特別行政區基本法（草案）諮詢報告第三冊── 條文總報告》

【P202-203】

第五章　整體意見

3.有關第五章之政策性條文的意見

3.3 建議

3.3.1 修改

→ 將第一百零六及一百零七條合併寫成：「香港特別行政區政府自行制定財政政策。」

理由：第一百零六及一百零七條有關量入為出、平衡預算的條文，別說將來會容易引起特別行政區政府被起訴，根本解釋及執行均有困難。其實許多研究指出，在美國憲法內類似的條文，不單對政府的支出影響極少，而且政府亦有許多方法去繞過這些條文。現在修改建議的這句話已很足夠。至於如何制定有關財政政策，則是以後立法會議員的事，如現在的立法局一樣，都可以對財政政策有影響。

→ 建議在第一百零六條「香港特別行政區的財政預算」、……後加上「可」字，因為這些只是政策和意向聲明，在《中英聯合聲明》內並無規定。加上「可」字，令這些條文更靈活。……因為這章很多條文都只是意向聲明，如依目前草案的字眼，立法機關將受到不必要的限制。況且，制定這些條文的目的並不是要創造一些可交法

院審判的法律權利。

→ 贊成以「香港特別行政區政府自行制定財政政策」來代替第一百零六及一百零七條（即平衡預算及低稅政策條文）。另一個折衷辦法是把政策性條文寫在附件，只作政策指引而不具任何法律約束力。

第五章

第一節　整體意見

1.意見

1.1 整體

→《基本法（草案）》在財政及貨幣上，仍可看到它是有意地對未來特別行政區政府的專制及決策權力加以有效的制約，但決心是減弱了。

理由：第一百零六條不再要求特別行政區政府保證財政預算的增長不能長期與本地生產總值的增長有分歧。

【P206-209】

第一百零六條

2.意見

2.1 整體

→ 認為「不應規限特別行政區的財政預算收支增長率」的意見實令人感到憂慮。

→ 新的條文比舊的有否改善，則要看未來特別行政區政府如何演繹對國民生產總值的調整程度，以及在什麼情形下會形成特別情形及需要。不論改變如何，以量入為出的保守宗旨，仍應繼續堅持。

→ 預算案「量入為出」的原則，應彈性處理，適當時作出穩當的決策，如在經濟衰退時，可考慮出現預算赤字。

2.2 正面

→ 目前的處理方法，既可以保持靈活性，又可以保留有關條文而不致被刪除。

2.3 反面

→ 修訂後的條文不能限制政府的支出，令原來規定收支平衡和限制政府支出的寫法，精華盡失。

→ 修訂後的條文一方面保持收支平衡的量入為出，另一方面增加收入和支出，並把兩者的增長都當為本地生產總值增長的一部份。政府如同意增加稅收，並以此作為本地生產總值的一部份，第一百零六條便容許政府把這筆增加的收入全部花掉。根據這做法，財政預算仍是平衡的，只是稅收和開支都增加了。現有的寫法問題在於「相適應」一詞。「相適應」有幾種解釋。例如：世界各地的學者和政府官員普遍認為國家更富有（即按人口的平均國民收入增加），人民便有能力用其收入的更大部份來交稅，以資助公營事業相對規模的擴展。如果香港法院根據這理論來解釋「相適應」，這條文就等於容許政府隨時擴展公營事業的相對規模。這條的原來寫法「財政預算收支的增長率，在若干財政年度內，以不超過本地生產總值的增長率為原則」卻能對政府開支構成有效的限制，所以應該保留。

→ 修訂後的條文大大削弱了原文的條文的約束力 ── 原文不但要求不平衡預算，同時亦提出對財政總支出的限制。但在新條文中，卻未能對財政支出有所限制。於是，政府可以用增加稅收與其他方法增加政府收入，非同時擴大支出，但仍可保持預算平衡，而其收支增長與本地產值增長率相適應，不過其適應幅度可以由佔本地產值百分之十六擴大到百分之二十、三十，甚至更高，因為修訂條文用「相適應」一詞的意並不夠清楚。舉例說，如果一個國家變得更富有，人的平均收入增加，市民便可以支付更多的稅，去支持相應增大的公共部門規模。

→ 修訂後的條文不及徵求意見稿第一百零五條。

→ 第一百零五條規定：「香港特別行政區保持財政獨立。」大致上可理解為香港特別行政區政府能獨立操作其財政系統。但本條卻規定：「香港特別行政區的財政預算以量入為出為原則……並與本地生產總值的增長相適

應。」如果特別行政區政府有權控制財政，則不應對其財政政策有任何重要的先決限制或要求。財政政策往往要配合世界經濟狀況而不是一個既定原則，也就是說，在不同的情況下應推行不同的財政政策。因此本條似乎過於嚴格，沒有足夠的彈性來兼顧當時的世界經濟狀況。

→ 本條對徵求意見稿第一百零五條作重大的改動，但仍未算妥善。

理由：

⊙ 財政預算是對未來事情的計劃。規定財政預算以量入為出為原則是沒有意思的，因為實際的財政結果才是最重要。

⊙「力求收支平衡」一詞似乎不宜用於法律，且收支平衡也不一定是香港每年需要的。

⊙「避免赤字」的規定在某些年度也許是不可能或不適宜的。

⊙「相適應」一詞太含糊，不能作法律解釋。

⊙ 計算本地生產總值的方法應予以說明，因為做法各有不同。

→ 整條條文都違反「高度自治」的原則，不宜在基本法中出現。這條文限制了特別行政區因時制宜的權利，令特別行政區不能採用其認為合適的補救辦法來應付突發的情況。更重要的是，如特別行政區認為宜改變政策修改基本法，便不得不通過第一百五十七、一百五十八條所述的程序，而這程序便會有全國人大的介入。基本法正文所需的規定，就是授權香港特別行政區政府根據其當時認為合適的方法管理特別行政區財政，而政策則應放在不會交由法院裁判的文件中。

→ 應彈性處理財政預算，不必硬性規定量入為出、避免赤字。

→ 嚴重干預特別行政區行政。

→ 反對把平衡預算案之條文列入基本法內。

3.建議

3.1 刪除

→ 刪去整條

理由：

⊙ 法律不宜包含財政管理策略。

⊙《基本法（草案）》的修訂，雖然可將意思不明、準則不清的條文保持基本平衡，將若干財政年度引起紛爭的字眼撤銷，減輕了問題嚴重性，但卻沒根本解決問題。

⊙ 規限了特區的財政預算以「量入為出為原則，力求收支平衡，避免赤字」，仍存有《基本法（草案）徵求意見稿》的弊端，即：

（1）假若一九九七年後的香港特別行政區政府，要徹底落實量入為出的財政預算，總收入和總支出不超逾生產總值增長率等，亦可說是平衡預算案方針的話，特別行政區政府便須放棄其他可能更適合屆時特別行政區環境的財政政策，譬如反周期財政政策，特別行政區政府只求收支平衡，而不可透過在經濟過熱時進行冷卻需求的盈餘預算；或在經濟低潮時進行刺激投資與消費的赤字預算。

（2）從發展的角度分析，發展中經濟地區到達某一階段，便需要進行轉型，譬如從勞動密集型態轉為資本具有墊支含義的赤字預算，待經濟轉型至某一階段，增長再度加速時，政府便適用高的稅務收入來補償赤字，達致平衡甚至盈餘，以協助經濟轉型。

香港的經濟可說是進入轉型時期，從各方面的資料觀察，並不能推斷這個轉型時期會在一九九七年前（甚至一九九七年後）發展到何種形式，強逼特區政府必須實施平衡財政政策，對特區經濟是沒有什麼好處的。

（3）事實上，逼令特區進行平衡預算亦非切實可行的。若特別行政區政府有意進行赤字預算，雖礙於基本法的限制，特別行政區政府也可以在草擬預算時，蓄意誇大對未來本地生產總值的增長率的預測，大幅擴大開支，實質上變成赤字預算，那又如何？特別行政區政府違憲嗎？縱使

特別行政區政府充滿誠意，希望落實平衡預算，亦會感到力不從心，身不由己的。問題是特別行政區政府根本無法確保其預測未來的本地生產總值的增長率，必然會兌現，那麼，特別行政區政府如何確立收支以符合基本法規定。近年來，香港財政司最初預測生產總值的增長率與其後出現的實際情況，兩者誤差的巨大程度，足以很清楚說明這問題嗎？

⊙ 怎樣才算是「量入為出」原則？怎樣才算「力求」？「力求」有沒有約束力？誰有權評核屆時特別行政區政府有沒有「力求」收支平衡？若特別行政區政府沒有「力求」的話，是否違憲？怎樣才算是與本地生產總值的增長率相適應？「適應」作為何解？適應什麼？是同步進退或不超越增長率的某一百分比上下限？同步進退可行嗎？不超越某一百分比上下限又可行嗎？這些規定，像政治口號多於法律條文，作為基本法的條文，抽象含糊且缺乏落實意義，充其量只可令某些人心理安慰些而已。

⊙ 條文內容屬於特別行政區政府的理財方針及政策指示，吸納在具憲政性質的基本法內，本身已是一個問題。

⊙《中英聯合聲明》規定香港特別行政區自行處理本身的財政事務。因此香港特別行政區應有不受限制的權力，根據不斷改變的社會需要來處理這些事務。現條文是政策聲明，對香港特別行政區政府日後處理突發的情況加以不必要的限制。

⊙ 容許政府有較大彈性處理財政。

→ 刪掉第一句中「以量入為出為原則」及第三句「避免赤字」。

理由：「以量入為出為原則」香港有不同意見出現，而「力求收支平衡」已包含「避免赤字」的意思，略作刪減，更能保持未來政府運作的靈活性。

3.2 修改

→ 整條改為「特別行政區政府的財政預算由特別行政區政府自行制訂，以配合當時的社會經濟環境。」

理由：

⊙ 平衡預算不應規限政府全年總支出於某一特定水平，或限定於全年國民所得的某一比例。

⊙ 平衡預算之目的，在於使政府顧及收入與支出兩方面，但必須明瞭全年收支之關鍵，不應由法律規定，而由當時之社會環境及政治決策所釐定。

⊙ 平衡預算的目的，並不規限財政總支出水平或增長率。

⊙ 平衡預算缺乏促進社會走上福利主義的道路，有違政府建立於照顧貧苦階層的宗旨，改善人民生活水平的目標。

⊙《基本法（草案）》第一百零九條特別行政區政府自行釐定貨幣金融政策，但財政政策則受到第一百零六條平衡預算所限制，因而缺乏靈活性和適應性。

倘若第一百零六條，不能作出上述修改，希望能在《基本法（草案）》第一百零六條原文加上「該條文作為財政預算指引，以供政府作為制訂財政預算時參考之用。」

→「力求收支平衡，避免赤字」改寫成「力求收支平衡，避免長期赤字」。

→ 改為：「香港特別行政區的財政預算可以量入為出為原則」。

→ 改為：「香港特別行政區政府財政預算，以量入為出為原則（包括基金的轉移），其增長應與本地生產總值增長率相適應，除了在特殊情況下，可以容許某一年度出現財政赤字外，特別行政區政府應力求於第二年或盡早達致收支平衡」。

理由：這一條的修訂條文在文字上比第一稿改進很多。但是仍沒有考慮到資本開支（借貸的需要）、靈活性（保持預算與本地生產總值的增長率相適應所必需的），以及由於無法預料的因素而引致預測有所偏差等問題。

→「力求收支平衡，避免赤字」改為「以收定支，力求平衡」。

理由：修改後會較具原則性。

→ 改為：「香港特別行政區的財政預算應以量入為出為原則，但當經濟受到傷害或為了減輕外來因素對香港的衝擊，香港特別行政區政府在必要時可以運用財政或金融政策以誘導特區經濟向正常軌道發展，但亦以自由市場運作和保障大多數市民的利益為原則。

在考慮各項大型建設、推行經濟或財政政策時，應以能推動香港的工商業發展和提高市民的生活素質為大前提。」

理由：由於香港是自由經濟一環，經濟環境很大程度受客觀因素影響，因此立法規定收支平衡，將對特別行政區政府造成壓力，為了達到平衡預算，特別行政區政府會不理客觀因素而用手段直接干預經濟，這不單會浪費人力和社會資源，妨礙香港自由經濟的發展，也會對市民的生活造成傷害。

→ 建議根據《中英聯合聲明》把原文修改為「香港特別行政區自行管理財政事務，包括支配財政預算和決算。」旨在使香港特別行政區能夠因應當時經濟需要，以更大靈活性處理特別行政區的財務。

3.3 其他

→ 此條反映了一些香港商人的意見，即似乎想將香港的現狀凍結、永久保持下去。若單純以財政均衡為努力目標，《中英聯合聲明》的措詞便會相當充份。

第八稿

「**第一百零七條　香港特別行政區的財政預算以量入為出為原則，力求收支平衡，避免赤字，並與本地生產總值的增長率相適應。**」

〔1990 年 4 月《中華人民共和國香港特別行政區基本法》〕

香港特別行政區實行獨立的稅收制度。香港特別行政區參照原在香港實行的低稅政策，自行立法規定稅種、稅率、稅收寬免和其他稅務事項。

❀ 貳｜概念

1. 獨立稅制
2. 原低稅政策的參照
3. 自行制定稅制

❀ 叄｜條文本身的演進和發展

第一稿

第五章

「第三條　香港特別行政區實行獨立的稅收制度。

第四條　香港特別行政區繼續實行低稅政策。

第五條　香港特別行政區的稅種、稅率、稅收寬免，由特別行政區以法律規定。

第六條　中央人民政府不在香港特別行政區徵稅。」

〔1987 年 8 月 22 日《經濟專題小組的工作報告》，載於《中華人民共和國香港特別行政區基本法起草委員會第五次全體會議文件匯編》〕

① 1986 年 4 月《香港各界人士對〈基本法〉結構等問題的意見匯集》（基本法起草委員會第二次會議參閱資料之一）

【P62】

關於財政、經濟方面的意見

二、財政

4. 香港能夠繁榮與香港政府的低稅率政策有很大關係，能吸引外國投資到香港，對就業與繁榮香港有幫助，故需要維持不變。

　　　　　　　　※

② 1986 年 8 月 29 日《金融財務經濟專責小組工作進度報告》（1986 年 8 月 30 日基本法諮詢委員會全體委員第二次會議文件）

【P7】

（二）金融貨幣制度分組

委員們基本上就金融制度方面達成以下 12 點建議：

6. 稅制應簡單，稅制應相對的低，使勤奮及有經營能力者得到適當的報酬。

11. 中華人民共和國政府對香港居民及公司非源於中華人民共和國的收入不應有課稅權，對行政特區的收入亦如是。

　　　　　　　　※

③ 1986 年 11 月 9 日《香港特別行政區基本法起草委員會經濟專題小組工作報告》，載於《中華人民共和國香港特別行政區基本法起草委員會第三次全體會議文件匯編》

【P41】

（二）關於基本法結構（草案）第五章第一節「財政管理、稅收政策」的法律條款的起草，小組意見認為：

1. 可將聯合聲明附件一第五節的內容各點，用法律語言表述之。

2. 小組一致認為，香港特別行政區的財政預算，應以保持基本平衡為原則，實行獨立的稅收制度，並繼續實行低稅政策。

　　　　　　　　※

④ 1987 年 2 月基本法起草委員會秘書處《香港報刊有關〈基本法〉的言論摘錄》

【P139】

基本法內關於金融制度及貨幣問題應包括下列八項原則：

（六）稅務制度要令到勤勞和進取的人得到保障，稅制的結構也要簡單；

（基本法諮委會金融財務經濟專責小組，《大公報》一九八六年五月九日。）

【P144-146】

資本主義並不是只有一個模式，雖然主要特質一樣。但施行的細節或政策，差別可能很大。自由港與自由貿易政策既是香港經濟制度的一個重要組成部份，當然要在基本法寫下，但要有點彈性。有關「制度性」的東西需嚴格明文說明，「政策性」的方針則要有彈性。基本法草委副主席安子介先生說，外匯自由與低稅率必須明列在基本法內。作者認為，「外匯自由」應寫入基本法，因為它對建立投資者及一般市民的信心有助益，但是「低稅率」這個財政方針政策則不可寫入基本法內，原因是「低稅率」一辭不易界定。所謂「高」與「低」，是兩個相對性的概念。儘管香港現今的稅率比其他亞洲三小虎為低，但怎樣才算是一個低稅率，卻沒有一個共同的客觀標準。經濟指標因時、空的改變而有不同的內涵，例如六十年代，西方經濟學家或經濟決策人認為，百分之五的通脹率已經很高，難以容忍，到了七十年代中期，經濟環境改變了，如能將通脹率抑制在百分之五的水平，已經不算太差了。同樣，隨時間變化，稅率的高低也有不同，不能認為現在的有限公司百分之十八點五的利潤稅率低，百分之二十就高。稅率的改變，必須考慮香港主要競爭對手的競爭能力變化，以及本身的環境與條件而制訂。對未來特別行政區政府而言，稅率要盡量保持在相對低水平，但要因時制宜而不能用文字寫下，否則必然會常常引起「高」、「低」字眼的爭執，把自己捆死。

不干預政策的提法不應寫入基本法，這並不表示要放棄採取不干預的政策。作者主張「積極不干預主義」，但寫入基本法卻不妥當，原因是「不干預」這個字眼引起不同的解釋，在工業的領域裡，許多市場運作會涉及是否干預的問題，如果寫下便失去了彈性。

（香港中文大學企業管理系高級講師饒美蛟：《「低稅率」、「工業政策」與基本法》，《明報》一九八六年七月二十五日。）

在基本法中，不應明文規定特區政府應干預或不干預本港的經濟，因為此舉對本港的繁榮穩定不利。將來特區政府應視乎當時本港的經濟情況，而對經濟作出干預的行動，正如現時的香港政府一般，在有必要時或者為了維護香港市民的利益時，政府就會出面干預。

如果在基本法中明文規定政策不會干預本港經濟，則是不對的，因為政府有責任維護本港的繁榮穩定。但如果明文規定政府會干預本港經濟，則又不妙，故最好的辦法就是不在基本法中寫明，而由政府按當時的情況而作決定。

（基本法諮委會金融經濟專責小組黃宜弘，《天天日報》一九八六年七月三日。）

※

⑤金融財務經濟專責小組《財政、稅收、金融制度及經濟制度的精神最後報告》（1987 年 8 月 8 日經執行委員會通過）

第五章：香港特別行政區的經濟
第一節（2）：稅收政策
1）中央人民政府不向香港特別行政區政府和居民徵稅。

2）香港特別行政區應保持簡單稅制和相對低的稅率。

3）香港特別行政區的稅則和稅率的訂定和修改應經特別行政區立法機關審定。

4）香港特別行政區應可與中央人民政府及外國訂定雙邊稅務協定。

【P3】
說明：
（5）第三題：稅收
第 1 條基本上摘自聯合聲明附件一第五段，只是在「行政區」之後加上「政府和居民」五個字。根據草委曾表示：聯合聲明附件一原始就是這個意思。那麼把它清楚寫明在基本法上更好。這句的意思是指在中國大陸以外的地方。

第 2 條是本小組多次討論中所強調的一個原則：「簡單的稅制和相對低的稅率」。不講具體數字，只講一個政策，應該是於特別行政區有利的。

第 3 條實際上包括了本小組一直關心的一些事情，包括：徵稅是否限於發生在本港的盈利等等。現在這一寫法比較容易被人們所接受，而實際上解決了我們關心的問題。

第 4 條的處境與第 3 條相似。

※

⑥1987 年 8 月 22 日《經濟專題小組的工作報告》，載於《中華人民共和國香港特別行政區基本法起草委員會第五次全體會議文件匯編》

【P60-61】
第五章　香港特別行政區的經濟（草稿）
第一節　財政和稅收
第五條
說明：有的委員主張把「香港特別行政區不向特別行政區居民的區外收入徵收所得稅」的內容作為本條的第二款寫進基本法。有的委員不贊成將這樣的具體內容寫進基本法。

第六條
說明：有的委員建議將本條文改為「香港特別行政區不承擔向中央人民政府納稅的義務」。

第二稿

「第一百零五條　香港特別行政區實行獨立的稅收制度。
中央人民政府不在香港特別行政區徵稅。
第一百零六條　香港特別行政區繼續實行低稅政策。
第一百零七條　香港特別行政區的稅種、稅率和稅收寬免，由特別行政區以法律規定。」
〔1987 年 12 月基本法起草委員會秘書處《香港特別行政區基本法（草案）》（匯編稿）〕

①金融財務經濟專責小組《對基本法第五章「香港特別行政區的經濟」條文草稿（一九八七年八月）的意見》（1987 年 11 月 4 日經執行委員會通過）

【P1-2】

條文草稿	容永道建議修改稿	諮詢意見
第三條 第四條	第二條　「香港特別行政區實行獨立的稅收制度。中央人民政府不在香港特別行政區徵稅。香港特別行政區稅種、稅率、稅收寬免等等都由特別行政區的法律所規定。」	無特別意見。 諮委認為「低稅政策」一詞的意義並不明確，但為令保持投資人士的信心，寫入基本法內亦為可行，並提議改為「低稅制度」較為準確。 另外，諮委認為亦應訂明香港特別行政區實行「簡單和貫徹始終的稅收制度」。貫徹始終的意思是稅制應長期保持穩定，不可因為要解決短暫的問題而隨意修改。

條文草稿	容永道建議修改稿	諮詢意見
第五條	說明：建議把第三、四、五、六條合為一條。既然特別行政區的稅種、稅率、稅收寬免等等都由特別行政區的法律所規定，無需要再提「低稅政策」。何況怎樣才算低稅亦難以界定。	小組關心徵稅是否限於發生在本港的盈利等，現這一寫法較容易被人們接受。 有提議為應多加一條賦予香港特別行政區同中華人民共和國和其他國家簽訂互免雙重課稅的協定。
第六條		諮委建議寫成「中央人民政府不向香港特別行政區政府和居民徵稅」。 有提議為應寫明中央人民政府不向香港特別行政區居民的海外收入徵稅。

第三稿

「第一百零五條　香港特別行政區實行獨立的稅收制度。
中央人民政府不在香港特別行政區徵稅。
第一百零六條　香港特別行政區繼續實行低稅政策。
第一百零七條　香港特別行政區的稅種、稅率和稅收寬免，由特別行政區以法律規定。」
〔1988年3月基本法起草委員會秘書處《中華人民共和國香港特別行政區基本法（草案）草稿》（總體工作小組第二次會議對目錄、序言、第一、二、三、五、六、七、九章的修改稿）〕

① 1987年12月《中華人民共和國香港特別行政區基本法起草委員會第六次全體會議委員們對基本法第四、五、六、十章和條文草稿匯編的意見》

【P28】
4. 第一百零六條
（1）有些委員提出本條規定中「低稅」的概念不明確，而且會限制特別行政區政府對稅收實行調整和引起有關的法律上的爭議，建議刪去本條，因為如果香港出現經濟困難，既不能搞赤字預算，又不能加稅，那該怎麼辦？

（2）有的委員認為低稅是相對的，建議把本條中「繼續」兩字改為「盡量」。有的委員認為，「繼續」兩字含義不夠明確，建議作修改。

（3）部份委員認為，應從是否有利於香港繁榮穩定的角度來考慮基本法的規定，本條所載的基本原則有利於吸引外來投資應保留，但寫法可斟酌。

（4）有的委員主張，本條改為「香港特別行政區繼續實行對投資者具有吸引力的稅收政策」。

※

②《各專題小組的部份委員對本小組所擬條文的意見和建議匯輯（關於序言、第一、二、三、五、六、七、九章部份）》，載於1988年3月基本法起草委員會秘書處《中華人民共和國香港特別行政區基本法（草案）草稿》

【P37】
第一百零六條
有的委員認為，本條可不寫進基本法。

第四稿

「第一百零七條　香港特別行政區實行獨立的稅收制度。
中央人民政府不在香港特別行政區徵稅。
第一百零八條　香港特別行政區繼續實行低稅政策。
第一百零九條　香港特別行政區的稅種、稅率和稅收寬免，由法律規定。」
〔1988年4月基本法起草委員會秘書處《中華人民共和國香港特別行政區基本法（草案）草稿》〕

①《各專題小組的部份委員對本小組所擬條文的意見和建議匯輯》，載於1988年4月基本法起草委員會秘書處《中華人民共和國香港特別行政區基本法（草案）草稿》

【P70】
第一百零八條
（編者按：內容同第三稿文件②）

第五稿

「第一百零六條　香港特別行政區實行獨立的稅收制度。

中央人民政府不在香港特別行政區徵稅。

第一百零七條　香港特別行政區繼續實行低稅政策。

第一百零八條　香港特別行政區的稅種、稅率和稅收寬免，由法律規定。」

〔1988 年 4 月基本法起草委員會《中華人民共和國香港特別行政區基本法（草案）徵求意見稿》〕

① 《各專題小組的部份委員對本小組所擬條文的意見和建議匯輯》，載於 1988 年 4 月基本法起草委員會《中華人民共和國香港特別行政區基本法（草案）徵求意見稿》

【P58】
第一百零七條
（編者按：內容同第三稿文件②）

第六稿

「第一百零七條　香港特別行政區實行獨立的稅收制度。

香港特別行政區參照原在香港實行的低稅政策，自行立法規定稅種、稅率、稅收寬免和其他稅務事項。」

〔1989 年 2 月《中華人民共和國香港特別行政區基本法（草案）》〕

① 《基本法工商專業界諮委對基本法（草案）徵求意見稿第五章經濟之意見》

【P2】
第一百零七條
「香港特別行政區繼續實行低稅政策」。
這是一個政策性條文，我們建議把它放在附件。條文內容沒有提到是關於直接或間接稅。未來的特區政府，在保持低稅政策，多會採用間接稅，基本法的制訂不應令未來的特區政府偏向採用間接稅收制度。

※

② 1988 年 5 月基本法諮詢委員會秘書處《基本法（草案）徵求意見稿初步反應報告（草稿）》

【P34】
經濟
財政和稅收
7.「低稅政策」的意義含混，不如不寫。

8. 第 107 條註明特區「繼續實行低稅制」，這會延續現時香港不公平稅制。現時中等收入家庭的賦稅擔子太大，因入息稅太高，而利得稅則又太低。

9. 第 107 條將會限制特區政府在經濟方面的推動，令香港難以在科技上邁進更大一步。

※

③ 1988 年 8 月基本法起草委員會秘書處《香港各界人士對〈香港特別行政區基本法（草案）徵求意見稿〉的意見匯集（一）》

【P34】
第一百零七條
1. 不能在基本法中規定「低稅制」，究竟多少算「高」，多少算「低」沒有一個明確的標準，容易引起爭議。特別是同第一百零五條聯繫起來看，財政既不能有赤字，又不能加稅，會給將來特別行政區政府造成很大困難。因此，應該刪去這一條。
2. 主張保留這一條，可以規定稅率上限不超過 20%，或者以過去 40 年平均數為稅率的上限。

3. 低稅前加「簡單的」，因稅制複雜，對經濟發展不利。

第一百零八條
加：「徵收任何新稅項和加稅須得到立法機關三分之二以上的議員同意。」

※

④ 1988 年 8 月 3 日基本法諮詢委員會秘書處參考資料（一）《內地草委訪港小組就基本法（草案）徵求意見稿一些問題的回應輯錄（一九八八年六月四日至十七日）》

【P12】
5. 經濟
5.2 第一百零五、一百零七條
有三種意見：（1）保留這兩條，但文字上要作大修改；（2）取消這兩條，因為這些都是政策，不可作為法律寫進第五章；（3）贊成地方稅應簡單，稅率也比較低，故希望將來不變。因此原則上贊同低稅率，但卻因為考慮到財政預算變質和稅收制度是要根據不同的實際情況而變化及調節的，故應比較有彈性，所以贊成這條款的實質，但不希望寫在條文中。
5.3 第一百零六、一百零七、一百零八條
第一百零六條：說明香港實行一個獨立的稅制，就是不實施內地的制度；
第一百零七條：規定要低稅制；
第一百零八條：第一百零六條是稅種，第一百零七條是說稅率；而第一百零八條就是要解決前兩條的問題，就是香港要有一個獨立的稅法來回答香港獨立的稅制是怎樣及稅率是怎樣。因而亦有人建議將這三條寫成一條三款。

※

⑤ 1988 年 9 月基本法起草委員會秘書處《內地各界人士對〈香港特別行政區基本法（草案）徵求意見稿〉的意見匯集》

【P18】
第一百零七條
1. 低稅的標準應明確。
2. 稅收政策和法律由香港特別行政區自行制定，不必在基本法中規定低稅政策。

第一百零八條

1.「由法律規定」改為：「由香港特別行政區自行制定政策和法律規定。」

2.本條列舉的「稅種、稅率和稅收寬免」不能概括稅收中的其他問題，因此建議改為「關於稅收制度，由香港法律規定。」

※

⑥《基本法諮詢委員會經濟專責小組對基本法（草案）徵求意見稿第五章的意見匯編》，載於 1988 年 10 月基本法諮詢委員會《中華人民共和國香港特別行政區基本法（草案）徵求意見稿諮詢報告（1）》

【P118-119】

2.專題討論

2.7 有關稅項問題

2.7.1 有委員提出，希望中國政府不會向港人徵收源自外地收入的稅項。

2.7.2 有委員認為，即使是在第一百零七條中規定了「低稅率」，政府仍可徵收各種費用，以增加其收入。

2.7.3 有委員認為，第一百零七條中「低稅率」的意思是指百分之二十五以下的稅率，而低稅率政策非常重要，所以應列入基本法內。

3.有關條文的討論

3.2 第一百零七條

3.2.1 有委員反對在基本法中列入此條條文。

3.2.2 有委員建議把第一百零七條改為：「香港特別行政區政府，自行制定稅務政策。」因原條文的「低稅政策」之「低」字，是沒有客觀標準的。

3.2.3 有委員認為，「低稅率」的意思不能除掉，因為這對香港以後的經濟發展很重要。

3.3 有委員認為，應將第一百零五條、第一百零七條、第一百零八條合併為一條條文。

3.10 有委員建議在……第一百零七條、……，加上「香港特別行政區可自行制定」等字眼。

※

⑦ 1988 年 10 月基本法諮詢委員會《中華人民共和國香港特別行政區基本法（草案）徵求意見稿諮詢報告第五冊──條文總報告》

【P344-345】

第五章　整體意見

2.建議

2.1 刪除

→ 刪去條文……第一百零七、第一百零八、……條。

理由：其中有些是明顯的，不需重提；有些是政策性的，不宜寫入；有些經濟方針是須因時制宜，隨形勢而改變，故不宜寫入基本法內。

2.2 修改

→ 為分開處理法律性和政策性條文，第五章第一、第二兩節可考慮作以下修改：

正文內寫上以下條文：

第一節　財政和稅收內只寫三條即：

「第一百零六條　香港特別行政區實行獨立的稅收制度。中央人民政府不在香港特別行政區徵稅。」

【P350】

第五章　整體意見

第一節

2.建議

→ 除第一百零四條外，第一節其他條文予以刪除，以下列兩條代之：

（2）「香港特別行政區實行獨立的稅收制度。稅種、稅率和稅收寬免，由法律規定。中央人民政府不在香港特別行政區徵稅。」

【P357-361】

第一百零六條

2.意見

→ 並未寫明特別行政區政府有權向其居民及在區內賺取的收入及在其他適當之情況下徵稅。

→ 此條即《中英聯合聲明》第三款第八段及附件一第五節第二段，因此毋庸議論。

→ 除了中央人民政府不在香港特別行政區徵稅外，其他機關或地區政府也不可在香港特別行政區徵稅。

→ 對於中央人民政府不在香港特別行政區徵稅感到過分優待。

3.建議

→ 加上：「其他機關或地區政府也不在香港特別行政區徵稅。」

→ 改為：「自差餉中撥一萬分一作為向中央人民政府之稅捐。」

理由：

⊙ 中央人民政府既然負責國防、外交事務，香港便應向其繳付稅捐。

⊙ 香港特別行政區應與其他省市看齊賦稅予中央人民政府，尤其是港較其他省市經濟為好。

→ 與第一百零六條、第一百零八條合併為：

「香港特別行政區實行獨立的稅收。稅種、稅率和稅收寬免，由法律規定。中央人民政府不在香港特別行政區徵稅。」

第一百零七條

2.意見

2.1 贊成意見

→ 此條應該寫入基本法內，第一百零八條已保障了政府的靈活性。

→ 贊成低稅政策。

理由：

⊙ 此乃吸引外資的重要條件。

⊙ 能保證香港的繁榮。

⊙ 避免政府使用市民大量的錢財。

⊙ 除打破專利性企業外，政府不應該以任何方法干預經濟之自由運作。這是香港獨特及成功之處。

→ 稅制是重大政策，在基本法中寫明「低稅政策」是合乎常理的。

→ 低稅政策能爭取外資和鼓勵本港資本凝聚，亦能限制政府支出的增長，局限了政府無事不管的範圍。降低稅率亦是整個西方世界的大趨勢，徵求意見稿有此一條是明智的。

→ 在資本主義市場中，流動資金皆追隨利潤較高、課稅較低的地區流動。目前香港外匯市場成交額中，百分之九十以上是銀行同業間的交易。如市場諮傳行之已久的低稅制可能改變，則上述交易將不免易地進行。故此條不應刪去。

→ 原則上贊成本條，但財政平衡的要求可能會導致加稅的壓力；然則難以同時實行低稅政策。

2.2 反對意見

→ 「低稅政策」意思含糊，不可能具法律效力。

→ 這條只是政策指引，並非法律。

→ 寫也無不良後果，因「低」沒有標準。

→ 此條文對未來政府構成不必要之限制，此等政策應由特別行政區政府因時制宜訂定。
→ 違反《中英聯合聲明》，因其訂明特別行政區政府自行支配財政資源。
→ 香港之所以吸引賦稅人，乃在於其簡單的稅制。若在此訂明了「低」稅，特別行政區政府需要增加收入時，可能得調整免稅限額或增加稅種。這將引起不良影響。
→ 「繼續」兩字即認同現行的低稅政策，意味着現行稅制要作為一九九七年後的標準或上限，防止政府作較大的稅務改革，這是不相信特別行政區政府的表現。
→ 有些時候是需要高稅的，例如現時的汽車牌費便比其他國家為高。
→ 社會進步，國民生產上升，在社會福利保障不斷有增加需求的趨勢下，低稅率根本不足以支付全面的社會福利開支。
→ 此條的訂定是因為工商界人士擔心因選舉政治而出現「免費午餐」，故此提出防範，從而確保目前的良好投資環境。
→ 此條有意維護上層人士利益，但香港之稅制實在需要變革，以達到促進社會繁榮和財富再分配的目的。
→ 有謂若不訂明「低稅政策」，外國投資者就會轉向其他地區，這是不正確的。研究報告顯示，投資者認為政治穩定、有效率之行政體系、健全的法制、高質素的勞工以及良好的基礎設施，比經濟誘因或低稅更為重要。這可參照新加坡情況。
→ 未來政府在保持低稅政策時，多會採用間接稅。基本法的制訂不應令特別行政區偏向採用間接稅收制度。
→ 這條將令現時的不公平稅制延續下去。現時的稅制需要改革：減少薪俸稅以減輕中產、專業人士之入息稅負擔，並加重商人的利得稅。
→ 只寫低稅政策毫無意義，賦稅負擔還得視乎稅種、免稅額等等。
→ 考慮低稅政策時須以第一百零五條為原則，否則特別行政區便有可能為保持收支平衡而把稅率提得過高。
3. 建議
3.1 刪除
→ 刪除此條文。
→ 稅率高低是根據社會經濟狀況而予以調節的。
理由：
⊙ 既有第一百零五條，便不需此條。
⊙ 既有第一百零八條，便不需此條。
⊙ 第一百零八條的「由法律規定」，可視為一個程序界定，而非特別行政區政府在稅收方面有自由的一個保障。而此條訂明的是政策方針，比第一百零八條有更高的地位。
⊙ 並不能清楚界定何謂「低」，因會為未來政府帶來不必要的麻煩。
⊙ 香港已在實行低稅政策，故無須訂定。
⊙ 「繼續」二字可能令特別行政區政府必須接受一九九七年的稅率為上限，無論當時的稅率何其高。
⊙ 政策性條文不應該寫入具法律地位的基本法中。
⊙ 不是法律用語。
⊙ 任何政府皆不能保證低稅政策的實行。
⊙ 若香港特別行政區政府不能實施低稅政策，它將有被控訴違反基本法之可能，這是非常危險的。
→ 難以確定究竟什麼個別因素令香港經濟繁榮。例如南韓、台灣等地稅率甚高，但經濟卻十分蓬勃，所以無需寫明特別行政區實行低稅政策。
3.2 修改
→ 改為：「香港特別行政區政府採取審慎的收支和稅務政策，以鼓勵個人及企業的積極性，照顧社會公平、以及促進經濟發展為目標。」
理由：這是任何一個現代資本主義制度內的政府所應遵守

的原則。
→ 改為：「香港特別行政區實行生產和累進的稅制。」
理由：「低」只為一相對性之形容詞。
→ 改為：「香港特別行政區繼續實行維持香港經濟競爭力的稅率政策。」
理由：「低稅政策」缺乏相對性及意義含糊。
→ 稅收制度應寫得更詳細及明確一些，如「稅率定為百分之十八，五十年不變」，才可以使投資者放心。
→ 改為：「繼續實行比鄰近地區為低的稅率。」
理由：「低」稅率本身沒有標準，要有一個對象才可以比較出來。
→ 改為：「香港特別行政區政府繼續採用低稅政策的原則。」
→ 改為：「香港特別行政區政府自行制定稅務政策。」
→ 改為：「香港特別行政區自行管理財政事務，包括支配財政資源、編制財政預算和決算。香港特別行政區的預決算須報中央人民政府備案。」
→ 刪去「繼續實」三字，或若要靈活一些可改為「有需要」。
→ 加上：「由香港特別行政區自行決定」等字。
→ 為表明何謂「低」，可加上：「稅率原則上低於百分之二十」。
3.3 其他建議
→ 政策性條文不應列入基本法的正文內，只宜寫在不受法律約束的附則中。
理由：使未來特別行政區政府的政策更有彈性，藉以保障香港的安定繁榮，以及穩定港人信心。
→ 外國一些地方也有立法限制過高的徵稅，寫成法律條文時，往往有具體而複雜的公式來釐定稅收水平，不限於簡單地規定「低稅」。外國這種做法也有利弊，可研究參考。
4. 待澄清問題
→ 何謂「低稅」？「低」之標準為何？
→ 若規定特別行政區政府實行低稅政策，可能會影響政府在經濟中的積極角色及社會的經濟發展？
→ 若特別行政區政府財政出現赤字，是否仍要實施「低稅政策」？
→ 這裡只寫「低稅政策」，是否已考慮到一九九七年後政府的抽稅方法，及稅收是否可應付龐大的支出？
→ 若要維持收支平衡，政府會否增加間接稅以達此目的，從而加重市民負擔？
→ 所指的是何種稅？
→ 「低稅政策」是不是對維持香港之現狀起很大的作用，而因此亦配合《中英聯合聲明》的精神呢？

第一百零八條
2. 意見
→ 贊成本條。
→ 由「法律規定」的「法律」應是指依照香港現有的稅種、稅率和稅收寬免的政策為原則。
3. 建議
3.1 刪除本條。
3.2 修改
→ 改為：「香港特別行政區的稅種、稅率和稅收寬免，由法律規定。香港特別行政區自行管理財政事務，包括支配財政資源，編制財政預算和決算。香港特別行政區的預決算須報中央人民政府備案。」
3.3 增加
→ 加上：「任何徵收新稅項和加稅須得由立法局三分之二以上的議員同意」。
→ 加上：「在預算案有盈餘時，應免薪俸稅和減糧食稅。」
理由：使市民能生活溫飽。
→ 加上：「原則應為不影響個人和公司的積極性及有利經濟的穩定性。」

→「法律規定」，應明確指出是中央人民政府立法還是由地方立法。

<u>3.4</u> 其他建議

→ 與第一百零六條合併為：「香港特別行政區實行獨立的稅制。稅種、稅率和稅收寬免，由法律規定。中央人民政府不在香港特別行政區徵稅。」

4. 待澄清問題

→「由法律規定」一句所指之法律為何？

→ 既然政府的行為須得依法，是否需要有此條文？

第七稿

「**第一百零八條　香港特別行政區實行獨立的稅收制度。**

香港特別行政區參照原在香港實行的低稅政策，自行立法規定稅種、稅率、稅收寬免和其他稅務事項。」

〔1990 年 2 月 16 日《中華人民共和國香港特別行政區基本法（草案）》〕

①《基本法諮詢委員會經濟專責小組對基本法（草案）第五章的意見匯編》，載於 1989 年 11 月基本法諮詢委員會《中華人民共和國香港特別行政區基本法（草案）諮詢報告第一冊》

【P101-104】

1. 專題討論

<u>1.1</u> 政策性條文

1.1.8 有委員建議，在……第一百零七條第二款「香港特別行政區」……後加上「可」字，因為這些只是政策和意向聲明，在《中英聯合聲明》內並無規定。加上「可」字，令這些條文更靈活。……因為這章很多條文都只是意向聲明，如依目前《基本法（草案）》的字眼，立法機關將受到不必的限制。況且，制訂這些條文的目的並不是要創造一些可交法院審判的法律權利。

<u>1.3</u> 低稅政策與平衡預算的問題（第一百零六條及一百零七條）

1.3.2 有委員認為基本法內寫進低稅政策及平衡預算背後所根據的經濟理論，其本身的假設實有不正確的地方：

（1）以為憲法的制訂是唯一及最佳控制政府財政權力的機會。其實在一民主社會中，即使在立憲後，仍可通過某些程序或手段對政府的財政權力作出限制，例如美國的所謂「納稅者叛變」（taxpayer revolt）便為一例證。

（2）以為政府是一個追求最大財政收入者（every government is a revenue maximizing government），並透過財政收入的增加而增強政府權力。此點不單與現時港府的做法不太吻合，而且存有過分主觀成分，未必一定要接受。

（3）以為小政府一定是好的。事實亦非如此，因為政府的大小要視乎社會發展程度而言，例如一個社會處於經濟發展初期時，小政府就不太適合。

<u>1.6</u> 有關條文討論的問題

1.6.2 第一百零七條

有委員建議，第二款「tax reductions and exemptions」改為「tax deductions, allowances and exemptions」。（註：這只是英文翻譯本的問題，中文本無須修改）

※

②《憲法經濟學與〈基本法（草案）〉中的經濟條文》，載於 1989 年 11 月基本法諮詢委員會《中華人民共和國香港特別行政區基本法（草案）諮詢報告第二冊——專題報告》

【P148-149】

4. 認為政府的財政權力應受憲法限制的意見

<u>4.3</u> 對《基本法（草案）》個別條文的意見

4.3.3 第一百零七條，修訂後的條文內容已經不再要求特別行政區政府奉行低稅政策，因為《基本法（草案）》只把低稅政策的觀念作為「參照」，約束力較小。

根據「參照」一詞，香港特別行政區政府只要聲明由於時代與情況不同，原來的低稅政策已不再適合香港的新環境，便可制定高稅政策，政府並可花掉這些稅收，因為再沒有硬性規定政府收入的增長不能超過本地生產總值的增長。反之，舊條文的「繼續」實行低稅制的憲法較為可取。這樣的寫法雖然有人認為是不信任特別行政區政府，但如世界上所有政府（包括香港特別行政區政府）是可以信任會保持低稅率的話，那就不會有「稅務者叛變」（taxpayer revolt），亦不需要以憲法措施限制稅制。因此問題不在於信任不信任，主要是要有成文的清楚保障，令所有人都能夠見到，而現時政府可被濫用的權力而已太多了。

【P152】

5. 不應在《基本法（草案）》內寫上限制政府財政權力條文的意見

<u>5.6</u> 對條文修改的建議

5.6.2 有人則建議將有關條文作全面性的修改，對於《基本法（草案）》一百零七條第二款第一句，修訂為：「香港特別行政區自行制定財政政策。」

※

③ 1989 年 11 月基本法諮詢委員會《中華人民共和國香港特別行政區基本法（草案）諮詢報告第三冊——條文總報告》

【P198-199】

第五章　整體意見

1. 意見

<u>1.2</u> 反面

→ 第一百零七條規定：「香港特別行政區實行獨立的稅收制度。」這條款引起以下的疑問：

（1）這規定是否跟《中英聯合聲明》對香港特別行政區享有高度自治的承諾一致？

（2）這條款會否成為香港特別行政區政府的絆腳石？將來，一些不能預見的情況可迫使政府考慮增加稅收。有沒有方法阻止政府這樣做？

（3）何謂「低稅政策」？這詞肯定會帶來爭議。

【P202-203】

3. 有關第五章之政策性條文的意見

<u>3.3</u> 建議

3.3.1 修改

→ 將第一百零六及一百零七條合併寫成：「香港特別行政區政府自行制定財政政策。」

理由：第一百零六及一百零七條有量入為出、平衡預算的條文，別說將來會容易引起特別行政區政府被起訴，根本解釋及執行均有困難。其實許多研究指出，在美國憲法內

類似的條文，不單對政府的支出影響極少，而且政府亦有許多方法去繞過這些條文。現在修改建議的這句話已很足夠。至於如何制定有關財政政策，則是以後立法會議員的事，如現在的立法局一樣，都可以對財政政策有影響。

→ 建議在……第一百零七條第二款「香港特別行政區」……後加上「可」字，因為這些只是政策和意向聲明，在《中英聯合聲明》內並無規定。加上「可」字，令這些條文更靈活。……因為這章很多條文都只是意向聲明，如依目前草案的字眼，立法機關將受到不必要的限制。況且，制定這些條文的目的並不是要創造一些可交法院審判的法律權利。

→ 贊成以「香港特別行政區政府自行制定財政政策」來代替第一百零六及第一百零七條（即平衡預算及低稅政策條文）。另一個折衷辦法是把政策性條文寫在附件，只作政策指引而不具任何法律約束力。

第五章
第一節　整體意見
1.意見
1.1 整體
→ 《基本法（草案）》在財政及貨幣上，仍可看到它是有意地對未來特別行政區政府的專制及決策權力加以有效的制約，但是決心是減弱了。
理由：第一百零七條已不再要求特別行政區政府奉行低稅政策。
1.2 正面意見
→ 第一百零五及一百零七條兩條文的原文雖然太過僵硬，修改後的條文也有商榷的餘地，不過這兩條條文的精神卻十分符合民主原則。

【P210-212】
第一百零七條
2.意見
2.1 整體
→ 目前香港的立法機關沒有治外法權對香港納稅人非源自香港的收入徵稅。英國並沒有向香港人徵稅，除非該香港人的收入來源是英國，則屬例外。這些原則應適用於基本法。基本法應清楚規定中央人民政府不向香港居民徵稅，除非該香港居民的收入來源是中華人民共和國，則屬例外。此外，中國也不在香港特別行政區收稅。
→ 既然香港是中華人民共和國的一部份，也應該像其他地區一樣向國家交給部份稅務，這樣才較為公平。
→ 一九九七年後，中央政府應在香港徵收適當的稅，這也是體現主權的一部份。
2.2 正面
→ 在新條文中，低稅率政策不再是必要的條件，而現行的稅制可以被用作未來特別行政區政府釐定稅制的參考。
→ 目前的處理方法，既可保持靈活性，又可保留有關條文不致被刪除。
2.3 反面
→ 徵求意見稿規定「香港特別行政區繼續實行低稅政策」的條文已被刪去，取而代之的條文只規定香港特別行政區參照原在香港實行的低稅政策。
為了局限政府將來在經濟中所佔的部份，宜明確說明特別行政區政府繼續實行低稅政策。經濟應盡量屬私營事業，而政府主要負責監管和制定政策。
→ 徵求意見稿的規定是「香港特別行政區繼續實行低稅政策」。但根據《基本法（草案）》的規定，低稅政策的觀念只是作為參照，約束力較小。換句話說，香港特別行政區政府只要聲明由於時代與情況不同，原來的低稅政策已不再適合香港的新環境，便可制定高稅政策。
→ 只須說明「現行的低稅政策不變」便可。因為很難決定百分之幾才算是低稅，在一些國家，百分之三十也算作低稅。

→ 「參照原在香港實行的低稅政策」這寫法根本沒有意思，不能規定將來的徵稅標準。至於目前的稅率是否屬低，也是令人質疑的。因為這是個相對的判斷。
→ 舊條文「繼續」實行低稅制的寫法比較可取。這樣的寫法雖然有人認為是不信任特別行政區政府，但所有世界上的政府，包括香港政府，是可以信任會保持低稅率的話，那麼就不會有「稅務起義」（The Tax Revolt），亦不需要有憲法去規範；因此問題不在於信不信任，主要的是要有成文的清楚保障，令所有人都能夠見到，因為政府有太多的權力可被濫用。
→ 不贊成草案廢除原有「中央人民政府不在香港特別行政區徵稅」的條文。
→ 應修改本條以保證不同的居民和公司不會受到不同的稅收待遇。
→ 「參照」應如何理解？參照的約束力有幾多？假若「參照」被理解為參考照顧，意思即是特別行政區政府只須將一九九七年前香港政府實行的所謂低稅政策作為資料上參考，則實際上對特別行政區政府並不會有約束力。但假若參照被理解為參考遵照而具有約束力的話，則《基本法（草案）》亦有《基本法（草案）徵求意見稿》的弊病，即：
（1）條文似乎肯定了一九九七年之前的香港政府的稅收政策，必然是低稅政策；一九九七年後的特別行政區政府便繼續實施這種政策，這樣就出現矛盾：是否一九九七年前的香港政府徵收的稅率，無論邏輯地可能提升到哪一比率，譬如公司利得稅40%，都算是低稅，然後以該稅率為一九九七後特別行政區政府的稅收率上限？抑或有共識地固定某一稅率為低，譬如公司利得稅18%，然後要求一九九七年前的香港政府也遵守共識，希望一九九七年後特別行政區政府能繼續施行該稅率？若然，一九九七年前的香港政府的稅收政策也會受制於基本法。
（2）此外，低是非常主觀的相對用語，究竟「低」是相對於國內的、國際的、東南亞、亞洲四小龍的，抑或發達資本主義社會的水平，哪個水平才可接受呢？說到「低」，香港目前的稅率是否低，本身已是爭論性的課題。
（3）若未來數十年的香港固定實施「低」稅政策，無疑自定框框，作繭自斃。再者，若本條真的落實的話，亦即是說一九九七年七月一日的各種稅率要作為該日的上限，將之凍結下來，將來特別行政區政府一旦試圖改革稅制，便可能招惹上層階級與投資者以基本法為護盾，激烈反對。可以預想，當任何組別的稅務負擔要提高時，他們都可以運用第一百零七條指控特別行政區政府違憲，引致無謂的憲政紛爭。
→ 新修訂的第一百零七條亦不及徵求意見稿第一百零七條。

3.建議
3.1 刪除
→ 刪去本條。
理由：法律不宜包含財政管理策略。
→ 刪去「參照原在香港實行的低稅政策」等字眼。
理由：此部份乃屬多餘。
3.2 修改
→ 第二款改為：「香港特別行政區政府應參照香港原已實行的低稅政策，自行制定有關稅種、稅率、各項稅收寬免、以及其他稅務的法律。」
理由：
⊙ 香港特別行政區政府的稅務法律應有忍讓精神，而不是強制性的執行，為了避免含糊，應加上「各項稅收寬免」。
⊙ 另外，修改後的條文將規範性的法律（即特別行政區政府可制定有關稅務法律的權力）以及為執行法律而採取的政策（即香港原已實行而現可作參考的低稅政策）明顯的區分開來。這是值得留意的。其他條文如有類似的情況，這種草擬技巧可加以應用。」

→ 改為：「香港特別行政區政府繼續採用低稅政策的原則。」
→ 第二款第一句應改為「香港特別行政區政府自行制定政策」。
理由：既然《基本法（草案）》第一百零九條第二款第一句現已修訂為「香港特別行政區政府自行制定貨幣金融政策」，故不一定要把貨幣金融政策與財政政策分別對待。
→ 改為：「香港特別行政區稅率原則上盡量保持不變，並自行立法規定稅種、稅率、稅收寬免和其他稅務事項。」
→ 第二款第一句「低稅政策」改為「稅收政策」。
理由：高低並無絕對標準，避免日後爭辯何謂「低稅政策」。
3.3 其他
→ 香港曾面對涉及中華人民共和國的雙重課稅問題，將來也必面對涉及第三國家的雙重課稅問題。為了避免雙重課稅及防止逃稅，香港可與中國及第三國家安排就這方面互相交換資料。
→ 應清楚規定香港特別行政區是個單獨的稅收地區，不牽涉在中國的稅務條約內，而且應該讓香港特別行政區以類似第一百一十五條的方式自行與第三國家談判稅務條約。
→ 這條需經更多考慮後才應定案的，最終的分析工作應留給香港特別行政區去做為佳。

4. 待澄清的問題
→ 這規定是否跟《中英聯合聲明》對香港特別行政區享有高度自治的承諾一致？
→ 這條款會否成為香港特別行政區的絆腳石？將來，一些不能預見的情況可迫使政府考慮增加稅收。有沒有方法阻止政府這樣做？
→ 何謂「低稅」政策？這詞肯定會帶來爭議。

第八稿

「第一百零八條　香港特別行政區實行獨立的稅收制度。
香港特別行政區參照原在香港實行的低稅政策，自行立法規定稅種、稅率、稅收寬免和其他稅務事項。」
〔1990 年 4 月《中華人民共和國香港特別行政區基本法》〕

香港特別行政區政府提供適當的經濟和法律環境，以保持香港的國際金融中心地位。

✿ 貳│概念

1. 保持國際金融中心地位的經濟和法律環境

✿ 叁│條文本身的演進和發展

第一稿

第五章
「第十一條　香港特別行政區政府應提供必要條件和採取適當措施，以保持香港特別行政區的國際金融中心地位。」
〔1987 年 8 月 22 日《經濟專題小組的工作報告》，載於《中華人民共和國香港特別行政區基本法起草委員會第五次全體會議文件匯編》〕

① 1986 年 4 月《香港各界人士對〈基本法〉結構等問題的意見匯集》（基本法起草委員會第二次會議參閱資料之一）

【P62-63】
關於財政、經濟方面的意見
三、金融、貨幣
1. 為要保持香港的金融中心地位，在制定金融、銀行、商業法中，應參考香港現行的有關法律。切實可行的條文可以保留，不要因為它是英國法律而一概加以排斥，應看成是香港法律。

2. 香港成為金融中心，有很多是同政府無關，要保持自由，本地銀行也不能搞保護主義，有那麼多銀行，倒閉幾家沒有什麼關係。
金融是沒有安定的，只要自由競爭、平等賺錢就行了。

※

② 1986 年 4 月 22 日《中華人民共和國香港特別行政區基本法結構（草案）》，載於《中華人民共和國香港特別行政區基本法起草委員會第二次全體會議文件匯編》

【P15】
第五章：香港特別行政區的經濟
（二）金融制度和政策（國際金融中心，港幣的流通和發行，不實行外匯管制政策，外匯、黃金、證券、期貨市場繼續開放）

※

③ 1986 年 8 月 29 日《金融財務經濟專責小組工作進度報告》（1986 年 8 月 30 日基本法諮詢委員會全體委員第二次會議文件）

【P7】
（二）金融貨幣制度分組

委員們基本上就金融制度方面達成以下 12 點建議：
9. 行政特區政府對金融業（例如保險、證券、銀行、期貨及其他財務機構）應維持足夠的審慎監管，以確保香港作為先進金融中心的地位不受損害性影響。業內使用的操作語言最理想為英語。

※

④ 1986 年 11 月 9 日《香港特別行政區基本法起草委員會經濟專題小組工作報告》，載於《中華人民共和國香港特別行政區基本法起草委員會第三次全體會議文件匯編》

【P41-42】
（三）關於基本法結構（草案）第五章第二節「金融制度和政策」，在立法時應強調：
5. 小組一致同意香港特別行政區政府應提供必要條件，使香港特別行政區保持國際金融中心的地位。如何用法律語言加以規定，可再作研究。

※

⑤ 1987 年 2 月基本法起草委員會秘書處《香港報刊有關〈基本法〉的言論摘錄》

【P139】
基本法內關於金融制度及貨幣問題應包括下列八項原則：
（一）將來特別行政區的資金要能自由進出香港；

（四）金融系統裡面的資金可以自由流動；

（七）金融訊息可自由進出香港；
（基本法諮委會金融財務經濟專責小組，《大公報》一九八六年五月九日。）

※

⑥金融財務經濟專責小組《財政、稅收、金融制度及經濟制度的精神最後報告》（1987 年 8 月 8

（經執行委員會通過）

第五章：香港特別行政區的經濟
第二節：金融制度和政策
（1）「香港特別行政區自行制訂貨幣和金融政策，繼續實行自由開放的貨幣、金融制度，以保持國際金融中心地

位。」（特別寫明「繼續」即為表示保持現行的情況。）

說明：
（6）第四題：金融制度和政策
4 條都是草委原文，……。
委員認為第 1 條「提供必要條件，採取適當措施」亦太籠統，無需寫下。

第二稿

「**第一百零八條　香港特別行政區政府提供必要條件和採取適當措施，以保持香港特別行政區的國際金融中心地位。**」
〔1987 年 12 月基本法起草委員會秘書處《香港特別行政區基本法（草案）》（匯編稿）〕

①金融財務經濟專責小組《對基本法第五章「香港特別行政區的經濟」條文草稿（一九八七年八月）的意見》（1987 年 11 月 4 日經執行委員會通過）

條文草稿	容永道建議修改稿	諮詢意見
第十一條	第七條「香港特別行政區政府提供適當的經濟及法律環境以促進香港特別行政區繼續為國際金融中心。」 說明：草稿原有的「必要條件」難以界定，建議刪除。	委員認為「提供必要條件，採取適當措施」實太籠統，無需寫下。

第三稿

「**第一百零八條　香港特別行政區政府提供必要條件和採取適當措施，以保持香港特別行政區的國際金融中心地位。**」
〔1988 年 3 月基本法起草委員會秘書處《中華人民共和國香港特別行政區基本法（草案）草稿》（總體工作小組第二次會議對目錄、序言、第一、二、三、五、六、七、九章的修改稿）〕

① 1987 年 12 月《中華人民共和國香港特別行政區基本法起草委員會第六次全體會議委員們對基本法第四、五、六、十章和條文草稿匯編的意見》

5. 第一百零八條
（1）部份委員建議，刪去「必要」和「適當」這種字眼。

（2）有的委員建議改為：「香港特別行政區政府提供適當的經濟及法律環境以促進特別行政區繼續為國際金融中心」。

第四稿

「**第一百一十條　香港特別行政區政府提供條件，並採取措施，以保持香港特別行政區的國際金融中心地位。**」
〔1988 年 4 月基本法起草委員會秘書處《中華人民共和國香港特別行政區基本法（草案）草稿》〕

第五稿

「**第一百零九條　香港特別行政區政府提供條件，並採取措施，以保持香港特別行政區的國際金融中心地位。**」
〔1988 年 4 月基本法起草委員會《中華人民共和國香港特別行政區基本法（草案）徵求意見稿》〕

第六稿

「**第一百零八條　香港特別行政區政府提供適當的經濟和法律環境，以保持香港的國際金融中心地位。**」
〔1989 年 2 月《中華人民共和國香港特別行政區基本法（草案）》〕

①《基本法工商專業界諮委對基本法（草案）徵求意見稿第五章經濟之意見》

我們建議修改條文內容如下：
「香港特別行政區政府必須繼續提供條件，協助香港特別行政區國際金融中心地位的保持和發展。」

第一百零九條　　　　　　　　　　　　　　　　　※

②1988年5月基本法諮詢委員會秘書處《基本法（草案）徵求意見稿初步反應報告（草稿）》

【P35】
經濟
金融和貨幣
10.第108條：要令香港特區繼續成為國際金融中心實決定於香港保持其為自由商港地位，增加生產以及以良好貿易為基礎。草委應對此等基本題目更為注意。若只顧金融中心的地位，則只屬投機取巧，令正常的生產與貿易受損。

※

③1988年8月基本法起草委員會秘書處《香港各界人士對〈香港特別行政區基本法（草案）徵求意見稿〉的意見匯集（一）》

【P34-35】
第一百零九條
1.本條是政策性條文，不是法律條文。但對安定人心有作用，宜放在附件。

2.加：「如貨幣出現危機，中央可以採取措施支持。」

3.改為：「香港特別行政區保持國際金融中心的地位。」

※

④1988年9月基本法起草委員會秘書處《內地各界人士對〈香港特別行政區基本法（草案）徵求意見稿〉的意見匯集》

【P18】
第一百零九條
「國際金融中心」地位並非由香港特別行政區政府採取措施就可以保住的。按現在的規定，如果金融中心地位發生了變化，就會違反基本法。

※

⑤1988年10月基本法諮詢委員會《中華人民共和國香港特別行政區基本法（草案）徵求意見稿諮詢報告第五冊──條文總報告》

【P344】
第五章　整體意見
2.建議
2.1 刪除
→ 刪去條文……第一百零九、……條。
理由：其中有些是明顯的，不需重提；有些是政策性的，不宜寫入；有些經濟方針是須因時制宜，隨形勢而改變，故不宜寫入基本法內。

【P347-348】
2.3.增加
→ 加上：「特別行政區政府自行制訂有關金融、工業和其他行業的政策。」
理由：因為第一百零九條、一百二十三至一百二十四條含糊不清，未能提供足夠的環境和條件，鼓勵及促進各行業的發展。
2.5 合併

→ 條文第一百零九至第一百一十三條合併為：「香港特別行政區實行何種貨幣、金融、外匯管制、資金流動等政策，要按社會和經濟狀況，由港人民主決定。」

【P363-364】
第一百零九條
2.意見
→ 贊成此條保留在基本法內。
理由：此條涉及香港經濟能否繼續保持繁榮穩定，在《中英聯合聲明》中亦有訂明，所以刪去是不適宜的。
→ 保持香港特別行政區為國際金融中心地位，是十分恰當和必需的。
→ 雖然這些規定有可能影響特別行政區政府的靈活性，但因為自由、外向式經濟為香港生存的命脈，衡量得失後，應予保留。
→ 把此等責任加諸政府身上是不實際的，因為國際金融中心的地位是具競爭性的。若將來因某些原因，例如因為擴大規模令效率提高或因法例關係令另一地區較香港更為吸引，特別行政區政府亦束手無策。此國際金融中心地位非特別行政區政府單方面可以確保的。
→ 缺乏足夠之條件而勉強要香港成為國際金融中心將造成許多困難。金融業必須以不斷增長的生產與貿易為基礎，否則便變成投機取巧，不確實地運用僅有的資源。
→ 此條只為經濟形勢大好之豪情壯語，未有顧及經濟嚴重衰退時的應變原則。
→ 內容空洞，非法律條文。
→ 不一定需要在基本法中列明香港為國際金融中心，這應是繼續執行現有金融政策的成果。
→ 若要此條能得以實現，以下當為必要條件：
（1）貨幣金融管理制度應由符合國際標準和客觀規律的法律規定。
（2）不實行外匯管制（即第一百一十一條）。
（3）穩定的港元（第一百一十六條可保障此點）。
（4）低稅制（即第一百零七條）。
（5）開放的金融市場（即第一百一十三條）。
（6）長遠及整體性的經濟分析及路向。
→ 若要香港繼續成為國際金融中心，必須保持自由開放的貨幣和金融政策。

3.建議
3.1 刪除
→ 刪除本條。
理由：此條把原來屬於政府道義上的責任規定為政府的職責。這只會為政府帶來不必要的麻煩，而不會對香港金融企業帶來實質的好處。
→ 刪除「提供條件，並採取措施」等字眼。
理由：
⊙《中英聯合聲明》附件一第七項第一款並無此等字眼。
⊙ 這些字眼加上第一百一十一條的內容，令金融業和四個金融市場地位太特殊化。
3.2 修改
→ 可研究以下之改寫提議：
「香港特別行政區政府提供法律和經濟環境，以保持香港特別行政區的國際金融中心地位。」
→ 改為：「香港特別行政區政府提供條件，保持香港特別行政區的國際金融中心地位。」
→ 改為：「香港特別行政區政府提供環境和條件以保持香港特別行政區的國際金融中心地位。」
理由：
⊙ 不應承諾政府將會有措施以保證某方面的發展。
⊙ 金融中心的方向是活的，並不單是維持。
→ 改為：「香港特別行政區政府必須繼續提供條件，協助香港特別行政區國際金融中心地位的保持和發展。」

→ 改為：「香港特別行政區保持香港為國際金融中心的地位。」
→ 改為：「香港特別行政區繼續保持國際金融中心地位。」
→ 「中心地位」改為「中心繼續發展」。
理由：「地位」一詞沒有約束性及必然性。

3.3 增加
→ 加上：「一旦香港特別行政區出現經濟貨幣危機時，中央人民政府應立即採取措施，給予全力及實質之支持。」
3.4 其他建議
→ 不須寫入基本法本文內，應納入政策性條文附件中。

第七稿

「第一百零九條　香港特別行政區政府提供適當的經濟和法律環境，以保持香港的國際金融中心地位。」
〔1990 年 2 月 16 日《中華人民共和國香港特別行政區基本法（草案）》〕

① 《憲法經濟學與〈基本法（草案）〉中的經濟條文》，載於 1989 年 11 月基本法諮詢委員會《中華人民共和國香港特別行政區基本法（草案）諮詢報告第二冊——專題報告》

【P149】
4. 認為政府的財政權力應受憲法限制的意見
4.3 對《基本法（草案）》個別條文的意見
4.3.4 第一百零八條維持香港為國際金融中心，這寫法是多餘的。事實上只要確保香港資金進出自由、自由貿易等等，無形中已可達到這點；否則基本法可能要把保持香港成為紡織製衣中心、旅遊中心等也寫上。

※

② 1989 年 11 月基本法諮詢委員會《中華人民共和國香港特別行政區基本法（草案）諮詢報告第三冊——條文總報告》

【P198】
第五章整體意見
1. 意見
1.2 反面
→ 第一百零八、……條的「香港特別行政區政府提供經濟和法律環境……」及……等類似字眼，太廣泛而不明確。

【P212】
第一百零八條
2. 意見
2.1 反面意見
→ 本條純屬政策性聲明，不應放在法律裡。
→ 這寫法是多餘的，事實上只要確保香港資金進出自由、自由貿易等等，無形中已可達到這點。否則基本法可能要把保持香港成為紡織製衣中心、旅遊中心等也寫上。
→ 本條的規定很含糊，容易引起將來政府被指責違反本條規定。
→ 取消此條條文。

第八稿

「第一百零九條　香港特別行政區政府提供適當的經濟和法律環境，以保持香港的國際金融中心地位。」
〔1990 年 4 月《中華人民共和國香港特別行政區基本法》〕

香港特別行政區的貨幣金融制度由法律規定。香港特別行政區政府自行制定貨幣金融政策，保障金融企業和金融市場的經營自由，並依法進行管理和監督。

❀ 貳│概念

1. 自行制定貨幣金融政策
2. 保障金融自由經營及依法監管

❀ 叁│條文本身的演進和發展

第一稿

第五章
「第十二條　香港特別行政區自行制定貨幣金融制度。
第十三條　香港特別行政區繼續實行自由、開放的貨幣金融政策。
第十四條　香港特別行政區政府保障金融企業和金融市場的經營自由，並依法進行管理和監督。」
〔1987年8月22日《經濟專題小組的工作報告》，載於《中華人民共和國香港特別行政區基本法起草委員會第五次全體會議文件匯編》〕

① 1984 年 12 月 19 日《中華人民共和國政府對香港的基本方針政策的具體說明》（《中英聯合聲明》附件一）

七、香港特別行政區可自行制定貨幣金融政策，並保障金融企業的經營自由以及資金在香港特別行政區流動和進出香港特別行政區的自由。香港特別行政區不實行外匯管制政策。外匯、黃金、證券、期貨市場繼續開放。
港元作為當地的法定貨幣，繼續流通，自由兌換。港幣發行權屬香港特別行政區政府，在確知港幣的發行基礎是健全的以及有關發行的安排符合保持港幣穩定的目的的情況下，香港特別行政區政府可授權指定銀行根據法定權限發行或者繼續發行香港貨幣。凡所帶標誌與中華人民共和國香港特別行政區地位不符的香港貨幣，將逐步更換和退出流通。

※

② 1986 年 4 月《香港各界人士對〈基本法〉結構等問題的意見匯集》（基本法起草委員會第二次會議參閱資料之一）

【P62-64】
關於財政、經濟方面的意見
三、金融、貨幣
1. 為要保持香港的金融中心地位，在制定金融、銀行、商業法中，應參考香港現行的有關法律。切實可行的條文可以保留，不要因為它是英國法律而一概加以排斥，應看成是香港法律。

2. 香港成為金融中心，有很多是同政府無關，要保持自由，本地銀行也不能搞保護主義，有那麼多銀行，倒閉幾家沒有什麼關係。
金融是沒有安定的，只要自由競爭、平等賺錢就行了。

3. 中國資本、香港資本與各國、各地區資本的機構應享有同等的權利。

4. 應保障外匯不受管制，以及資金的流動、轉移和進出自由。

5. 香港自治區內使用之流通貨幣，命名為港幣，由香港自治區政府自行發行、審核、監督、管理。要保持港幣在國際上已有的獨立自由互換的地位。

6. 新港元的匯率，應否與人民幣掛鈎？在儲備金方面，應否構成子母關係？應有明文規定。

7. 中華人民共和國中央人民政府發行之人民幣，在香港自治區內不得流通使用。港幣和人民幣的兌換率，由香港銀行和人民銀行協商。

8. 英國殖民香港期間，發行之港幣基準金，應自一九九七年七月一日零時起，全部移交香港自治政府保管，如有短缺，中國中央人民政府負責向英國政府追回，轉交給香港自治政府保管。

9. 銀行倒閉是本身經營有問題，香港要繼續繁榮，就要讓每一個人有自由地去賺錢，不要花太多的錢去救那些要倒閉的銀行。走一批，倒一批，就會有一批更能幹的人上來。最大的原則是自由。

10. 基本法內應列明香港要維持現行的自由貿易制度及獨立的外匯和金融管理。同時，要在香港設立中央銀行的話，亦應該註明中央銀行的權力範圍。中央銀行不應控制

個人的資產和投資的出入。

11.香港沒有必要設立中央銀行，現行的辦法應繼續下去。

※

③ 1986 年 8 月 29 日《金融財務經濟專責小組工作進度報告》（1986 年 8 月 30 日基本法諮詢委員會全體委員第二次會議文件）

【P7】
（二）金融貨幣制度分組
委員們基本上就金融制度方面達成以下 12 點建議：
1.應有意經常維持港元穩定及可自由兌換。

2.資金應可自由進出香港。

3.應有基於國際銀行業務原則的穩定的銀行監管制度。

4.金融體系的資金應可自由流動。

5.行政特區政府應採取均衡預算政策以審慎理財，政府債務應予控制及在合理的短時期內償還。

8.行政特區應有獨立的貨幣制度，以港元為法定貨幣，並

以外匯基金予以十足照應。而政府代人民保管之外匯基金及其他基金應由獨立的信託機構管理。

9.行政特區政府對金融業（例如保險、證券、銀行、期貨及其他財務機構）應維持足夠的審慎監管，以確保香港作為先進金融中心的地位不受損害性影響，業內使用的操作語言最理想為英語。

※

④ 1987 年 2 月基本法起草委員會秘書處《香港報刊有關〈基本法〉的言論摘錄》

【P139】
基本法內關於金融制度及貨幣問題應包括下列八項原則：
（一）將來特別行政區的資金要能自由進出香港；

（三）根據國際銀行業務原則，要有穩定的銀行監管制度；

（四）金融系統裡面的資金可以自由流動；

（七）金融訊息可自由進出香港；

（八）特區需有獨立的金融貨幣制度。
（基本法諮委會金融財務經濟專責小組，《大公報》一九八六年五月九日。）

第二稿

「第一百零九條　香港特別行政區自行制定貨幣金融制度，繼續實行自由開放的貨幣金融政策。
第一百一十二條　香港特別行政區政府保障金融企業和金融市場的經營自由，並依法進行管理和監督。」
〔1987 年 12 月基本法起草委員會秘書處《香港特別行政區基本法（草案）》（匯編稿）〕

① 1987 年 9 月 2 日《中華人民共和國香港特別行政區基本法起草委員會第五次全體會議委員們對基本法序言和第一、二、三、四、五、六、七、九章條文草稿的意見匯集》

【P57】
六、關於第五章　香港特別行政區的經濟
（三）第二節　金融和貨幣
2.第十三、十四條
有的委員建議將兩條合併，改寫為：「原在香港實行的貨幣金融制度，包括對接受存款機構和金融市場的管理和監督制度，予以保留」。

※

②金融財務經濟專責小組《對基本法第五章「香港特別行政區的經濟」條文草稿（一九八七年八月）

的意見》（1987 年 11 月 4 日經執行委員會通過）

【P4-5】

條文草稿	容永道建議修改稿	諮委意見
第十二條	第八條「香港特別行政區自行制定貨幣金融政策。」 說明：草稿上「制度」一詞，在聯合聲明附件一內原為「政策」。	第十二至第十五條「香港特別行政區自行制訂貨幣和金融政策，繼續實行自由開放的貨幣金融制度，以保持國際金融中心地位。」（特別寫明「繼續」即為表示保持現行的情況。）
第十三條	第九條（照草稿第十三條）	
第十四條	第十條「原在香港實行的貨幣金融制度，包括對接受存款機構和金融市場的管理和監督制度，予以保留。」 說明：修改稿文字是參照聯合聲明附件一的。	

第三稿

「第一百零九條　香港特別行政區繼續實行自由開放的貨幣金融政策，貨幣金融制度由法律規定。
第一百一十二條　香港特別行政區政府保障金融企業和金融市場的經營自由，並依法進行管理和監督。」
〔1988 年 3 月基本法起草委員會秘書處《中華人民共和國香港特別行政區基本法（草案）草稿》（總體工作小組第二次會議對目錄、序言、

① 1988 年 4 月《總體工作小組所作的條文修改舉要》，載於 1988 年 5 月《中華人民共和國香港特別行政區基本法起草委員會第七次全體會議文件匯編》

（編者按：雖然本文件的日期是 1988 年 4 月，但本文件是總體工作小組在 1987 年 12 月 15 日至 1988 年 3 月 6 日之間召開的三次會議上對各專題小組草擬的基本法原條文所作的一些調整和修改。於 3 月提出的草稿裡面已經將以下調整與修改納入，故將這份文件放入本稿中。）

【P20】
將第一百一十條（原第一百零九條）改為「香港特別行政區繼續實行自由開放的貨幣金融政策，貨幣金融制度由法律規定」。

第四稿

「第一百一十一條　香港特別行政區繼續實行自由開放的貨幣金融政策。貨幣金融制度由法律規定。
第一百一十四條　香港特別行政區政府保障金融企業和金融市場的經營自由，並依法進行管理和監督。」
〔1988 年 4 月基本法起草委員會秘書處《中華人民共和國香港特別行政區基本法（草案）草稿》〕

第五稿

「第一百一十條　香港特別行政區繼續實行自由開放的貨幣金融政策。貨幣金融制度由法律規定。
第一百一十三條　香港特別行政區政府保障金融企業和金融市場的經營自由，並依法進行管理和監督。」
〔1988 年 4 月基本法起草委員會《中華人民共和國香港特別行政區基本法（草案）徵求意見稿》〕

第六稿

「第一百零九條　香港特別行政區的貨幣金融制度由法律規定。
香港特別行政區政府自行制定貨幣金融政策，保障金融企業和金融市場的經營自由，並依法進行管理和監督。」
〔1989 年 2 月《中華人民共和國香港特別行政區基本法（草案）》〕

① 1988 年 8 月基本法起草委員會秘書處《香港各界人士對〈香港特別行政區基本法（草案）徵求意見稿〉的意見匯集（一）》

【P35】
第一百一十條
現在的貨幣金融政策不可以簡單地用「自由開放」來概括。貨幣是要進行管制的，建議第一句用「香港特別行政區政府自行制定貨幣金融政策」來代替。

※

② 1988 年 8 月 3 日基本法諮詢委員會秘書處參考資料（一）《內地草委訪港小組就基本法（草案）徵求意見稿一些問題的回應輯錄（一九八八年六月四日至十七日）》

【P12】
5. 經濟
5.4 第一百一十條
所謂自由開放，實際是兩個形容詞。「自由」的意思是沒什麼嚴格限制，自由經營，如在香港可以付幾百塊去登記，便可宣佈成立公司。至於「開放」，就是指香港是個國際城市，任何國家地區的資金均可進入香港，也可以離港，沒有歧視，這是一個政策。至於具體上，也有管理條例，如證券交易所、保險公司等均有條例管制，這些將來當然也可作修改。而因為香港是一個國際城市，作為一個政策來說是沒有可能實行不自由開放的政策的。

※

③ 1988 年 9 月基本法起草委員會秘書處《內地各界人士對〈香港特別行政區基本法（草案）徵求意見稿〉的意見匯集》

【P18-19】
第一百一十條
1. 應明確規定貨幣政策的目標是穩定金融和繁榮經濟。

2.「自由開放」涵義不清。

※

④ 1988 年 10 月基本法諮詢委員會《中華人民共和國香港特別行政區基本法（草案）徵求意見稿諮詢報告第五冊——條文總報告》

【P364-365】
第一百一十條

2.意見
→ 第二句指出貨幣金融制度由法律規定。此寫法可以接受，因較有彈性，容許制度的改革。
→ 目前港元的發行及利率、匯率的制定都不是「自由開放」，哪來「繼續實行」。
→ 這已可包含第一百零九條至第一百一十三條的內容。
→ 「自由開放的金融政策」在理論上是對的，但若加上「貨幣」兩字，則甚有商榷餘地。實際上，近年港府亦瞭解到金融業過份放任，以致造成社會經濟的波動，因而加以整頓、監管，將來是否仍稱得上為「自由開放的金融政策」亦很難說。而且貨幣與金融政策關係密切，例如信貸過度膨脹會增加金融業的不穩定，故兩種政策如何互相配合，不是用「自由開放」四字就可以達到。把兩種觀念不同、目標不一的政策放在一起，除非用非常專業性之文字加以表達，否則將會引起問題。

3.建議
3.1 刪除
→ 刪去此條。
理由：過於規範特別行政區政府。
→ 第一句是政策性規定，應該刪除。
3.2 修改
→ 「繼續」一詞，實在沒有需要，在當今金融業瞬息萬變的形勢下，條文應該寫得比較有彈性。而且金融政策可以「自由開放」，但貨幣政策則不應這樣，全世界的中央銀行或貨幣管理當局，都務求控制國內或區內的貨幣供應，使之穩定增長，以免通脹惡化或者生產萎縮，此方面談不上什麼「自由開放」。
→ 改為：「香港特別行政區有權自行制訂有關貨幣金融政策的法例。香港特別行政區的貨幣金融制度由法律訂定。」
理由：只寫「自由開放的貨幣金融政策」過於僵硬。香港特別行政區政府可能在某些特別情況下，不能容許自由開放的政策而需要實行貨幣管制或外匯管制等政策。
→ 按《中英聯合聲明》的寫法改為：「香港特別行政區政府自行制定貨幣金融政策。」
→ 改為：「香港特別行政區的貨幣金融制度由法律規定。」
→ 第一句改為：「香港特別行政區政府自行制定貨幣金融政策。」
理由：現在之條文意思非常含糊。「自由開放」並非恰當的形容字眼，除非加上專業的學術解釋。修改條文給予新政府足夠的應變能力，這是重要的。
→ 最後一句改為：「貨幣金融制度由法律依此原則規定。」

→ 改為：「由特別行政區政府自行訂定……」
理由：
⊙ 這些為政策性之題目，不能以法律條文訂定。
⊙ 現在已於基本法中把貨幣金融政策訂明是不切實際的，應由特別行政區政府因時制宜作出決定。
3.3 其他建議
→ 在政策性附件中寫上：「香港特別行政區繼續實行自由開放的貨幣金融政策。」
→ 徵集高科技人才精製貨幣，特別行政區並必須加入國際偵緝組織，防止不法之徒偽造貨幣，鞏固金融基礎。

【P369】
第一百一十三條
2.意見
→ 贊成本條。其內容的規定可被視為「高度自治」原則的證據。
→ 此條執行不易。

3.建議
3.1 刪除本條。
理由：
⊙此條把政府道義上的責任規定為政府職責。這只會徒增政府的麻煩，不會帶來實質好處。
⊙草案第一章總則第四條已訂明香港要「保持原有資本主義制度和生活方式」，像此條的保障自由和監管方針，只是一般的常識，毋須訂明。
3.2 修改
→ 在基本法本文內改為：「香港特別行政區政府對企業和金融市場進行管理和監督。」
在政策性附件中寫：「香港特別行政區政府保障金融企業和金融市場的經營自由。」
→ 改為：「香港特別行政區政府制定和實行必要的監管條例，保障金融企業和金融市場的經營自由。」
→ 改為：「正當經營」或「合法經營」。
理由：以免不良事業也可自由經營。
→「保障」一詞改用「維持」，「並」改為「但」，最後一句的「法」字改為「這原則」。
理由：更改後可更清楚看到政府將維持這自由制度和只依此原則通過法律進行管理和監督。這應是條文原意。

4.待澄清問題
→ 此條只要求特別行政區政府保障金融企業的經營自由，並依法進行管理和監管，卻沒有要求它制定適當政策以促進、協調和鼓勵金融業發展，為什麼會這樣輕此而重彼呢？

第七稿

「**第一百一十條　香港特別行政區的貨幣金融制度由法律規定。**
香港特別行政區政府自行制定貨幣金融政策，保障金融企業和金融市場的經營自由，並依法進行管理和監督。」
〔1990 年 2 月 16 日《中華人民共和國香港特別行政區基本法（草案）》〕

① **《憲法經濟學與〈基本法（草案）〉中的經濟條文》，載於 1989 年 11 月基本法諮詢委員會《中華人民共和國香港特別行政區基本法（草案）諮詢報告第二冊──專題報告》**

【P149】
4.認為政府的財政權力應受憲法限制的意見
4.3 對《基本法（草案）》個別條文的意見
4.3.5 第一百零九條是關於貨幣金融制度。目前的修改，把特別行政區「繼續實行自由開放貨幣金融政策」一句刪

去，實有混淆之嫌，因為自由開放的金融政策可以指消除金融市場壟斷情況，銀行、資金管理等等金融業務在有法律規範，如在適當資本比率下，容許自由競爭。故此未來特別行政區政府應實行這種做法

※

② **1989 年 11 月基本法諮詢委員會《中華人民共和國香港特別行政區基本法（草案）諮詢報告第三冊──條文總報告》**

第一百零九條

2. 意見

2.1 正面意見

→ 刪除「繼續實行自由開放的貨幣金融政策」等字眼是進步的。

2.2 反面意見

→ 目前的修正，把特別行政區「繼續實行自由開放的貨幣金融政策」一句刪去，其實是有混淆之嫌，因為自由開放的金融政策可以指是消除金融市場壟斷情況，銀行、資金管理等等金融業務在有法律規範，如在適當資本比率下，容許自由競爭是未來特別行政區政府應實行的做法。

2.3 保留

→ 第一款應保留「繼續實行自由開放的金融政策」的規定，並用其他字眼來規定「貨幣政策」。

理由：「自由開放的金融政策」在理論上是對的，但用「自由開放」來形容「貨幣政策」則比較困難。

3. 建議

3.1 修改

→ 第二款「保障」一詞改用「維持」，「並」改為「但」，最後一句的「法」字改為「這原則」，即「維持金融企業和金融市場的經營自由，但依這原則進行管理和監督」。

理由：更改後可清楚看到政府將維持這自由制度和只依此原則通過法律進行管理和監督。這應是條文原意。

→ 第一款改為：「貨幣金融制度由法律依此原則下規定。」

第八稿

「**第一百一十條** 香港特別行政區的貨幣金融制度由法律規定。

香港特別行政區政府自行制定貨幣金融政策，保障金融企業和金融市場的經營自由，並依法進行管理和監督。」

〔1990 年 4 月《中華人民共和國香港特別行政區基本法》〕

港元為香港特別行政區法定貨幣，繼續流通。港幣的發行權屬於香港特別行政區政府。港幣的發行須有百分之百的準備金。港幣的發行制度和準備金制度，由法律規定。

香港特別行政區政府，在確知港幣的發行基礎健全和發行安排符合保持港幣穩定的目的的條件下，可授權指定銀行根據法定權限發行或繼續發行港幣。

❀ 貳 ｜ 概念

1. 原法定貨幣的保留
2. 發行貨幣的規定
3. 準備金制度

❀ 叁 ｜ 條文本身的演進和發展

第一稿

第五章

「第十八條　港元為香港特別行政區法定貨幣，繼續流通，自由兌換。

第十九條　港幣的發行權屬於香港特別行政區政府。

港幣的發行，必須有充足的準備金。

香港特別行政區政府在確知港幣的發行基礎健全和發行安排符合保持港幣穩定的條件下，可授權指定銀行根據法定權限發行或者繼續發行港幣。」

〔1987 年 8 月 22 日《經濟專題小組的工作報告》，載於《中華人民共和國香港特別行政區基本法起草委員會第五次全體會議文件匯編》〕

① 1986 年 8 月 29 日《金融財務經濟專責小組工作進度報告》（1986 年 8 月 30 日基本法諮詢委員會全體委員第二次會議文件）

【P7】

（二）金融貨幣制度分組

委員們基本上就金融制度方面達成以下 12 點建議：

1. 應有意經常維持港元穩定及可自由兌換。

8. 行政特區應有獨立的貨幣制度，以港元為法定貨幣，並以外匯基金予以十足照應。而政府代人民保管之外匯基金及其他基金應由獨立的信託機構管理。

※

② 1986 年 11 月 9 日《香港特別行政區基本法起草委員會經濟專題小組工作報告》，載於《中華人民共和國香港特別行政區基本法起草委員會第三次全體會議文件匯編》

【P41】

（三）關於基本法結構（草案）第五章第二節「金融制度和政策」，在立法時應強調：

1. 繼續貫徹自由、開放的方針政策。

2. 確認港元為香港特別行政區的法定貨幣，繼續流通，自由兌換。

※

③金融財務經濟專責小組《財政、稅收、金融制度及經濟制度的精神最後報告》（1987 年 8 月 8 日經執行委員會通過）

【P2-3】

第二節：金融制度和政策

（3）「港幣發行權屬特別行政區政府。港幣的發行必須要有不低於百分百之貨幣儲備金。在確知港幣的發行基礎是健全的以及有關發行的安排符合保持港幣穩定的目的情況下，香港特別行政區政府可授權指定銀行根據法定權限發行或繼續發行香港貨幣。港幣亦可自由兌換其他國際貨幣。」（除有關貨幣儲備金外，其餘皆為摘自《中英聯合聲明》）

說明：
（6）第四題：金融制度和政策
4 條都是草委原文，其中第（3）條「港幣的發行必須有充份儲備金」，對於「充份」兩字，委員建議用「不低於百分之百之貨幣儲備金」更為明確。

第二稿

「第一百一十三條　港元為香港特別行政區法定貨幣，繼續流通，自由兌換。

第一百一十四條　港幣的發行權屬於香港特別行政區政府。

港幣的發行制度，由特別行政區法律規定。

港幣的發行，必須有不低於百分之百的可自由兌換外幣作為準備金。

香港特別行政區政府，在確知港幣的發行基礎健全和發行安排符合保持港幣穩定的條件下，可授權指定銀行根據法定權限發行或者繼續發行港幣。」

〔1987 年 12 月基本法起草委員會秘書處《香港特別行政區基本法（草案）》（匯編稿）〕

① 1987 年 9 月 2 日《中華人民共和國香港特別行政區基本法起草委員會第五次全體會議委員們對基本法序言和第一、二、三、四、五、六、七、九章條文草稿的意見匯集》

【P57-58】
六、關於第五章　香港特別行政區的經濟
（三）第二節　金融和經濟
5.第十九條
（1）有的委員提出，《中英聯合聲明》中沒有「必須有充足的準備金」這句話，香港的現行法律也沒有此規定，這句可不寫；有的委員認為這句話很重要，但是否用「充足」兩字可推敲。

（2）有的委員建議，本條第二款「必須」之後加「繼續」兩字。

※

②金融財務經濟專責小組《對基本法第五章「香港特別行政區的經濟」條文草稿（一九八七年八月）的意見》（1987 年 11 月 4 日經執行委員會通過）

【P5-6】

條文草稿	容永道建議修改稿	諮詢意見
第十八條	第十四條（照草稿第十八條）	「港元」應為「港幣」。
第十九條	第十五條（照草稿第十八條）（編者按：應為照草稿第十九條）	對「充份」兩字，委員建議改寫為「十足和可以自由兌換的」。有意見為因香港慣稱「準備金」為「儲備金」，故提議條文應為「準（儲）備金」。

※

③ 1987 年 12 月 12 日《經濟專題小組的工作報告》，載於《中華人民共和國香港特別行政區基本法起草委員會第六次全體會議文件匯編》

【P6-7】
在這次專題小組會議上，大家贊同對原修改稿的某些條款，進行適當的調整、歸併和刪節，並在內容上，作了以下一些重要的修改。

（二）「港幣的發行制度由特別行政區法律規定。」此款不變。在此之後，原條款為「港幣的發行，必須有充足的準備金」，改為「港幣的發行，必須有不低於百分之百的可自由兌換外幣作為準備金」；

第三稿

「第一百一十三條　港元為香港特別行政區法定貨幣，繼續流通，自由兌換。

第一百一十四條　港幣的發行權屬於香港特別行政區政府。港幣的發行制度，由香港特別行政區法律規定。

港幣的發行，必須有不低於百分之百的可自由兌換外幣的準備金。

香港特別行政區政府，在確知港幣的發行基礎健全和發行安排符合保持港幣穩定的條件下，可授權指定銀行根據法定權限發行或繼續發行港幣。」

〔1988 年 3 月基本法起草委員會秘書處《中華人民共和國香港特別行政區基本法（草案）草稿》（總體工作小組第二次會議對目錄、序言、第一、二、三、五、六、七、九章的修改稿）〕

① 1987 年 12 月《中華人民共和國香港特別行政區基本法起草委員會第六次全體會議委員們對基本法第四、五、六、十章和條文草稿匯編的意見》

【P29-30】
7.第一百一十四條
（1）有的委員建議，本條第三款第一句改為：「流通中

的港幣和新發行的港幣的發行」，這樣比較全面。

成「的」，更為合適。

（2）有的委員建議，把本條第三款中的「作為」兩字改

（3）有的委員反映，香港輿論對本條中的「百分之百的準備金」的規定有不同意見。

第四稿

「**第一百一十五條** 港元為香港特別行政區法定貨幣，繼續流通，自由兌換。
第一百一十六條 港幣的發行權屬於香港特別行政區政府。港幣的發行制度，由法律規定。
港幣的發行，必須有不低於百分之百的可自由兌換外幣的準備金。
香港特別行政區政府，在確知港幣的發行基礎健全和發行安排符合保持港幣穩定的條件下，可授權指定銀行根據法定權限發行或繼續發行港幣。」
〔1988 年 4 月基本法起草委員會秘書處《中華人民共和國香港特別行政區基本法（草案）草稿》〕

第五稿

「**第一百一十四條** 港元為香港特別行政區法定貨幣，繼續流通，自由兌換。
第一百一十五條 港幣的發行權屬於香港特別行政區政府。港幣的發行制度，由法律規定。
港幣的發行，必須有不低於百分之百的可自由兌換外幣的準備金。
香港特別行政區政府，在確知港幣的發行基礎健全和發行安排符合保持港幣穩定的條件下，可授權指定銀行根據法定權限發行或繼續發行港幣。
〔1988 年 4 月基本法起草委員會《中華人民共和國香港特別行政區基本法（草案）徵求意見稿》〕

第六稿

「**第一百一十條** 港元為香港特別行政區法定貨幣，繼續流通。
港幣的發行權屬於香港特別行政區政府。港幣的發行制度和準備金制度，由法律規定。
香港特別行政區政府，在確知港幣的發行基礎健全和發行安排符合保持港幣穩定的目的的條件下，可授權指定銀行根據法定權限發行或繼續發行港幣。」
〔1989 年 2 月《中華人民共和國香港特別行政區基本法（草案）》〕

① 1988 年 5 月基本法諮詢委員會秘書處《基本法（草案）徵求意見稿初步反應報告（草稿）》

【P2】
初步反應報告—— 條文
9. 某些條文的中英文意思不一致，如：
9.2 第一一五條的英文意思較中文意思準確，而「backed up by a reserve fund」一詞未能在中文條文中表達出來。

【P35】
經濟
金融和貨幣
11. 九七年後將有另一種香港貨幣，其國際信用問題必須正視。有了百分之百的準備金亦未必能確保其信用，尚要顧及貿易、政治、經濟、社會制度、經濟體制等重要條件。

12. 新港幣發行由哪間銀行負責亦為非常重要，要審慎決定，以免影響新港幣之國際信用。

※

② 1988 年 8 月基本法起草委員會秘書處《香港各界人士對〈香港特別行政區基本法（草案）徵求意見稿〉的意見匯集（一）》

【P35-36】
第一百一十四條

中國的人民幣不能在香港流通，會否影響一國的尊嚴？

第一百一十五條
1. 規定百分之百可自由兌換的準備金，是理性的做法，但考慮到用黃金作準備金可能是更好的做法，應規定特區政府有權改變這一規定。
2. 在第二款後加：「在三分之二立法機關成員同意下，準備金制度可以被修改。」
3. 第二款改為：「港幣的發行，必須有百分之百可自由兌換的外匯的外匯基金作保證。」

※

③ 1988 年 8 月 3 日基本法諮詢委員會秘書處參考資料（一）《內地草委訪港小組就基本法（草案）徵求意見稿一些問題的回應輯錄（一九八八年六月四日至十七日）》

【P12】
5. 經濟
5.6 第一百一十四條
這條是抄聯合聲明附件一（七）的。港幣將繼續為香港的法定貨幣，因港幣有很長久的法定地位，若繼續流通，可確保穩定繁榮。另外，「自由兌換」的意思是港幣可自由與任何其他貨幣兌換。人民幣現時不可在香港流通因人民幣是禁止出口的。

④ 1988 年 9 月基本法起草委員會秘書處《內地各界人士對〈香港特別行政區基本法（草案）徵求意見稿〉的意見匯集》

【P19】
第一百一十五條
1. 第一款改為：「香港特別行政區政府繼續實行獨立的港幣發行制度」。

2. 對港幣的發行數量，要作些限制。

3. 第二款中的「不低於」太絕對，「百分之百」的規定太死。

4. 第三款不必寫進基本法，如何發行鈔票，可由香港特別行政區政府自行管理。

※

⑤《基本法諮詢委員會經濟專責小組對基本法（草案）徵求意見稿第五章的意見匯編》，載於 1988 年 10 月基本法諮詢委員會《中華人民共和國香港特別行政區基本法（草案）徵求意見稿諮詢報告（1）》

【P119】
3. 有關條文的討論
3.4 第一百二十五條
3.4.1 有委員認為，這條的英文意思較中文意思準確，「backed up by a reserve fund」一詞未能在中文條文中表達出來。
3.4.2 有委員認為，這條不符合《中英聯合聲明》的規定，但可以接受。因為現在發行港幣，雖在法律上沒有規定必須有準備金，但實際上是有的。這款的精神是要使港幣可自由兌換，因此必須有百分之百可自由兌換的外幣準備金。
3.10 有委員建議在……第一百二十五條、……，加上「香港特別行政區可自行制定」等字眼。

※

⑥ 1988 年 10 月基本法諮詢委員會《中華人民共和國香港特別行政區基本法（草案）徵求意見稿諮詢報告第五冊──條文總報告》

【P345】
第五章　整體意見
2. 意見
2.2 修改
→ 為分開處理法律性和政策性條文，第五章第一、第二兩節可考慮作以下修改：
正文內寫上以下條文：
第二節 金融和貨幣內只寫五條即：
第一百一十四條：「港元為香港特別行政區法定貨幣，繼續流通，自由兌換。」
第一百一十五條之第一、第三款：「港幣的發行權屬於香港特別行政區。港幣的發行制度，由法律規定。香港特別行政區政府，在確知港幣的發行基礎健全和發行安排符合保持港幣穩定的條件下，可授權指定銀行根據法

【P348】
3. 待澄清問題
→ 有關港幣的發行，必須有準備金作為基礎的規定，實與「收支基本平衡」的規定有矛盾。究竟應以何者為準？

【P370-372】
第一百一十四條
2. 意見
2.1 贊成意見
→ 贊成此條。
→ 贊成港幣自由兌換。
2.2 反對意見
→ 訂定港元自由兌換並不適合。
理由：港元能否自由兌換與否非本港單方面可以決定。
→ 此條只為經濟形勢大好時的豪情壯語，未有顧及經濟衰退時的應變原則。
→ 意思不清──與什麼自由兌換？人民幣？
2.3 其他意見
→ 「港幣與國際上主要自由兌換之貨幣的兌換率應得以平穩。」這樣寫可能比原文合適；但另一方面，這只可以是特別行政區政府的一個指引而非義務，因這並非特別行政區政府可以獨自確保的。
→ 港幣應能直接自由兌換外幣，而不須先兌換成另一種中國貨幣，然後再行兌換外幣。
→ 特別行政區的港幣應有中國標誌及香港字標。

第一百一十五條
2. 意見
→ 香港特別行政區自行發行港幣未必恰當。
2.1 有關第二款
2.1.1 贊成意見
→ 有關準備金的規定是無可厚非的。
→ 有關「不低於百分之百的準備金」的規定是合理的。
理由：
⊙ 以往香港曾有超過百分之百的準備金，而港元幣值一向都是很穩定的。
⊙ 這可令港幣不致濫發，免引起通貨膨脹；及維持國際信心，港幣不致無人稀罕。
2.1.2 反對意見
→ 懷疑是否需要「百分之百」的準備金。
→ 對發行貨幣的制度有太大的限制。一個國家的貨幣在自由競爭下並不需要百分百之儲備金也可維持貨幣供應的穩定。
→ 「百分之百」準備金的規定與現行情況不符，為何須高達「百分之百」準備金應清楚解釋。
→ 在現行的有關條例中，並沒有規定港幣的發行須有可自由兌換之外幣作準備金。既然第三款已訂明港幣之發行須得到健全的發行基礎和符合保持港幣穩定的條件，懷疑是否還須訂明有關準備金之規定。
→ 第二款的規定在於維繫世界對港幣的信心。但恐怕日後若港幣完全依賴外幣儲備金作為信心的基礎，可能會引致受制於外幣的情況。
→ 貴重金屬也可以是準備金的工具。
→ 貨幣是否獲接受是與該地區本身的財富有更大的關係，懷疑是否需要有關儲備金的規定。
→ 第二款的規定欠缺靈活性。
2.1.3 其他意見
→ 港元在國際間的信用問題是很重要的。並不是有百分之百的準備金便可確保，而是決定於貿易、政治、經濟、社會制度等。
→ 第二款中的「外幣」並未指明為何種外幣，故應理解

為特別行政區有完全的選擇權。

→ 港方不可以單方面保證可兌換外幣。有些國家可能不允將他們的貨幣兌換港元。

→ 指明要「百分之百」的外匯基金是政策性的條文。

→ 「百分之百的可自由兌換外幣的準備金」之規定，表示香港特別行政區必須自行照顧自己的經濟。

2.2 有關第三款

→ 發行港幣之銀行必須是中資銀行或若為外資則須有中國銀行監督。

理由：避免香港失去經濟權限；使金錢不致在外人手中。

→ 須謹慎決定由哪間銀行發行新港幣。

2.3 其他意見

→ 港元在國際間的信用問題頗堪憂慮。人民幣的國際地位未被承認，不能支持港元。

→ 此條與第一百零五條（量入為出原則）有互相呼應的效果。

3. 建議

3.1 修改

→ 第一款改為：「港幣的發行權屬於香港特別行政區政府。」放入基本法內。

第二款改為：「港幣的發行制度，由法律規定」應置於政策性條文附件中。

第三款可寫入基本法內。

→ 改為：「香港特別行政區政府，在不受任何政權影響下，可自行決定在確知港幣的發行基礎健全和發行安排符合保持港幣穩定的條件下，可授權指定銀行根據法定權限發行或繼續發行港幣。」

→ 改為：「港幣的發行權屬於香港特別行政區政府，由政府授權中央銀行或指定銀行按照規定發行。港幣的發行，必須有不低於百分之百的可自由兌換外幣的準備金作保障。」

→ 港幣發行，由「銀行」改為由「政府」發行。

→ 第二款有關準備金的規定改為：「不低於百分之百可自由兌換的等值貨幣。」

理由：原文中之規定是不切實際的，就以外匯基金必須不時買賣港元以穩定兌美元之匯價，已無可能保持百分之百

為外幣或港幣（未清楚究竟準備金是全為港幣還是外幣）。

→ 第二款改為：「港幣的發行，必須有充足的可自由兌換外幣的準備金。」

理由：「充足」一詞，當然可以包括「百分之百」，但卻引入足夠的彈性，以方便港元重新浮動所需的其他安排。實際上，未來的政府也可隨時通過法律，因應聯繫匯率的現實，規定準備金比率為百分之百。

→ 此條內容應由特別行政區政府自行訂定。

理由：

⊙ 這些為政策性之題目，不能以法律條文訂定。

⊙ 現在已於基本法中訂明是不切實際的，應由特別行政區政府因時制宜作出決定。

3.2 增加

→ 加上：「貨幣發行之政策與有關法律，最終由特別行政區政府決定。」

理由：為要表現中國的主權和基本法的嚴肅性，港幣本應由中國人民銀行發行，但鑒於此為一敏感性課題，故有以上建議。

→ 加上：「在三分之二立法機關議員同意下，準備金的制度可被修改。」

→ 可指定現時總行設在香港，歷史久、有實力的港商銀行或現在發行港幣的銀行延續其功能。

→ 加上：「港幣的發行的準備金比例參照國際貨幣基金的做法。」

理由：考慮到香港的國際金融中心地位。

3.3 其他建議

→ 與一百一十四條合併為：「港元為香港特別行政區法定貨幣。港元的發行權屬於香港特別行政區政府。」

4. 待澄清問題

→「不低於百分之百的可自由兌換外幣的準備金」，是否準備金是港幣，但可兌換成外幣的意思？

→ 所指可兌換之外幣為何種貨幣？

→ 為何要單以外幣作為準備金？

→ 準備金是否一定只包括可自由兌換的外幣？

→「準備金」實際上是否指現時為港元作後盾的外匯基金？

第七稿

「**第一百一十一條　港元為香港特別行政區法定貨幣，繼續流通。**

港幣的發行權屬於香港特別行政區政府。港幣的發行須有百分之百的準備金。港幣的發行制度和準備金制度，由法律規定。

香港特別行政區政府，在確知港幣的發行基礎健全和發行安排符合保持港幣穩定的目的的條件下，可授權指定銀行根據法定權限發行或繼續發行港幣。」

〔1990 年 2 月 16 日《中華人民共和國香港特別行政區基本法（草案）》〕

① **《基本法諮詢委員會經濟專責小組對基本法（草案）第五章的意見匯編》，載於 1989 年 11 月基本法諮詢委員會《中華人民共和國香港特別行政區基本法（草案）諮詢報告第一冊》**

【P102】

1. 專題討論

1.2 準備金

1.2.1 有的委員認為，維持百分之百的準備金對香港的經濟繁榮至為重要，而且多年來本港貨幣發行皆有準備金的存在。故建議將《基本法（草案）徵求意見稿》內第一百一十五條重新列入草案之中，並刪去「外幣」二字，以容許準備金外幣、港幣並存。有委員則建議以「可自由兌換的貨幣」代替「外幣」二字。

1.2.2 有委員認為《基本法（草案）徵求意見稿》內有關準備金條文被刪去的原因可能是這條文被視為不必要的束縛，而且沒有考慮到外匯金買賣港元以保匯值所需的靈活性。但在有其他方法可以控制港元幣值的情況下（例如：新的會計安排容許政府控制貨幣市場的現金流量，從而更直接地控制本地利率；外匯基金可發行短期債券來借款等），可能更有理由贊成將該條文的內容修改後再次列入《基本法（草案）》中：

「港幣的發行，必須有不低於百分之百的可自由兌換的外匯基金儲備的支持。」

1.2.3 有委員認為香港的經濟規模不大，保留不少於百分之百準備金的原則是必須的。即使將來真的須要運用超額發行、信用發行等措施，而要更改現行的準備金制度，方才修改基本法也未嘗不可。

※

②《憲法經濟學與〈基本法（草案）〉中的經濟條文》，載於 1989 年 11 月基本法諮詢委員會《中華人民共和國香港特別行政區基本法（草案）諮詢報告第二冊——專題報告》

【P149】
4. 認為政府的財政權力應受憲法限制的意見
4.3 對《基本法（草案）》個別條文的意見
4.3.6 第一百一十條是有關港幣發行的安排。除了要保持港幣的穩定性之外，還需保持其可兌換性，所以應該保留港元「自由兌換」的條文。「可兌換性」有三種意義：一、以固定匯率與美元的可兌換性。把這項條文寫在基本法中，有助於維持本港現時的聯繫匯率制，甚至五十年不變；二、港元在外匯市場中的兌換性；三、是沒有外匯管制，而每一種意義須在不同部份的基本法中表達出來，另外，還要約束政府可以利用發鈔和公債去支付政府的開支。
4.3.7 此外，被刪去的「港幣的發行須有百分之百的可自由兌換外幣的準備金」一句，應予以保留。也許很多人已忘記一九八三年九月二十四日，港元與香港的金融制度差點崩潰，直至宣佈港元與美元掛鈎，有百分之百的支持為止。其他國家嘗試減少支持其本地貨幣的外來部份，往往導致鈔票發行過多，造成通貨膨脹，對該等貨幣的持有人構成負擔。對港幣的絕對信心，是全靠百分之百的外來支持，有了絕對信心，政府才能維持其專利發行的貨幣幣值。外來支持可界定得很廣，包括其他同樣適合作為支持的金融資產（例如美國政府的國庫債券、英國的金邊債券、黃金等）。
有意見懷疑香港是否需要百分之百的準備金，其實這些意見是有害無益的。因為本地或外國人對港元有信心，是因為知道港元確實與美金、德國馬克、日圓等一樣可靠。公眾一旦不再相信這點，對港元的信心就會減弱。又如果準備金太低的話，亦會影響對港元的信心，因為將來的香港特別行政區政府可以把百分之百的支持減至百分之九十、百分之八十、百分之七十或更少，亦沒有規定能制止它這樣做。人們對港幣的信心自然會動搖，而政府則不能維持其專利發行的貨幣幣值。至於準備金的餘額會令政府有增大支出的可能性，並可能會投資到一些不應該投資的工具上，例如為取悅北京而投資在中國債券上。

※

③ 1989 年 11 月基本法諮詢委員會《中華人民共和國香港特別行政區基本法（草案）諮詢報告第三冊——條文總報告》

【P214-215】
第一百一十條
2. 意見
2.1 正面意見
→ 有關發行港幣的安排除了要保持港幣穩定之外，還須保持其可兌換性。
→ 港元為法律指定貨幣，繼續流通，這是理所當然的事。而自行制定貨幣的一切政策，是可以依法進行管理和監督，保障市民的一切利益。
→ 由法律規定準備金制度是與現時做法很不同。將來根據本條制定的法律應給予政府充份的任意決定權，使其可靈活管理投資。
→ 除全文外，需要有中國指定委託之銀行監督看管發行貨幣之銀行。
理由：免受內地貪污損失及體現香港特別行政區主權。
2.2 反面意見：

→ 刪除「港幣的發行，必須有不低於百分之百的可自由兌換外幣的準備金」這一句，是不適當的。
理由：因為現在的港幣可以自由兌換，而貨幣基金也是百分之百可以兌換的價值，目前貨幣基金中有美金、英鎊、黃金，均可買賣和兌換，若其中有一些不可兌換，那便不再有外國人喜歡持港幣了。香港所以有那麼多外國人來投資，是因為相信而且知道港幣是可以十足兌換的。
→ 應該保留徵求意見稿中「港幣的發行，必須有不低於百分之百的可自由兌換外幣的準備金」的規定，及加上可支持港幣發行的其他金融資產（美國政府的國庫債券、英國的金邊債券、黃金）。有意見懷疑香港是否需要百分之百準備金，其實這意見是有害無益的。香港人或外國人對港元有信心，是因為知道港元確實與美金、德國馬克、日圓等一樣可靠。公眾一旦不再相信這樣，對港元的信心就會減弱。很多人已忘記在一九八三年九月二十四日，港元暴跌，直至宣佈港元與美元掛鈎，有百分之百的支持為止。如果百分之百太多，將來的香港特別行政區政府便可以把百分之百的支持減至百分之九十、百分之八十、百分之七十……，因為沒有規定能制止它這樣做。至於準備金的餘額會令政府有增大支出的可能性，並可能有投資到一些不應該投資的工具上，例如為取悅北京而投資在中國債券上。
→ 堅定認為徵求意見稿第一百一十五條「港幣的發行，必須有不低於百分之百的可自由兌換外幣的準備金」的規定，是增強對港幣的信心的重要因素。況且建立這樣一個準備金並不困難，反之刪除這規定是不智的，可引起國際間對港幣失信心。
→ 本條並沒有詳細規定「準備金制度」，只假定該制度由未來特區政府發展及管制。
→ 「基礎健全」一詞並沒有任何法律含意。
2.3 保留
→ 應保留港元「自由兌換」的條文。「可兌換性」有三種意義，而每一種意義須在不同部份的基本法中表達出來：一、以固定匯率與美元的可兌換性，把這項條文寫在基本法中有助於本港的聯繫匯率制；二、港元在外匯市場中的兌換性；三、是沒有外匯管制。
→ 「港幣的發行，須有百分之百的可自由兌換外幣的準備金」一句仍予保留。本來百分之百可自由兌換外幣的準備金對港元發行制度是不需要，但如果準備金太低則會影響對港元的信心；此外，設有準備金的餘額會令政府有增大支出的可能性。
→ 修改和保留徵求意見稿第一百一十五條為：「港元為香港特別行政區的法定貨幣，繼續流通，可自由兌換。
港元的發行權屬於香港特別行政區，港元的發行制度由法律規定。
港元的發行，必須有不低於百分之百的可自由兌換外幣的準備金。」
理由：為了保障港元幣值，須有百分之百各類外幣準備金乃理所當然。另外，條文內第一款稱港元，而隨後則稱港幣，名稱不統一，應統稱「港元」或「港幣」。

3. 建議
3.1 修改
→ 改為：「港幣的發行，必須有不低於百分之百的可自由兌換貨幣的外匯基金。」
理由：香港的經濟繁榮實有賴百分之百的儲備支持其貨幣。在徵求意見稿中漏去的一句應重新加進作為修訂後的第二款（這樣，儲備便是由可自由兌換的貨幣構成）。
→ 第二項「由法律規定」改為「由香港特別行政區法律規定」。

4. 待澄清問題
→ 可授權（多間）指定銀行發行港幣的規定是否暗示必須修改香港上海匯豐銀行例行讓其他銀行（如中國銀行、

中國人民銀行等）可以發行港幣？

→ 於此項條文內，指出香港特別行政區不實行外匯管制政策。港幣自由兌換，但與此同時，香港現行的聯繫匯率又將如何實施？

※

④ 1989 年 12 月 18 日《經濟專題小組第十一次會議紀要》，載於 1990 年 2 月《中華人民共和國香港特別行政區基本法起草委員會第九次全體會議文件匯編》

【P37】

委員們一致認為經草委第八次大會通過的基本法（草案）第五章的絕大多數條文是令人滿意的；同時，在研究了香港和內地各界人士的意見後又作出如下兩處修改：
（1）在第一百一十條第二款「港幣的發行權屬於香港特別行政區政府。」後，加「港幣的發行須有百分之百的準備金。」一句。

第八稿

「第一百一十一條　港元為香港特別行政區法定貨幣，繼續流通。

港幣的發行權屬於香港特別行政區政府。港幣的發行須有百分之百的準備金。港幣的發行制度和準備金制度，由法律規定。

香港特別行政區政府，在確知港幣的發行基礎健全和發行安排符合保持港幣穩定的目的的條件下，可授權指定銀行根據法定權限發行或繼續發行港幣。」

〔1990 年 4 月《中華人民共和國香港特別行政區基本法》〕

香港特別行政區不實行外匯管制政策。港幣自由兌換。繼續開放外匯、黃金、證券、期貨等市場。

香港特別行政區政府保障資金的流動和進出自由。

❀ 貳│概念

1. 不實行外匯管制
2. 開放金融市場
3. 保障資金進出自由

❀ 叁│條文本身的演進和發展

第一稿

第五章
「第十五條　香港特別行政區政府保障資金在香港特別行政區流動的自由和進出香港特別行政區的自由。
第十六條　香港特別行政區不實行外匯管制政策。
第十七條　香港特別行政區繼續開放外匯、外幣、黃金、證券、期貨市場。」
〔1987年8月22日《經濟專題小組的工作報告》，載於《中華人民共和國香港特別行政區基本法起草委員會第五次全體會議文件匯編》〕

① 1986年8月29日《金融財務經濟專責小組工作進度報告》（1986年8月30日基本法諮詢委員會全體委員第二次會議文件）

【P7】
（二）金融貨幣制度分組
委員們基本上就金融制度方面達成以下12點建議：
1. 應有意經常維持港元穩定及可自由兌換。

2. 資金應可自由進出香港。

4. 金融體系的資金應可自由流動。

※

② 1986年11月9日《香港特別行政區基本法起草委員會經濟專題小組工作報告》，載於《中華人民共和國香港特別行政區基本法起草委員會第三次全體會議文件匯編》

【P41-42】
（三）關於基本法結構（草案）第五章第二節「金融制度和政策」，在立法時應強調：
3. 不實行外匯管制政策，並保障資金在香港特別行政區流動和進出香港特別行政區的自由。

4. 外匯、外幣、黃金、證券、期貨市場繼續開放。

※

③ 1987年8月22日《經濟專題小組的工作報告》，載於《中華人民共和國香港特別行政區基本法起草委員會第五次全體會議文件匯編》

【P62】
第五章　香港特別行政區的經濟（草稿）
第二節　金融和貨幣
第十七條
說明：有的委員認為，外匯本身就包含外幣在內，不必另加。

第二稿

「第一百一十條　香港特別行政區不實行外匯管制政策。繼續開放外匯、外幣、黃金、證券市場和期貨市場。
第一百一十一條　香港特別行政區政府保障一切資金在香港特別行政區流動和進出香港特

別行政區的自由。」

〔1987年12月基本法起草委員會秘書處《香港特別行政區基本法（草案）》（匯編稿）〕

① 1987年9月2日《中華人民共和國香港特別行政區基本法起草委員會第五次全體會議委員們對基本法序言和第一、二、三、四、五、六、七、九章條文草稿的意見匯集》

【P57】

六、關於第五章　香港特別行政區的經濟

（三）第二節　金融和貨幣

3. 第十五條

（1）有的委員建議，按《中英聯合聲明》的寫法將此條改為：「香港特別行政區政府保障金融企業的經營自由以及資金在香港特別行政區流動和進出香港特別行政區的自由」。

（2）有的委員建議，在「資金」前加「私人」兩字，有的委員建議加「一切」兩字，因為「一切」也包括「私人」。

4. 第十七條

有的委員認為，按照香港目前情況，「外幣」二字必須保留，不能刪去。有些委員認為加上「外幣」與《中英聯合聲明》不符，建議刪去。

※

② 金融財務經濟專責小組《對基本法第五章「香港特別行政區的經濟」條文草稿（一九八七年八月）的意見》（1987年11月4日經執行委員會通過）

【P5】

條文草稿	容永道建議修改稿	諮委意見
第十五條	第十一條「香港特別行政區政府保障金融企業的經營自由以及資金在香港特別行政區流動和進出香港特別行政區的自由。」說明：草稿意思欠全。修改稿引用聯合聲明附件一原文。	
第十六條	第十二條 （照草稿第十六條）	摘自《中英聯合聲明》附件一第七節。
第十七條	第十三條「香港特別行政區繼續開放外匯、黃金、證券、期貨市場。」說明：刪除「外幣」兩字。	摘自《中英聯合聲明》附件一第七節。
第十八條	第十四條（照草稿第十八條）	「港元」應為「港幣」。

※

③ 1987年12月基本法起草委員會秘書處《香港特別行政區基本法（草案）》（匯編稿）

【P47】

第一百一十條

（編者按：內容同第一稿文件③）

第三稿

「第一百一十條　香港特別行政區不實行外匯管制政策。繼續開放外匯、黃金、證券市場和期貨市場。

第一百一十一條　香港特別行政區政府保障一切資金的流動和進出自由。」

〔1988年3月基本法起草委員會秘書處《中華人民共和國香港特別行政區基本法（草案）草稿》（總體工作小組第二次會議對目錄、序言、第一、二、三、五、六、七、九章的修改稿）〕

① 1987年12月《中華人民共和國香港特別行政區基本法起草委員會第六次全體會議委員們對基本法第四、五、六、十章和條文草稿匯編的意見》

【P29】

6. 第一百一十條

（1）有些委員建議，刪去本條的「外幣」兩字。

（2）較多委員認為，一般而言外匯包括外幣，但就香港的情況來說，兩者在實際使用及觀念理解上都有差異，因此可同時寫上。

（3）有的委員建議，在「外匯」之後加括號「包括外幣」。

（4）許多委員建議，在本條中的「期貨市場」前加上「商品」兩字，明確其含義。

※

② 1988年4月《總體工作小組所作的條文修改舉要》，載於1988年5月《中華人民共和國香港特別行政區基本法起草委員會第七次全體會議文件匯編》

（編者按：雖然本文件的日期是1988年4月，但本文件是總體工作小組在1987年12月15日至1988年3月6日之間召開的三次會議上對各專題小組草擬的基本法原條文所作的一些調整和修改。於3月提出的草稿裡面已經將以下調整與修改納入，故將這份文件放入本稿中。）

【P20】

將第一百一十二條（原第一百一十條）中的「外幣」去掉（與聯合聲明一致）。

※

③ 《各專題小組的部份委員對本小組所擬條文的意見和建議匯輯（關於序言、第一、二、三、五、六、七、九章部份）》，載於1988年3月基本法起草委員會秘書處《中華人民共和國香港特別行政區基本法（草案）草稿》

1. 有的委員主張，本條應加「外幣」。

2. 有的委員建議，在期貨市場前加「商品」兩字。

第四稿

「第一百一十二條　香港特別行政區不實行外匯管制政策。繼續開放外匯、黃金、證券市場和期貨市場。

第一百一十三條　香港特別行政區政府保障一切資金的流動和進出自由。」

〔1988 年 4 月基本法起草委員會秘書處《中華人民共和國香港特別行政區基本法（草案）草稿》〕

① 《各專題小組的部份委員對本小組所擬條文的意見和建議匯輯》，載於 1988 年 4 月基本法起草委員會秘書處《中華人民共和國香港特別行政區基本法（草案）草稿》

【P71】
第一百一十二條
（編者按：內容同第三稿文件③）

第五稿

「第一百一十一條　香港特別行政區不實行外匯管制政策。繼續開放外匯、黃金、證券市場和期貨市場。

第一百一十二條　香港特別行政區政府保障一切資金的流動和進出自由。」

〔1988 年 4 月基本法起草委員會《中華人民共和國香港特別行政區基本法（草案）徵求意見稿》〕

① 《各專題小組的部份委員對本小組所擬條文的意見和建議匯輯》，載於 1988 年 4 月基本法起草委員會《中華人民共和國香港特別行政區基本法（草案）徵求意見稿》

【P58-59】
第一百一十一條
（編者按：內容同第三稿文件③）

第六稿

「第一百一十一條　香港特別行政區不實行外匯管制政策。港幣自由兌換。繼續開放外匯、黃金、證券、期貨等市場。

香港特別行政區政府保障資金的流動和進出自由。」

〔1989 年 2 月《中華人民共和國香港特別行政區基本法（草案）》〕

① 《基本法工商專業界諮委對基本法（草案）徵求意見稿第五章經濟之意見》

【P2-3】
第一百一十一條
「香港特別行政區不實行外匯管制政策，繼續開放外匯、黃金、證券市場和期貨市場」。
我們建議把這條文放在附件內。

　　　　　　　※

② 1988 年 8 月基本法起草委員會秘書處《香港各界人士對〈香港特別行政區基本法（草案）徵求意見稿〉的意見匯集（一）》

【P35】
第一百一十二條
本條的規定太寬。不是一切資金都有進出自由的，如根據目前香港法律，販毒而獲得的大量資金就不能轉移走。

　　　　　　　※

③ 1988 年 9 月基本法起草委員會秘書處《內地各界人士對〈香港特別行政區基本法（草案）徵求意見

稿〉的意見匯集》

【P19】
第一百一十一條
刪去「不實行外匯管制政策」。

　　　　　　　※

④ 1988 年 10 月基本法諮詢委員會《中華人民共和國香港特別行政區基本法（草案）徵求意見稿諮詢報告第五冊——條文總報告》

【P366-368】
第一百一十一條
2. 意見
2.1 贊成意見
→ 贊成本條。
理由：有助提高投資者的信心和利便貨物與資金自由進出香港特別行政區。
→ 這是合乎潮流的政策。
→ 現時在香港可以自由買賣外匯，而政府並無管制，這種政策有別於中國和台灣所實行的外匯政策；如不列明此條，恐難以保障將來的經濟可以繼續繁榮。
→ 若今後五十年香港之金融市場運作正常，則不須有外匯管制；兼本條在《中英聯合聲明》已明確規定，故不應

刪除。

→ 雖然香港在一九七二年以前是有外匯條例，但以目前情況來說，無人會歡迎外匯管制，把此句刪掉恐怕會引起信心不穩，甚至恐慌。況且此句抄自《中英聯合聲明》，不易刪去。

2.2 反對意見

→ 不實行外匯管制政策並不實際。

理由：本港在數十年前是有外匯管理局的，外匯的輸出要經過批准。目前本港外匯收入多、支出少，便自然毋須管制；但反過來輸出多、收入少便不管不行了。這樣硬性規定只會為未來政府制訂財政政策時出現尷尬。

→ 宜審慎考慮「不實行外匯管制」，但欠缺靈活性及處於被動地位。

2.3 其他意見

→「繼續開放」必須是有監察的開放。

→ 中、英文稿皆未能表明現行的情況：即開放但有管制的市場。

3.建議

3.1 刪除

→ 刪除「繼續開放外匯、黃金、證券市場和期貨市場」一句。

理由：內容太具體及太限制將來之金融發展。

→ 刪除「不實行外匯管制」。

理由：在逼近一九九七年及其後數年期間，將不難預料會有由政制改變而引起的外匯投機巨浪（包括短期的國際熱錢及由港人向外移民引起的）。這個規定無異令特別行政區政府遇此情況時坐以待斃。

3.2 修改

→ 改為：「政府有權就外匯、黃金、證券和期貨交易發牌。」

理由：

⊙ 這已暗示了政府有權成立有關之交易機構，亦有權吊銷其牌照使其停止營業。

⊙ 在某些情況下，外匯管制是必須的。

⊙ 懷疑是否應訂明繼續開放外匯、黃金、證券市場和期貨市場。這應是香港特別行政區政府自行決定之事。

→ 改為：與《中英聯合聲明》第三條第七款一樣加上「等」市場。

理由：其他市場也得開放。

→ 改為：「香港特別行政區准許開放所有商品和金融市場。」

→ 改為：「香港特別行政區政府繼續開放外匯、黃金、證券市場和期貨市場。」

→ 改為：「香港特別行政區政府繼續開放外匯、黃金、證券市場和期貨市場，未得立法院三分之二的大多數通過時不實行外匯管制政策。」

理由：有時外匯管制是不能避免的。事實上外匯管制由第二次世界大戰時始直至近年止已實行多年。

→ 改為：「香港特別行政區原則上不實行外匯管制政策。繼續開放外匯、黃金、證券市場和期貨市場，但遇上緊急情況，如經四分三立法會議成員及四分三行政會議成員及行政長官同意，可暫時關閉外匯、黃金、證券或期貨市場。」

理由：基本法不應訂明不實行外匯管制政策。因為在一些特別情況下需要關閉或管制外匯。

→「實行」二字改為「沿用」。

3.3 增加

→ 加上「商品市場」。

→ 加上「外幣」的規定，似乎與「外匯」有所重複，應加以研究；而從一九八七年十月的股災經驗來看，政府至少應保留干預恆指期貨的權力，作為應急及保障總體利益的手段。

→ 加上「外幣」。

理由：外幣市場乃港人生財之道，使香港成為金融中心。

3.4 其他建議

→ 不須寫入基本法內，可納入政策性條文的附件中。

→ 與第一百一十一及一百一十二條合併為：「香港特別行政區不實行外匯管制政策，保障一切資金的流動和進出自由，繼續開放外匯、黃金、證券市場和期貨市場」。

4.待澄清問題

→ 此條是否意味如遇著「聯交所」在一九八七年十月的股災，又再關門停止交易時，政府必須干預，使其繼續開市？

→ 現在本港實行的聯繫匯率，算不算外匯管制？否則為何不讓港幣自由浮動？

→ 根據基本法的訂定，將來可能出現的新市場是否可以在港經營？

第一百一十二條

2.意見

→ 贊成本條。

2.1 其他意見

→「資金的流動和進出自由」應是指資金直接由香港特別行政區與其他國家之間流動，而不須經過中國其他地區。

3.建議

3.1 刪除

→ 刪除本條。

理由：把原來屬於政府道義上的責任規定為政府的職責。這只會為政府帶來麻煩而不會帶來實質好處。

3.2 修改

→ 改為：「保障一切正當的資金進出自由。」

理由：以免非法資產也自由進出。

→ 以「維持」代替「保障」。因為「保障」字眼不當，含意太廣。

3.3 其他建議

→ 不須寫入基本法本文內，可納入政策性條文之附件中。

第七稿

「**第一百一十二條　香港特別行政區不實行外匯管制政策。港幣自由兌換。繼續開放外匯、黃金、證券、期貨市場。**
香港特別行政區政府保障資金的流動和進出自由。」
〔1990 年 2 月 16 日《中華人民共和國香港特別行政區基本法（草案）》〕

① 《基本法諮詢委員會經濟專責小組對基本法（草案）第五章的意見匯編》，載於 1989 年 11 月基本法諮詢委員會《中華人民共和國香港特別行政區基本法（草案）諮詢報告第一冊》

【P104】

1.專題討論

1.6 有關條文討論的問題

1.6.3 第一百一十一條

1.6.3.1 有委員建議，在「繼續開放外匯、黃金、證券、

期貨……」後加上「商品及其他貴金屬」（commodities and other precious metals）等字眼。

※

②《關於基本法（草案）第一百一十一條和第一百一十四條的備忘錄》，載於 1989 年 11 月基本法諮詢委員會《中華人民共和國香港特別行政區基本法（草案）諮詢報告第一冊》

【P105-106】
1. 從第一百一十一條和第一百一十四條所看到的問題，正是第五章很多條文都存在的問題。問題的癥結在於：基本法要在普通法解釋制度的嚴格標準下，經得起考驗。如基本法規定特區政府要負起某種法律責任，根據普通法的觀念，即等於構成相應的一種權利。普通法保護商人的合法利益，因此，基本法如規定政府要負起保障資金自由流動的責任，商人有理由認為政府不會立法禁止資金自由流動，因而損害其利益。這權利表面看來，可根據司法審查（法律規定見《最高法院規則》法令 53）的過程，交法院審判。

2. 這樣的權利當然不是絕對的，最少受以下兩大原則限制。
（ i ）只有合法利益才受保護，所以毒販不能以《販毒（追討得益）條例草案》是越權立法為理由，（因該條例草案違反基本法第一百一十一條和第一百一十四條），向法院提出訴訟。
（ ii ）在行使立法權時，私人利益可能不時受到影響，這是不言而喻的。政府的責任是為香港社會的整體福利，而不是只為商界或社會上某些人士制定法律。因此，香港特別行政區立法機關為香港整體的太平、秩序和良好管治通過的法律，可能也會對社會上某些人士不利，或侵犯他們的自由，這情況在基本法中，也是不言而喻的。

3. 基本法的規定（例如第一百一十一條和第一百一十四條）是用來「建造」《中英聯合聲明》所規定的「資本主義制度和生活方式」的。這些「建造材料」能令香港的制度有別於內地的制度，並實際體現「一國兩制」的概念。基於這理由，很多諮委都不想刪除這些規定。但另一方面，如保留這些條文，會不會造成以下現象？在九七年後，既得利益者如要阻止新法例通過，便可令法院與香港特別行政區政府在「憲制法律」的訴訟中糾纏不清。

4. 上述問題的答案多少要看法院的做法如何。如法院對法律解釋工作採取較果斷的態度，則可以宣稱：「考慮到兩個主權政府在《中英聯合聲明》所提出的主要目標，即確保香港繼續安定繁榮，用來達到這些目標的法律都必須是表面有效的。本法院不能只注意基本法的個別條文，而忽視該憲制文件的主要目標，基本法主要目標就是要授權立法機關，為整個社會的太平、秩序和良好管治通過法律。任何由社會部份人士對立法機關法律提出的申訴，尤其是為維護某些人士既得利益而提出的申訴，都必須以上述原則處理。」

5. 法院如採取這態度，就能確保只有在少數案件中，司法審查的申請人才可根據《最高法院規則》第一條第二款法令 53，獲准對政府提出訴訟。

6. 相信如果基本法（草案）能作出兩項修改，就會對實行前文第四點的做法大有幫助：
（ i ）在基本法中增加一項「主要條款」：（除涉及外交和國防事務外），香港特別行政區立法機關為特區的和平、秩序和良好管治制定法律。（這建議在去年國際財政學會的書面意見中已提出。）（可在草案第十七條增加這款款。）
（ ii ）把《法律釋義及通則條例》（香港法例第一章）第十九條的規定，納入基本法：
「條例必須是為有補缺去弊的作用，按其真正用意、涵義及精神，並為了確保能達致其目的，作出公正、廣泛及不拘泥字面的釋疑及釋義。」

※

③ 1989 年 11 月基本法諮詢委員會《中華人民共和國香港特別行政區基本法（草案）諮詢報告第三冊——條文總報告》

【P216-217】
第一百一十一條
2. 意見
2.1 反面
→ 第一款內「繼續」二字是多餘的。
理由：特別行政區成立前不存有特別行政區，那「繼續」什麼呢？如果要用「繼續」二字，則所有條文只要與特別行政區成立前的規定相同，都要冠以「繼續」，那第一百一十三條豈不是又要加上「繼續」二字。

3. 建議
3.1 修改
→ 改為：「香港特別行政區不實行外匯管制政策。港幣可自由兌換，容許各類有關外匯、貴金屬、商品、證券及期貨買賣的市場。」（註：中文版本有容許這個意思，英文本應改「繼續」為「容許」）
理由：條文應容許現存及未來新的市場從事買賣外匯、貴金屬（不單包括黃金）、商品、證券及期貨等。
→ 改為：「香港特別行政區政府繼續開放外匯、黃金、證券市場和期貨市場。未得立法院三分之二的大多數通過時不實行外匯管制政策。」
理由：有時外匯管制是不能避免的。事實上由第二次世界大戰時始直至近年，外匯管制已實施多年。
→ 改為：「除緊急情況下，香港特別行政區保障資金的流動和進出自由。港幣自由兌換。繼續開放外匯、黃金、證券、期貨等市場。」
→ 第二款改為：「香港特別行政區政府依法保障資金的流動和進出自由。」
理由：為對抗那些在保障資金的流動和進出自由的規定下漏網的非法活動，如非法轉移從販毒得來的金錢。
→ 以「維持」代替第二款內的「保障」。
理由：「保障」字眼不當，含意太廣。
3.2 其他
→ 應該讓香港特別行政區自行提倡不設外匯管制。

4. 待澄清問題
→ 如果不實行外匯管制的規定是來自《中英聯合聲明》，那麼倘若國際財政狀況有所改變，令實行外匯管制反而有利於香港的繁榮安定，香港特別行政區會怎樣做呢？
→ 一九九七年時，是否港元予以取消，而以人民幣替代，來統一貨幣法呢？
→ 會不會意味着即使港人想港元跟美元保持聯繫也不成呢？

「第一百一十二條　香港特別行政區不實行外匯管制政策。港幣自由兌換。繼續開放外匯、黃金、證券、期貨等市場。

香港特別行政區政府保障資金的流動和進出自由。」

〔1990 年 4 月《中華人民共和國香港特別行政區基本法》〕

香港特別行政區的外匯基金，由香港特別行政區政府管理和支配，主要用於調節港元匯價。

✿ 貳 | 概念

1. 外匯基金
2. 調節港元匯價

✿ 叁 | 條文本身的演進和發展

第一稿

第五章
「第二十條　香港特別行政區的外匯基金由香港特別行政區政府管理和支配，主要用於調節港元匯價。」
〔1987 年 8 月 22 日《經濟專題小組的工作報告》，載於《中華人民共和國香港特別行政區基本法起草委員會第五次全體會議文件匯編》〕

① 1986 年 8 月 29 日《金融財務經濟專責小組工作進度報告》（1986 年 8 月 30 日基本法諮詢委員會全體委員第二次會議文件）

【P7】
（二）金融貨幣制度分組
委員們基本上就金融制度方面達成以下 12 點建議：
8. 行政特區應有獨立的貨幣制度，以港元為法定貨幣，並以外匯基金予以十足照應。而政府代人民保管之外匯基金及其他基金應由獨立的信託機構管理。

② 金融財務經濟專責小組《財政、稅收、金融制度及經濟制度的精神最後報告》（1987 年 8 月 8 日經執行委員會通過）

【P2-3】
第二節：金融制度和政策
（4）「外匯基金由香港特別行政區政府管理和支配，主要用於調節港元匯價。」（此條與《中英聯合聲明》所載無異）

說明：
（6）第四題：金融制度和政策
至於外匯基金應由獨立的信託機構管理，本小組前曾提出，現在草委所提四條並無列入，看來此點不寫進去也好。

※

第二稿

「第一百一十五條　香港特別行政區的外匯基金，由香港特別行政區政府管理和支配，主要用於調節港元匯價。」
〔1987 年 12 月基本法起草委員會秘書處《香港特別行政區基本法（草案）》（匯編稿）〕

① 金融財務經濟專責小組《對基本法第五章「香港特別行政區的經濟」條文草稿（一九八七年八月）的意見》（1987 年 11 月 4 日經執行委員會通過）

【P6】

條文草稿	容永道建議修改稿	諮詢意見
第二十條	第十六條（照草稿第二十條）	意見相同。

第三稿

「第一百一十五條　香港特別行政區的外匯基金，由香港特別行政區政府管理和支配，主要用於調節港元匯價。」
〔1988 年 3 月基本法起草委員會秘書處《中華人民共和國香港特別行政區基本法（草案）草稿》（總體工作小組第二次會議對目錄、序言、第一、二、三、五、六、七、九章的修改稿）〕

第四稿

「第一百一十七條　香港特別行政區的外匯基金，由香港特別行政區政府管理和支配，主要用於調節港元匯價。」

〔1988 年 4 月基本法起草委員會秘書處《中華人民共和國香港特別行政區基本法（草案）草稿》〕

第五稿

「**第一百一十六條　香港特別行政區的外匯基金，由香港特別行政區政府管理和支配，主要用於調節港元匯價。**」

〔1988 年 4 月基本法起草委員會《中華人民共和國香港特別行政區基本法（草案）徵求意見稿》〕

第六稿

「**第一百一十二條　香港特別行政區的外匯基金，由香港特別行政區政府管理和支配，主要用於調節港元匯價。**」

〔1989 年 2 月《中華人民共和國香港特別行政區基本法（草案）》〕

① 1988 年 8 月基本法起草委員會秘書處《香港各界人士對〈香港特別行政區基本法（草案）徵求意見稿〉的意見匯集（一）》

【P36】
第一百一十六條
1.加：「外匯基金每年須向立法機關提交年報，包括管理、發展和資產情況。」

2.外匯基金不應包括在中國外匯儲備內，如動用外匯基金，「須經立法機關批准」。

※

② 1988 年 8 月 3 日基本法諮詢委員會秘書處參考資料（一）《內地草委訪港小組就基本法（草案）徵求意見稿一些問題的回應輯錄（一九八八年六月四日至十七日）》

【P13】
5.經濟
5.8 第一百一十六條
5.8.1 有意見認為條文中只說香港特別行政區政府對外匯基金有管理和支配的權力，而沒有寫明擁有權，但草委解釋「香港特別行政區的外匯基金，由香港特別行政區管理和支配」一句，已包含了擁有權的意思。
5.8.2 外匯基金應以較為向民眾公開的原則來處理，就是包括外匯基金管理運用之形式，甚至資產方面均需要經常地向立法局及公開地向市民報告。

※

③ 1988 年 10 月基本法諮詢委員會《中華人民共和國香港特別行政區基本法（草案）徵求意見稿諮詢報告第五冊——條文總報告》

【P373】
第一百一十六條
2.意見

→ 贊成此條文。
理由：
⊙ 符合《中英聯合聲明》。
⊙ 是維持特別行政區作為國際金融中心的先決條件。
→ 反對此條文。
理由：
⊙ 此條文指明外匯基金主要用於調節港元，是政策性條文。
⊙ 港元對美元的匯價可由港元的買賣而得以調整。如果此條中的基金是本港外匯基金的一部份，則以上做法的靈活性將受打擊。
→ 特別行政區政府對外匯基金的管理，應對市民有所交代。

3.建議
3.1 刪除
→ 刪去有關外匯基金「主要用於調解港元匯價」的規定。這樣較有靈活性。
3.2 修改
→ 改為：「香港特別行政區的外匯基金，全由香港特別行政區政府管理和支配，主要用於調節港元匯價，不納入中央人民政府外匯管理。」
3.3 增加
→ 加上：「外匯基金盈虧及結餘每年連同預算案在立法機關公佈一次，以利公眾監察。」
→ 加上：「每年須向立法局提交外匯基金年報，包括其管理發展和資產情況。」
理由：
⊙ 政府應向市民就基金這公共財產有所交代。
⊙ 公開其資產更能減少對港元投機的壓力。
⊙ 加強市民對政府管理財政的信心。
⊙ 各先進國家對其中央銀行的管理和資產狀況都是公開的。
→ 加上：「外匯基金只限用於香港特別行政區內。」
3.4 其他建議
→ 若基金的所有權沒有明確交代，而鑒於其數目之龐大，應作以下規定：「如將外匯基金部份或全部清算結束（包括把資金調往其他政府賬目），外匯基金的資產應為香港特別行政區居民的利益，全部用於香港特別行政區內。」
→ 應寫明「外匯基金」的擁有權是否只屬於香港特別行政區及全部用於自身需要，不上繳中央人民政府。

第七稿

「**第一百一十三條　香港特別行政區的外匯基金，由香港特別行政區政府管理和支配，主要用於調節港元匯價。**」

〔1990 年 2 月 16 日《中華人民共和國香港特別行政區基本法（草案）》〕

①《憲法經濟學與〈基本法（草案）〉中的經濟條　文》，載於 1989 年 11 月基本法諮詢委員會《中華

人民共和國香港特別行政區基本法（草案）諮詢報告第二冊──專題報告》

【P149】
4. 認為政府的財政權力應受憲法限制的意見
4.3 對《基本法（草案）》個別條文的意見
4.3.8 第一百一十二條對外匯基金的管理及支配，也應該說明其主要作用是為保持港幣的穩定性及可兌換性，而不是主要用於調節港元匯價。

※

② 1989 年 11 月基本法諮詢委員會《中華人民共和國香港特別行政區基本法（草案）諮詢報告第三冊──條文總報告》

【P217】
第一百一十二條
2. 意見
→ 應說明外匯基金的管理及支配的主要作用，是為保持港幣的穩定及可兌換性，而不是主要用作調節港元匯價。

3. 建議
3.1 刪除
→ 刪去「主要用於調節港元匯價」。

第八稿

「第一百一十三條　香港特別行政區的外匯基金，由香港特別行政區政府管理和支配，主要用於調節港元匯價。」
〔1990 年 4 月《中華人民共和國香港特別行政區基本法》〕

香港特別行政區保持自由港地位，除法律另有規定外，不徵收關稅。

✿ 貳｜概念

1. 自由港的保持
2. 不徵收關稅

✿ 叁｜條文本身的演進和發展

第一稿

第五章

「第二十三條　香港特別行政區為自由港。

香港特別行政區除法律另有規定外不徵收關稅。」

〔1987 年 8 月 22 日《經濟專題小組的工作報告》，載於《中華人民共和國香港特別行政區基本法起草委員會第五次全體會議文件匯編》〕

① 1986 年 11 月 9 日《香港特別行政區基本法起草委員會經濟專題小組工作報告》，載於《中華人民共和國香港特別行政區基本法起草委員會第三次全體會議文件匯編》

【P42】

（四）關於基本法結構（草案）第五章第三節「自由貿易政策」，小組共同意見認為：

1. 立法時應重申香港特別行政區將保持自由港和獨立關稅地區的地位。

2. 聯合聲明附件一第六節各要點，可用法律語言加以條文化。

※

② 1987 年 2 月基本法起草委員會秘書處《香港報刊有關〈基本法〉的言論摘錄》

【P140】

九七年後應該繼續保留目前香港的自由港地位及資金出入的自由。港府現時的對商業採取的不干預政策和低稅制，將來也應予保留。關於將來貨物進出口的手續，現時執行的手續相當靈活，可不用更改。至於港府目前對部份貨品入口實行管制，如果對香港經濟有好處也應保留。關於商業合約的審裁問題，九七年前簽訂的商業合約延續至九七年後，應不成問題。但是，對於如果九七年後法律有所更改，審裁商業合約時應以九七年前的法律還是九七年後的法律為依據，成員內有不同意見，較多成員傾向於以新的法律為依歸。現時的福利制度較適合香港社會的需求，將來應予保留。

（基本法諮委會金融財務經濟專責小組，《大公報》一九八六年六月二十日。）

第二稿

「第一百一十七條　香港特別行政區為自由港。

香港特別行政區除法律另有規定外不徵收關稅。」

〔1987 年 12 月基本法起草委員會秘書處《香港特別行政區基本法（草案）》（匯編稿）〕

① 1987 年 9 月 2 日《中華人民共和國香港特別行政區基本法起草委員會第五次全體會議委員們對基本法序言和第一、二、三、四、五、六、七、九章條文草稿的意見匯集》

【P58】

六、關於第五章　香港特別行政區的經濟

（四）第三節　對外貿易

3. 第二十三條

有的委員建議，第一款改寫為：「香港特別行政區繼續為自由港」。委員們認為，其他類似地方也要考慮是否用「繼續」二字。

※

② 金融財務經濟專責小組《對基本法第五章「香港特別行政區的經濟」條文草稿（一九八七年八月）的意見》（1987 年 11 月 4 日經執行委員會通過）

【P7】

條文草稿	容永道建議修改稿
第二十三條	第十九條「香港特別行政區繼續為自由港。香港特別行政區除法律另有規定外不徵收關稅。」 說明：加上「繼續」二字更貼切反映聯合聲明附件一原意。

「**第一百一十七條　香港特別行政區繼續為自由港。**
香港特別行政區除法律另有規定外者不徵收關稅。」

〔1988年3月基本法起草委員會秘書處《中華人民共和國香港特別行政區基本法（草案）草稿》（總體工作小組第二次會議對目錄、序言、第一、二、三、五、六、七、九章的修改稿）〕

① 1987年12月《中華人民共和國香港特別行政區基本法起草委員會第六次全體會議委員們對基本法第四、五、六、十章和條文草稿匯編的意見》

【P30】
9. 第一百一十七條
有些委員建議，第一款改為：「香港特別行政區繼續為自由港」。

「**第一百一十九條　香港特別行政區繼續為自由港。**
香港特別行政區除法律另有規定不徵收關稅。」

〔1988年4月基本法起草委員會秘書處《中華人民共和國香港特別行政區基本法（草案）草稿》〕

「**第一百一十八條　香港特別行政區繼續為自由港。**
香港特別行政區除法律另有規定外不徵收關稅。」

〔1988年4月基本法起草委員會《中華人民共和國香港特別行政區基本法（草案）徵求意見稿》〕

「**第一百一十三條　香港特別行政區保持自由港地位，除法律另有規定外，不徵收關稅。**」

〔1989年2月《中華人民共和國香港特別行政區基本法（草案）》〕

① 1988年8月基本法起草委員會秘書處《香港各界人士對〈香港特別行政區基本法（草案）徵求意見稿〉的意見匯集（一）》

【P37】
第一百一十八條
1. 香港目前不是完全的自由港，有關稅。條文應寫清楚是像目前的自由港，並規定由香港特別行政區政府決定什麼徵收關稅，什麼不徵收關稅。

2. 應寫明自由港的定義，即「香港為自由港，除法律另有規定外，一般不徵收關稅。」

※

② 《基本法諮詢委員會經濟專責小組對基本法（草案）徵求意見稿第五章的意見匯編》，載於1988年10月基本法諮詢委員會《中華人民共和國香港特別行政區基本法（草案）徵求意見稿諮詢報告（1）》

【P119】
3. 有關條文的討論
3.10 有委員建議在……第一百一十八條、……，加上「香港特別行政區可自行制定」等字眼。

※

③ 1988年10月基本法諮詢委員會《中華人民共和國香港特別行政區基本法（草案）徵求意見稿諮詢報告第五冊——條文總報告》

【P376-377】
第一百一十八條
2. 意見
→ 贊成此條文的規定。
理由：
⊙ 香港的自由港地位是促成香港經濟成功不可缺少的因素。
⊙ 香港特別行政區為自由港是十分重要和必需的，給予投資者更大的信心。
→ 此條自相矛盾，若為自由港便不收關稅。

3. 建議
→ 刪除此條。
→ 改為：「香港特別行政區政府確保香港自由港的地位，實行自由進出口、轉口和再轉口貿易，一般不徵收關稅，或實行關稅優惠。」
→ 第二款改為：「照例徵收關稅。」
理由：關稅是政府稅務收入一項，特別是香港作為世界各國貨物運輸的轉運站，更著重關稅的徵收。
→ 刪去第一款中的「香港特別行政區」而加上「除在特別情形下或法律另有規定外，政府不徵收任何有違此原則的關稅並繼續維持此原則使香港成為一自由港。」
→ 加上：「由特別行政區政府自行訂定……」。
理由：
⊙ 這些為政策性之題目，不能以法律條文訂定。
⊙ 現在已於基本法中訂明是不切實際的，應由特別行政區政府因時制宜作出決定。
→ 應註釋何謂「自由港」。

4. 待澄清問題
→ 究竟法律規定哪些貨物要徵收關稅？意思不明確，要寫得更清楚。

「第一百一十四條　香港特別行政區保持自由港地位，除法律另有規定外，不徵收關稅。」
〔1990 年 2 月 16 日《中華人民共和國香港特別行政區基本法（草案）》〕

① 1989 年 11 月 30 日基本法起草委員會秘書處《內地各界人士對〈中華人民共和國香港特別行政區基本法（草案）〉的意見匯集》

【P15】
第一百一十三條
本條的「法律」指全國性法律還是特別行政區法律，應予明確。（河南）

※

② 《憲法經濟學與〈基本法（草案）〉中的經濟條文》，載於 1989 年 11 月基本法諮詢委員會《中華人民共和國香港特別行政區基本法（草案）諮詢報告第二冊——專題報告》

【P149】
4. 認為政府的財政權力應受憲法限制的意見
4.3 對《基本法（草案）》個別條文的意見
4.3.9 第一百一十三條，……「除法律另有規定外」這部份使特別行政區政府在關稅方面能夠為所欲為。如要香港保持其自由港地位，這條應作如下修改：
「香港特別行政區保持自由港地位，除為了執行其海關檢查法例所必須外，不徵收關稅。」

※

③ 1989 年 11 月基本法諮詢委員會《中華人民共和國香港特別行政區基本法（草案）諮詢報告第三冊——條文總報告》

【P217-218】
第一百一十三條
2. 建議
→ 刪去「香港特別行政區」而加上：「除在特別情形下或法律另有規定外，政府不徵收任何有違此原則的關稅，並繼續維持此原則，使香港成為一自由港。」
理由：這樣可使香港一向作為自由港的原則，除因特別情形下，保持不變。
→ 改為：「香港特別行政區保持自由港地位，除為了執行其海關檢查法例必需外，不徵收關稅。」
理由：「除法律另有規定外」這部份使特別行政區政府在關稅方面能為所欲為。

3. 待澄清問題
→「除法律外」的「法律」是根據什麼來訂出及在哪些情況下才需要徵稅呢？

第八稿

「第一百一十四條　香港特別行政區保持自由港地位，除法律另有規定外，不徵收關稅。」
〔1990 年 4 月《中華人民共和國香港特別行政區基本法》〕

香港特別行政區實行自由貿易政策，保障貨物、無形財產和資本的流動自由。

❀ 貳 | 概念

1. 自由貿易政策
2. 財貨資本自由流動

❀ 叁 | 條文本身的演進和發展

第一稿

第五章
「第二十一條　香港特別行政區實行自由的對外貿易制度。
香港特別行政區政府保障對外貿易的自由，保障貨物、無形財產和資本的流動自由。
第二十二條（第一款）　香港特別行政區自行制定對外貿易政策。」
〔1987 年 8 月 22 日《經濟專題小組的工作報告》，載於《中華人民共和國香港特別行政區基本法起草委員會第五次全體會議文件匯編》〕

① 1986 年 4 月《香港各界人士對〈基本法〉結構等問題的意見匯集》（基本法起草委員會第二次會議參閱資料之一）

【P31】
關於居民權利和義務的意見
十一、財產權、經濟自由
1. 保護私產。

2. 任何人無權沒收個人的土地和財產。

3. 資產自由和進行經濟活動的自由。

4. 保護社團資產。

※

② 1986 年 4 月 22 日《中華人民共和國香港特別行政區基本法結構（草案）》，載於《中華人民共和國香港特別行政區基本法起草委員會第二次全體會議文件匯編》

【P15】
第五章　香港特別行政區的經濟
（三）自由貿易政策（自由港，單獨的關稅地區，單獨享有出口配額、關稅優惠和其他類似安排，產地來源證的簽發）

※

③ 1986 年 8 月 29 日《金融財務經濟專責小組工作進度報告》（1986 年 8 月 30 日基本法諮詢委員會全體委員第二次會議文件）

【P6】

（一）經濟制度、土地制度
歸納經濟制度小組各委員的意見，委員均認為香港現行的經濟制度應作最大程度的保留，並需要在基本法內包含現行經濟制度的要素，主要指下列各項：
7. 出入口自由，包括資本的自由流動；

※

④ 金融財務經濟專責小組《工商業政策、自由貿易、漁農業政策最後報告》（1987 年 8 月 8 日經執行委員會通過）

【P1】
1. 對外貿易
1.1 根據黃保欣委員的匯報，第三節：「對外貿易」有以下條文：
（1）「香港特別行政區實行自由的對外貿易政策」。
（2）「香港特別行政區政府保障對外貿易的自由，保障貨物（包括無形的資產）及資本的流動自由。」
1.2 委員就該兩條條文進行討論，提出以下意見：
（1）「自由的對外貿易政策」字眼含糊，並非經濟學上的慣用詞語；令人不明所指的是「自由貿易政策」，還是「可自由地進行對外貿易」，還是其他意思。
（2）「無形資產」一詞亦非經濟學上慣用詞語，令人不明所指的是「無形的貿易」，還是「知識資產」，還是其他意思。若「無形資產」包括「知識資產」，則此條文與工作組的意見相反，委員認為知識資產不可任由自由流動，特區政府應有責任保障特區的版權、專利及登記等。
1.3 委員認為貿易政策條文應再行草擬如下：
（1）香港特別行政區實行貿易自由政策，保障「自由市場」，其特色是：有自由企業，政府盡少干預，無外匯管制，自由港，資金自由流動等。
（2）香港特別行政區保障版權、專利和登記等知識資產。
（3）香港特別行政區有權與外國政府談判，以爭取貿易權益，但以不違反中國外交主權為原則。
（4）有意見認為以下條文更為可取：香港特別行政區自

行決定經濟和貿易政策。
1.4 委員所提的以上各條文皆為引申《中英聯合聲明》中的一項原則，即香港特別行政區為一獨立經濟體系。委員認為基本法應有較詳細的條文以保障這獨立性。

1.5 另外，委員亦很關注特區政府應有權在以促進貿易為目標的國際性機構保留及爭取席位，認為這條文亦應寫入基本法有關的章節內。

第二稿

「第一百一十六條　香港特別行政區實行自由的經濟貿易制度，自行制定對外經濟貿易政策。
香港特別行政區政府保障貨物、無形資產和資本的流動自由。」
〔1987 年 12 月基本法起草委員會秘書處《香港特別行政區基本法（草案）》（匯編稿）〕

① 1987 年 9 月 2 日《中華人民共和國香港特別行政區基本法起草委員會第五次全體會議委員們對基本法序言和第一、二、三、四、五、六、七、九章條文草稿的意見匯集》

【P58】
六、關於第五章　香港特別行政區的經濟
（四）第三節　對外貿易
1. 第二十一條
有的委員建議，本條「香港特別行政區」之後加「繼續」兩字。有的委員建議將「對外」兩字刪去。

※

②金融財務經濟專責小組《對基本法第五章「香港特別行政區的經濟」條文草稿（一九八七年八月）的意見》（1987 年 11 月 4 日經執行委員會通過）

【P6-7】

條文草稿	容永道建議修改稿	諮詢意見
第二十一條	第十七條「香港特別行政區繼續實行自由貿易政策，包括貨物和資本的自由流動。」說明：刪去「對外」兩字，免招「對內不自由」之誤會。	委員提出以下意見：1.「自由對外貿易政策」字眼含糊，並非經濟學上的慣用語；令人不明所指的是「自由貿易政策」還是「可自由地進行對外貿易」，還是其他意思。

條文草稿	容永道建議修改稿	諮詢意見
		2. 無形資產一語亦非經濟學上慣用語，令人不明所指的是「無形的貿易」，還是「知識資產」，還是其他意思。若「無形資產」包括「知識資產」，則此條文與工作組意見相反。委員認為知識資產不可任自由流動，特區政府應有責任保障特區的版權、專利及登記等。

※

③ 1987 年 12 月 12 日《經濟專題小組的工作報告》，載於《中華人民共和國香港特別行政區基本法起草委員會第六次全體會議文件匯編》）

【P6-7】
在這次專題小組會議上，大家贊同對原修改稿的某些條款，進行適當的調整、歸併和刪節，並在內容上，作了以下一些重要的修改。
（三）……將「香港特別行政區實行自由的對外貿易制度，自行制定對外貿易政策」原條款，改為「香港特別行政區實行自由的經濟貿易制度，自行制定對外經濟貿易政策」；

第三稿

「第一百一十六條　香港特別行政區繼續實行自由對外經濟貿易政策。
香港特別行政區政府保障貨物、無形財產和資本的流動自由。
外來投資受法律保護。」
〔1988 年 3 月基本法起草委員會秘書處《中華人民共和國香港特別行政區基本法（草案）草稿》（總體工作小組第二次會議對目錄、序言、第一、二、三、五、六、七、九章的修改稿）〕

① 1987 年 12 月《中華人民共和國香港特別行政區基本法起草委員會第六次全體會議委員們對基本法第四、五、六、十章和條文草稿匯編的意見》

【P30】
8. 第一百一十六條
（1）有的委員建議本條改為：「香港特別行政區繼續實行自由貿易政策，包括貨物和資本的自由流動。」

（2）有的委員建議，在本條第二款最後加上「和買賣」三個字。

※

② 1988 年 4 月《總體工作小組所作的條文修改舉要》，載於 1988 年 5 月《中華人民共和國香港特別行政區基本法起草委員會第七次全體會議文件匯編》

（編者按：雖然本文件的日期是 1988 年 4 月，但本文件是總體工作小組在 1987 年 12 月 15 日至 1988 年 3 月 6 日之間召開的三次會議上對各專題小組草擬的基本法原條文所作的一些調整和修改。於 3 月提出的草稿裡面已經將以下調整與修改納入，故將這份文件放入本稿中。）

【P20】
第一百一十八條（原第一百一十六條）第一款改為「香港特別行政區繼續實行自由對外經濟貿易政策」。
增加第三款「外來投資受法律保護」。

第四稿

「第一百一十八條　香港特別行政區繼續實行自由對外經濟貿易政策。
香港特別行政區政府保障貨物、無形財產和資本的流動自由。
外來投資受法律保護。」
〔1988 年 4 月基本法起草委員會秘書處《中華人民共和國香港特別行政區基本法（草案）草稿》〕

第五稿

「第一百一十七條　香港特別行政區繼續實行自由對外經濟貿易政策。
香港特別行政區政府保障貨物、無形財產和資本的流動自由。
外來投資受法律保護。」
〔1988 年 4 月基本法起草委員會《中華人民共和國香港特別行政區基本法（草案）徵求意見稿》〕

第六稿

「第一百一十四條　香港特別行政區實行自由貿易政策，保障貨物、無形財產和資本的流動自由。」
〔1989 年 2 月《中華人民共和國香港特別行政區基本法（草案）》〕

① 《基本法工商專業界諮委對基本法（草案）徵求意見稿第五章經濟之意見》

【P3】
第一百一十七條
對第一段的意見：
第一句的內容給人一個印象，以為對內貿易可能沒有自由，故建議修改第一句為：「香港特別行政區繼續實行自由貿易和自由對外經濟關係政策」。

對第二段的意見：
建議「無形財產」一詞修改為「財產」。

對第三段的意見：
建議把「外來投資受法律保護」修改為「來自特別行政區以外和以內的投資受法律保護。」

※

② 1988 年 8 月基本法起草委員會秘書處《香港各界人士對〈香港特別行政區基本法（草案）徵求意見稿〉的意見匯集（一）》

【P36-37】
第一百一十七條
1. 分為兩條：
「（1）香港特別行政區政府繼續實行自由貿易政策，包括貨物和資本的自由流動。
「（2）香港特別行政區可同其他國家和地區建立互利的經濟關係。外來投資受法律保護。」

2. 第三款改為：「外國投資與本地投資所受待遇一視同仁，不會有歧視。」

3. 「外來投資受法律保護」的規定應獨立處理。可列入總

則第七條。

※

③ 1988 年 8 月 3 日基本法諮詢委員會秘書處參考資料（一）《內地草委訪港小組就基本法（草案）徵求意見稿一些問題的回應輯錄（一九八八年六月四日至十七日）》

【P13】
5. 經濟
5.9 第一百一十七條
這條對外資保障仍不足，應可以獨立處理，亦可將之放進總則第六條之後。條文應清楚指出香港政府對外資的稅收政策、投標政府合約政策、以至發牌政策會與本地企業一視同仁。甚至可特別指明在港經營的台灣資本可受到一視同仁的看待。

※

④ 1988 年 9 月基本法起草委員會秘書處《內地各界人士對〈香港特別行政區基本法（草案）徵求意見稿〉的意見匯集》

【P19】
第一百一十七條
第三款可單列一條，規定給予外來投資與香港居民的投資同等的待遇，即所謂的「國民待遇」。

※

⑤ 《基本法諮詢委員會經濟專責小組對基本法（草案）徵求意見稿第五章的意見匯編》，載於 1988 年 10 月基本法諮詢委員會《中華人民共和國香港特別行政區基本法（草案）徵求意見稿諮詢報告（1）》

2.專題討論
2.2 有關政策性條文
2.2.2 有委員指出，很多條文本身不具意義，有很多「自由、開放」的字眼，但沒有作清楚解釋，而「自由開放」與「政策」也有內在矛盾，應該加以區別，並清楚說明。

【P119】
3.有關條文的討論
3.5 有委員指出，第一百一十七條第三款「外來投資受法律保護」只提及外來投資者，沒有提及本地投資者，建議應列明本地投資者會否受法律保護。
3.10 有委員建議在……第一百一十七條、……，加上「香港特別行政區可自行制定」等字眼。

※

⑥ 1988 年 10 月基本法諮詢委員會《中華人民共和國香港特別行政區基本法（草案）徵求意見稿諮詢報告第五冊——條文總報告》

【P374-376】
第一百一十七條
2.意見
2.1 贊成意見
→ 贊成以法律保護外來投資。
→ 自由貿易為香港繁榮安定的重要原因，必須繼續維持。
2.2 反對意見
→ 「自由貿易」在經濟好景時尚可實行，但並非永恆之方式。
→ 第二款錯把政府道義上的責任規定為政府職責，徒然增加政府的麻煩，但卻沒有實質好處。

3.建議
3.1 刪除
→ 刪除此條。
理由：這只會削弱香港的自發性；破壞令其成功之一大因素。可參考新加坡之例子。
→ 香港向來對來自內部之投資（即非外來投資）一律鼓勵及保護，不須在基本法中著意設計，特別眷顧某類投資。
→ 刪除：「無形財產的流動自由」、「外來投資受法律保護」等字眼。
理由：畫蛇添足，沒有實際作用。
3.2 修改
→ 改為：「香港特別行政區政府制定和實行自由對外經

濟貿易制度和條例，保障貨物、無形財產和資本的出入流動自由，保護一切外來投資。」
→ 改為兩條：「香港特別行政區政府繼續實行自由貿易政策，包括貨物和資本的自由流動。
香港特別行政區可同其他國家和地區建立互利的經濟關係。外來投資受法律保護。」
→ 第一款改為：「香港特別行政區繼續實行自由貿易和自由對外經濟關係政策。」
理由：原來的寫法易給人一個對內貿易可能沒有自由的印象。
→ 第一款末「政策」一詞改為「原則」。
→ 「無形財產」改為「財產」。
→ 末款改為：「來自特別行政區以外和以內的投資受法律保護」。
→ 末款改為：「本地及外來投資受法律保護」。
→ 末款改為：「所有投資受法律保護」。
理由：
⊙「外來投資」意味不包括本地投資。
⊙「外來投資」難以界定。
⊙ 此條會鼓勵已在港註冊公司遷到外國。
⊙「所有投資」包括外來投資及合資經營的在內。
3.3 增加
→ 加上：「由特別行政區政府自行訂定……」。
理由：
⊙ 這些為政策性之題目，不能以法律條文訂定。
⊙ 現在已於基本法中寫作硬性規定是不切實際的，應由特別行政區政府因時制宜作出決定。
→ 於第三款「外來投資」後加「包括外國投資」。
理由：於一國兩制下，可視外來投資為於另外一個制度下的投資。而加上這句，可保障外國投資。
3.4 搬動
→ 此條最適宜放入附件。
→ 有關外資保護應獨立處理，可考慮寫於第六條之後。
3.5 其他建議
→ 此條應同時引證第六條以表明外來投資可得到的保護。
→ 應寫明對外來投資之保護程度。
→ 條文中應更清楚列明政府對外資的稅收政策、發牌政策、投標政策、合約政策等與本地企業相同。更可提出對台灣資本企業亦採取一致的處理手法。
→ 除外來投資外，香港特別行政區內部的投資均應受到法律同等保護，兩者所受到的保護不應有所區別。
→ 第一、二款應予保留。

4.待澄清問題
→ 文中訂明可以自由流動的貨物、無形資產和資本是否包括藥物和軍械？
→ 若中華人民共和國政府因國防、外交理由決定與某國終止一切貿易活動，那麼香港的商人是否仍可以與該國通商？

第七稿

「第一百一十五條　香港特別行政區實行自由貿易政策，保障貨物、無形財產和資本的流動自由。」
〔1990 年 2 月 16 日《中華人民共和國香港特別行政區基本法（草案）》〕

①《基本法諮詢委員會經濟專責小組對基本法（草案）第五章的意見匯編》，載於 1989 年 11 月基本法諮詢委員會《中華人民共和國香港特別行政區基本法（草案）諮詢報告第一冊》

【P101】
1.專題討論
1.1 政策性條文

1.1.1 有委員指出，澳洲憲法中列明省與省之間的絕對自由貿易權，便引起很多政府被起訴的個案。現在基本法中第一百一十一條和第一百一十四條的政策性條文，亦有相同弊病。所以在普通法中，法律條文字眼上的混淆或含糊是很容易產生法律訴訟的。建議在基本法中：
（1）增加一項「主要條款」：（除涉及外交和國防事務者外），香港特別行政區立法機關為特區的和平、秩序和良好管治制定法律。（可在草案第十七條增加這條款。）及

（2）把《法律釋義及通則條例》（香港法例第一章）第十九條的規定，納入基本法：

「條例必須是為有被缺去弊的作用，按其真正用意、涵義及精神，並為了確保能達致其目的，作出公正、廣泛及不拘泥字面的釋疑及釋義。」

（註：詳見「關於《基本法（草案）》第一百一十一條和第一百一十四條的備忘錄」）

1.1.2 有委員認為，將上述兩條建議的條款加入基本法中並不可行，懷疑此兩條建議的條款是否會高於「總則」內的條文。

1.1.3 有委員提出現在解決政策性條文問題的方法可有三種：

（1）把政策性條文放進附件

（2）在基本法中加入一項「主要條款」及把《法律釋義及通則條例》（香港法例第一章）第十九條的規定納入基本法中

（3）對現時政策性條文作進一步修改

而有些委員表示贊同第二種方法，因為可以避免將來引起不必要的法律訴訟。

1.14 有委員認為，實際上政策性條文並不會引起法律訴訟的問題，有關的顧慮是不必要的。

1.1.5 有委員則反對政策性條文寫進基本法內，原因有二：

（1）現時的《英皇制誥》並沒有政策性條文；而立法局通過的也只是法律而不是憲法，所以不會引起這方面的問題。但是在未來情況仍難預料下，便將政策性條文寫進基本法中，會引起的法律訴訟並不是沒有可能的，況且，在美國，政府被告違憲的事例亦甚多。

（2）另外對促成香港繁榮的經濟因素，現時的爭論仍甚多；再加上何種經濟政策對未來五十年特別行政區的發展才最有利亦難預料，如果貿然地將現時認為正確的經濟政策寫入基本法內，是絕對不智的做法。

1.1.6 有委員提議，深入研究經濟及各章節條文，以解決即使在基本法中加入政策性條文，仍可避免特別行政區政府因不能達到基本法所規定而被起訴的問題。

1.1.7 有委員表示，內地草委直至現在仍不接受附件的建議，是因為他們認為《中英聯合聲明》所有的規定都必須如實或經過適當的修改後寫進基本法正文內。但該委員指出第一百零六及一百零七條的內容在《中英聯合聲明》中並無特別提及，因此把這兩條移到附件去是不成問題的。

【P104】

1.6 有關條文討論的問題

1.6.3 第一百一十一條

1.6.3.2 有委員建議，英文本第二款應刪去「……shall safeguard the free flow of all capital」的「all」字，因為《基本法（草案）徵求意見稿》中文本第一百一十二條（即現今第一百一十一條）「保障一切資金流動」的「一切」二字已被刪除。

※

②《關於基本法（草案）第一百一十一條和第一百一十四條的備忘錄》，載於1989年11月基本法諮詢委員會《中華人民共和國香港特別行政區基本法（草案）諮詢報告第一冊》

【P105-106】

1. 從第一百一十一條和第一百一十四條所看到的問題，正是第五章很多條文都存在的問題。問題的癥結在於：基本法要在普通法解釋制度的嚴格標準下，經得起考驗。如基本法規定特區政府要負起某種法律責任，根據普通法的觀念，即等於構成相應的一種權利。普通法保護商人的合法利益，因此，基本法如規定政府要負起保障資金自由流動的責任，商人有理由認為政府不會立法禁止資金自由流動，因而損害其利益。這權利表面看來，可根據司法審查（法律規定見《最高法院規則》法令53）的過程，交法院審判。

2. 這樣的權利當然不是絕對的，最少受以下兩大原則限制。

（i）只有合法利益才受保護，所以毒販不能以《販毒（追討得益）條例草案》是越權立法為理由（因該條例草案違反基本法第一百一十一條和第一百一十四條），向法院提出訴訟。

（ii）在行使立法權時，私人利益可能不時受到影響，這是不言而喻的。政府的責任是為香港社會的整體福利，而不是只為商界或社會上某些人士制定法律。因此，香港特別行政區立法機關為香港整體的太平、秩序和良好管治通過的法律，可能也會對社會上某些人士不利，或侵犯他們的自由，這情況在基本法中，也是不言而喻的。

3. 基本法的規定（例如第一百一十一條和第一百一十四條）是用來「建造」《中英聯合聲明》所規定的「資本主義制度和生活方式」的。這些「建造材料」能令香港的制度有別於內地的制度，並實際體現「一國兩制」的概念。基於這理由，很多諮委都不想刪除這些規定。但另一方面，如保留這些條文，會不會造成以下現象：在九七年後，既得利益者如要阻止新法例通過，便可令法院與香港特別行政區政府在「憲制法律」的訴訟中糾纏不清。

4. 上述問題的答案多少要看法院的做法如何。如法院對法律解釋工作採取較果斷的態度，則可以宣稱：「考慮到兩個主權政府在《中英聯合聲明》所提出的主要目標，即確保香港繼續安定繁榮，用來達到這些目標的法律都必須是表面有效的。本法院不能只注意基本法的個別條文，而忽視該憲制文件的主要目標，基本法主要目標就是要授權立法機關，為整個社會的太平、秩序和良好管治通過法律。任何由社會部份人士對立法機關法律提出的申訴，尤其是為維護某些人士既得利益而提出的申訴，都必須以上述原則處理。」

5. 法院如採取這態度，就能確保只有在少數案件中，司法審查的申請人才可根據《最高法院規則》第一條第二款法令53，獲准對政府提出訴訟。

6. 相信如果基本法（草案）能作出兩項修改，就會對實行前文第四點的做法大有幫助：

（i）在基本法中增加一項「主要條款」：（除涉及外交和國防事務者外），香港特別行政區立法機關為特區的和平、秩序和良好管治制定法律。（這建議在去年國際財政學會的書面意見中已提出。）（可在草案第十七條增加這條款。）

（ii）把《法律釋義及通則條例》（香港法例第一章）第十九條的規定，納入基本法：

「條例必須是為有補缺去弊的作用，按其真正用意、涵義及精神，並為了確保能達致其目的，作出公正、廣泛及不拘泥字面的釋疑及釋義。」

※

③ 1989年11月基本法諮詢委員會《中華人民共和國香港特別行政區基本法（草案）諮詢報告第三冊——條文總報告》

【P218】

第一百一十四條
2.建議
2.1 修改
→ 「政策」一詞改為「原則」。
→ 改為:「香港特別行政區政府可以通過立法調節貿易。特別行政區政府在制定法律時,可參考香港原先實行的自由貿易及不徵收關稅等政策,保障貨物、無形財產和資本的流動自由。」
2.2 增加
→ 在「貨物」之後加上「包括藝術品和古代文物」。
理由:本條應清楚說明在一九九七年後基本法保障藝術品、古代文物在香港繼續享有流動自由,以維持目前的情況和香港的安定繁榮。否則,中國禁止藝術品和古代文物出口的法律可能適用於香港,防止該等物品在香港特別行政區出入口。
→ 改為:「香港特別行政區實行貨物和服務的自由貿易政策,保障貨物、無形財產和資本的流動自由。」
理由:本條應包括服務行業的自由貿易政策。

3.待澄清問題
→ 為何徵求意見稿同一條(即第一百一十七條)內的「對外經濟」被刪去?

第八稿

「**第一百一十五條　香港特別行政區實行自由貿易政策,保障貨物、無形財產和資本的流動自由。**」
〔1990 年 4 月《中華人民共和國香港特別行政區基本法》〕

①姬鵬飛《關於〈中華人民共和國香港特別行政區基本法(草案)〉及其有關文件的說明》(1990 年 3 月 28 日第七屆全國人民代表大會第三次會議)

又如在對外貿易方面規定,一切外來投資受法律保護;保障貨物、無形財產和資本的流動自由;

香港特別行政區為單獨的關稅地區。

香港特別行政區可以「中國香港」的名義參加《關稅和貿易總協定》、關於國際紡織品貿易安排等有關國際組織和國際貿易協定，包括優惠貿易安排。

香港特別行政區所取得的和以前取得仍繼續有效的出口配額、關稅優惠和達成的其他類似安排，全由香港特別行政區享有。

❀ 貳｜概念

1. 單獨的關稅地區
2. 以「中國香港」名義參加國際貿易協定
3. 原出口配額和關稅優惠的享有

❀ 叁｜條文本身的演進和發展

第一稿

第五章

「第二十四條　香港特別行政區為單獨的關稅地區。

第二十五條　香港特別行政區可以『中國香港』的名義參加關稅和貿易總協定、關於國際紡織品貿易安排等有關國際組織和國際貿易協定，包括優惠貿易安排。

第二十六條　香港特別行政區根據所參加的國際協定取得的及以前取得仍繼續有效的出口配額、關稅優惠和達成的其他類似安排，全由香港特別行政區享有。」

〔1987年8月22日《經濟專題小組的工作報告》，載於《中華人民共和國香港特別行政區基本法起草委員會第五次全體會議文件匯編》〕

① 1986年4月22日《中華人民共和國香港特別行政區基本法結構（草案）》，載於《中華人民共和國香港特別行政區基本法起草委員會第二次全體會議文件匯編》

【P15】

第五章　香港特別行政區的經濟

（三）自由貿易政策（自由港，單獨的關稅地區，單獨享有出口配額、關稅優惠和其他類似安排，產地來源證的簽發）

※

② 1986年11月9日《香港特別行政區基本法起草委員會經濟專題小組工作報告》，載於《中華人民共和國香港特別行政區基本法起草委員會第三次全體會議文件匯編》

【P42】

（四）關於基本法結構（草案）第五章第三節「自由貿易政策」，小組共同意見認為：

1. 立法時應重申香港特別行政區將保持自由港和獨立關稅地區的地位。

3. 香港特別行政區單獨享有取得的出口配額、關稅優惠和達成的其他類似安排。

第二稿

「第一百一十八條　香港特別行政區為單獨的關稅地區。

香港特別行政區可以『中國香港』的名義參加關稅和貿易總協定、關於國際紡織品貿易安排等有關國際組織和國際貿易協定，包括優惠貿易安排。

第一百一十九條　香港特別行政區根據所參加的國際協定取得的及以前取得仍繼續有效的出口配額、關稅優惠和達成的其他類似安排，全由香港特別行政區享有。」

〔1987年12月基本法起草委員會秘書處《香港特別行政區基本法（草案）》（匯編稿）〕

① 1987年9月2日《中華人民共和國香港特別行政區基本法起草委員會第五次全體會議委員們對基本法序言和第一、二、三、四、五、六、七、九章條文草稿的意見匯集》

【P58-59】

六、關於第五章　香港特別行政區的經濟
（四）第三節　對外貿易
4. 第二十五條至二十七條
有的委員認為，這三條的規定目前對香港很有好處，但根據國際貿易發展的趨勢，這三條中的很多名詞很難保證五十年不變，是否可考慮將有關詞彙改寫成可以適應將來發展的詞彙。一些委員建議條文不宜改動，但可把上述意見寫成說明。

※

② 金融財務經濟專責小組《對基本法第五章「香港特別行政區的經濟」條文草稿（一九八七年八月）的意見》（1987年11月4日經執行委員會通過）

【P8】

條文草稿	容永道建議修改稿	諮詢意見
第二十四條	第二十條（照草稿第二十四條）	摘自聯合聲明附件一第五節。

條文草稿	容永道建議修改稿	諮詢意見
第二十五條	第二十一條（照草稿第二十五條）	委員很關注特區政府應有權在以促進貿易為目標的國際機構保留及爭取席位。建議條文：香港特別行政區有權與外國政府談判，以爭取貿易權益，但以不違反中國外交主權為原則。
第二十六條	第二十二條「香港特別行政區取得的出口配額、關稅優惠和達成的其他類似安排，全由香港特別行政區享有。」說明：草稿原文較累贅。	委員認為應在工商業政策第一節內寫明：「香港特別行政區 i）享有其本身取得的出口配額、特惠關稅及其他相類安排；ii）繼續維持獨立關稅地區的運作。對於第二十六條，有委員認為應寫成：「香港特別行政區根據國際協定取得的出口配額、關稅優惠和達成的其他類似安排，全由香港特別行政區享有。」

第三稿

「第一百一十八條　香港特別行政區為單獨的關稅地區。

香港特別行政區可以『中國香港』的名義參加關稅和貿易總協定、關於國際紡織品貿易安排等有關國際組織和國際貿易協定，包括優惠貿易安排。

第一百一十九條　香港特別行政區所取得的及以前取得仍繼續有效的出口配額、關稅優惠和達成的其他類似安排，全由香港特別行政區享有。」

〔1988年3月基本法起草委員會秘書處《中華人民共和國香港特別行政區基本法（草案）草稿》（總體工作小組第二次會議對目錄、序言、第一、二、三、五、六、七、九章的修改稿）〕

① 1987年12月《中華人民共和國香港特別行政區基本法起草委員會第六次全體會議委員們對基本法第四、五、六、十章和條文草稿匯編的意見》

【P30】

10. 第一百一十九條
有的委員提出，把「根據所參加的國際協定」幾個字刪去，改為：「香港特別行政區取得和已經取得的出口配額、關稅優惠和達成其他類似安排，全由香港特別行政區享有。」

第四稿

「第一百二十條　香港特別行政區為單獨的關稅地區。

香港特別行政區可以『中國香港』的名義參加關稅和貿易總協定、關於國際紡織品貿易安排等有關國際組織和國際貿易協定，包括優惠貿易安排。

第一百二十一條　香港特別行政區所取得的和以前取得仍繼續有效的出口配額、關稅優惠和達成的其他類似安排，全由香港特別行政區享有。」

〔1988年4月基本法起草委員會秘書處《中華人民共和國香港特別行政區基本法（草案）草稿》〕

「第一百一十九條 香港特別行政區為單獨的關稅地區。

香港特別行政區可以『中國香港』的名義參加關稅和貿易總協定、關於國際紡織品貿易安排等有關國際組織和國際貿易協定，包括優惠貿易安排。

第一百二十條 香港特別行政區所取得的和以前取得仍繼續有效的出口配額、關稅優惠和達成的其他類似安排，全由香港特別行政區享有。」

〔1988 年 4 月基本法起草委員會《中華人民共和國香港特別行政區基本法（草案）徵求意見稿》〕

「第一百一十五條 香港特別行政區為單獨的關稅地區。

香港特別行政區可以『中國香港』的名義參加《關稅和貿易總協定》、關於國際紡織品貿易安排等有關國際組織和國際貿易協定，包括優惠貿易安排。

香港特別行政區所取得的和以前取得仍繼續有效的出口配額、關稅優惠和達成的其他類似安排，全由香港特別行政區享有。」

〔1989 年 2 月《中華人民共和國香港特別行政區基本法（草案）》〕

① 《基本法工商專業界諮委對基本法（草案）徵求意見稿第五章經濟之意見》

【P3】
第一百二十條
建議條文修改如下：
「香港特別行政區所取得和以前取得仍繼續有效的出口配額，關稅優惠和達成的其他安排，全由香港特別行政區享有。如果外國政府將香港特別行政區的貿易優惠和配額和中國混合處理，中國應對屬於香港特別行政區的優惠和配額，無論香港全部使用它與否，照原有比例和種類，全數發回香港特別行政區，倘有增減，則按照比例分配予香港特別行政區。」

※

② 1988 年 8 月基本法起草委員會秘書處《香港各界人士對〈香港特別行政區基本法（草案）徵求意見稿〉的意見匯集（一）》

【P37-38】
第一百一十九條
香港特別行政區能否管理自己的海關？如海關不能獨立，就會影響九七年後的高科技進入香港。建議增寫一款：「九七年後高科技進入大陸問題，香港海關可根據國際條約和慣例處理。」

第一百二十條
1. 將「達成的」刪去。
2.「配額」問題應寫清楚。如外國將香港同內地的配額混在一起，中央也應保持香港原有的配額。

※

③ 1988 年 8 月 3 日基本法諮詢委員會秘書處參考資料（一）《內地草委訪港小組就基本法（草案）徵求意見稿一些問題的回應輯錄》（一九八八年六月四日至十七日）

【P13】

5. 經濟
5.11 第一百一十九條
中英兩國政府及 GATT 已達成協議，香港可作為單獨的關稅地區，並可單獨參加 GATT 作為會員。所謂單獨的關稅地區，就是說香港本身作為關稅地區，與整個國家分開。將來的北京關稅總所與香港的海關也沒有上下的隸屬關係。

5.12 第一百二十、一百二十一、一百六十條
第一百二十及一百二十一條提到的配額，香港與內地是獨立的，但 MFA 的發展會否改變呢？配額的取得應是雙邊協定，還是多邊協定則沒有一定，所以第一百六十條第一段便保證與現在一致的做法，就是將來若發生雙邊會議協商配額或其他問題時，便發現時英國派出代表團的做法，國內有香港代表作為成員之一，並有相對的獨立發言權。所以將來中國派出代表團時，香港亦可有其代表，以「中國香港」名義發表意見。且第一百二十條的寫法是參照《中英聯合聲明》附件一的，中國全無意思把屬於香港特區的配額，投到中國去。萬一將來在某情況下，紡織品出口的配額只給了中華人民共和國作為一個單位，中國亦不會百分之一百地獨享配額，而不顧香港的。

※

④ 1988 年 9 月基本法起草委員會秘書處《內地各界人士對〈香港特別行政區基本法（草案）徵求意見稿〉的意見匯集》

【P19】
第一百一十九條
沒有必要特別列出兩個協定。

第一百二十條
「其他類似安排」改為「其他國際優惠協定」。

※

⑤ 《基本法諮詢委員會經濟專責小組對基本法（草案）徵求意見稿第五章的意見匯編》，載於 1988 年 10 月基本法諮詢委員會《中華人民共和國香港特別行政區基本法（草案）徵求意見稿諮詢報告（1）》

【P119-120】

3. 有關條文的討論
3.6 有委員認為，第一百二十條「香港特別行政區所取得的」應改寫為「香港特別行政區根據所參加國際協定取得的」。

4. 其他
4.4 有委員認為，一九九七年後，若原屬於香港的配額落入中國手中，香港應獨得其中原由香港取得的配額。

※

⑥ 1988 年 10 月基本法諮詢委員會《中華人民共和國香港特別行政區基本法（草案）徵求意見稿諮詢報告第五冊——條文總報告》

【P377-379】
第一百一十九條
2. 意見
→ 贊成此條文。
理由：
⊙ 本條容許香港特別行政區作為單獨的關稅地區，參加有關國際組織及國際貿易協定。
⊙ 本條容許香港特別行政區參加有關國際組織和國際貿易協定。
→「中國香港」與外國簽訂之協議，和「中國」與外國簽訂之協議是無關的，所以不能互相影響。
3. 建議
3.1 修改
→ 改為：「香港特別行政區保持單獨的關稅地區的地位，可以『中國香港』名義參加關稅和貿易總協定、關於國際紡織品和其他有關貨品貿易安排，以及包括優惠貿易安排在內的有關國際組織和國際貿易協定與安排。」
→ 將「中國香港」改為「香港」。
3.2 增加
→ 應有另一條文寫明特別行政區政府有權徵收有關關稅項。
3.3 其他建議
→「單獨的關稅地區」一詞，非為港人所熟悉，應加上註釋或採用一較常用詞。
→ 本條中「參加關稅和貿易總協定、關於國際紡織品貿易安排等有關國際組織和國際貿易協定，包括優惠貿易安排」一句層次不大分明，從字面上來看，頗難理解，應予重寫。

第一百二十條
2. 建議
2.1 刪除
→ 刪除此條文。
→ 刪去「達成的」。
理由：「所取得的」已包括「達成的」意思。
2.2 修改
→ 改為：「香港特別行政區所取得或以前取得的關稅優惠和達成的其他類似安排，全由香港特別行政區享有，如果

外國政府將香港特別行政區之配額和中國混合處理，則應將香港特別行政區原有配額全數發回香港特別行政區。」
→ 改為：「香港特別行政區取得和以前取得仍繼續有效的出口配額、關稅優惠和達成的其他安排，全由香港特別行政區享有；如果外國政府將香港特別行政區的貿易優惠和配額與中國混合處理，中國政府應將屬於香港特別行政區的配額全數發回香港特別行政區，如有增減則按照比例分予香港特別行政區。」
理由：
⊙ 為確保香港特別行政區能享有全數的出口配額和關稅優惠待遇。
⊙ 確保中央公平分配出口配額。
⊙ 怎樣分配出口配額和優惠待遇是中國和香港特別行政區之間的事，但運作上要確知其他國家如何處理中國與香港特別行政區的配額，所以要在一九九七年前與主要國家有所協議。
→ 改為：「香港特別行政區所取得和以前取得仍繼續有效的出口配額，關稅優惠和達成的其他安排，全由香港特別行政區享有。如果外國政府將香港特別行政區的貿易優惠和配額和中國混合處理，中國應對屬於香港特別行政區的優惠和配額，無論香港特別行政區全部使用它與否，照原有比例和種類，全數發回香港特別行政區，倘有增減，則按照比例分配予香港特別行政區。」
→ 改為：「香港特別行政區成立前已與各輸入國家達成協議仍繼續有效，和以後所達成之紡織品出口配額，關稅優惠和其他類似安排，全由香港特別行政區享有。如果有任何國家將香港特別行政區之紡織品出口配額合併入中華人民共和國政府內而成一總配額時，應將原屬香港特別行政區之配額全數，連同應得之增長，撥歸香港特別行政區享用。」
→ 改為：「香港特別行政區所取得的和以前取得仍繼續有效的出口配額、關稅優惠、高科技的轉移及使用，和達成的其他類似安排，全由香港特別行政區享有，一切有關的利益和義務，中央人民政府不予分享及分擔。」
理由：目前高科技產品在國際上不許售予「共產國家」，而香港特別行政區在國際運作上，高科技是主要命脈，因此需要在規條和實際行動上，確保外國高科技供應商將科技與產品售予香港特別行政區後，只為香港獨享而絕不轉運予「共產國家」使用，此乃香港特別行政區繼續保持繁榮與穩定之保障。
→ 改為：「凡原有及繼續有效的本土出口配額、關稅優惠和達成的其他同類安排，全由香港特別行政區享有。」
→ 改為：「多纖協定及關貿總協定成員原有提供的配額將繼續為香港特別行政區擁有及使用。若外國政府把香港特別行政區原有之配額與中華人民共和國的配額混合計算，則所有原屬香港特別行政區的配額仍為其擁有。若此等政府提供的配額有所增減，則按比例分予香港特別行政區。」
2.3 其他建議
→ 應把高科技轉讓的權利及義務，由香港享受及負擔。
→ 很多香港的紡織品及成衣出口商皆認為此條應寫得更明確，以確保在一九九七年後，香港仍能擁有原有之出口配額。

第七稿

「第一百一十六條　香港特別行政區為單獨的關稅地區。
香港特別行政區可以『中國香港』的名義參加《關稅和貿易總協定》、關於國際紡織品貿易安排等有關國際組織和國際貿易協定，包括優惠貿易安排。
香港特別行政區所取得的和以前取得仍繼續有效的出口配額、關稅優惠和達成的其他類似安排，全由香港特別行政區享有。」
〔1990 年 2 月 16 日《中華人民共和國香港特別行政區基本法（草案）》〕

① 《基本法諮詢委員會經濟專責小組對基本法（草案）第五章的意見匯編》，載於 1989 年 11 月基本法諮詢委員會《中華人民共和國香港特別行政區基本法（草案）諮詢報告第一冊》

【P103】
1. 專題討論
1.4 出口配額
1.4.1 有委員指出，為恐防香港的出口配額會因一些香港廠家在內地設廠生產而被轉移到內地去，在基本法中應有較明確的條文來保障屬於香港的出口配額不會流失至別處，具體建議可參考諮詢報告第五冊條文總報告第一百二十條。
1.4.2 有委員認為，出口配額的問題在基本法中仍未有解決，希望有關問題可在基本法中有較明確的交代。

※

② 1989 年 11 月基本法諮詢委員會《中華人民共和國香港特別行政區基本法（草案）諮詢報告第三冊——條文總報告》

【P219】
第一百一十五條
2. 建議
2.1 修改

→ 改為：「香港特別行政區取得和以前取得仍繼續有效的出口配額、關稅優惠和達成的其他安排，全由香港特別行政區享有；如果外國政府將香港特別行政區的貿易優惠和配額與大陸混合處理，中央政府應將屬於香港特別行政區的配額全數發回香港特別行政區，如有增減則按照比例分配予香港特別行政區。」
→ 改為：「香港特別行政區所取得的和以前取得仍繼續有效的出口配額、關稅優惠、高科技的轉移及使用，和達成的其他類似安排，全由香港特別行政區享有，一切有關的利益和義務，中央人民政府不予分享及分擔。」
理由：目前高科技產品在國際上不許售予「共產國家」，而香港特別行政區在國際運作上，高科技是主要命脈，因此需要在規條和實際行動上，確保外國高科技供應商將科技與產品售予香港特別行政區後，只為香港獨享而絕不轉運予「共產國家」使用，此等保障亦務使香港特別行政區繼續保持繁榮與穩定。
→ 第三款內的「以前」改為「特別行政區成立前」。
理由：「以前」一字眼不知何所指。
→ 應修改本條以保證香港特別行政區可繼續參加國際財產協定。
→ 建議修改本條，指明參考「多邊出口管制協調委員會」有關規定。
2.2 增加
→ 在第二款末加上「及其他有關的優惠及香港居民的協定。」
→ 在第三款末加上「並可繼續與其他國家及地區作出優惠及香港居民的協定。」

第八稿

「第一百一十六條　香港特別行政區為單獨的關稅地區。
香港特別行政區可以『中國香港』的名義參加《關稅和貿易總協定》、關於國際紡織品貿易安排等有關國際組織和國際貿易協定，包括優惠貿易安排。
香港特別行政區所取得的和以前取得仍繼續有效的出口配額、關稅優惠和達成的其他類似安排，全由香港特別行政區享有。」
〔1990 年 4 月《中華人民共和國香港特別行政區基本法》〕

香港特別行政區根據當時的產地規則，可對產品簽發產地來源證。

✿ 貳│概念

1. 產地原則
2. 產地來源證的簽發

✿ 叁│條文本身的演進和發展

第一稿

第五章

「第二十七條　香港特別行政區根據當時的產地規則，可對本地產品簽發產地來源證。」

〔1987 年 8 月 22 日《經濟專題小組的工作報告》，載於《中華人民共和國香港特別行政區基本法起草委員會第五次全體會議文件匯編》〕

① 1986 年 4 月 22 日《中華人民共和國香港特別行政區基本法結構（草案）》，載於《中華人民共和國香港特別行政區基本法起草委員會第二次全體會議文件匯編》

【P15】
第五章　香港特別行政區的經濟
（三）自由貿易政策（自由港，單獨的關稅地區，單獨享有出口配額、關稅優惠和其他類似安排，產地來源證的簽發）

※

②金融財務經濟專責小組《工商業政策、自由貿易、漁農業政策最後報告》（1987 年 8 月 8 日經執行委員會通過）

【P2】
2. 工商業政策
2.3 委員認為工商業政策條文應再行草擬如下：
（七）香港特別行政區有權根據當時的產地規則，對在當地製造的產品簽發產地來源證。

「第一百二十條　香港特別行政區根據當時的產地規則，可對本地產品簽發產地來源證。」

〔1987 年 12 月基本法起草委員會秘書處《香港特別行政區基本法（草案）》（匯編稿）〕

① 1987 年 9 月 2 日《中華人民共和國香港特別行政區基本法起草委員會第五次全體會議委員們對基本法序言和第一、二、三、四、五、六、七、九章條文草稿的意見匯集》

【P58-59】
六、關於第五章　香港特別行政區的經濟
（四）第三節　對外貿易
4. 第二十五條至二十七條
有的委員認為，這三條的規定目前對香港很有好處，但根據國際貿易發展的趨勢，這三條中的很多名詞很難保證五十年不變，是否可考慮將有關詞彙改寫成可以適應將來發展的詞彙。一些委員建議條文不宜改動，但可把上述意見寫成說明。

※

②金融財務經濟專責小組《對基本法第五章「香港特別行政區的經濟」條文草稿（一九八七年八月）的意見》（1987 年 11 月 4 日經執行委員會通過）

【P9】

條文草稿	容永道建議修改稿	諮詢意見
第二十七條	第二十三條（照草稿第二十七條）	建議在工商業政策一節內寫明：香港特別行政區根據當時的產地規則，對在當地製造的產品簽發產地來源證。

第三稿

「第一百二十條　香港特別行政區根據當時的產地規則，可對本地產品簽發產地來源證。」

〔1988 年 3 月基本法起草委員會秘書處《中華人民共和國香港特別行政區基本法（草案）草稿》（總體工作小組第二次會議對目錄、序言、第一、二、三、五、六、七、九章的修改稿）〕

第四稿

「**第一百二十二條** 香港特別行政區根據當時的產地規則，可對本地產品簽發產地來源證。」

〔1988 年 4 月基本法起草委員會秘書處《中華人民共和國香港特別行政區基本法（草案）草稿》〕

第五稿

「**第一百二十一條** 香港特別行政區根據當時的產地規則，可對本地產品簽發產地來源證。」

〔1988 年 4 月基本法起草委員會《中華人民共和國香港特別行政區基本法（草案）徵求意見稿》〕

第六稿

「**第一百一十六條** 香港特別行政區根據當時的產地規則，可對產品簽發產地來源證。」

〔1989 年 2 月《中華人民共和國香港特別行政區基本法（草案）》〕

① 1988 年 8 月基本法起草委員會秘書處《香港各界人士對〈香港特別行政區基本法（草案）徵求意見稿〉的意見匯集（一）》

【P38】
第一百二十二條
1. 要寫明以私營為主，否則隨著中資的增加，大企業可能都是中資、國營的。

2. 加：「實行不干預工商業的原則」。

※

② 1988 年 8 月 3 日基本法諮詢委員會秘書處參考資料（一）《內地草委訪港小組就基本法（草案）徵求意見稿一些問題的回應輯錄（一九八八年六月四日至十七日）》

【P13】
5. 經濟
5.13 第一百二十一條
5.13.1 香港特區可根據當時情況和規則，對本地產品簽發產地來源證，並可印上「made in Hong Kong China」或「made in Hong Kong」。
5.13.2 至於現時只有五個商會簽發來源證，還有二個商會是沒有這個權力的，這個問題，商會間可以商量一下。

※

③ 1988 年 10 月基本法諮詢委員會《中華人民共和國香港特別行政區基本法（草案）徵求意見稿諮詢報告第五冊—— 條文總報告》

【P379】
第一百二十一條
2. 意見
→ 贊成此條文。
理由：准許香港特別行政區繼續對本地產品簽發產地來源證，從而進一步保障香港的獨立貿易地位。
→ 沒有實質意義，難以執行。

3. 建議
3.1 刪除
→ 此條過於細節，不應在基本法中訂明。
3.2 修改
→ 在「行政區」之後加上「政府」二字

第七稿

「**第一百一十七條** 香港特別行政區根據當時的產地規則，可對產品簽發產地來源證。」

〔1990 年 2 月 16 日《中華人民共和國香港特別行政區基本法（草案）》〕

第八稿

「**第一百一十七條** 香港特別行政區根據當時的產地規則，可對產品簽發產地來源證。」

〔1990 年 4 月《中華人民共和國香港特別行政區基本法》〕

香港特別行政區政府提供經濟和法律環境，鼓勵各項投資、技術進步並開發新興產業。

✿ 貳｜概念

1. 鼓勵投資及技術進步
2. 開發新興產業

✿ 叁｜條文本身的演進和發展

第一稿

第五章
「第二十九條　香港特別行政區鼓勵工業投資、技術進步和開拓新興產業，以增強國際競爭能力。
第三十條　香港特別行政區政府積極創造必要的環境和條件，以利工業的發展。」
〔1987 年 8 月 22 日《經濟專題小組的工作報告》，載於《中華人民共和國香港特別行政區基本法起草委員會第五次全體會議文件匯編》〕

① 1986 年 8 月 29 日《金融財務經濟專責小組工作進度報告》（1986 年 8 月 30 日基本法諮詢委員會全體委員第二次會議文件）

【P6】
（一）經濟制度、土地制度
除此之外，特區政府要透過足夠的基本設施，安定、自由、多元化的投資環境、簡單的低稅結構、簡單的投資法律及各種促進經濟發展的機構去支持和鼓勵工商業發展。當然，政府也應鼓勵製造商和投資者在港投資。

※

②金融財務經濟專責小組《工商業政策、自由貿易、漁農業政策最後報告》（1987 年 8 月 8 日經執行委員會通過）

【P1】
2. 工商業政策
2.1 根據黃保欣委員的匯報，第四節：「工商業和其他產業」有以下的條文：
（1）「香港特別行政區實行自由開放的工商業政策」或「……自由開放的工業和商業政策。」
（2）「香港特別行政區鼓勵工業投資、技術進步和開拓新興產業以增強國際競爭能力。」
（3）「香港特別行政區政府積極創造必要的環境和條件，以利工商業的發展。」

2.2 委員對以上條文提出意見：
（1）委員認為「自由開放的工業政策」條文令人難於理解及容易被誤導。自由開放工業政策的意義為沒有既定政策，即政府在任何影響工業，如環境控制、勞工法例等事宜上不加干預。工作組主張「自由企業」及「競爭性經濟」，而非自由開放的工業政策。
（2）倘若起草委員會主張自由開放的工業政策，則與其隨後有關鼓勵工業投資的條文互相矛盾。
（3）條文在區分政策及制度與措施上頗為混淆。
（4）草擬條文可撮要為「特別行政區政府應鼓勵工業發展」。然而「鼓勵」一詞意義廣泛，可包括口頭勸諭以至一連串活動計劃，因為草稿用詞顯得含糊空泛。
（5）科技與製造乃不可分離，把科技轉移到概括論述整體社會的科學與技術之第六章，第五章的工業政策就顯得內容毫無意義。
2.3 委員認為工商業政策條文應再行草擬如下：
（1）香港特別行政區政府維持現行自由企業政策，以促進自由及競爭性經濟。
（2）香港特別行政區政府繼續創造必要環境和條件，以利工商業的發展。
（3）香港特別行政區政府維持鼓勵投資的政策。
（4）香港特別行政區繼續實行工業扶助服務計劃。
（5）香港特別行政區促進：
i) 工業的發展（並須顧及中小型工業在香港扮演的角色）
ii) 新工業的設立
iii) 技術的進步
（6）香港特別行政區
i) 享有其本身取得的出口配額、特惠關稅及其他相類安排；
ii) 繼續維持獨立關稅地區的運作。

第二稿

「第一百二十二條　香港特別行政區政府提供必要環境和條件，鼓勵工業投資、技術進步並開拓新興產業。」
〔1987 年 12 月基本法起草委員會秘書處《香港特別行政區基本法（草案）》（匯編稿）〕

① 1987 年 9 月 2 日《中華人民共和國香港特別行　政區基本法起草委員會第五次全體會議委員們對基

本法序言和第一、二、三、四、五、六、七、九章條文草稿的意見匯集》

【P59】
六、關於第五章　香港特別行政區的經濟
（五）第四章　工商業和其他產業
1.第二十九條
（1）有的委員提出，目前該條的寫法是否意味不是「新興產業」就不予鼓勵。有的委員建議，本條「以增強國際競爭能力」可以刪去。

（2）有的委員建議，本條和第三十條可以合併為「香港特別行政區鼓勵工業投資，技術進步和開拓新興產業，並為工業的發展創造必要的環境和條件。」

※

②金融財務經濟專責小組《對基本法第五章「香港特別行政區的經濟」條文草稿（一九八七年八月）的意見》（1987年11月4日經執行委員會通過）

【P10】

條文草稿	容永道建議修改稿	諮委意見
第二十九條	第二十五條（照草稿第二十九條）	倘起草委員主張自由開放的工業政策，則與此有關鼓勵工業投資的條文互相矛盾。
第三十條	第二十六條 香港特別行政區政府提供必要的環境和條件，以利工商業的發展。說明：刪去「積極創造」，免日後有人爭論政府曾否盡此責任。又把「工業」改為「工商業」，更合理。	條文在區分政策及制度與措施上頗為混淆。建議條文：「香港特別行政區繼續實行工業扶助計劃」及「香港特別行政區政府繼續創造必要環境和條件，以利工商業的發展。」「香港特別行政區政府維持鼓勵投資的政策」「香港特別行政區促進：i）工業的發展（並須顧及中小型工業在香港扮演的角色）ii）新工業的設立iii）技術的進步」

第三稿

「第一百二十二條　香港特別行政區政府提供環境和條件，鼓勵工業投資、技術進步並開拓新興產業。」

〔1988年3月基本法起草委員會秘書處《中華人民共和國香港特別行政區基本法（草案）草稿》（總體工作小組第二次會議對目錄、序言、第一、二、三、五、六、七、九章的修改稿）〕

①1987年12月《中華人民共和國香港特別行政區基本法起草委員會第六次全體會議委員們對基本法第四、五、六、十章和條文草稿匯編的意見》

【P30】
12.第一百二十二條
有的委員提出，本條中「必要環境」的含義不太清楚。

第四稿

「第一百二十四條　香港特別行政區政府提供環境和條件，鼓勵工業投資、技術進步並開拓新興產業。」

〔1988年4月基本法起草委員會秘書處《中華人民共和國香港特別行政區基本法（草案）草稿》〕

第五稿

「第一百二十三條　香港特別行政區政府提供環境和條件，鼓勵工業投資、技術進步並開拓新興產業。」

〔1988年4月基本法起草委員會《中華人民共和國香港特別行政區基本法（草案）徵求意見稿》〕

第五稿

「第一百一十七條　香港特別行政區政府提供經濟和法律環境，鼓勵各項投資、技術進步並開發新興產業。」

〔1989年2月《中華人民共和國香港特別行政區基本法（草案）》〕

①《基本法工商專業界諮委對基本法（草案）徵求意見稿第五章經濟之意見》

【P4】
第一百二十三條
這個條文含有對工業特別處理的意思，但並沒有界定「工業」的定義：「工業」一詞是否包括製造和服務行業？在一百二十四條可見到香港特別行政區政府是可以制訂適當政策，促進各類行業的發展，但卻未有權去制訂適當政策促進工業發展。

我們建議把條文改寫如下：
「香港特別行政區政府必須繼續制訂適當政策，鼓勵工業投資，技術進步和發展製造和服務行業。」

※

②1988年8月基本法起草委員會秘書處《香港各界人士對〈香港特別行政區基本法（草案）徵求意見稿〉的意見匯集（一）》

【P38】

第一百二十三、一百二十四條

1.資本主義發展會保留效率高的行業，淘汰另一些行業，政府是否會因此而被控告未「提供環境和條件」或未「鼓勵新興產業」？

2.刪去這兩條，因為任何政府都會這樣做，無需規定。

※

③ 1988 年 9 月基本法起草委員會秘書處《內地各界人士對〈香港特別行政區基本法（草案）徵求意見稿〉的意見匯集》

【P19】
第一百二十三條
「技術進步」後加上「促進對外貿易」。

※

④《基本法諮詢委員會經濟專責小組對基本法（草案）徵求意見稿第五章的意見匯編》，載於 1988 年 10 月基本法諮詢委員會《中華人民共和國香港特別行政區基本法（草案）徵求意見稿諮詢報告（1）》

【P119】
3.有關條文的討論
3.8 第一百二十三條
3.8.1 有代表認為，應改「技術進步」為「科技研究」。
3.8.2 有委員認為，所謂「技術進步」、「新興產業」難以界定。
3.10 有委員建議在……、第一百二十三條及第一百二十四條，加上「香港特別行政區可自行制定」等字眼。

※

⑤ 1988 年 10 月基本法諮詢委員會《中華人民共和國香港特別行政區基本法（草案）徵求意見稿諮詢報告第五冊——條文總報告》

【P380】
第五章
第四節　整體意見
2.建議
→ 建議刪去第一百二十二至第一百二十四條。
理由：
⊙ 第十五條賦予特別行政區政府足夠權力處理工商業和各行各業的事務。
⊙ 第一百二十二條、第一百二十三條、第一百二十四條已包括香港所有行業，政府所有行業都有促進，是不切實際和不可行的。
→ 第四節應該放在第五章的開頭，作為新的第一節，題為「企業經營與行業發展」，包括兩條：
「香港特別行政區政府保障企業的經營自由和公平競爭，並依法進行管理和監視。」
「香港特別行政區政府提供環境和條件，促進和協調各行業的發展，並推動新的行業成長。」
理由：
⊙ 以表示特別行政區政府在微觀（對企業）及宏觀（對行業）層面都有一定的方針。

⊙ 既照顧資本主義的現實，讓其有足夠的空間自由運作，亦明白到現代經濟的需要。
⊙ 作適度的介入，進行監管，並提供適合的環境和條件，意思比現時的寫法明確得多。
→ 第一百二十三條之後加上：「香港特別行政區保障商標、版權及專利權。香港特別行政區為疏解來自較複雜層面的利益衝突，得設立商業仲裁機構，其職權由法律規定。香港特別行政區管制地下經濟活動，保持社會經濟正常運作。」
→ 加上一條文訂定港商遷廠到各省市必須得到中港共同的許可證。
理由：目前此趨勢確為十分嚴重，為使用廉價勞動力，大批工廠遷至內地，勢必影響港人就業生活及香港之繁榮安定。
→ 在第一百二十二條前加上：「香港特別行政區承認並允許存在資本家剝削，政府鼓勵並推動互利互惠之資本主義生產關係向前發展。」
理由：由共產黨去推行和維護資本主義，本身便是一個矛盾，故應在此明確此關係，以減少尖銳性，能達互利互惠。

【P383-384】
第一百二十三條
2.意見
2.1 贊成意見
→ 清楚列明這些事項是一件好事。
理由：保障港人的信心。
→ 這是為政府政策的制訂提供指引的方向。
2.2 保留意見
→ 香港向來對各項投資（包括服務行業等）加以鼓勵，故不須在基本法中突出工業投資。這只會削弱香港之一大成功因素——其自發性。
→ 只為政策，並非法律條文，值得商榷。
理由：
⊙ 令將來之政府無所適從。
⊙ 令法庭難以審判政府是否有違基本法之行為。
⊙ 如需由全國人大常委會解釋，則嫌干預特別行政區高度自治範圍內的事。
→ 此條文意味着實行「工業政策」，會增強政府干預市場運作的可能性，促使政府增加支出，在低稅率的限制下，要政府津貼某一行業是不公平和不適當的。
→ 這是不合理的法律，政府有可能因財力不足等原因而不能達到此條文之要求，不應因此而加以制裁。
→ 不需訂明「香港特別行政區提供環境和條件」，鼓勵各項事務。終歸來說，中國不插手香港事務的這個重要責任在條文中確被忽視了。這可能減弱投資者信心，並因此令香港特別行政區政府的努力白費。
→ 這條文可導致各行業有依據向政府要求直接資助。
→「環境和條件」意義不清。
→ 政府必然要提供環境和條件，鼓勵工業投資、技術進步並開拓新興產業，但是，一個明智的政府還要考慮其他各個環節，並且可能需要將部份款項用於其他方面，以致影響對提供環境和條件的承擔。

3.建議
3.1 刪除
→ 刪除本條。
理由：
⊙ 若政府對某些不合時宜或厭惡性行業進行取締或限制時，政府必然受該些行業控告為有違基本法。
⊙ 只為內部政策，並非法律條文。
⊙ 不可訂明行業性的優惠。
⊙ 乃是政府基本職責，在此處申明，反見偏倚。
⊙ 與香港現時採取的積極及不干預政策不符合。

⊙ 任何負責任的政府均會進行這些事務，故此不應將之列入憲制條文之內。

⊙《中英聯合聲明》未有提及。

⊙ 與第一百二十二條有衝突。這兩條之存在大大影響「積極不干預」的大原則。

⊙ 容易會造成偏袒某一行業之情況出現。

3.2 修改

→ 改為：「香港特別行政區政府提供環境和條件，適當地調配社會資源，鼓勵工商業和其他行業發展，科技進步並開拓新興產業。」

→ 改為：「香港特別行政區政府提供環境和條件，促進工業發展，包括製造業；推展技術進步並開拓新興事業。」

理由：為配合第三十二條，政府應重視及負起責任，促進工業（包括製造業）在港繼續發展。

→ 改為：「香港特別行政區政府必須繼續制訂適當政策，鼓勵工業投資、技術進步和發展製造和服務行業。」

→ 改為：「香港特別行政區必須對工商業和其他行業繼續實行自由貿易和自由企業。」

→ 第一百二十三條及一百二十四條可合併如下：
「香港特別行政區政府制定適當政策，促進和協調各類行業的發展，如金融業、製造業、建築業、商業、旅遊業、房地產業、運輸業、服務性行業、漁農業。並提供環境和條件，鼓勵投資、技術進步及開拓新興產業。」

3.3 增加

→ 加上：「由香港特別行政區自行決定」等字。

理由：

⊙ 這些為政策性之題目，不能以法律條文訂定。

⊙ 現在已於基本法中訂明是不切實際的，應由特別行政區政府因時制宜作出決定。

3.4 其他建議

→ 將這條列入政策性附件。

第七稿

「**第一百一十八條　香港特別行政區政府提供經濟和法律環境，鼓勵各項投資、技術進步並開發新興產業。**」

〔1990年2月16日《中華人民共和國香港特別行政區基本法（草案）》〕

① 1989年10月26日《基本法草案：基本法工商專業界諮委建議書》

【P5】

4. 指導性方針政策

建議：基本法草案的第四、五及六章的強制性的「必須」應用允許性的「可以」代替，因為第四、五及第六章只是政策及意向的聲明，在《中英聯合聲明》中沒有規定。

解釋：上述各章的許多條款在目前的基本法草案中僅作為意向的聲明，這些條款將對立法機關產生不適當的限制。此外，這些條款的意向不是為了創立出可由法院判決的法定權利。凡沒有在聯合聲明中作出規定的條款，均應按照上述建議作出修改。

※

②《憲法經濟學與〈基本法（草案）〉中經濟條文》，載於1989年11月基本法諮詢委員會《中華人民共和國香港特別行政區基本法（草案）諮詢報告第二冊——專題報告》

【P150】

4. 認為政府的財政權力應受憲法限制的意見

4.3 對《基本法（草案）》個別條文的意見

4.3.11《基本法（草案）》第一百一十七條是《徵求意見稿》第一百二十三條的改良本。刪除本條「開發新興產業」的規定，除去了在實行「工業政策」時，政府可能干預的範圍。基本法不應鼓勵工業計劃，因該種計劃在中央

經濟或國家領導經濟實行一般都是失敗的。而且，工業計劃剝奪了個人的經濟自由。工業和經濟發展應由市場力量控制，才能促進繁榮及保存個人自由。

※

③ 1989年11月基本法諮詢委員會《中華人民共和國香港特別行政區基本法（草案）諮詢報告第三冊——條文總報告》

【P220】

第一百一十七條

2. 意見

2.1 正面

→ 修改後的條文較徵求意見稿第一百二十三條為佳。

理由：草案條文除去了政府施行干預「工業政策」的可能範圍，而這些政府干預的做法亦只適用於中央規劃或國家指導的經濟。

2.2 反面

→ 本條要求特別行政區政府創造一個良好的經濟及立法環境以鼓勵投資、技術改良等，但只重視商業利益方面，沒有顧及保護和促進大自然生態系統及自然環境。

3. 建議

3.1 增加

→ 加上一款：「香港特別行政區政府將鼓勵並促進保護大自然及自然生態系統的努力。」

→ 在「鼓勵各項」後加上：「政府認為是有助於香港的。」

理由：「提供經濟和法律環境，鼓勵……」的寫法不宜用於法律。

第八稿

「**第一百一十八條　香港特別行政區政府提供經濟和法律環境，鼓勵各項投資、技術進步並開發新興產業。**」

〔1990年4月《中華人民共和國香港特別行政區基本法》〕

香港特別行政區政府制定適當政策，促進和協調製造業、商業、旅遊業、房地產業、運輸業、公用事業、服務性行業、漁農業等各行業的發展，並注意環境保護。

✿ 貳 | 概念

1. 促進各行業的發展
2. 環境保護

✿ 叁 | 條文本身的演進和發展

第一稿 ▶

第五章

「第三十一條　香港特別行政區政府積極採取適當政策，促進商業、旅遊業、房地產業、運輸業、公用事業、服務性行業、漁農業等產業的發展。」

〔1987 年 8 月 22 日《經濟專題小組的工作報告》，載於《中華人民共和國香港特別行政區基本法起草委員會第五次全體會議文件匯編》〕

① 1986 年 11 月 9 日《香港特別行政區基本法起草委員會經濟專題小組工作報告》，載於《中華人民共和國香港特別行政區基本法起草委員會第三次全體會議文件匯編》

【P42-43】

（五）關於基本法結構（草案）第五章第四節「製造業等工業政策」，小組經過研究認為，鑒於香港各類製造業的發展，對於維持香港的繁榮與穩定，具有極大的重要性，建議於起草法律條款時，提出：香港特別行政區政府對於製造工業的發展應予重視，並積極提供有利於發展製造工業的環境與條件。

（六）關於基本法結構（草案）第五章第五節「商業、旅遊業、房地產業政策」，小組的初步意見是：
1. 關於商業，建議繼續採取完全自由的政策。
2. 關於旅遊業，建議採取適當政策，以促進旅遊業的進一步發展。
3. 關於房地產業，建議採取適當政策，以促進其進一步發展。關於地契續約及新界土地問題，鑒於中英土地委員會正在商談，待有協議後小組再進一步商定。

（七）關於農漁業，小組認為在香港經濟中有一定的地位，建議採取適當政策，以利繼續發展。

※

② 1987 年 2 月基本法起草委員會秘書處《香港報刊有關〈基本法〉的言論摘錄》

【P140-142】

基本法的「工業政策」一項內可以考慮寫入以下內容：

（一）香港特別行政區政府積極支持各類大、中、小企業（包括製造業），朝向高效率、多元化以及提高競爭力的方向發展。（二）香港特別行政區政府對工業基本採取不干預政策，並維護香港工業公平、自由競爭的傳統和環境。但在必要時，依照法律規定可採取適當措施協助和扶持工業的發展，並允許一些必須的工企業以專利形式經營，但專利事業的經營必須受由社會各階層人士組成的委員會的監督。（三）香港特別行政區政府根據需要設立各種官方或半官方的工業委員會、諮詢委員會、生產力發展局、職業訓練局等機構，促進工業發展，並設立提高工業技術水平的科技工業研究所。（四）香港特別行政區政府有責任制訂各種輔助工業的措施，提高工業生產力，建立工業生產基礎設施，完善工業基本結構，培養工業需要的各種人才、創造各種有利於工業發展的條件和投資環境，並幫助拓展國內外市場。（五）香港特別行政區政府允許國內外的工企業、跨國公司、其他經濟組織或者個人依照法律的規定在香港特別行政區投資、設廠、經商、並允許同香港特別行政區的工業或者其他經濟組織或個人進行各種形式的合作。國內外廠商在香港特別行政區不應有特權，但其合法權利和利益則受法律保護。（六）中央允許香港特別行政區根據合法情況和需要，以「中國香港」的名義參加各種有利於開發和發展香港工業的國際性工業、經濟、貿易組織，並允許在法律的規定下簽訂有關協定；根據需要也可以設立駐外代表機構。（七）香港特別行政區根據需要自主決定是否參加中國內地的官辦或民辦的工業、經濟、貿易組織。（八）香港特別行政區在訂定具體工業政策時，需諮詢由工業界人士參加組成的與工業有關的諮詢機構。

（徐是雄：《基本法〈工業政策〉的寫法》，《明報》一九八六年六月二十六日。）

香港未來的工業政策是由政府提供基本設施，保持現有的扶助工業服務，以及設立研究機構，鼓勵工業發展。但不應將政府的資源用以挽救效率不高的企業。政府不應設置

公管機構與私人機構造成競爭，因為香港的經濟有賴於私人企業競爭而促進。

（基本法諮委會金融財務經濟專責小組，《大公報》一九八六年七月四日。）

以利商業發展。」

2.3 委員認為工商業政策條文應再行草擬如下：

（8）香港特別行政區政府自行制訂商業政策及各行業的政策，例如：運輸業、公用事業、服務業、旅遊業、房地產業及漁農業。

　　　　　　　　　　※　　　　　　　　　　　　　　　　　　　　　　※

③金融財務經濟專責小組《工商業政策、自由貿易、漁農業政策最後報告》（1987年8月8日經執行委員會通過）

【P1-2】

2.工商業政策

2.1 根據黃保欣委員的匯報，第四節：「工商業和其他產業」有以下的條文：

（4）「香港特別行政區積極採取適當政策促進商業、運輸業、公用事業、服務性行業、旅遊業、房地產業、漁農業等的發展。」

（5）有部份起草委員認為應為商業發展另擬一條文，例如：「香港特別行政區政府保障經商自由並採取積極措施

④金融財務經濟專責小組《旅遊業政策、房地產政策最後報告》（1987年8月8日經執行委員會通過）

【P2-3】

I 旅遊業政策

（一）基本法應有條文以包括下列各點：

1.香港特別行政區政府自行制定旅遊業政策。

II 房地產業政策

（一）基本法應有條文以包括以下各點：1.香港特別行政區政府可自行制定土地政策，包括土地交易、補地價、徵稅等政策及其收入的運用。（按：即不受任何類似現時的中英土地委員會的權力機構所限制。）

第二稿

「**第一百二十三條　香港特別行政區政府制定適當政策，促進商業、旅遊業、房地產業、運輸業、公用事業、服務性行業、漁農業等各類行業的發展。**」

〔1987年12月基本法起草委員會秘書處《香港特別行政區基本法（草案）》（匯編稿）〕

①1987年9月2日《中華人民共和國香港特別行政區基本法起草委員會第五次全體會議委員們對基本法序言和第一、二、三、四、五、六、七、九章條文草稿的意見匯集》

【P59-60】

六、關於第五章　香港特別行政區的經濟

（五）第四節　工商業和其他產業

3.第三十一條

（1）有的委員建議，將「適當」改為「積極」，前面的「積極」二字可不要。有的委員建議，為避免掛一漏萬，本條應改為：「香港特別行政區政府應就各種經濟活動採取適當政策」。有的委員認為，把本條「等產業」改為「及其他產業」。

（2）有的委員建議，將第三十條和本條合併，將本條改為「香港特別行政區政府積極創造必要的環境和條件，採取適當政策，以利促進工業、商業、旅遊業、房地產業、運輸業、公用事業、服務性行業、漁農業等產業的發展」。

（3）有的委員認為，第二十九條至第三十一條的寫法不夠滿意，建議再作研究。

　　　　　　　　　　　　　　　　　　　　　　　※

②金融財務經濟專責小組《對基本法第五章「香港特別行政區的經濟」條文草稿（一九八七年八月）的意見》（1987年11月4日經執行委員會通過）

【P10】

條文草稿	容永道建議修改稿	諮詢意見
第三十一條	第二十七條「香港特別行政區政府應就各種經濟活動採取適當政策。」說明：同樣不要「積極」二字，理由見上條（編者按：免日後有人爭論政府曾否盡此責任）。法律條文不能盡列各種產業，提議統稱為「各種經濟活動」。	條文在區分政策及制度與措施上頗為混淆。建議條文：「香港特別行政區政府自行制訂商業政策及各行業的政策，例如：運輸業、公用事業、服務業、旅遊業、房地產業及漁農業。」

第三稿

「**第一百二十三條　香港特別行政區政府制定適當政策，促進和協調商業、旅遊業、房地產業、運輸業、公用事業、服務性行業、漁農業等各類行業的發展。**」

〔1988年3月基本法起草委員會秘書處《中華人民共和國香港特別行政區基本法（草案）草稿》（總體工作小組第二次會議對目錄、序言、第一、二、三、五、六、七、九章的修改稿）〕

①1987年12月《中華人民共和國香港特別行政區基本法起草委員會第六次全體會議委員們對基本法第四、五、六、十章和條文草稿匯編的意見》

【P30-31】

13.第一百二十三條

（1）有的委員主張，本條改為「香港特別行政區政府自行制定符合整體利益的政策，促進和協調商業、……等各

類行業的發展」。

（2）有的委員認為，「促進」已列明的行業，會否被理解為不重視其他行業？有的委員提議，在「促進」前加上「依法」字樣。

（3）有的委員提出，本條和第 121 條重複，應刪去。

※

② 1988 年 4 月《總體工作小組所作的條文修改舉要》，載於 1988 年 5 月《中華人民共和國香港特別行政區基本法起草委員會第七次全體會議文件匯編》

（編者按：雖然本文件的日期是 1988 年 4 月，但本文件是總體工作小組在 1987 年 12 月 15 日至 1988 年 3 月 6 日之間召開的三次會議上對各專題小組草擬的基本法原條文所作的一些調整和修改。於 3 月提出的草稿裡面已經將以下調整與修改納入，故將這份文件放入本稿中。）

【P20】
在第一百二十五條（原第一百二十三條）「促進」兩字後面加「和協調」三字。

第四稿

「第一百二十五條　香港特別行政區政府制定適當政策，促進和協調商業、旅遊業、房地產業、運輸業、公用事業、服務性行業、漁農業等各類行業的發展。」
〔1988 年 4 月基本法起草委員會秘書處《中華人民共和國香港特別行政區基本法（草案）草稿》〕

第五稿

「第一百二十四條　香港特別行政區政府制定適當政策，促進和協調商業、旅遊業、房地產業、運輸業、公用事業、服務性行業、漁農業等各類行業的發展。」
〔1988 年 4 月基本法起草委員會《中華人民共和國香港特別行政區基本法（草案）徵求意見稿》〕

第六稿

「第一百一十八條　香港特別行政區政府制定適當政策，促進和協調製造業、商業、旅遊業、房地產業、運輸業、公用事業、服務性行業、漁農業等各行業的發展。」
〔1989 年 2 月《中華人民共和國香港特別行政區基本法（草案）》〕

① 1988 年 5 月基本法諮詢委員會秘書處《基本法（草案）徵求意見稿初步反應報告（草稿）》

【P35】
對外經濟貿易
15.第 124 條：含義糊混，不能執行而且太長。寫入基本法內並不適宜，更適合的寫法為：「香港特別行政區政府提供所需條件及以適當措施促進香港經濟各界的發展。」

16.第 124 條：只是附帶性地提及漁業是不適當的。基本法應訂明將來本港漁民作業與國內的關係，並列明香港漁船與國內漁船是否能自由來往雙方海域，在雙方水域內捕魚，有關漁獲又能否在雙方的魚市場上自由買賣。

※

②《初步報告——幾個討論焦點（4 月 29 日—6 月 17 日）》（1988 年 7 月 16 日經執行委員會通過）

【P5】
4.經濟
4.1 討論焦點：
……一般人都對以上的條文（編者按：第 124 條）背後的原則和目標都表示贊成，但對其在基本法中的寫法有異議，他們認為這些是政策性的規定，如在基本法中與法律性或原則性的條文享有同等地位，要求特區政府絕對遵守，這可能令特區政府在日後運作上受到掣肘。更有意見認為這些政策根本上是不可行的，它們只可以作為目標。
4.2 有待解決的問題
（I）制訂政策與法律的關係是怎樣的？法律（尤其是一些根本性法律）是否可以有政策性的聲明或規定？

（II）如何將政策性條文的內容在基本法中列明，又不會令特區政府因此而受到掣肘？
（III）將政策性條文在附件中列明的方法是否可行？
（IV）不將政策性條文列在基本法中是否可行，其影響會怎樣？

※

③ 1988 年 8 月基本法起草委員會秘書處《香港各界人士對〈香港特別行政區基本法（草案）徵求意見稿〉的意見匯集（一）》

【P38】
第一百二十三、一百二十四條
1.資本主義發展會保留效率高的行業，淘汰另一些行業，政府是否會因此而被控告未「提供環境和條件」或未「鼓勵新興產業」？

2.刪去這兩條，因為任何政府都會這樣做，無須規定。

※

④《基本法諮詢委員會經濟專責小組對基本法（草案）徵求意見稿第五章的意見匯編》，載於 1988 年 10 月基本法諮詢委員會《中華人民共和國香港特別行政區基本法（草案）徵求意見稿諮詢報告（1）》

【P119】
3.有關條文的討論
3.9 有委員指出，第一百二十四條中「適當政策」一詞語

意含混。

3.10 有委員建議在……第一百二十四條，加上「香港特別行政區可自行制定」等字眼。

※

⑤ 1988 年 10 月基本法諮詢委員會《中華人民共和國香港特別行政區基本法（草案）徵求意見稿諮詢報告第五冊——條文總報告》

【P385-386】

第一百二十四條

2. 意見

2.1 反對意見

→ 此條只留意一部份行業而忽略了其他。

→ 這是不合理的法律，政府有可能因財力不足等原因而不能達到此條文之要求，不應因此而加以制裁。

→ 由於在草擬徵求意見稿的過程中，各行各業均為自己的行業爭取利益，而沒有人爭取利益的行業可能會受到不利的影響。這條對將來的特別行政區政府作出硬性的規定，可能會令其負上太重的責任。

→ 只為政策，並非法律條文，值得商榷。

理由：

⊙ 令將來之政府無所適從。

⊙ 令法庭難以審判政府是否有違基本法。

⊙ 如需由全國人大常委會界定，則嫌干預特別行政區高度自治範圍內的事。

→ 沒有實質意義，難以執行。

→ 「適當政策」意思不清。

2.2 其他意見

→ 這條文可導致各行各業有依據向政府要求直接的資助。

3. 建議

3.1 刪除

→ 刪除此條。

理由：

⊙ 第十五條已賦予特別行政區政府足夠的權力處理這些事。

⊙ 「適當政策」、「促進」和「協調」，都是崇拜政府萬能的代名詞，違反本港傳統經濟精神，也容易給政客藉口爭取既得利益，不利於本港的安定。

⊙ 不應承諾將會有措施鼓勵某一些行業的發展，而且列出行業亦有掛一漏萬之弊。

⊙ 乃是政策條文，如寫在基本法內，會減少特別行政區政府之應變能力（例如在經濟過熱的情形下）。

⊙ 此條之規定沒有實質意義。

⊙ 完全違反「積極不干預」的大原則。

⊙ 任何負責任的政府均會進行這些事務，故此不應將之列入憲制條文之內。

⊙ 《中英聯合聲明》未有提及。

3.2 修改

→ 改為：「香港特別行政區政府制定適當政策，促進和協調商業、旅遊業、房地產業、運輸業、公用事業、服務性行業、漁農業及工業等各類行業的發展。」

理由：

⊙ 政府應制定長遠的工業政策。

⊙ 工業是社會經濟的支柱。

3.3 增加

→ 於「香港特別行政區政府」後加上「若這樣做時將」。

理由：可避免第一百二十二條與第一百二十四條產生矛盾的可能性。

→ 加上：「此等政策之制訂，以不侵害居民及其後代子孫享有安全及健康環境的權利為原則。」

→ 在「運輸業」前面加上「海陸空」等句。

理由：以顯示本港貨船、躉船運輸業亦包括在內。

→ 加上：「保障消費者的權益。」

→ 加上：「由香港特別行政區自行決定」等字。

→ 加上：「由特別行政區自行訂定……。」

理由：

⊙ 這些為政策性之題目，不能以法律條文訂定。

⊙ 現在已於基本法中訂明是不切實際的，應由特別行政區政府因時制宜作出決定。

→ 加上：「如有特別需要時，香港特別行政區政府得採取特別和緊急措施，施行管制生活消費辦法。」

理由：香港以往亦有在非常時期實行管制糧食、管制租金、制水措施等，使能安然渡過生活困境。

→ 加上：「保障消費者的權益。」

3.4 其他建議

→ 將這條列入附件。

→ 「協調」似含干預的意味，應予適當修改，以消除干預含義。

→ 條文中的「等」字含義不清，應清楚闡明。

4. 待澄清問題

→ 本條中列出「協調」兩字，是否表示香港特別行政區政府會有可能干預商業、旅遊業、房地產業、運輸業、公用事業、服務性行業、漁農業等各類行業的發展？

→ 特別行政區政府如何看待第一百二十四條中未有列出的行業？

第七稿

「**第一百一十九條　香港特別行政區政府制定適當政策，促進和協調製造業、商業、旅遊業、房地產業、運輸業、公用事業、服務性行業、漁農業等各行業的發展，並注意環境保護。**」

〔1990 年 2 月 16 日《中華人民共和國香港特別行政區基本法（草案）》〕

① 1989 年 10 月 26 日《基本法草案：基本法工商專業界諮委建議書》

【P5】

4. 指導性方針政策

建議：基本法草案的第四、五及六章的強制性的「必須」應用允許性的「可以」代替，因為第四、五及第六章只是政策及意向的聲明，在《中英聯合聲明》中沒有規定。

解釋：上述各章的許多條款在目前的基本法草案中僅作為意向的聲明，這些條款將對立法機關產生不適當的限制。此外，這些條款的意向不是為了創立出可由法院判決的法定權利。凡沒有在聯合聲明中作出規定的條款，均應按照上述建議作出修改。

※

②《憲法經濟學與〈基本法（草案）〉中的經濟條文》，載於 1989 年 11 月基本法諮詢委員會《中華人民共和國香港特別行政區基本法（草案）諮詢報

告第三冊──專題報告》

【P150】
4.認為政府的財政權力應受憲法限制的意見
4.3 對《基本法（草案）》個別條文的意見
4.3.12 第一百一十八條
這條文不應列入基本法內。「促進和協調」各行業的寫法
意味着政府有權管制和干預純屬私人性質的經濟活動。個
別商人應有自由去自行決定從事哪些行業，而不受特別行
政區政府的支配。

※

③ 1989 年 11 月基本法諮詢委員會《中華人民共
和國香港特別行政區基本法（草案）諮詢報告第三
冊── 條文總報告》

【P221】
第一百一十八條
2.意見
2.1 反面
→ 各行業的發展將受外來因素影響，此並不是政府所能
肯定者。
→ 本條純屬政策性聲明。
→ 本條要求政府促進和協調製造業、商業等發展，沒有
顧及和保護和促進大自然生態系統及自然環境。

3.建議
3.1 刪除
→ 刪去此條。
理由：
⊙「促進和協調」各行業的寫法意味着政府有權管制和干
預純屬私人性質的經濟活動。
⊙ 基本法內不必指定某一些行業需要由政府特別照顧。
3.2 增加
→ 於句末加上：「此等政策之制訂，以不侵害居民及其
後代子孫享有安全及健康環境的權利為原則。」
3.3 其他
→ 政府應盡力協助各貿易、生產、服務性行業在本地及
對海外的發展。

※

④ 1989 年 12 月 18 日《經濟專題小組第十一次會
議紀要》，載於 1990 年 2 月《中華人民共和國香
港特別行政區基本法起草委員會第九次全體會議文
件匯編》

【P37】
委員們一致認為經草委第八次大會通過的基本法（草案）
第五章的絕大多數條文是令人滿意的；同時，在研究了香
港和內地各界人士的意見後又作出如下兩處修改：
（2）在第一百一十八條末尾，將句號改為逗號，加「並
注意環境保護」。

第八稿

「第一百一十九條　香港特別行政區政府制定適當政策，促進和協調製造業、商業、旅遊
業、房地產業、運輸業、公用事業、服務性行業、漁農業等各行業的發展，並注意環境保
護。」
〔1990 年 4 月《中華人民共和國香港特別行政區基本法》〕

香港特別行政區成立以前已批出、決定、或續期的超越一九九七年六月三十日年期的所有土地契約和與土地契約有關的一切權利，均按香港特別行政區的法律繼續予以承認和保護。

✿ 貳｜概念

1. 依法保護超越回歸年期的土地契約

✿ 叁｜條文本身的演進和發展

第一稿

第五章

「第三十三條　香港特別行政區成立之前已經批出、決定或者續期的超越一九九七年六月三十日年期的所有土地契約和與土地契約有關的一切權利，均按照香港特別行政區的法律繼續予以承認和保護。」

〔1987 年 8 月 22 日《經濟專題小組的工作報告》，載於《中華人民共和國香港特別行政區基本法起草委員會第五次全體會議文件匯編》〕

① 1986 年 4 月《部份起草委員對基本法結構（草案）的意見（備忘錄）》，載於《中華人民共和國香港特別行政區基本法起草委員會第二次全體會議文件匯編》

【P26】

七、關於《香港特別行政區的經濟》
42. 第五章香港特別行政區經濟應增加土地政策一節。

第二稿

「第一百二十五條　香港特別行政區成立之前已經批出、決定、或者續期的超越一九九七年六月三十日年期的所有土地契約和與土地契約有關的一切權利，均按照香港特別行政區的法律繼續予以承認和保護。」

〔1987 年 12 月基本法起草委員會秘書處《香港特別行政區基本法（草案）》（匯編稿）〕

① 1987 年 9 月 2 日《中華人民共和國香港特別行政區基本法起草委員會第五次全體會議委員們對基本法序言和第一、二、三、四、五、六、七、九章條文草稿的意見匯集》

【P60】

六、關於第五章　香港特別行政區的經濟
（六）第五節　土地契約
1. 有些委員認為，土地契約問題對香港影響重大，第五節是基本照抄《中英聯合聲明》附件的，因此該節條文應全部保留。

※

② 金融財務經濟專責小組《對基本法第五章「香港特別行政區的經濟」條文草稿（一九八七年八月）的意見》（1987 年 11 月 4 日經執行委員會通過）

【P11】

條文草稿	容永道建議修改稿	諮詢意見
第三十三條	第二十九條（照草稿第三十三條）	摘自《中英聯合聲明》附件三

第三稿

「第一百二十五條　香港特別行政區成立前已經批出、決定、或者續期的超越一九九七年六月三十日年期的所有土地契約和與土地契約有關的一切權利，均按照香港特別行政區的法律繼續予以承認和保護。」

〔1988 年 3 月基本法起草委員會秘書處《中華人民共和國香港特別行政區基本法（草案）草稿》（總體工作小組第二次會議對目錄、序言、第一、二、三、五、六、七、九章的修改稿）〕

① 1987 年 12 月《中華人民共和國香港特別行政區基本法起草委員會第六次全體會議委員們對基本法第四、五、六、十章和條文草稿匯編的意見》

【P31】

14.關於第五節

（1）有的委員提出，本節應包括特別行政區如何管理土地和土地契約如何管理兩部份。

（2）有的委員建議，把香港政府在公佈聯合聲明時關於土地問題註釋的內容適當補充入本節條文。

※

② 1987 年 12 月 12 日《經濟專題小組的工作報告》，載於《中華人民共和國香港特別行政區基本法起草委員會第六次全體會議文件匯編》

【P8】

（1）這三節（編者按：指當時的第五章第五節「土地契約」、第六節「航運管理」及第七節「民航管理」）全部條款不作修改地列入基本法第五章之內。這是多數委員的意見。

（2）少數委員建議，可把第五、第六、第七等三節全部條款不作修改地列為基本法的附件，但申明具有同等法律效力。

第四稿

「第一百二十七條　香港特別行政區成立前已批出、決定、或續期的超越一九九七年六月三十日年期的所有土地契約和與土地契約有關的一切權利，均按香港特別行政區的法律繼續予以承認和保護。」

〔1988 年 4 月基本法起草委員會秘書處《中華人民共和國香港特別行政區基本法（草案）草稿》〕

第五稿

「第一百二十六條　香港特別行政區成立前已批出、決定、或續期的超越一九九七年六月三十日年期的所有土地契約和與土地契約有關的一切權利，均按香港特別行政區的法律繼續予以承認和保護。」

〔1988 年 4 月基本法起草委員會《中華人民共和國香港特別行政區基本法（草案）徵求意見稿》〕

① 1988 年 4 月基本法起草委員會《中華人民共和國香港特別行政區基本法（草案）徵求意見稿》

【P12】

簡介
第五章：經濟
40.本章第五節載明《中英聯合聲明》關於土地契約的規定。由於土地在香港的發展和經濟上起重要作用，本節規定香港特別行政區自行制定有關土地開發、管理和使用的政策。

第六稿

「第一百一十九條　香港特別行政區成立以前已批出、決定、或續期的超越一九九七年六月三十日年期的所有土地契約和與土地契約有關的一切權利，均按香港特別行政區的法律繼續予以承認和保護。」

〔1989 年 2 月《中華人民共和國香港特別行政區基本法（草案）》〕

① 1988 年 10 月基本法諮詢委員會《中華人民共和國香港特別行政區基本法（草案）徵求意見稿諮詢報告第五冊——條文總報告》

【P387】

第五章
第五節　整體意見
1.意見
→ 第五節「土地契約」原載《中英聯合聲明》附件三，

毋庸議論。
→ 第五節「土地契約」寫得簡潔清楚，乃可取的憲法性條文。
→ 關於「新界」居民的租金問題，從經濟角度去看，偏重照顧某部份人的利益，是較不公平的，但《中英聯合聲明》已有規定，寫上也無妨，但應考慮在租金方面加些字眼，使其較靈活些。
→ 第五節「土地契約」似乎對所有目前在長洲的「業主」並無保障或交代，希望能加以補充。
→ 第一百二十六至第一百二十八條全是有關過渡期土地契約的規定，可以闢一專論過渡期問題的章節闡述。

第七稿

「第一百二十條　香港特別行政區成立以前已批出、決定、或續期的超越一九九七年六月三十日年期的所有土地契約和與土地契約有關的一切權利，均按香港特別行政區的法律繼續予以承認和保護。」

〔1990 年 2 月 16 日《中華人民共和國香港特別行政區基本法（草案）》〕

① 1989 年 11 月基本法諮詢委員會《中華人民共　和國香港特別行政區基本法（草案）諮詢報告第三

冊——條文總報告》

【P222-223】
第五章
第二節　整體意見
1.意見
1.1 整體
→　土地契約和房屋契約應中文書寫，合約以外的加租或減租應由全民投票決定（像普選那樣）。
→　任何有關土地的基本政策也應在這章節中明言，否則會導致信心危機。現在的土地契約條文只能說明一九九七年五月二十七日後當土地契約到期而沒有續約權時，這塊土地可續期「不超過」二零四七年六月三十日。這不但是不明確以至不能在土地契約法下登記，另外，若然這是指「延期」至二零四七年六月三十日，便應明述，且亦可使土地政策與《中英聯合聲明》相符。但如果是指打算於二零四七年或其他年份這等契約將於終止不再續期的話，便應特別明言。

→　為履行《中英聯合聲明》內的條款，應明確規定「所有土地屬於一九九七年六月三十日期滿者；不要補地價而只徵收差餉百分之三。」

一百一十九條
2.待澄清問題
→　本條及第一百二十條是否有矛盾的地方呢？

第八稿

「第一百二十條　香港特別行政區成立以前已批出、決定、或續期的超越一九九七年六月三十日年期的所有土地契約和與土地契約有關的一切權利，均按香港特別行政區的法律繼續予以承認和保護。」

〔1990 年 4 月《中華人民共和國香港特別行政區基本法》〕

從一九八五年五月二十七日至一九九七年六月三十日期間批出的，或原沒有續期權利而獲得續期的，超出一九九七年六月三十日年期而不超過二〇四七年六月三十日的一切土地契約，承租人從一九九七年七月一日起不補地價，但需每年繳納相當於當日該土地應課差餉租值百分之三的租金。此後，隨應課差餉租值的改變而調整租金。

✿ 貳｜概念

1. 超越回歸年期的土地契約
2. 回歸後五十年內不需補地價
3. 需繳納土地租金

✿ 叁｜條文本身的演進和發展

第一稿

第五章
「第三十四條　從一九八五年五月二十七日至一九九七年六月三十日期間批出或者原沒有續期權利而獲得續期的超出一九九七年六月三十日年期而不超過二〇四七年六月三十日的一切土地契約，承租人從一九九七年七月一日起不補地價，但需每年繳納相當於當日該土地應課差餉租值百分之三的租金。此後，隨應課差餉租值的改變而調整租金。」
〔1987 年 8 月 22 日《經濟專題小組的工作報告》，載於《中華人民共和國香港特別行政區基本法起草委員會第五次全體會議文件匯編》〕

第二稿

「第一百二十六條　從一九八五年五月二十七日至一九九七年六月三十日期間批出的，或者原沒有續期權利而獲得續期的，超出一九九七年六月三十日年期而不超過二〇四七年六月三十日的一切土地契約，承租人從一九九七年七月一日起不補地價，但需每年繳納相當於當日該土地應課差餉租值百分之三的租金。此後，隨應課差餉租值的改變而調整租金。」
〔1987 年 12 月基本法起草委員會秘書處《香港特別行政區基本法（草案）》（匯編稿）〕

①金融財務經濟專責小組《對基本法第五章「香港特別行政區的經濟」條文草稿（一九八七年八月）的意見》（1987 年 11 月 4 日經執行委員會通過）

【P11-12】

條文草稿	容永道建議修改稿	諮委意見
第三十四條	第三十條「凡從一九八五年五月二十七日至一九九七年六月三十日期間批出或續期的土地契約，承租人從一九九七年七月一日起需每年繳納相	諮委以為基本法應提出「一九九七年六月三十日以後滿期

當於該土地應課差餉租值百分之三的租金。此後，隨應課差餉租值的改變而調整租金，但承租人不需於一九九七年七月一日補地價。」
說明：嚴格而言，本條及草稿第三十五條之義已包含在草稿第三十三條之內，如仍要保留，應作如上修改。
修改稿意義與聯合聲明附件三原義相合。

而沒有續期權利的土地契約，將按照香港特別行政區有關的土地法律及政策處理。」（即《中英聯合聲明》附件三第二段部份）

第三稿

「第一百二十六條　從一九八五年五月二十七日至一九九七年六月三十日期間批出的，或原沒有續期權利而獲得續期的，超出一九九七年六月三十日年期而不超過二〇四七年六月三十日的一切土地契約，承租人從一九九七年七月一日起不補地價，但需每年繳納相當於當日該土地應課差餉租值百分之三的租金。此後，隨應課差餉租值的改變而調整租金」

〔1988 年 3 月基本法起草委員會秘書處《中華人民共和國香港特別行政區基本法（草案）草稿》（總體工作小組第二次會議對目錄、序言、第一、二、三、五、六、七、九章的修改稿）〕

① 1987 年 12 月《中華人民共和國香港特別行政區基本法起草委員會第六次全體會議委員們對基本法第四、五、六、十章和條文草稿匯編的意見》

【P31】
16. 第一百二十六條
有的委員建議，把本條中「獲得」兩字改為「批准」更為明確。

第四稿

「第一百二十八條　從一九八五年五月二十七日至一九九七年六月三十日期間批出的，或原沒有續期權利而獲得續期的，超出一九九七年六月三十日年期而不超過二〇四七年六月三十日的一切土地契約，承租人從一九九七年七月一日起不補地價，但需每年繳納相當於當日該土地應課差餉租值百分之三的租金。此後，隨應課差餉租值的改變而調整租金。」

〔1988 年 4 月基本法起草委員會秘書處《中華人民共和國香港特別行政區基本法（草案）草稿》〕

第五稿

「第一百二十七條　從一九八五年五月二十七日至一九九七年六月三十日期間批出的，或原沒有續期權利而獲得續期的，超出一九九七年六月三十日年期而不超過二〇四七年六月三十日的一切土地契約，承租人從一九九七年七月一日起不補地價，但需每年繳納相當於當日該土地應課差餉租值百分之三的租金。此後，隨應課差餉租值的改變而調整租金。」

〔1988 年 4 月基本法起草委員會《中華人民共和國香港特別行政區基本法（草案）徵求意見稿》〕

第六稿

「第一百二十條　從一九八五年五月二十七日至一九九七年六月三十日期間批出的，或原沒有續期權利而獲得續期的，超出一九九七年六月三十日年期而不超過二〇四七年六月三十日的一切土地契約，承租人從一九九七年七月一日起不補地價，但需每年繳納相當於當日該土地應課差餉租值百分之三的租金。此後，隨應課差餉租值的改變而調整租金。」

〔1989 年 2 月《中華人民共和國香港特別行政區基本法（草案）》〕

① 1988 年 9 月基本法起草委員會秘書處《內地各界人士對〈香港特別行政區基本法（草案）徵求意見稿〉的意見匯集》

【P20】
第一百二十七條
從土地經濟角度講，香港短期資金多，租金同差餉掛鈎會產生大的波動，可同地價、差餉雙重掛鈎。

※

② 1988 年 10 月基本法諮詢委員會《中華人民共和國香港特別行政區基本法（草案）徵求意見稿諮詢報告第五冊──條文總報告》

【P388】
第一百二十七條
2. 建議
→ 應明確規定《中英聯合聲明》之內容：「一九九七年六月三十日前滿期的契約，可補差餉百分之三以續約。」
→ 應確保現時評估差餉租值的基礎得以保留，及保留適當的上訴制度。有關上訴仍應由香港的土地審裁處及香港的終審庭處理。

第七稿

「第一百二十一條　從一九八五年五月二十七日至一九九七年六月三十日期間批出的，或原沒有續期權利而獲得續期的，超出一九九七年六月三十日年期而不超過二〇四七年六月三十日的一切土地契約，承租人從一九九七年七月一日起不補地價，但需每年繳納相當於當日該土地應課差餉租值百分之三的租金。此後，隨應課差餉租值的改變而調整租金。」

〔1990 年 2 月 16 日《中華人民共和國香港特別行政區基本法（草案）》〕

① 《基本法諮詢委員會經濟專責小組對基本法（草案）第五章的意見匯編》，載於 1989 年 11 月基本法諮詢委員會《中華人民共和國香港特別行政區基本法（草案）諮詢報告第一冊》

【P104】
1. 專題討論
1.6 有關條文討論的問題
1.6.4 第一百二十條
有委員指出如根據條文所述，用以衡量應課差餉租值的準則如有重大改變時，每年百分之三的應課差餉亦可能為之調高。故此，對現時用以衡量應課差餉租值的準則應加以肯定及建立一個適當的有關上訴途徑。

※

② 1989 年 11 月基本法諮詢委員會《中華人民共和國香港特別行政區基本法（草案）諮詢報告第三冊——條文總報告》

【P223】
第一百二十條
2. 意見
→ 有關差餉問題，應該以樓宇之用途及樓宇面積為基礎，以計算不同面積及不同用途樓宇之差餉徵收率，這樣做法才比較公平些，而不是以估值來計算。這樣對於所謂「夾心階層」及勞苦大眾來說是較為合理。

3. 建議
3.1 增加
→ 加上：「在評估應課差餉值時，特別行政區政府可參考香港原已實行的政策。」
理由：如果應課差餉租值的評估方式有急劇的轉變，每年要繳交的百分之三租金將因而大幅增高。因此，本條應加進「參考現時政策」等字句。

4. 待澄清問題
→ 有關居者有其屋的樓宇、私人樓宇擁有權、公共屋邨的租金和有關的租用規條，又如何立法管制及分配呢？

第八稿

「第一百二十一條　從一九八五年五月二十七日至一九九七年六月三十日期間批出的，或原沒有續期權利而獲得續期的，超出一九九七年六月三十日年期而不超過二〇四七年六月三十日的一切土地契約，承租人從一九九七年七月一日起不補地價，但需每年繳納相當於當日該土地應課差餉租值百分之三的租金。此後，隨應課差餉租值的改變而調整租金。」
〔1990 年 4 月《中華人民共和國香港特別行政區基本法》〕

原舊批約地段、鄉村屋地、丁屋地和類似的農村土地，如該土地在一九八四年六月三十日的承租人，或在該日以後批出的丁屋地承租人，其父系為一八九八年在香港的原有鄉村居民，只要該土地的承租人仍為該人或其合法父系繼承人，原定租金維持不變。

✿ 貳｜概念

1. 原鄉村居民租金不變
2. 原鄉村居民的界定

✿ 叁｜條文本身的演進和發展

第一稿

第五章

「第三十五條　原舊批約地段、鄉村屋地、丁屋地和類似的農村土地，如該土地在一九八四年六月三十日的承租人，或在該日以後批出的丁屋地承租人，其父系為一八九八年在香港的原有鄉村居民，只要該土地的承租人仍為該人或其合法父系繼承人，原定租金維持不變。」

〔1987年8月22日《經濟專題小組的工作報告》，載於《中華人民共和國香港特別行政區基本法起草委員會第五次全體會議文件匯編》〕

①金融財務經濟專責小組《旅遊業政策、房地產政策最後報告》（1987年8月8日經執行委員會通過）

【P3】

II 房地產業政策

（二）以下為有關房地產業政策的意見，供起草委員會參考：

2. 委員認為在九七年後，新界原居民仍應享有取得丁屋的特權，但不需把這特權寫入基本法內。

第二稿

「第一百二十七條　原舊批約地段、鄉村屋地、丁屋地和類似的農村土地，如該土地在一九八四年六月三十日的承租人，或在該日以後批出的丁屋地承租人，其父系為一八九八年在香港的原有鄉村居民，只要該土地的承租人仍為該人或其合法父系繼承人，原定租金維持不變。」

〔1987年12月基本法起草委員會秘書處《香港特別行政區基本法（草案）》（匯編稿）〕

①1987年9月2日《中華人民共和國香港特別行政區基本法起草委員會第五次全體會議委員們對基本法序言和第一、二、三、四、五、六、七、九章條文草稿的意見匯集》

【P60】

六、關於第五章　香港特別行政區的經濟

（六）第五節　土地契約

3. 有的委員認為，如香港政府在基本法公佈前能制訂有關立法，則第三十五條可以不寫。

②金融財務經濟專責小組《對基本法第五章「香港特別行政區的經濟」條文草稿（一九八七年八月）的意見》（1987年11月4日經執行委員會通過）

【P12】

條文草稿	容永道建議修改稿	諮詢意見
第三十五條	第三十一條（照草稿第三十三條）（編者按：應為照草稿第三十五條）	委員認為在九七年後，新界原居民應享有取得丁屋的特權，但不需要把這特權寫入基本法內。

※

第三稿

「**第一百二十七條** 原舊批約地段、鄉村屋地、丁屋地和類似的農村土地，如該土地在一九八四年六月三十日的承租人，或在該日以後批出的丁屋地承租人，其父系為一八九八年在香港的原有鄉村居民，只要該土地的承租人仍為該人或其合法父系繼承人，原定租金維持不變。」

〔1988年3月基本法起草委員會秘書處《中華人民共和國香港特別行政區基本法（草案）草稿》（總體工作小組第二次會議對目錄、序言、第一、二、三、五、六、七、九章的修改稿）〕

第四稿

「**第一百二十九條** 原舊批約地段、鄉村屋地、丁屋地和類似的農村土地，如該土地在一九八四年六月三十日的承租人，或在該日以後批出的丁屋地承租人，其父系為一八九八年在香港的原有鄉村居民，只要該土地的承租人仍為該人或其合法父系繼承人，原定租金維持不變。」

〔1988年4月基本法起草委員會秘書處《中華人民共和國香港特別行政區基本法（草案）草稿》〕

第五稿

「**第一百二十八條** 原舊批約地段、鄉村屋地、丁屋地和類似的農村土地，如該土地在一九八四年六月三十日的承租人，或在該日以後批出的丁屋地承租人，其父系為一八九八年在香港的原有鄉村居民，只要該土地的承租人仍為該人或其合法父系繼承人，原定租金維持不變。」

〔1988年4月基本法起草委員會《中華人民共和國香港特別行政區基本法（草案）徵求意見稿》〕

第六稿

「**第一百二十一條** 原舊批約地段、鄉村屋地、丁屋地和類似的農村土地，如該土地在一九八四年六月三十日的承租人，或在該日以後批出的丁屋地承租人，其父系為一八九八年在香港的原有鄉村居民，只要該土地的承租人仍為該人或其合法父系繼承人，原定租金維持不變。」

〔1989年2月《中華人民共和國香港特別行政區基本法（草案）》〕

① 1988年8月基本法起草委員會秘書處《香港各界人士對〈香港特別行政區基本法（草案）徵求意見稿〉的意見匯集（一）》

【P38】
第一百二十八條
應與第四十條一併刪除。

※

② 1988年10月基本法諮詢委員會《中華人民共和國香港特別行政區基本法（草案）徵求意見稿諮詢報告第五冊——條文總報告》

【P389-390】
第一百二十八條
2. 意見
2.1 贊成意見
→ 此條對新界原居民有密切關係，而保障原居民權益的條文是完全符合《中英聯合聲明》附件三的規定。
2.2 反對意見
→ 反對本條維護新界原居民目前行使之特權及封建傳統。
理由：
⊙ 新界原居民丁屋地的權利對現時「非新界原居民」的大部份市民來說是不公平的，尤其是在香港土地資源匱乏

的情況下，更加使到土地供應越來越緊張，影響到香港經濟。
⊙ 香港居民既然享有平等的權利（第廿四條），實在不應有原居民與非原居民的分別，因此，對原居民的土地作特別安排實不合理，香港居民的權利應該無分彼此、一視同仁，這意見也應在第三章內清楚列明。
→ 條文中的男性權益是對婦女的歧視。
→ 對於新界原居民的土地和丁屋權益安排仍不夠詳細。

3. 建議
3.1 刪除
→ 刪除此條。
理由：
⊙ 隨着殖民地時代的過去，一切原居民的福利理應取消。
⊙ 原居民之概念，應隨主權移交而消失。
⊙ 此條文承認不平等條約，且帶有殖民地色彩。
⊙ 現時原居民享有的丁屋政策，把繼承權限於男性，剝奪女性之繼承權殊不公平。
3.2 增加
→ 句末加上：「鄉村丁屋政策、及土地契約承繼權等，將繼續保留。」
→ 對下一代繼承問題應清楚列明。
3.3 其他建議
→ 建議在一九九七年六月卅日或以前出生的「新界原居民」男丁仍可擁有丁屋地的權利，但是當中國在香港恢復主權後，則所有人都是中國公民，應該一視同仁，另一方面，所有僑居海外的所謂「新界原居民」應該即時取消他們是項權利。

理由：避免即時取消「新界原居民」上述權利因考慮會引致香港社會動盪不安。

4. 待澄清問題
→ 何謂「類似的農村土地」？

第七稿

「**第一百二十二條** 原舊批約地段、鄉村屋地、丁屋地和類似的農村土地，如該土地在一九八四年六月三十日的承租人，或在該日以後批出的丁屋地承租人，其父系為一八九八年在香港的原有鄉村居民，只要該土地的承租人仍為該人或其合法父系繼承人，原定租金維持不變。」

〔1990 年 2 月 16 日《中華人民共和國香港特別行政區基本法（草案）》〕

① 1989 年 11 月基本法諮詢委員會《中華人民共和國香港特別行政區基本法（草案）諮詢報告第三冊——條文總報告》

【P224】
第一百二十一條
2. 意見
2.1 反面
→ 土地契約中列明土地於一九八四年六月三十日的承租人，只要該土地的承租人仍為其合法父系繼承人，原定租金維持不變的問題，應列明其中理由。

3. 建議

3.1 修改
→ 最後一句改為：「原定租金將因應社會及經濟環境而修定」。
3.2 增加
→ 在本條末加上：「如在一八九八年曾繳納差餉或租金之農田、山林或物業，可向當地政府申請補回業權。」

4. 待澄清問題
→ 「原居民」意指英政府統治香港前已在此定居的人士及其後裔。一九九七年回歸後，此概念應否繼續存在頗成疑問。
→ 「類似的農村土地」中「類似」二字的含義需要進一步澄清。

第八稿

「**第一百二十二條** 原舊批約地段、鄉村屋地、丁屋地和類似的農村土地，如該土地在一九八四年六月三十日的承租人，或在該日以後批出的丁屋地承租人，其父系為一八九八年在香港的原有鄉村居民，只要該土地的承租人仍為該人或其合法父系繼承人，原定租金維持不變。」

〔1990 年 4 月《中華人民共和國香港特別行政區基本法》〕

香港特別行政區成立以後滿期而沒有續期權利的土地契約，由香港特別行政區自行制定法律和政策處理。

❀ 貳｜概念

1. 回歸後期滿的土地契約
2. 自行制定土地政策

❀ 叁｜條文本身的演進和發展

第一稿

第五章
「第三十六條　香港特別行政區成立以後滿期而沒有續期權利的土地契約，由特別行政區自行制定法律及政策處理。」
〔1987 年 8 月 22 日《經濟專題小組的工作報告》，載於《中華人民共和國香港特別行政區基本法起草委員會第五次全體會議文件匯編》〕

①金融財務經濟專責小組《旅遊業政策、房地產政策最後報告》（1987 年 8 月 8 日經執行委員會通過）

【P3】
II 房地產業政策
（一）基本法應有條文以包括以下各點：
1. 香港特別行政區政府可自行制定土地政策，包括土地交易、補地價，徵稅等政策及其收入的運用。
（按：即不受任何類似現時的中英土地委員會的權力機構所限制。）
2. 一九九七年六月三十日以後滿期而沒有續期權利的土地契約，將按照香港特別行政區有關的土地法律及政策處理。
（即《中英聯合聲明》附件三第二段部份）

※

②1987 年 8 月 22 日《經濟專題小組的工作報告》，載於《中華人民共和國香港特別行政區基本法起草委員會第五次全體會議文件匯編》

【P66】
第五章　香港特別行政區的經濟（草稿）
第五節　土地契約
第三十六條
說明：有些委員認為，有關土地契約的具體問題，在基本法中不必寫得過細，建議把《中英聯合聲明》附件三有關規定概括為一條，寫進本章第四節。

第二稿

第一百二十八條　香港特別行政區成立以後滿期而沒有續期權利的土地契約，由特別行政區自行制定法律及政策處理。」
〔1987 年 12 月基本法起草委員會秘書處《香港特別行政區基本法（草案）》（匯編稿）〕

①金融財務經濟專責小組《對基本法第五章「香港特別行政區的經濟」條文草稿（一九八七年八月）的意見》（1987 年 11 月 4 日經執行委員會通過）

【P12】

條文草稿	容永道建議修改稿
第三十六條	第三十二條（照草稿第三十六條）

第三稿

「第一百二十八條　香港特別行政區成立以後滿期而沒有續期權利的土地契約，由香港特別行政區自行制定法律和政策處理。」
〔1988 年 3 月基本法起草委員會秘書處《中華人民共和國香港特別行政區基本法（草案）草稿》（總體工作小組第二次會議對目錄、序言、第一、二、三、五、六、七、九章的修改稿）〕

第四稿

「第一百三十條　香港特別行政區成立以後滿期而沒有續期權利的土地契約，由香港特別行

政區自行制定法律和政策處理。」

〔1988 年 4 月基本法起草委員會秘書處《中華人民共和國香港特別行政區基本法（草案）草稿》〕

第五稿

「第一百二十九條　香港特別行政區成立以後滿期而沒有續期權利的土地契約，由香港特別行政區自行制定法律和政策處理。」

〔1988 年 4 月基本法起草委員會《中華人民共和國香港特別行政區基本法（草案）徵求意見稿》〕

第六稿

「第一百二十二條　香港特別行政區成立以後滿期而沒有續期權利的土地契約，由香港特別行政區自行制定法律和政策處理。」

〔1989 年 2 月《中華人民共和國香港特別行政區基本法（草案）》〕

① 1988 年 10 月基本法諮詢委員會《中華人民共和國香港特別行政區基本法（草案）徵求意見稿諮詢報告第五冊——條文總報告》

【P390】
第一百二十九條
2. 意見
→ 這可使特別行政區政府有機會徵收續約費。

第七稿

「第一百二十三條　香港特別行政區成立以後滿期而沒有續期權利的土地契約，由香港特別行政區自行制定法律和政策處理。」

〔1990 年 2 月 16 日《中華人民共和國香港特別行政區基本法》〕

第八稿

「第一百二十三條　香港特別行政區成立以後滿期而沒有續期權利的土地契約，由香港特別行政區自行制定法律和政策處理。」

〔1990 年 4 月《中華人民共和國香港特別行政區基本法》〕

香港特別行政區保持原在香港實行的航運經營和管理體制，包括有關海員的管理制度。
香港特別行政區政府自行規定在航運方面的具體職能和責任。

1. 原航運經營和管理體制的保留
2. 自行規定航運職能

第一稿

第五章

「第三十七條　香港特別行政區保持原在香港實行的航運經營和管理體制。香港特別行政區政府自行規定在航運方面的具體職能和責任。」

〔1987年8月22日《經濟專題小組的工作報告》，載於《中華人民共和國香港特別行政區基本法起草委員會第五次全體會議文件匯編》〕

① 1986年4月30日《涉外事務專責小組第二次會議總結》

二、蘇海文委員的發言重點是：最基本的原則應寫入基本法內，包括

（5）只要受過正式訓練及考試，任何國籍人士，均可在港當船員；

※

②金融財務經濟專責小組《航運及民航政策最後報告》（1987年8月8日經執行委員會通過）

【P1-2】

I 航運政策

基本法應有條文以包括下列各點：

7. 在不牽涉外國的情況下，在港登記的船隻及其員工的管轄權 —— 雖然香港船舶登記處登記的船隻屬中國籍，但這些船隻是按照懸掛兩旗的做法在香港特別行政區登記的。因此特區在船隻管理及立法方面應有自治權，即香港特別行政區政府對香港特別行政區的船隻及其員工行使管轄權，但委員同意中國有權徵用在港登記的船隻。所謂徵用權，即主權國在戰爭時接管民用船隻的權利。

10. 在港登記船隻的高級船員及其他船員，其國籍應不受限制。但香港特別行政區政府應鼓勵在香港登記的船隻任用香港特別行政區的船員，亦應鼓勵這些船員在香港登記的船隻上工作。

第二稿

「第一百二十九條　香港特別行政區保持原在香港實行的航運經營和管理體制。
香港特別行政區政府自行規定在航運方面的具體職能和責任。」

〔1987年12月基本法起草委員會秘書處《香港特別行政區基本法（草案）》（匯編稿）〕

①金融財務經濟專責小組《對基本法第五章「香港特別行政區的經濟」條文草稿（一九八七年八月）的意見》（1987年11月4日經執行委員會通過）

【P13】

條文草稿	容永道建議修改稿	諮詢意見
第六節		本組「航運管理」有具體的條文建議共四條，認為應該寫入基本法內，無須寫入附件。

| 第三十七條 | 第三十三條（未定） | 香港特別行政區有權自行處理所有影響其境內商船管理的事務；根據香港特別行政區與中央人民政府協議的一般原則（見附件000「香港船舶登記處進行修改時所採取的一般原則」——香港政府布政司署經濟科編制）設置獨立的船舶登記處；管理航運經營；以「中國香港」名義簽發證件。 |

第三稿

「**第一百二十九條** 香港特別行政區保持原在香港實行的航運經營和管理體制。

香港特別行政區政府自行規定在航運方面的具體職能和責任。」

〔1988年3月基本法起草委員會秘書處《中華人民共和國香港特別行政區基本法（草案）草稿》（總體工作小組第二次會議對目錄、序言、第一、二、三、五、六、七、九章的修改稿）〕

第四稿

「**第一百三十一條** 香港特別行政區保持原在香港實行的航運經營和管理體制。

香港特別行政區政府自行規定在航運方面的具體職能和責任。」

〔1988年4月基本法起草委員會秘書處《中華人民共和國香港特別行政區基本法（草案）草稿》〕

第五稿

「**第一百三十條** 香港特別行政區保持原在香港實行的航運經營和管理體制。

香港特別行政區政府自行規定在航運方面的具體職能和責任。」

〔1988年4月基本法起草委員會《中華人民共和國香港特別行政區基本法（草案）徵求意見稿》〕

第六稿

「**第一百二十三條** 香港特別行政區保持原在香港實行的航運經營和管理體制，包括有關海員的管理制度。香港特別行政區政府自行規定在航運方面的具體職能和責任。」

〔1989年2月《中華人民共和國香港特別行政區基本法（草案）》〕

① 1988年10月基本法諮詢委員會《中華人民共和國香港特別行政區基本法（草案）徵求意見稿諮詢報告第五冊——條文總報告》

【P391】

第一百三十條

2. 意見

→ 贊成此條文。

理由：能準確反映《中英聯合聲明》的精神。

3. 建議

→ 第一款「保持」改為「推進」。

理由：此體制應有所進展而非停留在現階段。

→ 在第一句「香港特別行政區」後加上「政府」一詞。

→ 雖然此條指出現時的「制度」將予保持，但應有另一條文清楚訂明在有需要時，可就此制度進行改革；並且訂明有關之組織可在一九九七年後繼續扮演其在諮詢程序內之角色；即這些組織獲准繼續就制度之改變提交意見和建議，並可繼續參與各諮詢委員會。

→ 香港特別行政區政府在增訂或修訂有關航運的法例與協定前，應充份諮詢航運界認可機構之意見。

理由：以上提議為維持現行做法。

第七稿

「**第一百二十四條** 香港特別行政區保持原在香港實行的航運經營和管理體制，包括有關海員的管理制度。

香港特別行政區政府自行規定在航運方面的具體職能和責任。」

〔1990年2月16日《中華人民共和國香港特別行政區基本法（草案）》〕

① 1989年11月基本法諮詢委員會《中華人民共和國香港特別行政區基本法（草案）諮詢報告第三冊——條文總報告》

【P225】

第一百二十三條

2. 意見

2.1 反面

→ 本條規定的屬細節問題，不宜列入基本法。

3. 建議

3.1 增加

→ 在「香港特別行政區」之後加上「政府」二字。

第八稿

「**第一百二十四條** 香港特別行政區保持原在香港實行的航運經營和管理體制，包括有關海員的管理制度。

香港特別行政區政府自行規定在航運方面的具體職能和責任。」

〔1990年4月《中華人民共和國香港特別行政區基本法》〕

香港特別行政區經中央人民政府授權繼續進行船舶登記，並根據香港特別行政區的法律以「中國香港」的名義頒發有關證件。

☙ 貳│概念

1. 中央政府授權香港繼續進行船舶登記
2. 以「中國香港」名義頒發證件

☙ 叁│條文本身的演進和發展

第一稿 ▶

第五章

「**第三十八條** 香港特別行政區經中央人民政府授權繼續進行船舶登記，並可根據其法律以『中國香港』名義頒發有關證件。」

〔1987年8月22日《經濟專題小組的工作報告》，載於《中華人民共和國香港特別行政區基本法起草委員會第五次全體會議文件匯編》〕

① **1986年4月30日《涉外事務專責小組第二次會議總結》**

二、蘇海文委員的發言重點是：最基本的原則應寫入基本法內，包括

（1）九七年後在香港登記的船隻，其國籍將會是中國，這是反映出主權問題；

（2）其他國家的船隻也可以來港登記；

（3）香港的船東，絕對有自由選擇在何港口登記；(2)、(3)點均體驗維持資本主義制度的精神，符合《中英聯合聲明》；

（4）國營船隻與私營船隻應有公平競爭；

（5）只要受過正式訓練及考試，任何國籍人士，均可在港當船員；

（6）在香港登記之船隻，應絕對有自由到其他地方貿易；

（7）船隻在外賺錢，在港不應抽利得稅。

蘇委員指出：目前沒有一個國家，有兩種船舶登記法律，用掛「兩支旗」方式（一支中國國旗，一支香港區旗）可能是一種解決辦法。

蘇委員還建議：英國政府應作一些讓步，讓香港盡早有一套獨立登記的法則，逐漸脫離英國的系統，逐漸與中國的安排接近些。中英兩國由現在至九七年之間，安排向世界解釋，爭取其他國家承認。

※

② **金融財務經濟專責小組《航運及民航政策最後報告》（1987年8月8日經執行委員會通過）**

【P1-2】

I 航運政策

基本法應有條文以包括下列各點：

3. 所有權──如屬公司擁有的船舶，則只有在香港特別行政區註冊的公司才有權在香港船舶登記處登記。如屬個別人士擁有的船舶，則享有在港居留權的船東應有權在香港船舶登記處登記，在上述任何一種情況下，船隻的管理及控制均須由香港方面執行。

4. 所有合資格船東可自由把其船隻加入或退出香港的船舶登記。有建議謂在香港登記的船舶既屬中國船舶，中國法律應保證其可自由使用中國各港口，並可自由經營來往各港口的貿易。

5. 在港登記的船舶的課稅應由香港特別行政區決定。（中央政府不再向在港登記的船舶徵收其他稅項。）（有建議謂這點可列入基本法有關稅收的一般條文中，不必在航運一節內訂明。）

6. 在港登記船舶的國籍及船旗──採納布政司署經濟科《香港船舶登記處：進行修改時所採取的一般原則》所提的建議（附件一第三節）。為表明船舶的國籍及在港登記的身份，在港登記的船舶須懸掛兩面旗幟，懸掛在上面的旗幟是中華人民共和國國旗，而在下面的則為香港區旗。

8. 為船隻在國際上提供保護──在國際方面（就其他國家對在港登記船隻採取的行動），中國得提供保護及承擔責任。

9. 香港特別行政區在國際組織及國際海事公約的地位──如《中英聯合聲明》一樣，基本法應規定在外交事務屬中央人民政府管理的原則下，香港特別行政區可單獨地同世界各國、各地區及有關國際組織保持和發展關係，並簽訂和履行有關協定。例如，香港特別行政區可保留在國際海事組織的地位。

「第一百三十條　香港特別行政區經中央人民政府授權繼續進行船舶登記,並可根據其自定的法律以『中國香港』名義頒發有關證件。」

〔1987年12月基本法起草委員會秘書處《香港特別行政區基本法(草案)》(匯編稿)〕

① 1987年9月2日《中華人民共和國香港特別行政區基本法起草委員會第五次全體會議委員們對基本法序言和第一、二、三、四、五、六、七、九章條文草稿的意見匯集》

【P60-61】
六、關於香港特別行政區的經濟
(七)第六節　航運管理
1.有的委員提出,目前港英政府正在制定有關設立單獨的船舶登記處的方案,待方案制定出來後,本節可考慮作適當的刪減,目前草擬的條文以暫時保留,不作改動為宜。

※

②金融財務經濟專責小組《對基本法第五章「香港特別行政區的經濟」條文草稿(一九八七年八月)的意見》(1987年11月4日經執行委員會通過)

【P13】

條文草稿	容永道建議修改稿	諮詢意見
第三十八條	第三十四條(照草稿第三十八條)	香港的私營航運及與航運有關的企業和私營集裝箱碼頭,可繼續自由經營。由國家機構或類似機構擁有或控制的航運企業可在香港特別行政區船舶登記處登記,但在任何時候,其法律地位均與私營航運企業相同,不得享有主權豁免權。船舶企業有權根據香港特別行政區的法律與規則加入或退出香港的船舶登記,但不是硬性規定。說明:「不得享有主權豁免權」的意思是這些國家機構亦應像私人或私人公司一樣,可被起訴及在法庭內被審判;而不可因其為國家機構而躲避法律責任。

第一百三十條　香港特別行政區經中央人民政府授權繼續進行船舶登記,並可根據其自定的法律以『中國香港』名義頒發有關證件。」

〔1988年3月基本法起草委員會秘書處《中華人民共和國香港特別行政區基本法(草案)草稿》(總體工作小組第二次會議對目錄、序言、第一、二、三、五、六、七、九章的修改稿)〕

「第一百三十二條　香港特別行政區經中央人民政府授權繼續進行船舶登記,並可根據其自定的法律以『中國香港』的名義頒發有關證件。」

〔1988年4月基本法起草委員會秘書處《中華人民共和國香港特別行政區基本法(草案)草稿》〕

「第一百三十一條　香港特別行政區經中央人民政府授權繼續進行船舶登記,並可根據其自定的法律以『中國香港』的名義頒發有關證件。」

〔1988年4月基本法起草委員會《中華人民共和國香港特別行政區基本法(草案)徵求意見稿》〕

「第一百二十四條　香港特別行政區經中央人民政府授權繼續進行船舶登記,並根據香港特別行政區的法律以『中國香港』的名義頒發有關證件。」

〔1989年2月《中華人民共和國香港特別行政區基本法(草案)》〕

① 1988年9月基本法起草委員會秘書處《內地各界人士對〈香港特別行政區基本法(草案)徵求意見稿〉的意見匯集》

【P20】

第一百三十一條
改為:「中央人民政府授權香港特別行政區繼續進行船舶登記,……。」

※

②1988年10月基本法諮詢委員會《中華人民共和國香港特別行政區基本法(草案)徵求意見稿諮詢報告第五冊——條文總報告》

【P392】

第一百三十一條
2.意見
→ 贊成此條文。
理由：能準確反映《中英聯合聲明》的精神。

3.建議
→ 在第一句「香港特別行政區」後加上「政府」一詞。

4.待澄清問題
→ 是否可用「香港」之名義。

第七稿

「第一百二十五條　香港特別行政區經中央人民政府授權繼續進行船舶登記，並根據香港特別行政區的法律以『中國香港』的名義頒發有關證件。」
〔1990 年 2 月 16 日《中華人民共和國香港特別行政區基本法（草案）》〕

① 1989 年 11 月基本法諮詢委員會《中華人民共和國香港特別行政區基本法（草案）諮詢報告第三冊——條文總報告》

【P225】
第一百二十四條

2.建議
2.1 刪除
→ 刪除「經中央人民政府授權」的字眼。
2.2 修改
→ 首句改為：「香港特別行政區有權繼續進行船舶登記」。
2.3 增加
→ 在「香港特別行政區」之後加上「政府」二字。

第八稿

「第一百二十五條　香港特別行政區經中央人民政府授權繼續進行船舶登記，並根據香港特別行政區的法律以『中國香港』的名義頒發有關證件。」
〔1990 年 4 月《中華人民共和國香港特別行政區基本法》〕

除外國軍用船隻進入香港特別行政區須經中央人民政府特別許可外，其他船舶可根據香港特別行政區法律進出其港口。

❀ 貳│概念

1. 外國軍用船隻進入香港須經中央政府許可
2. 其他船舶可依法進出港口

❀ 叁│條文本身的演進和發展

第一稿

第五章
「第三十九條　一切民用船舶可根據香港特別行政區法律進出其港口。
外國軍用船隻進入香港特別行政區須經中央人民政府特別許可。」
〔1987年8月22日《經濟專題小組的工作報告》，載於《中華人民共和國香港特別行政區基本法起草委員會第五次全體會議文件匯編》〕

① 1986年4月30日《涉外事務專責小組第二次會議總結》

二、蘇海文委員的發言重點是：最基本的原則應寫入基本法內，包括
（6）在香港登記之船隻，應絕對有自由到其他地方貿易；

（7）船隻在外賺錢，在港不應抽利得稅。

② 金融財務經濟專責小組《航運及民航政策最後報告》（1987年8月8日經執行委員會通過）

【P1】
I 航運政策
基本法應有條文以包括下列各點：
1. 自由使用港口 —— 除受香港法律禁止，或因國防、外交理由受中央政府禁止外，船舶可自由使用港口。

※

第二稿

「第一百三十一條　一切民用船舶可根據香港特別行政區法律進出其港口。外國軍用船隻進入香港特別行政區須經中央人民政府特別許可。」
〔1987年12月基本法起草委員會秘書處《香港特別行政區基本法（草案）》（匯編稿）〕

① 金融財務經濟專責小組《對基本法第五章「香港特別行政區的經濟」條文草稿（一九八七年八月）的意見》（1987年11月4日經執行委員會通過）

【P13】

條文草稿	容永道建議修改稿	諮詢意見
第三十九條	第三十五條（照草稿第三十九條）	在香港特別行政區登記處登記的商船均屬中國籍，同時懸掛中華人民共和國國旗及香港特別行政區區旗。此等船隻享有進入中華人民共和國各港口的自由，及來往各港口經商的自由。外國軍用船隻進入香港特別行政區須經中央人民政府特別許可。

第三稿

「第一百三十一條　除外國軍用船隻進入香港特別行政區須經中央人民政府特別許可外，其他船舶可根據香港特別行政區法律進出其港口。」
〔1988年3月基本法起草委員會秘書處《中華人民共和國香港特別行政區基本法（草案）草稿》（總體工作小組第二次會議對目錄、序言、第一、二、三、五、六、七、九章的修改稿）〕

① 1987年12月《中華人民共和國香港特別行政區基本法起草委員會第六次全體會議委員們對第四、五、六、十章和條文草稿匯編的意見》

17. 第一百三十條
有的委員提出，本條的寫法宜參照聯合聲明中的表述，即

「除外國軍用船隻進入香港特別行政區須經中央人民政府特別許可外，其他船舶均可根據香港特別行政區法律進出其港口」。

第四稿

「**第一百三十三條** 除外國軍用船隻進入香港特別行政區須經中央人民政府特別許可外，其他船舶可根據香港特別行政區法律進出其港口。」

〔1988 年 4 月基本法起草委員會秘書處《中華人民共和國香港特別行政區基本法（草案）草稿》〕

第五稿

「**第一百三十二條** 除外國軍用船隻進入香港特別行政區須經中央人民政府特別許可外，其他船舶可根據香港特別行政區法律進出其港口。」

〔1988 年 4 月基本法起草委員會《中華人民共和國香港特別行政區基本法（草案）徵求意見稿》〕

第六稿

「**第一百二十五條** 除外國軍用船隻進入香港特別行政區須經中央人民政府特別許可外，其他船舶可根據香港特別行政區法律進出其港口。」

〔1989 年 2 月《中華人民共和國香港特別行政區基本法（草案）》〕

① **1988 年 8 月基本法起草委員會秘書處《香港各界人士對〈香港特別行政區基本法（草案）徵求意見稿〉的意見匯集（一）》**

【P38】
第一百三十二條
外國軍艦進入特區要經中央人民政府特許，九七年後，台灣軍艦進入香港怎麼辦？

※

② **1988 年 10 月基本法諮詢委員會《中華人民共和國香港特別行政區基本法（草案）徵求意見稿諮詢報告第五冊—— 條文總報告》**

【P392-393】
第一百三十二條
2. 意見

→ 贊成此條文。

3. 建議
3.1 修改
→ 「外國軍用船隻」改為「外國軍用航海器」。
理由：「軍用航空器」及「軍用航海器」等詞所包括的範圍更廣泛。
3.2 其他建議
→ 規限船隻進出香港港口的法例應訂得寬鬆和避免諸多限制，以便香港能繼續作為國際主要的船舶修理港。
→ 應清楚訂明可自由進入和使用港口設施。其進入和使用權將繼續不因船隻之國籍而有所歧視或優待。
→ 應嚴禁以核電為動力的船隻或載有核子武器的船隻進入香港特別行政區。
→ 建議中央人民政府在港設立一「軍事聯絡處」，以處理批准軍用船隻及飛機入港之事宜。
理由：
⊙ 可免卻向北京申請之時間耽誤。
⊙ 因軍用船隻、飛機在港之活動多為循例性質，應可快捷處理及批准。

第七稿

「**第一百二十六條** 除外國軍用船隻進入香港特別行政區須經中央人民政府特別許可外，其他船舶可根據香港特別行政區法律進出其港口。」

〔1990 年 2 月 16 日《中華人民共和國香港特別行政區基本法（草案）》〕

① **1989 年 11 月基本法諮詢委員會《中華人民共和國香港特別行政區基本法（草案）諮詢報告第三冊—— 條文總報告》**

【P226】
第一百二十五條
2. 建議
2.1 刪除

→ 刪去首句以及「其他」兩字。
2.2 修改
→ 改為：「外國民用和軍用船隻依據香港特別行政區法律進出其港口。」

3. 待澄清問題
→ 中央人民政府的軍用船隻若要進入或途徑香港水域又應辦理什麼手續呢？

第八稿

「**第一百二十六條** 除外國軍用船隻進入香港特別行政區須經中央人民政府特別許可外，其他船舶可根據香港特別行政區法律進出其港口。」

〔1990 年 4 月《中華人民共和國香港特別行政區基本法》〕

香港特別行政區的私營航運及與航運有關的企業和私營集裝箱碼頭，可繼續自由經營。

✿ 貳│概念

1. 私營航運和集裝碼頭可自由經營

✿ 叁│條文本身的演進和發展

第一稿▶

第五章

「第四十條　香港特別行政區的私營航運企業、與航運有關的企業和私營集裝箱碼頭，可繼續自由經營。」

〔1987 年 8 月 22 日《經濟專題小組的工作報告》，載於《中華人民共和國香港特別行政區基本法起草委員會第五次全體會議文件匯編》〕

① 1986 年 4 月 30 日《涉外事務專責小組第二次會議總結》

二、蘇海文委員的發言重點是：最基本的原則應寫入基本法內，包括
（4）國營船隻與私營船隻應有公平競爭；

※

② 金融財務經濟專責小組《航運及民航政策最後報告》（1987 年 8 月 8 日經執行委員會通過）

【P1】
I 航運政策
基本法應有條文以包括下列各點：
2. 基本法應有一般性條文，保證私營商號與中央政府經營的機構不會受到不同的待遇，即在香港的中國公有商業機構不得以國家機構身份要求享有特權。

第二稿▶

「第一百三十二條　香港特別行政區的私營航運企業及與航運有關的企業和私營集裝箱碼頭，可繼續自由經營。」

〔1987 年 12 月基本法起草委員會秘書處《香港特別行政區基本法（草案）》（匯編稿）〕

① 1987 年 9 月 2 日《中華人民共和國香港特別行政區基本法起草委員會第五次全體會議委員們對基本法序言和第一、二、三、四、五、六、七、九章條文草稿的意見匯集》

【P61】
六、關於第五章　香港特別行政區的經濟
（七）第六節　航運管理
2. 有的委員提出，第四十條最後一句「可繼續自由經營」似缺「發展」的意思，建議將「繼續」二字刪去。有的委員建議將本條內容寫在三十七條之後。

※

② 金融財務經濟專責小組《對基本法第五章「香港特別行政區的經濟」條文草稿（一九八七年八月）的意見》（1987 年 11 月 4 日經執行委員會通過）

【P13】

條文草稿	容永道建議修改稿	諮詢意見
第四十條	第三十六條（照草稿第四十條）	對在港登記船隻及其員工，香港特別行政區享有管轄權，惟在涉及外國的情況下，則由中央人民政府對在港登記船隻提供在國際上的保護及承擔責任。 香港特別行政區在知會中央人民政府後，可以「香港特別行政區」的名義，成為或繼續作為國際海事組織如 IMO 的成員。

第三稿▶

「第一百三十二條　香港特別行政區的私營航運企業及與航運有關的企業和私營集裝箱碼頭，可繼續自由經營。」

〔1988 年 3 月基本法起草委員會秘書處《中華人民共和國香港特別行政區基本法（草案）草稿》（總體工作小組第二次會議對目錄、序言、

第一、二、三、五、六、七、九章的修改稿）〕

① 1987 年 12 月《中華人民共和國香港特別行政區基本法起草委員會第六次全體會議委員們對第四、五、六、十章和條文草稿匯編的意見》

【P32】
18. 第一百三十二條
有的委員提出，本條可刪去「集裝箱」三字，這樣包括的範圍可更寬一些。但有的委員認為不能刪去。

第四稿

「第一百三十四條　香港特別行政區的私營航運企業及與航運有關的企業和私營集裝箱碼頭，可繼續自由經營。」
〔1988 年 4 月基本法起草委員會秘書處《中華人民共和國香港特別行政區基本法（草案）草稿》〕

第五稿

「第一百三十三條　香港特別行政區的私營航運企業及與航運有關的企業和私營集裝箱碼頭，可繼續自由經營。」
〔1988 年 4 月基本法起草委員會《中華人民共和國香港特別行政區基本法（草案）徵求意見稿》〕

第六稿

「第一百二十六條　香港特別行政區的私營航運及與航運有關的企業和私營集裝箱碼頭，可繼續自由經營。」
〔1989 年 2 月《中華人民共和國香港特別行政區基本法（草案）》〕

① 1988 年 10 月基本法諮詢委員會《中華人民共和國香港特別行政區基本法（草案）徵求意見稿諮詢報告第五冊——條文總報告》

【P393】
第一百三十三條
2. 建議
2.1 修改
→ 改為：「香港特別行政區的私營航運企業與航運有關的企業（包括航運代理）和私營貨櫃碼頭，可繼續自由經營。」

理由：有助於消解關於香港特別行政區可能需要按照中國所有海港的現行慣例，規定外國船東及／或外國航運經營者必須僱用中國獨家代理的憂慮。
→「私營集裝箱碼頭」一詞改為「私營集體裝箱貨櫃碼頭」。
→ 最後一句內「可」字改為「將」字。
理由：相信原意是「將」而不是「可」。
2.2 增加
→ 私營航運企業與及航運有關的企業應註明包括原有經營中之港內貨船躉船業、拖輪業。
2.3 其他建議
→ 應指出「代理公司」、航運營業和與航運有關之營業皆可自由經營。

第七稿

「第一百二十七條　香港特別行政區的私營航運及與航運有關的企業和私營集裝箱碼頭，可繼續自由經營。」
〔1990 年 2 月 16 日《中華人民共和國香港特別行政區基本法（草案）》〕

① 1989 年 11 月基本法諮詢委員會《中華人民共和國香港特別行政區基本法（草案）諮詢報告第三冊——條文總報告》

【P226】
第一百二十六條
2. 建議
2.1 修改
→ 將最後一句內的「可」字改為「將」字。
理由：相信此條的原意是「將」而不是「可」。

第八稿

「第一百二十七條　香港特別行政區的私營航運及與航運有關的企業和私營集裝箱碼頭，可繼續自由經營。」
〔1990 年 4 月《中華人民共和國香港特別行政區基本法》〕

香港特別行政區政府應提供條件和採取措施，以保持香港的國際和區域航空中心的地位。

✿ 貳 | 概念

1. 國際和區域航空中心地位的保持

✿ 叁 | 條文本身的演進和發展

第一稿

第五章
「第四十一條　香港特別行政區政府應提供必要條件和採取適當措施，以保持其國際和區域航空中心的地位。」
〔1987年8月22日《經濟專題小組的工作報告》，載於《中華人民共和國香港特別行政區基本法起草委員會第五次全體會議文件匯編》〕

① 1987年1月26日《基本法諮詢委員會「基本法與航空政策座談會」報告》

【P4】

六、其他有關服務
25.直升機服務應列入基本法的「航空運輸」範疇之內，現存的有關直升機服務的條例在九七年之後應繼續保留。（台下發言）

第二稿

「第一百三十三條　香港特別行政區政府應提供必要條件和採取適當措施，以保持其國際和區域航空中心的地位。」
〔1987年12月基本法起草委員會秘書處《香港特別行政區基本法（草案）》（匯編稿）〕

①金融財務經濟專責小組《對基本法第五章「香港特別行政區的經濟」條文草稿（一九八七年八月）的意見》（1987年11月4日經執行委員會通過）

【P14】

條文草稿	容永道建議修改稿	諮詢意見
第七節		本組「民航管理」有具體的條文建議共五條，認為應寫入基本法，無須寫入附件。
第四十一條	第三十七條（照草稿第四十一條）	香港特別行政區保持其國際和區域航空中心的地位，繼續設置其飛機登記冊，並在已在港

登記的飛機機身上顯示「VR」登記標誌及香港特別行政區區徽。香港特別行政區自行負責所有影響在港登記飛機的操作及技術事務、民航的日常管理，包括機場管理、在香港特別行政區飛行情報區內提供空中交通服務、及履行國際民用航空組織的區域性航行規劃程序所規定的其他職責。對在港登記的飛機及其機員、乘客、貨物，香港特別行政區享有管轄權。在涉及外國的情況下，則由中央人民政府對在港登記飛機提供在國際上的保護及承擔責任。

第三稿

「第一百三十三條　香港特別行政區政府應提供條件和採取措施，以保持其國際和區域航空中心的地位。」
〔1988年3月基本法起草委員會秘書處《中華人民共和國香港特別行政區基本法（草案）草稿》（總體工作小組第二次會議對目錄、序言、第一、二、三、五、六、七、九章的修改稿）〕

① 1987年12月《中華人民共和國香港特別行政區基本法起草委員會第六次全體會議委員們對第四、五、六、十章和條文草稿匯編的意見》

【P32】

19.第一百三十三條
（1）有的委員建議改為：「香港特別行政區保持香港作為國際和區域航空中心的地位」。

（2）有的委員提出，刪去本條中的「必要」和「適當」字眼。

「**第一百三十五條** 香港特別行政區政府應提供條件和採取措施，以保持其國際和區域航空中心的地位。」

〔1988 年 4 月基本法起草委員會秘書處《中華人民共和國香港特別行政區基本法（草案）草稿》〕

第五稿

「**第一百三十四條** 香港特別行政區政府應提供條件和採取措施，以保持其國際和區域航空中心的地位。」

〔1988 年 4 月基本法起草委員會《中華人民共和國香港特別行政區基本法（草案）徵求意見稿》〕

第六稿

「**第一百二十七條** 香港特別行政區政府應提供條件和採取措施，以保持香港的國際和區域航空中心的地位。」

〔1989 年 2 月《中華人民共和國香港特別行政區基本法（草案）》〕

① 1988 年 10 月基本法諮詢委員會《中華人民共和國香港特別行政區基本法（草案）徵求意見稿諮詢報告第五冊——條文總報告》

【P394】
第五章
第七節 整體意見
1. 建議
→ 航空一節過細，可另訂航空法例，無須列入基本法內。

第一百三十四條
2. 意見
→ 寫得不明確，應對特別行政區政府落實責任問題，並非訂出一些空洞的法律條文。

3. 建議
3.1 刪除
→ 刪除「提供條件和採取措施，以」幾字。
理由：在《中英聯合聲明》中沒有這樣的規定，若要保持香港特別行政區為國際及地區性之航空中心，就得視乎其上層架構（例如：一個現代化之機場及輔助性的航空設備）和基礎設施（例如：容許其他航空公司在特別行政區內有飛行權之雙邊航空運輸協定）。
→ 改為：「香港特別行政區繼續保持國際和區域航空中心的地位」。
→ 「保持」改為「推進」。
理由：此項為香港對外溝通的重要環節，故建議以「推進」代替「保持」。
3.2 其他建議
→ 對保持香港為國際和區域航空中心的地位之責任應有更明確規定。

第七稿

「**第一百二十八條** 香港特別行政區政府應提供條件和採取措施，以保持香港的國際和區域航空中心的地位。」

〔1990 年 2 月 16 日《中華人民共和國香港特別行政區基本法（草案）》〕

① 1989 年 11 月基本法諮詢委員會《中華人民共和國香港特別行政區基本法（草案）諮詢報告第三冊——條文總報告》

【P228】
第一百二十七條
2. 意見
2.1 反面意見
→ 「提供條件」一詞太含糊。

3. 建議
3.1 修改
→ 建議刪除「提供條件和採取措施，以」。
理由：《中英聯合聲明》內並無如此規定。香港特別行政區如要保持香港現時的國際和區域航空中心的地位，除要有上層建設（如一個有現代設備的機場）的支持外，還

要有基礎建設（即有雙邊民用航空運輸協定和協議，准許其他航線在香港特別行政區有交通權利）的支持。新加坡一直想取替香港的地位但並不成功；曼谷現正努力取替新加坡，甚至香港的地位；多間台灣航空公司想拿到在大陸降落的權利，澳門亦已宣佈計劃興建機場；而中國想爭取更多在香港降落的權利（引致多班由倫敦經孟買飛北京的英國航機被禁止起飛）。從這些事例看來，香港特別行政區好像應有嚴肅的義務提供條件和採取措施，以保持其國際和區域航空中心的地位。但另一方面，香港肯定會在一九九七年前興建另一機場。如果香港特別行政區是有肯定的義務去提供條件和採取措施以保持其地位，那麼香港特別行政區應考慮所有可能因素，尤其在航空基礎建設方面，使其能履行這義務。可惜香港特別行政區本身並沒有這項權力，因為這是屬於中央人民政府管理的事務。再者，這肯定義務會令香港特別行政區政府採取短線民航政策，對香港特別行政區的利益有深遠的壞影響。

第八稿

「**第一百二十八條** 香港特別行政區政府應提供條件和採取措施，以保持香港的國際和區域航空中心的地位。」

〔1990 年 4 月《中華人民共和國香港特別行政區基本法》〕

香港特別行政區繼續實行原在香港實行的民用航空管理制度，並按中央人民政府關於飛機國籍標誌和登記標誌的規定，設置自己的飛機登記冊。

外國國家航空器進入香港特別行政區須經中央人民政府特別許可。

✿ 貳│概念

1. 原民用航空管理制度的保持
2. 按中央政府規定設置飛機登記冊
3. 外國國家航空器進入香港須經中央政府許可

✿ 叁│條文本身的演進和發展

第一稿

第五章

「第四十二條　香港特別行政區繼續實行原在香港實行的民用航空管理制度，並按中央人民政府關於飛機國籍標誌和登記標誌的規定，設置自己的飛機登記冊。

外國軍用航空器進入香港特別行政區須經中央人民政府特別許可。」

〔1987年8月22日《經濟專題小組的工作報告》，載於《中華人民共和國香港特別行政區基本法起草委員會第五次全體會議文件匯編》〕

① 1987年1月26日《基本法諮詢委員會「基本法與航空政策座談會」報告》

【P3】

五、飛行性能、機械性能、飛機登記、牌照

21. 國際民用航空組織（ICAO）沒有規定飛機一定要在機尾顯示旗號，但假若中國政府認為這是有必要或是理想的，那麼基本法便應明文規定特別行政區的旗幟和徽號格式，因為這樣完全符合中國政府已表白的賦予特別行政區最大自治權力的理想。（國泰）

22. 世界大部份國家所沿用的簽發牌照準則應可在特別行政區生效。（港龍）

※

② 金融財務經濟專責小組《航運及民航政策最後報告》（1987年8月8日經執行委員會通過）

【P3】

II 民航政策

基本法應有條文以包括下列各點：

1. 飛機的國籍標誌及登記標誌：建議飛機的國籍雖屬中國籍，但香港特別行政區對飛機、機上人員及乘客應享有管轄權。在國際上為飛機提供保護——在國際方面（就其他國家對在港登記飛機採取的行動），中國得對在港登記的飛機提供保護及承擔責任。登記標誌可採取目前的做法（即使用 VR 登記字號），並在每架在港登記的飛機機尾，顯示香港特別行政區的區徽。

5. 民航管理制度如空運牌照局有關發牌的規則及技術、經營、培訓、資歷的標準，都應由香港特區政府在行政方面斟酌決定，而不必由基本法訂明。

第二稿

「第一百三十四條　香港特別行政區繼續實行原在香港實行的民用航空管理制度，並按中央人民政府關於飛機國籍標誌和登記標誌的規定，設置自己的飛機登記冊。

外國軍用航空器進入香港特別行政區須經中央人民政府特別許可。」

〔1987年12月基本法起草委員會秘書處《香港特別行政區基本法（草案）》（匯編稿）〕

① 金融財務經濟專責小組《對基本法第五章「香港　特別行政區的經濟」條文草稿（一九八七年八月）

的意見》（1987年11月4日經執行委員會通過）

【P14】

條文草稿	容永道建議修改稿	諮詢意見
第四十二條	第三十八條（照草稿第四十二條）	香港特別行政區可自行向在香港註冊並以香港為主要營業地的航空公司簽發航空營業證書。凡不經停中華人民共和國其他地區而只往返香港的航班，香港特別行政區可自行為經營定期航班的航空公司制定頒發牌照及代理權程序，及為不定期航班自行簽發許可證。外國軍用飛機進入香港特別行政區須經中央人民政府特別許可。

第三稿

「第一百三十四條　香港特別行政區繼續實行原在香港實行的民用航空管理制度，並按中央人民政府關於飛機國籍標誌和登記標誌的規定，設置自己的飛機登記冊。
外國軍用航空器進入香港特別行政區須經中央人民政府特別許可。」
〔1988年3月基本法起草委員會秘書處《中華人民共和國香港特別行政區基本法（草案）草稿》（總體工作小組第二次會議對目錄、序言、第一、二、三、五、六、七、九章的修改稿）〕

① 《各專題小組的部份委員對本小組所擬條文的意見和建議匯輯（關於序言、第一、二、三、五、六、七、九章部份）》，載於1988年3月基本法起草委員會秘書處《中華人民共和國香港特別行政區基本法（草案）草稿》

【P37】
第一百三十四條
「外國軍用航空器」包括什麼，建議再研究加以明確。

第四稿

「第一百三十六條　香港特別行政區繼續實行原在香港實行的民用航空管理制度，並按中央人民政府關於飛機國籍標誌和登記標誌的規定，設置自己的飛機登記冊。
外國軍用航空器進入香港特別行政區須經中央人民政府特別許可。」
〔1988年4月基本法起草委員會秘書處《中華人民共和國香港特別行政區基本法（草案）草稿》〕

① 《各專題小組的部份委員對本小組所擬條文的意見和建議匯輯》，載於1988年4月基本法起草委員會秘書處《中華人民共和國香港特別行政區基本法（草案）草稿》

【P71】
第一百三十六條
（編者按：內容同第三稿文件①）

第五稿

「第一百三十五條　香港特別行政區繼續實行原在香港實行的民用航空管理制度，並按中央人民政府關於飛機國籍標誌和登記標誌的規定，設置自己的飛機登記冊。
外國軍用航空器進入香港特別行政區須經中央人民政府特別許可。」
〔1988年4月基本法起草委員會《中華人民共和國香港特別行政區基本法（草案）徵求意見稿》〕

① 《各專題小組的部份委員對本小組所擬條文的意見和建議匯輯》，載於1988年4月基本法起草委員會《中華人民共和國香港特別行政區基本法（草案）徵求意見稿》

【P102】
第一百三十五條
（編者按：內容同第三稿文件①）

第六稿

「第一百二十八條　香港特別行政區繼續實行原在香港實行的民用航空管理制度，並按中央人民政府關於飛機國籍標誌和登記標誌的規定，設置自己的飛機登記冊。
外國國家航空器進入香港特別行政區須經中央人民政府特別許可。」
〔1989年2月《中華人民共和國香港特別行政區基本法（草案）》〕

① 1988年10月基本法諮詢委員會《中華人民共和國香港特別行政區基本法（草案）徵求意見稿諮詢　報告第五冊——條文總報告》

第五章
第七節　整體意見
1. 建議
→ 第一百三十一、第一百三十三、第一百三十五至第一百四十條中有關香港特別行政區與外國的航運關係的內容，可放在第七章內。

第一百三十五條
2. 意見
→ 贊同此條文。
→ 外國新式飛機、新科技若不可進入香港而中國科技又落後，香港會因此失去軍事科技發展自由。
2.1 其他意見
→ 飛機國籍標誌多以國旗或國徽表示，這個技術上的問題非如想像中容易處理。
→ 此條對台灣的中華航空公司及其他與中國仍然沒有邦交或處於敵對狀態的國家產生不利影響。
→ 此條應包括非定期性和包機航空運輸的經營方式，但此種含義在條文中並不明顯。

3. 建議
3.1 修改
→ 「外國軍用航空器」意思不明。或可改為「外國軍用航空工具」或「外國軍用航空器械」。
→ 有關標誌規定之部份改為：「由當時的行政區政府按中央人民政府的要求制定一切所需的標誌規定。」
3.2 增加
→ 在此條首加上：「香港特別行政區政府盡力維持民航之最高安全標準。」
理由：國際航空界和國際航空旅客，可能擔心在一九九七年後香港的國際航空公司將不會如現時般提供最高的安全標準。
→ 第一款末加上：「及訂於本地規則內。」
理由：雖然香港機場原則上只屬本地事務，但中央人民政府應有規定國際航空標誌之最後決策權。
→ 加上：「嚴禁以核電為動力或載有核子武器的飛機進入香港特別行政區內」。
→ 增加有關非定期性民航服務一項，即：「香港特別行政區繼續實行原在香港實行的民用航空管理制度，包括進出特別行政區的非定期性民航服務之有關手續，並按中央人民政府關於飛機國籍標誌和登記標誌的規定設置自己的飛機登記冊。」
3.3 其他建議
→ 外國軍用航空器進入香港特別行政區須經中央人民政府特別許可。
→ 中央設立一「軍事聯絡處」於本港內以處理批准軍用船隻及飛機入港之事宜。
理由：
⊙ 這可免去因向北京申請之時間耽誤。
⊙ 有見及軍用船隻、飛機在港之活動多為循例性質，應可快捷處理及批准。
→ 應詳細說明「外國軍用航空器」所指何物，否則此款無存在必要。
→ 關於「軍用航空器」定義，建議如下：
（1）素來屬於外國軍隊的航空器；和／或
（2）有能力執行軍事任務的航空器。（包括配備有武器或偵查、干擾設備的航空器。偵察設備的定義是在輔助航行所必要的設備以外，能以任何措施探測地面或空中情況的設備。干擾設備的定義是能夠破壞或阻礙地面通訊的設備。）
→ 「外國軍用航空器」應包括外國軍事單位租用的民航飛機。

第七稿

「第一百二十九條　香港特別行政區繼續實行原在香港實行的民用航空管理制度，並按中央人民政府關於飛機國籍標誌和登記標誌的規定，設置自己的飛機登記冊。
外國國家航空器進入香港特別行政區須經中央人民政府特別許可。」
〔1990 年 2 月 16 日《中華人民共和國香港特別行政區基本法（草案）》〕

① 1989 年 11 月基本法諮詢委員會《中華人民共和國香港特別行政區基本法（草案）諮詢報告第三冊——條文總報告》

第一百二十八條
2. 意見
2.1 反面意見
→ 「外國軍用航空器」的「器」字意思不明。基本法是寫給香港市民看的，其用字卻這麼艱澀，使人費解。

3. 建議
3.1 修改
→ 第一款改為：「香港特別行政區繼續實行原在香港實行的民用航空管理制度，但將由特別行政區政府於此訂下全部由中央人民政府關於飛機登記標誌的規定，設置自己的飛機登機冊及訂於本地規則內。」
→ 第二款改為：「外國國家航空器進入香港特別行政區依香港特別行政區法律辦理。」
→ 在「航空器」前加上「軍用」二字。

第八稿

「第一百二十九條　香港特別行政區繼續實行原在香港實行的民用航空管理制度，並按中央人民政府關於飛機國籍標誌和登記標誌的規定，設置自己的飛機登記冊。
外國國家航空器進入香港特別行政區須經中央人民政府特別許可。」
〔1990 年 4 月《中華人民共和國香港特別行政區基本法》〕

香港特別行政區自行負責民用航空的日常業務和技術管理，包括機場管理，在香港特別行政區飛行情報區內提供空中交通服務，和履行國際民用航空組織的區域性航行規劃程序所規定的其他職責。

❀ 貳｜概念

1.自行管理民用航空業務和技術

❀ 叁｜條文本身的演進和發展

▶ 第一稿

第五章
「第四十三條　香港特別行政區自行負責民用航空的日常業務和技術管理，自行負責機場管理。

香港特別行政區負責在特別行政區飛行情報區內提供空中交通服務，履行國際民用航空組織的區域性航行規劃程序所規定的其他職責。」
〔1987 年 8 月 22 日《經濟專題小組的工作報告》，載於《中華人民共和國香港特別行政區基本法起草委員會第五次全體會議文件匯編》〕

① 1987 年 1 月 26 日《基本法諮詢委員會「基本法與航空政策座談會」報告》

【P3-4】
五、飛行性能、機械性能、飛機登記、牌照
19.特別行政區應有自主權去選擇一套國際飛行性能標準，其標準可以是沿用美國、德國、法國、英國或日本的模式。（港龍）
20.特別行政區應有權採用國際認可的操作及機械性能標準。（港龍）

六、其他有關服務

23.啟德機場的設施對於整個航空基礎建設是最重要的一環，因此在處理機場的租約問題上，有必要繼續給予特別優待。香港飛機工程公司、香港航空貨運站及機上膳食中心這三個事業缺一不可，否則啟德機場便無從發揮國際機場的作用。倘若單憑有關土地的一般商業價值來衡量其租約的租值及價格，便會使到這些事業完全不合經濟原則。因此基本法必須承認它們的獨特地位。（國泰）
24.倘若所有的商業機構都要求在基本法內列明其「獨特地位」，那麼基本法將成為極端獨立及複雜的文件而已。它只可制定一個由法律保障既有利益及防止競爭的體系，而非一個真正的資本體系。此舉不但與經濟及社會傳統格格不入，更與《中英聯合聲明》中所說的「安定繁榮」相抵觸。（港龍）

▶ 第二稿

「第一百三十五條　香港特別行政區自行負責民用航空的日常業務和技術管理，自行負責機場管理。

香港特別行政區負責在特別行政區飛行情報區內提供空中交通服務，履行國際民用航空組織的區域性航行規劃程序所規定的其他職責。」
〔1987 年 12 月基本法起草委員會秘書處《香港特別行政區基本法（草案）》（匯編稿）〕

① 1987 年 9 月 2 日《中華人民共和國香港特別行政區基本法起草委員會第五次全體會議委員們對基本法序言和第一、二、三、四、五、六、七、九章條文草稿的意見匯集》

【P61】
六、關於香港特別行政區的經濟

（八）第七節 民航管理
1.有的委員建議，將第四十三條第一款和第二款合併寫成：「負責民用航空的日常業務和技術管理，包括自行負責機場管理……」。

※

② 金融財務經濟專責小組《對基本法第五章「香港

特別行政區的經濟」條文草稿（一九八七年八月）的意見》（1987 年 11 月 4 日經執行委員會通過）

【P14】

條文草稿	容永道建議修改稿	諮詢意見
第四十三條	第三十九條「香港特別行政區自行負責民用航空的日常業務和技術管理，包括機場管理，在香港特別行政區飛行情報區內提供空中交通服	中央人民政府經同香港特別行政區政府磋商作出安排，為香港特別行政區和中華人民共和國的航空

務，以及履行國際民用航空組織的區域性航行規劃程序所規定的其他職責。」

說明：聯合聲明附件一、第六節、第一段、第四句在「技術管理」後面用了「包括」一詞，意指其後面所含事項很多，難以盡列。基本法條文應如實反映此點。

公司提供香港特別行政區和中華人民共和國其他地區之間的往返航班，並須以下列原則為根據：中國的航空公司飛往香港特別行政區的航班數目與香港特別行政區的航空公司飛往中國的航班數目，應維持適當的平衡。

第三稿

「第一百三十五條　香港特別行政區自行負責民用航空的日常業務和技術管理，包括機場管理，在特別行政區飛行情報區內提供空中交通服務，和履行國際民用航空組織的區域性航行規劃程序所規定的其他職責。」

〔1988 年 3 月基本法起草委員會秘書處《中華人民共和國香港特別行政區基本法（草案）草稿》（總體工作小組第二次會議對目錄、序言、第一、二、三、五、六、七、九章的修改稿）〕

① 1987 年 12 月《中華人民共和國香港特別行政區基本法起草委員會第六次全體會議委員們對第四、五、六、十章和條文草稿匯編的意見》

【P32】
20. 第一百三十五條

（1）有的委員建議，本條應採用聯合聲明的寫法，改為：「香港特別行政區自行負責民用航空的日常業務和技術管理，包括機場管理……區域性航行規劃程序的規定的其他職責。」

（2）有的委員提出，在第二款「負責」之前加「自行」兩字。

第四稿

「第一百三十七條　香港特別行政區自行負責民用航空的日常業務和技術管理，包括機場管理，在香港特別行政區飛行情報區內提供空中交通服務，和履行國際民用航空組織的區域性航行規劃程序所規定的其他職責。」

〔1988 年 4 月基本法起草委員會秘書處《中華人民共和國香港特別行政區基本法（草案）草稿》〕

第五稿

「第一百三十六條　香港特別行政區自行負責民用航空的日常業務和技術管理，包括機場管理，在香港特別行政區飛行情報區內提供空中交通服務，和履行國際民用航空組織的區域性航行規劃程序所規定的其他職責。」

〔1988 年 4 月基本法起草委員會《中華人民共和國香港特別行政區基本法（草案）徵求意見稿》〕

第六稿

「第一百二十九條　香港特別行政區自行負責民用航空的日常業務和技術管理，包括機場管理，在香港特別行政區飛行情報區內提供空中交通服務，和履行國際民用航空組織的區域性航行規劃程序所規定的其他職責。」

〔1989 年 2 月《中華人民共和國香港特別行政區基本法（草案）》〕

第七稿

「第一百三十條　香港特別行政區自行負責民用航空的日常業務和技術管理，包括機場管理，在香港特別行政區飛行情報區內提供空中交通服務，和履行國際民用航空組織的區域性航行規劃程序所規定的其他職責。」

〔1990 年 2 月 16 日《中華人民共和國香港特別行政區基本法（草案）》〕

① 1989 年 11 月基本法諮詢委員會《中華人民共和國香港特別行政區基本法（草案）諮詢報告第三　冊——條文總報告》

2.1 增加
→ 在「香港特別行政區」之後加上「政府」二字。

第八稿

「第一百三十條　香港特別行政區自行負責民用航空的日常業務和技術管理，包括機場管理，在香港特別行政區飛行情報區內提供空中交通服務，和履行國際民用航空組織的區域性航行規劃程序所規定的其他職責。」

〔1990 年 4 月《中華人民共和國香港特別行政區基本法》〕

中央人民政府經同香港特別行政區政府磋商作出安排，為在香港特別行政區註冊並以香港為主要營業地的航空公司和中華人民共和國的其他航空公司，提供香港特別行政區和中華人民共和國其他地區之間的往返航班。

❀ 貳│概念

1. 以香港為主要營業地的航空公司
2. 香港和內地航班的安排

❀ 叁│條文本身的演進和發展

第一稿

第五章

「第四十四條　中央人民政府經同香港特別行政區政府磋商作出安排，為在香港特別行政區註冊並以香港特別行政區為主要營業地的航空公司和中華人民共和國的其他航空公司，提供香港特別行政區和中華人民共和國其他地區之間的往返航班。」

〔1987 年 8 月 22 日《經濟專題小組的工作報告》，載於《中華人民共和國香港特別行政區基本法起草委員會第五次全體會議文件匯編》〕

① 1987 年 1 月 26 日《基本法諮詢委員會「基本法與航空政策座談會」報告》

【P3】

四、航空協議的簽訂

17.《中英聯合聲明》清楚指出以下三類航班的分別：（1）香港特別行政區和中華人民共和國其他地區之間的往返航班；（2）中華人民共和國其他地區與其他國家和地區的往返並經停香港特別行政區的航班；（3）香港特別行政區與其他國家和地區的往返並經停中華人民共和國其他地區的航班。上述第一類的「地區性」航空服務須由中央政府和香港特別行政區政府所同意，而香港特別行政區政府經中央政府授權，可獨立商談訂立有關第二類航空服務的協議和實際執行此等協議（包括有權批准其他國家航空公司前來香港特別行政區的班機服務）。最後一類航空服務的協定則應交由中央政府負責，但同時要顧及香港特別行政區的具體情況及經濟利益，並跟香港特別行政區政府磋商和容許其參與有關民航談判。（蘇海文）

18. 基本法應保證現行的航空協議及條例在九七年之後仍

可保持。（國泰）

※

② 金融財務經濟專責小組《航運及民航政策最後報告》（1987 年 8 月 8 日經執行委員會通過）

【P3】

Ⅱ 民航政策

基本法應有條文以包括下列各點：

6.《中英聯合聲明》規定「中央人民政府經同香港特別行政區政府磋商作出安排，為在香港特別行政區註冊並以香港特別行政區為主要營業地的航空公司和中華人民共和國的其他航空公司，提供香港特別行政區和中華人民共和國其他地區之間的往返航班」。在磋商時，需考慮中國的航空公司飛往香港特區的航班數目與香港特區的航空公司飛往中國的航班數目，應維持適當的平衡。這方面因屬「國家內部」或「地區」事務，所以不會產生航線代表權的問題。這方面的民航事務，將由中央政府及香港特區政府作出特別安排。

第二稿

「第一百三十六條　中央人民政府經同香港特別行政區政府磋商作出安排，為在香港特別行政區註冊並以香港特別行政區為主要營業地的航空公司和中華人民共和國的其他航空公司，提供香港特別行政區和中華人民共和國其他地區之間的往返航班。」

〔1987 年 12 月基本法起草委員會秘書處《香港特別行政區基本法（草案）》（匯編稿）〕

① 金融財務經濟專責小組《對基本法第五章「香港特別行政區的經濟」條文草稿（一九八七年八月）的意見》（1987 年 11 月 4 日經執行委員會通過）

條文草稿	容永道建議修改稿	諮詢意見
第四十四條	第四十條（照草稿第四十四條）	對提供過境權、技術停降權、及不往返、經停中國內地而只往返、經停香港航班的航空運輸協定和臨時協議，香港特別

行政區經中央人民政府具體授權後，可自行談判、簽訂、檢討、修改、終止。有關結果須報中央人民政府備案。

第三稿

「第一百三十六條　中央人民政府經與香港特別行政區政府磋商作出安排，為在香港特別行政區註冊並以香港為主要營業地的航空公司和中華人民共和國的其他航空公司，提供香港特別行政區和中華人民共和國其他地區之間的往返航班。」

〔1988 年 3 月基本法起草委員會秘書處《中華人民共和國香港特別行政區基本法（草案）草稿》（總體工作小組第二次會議對目錄、序言、第一、二、三、五、六、七、九章的修改稿）〕

第四稿

「第一百三十八條　中央人民政府經與香港特別行政區政府磋商作出安排，為在香港特別行政區註冊並以香港為主要營業地的航空公司和中華人民共和國的其他航空公司，提供香港特別行政區和中華人民共和國其他地區之間的往返航班。」

〔1988 年 4 月基本法起草委員會秘書處《中華人民共和國香港特別行政區基本法（草案）草稿》〕

第五稿

「第一百三十七條　中央人民政府經與香港特別行政區政府磋商作出安排，為在香港特別行政區註冊並以香港為主要營業地的航空公司和中華人民共和國的其他航空公司，提供香港特別行政區和中華人民共和國其他地區之間的往返航班。」

〔1988 年 4 月基本法起草委員會《中華人民共和國香港特別行政區基本法（草案）徵求意見稿》〕

第六稿

「第一百三十條　中央人民政府經與香港特別行政區政府磋商作出安排，為在香港特別行政區註冊並以香港為主要營業地的航空公司和中華人民共和國的其他航空公司，提供香港特別行政區和中華人民共和國其他地區之間的往返航班。」

〔1989 年 2 月《中華人民共和國香港特別行政區基本法（草案）》〕

第七稿

「第一百三十一條　中央人民政府經同香港特別行政區政府磋商作出安排，為在香港特別行政區註冊並以香港為主要營業地的航空公司和中華人民共和國的其他航空公司，提供香港特別行政區和中華人民共和國其他地區之間的往返航班。」

〔1990 年 2 月 16 日《中華人民共和國香港特別行政區基本法（草案）》〕

① 1989 年 11 月基本法諮詢委員會《中華人民共和國香港特別行政區基本法（草案）諮詢報告第三冊——條文總報告》

【P230】
第一百三十條
2.意見

2.1 反面意見
→ 不應將航機班線的問題列入基本法內。
理由：這些問題是特別行政區與內陸班機之間的事情，是內部事情。其他國家也未有將內陸班機的事列入憲法內。

3.建議
3.1 修改
→ 將「應該」改為「必須」，將「可以」改為「能夠」。

第八稿

「第一百三十一條　中央人民政府經同香港特別行政區政府磋商作出安排，為在香港特別行政區註冊並以香港為主要營業地的航空公司和中華人民共和國的其他航空公司，提供香港特別行政區和中華人民共和國其他地區之間的往返航班。」

〔1990 年 4 月《中華人民共和國香港特別行政區基本法》〕

凡涉及中華人民共和國其他地區同其他國家和地區的往返並經停香港特別行政區的航班，和涉及香港特別行政區同其他國家和地區的往返並經停中華人民共和國其他地區航班的民用航空運輸協定，由中央人民政府簽訂。

中央人民政府在簽訂本條第一款所指民用航空運輸協定時，應考慮香港特別行政區的特殊情況和經濟利益，並同香港特別行政區政府磋商。

中央人民政府在同外國政府商談有關本條第一款所指航班的安排時，香港特別行政區政府的代表可作為中華人民共和國政府代表團的成員參加。

❧ 貳│概念

1. 跨境民航運輸協定的簽訂和磋商

❧ 叁│條文本身的演進和發展

第一稿

第五章

「第四十五條　涉及中華人民共和國其他地區與其他國家和地區的往返並經停香港特別行政區的航班，和涉及香港特別行政區與其他國家與地區的往返並經停中華人民共和國其他地區航班的民用航空運輸協定，由中央人民政府簽訂。

在簽訂本條第一款所指國際民用航空運輸協定時，應考慮香港特別行政區的特殊情況和經濟利益，並同香港特別行政區政府磋商。

中央人民政府在同外國政府商談有關本條第一款所指航班的安排時，香港特別行政區政府的代表可作為中華人民共和國政府代表團成員參加。」

〔1987 年 8 月 22 日《經濟專題小組的工作報告》，載於《中華人民共和國香港特別行政區基本法起草委員會第五次全體會議文件匯編》〕

① 1987 年 1 月 26 日《基本法諮詢委員會「基本法與航空政策座談會」報告》

【P3】

四、航空協議的簽訂

17.《中英聯合聲明》清楚指出以下三類航班的分別：（1）香港特別行政區和中華人民共和國其他地區之間的往返航班；（2）中華人民共和國其他地區與其他國家和地區的往返並經停香港特別行政區的航班；（3）香港特別行政區與其他國家和地區的往返並經停中華人民共和國其他地區的航班，上述第一類的「地區性」航空服務須由中央政府和香港特別行政區政府所同意，而香港特別行政區政府經中央政府授權，可獨自商談訂立有關第二類航空服務的協議和實際執行此等協議（包括有權批准其他國家航空公司前來香港特別行政區的班機服務）。最後一類航空服務

的協定則應交由中央政府負責，但同時要顧及香港特別行政區的具體情況和經濟利益，並跟香港特別行政區政府磋商和容許其參與有關民航談判。（蘇海文）

18.基本法應保證現行的航空協議及條例在九七年之後仍可保持。（國泰）

第二稿

「第一百三十七條　涉及中華人民共和國其他地區與其他國家和地區的往返並經停香港特別行政區的航班，和涉及香港特別行政區與其他國家和地區的往返並經停中華人民共和國其他地區航班的民用航空運輸協定，由中央人民政府簽訂。

中央人民政府在簽訂本條第一款所指國際民用航空運輸協定時，應考慮香港特別行政區的特殊情況和經濟利益，並同香港特別行政區政府磋商。

中央人民政府在同外國政府商談有關本條第一款所指航班的安排時，香港特別行政區政府的代表可作為中華人民共和國政府代表團成員參加。」
〔1987年12月基本法起草委員會秘書處《香港特別行政區基本法（草案）》（匯編稿）〕

① 1987年9月2日《中華人民共和國香港特別行政區基本法起草委員會第五次全體會議委員們對基本法序言和第一、二、三、四、五、六、七、九章條文草稿的意見匯集》

【P61】
六、關於香港特別行政區的經濟
（八）第七節　民航管理
2.有的委員認為，第四十五條第二款無主語，應加上「中央人民政府」或者接上第一款。

※

②金融財務經濟專責小組《對基本法第五章「香港特別行政區的經濟」條文草稿（一九八七年八月）的意見》（1987年11月4日經執行委員會通過）

【P15】

條文草稿	容永道建議修改稿	諮詢意見
第四十五條	第四十一條(照草稿第四十五條)	凡涉及中華人民共和國其他地區與其他國家和地區的往返並經停香港特別行政區的航班，和涉及香港特別行政區與其他國家和地區的往返並經停中華人民共和國其他地區的民用航空運輸協定，由中央人民政府簽訂。為此，中央人民政府應同香港特別行政區磋商，並考慮香港特別行政區的特殊情況、經濟利益及由香港特別行政區根據第四十四條簽訂的航空運輸協定中的有關規定。中央人民政府在同外國政府磋商及談判本條所述的航班安排時，香港特別行政區政府的代表可作為中華人民共和國政府代表團成員參加。

第三稿

「第一百三十七條　凡涉及中華人民共和國其他地區與其他國家和地區的往返並經停香港特別行政區的航班，和涉及香港特別行政區與其他國家和地區的往返並經停中華人民共和國其他地區航班的民用航空運輸協定，由中央人民政府簽訂。

中央人民政府在簽訂本條第一款所指國際民用航空運輸協定時，應考慮香港特別行政區的特殊情況和經濟利益，並與香港特別行政區政府磋商。

中央人民政府在與外國政府商談有關本條第一款所指航班的安排時，香港特別行政區政府的代表可作為中華人民共和國政府代表團的成員參加。」
〔1988年3月基本法起草委員會秘書處《中華人民共和國香港特別行政區基本法（草案）草稿》（總體工作小組第二次會議對目錄、序言、第一、二、三、五、六、七、九章的修改稿）〕

第四稿

「第一百三十九條　凡涉及中華人民共和國其他地區與其他國家和地區的往返並經停香港特別行政區的航班，和涉及香港特別行政區與其他國家和地區的往返並經停中華人民共和國其他地區航班的民用航空運輸協定，由中央人民政府簽訂。

中央人民政府在簽訂本條第一款所指國際民用航空運輸協定時，應考慮香港特別行政區的特殊情況和經濟利益，並與香港特別行政區政府磋商。

中央人民政府在與外國政府商談有關本條第一款所指航班的安排時，香港特別行政區政府的代表可作為中華人民共和國政府代表團的成員參加。」

〔1988 年 4 月基本法起草委員會秘書處《中華人民共和國香港特別行政區基本法（草案）草稿》〕

第五稿

「第一百三十八條　凡涉及中華人民共和國其他地區與其他國家和地區的往返並經停香港特別行政區的航班，和涉及香港特別行政區與其他國家和地區的往返並經停中華人民共和國其他地區航班的民用航空運輸協定，由中央人民政府簽訂。

中央人民政府在簽訂本條第一款所指國際民用航空運輸協定時，應考慮香港特別行政區的特殊情況和經濟利益，並與香港特別行政區政府磋商。

中央人民政府在與外國政府商談有關本條第一款所指航班的安排時，香港特別行政區政府的代表可作為中華人民共和國政府代表團的成員參加。」

〔1988 年 4 月基本法起草委員會《中華人民共和國香港特別行政區基本法（草案）徵求意見稿》〕

第六稿

「第一百三十一條　凡涉及中華人民共和國其他地區同其他國家和地區的往返並經停香港特別行政區的航班，和涉及香港特別行政區同其他國家和地區的往返並經停中華人民共和國其他地區航班的民用航空運輸協定，由中央人民政府簽訂。

中央人民政府在簽訂本條第一款所指民用航空運輸協定時，應考慮香港特別行政區的特殊情況和經濟利益，並同香港特別行政區政府磋商。

中央人民政府在同外國政府商談有關本條第一款所指航班的安排時，香港特別行政區政府的代表可作為中華人民共和國政府代表團的成員參加。」

〔1989 年 2 月《中華人民共和國香港特別行政區基本法（草案）》〕

① 1988 年 10 月基本法諮詢委員會《中華人民共和國香港特別行政區基本法（草案）徵求意見稿諮詢報告第五冊——條文總報告》

【P394】
第五章
第七節　整體意見
1. 建議
→　第一百三十一、第一百三十三、第一百三十五至第一百四十條中有關香港特別行政區與外國的航運關係的內容，可放在第七章內。

【P397】

第一百三十八條
2. 意見
→ 這條文實際上規定由中國政府統籌航空服務，而香港代表只是代表團的成員。這並不符合一國兩制的基本原則，亦與現行制度不同。現行制度是由香港政府委任審裁處（通常包括一位法官）聆訊再由香港政府裁決。這對所有本地或國際航空公司皆適用。當然，如果有關航空公司欲在其他國家或中國其他地區降落，則須與各有關當局進行磋商。基本法條文所訂無須與上述制度有不同之處，因為這全屬本土事務。甚至目前軍機在香港本土的升降權亦非當然性的。

3. 建議
→ 把「可」字刪除。
理由：因香港得以派員參加此種商談至為重要。

第七稿

「第一百三十二條　凡涉及中華人民共和國其他地區同其他國家和地區的往返並經停香港特別行政區的航班，和涉及香港特別行政區同其他國家和地區的往返並經停中華人民共和國其他地區航班的民用航空運輸協定，由中央人民政府簽訂。

中央人民政府在簽訂本條第一款所指民用航空運輸協定時，應考慮香港特別行政區的特殊情況和經濟利益，並同香港特別行政區政府磋商。

中央人民政府在同外國政府商談有關本條第一款所指航班的安排時，香港特別行政區政府的代表可作為中華人民共和國政府代表團的成員參加。」

〔1990 年 2 月 16 日《中華人民共和國香港特別行政區基本法（草案）》〕

① 1989 年 11 月基本法諮詢委員會《中華人民共和國香港特別行政區基本法（草案）諮詢報告第三冊——條文總報告》

【P230-231】

第一百三十一條
2. 意見
2.1 反面意見
→ 這條文實際上規定由中國政府統籌航空服務。香港代表只是代表團的成員，並不符合一國兩制的基本原則，亦與現行

制度不同。現行制度是由香港政府委任審裁處（通常包括一位法官）聆訊再由香港政府裁決有關事宜。這對所有本地或國際航空公司皆適用。當然，如果有關航空公司欲在其他國家或中國其他地區降落，則須與各有關當局進行磋商。基本法條文無須訂出與上述制度不同之規定，因為這全屬內部事務。

3.建議
3.1 修改
→ 將第一款改為：「凡由世界各地來往中華人民共和國其他地區而經停香港特別行政區之航班，其有關民用航空運輸協定統由中央人民政府簽訂。」

理由：原文似嫌累贅，故參照英文予以改寫。
→ 將第二款內「本條第一款所指」的字眼改為「上述」。
→ 將第三款內「同」字改為「與」，將「有關本條第一款所指」的字眼改為「上述協定中有關」。
理由：「同」字用於粵語不成問題，用於書面上則以「與」字為佳。
→ 刪去第二及第三款，並將第一款句末「由中央人民政府簽訂」改為「由香港特別行政區與該地區政府簽訂，並報中央人民政府備案。」

4.待澄清問題
→ 何謂「中華人民共和國其他地區」？

第八稿

「第一百三十二條　凡涉及中華人民共和國其他地區同其他國家和地區的往返並經停香港特別行政區的航班，和涉及香港特別行政區同其他國家和地區的往返並經停中華人民共和國其他地區航班的民用航空運輸協定，由中央人民政府簽訂。

中央人民政府在簽訂本條第一款所指民用航空運輸協定時，應考慮香港特別行政區的特殊情況和經濟利益，並同香港特別行政區政府磋商。

中央人民政府在同外國政府商談有關本條第一款所指航班的安排時，香港特別行政區政府的代表可作為中華人民共和國政府代表團的成員參加。」

〔1990 年 4 月《中華人民共和國香港特別行政區基本法》〕

香港特別行政區政府經中央人民政府具體授權可：

（一）續簽或修改原有的民用航空運輸協定和協議；

（二）談判簽訂新的民用航空運輸協定，為在香港特別行政區註冊並以香港為主要營業地的航空公司提供航線，以及過境和技術停降權利；

（三）同沒有簽訂民用航空運輸協定的外國或地區談判簽訂臨時協議。

不涉及往返、經停中國內地而只往返、經停香港的定期航班，均由本條所指的民用航空運輸協定或臨時協議予以規定。

✿ 貳｜概念

1. 中央政府授權香港談判及簽訂民航運輸協議
2. 只涉及往返、經停香港的定期航班

✿ 叁｜條文本身的演進和發展

第一稿 ▶

第五章
「第四十六條　香港特別行政區政府經中央人民政府具體授權可：
（一）續簽或者修改原有的民用航空運輸協定和協議（這些協定和協議原則上都可續簽或者修改，並盡可能保留原協定和協議規定的權利）；
（二）簽訂新的民用航空運輸協定，為在香港特別行政區註冊並以香港特別行政區為主要營業地的航空公司提供航線，以及過境和技術停降權利；
（三）同沒有簽訂民用航空運輸協定的外國或地區簽訂臨時協議。
不涉及往返、經停中國內地而只往返、經停香港特別行政區的定期航班，均可由本條所指的民用航空運輸協定或者臨時協議予以規定。」
〔1987 年 8 月 22 日《經濟專題小組的工作報告》，載於《中華人民共和國香港特別行政區基本法起草委員會第五次全體會議文件匯編》〕

①金融財務經濟專責小組《航運及民航政策最後報告》（1987 年 8 月 8 日經執行委員會通過）

【P3】

II 民航政策
基本法應有條文以包括下列各點：
3.《中英聯合聲明》規定「經中央人民政府具體授權」，香港特別行政區可以為不涉及往返、經停中國內地而只往返、經停香港特別行政區的定期航班，商談、簽訂、續簽

及修改民用航空運輸協定或臨時協議。
基本法應清楚訂明這種具體授權是指在民航方面，只要符合《中英聯合聲明》所規定的範圍，香港特別行政區便應可自行商談及簽訂上述協議。

※

②1987年8月22日《經濟專題小組的工作報告》，載於《中華人民共和國香港特別行政區基本法起草委員會第五次全體會議文件匯編》

【P69-70】
第五章　香港特別行政區的經濟（草稿）
第七節　民航管理
說明：有的委員建議，將第四十六條和第四十七條合併，並改寫為：「經中央人民政府具體授權，香港特別行政區政府對與香港特別行政區政府有關的民用航空運輸協定、協議、或臨時協議，可以談判、修改、續簽或簽署，並依法作出安排，報中央人民政府批准或備案」。

第二稿

「第一百三十八條　香港特別行政區政府經中央人民政府具體授權可：
（一）續簽或者修改原有的民用航空運輸協定和協議；
（二）簽訂新的民用航空運輸協定，為在香港特別行政區註冊並以香港特別行政區為主要營業地的航空公司提供航線，以及過境和技術停降權利；
（三）同沒有簽訂民用航空運輸協定的外國或地區簽訂臨時協議。
不涉及往返、經停中國內地而只往返、經停香港特別行政區的定期航班，均可由本條所指的民用航空運輸協定或者臨時協議予以規定。」
〔1987年12月基本法起草委員會秘書處《香港特別行政區基本法（草案）》（匯編稿）〕

①1987年9月2日《中華人民共和國香港特別行政區基本法起草委員會第五次全體會議委員們對基本法序言和第一、二、三、四、五、六、七、九章條文草稿的意見匯集》

【P61】
六、關於香港特別行政區的經濟
（八）第七節　民航管理
3.有的委員提出，關於第四十六條，希望在頒佈基本法時，由中央人民政府一次性授權香港特別行政區政府自行處理第四十六條所規定的事項，而不需要逐項經中央人民政府具體授權。但有的委員認為，民航問題比較複雜，很多事務都涉及國家主權問題，如簽訂或續簽民航協定和協議等，不可能通過一次性授權解決。有的委員提出，第

四十六條的括號可刪去。括號內的內容重複，如何處理，請專題小組考慮。

※

②金融財務經濟專責小組《對基本法第五章「香港特別行政區的經濟」條文草稿（一九八七年八月）的意見》（1987年11月4日經執行委員會通過）

【P16】

條文草稿	容永道建議修改稿
第四十六條	第四十二條（照草稿第四十六條）

第三稿

「第一百三十八條　香港特別行政區政府經中央人民政府具體授權可：
（一）續簽或修改原有的民用航空運輸協定和協議；
（二）簽訂新的民用航空運輸協定，為在香港特別行政區註冊並以香港為主要營業地的航空公司提供航線，以及過境和技術停降權利；
（三）與沒有簽訂民用航空運輸協定的外國或地區談判簽訂臨時協議。
不涉及往返、經停中國內地而只往返、經停香港的定期航班，均由本條所指的民用航空運輸協定或臨時協議予以規定。」
〔1988年3月基本法起草委員會秘書處《中華人民共和國香港特別行政區基本法（草案）草稿》（總體工作小組第二次會議對目錄、序言、第一、二、三、五、六、七、九章的修改稿）〕

①1987年12月《中華人民共和國香港特別行政區基本法起草委員會第六次全體會議委員們對基本法第四、五、六、十章和條文草稿匯編的意見》

【P32-33】
21.第一百三十八條
有的委員提出，本條中的第（二）、（三）項在「簽訂」之前加「談判」，第（三）項刪去「可」字。

第四稿

「第一百四十條　香港特別行政區政府經中央人民政府具體授權可：
（一）續簽或修改原有的民用航空運輸協定和協議；

（二）談判簽訂新的民用航空運輸協定，為在香港特別行政區註冊並以香港為主要營業地的航空公司提供航線，以及過境和技術停降權利；

（三）與沒有簽訂民用航空運輸協定的外國或地區談判簽訂臨時協議。

不涉及往返、經停中國內地而只往返、經停香港的定期航班，均由本條所指的民用航空運輸協定或臨時協議予以規定。」

〔1988年4月基本法起草委員會秘書處《中華人民共和國香港特別行政區基本法（草案）草稿》〕

第五稿

「第一百三十九條　香港特別行政區政府經中央人民政府具體授權可：

（一）續簽或者修改原有的民用航空運輸協定和協議；

（二）談判簽訂新的民用航空運輸協定，為在香港特別行政區註冊並以香港為主要營業地的航空公司提供航線，以及過境和技術停降權利；

（三）與沒有簽訂民用航空運輸協定的外國或地區談判簽訂臨時協議。

不涉及往返、經停中國內地而只往返、經停香港的定期航班，均由本條所指的民用航空運輸協定或臨時協議予以規定。」

〔1988年4月基本法起草委員會《中華人民共和國香港特別行政區基本法（草案）徵求意見稿》〕

第六稿

「第一百三十二條　香港特別行政區政府經中央人民政府具體授權可：

（一）續簽或修改原有的民用航空運輸協定和協議；

（二）談判簽訂新的民用航空運輸協定，為在香港特別行政區註冊並以香港為主要營業地的航空公司提供航線，以及過境和技術停降權利；

（三）同沒有簽訂民用航空運輸協定的外國或地區談判簽訂臨時協議。

不涉及往返、經停中國內地而只往返、經停香港的定期航班，均由本條所指的民用航空運輸協定或臨時協議予以規定。」

〔1989年2月《中華人民共和國香港特別行政區基本法（草案）》〕

① 1988年8月基本法起草委員會秘書處《香港各界人士對〈香港特別行政區基本法（草案）徵求意見稿〉意見匯集（一）》

【P39】
第一百三十九條
應寫明台灣和香港在民航方面的關係。

※

② 1988年10月基本法諮詢委員會《中華人民共和國香港特別行政區基本法（草案）徵求意見稿諮詢報告第五冊——條文總報告》

【P394】
第五章
第七節　整體意見
1. 建議

→ 第一百三十一、第一百三十三、第一百三十五至第一百四十條中有關香港特別行政區與外國的航運關係的內容，可放在第七章內。

【P397-398】
第一百三十九條
2. 意見
→ 本條着重「實踐」方面，第一百三十八條看似着重「原則」，但兩條條文並不相符。

3. 建議
→ 加上：「在此條中提到的民用航空運輸協定和臨時協議當可包括有關非定期性航空運輸的規定。」
理由：此條可能對於雙邊和其他民用航空運輸協定亦適用。但最後一段中的「定期航班」一詞可能令人誤解此條只適用於定期航班。
→ 在第（一）項末加上：「原則上，原協定和協議規定的權利盡可能保留。」
理由：在《中英聯合聲明》中有此規定：不應予以省略以免違反《中英聯合聲明》。

第七稿

「第一百三十三條　香港特別行政區政府經中央人民政府具體授權可：

（一）續簽或修改原有的民用航空運輸協定和協議；

（二）談判簽訂新的民用航空運輸協定，為在香港特別行政區註冊並以香港為主要營業地的航空公司提供航線，以及過境和技術停降權利；

（三）同沒有簽訂民用航空運輸協定的外國或地區談判簽訂臨時協議。

不涉及往返、經停中國內地而只往返、經停香港的定期航班，均由本條所指的民用航空運輸協定或臨時協議予以規定。」

〔1990 年 2 月 16 日《中華人民共和國香港特別行政區基本法（草案）》〕

① 1989 年 11 月基本法諮詢委員會《中華人民共和國香港特別行政區基本法（草案）諮詢報告第三冊——條文總報告》

【P231-232】

第一百三十二條

2.建議

2.1 增加

→ 加上一項：「（四）訂約報中央人民政府備案。」

→ 建議在（一）後加：「原則上，可延續或修改該等協定和協議，但應盡量保留原協定和協議內的權利」。

理由：

⊙《中英聯合聲明》有如此規定，因此不應遺漏，否則便會違反《中英聯合聲明》。

⊙ 建議的條款使英方在該等協議內的利益，不會因主權轉移而喪失。不明白為何這條款會在《中英聯合聲明》出現。因為這條款會損害中國的長遠民用航空利益，使它不能在商議雙邊民用航空運輸協議時利用降落香港的權利與其他國家交換條件。英國政府一直以來都是這樣做，亦會在一九九七年前繼續這樣做。由於《中英聯合聲明》本身是一套完整的規定，從雙邊條約義務的角度看，不應遺漏如此重要的規定。至少名義上也應包括這規定，因該規定可幫助香港與台灣之間的非正式民用航空運輸協議合理化。況且，民航運輸方面的律師都曉得這些協議的內容和精神是隨時可以被約定的秘密備忘錄所取代。

第八稿

「第一百三十三條　香港特別行政區政府經中央人民政府具體授權可：

（一）續簽或修改原有的民用航空運輸協定和協議；

（二）談判簽訂新的民用航空運輸協定，為在香港特別行政區註冊並以香港為主要營業地的航空公司提供航線，以及過境和技術停降權利；

（三）同沒有簽訂民用航空運輸協定的外國或地區談判簽訂臨時協議。

不涉及往返、經停中國內地而只往返、經停香港的定期航班，均由本條所指的民用航空運輸協定或臨時協議予以規定。」

〔1990 年 4 月《中華人民共和國香港特別行政區基本法》〕

中央人民政府授權香港特別行政區政府：

（一）同其他當局商談並簽訂有關執行本法第一百三十三條所指民用航空運輸協定和臨時協議的各項安排；

（二）對在香港特別行政區註冊並以香港為主要營業地的航空公司簽發執照；

（三）依照本法第一百三十三條所指民用航空運輸協定和臨時協議指定航空公司；

（四）對外國航空公司除往返、經停中國內地的航班以外的其他航班簽發許可證。

❀ 貳│概念

1. 商談及簽訂航空運輸協定
2. 以香港為主要營業的航空公司執照的簽發
3. 不經停中國內地的外國航空公司許可證的簽發

❀ 叁│條文本身的演進和發展

第一稿▶

第五章

「第四十七條　中央人民政府授權香港特別行政區政府：

（一）同其他當局商談並簽訂有關執行本法第四十六條所指民用航空運輸協定和臨時協議的各項安排；

（二）對在香港特別行政區註冊並以香港特別行政區為主要營業地的航空公司簽發執照；

（三）按照本法第四十六條所指民用航空運輸協定和臨時協議指定航空公司；

（四）對外國航空公司除往返、經停中國內地的航班以外的其他航班簽發許可證。」

〔1987 年 8 月 22 日《經濟專題小組的工作報告》，載於《中華人民共和國香港特別行政區基本法起草委員會第五次全體會議文件匯編》〕

① **1987 年 1 月 26 日《基本法諮詢委員會「基本法與航空政策座談會」報告》**

【P1-3】

一、航線代表權的問題

1. 香港若要建立健全而效率優良的航空事業，便不能夠也不應該企圖維持兩家或以上經營越洲航線的航空公司。要實現這個理想，就應將政府現行的航空政策中有關航線代表權的部份寫入基本法之內，確保現存航空政策得以延續，保持一個穩定而合理的航運架構。

現行有關航線代表權的政策如下：倘有一家以上的航空公司爭取一航線的代表權，政府當局便會考慮由此而增加的競爭是否對大眾有利，以及交通的需求量是否足夠維持一家以上航空公司的業務。

一般而言，為使本地的航空公司保持強大的業務競爭能力，足以與外地的航空公司抗衡，不論是哪一條航線，大多數政府都會確保本國的航空公司是唯一有充份競爭能力者，而航空公司亦不希望有其他本地的競爭對手瓜分既有的航空權，削弱對外競爭實力。故此，航線的代表權通常只由一家航空公司擁有。（國泰）

2. 政府有關航空政策的條文，是不應列入憲法之中的。因此，將來特區的基本法，亦不適宜詳細列明航線的代表權應由一間或以上的航空公司擁有。況且，從一些放鬆了航線管制的國家的經驗所得，證明競爭能給消費者更佳及更便宜的服務。（港龍）

3.若將現行政府所實施的航空政策列入將來的基本法中，很可能會對特區的自治有不良的影響。因此，基本法應賦予將來特區政府有權自行決定其航空政策。航空政策亦可在特區的航空條例或航空法中列明。（台下發言）

4.將目前的情況（包括香港現行之保護性航空政策）列入基本法內，將會不必要地局限了香港特別行政區將來的經濟發展。（金獅）

5.特區應有明文規定的航空政策。對於航線代表權的分配，應採取放寬管制的政策，即多間航空公司可自由競爭多條航線的代表權。（港龍）

6.航空運輸對正逐漸由供應帶動變為趨向市場帶動，而且已有更多人正逐漸接受「航空運輸」為一種普遍貿易服務之概念。航空運輸業發展的另一個趨勢，就是擁有權的「國際化」。在許多國家，航空公司擁有權的尺度已逐漸放寬，形成國際航空集團，由多國國民擁有。（金獅）

7.一項經營指定航線之安排——兩間以香港為基地的航空公司飛行同一航線，將最能符合香港特別行政區的利益；達成上項結論之機會，實不應受到法律上政治形態的束縛。在指定兩間以香港為基地的航空公司經營同一航線前，需衡量到很多要素。此等問題應由一個獨立的專家發牌局一以公眾利益為準則來決定；此中更需包括考慮到長期利益，例如因而獲得一致及合理的穩定服務。

8.航空運輸業的自由競爭不應該完全不受管制，政府在考慮簽發牌照之前，應顧及市場的需求量，令航空公司及顧客的利益都能得到保障。（台下發言）

9.政府的航空政策應該詳細及盡早有明文規定，因為航空運輸業是需要長遠的計劃及龐大的投資。（台下發言）

10.將來的特別行政區應繼續實施現時對香港的經濟及繁榮有所裨益的航空政策。（台下發言）

三、中華人民共和國的航空公司在特別行政區的地位
15.在特別行政區經營的中華人民共和國的航空公司其權利和義務應在北京及特區共同簽署的協定訂明，此類協定的細節應在香港的主權回歸中國之前就有詳細的訂明。（港龍）

16.在特別行政區內經營的中華人民共和國航空公司，應與特別行政區本身的航空公司保持利益的均衡，避免本地

航空公司的利益受到剝削，亦不應有互相競爭的情況出現。（台下發言）

※

②金融財務經濟專責小組《航運及民航政策最後報告》（1987年8月8日經執行委員會通過）

【P3】
II民航政策
基本法應有條文以包括下列各點：
4.民用航空運輸協定或臨時協議所訂明的航線代表權應由香港特別行政區政府處理。
香港特別行政區應可就不涉及往返、經停中國內地而只往返、經停香港特別行政區的定期及不定期航班，自行決定航線代表權政策（例如一九八五年十一月二十日財政司在立法局宣佈「每線只限一家航空公司」的航線代表權、或修訂現行政策、或將來採納另一不同政策）。

※

③1987年8月22日《經濟專題小組的工作報告》，載於《中華人民共和國香港特別行政區基本法起草委員會第五次全體會議文件匯編》

【P69-70】
第五章　香港特別行政區的經濟（草稿）
第七節　民航管理
說明：有的委員建議，將第四十六條和第四十七條合併，並改寫為：「經中央人民政府具體授權，香港特別行政區政府對與香港特別行政區政府有關的民用航空運輸協定、協議、或臨時協議，可以談判、修改、續簽或簽署，並依法作出安排，報中央人民政府批准或備案」。

第二稿

「第一百三十九條　中央人民政府授權香港特別行政區政府：
（一）同其他當局商談並簽訂有關執行本法第一百三十八條所指民用航空運輸協定和臨時協議的各項安排；
（二）對在香港特別行政區註冊並以香港特別行政區為主要營業地的航空公司簽發執照；
（三）按照本法第一百三十八條所指民用航空運輸協定和臨時協議指定航空公司；
（四）對外國航空公司除往返、經停中國內地的航班以外的其他航班簽發許可證。」
〔1987年12月基本法起草委員會秘書處《香港特別行政區基本法（草案）》（匯編稿）〕

①1987年9月2日《中華人民共和國香港特別行政區基本法起草委員會第五次全體會議委員們對基本法序言和第一、二、三、四、五、六、七、九章條文草稿的意見匯集》

【P62】
六、關於香港特別行政區的經濟
（八）第七節　民航管理
4.有的委員提出，第四十七條是否不寫「中央人民政府授權」，因為法律規定即是授權。有的委員則表示不同意，認為航權是屬於國家的絕對主權，必須寫明「中央人民政府授權」。

※

②金融財務經濟專責小組《對基本法第五章「香港特別行政區的經濟」條文草稿（一九八七年八月）的意見》（1987年11月4日經執行委員會通過）

【P16】

條文草稿	容永道建議修改稿
第四十七條	第四十三條（照草稿第四十七條）

第三稿

「第一百三十九條　中央人民政府授權香港特別行政區政府：

（一）與其他當局商談並簽訂有關執行本法第一百三十八條所指民用航空運輸協定和臨時協議的各項安排；

（二）對在香港特別行政區註冊並以香港為主要營業地的航空公司簽發執照；

（三）按照本法第一百三十八條所指民用航空運輸協定和臨時協議指定航空公司；

（四）對外國航空公司除往返、經停中國內地的航班以外的其他航班簽發許可證。」

〔1988年3月基本法起草委員會秘書處《中華人民共和國香港特別行政區基本法（草案）草稿》（總體工作小組第二次會議對目錄、序言、第一、二、三、五、六、七、九章的修改稿）〕

第四稿

「第一百四十一條　中央人民政府授權香港特別行政區政府：

（一）與其他當局商談並簽訂有關執行本法第一百四十條所指民用航空運輸協定和臨時協議的各項安排；

（二）對在香港特別行政區註冊並以香港為主要營業地的航空公司簽發執照；

（三）依照本法第一百四十條所指民用航空運輸協定和臨時協議指定航空公司；

（四）對外國航空公司除往返、經停中國內地的航班以外的其他航班簽發許可證。」

〔1988年4月基本法起草委員會秘書處《中華人民共和國香港特別行政區基本法（草案）草稿》〕

第五稿

「第一百四十條　中央人民政府授權香港特別行政區政府：

（一）與其他當局商談並簽訂有關執行本法第一百三十九條所指民用航空運輸協定和臨時協議的各項安排；

（二）對在香港特別行政區註冊並以香港為主要營業地的航空公司簽發執照；

（三）依照本法第一百三十九條所指民用航空運輸協定和臨時協議指定航空公司；

（四）對外國航空公司除往返、經停中國內地的航班以外的其他航班簽發許可證。」

〔1988年4月基本法起草委員會《中華人民共和國香港特別行政區基本法（草案）徵求意見稿》〕

第六稿

「第一百三十三條　中央人民政府授權香港特別行政區政府：

（一）同其他當局商談並簽訂有關執行本法第一百三十二條所指民用航空運輸協定和臨時協議的各項安排；

（二）對在香港特別行政區註冊並以香港為主要營業地的航空公司簽發執照；

（三）依照本法第一百三十二條所指民用航空運輸協定和臨時協議指定航空公司；

（四）對外國航空公司除往返、經停中國內地的航班以外的其他航班簽發許可證。」

〔1989年2月《中華人民共和國香港特別行政區基本法（草案）》〕

① 1988年10月基本法諮詢委員會《中華人民共和國香港特別行政區基本法（草案）徵求意見稿諮詢報告第五冊——條文總報告》

【P394】
第五章
第七節　整體意見
1.建議
→ 第一百三十一、第一百三十三、第一百三十五至第

一百四十條中有關香港特別行政區與外國的航運關係的內容，可放在第七章內。

【P398】
第一百四十條
2.意見
→ 第三項意思似乎不完整。

3.待澄清問題
→ 何謂「指定航空公司」？

第七稿

「第一百三十四條　中央人民政府授權香港特別行政區政府：

（一）同其他當局商談並簽訂有關執行本法第一百三十三條所指民用航空運輸協定和臨時協議的各項安排；

（二）對在香港特別行政區註冊並以香港為主要營業地的航空公司簽發執照；

（三）依照本法第一百三十三條所指民用航空運輸協定和臨時協議指定航空公司；

（四）對外國航空公司除往返、經停中國內地的航班以外的其他航班簽發許可證。」

〔1990 年 2 月 16 日《中華人民共和國香港特別行政區基本法（草案）》〕

① 1989 年 11 月基本法諮詢委員會《中華人民共和國香港特別行政區基本法（草案）諮詢報告第三冊——條文總報告》

【P232】

第一百三十三條

2. 建議

2.1 修改

→ 首句改為：「香港特別行政區政府有權」。

2.2 增加

→ 加上一項：「（五）報中央人民政府備案。」

第八稿

「第一百三十四條　中央人民政府授權香港特別行政區政府：

（一）同其他當局商談並簽訂有關執行本法第一百三十三條所指民用航空運輸協定和臨時協議的各項安排；

（二）對在香港特別行政區註冊並以香港為主要營業地的航空公司簽發執照；

（三）依照本法第一百三十三條所指民用航空運輸協定和臨時協議指定航空公司；

（四）對外國航空公司除往返、經停中國內地的航班以外的其他航班簽發許可證。」

〔1990 年 4 月《中華人民共和國香港特別行政區基本法》〕

香港特別行政區成立前在香港註冊並以香港為主要營業地的航空公司和與民用航空有關的行業，可繼續經營。

✿ 貳 | 概念

1. 民用航空公司及有關行業的經營

✿ 叁 | 條文本身的演進和發展

第一稿

第五章

「第四十八條　在香港註冊並以香港為主要營業地的航空公司和與民用航空有關的行業，可繼續經營。」

〔1987 年 8 月 22 日《經濟專題小組的工作報告》，載於《中華人民共和國香港特別行政區基本法起草委員會第五次全體會議文件匯編》〕

① 1987 年 1 月 26 日《基本法諮詢委員會「基本法與航空政策座談會」報告》

【P2】

二、特別行政區航空公司須具的資格問題

11. 基本法對「特別行政區的航空公司」應有下列規定：
（1）《中英聯合聲明》所列明的：特別行政區的航空公司必須在香港註冊成立，以香港為主要營業地；
（2）特別行政區的航空公司的大部份擁有權和有效控制權必須由香港永久居民掌握。（港龍）

12. 倘若將來特別行政區航空公司的經營及管理只由香港永久居民掌握的話，香港作為一個國際金融財務中心的地位將受到影響。（台下發言）

13. 特別行政區航空公司的擁有權及控制權應由香港永久居民掌握，而不應只限由中國籍人士擁有。（台下發言）

14. 如果以中國國籍作為特別行政區航空公司的擁有權的取決條件的話，將來特別行政區要進行修訂或再次簽訂現行的航空交通協議，尤其是有關現存香港航空公司所服務的航線和根據《中英聯合聲明》附件一第九節所說來商談

新訂協議時，很可能不易實現。故此，基本法應澄清何謂「香港的航空公司」。（蘇海文）

※

② 金融財務經濟專責小組《航運及民航政策最後報告》（1987 年 8 月 8 日經執行委員會通過）

【P3】

Ⅱ 民航政策

基本法應有條文以包括下列各點：

2. 《中英聯合聲明》規定「在香港註冊並以香港為主要營業地的航空公司……可繼續經營。」即任何有意在香港經營民航服務的人士，不論其國籍或是否在特區享有居留權，如於九七年前在港註冊成立航空公司，並取得航空營業證書，則可在九七年後繼續經營。至於航空公司能否獲得定期航班的航線代表權，則視乎特區與其他國家簽訂的民用航空運輸協定條款而定。換句話說，一家香港航空公司可以存在並取得所有必須的特區執照，但至於能否經營飛往其他國家的定期航班，則要視乎將來缺少了有關航空公司擁有權及控制權的國籍規定後，其他國家是否接受。

第二稿

「第一百四十條　在香港註冊並以香港為主要營業地的航空公司和與民用航空有關的行業，可繼續經營。」

〔1987 年 12 月基本法起草委員會秘書處《香港特別行政區基本法（草案）》（匯編稿）〕

① 金融財務經濟專責小組《對基本法第五章「香港特別行政區的經濟」條文草稿（一九八七年八月）的意見》（1987 年 11 月 4 日經執行委員會通過）

【P17】

條文草稿	容永道建議修改稿
第四十八條	第四十四條（照草稿第四十八條）

第三稿

「第一百四十條　在香港特別行政區註冊並以香港為主要營業地的航空公司和與民用航空

有關的行業，可繼續經營。」

〔1988年3月基本法起草委員會秘書處《中華人民共和國香港特別行政區基本法（草案）草稿》（總體工作小組第二次會議對目錄、序言、第一、二、三、五、六、七、九章的修改稿）〕

第四稿

「第一百四十二條　在香港特別行政區註冊並以香港為主要營業地的航空公司和與民用航空有關的行業，可繼續經營。」

〔1988年4月基本法起草委員會秘書處《中華人民共和國香港特別行政區基本法（草案）草稿》〕

第五稿

「第一百四十一條　香港特別行政區成立前在香港註冊並以香港為主要營業地的航空公司和與民用航空有關的行業，可繼續經營。」

〔1988年4月基本法起草委員會《中華人民共和國香港特別行政區基本法（草案）徵求意見稿》〕

第六稿

「第一百三十四條　香港特別行政區成立前在香港註冊並以香港為主要營業地的航空公司和與民用航空有關的行業，可繼續經營。」

〔1989年2月《中華人民共和國香港特別行政區基本法（草案）》〕

第七稿

「第一百三十五條　香港特別行政區成立前在香港註冊並以香港為主要營業地的航空公司和與民用航空有關的行業，可繼續經營。」

〔1990年2月16日《中華人民共和國香港特別行政區基本法（草案）》〕

① 1989年11月基本法諮詢委員會《中華人民共和國香港特別行政區基本法（草案）諮詢報告第三冊——條文總報告》

【P233】
第一百三十四條
2. 意見
2.1 反面
→ 本條字句不妥。
理由：其原意是「所有於日前已成立的航空公司有權繼續經營」，但「有權繼續經營」的字眼未夠堅決地給予現有航空公司經營權，反而在長遠而言，破壞他們的信心，不

利於香港經濟。
→ 本條規定的屬細節問題，不宜列入基本法。

3. 建議
3.1 刪除
→ 建議刪除「香港特別行政區成立前」。
理由：《中英聯合聲明》並沒有用這樣的字眼。如此規定只會阻止香港的註冊航空公司之間的健康競爭。香港財雄勢大的航空公司可在一九九七年後，利用手腕，迫其勁敵退出市場，因而壟斷整個市場。航空公司是需要龐大的資本投資的，這些競爭者一旦被迫退出市場，即使特別行政區立法機關嘗試修改基本法以改變大局，仍會於事無補的。

第八稿

「第一百三十五條　香港特別行政區成立前在香港註冊並以香港為主要營業地的航空公司和與民用航空有關的行業，可繼續經營。」

〔1990年4月《中華人民共和國香港特別行政區基本法》〕

香港特別行政區政府在原有教育制度的基礎上，自行制定有關教育的發展和改進的政策，包括教育體制和管理、教學語言、經費分配、考試制度、學位制度和承認學歷等政策。
社會團體和私人可依法在香港特別行政區興辦各種教育事業。

✿ 貳 | 概念

1. 自行制定教育政策
2. 社團及私人可依法辦學

✿ 叁 | 條文本身的演進和發展

第一稿

第六章

「第一條　香港特別行政區保持原在香港實行的教育制度。
香港特別行政區教育事業的發展和改進，由香港特別行政區政府自行決定。
第二條　香港特別行政區政府自行制定本行政區教育方面的政策，包括教育體制及管理、教學語言、經費分配、考試制度、學位制度和承認學歷等政策。
各社會團體和私人可依法在香港特別行政區興辦各種教育事業。」

〔1987 年 8 月 22 日《教育、科學、技術、文化、體育和宗教專題小組工作報告》，載於《中華人民共和國香港特別行政區基本法起草委員會第五次全體會議文件匯編》〕

① 1986 年 2 月基本法諮詢委員會《分批研討會參考資料》

【P1-2】
某委員（編者按：原件模糊，無法辨認名字）：除了總綱外，內容分章節用法律語言來寫，應包括如下內容：
（五）文教科技體制，肯定專業資格的審核制度。

※

② 1986 年 2 月基本法諮詢委員會《諮委會第一分組有關基本法結構討論小結》

一、基本法結構，根據與會者發言，大致上可以歸結為下列十二個部份：
7. 教育、科技、文化、宗教

※

③ 1986 年 2 月基本法諮詢委員會《第一批研討會總結》

一、基本法結構，根據與會者發言，大致上可以歸結為下列十二個部份：
7. 教育、科技、文化、宗教

※

④ 1986 年 2 月基本法諮詢委員會《第二批研討會總結》

六、基本法結構初擬
7. 文化、教育、宗教、福利；

※

⑤ 1986 年 2 月基本法諮詢委員會《第四批討論總結》

一、基本法的結構
6. 文化、教育

10. 宗教自由

12. 社會福利
委員們一致同意基本法結構應包括以上十二點內容，而每一點是否成為一單項，則意見不一。基本上同意前五點獨立成一專項，其餘各點則可自然歸納為總項。

※

⑥ 1986 年 4 月《香港各界人士對〈基本法〉結構等問題的意見匯集》（基本法起草委員會第二次會議參閱資料之一）

【P66-68】
關於教育、科學和文化及專業人士的意見
一、教育、科學、文化
1. 香港的教育也有銜接問題。基本法除了要考慮保留目前教育制度的優點外，也要長遠地考慮教育的民主化、多元化問題。

2. 香港應保留不同類型的學校。應鼓勵私人辦學。

3. 政府資助教育團體獨立辦學，這比美國、加拿大優越，具有香港特色的教育制度，應予保留。

4. 香港長期以來只着重金融、商業方面的發展，但在文化藝術精神文明方面受到忽略，我們不願意看到香港人被人稱作經濟動物，因此，希望基本法對精神文明有所反映。

6. 政府辦的兩間大學每年只能錄取兩千多名學生，遠不能滿足需要，但政府又採取對民辦專上學院歧視態度，不給它們應有的地位，所以每年到加、美等國上學的有六千多人，造成香港的外匯、人才大量外流，希望基本法能解決這個問題。

8. 立法機關和行政部門不應忽視幼兒教育這一環。例如法律對幼兒的保障、商業對兒童玩具的安全保障等。對兒童要進行活的教育，培養兒童的靈活性、創造性。兒童教育要避免外行人領導內行人。

9. 一九九七年中文字體是否改用簡體字，應提早頒佈方案並進行諮詢。

10. 一九九七年後中英文應定為特別行政區官方語言或法定語言。學生要有學習中英文的自由。

11. 對將來是否承認香港的學歷，將來香港學校是否設置社會主義政治課以及內地學生是否可以自由到香港讀書應有規定。

※

⑦ 1986 年 4 月 22 日《中華人民共和國香港特別行政區基本法結構（草案）》，載於《中華人民共和國香港特別行政區基本法起草委員會第二次全體會議文件匯編》

【P16】
第六章　香港特別行政區的教育、科學、技術、文化、體育和宗教
（一）教育制度和教育政策

※

⑧ 1986 年 8 月 20 日《基本法結構專責小組初步報告》

（編者按：原文缺，不作推斷。）

※

⑨ 1987 年 2 月基本法起草委員會秘書處《香港報刊有關〈基本法〉的言論摘錄》

【P149-152】
基本法「教育制度和教育政策」一項可考慮寫入以下內容：（一）香港特別行政區政府在原有教育制度的基礎之上依照法律規定繼續資助、發展各種教育事業。（二）香港特別行政區政府以及私人（或私人機構）在法律的規定下可舉辦各種院校（包括幼兒、小學、中學、高等、職業、成人等院校），允許香港教育事業朝多元化的方向發展。（三）香港特別行政區政府有權自行制訂教育政策，包括教育體制及管理、教學語言、經費分配、考試制度、學位制度、承認學歷及技術資格等政策。……（六）香港特別行政區政府在制訂教育政策時廣泛諮詢各教育團體的意見，並讓教育專業人士參與制訂教育政策的工作。（七）香港特別行政區政府根據需要可以設立各種考核、審訂、頒授學位以及專業資格和職稱的委員會或機關。……（九）香港特別行政區政府根據需要鼓勵各種與教育有關之活動以及發展各種教育設施，來促進教育的均衡發展和提高香港市民的科學文化水平。（十）香港特別行政區政府的教育機構、組織和團體與中華人民共和國其他地區由政府或民間所設立的教育機構或組織可以採取互不隸屬、互不干涉和互相尊重的原則保持關係，也可以採取其他的方式與中國內地的政府或民間的教育團體建立關係。（十一）香港特別行政區政府允許教育機構、組織和團體可以同各國、各地區及有關國際組織保持和發展與教育有關的聯繫，並可在法律的規定下簽訂有關協定。
（徐是雄：《基本法「教育制度和教育政策」的寫法》，《明報》一九八六年六月十一日。）

（一）基本法中教育部份肯定只能是簡略，具原則性。但如從檢視、探討及展望整個架構及制度來看，我們的討論還剛剛開始，這大量的內容都未必寫入基本法，但肯定對未來特區政府制訂政策有參考作用。（二）香港保持資本主義社會中的現存教育制度不變，內地社會主義的教育制度不加諸香港特別行政區，保證香港教育體制按原有軌道推進。但是任何事物本身一定會有發展和變化，否則不符合事物規律。教育制度亦然，假若沒有「一九九七」問題，香港教育制度本身亦會有變化。而事實上近十年來，香港教育一直都在變化之中，只不過非受外力影響，而基於社會本身需求所致而已。故此，由於制度本身自身完善而產生的變化，應該是可以接受的。
（基本法諮詢委員會委員程介南：《有關基本法教育部份的討論》，《大公報》一九八六年九月二十二日。）

※

⑩《Final Report on the Structure of Basic Law》（基本法結構專責小組最後報告，1987 年 3 月 14 日經執行委員會通過）

【P30】
7. Chapter 6 "HKSAR Education, Science, Technology, Culture, Sport, and Religion"
7.1 Section 1 "Education policy and system"

※

⑪文化教育科技宗教專責小組之教育制度、文化政策分組《教育制度、文化政策最後報告》（1987 年 6 月 12 日經執行委員會通過）

甲、教育制度

一、有關教育方面，委員對將來特別行政區教育制度的意見，可歸納為：

（1）教育發展應多元化，未來特別行政區政府應容許各類學校繼續發展，不加以排斥；

（2）政府有責任出錢辦學，但將來辦學團體及機構應能保有高度自主性；

（3）教育政策的釐定，應廣泛諮詢專業團體或人士的意見；

（4）按《中英聯合聲明》，基本法應確保將來特別行政區政府有權自行制定文化教育科技政策和自行決定教學語言；

（5）宗教團體辦的學校應有權繼續開設宗教課；

委員認為以上各點應該在基本法中得到保障。委員並認為任何教育改革應在過渡期有所銜接，不希望至九七年時有突然改變。

二、委員對九七年後的教育制度的共識

1. 教育發展應多元化[1]，未來特別行政區政府應公平和合理對待各類院校，並容許其繼續發展。

（註1：「多元化」所指的是各方面的多元化，即學校可以是，例如：官辦、私辦、或由社會團體、宗教團體所辦；學制可以是一年、兩年的證書制、文憑制等；專上學府可以是大學、理工學院等等。）

2. 政府有責任資助教育及辦學，但政府運用經費時，應做到公平和合理，同時保留受資助院校的高度自治權，例如有權開設宗教課。

3. 教育政策的釐定，應有教育專業人士充份參與及應廣泛諮詢有關團體及人士的意見。

4. 各類院校應可與國內外有關機構保持聯繫，如：邀聘、交流、研討、評核、保送等各方面。

三、基本法有關教育的條文

在會議中，有委員曾提出以下的意見：

1. 訂定九七年後香港基本法中有關教育條文方面應有兩個依據

（1）《中英聯合聲明》有關教育政策的表述；

（2）中國有關教育政策的法律——憲法第四十六條：規定中國公民有受教育的權利及義務，及國家能使青年、少年及兒童在德育及體質上都得到發展。

2. 將來香港的教育政策只應依香港本身的法律而不應以中國憲法為依據。因為憲法第二十四條列明國家要教育人民辯證歷史唯物論，而第四十六條指的教育就是這意思，這是與現行的教育目的和《中英聯合聲明》的精神相異的。

3. 現存的教育尚未完美，再加上教育政策應隨社會的變遷及內部的需要而改變，若現已規限將來的政策，反而會有反效果。

4. 有委員認為聯合聲明附件一第十節，有關教育部份已寫得很好，同時中國政府在《中英聯合聲明》中授權特區政府自行制定教育政策，故基本法中不應加上限制將來特區政府制定教育政策決策權的條文。

5. 亦有委員認為，某些重要原則應在基本法內寫明。

經反覆討論後，委員同意某些重要原則應在基本法中寫明，亦不排除把比較細節的問題寫成基本法的附件。委員就各點共識及《中英聯合聲明》的內容提出數項有關教育的條文的建議：

提議（一）：

1. 香港特別行政區保持 1997 年 7 月 1 日以前在香港實行的基本教育制度，包括一）多元化的教育體系，即各類院校可以是官立、私立、或是政府資助等；二）多樣化的學制及課程，例如學制可以是一年、兩年的證書制、文憑制等；專上學府可以是大學、理工學院等等；三）有教育專業人士和有關教育團體充份參與的諮詢架構。

2. 香港特別行政區政府自行制定有關教育的政策，包括教育體制及管理、教學語言、經費分配、考試制度、學位制度、承認學歷等政策。

3. 各類院校，包括宗教、私人及社會團體所辦院校均可保留其自主性。

4. 各類院校可繼續從香港特別行政區以外招聘教職員，選用教材，並可與國內外有關機構保持聯繫，如：邀聘、交流、研討、評核、保送等各方面。

5. 香港特別行政區政府保障學術自由。

6. 學生享有選擇院校和在香港特別行政區以外求學的自由。

提議（二）：

1. 香港特別行政區保持 1997 年 7 月 1 日以前在香港實行的基本教育制度，包括一）多元化的教育體系，即各類院校可以是官立、私立、或是政府資助等；二）多樣化的學制及課程，例如學制可以是一年、兩年的證書制、文憑制等；專上學府可以是大學、理工學院等等。

2. 香港特別行政區政府自行制定有關教育的政策，包括教育體制及管理、教學語言、經費分配、考試制度、學位制度、承認學歷等政策。教育政策的釐定，應有教育專業人士充份參與並廣泛諮詢有關團體及人士的意見。

3. 與提議（一）同

4. 與提議（一）同

5. 與提議（一）同

6. 與提議（一）同

提議（三）：

1. 香港特別行政區保持 1997 年 7 月 1 日以前在香港實行的基本教育制度，包括一）多元化的教育體系，即各類院校可以是官立、私立、或是政府資助等。政府應依據 1997 年 7 月以前採用的方式及準則，繼續資助學校；二）多樣化的學制及課程，例如學制可以是一年、兩年的證書制、文憑制等；專上學府可以是大學、理工學院等等；三）有教育專業人士和有關教育團體充份參與的諮詢架構。

2. 與提議（一）、（二）同

3. 各類院校，包括宗教、私人及社會團體所辦院校均可保留其自主性。政府不可因某教育機構是由教會或社會團體所辦而不予以資助。

4. 與提議（一）、（二）同

5. 與提議（一）、（二）同

6. 與提議（一）、（二）同

有關委員在會議上的討論詳情，可參考會議紀要。

第二稿▶

「第一百四十一條　香港特別行政區保持原在香港實行的教育制度。

第一百四十二條　香港特別行政區政府自行制定本行政區教育方面的政策，包括教育體制及管理、教學語言、經費分配、考試制度和承認學歷等政策。

社會團體和私人可依法在香港特別行政區興辦各種教育事業。」

〔1987 年 12 月基本法起草委員會秘書處《香港特別行政區基本法（草案）》（匯編稿）〕

① 1987 年 9 月 2 日《中華人民共和國香港特別行　政區基本法起草委員會第五次全體會議委員們對基

本法序言和第一、二、三、四、五、六、七、九章條文草稿的意見匯集》

【P62-63】

七、關於第六章　香港特別行政區的教育、科學、技術、文化、體育和宗教

1. 第一條

（1）有的委員提出，該條第一、二款的表述有矛盾，第一款說「保持」原在香港實行的教育制度，第二款又說「發展」，建議改寫為：「除香港特別行政區政府自行制定的有關教育制度的發展和改進的政策外，香港特別行政區政府保持原在香港實行的教育制度」。

（2）有的委員提出，現在香港的教育制度和考試制度是分開的，建議教科文專題小組在起草本章有關條文時注意到這個問題。

（3）有的委員建議，第二款改為「香港特別行政區政府採取措施發展和改進教育事業」。

（4）有的委員提出，香港現在的教育制度並不是完全可取的，用「保持」一詞不太合適，可在前面加個「可」字。

（5）有的委員提出，第一條的內容已在第二條裡有所體現，故可刪去。有的委員則提出，刪去了第一條，會影響香港人的心態，在香港引起震動。

2. 第二條

（1）有的委員認為，本條第二款的含義已包括在第一款中，因此可刪去第二款。

（2）有的委員認為，發展香港的教育事業是很重要的，建議本條的措辭可以積極一些。

（3）有的委員建議，將第二款的「依法」二字移到「興辦……」的前面。

（4）有的委員建議刪去「本行政區」等字。

※

②文化教育科技宗教專責小組《對基本法第六章條文草稿（一九八七年八月）的意見》（1987年11月4日經執行委員會通過）

【P1-2】

前言

本組在討論第六章條文草稿時，基本上是根據以下的原則：《中英聯合聲明》所載明的規定必須在基本法中有所體現。基於此，本組對草委就第六章發表的一些意見（見於「意見匯集」）不能完全同意，例如有關第一條：「香港特別行政區政府保持原在香港實行的教育制度」，有的草委認為在「保持」一詞前加上「可」字，本組認為這建議不符合《中英聯合聲明》附件一第十節的規定：「香港特別行政區保持原在香港實行的教育制度」。

條文草稿	諮委建議
標題	標題：香港特別行政區的教育、科學、技術、文化、體育、宗教、勞工和福利
第一條	第一條：除香港特別行政區政府自行制定有關教育制度的發展和改進的政策外，香港特別行政區政府保持原在香港實行的教育制度。 香港特別行政區自行制定本行政區教育方面的政策，包括教育體制及管理、教學語言、經費分配、考試制度、學位制度和承認學歷等政策。 （會後有委員提出書面意見，建議將本條修改為：「香港特別行政區保持原在香港實行的教育制度。」）
第二條	第二條：各社會團體和私人可依法在香港特別行政區興辦各種教育事業。 各類院校均可保留其自主性及享有學術自由，並可繼續從香港特別行政區以外招聘教職員和選用教材。 宗教團體所辦的學校可繼續開設宗教課程。 學生享有選擇院校和在香港特別行政區以外求學的自由。 （……會後有委員提出書面意見，建議將本條修改為：「香港特別行政區自行制定教育方面的政策，包括教育體制及管理、教學語言、經費分配、考試制度、學位制度和承認學歷等政策，同時，自行決定教育事業的發展和改進。」）

第三稿

「第一百四十一條　香港特別行政區保持原在香港實行的教育制度。

第一百四十二條　香港特別行政區政府自行制定教育政策，包括教育體制和管理、教學語言、經費分配、考試制度、學位制度和承認學歷等政策。

社會團體和私人可依法在香港特別行政區興辦各種教育事業。」

〔1988年3月基本法起草委員會秘書處《中華人民共和國香港特別行政區基本法（草案）草稿》（總體工作小組第二次會議對目錄、序言、第一、二、三、五、六、七、九章的修改稿）〕

①1987年12月《中華人民共和國香港特別行政區基本法起草委員會第六次全體會議委員們對基本法第四、五、六、十章和條文草稿匯編的意見》

【P33】

1. 第一百四十一條和一百四十二條

（1）有的委員提出，第一百四十一條規定「香港特別行政區保持原在香港實行的教育制度」，而第一百四十二條則又規定，香港特區政府「自行制定」教育政策，這二者有矛盾，因為政策一變，制度也得變，就不能「保持」了。

（2）有些委員建議，將這二個條文合併成一個條文的二款。

（3）有的委員認為，應把「學位制度」一詞加到第一百四十二條「考試制度」後面，因為聯合聲明是這樣規定的。

第四稿

「第一百四十三條　香港特別行政區保持原在香港實行的教育制度。

第一百四十四條　香港特別行政區政府自行制定教育政策，包括教育體制和管理、教學語言、經費分配、考試制度、學位制度和承認學歷等政策。

社會團體和私人可依法在香港特別行政區興辦各種教育事業。」

〔1988 年 4 月基本法起草委員會秘書處《中華人民共和國香港特別行政區基本法（草案）草稿》〕

第五稿

「第一百四十二條　香港特別行政區保持原在香港實行的教育制度。

第一百四十三條　香港特別行政區政府自行制定教育政策，包括教育體制和管理、教學語言、經費分配、考試制度、學位制度和承認學歷等政策。

社會團體和私人可依法在香港特別行政區興辦各種教育事業。」

〔1988 年 4 月基本法起草委員會《中華人民共和國香港特別行政區基本法（草案）徵求意見稿》〕

① 1988 年 4 月基本法起草委員會《中華人民共和國香港特別行政區基本法（草案）徵求意見稿》

【P13】

簡介
第六章：教育、科學、文化、體育、宗教、勞工和社會服務
43. 本章規定：香港特別行政區政府自行制定教育政策、……

第六稿

「第一百三十五條　香港特別行政區政府在原有教育制度的基礎上，自行制定有關教育的發展和改進的政策，包括教育體制和管理、教學語言、經費分配、考試制度、學位制度和承認學歷等政策。

社會團體和私人可依法在香港特別行政區興辦各種教育事業。」

〔1989 年 2 月《中華人民共和國香港特別行政區基本法（草案）》〕

①《基本法工商專業界諮委對基本法（草案）徵求意見稿第六章教育、科學、文化、體育、宗教、勞工和社會之意見書》

【P1】
第一百四十二條
建議增加有劃線在下面的字：
「香港特別行政區保持原在香港實行的教育制度，自行制訂其發展政策」。

※

②《與內地草委交流的重點——文化教育科技宗教專責小組》，載於 1988 年 6 月 3 日《基本法諮詢委員會秘書處通訊 73》

6. 字眼（尤其於第一百四十二、……條）不應有時間性文字：「原有」、「原在」、「繼續」等存在於憲法中。

※

③《初步報告——幾個討論焦點（4 月 29 日—6 月 17 日）》（1988 年 7 月 16 日經執行委員會通過）

【P5-6】
5. 文教
5.1 討論焦點
一直以來，關於文教這問題的爭議較少，共識比較多，而且在徵求意見稿公佈前，有關人士對這些爭議問題已有較一致的解決辦法。社會上對這章的草擬原則所達到的共識是：一方面香港應盡量保持現行文化、教育、宗教等制度，以不變防止引進內地的社會制度；另一方面又須讓特區政府有高度自治的能力去發展及改善現有制度。現在的問題

在於將這共識在條文中體現時，出現表面的矛盾。例如第 142 條規定香港特別行政區保持原有的教育制度，而第 143 條又規定香港特別行政區自行制定教育政策。這些規定是否意味着特區政府在保持原有制度下，不可以就該制度有任何改變？又或者特區政府既可自行制定有關政策，又可就現有制度予以改變？
5.2 有待解決的問題
（Ⅰ）保持現有制度不變，以及根據社會發展將這些制度加以改善或發展這兩項基本原則是否有必然的矛盾？
（Ⅱ）如何將以上兩項原則的精神條文化，而又不會令條文之間出現矛盾？

※

④ 1988 年 8 月基本法起草委員會秘書處《香港各界人士對〈香港特別行政區基本法（草案）徵求意見稿〉的意見匯集（一）》

【P39-40】
第一百四十二條
1.「保持」後加「並發展」；「教育制度」後加：「並可根據經濟條件和實際情況加以改進。」
2. 增寫一款：「教育經費不低於現在的水平。」
3. 增寫一款：「香港特別行政區政府應繼續承擔提供普及義務教育，使每個人不分國籍、種族、語言、性別、職業、宗教信仰都有同等機會接受教育。」
4.「教育」前加「公民」。

第一百四十三條
1. 如何「承認學歷」？
2. 第一款後加：「其中教學語言應繼續以粵語及英語作為主要教學語言媒介。」
3. 應規定教學語言應中文同英文並重。
4. 第一百四十五條有「鼓勵」二字，本條第二款則沒有，

區別在哪裡？
5.增寫一款：「制定教育政策的過程中，須有專業人士參與。」

【P48】
關於第六章的其他意見
1.基本法是憲制性文件，文字要準確，要講一些原則性的東西，不應在條文中規定那些局部性的東西，如第一百四十四條規定學生有出外求學的自由，那麼是否還要寫上商人、醫生有出外經商、行醫的自由呢？其實這些規定都可以刪去，有出入境自由就可以了，根據這一精神，建議刪去第一百四十二、……條。第一百四十三、……條保留第二款，其餘的刪去。

※

⑤ 1988 年 8 月 3 日基本法諮詢委員會秘書處參考資料（一）《內地草委訪港小組就基本法（草案）徵求意見稿一些問題的回應輯錄（一九八八年六月四日至十七日）》

【P15】
6.教育、科學、文化、體育、宗教、勞工和社會服務
6.3「自行制定」與「原在香港」
「自行制定政策」與「保持原有政策」是有點矛盾的，這個說法在文化、教育等章節上均有出現，但這是《中英聯合聲明》的原話。這方面再待作研究。

※

⑥ 1988 年 9 月基本法起草委員會秘書處《內地各界人士對〈香港特別行政區基本法（草案）徵求意見稿〉的意見匯集》

【P21】
第一百四十二條
第一，要規定教學語言，重視中文；第二，要恢復歷史教育。

※

⑦《基本法諮詢委員會文化、教育、科技、宗教專責小組對基本法（草案）徵求意見稿第六章的意見匯編》，載於 1988 年 10 月基本法諮詢委員會《中華人民共和國香港特別行政區基本法（草案）徵求意見稿諮詢報告（1）》

【P124-125】
2.有關條文討論
2.1 第一百四十二條、第一百四十三條、第一百四十四條
2.1.1 有委員認為，有關「原在教育制度」的內容，可將第一百四十二至第一百四十四條合併來看，再在此基礎上，根據社會環境加以發展改進，自行制定政策。
2.1.2 有委員建議改為「香港特別行政區可保留原有教育制度，但根據經濟條件和社會需要加以發展改善。」有委員認為，若第一百五十三條成立，則第一百四十二條和一百四十三條可依照這寫法。
2.1.3 有委員建議在該條加上「根據具體情況可以加以發展」，而不應單說「保持」原有教育制度。

2.1.4 有委員認為，「保持原在香港實行的教育制度」是《中英聯合聲明》所列明的，故必須寫下來，但無意牽制或阻礙教育發展。
2.1.5 有委員建議應具體寫明下列三點「保持原有教育制度」的內容：
（1）保留現有以資助教育為主的教育體制；
（2）保留各類院校的自主性；
（3）建立多元化教育體系。
2.1.6 有委員提出，第一百四十二條和第一百四十三條，分別有「教育制度」、「教育體制」和「教育政策」的寫法。如果三者意義上有區別，應界定清楚；若沒有不同，應將兩條條文的內容加以合併及概括。
2.1.7 有委員認為，第一百四十二條和第一百四十三條基本上是矛盾的。前者寫明維持原有的教育制度，後者則寫明可自行制定教育政策。該兩條條文並未考慮彼此之間的關係：制度乃實行政策的工具，政策的改變亦會引致制度上的改變。
2.1.9 有委員認為，基本法的內容應顧及文教小組最後報告內對教育制度的共識：
（1）教育發展應多元化，未來特別行政區政府應公平和合理對待各類院校，並容許其繼續發展。
（2）政府有責任資助教育及辦學，但政府運用經費時，應做到公平和合理，同時保留受資助院校的高度自主權，例如有權開設宗教課。
（3）教育政策的釐定，應有教育專業人士充份參與及應廣泛諮詢有關團體及人士的意見。
（4）各類院校應可與國內外有關機構保持聯繫，如：邀聘、交流、研討、評核、保送等方面。

※

⑧ 1988 年 10 月基本法諮詢委員會《中華人民共和國香港特別行政區基本法（草案）徵求意見稿諮詢報告第五冊——條文總報告》

【P400-402】
第六章 整體意見
2.對個別方面的意見
2.1 教育方面
2.1.1 意見
2.1.1.1 滿意
→ 有關教育制度的條文基本上可以接受。
2.1.1.2 不滿意
→ 有關教育的條文寫得不完善，並不詳細。
→ 本章所載明的有關教育的政策，缺乏明確的意思。
→ 基本法不應列明教育政策不變的方針。
→ 《中英聯合聲明》所列明的香港特別行政區教育制度和政策方針，與基本法（草案）徵求意見稿的內容有不協調的地方。
→ 出現很多「保留」、「保持」和「繼續」等字眼，這些字眼本身很不妥。
→ 把教育政策寫入基本法，只會限制香港特別行政區政府的自主性。
→ 第一百四十二條、第一百四十三條和第一百四十四條互相矛盾。
→ 第一百四十二條的「保持原在香港實行的教育制度」跟第一百四十三條的「香港特別行政區政府自行制定教育政策」是矛盾的。
理由：既要「保持」，又何來「自行制定」？
→ 第一百四十三條的內容和第一百四十四條的內容重複。
理由：香港的「教育條例」容許辦學自由，且本條既已規定社會團體和私人可依法興辦各類教育事業，便無必要列明學校的自主權範圍。

2.1.1.3 保留
→ 如何保證日後教育政策不受政治影響，便要看基本法能否切實執行。
2.1.2 其他建議
→ 香港教育制度應逐步改善，不能是「五十年不變」。
→ 香港特別行政區教育制度須配合客觀環境的變化而作出改進。
→ 今後教育制度應視教育為長遠社會投資。
→ 香港特別行政區的學術地位不應有轉變。
→ 教育機關可審核其他資格，亦可頒授自己的教育專業資格。
→ 本地永久居民獲海外大學學位者，其資格應與本地大學學位持有人一樣，獲同等待遇。
→ 應保證中央人民政府不會干涉香港特別行政區學生出外求學的自由。
→ 香港特別行政區的中學生，不論「文科生」或「理科生」，校方都要讓其選讀中國歷史科。
→ 在香港特別行政區的學校內，以母語（廣東話）為教學語言，並在學校逐步推廣普通話。
→ 在教育語言方面，應中英並重。
2.1.3 待澄清問題
→ 第一百四十二條、一百四十三條和一百四十四條是否互相衝突？
→ 第一百四十二條和一百四十三條是否有矛盾？
→ 第一百四十二條的「教育制度」、第一百四十三條的「教育政策」及「教育體制和管理」，三者的意思如何？應如何區分？
→ 一九九七年後香港教育的宗旨、指標和原則為何？
→ 是否適宜把涉及教育政策的原則和方針的條文寫在基本法內？
→ 若不適宜把涉及教育政策、原則和方針的條文寫在基本法內，應以怎樣的方式來處理原想表達的內容？
→ 本章提到體育和社會福利可根據經濟條件和社會需要，自行制訂其發展方向，但對於教育制度的條文，卻沒有這些規定，不知何故？
→ 保持現有制度是否指保留殖民地奴化教育的特色？要不要推行國民教育？

【P411-415】
第一百四十二條
2. 意見
2.1 反對意見
→ 此條並不切合實際。
理由：社會在變動，教育作為社會服務的一個範疇，教育制度根本不應該，也不能夠與其所屬的政治、經濟、文化、科技等割離，所以教育不可能不變，也不應該不變。
→ 這條教人擔心。
理由：
⊙ 現時本港教育的發展不太完善，在一九九七年前，這情況有否改善。
⊙ 若特別行政區政府依着現時制度施行，便有問題。
→ 若要保持原在香港實行的教育制度，那麼未來的教育制度便一成不變，無法進步。
→ 本條的「教育」一詞含糊而且不能交予法院審判的。
2.2 保留意見
→ 若果保持原有教育制度包括改革的意義，這條便可接受。
3. 建議
3.1 刪除
→ 刪去此條。
理由：
⊙ 現時香港的教育充滿問題。
⊙ 教育制度會隨時代的需要而不斷改進，申明了保持原

在香港實行的教育制度反而對發展有掣肘。
⊙ 這條亦可能與第一百四十三條賦予特別行政區政府制訂政策的自主性相違。
⊙ 保留第一百四十三條及第一百四十八條已足夠。
⊙ 徵求意見稿中沒有明確界定「原有香港實行的教育制度」所包括的範疇。
⊙ 「保持不變」的構想有值得質疑的地方。
→ 刪除「保持原在香港實行的教育制度」。
理由：
⊙ 確保特別行政區政府的靈活性。
⊙ 減少教育界出現混亂的可能。
3.2 修改
→ 改為：「香港特別行政區政府可保持原在香港實行的教育制度，並根據經濟條件和社會需要，自行制定其發展和改進的政策。」
→ 改為：「香港特別行政區可自行制定教育制度，並根據經濟條件和社會需要，制定其發展及改進政策。」
理由：令特別行政區政府可以（但不絕對必要）保持原有教育制度，並加以發展改進。
→ 改為：「香港特別行政區有權保持原在香港實行的教育制度，並自行制定其發展和改進的政策。」
→ 改為：「香港特別行政區保持原在香港實行的教育制度，自行制訂其發展政策。」
→ 改為：「香港的教育制度應按市民的意願和需要民主地制定和發展。」
→ 改為：「香港特別行政區原在的教育制度繼續保持，並在原有的基礎上自行發展其教育制度以配合社會的需要。」
→ 改為：「香港特別行政區在原有實行的教育制度上發展。」
→ 改為：「香港特別行政區按社會需要而發展香港的教育制度。」
→ 改為：「香港特別行政區政府自行決定教育制度。」
→ 改為：「香港特別行政區政府在原有基礎上，繼續發展和改進教育制度。」
→ 改為：「香港特別行政區保持原在香港實行的教育制度並繼續發展。」
→ 改為：「香港特別行政區政府保持原在香港實行的教育制度。」
→ 改為：「香港特別行政區保持及繼續發展原在香港實行的教育制度，包括特殊教育和成人教育，以保障香港特別行政區居民享有平等教育的機會。」
→ 改為：「香港特別行政區保持原在香港實行的資本主義教育制度。」
→ 將「保持」二字改為「繼續發展」。
→ 將「原在」改為「原有」。
理由：「原有」二字較適當。
3.3 增加
→ 加上：「並自行繼續加以發展。」
→ 加上：「具體情況由特別行政區政府決定。」
→ 加上：「可根據經濟條件和社會需要，加以改進和發展。」
→ 在本條尾部加上：「除為了進一步發展和改進外。」
理由：原條文阻礙未來特別行政區教育制度的健康發展。
→ 加上：「可按社會的發展需要，改進現存在的教育制度。」
→ 加上：「中央對香港特別行政區的教育事業採取不干預政策。」
→ 加上：「特別行政區的教育事業應以愛中國愛香港為基本原則，除知識傳授外，學生必須接受愛國思想之教育。」
理由：
⊙ 為體現一國兩制的精神。

⊙ 體現教育的基本原則。

3.4 其他建議
→ 應規定在國民生產總值有增長的財政年度，政府總支出中的教育經費應佔一個不比去年低的百分比。
→ 應明確寫出保持何時的「原有制度」以免產生誤會。
→ 應准許教育制度有所改變。
→ 本條應有發展性的含意。
→ 教育制度「不變」的意思應理解為大架構不變，而教育政策改變也不受回歸中國的因素所決定。

4. 待澄清問題
→ 「保持」兩字是否指「不變」？
→ 「原在香港實行的教育制度」應作何解？
→ 這條內容是否適宜在一九九七年後的特別行政區實施？
→ 這條內容大部份屬政策性原則及方針，是否適宜寫在基本法內？
→ 在保持原在香港實行的教育制度前提下，香港人能否到中國讀大學，而中國內地的中學生又能否來港讀書？
→ 假若日後香港特別行政區政府批准香港大學把學制改為四年，有中學校長根據本條控告特別行政區政府違反基本法，那麼屆時香港特別行政區終審法庭將以什麼法律原則作出判決呢？

第一百四十三條
2. 意見
2.1 反面意見
→ 本條與第一百四十二條有矛盾。
理由：
⊙ 第一百四十二條規定要保留原有的教育制度，而此條文卻又規定香港特別行政區自行制定教育政策。
→ 本條存在具體問題，按本條規定，香港特別行政區政府可自行制定與某些方面有關的政策，但其中一些在一般情況下是屬教育學院（例如大學）的自主權以內的事情。
→ 本條剝削了現時專上學院享有的自由。
→ 本條沒有對學術權利和自由予正面陳述。
→ 本條欠缺針對專上學院的學術自由和權利的說明。
3. 建議
3.1 刪除
→ 刪除此條。
理由：
⊙ 自行制定政策的權利已包括在第二章第十五條內。
⊙ 避免與其他條文重複。
→ 刪去第二款。
→ 刪去「教學語言」四字。
理由：不贊成把「教學語言」交由香港特別行政區政府決定，這項決定應是全國性的。
3.2 修改
3.2.1 整條修改
→ 改為：「香港特別行政區政府自行制定教育法令，推行教育政策，包括教育體制和管理、教育語言、師資訓練、經費分配、考試制度、學位制度和承認學歷等政策。社會團體和私人可依法在香港特別行政區興辦各種教育事業。」
理由：由於知識、科技日新月異，故教育的內容和手段亦需有所配合。未來教育事業如何發展，方向如何，如何改革，都是未知之數，很難確定；但有一個總的規律，就是一定要變，不能五十年不變。新出現的價值觀一定會取代傳統的價值觀，新的法案也會取代過時的法案。故此，首先要從制定法令着手，然後依照法令來執行政策，香港是法治而非人治的社會，任何事情都要根據法律上的正義、公平、平等及公開為原則予以處理。
→ 改為：「香港特別行政區政府根據實際情況自行制定教育政策，包括教育體制和管理、教學語言、經費分配、

考試制度和承認學歷等政策。社會團體和私人可依法在香港特別行政區興辦各種教育事業。」
→ 改為：「香港特別行政區政府自行制定教育政策，包括教育體制和管理、教學語言、經費分配、考試制度、學位制度和承認學歷等政策。香港特別行政區政府支持和鼓勵社會團體及私人可依法在香港特別行政區興辦各種教育事業。」
→ 改為：「社會團體和私人可依法在香港特別行政區興辦各種教育事業，由香港特別行政區政府依法進行管理和監督。」
理由：
⊙ 教育政策內容廣闊，不宜在基本法內一一說明，以免掛一漏萬。
⊙ 社團及私人雖有辦學的自由，但應受到政府依法進行的監管。
→ 改為：「香港特別行政區政府以香港目前實行的教育制度為基礎，自行制定教育政策，包括教育體制和管理、教學語言、經費分配、考試制度、學位制度和承認學歷等政策。社會團體和私人可依法在香港特別行政區興辦各種教育事業。」
理由：此條文與第一百四十二條有矛盾。
3.2.2 個別條款修改
→ 第一款改為：「香港特別行政區除保持原在香港實行的教育制度外，並可自行制定教育政策……。」
→ 第一款改為：「香港特別行政區政府在原有教育制度基礎上，自行制定其發展和改進的政策，包括教育體制……。」
→ 第一款第一句改為「香港特別行政區政府可自行制定及發展教育政策。」
理由：此寫法較靈活和有彈性。
→ 將「教學語言」一詞改為：「教學語言一律是中文，在較高年級，學生可自行選擇一或二科外國語文，最少也要選讀一科外文，至於大專院校的教學語言，則可自行選擇。」
3.3 增加
→ 加上：「外來學歷的承認，必須經由香港特別行政區政府審核而定。」
理由：對持有外來學歷證書的人士，不能籠統地用一視同仁的政策，應視乎其知識能否符合本地的需求。故必須經過香港特別行政區政府審核後才決定其學歷之承認與否。
→ 加上：「在各中、小學、幼稚園聘請教職人員時，香港特別行政區政府原則上先錄用本地學府畢業人士。」
→ 在「保持原在香港實行的教育制度」後，加上「可根據經濟條件和社會需要，加以改進和發展。」
→ 在「社會團體」後加上「宗教團體」。
3.4 其他建議
→ 第一款應採用《中英聯合聲明》中有關教育制度的表達形式，否則必須刪除第一百四十二條。
理由：
⊙ 以免本條和第一百四十二條互相矛盾。
⊙ 為保證《中英聯合聲明》的精神在基本法中得到體現。
→ 承認學歷之政策有改善的必要。
→ 香港回歸中國後，台灣註冊畢業之學歷也應同獲承認。
→ 既然主權在一九九七年後回歸中國，屆時內地之學歷也應同樣受到認可，才算是公平。
→ 除承認英聯邦認可大學資格外，亦應承認其他西方國家的大學畢業資格。
→ 教育政策內容應包括師資訓練，而此項訓練必須由香港特別行政區政府負責。
→ 「教學語言」應繼續以粵語及英語作為主要教學語言媒介。
→ 必須規定香港特別行政區的主要學校是中文學校而不是

英文學校；主要語言媒介是華語而不是英語或其他外語。
4. 待澄清問題
→ 這條內容是否適宜在一九九七年後的香港特別行政區實施？
→「自行」是什麼意思？
→ 一九九七年後，香港教學會否仍用英語，抑或改為用母語教學？
→ 一九九七年後，香港大學的學位是否得到外國承認？
→ 香港特別行政區成立後，內地大學畢業生的學位，會否獲得承認？
→ 一九九七年後，香港特別行政區政府是否還像特別行政區成立以前那樣由香港政府發出學歷證明文件或證書，而這些文件是否仍然有效？

第七稿

「**第一百三十六條　香港特別行政區政府在原有教育制度的基礎上，自行制定有關教育的發展和改進的政策，包括教育體制和管理、教學語言、經費分配、考試制度、學位制度和承認學歷等政策。**
社會團體和私人可依法在香港特別行政區興辦各種教育事業。」
〔1990 年 2 月 16 日《中華人民共和國香港特別行政區基本法（草案）》〕

① 1989 年 11 月 30 日基本法起草委員會秘書處《內地各界人士對〈中華人民共和國香港特別行政區基本法（草案）〉的意見匯集》

【P15】
第一百三十五條
1. 建議增寫：內地的學歷要予以承認。（新疆）

2. 第二款「社會團體和私人」是否包括香港特別行政區以外的，應當表述清楚。（山東）

　　　　　　　　※

② 1989 年 11 月基本法諮詢委員會《中華人民共和國香港特別行政區基本法（草案）諮詢報告第三冊──條文總報告》

【P234-235】
第六章　整體意見
1. 意見
1.1 反面
→ 第一百三十五條、一百四十條和一百四十二條出現的「依法」一詞，令條文顯得很消極。除非能清楚說明在怎樣的情況下，有關自由才受法律限制，否則這樣的寫法便令條文所能給予的保障成疑問。

2. 建議
2.3 其他建議
2.3.2 教育
→ 規定英文和繁體中文字為合法和正式語文。
→ 規定學生無須接受政治教育。
→ 應推行愛國主義教育。
→ 把香港考試減少。
→ 教育、科學、文化、體育、宗教、勞工和社會服務都應該在未來有發展餘地，故對將來中國和香港特別行政區有重要的作用。基本法要表明在一九九七年後五十年內，共產黨不能隨便干預。

【P237-239】
第一百三十五條

　　　　　　　　※

⑨ 1989 年 1 月 9 日《教育、科學、文化、體育、宗教、勞工和社會服務專題小組對條文修改情況的報告》，載於 1989 年 1 月《中華人民共和國香港特別行政區基本法起草委員會第八次全體會議文件匯編》

【P30】
2. 教育條文由原三條合併為二條。

2. 意見
2.1 正面
→ 贊成此條文。
理由：在教育制度裡可以享有高度靈活性。若現行或將來的教育有不善及不足之處，便可以加以改進，這是值得鼓勵的。
2.2 反面
→ 條文太具限制性。
理由：若推行香港政府最近的教育報告中的建議，便與此條文有衝突，即意味自一九九七年起五十年內有關教育制度的發展停滯不前。
→ 基本法不應確定教育制度不變的方針。
→ 自行決定「教學語言」，相當於默許殖民地教育可以繼續發展下去，也就是默許殖民教育可以繼續壓制民族教育，外語教育可以繼續壓制中文教育，這是不對的。
2.3 保留
→ 此條條文寫得很好，但具體執行時則恐怕會牽涉由哪一方來解釋的問題。
→ 若「原」是理解為一九九七年七月一日稍前的一段時間，則在該時刻內香港所實施的教育制度便形成一個框子，限制了特別行政區日後作出改動的可能性。

3. 建議
3.1 刪除
3.1.1 第一款
→ 刪去「在原有教育制度的基礎上」，並在「教學語言」前加上「制訂課程」。
→ 刪去「在原有教育制度的基礎上」。
理由：使特別行政區政府在整體教育制度問題上更彈性地訂定長遠教育發展計劃。
3.2 修改
3.2.1 第一款
→ 改為：「香港特別行政區政府在原有教育制度的基礎上，實行刪除殖民地奴化教育，實行加強愛國公民教育。根據此原則，自行制定有關教育的發展和改進的政策，包括教育制度和管理、以母語為主的教學語言、經費分配、考試制度、學位制度和承認學歷等政策。」
理由：現在實施的是殖民地奴化教育政策，此種教育方法在一九九七年後必須糾正。
→ 改「原有」為「平等認可學歷」。
理由：「原有」應指香港沿用英國制度為基礎。香港以往

只承認英國或英聯邦畢業的學歷，擁有其他學歷的人一概拒諸門外，這對社會造成一大損失。

3.2.2 第二款

→ 將第二款內「各種教育事業」改為「各種合法的教育事業」。

3.3 增加

→ 加上附註：「為着保留資本主義教育制度基礎，國內的社會主義的教育制度，如教材、科目、政策及個人崇拜學習等，不能強迫香港特別行政區施行學習。」

→ 加上：「香港特別行政區鼓勵以中文為教學語言，並鼓勵使用普通話與國家標準的簡體字進行教學。」

3.4 其他

→ 建議加上字句以確保將來的教育水平繼續發展。

→ 建議一九九七年後仍保持九年免費教育。

→ 建議一九九七年之後教育服務應由政府經營。

→ 建議教學語言應逐漸以普通話代替粵語。

→ 應註明自行審定教學課程可納入本條所適用的範圍內。

→ 建議在大中小學推行普通話教育。

理由：香港將來是中國的國土，身為中國人一定要講國語。

→ 學校有選用普通話教學的自由和寫用簡體字的自由，由香港特別行政區政府立法規定推廣使用普通話和簡體字合法化。

→ 香港的英文教師應與內地教普通話的教師交流，進行交換教學。

→ 香港特別行政區應在一九九七年前透過立法，承認中國（包括台灣省）大學所頒發的大學學位資格，該等資格應與香港特別行政區正式承認的大學所頒授的學位有同等待遇。

理由：

⊙ 這些人士應受特別行政區政府的公平對待。

⊙ 使香港居民具此等學歷者能進入政府部門任職，挽留人才，保持安定繁榮，以符合一九九七年實行港人治港的政策。

→ 香港特別行政區應確定本港認可大專院校（如樹仁學院、嶺南學院等）畢業生加入政府部門及從事教育工作獲得合理的薪級。

4. 待澄清問題

→ 一九九七年後，香港特別行政區政府會否承認內地頒發的學位呢？

→ 本條規定社會團體和私人可依法在香港特別行政區舉辦各種教育事業。但一些現由私人舉辦的學校在一九九七年後可否繼續存在？特別行政區政府又會如何資助此等學校呢？

→ 如何理解「發展和改進」，假若特別行政區的中小學由非母語教學轉為母語教學，由免費及強迫教育和普及主義主導改為精英主義主導；高中教育的文法課程減縮，改為擴充非文法課程；兩年高中、兩年預科的課程合併為三年高中課程等現象，究竟是「發展和改進」抑或是「落後和倒退」呢？

→ 「在原有教育制度的基礎上」是什麼意思？有何約束力？

→ 「自行」的限度為何？怎樣的教育政策才算是既「自行制定」而又建築在「原有教育制度的基礎上」，會否出現特別行政區政府「自行制定」的教育政策被指控為並不建築在「原有教育制度的基礎上」呢？

第八稿

「**第一百三十六條　香港特別行政區政府在原有教育制度的基礎上，自行制定有關教育的發展和改進的政策，包括教育體制和管理、教學語言、經費分配、考試制度、學位制度和承認學歷等政策。**

社會團體和私人可依法在香港特別行政區興辦各種教育事業。」

〔1990 年 4 月《中華人民共和國香港特別行政區基本法》〕

各類院校均可保留其自主性並享有學術自由，可繼續從香港特別行政區以外招聘教職員和選用教材。宗教組織所辦的學校可繼續提供宗教教育，包括開設宗教課程。

學生享有選擇院校和在香港特別行政區以外求學的自由。

✿ 貳 | 概念

1. 各類院校自主性及學術自由的保留
2. 宗教組織可繼續提供宗教教育
3. 自由選擇院校及出外求學

✿ 叁 | 條文本身的演進和發展

第一稿▶

第六章

「第三條 各類院校均可保留其自主性並享有學術自由，可繼續從香港特別行政區以外招聘教職員和選用教材。宗教團體所辦的學校可繼續開設宗教課程。

學生享有選擇院校和在香港特別行政區以外求學的自由。」

〔1987 年 8 月 22 日《教育、科學、技術、文化、體育和宗教專題小組工作報告》，載於《中華人民共和國香港特別行政區基本法起草委員會第五次全體會議文件匯編》〕

① 1986 年 2 月基本法諮詢委員會《分批研討會參考資料》

【P1-2】

某委員（編者按：原件模糊，無法辨認名字）：除了總綱外，內容分章節用法律語言來寫，應包括如下內容：

（五）文教科技體制，肯定專業資格的審核制度。

※

② 1986 年 2 月基本法諮詢委員會《諮委會第一分組有關基本法結構討論小結》

一、基本法結構，根據與會者發言，大致上可以歸結為下列十二個部份：

7. 教育、科技、文化、宗教

※

③ 1986 年 2 月基本法諮詢委員會《第一批研討會總結》

一、基本法結構，根據與會者發言，大致上可以歸結為下列十二個部份：

7. 教育、科技、文化、宗教

※

④ 1986 年 2 月基本法諮詢委員會《第二批研討會總結》

六、基本法結構初擬

7. 文化、教育、宗教、福利；

※

⑤ 1986 年 2 月基本法諮詢委員會《第四批討論總結》

一、基本法的結構

6. 文化、教育

10. 宗教自由

12. 社會福利

委員們一致同意基本法結構應包括以上十二點內容，而每一點是否成為一單項，則意見不一。基本上同意前五點獨立成一專項，其餘各點則可自然歸納為總項。

※

⑥1986年2月基本法諮詢委員會《第五批研討會總結》

四、其他項目——
6.學術自由

※

⑦1986年4月《香港各界人士對〈基本法〉結構等問題的意見匯集》（基本法起草委員會第二次會議參閱資料之一）

【P66-68】
關於教育、科學和文化及專業人士的意見
一、教育、科學、文化
2.……宗教團體應有辦學的自由。各類辦學團體繼續辦學應不受任何限制、干擾。學生應有就讀不同類型學校的自由。

5.香港的兩間大學在亞洲都有一些名氣。學校能達到這程度，因素是：學校有國際性，教師來自不同地方和背景，這一點今後還要堅持。科研要有自主權。

7.由間接經委會撥款資助高等教育的措施，有利於確保院校獨立辦學和學術自由，建議列入基本法予以保留，並建議規定容許社會及宗教團體繼續辦學，保留辦學宗旨，延聘教職員、選用教材、施教重點、課外活動等自主權，以利特區教育事業的發展。

9.……教科書不希望由政府統一出版。教科書的審稿必須由有專業水平的人負責，以免誤人子弟。

12.基本法應明確有學術研究自由，充份發表言論的自由。不應用行政命令強制學校或學術研究機構作或不作某些事情。政府對教育、學術的干預應盡量減少。

※

⑧1986年4月22日《中華人民共和國香港特別行政區基本法結構（草案）》，載於《中華人民共和國香港特別行政區基本法起草委員會第二次全體會議文件匯編》

【P16】
第六章　香港特別行政區的教育、科學、技術、文化、體育和宗教
（一）教育制度和教育政策

※

⑨1986年8月20日《基本法結構專責小組初步報告》

（編者按：原文缺，不作推斷。）

※

⑩1986年8月29日《文化教育科技宗教專責小組工作進展報告》（1986年8月30日基本法諮詢委員會全體委員第二次會議文件）

【P9】
（1）教育制度、文化政策分組

至於教育制度方面，委員對將來特別行政區教育制度的意見，有委員認為聯合聲明附件一第十段，有關教育部份已寫得很好。另外一種意見認為還應該把下列數點加上才完滿：
6宗教團體辦的學校有權繼續開設宗教課。
秘書處已去函各教育團體諮詢有關意見，暫時收到回函十多封，意見仍待綜合分析。

※

⑪1986年11月5日《香港特別行政區基本法起草委員會教育、科學、技術、文化、體育和宗教（包括區旗、區徽問題）專題小組工作報告》，載於《中華人民共和國香港特別行政區基本法起草委員會第三次全體會議文件匯編》

【P48】
二、對基本法結構（草案）第六章、第八章有關內容的共同認識
4.各類院校，均可保留其自主性，有選擇教學語言、選用教材、招聘教職員等方面的自主權。學生享有選擇院校和在香港特別行政區以外求學的自由；

※

⑫1987年2月基本法起草委員會秘書處《香港報刊有關〈基本法〉的言論摘錄》

【P149-151】
基本法「教育制度和教育政策」一項可考慮寫入以下內容：……（四）中央對香港特別行政區的教育事業採取不干預政策。香港特別行政區政府也盡量採取不干預政策，以保障各類院校（包括宗教及社會團體所辦院校）的自主性和各類專上院校的自治權，包括從香港特別行政區以外招聘教職員，選用教材等。（五）香港特別行政區政府維護辦校和學術自由（包括言論、研究、撰寫、創作和發表等自由）的原則，並繼續發揮各種如「大學及理工教育資助委員會」等與教育有關的諮詢委員會的作用。……（八）香港特別行政區政府保障學生享有選擇院校和在香港特別行政區以外求學的自由。
（徐是雄：《基本法「教育制度和教育政策」的寫法》，《明報》一九八六年六月十一日。）

※

⑬《Final Report on the Structure of Basic Law》（基本法結構專責小組最後報告，1987年3月14日經執行委員會通過）

【P30】
7. Chapter 6 "HKSAR Education, Science, Technology, Culture, Sport, and Religion"
7.1 Section 1 "Education policy and system".

※

⑭文化教育科技宗教專責小組之教育制度、文化政策分組《教育制度、文化政策最後報告》（1987年6月12日經執行委員會通過）

【P1-3】

甲、教育制度

一、有關教育方面，委員對將來特別行政區教育制度的意見，可歸納為：

（1）教育發展應多元化，未來特別行政區政府應容許各類學校繼續發展，不加以排斥；

（2）政府有責任出錢辦學，但將來辦學團體及機構應能保有高度自主性；

（3）教育政策的釐定，應廣泛諮詢專業團體或人士的意見；

（4）按《中英聯合聲明》，基本法應確保將來特別行政區政府有權自行制定文化教育科技政策和自行決定教學語言；

（5）宗教團體辦的學校應有權繼續開設宗教課；

委員認為以上各點應該在基本法中得到保障。委員並認為任何教育改革應在過渡期有所銜接，不希望至九七年時有突然改變。

二、委員對九七年後的教育制度的共識

1.教育發展應多元化（註一），未來特別行政區政府應公平和合理對待各類院校，並容許其繼續發展。

（註一：「多元化」所指的是各方面的多元化，即學校可以是，例如：官辦、私辦、或由社會團體、宗教團體所辦；學制可以是一年、兩年的證書制、文憑制等；專上學府可以是大學、理工學院等等。）

2.政府有責任資助教育及辦學，但政府運用經費時，應做到公平和合理，同時保留受資助院校的高度自治權，例如有權開設宗教課。

3.教育政策的釐定，應有教育專業人士充份參與及應廣泛諮詢有關團體及人士的意見。

4.各類院校應可與國內外有關機構保持聯繫，如：邀聘、交流、研討、評核、保送等各方面。

三、基本法有關教育的條文

在會議中，有委員曾提出以下的意見：

1.訂定九七年後香港基本法中有關教育條文方面應有兩個依據

（1）《中英聯合聲明》有關教育政策的表述；

（2）中國有關教育政策的法律——憲法第四十六條：規定中國公民有受教育的權利及義務，及國家能使青年、少年及兒童在德育及體質上都得到發展。

2.將來香港的教育政策只應依香港本身的法律而不應以中國憲法為依據。因為憲法第二十四條列明國家要教育人民辯證歷史唯物論，而第四十六條指的教育就是這意思，這是與現行的教育目的和《中英聯合聲明》的精神相異的。

3.現存的教育尚未完美，再加上教育政策應隨社會的變遷及內部的需要而改變，若現已規限將來的政策，反而會有反效果。

4.有委員認為聯合聲明附件一第十節，有關教育部份已寫得很好，同時中國政府在《中英聯合聲明》中授權特區政府自行制定教育政策，故基本法中不應加上限制將來特區政府制定教育政策決策權的條文。

5.亦有委員認為，某些重要原則應在基本法內寫明。

經反覆討論後，委員同意某些重要原則應在基本法中寫明，亦不排除把比較細節的問題寫成基本法的附件。委員就各點共識及《中英聯合聲明》的內容提出數項有關教育的條文的建議：

提議（一）：

1.香港特別行政區保持1997年7月1日以前在香港實行的基本教育制度，包括（一）多元化的教育體系，即各類院校可以是官立、私立、或是政府資助等；（二）多樣化的學制及課程，例如學制可以是一年、兩年的證書制、文憑制等；專上學府可以是大學、理工學院等等；（三）有教育專業人士和有關教育團體充份參與的諮詢架構。

2.香港特別行政區政府自行制定有關教育的政策，包括教育體制及管理、教學語言、經費分配、考試制度、學位制度、承認學歷等政策。

3.各類院校，包括宗教、私人及社會團體所辦院校均可保留其自主性。

4.各類院校可繼續從香港特別行政區以外招聘教職員，選用教材，並可與國內外有關機構保持聯繫，如：邀聘、交流、研討、評核、保送等各方面。

5.香港特別行政區政府保障學術自由。

6.學生享有選擇院校和在香港特別行政區以外求學的自由。

提議（二）：

1.香港特別行政區保持1997年7月1日以前在香港實行的基本教育制度，包括（一）多元化的教育體系，即各類院校可以是官立、私立、或是政府資助等；（二）多樣化的學制及課程，例如學制可以是一年、兩年的證書制、文憑制等；專上學府可以是大學、理工學院等等。

2.香港特別行政區政府自行制定有關教育的政策，包括教育體制及管理、教學語言、經費分配、考試制度、學位制度、承認學歷等政策。教育政策的釐定，應有教育專業人士充份參與並廣泛諮詢有關團體及人士的意見。

3.與提議（一）同

4.與提議（一）同

5.與提議（一）同

6.與提議（一）同

提議（三）：

1.香港特別行政區保持1997年7月1日以前在香港實行的基本教育制度，包括（一）多元化的教育體系，即各類院校可以是官立、私立、或是政府資助等。政府應依據1997年7月以前採用的方式及準則，繼續資助學校；（二）多樣化的學制及課程，例如學制可以是一年、兩年的證書制、文憑制等；專上學府可以是大學、理工學院等等；（三）有教育專業人士和有關教育團體充份參與的諮詢架構。

2.與提議（一）、（二）同

3.各類院校，包括宗教、私人及社會團體所辦院校均可保留其自主性。政府不可因某教育機構是由教會或社會團體所辦而不予以資助。

4.與提議（一）、（二）同

5.與提議（一）、（二）同

6.與提議（一）、（二）同

有關委員在會議上的討論詳情，可參考會議紀要。

第二稿

「**第一百四十三條 各類院校均可保留其自主性並享有學術自由，可繼續從香港特別行政區以外招聘教職員和選用教材。宗教團體所辦的學校得繼續提供宗教教育，包括開設宗教課程。**

學生享有選擇院校和在香港特別行政區以外求學的自由。」

〔1987年12月基本法起草委員會秘書處《香港特別行政區基本法（草案）》（匯編稿）〕

① 1987年9月2日《中華人民共和國香港特別行政區基本法起草委員會第五次全體會議委員們對基本法序言和第一、二、三、四、五、六、七、九章條文草稿的意見匯集》

【P63-64】

七、關於第六章　香港特別行政區的教育、科學、技術、文化、體育和宗教

3. 第三條

（1）有的委員建議，將第一款的最後一句改為「宗教團體所辦的學校可繼續提供宗教教育」。有的委員提出，第一款最後一句後面應加上關於「政府開設的學校不能開設宗教課程」的內容。

（2）有的委員建議，將「可繼續開設宗教課程」改為「可繼續提供宗教教育，包括開設宗教課程。」

（3）有的委員提出，本條第二款規定學生有選擇院校的自由，但學校也應有根據學生成績自行決定是否錄取的自由，並建議將這一建議寫入本條說明。

（4）有的委員提出，本條提到的「自主性」和「學術自由」用詞上不確切，如「學術自由」是否包括科學研究？而且「學術」也不光只是院校裡的事情。對此，有委員說明這樣表述是大專學校教師較強烈的要求。

（5）有的委員提出，居民權利義務的章節裡已經對這方面的內容作了規定，是否可去掉這一條。有的委員則認為，第三章是對一般人的權利自由作的規定，這裡則是特指大專學校，不應去掉。

（6）有的委員建議，在本條裡加上「可吸收外籍學生」的內容。

※

② 文化教育科技宗教專責小組《對基本法第六章條文草稿（一九八七年八月）的意見》（1987 年 11 月 4 日經執行委員會通過）

【P1-2】

條文草稿	諮委建議
第二條	第二條：各社會團體和私人可依法在香港特別行政區興辦各種教育事業。 各類院校均可保留其自主性及享有學術自由，並可繼續從香港特別行政區以外招聘教職員和選用教材。 宗教團體所辦的學校可繼續開設宗教課程。 學生享有選擇院校和在香港特別行政區以外求學的自由。 （有委員建議將第二款首句修改為：「各類院校在符合香港特別行政區政府制定的教育政策下，均可保留其自主性並享有學術自由」。）
第三條	（會後有委員提出書面意見，建議將本條修改為：「各類院校均可保留其自主性並享有學術自由，可繼續從香港特別行政區以外招聘教職員和選用教材。 宗教團體所辦的學校可繼續開設宗教課程。 學生享有選擇院校和在香港特別行政區以外求學的自由。 各社會團體和私人可依法在香港特別行政區興辦各種教育事業。」）

第三稿

「第一百四十三條　各類院校均可保留其自主性並享有學術自由，可繼續從香港特別行政區以外招聘教職員和選用教材。宗教團體所辦的學校可繼續提供宗教教育，包括開設宗教課程。學生享有選擇院校和在香港特別行政區以外求學的自由。」

〔1988 年 3 月基本法起草委員會秘書處《中華人民共和國香港特別行政區基本法（草案）草稿》（總體工作小組第二次會議對目錄、序言、第一、二、三、五、六、七、九章的修改稿）〕

① 1987 年 12 月《中華人民共和國香港特別行政區基本法起草委員會第六次全體會議委員們對基本法第四、五、六、十章和條文草稿匯編的意見》

【P33】

2. 第一百四十三條

有委員建議把「宗教團體所辦的學校得繼續提供宗教教育」的「得」字改為「可」字。

第四稿

「第一百四十五條　各類院校均可保留其自主性並享有學術自由，可繼續從香港特別行政區以外招聘教職員和選用教材。宗教團體所辦的學校可繼續提供宗教教育，包括開設宗教課程。

學生享有選擇院校和在香港特別行政區以外求學的自由。」

〔1988 年 4 月基本法起草委員會秘書處《中華人民共和國香港特別行政區基本法（草案）草稿》〕

第五稿

「第一百四十四條　各類院校均可保留其自主性並享有學術自由，可繼續從香港特別行政區以外招聘教職員和選用教材。宗教團體所辦的學校可繼續提供宗教教育，包括開設宗教課程。

學生享有選擇院校和在香港特別行政區以外求學的自由。」

〔1988 年 4 月基本法起草委員會《中華人民共和國香港特別行政區基本法（草案）徵求意見稿》〕

① 1988 年 4 月基本法起草委員會《中華人民共和國香港特別行政區基本法（草案）徵求意見稿》

【P13】
簡介
第六章：教育、科學、文化、體育、宗教、勞工和社會服務
44.本章載明《中英聯合聲明》關於各類院校保留其自主

性，並可繼續從香港特別行政區以外招聘教職員，選用
教材；學生享有選擇院校和在香港特別行政區以外求學
的自由。這對於保持香港現行的教育制度，提供了一個
健全的基礎。

第六稿

「**第一百三十六條　各類院校均可保留其自主性並享有學術自由，可繼續從香港特別行政區
以外招聘教職員和選用教材。宗教組織所辦的學校可繼續提供宗教教育，包括開設宗教課程。
學生享有選擇院校和在香港特別行政區以外求學的自由。**」
〔1989年2月《中華人民共和國香港特別行政區基本法（草案）》〕

① 《基本法工商專業界諮委對基本法（草案）徵求
意見稿第六章教育、科學、文化、體育、宗教、勞
工和社會之意見書》

【P1-2】
第一百四十四條
建議增加「包括自行制定入學政策」一句在該條文的第一
段如下：
「各類院校均可保留其自主性，包括自行制訂入學政策，
並享有學術自由，可繼續從香港特別行政區以外招聘教
職員和選用教材。宗教團體所辦的學校可繼續提供宗教教
育，包括開設宗教課程。」

※

② 《與內地草委交流的重點——文化教育科技宗教專
責小組》，載於1988年6月3日《基本法諮詢委
員會秘書處通訊73》

【P2】
7.第一百四十四條
有委員提出「學生享有選擇院校」自由與現有制度似乎不
同，因現在是院校選擇學生。

※

③ 1988年8月基本法起草委員會秘書處《香港各
界人士對〈香港特別行政區基本法（草案）徵求意
見稿〉的意見匯集（一）》

【P40】
第一百四十四條
1.「保留」不明確，改為：「各類院校有極高自主性和學
術自由。」

2.「學生享有選擇院校的自由」與現在的制度有所不同，
因現在是院校選擇學生。

【P48】
關於第六章的其他意見
1.基本法是憲制性文件，文字要準確，要講一些原則
性的東西，不應在條文中規定那些局部性的東西，如第
一百四十四條規定學生有出外求學的自由，那麼是否還要
寫上商人、醫生有出外經商、行醫的自由呢？其實這些規
定都可以刪去，有出入境自由就可以了，根據這一精神，
建議刪去第……、一百四十四、……條。……

※

④ 《基本法諮詢委員會文化、教育、科技、宗教專
責小組對基本法（草案）徵求意見稿第六章的意見
匯編》，載於1988年10月基本法諮詢委員會《中
華人民共和國香港特別行政區基本法（草案）徵求
意見稿諮詢報告（1）》

【P125】
2.有關條文討論
2.1 第一百四十二條、第一百四十三條、第一百四十四條
2.1.8 有委員認為，本條中「學生享有選擇院校的自由」
這一點，是現時制度中所沒有的，現在是院校選擇學生。
但有委員認為，這樣的寫法與現在的教育制度並沒有衝
突。選擇院校是有限制的，但學生始終有最後的決定權。

※

⑤ 1988年10月基本法諮詢委員會《中華人民共和
國香港特別行政區基本法（草案）徵求意見稿諮詢
報告第五冊——條文總報告》

【P400-402】
第六章　整體意見
2.對個別方面的意見
2.1 教育方面
2.1.1 意見
2.1.1.1 滿意
→ 有關教育制度的條文基本上可以接受。
2.1.1.2 不滿意
→ 有關教育的條文寫得不完善，並不詳細。
→ 本章所載明的有關教育的政策，缺乏明確的意思。
→ 基本法不應列明教育政策不變的方針。
→ 《中英聯合聲明》所列明的香港特別行政區教育制度
和政策方針，與基本法（草案）徵求意見稿的內容有不協
調的地方。
→ 出現很多「保留」、「保持」和「繼續」等字眼，這
些字眼本身很不妥。
→ 把教育政策寫入基本法，只會限制香港特別行政區政
府的自主性。
→ 第一百四十二條、第一百四十三條和第一百四十四條
互相矛盾。
→ 第一百四十二條的「保持原在香港實行的教育制度」
跟第一百四十三條的「香港特別行政區政府自行制定教育
政策」是矛盾的。
理由：既要「保持」，又何來「自行制定」？
→ 第一百四十三條的內容和第一百四十四條的內容重複。
理由：香港的「教育條例」容許辦學自由，且本條既已規
定社會團體和私人可依法興辦各種教育事業，便無必要列
明學校的自主權範圍。
2.1.1.3 保留

→ 如何保證日後教育政策不受政治影響，便要看基本法能否切實執行。

2.1.2 其他建議

→ 香港教育制度應逐步改善，不能是「五十年不變」。

→ 香港特別行政區教育制度須配合客觀環境的變化而作出改進。

→ 今後教育制度應視教育為長遠社會投資。

→ 香港特別行政區的學術地位不應有轉變。

→ 教育機關可審核其他資格，亦可頒授自己的教育專業資格。

→ 本地永久居民獲海外大學學位者，其資格應與本地大學學位持有人一樣，獲同等待遇。

→ 應保證中央人民政府不會干涉香港特別行政區學生出外求學的自由。

→ 香港特別行政區的中學生，不論「文科生」或「理科生」，校方都要讓其選讀中國歷史科。

→ 在香港特別行政區的學校內，以母語（廣東話）為教學語言，並在學校逐步推廣普通話。

→ 在教育語言方面，應中英並重。

2.1.3 待澄清問題

→ 第一百四十二條、一百四十三條和一百四十四條是否互相衝突？

→ 第一百四十二條和一百四十三條是否有矛盾？

→ 第一百四十二條的「教育制度」、第一百四十三條的「教育政策」及「教育體制和管理」，三者的意思如何？應如何區分？

→ 一九九七年後香港教育的宗旨、指標和原則為何？

→ 是否適宜把涉及教育政策的原則和方針的條文寫在基本法內？

→ 若不適宜把涉及教育政策、原則和方針的條文寫在基本法內，應以怎樣的方式來處理原想表達的內容？

→ 本章提到體育和社會福利可根據經濟條件和社會需要，自行制訂其發展方向，但對於教育制度的條文，卻沒有這些規定，不知何故？

→ 保持現有制度是否指保留殖民地奴化教育的特色？要不要推行國民教育？

【P416-418】

第一百四十四條

2. 意見

2.1 贊成意見

→ 保留本條文。

2.2 保留意見

→ 本條令香港特別行政區政府無法自行制定教育政策。

→ 本條未有顧及專上院校的權利。

→ 本條沒有正面肯定學術自由和權利。

3. 建議

3.1 刪除

→ 刪除本條。

理由：保留第一百四十三條及第一百四十八條已足夠。

→ 第一款只保留第一句，刪除其餘部份。

理由：所刪除的內容已包括在第一句中。

→ 刪除第二款。

理由：

⊙ 在特別行政區以外求學的自由已因第三十條所載明的出入境自由而獲得足夠的保障。

⊙ 現時香港學生亦沒有完全選擇學校的自由。

3.2 修改

→ 改為：「各類院校均可保留其自主性及享有學術自由，可繼續在香港特別行政區以外招聘教職員和選用教材。學生享有選擇院校和在香港特別行政區以外求學的自由。」

→ 改為：「社會團體及私人可依法在香港特別行政區興辦各種教育事業，各類院校均可保留其自主性及享有學術自由，並可繼續從香港特別行政區以外招聘教職員及選用教材。宗教團體所辦的學校可繼續提供宗教教育，包括開設宗教課程。

學生享有選擇院校和在香港特別行政區以外求學的自由。」

→ 第一款改為：「各類院校均可保留其自主性並享有學術自由，可在國內外招聘教職員和選用教材。宗教團體所辦的學校可提供宗教教育，包括開設宗教課程。」

→ 將第一款中「可繼續從香港特別行政區以外招聘」改為「可從國內外招聘」。

→ 將第一款中「可繼續從香港特別行政區以外招聘教職員和選用教材。」改為「可繼續通過合法審查途徑在香港特別行政區內或以外招聘教職員或專家和選用教材。」

→ 第一款改為：「各類院校均可保留其自主性，包括自行制訂入學政策，並享有學術自由，可繼續從香港特別行政區以外招聘教職員和選用教材。宗教團體所辦的學校可繼續提供宗教教育，包括開設宗教課程。」

→ 第二款改為：「學生享有選擇院校和在國內、外求學自由。」

3.3 增加

→ 在「宗教課程」之後，把句號改為逗號，並加上：「但以選修為原則；而宗教儀式及其他宗教性活動，亦均以師生自由參加為原則。」

理由：

⊙ 以促進教會學校內外的宗教自由。

⊙ 以促進教會學校的開明進步。

→ 加上：「香港特別行政區政府在制訂教育政策時，繼續諮詢現有各教育團體之意見，並讓教育專業人士參與制訂教育政策的工作。」

→ 在「香港特別行政區以外」之後加上「世界各地」。

→ 在「以外招聘教職員和選用教材」以後，加上「但要適合中國和香港的利益，才能聘用和選用。」

3.4 其他建議

→ 第一款第二句值得進一步考慮和修改。宗教教育問題宜透過其他方式處理，避免目前在香港實施的那種曖昧的宗教教育方式在基本法中得到憲法性的支持。

理由：假若宗教教育是指促進年青人瞭解宗教和哲學，以及宗教推理和宗教生活的特質、根據、發展和含義的話，那麼在學校提供宗教教育便是一項重要的權利。

但假若這項權利被視為學校有權指使其學生（不論年齡）去篤信校方的宗教的話，又是另一回事；而這情況在香港卻很普遍。

→ 可把教會辦學的有關具體規定寫得精簡一點。

→ 可在本條規定的自主性內，容許各類院校（包括專上學院）審核和頒授資格。

→ 應小心研究招聘教職員以防別有用心和徒具虛名的人士藉學術活動把主觀世界引進客觀科學，破壞香港的科學建設和社會安定。

→ 大專院校必須盡量吸納合資格之本港永久性居民入讀，以最短年期訓練出可用人才為原則。

→ 應寫明本港居民享有學術自由，包括言論、研究、撰寫、創作和發表等自由。

→ 應寫明教會學校為傳播福音而舉辦的宗教活動，可繼續進行。

→ 應寫明宗教學校的學生和教師都應享有宗教信仰的自由，宗教科目應改為選修科目，宗教活動應該容許自由參加。

→ 應寫明香港特別行政區院校可推廣倫理教育。

理由：

⊙ 中國大陸的父母或監護人都不可向子女教導異端思想，否則便是觸犯中華人民共和國憲法第二十四條和第五十一

條。本條只容許在特別行政區宗教團體所辦的學校有權推行倫理教育的規定，是與《公民權利及政治權利國際公約》第十八條第四款有衝突的。

⊙ 香港宗教學校的華人（包括學生和教師）的長期被宗教化、引誘兼強迫信仰宗教的時代，應該隨著殖民地統治的完結而有所改變。

4. 待澄清問題

→ 本條內容是否適宜在一九九七年後的香港特別行政區實施？
→ 「各類院校」是否應嚴格界定為大學、專上高等院校，而不包括中小學校？
→ 本條列明「各類院校均可保留其自主性並享有學術自由」，但「自由」程度如何？
→ 究竟將來教會學校可否在課堂時間外進行宗教活動？

第七稿

「**第一百三十七條** 各類院校均可保留其自主性並享有學術自由，可繼續從香港特別行政區以外招聘教職員和選用教材。宗教組織所辦的學校可繼續提供宗教教育，包括開設宗教課程。學生享有選擇院校和在香港特別行政區以外求學的自由。」

〔1990 年 2 月 16 日《中華人民共和國香港特別行政區基本法（草案）》〕

① 1989 年 11 月基本法諮詢委員會《中華人民共和國香港特別行政區基本法（草案）諮詢報告第三冊──條文總報告》

【P234-235】
第六章　整體意見
2. 建議
2.3 其他建議
2.3.2 教育
→ 規定英文和繁體中文字為合法和正式語文。
→ 規定學生無須接受政治教育。
→ 應推行愛國主義教育。
→ 把香港考試減少。
→ 教育、科學、文化、體育、宗教、勞工和社會服務都應該在未來有發展餘地，故將來中國和香港特別行政區有重要的作用。基本法要表明在一九九七年後五十年內，共產黨不能隨便干預。

【P239-240】
第一百三十六條
2. 意見
2.1 正面
→ 這條載明特別行政區居民可選擇院校及向外求學，享有學術自由，院校也可向外招聘教職員，從而提高了學術水準。
→ 本條提及「宗教組織所辦的學校可繼續提供宗教教育，包括開設宗教課程」的寫法是好的，保留了香港現時的特色。
2.2 反面
→ 第二款規定的「學生享有選擇院校和在香港特別行政區以外求學的自由」與目前本港的統一派位制度有矛盾。
2.3 保留
→ 此條條文寫得很好，但在具體執行時則恐怕會牽涉由哪一方來解釋的問題。

3. 建議
3.1 刪除

→ 刪去第二款。
理由：此款的意思已包括在香港居民擁有出入境自由的權利內。
→ 刪去第一款內兩個「繼續」的字眼。
理由：不加上「繼續」是自然的發展，加上則變成勉強答應。
3.2 修改
3.2.1 第一款
→ 將「各類院校均可保留其自主性並享有學術自由」改為「各類院校均可保留其自主性，並享有學術研究及交流、發表研究成果的自由」。
理由：進一步闡釋「學術自由」的定義，強調學術研究的重要性，鼓勵高科技研究和學術多元化的發展。
3.3 增加
3.3.1 第一款
→ 在「課程」前加上「及倫理」三字，並在此款句末加上：「父母或子女的監護人（於必要時）均有權確保其子女所受的宗教及倫理教育是與其本人所堅信的是一致的。」
→ 在第一款「宗教組織」前加上「合法」二字。
→ 在第一款「保留」和「繼續」前加上「依法」二字。
→ 在「宗教組織」前加上「各類」二字。
3.3.2 第二款
→ 在句末加上：「教師有組織專業團體的權利」。
3.4 其他
→ 建議學生無須經香港或由內地政府批准，便可出外留學。
→ 教職員應本地化，海外教員與本地教員薪酬要相同及不能擁有特權和額外福利。
→ 應清楚列明教會團體所辦的學校應實質上享有選聘教職員、選用教材及提供宗教課程的自由。

4. 待澄清問題。
→ 「各類院校」是否必須嚴格界定為大學、專上高等院校而不包括中小學校？
→ 所謂「保留其自主性並享有學術自由」，其中「自主性」和「學術自由」的程度如何？
→ 「宗教組織所辦的學校可繼續提供宗教教育，包括開設宗教課程」，究竟屆時宗教學校可否在課堂時間進行宗教活動呢？

第八稿

「**第一百三十七條** 各類院校均可保留其自主性並享有學術自由，可繼續從香港特別行政區以外招聘教職員和選用教材。宗教組織所辦的學校可繼續提供宗教教育，包括開設宗教課程。
學生享有選擇院校和在香港特別行政區以外求學的自由。」

〔1990 年 4 月《中華人民共和國香港特別行政區基本法》〕

香港特別行政區政府自行制定發展中西醫藥和促進醫療衛生服務的政策。社會團體和私人可依法提供各種醫療衛生服務。

❀ 貳｜概念

1. 自行制定醫藥和醫療政策
2. 團體和私人可依法提供醫療服務

❀ 叁｜條文本身的演進和發展

第一稿▶

第六章

「第四條　香港特別行政區政府發展醫療衛生事業，發展現代醫藥和我國傳統醫藥，鼓勵和支持社會團體和私人機構舉辦各種醫療衛生事業。」

〔1987 年 8 月 22 日《教育、科學、技術、文化、體育和宗教專題小組工作報告》，載於《中華人民共和國香港特別行政區基本法起草委員會第五次全體會議文件匯編》〕

① 1986 年 2 月基本法諮詢委員會《諮委會第一分組有關基本法結構討論小結》

一、基本法結構，根據與會者發言，大致上可以歸結為下列十二個部份：
7. 教育、科技、文化、宗教

※

② 1986 年 2 月基本法諮詢委員會《第一批研討會總結》

一、基本法結構，根據與會者發言，大致上可以歸結為下列十二個部份：
7. 教育、科技、文化、宗教

※

③ 1986 年 2 月基本法諮詢委員會《第二批研討會總結》

六、基本法結構初擬
7. 文化、教育、宗教、福利；

※

④ 1986 年 2 月基本法諮詢委員會《第四批討論總結》

一、基本法的結構
6. 文化、教育

10. 宗教自由

12. 社會福利

委員們一致同意基本法結構應包括以上十二點內容，而每一點是否成為一單項，則意見不一。基本上同意前五點獨立成一專項，其餘各點則可自然歸納為總項。

※

⑤ 1986 年 4 月 22 日《中華人民共和國香港特別行政區基本法結構（草案）》，載於《中華人民共和國香港特別行政區基本法起草委員會第二次全體會議文件匯編》

【P16】
第六章　香港特別行政區的教育、科學、技術、文化、體育和宗教
（六）其他社會事務

※

⑥ 1986 年 8 月 20 日《基本法結構專責小組初步報告》

（編者按：原文缺，不作推斷。）

※

⑦ 1986 年 11 月 5 日《香港特別行政區基本法起草委員會教育、科學、技術、文化、體育和宗教（包括區旗、區徽問題）專題小組工作報告》，載於《中華人民共和國香港特別行政區基本法起草委員會第三次全體會議文件匯編》

【P50】

三、尚待進一步研究的問題

2.關於中醫中藥的地位問題，香港有關方面反應也比較強烈，這個問題是否應在基本法中作出規定，如需要，應如何規定，小組將再繼續研究討論。

※

⑧《Final Report on the Structure of Basic Law》（基本法結構專責小組最後報告，1987 年 3 月 14 日經執行委員會通過）

【P31】

7. Chapter 6 "HKSAR Education, Science, Technology, Culture, Sport, and Religion"

7.6 Section 6 "Other social affairs."

第二稿

「**第一百四十四條** 香港特別行政區政府發展醫療衛生服務，發展中、西醫藥，鼓勵社會團體和私人提供各種醫療衛生服務。」

〔1987 年 12 月基本法起草委員會秘書處《香港特別行政區基本法（草案）》（匯編稿）〕

① 1987 年 9 月 2 日《中華人民共和國香港特別行政區基本法起草委員會第五次全體會議委員們對基本法序言和第一、二、三、四、五、六、七、九章條文草稿的意見匯集》

【P64-65】

七、關於第六章 香港特別行政區的教育、科學、技術、文化、體育和宗教

4.第四條

（1）有些委員建議刪掉「支持」二字，以免政府有資助的法律責任。有的委員提出，「發展」二字是否妥當，也應考慮，不僅這一條，本章許多條都有「發展」一詞，這對香港特別行政區政府會造成很大壓力，也與目前香港的實際情況不符，建議再作研究。

（2）有的委員建議，本條改為「香港特別行政區政府發展醫療衛生服務，鼓勵各類團體及私人舉辦各種醫療衛生服務」。

（3）有些委員不同意用「發展現代醫藥和我國傳統醫藥」的寫法，有些委員則認為，按照一般的理解，「現代醫藥」是指西醫，「我國傳統醫藥」是指中醫；考慮到香港中醫界強烈要求基本法中要肯定中醫的地位，因此建議本條不作修改。有的委員建議改為「發展中、西醫藥」。

※

②文化教育科技宗教專責小組《對基本法第六章條文草稿（一九八七年八月）的意見》（1987 年 11 月 4 日經執行委員會通過）

【P2】

條文草稿	諮委建議
第四條	第三條：香港特別行政區政府自行制定醫療衛生政策，發展現代醫藥和我國傳統醫藥。 各社會團體和私人可依法在香港特別行政區興辦各種醫療衛生事業。

第三稿

「**第一百四十四條** 香港特別行政區政府促進醫療衛生服務和中、西醫藥的發展，鼓勵社會團體和私人提供各種醫療衛生服務。」

〔1988 年 3 月基本法起草委員會秘書處《中華人民共和國香港特別行政區基本法（草案）草稿》（總體工作小組第二次會議對目錄、序言、第一、二、三、五、六、七、九章的修改稿）〕

① 1987 年 12 月《中華人民共和國香港特別行政區基本法起草委員會第六次全體會議委員們對基本法第四、五、六、十章和條文草稿匯編的意見》

【P33-34】

3.第一百四十四條

（1）有些委員認為，「發展中、西醫藥」含義不清楚，提法不確切，建議改為「發展現代醫藥和傳統醫藥」，或改為「促進中、西醫藥的發展」，或改為「發展中、西醫藥，衛生服務」。

（2）有的委員建議，在「提供各種醫療衛生服務」之前加上「依法興辦和」幾個字。

（3）有的委員認為，本條「鼓勵」二字似多餘，建議刪去。

第四稿

「**第一百四十六條** 香港特別行政區政府促進醫療衛生服務和中、西醫藥的發展，鼓勵社會團體和私人提供各種醫療衛生服務。」

〔1988 年 4 月基本法起草委員會秘書處《中華人民共和國香港特別行政區基本法（草案）草稿》〕

第五稿

「**第一百四十五條** 香港特別行政區政府促進醫療衛生服務和中、西醫藥的發展，鼓勵社會團體和私人提供各種醫療衛生服務。」

〔1988 年 4 月基本法起草委員會《中華人民共和國香港特別行政區基本法（草案）徵求意見稿》〕

「**第一百三十七條** 香港特別行政區政府自行制定發展中西醫藥和促進醫療衛生服務的政策。社會團體和私人可依法提供各種醫療衛生服務。」

〔1989 年 2 月《中華人民共和國香港特別行政區基本法（草案）》〕

① **《基本法工商專業界諮委對基本法（草案）徵求意見稿第六章教育、科學、文化、體育、宗教、勞工和社會之意見書》**

【P2】
第一百四十五條
建議加上有劃線在下面的字：
「香港特別行政區政府促進醫療衛生服務和中西醫藥的發展。鼓勵社會團體和私人<u>依法</u>提供各種醫療衛生服務。」

※

② **《與內地草委交流的重點—— 文化教育科技宗教專責小組》，載於 1988 年 6 月 3 日《基本法諮詢委員會秘書處通訊 73》**

4. 部份章節的字眼上問題
4.2 第一百四十五條
建議「促進」改為「提供」

※

③ **1988 年 8 月基本法起草委員會秘書處《香港各界人士對〈香港特別行政區基本法（草案）徵求意見稿〉的意見匯集（一）》**

【P41】
第一百四十五條
1. 將「中、西醫藥」改為「醫藥」，將「鼓勵社會團體和私人提供各種醫療衛生服務」改為「提供不少於現有的各種醫療衛生服務」。

2. 將「鼓勵社會團體和私人提供各種醫療衛生服務」改為「鼓勵社會團體和私人提供合法和合標準的醫療衛生服務」。

3.「鼓勵社會團體和私人」之後加上「在法律允許範圍內」。

4. 中醫目前沒有合法的地位，這一條要更詳細地明確中醫的合法地位。

5.「促進」改為「提供」。

【P48】
關於第六章的其他意見
1. 基本法是憲制性文件，文字要準確，要講一些原則性的東西，不應在條文中規定那些局部性的東西，如第一百四十四條規定學生有出外求學的自由，那麼是否還要寫上商人、醫生有出外經商、行醫的自由呢？其實這些規定都可以刪去，有出入境自由就可以了，根據這一精神，建議刪去第……、一百四十五、……條。

※

④ **1988 年 8 月 3 日基本法諮詢委員會秘書處參考資料（一）《內地草委訪港小組就基本法（草案）徵求意見稿一些問題的回應輯錄（一九八八年六月四**

日至十七日）》

【P15】
6. 教育、科學、文化、體育、宗教、勞工和社會服務
6.3「自行制定」與「原在香港」
「自行制定政策」與「保持原有政策」是有點矛盾的，這個說法在文化、教育等章節上均有出現，但這是《中英聯合聲明》的原話。這方面再待作研究。

※

⑤ **《基本法諮詢委員會文化、教育、科技、宗教專責小組對基本法（草案）徵求意見稿第六章的意見匯編》，載於 1988 年 10 月基本法諮詢委員會《中華人民共和國香港特別行政區基本法（草案）徵求意見稿諮詢報告（1）》**

【P125-126】
2. 有關條文討論
2.2 第一百四十五條
2.2.1 有委員建議將「促進」改為「提供」，以增加條文的約束力。但亦有委員贊成用較中性的字眼。也有委員認為此條只提出一個理想與願望，沒有存在價值。
2.2.2 有委員認為，本條的寫法會引致專業（即西醫）和非專業（即中醫）的混淆。有委員認為，醫療衛生政策非單由政府制定，而是由整個特別行政區制定，有委員反對寫明「中西醫藥的發展」，認為這樣的寫法不夠彈性，會引致特別行政區要跟從這些方法去做的問題，而且，醫學界人士對中醫的存在也沒有反對，故建議刪除「中、西」二字。因為寫明「醫藥的發展」，這樣已包括所有醫藥。有委員則反對刪除「中、西醫藥」的字眼。有委員認為，本條的寫法會造成將來如何確定中醫的地位和如何將之提升至與西醫同樣地位的問題。
2.2.3 有些委員建議採用諮委會科教文組最後報告中的寫法，即改成：「香港特別行政區自行制定醫療衛生政策，發展現代及中國傳統醫藥。社會團體和私人可在香港特別行政區依法提供各種醫療衛生服務。」
2.2.4 有委員認為，中藥在中國人的社會中是不可缺少的，條文中的寫法是沒有問題的，中西醫藥應得到同樣的重視和發展。
2.2.5 有委員認為，本條的寫法會限制特別行政區政府的靈活性和自由運作的權力，會令將來特別行政區政府在制定政策時必須對中西醫藥同樣重視，因而失去自行決定發展步伐的權力。
2.2.6 有委員建議第一百四十五條把「鼓勵社會團體和私人提供各種醫療衛生服務」，改為「鼓勵社會團體和私人提供各種在法律許可下之醫療衛生服務」。亦有委員建議在第一百四十五條「提供各種醫療衛生服務」前，加上「依法」二字。但有委員則認為，條文中已清楚寫明是由香港特別行政區政府促進醫療發展，所以已有合法的意思，不需要加上「在法律許可下」之類的字眼。

※

⑥ 1988 年 10 月基本法諮詢委員會《中華人民共和

國香港特別行政區基本法（草案）徵求意見稿諮詢
報告第五冊——條文總報告》

【P418-421】
第一百四十五條
2. 意見
2.1 贊成意見
→ 贊成此條文。
理由：
⊙ 將為今後中醫中藥帶來發展機會。
⊙ 此條容許香港特別行政區居民可自行選擇哪種醫療方式，此乃基本的民權。
2.2 反對意見
→ 此條文只屬口號形式。
→ 依據這條文，任何團體和私人都可以提供醫療服務，包括不合標準和不合法的醫療服務，這是危險的。
→ 此條剝奪了香港特別行政區政府自行決定其政策的權力，令特別行政區政府當未能促進和鼓勵有關方面的發展時，會被控訴。
→ 原文提及「中醫藥」等字眼只為滿足那些提倡中藥的人士。中藥雖有一定的價值，但在實際推廣上是有困難的。目前政府所採取的態度是「默許」多於「推廣」。

3. 建議
3.1 刪除
→ 刪除本條。
理由：本條屬政策性條文，不應寫入基本法。
→ 刪除「中西醫藥的發展」內「中西」二字。
理由：「醫藥的發展」一詞足以表達，詳細的條例宜由日後香港特別行政區政府自行制定。
3.2 修改
3.2.1 整條改寫
→ 改為：「香港特別行政區政府可自行制定醫療政策並促進醫療衛生服務。」
理由：原文有政策性條文之嫌，故需修改。
→ 改為：「香港特別行政區政府自行制訂醫療服務政策。」
→ 改為：「香港特別行政區政府自行制定醫療衛生政策。社會團體和私人可依法在香港特別行政區提供各種醫療衛生服務，由香港特別行政區政府依法進行管理和監督。」
理由：原文末句的「鼓勵社會團體和私人提供各種醫療衛生服務」，有透過憲法性文件鼓吹私營化之嫌。
→ 改為：「香港特別行政區自行制定醫療衛生政策並繼續發展。」
→ 改為：「香港特別行政區政府可自行制定醫療衛生政策，發展及改進原有的醫療制度，並促進醫療衛生服務和中、西醫藥的發展，鼓勵社會團體和私人提供各種醫療衛生服務。」
→ 改為：「香港特別行政區自行制定醫療衛生政策，發展現代及中國傳統醫藥。社會團體和私人可在香港特別行政區依法提供各種醫療衛生服務。」
→ 改為：「香港特別行政區政府促進醫療衛生服務和中、西醫及中、西藥的發展，……」
理由：香港政府一向對中醫採取默許而不認可的態度，故在基本法中應有較明確的規定，以表示對中醫的尊重。
→ 改為：「香港特別行政區政府促進醫療衛生服務及醫藥的發展，鼓勵社會團體和私人依法提供各種醫療衛生服務。」
理由：
⊙ 西方醫藥是受到法規、法律和條例嚴格的監管的，而所有西醫均是一個被認可的和具備充足資格的專業之成員；但傳統中醫藥學則不為法律所承認，而實際上是完全在法律的監管之外，原文的寫法，過分保障了中醫藥學的

地位，這是不對的。
⊙ 把中西醫藥混為一談不僅與現實不符，並會為將來香港特別行政區政府製造危險的先例。
⊙ 一九九七年後（或甚至一九九七年前），如中醫考慮將其同業加以組織並向政府申請認可資格，他們可按第一百五十條內「香港特別行政區政府可根據社會發展需要並諮詢有關方面的意見，承認新的專業和專業團體。」的規定，獲得承認及接受監管，但在這成為事實前，不應讓「中、西醫藥」等字眼一同寫進基本法中。
→ 改為：「香港特別行政區政府促進醫療衛生服務和醫藥的發展，提供不少於現有的各種醫療衛生服務。」
理由：
⊙ 無須強調「中、西」兩字。
⊙ 醫療衛生服務是對市民的重要保障，政府有責任提供最基本的服務。
⊙ 用「醫藥」一詞，則包含的範圍較廣泛。
→ 改為：「香港特別行政區政府，根據社會的實際需要，分別由政府、社團及私人提供各種醫療衛生服務，政府應促進醫藥科學的發展。」
理由：
⊙ 醫療服務影響民生甚大，應受到政府的高度關注。
⊙ 不同層面的醫療工作，應視乎居民的意願及配合社會資源的分配，由不同層面的醫務人員分擔，以達致更有效率、更切合社會需要。
⊙ 醫學是一門精確科學，其研究發展應由政府作主導，一方面要符合科學準則，另一方面亦要配合資源的合理及有效運用。
→ 改為：「香港特別行政區政府負責保持和發展醫藥和衛生服務。香港特別行政區政府促進其他醫療服務和中、西醫藥的發展，鼓勵社會團體和私人促進各種醫療衛生服務。」
3.2.2 個別條款修改
→ 把「鼓勵」改為「允許」。
→ 把「發展」改為「制度化」。
理由：在英國管治下，香港的傳統中醫業陷於無政府狀態，而政府部門和受西方訓練的西醫專業團體，一般對中醫採敵視態度，甚或對中醫缺乏認識。若認為香港特別行政區政府必須促進傳統中醫藥的發展，則本條文不宜用太含糊的字眼。
3.3 增加
→ 增寫這一款：「教會團體應可享有提供醫療衛生服務，並得在其所提供之服務範圍內配合其教會之傳教方針。」
→ 在「鼓勵社會團體和私人提供各種醫療衛生服務」中加上「宗教團體」。
→ 「社會團體」後加上「宗教團體」。
→ 加上：「自行制定醫療政策」。
→ 在「私人」之後加上「合法」。
→ 在「私人」之後加上「根據現行法律」。
→ 加上一段載明香港特別行政區政府對中西醫藥的專業人士進行考核、登記和頒發執照。
3.4 其他建議
→ 應加上監督性的字句。
理由：保證醫療質素是政府職責。
→ 香港特別行政區政府不單要「促進」醫療衛生服務，更要盡義務向市民提供廉價的醫療服務。
理由：為低收入的市民提供醫療服務。
→ 應註明香港中醫中藥有合法地位。
理由：
⊙ 百年多來，香港政府不承認中醫中藥，而中醫中藥亦在香港沒有正式的、合法的地位。
⊙ 以免中國人的中藥傳統習慣受干預。
⊙ 中醫師在中國是受政府承認的專業人士，其地位應受保障。

→ 建議承認由中醫發出的醫生證明文件及病人休養的放假證明，都要具有法律認可地位，不能受到歧視。
→ 醫療服務不應私營化。
→ 不應刪除「中、西醫藥的發展」一句內的「中、西」二字。
理由：
⊙ 目前香港政府並未承認中醫的專業地位，但一九九七年後，中醫應具有專業地位。
⊙ 中國現有的醫療衛生服務是有中醫、西醫和中西醫結合三種服務。既然在國際上亦開始重視中醫中藥，不應鄙棄傳統的中醫藥。

4.待澄清的問題
→ 中醫中藥，唇齒相依，這條是否意味着中醫、西醫、中藥、西藥都受到關注和具有同等地位？

※

⑦ 1989 年 1 月 9 日《教育、科學、文化、體育、宗教、勞工和社會服務專題小組對條文修改情況的報告》，載於 1989 年 1 月《中華人民共和國香港特別行政區基本法起草委員會第八次全體會議文件匯編》）

【P30】
3.醫療衛生條文改寫為：「香港特別行政區政府自行制定醫療衛生服務政策，社會團體和私人可依法提供各種醫療衛生服務。」

第七稿

「**第一百三十八條　香港特別行政區政府自行制定發展中西醫藥和促進醫療衛生服務的政策。社會團體和私人可依法提供各種醫療衛生服務。**」
〔1990 年 2 月 16 日《中華人民共和國香港特別行政區基本法（草案）》〕

① 1989 年 11 月基本法諮詢委員會《中華人民共和國香港特別行政區基本法（草案）諮詢報告第三冊——條文總報告》

【P234】
第六章整體意見
1.意見
1.1 反面
→ 第一百三十七條、……只是政策及意向的聲明，在《中英聯合聲明》中沒有規定，這些條款應用允許性的「可以」代替，否則將對立法機關產生不適當的限制。

【P236】
3.待澄清問題
→ 醫療方面未有提及，未知一九九七年後是否仍維持廉價的醫療服務。

【P240-241】
第一百三十七條
2.意見
2.1 正面
→ 本條顯示基本法起草委員會承認中醫藥有其發展必要。
2.2 反面
→ 本條只說未來政府會自行制定法律而市民則遵守法律，說了等於沒說。沒有理由只選醫藥一項來作此特別規定，

這根本算不上是「法律」！
→ 不應將醫藥分為中西。
2.3 保留
→ 本條表面上可以接受，實際上並無明確方向或指引。
→ 原文提及「中醫藥」等字眼只為滿足那些提倡中藥人士。中藥雖有一定的價值，但在實際推廣上是有困難的。目前政府所採取的態度是「默許」多於「推廣」。

3.建議
3.1 修改
→ 改為：「香港特別行政區中、西醫管理局，合理制定發展中、西醫藥和促進醫療衛生服務的政策。初期中醫藥問題，由國家中醫藥管理局暫時全權處理。社會團體和私人可依法提供各種醫療衛生服務。」
理由：現時的醫管局由西醫組成，若沒有中醫藥法定專業人士參加而「自行制定」發展中醫藥政策，是不合理的。故建議刪除「自行制定」一詞，改為「合理」，而發展中醫藥政策應經審核合格的、法律承認的中醫藥專業人員組成的中醫藥管理局制定。
→ 改為：「香港特別行政區政府根據社會的實際需要，立法由政府、社團及私人提供各種醫療衛生服務，政府應促進各種醫藥科學的發展。」
3.2 其他
→ 教會團體應可提供醫療衛生服務，並在其所提供之服務範圍內，配合其教會之傳教方針。
→ 中醫應有合法地位，對中醫、西醫不能厚此薄彼。

第八稿

「**第一百三十八條　香港特別行政區政府自行制定發展中西醫藥和促進醫療衛生服務的政策。社會團體和私人可依法提供各種醫療衛生服務。**」
〔1990 年 4 月《中華人民共和國香港特別行政區基本法》〕

香港特別行政區政府自行制定科學技術政策，以法律保護科學技術的研究成果、專利和發明創造。
香港特別行政區政府自行確定適用於香港的各類科學、技術標準和規格。

✿ 貳│概念

1. 自行制定科學技術政策
2. 依法保護研究成果、專利和發明創造
3. 自行確定各類科學、技術標準和規格

✿ 叁│條文本身的演進和發展

第一稿

第六章
「第五條　香港特別行政區政府發展科學、技術事業，獎勵和保護科學、技術的研究成果和發明創造。
香港特別行政區政府自行決定科學、技術的各類標準和規格。」
〔1987 年 8 月 22 日《教育、科學、技術、文化、體育和宗教專題小組工作報告》，載於《中華人民共和國香港特別行政區基本法起草委員會第五次全體會議文件匯編》〕

① 1986 年 2 月基本法諮詢委員會《分批研討會參考資料》

【P1-2】
某委員（編者按：原件模糊，無法辨認名字。）：除了總綱外，內容分章節用法律語言來寫，應包括如下內容：
（五）文教科技體制，肯定專業資格的審核制度。

※

② 1986 年 2 月基本法諮詢委員會《諮委會第一分組有關基本法結構討論小結》

一、基本法結構，根據與會者發言，大致上可以歸結為下列十二個部份：
7. 教育、科技、文化、宗教

※

③ 1986 年 2 月基本法諮詢委員會《第一批研討會總結》

一、基本法結構，根據與會者發言，大致上可以歸結為下列十二個部份：
7. 教育、科技、文化、宗教

※

④ 1986 年 2 月基本法諮詢委員會《第二批研討會總結》

六、基本法結構初擬
7. 文化、教育、宗教、福利；

※

⑤ 1986 年 2 月基本法諮詢委員會《第四批討論總結》

一、基本法的結構
6. 文化、教育

10. 宗教自由

12. 社會福利
委員們一致同意基本法結構應包括以上十二點內容，而每一點是否成為一單項，則意見不一。基本上同意前五點獨立成一專項，其餘各點則可自然歸納為總項。

※

⑥ 1986 年 4 月 22 日《中華人民共和國香港特別行政區基本法結構（草案）》，載於《中華人民共和國香港特別行政區基本法起草委員會第二次全體會議文件匯編》

【P16】
第六章　香港特別行政區的教育、科學、技術、文化、體育和宗教
（二）科技政策

※

⑦ 1986 年 8 月 20 日《基本法結構專責小組初步報告》

（編者按：原文缺，不作推斷。）

※

⑧ 1986 年 11 月 5 日《香港特別行政區基本法起草委員會教育、科學、技術、文化、體育和宗教（包括區旗、區徽問題）專題小組工作報告》，載於《中華人民共和國香港特別行政區基本法起草委員會第三次全體會議文件匯編》

【P48】
二、對基本法結構（草案）第六章、第八章有關內容的共同認識
1. 對教育、科學、技術、文化、體育、宗教和專業資格等問題，在基本法中不宜寫得過細過詳；

3. 教育、科學、技術、文化、體育和專業資格等方面的政策由香港特別行政區政府自行制定；

※

⑨ 1987 年 2 月基本法起草委員會秘書處《香港報刊有關〈基本法〉的言論摘錄》

【P152-153】
基本法內科學與技術政策這一項可以包括的具體內容：
（一）香港特別行政區政府對各類科學與技術積極予以支持，並鼓勵科學與技術人員開展各科科學與技術活動，從而促進香港的經濟、工業、醫療等事業的發展和繁榮，使香港人的生活質素和科學文明不斷得以提高。（二）香港特別行政區政府根據需要設立各種科學與技術發展委員會來統籌、協助各種科學與技術活動。（三）香港特別行政區保障科學與技術人員有參政、流動、選擇職業、組織學會、結社、發表言論、出版刊物等自由。（四）香港特別行政區政府允許從事科學與技術工作的組織或個人參與國際性的組織和會議，以增進國際間的合作、互通訊息、交流和技術轉讓等活動。（五）香港特別行政區政府根據需要建立考核、審訂科學技術人員專業資格和職稱的機構，並尊重和保障各類專業學會、民間的科學與技術組織的自主性。（六）香港特別行政區政府保障科技人員的發明專利權。（七）香港特別行政區與中國內地的民間或政府的科學與技術機構或組織可以採取互不隸屬、互不干涉和互相尊重的原則保持關係，也可以採取其他適當的方式與中國內地的科學與技術機構或組織建立關係。
（徐是雄：《怎樣寫好基本法的「科學技術政策」》，《明報》一九八六年五月三十日。）

※

⑩《Final Report on the Structure of Basic Law》（基本法結構專責小組最後報告，1987 年 3 月 14 日經執行委員會通過）

【P30】
7. Chapter 6 "HKSAR Education, Science, Technology, Culture, Sport, and Religion"
7.2 Section 2 "Science and Technology policy"

※

⑪文化教育科技宗教專責小組之專業資格、科技政策分組《專業資格、科技政策最後報告》（1987 年 6 月 12 日經執行委員會通過）

【P4】
乙、科學、技術政策
一、分組委員有關科技的建議
有關九七年後科技政策方面，委員的意見從討論之初便已頗為統一。後由數位委員撰文討論科技發展的政策及高科技轉移等的問題交由分組討論。分組遂根據這些文章加上《中英聯合聲明》的內容寫成有關科技政策的條文供起草委員會參考。

二、基本法有關科學、技術政策的條文（建議）
1. 香港特別行政區政府扶持和鼓勵科學、技術的發展並採取積極、靈活和有效的政策。該政策應透過教育、訓練及扶助等不同措施，以促進本地科技發展與增長。
2. 香港特別行政區既為單獨的關稅地區，將可參與有關科技的協議及有權管制科技的引進及轉移。
3. 香港特別行政區政府尊重和保障本地科學、技術學會及組織的自主性，並可允許其單獨地同世界各國、各地區及有關國際組織保持和發展關係，並簽訂和履行有關協定。
4. 香港特別行政區與中國內地的民間或政府的科學與技術機構或組織可以採取互不隸屬、互不干涉和互相尊重的原則保持關係，也可以採取其他適當的方式與中國內地的科學與技術機構或組織建立關係。
5. 香港特別行政區政府保障各類專利權及有權設立獨立的註冊系統。
6. 香港特別行政區有權決定各類標準和規格以適合香港特別行政區的需要。

第二稿

「第一百四十五條　香港特別行政區政府自行制定科學技術政策。香港特別行政區的法律保護科學技術的研究成果、專利和發明創造。
香港特別行政區政府自行確定適用於香港的各類科學、技術標準和規格。」
〔1987 年 12 月基本法起草委員會秘書處《香港特別行政區基本法（草案）》（匯編稿）〕

① 1987 年 9 月 2 日《中華人民共和國香港特別行政區基本法起草委員會第五次全體會議委員們對基本法序言和第一、二、三、四、五、六、七、九章條文草稿的意見匯集》

【P65-66】

七、關於第六章　香港特別行政區的教育、科學、技術、文化、體育和宗教
5.第五條
（1）有的委員建議，刪去第一款中「獎勵」二字，改為「香港特別行政區政府自行決定科學技術方面的政策。香港特別行政區以法律保護科學技術的研究成果和發明創造。」

（2）有的委員認為，香港特別行政區可採取國際公認的某種標準，而不宜自設標準，建議第二款改為「香港特別行政區政府自行決定何種科學、技術及設計標準適用於香港」。有的委員提出，政府不能自行決定科學、技術的各類標準和規格，因為國際上有統一的標準和規格，政府只能「選用」。但有些委員認為，科學、技術的標準和規格的問題很複雜，不是幾句話寫得清楚的，可由香港特別行政區政府自行決定；而且該款的內容與第一款無關，因此建議刪去第一款。

（3）有的委員提出第一款的表述不清楚，會使人誤以為發展科學、技術事業只是政府的事情，表述為「政府發展」似乎不太恰當。有的委員建議，在「政府」後加個「應」字，成為「政府應發展科學、技術事業」。有些委員則建議加「鼓勵、支持」或「採取積極政策」，「創造條件、環境」等文字。

（4）有的委員提出本條應加上「專利」的內容。

※

②文化教育科技宗教專責小組《對基本法第六章條文草稿（一九八七年八月）的意見》（1987年11月4日經執行委員會通過）

【P2】

條文草稿	諮委建議
第五條	第四條：香港特別行政區政府自行制定科學技術方面的政策。 香港特別行政區以法律保護科學技術的研究成果和發明創造。

第三稿

「第一百四十五條　香港特別行政區政府自行制定科學技術政策。香港特別行政區以法律保護科學技術的研究成果、專利和發明創造。
香港特別行政區政府自行確定適用於香港的各類科學、技術標準和規格。」
〔1988年3月基本法起草委員會秘書處《中華人民共和國香港特別行政區基本法（草案）草稿》（總體工作小組第二次會議對目錄、序言、第一、二、三、五、六、七、九章的修改稿）〕

①1987年12月《中華人民共和國香港特別行政區基本法起草委員會第六次全體會議委員們對基本法第四、五、六、十章和條文草稿匯編的意見》

【P34】
4.第一百四十五條
有的委員建議，將「法律保護」改為「依法保護」，有的委員建議改為「以法律保護」。

第四稿

「第一百四十七條　香港特別行政區政府自行制定科學技術政策。香港特別行政區以法律保護科學技術的研究成果、專利和發明創造。
香港特別行政區政府自行確定適用於香港的各類科學、技術標準和規格。」
〔1988年4月基本法起草委員會秘書處《中華人民共和國香港特別行政區基本法（草案）草稿》〕

第五稿

「第一百四十六條　香港特別行政區政府自行制定科學技術政策。香港特別行政區以法律保護科學技術的研究成果、專利和發明創造。
香港特別行政區政府自行確定適用於香港的各類科學、技術標準和規格。」
〔1988年4月基本法起草委員會《中華人民共和國香港特別行政區基本法（草案）徵求意見稿》〕

①1988年4月基本法起草委員會《中華人民共和國香港特別行政區基本法（草案）徵求意見稿》

【P13】
簡介

第六章：教育、科學、文化、體育、宗教、勞工和社會服務
43.本章規定：香港特別行政區政府自行制定……、科學技術政策、……。

45.本章規定：香港特別行政區的法律保護科學技術的研究成果、專利和發明創造；

第六稿

「第一百三十八條　香港特別行政區政府自行制定科學技術政策，以法律保護科學技術的研究成果、專利和發明創造。
香港特別行政區政府自行確定適用於香港的各類科學、技術標準和規格。」
〔1989年2月《中華人民共和國香港特別行政區基本法（草案）》〕

①《基本法工商專業界諮委對基本法（草案）徵求意見稿第六章教育、科學、文化、體育、宗教、勞工和社會之意見書》

【P2】
第一百四十六條
建議修改如下：
「香港特別行政區政府自行制定科學技術政策。香港特別行政區以法律保護專利品、設計圖案、版權，和管理一個國際認可的註冊和管制組織。
香港特別行政區政府諮詢有關之組織意見後確定適用於香港的各類科學、技術標準和規格。」

※

②《與內地草委交流的重點——文化教育科技宗教專責小組》，載於 1988 年 6 月 3 日《基本法諮詢委員會秘書處通訊 73》

4.部份章節的字眼上問題
4.3 第一百四十六條
「以法律」改為「立例」較好，且末句「研究成果」、「專利」及「發明創造」三名詞不應並列提出。

※

③ 1988 年 8 月基本法起草委員會秘書處《香港各界人士對〈香港特別行政區基本法（草案）徵求意見稿〉的意見匯集（一）》

【P41-42】
第一百四十六條
1.第一款「專利」後加「版權」；第二款「自行」之前加「諮詢有關團體後」，並在「規格」之後加「的條例」。

2.第一款「以法律」改「立例」較好，末句「研究成果」、「專利」、「發明創造」三名詞不應並列。

3.九七年後是否設專利局？

【P48】
關於第六章的其他意見
1.基本法是憲制性文件，文字要準確，要講一些原則性的東西，不應在條文中規定那些局部性的東西，如第一百四十四條規定學生有出外求學的自由，那麼是否還要寫上商人、醫生有出外經商、行醫的自由呢？其實這些規定都可以刪去，有出入境自由就可以了，根據這一精神，……一百四十六條保留第二款，其餘的刪去。

※

④ 1988 年 8 月 3 日基本法諮詢委員會秘書處參考資料（一）《內地草委訪港小組就基本法（草案）徵求意見稿一些問題的回應輯錄（一九八八年六月四日至十七日）》

【P15】
6.教育、科學、文化、體育、宗教、勞工和社會服務
6.3「自行制定」與「原在香港」
「自行制定政策」與「保持原有政策」是有點矛盾的，這個說法在文化、教育等章節上均有出現，但這是《中英聯合聲明》的原話。這方面再待作研究。

※

⑤《基本法諮詢委員會文化、教育、科技、宗教專責小組對基本法（草案）徵求意見稿第六章的意見匯編》，載於 1988 年 10 月基本法諮詢委員會《中華人民共和國香港特別行政區基本法（草案）徵求意見稿諮詢報告（1）》

【P126】
2.有關條文討論
2.3 第一百四十六條
2.3.1 有些委員認為，本條第一款的關鍵是要與其他國家合作。若要保護發明成果，亦需尊重別人的專利。
2.3.2 有委員建議在本條和第十五條中加上「新聞」、「廣播」及「出版」等字眼。但亦有委員反對，因為第十五條所述的均屬政府管理之範疇，而香港的新聞廣播事業並非由政府管理。
2.3.3 有委員認為，本條的寫法難於執行。尤其是「香港特別行政區以法律保護科學技術的研究成果、專利和發明創造」一句，對於版權和發明混淆不清。建議將版權、設計、專利分開和加以有限期間的保護，即改寫成：「香港特別行政區以法律保障已註冊的專利、版權、設計和商標。」有委員則認為應加入「香港應有專利法」一句。
2.3.4 有委員建議將第一款最後一句改為「香港特別行政區根據法律所規定的方式和在法律所規定的期間，以其授予的專利、註冊設計、註冊商標以及其他工業和知識產權，保護發明創造、設計、其他科學技術的成果，以及名稱和商標的權益。」

※

⑥ 1988 年 10 月基本法諮詢委員會《中華人民共和國香港特別行政區基本法（草案）徵求意見稿諮詢報告第五冊——條文總報告》

【P421-422】
第一百四十六條
2.意見
2.1 贊成意見
→ 贊同此條文。
理由：為繼續取得先進技術以促進本身的技術發展，有必要保護科學技術的研究成果、專利和發明創造。
→ 贊同香港特別行政區以法律維護科學技術的研究成果、專利和發明創造。
2.2 保留意見
→ 本條沒有說明未來特別行政區如何達致「以法律保護科學技術的研究成果、專利和發明創造」的目標。若要達到這目標，必須建立一個國際認可的制度，但這制度至今卻仍未建立。
→ 此條文內「自行」二字意味着特別行政區可自行制定科學技術政策，而無須請示中央人民政府。

3.建議
3.1 修改
3.1.1 整條改寫
→ 改為：「香港特別行政區以中華人民共和國專利法及實施細則，連同所簽署之一切國際有效協議，保護其科學技術的研究成果、專利和發明創造；並得在香港特別行政區設立直屬中國專利局之接受申報機關，對申請人授予最先登記確認證。」
→ 改為：「香港特別行政區政府自行制定科學技術政策，鼓勵並以法律保護科學技術的研究成果、專利和發明創

造。

香港特別行政區政府自行確定適用於香港的各類科學、技術標準和規格。」
→ 改為：「香港特別行政區政府自行制定科學技術政策。香港特別行政區以法律保護專利品、設計圖案、版權和管理一個國際認可的註冊和管制組織。
香港特別行政區政府諮詢有關之組織意見後確定適用於香港的各類科學、技術標準和規格。
→ 改為：「香港特別行政區自行制定科學技術政策。香港特別行政區以法律保護科學技術的研究成果、專利、版權、發明和創造。
香港特別行政區政府將諮詢有關團體的意見，並自行確定適用於香港各類科學及技術的標準、規格和操作守則。」
理由：
⊙ 科學技術政策應由香港特別行政區政府經與專業組織作充份磋商後制定。
⊙ 加上「版權」二字，使這環節得到照顧。
3.1.2 個別條款修改
→ 第一款改為：「香港特別行政區政府自行制定科學技術政策。香港特別行政區根據法律所規定的方式和在法律所規定的期間，以其授予的專利、註冊設計、註冊商標以及其他工業和知識產權，保護發明創造、設計、其他科學技術的成果，以及名稱和商標的權益。」
→ 第二款改為：「香港特別行政區經與有關團體充份諮

詢後，自行確定適用於香港的各類科學、技術標準和規格，以及業務守則。」
→ 將「自行」一詞改為「與本地和國際專家磋商」。
理由：「自行」「一詞意味獨裁或專橫管治，無須經廣泛諮詢。
→ 把「研究成果」改為「研究工作」。
理由：研究成果是要循一定的構思原理和活動產生，把「成果」改為「工作」，才符合發明創造的規律。
3.2 增加
→ 加上：「香港特別行政區政府特別鼓勵高科技教育發展及提高香港市民的科學文化水平。」
3.3 其他建議
→ 修改第一款第二句，以使香港特別行政區以法律保護設計的版權。
→ 修改第二款，以使香港特別行政區政府經與有關專業團體諮詢後才確定科學和技術標準。

4. 待澄清問題
→ 基本法授予香港特別行政區保護一系列科學及技術的職責，但香港特別行政區政府可否依法保護這些資料，以免被中央人民政府徵用？中央人民政府向香港特別行政區政府徵用資料的行動會否構成國家行為？基本法對此有何保障？

第七稿

「**第一百三十九條** 香港特別行政區政府自行制定科學技術政策，以法律保護科學技術的研究成果、專利和發明創造。
香港特別行政區政府自行確定適用於香港的各類科學、技術標準和規格。」
〔1990 年 2 月 16 日《中華人民共和國香港特別行政區基本法（草案）》〕

① 1989 年 11 月 30 日基本法起草委員會秘書處《內地各界人士對〈中華人民共和國香港特別行政區基本法（草案）〉的意見匯集》

【P16】
第一百三十八條
1. 建議第一款「科學技術政策」改為「有關科學技術方面的法律和政策」。（湖北）

2. 建議將第一款改為：「香港特別行政區自行制定科學技術政策，鼓勵發明創造，以法律保護科學技術的研究成果。」（河南）

※

②《基本法諮詢委員會文教專責小組對基本法（草案）第六章的意見匯編》，載於 1989 年 11 月基本法諮詢委員會《中華人民共和國香港特別行政區基本法（草案）諮詢報告第一冊》

【P109】
2. 第一百三十八條
有委員建議把本條第一款修改為：「香港特別行政區政府自行制定科學技術政策。香港特別行政區根據法律所規定的方式和時限，以其授予的專利權、註冊設計、註冊商標等工業和知識產權，保護發明創造、設計和其他科學技術的研究成果，以及稱號和商標的權益。」因本條的寫法不是法律語言，經不起法律分析，故提出這項修改。而香港的貿易夥伴很關心九七後特別行政區在這些方面有否施加法律保障。

※

③ 1989 年 11 月基本法諮詢委員會《中華人民共和國香港特別行政區基本法（草案）諮詢報告第三冊——條文總報告》

【P241-242】
第一百三十八條
2. 意見
→ 本條沒有處理商標問題。

3. 建議
3.1 修改
→ 改為：「香港特別行政區政府自行制定科學技術政策。香港特別行政區根據法律所規定的方式和時限，以其授予的專利權、註冊設計、註冊商標等工業和知識產權，保護發明創造、設計和其他科學技術的研究成果，以及稱號和商標的權益。
香港特別行政區政府自行確定適用於香港的各類科學、技術標準和規格。」
3.2 增加
→ 在「專利」之後加上「商標」。
理由：商標應受保護。
→ 加上一款成為第二款：「香港特別行政區政府自行制定政策，鼓勵科學技術、設備、設施和成品的輸入，並以法律管制其轉移。」
理由：以免海外的技術因受巴黎統籌委員會的不當措施而被禁止流入香港特別行政區。
→ 加上：「香港特別行政區政府自行制定政策，促進科學、技術、設備、設施和成品的輸入，並以法律管制其轉移。」

理由：由西方國家組成的巴黎統籌委員會，向來嚴格管制高科技輸往社會主義國家及地區，為免西方國家在九七年後收緊某類高科技輸往香港的限制，基本法應規定香港特別行政區政府可利用法律來管制科技、設備和成品的轉移。

3.3 其他

→ 應把本條的範圍擴大，以包括設計、版權和商標。
→ 修改第一款第二句，以容許設計版權受特別行政區的法律所保護。
→ 應修改第二款，以使各類科學和技術標準經由特別行政區與有關專業團體磋商後，才能確定。

第八稿

「第一百三十九條　香港特別行政區政府自行制定科學技術政策，以法律保護科學技術的研究成果、專利和發明創造。

香港特別行政區政府自行確定適用於香港的各類科學、技術標準和規格。」

〔1990 年 4 月《中華人民共和國香港特別行政區基本法》〕

香港特別行政區政府自行制定文化政策，以法律保護作者在文學藝術創作中所獲得的成果和合法權益。

✿ 貳｜概念

1. 自行制定文化政策
2. 依法保護文學藝術創作的成果和合法權益

✿ 叁｜條文本身的演進和發展

第一稿 ▶

第六章

「第六條　香港特別行政區政府發展文化事業，獎勵和保護作者在文化創作中所獲得的成果、榮譽和合法權益。」

〔1987 年 8 月 22 日《教育、科學、技術、文化、體育和宗教專題小組工作報告》，載於《中華人民共和國香港特別行政區基本法起草委員會第五次全體會議文件匯編》〕

① 1986 年 2 月基本法諮詢委員會《分批研討會參考資料》

【P1-2】

某委員（編者按：原件模糊，無法辨認名字。）：除了總綱外，內容分章節用法律語言來寫，應包括如下內容：
（五）文教科技體制，肯定專業資格的審核制度。

※

② 1986 年 2 月基本法諮詢委員會《諮委會第一分組有關基本法結構討論小結》

一、基本法結構，根據與會者發言，大致上可以歸結為下列十二個部份：
7. 教育、科技、文化、宗教

※

③ 1986 年 2 月基本法諮詢委員會《第一批研討會總結》

一、基本法結構，根據與會者發言，大致上可以歸結為下列十二個部份：
7. 教育、科技、文化、宗教

※

④ 1986 年 2 月基本法諮詢委員會《第二批研討會總結》

六、基本法結構初擬
7. 文化、教育、宗教、福利；

※

⑤ 1986 年 2 月基本法諮詢委員會《第四批討論總結》

一、基本法的結構
6. 文化、教育

10. 宗教自由

12. 社會福利
委員們一致同意基本法結構應包括以上十二點內容，而每一點是否成為一單項，則意見不一。基本上同意前五點獨立成一專項，其餘各點則可自然歸納為總項。

※

⑥ 1986 年 4 月 22 日《中華人民共和國香港特別行政區基本法結構（草案）》，載於《中華人民共和國香港特別行政區基本法起草委員會第二次全體會議文件匯編》

【P16】

第六章　香港特別行政區的教育、科學、技術、文化、體育和宗教
（三）文化政策、體育事業

※

⑦ 1986 年 8 月 20 日《基本法結構專責小組初步報告》

（編者按：原文缺，不作推斷。）

※

⑧ 1986 年 6 月 18 日《出版界座談會紀要》

【P1-2】

一、有關香港文化的特徵

香港文化的最大特徵就是自由、開放和多元化。由於香港能夠充份接觸中外各地的文化訊息，故能將中西文化的優缺點兼收並蓄。此外，香港文化亦反映了香港商業社會的特色，重感性滿足，不重視精神修養，商品文化的傾向很大。此外，香港文化的特徵還包括不排外和缺乏獨特性；而大部份的文化項目都缺乏國家民族觀念。至於出版事業方面，由於香港市民大都沒有業餘閱讀的習慣，部份出版物還需靠海外市場維持。

二、現時香港政府文化政策的優點和弊端

香港政府對文化事業採取的開放及不干預政策，大大保障了出版及言論自由，亦促進了文化的繁榮，並使學術上有最大的探索空間；同時保證了香港不致成為一種意識形態封閉的社會。除此之外，現時政府先做而後檢討，不予行政限制及處分的做法，對於作家的創作、獨立思考和出版者的自由競爭都有好處。總括來說，現行政府文化政策的優點就是自由、多元化、具國際性、法制完善和具版權法。至於政府的文化政策的缺點，出席者有如下意見：政府現時對文學和出版方面較少照顧，其文化政策亦缺乏對下一代精神文明的培養和提升。政府對正派出版事業不加扶助，對有害的讀物的法律管制不足，因而造成商品文化及低劣文化充斥香港社會。此外，郵費對出版物沒有優待，市民訂閱書刊的習慣得不到鼓勵，報刊出版條例已經過時，應予廢除；而現時出版者與印刷者要付同等法律責任的做法並不公平。

三、出版事業從業員在過渡期及九七年後的憂慮和期望

出版者一般擔心在九七年後政府會干預出版事業，並利用發行或文化教育經費控制出版業。此外，出席者的最大憂慮，就是九七年後會有統一的價值觀、失去現有的言論自由、經營自由和個人出版社的決策自由。亦有出席者對教科書是否仍由出版商出版和有合理的評估制度提出疑問。所有出席者對九七年後的期望都是維持現狀不變、有健全的法制和保持現有的出版、言論及經營發行的自由。此外，將來的政府應盡力資助正派出版物，如撥款出版無商業價值但有學術價值的刊物，以彌補現有文化政策之不足。政府應嚴厲處理盜版違法的事件；但官方不應負責界定刊物的屬性。

四、用法律保障出版界的權益

出席者認為：將來在基本法中不單只要列明「保障」文化自由，更應列明政府要「鼓勵」及「資助」文化出版事業，並要列明「不管國籍，不論政治背景，社會地位，經濟狀況，凡香港特別行政區公民，都有同等出版自由，同等向世界各地區引進和輸出各類圖書的自由」。此外，政府更應明文保障有關人士的合理權利（如出版的版權利益），而專業知識更應得到尊重。

現行香港政府的「版權法」和「產權界定之法制觀念」已頗妥善，出席者認為只要基本法不從現行的制度倒退，便已足夠。在特別行政區的正當出版物，應在國內其他地區獲得與國內出版物的同等待遇。

除此之外，基本法中有關文化政策應列明保持言論、出版自由，訂立統一普及的普通話教育，和繁簡字體的應用政策。政府更應實施政策以加強國家民族觀念，設立文化基金以扶助正派出版業，提高閱讀風氣，鼓勵中西文化交流活動，並給予個人絕對的權利去籌辦一切有益的教學及推廣文化活動。

※

⑨ 1986 年 6 月 28 日《美術界座談會紀要》

【P3-4】

一、保留不干預政策，鼓勵藝術教育

大部份出席者認為：香港的政治背景特殊，以致香港的文化有中西合璧的特徵；這種特徵是應該保留的。政府現時的不干預政策有其優點，但日後的特區政府除了不干預政策外，更應鼓勵及推廣藝術的發展。現時的教育制度忽略了美術教育，中小學的藝術課程非常不足，學生的藝術基礎薄弱，將來的特區政府應鼓勵普遍的藝術教育，並設立多些藝術博物館和美術教育學校等；除培育藝術人才外，也需要提高市民的藝術修養。

二、立法保障藝術創作自由

藝術的創作自由應該受到法律保障。如在基本法中不能詳述文化政策的細則，也一定要在附件或備忘錄中詳細列明。法律亦要保障文化事業不受政治因素的影響，政府不應以藝術作品內容之思想、態度、人生觀、政治觀等問題將作者入罪。將來也應設獨立的藝術審裁機構或上訴委員會之類的組織；該組織應由藝術界專業人士擔任，接受投訴，以作公平裁決，而不能僅由政府部門單獨作出審裁決定。

三、香港藝術家應有的地位和組織

部份出席者擔心香港的藝術及文化界人才將來會否受到公平的對待，如中國需要派代表到外地參展時，香港特區的藝術家能否佔一席位。有出席者提議香港可作為一個獨立單位參加國際美術組織，並應組織協會，統籌及推動文化項目。本地的藝術品應向外推展，而外來的藝術家亦應享有本地藝術家所有的創作及發表展覽自由；教育文化資料亦應可以自由地從外地輸入。

四、政府對藝術活動的資助

出席者都一致認為，將來特別行政區政府的財政預算案中，藝術活動經費方面應佔明確比例，以作長久恆常的政府開支之一。有固定的經費，才可以更有效地推廣藝術教育，引進外來作品及提高藝術欣賞水平等。出席者亦建議設立基金，以助推動藝術的普及工作，並可介紹外國作品。

除此之外，政府與立例規定建築費用中要有一定比例的款項用作購買藝術品；亦可以訂明凡購買藝術作品可以免稅等。用此類法律途徑可保障藝術的發展及資助藝術活動。政府除不干涉藝術的自由外，更應鼓勵及資助其發展。

※

⑩ 1986 年 7 月 12 日《傳播界座談會紀要》

【P5-6】

一、香港文化的特徵

大部份出席者認為：香港政府由於長期沒有一套既定的文化政策，因而令香港文化具備了自由、開放、多元化的特徵。1976 年以前，香港還沒有形成自己的文化，西方的、中國傳統的文化，都介紹到香港，而香港由於中英文並用，對外來文化的影響，則好壞並蓄；1976 年以後，由於香港人口結構的變化，一種土生土長的香港文化應運而生，這就是廣東話式的大眾文化，其特點是積極反映生活，節奏明快；重娛樂性。這種文化出現後，外來文化就不易在香港立足，但這種文化卻隨時融合吸收外來文化使之本地化，進而成為香港文化的一部份。

二、1997 年後香港文化的文化路向

目前香港文化事業發達的原因是因為香港政府無為而治，文化路向由商業價值帶動，政府不作干預。目前香港文化生活中佔主導地位的幾種文化，都與商業掛鈎，彼此相得益彰，傳媒則起着統一香港市民看法的作用。1997年後的文化路向，應看整個法律架構如何保障文化自由，以及能否繼續實行言論自由。中國政府推動文化多是自上而下，香港文化的發展則是由於市民的生活需要、興趣。所以1997年後的特別行政區政府應估計市民的需要而推行文化，而不是領導市民接受某種文化。

三、現時香港政府的文化政策
大部份出席者認為：目前香港政府實行的文化政策值得保留的地方是：在經濟條件充裕時才提供文化經費；政府提供多種選擇，容許各類文化的存在，讓市民有機會改變口味；保障新聞自由，讓傳媒可以反映市民的意願，政府只作事後審查，不作事前審查；政府作有限度管制，但只管制錯誤報道，不管制口味。

四、基本法對文化自由的保障
基本法應作出像美國憲法修正案第一條的規定：政府不得干預或妨礙文化自由。基本法應保證《經濟、社會與文化權利的國際公約》在1997年後會繼續有效。基本法應規定政府在執行文化政策時，不可歧視不同階級、不同宗教、不同種族的文化，保證市民有選擇高級、低級、中西文化的權利。基本法亦應規定政府要扶植文化事業，藉此提高香港人的生活質素和品味。

五、基本法中有關文化政策的內容
大部份出席者認為，政府應訂出一些標準，讓文化界遵守；政府應資助高水平的文化，使一些傳統的文化得以繼續流傳；但對商業性文化不加管制，商業性文化應由市場去作出調節。
大部份出席者同意基本法諮詢委員文樓就文化政策提出的8點意見：
（1）創作自由；
（2）發表自由；
（3）研究及評論自由；
（4）組織文化團體，舉辦文化活動自由；
（5）對外及對內文化交流自由；
（6）特別行政區政府對各類文化建設及活動一概給予平等機會及適當的支持和鼓勵；
（7）改革文化事業的稅收政策，使累積的資金用於文化事業；
（8）用法律手段保護文化事業。
部份出席者認為上述意見中，第8點不很明確，第7點則應改為：捐款給文化中心可以得到免稅的優待。

※

⑪ 1986年7月29至31日《電影界座談會紀要》

【P7-8】
一、關於未來電檢法例
1997年後的電檢法例和尺度最好維持不變，由香港人執行檢查條例，而不能由中國的文化部直接管理香港的電影問題。目前香港的電檢法例沒有很強制性的政治標準，這是香港電影行業發達的原因，所以九七年後仍要允許各類電影都可以放映，包括色情片、恐怖片、政治片、武打片等。如太多掣肘，片商、電影公司無所適從，就會扼殺電影業的發展。所以將來的條例應在目前條例的基礎上，以更加自由開放的態度修改，但也應瞭解中國的檢查條例。總原則應該是寧寬莫緊，中央不插手。

有出席者認為，目前電檢法例的文字彈性很大，關鍵在執行者如何掌握，九七年後的電檢，不能有政治團體或組織介入。又有出席者建議不必由政府執行電檢，而由製片家、片商等自行組織一個委員會進行檢查，以促使製片商的自律。

二、關於版權法
目前由於不管制外國電影的錄影帶入口，只管制翻錄，對外國片的商人影響很大。將來特別行政區政府應設法保障片商的正當經營，管制文化商品的水貨。

三、關於娛樂稅
目前香港政府每年所抽取的娛樂稅在一億元以上，如果將來的特別行政區政府取消娛樂稅，會刺激投資者，鼓勵電影業的發展。
有出席者認為，政府抽取的娛樂稅，應該用之於電影的投資，才能幫助香港的電影事業提高水平，打入世界市場。具體的做法可以是設立基金會，鼓勵拍攝非商品性的電影，或成立推動電影的機構等。但亦有出席者擔心，一旦由政府資助推動電影的機構，會出現正統與非正統的兩派，影響電影創作的自由，所以應成立多個推動性機構，不能只由一個機構統籌一切，也可以考慮成立類似電影發展諮詢性質的機構。

四、關於影片的出入口自由
所有本港、外國的電影，都應該有出入香港的自由，一些題材敏感的外國電影（如戰火屠城、龍年），只要有藝術價值，香港人可以接受，就不應用政治理由阻止入境或上映。另外，一些產地來源敏感的影片（如南非、台灣），也不應受中國外交政策的影響，妨礙其出入香港的自由。將來香港參加國際電影組織，希望能保持獨立地位，用中國香港的名義參加。

五、基本法的法律保障
基本法保障文化自由、新聞自由，亦申明香港人的生活方式五十年不變，由於電影是文化的一種，而欣賞電影亦是生活方式的一部份，其自由也應受到保護。最好能在基本法的附件中清楚列明電影檢查的條例、內容、尺度和權力來源等，使電影行業的自由得以保障，不會因為政治理由或中央政府的行政命令而取締某些電影創作。香港現存有關電影的組織，如電影會，也有關電影的書籍、雜誌的出版，亦應得到法律的保障。

※

⑫ 1986年7月31日《表演藝術界座談會紀要》

【P9-10】
一、關於香港文化的特徵
香港文化的特徵可以概括為：多元化、自由化、商品化、都市化、現代化。由於香港政府對文化採不干預政策，各種文化自由競爭，香港文化走上中西合璧的道路，既受西方技術、觀念的影響，同時又設法尋找東方精神根源，但又沒有民族主義的傾向，這主要是因為各個領域的領導人物都是留學生，他們不可避免地引進了西方的意念和技術，但又試圖表現能夠代表香港的文化藝術。

二、香港政府推行文化事業的措施之優點與弊端
現在香港政府的措施中，可取的地方是百花齊放，這是文化自由的必然結果，政府完全不主動介入文化活動，一切有規模有代表性的藝術活動或設施，都是發自民間，自下而上。但這樣做的缺點是辦事無一定的計劃，可能導致一

窩蜂的偏差，人力財力的重複或浪費。
有出席者認為：香港作為一個國際性大都市，文藝欣賞的機會相當不錯，但創作則不夠，政府應該從經濟上支持有水平的藝術家，像現在台灣一樣，搞一個文化建設委員會，物色有專長的人士，每年搞一個各領域的藝術節，讓他們發揮專長。但有出席者認為，要搞此類機構，必須非常小心，千萬要防止像中國大陸的音協、舞協一樣，控制或指定藝術家的創作。

三、香港與國際組織的權利
目前已加入國際組織的香港文化組織，將來應可以保持獨立的身份，用中國香港的名義繼續參加，有完全的自主權，如目前亞洲作曲家協會，香港是成員，台灣是發起人，希望將來不要因為政治理由強迫香港退出該組織。

四、基本法應保障文化自由
只要維持目前的社團註冊法例的精神，允許各文化社團自由註冊、活動，即已足夠。基本法千萬不要規定文化路向，不一定要強調民族性的文化，而應讓香港繼續自由發展，自然走出自己的路向。
有出席者擔心目前中國的文化藝術團訪港數目太多，強調民族性，使香港原有的團體沒有機會演出，會使香港文化的構成失去平衡。

※

⑬ 1986 年 8 月 29 日《文化教育科技宗教專責小組工作進展報告》（1986 年 8 月 30 日基本法諮詢委員會全體委員第二次會議文件）

【P9】
（1）教育制度、文化政策分組
本小組成員一致認為文化教育政策不應在基本法中列得過於詳盡，以致缺乏彈性。所以，在過往幾個月的會議中，本小組都是沿着一些基本的大原則去討論，組員認為下列之共識應在基本法中清楚訂明：
1.保持文化活動自由，包括：保障各種文化在香港特別行政區的交流、傳播及銷售的自由；
2.允許世界各地的文化在香港獲得平等的對待和發展機會；
3.政府應推動及協助各種文化活動的均衡發展，即使予以贊助，亦不應有所干涉。
此外，本小組為了廣泛諮詢文化界及康體界人士對以後特區政府文化及康體事務政策的意見，特別邀請該界別之團體代表，舉辦了多次研討會，就該界別之權益及問題，展開深入討論。其中有關文化方面，共舉辦了五次座談會，分別邀請了電影界、美術界、傳播界、出版界及表演藝術界的代表進行座談，發表其對基本法及文化事務之意見。

※

⑭ 1986 年 11 月 5 日《香港特別行政區基本法起草委員會教育、科學、技術、文化、體育和宗教（包括區旗、區徽問題）專題小組工作報告》，載於《中華人民共和國香港特別行政區基本法起草委員會第三次全體會議文件匯編》）

【P48】
二、對基本法結構（草案）第六章、第八章有關內容的共同認識
1.對教育、科學、技術、文化、體育、宗教和專業資格等

問題，在基本法中不宜寫得過細過詳；

3.教育、科學、技術、文化、體育和專業資格等方面的政策由香港特別行政區政府自行制定；

※

⑮ 1987 年 2 月基本法起草委員會秘書處《香港報刊有關〈基本法〉的言論摘錄》

【P146-149】
「文化政策」一項在基本法裡的制訂不可能寫得很詳盡。所以寫上一些保障文化自由等靈活性的大原則比較適當。至於有關文化政策的細節則可以另行制訂附件或備忘錄，下列幾點應作為「文化政策」的基本原則列入基本法內：
（1）創作自由；（2）發表自由；（3）研究及評論自由；（4）組織文化團體，舉辦文化活動自由；（5）對外及對內文化交流自由；（6）特別行政區政府對各類文化建設及活動一概給予平等機會及適當的支持和鼓勵；（7）改革文化事業的稅收政策，使累積的資金用於文化事業；（8）用法律手段保護文化事業。
（基本法諮委會委員文樓，《明報》一九八六年七月七日。）

《中英聯合聲明》附件一內有關文化方面的條文，均應該寫入將來的基本法內。而且，基本法的文化政策，應盡量保留香港現時有關文化方面的各種自由。
（基本法諮詢委員會「文化教育科技宗教」專責小組的教育制度文化政策分組，《大公報》一九八六年七月八日。）

應在基本法內列明：將來香港文化機構應繼續以「中國香港」的名義，單獨同世界各國保持國際性的關係。同時，基本法內不要將「文化政策」寫得太詳細，太死，而應保持一定彈性。將來香港特別行政區的公民應可以有享受文化的權利，而這個權利是平等的。此外並應讓特區政府有自決權來發展文化事業，而特區政府應鼓勵支持及有步驟發展文化。
（基本法諮委會「文化教育科技宗教」專責小組，《新報》一九八六年七月八日。）

文化自由應包括創作、發表、表演、出版、評論、銷售、活動、交流、結社及集會等方面的自由。至於權利則應包括：（一）特區政府對文化事業應與對其他事業一樣給予平等的對待、支持及鼓勵；（二）市民應享有文化生活的自由；（三）作家個人創作在精神上及物質的權益應得到保障。
（基本法諮委會「文化教育科技宗教」專責小組「教育制度文化政策」分組，《大公報》一九八六年八月五日。）

目前的文化國際公約，不論香港政府採用了幾多，如適用於香港特別行政區的都希望能寫在基本法上。九七年後重新簽訂文化國際公約時，如中國代表香港特別行政區簽署，將會有雙重保證。
（基本法諮詢委員會文化教育科技宗教專責小組教育制度文化政策分組，《華僑日報》一九八六年八月五日。）

現在香港文化多姿多彩，無疑與香港政府的政策有關，而港府所扮演的積極角色只是在財政資助上，而不在文化干預上。因此，將來政府的資助政策盡可不變；以維持香港多元文化的優點。
（嶺南學院，《快報》一九八六年九月五日。）

※

⑯《Final Report on the Structure of Basic Law》（基本法結構專責小組最後報告，1987 年 3 月 14 日經執行委員會通過）

【P30】
7. Chapter 6 "HKSAR Education, Science, Technology, Culture, Sport, and Religion"
7.3 Section 3 "Culture policy. Sports promotion".

※

⑰文化教育科技宗教專責小組之教育制度、文化政策分組《教育制度、文化政策最後報告》（1987 年 6 月 12 日經執行委員會通過）

【P3-4】
乙、文化政策
一、委員對香港特別行政區的文化政策的意見
委員認為香港特別行政區政府應有權自行訂定其文化政策，並認為基本法應能保障香港現有的各種文化自由。有關新聞自由方面，委員皆認為此乃維持香港安定繁榮的重要一環，應該受到保障。本分組委員曾建議由新聞界諮詢委員成立一工作組，由該組詳細討論如何保障新聞自由。該組曾舉行新聞界研討會，最後把討論內容輯成「新聞自由報告」，且經文化教育科技宗教專責小組議決，已另行遞交起草委員會參考。

二、委員對九七年後的文化政策的共識
1. 香港特別行政區政府保障團體或個人均享有文化生活的權利及參與文化活動之自由，如創作、發表、表演、出版、傳播、評論、交流、銷售、結社、集會、研究等的自由。
2. 特區政府應公平和合理地運用資源以促進文化事業的發展，但不作干預。
3. 特別行政區可以「中國香港」的名義在文化領域單獨地同世界各國、各地區有關組織建立及保持關係，並簽訂和履行有關協定。
4. 文化政策的釐定，應有文化界人士充份參與及應廣泛諮詢有關團體及人士的意見。

5. 特別行政區政府應保障團體或個人在文化創作上所獲得之精神與物質權益。
註：「精神權益」乃包括藝術家應得的名譽以及可以自由接受獎項等之權益。

三、基本法有關文化的條文
在會議中，有委員曾提出以下意見：
1. 委員一般認為，文化的範圍非常廣泛，其中包含很多細小項目，實無法一一列出及逐一討論，同時基本法上所寫的是大原則，所以應循大路線，從整體方面討論出一些原則，然後再根據個別項目的特性及需要，訂出其他附則或細則。
2. 與會者大都認為，基本法中關於「文化政策」應寫得簡潔具體，保持長遠彈性，現在更無須制訂太多政策，因為政策會隨時間及社會需要而變，太多的或過早制訂政策，反而會遏止將來的發展，故目前只需找出一些大原則。
經進一步詳細討論後，委員就各點共識及《中英聯合聲明》的內容提出數項有關文化的條文的建議：
提議（一）：
1. 香港特別行政區政府保障團體或個人均享有文化生活的權利及參與文化活動之自由，如創作、發表、表演、出版、傳播、評論、交流、銷售、結社、集會、研究等的自由。
2. 香港特別行政區政府保障團體或個人在文化創作上所獲得之精神與物質權益，包括藝術家應得的名譽以及可以自由接受獎項等之權益。
3. 香港特別行政區政府自行制定文化政策。
4. 香港特別行政區可以「中國香港」的名義在文化領域單獨地同世界各國、各地區有關組織建立及保持關係，並簽訂和履行有關協定。
提議（二）：
1. 與提議（一）同
2. 與提議（一）同
3. 香港特別行政區政府自行制定文化政策。文化政策的釐定，應有文化界人士充份參與及應廣泛諮詢有關團體及人士的意見。
4. 與提議（一）同
有關委員在會議上的討論情況，可參考會議紀要。

第二稿

「第一百四十六條　香港特別行政區政府自行制定文化政策，保護作者在文學藝術創作中所獲得的成果和合法權益。」
〔1987 年 12 月基本法起草委員會秘書處《香港特別行政區基本法（草案）》（匯編稿）〕

①1987 年 9 月 2 日《中華人民共和國香港特別行政區基本法起草委員會第五次全體會議委員們對基本法序言和第一、二、三、四、五、六、七、九章條文草稿的意見匯集》

【P66-67】
七、關於第六章　香港特別行政區的教育、科學、技術、文化、體育和宗教
6. 第六條
（1）有些委員認為，「榮譽」是很難用立法保障的，建議將本條改為「香港特別行政區政府自行決定文化方面的政策，香港特別行政區的法律保護作者在文學、藝術創作中所獲得的成果和合法利益」。

（2）有的委員建議，將第一句話改為「香港特別行政區政府保護文化事業的發展」。

（3）有些委員建議去掉「獎勵」二字；有的委員建議將

本章中有關「獎勵」的規定合寫為一條。

（4）有的委員認為，「保護作者在文化創作中所獲得的成果……」中的「作者」二字範圍太窄，請教科文專題小組是否可以考慮用其他的字眼。

（5）有的委員建議，本條前面增寫「香港特別行政區政府自行制定文化政策」。

（6）有的委員提出，該條提到的「文化創作」用字不準確，可改為「文學藝術創作」。

（7）有的委員提出，本條應加上保護版權的內容。

※

②文化教育科技宗教專責小組《對基本法第六章條文草稿（一九八七年八月）的意見》（1987 年 11 月 4 日經執行委員會通過）

條文草稿	諮委建議
第六條	第五條：香港特別行政區政府自行制定文化政策。香港特別行政區以法律保護作者在文化領域中創作所獲得的成果和利益。

第三稿

「**第一百四十六條　香港特別行政區政府自行制定文化政策，保護作者在文學藝術創作中所獲得的成果和合法權益。**」

〔1988 年 3 月基本法起草委員會秘書處《中華人民共和國香港特別行政區基本法（草案）草稿》（總體工作小組第二次會議對目錄、序言、第一、二、三、五、六、七、九章的修改稿）〕

① **1987 年 12 月《中華人民共和國香港特別行政區基本法起草委員會第六次全體會議委員們對基本法第四、五、六、十章和條文草稿匯編的意見》**

【P34-35】
5. 第一百四十六條
（1）有的委員認為，由香港特別行政區政府保護作者的創作成果不恰當，應該由法律保護。有的委員建議本條改為：「香港特別行政區政府自行制定文化政策。香港特別行政區依法保護作者在文學藝術創作中所獲得的成果和合法權益。」

（2）有的委員認為，本條和第一百四十五條很相近，建議合併改寫為：「香港特別行政區政府自行制定科學技術和文化政策。科學技術研究的成果和文學藝術創作獲得的成果，依法受到保護。」

（3）有的委員認為，本條前半句「香港特別行政區政府自行制定文化政策」所指範圍較廣，與後半句「保護作者在文學藝術創作中所獲得的成果和合法權益」放在一起不合適，可考慮將它們分別列為二款。

第四稿

「**第一百四十八條　香港特別行政區政府自行制定文化政策，保護作者在文學藝術創作中所獲得的成果和合法權益。**」

〔1988 年 4 月基本法起草委員會秘書處《中華人民共和國香港特別行政區基本法（草案）草稿》〕

第五稿

「**第一百四十七條　香港特別行政區政府自行制定文化政策，保護作者在文學藝術創作中所獲得的成果和合法權益。**」

〔1988 年 4 月基本法起草委員會《中華人民共和國香港特別行政區基本法（草案）徵求意見稿》〕

① **1988 年 4 月基本法起草委員會《中華人民共和國香港特別行政區基本法（草案）徵求意見稿》**

【P13】
簡介

第六章：教育、科學、文化、體育、宗教、勞工和社會服務
43. 本章規定：香港特別行政區政府自行制定……、文化政策、……。

45. 本章規定：香港特別行政區的法律保護……；文藝創作的成果和權益；

第六稿

「**第一百三十九條　香港特別行政區政府自行制定文化政策，以法律保護作者在文學藝術創作中所獲得的成果和合法權益。**」

〔1989 年 2 月《中華人民共和國香港特別行政區基本法（草案）》〕

① **《基本法工商專業界諮委對基本法（草案）徵求意見稿第六章教育、科學、文化、體育、宗教、勞工和社會之意見書》**

【P2】
第一百四十七條
建議增加有劃線在下面的字：
「香港特別行政區政府自行制定文化政策，保護作者在文學藝術和其他合法權益。」
倘若第一百四十六條所提議的國際認可組織是被設立，該組織將保護本地和外地的作者利益。

② **1988 年 8 月基本法起草委員會秘書處《香港各界人士對〈香港特別行政區基本法（草案）徵求意見稿〉的意見匯集（一）》**

【P42】
第一百四十七條
1.「保護」之前加「依法」。

2. 加：「參加版權組織」。

3. 加下述幾款：
「文化政策的制訂可以有文化界人士的參與，並廣泛徵求意見。」

※

「公平合理地利用資源以促進文化發展。」

4.加：「改進和發展出版事業」。

5.寫明立法保護。

6.寫明不控制及干預藝術文化活動，寫明創作自由。

7.第一百五十二條講「保持原有的資助政策」與本條「自行制定」有矛盾。

【P48】
關於第六章的其他意見
1.基本法是憲制性文件，文字要準確，要講一些原則性的東西，不應在條文中規定那些局部性的東西，如第一百四十四條規定學生有出外求學的自由，那麼是否還要寫上商人、醫生有出外經商、行醫的自由呢？其實這些規定都可以刪去，有出入境自由就可以了，根據這一精神，建議刪去第……、一百四十七條、……。

※

③ 1988 年 8 月 3 日基本法諮詢委員會秘書處參考資料（一）《內地草委訪港小組就基本法（草案）徵求意見稿一些問題的回應輯錄（一九八八年六月四日至十七日）》

【P15】
6.教育、科學、文化、體育、宗教、勞工和社會服務
6.3「自行制定」與「原在香港」
「自行制定政策」與「保持原有政策」是有點矛盾的，這個說法在文化、教育等章節上均有出現，但這是《中英聯合聲明》的原話。這方面再待作研究。

※

④ 1988 年 9 月基本法起草委員會秘書處《內地各界人士對〈香港特別行政區基本法（草案）徵求意見稿〉的意見匯集》

【P21】
第一百四十七條
在「作者」後加上「藝術家」。

※

⑤《基本法諮詢委員會文化、教育、科技、宗教專責小組對基本法（草案）徵求意見稿第六章的意見匯編》，載於 1988 年 10 月基本法諮詢委員會《中華人民共和國香港特別行政區基本法（草案）徵求意見稿諮詢報告（1）》

【P126】
2.有關條文討論
2.4 第一百四十七條
2.4.1 有委員建議在條文中加上「保障文化出版事業」以及「對文化事業加以資助」的內容。但有委員則認為有關文化出版事業的內容已在第二十六條中清楚寫明，故不需重複。此外，有委員亦不贊成把資助的項目寫在基本法中，否則便會限制將來特區政府的權力。

2.4.2 有委員建議在第二句改為：「根據法律所規定的方式和在法律所規定的期間，以版權和其他知識產權，保護作者在文學、音樂和其他藝術創作和成就中所獲得的成果和合法權益。」

※

⑥ 1988 年 10 月基本法諮詢委員會《中華人民共和國香港特別行政區基本法（草案）徵求意見稿諮詢報告第五冊——條文總報告》

【P423-424】
第一百四十七條
2.意見
2.1 贊成意見
→ 擁護本條有關保護作者在文學藝術創作中所獲得的成果和合法權益的立法意向。
2.2 反對意見
→ 無須在基本法內規定香港特別行政區制定文化政策。
→ 似乎不應在基本法中列出這樣詳細的政策或原則。
→ 本條不足以保障藝術文化。
→ 香港既有獨立的行政權，許多科學、文化、教育政策理當由特別行政區政府自行決定，不須在此重複或說明。
→ 只有落實「版權法」，作者在文學藝術創作中所獲得的成果和合法權益方可得到保護。

3.建議
3.1 修改
→ 改為：「香港特別行政區政府依照法律規定，維護開創和從事文化事業的個人、團體和組織享有各種自由，包括創作、發表、出版、研究、評論、結社、集會、舉辦文化活動等自由。」
→ 改為：「香港特別行政區政府自行制定文化政策。文化政策的釐定，可由文化界人士充份參與及廣泛徵詢有關團體及人士的意見。香港特別行政區政府公平合理運用資源，以促進文化事業的發展，並保護作者在文學藝術創作中所獲得的成果和合法權益。」
→ 改為：「香港特別行政區政府自行制定政策，以保護香港原有古物、古蹟及舊建築物，以保存香港歷史文化。」
理由：鑒於香港一直以來對原有舊式古建築物均無立例保護，希望未來的政府能立法處理這問題。
→ 改寫並在「和其他」三字下劃線：「香港特別行政區政府自行制定文化政策，保護作者在文學藝術和其他方面的合法權益。」
→ 改為：「香港特別行政區政府自行制定政策，以法律所規定的形式及持續期，保護作者在文學、音樂及其他藝術創作中所獲得的成果及合法權益、受版權所保護的作品及其他知識資產的權利。」
→ 改為：「香港特別行政區政府自行制定文化政策。香港特別行政區政府以法律保護作者在文學藝術創作中所獲得的成果和合法權益。」
理由：以保障香港文化藝術創作人的權利。
→ 把「自行」一詞改為「經諮詢本地及國際專家後」。
理由：「自行」一詞意味着無須經過廣泛諮詢而作出獨裁的、專制的決定。
3.2 其他建議
→ 建議起草委員會擬定特別行政區藝術文化政策時，考慮下列四項原則：
（1）政府應不控制或干預藝術文化；
（2）政府應公平和合理地運用資源以促進藝術文化的發展；
（3）政府應積極地支持和鼓勵各類藝術文化建設和活動；
（4）政府應採取溫和及自由開放的政策。

「**第一百四十條　香港特別行政區政府自行制定文化政策，以法律保護作者在文學藝術創作中所獲得的成果和合法權益。**」
〔1990年2月16日《中華人民共和國香港特別行政區基本法（草案）》〕

①1989年11月30日基本法起草委員會秘書處《內地各界人士對〈中華人民共和國香港特別行政區基本法（草案）〉的意見匯集》

【P16】
第一百三十九條
建議將「文化政策」改為「有關文化方面的法律和政策」。同時在「成果」前加「智力」。（湖北）

※

②《基本法諮詢委員會文教專責小組對基本法（草案）第六章的意見匯編》，載於1989年11月基本法諮詢委員會《中華人民共和國香港特別行政區基本法（草案）諮詢報告第一冊》

【P109】
3. 第一百三十九條
建議修改本條為：「香港特別行政區政府自行制定政策，並根據法律所規定的方式及時限，以版權和其他知識產權保護作者在文學、音樂等藝術創作、成就中所獲得的成果和合法權益。」修改的理由是本條的寫法不是法律語言。

※

③1989年11月基本法諮詢委員會《中華人民共和國香港特別行政區基本法（草案）諮詢報告第三冊——條文總報告》

【P234-235】

第六章　整體意見
1. 意見
1.1 反面
→ ……、一百三十九條、……只是政策及意向的聲明，在《中英聯合聲明》中沒有規定，這些條款應用允許性的「可以」代替，否則將對立法機關產生不適當的限制。

2. 建議
2.3 其他建議
2.3.4 文化
→ 建議香港及內地政府不能干涉一切文化事業的活動，使各文化事業享有高度自治。

【P242-243】
第一百三十九條
2. 建議
2.1 修改
→ 改為：「香港特別行政區政府自行制定文化政策，並根據法律所規定的方式及時限，以版權和其他知識產權保護作者在文學、音樂等藝術創作成就中所獲得的成果和合法權益。」
2.2 增加
→ 在「作者」之後加上：「及其他從事創作和表演的藝術家」。
→ 在現有條文之後加上一句新的規定：「民間文化和藝術團體可依法繼續存在和發展。言論和出版自由得以維持，並受到保護。」
→ 在「香港特別行政區政府」後加「在強調國家尊嚴和民族操守的基礎上」。
理由：文化政策應使香港居民認識自己的國家和民族。

3. 待澄清問題
→ 本條所引用「以法律」的字眼有待闡明，究竟將會以基本法為準則，抑或以現行的法律作準則呢？

「**第一百四十條　香港特別行政區政府自行制定文化政策，以法律保護作者在文學藝術創作中所獲得的成果和合法權益。**」
〔1990年4月《中華人民共和國香港特別行政區基本法》〕

香港特別行政區政府不限制宗教信仰自由，不干預宗教組織的內部事務，不限制與香港特別行政區法律沒有抵觸的宗教活動。

宗教組織依法享有財產的取得、使用、處置、繼承以及接受資助的權利。財產方面的原有權益仍予保持和保護。

宗教組織可按原有辦法繼續興辦宗教院校、其他學校、醫院和福利機構以及提供其他社會服務。

香港特別行政區的宗教組織和教徒可與其他地方的宗教組織和教徒保持和發展關係。

✿ 貳│概念

1. 宗教信仰自由
2. 宗教組織財產的保護
3. 接受資助的權利
4. 可興辦機構及提供社會服務
5. 宗教組織和教徒可對外保持和發展關係

✿ 叁│條文本身的演進和發展

第一稿

第六章

「第七條　香港特別行政區政府不干預、不限制宗教活動和宗教團體的內部事務。宗教活動不得與香港特別行政區法律相抵觸。

宗教團體依法享有財產的取得、使用、處置、繼承以及接受資助的權利。財產方面的原有權益仍予保持和保護。

宗教團體所辦的宗教院校和其他院校以及醫院、福利機構和其他社會事業，可按照原有的辦法繼續存在和發展。

第八條　宗教組織和教徒可同其他地方的宗教組織和教徒保持原有的關係。」

〔1987 年 8 月 22 日《教育、科學、技術、文化、體育和宗教專題小組工作報告》，載於《中華人民共和國香港特別行政區基本法起草委員會第五次全體會議文件匯編》〕

① 1986 年 2 月基本法諮詢委員會《分批研討會參考資料》

某委員（編者按：原件模糊，無法辨認名字。）：除了總綱外，內容分章節用法律語言來寫，應包括如下內容：
（五）文教科技體制，肯定專業資格的審核制度。

②1986年2月基本法諮詢委員會《諮委會第一分組有關基本法結構討論小結》

一、基本法結構，根據與會者發言，大致上可以歸結為下列十二個部份：
7.教育、科技、文化、宗教

※

③1986年2月基本法諮詢委員會《第一批研討會總結》

一、基本法結構，根據與會者發言，大致上可以歸結為下列十二個部份：
7.教育、科技、文化、宗教

※

④1986年2月基本法諮詢委員會《第二批研討會總結》

六、基本法結構初擬
7.文化、教育、宗教、福利；

※

⑤1986年2月基本法諮詢委員會《第四批討論總結》

一、基本法的結構
6.文化、教育

10.宗教自由

12.社會福利
委員們一致同意基本法結構應包括以上十二點內容，而每一點是否成為一單項，則意見不一。基本上同意前五點獨立成一專項，其餘各點則可自然歸納為總項。

※

⑥1986年4月22日《中華人民共和國香港特別行政區基本法結構（草案）》，載於《中華人民共和國香港特別行政區基本法起草委員會第二次全體會議文件匯編》

【P16】
第六章　香港特別行政區的教育、科學、技術、文化、體育和宗教
（四）宗教政策

※

⑦1986年8月20日《基本法結構專責小組初步報告》

（編者按：原文缺，不作推斷。）

※

⑧1986年8月29日《文化教育科技宗教專責小

組工作進展報告》（1986年8月30日基本法諮詢委員會全體委員第二次會議文件）

【P9-10】
（2）宗教政策、生活方式分組
本分組在過往幾個月的會議中，用了大部份時間集中討論宗教政策的問題，……。至於宗教政策方面，組員認為基本法中應列明宗教信仰自由，該自由包括實踐和宣傳的自由。宗教團體可以與外地宗教組織自由聯繫。為了更加廣泛搜集不同的宗教對基本法及九七年後宗教政策的意見，秘書處已去函各有代表性的宗教團體，邀請他們對有關問題提交書面意見，以便秘書處綜合整理成初步報告，在九月草委的文教專題小組訪港時，作出交流討論。

※

⑨1986年11月5日《香港特別行政區基本法起草委員會教育、科學、技術、文化、體育和宗教（包括區旗、區徽問題）專題小組工作報告》，載於《中華人民共和國香港特別行政區基本法起草委員會第三次全體會議文件匯編》

【P48-49】
二、對基本法結構（草案）第六章、第八章有關內容的共同認識
1.對教育、科學、技術、文化、體育、宗教和專業資格等問題，在基本法中不宜寫得過細過詳；

6.宗教活動受保護。宗教組織所辦的學校、醫院、福利機構等均可繼續存在和發展。宗教團體和宗教人士的財產所有權、管理權、支配權受法律保護；

※

⑩1987年2月基本法起草委員會秘書處《香港報刊有關〈基本法〉的言論摘錄》

【P153-156】
香港現行制度對宗教團體所作的安排九七年後也應予保留，希望基本法能夠訂明，香港的宗教團體將來可繼續履行其固有的權利和義務。強調用「固有」的字眼比「現行」較為合適，因為「固有」是指傳統的、主流的。
對於目前內地對香港宗教團體實行互不隸屬、互不干涉和互相尊重的政策感到滿意，並應將上述原則寫入基本法內。
（基本法諮詢委員會「文化教育科技宗教」專責小組的「社會生活方式及宗教政策」分組，《大公報》一九八六年六月十日。）

希望在制訂基本法時，不要訂立宗教條文及政策，以免將來本港宗教發展受憲法條例限制，俾使信徒子女自小能自由選擇宗教信仰。俾希望在基本法列明內地宗教政策不適用於本港，只要不觸犯法律及不影響公眾安全及利益，都應為正常的宗教活動，對待所指稱的邪教問題亦應按照此原則行事。
（基本法諮詢委員會的「社會生活方式及宗教政策分組」，《新報》一九八六年七月十五日。）

《中英聯合聲明》保證了港人在九七年後，仍享有香港現行宗教信仰的權利和自由；基本法結構（草案）也有多處提到宗教問題。按《中英聯合聲明》的精神我們可以期望，將來香港每一宗教團體均有權：（1）舉行公共敬拜

禮儀；（2）輔助成員實踐宗教生活；（3）傳授教理以增強成員的信仰；（4）以口述或書刊或其他形式，公開傳授及宣揚其信仰；（5）結社及成立修道團體，使成員按照其宗教原則共同工作及生活；（6）自由選擇、培育、任命、調遣自己的僧侶或教士；（7）開設及舉辦教育、文化、醫療、福利、社會服務等事業；（8）建立、購置、擁有或使用其所需的產業；（9）與居留世界各地的宗教首長及宗教團體自由交往。此外，每一家庭均有權安排家庭中的宗教生活，及決定其未成年成員受何種宗教培育。香港特別行政區政府會尊重父母決定其子女受宗教教育的權利，不強令兒童接受完全排除宗教培育的教育，及香港特別行政區政府會尊重上述個別居民或宗教團體的宗教自由及權利，不採取或推行任何侵犯宗教自由及權利的政策或措施。宗教自由是天賦的基本人權，而宗教政策是人為的，隨着決策者的意願而有所改變。我們的信仰自由並非政策的產物，乃是與生俱來的基本人權。將來的香港特別行政區應接納不同意識形態和神學思想的宗教。
（公教報主編司鐸、諮委夏其龍：《宗教自由與基本法》，《大公報》一九八六年九月八日。）

為了保證九七年後外籍傳教士仍可以留在香港，外籍傳教士現在應申請永久居留權。
（基本法諮詢委員會委員羅傑志，《文匯報》一九八六年九月十八日。）

※

⑪《Final Report on the Structure of Basic Law》（基本法結構專責小組最後報告，1987 年 3 月 14 日經執行委員會通過）

【P30】
7. Chapter 6 "HKSAR Education, Science, Technology, Culture, Sport, and Religion"
7.4 Section 4 "Religion policy".

※

⑫文化教育科技宗教專責小組之社會生活方式、宗教政策分組《有關香港特別行政區宗教問題最後報告》（1987 年 6 月 12 日經執行委員會通過）

【P1-7】
1.引言
1.1 文化教育科技宗教專責小組屬下之社會生活方式、宗教政策分組共召開過三次分組會議，討論了九七年後香港特別行政區的宗教政策。此外，秘書處亦收到一些委員及其他宗教團體就有關宗教問題所發表的意見書。秘書處已綜合三次會議所討論的結果及所收集到的書面意見，纂編成「宗教政策初步報告」；並舉行過公聽會，邀請公眾人士對該份「初步報告」提出補充或修改。目前這份「香港特別行政區宗教問題報告」就是按公聽會中與會人士對「初步報告」發表的意見，及公聽會後秘書處收到的書面意見及報刊上之資料，經工作組討論整理而成的；目的是將收集到的意見及建議（包括所能達致的共識及正反兩方意見），進行整理和綜合分析，經本專責小組及執行委員會通過後，供起草委員會參考。本報告內第 4、5、6、7 及第 10 段均是委員們的共識，其他凡在同一問題上委員有不同意見者，各種不同意見均已一一羅列。

2.香港現時各宗教情況
2.1 本港居民享有絕對宗教自由，世界各大宗教在本港都有不同種族的人士信奉。因此，本港除佛寺和道觀外，還有基督教堂、天主教堂、清真寺、印度廟和錫克廟等。各大宗教團體除宣揚教義外，還興辦學校提供普通教育及各項社會福利事業。
2.2 佛教、孔教和道教都是中國的主要宗教，對本港的大部份市民，特別是年長的一輩，影響深遠。市民尊崇儒家祀祖的思想，有拜祭祖先的習慣；本港共有寺觀 360 多間，根據華人廟宇條例，本港所有廟宇均須註冊。
2.3 本港的天主教徒和基督教徒差不多有 50 萬人，各宗派和獨立教會達 50 多個。
2.4 本港約有天主教徒約二十七萬人（約佔全港人口 5%），香港教區雖然有本身的行政組織，但仍然保持一向與教宗及其他教區之間的聯繫。
2.5 本港基督教徒人數超過 20 萬名，主要的基督教派有基督復臨安息日會、宣道會、聖公會、浸信會、中華基督教會、信義宗、循道衛理聯合教會、五旬宗和救世軍等。此外，還有多個獨立的地方教會。
2.6 本港約有回教徒 5 萬人，其中半數以上為華人，其餘為本港出生的非華籍人士，還有來自巴基斯坦、印度、馬來西亞、印尼、中東和非洲各國的回教徒。
2.7 本港有約一萬二千名印度教徒，其主要的宗教及社交活動由香港印度教協會負責管理。
2.8 本港的猶太教徒來自世界各地，會眾人數約一千名。除以上宗教外，香港還有錫克教等。

3.中國憲法、《中英聯合聲明》及有關國際公約之條文
3.1《中華人民共和國憲法》中之有關條文：
第二十四條：國家通過普及理想教育、道德教育、文化教育、紀律和法制教育，通過在城鄉不同範圍的群眾中制定和執行各種守則、公約，加強社會主義精神文明的建設。國家提倡愛祖國、愛人民、愛勞動、愛科學、愛社會主義的公德，在人民中進行愛國主義、集體主義和國際主義、共產主義的教育，進行辯證唯物主義和歷史唯物主義的教育，反對資本主義的、封建主義的和其他的腐朽思想。
第三十六條：中華人民共和國公民有宗教信仰自由。
任何國家機關、社會團體和個人不得強制公民信仰宗教或者不信仰宗教，不得歧視信仰宗教的公民和不信仰宗教的公民。
國家保護正常的宗教活動。任何人不得利用宗教進行破壞社會秩序、損害公民身體健康、妨礙國家教育制度的活動。
宗教團體和宗教事務不受外國勢力的支配。
3.2《中英聯合聲明》附件一第十三節：
香港特別行政區政府依法保障香港特別行政區居民和其他人的權利和自由。香港特別行政區政府保持香港原有法律中所規定的權利和自由，包括人身、言論、出版、集會、結社、組織和參加工會、通信、旅行、遷徙、罷工、遊行、選擇職業、學術研究和信仰自由、住宅不受侵犯、婚姻自由以及自願生育的權利。

任何人均有權得到秘密法律諮詢、向法院提起訴訟、選擇律師在法庭上為其代理以及獲得司法補救。任何人均有權對行政部門的行為向法院申訴。
宗教組織和教徒可同其他地方的宗教組織和教徒保持關係，宗教組織所辦學校、醫院、福利機構等均可繼續存在。香港特別行政區的宗教組織與中華人民共和國其他地區宗教組織的關係應以互不隸屬、互不干涉和互相尊重的原則為基礎。
《公民權利和政治權利國際公約》和《經濟、社會與文化權利的國際公約》適用於香港的規定將繼續有效。
3.3「世界人權宣言」第十八條：
人人有思想、良心與宗教自由之權；此項權利包括其改變宗教或信仰之自由，及其單獨或集體、公開或私自以教義、躬行、禮拜及戒律表示其宗教或信仰之自由。

3.4「公民及政治權利國際公約」有關宗教之條文:
第十八條:一、人人有思想、信念及宗教之自由。此種權利包括保有或採奉自擇之宗教或信仰之自由,及單獨或集體、公開或私自以禮拜、戒律、躬行及講授表示其宗教或信仰之自由。
二、任何人所享保有或採奉自擇之宗教或信仰之自由,不得以脅迫侵害之。
三、人人表示其宗教或信仰之自由,非依法律,不受限制,此項限制以保障公共安全、秩序、衛生或風化或他人之基本權利自由所必要者為限。
四、本盟約締約國承允尊重父母或法定監護人確保子女接受符合其本人信仰之宗教及道德教育之自由。
第二十七條:凡有種族、宗教或語言少數團體之國家,屬於此類少數團體之人,與團體中其他份子共同享受其固有文化、信奉躬行其固有宗教或使用其固有語言之權利,不得剝奪之。

4. 基本原則
4.1 真正的宗教自由,是基於人權。只有在尊重人權的社會中,才有真正宗教信仰和活動自由。在享受宗教自由時,個別居民及宗教團體必須尊重他人的權利,遵守法律的規定。
4.2 居民在法律上的平等地位,不得因宗教及信仰的理由受到任何損害或歧視。
4.3 在九七年後,香港政府應以一視同仁的態度對待所有宗教。
4.4 特別行政區政府不得剝奪居民信奉宗教的權利,只有政府在不干預宗教自由的政策下,香港才能繼續繁榮安定。
4.5 將來特區的宗教組織與中華人民共和國其他地區宗教組織的關係應以互不隸屬、互不干涉和互相尊重的原則為基礎。
4.6 九七年後香港的宗教應保持一貫方針,如服務社會、導人向善、使香港福利事業更加蓬勃。
4.7 宗教團體的獨立性及自主權應保持不變。宗教團體的「獨立性」和「自主權」應理解為:本地的宗教團體的內政不受政府的控制、影響或利用;亦不受任何其他國家的控制、影響或利用。
4.8 香港現時沒有一套明文的宗教政策,但容許一般人有實踐宗教的自由,這種情況應保留。
4.9 九七年後特區的宗教自由應與現時香港所享有的相同。

5. 宗教自由之意義
5.1「宗教自由」的定義應從聯合國「世界人權宣言」第十八條及「公民及政治權利國際公約」有關條文作為基礎。
5.2 宗教信仰自由包括不接受歷史唯物主義、辯證唯物主義及共產主義的自由。
5.3 宗教自由應包括以下活動的自由:
(I)舉行公共敬拜禮儀;
(II)輔助成員及其他願意接受信仰的人實踐宗教生活;
(III)傳授教理;
(IV)以口述或書刊或其他形式,公開傳授及借用公眾地方宣揚其信仰;
(V)結社及成立修道團體,使成員按照其宗教原則共同工作及生活;
(VI)自由選擇、培育、任命、調遣自己的僧侶、教士等;
(VII)開設及舉辦教育、文化、醫療、福利、社會服務等事業;
(VIII)建立、購置、擁有或使用其所需的產業;
(IX)與居留世界各地的宗教首長及宗教團體自由交往;
(X)每一父母均有權安排家庭中的宗教生活,及決定其

未成年成員受何種宗教培育。香港特別行政區政府應尊重父母決定其子女受宗教教育的權利。
(XI)有權拒絕履行與宗教信仰抵觸的行動,如墮胎、安樂死等。

6. 保障宗教自由之具體運作
6.1 宗教團體可依法擁有自己的物業和財產,包括財產的取得、使用、處置和繼承的權利,以及依法徵用財產得到補償的權利(補償相當於該財產的實際價值、可自由兌換、政府不得無故遲延支付)。
6.2 特區政府依據法律保障宗教團體固有的各種權利,如有關撥地、豁免差餉與稅項、地契續約等。對宗教及慈善團體的稅收應保持固有的安排。
6.3 凡屬政務司立案法團的宗教團體用地(即由政府以特惠條件批給宗教團體建設及管理寺廟之用地),在九七年後該土地之使用權仍可由該宗教團體繼續保留。
6.4 現時已註冊成為法定團體的宗教組織,在九七年後其法定地位可繼續得到認可。
6.5 宗教機構所舉辦的文化、教育、福利、醫療等事業可繼續獲政府資助。
6.6 宗教信徒在申請政府部門職位、政府學校學位及租借公共文娛康樂體育設施時,不應受到歧視及不平等待遇。
6.7 市民可向法庭申訴及上訴任何因宗教問題而引起的不平等待遇。
6.8 由於宗教與迷信難以劃分界限,執政者不可以禁止迷信為名,去干預宗教活動。

7. 宗教團體與外地聯繫之問題
7.1 香港的教會及宗教團體可與外國教會保持關係。
7.2 宗教機構可接受香港以外地區的資助,並可向香港以外地區給予捐助。
7.3 基本法應保證香港天主教在九七年後仍保持為教宗領導下的地方教會,而中國的宗教組織或政府不干預這方面的情況。
7.4 國外宗教組織可以在香港設立支部,同時任用本港及外地僱員為其服務。
7.5 個別信徒或宗教團體可依其慣行方式,保持與國際間的關係,並可邀請外國傳教士到來協助傳教服務,互通有無。個別信徒或宗教團體可繼續自由出國訪問觀摩及參加一切國際性宗教活動。
7.6 國內的宗教組織不影響香港的宗教組織。
7.7 外地宗教刊物(包括在台灣出版之刊物)應可以自由進入香港。
7.8 特區的宗教組織可用獨立名義與世界各國、各地區及有關國際組織保持和發展關係,並簽訂和履行有關宗教、文化、教育、醫療、社會服務等協定。

8. 宗教假期之商榷
關於宗教假期之問題,共有以下意見:
8.1 香港是世界性的金融商業中心,其公眾假期應盡量與其他先進國家配合。將來最理想是保持現有的假期,必要時更改假期名稱便可。
8.2 應繼續保持現有的假期及其名稱,因為香港人對中國現行的宗教政策已很敏感,如九七年後驟然更改,便會使港人對宗教自由失去信心。
8.3 可以重新編訂公眾假期及節日假期,但要注意經濟及宗教因素;公眾假期與勞工假期應盡量求統一。
8.4 在可能的情況下,特區政府應考慮增加佛教和其他宗教的假期。

9. 有關宗教自由的其他意見
9.1 雖然現時中國所實施的宗教政策可能已很開放,但中國憲法第 24 條既列明國家要進行辯證唯物主義和歷史唯

物主義的教育，此項明文的規定，勢必影響宗教政策。故此，香港需要一些正式的保證，在基本法中列明未來特區的宗教政策不會受到憲法或其他條例的影響，使特區居民有接受宗教教育及進行各種宗教活動和儀式的自由。

9.2 亦有委員認為因為大多數宗教基本是相信有神論，與共產主義的無神論有極大的衝突，如果基本法內僅寫明宗教自由，是不足為保證的。基本法應以詳細條文維護宗教方面的一切自由，並尋求方法消除特別行政區基本法與中華人民共和國憲法之間有關宗教自由方面所真正或表面存在的矛盾。

9.3 在基本法上應寫明教徒有信仰自由、實踐自由、宣傳自由、反對無神論及從宗教角度研究共產主義之言論自由。

9.4 基本法上應列明香港的宗教團體在九七年後，可繼續與外國保持聯繫。並保障這樣的規定不會與中國憲法第三十六條發生抵觸。

9.5 有關聯合聲明中「干涉」和「隸屬」兩詞的意義應加以解釋。

9.6 政府不得施任何壓力使居民追隨違反其宗教信仰的制度及活動。但亦有委員反對此項意見。

10. 基本法有關宗教問題條文建議

10.1 根據中華人民共和國憲法第三十一條，香港特別行政區有關宗教自由的制度，以本法的規定為依據。

10.2 香港特別行政區的宗教自由以聯合國「人權宣言」第十八條及「公民及政治權利國際公約」第十八條、第二十七條為依據。宗教自由應包括以下活動的自由：

（I）舉行公共敬拜禮儀；

（II）輔助成員及其他願意接受信仰的人實踐宗教生活；

（III）傳授教理；

（IV）以口述或書刊或其他形式，公開傳授及借用公眾地方宣揚其信仰；

（V）結社及成立修道團體，使成員按照其宗教原則共同工作及生活；

（VI）自由選擇、培育、任命、調遣自己的僧侶、教士等；

（VII）開設及舉辦教育、文化、醫療、福利、社會服務等事業；

（VIII）建立、購置、擁有或使用其所需的產業；

（IX）與居留世界各地的宗教首長及宗教團體自由交往；

（X）每一父母均有權安排家庭中的宗教生活，及決定其未成年成員受何種宗教培育。香港特別行政區政府應尊重父母決定其子女受宗教教育的權利。

10.3 香港特別行政區政府不干預和限制宗教活動。

10.4 香港特別行政區的宗教團體可與其在外國的宗教團體維持或建立從屬關係。

10.5 特區的宗教組織可用獨立名義與世界各國、各地區及有關組織保持和發展關係，並簽訂和履行有關宗教、文化、醫療、社會服務等協定。

10.6 香港特別行政區宗教團體與內地相應的團體應以互不隸屬、互不干涉和互相尊重的原則為基礎。

10.7 宗教組織所辦學校、醫院、福利機構等均可繼續存在和發展，並維持固有的獨立性、自主性、及財產擁有權維持不變。

10.8 香港居民有根據其宗教信仰自願生育的權利。

※

⑬ 1987 年 8 月 22 日《教育、科學、技術、文化、體育和宗教專題小組工作報告》，載於《中華人民共和國香港特別行政區基本法起草委員會第五次全體會議文件匯編》

【P74-75】
第六章　香港特別行政區的教育、科學、技術、文化、體育和宗教（討論稿）
第七條
說明：有些委員建議，本條應增寫「香港特別行政區政府得將宗教紀念日及民間節日，例如佛誕、聖誕節、復活節等，統一編列為公眾假期」。有些委員則認為，如特別規定宗教假日，各界可能要求增寫本界的節假日，故不宜特別規定。
有的委員建議，應增寫「香港特別行政區政府依據法律保障宗教及慈善團體的各種固有權利，如有關撥地、批續地契、豁免差餉與稅項等，均予繼續保持」。有些委員認為上述內容屬經濟範疇，建議由經濟專題小組研究解決。

<h2>第二稿</h2>

「第一百四十七條　香港特別行政區政府不干預宗教團體的內部事務，不限制與香港特別行政區法律沒有抵觸的宗教活動。

宗教團體依法享有財產的取得、使用、處置、繼承以及接受資助的權利。財產方面的原有權益仍予保持和保護。

宗教團體可按照原有辦法繼續興辦宗教院校、其他學校、醫院和福利機構以及提供其他社會服務。

第一百四十八條　香港特別行政區的宗教組織和教徒可同其他地方的宗教組織和教徒保持和發展關係。」

〔1987 年 12 月基本法起草委員會秘書處《香港特別行政區基本法（草案）》（匯編稿）〕

① 1987 年 9 月 2 日《中華人民共和國香港特別行政區基本法起草委員會第五次全體會議委員們對基本法序言和第一、二、三、四、五、六、七、九章條文草稿的意見匯集》

【P67-68】
七、關於第六章　香港特別行政區的教育、科學、技術、文化、體育和宗教

7. 第七條
（1）有的委員提出，將第一款改為「香港特別行政區政府不干預、不限制宗教活動和宗教團體的內部事務，但宗教之活動須以不抵觸香港特別行政區法律為原則」。

（2）有些委員認為，不干預已包含了不限制的含義，因此，建議刪掉「不限制」三個字。

（3）有的委員提出，第二款與第二章條文有重複，建議去掉重複部份，改為「宗教團體可接受各方面的資助」。但有的委員認為，因為香港宗教界有強烈要求，因此主張

保留第二款，不做修改。

（４）有的委員建議，第三款改為「宗教團體可繼續興辦學校、醫院、福利機構和其他社會服務」。

（５）有的委員建議，增寫宗教紀念日特別是佛誕作為公共假日，因為佛教在香港影響較大。但部份委員認為，在基本法中對於宗教假日和公眾假日不宜作出規定。

（６）有的委員建議，在第一款第一句後面加上「及不設管理宗教事務的行政部門」。

（７）有的委員提出，本條應寫上「宗教平等」的內容，有些委員則認為沒有必要，因為若寫上「宗教平等」會使人誤解為是不是現在不平等，此外還會使一些不太突出的宗教團體甚至邪教提出過份要求。

8. 第八條
有的委員提出，將「保持原有的關係」中的「原有的」三字去掉，因為還可能建立一些新的關係。有的委員提出，在「保持」後加上「和發展」三個字，成為「保持和發展原有的關係」。

　　　　　　　　※

②文化教育科技宗教專責小組《對基本法第六章條文草稿（一九八七年八月）的意見》（1987 年 11

月 4 日經執行委員會通過）

【P3】

條文草稿	諮委建議
第七條	第六條：香港特別行政區政府不干預宗教團體的內部事務，不限制與香港特別行政區法律沒有抵觸的宗教活動。 宗教團體依法享有財產的取得、使用、處置、繼承以及接受資助的權利。財產方面的原有權益仍予保持和保護。 宗教團體所辦的宗教院校和其他院校以及醫院、福利機構和其他社會事業，可按照原有的辦法繼續存在和發展。 （有建議將宗教自由的詳細內容寫在基本法的附件中。另有委員建議在第二款刪去「財產方面的原有權益仍予保持和保護。」一句。）
第八條	第七條：宗教組織和教徒可同其他地方的宗教組織和教徒保持原有的關係。

第三稿

「**第一百四十七條**　香港特別行政區政府不干預宗教團體的內部事務，不限制與香港特別行政區法律沒有抵觸的宗教活動。

宗教團體依法享有財產的取得、使用、處置、繼承以及接受資助的權利。財產方面的原有權益仍予保持和保護。

宗教團體可按原有辦法繼續興辦宗教院校、其他學校、醫院和福利機構以及提供其他社會服務。

第一百四十八條　香港特別行政區的宗教組織和教徒可與其他地方的宗教組織和教徒保持和發展關係。」

〔1988 年 3 月基本法起草委員會秘書處《中華人民共和國香港特別行政區基本法（草案）草稿》（總體工作小組第二次會議對目錄、序言、第一、二、三、五、六、七、九章的修改稿）〕

①1987 年 12 月《中華人民共和國香港特別行政區基本法起草委員會第六次全體會議委員們對基本法第四、五、六、十章和條文草稿匯編的意見》

【P35-36】

6. 第一百四十七條

（１）有的委員建議，本條第二款「宗教團體」改為「社會團體（包括宗教團體）」。有的委員建議「財產方面」改為「宗教團體」。

（２）有的委員認為本條中的「原有」應指一九八四年《中英聯合聲明》簽署之前；有的委員認為應指基本法正式生效之前。許多委員感到「原有」兩字含義不清，需要研究

予以明確。有的委員建議，最好不用「原有」二字，改用具體時間，或「香港特別行政區成立之前」來表述。

（３）有的委員提出，本條第二款的內容實際已包含在總則第六條，不必對宗教團體另作規定，建議刪去。有的委員則不同意刪去，認為宗教界的事務比較特殊也比較敏感，最好不要改動。

7. 第一百四十八條

（１）有的委員提出，本條中「可同其他地方」的表述不明確，建議改為「可同其他海外地方」。

（２）有的委員認為，本條不包括香港宗教團體與內地宗教組織的關係，但文字表述上不明確，建議將「其他地方」改為「其他國家和地區」，或改為「國外」。

第四稿

「**第一百四十九條**　香港特別行政區政府不干預宗教團體的內部事務，不限制與香港特別行政區法律沒有抵觸的宗教活動。

宗教團體依法享有財產的取得、使用、處置、繼承以及接受資助的權利。財產方面的原有權益仍予保持和保護。

宗教團體可按原有辦法繼續興辦宗教院校、其他學校、醫院和福利機構以及提供其他社會服務。

第一百五十條　香港特別行政區的宗教組織和教徒可與其他地方的宗教組織和教徒保持和發展關係。」

〔1988 年 4 月基本法起草委員會秘書處《中華人民共和國香港特別行政區基本法（草案）草稿》〕

「**第一百四十八條** 香港特別行政區政府不干預宗教團體的內部事務，不限制與香港特別行政區法律沒有抵觸的宗教活動。

宗教團體依法享有財產的取得、使用、處置、繼承以及接受資助的權利。財產方面的原有權益仍予保持和保護。

宗教團體可按原有辦法繼續興辦宗教院校、其他學校、醫院和福利機構以及提供其他社會服務。

第一百四十九條 香港特別行政區的宗教組織和教徒可與其他地方的宗教組織和教徒保持和發展關係。」

〔1988 年 4 月基本法起草委員會《中華人民共和國香港特別行政區基本法（草案）徵求意見稿》〕

① 1988 年 4 月基本法起草委員會《中華人民共和國香港特別行政區基本法（草案）徵求意見稿》

【P13】
簡介

第六章：教育、科學、文化、體育、宗教、勞工和社會服務
43. 本章規定：香港特別行政區政府……，不干預宗教團體的內部事務。

45. 本章規定：香港特別行政區的法律保護……；宗教組織享有的財產權益和興辦學校、醫院、福利機構的權利。

「**第一百四十條** 香港特別行政區政府不限制宗教信仰自由，不干預宗教組織的內部事務，不限制與香港特別行政區法律沒有抵觸的宗教活動。

宗教組織依法享有財產的取得、使用、處置、繼承以及接受資助的權利。財產方面的原有權益仍予保持和保護。

宗教組織可按原有辦法繼續興辦宗教院校、其他學校、醫院和福利機構以及提供其他社會服務。

香港特別行政區的宗教組織和教徒可與其他地方的宗教組織和教徒保持和發展關係。」

〔1989 年 2 月《中華人民共和國香港特別行政區基本法（草案）》〕

①《與內地草委交流的重點——文化教育科技宗教專責小組》，載於 1988 年 6 月 3 日《基本法諮詢委員會秘書處通訊 73》

6. 字眼（尤其於第……、一百四十八條、……）不應有時間性文字：「原有」、「原在」、「繼續」等存在於憲法中。

※

② 1988 年 8 月基本法起草委員會秘書處《香港各界人士對〈香港特別行政區基本法（草案）徵求意見稿〉的意見匯集（一）》

【P42-43】
第一百四十八條
1. 刪去第二款，因財產所有權的保護已在第六條寫明，不必重複。
2. 刪去第三款「按原有辦法」，因宗教團體可以採用其他辦法興辦這些機構。

第一百四十九條
兩處「教徒」後均加「和領袖」。

【P48】
關於第六章的其他意見
1. 基本法是憲制性文件，文字要準確，要講一些原則性的東西，不應在條文中規定那些局部性的東西，如第一百四十四條規定學生有出外求學的自由，那麼是否還要寫上商人、醫生有出外經商、行醫的自由呢？其實這些規定都可以刪去，有出入境自由就可以了，根據這一精神，

建議刪去第……、一百四十八條、一百四十九條、……。

※

③《基本法諮詢委員會文化、教育、科技、宗教專責小組對基本法（草案）徵求意見稿第六章的意見匯編》，載於 1988 年 10 月基本法諮詢委員會《中華人民共和國香港特別行政區基本法（草案）徵求意見稿諮詢報告（1）》

【P127】
2. 有關條文討論
2.5 第一百四十八條
2.5.1 有委員認為，「內部事務」一詞意思含糊，因為很難界定「外部事務」與「內部事務」。目前香港已有足夠法律條文禁止有抵觸的宗教活動。故建議改成：「香港特別行政區政府不干預或限制宗教團體的事務。」
2.5.2 有些委員認為，宗教事務過於廣泛，寫明不干涉「內部事務」是適當的，有助宗教更合理發揮。
2.5.3 有委員認為，此寫法乃保障合法的宗教活動，並非限制宗教活動。
2.5.4 有委員認為，宗教活動若不依法，便與第二十四條有抵觸。
2.5.5 有委員認為，信仰自由與參加宗教活動自由不同，後者應予限制。本條文的寫法是平衡第三十一條的說法。
2.5.6 有委員認為，應在本條中清楚寫明宗教團體可用文字或傳道形式宣揚他們的宗教，也可以有自由任命主教或其他神職人員。
2.5.7 有委員認為，目前有關宗教的條文並未能保障一些新成立宗教團體的權利，只限於保障現有的宗教團體。

※

④ 1988 年 10 月基本法諮詢委員會《中華人民共和國香港特別行政區基本法（草案）徵求意見稿諮詢報告第五冊 —— 條文總報告》

【P402-403】
第六章　整體意見
2. 對個別方面的意見
2.2 宗教方面
2.2.1 意見
2.2.1.1 滿意
→ 有關宗教的條文可以接受。
2.2.1.2 不滿意
→ 沒有明確規定本港宗教團體與內地宗教團體的關係，是美中不足的。
→ 《中英聯合聲明》提及香港的宗教組織將不會隸屬於內地的宗教組織，亦不會受其干預，但現時的基本法（草案）徵求意見稿並沒有作此規定。
→ 第一百四十九條規定香港特別行政區宗教組織可與「其他地方」的宗教組織發展關係，但第一百五十六條指明與內地相應的團體關係，卻應遵守互不隸屬，互不干涉和互相尊重的原則，顯然是不想本港及內地的宗教團體有太多交流，防止本港的宗教團體影響到內地，這規定是不對的。
2.2.1.3 保留
→ 有關宗教自由的條文基本上已反映了宗教團體的期望，但仍有未盡善之處，應作有關修正。
→ 宗教自由已在條文中得到一定的保障，但個別條文仍有含糊並應予改善。
2.2.2 其他建議
→ 建議將第一百四十八條內「宗教團體」與第一百四十九條的「宗教組織」在字眼上統一。
理由：以免造成混亂。
→ 應規定香港特別行政區，所有宗教團體不可參政及干擾政府行政，所有人士不可以宗教名義參政或干擾政府行政，或以宗教理由干涉有關團體的行政權。
理由：
⊙ 宗教團體是有信仰的組織，並無任何專業知識。
⊙ 宗教團體的數量很難確定，而各團體學說不一，難以統一，其正邪亦難以劃分。
⊙ 宗教團體的教徒易受其團體控制，因此，宗教團體很易發起動亂。
⊙ 宗教團體或人士參政時必受「教義」影響。
→ 應在基本法寫明香港特別行政區政府不能因政治原因，透過立法限制宗教自由及宗教團體的各方面活動。
理由：加強保障宗教自由。
→ 宗教自由必須得到全面的保障。
→ 香港特別行政區政府應保障教會內部事務不受干預，宗教活動不受限制，並應容許香港特別行政區的宗教團體，有權與外國的宗教團體保持或建立一切關係。
→ 香港特別行政區的宗教自由應以聯合國《人權宣言》第十八條及《公民權利和政治權利國際公約》第十八條和第二十七條為依據。宗教自由應包括以下活動的自由：
（1）舉行公共敬拜禮儀；
（2）輔助成員及其他願意接受信仰的人實踐宗教生活；
（3）傳授教理；
（4）以口述、書刊或其他形式，公開傳授及借用公眾地方宣揚其信仰；
（5）結社及成立修道團體，使成員按照其宗教原則共同工作及生活；
（6）自由選擇、培育、任命、調遣自己的僧侶、教士等；
（7）開設及舉辦教育、文化、醫療、福利、社會服務等事業；
（8）建立、購置、擁有或使用其所需的產業；
（9）與居留世界各地的宗教首長及宗教團體自由交往；
（10）每一父母均有權安排家庭中的宗教生活，及決定其未成年成員接受何種宗教培育。香港特別行政區政府應尊重父母決定其子女接受宗教教育的權利。
→ 應清楚列明教會團體所辦的學校應在實質上享有選聘教職員、選用教材及提供宗教課程的自由。
→ 教會團體可自由發展其所提供之服務，自行決定其服務方式及自由聘請任職人士，並在服務範圍內可配合其傳教方針。
→ 教會團體應享有獨立性，互相遵守互不隸屬、互不干涉和互相尊重的原則，對外可按需要冠用「中國香港」的名義自由參加國際活動。
→ 各民間團體和宗教團體可保持獨立自由，與內地相應的組織互不隸屬。
→ 未來香港特別行政區須保障傳教、派發單張、聚會、與海外教會聯絡以及按教義傳譯信仰的自由。
2.2.3 待澄清問題
→ 第一百五十六條指出，各教育、科學、技術、文化、體育、專業、社會福利等方面的民間團體和宗教團體，與內地相應團體的關係，應遵守互不隸屬、互不干涉和互相尊重的原則，但第一百五十七條則表示，可同世界各國、各地區及有關國際組織保持和發展關係的，除了前者所列各方面外，尚有「衛生」和「勞工」。為什麼香港特別行政區各種民間團體和宗教團體對內地相應團體的關係，跟對世界各國、各地區有關國際組織的關係有這樣的差別呢？
→ 第一百五十六及第一百五十七條對於香港教會與一些中國的特別地區（如澳門、台灣等地區）教會的關係，是否說得明確？第一百四十九條提到香港宗教組織可與其他地方的宗教組織「保持和發展關係」，但「其他地方」是否包括上述的特別地區呢？
→ 是否沒有明文規定香港天主教或基督教要跟從中國內地的「三自」政策，就表示容許香港特別行政區的天主教教會與梵蒂岡聯繫？

【P424-429】
第一百四十八條
2. 意見
2.1 贊成意見
→ 第一款的「不干預宗教團體的內部事務」寫得甚好。
理由：由反面表述的方式來顯明不干預，自由幅度較大。
→ 第二款已保障宗教團體可繼續享有現有的財產和權益。
2.2 反對意見
→ 無須寫上這條。
理由：第六條已規定「財產所有權，包括財產的取得、使用、處置和繼承的權利和依法徵用財產得到補償的權利，均受法律保護。」無須另立條文來強調宗教財產的維護。
→ 本條與第二十條有抵觸。
→ 「內部事務」一詞含糊，與「外部事物」的劃分不容易。
→ 「內部事務」一詞欠明確界定，令其他方面的宗教活動大受限制。
→ 本條規定特別行政區政府不干預宗教團體的「內部事務」的寫法，會導致被人任意曲解的情況。
→ 本條列明「不干預」宗教團體的內部活動，但又規定該些活動必須與特別行政區法例「沒有抵觸」，兩者含糊不清。
→ 容許「與特別行政區法律沒有抵觸的宗教活動」的寫法，很令人擔心。
理由：這樣的寫法，給予獨裁政府很大的自由去限制宗教活動，然而，這些宗教活動卻在一個民主政府中，會得到

第141條

較大的保障。

→ 第一款後半句的寫法，令未來的立法機關可剝奪或賦予宗教自由。但基本法（草案）徵求意見稿並沒有載明那些自由是不會被未來的立法機關剝奪。

→ 第一款後半句的寫法，令宗教活動未受充份保障。

理由：法律可隨時修改，令宗教活動處處受限制。

→ 任何與香港特別行政區法律有抵觸的活動均受法律限制，故無須在本條內註明宗教活動的條件，亦不應限制宗教團體可以進行那種活動。

→ 宗教團體興辦新機構的權利未受保障。

理由：本條只針對現行的機構而言。

2.3 保留意見

→ 對這條有所保留。

理由：在基本法中釐定政府和民間團體的關係時，規定政府無權處理某些事項和規定政府必須履行某些義務，都會對政府造成限制，這樣便無法維持一個有效的政府。

2.4 其他意見

→ 本條規定香港特別行政區政府不限制與香港特別行政區法律沒有抵觸的宗教活動，這樣的寫法意味着政治參與是在宗教活動的範疇之外，亦會引起如何界定宗教活動的問題。假若政教分離的原則是這樣巧妙地滲入基本法的話，實屬不幸。

→ 擔心香港特別行政區政府會委派人員主持宗教團體事務，干預宗教自由和違反政教分離的原則。

→ 本條清楚列明宗教團體享有接受資助的權利和按原有辦法興辦宗教院校及其他學校。但在一些宗教學校，強迫性早禱或出席宗教性活動的慣例一向仍在，這是令人擔憂的。但這些學校可根據基本法第一百四十四條的保障學校提供宗教課程的規定，強迫學生參加中學會考宗教科考試，這樣的做法可能會抵觸宗教信仰的自由。

3. 建議

3.1 刪除

→ 刪除第一款。

→ 刪除第二及第三款。

理由：

⊙ 現在的法律已包括第二及第三款所述的內容。

⊙ 有關宗教團體的財產權益和繼續興辦學校、醫院及福利機構等自由應已受第一百四十三條、第一百四十五條和第一百五十四條的保護。

→ 刪除「依法」和「與特別行政區法律沒有抵觸的」。

理由：這兩詞句既具恐嚇性，亦實屬不必要，況且基本法（草案）徵求意見稿第三十九條已明確指出，在合法的情況下這些權利將會受到限制。

→ 刪除第一款「不干預宗教團體的內部事務」。

理由：前後句意互相矛盾。

→ 刪除第一款後半句。

理由：因特別行政區政府可能透過立法干預宗教。

→ 刪除「內部」二字。

理由：

⊙ 很難界定「內部事務」，因意思含糊，易被人任意劃分。

⊙ 令條文更簡單清楚。

⊙ 擔心特別行政區政府藉此漏洞干預宗教。

⊙ 以免宗教人士擔憂。

⊙ 宗教信仰包涵生活各方面及各層面；宗教團體所關心的事務亦不限於某方面，而是與普世有關的事務，故宗教團體的事務不應受政府的干預。

→ 刪除第一款的「依法」二字。

3.2 修改

3.2.1 整條修改

→ 改為：「香港特別行政區政府不干預和不限制宗教團體與香港特別行政區法律沒有抵觸的宗教活動。」

→ 改為：「宗教團體可按原有辦法興辦宗教院校和社會福利機構。」

理由：這條內容與第一百四十四條重複。

→ 改為：「除抵觸香港特別行政區的法律外，香港特別行政區政府不干預或限制宗教團體的事務。」

→ 改為：「香港特別行政區政府不指派人員主持或干預宗教團體的事務，不限制與香港特別行政區法律沒有抵觸的宗教活動。」

理由：原文規定的不干預內部事務之餘，亦要確保宗教活動與香港特別行政區法律沒有抵觸是很有問題的。

3.2.2 個別條款修改

第一款

→ 改為：「香港特別行政區政府不干預宗教團體的內部事務。再者，行政機關不限制與香港特別行政區法律沒有抵觸的宗教活動。」

→ 改為：「香港特別行政區政府不干預或限制宗教團體的事務。」

理由：

⊙ 「內部事務」一詞頗為含糊，造成日後解釋上的困難。

⊙ 如何界分「內部事務」與「外部事務」，及由誰負責界分兩者，並不容易。

⊙ 已有足夠法律條文禁止與法律有抵觸的活動，不宜於本條文特別註明。

⊙ 原文令宗教團體擔心，恐防被政府干預其「外部」事務。

⊙ 與法律有抵觸的活動已是犯法行為，用「不限制不犯法」的宗教活動的寫法是沒有意思的，只會引起什麼是法律准許的宗教活動的問題。

⊙ 第三十一條已寫明「香港居民有宗教信仰的自由，有傳教和公開舉行、參加宗教活動的自由。」即表示香港特別行政區政府不僅不干預宗教團體的內部事務，亦不會干預宗教團體的外部（或對外）事務。

⊙ 此寫法會令宗教團體相信未來特別行政區政府不干預宗教活動，維護宗教自由。

→ 改為：「香港特別行政區政府不設管理宗教事務的部門，不干預宗教團體⋯⋯。」

第三款

→ 改為：「宗教團體可按原有辦法繼續興辦宗教院校、其他學校、醫院、福利機構、社會服務機構以提供社會服務及從中傳揚其教義。」

→ 改為：「宗教團體可按原有辦法繼續興辦宗教院校、其他學校、醫院、出版機構、傳播和福利機構以及提供其他社會服務。」

→ 改為：「宗教團體可按原有辦法繼續購建或租賃活動場所，興辦宗教院校、其他學校、醫院和福利機構以及提供其他社會服務。」

理由：本款雖提及對宗教團體「興辦」學校、醫院和福利機構等的保障，但並未言明包括許可「購建」或「租賃」教堂等主要的宗教「活動場所」。

→ 改為：「宗教團體可興辦宗教院校⋯⋯。」

→ 將「宗教團體可按原有辦法興辦」改為「政府不干預宗教團體以原有辦法或將發展的方法興辦」。

理由：原文限制了「不以原有辦法興辦」的新發展。

→ 把「可按原有辦法」改為「可依法」。

理由：宗教團體興辦各類服務的辦法，應可隨社會的改變而改動。

3.3 增加

→ 增加第四款：「香港特別行政區宗教團體與內地宗教團體的關係，應遵守互不隸屬、互不干涉和互相尊重的原則。」

→ 增加一款：「政府尊重各宗教信仰，並給予遵守信仰的方便。」

→ 增加一款：「香港特別行政區政府不設立管理宗教事務的部門。」

3.4 其他建議
→ 應列明文中提及的宗教團體只限於「正當的團體」。
理由：否則可能會導致邪教肆虐。
→ 宗教團體應依法享有財產的擁有權。
→ 應有清楚的條款保障信徒的公民權利。
→ 應寫明宗教人士以口頭和文字方式傳達宗教信仰的自由。
→ 應列明教會仍可繼續享用政府原來以低價撥予的土地。
理由：若明確規定，可使教會人士安心。
→ 應規定宗教團體有任命教士和神職人員的權利，訓練他們和遣派他們往外國作專門研究，以及有需要時享有使用外國神職人員服務的權利。
4. 待澄清問題
→ 條文中所指的「法律抵觸」的意思為何？
→ 未指明本條適用於何種宗教。
→ 何謂「內部事務」？
→ 怎樣分辨「內部事務」與「外部事務」？
→ 誰有權責界定宗教團體的「內部事務」與「外部事務」？
→ 特別行政區政府不干預宗教團體的內部事務的規定會否導致邪教的擴散？
→ 本條限制了特別行政區政府在宗教方面的權力，但有哪些條文限制中央人民政府在香港特別行政區內進行的宗教活動呢？

第一百四十九條
2. 意見
→ 贊成保留此條。
→ 在宗教組織和其他地區的宗教組織的關係上，本條和第一百五十七條的內容重複，這情況應可避免。
3. 建議
3.1 刪除
→ 刪除此條。
理由：
⊙ 此條的內容與第一百五十六及第一百五十七條重複。
⊙ 無須為宗教組織另訂一條。
3.2 修改
→ 改為：「香港特別行政區的宗教組織和教徒可與其他地方（包括澳門、台灣）的宗教組織和教徒保持和發展關係。」
→ 改為：「香港特別行政區的宗教組織、領袖和教徒可與其他地方的宗教組織、領袖和教徒保持和發展關係。」
→ 改為：「香港特別行政區的宗教組織及團體、教徒和領袖均可與其他地方的宗教組織及團體、教徒和領袖保持

和發展關係。」
→ 改為：「香港特別行政區的宗教組織和教徒可與國內外其他地方的宗教組織、宗教首長和教徒保持和發展關係。」
→ 改為：「香港特別行政區政府不干預宗教組織和教徒與其他地方的宗教組織和教徒保持和發展關係。」
→ 「宗教組織和教徒」改為「宗教組織、宗教首長和教徒」。
→ 「可與其他地方的宗教組織」改為「可與國內、外的宗教組織」。
3.3 增加
→ 在「可與其他地方的宗教組織」之後加上「領袖」。
理由：既然第三十一條保證香港居民享有宗教信仰自由，而在羅馬天主教的信仰中，教徒是與教皇（精神領袖）保持聯繫的，故此基本法應具體說明這點，這樣，天主教徒的信仰自由才能得到保障。
3.4 其他建議
→ 應明確界定「教徒」的定義，以免出現爭論。
→ 不應明確界定「教徒」的定義，否則妨礙宗教自由。
→ 應訂明天主教徒可透過教會、主教和教宗與天主教普世教會保持現有聯繫的權利。
4. 待澄清問題
→ 若香港教徒與其他國家宗教組織保持和發展關係的情況，與第一百四十八條有抵觸，會有什麼後果呢？
→ 本條所指的教徒是否包括領袖在內？
→ 本條是否適用於香港特別行政區宗教組織與中國內地宗教組織的關係上？

※

⑤ 1989 年 1 月 9 日《教育、科學、文化、體育、宗教、勞工和社會服務專題小組對條文修改情況的報告》，載於 1989 年 1 月《中華人民共和國香港特別行政區基本法起草委員會第八次全體會議文件匯編》

【P30】
4. 宗教條文由原二條合併為一條。增寫：「香港特別行政區政府不限制宗教信仰自由」，因香港宗教組織曾提出在本條增寫「香港特別行政區政府不立法限制宗教信仰自由」一句，在主任委員擴大會議上，有人指出，這樣提法和國際人權公約有關條款不符，決定用上述文字代替。

第七稿
「第一百四十一條 香港特別行政區政府不限制宗教信仰自由，不干預宗教組織的內部事務，不限制與香港特別行政區法律沒有抵觸的宗教活動。
宗教組織依法享有財產的取得、使用、處置、繼承以及接受資助的權利。財產方面的原有權益仍予保持和保護。
宗教組織可按原有辦法繼續興辦宗教院校、其他學校、醫院和福利機構以及提供其他社會服務。
香港特別行政區的宗教組織和教徒可與其他地方的宗教組織和教徒保持和發展關係。」
〔1990 年 2 月 16 日《中華人民共和國香港特別行政區基本法（草案）》〕

① 1989 年 11 月 30 日基本法起草委員會秘書處《內地各界人士對〈中華人民共和國香港特別行政區基本法（草案）〉的意見匯集》

【P16】

第一百四十條
第四款「其他地方」改為「其他國家和地區」。（國家有關部門）

※

② 《基本法諮詢委員會文教專責小組對基本法（草案）第六章的意見匯編》，載於 1989 年 11 月基本法諮詢委員會《中華人民共和國香港特別行政區基本法（草案）諮詢報告第一冊》

【P112】

8. 其他意見

8.1 有意見認為，《基本法（草案）》第三十二條及一百四十條中宗教信仰自由的規定並不如《世界人權宣言》中的規定。基本法中應至少包納《世界人權宣言》第十八條的規定：「人人有思想、信念及宗教之自由。此種種權利包括保有或採奉自擇之宗教或信仰之自由，及單獨或集體、公開或私自以禮拜、戒律、躬行及講授表示其宗教或信仰之自由。」

※

③ 1989 年 11 月基本法諮詢委員會《中華人民共和國香港特別行政區基本法（草案）諮詢報告第三冊 —— 條文總報告》

【P234】

第六章　整體意見

1. 意見

1.1 反面

→ 第一百三十五條、一百四十條和一百四十二條出現的「依法」一詞，令條文顯得很消極。除非能清楚說明在怎樣的情況下，有關自由才受法律限制，否則這樣的寫法便令條文所能給予的保障成疑問。

【P243-245】

第一百四十條

2. 意見

2.1 正面

→ 宗教組織當然可有辦學、興辦醫院及救濟等從事福利的權利，這是宗教組織想為特別行政區居民出力的機會。

→ 贊成第一款不限制宗教信仰自由的規定。

2.2 反面

→ 第一款的「不限制與香港特別行政區法律沒有抵觸的宗教活動」，可被理解為無論是否為《基本法（草案）》第三章所容許，特別行政區亦可通過法律干預宗教活動。

3. 建議

3.1 刪除

3.1.1 第一款

→ 刪去「內部」一詞。

理由：「內部」二字可能引起誤會。

3.2 修改

3.2.1 整條改寫

→ 改為：「香港特別行政區應保障教會內部事務不受干預，宗教活動不受限制，並應許香港特別行政區的宗教團體，有權與其在外國的宗教團體保持或建立一切關係。」香港特別行政區的宗教自由以聯合國「人權宣言」第十八條及「公民及政治權利國際公約」第十八和二十七條為依據。宗教自由應包括以下活動的自由：

（1）舉行公共敬拜禮儀；

（2）輔助成員及其他願意接受信仰的人實踐宗教生活；

（3）傳授教理；

（4）以口述或書刊或其他形式，公開傳授及借用公眾地方宣揚其信仰；

（5）結社及成立修道團體，使成員按照其宗教原則共同工作及生活；

（6）自由選擇、培育、任命、調遣自己的僧侶、教士等；

（7）開設及舉辦教育、文化、醫療、福利、社會服務等事業；

（8）建立、購置、擁有或使用其所需的產業；

（9）與居留世界各地的宗教首長及宗教團體自由交往；

（10）每一父母均有權安排家庭中的宗教生活，及決定其未成年成員受何種宗教培育。香港特別行政區政府應尊重父母決定其子女受宗教教育的權利。

3.2.2 第一款

→ 第一款改為：「香港特別行政區政府不干預宗教團體的內部事務。再者，行政機關不限制與香港特別行政區法律沒有抵觸的宗教活動。」

理由：若不干預內部事務之餘，又要與香港特別行政區法律沒有抵觸的話，便有問題。

→ 第一款改為：「香港特別行政區政府不立法限制宗教自由，不設立任何機關以干預宗教組織的事務。」

理由：

⊙ 「內部事務」一詞極為含糊，將會招致日後解釋上困難。

⊙ 如何界分「內部事務」與「外部事務」，及由誰負責界分兩者，亦不容易。

⊙ 已有足夠法律條文禁止任何與法律有抵觸的活動。此外，《基本法（草案）》第四十二條已列明香港居民有遵守特別行政區法律的義務，因此，不宜在本條文中另加註明。

→ 將「不限制」改為「依法容許」，並在「不干預」後加上「合法註冊的」。

→ 應除去有關限制宗教活動的規定。

3.2.3 第三款

→ 改為：「宗教組織可按原有程序，依法興辦宗教院校、其他學校、醫院和福利機構以及提供其他社會服務。」

3.3 增加

→ 在本條內加上一款：「所有合法宗教，在政治上一律平等。」

理由：在英國的統治下，香港目前的宗教在政治上是不平等的，此表現在聖誕節、復活節等的假期上。為何伊斯蘭教、佛教的先知和佛祖的誕辰又不放假呢？這是不公平的。

3.3.1 第二款

→ 在句首加上「原」字。

→ 在句末「保護」前加上「法律上的」。

→ 在「資助」前加上「合法」，在「財產方面」前加上「合法的」。

→ 句末加上：「宗教機構可享有權力自由委任神職人員或其他人士，訓練他們或派遣他們到海外接受專業訓練，以及有權力於必要時利用海外人士的服務。」

3.3.2 第三款

→ 在句首加上「原」字。

→ 在「繼續興辦」之後加上「以及興建新的」。

→ 在「宗教院校」以前加上「及發展敬拜禮儀的地方」。

→ 在第三款句末加上「亦可創建新機構和服務」。

3.3.3 第四款

→ 在「香港特別行政區的」後加上「原」字。

→ 在句末「發展」前加上「進一步」，「關係」前加上「原有」的字眼。

→ 在「香港特別行政區的宗教組織和教徒可」後加上「在維護國家尊嚴和民族操守的基礎上」。

→ 句末加上：「天主教徒可透過與教宗及主教及各地天主教組織的連繫而維持其與環宇的公教會現有的聯繫與合一。」

3.4 其他

→ 加入宗教團體可與外界聯繫的自由。

→ 確保特別行政區宗教組織和教徒能夠與中國以及世界各國的宗教組織和教徒保持關係。

→ 教會團體得自由發展其所提供之服務，自行決定其服務方式及自由聘請任職人士，並可在其服務範圍內配合傳教方針。

4. 待澄清問題

→ 本條末句「不限制與香港特別行政區法律沒有抵觸的宗教活動」，應如何執行？是否意味有某個專門機關決定什麼活動與香港特別行政區宗教活動和法律沒有抵觸呢？

第八稿

「第一百四十一條　香港特別行政區政府不限制宗教信仰自由，不干預宗教組織的內部事務，不限制與香港特別行政區法律沒有抵觸的宗教活動。

宗教組織依法享有財產的取得、使用、處置、繼承以及接受資助的權利。財產方面的原有權益仍予保持和保護。

宗教組織可按原有辦法繼續興辦宗教院校、其他學校、醫院和福利機構以及提供其他社會服務。

香港特別行政區的宗教組織和教徒可與其他地方的宗教組織和教徒保持和發展關係。」

〔1990 年 4 月《中華人民共和國香港特別行政區基本法》〕

香港特別行政區政府在保留原有的專業制度的基礎上，自行制定有關評審各種專業的執業資格的辦法。

在香港特別行政區成立前已取得專業和執業資格者，可依據有關規定和專業守則保留原有的資格。

香港特別行政區政府繼續承認在特別行政區成立前已承認的專業和專業團體，所承認的專業團體可自行審核和頒授專業資格。

香港特別行政區政府可根據社會發展需要並諮詢有關方面的意見，承認新的專業和專業團體。

✿ 貳│概念

1. 原專業制度的保留
2. 自行制定各種專業的執業資格
3. 獲承認的專業團體可審核和頒授專業資格
4. 新專業和專業團體的承認

✿ 叁│條文本身的演進和發展

第一稿

第六章

「第九條　香港特別行政區政府自行制定關於各種專業執業資格的審定和授予辦法。

在香港特別行政區成立以前原已取得專業執業資格者，可以保持原有的資格。

香港特別行政區保留在特別行政區成立以前已承認的專業和專業團體，並根據社會發展需要承認新的專業和專業團體。」

〔1987 年 8 月 22 日《教育、科學、技術、文化、體育和宗教專題小組工作報告》，載於《中華人民共和國香港特別行政區基本法起草委員會第五次全體會議文件匯編》〕

① 1986 年 2 月基本法諮詢委員會《分批研討會參考資料》

【P1-2】

某委員（編者按：原件模糊，無法辨認名字）：除了總綱外，內容分章節用法律語言來寫，應包括如下內容：
（五）文教科技體制，肯定專業資格的審核制度。

② 1986 年 2 月基本法諮詢委員會《諮委會第一分組有關基本法結構討論小結》

一、基本法結構，根據與會者發言，大致上可以歸結為下列十二個部份：
7. 教育、科技、文化、宗教

※

※

③ 1986 年 2 月基本法諮詢委員會《第一批研討會總結》

一、基本法結構，根據與會者發言，大致上可以歸結為下列十二個部份：
7.教育、科技、文化、宗教

※

④ 1986 年 2 月基本法諮詢委員會《第二批研討會總結》

六、基本法結構初擬
7.文化、教育、宗教、福利；

※

⑤ 1986 年 2 月基本法諮詢委員會《第四批討論總結》

一、基本法的結構
6.文化、教育

10.宗教自由

12.社會福利
委員們一致同意基本法結構應包括以上十二點內容，而每一點是否成為一單項，則意見不一。基本上同意前五點獨立成一專項，其餘各點則可自然歸納為總項。

※

⑥ 1986 年 4 月《香港各界人士對〈基本法〉結構等問題的意見匯集》（基本法起草委員會第二次會議參閱資料之一）

【P68-71】
關於教育、科學和文化及專業人士的意見
二、專業人士
1.特別行政區必須重視和使用專業人才，一來需要填補英國人撤退空缺；二來要拓展本港的產品和市場；三來滿足祖國現代化需要。要做到這些，需要內地和香港互相配合，從兩方面着手：內地，要改花錢進口電腦、臥車為花錢買人腦和專業技術，改革重關係、重後門不重實幹和效率而使專業人士心灰意冷的政策；本港，要鼓勵熱心社會工作和公共事業的專業人士，保留現有各種專業的諮詢制度並擴大專業人士參與諮詢的範圍，有重點地重視和鼓勵華籍專業管理人才，把他們穩定下來為特別行政區政權作貢獻。這是因為，富有人士今天走了明天可以回來，草根人士不會走，而專業人士舉家移民則長期回不來，人才流失會對祖國四化及推動本港發展繁榮造成無可估計的損害。

2.香港成功的重要因素是擁有多元化的人才；將來香港回歸祖國，同樣靠多元化的人才進行有效的治理，並在國際性競爭中求得繁榮穩定。但是，一要注意對公務員要有約束和控制，否則權力膨脹容易腐化；二要注意參政人員的組成在以工商業人士為主的同時，要廣泛吸收各階層精英，以便使工商業、專業人士和基層勞工群眾的利益都得到照顧。

3.專業人士普遍關心將來的專業資格問題，應對外來的（包括內地來的）專業人士採取一視同仁的態度，都應經過一定的考試，才能在香港執業。

4.為保持香港的國際水準，要保障專業人士的地位，不能隨便在什麼地方取得資格香港都承認。

5.要使港人有信心，基本法需列明香港享有的各種自由權，特別是專業人士的執業權以及他們與外國專業團體保持聯繫的權利。希望將來內地來港專業人士要自我限制，不致影響本港專業人士的執業權益。

6.對於評審資格的標準，目前是依照外國的。一九九七年後這些準則雖然順理成章按國內的規範，但應該注意到中國要實行四化，要躋身世界學術前列的需要，所以在制訂規章時，要有一定國際水準的香港專家參與。

7.香港目前的制度有排外性，如儘管香港醫生不足，沒有足夠的力量維護市民的健康，但中醫沒有其法律地位，在這方面基本法要善化香港，不管中國或歐美或日本的政制，好的都要吸納。

8.香港有的醫生之所以移民，是擔心將來是否有執業自由，以及是否保持現有的專業考試制度以保障專業水平。建議基本法要明確專業人士的執業自由，政府不加干預，並保留現有的專業考試制度。

9.基本法應承認中醫在社會上的合法地位。香港應設立全科的中醫學院。中醫的資格審查，應參考內地、台北的經驗。

10.希望中國政府出面，與英方研究解決中國高等學校畢業文憑、資格上的問題，使受過中國高等教育的專業人士，在社會上得到稍為公平合理的對待。香港政府一概不承認國內的大學文憑，卻承認台灣的三所大學。據估計，香港目前有三千多位經過國內大專院校培養的西醫生，除少數因英語基礎較好，考上英聯邦國家的醫生牌照外，大部份人放棄自己心愛的專業，不能從醫。我們希望在香港的醫學技術界能夠迅速消除殖民地的標誌，打破英聯邦國家醫生壟斷的局面，承認國內醫學院的畢業文憑，讓這些人在自己的國土上為自己的同胞服務。

※

⑦ 1986 年 4 月 22 日《中華人民共和國香港特別行政區基本法結構（草案）》，載於《中華人民共和國香港特別行政區基本法起草委員會第二次全體會議文件匯編》

【P16】
第六章　香港特別行政區的教育、科學、技術、文化、體育和宗教
（五）專業人士的專業資格問題

※

⑧ 1986 年 4 月《部份起草委員對基本法結構（草案）的意見（備忘錄）》，載於《中華人民共和國香港特別行政區基本法起草委員會第二次全體會議文件匯編》

【P27】
八、關於《香港特別行政區的教育、科學、技術、文化、體育和宗教》
45.將專業人士資格等內容列為「其他社會事務」。

※

⑨ 1986 年 8 月 20 日《基本法結構專責小組初步報告》

【P25】

意見	原因	意見出處
（1）建議將這節改寫為「專業資格及認可的問題」。	因為專業資格不應局限於專業人士。	專責小組五月六日會議

※

⑩ 1986 年 8 月 29 日《文化教育科技宗教專責小組工作進展報告》（1986 年 8 月 30 日基本法諮詢委員會全體委員第二次會議文件）

【P10】
（3）專業資格分組
本分組共開會三次，反覆討論而未能完全達到一致意見的問題包括「專業」的定義。但大致上可見有以下幾個界定「專業資格」的原則：
1．凡有資格加入政府認可的團體作為成員；
2．參加得到政府的認可，某些團體設立的考核制度並合格者；
3．與國際上某些專業團體掛鈎，凡得到該團體的認可者，皆成為「專業人士」。

至於有關專業團體於九七年後之特性，與會委員贊成的提議有：
1．一切專業學會有權制定其專業資格及守則；
2．在九七年前已被政府承認的專業資格，均可保留；
3．特區政府可界定專業資格，使專業得以發展，水平得以確定；並對新的專業規範執業守則；
4．在檢定專業資格時，特區政府得諮詢有關專業團體。
分組在第二次會議通過責成秘書處去函各專業團體，徵詢其對九七年後專業資格審訂的意見，暫時共收到十六個團體以及人士的回函。回函意見大多數贊成特區的政府或專業團體有審訂專業資格的自主權，其餘少部份回函則持相反意見，並對現行的審訂資格制度表示不滿。
與會委員認為資格釐定的細則仍需留給個別專業作出界定，委員只能搜集各專業人士的意見，並盡量反映。為使更多的意見得以表達，第三次會議通過責成秘書處去函其他未接觸到的專業團體，廣泛徵詢意見，並由秘書處去信徵詢來函團體的背景資料。

※

⑪ 1986 年 11 月 5 日《香港特別行政區基本法起草委員會教育、科學、技術、文化、體育和宗教（包括區旗、區徽問題）專題小組工作報告》，載於《中華人民共和國香港特別行政區基本法起草委員會第三次全體會議文件匯編》

【P48-50】
二、對基本法結構（草案）第六章、第八章有關內容的共同認識
1．對教育、科學、技術、文化、體育、宗教和專業資格等問題，在基本法中不宜寫得過細過詳；
3．教育、科學、技術、文化、體育和專業資格等方面的政策由香港特別行政區政府自行制定；

三、尚待進一步研究的問題
1．關於專業人士的專業資格的審定問題，在香港社會上引起廣泛的關注，基本法諮詢委員會專責小組已經進行了廣泛的討論，對這個問題，小組還將作進一步的研究討論。

※

⑫ 1987 年 2 月基本法起草委員會秘書處《香港報刊有關〈基本法〉的言論摘錄》

【P156-160】
現在的情形是，香港政府基本上仍然只是承認英國的專業資格，雖然目前也有少數的香港專業資格獲得同等的看待，但頒發此等專業資格的香港學會必然與英國同類學會有密切的聯繫，它們所訂立的專業資格基本上是和英國同類學會是一致的，其專業資格審核的結果更直接間接地受到英國審核結果所左右。中國將在九七年恢復行使香港的主權，為了政治理由，為了實際環境的需要，為了對各方面的公平看待，為了防止優秀人才因為得不到資歷承認而流失，為了吸引英國以往留學生的回歸香港，我們都必須盡速訂出一套更合理、更合乎香港環境需要的專業資格審定標準。
（唐一柱：《香港的專業資格》，《天天日報》一九八六年二月二十四日。）

基本法起草委員會秘書處所發參考資料中有一篇是：《關於教育、科學和文化及專業人士的意見》，該篇第二章「專業人士」第七條說：「香港目前的制度有排外性，如儘管香港醫生不足，沒有足夠的力量維護市民的健康，但中醫沒有其法律地位，在這方面基本法要善化香港，不管中國或歐美或日本的政制，好的都要吸納。」又在第九條中說：「基本法應承認中醫在社會上的合法地位。香港應設立全科的中醫學院。中醫的資格審查，應參考內地、台北的經驗。」在上述兩條意見中，提出了關注中醫、重視中醫、要提高中醫的地位、承認其專業資格等，並且建議設立全科中醫學院，這確實是十分重要之事。
在香港執業中醫師，從表面看，十分自由，只要是華裔人士，便可以使用中國傳統醫藥方法行醫，不須任何考試，只要去辦商業登記交費領證便可。實際上現時中醫之社會地位，僅是「草藥使用者」；而在法律上，簽一張疾病請假單，也未獲某些企業機構承認。其他如按摩、推拿原屬傳統的中醫醫療技術之一，卻被人誤會是某些色情玩藝。為了爭取中醫之專業人士地位，個人以為：如何制定或核定中醫師之資格？實是急待商討的事情。
（基本法諮詢委員會委員談靈鈞：《基本法應確認中醫合法地位》，《明報》一九八六年五月十九日。）

九七年前專業學會的章程要保留，而九七年後則由特別行政區政府的立法機構作鑒定，對現時沒有而將來新成立的專業組織進行鑒定，但每次要先諮詢當時的有關團體及學會。
（基本法諮詢委員會文化教育科技宗教專責小組專業資格科技政策分組，《大公報》一九八六年五月二十日。）

將來專業人士的專業資格審定權應在香港，但必須設立有系統的考試制度，使香港的專業水準維持國際水平。香港現時對於審定專業人士的專業資格，特別是有關民生方面的專業如醫生等，均有明確的法例規定，這些法例將來應繼續保持。而對於某些目前不需取得資格的專業，將來也應有所規定。九七年後香港應擁有專業資格的審定權，包括由外國或中國大陸來港的專業人士，均要經過本地的考試才能在港執業。至於考試制度方面，應做到有系統及有彈性，要與世界先進國家的水準保持平衡，使香港的專業水準達到國際性水平。關於如何確定頒佈專業資格的組

織，應該有兩個途徑，一為政府審核，二是由政府承認的專業團體審核。

（基本法諮詢委員會「文化教育科技宗教」專責小組「專業資格」分組，《大公報》一九八六年六月二十四日。）

有些人認為社工人員專業資格審訂和認可要在基本法上列明出來，我倒覺得這一點不大可能。普通一般專業人士資格都不是由憲法制訂定出來，只是由法律寫清楚。我們將來的基本法是根據《中英聯合聲明》草擬的。在《中英聯合聲明》中有幾處提到專業的資歷檢定或規定，例如在附件一特別寫明將來律師在港工作及執業的規定由香港特別行政區政府決定，同時在附件一第十項中也有提及「香港特別行政區保持原有的香港教育制度。香港特別行政區政府自行制定有關文化、教育和科學技術方面的政策，包括教育體制及管理、教學語言、經費分配、考試制度、學位制度、承認學歷及技術資格等政策」。專業資格與教育制度是分不開的，並且將來實行一國兩制，本港的教育制度是香港特區政府負責，所以現在要將社會工作人員的專業資格清楚列明於基本法，似乎沒有可能，相信我們現在只可提綱挈領地提到希望將來的香港法律明文規定各種專業資格。

（基本法諮詢委員會執委高苕華：《福利制度、專業資格應否寫入基本法？》，《明報》一九八六年七月二日。）

※

⑬《Final Report on the Structure of Basic Law》（基本法結構專責小組最後報告，1987 年 3 月 14 日經執行委員會通過）

【P30】

ITEMS	OPINIONS	REASONS	SOURCES
Chapter 6 7. "HKSAR Education, Science, Technology, Culture, Sport, and Relogion"			
7.5 Section 5 "Professional qualifications of the professionals".	1. To replace this section by "Professional qualifications and recognition".	Professional qualifications are not limited to the professionals.	Special Group Meeting on 6th May, 1986

※

⑭文化教育科技宗教專責小組之專業資格、科技政策分組《專業資格、科技政策最後報告》（1987 年 6 月 12 日經執行委員會通過）

【P1-3】

甲、專業

一、「香港專業的操作」

專業人士在香港社會和政府的運作上一向擔當一個非常重要的角色，一直以來，他們提供的專業知識和專業經驗，在香港的成功史上作出過莫大的貢獻。

可是，在基本法諮詢委員會的工作過程中，從接見國內來港工作的人士與及他們書面提出的意見，以至與國內來港的起草委員會委員的交流會中，香港的專業人士暸解到國內專業人士的操作與及對專業的定義，都與香港和西方國家所熟識和執行的迥然不同，因此，如把國內制度強而引用於香港，必然引起極大憂慮，尤其是在近年香港專業人士移民外國數字的遞增，若不把問題的癥結盡快解決，好讓在未來的基本法內清楚寫出有關專業操作和專業人士的資格種種適當條款，則這重要的社會支柱，將受到極大的衝擊，甚至會因而倒下來。

為了使國內草委能進一步暸解香港在這方面的情況，以期將來可達到不可或缺的共識，以下是把有關的幾個要點作扼要的提出。

（一）定義

基本上，要作一個嚴格的「專業人士」定義並不容易。在國內，似乎凡經過一些專業訓練而從事專門職業的人士都統稱為專業人士，而部份香港人士亦把「專業人士」作較廣泛的採用，因而間中亦會引起不必要的混淆。實際上，專業人士有分開需要承擔專業上的法律責任與不需要承擔專業上的法律責任兩類，這文章集中討論前者，他們包括從事法律、建築、工程、醫學、會計、測量、都市規劃、牙醫等行業的人士，專業上的法律責任是指在專業操作上對其他人士應負的法律責任，這些人士包括客戶、其他有關的專業人士及第三者。他們要經過專上的專業教育，繼而接受嚴格監督的專業訓練，取得實際工作經驗後，經過專業考試及格才成為合資格的專業人士，之後還要不斷接受在職訓練。

（二）專業資格

以上提及的專業人士如要取得被承認的專業資格，必須取得有關專業學會的合格會員資格。這類專業學會，為了保持國際水準，都訂定非常嚴格的會員資格，申請人必須已在被學會承認的專上學府取得應有的學歷，再經過規定的訓練期，滿足在合資格會員監督下的訓練程序和吸取實際經驗，方可參加學會的專業考試，合格後才可成為正式會員。同時各學會都經常與香港以外的同類學會保持聯繫，不時作學術上的交流，以達到互相承認會員資格的目的。

（三）專業守則

為保證會員在專業操作上遵守專業道德，各學會均制訂有嚴謹的守則。會員如有違背，學會有權按章處分會員，包括取消其會員資格。

（四）執業資格

為了保障市民的健康及公眾的利益和安全，許多以上提及的已取得被承認的專業資格的專業人士都要經過政府註冊方可作專業操作。註冊前，首先要在香港已工作一段期間，以取得最低限度的工作經驗，然後經過面試合格，才可被正式註冊執業。從事這些行業的人士如未經註冊，皆不可以專業人士的身份操作，只可執行技術師或技術員的工作。一經註冊，除了學會方面可以監督會員應遵守的職業道德，法律上亦可對犯規的專業人士作法例指定的制裁。

（五）專上教育

正因為以上的專業要求、執業資格的申請和國際水準及承認的保持，以上提及的專業人士必須首先在被承認的專上學府接受專業教育及獲得畢業文憑，以證明已達到學術上的基本要求。

（六）社會的要求

除了上面提到的專業人士對市民的健康和公眾的安全及利益所應負的責任外，他們是經社會投下大量資源才訓練出來的，當然他們的工作環境和保障亦必須得到照顧，所以他們的流失着實是社會一個重大的損失，而以不熟識本地環境的人士填補他們的空缺，亦將無濟於事。這個基本原則，在西方，甚至東南亞國家亦一直採用，而從不受質疑。

（七）專業人士操作的獨立性

除依照本地法律外，事業人士都本着專業學會規則和專業

道德精神去操作，不受政治或任何其他因素影響。九七年以後，他們必須繼續保持他專業操作上的獨立性。

（八）國內不同的操作方式

香港的專業學會和專業人士，一直都與國內執行專門職業人士保持緊密的聯繫，彼此尊重。但他們也瞭解到國內的操作方式，在基本上存在以下兩個不同的地方：

（甲）國內沒有一套完善而全國劃一的專業水平和審核制度。

（乙）國內沒有法例規定專業的操作。

（九）結論

（甲）《中英聯合聲明》確定了「一國兩制」的構思，將來香港的專業操作不需要依照國內的操作方式，故不應因主權回歸中國而有所改變。

（乙）將來香港特別行政區政府有權繼續維持原有的專業學會認可和執業註冊制度。

（丙）被認可的專業學會可以獨立地釐定專業資格、審核會員的職業道德和繼續及增強聯繫香港以外的學會以保持專業上的國際水平；及維持專業人士操作的獨立性。

（丁）專業的工作如與社會利益有關時必須有法例規定執業資格和專業要求。

（戊）為達到國際的承認，學會有決定承認專上學府所發出的文憑的自主權，但要對香港以外的學府的評審給予同一處理程序。

二、委員對九七年後專業方面的共識

本分組除在委員之間進行討論外，亦曾去函各專業團體徵詢對九七年後專業資格審訂的意見，收到回函後，分組委員便對來函意見進行分析，討論亦繼而深化。其後，委員把多次討論的結果歸納，達致四項共識，如下：

1. 一切專業學會有權制訂其專業資格及守則。

2. 在九七年以前被政府承認的專業資格及專業團體均可保留。

3. 特區內專業人士的執業資格，將由特區政府界定，使專業得以發展，水平得以確定；並對新的專業的執業水平及守則予以審核。

4. 在檢訂新的專業的資格時，特區政府須諮詢原有已被目前政府承認的專業團體。

三、基本法有關專業的條文（建議）

委員根據各點共識與及《中英聯合聲明》寫成以下條文：

1. 在一九九七年七月一日以前已被香港政府承認的專業及專業團體繼續保留。

2. 專業團體自行制訂專業資格，並確定有關的專業水平。

3. 專業團體自行制訂及執行專業守則。

4. 香港特別行政區政府須根據有關專業團體所訂定的專業資格自行制訂專業人士的執業資格。

5. 香港特別行政區政府在檢訂新的專業的資格時，須根據原有已被香港政府承認的有關專業團體的意見。

6. 專業人士須保持專業操作上的自由性及獨立性。專業人士在操作上除依照法律外，還應本着專業學會規則和專業道德精神去操作，不受政治或任何其他因素影響。

7. 香港特別行政區的專業團體與中國內地的專業組織可以採取互不隸屬，互不干涉和互相尊重的原則保持關係，也可以採取其他適當方式與中國內地的專業組織建立關係。

8. 各專業團體可自行與國外之專業組織保持和發展專業上的關係，並簽訂和履行有關協定，以保持專業上的國際水平。

四、來函意見

大部份來函團體對九七年後專業資格的審訂的意見均與分組會吻合。重點來說，即由香港特別行政區政府自行制定專業人士的執業資格。

但亦有部份來函團體意見與上述的提議相反，即主張所有中國政府承認的專業資格都自動得到香港特別行政區的承認。分組委員一致反對此項意見；認為其有違一國兩制的精神，並把主權與專業問題混淆。

委員認為在研究來函團體意見時，亦應瞭解其在有關行業的領導性、代表性及其他背景資料，故曾要求來函團體提供背景資料—— 例如創會日期、入會資格、是否受政府承認等。隨後委員對所得的背景資料加以分析、研究，作出報告，寫成「來函團體（醫務界）的背景分析」及「來函團體背景分析」二文以協助起草委員理解來函中的意見。

※

⑮ 1987 年 8 月 22 日《教育、科學、技術、文化、體育和宗教專題小組工作報告》，載於《中華人民共和國香港特別行政區基本法起草委員會第五次全體會議文件匯編》

【P75】

第六章　香港特別行政區的教育、科學、技術、文化、體育和宗教（討論稿）

第九條

說明：有的委員提出，條文還應寫明專業團體可自行制定專業資格，確定有關的專業水平和制定及執行專業守則。多數委員認為這是專業團體內部事務，不宜寫在基本法內。

<hr>

第二稿

「第一百四十九條　香港特別行政區政府自行制定關於各種專業的執業資格的審定和授予辦法。原在香港實行的各種專業的執業資格的審定和授予辦法則予保留和改進。

在香港特別行政區成立以前原已取得專業和專業資格者，可以保持原有的資格。

香港特別行政區保留在特別行政區成立以前已承認的專業和專業團體，照原有辦法由各該專業團體審定和授予專業資格。

香港特別行政區政府可根據社會發展需要並諮詢有關方面的意見，承認新的專業和專業團體。」

〔1987 年 12 月基本法起草委員會秘書處《香港特別行政區基本法（草案）》（匯編稿）〕

① 1987 年 9 月 2 日《中華人民共和國香港特別行政區基本法起草委員會第五次全體會議委員們對基本法序言和第一、二、三、四、五、六、七、九章條文草稿的意見匯集》

【P69】

七、關於第六章　香港特別行政區的教育、科學、技術、文化、體育和宗教

9. 第九條

（1）有的委員建議，改為「香港特別行政區政府可自行

制定專業資格方面的政策，包括專業執業資格的審定和承認，以及科技資格的承認。
原有承認專業資格和專業組織的制度在香港特別行政區予以保留」。

（2）有的委員建議，改為「香港特別行政區政府可參照各個專業原在香港實行的辦法，自行作出有關當地和外來的專業人士在香港特別行政區工作和執業的規定，包括專業執業資格的審定和承認以及科技資格的承認」。

（3）有的委員認為，本條規定「香港特別行政區政府自行制定……」，含有必須制定的意思。因此，可否略作修改，寫得靈活一些。但有些委員認為，「自行制定」本身已包含了可以制定，也可以不制定的意思，因此本條可以不作修改。

※

②文化教育科技宗教專責小組《對基本法第六章條文草稿（一九八七年八月）的意見》（1987年11月4日經執行委員會通過）

【P3-4】

條文草稿	諮委建議
第九條	第八條：香港特別行政區政府自行制定關於各種執業資格的審定和授予辦法。原在香港實行的各種執業資格的審定和授予辦法則予保留。 在香港特別行政區成立以前原已取得專業和執業資格者，可以保持原有的資格。 香港特別行政區保留在特別行政區成立以前已承認的專業和專業團體，照原有辦法由該等專業團體審定和授予專業資格。 香港特別行政區可根據社會發展需要及有關專業團體意見，承認新的專業和專業團體。

※

③1987年12月12日《教育、科學、技術、文化、體育和宗教專題小組工作報告》，載於《中華人民共和國香港特別行政區基本法起草委員會第六次全體會議文件匯編》

【P9-10】

……在第九次小組會議上，小組委員根據第五次全體會議上委員們對本小組起草的第六章條文的討論意見，以及參考基本法諮詢委員會文教專責小組的最後報告，對第六章條文進行了討論和修改，其中關於第九條專業資格問題，有些委員建議，該條第一款改寫「原在香港實行的各種專業的執業資格的審定和授予辦法則予保留和改進」的內容；第三款增寫「照原有辦法由該專業團體審定和授予專業資格」的內容。但另一些委員表示不同意，建議保留原條文。對於上述兩種意見，現暫將前一種意見作為第九條條文（草案），後一種意見列入說明。但上述兩種意見分歧較大，希望大會討論。

※

④1987年12月基本法起草委員會秘書處《香港特別行政區基本法（草案）》（匯編稿）

【P56-57】
第一百四十九條
說明：有的委員認為該條第一款前後兩句自相矛盾，建議將後一句刪去。有的委員認為《中英聯合聲明》附件一第十條規定：「香港特別行政區政府自行制定有關文化、教育和科學技術方面的政策，包括……技術資格等政策」。按照《中英聯合聲明》上述精神，審定和授予專業資格的辦法應由香港特別行政區政府自行制定；而且基本法只宜訂明「香港特別行政區政府自行制定專業資格的審定和授予辦法」，不宜規定專業團體本身的權責。建議第三款刪去「照原有辦法由該專業團體審定和授予專業資格」等字。有些委員則提議，將上述意見作為本條的第二方案，一併提交大會討論。

第三稿

「**第一百四十九條** 香港特別行政區政府自行制定辦法以審核和頒授各種專業的執業資格。原在香港實行的審核和頒授辦法可予保留和改進。
在香港特別行政區成立前已取得專業和執業資格者，可保持原有的資格。
香港特別行政區保留在特別行政區成立前已承認的專業和專業團體，所承認的專業團體可自行審核和頒授專業資格。
香港特別行政區政府可根據社會發展需要並諮詢有關方面的意見，承認新的專業和專業團體。」
〔1988年3月基本法起草委員會秘書處《中華人民共和國香港特別行政區基本法（草案）草稿》（總體工作小組第二次會議對目錄、序言、第一、二、三、五、六、七、九章的修改稿）〕

①1987年12月《中華人民共和國香港特別行政區基本法起草委員會第六次全體會議委員們對基本法第四、五、六、十章和條文草稿匯編的意見》

【P36-37】
8.第一百四十九條
（1）有的委員認為，香港的專業人士非常關心他們的現有權利能否得到保證，基本法中應盡量照顧到他們的利益。有的委員認為，可在原有的專業和執業資格制度基礎上再增加點彈性，使特區政府在這個問題上有一定的發言權。

（2）有的委員不同意第一款的寫法，並提出如下條文作為替代：香港特別行政區政府可自行制定專業及科技資格方面的政策，包括專業執業資格的審定和承認以及執行法定職務的資格的審定和承認。原有的承認專業資格和組織的制度在香港特別行政區予以保留。

（3）有的委員指出，第一款是解決執業資格問題的，第三款是解決專業資格問題的，建議將第三款後半句「照原有辦法由各該專業團體審定和授予專業資格」改為：「原有的由專業團體審定和授予專業資格的辦法予以保留和改進」，這樣就與第一款的提法相協調了。一些委員贊同這種改法。

（4）有的委員認為，本條第一款「則予保留和改進」是相互矛盾的，既然保留，又如何改進？

（5）有的委員認為，本條第三款「照原有辦法由該專業團體審定和授予專業資格」的提法值得研究，因為將辦法定死了，使一些不合理的辦法日後也不能改變，建議盡量避免採用「照原有辦法」的字眼。

（6）有的委員對本條「說明」提出意見，認為第九條第一款前後兩句並無矛盾，前一句說明地方政府與中央的關係而不是地方政府與民間組織的關係，表示地方政府可在不受中央影響下制定政策。後一句只表明政府可自行制定一些辦法，尤其是關於新的專業，但要保留原有的制度和辦法。兩句合起來，更充份地體現了聯合聲明的精神，有利於安定人心，促進穩定繁榮。至於《中英聯合聲明》附件一第十條規定了「香港特別行政區自行制定……，技術資格等政策」，但政策不等於辦法，技術資格不等於專業資格。因此，絕不應亦不宜把這條引申成「香港特別行政區政府自行制定專業資格的審定和授予辦法」。因為這樣就把專業團體確定專業資格的自主權剝奪了，將會引起專業人士的震盪。

第四稿

「**第一百五十一條　香港特別行政區政府自行制定辦法以審核和頒授各種專業的執業資格。原在香港實行的審核和頒授辦法可予保留和改進。**
在香港特別行政區成立前已取得專業和執業資格者，可保持原有的資格。
香港特別行政區保留在特別行政區成立前已承認的專業和執業團體，所承認的專業團體可自行審核和頒授專業資格。
香港特別行政區政府可根據社會發展需要並諮詢有關方面的意見，承認新的專業和專業團體。」
〔1988 年 4 月基本法起草委員會秘書處《中華人民共和國香港特別行政區基本法（草案）草稿》〕

第五稿

「**第一百五十條　香港特別行政區政府自行制定辦法以審核和頒授各種專業的執業資格。原在香港實行的審核和頒授辦法可予保留和改進。**
在香港特別行政區成立前已取得專業和執業資格者，可保持原有的資格。
香港特別行政區保留在特別行政區成立前已承認的專業和執業團體，所承認的專業團體可自行審核和頒授專業資格。
香港特別行政區政府可根據社會發展需要並諮詢有關方面的意見，承認新的專業和專業團體。」
〔1988 年 4 月基本法起草委員會《中華人民共和國香港特別行政區基本法（草案）徵求意見稿》〕

① 1988 年 4 月基本法起草委員會《中華人民共和國香港特別行政區基本法（草案）徵求意見稿》

【P13】
簡介
第六章：教育、科學、文化、體育、宗教、勞工和社會服務

43. 本章規定：香港特別行政區政府自行制定……、專業的執業資格辦法、……。

45.……根據本章所規定關於專業的執業資格的審定和授予辦法，《中英聯合聲明》中關於香港和外來的律師在香港特別行政區工作和執業的規定，將得以實施。

第六稿

「**第一百四十一條　香港特別行政區政府在保留原有的專業制度的基礎上，自行制定有關評審各種專業的執業資格的辦法。**
在香港特別行政區成立前已取得專業和執業資格者，可依據有關規定和專業守則保留原有的資格。
香港特別行政區政府繼續承認在特別行政區成立前已承認的專業和專業團體，所承認的專業團體可自行審核和頒授專業資格。
香港特別行政區政府可根據社會發展需要並諮詢有關方面的意見，承認新的專業和專業團體。」
〔1989 年 2 月《中華人民共和國香港特別行政區基本法（草案）》〕

①《基本法工商專業界諮委對基本法（草案）徵求意見稿第六章教育、科學、文化、體育、宗教、勞工和社會之意見書》

【P2-3】
第一百五十條
建議修改條文如下：
「香港特別行政區自行制定辦法以審定和評核各種專業的執業資格。原有的審定和評核制度應予保持和發展。

在香港特別行政區成立前已取得專業和執業資格者，可按照有關專業守則保留原有的資格。
香港特別行政區政府繼續承認在特別行政區成立前已承認的專業和專業團體，所承認的專業團體可自行評核和頒授專業資格。
香港特別行政區政府可根據社會發展需要並諮詢有關方面的意見，承認新的專業和專業團體。」

建議的理由：
建議刪去在第一句中「政府」一詞，因為若寫上「政府」

一詞，就會排除其他非政府團體參與評核專業資格。目前每個專業都有不同的審定和評核各種專業的執業資格。只有在需要的情況下，為着公眾安全、衛生和健康的理由等，才牽涉到政府方面訂立特別的法例，例如建築物條例、醫務註冊條例等等。

建議把第一段第二句中「辦法」一詞修改為「制度」，因為「辦法」的意義似乎太受限制，未能含有足夠的靈活性去包括現時在香港實施的各種不同情況。

建議在第二段加上「可按照有關專業守則」一句，理由是因為根據草稿條文，一個專業者可保留其原有的資格，但條文內沒有提及倘若他違反專業行為，其資格將會被取消。

建議在第三段加上「政府」一詞和把「保留」一詞修改為「繼續承認」會更為適合。因為「保留」一詞的意義除包括承認的意思外，還包括其他意思，例如包含謂特別行政區有責任給予這些專業和專業團體經濟上的支持。

※

② 1988 年 5 月基本法諮詢委員會秘書處《基本法（草案）徵求意見稿初步反應報告（草稿）》

【P36】
教育、科學、文化、體育、宗教、勞工和社會服務
專業
1. 有關專業條文大致上已頗令人滿意，惟第 150 條意味不論專業人士將來犯上任何錯誤，其專業資格也不會被褫奪的；上述規定過份保障了專業人士的專業資格。犯上嚴重專業錯誤的專業人士，應該可以褫奪其專業資格。故該條條文應加諸如以下的文句：「除犯嚴重的專業錯誤外，均可保持原有的資格。」

2. 條文大體上訂明本港的專業團體的獨立性，而將來本港的專業團體仍可審核和頒授專業資格。

3. 現時確有很多專業人士移民，對香港實是一重大損失，基本法條文的草擬應對此情況有因應性的反應，使最少對專業人士有安撫性的心理影響。

4. 不應用懲罰性的手段阻止專業人士移民，他們需要的是一個良好的社會福利制度。

5. 現時本港對英聯邦國家畢業人士的優待應該撤銷，代之以一視同仁的專業考試和執業審查。故現行制度要改變，是不可避免的。

6. 專業的自主性是非常重要的。各專業須能自訂專業準則及守則、制訂專業資格、自由發表專業意見、及自由參與專業會議。否則便無從確立良好的專業水準及確保對社會大眾的服務。

※

③ 《與內地草委交流的重點──文化教育科技宗教專責小組》，載於 1988 年 6 月 3 日《基本法諮詢委員會秘書處通訊 73》

1. 第一百五十條
1.1 有委員反映：醫務界對專業及執業資格分開有意見，主要針對本條文 1-3 款，並建議改為：「由特區政府授權認可的專業法定管理委員會，獨立制訂有關專業及執業資格，而且各法定管理委員會應主要由該專業人士組成並出任主席。」

1.2 有委員反映九龍城區議會部份人士的意見：認為此條文第四款中言及「……並諮詢有關方面的意見」中「有關方面」的意義含糊，故在字眼上有必要斟酌一下。

※

④ 1988 年 8 月基本法起草委員會秘書處《香港各界人士對〈香港特別行政區基本法（草案）徵求意見稿〉的意見匯集（一）》

【P43-44】
第一百五十條
1. 專業資格問題，要設立一個客觀的制度，對國內外的專業作出客觀評估。

2. 第三款是一個很寬的條文，給予專業團體權力和自治，專業團體可能為自己的利益而不顧公眾的利益，作出有害於社會的規定。另外，這樣也會削弱政府的權力。

3. 沒有規定獲內地學位的專業人士能否在香港執業。

4. 專業組織可頒授專業資格的做法不符合聯合聲明，香港是國際性城市，其他地區專業人士應可以在香港繼續工作，條件應更放開。

5. 外國專業團體可否在香港特別行政區舉辦考試和頒授專業資格？

6. 第一款「改進」應改為「發展」。

7. 第一款「可予保留」改為「應予保留」，第四款「有關方面」改為「現存專業團體」。

8. 第一款第一句改為「香港特別行政區政府授權各法定專業管理委員會或認可的專業團體審核和制訂各種專業和執業資格，各法定管理委員會應主要由該專業的人士組成並出任主席。」

9. 第一款第二句改為「平等對待香港、海外及國內的專業人員，他們享有同等的合法地位」，第三款第二句改為「根據社會發展需要和平等合理的原則，承認來自國內的專業和專業團體」。

10. 第二款「可」改為「有權」。

11. 不應將專業資格及執業資格分開，建議改為「由特區政府授權認可的專業法定管理委員會，獨立制訂有關專業和執業資格，而且各專業法定管理委員會應主要由該專業人士組成並出任主席。」

12. 第三款最後一句改為「所承認的專業團體可按其制訂的標準，自行審核和頒授專業資格。」

13. 第二款建議改為：「可根據專業團體所定原則保持原有專業資格。」

14. 第四款「有關方面」意義含糊。

15. 「專業」中英文解釋可能不同，應如何解釋？

16. 改為：「香港特別行政區政府自行制訂法律以審核和

頒授各種專業的執業資格，在香港特別行政區成立前已實行的審核和頒授辦法可予以保留和改進。」

※

⑤ 1988 年 8 月 3 日基本法諮詢委員會秘書處參考資料（一）《內地草委訪港小組就基本法（草案）徵求意見稿一些問題的回應輯錄（一九八八年六月四日至十七日）》

【P15】

6. 教育、科學、文化、體育、宗教、勞工和社會服務

6.3「自行制定」與「原在香港」

「自行制定政策」與「保持原有政策」是有點矛盾的，這個說法在文化、教育等章節上均有出現，但這是《中英聯合聲明》的原話。這方面再待作研究。

6.4 專業人士

6.4.1 有關專業資格草擬時的原則是：（1）將來條文制定肯定無殖民地色彩，因根據《中英聯合聲明》的精神，外籍人士的優惠待遇一定會被取消，故將來不容許在法律上或條文上會優惠英聯邦人士；（2）中醫的地位肯定會被關注，至於通過何種方式來肯定其地位，則是香港特區政府將來的事；（3）一些詳細及爭論最多的問題在基本法不能寫明，而留待將來香港特區政府去處理。

6.4.2 有人詢問「專業人士」的確切定義，但事實上基本法內一般是沒有下定義的。若要將所有概念都作解釋，基本法就會很長了，因這些定義是不能簡單地表達出來的，而第一百五十條卻說明主要是根據香港現在的情況對專業資格和執業資格作出了規定，但問題是第一百五十條是否已把各種情況都已經規定得到，則有待討論。

6.4.3 凡是有特別通過立法的法定團體，就稱為專業。至於其他任何人皆稱為專業的，亦不會遭到反對，即特區成立前已立法制定的一些職業，也可稱為專業。

6.4.4 不排除有其他專業取得法律地位之可能性，將來承認專業時，只要證明自己是對社會有價值，有成立法定地位必要者，便可通過法定程序成立新專業，成立前亦會充份諮詢社會各界人士之意見。起草第一百五十條的原意就是「諮詢有關方面」，即沿用現行香港之優良諮詢制度。

6.4.5 專業資格應與執業資格分開。專業資格是由專業團體自己訂定的，而執業資格則由香港特區政府來訂立。因此專業資格是可包括內地及其他外國的專業人士。現時凡英聯邦國家的專業都可在港執業，包括醫生、建築師等，這是不合理的，將來這些不平等不會出現，將來應是一視同仁的，無論內地專業人士或其他國家的專業人士，要到香港執業，便要取得專業資格，及經一定手續，如根據香港政府規定的考試，考試合格以後才可在港執業。而事實上中國是不鼓勵內地人士到香港來執業的，因中國有很多專業人士，若他們都湧到香港，香港是經不起這樣的壓力的。

6.4.6 對中國專業人士的處理，應是要平等對待，而不是要當作少數民族般給予特權，若是民族尊重至上則公平競爭更佳，故應以平等對待照顧到香港整體利益為目標。

※

⑥《基本法諮詢委員會文化、教育、科技、宗教專責小組對基本法（草案）徵求意見稿第六章的意見匯編》，載於 1988 年 10 月基本法諮詢委員會《中華人民共和國香港特別行政區基本法（草案）徵求意見稿諮詢報告（1）》

【P127-128】

2. 有關條文討論

2.6 第一百五十條

2.6.1 有委員認為，本條不宜寫得太過詳盡，基本法應寫大原則。建議將本條改成：

第一款：「香港特別行政區政府自行制定辦法以審定和評核各種專業的執業資格。原有的審定和評核制度應予保持和發展。」

第二款：「在香港特別行政區成立以前已取得專業和執業資格者，可按照有關專業守則保持原有的資格。」

第三款：「香港特別行政區政府繼續承認在特別行政區成立以前已承認的專業和專業團體，所承認的專業團體可自行評核和頒授專業資格。」

第四款：（保留原文）

2.6.2 有委員建議把條文中的「可」字改為「應」字。

2.6.3 有委員認為，應將「專業」與「執業」兩者分開，會較清晰。

2.6.4 有委員認為，本條第一款和第三款有混淆之處：一方面謂由香港特別行政區政府自行制定辦法以審核和頒授各種專業的執業資格，另一方面又謂所承認的專業團體可自行審核和頒授專業資格。有委員則不同意有混淆之處，亦有委員認為，本條有關專業和執業資格權力的分配是適當而具靈活性的，若有專業團體證明他們是自責自律的，政府可將頒授執業資格的權力交予專業團體。

2.6.5 有委員認為，第一款說明特別行政區政府「頒授各種專業的執業資格」應改為「承認各種專業的執業資格」。但亦有委員不同意，因改為「承認」可能會有被動性。有委員指出，政府的功能應為頒授執業資格而非承認執業資格。

2.6.6 有委員認為，由特別行政區政府「自行制定」辦法審核專業資格，可能是指由政府自行制定而不經專業人士討論及參與。亦有委員認為「自行制定」政策一句有技術上的問題，因為若特別行政區政府只屬行政機關，則根本沒有立法權力，制定的政策自然也沒有法律基礎，故該條應可修改或闡釋。

2.6.7 有委員建議將本條第二款「可保持原有的資格」改為「可根據專業團體所定準則保持原有專業資格」，以保留取消犯規專業人士專業資格的權利。

2.6.8 有委員認為，本條第二款的寫法的效果是：在一九九七年前已取得專業或執業資格者，即使在一九九七年後犯了專業條例或執業道德，也不能取消其資格。

2.6.9 有委員認為，現在沒有任何團體的專業和執業資格是終身的，故第二款的寫法不會給予終身保障，違反者仍可取消其資格。

2.6.10 有委員認為，應清楚界定「香港特別行政區保留在特別行政區成立前已承認的專業和專業團體」的意思。

2.6.11 有委員建議基本法應說明現在香港不承認的專業，將來特別行政區政府會否認。

2.6.12 有委員認為，鑒於現時某些取得執業資格的行業仍未有鑑定資格的安排，若條文只規定專業由專業團體管理、審核，會造成執業資格無人管理的現象。故建議應詳細列明管理並審核執業資格之方法。

2.6.13 有委員建議在本條第三款「審核、頒授」後加上「和取消」的字眼。

2.6.14 有委員認為，取消執業資格應由政府決定，但政府不可取消其專業資格。

2.6.15 有委員認為，本條第四款「有關方面」這字眼意思含糊，故建議用「有關專業人士」。亦有委員不同意作此修改，因為既然專業人士服務社會，市民亦應有權參與，故不可單把重點放在「專業人士」。所以有委員建議用「有關該方面」的寫法。

2.6.16 有委員認為，「並諮詢有關方面的意見」已包括與原有團體商量的意思。

2.6.17 有委員認為，特別行政區政府在承認新的專業團體之前，應與原有團體商量。

2.6.18 有委員解釋，現時香港專業人士的執業資格的釐定，並不以政治來區分英聯邦畢業和非英聯邦畢業的執業資格，而是以學術上的標準作為釐定的。有些委員則認為，兩者的劃分只是為審核學術上的利便，故建議將來一九九七年後若中國沒有同類審核專業水平的機關，香港可自行成立審核專業水平的機關。

2.6.19 有委員建議成立「法定管理委員會，獨立制定有關專業及執業資格，而且各法定管理委員會應主要由業內人士組成並出任主席。」但有委員則不同意這個建議，認為這樣會對各專業團體的獨立性有影響。有委員建議每一專業應設一法定管理委員會，由政府授權，而該法定委員會可由專業人士組成，以確定專業資格之質素。

2.6.20 有委員建議該法定管理委員會由專業團體及政府代表組成。

2.6.21 有委員認為，上述建議中之法定管理委員會「應主要由該專業人士組成並出任主席」等內容過於技術性，不宜寫入基本法。

※

⑦ 1988 年 10 月基本法諮詢委員會《中華人民共和國香港特別行政區基本法（草案）徵求意見稿諮詢報告第五冊——條文總報告》

【P403-404】
第六章　整體意見
2. 對個別方面的意見
2.3 專業資格方面
2.3.1 意見
2.3.1.1 滿意
→ 有關專業資格及執業資格的條文可以接受。
2.3.1.2 不滿意
→ 第一百五十二條及第一百五十六條的規定，意味着一些志願及專業團體將會擁有前所未有的特權，這是不適當做法。
理由：香港從來沒有用法律形式規定某些志願及專業團體可依法決定其服務方式及自行審核和頒授專業資格，基本法以法律形式把現實情況確定下來，可能造成壞影響。
→ 第一百五十二條及第一百五十六條嚴重削弱將來香港特別行政區政府管治的權力，從而形成香港特別行政區內某些不受管治及不需要向政府負責的「小政府」。這些「小政府」各自為政，為着自己的利益爭權奪利，對將來政府的運作有很大的影響。
2.3.2 其他建議
→ 香港特別行政區的專業資格應保持不變。
→ 一九九七年後香港可以自行審核專業資格，中國國家頒發的資格在香港應同樣有效（包括學歷），現有香港那種帶有殖民地色彩的專業審定方式必須修改。
理由：現行的專業審定措施有濃厚的殖民地色彩，專業資格由英聯邦專業人士壟斷，排擠和打擊中國的專業人士。一九九七年當中國恢復行使香港主權後，此現象不能繼續下去，若中國國家頒發的學歷和專業資格都不被承認，那如何體現主權呢？
→ 決定承認和評審專業資格應該是香港特別行政區政府的事，中央人民政府不應干涉。
→ 香港特別行政區政府可制定政策，以審核和鑒定專業團體。
→ 專業團體可審核教育或專業資格，亦可頒授專業資格。
→ 香港特別行政區的專業團體和內地全國組織的關係，只能是相對自主，不能傾向獨立。
→ 各專業的獨立建基於他們對自己的自我管治上，行政機關不應干預各專業組織的內部管理。
→ 應分辨清楚「原有專業組織不受行政機關干預的需要」

和「立法機關制訂專業資格的最低要求的權力」這兩件事。
→ 應列明香港特別行政區政府成立後二十年不再承認中國或香港以外的地區或國家所頒授的專業資格。
→ 主權國中國的西醫應有權在香港特別行政區行醫。
理由：
⊙ 懸壺濟世，造福同胞。
⊙ 現有法例剝奪中國醫生專業資格和執業資格，是不公平的。
→ 主權國中國醫生有權在港審查考核一切外來醫生。
2.3.3 待澄清問題
→ 專業人士在香港特別行政區是否會受重視？
→ 現有的專業團體皆明白「正式的專業地位」的意思，但基本法是否明確包括，抑或排除某些「次要專業」（例如技術人員、工程師和的士司機）呢？
→ 基本上香港與中國對「專業」一詞有不同的理解，在文字翻譯上，中文和英文對「專業」的界定也有分別，究竟最後應以何者為準？

【P429-438】
第一百五十條
2. 意見
2.1 贊成意見
→ 贊成此條文。
理由：
⊙ 容許各專業保持其地位。
⊙ 容許專業繼續發展。
⊙ 大致上可照顧專業在各方面的利益。
⊙ 可增強專業人士的信心。
⊙ 大致上已概括這兩年來專業團體及個人的主要意見。
→ 贊成香港特別行政區政府自行制定辦法以審核和頒授各種專業的執業資格。
→ 提出「改進審核和頒授辦法」是有必要的。
理由：
⊙ 可把歧視某些專業的政策加以改正。
⊙ 有利於借助其他地區為香港培養人才，及吸納更多人才來港服務。
2.2 反對意見
→ 反對由香港特別行政區政府和現有的專業團體雙重審核、頒授各專業和執業資格的規定。
理由：
⊙ 本條為擁有權力的人提供法律依據，制定更苛刻的條件以阻止內地知識份子取得執業資格。
⊙ 會引起一九九七年後因由兩種渠道產生專業資格而出現的矛盾和不公平的情況。
⊙ 特別行政區政府和專業團體在這問題上的關係並不清楚。
→ 本條各款互相矛盾。
理由：政府雖有權制定審核和頒授各專業的執業資格的辦法，但又不能撤銷原已取得專業和執業資格人士的資格，而又容許政府承認新的專業和專業團體，即可改變原來的專業資格和專業團體地位。
→ 本條似乎未能配合現時由專業團體負責審核和頒授資格而政府則負責立法以容許合資格的人士執業的慣例。
→ 缺乏監察專業的條文，使日後容易出現專業特權階級。
→ 缺乏保障市民不受專業特權階級剝削的條文。
→ 第二款有不善之處，即某專業人士如果在一九九七年後因違反專業守則而被判刑事罪，有關專業團體也不可吊銷其執業資格，因為其原已取得的資格已受基本法的保護而可以繼續保持。
→ 第二款有不善之處，即在香港特別行政區成立前已取得專業和執業資格者，即使在一九九七年之前已因違反專業守則而被定罪，並被有關專業團體吊銷其執業資格，但仍可以根據本條的規定在一九九七年以後恢復其執業

資格。

→ 第二款的內容過份保障專業人士的專業資格。

→ 現行審核和頒授專業的執業資格的制度是取決於法令和附屬法規，只要這些法令在一九九七年後仍屬有效，這些人士便可「保持原有的資格」。這是自不待言的，故無須寫上這些規定。

→ 第三款存有一個漏洞，即無條件地賦予原有專業團體處理有關專業和執業資格的權力。

→ 第三款的「專業團體可自行審核和頒授專業資格」的規定有違公眾利益。

→ 第四款內的規定實不必要。

→ 本條令人擔心。

理由：中國可根據基本法（草案）徵求意見稿第十七條，褫奪本條所賦予法定的專業團體頒授有關專業的執業資格的權力。

2.3 保留意見

→ 「自行」如解作「無需請示中央人民政府」，本條是可以接受的。但如將第一款內「自行」一詞解作為「香港特別行政區政府無需諮詢有關學會或任何人士」，則不能接受。

→ 本條可以接受，但用字方面或需加以修飾。

2.4 其他意見

→ 第一款內「自行」一詞意指香港特別行政區獨立於中華人民共和國中央人民政府之外，有權自行處理。

→ 第一款內「頒授」一詞解作「給予正式的可信性」或「批准」之意，但並未用作較狹義的解釋上，即香港特別行政區政府考慮學術部門或合資格團體的意見，並對他們進行巡視。

→ 第一款列明保留原在香港實行的審核和頒授辦法，只會將中國畢業的和其他地區畢業的醫生拒諸門外，以讓英聯邦醫科畢業醫生操縱有關專業的前途。

→ 第二款只提及一九九七年前取得專業和執業資格者，可保持原有的資格，但並未提及一九九七年後如違背職業道德，可被取消資格；也未提及在什麼條件下才「可保持原有的資格」。

→ 第二款內「執業資格」可解作由適當的專業團體決定的所有的必需步驟，將包括不同程度的監督訓練、最起碼的執業經驗、專業的執業資格的考試和／或面試，發給執照、最低年齡以及學術資格等。

→ 第三款「自行」一詞解作每一個別的專業機構，獨立於其他專業機構和香港特別行政區（政府）的管治之外處理事情。

→ 第四款中的「有關方面」未有清楚界定。

→ 反對把歧視中國大陸畢業的專業人員的政策寫進基本法。

3. 建議

3.1 刪除

→ 刪除本條。

理由：本條屬政策性條文，不應寫入基本法。

→ 刪除第一款的「自行制定辦法以審核和頒授各種專業的執業資格」，並寫明「除國防及外交，香港特別行政區可為了本身的和平、秩序及維持一個良好政府，自己制定法律。」

理由：

⊙ 此句屬於政策性的字句，應予刪除。

⊙ 保留第一款第二句已足夠。

→ 刪去第一款內「政府」一詞。

理由：「政府」一詞排除了非政府團體（例如專業團體）的參與。現時各種專業均有不同的審核和頒授執業資格的辦法，只有為要保障公共安全、衛生及重要利益的情況下才需政府的參與；而這些情況均已在不同的法例（例如建築條例、醫生註冊條例等）作出明確規定。

→ 刪去第二至四款。

→ 刪去第二款。

理由：專業資格只可在下列其中一情況下被取消：（1）（自願地）辭退；（2）（自願地）不繳交會費；及（3）（非自願而是被專業團體）開除。政府若把一個人的專業資格剝奪，就是侵犯人權的行為，而第二款有關「執業資格」的規定並沒有補充第一款的內容。

→ 刪除第三款內「所承認的專業團體可自行審核和頒授專業資格」等字眼。

理由：香港數十年來既承認了英聯邦國家專業人士在港執業的特權，亦應承認中國合法政府頒發的大學文憑。

→ 刪去第四款，或代之以另一規定，禁止有直接或間接發給「執照」的程序，以免損害言論、新聞及出版的自由。

理由：以避免因條款意思含糊而被濫用。

3.2 修改

3.2.1 整條改寫

→ 改為：「香港特別行政區政府自行制定辦法以審核和頒授各種專業的執業資格。平等對待香港、海外及國內的專業人員，他們享有同等的合法地位。

在香港特別行政區成立前已取得專業和執業資格者，可保持原有資格。

香港特別行政區保留在特別行政成立之前已承認的專業和專業團體，根據社會發展需要和平等合理的原則，承認來自國內的專業和專業團體。」

理由：

⊙ 原條文未能照顧在港的內地畢業的專業人員的地位和利益。

⊙ 港人投考內地大學人數逐年增加，該等畢業生回港後應受到公平待遇。若其資格不被承認，將影響香港安定繁榮。

⊙ 目前在港的英聯邦醫生，大部份已取得外國護照，對特別行政區的前途抱觀望態度，這令廣大市民的健康失去可靠的保障，故不應太依靠他們。

⊙ 一九九七年後的特別行政區政府必須首先維護主權國（中國）醫生的利益，承認中國醫生的專業地位。

→ 改為：「香港特別行政區自行制定制度以審核和頒授各種專業的執業資格，原在香港實行的審核和頒授制度可予保留和發展。

香港特別行政區政府允許在特別行政區成立前已被認可的專業和專業團體繼續存在，並可根據社會發展需要和諮詢有關方面意見後，承認新的專業和專業團體。這些團體可自行審核和頒授專業資格。」

→ 改為：「香港特別行政區政府自行制定辦法以審核各種專業資格及簽發牌照予合乎認可資格者。原在香港實行審核及簽發牌照的辦法將予以保留及發展。」

→ 改為：「香港特別行政區政府自行制定辦法以審核和頒授各種專業的執業資格。原來香港實行的審核和頒授辦法可予保留和改進。在香港特別行政區成立前已取得專業和執業資格者，可保持原有的資格。香港特別行政區保留在特別行政區成立前已承認的專業和專業團體，所承認的專業團體可自行審核和頒授專業資格及執業權利，不受特別行政區政府干預。」

→ 改為：「香港特別行政區有權自行決定有關審核及頒授各專業資格的方法，一切在香港實行的審核和頒授專業資格的辦法將繼續保持不變。」

3.2.2 其他修改

→ 第二、三款改為：「在香港特別行政區成立前已取得專業和執業資格者，可依法保持原有的資格。香港特別行政區保留在特別行政區成立前已承認的專業和專業團體，所承認的專業團體可依法自行審核和頒授專業資格。」

理由：使在強調尊重各專業及專業團體應有專業自主性的同時，政府仍有足夠權力制定有關專業執業資格的法律和政策。

→ 把第三及第四款合併並改寫如下：「香港特別行政區政府允准在特別行政區成立以前已被認可的專業和專業團體繼續存在，並可根據社會發展需要和諮詢有關方面意見後，承認新的專業和專業團體。這些團體可自行審核和頒授專業資格。」

→ 把「可」字改為「可允准」。

理由：使這一章的目的更明確。

3.3 個別條款修改

3.3.1 第一款

→ 改為：「香港特別行政區自行制訂辦法以審定和評核各種專業的執業資格。原有的審定和評核制度將予保留和發展。」

→ 改為：「香港特別行政區自行制訂辦法以審定和評核各種專業的專業資格。原來在香港實行的審定和評核制度將予保留和發展。」

→ 改為：「原在香港實行的審核和頒授辦法必須保留。香港特別行政區政府可改良現有辦法以決定日後審核和頒授各種專業的執業資格的方法。」

→ 第一句改為：「香港特別行政區政府自行制定辦法以審核和頒授由專業團體授予各種專業（和次要專業？）的執業資格。」

→ 第一句改為：「香港特別行政區政府授權各法定專業管理委員會或認可的專業團體審核和釐定各種專業和執業資格。各法定管理委員會應主要由該專業的人士組成並出任主席。」

理由：

⊙ 可確保監察執行之權，由香港特別行政區政府擁有。

⊙ 授權對象既有法定管理委員會，亦有認可的專業團體，因而可照顧沒有設立法定管理委員會的專業，令條文保持靈活性。

⊙ 各法定管理委員會主要由該等專業人士組成並出任主席，這有利於各專業自主獨立和發展。

⊙ 各法定管理委員會仍可由政府官員及其他社會人士出任委員，可確保有關專業照顧整體社會利益，不致採取過份保護主義的政策和措施。

→ 第二句改為：「原在香港實行的審核、頒授和撤銷辦法，可予保留和改進。」

→ 第二句改為：「原有香港的審定和評核辦法，予以保留和發展。」

→ 將「辦法」一詞改為「制度」。

理由：

⊙ 「辦法」一詞含意側重技巧方面。

⊙ 「辦法」一詞過於限制性，未有容許現時以不同方式處理不同情況的彈性。

→ 第二句「可予保留」改為「則予保留」。

→ 第二句的「改進」改為「發展」。

理由：可避免令人以為現時的制度有不完善之處。用「發展」一字可回應第四款的意思，即包括了香港特別行政區可承諾新的專業的執業資格的意思。

→ 將第一款第一和第二句中的「審核和頒授」改為「審定和評核」。

→ 把「可」字改為「將」字。

理由：這樣修改使保留和發展現時審核和頒授辦法的做法更為肯定。「可」字意味着現時的辦法可以不被保留，而「發展」一詞本身既具彈性，又容許我們刪去「可」字；用「將予保留」畢竟較「可予保留」更有意思。

3.3.2 第二款

→ 第二句改為：「可按照有關專業的規則，保留原有的資格。」

理由：以照顧某些人士可能因犯事而須取消其專業和執業資格的情況。

→ 第二句改為：「可依據該專業之專業守則，保留原有的資格。」

→ 第二句改為：「可按其所屬專業團體之規例及程序，保持其原有的資格。」

理由：容許一些因行為不撿或不繳交會費的人士喪失其專業資格及會員身份。

→ 改為：「在香港特別行政區成立以前已取得認可的專業資格和執業資格者，可按頒授該資格的團體所訂立的規條，保持其原有認可的專業資格和執業資格。」

→ 改為：「在香港特別行政區成立以前已取得認可的執業資格及牌照者，可根據頒授該資格或發牌之團體所訂立的規條，保留其專業資格及牌照。」

3.3.3 第三款

→ 改為：「香港特別行政區保留在特別行政區成立前已承認的專業、專業團體和專業人員管理委員會，所承認的專業團體可自行審核和頒授專業資格。」

理由：香港現在有部份醫務專業是由該專業的管理委員會訂定資格的。

→ 改為：「香港特別行政區政府保留在特別行政區成立前已承認的專業和專業團體，所承認的專業團體可自行審核、頒授和取消專業資格。」

→ 改為：「香港特別行政區政府保留在一九八四年十二月十九日前已承認的專業和專業團體。在此以後建立的專業和專業團體需重獲香港特別行政區政府承認。」

理由：

⊙ 為避免在過渡期內出現不正常現象，故要重獲香港特別行政區政府承認。

→ 改為：「香港特別行政區政府保留在特別行政區成立前已承認的專業和專業團體，所承認的專業團體可自行評核及頒授教育及專業資格，及頒授其自己的專業（及次要專業？）資格。」

理由：

⊙ 以照顧專業團體承認大學及理工學位和有關團體辦的專業訓練課程，以及自行頒授專業資格的情況。

→ 改為：「香港特別行政區政府繼續承認在特別行政區成立前已承認的專業和專業團體，所承認的專業團體可自行評核和頒授專業資格。」

→ 改為：「香港特別行政區政府繼續承認在特別行政區成立前已承認的專業和專業團體，所承認的專業團體可自行審核和頒授專業資格。」

→ 將「保留」一詞改為「繼續承認」。

理由：

⊙ 「繼續承認」較為合適。

⊙ 「保留」一詞不單含有「承認」的意思，亦包括了香港特別行政區有義務在財政上支持這些專業和專業團體，這是不恰當的。

⊙ 以表明政府與專業團體的關係。

→ 將「審核」改為「評核」。

3.3.4 第四款

→ 將「諮詢有關方面的意見，承認新的專業和專業團體。」改為「諮詢現存專業團體的意見，承認新的專業團體。」

→ 將「有關方面」改為「有關專業團體」。

理由：「有關方面」一詞太空泛。

3.4 增加

→ 在第一款第二句的「頒授」二字之後加上「這些資格的」字眼。

理由：這一款是對執業資格作出規定，故此在第二句所提及的「辦法」其實是審核和頒授執業資格的辦法，加上上述字眼，可令其意思明確。

→ 在第二款加上「按有關的操守規例」。

理由：按現時徵求意見稿內的規定，一個專業人士可保留其原有資格，但卻沒有規定若違反專業的操守時，其專業資格可被取消。

→ 在第二款「專業和執業資格者」之前加上「被承認

的」。

理由：專業資格有被承認及未被承認的區分，條文必須加以辨別。

→ 在第二款加上「除犯嚴重的專業錯誤外，均可保持原有資格。」

理由：以保持較大的彈性。

→ 在第三款「成立前」之後加上「的政府」三字。

→ 第三款「自行審核」後加上「申請人」三字。

→ 加上一款：「對於過往被部份人壟斷而對來自其他地區的專業人員採不平等待遇、不准其執業者，可在新的專業團體審核其資格後，頒授專業資格。」

→ 加上一款：「新舊專業團體及所有各類團體的各項活動可以自行決定，但應以無礙於香港安定繁榮為限。」

→ 加上一款：「香港特別行政區承認國務院認可的中國各大學，承認中國各大學畢業生的學歷，承認中國各大學所發給的畢業證書，允許他們在港有合法的地位，特別強調中國大學畢業的專業人士如醫生、教師、律師有就業開業的權力，任何人不得歧視他們。」

理由：現在香港不承認中國大學學歷的做法必須廢除，否則中國恢復在香港行使主權便成為空話。

3.5 搬移

→ 將第二至四款列入附件。

理由：第二至四款屬政策性條文。

→ 將第一款第二句「原在香港實行……保留和改進」、第二款及第三款移到第十章，即有關第一屆政府的範圍內。

3.6 其他建議

3.6.1 專業團體與專業資格的審核

→ 專業團體可自行決定專業標準和專業資格。

→ 一九九七後，本港專業團體應可自行組成評審本身資格的組織。

→ 保持現存有關承認專業資格的慣例。

→ 專業團體應可擁有審訂專業資格、執業資格及頒授辦法方面的自主權，不受政府干預。

→ 各種專業在尋求維護整個專業自主權上，都希望在釐定標準和頒授資格、制定專業紀律，及表達專業意見和出席專業會議等方面都享有自主權，不應受政府干預。

→ 建立專業學會的專業考試認可制度。

→ 應確保專業人員能在其專業管理委員會管理下執業，而該委員會的成員應大部份由有關專業人士出任。

理由：以促使有關專業的改進。

→ 應規定業外人士可共同組成法定機構，負責處理有關由專業團體審定的專業資格和由政府審定的執業資格所產生的矛盾。

→ 不應無條件地賦予原有專業團體自行處理執業問題的權力。

→ 應准許專業團體開除不合格的會員。

→ 針對第三款而言，基本法附錄內應列出一份香港特別行政區成立前已獲承認的專業和專業團體名單。

→ 第四款不宜刪去。

理由：此條款已為將來新專業團體的設立奠下基礎。

→ 本條應適用於美術界及教育界。

理由：對社會有積極作用。

→ 建議繼續維持目前把專業和執業資格頒授權力分開的做法。

理由：以防止某些專業被個別團體和人士壟斷的情況出現。

3.6.2 香港特別行政區政府的角色

→ 應由法律加以嚴謹釐定專業水準。

→ 若香港特別行政區政府可根據社會發展需要，自行制定有關法律，則「諮詢有關方面的意見」的規定便是多餘的。

→ 要明確寫出將來專業資格的審核權，以及承認新專業

團體的權力歸香港特別行政區政府擁有。

→ 應寫明將來專業資格由香港特別行政區政府制訂。

理由：目前條文將專業資格的頒授辦法交予專業團體，削減了將來香港特別行政區在這方面的權力。

→ 將來香港特別行政區政府在審訂專業資格方面，不應有任何地位。

→ 香港特別行政區政府自行審定醫生的專業資格，同時全面評核醫生，而非單看考試成績。

→ 頒授專業資格的權力應屬香港特別行政區政府，但香港特別行政區政府可委託認可的專業團體審核資格，並向政府推薦頒授專業資格。

理由：專業資格的制定關乎全體市民利益，專業團體只是私人組織，其利益未必與全民的利益一致。

→ 可在原有的專業和執業資格制度的基礎上增加點彈性，使香港特別行政區政府在審訂專業資格和執業資格的事情上有發言權。

→ 在香港特別行政區教育部內成立專業資歷頒授議會，評核認可的專業資格和認可的學術地位，可參考英國科技教育部對於一百個專業資格相等於大學畢業資格的措施。

→ 香港特別行政區政府必須嚴格審核各大學畢業文憑。香港特別行政區政府可向各大學所在地的政府教育部及各大學頒授文憑機關或單位聯繫，審查畢業文憑。

3.6.3 中央人民政府的角色

→ 中央人民政府應承認在香港特別行政區成立前已成立的所有專業團體。（包括所有中國畢業醫生團體等。）

→ 中央人民政府應承認所有居住在香港而擁有中國公民資格的中國同胞所持的各大學畢業文憑，並承認各種專業的執業資格。（包括內地、台灣、香港各大學所頒授的畢業文憑。）

→ 中央人民政府應可命令香港特別行政區政府一律承認各大學畢業文憑，並對文憑持有人予一視同仁的對待。

→ 由中央人民政府負責制定香港特別行政區專業資格的審核辦法和頒授各種專業執業資格。

理由：

⊙ 原條文富殖民地專業保護主義色彩，有違《中英聯合聲明》的精神。

⊙ 這樣才能體現主權。

→ 中央人民政府應可根據社會發展需要，並諮詢香港特別行政區政府或有關方面的意見，承認新的專業和專業團體。

3.6.4 其他

→ 應修改本條的措詞，以清楚表明以下的原則：

（1）審核和頒授各種專業的資格的責任只應由已承認的有關專業團體承擔。

（2）香港特別行政區政府承認香港特別行政區成立前已承認的所有專業和專業團體。

（3）香港特別行政區政府可根據社會需要並諮詢有關方面的意見，承認新的專業和專業團體。

→ 建議此條對所有專業都適用。

→ 本條應對香港現時的狀況，包括直至一九九七年七月期間的和諧發展加以反映。

→ 一九九七年後，香港特別行政區應以一視同仁的態度進行公平的專業考試和執業審查措施，不應過份照顧英聯邦專業人士在港的利益。

理由：以體現中國的主權。

→ 一九九七年後，未獲承認的非英聯邦專業人士可繼續服務香港，不應實行歧視該等人士地位的政策。

→ 基本法中應有條文規定如何控制內地專業人士湧入香港特別行政區。

→ 香港特別行政區政府應明文承認中國教育證書。

理由：

⊙ 有競爭才有進步。

⊙ 以銜接現在與將來的教育體制。

→ 對近年移居香港的專業人士，應擬定一個恰當的甄別方法，以確定其地位。

→ 對移居其他國家的香港專業人士，不應承認其專業資格。

理由：他們既已取得外國國籍，不應再給予他們分享香港人擁有的權利。

4. 待澄清問題

→ 第一款的「自行」是什麼意思？

→ 若香港特別行政區制定的審核和頒授辦法與原在香港實行的審核頒授辦法有矛盾，應根據哪一條來定奪呢？

→ 專業資格的審核有何標準？

→ 第一款第二句是意味着加強抑或放寬執業標準呢？

→ 中國現時並無「專業」資格，只有「執業」資格，如何「審核」、「頒授」與「改進」？

→ 一九九七年後香港的專業在國際上的地位，會否因失去政府的介入而下降？

→ 若沒有政府的介入，如何確保一九九七年後專業團體照顧公眾利益？

→ 外國專業團體可否在香港特別行政區舉辦專業考試和頒授專業資格？

　　　　　　　　　　　　※

⑧ 1989 年 1 月 9 日《教育、科學、文化、體育、宗教、勞工和社會服務專題小組對條文修改情況的報告》，載於 1989 年 1 月《中華人民共和國香港特別行政區基本法起草委員會第八次全體會議文件匯編》

【P30】

5. 專業原條文的第一、二款改寫為：「香港特別行政區政府在保留原有的專業制度的基礎上，自行制定有關評審各種專業的執業資格的辦法」，「在香港特別行政區成立前已取得專業和執業資格者，可依據有關規定和專業守則保留原有的資格」。第三款第一句改寫為：「香港特別行政區政府繼續承認在特別行政區成立前已承認的專業和專業團體」。

第七稿

「**第一百四十二條　香港特別行政區政府在保留原有的專業制度的基礎上，自行制定有關評審各種專業的執業資格的辦法。**

在香港特別行政區成立前已取得專業和執業資格者，可依據有關規定和專業守則保留原有的資格。

香港特別行政區政府繼續承認在特別行政區成立前已承認的專業和專業團體，所承認的專業團體可自行審核和頒授專業資格。

香港特別行政區政府可根據社會發展需要並諮詢有關方面的意見，承認新的專業和專業團體。」

〔1990 年 2 月 16 日《中華人民共和國香港特別行政區基本法（草案）》〕

① 《基本法諮詢委員會文教專責小組對基本法（草案）第六章的意見匯編》，載於 1989 年 11 月基本法諮詢委員會《中華人民共和國香港特別行政區基本法（草案）諮詢報告第一冊》

【P109-110】

4. 第一百四十一條

4.1 有委員認為，應刪除第一款內「政府」二字。按現時條文的寫法，政府在制定有關專業的執業資格的辦法上，其權力較專業團體大。有關執業資格的制定，政府應諮詢專業團體的意見。若該款內有「政府」二字，可能表示政府可以不諮詢專業團體的意見。刪除「政府」二字可將政府在此方面的權力與專業團體拉近。

4.2 有委員認為，刪除「政府」二字並不合適。純粹從字眼來看，第六章內很多條文也有「政府」二字。若該款刪除「政府」二字，其他條文也要再討論過，這會造成混亂。而且，該款是涉及政府運作的問題，不代表修改「政府」字眼便可解決。

4.3 有委員認為，刪除該款「政府」二字便要將其他條文再討論一遍，故不贊成此修改。而且，專業團體在制定執業資格上的權力大於政府是不合理的。對於政府的運作是沒有辦法可以規限的。

4.4 有委員認為，本條存有很大漏洞。最大弊病在於第一款與第三款沒有把專業資格和執業資格掛鈎。假若美國律師執業的事件發生於特別行政區政府成立後，而第一百四十一條不修改，特別行政區政府若容許其執業，會否違憲呢？由於專業資格與執業資格沒有掛鈎，將來會出現兩個解釋：其一是特別行政區政府在審定執業資格時，執業資格的頒佈必須按照專業團體的專業基礎上作出；也

可解作只有專業團體可規範特別行政區政府的權力，即專業團體定了專業資格後，特別行政區政府所頒的執業資格必須建立於此基礎上。其二則對專業團體不利，即執業資格的頒佈可以不照應專業團體的專業資格。特別行政區政府和專業團體應有協調。

4.5 有委員認為，現時有關美國律師執業的問題可作為參考。現時對此問題的解決方法有助完善將來的條文。另外，亦需視乎專業團體是否接受現時的做法。

4.6 有些委員同意，把本條第四款修改為：「香港特別行政區可根據社會發展需要並諮詢有關方面的意見，承認新的專業、專業團體和專業人士的執業資格。」有委員指出，用「特別行政區」較「特別行政區政府」恰當，因為「區」可包括專業團體和專業人士，這樣的寫法可避免政府的權力過大。

4.7 有意見認為，應在本條第三款第二句的「自行」之後，加上「按原有辦法的基礎上」九個字，理由如下：

（1）這樣能確保在特別行政區政府權力和專業團體權力之間取得平衡，避免任何一方凌駕另外一方。本條第一款第一句的「特別行政區政府在保留原有的專業制度的基礎上自行制定有關評審各種專業的執業資格的辦法」已規限了特別行政區政府的權力，可是本條卻沒有辦法限制專業團體的權力，這是不平衡的表現。加上這九個字，便可以規限專業團體的權力，以免完全不受政府的影響。

（2）這樣才能符合香港現時情況。在專業團體審核和頒授專業資格方面上，香港政府按不同專業的情況有不同程度的參與。這樣的修改，使原來不受政府影響的專業團體，九七後繼續不受政府影響；而原來受到政府影響的專業團體，九七後繼續受到政府影響。

4.8 有意見認為，如何確保特別行政區政府在評審新的專業和專業團體時，切實諮詢有關方面的意見，是值得關注

的問題。

4.9 有委員認為，特別行政區政府擁有頒授執業資格的權力，但在行使這項權力時會有彈性。

4.10 有委員認為，特別行政區政府考慮是否對某位人士頒授執業資格時，將根據專業團體的建議作出批准。但因起草委員擔心某些專業團體是新成立的，未夠成熟，故在這方面要寫得嚴格一點。

4.11 有委員認為，若專業團體的發展成熟，政府可放多點權力給這些專業團體頒授執業資格，以便把政府權力和專業團體權力的距離拉近。

4.12 有委員認為，專業資格由專業團體釐定，執業資格則由政府釐定。若果某些專業團體發展成熟，政府便不過問其執業資格的問題，但對一些較新的專業團體，若完全由他們去釐定執業資格便不好。但歸根究底，執業資格的法例是由政府制定的。

4.13 有委員認為，就算在同一專業內，不同專業團體的看法〔也〕會有分歧，例如西醫的專業團體可能覺得中醫的專業團體不符合專業水準，要求特別行政區政府不批准頒授執業資格予中醫人士；因此，在有需要時，特別行政區立法機關應諮詢有關方面就執業資格問題的意見（包括專業團體的意見）。若果該專業需要立法規定其執業資格，便由立法機關立例規定。

※

② 1989 年 11 月基本法諮詢委員會《中華人民共和國香港特別行政區基本法（草案）諮詢報告第三冊──條文總報告》

【P235-236】
第六章　整體意見
2. 建議
2.3 其他建議
2.3.5 專業

→ 反對某些人提出，在一九九七年後，所有由其他地方來港的醫生，均須再經過由本港的獨立組織監管和主持的考試始能執業，以確保香港醫療服務水平的建議。
理由：由獨立組織監管的主要作用不過是為了控制執業人數，以達到殖民地專業保護主義政策的真正目的。

→ 由專業團體舉辦的執業資格考試必須得到特別行政區政府的認可，才可進行。
理由：
⊙ 以免有關執業資格考試成為阻礙海外專業人士在特別行政區執業的武器。
⊙ 特別行政區政府應有權與外國政府和海外專業團體就專業資格的認可問題進行磋商以及締結雙邊協議。
→ 加深本港專業人士同內地有關團體和人士的交流。
→ 專業資格應本地化。
→ 對大陸文憑專業資格不應持完全否定的態度，在未獲得認可地位前，應容許這些文憑的持有人可在相對較低職位工作。
→ 刪除基本法內仍然保留原有的殖民地法律，以及富有濃厚殖民地專業保護主義的法律。
理由：
⊙ 保留殖民地法例是違反《中英聯合聲明》，違反中華人民共和國憲法，嚴重損害國家主權和國家利益。
⊙ 香港的專業團體企圖把殖民地法例移植到基本法內，以緊握專業資格壟斷特權。
⊙ 殖民地法律明文保障了香港和英聯邦國家的專業資格，非英聯邦國家的專業人士受到排斥。
→ 建議把專業資格提升至與外交和國防同樣重要的地位。
理由：由中央人民政府制定專業資格，才能保證基本法內

徹底消除專業資格的殖民地色彩，才能保證專業資格的條文不違反《中英聯合聲明》。若由現在香港專業團體擬定基本法的專業資格，是不能擺脫殖民地主義法律制度的束縛的。
→ 所有外國專業人士在港執業，一律規定必須「考試」合格，才准許執業。
→ 香港居民已移居他國並取得外國籍的專業人士，特別行政區政府絕不可承認其雙重國籍身份，絕不可承認他們的專業資格。
→ 香港特別行政區政府不可以對內地專業人士，實行殖民地專業保護主義制度的「考試」。

【P246-249】
第一百四十一條
2. 意見
2.1 反面
→ 此條令人失望，仍然排斥中醫，這是殖民地壟斷醫學當權派一貫的作風。
→ 第三款規定在香港特別行政區成立前已獲承認的專業團體可自行審核和頒授專業資格，但第四款卻沒有就承認新的專業團體方面說明這一點。
→ 此條內容不妥當、不合理和不公平。
→ 第三款的規定容許各專業團體在審核和頒授專業資格時，繼續保留現存制度中的不合理規定或制定更苛刻的條件，阻止其他人士取得專業資格，以保障自己既得的利益，這其實是不公平的法律。

3. 建議
3.1 刪除
3.1.1 第一款
→ 刪去「政府」二字。
理由：多數專業的執業資格評審權，俱在專業團體而非政府。
→ 刪去「保留原有」四字。
理由：「保留原有的專業制度的基礎上」即保留原有殖民地專業保護主義制度、法律和政策。基本法不應有殖民地法律色彩，否則便違反《中英聯合聲明》和中華人民共和國憲法。
3.2 修改
3.2.1 第一款
→ 改為：「原在香港實行的審核和頒授辦法必須保留。香港特別行政區政府可改良現有辦法以決定日後審核和頒授各種專業的執業資格的方法。」
→ 改為：「香港特別行政區政府在保留原有的專業制度的基礎上，廢除帶有殖民地色彩的、只承認英聯邦學歷的考試制度，自行制定有關評審各種專業的執業資格的辦法。」
理由：現時某些專業學會的專業和執業資格的評審有極濃厚的殖民地保護主義色彩，有關評審考試不是公平地考核各人的真正能力，一些本應有資格參加評核的人士被排除在外；應廢除英聯邦認可學歷的制度，對所有合資格人士一視同仁。
→ 改為：「香港特別行政區政府在保留和發展原有的專業制度的基礎上，自行授權有關法定管理委員會或認可專業團體制定有關評審各種專業的執業資格的辦法。」
理由：
⊙ 原條文只對《基本法（草案）徵求意見稿》第一百五十條作一些文字上的改動，不能確保專業資格得與執業資格掛鈎。兩者如不掛鈎，那麼各專業在面對那種並無專業資格卻獲頒授執業資格的情況時，便喪失自主權。
⊙ 原條文的寫法使各專業的自主發展受到不必要的行政干預，專業水準有可能無法確保。
⊙ 這樣的修改仍可讓特別行政區政府保留授權與否的權力，甚至仍擁有頒發執業證明的權力，但頒發的基礎必須

符合有關法定管理委員會或認可的專業團體所指定的有關評審各種專業的專業資格和執業資格的辦法。
⊙ 這樣的修改，才能真正令專業資格和執業資格掛鈎，並確保執業人士擁有專業資格及符合其所規定的專業水準。（如經有關專業團體同意，可以在有需要時准許某類人士豁免專業資格所具備的某些條件。）
⊙ 這樣的修改不會損害條文的精神和靈活性，反而將大大增強各專業團體和專業人士的信心。
⊙ 一些被政府授權認可而未有法定委員會的專業團體亦能享有修改後條文的保障，因修改的條文中有「或認可專業團體」作為補充。
⊙ 促使將來管理制度得以發展和作出必要的改良。
→ 改為：「香港特別行政區政府在刪除不公平的原偏袒英聯邦國家壟斷專業資格的基礎上，自行制定有關評審各種專業的執業資格的辦法。」
→ 本條英文本第一款「work out」一詞，意思不夠明確，應改為「formulate」。
3.2.2 第二款
→ 改為：「在香港特別行政區成立前已取得專業和執業資格者，又凡曾在政府醫務衛生署服務五年以上者，可依據有關規定和專業守則保留原有的資格，繼續執業。」
理由：有很多在香港政府醫務衛生署工作大半生、經驗豐富，並從未在外執業者，應可執業。
3.2.3 第三款
→ 改為：「香港特別行政區政府繼續承認在一九八四年十二月廿九日前已承認的專業和專業團體。在此後建立的專業和專業團體需要重獲特別行政區政府的承認。」
理由：為避免在《中英聯合聲明》簽署後可能出現的不正常現象。
→ 將「所承認的專業團體」的「專業團體」改為「香港代表該等專業的團體」。
3.2.4 第四款
→ 改為：「中央人民政府可根據社會發展需要，並諮詢香港特別行政區政府有關方面的意見，承認新的專業和專業團體。」
3.3 增加
→ 在第四款句末加上：「例如教育專業和教師公會」。
3.4 其他
→ 建議政府繼續承認已取得的專業和執業資格人士的地位。
→ 建議任何「已承認」的專業團體在審核或頒授專業資格時不應僅由該專業團體委任評審委員，應透過特別行政區「立法會」或其他方式成立委員會。
理由：
⊙ 以決定是否應委任本港、國外或內地的專業人士成為評審委員。
⊙ 以期望有關人士獲得較公平的審核。

→ 建議明確寫下中西醫結合的政策，給予中國醫生行醫的權利。
→ 建議重新釐定審核專業資格的辦法。
理由：
⊙ 盡量吸收外來的人才。
⊙ 尊重中國內地培訓的人才。
→ 未被承認的專業資格及團體應予重新評估，並予以應有的社會地位。
→ 應清楚說明任何獲香港特別行政區承認的新專業團體，應有權審核和頒授專業團體。
→ 明確規定准許在中華人民共和國的醫學院校和台灣的醫學院校五年制醫科畢業生，同時已在香港取得永久居民資格的香港居民，在香港特別行政區有行醫的權利。
理由：現時的制度對外來的科技知識人員有很大的限制，特別是對來自中國內地科技人員的歧視，這種歧視是不正常的，應該在一九九七年後廢除。
→ 基本法應清楚載明，特別行政區可以容許受承認的管理委員會和專業團體自行制訂評估專業資格的方法。
→ 本條應有明確規定，防止新的專業和商業團體不准有關人士進行商業活動。
→ 本條的「專業」、「專業團體」、「專業資格」、「頒授」和「承認」等詞要有明確界定，這樣才能確保那些原來根本不受政府管制的「已承認」的專業團體，包括傳播藝術行業（例如出版、新聞報道、公關、廣告、設計、攝影、廣播、電影和廣告撰稿等）以及有關商業，不會因本條對「專業」的籠統定義而不慎被納入限制之內。
→ 明確界定將來新的專業資格的審核權，特別行政區應尊重有中國專業資格的本港居民的專業地位，應一視同仁，不能有任何歧視。
→ 執業資格的頒發權應屬特別行政區政府。
→ 建議中央人民政府承認在香港特別行政區政府成立前已成立的所有專業團體，這應包括所有的中國畢業醫生團體。
→ 建議中央採用一視同仁的態度，承認香港所有的專業團體（特別行政區政府成立前），包括來自內地、台灣、香港和澳門的專業團體。
→ 建議中央人民政府承認所有居住在香港具中國公民資格的同胞（指中國籍）所持有各大學畢業文憑，並承認各種專業的執業資格，包括內地、台灣、澳門各大學所頒授的畢業文憑，並且必須嚴格審核各大學畢業文憑。具體而言，香港特別行政區可向各大學所在地政府教育部及各大學頒授文憑機關單位，審查畢業文憑，若果屬實，即可對有關人士頒發執業資格。

4. 待澄清問題
→ 為何第一款沒有寫上「考試」二字，是否說不用考試，而用審核呢？
→ 為何第一款不寫上政府擁有執業資格的頒發權呢？

第八稿

「第一百四十二條：香港特別行政區政府在保留原有的專業制度的基礎上，自行制定有關評審各種專業的執業資格的辦法。
在香港特別行政區成立前已取得專業和執業資格者，可依據有關規定和專業守則保留原有的資格。
香港特別行政區政府繼續承認在特別行政區成立前已承認的專業和專業團體，所承認的專業團體可自行審核和頒授專業資格。
香港特別行政區政府可根據社會發展需要並諮詢有關方面的意見，承認新的專業和專業團體。」
〔1990 年 4 月《中華人民共和國香港特別行政區基本法》〕

香港特別行政區政府自行制定體育政策。民間體育團體可依法繼續存在和發展。

✿ 貳│概念

1. 自行制定體育政策
2. 民間體育團體依法保留

✿ 叁│條文本身的演進和發展

第一稿

第六章

「第十條　香港特別行政區政府支持和發展體育事業。香港原有的民間體育團體可依法繼續存在和發展。」

〔1987年8月22日《教育、科學、技術、文化、體育和宗教專題小組工作報告》，載於《中華人民共和國香港特別行政區基本法起草委員會第五次全體會議文件匯編》〕

① 1986年2月基本法諮詢委員會《分批研討會參考資料》

【P1-2】
某委員（編者按：原件模糊，無法辨認名字。）：除了總綱外，內容分章節用法律語言來寫，應包括如下內容：
（五）文教科技體制，肯定專業資格的審核制度。

※

② 1986年2月基本法諮詢委員會《諮委會第一分組有關基本法結構討論小結》

一、基本法結構，根據與會者發言，大致上可以歸結為下列十二個部份：
7. 教育、科技、文化、宗教

※

③ 1986年2月基本法諮詢委員會《第一批研討會總結》

一、基本法結構，根據與會者發言，大致上可以歸結為下列十二個部份：
7. 教育、科技、文化、宗教

※

④ 1986年2月基本法諮詢委員會《第二批研討會總結》

六、基本法結構初擬

7. 文化、教育、宗教、福利；

※

⑤ 1986年2月基本法諮詢委員會《第四批討論總結》

一、基本法的結構
6. 文化、教育

10. 宗教自由

12. 社會福利
委員們一致同意基本法結構應包括以上十二點內容，而每一點是否成為一單項，則意見不一。基本上同意前五點獨立成一專項，其餘各點則可自然歸納為總項。

※

⑥ 1986年11月5日《香港特別行政區基本法起草委員會教育、科學、技術、文化、體育和宗教（包括區旗、區徽問題）專題小組工作報告》，載於《中華人民共和國香港特別行政區基本法起草委員會第三次全體會議文件匯編》

【P48】
二、對基本法結構（草案）第六章、第八章有關內容的共同認識
1. 對教育、科學、技術、文化、體育、宗教和專業資格等問題，在基本法中不宜寫得過細過詳；

3. 教育、科學、技術、文化、體育和專業資格等方面的政策由香港特別行政區政府自行制定

第二稿

「第一百五十條　香港特別行政區政府自行制定體育方面的政策。香港原有的民間體育團體可依法繼續存在和發展。」

① 1987 年 9 月 2 日《中華人民共和國香港特別行政區基本法起草委員會第五次全體會議委員們對基本法序言和第一、二、三、四、五、六、七、九章條文草稿的意見匯集》

【P69-70】

七、關於第六章　香港特別行政區的教育、科學、技術、文化、體育和宗教

10. 第十條

（1）有的委員建議，改為「香港特別行政區政府自行制定體育及康樂活動方面的政策。香港的民間體育及康樂團體可繼續存在」。

（2）有的委員建議，本條改為「香港特別行政區政府可以自行制定管理當地體育事業的政策。香港原有的民間體育團體可依法繼續存在和發展」。

※

②文化教育科技宗教專責小組《對基本法第六章條文草稿（一九八七年八月）的意見》（1987 年 11 月 4 日經執行委員會通過）

【P4】

條文草稿	諮委建議
第十條	第九條：香港特別行政區政府自行制定體育及康樂活動方面的政策。 香港原有的民間體育團體可依法繼續存在和發展。

第三稿

「**第一百五十條**　香港特別行政區政府自行制定體育政策。香港原有的民間體育團體可依法繼續存在和發展。」

〔1988 年 3 月基本法起草委員會秘書處《中華人民共和國香港特別行政區基本法（草案）草稿》（總體工作小組第二次會議對目錄、序言、第一、二、三、五、六、七、九章的修改稿）〕

① 1987 年 12 月《中華人民共和國香港特別行政區基本法起草委員會第六次全體會議委員們對基本法第四、五、六、十章和條文草稿匯編的意見》

【P37-38】

9. 第一百五十條

有的委員建議將「可」字刪去。有的委員提出，本條只規定了原有的民間體育團體可繼續存在和發展，新的體育團體卻沒有作出規定，仍不全面。

第四稿

「**第一百五十二條**　香港特別行政區政府自行制定體育政策。香港原有的民間體育團體可依法繼續存在和發展。」

〔1988 年 4 月基本法起草委員會秘書處《中華人民共和國香港特別行政區基本法（草案）草稿》〕

第五稿

「**第一百五十一條**　香港特別行政區政府自行制定體育政策。香港原有的民間體育團體可依法繼續存在和發展。」

〔1988 年 4 月基本法起草委員會《中華人民共和國香港特別行政區基本法（草案）徵求意見稿》〕

① 1988 年 4 月基本法起草委員會《中華人民共和國香港特別行政區基本法（草案）徵求意見稿》

【P13】

簡介

第六章：教育、科學、文化、體育、宗教、勞工和社會服務

43. 本章規定：香港特別行政區政府自行制定……、體育政策、……。

第六稿

「**第一百四十二條**　香港特別行政區政府自行制定體育政策。民間體育團體可依法繼續存在和發展。」

〔1989 年 2 月《中華人民共和國香港特別行政區基本法（草案）》〕

① 1988 年 8 月基本法起草委員會秘書處《香港各界人士對〈香港特別行政區基本法（草案）徵求意見稿〉的意見匯集（一）》

【P48】

關於第六章的其他意見

1. 基本法是憲制性文件，文字要準確，要講一些原則性的東西，不應在條文中規定那些局部性的東西，如第一百四十四條規定學生有出外求學的自由，那麼是否還要寫上商人、醫生有出外經商、行醫的自由呢？其實這些規定都可以刪去，有出入境自由就可以了，根據這一精神，建議刪去第……、一百五十一、……條。

※

② 1988 年 8 月 3 日基本法諮詢委員會秘書處參考資料（一）《內地草委訪港小組就基本法（草案）徵求意見稿一些問題的回應輯錄（一九八八年六月四日至十七日）》

【P15】
6. 教育、科學、文化、體育、宗教、勞工和社會服務
6.3「自行制定」與「原在香港」
「自行制定政策」與「保持原有政策」是有點矛盾的，這個說法在文化、教育等章節上均有出現，但這是《中英聯合聲明》的原話。這方面再待作研究。

※

③《基本法諮詢委員會文化、教育、科技、宗教專責小組對基本法（草案）徵求意見稿第六章的意見匯編》，載於 1988 年 10 月基本法諮詢委員會《中華人民共和國香港特別行政區基本法（草案）徵求意見稿諮詢報告（1）》）

【P129】
2. 有關條文討論
2.7 一百五十一條
2.7.1 有委員認為，本條並沒有安排讓新的體育團體得到發展，只謂原有的民間體育團體可依法繼續存在和發展。但有委員則認為，條文中「香港特別行政區政府自行制定體育政策」，已使條文有一定的靈活性，新的體育團體亦可因而得到發展。

※

④ 1988 年 10 月基本法諮詢委員會《中華人民共和國香港特別行政區基本法（草案）徵求意見稿諮詢報告第五冊——條文總報告》

【P438】
第一百五十一條
2. 意見
→ 香港有獨立的行政權，許多科學、文化、教育等政策理當由特別行政區自行決定，不須在此重複或說明。

3. 建議
→ 刪除第二句。
→ 改為：「香港特別行政區政府自行制定體育政策，雖然如此，香港原有的民間體育團體准許繼續存在和發展。」
→ 把第二句改為：「香港的民間體育團體可依法存在和發展。」
理由：
⊙ 取消「原有」表示任何「原來沒有」的團體只要依法登記，便可存在。
⊙ 取消「繼續」表示受保障的是所有團體，不單是既有團體。
→ 第二句改為：「香港特別行政區可興辦民間體育團體」。

4. 待澄清問題
→ 本條不提「演藝團體」，是否表示民間演藝團體不能依法存在和發展？

第七稿

「第一百四十三條　香港特別行政區政府自行制定體育政策。民間體育團體可依法繼續存在和發展。」
〔1990 年 2 月 16 日《中華人民共和國香港特別行政區基本法（草案）》〕

① 1989 年 11 月 30 日基本法起草委員會秘書處《內地各界人士對〈中華人民共和國香港特別行政區基本法（草案）〉的意見匯集》

【P16】
第一百四十二條
建議「體育政策」改為「有關體育的法律和政策」。（湖北）

※

② 1989 年 11 月基本法諮詢委員會《中華人民共和國香港特別行政區基本法（草案）諮詢報告第三冊——條文總報告》

【P234】
第六章　整體意見
1. 意見
1.1 反面
→ 第一百三十五條、一百四十條和一百四十二條出現的「依法」一詞，令條文顯得很消極。除非能清楚說明在怎樣的情況下，有關自由才受法律限制，否則這樣的寫法便令條文所能給予的保障成疑問。

【P249】
第一百四十二條
2. 建議
2.1 修改
→ 改為：「香港特別行政區政府自行制定體育政策，雖然如此，香港原有的民間體育團體准許繼續存在和發展。」
2.2 增加
→ 在「民間體育團體」前加上「原」字。

第八稿

「第一百四十三條　香港特別行政區政府自行制定體育政策。民間體育團體可依法繼續存在和發展。」
〔1990 年 4 月《中華人民共和國香港特別行政區基本法》〕

香港特別行政區政府保持原在香港實行的對教育、醫療衛生、文化、藝術、康樂、體育、社會福利、社會工作等方面的民間團體機構的資助政策。原在香港各資助機構任職的人員均可根據原有制度繼續受聘。

1. 原民間團體的資助政策和人員的保留

第一稿 ▶

第六章

「第十一條　香港特別行政區保持原在香港實行的對教育、醫療、文化、藝術、康樂、體育、社會福利、社會工作等機構的資助政策。香港特別行政區成立後，原在香港各資助機構任職的人員均可根據原有制度繼續聘用。」

〔1987年8月22日《教育、科學、技術、文化、體育和宗教專題小組工作報告》，載於《中華人民共和國香港特別行政區基本法起草委員會第五次全體會議文件匯編》〕

① 1986年2月基本法諮詢委員會《分批研討會參考資料》

【P1-2】
某委員（編者按：原件模糊，無法辨認名字。）：除了總綱外，內容分章節用法律語言來寫，應包括如下內容：
（五）文教科技體制，肯定專業資格的審核制度。

※

② 1986年2月基本法諮詢委員會《諮委會第一分組有關基本法結構討論小結》

一、基本法結構，根據與會者發言，大致上可以歸結為下列十二個部份：
7. 教育、科技、文化、宗教

※

③ 1986年2月基本法諮詢委員會《第一批研討會總結》

一、基本法結構，根據與會者發言，大致上可以歸結為下列十二個部份：
7. 教育、科技、文化、宗教

※

④ 1986年2月基本法諮詢委員會《第二批研討會總結》

六、基本法結構初擬
7. 文化、教育、宗教、福利；

※

⑤ 1986年2月基本法諮詢委員會《第四批討論總結》

一、基本法的結構
6. 文化、教育

10. 宗教自由

12. 社會福利
委員們一致同意基本法結構應包括以上十二點內容，而每一點是否成為一單項，則意見不一。基本上同意前五點獨立成一專項，其餘各點則可自然歸納為總項。

※

⑥ 1986年4月《香港各界人士對〈基本法〉結構等問題的意見匯集》（基本法起草委員會第二次會議參閱資料之一）

【P66】
關於教育、科學和文化及專業人士的意見
一、教育、科學、文化
3. 政府資助教育團體獨立辦學，這比美國、加拿大優越，具有香港特色的教育制度，應予保留。

※

⑦ 1986 年 4 月《部份起草委員對基本法結構（草案）的意見（備忘錄）》，載於《中華人民共和國香港特別行政區基本法起草委員會第二次全體會議文件匯編》

【P27】
八、關於《香港特別行政區的教育、科學、技術、文化、體育和宗教》
46.在本章內明確列出「社會福利」。

第二稿

「**第一百五十一條** 香港特別行政區保持原在香港實行的對教育、醫療、文化、藝術、康樂、體育、社會福利、社會工作等機構的資助政策。香港特別行政區成立後，原在香港各資助機構任職的人員均可根據原有制度繼續聘用。」
〔1987 年 12 月基本法起草委員會秘書處《香港特別行政區基本法（草案）》（匯編稿）〕

① 1987 年 9 月 2 日《中華人民共和國香港特別行政區基本法起草委員會第五次全體會議委員們對基本法序言和第一、二、三、四、五、六、七、九章條文草稿的意見匯集》

【P70】
七、關於第六章 香港特別行政區的教育、科學、技術、文化、體育和宗教
11.第十一條
（1）有的委員建議，本條改為「香港特別行政區政府自行制定對教育、醫療、文化、學術、康樂、藝術、體育、社會福利、社會工作等機構的資助政策」。

（2）有的委員提出，可將「香港特別行政區成立後」一句刪去。

※

②文化教育科技宗教專責小組《對基本法第六章條文草稿（一九八七年八月）的意見》（1987 年 11 月 4 日經執行委員會通過）

【P1】
前言
本組在討論第六章條文草稿時，基本上是根據以下的原則：《中英聯合聲明》所載明的規定必須在基本法中有所體現。基於此，本組對草委就第六章發表的一些意見（見於「意見匯集」）不能完全同意，例如……。還有，對於第十一條：「香港特別行政區保持原在香港實行的對教育、醫療、文化、藝術……的資助政策」，有的草委建議去掉「保持」二字，本組也基於上述予以反對。

【P4】

條文草稿	諮委建議
第十一條	第十條：香港特別行政區保持原在香港實行的對教育、醫療、文化、藝術、康樂、體育、社會福利、社會工作等機構的資助政策，並根據經濟條件和社會需要，自行決定其發展和改進。 香港特別行政區成立後，原在香港各資助機構任職的人員均可根據原有制度繼續聘用。

第三稿

「**第一百五十一條** 香港特別行政區保持原在香港實行的對教育、醫療、文化、藝術、康樂、體育、社會福利、社會工作等機構的資助政策。原在香港各資助機構任職的人員均可根據原有制度繼續受聘。」
〔1988 年 3 月基本法起草委員會秘書處《中華人民共和國香港特別行政區基本法（草案）草稿》（總體工作小組第二次會議對目錄、序言、第一、二、三、五、六、七、九章的修改稿）〕

① 1987 年 12 月《中華人民共和國香港特別行政區基本法起草委員會第六次全體會議委員們對基本法第四、五、六、十章和條文草稿匯編的意見》

【P38】
10.第一百五十一條
（1）有的委員建議，將「繼續聘用」改為「繼續受聘」。

（2）有的委員提出，「香港各資助機構」有的是私人的，在基本法裡規定其任職人員繼續聘用是否合適？有的建議如規定繼續聘用，應把範圍限於那些接受政府資助的人員。但也有的委員認為原有條文不必變動。有些委員認為，該條中「香港特別行政區成立後」一句沒必要，可予刪去。

第四稿

「**第一百五十三條** 香港特別行政區保持原在香港實行的對教育、醫療、文化、藝術、康樂、體育、社會福利、社會工作等機構的資助政策。原在香港各資助機構任職的人員均可根據原有制度繼續受聘。」
〔1988 年 4 月基本法起草委員會秘書處《中華人民共和國香港特別行政區基本法（草案）草稿》〕

第五稿

「第一百五十二條 香港特別行政區保持原在香港實行的對教育、醫療、文化、藝術、康樂、體育、社會福利、社會工作等機構的資助政策。原在香港各資助機構任職的人員均可根據原有制度繼續受聘。」

〔1988 年 4 月基本法起草委員會《中華人民共和國香港特別行政區基本法（草案）徵求意見稿》〕

第六稿

「第一百四十三條 香港特別行政區政府保持原在香港實行的對教育、醫療衛生、文化、藝術、康樂、體育、社會福利、社會工作等方面的民間團體機構的資助政策。原在香港各資助機構任職的人員均可根據原有制度繼續受聘。」

〔1989 年 2 月《中華人民共和國香港特別行政區基本法（草案）》〕

① 《基本法工商專業界諮委對基本法（草案）徵求意見稿第六章教育、科學、文化、體育、宗教、勞工和社會之意見書》

【P3】
第一百五十二條
建議加上有劃線在下面的字和刪去括弧內的句子。
「香港特別行政區保持和發展原在香港實行對各機構的資助政策，<u>包括</u>教育、醫療、文化、藝術、康樂、體育、社會福利、社會工作方面。（原在香港各資助機構任職的人員均可根據原有制度繼續受聘。）」

※

② 《與內地草委交流的重點——文化教育科技宗教專責小組》，載於 1988 年 6 月 3 日《基本法諮詢委員會秘書處通訊 73》

6. 字眼（尤其於第……、一百五十二、……條）不應有時間性文字：「原有」、「原在」、「繼續」等存在於憲法中。

8. 第一百五十二、一百五十四條
有委員指出特區對組織實行資助政策與團體可自行決定服務方式，會否成為漏洞。

※

③ 1988 年 8 月基本法起草委員會秘書處《香港各界人士對〈香港特別行政區基本法（草案）徵求意見稿〉的意見匯集（一）》

【P45】
第一百五十二條
1. 第一句改為：「香港特別行政區除保持原在香港實行的對教育、醫療、文化、藝術、康樂、體育、社會福利、社會工作等機構的資助政策外，予以改進和發展。」

2. 在「資助政策」後加「並可根據社會發展和實際需要加以改進」。

3. 刪「原在香港各資助機構任職的人員均可根據原有制度繼續受聘」一句。

4. 該條「實行資助政策」與第一百五十四條「團體可自行決定服務方式」，會否有矛盾？

5. 「保持原有的資助政策」是很大束縛。

6. 刪「等機構」三字，因為資助政策是對某方面而不是對某機構的。

7. 建議在「資助政策」後加「並可根據經濟條件和社會需要，參照現行勞工條例，自行制定有關勞工的法律和政策。」

【P48】
關於第六章的其他意見
1. 基本法是憲制性文件，文字要準確，要講一些原則性的東西，不應在條文中規定那些局部性的東西，如第一百四十四條規定學生有出外求學的自由，那麼是否還要寫上商人、醫生有出外經商、行醫的自由呢？其實這些規定都可以刪去，有出入境自由就可以了，根據這一精神，建議刪去第……、一百五十二、……條。

※

④ 《基本法諮詢委員會文化、教育、科技、宗教專責小組對基本法（草案）徵求意見稿第六章的意見匯編》，載於 1988 年 10 月基本法諮詢委員會《中華人民共和國香港特別行政區基本法（草案）徵求意見稿諮詢報告（1）》

【P129】
2. 有關條文討論
2.8 第一百五十二條、第一百五十三條
2.8.1 有委員認為，不應在條文中列明資助政策，因為若這些資助是不合理的話，便會妨礙其制度的改進，這與第一百五十三條有矛盾。
2.8.2 有委員認為，本條包括多個項目，但各項的性質不同，而香港政府對各項的資助政策和措施也不同，但本條則作整體劃一的規定，容易產生矛盾，建議分開列明。
2.8.3 有委員建議把條文修改為：「香港特別行政區除保持原在香港實行的對教育、醫療、文化、藝術、康樂、體育、社會福利、社會工作等機構的資助政策外，並根據需要，增加新的政策。」
2.8.4 有委員認為，鑒於現在文化藝術的資助制度是不健全和不合理的，建議加上「根據社會需要自行制定政策」。也有委員認為，不應立法規定任何文化的發展方向，應加上「根據社會需要而加以發展」一句。
2.8.5 有委員認為，不應寫明「保持原有……資助政策」，因為現時香港政府在文化方面的資助政策，偏重於表演藝術而忽視其他文化藝術。

2.8.6 有委員認為，由於原有制度可能有不完善的地方，建議刪除末句「原有香港……繼續受聘」。

2.8.7 有委員建議刪除「等機構」的字眼，因為這是應該是對該等方面的資助，而不是對該等機構的資助。

2.8.8 有委員認為，本條中「社會福利」已包含社會工作，可刪去「社會工作」的字眼。

※

⑤ 1988年10月基本法諮詢委員會《中華人民共和國香港特別行政區基本法（草案）徵求意見稿諮詢報告第五冊 —— 條文總報告》

【P405-406】
第六章　整體意見
2. 對個別方面的意見
2.5 科學、文化、體育和社會服務方面
2.5.1 意見
2.5.1.2 不滿意
→ 若基本法繼續保持現時港府的畸形文化資助政策，將會對香港未來文化發展有不良的後果。
→ 第一百五十二條的「保持原在香港實行的對文化機構的資助政策」使第一百四十七條的「特別行政區政府自行制定文化政策」成為空話。
→ 第一百五十二條、第一百五十三條及第一百五十四條互相矛盾。

3. 建議
3.3 合併條文
→ 第一百五十二條、一百五十六條、一百五十七條應合併為一條。
理由：同屬教科文的政策性條文。

【P409】
3.7 搬移
→ 把第一百五十二條改為第一百五十四條，第一百五十三條改為第一百五十三條（編者按：「改為第一百五十三條」應是「改為第一百五十二條」之誤），第一百五十四條改為第一百五十三條。

【P439-441】
第一百五十二條
2. 意見
2.1 反對意見
→ 此條掣肘了香港特別行政區政府修訂政策的能力。
→ 此條對特別行政區政府施加了不必要的限制。
→ 這條對特別行政區的教育制度沒有作出明確保障。
→ 最後一句的意思含糊，對在資助機構服務的職工的未來構成疑慮。
→ 最後一句極度限制各機構的內部行政自由。
2.2 其他意見
→ 此條文列明「保持」資助政策和原有的聘任人員制度，希望「保持」二字並非等於「不變」。
理由：為了適應社會發展，文化演藝的資助實不可能維持現狀不變。
→ 「原有制度」有商榷餘地。
理由：現時政府不斷以私營化方式經營有關社會服務，基本法應考慮這情況。
→ 「社會福利」與「社會工作」兩者的分別未見列明。

3. 建議
3.1 刪除
→ 刪去「社會工作」一詞。

理由：社會工作屬於社會福利項目的一門專業，彼此有從屬關係。
→ 刪去「原有香港各資助機構任職的人員均可根據原有制度繼續受聘」一句。
理由：人員聘任問題屬有關機構的人事自主權，不應由基本法規定。
→ 刪去「原在」和「原有」。
3.2 修改
3.2.1 整條改寫
→ 改為：「香港特別行政區除保持原在香港實行的對教育、醫藥、文化、藝術、康樂、體育、社會福利、社會工作等機構的資助政策外，並根據實際需要加以改進，補充和發展。原在香港各資助機構任職的人員均可根據原有制度繼續受聘。」
→ 改為：「香港特別行政區政府可保持原在香港實行的對教育、醫療、文化、藝術、康樂、體育、社會福利、社會工作等機構的資助制度，自行制定其發展和改進的政策。」
理由：使特別行政區政府有權保持現行資助制度，或予以改進，並有權制定有關的政策。
→ 改為：「香港特別行政區可自行制定對教育、醫療、文化、藝術、康樂、體育、社會福利、社會工作等機構的資助政策。」
理由：原文過份限制特別行政區政府的行政管理權。
→ 改為：「香港特別行政區政府可自行制定有關發展和改進在香港實行的對教育、醫療、文化、藝術、康樂、體育、社會福利、社會工作等機構的資助政策。原在香港各資助機構任職的人員均可根據原有制度繼續受聘。」
→ 改為：「香港特別行政區保持原在香港實行的對教育、醫療、文化、藝術、康樂、體育、社會福利、社會工作、傷殘人士和自助團體等機構的資助政策。原在香港各資助機構任職的人員均可根據原有制度繼續受聘。」
→ 改為「香港特別行政區原在香港實行的對教育、醫療、文化、藝術、康樂、體育、社會福利、社會工作等機構的資助政策繼續保持，並在原有的基礎上自行發展。」
→ 改為：「香港特別行政區保持和發展原在香港實行對各機構的資助政策，包括教育、醫療、文化、藝術、康樂、體育、社會福利和社會工作等方面。」
→ 改為：「香港特別行政區改進現在香港實行的對教育、醫療、文化、藝術、康樂、體育、社會福利、社會工作等機構的資助政策。」
理由：
⊙ 各類社會服務的政策應可隨時間而作出改進。
⊙ 資助機構的聘用制度亦應因時制宜。
→ 改為：「香港特別行政區保持原在香港實行的對教育、醫療、文化、藝術、康樂、體育、社會福利、社會工作等機構的資助政策，並可根據經濟條件和社會需要，加以發展和改進。」
→ 改為：「香港特別行政區對教育、醫療、文化、藝術、康樂、體育、社會福利等機構實行資助政策。資助機構的僱員受聘條件，享有薪酬及附帶福利須基本上與同級人員保持一致。在特別行政區成立以前已受僱的資助機構僱員的年資，予以保留；薪金、津貼、福利待遇和服務條件則不低於原來的標準。」
→ 改為：「香港特別行政區實行對教育、醫療、文化藝術、康樂體育、社會福利、社會工作等機構的資助政策。原有資助機構的僱員的受聘資格，享有薪酬及附帶福利需基本上與同級公務人員保持一致。在特別行政區成立以前已受僱的資助機構僱員的年資，予以保留；薪金、津貼、福利待遇和服務條件不低於原來的標準。」
→ 改為：「香港特別行政區保持原在香港實行的對教育、醫療、文化、藝術、康樂、體育、社會福利等機構的資助政策。資助機構所採用的聘任條件不低於原來的標準。在

特別行政區成立以前已受僱的資助機構僱員的年資予以保留。」

理由：原文的「原在香港各資助機構任職人員均可根據原有制度繼續受聘」令有關機構在修改聘任條件時過份受制。

3.2.2 個別條款修改。
→ 將「保持原有」改為「改進現在」。
→ 將「資助機構」改為「現時接受資助的機構」。
→ 將「醫療」改為「衛生護理」。
→ 將「原在香港各資助機構任職的人員均可根據原有制度繼續受聘。」改為「原在香港各資助機構任職的人員均可採用原有制度繼續任免。」

3.3 增加條款
→ 在「社會工作」後加上「消費者保障」。
→ 在本條所列的機構的行列中，加上「科學」一項。

3.4 搬移
→ 「原在香港各資助機構……繼續受聘」一句應納入附件三（第一屆政府）的範圍內。

3.5 其他建議
→ 原文對資助政府的規定應包括科學及技術的機構。
理由：目前香港政府已有資助科技機構。
→ 此條應作修改，令香港特別行政區政府可根據社會及

經濟狀況，修改有關政策及制度。
理由：原文限制了特別行政區政府因經濟及社會狀況的轉變而修訂資助及聘任制度的可能。
→ 應規定香港特別行政區政府不得透過資助政策削弱志願機構的自主權。
理由：資助政策只應發揮資源有效分配的作用。
→ 資助機構僱員的僱傭條件、附帶福利和受僱資格均應與同級的公務員保持一致。
理由：
⊙ 為全面貫徹同工同酬的原則。
⊙ 使資助機構僱員的工作士氣及穩定性得以保持。
→ 本條過份具體，有違憲法性條文一般只重大前提的精神。

4. 待澄清問題
→ 條文中提及的制度和政策能否在一九九七年後五十年保持不變？
→ 根據第一百四十三條，社團和私人可依法在香港特別行政區興辦各種教育事業。但政府會否資助所有新興辦的各種教育機構，還是按第一百五十二條的規定，只撥款資助現存的機構？

第七稿

「**第一百四十四條　香港特別行政區政府保持原在香港實行的對教育、醫療衛生、文化、藝術、康樂、體育、社會福利、社會工作等方面的民間團體機構的資助政策。原在香港各資助機構任職的人員均可根據原有制度繼續受聘。**」
〔1990 年 2 月 16 日《中華人民共和國香港特別行政區基本法（草案）》〕

① 《基本法諮詢委員會文教專責小組對基本法（草案）第六章的意見匯編》，載於 1989 年 11 月基本法諮詢委員會《中華人民共和國香港特別行政區基本法（草案）諮詢報告第一冊》

【P110-111】
5. 第一百四十三條
5.1 對在本條第一句末加上「根據經濟條件和社會需要，加以發展和改進。」的意見。
5.1.1 有委員贊成加上該句。由於現時對文化政策的資助有欠完善，在藝術方面只對表演藝術而言，對視覺藝術並沒有資助。另一方面，現時資助機構佔公帑的支出亦很大，但對公務員則寫上「不低於原有的條件」，對資助機構則沒有類似的規定。而且，本條的「原有」一詞有局限性，可能表示不變之意。故加上此句可使有關方面的資助政策加以發展和改進。
5.1.2 建議加上該句，以確保那些目前未受港府津助的領域日後得到照顧。
5.1.3 有委員贊成加上該句。目前的資助政策令不同方面所獲分配的資源有差異，分配的多少是視乎實際社會情況的，但某些方面的資助則欠缺。若加上該句，則可給予一種保障，使從前沒有資助的也會給予考慮。
5.1.4 有委員認為，這樣的修改需視乎對「原在政策」的理解。若認為原在的資助政策沒有改進的元素，則應加上該句；但若原在的資助政策有改進的含意，則不用加上該句。
5.1.5 有委員認為，資助政策並沒有歧視某些項目，但執行上可能因資源問題而出現不同的分配。
5.1.6 有委員不贊成加上該句。若寫明該句，則表示有關資助的經費可能因經濟條件和社會需要有所增加，也可能是有所減少的意思。該委員認為，無須在條文上規限政府，有效的政府自然會根據經濟條件和社會需要去進行適

當的資助。
5.1.7 有委員認為，若加上該句於第一百四十三條內，也應把第一百四十四條句首改為：「香港特別行政區政府在原有上述的社會制度的政策之上，根據……。」，以免與第一百四十三條有關社會福利的規定重複。
5.1.8 有委員則認為，第一百四十三條和一百四十四條是有分別的。第一百四十三條是有關政府對民間團體資助，第一百四十四條則是指整個資助制度而言。
5.1.9 有意見認為不宜透過憲法規限特別行政區政府的資助項目，因為有效率的政府自然懂得怎樣對不同領域作投資。
5.1.10 有意見認為從文字來看，本條已確保特別行政區政府會對不同領域作出資助。除非有證據證明本條所涉及的「原有政策」排除改進的可能，否則不宜做出這樣的修改。
5.2 有委員建議，在第一百四十三條「教育」之後加上「科技」。但有委員懷疑，第一百三十八條是否已包括對科技的資助政策。
5.3 有意見認為，第一百三十五條寫明特別行政區政府在教育方面，自行制訂發展和改進的政策，但本條則沒有這樣的表達，故不清楚九七後的資助政策有否包括改進的含義。

※

② 1989 年 11 月基本法諮詢委員會《中華人民共和國香港特別行政區基本法（草案）諮詢報告第三冊 —— 條文總報告》

【P234】
第六章　整體意見
1. 意見
1.1 反面
→ 第……、一百四十三條、……只是政策及意向的聲明，

在《中英聯合聲明》中沒有規定，這些條款應用允許性的「可以」代替，否則將對立法機關產生不適當的限制。

【P249-250】

第一百四十三條

2. 意見

2.1 反面

→ 本條對特別行政區修訂政策的能力造成掣肘，若果能容許特別行政區繼續維持原來的政策則更好。

3. 建議

3.1 刪除

→ 刪去最後一句「原在香港……繼續受聘」。

3.2 修改

→ 將最後一句的「根據」改為「以不低於」。

3.3 增加

→ 增加「科學」一項。

理由：否則未能配合香港工業走向高科技發展。

4. 其他

→ 建議繼續對不牟利的文化、藝術等民間團體實施資助政策。

→ 本條的規定應有點彈性，好讓香港特別行政區政府在政策上能夠作出改變，例如將來為應付社會需要成立獨立的社會服務行政機構，但《基本法（草案）》的條文似乎對有關方面造成不必要的限制。

第八稿

「第一百四十四條　香港特別行政區政府保持原在香港實行的對教育、醫療衞生、文化、藝術、康樂、體育、社會福利、社會工作等方面的民間團體機構的資助政策。原在香港各資助機構任職的人員均可根據原有制度繼續受聘。」

〔1990 年 4 月《中華人民共和國香港特別行政區基本法》〕

香港特別行政區政府在原有社會福利制度的基礎上，根據經濟條件和社會需要，自行制定其發展、改進的政策。

❀ 貳｜概念

1. 自行制定社會福利制度

❀ 叁｜條文本身的演進和發展

第一稿▶

第六章
「第十二條　香港特別行政區政府保持原有的社會福利，並根據經濟條件和社會需要，自行決定其發展和改進。」
〔1987 年 8 月 22 日《教育、科學、技術、文化、體育和宗教專題小組工作報告》，載於《中華人民共和國香港特別行政區基本法起草委員會第五次全體會議文件匯編》〕

① 1986 年 2 月基本法諮詢委員會《諮委會第一分組有關基本法結構討論小結》

一、基本法結構，根據與會者發言，大致上可以歸結為下列十二個部份：
7. 教育、科技、文化、宗教

※

② 1986 年 2 月基本法諮詢委員會《第一批研討會總結》

一、基本法結構，根據與會者發言，大致上可以歸結為下列十二個部份：
7. 教育、科技、文化、宗教

※

③ 1986 年 2 月基本法諮詢委員會《第二批研討會總結》

【P2】
六、基本法結構初擬
7. 文化、教育、宗教、福利；

※

④ 1986 年 2 月基本法諮詢委員會《第四批討論總結》

一、基本法的結構
6. 文化、教育

10. 宗教自由

12. 社會福利
委員們一致同意基本法結構應包括以上十二點內容，而每一點是否成為一單項，則意見不一。基本上同意前五點獨立成一專項，其餘各點則可自然歸納為總項。

※

⑤ 1986 年 4 月《部份起草委員對基本法結構（草案）的意見（備忘錄）》，載於《中華人民共和國香港特別行政區基本法起草委員會第二次全體會議文件匯編》

【P27】
八、關於《香港特別行政區的教育、科學、技術、文化、體育和宗教》
46. 在本章內明確列出「社會福利」。

※

⑥ 1986 年 11 月 5 日《香港特別行政區基本法起草委員會教育、科學、技術、文化、體育和宗教（包括區旗、區徽問題）專題小組工作報告》，載於《中華人民共和國香港特別行政區基本法起草委員會第三次全體會議文件匯編》

【P50】
三、尚待進一步研究的問題
3. 基本法結構（草案）第六章第六節「其他社會事務」究竟包括哪些具體內容，關於社會福利與勞工福利問題在基本法結構（草案）第三章「香港居民的權利與義務」中已經作了規定，本組似不必涉及這些方面的問題，建議基本法起草委員會交由「香港居民的權利與義務」專題小組研究解決。

第二稿

「**第一百五十二條** 香港特別行政區政府保持原有的社會福利制度，並根據經濟條件和社會需要，自行制定其發展和改進的政策。」

〔1987 年 12 月基本法起草委員會秘書處《香港特別行政區基本法（草案）》（匯編稿）〕

① **1987 年 9 月 2 日《中華人民共和國香港特別行政區基本法起草委員會第五次全體會議委員們對基本法序言和第一、二、三、四、五、六、七、九章條文草稿的意見匯集》**

【P70】

七、關於第六章 香港特別行政區的教育、科學、技術、文化、體育和宗教
12. 第十二條
（1）有的委員建議，本條第一句改為「香港特別行政區保持香港原有的社會福利制度」。

（2）有的委員認為，本條應寫入經濟一章。

（3）有的委員建議，本條改為：「香港特別行政區政府根據經濟條件和社會需要自行制定有關社會福利的發展和改進的政策」。

※

② **文化教育科技宗教專責小組《對基本法第六章條文草稿（一九八七年八月）的意見》（1987 年 11 月 4 日經執行委員會通過）**

【P4】

條文草稿	諮委建議
第十二條	第十一條：香港特別行政區政府保持原有的社會服務＊，並按社會的實際情況，自行決定其發展和改進。 （＊根據現時政府的定義，社會服務包括房屋、福利、勞工、醫療和教育這五方面。）

第三稿

「**第一百五十二條** 香港特別行政區政府保持原有的社會福利制度，並根據經濟條件和社會需要，自行制定其發展和改進的政策。」

〔1988 年 3 月基本法起草委員會秘書處《中華人民共和國香港特別行政區基本法（草案）草稿》（總體工作小組第二次會議對目錄、序言、第一、二、三、五、六、七、九章的修改稿）〕

第四稿

「**第一百五十四條** 香港特別行政區政府保持原有的社會福利制度，並根據經濟條件和社會需要，自行制定其發展和改進的政策。」

〔1988 年 4 月基本法起草委員會秘書處《中華人民共和國香港特別行政區基本法（草案）草稿》〕

第五稿

「**第一百五十三條** 香港特別行政區政府保持原有的社會福利制度，並根據經濟條件和社會需要，自行制定其發展和改進的政策。」

〔1988 年 4 月基本法起草委員會《中華人民共和國香港特別行政區基本法（草案）徵求意見稿》〕

① **1988 年 4 月基本法起草委員會《中華人民共和國香港特別行政區基本法（草案）徵求意見稿》**

【P13】

簡介
第六章：教育、科學、文化、體育、宗教、勞工和社會服務
43. 本章規定：香港特別行政區政府自行制定……、勞工政策和社會福利政策，……。

第六稿

「**第一百四十四條** 香港特別行政區政府在原有社會福利制度的基礎上，根據經濟條件和社會需要，自行制定其發展、改進的法律和政策。」

〔1989 年 2 月《中華人民共和國香港特別行政區基本法（草案）》〕

① **《基本法工商專業界諮委對基本法（草案）徵求意見稿第六章教育、科學、文化、體育、宗教、勞工和社會之意見書》**

【P3-4】

第一百五十三條
建議刪去在下面有劃線的字句：
「香港特別行政區政府保持原有的社會福利制度，並<u>根據</u>

<u>經濟條件和社會需要</u>，自行制訂其發展和改進的政策。」

※

② **《與內地草委交流的重點——文化教育科技宗教專責小組》，載於 1988 年 6 月 3 日《基本法諮詢委員會秘書處通訊 73》**

6.字眼（尤其於第……、一百五十三條）不應有時間性文字：「原有」、「原在」、「繼續」等存在於憲法中。

※

③ 1988 年 8 月基本法起草委員會秘書處《香港各界人士對〈香港特別行政區基本法（草案）徵求意見稿〉的意見匯集（一）》

【P46】
第一百五十三條
「社會福利制度」後加「社會福利措施」。

【P48】
關於第六章的其他意見
1.基本法是憲制性文件，文字要準確，要講一些原則性的東西，不應在條文中規定那些局部性的東西，如第一百四十四條規定學生有出外求學的自由，那麼是否還要寫上商人、醫生有出外經商、行醫的自由呢？其實這些規定都可以刪去，有出入境自由就可以了，根據這一精神，建議刪去第……、一百五十三、……條。

※

④ 1988 年 8 月 3 日基本法諮詢委員會秘書處參考資料（一）《內地草委訪港小組就基本法（草案）徵求意見稿一些問題的回應輯錄（一九八八年六月四日至十七日）》

【P15】
6.教育、科學、文化、體育、宗教、勞工和社會服務
6.3「自行制定」與「原在香港」
「自行制定政策」與「保持原有政策」是有點矛盾的，這個說法在文化、教育等章節上均出現，但這是《中英聯合聲明》的原話。這方面再待作研究。

※

⑤《基本法諮詢委員會文化、教育、科技、宗教專責小組對基本法（草案）徵求意見稿第六章的意見匯編》，載於 1988 年 10 月基本法諮詢委員會《中華人民共和國香港特別行政區基本法（草案）徵求意見稿諮詢報告（1）》）

【P129】
2.有關條文討論
2.8 第一百五十二條、第一百五十三條
2.8.1 有委員認為，不應在條文中列明資助政策，因為若這些資助是不合理的話，便會妨礙其制度的改進，這與第一百五十三條有矛盾。
2.8.2 有委員認為，本條包括多個項目，但各項的性質不同，而香港政府對各項的資助政策和措施也不同，但本條則作整體劃一的規定，容易產生矛盾，建議分開列明。
2.8.3 有委員建議把條文修改為：「香港特別行政區除保持原在香港實行的對教育、醫療、文化、藝術、康樂、體育、社會福利、社會工作等機構的資助政策外，並根據需要，增加新的政策。」

2.8.4 有委員認為，鑒於現在文化藝術的資助制度是不健全和不合理的，建議加上「根據社會需要自行制定政策」。也有委員認為，不應立法規定任何文化的發展方向，應加上「根據社會需要而加以發展」一句。
2.8.5 有委員認為，不應寫明「保持原有……資助政策」，因為現時香港政府在文化方面的資助政策，偏重於表演藝術而忽視其他文化藝術。
2.8.6 有委員認為，由於原有制度可能有不完善的地方，建議刪除末句「原有香港……繼續受聘」。
2.8.7 有委員建議刪除「等機構」的字眼，因為這是應該是對該等方面的資助，而不是對該等機構的資助。
2.8.8 有委員認為，本條中「社會福利」已包含社會工作，可刪去「社會工作」的字眼。

※

⑥ 1988 年 10 月基本法諮詢委員會《中華人民共和國香港特別行政區基本法（草案）徵求意見稿諮詢報告第五冊——條文總報告》

【P405】
第六章 整體意見
2.對個別方面的意見
2.5 科學、文化、體育和社會服務方面
2.5.1.2 不滿意
→ 第一百五十二條、第一百五十三條及第一百五十四條互相矛盾。

【P409-410】
3.建議
3.7 搬移
→ 把第一百五十二條改為第一百五十四條，第一百五十三條改為第一百五十三條（編者按：應是「改為第一百五十二條」之誤），第一百五十四條改為第一百五十三條。

4.待澄清問題
→ 本章中「自行」是什麼意思？

【P441-443】
第一百五十三條
2.意見
→ 香港有獨立的行政權，許多科學、文化、教育政策理應由特別行政區自行決定，不須在此重複或說明。
→ 社會福利服務不應取決於當時的經濟條件。
理由：若一九九七年後香港經濟條件不佳，社會福利服務就因而縮減，那些生活有困難和需要福利援助的市民便陷於困境。
→ 「保持」一詞含有不變的意思，應讓香港特別行政區政府可以發展福利事業。
→ 條文本身有自相矛盾的地方。

3.建議
3.1 刪除
→ 刪除本條。
理由：此為原有制度的一部份，而現時香港政府的運作也如此，並且有關內容已寫在第二章第十五條中，不需在此重複。
→ 刪除「根據經濟條件和社會需要」。
→ 刪除「經濟條件」。
理由：不宜設下太多限制，以免未來特別行政區政府在改

善社會福利制度時，有太多掣肘和惹起太多爭論。

3.2 修改

→ 改為：「香港特別行政區自行制定社會福利政策，並根據經濟條件或社會需要，發展和改進。」

理由：如遇上經濟不景，工人大量失業，社會福利就更為需要。

→ 改為：「香港特別行政區政府可根據社會需要，自行制定其發展和改進的政策。」

理由：

⊙ 社會福利應可改進而不一定保持原狀。

⊙ 經濟條件不是一項決定福利政策的指標。

→ 改為：「香港特別行政區政府自行制定社會福利政策，並根據經濟情況和社會需要加以發展和改進。」

→ 改為：「香港特別行政區按社會的需要，推行相應的社會福利制度。」

→ 改為：「香港特別行政區政府保持原有的社會福利制度，並自行制定其發展和改進的政策。」

→ 改為：「香港特別行政區政府應發展和改進社會福利制度，以提供香港居民基本的社會保障和切合社會需要。」

→ 改為：「香港的社會福利制度應按居民的意願和需要民主地制定和發展。」

→ 把首句改為：「香港特別行政區可保持原有的社會福利服務。」

理由：以容許較大靈活性，而且「社會福利制度」的範圍較狹窄。

→ 把「經濟條件」改為「社會條件」。

理由：「社會條件」一詞較為概括。

3.3 增加

→ 在「香港特別行政區政府」之後加上「有權」二字。

→ 在「政府」之後加上「可」字。

理由：以令香港特別行政區政府有足夠的自主權去決定社會福利制度和政策。

→ 在「自行制定其發展和改進政策」之前，加上「經諮詢後」。

理由：原文似乎專制一點。

3.4 其他建議

→ 應制定一套為香港市民提供社會福利的長遠發展計劃、制度和措施。

→ 未來特別行政區的社會福利制度中，六十歲以上人士應可享有退休金。

→ 未來特別行政區的社會福利制度中，七十歲以上人士應由政府供養。

第七稿

「第一百四十五條　香港特別行政區政府在原有社會福利制度的基礎上，根據經濟條件和社會需要，自行制定其發展、改進的政策。」

〔1990 年 2 月 16 日《中華人民共和國香港特別行政區基本法（草案）》〕

① 《基本法諮詢委員會文教專責小組對基本法（草案）第六章的意見匯編》，載於 1989 年 11 月基本法諮詢委員會《中華人民共和國香港特別行政區基本法（草案）諮詢報告第一冊》

【P111-112】

6. 第一百四十四條

6.1 有委員認為，應在第一百四十四條句首「香港特別行政區……基礎上」之後加上「和資助政策的基礎上」。

6.2 建議把本條最後一句的「法律和政策」改為「法律或政策」，因為香港有關社會福利的法律很少，而且絕大部份的社會福利服務亦非由法律來規限，《基本法（草案）》的寫法恐怕限制了香港福利事業的發展，且似乎跟香港情況不相符。

6.3 有意見認為，是否把「和」字改為「或」字，似乎分別不大，而「和」字的外延性較廣。

6.4 有委員認為，從文字的邏輯來看，本條「法律和政策」的「和」字跟「或」字是不同的，「和」是指「法律」以及「政策」皆可，而「或」是指「法律」或者「政策」。

6.5 有委員贊成保留「和」字，因為「或」字對本條施加了限制。

6.6 有委員認為，就算把「法律和政策」的「和」字改為「或」字，結果也無分別，所以不贊同把「和」字改為「或」字。

7. 第一百四十四條與第三十六條所引發的問題

7.1 有委員認為，第三十六條中寫明香港居民有「依法」享受社會福利的權利，但現時香港的社會福利並非透過法律來規定。若特別行政區居民要「依法」才能享受社會福利，可能造成日後立法機關的議員為爭取選票，而要求制訂更多有關社會福利的法律的問題。況且若有太多的法律限制，可能對志願團體參與社會福利的工作造成掣肘。

7.2 有委員認為，社會福利涉及公共政策，而享受福利的權利則涉及法律的問題——即市民在什麼情況下才

能享受這權利的問題。「依法享受」在邏輯上和法理上並無不妥。在制定社會福利政策方面，第一百四十四條並不會限制志願團體發展社會福利。

7.3 有委員認為，「依法」享受社會福利是有問題的，若社會福利的法律定得過多、寫得太死，便會對特別行政區造成很多限制，且令福利政策缺乏靈活性。

7.4 有委員認為，現時的社會福利政策有相當的靈活性，這特色宜保留，不宜用法律來限死。太多或太少社會福利都不好，故此建議保留目前的做法。

7.5 建議刪除第三十六條「依法享受社會福利的權利」中的「依法」二字，因為目前香港的社會福利並不透過法律來規定，福利服務大多依政策來推行，倘若要「依法」才能享受社會福利，則只會限制福利服務的發展。

7.6 有意見認為，保留「依法」二字並不表示特別行政區居民享有的社會福利水平會下降。

7.7 有意見認為，假若不刪除「依法」兩字，則表示要把香港的社會福利服務要一律以法律來規定，否則便失去意義，但這樣做則很麻煩。

7.8 有意見認為，假若刪除第三十六條中的「依法」兩字，則意味着日後特別行政區居民將無限制地享受社會福利的權利。

※

② 1989 年 11 月基本法諮詢委員會《中華人民共和國香港特別行政區基本法（草案）諮詢報告第三冊——條文總報告》

【P234-235】

第六章　整體意見

1. 意見

1.1 反面

→ 第……、一百四十四條……只是政策及意向的聲明，在《中英聯合聲明》中沒有規定，這些條款應用允許性的

「可以」代替，否則將對立法機關產生不適當的限制。

2.建議
2.3 其他建議
2.3.3 社會福利
→ 特別行政區政府應學習歐洲、美國和澳洲做法，使無依靠的老人安度晚年，得溫飽生活到最終為止。另外，政府應給予退休老人每月五千元生活費，並提供食用和租金。
→ 應明確指出對特殊人士的教育和福利保障，尤其對於一些弱智及弱能人士滿十六歲後的社會補給。
理由：目前本港對年滿十六歲及以上之特殊人士需求並不足夠，一九九七年後應加強對特殊人士的保障。
→ 應推廣社會福利，推行公積金計劃。

【P250】
第一百四十四條
2.意見
2.1 保留
→ 現時香港的原有社會制度是不大健全的，可惜這條文沒有清楚表明特別行政區政府將擴展社會福利制度的意向，只是輕描淡寫提及自行制定其發展、改進的法律和政策，亦沒有列明「改進的法律」是以什麼為依歸。

3.建議
3.1 修改
→ 改為：「香港特別行政區政府應根據經濟條件和社會需要，自行制定社會福利政策。」
理由：這樣的修改可令社會福利政策能更有彈性的制訂，以便即時針對社會需要作出回應。
3.2 其他
→ 建議由現時香港政府社會福利署支持及完全津助志願團體之政策在一九九七年後繼續維持不變。

※

③ 1989 年 12 月 17 日《教科文專題小組第十二次會議紀要》，載於 1990 年 2 月《中華人民共和國香港特別行政區基本法起草委員會第九次全體會議文件匯編》

【P38】
1.根據香港人士的意見，香港的社會福利並無法律規定，委員們同意刪去第一百四十四條最後一句「法律和」三個字。

第八稿

「第一百四十五條　香港特別行政區政府在原有社會福利制度的基礎上，根據經濟條件和社會需要，自行制定其發展、改進的政策。」
〔1990 年 4 月《中華人民共和國香港特別行政區基本法》〕

香港特別行政區從事社會服務的志願團體在不抵觸法律的情況下可自行決定其服務方式。

1. 志願團體依法自行決定服務方式

第一稿

第六章

「第十三條　香港特別行政區從事社會服務的志願團體可自行決定其服務方式。」
〔1987 年 8 月 22 日《教育、科學、技術、文化、體育和宗教專題小組工作報告》，載於《中華人民共和國香港特別行政區基本法起草委員會第五次全體會議文件匯編》〕

① 1986 年 2 月基本法諮詢委員會《諮委會第一分組有關基本法結構討論小結》

一、基本法結構，根據與會者發言，大致上可以歸結為下列十二個部份：
7. 教育、科技、文化、宗教

※

② 1986 年 2 月基本法諮詢委員會《第一批研討會總結》

一、基本法結構，根據與會者發言，大致上可以歸結為下列十二個部份：
7. 教育、科技、文化、宗教

※

③ 1986 年 2 月基本法諮詢委員會《第二批研討會總結》

六、基本法結構初擬
7. 文化、教育、宗教、福利；

※

④ 1986 年 2 月基本法諮詢委員會《第四批討論總結》

一、基本法的結構
6. 文化、教育

10. 宗教自由

12. 社會福利
委員們一致同意基本法結構應包括以上十二點內容，而每一點是否成為一單項，則意見不一。基本上同意前五點獨立成一專項，其餘各點則可自然歸納為總項。

第二稿

「第一百五十三條　香港特別行政區從事社會服務的志願團體可自行決定其服務方式。」
〔1987 年 12 月基本法起草委員會秘書處《香港特別行政區基本法（草案）》（匯編稿）〕

① 1987 年 9 月 2 日《中華人民共和國香港特別行政區基本法起草委員會第五次全體會議委員們對基本法序言和第一、二、三、四、五、六、七、九章條文草稿的意見匯集》

【P70】
七、關於第六章　香港特別行政區的教育、科學、技術、文化、體育和宗教
13. 第十三條
有些委員提出，本條規定與香港目前的情況不符，而且志願團體自行決定其服務方式而不受法律的約束，這是不合適的，建議刪去本條。

② 文化教育科技宗教專責小組《對基本法第六章條文草稿（一九八七年八月）的意見》（1987 年 11 月 4 日經執行委員會通過）

【P4】

條文草稿	諮委建議
第十三條	第十二條：香港特別行政區從事社會服務 * 的志願團體可自行決定其服務方式。 （*根據現時政府的定義，社會服務包括房屋、福利、勞工、醫療和教育這五方面。）

※　　　　　　　　　　　　　　　　　　　　※

③ 1987 年 12 月基本法起草委員會秘書處《香港特別行政區基本法（草案）》（匯編稿）

【P57-58】

第一百五十三條
說明：有的委員認為志願團體自行決定其服務方式而不受政府約束是否合適？建議在「志願團體」之後加上「在政府有關規定下」。有些委員建議請香港志願團體有關組織對條文擬定提出建議。有的委員認為本條可刪去。

第三稿

「第一百五十三條　香港特別行政區從事社會服務的志願團體可自行決定其服務方式。」

〔1988 年 3 月基本法起草委員會秘書處《中華人民共和國香港特別行政區基本法（草案）草稿》（總體工作小組第二次會議對目錄、序言、第一、二、三、五、六、七、九章的修改稿）〕

① 1987 年 12 月《中華人民共和國香港特別行政區基本法起草委員會第六次全體會議委員們對基本法第四、五、六、十章和條文草稿匯編的意見》

【P38】
11. 第一百五十三條
（1）許多委員認為，對志願團體的服務方式問題可不在基本法中作出規定，建議專題小組考慮刪去此條。

（2）比較多的委員認為，志願團體自行決定其服務方式而不受政府約束不合適，應有所限制。有些委員建議，在「自行決定」前加上「依法」二字。

（3）有的委員建議，本條也可按「說明」的意見，加上「在政府有關規定下」，予以保留。

第四稿

「第一百五十五條　香港特別行政區從事社會服務的志願團體可依法自行決定其服務方式。」

〔1988 年 4 月基本法起草委員會秘書處《中華人民共和國香港特別行政區基本法（草案）草稿》〕

第五稿

「第一百五十四條　香港特別行政區從事社會服務的志願團體可依法自行決定其服務方式。」

〔1988 年 4 月基本法起草委員會《中華人民共和國香港特別行政區基本法（草案）徵求意見稿》〕

第六稿

「第一百四十五條　香港特別行政區從事社會服務的志願團體在不抵觸法律的情況下可自行決定其服務方式。」

〔1989 年 2 月《中華人民共和國香港特別行政區基本法（草案）》〕

①《基本法工商專業界諮委對基本法（草案）徵求意見稿第六章教育、科學、文化、體育、宗教、勞工和社會之意見書》

【P4】
第一百五十四條
建議刪去有劃線在下面的字句：
「香港特別行政區從事社會服務的志願團體可依法自行決定其服務方式。」

※

②《與內地草委交流的重點——文化教育科技宗教專責小組》，載於 1988 年 6 月 3 日《基本法諮詢委員會秘書處通訊 73》

8. 第一百五十二、一百五十四條
有委員指出特區對組織實行資助政策與團體可自行決定服務方式，會否成為漏洞。

※

③ 1988 年 8 月基本法起草委員會秘書處《香港各界人士對〈香港特別行政區基本法（草案）徵求意見稿〉的意見匯集（一）》

【P46】
第一百五十四條
1. 「依法」改為「在不抵觸法律的情況下」。

2. 本條的「依法」不能刪，否則，一些團體會認為它們根據基本法完全自治，不受政府干預，這很危險。

【P48】
關於第六章的其他意見
1. 基本法是憲制性文件，文字要準確，要講一些原則性的東西，不應在條文中規定那些局部性的東西，如第一百四十四條規定學生有出外求學的自由，那麼是否還要寫上商人、醫生有出外經商、行醫的自由呢？其實這些規定都可以刪去，有出入境自由就可以了，根據這一精神，建議刪去第……、一百五十四條。

※

④ 1988 年 10 月基本法諮詢委員會《中華人民共和國香港特別行政區基本法（草案）徵求意見稿諮詢報告第五冊——條文總報告》

第六章　整體意見
2. 對個別方面的意見
2.5 科學、文化、體育和社會服務方面
2.5.1 意見
2.5.1.2 不滿意
→ 第一百五十二條、第一百五十三條及第一百五十四條互相矛盾。

【P409-410】
3. 建議
3.7 搬移
→ 把第一百五十二條改為第一百五十四條，第一百五十三條改為第一百五十三條（編者按：應是「改為第一百五十二條」之誤），第一百五十四條改為第一百五十三條。

4. 待澄清問題
→ 本章中「自行」是什麼意思？

【P443-444】
第一百五十四條
2. 意見
→ 香港有獨立的行政權，許多科學、文化、教育政策理當自行決定，不須在此重複或說明。

3. 建議
3.1 刪除
→ 刪除此條。
理由：此為原有制度的一部份，而現行政府的運作也如此，並已包括在第二章第十五條中。
→ 刪去條文中「依法」一詞。
理由：
⊙ 對「依法」一詞未有清楚界定。
⊙ 「依法」將來可能變成剝奪志願團體自行制定服務方式自由的根據。

3.2 修改
→ 改為：「香港特別行政區從事社會服務的志願團體，可按社會需要發展相應的服務，政府在財政狀況許可下給予資助。」
→ 改為：「香港特別行政區從事社會服務的志願團體在不抵觸法律的情況下可自行決定其服務方式。」
理由：
⊙ 以符合現時志願團體在提供服務的習慣。
⊙ 原文的「依法」一詞意味政府可立法規定志願團體提供服務的方式，這是不好的。
→ 改為：「香港特別行政區從事社會服務的受資助團體，可自行決定服務方式，但須依法進行。」
理由：目前資助的志願團體事先要獲得批准才能更改其服務細則，但原文的寫法把受資助和不受資助的志願團體混為一談，令私營的、未受資助的志願團體同受本條約束，建議的修改令本條更明確和切合香港情況。
→ 把「依法」一詞改為「在不違反法律範圍下」。
3.3 其他建議
→ 應在「香港特別行政區」後加上「內」字，否則文句不通。
→ 應列明從事社會服務的志願團體應受政府管制。
→ 應規定特別行政區政府不能透過資助政策損害志願機構的自主權。
理由：資助政策只應發揮資源有效分配的作用，免致服務大量重複。

4. 待澄清問題
→ 何謂「可依法自行決定」？
→ 假若屆時特別行政區政府的法例規定了志願團體的服務方式，那些團體又如何「自行決定」？
→ 志願團體可否從事特別行政區政府劃定服務範圍以外的服務？
→ 本條的「從事社會服務的志願團體」涉及「社會福利」、「社會工作」和「社會服務」三個不同的環節，它們是否有不同的內容和意義。

第七稿

「**第一百四十六條　香港特別行政區從事社會服務的志願團體在不抵觸法律的情況下可自行決定其服務方式。**」
〔1990 年 2 月 16 日《中華人民共和國香港特別行政區基本法（草案）》〕

① **1989 年 11 月基本法諮詢委員會《中華人民共和國香港特別行政區基本法（草案）諮詢報告第三冊 —— 條文總報告》**

【P251】
第一百四十五條
2. 建議
2.1 刪除

→ 刪去此條。
2.2 修改
→ 改為：「香港特別行政區從事社會服務的志願團體若受補助，可自行決定服務方式但依法進行。」
理由：補助費通常是給予某種特別服務，但若接受補助的團體或機構更改服務細則，便要先獲批准。但這並不適用於私營或不受補助的機構。
→ 將「可自行決定其服務方式」改為「其合法的服務方式可自行決定」。

第八稿

「**第一百四十六條　香港特別行政區從事社會服務的志願團體在不抵觸法律的情況下可自行決定其服務方式。**」
〔1990 年 4 月《中華人民共和國香港特別行政區基本法》〕

香港特別行政區自行制定有關勞工的法律和政策。

❀ 貳｜概念

1. 自行制定勞工政策

❀ 叁｜條文本身的演進和發展

第一稿

第六章

「第十四條　香港特別行政區根據經濟發展、社會需要和勞資協商的實際情況，自行制定有關勞工的法律和政策。」

〔1987 年 8 月 22 日《教育、科學、技術、文化、體育和宗教專題小組工作報告》，載於《中華人民共和國香港特別行政區基本法起草委員會第五次全體會議文件匯編》〕

① 1986 年 2 月基本法諮詢委員會《分批研討會參考資料》

【P1-2】

某委員（編者按：原件模糊，無法辨認名字。）：除了總綱外，內容分章節用法律語言來寫，應包括如下內容：
（十一）勞工權益。

※

② 1986 年 2 月基本法諮詢委員會《第二批研討會總結》

六、基本法結構初擬
7. 文化、教育、宗教、福利；

※

③ 1986 年 2 月基本法諮詢委員會《第四批討論總結》

一、基本法的結構
6. 文化、教育

10. 宗教自由

12. 社會福利

委員們一致同意基本法結構應包括以上十二點內容，而每一點是否成為一單項，則意見不一。基本上同意前五點獨立成一專項，其餘各點則可自然歸納為總項。

※

④ 1986 年 8 月 20 日《基本法結構專責小組初步報告》

【P26】

意見	原因	意見出處
（1）a. 建議在題目內加上「勞工」二字，在內容裡寫上「勞工政策」。「勞工政策」包括：「就業保障、限制輸入廉價勞工、工會的政治權利及集體談判權、香港工會與外地工會的關係。」		香港工會教育中心與多個工會（勞工界）來信（19/6/86）
b. 提出不需在這章內突出某一階層的問題	因為勞工問題屬經濟政策，而且香港已有一套完整的勞工保障制度。第三章已概括了各階層人士的合法權益，若在這章內提及勞工問題，會產生不協調的現象。	專責小組五月六日會議

※

⑤ 1986 年 11 月 5 日《香港特別行政區基本法起草委員會教育、科學、技術、文化、體育和宗教（包括區旗、區徽問題）專題小組工作報告》，載於《中華人民共和國香港特別行政區基本法起草委員會第三次全體會議文件匯編》

【P50】

三、尚待進一步研究的問題
3. 基本法結構（草案）第六章第六節「其他社會事務」究

竟包括哪些具體內容，關於社會福利與勞工福利問題在基本法結構（草案）第三章「香港居民的權利與義務」中已經作了規定，本組似不必涉及這些方面的問題，建議基本法起草委員會交由「香港居民的權利與義務」專題小組研究解決。

※

⑥《Final Report on the Structure of Basic Law》（《基本法結構專責小組最後報告》，1987年3月14日經執行委員會通過）

【P31】

ITEMS	OPINIONS	REASONS	SOURCES
7. Chapter 6 "HKSAR Education, Science, Technology, Culture, Sport, and Religion"			
7.7 Supplement	1a. To add "labour" in the heading of this Section and to include "labour policy" in this Section. "labour policy" includes "security of employment, low paid labour, political rights of trade unions, rights of collective bargaining and relationship between Hong Kong and foreign trade unions".		Education Centre of Hong Kong Trade Unions and many other trade unions' letter on 19th June, 1986
	b. It is not necessary to emphasize on a particular social class in this Chapter.	Labour issue is within the scope of economic policies. Hong Kong has already developed an integrated social security system. Chapter 3 has incorporated the legal rights of all social sectors. It will be unbalanced if this Chapter mentions the labour issue.	Special Group Meeting on 6th May, 1986

第二稿

「**第一百五十四條　香港特別行政區根據經濟發展、社會需要和勞資協商的實際情況，自行制定有關勞工的法律和政策。**」

〔1987年12月基本法起草委員會秘書處《香港特別行政區基本法（草案）》（匯編稿）〕

① 1987年9月2日《中華人民共和國香港特別行政區基本法起草委員會第五次全體會議委員們對基本法序言和第一、二、三、四、五、六、七、九章條文草稿的意見匯集》

【P71】

七、關於第六章　香港特別行政區的教育、科學、技術、文化、體育和宗教

14.第十四條

（1）有的委員建議刪去「經濟發展」四個字；有的委員建議改為「香港特別行政區政府自行制定勞工方面的政策」，有的委員同意作上述修改，但建議再加上「法律」，即改為「……法律和政策」。

（2）有些委員認為，有關勞工的法律和政策問題放在這一章不合體例，建議調到有關經濟問題的章節內。有些委員則認為還是放在本章為好，只需將標題改為：「香港特別行政區的教育、科學、技術、文化、體育和宗教等」。

（3）有的委員提出，本條文沒有將勞工政策和法律可以根據實際情況進行改進和發展的意思表達清楚。建議改寫為：「香港特別行政區自行制定有關勞工的法律和政策，可根據經濟發展、社會需要和勞資協商的實際情況來決定發展和改進」。

※

②文化教育科技宗教專責小組《對基本法第六章條文草稿（一九八七年八月）的意見》（1987年11月4日經執行委員會通過）

條文草稿	諮委建議
第十四條	第十三條：香港特別行政區按社會的實際情況，並參照香港的現行勞工法例，自行制定有關勞工的法律和政策。（有委員建議在本條寫上「國際勞工公約適用於香港的規定繼續有效。」）

第三稿

「**第一百五十四條　香港特別行政區根據經濟發展、社會需要和勞資協商的實際情況，自行制定有關勞工的法律和政策。**」

〔1988 年 3 月基本法起草委員會秘書處《中華人民共和國香港特別行政區基本法（草案）草稿》（總體工作小組第二次會議對目錄、序言、第一、二、三、五、六、七、九章的修改稿）〕

① **1987 年 12 月《中華人民共和國香港特別行政區基本法起草委員會第六次全體會議委員們對基本法第四、五、六、十章和條文草稿匯編的意見》**

【P39】

12.第一百五十四條

（1）有的委員建議，本條最後一句改為「自行制定和改進有關勞工的政策和法律」。

（2）有的委員建議，本條增寫「國際勞工公約適用於香港的規定繼續有效及按實際情況的需要而有所增加」。但有些委員表示異議，認為在基本法寫上國際公約應非常慎重，以免被誤認為基本法是根據國際公約制定的。

第四稿

「**第一百五十六條　香港特別行政區根據經濟發展、社會需要和勞資協商的實際情況，自行制定有關勞工的法律和政策。**」

〔1988 年 4 月基本法起草委員會秘書處《中華人民共和國香港特別行政區基本法（草案）草稿》〕

第五稿

「**第一百五十五條　香港特別行政區根據經濟發展、社會需要和勞資協商的實際情況，自行制定有關勞工的法律和政策。**」

〔1988 年 4 月基本法起草委員會《中華人民共和國香港特別行政區基本法（草案）徵求意見稿》〕

① **1988 年 4 月基本法起草委員會《中華人民共和國香港特別行政區基本法（草案）徵求意見稿》**

【P13】

簡介

第六章：教育、科學、文化、體育、宗教、勞工和社會服務

43.本章規定：香港特別行政區政府自行制定……、勞工政策和社會福利政策，……。

第六稿

「**第一百四十六條　香港特別行政區政府自行制定有關勞工的法律和政策。**」

〔1989 年 2 月《中華人民共和國香港特別行政區基本法（草案）》〕

① **《基本法工商專業界諮委對基本法（草案）徵求意見稿第六章教育、科學、文化、體育、宗教、勞工和社會之意見書》**

【P4】

第一百五十五條

建議刪去有劃線在下面的字句：

「香港特別行政區<u>根據經濟發展、社會需要和勞資協商的實際情況，</u>自行制定有關勞工的法例和政策。」

※

② **1988 年 5 月基本法諮詢委員會秘書處《基本法（草案）徵求意見稿初步反應報告（草稿）》**

【P37】

勞工條文

1.國際勞工精神並未有完善地包含在條文內。應把國際勞工公約與公民權益一樣，清楚地納入條文裡。

2.條文應列明是否繼續承認本港勞工團體與國際勞工組織的關係。

3.應訂明將來的勞工組織用哪一種方式爭取加入國際性的勞工組織。

4.現時有關勞工的條文未能確保勞工的權益，應加上以下保障：列明勞工有權由工會代表勞方集體進行勞資談判、有權獲得職業健康及安全保障、職業訓練及保障其退休福利。

※

③ **1988 年 8 月基本法起草委員會秘書處《香港各**

界人士對〈香港特別行政區基本法（草案）徵求意見稿〉的意見匯集（一）》

【P46-47】
第一百五十五條
1.建議將「經濟發展」改為「經濟情況」或將條文中的「經濟發展、社會需要和勞資協商的」刪去，理由如下：（1）許多勞工法律和政策是在經濟不景氣時制定的，例如遣散費條例、破產薪金保障基金等，而條文中「經濟發展」這字眼有著「經濟增長、好景」的意思，這樣在經濟不景氣時，政府便難於解決勞工的困境。（2）條文中「社會需要」往往有不同的理解，例如近期的勞工短缺問題與輸入外地勞工問題，工商界和工人便有不同的理解。（3）條文中「勞資協商」更是對工人不利，因為現時工會沒有談判權，而資方往往採取強硬態度，這樣無疑阻礙了勞工法例的制定。

2.將條文中的「和」改為「或」。

※

④《基本法諮詢委員會文化、教育、科技、宗教專責小組對基本法（草案）徵求意見稿第六章的意見匯編》，載於 1988 年 10 月基本法諮詢委員會《中華人民共和國香港特別行政區基本法（草案）徵求意見稿諮詢報告（1）》

【P129】
2.有關條文討論
2.9 第一百五十五條
2.9.1 有委員建議基本法應確立工會的談判地位，這對勞資雙方都是有利的，因為許多勞資糾紛是不能單靠勞工法例或政府干預便可以解決的。
2.9.2 有委員認為，現時香港沒有輔助法例促使工會有談判權，故對勞工的保障不足。為確保將來經濟繁榮，需要勞資協商，需要有工會組織，建議基本法內容應增補有關條文以包括工會和工會權力的原則，應有附屬的工會法。
2.9.3 有委員認為，在條文中列明制定有關勞工的法律和政策，要經「勞資協商」，可能會對將來勞工福利造成掣肘，故宜刪除。

※

⑤《勞工問題》，載於 1988 年 10 月基本法諮詢委員會《中華人民共和國香港特別行政區基本法（草案）徵求意見稿諮詢報告（4）——專題報告》

【P63-69】
1.前言
1.1 香港現有二百七十萬勞工，約佔全港人口一半。他們主要受僱於下列行業：製造業，佔 34.8%；批發零售業及酒樓酒店業 23.2%；社區、社會及個人服務業，佔17%；運輸、倉庫及通訊業，佔 8.5%；建築業，佔 8.1%。
1.2 香港現有註冊職工會四百多個，會員人數接近四十萬人，約佔全部勞動人口百分之十五，工會初期主要為工人提供福利；維護工人權益、改善工人生活質素。近年來，工會以及一些由社會團體成立的關注勞工組織和機構都有專職人員，除致力爭取本行業工人的權益和福利外，還協助工友解決勞資糾紛，關注整體勞工政策和法例的制訂及修改，並且開始關心社會事務和香港前途。
1.3 基本法（草案）徵求意見稿公佈後，勞工界人士、團體、特別是工會及關注勞工問題的組織，對基本法內有關

勞工的條文提出了許多意見，他們認為：
1.3.1 勞工是促使香港經濟發展的要素，應該肯定其對社會的貢獻。
1.3.2 香港現時還沒有完善的勞工政策，勞工未得到應有的權益和地位。
1.3.3 一九九七年後，香港回歸中國，實行港人治港，勞工的地位應比現時有所提高，勞工利益應與其他階層利益一樣，受到充份的重視。
1.3.4 制訂基本法的其中一個主要目標，是繼續維持香港的安定繁榮。要保持香港的經濟繁榮，必先使社會安定。除維持經濟上的高水平發展外，如何平衡資產者、中產者和勞動者三者間之利益，基本法應有全盤考慮，以保證社會各階層可共享經濟發展的成果，使大家安居樂業。相反，如果在一九九七年後，勞工政策的情況仍停留在目前的基礎上，勞資關係可能因得不到妥善的安排而導致雙方對立加深，衝突加劇，則社會的「安定」和「繁榮」皆不可保。
1.3.5 由此可見，勞工問題實有其重要性。本報告旨在把收集所得的意見作一歸納和分析，並輔以勞工現況的背景資料，供有關方面參考。至於各界團體和人士對徵求意見稿中的勞工條文提出的具體修改建議，可見於諮詢報告（5）「條文總報告」，本報告將不作詳述。

2.基本法（草案）徵求意見稿內有關勞工問題的條文
2.1 第三章
2.1.1 第二十六條：「香港居民享有言論、新聞、出版的自由，結社、組織和參加工會、罷工的自由，集會、遊行的自由。」
2.1.2 第三十二條：「香港居民有選擇職業的自由。」
2.1.3 第三十五條：「香港居民有享受社會福利的權利，勞工的福利待遇受法律保護。」
2.1.4 第三十八條：「《公民權利和政治權利國際公約》和《經濟、社會與文化權利的國際公約》適用於香港的有關規定，通過香港特別行政區的法律予以實施。」
2.2 第六章
2.2.1 第一百五十五條：「香港特別行政區根據經濟發展、社會需要和勞資協商的實際情況，自行制定有關勞工的法律和政策。」
2.2.2 第一百五十七條：「香港特別行政區的教育、科學、技術、文化、體育、衛生、專業、勞工、社會福利和宗教等組織可同世界各國、各地區及有關國際組織保持和發展關係，各該組織可根據需要冠用『中國香港』的名義，參與有關活動。」

3.對基本法（草案）徵求意見稿有關勞工條文的意見
徵求意見稿公佈後，關注勞工問題的人士和團體對有關的條文提出許多意見，可歸納如下：
3.1 徵求意見稿較重視投資者的利益，對廣大勞工的保障及照顧不足；
3.2 條文的精神仍停留在現有香港勞工法例和勞資情況的基礎上，缺乏改進現在落後和不公平勞工政策的積極性。
3.3 有關勞工問題的條文只有六項，而且分散於不同章節，缺乏明確指引和專業性的論述，未能體現出一個完整的勞工政策。
3.4 雖然第一百五十五條列明，「香港特別行政區可以根據經濟發展、社會需要和勞資協商的實際情況，自行制定有關勞工的法律和政策。」但這只是原則性規定，而且還得視乎上述三個條件的「實際情況」而定，對勞工並無實質、明確的保障。

4.勞工政策的現況
4.1 隨着近年來香港經濟的高速發展，以及勞工團體的積極爭取，勞工的待遇、福利和獲得的保障有一定改善。根

據香港政府一九八八年年報指出，政府對勞工法例的整體政策是「務求香港在勞工安全、健康和福利法例方面，能夠和其他處於相若經濟發展期的鄰近國家，有著大致相若的水平。」

4.2 但有意見則批評，香港一向沒有完善的勞工政策，對勞工福利的改善也缺乏長遠的、完整的規劃；至於勞工立法，也多偏重保障資方利益，而且許多法例的訂立都是基於補救性質，並經過勞工的不斷爭取才能獲得。而勞工以及作為勞工代表的註冊職工會，在勞資談判中的權利和地位又往往缺乏法律的保障，以致在重大的勞工政策、重要的勞工福利上，沒有協商地位，也使香港的勞工福利保障落後於其他與香港經濟發展相近的國家及鄰近地區。這些國家和地區，儘管有些經濟發展水平不及香港，但它們的勞工都享有較全面的社會保障，而且不少還清楚地在憲法中載明。

4.3 有人士擔心，如果一九九七年後，香港特別行政區仍然保留目前這種不公平、不完善的勞工政策，且五十年不變的話，其結果將對勞工階層非常不利，而且由此而導致的勞資對立、矛盾激化，還會嚴重地影響到社會的安定繁榮。

4.4 基本法為一九九七年後香港重大政策的指引，因此，對涉及佔本港人口一半以上的勞工問題應有一個比較全面的、長遠的考慮。

5. 勞工政策

5.1 鑒於目前法律對勞工保障不足，和缺乏完善的勞工政策，有建議認為，應盡量爭取在基本法上訂明最大、最全面的權益和保障，以便一九九七年後香港特別行政區政府可以根據這些規定，制訂具體政策和保障的法律。

5.2 有建議認為，基本法應具備一個全面的勞工政策，並以一獨立章節，專門闡述，以體現基本法對香港廣大勞工的關注，及肯定勞工對香港社會繁榮發展的貢獻。

5.3 勞工政策。
綜合各方面意見，一個整體性、全面的勞工政策應包括以下數方面：

5.3.1 保障勞工權益
這些權益包括就業、組織和參加工會、罷工，以及參與集體談判的自由和權利。目前，香港的勞工並不完全享有上述權益，例如集體談判權，即使現時勞工所享有的一些自由，其行使這些自由的權利也不一定受保障。香港工人雖有罷工自由，但與此同時，法律卻沒禁止僱主以參加罷工為理由開除工人，這無疑令勞工的罷工權利不能完全行使和受到損害。另外，工人雖然有組織工會的自由，但法律並沒有規定僱主必要與有代表性的工會作出有誠意的談判。這種工人有組織工會自由但僱主亦有不承認工會的自由的情況，實際也使工人享有的自由權益形同虛設。因此，有建議認為，基本法必須詳列勞工享有以上各項基本權益，並且以清楚的法律條文保障這些權益不會因其他限制而被剝奪。基本法就勞資關係方面應有一套較積極、有系統的規限，使香港特別行政區的勞資關係能得到一個平衡和穩定的發展。

5.3.2 改善勞工保障
5.3.2.1 勞資保障包括三方面：
（甲）職業保障，包括失業援助、就業輔導和職業訓練等；
（乙）職業安全及健康保障，包括安全的監督和有關知識的教育和宣傳；
（丙）社會保障，包括退休、疾病、傷殘等保障計劃。
5.3.2.2 以上的勞工保障不同於一般的社會福利或社會保障。現行香港公共援助式的社會福利措施，只是對人口中不能自助者的社會保障，而勞工保障所包含的範疇應更全面、廣泛。
5.3.2.3 目前香港尚未有一套完備的勞工保障制度。以勞工最為關注的退休問題為例，員工所享的退休保障需視乎

各公司的福利制度而定，並非每一個僱員皆可獲得退休金，因法律條例沒有規定，僱主必定要付給員工退休金。截至一九八六年一月，政府才開始實施長期服務金的規定 —— 任何僱員如不是因紀律理由或因進行裁員而遭解僱，且為同一僱主服務超過一定年限，便可享有一筆長期服務金。一九八七年，香港政府勞工處建議擴大長期服務金的保障範圍，以包括因健康欠佳或年老而辭職的僱員。但這並不等同退休金的特定保障，也不是每一位勞工都可享有的。至於其他得不到所屬機構保障的員工，便得倚賴政府提供的其他福利保障，如公共援助及高齡津貼。較早前，勞工界普遍要求設立中央公積金，但最終被否決。

5.3.2.4 由此可見，勞工一方面缺乏完善的保障制度，另一方面勞工享受保障的權利亦不受法律保障。因此，有建議基本法列明香港居民享受全面勞工保障的權利。

5.3.3 改善勞工待遇和福利
5.3.3.1 待遇和福利涉及的範圍主要包括工資，以及由僱傭條例訂明的其他權益，如法定假期、休息日、年假、分娩假期、病假、醫療津貼，此外，還包括僱主給予僱員的各種附帶福利，如各類津貼、獎金和年終酬金等。
5.3.3.2 目前香港沒有法定最低工資額，一般工資水平基本上按供求情況而定。勞工所享有的福利也因行業和僱主而異。故有建議希望，基本法保障勞工享有公平合理的工資和待遇，包括男女同工同酬。這些待遇應建立在勞資雙方可以接受的基礎上，並按實際情況調整，不斷改善勞工階層的生活質素。

5.3.4 確立註冊職工會的權利和地位
5.3.4.1 香港勞工有組織和加入工會的自由。職工會須根據職工會條例的規定登記。一經登記，職工會即成為立案法團，享有若干民事訴訟的豁免權。此外，防止歧視職工會條例則規定，僱主歧視僱員，因彼等為職工會會員，或參加職工會活動，乃屬違法。
5.3.4.2 然而，這些條例並不能使工會在勞資協商和爭取勞工權益方面確立其地位。其中主要原因是職工會的集體談判權和認可權沒有法律保障。
5.3.4.3 根據一些國家的法律規定，工會的集體談判權和認可權是指在勞資談判中，如超過某百分率的有關僱員同意由某工會代表與資方談判，則資方得認可該工會為談判對象，必須與其展開談判，且談判必須有誠意。
5.3.4.4 目前香港的情況是：勞工有組織工會的自由，但僱主也有不承認工會的自由；事實上，現時大多數註冊職工會未獲僱主承認為集體談判的對象。即使在全港性勞工法例的立法和修訂中，職工會的意見也未得到足夠的重視。不過，這種現象在一定程度上也受香港目前有關組織工會的法例所影響。根據法律規定，七個或以上同一行業的工人即可登記組織工會，故此，同一行業便有可能出現多間職工會。它們各自的會員人數不多，無總體代表性，且彼此各有不同取向，以致個別職工會的意見不受重視，而僱主也往往以上述理由拒絕與工會談判。
5.3.4.5 此外，不同行業的工會組織聯合會的方式亦受到限制，這對勞工透過龐大的集體行動來爭取權益，有一定阻礙。
5.3.4.6 徵求意見稿第一百五十五條規定，「香港特別行政區根據經濟發展、社會需要和勞資協商的實際情況，自行制定有關勞工的法律和政策。」但有意見認為，在工會的認可權和集體談判權還沒有受到法律保障的情況下，勞資雙方根本不存在真正平等的協商，這將導致有關政策的訂立受到妨礙。
5.3.4.7 故有建議認為，註冊職工會的地位及集體談判權如能在基本法中獲得承認，不但能大大提高勞工階層在勞資談判中的地位，亦有利於處理及解決勞工問題，達致真正的勞資協商，促進和諧的勞資關係，而且更由於工會地位提高，有較大的力量為勞工爭取權益，對促進工會力量的發展，必定很有幫助。

5.3.4.8 此外，也有要求職工會在勞工政策的制定或有關勞工的立法方面扮演更主動、積極的角色。例如有建議全港註冊工會如獲得三分之二的通過，可以向有關當局提出改善勞工法例。

5.3.5 確立香港特別行政區與國際勞工組織的關係、實施《國際勞工公約》

5.3.5.1 就保障人權問題，國際間締結了一些公約。締結國可根據本身實際情況，確認並採取適當措施保障有關權利。其中，涉及勞工權益和保障的有《公民權利和政治權利國際公約》、《經濟、社會與文化權利國際公約》及《國際勞工公約》。

5.3.5.2 基本法（草案）徵求意見稿第三十八條已有規定，「《公民權利和政治權利國際公約》和《經濟、社會與文化權利的國際公約》適用於香港的有關規定，通過香港特別行政區的法律予以實施。」這兩個公約中涉及的勞工權益和保障包括：

（甲）就業和自由選擇職業的權利；

（乙）獲得公允之工資，男女同工同酬；（目前英國保留權利，不在香港的私人機構實行男女同工同酬政策。）

（丙）組織及加入公會的權利；

（丁）工會有權成立全國聯合會或同盟，後者有權組織或參加國際工會組織；（目前英國保留權利，不在香港引用此條規定。）

（戊）罷工權利；

（己）享有社會保障的權利。

5.3.5.3 根據徵求意見稿有關規定，以上關於勞工的權益和保障將可在香港繼續實施。有關此兩公約香港具體的應用及實施情況，請參閱另一專題報告——「人權保障與兩個國際公約」。

5.3.5.4 值得注意的是，除上述兩個國際公約外，現時在香港實施還有《國際勞工公約》，專門針對勞工問題，作出更詳細及具體的規定，所以它對香港勞工有頗大影響。而且，此公約所列的一些重大的勞工權益和保障，例如工會認可權和集體談判權、勞工的充份就業的權利等，也未包括在上述兩個國際公約內。

5.3.5.5 有建議認為，為保證這公約將來在香港繼續實施，並以之作為修改或增加香港勞工法例的依據，基本法應同時列明《國際勞工公約》適用於香港的規定，在一九九七年後繼續有效。

5.3.5.6 國際勞工組織是聯合國屬下的一個組織，其成員均以聯合國會員國為單位，是以香港不能以獨立會員身份參加，因此香港未來在國際勞工組織的地位，及該組織以訂定國際勞工標準的《國際勞工合約》的認可及其在港實施的問題，仍有待透過適當途徑解決。

5.3.5.7 目前，香港是國際勞工組織的所謂非主權（即附屬）地區，沒有直接參與該組織的全體大會或其他事務的權利。香港雖不能享有成員國身份，但作為非主權地區，香港仍可與國際勞工組織保持關係，惟所有官方聯繫都必須透過其宗主國——英國政府。在全體大會中，香港的代表由英國政府代表擔任。在討論有關香港的問題時，英國可邀請香港官員以顧問身份出席。自一九八六年開始，香港有一個由政府、僱主、僱員三方代表組成的代表團作為英國代表團的顧問，列席國際勞工組織周年大會。

5.3.5.8 根據香港政府勞工處資料，香港作為非主權地區，無須認可任何協約；香港就英國政府認可的協約所作的公報，均由英國政府在與香港政府諮商後，代為發表。

5.3.5.9 截止一九八七年十二月，英國已認可七十多項《國際勞工公約》，香港引用其中四十八項，其中二十九項全部付諸實施，其餘十九項則稍經修訂後付諸實施，而中國目前僅承認了十四項公約。

5.3.5.10 在發表引用情況的公報之前，香港已透過立法或／及行政程序，將公約的各條款或已獲接納的條款賦予效力。

5.3.5.11 除要考慮本港已承認的四十八項《國際勞工公約》在一九九七年後是否繼續適用外，鑒於目前中港兩地的引用情況有所不同，基本法對下列問題也應有適當說明：

（1）香港現時承認的《國際勞工公約》條款比中國多，如何處理兩地的不同情況？

（2）假若將來香港認為有需要承認其他未獲中國承認的新條款，應怎樣處理？

（3）中國所承認的十四條條款而香港尚未承認者，是否需要加以承認？

（4）香港將以何種方式參加國際勞工組織？

5.3.5.12 就有關香港一九九七年後參與國際組織和協定的安排，《中英聯合聲明》附件一第十一節有如下規定：

i)「……對以國家為單位參加的、與香港特別行政區有關的、適當領域的國際組織和國際會議，香港特別行政區政府的代表可作為中華人民共和國政府代表團的成員或以中央人民政府和上述有關國際組織或國際會議允許的身份參加，並以『中國香港』的名義發表意見。」

ii)「中華人民共和國尚未參加但已適用於香港的國際協定仍可繼續適用。中央人民政府根據需要授權或協助香港特別行政區政府作出適當安排，使其他有關的國際協定適用於香港特別行政區。……」

iii)「對中華人民共和國已經參加而香港目前也以某種形式參加的國際組織，中央人民政府將採取必要措施使香港特別行政區以適當形式繼續保持在這些組織中的地位。」

5.3.5.13 與此同時，根據《中英聯合聲明》附件二所載，中英聯合聯絡小組也會就「兩國（中、英）政府為確保香港有關的國際權利與義務繼續適用所需採取的行動」進行商議。據悉，中英聯合聯絡小組最近已經解決有關問題，香港所承認的四十八條《國際勞工公約》條款將繼續有效，中國所承認的十四條條款而香港沒有承認的也可以承認，而且，香港將會用類似現行方法，即以中國代表團顧問成員身份出席國際勞工組織之全體會議。

5.3.5.14 改善勞資關係

鑒於目前本港缺乏積極、長遠目標的勞工政策，故有意見認為，基本法不但要全面地保障勞工權益，而且應允許有關的保障和勞工政策按社會和經濟國發展不斷改進，以不斷提高勞工階層的生活質素，促進勞資溝通，達致真正的勞資協商、勞資合作，及和諧的勞資關係為目標，避免不必要的勞資對立和衝突，而並非五十年不變。

6. 結語

勞工是香港社會經濟的一個重要支柱。基本法雖然肯定了香港特別行政區的成立後，香港原有的社會制度生活方式保持不變，但對改善勞工社會生活條件的做法，應像目前被動地依靠經濟發展來帶動，還是應該有一個積極、長遠的政策呢？如果是後者，又是否應該在起草基本法之時，為未來的特別行政區規劃出有關的政策呢？這些問題都是有待解決的。

※

⑥ 1988 年 10 月基本法諮詢委員會《中華人民共和國香港特別行政區基本法（草案）徵求意見稿諮詢報告第五冊——條文總報告》

→ 勞工的條文可以接受。
2.4.1.2 不滿意
→ 有關勞工保障的規定不足。
→ 在標題和條文的排列上，把勞工寫在宗教之後是不對的。
→ 只有第一百五十五條及第一百五十七條提到勞工，但內容貧乏，與香港廣大勞工階層的重要性不相稱。
2.4.2 其他建議
→ 應強制執行八小時工作制。
→ 應在條文上規定勞工享有全面的退休保障。
→ 基本法內應列明勞工可享有下列權利：
（1）職業保障
（2）職業安全和健康
（3）接受職業訓練
（4）全面社會保障
（5）工業集體談判權
（6）合理工資
→ 除基本法（草案）徵求意見稿第二十六條所列的自由外，勞工界應有更多的、合理的經濟（待遇）權益〔包括需要不斷改善勞工法、病假、分娩、醫療（應逐步全免費）、退休及僱傭條例等〕，但這些公平合理待遇應建立在勞資雙方可以接受的基礎上，並以原則性條文形式寫在基本法內，按實際情況調整或改善。
→ 在未來的香港特別行政區，勞工界應有足夠的政治地位。

【P444-447】
第一百五十五條
2. 意見
2.1 贊成意見
→ 贊成本條。
2.2 反對意見
→ 此條文拖延勞工享有福利和權利的時間。
→ 本條對勞工和社會保障的規定不足，作為一個繁榮的社會，基本法應列明一套香港應有的勞工保障計劃。
→ 本條句末謂特別行政區政府可自行制定有關勞工的法律和政策，但未提及工人有哪些權利。
→ 「勞資協商」一詞缺乏明確指引，忽視勞工的談判權益，使勞動階層得不到法律的保障，最後只會使勞資矛盾的解決，訴諸對抗和衝突。
→ 本條對「勞資協商」的規定，將妨礙有關勞工的法律和政策的制定。
→ 理由：
⊙ 以目前勞工顧問委員會的工作情況為例，勞資雙方的協商往往達不到協議，以致事情拖延而不能解決，造成勞工保障停滯不前，如果保留條文中「勞資協商」的字眼，將來亦會有同樣的結果。
⊙ 在未確立工會認可地位和集體談判權的前提下，勞資協商難有效果。
→ 如要視乎勞資協商的實際情況制定有關勞工法律及政策，將會強化資方的權力，令勞方失去保障。
→ 以「經濟發展」和「勞資協商」來制定勞工的法律和政策是不符合香港實際情況的。
→ 制定勞工法律是政府的基本責任，經濟發展及社會需要只是立法時考慮的因素之一，而勞資協商不應是制定勞工法律和政策的必然因素，以免任何一方拖延有關政策的制訂。

3. 建議
3.1 刪除
→ 刪除本條。
→ 刪除「根據經濟體發展、社會需要和勞資協商的實際情況」。

理由：
⊙ 許多勞工法律和政策是在經濟不景時制定的。而在條文中「經濟發展」這字眼有着經濟增長、好景的意思，使政府在經濟不景時難於解決勞工的困境。
⊙ 條文中「社會需要」一詞往往會有不同的解釋。
⊙ 條文中「勞資協商」一詞對工人不利，因為現時職工會沒有談判權，而資方往往採取拖延態度，這無疑阻礙了勞工法例的制定。
⊙ 以解決第二十六條與第一百五十五條的矛盾。第二十六條肯定香港居民享有參加工會、罷工的自由，但這條提出要根據經濟發展、社會需要和勞資協商的實際情況才可制定有關勞工的法律和政策，這削弱了香港居民參加工會及罷工的自由。
→ 刪除「勞資協商」。
理由：
⊙ 現時既沒有一個勞資協商渠道或組織，如保留「勞資協商」一詞，可能表示將來會設立一個這樣的渠道或組織。
⊙ 「勞資協商」只是一種方法，與「經濟發展、社會需要」等原則並不相配。
⊙ 「勞資協商」可納入勞工法律中。
3.2 修改
3.2.1 全條修改
→ 改為：「香港特別行政區根據經濟發展、社會需要和勞資協商的實際情況，並依據《國際勞工公約》的條文，自行制定有關勞工的法律和政策。」
理由：原文太保守，對加強勞工保障及權利欠缺積極性。
→ 改為：「香港特別行政區根據社會需要和勞資協商的實際情況，自行制定有關的法律和政策。」
理由：勞工法律不應受經濟環境影響。
→ 改為：「香港特別行政區根據經濟發展和社會需要，參照現行勞工法例，自行制定有關勞工的法律和政策。」
→ 改為：「香港特別行政區自行制定勞工法律和政策，並根據經濟發展或社會需要發展和改進。」
→ 改為：「香港特別行政區自行制定有關勞工的法律和政策，並根據經濟發展、社會需要或工會要求發展和改善。」
→ 改為：「香港特別行政區政府隨著經濟發展和社會需要，逐步修訂、建立健全的有關勞工的政策和法律，使香港的勞工階層的職業、生活質素得到不斷的改善。」
理由：
⊙ 應為未來特別行政區政府確立勞工法律和制定政策的原則和目標。
⊙ 提供了一個勞資雙方進行討論和協商的客觀標準。
→ 改為：「香港特別行政區政府自行制定有關勞工法律和政策並繼續發展。」
→ 改為：「香港特別行政區根據社會需要，特別是勞工的需要，修訂有關勞工的法律和政策。」
→ 改為：「香港特別行政區可自行制定有關勞工的法律和政策。」
→ 改為：「香港特別行政區可自行制定有關勞工的法律和政策。註冊職工會享有集體談判權。」
→ 改為：「香港特別行政區政府在透過勞資雙方協商後，自行發展及改進有關勞工的法律和政策。而工會在勞資協商中，應享有集體談判權。」
→ 改為：「香港特別行政區政府應確立工會的認可地位和集體談判權，並根據經濟情況和社會需要，通過勞資談判，制定有關勞工的法律和政策，改善對勞工的保障。」
理由：
⊙ 工會代表廣大勞工，對維護工人權益、穩定社會和推動經濟發展起着重要作用。
⊙ 勞資協商對各階層利益的兼顧和勞資關係的和諧發展是十分必要的。

⊙ 只有當工會被正式認可和擁有集體談判權後,真正的勞資協商才可實現。
→ 改為:「香港特別行政區應確立工會地位和集體談判權利的前提下,通過勞資協商,自行制定有關勞工的法律和政策,改善對勞工的保障。」
→ 改為:「香港特別行政區根據經濟情況和社會需要,並確立工會的認可地位和集體談判權利,通過勞資協商,自行制定有關勞工的法律和政策,在制訂有關勞工的法律和政策時,應有勞工代表參與。」
理由:
⊙ 現代的勞資關係必須奠基於勞資雙方的認同和尊重,通過勞資協商,合理照顧雙方的利益,從而確保香港的繁榮穩定。
⊙ 要建立勞資雙方的和諧關係,須滿足兩條件,一是應有勞工代表參與有關的勞工立法工作,二是要確立工會的認可地位和集體談判權,這樣,才能達致真正的勞資協商。
→ 改為:「香港特別行政區可根據勞工的實際需要,自行制定及改進有關勞工法律和政策。工會並應享有認可權及集體談判權,可自行與資方制定集體協議。」
理由:
⊙ 為更有效地分配社會的財富,不應在制定有關勞工的政策和法律時,施加太多限制。
⊙ 應確立工會的代表性,以保障工人的權利。
→ 改為:「香港特別行政區根據經濟發展、社會需要或勞資協商,自行制定、發展及改進有關勞工的法律和政策。工會享有認可權及集體談判權,可自行與資方制定集體協議。」
理由:
⊙ 由於香港居民大部份都是勞工,故此當社會上有需要而經濟條件許可時,便足以成為制訂政策措施的條件。
⊙ 勞資協商不應構成制定勞工法律和政策的必要條件,以避免任何一方拖延有關政策的制訂。
⊙ 香港作為一個開放的社會,勞資雙方應有權自由進行協商,以落實發展性措施,故應列明工會有認可權和集體談判權。
→ 改為:「香港特別行政區根據勞工實際需要制定有關勞工的法律和政策,以保障勞工在工作中獲得合理成果,並改進生活。工會享有認可權及集體談判權,可自行與資方制定集體協議。」
理由:
⊙ 「勞資協商」作為制定勞工法律和政策的一種方法,必須建基於平等的勞資關係上。
⊙ 只有當工會獲得認可權和集體談判權時,才能真正保障工人的權益。
3.2.2 個別條款修改

→ 將「經濟發展」改為「經濟狀況」。
理由:
⊙ 制定有關勞工法律和政策的依據,不一定是經濟發展,可能是基於經濟衰退或工人失業的情況。
⊙ 大部份職工會未獲得平等的勞資協商權利,難有真正平等的協商。
→ 將「經濟發展」改為「社會發展」。
→ 將「根據經濟發展、社會需要和勞資協商的實際情況」一句中的「和」字改為「或」字。
理由:
⊙ 既已有經濟發展、社會需要,無須還要滿足勞資協商這條件。
⊙ 「經濟發展」、「社會需要」和「勞資協商」三者均沒有必然關係。
→ 將「勞資協商」改為「集體談判」。
→ 將「香港特別行政區」改為「香港特別行政區政府」。
3.3 增加
→ 在條文末加上:「工會為工人合法自願之組織,為工友謀取福利。香港工會獨立於全國總工會,不受政黨支配,亦不成為政黨之附屬工具。」
理由:某些政黨以工人階級之先鋒隊自居,代工人出頭,以政治鬥爭代替經濟鬥爭,令工會失去其作用,不能為工人謀切身利益,故須加以規定,否則只會破壞本港之資本主義制度。
→ 於本條末加上「沿用原有勞工法律,保障勞工權益」和「對社會有益與有建設性的其他創作,應受到保護。」
→ 應加上「職工會應享有集體談判權」。
3.4 其他建議
→ 不應刪除「根據經濟發展、社會需要和勞資協商的實際情況」這句。
→ 理由:罷工等自由應有所限制,保留這三項條件可以制衡不當的罷工行為。
→ 應列明推行勞工服務的具體措施。
理由:條文內容不足以保障本港勞工。

※

⑦ 1989年1月9日《教育、科學、文化、體育、宗教、勞工和社會服務專題小組對條文修改情況的報告》,載於1989年1月《中華人民共和國香港特別行政區基本法起草委員會第八次全體會議文件匯編》

【P30】
6. 勞工條文改寫為:「香港特別行政區政府自行制定有關勞工的法律和政策。」

第七稿

「第一百四十七條　香港特別行政區自行制定有關勞工的法律和政策。」
〔1990年2月16日《中華人民共和國香港特別行政區基本法(草案)》〕

① 《集體談判》,載於1989年11月基本法諮詢委員會《中華人民共和國香港特別行政區基本法(草案)諮詢報告第二冊──專題報告》

【P47-48】
8. 在基本法寫上集體談判權
8.1 就基本法應否寫上集體談判權的問題,意見不一,現分別將支持、反對及保留意見綜合如下。
8.2 支持者建議對《基本法(草案)》有關條文作如下修改:
8.2.1 第二十七條:「香港居民享有言論、新聞出版的自由,結社、集會、遊行、示威的自由,組織和參加工會、集體談判、罷工的權利和自由。」
8.2.2 第一百四十六條:「香港特別行政區根據經濟發展、社會需要或勞資協商,自行制定發展及改進有關勞工的法律和政策,工會享有認可權及集體談判權,可自行與資方制定集體協議。」
8.3 支持理由:
8.3.1 組織和參加工會、罷工和集體談判的權利是國際認可的三項基本權利,而前兩項已載於《基本法(草案)》第二十七條,但集體談判則未有列入。
8.3.2 基本法不宜把集體談判權寫得太詳細,至於執行集體談判的日期和談判的水平和內容等具體規定,宜交由香

港特別行政區政府立法處理。
8.3.3 在基本法中寫上集體談判權，可誘發香港政府在一九九七年前考慮訂立有關法例。
8.4 反對意見
8.4.1 香港不需要引進制度化的集體談判這樣重大改變。
8.4.2 如香港人希望利用制定基本法的機會來鞏固本身或所屬階層、集團等的利益，這不但會導致利益衝突，還違背維持現狀的原則。
8.5 保留意見：
在基本法中寫上香港居民享有集體談判權未必能使香港居民享有制度化的集體談判的權利，反之沒有加以規定也不等於香港居民不能享有這種權利。

9. 結語
對於在基本法中寫上集體談判權所發表的支持、反對及保留意見，都考慮到香港勞資關係的特點、香港的特殊環境和目前制度的有效性，作為評定應否在香港（一九九七年前或後）推行集體談判的根據。由於基本法是香港在一九九七年後的憲法性文件，基本法對此項權利的保障應否有所規定，對集體談判在香港日後的發展將有重大影響。因此在考慮基本法應否規定香港居民享有集體談判權的同時，有需要探討集體談判在香港的發展情況。本報告就這方面綜述有關的正反意見，以及有待探討的問題，以助起草委員會及社會人士對此問題進行討論研究。

※

② 1989 年 11 月基本法諮詢委員會《中華人民共和國香港特別行政區基本法（草案）諮詢報告第三冊——條文總報告》

【P236】
第六章　整體意見
2. 建議
2.3 其他建議
2.3.6 勞工
→ 增加工人退休保障權利及工會集體談判權地位。

【P251-252】
第一百四十六條
2. 意見
→ 本條只規定特別行政區政府自行制定有關勞工的法律和政策，固然解決了勞工法律和政策制定的含糊地方，但仍不清楚特別行政區是否容許勞工團體存在，以及在法律面前得到公平對待。

3. 建議
3.1 修改
→ 改為：「香港特別行政區根據經濟發展、社會需要或勞資協商，自行制定發展及改進有關勞工的法律和政策，工會享有認可權及集體談判權，可自行與資方制定集體協議。」
理由：
⊙ 由於香港居民大部份都是勞工，故此當社會上有需要而經濟條件許可時，便足以構成制訂有關政策和推行措施的條件。
⊙ 勞資協商不應構成制定勞工法律和政策的必要條件，以避免任何一方拖延有關政策的制訂。
⊙ 作為一個開放的社會，勞資雙方應有自由進行協商和推行發展性勞工措施，故基本法中應列明工會有認可權和集體談判權。
3.2 其他
→ 建議明確保障工人的集體談判權，這才有利於社會的穩定及正常運作。
→ 建議加上一款列明香港勞工享有集體談判權和退休保障福利。

※

③ 1989 年 12 月 17 日《教科文專題小組第十二次會議紀要》，載於 1990 年 2 月《中華人民共和國香港特別行政區基本法起草委員會第九次全體會議文件匯編》

【P38】
2. 第一百四十六條刪去「政府」兩字。

第八稿

「第一百四十七條　香港特別行政區自行制定有關勞工的法律和政策。」
〔1990 年 4 月《中華人民共和國香港特別行政區基本法》〕

香港特別行政區的教育、科學、技術、文化、藝術、體育、專業、醫療衛生、勞工、社會福利、社會工作等方面的民間團體和宗教組織同內地相應的團體和組織的關係，應以互不隸屬、互不干涉和互相尊重的原則為基礎。

❀ 貳 | 概念

1. 民間團體同內地相應團體的關係
2. 宗教組織同內地相應組織的關係
3. 互不隸屬、互不干涉和互相尊重的原則

❀ 叁 | 條文本身的演進和發展

▶ 第一稿

第六章

「第十五條　香港特別行政區的教育、科學、技術、文化、體育、專業、社會福利等方面的民間團體以及宗教團體同內地相應的團體的關係，應遵守互不隸屬、互不干涉和互相尊重的原則。」

〔1987 年 8 月 22 日《教育、科學、技術、文化、體育和宗教專題小組工作報告》，載於《中華人民共和國香港特別行政區基本法起草委員會第五次全體會議文件匯編》〕

① 1986 年 2 月基本法諮詢委員會《分批研討會參考資料》

【P1-2】
某委員（編者按：原件模糊，無法辨認名字。）：除了總綱外，內容分章節用法律語言來寫，應包括如下內容：
（五）文教科技體制，肯定專業資格的審核制度。

（十一）勞工權益。

※

② 1986 年 2 月基本法諮詢委員會《諮委會第一分組有關基本法結構討論小結》

一、基本法結構，根據與會者發言，大致上可以歸結為下列十二個部份：
7. 教育、科技、文化、宗教

※

③ 1986 年 2 月基本法諮詢委員會《第一批研討會總結》

一、基本法結構，根據與會者發言，大致上可以歸結為下列十二個部份：
7. 教育、科技、文化、宗教

※

④ 1986 年 2 月基本法諮詢委員會《第二批研討會總結》

六、基本法結構初擬
7. 文化、教育、宗教、福利；

※

⑤ 1986 年 2 月基本法諮詢委員會《第四批討論總結》

一、基本法的結構
6. 文化、教育

10. 宗教自由

12. 社會福利
委員們一致同意基本法結構應包括以上十二點內容，而每一點是否成為一單項，則意見不一。基本上同意前五點獨立成一專項，其餘各點則可自然歸納為總項。

※

⑥ 1986 年 4 月《部份起草委員對基本法結構（草案）的意見（備忘錄）》，載於《中華人民共和國

香港特別行政區基本法起草委員會第二次全體會議文件匯編》

【P27】
八、關於《香港特別行政區的教育、科學、技術、文化、體育和宗教》
46.在本章內明確列出「社會福利」。

※

⑦ 1986 年 11 月 5 日《香港特別行政區基本法起

草委員會教育、科學、技術、文化、體育和宗教（包括區旗、區徽問題）專題小組工作報告》，載於《中華人民共和國香港特別行政區基本法起草委員會第三次全體會議文件匯編》

【P48】
二、對基本法結構（草案）第六章、第八章有關內容的共同認識
5. 教育、科學、技術、文化、體育、專業等方面的團體、組織，以及宗教團體同內地的相應的組織、團體，應以互不隸屬、互不干涉和互相尊重的原則保持關係；

第二稿

「第一百五十五條　香港特別行政區的教育、科學、技術、文化、體育、專業、社會福利等方面的民間團體以及宗教團體同內地相應的團體的關係，應遵守互不隸屬、互不干涉和互相尊重的原則。」
〔1987 年 12 月基本法起草委員會秘書處《香港特別行政區基本法（草案）》（匯編稿）〕

① 1987 年 9 月 2 日《中華人民共和國香港特別行政區基本法起草委員會第五次全體會議委員們對基本法序言和第一、二、三、四、五、六、七、九章條文草稿的意見匯集》

【P71-72】
七、關於第六章　香港特別行政區的教育、科學、技術、文化、體育和宗教
15.第十五條
有的委員建議，本條改為「香港特別行政區的教育、科學、技術、文化、體育、專業、社會福利、宗教等方面的民間團體同內地相應團體的關係，應遵守互不隸屬、互不干涉和互相尊重的原則」。有的委員則建議把「宗教團體」移到前面。有的委員建議，將「應遵守」三字刪去，或寫為「實行⋯⋯的原則」。有的委員提出「互不隸屬、互不干涉和互相尊重」的原則是需要的，但這種表述很「見外」，建議請專題小組考慮可否換一種更好的表述方式。

※

② 文化教育科技宗教專責小組《對基本法第六章條文草稿（一九八七年八月）的意見》（1987 年 11 月 4 日經執行委員會通過）

【P5】

條文草稿	諮委建議
第十五條	第十四條：香港特別行政區的教育、科學、技術、文化、體育、專業、社會福利等方面的民間團體以及宗教團體同內地相應的團體互不隸屬、互不干涉和互相尊重。（有委員認為應將「互相尊重」刪去，因為這不是法律概念，故不應寫在基本法內。）

第三稿

「第一百五十五條　香港特別行政區的教育、科學、技術、文化、體育、專業、社會福利等方面的民間團體和宗教團體與內地相應的團體的關係，應遵守互不隸屬、互不干涉和互相尊重的原則。」
〔1988 年 3 月基本法起草委員會秘書處《中華人民共和國香港特別行政區基本法（草案）草稿》（總體工作小組第二次會議對目錄、序言、第一、二、三、五、六、七、九章的修改稿）〕

① 1987 年 12 月《中華人民共和國香港特別行政區基本法起草委員會第六次全體會議委員們對基本法第四、五、六、十章和條文草稿匯編的意見》

【P39】
13.第一百五十五條、一百五十六條
（1）有的委員建議，上述兩條「社會福利」後均增寫「勞工組織」。

第四稿

「第一百五十七條　香港特別行政區的教育、科學、技術、文化、體育、專業、社會福利等方面的民間團體和宗教團體與內地相應的團體的關係，應遵守互不隸屬、互不干涉和互相尊重的原則。」
〔1988 年 4 月基本法起草委員會秘書處《中華人民共和國香港特別行政區基本法（草案）草稿》〕

第五稿

「第一百五十六條　香港特別行政區的教育、科學、技術、文化、體育、專業、社會福利等

方面的民間團體和宗教團體與內地相應的團體的關係，應遵守互不隸屬、互不干涉和互相尊重的原則。」

〔1988 年 4 月基本法起草委員會《中華人民共和國香港特別行政區基本法（草案）徵求意見稿》〕

① 1988 年 4 月基本法起草委員會《中華人民共和國香港特別行政區基本法（草案）徵求意見稿》

【P13】

簡介
第六章：教育、科學、文化、體育、宗教、勞工和社會服務
46.本章又規定：香港特別行政區的各種民間組織與中華人民共和國其他地區相應的組織的關係，應遵守互不隸屬、互不干涉和互相尊重的原則。

第六稿

「第一百四十七條　香港特別行政區的教育、科學、技術、文化、藝術、體育、專業、醫療衛生、勞工、社會福利、社會工作等方面的民間團體和宗教組織同內地相應的團體和組織的關係，應以互不隸屬、互不干涉和互相尊重的原則為基礎。」

〔1989 年 2 月《中華人民共和國香港特別行政區基本法（草案）》〕

① 《基本法工商專業界諮委對基本法（草案）徵求意見稿第六章教育、科學、文化、體育、宗教、勞工和社會之意見書》

【P4】
第一百五十六條
建議增加有劃線在下面的字句：
「香港特別行政區的教育、科學、技術、文化、體育、專業、衛生、勞工、社會福利等方面的民間團體和宗教團體與內地相應的團體的關係，應遵守互不隸屬、互不干涉和互相尊重的原則。」

※

② 《與內地草委交流的重點——文化教育科技宗教專責小組》，載於 1988 年 6 月 3 日《基本法諮詢委員會秘書處通訊 73》

2.第一百五十六條及第一百五十七條
有委員反映勞工界意見，認為在第一百五十六條述及香港民間團體、宗教團體與內地相應團體之關係時，沒有包括勞工團體；但在第一百五十七條提及與外地組織之關係時，卻又有「勞工」出現。對於此分歧，該委員認為有必要在與草委交流時提出。

※

③ 1988 年 8 月基本法起草委員會秘書處《香港各界人士對〈香港特別行政區基本法（草案）徵求意見稿〉的意見匯集（一）》

【P47】
第一百五十六條
1.「互相尊重」不是法律語言，能否用其他方式表達？

2.「三互」原則可以刪去。

3.本條定得太死，刪去「應」字就會有彈性。

4.本條規定超過了聯合聲明的原意，原意是針對宗教的歷史作出的，本條增寫了文教、科技等項，限制了這些方面的團體同內地相應團體的交往，建議將「應遵守」改為「可遵守」並加上「勞工」，這樣可讓各種團體自主地和自願地與內地相應的團體發展關係。

5.「文化」後加「衛生」。

※

④ 1988 年 9 月基本法起草委員會秘書處《內地各界人士對〈香港特別行政區基本法（草案）徵求意見稿〉的意見匯集》

【P21】
第一百五十六條
1.有的團體自願與內地有關團體發生關係，不能限制過嚴，建議改為：「……團體根據自願的原則處理與內地相應的團體的關係。」

2.建議加上：「根據本人意願、雙方管理機構的同意，可以個人名義加入有關團體。」

※

⑤ 《基本法諮詢委員會文化、教育、科技、宗教專責小組對基本法（草案）徵求意見稿第六章的意見匯編》，載於 1988 年 10 月基本法諮詢委員會《中華人民共和國香港特別行政區基本法（草案）徵求意見稿諮詢報告（1）》

【P129-130】
2.有關條文討論
2.10 第一百五十六條
2.10.1 有委員認為，「互不隸屬、互不干涉和互相尊重」等原則，可能會限制特別行政區與內地團體的交往，故宜修改。
2.10.2 有委員認為，本條只說明特別行政區的民間團體和宗教團體與內地相應的團體的關係，應遵守互不隸屬、互不干涉和互相尊重的原則，勞工團體應該不包括在內。有委員認為，此寫法表示勞工組織可與中國內地勞工組織建立隸屬關係，但不排除一些勞工組織可繼續遵守「三互」原則。
2.10.3 有委員認為，有關勞工方面，第一百五十六條和第一百五十七條是有矛盾的。第一百五十六條可加入「勞工」一項，但條文最後一句可改為「應遵守互相尊重的原則，兩者無須有從屬關係」，這便可保障香港團體不受國內團體的壓迫而有從屬關係。
2.10.4 有委員認為，第一百五十七條有提「勞工」和「衛生」，而第一百五十六條則沒有，建議修改本條以統一寫法。

※

⑥1988年10月基本法諮詢委員會《中華人民共和國香港特別行政區基本法（草案）徵求意見稿諮詢報告第五冊——條文總報告》

【P448-451】
第一百五十六條
2.意見
2.1 贊成意見
→ 贊成保留本條。
→ 贊同「互不隸屬、互不干涉和互相尊重」的原則。
→ 「互不隸屬」的原則足以保證特別行政區教會的獨立性。
2.2 反對意見
→ 香港既有獨立的行政權，許多科學、文化、教育等政策理應由特別行政區政府自行決定，不須對此重複或說明。
→ 「互不干涉」和「互相尊重」的原則阻止特別行政區的教會對內地的相應團體提供意見。
→ 民間團體在一九九七年後的活動性質，不必由基本法規定。
→ 「互不隸屬、互不干涉和互相尊重」的原則見於《中英聯合聲明》。這句可理解為：特別行政區的宗教組織不得往內地傳教，設立支派或附屬組織。這規定實無必要。
理由：
⊙ 各教會組織如想到內地傳教，便須遵從內地的法律。
⊙ 若要制止內地的宗教團體到特別行政區傳教也很困難，因這違背特別行政區的宗教自由，而特別行政區的教會批評中央人民政府的宗教政策，也違背這原則。
→ 本條規定香港特別行政區的民間團體和宗教團體與內地應互不隸屬、互不干涉的做法，會阻礙民間團體與內地建立關係。
2.3 其他意見
→ 贊同上述團體應保持獨立自主的精神，但憂慮「三互原則」在日後解釋及執行時容易引起爭論。

3.建議
3.1 刪除
→ 刪除本條。
理由：此條涉及特別行政區內各民間團體的自主問題，應由民間團體自行決定與內地相應團體的關係，不宜寫進基本法。
→ 刪去「宗教團體」和「互不隸屬」等字眼。
理由：以便各有關團體自行決定其與內地團體組織的關係。
→ 刪去「互不干涉」和「互相尊重」等字眼。
理由：
⊙ 字眼含糊，難以界定。
⊙ 此乃態度問題，不宜由法律規定。
3.2 修改
3.2.1 整條修改
→ 改為：「香港特別行政區教育、科學、技術、文化、體育、專業、社會福利等方面的民間團體和宗教團體可保持獨立自主，與內地相應的組織互不隸屬。」
理由：
⊙ 作為憲法文件，「三互原則」不宜全部列入基本法內。
⊙ 「三互原則」中除「互不隸屬」較為清晰、明確外，「互不干涉」和「互相尊重」都是頗為空泛的原則性字眼，在日後解釋及執行是項條文時，均容易引起爭執。
→ 改為：「香港特別行政區的教育……勞工、社會福利、醫療衛生等方面的民間團體和宗教團體與內地相應的團體關係，應以互不隸屬、互不干涉和互相尊重的原則為基礎。」

→ 改為：「香港特別行政區的教育、科學、技術、文化、教育、專業、勞工、社會福利等方面的民間團體和宗教團體與內地相應的團體，應以互不隸屬、互不干涉和互相尊重的原則為發展相互關係的基礎。」
→ 改為：「香港特別行政區的教育、科學、技術、文化、體育、專業、勞工、社會福利等方面的民間團體和宗教團體與內地相應的團體的關係，可遵守互不隸屬、互不干涉和互相尊重的原則。」
→ 改為：「香港特別行政區的教育、科學、技術、文化、體育、專業、社會福利和傷殘人士、自助團體等方面的民間團體和宗教團體與內地相應的關係，應遵守互不隸屬、互不干涉和互相尊重的原則保持聯絡，自由發展互相間的關係。」
→ 改為：「香港特別行政區的教育、科學、技術、文化、體育、專業、勞工、社會福利等方面的民間團體和宗教團體，自行決定與中華人民共和國境內相應的團體的關係，應遵守互不干涉和互相尊重的原則。」
→ 改為：「香港特別行政區政府的教育機構、組織和團體與中華人民共和國其他地區由政府或民間所設立的教育機構或組織可以採取互不隸屬、互不干涉和互相尊重的原則保持關係。」
3.2.2 個別條款修改
→ 將「內地」改為「中國其他地區」。
→ 將「內地」改為「內地其他地方」。
→ 將「應遵守互不隸屬」改為「以互不隸屬」。
理由：較有彈性，而原已隸屬內地的團體亦可繼續保持原有的關係。
→ 將「應遵守互不隸屬」改為「可遵守互不隸屬」。
→ 將「互不隸屬」改為「可以自由選擇參加」。
→ 將「互不干涉」和「互相尊重」改為「互不干犯」和「平等對待」。
3.3 增加
→ 增加這兩條款：
「香港特別行政區政府不依照任何團體的建議而制訂有關政策。」
「香港特別行政區政府保持個人選擇醫藥治療方式的自由。」
理由：
⊙ 把本條引申到內部關係，可免除在香港特別行政區出現西方醫藥壟斷的情況。
⊙ 增加第二款，可防止政府在缺乏科學根據的情況下制定法律，壓制其他治療方法。
→ 加第二款：「社會團體和個人可依法並獲政府鼓勵在香港特別行政區從事各種教育、科學、技術、文化、體育、醫療、衛生、勞工、專業、康樂、社會福利等事業。」
→ 加第二款：「以上科學、教育等政策，以符合安定繁榮為準則。」
→ 在各類團體中加入「勞工」團體。
理由：
⊙ 使與第一百五十七條一致。
⊙ 勞工團體應享有其獨立性。
⊙ 勞工團體經常與內地勞工團體有交流及接觸，故應與其他團體受到「三互」原則保障。
⊙ 以免香港勞工團體受中國內地工會領導。
⊙ 加強勞工保障及權利。
⊙ 以達致公平。
→ 增加「工會以及其他勞工團體」一項。
→ 在各類團體中加入「衛生」團體。
理由：使與第一百五十七條一致。
→ 在「教育、科學、技術、文化」後加「衛生」。
→ 在「民間團體」前加上「醫療衛生」。
→ 在「社會福利」後加上「消費者保障」。
→ 在「民間團體和宗教團體與內地相應的團體」後加上

「可以自由交流，惟在組織上」。
理由：「三互原則」應是香港特別行政區及中國內地民間團體及宗教團體間組織，所遵守的原則，不能限制兩地教育、科學、文化、體育、宗教、勞工、專業、社會福利等方面的交流相通。
→ 在「內地」後加上「不包括澳門、台灣」。
理由：為尊重香港特別行政區的民間團體和宗教團體的自主權，應由該等團體自行決定是否與中華人民共和國境內相應的團體發展隸屬關係，然而團體之間互不干涉和互相尊重的原則必須遵守。
→ 在「應遵守」後加上「彼此地位絕對平等」，並在「原則」後加上「俾使經常交往。」
理由：「互不隸屬」可能限制或妨礙香港特別行政區各種團體與內地相應團體的交往。
→ 句末加上「以及在香港特別行政區內民間團體和宗教團體之間」。
→ 加上：「而有關乎兩地的衛生及勞工事務概由一統籌機關共同處理。」（兩地指香港特別行政區及內地。）
→ 本條之末加上：「以上原則均不影響香港特別行政區政府制訂其審核和頒授專業資格時所採用的方法。」
理由：本條指出，香港特別行政區和全國其他專業組織，遵守互不隸屬、互不干涉的原則，這些原則對日後特別行政區政府根據第一百五十七條制訂審核專業資格時，會受到掣肘。
3.4 其他建議
→ 重寫這條。
理由：一般社團與內地相應團體的關係，無須規定為互不隸屬。
→ 應詳細考慮「互不隸屬、互不干涉」是否切合各團體的實際需要。
→ 條文中的限制應止於宗教團體，而讓其他界別團體自行決定其與內地相應團體的關係。
→ 針對宗教團體與內地相應團體關係的「三互」原則不應寫進基本法內。
→ 只需說明香港特別行政區在教育科學和宗教方面的民間團體可保持獨立和自由，既不隸屬於內地相應團體，也不向其行使權力。
→ 香港特別行政區民間團體跟內地和外國相應團體的關係，應以相同的原則進行。
→ 「三互原則」應同樣對香港特別行政區的民間團體適用。

4.待澄清問題
→ 為何「衛生」及「勞工」並沒有寫入條文內，如何處理特別行政區和內地對於這兩項事務的關係？
→ 為何這條不包括「勞工團體」？
→ 何以要特別突出「宗教團體」？
→ 如果宗教團體希望在內地開辦禮拜堂，會否抵觸「互不隸屬」的原則呢？
→ 為何寫明是「民間團體」？日後如有官方背景的演藝團體組織，是否不用遵守「三互」的原則？
→ 國際團體能否在香港特別行政區設立支部？
→ 如果對內地某團體或人物作批評，是否抵觸了「互不干涉」和「互相尊重」的原則呢？
→ 特別行政區的球隊可以到內地參賽嗎？

※

⑦ **1989 年 1 月 9 日《教育、科學、文化、體育、宗教、勞工和社會服務專題小組對條文修改情況的報告》，載於 1989 年 1 月《中華人民共和國香港特別行政區基本法起草委員會第八次全體會議文件匯編》**

【P30】
7. 有關香港特別行政區各界民間團體除原條文內列明的教育、技術、文化、體育、專業、社會福利和宗教等界外，增加藝術、醫療衛生、社會工作和勞工界。

第七稿

「**第一百四十八條　香港特別行政區的教育、科學、技術、文化、藝術、體育、專業、醫療衛生、勞工、社會福利、社會工作等方面的民間團體和宗教組織同內地相應的團體和組織的關係，應以互不隸屬、互不干涉和互相尊重的原則為基礎。**」
〔1990 年 2 月 16 日《中華人民共和國香港特別行政區基本法（草案）》〕

① **1989 年 11 月基本法諮詢委員會《中華人民共和國香港特別行政區基本法（草案）諮詢報告第三冊──條文總報告》**

【P252-253】
第一百四十七條
2. 意見
2.1 正面
→ 較《基本法（草案）徵求意見稿》加強了三互原則的規定。
2.2 反面
→ 條文所提及的民間組織並沒有包括保護大自然組織在內，令這些組織不受條文的保護。
→ 「互不隸屬、互不干涉」是含糊不清及令人費解的。
→ 把「環保組織」遺漏令人覺得環保組織是故意被忽略的。
2.3 其他
→ 這條可能牽涉到基督教和天主教是否從屬於羅馬教廷的問題，這是原則問題，是要堅持的，而似乎有關基督教或天主教與教廷的關係問題在基本法中未清楚說明。

3.建議
3.1 修改
→ 整條改為：「香港特別行政區的勞工、教育、科學、技術、文化、體育、專業、社會福利等方面的民間團體與內地相應的團體的關係，可遵守互不隸屬、互不干涉和互相尊重的原則。」
理由：獨立工會和勞工團體的存在和發展，是香港勞工運動的特色，與其他民間團體一樣，工會和勞工團體亦應享有權利，與內地組織發展互不隸屬、互不干涉的平等關係。
→ 整條改為：「香港特別行政區宗教組織可保持獨立自主，與內地相應的組織互不隸屬。」
理由：基本法作為憲法文件，本條的三互原則中除「互不隸屬」較為清晰和明確外，「互不干涉」、「互相尊重」都是頗為空泛的原則性字眼，在日後解釋及執行是項條文時，容易引起爭執。
→ 將「應以互不隸屬、互不干涉和互相尊重的原則為基礎」改為「可以互不隸屬、互不干涉和互相尊重的原則保持和發展關係」。

3.2 增加

→ 本條所適用範圍應加上「漁農界」。

→ 在「同內地」和「相應」之間加上「和國外」三個字。
理由：本條原意應是不願內地通過這些組織干涉特別行政
區，但同樣也應該不允許國外的組織干涉特別行政區。

3.3 其他

→ 本條應明確按照保護環境的需要來修改。

→ 教會團體應享有其獨立性，並應遵守互不隸屬、互不
干涉和互相尊重的原則，對外可按需要冠用「中國香港」
的名義自由參加國際活動。

4. 待澄清問題

→ 本條的「原則為基礎」跟上稿同一條（按：即《基本
法（草案）徵求意見稿》第一百五十七條）所提及的「原
則」，有何分別？

→ 當某些國際性組織例如紅十字會，在香港特別行政區
及國內分設辦事處時，雙方既屬同一組織，彼此之間又怎
能互不隸屬、互不干涉呢？

→ 香港和內地的關係，隨著一九九七的來臨而改變，
一九九七後兩地之間的民間交往應怎樣進行呢？如
一九九七年後香港工人上街遊行，內地人民把捐款和物資
送到香港，甚至出謀獻策，支持香港工人作長期鬥爭，雖
然這些行動完全是內地人民自發的，但香港市民，包括作
為支持對象的香港工人，會有怎樣的看法呢？

第八稿

「第一百四十八條　香港特別行政區的教育、科學、技術、文化、藝術、體育、專業、醫療
衛生、勞工、社會福利、社會工作等方面的民間團體和宗教組織同內地相應的團體和組織的
關係，應以互不隸屬、互不干涉和互相尊重的原則為基礎。」

〔1990 年 4 月《中華人民共和國香港特別行政區基本法》〕

香港特別行政區的教育、科學、技術、文化、藝術、體育、專業、醫療衛生、勞工、社會福利、社會工作等方面的民間團體和宗教組織可同世界各國、各地區及國際的有關團體和組織保持和發展關係，各該團體和組織可根據需要冠用「中國香港」的名義，參與有關活動。

✿ 貳 | 概念

1. 民間團體同各國及地區相關團體的關係
2. 宗教組織同各國及地區相關組織的關係
3. 以「中國香港」名義參加活動

✿ 叁 | 條文本身的演進和發展

第一稿

第六章

「第十六條　香港特別行政區的教育、科學、技術、文化、體育、衛生、專業、社會福利以及宗教等組織可以『中國香港』的名義，同世界各國、各地區及有關國際組織保持和發展關係。」

〔1987 年 8 月 22 日《教育、科學、技術、文化、體育和宗教專題小組工作報告》，載於《中華人民共和國香港特別行政區基本法起草委員會第五次全體會議文件匯編》〕

① 1986 年 2 月基本法諮詢委員會《分批研討會參考資料》

【P1-2】
某委員（編者按：原件模糊，無法辨認名字。）：除了總綱外，內容分章節用法律語言來寫，應包括如下內容：
（五）文教科技體制，肯定專業資格的審核制度。

（十一）勞工權益。

※

② 1986 年 2 月基本法諮詢委員會《諮委會第一分組有關基本法結構討論小結》

一、基本法結構，根據與會者發言，大致上可以歸結為下列十二個部份：
7. 教育、科技、文化、宗教

※

③ 1986 年 2 月基本法諮詢委員會《第一批研討會總結》

一、基本法結構，根據與會者發言，大致上可以歸結為下列十二個部份：

7. 教育、科技、文化、宗教

※

④ 1986 年 2 月基本法諮詢委員會《第二批研討會總結》

六、基本法結構初擬
7. 文化、教育、宗教、福利；

※

⑤ 1986 年 2 月基本法諮詢委員會《第四批討論總結》

一、基本法的結構
6. 文化、教育

10. 宗教自由

12. 社會福利
委員們一致同意基本法結構應包括以上十二點內容，而每一點是否成為一單項，則意見不一。基本上同意前五點獨立成一專項，其餘各點則可自然歸納為總項。

※

⑥ 1986 年 4 月《部份起草委員對基本法結構（草案）的意見（備忘錄）》，載於《中華人民共和國香港特別行政區基本法起草委員會第二次全體會議文件匯編》

【P27】
八、關於《香港特別行政區的教育、科學、技術、文化、體育和宗教》
46. 在本章內明確列出「社會福利」。

※

⑦ 1986 年 11 月 5 日《香港特別行政區基本法起草委員會教育、科學、技術、文化、體育和宗教（包括區旗、區徽問題）專題小組工作報告》，載於《中華人民共和國香港特別行政區基本法起草委員會第三次全體會議文件匯編》

【P49】
二、對基本法結構（草案）第六章、第八章有關內容的共同認識
7. 香港特別行政區的教育、科學、技術、文化、體育、專

業以及宗教組織可以中華人民共和國香港特別行政區（簡稱「中國香港」）的名義和身份單獨地同世界各國、各地區及有關國際組織保持和發展關係，並簽訂和履行有關協定。對中華人民共和國已經參加而香港目前也以某種形式參加的國際組織，中央人民政府將採取必要措施使香港特別行政區以適當形式繼續保持在這些組織中的地位。對中華人民共和國尚未參加而香港目前以某種形式參加的國際組織，中央人民政府將根據需要使香港特別行政區以適當形式繼續參加這些組織（該條倘在基本法第七章「對外事務」中得到充份反映，則本章可不寫）；

※

⑧ 1987 年 8 月 22 日《教育、科學、技術、文化、體育和宗教專題小組工作報告》，載於《中華人民共和國香港特別行政區基本法起草委員會第五次全體會議文件匯編》）

【P76-77】
第六章　香港特別行政區的教育、科學、技術、文化、體育和宗教（討論稿）
第十六條
說明：如果第七章「香港特別行政區的對外事務」的有關條文中增列上述教育、科學、技術、衛生、專業、社會福利以及宗教等內容，則本條可刪去。

第二稿

「第一百五十六條　香港特別行政區的教育、科學、技術、文化、體育、衛生、專業、社會福利以及宗教等組織可以『中國香港』的名義，同世界各國、各地區及有關國際組織保持和發展關係。」
〔1987 年 12 月基本法起草委員會秘書處《香港特別行政區基本法（草案）》（匯編輯）〕

① 1987 年 9 月 2 日《中華人民共和國香港特別行政區基本法起草委員會第五次全體會議委員們對基本法序言和第一、二、三、四、五、六、七、九章條文草稿的意見匯集》

【P72】
七、關於第六章　香港特別行政區的教育、科學、技術、文化、體育和宗教
16. 第十六條
（1）有的委員認為，本條規定的只能是官方組織，民間團體是不存在「以『中國香港』的名義」同世界各國、各地區及有關國際組織發展關係的問題。有的委員認為，本條的規定應限制在對不以國家為單位參加的國際組織和國際會議的範圍內。

（2）有的委員認為，本條內容與第七章第二條重複，建議刪掉本條。有的委員提出，應對本條「……以及宗教等組織」中的「等」字和第七章第二條「……文化、體育等領域」中的「等」字作出澄清，否則條文含義不明確。

※

② 文化教育科技宗教專責小組《對基本法第六章條

文草稿（一九八七年八月）的意見》（1987 年 11 月 4 日經執行委員會通過）

【P5】

條文草稿	諮委建議
第十六條	第十五條：香港特別行政區的教育、科學、技術、文化、體育、衛生、專業、社會福利以及宗教等民間組織可以「中國香港」的名義，同世界各國、各地區及有關國際組織保持和發展關係。

※

③ 1987 年 12 月基本法起草委員會秘書處《香港特別行政區基本法（草案）》（匯編稿）

【P58】
第一百五十六條
說明：如果第七章「香港特別行政區的對外事務」的有關條文包括上述內容，則本條可刪去。

第三稿

「第一百五十六條　香港特別行政區的教育、科學、技術、文化、體育、衛生、專業、勞工、

社會福利和宗教等組織可同世界各國、各地區及有關國際組織保持和發展關係，各該組織可根據需要用『中國香港』的名義，參與上述活動。」

〔1988年3月基本法起草委員會秘書處《中華人民共和國香港特別行政區基本法（草案）草稿》（總體工作小組第二次會議對目錄、序言、第一、二、三、五、六、七、九章的修改稿）〕

① 1987年12月《中華人民共和國香港特別行政區基本法起草委員會第六次全體會議委員們對基本法第四、五、六、十章和條文草稿匯編的意見》

【P39】
13. 第一百五十五條、一百五十六條
（1）有的委員建議，上述兩條「社會福利」後均增寫「勞工組織」。

（2）有的委員認為，第一百五十六條的內容同第一百五十八條的內容有重複，但有的委員認為，第一百五十八條講的是特區政府與外國之間的關係，而第一百五十六條則是指特區的有關團體，二者不是一回事，不能互相包括。有的委員建議，在「同世界各國、各地區」後加入「的有關組織」，以便該條的含義更明確。

（3）比較多的委員認為，對不同團體不必作此硬性規定，因此第一百五十六條可刪去。

② 1988年4月《總體工作小組所作的條文修改舉要》，載於1988年5月《中華人民共和國香港特別行政區基本法起草委員會第七次全體會議文件匯編》

（編者按：雖然本文件的日期是1988年4月，但本文件是總體工作小組在1987年12月15日至1988年3月6日之間召開的三次會議上對各專題小組草擬的基本法原條文所作的一些調整和修改。於3月提出的草稿裡面已經將以下調整與修改納入，故將這份文件放入本稿中。）

【P20】
將第一百五十八條（原第一百五十六條）改為「香港特別行政區的教育、科學、技術、文化、體育、衛生、專業、勞工、社會福利和宗教等組織可同世界各國、各地區及有關國際組織保持和發展關係。各該組織可根據需要用『中國香港』的名義，參與上述活動。」

※

第四稿

「第一百五十八條　香港特別行政區的教育、科學、技術、文化、體育、衛生、專業、勞工、社會福利和宗教等組織可同世界各國、各地區及有關國際組織保持和發展關係，各該組織可根據需要冠用『中國香港』的名義，參與上述活動。」

〔1988年4月基本法起草委員會秘書處《中華人民共和國香港特別行政區基本法（草案）草稿》〕

第五稿

「第一百五十七條　香港特別行政區的教育、科學、技術、文化、體育、衛生、專業、勞工、社會福利和宗教等組織可同世界各國、各地區及有關國際組織保持和發展關係，各該組織可根據需要冠用『中國香港』的名義，參與有關活動。」

〔1988年4月基本法起草委員會《中華人民共和國香港特別行政區基本法（草案）徵求意見稿》〕

① 1988年4月基本法起草委員會《中華人民共和國香港特別行政區基本法（草案）徵求意見稿》

【P13】
簡介

第六章：教育、科學、文化、體育、宗教、勞工和社會服務
46.……各種組織如有需要，可用「中國香港」的名義，與其他國家和地區的相應組織保持和發展關係。這些規定有助於保持目前香港由多種文化和知識的影響力所融合而成的獨特情況。

第六稿

「第一百四十八條　香港特別行政區的教育、科學、技術、文化、藝術、體育、專業、醫療衛生、勞工、社會福利、社會工作等方面的民間團體和宗教組織可同世界各國、各地區及有關國際團體和組織保持和發展關係，各該團體和組織可根據需要冠用『中國香港』的名義，參與有關活動。」

〔1989年2月《中華人民共和國香港特別行政區基本法（草案）》〕

① 《基本法工商專業界諮委對基本法（草案）徵求意見稿第六章教育、科學、文化、體育、宗教、勞工和社會之意見書》

【P4】
第一百五十七條
建議加上有劃線在下面的字句：

「香港特別行政區的教育、科學、技術、文化、體育、衛生、專業、勞工、社會福利和宗教等組織，可同世界各國、各地區及有關國際組織保持和發展關係，該些組織可根據需要冠用『中國香港』或『香港』的名義參與有關活動。」

※

② 1988年5月基本法諮詢委員會秘書處《基本法

（草案）徵求意見稿初步反應報告（草稿）》

【P36-37】
體育條文
7.第157條訂明香港日後需以「中國香港」名義參加國際賽事及組織。這樣，香港便要首先與各國際機構改名。相反，若可維持「香港」的名義，肯定會減少了這些不必要的問題。

8.香港與中國在國際奧委會的席位既然是分開的話，香港便應保持單獨參加的地位，香港就是「香港」。

9.若有中國政府協助，及香港體育協會暨奧林匹克委員會一同向世界各體育組織游說下，相信九七年後，香港以「中國香港」的名義參加國際性的比賽，是可以獲得世界各方面的認可及接納的。

10.用「中國香港」此新名義，可能不獲世界承認，令香港失去了國際性體育組織的一切投票權及代表席位。

※

③ 1988年8月基本法起草委員會秘書處《香港各界人士對〈香港特別行政區基本法（草案）徵求意見稿〉的意見匯集（一）》

【P47-48】
第一百五十七條
1.希望加「民間團體」和「專業」。

2.冠用「中國香港」的名義，涉及到重新申請的問題，如奧林匹克組織，現在香港就是以「香港」的名義參加。

3.與第一百五十六條聯繫起來看，本條不合理，與內地組織的關係應遵循「三互」，但同外國組織的關係卻無此限制。

4.本條同第一百五十六條均應加上「藝術」。

※

④ 1988年8月3日基本法諮詢委員會秘書處參考資料（一）《內地草委訪港小組就基本法（草案）徵求意見稿一些問題的回應輯錄（一九八八年六月四日至十七日）》

【P15-16】
6.教育、科學、文化、體育、宗教、勞工和社會服務
6.5 第一百五十七、一百五十九、一百六十條——體育組織
6.5.1 第一百五十七條載明香港特區的體育組織可與世界各個地區就有關國際組織保持和發展關係。就是香港體育團體和組織跟國外一些國際組織，原來已建立了關係，在九七年以後仍可保持關係，甚至發展，這就是「保持和發展關係」。第一百五十七條所指的都是民間團體，包括教育、科學、技術、文化、體育、衛生、專業、勞工都是民間團體，是非政府的。故南華足球隊若到美國比賽，他們覺得需要時便稱為「香港南華足球隊」，又或願意可改為「中國香港南華足球隊」，因條文寫「各該組織可根據需要冠用『中國香港』的名義」，所以需要就使用，不需要就不用，不是用了這名，或不用便違背了基本法。因為這些都是國際間的民間體育活動，是一種專業性的體育活動，而非外使活動。

※

⑤《基本法諮詢委員會文化、教育、科技、宗教專

責小組對基本法（草案）徵求意見稿第六章的意見匯編》，載於 1988年10月基本法諮詢委員會《中華人民共和國香港特別行政區基本法（草案）徵求意見稿諮詢報告（1）》

【P130】
2.有關條文討論
2.11 第一百五十七條
2.11.1 有委員認為，本條表示香港可與各國組織發展關係，但按基本法，與內地同等組織不許有從屬關係，此為一矛盾。
2.11.2 有委員認為，若一定要用「中國香港」的名義，可能產生不必要的問題，宜由香港自行選擇採用「香港」或「中國香港」的名義。
2.11.3 有委員建議在本條第三行「保持」後加上「地位」二字，以保持有關組織的獨立地位，不需隸屬中央。有委員建議加上「現有地位」四字。
2.11.4 有委員建議加上「專業」一項。有委員建議在第一百五十七條和第一百五十九條中加上「版權、專利」（Intellectual Property & Industrial Patent）。

※

⑥《勞工問題》，載於 1988年10月基本法諮詢委員會《中華人民共和國香港特別行政區基本法（草案）徵求意見稿諮詢報告（4）——專題報告》

【P63-69】
1.前言
1.1 香港現有二百七十萬勞工，約佔全港人口一半。他們主要受僱於下列行業：製造業，佔34.8%；批發零售業及酒樓酒店業23.2%；社區、社會及個人服務業，佔17%；運輸、倉庫及通訊業，佔8.5%；建築業，佔8.1%。
1.2 香港現有註冊職工會四百多個，會員人數接近四十萬人，約佔全部勞動人口百分之十五，工會初期主要為工人提供福利；維護工人權益、改善工人生活質素。近年來，工會以及一些由社會團體成立的關注勞工組織和機構都有專職人員，除致力爭取本行業工人的權益和福利外，還協助工友解決勞資糾紛，關注整體勞工政策和法例的制訂及修改，並且開始關心社會事務和香港前途。
1.3 基本法（草案）徵求意見稿公佈後，勞工界人士、團體、特別是工會及關注勞工問題的組織，對基本法內有關勞工的條文提出了許多意見，他們認為：
1.3.1 勞工是促使香港經濟發展的要素，應該肯定其對社會的貢獻。
1.3.2 香港現時還沒有完善的勞工政策，勞工未得到應有的權益和地位。
1.3.3 一九九七年後，香港回歸中國，實行港人治港，勞工的地位應比現時有所提高，勞工利益應與其他階層利益一樣，受到充份的重視。
1.3.4 制訂基本法的其中一個主要目標，是繼續維持香港的安定繁榮。要保持香港的經濟繁榮，必先使社會安定。除維持經濟上的高水平發展外，如何平衡資產者、中產者和勞動者三者間之利益，基本法應有全盤考慮，以保證社會各階層可共享經濟發展的成果，使大家安居樂業。相反，如果在一九九七年後，勞工政策的情況仍停留在目前的基礎上，勞資關係可能因得不到妥善的安排而導致雙方對立加深，衝突加劇，則社會的「安定」和「繁榮」皆不可保。
1.3.5 由此可見，勞工問題實有其重要性。本報告旨在把收集所得的意見作一歸納和分析，並輔以勞工現況的背

景資料，供有關方面參考。至於各界團體和人士對徵求意見稿中的勞工條文提出的具體修改建議，可見於諮詢報告（5）「條文總報告」，本報告將不作詳述。

2.基本法（草案）徵求意見稿內有關勞工問題的條文
2.1 第三章
2.1.1 第二十六條：「香港居民享有言論、新聞、出版的自由，結社、組織和參加工會、罷工的自由，集會、遊行的自由。」
2.1.2 第三十二條：「香港居民有選擇職業的自由。」
2.1.3 第三十五條：「香港居民有享受社會福利的權利，勞工的福利待遇受法律保護。」
2.1.4 第三十八條：「《公民權利和政治權利國際公約》和《經濟、社會與文化權利的國際公約》適用於香港的有關規定，通過香港特別行政區的法律予以實施。」
2.2 第六章
2.2.1 第一百五十五條：「香港特別行政區根據經濟發展、社會需要和勞資協商的實際情況，自行制定有關勞工的法律和政策。」
2.2.2 第一百五十七條：「香港特別行政區的教育、科學、技術、文化、體育、衛生、專業、勞工、社會福利和宗教等組織可同世界各國、各地區及有關國際組織保持和發展關係，各該組織可根據需要冠用『中國香港』的名義，參與有關活動。」

3.對基本法（草案）徵求意見稿有關勞工條文的意見
徵求意見稿公佈後，關注勞工問題的人士和團體對有關的條文提出許多意見，可歸納如下：
3.1 徵求意見稿較重視投資者的利益，對廣大勞工的保障及照顧不足；
3.2 條文的精神仍停留在現有香港勞工法例和勞資情況的基礎上，缺乏改進現在落後和不公平勞工政策的積極性。
3.3 有關勞工問題的條文只有六項，而且分散於不同章節，缺乏明確指引和專業性的論述，未能體現出一個完整的勞工政策。
3.4 雖然第一百五十五條列明，「香港特別行政區可以根據經濟發展、社會需要和勞資協商的實際情況，自行制定有關勞工的法律和政策。」但這只是原則性規定，而且還得視乎上述三個條件的「實際情況」而定，對勞工並無實質、明確的保障。

4.勞工政策的現況
4.1 隨著近年來香港經濟的高速發展，以及勞工團體的積極爭取，勞工的待遇、福利和獲得的保障有一定改善。根據香港政府一九八八年年報指出，政府對勞工法例的整體政策是「務求香港在勞工安全、健康和福利法例方面，能夠和其他處於相若經濟發展期的鄰近國家，有著大致相若的水平。」
4.2 但有意見則批評，香港一向沒有完善的勞工政策，對勞工福利的改善也缺乏長遠的、完整的規劃；至於勞工立法，也多偏重保障資方利益，而且許多法例的訂立都是基於補救性質，並經過勞工的不斷爭取才能獲得。而勞工以及作為勞工代表的註冊職工會，在勞資談判中的權利和地位又往往缺乏法律的保障，以致在重大的勞工政策、重要的勞工福利上，沒有協商地位，也使香港的勞工福利保障落後於其他與香港經濟發展相近的國家及鄰近地區。這些國家和地區，儘管有些經濟發展水平不及香港，但它們的勞工都享有較全面的社會保障，而且不少還清楚地在憲法中載明。
4.3 有人士擔心，如果一九九七年後，香港特別行政區仍然保留目前這種不公平、不完善的勞工政策，且五十年不變的話，其結果將對勞工階層非常不利，而且由此而導致的勞資對立、矛盾激化，還會嚴重地影響到社會的安定繁榮。
4.4 基本法為一九九七年後香港重大政策的指引，因此，對涉及佔本港人口一半以上的勞工問題應有一個比較全面的、長遠的考慮。

5.勞工政策
5.1 鑑於目前法律對勞工保障不足，和缺乏完善的勞工政策，有建議認為，應盡量爭取在基本法上訂明最大、最全面的權益和保障，以便一九九七年後香港特別行政區政府可以根據這些規定，制訂具體政策和保障的法律。
5.2 有建議認為，基本法應具備一個全面的勞工政策，並以一獨立章節，專門闡述，以體現基本法對香港廣大勞工的關注，及肯定勞工對香港社會繁榮發展的貢獻。
5.3 勞工政策。
綜合各方面意見，一個整體性、全面的勞工政策應包括以下數方面：
5.3.1 保障勞工權益
這些權益包括就業、組織和參加工會、罷工，以及參與集體談判的自由和權利。目前，香港的勞工並不完全享有上述權益，例如集體談判權，即使現時勞工所享有的一些自由，其行使這些自由的權利也不一定受保障。香港工人雖有罷工自由，但與此同時，法律卻沒禁止僱主以參加罷工為理由開除工人，這無疑令勞工的罷工權利不能完全行使和受到損害。另外，工人雖然有組織工會的自由，但法律並沒有規定僱主必須要與有代表性的工會作出有誠意的談判。這種工人有組織工會自由但僱主亦有不承認工會的自由的情況，實際也使工人享有的自由權益形同虛設。因此，有建議認為，基本法必須詳列勞工享有以上各項基本權益，並且以清楚的法律條文保障這些權益不會因其他限制而被剝奪。基本法就勞資關係方面應有一套較積極、有系統的規限，使香港特別行政區的勞資關係能得到一個平衡和穩定的發展。
5.3.2 改善勞工保障
5.3.2.1 勞資保障包括三方面：
（甲）職業保障，包括失業援助、就業輔導和職業訓練等；
（乙）職業安全及健康保障，包括安全的監督和有關知識的教育和宣傳；
（丙）社會保障，包括退休、疾病、傷殘等保障計劃。
5.3.2.2 以上的勞工保障不同於一般的社會福利或社會保障。現行香港公共援助式的社會福利措施，只是對人口中不能自助者的社會保障，而勞工保障所包含的範疇應更全面、廣泛。
5.3.2.3 目前香港尚未有一套完備的勞工保障制度。以勞工最為關注的退休問題為例，員工所享的退休保障需視乎各公司的福利制度而定，並非每一個僱員皆可獲得退休金，因法律條例沒有規定，僱主必定要付給員工退休金。截至一九八六年一月，政府才開始實施長期服務金的規定──任何僱員如不是因紀律理由或因進行裁員而遭解僱，且為同一僱主服務超過一定年限，便可享有一筆長期服務金。一九八七年，香港政府勞工處建議擴大長期服務金的保障範圍，以包括因健康欠佳或年老而辭職的僱員。但這並不等同退休金的特定保障，也不是每一位勞工都可享有的。至於其他得不到所屬機構保障的員工，便得倚賴政府提供的其他福利保障，如公共援助及高齡津貼。較早前，勞工界普遍要求設立中央公積金，但最終被否決。
5.3.2.4 由此可見，勞工一方面缺乏完善的保障制度，另一方面勞工享受保障的權利亦不受法律保障。因此，有建議基本法列明香港居民享受全面勞工保障的權利。
5.3.3 改善勞工待遇和福利
5.3.3.1 待遇和福利涉及的範圍主要包括工資，以及由僱傭條例訂明的其他權益，如法定假期、休息日、年假、分娩假期、病假、醫療津貼，此外，還包括僱主給予僱員的各種附帶福利，如各類津貼、獎金和年終酬金等。

5.3.3.2 目前香港沒有法定最低工資額，一般工資水平基本上按供求情況而定。勞工所享有的福利也因行業和僱主而異。故有建議希望，基本法保障勞工享有公平合理的工資和待遇，包括男女同工同酬。這些待遇應建立在勞資雙方可以接受的基礎上，並按實際情況調整，不斷改善勞工階層的生活質素。

5.3.4 確立註冊職工會的權利和地位

5.3.4.1 香港勞工有組織和加入工會的自由。職工會須根據職工會條例的規定登記。一經登記，職工會即成為立案法團，享有若干民事訴訟的豁免權。此外，防止歧視職工會條例則規定，僱主歧視僱員，因彼等為職工會會員，或參加職工會活動，乃屬違法。

5.3.4.2 然而，這些條例並不能使工會在勞資協商和爭取勞工權益方面確立其地位。其中主要原因是職工會的集體談判權和認可權沒有法律保障。

5.3.4.3 根據一些國家的法律規定，工會的集體談判權和認可權是指在勞資談判中，如超過某百分率的有關僱員同意由某工會代表與資方談判，則資方得認可該工會為談判對象，必須與其展開談判，且談判必須有誠意。

5.3.4.4 目前香港的情況是：勞工有組織工會的自由，但僱主也有不承認工會的自由；事實上，現時大多數註冊職工會未獲僱主承認為集體談判的對象。即使在全港性勞工法例的立法和修訂中，職工會的意見也未得到足夠的重視。不過，這種現象在一定程度上也受香港目前有關組織工會的法例所影響。根據法律規定，七個或以上同一行業的工人即可登記組織工會，故此，同一行業便有可能出現多間職工會。它們各自的會員人數不多，無總體代表性，且彼此各有不同取向，以致個別職工會的意見不受重視，而僱主也往往以上述理由拒絕與工會談判。

5.3.4.5 此外，不同行業的工會組織聯合會的方式亦受到限制，這對勞工透過龐大的集體行動來爭取權益，有一定阻礙。

5.3.4.6 徵求意見稿第一百五十五條規定，「香港特別行政區根據經濟發展、社會需要和勞資協商的實際情況，自行制定有關勞工的法律和政策。」但有意見認為，在工會的認可權和集體談判權還沒有受到法律保障的情況下，勞資雙方根本不存在真正平等的協商，這將導致有關政策的訂立受到妨礙。

5.3.4.7 故有建議認為，註冊職工會的地位及集體談判權如能在基本法中獲得承認，不但能大大提高勞工階層在勞資談判中的地位，亦有利於處理及解決勞工問題，達致真正的勞資協商，促進和諧的勞資關係，而且更由於工會地位提高，有較大的力量為勞工爭取權益，對促進工會力量的發展，必定很有幫助。

5.3.4.8 此外，也有要求職工會在勞工政策的制定或有關勞工的立法方面扮演更主動、積極的角色。例如有建議全港註冊工會如獲得三分之二的通過，可以向有關當局提出改善勞工法例。

5.3.5 確立香港特別行政區與國際勞工組織的關係、實施《國際勞工公約》

5.3.5.1 就保障人權問題，國際間締結了一些公約。締結國可根據本身實際情況，確認並採取適當措施保障有關權利。其中，涉及勞工權益和保障的有《公民權利和政治權利國際公約》、《經濟、社會與文化權利國際公約》及《國際勞工公約》。

5.3.5.2 基本法（草案）徵求意見稿第三十八條已有規定，「《公民權利和政治權利國際公約》和《經濟、社會與文化權利的國際公約》適用於香港的有關規定，通過香港特別行政區的法律予以實施。」這兩個公約中涉及的勞工權益和保障包括：

（甲）就業和自由選擇職業的權利；

（乙）獲得公允之工資，男女同工同酬；（目前英國保留權利，不在香港的私人機構實行男女同工同酬政策。）

（丙）組織及加入公會的權利；

（丁）工會有權成立全國聯合會或同盟，後者有權組織或參加國際工會組織；（目前英國保留權利，不在香港引用此條規定。）

（戊）罷工權利；

（己）享有社會保障的權利。

5.3.5.3 根據徵求意見稿有關規定，以上關於勞工的權益和保障將可在香港繼續實施。有關此兩公約香港具體的應用及實施情況，請參閱另一專題報告——「人權保障與兩個國際公約」。

5.3.5.4 值得注意的是，除上述兩個國際公約外，現時在香港實施還有《國際勞工公約》，專門針對勞工問題，作出更詳細及具體的規定，所以它對香港勞工有頗大影響。而且，此公約所列的一些重大的勞工權益和保障，例如工會認可權和集體談判權、勞工的充份就業的權利等，也未包括在上述兩個國際公約內。

5.3.5.5 有建議認為，為保證這公約將來在香港繼續實施，並以之作為修改或增加香港勞工法例的依據，基本法應同時列明《國際勞工公約》適用於香港的規定，在一九九七年後繼續有效。

5.3.5.6 國際勞工組織是聯合國屬下的一個組織，其成員均以聯合國會員國為單位，是以香港不能以獨立會員身份參加，因此香港未來在國際勞工組織的地位，及該組織用以訂定國際勞工標準的《國際勞工合約》的認可及其在港實施的問題，仍有待透過適當途徑解決。

5.3.5.7 目前，香港是國際勞工組織的所謂非主權（即附屬）地區，沒有直接參與該組織的全體大會或其他事務的權利。香港雖不能享有成員國身份，但作為非主權地區，香港仍可與國際勞工組織保持關係，惟所有官方聯繫都必須透過其宗主國——英國政府。在全體大會中，香港的代表由英國政府代表擔任。在討論有關香港的問題時，英國可邀請香港官員以顧問身份出席。自一九八六年開始，香港有一個由政府、僱主、僱員三方代表組成的代表團作為英國代表團的顧問，列席國際勞工組織周年大會。

5.3.5.8 根據香港政府勞工處資料，香港作為非主權地區，無須認可任何協約；香港就英國政府認可的協約所作的公佈，均由英國政府在與香港政府諮商後，代為發表。

5.3.5.9 截至一九八七年十二月，英國已認可七十多項《國際勞工公約》，香港引用其中四十八項，其中二十九項全部付諸實施，其餘十九項則稍經修訂後付諸實施，而中國目前僅承認了十四項公約。

5.3.5.10 在發表引用情況的公佈之前，香港已透過立法或／及行政程序，將公約的各條款或已獲接納的條款賦予效力。

5.3.5.11 除要考慮本港已承認的四十八項《國際勞工公約》在一九九七年後是否繼續適用外，鑒於目前中港兩地的引用情況有所不同，基本法對下列問題也應有適當說明：

（1）香港現時承認的《國際勞工公約》條款比中國多，如何處理兩地的不同情況？

（2）假若將來香港認為有需要承認其他未獲中國承認的新條款，應怎樣處理？

（3）中國所承認的十四條條款而香港尚未承認者，是否需要加以承認？

（4）香港將以何種方式參加國際勞工組織？

5.3.5.12 就有關香港一九九七年後參與國際組織和協定的安排，《中英聯合聲明》附件一第十一節有如下規定：

i)「……對以國家為單位參加的、與香港特別行政區有關的、適當領域的國際組織和國際會議，香港特別行政區政府的代表可作為中華人民共和國政府代表團的成員或以中央人民政府和上述有關國際組織或國際會議允許的身份參加，並以『中國香港』的名義發表意見。」

ii)「中華人民共和國尚未參加但已適用於香港的國際協定

第149條

仍可繼續適用。中央人民政府根據需要授權或協助香港特別行政區政府作出適當安排，使其他有關的國際協定適用於香港特別行政區。……」

iii)「對中華人民共和國已經參加而香港目前也以某種形式參加的國際組織，中央人民政府將採取必要措施使香港特別行政區以適當形式繼續保持在這些組織中的地位。」

5.3.5.13 與此同時，根據《中英聯合聲明》附件二所載，中英聯合聯絡小組也會就「兩國（中、英）政府為確保香港有關的國際權利與義務繼續適用所需採取的行動」進行商議。據悉，中英聯合聯絡小組最近已經解決有關問題，香港所承認的四十八條《國際勞工公約》條款將繼續有效，中國所承認的十四條條款而香港沒有承認的也可以承認，而且，香港將會用類似現行方法，即以中國代表團顧問成員成份出席國際勞工組織之全體會議。

5.3.6 改善勞資關係

鑑於目前本港缺乏積極、長遠目標的勞工政策，故有意見認為，基本法不但要全面地保障勞工權益，而且應允許有關的保障和勞工政策按社會和經濟國發展不斷改進，以不斷提高勞工階層的生活質素，促進勞資溝通，達致真正的勞資協商、勞資合作，及和諧的勞資關係為目標，避免不必要的勞資對立和衝突，而並非五十年不變。

6. 結語

勞工是香港社會經濟的一個重要支柱。基本法雖然肯定了香港特別行政區的成立後，香港原有的社會制度生活方式保持不變，但對改善勞工社會生活條件的做法，應像目前被動地依靠經濟發展來帶動，還是應該有一個積極、長遠的政策呢？如果是後者，又是否應該在起草基本法之時，為未來的特別行政區規劃出有關的政策呢？這些問題都是有待解決的。

※

⑦ 1988 年 10 月基本法諮詢委員會《中華人民共和國香港特別行政區基本法（草案）徵求意見稿諮詢報告第五冊——條文總報告》

【P452-453】

第一百五十七條

2. 意見

→ 此條文確保了香港文化演藝組織能夠以獨立單位參與國際活動。

→ 加上「中國」二字，可能引起體育團體能否保持其獨特的國際地位的問題。

3. 建議

3.1 刪除

→ 刪去「可根據需要」一詞，改為「各該組織應冠用『中國香港』的名義」。

理由：「根據需要」四字意味着可用可不用「中國香港」的意思。

3.2 修改

→ 改為：「香港特別行政區的教育、科學、技術、文化、體育、衛生、專業、勞工、社會福利和傷殘人士、自助團體及宗教等組織可同世界各國各地區及有關國際組織，以『中國香港』的名義保持和發展關係及參與活動。」

→ 改為：「香港特別行政區的註冊團體可與世界各國、各地區及有關國際組織保持和發展關係，各該組織可根據需要冠用『中國香港』的名義，參與有關活動。」

理由：以註冊團體代替有關的組織類別，可避免掛一漏萬之弊。

→ 改為：「香港特別行政區的教育、科學、技術、文化、體育、衛生、專業、勞工的民間團體和宗教團體可自由與世界各國、各地區及有關國際組織保持和發展關係，各該團體可根據需要冠用『中國香港』的名義，參與有關活動。」

→ 將「中國香港」改為「香港」。

理由：

⊙ 現時香港無須以「英國香港」名義參與有關國際活動。

⊙ 既然香港可單獨參加有關國際活動，而不需合併為中國的一部份，那麼香港特別行政區應可以用「香港」的名義參加。

→ 將「中國香港」改為「中國、香港」。

理由：目前香港有很多機構以「香港」為名，無須把所有機構名稱加上「中國」二字。

→ 把「可」字改為「將被允許」。

理由：這樣才能對本章目的有較清楚瞭解。

3.3 增加

→ 應以「現存」二字放本條開端。

→ 在「社會福利和宗教等組織」之後加上「以及其他民間團體」。

→ 在「社會福利」之後加上「消費者保障」。

→ 在「可同世界各國」前加上「依法」。

→ 在「各該組織可根據需要」之後加上「盡可能」三字。

理由：以使在國際上確定香港的政治地位。

→ 在「中國香港」之後加上「或『香港』」三字（並劃底線）。

→ 在本條的末段加上：「至於在上述各類服務的傑出人士，除可以接受特別行政區政府的獎勵外，同時亦可以接受國際性組織的各種獎勵。」

理由：

⊙ 以保持香港與國際性組織的聯繫。

⊙ 鼓勵和吸引一些各類服務的熱心人士繼續努力。

→ 加上：「香港特別行政區政府繼續保持及爭取海外學府承認本地學府所頒發之資歷，以保持香港特別行政區作為國際學術中心之一員。」

3.4 其他建議

→ 在本條中列出即使中國不參加的組織、活動，香港特別行政區亦可以「中國香港」的名義單獨參加。

→ 在文化和貿易活動上，應允許只用「香港」兩字，只是在國際上簽署正式協議時才用「中國香港」。

→ 應有更多關於要求團體使用「中國香港」名義的詳細指引。

→ 應清楚列明香港在國際組織的會員資格不因政治地位的轉變而受影響。

理由：香港現時已成為很多國際組織的正式會員，這些組織可能已規定一個國家只能有一個代表身份。

4. 待澄清問題

→ 既然香港以後可用「中國香港」的名義與外國保持和發展關係，這與第一百五十六條所說的「互不隸屬、互不干涉和互相尊重」有否矛盾呢？

→ 將來香港特別行政區可否只用「香港」的名義參加本條所述的活動？

→ 一九九七年後各組織的名稱是否一律要冠上「中國」兩字？

→ 如一九九七年後，香港特別行政區的全部組織的名稱均要冠上「中國」兩字，則是否需要全部申請更改法定註冊名字？

→ 若香港組織的名義由「香港」變為「中國香港」，某些國際性組織會否因此變動而吊銷香港會籍？

第七稿

「第一百四十九條　香港特別行政區的教育、科學、技術、文化、藝術、體育、專業、醫療

衛生、勞工、社會福利、社會工作等方面的民間團體和宗教組織可同世界各國、各地區及國際的有關團體和組織保持和發展關係，各該團體和組織可根據需要冠用『中國香港』的名義，參與有關活動。」

〔1990 年 2 月 16 日《中華人民共和國香港特別行政區基本法（草案）》〕

① 1989 年 11 月基本法諮詢委員會《中華人民共和國香港特別行政區基本法（草案）諮詢報告第三冊 —— 條文總報告》

【P253-254】
第一百四十八條
2. 意見
2.1 反面
→ 條文所提及的民間組織並沒有包括保護大自然組織在內，令這些組織受不到條文的保護。
→ 把「環保組織」遺漏令人覺得環保組織是故意被忽略。

3. 建議
3.1 修改
→ 將「中國香港」改為「中國、香港」。
理由：目前香港有很多機構以「香港」為名，無須把所有機構名稱加上「中國」二字。
→ 改為：「香港特別行政區的所有合法民間團體和宗教組織可與世界各國、各地區及有關團體和組織保持和發展關係，各該團體和組織可根據需要冠用『中國香港』的名義，參與有關活動。」
理由：此項權利不應只屬於原文中所包括的團體。
3.2 增加
→ 加上「漁農界」。
→ 「各地區」之後加上：「該等國家和地區的有關團體和人士」。
→ 在「宗教組織」後加上「及各公務員團體」。

理由：本港的公務員團體數目不少，應包括在內。
→ 在「同世界各國」前加上「內地和」三字，並把「國際團體」的「國際」二字刪去。
理由：
⊙ 這條犯了很大錯誤，如默認本條已適用於所有內地團體，無形中把香港當作一個獨立的國家。
⊙ 原條文的寫法，令人以為特別行政區可同世界各國、各地區保持和發展關係，卻偏把中華人民共和國的有關團體排除開去。若說特別行政區有關團體不可以參與內地的有關活動？
→ 在「參與有關活動」前加上「在堅持國家統一和維護民族尊嚴的基礎上」。
3.3 其他
→ 建議文化、藝術等民間團體可與外地有關的合法團體保持和發展其合法的關係。
→ 本條應明確地按照保護環境的需要來修改。

※

② 1989 年 12 月 17 日《教科文專題小組第十二次會議紀要》，載於 1990 年 2 月《中華人民共和國香港特別行政區基本法起草委員會第九次全體會議文件匯編》

【P38-39】
3. 第一百四十八條「及有關國際團體和組織」改為「及國際的有關團體和組織。」

第八稿

「第一百四十九條　香港特別行政區的教育、科學、技術、文化、藝術、體育、專業、醫療衛生、勞工、社會福利、社會工作等方面的民間團體和宗教組織可同世界各國、各地區及國際的有關團體和組織保持和發展關係，各該團體和組織可根據需要冠用『中國香港』的名義，參與有關活動。」

〔1990 年 4 月《中華人民共和國香港特別行政區基本法》〕

香港特別行政區政府的代表，可作為中華人民共和國政府代表團的成員，參加由中央人民政府進行的同香港特別行政區直接有關的外交談判。

✿ 貳 | 概念

1. 香港政府代表
2. 中央政府代表團成員
3. 參加與香港有關的外交談判

✿ 叁 | 條文本身的演進和發展

第一稿

第七章

「第一條　香港特別行政區政府的代表，可作為中華人民共和國政府代表團的成員，參加由中央人民政府進行的與香港特別行政區直接有關的外交談判。」

〔1986 年 11 月 11 日《中央與香港特別行政區的關係專題小組工作報告》，載於《中華人民共和國香港特別行政區基本法起草委員會第三次全體會議文件匯編》〕

① 1986 年 5 月 14 日《涉外事務專責小組第三次會議通知》

1. 聯合聲明

附件一第十一節
在外交事務屬中央人民政府管理的原則下，香港特別行政區政府的代表，可作為中華人民共和國政府代表團的成員，參加由中央人民政府進行的與香港特別行政區直接有關的外交談判。

第二稿

第七章

「第一條　香港特別行政區政府的代表，可作為中華人民共和國政府代表團的成員，參加由中央人民政府進行的與香港特別行政區直接有關的外交談判。」

〔1987 年 4 月 13 日《中央與香港特別行政區的關係專題小組工作報告》，載於《中華人民共和國香港特別行政區基本法起草委員會第四次全體會議文件匯編》〕

① 1987 年 1 月 27 日《參與國際機構 / 協定的形式與安排討論文件（草稿）》（1987 年 2 月 4 日涉外事務專責小組參與國際機構 / 協定的形式與安排工作組第一次工作會議討論文件）

【P7】
4. 有待考慮的問題
4.6 外交事務與其他領域的界限：
以上所述情況皆為在外交事務以外的事宜，因為根據《聯合聲明》「外交事務屬中央人民政府管理……」外交可被理解為涉及政治邦交者，但外交與其他各領域（經濟、貿易、金融、航運、通訊、旅遊、文化、體育等）的界線在哪裡？
有意見認為特區在國際組織中向外國政府或官方組織進行游說工作，只要最終目的為促進經濟……體育等之利益，便不應被混淆為外交事務。

※

② 1987 年 2 月 28 日涉外事務專責小組《參與國際機構 / 協定的形式與安排最後報告》（1987 年 2 月 28 日涉外事務專責小組第九次會議討論文件）

【P4】
4. 有待考慮的問題
4.1 外交事務與其他領域的界線：
根據《聯合聲明》「外交事務屬中央人民政府管理……。」外交可被理解為涉及政治邦交者，但很難劃分外交與其他各領域（經濟、貿易、金融、航運、通訊、旅遊、文化、體育等）的界線。
當然，如中國及有關國家正處於戰爭狀態，或特區的游說工作涉及國防，則香港特區在「其他領域」的自主性皆被暫時撤銷。當情況的性質不明顯，難以界定事情是否屬外

交時，而中國政府與香港特區又對情況的界定有不同意見時，便得由「基本法的解釋」及「中央與特區關係」所提

出的方案來解決。

第三稿

第七章

「第一條　香港特別行政區政府的代表，可作為中華人民共和國政府代表團的成員，參加由中央人民政府進行的與香港特別行政區直接有關的外交談判。」

〔1987 年 8 月 22 日《中央與香港特別行政區的關係專題小組工作報告》，載於《中華人民共和國香港特別行政區基本法起草委員會第五次全體會議文件匯編》〕

第四稿

「第一百五十七條　香港特別行政區政府的代表，可作為中華人民共和國政府代表團的成員，參加由中央人民政府進行的與香港特別行政區直接有關的外交談判。」

〔1987 年 12 月基本法起草委員會秘書處《香港特別行政區基本法（草案）》（匯編稿）〕

第五稿

「第一百五十七條　香港特別行政區政府的代表，可作為中華人民共和國政府代表團的成員，參加由中央人民政府進行的與香港特別行政區直接有關的外交談判。」

〔1988 年 3 月基本法起草委員會秘書處《中華人民共和國香港特別行政區基本法（草案）草稿》（總體工作小組第二次會議對目錄、序言、第一、二、三、五、六、七、九章的修改稿）〕

第六稿

「第一百五十九條　香港特別行政區政府的代表，可作為中華人民共和國政府代表團的成員，參加由中央人民政府進行的與香港特別行政區直接有關的外交談判。」

〔1988 年 4 月基本法起草委員會秘書處《中華人民共和國香港特別行政區基本法（草案）草稿》〕

第七稿

「第一百五十八條　香港特別行政區政府的代表，可作為中華人民共和國政府代表團的成員，參加由中央人民政府進行的與香港特別行政區直接有關的外交談判。」

〔1988 年 4 月《中華人民共和國香港特別行政區基本法（草案）徵求意見稿》〕

第八稿

「第一百四十九條　香港特別行政區政府的代表，可作為中華人民共和國政府代表團的成員，參加由中央人民政府進行的同香港特別行政區直接有關的外交談判。」

〔1989 年 2 月《中華人民共和國香港特別行政區基本法（草案）》〕

① 1988 年 10 月基本法諮詢委員會《中華人民共和國香港特別行政區基本法（草案）徵求意見稿諮詢報告第五冊——條文總報告》

【P454-455】
第七章　整體意見
1. 意見
→ 贊成此章條文。
→ 可從此章中看到中國有誠意使香港特別行政區擁有高度自治。
→ 本章條文基本上錄自《中英聯合聲明》附件一有關條款，是可以接受。
→ 香港特別行政區政府與外國交涉，理應由中央政府負責。
2. 建議
2.1 修改
→ 香港不應只有外事權而更應享有外交權。
2.2 增加
→ 建議在此章規定香港取得仍有效的出口配額、關稅優惠、高科技的轉移和使用等安排，和一切有關的利益及義務，中央人民政府不予分享及分擔。

理由：可保障香港繼續取得高科技的轉移和使用。
→ 應指出香港特別行政區應如何處理有關台灣之事務，及兩者之關係。
→ 香港與台灣、澳門的關係應有更明確規定。
→ 此章應列明不歡迎越南難民到港居住。
2.3 其他建議
→ 從條文來看，香港特別行政區是一個地道的地方行政區，可以說完全不具任何國際法上之法人地位。由於基本法中並沒有其他條文更直接地規範未來香港與台北的關係，中華人民共和國在基本法中對未來香港與台北的關係可能只有兩個構思：
（1）香港可以單獨與「各地區」（包括台灣）保持和發展關係，簽訂和履行有關協議。（第一百五十九條）
（2）香港可以在「中央人民政府」的協助或授權下，與「各地區」（包括台灣）締結互免簽證協議。（第一百六十三條）
其他所有涉及「外國」與香港之間關係的條文，顯然都不是中國準備允許香港與台北交往適用的，香港甚至於也不能在台灣設立官方或半官方的經貿機構，因而在條文第一百六十四條已規定限於「外國」。
在台北也將不能繼續在香港之任何官方或半官方機構，因

而這種機構的設立也已規定限於「外國」，並得經中央人民政府之批准。（第一百六十五條）

事實上，香港如果需要與台北維持或發展關係，甚或吸引台灣民間至香港（而非中國大陸）投資，單憑上述兩項構想，是不夠的。雙方至少得互設一官方經貿代表機構。

香港未來在九七之後與台北的關係，不能是一個「地方」對「地方」的關係，而應該是一個「地方」對「國家」的關係。這種關係誠然不能是一種對「外國」的關係，但是必然是一種對另一「主權實體」的關係。

在基本法中，最少需要一個特定條文來規定涉及其他「外國」之關係，使有高度自治的香港與台北間的關係能符合實際，進而維持和發展一項有利的「直接關係」。

第一百五十八條
2. 意見
→ 贊成此條文。
理由：本條富積極性，有助於維持對香港作為國際主要的貿易與金融中心的地位。
3. 建議
→ 將「可」字改為「有權」。
理由：
⊙ 雖然本章屬「對外事務」，但這條文的處理會直接影響。
⊙ 若不給予香港參與權將有違「一國兩制」原則。依此原則，香港應有某種一般市政府所沒有的特權。

第九稿

「**第一百五十條　香港特別行政區政府的代表，可作為中華人民共和國政府代表團的成員，參加由中央人民政府進行的同香港特別行政區直接有關的外交談判。**」
〔1990 年 2 月 16 日《中華人民共和國香港特別行政區基本法（草案）》〕

① 1989 年 11 月基本法諮詢委員會《中華人民共和國香港特別行政區基本法（草案）諮詢報告第三冊——條文總報告》

【P255-256】
第七章　整體意見
1. 意見
1.1 整體
→ 除非香港在「巴黎統籌委員會」取得獨立地位，否則，在一九九七年後，其對中國實施的種種科技禁運，亦會同樣對香港實施。
→ 要進行與對外事務有關的事，很明顯，便需要成立一個對外事務處，這應在第一百四十九條中訂明。在第一百五十二、一百五十三和一百五十六條裡面中央人民政府的授權，是對香港領土完整的一項侵犯。既然香港將以「中國香港」而非「中國（香港）」名義存在於國際，便無需中央人民政府去授權香港去處理國際協議，或批准外國領事機構、或其他機構的設立。
→ 出入境的自由度應不變。
→ 香港有權參加所有對外組織。
2. 建議
→ 無須硬性以法律規定一九九七年後香港在各種場合中出現都必須以「中國香港」的名義。
理由：
⊙ 在某些場合以「香港」的名義出現比以「中國香港」的名義出現有利得多。

⊙ 尊重以往習慣，並維持香港的現狀不變。
3. 待澄清問題
→ 自香港回歸中國大陸，歐美日的科學技術可能會被限制輸入香港，對於這點，須認真研究對策。但香港是否需要成立一個科技監管委員會，監管歐美日拒絕將高科技輸往中國的情況呢？這樣做中國政府會贊成嗎？歐美日會相信嗎？
→ 香港與南韓、南非、以色列等地方素有貿易，將來這些地區的商人來港談生意，他們可得入境簽證？中國可能會拒絕給予他們簽證，這問題又怎樣處理呢？香港特別行政區是否可爭取簽發商業簽證、遊客簽證和學生簽證呢？

第一百四十九條
2. 建議
2.1 修改
→ 「可」字改為：「有權」。
理由：基於「一國兩制」原則，香港應有某種通常市政府所沒有的特權。
→ 「可」字改為：「必須自動成為」。
理由：
⊙ 中央人民政府代表未必能完全瞭解香港特別行政區的一切事物及需要。
⊙ 香港特別行政區政府應有責任為香港特別行政區爭取利益；不應採取被動姿態等待中央人民政府通告外交談判的結果。
2.2 增加
→ 加上：「香港特別行政區可自行決定在本條所列事務的政策。」

第十稿

「**第一百五十條　香港特別行政區政府的代表，可作為中華人民共和國政府代表團的成員，參加由中央人民政府進行的同香港特別行政區直接有關的外交談判。**」
〔1990 年 4 月《中華人民共和國香港特別行政區基本法》〕

香港特別行政區可在經濟、貿易、金融、航運、通訊、旅遊、文化、體育等領域以「中國香港」的名義，單獨地同世界各國、各地區及有關國際組織保持和發展關係，簽訂和履行有關協議。

❀ 貳│概念

1. 以「中國香港」名義同各國及地區相關組織簽訂協議

❀ 叁│條文本身的演進和發展

第一稿 ▶

第七章

「第二條　香港特別行政區可以『中國香港』的名義，在經濟、貿易、金融、航運、通訊、旅遊、文化、體育等領域單獨地同世界各國、各地區及有關國際組織保持和發展關係，簽訂和履行有關協議。」

〔1986 年 11 月 11 日《中央與香港特別行政區的關係專題小組工作報告》，載於《中華人民共和國香港特別行政區基本法起草委員會第三次全體會議文件匯編》〕

① 1986 年 5 月 14 日《涉外事務專責小組第三次會議通知》

1. 聯合聲明
香港特別行政區可以「中國香港」的名義單獨地同各國、各地區及有關國際組織保持和發展經濟、文化關係，並簽訂有關協定。

附件一第十一節
……香港特別行政區可以「中國香港」的名義，在經濟、貿易、金融、航運、通訊、旅遊、文化、體育等領域單獨地同世界各國、各地區及有關國際組織保持和發展關係，並簽訂和履行有關協定。

※

② 1986 年 5 月 28 日《涉外事務專責小組第四次會議紀要》

2. 會議之討論內容大致可歸納如下：
2.3 一些委員提出，現時香港在貿易談判中，力量有限，將來主權回歸中國後，可否借助中國的力量，協助香港在談判中，爭取更有利的地位，然而香港可能因此失去一定程度的決策權力，故很難衡量這做法的利弊，所以有委員認為，無需且也不能把這些事情寫進基本法，但實際上，則可通過巧妙的設計，令貿易夥伴明白，一些對香港經濟有影響的行為也不能間接對中國的經濟造成打擊。

※

③ 1986 年 6 月 25 日《涉外事務專責小組第五次會議紀要》

2. 商討有關郵政電訊的事項：
2.1 有委員非常關心在一九九七年以後，香港會否因為主權回歸中國而影響它與其他國家和地區，尤其是與中國沒有邦交的國家和地區，比如台灣、南非等的通訊關係。因此，有委員提出：如果國際通訊組織保證成員地區可與沒有邦交的地區通訊，則基本法不需要詳細列出這權利，否則，基本法中應寫明香港可與和中國沒有邦交的組織通訊。
2.2 在座委員不清楚香港現在究竟是以獨立身份，還是附屬英國的身份加入國際通訊組織，但其中一位委員估計在九七年後，香港能以獨立身份加入該等組織的機會很大。
2.3 有委員指出現在香港的電訊服務主要由大東電報局負責，而該公司的大部份股份由英國佔有。因此擔心在九七年後，如果香港的對外通訊主要由外國資金佔有，便會產生危險，因為這等組織幾乎完全控制香港的對外溝通。因此有委員指出要詳細考慮未來特別行政區的電訊服務，是否應該由香港人擁有的機構，或者是在香港註冊的公司負責。但就這問題，另一委員補充說：香港政府與大東電報局簽定的專利權將會有效到九七年後的十多年，因此短期內亦不可能會有另一間公司出來與大東電報局競爭，況且，要成立一間新的電訊公司需要極龐大的資金，也會引起很多技術問題。
2.4 有委員提出不知在未來的十多年內，香港在通訊方面會出現什麼重大的改變，另一委員說他估計不會有。
2.5 有委員擔心在九七年以後，中國會否規定香港一定要使用它們發射的衛星，但另一委員回答說：最根本的問題還在價錢，因此估計將來中國會干預的機會不大。

④1986年8月30日《涉外事務專責小組初步報告》

4. 關稅貿易總協定

4.3 一些委員指出，現時香港在貿易談判中，力量有限，將來主權回歸中國後，可否借助中國的力量，協助香港在談判中，爭取更有利的地位。然而香港可能因此失去一定程度的決策權力，故很難衡量這做法的利弊，所以有委員認為，這些事情不能亦無需寫進基本法內。而這些事情寫進基本法，應該用其他方法，令貿易夥伴明白，一些對香港經濟有影響的行為仍不能間接對中國的經濟造成打擊。

5. 郵政、電訊

5.3 有委員對1997年後，香港特別行政區能否與那些和中國沒有邦交的國家和地區保持通訊的問題表示關注。該委員提出：如果國際通訊組織保證成員可與沒有邦交的地區通訊，則基本法不需要細列出這權利，否則，基本法應寫明香港可與那些和中國沒有邦交的地區通訊。

5.4 委員們都對1997年後香港特別行政區的對外電訊服務表示關注。有委員指出，目前香港所有對外電訊由香港大東電報局及香港電話公司以專利方式經營，而兩間公司大部份股權都由同一英國公司持有。香港大東電報局在1981年註冊為香港本地公司，但八成股份由英國大東持有，另外兩成股份由香港政府持有。香港政府委派民航署長及郵政署長為大東電報局董事。英國大東亦持有香港電話公司七成多的股票。英國政府則持有英國大東百分之五十一的股份。此位委員提出下列疑問：香港特別行政區政府是否會容許一間差不多由英資控制的公司控制香港所有的對外電訊。不過，成立一間新的電訊公司並不容易，因為香港政府已把大東電報局的專利權延長到1997年之後的十多年，況且，成立一間新的電訊公司的成本相當龐大，而且設備重複，未必值得。

5.5 有委員提出，由現在到1997年的十一、二年內，香港的電訊狀況可能有重大改變，如果現在基本法中就電訊方面作出太具體規定，可能不太適合。不過，另一委員認為，由於大東電報局已享有的專利權超越九七年，估計香港電訊狀況不會有太大變化。

5.6 有委員擔心九七年以後，中國會否規定香港一定要使用他們發射的衛星。但另一委員認為中國會干預的機會不大，因為最根本的問題是價錢。

第二稿

第七章

「**第二條** 香港特別行政區可以『中國香港』的名義，在經濟、貿易、金融、航運、通訊、旅遊、文化、體育等領域單獨地同世界各國、各地區及有關國際組織保持和發展關係，簽訂和履行有關協議。」

〔1987年4月13日《中央與香港特別行政區的關係專題小組工作報告》，載於《中華人民共和國香港特別行政區基本法起草委員會第四次全體會議文件匯編》〕

① 1987年1月27日《參與國際機構／協定的形式與安排討論文件（草稿）》（1987年2月4日涉外事務專責小組參與國際機構／協定的形式與安排工作組第一次工作會議討論文件）

【P1-3】

2. 背景資料／現行情況

2.1 國際協定

根據香港政府律政署在八三年七月的資料顯示，應用於香港的國際協定達三百多條。這些條約的形式多為條約、公約、協議及議定書，並有國際規則及聲明。它們的範圍牽涉甚廣，包括：經濟、金融、貿易及商業、通訊、交通、法律、漁農業、文化、醫藥衛生等多方面。

2.2 參加形式

香港加入這些協議的身份皆為透過英國的聯繫。形式方面分以下幾類：

2.2.1 單獨以「香港」名義加入協定。其身份實為英國屬土，並得由英國政府授權才可以成為締約地區。香港在貿易方面經常有以此身份簽約。

2.2.2 通過英國參加：

（1）通常英國參加的協議都有「有效區域」的條款，此條款決定協議的內容是否應用於英國的附屬地區（例如香港）。英國在簽署這些協議的時候，可以在此條款下作出聲明，藉以保留協議的某些條文對英國的屬土的適用性。即是說保留某些條文，使其不適用於某些屬土。例如關於《公民權利和政治權利國際公約》，其中一項被保留不用於香港的條文是第二十五條（b）項，這是關於選舉權的條文。英國接受這公約時，香港的立法機關並沒有任何選舉產生的議席，所以，英國便保留了這條文，不用於香港。

（2）如果沒有「有效區域」的條款的條約，便可能要視乎協議的內容及目的，從而推測是否適用於香港。某些協定是明顯地適用於香港的，例如英國與另一國家簽訂的一條雙邊航空協約，而香港是在這航線上的。另一些協定可能是明顯地不適用於香港的，例如有關英倫本島海岸線的便是。

（3）如果協議的目的並不清晰，而締約國家又沒有表明協定不適用於香港的話，此協定便會被假定為適用於香港。

在簽訂可能應用香港的協定時，英國政府會先諮詢香港政府，然後才決定是否令協定內容引申到香港。

3. 聯合聲明有關的條文

附件一第十一節：

3.2 在其他方面

「香港特別行政區可以『中國香港』的名義，在經濟、貿易、金融、航運、通訊、旅遊、文化、體育等領域單獨地同世界各國、各地區及有關國際組織保持和發展關係，並簽訂和履行有關協定。」

【P6-7】

4. 有待考慮的問題

4.3 香港特區是否能夠繼續保持在國際組織或協定的地位：由以上所見，香港將會以不同身份及形式繼續參加國際組織／協定。但因為有幾個情況下要依賴中央人民政府和上述有關國際組織／會議允許的身份參加，則香港特區的參加身份可能因不同組織而殊，實要視乎個別組織的不同情況和意願而決定。

再者，有些香港以往一直有參加的組織或應用的協定可能因宗主國的更換而難於繼續參加。例如，香港以英國的附屬地區引申某協議內容不可把某類物資輸入共產國家，如香港將來欲以中國的特區身份參加這類協議的情況將會是困難而尷尬。

「中國香港」既為一個新的個體，特別行政區這身份亦非

在國際中常見，香港特區以往的宗主國——英國又與中國在政治及經濟運作上又如此不同，香港特區之地位是否會受到國際間的接受尚為未知之數。

※

② 1987 年 2 月 28 日涉外事務專責小組《參與國際機構／協定的形式與安排最後報告》（1987 年 2 月 28 日涉外事務專責小組第九次會議討論文件）

【P1-3】
（編者按：本文同第二稿文件①，除下列內容外，均同前文。）
2. 背景資料／現行情況
2.2.2. 通過英國參加：
（3）如果不能清楚確定協議是否與香港有關，而英國又沒有表明協定不適用於香港的話，此協定便會被其他締約國家假定為適用於香港。
在簽訂可能應用於香港的協定前，英國政府會先諮詢香港政府，然後才決定是否令協定內容引申到香港。

3. 聯合聲明有關的條文
3.1 第三款第十項：「香港特別行政區可以『中國香港』的名義單獨地同各國、各地區及有關國際組織保持和發展經濟、文化關係，並簽訂有關協定。」
附件一第十一節：

【P7】
4. 有待考慮的問題
（編者按：本文同第二稿文件①「4. 有待考慮的問題」，除下列內容外，均同前文。）
再者，有些香港以往一直有參加的組織或應用的協定可能因宗主國的更換而難於繼續參加。例如，香港以英國的附屬地區引申某協定內容不可把某類物資輸入共產國家，但很難令其他國家相信香港會以中國特別行政區的身份，繼續遵行這類協議。
「中國香港」既為一個新的個體，特別行政區這地位及自治程度亦非在國際中常見，香港特區以往的宗主國——英國又與中國在政治及經濟運作上又如此不同，香港特區之地位是否會受到國際間的接受尚為未知之數。

第三稿

第七章
「**第二條　香港特別行政區可以『中國香港』的名義，在經濟、貿易、金融、航運、通訊、旅遊、文化、體育等領域單獨地同世界各國、各地區及有關國際組織保持和發展關係，簽訂和履行有關協議。**」
〔1987 年 8 月 22 日《中央與香港特別行政區的關係專題小組工作報告》，載於《中華人民共和國香港特別行政區基本法起草委員會第五次全體會議文件匯編》〕

① 1987 年 5 月 22 日《香港基本法起草委員會第四次全體會議委員們對基本法序言、總則及第二、三、七、九章條文草案的意見匯集》

【P28-29】
五、關於第七章　香港特別行政區的對外事務

第二條
1. 有的委員建議，在「經濟、貿易、金融、航運、通訊、旅遊、文化、體育等領域」中增加科技及知識產權方面的內容。

2. 有的委員建議，增寫「民航」一項內容。

3. 有的委員認為，香港特別行政區如要與外國簽訂民航協議，須經中央授權。所以不宜加「民航」一項內容。

第四稿

「**第一百五十八條　香港特別行政區可以『中國香港』的名義，在經濟、貿易、金融、航運、通訊、旅遊、文化、體育等領域單獨地同世界各國、各地區及有關國際組織保持和發展關係，簽訂和履行有關協議。**」
〔1987 年 12 月基本法起草委員會秘書處《香港特別行政區基本法（草案）》（匯編稿）〕

① 1987 年 9 月 2 日《中華人民共和國香港特別行政區基本法起草委員會第五次全體會議委員們對基本法序言和第一、二、三、四、五、六、七、九章條文草稿的意見匯集》

【P72-73】
八、關於第七章　香港特別行政區的對外事務
1. 第二條
（1）有的委員提出，教科文專題小組在討論〕教育、科學、技術、文化、體育、衛生、專業、社會福利以及宗教等組織也可以「中國香港」的名義，同世界各國、各地區及有關國際組織保持和發展關係，如果本條能加進上述內容，第六章第十六條可以刪去。

（2）有的委員提出，關於香港在各方面發展對外關係的

問題應綜合寫在一起，可把第五章、第六章的有關這方面的條文歸併過來，建議統一考慮調整。有的委員提出，本條中「……等領域」的「等」字的含義需明確，是否還包括其他未寫出的領域，建議專題小組加以研究。

※

②中央與特別行政區的關係專責小組《對基本法序言和第一、二、七、九章條文（一九八七年八月）草稿的意見》（1987 年 11 月 4 日經執行委員會通過）

【P3】
第七章
第二條
有委員認為應該在航運之後，加進「民航」一項。

「第一百五十八條　香港特別行政區可在經濟、貿易、金融、航運、通訊、旅遊、文化、體育等領域以『中國香港』的名義，單獨地同世界各國、各地區及有關國際組織保持和發展關係，簽訂和履行有關協議。」

〔1988 年 3 月基本法起草委員會秘書處《中華人民共和國香港特別行政區基本法（草案）草稿》（總體工作小組第二次會議對目錄、序言、第一、二、三、五、六、七、九章的修改稿）〕

① 1988 年 4 月《總體工作小組所作的條文修改舉要》，載於 1988 年 5 月《中華人民共和國香港特別行政區基本法起草委員會第七次全體會議文件匯編》

（編者按：雖然本文件的日期是 1988 年 4 月，但本文件是總體工作小組在 1987 年 12 月 15 日至 1988 年 3 月 6 日之間召開的三次會議上對各專題小組草擬的基本法原條文所作的一些調整和修改。於 3 月提出的草稿裡面已經將以下調整與修改納入，故將這份文件放入本稿中。）

【P21】
第一百六十條（原第一百五十八條）將行文的次序改為「香港特別行政區可在經濟、貿易、金融、航運、通訊、旅遊、文化、體育等領域以『中國香港』的名義，單獨地同世界各國、各地區及有關國際組織保持和發展關係，簽訂和履行有關協議。」

「第一百六十條　香港特別行政區可在經濟、貿易、金融、航運、通訊、旅遊、文化、體育等領域以『中國香港』的名義，單獨地同世界各國、各地區及有關國際組織保持和發展關係，簽訂和履行有關協議。」

〔1988 年 4 月基本法起草委員會秘書處《中華人民共和國香港特別行政區基本法（草案）草稿》〕

「第一百五十九條　香港特別行政區可在經濟、貿易、金融、航運、通訊、旅遊、文化、體育等領域以『中國香港』的名義，單獨地同世界各國、各地區及有關國際組織保持和發展關係，簽訂和履行有關協議。」

〔1988 年 4 月基本法起草委員會《中華人民共和國香港特別行政區基本法（草案）徵求意見稿》〕

「第一百五十條　香港特別行政區可在經濟、貿易、金融、航運、通訊、旅遊、文化、體育等領域以『中國香港』的名義，單獨地同世界各國、各地區及有關國際組織保持和發展關係，簽訂和履行有關協議。」

〔1989 年 2 月《中華人民共和國香港特別行政區基本法（草案）》〕

① 1988 年 8 月基本法起草委員會秘書處《香港各界人士對〈香港特別行政區基本法（草案）徵求意見稿〉的意見匯集（一）》

【P49】
第一百五十九條
1. 加：「專業」、「科技」、「專利和版權」、「知識工業產權」、「工業及發明創造」。

2. 本條是從大的領域講的，應簡單些，否則造成混亂。

※

② 1988 年 10 月基本法諮詢委員會《中華人民共和國香港特別行政區基本法（草案）徵求意見稿諮詢報告第五冊——條文總報告》

【P454-456】
第七章　整體意見
2. 建議
2.3 其他建議
→ 從條文來看，香港特別行政區是一個地道的地方行政區，可以說完全不具任何國際法上之法人地位。由於基本法中並沒有其他條文更直接地規範未來香港與台北的關係，中華人民共和國在基本法中對未來香港與台北的關係可能只有兩個構思：
（1）香港可以單獨與「各地區」（包括台灣）保持和發展關係，簽訂和履行有關協議。（第一百五十九條）

第一百五十九條
2. 意見
→ 贊成本條。
理由：
⊙ 準確反映《中英聯合聲明》。
⊙ 條文富積極性，有助於維持香港作為國際主要的貿易與金融中心的地位。
→ 懷疑在國際貿易上，「中國香港」這個名義是否被接受，及可否繼續享有香港現時的貿易優惠。因香港到時已為中國一部份，國際間難以予之特殊待遇。
→ 現時香港是以「香港」這個名義單獨地加入某些國際體育組織的，包括「國際奧林匹克委員會」（International Olympic Committee）。「中國香港」這名義無疑在外交及政府的層面甚為恰當，但在國際體育運動的層面上則可能令香港繼續以單獨身份參加引起問題。
→ 要強調以下的區分：「中國香港」跟外國簽訂之協議，

和中國跟外國簽訂之協議是兩回事，它們是兩種彼此無關的協議，不能互相影響。
→ 中國既以「一國兩制」方針管理香港，香港就不須仍以「中國香港」名義發表意見。

3. 建議
3.1 修改
→ 改為：「香港特別行政區在經濟、金融、貿易、航運、通訊、旅遊、文化、體育、天文等領域，可以『中國香港』之名義，單獨地同世界各國、各地區、組織，保持和發展關係、簽訂及履行協議。」
→ 改為：「香港特別行政區在經濟、貿易、金融、專業和科技事務、航運、通訊、旅遊、專利品、版權、文化、體育等領域以『中國香港』或『香港』的名義，單獨與世界各國、各地區及有關國際組織保持和發展關係，簽訂和履行有關協議。」
→ 改為：「香港特別行政區可在經濟、貿易、金融、專業、科技、航運、通訊、旅遊、專利、版權、文化、體育等領域以『中國香港』的名義，單獨地同世界各國、各地區及有關國際組織保持和發展關係，簽訂和履行有關協議。」
→ 改為：「應可以『香港』或『中國香港』名義參與有關協議等等。」
3.2 增加
→ 在「中國香港」一詞後加上「或香港」等字眼。
理由：因香港現時在貿易活動及談判，和參加國際體育和文化活動時，均採用「香港」名義，一九九七年後沿用此

名義是恰當和合理的。
→ 在「金融」和「航運」之間加上「專業」和「技術」。
→ 加上「專業及科技事務」和「專利及版權」。
→ 在「文化」後加上「科學和專業」。
→ 加上「專業」和「科技」。
→ 在此條末加上：「香港特別行政區政府自行制定關於本條所述事務的政策。」
→ 此條應訂明：（1）在經濟、貿易、金融、航運、通訊、旅遊、文化、體育等方面，特別行政區可以繼續保持原有關係並獨立發展；（2）在只可以用國家名義參加的國際會議或組織的情況下，特別行政區可以派代表出席及參與；（3）對地區性的國際會議或組織，特別行政區可以用「中國香港」的名義參加；（4）如將來特別行政區有需要與某些組織及地區建立新關係時，屆時將會設立適當的安排。
3.3 其他建議
→ 應認可「中國香港」名義簽署的國際協議，並立法實施。
→ 由於第六章第一百五十七條涉及科技、文教、專業、勞工及宗教等組織的對外關係，可考慮與本條合併為一條。

4. 待澄清問題
→ 是否包括香港特別行政區內的團體？它們是否也有權與有關的國際組織發展關係？包括成為其會員？

第九稿

「**第一百五十一條　香港特別行政區可在經濟、貿易、金融、航運、通訊、旅遊、文化、體育等領域以『中國香港』的名義，單獨地同世界各國、各地區及有關國際組織保持和發展關係，簽訂和履行有關協議。**」
〔1990 年 2 月 16 日《中華人民共和國香港特別行政區基本法（草案）》〕

① 1989 年 11 月基本法諮詢委員會《中華人民共和國香港特別行政區基本法（草案）諮詢報告第三冊——條文總報告》

【P256-257】
第一百五十條
2. 建議
2.1 增加
→ 加上：「香港特別行政區政府可自行決定在本條所列事務的政策。」
→ 加上：「社會福利」。
→ 在「通訊」與「旅遊」之間加上「科學、技術」。
理由：由西方國家組成的巴黎統籌委員會，向來嚴格管制高科技輸往社會主義國家及地區。香港將來在科技的輸出輸入方面，應可以「中國香港」的名義，單獨同世界各國、各地區及有關國際組織保持和發展關係，簽訂和履行有關協議，讓西方國家知道香港在這方面與中國有別。
→ 此條的範圍應擴大，以包括「工業和知識產權」這個領域。
→ 建議在原文增加「社會福利」一項，使原句改為：「……

經濟、貿易、金融……文化、社會福利及體育等領域。」

3. 待澄清問題
→ 不明白「中國香港」的意思是什麼。雖然香港可以此名義參加不以國家為單位的國際組織，在參與世界性賽事時，卻容易混淆，不清楚到底是代表中國還是代表中國統治的香港。

※

② 1989 年 11 月 30 日基本法草委會秘書處《內地各界人士對〈中華人民共和國香港特別行政區基本法（草案）〉的意見匯集》

【P16-17】
第一百五十條
關於香港特別行政區締約的規定不夠明確，建議明確規定香港特別行政區與外國、地區、國際性組織簽訂協議、條約的法律效力，否則條約和協議履行容易出現糾紛，甚至會引起我國與外國、地區、國際性組織的爭議。（廣西）

第十稿

「**第一百五十一條　香港特別行政區可在經濟、貿易、金融、航運、通訊、旅遊、文化、體育等領域以『中國香港』的名義，單獨地同世界各國、各地區及有關國際組織保持和發展關係，簽訂和履行有關協議。**」
〔1990 年 4 月《中華人民共和國香港特別行政區基本法》〕

對以國家為單位參加的、同香港特別行政區有關的、適當領域的國際組織和國際會議,香港特別行政區政府可派遣代表作為中華人民共和國代表團的成員或以中央人民政府和上述有關國際組織或國際會議允許的身份參加,並以「中國香港」的名義發表意見。

香港特別行政區可以「中國香港」的名義參加不以國家為單位參加的國際組織和國際會議。

對中華人民共和國已參加而香港也以某種形式參加了的國際組織,中央人民政府將採取必要措施使香港特別行政區以適當形式繼續保持在這些組織中的地位。

對中華人民共和國尚未參加而香港已以某種形式參加的國際組織,中央人民政府將根據需要使香港特別行政區以適當形式繼續參加這些組織。

✿ 貳│概念

1. 以「中國香港」名義參加國際組織

✿ 叁│條文本身的演進和發展

第一稿▶

第七章

「第三條　以國家為單位參加的、與香港特別行政區有關的、適當領域的國際組織和國際會議,香港特別行政區可派遣代表作為中華人民共和國代表團的成員或以中央人民政府和上述有關國際組織或國際會議允許的身份參加,並以『中國香港』的名義發表意見。

香港特別行政區可以『中國香港』的名義參加不以國家為單位參加的國際組織和國際會議。

對中華人民共和國已經參加而香港也以某種形式參加了的國際組織,中央人民政府將採取必要措施使香港特別行政區以適當形式繼續保持在這些組織中的地位。

對中華人民共和國尚未參加而香港目前以某種形式參加的國際組織,中央人民政府將根據需要使香港特別行政區以適當形式繼續參加這些組織。」

〔1986 年 11 月 11 日《中央與香港特別行政區的關係專題小組工作報告》，載於《中華人民共和國香港特別行政區基本法起草委員會第三次全體會議文件匯編》〕

① 1986 年 5 月 28 日《涉外事務專責小組第四次會議紀要》

2. 會議之討論內容大致可歸納如下：

2.1 如何維持香港特別行政區作為獨立關稅地區：

《中英聯合聲明》附件一第六節及《基本法結構（草案）》，均列明香港特別行政區為單獨的關稅地區，而最近香港已獲得作為關貿協定的獨立締約成員地位，只要將來繼續遵守協定中的條件，並維持目前的政策，例如沒有公然補助工業，或實行關稅管制措施等，這樣的地位便不難保持。但由於香港的生存必須依靠出入口貿易，委員們都感到關貿協定及多種纖維協定對香港十分重要，所以為了進一步得到保證，個別委員希望在基本法中寫明，將來的特區政府必須遵照特區關貿協定的條件或說明將來的中央政府不會干擾香港在關貿協定中的地位。

2.2 不少委員認為，將來香港特別行政區需要有獨立或單獨的（註：關於「單獨」和「獨立」的字眼，有委員認為聯合聲明中的「單獨」一詞，是指由中央政府放手，但仍保留着這個權力的情況下，香港可自行決定；獨立則指香港不受干預而自行決定）自由貿易及經濟政策，例如，若中國對另一個國家實行貿易或經濟制裁，香港有權作出自己的決定。還有委員建議，在這些問題上，中央與特區在決策權力方面，應有一個較明確分工，說明在某一層面上，特區應依循中央的決定，而在此一層面以下的，則特區可按自己實際情況辦理。

※

② 1986 年 6 月 25 日《涉外事務專責小組第五次會議紀要》

2. 商討有關郵政電訊的事項：

2.2 在座委員不清楚香港現在究竟是以獨立身份，還是附屬英國的身份加入國際通訊組織，但其中一位委員估計在九七年後，香港能以獨立身份加入該等組織的機會很大。

※

③ 1986 年 8 月 30 日《涉外事務專責小組初步報告》

（編者按：本文同第一稿文件①，除下列內容外，均同前文。）

4. 關稅貿易總協定

4.1 ……基本法亦應列明香港有獨立談判權，例如談判多種纖維協議（MFA）的配額問題。

4.2 ……在英國的行政管理之下，香港在這方面的政策有選擇權。基本法亦應訂明香港特別行政區也有這樣的權力。

5. 郵政、電訊

5.1 有委員提出應否在基本法中列明香港特別行政區以獨立身份參加國際通訊組織，要考慮以下各點：
（1）香港是否有需要以獨立身份參加；
（2）這些組織會否接受；
（3）有沒有其他技術問題；
（4）香港人是否希望香港以獨立身份參加這些組織。

5.2 有委員認為在基本法第七章第二節中列明香港以獨立身份參加國際通訊組織已足夠，其餘細節問題可留待香港特別行政區的代表在國際組織中談判和討論。

5.7 當小組討論過郵政問題後，郵政署署長應小組要求，於七月十五日寄來一份文件：「香港及萬國郵政聯盟」，論及香港郵局在郵政方面的作用。以下是該文件的要點：
（1）萬國郵政聯盟的會員都是主權國家，只有兩個是例外的——「英國負責外交關係的海外領土」〔英國海外屬土郵政機構聯合代表團（the "British Ensemble"）〕及荷屬安的列斯群島（Netherlands Antilles）。
（2）香港自 1878 年起以英國屬土身份加入萬國郵政聯盟。
（3）亞洲及太平洋郵政聯盟會議的參加者為主權國家，不過 1985 年 12 月在曼谷舉行的大會，香港曾以特別觀察員身份參加。
（4）萬國郵政聯盟的章則把「會員國」及「郵政區」分開。由於此種區分，香港郵政服務獨立於英國郵局，屬於獨立郵政區。這身份受萬國郵政聯盟所有會員承認。
（5）作為獨立郵政區，香港訂定自己的郵費標準，發行自己的郵票及與其他郵政區就國際郵政及匯款事項進行雙邊協定。此外，香港郵局亦為一盈利機構。

第二稿

第七章

「第三條　對以國家為單位參加的、與香港特別行政區有關的、適當領域的國際組織和國際會議，香港特別行政區可派遣代表作為中華人民共和國代表團的成員或以中央人民政府和上述有關國際組織或國際會議允許的身份參加，並以『中國香港』的名義發表意見。
香港特別行政區可以『中國香港』的名義參加不以國家為單位參加的國際組織和國際會議。
對中華人民共和國已經參加而香港也以某種形式參加了的國際組織，中央人民政府將採取必要措施使香港特別行政區以適當形式繼續保持在這些組織中的地位。
對中華人民共和國尚未參加而香港已經以某種形式參加的國際組織，中央人民政府將根據需要使香港特別行政區以適當形式繼續參加這些組織。」

〔1987 年 4 月 13 日《中央與香港特別行政區的關係專題小組工作報告》，載於《中華人民共和國香港特別行政區基本法起草委員會第四次全體會議文件匯編》〕

① 1987 年 1 月 27 日《參與國際機構／協定的形式與安排討論文件（草稿）》（1987 年 2 月 4 日涉外事務專責小組參與國際機構／協定的形式與安排工作組第一次工作會議討論文件）

【P2-8】

2. 背景資料／現行情況

2.4 香港在國際協議／組織中的地位

現時，香港出席國際貿易協定及會議，香港的地位可能是由英國這締約國代表香港參加，有情況是英國代表團的其

中一名成員代表香港發言，據悉這名成員必定是來自港府的官員。他可以代表香港的利益發言，在貿易利益有矛盾的情況下，香港可以採取與英國不同的立場。

2.5 香港以單獨身份加入「關稅及貿易總協定」

在「關稅貿易總協定」中，向來是由英國代表香港參加的。香港作為單獨的關稅地區享有「總協定」的各種優惠安排，並爭取減少各國對自己出口產品的排擠，對依靠自由貿易生存的香港至為重要。

自《中英聯合聲明》生效後，經中英聯絡小組安排，得中英雙方同意並向「總協定」提交聲明，在八六年四月香港成為「總協定」的締約成員，在處理其對外貿易關係和「總協定」所規定的其他事項方面有自決權。

中國現仍未加入「總協定」，但對香港特別行政區在「總協定」的地位已作確保：中國政府聲明，自一九九七年七月一日起，特區將可以「中國香港」名義繼續保持締約成員的地位。

3. 聯合聲明有關的條文

附件一第十一節：

3.3 參加形式

3.3.1 對以國家為單位的

「對以國家為單位參加的、與香港特別行政區有關的、適當領域的國際組織和國際會議，香港特別行政區政府的代表可作為中華人民共和國政府代表團的成員或以中央人民政府和上述有關國際組織或國際會議允許的身份參加，並以『中國香港』的名義發表意見。」

3.3.2 對不以國家為單位的

「對不以國家為單位參加的國際組織和國際會議，香港特別行政區可以『中國香港』的名義參加。」

3.3.4 參加國際組織

「對中華人民共和國已經參加而香港目前也以某種形式參加的國際組織，中央人民政府將採取必要措施使香港特別行政區以適當形式繼續保持在這些組織中的地位。對中華人民共和國尚未參加而香港目前以某種形式參加的國際組織，中央人民政府將根據需要香港特別行政區以適當形式繼續參加這些組織。」

4. 有待考慮的問題

4.2 香港特區以什麼形式參加國際組織

以下有多個情況需要考慮：

4.2.1 中國和香港皆有參加的國際組織

《聯合聲明》訂明在此情況下，「中央人民政府將採取必要措施使香港特區以適當形式繼續保持在這些組織中的地位。」

《聯合聲明》亦有訂明「對不以國家為單位參加的國際組織和國際會議，香港特別行政區可以『中國香港』名義參加。」對以國家為單位參加的、與香港特別行政區有關的、適當領域的國際組織和國際會議，香港特別行政區政府的代表可（1）作為中華人民共和國的成員，或（2）以中央人民政府和上述有關國際組織或國際會議允許的身份參加，並以「中國香港」的名義發表意見。

4.2.2 中國已參加而香港特區未有參加的國際組織：

《中英聯合聲明》並沒有訂明特別在此情況下的做法。但若「與香港特別行政區有關的、適當領域的國際組織和國家會議」，那麼，以國家為單位及非以國家為單位的兩種參加辦法當在此適用。問題是由誰決定什麼組織和會議為與香港特別行政區有關或屬於適當領域？以非國家為單位的似還可由特區自行以「中國香港」名義決定參加與否，但以國家為單位的必要得到中國作出適當的安排。到時是由

（1）中央人民政府決定，還是

（2）香港特區政府決定，還是由

（3）中央政府「根據香港特別行政區的情況和需要，在

徵詢香港特別行政區政府的意見後才決定（即如國際協定情況）？又徵詢特區政府的意見，是指什麼機關或部門？」

4.2.3 中國沒有參加而香港已參加的國際組織：

《聯合聲明》訂明「對中華人民共和國尚未參加而香港目前以某種形式參加的國際組織，中央人民政府將根據需要使香港特別行政區以適當形式繼續參加這些組織。」

（1）對不以國家為參加單位的組織，香港特別行政區應可以「中國香港」名義參加，但必須要得到該國際組織的接受。

（2）對以國家為參加單位的國際組織，《中英聯合聲明》中唯一適用的參加辦法應為「以中央人民政府和上述有關組織或國際會議允許的身份參加，並以『中國香港』名義發表意見。」此辦法是否有效實決定於該組織是否接受香港特區以「中國香港」名義參加一個國家為單位的組織。

4.2.4 中國和香港皆沒有參加的國際組織：

（1）在不須以國家為參加單位的情況下，香港特別行政區可以「中國香港」名義，單獨參加國際組織。

（2）根據《聯合聲明》，「對以國家為單位參加的、與香港特區有關的、適當領域的國際組織和國際會議，香港特別行政區的代表可……以中央人民政府和上述有關國際組織或國際會議允許的身份參加，並以『中國香港』名義發表意見。」

在這情況下仍有以往已有提及的兩個考慮點：

（1）由誰來決定某國際組織是否與特區有關，或是否屬於適當領域？

（2）此辦法是否行得通實決定於該組織是否肯承認香港特區以「中國香港」名義參加一個國家為單位的組織。

4.3 香港特區是否能夠繼續保持在國際組織或協定的地位：

由以上所見，香港將會以不同身份及形式繼續參加國際組織／協定。但因為有幾個情況下要依賴中央人民政府和上述有關國際組織／會議允許的身份參加，則香港特區的參加身份可能因不同組織而殊，實要視乎個別組織的不同情況和意願而決定。

再者，有些香港以往一直有參加的組織或應用的協定可能因宗主國的更換而難於繼續參加。例如，香港以英國的附屬地區引申某協議內容不可把某類物資輸入共產國家，如香港將來欲以中國的特區身份參加這類協議的情況將會是困難而尷尬。

「中國香港」既為一個新的個體，特別行政區這身份亦非在國際中常見，香港特區以往的宗主國——英國又與中國在政治及經濟運作上又如此不同，香港特區之地位是否會受到國際間的接受尚為未知之數。

4.4 國際承認

香港特別行政區將來是否可以受到國際間的尊重與承認實為特區能否以滿意形式參加國際組織／協定的關鍵所在。而這則有賴有關方面能否成功地「推銷」香港的重要性及獨立自主性。

有提議為其中一個「推銷」手段是由中國當局向有關的國際組織或協議保證香港特別行政區的自主性。即除基本法的保障外，更有中國直接對有關組織提供的國際保證，藉以增強國際間對香港特別行政區自主性的信心，令香港可以在國際組織及協議中佔一受尊重之地位。一個切實例證，香港特區爭取以中國附屬成員參加「國際貨幣基金組織」（IMF），並由中國提出保證，於收回香港主權後繼續讓香港儲備金自主及港元自主，港元與人民幣不直接掛鈎等等（見魯凡之文：「港人治港與港人信心」《廣角鏡》125 期）。

另外，國際間必須清楚理解中國與香港特別行政區為分別的貿易個體，而中國亦尊重這關係。外國指定只給予香港特別行政區的配額、貿易特惠稅優待及有關科技、生產方面等的專利權（patent）、經銷權（franchise）等，必須受到中國的尊重，這樣才能使國際間相信香港特別行政區

在國際貿易協定／組織中應佔一席位。

4.5 參加形式與獨立性
在各種不同的參加形式下，香港特區或「中國香港」的獨立性為何？
4.5.1 發表意見
有一疑問為根據《中英聯合聲明》，香港特別行政區是否在以下兩種參加情況下皆可以「中國香港」的名義發表意見？
（1）香港特區代表作為中華人民共和國政府代表團的成員；
（2）以中央人民政府和有關的國際組織或會議允許的身份參加。
又如香港特區的利益與中國有矛盾時，特區代表是否可以發表與中國相反的意見？
4.5.2 投票
如有投票情況，香港特區是否有獨立的一票？是否可以與中國投相反票？
4.8 退出國際協定／組織
如果中國已參加某國際協定／組織，而香港特區亦已以某種形式參加，若中國決定退出該協定／組織，香港特區是否有權選擇退出與否？

※

② 1987 年 2 月 28 日涉外事務專責小組《參與國際機構／協定的形式與安排最後報告》（1987 年 2 月 28 日涉外事務專責小組第九次會議討論文件）

【P2-4】
（編者按：本文同第二稿文件①，除下列內容外，均同前文。）
2. 背景資料／現行情況
2.4 香港在國際協議／組織中的地位
現時，香港出席國際貿易協定及會議，香港的地位可能是由英國這締約國代表香港參加，有情況是英國代表團的其中一名成員代表香港發言，而這名成員通常是港府的官員。他可以代表香港的利益發言，在貿易利益有矛盾的情況下，香港可以採取與英國不同的立場。

3. 聯合聲明有關的條文
3.1 第三款第十項：「香港特別行政區可以『中國香港』的名義單獨地同各國、各地區及有關國際組織保持和發展經濟、文化關係，並簽訂有關協定。」

【P6-8】
4. 有待考慮的問題
4.3.2 中國已參加而香港特區未有參加的國際組織：
《中英聯合聲明》並沒有訂明特別在此情況下的做法。但若「與香港特別行政區有關的、適當領域的國際組織和國家會議」，那麼，以國家為單位及非以國家為單位的兩種參加辦法當在此適用。問題是由誰決定什麼組織和會議為與香港特別行政區有關或屬於適當領域？以非國家為單位的，據聯合聲明清楚規定，還可由特區自行以「中國香港」名義決定參加與否，但以國家為單位的必要得到中國作出適當的安排。基本法應授權香港特別行政區向中國提出要求，使能參加各國際組織的中國代表團。基本法應就這一點具體說明聯合聲明附件一第十一節的規定。
4.3.3（編者按：內容同上文第 4.2.3 點）
4.4 香港特區是否能夠繼續保持在國際組織或協定的地位：
由以上所見，香港將會以不同身份及形式繼續參加國際組織／協定。但因為有幾個情況下要依賴中央人民政府和上述有關國際組織／會議允許的身份參加，則香港特區的參加身份可能因不同組織而殊，實要視乎個別組織的不同情況和意願而決定。
再者，有些香港以往一直有參加的組織或應用的協定可能因宗主國的更換而難於繼續參加。例如，香港以英國的附屬地區引申某協議內容不可把某類物資輸入共產國家，但很難令其他國家相信香港會以中國特別行政區的身份，繼續遵行這類協議。
「中國香港」既為一個新的個體，特別行政區這地位及自治程度亦非在國際中常見，香港特區以往的宗主國——英國又與中國在政治及經濟運作上又如此不同，香港特區之地位是否會受到國際間的接受尚為未知之數。
4.5 國際承認
香港特別行政區是否可以受到國際間的尊重與承認實為特區能否以滿意形式參加國際組織／協定的關鍵所在。而這則有賴中國及香港特別行政區的有關方面能否成功地「推銷」香港的重要性及高度獨立自主性。
香港作為在一國兩制構想下享有高度自治的特別行政區，如要取得國際承認，基本法是主要的工具。
《中英聯合聲明》是保障香港特別行政區自主性的另一工具。《中英聯合聲明》是一正式的國際協議。整個協議（包括其所有附件）都對英國及中國政府具法律約束力（參閱聯合聲明的引言），而且將永久維持其效力。如任何一方違反《中英聯合聲明》，另一方則可向聯合國提出申訴。
有提議為其中一個「推銷」手段是由中國當局向有關的國際組織或協議保證香港特別行政區的自主性。例如對關稅貿易總協定已做到這一點：中國聲明香港將是個獨立的關稅地區，即除基本法的保障外，更有中國直接對有關組織提供的國際保證，藉以增強國際間對香港特別行政區自主性的信心，令香港可以在國際組織及協議中佔一受尊重之地位。一個建議為：香港特區爭取以中國附屬會員參加「國際貨幣基金組織」（IMF），並由中國提出保證，於收回香港主權後繼續讓香港儲備金自主及貨幣制度自主，可作獨立管理。
為向各國清楚表明這一點，基本法應說明中國及香港特別行政區為分別的貿易個體。而中國也尊重這關係。基本法還須提及，中國保證香港特別行政區取得的配額、貿易特惠稅優待及其他類似的安排，都由香港特別行政區單獨享有，正如《中英聯合聲明》附件一第六節的規定一樣。對《中英聯合聲明》沒有論及的範圍，如香港特別行政區在科技、生產方面獲得的專利權、經銷權，也應作類似安排。這樣才能使國際間相信香港特別行政區在國際貿易協定／組織中應佔一席位。
4.6 自主性的程度
在各種不同的參加形式下，香港特區或「中國香港」的自主性應為：
4.6.1 發表意見
國際組織及會議是表達意見及解決糾紛的論壇，所以即使香港的參與是透過中國，香港在國際論壇上，也需表達自己的意見和立場。
基本法應保障香港特別行政區有權獨立發表意見，如香港特別行政區的利益與中國有矛盾時，特區代表可以發表與中國相反的意見。
4.6.2 投票
基本法應保障香港特別行政區有權獨立投票，包括投與中國相反的一票。
4.7 退出國際協定／組織
當中國決定退出某國際協定／組織，香港特區在該協定／組織的參與情況所受的影響：
（1）如香港特別行政區是以「中國香港」的名義參加，則有權自行決定是否退出。
（2）如香港特別行政區是以中國代表團成員身份參加，則須隨中國退出。基本法應授權香港特別行政區可向中國提出要求，讓中國協助香港特別行政區以適當身份繼續參加。

第三稿 ▶

第七章

「**第三條** 對以國家為單位參加的、與香港特別行政區有關的、適當領域的國際組織和國際會議，香港特別行政區可派遣代表作為中華人民共和國代表團的成員或以中央人民政府和上述有關國際組織或國際會議允許的身份參加，並以『中國香港』的名義發表意見。

香港特別行政區可以『中國香港』的名義參加不以國家為單位參加的國際組織和國際會議。

對中華人民共和國已經參加而香港也以某種形式參加了的國際組織，中央人民政府將採取必要措施使香港特別行政區以適當形式繼續保持在這些組織中的地位。

對中華人民共和國尚未參加而香港已經以某種形式參加的國際組織，中央人民政府將根據需要使香港特別行政區以適當形式繼續參加這些組織。」

〔1987 年 8 月 22 日《中央與香港特別行政區的關係專題小組工作報告》，載於《中華人民共和國香港特別行政區基本法起草委員會第五次全體會議文件匯編》〕

① **1987 年 5 月 22 日《香港基本法起草委員會第四次全體會議委員們對基本法序言、總則及第二、三、七、九章條文草案的意見匯集》**

【P29】

五、關於第七章　香港特別行政區的對外事務

第三條

1. 有的委員認為，第一款的「適當領域」不太明確，建議將這幾字刪去。

2. 有的委員認為，「適當領域」大體是指第二條規定的事項範圍，不宜刪去。

第四稿 ▶

「**第一百五十九條** 對以國家為單位參加的、與香港特別行政區有關的、適當領域的國際組織和國際會議，香港特別行政區可派遣代表作為中華人民共和國代表團的成員或以中央人民政府和上述有關國際組織或國際會議允許的身份參加，並以『中國香港』的名義發表意見。

香港特別行政區可以『中國香港』的名義參加不以國家為單位參加的國際組織和國際會議。

對中華人民共和國已經參加而香港也以某種形式參加了的國際組織，中央人民政府將採取必要措施使香港特別行政區以適當形式繼續保持在這些組織中的地位。

對中華人民共和國尚未參加而香港已經以某種形式參加的國際組織，中央人民政府將根據需要使香港特別行政區以適當形式繼續參加這些組織。」

〔1987 年 12 月基本法起草委員會秘書處在《香港特別行政區基本法（草案）》（匯編稿）〕

① **1987 年 9 月 2 日《中華人民共和國香港特別行政區基本法起草委員會第五次全體會議委員們對基本法序言和第一、二、三、四、五、六、七、九章條文草稿的意見匯集》**

【P73】

八、關於第七章　香港特別行政區的對外事務

2. 第三條

有的委員建議將第一款中「並以『中國香港』的名義發表意見」一句改為：「並可以『中國香港』的名義發表意見」。這樣香港特別行政區的代表作為中華人民共和國代表團的成員時，既可以國家代表團的名義發表與國家代表團相一致的意見，也可以「中國香港」的名義發表與國家代表團不一致的意見。有的委員提出，在「香港特別行政區可派遣代表作為中華人民共和國代表團的成員」之後加個分號，這樣兩層意思表達的更清楚。

第五稿 ▶

「**第一百五十九條** 對以國家為單位參加的、與香港特別行政區有關的、適當領域的國際組織和國際會議，香港特別行政區可派遣代表作為中華人民共和國代表團的成員或以中央人民政府和上述有關國際組織或國際會議允許的身份參加，並以『中國香港』的名義發表意見。

香港特別行政區可以『中國香港』的名義參加不以國家為單位參加的國際組織和國際會議。

對中華人民共和國已參加而香港也以某種形式參加了的國際組織，中央人民政府將採取必要措施使香港特別行政區以適當形式繼續保持在這些組織中的地位。

對中華人民共和國尚未參加而香港已以某種形式參加的國際組織，中央人民政府將根據需要使香港特別行政區以適當形式繼續參加這些組織。」

〔1988 年 3 月基本法起草委員會秘書處《中華人民共和國香港特別行政區基本法（草案）草稿》（總體工作小組第二次會議對目錄、序言、第一、二、三、五、六、七、九章的修改稿）〕

「**第一百六十一條**　對以國家為單位參加的、與香港特別行政區有關的、適當領域的國際組織和國際會議，香港特別行政區可派遣代表作為中華人民共和國代表團的成員或以中央人民政府和上述有關國際組織或國際會議允許的身份參加，並以『中國香港』的名義發表意見。

香港特別行政區可以『中國香港』的名義參加不以國家為單位參加的國際組織和國際會議。

對中華人民共和國已參加而香港也以某種形式參加了的國際組織，中央人民政府將採取必要措施使香港特別行政區以適當形式繼續保持在這些組織中的地位。

對中華人民共和國尚未參加而香港已以某種形式參加的國際組織，中央人民政府將根據需要使香港特別行政區以適當形式繼續參加這些組織。」

〔1988 年 4 月基本法起草委員會秘書處《中華人民共和國香港特別行政區基本法（草案）草稿》〕

「**第一百六十條**　對以國家為單位參加的、與香港特別行政區有關的、適當領域的國際組織和國際會議，香港特別行政區可派遣代表作為中華人民共和國代表團的成員或以中央人民政府和上述有關國際組織或國際會議允許的身份參加，並以『中國香港』的名義發表意見。

香港特別行政區可以『中國香港』的名義參加不以國家為單位參加的國際組織和國際會議。

對中華人民共和國已參加而香港也以某種形式參加了的國際組織，中央人民政府將採取必要措施使香港特別行政區以適當形式繼續保持在這些組織中的地位。

對中華人民共和國尚未參加而香港已以某種形式參加的國際組織，中央人民政府將根據需要使香港特別行政區以適當形式繼續參加這些組織。」

〔1988 年 4 月基本法起草委員會《中華人民共和國香港特別行政區基本法（草案）徵求意見稿》〕

「**第一百五十一條**　對以國家為單位參加的、同香港特別行政區有關的、適當領域的國際組織和國際會議，香港特別行政區政府可派遣代表作為中華人民共和國代表團的成員或以中央人民政府和上述有關國際組織或國際會議允許的身份參加，並以『中國香港』的名義發表意見。

香港特別行政區可以『中國香港』的名義參加不以國家為單位參加的國際組織和國際會議。

對中華人民共和國已參加而香港也以某種形式參加了的國際組織，中央人民政府將採取必要措施使香港特別行政區以適當形式繼續保持在這些組織中的地位。

對中華人民共和國尚未參加而香港已以某種形式參加的國際組織，中央人民政府將根據需要使香港特別行政區以適當形式繼續參加這些組織。」

〔1989 年 2 月《中華人民共和國香港特別行政區基本法（草案）》〕

① 1988 年 8 月基本法起草委員會秘書處《香港各界人士對〈香港特別行政區基本法（草案）徵求意見稿〉的意見匯集（一）》

【P49】
第一百六十條
最後一句中的「將」字刪。

※

② 1988 年 10 月基本法諮詢委員會《中華人民共和國香港特別行政區基本法（草案）徵求意見稿諮詢報告第五冊——條文總報告》

【P457-458】
第一百六十條
2. 意見
→ 贊成此條文。
理由：本條文富積極性，有助於維持香港作為國際主要的貿易與金融中心的地位。

→ 本條所述形式會影響香港的國際關係。
理由：香港是一個國際化而又較中國開放的地區，參與國際組織和國際會議的機會頗多。假如香港需要與一個國際組織有聯繫，而組織的成員以國家為單位，但是中國卻反對香港的參與，在這情況下，香港特別行政區將失去參與這些國際組織或會議之權利。

→ 對第三款有所保留。

3. 建議
3.1 修改
→ 改為以「香港」的名義而非「中國香港」名義。
→ 第三款改為：「香港特別行政區無須經中央人民政府的安排，而可自主地參加任何非軍事國際組織及締結協定。」

3.2 增加
→ 在此條末加上：「香港特別行政區政府自行制定關於香港特別行政區參與上述國際組織或國際會議的政策。」
→ 加上：「對中華人民共和國尚未參加而香港已以某種形式參與的國際協議，中央人民政府根據需要協助香港特別行政區繼續履行有關的義務。」

理由：香港向來可以在無任何條件下自由輸入高科技的元件及儀器。在工業上這種有利的競爭優勢很可能會因香港一旦成為中國一部份而失掉。在香港所做的研究和發展的工作卻需要一段長時間才能成熟。為了增強高科技元件及儀器出口國的信心，有必要加上一段以表明香港決心遵守有關的國際協議而絕不會把科技傳給第三者。這應該是「一國兩制」的指導原則之一。

4. 待澄清問題
→ 由誰決定第三款中所謂「適當形式」？

第九稿

「**第一百五十二條** 對以國家為單位參加的、同香港特別行政區有關的、適當領域的國際組織和國際會議，香港特別行政區政府可派遣代表作為中華人民共和國代表團的成員或以中央人民政府和上述有關國際組織或國際會議允許的身份參加，並以『中國香港』的名義發表意見。

香港特別行政區可以『中國香港』的名義參加不以國家為單位參加的國際組織和國際會議。

對中華人民共和國已參加而香港也以某種形式參加了的國際組織，中央人民政府將採取必要措施使香港特別行政區以適當形式繼續保持在這些組織中的地位。

對中華人民共和國尚未參加而香港已以某種形式參加的國際組織，中央人民政府將根據需要使香港特別行政區以適當形式繼續參加這些組織。」
〔1990 年 2 月 16 日《中華人民共和國香港特別行政區基本法（草案）》〕

① 1989 年 11 月基本法諮詢委員會《中華人民共和國香港特別行政區基本法（草案）諮詢報告第三冊——條文總報告》

【P257】
第一百五十一條
2. 建議
2.1 修改
→ 第一款刪去「適當領域」，並於此款末加上「及簽訂地區協約」一語。
→ 「中國香港」改為「中華香港」。

→ 第三、四款「適當形式」改作「獨立形式」。
2.2 增加
→ 第三款在「中華人民共和國已參加而香港……」的「香港」之前加上「在特別行政區成立前」。第四款同樣位置亦須加上同樣字眼。
理由：令時間概念更明確。
2.3 其他
→ 「適當形式」十分含糊，應列明何謂適當。
→ 既然香港以某種形式參加了某些國際性的組織，就不必讓中央人民政府根據「需要」，以「採取必要措施」了。建議如有必要，香港可以「中國香港」的名義作個別單位出席有關的國際活動。

第十稿

「**第一百五十二條** 對以國家為單位參加的、同香港特別行政區有關的、適當領域的國際組織和國際會議，香港特別行政區政府可派遣代表作為中華人民共和國代表團的成員或以中央人民政府和上述有關國際組織或國際會議允許的身份參加，並以『中國香港』的名義發表意見。

香港特別行政區可以『中國香港』的名義參加不以國家為單位參加的國際組織和國際會議。

對中華人民共和國已參加而香港也以某種形式參加了的國際組織，中央人民政府將採取必要措施使香港特別行政區以適當形式繼續保持在這些組織中的地位。

對中華人民共和國尚未參加而香港已以某種形式參加的國際組織，中央人民政府將根據需要使香港特別行政區以適當形式繼續參加這些組織。」
〔1990 年 4 月《中華人民共和國香港特別行政區基本法》〕

中華人民共和國締結的國際協議，中央人民政府可根據香港特別行政區的情況和需要，在徵詢香港特別行政區政府的意見後，決定是否適用於香港特別行政區。

中華人民共和國尚未參加但已適用於香港的國際協議仍可繼續適用。中央人民政府根據需要授權或協助香港特別行政區政府作出適當安排，使其他有關國際協議適用於香港特別行政區。

✿ 貳 | 概念

1. 國家締結的國際協議對香港的適用性
2. 已適用於香港的國際協議的保留

✿ 叁 | 條文本身的演進和發展

第一稿

第七章

「第四條　中華人民共和國締結的國際協議，中央人民政府可根據香港特別行政區的情況和需要，在徵詢香港特別行政區政府的意見後，決定是否適用於香港特別行政區。

中華人民共和國尚未參加但已適用於香港的國際協議仍可繼續適用。

中央人民政府根據需要授權或協助香港特別行政區政府作出適當安排，使其他有關國際協議適用於香港特別行政區。」

〔1986 年 11 月 11 日《中央與香港特別行政區的關係專題小組工作報告》，載於《中華人民共和國香港特別行政區基本法起草委員會第三次全體會議文件匯編》〕

第二稿

第七章

「第四條　中華人民共和國締結的國際協議，中央人民政府可根據香港特別行政區的情況和需要，在徵詢香港特別行政區政府的意見後，決定是否適用於香港特別行政區。

中華人民共和國尚未參加但已適用於香港的國際協議仍可繼續適用。中央人民政府根據需要授權或協助香港特別行政區政府作出適當安排，使其他有關國際協議適用於香港特別行政區。」

〔1987 年 4 月 13 日《中央與香港特別行政區的關係專題小組工作報告》，載於《中華人民共和國香港特別行政區基本法起草委員會第四次全體會議文件匯編》〕

① 1987 年 1 月 27 日《參與國際機構／協定的形式與安排討論文件（草稿）》（1987 年 2 月 4 日涉外事務專責小組參與國際機構／協定的形式與安排工作組第一次工作會議討論文件）

【P1-8】

2. 背景資料／現行情況

2.1 國際協定

根據香港政府律政署在八三年七月的資料顯示，應用於香港的國際協定達三百多條。這些條約的形式多為條約、公

約、協議及議定書，並有國際規則及聲明。它們的範圍牽涉甚廣，包括：經濟、金融、貿易及商業、通訊、交通、法律、漁農業、文化、醫藥衛生等多方面。

2.2 參加形式

香港加入這些協議的身份皆為透過英國的聯繫。形式方面分以下幾類：

2.2.1 單獨以「香港」名義加入協定。其身份實為英國屬土，並得由英國政府授權才可以成為締約地區。香港在貿易方面經常有以此身份簽約。

2.2.2 通過英國參加：

（1）通常英國參加的協議都有「有效區域」的條款，此條款決定協議的內容是否應用於英國的附屬地區（例如香港）。英國在簽署這些協議的時候，可以在此條款下作出聲明，藉以保留協議的某些條文對英國的屬土的適用性。即是說保留某些條文，使其不適用於某些屬土。例如關於《公民權利和政治權利國際公約》，其中一項被保留不用於香港的條文是第二十五條（b）項，這是關於選舉權的條文，英國接受這公約時，香港的立法機關並沒有任何選舉產生的議席，所以，英國便保留了這條文，不用於香港。

（2）如果沒有「有效區域」的條款的條約，便可能要視乎協議的內容及目的，從而推測是否適用於香港。某些協定是明顯地適用於香港的，例如英國與另一國家簽訂一條雙邊航空協約，而香港是在這航線上的。另一些協定可能是明顯地不適用於香港的，例如有關英倫本島海岸線的便是。

（3）如果協定的目的並不清晰，而締約國家又沒有表明協定不適用於香港的話，此協定便會被假定為適用於香港。

在簽訂可能應用於香港的協定時，英國政府會先諮詢香港政府，然後才決定是否令協定內容引申到香港。

2.3 國際協約如何在港生效

→ 國際協約要在港生效，必得先考慮其內容與香港法律是否銜接及香港政府是否有足夠的法律權力來實行其中的條款，即此協議內容能否在現行的法律條文中得以應用。如果發現香港現行法律不足以確保協約在港生效的話，仍有以下幾個解決方法：

2.3.1 最方便的做法便是賦協議予法律效力，縱使香港現行法例可能與之有不銜接之處。香港政府以往亦曾運用此方法。

2.3.2 沿用習慣法。

2.3.3 使用行政安排。

3.《聯合聲明》有關的條文

附件一第十一節：

3.3 參加形式

3.3.3 參加國際協定

「中華人民共和國締結的國際協定，中央人民政府可根據香港特別行政區的情況和需要，在徵詢香港特別行政區政府的意見後，決定是否適用於香港特別行政區。中華人民共和國尚未參加但已適用於香港的國際協定仍可繼續適用。中央人民政府根據需要授權或協助香港特別行政區政府作出適當安排，使其他有關的國際協定適用於香港特別行政區。」

4. 有待考慮的問題

4.1 香港特區以什麼形式參加國際協定：

有以下四個情況需要考慮：

4.1.1 中國締結的國際協定而未適用於香港者——《聯合聲明》列明中央人民政府可根據香港特區的情況和需要，在徵詢特區政府的意見後，決定是否適用於特區。

這與現時的情況並無分別，英政府亦是先徵詢香港政府的意見後才決定是否適用於香港。而港府及特區政府皆應以能反映市民之意願為重。

4.1.2 中國和香港均已參加的國際協定／中國已參加而又已適用於香港的協定：

（1）如果香港是以本身名義參加，即締約單位不需要是國家的話，香港特區當可以「中國香港」名義參加。

（2）如果原本是由英國參加，而香港以殖民地或屬土引申應用，香港特區將要改為由適用於中國的條款引申應用於特區內。而此中有一可能為適用於英國和適用於中國的條款可能有所不同，因此香港特區亦需作適當的應變。

4.1.3 中國尚未參加但已適用於香港的國際協定——《聯合聲明》列明這些協定「仍可繼續適用」，這應該是指這些協定內容仍可在香港特區內應用。如果協定的內容已被容納入香港現行的法制裡（見背景資料），因香港可保持其原有法律制度，這些協定的內容當可繼續適用。

但國際協約每多有關締約國的相互關係，香港特區不可能單方面宣佈協定仍然適用，而定必需要得到其他締約組織的承認才行。

另外，各協定內容亦會因時制宜而有所改變，香港特區亦得有一名正言順的身份使協定內容適用於香港特區。

所以，如果認為某協定是對香港特區有益的話，便得正式參加締約才成。

（1）若香港以往是以單獨身份參加締約的，可改為以「中國香港」名義參加。

（2）若是以國家為參加單位的，而香港以往是以英國屬土或殖民地引申應用的，則需透過中國的協助參加：

1）如果中國參加協定的話，香港特區可以其特區身份引申應用協定的內容。

2）如果中國無意參加該協定，則《聯合聲明》並未有列明解決方法。其中一個可能性是由中國政府授權或協助香港特區以其他締約國可接受的形式參加。但因為香港特區終究不是國家身份，所以特區是否可以參加，仍是決定於其他締約國是否接受這安排。還有一個問題為國際組織對非主權國締定公約的限制。例如，根據制訂國際勞工公約的國際勞工組織安排，非主權國家或地區施行的公約，不能超過其主權國所承認的公約。然中國現時只承認十數項國際勞工公約，但香港附屬英國施行的公約達四十九項之多，若香港特別行政區將來以中國附屬會員參加，香港勞工權益情況將有很大更改。此情形實需有妥善的解決方法。

4.1.4 中國和香港皆未有參加的國際協定——《聯合聲明》訂明中央人民政府根據需要授權或協助香港特區政府作出適當安排，使其他有關的國際協定適用於香港特區。

（1）這裡所謂「其他有關的協約」當為中國和香港皆未有參加，而參加後會對香港有利，或是需要參加的協定：

1）如果中國本身參加的話，香港特區應可以特區身份引申應用協定內容。

2）如果中國未有打算參加，而協定亦不需要以國家為單位參加的話，香港當可以「中國香港」名義參加。

3）如果中國未有打算參加，而協定是以國家為單位參加的話，中國便需要授權或協助香港與協定的締約組織交涉，使香港得以參加締約。

（2）由誰來決定哪些是「有關的協約」？是由中央人民政府指定，還是由特區政府決定？這些問題在以國家為單位參加的情況下尤其顯著。

1）中央政府指定

2）中央政府諮詢特區政府決定

3）特區政府決定

又如果香港特區決定某協定對香港有利，並需要及要求中央人民政府授權或協助參加的，中央政府是否有「責任」幫助香港？他是否可以否決香港的要求？

4.3 香港特區是否能夠繼續保持在國際組織或協定的地位：

由以上所見，香港將會以不同身份及形式繼續參加國際組織／協定。但因為有幾個情況下要依賴中央人民政府和上述有關國際組織／會議允許的身份參加，則香港特區的參加身份可能因不同組織而殊，實要視乎個別組織的不同情況和意願而決定。

再者，有些香港以往一直有參加的組織或應用的協定可能

因宗主國的更換而難於繼續參加。例如，香港以英國的附屬地區引申某協議內容不可把某類物資輸入共產國家，如香港將來欲以中國的特區身份參加這類協議的情況將會是困難而尷尬。

「中國香港」既為一個新的個體，特別行政區這身份亦非在國際中常見，香港特區以往的宗主國——英國又與中國在政治及經濟運作上又如此不同，香港特區之地位是否會受到國際間的接受尚為未知之數。

4.8 退出國際協定／組織

如果中國已參加某國際協定／組織，而香港特區亦已以某種形式參加，若中國決定退出該協定／組織，香港特區是否有權選擇退出與否？

※

② 1987 年 2 月 28 日涉外事務專責小組《參與國際機構／協定的形式與安排最後報告》（1987 年 2 月 28 日涉外事務專責小組第九次會議討論文件）

【P1-8】
（編者按：本文同第二稿文件①，除下列內容外，均同前文。）

2. 背景資料／現行情況

2.2.2 通過英國參加：

（3）如果不能清楚確定協議是否與香港有關，而英國又沒有表明協定不適用於香港的話，此協定便會被其他締約國家假定為適用於香港。

在簽訂可能應用於香港的協定前，英國政府會先諮詢香港政府，然後才決定是否令協定內容引申到香港。

2.3 國際協約如何在港具有法律效力

在任何協定（不論以什麼途徑）應用於香港前，先要考慮該協定是否符合香港法律，及香港政府有沒有實行該協定所需的法律權力。如要為該協定修訂香港法律，則需在該協定在香港生效前進行。確保香港法律能與協定配合的方法很簡單，就是賦予該協定在港的法律效力，只要該協定本身具備構成法律效力的條件。

有很多協定已根據以下其中一項應用於香港及正式實行：現行法例、為該等協定而制定的新法例、普通法或其他的安排。

3.《聯合聲明》有關的條文

3.1 第三款第十項：「香港特別行政區可以『中國香港』的名義單獨地同各國、各地區及有關國際組織保持和發展經濟、文化關係，並簽訂有關協定。」

4. 有待考慮的問題

4.2 香港特區以什麼形式參加國際協定：

有以下四個情況需要考慮：

4.2.1 中國締結的國際協定而未適用於香港者——《聯合聲明》列明中央人民政府可根據香港特區的情況和需要，在徵詢特區政府的意見後，決定是否適用於特區。

這與現時的情況並無分別，英國政府亦是先徵詢香港政府的意見後才決定是否引申應用於香港。

4.2.2 中國和香港均已參加的國際協定或中國已參加而又已適用於香港的協定：

（1）如果香港是以本身名義參加，即締約單位不需要是國家的話，香港特區當可以「中國香港」名義參加。

（2）如果原本是由英國參加，而香港以殖民地或屬土引申應用，適用於英國和適用於中國的條款可能有所不同，因此香港特區亦需作安排，使引申應用於特區內的條款是來自適用於中國的協定。

基本法應授權香港特別行政區向中國提出要求，請中國安排有關協定得以適用於香港特別行政區。基本法應就這問題具體說明聯合聲明附件一第十一節的規定。

4.2.3 中國尚未參加但已適用於香港的國際協定，即香港已參加或由英國引申應用於香港的協定——《聯合聲明》列明這些協定「仍可繼續適用」，這應該是指這些協定內容仍可在香港特區內應用。如果協定的內容已被容納入香港現行的法制裡（見背景資料），因香港可保持其原有法律制度，這些協定的內容當可繼續適用。

但國際協約每多有關締約國的相互關係，香港特區不可能單方面宣佈協定仍然適用，而定必需要得到其他締約組織的承認才行。

另外，各協定內容亦會因時制宜而有所改變，香港特區亦得有一名正言順的身份使協定內容適用於香港特區。

所以，如果認為某協定是對香港特區有益的話，便得正式參加締約才成。

（1）若香港以往是以單獨身份參加締約的，可改為以「中國香港」名義繼續參加。

（2）若是以國家為參加單位的，而香港以往是以英國屬土或殖民地引申應用的，則需透過中國的協助參加：

1）如果中國願意參加協定的話，香港特區可以其特區身份引申應用協定的內容。

2）如果中國無意參加該協定，則《聯合聲明》並未有列明解決方法。其中一個可能性是由中國政府授權或協助香港特區以其他締約國可接受的形式參加。但因為香港特區終究不是國家身份，所以特區是否可以參加，仍是決定於其他締約國是否接受這安排。還有一個問題為國際組織對非主權國締定公約的限制。例如，根據制訂國際勞工公約的國際勞工組織安排，非主權國家或地區施行的公約，不能超過其主權國所承認的公約。然中國現時只承認十四項國際勞工公約，但香港附屬英國施行的公約達四十九項之多，如香港特別行政區在九七年後所承認的國際勞工公約只限中國已承認者，香港勞工權益情況將有很大更改。此情形需有妥善的解決方法。一個可能的方法，就是中國設法令香港特別行政區成為國際勞工組織的特別成員。

4.2.4 中國和香港皆未有參加的國際協定——《聯合聲明》訂明中央人民政府根據需要授權或協助香港特區政府作出適當安排，使其他有關的國際協定適用於香港特區。

（1）這裡所謂「其他有關的協約」當為中國和香港皆未有參加，而中央或特區政府卻認為參加後會對香港有利，或是需要參加的協定：

1）如果中國本身參加的話，香港特區應可以特區身份引申應用協定內容。

2）如果中國未有打算參加，而協定亦不需要以國家為單位參加的話，香港當可以「中國香港」名義參加。

3）如果中國未有打算參加，而協定是以國家為單位參加的話，中國應負責授權或協助香港與協定的締約組織交涉，使香港能以某種形式參加這些協定。

〔編者按：上稿的第 4.2.4（2）項被刪除〕

4.4 香港特區是否能夠繼續保持在國際組織或協定的地位：由以上所見，香港將會以不同身份及形式繼續參加國際組織／協定。但因為有幾個情況下要依賴中央人民政府和上述有關國際組織／會議允許的身份參加，則香港特區的參加身份可能因不同組織而殊，實要視乎個別組織的不同情況和意願而決定。

再者，有些香港以往一直有參加的組織或應用的協定可能因宗主國的更換而難於繼續參加。例如，香港以英國的附屬地區引申某協定內容不可把某類物資輸入共產國家，但很難令其他國家相信香港會以中國特別行政區的身份，繼續遵行這類協議。

「中國香港」既為一個新的個體，特別行政區這地位及自治程度亦非在國際中常見，香港特區以往的宗主國——英國又與中國在政治及經濟運作上又如此不同，香港特區之地位是否會受到國際間的接受尚為未知之數。

當中國決定退出某國際協定／組織，香港特區在該協定／組織的參與情況所受的影響：
（1）如香港特別行政區是以「中國香港」的名義參加，則有權自行決定是否退出。

（2）如香港特別行政區是以中國代表團成員身份參加，則須隨中國退出。基本法應授權香港特別行政區可向中國提出要求，讓中國協助香港特別行政區以適當身份繼續參加。

第三稿

第七章

「第四條　中華人民共和國締結的國際協議，中央人民政府可根據香港特別行政區的情況和需要，在徵詢香港特別行政區政府的意見後，決定是否適用於香港特別行政區。
中華人民共和國尚未參加但已適用於香港的國際協議仍可繼續適用。中央人民政府根據需要授權或協助香港特別行政區政府作出適當安排，使其他有關國際協議適用於香港特別行政區。」
〔1987 年 8 月 22 日《中央與香港特別行政區的關係專題小組工作報告》，載於《中華人民共和國香港特別行政區基本法起草委員會第五次全體會議文件匯編》〕

① 1987 年 5 月 22 日《香港基本法起草委員會第四次全體會議委員們對基本法序言、總則及第二、三、七、九章條文草案的意見匯集》

【P29-30】
五、關於第七章　香港特別行政區的對外事務
第四條
1. 有的委員提出，第一款規定的「中華人民共和國締結的國際協議」應改為「中華人民共和國已經締結或將要締結的條約」。香港特別行政區是中國的一部份，國際協議當然要適用於香港。規定由中央決定國際協議是否適用於香港，沒有必要。條約是否適用於香港，必須在條約條文中作出規定，不宜事後決定，因此中央在事先要徵詢香港意見，決定國際條約是否適用於特別行政區。

2. 有的委員認為，「協議」比「條約」更廣泛，用「國際協議」是適宜的。至於決定某一協議是否適用於香港，事先和事後都是可以的。

3. 有的委員提出，第二款規定，中國尚未參加但已適用於香港的國際協議，是否都可以繼續適用，值得考慮。

4. 有的委員認為，本款是照抄聯合聲明，不宜改動。

第四稿

「第一百六十條　中華人民共和國締結的國際協議，中央人民政府可根據香港特別行政區的情況和需要，在徵詢香港特別行政區政府的意見後，決定是否適用於香港特別行政區。
中華人民共和國尚未參加但已適用於香港的國際協議仍可繼續適用。中央人民政府根據需要授權或協助香港特別行政區政府作出適當安排，使其他有關國際協議適用於香港特別行政區。」
〔1987 年 12 月基本法起草委員會秘書處《香港特別行政區基本法（草案）》（匯編稿）〕

第五稿

「第一百六十條　中華人民共和國締結的國際協議，中央人民政府可根據香港特別行政區的情況和需要，在徵詢香港特別行政區政府的意見後，決定是否適用於香港特別行政區。
中華人民共和國尚未參加但已適用於香港的國際協議仍可繼續適用。中央人民政府根據需要授權或協助香港特別行政區政府作出適當安排，使其他有關國際協議適用於香港特別行政區。」
〔1988 年 3 月基本法起草委員會秘書處《中華人民共和國香港特別行政區基本法（草案）草稿》（總體工作小組第二次會議對目錄、序言、第一、二、三、五、六、七、九章的修改稿）〕

第六稿

「第一百六十二條　中華人民共和國締結的國際協議，中央人民政府可根據香港特別行政區的情況和需要，在徵詢香港特別行政區政府的意見後，決定是否適用於香港特別行政區。
中華人民共和國尚未參加但已適用於香港的國際協議仍可繼續適用。中央人民政府根據需要授權或協助香港特別行政區政府作出適當安排，使其他有關國際協議適用於香港特別行政區。」
〔1988 年 4 月基本法起草委員會秘書處《中華人民共和國香港特別行政區基本法（草案）草稿》〕

「第一百六十一條　中華人民共和國締結的國際協議，中央人民政府可根據香港特別行政區的情況和需要，在徵詢香港特別行政區政府的意見後，決定是否適用於香港特別行政區。
中華人民共和國尚未參加但已適用於香港的國際協議仍可繼續適用。中央人民政府根據需要授權或協助香港特別行政區政府作出適當安排，使其他有關國際協議適用於香港特別行政區。」

〔1988年4月基本法起草委員會《中華人民共和國香港特別行政區基本法（草案）徵求意見稿》〕

第八稿

「第一百五十二條　中華人民共和國締結的國際協議，中央人民政府可根據香港特別行政區的情況和需要，在徵詢香港特別行政區政府的意見後，決定是否適用於香港特別行政區。
中華人民共和國尚未參加但已適用於香港的國際協議仍可繼續適用。中央人民政府根據需要授權或協助香港特別行政區政府作出適當安排，使其他有關國際協議適用於香港特別行政區。」

〔1989年2月《中華人民共和國香港特別行政區基本法（草案）》〕

① 1988年10月基本法諮詢委員會《中華人民共和國香港特別行政區基本法（草案）徵求意見稿諮詢報告第五冊——條文總報告》

【P458】
第一百六十一條
2. 意見
→ 贊成此條文。
理由：本條文富積極性，有助於維持香港作為國際主要的貿易與金融中心的地位。
→ 雖然此條文未能盡善，但中國作為主權國，不會貿然把一些有損同胞利益的國際協議加諸特別行政區身上。

3. 具體建議
3.1 修改
→ 改為：「中華人民共和國締結的國際協議若不符合基本法精神便不適用於香港特別行政區。由中華人民共和國締結的國際協議，中央人民政府可根據香港特別行政區的情況和需要，在獲得香港特別行政區政府的意見後，決定是否適用於香港特別行政區。
中華人民共和國尚未參加但已適用於香港的國際協議仍可繼續適用。中央人民政府根據需要授權或協助香港特別行政區政府作出適當安排，使其他有關國際協議適用於香港特別行政區。」
3.2 其他建議
→ 第一款中「香港特別行政區政府」一詞可註明為行政長官、行政會議及立法會議，以保障後者的意見得到聽取，能有代表民意的機會。
→ 有關中央締結的國際協議對特別行政區之約束力，若交由基本法委員會決定將是一個可接受的安排，因其有足夠之香港代表將可保障香港的利益。

4. 待澄清問題
→ 「徵詢」的方法為何？是否能令港人滿意？
→ 如只徵詢「特別行政區政府」是否已足夠？

第九稿

「第一百五十三條　中華人民共和國締結的國際協議，中央人民政府可根據香港特別行政區的情況和需要，在徵詢香港特別行政區政府的意見後，決定是否適用於香港特別行政區。
中華人民共和國尚未參加但已適用於香港的國際協議仍可繼續適用。中央人民政府根據需要授權或協助香港特別行政區政府作出適當安排，使其他有關國際協議適用於香港特別行政區。」

〔1990年2月16日《中華人民共和國香港特別行政區基本法（草案）》〕

① 1989年11月30日基本法起草委員會秘書處《內地各界人士對〈中華人民共和國香港特別行政區基本法（草案）〉的意見匯集》

【P17】
第一百五十二條
第二款「中華人民共和國尚未參加但已適用於香港的國際協議，仍可繼續適用」的規定不太周密，倘若這類國際協議中有違背中國統一和領土完整、違背國家經濟利益的規定時，該規定是否還可以適用？建議增寫：「根據『情勢變更』原則，對這類協議或其具體條款加以修改。」（河南）

※

② 1989年11月基本法諮詢委員會《中華人民共和國香港特別行政區基本法（草案）諮詢報告第三冊——條文總報告》

【P258】
第一百五十二條
2. 意見
→ 涉及到香港特別行政區自治的範圍，須徵求香港特別行政區政府的意見。

3. 建議
3.1 修改
→ 改為：「中華人民共和國締結的國際協議，若不符合基本法精神便不適用於香港特別行政區。由中華人民共和國締結的國際協議，中央人民政府可根據香港特別行政區的情況和需要，在獲得香港特別行政區政府的同意後，決定是否適用於香港特別行政區。」

→ 改為：「中華人民共和國締結的國際協議，中央人民政府可根據香港特別行政區的情況和需要，由香港特別行政區決定是否參加。
中華人民共和國尚未參加但已適用於香港的國際協議仍可繼續適用。有關國際協議只適用於香港特別行政區。並由香港特別行政區政府簽約。」
→ 第一款「在徵詢香港特別行政區政府的意見後」應改為「經協商並考慮香港特別行政區政府的意見後」。
3.2 其他
→ 決定中華人民共和國締結的國際協議在香港適用與否前，必先取得立法會半數以上議員通過。
→ 本條應該修訂使中華人民共和國締結的或行將締結的國際協議在香港特別行政區實施前，須徵詢香港特別行政

區政府的同意。
理由：這個建議是一種保障，免於中華人民共和國在締結的某些國際協議，並於香港特別行政區實施時，與中央人民政府按照《中英聯合聲明》及基本法授予香港特別行政區的權力抵觸，而有違特別行政區高度自治的精神。

4. 待澄清的問題
→ 此條是否已經考慮了西方國家關於對禁止高科技轉往共產國家的協議呢？香港在一九九七年後還可以順利執行該協議嗎？是否要在基本法中特別訂出有關條款，以保障香港在一九九七年後不礙於中央的緣故而繼續可以擁有高科技以促進社會繁盛呢？

第十稿

「第一百五十三條　中華人民共和國締結的國際協議，中央人民政府可根據香港特別行政區的情況和需要，在徵詢香港特別行政區政府的意見後，決定是否適用於香港特別行政區。
中華人民共和國尚未參加但已適用於香港的國際協議仍可繼續適用。中央人民政府根據需要授權或協助香港特別行政區政府作出適當安排，使其他有關國際協議適用於香港特別行政區。」
〔1990 年 4 月《中華人民共和國香港特別行政區基本法》〕

中央人民政府授權香港特別行政區政府依照法律給持有香港特別行政區永久性居民身份證的中國公民簽發中華人民共和國香港特別行政區護照，給在香港特別行政區的其他合法居留者簽發中華人民共和國香港特別行政區的其他旅行證件。上述護照和證件，前往各國和各地區有效，並載明持有人有返回香港特別行政區的權利。

對世界各國或各地區的人入境、逗留和離境，香港特別行政區政府可實行出入境管制。

❀ 貳｜概念

1. 香港特區護照和證件的簽發
2. 香港的出入境管制

❀ 叁｜條文本身的演進和發展

第一稿

第七章

「第五條　中央人民政府授權香港特別行政區政府依照法律的規定給持有香港特別行政區永久性居民身份證的中國公民簽發中華人民共和國香港特別行政區護照，給在香港特別行政區的其他合法居留者簽發中華人民共和國香港特別行政區的其他旅行證件。上述護照和證件，前往各國和各地區有效，並載明持有人有返回香港特別行政區的權利。

世界各國或各地區的人入境、逗留和離境，香港特別行政區政府可實行出入境管制。」

〔1986 年 11 月 11 日《中央與香港特別行政區的關係專題小組工作報告》，載於《中華人民共和國香港特別行政區基本法起草委員會第三次全體會議文件匯編》〕

第二稿

第七章

「第五條　中央人民政府授權香港特別行政區政府依照法律的規定給持有香港特別行政區永久性居民身份證的中國公民簽發中華人民共和國香港特別行政區護照，給在香港特別行政區的其他合法居留者簽發中華人民共和國香港特別行政區的其他旅行證件。上述護照和證件，前往各國和各地區有效，並載明持有人有返回香港特別行政區的權利。

世界各國或各地區的人入境、逗留和離境，香港特別行政區政府可實行出入境管制。」

〔1987 年 4 月 13 日《中央與香港特別行政區的關係專題小組工作報告》，載於《中華人民共和國香港特別行政區基本法起草委員會第四次全體會議文件匯編》〕

① 1987 年 2 月 19 日涉外事務專責小組及中央與特別行政區的關係專責小組合辦入境管制、簽證問題工作組《入境管制、簽證問題討論文件》（1987 年 2 月 26 日中央與特別行政區的關係專責小組及涉

外事務專責小組聯合會議討論文件）

【P1-5】

2.《中英聯合聲明》中有關入境管制及簽證問題的規定

2.1……

第三款第十條：

「香港特別行政區可以『中國香港』的名義單獨地同各國、各地區及有關國際組織保持和發展經濟、文化關係，並簽訂有關協定。

香港特別行政區政府可自行簽發出入香港的旅行證件。」

2.2 附件一中有關入境及簽證問題的條文

附件一第十四項：

2.2.1「在香港特別行政區有居留權並有資格按香港特別行政區的法律獲得香港特別行政區政府簽發的載明此項權利的永久居民身份證者為：在香港特別行政區成立以前或以後在當地出生或通常居住連續七年以上的中國公民及其在香港以外所生的中國籍子女；在香港特別行政區成立以前或以後在當地通常居住連續七年以上並以香港為永久居住地的其他人及其在香港特別行政區成立以前或以後在當地出生的未滿二十一歲的子女；以及在香港特別行政區成立以前只在香港有居住權的其他人。」

2.2.2「中央人民政府授權香港特別行政區依照法律，給持有香港特別行政區永久性居民身份證的中國公民簽發中華人民共和國香港特別行政區護照，並給在香港特別行政區的其他合法居留者簽發中華人民共和國香港特別行政區其他旅行證件。上述護照和證件，前往各國和各地區有效，並載明持有人有返回香港特別行政區的權利。」

2.2.3「香港特別行政區居民出入當地，可使用香港特別行政區政府或中華人民共和國其他主管部門，或其他國家主管部門簽發的旅行證件。凡持有香港特別行政區永久性居民身份證者，其旅行證件可載明此項事實，以證明其在香港特別行政區有居留權。」

2.2.4「對中國其他地區的人進入香港特別行政區將按現在實行的辦法管理。」

2.2.5「對其他國家和地區的人入境、逗留和離境，香港特別行政區可實行出入境管制。」

2.2.6「有效旅行證件持有人，除非受到法律制止，可自由離開香港特別行政區，無須特別批准。」

2.2.7「中央人民政府將協助或授權香港特別行政區政府同各國或各地區締結互免簽證協定。」

2.3 中方備忘錄有關簽證問題的說明

「……考慮到香港的歷史背景和現實情況，中華人民共和國政府主管部門自一九九七年七月一日起，允許原被稱為『英國屬土公民』的香港中國公民使用由聯合王國政府簽發的旅行證件去其他國家和地區旅行。

上述中國公民在香港特別行政區和中華人民共和國其他地區不得因其持有上述英國旅行證件而享受英國的領事保護的權利。」

3. 香港現行的入境管制和簽證的處理

3.1 香港現行入境政策的目的，是為要限制人口增長，使由入境所造成的人口增加保持在一個可接受大水準。另一方面，入境手續則盡量簡化，方便本港居民、遊客和商人出入本港。

3.2 香港人民入境事務處負責執行入境管制的工作；派員駐守各個出入境管制站，協助旅客辦理出入境手續。此外並會為本港居民及居港人士提供旅遊證件及辦理註冊手續，包括簽發旅遊證件、簽證和身份證等。人民入境事務處處長在申請人提交申請及費用後，有權在他認為適當的情況下發出身份證明文件（特別護照）、回港證、越南難民證件及其他文件。

同時，人民入境事務處亦致力偵察和檢控違反入境條例的人士，以及將非法入境人士遣返原地。

3.3 從外地進入香港的情況

3.3.1 根據人民入境條例，下列人士享有香港入境權及免受居留條件限制的自由

（1）香港本土人士。概括來說，「香港本土人士」是因與香港有關係而成為英國屬土公民的人士。

（2）華籍居民。人民入境條例第二條把「華籍居民」界定為：

1）有純粹或部份中國人血統；及

2）通常在香港連續居住不少於七年的移民（即並非身為「香港本土人士」者）。

（3）在香港居住的英國公民。通常在香港連續居住不少於七年的英國公民。

（4）在香港居住的聯合王國本土人士。即在香港通常連續居住七年或以上的聯合王國本土人士。

3.3.2 如入境人士持有下列任何一種旅行證件，則不論來港的目的是什麼，亦無須領取簽證：

（1）香港英國護照

（2）香港身份證明書

（3）回港證（只限由中國或澳門返回本港的人士使用）

（4）香港海員身份證

（5）香港海員國籍及身份證明書

（6）蓋有香港入境處簽註的旅行證件

3.3.3 如入境人士屬英國公民或持有在聯合王國簽發的英國護照而該護照並無簽註限制持有人進入英國的，可無須領取簽證。不過，在到達香港時，入境人士可能需要向入境事務人員證明在港期間無須工作而備有充足的旅費以維持在香港的生活。此外，並須持有回程或續程的機票或船票（過境前往中國或澳門的人士除外），或能證明在香港已有確實職業。

3.3.4 如不屬以上兩類人士（3.3.2 及 3.3.3），則須預先領取簽證以便來港就業、就讀、經營生意，或作永久居留。

3.3.5 來港遊客需持有由所屬國家發出之護照及有效旅行證件。如遊客乘搭航機直接過境或不離開機場過境等候室，又或是在規定時間內轉乘輪船離港，而又持有進入其他國家的有效證件，只要留港時間不超過規限，便無須辦理簽證手續。

其他遊客如只在香港作短期逗留而不超越規限，在一般情況下不須簽證（附件一）。

3.3.6 申請入境人士如在海外申請，應向就近的英國護照辦事處申請簽證，或向任何英國領事館、高級專員公署或簽證辦事處處理。

3.4 居留限制

凡來港旅遊人士應無須工作而備有充足的旅費維持其在港的生活。旅遊人士均不得受僱從事任何職業（無論受薪或非受薪）、經營生意、或入學就讀；此外，除在極為特殊的情況下，旅遊人士於抵港後均不准改變其旅客身份。

申請來港就讀人士在獲得入境批准後，只能在人民入境事務處處長批准的學校中就讀，不能從事任何職業或經營生意。

申請來港工作人士，只能在人民入境事務處處長批准之職業中工作。另外，受僱的合約海員在其所屬船隻離開十四天後，不可以再逗留於香港。

4. 主要問題

4.1 外地人士如要進入特區作短暫停留（旅遊／經商／工作／求學／探親／過境）應由哪機構負責？經什麼手續？

建議：

根據《中英聯合聲明》，特區政府應有入境管制權，因而中央政府不應在香港有入境管制權。入境管制應由特區政府的行政機關如人民入境事務處負責。

應由哪機構發出簽證？

有意見認為現時享有豁免簽證的地區人士如有足夠金錢及機票等，應無須辦理簽證而進入香港。如要申請簽證，有

下列建議：

（1）香港特別行政區在外地設立簽證處。這些辦事處可獨立於中國領事館之外，即不附屬於中國領事館，辦事處由香港人負責。

（2）特區政府可委託中國駐當地外交機關代辦；另有意見是特區政府亦可授權英國政府外交機關辦理。

（3）簽證應由中國駐外地大使館簽發，因為香港亦不可能在世界各地設立獨立的簽證辦事處。

（4）特區政府簽證事務可交由香港駐外商務機關負責。至於與中國無邦交地區人士的簽證手續可由上述商務機關或授權其他國家辦理。

4.2 外地人士移居特區

由特別行政區或中央政府審查批准？

中央與特別行政區如何協調？

有意見認為在這問題上，特區有絕對的權力，所以中央與特區不需協調。

4.3 根據現行入境條例，內地人士如以非法途徑進入香港，將會被遣送回原地。但《中英聯合聲明》明確指出，只要父或母一方在港有居留權，其在外地出生而未屆二十一歲的子女，將可享有在港的居留權。另一方面，在附件一中亦表明「對中國其他地區的人進入香港將按現在實行的辦法管理。」

現時內地居民如有近親屬或直系親屬在香港，均可要求定居香港，申請人需向所在地公安局申請，由國務院審批。每日發出之前往港澳通行證為七十五人。（詳情請參閱特區與各省區關係討論文件）

有權在港居留人士而在內地出生的子女是否自動享有入境權利？應否與其他人一視同仁，受到名額限制？

建議：

（1）根據《中英聯合聲明》，該等人士應自動享有在港居留權，無須特別申請，所以不應受限於每日七十五人之名額內。

（2）如該等人士自動享有居留權，會引致太多人湧至香港。因此特區政府可按當時的經濟情況及生活水平決定來港的優先次序。

4.4《中英聯合聲明》中未有提及哪些人士可因合法的婚姻關係而獲取居留權。根據現行法例，香港本土人士的配偶均可因婚姻關係而獲得居留權。因此，下列幾類人士應否享有居港權利：

（1）在九七年之前或以後在特區通常居住連續七年以上的中國公民的配偶；

（2）在特區成立以前或以後在當地通常居住連續七年以上並以香港為永久居住地的其他人的配偶；

（3）在香港特別行政區成立以前只在香港有居留權的其他人的配偶。

有意見認為只要上述人士的婚姻關係為實質婚姻，其配偶按情理應可享有居留權。但因特區本身的情況有別於其他地區，特區政府應有權作出控制，以減少因婚姻關係而入境的人士對香港人口、社會福利和各種設施所造成的壓力。

※

② 1987 年 3 月 2 日涉外事務專責小組及中央與特別行政區的關係專責小組合辦入境管制、簽證問題工作組《入境管制、簽證問題最後報告》

【P1-5】

（編者按：本文同第二稿文件①，除下列內容外，均同前文。）

3. 香港現行的入境管制和簽證的處理

3.3 從外地進入香港的情況

3.3.1 根據人民入境條例，下列人士享有在香港入境權及

免受居留條件限制的自由（詳情參閱居民定義最後報告）

（1）香港本土人士。概括來說，「香港本土人士」是因與香港有關係而成為英國屬土公民的人。

（2）華籍居民。人民入境條例第二條把「華籍居民」界定為：

1）有純粹或部份中國人血統；及

2）通常在香港連續居住不少於七年的移民（即並非身為「香港本土人士」者）。

（3）在香港居住的英國公民。通常在香港連續居住不少於七年的英國公民。

（4）在香港居住的聯合王國本土人士。即在香港通常連續居住七年或或以上的聯合王國本土人士。

4. 主要問題

4.1

建議：

（2）特區政府可委託中國駐當地外交機關代辦；另有意見是特區政府亦可委託其他國家外交機關辦理。

（3）簽證應由中國駐外地外交機關簽發。

4.3

建議：

（3）如果特區政府覺得從大陸移民入香港的程序超過特區能夠負擔的，特區政府有權向中央政府提出協商，減少每日入境之名額。

4.4《中英聯合聲明》中未有提及哪些人士可因合法的婚姻關係而獲取居留權。根據現行法例，如申請人在八三年一月一日前與其為英國屬土公民的配偶結婚，申請人便可於五年內向英國海外大使館辦理登記手續，只要能提出充份的證據證明申請人與配偶的關係為合法的婚姻關係，申請人便可按登記手續而得到與其配偶相同的國籍身份，即英國屬土公民身份。根據所獲得的國籍，因而自動享有香港入境權。至於在八三年一月一日後與身為英國屬土公民的香港人士結婚的申請人需先在其居住地向英領事館申請來港，進入香港後可申請居留簽證，在港居留約三至四年後，並在符合居留條件情況下，可向人民入境事務處申請歸化入英國屬土公民國籍，才可得到入境權及免受居留條件限制的權利。

※

③ 1987 年 3 月 5 日《駐外機構討論文件》（1987 年 3 月 5 日涉外事務專責小組第十次會議討論文件）

4. 需考慮的問題

4.6 簽證

《中英聯合聲明》指出香港特別行政區政府可自行簽發出入香港的旅遊證件。

4.6.1 建議香港特別行政區政府亦有權把簽證授予其海外辦事處。

4.6.2 另一建議認為香港特別行政區政府應設立海外簽證辦事處，但由於香港特區不一定有足夠資源在多個國家設立辦事處，基本法應規定香港特區有權要求中國根據香港所定的準則代其簽證；如遇特殊個案，則先交由香港特區考慮，才代其簽證。

4.6.3 另一建議認為中國領事館應駐設一負責簽證的香港特區官員。

4.6.4 但有建議認為香港特區有權要求中國及英國根據香港所定的準則代表其簽證。

※

④ 1987 年 3 月 9 日涉外事務專責小組及中央與特

別行政區的關係專責小組合辦入境管制、簽證問題工作組《入境管制、簽證問題最後報告》（1987年3月11日中央與特別行政區的關係專責小組及涉外事務專責小組聯合會議第二次續會討論文件）

【P1-6】

（編者按：本文同第二稿文件②，除下列內容外，均同前文。）

3. 香港現行的入境管制和簽證的處理

3.2 香港人民入境事務處負責執行入境管制工作；派員駐守各個出入境管制站，協助旅客辦理出入境手續。此外並會為本港居民及居港人士提供旅遊證件及辦理註冊手續，包括簽發旅遊證件、簽證和身份證等。人民入境事務處處長在申請人提交申請及費用後，有權在他認為適當的情況下發出身份證明文件，身份證明書、回港證、越南難民證件及其他文件。

同時，人民入境事務處亦致力偵察和監控違反入境條例的人士，以及將非法入境人士遣返原地。

3.4 對中國各地區人士進入香港的情況（詳情請參閱中央與特別行政區的關係專責小組特區與各省區最後報告）

3.4.1 短期訪港者

大陸人士無論來港工作、經商、旅遊、求學及探親，需向各省區公安廳提交申請及證明文件，由公安機關發給「往來港澳通行證」或向國務院申請護照，一般限期為二至三個月。

香港方面原則上無特定的入境條件及名額限制，但中國政府會主動控制人數，避免太多人湧至香港。根據香港政府的統計，八六年全年持「往來港澳通行證」入境的人士共655,590人。但每天卻沒有固定的限額，由羅湖入境，簽證期滿前必須回國。

3.4.2 移居香港者

內地居民亦可因私人理由要求定居香港。現時中國發出之「前往港澳通行證」為每日七十五人。有意移居者須向所在地公安局申請，再由國務院公安部統籌。公安局將根據其本人意願及與在港親屬關係審批，香港方面由人民入境事務處處理。此名額經中港雙方同意為不論以任何理由移居香港之最高人數，未經雙方再行商定，不能超越。

3.5 香港本土人士申請配偶來港情況

3.5.1 外地人士

3.5.1.1 根據英國政府在八三年一月一日所實行的英國國籍法，如申請人在八三年一月一日前與其為英國屬土公民的香港配偶結婚，申請人可於五年內向英國海外大使館辦理登記手續，只要能提出充份的證據證明申請人與配偶的關係為合法的婚姻關係，申請人便可按登記手續而得到與其配偶相同的國籍身份，即英國屬土公民的身份，因着所獲取的國籍而自動享有入境權。

3.5.1.2 至於在八三年一月一日後與身為英國屬土公民的香港本土人士結婚的申請人需先在其所居住地向領事館申請來港，進入香港後可申請居留簽證，在港居約三至四年後，並在符合居留條件情況下，可向人民入境事務處歸化入英國屬土公民國籍，得到入境權及免受居留條件限制的自由。

3.5.1.3 在八七年三月二日前在港居住的香港男性居民（包括永久性居民及臨時居民）配偶均有權以夫妻團聚為理由申請居留簽證，而在八七年三月二日行政局更動議通過放寬入境政策，准許本港女性居民以家庭團聚為理由，申請其外籍丈夫來港居留並享有與其配偶同等的居民權利，但夫婦二人的婚姻關係必須是可以證明的，而且該申請是否獲得批准，將會按個別情況而定。不過，新入境政策將不適用下列人士（不論男性或女性）

（1）自七五年四月三十日起，來自印度支那國家（例如柬埔寨、越南等）人士的申請，將不會被考慮。

（2）來自中國人士。

（3）前為中國居民人士，但自七九年一月十五日後定居澳門人士。

3.5.2 來自中國的配偶

香港人民入境事務處自七九年一月十五日開始實行凍結中國大陸人士入境政策，同時停止接受中國居民申請入境。此後中國居民如要移民香港，不論性別及年齡，均要向中國政府公安局申請「往來港澳通行證」。根據協議，每日最高限額為七十五人。一經批准，來港人士便可按指定日期離開中國，並在羅湖辦理入境手續。

4 主要問題

4.2 外地人士移居特區

有意見認為在外地人士移居特區的問題上，特區有絕對審查和批准的權力，所以中央與特區不須協調。

有委員認為這問題並不存在，因為外地人士入境、逗留和離境，香港特別行政區可實行出入境管制。如要取得居留權，則需在港通常居住連續七年以上。對海外人士來說，要達到這項要求並不容易。

4.3 根據現行入境條例，內地人士如以非法途徑進入香港，將會被遣送回原地。但《中英聯合聲明》第十四項指出：「在香港特別行政區有居留權者為：在香港特別行政區成立以前或以後在當地出生或通常連續居住七年以上的中國公民及其在香港以外所生的中國籍子女；在香港特別行政區成立以前或以後在當地居住連續七年以上並以香港為永久居住地的其他人及其在香港特別行政區成立以前或以後在當地出生的未滿二十一歲的子女。」

另一方面，在附件一中亦表明「對中國其他地區的人進入香港將按現在實行的辦法管理。」因此有權在港居留人士而在內地出生的子女，應否自動享有入境權利？或應否與其他人一樣，受到名額限制？

意見：

（1）根據《中英聯合聲明》，該等人士應自動享有在港居留權，無須特別申請，所以不應受限於能進入香港之名額內。（現行名額是每日七十五人）

（2）另有意見認為根據《中英聯合聲明》另一條文「對中國其他地區的人進入香港將按現在實行的辦法管理」，該等人士未必自動享有在港居留權，所以他們移居香港人數應包括在每日發出之名額內。

（3）如果特區政府覺得從大陸移民入香港的程序超過特區能夠負擔的，特區政府有權向中央政府提出協商，增減每日入境之名額。至於現時中港政府同意的名額，到九七年時應由雙邊協議決定，不需要在基本法內規定。

有委員認為對有居留權的香港人，不可再加劃分。即使他們在中國大陸出生，也不可視為大陸人士。《中英聯合聲明》有關中國其他地區的人進入香港特別行政區的規定，是以大陸人士為對象。

4.4 《中英聯合聲明》中未有提及哪些人士可因合法的婚姻關係而獲取居留權。因此，下列幾類人士應否享有居港權利：

（1）在九七年之前或以後在特區通常居住連續七年以上的中國公民的配偶；

（2）在特區成立以前或以後在當地通常居住連續七年以上並以香港為永久居住地的其他人的配偶；

（3）在香港特別行政區成立以前只在香港有居留權的其他人的配偶。

有意見認為只要上述人士的婚姻關係為實質婚姻，其配偶按情理應可享有居留權。但因特區本身的情況有別於其他地區，特區政府應有權作出控制，以減少因婚姻關係而入境的人士對香港人口、社會福利和各種設施所造成的壓力。

※

⑤涉外事務專責小組及中央與特別行政區的關係專責小組《入境管制、簽證問題最後報告》（1987年3月14日經執行委員會通過）

【P1-6】
（編者按：本文同第二稿文件④，除下列內容外，均同前文。）
3. 香港現行的入境管制和簽證的處理
3.5.2 來自中國的配偶
香港人民入境事務處自七九年一月十五日開始，停止接受中國居民申請入境。此後中國居民如要移民香港，不論性別及年齡，均要向中國政府公安局申請來港定居之「往來港澳通行證」。根據協定，以上述方式來港定居之各類人士每日最高限額為七十五人。一經批准，來港人士便可按指定日期離開中國，並在羅湖辦理入境手續。

4. 主要問題
4.1 外國人士如要進入特區作短暫停留（旅遊／經商／工作／求學／探親／過境）的問題
4.1.1 外國人士進入特區的手續和負責機構
建議：
根據《中英聯合聲明》，特區政府應有入境管制權，因而中央政府不應在香港有入境管制權。入境管制應由特區政府的行政機關如人民入境事務處負責。
4.1.2 負責發出簽證的機構
有意見認為現時享有豁免簽證的地區人士如有足夠金錢及機票等，應無須辦理簽證而進入香港。如要申請簽證，有下列建議：
（1）香港特別行政區在外地設立簽證處。這些辦事處可獨立於中國領事館之外，即不附屬於中國領事館，辦事處

由香港人負責。
（2）特區政府可委託中國駐當地外交機關代辦；另有意見是特區政府亦可委託其他國家外交機關辦理。
（3）簽證應由中國駐外地外交機關簽發。
（4）特區政府簽證事務可交由香港駐外商務機關負責。
至於與中國無邦交地區人士的簽證手續可由上述商務機關或授權其他國家辦理。
4.3 根據現行入境條例，內地人士如以非法途徑進入香港，將會被遣送回原地。但《中英聯合聲明》第十四項指出：「在香港特別行政區有居留權者為：在香港特別行政區成立以前或以後在當地出生或通常連續居住七年以上的中國公民及其在香港以外所生的中國籍子女及在香港特別行政區成立以前或以後在當地居住連續七年以上並以香港為永久居住地的其他人及其在香港特別行政區成立以前或以後在當地出生的未滿二十一歲的子女；以及在香港特別行政區成立前只在香港有居留權的其他人。」
另一方面，在附件一中亦表明「對中國其他地區的人進入香港將按現在實行的辦法管理。」因此有權在港居留人士而在內地出生的子女，應否自動享有入境權利？或應否與其他人一樣，受到名額限制？
意見：
（1）根據《中英聯合聲明》，該等人士應自動享有在港居留權，無須特別申請，所以不應受限於能進入香港之名額內（現行名額是每日七十五人）。本意見的理論基礎為：《中英聯合聲明》沒有矛盾的地方。《中英聯合聲明》內有關管理中國其他地區人士進入香港的條文只適用於在港沒有居留權的人士。
（3）如果特區政府覺得從大陸移民入香港的程序超過特區能夠負擔的，特區政府有權向中央政府提出協商，增減每日入境之名額。至於現時中港政府同意的名額，到九七年時應由雙邊協議決定，不需要在基本法內規定。

第三稿

第七章
「**第五條** 中央人民政府授權香港特別行政區政府依照法律給持有香港特別行政區永久性居民身份證的中國公民簽發中華人民共和國香港特別行政區護照，給在香港特別行政區的其他合法居留者簽發中華人民共和國香港特別行政區的其他旅行證件。上述護照和證件，前往各國和各地區有效，並載明持有人有返回香港特別行政區的權利。
世界各國或各地區的人入境、逗留和離境，香港特別行政區政府可實行出入境管制。」
〔1987年8月22日《中央與香港特別行政區的關係專題小組工作報告》，載於《中華人民共和國香港特別行政區基本法起草委員會第五次全體會議文件匯編》〕

①1987年5月22日《香港基本法起草委員會第四次全體會議委員們對基本法序言、總則及第二、三、七、九章條文草案的意見匯集》

【P30】

五、關於第七章 香港特別行政區的對外事務
第五條
有的委員提出，「中央人民政府授權香港特別行政區政府依照法律的規定……」一句，可刪去「的規定」三個字，以與聯合聲明寫法一致。

第四稿

「**第一百六十一條** 中央人民政府授權香港特別行政區政府依照法律給持有香港特別行政區永久性居民身份證的中國公民簽發中華人民共和國香港特別行政區護照，給在香港特別行政區的其他合法居留者簽發中華人民共和國香港特別行政區的其他旅行證件。上述護照和證件，前往各國和各地區有效，並載明持有人有返回香港特別行政區的權利。
世界各國或各地區的人入境、逗留和離境，香港特別行政區政府可實行出入境管制。」
〔1987年12月基本法起草委員會秘書處《香港特別行政區基本法（草案）》（匯編稿）〕

①中央與特別行政區的關係專責小組《對基本法序言和第一、二、七、九章條文（一九八七年八月）草稿的意見》（1987年11月4日經執行委員會通過）

有委員問及根據這條文，所有其他人是否可以同時持有其本國護照及中華人民共和國旅遊證件。

第五稿

「第一百六十一條　中央人民政府授權香港特別行政區政府依照法律給持有香港特別行政區永久性居民身份證的中國公民簽發中華人民共和國香港特別行政區護照，給在香港特別行政區的其他合法居留者簽發中華人民共和國香港特別行政區的其他旅行證件。上述護照和證件，前往各國和各地區有效，並載明持有人有返回香港的權利。

世界各國或各地區的人入境、逗留和離境，香港特別行政區政府可實行出入境管制。」

〔1988 年 3 月基本法起草委員會秘書處《中華人民共和國香港特別行政區基本法（草案）草稿》（總體工作小組第二次會議對目錄、序言、第一、二、三、五、六、七、九章的修改稿）〕

第六稿

「第一百六十三條　中央人民政府授權香港特別行政區政府依照法律給持有香港特別行政區永久性居民身份證的中國公民簽發中華人民共和國香港特別行政區護照，給在香港特別行政區的其他合法居留者簽發中華人民共和國香港特別行政區的其他旅行證件。上述護照和證件，前往各國和各地區有效，並載明持有人有返回香港的權利。

世界各國或各地區的人入境、逗留和離境，香港特別行政區政府可實行出入境管制。」

〔1988 年 4 月基本法起草委員會秘書處《中華人民共和國香港特別行政區基本法（草案）草稿》〕

第七稿

「第一百六十二條　中央人民政府授權香港特別行政區政府依照法律給持有香港特別行政區永久性居民身份證的中國公民簽發中華人民共和國香港特別行政區護照，給在香港特別行政區的其他合法居留者簽發中華人民共和國香港特別行政區的其他旅行證件。上述護照和證件，前往各國和各地區有效，並載明持有人有返回香港的權利。

世界各國或各地區的人入境、逗留和離境，香港特別行政區政府可實行出入境管制。」

〔1988 年 4 月基本法起草委員會《中華人民共和國香港特別行政區基本法（草案）徵求意見稿》〕

第八稿

「第一百五十三條　中央人民政府授權香港特別行政區政府依照法律給持有香港特別行政區永久性居民身份證的中國公民簽發中華人民共和國香港特別行政區護照，給在香港特別行政區的其他合法居留者簽發中華人民共和國香港特別行政區的其他旅行證件。上述護照和證件，前往各國和各地區有效，並載明持有人有返回香港的權利。

對世界各國或各地區的人入境、逗留和離境，香港特別行政區政府可實行出入境管制。」

〔1989 年 2 月《中華人民共和國香港特別行政區基本法（草案）》〕

① 1988 年 10 月基本法諮詢委員會《中華人民共和國香港特別行政區基本法（草案）徵求意見稿諮詢報告第五冊—— 條文總報告》

【P459-460】
第一百六十二條
2. 意見
→ 意義含糊。
理由：
⊙ 令人誤會政府可以阻止在港外地人士離境。
⊙ 令人誤會持「英國護照」及「英國海外屬土公民護照」的香港居民的出入境將有限制。
→ 關於香港特別行政區政府簽發特別行政區護照給香港中國公民，這點並沒有說明是會或不會發給已有聯合王國旅行證件或 C.I. 的持有人，如不發給的話，則上述兩種證件持有人在外國時可能被認為是無國籍人士，並不受中國領事館保護。所以這點是應該在條文中肯定下來的。如需

依靠以後的法律來規定，便不能讓港人放心。

3. 建議
3.1 增加
→ 於第一行「中央人民政府」後加「有需要時」。
→ 第一款最後應加上「持有上述護照的人，在國外受中國政府領事保護。」
→ 第二句「上述護照和證件」前加上「持有」兩字，其後則加上「的香港居民」。另刪掉「載明持有人」，使意思更加清楚。
→ 最後加上：「香港華人旅居外國而已加入外國籍者享有進出境權利。」
理由：關於香港旅居外國人士將來返回特別行政區之出入境問題，按照《中英聯合聲明》，香港居民持有英國屬土公民護照在一九九七年後即告失效，而以英國公民（海外）護照取代，在一九九七年後仍可繼續使用，持有者在香港可有居留權。但除上述者外，其他非英屬國家之香港旅居外國人士，其中有些未必在港居住七年以上，又或者

是新界原居民及後裔，甚至香港仍有通商關係。
→ 加上一款：「香港特別行政區居民出入當地可使用香港特別行政區政府或中華人民共和國政府其他主管部門，或其他國家主管部門簽發的旅遊證件，凡持有香港特別行政區永久性居民身份證者，其旅遊證件所載明此項事實，以證明持有人在香港特別行政區有居留權。」

3.2 搬移
→ 依法獲得旅行證件是當然權利，應放在第三章。

3.3 其他建議
→ 應寫得詳細一些，對於非法居留以及逾期居留，或進行非法活動的入境者及收容者採取判罰、驅逐的措施。
→ 關於簽發護照、出入境管制和互惠簽發文件，基本法應訂明香港與各地區應享有平等地位和權利。

4. 待澄清問題

→ 對「上述護照和證件，前往各國和各地區有效」有沒有絕對保證？
→ 一九九七年後香港人除持有香港特別行政區護照外，可否同時持有其他國家護照？若不可以，需如何處理？
→ 只是對「出」和「入」的管制，如果逾期居留或非法居留，又怎應對呢？
→ 假如目前持中國護照到某些國家，是被界定為「共產國家」的，那將來的特別行政區護照又如何？
→ 是否持有特別行政區身份證的人必可獲發給特別行政區護照？
→ 規定「中央人民政府授權香港特別行政區政府依照法律給持有香港特別行政區永久性居民身份證的中國公民簽發中華人民共和國香港特別行政區護照……」，但至於依照何種法律，內文未有交代，而且對於一九九七年後英國公民（海外）護照的安排亦未有明確交代。

第九稿

「**第一百五十四條　中央人民政府授權香港特別行政區政府依照法律給持有香港特別行政區永久性居民身份證的中國公民簽發中華人民共和國香港特別行政區護照，給在香港特別行政區的其他合法居留者簽發中華人民共和國香港特別行政區的其他旅行證件。上述護照和證件，前往各國和各地區有效，並載明持有人有返回香港的權利。**
對世界各國或各地區的人入境、逗留和離境，香港特別行政區政府可實行出入境管制。」
〔1990 年 2 月 16 日《中華人民共和國香港特別行政區基本法（草案）》〕

① 1989 年 11 月基本法諮詢委員會《中華人民共和國香港特別行政區基本法（草案）諮詢報告第三冊——條文總報告》

【P259-260】
第一百五十三條
2. 意見
→ 任何中國公民如要來香港旅遊，可向香港特別行政區政府（可設辦事處於國內各大城市）申請入境許可，中國政府除拒絕讓某些公民離境外，應贊成此法，並收回非法居留在香港的人士。中國取消單程通行證，想到香港定居的中國公民，須直接向香港特別行政區政府申請，讓香港政府按情處理（就像現在處理外籍人士移居香港一樣）。
→ 內地移民香港，應由香港政府調查，證明有關人士能負擔生活費，方可來港。
→ 內地人士經申請才可進入香港特別行政區。
→ 基本法要規定所有持有外國護照（非香港護照）或非中國血統的人士，不能成為香港特別行政區的中國公民。此等人士不能獲簽發中華人民共和國或中華人民共和國香港特別行政區護照。
→ 只有持永久性居民身份證的中國公民才可有本地護照。其他的都只能獲取「旅遊證件」。大多數國家對在該國出生、或在該國居住的人士，都會發出護照，而不論其國籍。某些國家如何接納「旅遊證件」、和這種歧視會否引致護照持有人在其他國家遇上麻煩，都是能引起興趣的事項。

3. 建議
3.1 修改
→ 第二款的「對世界各國或各地區的人」應改為：「對世界各國或各地區的人，包括中華人民共和國其他省的人」。
→ 結尾的一句應詳細地表明依法去實施出入境管制才對，故應改為「香港特別行政區政府可順應當前環境所需，立例去實行出入管制。」
→ 改為：「香港特別行政區政府依照法律給持有香港特

別行政區永久性居民身份證的公民簽發香港特別行政區護照，給在香港特別行政區的其他合法居留者簽發香港特別行政區的其他旅行證件。上述護照和證件，前往各國和各地區有效，並載明持有人有返回香港的權利。」
3.2 增加
→ 加上：「香港居民如在港患重病，其在香港以外（包括中國和台灣）的直系親屬可予以批准來港探望或照料，次數和逗留時間不限。」
→ 加上：「在香港居住的高齡人士（領取高齡津貼者），其在香港以外（包括中國和台灣）的直系親屬，可予以批准每年來港探望其親人一次。」
→ 最後應加上「持有上述護照的人在國外受中國領事保護」。
理由：因為持香港身份證明書者在外國是不受英國領事保護的無國籍人士，與持有英國國民（海外）護照者受英國領事保護不同。所以，收回香港主權後，應使持香港身份證明書者受自己的祖國保護。
→ 增加一款：「香港特別行政區居民出入當地，可使用香港特別行政區政府或中華人民共和國政府其他主管部門，或其他國家主管部門簽發的旅遊證件。凡持有香港特別行政區永久性居民身份證者，其旅遊證件可載明此事實，以證明持有人在香港特別行政區有居留權。」
→ 增加一款：「非香港永久性居民在適用範圍內，享有香港特別行政區永久性居民依基本法有關章節賦予的基本權利和遷徙自由。」
理由：基本法應規定現有的開放入境政策在香港特別行政區保持不變。海外商人、過境旅客及其他初入境的外國市民的遷徙自由應受保護。
3.3 其他
→ 香港特別行政區政府在一九九七年後所簽發的旅行證件中，不必冠以「中華人民共和國香港特別行政區護照」，而可以模仿現時的「香港身份證明書」，即只以「香港」的名義出現。
理由：這樣既體現了保持現狀的精神，又減輕了由於自由民主國家對共產國家的抗拒而給香港人帶來的不必要麻煩。

4. 待澄清問題

→ 對持有英籍護照的人，現在及將來的情況會怎樣呢？

→ 「中華人民共和國香港特別行政區」護照的申請辦法是怎樣的呢？有關的規條及簽發準則又怎樣？護照的國際性認可程度又有多少呢？

※

② 1989 年 12 月 11 至 12 日《中央與香港特別行政區關係專題小組第十五次會議紀要》，載於 1990 年 2 月《中華人民共和國香港特別行政區基本法起草委員會第九次全體會議文件匯編》

【P11】

五、委員們認為個別條文的用詞不夠確切，應作修改：

1. 第一百五十三條第一款最後一句「並載明持有人有返回香港的權利」改為「並載明持有人有返回香港特別行政區的權利」。

第十稿

「第一百五十四條　中央人民政府授權香港特別行政區政府依照法律給持有香港特別行政區永久性居民身份證的中國公民簽發中華人民共和國香港特別行政區護照，給在香港特別行政區的其他合法居留者簽發中華人民共和國香港特別行政區的其他旅行證件。上述護照和證件，前往各國和各地區有效，並載明持有人有返回香港特別行政區的權利。

對世界各國或各地區的人入境、逗留和離境，香港特別行政區政府可實行出入境管制。」

〔1990 年 4 月《中華人民共和國香港特別行政區基本法》〕

中央人民政府協助或授權香港特別行政區政府與各國或各地區締結互免簽證協議。

✿ 貳｜概念

1. 與各國或地區締結的互免簽證協議

✿ 叄｜條文本身的演進和發展

第一稿

第七章

「第六條　中央人民政府協助或授權香港特別行政區政府同各國或各地區締結互免簽證協議。」

〔1986 年 11 月 11 日《中央與香港特別行政區的關係專題小組工作報告》，載於《中華人民共和國香港特別行政區基本法起草委員會第三次全體會議文件匯編》〕

第二稿

第七章

「第六條　中央人民政府協助或授權香港特別行政區政府同各國或各地區締結互免簽證協議。」

〔1987 年 4 月 13 日《中央與香港特別行政區的關係專題小組工作報告》，載於《中華人民共和國香港特別行政區基本法起草委員會第四次全體會議文件匯編》〕

① 1987 年 2 月 19 日涉外事務專責小組及中央與特別行政區的關係專責小組合辦入境管制、簽證問題工作組《入境管制、簽證問題討論文件》（1987 年 2 月 26 日中央與特別行政區的關係專責小組及涉外事務專責小組聯合會議討論文件）

【P2-4】

2.《中英聯合聲明》中有關入境管制及簽證問題的規定
2.2 附件一中有關入境及簽證問題的條文
附件一第十四項：
2.2.7「中央人民政府將協助或授權香港特別行政區政府同各國或各地區締結互免簽證協定。」

3 香港現行的入境管制和簽證的處理
3.3 從外地進入香港的情況
3.3.2 如入境人士持有下列任何一種旅行證件，則不論來港的目的是什麼，亦無須領取簽證：
（1）香港英國護照
（2）香港身份證明書
（3）回港證（只限由中國或澳門返回本港的人士使用）
（4）香港海員身份證
（5）香港海員國籍及身份證明書
（6）蓋有香港入境處簽註的旅行證件
3.3.3 如入境人士屬英國公民或持有在聯合王國簽發的英國護照而該護照並無簽註限制持有人進入英國的，可無須領取簽證。不過，在到達香港時，入境人士可能需要向入境事務人員證明在港期間無須工作而備有充足的旅費以維持在香港的生活。此外，並須持有回程或續程的機票或船票（過境前往中國或澳門的人士除外），或能證明在香港

已有確實職業。
3.3.4 如不屬以上兩類人士（3.3.2 及 3.3.3），則需預先領取簽證以便來港就業、就讀、經營生意，或作永久居留。
3.3.5 來港遊客需持有由所屬國家發出之護照及有效旅行證件。如遊客乘搭航機直接過境或不離開機場過境等候室，又或是在規定時間內轉乘輪船離港，而又持有進入其他國家的有效證件，只要留港時間不超過規限，便無須辦理簽證手續。
其他遊客如只在香港作短期逗留而不超越規限，在一般情況下不須簽證（附件一）。
3.3.6 申請入境人士如在海外申請，應向就近的英國護照辦事處申請簽證，或向任何英國領事館、高級專員公署或簽證辦事處處理。

4. 主要問題
4.1 外地人士如要進入特區作短暫停留（旅遊／經商／工作／求學／探親／過境／應由哪機構負責？經什麼手續？
建議：
根據《中英聯合聲明》，特區政府應有入境管制權，因而中央政府不應在香港有入境管制權。入境管制應由特區政府的行政機關如人民入境事務處負責。
應由哪機構發出簽證？
有意見認為現時享有豁免簽證的地區人士如有足夠金錢及機票等，應無須辦理簽證而進入香港。如要申請簽證，有下列建議：
（1）香港特別行政區在外地設立簽證處。這些辦事處可獨立於中國領事館之外，即不附屬於中國領事館，辦事處由香港人負責。
（2）特區政府可委託中國駐當地外交機關代辦；另有意見是特區政府亦可授權英國政府外交機關辦理。
（3）簽證應由中國駐外地大使館簽發，因為香港亦不可

能在世界各地設立獨立的簽證辦事處。

（4）特區政府簽證事務可交由香港駐外商務機關負責。至於與中國無邦交地區人士的簽證手續可由上述商務機關或授權其他國家辦理。

※

② 1987 年 3 月 2 日涉外事務專責小組及中央與特別行政區的關係專責小組合辦入境管制、簽證問題工作組《入境管制、簽證問題最後報告》

【P2-4】

（編者按：本文同第二稿文件①，除下列內容外，均同前文。）

4. 主要問題
4.1
建議：
（2）特區政府可委託中國駐當地外交機關代辦；另有意見是特區政府亦可委託其他國家外交機關辦理。
（3）簽證應由中國駐外地外交機關簽發。

※

③ 1987 年 3 月 5 日《駐外機構討論文件》（1987 年 3 月 5 日涉外事務專責小組第十次會議討論文件）

4. 主要問題
4.6 簽證
《中英聯合聲明》指出香港特別行政區政府可自行簽發出入香港的旅遊證件。
4.6.1 建議香港特別行政區政府亦有權把簽證授予其海外辦事處。
4.6.2 另一建議認為香港特別行政區政府應設立海外簽證辦事處，但由於香港特區不一定有足夠資源在多個國家設

立辦事處，基本法應規定香港特區有權要求中國根據香港所定的準則代其簽證；如遇特殊個案，則先交由香港特區考慮，才代其簽證。
4.6.3 另一建議認為中國領事館應駐設一負責簽證的香港特區官員。
4.6.4 但有建議認為香港特區有權要求中國及英國根據香港所定的準則代表其簽證。

※

④ 1987 年 3 月 9 日涉外事務專責小組及中央與特別行政區的關係專責小組合辦入境管制、簽證問題工作組《入境管制、簽證問題最後報告》（1987 年 3 月 11 日中央與特別行政區的關係專責小組及涉外事務專責小組聯合會議第二次續會討論文件）

【P2-5】

（編者按：內容同第二稿文件②）

※

⑤涉外事務專責小組及中央與特別行政區的關係專責小組《入境管制、簽證問題最後報告》（1987 年 3 月 14 日經執行委員會通過）

【P2-5】

（編者按：本文同第二稿文件②，除下列內容外，均同前文。）

4. 主要問題
4.1 外國人士如要進入特區作短暫停留（旅遊／經商／工作／求學／探親／過境）的問題
4.1.1 外國人士進入特區的手續和負責機構
4.1.2 負責發出簽證的機構

第三稿

第七章
「第六條　中央人民政府協助或授權香港特別行政區政府同各國或各地區締結互免簽證協議。」

〔1987 年 8 月 22 日《中央與香港特別行政區的關係專題小組工作報告》，載於《中華人民共和國香港特別行政區基本法起草委員會第五次全體會議文件匯編》〕

第四稿

「第一百六十二條　中央人民政府協助或授權香港特別行政區政府同各國或各地區締結互免簽證協議。」

〔1987 年 12 月基本法起草委員會秘書處《香港特別行政區基本法（草案）》（匯編稿）〕

第五稿

「第一百六十二條　中央人民政府協助或授權香港特別行政區政府同各國或各地區締結互免簽證協議。」

〔1988 年 3 月基本法起草委員會秘書處《中華人民共和國香港特別行政區基本法（草案）草稿》（總體工作小組第二次會議對目錄、序言、第一、二、三、五、六、七、九章的修改稿）〕

第六稿

「第一百六十四條　中央人民政府協助或授權香港特別行政區政府與各國或各地區締結互

免簽證協議。」

〔1988 年 4 月基本法起草委員會秘書處《中華人民共和國香港特別行政區基本法（草案）草稿》〕

第七稿

「**第一百六十三條　中央人民政府協助或授權香港特別行政區政府與各國或各地區締結互免簽證協議。**」

〔1988 年 4 月基本法起草委員會《中華人民共和國香港特別行政區基本法（草案）徵求意見稿》〕

第八稿

「**第一百五十四條　中央人民政府協助或授權香港特別行政區政府與各國或各地區締結互免簽證協議。**」

〔1989 年 2 月《中華人民共和國香港特別行政區基本法（草案）》〕

① 1988 年 10 月基本法諮詢委員會《中華人民共和國香港特別行政區基本法（草案）徵求意見稿諮詢報告第五冊——條文總報告》

【P454】
第七章　整體意見
2. 建議
<u>2.3</u> 其他建議
→ 從條文來看，香港特別行政區是一個地道的地方行政區，可以說完全不具任何國際法上之法人地位。由於基本法中並沒有其他條文更直接地規範未來香港與台北的關係，中華人民共和國在基本法中對未來香港與台北的關係可能只有兩個構思：
（2）香港可以在「中央人民政府」的協助或授權下，與「各地區」（包括台灣）締結互免簽證協議。（第一百六十三條）

【P460】
第一百六十三條
2. 意見
→ 贊成此條文。
理由：本條富積極性，有助於維持香港作為國際主要的貿易與金融中心的地位。

第九稿

「**第一百五十五條　中央人民政府協助或授權香港特別行政區政府與各國或各地區締結互免簽證協議。**」

〔1990 年 2 月 16 日《中華人民共和國香港特別行政區基本法（草案）》〕

① 1989 年 11 月基本法諮詢委員會《中華人民共和國香港特別行政區基本法（草案）諮詢報告第三冊——條文總報告》

【P260】
第一百五十四條

2. 意見
→ 與外國保持免簽證出入境，可省卻不少麻煩。

3. 建議
<u>3.1</u> 增加
→ 「中央人民政府」後加上「有需要時」。

第十稿

「**第一百五十五條　中央人民政府協助或授權香港特別行政區政府與各國或各地區締結互免簽證協議。**」

〔1990 年 4 月《中華人民共和國香港特別行政區基本法》〕

香港特別行政區可根據需要在外國設立官方或半官方的經濟和貿易機構，報中央人民政府備案。

1. 在外國設立官方或半官方經濟和貿易機構
2. 報中央政府備案

第一稿▶

第七章

「第七條　香港特別行政區可根據需要在外國設立官方或半官方的經濟和貿易機構，報中央人民政府備案。」

〔1986 年 11 月 11 日《中央與香港特別行政區的關係專題小組工作報告》，載於《中華人民共和國香港特別行政區基本法起草委員會第三次全體會議文件匯編》〕

第二稿▶

第七章

「第七條　香港特別行政區可根據需要在外國設立官方或半官方的經濟和貿易機構，報中央人民政府備案。」

〔1987 年 4 月 13 日《中央與香港特別行政區的關係專題小組工作報告》，載於《中華人民共和國香港特別行政區基本法起草委員會第四次全體會議文件匯編》〕

① 1987 年 3 月 5 日《駐外機構討論文件》（1987 年 3 月 5 日涉外事務專責小組第十次會議討論文件）

2. 背景資料

為要發展及保持香港的對外關係，香港政府、香港貿易發展局及香港旅遊協會皆有設有駐外機構。基本上，這些機構為香港和外國政府及組織提供直接接觸的機會，但它們亦各有特別職務：

2.1 政府海外辦事處

2.1.1 香港政府在倫敦、日內瓦、布魯塞爾、華盛頓和紐約均設有辦事處。這些辦事處皆隸屬政府的工業署。

它們代表香港在商業關係上的利益和提供對香港有影響的國際發展資料。

上述海外辦事處中，以香港政府駐英辦事處的規模最大，職務範圍最廣。該辦事處除代表香港與英國政府各部門、國會議員以及香港有關的宣傳媒介和組織直接聯絡外，還負責為香港政府及皇家香港警務處在英國進行招募，並負責監督深造訓練課程。

該處的另一部門則與留英香港人保持聯絡，協助解決其居留英國或其留港家屬及其在港利益的問題，更為訪英的香港居民就其所遇到的問題提供意見及援助。

該處的學生組照顧留英香港學生的利益，以及在倫敦主辦香港學生中心。

該處的新聞及公共事務組，負責宣傳工作，向英國人民報道香港的情況及建立其形象。

在工商業方面，該處經常注意英國工商業發展、經濟情況及官方對國際貿易政策的意見，然後向港府指出香港可能遭受的影響。該處並設有促進工業投資事務所，就本港工業投資的機會向英國商行提供意見。（促進工業投資事務所詳情見下段）

其他四個海外辦事處皆大力發展香港在所駐國家內的商務。駐日內瓦辦事處在《國際關稅及貿易總協定》，以及「聯合國貿易和發展會議」中，代表香港處理有關事宜。上述協定和會議，以及其他駐日內瓦國際組織審議事項所引起的發展，一直由該辦事處加以檢討。

駐布魯塞爾辦事處代表香港爭取在歐洲共同市場和共市成員國（英國除外）的經濟利益和其他有關利益。

駐紐約和駐華盛頓的辦事處，則凡是美國國內的經濟和其他發展，建議法例和其他與香港一般經濟利益息息相關，特別是影響香港與美國貿易的事宜，這兩個辦事處都會進行檢討。駐華盛頓的辦事處主要的工作對象是美國政府，而駐紐約辦事處則着重私人機構方面。為要增強公共關係，一家公共關係公司已獲委任為香港政府在美國的顧問，按照港府駐紐專員的指示工作。

2.1.2 促進工業投資事務所

工業署屬下的促進工業投資事務所設有五間海外工業投資促進辦事處，設於倫敦、史圖加，東京、三藩市及紐約。

工業署促進投資的工作，是要鼓勵外商將嶄新或改良的生產技術和工序引進香港，使本港工業可以提高生產方法，繼續朝較高技術及製造技巧發展。

該等辦事處與設於香港的「工業投資服務組」保持聯繫。該組與政府及私人機構建立聯絡網，可以透過提供有用的資料，協助有意投資人士。該組亦幫助本港製造商找尋願意簽訂「特許製造協議」或其他協議的海外夥伴或公司。

2.2 香港貿易發展局
2.3 香港旅遊協會
香港旅遊協會的職責是發展旅遊業。該會是政府在一九七五年設立的法定機構，負責協調旅遊業的活動，及向政府和旅遊業建議發展該業的措施。
香港旅遊協會在海外宣傳香港，目的是吸引海外人士來港遊覽。協會的宣傳工作，主要是透過其海外辦事處及代表進行，他們與當地的旅遊業人士攜手合作，促進本港的旅遊事業。該協會的海外辦事處分設於三藩市、紐約、芝加哥、雪梨、倫敦、法蘭克福、新加坡、東京和大阪，在巴黎和羅馬則駐有代表。此外，由於協會在亞洲、美國、歐洲、澳洲及紐西蘭，以及中東等地的 48 個城市並沒有設立辦事處，所以便委託以香港為基地的國泰航空公司代理有關旅遊事務。
2.4.2 工作人員
所有政府海外辦事處的工作人員都是公務員，大部份都擅長於發展工業／貿易。
2.5 經費
除政府本身的海外辦事處外，旅遊協會及貿易發展局的海外辦事處都由政府提供經費。
2.6 地點
大部份的政府海外辦事處都設於英國大使館內。

4. 須考慮的問題
4.1 香港特別行政區政府海外辦事處人員
建議香港特別行政區海外辦事處人員應是香港特別行政區政府委任的官員。

4.2 政府海外辦事處及其工作人員的地位
建議政府海外辦事處及其工作人員應享有外交地位，即中國需為香港特別行政區政府的辦事處及其人員取得有關國家的認可。
基本法應列明中國會為特區政府官員取得外交地位，官員名單由香港特別行政區政府提交。
基本法須列明中國應為香港特別行政區海外辦事處的所在範圍取得主權地位。
4.3 貿易發展局及旅遊協會海外辦事處／人員的地位
建議貿易發展局及旅遊協會的海外辦事處應視為私人企業，即這些海外辦事處只須各自向貿易發展局或旅遊協會負責。
4.4 私人企業及半政府機構
基本法應規定私人企業及半政府機構（例如貿易發展局、香港旅遊協會）有權在海外國家／地區自由設立辦事處。
4.5 地點
建議香港特別行政區的海外辦事處不應設於中國大使館內，以表明香港特別行政區的自主地位。
4.7 在中國或香港特別行政區任何一方沒有設駐代表的國家，另一方所設代表的職務：
4.7.1 只有中國代表而沒有香港特別行政區代表的國家：香港特別行政區應有權要求中國政府駐海外辦事處負責香港特區辦事處的某些職務。
4.7.2 只有香港特區代表而沒有中國代表的國家：香港海外辦事處應按中國要求負責中國海外辦事處的某些職務。

第三稿

第七章
「第七條　香港特別行政區可根據需要在外國設立官方或半官方的經濟和貿易機構，報中央人民政府備案。」
〔1987 年 8 月 22 日《中央與香港特別行政區的關係專題小組工作報告》，載於《中華人民共和國香港特別行政區基本法起草委員會第五次全體會議文件匯編》〕

第四稿

「第一百六十三條　香港特別行政區可根據需要在外國設立官方或半官方的經濟和貿易機構，報中央人民政府備案。」
〔1987 年 12 月基本法起草委員會秘書處《香港特別行政區基本法（草案）》（匯編稿）〕

① 1987 年 9 月 2 日《中華人民共和國香港特別行政區基本法起草委員會第五次全體會議委員們對基本法序言和第一、二、三、四、五、六、七、九章條文草稿的意見匯集》

【P74】
八、關於第七章　香港特別行政區的對外事務
3. 第七條
有的委員提出，本條的內容在第五章裡也寫到，可考慮刪去後者。

第五稿

「第一百六十三條　香港特別行政區可根據需要在外國設立官方或半官方的經濟和貿易機構，報中央人民政府備案。」
〔1988 年 3 月基本法起草委員會秘書處《中華人民共和國香港特別行政區基本法（草案）草稿》（總體工作小組第二次會議對目錄、序言、第一、二、三、五、六、七、九章的修改稿）〕

第六稿

「第一百六十五條　香港特別行政區可根據需要在外國設立官方或半官方的經濟和貿易機構，報中央人民政府備案。」
〔1988 年 4 月基本法起草委員會秘書處《中華人民共和國香港特別行政區基本法（草案）草稿》〕

第七稿

「第一百六十四條　香港特別行政區可根據需要在外國設立官方或半官方的經濟和貿易機

構，報中央人民政府備案。」

〔1988 年 4 月基本法起草委員會《中華人民共和國香港特別行政區基本法（草案）徵求意見稿》〕

第八稿

「**第一百五十五條　香港特別行政區可根據需要在外國設立官方或半官方的經濟和貿易機構，報中央人民政府備案。**」

〔1989 年 2 月《中華人民共和國香港特別行政區基本法（草案）》〕

① 1988 年 10 月基本法諮詢委員會《中華人民共和國香港特別行政區基本法（草案）徵求意見稿諮詢報告第五冊——條文總報告》

【P461】

第一百六十四條

2. 意見

→ 贊成此條文。

理由：本條富積極性，有助於維持對香港作為國際主要的

貿易與金融中心的地位。

3. 建議

→ 在「貿易機構」後加上「及其他非外交性之事務」。

→ 在「經濟和貿易」後加上「及其他中央依基本法授權香港特別行政區事務的機構，……」。

→ 「香港特別行政區」後加上「政府」二字，在「根據需要在」後加上「其他國家或地區」，以代替「外國」兩字，使意思更加清楚。

第九稿

「**第一百五十六條　香港特別行政區可根據需要在外國設立官方或半官方的經濟和貿易機構，報中央人民政府備案。**」

〔1990 年 2 月 16 日《中華人民共和國香港特別行政區基本法（草案）》〕

① 1989 年 11 月基本法諮詢委員會《中華人民共和國香港特別行政區基本法（草案）諮詢報告第三冊——條文總報告》

【P261】

第一百五十五條

2. 建議

2.1 增加

→ 在外國設立官方或半官方的經濟貿易機構中，加上「文化教育機構」一項。

→ 在「外國」前加上「任何」二字。

第十稿

「**第一百五十六條　香港特別行政區可根據需要在外國設立官方或半官方的經濟和貿易機構，報中央人民政府備案。**」

〔1990 年 4 月《中華人民共和國香港特別行政區基本法》〕

外國在香港特別行政區設立領事機構或其他官方、半官方機構，須經中央人民政府批准。

已同中華人民共和國建立正式外交關係的國家在香港設立的領事機構和其他官方機構，可予保留。

尚未同中華人民共和國建立正式外交關係的國家在香港設立的領事機構和其他官方機構，可根據情況允許保留或改為半官方機構。

尚未為中華人民共和國承認的國家，只能在香港特別行政區設立民間機構。

❀ 貳│概念

1. 外國在香港設立官方、半官方和民間機構的規定

❀ 叁│條文本身的演進和發展

第一稿

第七章

「第八條　外國在香港特別行政區設立領事機構或其他官方、半官方機構，須經中央人民政府批准。

凡同中華人民共和國建立正式外交關係的國家在香港設立的領事機構和其他官方機構，可予保留。

尚未同中華人民共和國建立正式外交關係國家的領事機構和其他官方機構，可根據情況允許保留或改為半官方機構。

尚未為中華人民共和國承認的國家，只能設立民間機構。」

〔1986 年 11 月 11 日《中央與香港特別行政區的關係專題小組工作報告》，載於《中華人民共和國香港特別行政區基本法起草委員會第三次全體會議文件匯編》〕

第二稿

第七章

「第八條　外國在香港特別行政區設立領事機構或其他官方、半官方機構，須經中央人民政府批准。

已同中華人民共和國建立正式外交關係的國家在香港設立的領事機構和其他官方機構，可予保留。

尚未同中華人民共和國建立正式外交關係國家的領事機構和其他官方機構，可根據情況允許保留或改為半官方機構。

尚未為中華人民共和國承認的國家，只能設立民間機構。」

〔1987 年 4 月 13 日《中央與香港特別行政區的關係專題小組工作報告》，載於《中華人民共和國香港特別行政區基本法起草委員會第

① 1987 年 3 月 5 日《駐外機構討論文件》（1987 年 3 月 5 日涉外事務專責小組第十次會議討論文件）

4. 需考慮的問題
4.8 香港特別行政區在以下國家設立駐海外辦事處：
4.8.1 與中國沒有正式外交關係的國家：
基本法應授權香港特別行政區在這些國家設立駐海外辦事處。
4.8.2 中國不承認的國家：
基本法應授權香港特別行政區在這些國家設立駐海外辦事處。
4.9 區別「商業外交」與外交：
其實駐外辦事處現正進行一種「商業外交」。這些辦事處時常要對外國政府官員及政治人物進行遊說工作，藉以促進香港的商業利益。這些遊說活動定必要與外交有所區分，因為外交乃不屬香港特別行政區的管轄範圍。基本法應有條文特別聲明許可此等活動。
4.10 外國在香港特別行政區設立領事機構或其他官方、半官方機構。
《中英聯合聲明》有把官方機構、半官方機構及民間機構區分，但卻沒有道出其中分別。
4.11 有關分辨官方及半官方機構的準繩的提議：
4.11.1 替政府簽訂條約的權力：
有提議為凡可替其政府簽訂條約的機構皆應被視為官方機構。
4.11.2 向政府負責：
有提議為官方機構為須向政府負責者；
半官方機構為與政府有緊密關係但不須向政府負責或被政府控制者。
4.11.3 有提議為官方機構為由政府提供經費及須向政府負責；
半官方機構為受政府資助但在行政上有高度自主權者。
4.11.4 向政府／權力中心負責：

有提議為官方機構為須向政府或國家權力中心負責者。
4.11.5 區別民間機構的準則：
有提議為民間機構為非由政府提供經費及不須向政府負責者。
4.12 有提議為基本法不須訂明官方及半官方機構的定義，因為這定義純為行政上的方便，對處理涉外事務的原則或精神沒有影響。
4.13 相互權利：
有提議為若外國在香港特別行政區設立駐外機構，香港特區應有權在該國家設立官方或半官方的機構。
4.14 外國在香港特別行政區設立駐外機構的程序：
基本法應訂明在香港特別行政區設立駐外機構的程序應該是先由該國家向香港特區政府遞交申請，再由特區政府予以考慮然後作出建議，交由中央政府批准。
外國在香港特區設立駐外機構須先得香港特區政府的建議。
4.15 對外國駐港機構採取對付行動／遣送外國駐港機構人員離境
當發現外國的駐港機構或其人員的活動對香港特區不利時：
i. 官方機構：
遣送外國大使館的人員／外交人士出境及對外國駐港機構採取對付行動當為外交事務，即屬中央政府管理。
但基本法應訂明香港特別行政區政府有權向中央政府建議遣送這些人員或對這些機構及人員採取對付行動（例如警告）。
ii. 半官方機構
既然在港設立官方機構須得到中央政府的批准，遣送其人員或對該等機構採取對付行動亦當屬中央政府管理。
同樣地，基本法應訂明香港特別行政區政府有權向中央政府建議遣送這些人員或對這些機構及人員採取對付行動（例如警告）。
iii. 民間機構
基本法應訂明香港特區政府有自主權對民間機構及其人員採取對付行動。

第三稿

第七章
「第八條　外國在香港特別行政區設立領事機構或其他官方、半官方機構，須經中央人民政府批准。
已同中華人民共和國建立正式外交關係的國家在香港設立的領事機構和其他官方機構，可予保留。
尚未同中華人民共和國建立正式外交關係國家的領事機構和其他官方機構，可根據情況允許保留或改為半官方機構。
尚未為中華人民共和國承認的國家，只能設立民間機構。」
〔1987 年 8 月 22 日《中央與香港特別行政區的關係專題小組工作報告》，載於《中華人民共和國香港特別行政區基本法起草委員會第五次全體會議文件匯編》〕

① 1987 年 5 月 22 日《香港基本法起草委員會第四次全體會議委員們對基本法序言、總則及第二、三、七、九章條文草案的意見匯集》

【P30】
五、關於第七章　香港特別行政區的對外事務
第八條
1. 有的委員提出，可考慮調整一下各款之間的順序，可予保留的領事機構和其他官方機構放在前面，須經批准的新

設機構寫在後面。

2. 有的委員提出，第三款中「或改為半官方機構」的提法宜刪去，因為第四款已規定我國未承認的國家，只能設民間機構。有的委員認為，香港特別行政區在將來發展我國的對外關係應起些作用，沒有必要將未同我國建交的國家原有的官方機構降格。

3. 有的委員認為，原條文的有關規定是適當的。

第四稿

「第一百六十四條　外國在香港特別行政區設立領事機構或其他官方、半官方機構，須經中

央人民政府批准。

已同中華人民共和國建立正式外交關係的國家在香港設立的領事機構和其他官方機構，可予保留。

尚未同中華人民共和國建立正式外交關係的國家的領事機構和其他官方機構，可根據情況允許保留或改為半官方機構。

尚未為中華人民共和國承認的國家，只能設立民間機構。」

〔1987年12月基本法起草委員會秘書處《香港特別行政區基本法（草案）》（匯編稿）〕

① 1987年9月2日《中華人民共和國香港特別行政區基本法起草委員會第五次全體會議委員們對基本法序言和第一、二、三、四、五、六、七、九章條文草稿的意見匯集》

【P74】

八、關於第七章　香港特別行政區的對外事務

4. 第八條

有的委員提出，本條第三款的「的領事機構」和第四款的「設立民間機構」之前應加上「在香港」三個字。

第五稿

「第一百六十四條　外國在香港特別行政區設立領事機構或其他官方、半官方機構，須經中央人民政府批准。

已與中華人民共和國建立正式外交關係的國家在香港設立的領事機構和其他官方機構，可予保留。

尚未與中華人民共和國建立正式外交關係國家在香港設立的領事機構和其他官方機構，可根據情況允許保留或改為半官方機構。

尚未為中華人民共和國承認的國家，只能在香港設立民間機構。」

〔1988年3月基本法起草委員會秘書處《中華人民共和國香港特別行政區基本法（草案）草稿》（總體工作小組第二次會議對目錄、序言、第一、二、三、五、六、七、九章的修改稿）〕

第六稿

「第一百六十六條　外國在香港特別行政區設立領事機構或其他官方、半官方機構，須經中央人民政府批准。

已與中華人民共和國建立正式外交關係的國家在香港設立的領事機構和其他官方機構，可予保留。

尚未與中華人民共和國建立正式外交關係的國家在香港設立的領事機構和其他官方機構，可根據情況允許保留或改為半官方機構。

尚未為中華人民共和國承認的國家，只能在香港設立民間機構。」

〔1988年4月基本法起草委員會秘書處《中華人民共和國香港特別行政區基本法（草案）草稿》〕

第七稿

「第一百六十五條　外國在香港特別行政區設立領事機構或其他官方、半官方機構，須經中央人民政府批准。

已與中華人民共和國建立正式外交關係的國家在香港設立的領事機構和其他官方機構，可予保留。

尚未與中華人民共和國建立正式外交關係的國家在香港設立的領事機構和其他官方機構，可根據情況允許保留或改為半官方機構。

尚未為中華人民共和國承認的國家，只能在香港設立民間機構。」

〔1988年4月基本法起草委員會《中華人民共和國香港特別行政區基本法（草案）徵求意見稿》〕

第八稿

「第一百五十六條　外國在香港特別行政區設立領事機構或其他官方、半官方機構，須經中央人民政府批准。

已同中華人民共和國建立正式外交關係的國家在香港設立的領事機構和其他官方機構，可予保留。

尚未同中華人民共和國建立正式外交關係的國家在香港設立的領事機構和其他官方機構，可

根據情況允許保留或改為半官方機構。
尚未為中華人民共和國承認的國家，只能在香港設立民間機構。」
〔1989 年 2 月《中華人民共和國香港特別行政區基本法（草案）》〕

① 1988 年 10 月基本法諮詢委員會《中華人民共和國香港特別行政區基本法（草案）徵求意見稿諮詢報告第五冊——條文總報告》

【P454】
第七章　整體意見
2. 建議
2.3 其他建議
→ ……在台北也將不能繼續在香港之任何官方或半官方機構，因而這種機構的設立也已規定限於「外國」，並得經中央人民政府之批准。（第一百六十五條）

【P461-462】
第一百六十五條
2. 意見
→ 現時在港設有領事館及官方代表機關的國家，若未與中國建立邦交，在一九九七年後將只能以商務專員或商務代辦的形式設立。若外交政策強硬，這些國家就可能不在港設有商務代辦。這樣在一定程度上，一九九七年後本港的外貿關係，便可能會減少。
→ 雖然外交事務並不是香港高度自治部份，但要第三款中所述的國家向中央人民政府申請批准會有困難。

3. 建議
3.1 修改
→ 第二、三款：在「國家」和「在」之間加上：「在香港特別行政區之前已」一句。
→ 第三款中「允許保留」一詞改為「保留」。

理由：在《中英聯合聲明》中沒有「允許保留」的手續上要求。
→ 中國應授予香港特別行政區政府可以批准那些未被中國承認之國家在香港建立官方機構及民間機構，以體現香港之民主。
→ 已在香港設立官方或半官方機構之國家，不論其外交關係，應可繼續予以保留。

4. 待澄清問題
→ 若某國家在港已設領事機構多年，並與港有相當的貿易關係，但此國家與中國並未有建立正式外交關係，那麼，一九九七年後此等領事機構的地位當為何？此決定將對港之經濟起重大影響。
→ 「外國在香港特別行政區建立領事機構……須經中央人民政府批准」。中央人民政府是根據什麼標準來批准呢？
→ 「尚未與中國建立正式外交關係的國家但在香港設立了領事機構……。」中國可根據情況允許保留或改為半官方機構，這裡又會根據什麼情況和標準來衡量呢？
→ 中國如與有外交關係的國家發生外交破裂，領事機構會怎樣？
→ 未與中華人民共和國建立外交關係的國家，可根據情況保留或改為半官方機構。根據情況保留是香港特別行政區的決定，還是由中央決定？
→ 為中華人民共和國承認的國家，只能在香港設立民間機構（編者按：應為「未為中國承認」之誤）。香港是否沒有與該國通商、宗教聯繫或參與國際組織活動的自由？民間機構是否不受官方支持或保護？與中國不和的國家是否就不能在香港發展？

第九稿

「第一百五十七條　外國在香港特別行政區設立領事機構或其他官方、半官方機構，須經中央人民政府批准。
已同中華人民共和國建立正式外交關係的國家在香港設立的領事機構和其他官方機構，可予保留。
尚未同中華人民共和國建立正式外交關係的國家在香港設立的領事機構和其他官方機構，可根據情況允許保留或改為半官方機構。
尚未為中華人民共和國承認的國家，只能在香港特別行政區設立民間機構。」
〔1990 年 2 月 16 日《中華人民共和國香港特別行政區基本法（草案）》〕

① 1989 年 11 月基本法諮詢委員會《中華人民共和國香港特別行政區基本法（草案）諮詢報告第三冊——條文總報告》

【P261-262】
第一百五十六條
2. 建議
2.1 修改
→ 改為：「外國在香港特別行政區設立領事機構或其他官方、半官方機構，須經香港特別行政區政府批准。
已同中華人民共和國建立正式外交關係的國家在香港設立的領事機構和其他官方機構，可予保留。
尚未同中華人民共和國建立正式外交關係的國家在香港設立的領事機構和其他官方機構，可根據情況允許保留。
尚未為中華人民共和國承認的國家，只能在香港設立民間機構或半官方機構。」

→ 第一款第二句改為：「由聯合國批准」。並刪去第四款。
→ 第二款改為：「已設立的領事機構和……」
→ 第三款改為：「已在香港設立的領事機構和……」
→ 改第三款中「可……允許保留」為「允許保留」。
理由：《中英聯合聲明》中沒有訂出准許程序的需要。
2.2 其他
→ 中國政府可主動通知第三款所列的機構是否被允許保留或改作半官方機構。
理由：雖然外交事務並不是香港自治的範圍，但要第三款所列的國家向中央人民政府申請會有困難。
→ 領事機構的設立只需交中央備案，不用由中央批准。
→ 外國在特別行政區設立機構的申請，特別行政區自行處理，中央不得過問，尚未在港設立機構的國家，將來只由香港特別行政區批准即可開設，不須報請中央，中央也不得過問。
→ 其他各國在香港已設立的官方或非官方機構，在不抵

觸香港法律下給予保留。

對某些尚未和中華人民共和國建立正式外交關係的國家在香港設立領事機構或其他官方機構，應加以准許設立或保留。

對尚未為中華人民共和國所承認的國家，應允許其在港設立半官方機構。

3. 待澄清問題
→ 如果中華人民共和國與其他國家的外交關係惡化，在香港特別行政區設立機構的國家數目會減少。這會影響經濟發展。是否應將與中國有正式外交關係的國家逐一列出？如中國在日後與其中一些國家斷絕關係，香港特別行政區在那些地方設立的機構會有什麼安排？在那些機構工作的人員是否會立即被召回？

→ 哪些國家是不為中華人民共和國承認的國家？

※

② 1989 年 12 月 11 至 12 日《中央與香港特別行政區關係專題小組第十五次會議紀要》，載於 1990 年 2 月《中華人民共和國香港特別行政區基本法起草委員會第九次全體會議文件匯編》

【P11】
五、委員們認為個別條文的用詞不夠確切，應作修改：
2. 第一百五十六條第四款最後一句「只能在香港設立民間機構」改為「只能在香港特別行政區設立民間機構」。

第十稿

「第一百五十七條　外國在香港特別行政區設立領事機構或其他官方、半官方機構，須經中央人民政府批准。

已同中華人民共和國建立正式外交關係的國家在香港設立的領事機構和其他官方機構，可予保留。

尚未同中華人民共和國建立正式外交關係的國家在香港設立的領事機構和其他官方機構，可根據情況允許保留或改為半官方機構。

尚未為中華人民共和國承認的國家，只能在香港特別行政區設立民間機構。」

〔1990 年 4 月《中華人民共和國香港特別行政區基本法》〕

本法的解釋權屬於全國人民代表大會常務委員會。

全國人民代表大會常務委員會授權香港特別行政區法院在審理案件時對本法關於香港特別行政區自治範圍內的條款自行解釋。

香港特別行政區法院在審理案件時對本法的其他條款也可解釋。但如香港特別行政區法院在審理案件時需要對本法關於中央人民政府管理的事務或中央和香港特別行政區關係的條款進行解釋，而該條款的解釋又影響到案件的判決，在對該案件作出不可上訴的終局判決前，應由香港特別行政區終審法院請全國人民代表大會常務委員會對有關條款作出解釋。如全國人民代表大會常務委員會作出解釋，香港特別行政區法院在引用該條款時，應以全國人民代表大會常務委員會的解釋為準。但在此以前作出的判決不受影響。

全國人民代表大會常務委員會在對本法進行解釋前，徵詢其所屬的香港特別行政區基本法委員會的意見。

❁ 貳｜概念

1.《基本法》解釋權屬全國人大常委
2. 香港法院可解釋《基本法》條款
3. 香港終審法院可呈請全國人大常委釋法
4. 香港法院應以全國人大常委解釋為準
5. 全國人大常委釋法的程序
6. 香港基本法委員會意見的徵詢

第一稿

第九章
「**第二條　基本法的解釋權屬於全國人民代表大會常務委員會。**
香港特別行政區法院在審理案件時可以對基本法中屬於香港特別行政區自治權範圍內的條款進行解釋。
全國人民代表大會常務委員會如對基本法的條款作出解釋，香港特別行政區法院引用該條款時，即應以全國人民代表大會常務委員會的解釋為準，但在此以前作出的判決不受影響。」
〔1986 年 11 月 11 日《中央與香港特別行政區的關係專題小組工作報告》，載於《中華人民共和國香港特別行政區基本法起草委員會第三次全體會議文件匯編》〕

① 1986 年 2 月基本法諮詢委員會《諮委會第一分組有關基本法結構討論小結》

二、歸納與會者主要意見如下：
4.關於基本法的解釋權和修改權
香港特別行政區對基本法一般應有司法解釋權，如有重大爭議，最後解釋權應屬全國人大及其常委會，但應聽取港人意見。

※

② 1986 年 2 月基本法諮詢委員會《第一批研討會總結》

（編者按：內容同上文）

※

③ 1986 年 2 月基本法諮詢委員會《第三批研討會總結》

4.基本法的詳盡程度
有些委員還提出了一些問題，希望在基本法中，詳細闡述：
（4）基本法的解釋及修改權及程序：有些委員提出，既然基本法的終審權在香港，解釋權亦應在香港。至於基本法由誰來修改，有提議認為，草委與諮委在完成基本法起草後，仍可有非正式延續，在基本法要修改時，由草、諮委或類似組織進行；

※

④ 1986 年 2 月基本法諮詢委員會《第五批研討會總結》

關於基本法的解釋權
討論過程中，不少委員均談到港人應有基本法的解釋權，並提出兩個可行方案：
1.設立特別法庭（或稱之為特別委員會）：成員應包括中國法官，香港及普通法地區的法官。其功能為專門處理基本法的解釋問題，而不處理其他案件，或

2.由人大委任，授權予香港的終審法庭來處理。

※

⑤ 1986 年 4 月《香港各界人士對〈基本法〉結構

等問題的意見匯集》（基本法起草委員會第二次會議參閱資料之一）

【P1-3】
關於《基本法》結構的方案和意見
一、方案
（方案一）6.基本法解釋和修改權屬。

（方案二）4.司法制度，包括終審權和解釋基本法的權力。

（方案四）2.與憲法的關係：包括解釋、修訂之方法和中央如何授權香港特別行政區簽約和簽證件。

【P7】
（方案七）6.人大、中央政府與香港的關係：特別行政區政府有權解釋和修改基本法，涉及外交、國防中央才有權解釋。

（方案八）1.基本法與中國憲法的關係。
（4）闡釋基本法的權力。

【P11】
（方案九）12.本法之修改和解釋。

【P13】
二、意見
9.基本法中也要包括它的解釋和修改的權力和步驟。

【P17】
關於中央與香港特別行政區關係的意見
5.關於中央與地方關係，應包括：
（5）基本法的解釋及修訂權分為兩部份——純屬香港內部問題的部份，解釋及修訂權應歸香港，而涉及香港與中國全局性關係問題部份，解釋及修訂權則歸由中央與香港地方會同解決。

【P75-81】
關於基本法解釋權及修改權的意見
一、關於解釋權
1.主張由全國人大和香港特別行政區分別行使
（1）中央與地方均要明確劃分權力。權力界定後，有關中央的部份，解釋權在中央，有關地方的部份，解釋權當然在香港。但最終解釋權應在中央，因為中國是單一制國家同時又體現了「一國兩制」的原則。
（2）基本法解釋權中，關係到香港事務部份，由香港法庭最終解釋，關係到中央與地方關係，國防與國家安全、外交、簽訂條約等由全國人大最終解釋。
（3）基本法的解釋權屬制定基本法的人大常委會，對於香港的刑事、民事案件，由人大常委會委託香港法庭解

釋。委託的好處是可以收回，無損於中央。

（4）基本法寫上「最終解釋權」在中央，港人會認為這是干預，對香港人心有影響，但在技術上可考慮。中央應授權香港解釋基本法中關於特別行政區權力的部份，還要規定一定的程序來解釋。

（5）香港主權在北京，當然基本法解釋權也應歸北京，因為基本法並不是憲法。考慮香港高度自治的情況，可在基本法中明列不同部份，給香港一定程度的解釋權，或劃出部份委託特別行政區解釋。

（6）最好採用法律上的「四角原則」，即基本法的解釋就文件本身而言，不越出此範圍，不牽連憲法，把對基本法的解釋同對憲法的解釋區分開來。國防、外交部份的解釋權歸中央，其餘歸香港。授予香港對基本法的解釋權不會影響中國對香港的主權。
希望國內的立法解釋權不要用於基本法。解釋基本法要經過特殊程序，不是全國人大說了算。

（7）基本法在概念上、結構上和內容上可分為兩個基本部份，甲部份關於香港特別行政區與中央的關係，例如中央與特別行政區之間立法權力的劃分；乙部份關於香港的內部事務和問題，如香港的政治、經濟和社會制度、香港居民相對於特別行政區政府的權利、自由和義務。
關於甲部份的解釋，全國人大常委會保留最高的權力，即如果香港法院在審查某條香港立法機關制定的法律之後，審定了它是否與基本法的甲部份有抵觸，其後人大常委會仍應有權複查香港法院的決定，如有需要，可以推翻香港法院的決定，這種方法便可保證香港立法機關不會因香港法院對基本法的錯誤解釋，而超越了基本法所規定的正確自治立法權限。
關於乙部份的解釋，人大常委會應准許香港法院全權處理，使香港法院在這個有限範圍之內，享有完全的審判權、審查權以及解釋法律權，正如在現行香港法制裡一樣。因為乙部份只涉及到香港的內政，而根據港人治港、高度自治的原則，對於只涉及香港內部事務的司法判決，中央是不應加以干預的。

（8）基本法關於香港內部事務由香港法庭解釋；關於中央與地方關係部份，由全國人大設立一個類似基本法起草委員會的新的委員會來解釋。

2. 主張由香港特別行政區行使

（1）按西方三權分立的制度，解釋法律權歸司法機關。司法機關無立法權。無論如何，法律的解釋權歸司法機關而不歸立法機關。據此，將來香港的立法一旦被中國認可，該法例的解釋權就應歸香港的司法機關。基本法經中國通過後，對它的解釋，宜按上述方法處理，以保留三權分立的完整。

（2）解釋主要是司法解釋，應歸香港。北京的立法解釋應收斂。如要解釋，就必須修改基本法。

（3）終審庭對香港制定的法律有最終解釋權，對基本法也應有司法解釋權。全國人大常委會若同意不行使對基本法的解釋權，外資就會放心來香港投資。若基本法的解釋有損於中國的利益，屆時可修改基本法。

（4）基本法解釋權應該在香港，應由一位或多位司法界地位崇高正直人士擔任，但由全國人大委出，全權負責，同時其職位是終身的（精神出現問題除外）這樣可保證其不受外力影響。

（5）英美對憲法的解釋權有很大的差異，兩國的政治架構也有很大的不同，美國是三權分立，有成文憲法，其解釋權在最高法院。英國的最高權力在國會，法庭無權解釋憲法，但在審案中涉及憲法就有解釋權，其權力僅對該案訴訟人有效，而一旦判決，判例就要追隨。同樣，香港無人有權要求解釋基本法，只有在具體案件中方涉及解釋基本法問題。至於香港有無權解釋《英皇制誥》問題，有人說，如果沒有，香港就無權解釋基本法。對這個問題，要

知道英國樞密院在聆聽香港案件時是作為終審法庭，它不是行政機關，也不是立法機關。樞密院原則上是香港法庭之一，故理論上說，解釋權仍在香港法庭系統。將來香港法庭若無解釋權，終審是空的。

3. 主張設立專門機構行使

（1）從憲制上講，很清楚，全國人大擁有對基本法的最終解釋權，這是國家主權的體現，但如何使港人有信心，在技術上可作些考慮。比如，基本法委員會可行使對基本法的解釋權，基本法委員會中又有港人參與，港人比例佔三分之一、四分之一或五分之一，這樣也可說明港人對基本法行使了解釋權。

（2）全國人大常委會下應設一基本法常務委員會，內應包括來自香港的法律界權威人士，進行基本法的解釋工作，以體現中央人民政府對港的主權。

（3）基本法是中央定的，它的解釋權亦應在中央。但是解釋基本法應諮詢港人的意見。也可在全國人大設立一個委員會，公開諮詢各方意見後作出解釋。

（4）希望能在人大之下設置一個「基本法解釋小組」，而該組內應有港人參與。

三、其他意見

（1）基本法的解釋權問題是政治問題，也是法律問題。決定解釋權在哪裡，是政治問題，把它限定在法律範圍，越少政治越好。解釋權這個問題，若不早日解決，就會成為政治皮球。

（2）希望對基本法的解釋採取協商的辦法，經過一定的形式，有港人參與，若有爭議不能解決，則由全國人大修改基本法。希望不要用人大通過決議的形式解釋基本法。

※

⑥ **1986年4月22日《中華人民共和國香港特別行政區基本法結構（草案）》，載於《中華人民共和國香港特別行政區基本法起草委員會第二次全體會議文件匯編》**

【P17】
第九章 香港特別行政區基本法的法律地位和解釋、修改
（二）對基本法的解釋

※

⑦ **《中央與香港特別行政區的關係專責小組初步報告》（1986年5月2日中央和特別行政區關係專責小組第二次會議討論文件）**

（編者按：此文件乃依香港大學法學院圖書館的歸檔順序處理出處）

2. 基本法的解釋權

2.1 全國人民代表大會常務委員會（「人大常委」）有解釋香港特別行政區基本法的權力。人大常委擁有的是立法的解釋權，不是司法的審判權，根據聯合聲明，香港的最高法院有最後的司法審判權。

2.2 人大常委在行使立法解釋權時不應影響香港法庭的終審權。即人大的立法解釋沒有追溯權。但如果與該審判結果立法解釋不同時，該等案件則不成為案例。

2.3 香港特別行政區的法院可以獨立審判特別行政區訴訟案件，不受任何干涉。它亦有權根據法律和法律原則，對

基本法的有關條例作出司法解釋。

2.4 人大雖然有權解釋基本法，但這權不是有摒除性的（exclusive），即人大可以解釋基本法，香港法院也可以解釋基本法。當然，最終是以人大解釋為準，不過，人大會如何行使它對基本法的解釋權，在憲法內仍然沒有說明。

2.5 有建議將基本法分為兩種方法處理。第一種方法是由香港法院處理地方性的事務，其他關乎中央利益或中央與特區之間的事項，便由人大全權負責。第二種方法是將基本法劃分為主權性和非〔主〕權性的。不牽涉中國主權問題的條文，交由特區自行解釋，其他有關主權的，由中央解釋。

2.6 有建議成立委員會去界定哪些是地方性的事項，哪些又屬於中央的範圍。但亦有人指出這樣做會抹煞香港法院的終審權，因為到時所有案件都要先經該委員會審核才送到法院。

2.7 人大常委對「基本法」之立法解釋權，可以通過下列之方式行使：

2.7.1 由有關特別行政區與中央政府的關係而涉及主權和憲法的問題：

2.7.1.1 由人大常委根據憲法原則，作出解釋；

2.7.1.2 由人大常委設立「特別委員會」，通過諮詢，收集香港人意見，以供參考，然後作出解釋，該委員會成員由國內及香港的法律界人士共同組成；但有委員指出要保持司法制度獨立，便應拒絕任何諮詢團體處理基本法解釋方面的事情。基本法解釋權應完全保留在法庭內，由法官執行，不可委諸任何委員會或團體。

2.7.1.3 建議成立專門解釋基本法的法庭

但有委員指在香港成立專門解釋基本法的法庭，會引致中央或原有司法機關裡的法官失去本來有的解釋法例的權，但優點就是有熟習憲法的法官專門處理涉及基本法的問題。

2.7.2 其他有關特別行政區的地方性問題

2.7.2.1 委任一個香港的「基本法諮詢委員會」，由香港人士（通過協商，邀請或選舉）出任委員，對基本法的解釋，向人大常委作出建議；有委員認為這些諮詢委員，不論是否法律界人士，都應該要保持司法解釋的連續性。而且他們都應該能獨立及大公無私地處理案件，不會輕易受未來的行政機關影響。

2.7.2.2 委任及授權香港的法院，對「基本法」的內容，作出解釋。基本法是經過香港人充份討論後制定的，討論時對某些字眼的解釋是根據現在的法律傳統的，將來如果對基本法有任何爭議，都將會根據現時普通法對該等名詞的解釋作準，以保持解釋的連貫性。因此未來基本法的解釋工作應該繼續由現在的香港法院擔任，因為它會最熟悉現在香港法院對某些詞彙的解釋。

※

⑧ 1986 年 5 月 27 日鄭燦基《中央與特別行政區的關係專責小組第三次會議討論資料》（1986 年 6 月 6 日中央與特別行政區關係專責小組第三次會議討論文件三）

基本法的「解釋權」的幾種可能解決方案：

1. 全國人民代表大會常務委員會（「人大常委」）擁有解釋香港特別行政區基本法的職權。

2. 人大常委所擁有之「基本法」解釋權，為立法解釋權，而不是司法審判權。

3. 香港特別行政區的法院對於處理特別行政區的訴訟及案件，有獨立審判權，不受任何干涉。法院依照香港特別行政區的法律審判案件，亦有權對於基本法的有關條例，根據法律和法律原則，作出司法解釋。

4. 人大常委對「基本法」之立法解釋權，將通過下列之方式行使：

（1）有關特別行政區與中央政府的關係而涉及主權和憲法原則的問題。

1）由人大常委根據憲法原則，作出解釋；

2）由人大常委設立「特別委員會」，通過諮詢，收集香港人意見，以供參考，然後作出解釋；

3）由人大常委委任一個「基本法特別法院」，根據法律原則作出解釋。香港法官亦可參與審判。

（2）其他有關特別行政區的地方性問題

1）委任一個香港的「基本法特別法院」，由香港特別行政區的法官主理審判；

2）委任一個香港的「基本法解釋諮詢委員會」，由香港人士（通過協商，邀請或選舉）出任委員，對基本法的解釋，向人大常委作出建議；

3）委任及授權香港的法院，對「基本法」的內容，作出解釋。

※

⑨ 1986 年 7 月 4 日《中央與特別行政區關係專責小組第四次會議紀要》

2. 討論基本法解釋權問題

對於基本法的解釋權方面，不少委員認為香港現時所行使的是司法解釋權，在案件的審訊中對一般法例的含意加以闡述和澄清，和國內的立法解釋權不同，立法解釋一般可超越司法解釋，香港也沒有行政解釋的權力。

在未來的特別行政區中，委員同意香港應該有對基本法的解釋權力，同時人大常委會亦可以行使立法解釋權。加上在《中英聯合聲明》中也賦予香港最高的司法解釋權（即終審權）。為避免中央干預到特區的高度自治及保證香港的司法獨立，委員們提出以下措施去解決立法解釋和司法解釋兩者之間的矛盾。

2.1 成立專責組織處理中央及特區不同的解釋。有委員提議成立一個由中港雙方代表組成的協調委員會，讓香港人能夠參與並發表意見。

2.2 香港能夠行使司法終審權，司法機關不但可以解釋一般法例，也有權力解釋基本法，而在處理案件的過程中，不會受到人大立法解釋權的影響。而當人大常委在案件完結運用立法解釋時，將不會影響到已判決的案件，如立法解釋與該案審判結果不改時，該等案件則不成為案例。這個方法能確保特區內的政治架構為三權分立，互相制衡；又能實現一國兩制的精神和維持港人對特區政府的信心。而且司法機關的解釋，是合乎當時的社會形態及特色，內地的立法解釋未必能照顧到特區的特殊情況。不過，如香港享有終審權，會造成過份依賴司法機關的自我約束。

2.3 可以將基本法分為兩部份處理。第一種方法是由香港法院處理地方性的事務，其他有關乎到中央利益或中央與特區之間的事項，便由人大全權負責。第二種方法是將基本法劃分為主權性和非主權性的。如某條文不牽涉到中國的主權問題，便交由特區自行解釋，其他有關主權的，由中央解釋。

2.4 通過由特區行政首長委任法官解釋基本法，即類似法官有創法例的權力。另一方面，這些法官對法律及先例的理解所作出的判決，應該可以有持續性，直至法院作出新的裁判為止。

2.5 有委員提出特別憲法法庭去處理基本法解釋的分歧。其他委員覺得將會有許多和基本法有關案件。所以這個建議的實用性不高。

⑩吳少鵬《基本法解釋權》（1986年7月18日中央與特別行政區的關係專責小組第五次會議附件）

建議

1.香港特別行政區的司法機構應有解釋基本法之權力。

2.及在司法程序上處理涉及基本法條文之案件之終審權在特別行政區。

3.司法機構在處理這類案件應該司法獨立，而不受任何其他機構或團體影響或諮詢。

4.中央當然亦有解釋基本法之權力，但其程序及權力性質與特別行政區司法解釋基本法因為彼此不同於是無關。

5.亦不可處理涉及基本法條文之案件。

6.在運用其解釋權之前，應該諮詢建議中成立之人大特別行政區委員會，其成員應有一半是香港代表。

7.特別行政區不用設立基本法特別法庭。

8.基本法的版本要短及清楚，只記載原則。

※

⑪1986年8月20日《基本法結構專責小組初步報告》

【P33】

事項	意見	意見出處
10.第九章「香港特別行政區基本法的法律地位和解釋、修改」		
10.2第二節「對基本法的解釋」	（1）建議對基本法的終審權作出說明。	專責小組五月六日會議

⑫1986年8月29日《中央與特別行政區關係專責小組工作進展報告》（1986年8月30日基本法諮詢委員會全體委員第二次會議文件）

【P12】

此外，小組在討論基本法的修改權與解釋權的問題上，也取得了較大的進展。委員們基本上都同意基本法為中國人民代表大會通過的法律，因此，它的修改權和最終解釋權應屬人大，在修改權方面，大家亦同意應有適當的渠道，讓香港人能參與此程序。至於應有些怎麼樣的渠道，委員們也提了一些意見，今後仍需進一步研究探討。在解釋權方面，很多人擔心人大的解釋權，會影響到香港未來的司法獨立和終審權，這些問題在小組與草委會有關的專題小組交流後，可以說基本上得到初步共識。從交流中，委員初步瞭解到中國立法機關解釋法律的情況，及其將來與香港司法程序的關係。

大家都同意人大有解釋基本法的權力，而根據聯合聲明，香港亦擁有特區的終審權。當人大認為本地司法機構在審判案件時對基本法的解釋不當時，人大有最終解釋權，但人大對基本法的解釋沒有追溯權，不能影響香港司法機構已經審結的案件。小組將會就此問題所牽涉的具體安排及所會引起的影響，作進一步研究。

※

⑬1986年11月11日《中央與香港特別行政區的關係專責小組報告》，載於《中華人民共和國香港特別行政區基本法起草委員會第三次全體會議文件匯編》

【P15】

第九章　香港特別行政區基本法的法律地位和解釋、修改

第二條

說明：本組對本條第二款尚有不同意見，有的委員認為香港特別行政區法院在審理案件時解釋基本法，可不限於「特別行政區自治權範圍內」，有的委員認為，應限在這個範圍內。這個問題尚待進一步研究。

第二稿

第九章

「第二條　基本法的解釋權屬於全國人民代表大會常務委員會。

香港特別行政區法院在審理案件時可以對基本法中屬於香港特別行政區自治權範圍內的條款進行解釋。

全國人民代表大會常務委員會如對基本法的條款作出解釋，香港特別行政區法院引用該條款時，即應以全國人民代表大會常務委員會的解釋為準，但在此以前作出的判決不受影響。」

〔1987年4月13日《中央與香港特別行政區的關係專題小組工作報告》，載於《中華人民共和國香港特別行政區基本法起草委員會第四次全體會議文件匯編》〕

①1987年2月基本法起草委員會秘書處《香港報刊有關〈基本法〉的言論摘錄》

【P39-42】

《聯合聲明》已充份顯示香港將來對基本法必須擁有「司法解釋權」，理由有幾點：（1）香港有獨立的司法權和終審權；（2）審判的司法根據是本港的法律，其次是其他普通法地區的判例可作參考；（3）終審法院的審判根據在普通法系。這幾點都促使「司法解釋權」必須依歸香港，因為國內並非遵用普通法系的地區，而且中、港司法制度有別，普通法系首重司法判例，香港有本身一貫的司法制度，不可能由不同司法制度的中國人大常委會來執行香港的「司法解釋權」，事實上亦不恰當。不過，除司法

解釋權外，香港仍須爭取的，是就基本法內有關當地自治範圍內的事務擁有適當的法律解釋權。
（《財經日報》社評，一九八六年一月十五日。）

目前中國憲法之解釋權，由人大常委會擁有，而中國憲法是高於基本法的，故根據現存的事實，人大常委會的解釋，可成為成文法，足以推翻本港法院的判決，而它亦可牽制本港的法院。故此，需要設法解決這問題。
（梁定邦：《成報》一九八六年二月十三日。）

基本法是由人大制定的，所以其解釋權和修改權原則上都應該屬於人大及其常委會。但是在解釋時，人大常委會應該參照起草基本法時有港人參與，照顧港人意願那樣，諮詢有港人參加的「香港特別行政區委員會」的意見。在修改時，也依照起草時所採用的程序和組織，充分聽取港人意願，使修改後的基本法能符合港人利益，有利於「一國兩制」。最好是中央不主動提出修改動議，而由香港區的人大代表、立法機關和人大常委聯署提出的動議，方算有效。
（古星輝：《基本法討論進入實質階段》，《鏡報》一九八六年第 3 期，總第 104 期。）

法庭為唯一在判案時享有解釋權的機關，是司法獨立和法治的最重要元素之一。所以，簡單來說，要實踐「港人治港」，香港必須有基本法的解釋權，這個權力只屬於香港的司法機關。即或中國堅持要有「基本法」的「解釋權」，不肯將之讓香港的司法機關獨有，香港也一定要爭取到「解釋權」必須規範得像「修改權」一樣嚴謹，絕不可輕易施行，而且在施行時也決不可影響已發生的行為的法律後果和香港的司法獨立。
（伍兆棠：《誰有解釋權誰就是主宰》，《信報》一九八六年四月二十八日。）

基本法內應明文規定，香港特別行政區法院在審判工作中具體應用基本法的條文時，可對有關條文進行解釋。基本法也應列明，哪些基本法條文（例如關於香港內部事務的）由香港法院全權解釋，哪些條文（如果關於中、港關係的）最終解釋權由全國人大常委會保留。另一方面，基本法也可規定，香港法院在審判工作中，如遇到基本法內某些由人大常委會保留最終解釋權的條文的解釋問題，可首先把問題提交人大常委會，由後者根據特區委員會的建議作出解釋，然後由特區法院依照這解釋審理有關案件。
（陳弘毅：《如何監督基本法的實施》，《中報》一九八六年五月十五日。）

【P44】
希望在基本法內訂明，基本法中關於特別行政區內部事務的條文，包括關於居民權利和自由的部份，由特別行政區法院全權解釋；至於基本法中關於中央政府與特別行政區政府的權力劃分及關係的條文，全國人大常委會則保留最終解釋權。而香港法院在解釋基本法內關於市民權利和自由的條文時，應採用現行香港法制的一般普通法原則和概念，及參考其他普通法適用地區的司法判例。
（陳弘毅：《「基本法」的基本構想》，《廣角鏡》第 164 期，一九八六年五月十六日。）

全國人大應該擁有基本法的立法解釋權和修改權；而香港則有獨立的審裁權和司法解釋權。人大的立法解釋權不應干預本港的終審權。
（基本法諮委會「中央與特別行政區的關係專責小組」，《大公報》一九八六年七月五日。）

【P46】

假若在香港引用一個新制度，准許香港特別行政區終審法庭在處理案件以外運用基本法解釋權，那麼我們必須設計一個程序給法庭應用，來行使這個具體案件之外的基本法解釋權。可以考慮以下的這個制度：政府行政部門對基本法某條文有疑問時，可邀請律政司或律政處向香港特別行政區終審法庭提出疑問。終審法庭可邀請某大律師提供協助，發表他的意見，這就是普通法所謂法庭之友制度（ANRICUS CURIAE），是普通法管轄區域的一個特別程序。若將這個程序擴大實行，一個普通市民或私人企業或機構對基本法某一條文有疑問時，也可以用同樣方式聘請律師和大律師向終審法庭提出和表達意見，而終審法庭也可邀請某大律師向法庭協助提出論點。假設疑問牽涉到行政或政府機關的利益或工作，終審法庭也可以邀請律政司或律政處派出代表向終審法庭提出官方意見，以協助終審法庭解決這項疑問。
上述的程序並不是完全沒有困難存在，一個更基本的難題是此種制度與普通法的兩項精神背道而馳。第一，在普通法的原則下，訴訟當事人如在案件中沒有任何的利益關係，便無權提出訴訟和邀請法庭作任何判決；第二，普通法的約束性案例原則（DOCTRINE OF BINDING PRECEDENT）和法官在判詞中給予詳細審判理由的其中一項精神是為使發展中的法律仍然有一定的可預測性。如果普通市民遇到任何疑問時都用申訴形式向法庭請教，那麼普通法其中一個目的和優點便因不被利用而失卻意義了。或者會有人指出案件以外的基本法解釋權可能在以下的情況下是需要的：即中國人大常委會對基本法某條文的解釋和香港終審庭的判決有衝突。但如果細心考慮，便會發覺此制度並不能解決以上的問題，因為就算香港終審法庭運用此權力重新解釋基本法，衝突仍會存在。在案件以外的基本法解釋權並不能解決有關基本法的解釋而引致的問題，只會給香港帶來法制上的矛盾。
（執業大律師馮華健和沈士文：《香港特區終審法庭應否在審理案件以外行使基本法解釋權？》，《明報》一九八六年七月十八日。）

倘若單由中央脫離香港社會條件和形態去解釋基本法，是很危險，容易損害香港之繁榮穩定。香港已建立了完整的司法制度，這個制度及其所處理之法律，是由法庭去解釋法律，而在解釋過程中，法庭是會反映當時社會條件及形態，故香港的司法解釋是與社會分不開，在處理涉及基本法條文之案件時，解釋基本法的原理也一樣。中國憲法及法律、法則是由人大去解釋，其根基是社會主義體制，特別行政區司法機構，如果對基本法沒有解釋權，而由人大去解釋，就是把現在之司法制度改變，制度層面即抄襲了國內制度，這樣便與香港社會之條件及形態分開，破壞了香港之完整司法制度。故此，明瞭了香港的具體情況後才可解釋基本法，故需要有一個人大特別行政區委員會，成員中有香港代表，人數足以反映香港具體情況，而委員會其中一個專責是在政治問題上需要解釋基本法時才向人大提出報告。同樣理由，如果單由特別行政區司法機構，其法官又不是經過選舉產生，在處理個別涉及基本法條文的案件判詞中，用自己的意見去塑造社會的新條件或形態，是危險的，容易損壞香港之繁榮穩定，尤其是在政治性的問題上去創造新意念，這更加違反了制訂基本法廣泛諮詢之大原則，亦有違反基本法制訂的修改程序。特別行政區不是一個國家，基本法也不比國家憲法複雜，也不會時常有案件涉及基本法條文，再加上司法自我約束，所以不宜有基本法特別法庭。
（基本法諮詢委員會委員吳少鵬，《華僑日報》一九八六年七月二十日。）

香港應擁有基本法部份解釋權，此即香港司法機關在審判是否違反基本法時之司法解釋權，而人大可擁有立法解釋

權。此外，凡在基本法內涉及香港內部事務之條文，必須由香港法庭解釋。而涉及外交及國防之條文，則歸人大解釋。在人大常委下，應設立一香港事務小組，負責處理上述之立法解釋權所涉事宜。成員為國內代表及香港代表，每方各半。凡要修改基本法條文，亦應先由該小組討論，決議提交人大通過。

（嶺南學院，《快報》一九八六年九月五日。）

※

②《Final Report on the Structure of Basic Law》（基本法結構專責小組最後報告，1987年3月14日經執行委員會通過）

【P41】

ITEMS	OPINIONS	SOURCES
10. Chapter 9 "The legal status of the HKSAR Basic Law and Its Interpretation and Amendment"		
10.2 Section 2 "Interpretation of the Basic Law".	1. To illustrate the final adjudication of the Basic Law.	Special Group Meeting on 6th May, 1986

※

③法律及中央與特別行政區關係專責小組之基本法解釋及修改權工作組《基本法解釋及修改權最後報告》（1987年3月14日經執行委員會通過）

【P1-7】

1. 聯合聲明中有關基本法解釋及修改權之條文
1.1 附件一第一段：
「中華人民共和國憲法第三十一條規定：『國家在必要時得設立特別行政區。在特別行政區內實行的制度按照具體情況由全國人民代表大會以法律規定。』據此，中華人民共和國將在一九九七年七月一日對香港恢復行使主權時，設立中華人民共和國香港特別行政區。中華人民共和國全國人民代表大會將根據中華人民共和國憲法制定並頒佈中華人民共和國香港特別行政區基本法（以下簡稱《基本法》）。」
1.2 附件一第一節第二段：
「除外交和國防事務屬中央人民政府管理外，香港特別行政區享有行政管理權、立法權、獨立的司法權和終審權。」
1.3 附件一第二節第一段：
「香港特別行政區成立後，香港原有法律（即普通法及平衡法、條例、附屬立法、習慣法）除與《基本法》相抵觸或香港特別行政區的立法機關作出修改者外，予以保留。」
1.4 附件一第二節第二段：
「香港特別行政區的立法權屬於香港特別行政區立法機關。立法機關可根據《基本法》的規定並依照法定程序制定法律，報中華人民共和國全國人民代表大會常務委員會備案。立法機關制定的法律凡符合《基本法》和法定程序者，均屬有效。」
1.5 附件一第二節第三段：
「在香港特別行政區實行的法律為《基本法》，以及上述香港原有法律和香港特別行政區立法機關制定的法律。」

2. 有關解釋現行香港法例的法律

2.1 根據普通法的規定，立法機關負責制定法例，法院則負責解釋法例並宣告其含義。
2.2 任何香港法院都有權力和責任對審判中的具體案件所涉及的法律進行解釋。在進行審判時，法院必須應用與受審案件有關的法例，即使該法例意義含糊或法院認為有必要修改。上訴法院所作的司法解釋對任何香港法院，包括其他上訴法院在內，均具有約束力。其他法院所作的司法解釋也具有一定程度的法律效力和權威，可以約束較低級的法院。
2.3 法院在解釋法律時，有權宣佈任何未經法定程序通過的法律或與條例有所抵觸的附屬立法為無效。
2.4 對於假設的問題（即抽象的法律問題或學術性問題），法院無權作出裁定。因此，法院只能在審判個別具體案件過程中進行司法解釋。
2.5 已獲香港法院裁決的案件，可呈交英國樞密院終審。
2.6 根據香港的法律，立法機關沒有任何解釋法律的權力。立法機關可以對某些即將或已經通過的法例的含義發表意見，但法院在進行審判時是不會考慮該等意見的。此外，除非法例本身另有規定，否則法院不得賦予該法例回溯效力。
2.7 在香港的法制中，並沒有行政解釋權。行政機關在其工作範圍內對法律進行的任何解釋都是非正式的，沒有法律效力的，並且需要經過法院的審查。
2.8 其他方面對法例的解釋。例如見於教科書上的，假如作者具有權威地位的話，可以在法院內引述，以增強說服力，但該等解釋並沒有法律效力。
2.9 就某些主要涉及外交事務的問題，政府的聲明具有決定性，對法院有約束力。這些聲明可稱為國家行為（ACTS OF STATE），所涉及的事項需要由行政機關決定：
a. 承認某國家或政府
b. 外國政府的地位
c. 個別人士是否享有外交地位
d. 國家是否進入戰爭狀態
e. 國家領土的範圍
這些由行政機關決定的國家行為被視為對事實現況的聲明，而不是對法律的解釋。

3. 中國現行法制中的法律解釋

3.1 在中華人民共和國，法律解釋可分為正式解釋和非正式解釋兩類：
3.1.1 正式解釋
a）中國憲法中之有關條文
第六十二條：「全國人民代表大會行使下列職權：
（1）修改憲法；
（2）監督憲法的實施；
（3）制定和修改刑事、民事、國家機構的和其他的基本法律；
（11）改變或者撤銷全國人民代表大會常務委員會不適當的決定；」
第六十七條：「全國人民代表大會常務委員會行使下列職權：
（1）解釋憲法，監督憲法的實施；
（2）制定和修改除應當由全國人民代表大會制定的法律以外的其他法律；
（3）在全國人民代表大會閉會期間，對全國人民代表制定的法律進行部份補充和修改，但是不得同該法律的基本原則相抵觸；
（4）解釋法律；」
b）根據中國憲法第67條（1）和（4），全國人民代表大會常務委員會有權解釋憲法和法律。雖然第62條（11）沒有授權人民代表大會解釋憲法和法律，但人民代表大會有權修改或撤銷人大常委會不適當的決定。此外，地區性法例可由有關的地區立法機關解釋。

c) 由人大常委會作出的立法解釋對法院有約束力。

d) 不一定要對具體案件，才可作出立法解釋。無論是否針對具體案件，都可行使立法解釋權。

e) 人大常委會行使立法解釋權的實例極少，所以很難估計其對司法制度的影響。

f) 司法解釋的地位較次等，該項權力可由法官或檢察機關行使。司法解釋權是由特定的立法機關授予指定的司法或檢察機關，只對受審中的案件有約束力，而在一般情況下，是沒有約束力的。

g) 行政解釋的地位也是較為次等的。行政解釋權是指行政機關在執行其行政或管理職務時，如遇特殊案件，可對其有權執行的法律進行解釋。

3.1.2 非正式解釋

非正式解釋主要是指法學方面的學術研究、著作和教科書對法律的解釋，這種解釋沒有法律約束力。

4. 基本法解釋權

基本法是人大根據中國憲法第三十一條：「國家在必要時得設立特別行政區。在特別行政區內實行的制度按照具體情況由全國人民代表大會的法律規定」，獲授權制定的法例，故將成為香港特別行政區的憲制性文件。此外，如上文第 2、3 節所述，香港與中國的法律體系截然不同。因此，便產生了以下問題：

4.1 香港就基本法擁有的解釋權

為了符合聯合聲明的規定和應用香港原有的法律，香港的法院在應用基本法時，必須對香港所行使的全部法律（包括基本法在內）具有解釋權。普通法規定，除香港的法院所作的司法解釋之外，其他任何法律解釋，法院均不予承認。

解釋權將透過以下方式行使：

i. 在訴訟過程中，如不能確定在解釋基本法時，是否需要決定事件所屬範圍（是否屬國防或外交事務），則可由法院指示或由與訟一方申請，將案件交由一個人民代表大會代表和香港法官組成的憲法法庭審理。為了符合現行法律的規定，如法院認為有能力審理的話，便可進行審判，但如與訟一方提出申請，則所作判決可能要經憲法法庭審查。有意見認為上述憲法法庭是一委員會。委員會可以主動行使其權力，而法庭在審理案件時才能行使其權力。此外，委員會可以研究假設的法律問題，法庭則只能審定具體案件所涉及的問題。

ii. 無論該組織以委員會或法院的形式出現，都必須准許與訟雙方、人民代表大會代表和特別行政區代表（假定是律政司或與其相當的官員）向其提出申訴。

iii. 該組織作出的判決不應有回溯效力。如該組織的判決引致任何法律宣告無效，已根據該法律作出的正當行為的效力應不受影響。任何人士如因法律宣告無效而遭受不良影響，應有權向特區政府提出索償。

iv. 為了符合香港現行普通法的規定，法院在應用基本法時得遵從中華人民共和國行政機構就有關外交事務現況所作的一切聲明。

v. 「服從前例原則」應維持有效。

其他意見：

i. 持相反意見者則認為為了保持特區的司法獨立及高度自治，特區法院應有權解釋基本法內的所有條文。

ii. 另有意見認為在審訊過程中，香港法院只可以解釋基本法內有關特區內部事務的條文。

iii. 另一意見認為特區法院應有權審理所有涉及基本法任何部份案件，惟這些案件的終審權應屬人大常委會，而非特區終審庭所有。

iv. 亦有意見認為如特區法院有權解釋基本法，則可能侵犯中國主權，而且基本法是人大制定及頒佈的法律，如由特區法院解釋，似乎不切實際。

v. 但有意見認為除非香港法院有權解釋基本法，否則，

香港特別行政區便不能按《中英聯合聲明》規定享有終審權。

4.2 基本法應否有立法解釋？

由於在普通法的法制下並沒有立法解釋這觀念，而《中英聯合聲明》已規定特區得沿用普通法，故此，立法解釋並不足取。

就此問題有以下提議：

人大常委會對基本法有立法解釋權，而特區法院在審理案件時可有司法解釋權，以解釋基本法內的任何條文。

i. 人大常委會應毫無保留地向特區法院授予全權，以解釋在特區權力範圍內的基本法條文。

ii. 至於在特區權力範圍以外的基本法條文，如經中央及特區成員組成的特別委員會向人大常委會提交，人大常委會可對此等條文行使解釋權。人大常委會進行解釋時，應透過一個由特區及國內代表（特區代表佔大多數）組成的特別委員會。人大常委會所作的解釋對已審結的案件及既得之權益並無回溯力，但對未來的案件具有法律效力。

就此問題亦有以下各種不同意見：

意見 A

有人擔心人大常委會的立法解釋會影響特區法院的終審決定。案件的當事人可能故意等待人大常委會對有關條文進行立法解釋，以期望此解釋對其有利。這做法可能妨礙整個司法過程。但假如上述的建議被採納的話，這擔憂便可解除。

意見 B

如人大常委會的立法解釋沒有回溯力，且不影響既得權益及已審結或正在審理的案件，則其立法解釋並不影響特區終審權。如一案件所牽涉的法律條文，其經立法解釋及司法解釋的意義各有不同，此案件則不能作為以後訴訟的先例。因此，特區的終審權並不受影響。

4.3 什麼機關（特區法院？中國法院？或是由特區及中國成員組成的委員會／法庭？）負責對香港法例作憲法審查？

聯合聲明中的有關條文：

附件一第二節第二段：「香港特別行政區的立法權屬於香港特別行政區立法機關。立法機關可根據《基本法》的規定並依照法定程序制定法律，報中華人民共和國全國人民代表大會常務委員會備案。立法機關制定的法律凡符合《基本法》和法定程序者，均屬有效。」

中國憲法中的有關條文：

第六十七條第八節：人大常委會有權「撤銷省、自治區、直轄市國家權力機關制定的同憲法、法律和行政法規相抵觸的地方性法規和決議。」

A 聯合聲明規定特別行政區立法機關制定的法律須報人民代表大會常務委員會備案，其意思僅指將來制定的法律須向人大常委備案，而不包含或暗示否決權。此外並有意見表示，特別行政區立法機關制定的法律，凡與國防或外交事務無關者，人民代表大會或人大常委會無權否決。

B 至於如何決定特區制定的法律是否符合基本法，則有以下意見。未來特區立法機關制定的任何法例或現行的任何法例，如與基本法相違者，均由法院根據基本法宣告為無效。此乃法院司法功能之一。無論是否還有其他機構處理此問題，法院依然有此職責。

有建議指出如人大常委會認為由特區立法機關制定並向其呈報的法律是違反基本法，人大常委會可透過以上 4.1 所述的憲法法庭宣佈該法律為無效。提交憲法法庭的行動須在該法律呈報人大常委後的某段時間內進行。有建議認為應以三個月為期限。特區立法機關制定的任何法律，如沒有如上所述提交憲法法庭，則會在涉及其條文的司法程序中受審查。

還有其他意見：

意見 A

如案件涉及本地法例與基本法是否相符的問題，特區法院

亦應有權審理，惟此類案件的終審權應屬人大常委會所有。

意見 B

如案件涉及本地法例與基本法是否相符的問題，特區法院無權審理。只有人大常委會才有此權力。

意見 C

任何特區法律，如既不影響中央特區權力關係，亦不干預中央在國防及外交事務的責任，而只涉及香港內部事務，則人大常委會不會行使其權力宣佈此類法律無效。

在任何情況下，人大常委會的權力只限於宣佈法律為無效的消極權力，而不能行使積極的權力，以解釋特區政府制定的法律。人大或其常委會均無駁回法律的一般權力。

5. 基本法的修改權

聯合聲明中的有關條文：

附件一第一節第一段：「中華人民共和國全國人民代表大會將根據中華人民共和國憲法制定並頒佈中華人民共和國香港特別行政區基本法（以下簡稱《基本法》）。」

中國憲法內有關條文：

第三十一條：「國家在必要時得設立特別行政區，在特別行政區內實行的制度按照具體情況由全國人民代表大會以法律規定。」

第六十二條：「全國人民代表大會行使下列職權：

（三）制定和修改刑事、民事、國家機構的和其他的基本法律；

（十二）批准省、自治區和直轄市的建置；

（十三）決定特別行政區的設立及其制度；」

第六十四條：「憲法的修改，由全國人民代表大會常務委員會或者五分之一以上的全國人民代表大會代表提議，並由全國人民代表大會以全體代表的三分之二以上的多數通過。法律和其他議案由全國人民代表大會以全體代表的過半數通過。」

5.1 需要研究的問題包括：

一般認為，既然基本法是由人大制定及頒佈，當然只有人大才有權修改。

5.2 誰可動議修改基本法？

意見 A

根據中國憲法，人大及國務院均有權動議修改基本法律。人大的附屬法例規定若有三十位人大的成員聯名，便可提出修改基本法律的動議。所以人大應有權提出修改基本法。

意見 B

特區政府或特區的立法機關亦應有權提出修改基本法的動議。

意見 C

反對意見認為如准許外籍人士在特區立法機關獲得議席，這便間接使他們有權修改中國的法律。

意見 D

香港的人大代表應單獨享有動議修改基本法的權利。

意見 E

有意見認為由直接選舉產生的香港代表應單獨享有提出修改基本法的權利。

意見 F

香港立法機關應單獨享有提出修改基本法的權利。除根據聯合聲明，立法機關須由當地人組成外，其成員應不受其他限制。

5.3 修改基本法的程序：

有共識為：修改基本法前應徵詢香港人的意見，諮詢方式應類似目前基本法諮詢委員會的運作方式。

有意見認為在人大正式考慮修改基本法的建議前，除要進行上述諮詢程序外，還須先由特區立法機關考慮並通過該建議。至於應由三分之二多數票還是簡單多數票通過，則意見不一。但亦有意見認為此建議侵犯人大修改其法律（由其制定及頒佈的法律）的權利。

5.4 基本法應明文規定任何修改均不得與《中英聯合聲明》有所抵觸。

※

④ 1987 年 4 月 13 日《中央與香港特別行政區的關係專題小組的工作報告》，載於《中華人民共和國香港特別行政區基本法起草委員會第四次全體會議文件匯編》

【P17-19】

五、第九章　香港特別行政區基本法的法律地位和解釋、修改

第二條

說明：對第二款「香港特別行政區法院在審理案件時可以對基本法中屬於香港特別行政區自治權範圍內的條款進行解釋」，小組內尚有不同意見。有的委員認為，香港特別行政區法院在審理案件時解釋基本法，可不限於「特別行政區自治權範圍內」；有的委員認為，應限在這個範圍內。有的委員建議將本條第二、三款合併，改為：「香港特別行政區法院在行使本法規定範圍內的司法管轄權審理案件時，可以對基本法中有關該案的條款進行司法解釋，其解釋不影響全國人民代表大會常務委員會對基本法的最後解釋權。」

還有的委員建議改為：「香港特別行政區法院在審理案件時可以對基本法中有關該案的條款進行司法解釋，其解釋不影響全國人民代表大會常務委員會對基本法的最後解釋權。」

有些委員提出，如果能在本法第四章的「司法機關」一節中對香港特別行政區法院的管轄權作出適當限制，則本條第二款中關於「自治權範圍內」的規定即可去掉。

第三稿

第九章

「第一條　基本法的解釋權屬於全國人民代表大會常務委員會。

香港特別行政區法院在審理案件時可以對基本法中屬於香港特別行政區自治權範圍內的條款進行解釋。

全國人民代表大會常務委員會如對基本法的條款作出解釋，香港特別行政區法院引用該條款時，即應以全國人民代表大會常務委員會的解釋為準，但在此以前作出的判決不受影響。

全國人民代表大會常務委員會在對本法進行解釋前，可徵詢香港特別行政區基本法委員會的意見。」

〔1987 年 8 月 22 日《中央與香港特別行政區的關係專題小組工作報告》，載於《中華人民共和國香港特別行政區基本法起草委員會第五次全體會議文件匯編》〕

① 1987 年 5 月 22 日《香港基本法起草委員會第四次全體會議委員們對基本法序言、總則及第二、三、七、九章條文草案的意見匯集》

【P31-34】
六、關於第九章　香港特別行政區基本法的法律地位和解釋、修改
第二條
1.有的委員認為，基本法的解釋權屬於全國人大常委會，在法律上是無可否認的，但第二款規限香港法院只可以解釋「屬於香港特別行政區自治權範圍內的條款」是不必要的。基本法的一切條款既然是香港的根本法，香港法院在有必要時應該有無限制的解釋權。而且香港法院現時也有無限制的法律解釋權。所以，「自治權範圍內」那個限制可以考慮刪去。假如香港法院的解釋是錯誤的，全國人大常委會可以作出最後的解釋進行糾正。

2.有的委員認為，規定香港法院對自治權範圍內的條款進行解釋，是必要的。基本法不是一個純粹地方性法律，它規定了許多中央與香港特別行政區關係的內容，如果完全由一個地方法院在審理案件中對它進行無限制解釋，這種解釋不但影響香港，而且可能影響到全國，是欠妥的。如果涉及到國防、外交與中央直接管轄範圍內的事務的案件，完全由香港法院來解釋，這與聯合聲明的精神也不完全一致。在一九九七年後，香港特別行政區終審法院有終審權，它們判決即為最終判決。如果涉及國防、外交及中央管轄的事務的案件，香港法院審判的不正確，這種錯判案件將無法得到糾正，這會給國家造成重大損失。

3.有的委員認為，從司法審判權的管轄範圍來解決這個問題，是一個比較好的辦法。如能明確界定「國家主權問題的案件」的範圍，則「香港特別行政區法院，除有關國家主權問題、國防或外交事務外，均有受理審判權」是一個可以採納的方案。

4.有的委員認為，要判斷哪些案件與「國家主權」或「國家重大利益」有關是十分困難的。如需要對香港法院的司法管轄權作出一些條文限制，唯一較可行的辦法就是將「國家行為」、「國家事實」這些普通法概念成文化，收歸在基本法的有關章節之內。

5.有的委員建議將第二款改為：「香港特別行政區法院在審理案件時，可以對基本法中有關該案的條款進行司法解釋。如發覺現行法律有不符合基本法或法定程序者，有權宣佈該法律無效。香港終審法庭對基本法的司法解釋權是最終的」。

6.有的委員提出，除了國防和外交以外，如果規定有關國家重大利益的案件，不應由香港的法院審判，這就違背了聯合聲明的精神。最低限度，對國家重大利益的事情的範圍要有清楚的界定。

7.有的委員提出，第二條第三款應增加如下內容，說明訴訟爭端一開始，全國人大常委會就暫停解釋對訴訟過程可能牽涉的條款，以表明人大常委會不會運用它的解釋權影響司法獨立的審判。

8.有的委員提出，第二條第三款可修改為：「全國人民代表大會常務委員會在諮詢基本法委員會後，根據需要，得對基本法的條款作出解釋；香港特別行政區法院引用該條款時，即應以全國人民代表大會常務委員會的解釋為準，但在此以前的判決不受影響。」

9.有的委員建議，第二條第三款修改為：「全國人民代表大會常務委員會，可應香港特別行政區政府或國務院之要求，對基本法任何可能涉及外交和國防的條款作出解釋，但必須循第二章第七條的有關程序進行，亦即將整個問題交由一個由中港兩地法律專家組成的特別委員會審理。香港特別行政區法院引用該條款時，即應以全國人民代表大會常務委員會的解釋為準，但在此以前的判決不受影響。」

※

② 1987 年 8 月 22 日《中央與香港特別行政區的關係專題小組工作報告》，載於《中華人民共和國香港特別行政區基本法起草委員會第五次全體會議文件匯編》

【P7-9】
四、關於第九章　香港特別行政區基本法的解釋和修改
（一）由於本章原第一條已移到第一章總則部份，因此本章的標題相應改為「香港特別行政區基本法的解釋和修改」。

（二）關於基本法的解釋問題，原草稿第九章第二條第二款規定：「香港特別行政區法院在審理案件時可以對基本法中屬於香港特別行政區自治權範圍內的條款進行解釋。本組委員對此款規定尚有不同意見。一些委員認為，法院在審理案件時解釋基本法不應受到限制，主張將規定中的「屬於香港特別行政區自治權範圍內的條款」一語去掉。但另一些委員不同意此項意見，主張保留。
在研究這個問題的過程中，有些委員提出，是否能夠從香港特別行政區法院的司法管轄權方面來尋求解決辦法。為此，本組和政治體制小組舉行了兩次聯席會議，兩組的法律專家也對這個問題專門進行了討論。本組在研究了兩組法律專家提出的解決方案後，有些委員認為，目前的方案也還不能解決法院解釋基本法是否應有一個範圍的問題。有些委員認為，全國人民代表大會常務委員會對基本法所作的解釋在一般情況下不影響在此以前法院作出的判決，但是否也有某種例外的情況，需要有特殊的法律程式來解決。如果可以照顧到這種特殊情況，那麼法院解釋基本法的範圍限制就可以取消。但本組有些委員認為，這樣做對法院審理案件會造成技術性困難。也有委員提出，如果全國人民代表大會常務委員會的解釋有溯及力，是否會影響香港特別行政區法院的終審權。
本組委員認為，解釋權的問題比較複雜，現在提出的各種方案都還不夠成熟，尚需要作進一步研究，以期獲得解決。

【P21-23】
第九章　香港特別行政區基本法的解釋和修改
第一條
說明：本組對香港特別行政區法院在審理案件時解釋基本法是否應限定在屬於香港特別行政區自治權範圍內的條款尚有不同意見。有些委員認為不應限定範圍，有些委員則認為限定範圍是必要的。
有些委員認為，如果本條第三款最後一句能改為「除全國人民代表大會常務委員會在解釋中另有說明者外，在此以前作出的的判決不受影響」，則第二款中的「自治權範圍內」幾個字可以去掉。但有些委員認為，如果全國人民代表大會常務委員會的解釋有溯及力，對法院審理案件會造成技術性困難；也有的委員認為，這樣做會影響香港特別行政區法院的終審權。
有的委員建議，將本條第二、三款合併，改為：「香港特

別行政區法院在行使本法規定範圍內的司法管轄權審理案件時，可以對基本法中有關該案的條款進行司法解釋，其解釋不影響全國人民代表大會常務委員會對基本法的最後解釋權」。有的委員建議改為：「香港特別行政區法院在審理案件時可以對基本法中有關該案的條款進行司法解釋，其解釋不影響全國人民代表大會常務委員會對基本法的最後解釋權」。

有的委員提出，香港特別行政區法院有權解釋在該區實施的一切法律條文，但在解釋適用於該區的全國性法律時應以全國人民代表大會常務委員會或最高人民法院的判例解釋為準。

有的委員建議本條作如下表述：

基本法的解釋權屬於全國人民代表大會常務委員會。

香港特別行政區法院在行使本法規定範圍內的管轄權審理案件時，可以對基本法中有關該案的條款進行司法解釋。

全國人民代表大會常務委員會如對基本法的條款作出解釋，香港特別行政區法院引用該條款時，即應以全國人民代表大會常務委員會的解釋為準。（說明：溯及力的問題十分複雜，留待研究。）

全國人民代表大會常務委員會在對本法進行解釋前，可徵詢基本法委員會的意見。

第四稿

「**第一百六十八條　基本法的解釋權屬於全國人民代表大會常務委員會。**

全國人民代表大會常務委員會如對基本法的條款作出解釋，香港特別行政區法院引用該條款時，即應以全國人民代表大會常務委員會的解釋為準，但在此以前作出的判決不受影響。

香港特別行政區法院在審理案件時可以對基本法的條款進行解釋。如果案件涉及基本法關於國防、外交及其他由中央管理的事務的條款的解釋，香港特別行政區法院在對案件作出終局判決前，應提請全國人民代表大會常務委員會對有關條款作出解釋。

全國人民代表大會常務委員會在對本法進行解釋前徵詢香港特別行政區基本法委員會的意見。」

〔1987 年 12 月基本法起草委員會秘書處《香港特別行政區基本法（草案）》（匯編稿）〕

① 1987 年 9 月 2 日《中華人民共和國香港特別行政區基本法起草委員會第五次全體會議委員們對基本法序言和第一、二、三、四、五、六、七、九章條文草稿的意見匯集》

【P74-77】

九、關於第九章　香港特別行政區基本法的解釋和修改

1. 第一條

（1）有些委員提出，香港法院對基本法條款的解釋不宜加上「屬於香港特別行政區自治權範圍內」的限制，理由是：（a）香港法院只有在審理案件需要時才產生解釋法律的問題，若對這種解釋進行限制就無法判案。（b）什麼是特別行政區自治權範圍內的條款很難說清，從一定意義上說，基本法就是規定特別行政區如何高度自治的，那麼基本法的全部條款都可以說屬於香港特別行政區自治權範圍之內。（c）若香港法院的判案有誤，全國人大常委會仍擁有最終解釋權。（d）香港法院對法律的解釋只適用於具體案例，而全國人大常委會對法律的解釋則具有普遍效力。

（2）有的委員認為，解釋權問題可通過三個渠道加以解決：（a）明確規定香港法院的司法管轄權，並作出必要的限制；（b）明確規定適用於香港的法律範圍；（c）通過將來設立的基本法委員會研究解決。

（3）有的委員提出，本條第二款可改為「香港特別行政區法院特別是終審法院在審理案件時可就具體案件對適用於香港的有關法律（包括基本法）進行解釋」。有的委員提出，這一款的後半部份可改為「可根據案情需要對基本法的有關條款進行解釋」。

（4）有的委員認為，全國人大常委會對基本法的解釋不能有追溯力，否則就影響到終審權。

（5）有的委員認為，在基本法的解釋權的問題上，既不能把基本法完全納入普通法，也不能完全按國內的方式來解釋。基本法的解釋分為兩種：一種是基本法條文的解釋，這要歸全國人大常委會；另一種是法院審判案件時的解釋。後者還引申出終審法院的判決違反基本法怎麼辦的問題，基本法的解釋權與終審法院作出的判決違反基本法不完全是一回事，這些問題需加以研究。

（6）有的委員認為，第二款所規定的香港特別行政區法院在審理案件時對基本法所作出的解釋應明確為司法解釋。有的委員贊成此條說明中的最後一種表述方式。因為目前香港的立法機關對立法不作解釋，只有法院的法官對法律作解釋。如果在有司法管轄權的範圍內，法院不能解釋有關法律條文，那麼法院在審判中就會產生困難。

（7）有的委員認為，司法解釋是對法院判決案件的解釋，法院按照這種解釋審理案件。而立法解釋具有普遍性法律效力，如果立法解釋與司法解釋不一致，說明法院在使用法律上發生了錯誤，法院就應根據立法解釋對案件進行重審。因此，立法解釋的溯及力問題並不影響法院的終審權，不必要規定立法解釋不溯及既往。有的委員同意上述意見，認為不必要擔心全國人大常委會的解釋如有溯及力會影響香港的終審權；如果這種解釋沒有溯及力反而會影響香港居民只接受公正審判的基本民權。有的委員提出，刪去第三款「但在此以前作出的判決不受影響」一句。

（8）有些委員認為，香港法院受理的案件中可能有涉及國家利益的重大案件，若香港終審法院的判決有誤，就可能對國家造成重大損害，因此，有必要保留某種最後補救的手段；全國人大委員會的解釋一般來說是沒有溯及力的，但在某種特殊情況下是否可以有溯及力，這個問題需要慎重考慮。

（9）有的委員認為：
（a）香港法庭必須有權解釋整套的基本法。
（b）在自治範圍以內的條文，全國人大常委會應該將解釋權交付與香港法庭。
（c）在自治範圍以外的條文，香港法庭以全國人大常委會所作的解釋為準，但全國人大常委會作出的解釋沒有溯

及力，之前的判決不受影響。

※

② 1987 年 9 月 28 日《討論提綱》（1987 年 10 月 5 日中央與特別行政區的關係專責小組第三次會議附件一）

（1）基本法的解釋權：第九章第一條
擁有解釋權的機構
（i）人大常委
（a）最終的解釋權
（b）在解釋前，先諮詢基本法委員會
（ii）香港法院
（a）必須依從人大常委已作的解釋
→ 最高人民法院的判例解釋是否也需要依從？
（b）可解釋的範圍
（I）自治權範圍內
→ 怎樣理解？
→ 什麼機構去決定是否在自治範圍內？
→ 如香港法院認為在自治範圍內但國務院或人大常委不同意，如何處理？是否可以否決法院的判決？
→ 在自治範圍內的審訊應依從什麼程序？
（II）所有範圍但人大常委的最終解釋可有溯及力
→ 會否影響香港的終審權？
→ 是否符合香港的法制傳統？
（III）司法管轄範圍內：第四章第四節第五條
→ 什麼是司法管轄範圍內
　→ 依據普通法的規定？
　→ 在基本法內以成文方式定出？
　　→ 國防外交和中央行政行為的範圍
　　→ 怎樣理解？
　　→ 是否已超出了普通法的範圍或能否準確描述出普通法的範圍？
→ 是否由法院自行決定什麼是司法管轄範圍內？
　→ 如國務院和人大常委不同意將如何處理？
→ 程序是否妥善？
　→ 決定了不在司法管轄範圍內後
　→ 法院徵詢行政長官意見
　→ 行政長官取得人大常委或國務院證明書
　→ 行政長官發出證明文件對法院有約束力

※

③ 1987 年 10 月 28 日《中央與特別行政區的關係專題小組新聞發佈會意見整理》，載於 1987 年 12 月 3 日《基本法諮詢會秘書處通訊 62》

（1）第九章主要關於解釋權，第一條沒有改，「基本法的解釋權屬於全國人民代表大會常務委員會」，第三段提上來有些增減，大意如下：「全國人民代表大會常務委員會對基本法的條款作出解釋後，香港特別行政區法院引用這些條款時，應以全國人民代表大會常務委員會的解釋為準，但在此以前所判決不受影響」。原來的第二段就變成第三段，「香港特別行政區法院在審理案件時，可以對基本法中屬於香港特別行政區自治範圍內的條款進行解釋，」有幾個委員認為中間的一段，即「對基本法中屬於香港……範圍內」這十幾字不要。第四段不變：「全國人民代表大會常務委員會對本法進行解釋前徵詢香港特別行政區基本法委員會的意見」，只刪去徵詢前面的「不」字，這「不」有兩種意思：一是「可以」，一是「不一定要」，去掉不字，則表示一定要。

※

④《法律專責小組對基本法第九章「香港特別行政區基本法的解釋和修改」條文草稿（一九八七年八月）的意見》（1987 年 11 月 4 日經執行委員會通過）

關於第一條：
1. 有委員認為此條文削弱了現時法院解釋法律的權力，而把基本法解釋權賦予人大常委會。該委員指出，根據現行的制度，立法機關制訂法律而司法機關則可獨立地、全權地解釋法律。這樣的安排可使法律的解釋不受政治壓力所影響。該委員並指出，聯合聲明規定特區將有獨立的司法權和終審權；現在這條文的第一段：「基本法的解釋權屬於全國人民代表大會常務委員會」便違反了聯合聲明。

2. 有委員指出國內及香港現行的法律制度有基本的分別：國內立法權及法律解釋權均集於立法機關，但香港則由立法機關立法，司法機關解釋。所以該委員建議除有關國防外交的法律，其他均由特區法院解釋；遇有爭議時，便交由基本法委員會（有一半國內的委員及一半香港委員）決定某條法律是否涉及國防和外交事務，應由香港抑或是中國方面作解釋。另有委員補充強調基本法委員會將是個負責區別法律種類的委員會，只負責決定某些法律是否涉及國防和外交事務。

3. 此外，有委員建議在基本法上寫明解釋權屬於人大常委會，但人大常委會應抑制對特區內部事務的法律作解釋。

4. 有委員認為不論是人大或是特區的法律解釋均應無回溯力。

5. 有委員認為第二段規定特區法院只可解釋特區自治權範圍內的條款應該刪除。

6. 有委員認為既然聯合聲明規定特區將擁有終審權，便不應在這終審權中開洞，特區應可擁有真正的最終審判權。

7. 有委員提出以下問題：誰人有權要求人大常委會解釋基本法？在什麼情況下可作出此要求？人大常委會是否可隨時作出解釋？

※

⑤中央與特別行政區的關係專責小組《對基本法序言和第一、二、七、九章條文（一九八七年八月）草稿的意見》（1987 年 11 月 4 日經執行委員會通過）

【P3-5】
第九章
第一條
就九七年後香港法院對基本法的解釋範圍，委員有下列意見：
1. 有委員認為若以「自治範圍」去定香港法院對基本法的解釋範圍，則會產生很大的問題，因為「自治範圍」將會難以定義。他擔心在審理案件時，香港法院與人大常委會可能對案件是否屬於特區自治範圍產生矛盾，故建議香港法院應能解釋基本法所有內容，否則中央便會干預香港。
2. 有委員認為若用「自治範圍」去劃定香港法院的管轄權，則九七年後香港法院擁有的司法管轄權可能會與現在不同（可能增大或減少）。但《中英聯合聲明》及現有的

第158條

基本法條文草稿顯示九七年後香港法院繼續擁有審判權及終審權，故其管轄範圍不應比九七年前少。而且該委員亦顯〔表〕示，「司法管轄範圍」難用條文列出，故最好的方法是以普通法的慣用方法處理。

3. 有委員認為以國防、外交作法院管轄範圍不怎樣合適，因為在某些情況下，國防、外交屬於法院管轄範圍，但某些情況之下不屬於。故要強下定義並不容易，其實，可以考慮依普通法制度的處理方法，以過往的判例作基礎。

4. 有委員認為除國防、外交之外，其他所有範圍都屬香港的「自治範圍」，故此，九七年後香港法院的管理範圍會比九七年前更闊，而且到時香港更設有終審庭。人大常委會所以要保留最後的解釋權，只為體現主權，非為干預香港內政。而且日後人大常委會要解釋基本法將要先諮詢香港基本法委員會的意見。

5. 有委員認為不應過分擔心中央干預香港。若他們真要這樣做，則不單止能在司法管轄方面干預香港，在其他方面亦可以。若此，則一國兩制的精神亦喪失了。香港人對北京政府應具更大的信心。

6. 有委員建議此條的二段可作以下修改：「香港特別行政區法院在審理案件時可以對基本法（刪去：中屬於香港特別行政區自治權範圍）的條款進行解釋。

該委員認為基本法中牽涉國防、外交的條款很少，故這樣更改亦不會影響中央對國防、外交方面的處理。委員亦認為人大常委會對基本法中有關特區自治權的條文不會輕易作出解釋，它只會對有關國防、外交的條款在適當的時候進行解釋。此外，若人大常委會真要解釋基本法時，它亦會事先徵詢基本法委員會的意見。

7. 有委員贊成香港法院有完全的解釋權，他指出，人大常委會不是香港政治架構的一部份，而屬於中國的政治架構，故若特區將某些案件交由人大常委審判，則好像將人大常委會當作上訴庭。

8. 就第 7 點，亦有委員補充說人大常委會是一政治機構，若容許此政治機構對香港某些非政治性的法律賦予政治性的判決，則會影響某些香港法律的本質（比如，由非政治性變作政治性），會嚴重影響香港人的信心。該委員亦指出若要人大常委會具基本法的最後解釋權，則除非其性質改為非政治性機構。

9. 有委員認為可由「基本法委員會」靈活處理什麼案件屬人大常委會的解釋權，什麼屬於香港法院的，然後才遞交人大常委會決定處理方式。

10. 有委員認為香港現有的司法制度應盡量保持不變，香港法院應有權處理有關國防、外交的案件，而不是國防、外交本身。此外，香港法庭應保有完整的終審權。此乃保障外來投資者信心的重要因素，不可能部份（其內容未能界定清楚）的案件不能由香港法庭審理，這會嚇怕外來投資者。

11. 有委員指出除國防、外交外，可能會有某部份其他牽涉全國重大利益的全國性法律在港應用。

12. 有委員建議在基本法中寫明香港法院有權解釋所有在港使用的法律，包括某部份中國全國性法律，如國籍法。

13. 有委員建議所有基本法中沒有列明是中央的權力，香港法院都能解釋。或者沒有寫明香港法院不能解釋的，本地法院都可以。

就有關基本法的最終解釋權，委員有下列意見：

1. 有委員認為雖然根據中國憲法，人大常委會有解釋所有法律的權利，但委員建議就基本法中某些完全屬於香港內部事務的條文，比如有關居民權利和義務，經濟及文化教育的章節，應在基本法中列明香港法院有最終解釋權，而人大常委會對此不作解釋。比如第三章第十五條中提及「香港居民享有的權利和自由，除依法律規定外不得限制。但此種限制需以維護國家安全、社會秩序、社會公安、公共衛生、公共道德以及保障他人的權利和自由所必要為

限。」

該委員擔心若將來香港法院與人大會對「國家安全、公安」等字眼有不同的理解，便可能會引起矛盾和衝突。而且他認為香港人所擁有的自由不應由人大常委會決定。

2. 有委員認為《中英聯合聲明》只賦予香港有終審權，但卻沒提及香港有基本法的解釋權。而且根據中國憲法，人大代表會有解釋所有中國法律的最後權力。

※

⑥匯點基本法跟進小組《評基本法中央與特區關係條文》，載於 1987 年 12 月基本法起草委員會秘書處《參閱資料──第 36 期》

【P2-4】

基本法解釋權

草委會中央與特區關係專題小組在最後的小組會議上，對基本法解釋權提出了新的修改建議。新的建議規定香港特區法院在審理案件時可以對基本法中關於國防、外交及其他中央管理事務的條款進行解釋，但在作出最終判決前，它要提請全國人大常委作出指引性的解釋，然後依此解釋作出最終的判決。這個修改雖然照顧了特區法院應有權對整部基本法的條款作出解釋（不若先前所議，只限於所謂「自治範圍」內的條文）的原則，但新增的對法院判決的限制卻又產生兩個疑點：首先，由誰去界定某一條款是否屬於國防、外交及其中央管理事務呢？另外審訊一旦涉及上述範圍的條款，是否一定要提交全國人大常委解釋呢？就第一個疑點，如果也是由全國人大常委負責界定的話，那將出現兩個可能性。第一個可能性是在香港的每一宗訴訟，都要先交全國人大常委審議，以決定訴訟是否有涉及於國防、外交及其他中央管理事務的基本法條款。如果全國人大常委認為是有涉及的，它就會要求香港特區法院把條文交它解釋。只有在它作出決定後，香港特區法院才能著手處理這些訴訟。另一個可能的情況則是香港特區法院可先行審理所有訴訟，但全國人大常委會就需要監視每一宗訴訟，看訴訟的內容或控辯雙方是否有在訴訟中涉及或利用上述範圍的基本法條款。一旦它決定了訴訟有涉及引用這些條款，它就要當訴訟仍在進行中，要求香港特區法院把條款交由它去解釋。

這兩個情況都會嚴重威脅香港法院的獨立性。香港特區法院已不是香港一切訴訟的唯一審判機構。全國人大常委既能預先審理所有訴訟或在訴訟進行中可以干預審訊，它已無疑變為香港的「太上法院」。司法獨立實難再在香港維持。再且，這建議將要全國人大常委會負上一個它難以承擔的責任：全國人大常委會並不是一個司法機構，它實難以負起處理或審查香港一切訴訟的責任。

至於第二個疑點，如訴訟一旦涉及國防、外交及其他中央管理事務的基本法條款時，香港特區法院就一定要提交全國人大常委解釋，這點亦值得商權。從司法的角度考慮，涉及的條款的解釋可能只是訴訟糾紛中一個非常次要的因素，不影響及法院的判決結果。即是說，不論全國人大常委是否對其作出解釋或作出了什麼的解釋，本地法院判決的結果也可能都是一樣。但一旦要把條文提交解釋，所涉及的時間及費用將會相當大，而訴訟雙方的利益也可能在等候解釋的期間內受到不必要的損害。由於一個對判決無關重要的條文解釋，而影響到訴訟雙方的利益，這將有違香港司法制度的基本精神。去判斷條文解釋是否對判決重要只有負責審訊的法官才能決定，把提交解釋的程序硬性規定了，會變成對特區司法獨立的一個不容忽視的威脅。匯點建議，只有在法院認為案件涉及基本法關於國防、外交及其他中央管理事務的條款，而該條條款的解釋對案件的判決有決定性影響時，才須在作出最後判決前，提請全國人大常委會對有關條款作出解釋。

⑦ 1987 年 12 月基本法起草委員會秘書處《香港特別行政區基本法（草案）》（匯編稿）

【P63-64】
關係組委員的其他意見：
第一百六十八條
有的委員建議改為：「本法的解釋權屬於全國人民代表大會常務委員會。香港特別行政區法院可以對本法中所有條款進行解釋。
本法中關於香港特別行政區自治範圍內的條款，全國人民代表大會常務委員會將授權予香港特別行政區法院在審理案件中全權進行解釋。
全國人民代表大會常務委員會如對本法中關於香港特別行政區自治範圍外的條款作出解釋，香港特別行政區法院引用該條款時，即應以全國人民代表大會常務委員會的解釋為準，但在審理中的案件和在此以前作出的判決不受影響。
全國人民代表大會常務委員會在對本法進行解釋前將先徵詢香港特別行政區基本法委員會的意見。
本法中第三、四、五、六、十各章的所有條款皆為香港特別行政區自治範圍內的條款。其他各章的條文是否屬於香港特別行政區自治範圍內可由香港特別行政區法院或全國人民代表大會常務委員會決定。全國人民代表大會常務委員會在作出決定前將先徵詢香港特別行政區基本法委員會的意見。全國人民代表大會常務委員會的決定為最後的決定。」

第五稿

「**第一百六十八條　本法的解釋權屬於全國人民代表大會常務委員會。**
全國人民代表大會常務委員會如對本法的條款作出解釋，香港特別行政區法院在引用該條款時，即應以全國人民代表大會常務委員會的解釋為準，但在此以前作出的判決不受影響。
香港特別行政區法院在審理案件時可對本法的條款進行解釋。如案件涉及本法關於國防、外交和其他屬於中央人民政府管理的事務的條款的解釋，香港特別行政區法院在對案件作出終局判決前，應提請全國人民代表大會常務委員會對有關條款作出解釋。
全國人民代表大會常務委員會在對本法進行解釋前徵詢其所屬的香港特別行政區基本法委員會的意見。」
〔1988 年 3 月基本法起草委員會秘書處《中華人民共和國香港特別行政區基本法（草案）草稿》（總體工作小組第二次會議對目錄、序言、第一、二、三、五、六、七、九章的修改稿）〕

① 1987 年 12 月《中華人民共和國香港特別行政區基本法起草委員會第六次全體會議委員們對基本法第四、五、六、十章和條文草稿匯編的意見》

【P51】
1. 第一百六十八條
許多委員主張刪去該條說明。

3. 關於基本法委員會
（1）有的委員提出，應對基本法條文中多次出現的「基本法委員會」的含義明確界定。
（2）有的委員建議，委託中央與特別行政區關係小組擬一份關於基本法委員會的草案。
（3）有的委員主張，基本法委員會由國內和香港的資深法律人士組成。成員不超過十人，由全國人大委任，國內和香港的人數各半。這個委員會當然是隸屬全國人大常委會，不過香港特別行政區法院在提請人大常委會作出解釋時，人大常委會應諮詢基本法委員會的意見，基本法委員會提交的意見，人大常委會應予接受，依照基本法委員會的意見作出解釋。同時香港特別行政區所有提請的途徑是應經過行政長官而不是直接向人大常委會提請，基本法委員會的意見也需要有三分之二的人數通過才提交人大常委會。這樣的安排不能說是侵犯了國家的主權，也不是超越

了人大常委會的解釋權，全國人民代表大會既然賦予香港特別行政區以高度自治和獨立的司法審判並允許保留香港的法律，那麼香港要求人大常委會授權於〔予〕一個純粹由法律界人士和有香港人參與的基本法委員會也不太過份，反過來說這個安排既可以維護人大常委會的權力也可以使香港體會到法治的精神，同時也可以解決了匯編裡第十六條、第十七條和第八十一條的問題。
（4）有的委員提出，基本法的條文要表明基本法委員會對人大的隸屬關係。如第二章第十六條第二款第一句在「全國人民代表大會常務委員會徵詢」之後應加「其」字，以表明其隸屬關係。

② 《各專題小組的部份委員對本小組所擬條文的意見和建議匯輯（關於序言、第一、二、三、五、六、七、九章部份）》，載於 1988 年 3 月基本法起草委員會秘書處《中華人民共和國香港特別行政區基本法（草案）草稿》

【P37-38】
第一百六十八條
（編者按：內容同第四稿文件⑦）

第六稿

「**第一百七十條　本法的解釋權屬於全國人民代表大會常務委員會。**
全國人民代表大會常務委員會如對本法的條款作出解釋，香港特別行政區法院在引用該條款時，即應以全國人民代表大會常務委員會的解釋為準，但在此以前作出的判決不受影響。
香港特別行政區法院在審理案件時可對本法的條款進行解釋。如果案件涉及本法關於國防、外交和其他屬於中央人民政府管理的事務的條款的解釋，香港特別行政區法院在對案件作出

終局判決前，應提請全國人民代表大會常務委員會對有關條款作出解釋。

全國人民代表大會常務委員會在對本法進行解釋前徵詢其所屬的香港特別行政區基本法委員會的意見。」

〔1988 年 4 月基本法起草委員會秘書處《中華人民共和國香港特別行政區基本法（草案）草稿》〕

① 《各專題小組的部份委員對本小組所擬條文的意見和建議匯輯》，載於 1988 年 4 月基本法起草委員會秘書處《中華人民共和國香港特別行政區基本法（草案）草稿》

【P71-72】
第一百七十條
（編者按：內容同第四稿文件⑦）

第七稿

「第一百六十九條　本法的解釋權屬於全國人民代表大會常務委員會。

全國人民代表大會常務委員會如對本法的條款作出解釋，香港特別行政區法院在引用該條款時，即應以全國人民代表大會常務委員會的解釋為準，但在此以前作出的判決不受影響。

香港特別行政區法院在審理案件時可對本法的條款進行解釋。如案件涉及本法關於國防、外交和其他屬於中央人民政府管理的事務的條款的解釋，香港特別行政區法院在對案件作出終局判決前，應提請全國人民代表大會常務委員會對有關條款作出解釋。

全國人民代表大會常務委員會在對本法進行解釋前徵詢其所屬的香港特別行政區基本法委員會的意見。」

〔1988 年 4 月基本法起草委員會《中華人民共和國香港特別行政區基本法（草案）徵求意見稿》〕

① 《各專題小組的部份委員對本小組所擬條文的意見和建議匯輯》，載於 1988 年 4 月基本法起草委員會《中華人民共和國香港特別行政區基本法（草案）徵求意見稿》

【P59】
第一百六十九條
（編者按：內容同第四稿文件⑦）

第八稿

「第一百五十七條　本法的解釋權屬於全國人民代表大會常務委員會。

全國人民代表大會常務委員會授權香港特別行政區法院在審理案件時對本法關於香港特別行政區自治範圍內的條款自行解釋。

香港特別行政區法院在審理案件時對本法的其他條款也可解釋。但如香港特別行政區法院在審理案件時需要對本法關於中央人民政府管理的事務或中央和香港特別行政區關係的條款進行解釋，而該條款的解釋又影響到案件的判決，在對該案件作出不可上訴的終局判決前，應由香港特別行政區終審法院請全國人民代表大會常務委員會對有關條款作出解釋。如全國人民代表大會常務委員會作出解釋，香港特別行政區法院在引用該條款時，應以全國人民代表大會常務委員會的解釋為準。但在此以前作出的判決不受影響。

全國人民代表大會常務委員會在對本法進行解釋前，徵詢其所屬的香港特別行政區基本法委員會的意見。」

〔1989 年 2 月《中華人民共和國香港特別行政區基本法（草案）》〕

① 1988 年 5 月基本法諮詢委員會秘書處《基本法（草案）徵求意見稿初步反應報告（草稿）》

【P38-40】
基本法的解釋權
1. 香港人應對基本法的解釋權有更大的發言權。

2. 若希望中央沒有權解釋基本法是行不通的，因為中央認為應擁有這些權力以體現主權，否則香港便有獨立之嫌。

3. 由於人大常委會保留所有適用於香港的法律的解釋權，無論這些法律是否只關乎香港特區的內部事務，所以即使規定說明除緊急情況外，國務院在發佈指示將有關的全國

性法律在港實施前，均事先徵詢香港特別行政區基本法委員會和香港特別行政區政府的意見。但何謂「緊急情況」、何謂「高度自治範圍外」以及基本法委員會的組成是怎樣這些問題還懸疑未決，所以這實指由中央決定哪些法律適用香港，因此這大大妨礙「一國兩制」的實現。

4. 由於人大常委會負責解釋基本法，而特區法院需依照人大常委會的解釋對日後的案件進行審理，但如果某些案件所牽及的純是特區自治範圍內的問題，特區法院又能自行解釋案件所涉及的條文，人大常委會是否還會保留其基本法的解釋權。另外，在一般情況下，基本法條文的解釋對在審理中的案件的爭論重點及其最後判決的影響都不會大，所以將有關條文交人大常委會解釋這程序會是費時失事。

5. 不贊成基本法的最後解釋權集中在人大常委會，因為這是中央政府利用人大常委會對香港特區進行控制，這便有礙中國體驗「一國兩制」的構想。如香港的終審庭有解釋權，便可體現司法獨立。

6. 基於香港與內地的法律語言相異，由社會主義的人大常委解釋基本法，必然與實行資本主義的香港情況有所衝突，且嚴重影響日後高度自治的特區政府，因此基本法的解釋權應由本港終審庭負責較佳。

7. 在徵求意見稿中，基本法解釋權是屬人大常務委員會的，但有的委員認為解釋權應屬未來特區的終審庭的，否則低稅制、收支基本平衡等名詞均會由人大常委解釋，特區的高度自治便會受到中央干預。另外，這做法是有違英國及中國法律常規的，因英國的國會是無權解釋法律的，解釋權是在法庭。同樣，香港的法律解釋權亦在高等法院而非立法局。至於中國，根據 1955 年 6 月 23 日全國人大決議案，關於解釋法律的決議是這樣寫的：「凡關於法律、法令條文本身需要進一步界限或作補充規定的，由全國人大常委會分別進行解釋或用法令加以規定。」即法律由人大規定。「凡關於審判過程中如何具體應用法律、法令的問題，由最高人民法院審判委員會進行解釋。」如何運用法律應是法院的事。所以根據中國法律的精神和英國法律的精神，將解釋權放在最高立法機關是不妥善的。

8. 有委員亦認為香港本地的法院需有解釋權。

9. 關於基本法的解釋權，有建議設立特設法庭。該法庭有權對整部基本法的條文分類，法庭認為不屬香港特區自治範圍內的條文，人大常委會的解釋為最終；法庭認為屬香港特區自治範圍內的條文，法庭的解釋為最終。在審理案件過程中，如涉及到自治範圍以外的條文，而法庭認為因案情需要，可對有關條文進行解釋，但人大常委會的解釋為最終。

※

②《初步報告——幾個討論焦點（4月29日—6月17日）》（1988年7月16日經執行委員會通過）

【P3】
1.4 基本法解釋權
1.4.1 討論焦點
（i）徵求意見稿第一百六十九條規定基本法的解釋權在人大常委會。除此以外，更進一步規定香港特別行政區法院在審理涉及國防、外交和其他屬於中央人民政府管理的事務，而需對有關的條款進行解釋時，便要在對案件作出終審判決前，提請全國人大常委會對有關條款作出解釋。
（ii）由人大常委會解釋基本法所牽涉的問題，基本上是一個中國的法律制度與未來特區的司法制度的關係問題。在中國的法制中，作為立法機關的人大常委會，有權解釋法律，但在香港現行的法律制度中，是由法庭在審判具體案件時，就法律作出解釋，立法機關在立法程序外，不作抽象、原則性的法律解釋。目前面對的問題是中國法制下的立法解釋與普通法內的司法解釋的關係應是怎樣的，兩者是否有衝突，人大常委的立法解釋，是否會破壞了香港特區的司法獨立和終審權。
（iii）對這些問題的進一步討論，就需要首先瞭解人大常委會解釋法律的工作性質及程序，目前香港各方面對有關這情況的瞭解是有限的。
1.4.2 有待解決的問題
（i）人大常委會對基本法的立法解釋與香港法院對基本

法司法解釋有何分別？
（ii）人大常委會對基本法解釋與香港法院享有終審權在程序上的配合會是怎樣？

※

③ 1988 年 8 月基本法起草委員會秘書處《香港各界人士對〈香港特別行政區基本法（草案）徵求意見稿〉的意見匯集（一）》

【P49-52】
第一百六十九條
1. 如果法院審理案件引用基本法條款時必須以全國人大常委會的解釋為準，那將影響香港的司法獨立，影響法院判決。普通法地區應由法院解釋法律。

2. 基本法的解釋權屬於全國人民代表大會常務委員會，這是可以的，但除國防、外交外，其他屬特別行政區內部事務的條文的解釋權應由全國人民代表大會常務委員會授予香港特別行政區法院。

3. 如果由香港法院決定什麼條文它不能解釋，就無法解除中央的憂慮；如果由中央決定什麼條文香港法院不能解釋，並主動提起解釋程序，就會影響香港法院的司法獨立，這是現在的條文仍未解決的問題。

4. 中國法律解釋的含義與普通法不同，人大常委會在解釋法律時，可進一步作出界定或補充規定，在香港來說，這是修改法律而不是解釋法律。有三個辦法解決這個問題：
（1）普通法制度無需行使立法解釋權，而香港法庭有良好條件對基本法作司法解釋，中央應信任香港法庭，把解釋權力下放。
（2）如果人大常委會保留解釋權，在行使中，如超過司法解釋界限，應按第一百七十條（修訂）辦理。
（3）基本法委員會應是一權力機構，並非只是諮詢性質。應有權解釋基本法，決定香港所立的法律是否違反基本法等事項。

5. 建議：
（1）凡所有不涉及國防、外交的事務，香港法院對基本法條文有最終解釋權。
（2）如因一問題是否涉及國防、外交事務產生爭議，則首先交由香港終審法院確定。
（3）如全國人大不同意香港終審法院的決定，則有權將終審法院決定交由基本法委員會審議。
（4）究竟該問題屬香港法院權力範圍還是屬全國人大權力範圍，由基本法委員會決定。全國人大與香港法院得接納基本法委員會的意見。

6.「涉及」改為「需要」，因為可能「涉及」的條款過去已有解釋。

7. 建議將「……作出終局判決前，應提請全國人民代表大會常務委員會對有關條款作出解釋」一句中的「應」改為「須」。

8. 建議改寫為：
「本法的解釋權屬於全國人民代表大會常務委員會。全國人民代表大會常務委員會授權香港特別行政區法院在審理案件中對涉及的基本法條款全權進行解釋，但有關國防、外交及其他根據本法規定應由中央管理的事務的條款除外。

香港特別行政區法院受理的案件如涉及基本法有關國防、外交和其他根據本法應由中央管理的事務的條款，在作出終局判決前，應提請全國人民代表大會常務委員會對有關條款作出解釋。

全國人民代表大會常務委員會如已對基本法有關國防、外交和其他根據本法應由中央管理的事務的條款作過解釋，香港特別行政區法院在引用該條款時，應以全國人民代表大會常務委員會的解釋為準。但在此之前作出的判決不受影響。

全國人民代表大會常務委員會在對本法作出解釋前應徵詢香港特別行政區基本法委員會的意見。」

※

④ 1988 年 8 月 3 日基本法諮詢委員會秘書處參考資料（一）《內地草委訪港小組就基本法（草案）徵求意見稿一些問題的回應輯錄（一九八八年六月四日至十七日）》

【P4-5】
2. 中央和香港特別行政區的關係
2.9 基本法的解釋權
2.9.1 基本法是中華人民共和國的法律，不但對香港適用，對內地也同樣適用。內地各省市、各部門在處理與香港有關的問題時，都應遵守基本法的規定。
2.9.2 按照憲法第六十七條，解釋法律的權力屬於全國人大常委會，但這並不是說香港的法院審理案件中不能對基本法的條款進行解釋。而只是在香港法院作出最終判決前，對涉及國防、外交和其他屬於中央人民政府管理的事務的條款解釋問題的時候，才把案件之解釋提請全國人民代表大會常務委員會。
2.9.3 這個辦法是參考歐洲共同體的做法的。歐洲共同體有自己的法律，稱為歐洲共同體法，其下有很多成員國，他們都接受這個歐洲共同體法，並將之作為本國法律的一部份。
2.9.4 依照共同體的規定，共同體法的解釋權在於共同體法院，但案件的終審在其成員國法院，就是說解釋和終審權不在一個機構的手裡，但這樣就出現解釋上不一致的可能。歐洲共同體的解決方法是成員國法院如遇到需要共同體解釋的問題的案件，便在終局判決前，把問題向共同體法院提出，請共同體法院作出解釋，然後成員國法院再根據這解釋對案件作出判決，共同體條約對這就作了規定。
2.9.5 英國作為共同體成員接受了這個辦法，而英國也曾有幾個案例是接受了共同體的解釋，並按著決定去處理，但英國並不認為這辦法損害了英國的司法獨立。
2.9.6 中國與香港的司法解釋權問題與此相似，因為今後解釋權在全國人大常委會，但終審權卻在香港特區終審法院，而需要提請全國人大解釋的，亦只是基本法中的一小部份，就是有關國防、外交及其他屬於中央管理的事務的條款，事實上中國建國四十年以來，人大常委會解釋憲法的例子很少，何況是香港，所以將來實際由人大常委替香港解釋的情況會更少。
2.9.7 有人認為中央既然把高度自治權給了香港特區，便不應去干預屬於高度自治範圍的事，當然中央將高度自治權給了香港，就是說這一部份事情由特區去管，中央不會管，但這是除卻了在基本法內明確規定的一些事務，這些事務是應經中央決定，或備案的。而人大常委解釋基本法是要從基本法的條文原則和精神出發，就是「高度自治」和「一國兩制」，而非隨心所欲的解釋，否則便是修改基本法了。至於屬於香港高度自治範圍的，當解釋基本法時，中央就不干預。

2.9.8 另外，在解釋時還有一層保證，就是基本法委員會，這個委員會是有一定足夠比例的香港代表參與的，這便能夠充份反映香港方面的意見，而人大常委在解釋法律之前，是先要交基本法委員會去研究及提出建議的，人大常委對於基本法委員會經過研究提出來的意見，肯定會尊重，就如現在起草委員會寫了這本基本法，最後向人大提出草案，人大是會尊重草委提出來的草案的。
2.9.9 但若從法律規定人大或人大常委只能接受基本法委員會的意見，不可作任何改變，這是有困難的，因這會使人大變成一個非權力機關，而基本法委員會則變成權力機關。
2.9.10 曾有人建議將屬於國防、外交或屬中央管的事務的條款交由人大常委去解釋，而屬高度自治範圍內的條款則由香港法院來解釋，這個建議是值得考慮的，但是我們亦得考慮把一部法律文件一分為二的困難，因為條文與條文間是有關聯的。即使把它分開，如第三章、四章、五章、六章屬於高度自治範圍的條文，其他則屬中央人大常委管的。若按此劃分，香港特區在解釋第三章的條文時會否涉及第一章總則呢？因為總則是總的原則，適用於全部基本法；相反，中央解釋第一章、二章、九章時，會否涉及其他章節，而他又沒有解釋權呢？再者，這樣便會產生兩個解釋的機關，最後就各說各的，因而產生解釋上的矛盾。

※

⑤ 1988 年 8 月 26 日基本法諮詢委員會秘書處討論文件（二）《跟進問題（1）（第九、十六、十七、十八、二十二、一百六十九條及附件三）》

【P3】
6. 第一百六十九條
6.2 問題
i）人大常委會對基本法的立法解釋與香港法院對基本法司法的解釋有何分別？
ii）人大常委會對基本法解釋與香港法院享有終審權，在程序上的配合會是怎樣？
iii）「終局判決」的定義為何？
iv）由誰決定某一案件是否涉及國防、外交及其他屬於中央人民政府管理的事務的條款？

※

⑥ 1988 年 8 月 26 日基本法諮詢委員會秘書處參考資料（十）《人大、人大常委與法律解釋》

【P1-3】
基本法（草案）徵求意見稿多處，均有提到全國人民代表大會常務委員會。根據目前的條文，這委員會在審查香港法律是否符合基本法，修改基本法和解釋基本法的各方面，均有重要的作用。故此對這國家機構的瞭解，對討論有關的條文是極其重要的。尤其是其對法律解釋方面的職能。根據目前的建議，對香港的司法制度，有一定的影響。

全國人民代表大會的體制
根據中華人民共和國一九八二年憲法第三章關於國家機構的第一節第五十七條的註明，中華人民共和國全國人民代表大會是國家的最高權力機關，全國人民代表大會常務委員會是其常設機關。根據第五十八條的註明，全國人民代表大會和全國人民代表大會常務委員會兩者均同時具有為國家立法的權力。

根據第六十二條所載，全國人大的職權包括：修改憲法和監督憲法的實施；制定和修改刑事、民事、國家機構的和其他的基本法律；選舉國家主席和副主席；根據國家主席的提名決定國務院總理的人選；根據國務院總理的提名決定國務院副總理、國務委員、各部部長及其他行政機關負責人的人選；選舉中央軍事委員會主席及根據其提名決定中央軍事委員會其他成員人選；選舉最高人民法院院長及最高人民檢察院檢察長；審查和批准國民經濟和社會發展計劃及國家的預算，與及對以上工作執行的報告；改變或撤銷全國人大常委不適當的決定；批准省、自治區和直轄市的建置，及決定特別行政區的設立及其制度；最後，還有決定戰爭與和平的問題，和其他應當由最高國家權力機關行使的職權。此外，根據第六十三條，全國人大又有權罷免所有根據上一條由它選舉及決定的國家機關各負責人的權力。

根據憲法第五十九條的註明，全國人民代表大會乃由省、自治區、直轄市和軍隊選出來的代表組成，各少數民族都應有適當名額代表；而全國人大代表的選舉是由全國人大常委主持的。全國人大每屆任期五年，除非常情況外，人大常委必須在全國人大屆滿前兩月完成下屆全國人大的選舉。全國人大會議每年舉行一次，由全國人大常委召集；如人大常委認為必要，或全國人大代表五分之一以上提議，可臨時召集全國人大代表會議。全國人大舉行會議時，須選舉主席團主持會議。

全國人民代表大會常務委員會的體制

根據憲法第六十五條，全國人民代表大會常務委員會是由下列人員組成的：委員長、副委員長若干、秘書長、委員若干；此外，人大常委成員應有適當名額的少數民族代表；全國人大推選並有權罷免人大常委的成員，而且人大常委的成員不得擔任國家行政、審判和檢察機關的職務。全國人大常委每屆任期與全國人大相同，行使其職權直到下屆全國人大選出新的常務委員會為止；其次，便是委員長與副委員長連續任職不得超過兩屆。

全國人民代表大會和全國人民代表大會常務委員會在對於中國憲法上的功能的主要分別，除了兩者都有權在本身的職責範圍內制定和修改法律（全國人大負責「刑事、民事、國家機構的和其他的基本法律」，人大常委則負責此範圍以外的其他法律）外，便是國家憲法的修改權只屬全國人大。而解釋一切法律（包括國家憲法）的權力，卻屬人大常委。此外，人大常委對中國法律其實還有廣泛的職權，例如在全國人大閉會期間，在不與該法律的原本原則相抵觸下，對全國人大制訂的法律進行部份補充和修改、撤銷國務院制定的同憲法、法律相抵觸的行政法規、決定和命令，以及撤銷省、自治區、直轄市國家權力機關制定的同憲法、法律和行政法規相抵觸的地方性法規和決議。

解釋法律的權力

根據第六十七條，解釋法律（包括憲法）的權力屬於全國人民代表大會常務委員會；然而這職權是受到人大監督的，因為根據中國憲法第六十二條第十一項，全國人民代表大會有權「改變或者撤銷全國人民代表大會常務委員會不適當的決定」，這當然包括人大常委所作的關於一切中國法律（包括憲法）的解釋的決定。是以，雖然在慣性使用上，所有中國法律的解釋由人大常委所進行，但這卻並非表示人大常委對法律的解釋權是絕對的，因為憲法為全國人民大會保留了否定人大常委任何決定的權力。

立法解釋與司法解釋

全國人民代表大會常務委員會為應付解釋法律問題的工作，消除由於對法律條文理解不一致而產生的對法律的正確實施的影響，於一九八一年通過了「關於加強法律解釋工作的決議」。這決議把有關法律解釋的問題分作幾類，

實際是把各類別的法律功能，分派給有關的部門。決議中對法律解釋問題的分類如下：

「一、凡關於法律、法令條文本身需要進一步明確界限或作補充規定的，由全國人民代表大會常務委員會進行解釋或用法令加以規定。

二、凡屬於法院審判工作中具體應用法律、法令的問題，由最高人民法院進行解釋。凡屬於檢察院檢察工作中具體應用法律、法令的問題，由最高人民檢察院進行解釋。最高人民法院和最高人民檢察院的解釋如果有原則性的分歧，報請全國人民代表大會常務委員會解釋或決定。

三、不屬於審判和檢察工作中的其他法律、法令如何具體應用的問題，由國務院及主管部門進行解釋。

四、凡屬於地方性法規條文本身需要進一步明確界限或作補充規定的，由制定法規的省、自治區、直轄市人民代表大會常務委員會進行解釋或作出規定。凡屬於地方性法規如何具體應用的問題，由省、自治區、直轄市人民政府主管部門進行解釋。」

這個「決議」的效果，是把有關法律的具體應用的問題交由有關的政府機關進行，而法律條文本身需要進一步明確界限或作補充規定的則仍由人大常委本身負責（類似附屬立法）。這個決議亦首次說明了「立法解釋」、「司法解釋」與「行政解釋」並行的制度。「立法解釋」與「司法解釋」兩者有一定的關係。立法機關解釋法律，並非取代法庭上審案時對法律必須作出的解釋。也不能替代法庭對具體案件的審判工作及其在過程中引用法律的功能。這幾種並行解釋的一致性，由人大常委的立法解釋來統一，亦即「司法解釋」與「行政解釋」均要符合人大常委對那法律的解釋。為了保障司法獨立，人大常委在憲法下並無權撤銷最高人民法院和最高人民檢察院的決定。但人大常委在這決議中為本身保留了當這兩個機關對法律的解釋出現原則性的分歧時作出解釋或決定的權力。

※

⑦ 1988 年 9 月基本法起草委員會秘書處《內地各界人士對〈香港特別行政區基本法（草案）徵求意見稿〉的意見匯集》

【P22】

第一百六十九條

1. 還有一些涉及國家整體利益的事情，香港特別行政區法院是不能解釋的，這要作出規定。

2. 解釋權應屬於全國人民代表大會常務委員會，這一規定不能變。當然，在可以信任的前提下，人大也可以作出決定將解釋權的一部份授予特別行政區。

※

⑧《基本法諮詢委員會中央與香港特別行政區的關係專責小組對基本法（草案）徵求意見稿第一、第二、第七及第九章的意見匯編》，載於 1988 年 10 月基本法諮詢委員會《中華人民共和國香港特別行政區基本法（草案）徵求意見稿諮詢報告（1）》

【P50】

24. 第一百六十九條

24.1 有委員指出，人大常委會是政治機構，它並非透過法律程序去解釋法律，所以應該改由中國的最高人民法院解釋基本法。

24.2 有委員建議香港特別行政區法院可對案件先作判決，再由人大常委會審議，使香港法院的終審權更完整，不致拖延判決。

24.3 有委員認為，本條沒有說明人大常委會行使的是立法解釋權，而香港特別行政區行使的是司法解釋權，所以本條並不能解決立法與司法解釋權的衝突。

24.4 有的委員建議可參考法律專責小組對此條款的報告。（請參閱「法律專責小組對基本法（草案）徵求意見稿一些主要法律條文的意見匯編」及其附件二。）

※

⑨《基本法解釋權與香港特別行政區的司法制度》，載於 1988 年 10 月基本法諮詢委員會《中華人民共和國香港特別行政區基本法（草案）徵求意見稿諮詢報告（2）——專題報告》

【P33-42】

1. 前言

1.1 基本法解釋權的問題一直以來都備受爭議。這問題主要牽涉中央與特別行政區之間的關係，就是在「一國兩制」的前提下，如何能一方面保持國家對其地方行政區域的主權，另一方面又能靈活地使兩種不同的制度同時運作，並保持其原有的特性。

1.2 除了政治性的影響外，基本法解釋權的問題對香港的司法制度亦有直接而深遠的影響。將來特別行政區法院的運作、司法管轄權及終審權，以至整個司法架構的獨立性等，都會受到基本法解釋權的影響。

1.3 基本法解釋權的問題不單是法律界人士極表關注的問題，亦是關心「一國兩制」如何落實的人士所關注的課題。本報告旨在就此問題作一討論，首先把內地與香港現行的法律制度作一比較，然後闡述歐洲共同體解釋法律的制度與基本法（草案）徵求意見稿規定將來基本法解釋權的安排，並比較兩者的異同之處，作為討論基本法解釋權的背景資料。最後，本報告將歸納社會人士對基本法解釋權的問題的各種意見，及臚列各種建議和解決此問題的方法。

2.《中英聯合聲明》有關香港特別行政區司法體制的條款

2.1《中英聯合聲明》有關香港特別行政區將享有獨立的司法權和終審權的具體條文節錄如下：

2.1.1 附件一第一節：「香港特別行政區直轄於中華人民共和國中央人民政府，並享有高度的自治權。除外交和國防事務屬中央人民政府管理外，香港特別行政區享有行政管理權、立法權、獨立的司法權和終審權。」

2.1.2 附件一第三節：「香港特別行政區成立之後，除因香港特別行政區法院享有終審權而產生的變化外，原在香港實行的司法體制予以保留。」

2.1.3 附件一第三節：「香港特別行政區的審判權屬於香港特別行政區法院。法院獨立進行審判，不受任何干涉。」

3. 基本法（草案）徵求意見稿有關基本法解釋權的條款

3.1 基本法（草案）徵求意見稿列明，基本法的解釋權屬於全國人民代表大會常務委員會，其他具體程序如下：

3.1.1 第一百六十九條：「本法的解釋權屬於全國人民代表大會常務委員會。

全國人民代表大會常務委員會如對本法的條款作出解釋，香港特別行政區法院在引用該條款時，即應以全國人民代表大會常務委員會的解釋為準，但在此以前作出的判決不受影響。

香港特別行政區法院在審理案件時可對本法的條款進行解釋。如案件涉及本法關於國防、外交和其他屬於中央人民政府管理的事務的條款的解釋，香港特別行政區法院在對

案件作出終局判決前，應提請全國人民代表大會常務委員會對有關條款作出解釋。

全國人民代表大會常務委員會在對本法進行解釋前徵詢其所屬的香港特別行政區基本法委員會的意見。」

4. 法律的解釋權 —— 香港與內地之比較

4.1 香港與內地實行兩種不同的法律制度，前者採用普通法制度，後者則採用受歐陸法系影響較深的社會主義法系。

4.2 香港法制中的法律解釋

4.2.1 根據香港現行的法制，立法機關負責制定法律，司法機關則在處理具體案件時，可對案件所涉及的法律進行解釋，稱為「司法解釋」。

4.2.2 法院在解釋法律時，須考慮法律條文本身的含義，不可任意作出與該法律條文意義相違的解釋。

4.2.3 法院必須在審訊案件時，才可對有關的法律作出解釋。司法解釋必須從具體案件中產生，不能抽象性、原則性地解釋法律。

4.2.4 當一宗案件的判決涉及過去曾根據同樣的法律條文作出解釋時，法院可以遵照以往判例中對有關法律的解釋，亦可作出新的、不同的或補充性的解釋。新的解釋便可取代以前的解釋，而將來的案件亦要參照判例中對有關條文最新的解釋為準。

4.2.5 在普通法制度中，法院可以通過案件的判決，對有關的法律作進一步的補充和闡釋；而這些判例，也就成為法律的一部份。

4.2.6 倘若立法機關發覺司法機關對某法律條文的解釋有誤或該法律條文本身有漏洞，需要進一步明確界限和補充規定時，可以透過立法程序對有關法律進行修改，或制定新法例加以規定和補充。

4.2.7 立法機關對法律作出的修訂對法院已作的判決無影響，不具回溯力。但與修正後的法例有所衝突的判例，則不可再被引用，而法庭以後所作的判決，亦須以修正後的法例為依據。

4.2.8 此外，行政機關在處理事務時亦可解釋法律。例如行政機關可按照其對某法律的解釋而執行職務，但一旦有解釋上的分歧而需在法庭中解決時，則以法院在判決該案件時對有關法律的解釋為準。

4.2.9 總而言之，在普通法制度中，法院對現成法律的解釋是「至高無上」的，最具權威性的，一切法律的解釋最終都以法院的解釋為準。

4.3 內地法制中的法律解釋

4.3.1 根據內地採用的社會主義法系，立法、司法和行政機關均可以解釋法律，而且三者的解釋都具法律效力。

4.3.2 全國人民代表大會負責制定法律，但其常委會可在法律條文需要進一步明確界限或作補充規定時，對該法律進行解釋，或用法令加以規定之。人大常委會可在有需要時行使此項權力，無須有具體案件涉及有關法律時才行使。此謂「立法解釋」。

4.3.3 凡屬於法院審判工作中具體應用法律、法令的問題，由最高人民法院進行解釋。凡屬於檢察院檢察工作中具體應用法律、法令的問題，由最高人民檢察院進行解釋。這些都屬於「司法解釋」。當最高人民法院和最高人民檢察院的解釋有原則性的分歧時，則須報請全國人民代表大會常務委員會解釋或決定。除了法院和檢察機關對某法律的解釋有分歧外，當司法與立法機關的解釋有分歧時，以立法解釋為準。

4.3.4 至於不屬審判和檢查工作中的其他法律如何具體應用，則由國務院及主管部門進行解釋，此謂「行政解釋」。當行政解釋與立法解釋有原則性的分歧時，有關法律可報人大常委會研究，然後以其解釋（即立法解釋）為準。

4.3.5 總的來說，內地的法律可以由立法、司法及行政三方面解釋，但當解釋出現分歧時，則以立法解釋為準。

4.4 香港與內地制度的異同

4.4.1 在香港，立法機關如對某條法律作出補充規定或明確界限，實質上是相等於內地人大常委會對法律作出的立法解釋，兩者的效果都是相同的，但不同之處在於香港要對法律作出補充及界定時，須透過整個立法機關及一些正式程序，而內地的立法解釋則由人大常委會行使，不需透過整個立法機關 —— 全國人民代表大會。

4.4.2 普通法制度的一個特徵就是法院可以參考以往的判例對案件作出判決，所以法院對有關的法律所作的司法解釋，便成為法律的一部份。在歐陸法制和社會主義法制中，法院不能在判決案件時引用以往的判例作為依據，以往判例中對法律條文的解釋並不具法律效力。

4.4.3 香港的法院若對審訊中的案件所涉及的法律條文的解釋有疑問時，並沒有義務（亦沒有渠道）徵詢立法機關在草擬該法律時的原意，法院須按其本身對該法律的理解而判決案件。但在內地，法院若在審訊案件時對有關的法律條文的解釋有疑問，必須把該法律呈交人大常委會解釋，而且須按人大常委會的解釋而對案件進行判決。此外，當行政機關與司法機關對某法律的解釋有分歧時，亦須把法律呈交人大常委會解釋，亦以其解釋為準。

4.4.4 在香港，經立法機關修正後的法律並不影響法院已作的判決，同樣地，內地人大常委會作出的立法解釋亦無回溯力。

5. 歐洲共同體法律解釋程序與基本法解釋程序之比較

5.1 基本法（草案）徵求意見稿有關解釋基本法的程序的規定，是參考歐洲共同體法律解釋的安排而作出的。歐洲共同體與成員國之間的法律關係是基於兩項原則：（一）共同體法律直接有效；（二）共同體法律至上。

5.2 根據歐洲共同體的成立條約所規定，歐洲公義法庭對共同體法律有最終解釋權。成員國在審理一件涉及共同體法律的案件時，若面臨終局判決而再沒有上訴餘地的話，該國法庭必須把案件出現有關共同體法律的問題呈交歐洲公義法庭作答。成員國法院沒有任何權力解釋共同體法律。

5.3 根據基本法（草案）徵求意見稿第一百六十九條規定：「……香港特別行政區法院在審理案件時可對本法的條款進行解釋。如案件涉及本法關於國防、外交和其他屬於中央人民政府管理的事務的條款的解釋，香港特別行政區法院在對案件作出終局判決前，應提請全國人民代表大會常務委員會對有關條款作出解釋。」

5.4 基本法最高的解釋權屬於人大常委會，惟人大常委會在行使解釋權前須徵詢基本法委員會的意見。

5.5 比較歐洲共同體與基本法（草案）徵求意見稿有關解釋法律的安排，有下列異同之處：

歐洲共同體與成員國	中央與香港特別行政區
5.5.1 共同體法律對於成員國來說是一些外來的法律，並非由其國家的立法機關所制定。	基本法對於香港特別行政區，是一份憲制性文件，由國家的立法機關而非由特別行政區本身的立法機關所制定。
5.5.2 共同體成員國須遵守「共同體法律至高無上」的原則。成員國國內的法律與共同體法律相違者，均屬無效。	基本法是特別行政區的憲制性文件，比其他本地法律的地位為高。凡與基本法相抵觸的法律，均屬無效。
5.5.3 共同體的成員國是自願參加共同體的，參加後須遵守共同體的條約並受其約束，是屬自願性質的。	香港特別行政區由中央人民政府成立，將直轄於中央人民政府。基本法由中央立法機關所制定。基本法由人大常委會解釋是中國憲制的安排。

歐洲共同體與成員國	中央與香港特別行政區
5.5.4 共同體法律是以成員國在經濟、工業與能源方面的合作與發展為主，牽涉的範圍有限。	基本法是一份憲制性的文件，對特別行政區的政治、經濟、居民權利、文教及社會各方面都作出原則性的規定，牽涉的範圍廣泛。
5.5.5 歐洲公義法庭只負責解釋共同體法律，不負責制定法律。	人大負責制定和修改基本法，而其常委會則負責解釋。
5.5.6 歐洲公義法庭是一個司法機關。	人大常委會是一個立法機關的附屬機關。
5.5.7 歐洲公義法庭是由成員國分別派遣法官組成。	人大常委會是由全國人大代表互選組成，現在亦有來自香港的代表。將來香港特別行政區亦可能會有代表出任人大常委會，但並無硬性規定。
5.5.8 共同體成員國的法院無權解釋共同體法律。	特別行政區法院在審訊案件時可以解釋基本法。
5.5.9 當一件案件涉及共同體法律而又面臨終局判決時，成員國法院必須把有關法律呈交公義法庭解釋。	對於面臨終局判決的案件，特別行政區法院除不可解釋基本法中有關國防、外交和中央政府管理之事務的條款外，可以解釋基本法中其他條款，並無必要提交人大常委會解釋。
5.5.10 歐洲公義法庭解釋共同體法律前，並無需要徵詢任何機關。	人大常委會行使基本法解釋權前，須徵詢基本法委員會的意見。
5.5.11 英國是沿用普通法制度的國家，與歐洲共同體其他成員國的法律制度有別。	香港亦是沿用普通法制度的地區，與內地的法律制度有別。

6. 在香港特別行政區援用歐洲共同體法律解釋程序的各種意見

6.1 是否適用的問題

6.1.1 就法律解釋的問題上，中央與香港特別行政區的關係是否可以歐洲共同體與成員國的關係作為參考，社會人士有不同的意見。

6.1.2 有些意見指出，共同體與成員國之間是橫向的關係，但中央與特別行政區則有上下從屬的關係 —— 特別行政區將直轄於中央人民政府；所以兩者存在著根本的分別。

6.1.3 此外，亦有人認為共同體的成員國是自願參加共同體的，對解釋共同體法律的約束亦是基於各國自願簽署的條約；但中央在香港恢復行使主權，這是主權國的決定，而解釋特別行政區基本法的程序亦是由主權國決定，特別行政區是完全被動的。所以有意見認為，在香港特別行政區援用歐洲共同體解釋法律的程序是不恰當的。

6.1.4 但有意見則指出，英國本身亦是普通法國家，但英國自願加入歐洲共同體後，也可以接受歐洲共同體法律解釋的程序，並不認為這會損害其司法獨立和普通法制度的運作；這說明普通法制度與歐洲共同體法律解釋的程序是可以共存的，並沒有矛盾。

6.1.5 有意見認為，由於下列兩者的主要分別，歐洲共同體法律解釋的程序並不適宜引用於基本法的解釋程序裡：

6.1.5.1 歐洲公義法庭是一個司法機關，人大常委會是一個立法機關；

6.1.5.2 歐洲共同體法律解釋的程序有清楚的界定，而人大常委會則可隨時作立法解釋，不受限制。

6.2「終局判決」的定義

6.2.1 有意見認為，現時在基本法（草案）徵求意見稿中

對基本法解釋權的程序仍有其他不善之處。例如：何謂「終局判決」？有意見認為，只有終審庭對案件所作出的判決才算「終局判決」。但按照現時的制度，並非每件案件均有機會提交終審庭處理。另有意見則認為，當一件案件上達到某一個層次的法院，而根據法例或先例，無法再上訴時（例如：由於案件所涉及的款項所限，該案件最終只可上訴至高等法院），該院對該案件的判決便算是「終局判決」。

6.3 「國防、外交和中央人民政府管理的事務」的界定問題

6.3.1 至於如何界定一件案件有否涉及國防、外交和中央人民政府管理的事務的條款，有意見認為，這是很難清楚界定的；亦有意見認為，不應加入「中央人民政府管理的事務」一項，除因其範圍廣泛、難以界定外，也因為《中英聯合聲明》中只提及「國防」和「外交」兩項。

6.4 司法獨立問題

6.4.1 特別行政區法院須在終審涉及基本法某類條款的案件時，把有關條款提交人大常委會解釋。有意見認為，這樣會使特別行政區法院無法單獨地處理案件，危害司法獨立。

6.4.2 有意見指出，人大常委會若有權主動解釋基本法，意即人大常委會可以隨時（當其覺得有此必要時）解釋基本法。這樣會破壞特別行政區的司法獨立，干預特別行政區法院的審判。

6.5 司法運作的問題

6.5.1 有意見認為，按照徵求意見稿對基本法解釋權的安排，將會產生許多實際運作上的問題。例如：控方或辯方律師可以以案件涉及基本法中有關國防、外交等條款的解釋為理由，要求停止聆訊案件，直至人大常委會對有關條款作出解釋為止。這樣便會造成司法運作上許多的困難，嚴重影響法院的工作效率，亦影響司法獨立。

6.6 對司法制度的影響

6.6.1 有意見認為，現時對基本法解釋權的規定會破壞普通法制度，因為在普通法制度中，根本不容許立法機關對其所立的法律擁有最高解釋權。

6.6.2 此外，在普通法制度中，普通法國家的法院的判例是可以互相借用的。但人大常委會作為一個非普通法國家的非司法機關，其所作的判例是否仍能被其他普通法國家的法院所借用呢？其解釋又能否被其他普通法國家的法院接納為認可權威？有些人對這些問題都持懷疑態度。

6.6.3 有意見指出，歐洲公義法庭的成員是由各共同體成員國派遣法官組成的，對各國的情況都熟悉；但人大常委會對香港的情況未必熟悉，兩地亦實行不同的法律制度；況且香港是否會有代表在人大常委會仍未明朗，如何在香港選出人大代表更是未知之數。所以有意見認為，由人大常委會解釋基本法是不恰當的。

6.6.4 另有意見指出，歐洲公義法庭是一個純粹司法組織，但人大常委會則是個政治性機關，所以由人大常委會解釋基本法是違反司法獨立和普通法的精神的。

7. 基本法解釋權問題之癥結

7.1 對於基本法解釋權問題的討論，主要圍繞著司法管轄權、司法獨立、終審權和司法運作四方面。

7.2 基本法解釋權與司法管轄權

7.2.1 特別行政區法院審理的案件如涉及基本法關於國防、外交和中央人民政府管理事務的條款時，在終局判決前，須提請人大常委會解釋有關條款。有意見認為，這樣的安排會削減特別行政區法院的司法管轄權。

7.2.2 有意見則指出，就算法院的司法管轄權有所規限，但在有限的管轄權內，法院獨立地運作，不受任何干預的話，那麼該法院其實是享有司法獨立。法院的管轄權受到限制，也是普通法制度中常有的。若以法院的司法管轄權受到限制，而指法院的司法獨立受到侵擾，這論點是不成立的。

7.3 基本法解釋權與司法獨立

7.3.1 人大常委會擁有對基本法的最終解釋權，而且當其認為有需要時，可以主動行使解釋權。有意見認為，這會容許中央人民政府隨時干預特別行政區法院的運作，危害司法獨立。

7.3.2 就算中央沒有主動解釋基本法，特別行政區法院也需要在終局判決與上述三類條款有關的案件時，把條款呈交人大常委會解釋。這樣的安排實際上會使法院無法單獨地判決案件，故司法獨立亦無法維持。

7.4 基本法解釋權與終審權

7.4.1 有意見認為，既然《中英聯合聲明》已規定特別行政區將擁有終審權，那麼便應該是對所有案件的終審權。如上文所述，特別行政區法院在終局判決某些案件時須呈交有關條款給人大常委會解釋，有意見認為這是剝奪了特別行政區部份的終審權。

7.4.2 但有意見認為，倘若特別行政區法院對涉及國防、外交和中央人民政府的行政行為條款的案件都有終審權的話，便等於讓地方法院對涉及中央管轄權內的事務有終審權，在法理上是說不通的。

7.4.3 有意見認為，人大常委會所行使的立法解釋，其實只是對有關條款作出明確界限或補充規定，並不對案件本身作出判決，也沒有回溯力，故不會影響香港的終審權。

7.5 基本法解釋權與司法運作

7.5.1 特別行政區法院在終局判決案件時，若案件涉及上述三類條款的解釋，法院便不能繼續審訊，而要等待人大常委會對該等條款作出解釋後才可繼續。有意見認為這樣的安排會嚴重影響司法運作，大大減低法院的工作效率，亦會令人大常委會工作負擔甚重。

7.5.2 此外，基本法解釋權這些安排上的漏洞，會造成許多實際運作上的困難。例如：控辯任何一方可以以案件涉及國防或外交等條款為理由，要求中斷審訊，直至人大常委會作出立法解釋為止。這樣會令整個司法程序癱瘓，影響工作效率。

7.5.3 有不同意見則指出，除非法院在終局判決涉及基本法中關於國防、外交和中央人民政府行政行為的條款（在這情況下，法院必須把有關條款提請人大常委會解釋），否則法官可以自行判斷該案件有否涉及上述三類條款。控方或辯方若無故以案件涉及上述三類條款為理由，而要求中斷審訊時，法官可拒絕此項要求而令案件繼續進行。司法效率及運作其實不會受到基本法解釋權問題的影響。

7.5.4 持保留態度者則提出質疑，不知人大常委會是否接納個人（例如案中的控方或辯方）向其提出解釋基本法某些條款的要求。若人大常委會接納這些要求而作出解釋的話，特別行政區的司法運作便會受到干擾。

7.5.5 有意見則指出，從過去的歷史看來，人大常委會雖有法律的解釋權，但卻甚少行使此權力。所以擔心人大常委會會時常解釋基本法而使特區的司法運作受到影響，是不必要的。

8. 對基本法解釋權安排之建議

8.1 有關基本法解釋權的建議，是基於三類主要意見：

8.1.1 人大常委會不應擁有對基本法的解釋權 —— 解釋權應屬特別行政區終審庭、基本法委員會屬下的法律小組、或獨立的憲法法庭；

8.1.2 人大常委會與特別行政區應共同擁有對基本法的解釋權 —— 凡涉及國防、外交和中央與地方關係的條款由人大常委會解釋；凡涉及特別行政區內部事務的條款由特別行政區終審庭、基本法委員會屬下的法律小組或憲法法庭解釋；

8.1.3 人大常委會擁有對基本法的解釋權 —— 雖然人大常委會擁有對整部基本法的解釋權，但應在基本法中規定，特別行政區法院可在審訊案件時解釋基本法；此外，人大常委會可用自我約制的方法，不解釋純粹涉及特別行政區

內部事務的條款，或把解釋此類條款的權力下放或授權給特別行政區法院解釋。人大常委會亦可在解釋基本法前，諮詢基本法委員會的意見，藉此建立完全接受基本法委員會所提出的意見的「慣例」。

8.2 人大常委會不應擁有對基本法的解釋權

8.2.1 終審庭的建議 —— 既然在一九九七年後特別行政區將享有終審權，並設有一終審庭，那麼所有與基本法條文有關的案件都應可以上訴至終審庭中解決。終審庭在判決案件時可以解釋基本法，其司法解釋亦為最高的、具法律效力的。

8.2.2 基本法委員會法律小組的建議 —— 有意見提議在基本法委員會之下成立一個法律小組，專門就與基本法有關的法律問題進行研究。法律小組由內地及香港的司法界代表組成，其功能有如憲法法庭，擁有最終的基本法解釋權。

8.2.3 憲法法庭的建議 —— 在特別行政區設立憲法法庭，專門就涉及基本法的案件進行聆訊。此法庭須由內地及香港法官（或包括英國法官）所組成，負責就具體案件以普通法原則進行審訊。在審訊案件時，憲法法庭可對與案件有關的基本法條款進行解釋，其解釋為最終解釋，並具法律效力。對憲法法庭的組成，有下列的意見：

8.2.3.1 由香港與內地同等數目的法官組成；

8.2.3.2 由香港法官佔多數；

8.2.3.3 由香港與內地同等數目的法官組成，由外國（普通法法系國家）法官出任首席法官。

8.3 人大常委會與特別行政區共同擁有對基本法的解釋權

8.3.1 有建議主張把基本法的條款清楚劃分成兩類：一類關於國防、外交和屬於中央與特別行政區的事務，另一類則純粹涉及特別行政區的內部事務；前者由人大常委會解釋，後者的解釋權則屬特別行政區法院。

8.3.2 至於如何把基本法的條款劃分成兩類，有建議在基本法中明文規定人大常委會與特別行政區法院分別負責解釋的兩類條款。亦有建議最高的決定權可在人大常委會手裡，基本法委員會可提供意見。

8.3.3 有意見認為，人大常委會在解釋第一類條款時，可考慮香港法院曾對基本法其他條款所作的解釋，但不受其約束；香港法院在解釋第二類條款時，也須考慮人大常委會對其他條款的解釋，以保證相關的條款的解釋不會出現矛盾。

8.4 人大常委會擁有對基本法的解釋權

8.4.1 同意現時基本法（草案）徵求意見稿的規定，就是人大常委會擁有對基本法的解釋權，但特別行政區法院在審理案件時可以解釋基本法；只是當案件涉及基本法關於國防、外交和其他屬於中央人民政府管理的事務的條款的解釋，特別行政區法院在對案件作出終局判決前，應提請人大常委會對有關條款作出解釋。

8.4.2 有建議認為，人大常委會應自我約制，盡量不去解釋基本法與特別行政區內部事務有關的條款。有意見主張把這種「自律」的「指導原則」在基本法中明文規定。

8.4.3 有意見認為，人大常委會應正式下放權力，讓特別行政區法院擁有全權解釋基本法中有關內部事務的條款。有意見認為，這權力的下放是應該「沒有還回性」的，就是一經下放，人大常委會便不能再收回此權力。但亦有意見提出主權問題的考慮，認為下放的權力是應該可以隨時被主權所有者收回的。

8.4.4 有意見認為，人大常委會應建立一個傳統，就是凡基本法委員會所提出有關解釋基本法的意見，都會全被人大常委會接納。這建議是基於基本法委員會的成員和結構能夠充份代表港人意見而作出的。

9. 結語

9.1 基本法解釋權的問題不僅影響特別行政區的司法制度，對「一國兩制」能否落實，亦有關鍵性的影響。社會

各界人士所發表的意見主要集中在幾方面，有些是從政治角度考慮此問題，認為基本法解釋權屬人大常委會會影響司法獨立和港人的信心；有些是從英國的普通法制度著手，認為基本法解釋權應屬特別行政區終審法院；亦有些從中國的法制作為出發點，認為基本法既是中國的法律，解釋權屬人大常委會是可以接受的。

9.2 無論基本法解釋權的問題最終如何解決，不容忽視的是基本法既是中國法律系統的一部份，但基本法也規定了香港會繼續實行普通法；在「一國兩制」的前提下，要使兩種原來不同的法律制度能夠和諧運作，便需要從實際出發解決問題，不能單從一個角度提出解決辦法，應既做到符合「一國兩制」的精神，也維持香港原有的司法制度。因此，基本法解釋權的問題若能順利解決的話，就是「一國兩制」能夠真正落實的最好證明。

※

⑩ 1988 年 10 月基本法諮詢委員會《中華人民共和國香港特別行政區基本法（草案）徵求意見稿諮詢報告第五冊——條文總報告》

【P466-473】

第九章

第一百六十九條

2. 意見

2.1 對此條文的政治性影響的意見

2.1.1 主權問題

→ 特別行政區享有的是高度自治，而非獨立，故由人大常委會解釋基本法是主權的體現。

→ 人大常委會掌握對基本法的最終解釋權是無可厚非的，而任意或不合理地解釋基本法的危險程度其實甚低。

→ 在處理基本法解釋權這問題時不應時常用「體現國家主權」為借口。

2.1.2 人權問題

→ 若由法院解釋，可制約行政機關侵犯民權，對民權的保障較大。

→ 本港法院未能擁有基本法解釋權，是難以接受的，尤其在基本人權和公民責任方面，本港法院應有終審和解釋權，否則人權無從得到保障。

2.1.3 高度自治

→ 人大常委會是一個政治性機關，若由其解釋基本法，特別行政區的高度自治便形同虛設。

→ 如人大常委會享有基本法的解釋權，便可以隨時針對特別行政區作違憲審查，香港特別行政區便不可能享有高度和完整的自治權，只能依賴人大常委會的自我節制，在法理上完全沒有保障。

→ 中央人民政府的權力範圍沒有清楚界定，這會令「高度自治」大打折扣。

2.2 有關此條文在司法制度方面的影響

2.2.1 司法管轄權

→ 有關基本法解釋的矛盾，可用司法管轄權的規定解決，不需引用現有條文的提交程序。

→ 這條文對國防、外交的界定不清楚，使本來不屬於國防及外交的事務也可能被界定在其範圍內，那麼中央對該案件作出的解釋，便很可能影響到特別行政區法院的裁決。

2.2.2 司法獨立及終審權

→ 由人大常委會解釋基本法會影響特別行政區的司法獨立及其終審權。這與《中英聯合聲明》的規定是相違背的。

→ 根據現有條文的規定，中方可通過「解釋」左右香港法院的終審判決。

→ 解釋權屬於人大常委會的實際效果，不過是人大常委

會保留關於「國防、外交和其他屬於中央人民政府管理的事務的條款」的解釋權而已。此種權力在相當大程度上屬備而不用性質，所以不會影響特別行政區的司法獨立和終審權。

→ 此條文給予法院不少掣肘，令市民對司法獨立失卻信心。

2.2.3 普通法制度

→ 由人大常委會解釋基本法會損害普通法制度。

理由：

⊙ 人大常委會根據社會主義制度下中國的政策和法律去解釋基本法，必定會抵觸甚至損害普通法的運作。

⊙ 現時條文的解釋權安排是社會主義方式，絕非由法院解釋法律的普通法形式。

⊙ 在普通法制度下，法院應是一切訴訟的唯一審判機構。

⊙ 普通法系統的法院判例，是可以互相借用的，但若人大常委會有權解釋基本法，那麼經過其解釋時的案例，在別的國家審訊中再被借用時，就必然會出現無法解決的爭論——人大常委會作為非普通法國家的非司法機關，憑什麼解釋普通法的判例？其解釋能否在普通法的法庭中被接納為認可權威？

⊙ 違反法治精神。

2.2.4 司法運作

→ 特別行政區法院在終審涉及國防、外交等條款的案件前，須把有關條款提交人大常委會解釋，這程序會嚴重影響特別行政區法院的工作效率，使整個司法架構癱瘓下來。

→ 提交程序並沒有顧及案情本身的需要（如：涉及的基本法條款的解釋對判決是否必須？訴訟雙方是否故意把審判押後？押後審判對他們有何影響？），這會把審訊程序不必要地拖長和複雜化，而且與現時香港法院的運作有明顯的差別。

→ 內地與特別行政區的司法制度不同，由人大常委會解釋基本法會引起運作上的困難。

2.3 經濟方面的影響

→ 會影響世界各國來香港投資的信心。

理由：多數國家由獨立的司法機關解釋及執行法律，而非由中央的行政機關頒佈並解釋法律。

→ 全國人大既負責頒佈又負責解釋基本法的話，便沒有權力制衡可言。香港要保持其在國際上的地位，便需要有一獨立的司法機關負責解釋法律。

2.4 整體性意見

→ 此條文含糊不清。

→ 條文中沒有說明哪個機構有權決定案件是否涉及基本法中關於國防、外交和其他屬於中央人民政府管理的事務的條款。

→ 屬於「中央人民政府管理的事務」包含範圍太廣，不宜在條文中出現。

→ 基本法的解釋權問題不應援用歐洲共同體解釋法律的安排，因為共同體國家是橫向關係，解釋權以條約為基礎，中央與特別行政區是母子關係，原則不同。

→ 容易導致由一個機關壟斷解釋基本法的權力。

→ 此條文違反《中英聯合聲明》。

→ 贊成參考歐洲共同體解釋法律的安排。

3. 建議

3.1 基本法解釋權屬於特別行政區

→ 由特別行政區終審庭負責解釋基本法，並擁有對整本基本法的最高解釋權。

→ 由一獨立的憲法法庭負責解釋基本法，憲法法庭的成員包括來自內地及特別行政區的法律界人士。

→ 在基本法委員會之下設立一個法律小組，成員包括來自內地和特別行政區的法律界人士，此法律小組將有最高的解釋權。

→ 人大常委會與特別行政區共同擁有基本法解釋權。凡屬國防、外交和中央政府行政行為的條文由人大常委會解釋；屬特別行政區內部事務的條文由特別行政區解釋。

→ 由人大常委會在頒佈基本法後，作出一個「關於基本法解釋工作的議決」，將上述建議作出規定。

3.2 基〔本〕法解釋權屬人大常委會

→ 同意按現時第一百六十九條的規定，解釋權屬人大常委會，但特別行政區法院可在審訊案件時解釋基本法。當案件涉及基本法關於國防、外交和中央人民政府的行政行為的條文之解釋時，特別行政區法院須在終局判決前，把有關條文提交人大常委會解釋。

→ 人大常委會下放權力或授權給特別行政區，使特別行政區法院有全權解釋基本法中有關內部事務的條款。

→ 人大常委會應授權特別行政區法院可對基本法的所有條款進行解釋，以免妨礙法院的運作和影響法庭辦案的效率。

→ 人大常委會應建立一套傳統，凡基本法委員會所提出有關解釋基本法的意見，都會被人大常委會接納。

3.3 人大常委會採取下列自我約制的措施：

→ 進行自我約制，不對基本法中純粹涉及特別行政區內部事務的條款作解釋。

→ 人大或其常委會應本身作出決定，確保不會運用解釋權力去干預香港的高度自治。

→ 應在特別行政區法庭要求解釋的情況下，才可對基本法作出解釋。

→ 只可以解釋基本法內純粹法律性的條文，而不能解釋有關政策、制度等條文。

→ 只可以解釋基本法內純粹法律性的條文，而不能解釋有關政策、制度等條文。

3.4 其他建議

→ 基本法解釋權應屬基本法起草委員會。

→ 基本法解釋權應屬全國人民代表大會，非其常務委員會。

→ 基本法解釋權應屬特別行政區終審庭，否則中央最高人民法院應擁有其解釋權。

→ 當基本法條文在解釋上出現分歧時，應呈交海牙國際公義法庭解決。

3.5 對條文的具體建議

3.5.1 整體性建議

→ 簡化條文，並將有關用語詳加解釋。

→ 把《中英聯合聲明》列於附件中，以便作為解釋基本法時的依據和指標。

→ 本條提及國防、外交及中央人民政府管理的事務的範圍太廣，應將其範圍確定下來，並列入附件內。

→ 應把基本法委員會的有關規定列在此條文，而非在附件中。

→ 應把基本法委員會的有關規定列入附件中。

→ 應列明基本法委員會的成員至少三分之二為香港永久性居民。

3.5.2 修改建議

3.5.2.1 刪除

→ 「屬於中央人民政府管理的事務」一詞意義含糊，需清楚界定，或予以刪除。

→ 刪去第二款。

→ 刪除此條文。

3.5.2.2 修改

→ 把「國家行為」取代「其他屬於中央人民政府管理的事務」。

→ 把「終局判決」改為「終審決定」。

→ 第二款最後一句中的「應」字改為「須」字。

→ 用「需要」一詞代替「涉及」。

理由：若一件案涉及基本法條文的解釋時，意指該條文已在以往的案件中被解釋過；在這情況下，便不需要對該

條文再作新的解釋。

→ 第一款改為：「香港特別行政區法院擁有基本法的最終解釋權。」

→ 第一款改為：「本法的最終解釋權屬於全國人民代表大會常務委員會，香港特別行政區法院於正常情況下有解釋基本法內所有條款的權力。」

→ 改為：「香港特別行政區任何機關對基本法作出不適當的解釋時，得由人大常委會作出正確解釋。」

→ 改為：「特設法庭有權對整部基本法的條文分類，法庭認為不屬自治範圍的條文，其最高解釋權在法庭。在審案過程中，如案件涉及自治範圍以外的條文，而法庭認為該等條文的解釋對於案情是必須的，法庭可以進行解釋，但人大常委會的解釋為最終。」

→ 刪除「……但在此以前作出的判決不受影響」，改為：「若對本法的解釋有疑難時，應即向全國人民代表大會常務委員會提出解決的方案，沒有落實之前，不作任何判決；或在這之前因各種技術上錯誤而作出的判決，都要根據全國人大常委會的解釋而重審。」

→ 第三款最後兩句修改如下：「香港特別行政區終審法庭在對案件作出判決前，可提請全國人民代表大會常務委員會對有關條款作出解釋。」

→ 刪去第三款第一句內「香港特別行政區法院可」，改為「全國人民代表大會常務委員會依基本法第二條准許香港特別行政區法院」，並刪去第二句的「和其他屬於中央人民政府管理的事務」。加上「不過，在那情形下」和於第三款末加上「由香港法院決定應否押後全件案件待基本法條款的解釋或繼續進行案件內所不涉及那些事務的其他部份。」

3.5.2.3 增加
→ 第一款末加上：「人大常委會在解釋基本法時須考慮香港法院已對有關條文的解釋。」
第二款末加上：「除非有證明香港法院對某條文的解釋與中華人民共和國的主權和利益有所衝突，否則，人大常委會必須接受特別行政區的解釋。」

3.5.3 全條重寫
→ 改為：「全國人民代表大會常務委員會授權香港特別行政區法院在審理案件中對本法所有條款進行解釋。
香港特別行政區終審庭在審理案件時，如認為有必要對本法有關國防、外交和香港特別行政區高度自治範圍外的條款作出解釋，須提請全國人民代表大會常務委員會對上述條款作出解釋，而此解釋不影響以前作出的判決。
全國人民代表大會常務委員會解釋本法前，須徵詢香港特別行政區基本法委員會的意見。」

→ 改為：「本法的解釋權屬於全國人民代表大會常務委員會。
全國人民代表大會常務委員會藉本法授權予香港特別行政區法院在審理案件或按本法程序解釋本法時，對本法所有條款進行解釋。
全國人民代表大會常務委員會只保留對本法附件四所列的各項條款的最終解釋權。全國人民代表大會常務委員會如對該等條款作出解釋，香港特別行政區法院在引用該條款時，即應以全國人民代表大會常務委員會的解釋為準，但在此以前作出的判決不受影響。
全國人民代表大會常務委員會在對本法附件四所列的各項條款進行解釋前將先徵詢香港特別行政區基本法委員會的意見。
除本法第三章所列的各項條款外，本法其他各項條款可由全國人民代表大會常務委員會修改歸入附件四或從附件四刪除，但所有修改須先由香港特別行政區基本法委員會研究並通過。除依本條規定外，全國人民代表大會常務委員會將不會行使本法解釋權。」
（附件四為：「全國人民代表大會常務委員會保留對下列本法各項條款的最終解釋權：一、二、十、十一、

十二、十三、十四、十五、十六、十七、十八、十九、二十、二十一、一百三十七、一百三十八、一百五十八、一百六十、一百六十一、一百六十三、一百六十四、一百六十五、一百六十九、一百七十、一百七十一、一百七十二。」)

→ 改為：「本法的解釋權屬於全國人民代表大會常務委員會。全國人民代表大會常務委員會授權香港特別行政區法院在審理案件時可對本法的條款進行解釋。但終審案件涉及本法關於國防、外交和其他屬於中央人民政府管理的事務的條款時，香港特別行政區應通過行政長官提請全國人民代表大會常務委員會屬下香港特別行政區基本法委員會對有關條款作出說明。
全國人民代表大會常務委員會委託香港特別行政區基本法委員會對本法關於國防、外交和其他屬於中央人民政府政策管理的事務的條款進行說明，該委員會發出的說明文件對香港特別行政區法院的終局判決有約束力。」

→ 改為：「本法的解釋權屬於全國人民代表大會常務委員會。香港特別行政區法院可以對本法中所有條款進行解釋。本法中關於香港特別行政區自治範圍內的條款，全國人民代表大會常務委員會將授權予香港特別行政區法院在審理案件中全權進行解釋。全國人民代表大會常務委員會如對本法中關於香港特別行政區自治範圍外的條款作出解釋，香港特別行政區法院引用該條款時，即應以全國人民代表大會常務委員會的解釋為準，但在審理中的案件和在此以前作出的判決不受影響。全國人民代表大會常務委員會在對本法進行解釋前將先徵詢香港特別行政區基本法委員會的意見。
本法中第三、四、五、六、十各章的所有條款皆為香港特別行政區自治範圍內的條款。其他各章的條文是否屬於香港特別行政區自治範圍內可由香港特別行政區法院或全國人民代表大會常務委員會決定。全國人民代表大會常務委員會在作出決定前先徵詢香港特別行政區基本法委員會的意見。全國人民代表大會常務委員會的決定為最後的決定。」

→ 改為：「本法的解釋權屬於全國人民代表大會常務委員會。全國人民代表大會常務委員會授權香港特別行政區法院，在審理案件時，得對本法的條款進行解釋。
全國人民代表大會常務委員會保留對本法第三章外的條款的解釋權：全國人民代表大會常務委員會的解釋為準，但在此以前作出的判決不受影響。此解釋亦不影響香港特別行政區對第三章的解釋。全國人民代表大會常務委員會在對本法第三章外的條款進行解釋前，徵詢其所屬的香港特別行政區基本法委員會的意見。」

→ 改為：「本法的解釋權屬於全國人民代表大會常務委員會，香港特別行政區可以對本法作出解釋。本法中有關香港特別行政區自治範圍的條款，全國人民代表大會常務委員會授權香港特別行政區法院在審理案件中全權解釋。如案件涉及本法關於國防、外交的條款的解釋，香港特別行政區法院在對案件作出終局判決前，應提請全國人民代表大會常務委員會對有關條款作出解釋。
全國人民代表大會常務委員會在對本法進行解釋或決定本法條文是否屬特別行政區高度自治範圍前，應徵詢香港特別行政區基本法委員會的意見。」

→ 改為：「本法除第二、三、四、五、六及十各章的所有條款皆為本法特別行政區自治範圍內的條款外，其他各章的條文的解釋權可以屬於全國人大常委會。香港法院在引用本法規定關於香港自治範圍外的其他各章的條文時，即應以全國人大常委會的解釋為準。但在審理中的案件和在此以前作出的判決不受影響。全國人大常委會在對本法規定關於香港自治範圍外的其他各章的條文進行解釋前亦徵詢其所屬的香港基本法委員會的意見。香港法院在審理案件時可對本法的全部條款進行解釋。如案件涉及本法關於國防、外交和本法第二章第十八條中規定涉及中央人民

政府的行政行為問題的條款，香港法院在對案件作出終局判決前，應通過香港立法機關向全國人大常委會諮詢解釋的意見。如全國人大常委會在徵詢香港基本法委員會後不滿香港法院在審理案件時的解釋，可交由香港立法機關進行辯論通過解釋，以至提交香港終審法庭作最後裁決。」
理由：本法第二、三、四、五、六及十各章均屬香港高度自治範圍內者，尤其第二章第十七及第十八條所規定，如不以香港立場作解釋，易給當權者歪曲解釋，後果不堪設想，故應詳列本法第二章第十八條的中央人民政府行政行為的範圍，不能含糊不清，以免被人作為把柄。香港法院在判決前應徵詢人大常委會對解釋的意見。但要通過立法機關作徵詢，方便人大常委會不滿香港法院作解釋時在立法機關辯論，最後交香港終審法庭作裁決。
→ 改為：「人大常委會授權香港特別行政區法院可對基本法內所有條款進行解釋。關於國防、外交的條文，人大常委會作出的解釋對特別行政區法院具約束力（但在審理中的案件和在此以前作出的判決不受影響）。人大常委會在對本法進行解釋前，應先徵詢香港特別行政區基本法委員會的意見。」
→ 改為：「本法的解釋權屬於全國人民代表大會常務委員會。
香港特別行政區法院，可以對本法中所有條款進行解釋。本法中關於香港特別行政區自治範圍內的條款，全國人民代表大會常務委員會將授權香港特別行政區法院在審理中全權解釋。全國人民代表大會常務委員會，如對本法中關於香港特別行政區自治範圍外的條款，作出解釋，香港法院應以人大常委會定的解釋為準，但全國人大常委會在對本法解釋前，將先徵詢香港特別行政區基本法委員會之意見。」
→ 改為：「本法的解釋權屬於全國人民代表大會常務委員會。
全國人民代表大會常務委員會授權香港特別行政區法院全權解釋屬於香港特別行政區自治範圍內的基本法條款。全國人民代表大會常務委員會如對本法中關於香港特別行政區自治範圍以外的條款（例如國防、外交）作出解釋，香港特別行政區法院引用該條款時，應以全國人民代表大會常務委員會的解釋為準。但在審理中的案件和在此以前作出的判決不受影響。
本法中第三、四、五、六、十章的所有條款，皆為香港特別行政區自治範圍內的條款。其他各章的條文是否屬於香港特別行政區自治範圍內，可由香港特別行政區法院或全國人民代表大會常務委員會決定。全國人民代表大會常務委員會在作出決定前，應先徵詢香港特別行政區基本法委員會的意見。全國人民代表大會常務委員會的決定為最後決定。」
→ 改為：「本法的解釋權屬於全國人民代表大會常務委員會。香港特別行政區法院可以對本法作出解釋。本法中有關香港特別行政區自治範圍內的條款，全國人民代表大會常務委員會將授權香港特別行政區法院在審理案件中全權進行解釋。如案件涉及本法關於國防、外交的條款的解釋，香港特別行政區法院在對案件作出終局判決前，應提請全國人民代表大會常務委員會對有關條款作出解釋。
全國人民代表大會常務委員會在對本法進行解釋或決定本法條文是否屬特別行政區高度自治範圍前，應徵詢香港特別行政區基本法委員會的意見。」
→ 改為：「全國人民代表大會常務委員會在對本法進行解釋前將先徵詢香港特別行政區基本法委員會的意見。
本法中第三、四、五、六、十各章所有條款皆為香港特別行政區自治範圍內的條款。其他各章的條文是否屬於香港特別行政區自治範圍內可由香港決定。全國人民代表大會常務委員會在作出決定前將先徵詢香港特別行政區基本法委員會的意見。全國人民代表大會常務委員會的決定為最後決定。」

改為：「本法的解釋權屬於全國人民代表大會常務委員會。香港特別行政區法院在審理案件時可對本法的條款進行解釋。全國人民代表大會常務委員會如對本法的條款作出解釋，香港特別行政區法院在引用該條款時，即應以全國人民代表大會常務委員會的解釋為準，但在此以前作出的判決不受影響。全國人民代表大會常務委員會在對本法進行解釋前，徵詢其所屬的香港特別行政區基本法委員會的意見。」
→ 改為：「本法的解釋權屬於全國人民代表大會常務委員會。全國人民代表大會常務委員會授權香港特別行政區法院在審理案件時，全權解釋本法中不關於國防、外交和其他按本法屬於中央人民政府管理的事務的條款。除香港特別行政區終審法院外，香港特別行政區法院在審理案件時也可解釋本法中關於國防、外交和其他按本法屬於中央人民政府管理的事務的條款。香港特別行政區終審法院在審理案件時，如有需要解釋本法中關於國防、外交和其他按本法屬於中央人民政府管理的事務的條款，則該法院在作出終局判決前，須提請全國人民代表大會常務委員會對有關條款作出解釋。全國人民代表大會常務委員會如就上述提請對本法中關於國防、外交和其他按本法屬於中央人民政府管理的事務的條款作出解釋，香港特別行政區法院在引用該條款時，即應以該解釋為準，但在此以前作出的判決不受影響。全國人民代表大會常務委員會在對本法進行解釋前徵詢其所屬的香港特別行政區基本法委員會的意見。」
→ 改為：「本法的解釋權屬於香港特別行政區法院。惟遇到有關外交和國防之法律範圍時，則應以人大常委會的解釋為準，但在審理中的案件和在此以前作出的判決不受影響。」
→ 改為：「本法的解釋權屬於全國人民代表大會常務委員會。香港特別行政區法院可以對本法中所有條款進行解釋。本法中關於香港特別行政區自治範圍內的條款，全國人民代表大會常務委員會將授權予香港特別行政區法院在審理案件中全權進行解釋。全國人民代表大會常務委員會如對本法中關於香港特別行政區自治範圍外的條款作出解釋，香港特別行政區法院引用該條款時，即應以全國人民代表大會常務委員會的解釋為準，但在審理中的案件和在此以前的判決不受影響。」
→ 改為：「本法的解釋權屬於全國人民代表大會常務委員會。香港特別行政區法院在審理案件時可對本法的條款進行解釋，全國人民代表大會常務委員會對本法條款作出解釋時，應以全國人民代表大會常務委員會的解釋為準，但此以前作出的判決不受影響。全國人民代表大會常務委員會在對本法進行解釋前應徵詢其所屬的香港特別行政區基本法委員會的意見。」

4.待澄清問題
→ 既然香港享有高度自治權，為何全國人大常委會擁有基本法的解釋權？
→ 按照本條第三款，香港特別行政區法院還算不算對該等案件有審判權？
→ 基本法的解釋權是落在黨的手裡抑或是有一套完備的法制去監管其解釋的原則、程序？
→ 中國憲法第六十二條規定全國人民代表大會有權「改變或者撤銷」其常委會的決定。若人大常委會對基本法進行解釋後被人大撤銷，那麼特別行政區法院是否仍須接納入大常委會的解釋？
→ 這條文沒有說明由哪一個機關去決定案件是否涉及基本法中關於國防、外交和其他屬於中央人民政府管理事務的條款。香港法庭是否擁有此權力？如果不是的話，是否由全國人大常委會擁有呢？若然，那是不是要求人大常委會監視香港法院審理的每一案件，看其是否涉及上述基本法條款呢？

→ 由誰決定哪些條款屬國防、外交事務？
→ 「中央人民政府管理的事務」與「中央人民政府的行政行為」有何不同？

※

⑪ 1989 年 1 月 9 日《中央與香港特別行政區關係專題小組對條文修改情況的報告》，載於 1989 年 1 月《中華人民共和國香港特別行政區基本法起草委員會第八次全體會議文件匯編》

【P8】

四、關於基本法的解釋權。在解釋權問題上，這次作了兩點重要修改：（一）為了擴大香港特別行政區法院解釋基本法的權力，將徵求意見稿第一百六十九條第二款改為「全國人民代表大會常務委員會授權香港特別行政區法院在審理案件時對本法關於香港特別行政區自治範圍內的條款自行解釋。」由於這項授權，全國人大常委會對香港特別行政區法院在審理案件時涉及的基本法關於香港特別行政區自治範圍內的條款不作解釋。（二）為了使香港法院提請全國人大常委會解釋基本法不致太多太濫，在第一百六十九條第三款中規定，香港特別行政區法院在審理

案件時，提請全國人大常委會對基本法關於中央人民政府管理的事務或中央和香港特別行政區關係的條款進行解釋，必須是：1. 該條款的解釋「影響到案件的判決；2. 此項申請只能由香港特別行政區終審法院提出。

※

⑫ 1989 年 2 月 15 日姬鵬飛《關於提請全國人大常委會審議〈中華人民共和國香港特別行政區基本法（草案）〉及有關文件的報告》

1. 關於基本法解釋權，基本法（草案）第一百五十七條規定，基本法的解釋權屬於全國人大常委會。同時，該條還對解釋權的行使作了相應的規定。根據我國憲法規定，解釋法律是全國人大常委會的職權之一。因此基本法的解釋權屬於全國人大常委會是無可置疑的。但另一方面，基本法（草案）第一百五十七條又規定「全國人大常委會授權香港特別行政區法院在審理案件時對本法關於香港特別行政區自治範圍的條款自行解釋」。考慮到香港特別行政區的特殊情況，作為實行高度自治的地方行政區域，授權香港特別行政區法院就其自治範圍內的條款自行解釋也是必須的。

第九稿

「**第一百五十八條**　本法的解釋權屬於全國人民代表大會常務委員會。
全國人民代表大會常務委員會授權香港特別行政區法院在審理案件時對本法關於香港特別行政區自治範圍內的條款自行解釋。
香港特別行政區法院在審理案件時對本法的其他條款也可解釋。但如香港特別行政區法院在審理案件時需要對本法關於中央人民政府管理的事務或中央和香港特別行政區關係的條款進行解釋，而該條款的解釋又影響到案件的判決，在對該案件作出不可上訴的終局判決前，應由香港特別行政區終審法院請全國人民代表大會常務委員會對有關條款作出解釋。如全國人民代表大會常務委員會作出解釋，香港特別行政區法院在引用該條款時，應以全國人民代表大會常務委員會的解釋為準。但在此以前作出的判決不受影響。
全國人民代表大會常務委員會在對本法進行解釋前，徵詢其所屬的香港特別行政區基本法委員會的意見。
〔1990 年 2 月 16 日《中華人民共和國香港特別行政區基本法（草案）》〕

①黃永恩《對有關中央與特區關係條文的意見》（1989 年 8 月 22 日中央與香港特別行政區的關係專責小組第三次會議附件三）

（二）第一百五十七條（基本法解釋權）
評議：香港的法治精神是香港安定繁榮的基石，而終審權更是法治精神的必要元素，我們堅決認為，香港特區法院在審理案件時必須擁有解釋全本基本法的最終權力，特區法院才能保有其終審權，若需要作出影響到案件的判決的解釋時，便必須交由全國人大常委作出解釋，那麼實際上該案件便是由全國人大常委作出判決，那麼香港特區法院便喪失了終審權，司法獨立及所謂「法治精神」也便蕩然無存。

※

②李福善《我對基本法（草案）的修改建議》（1989 年 9 月 20 日中央與香港特別行政區的關係專責小組第四次會議參考文件）

……這條文（編者按：第一百五十七條）引起一個很複雜的問題。假如駐守在特區內的「解放軍」拘捕了一個香港居民。那居民按照現有法律制度，可向法院申請「人身自由令」。法院便有審判該案的權力。但這問題也可能有關「國家行為」或「國防」或「中央與特區關係」。當全國人民代表大會常務委員會作出解釋時，終審法院也不能過問，那麼如何保障「人權」呢？又假如駐軍損壞了居民的房產，特區法院也遇上同上的困難。依照香港現有的法律制度和原則，居民在同樣情況下，可控訴律政司，要求政府賠償損失。但如此照第一百五十七條的規定，在全國人民代表大會常務委員會作出解釋後，居民的唯一申訴途徑是告到北京去，按國內的法律處理。那還說得上「香港特別行政區享有獨立的司法和終審權」嗎？

難題着實不少
現在的「香港總督」與將來的「香港特別行政區行政長官」身份不同。前者是香港的三軍總司令，駐港軍人如有越權或不法行動，居民雖然不能控訴港督，但可控訴政府的代表人（律政司，不）須告到倫敦去（編者按：原件剪報缺字，括號中乃依文脈推斷內容）。將來的行政長官不會是

香港特別行政區的三軍總司令，對駐港的三軍未有明文規定的管轄權。居民如受軍方的委屈，不能向行政長官或法院申訴，豈不是有冤無路訴？這是另一個死結。

還有，什麼是「自治範圍內」？什麼是「人民政府管理的事務」？什麼是「中央與特區關係」？何者為上述的條款？本法內沒有明確的分析。全國人民代表大會常務委員會需要憑空解釋，實又是一個難題。

最後，以原有的法律制度和原則而言，法律條文的解釋權全在法院。行政和立法機關（如全國人民代表大會常務委員會）只作條文上的修改而不行使解釋權的。話得說回來，中國憲法規定全國人民代表大會常務委員會對基本法有解釋權，這當然是最終解釋權。如何解開這個死結也是一個難題。

目前的體制
據我的瞭解，第一百五十七條有這樣的規定，大概是因為依照香港的現行司法制度，終審權在英國的樞密院。該院的組成，包括立法機關與行政機關的成員。如將來香港特區的終審法院不受中央控制，就無從體現中央的主權。再者，歐洲法庭也可解釋歐洲共同體國家的法律，並未有人說是損害了任何共同體國家的獨立終審權。在這方面，我有不同的看法。樞密院的終審權理論上是以樞密院的名義執行，實際執行終審權的不是樞密院的任何成員，而是樞密院的司法委員會。這個委員會是由英聯邦內資深的法官和法律界人士組成。可是全國人民代表大會常務委員會是由中央行政立法機關成員組成，而將來的香港特別行政區基本法委員會也未必是純粹由法律界人士組成，這是一個不同點。其次，在樞密院司法委員會作出終局判決之前，雙方當事人的律師有權在該司法委員會前申辯，而在將來的香港特區基本法委員會前，雙方律師有沒有申辯的權利，尚沒有決定，這是第二個不同點。還有，樞密院司法委員會的判決，以提供意見方式呈交，英女皇循例接受，隨即遵照該司法委員會意見將該案判處。至於將來全國人民代表大會常務委員會是否必定遵照香港特區基本法委員會所提供的意見，也沒有規定，這是第三個不同點。以上都是我有顧慮的原因。

至於歐洲法庭，是由條約產生，是數國一制，是幾個歐洲共同體的國家各自放棄部份終審權，讓給歐洲法庭，以便推行他們的共同經濟政策，將來中央對香港特區授予「一國兩制」和「獨立終審權」，似乎不宜左手給了全部，而右手取回一些。既發生矛盾現象，也有和《中英聯合聲明》不符的遺憾。

（編者按：剪報原刊於《明報》1989年2月20日）

應當作出修改
基於以上的理由，我認為解開上述幾個死結的最佳辦法，還是對基本法（草案）在經過第二次公開諮詢後，作出以下的修改：
二、第一百五十七條──建議將這條文改寫如下：
「本法的解釋權屬於全國人民代表大會常務委員會。全國人民代表大會常務委員會授權香港特別行政區法院在審理案件時對本法自行解釋。全國人民代表大會常務委員會對於有關國防、外交或中央與香港特別行政區關係的條款保留最終解釋權。於全國人民代表大會常務委員會作出該等條款解釋前，由香港特別行政區法院對該等條款所作出經已執行的判決不受影響。於全國人民代表大會常務委員會作出解釋後，香港特別行政區法院在引用該等條款時，應以全國人民代表大會常務委員會的解釋為準。香港特別行政區法院在審理案件時，如遇有需要對全國人民代表大會常務委員會所保留最終解釋權的本法條款作出解釋時，香港特別行政區律政司有權向法院申請將該上述條款先由全國人民代表大會常務委員會進行解釋。全國人民代表大會常務委員會對本法條款進行解釋前徵詢

其所屬的香港特別行政區基本法委員會的意見。」

不得已求其次
以上的修改，與基本法（草案）的原意大致相同，不過界限分得較為明確，而又避免法院需要自動向全國人民代表大會常務委員會請求解釋才可以作出判決，以免有干犯獨立司法權之嫌。事實上香港特別行政區律政司要對行政長官負責，而行政長官也要對中央負責。如遇有對中央利益有重大影響的案件，律政司職責所在，絕對不能坐視不理的。

以上的修改建議，全是我個人的意見，也不是我認為最滿意的。最好當然是全國人民代表大會常務委員會授權香港特別行政區法院解釋全部基本法條款。不過這建議既然不被接受，只好退而求其次。
（編者按：剪報原刊於《明報》1989年2月21日）

※

③ 1989年9月20日《中央與香港特別行政區的關係專責小組第四次會議紀錄》

第一百五十七條
1. 有委員建議本條第二段「全國人民代表大會常務委員會授權香港特別行政區法院在審理案件時對本法關於香港特別行政區自治範圍內的條款自行解釋。」中「授權」改為「授全權」，以保證只有特區法院才有權對基本法的有關條款自行解釋，其他機構沒有這權力。

2. 但有委員指出，縱使改作授「全」權，只意味人大常委會只授權特區法院對基本法的有關條款進行解釋，而不將權力授予其他本地機構，但這保證幫助不大，因為特區只有最高法院處理有關事情，人大常委亦不會將權力授予其他機構。但這並不表示人大常委不同時擁有有關條款的解釋權。況且，條文內已列明特區法院對有關條款可「自行」解釋，已經保證其他機構不會參與解釋。

3. 亦有委員提出，若本條改作「授全權」，而其他有類似字眼的條文有類似字眼（如第十三條），則仍用「授權」，若不能清楚界定分別，則會令涵意變得混亂。

4. 有委員認為香港的法治精神是香港安定繁榮的基石，而終審權更是法治精神的必要元素，故香港特區法院在審理案件時必須擁有解釋全本基本法的最終權力，特區法院才能保有其終審權，若需要作出影響到案件的判決的解釋時，便必須交全國人大常委作出解釋，那麼實際上該案件便是由全國人大常委判決，那麼香港特區法院便喪失了終審權，司法獨立及所謂「法治精神」也便蕩然無存。

5. 有委員建議本條文依照李福善草委的建議修改。
「本法的解釋權屬於全國人民代表大會常務委員會。全國人民代表大會常務委員會授權香港特別行政區法院在審理案件時對本法自行解釋。全國人民代表大會常務委員會對於有關國防、外交或中央與香港特別行政區關係的條款保留最終解釋權。於全國人民代表大會常務委員會作出該等條款解釋前，由香港特別行政區法院對該等條款所作出經已執行的判決不受影響。於全國人民代表大會常務委員會作出解釋後，香港特別行政區法院在引用該等條款時，應以全國人民代表大會常務委員會的解釋為準。香港特別行政區法院在審理案件時，如遇有需要對全國人民代表大會常務委員會所保留最終解釋權的本法條款作出解釋時，香港特別行政區律政司有權向法院申請將該上述條款先由全國人民代表大會常務委員會進行解釋。

全國人民代表大會常務委員會對本法條款進行解釋前徵詢其所屬的香港特別行政區基本法委員會的意見。」
原因：
（1）這建議刪去（草案）原文第二段「全國人民代表大會常務委員會授權香港特別行政區法院在審理案件時對本法關於香港特別行政區自治範圍內的條款自行解釋。」免去要考慮何謂「自治範圍」這樣不清晰的字眼。
（2）修改後的條文將中央人民政府管理的事務，中央與香港特區的關係更清楚而具體的界定為「有關國防、外交或中央與香港特別行政區的關係」。
（3）修改後的條文令特區擁有的權力更大。

6.有委員認為上述建議可以更簡短。如刪去第二段中：「於全國人民代表大會常務委員會作出該等條款解釋前；由香港特別行政區法院對該等條款所作出經已執行的判決不受影響。」然後在本段結尾加上：「但在此以前作出的判決不受影響。」

7.有委員認為李福善委員的修改有不清晰之處。
條文首先指出人大常委會對有關國防和外交等事務有最終解釋權。但在人大常委解釋有關條款前，特區法院依條款所作的判決不受影響，則表示若特區的判決是錯誤的，人大常委的解釋亦不能改正之前的錯誤，只能留待特區法院下次審案時才能依據人大常委正確的解釋。
委員恐怕起草委員不會同意這程序。故認為若特區法院在審理有關案件前先取得人大常委的解釋，並以此作依據去審判是較為合理的。

8.有委員指出有建議末段改為：「全國人民代表大會常務委員會在對本法進行解釋前『應』徵詢其所屬的香港特別行政區基本法委員會的意見。」
有草委指出此建議在草委會的討論中曾經提出，但不被接納。另一委員指出句子的文意已指出程序上會徵詢基本法委員會的意見，不必再加上「應」字。亦有委員認為硬性規定「應」徵詢基本法委員會，未必是最好的做法。
最後，委員同意本段可依第一百五十八條的寫法，改作：「全國人民代表大會常務委員會在對本法進行解釋前，先由香港特別行政區基本法委員會研究並提出意見。」

9.有委員指出李福善草委的修改意見雖然較（草案）的建議更好，但仍質疑為什麼只有律政司才有權向法院提出申請？

※

④1989年10月26日《基本法草案：基本法工商專業界諮委建議書》

【P9】
13.解釋權
建議：基本法草案第一百五十七條應該規定對基本法的解釋，須符合中華人民共和國對香港的基本方針政策。
解釋：第一百五十八條已經載有這一規定，原則上這一規定應同樣地包括在第一百五十七條內。

附件一：建議對基本法草案的修改
第157條
第一段應改為：「對本法關於中央人民政府管理的事務或中央和香港特別行政區關係條款的解釋權屬於全國人民代表大會常務委員會」
刪去第四段，加入：
「對本法的解釋須公正及寬鬆，以按照本法真正意向及精神使本法的目的得到充份的體現。」

「對本法的一切解釋須符合中華人民共和國對香港的既定的基本方針政策。」

※

⑤1989年11月30日基本法起草委員會秘書處《內地各界人士對〈中華人民共和國香港特別行政區基本法（草案）〉的意見匯集》

【P17】
第一百五十七條
1.本條授予特區的解釋權太大了，要防止香港法院對基本法條文作出背離「一國兩制」原則的解釋。（法學界人士）

2.基本法是由全國人大制定的，其解釋權理應屬於全國人大常委會。目前的規定基本上可以，不宜作大的修改。（國家有關部門）

※

⑥《基本法諮詢委員會中央與香港特別行政區的關係專責小組對基本法（草案）第一、第二、第七、第八、第九章、附件及附錄的意見匯編》，載於1989年11月基本法諮詢委員會《中華人民共和國香港特別行政區基本法（草案）諮詢報告第一冊》

【P57-59】
第一百五十七條
1.有委員建議，本條第二款「全國人民代表大會常務委員會授權香港特別行政區法院在審理案件時對本法關於香港特別行政區自治範圍內的條款自行解釋。」中「授權」改為「授全權」，以保證只有特別行政區法院才有權對基本法的有關條款自行解釋，其他機構沒有這權力。

2.但有委員指出，縱使改作授「全」權，只意味人大常委會只授權特別行政區法院對基本法的有關條款進行解釋，而不將權力授予其他本地機構，但這保證幫助不大，因為特別行政區只有最高法院處理有關事情，人大常委亦不會將權力授予其他機構。但這並不表示人大常委不同時擁有有關條款的解釋權。況且，條文內已列明特別行政區法院對有關條款可「自行」解釋，已經保證其他機構不會參與解釋。

3.亦有委員指出，若本條改作「授全權」，而其他有類似字眼的條文有類似字眼（如第十三條），則仍用「授權」，若不能清楚界定分別，則會令涵意變得混亂。

4.有委員認為，香港的法治精神是香港安定繁榮的基石，而終審權更是法治精神的必要元素，故香港特別行政區法院在審理案件時必須擁有解釋全本基本法的最終權力，特別行政區法院才能保有其終審權，若需要作出影響案件判決的解釋時，便必須交全國人大常委作出解釋，那麼實際上該案件便是由全國人大常委判決，那麼香港特別行政區便喪失了終審權，司法獨立及所謂「法治精神」也便蕩然無存。

5.有委員建議本條文作如下修改：
「本法的解釋權屬於全國人民代表大會常務委員會。
全國人民代表大會常務委員會授權香港特別行政區法院在審理案件時對本法自行解釋。全國人民代表大會常務委員會對於有關國防、外交或中央與香港特別行政區關係的

條款保留最終解釋權。於全國人民代表大會常務委員會作出該等條款解釋前，由香港特別行政區法院對該等條款所作出經已執行的判決不受影響。於全國人民代表大會常務委員會作出解釋後，香港特別行政區法院在引用該等條款時，應以全國人民代表大會常務委員會的解釋為準。

香港特別行政區法院在審理案件時，如遇有需要對全國人民代表大會常務委員會所保留最終解釋權的本法條款作出解釋時，香港特別行政區律政司有權向法院申請將該上述條款先由全國人民代表大會常務委員會進行解釋。

全國人民代表大會常務委員會對本法條款進行解釋前徵詢其所屬的香港特別行政區基本法委員會的意見。」

原因：（1）這建議刪去《基本法（草案）》原文第二段「全國人民代表大會常務委員會授權香港特別行政區法院在審理案件時對本法關於香港特別行政區自治範圍內的條款自行解釋。免去要考慮何謂「自治範圍」這樣不清晰的字眼。

（2）修改後的條文將中央人民政府管理的事務，中央與香港特別行政區的關係更清楚而具體的界定為「有關國防、外交或中央與香港特別行政區的關係」。

（3）修改後的條文更符合聯合聲明，亦確保特別行政區法院享有終審權。

6.有委員認為上述建議可以更簡短。如刪去第二段中：「於全國人民代表大會常務委員會作出該等條款解釋前；由香港特別行政區法院對該等條款所作出經已執行的判決不受影響。然後在本段結尾加上：「但在此以前作出的判決不受影響。」

7.有委員認為上述第5點的修改有不清晰之處。

條文首先指出人大常委會對有關國防和外交等事務有最終解釋權。但在人大常委解釋有關條款前，特別行政區法院依條款所作的判決不受影響，則表示若特別行政區的判決是錯誤的，人大常委的解釋亦不能改正之前的錯誤，只能留待特別行政區法院下次審案時才能依據人大常委正確的解釋。

委員恐怕起草委員不會同意這程序。故認為若特別行政區法院在審理有關案件前先取得人大常委的解釋，並以此作依據去審判是較為合理的。

8.有委員指出有建議第四款改為：「全國人民代表大會常務委員會在對本法進行解釋前『應』徵詢其所屬的香港特別行政區基本法委員會的意見。」

有起草委員指出此建議在起草委員會的討論中曾經提出，但不被接納。另一委員指出句子的文意已指出程序上會徵詢基本法委員會的意見，不必再加上「應」字。亦有委員認為硬性規定「應」徵詢基本法委員會，未必是最好的做法。

最後，委員同意第四款可依第一百五十八條的寫法，改作：「全國人民代表大會常務委員會在對本法進行解釋前，先由香港特別行政區基本法委員會研究並提出意見。」

9.有委員指出上述第5點的修改意見雖然較《基本法（草案）》的建議更好，但仍質疑為什麼只有律政司才有權向法院提出申請？

10.有委員指出對第十七條「中央」一詞的批評也適用於本條。上述第5點建議所用的「中央」一詞，也有同樣問題。有委員建議應規定基本法和所有其他適用於香港的法律都只由香港法院解釋，因為只有這樣的規定才會令人滿意和符合現行法律制度，根據第八條和第十八條香港的法律制度在九七年後予以保留。

※

【P64】
（9）基本法的解釋
建議：成立憲法法庭（在香港進行審判的聯合憲法法庭），仲裁有關基本法解釋的事情，如爭論哪些事務屬中央人民政府管理，或涉及中央與特區關係的條文。這解決方法比在人大之下設立一個基本法委員會可信得多，基本法委員會並沒有把其司法和政治功能區別開來。如設立上面建議的憲法法庭，第一百五十七條便要大幅修改。

無論如何，第一百五十七條仍叫人憂慮。有建議刪去要香港把任何問題提交人大常委會的規定，換句話說，人大常委會應授權香港特別行政區法院在審理案件時自行解釋基本法條款。

關於本條的另一意見認為，《中英聯合聲明》沒有規定基本法條款可由香港特別行政區以外的機關解釋，更遑論是有關中央（一個未經界定的名詞）的條款。

※

⑧ 1989 年 11 月基本法諮詢委員會《中華人民共和國香港特別行政區基本法（草案）諮詢報告第三冊──條文總報告》

【P263-267】
第一百五十七條
2.意見
2.1 整體
→ 本條最後一款「徵詢」一詞沒有特別的法律效力，因為「徵詢」不等於「接納」。
→ 在探討基本法解釋權時，應理解到英國法律制度下的法律解釋和內地所採納的法律解釋方法不同。這是一個相當重要的問題。
2.2 正面
→ 這條文已經大為改善，大概沒什麼問題了。
→ 基本法是中國憲法的一部份，基本法的解釋權屬人大常委會是無可爭論的。
2.3 反面
→ 強烈反對基本法的解釋權屬於全國人民代表大會常務委員會。
理由：
⊙ 這跟《中英聯合聲明》有所抵觸。《中英聯合聲明》附件一明確列出「香港特別行政區享有行政管理權、立法權、獨立的司法權和終審權」。
⊙ 解釋權單方面屬於中方，從根本上說整部基本法都是空的，因為基本法的解釋會變得面目全非，而香港人又沒有異議的權利。
⊙ 本條削減香港法院的司法獨立性，因為香港和中國有不同的政治文化，不同的法律用語，以及不同的立法方式和形式。
⊙ 如果香港對內的事務不是由香港自己全權解釋而要經人大常委會解釋，很懷疑香港會不會有「高度自治權」。
⊙ 基本法的解釋權若落在人民代表大會常務委員會的手，則它將會依照共產黨黨中央或主要領導人的意志來行事，曾經支持過愛國民主運動的、積極在香港推廣和參與民主運動的和對中共政權加以批評和表示不滿的人可能會被控以「叛國」罪名。
⊙ 解釋基本法應屬司法機構工作，而人大常委會並非一

個司法機構。

→ 修改後的條款實際上加強了中央的控制，因為增加了將「中央與香港特別行政區關係的條款」明文規定由人大常委會解釋。中央與香港特別行政區最易起糾紛的就是這種條款，現完全由中央自己解釋，香港特別行政區甚至連提出意見的權利都沒有，不合「高度自治」的原則。

→ 不接受這條文。

理由：兩個世紀的維護憲制經驗告訴我們，如果基本法的解釋權是落在一政治勢力手裡，而該勢力是很有可能違反基本法的，那麼便沒有人會信任基本法。

→ 本條很難執行。被告人可故意把基本法中關於國防事務的條文牽涉入其答辯，延遲案件的審判，爭取上訴。

2.4 保留

→ 這是一重要條文，仍有很多地方要澄清。例如，需界定何謂「香港特別行政區自治範圍內」、「中央人民政府管理的事務，或中央和香港特別行政區關係」。條文並沒有清楚說明，在審理案件時，誰有權決定某一條文是屬上述其中一類。況且，最後一款也沒有清楚說明人大常委會是否一般接納基本法委員會的意見。如果不清楚指明香港特別行政區法院的管轄權受到的限制並把這些限制盡量減少，市民對特別行政區的司法獨立的觀感便會受到嚴重的破壞，使他們懷疑高度自治這承諾的真確性。

3. 建議

3.1 刪除

→ 第二款刪去：「自治範圍」。

理由：

⊙ 「自治範圍內」的意思很模糊。

⊙ 如未來特別行政區的法院不能全面解釋基本法，特別行政區的司法獨立便會被削弱。

→ 刪去第三、四款。

3.2 修改

→ 改為「本法的解釋權屬於香港特別行政區法院。惟遇到有關外交和國防之法律範圍時，則應以人大常委會的解釋為準，但在審理中的案件和在此以前作出的判決不受影響。」

→ 第一款修改為：「對本法關於中央人民政府管理的事務或中央與香港特別行政區關係條款的解釋權屬於全國人民代表大會常務委員會。」

→ 第一款改為：「全國人民代表大會常務委員會授權香港特別行政區法院可對基本法內所有的條文進行解釋」。

理由：香港特別行政區的司法獨立，不應限制特別行政區法院對基本法的解釋權以免妨礙法院的運作和影響法院辦案的效率。

→ 第二款修改為：「香港特別行政區法院在審理案件時對本法其他條款也可解釋，但如香港特別行政區法院審理案件時需要對本法關於中央人民政府管理的事務或中央和香港特別行政區關係的條款進行解釋，而該條款的解釋又影響到案件的判決，在對該案件作出不可上訴的終局判決前，應由香港特別行政區終審法院請全國人民代表大會常務委員會對有關條款作出解釋，如全國人民代表大會常務委員會作出解釋，香港特別行政區法院在引用該條款時，應以全國人民代表大會的解釋為準，同時在此以前作出的判決無效。」

→ 第三款修改為：「若案件交由香港終審法院，而該法院判決後，行政長官向全國人民代表大會常務委員會提交案件的有關原則，由其作出解釋，或常務委員會亦可自行作出同樣提議。惟若該解釋不同於香港上訴終審法院時，在此以前作出的判決則不受影響。」

→ 第四款修改為：「全國人民代表大會常務委員會在對本法進行解釋前，必須先交由其所屬的香港特別行政區基本法委員會進行研究，並須依照該基本法委員會之研究結果進行解釋。」

→ 第四款修改為：「對本法的解釋須公正及寬鬆，以按照本法真正意向及精神使本法的目的得到充份的體現。」「對本法的一切解釋須符合中華人民共和國對香港的既定基本方針政策。」

理由：各章的許多條款在目前的《基本法（草案）》中僅作為意向的聲明，這些條款將對立法機關產生不適當的限制。此外，這些條款的意向不是為了創立出可由法院判決的法定權利。凡沒有在《中英聯合聲明》中作出規定的條款，均應按照上述建議作出修改。以使基本法的目的及意向得到充份的體現。

→ 最後兩句修改為：「全國人民代表大會常務委員會在對本法進行解釋時所作之任何決定，需得其所屬的香港特別行政區基本法委員會三分之二多數通過。」

3.3 增加

→ 第一款「解釋權」前加上「最終」。

→ 第二款加上「其範圍首先由香港有關法院取決。」

→ 第二款加上：「該範圍由在香港負責第一審的適當法院決定。」

→ 在「徵詢」前加上「應」。

→ 在「徵詢」前加上「須」字。

理由：目前寫法並不完整。

→ 最後加上「經雙方同意後，由全國人民代表大會常務委員會進行解釋。」

→ 最後一款加上：「並須經該委員會四分三委員贊同，才可行使本法的解釋權。」

3.4 其他

3.4.1 有關由特別行政區法院解釋基本法

→ 所有法律包括基本法的解釋應由香港的法院負責。

理由：

⊙ 否則會違反聯合聲明給予香港法院終審權的規定。

⊙ 中國現行憲制不能確保人大常委會對基本法作出適合於香港情況的正確解釋，而且，人大常委會解釋基本法的「立法解釋」，與開放社會的「司法解釋」，有本質區別。

→ 除了國防、外交事務外，基本法的解釋權應由香港特別行政區政府負責。

→ 為了體現法治精神及未來特別行政區司法獨立之貫徹，要求在香港設立終審庭，並且基本法之解釋權要賦予本港最高法院。

→ 應寫明解釋權由人大常委會授權香港特別行政區法院執行，而不需在作出終局判決前徵詢全國人大常委會之意見。如特別行政區法院解釋錯誤，可由全國人大常委會於事後指正，但不行使追溯力，而以後特別行政區法院在作同樣裁判時則以全國人大常委會的解釋為準。

理由：這樣可以體現真的「一國兩制」，香港特別行政區可有真正的自己的司法制度，安定人心。

3.4.2 有關設立憲法法庭

→ 應設一由知名國際法官組成的憲法法庭解釋基本法。

→ 建議由法院解釋基本法或者設立一憲法法庭。法庭的法官平均來自中國和香港特別行政區。然後由這些法官推選一名大家同意的法官出任庭長。庭長可來自任何一個管轄區，並只可在出現僵局時投票。憲法法庭的設立是可協調中國大陸和香港特別行政區不同的法律、社會背景。

→ 建議設立憲法法庭，以協助特別行政區在其自治範圍內解釋基本法條文，中港雙方可派同等數目有司法經驗的法官出任該庭法官。並在本條增加一款，規定憲法法庭在辯論過程中必須維護《中英聯合聲明》的精神。

→ 終審法院若不同意解釋，可把案件交憲法法庭仲裁。該法庭的決定為終局，對人大常委會和終審法院都有約束力。

→ 基本法之解釋權必須屬於立法會會同法院所組成之特別小組。

→ 全國人大常委會吸納中港最高法院首席法官和若干有名望的法學家組成專門機構，以便香港最高法院對基本法

的解釋為中央人民政府不滿意時作最後裁決。

→ 設立獨立專責委員會專責基本法解釋工作，而該委員會隸屬於全國人大和香港特別行政區政府，該會的委員由全國人大及香港特別行政區政府遣派，各佔一半。

→ 本法的解釋權屬於全國人民代表大會常務委員會。如遇香港特別行政區立法會對人民代表大會常務委員會的解釋有所爭議，而兩者未能取得共識，由人民代表大會常務委員會聯同香港的司法部成立獨立委員會尋求共識。

→ 中央與香港特別行政區關於基本法解釋有爭議而無法解決時，可以由中央最高法院及特別行政區最高法院齊選三人，再由雙方合選大陸及香港以外的法學家一人為主席，組織仲裁法庭解決。

→ 不應給予對法律有批准權、否決權的組織又具有解釋權，應由全國最高法院指定幾位法官加以解釋，而這幾位法官是長時間任命及不可隨便罷免的。

→ 最終解釋權應由一個有國際法官參與組成的法院負責。理由：本條現在對於牽涉中央與特別行政區關係這方面仍含糊不請，若不作修改，恐怕會令本港人士甚至國際間不相信本地司法制度獨立。

→「全國人民代表大會常務委員會」應由「基本法解釋委員會」所替代。
基本法解釋委員會由百分之五十內地人士和百分之五十香港人士所組成。內地人士可由全國人民代表大會常務委員會所委任，而香港人士則由民主、開放的提名和選舉方式產生，其中包括法律界人士，再由全國人民代表大會常務委員會任命。基本法解釋委員會委員任期為五年。基本法解釋委員會若對某一法例的解釋有 50% 對 50% 相持不下之情況，則由全國人民代表大會常務委員會作出最後決定。所作出的最後決定的理由需向全香港市民公開。

3.4.3 其他

→ 本條應該規定對基本法的解釋，須符合中華人民共和國對香港的基本方針政策。
理由：第一百五十八條已經載有這一規定，原則上這一規定應同樣地包括在本條內。

→ 所有對基本法的解釋皆應以國際普通法及人權法為依歸。

→ 本條規定香港法院自行解釋自治範圍內的條款。在這規定下，香港法院應有權決定案件是否屬於自治範圍，而不是由全國人大常委會決定，否則，本條不能運作良好。

→ 既然本法解釋權歸全國人大，人大應對每條都作出明確的解釋守則，以避免人為的錯誤和偏差。

→ 應界定何為「香港特別行政區自治範圍內的條款」。建議此為基本法中第三、四、五、六、十各章。

→「中央政府管理之事務」應予清楚界定，避免混淆，建議將「中央人民政府管理的事務」改為「關於國防、外交、國際事務」。

4. 待澄清問題

→「本法的解釋權屬於全國人民代表大會常務委員會」是否意味人大常務委員會有更高的權力可干涉任何已由香港特別行政區自治範圍內自行解釋的條款？

→ 在什麼情況下，人大常委必須「接納」基本法委員會的建議？

→ 第三款規定香港法院可對中央和香港特別行政區關係的條款進行解釋。究竟「中央」（Central Authorities）的意思為何？若指中央人民政府（Central People's Government），則其屬下的企業機構是否包括在內？而中央和香港特別行政區的關係是指哪些？

→ 全國人大常委會授權香港法院只限在審理案件時對自治範圍內的條款自行解釋。這是否表示全國人大常委會可以對基本法任何條款（包括香港自治範圍內的條款）作出在案件以外的解釋？

→ 何謂「香港特別行政區自治範圍內的條款」？

→ 何謂「中央人民政府管理的事務」？

→ 人大常委會授權特別行政區法院解釋權，人大常委會本身仍否有解釋權，草案的規定是否已足夠以香港法律限制人大常委會不能解釋基本法，若人大常委會作出解釋，是否違憲？

→ 由哪一方界定條款是否屬於中央人民政府管理的範圍或中央和香港特別行政區關係等高度自治範圍以外的事務；是特別行政區法院抑或人大常委會，是否要徵詢基本法委員會的意見？

→ 若人大常委會是合法地進行解釋的話，人大常委會作出的解釋是否也成為審判時的準則呢？

→ 特別行政區法院是否主動提出解釋的唯一機關，「草案」的規定，可否理解為法院在審理時認為案件不涉及中央人民政府事務，或者雖涉及中央人民政府事務但不影響判決均可完全獨立地審理案件，不受干預。

→ 六四天安門事件可見，香港人和北京政府關於中國憲法的解釋，有很大的分別。這種對法律條文解釋的巨大差距，一九九七年後難保不會在港重演，到時究竟以誰的解釋作準？

→ 人大常委會於解釋基本法有關條款前，只是徵詢基本法委員會的意見，顯示出人大常委會有太大的解釋權，應訂明港人有何種程度的參與和港人如何可以影響人大常委會的決定。

第十稿

「第一百五十八條　本法的解釋權屬於全國人民代表大會常務委員會。

全國人民代表大會常務委員會授權香港特別行政區法院在審理案件時對本法關於香港特別行政區自治範圍內的條款自行解釋。

香港特別行政區法院在審理案件時對本法的其他條款也可解釋。但如香港特別行政區法院在審理案件時需要對本法關於中央人民政府管理的事務或中央和香港特別行政區關係的條款進行解釋，而該條款的解釋又影響到案件的判決，在對該案件作出不可上訴的終局判決前，應由香港特別行政區終審法院請全國人民代表大會常務委員會對有關條款作出解釋。如全國人民代表大會常務委員會作出解釋，香港特別行政區法院在引用該條款時，應以全國人民代表大會常務委員會的解釋為準。但在此以前作出的判決不受影響。

全國人民代表大會常務委員會在對本法進行解釋前，徵詢其所屬的香港特別行政區基本法委員會的意見。」

〔1990 年 4 月《中華人民共和國香港特別行政區基本法》〕

①姬鵬飛《關於〈中華人民共和國香港特別行政區　　基本法（草案）〉及其有關文件的說明》（1990 年

二、關於中央和香港特別行政區的關係

根據憲法規定，解釋法律是全國人大常委會的職權。為了照顧香港的特殊情況，草案在規定基本法的解釋權屬於全國人大常委會的同時，授權香港特別行政區法院在審理案件時對本法關於特別行政區自治範圍內的條款可自行解釋。這樣規定既保證了全國人大常委會的權力，又有利於香港特別行政區行使其自治權。草案還規定，香港特別行政區法院在審理案件時對本法的其他條款也可解釋，只是在特別行政區法院對本法關於中央人民政府管理的事務或中央和特別行政區的關係的條款進行解釋，而該條款的解釋又影響到終局判決時，才應由香港特別行政區終審法院提請全國人大常委會作出解釋。香港特別行政區法院在引用該條款時，應以全國人大常委會的解釋為準。這樣規定可使香港特別行政區法院在審理案件時對涉及中央管理的事務或中央和特別行政區關係的條款的理解有所依循，不致由於不準確的理解而作出錯誤的判決。

本法的修改權屬於全國人民代表大會。

本法的修改提案權屬於全國人民代表大會常務委員會、國務院和香港特別行政區。香港特別行政區的修改議案，須經香港特別行政區的全國人民代表大會代表三分之二多數、香港特別行政區立法會全體議員三分之二多數和香港特別行政區行政長官同意後，交由香港特別行政區出席全國人民代表大會的代表團向全國人民代表大會提出。

本法的修改議案在列入全國人民代表大會的議程前，先由香港特別行政區基本法委員會研究並提出意見。

本法的任何修改，均不得同中華人民共和國對香港既定的基本方針政策相抵觸。

✿ 貳│概念

1. 《基本法》的修改權屬全國人大
2. 《基本法》修改的程序
3. 任何修改不得與既定方針政策相抵觸

✿ 叁│條文本身的演進和發展

第一稿 ▶

第九章

「第三條　基本法的修改權屬於全國人民代表大會。

本法總則所規定的各項基本原則不作修改。其餘部份的修改議案應由全國人民代表大會常務委員會、國務院或香港特別行政區向全國人民代表大會提出。」

〔1986 年 11 月 11 日《中央與香港特別行政區的關係專題小組工作報告》，載於《中華人民共和國香港特別行政區基本法起草委員會第三次全體會議文件匯編》〕

① 1986 年 2 月基本法諮詢委員會《諮委會第一分組有關基本法結構討論小結》

二、歸納與會者主要意見如下：

4. 關於基本法的解釋權和修改權

（編者按：原件模糊，缺漏文字難以辨清。）……基本法起

草過程是自下而上，最後由人大通過，如有修改，也應自下而上，先由港人討論草案，再交由人大或人大常委通過。

（編者按：原件模糊，缺漏文字難以辨清。）……年內，世界形勢有所發展，故修改也有其必要。但應列明修改程序。

（編者按：原件模糊，缺漏文字難以辨清。）……重要名詞解釋，如「負責」，可在附件中加以說明。

② 1986 年 2 月基本法諮詢委員會《第一批研討會總結》

（編者按：內容同上文）

③ 1986 年 2 月基本法諮詢委員會《第二批研討會總結》

關於基本法的修改問題，委員們有各種不同意見。有的認為基本法不應隨便修改，如非不得已，修改則必須經過嚴密的程序，從頒佈基本法到九七年這段期間如有修改，其程序亦應與初擬程序相同。另一種意見則認為香港是一個國際性城市，基本法中往往會涉及國際關係，而國際形勢每天在變，香港本身也在變，科技日新月異，故許多條文還是靈活些好。

④ 1986 年 2 月基本法諮詢委員會《第三批研討會總結》

4. 基本法的詳盡程度
有些委員還提出了一些問題，希望在基本法中，詳細闡述：
（4）基本法的解釋及修改權及程序：有些委員提出，既然基本法的終審權在香港，解釋權亦應在香港。至於基本法由誰來修改，有提議認為，草委與諮委在完成基本法起草後，仍可有非正式延續，在基本法要修改時，由草、諮委或類似組織進行；

⑤ 1986 年 2 月基本法諮詢委員會《第四批討論總結》

六、基本法的內容較為特別的提議，對將來制訂基本法有參考價值
5. 基本法內應該清楚寫明修改權及程序。委員認為如有修改應先徵詢港人意見，隨後交人大批准。

⑥ 1986 年 2 月基本法諮詢委員會《第五批研討會總結》

修改權 —— 不少委員均認為鑒於國際形勢的變化和香港的變化，基本法內的條文亦會隨此而有更改。甚至香港的政制問題，即使九七年形成以後，也應有變的餘地。故此，基本法應容許修改，但亦有委員提出基本法不要輕易改。至於修改權則應視不同條文而定出修改權，如一些重大原則的修改必須透過特別的程序，例如經過三分之二市民同意或全民投票解決。

⑦ 1986 年 2 月基本法諮詢委員會《第六批研討會

總結》

基本法可否分成兩部份：一部份包括如人權、司法獨立等原則，是不能修改的，另一部份則是比較靈活的，可以修改的。因基本法要經過 12 年的過渡期，及香港九七年後 50 年的社會發展，故亦有可能要作修改，以配合社會發展的需要，而有部份的解釋權亦可以留給香港。

⑧ 1986 年 4 月《香港各界人士對〈基本法〉結構等問題的意見匯集》（基本法起草委員會第二次會議參閱資料之一）

【P1】
關於《基本法》結構的方案和意見
一、方案
（方案一）6. 基本法的解釋和修改權屬。

【P3】
（方案四）2. 與憲法的關係：包括解釋、修訂之方法和中央如何授權香港特別行政區簽約和簽證件。

【P6-7】
（方案六）6. 基本法的修訂。

（方案七）6. 人大、中央政府與香港的關係：特別行政區政府有權解釋和修改基本法，涉及外交、國防中央才有權解釋。

（方案八）1. 基本法與中國憲法的關係：（3）基本法修訂的權力和程序。

【P11】
（方案九）12. 本法之修改和解釋。

【P13】
二、意見
9. 基本法中也要包括它的解釋和修改的權力和步驟。

【P17】
關於中央與香港特別行政區關係的意見
5. 關於中央與地方關係，應包括：
（5）基本法的解釋及修訂權分為兩部份——純屬香港內部問題的部份，解釋及修訂權應歸香港，而涉及香港與中國全局性關係問題部份，解釋及修訂權則歸由中央與香港地方會同解決。

【P80】
關於基本法解釋權及修改權的意見
二、關於修改權
（1）基本法的修改是個困難的問題，有兩個原則要考慮，一是中國的主權，二是香港的高度自治，基本法是中華人民共和國的法律，因此，只有全國人民代表大會才有修改權，但香港應能在某種程度上參與。

（2）基本法之修改，固需由全國人大通過，但其動議應來自香港，倘先由中國提出，則在提交人大前，應先行向港人充份諮詢。

（3）關於基本法的修改，中央和（香港）特區政府都可以提出修改動議。

（4）基本法的修改權應歸人大，修改的內容要符合《中英聯合聲明》。

※

⑨ 1986 年 4 月 22 日《中華人民共和國香港特別行政區基本法結構（草案）》，載於《中華人民共和國香港特別行政區基本法起草委員會第二次全體會議文件匯編》

【P17】
第九章　香港特別行政區基本法的法律地位和解釋、修改
（三）對基本法的修改

※

⑩ 1986 年 5 月 2 日中央和特別行政區關係專責小組第二次會議討論資料

【P6】
（四）基本法修改權
——程序

※

⑪《中央與特別行政區的關係專責小組初步報告》（1986 年 5 月 2 日中央和香港特別行政區關係專責小組第二次會議討論文件）

（編者按：此文件乃依據香港大學法學院圖書館的歸檔順序處理出處）

1. 基本法的修改權
1.1 雖然《中英聯合聲明》一經簽署便不可修改，但當社會環境及其他情況改變時，基本法的條文應相應改變。但基本法的修改程序應詳細訂明在基本法內。
1.2 基本法的修改權應在人大，因為這是國家主權的體現，但由於基本法直接影響香港的繁榮安定，所以香港人亦有權參與其事。
1.3 在人大之下設立一個特別的委員會，半數成員由香港人擔任。直接隸屬人大，所有關於基本法的修改事宜都事先徵詢該委員會的意見並由該委員會動議修改。
1.4 建議立法機關成員有權動議修改基本法。不過這樣會賦予立法機關過多的權力，超越《中英聯合聲明》的限定，亦使人大的職權和立法機關的職權產生混淆。
1.5 可以透過香港的人大代表或特區政府去提出修改基本法。另有意見認為任何香港人均可以提出修改基本法的意見，而正式的動議必須由人大成員提出。換句話說，提出修改的提議和正式的修改議案動議是不同的。
1.6 任何人均有權提出修改基本法的提議，但要有代表香港利益的委員會去研究所提出的議案，並確定該等意見得到港人的支持，如要得到三分之二以上香港人的同意，人大才能修改基本法。
1.7 香港應有權否決所修改的動議，以保障香港人的權利。

※

⑫ 1986 年 7 月 18 日《中央與特區關係專責小組第五次會議紀要》

4. 基本法的修改權：

委員認為人大應有修改基本法的權力，但由於這套法律直接影響香港的安定繁榮，所以香港人亦有權參與共事。就參與的方法，委員有不同提議：
4.1 在人大之下設立一個特別委員會，半數成員由香港人擔任，所有關於基本法的修改都事先徵詢該委員會的意見。
4.2 香港有權動議修改基本法：有委員贊成應該只有立法機關才有權動議修改基本法，另一委員認為這樣就賦予立法機關過多的權力，因此另一委員就提議要得三分之二以上香港人的同意，人大才能修改基本法。但就這問題，有委員指出動議修改權在哪一方面都沒有關係，只要香港有否決該動議的權，就可以保障香港人的權利。
4.3 亦有委員提議將修改基本法的程序詳細列明在基本法內。
4.4 有委員指出，聯合聲明中的某些基本精神，比如資本主義制度五十年不變，是絕對不容許修改的。

※

⑬ 1986 年 8 月 20 日《基本法結構專責小組初步報告》

【P33】

事項	意見	原因	意見出處
10.第九章「香港特別行政區基本法的法律地位和解釋、修改」			
10.3 第三節「對基本法的修改」	（1）提出如果修改基本法，可能會引致違反《中英聯合聲明》的問題。		專責小組六月三日會議

※

⑭ 1986 年 8 月 29 日《中央與特別行政區關係專責小組工作進展報告》（1986 年 8 月 30 日基本法諮詢委員會全體委員第二次會議文件）

【P12】
此外，小組在討論基本法的修改權與解釋權的問題上，也取得了較大的進展。委員們基本上都同意基本法為中國人民代表大會通過的法律，因此，它的修改權和最終解釋權應屬人大，在修改權方面，大家亦同意應有適當的渠道，讓香港人能參與此程序。至於應有些怎麼樣的渠道，委員們也提了一些意見，今後仍需進一步研究探討。

※

⑮ 1986 年 11 月 11 日《中央與香港特別行政區的關係專題小組工作報告》，載於《中華人民共和國香港特別行政區基本法起草委員會第三次全體會議文件匯編》

【P16】
第九章　香港特別行政區基本法的法律地位和解釋、修改
第三條
說明：委員們認為，為了保持香港的穩定與繁榮，基本法不宜輕易修改。本條第二款對基本法的修改作了比較嚴格的限制，基本法總則所規定的各項基本原則不作修改。這

裡指的是香港實行高度自治，享有行政管理權、立法權、獨立的司法權和終審權，保持原有的資本主義制度，不實行社會主義，五十年不變，生活方式不變，法律基本不變等等原則，在一九九七年以後的五十年內保持不變。

今後香港特別行政區將有自己的代表參加全國人民代表大會及其常委會的工作。他們可以代表香港對基本法的解釋和修改表示意見。為了使香港方面能夠有更多的機會參與

基本法的解釋和修改，委員們建議在全國人民代表大會或其常委會之下設立一個委員會，由內地和香港人士參加，負責就基本法的解釋和修改以及香港特別行政區制定的法律的備案等問題，向全國人民代表大會或其常務委員會提供意見。

有的委員認為提出修改基本法議案的程序還需要進一步研究。

第二稿

第九章

「**第三條　基本法的修改權屬於全國人民代表大會。**

本法總則所規定的各項基本原則自本法生效之日起五十年內不作修改。其餘部份的修改議案應由全國人民代表大會常務委員會、國務院或全國人民代表大會的代表提出。全國人民代表大會代表在提出修改基本法的議案之前須經香港特別行政區出席全國人民代表大會代表三分之二的多數、香港特別行政區立法機關三分之二的多數及香港特別行政區行政長官的同意。」

〔1987 年 4 月 13 日《中央與香港特別行政區的關係專題小組工作報告》，載於《中華人民共和國香港特別行政區基本法起草委員會第四次全體會議文件匯編》〕

① 1987 年 2 月基本法起草委員會秘書處《香港報刊有關〈基本法〉的言論摘錄》

【P41】

基本法是由人大制定的，所以其解釋權和修改權原則上都應該屬於人大及其常委會。但是在解釋時，人大常委會應該參照起草基本法時有港人參與，照顧港人意願那樣，諮詢有港人參加的「香港特別行政區委員會」的意見。在修改時，也依照起草時所採用的程序和組織，充份聽取港人意願，使修改後的基本法能符合港人利益，有利於「一國兩制」。最好是中央不主動提出修改動議，而由香港區的人大代表、立法機關和人大常委聯署提出的動議，方算有效。

（古星輝：《基本法討論進入實質階段》，《鏡報》一九八六年第 3 期，總第 104 期。）

【P44】

全國人大應該擁有基本法的立法解釋權和修改權；而香港則有獨立的審裁權和司法解釋權。人大的立法解釋權不應干預本港的終審權。

（基本法諮委會「中央與特別行政區的關係專責小組」，《大公報》一九八六年七月五日。）

【P49】

香港應擁有基本法部份解釋權，此即香港司法機關在審判是否違反基本法時之司法解釋權，而人大可擁有立法解釋權。此外，凡在基本法內涉及香港內部事務之條文，必須由香港法庭解釋。而涉及外交及國防之條文，則歸人大解釋。在人大常委下，應設立一個香港事務小組，負責處理上述之立法解釋權所涉事宜。成員為國內代表及香港代表，每方各半。凡要修改基本法條文，亦應先由該小組討論，決議提交人大通過。

（嶺南學院，《快報》一九八六年九月五日。）

※

②《Final Report on the Structure of Basic Law》（基本法結構專責小組最後報告，1987 年 3 月 14 日經執行委員會通過）

【P41】

ITEMS	OPINIONS	SOURCES
10. Chapter 9 "The legal status of the HKSAR Basic Law and Its Interpretation and Amendment"		
10.2 Section 3 "Amendments of the Basic Law".	1. To amend the Basic Law may produce problems of contravening the Joint Declaration.	Special Group Meeting on 3rd June, 1986

※

③《基本法修改提議權》

（編者按：本文件並無明確標明日期，但由於它的內容結構是各有關「基本法修改提議」的報告中最精簡的，故此推斷它是同系列報告中的最初草稿）

1.《中英聯合聲明》並沒有提及基本法修改的問題
1.1 但在第三節的開始，則有提到「中華人民共和國政府聲明，中華人民共和國對香港的基本方針政策」共十二項。

2. 基本法結構（草案）第九章第三節卻提到「對基本法的修改」。

3. 此討論文件要探討的問題是：誰有權提出基本法修改法案。

4.
4.1 中國憲法第一章第三十一條提到「國家在必要時得設立特別行政區，在特別行政區內實行的制度按照具體情況由全國人民代表大會以法律規定。」
4.2 第三章第六十二條第三節提到全國人民代表大會有權「制定和修改刑事、民事、國家機構的和其他的基本法律」及第十三節決定特別行政區的設立及其制度。
4.3 第六十四條提到「法律和其他議案由全國人民代表大會以全體代表的過半數通過。」

4.4 第六十七條第三節，全國人民代表大會常務委員會有權「在全國人民代表大會閉會期間，對全國人民代表大會制定的法律進行部份補充和修改，但是不得同該法律的基本原則相抵觸。」及第二十一節還指示其職權包括「全國人民代表大會授予的其他職權。」

4.5 第七十條提到「全國人民代表大會設立民族委員會、法律委員會、財政經濟委員會、教育科學文化衛生委員會、外事委員會、華僑委員會和其他需要設立的專門委員會。在全國人民代表大會閉會期間，各專門委員會受全國人民代表大會常務委員會的領導，各專門委員會在全國人民代表大會和全國人民代表大會常務委員會領導下，研究、審議和擬訂有關議案。」

4.6 第七十二條提到「全國人民代表大會和全國人民代表大會常務委員會組成人員，有權依照法律規定的程序分別提出屬於全國人民代表大會和全國人民代表大會常務委員會職權範圍內的議案。」

4.7 第三章第八十九條，第二段提到國務院，可向全國人民代表大會或者全國人民代表大會常務委員會提出議案。

5.

5.1 根據第四段及其他資料，有權提出議案的機構包括：國務院、31 個省市人大代表團和解放軍、主席團、常委會、法院、檢察院、專門委員會、30 個人大代表或 10 個常務委員

5.2 根據以往的做法，很多議案都是由主席團決定，然後向全體會議提出，而在主席團未有決定時，則由專門委員會先作研究。

5.3 有關法律的議案，亦要先經法律委員會研究。

5.4 非憲法的議案，只須過半數同意便可在人大通過。

5.5 人大之下有法律委員會，而常務委員會之下尚有法制工作委員會。前者的成員一定是人大成員，後者卻不一定是人大成員，其職能是起草及修改法律。

5.6 立法的程序簡單地說，是先有提議，然後產生工作報告，經二讀最後通過。

6. 起草委員會正考慮基本法修改議案，只可由

6.1 國務院，或

6.2 人大常委代表，或

6.3 特區立法機關 2/3 同意，行政長官及香港人大代表 2/3 同意，才可提出。

6.4 這是否適當？

6.5 國務院及人大代表經法律程序提出議案，是無可置疑的，但立法機關及行政長官並非人大代表，他們同意與否，能不能提出議案呢？

6.6 香港人大代表與行政長官和立法機關當對修改基本法的提議有不同意見時，香港有無益處呢？

6.7 香港的人大代表是否真正代表香港呢？

6.8 究竟香港人對修改基本法的重點應放在何處呢？

7.《中英聯合聲明》內記載中國的十二基本方針政策，既然是中國的政策，那麼誰有權修改？在何種程序下才可提出修改？

8. 基本法應否只寫下提出議案的情況？

9.

9.1 基本法是由人大通過的，是不是只有人大才有權修改？常務委員會的職權有否影響到？

9.2 正如以前常提出的意見一樣，在人大之下，設立一專門委員會統籌有關香港的事務是否可行？

9.3 也可考慮在人大外，另設或加設一個委員會。這個委員會在港澳辦之下，統籌處理中央與特區之間的事務，包括提出修改基本法的事務。

9.4 有關修改基本法的提議，應否由國內立法限制，指定在具體的情況下，中港雙方認為有需要改變，才可對基本法作出相應的修改？

※

④ 1987 年 4 月 7 日《基本法的修改提議權》

甲　引言

1.《中英聯合聲明》沒有提及基本法的修改問題，但《基本法結構（草案）》第 9 章第 3 節則有：「對基本法的修改」。起草委員會「中央與香港特別行政區的關係專題小組」提交給起草委員會第三次全體會議的工作報告中，對《基本法結構（草案）》第 9 章第 3 節作了下述的建議條文和說明：

（編者按：詳見本條第一稿的條文及說明）

乙　基本法的修改

3. 根據《中國憲法》第一章第三十一條「國家在必要時得設立特別行政區，在特別行政區內實行的制度按照具體情況由全國人民代表大會以法律規定」，第三章第六十二條第三節及第十三節規定全國人民代表大會有權「制定和修改刑事、民事、國家機構的和其他的基本法律」及「決定特別行政區的設立及其制度」，香港特別行政區基本法為國家的基本法律，由全國人民代表大會制定和修改。

4. 根據《中華人民共和國全國人民代表大會組織法》，全國人民代表大會主席團，全國人民代表大會常務委員會，全國人民代表大會各專門委員會，國務院，中央軍事委員會，最高人民法院，最高人民檢察院，可以向全國人民代表大會提出屬於全國人民代表大會職權範圍內的議案，由主席團決定交各代表團審議，或者交有關的專門委員會審議、提出報告，再由主席團審議決定提交大會表決。

一個代表團或者三十名以上的代表，可以向全國人民代表大會提出屬於全國人民代表大會職權範圍內的議案，由主席團決定是否列入大會議程，或者先交有關的專門委員會審議、提出是否列入大會議程的意見，再決定是否列入大會議程。

5. 有關國家基本法律的立法程序是先有議案，再由主席團交有關專門委員會審議，提出報告，列入人大議程後，由全國人民代表大會以全體代表的過半數通過。

6. 起草委員會建議有關基本法修改議案，只可由

（1）人大常委會；

（2）國務院；或

（3）特區立法機關三分之二通過，行政長官及香港人大代表三分之二同意，才可以提出。

丙　修改基本法的提案權

7. 共識：

基本法應規定只有下列機構有權提出基本法的修改議案，其他《組織法》規定可以提議案的組織，由於不熟悉香港情況，不應有權提出。

（1）由人大常委會提出：人大常委會作為全國人民代表大會的常設機關，根據《中國憲法》第六十七條第三節，全國人民代表大會常務委員會有權「在全國人民代表大會閉會期間，對全國人民代表大會制定的法律進行部份補充和修改，但是不得同該法律的基本原則相抵觸。」及第二十一節還指示其職權包括「全國人民代表大會授予的其他職權。」從人大常委會行使國家立法權的角度看，人大常委會應有權提出基本法的修改議案。

（2）由國務院提出：國務院是最高國家行政機關，將來香港特別行政區直轄於國務院，因此國務院應有權提出基本法的修改議案。

（3）由香港特別行政區提出：香港特別行政區立法機關

三分之二通過，行政長官同意，香港的人大代表團應自動向全國人大提出基本法的修改議案；

9.其他意見：

（1）全國人民代表大會應設有港人充份參與的香港事務委員會，這個專門委員會應可提出基本法的修改議案。

（2）國務院應設有港人充份參與的中港事務委員會，可提出基本法的修改議案。

（3）《組織法》規定有人大代表才可以提出議案，因此，只能由香港人大代表提出，其他香港立法機構無權提出。

（4）由香港人大代表團提出有關基本法的修改議案自動列入議程，雖與《組織法》不符，但應可以由基本法規定特殊處理，因基本法是根據憲法第三十一條制定，以體現一國兩制的獨特安排。

（5）有關修改基本法的提案權，應只由香港的立法機關提出。

丁 諮詢程序

10.共識

（1）基本法應規定：任何有關基本法的修改應經過一定的諮詢程序，才可以提出。委員希望由人大常委會及國務院提出的修改議案，必須事先充份諮詢香港人的意見，才可以列入人大議程。

（2）由香港人大代表團提出的修改議案，全國人大應尊重香港決策機關的決定自動列入議程。

（3）諮詢程序應包括得到香港立法機關三分之二的同意，有關的修改議案應符合《中英聯合聲明》。

11.存在問題

（1）基本法有關香港的內政問題，由人大常委會或國務院提出的議案，須得到香港立法機關的同意。如果香港立法機關反對，是否仍然提出？香港的立法機關依法理無權阻截人大常委會或國務院提出的議案，但如果香港立法機關認為不能接受該修改議案，將出現中央與特別行政區的對立危機，這個問題未有解決的意見。

（2）如果香港人大代表與立法機關成員循不同途徑產生，當他們反對香港立法機關通過的基本法修改議案，如何處理這問題，基本法內是否應有明文規定，未有解決辦法。

戊 結論

12.本文件認為有關將來基本法的修改議案，只能由人大常委會、國務院、香港特別行政區提出；由人大常委會、國務院提出的修改議案，須經一定程序，諮詢港人意見，才能保證議案為香港人所接受，香港特別行政區提出的修改議案，則希望能直接列入人大的議程，因為特區提出的修改議案，應該是對特區有利的議案。任何修改議案的提出，都應遵守對香港特別行政區有好處，保持香港的繁榮與安定的原則。

　　　　　　　　　　※

⑤ 1987 年 4 月 13 日《中央與香港特別行政區的關係專題小組工作報告》，載於《中華人民共和國香港特別行政區基本法起草委員會第四次全體會議文件匯編》

【P20】

第九章　香港特別行政區基本法的法律地位和解釋、修改

第三條

說明：有的委員認為，目前草擬的總則還不能將《中英聯合聲明》中列明五十年不變的基本方針政策統統包括在內，因此建議在基本法的後面附一張表，將其他章節所包含的不能修改的基本方針政策開列出來。但只要標出某章某節即可。不必開列原文。

至於其餘部份的修改議案，除全國人民代表大會常務委員會和國務院有權提出外，香港特別行政區的立法機關如有百分之七十五以上的多數通過，也應有權提出。

第三稿

第九章

「第二條　本法的修改權屬於全國人民代表大會。

本法的修改提案權屬於全國人民代表大會常務委員會、國務院和香港特別行政區。香港特別行政區的修改議案，須經香港特別行政區的全國人民代表大會代表三分之二的多數、香港特別行政區立法機關成員三分之二的多數及香港特別行政區行政長官同意後，交由香港特別行政區出席全國人民代表大會的代表團向全國人民代表大會提出。

本法的修改議案在列入全國人民代表大會的議程前，先由香港特別行政區基本法委員會研究並提出意見。

本法的任何修改，都不得與中華人民共和國對香港既定的基本方針政策相抵觸。」

〔1987 年 8 月 22 日《中央與香港特別行政區的關係專題小組工作報告》，載於《中華人民共和國香港特別行政區基本法起草委員會第五次全體會議文件匯編》〕

① 1987 年 4 月 14 日《委員對「司法管轄權與全國性法律在香港的應用」及「基本法的修改提議權」的報告的書面意見》（1987 年 5 月 8 日中央特別行政區的關係專責小組與法律專責小組第三次聯組會議附件一）

（二）「基本法的修改提議權」報告

1.有關丙項第 7 點「共識」3 的意見：

1.1 建議修改如下：

由香港特別行政區提出：由香港特別行政區的人大代表團三分之二通過及立法機關三分之二通過和行政長官同意，

得向全國人大提出基本法的修改議案。（沈日昌委員提供）

1.2 與第 10 點「共識」1、2 涉及的提出修改議案各點，第 9 點「其他意見」和第 10 點「存在問題」有矛盾。（馮可強委員提供）

1.3 將這點列入「其他意見」，不作共識。（吳少鵬委員提供）

2.有關丙項第 10 點「共識」2 的意見：

2.1 將這點列入「其他意見」，不作共識。（吳少鵬委員提供）

3.其他意見：

<u>3.1</u> 反對文件中用「共識」的方法列出意見，理由是：
（i）在那次會議中並沒有在程序上大家討論過是否應該用「共識」的方法來表達意見。
（ii）如果要用「共識」的方法來表達意見，就應有足夠的會議法定人數來決定，但那天的會議似乎並無足夠的法定人數。（徐是雄委員提供）

※

② 1987 年 5 月 11 日《基本法的修改提議權》

【P1-3】
甲　引言
1.《中英聯合聲明》沒有提及基本法的修改問題，但《基本法結構（草案）》第 9 章第 3 節則有：「對基本法的修改」。起草委員會「中央與香港特別行政區的關係專題小組」提交給起草委員會第三次全體會議的工作報告中，對《基本法結構（草案）》第 9 章第 3 節作了下述的建議條文和說明：
（編者按：詳見本條第一稿的條文及 1986 年 11 月 11 日《中央與香港特別行政區的關係專題小組工作報告》第九章第三條說明）

乙　基本法的修改
3.根據《中國憲法》第一章第三十一條「國家在必要時得設立特別行政區，在特別行政區內實行的制度按照具體情況由全國人民代表大會以法律規定」，第三章六十二條第三節及第十三節規定全國人民代表大會有權「制定和修改刑事、民事、國家機構的和其他的基本法律」及「決定特別行政區的設立及其制度」，香港特別行政區基本法為國家的基本法律，由全國人民代表大會制定和修改。
4.根據《中華人民共和國全國人民代表大會組織法》，全國人民代表大會主席團，全國人民代表大會常務委員會，全國人民代表大會各專門委員會，國務院，中央軍事委員會，最高人民法院，最高人民檢察院，可以向全國人民代表大會提出屬於全國人民代表大會職權範圍內的議案，由主席團決定交各代表團審議，或者並交有關的專門委員會審議、提出報告，再由主席團審議決定提交大會表決。
一個代表團或者三十名以上的代表，可以向全國人民代表大會提出屬於全國人民代表大會職權範圍內的議案，由主席團決定是否列入大會議程，或者先交有關的專門委員會審議、提出是否列入大會議程的意見，再決定是否列入大會議程。
5.有關國家基本法律的立法程序是先有議案，再由主席團交有關專門委員會審議，提出報告，列入人大議程後，由全國人民代表大會以全體代表的過半數通過。
6.起草委員會建議有關基本法修改議案，只可由
（1）人大常委會；
（2）國務院；或
（3）特區立法機關三分之二通過，行政長官及香港人大代表三分之二同意，才可以提出。

丙　修改基本法的提案權
7.委員意見
委員認為其他《組織法》規定可以提議案的組織，由於不熟悉香港情況，不應有權提出。對有權提出基本法修改議案的機構的意見有：
（1）由人大常委會提出：人大常委會作為全國人民代表大會的常設機關，根據《中國憲法》第六十七條第三節，全國人民代表大會常務委員會有權「在全國人民代表大會閉會期間，對全國人民代表大會制定的法律進行部份補充和修改，但是不得同該法律的基本原則相抵觸。」及第二十一節還指示其職權包括「全國人民代表大會授予的其

他職權。」從人大常委會行使國家立法權的角度看，人大常委會應有權提出基本法的修改議案。
（2）由國務院提出：國務院是最高國家行政機關，將來香港特別行政區直轄於國務院，因此國務院應有權提出基本法的修改議案。
（3）由香港特別行政區提出：香港特別行政區立法機關三分之二通過，行政長官同意，香港的人大代表團應自動向全國人大提出基本法的修改議案。
（4）由香港特別行政區提出：由香港特別行政區的人大代表團三分之二通過及立法機關三分之二通過和行政長官同意，得向全國人大提出基本法的修改議案。
（5）全國人民代表大會應設有港人充份參與的香港事務委員會，這個專門委員會應可提出基本法的修改議案。
（6）國務院應設有港人充份參與的中港事務委員會，可提出基本法的修改議案。
（7）《組織法》規定有人大代表才可以提出議案，因此，只能由香港人大代表提出，其他香港立法機構無權提出。
（8）由香港人大代表團提出有關基本法的修改議案自動列入議程，雖與《組織法》不符，但應可以由基本法規定特殊處理，因基本法是根據憲法第三十一條制定，以體現一國兩制的獨特安排。
（9）有關修改基本法的提案權，應只由香港的立法機關提出。

丁　諮詢程序
8.委員意見
（1）基本法應規定：任何有關基本法的修改應經過一定的諮詢程序，才可以提出。委員希望由人大常委會及國務院提出的修改議案，必須事先充份諮詢香港人的意見，才可以列入人大議程。
（2）由香港人大代表團提出的修改議案，全國人大應尊重香港決策機關的決定自動列入議程。
（3）諮詢程序應包括得到香港立法機關三分之二的同意，有關的修改議案應符合《中英聯合聲明》。
9.存在問題
（1）基本法有關香港的內政問題，由人大常委會或國務院提出的議案，須得到香港立法機關的同意。如果香港立法機關反對，是否仍然提出？香港的立法機關依法理無權阻截由人大常委會或國務院提出的議案，但如果香港立法機關認為不能接受該修改議案，將出現中央與特別行政區的對立危機，這個問題未有解決的意見。
（2）如果香港人大代表與立法機關成員循不同途徑產生，當他們反對香港立法機關通過的基本法修改議案，如何處理這問題，基本法內是否應有明文規定，未有解決辦法。

戊　結論
10.有關基本法的修改提案權問題，委員有不同意見，並指出其中牽涉的問題須作進一步研究。委員認為任何修改議案的提出，都應遵守對香港特別行政區有好處，保持香港的繁榮與安定的原則。

※

③ 1987 年 5 月 22 日《香港基本法起草委員會第四次全體會議委員們對基本法序言、總則及第二、三、七、九章條文草案的意見匯集》

【P34-37】
六、關於第九章　香港特別行政區基本法的法律地位和解釋、修改
第三條
1.有的委員提出，將第二款改寫為：「本法所規定的已經

在《中英聯合聲明》中被確認了的基本方針和政策，自本法生效之日起五十年內不作改變。」五十年不作修改，不應當局限於《總則》裡的基本原則，而應當包括整個基本法中的基本原則。

2. 有的委員提出，第二款的寫法要考慮兩點：（1）基本原則不能修改，（2）其他部份的修改不能違反基本原則，違反了無效。可以表述為：「自生效之日起，本法規定的基本原則五十年內不變，如須對基本法的具體條文進行修改，則不能違反上述的基本原則。」

3. 有的委員建議，採取附件的形式，將基本法內有關基本方針政策的條款編號列出，不必收錄全文，並在基本法內說明這些條款五十年內不作修改。

4. 有的委員提出，一九九〇年至一九九七年香港情況發生了變化，基本法如果需要修改怎麼辦，由誰改？

5. 有的委員認為，第二款規定的修改提案權，應明確規定為全國人大常委會、國務院和香港特別行政區。

6. 有的委員贊成香港特別行政區有提案權，但不同意取消全國人大代表的提案權。

7. 有的委員提出，香港特別行政區提出修改議案可有兩個途徑：（1）通過國務院提出；（2）由出席全國人大的香港代表提出。

8. 有的委員建議，改為「修改議案應由全國人民代表大會常務委員會、國務院或香港出席全國人民代表大會的代表團提出」。這樣規定更準確，以防被誤認為一名代表也能提出修改案。香港出席全國人大的代表團享有關於基本法修改的提案權，實質上也就是香港特別行政區享有對基本法修改的提案權。

9. 有的委員認為，還是規定「其餘部份的修改議案應由全國人民代表大會常務委員會、國務院或香港特別行政區向全國人民代表大會提出」為好。這樣靈活一些，香港特別行政區內部行政官、立法機關、人大代表都可以提出修改，但要三方面都同意，然後由香港的人大代表提出。

10. 有的委員提出，修改基本法的議案要經全國人大代表和香港立法機關三分之二多數同意的限制，可以不必寫入基本法，由全國人大作出關於提案程序的決定即可。

11. 有的委員提出，第三條應加上第三款，有兩種寫法：（1）全國人民代表大會常務委員會或國務院將在行使其提案權時，應諮詢基本法委員會；（2）全國人民代表大會常務委員會或國務院在提出修改本法的議案前，先對基本法委員會進行（作出）諮詢。

※

④中央與特別行政區的關係專責小組《基本法的修改提議權最後報告》（1987年6月12日經執行委員會通過）

【P1-4】

甲 引言

1. 《中英聯合聲明》沒有提及基本法的修改問題，但《基本法結構（草案）》第9章第3節則有：「對基本法的修改。」起草委員會「中央與香港特別行政區的關係專題小組」提交給起草委員會第三次全體會議的工作報告中，對《基本法結構（草案）》第9章第3節作了下述的建議條文和說明：

（編者按：詳見本條第一稿的條文及1986年11月11日《中央與香港特別行政區的關係專題小組工作報告》第九章第三條說明）

該小組於第四次全體會議的工作報告中，對這節的修改如下：

（編者按：詳見本條第二稿的條文及1987年4月3日《中央與香港特別行政區的關係專題小組工作報告》第九章第三條說明）

乙 基本法的修改

3. 根據《中國憲法》第一章第三十一條「國家在必要時得設立特別行政區，在特別行政區內實行的制度按照具體情況由全國人民代表大會以法律規定」，第三章第六十二條第三節及第十三節規定全國人民代表大會有權「制定和修改刑事、民事、國家機構的和其他的基本法律」及「決定特別行政區的設立及其制度」，香港特別行政區基本法為國家的基本法律，由全國人民代表大會制定和修改。

4. 根據《中華人民共和國全國人民代表大會組織法》，全國人民代表大會主席團，全國人民代表大會常務委員會，全國人民代表大會各專門委員會，國務院，中央軍事委員會，最高人民法院，最高人民檢察院，可以向全國人民代表大會提出屬於全國人民代表大會職權範圍內的議案，由主席團決定交各代表團審議，或者交有關的專門委員會審議、提出報告，再由主席團審議決定提交大會表決。

一個代表團或者三十名以上的代表，可以向全國人民代表大會提出屬於全國人民代表大會職權範圍內的議案，由主席團決定是否列入大會議程，或者先交有關的專門委員會審議、提出是否列入大會議程的意見，再決定是否列入大會議程。

5. 有關國家基本法律的立法程序是先有議案，再由主席團交有關專門委員會審議，提出報告，列入人大議程後，由全國人民代表大會以全體代表的過半數通過。

6. 起草委員會建議有關基本法修改議案，只可由
（1）人大常委會；
（2）國務院；或
（3）特區立法機關三分之二通過，行政長官及香港人大代表三分之二同意，才可以提出。

丙 修改基本法的提案權

7. 委員意見

委員認為其他《組織法》規定可以提議案的組織，由於不熟悉香港情況，不應有權提出。對有權提出基本法修改議案的機構的意見有：

（1）由人大常委會提出：人大常委會作為全國人民代表大會的常設機關，根據《中國憲法》第六十七條第三節，全國人民代表大會常務委員會有權「在全國人民代表大會閉會期間，對全國人民代表大會制定的法律進行部份補充和修改，但是不得同該法律的基本原則相抵觸。」及第二十一節還指示其職權包括「全國人民代表大會授予的其他職權。」從人大常委會行使國家立法權的角度看，人大常委會應有權提出基本法的修改議案。

（2）由國務院提出：國務院是最高國家行政機關，將來香港特別行政區直轄於國務院，因此國務院應有權提出基本法的修改議案。

（3）由香港特別行政區提出：香港特別行政區立法機關三分之二通過，行政長官同意，香港的人大代表團應自動向全國人大提出基本法的修改議案。

（4）由香港特別行政區提出：由香港特別行政區的人大代表團三分之二通過及立法機關三分之二通過和行政長官同意，得向全國人大提出基本法的修改議案。

（5）由香港特別行政區提出：香港特別行政區立法機關三分之二通過，行政長官同意，香港的人大代表團三分之二通過，得向全國人大提出基本法的修改草案。

（6）全國人民代表大會應設有港人充份參與的香港事務委員會，這個專門委員會應可提出基本法的修改議案。

（7）國務院應設有港人充份參與的中港事務委員會，可提出基本法的修改議案。

（8）《組織法》規定有人大代表才可以提出議案，因此，只能由香港人大代表提出，其他香港立法機構無權提出。

（9）由香港人大代表團提出有關基本法的修改議案自動列入議程，雖與《組織法》不符，但應可以由基本法規定特殊處理，因基本法是根據憲法第三十一條制定，以體現一國兩制的獨特安排。

（10）有關修改基本法的提案權，應只由香港的立法機關提出。

（11）由於基本法是根據《中英聯合聲明》來草擬的，而《中英聯合聲明》是中華人民共和國與英國簽訂的條約，所以如由一國單方面修改基本法，便是違反聯合聲明的條款。因為英國政府是以代表香港的身份簽署聯合聲明的，所以基本法的任何修改都要事先徵得香港的同意方可進行。第九章第三節應清楚說明任何基本法的修改建議，不論其原因，須徵得香港特別行政區三分之二成員及行政長官同意。任何其他沒有得到這方面同意的程序，正如以上所述，均屬違反聯合聲明。

丁　諮詢程序
8. 委員意見
（1）　基本法應規定：任何有關基本法的修改應經過一定的諮詢程序，才可以提出。委員希望由人大常委會及國務院提出的修改議案，必須事先充份諮詢香港人的意見，才可以列入人大議程。

（2）由香港人大代表團提出的修改議案，全國人大應尊重香港決策機關的決定自動列入議程。

（3）諮詢程序應包括得到香港立法機關三分之二的同意，有關的修改議案應符合《中英聯合聲明》。

9. 存在問題
（1）基本法有關香港的內政問題，由人大常委會或國務院提出的議案，須得到香港立法機關的同意。如果香港立法機關反對，是否仍然提出？香港的立法機關依法理無權阻截由人大常委會或國務院提出的議案，但如果香港立法機關認為不能接受該修改議案，將出現中央與特別行政區的對立危機，這個問題未有解決的意見。

（2）如果香港人大代表與立法機關成員循不同途徑產生，當他們反對香港立法機關通過的基本法修改議案，如何處理這問題，基本法內是否應有明文規定，未有解決辦法。

戊　結論
10. 有關基本法的修改提案權問題，委員有不同意見，並

指出其中牽涉的問題須作進一步研究。委員認為任何修改議案的提出，都應遵守對香港特別行政區有好處，保持香港的繁榮與安定的原則。

※

⑤ 1987 年 8 月 22 日《中央與香港特別行政區的關係專題小組工作報告》，載於《中華人民共和國香港特別行政區基本法起草委員會第五次全體會議文件匯編》

【P9-10】
四、關於第九章　香港特別行政區基本法的解釋和修改
（三）關於基本法的修改問題，在起草委員會第四次全體會議上，部份委員提出，本章原草稿第三條關於「本法總則所規定的各項基本原則自本法生效之日起五十年內不作修改」的規定，容易使人誤解為除此以外的其他章節裡的基本方針政策都是可以修改的。因此，小組一致同意改為：「本法的任何修改，都不得與中華人民共和國對香港既定的基本方針政策相抵觸」。

關於修改基本法的議案，原草稿第九章第三條規定由全國人民代表大會常務委員會，國務院或全國人民代表大會的代表提出。全國人民代表大會代表在提出修改基本法的議案之前，須經香港特別行政區出席全國人民代表大會代表三分之二的多數、香港特別行政區立法機關成員三分之二的多數及香港特別行政區行政長官的同意。本組委員經過討論認為，除全國人民代表大會常務委員會、國務院外，香港特別行政區也應有提案權。考慮到修改基本法是一件大事，香港特別行政區各方面要有一個統一的意見，才便於全國人民代表大會進行討論。因此我們認為，香港特別行政區修改基本法的議案，應由香港特別行政區的全國人大代表的多數、香港立法機關成員的多數及香港特別行政區行政長官共同同意才能提出。

【P23】
第九章　香港特別行政區基本法的解釋和修改
第二條
說明：有的委員認為，修改基本法的議案，除全國人民代表大會常務委員會和國務院有權提出外，香港特別行政區的立法機關如有百分之七十五以上的多數通過，也應有權提出。

第四稿

「第一百六十九條　本法的修改權屬於全國人民代表大會。

本法的修改提案權屬於全國人民代表大會常務委員會、國務院和香港特別行政區。香港特別行政區的修改議案，須經香港特別行政區的全國人民代表大會代表三分之二的多數、香港特別行政區立法機關成員三分之二的多數及香港特別行政區行政長官同意後，交由香港特別行政區出席全國人民代表大會的代表團向全國人民代表大會提出。

本法的修改議案在列入全國人民代表大會的議程前，先由香港特別行政區基本法委員會研究並提出意見。

本法的任何修改，都不得與中華人民共和國對香港既定的基本方針政策相抵觸。」
〔1987 年 12 月基本法起草委員會秘書處《香港特別行政區基本法（草案）》（匯編稿）〕

① 1987 年 9 月 2 日《中華人民共和國香港特別行政區基本法起草委員會第五次全體會議委員們對基本法序言和第一、二、三、四、五、六、七、九章條文草稿的意見匯集》

【P77-78】

九、關於第九章　香港特別行政區基本法的解釋和修改
2. 第二條
（1）有的委員認為，第二款條文的表述實際上約束了香港人大代表的提案權。有些委員對修改基本法的議案權為什麼作比較嚴格的限制進行了解釋，認為對基本法修改議案作出特別程序的規定是必要的。

（2）有的委員提出，本條說明中提到的方案應加以考慮。

但較多委員建議，取消本條的說明。
（3）有的委員堅持本條說明的意見，認為如果立法機關有四分之三的絕大多數成員的支持，便可以動議修改基本法，直接呈交全國人民代表大會審議。

3.有的委員提出，在基本法中有必要專門寫一條規定基本法的法律地位，建議將總則第十條搬回本章。同時，將本章題目改為「香港特別行政區基本法的地位、解釋和修改」。有的委員提出，基本法的法律地位應講兩個問題：憲法與基本法的關係問題和香港特別行政區的法律與基本法的關係問題。

※

②1987年9月28日《討論提綱》（1987年10月5日中央與特別行政區的關係專責小組第三次會議附件一）

（2）基本法的修改權：第九章第二條
（i）什麼機構可以動議修改
（a）人大常委
（b）國務院
（c）香港特別行政區
→人大代表2/3+立法機關2/3+行政長官同意
→要考慮的問題：
（I）香港立法機關有沒有權獨自地提出修改動議？
（II）人大代表會否與香港立法機關成員有重疊？
（III）行政長官的同意是否必須？
（IV）由人大常委和國務院動議的修改，是否也需香港立法機關和（或）行政長官同意？
（V）如人大代表、立法機關和行政長官在修改動議上出現不同意見，衝突可如何解決？
（ii）程序
（a）交基本法委員會研究→諮詢港人意見的程序應如何進行
（b）交人大主席團列入議程，提交人大表決→主席團有沒有權不列入議程
（c）由人大通過

※

③中央與特別行政區的關係專責小組《對基本法序言和第一、二、七、九章條文（一九八七年八月）草稿的意見》（1987年11月4日經執行委員會通過）

【P5-6】
第九章
第二條
就香港特別行政區對基本法的修改提議程序，委員有三種不同的意見：
A.
1.有委員贊成現時草委所擬的條文，即：
香港特別行政區的修改議案，須經香港特別行政區的全國人民代表大會代表三分之二的多數、香港特別行政區立法機關成員三分之二的多數及香港特別行政區行政長官同意後，交由香港特別行政區出席全國人民代表大會的代表團向全國人民代表大會提出。
2.有委員認為香港人大代表、立法機關成員及行政長官三者包括處理香港與中央關係、本地立法及行政事務的代表，若基本法的修改得到三者的同意，即表示該修改提議代表大部份香港人的意願。該委員認為修改基本法乃重要

而必須謹慎處理的事情，故修改提議亦必須得到大部份具代表性的人的同意才應提出。

B.
1.有委員提出另一意見，指出：
「香港特別行政區的修改議案，須經香港特別行政區立法機關成員三分之二的多數及香港特別行政區行政長官同意後」，才由特區政府提出修改建議。
2.該委員認為基本法的修改提議不用經香港人大代表同意，因為香港人大代表並不屬於香港政府架構中的一環，其選舉的方法及職權等都不清楚。除非基本法中列出一個為香港人同意的人大代表產生方法及職權的方案，否則基本法的修改不用經本地人大代表的同意。
3.此外，亦有委員提出香港人大代表的主要工作乃參與管理中央事務及協調中港關係，故有關修改香港基本法的問題，不應由他們參與提案。他並指出關係如此重大的本地內部問題，香港人應該有更大的主動權。
4.不過，就這提議，亦有反對的意見指出這完全抹煞香港人大代表的重要性，因為基本法的修改提議最後是由全國人大代表會討論的，如果該提議根本不為本地人大代表的同意，則他們根本不會在人大會上解釋及說服其他代表接受，故該條文的修改亦可能不會在人大代表會上通過。
5.此外，有委員亦指出雖然現在香港的人大代表由廣東省選出，香港人可能覺得較陌生，但他相信九七年後香港人大代表在本地選出的機會很高，到時人大代表便足以代表香港人的意願，故在考慮提出基本法修改時便要顧及他們的意見。再者，有委員亦不同意事先假設人大代表與香港的其他代表會對立起來，因為將來可能有部份人大代表是從立法機關中選出的，而且未來的行政首長亦有可能是人大代表之一。
6.就上述建議，有反對的意見是作人大代表與當香港政府成員是兩種不同的身份，因為只有中國公民才能當人大代表，但作本地立法機關成員的限制便較少，可能香港市民中部份非中國公民亦可擔任。故大家的代表性有不同。此外，就算人大代表在香港選出，亦不代表他們每事會以香港人的利益作依歸，因為他們的主要工作仍是參與管理全國事務。

C.
1.有委員提出第三個建議：
「香港特別行政區的修改議案，須經香港特別行政區立法機關成員三分之二的多數提出，再經香港特別行政區的全國人民代表大會代表過半數同意（不用三分之二的多數），然後經香港特別行政區行政長官同意，即由香港特別行政區政府遞交國務院向全國人民代表大會提出。」
2.該委員認為這建議既保持香港人在提出基本法方面的主動權，但亦接受香港人大代表的意見，而且要求過半數人大代表同意（不用三分之二的多數），亦是一個可以接受的要求，因為若基本法的修改提議案完全不為香港人大代表接受，亦可反映該提議有不妥善之處。
3.此外，這建議指出香港特別行政區政府可直接將修改提議遞交國務院，以向全國人大代表會提出。因為該委員覺得草稿中「香港特別行政區出席全國人民代表大會的代表團」的角色及職責並不清楚。若該代表團有刪改或者批准該修改提議的權力，則人大代表的權力就會過分重要。故建議香港政府可將該修改提議直接遞交國務院，無需再經另一重手續。

D.
有委員提出草稿中只指出香港特別行政區出席全國人大代表會的代表團會向全國人大代表會「提出」該基本法的修改提議，但「提出」之後的程序卻沒有指出，委員希望草委能仔細列出整個程序。

④匯點基本法跟進小組《評基本法「居民權利與義務」討論稿條文》，載於 1987 年 12 月基本法起草委員會秘書處《參閱資料—第 36 期》

【P4-5】
基本法修改的動議權
在現有的條文草稿中，香港特別行政區是可以對基本法提出修改動議，但這須得香港特別行政區立法機關三分之二多數、香港特區的全國人大代表三分之二多數及香港特區行政長官同意後才可以提出。
對上述的建議，我們認為大致上可以接受。不過有關行政長官和香港特區全國人大代表在修改動議中的角色，匯點希望能進一步闡釋。首先，匯點理解行政長官是以作為香港特別行政首長行使修改動議的權力。行政長官所代表的應該是特別行政區整體對基本法修改的意見；一向以來，匯點支持行政長官應由民主選舉方法產生，就是保證他在反映特別行政區意見上的代表性。
至於香港特區全國人大代表的角色，我們認為他們的工作應只是代表香港特區參與全國性事務的管理，而不應干預特區內部的事務，內部事務按基本法規定由行政長官、立法機關分別負責。但由於基本法的修改不單是特區也同時是全國性的事務，故此可以接受香港特區的全國人大代表在此問題上有一定的參與。但這些全國人大代表必須擁有足夠的代表性才能符合作為香港特區參與全國性事務的代

表身份。也基於此，我們認為香港特區全國人大代表應在特區內以直接選舉的方法產生。

⑤ 1987 年 12 月基本法起草委員會秘書處《香港特別行政區基本法（草案）》（匯編稿）

【P64】
關係組委員的其他意見：
第一百六十九條
有的委員建議改為：「本法的修改權屬於全國人民代表大會。
本法的修改提案權屬於全國人民代表大會常務委員會、國務院和香港特別行政區。香港特別行政區的修改議案，須經香港特別行政區立法機關成員三分之二的多數及香港特別行政區行政長官同意後，交由國務院向全國人民代表大會提出。
本法的修改議案在列入全國人民代表大會的議程前，先由香港特別行政區基本法委員會研究並提出意見。本法的任何修改，都不得與序言所述的中華人民共和國對香港既定的基本方針政策相抵觸。」
有的委員建議第二款改為：「本法的修改提案權屬於全國人民代表大會常務委員會、國務院和香港特別行政區。香港特別行政區的修改議案，須經香港特別行政區的全國人民代表大會代表三分之二的多數及香港特別行政區行政長官同意後，交由香港特別行政區出席全國人民代表大會的代表團向全國人民代表大會提出。」

第五稿

「第一百六十九條　本法的修改權屬於全國人民代表大會。
本法的修改提案權屬於全國人民代表大會常務委員會、國務院和香港特別行政區。香港特別行政區的修改議案，須經香港特別行政區的全國人民代表大會代表三分之二的多數、香港特別行政區立法機關全體成員三分之二的多數和香港特別行政區行政長官同意後，交由香港特別行政區出席全國人民代表大會的代表團向全國人民代表大會提出。
本法的修改議案在列入全國人民代表大會的議程前，先由香港特別行政區基本法委員會研究並提出意見。
本法的任何修改，都不得與中華人民共和國對香港既定的基本方針政策相抵觸。」
〔1988 年 3 月基本法起草委員會秘書處《中華人民共和國香港特別行政區基本法（草案）草稿》（總體工作小組第二次會議對目錄、序言、第一、二、三、五、六、七、九章的修改稿）〕

① 1987 年 12 月《中華人民共和國香港特別行政區基本法起草委員會第六次全體會議委員們對基本法第四、五、六、十章和條文草稿匯編的意見》

【P51-52】
2.第一百六十九條
有些委員建議，本條交由中央與香港特別行政區關係專題小組進一步研究。

3.關於基本法委員會
（1）有的委員提出，應對基本法條文中多次出現的「基本法委員會」的含義明確界定。
（2）有的委員建議，委託中央與特別行政區關係小組草擬一份關於基本法委員會的草案。
（3）有的委員主張，基本法委員會由國內和香港的資深法律人士組成。成員不超過十人，由全國人大委任，國內和香港的人數各半。這個委員會當然是隸屬全國人大常委

會，不過香港特別行政區法院在提請人大常委會作出解釋時，人大常委會應諮詢基本法委員會的意見，基本法委員會提交的意見，人大常委會應予接受，依照基本法委員會的意見作出解釋。同時香港特別行政區所有提請的途徑是應經過行政長官而不是直接向人大常委會提請，基本法委員會的意見也需要有三分之二的人數通過才提交人大常委會。這樣的安排不能說是侵犯了國家的主權，也不是超越了人大常委會的解釋權，全國人民代表大會既然賦予香港特別行政區以高度自治和獨立的司法審判並允許保留香港的法律，那麼香港要求人大常委會授權與一個純粹由法律界人士和有香港人參與的基本法委員會也不太過分，反過來說這個安排既可以維護人大常委會的權力也可以使香港體會到法治的精神，同時也可以解決了匯編裡第十六條、第十七條和第八十一條的問題。
（4）有的委員提出，基本法的條文要表明基本法委員會對人大的隸屬關係。如第二章第十六條第二款第一句在「全國人民代表大會常務委員會徵詢」之後應加「其」字，以表明其隸屬關係。

委員會秘書處《中華人民共和國香港特別行政區基本法（草案）草稿》

②《各專題小組的部份委員對本小組所擬條文的意見和建議匯輯（關於序言、第一、二、三、五、六、七、九章部份）》，載於 1988 年 3 月基本法起草

【P38-39】
第一百六十九條
（編者按：內容同第四稿文件⑤）

第六稿

「第一百七十一條　本法的修改權屬於全國人民代表大會。

本法的修改提案權屬於全國人民代表大會常務委員會、國務院和香港特別行政區。香港特別行政區的修改議案，須經香港特別行政區的全國人民代表大會代表三分之二的多數、香港特別行政區立法機關全體成員三分之二多數和香港特別行政區行政長官同意後，交由香港特別行政區出席全國人民代表大會的代表團向全國人民代表大會提出。

本法的修改議案在列入全國人民代表大會的議程前，先由香港特別行政區基本法委員會研究並提出意見。

本法的任何修改，均不得與中華人民共和國對香港既定的基本方針政策相抵觸。」

〔1988 年 4 月基本法起草委員會秘書處《中華人民共和國香港特別行政區基本法（草案）草稿》〕

①《各專題小組的部份委員對本小組所擬條文的意見和建議匯輯》，載於 1988 年 4 月基本法起草委員會秘書處《中華人民共和國香港特別行政區基本法（草案）草稿》

【P72】
第一百七十一條
（編者按：內容同第四稿文件⑤）

第七稿

「第一百七十條　本法的修改權屬於全國人民代表大會。

本法的修改提案權屬於全國人民代表大會常務委員會、國務院和香港特別行政區。香港特別行政區的修改議案，須經香港特別行政區的全國人民代表大會代表三分之二的多數、香港特別行政區立法機關全體成員三分之二多數和香港特別行政區行政長官同意後，交由香港特別行政區出席全國人民代表大會的代表團向全國人民代表大會提出。

本法的修改議案在列入全國人民代表大會的議程前，先由香港特別行政區基本法委員會研究並提出意見。

本法的任何修改，均不得與中華人民共和國對香港既定的基本方針政策相抵觸。」

〔1988 年 4 月基本法起草委員會《中華人民共和國香港特別行政區基本法（草案）徵求意見稿》〕

①《各專題小組的部份委員對本小組所擬條文的意見和建議匯輯》，載於 1988 年 4 月基本法起草委員會《中華人民共和國香港特別行政區基本法（草案）徵求意見稿》

【P59】
第一百七十條
（編者按：內容同第四稿文件⑤）

第八稿

「第一百五十八條　本法的修改權屬於全國人民代表大會。

本法的修改提案權屬於全國人民代表大會常務委員會、國務院和香港特別行政區。香港特別行政區的修改議案，須經香港特別行政區的全國人民代表大會代表三分之二多數、香港特別行政區立法會全體議員三分之二多數和香港特別行政區行政長官同意後，交由香港特別行政區出席全國人民代表大會的代表團向全國人民代表大會提出。

本法的修改議案在列入全國人民代表大會的議程前，先由香港特別行政區基本法委員會研究並提出意見。

本法的任何修改，均不得同中華人民共和國對香港既定的基本方針政策相抵觸。」

〔1989 年 2 月《中華人民共和國香港特別行政區基本法（草案）》〕

① 1988 年 5 月基本法諮詢委員會秘書處《基本法（草案）徵求意見稿初步反應報告（草稿）》

【P41-42】
基本法的修改權
1. 香港人應對基本法的修改權有更大的發言權。

2. 若希望中央沒有權修改基本法是行不通的，因為中央認為應擁有這些權力以體現主權，否則香港便有獨立之嫌。

3. 亦有委員指出徵求意見稿中第 170 條規定基本法的修改可由國務院和人大常委隨時提出，但香港特別行政區若要提出修改，則需經多重手續。但委員認為兩者所經程序應是相反的，即特區政府可更容易提出修改基本法。

4. 有委員認為最重要的是給予香港人有權改變、決定自己的命運，因為如政治體制是需逐步改善的，甚至每五年或十年需檢討一次，以便更合時宜，但第 67 條的寫法卻使人覺得更改是例外。

5. 不贊成基本法的最後修改權集中在人大常委會，因為這是中央政府利用人大常委會對香港特區進行控制，這便有礙中國體驗〔現〕「一國兩制」的構想。

6. 雖然中央及特區政府均有基本法修改的提案權，但特區政府的提案程序受到諸多限制。在決議權方面，不論提案是屬自治範圍，決議權均在人大。

7. 在香港特區設特設法庭，該法庭可裁定哪些條文屬特區的自治範圍，哪些不屬於。中央及特區均有修改基本法的提案權，但如果提案經特設法庭裁定屬自治範圍內的，決議權在香港特區，經由全民投票或立法機關表決；如裁定屬非自治範圍，決議權在人大。

※

② 1988 年 8 月基本法起草委員會秘書處《香港各界人士對〈香港特別行政區基本法（草案）徵求意見稿〉的意見匯集（一）》

【P52-53】
第一百七十條
1. 最後一款「基本方針政策」後加「和香港的利益」。

2. 修改案應先由立法機關、行政長官和全國人大香港代表通過後，由全國人大香港代表交全國人大批准。

3. 本條可以放在附件裡。

4. 應由基本法委員會向全國人大提出修改議案。

5. 香港特別行政區提出的修改議案，不必經全國人大香港代表同意，並建議：
（1）第二款加：「在本法的修改議案列入全國人民代表大會的議程前，香港特別行政區基本法委員會應首先對該議案進行研究並提出意見。該委員會在向全國人民代表大會提出其意見前，應就該修改議案徵詢香港特別行政區立法機關和行政長官的意見。」
（2）最後一款改為：「本法的任何修改，不得與序言所列的中華人民共和國對香港的基本方針政策相抵觸。」

※

③《基本法諮詢委員會中央與香港特別行政區的關係專責小組對基本法（草案）徵求意見稿第一、第二、第七及第九章的意見匯編》，載於 1988 年 10 月基本法諮詢委員會《中華人民共和國香港特別行政區基本法（草案）徵求意見稿諮詢報告（1）》

【P50】
25. 第一百七十條
25.1 有的委員建議可參考法律專責小組對此條款的報告。（請參閱「法律專責小組對基本法（草案）徵求意見稿一些主要法律條文的意見匯編」及其附件二。）

※

④ 1988 年 10 月基本法諮詢委員會《中華人民共和國香港特別行政區基本法（草案）徵求意見稿諮詢報告第五冊──條文總報告》

【P474-480】
第一百七十條
2. 意見
2.1 贊成意見
→ 原條保留。
→ 全國人民代表大會應享有基本法的修改權。
理由：
⊙ 全國人大不可能任意修改基本法，因為此條文末段規定任何修改均不得與中央對香港既定的基本方針抵觸。
⊙ 這是主權的體現。
⊙ 這是基於全國人民的利益。
⊙ 全國人民代表大會是最高權力機關，基本法亦是由其制定並頒佈的，所以由全國人大修改，亦屬理所當然。
→ 任意或不合理地修改基本法的危險程度甚低。
理由：
⊙ 「一國兩制」的精神要得到發揮，故修改者必須要顧及「兩制」的重要性。
⊙ 修改基本法時必須要考慮總則所列的限制。
⊙ 人大常委會必須要考慮基本法委員會的意見。
2.2 反對意見
→ 此條文有不善之處。
理由：
⊙ 此條文遺漏的比包括進去的內容更多，人大常委會與國務院的修改提案權並沒有詳細規定。
⊙ 按此條文的規定，基本法的修改將非常費時，過於繁複，嚴重影響工作效率。
⊙ 此條文剝削特別行政區立法機關的權力，而使香港人大代表的權力過大。
→ 此條文不可接受。
理由：
⊙ 此條文違反《中英聯合聲明》。
⊙ 極度危及「一國兩制」的構想。
⊙ 基本法修改權在全國人民代表大會，可能會令港人對高度自治失去信心。
⊙ 條文的安排令香港所選出的代表無法獨立地提出修改動議，而香港區的人大代表如何選出至今仍未清楚。
→ 同意在「各專題小組的部份委員對本小組所擬條文的意見和建議匯輯」中對本條文的第一個修改建議。

3. 建議
3.1 建議基本法的修改權屬特別行政區
→ 基本法的修改權應屬香港。

→ 基本法的修改權應屬特別行政區立法機關。

→ 全國人民代表大會常務委員會不應擁有基本法的修改權。

理由：

⊙ 這才可保障特別行政區的高度自治。

⊙ 人大常委會和國務院無法領導建設資本主義社會，由於共產黨的意識形態與資本主義是對立的，將來基本法的修改提案只會局限於馬列主義和毛澤東思想的範圍。

3.2 建議基本法的修改提案權屬特別行政區

3.2.1 只需立法機關及行政長官同意

→ 既然香港的人大代表將由中央任命，基本法的修改動議只需特別行政區三分之二成員及行政長官同意便可。

理由：

⊙ 香港的人大代表未必能代表港人意願，所以基本法的修改動議無須其同意。

⊙ 香港人大代表並非在香港憲制系統之下，也不宜被置於香港憲制系統下，成為第二個權力核心。

3.2.2 只需行政及立法機關同意

→ 修改提案程序應簡化為香港特別行政區立法及行政機關三分之二成員同意便可。

3.2.3 只需立法機關同意

→ 既然基本法是特別行政區的法律，其修改提案只需特別行政區立法機關三分之二成員同意便可。

3.2.4 只需行政長官同意

→ 基本法的修改應經特別行政區行政長官同意後，直接交全國人民代表大會審議便可。

3.2.5 其他

→ 修改權屬全國人大是不容置疑的，但修改提案權應只屬香港特別行政區。

→ 在一九九七年後五十年內，應只有香港特別行政區可依這條文建議提案修改基本法。

→ 應由一群熟悉香港情況的人士負責提出基本法修改動議。

理由：人大常委會及國務院並不熟悉香港情況，尤其是香港所沿用的普通法制度。

3.3 建議基本法的修改權屬特別行政區政府及全國人大

→ 基本法的修改權應屬全國人大及香港政府。

→ 體現主權及與中央有關的條文，最終修改權屬中央；體現資本主義制度及只與香港本身運作有關的條文，最終修改權由全國人大授權給香港特別行政區。

→ 人大常委會與本港代表應有同等的修改權，或兩者協商解決，以不抵觸《中英聯合聲明》為原則，才可體現高度自治。

3.4 建議基本法的修改提案權同屬特別行政區及全國人大

→ 行政長官、立法機關成員及香港的人大代表任何一方都可以提出修改動議。

→ 特別行政區的人大代表應由普選產生，行政長官亦應由民主的選舉制度中產生，這樣才能充份代表香港的民意，從而對修改基本法提出動議。

→ 中央與特別行政區應有提案權，如「特設法庭」（或即基本法委員會）裁定提案權非屬自治範圍內，決議權在全國人大，反之在特別行政區。

→ 反正修改最後要經全國人大通過，就應多給香港動議的權力，而少給內地這種權力。

3.5 建議基本法的修改提案權屬中央人民政府

→ 人大常委會及國務院需徵詢法制委員會（代替基本法委員會）後才可提出修改議案。

3.6 對條文的整體性建議

→ 任何對基本法的修改均不得抵觸或削弱第一章所列的原則。

→ 有關修改提案權的規定應以符合《中英聯合聲明》為原則。

→ 應列明「所有的修改均不得與《中英聯合聲明》所列

中國對香港的既定方針和政策有所抵觸」。

→ 應闡釋何謂「既定的基本方針和政策」，以免引起猜疑。

→ 將全國人大和國務院提議修改基本法的程序列入條文中。

→ 動議修改的過程不宜太長，若有特別行政區人大代表三分之二成員或立法會三分之一成員提出，此動議可馬上提交全國人民代表大會討論。若此動議不影響中國的國防、外交事務，則應交由特別行政區普選作決定。

→ 規定本港人大代表三分之二多數始能提出動議過分苛刻，建議減為三分之一或更少。

→ 全國人大在通過基本法的修改議案時，須得到香港人大代表半數的贊成，才可通過。

→ 在提交修改議案之前須徵詢基本法委員會的意見。

→ 基本法的修改問題將牽涉到基本法委員會，此委員會的性質、組成、職責等問題應詳列在基本法中。

→ 經修改後的條文應對未來的案件有影響，但對以前或正在聆訊的案件無影響。

→ 本條文有用「修改提案」一詞，亦有用「修改議案」一詞。用詞不統一，應予以調整。

3.7 修改建議

3.7.1 刪除

→ 刪掉第二款第三句中「全國人民代表大會三分之二的多數」的「的」字修改成「須經香港特別行政區的全國人民代表大會代表三分之二多數」。

理由：語病的糾正。

→ 建議刪去第二款「香港特別行政區的全國人民代表大會代表三分之二的多數」。

3.7.2 修改

→ 「既定的基本方針政策」可以「中國的憲法精神」代替，否則予以刪除。

→ 最後一款應改為「均不得與憲法第三十一條規定相抵觸，符合法律程序。」

→ 最後一款應改為「本法的任何修改，均不得與中華人民共和國對香港既定的基本方針政策和香港的利益相抵觸。」

→ 把「本法的修改議案在列入全國人民代表大會的議程前，先由香港特別行政區基本法委員會研究並提出意見」之句，改為「本法的修改議案在列入全國人民代表大會的議程前，先由香港立法機關委任一獨立的基本法研究委員會研究，並向立法機關負責，再由立法機關向全國人民代表大會提出建議」。

→ 建議第二款第二句改為「香港特別行政區的修改議案，須經香港特別行政區立法機關全體成員三分之二多數和香港特別行政區行政長官同意後，交由香港特別行政區出席全國人民代表大會的代表團向全國人民代表大會提出。」

→ 改為：「中央人民政府及特別行政區均有提案權，但如提案權經特設法庭裁定屬自治範圍的，決議權在特別行政區，經由全民投票或立法機關表決；如裁定屬非自治範圍，決議權在人大。」

→ 改為：「香港特別行政區的修改議案，須經香港特別行政區立法機關全體成員三分之二多數和香港特別行政區行政長官同意後，交由國務院向全國人民代表大會提出。」

→ 改為：「本法的修改程序，修改提案權屬香港特別行政區，而審核、批准或否決則屬全國人大。」

→ 第一款修改為：「香港特別行政區法院擁有基本法的最終修改權。」

→ 改為：「本法的修改提案權屬於香港特別行政區」。

→ 最後一款應將「政策」改為「憲法」：「本法的任何修改，均不得與中華人民共和國憲法相抵觸。」

→ 最後一款改為：「任何修改均不得與《中英聯合聲明》內陳述的中華人民共和國對香港的基本方針政策相抵

觸。」

→ 建議修改第二款為：「本法之修改提案權屬於全國人民代表大會常務委員會、國務院及香港特別行政區。香港特別行政區的修改議案須經香港特別行政區立法機關成員三分之二的多數及香港特別行政區行政長官同意後，交由國務院向全國人民代表大會提出。」

→ 第二款改為：「基本法的修改議案，須經香港特別行政區立法機關全體成員三分之二多數和香港特別行政區行政長官同意後，交由香港特別行政區出席全國人民代表大會的代表團向全國人民代表大會提出。」

→ 第四小段，建議改寫為：「本法的任何修改，都不得與序言所述的中華人民共和國對香港既定的基本方針政策相抵觸。」

3.7.3 增加

→ 增加：「人大常委會如欲提出修改，應正式諮詢基本法委員會及香港特別行政區行政長官和立法機關。」

→ 在最後加上：「本法的任何修改，均不得與《中英聯合聲明》的精神和基本方針政策相抵觸。」

→ 在第三款增加：「基本法委員會提出意見前，須徵詢香港特別行政區立法機關及行政長官的意見。」

3.8 重寫建議

→ 改為：「本法的修改權屬於全國人民代表大會。本法的修改提案權屬於全國人民代表大會常務委員會、國務院和香港特別行政區。香港特別行政區的修改議案，須經香港特別行政區立法機關成員三分之二的多數及香港特別行政區行政長官同意後，交由國務院向全國人民代表大會提出。

本法的修改議案在列入全國人民代表大會的議程前，先由香港特別行政區基本法委員會研究並提出意見。本法的任何修改，都不得與序言所述的中華人民共和國對香港既定的基本方針政策相抵觸。」

→ 改為：「本法修改提案權屬人大常委會、國務院和香港特別行政區。香港特別行政區的修改議案須經香港特別行政區立法會議全體成員三分之二通過及香港特別行政區行政長官同意後，交由香港特別行政區出席全國人民代表大會的代表向全國人民代表大會提出。」

理由：基本法中涉及特別行政區高度自治範圍內的條文修改建議應由直接參與行政管理及立法事務的特別行政區機關草擬討論後通過提案，港區人大代表只需按特區的要求將議案向人大會議提交。

→ 改為：「本法的修改權屬於全國人民代表大會。本法的修改提案權屬於全國人大常委會。香港特別行政區提出的修改議案，須經香港立法機關進行徵詢民意及地方階層組織，再經立法機關辯論得到全體成員三分之二多數通過及香港行政首長同意後，用香港立法機關名義交由人大常委會提出。本法的修改議案在列入全國人民代表大會的議程前，先由香港特別行政區基本法委員會研究並提出意見，如不滿意香港所提的修改議案，可交由香港終審法庭作最後裁決。香港對本法所提的最後修改議案，一經全國人大常委會向全國人民代表大會提出後，當即照修改議案獲得通過成為本法。」

理由：香港對本法的修改應經立法機關徵詢各界意見及辯論。修改議案須由立法機關向人大常委會提出，非交國務院或香港出席人大代表團提出。國務院為全國行政機關，非直轄香港特別行政區，而出席全國人大的代表團是負責討論全國性行政。香港基本法委員會既可研究香港所提出的修改議案，當然有意見及不滿之處，補救之道非由基本法委員會再訂修改，因立場不同，故應交由香港終審法庭作最後裁決。經裁決的修改議案經人大常委會向全國人民代表大會提出，應照議案獲得通過，不能再作修改或撤銷。

→ 改為：「本法的修改提案權屬於全國人民代表大會常務委員會、國務院和香港特別行政區。香港特別行政區行

政長官同意後，交由國務院向全國人民代表大會提出。本法的修改議案在列入全國人民代表大會的議程前，先由香港特別行政區基本法委員會研究並提出意見。本法所作任何修改，都不得與序言所述的中華人民共和國對香港既定的基本方針政策抵觸。」

→ 改為：「由全國人民代表大會常務委員會及國務院所提出的修改議案，在列入全國人民代表大會的議程前，先由香港特別行政區基本法委員會研究並提出意見。本法的任何修改，均不得與中華人民共和國對香港既定的基本方針政策相抵觸。」

→ 改為：「本法的修改權屬於全國人民代表大會。本法的修改提案權屬於人大常委會和香港特別行政區，惟無論任何一方在提交修改方案時，必須得到另一方立法機關成員三分之二多數及行政長官的同意，才可交由國務院向全國人民代表大會提出。」

→ 改為：「本法的修改需經過香港全民投票。本法的修改提案權屬於香港特別行政區，香港特別行政區的修改議案，須經香港特別行政區立法機關成員三分之二的多數及香港特別行政區行政長官同意後，交香港全民投票。修改議案的通過需得到參加香港全民投票的二分之一投票者的同意。」

→ 改為：「本法的修改權屬於全國人民代表大會。本法的修改提案權屬於全國人民代表大會常務委員會、國務院和香港特別行政區。香港特別行政區的修改議案由特別行政區立法機關全體成員三分之二多數提議，向行政長官遞交意見書。獲得同意後，交由香港特別行政區出席全國人民代表大會的代表向全國人民代表大會提出。本法的修改議案在列入全國人民代表大會的議程前，先由香港特別行政區基本法委員會研究及提出意見。」

→ 改為：「本法的修改權屬於全國人民代表大會。全國人民代表大會常務委員會及香港特別行政區立法機關，均可對本法提出修改議案。惟特別行政區立法機關須在全體三分之二或以上成員及行政長官同意下，方可提出修改議案。修改議案列入人大議程前，必須事先徵得人大常務委員會及香港特別行政區立法機關的同意。本法的任何修改，都不得與本法序言所述的中華人民共和國對香港特別行政區既定的基本方針政策相抵觸。」

→ 改為：「本法的修改議案須經香港特別行政區行政長官同意後，交由國務院向全國人民代表大會提出決策。而此修改議案列入全國人民代表大會的議程前，須經香港特別行政區基本法委員會研究提出意見。而基本法的任何修改，均不得與中華人民共和國對香港既定的基本方針政策相抵觸。」

→ 改為：「本法的修改權屬於全國人民代表大會。本法的修改提案權屬於全國人民代表大會常務委員會、國務院和香港特別行政區。香港特別行政區的修改議案首先須經香港特別行政區的立法會議半數以上通過，交由行政長官考慮通過，若果行政長官否決，則發還立法會議重議原案，若果立法會議以不少於全體成員三分之二多數再次通過原案，則行政長官必須將修改議案向全國人民代表大會提出。」

4. 待澄清問題

→ 修改權既在人大，為何又要徵詢港人意見？

→ 人大是否會接受及真正實行港人意見呢？

→ 若香港特別行政區獲得多數合法人數提出需要修改基本法的方案，到時人大會否將它否決？

→ 何謂「與中華人民共和國對香港既定的基本方針政策相抵觸」？

→ 如何能保證基本法的修改不與「既定的」方針政策抵觸？

→ 任何對基本法的修改均不能與中央對香港的既定方針政策抵觸，這些既定的方針政策是否指《中英聯合聲明》

中所列者？若是，何不清楚地寫明「既定的方針政策」所指為何物，並把《中英聯合聲明》的有關條文納入基本法中作為參考？
→ 條文所指香港人大代表「三分之二的多數」與特別行

政區立法機關成員「三分之二多數」是否指同等比例？
→ 條文的標點方式表示三者同時擁有修改提案權，而條文中只規定香港特別行政區之提案程序，是否即表示全國人大常委會及國務院可隨意作修改提案而不受任何限制？
→ 基本法在什麼情況下可以修改？

第九稿

「**第一百五十九條　本法的修改權屬於全國人民代表大會。**
本法的修改提案權屬於全國人民代表大會常務委員會、國務院和香港特別行政區。香港特別行政區的修改議案，須經香港特別行政區的全國人民代表大會代表三分之二多數、香港特別行政區立法會全體議員三分之二多數和香港特別行政區行政長官同意後，交由香港特別行政區出席全國人民代表大會的代表團向全國人民代表大會提出。
本法的修改議案在列入全國人民代表大會的議程前，先由香港特別行政區基本法委員會研究並提出意見。
本法的任何修改，均不得同中華人民共和國對香港既定的基本方針政策相抵觸。」
〔1990 年 2 月 16 日《中華人民共和國香港特別行政區基本法（草案）》〕

① 1989 年 9 月 20 日《中央與香港特別行政區的關係專責小組第四次會議紀錄》

附件修改程序
1. 有委員建議附件的修改程序應該和其他條文的修改程序一樣，即是依照第一百五十八條的方法，否則若修改附件三只依照第十八條的規定：由「全國人民代表大會常務委員會在徵詢其所屬的香港特別行政區基本法委員會和香港特別行政區政府的意見後，可對列於本法附件三的法律作出增減」，則程序似乎太簡單，若依第一百五十八條的修改方法，可保證修改附件都會經過嚴謹的程序。

2. 有委員對上述修改建議有保留。他認為人大代表會一年只開會一次，若修改附件要依第一百五十八條的程序，則限制太多，未能適應戰爭或緊急狀態的需要。

3. 有委員認為每份附件的內容不同，附件一、二關於政制，附件三關於全國性法律，沒必要統一所有的修改程序，可依每附件的獨特內容而彈性處理，在各附件內具體列明。

※

② 1989 年 10 月 26 日《基本法草案：基本法工商專業界諮委建議書》

附件一：建議對基本法草案的修改
第 158 條
刪去第三段：一

※

③ 1989 年 11 月 30 日基本法起草委員會秘書處《內地各界人士對〈中華人民共和國香港特別行政區基本法（草案）〉的意見匯集》

【P17-18】
第一百五十八條
1. 有權提出基本法修改提案的機構已壓縮到三個，比憲法的修改提案還要嚴格，不能再少了。（法學界人士）

2. 建議按照全國人民代表大會組織法的規定，賦予香港地區的全國人大代表團有單獨的基本法修改提案權。（法學界人士、民主黨派人士）

3. 基本法的修改權屬於全國人民代表大會，全國人民代表大會是最高權力機關，規定它對基本法的修改不得與既定方針政策相抵觸似有不妥。建議對第四款作出修改。（陝西）

※

④《基本法諮詢委員會中央與香港特別行政區的關係專責小組對基本法（草案）第一、第二、第七、第八、第九章、附件及附錄的意見匯編》，載於 1989 年 11 月基本法諮詢委員會《中華人民共和國香港特別行政區基本法（草案）諮詢報告第一冊》

【P59】
附件：修改程序
（編者按：內容同第九稿文件①）

※

⑤《基本法諮詢委員會法律專責小組對基本法（草案）一些條文的意見》，載於 1989 年 11 月基本法諮詢委員會《中華人民共和國香港特別行政區基本法（草案）諮詢報告第一冊》
【P64】
（10）第一百五十九條
香港的法院應是負責決定哪些法律符合基本法的適當機關，因為這是需要司法解釋的問題。

※

⑥ 1989 年 11 月基本法諮詢委員會《中華人民共和國香港特別行政區基本法（草案）諮詢報告第三冊——條文總報告》

【P268-270】
第一百五十八條

2.意見
2.1 整體
→ 修改程序太繁複。
2.2 反面
→ 修改權不應屬於全國人民代表大會。雖然任何修改均不得同中華人民共和國所列的基本方針有抵觸，但其間的彈性很大，沒有保障。
→ 反對修改議案須經香港特別行政區的全國人大代表三分之二多數通過。
理由：港區人大代表的選舉程序不明確，代表性令人懷疑，他們的修改議案未必能就香港的真正需要而提出。
→ 應減少香港特別行政區的全國人民代表大會代表比例，因未明他們如何被推舉出來？他們對政治政策是否全面清楚？他們又會否敢於表達？同時又可減少他們與立法議員的衝突。
→ 修改議案不應經行政長官同意。
2.3 保留
→ 本條文只敘述特別行政區修改基本法議案之辦法和過程，但對於人民代表大會常務委員會、國務院所提出的修改議案的處理過程，則隻字不提，是否意味全國人大常務委員會和國務院有絕對權力，不需將議案提出討論、徵求意見呢？本條文影響很大，但漏洞甚多，有修改的必要。

3.建議
3.1 刪除
→ 刪去：「全國人民代表大會代表三分之二多數」。
理由：香港既為特別行政區，本法修改的提請只限於特別行政區事務，特別行政區既由立法機構成員為代表，則無需由特別行政區之全國人民代表大會批准同意。
3.2 修改
→ 第二款改為：「本法的修改提案權屬於全國人民代表大會常務委員會和香港特別行政區，全國人民代表大會常務委員會的修改議案須經香港特別行政區立法會全體議員三分之二多數和香港特別行政區行政長官同意才可向全國人民代表大會提出，香港特別行政區的修改議案，須經香港特別行政區立法會全體議員三分之二多數和香港特別行政區行政長官同意後，交由香港特別行政區出席全國人民代表大會的代表團向全國人民代表大會提出。」
→ 第二款改為：「本法的修改提案權屬香港特別行政區。修改議案須經香港特別行政區立法會全體議員三分之二多數和香港特別行政區終審法院多數法官同意後，由香港特別行政區行政長官交全國人民代表大會。」
→ 第三款及第四款修改為：「本法的修改議案在列入全國人民代表大會的議程前，須先由香港特別行政區基本法委員會研究決定是否與中華人民共和國對香港既定的基本方針政策（《中英聯合聲明》中所提的）相抵觸。」
→ 第四款改為：「本法的任何修改均不得與本法之序言及第一章總則中所申明的國家對香港既定的基本方針政策相抵觸。」
理由：具體指出「既定方針政策」在本法的出處，避免對其意義誤解或泛作其他詮釋。
→ 第四款改為：「……均不得同中華人民共和國在《中英聯合聲明》中對香港既定的基本方針政策相抵觸。」
→ 第四款改為：「本法的任何修改，均不得與本法之總則相抵觸。」
3.3 增加
→ 第二款加上：「全國人民代表大會常務委員會及國務院的修改議案，須諮詢香港特別行政區政府並得行政長官同意後，提交全國人民代表大會。」
→ 加上：「香港市民保留增加、修改或刪除基本法任何一部份的權利，以符合在一九九七年後可能在香港出現的、不可預見而實際的情況，以保持香港的穩定繁榮。」
→ 應加上以下規定：「除就有關中央人民政府管理的事

務或中央與香港特別行政區的關係，其他法律的修改權屬立法會。立法會須經其議員三分之二多數同意後，行使修改權。如有爭議，任何一方政府可把爭議交憲法法庭仲裁。該法庭的決定為終局並具約束力。」
理由：人大的修改權應是有限的而爭議應由憲法法庭仲裁。
3.4 其他
→ 建議統一雙方意欲修改基本法的提案步驟，即是中央或特別行政區任何一方欲提出修訂基本法提案，均要獲得以下所有程序，方可列入人民代表大會議程。
（1）特別行政區全國人民代表大會代表三分之二多數通過；
（2）特別行政區立法會全體議員三分之二多數通過；
（3）特別行政區行政長官同意；
（4）人大常務委員會全體委員三分之二多數通過；
（5）國務院全體會員三分之二多數通過。
→ 「全國人民代表大會」應由「基本法修改委員會」替代。
基本法修改委員會由百分之五十內地人士和百分之五十香港人士所組成。內地人士可由全國人民代表大會常務委員會所委任，而香港人士則由民主、開放的提名和選舉方式產生，其中包括法律界人士，再由全國人民代表大會常務委員會任命。修改委員會成員不能同時擔任解釋委員會成員。基本法解釋委員會委員任期為五年。當基本法修改委員會對某一法例的修改有 50% 對 50% 相持不下之情況，則由全國人民代表大會作出最後決定。此最後決定的理由亦需向全香港市民公開。
→ 基本法之修改必須經香港人民以全民投票方式同意後才能生效。
→ 基本法只須經全國人大香港區代表的二分一多數、立法會成員的二分一多數及行政長官同意，即可提修改議案，無須經三分二多數同意。
→ 基本法之修改權必須屬於立法會，而香港永久性居民可向立法會或其任命之特別小組提出有關意見。
→ 基本法的修改提案動議，不用加入國務院的人員，因為香港人未必可以進入國務院的領導層，而國務院的官員也未必在香港地區生活過，難以明白提案的實質，增加國務院人員的投票，對香港特別行政區的人大代表完全不公平，香港在全國人大的代表已經不多，加多國務院人數，那令香港的影響力變得更弱。
→ 基本法修改權屬於香港特別行政區立法機關，但任何修改，不得超越《中英聯合聲明》。
→ 為保障一九九七年後香港人的權益，所有關於香港內部行政的基本法條文，須經大部份香港人（或香港人的代表：立法會）的同意及提出，方可修改。
中國政府不可在未得香港人同意的情況下，自行修改基本法。
→ 本條規定香港特別行政區對基本法的修改提案在列入全國人民代表大會的議程前，先由香港特別行政區基本法委員會研究並提出意見。但並沒有說明全國人民代表大會徵詢基本法委員會後，在決定是否修改基本法前，是否會將修改議案交回香港特別行政區，徵詢香港人的意見。建議在全國人民代表大會修改基本法之前，應將修改議案交回特別行政區，徵詢香港人的意見。
→ 一九九七年後五十年內，應只有香港特別行政區可以依本條建議提案修改。
理由：若由全國人民代表大會或國務院提案修改，則可能與聯合聲明的精神互相矛盾。
→ 註明任何修改皆不能違反國際普通法及人權法之基本原則為依歸。
→ 基本法的修改不應太頻密，其有效性和權威性應維持一段較長的時間，此舉有助香港社會的穩定性。

4.待澄清問題

→「中國對香港既定的基本方針政策」頗為不明確和含糊。那些方針政策是已既定的？而這些已「既定」的方針政策有否知會香港人？何謂「基本」？這些方針政策是否與香港人對將來特別行政區發展的意願相符呢？何為抵觸？

→ 最後一款「本法的任何修改，均不得同中華人民共和國對香港既定的基本方針政策相抵觸。」的精神何在？是否表示中央的政策改變時，香港的政策亦須改變？是否只保障了中央的領導？

第十稿

「第一百五十九條　本法的修改權屬於全國人民代表大會。

本法的修改提案權屬於全國人民代表大會常務委員會、國務院和香港特別行政區。香港特別行政區的修改議案，須經香港特別行政區的全國人民代表大會代表三分之二多數、香港特別行政區立法會全體議員三分之二多數和香港特別行政區行政長官同意後，交由香港特別行政區出席全國人民代表大會的代表團向全國人民代表大會提出。

本法的修改議案在列入全國人民代表大會的議程前，先由香港特別行政區基本法委員會研究並提出意見。

本法的任何修改，均不得同中華人民共和國對香港既定的基本方針政策相抵觸。」

〔1990 年 4 月《中華人民共和國香港特別行政區基本法》〕

香港特別行政區成立時，香港原有法律除由全國人民代表大會常務委員會宣佈為同本法抵觸者外，採用為香港特別行政區法律，如以後發現有的法律與本法抵觸，可依照本法規定的程序修改或停止生效。

在香港原有法律下有效的文件、證件、契約和權利義務，在不抵觸本法的前提下繼續有效，受香港特別行政區的承認和保護。

❀ 貳│概念

1. 回歸前原法律在不抵觸《基本法》的前提下繼續有效

❀ 叁│條文本身的演進和發展

第一稿▶

「第一百七十一條 方案一：香港特別行政區成立時，香港原有法律（即普通法及衡平法、條例、附屬立法、習慣法）除附件所列者外，採用為香港特別行政區法律。

上述香港原有法律的採用，不影響全國人民代表大會常務委員會在香港特別行政區成立後，通過行使其對本法的解釋權宣佈日後發現與本法相抵觸的上述香港原有法律為無效的權力。

在香港原有法律下有效的文件、證件、契約、及權利與義務，在不抵觸本法的前提下繼續有效，受香港特別行政區法律的承認和保護。

說明：附件上所列的法律，是全國人大常委會認為明顯與基本法相抵觸的香港原有法律。

方案二：香港原有的法律，如經基本法委員會審核認為與本法相抵觸者，可向全國人民代表大會常務委員會報告，由全國人民代表大會常務委員會在香港特別行政區成立時宣佈廢除。

在香港原有法律下有效的文件、證件、契約、及權利與義務，在不抵觸本法的前提下繼續有效，受香港特別行政區的法律承認和保護。

方案三：香港原有的條例及附屬立法，除由人大常委會在香港特別行政區成立時根據本法第一百六十八條的規定宣佈為與本法相抵觸者外，就本法第八條規定而言將被視為繼續有法律效力，直至根據本法規定的程序撤銷或修訂為止。

根據香港特別行政區成立後繼續有法律效力的香港原有法律而有效的權利和義務，繼續有效，並受香港特別行政區的法律保護和承認。」

〔1987 年 12 月基本法起草委員會秘書處《香港特別行政區基本法（草案）》（匯編稿）〕

① 1986 年 4 月 22 日《中華人民共和國香港特別行政區基本法結構（草案）》，載於《中華人民共和國香港特別行政區基本法起草委員會第二次全體會議文件匯編》

【P17】
第十章 附則
（一）香港特別行政區第一屆政府的產生
（二）原有法律的延續和原有證件、契約的繼續有效問題

第160條

（三）基本法的生效

※

② 1986 年 4 月《部份起草委員對基本法結構（草案）的意見（備忘錄）》，載於《中華人民共和國香港特別行政區基本法起草委員會第二次全體會議文件匯編》

【P10】
第一章
（一）香港特別行政區是中華人民共和國的不可分離的一部份，在全國人民代表大會授權下實行高度自治

【P29】
十一、關於《附則》
53.由於香港的歷史情況，到一九九七年回歸祖國時，過渡的內容會很多，不只是政府的過渡，因此附則要規定得更廣泛些。

54.附則中應增加關於訴訟程序繼續有效，以及條約、法律的清理和延續等內容。

55.訴訟程序屬於香港內部立法的問題，可不必寫入基本法。

56.建議增加附件列入基本法名詞術語的定義解釋。或仿照香港現行法律寫法，把「定義」寫在總則內。

※

③ 1986 年 8 月 20 日《基本法結構專責小組初步報告》

【P35-36】

事項	意見	原因	意見出處
11. 第十章「附則」			
11.2 第二節「原有法律的延續和原有證件、契約的繼續有效問題」	（1）建議原有法律、證件、契約訴訟等的繼續有效問題，可經個別立法處理，或制定一條具涵概性的法案，去處理一切有關延續的問題，或兩者兼用，這些都是將來立法機關須處理的問題。		專責小組八月五日會議
	（2）那些與基本法沒有抵觸的法律可繼續有效。		專責小組八月五日會議
	（3）建議將香港目前的法律逐一審定，按情況修改或增刪。	為了避免日後有關證件、契約的訴訟，可能牽涉以香港法律還是以中國憲法為依據的問題，以及因主權轉變而可能發生的紛爭。	專責小組八月五日會議
	（4）這節牽涉的問題太技術性，所以有關的法律團體，如香港大律師公會等，應對這問題進行研究，然後將討論結果供專責小組參考。		專責小組八月五日會議
12. 一般性問題	（1）基本法內容無論哪項問題，均只應寫清楚其中涉及的原則問題，而不應把具體的內容和細節寫進基本法內。如果基本法寫得太具體，便會對將來的特區政府不公平。		專責小組六月三日會議
	（2）建議基本法應視為一項「授權法」，由中國透過全國人民代表大會立法，授權香港特別行政區政府，按照基本法的明確界定，負責全部政務，其中必要例外者須具體訂明，從而貫徹香港特別行政區的高度自治權。	將基本法視為「授權法」，可解決權力劃分的問題，而且比「剩餘權力」的觀念更明確。	黃宏發（立法局議員）《明報》（22/4/86）
	（3）建議基本法不應只求保持現狀，還須強調發展。		太空老人《明報》（12/5/86）
	（4）憲法中除了國旗、國徽、首都等方面的事項，其他有關法律、人權、自由、義務等等的觀念，最好都不寫在基本法裡，以免兩地因不同的法律和社會觀念而引起混淆不清的情形。		譚惠珠（基本法起草委員）《文匯報》（15/6/86）

※

④ 《Final Report on the Structure of Basic Law》（基本法結構專責小組最後報告，1987 年 3 月 14 日經執行委員會通過）

ITEMS	OPINIONS	REASONS	SOURCES
"Appendix"			
11.2 Section 2 "The continued validity of original laws, documents and contracts"	1. The issue of the continued validity of original laws, documents, contracts and proceedings can be dealt with through individual legislation, and/or a global enabling act. This [is] a problem to be solved by the future legislature.		Special Group Meeting on 5th August, 1986
	2. Those laws which do not violate the Basic Law shall remain in force.		Special Group Meeting on 5th August, 1986
	3. It is proposed that the existing laws shall be examined one by one and be duly amended.	For preventing the probable confusion arising from the question whether the laws of Hong Kong or the Chinese constitution shall serve as the legal basis for contracts, and the probable disputes arising from the reversion of sovereignty.	Special Group Meeting on 5th August, 1986
	4. As this question is too technical, it is suggested that the relevant legal bodies such as the Hong Kong Bar Association should study this question and prepare a discussion report for the reference of the special group on the structure of the Basic Law.		Special Group Meeting on 5th August, 1986
12. General issues	1. The provisions in the Basic Law should clearly state the principles only. It should not contain concrete and detailed policy derived from these principles. Too detailed illustration will be unfair to the future HKSAR government		Special Group Meeting on 3rd June, 1986
	2. To treat the Basic Law as an "Art of Delegation of Power". Enacted by the National People's Congress. China had delegated power to the HKSAR government, to be responsible for the administration of Hong Kong, with the necessary exceptions specified in the Basic Law. This may help to realize the high degree of autonomy of the HKSAR.	The Basic Law as an "Art of Delegation of Power" is a clearer concept then "residual power", solving the problem of division of power.	Andrew Wong (Legco member) Ming Pao 22nd April, 1986
	3. The aim of the Basic Law is not only for maintaining the present situations, but also for future development.		"The Old Spacemen" Ming Pao 12th May, 1986
	4. Except provision on National Flag, National Emblem and Capital in the constitutions, other concepts such as law, human rights, freedom and liabilities etc., should not be written in the Basic Law, to avoid the confusion caused by the different conceptions between China and Hong Kong.		Maria Tam (Member of the Drafting Committee for the Basic Law) Wen Wei Po 15th, 1986
12.			

※

⑤ 1987 年 10 月 31 日至 11 月 2 日《基本法政制專題小組新聞發佈會意見整理》，載於 1987 年 12 月 3 日《基本法諮詢委員會秘書處通訊 62》

（6）關於現有法律文件繼續有效的問題。各委員作了綜合和修改，一致認為現有法律中那些與基本法相抵觸的，香港不適用的，或屬殖民地制的法律，在香港特別行政區政府成立之時，全國人民代表大會常務委員會要頒佈命令，宣佈這些法律無效。由於香港的法律範圍很廣，宣佈時恐怕有遺漏，故香港特區政府成立之後，若發現仍需廢除的法律，則由立法機關廢除或修改。有些法律基本上是有效的，但名稱不大適合，便只須修改其中的文字，有些需整條修改，有些則要全部推翻。也有委員認為，人大常委會雖然無權廢除英國的法律，但卻有權廢除在香港適用的英國法律，因香港是中國的一部份。

（7）委員們提出的三個方案最後統一為「根據香港原有法律而有效的文件、證件、契約、權力和義務，在不抵觸本法的情況下繼續有效，使香港特別行政區的法律得到承認和保護」。另外還有委員提出一種方案：香港原有的法律，包括普通法、衡平法、判例、立法條例、習慣法等，除了與基本法相抵觸者外，繼續有效。

第二稿

「**第一百七十三條** 香港特別行政區成立時，香港原有法律除由全國人民代表大會常務委員會宣佈為與本法相抵觸者外，採用為香港特別行政區法律，如以後發現有的法律與本法相抵觸，可依照本法規定的程序撤銷或修訂。
在香港原有法律下有效的文件、證件、契約和權利義務，在不抵觸本法的前提下繼續有效，受香港特別行政區法律的承認和保護。」
〔1988 年 4 月基本法起草委員會秘書處《中華人民共和國香港特別行政區基本法（草案）草稿》〕

① 1987 年 12 月《中華人民共和國香港特別行政區基本法起草委員會第六次全體會議委員們對基本法第四、五、六、十章和條文草稿匯編的意見》

【P42】
2.第一百七十一條
（1）有些委員認為，本條所列第一個方案作適當的修改後，可以採納。

（2）有的委員提出，把本條第一方案第一款中的「香港原有法律（……）」改為「香港原有的條例及附屬立法」，這樣更確切，便於執行。

（3）有的委員認為第一方案第一款〕的附件，如果作為基本法的附件不大可能在一九九○年公佈，只能由人大常委會在特別行政區成立時宣佈廢除。

（4）有的委員提出，三個方案的第一款所提到的原有法律有效問題，在總則第八條已有規定，此處可刪去。只用第二款即可。

※

② 1988 年 4 月《總體工作小組所作的條文修改舉要》，載於 1988 年 5 月《中華人民共和國香港特別行政區基本法起草委員會第七次全體會議文件匯編》

【P21】
第一百七十三條（政制小組最後草擬的原第一百七十一條），將「直至根據本法規定的程序撤銷或修訂為止」去掉，改為「如以後發現有的法律與本法相抵觸，可依照本法規定的程序撤銷或修訂」。

第三稿

「**第一百七十二條** 香港特別行政區成立時，香港原有法律除由全國人民代表大會常務委員會宣佈為與本法相抵觸者外，採用為香港特別行政區法律，如以後發現有的法律與本法相抵觸，可依照本法規定的程序撤銷或修訂。
在香港原有法律下有效的文件、證件、契約和權利義務，在不抵觸本法的前提下繼續有效，受香港特別行政區法律的承認和保護。」
〔1988 年 4 月基本法起草委員會《中華人民共和國香港特別行政區基本法（草案）徵求意見稿》〕

第四稿

「**第一百五十九條** 香港特別行政區成立時，香港原有法律除由全國人民代表大會常務委員會宣佈為同本法抵觸者外，採用為香港特別行政區法律，如以後發現有的法律與本法抵觸，可依照本法規定的程序修改或停止生效。
在香港原有法律下有效的文件、證件、契約和權利義務，在不抵觸本法的前提下繼續有效，受香港特別行政區的承認和保護。」
〔1989 年 2 月《中華人民共和國香港特別行政區基本法（草案）》〕

① 1988 年 5 月基本法諮詢委員會秘書處《基本法（草案）徵求意見稿初步反應報告（草稿）》

第160條

初步反應報告——條文
7. 某些條文應合併，如：
第一百七十二條應與總則中的第八條合併。

※

② 1988 年 8 月基本法起草委員會秘書處《香港各界人士對〈香港特別行政區基本法（草案）徵求意見稿〉的意見匯集（一）》

【P53】
第一百七十二條
1. 第一款「可依照本法規定的程序撤銷或修訂」改為「由香港特別行政區立法機關依照本法規定的程序撤銷或修訂」。

2. 第二款可以刪去，因任何文件、證件、契約和權利義務是由法律派生出來的，如法律有效，它們當然有效。

※

③ 1988 年 8 月 3 日基本法諮詢委員會秘書處參考資料（一）《內地草委訪港小組就基本法（草案）徵求意見稿一些問題的回應輯錄（一九八八年六月四日至十七日）》

【P3-4】
2. 中央和香港特別行政區的關係
2.7 香港的法律
2.7.1 香港的法律，主要在基本法第八、十六、十七條說明：
……而第一百七十二條應與以上三條連在一起看。第一百七十二條是一條過渡性的條款，讓香港特區在成立時，香港原有法律除由全國人大常委宣佈與本法抵觸以外，採用為香港特區法律，如以後發現有些法律與本法抵觸，可依照本法所列的程序撤銷或修改。
2.7.2 第八條是個原則，指過去法律中除少數外皆有效，而第一百七十二條是指九七年七月一日那天，由人大宣佈，如英皇制誥、皇室訓令等有殖民主義色彩的法律不再有效，這是從法律手續上將之說清楚，至於九七年七月一日後如發現法律再與本法有抵觸者，則再按第十六、十七條程序加以修改或撤銷，而不是九七年七月一日宣佈某法與基本法抵觸無效，以後便不能再宣佈另一法律也無效。

※

④ 1988 年 9 月基本法起草委員會秘書處《內地各界人士對〈香港特別行政區基本法（草案）徵求意見稿〉的意見匯集》

【P22】
第一百七十二條
第二款「權利義務」改為「權利和義務」。

※

⑤ 1988 年 10 月基本法諮詢委員會《中華人民共和國香港特別行政區基本法（草案）徵求意見稿諮詢報告第五冊——條文總報告》

【P481-482】
第一百七十二條
2. 意見
→ 此條文沒有規定若某條特別行政區法律被認為與基本法發生抵觸時，將之撤銷或修訂的具體程序。
→ 此條文讓人大常委會有權決定哪些特別行政區法律與基本法有抵觸，中央如此大的干預實令特別行政區的高度自治嚴重受損。
→ 此條賦予特別行政區行政及立法機關過大的權力，而忽略了司法機關的制衡作用。
→ 此條違反《中英聯合聲明》。
理由：《中英聯合聲明》規定特別行政區立法機關有權制定與國防、外交有關的法律，而此條賦予人大常委會在特別行政區成立時撤銷某些法律的權力。
→ 損害香港的繁榮。
理由：此條賦予人大常委會極大的權力，可以撤銷任何被它認為是抵觸基本法的法律、證件、契約等。
→ 相對於美國憲法，此條文顯得過於繁瑣。

3. 建議
→ 人大常委會在審定香港原有法律是否符合基本法的過程中，應有香港法律界的代表參與。
→ 應有一個法定程序，宣佈哪一些法律與基本法抵觸，此等法律應在一九九七年之前盡早宣佈。
→ 若人大常委會認為某些證件、契約、權利義務等抵觸基本法而予以撤銷，應給予合理的賠償。
→ 建議增加附件四為：「全國人民代表大會常務委員會保留對下列本法各項條款的最終解釋權：第一、二、十、十一、十二、十三、十四、十五、十六、十七、十八、十九、二十、二十一、一百三十七、一百三十八、一百五十八、一百六十、一百六十一、一百六十三、一百六十四、一百六十五、一百六十九、一百七十、一百七十一、一百七十二。」並修改條文為：「香港特別行政區成立時，香港原有法律除由全國人民代表大會常務委員會宣佈為與本法附件四之條款相抵觸者外，採用為香港特別行政區法律，如以後發現有的法律與本法附件四之條款相抵觸，可依照本法規定的程序撤銷。該法律的失效，除在刑事罪名成立的案件外，無溯及力。
在香港原有法律下有效的文件、證件、契約和權利義務，在不抵觸本法的前提下繼續有效，受香港特別行政區法律的承認和保護。」
→ 改為：「香港特別行政區成立時，香港原有法律中與本法內關於國防、外交和其他按本法屬於中央人民政府管理的事務的條款相抵觸者，由全國人民代表大會常務委員會宣佈為無效；香港原有法律中與本法內其他條款相抵觸者，香港特別行政區立法機關應盡快予以撤銷或修訂，香港特別行政區法院亦可拒絕承認或執行上述與本法相抵觸的香港原有法律。如特別行政區成立以後發現現有的法律與本法相抵觸，可依照本法第十六條處理。

4. 待澄清問題
→ 在一九九零年基本法頒佈至一九九七年之前，若因社會上發生變化而致令基本法條文不適用者，應如何處理？

第五稿

「第一百六十條　香港特別行政區成立時，香港原有法律除由全國人民代表大會常務委員

會宣佈為同本法抵觸者外，採用為香港特別行政區法律，如以後發現有的法律與本法抵觸，可依照本法規定的程序修改或停止生效。

在香港原有法律下有效的文件、證件、契約和權利義務，在不抵觸本法的前提下繼續有效，受香港特別行政區的承認和保護。」

〔1990年2月16日《中華人民共和國香港特別行政區基本法（草案）》〕

① 1989年11月基本法諮詢委員會《中華人民共和國香港特別行政區基本法（草案）諮詢報告第三冊——條文總報告》

【P271-272】

第一百五十九條

2. 意見

→ 這條文構想了一個由全國人大常委會「審核」香港法律是否符合基本法的程序。這程序顯然要早在一九九七年之前就開始，以便全國人大常委會在需要時，可在一九九七年六月三十日前宣佈那些香港原有法律與基本法相抵觸。由於這程序對將來基本法的解釋有重大的影響，故強烈要求中國在未有適當途徑讓香港法律界充份參與其事之前，千萬不可開始這程序和宣佈原有法律為無效。

3. 建議

3.1 刪除

→ 刪去第一款

理由：

⊙ 全無需要，並且可能違反《中英聯合聲明》。

⊙ 與第八條相違背。

⊙ 會破壞公眾對基本法的信心。

→ 刪除第一款「依照本法規定的程序」。

理由：本法規定的程序並不清楚。

→ 第一款的「為同本法相抵觸者外」改為「……為同本法有關中央人民政府管理的事務或中央和香港特別行政區關係的條款相抵觸者外，……」

3.2 修改

→ 改為：「香港特別行政區成立時，香港原有法律除由全國人民代表大會常務委員會交其所屬的香港特別行政區基本法委員會研究決定為同本法抵觸者外，採用為香港特別行政區法律，如以後經香港特別行政區基本法委員會研究發現與本法抵觸，應依照本法規定的程序修改或停止生效。

在香港原有法律下有效的文件、證件、契約和權利義務，凡經香港特別行政區基本法委員會之研究已證明為不抵觸本法的前提下繼續有效，受香港特別行政區的承認和保護。」

→ 第一款改為：「香港特別行政區成立時，香港原有法律除與本法抵觸者外，採用為香港特別行政區法律，如以後發現有的法律與本法抵觸，可依照本法規定的程序修改或停止生效。」

理由：原文的精神已包含在第一章第八條及第八章第一百五十七條內，所以不須重複。

→ 第一款改為：「香港特別行政區成立時，香港原有的法律除由全國人民代表大會常務委員會宣佈為同本法抵觸者，以及在一九八五年五月二十七日後，《中英聯合聲明》生效後的過渡期內，香港所訂有損中國主權形象的法律，香港特別行政區政府一概不予承認者外，採用為香港特別行政區法律，如以後發現有的法律與本法相抵觸，可按照本法規定的程序修改或撤銷。」

→ 第二款改為：「在香港原有法律下有效的文件、證件、契約和權利義務，在不抵觸本法的前提下繼續有效，並受香港特別行政區及中華人民共和國的承認和保護。」

→ 第一款改為：「香港特別行政區成立時，採用香港特別行政區法律，如以後發現有的法律與本法抵觸，可依照本法規定的程序修改或停止生效。」

3.3 增加

→ 第一款的「除」字後加「有關中央人民政府責任、中央與特別行政區關係及」。

理由：人大常委會只可宣佈與它管轄範圍內有關的法律同基本法抵觸。

→ 第一款的「常務委員會」後加「或香港特別行政區終審法院」。

理由：其他與基本法相抵觸的法律應由特別行政區立法機關或法院宣佈。

→ 第一款「採用為香港特別行政區法律」後加：「在香港特別行政區政府公佈該宣佈前，通知全國人民代表大會香港特別行政區代表。」

→ 第二款「原有法律下」加「包括香港政府」。

理由：應加以說明特別行政區政府會承受香港政府的義務。這會增加信心，並有利政府在過渡時期改為政府接收而採取的保持安定繁榮措施。

→ 第二款加上：「被認為與本法相抵觸的，依法律程序終審。」

3.4 其他

→ 本條應該修訂，使全國人民代表大會常務委員會宣佈與基本法相抵觸的香港原有法律，只限於影響中央人民政府管理的事務或中央人民政府與香港特別行政區關係的法律。

理由：對全國人民代表大會常務委員會的權力的這一限制適用於第十七條的有關一九九七年後的香港法律，同一限制也應適用於第一百五十九條的有關一九九七年以前的法律。不影響中央人民政府管理的事務或者中央人民政府與香港特別行政區的有關法律是與中央人民政府無關。無論如何，有關香港特別行政區內部事務的一九九七年前的法律與基本法相抵觸時，可由香港特別行政區法院按照第八條規定宣佈與基本法相抵觸。

→ 應由香港法院決定哪些法律是與基本法抵觸，因為這是一個有關司法解釋權的問題。

→ 法院只有對哪些與國家行為有關的問題沒有管轄權，而不是整個案件。

理由：如不說明，政府可利用「國家行為」為理由，制止法院審理如人身保護令的案件。

→ 由人大常委會決定哪些香港現有法律與基本法有關香港內部事務的規定相抵觸是不適合的。建議在一九九七年前在香港設立一個由香港法律專家組成的委員會，研究香港法律與基本法的相容性，然後把那些與基本法相抵觸而應修改或廢除的香港法律報告第一屆特別行政區立法機關。

→ 人大常委會應同基本法委員會宣佈哪些香港法律是與基本法抵觸。

第六稿

「第一百六十條　香港特別行政區成立時，香港原有法律除由全國人民代表大會常務委員

會宣佈為同本法抵觸者外，採用為香港特別行政區法律，如以後發現有的法律與本法抵觸，可依照本法規定的程序修改或停止生效。

在香港原有法律下有效的文件、證件、契約和權利義務，在不抵觸本法的前提下繼續有效，受香港特別行政區的承認和保護。」

〔1990 年 4 月《中華人民和國香港特別行政區基本法》〕

一、行政長官由一個具有廣泛代表性的選舉委員會根據本法選出，由中央人民政府任命。

二、選舉委員會委員共 800 人，由下列各界人士組成：

工商、金融界 200 人

專業界 200 人

勞工、社會服務、宗教等界 200 人

立法會議員、區域性組織代表、香港地區全國人大代表、香港地區全國政協委員的代表 200 人

選舉委員會每屆任期五年。

三、各個界別的劃分，以及每個界別中何種組織可以產生選舉委員的名額，由香港特別行政區根據民主、開放的原則制定選舉法加以規定。

各界別法定團體根據選舉法規定的分配名額和選舉辦法自行選出選舉委員會委員。

選舉委員以個人身份投票。

四、不少於一百名的選舉委員可聯合提名行政長官候選人。每名委員只可提出一名候選人。

五、選舉委員會根據提名的名單，經一人一票無記名投票選出行政長官候任人。具體選舉辦法由選舉法規定。

六、第一任行政長官按照《全國人民代表大會關於香港特別行政區第一屆政府和立法會產生辦法的決定》產生。

七、二〇〇七年以後各任行政長官的產生辦法如需修改，須經立法會全體議員三分之二多數通過，行政長官同意，並報全國人民代表大會常務委員會批准。

✿ 貳 | 概念及條文本身的演進和發展

具體請參見基本法第四十五條的相關演進內容。

一、立法會的產生辦法

（一）香港特別行政區立法會議員每屆60人，第一屆立法會按照《全國人民代表大會關於香港特別行政區第一屆政府和立法會產生辦法的決定》產生。第二屆、第三屆立法會的組成如下：

第二屆

功能團體選舉的議員　　30人
選舉委員會選舉的議員　 6人
分區直接選舉的議員　　24人

第三屆

功能團體選舉的議員　　30人
分區直接選舉的議員　　30人

（二）除第一屆立法會外，上述選舉委員會即本法附件一規定的選舉委員會。上述分區直接選舉的選區劃分、投票辦法，各個功能界別和法定團體的劃分、議員名額的分配、選舉辦法及選舉委員會選舉議員的辦法，由香港特別行政區政府提出並經立法會通過的選舉法加以規定。

二、立法會對法案、議案的表決程序

除本法另有規定外，香港特別行政區立法會對法案和議案的表決採取下列程序：

政府提出的法案，如獲得出席會議的全體議員的過半數票，即為通過。

立法會議員個人提出的議案、法案和對政府法

案的修正案均須分別經功能團體選舉產生的議員和分區直接選舉、選舉委員會選舉產生的議員兩部份出席會議議員各過半數通過。

三、二〇〇七年以後立法會的產生辦法和表決程序

二〇〇七年以後香港特別行政區立法會的產生辦法和法案、議案的表決程序，如需對本附件的規定進行修改，須經立法會全體議員三分之二多數通過，行政長官同意，並報全國人民代表大會常務委員會備案。

✿ 貳｜概念及條文本身的演進和發展

具體請參見基本法第六十八條的相關演進內容。

下列全國性法律，自一九九七年七月一日起由香港特別行政區在當地公佈或立法實施。
一、《關於中華人民共和國國都、紀年、國歌、國旗的決議》
二、《關於中華人民共和國國慶日的決議》
三、《中央人民政府公佈中華人民共和國國徽的命令》附：國徽圖案、說明、使用辦法
四、《中華人民共和國政府關於領海的聲明》
五、《中華人民共和國國籍法》
六、《中華人民共和國外交特權與豁免條例》

（編者按：本書收錄的附件三以 1990 年 4 月《基本法》正式公佈時的版本為準。因為附件三的內容是可以按需要進行增減的，但本書的目的旨在還原起草過程，而這過程在 1990 年 4 月《基本法》公佈時已經完結，所以之後的增減都不在本書所包括的範圍內。關於附件三的更新內容，請查閱最新版本。）

❧ 貳│概念

1. 全國性法律在香港的實施
2. 國都、紀年、國歌、國旗、國慶日、國徽
3. 領海聲明、國籍法、外交特權和豁免

❧ 叁│條文本身的演進和發展

第一稿

「下列全國性法律，自一九九七年七月一日起由香港特別行政區在當地公佈或立法實施。
一、《關於中華人民共和國國都、紀年、國歌、國旗的決議》
二、《關於中華人民共和國國慶日的決議》
三、《中央人民政府公佈中華人民共和國國徽的命令》附：國徽圖案、說明、使用辦法
四、《中華人民共和國政府關於領海的聲明》
五、《中華人民共和國國籍法》
六、《中華人民共和國外交特權與豁免條例》」
〔1989 年 2 月《中華人民共和國香港特別行政區基本法（草案）》〕

① 1988 年 8 月 3 日基本法諮詢委員會秘書處參考資料（一）《內地草委訪港小組就基本法（草案）徵求意見稿一些問題的回應輯錄（一九八八年六月四日至十七日）》

【P3】
2. 中央和香港特別行政區的關係

2.6 全國性法律在港適用的問題
2.6.4 建國以來全國人大所制定的全國性法律大部份都不適用於香港，包括民法、刑法、民事訴訟法、刑事訴訟法、商法（經濟方面的法律）等都不適用於香港。實際上只有七種是對香港適用的，包括（1）一九四九年關於國都、紀年、國歌、國旗的決定；（2）國慶；（3）國徽；（4）一九五八年中國政府關於領海的聲明；（5）一九八六年由人大常委通過的外交特權及豁免的聲明；（6）全國人

大代表選舉法；（7）國籍法。而這些法律都是香港特區自己沒法制立的，但這些問題又必須有法律來作依據。再者，有些全國性法律雖是屬國防外交的，但卻對香港不適用，如兵役法就不適用於香港。

2.6.5 有建議將這些適用於香港的全國性法律寫入基本法，便能使香港人安心，但這是有不妥之處的，因為將來若再有這一類的全國性法律，難道要改基本法嗎？為求盡量避免修改基本法，故有另一建議，就是將那些全國性法律寫在附件，因增加或修改附件是較容易的。這個提議可以研究。

※

② 1988 年 8 月 3 日基本法諮詢委員會秘書處參考資料（四）《適用於香港特區的中國法律》

【P1-3】

……基本法內地草委邵天任先生在一九八八年六月七日訪港期間與諮委會法律小組作意見交流時，指出上述的「有關國防、外交」和「體現國家統一和領土完整」的適用於香港特區的中國法律，大體有下列幾種：

（一）一九四九年關於國都、紀年、國歌、國旗的決議：一九四九年中國人民政治協商會議第一屆全體會議通過，中華人民共和國國都定於北平，即日起改名北京；國家紀年採用公元紀年；國歌為田漢作詞、聶耳作曲的「義勇軍進行曲」，在一九七八年三月五日第五屆全國人民代表大會通過國歌新詞，到了一九八二年十二月四日第五屆全國人大第五次會議又撤銷一九七八年通過的新詞而恢復原來的國歌歌詞；中國國旗為五星紅旗。

（二）國慶：一九四九年十月一日，中華人民共和國中央人民政府委員會在首都北京成立，同年十二月二日中央人民政府決定十月一日為中華人民共和國國慶日，政務院在十二月二十三日通過國慶紀念日放假兩天的規定。

（三）國徽：一九五零年六月十八日中華人民政治協商會議第一屆全國委員會第二次會議通過以國旗、天安門、齒輪和麥稻穗作圖案的國徽，於同年九月二十日由毛澤東主席公佈為中華人民共和國國徽。

（四）一九五八年中國政府關於領海的聲明：一九五八年九月四日全國人大常委第一百次會議批准的中華人民共和國關於領海的聲明，宣佈中國領海的闊度為十二海里，採用直基線的方法制定，適用於中華人民共和國一切領土，包括中國大陸及沿海島嶼、隔有公海的台灣及其周圍各島、澎湖列島、東沙、西沙、南沙群島以及其他屬於中國的島嶼。

根據「一九五八年日內瓦領海與毗連區公約」（1958 GENEVA CONVENTION ON THE TERRITORIAL SEA AND CONTIGUOUS ZONE）所載，「領海」即沿着國家岸線的海域，其闊度不少於三海里，而「毗連區」即毗連領海的海域，其闊度與領海合共不得超過十二海里。雖然中華人民共和國並沒有參與制定日內瓦公約的第一次聯合國海洋法會議亦沒有簽署日內瓦公約，但這類公約在國際法上是有反映國際習慣性規則的效力的，是以中國一九五八年宣佈領海十二海里闊的聲明與當時國際法上的慣性規則是有出入的。可是其後愈來愈多國家放棄三海里的規定而採用十二海里作為領海的闊度，這做法終於在一九七四年被國際公義法庭（INTERNATIONAL COURT OF JUSTICE）在「冰島捕漁案」（ICELANDIC FISHERIES CASE）中判定為新的國際慣性規則，而這十二海里的新做法在第三次聯合國海洋法會議所制定的、雖未有效但卻反映國際法慣性規則的「一九八二

年聯合國海洋法公約」（1982 UNITED NATIONS CONVENTION ON THE LAW OF THE SEA）中得到承認；所以，在這點上中國一九八五年的領海聲明是合乎現行的國際法的。

不過，中國的領海聲明中劃定領海的方法跟國際法卻可能有不同的地方，因為一九五八年及一九八二年的兩條國際公約都載明劃定領海的方法是採用「低潮線」（LOW-WATER MARK）的方法，從退潮時海水退至的最低點開始計算領海的闊度。中國採用的「直基線」（STRAIGHT BASELINES）方法，根據國際法庭在一九五一年「英國挪威捕漁權案」（ANGLONORWEGIAN FISHERIES JURISDICTION CASE）的判決和一九五八年及八二年兩條國際公約所載，是只有在非常特殊的情形導致低潮線方法不適用時才採用的方法。例如在英國挪威捕漁權案中，由於挪威的海岸呈現十分凹凸的深銳鋸齒形狀和非常斷續不平的裂口，很難妥善地採用低潮線方法劃定領海，所以才能夠以直基線的方式，在大陸、島嶼及礁石上適當的位置以直線連接，再從這樣劃成的基線計算領海闊度；但在可以用低潮線時國際法是不准用直基線的。

（五）一九八六年關於外交特權及豁免的法律：一九八六年九月五日第六屆全國人民代表大會常務委員會第十七次會議通過的中華人民共和國外交特權與豁免條例，管理外國駐中國使節的特權和豁免。

根據基本法（草案）徵求意見稿第十二條第一款，與香港特別行政區有關的外交事務既由中央人民政府負責管理，未來外國在香港特區設立的領事機構並不屬於本地特區政府的管理範圍，故未來外國在港的領事機構和人員必須遵守中國（而非香港現存沿自英國的）有關外交事務的法例。世界各國在彼此間外交關係的建立及運作上，長年累月經已演變出一些各國都可接受的基本原則，都已納入一九六一年的一條中國也參與的國際公約：「維也納外交關係公約」（1961 VIENNA CONVENTION ON DIPLOMATIC RELATIONS）。各國本身在國內關於外交特權與豁免的立法上，多以這條公約作為標準，英國與中國都如是，所以將來轉交主權之後對在港外交人員享有的特權與豁免的改變不會很大。例如中國外交特權與豁免條例第十四條；外交代表享有刑事管轄豁免的權利；即是說外國外交使節在接受國犯了任何刑事罪，接受國最多只能把犯罪者驅逐出境，而不能對其作出任何刑事制裁。這是有載於維也納公約的外交基本原則之一，理由是為了避免任何國家蒙上以刑事罪項（譬如說間諜活動的從事）作為藉口以對外國使節不利之嫌；英國本身有關外交特權與豁免的法例也有類似的條文。

然而這卻並非表示外國使節可盡情肆意破壞接受國的刑事法規，因為維也納公約內的另一個基本原則是外交代表必須尊重當地的法律；這原則也被納入了中國外交特權與豁免條例第二十五條第一項。外國使節雖不受當地刑事法律的制裁，但情形如嚴重，接受國可把犯者逐回到發出國與及作出外交抗議，而犯者回到自己國家亦可能受到自己國家本身刑法的制裁。

至於民事及行政法規方面，維也納公約和英國的做法，是外國使節以私人而非外交人員身份進行的訴訟，如關於個人商業活動或遺產承繼的，都不包括在民事及行政管轄豁免的範圍內。但中國的做法卻跟這有一點出入；中國外交特權與豁免條例第二十五條第三項註明，享有外交特權與豁免的人員不得在中國境內為私人利益從事任何職業或者商業活動，違者根據第十四條無權享受豁免，司法機關只要對其人身及寓所不構成侵犯可對其施行強制執行。

其間的分別，在於維也納公約及英國都沒有限制外國使節不能以私人身份從事商業性質的活動，而只不過規定外國使節假如以私人身份從事商業活動而發生訴訟的，必須放棄民事管轄的豁免權利。反之，中華人民共和國的做法，

卻是完全禁止外國使節在中國境內從事任何商業活動。

問題是，目前在港的外國使節可以在本地以私人身份作商業投資，到了主權交還中國後儘管香港特區繼續施行資本主義的政策，外國使節是否仍需遵照中國外交特權與豁免條例而不准在港作任何商業投資？

若說，中國外交特權與豁免條例第二十五條內所言的中國國境不包括香港特區，是以外國使節可以繼續在港以私人身份作商業投資卻又並不可行；因為基本法（草案）徵求意見稿在第一條已記載香港特區是中華人民共和國不可分離的部份，第十二條亦說明外交事務由中央人民政府負責，若說施行中國外交特權與豁免條例，卻又使裡面所言的中國國境不包括香港特區未免有違其精神。而且假如當真不包括香港於中國條例所言的中國國境內，未來在港的使節不但不需在本地遵守不從事商業活動的禁例，另外也不需在港遵守中國條例內只限於中國國境內的禁例，如第二十五條第二項不得干涉中國內政的條例。

另一個可行的辦法，是在主權交還後不直接在香港特區盲目實施中國有關外交的法律，而是依照基本法（草案）徵求意見稿第十七條第三款有載的方法，由國務院指令本地政府立法實施適合特區情況的法規。

（六）全國人大代表選舉法：包括一九七九年七月一日第五屆全國人大第二次會議通過的中華人民共和國全國人民代表大會和地方各級人民代表大會選舉法，和其後全國人大常委在一九八六年十二月二日第十八次會議對以上作出修改的決議。

（七）一九八零年中國國籍法：一九八零年九月十日第五屆全國人大第三次會議通過的中華人民共和國國籍法，管理中華人民共和國國籍的取得、喪失和恢復。

此外，中國的憲法整體來說，對香港特別行政區也是有效的。這憲法內，凡涉及社會、經濟制度的條款，經基本法以具體條文另行規定，故不在香港特別行政區實施外，其他一切有關整體國家的條文，也是在香港適用的，其中包括了第三章內有關國家機構的規定，第四章有關國旗、國徽和首都的規定，就是其中的例子。

全國性法律在港適用的問題，除了要清楚目前有什麼法律是符合這情況外，也要制定一個程序，以照顧以後有關的法律符合這情況時，可以通過程序在香港實施，或對這些法律有修改時，對香港也能有效。

（＊中國是於一九七五年加入維也納外交關係公約的，第十四、十六條持有保留；另外又在一九七九年無保留地加入一九六三年維也納領事關係公約。）

※

③ 1988 年 8 月 26 日基本法諮詢委員會秘書處討論文件（二）《跟進問題（1）（第九、十六、十七、十八、二十二、一百六十九條及附件三）》

【P2】

3. 第十七條

3.2 問題

i）目前有哪些全國性法律是適用於將來香港特別行政區的？

ii）如何把須引用到香港的全國性法律列明？是否可採用附件方法？

iii）如採用列明的方法，將來同樣性質的新法律又怎樣處理？

※

④《基本法諮詢委員會中央與香港特別行政區的關

係專責小組對基本法（草案）徵求意見稿第一、第二、第七及第九章的意見匯編》，載於 1988 年 10 月基本法諮詢委員會《中華人民共和國香港特別行政區基本法（草案）徵求意見稿諮詢報告（1）》

【P47】

16. 第十七條

<u>16.5</u> 有委員建議將適用於香港特別行政區的全國性法律（共七條）列入附件。

※

⑤ 1988 年 10 月基本法諮詢委員會《中華人民共和國香港特別行政區基本法（草案）徵求意見稿諮詢報告第五冊——條文總報告》

【P77-78】

第十七條

3. 建議

3.6 建議全國性法律列於附件

→ 把那些現有體現國家統一和領土完整，並應適用於香港的六條中國法律先列在基本法附件內，如將來有新的中國法律要適用於香港，就可修改基本法附件而把它們加進基本法內。修改附件的程序可參考意見稿第四十五條和第六十七條「由全國人大常委批准和香港特別行政區立法機關三分之二多數及行政長官通過」；然後香港特別行政區立法機關可再立法實施這些列於附件內的法律。

理由：

⊙ 可讓香港人清楚知道哪些全國性法律在特別行政區有法律的效力。

⊙ 這一些中國法律仍可適用於香港，並由於附於基本法內，可以順理成章成為香港法律的一部份。

⊙ 這附件由於可以修改，所以仍能有足夠彈性去照顧將來的需要。

⊙ 由於這些中國法律是附於基本法內，而不只是由香港直接立法實施，那麼這些中國法律在適用香港後就仍可擁有足夠的權威和信服性。

⊙ 香港特別行政區可在每一條中國法律適用於香港的過程中都有權參與，這就可平復了香港特別行政區對中共的疑慮。

⊙ 對於有些需要以主權國名義或需要中央人民政府之權威去制定之法律，如國籍法和有關外交豁免及特權的法律，中央人民政府在制定有關法律後，可通過修改基本法附件，使其得以在特別行政區實施。

⊙ 全國人民代表大會、全國人民代表大會常務委員會可經由國務院以行政指令方式直接為香港立法，有違《中英聯合聲明》的規定。強行引入，會引起抗拒和信心危機，妨礙特別行政區高度自治。

→ 一些現有而需在港實施的全國性法律，應以附件形式納入基本法，以便在第二次草稿徵詢期，可讓香港市民瞭解和討論。而在定稿之後才制定的全國性法律，若要在港施行，須經香港市民和立法議員瞭解和辯論才能立法實施。

※

⑥ 1989 年 1 月 9 日《中央與香港特別行政區關係專題小組對條文修改情況的報告》，載於 1989 年 1 月《中華人民共和國香港特別行政區基本法起草委員會第八次全體會議文件匯編》

二、關於全國性法律的適用。徵求意見稿第十七條第三款規定，適用於香港特別行政區的全國性法律為「有關國防、外交的法律以及其他有關體現國家統一和領土完整並且按本法規定不屬於香港特別行政區高度自治範圍的法律。」由於有些人士認為「體現國家統一和領土完整」的法律含意不夠清楚，容易產生解釋上的困難。因此建議採用將須在香港特別行政區適用的全國性法律列在一個表內，作為基本法的附件。本組委員們經過討論，同意採納這個建議：（一）刪去了「體現國家統一和領土完整」的提法，將委員們認為截至目前為止應在香港特別行政區適用的七個全國性法律列於一張表內，作為基本法的附件三；（二）對列於附件三的法律的增減程序作了具體規定；……

※

⑦ 1989 年 2 月 15 日姬鵬飛《關於提請全國人大常委會審議〈中華人民共和國香港特別行政區基本法（草案）〉及有關文件的報告》

二、關於中央和香港特別行政區的關係
3.關於少數全國性法律適用香港的問題，由於香港特別行政區實行的是不同於內地的制度、政策和法律體系，全國性法律一般不在那裡適用。但作為我國的一個地方行政區域，必然又有少數關於國防、外交和不屬於特別行政區自治範圍的全國性法律要在那裡實施。對此，基本法（草案）第十八條及附件三作出了規定，既明確了適用於香港特別行政區的全國性法律的類別和數量，也便於今後作出必要的增減。

第二稿

「下列全國性法律，自一九九七年七月一日起由香港特別行政區在當地公佈或立法實施。
一、《關於中華人民共和國國都、紀年、國歌、國旗的決議》
二、《關於中華人民共和國國慶日的決議》
三、《中央人民政府公佈中華人民共和國國徽的命令》附：國徽圖案、說明、使用辦法
四、《中華人民共和國政府關於領海的聲明》
五、《中華人民共和國國籍法》
六、《中華人民共和國外交特權與豁免條例》」
〔1990 年 2 月 16 日《中華人民共和國香港特別行政區基本法（草案）》〕

①《基本法（草案）徵求意見稿與基本法（草案）對照表》，載於 1989 年 2 月基本法諮詢委員會秘書處《中華人民共和國香港特別行政區基本法（草案）參考資料》

【P68】
附件三　在香港特別行政區實施的全國性法律
說明：本附件之內容為增補者。徵求意見稿附件三之內容已抽離草案中，成為一獨立文件，交由全國人民代表大會討論和通過。

※

② 1989 年 11 月基本法諮詢委員會《中華人民共和國香港特別行政區基本法（草案）諮詢報告第三冊——條文總報告》

【P300-301】
附件三
2.意見
2.1 整體
→ 本附件並無列出在特別行政區實施的全國性法律的條文，令人不能瞭解其意義和影響，難以提意見。

3.建議
3.1 修改
→ 第五款改為：「《中華人民共和國國籍法》及憲法中

有關香港特別行政區的條例。」
3.2 其他
→ 本章應列明中國《刑法分則》第一章「反革命罪」，在任何情況下都不適用於香港同胞。
→ 日後如需要增加附件三在香港特別行政區實施的全國性法律，事前必須在特別行政區廣泛諮詢特別行政區居民的意見，並獲立法會全體議員、行政長官的同意才可實施。
→ 新增多的全國性法律在公佈後應有一段「豁免期」（例如半年），在此期間由特別行政區政府向居民宣傳解釋，然後才正式實施。
→ 建議修改附件三的程序與修改基本法一樣，即依第一百五十八條的規定，要全國人民代表大會通過。
→ 第五點《中華人民共和國國籍法》一項，必須修改以允許特別行政區居民擁有雙重國籍。

4.待澄清問題
→ 附件三列明在港適用的六項全國性法律，但第一百二十八條卻寫「並按中央人民政府關於飛機國籍標誌和登記標誌的規定」，此項規定明顯不列入附件三。整本基本法中「依據有關規定」此詞出現多於五十次，這些其他規定與附件三的規定的關係又怎樣呢？
→ 如果全國性法律在港適用者只有附件三的六項，那麼《憲法》、《刑法》等會否在港實施？
→ 「在當地公佈或立法實施」是什麼意思？
→ 什麼是領海聲明？
→ 《中華人民共和國國籍法》同目前香港國籍法有否矛盾？
→ 什麼是國籍法？
→ 什麼是外交特權及豁免條例？

第三稿

「下列全國性法律，自一九九七年七月一日起由香港特別行政區在當地公佈或立法實施。

一、　《關於中華人民共和國國都、紀年、國歌、國旗的決議》

二、　《關於中華人民共和國國慶日的決議》

三、　《中央人民政府公佈中華人民共和國國徽的命令》附：國徽圖案、說明、使用辦法

四、　《中華人民共和國政府關於領海的聲明》

五、　《中華人民共和國國籍法》

六、　《中華人民共和國外交特權與豁免條例》」

〔1990 年 4 月《中華人民共和國香港特別行政區基本法》〕

附件三

（編者按：香港特別行政區第一屆政府和立法會的產生辦法，是政制專責小組深入研究的專題之一。根據體現國家主權、有利平穩過渡的原則，香港特別行政區的成立須由全國人大設立的香港特別行政區籌備委員會負責主持。考慮到籌備工作須在香港特別行政區第一屆政府和立法會成立之前進行，而基本法要到一九九七年七月一日才生效，加之基本法將施行五十年，而第一屆特別行政區政府的產生辦法是一次性且必須詳細規定，因此，香港特別行政區第一屆政府和立法會產生辦法，也經歷了從作為基本法的條文，到作為專門的決定，與基本法同時公佈的演變過程。鑒於該專題的重要性，同時為了便於讀者對該專題有較為完整的認識，本書將有關小組對於該專題的研討以附件的形式列出。）

✿ 貳 | 演進

第一稿

「**第一百七十條　關於香港特別行政區第一界政府的產生辦法，有下列六種方案：**

方案一：

1. 在一九九七年前由中央委任不少於五十人的香港各界人士，組織顧問團，在當地協商產生行政長官，報中央任命。
2. 由行政長官組織行政會議，並提名主要官員，請中央任命。
3. 由行政長官會同行政會議提名，由顧問團選出立法委員成立臨時立法會議。
4. 第一屆政府所有成員，任期均不得超過三年。在三年內必須依照本法，產生常規性政府。

方案二：

香港特別行政區第一屆行政長官候任人選在一九九六年十二月一日在當地按附件一所列辦法協商產生，經中央人民政府認許後，成為第一屆候任行政長官。

第一屆候任行政長官在一九九七年四月一日前提名第一屆候任行政會議成員人選，成為第一屆候任行政會議成員。

第一屆候任行政長官會同第一屆候任行政會議成員組織『第一屆政府成立籌備委員會』。一九九七年七月一日零時經中央人民政府正式任命後，第一屆行政長官在第一屆行政會議成員的協助下，按本法規定宣佈香港特別行政區第一屆政府成立，在中央授權下，從全國人民代表大會常務委員會接管香港特別行政區的行政管理。第一屆立法機關尚未產生前，臨時立法機關行使臨時立法權，在必要時，可制定暫行法例。

香港特別行政區第一屆政府成立後，六個月內按附件所列辦法舉行第一屆區議會及市政局選舉，十二個月內按附件二所列辦法舉行第一屆立法機關選舉，成立第一屆立法機關。

附件一：由香港各界在當地協商產生第一屆行政長官的程序

基本法公佈後，由全國人大委任不少於五十名委員，組織『基本法實施籌備委員會』。其任務多元化，包括諮詢各界意見後，制定（或由其屬下專責小組制定）『協商程序』草案，交人大審核通過。

一九九五年七月一日，『基本法實施籌備委員會』成員互選不少於十人，組織『協商委員會』，按『協商程序』主持公開協商。『協商委員會』成員本身不能做行政長官候選人，也不能提名或支持任何行政長官候選人。『協商委員會』推動及監督協商的進行，本身必須保持客觀、公正。

一九九六年十二月一日產生第一屆行政長官候任人選，提請中央認許，並在一九九七年七月一日正式任命為行政長官。

附件二：第一屆立法機關選舉辦法

選舉團：二分之一由擁有廣泛代表性的大選舉團選舉產生，其中不少於三分之二應為中國公民。

間選：四分之一由區議會及市政局的議員中屬中國公民者互選產生。

功能組別直選：四分之一按功能組別直接選舉產生（功能組別均按當地法律註冊成為法人，屬中華人民共和國國籍。按功能組別直接選舉產生的立法機關成員，不論其本身屬何國籍，均可借重其所屬之功能組別的中國國籍關係，在任期內行使本應由中國公民享有的公民權）。

方案三：

1. 在一九九七年七月一日前的適當時候，全國人民代表大會設立香港特別行政區籌備委員會，由內地和香港委員組成，負責籌備成立香港特別行政區的有關事宜。
2. 第一屆香港特別行政區行政長官由香港各界人士組成的代表組織在當地協商或選舉產生，報中央人民政府任命。該代表組織由香港特別行政區籌備委員會負責籌組。

第一屆香港特別行政區政府由香港特別行政區行政長官按本法規定負責籌組。

3. 第一屆香港特別行政區立法機關在香港特別行政區成立後一或二年內按本法規定選舉產生。

在第一屆香港特別行政區立法機關產生前由香港特別行政區臨時立法機關代行職權。臨時立法機關按前款規定的辦法選舉產生。

方案四：

香港特別行政區第一屆政府按照附件『香港特別行政區第一屆政府產生辦法』的規定而成立。

附件：

1. 中華人民共和國全國人民代表大會常務委員會委任一個『香港特別行政區第一屆政府籌備委員會』，籌備委員會成員均為中國公民。半數為內地居民，半數為香港永久性居民，主任委員由人大常委會之委員擔任。
2. 『香港特別行政區第一屆政府籌備委員會』委託香港委員在香港地區內邀請各界具有廣泛代表性之人士，組織

『香港特別行政區第一屆行政長官推舉委員會』。

3.『推舉委員會』在香港協商或選舉香港特別行政區第一屆行政長官候任人，報請中央人民政府任命。

4. 中央人民政府根據『推舉委員會』所推舉之人選，任命該行政長官候任人為香港特別行政區第一屆行政長官。

5. 第一屆行政長官委任行政會議成員，組成行政會議。行政長官提名香港特別行政區行政機關之各主要成員，報請中央任命。

6. 中華人民共和國主席宣佈，中華人民共和國於一九九七年七月一日起恢復對香港行使主權，『香港特別行政區基本法』全部生效，並委派行政長官在香港特別行政區按照本法規定，實行高度自治。

（以上 1 至 6 項，均於一九九七年七月一日前完成。）

7. 行政長官及各主要官員宣誓就職。

8. 香港特別行政區第一屆行政長官宣佈：香港原有之政府各級公務人員（除各主要官員外），各級法院之法官及司法人員，一律留任原有職位，至另有任免為止。

9. 行政長官宣佈：於一年內按照本法第四章第三節的規定，產生香港特別行政區第一屆立法機關。

10. 香港特別行政區第一屆政府的公共開支，在第一屆立法機關選出並通過財政預算之前，由行政長官批准財政廳長所提出之臨時撥款建議支付，於第一屆立法機關成立後提交追認。

11. 行政長官依照本法第八十四條、第八十六條的規定，任命香港特別行政區終審法院及高等法院的首席法官。

（以上 7 至 11 五項，於一九九七年七月一日或其後完成。）

方案五：

1. 中華人民共和國全國人民代表大會常務委員會委任一個『香港特別行政區第一屆政府籌備委員會』，籌備委員會成員均為中國公民，包括內地居民和香港永久性居民，主任委員由人大常委會之委員擔任。

2.『香港特別行政區第一屆政府籌備委員會』委託香港委員在香港地區內組織一選舉團，成員包括香港特別行政區成立前之立法機構、區域組織機構代表，以及各法定團

體、永久性非法定團體、各階層界別市民的代表。該選舉團必須有廣泛代表性，名為『香港特別行政區第一屆政府選舉團』。

3. 香港特別行政區第一屆政府選舉團負責擬定程序以協商方法或協商提名後，投票選出第一屆行政長官。

（行政長官之資格、職權等均依照本法第四章規定。）

4. 香港特別行政區第一屆政府選舉團負責擬定程序，選舉第一屆立法機關。在香港特別行政區成立前之立法機構成員，凡符合本法第四章的規定者，均可被選為第一屆立法機關成員。

（立法機關成員的資格、職權等均依照本法第四章規定。）

5. 香港特別行政區成立前之政府官員及公務、司法人員，凡符合本法之規定者，均任職於第一屆政府。

（行政機關之組成及職權，均依照本法第四章規定。）

方案六：

1. 行政長官

中華人民共和國全國人民代表大會常務委員會委任一個『香港特別行政區第一屆政府籌備委員會』。籌備委員會成員均為香港永久性居民中的中國公民，主任委員由委員會互選產生。

在一九九六年中或年底，第一屆政府籌備委員會在香港依照本法主持選舉，經一人一票的直接選舉產生候任行政長官。

一九九七年七月一日，候任行政長官接受中央人民政府的任命，正式宣誓就職。

2. 主要官員

候任行政長官於一九九七年七月一日前提名香港特別行政區行政機關之各主要官員，報請中央人民政府任命。各主要官員於一九九七年七月一日宣誓就職。

3. 立法機關

一九九七年六月時的香港立法局議員到了七月一日自動成為香港特別行政區第一屆立法機關成員，至其任期終結為止，除宣誓效忠香港特別行政區等儀節外，不作特別安排。」

〔1987 年 12 月基本法起草委員會秘書處《香港特別行政區基本法（草案）》（匯編稿）〕

① 1986 年 4 月 22 日《中華人民共和國香港特別行政區基本法結構（草案）》，載於《中華人民共和國香港特別行政區基本法起草委員會第二次全體會議文件匯編》

【P17】
第十章　附則
（一）香港特別行政區第一屆政府的產生

※

② 1986 年 8 月 20 日《基本法結構專責小組初步報告》

【P34-35】

事項	意見	原因	意見出處
11. 第十章「附則」			

事項	意見	原因	意見出處
11.1 第一節「香港特別行政區第一屆政府的產生」	（1）建議香港特別行政區第一屆的政府應由過渡期的政府順利延續，跨越 1997 年，所以政府應在 1997 年左右開始以第一屆政府的模式運作。	為了保持香港繁榮、穩定，以免有急劇的轉變，香港特別行政區的政制模式應會在 1997 年前擬定好，而基本法也會在 1990 年頒佈。如果第一屆的政府的模式能在 1997 年前出現，例如立法機關的成員全由選舉產生，港督由華人出任，這樣，新政府能在主權轉交前有三、四年的運作經驗，是有利香港的順利過渡。	專責小組八月五日會議

事項	意見	原因	意見出處
	（2）建議第一屆政府的模式最遲要在1994年開始出現，在1991年起出任的布政司應是華人，在1994年開始，港督應是由華人擔任；至於委任司級官員方面，中英聯合聯絡小組應在1991年至1994年間有份參與（根據《中英聯合聲明》附件二：聯合聯絡小組將繼續工作到2000年1月1日為止）。		專責小組八月五日會議
	（3）中英聯合聯絡小組應負責香港的順利過渡，以及參與安排香港特別行政區第一屆政府的產生。		專責小組八月五日會議
	（4）a. 如果在1997年之前政府開始以香港特別行政區的第一屆政府的模式運作，便會出現涉及主權的問題。		專責小組八月五日會議

事項	意見	原因	意見出處
	b. 這問題不會出現。	如果當時的香港政府、中國政府和英國政府都接受該政府的組成人員和運作模式便可。	
	（5）建議香港不應為本地化而本地化，應本着能者居之，不分國籍的原則任用人才，那些在《中英聯合聲明》中列明只可由華人出任的職位則除外。		專責小組八月五日會議
	（6）建議香港的立法機關須制定一些香港在過渡期間依據的法律條款。	好讓香港能順利過渡。	專責小組八月五日會議

※

③《Final Report on the Structure of Basic Law》（基本法結構專責小組最後報告，1987年3月14日經執行委員會通過）

【P42-44】

ITEMS	OPINIONS	REASONS	SOURCES
"Appendix"			
11.1 Section 1 "The formation of the first HKSAR government"	1. The government in the run-up to 1997 may continue after 1997 and become the first HKSAR government so that the mode of the first HKSAR government may start its operation around 1997.	For the sake of Hong Kong's prosperity and stability, and avoiding drastic changes. As the political structure of the SAR government will have been drawn up by 1997 and the Basic	Special Group Meeting on 5th August, 1986

ITEMS	OPINIONS	REASONS	SOURCES
		Law will be promulgated in 1990, if the mode of the first government is in operation before 1997 (e.g. the legislature is formed by election and a Chinese is appointed governor), the experience which the new government will have acquired a few years before the reversion of sovereignty will make a smooth transition possible.	
	2. The mode of the first government should be in operation in 1994 at the latest. From 1991 onwards, the post of the Chief Secretary should be filled by a Chinese, and starting from 1994, Hong Kong should have a Chinese governor. From 1991 to 1994, the Sino-British Joint Liaison Group may participate in the appointment of principal officials. (According to Annex 2 of the Joint Declaration, the Joint Liaison Group shall		Special Group Meeting on 5th August, 1986

ITEMS	OPINIONS	REASONS	SOURCES
	continue its work until 1 January, 2000).		
	3. The Joint Liaison Group is responsible for facilitating the smooth transition of Hong Kong and making arrangements for the formation of the first SAR government.		Special Group Meeting on 5th August, 1986
	4a. If the mode of the first SAR government is in operation before 1997, sovereignty problems may arise.		Special Group Meeting on 5th August, 1986
	b. Such problems will not exist.	Provided that the members and the mode of operation of that government are accepted by the government of Hong Kong, China and Britain at that time.	Special Group Meeting on 5th August, 1986
	5. Localization should not be carried out just for localization's sake. The principle of choosing the most suitable person for the job irrespective of nationality should be upheld except for the posts which could only be filled by Chinese nationals according to the Joint Declaration.		Special Group Meeting on 5th August, 1986

ITEMS	OPINIONS	REASONS	SOURCES
	6. The legislature is to formulate some transitional provisions for Hong Kong as a sort of legal basis during the transitional period.		Special Group Meeting on 5th August, 1986

※

④ 1987 年 9 月 19 日政制專責小組《第一屆特區政府的產生專題研究討論稿（一）》（1987 年 10 月 6 日政制專責小組第四次會議附件一）

【P1-4】
I. 導言
就第一屆特區政府的產生，至今坊間只有三個方案：查濟民草委（4/8/87）、戴耀廷諮委（24/8/87）及張炳良先生（18/9/87）的方案。「查」之建議主要是在九七年前成立一個五十人的顧問團負責監察及預備過渡的工作；而「戴」的方案則主張九七後沿用舊有的政府官員以協助過渡；至於「張」則建議在九七年前由英國與中國協商產生一個副總督，作為過渡的橋樑。下文將介紹各方案及有關之評論，以供參考，協助討論。

II. 討論是否需要
有認為首屆政府的產生涉及政權的交接，不能單獨由基本法起草委員會決定，應由中英雙方透過外交途徑或由中英聯合聯絡小組解決。而另有意見認為起草委員會是中方的工作機構，而非決策機構，起草委員會可以工作機構的身份討論這問題，得到結論後才交中國當局，再循外交途徑或聯絡小組討論。

III. 查濟民方案
（1）不同情況，不同安排。
查草委的方案分別從順利銜接與不順利銜接兩種情況來作構想的。但兩種不同情況的構想卻有其共通點：
1）1990 年—— 在 1990 年開始第一屆政府產生的籌備工作
2）顧問團的產生——
i）由五十人組成
ii）由香港各界提名
iii）由中央委任（經中英協商委任）
3）第一屆行政長官的產生——由顧問團與中央協商
4）行政會議成員的產生—— 由行政長官提名，請中央任命。
5）主要官員的產生——由行政長官提名，請中央任命。
（2）在順利銜接時
1）顧問團工作——
i）1992 年參加各政府部門，觀察各部門工作。
ii）推選代表列席行政、立法兩局會議。
iii）1994 年後，與中央協商產生第一屆行政首長。
2）行政首長—— 1995 年後，候任行政首長進駐港督府觀察日常工作。
3）立法局—— 1997 年，原有立法局議員繼續工作至任滿時，根據基本法規定重選。
（3）在不順利銜接時
1）顧問團工作——

i）顧問團成員分集體以民間身份觀察香港政府工作，必要時通過建議，傳媒或諮商渠道向港府提出意見。
ii）1993 年後與中央協商產生第一屆行政首長
2）行政首長—— 1995 年，提名行政會議成員及主要官員名單，報請中央任命。
3）立法局——
i）1997 年 7 月 1 日行政首長接任後，解散 97 年 9 月 30 日（編者按：「9 月 30 日」疑為「6 月 30 日」之誤）前的立法局。
ii）1997 年 7 月 1 日起至新的立法會議產生前，立法會議的工作可以下列三種辦法處理：
a）暫無立法會議，一切新的法律，特別撥款等暫時凍結，為時不能過久。行政區政府必須於六個月內按基本法產生新的立法會議；
b）由顧問團臨時代替立法會議至依基本法產生新立法會議成立為止，為期不超過一年；
c）由顧問團選舉立法委員若干人組織臨時立法會議，暫代立法會議職能，直至依基本法產生的新立法會議成立為止，一般不超過二年。
（4）影響
方案建議人認為這種過渡方式能使港人逐步熟悉本港中央層次的運作，以保證未來首屆特別行政區政府順利產生。而顧問團經中央委任是不會成為「影子內閣」或另一個「權力中心」的，因他深信大多數港人都會自律。而目前最熟悉港府各部門工作的是公務員，如果將來顧問團能吸納一部份現時的公務員，包括一些高級公務員加入，這對港府的工作不僅不會造成影響，相反，將來如遇一些涉及內地方面的問題，顧問團成員便更易與中央協商，及得到中央的支持。
但有人質疑：1）顧問團能否順利產生？2）會否被視為嚴重干預九七年前原有政府的運作及影響到原有政府的威信及管治實效，而港英政府亦因而拒絕合作？3）這是否等於中國政府提前接管香港，其主要目的是為培植一群親中的行政領導層人員，以接替現時親英的高官及行政局議員，在其監察及培植過程中，原有政府的各部門官員一方面仍隸屬名義上掌權的英國人，另一方面又要盡力奉承這群「未來主人翁」顧問團，惟恐官位不保，如此便令公務員內部分化，影響效率及士氣。4）由一個五十人顧問團提名、由中央任命的行政長官及由行政長官提名，由中央任命的主要官員及行政會議成員的合法性及代表性都是不利九七年後特區政府的威信、領導及協調香港社會有秩序的過渡。5）在出現「不順利銜接」的情形，顧問團也會被英方疏離架空，根本接觸不到政府內部運作的情況，起不了將來有效接管的真正作用。

IV. 戴耀廷方案
（1）原則
1）臨時性的，半年至一年，而第一屆政府的結構可與憲法規定的常設政府結構不同，且其他國家經驗多是與權力移交前的政府結構一樣。好處是減少權力過渡時可能出現的混亂，政府仍能照常運作。
2）第一屆政府不可干預權力移交前的原有政府的運作，目的是確保原有政府的一般時間，已完全受制於將來的政府，威脅到該地區在權力移交前的穩定。
3）移交的安排必須確保該地區的社會穩定。
（2）第一屆政府的產生
1）行政長官——
i）產生：由基本法生效前原任職香港總督出任
ii）任期：六個月，任期屆滿時需辭退職務。
iii）職責：
a）維持政府的日常運作
b）執行基本法的規定，任期內產生第二屆行政長官及第二屆立法機關。

c）執行措施以確保權力順利移交至第二屆政府
d）行使上述職權不能與基本法抵觸
2）立法機關——
i）產生：由在基本法生效前原任職香港立法局議員出任
ii）任期：六個月
iii）職責：
a）確保政府的日常運作
b）制定選舉法規定以貫徹基本法的規定，在基本法生效後的六個月內產生第二屆行政長官及第二屆立法機關。
c）制定法律以助權力順利移交至第二屆政府
d）行使上述職權不得與基本法抵觸
3）主要官員——
i）產生：由基本法生效前原任職香港政府的公務人員出任
ii）任期：由基本法生效後，至第二屆政府的主要官員產生為止。
4）行政會議——第一屆政府不設行政會議
5）全國人民代表大會代表——根據基本法的規定在基本法生效後一年內產生
（3）生效日期——1997 年 7 月 1 日
（4）權力來源
有認為其建議沿用原來政府充作過渡性看守政府是有困難的，因九七年前的舊政府，權力來源是英國，人事也由英國任命。中國收回香港主權後，香港政府權力來源是中國中央政府，因此其原來權力及委任來自英國的舊政府人事，不宜介入九七年七月一日後的香港政府事務。雖然技術上可以安排中國正式對原有人員作出委任，但由於是近乎「迫於無奈」，似乎有實質地影響中國的主權地位之嫌。

V. 張炳良方案
（1）原則：
1）過渡性的、看守性的。
2）主要功能是安排在短期內（半年、一年）按照基本法的規定產生新政府及新的立法機關。在看守期內只負責維持政府經常性運作之責，依循現制，不創新法律或新政策。
3）由於是看守性政府，故可由中央政府自行委任而非經基本法規定之正常產生過程的特別安排。
4）看守性政府並非舊政府的延續，其權力來自中國中央政府。它原則上從舊政府接收所有權力、條約義務、債務及公共財產等。
（2）行政長官：
九四／九五年左右，由英國政府諮詢中國政府，委任一名中、英、港三方都可以接受的港人為副總督，協助總督工作。九七年七月一日特區成立時，中國政府委任該名人士為看守性政府之行政首長，以安排產生新政府。
（3）司級官員
九七年前舊政府各司級官員可留任，但英政府在七月一日前要確保只委任港人為司級官員，（以符合《中英聯合聲明》中關於外籍人士不得出任司級官員之規定）在委任前，英政府宜諮詢中方意見。
（4）顧問委員會
原行政局原則上解散，但看守政府行政首長可再提請中央委任部份或全部原任行政局成員為一顧問委員會成員，至看守政府任滿為止。
（5）立法機關
原來的立法局在七月一日成為臨時性機構，只負責監督看守政府之運作，不進行新的立法（緊急事故除外），而新立法機關產生後可於一段時間內檢討所有在看守期內通過的法律，以確定其應否繼續有效。

VI. 主要問題
（1）考慮設立第一屆政府時，需要注意的因素。
（2）籌組第一屆政府的工作應由何時開始？

（3）第一屆政府與第二屆政府產生的日期？
（4）第一屆政府構想的性質應屬臨時性的，還是憲制性的（照基本法內的一般規定）？
（5）若有「順利銜接」與「不順利銜接」之不同處理，應何時決定採取哪一種措施？
（6）第一屆政府的結構、功能及產生方法及其與第二屆政府的關係？

※

⑤ 1987 年 9 月 28 日夏文浩《有關「第一屆特區政府的產生」芻議》（1987 年 10 月 6 日政制專責小組第四次會議附件二）

乙）第一屆政府的產生：
1. 行政長官：
通過中英聯絡小組的安排，中國於九五年在香港根據基本法的規定選出第一屆政府的行政長官；同樣通過中英聯絡小組的安排，由英國委任此人為香港副總督，協助總督工作。在九七年七月一日，由中國正式任命此人為特區行政長官。
2. 主要官員：
上述行政長官在九七年前已有參與管治香港的經驗，故容易瞭解管治層和各界人士的才能。因此我建議在九七年七月一日，由特區長官提名主要官員，再由中央任命。
3. 立法機關：
九零年，中國人大頒佈基本法，到時香港立法局應朝基本法的規定進一步發展。這發展應在九六年前完成。在九七年不適宜有立法機關選舉。

丙）對查濟民方案的意見：
《中英聯合聲明》規定一九九七年之前由英國政府負責香港的行政管理。查濟民方案認為顧問團經中國中央委任，便不會成為「影子內閣」或另一個「權力中心」，此乃一廂情願的看法。我認為該方案乃違反上述《中英聯合聲明》內的規定。

※

⑥ 1987 年 10 月 1 日梁振英《第一屆特區政府的產生》（1987 年 10 月 6 日政制專責小組第四次會議附件三）

上述會議的附件中，並未包括「工商專業界諮委」（或稱 76 人）提出的方案，「工商專業界諮委」的「第一屆政府的產生」的方案其實經已提出多時，但可能由於整個政制芻議比較詳盡具體，故此「第一屆政府的產生」部份未得到應有的重視。
該方案認為，為了維持市民及投資者對未來的信心，為了盡量維持政治上的穩定，香港應避免在九七年進行任何選舉活動。根據該方案，新立法機關成員的任期將延長至四年，而且互相交錯。假設任期由一九八八年起改為四年，由九二年開始直接選舉部份議席，一九九四年就應該完成所有架構上的改變。第一屆特區政府立法機關成員亦在一九九六年完全產生。九七年中國恢復行使主權時，只需進行形式上的改變便可。
在選舉第一屆行政長官方面，由於該方案建議行政長官由大選舉團選出，故此，第一個選舉行政長官的大選舉團須於一九九七年七月前成立。「大選舉團」的具體組織成分可以由下列兩個方法其中之一決定：
（一）由於「大選舉團」的組織及運作細則仍有待「基本法起草委員會」訂定，因此建議在「基本法起草委員會」下成立一個小組，工作期限直至一九九七年，以決定「大

選舉團」的具體組織成份，或

（二）由於聯合聲明指明中英兩個政府確保一九九七年政權的順利交接，大選舉團的具體組織成份可由中英聯合聯絡小組負責。
謹請政制小組將「工商專業界諮委」方案列入第四次會議討論範圍。

※

⑦ 1987 年 10 月 5 日簡福飴《有關〈第一屆政府的產生〉意見》（1987 年 10 月 6 日政制專責小組第四次會議附件四）

【P1-3】
本人認為在考慮第一屆政府的產生這個問題上應該與管治香港權的移交是否會出現銜接問題這一疑問作為一個有關連的問題結合起來考慮。在現階段我們仍未看得清政制銜接是否會出現問題和會出現些什麼問題，故此在考慮特區第一屆政府的產生方案時，我們應考慮到有必要準備不同的方案來應付新舊兩制在銜接方面將產生的不同情況。
從推理的角度來看，在銜接方面新舊兩制可以產生下列的一種情況：
1.兩制是可以完全銜接的，
2.兩制只可以部份的銜接，
3.完全不可以銜接。
所謂完全銜接就是指新舊兩制的人物除了特區長官的個人身份（九七年前他的身份不可能是「長官」）在新舊兩制轉換之中有稍大變動外，其他人員如主要官員和立法機關的成員都不會有變動。如果能達到這個理想地步的話，第一屆與第二屆政府在結構上基本就是相同的，那麼我們要考慮的也就只會是下列幾個在技術上的因素：
1.如何保證九七年前從選舉產生的行政長官（如果他不是從協商產生的話）和立法機關的成員在九七年後的合法地位。
2.行政長官該在九七年前的哪一年當選，當選後他在九七年前該擔任些什麼具體工作才有利於他在九七年後要擔負的工作。
3.行政長官能否在九七年前便提名一些主要官員來擔當司級官員？他要提名作為主要官員的人是否只能在九七年後才能上任？
至於只有部份政制能銜接的情況，其問題可能會變得非常複雜。部份不銜接的情況可能是以下的一種或多種因素的組合：
1.行政長官人選在九七年七月前仍未決定；
2.九七年七月前的「司」級官員仍有外籍人士；
3.立法局仍有部份委任議員；
4.產生立法局議員的功能組別或選舉團或直選的地域劃分、不同組別和選舉團的議席劃分、不同直選地域的議席的劃分，這些在九七年的前和後出現了差別。
由於有以上諸多個可變動的因素，因此我們很難設計出一個可以應付得了只有部份銜接等不同情況的方案。最後定案只能決定於中英兩國在銜接方面所能取得的成果了。
至於如果最壞即完全不能銜接的情況出現的話，我們第一屆政府的產生可能有如下的選擇：
1.由中央政府通過與港人協商組成的臨時政府來負起第一屆政府的任務和按照基本法的規定來籌組第二屆政府。第一屆政府雖然是臨時的，但任期卻與第二屆政府相等。
2.由中央政府與港人協商產生第一屆的行政長官，然後由他來組織一個臨時政府以便在短暫的期間內（即六個月或一年）按照基本法的規定產生第一屆政府之除行政長官以外的其他主要官員及立法機關成員。

在上述方案中中央與香港的協商對象，本人建議應為我們將要討論它的產生和職能的香港特別行政區基本法委員會。

※

⑧ 1987 年 10 月 6 日《徐是雄方案》（1987 年 10 月 6 日政制專責小組第四次會議附件五）

一九九七年之前二年，由人大常委會成立一個由中、港知名人士組成的籌備委員會（類似目前的草委），由此籌備委員會的香港委員在香港組織一個由各界港人組成的協商團或選舉團（類似現今的諮委）進行產生第一屆政府。選舉或協商出第一屆政府行政長官，報請中央任命。行政長官（在九七年前只能叫候任行政長官）根據基本法的規定組成行政會議。行政會議的成員由行政長官從主要官員、立法機關成員和社會人士中提名，報請中央任命政府任命。第一屆政府在九七年之後二年解散，然後根據基本法的規定產生第二屆政府。第一屆行政長官和行政會議的任期為四年。第一屆行政會議與中英聯合聯絡小組的主要成員和香港政府的主要官員組成一個工作小組，負責解決一切交接事宜。

※

⑨ 1987 年 10 月 13 日政制專責小組《第一屆特區政府的產生專題研究討論稿（二）》

【P1-11】
I. 導言
經本專責小組討論後，就第一屆特區政府產生的方案已由坊間的三個增至十數個，分別有（1）查濟民方案（4/8/87）、（2）戴耀廷方案（24/8/87）、（3）張炳良方案（18/9/87）、（4）夏文浩方案（28/9/87）、（5）76 人方案（1/10/87）、（6）簡福飴方案（5/10/87）、（7）徐是雄方案（7/10/87）、（8）吳夢珍方案（9/10/87）、（9）張振國、程介南方案（10/10/87）、（10）錢世年方案（10/10/87）、（11）杜葉錫恩方案（10/10/87）、（12）何鍾泰、唐一柱、曹宏威方案（25/8/87）。
本報告主要分三部份：（1）討論第一屆政府產生是否需要；（2）各方案之介紹及有關評論；及（3）本專責組對第一屆政府產生有關問題之討論。

II、III
（編者按：本文同第一稿文件④第 II、III 點，除下列內容外，均同前文，惟第 VI 點被刪除。）
有委員認為《中英聯合聲明》規定一九九七年之前由英國政府負責香港的行政管理。而此方案認為顧問團經中國中央委任，便不會成為「影子內閣」或另一個「權力中心」，此乃一廂情願的看法。我認為該方案乃違反《中英聯合聲明》內的上述規定。
有委員認為此方案的好處是：1）及早進行第一屆政府產生之籌備工作（1990）。2）在順利銜接之情況下，候任行政首長於 1995 年後進駐港督府觀察日常工作，此建議若可行，有助候任行政首長九七年之工作。
可質疑的兩點是：1）以上第 2）點是否可行？會否妨礙九七年前原有政府的運作？即或可行，於一九九五年實行又似乎過早。2）「顧問團」有否違反聯合聲明之港人治港、高度自治之精神？其於第二屆政府之產生上又扮演什麼角色？
2. 戴耀廷方案（24/8/87）

（5）好處與疑點
有委員認為此方案的好處是沿用原來政府作過渡，不致急變。
但值得懷疑的是：1）方案之安排似乎只把「真正」的第一屆政府之產生拖延了六個月。若其目的乃為使各官員熟習在基本法原則下之政府運作，則隨之而起的問題是：第一屆政府與第二屆政府之關係（如：結構、成員）。2）方案建議行政長官「由基本法生效前原任職港督出任」，若要此建議可行，則需先確保九七年前之港督不是外籍人士，此舉會否涉及對九七年前原有政府之干預？中方又能否確保英政府在此方面之合作？3）方案建議第一屆政府不設行政會議，原因何在？行政會議的角色怎樣？首屆政府是不需要或是不能夠將之設立？
3. 張炳良方案（18/9/87）
（6）疑點
有委員認為：1）此方案建議第一屆政府是看守性，可由中央政府自行委任，會否違反聯合聲明之民主、自治精神？2）建議首任行政長官由九七年前之副總督擔任，會否妨礙九七年前原有政府之運作？英方會否予以合作？
4. 夏文浩方案（28/9/87）
（1）原則：
1）我建議中英兩國政府以互諒互讓態度，和在公平原則下解決第一屆特區政府產生時所牽涉到的主權問題。
2）移交的安排必須確保香港繁榮安定。
3）新舊政府的人選應有連續性，使新舊政府在政策上有連續性。這項安排符合政制改革，應是循序漸進的原則，並且使新政府人選在九七年之前有管治香港的經驗。
（編者按：內容（2）、（3）、（4）同第一稿文件⑤1、2、3）
（2）行政長官
（3）主要官員
（4）立法機關
5. 76人方案（由梁振英委員提出）（1/10/87）
（1）原則
為了維持市民及投資者對未來的信心，為了盡量維持政治上的穩定，香港應避免在九七年進行任何選舉活動。
（2）立法機關
新立法機關成員的任期將延長至四年，而且互相交錯。假設任期由一九八八年起為四年，由九二年開始直接選舉部份議席，一九九四年就應該完成所有架構上的改變。第一屆特區政府立法機關成員亦在一九九六年完全產生。九七年中國恢復行使主權時，只需進行形式上的改變便可。
（3）行政長官
（編者按：內容同第一稿文件⑥第三至四段）
6. 簡福飴方案（5/10/87）
（編者按：本文同第一稿文件⑦，除下列內容外，均同前文。）
總結而言，最妥善的方法應是：由中央與香港特別行政區基本法委員會協商產生第一屆政府的行政長官，然後由他來按照基本法規定組織第一屆政府。但不排除在協商的同時也有選舉，即候選人名單可由協商產生，但誰最後當選則要通過委員會成員的選舉來決定。並贊成如李後和魯平兩位先生所議的有「一個人數很少的、由中央派人來主持並有港人加入的香港特別行政區籌備委員會」和由它來主持籌備特區成立的工作來體現主權的轉移；但行政長官的產生卻不是由它的成員選舉出來的。
影響：能應付任何不同的銜接情況。銜接情況的好與壞只影響第一屆的行政長官在籌組第一屆政府的工作量而絕不會影響到第一屆政府能否按條文而產生出來。第一屆的特區行政長官在把舊的政制改變成為新的政制就等於是個裁縫師傅要把一套舊的衣服改成為一套疑衣（編者按：「疑衣」應為「時裝」之誤）一樣。這兩者越接近，修改款式的工作量則越少，反之則越多。
7. 徐是雄方案（根據1986年1月19日提出的方案進一步具體化）（7/10/87）

（編者按：本文同第一稿文件⑧，除下列內容外，均同前文。）
協商團和選舉團除有其他職責或任務，不宜在產生行政長官後便解散。
8. 吳夢珍方案（9/10/87）
（1）原則：1）平穩過渡；2）體現中國；3）為港人接受並易於與基本法銜接。
（2）時間及形式
在第一原則下，政府架構以最少變動為最好，但要體現中國的主權，則不能於九七年前便選定第一屆立法議局、行政議局以及行政長官及主要官員。九七年前的政府並沒有責任去執行基本法，而中國亦未必願意讓現在的政府去替她處理香港在九七年後的事。但是要港人安心，中國亦不宜在九七年前去干預香港的政府架構，如先委任副港督之類。因此第一屆政府最好還是以臨時政府的形式出現，到第二屆政府才根據基本法的規定產生。所以第一屆政府只負責維持香港九七年後一個短時期的日常政府運作，並且籌備組成第二屆政府的工作，時間最多不可以超過二年。
（3）組成
第一屆政府的組成部份包括立法議局、行政議局、行政首長及幾個主要的行政長官及政府的各級職員。由於《中英聯合聲明》已列明現有香港公務員留任，所以這部份不用討論。在以最少變動為原則下，立法議局可以暫時不變，但行政首長一定要是立法議局的主席（這與以下體現中國主權有關），而行政議局的成員可由行政首長委任。
（4）產生方法
行政首長及幾個主要官員的產生方法則以體現中國主權為原則，在九五或九六年間，由中國以組織草委及基本法諮詢委員會的形式，委出有各界代表的人推薦行政首長及主要行政長官，成為候任行政首長及行政長官，到九七年七月一日再由中國正式委任為行政首長及行政長官。這個方法既體現了中國的主權，亦符合港人治港的原則。至於候任行政首長及行政長官如何熟習九七年前的政府運作，則可以由中英雙方以非原則性的友誼合作的方式讓候任人選熟習政府的運作。不過如第一屆政府的主要任務是產生第二屆政府的話，一般政府運作應不會有大變動，這又可以保證了平穩過渡。
9. 張振國、程介南方案（根據38人方案進一步具體化）
（1）行政長官
第一任行政長官提名團*須於一九九六年上半年內產生，並於一九九七年上半年由提名團推舉三人為行政長官候選人，交由中央政府在三人中選定委任，任期二年，如中央政府否決全部候選人，得交由提名團重新推舉。
（2）立法機關
第一屆立法機關之中的三分之二成員根據職業分組*辦法於一九九六年上半年與提名團同時選出，任期二年，另三分之一成員則於九七年上半年由分區直選產生，任期四年。
（3）司級官員
第一屆政府各部門司級官員，須由候任行政長官於一九九七年七月一日前提名，交由中央委任。
（4）選舉
為保證九七年前的順利過渡以及上述辦法得以實現，現行香港政制於九一年起逐步改變，即九一年、九四年將先後有兩次立法機關選舉，該兩次選舉須逐步減少接任成員，引入分區直選，取消選舉團，並將功能組別改為職業分組。
（5）不銜接情況
若一旦九七年前後出現不能銜接情況，則由中央政府組織香港各界籌委會推舉第一屆行政長官及立法機關，任期二年，然後於九九年按基本法產生第二屆政府。
（6）考慮點
根據本建議以及參照其他建議，第一屆政府產生辦法，應考慮使全民有參與的機會。目前功能組別的辦法未能包容

所有各個階層，而且不斷有新的界別產生，而大選舉團的辦法亦未能符合全民參與的原則，而一人一票普選辦法則未能確保產生的成員有合理的階層及界別比例。

＊附錄：由職業分組選舉的行政長官候選人提名團及立法機關議席分配辦法。

10. 錢世年方案（10/10/87）

（1）設立第一屆特區政府時，需要注意的因素：

1）新舊政權的順利交接；

2）《中英聯合聲明》和基本法的內容；

3）中英聯合聯絡小組的工作。因此

（2）籌組第一屆特區政府應由基本法公佈後兩年內開始（即1992年）

（3）第一屆特區政府產生日期應為1997年7月1日而與英國政府委任的最後一任政府（1995 — 97年6月30日）作緊密的銜接。而第二屆特區政府的產生應為兩年之後，而且任期方改為四年（1999 — 2003）。

（4）第一屆特區政府雖然仍然是一個憲主性的政府，但有些方面則毋須完全按照基本法的規定（如任期僅為兩年），第二屆特區政府則可以完全按基本法的程序和規定產生。

（5）中國政府於1992年成立第一屆特區政府的顧問委員會與基本法委員會，和中英聯合聯絡小組共同籌備第一屆特區政府的籌組工作。

（6）第一屆特區政府的結構需等待基本法公佈後方能決定，而第一屆特區政府負責依基本法籌組兩年後（1999）的第二屆特區政府。

11. 杜葉錫恩方案（10/10/87）

有人提議在九七年之前，即在殖民制度下，選舉行政長官及立法機關（不論是什麼選舉方式），以便在九七年七月前接收權力。但我認為中國不會同意這做法，所以現在提出另一順利交接的方案：

（1）行政長官

中國任命一個臨時行政長官，自七月一日起作行政長官三個月。這臨時行政長官的人選應熟悉香港的情況，最好是香港人所接受的。這臨時行政長官有可能在三個月後，即九七年十月一日，以基本法所規定的方法成為正式的行政長官。

（2）立法機關

立法機關的新會議年度由每年十月開始，至九七年七月一日，在任立法機關成員的三年任期尚有三個月才告屆滿。如果中國同意，他們可留任至十月，但任期屬臨時性質，這樣便可制衡行政長官的權力。在這三個月內，可根據基本法選舉立法機關，而在此之前，原則上已為選舉作好準備。如果各方面都決意做到順利過渡，在九七年七月一日便不會有即時的改變（行政長官一職除外），而交接期則維持三個月。許多立法機關成員都很可能會重新獲選，沒有資格再成為立法機關成員的外籍人士則應在九七年之前已經辭職了。

根據《中英聯合聲明》任何沒有資格擔任各部門最高職位的公務員都應在九七年七月一日前辭去職務，因此公務員架構在九七年不會有顯著的變化，令政府各部都能順利過渡。

12. 何鍾泰、唐一柱、曹宏威方案（25/8/86）

過渡期內的安排

（1）為了政制的連貫性，上述（第二音）政制應在過渡時期內開始逐步進步。

（2）在八八及九一年立法局選舉時，可以逐步使立法局的組合趨向未來的香港政制。

（3）過渡政府應在九四年設立，政制一如未來香港特別行政區的政制，首屆行政長官也適宜於九四年產生，任期橫跨九七，直至二零零零年。

（4）負責推選首屆「行政長官候選人」的「遴選委員會」，其「界定團體」的名單及分配比例，可以透過「中英聯合聯絡小組」商議後產生。

（5）「遴選委員會」推選出首屆「行政長官候選人」，先經由「中英聯合聯絡小組」審批，再交由香港市民普選（過程可參照本方案的行政長官產生方法）

（6）九四年產生的「遴選委員會」的其他任務，可參照所述之四點主要任務。

III. 主要問題

本組討論

1.「政府」的定義

有委員提出，在討論第一屆特區政府產生前，應先討論什麼是「政府」。有委員回應，「政府」應包括行政長官、主要官員及立法機關。亦有認為行政議亦應包括在內。後亦有意見認為「政府」一詞亦應包括行政機關、各政府部門的正職和副職及公務人員（包括顧問），該委員更認為在主權移交時，「政府」的各部門都應受到一定的考慮。其中有委員指出一般人都有一假設，就是以為司級官員的轉變沒太重要，而事實上其轉變的影響性是很重大的。

2. 討論這問題的需要

有不少委員認為中英聯合聯絡小組可在銜接問題上作出安排，更有認為現時聯絡小組已是為銜接事宜工作，根本無需再另談安排。亦有認為銜接的特別安排是可透過類似中英聯合聯絡小組協助過渡的，另有委員認為除此以外，第一屆政府就是九七年後按基本法產生的，故根本無需特別討論第一屆政府的產生。

3. 考慮因素

在考慮設立第一屆政府時，需考慮的因素有委員有如下建議：

（1）改變越少越好

（2）各官員的效忠對象及國籍需符合英國和中國的要求

（3）主權及管治方面一定要有真正的轉變

（4）政府權力不應出現真空

（5）以先易後難的程序處理各方面，包括以下數項：

1）公務人員（包括顧問）

只要任命顧問來補充不足，過渡便不會出現問題。

2）各政府部門的正職和副職

在執行《中英聯合聲明》及通過中英聯合聯絡小組解決問題時，英國應確保到一九九七年中，再沒有英籍或其他外籍人士擔任《中英聯合聲明》所述的主要政府部門正職和某些主要政府部門副職；及如有需要，所有適當的顧問職位都有人擔任。在主權移交時，這些正職和副職需由中央人民政府重新任命。

3）立法機關

立法機關應在一九九七年六月底休會，以便在主權移交後舉行選舉。這樣，立法機關便能在九／十月開第一次會議。

4）行政會議

如果行政會議是行政長官成立的，則要待主權移交後才由行政長官任命。

5）主要官員

主要官員須由行政長官提名，所以要待行政長官選出後才可提名主要官員。

6）行政機關

由於「行政機關」一詞未有界定，現假定行政機關包括行政長官、主要官員、各政府部門的正職和副職。這些職位人選在提名和選出後，都要經中央人民政府任命。但任命應在主權移交後盡快生效。

4. 第一屆政府的性質

有委員認為第一屆政府應與第二屆政府盡量相同。有委員認為只要香港人有這樣的共識，英國政府合作則不難達至這目標。亦有認為既然九零年基本法初稿已定，第一屆政府就應按基本法規定的模式來產生。更有認為其中需要轉變的，如立法機關成員的效忠等問題，則由中英聯合聯絡小組負責處理。亦有建議立法機關可以程序上的轉變將舊制下的立法機關變為特區立法機關，同樣地行政長官亦可通過

類似的程序安排產生。因此第一屆政府應屬憲制性的（照基本法內的一般規定）。有委員補充認為現時只應考慮一種銜接情況，就是政府根據《中英聯合聲明》，順利銜接。

另一方面，有委員認為「銜接」問題是非常重要的。銜接程序有三大可能性，一是完全銜接，一是部份銜接，一是完全不銜接。而第一屆與第二屆政府的分別又按銜接的程序不同在產生程序和結構上又有分別。（各考慮問題見簡福飴方案）但委員指出第一屆的政府如在結構上能與第二屆的一樣，那是最理想的，但任何方案，如在實施上要牽涉到九七年前的香港政府及其合作，那麼中國便變得被動，且基本法只能規範特區政府在九七後的運作而不能有任何條文指令九七年前的港英政府來遵守和執行。至於港英政府的合作熱忱亦沒有人能保證。再者基本法的擬定也不能基於一個或然因素的出現來擬定的。因此應假設在銜接方面出現最壞的情況下來擬定第一屆政府產生的方案。亦有委員補充：在最壞的假設下擬定的方案定最能應付到各種可能性。而最佳的方法就是將第一屆政府設立臨時性的，其結構以至產生方式都可與第二屆的不同，其作用是交棒。這種方式在國際上亦有先例可援。另外亦有委員認為臨時性的政府可處理如功能團體的劃分問題，因九七年前後的劃分法及結構很可能是不同的。

※

⑩ 1987 年 10 月 13 日簡福飴《第一屆特區政府的產生》（1987 年 10 月 20 日政制專責小組第五次會議續會附件一）

【P1-8】

（編者按：本文同第一稿文件⑦，除下列內容外，均同前文。）

首先，為了避免混淆，在這討論題中，暫且把政府的含義僅限於將來的特別行政區長官，他的主要官員和立法機關。

雖然我們都很希望九七年前後兩制能銜接起來，但是從推理的角度來看，在銜接方面這兩制卻可以產生下列的一種情況：

這些雖是技術上因素，但由於基本法是中國的基本法，不能作出任何規定要過渡期的香港政府為我們作出這些技術上的安排，所以這些技術性的問題也不容易解決。

但是，基本法的擬就是有時間上的緊迫性的，它要在九零年便作最後定稿，從現在到九零年我們能預知哪些不銜接的情況會出現嗎？還有的是儘管九零年的情況可以預測得到的，九零年後香港政府不是還要把政制改革繼續發展下去嗎？那教我們的起草委員怎樣寫得出第一屆政府的產生方案來。

在上述方案中中央與香港的協商對象，就可能是基本法諮詢委員會將要討論它的產生和職能的「香港特別行政區基本法委員會」，或者是類似現在的基本法諮詢委員會這樣的組織了。

上述方案2.的最大優點是它能應付任何不同的銜接情況，從最好的情況到最壞的情況都行。銜接情況的好與壞只影響第一屆的行政長官在籌組第一屆政府的工作量，而絕不會影響到第一屆政府能否按條文而產生出來。第一屆的特區行政長官在把九七年前的政制改變成為新的政制就等於是個裁縫師傅要把一套舊的衣服改成為一套時裝一樣。這兩者越接近，修改款式的工作量則越少，反之則越多。有了裁縫師傅就不愁舊衣服改不了。在這方面李後和魯平兩位先生在十月初於廣州提議由「一個人數很少的、由中央派人來主持並有港人加入的香港特別行政區籌備委員會」，來主持籌備特區成立的工作來體驗主權的轉移，並協助一個類似基本法諮詢委員會的組織來協商或選舉出第一屆的行政長官。

比較上述的三種不同的銜接情況和相適應的第一屆政府的產生方案，很明顯的是以能應付最壞情況的方案為最佳方案。我的論點是如下：

1. 正如大家的想法一樣，我也重視銜接，也覺得第一屆的政府如果在結構上基本上是能與第二屆的一樣，那就是最理想的了。

2. 但是任何方案，如果在實施上要牽涉到九七年前的香港政府，要它為特區政府先行在九七年前實施方案的一部份或全部份措施就會使中國政府變得很被動，甚而會影響這些方案的可行性，因為在法理上基本法只能規範特區政府在九七年後的運作而不能有任何條文指令九七年前的港英政府來遵守和執行。

3. 任何方案如果是基於第一屆政府在結構上基本要與第二屆相同，而同時又要求九七年前和九七年後兩制都能完全銜接，就等於要過渡期的香港政府在九七年前抱着最合作的態度在今後的政制改革中把政府的架構改變成為可與我們的第一屆政府的架構完全銜接一樣。對香港政府在這方面的要求是不是太多了？究竟誰能保證的了。進一步而言，即使香港英政府在這方面的合作是無需懷疑的，我們在擬定基本法中有關第一屆政府的產生方面，也是不能基於任何或然因素（無論這個或然因素有多大的出現率）的出現來擬定的。

4. 由於基本法是法律條文，是應該明確和使我們能貫徹執行的，我們在擬定第一屆政府產生的條文時便應該撤除任何即使是非常樂觀的或然性因素，使我們在任何情況下，即使是銜接方面出現最壞的情況下，也能執行條文上的規定來組織第一屆政府。如果條文的可行性只決定於某些樂觀的或然性因素會出現的話，我們就要在條文內提出其他部署以應付這些或然性因素沒有出現或只局部出現的情況。這樣一來所寫出來的條文不單是會很複雜，也許基本上寫不出來也說不定，因為在九七年還沒有來臨的今天是很難預測到九七年到來時會有什麼或然因素出現和不出現的。

最後，本人想表達一下，我並不屬於悲觀派的人，我對九七年前後兩制的銜接也不是悲觀的。將來通過中英兩國本着友好合作的精神，銜接問題肯定是可以迎刃而解的。但這只能反映於將來事實的發展，而卻不能反映在基本法的條文中。因為，基本法條文的擬定只能從確實可行的情況出發，而不能從主觀願望出發，不能由於樂觀就忽視了條文的可行性和合法性。我曾試從最樂觀的角度，即九七年前後兩制能完全銜接的情況出發去草擬第一屆政府產生的條文，結果得出以下的兩個「方案」：

1. 香港特別行政區的第一屆政府在結構上與本法規定的第二屆或以後的政府相同，但其產生及組成則須由港英政府在香港特別行政區政府成立前按照本法規定並在中英聯絡小組指示下在一九九七年前的一段指定時間內按部就班負責完成。

2. 香港特別行政區的第一屆政府在結構上與港英政府在一九九七年前最後的一屆政府完全相同，行政機關及立法機關成員其國籍如與本法規定無抵觸者可獲得中央政府委任為第一屆香港特別行政區政府成員。

上述「方案」1. 該可以達到對九七年前後兩制銜接的要求，但卻不知是否會妨害到香港政府在過渡期內行使它的管治權，並由此而對本「方案」不感興趣？另外一點則不知道「抗共」人士會否指責中國政府要藉此來提早干預香港政府運作？更有甚者，這可以招致對中國政府的強烈指責，指中國政府違反《中英聯合聲明》精神，要在九七年前便通過中英聯絡小組行使部份主權。至於「方案」2. 則對現時政府的管治權沒有絲毫影響，並且，與那些堅持香港政府可以在過渡期不須受基本法約束而進行政制改革論者的立場相近而獲得他們的鼎力支持。但是，中國政府

卻要放棄了作為主權國所應有的權利來組成第一屆的特區政府，並且也要承擔從這個「方案」產生的第一屆政府所可能造成的任何不良的後果。如果有任何「後遺症」的話，也要通過第二屆政府的產生來把「後遺症」一一治理。如果「後遺症」是深重的話，則更不是通過接着的一屆政府的努力便可以全部治理的了。因此，這個「方案」2.實際上是把九七年前後兩制銜接問題轉嫁給九七年後第一屆政府和隨後的政府。

總結地說，上述的「方案」姑勿論是否行得通，或甚至是違反《中英聯合聲明》的一些條文，單從憲法學的角度來看就不知是否會貽笑大方。即使在假設有全銜接的情況下來草擬第一屆政府的產生，從上文顯示也是困難重重的。奉勸讀者，可別在假設只有局部銜接的情況下來試行草擬第一屆政府該如何產生的條文，這會好比是一張小孩愛玩的尋迷宮圖，入口多得無數，但走得通的路卻只有一條。這種情況用法律語言如何表達？即使不嫌冗長，我們究竟能否在行文上把所有將可能出現的不銜接情況和相適應的方案全部羅列出來呢？

※

⑪ 1987 年 10 月 15 日政制專責小組《第一屆特區政府的產生專題研究討論稿（三）》（1987 年 10 月 20 日政制專責小組第五次會議續會討論文件）

【P8-14】
（編者按：本文同第一稿文件⑨，除在各方案中的「9.張振國、程介南方案」後補充了附錄《由職業分組選舉的行政長官候選人提名團及立法機關議席分配辦法》，並新增了「12.林邦莊方案」；在「III.主要問題」下補充了「討論問題」，以及「本組討論」項目下的「（3）考慮因素」及「（4）第一屆政府的性質」內容有所修改外，均同前文。）

III.各方案
9.張振國、程介南方案（根據 38 人方案進一步具體化）
（10/10/87）
＊附錄：由職業分組選舉的行政長官候選人提名團及立法機關議席分配辦法。

	立法機關議席數目
第一大類職業組別共佔	**16**
其中　商界（1）	6
工業界（2）	4
銀行界（3）	2
其他僱主	4
第二大類職業組別共佔	**16**
其中　醫學界（註冊醫生）	1
其他護理人員	1
教學界	2
法律界	1

	立法機關議席數目
社會服務界	2
工程、建築、測量及城市設計師	1
會計、核數師	1
資訊、傳媒專業人士	1
文化、藝術界	1
行政人員	2
其他專業人士	3
第三大類職業組別共佔	**16**
其中　文員	2
銷售文員	2
服務業工作人員	2
農、林、牧、漁人士	2
製造、建築、運輸工作人員	6
學生、退休人士、料理家務者及其他非從事經濟活動人士	2
總數	**48**

12.林邦莊方案（10/10/87）
（1）
1）需要注意的因素
（a）「政府」一詞包括以下各項，應考慮每項在主權移交時需作什麼改變：
I）行政長官
II）行政會議
III）立法機關
IV）行政機關
V）主要官員
VI）各政府部門的正職和副職
VII）公務人員（包括顧問）
（b）改變越少越好。
（c）各官員的效忠對象及國籍要符合英國和中國的要求。
（d）主權及管治方面一定要有真正的轉變。
（e）政府權力不應出現真空。
2）以先易後難的程序處理各方面：
（a）公務人員（包括顧問）
只要任命顧問來補充不足，過渡便不會出現問題。
（b）各政府部門的正職和副職
在執行《中英聯合聲明》及通過中英聯合聯絡小組解決問題時，英國應確保到一九九七年中，再沒有英籍或其他外籍人士擔任《中英聯合聲明》所述的主要政府部門正職和某些主要政府部門副職；及如有需要，所有適當的顧問職位都有人擔任。在主權移交時，這些正職和副職需由中央人民政府重新任命。
（c）立法機關
立法機關應在一九九七年六月底休會，以便在主權移交後舉行選舉。這樣，立法機關便能在九／十月開第一次會議。

（d）行政會議
如果行政會議是由行政長官成立的，則要待主權移交後才由行政長官任命。
（e）主要官員
主要官員須由行政長官提名，所以要待行政長官選出後才可提名主要官員。
（f）行政機關
由於「行政機關」一詞未有界定，現假定行政機關包括行政長官、主要官員、各政府部門的正職和副職。這些職位人選在提名和選出後，都要經中央人民政府任命。但任命要待主權移交時或之後才告生效。任命應在主權移交後盡快生效。
（g）行政長官
根據《中英聯合聲明》，行政長官是在當地通過選舉或協商產生。這顯示他會由香港選出來的香港永久性居民可由選舉產生的規定表示這產生過程是有意達到民主的目的。因此我希望一九九七年中第一屆行政長官的選舉能在中英聯合聯絡小組的權力下，在香港舉行，並在主權移交前，由中央人民政府任命，但這任命，在主權移交時才生效。將來的行政長官可以其候任行政長官的身份，提名候任行政機關成員，以便在主權移交時立即委任他們。
（2）籌備工作應於何時開始？
通過履行《中英聯合聲明》、聯合聯絡小組目前及將來的工作、基本法的起草工作，現已展開籌備工作。這就是銜接的真正意義。
（3）第一屆政府與第二屆政府產生的日期
一個完整的第一屆政府應在主權移交後在可行的情況下盡快產生。立法機關的選舉將是第一屆政府產生的最後程序，因此第一屆政府產生以一九九七年九／十月為最後期限。第二屆政府應在二零零一年產生。
（4）第一屆政府構想的性質應屬臨時性的，還是憲制性的？
如果可在主權交〔接〕時進行選舉，第一屆政府應該是憲制性的（照基本法內的一般規定）。
（5）順利銜接與不順利銜接的不同處理
我們只會考慮一種銜接：就是政府根據《中英聯合聲明》順利交接。
（6）第一屆政府的結構與功能
這一點只在需要臨時性政府的情況下，才會適用。

III. 主要問題
1.討論問題
（1）考慮設立第一屆政府時，需要注意的因素。
（2）籌組第一屆政府的工作應由何時開始？
（3）第一屆政府與第二屆政府產生的日期。
（4）第一屆政府構想的性質應屬臨時性的，還是憲制性的（照基本法內的一般規定）？
（5）若有「順利銜接」與「不順利銜接」之不同處理，應何時決定採取哪一種措施？
（6）第一屆政府的結構、功能及產生方法及其與第二屆政府的關係。
2.本組討論
（3）考慮因素
有委員質疑到在九七年前就開始籌組第一屆政府，箇中選舉或／及協商程序是否合符法理呢？有委員回應認為這是合法理的，如英國的看守性政府是可在上任首相（政府）任期未屆滿前選出的，而議會則在看守性政府選出時解散重選。而美國的新一屆政府亦是在舊政府屆滿前兩個月開始選出，到屆滿期新政府便正式就任，因此在英政府下產生未來特區政府亦是合理的。但有委員卻認為香港的情況是特別的，因這牽涉到主權的轉移問題。
有委員提到如何可體現中國主權是很重要的。由於是主權轉移，應另有一新的主權，故行政長官及主要官員都應在

97 年 7 月 1 日由中央委任。
但另一方面，有委員指出法理與主權的因素固然重要，但97 年前之香港政府的運作亦需考慮。
如在 97 年前提早產生臨時性政府，可能會對現時的港府造成困難。再者，我們都應有一個信念，就是無論 97 前或後的政府都是為香港謀福利的，故兩者都應受到考慮及重視。
（4）第一屆政府的性質
本組對第一屆政府產生的意見主要為：
1）97 年 7 月 1 日前設臨時性政府
a）與《中英聯合聲明》及基本法規定一致的
——直通車式
b）不需與《中英聯合聲明》及基本法規定一致的
——產生候任行政長官，在 97 年 7 月 1 日才由中央正式委任。
2）97 年 7 月 1 日才設臨時性或第一屆政府，與《中英聯合聲明》及基本法規定一致的。
有委員認為考慮這問題要視乎 97 年前後香港的實際情況，委員認為越早開始籌組越能令香港人消除疑慮及有信心，並建議 97 前後兩年什麼都不搞，而用「直通車」的設想，通過中英聯合聯絡小組，就是在中英兩國同意下產生臨時政府，在 97 年 7 月 1 日中央正式任命，在 99 年才舉行第一屆的選舉，這樣便可減少問題亦能避免動盪。這個構想有兩個假設：1）互讓互諒，但該委員認為若中英兩國不是互讓互諒的話，香港便沒有前途了；2）中國可接受這班人（臨時政府的成員），但該委員認為中國是沒有理由不接受這批政府成員的。
有委員認為第一屆政府應與第二屆政府盡量相同。有委員認為香港人有這樣的共識及英國政府合作則不難達至這目標。亦有委員認為既然九零年基本法初稿已定，第一屆政府就應按基本法規定的模式來產生。更有認為其中需要轉變的，如立法機關成員的效忠等問題，則由中英聯合聯絡小組來負責處理。亦有建議立法機關可以程序上的轉變將舊制下的立法機關轉變為特區立法機關，同樣地行政長官亦可通過類似的程序安排產生。因此第一屆政府應屬憲制性的（照基本法內的一般規定）。
亦有委員認為在九七前產生特區臨時政府，行政長官在九七前是候任的，主要官員則由行政長官提名，在九七年由中央正式任命，至於立法機關則難在九七前產生，故建議在九七年七月一日後三個月內產生立法機關，這種方法可避免了「直通車」式產生方法的法理問題。有委員建議在九七年前協商產生候任行政長官，因在九七前用選舉產生行政長官有很多困難。而立法機關在九七年後才由選舉產生，這會引出一個問題，就是在這段時間法律如何得以通過。
另一方面，有委員認為「衔接」問題是非常重要的。銜接程序有三大可能性：一是完全銜接；一是部份銜接；一是完全不銜接。而第一屆與第二屆政府的分別又按銜接的程序不同在產生程序和結構上又有分別。（各考慮問題見簡福飴方案）但委員指出最理想的當然是完全銜接及第一屆政府在結構上與第二屆的一樣；但若要做這部份，是有賴香港政府在中英聯絡小組的指示下在一定時間內按部就班地組成政府。而這是行不通的，因：1）基本法只可規定香港特區九七年後的運作而不能有任何條文指令九七年前的港英政府遵守和執行；2）《中英聯合聲明》規定中國在 97 年後在香港行使主權，因此在 97 年前要求選出第一屆政府便有提前行使主權之嫌。另一建議是過渡期最末一屆港英政府與第一屆政府結構一樣，該委員卻認為此方案不行，因：1）這等於令中國放棄組織第一屆政府的權利；2）由於過渡期的最後一屆港英政府是全由港英政府決定的，中國沒有指示性可言，這會迫使中國全部承擔第一屆政府的後遺症，因所有改變都要待第二屆政府產生才可進行。那是最理想的，但任何方案，如在實施上要牽涉

到九七年前的香港政府及其合作，那麼中國便變得被動，且基本法只能規範特區政府在九七年後的運作而不能有任何條文指令九七年前的港英政府來遵守和執行。至於港英政府的合作熱忱亦沒有人能保證。

再者基本法的擬定也不能基於一個或然因素的出現來擬定的。因此應假設在銜接方面出現最壞的情況下來擬定第一屆政府產生的方案，因在最壞的假設下擬定的方案是最能應付到各種可能性的。而最佳的方法就是設立臨時性的第一屆政府，其結構以至產生方式都可與第二屆的不同，而作用就是交棒。亦有委員認為這種方式在國際上亦有先例可援。另外有委員認為臨時性的政府可處理如功能團體的劃分問題，因九七年前後的劃分法及結構很可能是不同的。

（5）時間

贊成第一屆政府為臨時性政府的委員，贊同在九七年前開始籌備工作，而這臨時性政府的目的乃為在九七年七月一日後短期內產生第二屆，就是按基本法產生的政府。

至於贊成第一屆政府的產生與第二屆相同的委員，其中有贊成九七年前開始籌備工作（包括選舉及協商）。其中不少贊成一九九七這年不宜有選舉活動，因這不利平穩過渡。技術上的安排就有委員建議九七前按基本法產生政府，而該政府只是候任政府，至九七年七月一日才正式上任，因而亦免了銜接問題。更有認為九七年前進行選舉及／或協商是讓世界各地對香港的穩定性有信心。

另外，贊成第一屆政府按基本法產生的委員，亦有認為應在九七後才產生第一屆政府。之前的銜接問題則待中英聯合聯絡小組或通過港英政府的合作將之解決，到九七年才正式產生第一屆政府。

亦有委員認為政府產生的時間很重要，故建議行政長官在九七年前兩年產生，在九七後再運作多兩年，因此建議行政長官的任期為四年。

　　　　　　　※

⑫ **1987 年 10 月 23 日《基本法諮詢委員會秘書處通訊 59》**

【P2-3】
三、草委政制專題小組新聞發佈會意見整理
起草委員會政制專題小組於十月四日至六日在廣州舉行了第十一次會議，有關該次會議新聞發佈會的內容經整理後，現特發予全體諮詢委員參考：

十月五日
3. 就第一屆政府的產生，有數位委員提出意見，他們分別是查濟民、李柱銘及廖瑤珠；又有委員支持 76 人方案；也有委員建議可在英國統治下進行選舉，成立臨時的立法機關及特區政府。亦有委員提到可在香港成立類似協商團的選舉團，選出第一屆特區政府。
4. 就第一屆政府由協商還是選舉產生的問題，有委員建議在人大常委會下成立一個籌備委員會，成員包括內地及香港委員，再由此籌備委員會在香港成立一個全由香港人組成的選舉團或協商團，產生第一屆特區政府。
5. 另有委員認為籌備委員會不應下屬人大常委會，而應由中英雙方共同合作組成。但多數委員認為 97 年後的香港特別行政區是中國的一部份，故成立第一屆特區政府是中國的內部主權問題，沒有理由要英國政府參加。
6. 就第一屆政府的產生，有委員提出了幾個原則：第一，要平穩過渡，變動越少越好。第二，成立方式要為大多數市民接受。第三，要體現中國主權，並且符合聯合聲明及基本法的規定。因此，第一屆政府若以協商的形式產生，能參加協商的人應盡量多；若以選舉的形式產生，則較適宜選用類似功能團體的選舉形式，而不宜以一人一票選舉

產生，因為在英國人統治之下直接選舉第一屆政府是沒有可能的。

　　　　　　　※

⑬ **1987 年 10 月 27 日政制專責小組《第一屆特區政府的產生專題研究報告（一）》（1987 年 11 月 3 日政制專責小組第六次會議審閱文件）**

【P1】
（編者按：本文同第一稿文件⑪，除下列內容外，均同前文。）
II. 對「第一屆政府產生」的討論是否需要
有認為首屆政府的產生涉及政權的交接，不能單獨由基本法起草委員會決定，應由中英雙方透過外交途徑或由中英聯合聯絡小組解決。而另有意見認為起草委員會是中方的工作機構，而非決策機構，起草委員會可以工作機構的身份討論這問題，得到結論後才交中國當局，再循外交途徑或聯絡小組討論。
有委員認為此問題有二個可能性，一是需要討論，另一是不需討論，但若不需討論，則有如下兩個可能性需要深化討論澄清的：
（1）在基本法中刪除有關「第一屆政府產生」的條文，而全賴外交途徑解決此問題？

（2）並非刪除基本法中有關條文，而是無需在 90 年基本法初稿頒佈前作出規定，並看當時循外交途徑處理此問題的情況，90 年後再行規定？

【P7-8】
III. 各方案
7. 徐是雄方案（根據 1986 年 1 月 19 日提出的方案進一步具體化）（7/10/87）
……至於立法機關則應在 97 年前由直選、大選舉團、功能團體選舉產生，再由這些候任成員選出主要官員及在其中選出部份司級官員出任立法機關部份議席。

8. 吳夢珍方案（9/10/87）
（4）產生方法
……至於立法機關則由九七年原任之立法機關成員出任。

【P10-12】
11. 杜葉錫恩方案（10/10/87）
（3）主要官員
由行政長官提名，中央任命。

12. 林邦莊方案（10/10/87）
（1）
2）以先易後難的程序處理各方面：
（g）行政長官
根據《中英聯合聲明》，行政長官是在當地通過選舉或協商產生。這顯示他會由香港選出來的香港永久性居民可由選舉產生的規定表示這產生過程是有意達到民主的目的。因此我希望符合基本法的第一屆行政長官選舉能在一九九七年之前在中央人民政府的權力及英國政府的允許下在香港舉行，由香港政府提供實際援助，即提供投票站工作人員及警務人員、准許候選人進行競選活動。候選人的提名應是公開的，並符合基本法規定的資格。獲選的候選人應在主權移交前由中央人民政府任命，但這任命在主權移交時才生效。將來的行政長官可以其候任行政長官的身份，提名未來的主要官員，以便在主權移交時立即委任他們。在主權移交後，行政長官及其行政機關隨即籌備立法機關的選舉。
這方案能確保：

i）在主權移交時變動減至最少。
ii）香港政府在主權移交前後的效忠對象及國籍，符合英國和中國的要求。
iii）真正移交主權與治權。
iv）政府權力不會出現真空。
v）符合《中英聯合聲明》，並保證能民主產生第一屆特區政府。
（編者按：前文第（2）至（6）點在本文中被刪除）

13. 何鍾泰、唐一柱、曹宏威方案（25/8/86）
（7）此方案是立腳於兩地政府在過渡計劃上，全無芥蒂地進行配合的交接程序，但這方案在客觀上，應有一定技術上和原則上的困難。
（8）曹宏威委員認為：無論如何，過渡是事實存在的，是否要設立一個臨時政府總理其事也需要積極地考慮，這個臨時政府，任期宜短，但又不應有其急切的時限。它一定要把兩件事辦理好。其一是：處理主權回歸的一切事務；其二是：創造足夠條件，使特區第一屆政府可依基本法順利產生這兩件事辦好，臨時政府的工作便結束。

14. 香港民主民生協進會
（1）行政長官——96年底，由立法機關提名，全港一人一票選出候任行政長官。
97年1月至6月期間，應在港督的協助下，熟習各項施政的安排，至97年7月1日由中央正式任命。
（2）主要官員——由行政長官提名，97年7月1日由中央任命。
（3）立法機關——97年立法機關的議席應為80席，50% 直選產生，25% 由選舉團選舉產生，25% 由功能團體選舉產生。88年開始，立法局應引入直選，並變動其他議席的數目，以達至97年前全部由選舉產生。

※

⑭ 1987 年 10 月 28 日《第一屆特區政府產生方案歸類（第一稿）》（1987 年 11 月 3 日政制專責小組第六次會議審閱文件）

I. 引言
本文件之分類準則是，第一屆特區政府（行政長官、主要官員及立法機關）的產生是否：
（1）完全依賴港英政府的參與；
（2）完全不需要港英政府的參與；
（3）部份依賴港英政府的參與。
這裡所指的「參與」就是實質的參與，是多於默許或提供方便；至於提供方便或默許，如容許選舉進行，但沒有實質的行動，則不算是「參與」。
此分類目的是讓大眾，尤其草委對各方案有一概括的瞭解，有助採納方案時的考慮，而並非對方案的內容實質進行評論。
對「第一屆特區政府產生」的建議方案，原有十三個，但錢世年委員的方案是屬原則性的建議，故沒有將之歸類，因此現只將其他十二個方案歸類。
本文件最末還提出了在設計或考慮方案時所須注意的三個主要原則，僅供參考，並不完全，若委員有其他意見，亦可補充。至於這部份是否作為此報告的一部份，則有待專責小組決定。

II. 完全有賴港英政府的參與
1. 戴耀廷方案（2）
行政長官——由基本法生效前原任職香港總督出任
主要官員——由基本法生效前原任職香港政府的公務人員出任
立法機關——由基本法生效前原任職香港立法局議員出任

2. 張炳良方案（3）
行政長官——94/95 年由英政府諮詢中國政府，委任一名總督
主要官員——97 年前舊政府各司級官員留任（但英政府在 97 年 7 月 1 日前要確保只委任港人為司級官員）
立法機關——97 年前之原來立法機關成員出任
3. 香港民主民生協進會（4）
行政長官——96 年底由立法機關提名，全港一人一票選出，並在 97 年 1 月至 6 月期間，在港督的協助下，熟習各項施政的安排，至 7 月 1 日由中央正式任命。
主要官員——由行政長官提名，中央任命。
立法機關——88 年開始，立法機關應引入直選，並變動其他議席的數目，以達至 97 年前全部由選舉產生。

III. 完全不需英政府的參與
1. 查濟民方案（1）
行政長官——由顧問團與中央協商產生，而顧問團是由香港各界提名，中央委任（經中英協商委任）（由於「經中英協商」是在括號內，故此條件未必是必需的，因此其產生程序可歸為完全不需港英政府的參與。）
主要官員——由行政長官提名，由中央任命。
立法機關——在順利銜接時：97 年原任之立法局議員繼續工作至任滿，按基本法重選。
在不順利銜接時：97 年 7 月 1 日解散 6 月 30 日前的立法局，然後產生新的立法機關。
2. 簡福飴方案（6）
行政長官——由基本法委員會選舉產生或由中國與香港協商產生
主要官員——由行政長官負責產生
立法機關——由行政長官負責產生
3. 徐是雄方案（7）
行政長官——由協商或選舉團協商或選舉產生（由籌備委員會的香港委員在港組織）
主要官員——97 年前由候任立法機關選出
立法機關——97 年前由直接選舉、大選舉團選舉、功能團體選舉產生，之後再由這些立法機關成員選出部份司級官員出任立法機關部份議席。
4. 張振國、程介南、梁兆棠方案（根據 38 人方案進一步具體化）（9）
行政長官——在 97 年上半年由提名團（在港按職業分組組成）推舉三人為候選人，交中央選定委任。
主要官員——由候任行政長官在 97 年 7 月 1 日前提名，交中央委任。
立法機關——
2/3 在 96 年上半年在港按職業分組產生
1/2 於 97 年上半年由分區直選
5. 林邦莊方案（12）
行政長官——在 97 年中前按基本法在港選舉產生
主要官員——由候任行政長官提名
立法機關——主權移交後，由選舉產生。

IV. 部份依賴港英政府的參與
1. 76 人方案（梁振英委員提出）（5）
行政長官——由大選舉團選出（由基本法起草委員會之下一個工作小組或中英聯合聯絡小組負責大選舉團之組織成份）
主要官員——不詳
立法機關——在 96 年前完成產生
2. 夏文浩方案（4）
行政長官——通過中英聯絡小組的安排，中國於 95 年在港按基本法選出行政長官，並通過中英聯絡小組的安排，由英國委任此人為香港副總督。至 97 年 7 月 1 日，由中國正式任命。

主要官員——97 年 7 月 1 日由長官提名，由中央任命。
立法機關——96 年前按基本法完成產生。
3. 杜葉錫恩方案
行政長官——由中國任命
主要官員——由行政長官提名，中央任命。
立法機關——由 97 年原任之立法機關成員出任
4. 何鍾泰、唐一柱、曹宏威方案（13）
行政長官——由「遴選委員會」（透過中英聯合聯絡小組商議後產生）推選行政長官候選人，再由中英聯合聯絡小組審批，然後交香港市民普選。
主要官員——不詳
立法機關——不詳（在 88 至 91 年立法局選舉的，可以逐步使其組合趨向未來的香港政制）
5. 吳夢珍方案（8）
行政長官——由香港各界代表推薦行政長官（由中國以組織草委及諮委的形式委出各界代表）
主要官員——由香港各界代表推薦
立法機關——由 97 年原任之立法機關成員出任

V. 原則：
1. 不影響英國政府在過渡期內在港之管治權，而中國又不能被指為提早行使主權。
2. 中國不放棄主權。
3. 符合《中英聯合聲明》產生部份：
（1）行政長官在當地通過選舉或協商產生；
（2）主要官員由香港特別行政區行政長官提名，報請中央人民政府任命；
（3）立法機關由選舉產生。
第一屆政府與第二屆政府在結構上或產生程序上應否相同？因現有部份方案建議第一屆政府產生方法不符《中英聯合聲明》，故建議其任期較短，好使草委較易接受。

※

⑮ 1987 年 10 月 31 日至 11 月 2 日《基本法政制專題小組新聞發佈會意見整理》，載於 1987 年 12 月 3 日《基本法諮詢委員會秘書處通訊 62》

（8）關於香港特別行政區第一屆政府的產生，共有六個方案，討論時只採用一個主流方案和一個並列方案，因為委員們對各方案的條文有不同看法，於是決定將六種方案均向起草委員會報告。以下是六種方案的要點：
a. 1997 年以前由人大或中央其他機構委任一個由不少於 50 位香港各界人士組成的顧問團，在當地協商產生行政長官。
b. 香港特別行政區第一屆行政長官候任人選在 1996 年 12 月 1 日在當地按附件所列的辦法協商產生，由中央人民政府承認。第一屆候任行政長官在 1997 年 4 月 1 日前提名第一屆候任行政會議成員，再從當中組成第一屆政府籌備委員會。1997 年 7 月 1 日零時經中央人民政府正式任命後，第一屆行政長官在第一屆行政會議成員的協助下，按基本法規定，宣佈香港特別行政區第一屆政府成立，經中央授權，自全國人民代表大會常務委員會接管香港特別行政區的行政管理權，在第一屆立法機關尚未產生前，由臨時立法機關行使立法權，必要時可制定暫時法律。
c. 基本法起草委員會委託在港的起草委員於當地組成一個委員會。
d. 在 1997 年 7 月 1 日前的適當時候，全國人大設立香港特別行政區籌備委員會，由國內和香港草委組成。第一屆香港特別行政區行政長官由香港各界人士組成的代表組織在當地經協商和選舉產生，報中央人民政府任命。第一屆香港

特區立法機關在香港特區成立後一或兩年內按本法規定選舉產生。在此以前的臨時立法機關也是按產生行政長官的辦法組成。
e. 人大常務委員會委任香港特別行政區第一屆政府籌備委員會，成員包括內地人士和香港永久性居民，香港特區第一屆政府籌委會委託香港委員於當地組織選舉團，成員包括香港特別行政區政府成立前的立法機關代表及區域組織代表等。這代表團必須有廣泛的代表性，名為「香港特別行政區第一屆政府選舉團」，負責擬定選舉程序、協商的方法以及投票選出第一屆行政長官。該選舉團亦負責擬定程序選舉第一屆立法機關。香港特區政府成立前的立法機關成員凡符合本法第四章規定的，均可被選為第一屆立法機關的成員；香港特區政府成立前的政府官員和公務、司法人員凡符合本法的規定的，均可任職於第一屆政府。
f. 人大常務委員會委任香港特別行政區第一屆政府籌備委員會，成員均為香港永久性居民中的中國公民，1996 年底，特別行政區第一屆政府籌委會在香港依照本法主持選舉，以一人一票的方法直接選舉產生候任行政長官，1997 年 7 月 1 日，候任行政長官接受中央人民政府的任命，正式宣誓就職。1997 年 6 月以前的香港立法局議員 7 月 1 日後自動成為特別行政區第一屆立法機關成員，並宣誓效忠香港特別行政區政府，直至任期終止。

※

⑯ 1987 年 11 月 3 日《第一屆特區政府產生方案歸類（第三稿）》

（編者按：本文同第一稿文件⑭，除下列內容外，均同前文。）
III. 完全不需港英政府的參與
5. 錢世年方案（10）—10/10/87
行政長官——第一屆特區行政長官任期兩年，由 1997 年 7 月 1 日至 1999 年 6 月 30 日由第一屆特區政府籌備委員會（由第一屆特區政府顧問委員會、基本法委員會、中英聯合聯絡小組組成）協商提名，由中央人民政府委任。
立法機關——第一屆特區立法機關任期兩年，由 1997 年 10 月 1 日至 1999 年 9 月 30 日，由第一屆特區政府籌備委員會按照基本法規定選舉產生。
主要官員——由第一屆行政長官提名，於 1997 年 7 月由中央人民政府委任（司級官員），其餘公務人員由第一屆行政長官根據《中英聯合聲明》加以委任。

IV. 部份依賴港英政府的參與
3. 吳夢珍方案（8）— 9/10/87
行政長官——由香港各界代表推薦行政長官（由中國以組織草委及諮委的形式委出各界代表），到 97 年 7 月 1 日再由中國正式委任。
主要官員——由香港各界代表推薦，到 97 年 7 月 1 日再由中國正式任命。
立法機關——由 97 年原任之立法機關成員出任。

※

⑰ 政制專責小組《第一屆特區政府的產生專題研究報告》（1987 年 11 月 4 日經執行委員會通過）

【P1】
（編者按：本文同第一稿文件⑬，除下列內容外，均同前文，惟其他內容在本文中被刪除。）
II. 對「第一屆政府產生」的討論是否需要
有認為首屆政府的產生涉及政權的交接，不能單獨由基本法起草委員會決定，應由中英雙方透過外交途徑或由中英

聯合聯絡小組解決。而另有意見認為起草委員會是中方的工作機構，而非決策機構，起草委員會可以工作機構的身份討論這問題，得到結論後才交中國當局，再循外交途徑或聯絡小組討論。

有委員認為討論「第一屆政府產生」這題目肯定是需要的，因基本法結構草案有「第一屆政府產生」這一條文，故不能不討論。

【P10】
III. 各方案
10. 錢世年方案
（7）行政長官——第一屆特區行政長官任期兩年，由1997年7月1日至1999年6月30日，由第一屆特區政府籌備委員會（由第一屆特區政府顧問委員會、基本法委員會、中英聯合聯絡小組組成）協商提名，由中央人民政府委任。

（8）立法機關——第一屆特區立法機關任期兩年，由

1997年10月1日至1999年9月30日，由第一屆特區政府籌備委員會按照基本法規定選舉產生。

（9）主要官員——由第一屆行政長官提名，於1997年7月由中央人民政府委任（司級官員），其餘公務人員由第一屆行政長官根據《中英聯合聲明》加以委任。

※

⑱1987年12月基本法起草委員會秘書處《香港特別行政區基本法（草案）》（匯編稿）

【P66】
第一百七十條 方案二
說明：臨時立法機關在當地按附件所列辦法由選舉團選舉產生。候選人不排除在一九九七年六月三十日卸任的原香港立法局議員。

第二稿

「第一百七十二條　香港特別行政區第一屆政府和立法會議根據體現國家主權，平穩過渡的原則，按照附件三《香港特別行政區第一屆政府和立法會議的產生辦法》的規定成立。

附件三：香港特別行政區第一屆政府和立法會議的產生辦法
方案一：
1. 在一九九六年內，全國人民代表大會設立香港特別行政區籌備委員會，負責籌備成立香港特別行政區的有關事宜，決定產生第一屆政府的具體辦法。籌備委員會由內地和不少於百分之五十的香港委員組成，主任委員和委員由全國人民代表大會常務委員會委任。
2. 香港特別行政區籌備委員會負責籌組『香港特別行政區第一屆政府推選委員會』。
『推選委員會』全部由香港永久性居民組成，必須具有廣泛代表性，成員包括中華人民共和國全國人民代表大會香港地區代表、全國政治協商會議香港地區委員、香港特別行政區成立前曾在香港行政、立法、諮詢機構任職並有實際經驗的人士和各階層界別中具有代表性的人士。
『推選委員會』組成的比例，建議暫定如下：

工商、金融界人士	25%
專業人士	25%
勞工、基層、宗教界人士	25%
原政界人士	20%
人大代表、政協委員	5%

3. 『推選委員會』擬定程序，在當地以協商方式、或協商後提名選舉，推舉第一任行政長官人選，報中央人民政府任命。第一任行政長官的任期與正常任期相同。
4. 第一屆香港特別行政區政府由香港特別行政區行政長官按本法規定負責籌組。
5. 香港特別行政區第一屆（或臨時）立法機關由『推選委員會』選舉產生，原香港立法局議員都可以作為香港特別行政區第一屆（或臨時）立法機關的候選人。
香港特別行政區第一屆（或臨時）立法機關成員的任期為兩年。
6. 香港特別行政區第一任行政長官於一九九七年七月一日宣誓就職。
香港特別行政區第一屆政府和立法機關於一九九七年七月一日同時成立。
方案二：
本條附件內容暫不作規定，經廣泛諮詢和詳加研究後再定。」

〔1988年4月基本法起草委員會秘書處《中華人民共和國香港特別行政區基本法（草案）草稿》〕

①1987年12月《中華人民共和國香港特別行政區基本法起草委員會第六次全體會議委員們對基本法第四、五、六、十章和條文草稿匯編的意見》

【P40-42】
四、關於第十章附則
1. 第一百七十條
（1）第一組的委員討論了六個方案後認為，第一屆政府的產生應遵循三個基本原則，即：平穩過渡原則；變動越小越好；以及主權原則。在此三個原則的基礎上，吸收各個方案的優點，擬出一個適宜的條文。

（2）有些委員指出，本條所列前五個方案有許多相同點，都主張成立一個籌備委員會；在該委員會下成立一個由香港各界人士組成的，有廣泛代表性的選舉團或代表組織，由這個選舉團在香港當地協商或選舉產生行政長官，然後由中央任命；原立法局議員可以作為特別行政區臨時立法機關成員的候選人，等等。建議政制專題小組吸收各方案

的長處，搞一個比較完善的方案。

（3）有些委員提出，第一屆行政長官只能協商產生。

（4）有些委員提出，一九九七年香港特別行政區成立時，立法機關不能空缺，也來不及通過正常方式選舉產生，建議成立臨時立法機關，行使臨時立法權，其制訂的法律須得到第一屆立法機關的追認。有的委員建議，在九七年七月一日前可以做好立法機關選舉的準備，九七年七月一日後的三、四個月即舉行立法機關選舉，立法機關可以暫缺一段時間。

（5）有的委員建議，九七年七月一日時可以通過一種形式上的選舉，將香港原立法局議員全部選進立法機關。但有些委員認為，雖然不排除原立法局議員進入特區的立法機關，但在基本法中規定將原立法局議員全部選為立法機關成員不合適。

（6）第一組多數委員認為，本條所列的第六個方案所提的在一九九七年七月一日以前由香港居民一人一票直接選

舉行政長官，這是辦不到的；另外，一九九七年六月時的香港立法局議員到七月一日自動成為香港特別行政區第一屆立法機關成員，這違背了主權原則，也不符合立法機關由選舉產生的規定。

（7）有些委員提出，用第六個方案的第一段取代第五個方案的第一段（即籌備委員會全部由香港人組成，主任委員由互選產生），而保留第五個方案的其他內容，這樣作為第七個方案交政制小組討論研究。

（8）有些委員認為，基本法是管五十年的，而第一屆特別行政區政府的產生辦法是一次性的，又必須詳細規定，所以作為基本法的附則並不適宜。為此建議將第一屆政府的產生辦法寫進一個附件中，與基本法同時頒佈，並具有同等效力。

※

② 1988 年 4 月 26 日《胡繩副主任委員關於總體工作小組的工作報告》，載於 1988 年 5 月《中華人民共和國香港特別行政區基本法起草委員會第七次全體會議文件匯編》

【P7-10】
（六）屬於「政治體制」章第二節「行政機關」的第六十條現在的條文是「香港特別行政區政府是香港特別行政區行政機關」。原來把行政機關「暫定名」為「行政總署」。總體工作小組經過討論研究後，感到把行政機關稱作行政總署或別的名稱，還不如稱為政府好。這與《中英聯合聲明》中有關規定也是一致的。

（九）基於上述第六點，在屬於「附則」的第一百七十二條中，現寫成「香港特別行政區第一屆政府和立法會議……」，即加上「和立法會議」等幾個字。

（十一）總體工作小組在研究討論後，同意政治體制專題小組所提出的有關行政長官的產生、立法機關的產生、第一屆政府和立法機關的產生的條文；也認為，不把產生辦法寫在條文中而另設附件，並且在附件中列上幾個方案，這樣辦，在目前尚在廣泛徵詢意見的時候是適當的。總體工作小組只對於附件三「第一屆政府和立法會議的產生辦法」在原稿基礎上作了調整。

在政治體制專題小組向起草委員會第六次全體會議提出的基本法條文草稿中，關於「香港特別行政區第一屆政府和立法會議產生辦法」有六個方案。在起草委員會第六次全體會議以後，政制專題小組又將第一至第五方案綜合為一個方案，但仍附錄原來的六個方案，並有一個在六個方案以外的說明。總體工作小組經過討論後決定：
1.將綜合方案作為方案一。
2.將原附件說明作為方案二。內容為：「本附件的內容暫不作規定，經廣泛諮詢和詳加研究後再定。」
3.原附錄中所列的第一到第五方案既已有綜合方案，不再寫上去。
4.原第六方案是對附則中的有關條文和相應的附件提出的另一種建議，所以宜於另作安排，現在擺在「各專題小組的部份委員對本小組所擬條文的意見和建議匯輯」中。

※

③ 1988 年 4 月《總體工作小組所作的條文修改舉要》，載於 1988 年 5 月《中華人民共和國香港特別行政區基本法起草委員會第七次全體會議文件匯編》

【P21-22】
（九）第十章　附則
第一百七十二條（政制小組最後草擬的第一百七十條），將兩處的「第一屆政府」之後加「和立法會議」。

第十章　附件三「香港特別行政區第一屆政府和立法會議的產生辦法」。
關於方案一，這是根據政制專題小組向第六次全體大會提交的報告中的第一至第五方案綜合而成的，原方案為五項，總體小組第三次會議增加了第六項，內容為：
「6.香港特別行政區第一任行政長官於一九九七年七月一日宣誓就職。香港特別行政區第一屆政府和立法機關於一九九七年七月一日同時成立。」
將原附件的說明二作為方案二。內容為：
「本附件的內容暫不作規定，經廣泛諮詢和詳加研究後再定。」
將原附錄中列的五個方案取消，將方案六列入《各專題小組的部份委員對本小組所擬條文的意見和建議匯輯》第十章第一百七十二條。

第三稿

「第一百七十一條　香港特別行政區第一屆政府和立法會議根據體現國家主權，平穩過渡的原則，按照附件三《香港特別行政區第一屆政府和立法會議的產生辦法》的規定成立。

附件三：香港特別行政區第一屆政府和立法會議的產生辦法
1.在一九九六年內，全國人民代表大會設立香港特別行政區籌備委員會，負責籌備成立香港特別行政區的有關事宜，決定產生第一屆政府的具體辦法。籌備委員會由內地和不少於百分之五十的香港委員組成，主任委員和委員由全國人民代表大會常務委員會委任。
2.香港特別行政區籌備委員會負責籌組『香港特別行政區第一屆政府推選委員會』。
『推選委員會』全部由香港永久性居民組成，必須具有廣泛代表性，成員包括中華人民共和國全國人民代表大會香港地區代表、全國政治協商會議香港地區委員、香港特別行政區成立前曾在香港行政、立法、諮詢機構任職並有實際經驗的人士和各階層界別中具有代表性的人士。
『推選委員會』組成的比例，建議暫定如下：

工商、金融界人士	25%
專業人士	25%
勞工、基層、宗教界人士	25%
原政界人士	20%
人大代表、政協委員	5%

3.『推選委員會』擬定程序，在當地以協商方式、或協商後提名選舉，推舉第一任行政長官人選，報中央人民政府任命。第一任行政長官的任期與正常任期相同。
4.第一屆香港特別行政區政府由香港特別行政區行政長官按本法規定負責籌組。
5.香港特別行政區第一屆（或臨時）立法機關由『推選委員會』選舉產生，原香港立法局議員都可以作為香港特別行政區第一屆（或臨時）立法機關的候選人。
香港特別行政區第一屆（或臨時）立法機關成員的任期為兩年。
6.香港特別行政區第一任行政長官於一九九七年七月一日宣誓就職。
香港特別行政區第一屆政府和立法機關於一九九七年七月一日同時成立。」

①《各專題小組的部份委員對本小組所擬條文的意見和建議匯輯》，載於 1988 年 4 月基本法起草委員會《中華人民共和國香港特別行政區基本法（草案）徵求意見稿》

【P60-62】

第一百七十一條　政治體制專題小組提出的其他方案：

（一）有的委員建議，附件三為：

1. 在一九九七年前由中央設立包括港人及國內人士的籌備委員會，再由籌備委員會委任不少於五十人的香港各界人士，組織顧問團，在當地協商產生行政長官，報中央任命。

2. 由行政長官組織行政會議，並提名主要官員，請中央任命。

3. 由行政長官會同行政會議提名，由顧問團選出立法委員成立臨時立法會議。

4. 第一屆政府所有成員，任期均不得超過三年。在三年內必須依照本法，產生常規性政府。

（二）有的委員建議，附件三為：

香港特別行政區第一任行政長官候任人選在一九九六年十二月一日在當地按附件一所列辦法協商產生，經中央人民政府認許後，成為第一屆候任行政長官。

第一屆候任行政長官在一九九七年四月一日前提名第一屆候任行政會議成員人選，成為第一屆候任行政會議成員。

第一屆候任行政長官會同第一屆候任行政會議成員組織「第一屆政府成立籌備委員會」。一九九七年七月一日零時經中央人民政府正式任命後，第一屆行政長官在第一屆行政會議成員的協助下，按本法規定宣佈香港特別行政區第一屆政府成立，在中央授權下，從全國人民代表大會常務委員會接管香港特別行政區的行政管理。第一屆立法機關尚未產生前，臨時立法機關行使臨時立法權，在必要時，可制定暫行法例。

說明：臨時立法機關在當地按附件所列辦法由選舉團選舉產生。候選人不排除在一九九七年六月三十日卸任的原香港立法局議員。

香港特別行政區第一屆政府成立後，六個月內按附件所列辦法舉行第一屆區議會及市政局選舉，十二個月內按附件二所列辦法舉行第一屆立法機關選舉，成立第一屆立法機關。

附件一：由香港各界在當地協商產生第一屆行政長官的程序

基本法公佈後，由全國人大委任不少於五十名委員，組織「基本法實施籌備委員會」。其任務多元化，包括諮詢各界意見後，制定（或由其屬下專責小組制定）「協商程序」草案，交人大審核通過。

一九九五年七月一日，「基本法實施籌備委員會」成員互選不少於十人，組織「協商委員會」，按「協商程序」主持公開協商。「協商委員會」成員本身不能做行政長官候選人，也不能提名或支持任何行政長官候選人。「協商委員會」推動及監督協商的進行，本身必須保持客觀、公正。

一九九六年十二月一日產生第一屆行政長官候選人選，提請中央認許，並在一九九七年七月一日正式任命為行政長官。

附件二：第一屆立法機關選舉辦法

選舉團：二分之一由擁有廣泛代表性的大選舉團選舉產生，其中不少於三分之二應為中國公民。

間選：四分之一由區議會及市政局的議員中屬中國公民者互選產生。

功能組別直選：四分之一按功能組別直接選舉產生（功能組別均按當地法律註冊成為法人，屬中華人民共和國國籍。按功能組別直接選舉產生的立法機關成員，不論其本身屬何國籍，均可借重其所屬之功能組別的中國國籍關係，在任期內行使本應由中國公民享有的公民權）。

（三）有些委員建議，附件三為：

1. 中華人民共和國全國人民代表大會常務委員會委任一個「香港特別行政區第一屆政府籌備委員會」，籌備委員會成員均為中國公民，包括內地居民和香港永久性居民，主任委員由人大常委會之委員擔任。

2.「香港特別行政區第一屆籌備委員會」委託香港委員在香港地區內組織一選舉團，成員包括香港特別行政區成立前之立法機構、區域組織機構代表，以及各法定團體、永久性非法定團體、各階層界別市民的代表。該選舉團必須有廣泛代表性，名為「香港特別行政區第一屆政府選舉團」。

3. 香港特別行政區第一屆政府選舉團負責擬定程序以協商方法或協商提名後，投票選舉第一屆行政長官。

（行政長官的資格、職權等均依照本法第四章規定。）

4. 香港特別行政區第一屆政府選舉團負責擬定程序，選舉第一屆立法機關。在香港特別行政區成立前之立法機構成員，凡符合本法第四章的規定者，均可被選為第一屆立法機關成員。

（立法機關成員的資格、職權等均依照本法第四章規定。）

5. 香港特別行政區成立前之政府官員及公務、司法人員，凡符合本法之規定者，均任職於第一屆政府。

（行政機關之組成及職權，均依照本法第四章規定。）

（四）有的委員建議，第一百七十一條為：

香港特別行政區第一屆政府按照附件「香港特別行政區第一屆政府產生辦法」的規定而成立。據此附件的規定而產生的第一屆行政長官及第一屆立法機關成員猶如是根據本法第四章之規定產生。惟第一屆行政長官之任須於第一屆立法機關成員任期終結後半年結束。

附件：香港特別行政區第一屆政府的產生辦法

1. 在一九九六年內，全國人民代表大會常務委員會委任一個「香港特別行政區第一屆政府籌備委員會」。籌備委員會成員均為香港永久性居民中的中國公民，主任委員由委員會互選產生。

2. 在一九九六年中或年底，第一屆政府籌備委員會在香港依照本法選舉，經普及而直接的選舉產生候任行政長官。一九九七年七月一日，候任行政長官接受中央人民政府的任命，正式宣誓就職。

3. 候任行政長官於一九九七年七月一日前提名香港特別行政區行政機關之各主要官員，報請中央人民政府任命。各主要官員於一九九七年七月一日宣誓就職。

4. 一九九七年六月時的香港立法局議員到了七月一日自動成為香港特別行政區第一屆立法機關成員，至其任期終結為止。除宣誓效忠香港特別行政區等儀式外，不作特別安排。

（五）有些委員建議，第一百七十一條為：

「香港特別行政區第一屆政府以體現中華人民共和國主權及香港平穩過渡為原則之安排下產生」。本條附件的內容暫不作規定，再經廣泛諮詢和詳加研究後決定。

第四稿

「附錄：中華人民共和國全國人民代表大會關於香港特別行政區第一屆政府和立法會產生辦

法的決定（草稿代擬稿）

一、香港特別行政區第一屆政府和立法會根據體現國家主權、平穩過渡的原則產生。

二、在一九九六年內，全國人民代表大會設立香港特別行政區籌備委員會，負責籌備成立香港特別行政區的有關事宜，決定產生第一屆政府的具體辦法。籌備委員會由內地和不少於百分之五十的香港委員組成，主任委員和委員由全國人民代表大會常務委員會委任。

三、香港特別行政區籌備委員會負責籌組香港特別行政區第一屆政府推選委員會（以下簡稱推選委員會）。

推選委員會全部由香港永久性居民組成，必須具有廣泛代表性，成員包括中華人民共和國全國人民代表大會香港地區代表、香港地區全國政協委員的代表、香港特別行政區成立前曾在香港行政、立法、諮詢機構任職並有實際經驗的人士和各階層、界別中具有代表性的人士。

推選委員會由 400 人組成，比例如下：

工商、金融界	25%
專業界	25%
勞工、基層、宗教等	25%
原政界人士、香港地區全國人大代表、香港地區全國政協委員的代表	25%

〔1989 年 2 月《中華人民共和國香港特別行政區基本法（草案）》〕

① 1988 年 5 月基本法諮詢委員會秘書處《基本法（草案）徵求意見稿初步反應報告（草稿）》

【P43】
首屆特區政府
1. 第一屆政府的產生，必須包括體現主權、平穩過渡的原則，同時亦須顧及選舉實務的銜接問題。
2. 在九年的過渡期間，可能會出現各方面的變化，因此，現時列明首屆政府產生方法，也未必理想。
3. 首屆政府應屬臨時性質，負責維持穩定，主持日常行政，但不作新的主要政策或法律決定。

任期
→首屆政府（包括行政長官和立法機關）任期為一年。
產生方法——行政長官
→首屆行政長官應採取選舉的方式產生，以保證他受到港人支持。
產生方法——立法機關
→首屆立法機關可由中央政府委任之前原有立法局成員中符合基本法有關特區立法機關成員資格規定之人士組成，以保證平穩過渡。
產生方法——首屆政府（立法機關和行政長官）
→首屆政府的產生，應考慮到特殊性。香港由英國殖民地變為中國特別行政區，要說明沒有特殊性，那就不「現實」了。但「特殊性」延續到二、三屆（方案四），也無此必要。特殊情況須特殊處理。因此，總的目標雖是普選，但首屆採取協商和推選應該更加合理。因為要照顧到各主要階層的利益，不能完全以人數或票數作為考慮的唯一依據。協商推選或間接選舉，應有人數較多的選舉團，大約500 人至 600 人，一方面略補首屆不普選的不足。同時，到九七後，香港人口估計近六百萬，平均每一萬人有一個選舉團成員也相當適合。

※

② 1988 年 6 月 6 日《政制專責小組 1 與草委交流會會議紀要》

7. 諮委對附件三條文的意見

委員的代表　　　　　25%

四、推選委員會在當地以協商方式、或協商後提名選舉，推舉第一任行政長官人選，報中央人民政府任命。第一任行政長官的任期與正常任期相同。

五、第一屆香港特別行政區政府由香港特別行政區行政長官按香港特別行政區基本法規定負責籌組。

六、香港特別行政區第一屆立法會由 55 人組成，其中：地區性代表人士 15 人，工商、金融界 16 人，專業界 12人，勞工、社會服務、宗教等界 12 人。原香港最後一屆立法局議員凡擁護香港特別行政區基本法、願意效忠香港特別行政區並符合香港特別行政區基本法規定條件者，經香港特別行政區籌備委員會確認，即可成為香港特別行政區第一屆立法會議員；如出現缺額，可由推選委員會進行補缺選舉。

香港特別行政區第一屆立法會議員的任期為兩年。

七、香港特別行政區第一任行政長官和第一屆立法會議員於一九九七年七月一日宣誓就職。

香港特別行政區第一屆政府和立法會於一九九七年七月一日同時成立。」

7.1 有委員建議諮委、草委、政協委員、人大代表可組成籌備委員會，提名三位候選人，由已登記的選民一人一票選出第一屆行政長官。

9. 草委回應
9.4 有委員詢問附件三的籌備委員會是否適用於附件一與附件二，有草委指出為着堅守自治的原則，這委員會只需負責考慮第一屆政府籌組的辦法和程序，提名及投票選舉應屬香港人考慮的問題。在維護國家主權下，港人可提其他方案。

※

③ 1988 年 6 月 6 日《政制專責小組（二）與內地草委交流會會議紀要》

5. 第一屆政府
5.1 有委員詢問為何第一屆政府中立法機關成員的任期為兩年，而行政長官的任期為五年。既然同是臨時性的，行政長官的任期不應是五年，這是太長，可以是三年，待新一屆立法機關產生才落任，作為配合。
5.2 有認為第一屆政府最好是按以後正常時期的產生辦法產生。
5.3 有草委認為第一屆政府的產生是在九七年基本法未生效前產生的，故按正規的產生方法，會有技術上的困難。
5.4 草委指出籌備委員會必須包括內地委員，但也不排除英國合作的可能性。草委還表示，仍然以中國政權安排下進行的選舉為主。

※

④《初步報告——幾個討論焦點（4 月 29 日— 6 月17 日）》（1988 年 7 月 16 日經執行委員會通過）

【P6】
7. 第一屆政府的產生
7.1 討論焦點：
（i）關於第一屆政府的產生，社會上達至的共識是：一

方面要體現中國的主權，另一方面又要爭取香港的平穩過渡。主要問題在九七年前，香港仍在英國的管治下，為體現中國主權，籌組香港特區第一屆政府對兩國政府的關係會造成怎樣的影響？而兩個原則是否有衝突？有衝突時又以哪一個原則為重？

（ii）為了安定及連續性第一屆特區政府有需要在九七年前組成，所以有意見認為這組成辦法無可避免地與日後的政府產生辦法有所分別；但亦有意見認為兩者的產生辦法應該是一樣的，不能有分別。這技術上是否可行，有待澄清。

（iii）關於徵求意見稿內處理第一屆政府產生辦法的方案，現有一些建議，都涉及九七年七月一日前，在英國仍然管治下的香港，進行一些憲制政治活動，這引起了一個基本的問題，就是在一個國家的法律內能否規定，另一個國家的政府給予合作，這法理的問題，尚待進一步探討。

7.2 有待解決的問題：

（i）中國政府如何能在九七年前在香港根據其法律──基本法，安排第一屆特區政府的組成這純屬中國內政的事務，而不影響當時英國對香港的管治權，及兩國政府的關係？

（ii）如英國在這安排上有參與權，是什麼性質的？如純屬技術上的協助，會否影響中國主權的體現？

（iii）他國政府的配合，能否以中國法律規定之？如果不是立法的問題，這又是否基本法能解決的問題？

※

⑤ 1988 年 8 月基本法起草委員會秘書處《香港各界人士對〈香港特別行政區基本法（草案）徵求意見稿〉的意見匯集（一）》

【P60-61】

關於附件三：第一屆政府和立法會議的產生辦法

1. 贊成第一屆行政長官由協商產生。第一屆的產生辦法，不宜獨立存在；首屆應是看守內閣，任期一年。

2. 第一任行政長官由中央委任。

3.（1）特別行政區的第一次選民登記，包括職業分組及地區的劃分，通過中英聯合聯絡小組的安排，在英國政府協助下，於一九九七年之前完成。

（2）第一任行政長官候選人提名團於一九九七年之前產生。提名團擬定行政長官候選人名單後，交中央政府從中選定任命。第一任行政長官任期為四年，獲連選可連任一屆。由第二任開始，每一任行政長官候選人提名團在上一任行政長官任期的第二年內選舉，並提出行政長官候選人名單。

（3）第一任立法機關議員於一九九七年選舉產生。職業分組選舉的議員，任期兩年。地區選舉的議員，任期四年。由第二任開始，立法機關所有的議員任期均為四年。職業分組選舉與行政長官提名團選舉年份相同，地區選舉與行政長官全民投票選舉年份相同。

附錄：具體建議

1995 年初，「香港特別行政區第一屆政府籌備委員會」成立。

1995 年底，頒佈由籌備委員會擬定、全國人大常委會通過的《選舉法》。

1996 年初，籌備委員會透過中英聯合聯絡小組取得英國政府協助，在香港進行選民登記。

1996 年中，選舉產生第一屆行政長官推選委員會及第一屆立法機關。

1997 年初，行政長官推選委員會推選第一任行政長官，報中央人民政府任命。

※

⑥ 1988 年 8 月 26 日基本法諮詢委員會秘書處討論

文件（二）《跟進問題（1）（第九、十六、十七、十八、二十二、一百六十九條及附件三）》

【P3】

7. 附件三：

7.2 問題

（編者按：本文同第四稿文件④第 7.2 點，除下列內容外，均同前文。）

iv）基本法就這問題應否有頗為詳盡的規定？

※

⑦《基本法諮詢委員會政制專責小組對基本法（草案）徵求意見稿第四章的意見匯編》，載於 1988 年 10 月基本法諮詢委員會《中華人民共和國香港特別行政區基本法（草案）徵求意見稿諮詢報告（1）》

【P105-106】

2. 有關專題討論

2.8 第一屆政府

2.8.1 有委員認為，應界定第一屆政府中，立法機關成員的任期為兩年，而行政長官的任期為五年的原因。既然同是臨時性的，行政長官的任期為五年太長，可以是三年，待新一屆立法機關產生才落任，作為配合。

2.8.2 有委員認為，第一屆政府最好是按以後正常時期的產生辦法產生。

2.8.3 有委員指出，香港人希望第一屆政府的產生方法應與後數屆相同。

2.8.4 有委員贊成「直通車方案」，因香港人對此方案有平穩過渡及不機械化之共識。

2.8.5 有委員建議一九九六年應做好選民登記及選舉宣傳工作，一九九七年初便可根據基本法選出立法機關及行政長官。

2.8.6 有委員認為，「直通車方案」有違《中英聯合聲明》。

2.8.7 有委員建議諮委、草委、政協委員、人大代表可組成籌備委員會，提名三位候選人，由已登記的選民一人一票選出第一屆行政長官。

2.9 方案調和

2.9.1 有委員指出，協調重要，但不能背棄民主政制原則。

2.9.2 有委員認為，各方案有共通目標，即令香港民主化及市民盡量參與政治；不共通者在於各方案實施之時間性問題。

2.9.3 有委員認為，香港人所接受之協調方案未知內地草委會否接受，只有草委接受才可令港人有信心在互諒互讓情況下商量出「協調方案」。

2.9.4 有委員提議將「三十八人方案」及「查良鏞方案」調和成一方案。

2.9.5 有些委員大致同意「查良鏞方案」，但對行政長官的提名方案有所保留。

2.9.6 有委員建議將每一個香港市民納入一個職業組別或功能團體，既可達到「工商專業界諮委方案」之目的，也可體驗「一九零方案」之民主。

2.9.7 有委員指出，適用於一九九七年的方案未必在九七年後五十年適用。

2.10 時間表方案

2.10.1 有委員認為一九九七年並非政制改革的盡頭，一九九七年後政制仍可邁進，「時間表方案」正符合這原則。

2.10.2 有委員認為，方案的觀點（朝向政制民主化）可接受，但達到目的要有合理方法。

2.10.3 有委員贊成將功能組別選舉逐步擴大，並由間選

過渡到直選。

2.10.4 有些委員認為，只要指標朝向民主化，時間機制無需寫得太硬。

2.10.5 有些委員建議一九九七年以大選舉團方式選舉行政長官。一九九七年以後，當立法機關選舉投票人數達到具資格選民數目一半時，市民的政治參與慾望及社會政治條件便告成熟，可經由一人一票方式選舉行政長官。但是當第一次出現這項「引發點」時，採用一人一票方式選舉行政長官的決定，需由立法局三分之二成員通過及行政長官同意而不加否決。即使一人一票直接選舉行政長官在第一次「引發點」出現時未獲立法局或行政長官通過，在第二次出現「引發點」時，一人一票選舉行政長官的方式，將自動實施。

2.10.6 有委員指出，民主化過程及速度難以預計，所以考慮民主起步時應洞悉香港公民教育及民主化的發展，而不應受制於現有環境。

※

⑧《香港特別行政區第一屆政府的產生辦法》，載於 1988 年 10 月基本法諮詢委員會《中華人民共和國香港特別行政區基本法（草案）徵求意見稿諮詢報告（3）——專題報告》

【P79-90】

1. 前言

1.1 中國政府將在一九九七年七月一日恢復對香港行使主權，香港將成為中央人民政府轄下的特別行政區，實行高度自治，港人治港。隨着政治地位的改變，香港不少制度都要作相應的更改，其中包括影響深遠的政治制度。

1.2 一九九七年香港將由原來的殖民地政府轉變為特別行政區政府，有關香港特別行政區第一屆政府的成立牽涉範圍廣泛，其中包括香港的主權和治權的交接問題，中英兩國政府在過渡時期的作用，政府的性質等問題，均有待解決。

1.3 本報告主要羅列並分析在徵求意見稿諮詢期間，香港各界人士有關對第一屆政府產生的各種不同意見，其中包括「推選委員會」方式、「直通車」方式，和其他建議。

2. 第一屆政府產生過程中的主要問題

2.1 權力交接

2.1.1 在《中英聯合聲明》中，中華人民共和國政府聲明：「中華人民共和國政府決定於一九九七年七月一日對香港恢復行使主權。」而聯合王國政府（編者按：聯合王國政府指英國政府）亦聲明：「聯合王國政府於一九九七年七月一日將香港交還給中華人民共和國。」因此，權力的交接是英國首先將香港交還給中國政府，而中國政府恢復對香港行使主權後，為了維護國家的統一和領土完整，並考慮到香港的歷史和現實情況，根據中國憲法第三十一條的規定，設立香港特別行政區，然後再根據《中英聯合聲明》中宣稱對香港的基本方針政策，給予香港特別行政區高度自治權，使香港享有行政管理權、立法權、獨立的司法權和終審權。

2.1.2 一般人對上述權力交接原則，沒有異議。但有意見認為，在權力移交過程中，中國對香港恢復行使主權，已經是主權最大的體現，因此不需要再強調權力交接必須經英國到中國，再由中國將高度自治權賦予香港，可以由英國在形式上將香港交還中國後，亦同時將管治權交給香港人，免去當中繁複的形式，亦減少中國從中干預香港的機會，以穩定香港人的信心。

2.2 中央人民政府的作用

2.2.1 在第一屆政府的產生過程中，中央人民政府起着怎樣的作用，是作主持、協助，還只是形式上的參與，這是一個值得關注的問題。

2.2.2 強調要體現中國主權的意見認為，中國對第一屆香港特別行政區政府的籌組必須要當主持的角色，比如第一屆特別行政區政府的籌備委員會要由人大設立，並由中國的主要官員當主任和其他重要職位。因為香港特別行政區是根據一國兩制而設立的，故在其組成的過程，就應該由中央人民政府主持，具體的工作也應有香港人的積極參與。

2.2.3 有意見認為，為了平穩過渡，香港特別行政區政府可以承接一九九七年前的香港政府，原立法局成員可以自動成為特別行政區第一屆政府立法會議的成員，以減少變動。

2.2.4 但提出體現主權論點的意見則認為，這是不合法理的。在一外國政府管理下產生的政治機構，不可能自動轉為中國主權下的特別行政區政府組成部份。這些前政府的成員，應通過實質性的程序，才能成為第一屆政府的成員。第一屆政府的成立是中國的內政，中國不能容許外國參與籌組事宜，縱然兩國基於友好關係和順利過渡的原則，互相協作，亦必需是基於中國的邀請。因此，提出一九九七年前立法局議員自動成為特別行政區立法機關成員的建議是不可行的，因為目前的立法局議員是港英政府選出來的。

2.2.5 有意見認為，中國政府根據《中英聯合聲明》在一九九七年七月一日後恢復在香港行使主權，已經是主權的最大體現，而第一屆政府產生的各項具體事務，就不應再每每強調主權。因此中央人民政府不應堅持第一屆立法會議要經由中國主持的選舉產生，反對一九九七年六月三十日在任的立法局議員自動直接轉變成特別行政區立法委員。事實上，縱使一九九七年七月一日前後的立法委員一成不變地過渡，他們亦會在主權移交時重新宣誓效忠中國政府，這已體現了中國的主權。

2.3 第一屆政府的性質

2.3.1 第一屆政府因為是由「港英治港」到「港人治港」的過渡期政府，它所有的組織和籌備工作均在一九九七年六月三十日前進行，由於仍在英國管治下，其產生方法和組成有別於一九九七年七月一日後在中國主權下產生的特別行政區政府，故只適宜作臨時政府，其主要任務是從英國方面順利接管香港，及在接管後盡快產生正常的特別行政區政府。它負責香港的穩定過渡，繼續推展日常工作，但不作重大決定和改變，因此，第一屆政府任期不應太長，最好是一年至兩年。

2.3.2 從另一方面看，在香港一九九七年轉接期間有過多的變動（包括選舉）是不恰當的，因此，與其在一九九七年七月一日成立臨時政府，然後再在短期內重選正式政府，不如在構思第一屆政府的組成時，盡量找出一個完善而日後可依循的方案。若第一屆政府是由完善的選舉方式產生，選出的官員自然可以擔當正式政府的工作，因此不需要短期內重選，否則會擾亂社會正常而平穩的運作，不利社會發展。同時，以特別措施組成臨時政府，也可能違反《中英聯合聲明》有關行政長官由協商或選舉產生、立法機關由選舉產生的規定。

2.4 第一屆政府的任期

2.4.1 根據徵求意見稿附件三「香港特別行政區第一屆政府和立法會議的產生辦法」，「第一任行政長官的任期與正常任期相同」。第四十六條亦規定：「香港特別行政區行政長官每屆任期五年，可連任一次。」附件三亦提到「香港特別行政區第一屆（或臨時）立法機關成員的任期為兩年。」

2.4.2 根據現有的規定，第一屆行政長官任期為五年，立法機關成員的任期是兩年。兩者任期並不相同，而行政長官任期明顯比立法機關成員長，甚至橫跨兩屆立法機關的選舉。對第一屆政府任期的討論，涉及對此政府性質的不

同建議。

2.4.3 根據附件三，第一屆行政長官和立法機關所扮演的角色並不相同。行政長官擔當的是正常行政長官的角色，故任期較長，但立法機關是臨時性的，旨在順利過渡，以期盡快產生第二屆立法機關。

2.4.4 有意見認為，第一屆政府（包括行政長官和立法機關）是臨時性的，其任期應該只是一至兩年。第一屆政府的主要工作是負責過渡的安排，不作任何重大的決定，故附件三的建議不恰當。因為行政長官任期過長，有違臨時政府的構思，而且行政長官五年任期會跨越兩任立法會議，強化行政長官的權力，影響立法會議的產生。除非行政長官任內有重大過失，否則他將可連任，長期控制政府，對社會極為不利。

2.4.5 有意見認為，第一屆政府應是正式政府，它的任期與日後各屆政府不應有分別。

3. 有關第一屆政府產生的基本原則

3.1 符合《中英聯合聲明》

3.1.1 有意見認為，《中英聯合聲明》雖然沒有條文明確提及第一屆政府，但第一屆政府作為特別行政區政府的一部份，必須符合《中英聯合聲明》中有關政制的規定。

3.1.2《中英聯合聲明》中有關特別行政區政府的條文有第四條：「香港特別行政區政府由當地人組成。行政長官在當地通過選舉或協商產生，由中央人民政府任命。主要官員由香港特別行政區行政長官提名，報中央人民政府任命。」附件一第一節亦有關於香港政府運作的具體說明：「香港特別行政區政府和立法機關由當地人組成。香港特別行政區行政長官在當地通過選舉或協商產生，由中央人民政府任命。香港特別行政區政府的主要官員（相當於「司」級官員）由香港特別行政區行政長官提名，報請中央人民政府任命。香港特別行政區立法機關由選舉產生。行政機關必須遵守法律，對立法機關負責。」這些具體方針政策，是組織第一屆政府時必須要依據的。

3.2 平穩過渡

有意見認為，香港由殖民地轉變為特別行政區，很多制度都需要更改，但為了保持社會穩定，所有改變都必須平穩而具連續性。但如何達致平穩過渡，各人有不同理解。立法機關在一九九七年七月一日不經任何選舉，所有立法局成員自動變為特別行政區立法機關成員，可以是平穩過渡的做法。亦有反對意見認為，安排妥善的選舉並不會影響民心，破壞穩定。

3.3 體現主權

《中英聯合聲明》中列明：「中華人民共和國政府決定於一九九七年七月一日對香港恢復行使主權。」中國恢復在香港行使主權是一件重要的事實，香港將因為其政治地位的改變而引起種種的社會改變，無可避免地反映中國擁有香港的主權的事實。但對於怎樣安排才算體現主權，則有不同意見。有意見認為，由中國主持成立第一屆特別行政區政府籌委會，並由中方主要官員當主任，這是主權體現的方式。但亦有意見認為，一九九七年七月一日前的立法局議員在自動過渡為特別行政區立法機關成員時，宣誓效忠中國政府，亦已經能體現中國的主權。

3.4 合乎法理

要保證第一屆政府能在一九九七年七月一日成立，有關籌備工作無可避免要在七月一日前，當英國仍統治香港時進行。當時，香港實行的仍是現有的香港法律，而基本法在香港仍未有合法地位。因此必須考慮在七月一日前怎樣依據基本法產生第一屆政府才不違法理。

4. 有關產生第一屆政府的建議

就第一屆特別行政區政府的產生方法，有三類主要的建議：

（1）「推選委員會」方式；

（2）「直通車」方式；

（3）其他。

4.1「推選委員會」方案

4.1.1 方案的要點

4.1.1.1 此方案建議一九九七年前一至兩年內，由全國人大設立籌備委員會，負責統籌第一屆政府的產生工作。該委員會包括內地和香港成員。籌備委員會再籌組由香港各界人士組成的「推選委員會」。對此委員會的組成有不同意見。有建議包括工商金融界、專業人士、勞工基層，以及原政界人士。推選委員會以協商、協商後提名選舉、或其他方法產生第一屆行政長官，然後報中央人民政府任命。行政長官選出後，依法籌組第一屆政府。

4.1.1.2 在某些建議中，推選委員會亦負責選出第一屆立法機關成員。原立法局議員可作候選人，並不保證可以連任。但在另一些建議中，推選委員會只負責推選行政長官，立法機關另由選舉團或其他選舉方法產生。

4.1.1.3 這建議的討論焦點是「推選委員會」的產生、組成和運作。在此委員會的產生過程中，中央人民政府的控制有多大；其組成是否有足夠代表性；以及經由協商還是普選產生行政長官和立法機關等問題，均影響各方面對此方案的評價。

4.1.2 方案的類別

（1）「推選委員會」同時統籌行政長官和立法機關的產生；

（2）「推選委員會」只負責推選行政長官，立法機關另由選舉團和其他選舉方法產生；

（3）「推選委員會」只負責推選行政長官。

4.1.3「推選委員會」同時統籌行政長官和立法機關的產生

4.1.3.1 查良鏞方案（見基本法（草案）徵求意見稿附件三中的方案）

4.1.3.2 對查良鏞方案「推選委員會」組成的不同建議：

（1）新方案（一）

工商、金融界人士	15%
專業人士	25%
勞工、基層、宗教界人士	25%
原政界人士	30%
人大代表、政協委員	5%

（2）新方案（二）

工商、金融界人士	30%
專業人士	30%
勞工、基層、宗教界人士	30%
原政界人士	5%
人大政協委員	5%

（3）新方案（三）

工商金融界	33%
專業人士	33%
勞工、基層及宗教組織	33%
人大代表、政協委員	1%

（4）新方案（四）

推選委員會中應加入

新界各鄉事會	15%
小巴行業團體	15%

（5）新方案（五）

工商金融團體	30%
專業團體	30%
勞工團體	10%
宗教社會及慈善服務機關	15%
街坊組織、小販團體	15%

4.1.3.3 基本法（草案）徵求意見稿中「各專題小組的部份委員對本小組所擬條文的意見和建議匯輯」的方案（一）及方案（三）。兩個方案的差別是方案（一）建議由「顧問團」產生行政長官，而行政長官和行政會議亦可

參與選出立法會議，但就「顧問團」的組成，卻沒有具體建議。

4.1.3.4 其他建議

（1）新方案（六）

（甲）第一及第二屆行政長官由一個有廣泛代表性的「選舉委員會」選舉產生。選舉委員會的成員約為三百人，其組成比例大致如下：

工商界、金融界代表	20%
專業界代表	20%
勞工界代表	15%
基層界別代表	10%
立法會議全體成員	20%
區議會、市政局、區域市政局代表	10%
香港區全國人大代表、政協委員的代表	5%

（乙）「選舉委員會」的功能組別代表分別由一人一票或一會一票的方式選舉產生。各區議會、市政局及區域市政局的代表以及香港區全國人大代表、政協委員的代表以互選方式選舉產生，立法局（會議）成員自動成為選舉委員會委員。

（丙）凡得到十名選舉委員會的成員提名，均可成為行政長官候選人。候選人必須獲得半數票以上，才能當選為行政長官。如首輪投票無人獲得超過半數票支持，則採取淘汰獲票數最少的一名候選人的方式，再進行第二輪投票，直至選出獲得半數以上支持的候選人為止。選舉委員會選舉產生的行政長官人選報請中央人民政府任命。

（丁）第一屆選舉委員會由香港特別行政區籌備委員負責籌組。籌備委員會於一九九六年內由全國人民代表大會通過成立。籌備委員會由內地和不少於百分之五十的香港委員組成，主任委員和委員由全國人民代表大會常務委員會委任。籌備委員會負責籌備成立香港特別行政區的有關事宜。

（戊）第一屆立法會議的產生方法

一九九七年七月一日前的最後一屆的立法局議員可全部自動成為特別行政區第一屆立法會議議員的候選人，在上述的「香港特別行政區籌備委員會」的主持下，經過上述的「選舉委員會」選舉產生，任期兩年。

（2）新方案（七）

（甲）在一九九六年內，全國人民代表大會設立香港特別行政區籌備委員會，負責籌備「看守政府」的具體辦法。籌備委員會由內地和不少於百分之五十的香港委員組成，主任委員由全國人民代表大會常務委員會委任。

（乙）香港特別行政區籌備委員會負責籌組「香港特別行政區看守政府推選委員會」。由推選委員會協商或選舉產生「看守政府行政長官」，報中央人民政府任命，以及選舉立法會議成員，於一九九七年七月一日履職，任期限於一年內，至第一屆香港特別行政區政府產生後離任。「看守政府行政長官」可任命行政會議成員和「看守政府」主要官員。在這方面籌備委員會可提出建議供「看守政府行政長官」考慮。而「看守政府」應按照基本法的規定，舉行協商或選舉產生第一屆正式的行政長官及正式的立法機關。在完成這些任務後，「看守政府」便應解散，香港特別行政區政府正式成立，開始執政。

（丙）「推選委員會」的組成及人數比例

總人數為二百人

勞工、公務員、宗教、社會服務團體	20%（40人）
政見、慈善、鄉事、漁農、街坊小販團體	20%（40人）
工商團體	20%（40人）
專業團體	20%（40人）
立法機關成員	10%（20人）
區域組織成員	6%（12人）
人大、政協代表	4%（8人）

（丁）香港特別行政區第一屆政府，應於一九九七年七月一日至一九九八年六月卅日內產生。香港特別行政區「看守政府」的立法機關由推選委員會協商產生，原香港立法局議員，可以作為看守政府立法機關的考慮候選人。

4.1.4「推選委員會」只負責推選行政長官，立法機關另由選舉團或其他選舉方法產生

此類方案的建議，見基本法（草案）徵求意見稿中「各專題小組的部份委員對本小組所擬條文的意見和建議匯輯」的方案（二）。

4.1.5「推選委員會」只負責推選行政長官

這類建議沒有整體討論第一屆政府的產生，只提議行政長官應由「推選委員會」（或類似的組織）產生，但對「推選委員會」的組成有不同意見：

（1）新方案（八）

第一屆的行政長官由顧問團協商產生，顧問團由功能組別選出代表組成，功能組別包括工商、金融、專業、勞工、社會及慈善、宗教、商販、區域、人大代表、政協委員等組成，其所佔比例以其從業人口在全港各行業總人口中的比率分攤計算，顧問團人數由最少五百——最多一千人組成，各功能組別最少有一人。

（2）新方案（九）

由基本法全體起草委員、全體諮詢委員及其他未有代表入草委、諮委之代表、區議會代表、香港人大政協代表及專業人士代表組成一個「香港特別行政區第一屆政府籌備委員會」，負責籌備一個「行政長官提名及改選委員會」，其中包括工商、商業、金融、旅遊、交通事業、地產建築代表30%，專業團體代表15%，社團宗教醫藥慈善機構代表10%，區議會代表10%，街坊會及小販團體代表10%，勞工漁農團體代表7%，行政立法局代表5%，鄉議局代表5%，教育文化機構代表5%，香港人大政協代表3%，負責提名三位行政長官候選人，再由全港登記選民一人一票從三位候選人中選出行政長官。

（3）新方案（十）

第一、第二屆行政長官由一個有各階層代表，約三百人組成的「選舉委員會」選舉產生。「選舉委員會」的比例如下：工商、金融界代表20%，專業人士代表20%，立法機關成員20%，勞工界代表50%，基層代表10%及人大、政協代表5%。凡得到十名選舉委員提名，均可成為行政長官候選人，候選人必須獲得過半數才能當選為行政長官。當選後報中央人民政府任命。第一行政長官應於一九九七年三月之前產生，任期為三年。

（4）新方案（十一）

（甲）由國務院授權港澳辦公室負責籌組成立香港特別行政區第一屆政府的工作。設香港特別行政區第一屆政府籌組成立委員會，委員人選從草委、諮委、人大、政協、法律界、教育界、工商界、漁農界、勞工界、專業人士、社會團體、慈善團體、婦女團體中物色，以具有永久性居民的中國公民身份為符合條件。委員會成員以九十五人為限。功能團體物色成員三十人，每十萬人居住地區物色成員六十五人。成員不能為行政長官候選人。委員會最主要的工作，是協商及推薦行政長官候選人，報中央人民政府審核。

（乙）採用直選和間選兩種選舉方式：

（i）直選：依照目前十九個地方行政地區，以十萬人為一個選區，辦理選舉事務。其投票總數佔比率60%。

（ii）間選：立法會議議員每人可投一票；區域組織議員（包括市政局及區域市政局）每人可投一票；區議會議員每人可投一票。三層架構議員的投票總數佔20%。

（iii）間選：各功能團體不論大小，以單位計，可投一票。其投票總數佔比率20%。

（說明：每人只限參加一種選舉，建議採用強制性投票，選民必須具有戶籍證。不參加投票者，到期不予換發戶籍證。立法機關選舉，亦採用強制性投票。）

4.1.6 對「推選委員會」方案的批評意見

4.1.6.1 反對意見

（1）違背《中英聯合聲明》

籌備委員會和推選委員會（或在其他建議中性質類似而名稱不同的組織）的成員大都由中方直接或間接委任，而這些組織對第一屆政府的產生有重大影響，因此中方可以控制第一屆政府的產生，影響香港人的高度自治，也違背《中英聯合聲明》的精神。

（2）違反民主原則

籌備委員會和推選委員會只由一小撮人組成，但他們可以選出第一屆政府和立法議員，直接影響香港整個政府結構，權力過大。這剝奪了其他市民參加投票選舉的基本權利，違反民主原則。這樣選出來的行政長官和立法議員亦將得不到市民的信任，影響社會團結。

（3）不利平穩過渡

第一屆行政長官和立法機關同時於一九九七年七月一日宣誓成立，這兩個重要的政府架構同時更換，將會引起社會動盪。

（4）變成另一權力中心

由於推選委員會直接影響行政長官和立法會議的產生，希望一九九七年後成為行政長官或立法機關成員的人，都會盡量爭取推選委員會成員的支持，故推選委員會將變成過渡期一個有影響力的權力中心。

（5）第一屆政府不民主，以後的政府亦不民主

推選委員會制度本身極不民主，由它主持第一屆政府的產生，將會產生一個不民主的政府。第一屆政府對以後各屆政府的組成和產生，有極重要的影響。若第一屆政府由不民主的大選舉團產生，將會影響日後政府朝不民主方向發展。

4.1.6.2 贊成的意見

（1）「推選委員會」選舉方法可行

推選委員會成員包括各界人士，因此選舉時不會出現偏私的情況，而且所有成員都是各界富有經驗和代表性的人士，故推選出來的行政長官和立法議員必將受各界人士支持。

（2）容許中央人民政府參與

雖然《中英聯合聲明》允許香港高度自治，但若在選舉過程中容許中央人民政府參與，可保證選出來的政府為中方接受，有利於建立和諧關係。而且，中央人民政府的參與只是委任部份籌備委員會成員，未足以控制第一屆政府的產生，大部份仍然是由香港人作決定的。

（3）體現中國主權

中國擁有香港的主權，故在第一屆政府的產生過程中，必須體現中國的主權。而「推選委員會」是在中國官員主持下設立的，顯示中國在第一屆特別行政區政府的產生佔重要的角色，可以體現中國的主權。

4.2「直通車」方案

4.2.1 方案的要點

（1）「直通車」方案主要是關於立法機關的產生。方案建議一九九七年六月三十日在任的立法局議員在七月一日自動成為特別行政區第一屆立法機關成員，期間不需要重新選舉，只要形式上宣誓效忠香港特別行政區政府。

（2）一般而言，建議立法機關由「直通車」產生的方案，都贊同行政長官由較開放、較民主的選舉方式產生，比如由全為香港永久性居民組成的統籌委員會統籌有關事務，再經一人一票選出行政長官，由中央人民政府任命。

4.2.2 這類方案包括

（1）基本法（草案）徵求意見稿中「各專題小組的部份委員對本小組所擬條文的意見和建議匯輯」的「方案四」

（2）新方案（十二）

於一九九六年初由人大常委會委任一個名為「香港特別行政區第一屆政府籌委會」，其成員均為香港中國公民。一九九六年底，籌委會在香港進行全港性普及而直接的選舉，產生候任行政長官。一九九七年初，籌委會報請中央人民政府任命候任行政長官。候任行政長官於一九九七年

七月一日前提名香港特別行政區行政機關及行政會議之各主要官員及議員，報請中央人民政府任命。上述官員及議員於一九九七年七月一日宣誓就職。一九九七年七月一日前在任的立法局議員到七月一日自動過渡為特別行政區的立法機關成員，並於七月一日宣誓就職。

（3）新方案（十三）

（甲）在主權移交前一年（一九九六年），中國政府在英國同意下派出機構，在香港主持選舉工作。提名方面，中國政府可邀請當屆的香港立法局議員，以個人身份組成委員會，首任行政長官需由不少於十分之一的提名委員會委員提名。首任行政長官須由全港性的普及而直接的選舉產生。

（乙）首任行政長官在一九九七年七月一日正式就職，任期一年。首任行政長官經中央人民政府任命後，行使所有由英國政府接收的權力和基本法的其他權力。其主要任務除維持原有的各項正常政府運作外，是按照基本法規定安排產生正常任期的行政長官和立法機關。在一九九七年七月一日前，他可運用候任身份，參與中國政府進行的從英國接收主權及有關事宜，首任行政長官於就任後向中央人民政府提名其任內行政機關各主要官員，報請中央人民政府任命。

（丙）中國政府在主權移交後可委任原有香港立法局議員中符合基本法有關特別行政區立法機關成員資格規定的人士，組成臨時看守性質的第一屆特別行政區立法機關，負責監察首任行政長官的施政工作，處理在正常任期的特別行政區事務。司法機關方面，首任行政長官可委任原有的香港首席按察司為特別行政區首任終審法院首席法官，維持原有司法體制，待正常任期的行政長官上任後，始考慮長遠的司法任命事宜。

（4）新方案（十四）

一九九七年前英國管治下最後一屆立法局的民選議員（包括直選、間選產生的），以「直通車」方式成為第一屆特別行政區立法機關成員。名額不足部份，徵得英方同意，由中方派員或由中方委任的機構（例如顧問團、籌備委員會之類）主持，在一九九七年初或一九九六年底進行補選，歡迎委任成員參加競選。選舉方式照徵求意見稿附件二的規定進行。

4.2.3 對「直通車」方案的不同建議

4.2.3.1 反對的建議

（1）不能體現中國主權

一九九七年七月一日前由殖民地政府委任的立法局議員於七月一日後自動成為第一屆特別行政區立法機關議員，中國政府在整個過渡期不能有任何控制權，是漠視中國的主權的，而且一九九七年七月一日，香港由殖民地變為特別行政區，必須有更具體的行動體現中國的主權，不能只換一塊招牌這麼簡單。

（2）選舉未必影響過渡

現有的各政制方案，對立法機關的產生，都建議不同程度的選舉，「直通車」方案不能體現這精神。再者，一九九七年七月一日有小部分立法機關成員有更改，未必會造成紛擾，更可能因加入新血而改善工作。

（3）市民會選賢與能

若市民認為某立法議員的政績良好，縱使一九九七年七月一日要重新進行選舉，市民會再支持他，不必靠「直通車」的方式連任。

4.2.3.2 贊成的意見

（1）保障平穩過渡

一九九七年七月一日前在任的立法局議員自動成為第一屆立法機關的成員，免卻選舉，減少過渡期的轉變，有利於社會平穩過渡。

（2）不應過份強調主權

主權只是形式的東西，最主要是選出適合香港的立法機關議員，故不應為體現主權而堅持進行選舉；況且，

一九九七年七月一日續任的原立法局議員，仍需宣誓效忠特別行政區，亦算體現了中國的主權。

（3）直選不適宜香港

香港人對政治向來既不熱心，也不熟悉，不應該在一九九七年立刻強調全民參與選舉，第一屆政府是由殖民地政府轉作特別行政區政府的轉振期，尤其不適宜作過份冒險，以免出現不能控制的局面。

4.3 其他方案

（1）基本法（草案）徵求意見稿中「各專題小組的部份委員對本小組所擬條文的意見和建議匯輯」的「方案五」建議，基本法附件暫時對第一屆政府的產生不作規定，再經廣泛諮詢後才定斷。

（2）新方案（十五）

第一屆行政長官由人大代表及政協委員提名，由中央人民政府任命。

（3）新方案（十六）

第一、二屆行政長官應由公務員擔任，再透過選舉方法，使主要部門的官員仍然擔任立法會議的成員。

（4）新方案（十七）

（甲）在一九九七年七月一日中國派遣官員從英國政府接收香港，即時從原有政府官員中委任適當人選為臨時或署理行政長官，委任辦法為：按香港現行出任署理港督人選次序，如果屆時有中國籍司級官員，即委任為臨時或署理行政長官。如果沒有中國籍司級官員，則依同樣次序，選其中國籍副手。任期為三個月或至第一屆行政長官選出為止，但不得超過六個月。

（乙）新任臨時或署理行政長官延長凡未有因抵觸國籍法而退出之原有立法局議員任期不超過六個月，已退出之立法局議員空缺，亦由事先協商獲得之適當人選，由行政長官予以委任填補該等空缺，任期亦不超過六個月。在六個月內，應選出及委任第一屆立法會議全部成員。

（5）新方案（十八）

在一九九六年，立法局舉行英國統治下的最後一次選舉，並採用基本法內立法會議產生的辦法進行。一九九七年七月一日，這批議員宣誓成為特別行政區第一屆立法議會成員，任期一年。香港特別行政區第一屆立法議員提名及選出第一任行政長官候任人，提請中央人民政府任命，從一九九七年七月一日起，任期兩年。

（6）新方案（十九）

一九九七年七月一日成立「香港臨時管理委員會」，成員包括六名或九名本港中國公民，其中一名為主任（可暫代首長），全部由中央人民政府委任。以兩或三人一組分別管理政務、財務、司法，直至第一屆政府成立止（該委員會不干涉選舉，只以人力協助；委員可以個人名義參選）。在一年內選出立法機關議員及行政長官。

（7）新方案（二十）

建議與徵求意見稿第四十五條及第六十七條之產生方法相同。

（8）新方案（二十一）

由中國政府和香港政府以協商方式提名三至五位行政長官候選人，一九九二年開始實習行政長官的職務。一九九七年，中、港政府根據這幾個候選人的工作表現和處事能力，選出一正、兩副的行政長官。

5. 結語

第一屆政府的設立是香港由殖民地變作特別行政區的轉振點，其產生和組成對日後整個政治制度影響深遠。本報告嘗試列出考慮第一屆政府產生的主要問題、共識、各具體建議和差異的原因。就第一屆政府的產生，雖然意見紛紜，但大致可歸納為以「推選委員會」產生或以「直通車」形式過渡。兩者雖然各有不同，但對於強調平穩過渡、符合《中英聯合聲明》原則卻是一致的，只是對如何體現上述共識有不同理解。

※

⑨ 1988 年 10 月基本法諮詢委員會《中華人民共和國香港特別行政區基本法（草案）徵求意見稿諮詢報告第五冊──條文總報告》

【P481】

第一百七十一條

2. 建議

→ 第一屆政府和立法會議的產生，經過廣泛諮詢和詳加研究後，所訂出的辦法應列於基本法本文，即第一百七十一條內，而不以附件形式寫出。

→ 有關問題在基本法中暫不處理，留待日後中英雙方協商解決。

理由：基本法是中國的法律，沒有權力規定一九九七年之前在港英統治下進行憲制政治行動。即使英方同意，中國也不應該在自己的法律上作出超越自己權力範圍的事情。

【P536-541】

附件三　整體意見

2. 意見

2.1 贊成意見

→ 贊成此建議。

→ 此建議原則上可接納，惟「推選委員會」宜經由按職業組別劃分的辦法選舉產生。而立法機關成員的產生，亦宜按「38 人方案」的提議辦法推行。

→ 贊成「協商後提名選舉」。

理由：

⊙ 表示行政長官受人擁戴。

⊙ 照顧各階層利益。

→ 附件三的「推選委員會」的組成可以接受。

理由：

⊙ 首屆政府乃臨時性。

⊙ 平穩過渡。

→ 贊成建議「匯輯」的方案四。

理由：

⊙ 由全國人大委任香港中國公民籌備，可以體現主權。

⊙ 一九九六年選出的立法機關可順利成為一九九七後的首屆立法機關，保證平穩過渡。

⊙ 選出的政府可為港人信任。

2.2 反對意見

→ 不贊成這附件所列的建議。

理由：

⊙ 先由人大委任後選舉 / 協商並非真正選舉，因為在「籌委會」與「推選委員會」內大部份都可能是「親中央」與工商界人士。這是一種特別委任形式，不是一種普通人理解的選舉，亦不是《中英聯合聲明》內的選舉方式。

⊙ 附件三所提到的立法機關成員的產生方式，很有機會令一九九七年前後出現不銜接情況。附件三其實已假設一九九七年的立法機關成員有一部份是不能或不會成為第一屆立法機關成員。假若一個在一九九七年前選出的立法機關，不論是直接或功能團體選舉產生的成員，不被「推選委員會」選出，便會令人產生以下疑問：究竟是一九九七年前投票選出這位原立法局議員的選民不精明，還是「推選委員會」的推選出現問題而產生不銜接情況。

⊙ 由「推選委員會」推選第一屆立法機關成員方式，有機會令很多原立法局成員不再被選出，而中央人民政府或香港內部亦不可以及不可能訂出一個原立法局議員再被選出限額（訂出這個限額會使推選委員會受到很大限制，而選舉亦變得兒戲）。一九九七年前後，立法局如有重大轉變，不利平穩過渡原則。

⊙ 推選委員會內什麼行業和專業有代表，根本就不可能有一個客觀標準。所以，當釐定哪些團體或人可入這些選舉團或顧問團時，必引起社會上廣泛而極大爭論，對社會不利。

⊙ 表面上，中央與工商金融界只佔推選委員會約三成比例，但在原政界人士方面大都是工商金融界人士，亦即是中央與工商金融界人士佔了整個推選委員會成員一半。這種安排令選舉受中央與工商金融界人士操縱，令選出的行政長官必然要絕對維護中央與工商界利益而犧牲其他人士利益，要選出一個能照顧各階層利益的行政長官的構思便落空。

⊙ 一個由各行業人士組成的推選委員會選出的行政長官面對的是各行業代表爭奪利益的局面，他的政策亦得受這些行業利益影響而沒有方向及反覆不定。

⊙ 由幾百人選出的行政長官的代表性一定很低，市民支持力小和無權威去施行政策。

⊙ 以此種不民主的方式產生的政府可以在任期內隨意制定各樣苛刻的法律，同時亦可以為剩下的四十多年管治模式定下基礎，令香港特別行政區由第一屆至以後每屆的政府都變得不民主。

⊙ 一九九六年成立的「推選委員會」會變為過渡期間的一個權力和有影響力的中心。因為希望成為行政長官人士，以至一九九六年立法局議員而希望一九九七年繼續留任人士，一定要得到「推選委員會」人士支持出任。「推選委員會」或會內個別人士或一些組合人士的言論就對當時立法機關有很大影響。為了繼續留任至一九九七年後，一九九六年立法局議員言論就有所約束，避免與推選委員會個別或組合人士有所衝突。

⊙ 首屆政府的產生不應與以後的有異。

→ 此建議侵犯了英國在香港的主權。因為籌備委員會和推選委員會都在六月三十日前委任。

→ 雖然基本法在一九九七年前通過，但要到一九九七年七月一日才能成為香港的法律，故若行政長官和立法機關依據基本法在一九九七年七月一日前選出，他們不會被當時仍具法律效力的香港法律承認的。

→ 第一屆特別行政區政府與立法機關是代表「一國兩制」的精神的，故應根據經諮詢市民而制訂的正常模式產生，否則若由推選委員會訂下的方法產生，而這方法可能是與市民的意願有別的，這便會被認為是漠視港人意願的行為，而嚴重影響到市民對「一國兩制」的信心。
理由：

⊙ 違反銜接和順利過渡的原則。

⊙ 推選委員會即是大選舉團，市民沒有投票的機會。

→ 反對建議匯輯中方案一。
理由：

⊙ 顧問團和行政長官權力太大。

⊙ 行政長官的產生欠民主。

→ 反對建議匯編的方案五。

2.3 有關「直通車」方案

→ 贊成「直通車」方案。
理由：

⊙ 不希望在一九九七年前進行任何選舉活動。

⊙ 議員宣誓效忠中方已體現了主權。

→ 反對「直通車」方式
理由：

⊙ 並不只有直通車方案才能確保順利過渡。

⊙ 「直通車」方案能否體現主權成疑問。

⊙ 一九九七年七月一日小部份立法委員有更改，可能會因加入新血而受歡迎。

⊙ 立法局在一九九七年七月一日由英治至成特別行政區機構，只換一塊招牌，這樣過渡太簡單。

⊙ 現有的政制方案都有不同程度的選舉，「直通車」方案不能體現選舉精神。

⊙ 若「直通車」方案選出的是正式政府，更值得商榷。

⊙ 選民未必希望全部立法局議員都自動成為立法會議員。亦未必全部立法局議員都有意成為立法會議員。

⊙ 若市民認為一九九七年前立法局議員的政績滿意，必會再選舉他，不必靠「直通車」的方案。

⊙ 《中英聯合聲明》訂明，香港特別行政區的立法機關由選舉產生。這選舉必須是在中國主權下進行，才能具有一九九七年後的合法性。正因如此，「直通車」方案難以實行。

2.4 有關「推選委員會」

→ 籌委會由人大常委會委任，可體現中央的主權。

→ 建議的推選委員會可以產生首任行政長官和立法議員，權力太集中。

→ 若由顧問團產生行政長官，則他的任期越短越好，絕不能跨越立法機關的任期。

→ 選舉團雖然規定要有廣泛代表性，但所謂「法定團體，永久性非法定團體和各階層界別的市民代表」，內容空泛，可能引起名額爭論。

→ 倘推選委員會的人數，如附件一方案一第二點提及的600人，又倘若原政界人士僅指行政立法兩局議員，則百分之二十指120人，就不免有名額過多的問題了，原政界人士的含義及範圍，應有說明。

→ 籌委會香港委員規定不少於50%，是很合理的規定。
理由：表示香港委員可能超過半數，籌備第一屆政府是香港人的事，應有較多港人參加。

→ 若籌備委員會和推選委員會能在中國收回香港之前成立，而沒有任何法理問題，則根據附件一和二組成第一屆政府和立法機關，亦將不成問題。

→ 推選委員會的組成，工商、金融及專業人士佔的比例很多，這會影響推選委員會的中立形象，及使普羅基層市民失去信心。

2.5 有關「任期」

→ 首屆行政長官任期不應是五年
理由：

⊙ 它是臨時政府

⊙ 附件三建議立法會議任期二年，則行政長官五年任期會跨越兩任立法機構，強化行政機構的權力。

⊙ 根據附件三建議，首屆政府產生方法不民主。

→ 贊成建議匯輯中方案一行政長官和立法會議任期相同，均不得超過三年的建議。
理由：

⊙ 首屆行政長官和立法會議均為臨時性質，任期不應不同。

⊙ 若行政長官比立法會議成員任期長，則第二任立法會議在任內產生，使他對該會議產生很大影響力，有欠公平。

2.6 其他意見

→ 首屆政府產生要基於下列原則：
（1）體現主權
（2）平穩過渡
（3）貫徹高度自治
（4）符合《中英聯合聲明》
（5）合乎法理

→ 在第三項第一段的「推選委員會」以「協商方式、或協商後提名選舉、推舉第一任行政長官人選」建議欠缺具體產生的方法，與附件一、二的具體寫法大有差別。

3.建議

3.1 有關「首屆政府的工作」

→ 主要工作乃維持穩定，主持日常工作，並在一九九七年七月一日後籌辦第一屆特別行政區政府，但不作新的主要政策或法律決定。

→ 首屆政府和立法機關無權更改以往立法機構和政府。
理由：避免它控制將來特別行政區政府的組成的產生方辦

法。

→ 首屆政府的主要工作是從英國方面順利接管香港及在接管後盡快產生正式的行政長官和立法機關。

3.2 有關「產生方法」（此處所列為綜論，具體的產生方法請參考本題目的專題報告。）

→ 首屆政府的最佳產生方法是先有一九九七年後的政制定稿，然後由一九九零年開始朝此模式發展，順利過渡。

→ 以民主方式一人一票產生。

→ 先產生一個為期一年半至兩年的監管式政府，然後才產生首屆政府。

→ 中英雙方政府應共同協議選出一九九七年之前最後一任港督及立法局議員的方法。可設副港督一位，到一九九七年由他出任第一屆行政長官。

→ 在接近一九九七年的幾年，名義上是英方管理，但實際是中英共治。首屆政府作為臨時政府，任期由一九九五年至一九九九年。

理由：

⊙ 屆時兩個權力中心的情況依然存在，與其雙方對立或互相猜疑，倒不如接受他們共同管治。

⊙ 可以順利過渡。

3.3 有關「推選委員會」

→ 選舉團人數起碼有 500 至 600 人。

理由：彌補首屆政府不採用普選方式的不足。

→ 首屆政府的選舉由中方組成的籌備委員會主持，該委員會不負責選舉的具體工作和安排，只作為體現中國主權的象徵，其他實際的選舉工作可仿照一九九七年前香港市政局的選舉。

理由：

⊙ 體現中國主權。

⊙ 表現中英雙方衷誠合作。

⊙ 市民大眾有平等參與機會。

3.4 有關「直通車」方案

→ 立法局中以選舉（不論直選或間選）方式產生的成員，坐「直通車」應無問題。倘是委任（意味着由英國委任）議員，則最好經過直選或間選方式考驗一下。

理由：兼顧立法機關的穩定性及首屆立法會議的臨時性。

→ 如果想在一九九七年以前以「直通車」方案由中國機構在香港主持立法局的選舉，這不是靠基本法可以確定的，至少得要經過中英聯合聯絡小組的協商。

3.5 有關「政府的性質」

→ 首屆政府應為臨時政府。

理由：

⊙ 首屆政府的產生方式可能不同於以後各屆，例如，首屆政府由普選產生的可能性不大，而以後各屆則很可能由普選產生。

⊙ 首屆政府仍然具有過渡的意義，即由「港英治港」到「港人治港」，是十年過渡期結束與主權回歸後新政權開始的交替。兩者必有交叉，互有影響。因此，首屆政府作為臨時政府較為合適。

⊙ 首屆政府必須在一九九七年七月一日前完成組織工作，以便在該日接管政權。既然所有的組織、籌備工作在一九九七年六月三十日之前必須完成，說明首屆政府是在英國管治下的過渡期內進行有關工作，性質上不同於主權回歸後的組織工作，將首屆政府定為臨時性質的政府較為合理。

⊙ 首屆政府的主要成員包括行政長官和立法會議成員，其產生方式很可能與以後各屆有所不同。例如，有部份立法會議成員，可能由立法局議員「自動轉賬」。當然，立法局議員，特別是民選（不論直選或間選）的議員，大有可能以「直通車」方式成為立法會議成員，而此種方式只能是「只此一次，下不為例」，而且理應屬臨時性質。

→ 首屆政府應為正式政府

理由：

⊙ 選免在過渡期政府的性質經常改變。

⊙ 應在一九九七年前構思一個為各界接受的政府產生方法，若然，則首屆政府便應依此方法，不應為臨時政府。

3.6 有關「任期」

→ 特別行政區第一屆行政首長五年任期過長，應改為兩年。

→ 特別行政區首屆政府（包括行政長官和立法機關）任期一年。

4. 待澄清問題

→ 附件三題為「第一屆政府和立法會議的產生辦法」，但內文不稱「立法會議」，改稱「立法機關」，原因何在？

※

⑩ 1989 年 1 月 9 日《政治體制專題小組對條文修改情況的報告》，載於 1989 年 1 月《中華人民共和國香港特別行政區基本法起草委員會第八次全體會議文件匯編》

【P13】

附件三，即現在的經主任委員擴大會議修改的《中華人民共和國全國人民代表大會關於香港特別行政區第一屆政府和立法會產生辦法的決定（草案）》，是在基本法（草案）徵求意見稿附件三的基礎上修改成的，將其中的「推選委員會」的成員刪去了「全國政治協商會議香港地區委員」，還刪去了「推選委員會擬定程序」一句中的「擬定程序」，增寫了推選委員會由 400 人組成。附件三的第五點作了較大的修改，新的修改規定第一屆立法會的人數為 55 人，並規定「原香港最後一屆立法局成員凡擁護基本法、願意效忠香港特別行政區並符合基本法規定條件者，經香港特別行政區籌備委員會確認，即可成為香港特別行政區第一屆立法會成員；如出現缺額，可由推選委員會進行補缺選舉」。這樣修改的目的，是使第一屆立法機關的產生既體現主權原則，又體現平穩過渡。

※

⑪ 1989 年 1 月 9 日《胡繩副主任委員關於主任委員擴大會議情況的報告》，載於 1989 年 1 月《中華人民共和國香港特別行政區基本法起草委員會第八次全體會議文件匯編》

【P40】

七、關於第一屆政府和立法會的產生辦法，主任委員擴大會議討論了是否將此作為基本法的附件問題。考慮到有關第一屆政府和立法會的產生辦法必須在九七年七月一日前生效，而基本法及其附件只能在九七年七月一日開始生效，因此，建議將第一屆政府及立法會的產生辦法作為全國人民代表大會的一項專門決定，與基本法同時通過、公佈。相應地，主任委員擴大會議對第九章附則的第一百五十九條的文字作了調整。

※

⑫ 1989 年 2 月 15 日姬鵬飛《關於提請全國人大常委會審議〈中華人民共和國香港特別行政區基本法（草案）〉及有關文件的報告》

三、關於香港特別行政區的政治體制

（三）關於香港特別行政區第一屆政府和立法會的產生辦法。根據體現國家主權、有利平穩過渡的原則，香港特別行政區的成立須由全國人大設立的香港特別行政區籌備委員會負責主持。香港特別行政區第一任行政長官，由香港人組成的推選委員會負責產生，報請中央人民政府任命；原香港最後一屆立法局議員，凡符合基本法規定的條件，

擁護基本法，願意效忠香港特別行政區者，經籌委會確認後可成為香港特別行政區第一屆立法會議員。考慮到上述籌備工作須在香港特別行政區第一屆政府和立法會成立之前進行，而基本法要到一九九七年七月一日才生效，起草委員會建議，全國人大對第一屆政府和立法會的產生辦法作出專門決定，此項決定與基本法同時公佈。

第五稿

「附錄：中華人民共和國全國人民代表大會關於香港特別行政區第一屆政府和立法會產生辦法的決定（草案）（代擬稿）

一、香港特別行政區第一屆政府和立法會根據體現國家主權、平穩過渡的原則產生。

二、在一九九六年內，全國人民代表大會設立香港特別行政區籌備委員會，負責籌備成立香港特別行政區的有關事宜，根據本決定規定第一屆政府和立法會的具體產生辦法。籌備委員會由內地和不少於百分之五十的香港委員組成，主任委員和委員由全國人民代表大會常務委員會委任。

三、香港特別行政區籌備委員會負責籌組香港特別行政區第一屆政府推選委員會（以下簡稱推選委員會）。

推選委員會全部由香港永久性居民組成，必須具有廣泛代表性，成員包括中華人民共和國全國人民代表大會香港地區代表、香港地區全國政協委員的代表、香港特別行政區成立前曾在香港行政、立法、諮詢機構任職並有實際經驗的人士和各階層、界別中具有代表性的人士。

推選委員會由 400 人組成，比例如下：

工商、金融界	25%
專業界	25%
勞工、基層、宗教等	25%
原政界人士、香港地區全國人大代表、香港地區全國政協委員的代表	25%

四、推選委員會在當地以協商方式、或協商後提名選舉，推舉第一任行政長官人選，報中央人民政府任命。第一任行政長官的任期與正常任期相同。

五、第一屆香港特別行政區政府由香港特別行政區行政長官按香港特別行政區基本法負責籌組。

六、香港特別行政區第一屆立法會由六十人組成，其中分區直接選舉產生議員二十人，選舉委員會選舉產生議員十人，功能團體選舉產生議員三十人。原香港最後一屆立法局的組成如符合本決定的上述規定，其議員擁護中華人民共和國香港特別行政區基本法，願意效忠中華人民共和國香港特別行政區並符合香港特別行政區基本法規定條件者，經香港特別行政區籌備委員會確認，即可成為香港特別行政區第一屆立法會議員。

香港特別行政區第一屆立法會議員的任期為兩年。」

〔1990 年 2 月 16 日《中華人民共和國香港特別行政區基本法（草案）》〕

①《政治體制設計的討論及其發展》，載於 1989 年 2 月基本法諮詢委員會秘書處《中華人民共和國香港特別行政區基本法（草案）參考資料》

【P75-76】

6. 第一屆政府的產生

6.1 將第一屆政府的產生與以後行政長官及立法機關產生的辦法獨立出來討論，主要的原因是考慮到在主權轉移的過渡期內需要一些特別的安排。而第一屆政府產生的討論主要集中於第一屆政府的產生方法應否有別於以後各屆政府的產生，若需要作出特別安排，其產生辦法和第一屆政府的任期應否有特別的安排。

6.2 徵求意見稿附件三將第一屆政府的產生獨立出來，以應付過渡期所需的特別處理，而附件三只有一個方案，主要內容如下：

（1）在一九九六年內，全國人民代表大會設立香港特別行政區籌備委員會，負責籌備成立香港特別行政區的有關事宜，決定產生第一屆政府的具體辦法。籌備委員會由內地和不少於百分之五十的香港委員組成，主任委員和委員由全國人民代表大會常務委員會委任。

（2）香港特別行政區籌備委員會負責籌組「香港特別行政區第一屆政府推選委員會」。「推選委員會」全部由香港永久性居民組成，比例建議如下：

工商、金融界人士	25%
專業人士	25%
勞工、基層、宗教界人士	25%
原政界人士	20%
人大代表、政協委員	5%

（3）「推選委員會」擬定程序，在當地以協商方式、或協商後提名選舉，推舉第一任行政長官人選，報中央人民政府任命。第一任行政長官的任期與正常任期相同。

（4）香港特別行政區第一屆（或臨時）立法機關由「推選委員會」選舉產生，原香港立法局議員都可以作為香港特別行政區第一屆（或臨時）立法機關候選人。香港特別行政區第一屆（或臨時）立法機關成員的任期為兩年。

（5）香港特別行政區第一任行政長官於一九九七年七月一日宣誓就職。香港特別行政區第一屆政府和立法機關於一九九七年七月一日同時成立。

8. ……根據諮詢報告反映，各界提出的政制修改建議基本上有兩個共通點：一是以民主政制為最終的發展目標；二是以循序漸進的步伐發展政制。這些建議可歸納為三類協調性方案：

（1）沒有既定發展程序，只按客觀環境逐漸發展至民主的政體；

（2）有既定發展程序，而以投票率為衡量市民的政治成熟程度，並作為引入一人一票直接選舉的引發點；

（3）有既定發展程序，而以屆數規定逐步發展的步伐。並在基本法內寫明確實的發展時間表。

9. 基於以上情況，起草委員會政制專題小組香港召集人查良鏞委員在草委會政制小組會議上提出了協調性的主流方案。主流方案與徵求意見稿各方案的最大分別就是前者是一個發展性的政制構思，而後者（除方案四外）則沒有發展性的設計。

（3）第一屆政府和立法機關的產生

主流方案之有關建議與徵求意見稿附件三大致相同，並且還對個別事項作了更具體的規定，例如：規定推選委員會由四百人組成；第一屆立法會由五十人組成，其中地區普

選佔 27%，其他則由功能團體選舉產生，而工商、金融界佔 29%；專業界佔 22%；及勞工、社會服務、宗教界佔 22%。

10. 主流方案是融合了大部份方案的特點和精神而成的。各方案共同的特點，就是採取循序漸進的方式，朝着民主的方向逐步發展政制；而其最終精神則是為香港帶來一個真正民主開放的政治制度。主流方案正是上述兩點的考慮為基礎而制定的行政長官將由選舉產生，由中央人民政府任命；選舉行政長官的方式是民主的，是由一個具有廣泛代表性的選舉委員會負責，而且將由人民決定是否從第四屆開始實行普選；行政長官候選人須得到不少於一百名選舉委員會委員的支持才可被提名，這提名程序有充份民主成份；而立法會議最初是由混合選舉產生，逐漸增加普選成員的比例，向着充份民主的選舉方式發展，最後亦交由港人自己決定是否從第五屆開始使用普選方式選出全體立法會議成員。各方案雖然擁有共同的特點和精神，但對於邁向民主的步伐的速度，卻有緩急不一的主張。在這方面，主流方案是主張採取穩健的發展步伐，逐步的邁向民主。

※

② 1989 年 11 月基本法諮詢委員會《中華人民共和國香港特別行政區基本法（草案）諮詢報告第三冊——條文總報告》

【P302-310】
附錄　中華人民共和國全國人民代表大會關於香港特別行政區第一屆政府和立法會產生辦法的決定（草案代擬稿）
2. 意見
2.1 整體意見
2.1.1 普選
2.1.1.1 贊成意見
→ 首屆行政長官由一人一票普選產生。
理由：以防由暴君式人物出任行政長官。
→ 首屆行政長官由一人一票普選產生，提名權交予大選舉團及立法會成員。
→ 首屆行政長官由十分一立法會議員提名，經由普選產生。
→ 首屆行政長官由立法會提名，經全港市民普選產生，再由中央人民政府任命。
→ 首屆行政長官由市民直選產生的比例應不少於百分之五十。
→ 首屆立法會百分之五十議席由直選產生。
→ 一九九五年的立法機關議員均由直接普及平等的選舉產生，所有議員只要願意效忠中國政府和香港特別行政區，便可自動成為第一屆立法機關成員，到一九九九年任期終結為止。
2.1.1.2 反對意見
→ 首屆行政長官不應以直選方式產生。
理由：政制發展應循序漸進。
→ 首屆行政長官由四百人組成推選委員會，以協商方式或提名選舉產生。
→ 首屆行政長官應由大選舉團產生。
理由：
⊙ 臨近一九九七年，市民對主權移交和前途會產生憂慮，屆時並不適宜普選。
⊙ 大選舉團選舉影響性較低，選出來的人選較易為中方接受，而中方的監察亦較易。若人選為中方接受的人，亦會盡力為香港爭取利益。
→ 首屆行政長官可由大選舉團選出，但大選舉團成員需在其界別內以民主方法產生。
→ 首屆行政長官由四百人的選舉委員會選出，不少於

五十名的選舉委員可聯名提名行政長官候選人，每名委員只可提名一位候選人。選舉委員會根據提名的名單，經一人一票不記名投票選出行政長官候任人。
→ 首屆行政長官應由具有處理行政經驗及能力的香港本地公務員擔任，並由立法機關或選舉團委出。
理由：公務員擔任行政長官較由一名政治家擔任更為適當，因為前者可以集中在行政管理工作上，順利過渡至一九九七年之後，而後者則恐怕只關注政治的運作。
→ 首屆行政長官由大選舉團選出，選舉團共 525 人，組成比例如下：一、工商、金融界；二、專業界；三、勞工、社會服務、宗教界；四、立法會議員、區域組織議員代表；五、香港地區全國人大代表、香港地區全國政協委員的代表各 105 人。
→ 第一屆政府由大選舉團提名及選出。大選舉團產生的方法如下：
工商界佔分之二十五；專業人士佔百分之二十五；社會服務及基層組別佔百分之三十五；政界人士佔百分之十五。大選舉團的人數最少為 500 人。
→ 第一屆香港特別行政區政府必須在中央任命的香港特別行政區籌備委員會的主持下成立。
中央指導部門應在一九九七年一月在香港設立，指導和協調各項籌備香港特別行政區政府的工作。第一屆香港特別行政區的行政長官必須在中央人民政府主持下產生。
2.1.2 直通車方案
2.1.2.1 銜接問題
→ 若一九九七年前中英雙方無法就政制發展相互銜接，則原有立法機關不應採取直通車形式過渡到香港特別行政區政府，新的立法機關應重選產生。
→ 對於香港特別行政區首屆政府和立法機關的設計，宜作兩種準備，不宜只作一種準備：若中英之間能實現平穩交接固然最好；若果英方不合作而另搞一套，基本法的政制設計也必須作好應付。
所以，第六項需要修改或者增寫，準備在末屆立法局不符合基本法的規定條件時，便另行產生全新的香港特別行政區首屆立法會議。
→ 對香港特別行政區第一屆立法會議的產生辦法，應採取兩種寫法，以準備一九九七年中英交接順利與不順利的兩種可能性。遇到英方拒絕配合的情況，便由香港特別行政區籌委會於一九九七年組織選舉。
香港特別行政區首屆行政長官由「推選委員會」產生，以後則轉為「提名委員會」，交公民普選。由於上述原因，首屆「推選委員會」組成人員不應具體寫明包括原香港立法局的議員，只盡量要求有社會各界的廣泛代表性。
2.1.2.2 贊成意見
→ 首屆立法會和政府用直通車方法產生，由香港最後一屆立法會延續。行政長官的產生，同樣用直通車方法，絕不須於一九九七年七月一日宣誓就職。
→ 首屆立法會應以「直通車」方法產生，由一九九五年的立法會過渡，任期兩年。其組成應為一半普選、一半功能組別選舉產生。
→ 首屆立法會由一九九七年前的立法局成員直接過渡組成。
2.1.2.3 反對意見
→ 行政及立法機關絕不能用直通車方法產生。在種種問題上，現時的行政立法機關並無為香港人着想。
→ 反對用「直通車」方式成立首屆香港特別行政區政府。
理由：使一九九七年頭兩年內，香港特別行政區政府操在原來殖民地的議員手上，令立法權握在他們手中，這是非常錯誤的做法，這是喪權辱國的做法，這樣的「一國兩制」必定失敗。
2.1.2.4 保留意見
→ 原則上支持「直通車」方案，但須留意到這方案必須得到現英國政府的合作。

2.1.3 其他意見

→ 建議香港特別行政區成立時，首先設立任期兩年的臨時立法會和臨時政府，由中央人民政府在一九九六年底派員來港主持，以盡量民主的方式產生。至於將來香港特別行政區立法規定政制的具體程序，可以從現在開始討論，在香港特別行政區成立後的六個月內由臨時立法會決定。

→ 把政制問題押後決定，改為規定香港特別行政區的政治體制在特別行政區成立後兩年，由香港特別行政區自己決定，這樣港人便有十年充裕的時間去仔細考慮。其次，建議香港特別行政區成立時，首先設立任期兩年的臨時立法會和臨時政府，其產生方法和職權上的關係由中國全國人民代表大會徵詢香港居民意見，在一九九六年內決定，其職責是：第一，根據基本法對香港特別行政區施行管治；第二，主持以民主的程序立法規定香港特別行政區的政治體制；第三，根據將來有關的法律，主持特別行政區第一屆正式的政權機關的選舉。最後，香港特別行政區立法規定香港特別行政區政治體制的具體程序，在香港特別行政區成立後六個月內，由臨時立法會根據徵詢港人意見結果決定。

理由：對於複雜的政制問題，港人意見仍有很大分歧，大多數市民根本還沒有仔細研究或發表意見。在諮詢期出現的方案都不是真正民主方案，亦未受到群眾普遍了解和支持。因此將要求暫時降低，不直接要求採納一個民主的政制方案。

2.2 正面

2.2.1 附錄整體

→ 接受在附錄列出的第一屆政府的產生辦法。

理由：為求連續性。

2.2.2 第三項

→ 「原政界人士、香港地區全國人大代表、香港地區全國政協委員的代表」共佔百分之二十五，名額分配合理。

理由：
⊙ 人大代表及政協委員佔港人的少數，不應佔太多名額。
⊙ 人大代表及政協委員由北京的有關部門委任，不能真正代表港人的意願。

→ 接納首屆行政長官由選舉委員會選出。

理由：首屆行政長官屬過渡性質，其角色、工作皆有別於日後的行政長官。

→ 接納香港特別行政區政府第一屆行政長官以「推選委員會」提名後協商產生。

2.2.3 第四項

→ 贊成此項。

理由：
⊙ 使香港在一九九七年中國恢復行使主權後，成立的香港特別行政區政府能順利銜接，維持運作正常，保持穩定繁榮。
⊙ 能顧及香港的現實情況。

2.2.4 第六項

→ 贊成此項。

2.3 反面

2.3.1 第二項

→ 由於「籌備委員會」的委員全部皆由人大常委會委任，缺乏廣泛的代表性，加上他們只須向中央人民政府負責，而毋須向香港市民交代，以致未能反映港人意願及利益。

→ 成立**籌備委員會**的建議，除了香港委員應佔大部份議席外，主任委員應由全體委員互選產生，以便建立開放形象，增加港人信心。

→ 香港特別行政區籌備委員會的確認程序，宜依循一定的準則，確認與否都應該不帶任何主觀隨意性。若這一套準則能提早公佈，比事後爭議為佳。

2.3.2 第三項

→ 四百人的選舉委員會不能代表大多數人的意見和利益，這只是數字遊戲，沒有意義。

→ 四百人組成的「推選委員會」是由缺乏代表性的「籌備委員會」籌組的，而不是通過直接選舉產生，加上來自基層（勞工、基層、宗教等）的委員只佔四分之一，由此得知，「推選委員會」缺乏廣泛的代表性。

→ 四百人的推選委員會在組成比例上未能充份反映普羅階層的利益。

→ 在第一屆政府的推選委員會內，工商、金融及專業界所佔比例過高。應減低其所佔比例，使之與勞工、基層和宗教等界所佔比例一樣。

→ 「原政界人士、香港地區全國人大代表、全國政協委員代表佔百分之二十五，」這個比例之中，如果將名額平均分配給「原政界人士」及「香港地區全國人大代表、全國政協委員」，並不合理，因為後者在香港所佔的人數很少，所佔的名額相對地便太多。

→ 此項並沒有列明是否容許推選委員會的委員擁有雙重身份，那麼一個委員便可以代表兩個或以上的不同界別參與選舉。

→ 建議四百名推選委員會成員必須在附錄內列舉的各個界別中，經由民主選舉方式產生。

2.3.3 第四項

→ 經本身就非自民主方式產生的「推選委員會」產生的行政長官，是極度不民主的。

→ 由於「推選委員會」是以「協商」方式或「協商後提名選舉」推舉第一任行政長官人選，背後必然受到中央人民政府的控制及干預；推舉出來的行政長官必然處處受到中央人民政府掣肘，未能維護及促進香港特別行政區市民的利益。

→ 此方法沒有廣泛的民意支持，沒有足夠的代表性，只能在名義上「港人治港」。

2.3.4 第六項

→ 此項未有列明選舉或委任立法會議員的日期及其就職的日期。

→ 首屆立法會成員的產生方法未符合民主要求。

→ 反對此項建議。

理由：首屆立法會議員由人大常委會用間接方法選出，這是一個由上至下的選舉方式，故難保議員是直接向市民負責而不受制於人大常委會的政見傾向。由上而下安排議員名單，是與《中英聯合聲明》「一國兩制」的原則及賦予香港特別行政區人民高度自治的承諾相違背的，有礙香港保持五十年不變的繁榮局面。

2.3.5 第七項

→ 附錄中指出香港特別行政區第一屆政府和立法會於一九九七年七月一日同時成立，即第一屆政府的籌組工作必須在此日期前進行及完成。但此附錄只列出了產生辦法，未有指出在何處進行。

2.4 保留

2.4.1 第三項

→ 對於人大代表和政協委員進入推選委員會的提議有所保留。

理由：人大代表或政協委員的角色是代表港人參與全國性事務，而並非介入香港的內部事務。這樣的介入會令港人擔心人大代表或政協委員會成為另一股影響香港特別行政區的勢力。

3. 建議

3.1 刪除

3.1.1 第三項

→ 刪去此項。

3.1.2 第六項

→ 刪去此項。

→ 刪去此項第三行內「擁護香港特別行政區基本法」的字眼。

理由：第一百五十八條容許立法會議員聯同香港特別行政

區首長及香港特別行政區的全國人民代表大會代表提出對基本法的修改議案,即立法會議員可對原有之基本法有異議。而立法會議員如對基本法中頗多條文有不同意見的話,此舉可能與「擁護香港特別行政區基本法」有抵觸。如保留「擁護香港特別行政區基本法」此條件,可能造成在第一屆立法會期內無法對基本法提出修改議案。

3.1.3 第七項
→ 刪去此項。

3.2 修改

3.2.1 第二項
→ 「百分之五十的香港委員」改為「百分之八十或以上」。
→ 改為:「由中央人民政府成立香港特別行政區籌備委員會,按基本法的精神,成立第一屆政府。」

3.2.2 第三項
→ 此項第二段改為:「推選委員會全部由香港永久性居民中的中國公民組成,必須具有廣泛代表性,成員包括中華人民共和國全國人民代表大會香港地區代表、香港地區全國政協委員代表、有政治經驗人士和各階層界別中具有代表性的人士。
推選委員由400人組成比例為:(一)工商、金融界;(二)專業界;(三)勞工、基層、宗教等人士;及(四)有政治經驗人士、香港地區人代表、香港地區政協代表;各佔四分之一。
→ 香港特別行政區第一屆政府推選委員會之四百名成員之比例應為:(一)工商、金融界;(二)專業界;(三)勞工、基層、宗教等,各佔百分之三十。而原政界人士、香港地區全國人大代表、香港地區全國政協委員的代表則共佔百分之十。
→ 改為:「籌備委員會的工作是根據本決議的規定產生第一任行政長官及第一屆立法會成員。」
→ 「勞工、基層、宗教等」改為「勞工、社會服務、宗教等界」。
理由:與附件一第二項及附件二第一項一致。
→ 首三屆的推選委員會人數相同,如《基本法(草案)》代擬稿所述。委員的產生應由香港特別行政區以選舉法規定。

3.2.3 第四項
→ 「推選委員會在當地以協商方式、或協商後提名選舉」改為「推選委員會在當地以協商後提名選舉」。
理由:使市民能明確知道第一任行政長官的產生方式。
→ 改為:「選舉委員在當地由全體委員選舉產生第一任行政長官,報中央人民政府任命。由不少於十分一委員提名便能成為行政長官候選人。第一任行政長官的任期為三年。」
理由:推選第一任行政長官的程序過份強調協商,未能發揮由全體委員選舉的權威性。
→ 改為:「在一九九六年中或年底,籌備委員會在香港依照《香港特別行政區基本法》附件一的規定,產生候任行政長官。
一九九七年七月一日,候任行政長官接受中央人民政府的任命正式宣誓就職。」
→ 改為:「籌備委員會在香港特別行政區負責籌備及監察普選第一任行政長官,報中央人民政府任命。第一任行政長官的任期與正常任期相同。」
→ 改為:「推選委員會負責準備及執行以全民投票方式選舉第一屆行政長官及全體立法議員。行政長官候選人須得至少五萬個香港永久性居民推薦。立法會候選人須得至少二千個香港永久性居民推薦。提名人名單必須公開。」
→ 改為:「推選委員會在當地以協商方式、或協商後提名選舉,推選第一任行政長官人選,報請中央人民政府任命。如推舉出的行政長官,經中央人民政府審核,認為不是愛國者、不符合資格或不能勝任,中央人民政府有權否

決。」
→ 首屆行政長官任期應為三年。
理由:首屆行政長官屬過渡性質,其角色、工作皆有異於日後的行政長官。
→ 首屆行政長官的任期應為四年。
理由:
⊙ 可讓新政府有足夠時間去應付上台時遇到的重要問題。
⊙ 可保證經濟、投資及發展在面對未來政治變遷及新選舉時得以延續。

3.2.4 第五項
→ 改為:「候任行政長官於一九九七年七月一日前提名香港特別行政區機關之各主要官員,報請中央人民政府任命。各主要官員於一九九七年七月一日宣誓就職。」

3.2.5 第六項
→ 此項第一段為:「香港特別行政區第一屆立法會由六十人組成。原香港最後一屆經普選產生的立法局議員凡擁護香港特別行政區基本法、願意效忠香港特別行政區並符合香港特別行政區基本法規定條件者,經香港特別行政區籌備委員會確認,即可成為香港特別行政區第一屆立法會議員;如出現缺額,可由籌備委員會按照上述修訂後的附件二負責籌備及監察補缺選舉。」
→ 改為:「香港特別行政區第一屆立法會由55人組成,其中:地區性代表人士佔15人,工商、金融界佔12人,勞工、社會服務、宗教等界佔12人。原香港最後一屆立法議員,凡擁護香港特別行政區基本法,願意效忠中華人民共和國香港特別行政區,並符合香港特別行政區基本法規定條件者,經香港特別行政區籌備委員會審核和確認,方可成為香港特別行政區第一屆立法會議員;如出現缺額,可由推選委員會進行補缺選舉。」
→ 改為:「原香港最後一屆立法局議員凡擁護基本法,願意效忠香港特別行政區,並符合基本法規定條件者,經籌備委員會確認,即可成為香港特別行政區第一屆立法會議員,如出現缺額,籌備委員會負責進行補缺選舉。」
香港特別行政區第一屆立法會於一九九七年七月一日同時成立。
→ 「願意效忠香港特別行政區」的「效忠」改為「効忠」。
→ 首屆立法會的構成,改為:百分之四十以直選產生,百分之四十由功能組別選舉和百分之二十由大選舉團選出。
→ 第一屆立法會必須是一半由功能組別選出,一半由二十個行政區直選選出。功能組別的成份包括:(一)工商界、(二)專業人士、(三)基層組織、(四)社會服務界,各佔四分之一。
→ 第一屆立法會有不少於半數議席由分區普選產生。
→ 第一屆立法會有二分之一議席由直選產生,有三分之一由功能組別選舉產生。
→ 應將第一屆立法會地區性選舉席位增至四成。
→ 第一屆立法會的直選議席應增加至四成以上。
→ 第一屆立法會至少有四到五成的議席由直選產生。
理由:香港人政治成熟,可接受這個比例的直選議席。
→ 第一屆立法會應保留原立法局七名官守議員(符合本法者)。
→ 第一屆立法會成員應由中央指派的若干代表,同香港推薦委員會代表同共執政,讓更多工商界代表、務實議員順利成為香港特別行政區當然立法會成員,以避免反共人士和政客左右香港政局。
→ 一九九七年首屆立法機關成員的任期應由《基本法(草案)》建議的兩年延長至四年。
理由:以容許有充份時間來作政制轉變及為下一次選舉作準備,這對將來的特別行政區政府相當有利。

3.3 增加

3.3.1 第二項
→ 在第一行「籌備委員會」前加上「籌組第一屆政府」

的字眼。
理由：使整句的意思更明確。
3.3.2 第三項
→ 在此項第三段關於推選委員會組成的規定中「勞工、基層、宗教等」界別應加入「社會服務」。
理由：使之與附件一第二項和附件二第一項相稱。

4.待澄清問題
4.1 第三項
→ 第一屆政府推選委員會中的「基層」是指哪些方面？
4.2 第四項
→ 以協商方式提名選舉是否民主？
4.3 第六項
→ 若立法會議員出缺時，會否舉行補選？若會，將以什麼方法補選？

※

③ 1989 年 12 月 13 至 16 日《政治體制專題小組第十七次會議紀要》，載於 1990 年 2 月《中華人民共和國香港特別行政區基本法起草委員會第九次全體會議文件匯編》

（編者按：原件缺少這份保留意見）

【P22-23】
五、關於第一屆政府和立法會的產生辦法，委員們同意作如下修改：
1.第二項「決定產生第一屆政府的具體辦法」改為「根據本決定規定第一屆政府和立法會的具體產生辦法」。

2.第三項「第一屆政府推選委員會」改為「第一屆政府和立法會推選委員會」。

3.第六項改為「香港特別行政區第一屆立法會由六十人組成，其中地區代表人士十八人，……。除規定應由上述推選委員會選舉產生的議員外，原香港最後一屆立法局的組成，如符合香港特別行政區基本法附件二的相應規定，其議員擁護香港特別行政區基本法，願意效忠香港特別行政區並符合香港特別行政區基本法規定條件者，經香港特別行政區籌備委員會確認，即可成為香港特別行政區第一屆立法會議員」。譚惠珠委員交給小組工作人員一張書面保留意見，表示對附錄的修改及其他條文中的相應修改有保留。

※

④ 1990 年 1 月 17 至 20 日《政治體制專題小組第十八次會議紀要》，載於 1990 年 2 月《中華人民共和國香港特別行政區基本法起草委員會第九次全體會議文件匯編》

【P34-35】
四、關於第一屆政府和立法會產生辦法的決定
在上次會議對本決定的修改意見的基礎上，委員們對第一屆政府和立法會產生辦法的決定作了如下修改：
1.將第三項「第一屆政府和立法會推選委員會」恢復為「第一屆政府推選委員會」。

2.將第六項改為：「香港特別行政區第一屆立法會由六十人組成，其中分區直接選舉產生議員十八人，選舉委員會選舉產生議員十二人，功能團體選舉產生議員三十人。原香港最後一屆立法局的組成如符合本決定的上述規定，其議員擁護香港特別行政區基本法，願意效忠香港特別行政區並符合香港特別行政區基本法規定條件者，經香港特別行政區籌備委員會確認，即可成為香港特別行政區第一屆立法會議員。
香港特別行政區第一屆立法會議員的任期為兩年」。

3.將第七項刪去。

第六稿

「全國人民代表大會關於香港特別行政區第一屆政府和立法會產生辦法的決定（1990 年 4 月 4 日第七屆全國人民代表大會第三次會議通過）

一、香港特別行政區第一屆政府和立法會根據體現國家主權、平穩過渡的原則產生。
二、在一九九六年內，全國人民代表大會設立香港特別行政區籌備委員會，負責籌備成立香港特別行政區的有關事宜，根據本決定規定第一屆政府和立法會的具體產生辦法。籌備委員會由內地和不少於百分之五十的香港委員組成，主任委員和委員由全國人民代表大會常務委員會委任。
三、香港特別行政區籌備委員會負責籌組香港特別行政區第一屆政府推選委員會（以下簡稱推選委員會）。
推選委員會全部由香港永久性居民組成，必須具有廣泛代表性，成員包括全國人民代表大會香港地區代表、香港地區全國政協委員的代表、香港特別行政區成立前曾在香港行政、立法、諮詢機構任職並有實際經驗的人士和各階層、界別中具有代表性的人士。
推選委員會由 400 人組成，比例如下：
工商、金融界　　　　　25%
專業界　　　　　　　　25%
勞工、基層、宗教等界　25%
原政界人士、香港地區全國人大代表、香港地區全國政協委員的代表　　　25%
四、推選委員會在當地以協商方式、或協商後提名選舉，推舉第一任行政長官人選，報中央人民政府任命。第一任行政長官的任期與正常任期相同。
五、第一屆香港特別行政區政府由香港特別行政區行政長官按香港特別行政區基本法規定負責籌組。
六、香港特別行政區第一屆立法會由六十人組成，其中分區直接選舉產生議員二十人，選舉委員會選舉產生議員十人，功能團體選舉產生議員三十人。原香港最後一屆立法局的組成如符合本決定和香港特別行政區基本法的有關規定，其議員擁護中華人民共和國香港特別行政區基本法，願意效忠中華人民共和國香港特別行政區並符合香港特別行政區基本法規定條件者，經香港特別行政區籌備委員會確認，即可成為香港特別行政區第一屆立法會議員。
香港特別行政區第一屆立法會議員的任期為兩年。」

〔1990 年 4 月《中華人民共和國香港特別行政區基本法》〕

① 姬鵬飛《關於〈中華人民共和國香港特別行政區基本法（草案）〉及其有關文件的說明》（1990 年 3 月 28 日第七屆全國人民代表大會第三次會議）

四、關於政治體制

（五）關於香港特別行政區第一屆政府和立法會的產生辦法。根據體現國家主權、有利平穩過渡的原則，香港特別行政區的成立須由全國人大設立的香港特別行政區籌備委員會負責主持。考慮到籌備工作須在香港特別行政區第一屆政府和立法會成立之前進行，而基本法要到一九九七年七月一日才開始實施，起草委員會建議，全國人大對第一屆政府和立法會的產生辦法作出專門決定，此項決定與基本法同時公佈。起草委員會為此起草了有關決定的代擬稿。規定香港特別行政區第一任行政長官，由香港人組成的推選委員會負責產生，報請中央人民政府任命；原香港最後一屆立法局的組成如符合全國人大關於特別行政區第一屆政府和立法會產生辦法的決定中的規定，其議員擁護基本法，願意效忠香港特別行政區並符合基本法規定條件者，經籌委會確認後可成為香港特別行政區第一屆立法會議員。這樣安排，是為了保證香港在整個過渡時期的穩定以及政權的平穩銜接。

✿ 壹 | 附：《基本法》總結構的討論和變化

關於單個條文位置的變動，在本書對每個條文演進過程的梳理中已經列明，因此，此處僅涉及制定《基本法》之初對於基本法基本框架的討論。

✿ 貳 |

第一稿

「1. 序言
2. 總綱
3. 中央與特別行政區的關係
4. 居民的權利、自由和義務
5. 政制
6. 經濟、金融事務
7. 教育、科技、文化、宗教
8. 涉外事務
9. 治安及防務
10. 區旗、區徽
11. 基本法的解釋權和修改權
12. 附則」

〔1986 年 2 月基本法諮詢委員會《第一批研討會總結》〕

① 1986 年 2 月基本法諮詢委員會《分批研討會參考資料》

【P1-3】
聯合聲明：
憲制安排與政府架構；
法律；
司法制度；
公務人員；
財政制度；
經濟制度和對外經濟關係；
貨幣金融制度；
航運；
民航；
文化和教育；
對外關係；
防務、保安和治安；
權利和自由；
居留權、旅行證件及出入境」

某委員（編者按：原件模糊，無法辨認名字。）：
總綱，寫明中國收回主權和港人治港五十年現行制度不變的宗旨。
中央和香港的關係，界定權力範圍，包括修改基本法的權力。
政制，包括行政首長的產生方式，立法機關與行政機關的關係，立法機關與全國人大的關係，行政機關與國務院的關係，行政首長向市民、立法機關、中央政府負責的內容。
司法制度，包括終審權和解釋基本法的權力。
公民的權利和義務。

某委員（編者按：原件模糊，無法辨認名字。）：
除了總綱外，內容分章節用法律語言來寫，應包括如下內容：
（一）市民的基本權利和義務，特別要寫明市民能自由遷徙。

（二）政治體制，說明產生行政長官的方法、行政和立法機關的體制，司法機關產生的體制，地方行政機關，包括市政局、區議會的產生方式，各機關的關係。
（三）財政金融結構制度。
（四）稅收制度。
（五）文教科技體制，肯定專業資格的審核制度。
（六）語言，中英文並重。
（七）中央與香港特別行政區的關係。
（八）動用軍隊的方式。
（九）對外關係。
（十）司法。
（十一）勞工權益。

陳坤耀委員：
基本法乃特別行政區的根本大法，酷似主權國家的憲法，內容大概包括：
（一）界定中央與特區政府權力範圍及相互關係；
（二）規定特區行政機關與地方首長產生方法、職責和任免辦法；
（三）規定立法機關產生辦法和職責範圍；
（四）規定司法機關產生辦法、職責範圍及法官任免；
（五）公民權利、義務。
（六）規定基本法解釋及修改權屬；
（七）規定特區社會制度和經濟活動；
（八）規定市民國籍、居留權選擇辦法，以及處理中英複雜歷史遺留問題的措施。

張家敏委員：
（一）序言；
（二）總綱；
（三）中央與特區權力劃分；
（四）對敏感問題處理；
（五）政制設置和制衡。
（六）居民權利義務；
（七）特區具體事務，如旗幟、標誌、節假日、國際關係

以及對特別名詞的解釋定義。

吳康民委員：

談基本法的結構應先解決兩個問題：

（一）基本法的詳盡程度：現在有一種思想傾向，就是認為基本法寫得越詳細越好，所以在宣傳上，在估計民眾的反映上，應有一個尺度，不應什麼都寫進基本法，具體細節可以另出單行法例，為教育條例。

（二）基本法的重點應當在政制：聯合聲明講金融經濟太多，政制太少，基本法屬小憲法，中國憲法 138 條，講政制佔 75%，所以講清楚政府運作，可以增強港人的信心，金融方面的詳情可以出單行法例。

結構方面要明確幾點：

（一）說明基本法是根據憲法 31 條，而又不受憲法其他內容所制約。

（二）基本法要嚴格遵照聯合聲明及附件一的內容，有的條文甚至可沿用聯合聲明的文字。

（三）要明確香港特區是中央領導下的地方政府，中央有領導權，但地方又有高度自治權。至於中央對香港行政長官是否擁有最終否決權，也要明確規定。

（四）基本法要把香港現有的法治精神、文官制度等有關政制方面的優點保留下來。

※

② 1986 年 2 月基本法諮詢委員會《分批研討會參考資料 2》

【P2】

2.基本法應按照聯合聲明附件一第二節「在香港特別行政區實行的法律為基本法，及上述香港原有法律和香港特別行政區立法機關制定的法律」。基本法可分為六個主要部份：

第一部份為序言，寫出特別行政區的憲法基礎，包括中國憲法第 31 條及一國兩制的原則，並按照以上所述之「唯一的堅持」。

第二部份為權力關係。可再細分為兩節，即 A 節為總論，論及有關中央人民政府及特別行政區政府之間的關係。B 節方面較專門地區別外交及涉及事務，另一方面則說明國防事務與內部保安的分別，緊急國防事務和外交屬於中央人民政府管理。

第三部份說明特別行政區內部的結構，此部份為兩節，第一節處理特別行政區的政治結構，體現特別行政區政府及立法機關由當地人組成，行政機關對立法機關負責，及立法機關由選舉產生的原則。第二節說明法律及司法制度。

第四部份說明對於香港人最基本的權利和自由。

第五部份說明基本法的解釋權及修訂的特別程序。

第六部份說明一些在以上各部份未有說明的其他事項。

附件：應於必要時用於說明具體的條款，與聯合聲明中有關之附件相同。

※

③ 1986 年 2 月基本法諮詢委員會《分批研討會參考資料 3》

1.匯點：＊

（1）序言

（2）總綱

（3）香港公民的基本權利和義務

（4）特別行政區機構

1）市議會

（2）市政府

（3）法院

（5）中央國家機構和香港特別行政區機構的關係

（6）基本法的修改

＊撮自《中華人民共和國香港特別行政區基本法大綱（草案）》，《民主改革與港人治港——匯點文件集》（曙光圖書公司，1984 年第一版）頁 77 – 89。

2.太平山學會：＊

（1）序言

（2）社會政策的指導原則／總綱

（3）人權宣言

＊撮自太平山學會法制組《我們對基本法的一些看法》，太平山學會編：《過渡時期的香港政制與法制》（百姓文化事業有限公司，1985 年 5 月版）頁 1 – 13。

※

④ 1986 年 2 月基本法諮詢委員會《第一批研討會總結》

歸納與會者主要意見如下：

1.關於基本法的詳簡問題。基本法既然作為香港法律的總依據，便不能過份繁瑣，包羅萬有，以至缺乏應有靈活性。基本法應作原則性的表述，若干具體問題，應另訂單行法規。

※

⑤ 1986 年 2 月基本法諮詢委員會《第二批研討會總結》

六、基本法結構初擬——

有數位委員對基本法的結構均提出其初稿，現將其全併歸納如下：

1.序言——歷史背景，介紹特別行政區的產生和權力的來源

2.總綱——基本法與中國憲法的關係，包括講明除與中國憲法第 31 條外其他的關係，資本主義制度五十年不變的原則、行政管理權屬誰的問題、特別行政區政府的土地界限、區界。

3.居民的權利和義務——公民與居民（區民）的分別（或港人的定義），包括的各項自由（依前所述），居民有權利也要有義務，就是維護香港繁榮、安定，遵守法律。

4.政府的架構——首長的產生，調動軍隊的權力，行政、立法、司法、財政制度、公務員。

5.工、商業，金融、航運、民航等制度。

6.對外經濟；

7.文化、教育、宗教、福利；

8.防暴、保安、治安；

9.基本法實施以後的修改權及生效期；

10.特別行政區的區旗、區徽。

（有委員提國旗應為中華人民共和國國旗）

※

⑥ 1986 年 2 月基本法諮詢委員會《第四批討論總結》

一、基本法的結構

1.中央與地方關係

2.總綱（包括精神和大原則）

3.政制

4.經濟金融制度

5.基本法的解釋權和修改權

6. 文化、教育
7. 新聞自由
8. 中國駐軍權、中央與香港特別行政區關係
9. 香港特別行政區對外關係
10. 宗教自由
11. 居民居留權的選擇
12. 社會福利
委員們一致同意基本法結構應包括以上十二點內容，而每一點是否成為一單項，則意見不一，基本上同意前五點獨立成一專項，其餘各點則可自然歸納為總項。

二、基本法內容詳盡程度——能詳則長，應短則短
很多委員認為基本法是 97 年後所執行的大法，是維繫港人信心的文件，所以基本法應着重大原則的闡述，而又為了避免內容過於冗長，具體細節則另以附錄形式載入基本法內，既保持靈活性，又不失其原則性。至於附錄法律性的問題，則有待探討。

四、政制方面
有些委員認為中英聯合聲明內談經濟部份太多，政制太少，所以基本法要側重寫政制部份，但如果寫得太詳細，則缺乏修改餘地，而太簡單，則又會說不清主要重點，個別委員建議在基本法內只闡述政制的大原則，而具體細節則以附件形式詳述。即可達到精簡原則，另一方面易於在港人手裡修改政制附件部份，而可能不需呈交中央通過。

五、經濟金融部份在基本法中的比重
中英聯合聲明已有詳盡闡述，所以部份委員覺得此部份在基本法中可以壓縮、精簡，而另一部份委員認為經濟金融是香港命脈，基本法中更應詳盡界定資本主義的定義，載明保持資本主義的精神包括私有產權、資源分配方式，以及香港成為獨立之金融單位，並有權與外國簽署合約等。有關資本主義的精神方面則極力詳細，政策、法例、法規方面則可減省。

※

⑦ 1986 年 2 月基本法諮詢委員會《第五批研討會總結》

五、對基本法結構的建議——
與會委員均認為基本法起碼要包括中英聯合聲明附件一中的 14 項內容，可以用七個部份劃分出來：
1. 序言——介紹歷史

2. 總綱——聯合聲明的精神，「一國兩制」的政策及名詞解釋

3. 特別行政區政府與中央的關係

4. 政制：行政 ⟩
　　　　立法 ⟩ 三權分立，並寫出它的形成及運作
　　　　司法 ⟩

5. 經濟制度——私有權、經濟自由、金融、外匯制度

6. 港人的權利和義務（或權利自由）——建議將兩條人權公約放進基本法中

7. 基本法的解釋權和修改權——權力、程序

※

⑧ 1986 年 2 月基本法諮詢委員會《第六批研討會總結》

基本法應該根據中英聯合聲明附件一為藍本，將其十四點作為基本法的大綱。還有補充意見認為基本法是 97 年後的香港大法，而聯合聲明只是為十二年過渡期而設的，故聯合聲明中有部份內容可供參考，但有部份則不適用，亦有不足的地方，需要補充。

第二稿

「序言
第一章　總則
第二章　中央與香港特別行政區的關係
第三章　香港居民的基本權利和義務
第四章　香港特別行政區的政治體制
　　　　第一節　行政長官
　　　　第二節　行政機關
　　　　第三節　立法機關
　　　　第四節　司法機關
　　　　第五節　區域組織
　　　　第六節　公務員
第五章　香港特別行政區的經濟
第六章　香港特別行政區的教育、科學、技術、文化、體育和宗教
第七章　香港特別行政區的對外事務
第八章　香港特別行政區的區旗、區徽
第九章　香港特別行政區基本法的法律地位和解釋、修改
第十章　附則」

〔1986 年 4 月 22 日《中華人民共和國香港特別行政區基本法結構（草案）》，載於《中華人民共和國香港特別行政區基本法起草委員會第二次全體會議文件匯編》〕

① 1986 年 4 月《香港各界人士對〈基本法〉結構等問題的意見匯集》（基本法起草委員會第二次會議參閱資料之一）

【P1-15】
關於《基本法》結構的方案和意見
一、方案
（方案一）
1.中央與特別行政區政府權力範圍及相互關係。
2.特別行政區行政機關和地方首長產生的方法、職責和任免辦法。
3.立法機關產生辦法和職責範圍。
4.司法機關產生辦法、職責範圍及法官任免。
5.公民的權利和義務。
6.基本法解釋和修改權屬。
7.特別行政區社會制度和經濟活動。
8.市民國籍、居留權選擇辦法以及處理中英複雜歷史遺留問題的措施。

（方案二）
1.總綱，寫明中國收回主權，「港人治港」、五十年現行制度不變等宗旨。
2.中央和香港的關係，界定權力範圍，包括修改基本法的權力。
3.政制，包括行政首長的產生方式、立法機關與行政機關的關係、立法機關與全國人大的關係、行政機關與國務院的關係、行政首長向市民、立法機關和中央政府負責的內容。
4.司法制度，包括終審權和解釋基本法的權力。
5.公民的權利和義務。

（方案三）
1.總綱。
2.市民的基本權利和義務，特別要寫明市民能自由遷徙。
3.政治體制，說明產生行政長官的方法、行政機關和立法機關的體制、司法機關產生的體制；地方行政機關，包括市政局、區議會的產生方式、各機關的關係。
4.財政金融結構制度。
5.稅收制度。
6.文教科技體制，肯定專業資格的審核制度。
7.語言、中英文並重。
8.中央與香港特區的關係。
9.動用軍隊的方式。
10.對外關係。
11.司法。
12.勞工權益。

（方案四）
1.緒言：說明基本法對憲法上的權力來源，對香港特別行政區的權威性和「一國兩制」的意義、「四個堅持」不引申到香港特別行政區等內容。
2.與憲法的關係：包括解釋、修訂之方法和中央如何授權香港特別行政區簽約和簽證件。
3.與中國其他地區在憲法上的關係。
4.政府架構：行政、立法、司法三權分立，行政與立法權之平衡。
5.司法制度（及任命法官的方法）。
6.公務員制度。
7.財政與稅收。
8.經濟金融制度。
9.航空運輸制度。
10.外事。

11.駐軍（包括駐軍在香港之法律責任）。
12.居民之權利及自由：包括「港人」與永久居留權的定義，可持之護照及旅遊證件、出入自由等。
13.香港特別行政區政府如何承繼香港政府之權利和責任；包括土地權、公務員、建築工務合約等。

（方案五）
1.基本法總綱部份，要寫明特別行政區成立的背景，並說明是根據中國憲法第三十一條的規定和聯合聲明原則產生的，這是「港人治港」、「一國兩制」的法律根據。
2.中央與特別行政區關係部份，要寫清中央與特別行政區的權力分配，可以是原則性的分配，如規定國防、外交之外其他剩餘權力全部屬特別行政區，特別行政區向中央交代的事項要作明確規定。
3.有關公民的權利和義務部份，要界定香港特別行政區公民的定義，規定公民擁有的基本人權，例如有出版、遷徙、旅行通訊、集會、結社、罷工、投票、宗教信仰的自由和權利，使之得到法律的保障，公民的義務如必須遵守法例等，也要詳列。
4.特別行政區的政治制度，必須詳列立法、行政及司法機關的產生方法，並將它們的結構、功能、權限、運行方式、三者之間的關係等寫清楚。
5.經濟制度，以法律條文寫出特別行政區原有資本主義制度、貿易和金融制度予以保留，五十年不變；肯定財產私有制繼續運行，資金、貨物自由流通，特別行政區擁有與各地區談判和簽訂貿易協定的權利。
6.社會福利和文化教育，以法律條文寫明特別行政區保持原有的生活方式不變，對科學、文化教育、宗教、福利等作出說明。

（方案六）
1.總綱。
2.中港關係，包括中國主權與香港間的權力劃分問題、終審權及基本法的解釋權。
3.政制及政府各部門之權力劃分。
4.經濟制度。
5.市民的基本權利和義務。
6.基本法的修訂。

（方案七）
1.序言：簡述香港的歷史背景。
2.總綱：
（1）中國 1997 年 7 月 1 日收回主權，成立香港特別行政區，實行：「一國兩制」、「港人治港」。
（2）特別行政區不實行社會主義制度。
（3）規定香港資本主義制度五十年不變，生活方式不變。
3.政府架構：政府主席職權，三權分立，各司其職，互相制衡。公務員權利、退休、福利權利。
4.財政、金融、貿易等制度。
5.人權與義務，規定有言論、集會、結社、罷工、宗教信仰等自由，規定行政立法機關人員犯法一樣要處理，外來不得干預壓制。
6.人大、中央政府與香港的關係：特別行政區政府有權解釋和修改基本法，涉及外交、國防中央才有權解釋。

（方案八）
1.基本法與中國憲法的關係。
（1）基本法的法制根據
「一國兩制」的法制根據。
（2）是否需要修憲
其他可行辦法
（3）基本法修訂的權力和程序。
（4）闡釋基本法的權力。

2. 過渡時期的問題。
（1）如何保證基本法的順利實施。
（2）中英聯合聯絡小組的角色。
（3）本港現行憲制及法律應如何撤銷及修訂，以配合基本法在 1997 年的實施。
3. 中央和地方政府的關係。
（1）各類模式的介紹。
（2）剩餘權力的概念。
（3）駐軍問題。
（4）中央政府與特別行政區政府權力的劃分。
（5）高度自治權的界定。
（6）代表本港的人大、政協委員的角色。
（7）特別行政區與中央政府溝通的渠道，在中央政府的代表權。
4. 特別行政區政府和其他地方政府及中央政府有關機構的關係。
（1）中國駐港機構如中國銀行、新華社等的權力和角色。
（2）特別行政區和其他各省市的經濟等關係，如何處理糾紛。
5. 特別行政區政府的外事權。
（1）國際組織及條約的參與。
（2）航運、港口、旅遊等有關問題。
（3）護照、永久性居民身份證等問題。
6. 特別行政區政府的經濟權。
（1）港幣的發行。
（2）外匯基金的處理、對外借貸。
（3）土地買賣等。
7. 特別行政區公民的權利和義務。
（1）公民權利和義務的清楚界定。
（2）與中國一般公民的分別。
8. 司法制度。
（1）司法制度的架構、權力、任免等問題。
（2）司法獨立的保證。
（3）英式法律制度如何保持及有關的銜接問題。
9. 政制。
（1）代議政制。
（2）選舉制度及政黨問題。
（3）協商產生行政長官的問題。
（4）特別行政區的組織法。
（5）議會內閣制或三權分立。
（6）與過渡時期的銜接問題，實施的時間表。

（方案九）
1. 總則。
2. 香港特別行政區之公民、居民之定義及居留權、公民權之取得與放棄。
3. 香港特別行政區公民、居民之權利和義務。
4. 香港特別行政區議會之組織及其功能：
（1）法制院。
（2）控制院。
5. 香港特別行政區自治政府之組織及功能，臨時政府及銜接。
6. 香港特別行政區長官（港督）、副長官（副港督）、權責。
7. 香港特別行政區之施政：
（1）內政。
（2）財政與經濟。
（3）教育與考試。
（4）外交。
（5）司法偵察與檢查。
（6）民防訓練。
（7）香港各級政府之組織。
（8）香港特別行政區社會福利及救濟。

8. 香港特別行政區各級法院之組織及權責。
（1）初級地方法院。
（2）高等上訴法院。
（3）最高終審法院。
（4）非常審判庭。
9. 香港特別行政區之領土、領空、領海、資源之劃分。
10. 香港特別行政區之政黨組織及登記。
11. 香港特別行政區和中國大陸旅遊、探親及限制。
12. 本法之修改和解釋。
13. 其他事項。
14. 附則。

二、意見
1. 聯合聲明附件一寫得相當好，基本法的架構大體上可參照附件一的結構。
2. 基本法的結構應緊跟聯合聲明的結構，把聯合聲明的內容全部包進基本法。
3. 關於基本法的架構問題，有前言、總綱，然後分政治體制、居民的權利與義務、財政經濟、科技教育等章節，此外應把駐軍一節寫上，寫明駐軍費用由中央負擔，駐軍人數由中央政府根據情況決定。除基本法外，還應有許多單行法。
4. 至於基本法的結構，第一、第一章應有一個總則，對「一國兩制」、「港人治港」、如何高度自治、中央與特別行政區的關係，授予哪些權力，要清楚寫明，如果有一個專責小組去處理這些問題，就再好不過。第二、寫清行政長官、行政機關、立法機關三者之間的關係如何，行政機關向立法機關負責，後者應有權彈劾行政機關，中央要適當處理這些問題。
5. 基本法的結構，開頭要有一個概論或序言，說明香港政治歷史的發展變化。第二部份應是對保持香港五十年不變的整個制度如何運作的說明。另外，中央政府與香港政府的關係是要詳細說一下的，還有香港居民享有的權利與義務，如要不要服兵役，都要說清楚。
6. 基本法的內容，除序言、總綱、中央與特別行政區權力的劃分、對敏感問題的處理、政制設置及制衡、居民權利和義務外，還應訂明特別行政區的具體事務，如旗幟、標誌、節假日、國際關係以及對特別名詞的解釋定義等。
7. 基本法的內容應該比較全面，所包括的內容應該比較廣泛，不但要把中英聯合聲明附件一所刊全部包括在內，並且分類加以具體說明，如政制、法律、財經金融、工商貿易、教育文化、科技、勞工、婦女與社會福利、公務員制度與監察制度，才能使香港特別行政區的工作人員有所依循。
8. 基本法同時也要說明香港特別行政區的管轄範圍與特別行政區與中央政府的關係，使香港市民和特區工作人員能瞭解他們的地位和應有的權利和義務。
9. 基本法中也要包括它的解釋和修改的權力和步驟。
10. 最重要的是基本法訂定時應同時考慮到基本法的附例，因為無論基本法內容怎樣詳細，真正用來統治特別行政區行政的完全靠基本法的附例，如金融財經附例、教育勞工附例等以至交通運輸附例，治安選舉附例等，沒有這些附例，基本法等於沒有了腿，是不能夠用來執行的。
11. 基本法至少要包括以下的內容：（1）公民權利，（2）市民有參與市政管理之權，（3）特別行政區享有地方發展的權利，（4）特別行政區與中國各省市之間的關係，（5）特別行政區享有與東南亞國家建立「國際經濟發展圈」的權利，（6）港人享有自己的獨特的生活方式的權利，（7）港人享有對自身政制進行改革的權利。
12. 基本法應是一份廣泛的原則聲明。它的兩個堅定不移的原則是人權與自由——言論、行動、信仰、旅遊、資產自由。建議在聯合聲明所列的十四項之外，增加人權、資本主義、科技與工業、司法評論和基本法的解釋和上訴

權、基本法的修訂等項目。

13. 基本法根據小憲法的架構寫比較好，有序言、有總綱，實施也容易。原則性的東西，如保持資本主義和保護私有財產都應寫進去。

14. 用憲法的形式來寫基本法是很困難的事。基本法用憲法的形式寫會遇到很多衝突和困難，最好不用憲法形式而用公司法形式寫。美國、歐洲、日本不少城市採用了公司法，免受國家和軍人的管轄。基本法是公司法，香港的法律是附則。

15. 就有關中港關係的問題，基本法應設一章明確界定中央與「一國兩制」下的地區的關係。有關方面必須從速成立一個專責小組負責研究兩制關係和界定「一國兩制」模式下的中央和地區的關係。

※

② 1986 年 4 月 22 日《中華人民共和國香港特別行政區基本法結構（草案）》，載於《中華人民共和國香港特別行政區基本法起草委員會第二次全體會議文件匯編》

【P15-17】
第五章　香港特別行政區的經濟
（一）財政管理，稅收政策
（二）金融制度和政策
（三）自由貿易政策
（四）製造業等工業政策
（五）商業、旅遊業、房地產業政策
（六）航運管理和民航管理

第六章　香港特別行政區的教育、科學、技術、文化、體育和宗教
（一）教育制度和教育政策
（二）科技政策
（三）文化政策、體育事業
（四）宗教政策

（五）專業人士的專業資格問題
（六）其他社會事務

第十章　附則
（一）香港特別行政區第一屆政府的產生
（二）原有法律的延續和原有證件、契約的繼續有效問題
（三）基本法的生效

※

③ 1986 年 4 月《部份起草委員對基本法結構（草案）的意見（備忘錄）》，載於《中華人民共和國香港特別行政區基本法起草委員會第二次全體會議文件匯編》

【P19-20】
一、關於總的結構
1. 結構（草案）分為十章過多，可適當壓縮合併，如第五、六、七章可併為一章，稱為「香港特別行政區的事務」；解釋和修改可以併在附則內。

2. 中央與香港特別行政區的關係是基本法的核心問題，要貫穿基本法的始終，單寫一章，肯定會造成重複，也未必能夠表達清楚，例如，經濟方面的內容與第五章的重複就不好處理。

3. 除序言和區旗、區徽兩章外，在各章都加「其他」一項。

4. 建議將第三章改為政治體制，第四章改為居民的權利和義務。

5. 基本法越簡單越好，凡是香港現在法律中已有的內容，就不必寫進基本法。基本法是帶基本性、原則性的法律，不能經常修改。若基本法寫得太詳盡太具體，未來特別行政區的立法自由便會受到嚴重掣肘，不利於社會的發展。

6. 建議增加一個附件或附錄，載入聯合國兩個人權公約，附上香港的地圖，以及詳細列明公務員的評薪制度，僱用志願留任的公務員制度等內容。

第三稿

「序言
第一章　總則
第二章　中央與香港特別行政區的關係
第三章　香港特別行政區居民的基本權利和義務
第四章　香港特別行政區的政治體制
　　　　第一節　行政長官
　　　　第二節　行政機關
　　　　第三節　立法機關
　　　　第四節　司法機關
　　　　第五節　區域組織
　　　　第六節　公務人員
第五章　香港特別行政區的經濟
　　　　第一節　財政和稅收
　　　　第二節　金融和貨幣
　　　　第三節　對外經濟貿易
　　　　第四節　工商業和其他行業
　　　　第五節　土地契約
　　　　第六節　航運管理

第七節　民航管理

第六章　香港特別行政區的教育、科學、技術、文化、體育和宗教
第七章　香港特別行政區的對外事務
第八章　香港特別行政區的區旗、區徽
第九章　香港特別行政區基本法的解釋和修改
第十章　附則」

〔1987 年 12 月基本法起草委員會秘書處《香港特別行政區基本法（草案）》（匯編稿）〕

① 1986 年 8 月 20 日《基本法結構專責小組初步報告》

【P1-36】

事項	意見	原因	出處
1.「序言」			
2.第一章「總則」			
3.第二章「中央與香港特別行政區關係」			
（編者按：中缺）			
5.3第三節「立法機關」			
5.4第四節「司法機關」			
5.5第五節「區域組織」之「區域組織的職能和產生」			
5.6第六節「公務員」			
5.7補充	（1）a.建議在這章內加上「廉政公署」一節。	因為「廉政公署」在香港有很大貢獻。	專責小組五月六日會議
	b.認為不宜在基本法內突出「廉政公署」的問題。	雖然「廉政公署」的工作很重要，但它是經立法程序制定的組織，如將來香港特別行政區的原本法律基本不變，有關「廉政公署」的條例應會不變，因此，「廉政公署」也會存在。除此之外，「廉政公署」的權力對人身自由是有對抗性的，所以不宜在基本法內有此列明。	專責小組五月六日會議

事項	意見	原因	出處
6.第五章「香港特別行政區的經濟」			
6.1第一節「財政管理、稅收、政策」			
6.2第二節「金融制度和政策（國際金融中心，港幣的流通和發行，不實行外匯管制政策，外匯、黃金、證券、期貨市場繼續開放）」			
6.3第三節「自由貿易政策（自由港，單獨的關稅地區，單獨享有出口配額，關稅優惠和其他類似安排，產地來源證的簽發）」			
〔編者按：中缺。雖然缺少「事項」一列，但跟本文的最後報告（英文版）作對比，可確認右列意見是針對第五章整體而發。〕	（1）建議刪除這章。	因為恐防產生掛一漏萬的問題。目前還有社會人士提議詳列有關諸如人口、環境、勞工及福利政策，其實質意義不大。加上政策不是寫得詳盡便是好事，因為政策必須按社會的情況而轉變，如果現行定出所有社會政策的詳情，恐怕日後會與社會脫節，因此刪去這章，可容許基本法有更大的彈性。	陳祖為（浸會宗哲系副講師）《快報》（26/5/86）

事項	意見	原因	出處
	（2）建議將在這章出現的「政策」二字刪去，或在寫基本法時，必須明確「政策」的意思，以免不必要的爭議。	因為「政策」二字可理解為：1.原則和方向；2.具體措施、安排和方法。	專責小組五月六日會議
〔編者按：中缺。雖然缺少「事項」一列，但跟本文的最後報告（英文版）作對比，可確認右列意見是針對第六章整體而發。〕	（1）a.建議在題目內加上「勞工」二字，在內容裡寫上「勞工政策」。「勞工政策」包括：「就業保障、限制輸入廉價勞工、工會的政治權利及集體談判權、香港工會與外地工會的關係。」		香港工會教育中心與多個工會（勞工界）來信（19/6/86）
	b.提出不需在這章內突出某一階層的問題	因為勞工問題屬經濟政策，而且香港已有一套完整的勞工保障制度。第三章已概括了各階層人士的合法權益，若在這章內提及勞工問題，會產生不協調的現象。	專責小組五月六日會議
	（2）建議刪去這章。	因為恐防產生掛一漏萬的問題。目前還有社會人士提議詳列有關諸如人口、環境、勞工及福利政策，其實質意義不大。加上政策不是寫得詳盡便是好事，因為政策必要按社會轉變，如果現行規定所有社會政策詳情，恐怕日後會與社會脫節，因此刪去這章，可容許基本法有更大的彈性。	陳祖為（浸會宗哲系副講師）《快報》（26/5/86）
9.第八章「香港特別行政區的區旗、區徽」			

事項	意見	原因	出處
10.第九章「香港特別行政區基本法的法律地位和解釋、修改」			
11.第十章「附則」			
11.1 第一節「香港特別行政區第一屆政府的產生」			
11.2 第二節「原有法律的延續和原有證件、契約的繼續有效問題」			
11.3 第三節「基本法的生效」			

※

② 1987 年 3 月 9 日《居民及其他人權利自由福利與義務專責小組第十四次會議紀要（修訂）》

【P1】

2. 有關由起草委員就《基本法結構（草案）》第三章「香港特別行政區居民的基本權利和義務」草擬的討論稿，與會者與李福善草委的交流概要如下：

2.1 題目：

2.1.1 有委員建議加上「其他人」，藉此說明第三章的內容也照顧到「其他人」的權利與義務。

※

③《Final Report on the Structure of Basic Law》（基本法結構專責小組最後報告，1987 年 3 月 14 日經執行委員會通過）

【P1-45】

ITEMS	OPINIONS	REASONS	SOURCES
1. "Preamble"			
2. Chapter 1 "General Principles".			
3. Chapter 2 "Relationship between the central Government and the SAR".			
4. Chapter 3 "The Fundamental Rights and Duties of Hong Kong Inhabitants".			

ITEMS	OPINIONS	REASONS	SOURCES
5. Chapter 4 "HKSAR political structure".			
5.1 Section 1 "The chief executive".			
5.2 Section 2 "The executive authorities".			
5.3 Section 3 "The Legislature".			
5.4 Section 4 "The Judiciary".			
5.5 Section 5 "District and regional administration". "Functions and organization of district and regional administration".			
5.6 Section 6 "public servants".			
5.7 Supplement	1a. To add a section on "ICAC" in this Chapter.	"ICAC" has great contribution in Hong Kong.	Special Group Meeting on 6th May, 1986
	b. It is not appropriate to emphasize the "ICAC" in the Basic Law.	The work of the "ICAC" is very important and it will remain in existence because it is an organization created by legislation. If the existing laws will remain basically unchanged, ordinance about the "ICAC" will also not be changed. The power of the "ICAC" threatens personal freedoms. Therefore, it is not appropriate to mention "ICAC" in the Basic Law.	Special Group Meeting on 6th May, 1986

ITEMS	OPINIONS	REASONS	SOURCES
6. Chapter 5 "HKSAR Economy".			
6.1 Section 1 "Financial management and taxation policy".			
6.2 Section 2 "Financial system and policy (International finance centre; issuing and circulation of the Hong Kong currency; no exchange control. Market for foreign exchange, gold, securities and futures shall remain open)".			
6.3 Section 3 "Free trade policy (free port, the independent customs territory and the right as a separate unit to fill export quota and to negotiate tariff preference and other related arrangements, and to issue certificates of origin)".			
6.4 Section 4 "Industrial policies on manufacturing and other industries".			
6.5 Section 5 "Policies on commerce, tourism and real estates".			
6.6 Section 6 "Shipping and civil ariation management".			

ITEMS	OPINIONS	REASONS	SOURCES
6.7 Supplement	1. To delete this Chapter.	The list might omit some items. Though there are suggestions to list policies on areas such as population, environment, labour and welfare, it is not significant to specify these policies in detail because policies have to change accordingly as social conditions change. To delete this Chapter may allow the Basic Law to be more flexible to adapt to the social and changing environment.	Chan Jo Wai (Associate Lecturer, Department of Religion and Philosophy, Baptist College) Fai Pao 26th May, 1986
7. Chapter 6 "HKSAR Education, Science, Technology, Culture, Sport, and Religion".			
7.1 Section 1 "Education policy and system".			
7.2 Section 2 "Science and technology policy".			
7.3 Section 3 "Culture policy, Sports promotion".			
7.4 Section 4 "Religion policy".			
7.5 Section 5 "Professional qualifications of the professionals".			
7.6 Section 6 "Other social affairs".			

ITEMS	OPINIONS	REASONS	SOURCES
7.7 Supplement	1a. To add "labour" in the heading of this Section and to include "labour policy" in this section. "labour policy" includes "security of employment, lowpaid labour, political right of trade unions, right of collective bargaining and relationship between Hong Kong and foreign trade unions".		Education Centre of Hong Kong Trade Unions and many other trade unions' letter on 19th June, 1986
	2. To delete this Chapter.	The list might omit some aspect. Though there are suggestions to list policies on areas such as population, environment, labour and specify these policies in details because policies have to change accordingly as social conditions change. To delete this Chapter may allow the Basic Law to be more flexible to adapt to the changing social environment.	Chan Jo Wai (Associate Lecturer, Department of Religion and Philosophy, Baptist College) Fai Pao 26th May, 1986
8. Chapter 7 "HKSAR External Affairs".			

ITEMS	OPINIONS	REASONS	SOURCES
9. Chapter 8 "HKSAR Flag and Emblem".			
10. Chapter 9 "The legal status of the HKSAR Basic Law and Its Interpretation and Amendment"			
"Appendix"			
11.1 Section 1 "The formation of the first HKSAR government".			
11.2 Section 2 "The continued validity of original laws, documents and contracts".			
11.3 Section 3 "The enactment of the Basic Law".			

※

④ 1987 年 4 月 13 日《香港特別行政區基本法起草委員會香港居民的基本權利和義務專題小組的工作報告》，載於《中華人民共和國香港特別行政區基本法起草委員會第四次全體會議文件匯編》

【P23】
第三章　香港特別行政區居民的基本權利和義務（修改稿）
說明：小組認真討論了部份起草委員和諮詢委員會有關專責小組提出的關於把本章標題改為「香港居民和其他人的基本權利和義務」的建議，認為，本章中心內容是規定香港居民的基本權利和義務，同時，從立法體例上，標題一般都是反映本章的中心內容的，因此，仍以保留《香港居民的基本權利和義務》標題為宜。但需將「香港居民」改為「香港特別行政區居民」，同時，需要在本章第十八條對其他人的權利和自由作進一步的規定。

※

⑤居民及其他人的權利自由福利與義務專責小組《香港居民的基本權利與義務最後報告之二》（1987 年 8 月 8 日經執行委員會通過）

【P1】
需解釋為何要包括「其他人」這類別。「其他人」一詞必須界定。

※

⑥ 1987 年 9 月 2 日《中華人民共和國香港特別行政區基本法起草委員會第五次全體會議委員們對基本法序言和第一、二、三、四、五、六、七、九章條文草稿的意見匯集》

【P18】
四、關於第三章　香港特別行政區居民的基本權利與義務
1. 關於標題
有些委員表示，不同意基本法諮詢委員會一些委員關於本章標題加上「其他人」字樣的主張。

【P52】
六、關於第五章　香港特別行政區的經濟
（一）對本章條文草稿整體的意見：
2. 有的委員認為，本章第四節的規定比較抽象，可否考慮與第三節合併在一起。有的委員提出，本章對航運、民航已做了規定，是否可考慮增寫關於陸運的規定。

3. 委員們建議，鑒於目前第五、第六、第七節的寫法與整個基本法的體例不協調，應作重大修改，具體的解決辦法是採用附件或在頒佈基本法的同時制定單獨法律的方式，可再研究討論。有的委員認為，雖然經濟部份現在的條文需作調整，但並不表示實質內容有任何變化。

※

⑦香港居民的基本權利與義務專責小組《對基本法第三章條文草稿（一九八七年八月）的意見》（1987 年 11 月 4 日經執行委員會通過）

【P1】
關於標題
意見：
1. 有委員認為由於本章第十八條對「其他人」有所規定，故應考慮是否須在標題中加上「其他人」一詞，予以配合。

2. 有委員認為草稿的標題可以接受，因為標題是可以精簡一些。

※

⑧ 1987 年 12 月 12 日《經濟專題小組的工作報告》，載於《中華人民共和國香港特別行政區基本法起草委員會第六次全體會議文件匯編》

【P7-8】
（三）將第二節原標題「對外貿易」改為「對外經濟貿易」……

（四）把第四節原標題「工商業和其他產業」，改為「工商業和其他行業」；
關於本章第五節（土地契約）、第六節（航運管理）、第七節（民航管理）等三節的體例問題，與會委員一致認為，由於這三節所提出的條款，均有實質的重要性，而且其起草均有法定依據，建議其內容不作修改。但在體例上，建議：
（1）這三節全部條款不作修改地列入基本法第五章之內。這是多數委員的意見。
（2）少數委員建議，可把第五、第六、第七等三節全部條款不作修改地列為基本法的附件，但申明具有同等法律效力。

※

⑨1987年12月12日《基本法起草委員會秘書處關於〈香港特別行政區基本法起草委員會各專題小組擬訂的各章條文草稿匯編〉的幾點說明》，載於《中華人民共和國香港特別行政區基本法起草委員會第六次全體會議文件匯編》

【P14】
四、關於第六章的標題
第六章的標題為《香港特別行政區的教育、科學、技術、文化、體育和宗教》。題目顯得過長，且不能包括這一章的全部內容，能否將這一章的標題適當簡化，也請委員們研究。

第四稿

「序言
第一章　總則
第二章　中央和香港特別行政區的關係
第三章　居民的基本權利和義務
第四章　政治體制
　　　　第一節　行政長官
　　　　第二節　行政機關
　　　　第三節　立法機關
　　　　第四節　司法機關
　　　　第五節　區域組織
　　　　第六節　公務人員
第五章　經濟
　　　　第一節　財政和稅收
　　　　第二節　金融和貨幣
　　　　第三節　對外經濟貿易
　　　　第四節　工商業和其他行業
　　　　第五節　土地契約
　　　　第六節　航運
　　　　第七節　民用航空
第六章　教育、科學、文化、體育、宗教、勞工和社會服務
第七章　對外事務
第八章　區旗、區徽
第九章　本法的解釋和修改
第十章　附則

〔1988年3月基本法起草委員會秘書處《中華人民共和國香港特別行政區基本法（草案）草稿》（總體工作小組第二次會議對目錄、序言、第一、二、三、五、六、七、九章的修改稿）〕

①1987年12月《中華人民共和國香港特別行政區基本法起草委員會第六次全體會議委員們對基本法第四、五、六、十章和條文草稿匯編的意見》

【P43】
第二部份　討論基本法條文草稿匯編提出的意見
一、關於目錄
有的委員建議，將目錄中第三章至第九章標題中的「香港特別行政區」字樣刪去。有的委員認為，第三、九章的題目不能刪。較多委員認為，最好是要麼全部刪掉要麼全部保留，建議由總體工作小組考慮。

【P49-51】
六、關於第四章
有的委員提出，香港特別行政區的政治體制這一章的章節應調整為：第一節、行政長官，第二節、行政會議，第三節、行政機關，第四節、立法機關，第五節、司法機關，第六節、其他機構，第七節、區域組織，第八節、公務人員。將現草稿匯編第五十一條、五十二條和五十三條列為第二節，將第五十四條和五十五條列在第六節，放在第五節之後。

七、關於第五章
1.部份委員認為，本章的第五、六、七節（土地契約、航運管理、民航管理）都很重要，應保留在第五章中。
2.有的委員建議，將本章第五、六、七節都作為附件處理。
3.有的委員建議，將本章第五節作為附件；還有的委員主張將第五節的第一百二十五、一百二十六、一百二十七條列入基本法的附件。

八、關於第六章
1.多數委員認為，現在第六章的標題過長，而且不能包括該章的全部內容，建議簡化和修改。
2.許多委員建議將第六章的標題改為：「香港特別行政區的教育、科技、文化及宗教事務」，或「香港特別行政區的教科文及宗教事務」，或「香港特別行政區的社會、文化和宗教事務」或「香港特別行政區的文化和宗教事務」，

或簡稱為「香港特別行政區的社會事務。」

3.有的委員認為，第六章內容包括多方面，很難概括，建議保留原標題。

4.有的委員認為，第六章內容過於廣泛，要照顧到各個團體的需要，在基本法裡面提到了許許多多的團體，這是不大合適的，建議從總體上加以研究。

※

② 1988 年 4 月 26 日《胡繩副主任委員關於總體工作小組的工作報告》，載於 1988 年 5 月《中華人民共和國香港特別行政區基本法起草委員會第七次全體會議文件匯編》

（編者按：雖然本文件的日期是 1988 年 4 月，但本文件是總體工作小組在 1987 年 12 月 15 日至 1988 年 3 月 6 日之間召開的三次會議上對各專題小組草擬的基本法原條文所作的一些調整和修改。於 3 月提出的草稿裡面已經將以下調整與修改納入，故將這份文件放入本稿中。）

【P10】

（十二）關於各章的標題，除序言、第一章總則、第二章中央和香港特別行政區的關係和第十章附則外，其餘各章的標題在文字上略有改動和簡化。考慮到第六章的標題應顧及各個方面，不宜簡化，為此，將「香港特別行政區的教育、科學、技術、文化、體育和宗教」改為「教育、科學、文化、體育、宗教、勞工和社會服務」。

第五稿

「序言

第一章　總則

第二章　中央和香港特別行政區的關係

第三章　居民的基本權利和義務

第四章　政治體制

　　　　第一節　行政長官

　　　　第二節　行政機關

　　　　第三節　立法機關

　　　　第四節　司法機關

　　　　第五節　區域組織

　　　　第六節　公務人員

第五章　經濟

　　　　第一節　財政和稅收

　　　　第二節　金融和貨幣

　　　　第三節　對外經濟貿易

　　　　第四節　工商業和其他行業

　　　　第五節　土地契約

　　　　第六節　航運

　　　　第七節　民用航空

第六章　教育、科學、文化、體育、宗教、勞工和社會服務

第七章　對外事務

第八章　區旗、區徽

第九章　本法的解釋和修改

第十章　附則

附件一：香港特別行政區行政長官的產生辦法

附件二：香港特別行政區立法會議的產生辦法

附件三：香港特別行政區第一屆政府和立法會議的產生辦法」

〔1988 年 4 月基本法起草委員會秘書處《中華人民共和國香港特別行政區基本法（草案）草稿》〕

第六稿

「序言

第一章　總則

第二章　中央和香港特別行政區的關係

第三章　居民的基本權利和義務

第四章　政治體制

第七稿

附件二：香港特別行政區立法會議的產生辦法
附件三：在香港特別行政區實施的全國性法律」
〔1989 年 2 月《中華人民共和國香港特別行政區基本法（草案）》〕

① 1988 年 8 月基本法起草委員會秘書處《香港各界人士對〈香港特別行政區基本法（草案）徵求意見稿〉的意見匯集（一）》

【P39】
關於第五章的其他意見
1. 第三節題目應改為「對外經濟關係」。

【P49】
關於第六章的其他意見
5. 本章的標題應在「文化」後面加上「醫療衛生」，或將原標題改為「社會文化」。

※

②《基本法諮詢委員會文化、教育、科技、宗教專責小組對基本法（草案）徵求意見稿第六章的意見匯編》，載於 1988 年 10 月基本法諮詢委員會《中華人民共和國香港特別行政區基本法（草案）徵求意見稿諮詢報告（1）》

【P123】
1. 整體意見
1.4 第六章的標題
1.4.1 有委員認為，第六章的標題「教育、科學、文化、體育、宗教、勞工和社會服務」未能包括所有應包含的項目，建議另改題目以包羅所有項目，或將所有項目列明。

※

③ 1988 年 10 月基本法諮詢委員會《中華人民共和國香港特別行政區基本法（草案）徵求意見稿諮詢報告第五冊——條文總報告》

【P9】
基本法（草案）徵求意見稿整體意見
2. 建議
2.2 修改
→ 第三章與第六章較為繁複，可改為：「關於居民的權利與義務及社會體系和社會服務」。
第六章有關勞工問題可另開一章為：「關於勞工福利及公務人員」，並加以補充（將第四章的第六節刪去）。
第二章及第七章可改為：「關於中央與香港特別行政區的關係和對外事務」。
第四章及第十章可改為：「關於香港特別行政區的政治體制」，而第一節可以考慮改為：「行政長官、首屆政府及其產生辦法」。將第一節的「附件一」及「附件三」中的有關第一屆政府的產生辦法注入；第二節及第四節維持不變；第三節的「附件二」及「附件三」中有關「立法會議的產生辦法」則連結為一節。

【P104】
第三章　整體意見
2. 建議
2.2 修改
→ 應考慮把「居民的基本權利和義務」列為第二章。

理由：很多憲法都是將公民的基本權利和義務列於總綱後。
→ 將題目改為：「市民的基本權利和義務」（Fundamental rights and duties of citizen）。
理由：改用「市民」可避免含糊的解釋。
→ 將本章所列的「自由」改為「權利」。
理由：居民的自由可得更大的保障。

【P193】
第四章　整體意見
1. 名稱
1.1 行政長官
「行政長官」的稱謂十分錯誤。
理由：世界各國的元首多以總統、總理、國家主席等為名稱。
特別行政區行政長官可稱為：
（1）「行政首長」，英文仍可以沿用「Governor」。
理由：
務使香港現時之國際聲譽和地位不受任何影響。
（2）「特別行政區主任」或「特別行政區區長」。
理由：
⊙「長官」一詞是來自日本的。
⊙ 中國的官職中，「長官」之稱多用於戰區，但香港特別行政區不是軍管區。
⊙「長官」有由上統下的意思。
（3）總督、主席、主任、專員、區長、首長、總理。
（4）首席政務司、區長、市長或總督。
理由：較適合中國文化傳統習慣。
1.4 公務員
→ 第四章第六節的「公務人員」與第四章第一節及第四十八條第（七）項的「公職人員」，用詞前後不統一，應予調整。

【P343-346】
第五章　整體意見
2. 建議
2.2 修改
→ 由於香港屬小型開放型經濟，對外貿易為經濟發展命脈，故可考慮重新編排第五章各節次序，將以下這一節放在首位。建議這一節的條文共七條，其中前三條是新的，內容如下：
第一條——香港特別行政區實行資本主義經濟制度。香港特別行政區政府自行制定經濟發展政策。
第二條——香港特別行政區政府繼續實行自由貿易政策，包括貨物和資本的自由流動。
第三條——香港特別行政區可同其他國家及地區建立互利的經濟關係，外來投資受法律保護。
第四條——香港特別行政區仍為自由港。香港特別行政區政府除法律另有規定外，不徵收關稅（原第一百一十八條加上「政府」兩字）。
第五條——香港特別行政區為單獨的關稅地區。香港特別行政區可以「中國香港」的名義參加關稅和貿易總協定、關於國際紡織品貿易安排的有關國際組織和國際貿易協定，包括優惠貿易安排（原第一百一十九條）。
第六條——香港特別行政區所取得的和以前取得仍繼續有效的出口配額、關稅優惠和達成的其他類似安排，全由香港特別行政區享有（原第一百二十條）。
第七條——香港特別行政區政府根據當時的產地規則，可對本地產品簽發產地來源證（原第一百二十一條加上「政

府」兩字）。

→ 為分開處理法律性和政策性條文，第五章第一、第兩節可考慮作以下修改：

正文內寫上以下條文：

第一節 財政和稅收只寫三條即：

「第一百零四條　香港特別行政區的財政獨立。

香港特別行政區財政收入全部用於自身需要，不上繳中央人民政府。」

「第一百零六條　香港特別行政區實行獨立的稅收制度。中央人民政府不在香港特別行政區徵稅。」

「第一百零八條　香港特別行政區的稅種、稅率和稅收寬免，由法律規定。」

第二節 金融和貨幣內只寫五條即：

第一百一十條改為：「香港特別行政區依照法律的規定實行自由開放的貨幣金融制度。」

第一百一十三條：「香港特別行政區政府保障金融機構經營和金融市場運作的自由，並依法進行管理和監督。」

第一百一十四條：「港元為香港特別行政區法定貨幣，繼續流通，自由兌換。」

第一百一十五條之第一、第三款：「港幣的發行權屬於香港特別行政區。港幣的發行制度，由法律規定。

香港特別行政區政府，在確知港幣的發行基礎健全和發行安排符合保持港幣穩定的條件下，可授權指定銀行根據法定權限發行或繼續發行港幣。」

第一百一十六條：「香港特別行政區的外匯基金，由香港特別行政區政府管理和支配，主要用於調節港元匯價。」

第一和第二節內所有政策性條文，可考慮寫入附件（編者按：即第一百零五條、一百零七條與第二節全部條文）。

【P374】

第五章

第三節　整體意見

1.建議

→ 第三節的題目應改為「對外經濟關係」。

理由：除了貿易外，更可涉及其他經濟關係。

→ 把第三、四節合併為一節，稱之為「經濟制度和對外經濟關係」，此名稱亦見於《中英聯合聲明》註釋第六節。

【P380-381】

第五章

第四節　整體意見

2.建議

→ 第四節應該放在第五章的開頭，作為新的第一節，題為「企業經營與行業發展」，包括兩條：「香港特別行政區政府保障企業的經營自由和公平競爭，並依法進行管理和監視。」

「香港特別行政區政府提供環境和條件，促進和協調各行業的發展，並推動新的行業成長。」

理由：

⊙ 以表示特別行政區政府在微觀（對企業）及宏觀（對行業）層面都有一定的方針。

⊙ 既照顧資本主義的現實，讓其有足夠的空間自由運作，亦明白到現代經濟的需要。

⊙ 作適度的介入，進行監管，並提供適合的環境和條件，意思比現時的寫法明確得多。

3.待澄清問題

→ 第四節的標題「工商業和其他行業」不恰當，它包括什麼行業？不包括哪些行業？

【P463】

第八章　整體意見

1.建議

→ 在第八章標題「香港特別行政區的區旗、區徽」後加上「假期」兩字。

※

④ 1989 年 1 月 9 日《胡繩副主任委員關於主任委員擴大會議情況的報告》，載於 1989 年 1 月《中華人民共和國香港特別行政區基本法起草委員會第八次全體會議文件匯編》

【P37】

一、關於總則，主任委員擴大會議作了四處調整：

（三）取消第八章區旗區徽，將有關區旗、區徽的規定作為總則的第十條。

【P39-40】

五、關於第五章經濟，經濟專題小組將基本法（草案）徵求意見稿第五章的第一、二、三節合併為一節，主任委員擴大會議接受了這一調整，並將此節標題改為「財政、金融、貿易和工商業」。

七、關於第一屆政府和立法會的產生辦法，主任委員擴大會議討論了是否將此作為基本法的附件問題。考慮到有關第一屆政府和立法會的產生辦法必須在九七年七月一日前生效，而基本法及其附件只能在九七年七月一日開始生效，因此，建議將第一屆政府及立法會的產生辦法作為全國人民代表大會的一項專門決定，與基本法同時通過、公佈。相應地，主任委員擴大會議對第九章附則的第一百五十九條的文字作了調整。

第八稿

「序言

第一章　總則

第二章　中央和香港特別行政區的關係

第三章　居民的基本權利和義務

第四章　政治體制

　　　　第一節　行政長官

　　　　第二節　行政機關

　　　　第三節　立法機關

　　　　第四節　司法機關

　　　　第五節　區域組織

　　　　第六節　公務人員

〔1990 年 2 月 16 日《中華人民共和國香港特別行政區基本法（草案）》〕

① **《基本法諮詢委員會文教專責小組對基本法（草案）第六章的意見匯編》，載於 1989 年 11 月基本法諮詢委員會《中華人民共和國香港特別行政區基本法（草案）諮詢報告第一冊》**

【P109】
1. 本章標題
1.1 有委員認為，標題的「社會服務」一詞有問題，因為根據香港的用法，「社會服務」範圍很廣泛，包括醫療、社會福利、教育、勞工等方面，建議把該詞改為「社會福利」。若果保留「社會服務」，則應刪除「教育」等屬於「社會服務」的詞，以免引起觀念上的混淆。
1.2 有委員認為，「社會服務」一詞有廣義狹義之分，這裡適宜採用狹義的意思作標題，故應改為「社會福利」。
1.3 有委員認為，標題應盡量包括本章所提及的項目，贊成仍用「社會服務」一詞。

※

② **1989 年 11 月基本法諮詢委員會《中華人民共和國香港特別行政區基本法（草案）諮詢報告第三冊──條文總報告》**

【P119】
第四章
第一節　整體意見
1. 建議：
1.1 「行政長官」名稱改為：
→ 「主席」或「總督」
理由：
⊙ 「行政長官」的稱謂不簡潔。
⊙ 「長官」帶有高高在上的意味。
→ 「總裁」
理由：
⊙ 「行政長官」這稱謂不適當。
⊙ 若認為「港督」這稱呼會令人想起殖民地時代，改稱為「總裁」會比較確切。
→ 「區長」或「行政首長」
理由：「行政首長」這一名稱未能突出此職位的重要性。

→ 「行政領導會長」，而行政領導則稱為「行政理事會」。
理由：無地方封建色彩。更表現香港是一個超民主的社會。使行政長官在名譽上、心理上、意念上對獨裁有着戒心，就不會遺害民主，侵犯人權。

【P199】
第五章　整體意見
2. 建議
2.1 刪除
→ 取消第五章所有條文。
理由：政策性條文是不需要納入基本法之內，參看世界絕大多數國家的情況亦然。

【P203】
第五章
第一節　整體意見
1. 意見
1.2 正面意見
→ 將《基本法（草案）徵求意見稿》的第一至四節合併為一節，即為「財政、金融、貿易和工商業」，使經濟一章的組織更為有系統和免於複雜。

【P234】
第六章　整體意見
2. 建議
2.1 修改
→ 改寫本章標題內的「社會服務」為「社會福利」。
理由：根據目前香港官方及一般民間用法，「社會服務」一詞意指「社會福利、勞工、房屋、醫療及教育」，與同一標題內「教育……」等詞有重疊之嫌。
→ 改寫本章標題為「教育、科學、文化、體育、宗教、勞工、社會服務和環境保護」。
理由：因此章適合加進環保條文。
2.3 其他建議
2.3.1 標題
→ 標題所列各項，與內文（如第一百四十七條）所提各項未能配合，前者並未能包含後者，其一改法是加「等」字在標題後，其二改法是把整個標題改寫，包括將內文提到各項全寫在標題上去，如嫌太長可以考慮採用一些兼容並蓄的詞句，例如「社會生活方式」，「社會民主」等。

第九稿

「序言
第一章　總則

〔1990 年 4 月《中華人民共和國香港特別行政區基本法》〕

附錄三

✿《基本法》起草過程資料標題總覽

1986 年 6 月 18 日《居民及其他人的權利自由福利與義務第四次會議紀要（第一分組）》

1986 年 6 月 18 日《居民及其他人的權利自由福利與義務第四次會議紀要（第二分組）》

《溫國勝委員書面意見》（1986 年 6 月 24 日居民及其他人的權利自由福利與義務第五次會議附件一）

1986 年 6 月 24 日《居民及其他人的權利自由福利與義務第五次會議紀要（第二分組）》

1986 年 6 月 25 日《涉外事務專責小組第五次會議紀要》

1986 年 6 月 26 日《政制專責小組第四次會議續會紀要（第一分組）》

1986 年 6 月 26 日《政制專責小組第四次續會會議紀要（第二分組）》

1986 年 6 月 26 日《政制專責小組第四次會議（續會）（第三分組）》

1986 年 6 月 26 日《政制專責小組第四次會議續會紀要（第四分組）》

1986 年 6 月 28 日《美術界座談會紀要》

1986 年 7 月 4 日《中央與特別行政區關係專責小組第四次會議紀要》

1986 年 7 月 7 日《基本法諮詢委員會秘書處通訊 17》

《行政長官和行政機關的職權》（1986 年 7 月 8 日政制專責小組第五次會議附件一）

《行政長官的產生和任免》（1986 年 7 月 8 日政制專責小組第五次會議附件二）

《行政長官和行政機關主要官員的任期》（1986 年 7 月 8 日政制專責小組第五次會議附件三）

1986 年 7 月 8 日政制專責小組第五次會議參考文件一

1986 年 7 月 8 日《政制專責小組第五次會議紀要（第一分組）》

1986 年 7 月 8 日《政制專責小組第五次會議紀要（第二分組）》

1986 年 7 月 8 日《政制專責小組第五次會議紀要（第三分組）》

1986 年 7 月 8 日《政制專責小組第五次會議紀要（第四分組）》

1986 年 7 月 12 日《傳播界座談會紀要》

吳少鵬《基本法解釋權》（1986 年 7 月 18 日中央與特別行政區的關係專責小組第五次會議附件）

1986 年 7 月 18 日《中央與特區關係專責小組第五次會議紀要》

1986 年 7 月 22 日《居民及其他人的權利自由福利與義務第六次會議紀要（第一分組）》

1986 年 7 月 22 日《居民及其他人的權利自由福利與義務第六次會議紀要（第二分組）》

1986 年 7 月 25 日《政制專責小組第五次會議續會紀要（第一、三分組）》

1986 年 7 月 25 日《政制專責小組第五次續會會議紀要（第二、四分組）》

1986 年 7 月 28 日李紹基《討論文件五》（1986 年 8 月 1 日中央與特別行政區的關係專責小組第六次會議討論文件五）

1986 年 7 月 29 至 31 日《電影界座談會紀要》

1986 年 7 月 31 日《表演藝術界座談會紀要》

1986 年 8 月 1 日《中央與特別行政區關係專責小組第六次會議紀要》

1986 年 8 月 2 日《草擬政制的原則》〔1986 年 8 月 6 日政制分批研討會（第三批）討論文件一〕

1986 年 8 月 4 日《各政制構想》（1986 年 8 月 12 日政制專責小組第六次會議討論文件一）

《立法機關、立法機關的產生》〔1986 年 8 月 6 日政制分批研討會（第三批）討論文件二〕

《行政長官及行政機關》〔1986 年 8 月 6 日政制分批研討會（第三批）討論文件三〕

《行政機關與立法機關的關係》〔1986 年 8 月 6 日政制分批研討會（第三批）討論文件四〕

1986 年 8 月 6 日《政制分批研討會紀要（第三批）》

1986 年 8 月 6 日《政制分批研討會紀要（第三批）》附件一

1986 年 8 月 14 日《草擬政制的初步討論紀要》附件

1986 年 8 月 18 日《未來香港特別行政區政府架構芻議》

《工商專業界諮委有關選舉未來特別行政區政府行政長官的建議》

1986 年 8 月 20 日《基本法結構專責小組初步報告》

1986 年 8 月 29 日《文化教育科技宗教專責小組工作進展報告》（1986 年 8 月 30 日基本法諮詢委員會全體委員第二次會議文件）

1986 年 8 月 29 日《金融財務經濟專責小組工作進度報告》（1986 年 8 月 30 日基本法諮詢委員會全體委員第二次會議文件）

1986 年 8 月 29 日《中央與特別行政區關係專責小組工作進展報告》（1986 年 8 月 30 日基本法諮詢委員會全體委員第二次會議文件）

1986 年 8 月 30 日《涉外事務專責小組初步報告》

1986 年 10 月 29 日何鍾泰、唐一柱、曹宏威《未來香港特別行政區政制的建議（之三）》

1986 年 11 月 5 日《香港特別行政區基本法起草委員會教育、科學、技術、文化、體育和宗教（包括區旗、區徽問題）專題小組工作報告》，載於《中華人民共和國香港特別行政區基本法起草委員會第三次全體會議文件匯編》

《徐是雄委員的書面發言》，載於 1986 年 11 月 5 日《基本法諮詢委員會秘書處通訊 27》

1986 年 11 月 8 日《香港特別行政區基本法起草委員會政治體制專題小組的工作報告》，載於《中華人民共和國香港特別行政區基本法起草委員會第三次全體會議文件匯編》

1986 年 11 月 9 日《香港特別行政區基本法起草委員會經濟專題小組工作報告》，載於《中華人民共和國香港特別行政區基本法起草委員會第三次全體會議文件匯編》

一百九十人聯署《香港特別行政區政制方案的建議》，載於 1986 年 11 月 10 日基本法起草委員會秘書處《參閱資料——第 28 期》

雷競璇《直接選舉的若干問題》，載於 1986 年 11 月 10 日基本法起草委員會秘書處《參閱資料——第 28 期》

陳弘毅《行政長官的產生與立法機關》，載於 1986 年 11 月 10 日基本法起草委員會秘書處《參閱資料——第 28 期》

辛維思《談立法機關的產生辦法》，載於 1986 年 11 月 10 日基本法起草委員會秘書處《參閱資料——第 28 期》

1986 年 11 月 11 日《中央與香港特別行政區的關係專題小組工作報告》，載於《中華人民共和國香港特別行政區基本法起草委員會第三次全體會議文件匯編》

1986 年 11 月 11 日居民權利、自由與義務專責小組之居民定義工作組《居民定義——出入境、居留、遞解離境、選舉權及被選舉權討論文件》（1986 年 12 月 8 日居民及其他人的權利自由福利與義務第七次會議討論文件）

1986 年 11 月 12 日《香港特別行政區基本法起草委員會香港居民的基本權利和義務專題小組的工作報告》，載於《中華人民共和國香港特別行政區基本法起草委員會第三次全體會議文件匯編》

1986 年 11 月 16 日姚偉梅、馮煒光、李紹基《「青年與基本法研討會」大會報告》

1986 年 11 月 26 日中央與特別行政區的關係專責小組之剩餘權力工作組《剩餘權力討論文件（草稿）》（1986 年 12 月 1 日中央與特別行政區的關係專責小組剩餘權力工作組第一次工作會議附件一）

1986 年 11 月吳康民《關於香港特別行政區政府結構的建議》

1986 年 12 月 3 日政制專責小組之立法機關工作組及行政長官、行政機關工作組《選舉方式——直接、間接、功能界別、大選舉團討論文件（草稿）》（1986 年 12 月 3 日政制專責小組行政機關的組成與行政長官工作組及立法機關的組成與立法機關的產生工作組第一次聯席會議討論文件）

1986 年 12 月 8 日《居民及其他人的權利自由福利與義務專責小組第七次會議紀要》

1986 年 12 月 12 日政制專責小組之立法機關工作組及行政長官、行政機關工作組《選舉方式——直接、間接、功能界別、大選舉團討論文件（修訂稿）》（1986 年 12 月 17 日政制專責小組之立法機關工作組及行政長官、行政機關工作組第三次聯席會議討論文件）

1986 年 12 月 20 日《新界原居民權益研討會——新界原居民原有之合法權益及傳統習慣》（1987 年 1 月 16 日居民及其他人的權利自由福利與義務專責小組第十次會議（新界原居民）附件一）

1986 年 12 月 23 日政制專責小組之立法機關工作組及行政長官、行政機關工作組《選舉方式——直接、間接、功能界別、大選舉團討論文件（修訂稿）》（1987 年 1 月 7 日政制專責小組之立法機關工作組及行政長官、行政機關工作組第四次聯席會議討論文件）

1986 年 12 月 23 日《居民及其他人的權利自由福利與義務專責小組第八次會議紀要》

1987 年 1 月 6 日《居民及其他人權利自由福利義務專責小組第九次會議紀要》

1987 年 1 月 9 日政制專責小組之立法機關工作組及行政長官、行政機關工作組《選舉方式——直接、間接、功能界別、大選舉團討論文件（修訂稿）》（1987 年 1 月 21 日政制專責小組之立法機關工作組及行政長官、行政機關工作組第五次聯席會議討論文件）

1987 年 1 月 13 日居民及其他人的權利自由福利與義務專責小組之居民定義工作組《居民定義——出入境、居留、遞解離境、選舉權及被選舉權最後報告（草稿）》（1987 年 1 月 20 日居民及其他人的權利自由福利與義務專責小組第十一次會議討論文件）

1987 年 1 月 16 日《居民及其他人的權利自由福利義務專責小組第十次會議紀要（新界原居民）》

1987 年 1 月 16 日政制專責小組之行政機關的組成與行政長官的產生工作組及立法機關與立法機關的產生工作組《大選舉團討論文件（草稿）》（1987 年 1 月 21 日政制專責小組之立法機關工作組及行政長官、行政機關工作組第五次聯席會議討論文件）

1987 年 1 月 17 日中央與特別行政區的關係專責小組之國防外交工作組《中央與特別行政區在國防與外交的協調、國防、外交、外事、駐軍討論文件（大綱）》（1987 年 1 月 19 日中央與特別行政區的關係專責小組國防與外交工作組第一次工作會議討論文件）

1987 年 1 月 17 日中央與特別行政區的關係專責小組之剩餘權力工作組《剩餘權力最後報告》（1987 年 1 月 22 日中央與特別行政區的關係專責小組第九次會議審閱文件一）

1987 年 1 月 19 日中央與特別行政區的關係專責小組之
特區與各省區關係工作組《特區與各省區關係討論文件
（草稿）》（1987 年 1 月 22 日中央與特別行政區的關
係專責小組第九次會議審閱文件三）

1987 年 1 月 20 日居民專責小組之福利政策與勞工政策
工作組《福利政策與勞工政策討論文件（草稿）》（1987
年 1 月 23 日福利政策與勞工政策工作組第一次會議討論
文件）

1987 年 1 月 23 日政制專責小組之立法機關工作組與行政
長官、行政機關工作組《立法機關的產生討論文件（修訂
稿）》（1987 年 2 月 4 日政制專責小組之立法機關工作
組及行政長官、行政機關工作組第六次聯席會議討論文件）

1987 年 1 月 26 日《基本法諮詢委員會「基本法與航空
政策座談會」報告》

1987 年 1 月 26 日中央與特別行政區的關係專責小組之
特區與各省區關係工作組《特區與各省區關係討論文件
（草稿）》（1987 年 2 月 9 日中央與特別行政區的關係
專責小組第九次會議續會討論文件）

1987 年 1 月 27 日《參與國際機構／協定的形式與安排
討論文件（草稿）》（1987 年 2 月 4 日涉外事務專責小
組參與國際機構／協定的形式與安排工作組第一次工作會
議討論文件）

1987 年 2 月 3 日居民專責小組之社會福利政策及勞工政
策工作組《社會福利政策與勞工政策討論文件（草稿）》
（1987 年 2 月 6 日居民專責小組之社會福利政策及勞工
政策工作組第二次會議討論文件）

1987 年 2 月 5 日政制專責小組之立法機關工作組與行政
長官、行政機關工作組《立法機關的產生討論文件（修訂
稿）》（1987 年 2 月 18 日政制專責小組之立法機關工作
組及行政長官、行政機關工作組第七次聯席會議討論文件）

摘自《新婦女協進會就中英協議草案發表意見》（1987
年 2 月 6 日居民專責小組之社會福利政策及勞工政策工
作組第二次會議附件二）

吳夢珍委員的書面意見（1987 年 2 月 6 日居民專責小組
之社會福利政策及勞工政策工作組第二次會議附件三）

吳夢珍《社會福利》（1987 年 2 月 6 日居民專責小組之
社會福利政策及勞工政策工作組第二次會議附件四）

《香港社會工作者總工會就香港居民的基本權利和義務向
基本法起草委員會居民權利義務專題小組代表提交的意見
書》（1987 年 2 月 6 日居民專責小組之社會福利政策及
勞工政策工作組第二次會議附件五）

吳少鵬《社會福利制度》（1987 年 2 月 6 日居民專責小
組之社會福利政策及勞工政策工作組第二次會議附件六）

杜景福《社會福利制度》（1987 年 2 月 6 日居民專責小
組之社會福利政策及勞工政策工作組第二次會議附件六）

香港社會服務聯會《我們對基本法中社會福利部份的建
議》（1987 年 2 月 6 日居民專責小組之社會福利政策及
勞工政策工作組第二次會議附件七）

1987 年 2 月 7 日居民專責小組之社會福利政策與勞工政
策工作組《社會福利政策與勞工政策討論文件（修正稿）》
（1987 年 2 月 13 日居民專責小組之社會福利政策與勞
工政策工作組第三次會議討論文件）

《國際勞工協約在香港的通用性（截至一九八五年十二月
三十一日止）》（1987 年 2 月 13 日居民專責小組之社
會福利政策與勞工政策工作組第三次會議附件一）

蘇莫秀嫻《國際勞工協約在香港的通用性》（1987 年 2
月 13 日居民專責小組之社會福利政策與勞工政策工作組
第三次會議附件一）

《勞工界基本法聯席會議就有關基本勞工權益的問題之意
見摘要》（1987 年 2 月 13 日居民專責小組之社會福利
政策與勞工政策工作組第三次會議附件三）

高贊覺《關於香港將來在國際勞工組織地位問題》（1987
年 2 月 13 日居民專責小組之社會福利政策與勞工政策工
作組第三次會議附件三）

香港工會聯合會基本法關注小組《對基本法有關「香港
居民的權利和義務」的建議》（1987 年 2 月 13 日居民
專責小組之社會福利政策與勞工政策工作組第三次會議
附件四）

香港基督教工業委員會《勞工基本法（草擬）》（1987
年 2 月 13 日居民專責小組之社會福利政策與勞工政策工
作組第三次會議附件五）

香港工會教育中心《致中英聯合聯絡小組有關未來香港與
國際勞工組織地位的意見書》（1987 年 2 月 13 日居民
專責小組之社會福利政策與勞工政策工作組第三次會議附
件六）

港九勞工社團聯會對《中華人民共和國香港特別行政區基
本法結構（草案）》的增訂意見（1987 年 2 月 13 日居
民專責小組之社會福利政策與勞工政策工作組第三次會議
附件七）

撮自《香港工業總會致香港特別行政區基本法諮詢委員會
之呈文》（1987 年 2 月 13 日居民專責小組之社會福利
政策與勞工政策工作組第三次會議附件八）

1987 年 2 月 13 日居民專責小組之社會福利政策與勞工
政策工作組《社會福利政策與勞工政策討論文件（草稿）》

居民及其他人的權利自由福利與義務專責小組《居民定
義、出入境權、居留權、豁免遞解離境權、選舉權及被選
舉權最後報告》（1987 年 2 月 14 日經執行委員會通過）

1987 年 2 月 16 日中央與特別行政區的關係專責小組之
特區與各省區關係工作組《特區與各省區關係討論文件
（草稿）》（1987 年 2 月 19 日中央與特別行政區的關
係專責小組第十次會議附件一）

1987 年 2 月 16 日居民專責小組之社會福利政策與勞工
政策工作組《社會福利政策與勞工政策討論文件（修正
稿）》（1987 年 2 月 27 日居民及其他人權利自由福利
義務專責小組第十三次會議討論文件）

1987 年 2 月 19 日中央與特別行政區關係專責小組之國
防外交工作組《中央與特別行政區在國防與外交的協調、

國防、外交、外事、駐軍討論文件》

1987 年 2 月 19 日政制專責小組之立法機關工作組及行政長官、行政機關工作組《立法機關的產生討論文件（修訂稿）》（1987 年 3 月 2 日政制專責小組第七次會議討論文件）

1987 年 2 月 19 日涉外事務專責小組及中央與特別行政區的關係專責小組合辦入境管制、簽證問題工作組《入境管制、簽證問題討論文件》（1987 年 2 月 26 日中央與特別行政區的關係專責小組及涉外事務專責小組聯合會議討論文件）

1987 年 2 月 23 日中央與特別行政區的關係專責小組之特區與各省區關係工作組《特區與各省區關係最後報告》（1987 年 2 月 23 日中央與特別行政區的關係專責小組第十次會議續會討論文件）

1987 年 2 月 26 日中央與特別行政區的關係專責小組之特區與各省區關係工作組《特區與各省區關係最後報告》（1987 年 3 月 3 日中央與特別行政區的關係專責小組第十一次會議附件二）

1987 年 2 月 27 日文教及居民專責小組之新聞自由工作組《新聞自由初步報告》（1987 年 3 月 5 日文化教育科技宗教及居民及其他人的權利自由福利與義務專責小組聯合會議討論文件）

1987 年 2 月 28 日政制專責小組之立法機關與立法機關的產生工作組《立法機關討論文件（草稿）》（1987 年 3 月 4 日政制專責小組之立法機關與立法機關的產生工作組第一次會議討論文件）

1987 年 2 月 28 日涉外事務專責小組《參與國際機構／協定的形式與安排最後報告》（1987 年 2 月 28 日涉外事務專責小組第九次會議討論文件）

1987 年 2 月基本法起草委員會秘書處《香港報刊有關〈基本法〉的言論摘錄》

1987 年 3 月 2 日涉外事務專責小組及中央與特別行政區的關係專責小組合辦入境管制、簽證問題工作組《入境管制、簽證問題最後報告》

1987 年 3 月 2 日《第三章 香港特別行政區居民的基本權利和義務（討論稿）》（1987 年 3 月 9 日居民及其他人的權利自由福利與義務專責小組第十四次會議討論文件）

1987 年 3 月 3 日政制專責小組《立法機關的產生討論文件（修訂稿）》（1987 年 3 月 16 日政制專責小組第八次會議討論文件）

1987 年 3 月 3 日居民專責小組《社會福利政策最後報告（草稿）》（1987 年 3 月 9 日居民及其他人的權利自由福利與義務專責小組第十三次續會討論文件）

1987 年 3 月 4 日居民及其他人的權利自由與義務專責小組《新界原居民權益討論文件（草稿）》（1987 年 3 月 13 日居民及其他人的權利自由福利與義務專責小組第十四次續會討論文件）

1987 年 3 月 5 日《駐外機構討論文件》（1987 年 3 月 5 日涉外事務專責小組第十次會議討論文件）

1987 年 3 月 6 日文教及居民專責小組之新聞自由工作組《新聞自由最後報告》（1987 年 3 月 10 日文化教育科技宗教專責小組及居民及其他人的權利自由福利與義務專責小組聯合會議（續會）討論文件）

1987 年 3 月 9 日涉外事務專責小組及中央與特別行政區的關係專責小組合辦入境管制、簽證問題工作組《入境管制、簽證問題最後報告》（1987 年 3 月 11 日中央與特別行政區的關係專責小組及涉外事務專責小組聯合會議第二次續會討論文件）

1987 年 3 月 9 日《居民及其他人權利自由福利與義務專責小組第十四次會議紀要（修訂）》

1987 年 3 月 10 日政制專責小組之立法機關與立法機關的產生工作組《立法機關討論文件（修訂稿）》

1987 年 3 月 10 日中央與特別行政區的關係專責小組之國防外交工作組《中央與特別行政區在國防與外交的協調、國防、外交、外事、駐軍最後報告（草稿）》（1987 年 3 月 10 日中央與特別行政區的關係專責小組第十一次續會討論文件）

1987 年 3 月 12 日政制專責小組之區域組織工作組《香港特別行政區區域組織研討會報告》（1987 年 2 月 14 日香港特別行政區區域組織研討會討論成果）

1987 年 3 月 13 日政制專責小組之行政機關與行政長官的產生工作組《行政長官的產生討論文件（一稿）》（1987 年 3 月 19 日政制專責小組之行政機關與行政長官的產生工作組第一次會議討論文件）

《Final Report on the Structure of Basic Law》（基本法結構專責小組最後報告，1987 年 3 月 14 日經執行委員會通過）

1987 年 3 月 14 日居民專責小組之社會福利政策與勞工政策工作組《勞工政策討論文件（修訂稿）》〔1987 年 3 月 27 日居民及其他人的權利自由福利與義務專責小組第十五次會議（勞工政策）討論文件〕

中央與特別行政區的關係專責小組之特區與各省區關係工作組《特區與各省區關係最後報告》（1987 年 3 月 14 日經執行委員會通過）

文教及居民專責小組《新聞自由最後報告》（1987 年 3 月 14 日經執行委員會通過）

涉外事務專責小組及中央與特別行政區的關係專責小組《入境管制、簽證問題最後報告》（1987 年 3 月 14 日經執行委員會通過）

居民專責小組《社會福利政策最後報告》（1987 年 3 月 14 日經執行委員會通過）

居民及其他人的權利自由與義務專責小組《新界原居民權益最後報告》（1987 年 3 月 14 日經執行委員會通過）

法律及中央與特別行政區關係專責小組之基本法解釋及修改權工作組《基本法解釋及修改權最後報告》（1987 年 3 月 14 日經執行委員會通過）

1987 年 3 月 16 日中央與特別行政區關係專責小組之國

防外交工作組《中央與特別行政區在國防與外交的協調、國防、外交、外事、駐軍討論文件》（1987 年 3 月 18 日中央與特別行政區關係專責小組第十一次會議第二次續會討論文件）

1987 年 3 月 16 日政制專責小組《立法機關的產生討論文件（修訂稿）》（1987 年 3 月 23 日政制專責小組第八次會議續會討論文件）

簡福飴《政制專責小組報告——「立法機關的產生」》（1987 年 3 月 16 日政制專責小組第八次會議參考文件一）

1987 年 3 月 19 日《香港居民的基本權利與義務討論文件》（1987 年 4 月 10 日居民及其他人的權利自由福利與義務專責小組第十六次會議討論文件）

1987 年 3 月 23 日中央與特別行政區關係專責小組之國防外交工作組《中央與特別行政區在國防與外交的協調、國防、外交、外事、駐軍討論文件》（1987 年 3 月 24 日中央與特別行政區關係專責小組第十二次會議討論文件）

1987 年 3 月 23 日政制專責小組之行政機關與行政長官的產生工作組《行政長官的產生討論文件（二稿）》（1987 年 4 月 2 日政制專責小組之行政機關與行政長官的產生工作組第二次會議討論文件）

1987 年 3 月 25 日政制專責小組《立法機關的產生討論文件（修訂稿）》（1987 年 3 月 31 日政制專責小組第十次會議討論文件）

1987 年 3 月 28 日政制專責小組之立法機關與立法機關的產生工作組《立法機關討論文件（三稿）》（1987 年 4 月 1 日立法機關與立法機關的產生工作組第三次會議討論文件）

1987 年 3 月 28 日居民專責小組之社會福利政策與勞工政策工作組《勞工政策討論文件（修訂稿）》

1987 年 3 月 31 日居民專責小組之社會福利政策與勞工政策工作組《勞工政策討論文件（修訂稿）》（1987 年 4 月 3 日居民及其他人的權利自由福利與義務專責小組第十五次會議續會討論文件）

1987 年 3 月香港民主民生協進會致政制專責小組的意見

1987 年 4 月 1 日政制專責小組《立法機關的產生討論文件（修訂稿）》（1987 年 4 月 8 日政制專責小組第十次會議續會討論文件）

林邦莊委員的書面意見

1987 年 4 月 3 日政制專責小組之立法機關與立法機關的產生工作組《立法機關討論文件（四稿）》（1987 年 4 月 14 日立法機關與立法機關的產生工作組第四次會議討論文件）

1987 年 4 月 4 日政制專責小組之行政機關與行政長官的產生工作組《行政長官的產生討論文件（三稿）》（1987 年 4 月 9 日政制專責小組之行政機關與行政長官的產生工作組第三次會議討論文件）

居民專責小組《勞工政策最後報告》（1987 年 4 月 4 日

經執行委員會通過）

中央與特別行政區的關係專責小組《中央與特別行政區在國防與外交的協調、國防、外交、外事、駐軍最後報告》（1987 年 4 月 4 日經執行委員會通過）

《基本法修改提議權》

1987 年 4 月 7 日《基本法的修改提議權》

1987 年 4 月 9 日政制專責小組《立法機關的產生討論文件（修訂稿）》（1987 年 4 月 15 日政制專責小組第十一次會議討論文件）

1987 年 4 月 9 日特區終審權與司法制度工作組《特區的終審權與司法制度討論文件（草稿）》（1987 年 4 月 13 日法律及政制專責小組第一次聯合會議討論文件）

1987 年 4 月 11 日政制專責小組之區域組織工作組《區域組織工作組討論文件》（1987 年 6 月 9 日政制專責小組第十二次會議討論文件）

1987 年 4 月 13 日《中央與香港特別行政區的關係專題小組工作報告》，載於《中華人民共和國香港特別行政區基本法起草委員會第四次全體會議文件匯編》

1987 年 4 月 13 日《香港特別行政區基本法起草委員會香港居民的基本權利和義務專題小組的工作報告》，載於《中華人民共和國香港特別行政區基本法起草委員會第四次全體會議文件匯編》

1987 年 4 月 14 日《香港居民的基本權利與義務報告（一稿）》（1987 年 4 月 23 日居民及其他人的權利自由福利與義務專責小組第十七次會議討論文件）

1987 年 4 月 14 日《委員對「司法管轄權與全國性法律在香港的應用」及「基本法的修改提議權」的報告的書面意見》（1987 年 5 月 8 日中央特別行政區的關係專責小組與法律專責小組第三次聯組會議附件一）

1987 年 4 月 16 日政制專責小組之立法機關與立法機關的產生工作組《立法機關討論文件（五稿）》（1987 年 4 月 22 日立法機關與立法機關的產生工作組第五次會議討論文件）

1987 年 4 月 16 日政制專責小組《立法機關的產生最後報告》（1987 年 5 月 21 日政制專責小組第十一次會議續會討論文件）

1987 年 4 月 21 日政制專責小組之行政機關與行政長官的產生工作組《行政長官的產生討論文件（四稿）》（1987 年 4 月 30 日政制專責小組之行政機關與行政長官的產生工作組第四次會議討論文件）

1987 年 4 月 25 日政制專責小組之立法機關與立法機關的產生工作組《立法機關討論文件（六稿）》（1987 年 6 月 9 日政制專責小組第十二次會議討論文件）

1987 年 4 月 28 日《香港居民的基本權利與義務報告（二稿）》

1987 年 5 月 6 日政制專責小組之行政機關與行政長官的產生工作組《行政長官的產生討論文件（五稿）》（1987

年 6 月 30 日政制專責小組第十三次會議討論文件）

《香港法庭的司法管轄權與及有關重大國家利益的問題》
（1987 年 5 月 8 日中央與特別行政區的關係專責小組與
法律專責小組第三次聯組會議討論文件）

1987 年 5 月 11 日《基本法的修改提議權》

1987 年 5 月 11 日《居民及其他人的權利自由福利與義
務專責小組第十八次會議紀要》

1987 年 5 月 12 日郭元漢委員對《行政長官的產生討論
文件》的書面意見

1987 年 5 月 12 日張振國委員對《行政長官的產生討論
文件》的書面意見

1987 年 5 月 18 日陳少感委員對《行政長官的產生討論
文件》的書面意見

錢世年委員對《行政長官的產生討論文件》的書面意見

1987 年 5 月 19 日林邦莊委員對《行政長官的產生討論
文件》的書面意見

1987 年 5 月 20 日特區終審權與司法制度工作組《特區
的終審權與司法制度討論文件（二稿）》（1987 年 5 月
30 日法律及政制專責小組第二次聯合會議續會討論文件）

1987 年 5 月 21 日政制專責小組之保安、治安、廉政公
署工作組《保安、治安、廉政公署及各種投訴途徑討論文
件（五稿）》（1987 年 6 月 9 日政制專責小組第十二次
會議討論文件）

1987 年 5 月 22 日《香港基本法起草委員會第四次全體
會議委員們對基本法序言、總則及第二、三、七、九章條
文草案的意見匯集》

1987 年 5 月 25 日《對「立法機關」討論文件建議之修
改（除錯字外）》（1987 年 6 月 9 日政制專責小組第
十二次會議附件一）

1987 年 5 月香港民主民生協進會對《「立法機關」討論
文件》的書面意見

沈茂輝委員對《「立法機關」討論文件》的書面意見

1987 年 5 月 25 日政制專責小組《立法機關的產生最後報告》

1987 年 5 月 25 日政制專責小組之行政機關與行政長官
的產生工作組《行政機關的組成與職權討論文件（一稿）》
（1987 年 5 月 29 日政制專責小組之行政機關與行政長
官的產生工作組第五次會議討論文件）

1987 年 5 月 31 日陳文敏《評香港居民的基本權利和義
務專題小組報告書》（1987 年 6 月 22 日居民及其他人
的權利自由福利與義務專責小組第十八次會議第四次續會
附件四）

1987 年 6 月 1 日林邦莊《香港居民基本權利及義務報告
（第二部份）第三章草稿》（1987 年 6 月 22 日居民及
其他人的權利自由福利與義務專責小組第十八次會議第四
次續會附件一）

1987 年 6 月 2 日政制專責小組之行政長官的產生與行政
機關工作組《行政機關的組成與職權討論文件（二稿）》
（1987 年 6 月 8 日政制專責小組之行政長官的產生與行
政機關工作組第六次會議討論文件）

1987 年 6 月 2 日居民及其他人的權利自由福利與義務專
責小組《香港居民的基本權利與義務最後報告之一》

1987 年 6 月 3 日法律專責小組、政制專責小組《有關特
區終審權、司法制度的幾個問題及獨立檢察機關的職責最
後報告》

1987 年 6 月 4 日羅傑志《對基本法第五章草稿（87 年
4 月 30 日稿）的意見——供 1987 年 6 月 16 日會議討論》
（1987 年 6 月 22 日居民及其他人的權利自由福利與義
務專責小組第十八次會議第四次續會附件二）

1987 年 6 月 5 日麥海華、歐成威、夏其龍《對香港特
別行政區基本法起草委員會香港居民的基本權利和義務專
題小組於第四次全體大會工作報告的建議》（1987 年 6
月 22 日居民及其他人的權利自由福利與義務專責小組第
十八次會議第四次續會附件三）

1987 年 6 月 10 日政制專責小組之行政機關與立法機關
的關係工作組《行政機關與立法機關的關係討論文件》
（1987 年 7 月 27 日政制專責小組第十三次會議第二次
續會討論文件）

1987 年 6 月 11 日政制專責小組之行政長官的產生與行
政機關工作組《行政機關的組成與職權討論文件（三稿）》
（1987 年 7 月 10 日政制專責小組第十三次會議續會討
論文件）

1987 年 6 月 11 日政制專責小組之公務人員工作組《公
務人員討論文件（六稿）》（1987 年 7 月 10 日政制專
責小組第十三次會議續會討論文件）

政制專責小組《立法機關最後報告》（1987 年 6 月 12
日經執行委員會通過）

中央與特別行政區的關係專責小組《基本法的修改提議權
最後報告》（1987 年 6 月 12 日經執行委員會通過）

政制專責小組《區域組織最後報告》（1987 年 6 月 12
日經執行委員會通過）

文化教育科技宗教專責小組之教育制度、文化政策分組
《教育制度、文化政策最後報告》（1987 年 6 月 12 日
經執行委員會通過）

文化教育科技宗教專責小組之社會生活方式、宗教政策分
組《有關香港特別行政區宗教問題最後報告》（1987 年
6 月 12 日經執行委員會通過）

文化教育科技宗教專責小組之專業資格、科技政策分組
《專業資格、科技政策最後報告》（1987 年 6 月 12 日
經執行委員會通過）

政制專責小組《保安、治安、廉政公署及各種投訴途
徑最後報告》（1987 年 6 月 12 日經執行委員會通過）

政制專責小組《有關特區終審權、司法制度的幾個問題及
獨立檢察機關的職責最後報告》（1987 年 6 月 12 日經

執行委員會通過）

中央與特別行政區的關係專責小組《司法管轄權與全國性法律在香港的應用最後報告》（1987 年 6 月 12 日經執行委員會通過）

1987 年 6 月 19 日《有關基本法第三章草稿（87 年 4 月 30 日稿）的意見》（1987 年 6 月 22 日居民及其他人的權利自由福利與義務專責小組第十八次會議第四次續會討論文件）

1987 年 6 月 22 日居民及其他人的權利自由福利與義務專責小組第十八次會議第四次續會附件五

1987 年 6 月 22 日夏文浩《行政機關與立法機關的關係討論文件》

謝志偉委員對《行政長官的產生討論文件》的書面意見

1987 年 6 月 22 日夏文浩委員對《行政長官的產生討論文件》的書面意見

1987 年 6 月 22 日郭元漢《「行政機關的組成與職權」討論文件修訂意見》

1987 年 6 月 22 日郭元漢《「公務人員」討論文件修訂意見》

1987 年 6 月 23 日《有關「行政機關與立法機關的關係」討論文件的書面意見》

1987 年 6 月 30 日《「行政長官的產生」討論文件修訂意見（總表）》

1987 年 6 月 30 日《有關「行政機關與立法機關的關係」討論文件的書面意見》（1987 年 7 月 10 日政制專責小組第十三次會議續會討論文件）

1987 年 6 月 30 日《「行政機關的組成與職權」討論文件修訂意見（總表）》（1987 年 7 月 10 日政制專責小組第十三次會議續會討論文件）

1987 年 6 月 30 日《「公務人員」討論文件修訂意見（總表）》（1987 年 7 月 10 日政制專責小組第十三次會議續會討論文件）

1987 年 7 月 24 日《有關基本法第三章草稿（87 年 4 月 30 日稿）的意見》

政制專責小組《行政機關與立法機關的關係最後報告》（1987 年 8 月 8 日經執行委員會通過）

政制專責小組《行政機關的組成與職權最後報告》（1987 年 8 月 8 日經執行委員會通過）

政制專責小組《公務人員最後報告》（1987 年 8 月 8 日經執行委員會通過）

政制專責小組《行政長官的產生最後報告》（1987 年 8 月 8 日經執行委員會通過）

金融財務經濟專責小組《財政、稅收、金融制度及經濟制度的精神最後報告》（1987 年 8 月 8 日經執行委員會通過）

金融財務經濟專責小組《航運及民航政策最後報告》（1987 年 8 月 8 日經執行委員會通過）

金融財務經濟專責小組《工商業政策、自由貿易、漁農業政策最後報告》（1987 年 8 月 8 日經執行委員會通過）

金融財務經濟專責小組《旅遊業政策、房地產政策最後報告》（1987 年 8 月 8 日經執行委員會通過）

居民及其他人的權利自由福利與義務專責小組《香港居民的基本權利與義務最後報告之二》（1987 年 8 月 8 日經執行委員會通過）

1987 年 8 月 22 日《中央與香港特別行政區的關係專題小組工作報告》，載於《中華人民共和國香港特別行政區基本法起草委員會第五次全體會議文件匯編》

1987 年 8 月 22 日《香港特別行政區居民的基本權利和義務專題小組的工作報告》，載於《中華人民共和國香港特別行政區基本法起草委員會第五次全體會議文件匯編》

1987 年 8 月 22 日《政治體制專題小組的工作報告》，載於《中華人民共和國香港特別行政區基本法起草委員會第五次全體會議文件匯編》

1987 年 8 月 22 日《經濟專題小組的工作報告》，載於《中華人民共和國香港特別行政區基本法起草委員會第五次全體會議文件匯編》

1987 年 8 月 22 日《教育、科學、技術、文化、體育和宗教專題小組工作報告》，載於《中華人民共和國香港特別行政區基本法起草委員會第五次全體會議文件匯編》

1987 年 9 月 2 日《中華人民共和國香港特別行政區基本法起草委員會第五次全體會議委員們對基本法序言和第一、二、三、四、五、六、七、九章條文草稿的意見匯集》

1987 年 9 月 8 日《第四章 香港特別行政區的政治體制（討論稿）》（1987 年 9 月 22 日政制專責小組第二次會議附件一）

1987 年 9 月 8 日《中華人民共和國香港特別行政區基本法起草委員會第五次全體會議意見匯編》（1987 年 9 月 22 日政制專責小組第二次會議附件二）

1987 年 9 月 19 日政制專責小組《第一屆特區政府的產生專題研究討論稿（一）》（1987 年 10 月 6 日政制專責小組第四次會議附件一）

1987 年 9 月 22 日李永達《對香港特別行政區政治體制意見》

1987 年 9 月 23 日《政制專責小組對第四章第一節部份條文意見》（1987 年 9 月 29 日政制專責小組第三次會議附件二）

1987 年 9 月 28 日《討論提綱》（1987 年 10 月 5 日中央與特別行政區的關係專責小組第三次會議附件一）

1987 年 9 月 28 日夏文浩《有關「第一屆特區政府的產生」芻議》（1987 年 10 月 6 日政制專責小組第四次會議附件二）

《基本法諮詢委員會工商專業界諮委對未來香港特別行政區政府架構的建議》，載於 1987 年 9 月基本法諮詢委員會工商專業界諮委《未來香港特別行政區政府結構建議》

1987 年 10 月 1 日梁振英《第一屆特區政府的產生》（1987 年 10 月 6 日政制專責小組第四次會議附件三）

1987 年 10 月 2 日《政制專責小組對第四章第二、三、五、六節部份條文意見》（1987 年 10 月 6 日政制專責小組第四次會議討論文件）

1987 年 10 月 5 日簡福飴《有關〈第一屆政府的產生〉意見》（1987 年 10 月 6 日政制專責小組第四次會議附件四）

1987 年 10 月 6 日《徐是雄方案》（1987 年 10 月 6 日政制專責小組第四次會議附件五）

1987 年 10 月 13 日政制專責小組《第一屆特區政府的產生專題研究討論稿（二）》

1987 年 10 月 13 日簡福飴《第一屆政府的產生》（1987 年 10 月 20 日政制專責小組第五次會議續會附件一）

1987 年 10 月 15 日政制專責小組《第一屆特區政府的產生專題研究討論稿（三）》（1987 年 10 月 20 日政制專責小組第五次會議續會討論文件）

1987 年 10 月 19 日《簡福飴委員之建議》（1987 年 10 月 20 日政制專責小組第五次會議續會附件二）

1987 年 10 月 23 日《基本法諮詢委員會秘書處通訊 59》

1987 年 10 月 23 日簡福飴《〈香港特別行政區基本法委員會〉的組成、隸屬關係和職責》（1987 年 10 月 28 日中央與香港特別行政區的關係專責小組第五次會議附件一）

1987 年 10 月 27 日政制專責小組《第一屆特區政府的產生專題研究報告（一）》（1987 年 11 月 3 日政制專責小組第六次會議審閱文件）

1987 年 10 月 28 日《第一屆特區政府產生方案歸類（第一稿）》（1987 年 11 月 3 日政制專責小組第六次會議審閱文件）

戴耀廷《有關基本法委員會的建議》（1987 年 10 月 28 日中央與香港特別行政區的關係專責小組第五次會議討論文件）

1987 年 10 月 28 日《中央與特別行政區的關係專題小組新聞發佈會意見整理》，載於 1987 年 12 月 3 日《基本法諮詢委員會秘書處通訊 62》

1987 年 10 月 30 日《行政長官的產生方法方案歸納》（1987 年 11 月 3 日政制專責小組第六次會議審閱文件）

1987 年 10 月《第四章 香港特別行政區的政治體制（討論稿）》（政治體制專題小組工作文件）

1987 年 10 月 31 日至 11 月 2 日《基本法政制專題小組新聞發佈會意見整理》，載於 1987 年 12 月 3 日《基本法諮詢委員會秘書處通訊 62》

1987 年 11 月 3 日《第一屆特區政府產生方案歸類（第

三稿）》

政制專責小組《行政長官的產生方法方案歸納報告》（1987 年 11 月 4 日經執行委員會通過）

政制專責小組《第一屆特區政府的產生專題研究報告》（1987 年 11 月 4 日經執行委員會通過）

中央與特別行政區的關係專責小組《對基本法序言和第一、二、七、九章條文（一九八七年八月）草稿的意見》（1987 年 11 月 4 日經執行委員會通過）

中央與香港特別行政區的關係專責小組《對香港特別行政區全國人大代表問題的意見》（1987 年 11 月 4 日經執行委員會通過）

政制專責小組《對基本法第四章部份條文草稿（一九八七年八月）的意見》（1987 年 11 月 4 日經執行委員會通過）

文化教育科技宗教專責小組《對基本法第六章條文草稿（一九八七年八月）的意見》（1987 年 11 月 4 日經執行委員會通過）

《法律專責小組對基本法第九章「香港特別行政區基本法的解釋和修改」條文草稿（一九八七年八月）的意見》（1987 年 11 月 4 日經執行委員會通過）

《法律專責小組對基本法第四章第四節「司法機關」條文草稿（一九八七年八月）的意見》（1987 年 11 月 4 日經執行委員會通過）

香港居民的基本權利與義務專責小組《對基本法第三章條文草稿（一九八七年八月）的意見》（1987 年 11 月 4 日經執行委員會通過）

金融財務經濟專責小組《對基本法第五章「香港特別行政區的經濟」條文草稿（一九八七年八月）的意見》（1987 年 11 月 4 日經執行委員會通過）

《「保障居民基本權利與自由的原則和具體問題」討論報告》（1987 年 11 月 4 日經執行委員會通過）

1987 年 11 月 11 日《政制專責小組與政制組草委交流會（十一月十日）上諮詢委員對草委的建議》（1987 年 11 月 17 日政制專責小組第七次會議附件一）

1987 年 11 月 11 日《功能團體選舉方法方案歸納》（1987 年 11 月 17 日政制專責小組第七次會議附件三）

1987 年 11 月 11 日《選舉團、大選舉團選舉方法方案歸納》（1987 年 11 月 17 日政制專責小組第七次會議附件四）

1987 年 11 月 12 日《直接選舉方法方案歸納》（1987 年 11 月 17 日政制專責小組第七次會議附件二）

政制專責小組《對基本法第四章條文草稿（一九八七年十一月）的意見（一）》（1987 年 11 月 23 日經執行委員會通過）

政制專責小組《選舉團、大選舉團選舉方法方案歸納報告》（1987 年 11 月 23 日經執行委員會通過）

附錄四

政制專責小組《功能組別選舉方法方案歸納報告》（1987年11月23日經執行委員會通過）

法律專責小組《「基本法委員會」最後報告》（1987年12月5日經執行委員會通過）

中央與香港特別行政區的關係專責小組《對「香港特別行政區基本法委員會」的意見》（1987年12月5日經執行委員會通過）

1987年12月12日《經濟專題小組的工作報告》，載於《中華人民共和國香港特別行政區基本法起草委員會第六次全體會議文件匯編》

1987年12月12日《教育、科學、技術、文化、體育和宗教專題小組工作報告》，載於《中華人民共和國香港特別行政區基本法起草委員會第六次全體會議文件匯編》

1987年12月12日《基本法起草委員會秘書處關於〈香港特別行政區基本法起草委員會各專題小組擬訂的各章條文草稿匯編〉的幾點說明》，載於《中華人民共和國香港特別行政區基本法起草委員會第六次全體會議文件匯編》

香港民主政治促進會《香港特別行政區政制方案的建議（最後修訂稿）》，載於1987年12月基本法起草委員會秘書處《參閱資料──第35期》

基本法諮詢委員會工商專業界諮委《有關大選舉團的建議》，載於1987年12月基本法起草委員會秘書處《參閱資料──第35期》

匯點基本法跟進小組《評基本法中央與特區關係條文》，載於1987年12月基本法起草委員會秘書處《參閱資料──第36期》

匯點基本法跟進小組《評基本法「居民權利與義務」討論稿條文》，載於1987年12月基本法起草委員會秘書處《參閱資料──第36期》

1987年12月基本法起草委員會秘書處《香港特別行政區基本法（草案）》（匯編稿）

1987年12月《中華人民共和國香港特別行政區基本法起草委員會第六次全體會議委員們對基本法第四、五、六、十章和條文草稿匯編的意見》

1988年3月基本法起草委員會秘書處《中華人民共和國香港特別行政區基本法（草案）草稿》（總體工作小組第二次會議對目錄、序言、第一、二、三、五、六、七、九章的修改稿）

《各專題小組的部份委員對本小組所擬條文的意見和建議匯輯（關於序言、第一、二、三、五、六、七、九章部份）》，載於1988年3月基本法起草委員會秘書處《中華人民共和國香港特別行政區基本法（草案）草稿》

1988年4月基本法起草委員會秘書處《中華人民共和國香港特別行政區基本法（草案）草稿》

《各專題小組的部份委員對本小組所擬條文的意見和建議匯輯》，載於1988年4月基本法起草委員會秘書處《中華人民共和國香港特別行政區基本法（草案）草稿》

1988年4月基本法起草委員會《中華人民共和國香港特別行政區基本法（草案）徵求意見稿》

《各專題小組的部份委員對本小組所擬條文的意見和建議匯輯》，載於1988年4月基本法起草委員會《中華人民共和國香港特別行政區基本法（草案）徵求意見稿》

1988年4月《總體工作小組所作的條文修改舉要》，載於1988年5月《中華人民共和國香港特別行政區基本法起草委員會第七次全體會議文件匯編》

1988年4月26日《胡繩副主任委員關於總體工作小組的工作報告》，載於1988年5月《中華人民共和國香港特別行政區基本法起草委員會第七次全體會議文件匯編》

1988年5月基本法諮詢委員會秘書處《基本法（草案）徵求意見稿初步反應報告（草稿）》

《與內地草委交流的重點──文化教育科技宗教專責小組》，載於1988年6月3日《基本法諮詢委員會秘書處通訊73》

《與內地草委交流的重點──居民及其他人的權利自由福利與義務組》，載於1988年6月3日《基本法諮詢委員會秘書處通訊73》

《與內地草委交流的重點──中央與香港特別行政區的關係專責小組》，載於1988年6月3日《基本法諮詢委員會秘書處通訊73》

1988年6月6日《政制專責小組1與草委交流會會議紀要》

1988年6月6日《政制專責小組（二）與內地草委交流會會議紀要》

1988年6月6日《政制專責小組（三）與草委交流會會議紀要》

《初步報告──幾個討論焦點（4月29日─6月17日）》（1988年7月16日經執行委員會通過）

1988年8月基本法起草委員會秘書處《香港各界人士對〈香港特別行政區基本法（草案）徵求意見稿〉的意見匯集（一）》

1988年8月3日基本法諮詢委員會秘書處參考資料（一）《內地草委訪港小組就基本法（草案）徵求意見稿一些問題的回應輯錄（一九八八年六月四日至十七日）》

1988年8月3日基本法諮詢委員會秘書處參考資料（四）《適用於香港特區的中國法律》

1988年8月19日基本法諮詢委員會秘書處參考資料（八）蕭蔚雲《設計香港未來政治體制的構思》

1988年8月26日基本法諮詢委員會秘書處討論文件（二）《跟進問題（1）（第九、十六、十七、十八、二十二、一百六十九條及附件三）》

1988年8月26日基本法諮詢委員會秘書處參考資料（十）《人大、人大常委與法律解釋》

1988年9月基本法起草委員會秘書處《內地各界人士對〈香

港特別行政區基本法（草案）徵求意見稿〉的意見匯集》

1988 年 9 月 6 日《草委與政制組諮委交流會會議紀要》

1988 年 9 月 8 日《草委與諮委居民組交流會會議紀要》

1988 年 9 月 12 日基本法諮詢委員會秘書處討論文件（三）《跟進問題（2）（第三、四、五、六章）》

《基本法工商專業界諮委對基本法（草案）徵求意見稿第二章中央和香港特別行政區關係之意見書》

《基本法工商專業界諮委對基本法（草案）徵求意見稿第三章居民的基本權利和義務之意見書》

《基本法工商專業界諮委對基本法（草案）徵求意見稿第四章政治體制之意見書》

《基本法工商專業界諮委對基本法（草案）徵求意見稿第五章經濟之意見》

《基本法工商專業界諮委對基本法（草案）徵求意見稿第六章教育、科學、文化、體育、宗教、勞工和社會之意見書》

《基本法諮詢委員會中央與香港特別行政區的關係專責小組對基本法（草案）徵求意見稿第一、第二、第七及第九章的意見匯編》，載於 1988 年 10 月基本法諮詢委員會《中華人民共和國香港特別行政區基本法（草案）徵求意見稿諮詢報告（1）》

《基本法諮詢委員會法律專責小組對基本法（草案）徵求意見稿一些主要法律條文的意見匯編》，載於 1988 年 10 月基本法諮詢委員會《中華人民共和國香港特別行政區基本法（草案）徵求意見稿諮詢報告（1）》

《基本法諮詢委員會居民的基本權利與義務專責小組對基本法（草案）徵求意見稿第三章的意見匯編》，載於 1988 年 10 月基本法諮詢委員會《中華人民共和國香港特別行政區基本法（草案）徵求意見稿諮詢報告（1）》

《基本法諮詢委員會政制專責小組對基本法（草案）徵求意見稿第四章的意見匯編》，載於 1988 年 10 月基本法諮詢委員會《中華人民共和國香港特別行政區基本法（草案）徵求意見稿諮詢報告（1）》

《基本法諮詢委員會經濟專責小組對基本法（草案）徵求意見稿第五章的意見匯編》，載於 1988 年 10 月基本法諮詢委員會《中華人民共和國香港特別行政區基本法（草案）徵求意見稿諮詢報告（1）》

《基本法諮詢委員會文化、教育、科技、宗教專責小組對基本法（草案）徵求意見稿第六章的意見匯編》，載於 1988 年 10 月基本法諮詢委員會《中華人民共和國香港特別行政區基本法（草案）徵求意見稿諮詢報告（1）》

《「一國兩制」與「高度自治」》，載於 1988 年 10 月基本法諮詢委員會《中華人民共和國香港特別行政區基本法（草案）徵求意見稿諮詢報告（2）——專題報告》

《基本法解釋權與香港特別行政區的司法制度》，載於 1988 年 10 月基本法諮詢委員會《中華人民共和國香港特別行政區基本法（草案）徵求意見稿諮詢報告

（2）——專題報告》

《基本法委員會》，載於 1988 年 10 月基本法諮詢委員會《中華人民共和國香港特別行政區基本法（草案）徵求意見稿諮詢報告（2）——專題報告》

《香港特別行政區政治體制的一些整體問題》，載於 1988 年 10 月基本法諮詢委員會《中華人民共和國香港特別行政區基本法（草案）徵求意見稿諮詢報告（3）——專題報告》

《香港特別行政區第一屆政府的產生辦法》，載於 1988 年 10 月基本法諮詢委員會《中華人民共和國香港特別行政區基本法（草案）徵求意見稿諮詢報告（3）——專題報告》

《基本法與國籍》，載於 1988 年 10 月基本法諮詢委員會《中華人民共和國香港特別行政區基本法（草案）徵求意見稿諮詢報告（4）——專題報告》

《勞工問題》，載於 1988 年 10 月基本法諮詢委員會《中華人民共和國香港特別行政區基本法（草案）徵求意見稿諮詢報告（4）——專題報告》

1988 年 10 月基本法諮詢委員會《中華人民共和國香港特別行政區基本法（草案）徵求意見稿諮詢報告第五冊——條文總報告》

1988 年 12 月 19 日《各個政制方案的演變》，載於《基本法的草擬與政制「主流方案」》

1989 年 1 月 3 日《全民投票的性質和功能》

1989 年 1 月 4 日《「主流方案」與其他政制方案的比較》，載於《基本法的草擬與政制「主流方案」》

《基本法工商專業界諮委對「主流方案」的意見書》，載於《基本法的草擬與政制「主流方案」》

《38 人方案對草委會政制小組的「主流方案」的修改建議》，載於《基本法的草擬與政制「主流方案」》

《香港政府華員會對主流方案的意見（摘自八八年十一月二十六日明報）》，載於《基本法的草擬與政制「主流方案」》

大學畢業同學會對「主流方案」發表的聲明，載於《基本法的草擬與政制「主流方案」》

《香港工會聯合會基本法關注小組對草委專題小組廣州會議修改〈基本法（草案）徵求意見稿〉的意見》，載於《基本法的草擬與政制「主流方案」》

張家敏《對草委政制主流方案的建議》，載於《基本法的草擬與政制「主流方案」》

香港民主協會對基本法（草案）徵求意見稿的意見，載於《基本法的草擬與政制「主流方案」》

《傑出青年協會意見書（附件一、二、三的建議）》，載於《基本法的草擬與政制「主流方案」》

查濟民《對香港特別行政區政治體制方案的修改建議》，

載於《基本法的草擬與政制「主流方案」》

《港九勞工社團聯會對主流方案的一些修改意見》，載於《基本法的草擬與政制「主流方案」》

1989 年 1 月 9 日《胡繩副主任委員關於主任委員擴大會議情況的報告》，載於 1989 年 1 月《中華人民共和國香港特別行政區基本法起草委員會第八次全體會議文件匯編》

1989 年 1 月 9 日《中央與香港特別行政區關係專題小組對條文修改情況的報告》，載於 1989 年 1 月《中華人民共和國香港特別行政區基本法起草委員會第八次全體會議文件匯編》

1989 年 1 月 9 日《政治體制專題小組對條文修改情況的報告》，載於 1989 年 1 月《中華人民共和國香港特別行政區基本法起草委員會第八次全體會議文件匯編》

1989 年 1 月 9 日《教育、科學、文化、體育、宗教、勞工和社會服務專題小組對條文修改情況的報告》，載於 1989 年 1 月《中華人民共和國香港特別行政區基本法起草委員會第八次全體會議文件匯編》

1989 年 1 月 9 日《香港居民的基本權利和義務專題小組對條文修改情況的報告》，載於 1989 年 1 月《中華人民共和國香港特別行政區基本法起草委員會第八次全體會議文件匯編》

1989 年 1 月 9 日《經濟專題小組關於修改第五章情況的報告》，載於 1989 年 1 月《中華人民共和國香港特別行政區基本法起草委員會第八次全體會議文件匯編》

1989 年 2 月 15 日姬鵬飛《關於提請全國人大常委會審議〈中華人民共和國香港特別行政區基本法（草案）〉及有關文件的報告》

1989 年 2 月《中華人民共和國香港特別行政區基本法（草案）》

《政治體制設計的討論及其發展》，載於 1989 年 2 月基本法諮詢委員會秘書處《中華人民共和國香港特別行政區基本法（草案）參考資料》

《基本法（草案）徵求意見稿與基本法（草案）對照表》，載於 1989 年 2 月基本法諮詢委員會秘書處《中華人民共和國香港特別行政區基本法（草案）參考資料》

1989 年 3 月 21 日《居民專責小組會議第二次諮詢期第二次會議紀要》

1989 年 4 月 26 日《十團體聯席會議對基本法政治體制部份的意見（撮）》

1989 年 4 月 28 日《基本法工商專業界諮委於一九八九年四月廿八日呈交基本法起草委員會意見書（撮）》

1989 年 5 月 10 日草案諮詢期討論文件（一）《行政機關與立法機關的關係》

1989 年 5 月 18 日草案諮詢期討論文件（二）《集體談判》

1989 年 8 月 15 日戴健文《致：基本法諮委會中央與特區關係專責小組秘書》（1989 年 8 月 22 日中央與香港特別行政區的關係專責小組第三次會議附件四）

1989 年 8 月 18 日《第二次諮詢期政制專責小組第四次會議會議紀要》

1989 年 8 月 18 日第二次諮詢期政制專責小組第四次會議附件一

黃麗松《對有關中央與特區關係條文的意見》（1989 年 8 月 22 日中央與香港特別行政區的關係專責小組第三次會議附件二）

黃永恩《對有關中央與特區關係條文的意見》（1989 年 8 月 22 日中央與香港特別行政區的關係專責小組第三次會議附件三）

1989 年 8 月 22 日《中央與香港特別行政區的關係專責小組第三次會議紀錄》

1989 年 8 月 25 日《居民專責小組第二次諮詢期第三次會議紀要》

1989 年 8 月 29 日新香港聯盟有限公司的意見書（撮）

1989 年 9 月 1 日《第二次諮詢期政制專責小組第五次會議會議紀要》

1989 年 9 月 12 日《基本法諮詢委員會居民的基本權利與義務專責小組對基本法（草案）第三章的意見匯編》（1989 年 9 月 21 日居民專責小組與草委會對口小組在港草委交流會議附件一）

李福善《我對基本法（草案）的修改建議》（1989 年 9 月 20 日中央與香港特別行政區的關係專責小組第四次會議參考文件）

1989 年 9 月 20 日《中央與香港特別行政區的關係專責小組第四次會議紀錄》

1989 年 9 月 22 日《第二次諮詢期政制專責小組第六次會議會議紀要》

《基本法諮詢委員會居民的基本權利與義務專責小組對基本法（草案）第三章的意見匯編》（1989 年 10 月 5 日居民專責小組第二次諮詢期第四次會議附件一）

《居民專責小組就基本法（草案）第三章討論的會議紀要》（1989 年 10 月 5 日居民專責小組第二次諮詢期第四次會議紀要附件，同年 10 月 7 日經執行委員會通過）

1989 年 10 月 6 日《第二次諮詢期政制專責小組第七次會議會議紀要》

1989 年 10 月 26 日《基本法草案：基本法工商專業界諮委建議書》

《香港工會聯合會暨八十一間屬會就基本法（草案）政制部份的修訂意見》（1989 年 10 月 27 日理事會通過）

1989 年 11 月 30 日基本法起草委員會秘書處《內地各界人士對〈中華人民共和國香港特別行政區基本法（草案）〉的意見匯集》

《基本法諮詢委員會中央與香港特別行政區的關係專責小組對基本法（草案）第一、第二、第七、第八、第九章、

附件及附錄的意見匯編》，載於 1989 年 11 月基本法諮詢委員會《中華人民共和國香港特別行政區基本法（草案）諮詢報告第一冊》

《基本法諮詢委員會法律專責小組對基本法（草案）一些條文的意見》，載於 1989 年 11 月基本法諮詢委員會《中華人民共和國香港特別行政區基本法（草案）諮詢報告第一冊》

《基本法諮詢委員會居民的基本權利與義務專責小組對基本法（草案）第三章的意見匯編》，載於 1989 年 11 月基本法諮詢委員會《中華人民共和國香港特別行政區基本法（草案）諮詢報告第一冊》

《基本法諮詢委員會政制專責小組對基本法（草案）第四章、附件一、附件二及附錄的意見匯編》，載於 1989 年 11 月基本法諮詢委員會《中華人民共和國香港特別行政區基本法（草案）諮詢報告第一冊》

《基本法諮詢委員會經濟專責小組對基本法（草案）第五章的意見匯編》，載於 1989 年 11 月基本法諮詢委員會《中華人民共和國香港特別行政區基本法（草案）諮詢報告第一冊》

《關於基本法（草案）第一百一十一條和第一百一十四條的備忘錄》，載於 1989 年 11 月基本法諮詢委員會《中華人民共和國香港特別行政區基本法（草案）諮詢報告第一冊》

《基本法諮詢委員會文教專責小組對基本法（草案）第六章的意見匯編》，載於 1989 年 11 月基本法諮詢委員會《中華人民共和國香港特別行政區基本法（草案）諮詢報告第一冊》

《國家安全法及緊急法例》，載於 1989 年 11 月基本法諮詢委員會《中華人民共和國香港特別行政區基本法（草案）諮詢報告第二冊——專題報告》

《香港特別行政區的駐軍問題》，載於 1989 年 11 月基本法諮詢委員會《中華人民共和國香港特別行政區基本法（草案）諮詢報告第二冊——專題報告》

《行政長官與立法機關的產生方案》，載於 1989 年 11 月基本法諮詢委員會《中華人民共和國香港特別行政區基本法（草案）諮詢報告第二冊——專題報告》

《行政機關與立法機關的關係》，載於 1989 年 11 月基本法諮詢委員會《中華人民共和國香港特別行政區基本法（草案）諮詢報告第二冊——專題報告》

《公務員與政治》，載於 1989 年 11 月基本法諮詢委員會《中華人民共和國香港特別行政區基本法（草案）諮詢報告第二冊——專題報告》

《憲法經濟學與〈基本法（草案）〉中的經濟條文》，載於 1989 年 11 月基本法諮詢委員會《中華人民共和國香港特別行政區基本法（草案）諮詢報告第二冊——專題報告》

1989 年 11 月基本法諮詢委員會《中華人民共和國香港特別行政區基本法（草案）諮詢報告第三冊——條文總報告》

1989 年 12 月 5 日《綜合方案》

1989 年 12 月 11 至 12 日《中央與香港特別行政區關係

專題小組第十五次會議紀要》，載於 1990 年 2 月《中華人民共和國香港特別行政區基本法起草委員會第九次全體會議文件匯編》

1989 年 12 月 13 至 16 日《政治體制專題小組第十七次會議紀要》，載於 1990 年 2 月《中華人民共和國香港特別行政區基本法起草委員會第九次全體會議文件匯編》

1989 年 12 月 17 日《教科文專題小組第十二次會議紀要》，載於 1990 年 2 月《中華人民共和國香港特別行政區基本法起草委員會第九次全體會議文件匯編》

1989 年 12 月 18 日《經濟專題小組第十一次會議紀要》，載於 1990 年 2 月《中華人民共和國香港特別行政區基本法起草委員會第九次全體會議文件匯編》

1990 年 1 月 17 至 20 日《政治體制專題小組第十八次會議紀要》，載於 1990 年 2 月《中華人民共和國香港特別行政區基本法起草委員會第九次全體會議文件匯編》

1990 年 2 月 16 日《中華人民共和國香港特別行政區基本法（草案）》

1990 年 2 月 19 日姬鵬飛《關於〈中華人民共和國香港特別行政區基本法（草案）〉及有關文件的修改情況報告》

姬鵬飛《關於〈中華人民共和國香港特別行政區基本法（草案）〉及其有關文件的說明》（1990 年 3 月 28 日第七屆全國人民代表大會第三次會議）

《全國人民代表大會關於批准香港特別行政區基本法起草委員會關於設立全國人民代表大會常務委員會香港特別行政區基本法委員會的建議的決定》（1990 年 4 月 4 日第七屆全國人民代表大會第三次會議通過）

1990 年 4 月《中華人民共和國香港特別行政區基本法》

責任編輯	寧礎鋒
全書審訂	李宇汶、李安
概念審訂	陸貽信
協力	李浩銘
書籍設計	陳曦成
製作	郭思敏、陳務華、陳鈺、李國明
校對	吳子瑯、周汝民、吳經偉、顏純源、許希偉、王堯輝、戴紫玉

書名	香港基本法起草過程概覽（上、中、下冊）
主編	李浩然
清華大學 法學院研究團隊	王靜、周雯妍、陳禹橦、劉靜、王一萍、王旭、汪瑋、徐樹、張駿超、 單丹、範瑤、戴曦、趙力鎣
出版	三聯書店（香港）有限公司 香港北角英皇道 499 號北角工業大廈 20 樓 Joint Publishing (H.K.) Co., Ltd. 20/F., North Point Industrial Building, 499 King's Road, North Point, Hong Kong
發行	香港聯合書刊物流有限公司 香港新界大埔汀麗路 36 號 3 字樓
印刷	中華商務彩色印刷有限公司 香港新界大埔汀麗路 36 號 14 字樓
印次	2012 年 7 月香港第一版第一次印刷
規格	大 16 開（210mm× 285mm）三冊共 1320 面
國際書號	ISBN 978-962-04-3146-3 ©2012 Joint Publishing (H.K.) Co., Ltd. Published in Hong Kong